LENNHOFF - POSNER / INTERNATIONALES FREIMAUREREXIKON

EUGEN LENNHOFF / OSKAR POSNER

INTERNATIONALES FREIMAURERLEXIKON

Unveränderter Nachdruck der Ausgabe 1932

AMALTHEA-VERLAG / WIEN · MÜNCHEN

Unveränderter Nachdruck der Ausgabe Wien 1932
Gesamtherstellung: Jos. C. Huber KG, Dießen
Printed in Germany 1980

ISBN 8-85002-038-X

Vorwort

Das vorliegende Internationale Freimaurerlexikon wendet sich in gleicher Weise an Freimaurer und Nichtfreimaurer. Die Freimaurerei ist in den Jahren nach dem Kriege in den Brennpunkt des Interesses weiter Kreise gestellt worden. Das Urteil über sie ist weniger von Sachkenntnis als vielmehr von gefühlsmäßigen Eingebungen beeinflußt. Daher gibt es im jüngsten Schrifttum über die Freimaurerei mehr Deutung als Sachlichkeit, mehr Werturteil als verläßliche Kenntnis. Soweit über der Freimaurerei noch ein Schleier des Geheimnisses lag, ist er im Angriff zerstört, in Abwehr gelüftet worden. Als letzter Rest dieses heftig bekämpften freimaurerischen Geheimnisses bleiben nur noch das ehrwürdige Gebrauchtum der Logenarbeit selbst und die in ihrem praktischen Werte stark herabgeminderten Erkennungszeichen.

Das vorliegende Handbuch geht daher bis an die äußersten Grenzen des zulässig Darstellbaren. Da beide Verfasser Freimaurer sind, müssen sie diese Grenze, die nur noch ein stark eingeengtes Gebiet umschreibt, pflichtgemäß respektieren. Im übrigen haben sie es sich zur Aufgabe gemacht, weder zu verhüllen noch zu enthüllen, sondern klar darzustellen, was ist.

Die Verfasser sehen in der Freimaurerei einen Männerbund, der durch die gemeinsam verbindende Form zu gleichen Zielen hingewiesen wird: einen Männerbund, der sich selbst eine Sendung gegeben hat, die im Humanitätsgedanken begründet ist. Sie sehen die Freimaurerei als eine übervolkliche Geistesbewegung, die überall das gleiche will, wenn auch nationale und klimatisch-psychologische Unterschiede in Zielsetzung und Wegen auch unter Freimaurern gewisse Gegensätze schaffen. Der Freimaurerbund ist nicht einheitlich in seiner Führung, eine Weltorganisation einheitlicher Struktur lebt nur in den Wunschträumen der Freimaurer und in der Einbildung der Gegner. Einheitlich ist die Form des Gebrauchtums und die im Freimaurer wirkende Zuversicht, durch die symbolische Arbeit an sich und den ihm Verbundenen dem erstrebten ethischen Ziel näherkommen zu können. Dieses Ziel ist weder ein religiöses noch ein politisches, es ist ein menschliches. Die Distanz zu ihm ist weder durch Schlagworte noch durch Wünsche allein auszufüllen. Sie verlangt Arbeit. Ein Bild dieser reichen Arbeit zweier Jahrhunderte auf ihren Wegen und Irrwegen, in ihren Klarheiten und Unklarheiten gibt das vorliegende Lexikon.

Das Bestreben der beiden Verfasser ging dahin, das Bild der Freimaurerei bis auf die letzten Zeiten und Geschehnisse zu ergänzen. Der verfügbare Raum zwang hier zu kritischer, die Verfasser selbst nicht immer befriedigender Kürze. Mit den gesammelten weit mehr als 6000 Stichworten ist das Ganze der Freimaurerei nicht voll ausgeschöpft. Besondere Schwierigkeiten bereitete die Auswahl der handelnden Personen. Bei der Heftigkeit der Angriffe gegen die Freimaurerei, die so alt sind wie ihr Bestehen, bedeutet der

Beitritt zum Bunde ein Bekenntnis zu einer bestimmten weltanschaulichen Richtung. Trotzdem glaubten die Verfasser, bei den Personennamen einen noch schärferen Maßstab anlegen zu müssen. Nicht das bloße Dabeigewesensein, sondern die Anteilnahme an den Bestrebungen des Bundes und die Umsetzung der freimaurerischen Lehre im eigenen Wirkungskreise war bei der Sichtung maßgebend.

Ein Wörterbuch der Freimaurerei ist in seinem Entstehen an Vorbilder gebunden. Wir haben sie, soweit sie uns zugänglich waren, benützt. Neben der deutschen Literatur (insbesondere dem „Allgemeinen Handbuch der Freimaurerei [Lenning], 1., 2. und 3. Auflage) besonders die amerikanischen, bezw. englischen Encyclopädien von Mackey, Macoy, Oliver, Mackenzie, Waite, Hawkins u. a. Die übrige, überaus reiche Literatur, die Verwendung fand, ist im bibliographischen Teil dieses Lexikons und teilweise bei einzelnen Artikeln verzeichnet. Zahlreiche Einzeldarstellungen in Manuskripten und Freimaurerzeitungen wurden mitverarbeitet. Eine unentbehrliche Hilfe war uns die von Wolfstieg begründete, von Beyer und Quint fortgesetzte große Bibliographie der Freimaurerei. Trotz dieser kaum mehr zu übersehenden Grundlagen, denen allwöchentlich aus freimaurerischen Blättern immer neues Material zuströmt, ist das Handbuch in mancher Hinsicht naturgemäß Stückwerk geblieben. Geschichtliche Vorkommnisse sind Deutungen unterworfen, zu jüngsten Zeitereignissen fehlt bisweilen die pathosfreie Distanz. Die Verfasser standen als Leiter von freimaurerischen Zeitschriften selbst zu oft im Kampfe der Meinungen, als daß sie in Zeitfragen volle Objektivität zusichern könnten. Das Handbuch hat daher trotz aller redlichen Bemühungen seiner Verfasser persönliche Färbung. Es erscheint weder im Auftrage einer freimaurerischen Behörde noch ist es einer solchen zur Begutachtung oder Genehmigung vorgelegt worden. Die volle Verantwortlichkeit tragen daher ausschließlich die beiden Verfasser. Sie schildern den Freimaurerbund, wie sie ihn sehen, sie fühlen sich aber nicht berechtigt, in seinem Namen zu sprechen.

Bei der Zusammenarbeit ergab sich eine erfreuliche Übereinstimmung der Autoren in nahezu allen Punkten. Die Bearbeitung der einzelnen Stichworte ging derart durcheinander und ineinander, daß das abgeschlossene Buch in allen seinen Teilen als gemeinsame Arbeit erscheinen kann. Nur in einem Punkte (Hochgradwesen) sind die beiden Verfasser verschiedener Meinung. Das drückt sich an einzelnen Stellen deutlich aus und erklärt scheinbare Widersprüche. Da diese gegensätzliche Beurteilung durch die gesamte Maurerwelt geht und wohl auch immer gehen wird, kommen hier somit beide Parteien, Anhänger und Gegner der verschiedenen über die drei symbolischen Grade hinausgehenden Lehrarten, zu ihrem Rechte.

Das Internationale Freimaurerlexikon wendet sich, wie schon gesagt, an Freimaurer und Nichtfreimaurer. Dem Freimaurer will es sein Wissen um die Königliche Kunst vermehren. Dem Nichtfreimaurer will es verläßliche Aufschlüsse geben, die ihm eine Beurteilung der Freimaurerei im heutigen

Kampfe der Meinungen erleichtern sollen. Das Buch ist weder eine Propagandaschrift für die Freimaurerei noch eine Abwehrschrift gegen ihre Gegner. Es will eine sachliche Darstellung sein. Wie diese verwendet wird, welche Schlüsse aus ihr gezogen werden, kann von den Verfassern nicht beeinflußt werden. Sachlichkeit kann sich nicht Wünschen unterordnen. Nicht die Frage, wie sich Freunde und Gegner die Freimaurerei wünschen, hat die Darstellung beeinflußt. Sie hielt sich ausschließlich daran: was war, was ist und was sein und werden kann.

Bei Durchsicht des weltanschaulichen und philosophischen Teils wird der aufmerksame Leser des Lexikons vielleicht gegen die Verfasser den Vorwurf erheben, daß hier der Eklektizismus etwas zu weit getrieben sei. Dem ist jedoch nicht so. Ein beliebter Streit innerhalb der Freimaurerei richtet sich auf Beantwortung der Frage, ob Freimaurerei eine besondere Weltanschauung sei und ob sie eine eigene Philosophie habe. Diese Frage scheint um so berechtigter, als seitens der Gegner die Weltanschauung der Freimaurer als Gegensatz bekämpft wird und beispielsweise im Hochgradsystem des Alten und Angenommenen Schottischen Ritus eine Serie von Graden als „philosophische Grade" bezeichnet werden. Freimaurerei kann nur als eine Gesinnungsgemeinschaft, nicht aber als geschlossene weltanschauliche oder philosophische Geistesgemeinschaft aufgefaßt werden. Ihrem Wesen nach („Alte Pflichten", 1. Hauptstück) ist sie kritisch, relativistisch und eklektisch. Da sie das Dogma, sei es auf metaphysischem, erkenntnistheoretischem oder ethischem Gebiete, unbedingt ablehnt, kann sie keine allgemein bindende Lehre verkünden. Sie beschränkt sich darauf, ihren Anhängern Richtungen zu weisen und das Feld zu umgrenzen, auf dem sich die Weltanschauung des einzelnen bilden und weiten kann. Mit der Vorschrift: Erfüllung des Sittengesetzes, der sittlichen Freiheit, dem Glauben an einen Fortschritt und dem Humanitätsgedanken, sind im wesentlichen die Grenzen der freimaurerischen Gesinnungsgemeinschaft gegeben.

Aus diesen Gründen eignet sich das Freimaurertum auch nicht als Programm für eine bestimmte politische Partei, eine religiöse Gruppierung u. ä. Ebenso wie das Symbol des Allmächtigen Baumeisters aller Welten den bekenntnismäßig Religiösen und den religiös Freien vollkommen befriedigen muß, ist auch in weltanschaulich-philosophischer Richtung im Freimaurertum die Möglichkeit gegeben, anscheinend vollkommen Disparates miteinander zu gemeinsamen Zwecken zu vereinigen. Diese, von ernsthaften Gegnern wiederholt herausgehobene Einwendung einer inneren Schwäche ist gerade die Stärke des freimaurerischen Gedankens. Nur dieser inneren Stärke ist es zu danken, wenn beispielsweise in Bauhütten des fernen Ostens religiöse, rassische und kastenmäßige Unterschiede innerhalb der Loge vollkommen zum Verschwinden kommen und wenn in europäischen und amerikanischen Logen die politische Gegnerschaft des Alltags nicht imstande ist, in der Loge Wellen zu werfen. In einzelnen amerikanischen Nordstaaten hat sich der wiederholt gerügte Mißbrauch entwickelt, vor wichtigen politischen Wahlen

Empfehlungen von Wahlwerbern auch in den Inseratenteil von Freimaurerzeitungen einzurücken. So sehr dies auch zu verurteilen ist, so kann es doch hier zum Beweise herangezogen werden: denn in diesen Freimaurerzeitungen erscheinen die Wahlaufrufe unterschiedslos nebeneinander. Der Demokrat neben dem Republikaner rühren die Werbetrommel auf derselben Seite. Die Zeitung selbst nimmt keine Stellung hierzu und darf es auch nicht. Sie beschränkte sich darauf, den Bruder seinen Gesinnungsgenossen zu empfehlen, gleichviel, welcher Parteifärbung er ist, welche politischen Anschauungen er draußen vertritt.

* * *

Die Anlage des Lexikons betreffend seien hier noch einige Bemerkungen angefügt, zumal es sich um technische Unterschiede handelt, die sich beispielsweise beim Vergleiche mit dem „Allgemeinen Handbuch der Freimaurerei" (1900/01) ergeben. Sie beziehen sich vor allem auf die Logengeographie. Das vorliegende Lexikon behandelt nur die Hauptstädte und die als Brennpunkte freimaurerischen Lebens besonders hervortretenden Orte. Eine Anführung aller Logenorte (Oriente) verbot sich durch den Umfang des Werkes, dem bei aller Großzügigkeit des Verlages doch Grenzen gesetzt werden mußten. Wer sich für Einzelheiten interessiert, sei auf das „Jahrbuch der Weltfreimaurerei" („Annuaire de la Franc-Maçonnerie Universelle") verwiesen, das von der Kanzlei der Association Maçonnique Internationale (A. M. I.), Genf, herausgegeben wird. Es bringt die vollständigste geographische Übersicht der Freimaurerei. Daten, die insbesondere für Deutschland eine verläßliche Übersicht geben, enthält der von C. v. Dalen begründete Kalender für Freimaurer (Leipzig, Verlag Bruno Zechel). Das Taschenbuch des Vereins deutscher Freimaurer, Leipzig, wird nur an Freimaurer abgegeben. Soweit es sich um geschichtliche Daten kleinerer und für die Gesamtentwicklung der Freimaurerei weniger wesentlicher — insbesondere deutscher — Logenorte handelt, muß auf das Allgemeine Handbuch der Freimaurerei (2. und 3. Auflage) verwiesen werden. Bezüglich der außereuropäischen Orte enthält die vor einigen Jahren in einer Neubearbeitung herausgekommene umfangreiche amerikanische Encyclopädie von Mackey viele, wenn auch nicht immer in allen Punkten verläßliche Daten.

Ein Grundsatz der kontinentalen Freimaurerei schließt die Forderung ein, daß die Zugehörigkeit anderer Personen zum Bunde Dritten gegenüber vertraulich behandelt werden soll. Diese Forderung ist bei der feindseligen Haltung weiter Kreise gegenüber dem Freimaurertum vollauf berechtigt. Wenn in dem vorliegenden Lexikon trotzdem die Namen zahlreicher lebender Freimaurer verzeichnet sind, so bedeutet dies keinen Verstoß gegen den oben genannten Grundsatz. Genannt wurden von lebenden Freimaurern nur diejenigen, die sich selbst, sei es in ihrem öffentlichen Auftreten, sei es als Schriftsteller usw., als Mitglieder des Bundes zu erkennen gegeben haben oder die in vorliegenden Druckschriften bereits als Freimaurer kenntlich gemacht wurden. Dieser Grundsatz hat übrigens nur für den europäischen Kontinent Geltung. Die angelsächsische Freimaurerei ist bei aller inneren Geschlossenheit soweit öffentliche Angelegenheit, daß sogar die alljährlich vollzogenen Beamtenwahlen der Logen in den Tageszeitungen bekanntgegeben werden. Bei den einzelnen Biographien war Kürze geboten. Daher beschränkt sich die Angabe im Einzelfalle nur auf die wesentlichsten Daten, der Gleichförmigkeit halber auch nur auf die Geburts- und Sterbejahre. Dort, wo genauere Daten erwünscht sind, muß auf die großen biographischen Werke sowie auf die Konversationslexika verwiesen werden. Da die meisten angeführten Persönlichkeiten von allgemeiner Bedeutung sind, ist diese Ergänzung in der Mehrzahl der Fälle gewährleistet.

Nicht nur Raummangel, sondern vor allem der Umstand, daß die Freimaurerei heute die Wolfstiegsche Bibliographie besitzt, legte Beschränkung in der Angabe der bibliographischen Hinweise auf. Bei wesentlicheren Gegenständen sind wenigstens die Hauptbelegstellen genannt. Dort, wo im Texte Entlehnungen aus anderen Werken vorkommen, wird der Autor genannt. Hier mögen vielleicht an einzelnen Stellen Versehen unterlaufen sein, insbesondere dann, wenn die Entlehnung selbst nicht dem Hauptwerk, sondern einem Zitat entnommen wurde. Die Absicht, einen Autor zu unterdrücken, liegt dem vorliegenden Werke bei seiner unbedingt objektiven Anlage selbstverständlich vollkommen fern.

Eine Feststellung sei zum Schlusse nochmals ganz besonders scharf hervorgehoben: das vorliegende Lexikon ist weder offiziös noch offiziell. Diese Feststellung ist deswegen besonders wichtig, weil auf gegnerischer Seite immer wieder die Neigung deutlich wird, für Äußerungen eines einzelnen den ganzen Bund verantwortlich zu machen. Die beiden Verfasser glauben, die Freimaurerei zu kennen. Sie sind aber nicht befugt, für sie autoritativ zu sprechen. Sie rechnen sogar bestimmt damit, daß einzelne ihrer Anschauungen in Freimaurerkreisen selbst auf Widerspruch stoßen werden.

Bei dem gewaltigen Umfang des in diesem Buche verarbeiteten Materials mußten sich die beiden Verfasser die Mitarbeit mehrerer Freunde sichern, die dankbar zu nennen besondere und erfreuliche Pflicht ist. An erster Stelle sei hier Ing. Emerich Balog, Wien, genannt, dem die Verfasser neben philosophischen Artikeln die mühevolle Bearbeitung zahlreicher Biographien, die Identifizierung vieler Namen, geographische Übersichten u. a. zu danken haben. Wenn der biographische Teil des Werkes so reich ausgestaltet werden konnte, so ist dies nicht zuletzt diesem Hauptmitarbeiter zu danken. In ähnlicher Weise betätigte sich im symbolischen und ritualistischen Teil Ernst Klatscher, Prag, der unsere Arbeit durch die Gewissenhaftigkeit seiner kritischen Bemerkungen befruchtet hat. Beide Herren haben sich überdies durch umfängliche Korrekturarbeiten sehr verdient gemacht.

Zahlreiche Großlogen und Freunde haben uns durch wertvolle Mitteilungen unterstützt. Das Interesse, dem unsere Tätigkeit bei allen diesen uneigennützigen Helfern begegnete, hat uns die Arbeit in außerordentlicher Weise erleichtert und die diesen Herren gegenüber schon lange bestehende Dankesschuld noch ganz beträchtlich vermehrt.

Ende Jänner 1932.

Dr. med. Oskar Posner, Karlsbad

Eugen Lennhoff, Wien

I

EINLEITENDER TEIL

Die allgemeinen Grundgesetze der Freimaurer

I.

DIE ALTEN PFLICHTEN

Als Grundgesetz der Freimaurerei werden allgemein die Alten Pflichten, Old Charges, bezeichnet. Da wir in diesem Handwörterbuche wiederholt auf sie zu verweisen haben, ziehen wir es aus praktischen Gründen vor, sie nicht nach ihrem Inhalte aufzuteilen, sondern in ihrer Gänze mit den notwendigen Erläuterungen der gesamten Materie voranzustellen.

Das was unter „Alten Pflichten" verstanden wird, ist in der ersten Ausgabe des Constitutionsbuches des Reverend James Anderson enthalten, der im Jahre 1723 im Auftrage des Großmeisters Herzog von Montagu ein Manuskript vorlegte, das die Genehmigung der Großloge fand. Dieses Statut hat folgenden Titel:

The Constutions of the Free-Masons, containing the History, Charges, Regulations etc. of that most Ancient and Right Worshipful Fraternity.

(For the use of the Lodges.)

London, Printed by William Hunter for John Senex at the Globe, and John Hooke et the Flower-de-luce over against St. Dunstan's Church in Fleetstreet.

In the Year of Masonry 5723
Anno Domini 1723

Der Inhalt des Buches ist: Ein Vorwort mit Widmung an den Herzog von Montagu, unterschrieben von J. T. Desaguliers, Deputiertem Großmeister. Es folgt hierauf eine Geschichte der Freimaurerei, die bei der Aufnahme von neuen Brüdern vorgelesen werden soll. Diese Geschichte ist im Stile der alten Chroniken gehalten. Sie beginnt daher mit Adam und führt über die Bibel, den Tempelbau Salomons, der ausführlich beschrieben wird, Babylon, Persien, Griechenland, Rom nach England, wobei die englischen Legionen Roms als Bindeglied benützt werden. Franken und Angelsachsen werden in Verbindung mit der Geschichte der Steinmetzen gebracht, bis dann in fortlaufender Linie eine Geschichte der englischen Könige und ihrer Beziehung zur Baukunst aufgebaut werden kann. Die Geschichte endigt in der Zeit König Williams (1688), dessen große Bauwerke eingehend beschrieben werden. (Siehe weiter unten.)

Auf diese in mehrfacher Beziehung sonderbare Geschichtsklitterung folgt nun das uns hier besonders interessierende Stück, betitelt:

„The Charges of a Free-Mason
extracted from ancient Records of Lodges beyond Sea and of those in England, Scotland and Ireland for the Use of the Lodges in London.

To be Read at the Making of New Brethren, or when the Master shall order it."

Darunter folgt das Inhaltsverzeichnis dieser Charges

The General Heads viz.

I. Of God and Religion.
II. Of the Civil Magistrate supreme and subordinate.
III. Of Lodges.
IV. Of Masters, Wardens, Fellows and Apprentices.
V. Of the Management of the Craft in working.
VI. Of Behaviour, viz:
1. In the Lodge while constituted.
2. After the Lodge is over and the Brethren not gone.
3. When Brethren meet without Strangers but not in a lodge.
4. In Presence of Strangers not Masons.
5. At Home and in the Neighbourhood.
6. Towards a strange Brother.

Der nächste Abschnitt betitelt sich General Regulations, compiled first by George Payne Anno 1720, when he was Grand Master, eine Art Hausordnung in XXXIX Punkten. Ein weiteres Kapitel, Postkript, gibt Anweisungen über die Einsetzung einer neuen Loge. Schließlich als Schluß die Approbation der vorstehenden Satzungen, vollzogen durch den Großmeister des Jahres 1723, Philipp Herzog von Wharton, und die Meister und Aufseher von 20 Logen, de dato London, den 17. Januar 1722/23, die zugleich die Drucklegung anordnet.

Die Alten Pflichten in der Andersonschen Fassung sind dann im Londoner Postboy vom 28. Feber 1723 als eben erschienen angekündigt. Sie sind somit nicht als Geheimschrift gedruckt, sondern im Buchhandel erschienen, was in Hinblick auf gegnerische Behauptungen wichtig ist!

Für die Gegenwartsfreimaurerei sind lediglich die als Charges bezeichneten Abschnitte von Bedeutung; sie werden unter dem Begriff Alte Pflichten verstanden. Wir lassen die genaue Übersetzung folgen.

Die Alten Pflichten.

Die Alten Pflichten der freien und angenommenen Maurer, gesammelt vom Verfasser aus ihren alten Urkunden auf den Befehl des Großmeisters, des ge-

genwärtigen Herzogs von Montagu. Gebilligt durch die Großloge und zur Drucklegung befohlen in der ersten Ausgabe des Konstitutionsbuches, am 25. März 1722. Wie sie bei der Aufnahme neuer Brüder oder wenn der Meister es verordnet, vorgelesen werden sollen.

I. Von Gott und der Religion.
II. Von der bürgerlichen Obrigkeit, der höchsten und untergeordneten.
III. Von den Logen.
IV. Von den Meistern, Aufsehern, Zunftgenossen und Lehrlingen.
V. Von dem Verhalten der Zunft bei der Arbeit.
VI. Vom Betragen:
1. wenn die Loge geöffnet ist;
2. wenn die Loge geschlossen ist und die Brüder noch nicht auseindergegangen sind;
3. wenn Brüder außerhalb der Loge zusammentreffen und kein Fremder zugegen ist;
4. in Gegenwart von Fremden, welche nicht Maurer sind;
5. im Hause und in der Nachbarschaft;
6. gegen einen fremden Bruder.

I. Hauptstück.

Von Gott und der Religion.

Der Maurer ist durch seinen Beruf verbunden, dem Sittengesetz zu gehorchen, und wenn er seine Kunst recht versteht, wird er weder ein dummer Gottesleugner noch ein Wüstling ohne Religion sein.

Aber obgleich in alten Zeiten die Maurer verpflichtet waren, in jedem Lande von der jedesmaligen Religion des Landes oder der Nation zu sein, so hält man doch jetzt für ratsam, sie bloß zu der Religion zu verpflichten, in welcher alle Menschen übereinstimmen und jedem seine besondere Meinung zu lassen, das heißt, sie sollen gute und wahrhafte Männer sein, Männer von Ehre und Rechtschaffenheit, durch was für Sekten und Glaubensmeinungen sie auch sonst sich unterscheiden mögen. Hierdurch wird die Maurerei ein Mittelpunkt der Vereinigung und ein Mittel, treue Freundschaft unter Personen zu stiften, welche sonst in ständiger Entfernung voneinander hätten bleiben müssen.

II. Hauptstück.

Von der bürgerlichen Obrigkeit, der höchsten und der untergeordneten.

Der Maurer ist ein friedfertiger Untertan der bürgerlichen Gewalt, wo er auch wohnet und arbeitet, und muß sich nie in Meuterei oder Verschwörung gegen den Frieden und die Wohlfahrt der Nation einlassen, noch sich pflichtwidrig gegen die Unterobrigkeiten betragen.

Denn gleichwie Krieg, Blutvergießen und Verwirrung der Maurerei immer nachteilig gewesen sind, so waren auch vor alters Könige und Fürsten sehr geneigt, die Zunftgenossen ihrer Friedfertigkeit und Treue wegen, wodurch sie den bösen Leumund ihrer Gegner mit der Tat widerlegten, aufzumuntern und die Ehre der Brüderschaft zu fördern, welche immer in Friedenszeiten blühte.

Sollte daher ein Bruder ein Empörer gegen den Staat sein, so muß er in seiner Empörung nicht bestärkt werden, obgleich er als ein unglücklicher Mann zu bemitleiden ist, ja, wird er keines anderen Verbrechens überführt, so kann — wenngleich die treue Brüderschaft seine Empörung mißbilligen soll und der bestehenden Regierung weder Vorwand noch Grund zu politischer Eifersucht geben darf — sie ihn doch nicht aus der Loge stoßen, und sein Verhältnis zu derselben bleibt unverletzlich.

III. Hauptstück.

Von den Logen.

Eine Loge ist ein Ort, wo sich Maurer versammeln und arbeiten. Daher wird eine solche Versammlung oder gehörig eingerichtete Gesellschaft von Maurern eine Loge genannt, und jeder Bruder muß zu einer gehören und ihren besonderen Gesetzen und den allgemeinen Anordnungen unterworfen sein.

Die Loge ist entweder eine einzelne oder eine allgemeine, wie solches durch den Besuch derselben und die unten folgenden Anordnungen der allgemeinen oder Großen Loge deutlicher erhellen wird.

In alten Zeiten durfte kein Meister oder Mitbruder in der Loge fehlen, besonders wenn ihm selbige angesagt war, ohne sich einer strengen Bestrafung auszusetzen. Es wäre denn, daß sich der Meister oder die Aufseher überzeugt hielten, entschiedene Notwendigkeit habe ihn abgehalten.

Diejenigen, welche zur Mitgliedschaft einer Loge zugelassen werden, müssen gute, wahrhafte, freigeborene Männer von reifem und verständigem Alter, keine Leibeigenen, keine Frauenzimmer, keine unsittlichen oder anstößigen Menschen, sondern von gutem Rufe sein.

IV. Hauptstück.

Von den Meistern, Aufsehern, Gesellen und Lehrlingen.

Aller Vorzug unter Maurern gründet sich allein auf wahrem Wert und persönlichem Verdienst, damit die Bauherrn wohlbedient, die Brüder nicht beschämt werden und die königliche Kunst nicht in Verachtung gerate.

Daher wird kein Meister oder Aufseher nach seinem Alter, sondern nach seinem Verdienst erwählt. Es ist unmöglich, dies schriftlich auszudrücken. Jeder Bruder muß sich auf seinem Posten einfinden und diese Dinge auf eine der Bruderschaft eigentümliche Art erlernen.

Nur d a s mögen Bewerber wissen, daß kein Meister einen Lehrling annehmen darf, wenn er nicht hinlängliche Arbeit für ihn hat und solcher ein vollkommener Jüngling ist, ohne körperliche Mängel und Gebrechen, welche ihn unfähig machen könnten, die Kunst zu erlernen, dem Bauherrn seines Meisters zu dienen und zum Bruder, in gehöriger Zeit zum Gesellen aufgenommen zu werden, nachdem er die Anzahl Jahre gedient hat, welche die Gewohnheit seines Landes vorschreibt. Und daß er von ehrlichen Eltern geboren sein muß, damit er, wenn er sonst dazu taugt, zu der Ehre gelangen könne, Aufseher und darauf Meister der Loge, dann Großaufseher und endlich seinen Verdiensten gemäß Großmeister aller Logen zu werden.

Kein Bruder kann Aufseher werden, wenn er nicht zuvor Zunftgenosse (Geselle) gewesen ist, noch Meister, wenn er nicht als Aufseher gedient hat, noch Großaufseher, wenn er nicht Meister einer Loge gewesen, noch Großmeister, wenn er nicht vor seiner Wahl Zunftgenosse gewesen ist. Auch muß letzterer entweder von hohem Adel oder ein wohlerzogener Mann von feinen Sitten, ein Mann von Stande, ein ausgezeichneter Gelehrter, ein kunsterfahrener Baumeister oder sonst ein Künstler sein, von ehrbaren Eltern abstammend und dabei nach der Meinung der Logen besonders große Verdienste besitzen. Damit er aber sein Amt besser, leichter und ehrenvoller verwalten könne, hat der Großmeister die Gewalt, sich seinen eigenen Deputierten Großmeister zu wählen, welcher Meister einer besonderen Loge gewesen sein muß und das Vorrecht besitzt, jede Handlung, die dem Großmeister, seinem Vorgesetzten, zusteht, zu vollziehen, wenn besagter Vorgesetzter nicht etwa selbst gegenwärtig ist oder seine Autorität schriftlich geltend macht.

Diesen höchsten und untergeordneten Ordnern und Vorgesetzten der alten Loge soll in ihren bestimmten Ämtern zufolge der Alten Pflichten und Verordnungen von allen Brüdern mit Bescheidenheit, Ehrfurcht, Liebe und Bereitwilligkeit Gehorsam geleistet werden.

V. Hauptstück.

Von dem Verhalten der Zunft bei der Arbeit.

„Alle Maurer sollen an den Werktagen redlich arbeiten, damit sie an Festtagen mit Ehren leben können; auch sollen sie die durch die Landesgesetze angeordneten oder durch das Herkommen bestimmten Arbeitsstunden einhalten.

Der erfahrenste von den Zunftgenossen soll zum Meister oder Oberaufseher über des Bauherrn Werk erwählt oder angesetzt und dann von denen, die unter ihm arbeiten, Meister genannt werden. Die Zunftgenossen sollen sich aller Schimpfreden enthalten, auch einander nicht bei beleidigenden Namen, sondern Bruder und Gefährte nennen und sich in und außerhalb der Loge höflich betragen.

Der Meister, welcher sich seiner Kunstgeschicklichkeit bewußt ist, soll des Bauherrn Werk so billig als möglich übernehmen und dessen Eigentum so redlich, als wäre es eigenes, verwalten, auch keinem Bruder oder Lehrling mehr Lohn geben, als derselbe wirklich verdient.

Beide, der Meister und die Maurer, die ihren Lohn richtig erhalten, sollen dem Bauherrn treu sein und ihr Werk redlich vollenden, es mag im ganzen oder im Taglohn verdungen sein; auch sollen sie keine Arbeit für Gesamtlohn nehmen, bei welcher Taglohn herkömmlich ist.

Niemand soll die Wohlfahrt eines Bruders beneiden, ihn verdrängen oder von seinem Bauwerke zu vertreiben suchen, wenn derselbe die Fähigkeit besitzt, es zu vollenden; denn niemand kann eines andern Werk so zum Vorteile des Bauherrn vollenden als derjenige, welcher mit den Entwürfen und Grundrissen dessen, der es angefangen hat, durchaus bekannt ist.

Wenn ein Zunftgenosse zum Aufseher des Werks unter dem Meister erwählt ist, so soll er sowohl dem Meister als den Genossen treu sein, in des Meisters Abwesenheit über das Werk zum Vorteile des Bauherrn sorgfältige Aufsicht führen und seine Brüder sollen ihm gehorchen.

Alle angestellten Maurer sollen ihren Lohn in Ergebenheit ohne Murren oder Meuterei in Empfang nehmen und den Meister vor Beendigung des Werkes nicht verlassen.

Ein jüngerer Bruder soll in der Arbeit unterrichtet werden, auf daß er nicht aus Mangel an Beurteilung die Materialien verderbe und damit die Liebe zunehmen und fortwähren möge.

Alle Werkzeuge, deren man sich bei der Arbeit bedient, sollen von der Großloge gebilligt werden.

Kein Handlanger soll an dem eigentlichen Werke der Maurerei angestellt werden; auch sollen Freimaurer nicht ohne dringende Not mit solchen, welche nicht befreiheitet sind, arbeiten, noch sollen sie Handlanger und nichtangenommene Maurer unterrichten, wie sie einen Bruder oder Zunftgenossen unterrichten würden."

VI. Hauptstück.

Von dem Betragen.

1. Betragen in der Loge, wenn sie geöffnet ist.

„Ihr sollt ohne Erlaubnis des Meisters keine geheimen Ausschüsse oder abgesonderten Verhandlungen pflegen, noch von etwas Ungehörigem oder Unziemlichem sprechen, auch weder dem Meister noch dem Aufseher, noch einem mit dem Meister sprechenden Bruder in die Rede fallen. Desgleichen sollt Ihr nicht Possen oder Scherz treiben, während die Loge mit ernsthaften und feierlichen Dingen beschäftigt ist; noch dürft Ihr unter irgendwelchem Vorwand eine ungebührliche Rede führen, sondern Ihr habt Eurem Meister, Euren Aufsehern und Genossen schuldige Achtung zu erweisen und sie in Ehren zu halten.

Wenn Klage einläuft, so soll der schuldig befundene Bruder dem Urteil und der Entscheidung der Loge unterworfen sein, welche der eigentliche und regelmäßige Richter aller solcher Streitigkeiten ist (es sei denn, daß Ihr an die Große Loge appellieren wollt) und wo sie anhängig gemacht werden müssen; jedoch darf des Bauherrn Werk nicht verzögert werden, in welchem Falle eine außerordentliche Untersuchung stattfinden mag. Allein Ihr sollt nie in Sachen, welche die Maurerei betreffen, vor bürgerliches Gericht gehen, wenn es der Loge nicht als unumgänglich notwendig einleuchtet."

2. Betragen, wenn die Loge vorüber ist, die Brüder aber noch nicht auseinandergegangen sind.

„Ihr mögt Euch in unschuldiger Lust ergötzen und Euch einander nach Kräften bewirten. Ihr müßt aber jede Ausschweifung vermeiden und keinen Bruder zwingen, über seine Neigung zu essen und zu trinken, oder ihn am Weggehen hindern, wenn ihn seine Angelegenheiten abrufen. Ihr müßt auch nichts tun oder sagen, was beleidigen oder eine ungezwungene und freie Unterhaltung stören könnte; denn dies würde unsere Eintracht zerrütten und unsere löblichen Absichten vereiteln. Daher dürfen keine Privathändel und Streitigkeiten über die Schwelle der Loge mitgebracht werden, am allerwenigsten Streitigkeiten über Religion oder Nationen oder Staatsverwaltung. Denn wir gehören als Maurer bloß zu der oben angeführten allgemeinen Religion, auch sind wir von allen Nationen, Zungen, Geschlechtern und Sprachen und sind entschieden gegen politische Erörterungen, welche noch nie zur Wohlfahrt der Loge gereicht haben und nie dazu gereichen werden. Diese Pflicht ist jederzeit streng eingeschärft und befolgt worden, besonders aber seit der Reformation in Britannien oder seit dem Abfall und der Trennung dieser Nationen von der Gemeinschaft mit Rom."

3. Betragen, wenn Brüder zusammenkommen, ohne daß Fremde zugegen sind, doch nicht in einer förmlichen Loge.

„Ihr sollt einander höflich grüßen, wie man Euch lehren wird, Euch untereinander Bruder nennen, Euch offen gegenseitig dienliche Unterweisung geben, doch ohne bemerkt oder behorcht zu werden und ohne Anmaßung gegeneinander, auch ohne der Achtung zu nahezutreten, welche jedem Bruder gebührt, wenn er nicht Maurer wäre. Denn obgleich alle Maurer als Brüder miteinander auf gleicher setzwaagegerechter Ebene stehen, so entzieht doch die Maurerei keinem eine Ehre, welche er zuvor besaß. Vielmehr v e r m e h r t sie seine Ehre, besonders wenn er sich um die Brüderschaft wohlverdient gemacht hat, welche Ehre geben, dem Ehre gebührt, und schlechte Sitten vermeiden muß."

4. Betragen in Gegenwart von Fremden, welche nicht Maurer sind.

„Ihr sollt in Reden und Betragen vorsichtig sein, daß auch der scharfsinnigste Fremde nichts zu entdecken vermöge, was nicht geeignet ist, ihm eröffnet zu werden. Zuweilen müßt Ihr auch ein Gespräch ablenken und es klüglich zur Ehre der Ehrwürdigen Bruderschaft leiten."

5. Betragen zu Hause und in Euerer Nachbarschaft.

„Ihr sollt handeln, wie es einem sittlichen und weisen Manne geziemt und besonders Euerer Familie, Euren Freunden und Nachbarn nichts entdecken, was die Loge betrifft usw., vielmehr weislich Euere eigene und der alten Brüderschaft Ehre in Erwägung ziehen, aus Ursachen, welche hier nicht angeführt werden können. Ihr müßt ferner auf Euere Gesundheit bedacht nehmen und nicht zu spät zusammen und zu lange, nachdem die Logenstunden verflossen sind, vom Hause bleiben, auch Schwelgerei und Trunkenheit vermeiden, damit Euere Familie nicht vernachlässigt oder gekränkt, Ihr selbst aber nicht zur Arbeit unfähig werden möget."

6. Betragen gegen einen fremden Bruder.

„Ihr sollt ihn vorsichtig prüfen, und zwar so, wie Euch die Klugheit eingeben wird, damit Ihr nicht von einem Unwissenden durch falsche Ansprüche hintergangen werdet. Mit Verachtung und Spott müßt Ihr einen solchen abweisen und Euch in acht nehmen, ihm den geringsten Wink von Eueren Kenntnissen zu geben.

Wenn Ihr aber in ihm einen echten wirklichen Bruder entdeckt, so ehrt ihn als einen solchen. Ist er dürftig, so helft ihm, wenn Ihr könnt, oder gebt ihm sonst Anleitung, wie ihm geholfen werden möge. Ihr müßt ihm entweder einige Tage Arbeit geben oder sonst ihn zur Arbeit empfehlen. Ihr seid aber nicht verbunden, über Euer Vermögen zu tun; nur sollt Ihr einen armen Bruder, welcher ein guter und treuer Mann ist, unter gleichen Umständen jedem andern armen Menschen vorziehen."

Der Schluß der Alten Pflichten.

„Endlich: Alle diese Vorschriften habt Ihr zu befolgen, wie auch diejenigen, welche Euch auf einem anderen Wege kundgemacht werden. Übt brüderliche

Liebe, den Grund- und Schlußstein, den Kitt und Ruhm der alten Bruderschaft. Vermeidet allen Zank und Streit, alle Lästerungen und Afterreden. Auch erlaubet nicht, daß andere einen rechtschaffenen Bruder verleumden, sondern verteidigt seinen Ruf und leistet ihm alle guten Dienste, soweit es mit Euerer Ehre und Wohlfahrt bestehen kann, aber nicht weiter. Tut ein Bruder Euch Unrecht, so sollt Ihr Euch an Euere oder an seine Loge wenden. Von der könnt Ihr an die Vierteljahrsversammlung der Großen Loge berufen und von dieser an die jährliche Große Loge, wie es das alte löbliche Verfahren unserer Vorväter bei jedem Volke gewesen ist. Gehet aber nie vor Gericht, außer wenn der Fall nicht anders entschieden werden kann, und gebet geduldig dem ehrlichen Rate des Meisters und Euerer Genossen Gehör, wenn sie Euch von einem Rechtsstreite mit Fremden abzuhalten oder Euch zu bewegen suchen, allen Rechtshändeln ein schnelles Ende zu machen, damit Ihr den Angelegenheiten der Maurerei mit desto mehr Freudigkeit und Erfolg nachdenken könnt. Was aber prozessierende Brüder oder Genossen betrifft, denen sollen der Meister und die Brüder ihre Vermittlung liebreich antragen und soll selbige von den streitenden Brüdern mit Dank angenommen werden. Sollte es aber untunlich sein, sich dem zu fügen, so müssen sie dennoch ihren Prozeß oder Rechtshandel ohne Grimm und Erbitterung führen (wie es sonst geschieht) und nichts sagen und tun, was Erneuerung oder Fortsetzung brüderlicher Liebe und guter Dienste verhindern könnte, damit jedermann den guten Einfluß der Maurerei erkenne, wie alle echten Maurer getan haben vom Anbeginne der Welt und tun werden bis ans Ende aller Zeiten. Amen, so mote it be! (Amen, also geschehe es!)"

* * *

In der vorliegenden Form sind die auf Andersons Fassung zurückgehenden Alten Pflichten ein Kompromiß: sie wollen einerseits durch Übernahme alter Formeln und Gebräuche den Zusammenhang mit den alten Manuskripten der Steinmetzenbruderschaften aufrechterhalten, lassen aber anderseits durchblicken, daß sie einem neuen Zweck, nämlich der bruderschaftlichen Vereinigung von Männern, dienen sollen, die nicht mehr materiell mit Spitzhammer und Meißel arbeiten. Nach ihrem ganzen Aufbau sind sie ungeeignet, wörtlich als Satzung eines Bundes unserer Tage hingenommen zu werden. Das gilt insbesondere vom V. Hauptstück, wo von den Lohnbedingungen der Steinmetzen, ihrem Vertrag mit dem Bauherrn, von Taglohn und Handlangern die Rede ist. Das gleiche gilt von der Bestimmung bezüglich der körperlichen Eignung eines Lehrlings, ein Punkt, der allerdings in Amerika noch bis in unsere Tage zu Aufnahms- und Ausschließungsbedingungen geführt hat, die nur dem verständlich sind, der die besondere Vorliebe der Angelsachsen für antiquierte

Gebräuche kennt. Nicht nur der Richter trägt in England auch heutigentags noch eine Perücke! Während in England und Amerika die Old Charges ebenso wie (in Amerika) die weiter unten zu behandelnden Landmarken die Rolle einer geheiligten, unantastbaren Überlieferung spielen, hat man sich auf dem Kontinente denn doch nicht der Erkenntnis verschließen können, daß die Gegenwart hier Gefahr läuft, durch „ein altes Buch, vom Ahn vermacht", in ihrer Bewegungsfreiheit eingeschränkt zu werden. Daher erklären einzelne Großlogen, wie z. B. die altpreußischen, die Alten Pflichten nur als historisches Dokument anzuerkennen. Die Großloge von Hamburg anerkennt als „Quelle und Grundlage": a) das altenglische Rituale, b) das Konstitutionsbuch der Großloge von England vom Jahre 1723, c) die als Anhang der Verfassung abgedruckten Alten Pflichten. In den Mitteilungen der Großlogen von Hamburg, Bayreuth und Frankfurt, verfaßt zu Eisenach 1901 (Mitteilungen über Ziele und Zwecke des Freimaurerbundes), die jedem Suchenden zu übergeben sind, wird mehrfach auf Bestimmungen der Alten Pflichten Bezug genommen. Aber die Großloge von Bayreuth gibt in ihren allgemeinen maurerischen Grundsätzen (Verfassung vom Jahre 1926) in ausführlicher Begründung zu erkennen, was sie unter dem Sinne der Alten Pflichten verstanden haben will. Über den verpflichtenden Wert der Alten Pflichten besteht also im Freimaurerbunde keine absolute Einigkeit. Allgemein anerkannt wird mit ganz geringeren Beschränkungen die erste Alte Pflicht, Gott und die Religion betreffend, und die daraus abgeleitete Grundregel der Toleranz in Glaubens- und Gewissensfragen.

Es ist wohl über keinen Gegenstand der Freimaurerei so viel und so heftig debattiert worden, wie über die erste Alte Pflicht. Insbesondere der Satz vom „stupid Atheist and irreligious libertine" ist Gegenstand zahlloser Untersuchungen gewesen. Und dabei liegt der Kern der Frage doch ziemlich klar: mit der Abfassung der Alten Pflichten wurde ein Dissentergeistlicher, der Reverend James Anderson, betraut (s. Anderson). England hatte zu dieser Zeit eine regierende Staatskirche und kirchliche Minoritäten, die aus den Religionskriegen des letzten Jahrhunderts stammen. Ganz kurz sei hier die Religionsgeschichte Englands gestreift. Heinrich VIII. (1509—1547) löst England von Rom. Sein Nachfolger Edward VI. (1547—1553) ändert das katholische Dogma um. Seine Schwester Maria (1553—1558) stellt die katholische Kirche wieder her. Deren Schwester Elisabeth (1558—1603) geht auf die Kirchenordnung Edwards VI. zurück, die anglikanische Kirche wird Siegerin. Jakob I. von Schottland (1603—1625) war Protestant, trat aber zur Hochkirche über, unterhielt daneben Beziehungen zu Rom.

Das schottische Presbyterium gewinnt Einfluß in England. Sein Nachfolger Karl I. (1625—1649) versucht, die Hochkirche auch in Schottland einzuführen und entfesselt dadurch einen Aufstand der Schotten. Die Independenten unter Cromwell und Milton stürzen den König. Der Lordprotektor Cromwell (1649—1658) regiert mit Hilfe der Puritaner, die sich unter seinem Sohn spalten (Quäker, Leveller u. a. m.), Katholiken und Presbyterianer werden unterdrückt. Unter Karl II. (1660—1685) müssen alle Staatsbeamten das Sakrament nach anglikanischer Weise empfangen. Sein Bruder Jakob II. tritt offen zur katholischen Kirche über und gewährt seinen katholischen Freunden zuliebe eine Art Gewissensfreiheit (1687). Whigs und Tories vereinigen sich gegen ihn und berufen Wilhelm von Oranien auf den Thron (1689—1702). Mit ihm siegt der Protestantismus über die Hochkirche; wohl versichert er in einer Toleranzakte Religionsfreiheit, aber Katholiken bleiben ebenso wie Gottesleugner von Staatsämtern ausgeschlossen. Seine Nachfolgerin, Anna II., Tochter Jakobs II. (1702—1714) stützt sich auf die englische Hochkirche, 1710 werden die whigistischen Beamten und Dissenters aus den Staatsämtern entlassen, die Regierung bringt mehrere Gesetze ein, die alle Dissenters von Staatsämtern und Lehrstühlen ausschließen. 1714 wird der Kurfürst von Hannover König von England. Noch immer bestehen zahlreiche Verordnungen, welche die Bürgerrechte der Dissenter, Nonkonformisten beschneiden. Man vergleiche Buckle, „Geschichte der Zivilisation in England", um zu sehen, daß von 1739 angefangen eine zweite, geistige Reformation unter Whitefield und Wesley anhob, die für die Rechte der Dissenter den Kampf begann.

Anderson war Vertreter einer unterdrückten Glaubensminorität; Toleranzprogramme sind seit jeher das Vorrecht der Minoritäten gewesen. Nicht daß er Toleranz forderte, ist also das Sonderbare. Viel eigenartiger ist es, daß die Männer der jungen Großloge ihm zustimmten, indem sie dieses freimaurerische Toleranzpatent des Jahres 1723 guthießen. Auch Locke hatte seine Toleranzforderungen erhoben. Aber die Katholiken hatte er ausgeschlossen. Hier wird zum erstenmal von einer Religion gesprochen, in der alle Menschen übereinstimmen. Dieser Satz ist das Fundament der Freimaurerei geworden, und dieser Satz allein sichert den „Alten Pflichten" ihren verbindlichen Wert auch für unsere Tage. Anderson flüchtet aus den Glaubenskämpfen seiner Zeit in das Allgemeinverbindende des ethisch Differenzierten. Er schließt sich jener Forderung an, die man in seinen Tagen die Religion des sittlichen Menschen schlechtweg nannte. Modern ausgedrückt: Religion ist Privatsache, sofern sie in der praktischen Übung sittliche Folgerungen zeitigt. Das meint Anderson mit der „religion in which all men agree".

Gottesleugner lehnt er ab, ebenso Sittenlose, Libertiner. Man hat viel, viel zuviel Geist und Tinte daran verwendet, den Wortsinn jedes einzelnen Wortes der Andersonschen Wendung: stupid Atheist and irreligious libertine aufzuklären. Was Anderson meinte, liegt bei ihm als Geistlichen doch klar auf der Hand: Gottesleugner und sittenlose Menschen kann der Bund nicht brauchen. Da Religion und Sittlichkeit ihm untrennbare Begriffe sind, sind die vier Worte eine Einheit des Begriffes, den er ablehnt.

Die Fassung Andersons ist nicht sehr glücklich. Sie hat die Meinung aufkommen lassen, die Freimaurerei wolle eine neue Religion proklamieren. Liest man das erste Hauptstück aufmerksam durch, so liegt klar zutage, daß es sich nicht um eine Religion neuer Art, sondern einfach um die gemeinsame, aus den bestehenden Religionen abzuleitende Ethik handelt. Keine Religion ist unsittlich, aber die Bekenntnisformen der verschiedenen Religionen trennen die Menschen, trotzdem sie gleiche sittliche Ziele verfolgen. Die Alte Pflicht appelliert an die gemeinsame Sittlichkeit und versucht, Menschen, die das Leben getrennt, in dieser gemeinsamen Übung zu sammeln. Das ist ihr Sinn, nicht die Begründung einer Freimaurerreligion, die es nach dem Grundgedanken der Königlichen Kunst nicht geben kann. Daß die erste Alte Pflicht die verschiedensten Weltanschauungsformen decken kann, ist daraus ohne weiteres klar. Die Gretchenfrage: „Wie hast du's mit der Religion" wird nicht gestellt. Und wird sie gestellt, dann hat der Freimaurer nach seiner ersten Alten Pflicht das Recht, mit den Faustworten zu antworten:

„Wer darf ihn nennen, wer ihn bekennen . . .!"

Zur zweiten Alten Pflicht (von der bürgerlichen Obrigkeit) sind Erklärungen notwendig, nicht weil sie der Freimaurer nicht versteht, wohl aber, weil sie von gegnerischer Seite geflissentlich falsch gedeutet wird. Die Unterwerfung unter die Gesetze des Landes ist dem Freimaurer selbstverständlich. Sein Nationalbewußtsein hat er, wo immer er arbeitet, deutlich genug bewiesen. Wo immer in der Geschichte eines Landes Freiheitshelden in die Ehrenhalle der Nation eingegangen sind, waren Freimaurer darunter. Es genügt, auf die Namen Washington, Franklin, Freiherr von Stein, Blücher, Fichte, Scharnhorst, Gneisenau, auf Kossuth und Klapka, Mazzini, Carducci, Garibaldi hinzuweisen. Daß die italienischen Freiheitshelden vom Standpunkte österreichischer Politik aus Hochverräter waren, daß Napoleon in den deutschen Freimaurern und ihrem geistigen Ableger, dem Tugendbund, Feinde erblicken mußte, das kann höchstens als subjektives Werturteil gelten, kann aber die Freimaurer, die für ihr Volk und ihr Land mit Hintansetzung ihrer persönlichen Sicherheit eintraten, nicht herabsetzen. Dieser Vorzug des Freimaurers, jederzeit zu höchster nationaler Leistung befähigt zu sein, ist ja eine der — von Freimaurern nie gerne eingestandenen Schwächen des Bundes. Aus diesem Grunde konnte es ja z. B. eben im Weltkriege jene maurerische Einheitsfront gar nicht geben, deren angebliches Bestehen von Gegnern so gerne behauptet wird.

Der Satz, der auf die Empörer gegen den Staat hinweist, kann bei Anderson nur zeitgeschichtlich verstanden werden. Anderson meint: Du sollst dich nicht in Empörung gegen die staatlichen Obrigkeiten einlassen. (Aber England ist doch in seiner Zeit eben das Land, das eine glorreiche Revolution hinter sich hatte!) Wir, die Freimaurer, meint Anderson, unterstützen dich nicht, wenn du dich in aktive Opposition einlässest. Aber wir schließen dich nicht aus der Loge aus. Denn wir sind ein brüderliches Verhältnis miteinander eingegangen, das nur der Tod endigen soll. Mit Unterstützung aber darfst du nicht rechnen. Denn die Loge ist unpolitisch. Und es sind auch Leute drin, die politisch anderer Meinung sein können und dürfen.

Die Loge ist nicht einseitig auf ein politisches Programm festzulegen. Aber eine politische Überzeugung, selbst wenn sie den herrschenden Meinungen entgegengesetzt sein sollte, ist kein Verbrechen, das diffamiert. Daher spricht die Loge den Ausschluß nicht aus.

Im ganzen genommen ergeben sich aus dem *Sinne*, nicht dem *Wortlaute* der Alten Pflichten jene allgemeinen freimaurerischen Grundsätze, die hier in einem Beispiel (Großloge Lessing zu den drei Ringen in der tschechoslowakischen Republik) ausgeführt seien:

„Der Bund der Freimaurer ist eine Gesinnungsgemeinschaft freier Männer von gutem Rufe, aufgebaut auf der Humanitätslehre und eingekleidet in ein eigenartiges System von sinnbildlichen Gebräuchen und Handlungen.

Der Freimaurerbund ist in geschichtlich *bewiesenem* Zusammenhange mit den Bauhütten der Steinmetzen, in geistigem Zusammenhange mit den bis in die graueste Vorzeit der Kulturmenschheit verfolgbaren Kulturgenossenschaften und Mysterienbünden. Der Inhalt seiner Symbolik ist die Erreichung eines Bauzieles, gehüllt in die Allegorie des *Salomonischen Tempelbaues* als Ausdruck für die Vollendung und den endgültigen Sieg des *Humanitätsgedankens*.

Indem der Freimaurer unter der Humanitätsidee das Streben nach höchster Vollendung menschlichen Wesens versteht und erfaßt, erstreckt er sein Arbeitsgebiet auf die gesamte Menschheit, die ihm Baustoff und deren höchstmögliche sittliche Vollendung, die ihm Bauziel ist.

Daher haben die *Unterschiede der Rassen, Völker, Religionen*, sozialen Stellungen und politischen Überzeugungen für ihn nur den Wert von Erscheinungsformen menschlichen Gemeinschaftslebens, die er als solche achtet, bei seiner Arbeit aber, die auf das rein Menschliche gerichtet ist, auszuschalten bestrebt ist.

Der Bund gewährt daher nicht nur, sondern fordert von seinen Mitgliedern einen hohen Grad der *Glaubens- und Gewissensfreiheit*, indem er sie unter sich und gegen jedermann, in und außerhalb der Loge zur Betätigung w a h r e r, e c h t e r D u l d u n g ausdrücklich verpflichtet.

In Ableitung dieses allgemeinen Standpunktes wird daher von den Mitgliedern kein bestimmtes Glaubensbekenntnis verlangt, jede ehrliche Überzeugung aus Pflicht geachtet und jede Verfolgung Andersdenkender verworfen.

Der über die ganze Erde verbreitete Freimaurerbund ist eine übervolkliche, geistige Gemeinschaft, in deren Rahmen die national durch Sprache und Kulturbesitz unterschiedenen einzelnen Glieder der Pflege des eigenen Volkstums hingebungsvoll dienen.

Der Freimaurer ist zur Beobachtung der Gesetze seines Vaterlandes verpflichtet und hat zur Erhaltung des inneren Friedens mit besonderer Mäßigung in Wort, Schrift und Tat nach Kräften beizutragen. Da die Freimaurerei aus ihrem Kreise jede politische und religiöse Frage ausschließt, sind alle Abstimmungen oder Beschlüsse, welche die individuelle Freiheit der Mitglieder beeinträchtigen könnten, untersagt.

Geschichte, Grundsätze und Zweck der Freimaurerei sind kein Geheimnis. Dem Freimaurer ist es aber verboten, gewisse Zeichen und Gebräuche, die zur wechselseitigen Erkennung dienen, die Ritualien und die Zugehörigkeit anderer zum Bunde Nichtfreimaurern gegenüber bekanntzugeben. Ebenso ist der Freimaurer über innere Angelegenheiten der Logen zur Verschwiegenheit verpflichtet."

II.

DIE ALTEN LANDMARKEN

Es gibt eine alte Freimaurerfabel, die folgendes erzählt: In einer Großloge wurde als besonderes Heiligtum eine Kiste mit schweren eisernen Verschlägen aufbewahrt, die nach der Überlieferung die aufschlußreichsten Urkunden über die Freimaurerei und die Großloge selbst enthalten sollte. Eine Eröffnung der Kiste wurde nicht erlaubt. Bis eines Tages unter dem Einflusse der neuer historischer Erkenntnis zugewandter Zeit, ein hochstehender Bruder die Öffnung dieses geheimen Schatzes anordnete. Die Kiste wurde unter besonderen Feierlichkeiten eröffnet, und siehe: sie war leer.

Mit dem Worte Landmark geht es ähnlich. Es ist eine traditionelle Workhülse der Freimaurerei. Eröffnet sie der freimaurerische Historiker, so ist sie leer. Aber sie war einmal da, und so wurde sie nachträglich gefüllt. Und so ist der Begriff Landmark ein Bestandteil der Freimaurerei besonders in Amerika geworden.

Das Wort geht auf Anderson zurück. In der XXXIX. Bestimmung der General Regulations, die den Old Charges angehängt sind, heißt es, daß „the old Land-Marks be carefully preserved". Die alten Landmarken sollen also sorgsamst geschützt werden, wobei in der gleichen Satzung auch der Vorgang beschrieben wird, wie, wann und unter welchen Voraussetzungen Verfassungsänderungen vorgenommen werden dürfen. Was unter Landmarks verstanden werden soll, sagt Anderson l. c. nicht. Dem Sinne nach kann nur gemeint sein: Die alten Satzungen der Freimaurerbruderschaft, ihre Gebräuche und Einrichtungen, die Traditionswert haben, sollen nicht fahrlässig Änderungen erfahren. Setzte man das Wort Landmarks gleich dem Inhalt der Constitutions und der bei der Freimaurerbruderschaft üblichen Gebräuche, so war der Sinn ohne weiteres klar. Aber die späteren Deuter der Stelle sagten sich: Anderson spricht immer nur von Charges, Regulations, Rules. Hier taucht eine neue Bezeichnung auf. Also muß auch eine andere Bedeutung zugrunde liegen. Und damit begann das große Rätselraten um die Landmarken.

Was sind Landmarken? Im übertragenen Sinne ist darunter zu verstehen eine feststehende, unverrückbare Einrichtung von hohem Alter und bleibendem Traditionswert. In diesem Sinne gebraucht beispielsweise Milton das Wort, wenn er von einem Altar spricht, der inmitten des Paradieses als Landmark stand. Auch in den Juniusbriefen (1777) ist von Landmarken, durch frühere Beschlüsse aufgerichtet, die Rede. Da Grenzsteinverrückungen schon in der Bibel als besonders verruchte Tat bezeichnet werden (5. Mos., Kap. 28), haftet der Landmarke, dem unverrückbaren Grenzstein, ein Geruch besonderer Verehrungswürdigkeit an. Daher muß auch der neugewählte Meister vom Stuhl der englischen Logen bei seiner Amtsübernahme ausdrücklich zugeben, „daß es nicht in der Macht eines einzelnen oder einer Gruppe von Einzelpersonen liegt, irgendwelche Neuerungen in die Genossenschaft der Freimaurer einzuführen". Die Landmarken sind also etwas ewig Dauerndes, keiner Veränderung Zugängliches. (His immotis nunquam ruet steht auf einem Kupfer der Bayreuther Großloge aus dem XVIII. Jahrhundert.) Deshalb definiert sie der englische Historiker Henry Sadler (1904): „Landmarken sind ausschließlich jene Gesetze der Kunst, die allgemein und unwiderruflich sind."

Um das Unglück voll zu machen, haben es amerikanische Freimaurer unternommen, die Landmarken in einen Kanon zu bringen. Dabei kam Dr. Albert Mackay (1858) auf einen Kanon von 25 Landmarken. Andere amerikanische Großlogen kamen aber bis auf 53. In der Konstitution der Großloge von New York wieder werden die folgenden neun Landmarken angeführt, die von P. G. M. Joseph D. Evans verfaßt wurden, die aber die Großloge selbst niemals beschlossen hat. Der Umstand, daß diese Landmarken jedoch im Gesetzbuche der Großloge abgedruckt erschienen, läßt erkennen, daß die Großloge den wesentlichsten Kanon der Landmarke in ihnen erblickt. Diese Zusammenstellung lautet:

1. Die Landmarken sind jene ausgezeichneten Punkte in den esoterischen Mysterien der Freimaurer, die deutlich im Rituale niedergelegt sind, unter ihnen Zeichen, Worte und Griffe und die Legende des dritten Grades.

2. Jeder, der sich um Zulassung zu den Vorrechten der Freimaurerei bewirbt, muß vor seiner Aufnahme den Glauben an einen ewigen und wahrhaftigen Gott, den Schöpfer und Lenker des Weltalls und an die Unsterblichkeit der Seele bekunden.

3. Jeder Kandidat für die Ehren der Freimaurerei muß sein ein Mann, freigeboren, von reifem und besonnenem Alter, kein Eunuch, kein Weib, kein unmoralischer oder ärgerniserregender Mann, sondern von gutem Rufe, ohne Fehler an Leib und Seele, die ihn untauglich machen könnten, die Kunst zu lernen und auszuüben.

4. Kein Kandidat darf nach seiner religiösen Überzeugung oder politischen Meinung gefragt werden, noch dürfen Erörterungen über diese Fragen in irgendeiner Versammlung der Bruderschaft erörtert werden.

5. Das Recht der Loge, selbst darüber zu entscheiden, wer aufgenommen oder einverbrüdert werden soll, ist ein der Loge inhärentes und unbestreitbares und ist keinerlei Dispensrecht oder gesetzgeberischen Maßregel von irgendeiner Seite und welcher Quelle immer unterworfen.

6. Die Kugelung über Kandidaten ist geheim und unverletzlich.

7. Hat der Meister einer Loge eine Frage entschieden, so gibt es keinerlei Berufung dagegen an die Loge.

8. Die Loge kann den Meister nicht verhören (das heißt, sie kann den Meister nicht vor ihr eigenes Gericht stellen, wohl aber vor das Großlogengericht!)

9. Es ist das Vorrecht des Großmeisters, bei jeder Art von Arbeit der Bruderschaft seiner Großloge den Vorsitz zu führen, sei es nun in der Großloge oder einer Loge, und die Exekutive der Großloge in den Pausen zwischen ihren Versammlungen auszuüben.

Der amerikanische Jurist Roscoe P o u n d engte die Landmarken auf sieben ein, die im wesentlichen folgendes beeinhalten:

1. Der Glaube an Gott.

2. Glaube an die Fortdauer der Persönlichkeit.

3. Das Buch der Gesetze als unentbehrliches Einrichtungsstück der Freimaurerloge.

4. Die Legende des dritten Grades.

5. Das Geheimnis.

6. Der Symbolismus geschöpft aus dem Bauhüttengebrauche.

7. Erfordernis des männlichen Geschlechtes, freier Geburt und des gehörigen Alters.

Johann Gabriel Findel liest neun gemeinsame Satzungen aller Freimaurer aus den Alten Pflichten heraus. Diese wären:

1. Die Verpflichtung auf die allgemeine Religion, in der alle Menschen übereinstimmen.

2. Die Aufhebung der Schranken der Geburt, der Rasse, Nationalität, Hautfarbe und der politischen Partei.

3. Die Angehörigkeit jedes Aufgenommenen zum ganzen Bunde, daher das Besuchsrecht, Gastrecht und Recht der Annahme.

4. Die Bedingungen für die Aufnahmefähigkeit: geistige Freiheit, das nötige Maß von Bildung, reifes Alter, sittliche Grundsätze, tadelloser Lebenswandel und guter Ruf.

5. Der Grundsatz, daß jeder Vorrang unter Maurern sich nur auf den wahren inneren Wert und selbsteigenes Verdienst zu gründen habe sowie die Anerkennung der vollen Gleichheit unter Maurern.

6. Die Verpflichtung, alle Streitigkeiten zwischen Personen innerhalb des Bundes auszutragen.

7. Das Gebot der Eintracht, der Bruderliebe sowie das Verbot Privatstreitigkeiten, insbesondere aber politische und religiöse Streitfragen in die Loge hineinzutragen.

8. Die Verschwiegenheitspflicht, die Geheimhaltung der Erkennungszeichen und des Gebrauchtums.

9. Das Recht jedes Maurers, an der maurerischen Gesetzgebung teilzunehmen, das Wahlrecht und das Recht, in der Großloge vertreten zu sein.

Durch einen Schreibfehler in einem Logenprotokolle (1810) wurde die Frage noch mehr kompliziert. Es heißt dort, daß die Installierung einer Loge nach den gesetzlichen Formen „is one of the two Landmarks of the Craft“. Damit wäre die Zahl der Landmarken überhaupt nur auf zwei beschränkt gewesen, wobei die eine die Installierung selbst war. Hextall (1916) hat nun überzeugend nachgewiesen, daß hier ein Flüchtigkeitsfehler in der Schrift vorliegt. Es muß heißen, „one of the true landmarks“, eine der wahren Landmarken.

Trotz vielfacher Bemühungen, besonders von deutscher Seite, gibt es kein gemeinsames Freimaurerrecht. Die Landmarken sind ein Ansatz dazu. Man wollte neben den geschriebenen Satzungen und Konstitutionen auch die ungeschriebenen Überlieferungswerte und Einrichtungen der Freimaurerei auf ein gemeinsam Verbindendes, auf einen Nenner, bringen. Das ist nun nicht gelungen. Und deshalb hat der Begriff Landmarken in Europa nur mehr den Wert eines Tropus. Man bezeichnet damit allgemein die alten Überlieferungen in Gebrauchtum, Einrichtung und Übungen, ohne dabei an etwas Bestimmtes zu denken. Wogegen in Amerika mit dem Worte Landmark ein bestimmter Satz von Bestimmungen verstanden wird, die von jeder Großloge mehr oder weniger willkürlich konstruiert wurden. Man kann abschließend sagen, daß es Landmarken der Freimaurerei überhaupt nicht gibt. Ein so hervorragender freimaurerischer Historiker wie Hughan bezeichnet die ganze Landmarkenfrage als bloße Phantasterei. Nur in Amerika hält die freimaurerische Orthodoxie an dem vagen Begriff der Landmarken unerschütterlich fest. Trotzdem macht sich auch dort das Bedürfnis geltend, die alten Grenzsteine in der neuen Zeit zu versetzen. So ist nach dem Kriege die Unerschütterlichkeit des Grundsatzes, daß nur körperlich Volltaugliche Freimaurer werden dürfen, verständigerweise gestrichen oder gemildert worden. Um 1871 findet die Großloge von New York, daß zwischen den Landmarken und den neuen Gesetzen der Großloge so viele schwerwiegende Unterschiede bestünden, daß „the entire law had become a very unsafe guide" (daß das ganze Gesetz ein unzuverlässiger Führer geworden sei!).

Die Landmarken sind ein Petrefakt und Petrefakten sind langlebig. Auch die Freimaurer leiden darunter, daß vom Rechte, das mit ihnen geboren ist, leider nicht immer die Frage ist. Ihre einzige Bedeutung liegt höchstens darin, daß sie auf eine Auslese des Freimaurerrechtes hinweisen, die allen Großlogen gemeinsam sein könnte. Versuche, die in dieser Beziehung bisher unternommen wurden, so von der Association maçonnique internationale, haben bisher zu keinem Ergebnis geführt. Es gibt heute gewisse symbolische und ritualistische Gemeinsamkeiten der freimaurerischen Lehrarten, aber kein gemeinsames Freimaurerrecht. Und die in Amerika festgesetzten Grundsätze, die Landmarks, sind vielleicht am wenigsten geeignet, dieses internationale Freimaurerrecht zu begründen.

Chronik der Freimaurerei

Die Chronik, die Anderson dem Konstitutionsbuche von 1723 voranstellte, hat schon zu seinen Lebzeiten den Spott der Besserwisser herausgefordert. Sehr zu unrecht. Denn Anderson hatte Vorbilder, die er nachbilden wollte, um dem Gesamtwerk den Anstrich besonderer Ehrwürdigkeit zu geben. Er sollte ja auch nichts Neues schaffen, sondern nach dem Wunsche seines Großmeisters Montagu die alten „gothischen Schriften" bearbeiten. In diesen fand er Beispiele für seine Geschichtsklitterung, bei der es nicht so sehr auf die historische Treue als vielmehr auf die lückenlose Ableitung der Freimaurerei bis zur Erschaffung der Welt im alten Chronikenstil ankam. Der Roberts-Druck, der 1722 erschien, hat diese Chronik in ähnlicher Form. Anderson, der auch hier der trockene Pedant blieb, der er in seinen genealogischen Werken war, hat alles hinzugefügt, was ihm irgendwie von Belang schien.

Die für England älteste Freimaurerchronik findet sich in der sogenannten Halliwell-Handschrift, auch Regiusmanuskript genannt, deren Entstehungszeit bis ins XIV. Jahrhundert zurückverlegt wird. Die in Knittelversen verfaßte Chronik hat ungefähr folgenden Inhalt: Edle Herren und Frauen sind um die Zukunft ihrer Kinder besorgt und lassen daher Gelehrte aus allen Ländern der Erde kommen, um sie zu unterrichten. Darunter ist auch Euklid, der den Kindern die Grundregeln der Geometrie beibringt und ihnen Bauhüttensatzungen gibt. Diese Kunst kam dann nach England zur Zeit des Königs Athelstan, der in einer Versammlung von Adeligen und Herren ein Grundgesetz der Freimaurerei erläßt. Dieser historischen Einleitung werden dann die Pflichten des Maurers in 15 Punkten angeschlossen. Die einfache Geschichte wird in späteren Manuskripten sehr erweitert. So schon im Cooke MS., wo sie mit einem Vornoachiten, Lamech, anhebt.

Andersons Chronik, die den letzten Versuch freimaurerischer Chroniken vorstellt, ist 1723 geschrieben. Er setzt in seiner übertriebenen Pedanterie sogar überall die Jahreszahlen, und zwar von Erschaffung der Welt und nach christlicher Zeitrechnung ein. Diese, im Original 56 Seiten umfassende, mit zahlreichen Fußnoten versehene Geschichte der Freimaurerei kann nicht auf historische Treue Anspruch erheben. Da sie aber immer wieder zitiert wird, so sei hier wenigstens der Gang dieser Chronik in Kürze wiedergegeben.

ANDERSONS CHRONIK.

Adam unser Vater muß die freien Künste, besonders die Geometrie, in seinem Herzen getragen haben, denn er lehrte zweifellos seine Söhne die Geometrie. Kain baute eine Stadt, die er nach dem Namen seines ältesten Sohnes Enoch nannte.

Seth war nicht weniger unterrichtet, er betrieb Geometrie und Astronomie. Die Familien beider betätigten sich als Bauleute, bis Noah die Arche baute, die sicherlich nach den Gesetzen der Baukunst errichtet war. Noah und seine drei Söhne retteten die vorsintflutlichen Kenntnisse der Baukunst in die neue Welt. Denn 101 Jahre nach der Sintflut finden wir Bauleute im Tale zu Shinar (2247 v. Chr.), die dort den berühmten Turm bauten. Aber nachdem sie 53 Jahre daran gebaut hatten, trat die Sprachenverwirrung ein (2194 v. Chr.). Überall waren jetzt Bauleute tätig, so besonders unter Leitung Nimrods, der viele Städte baute, darunter Ninive und Rehoboth. An den Ufern des Euphrat und Tigris blühten jetzt Gelehrtenschulen der Chaldäer und Magier, deren Weisheiten auch zu den Ägyptern gelangten. Denn der zweite Sohn des Ham, Mizraim, begründete hier die nach ihm benannte Kolonie (2188 v. Chr.). Ein anderer Sohn des Ham besiedelte Kanaan, wo die Israeliten, als sie unter Josua einzogen, zu ihrem Erstaunen so feste Städte fanden, daß sie diese ohne Gottes Hilfe nicht hätten einnehmen können. Abraham lernte die Baukunst in Ur (2078 v. Chr.). Die Juden glauben sogar, daß er die Ägypter in der Geometrie unterrichtet hat. Unter den ägyptischen Königen wurden die Juden zur Baukunst besonders gezwungen. Das lag im Plane Gottes, der sie vor der Eroberung von Kanaan zu guten Bauleuten machen wollte. Auf dem Marsche durch die Wüste inspizierte Gott die beiden Jünglinge Bezalel und Aholiab beim Bau der Stiftshütte (1490 v. Chr.). Den Grundriß hierzu hatte Gott dem Moses gezeigt, der deshalb der General Master Mason wurde. Unter Großmeister Moses zogen sie durch die Wüste, oft von ihm zur Hauptloge (general lodge) berufen. Die Juden waren ein Volk von Bauleuten. Nachdem sich die Juden in Kanaan festgesetzt hatten, bauten sie die alten Baudenkmäler aus und übertrafen diese sogar den Tempel des Dagon an Kunst. Bis dann Salomo mit Hilfe von 3600 Aufsehern oder Harodim, 80.000 Steinmetzen und 70.000 Hilfsarbeitern den Tempel errichtete. Salomo war seinem Freunde Hiram von Tyrus sehr verpflichtet, denn er sandte ihm Maurer und Zimmerleute und vor allem seinen Baumeister Hiram, den vollendetsten Maurer der Welt. Und Salomo weihte den Tempel (1004 v. Chr. Die Schicksale Hirams werden in keiner Weise erwähnt, dagegen wird das Bauwerk sehr genau beschrieben). Um diese Zeit war Salomo Großmeister der Loge von Jerusalem, Hiram von Tyrus Großmeister der Loge von Tyrus und Hiram Abif war der Leiter des Baues (Master of Work). Nach dem Tempelbau zerstreuten sich die Bauleute nach Mesopotamien, Assyrien, Chaldäa, Kleinasien, Griechenland, und viele Könige und Fürsten nahmen sie auf, ließen von ihnen bauen und wurden so Großmeister, jeder in seinem Lande. Sogar in Indien waren Freimaurer zu finden. Aber nirgends wurde die Kunst Israels wieder erreicht. Der große Monarch Nebukadnezar wurde Großmeister in seinem Lande und ließ viele

Bauten errichten (588 v. Chr.). Dabei dienten ihm besonders die gefangenen Juden. Sein Nachfolger Cyrus erbaute den Tempel von Salem und setzte Zerubabel über das Werk, der als Führer der rückwandernden Juden in Jerusalem den Grundstein des zweiten Tempels legte (536 v. Chr.). So kam die Kunst auch nach Griechenland, wo alle Bauwerke, wie das Parthenon, die Tempel des Theseus, Jupiter, die Fora, Theater und Gymnasia, nach den Plänen des salomonischen Tempels errichtet wurden. Aber die Griechen selbst verstanden nichts von Geometrie, bis Thales von Milet sie von gefangenen Juden gelernt hatte (547 v. Chr.). Dessen Schüler war Pythagoras, der Erfinder des 47. Problems im Buche des Euklid, worin alle Maurerei eingeschlossen ist. In Kleinasien tat sich Mausolus, König von Caria, hervor, der seiner Gattin Artemisia eine prachtvolle Grabstätte (Mausoleum) erbaute (352 v. Chr.). Ihre Blüte erreichte die Geometrie mit Euklides (304 v. Chr.), der sie in Alexandria unter Ptolemäus in neue Bahnen lenkte. Der nächste Ptolemäer, Philadelphus, war General Master Mason und errichtete das fünfte Weltwunder, den Leuchtturm von Pharos (256 v. Chr.). Wir sind auch verpflichtet zu glauben, daß auch die afrikanischen Völker bis an die Küste des Atlantischen Ozeans sich eifrig mit Baukunst beschäftigten, wenn hier auch genaue Überlieferungen fehlen. Nicht zu vergessen Sizilien, wo der berühmte Geometer Archimedes lebte (212 v. Chr.), der bedauerlicherweise bei der Einnahme von Syrakus erschlagen worden ist. Denn von hier aus lernten die Römer die Baukunst kennen. Augustus Cäsar war Großmeister der Loge von Rom, Vitruvius war sein Berater. Mit den Römern kam die Baukunst auch nach Ultima Thule, und in jeder römischen Garnison bestand schließlich eine Loge. Wenn auch die Kelten, Gälen und Briten schon eigene Bauwerke hatten, so kam doch jetzt erst der Geist der Maurerei in diese Länder. Aber die Goten und Vandalen zerstörten die Baukunst in Europa, ebenso wie die Mohammedaner in Asien und Afrika. Mit dem Christentum bekehrten sich auch die bisher kriegerischen und heidnischen Stämme Englands zur Maurerei. Karl Martell, König von Frankreich, sandte ihnen kundige Bauleute (741). So wurde hier die gotische Baukunst gefördert. Trotzdem die Dänen ins Land fielen, konnte sich der augusteische Stil wohlentwickeln. Nach der Vertreibung der Dänen und Sachsen blühte die gotische Baukunst unter Wilhelm dem Eroberer und seinem Sohne Wilhelm Rufus wieder auf (A. D. 1666). Auch die späteren Kriege konnten sie nicht aufhalten. Denn König Edward III. hatte einen Free Mason namens Henry Yevelle, der ihm mehrere Abteien baute. König Eduard IV. schrieb eigenhändig allgemeine Verordnungen, die sich auf jene Satzungen bezogen, die König Athelstan, der erste gesalbte König Englands (930 A. D.), der Enkel Alfreds des Großen, als Konstitution für die englischen Logen der working Masons erlassen hatte. Sein jüngster Sohn Prinz Edwin veranlaßte

König Athelstan zur Erlassung eines Freibriefes für die Maurer und die Erlaubnis, Jahresversammlungen abzuhalten. Besagter Prinz berief alle Maurer nach York, wo er eine allgemeine Loge hielt, deren Großmeister er war. Und diese Versammlung gab sich eine neue Verfassung nach den alten Gesetzen, die Prinz Edward vorgelegt hatte. Diese alten Verfassungen wurden von König Heinrich VI. bestätigt. In seiner Jugendzeit war er wohl gezwungen, infolge von Unregelmäßigkeiten diese Akte zu widerrufen, aber als er später von den Maurern angegangen wurde, überprüfte er die alten Satzungen und bestätigte sie von neuem und zeigte sich den Maurern sehr geneigt. Auch die Könige von Schottland erwiesen ihnen manche Huld. Daher rührt der alte Trinkspruch der Maurer: „God bless the King and the Craft." Die Förderung durch Adelige und Geistliche setzte die Maurer in die Lage, einen Großmeister einzusetzen, der vom Könige Gehalt bezog. Die Königin Elisabeth war den Maurern weniger gewogen. Es kränkte sie, daß sie nicht Maurer werden konnte wie Semiramis und Artemisia. Daher förderte sie andere Künste, nicht aber die der Maurer. Aber ihr Nachfolger, Jakob VI. von Schottland, war ein „Mason King", er war auch der erste, der die römische Architektur von den Resten gotischer Unkenntnis befreite. Und so wurde im XV. und XVI. Jahrhundert der augusteische Stil wieder zu Ehren gebracht, nicht zuletzt durch Bramante, Barbaro, Sansovino, Sangallo, Michel Angelo, Raphael Urbino, Gulio Romano, Serglio, Labaco, Scamozzi, Vignola u. a. Besonders aber durch den großen Palladio, dem in England der Großmeister Inigo Jones nacheiferte. König Karl I. war ebenfalls ein Freimaurer und begünstigte Mr. Jones. Leider wurde er durch die Bürgerkriege abgelenkt. Nach der Rückkehr der königlichen Familie wurde auch die echte Maurerei wieder eingesetzt. Nach dem großen Brand von London (1666) wurden viele neue Gebäude errichtet. So die St.-Pauls-Kathedrale, das Chelsea College, der königliche Palast in Greenwich u. v. a. Wir haben Veranlassung, anzunehmen, daß König Karl II. ein Accepted Free-Mason war. Sein Baumeister war Sir Christopher Wren. Unter der Regierung Jakobs II. verfielen die Londoner Logen, trotzdem noch manche römische Bauten errichtet wurden. Aber nach der Revolution (1688), als König Wilhelm, der von vielen als Freimaurer bezeichnet wird, den Thron bestieg, lebte die Freimaurerei wieder auf. Und der gegenwärtige Monarch, König Georg, gibt den Maurern manche Gunstbeweise.

Man müßte viele Bände füllen, um zu beschreiben, welch mächtigen Einfluß die Maurerei von Beginn der Welt ausgeübt hat. Man könnte auch nachweisen, daß die Orden der wehrhaften Ritter, ebenso die religiösen, manchen Gebrauch von dieser alten Bruderschaft der Freimaurer entlehnt haben. Jetzt genießt die freie britische Nation die Früchte des Friedens und der Freiheit, hat die absterbenden Logen wieder belebt und London ist ebenso wie Paris aufgeblüht.

Viele Edelleute und Ehrenmänner, Geistliche und Gelehrte haben sich angeschlossen und haben die Pflichten angenommen, tragen die Abzeichen eines Freimaurers unter unserem gegenwärtigen würdigen Großmeister, dem vieledlen Prinzen Johann Herzog von Montague.

Diese Chronik ergänzt Anderson in der Konstitutionsausgabe von 1738 mit folgenden auf die Gründungsgeschichte bezüglichen Stellen: „König Georg I. hielt am 20. September 1714 einen höchst glanzvollen Einzug in London, und als der Aufstand im Jahre 1716 vorüber war, hielten die wenigen Logen in London, da sie sich von Sir Christopher Wren vernachlässigt fanden, es für zweckmäßig, unter einem Großmeister, als dem Mittelpunkte der Einigkeit und Harmonie, sich fest zu verbinden, nämlich die Logen, die sich versammelten 1. in der Bierschenke ‚Gans und Bratrost', St. Pauls Kirchhof, 2. in der Bierschenke ‚Krone' in der Parkstraße, nahe der Drurystraße, 3. im Wirtshause ‚Zum Apfelbaum' in der Karlstraße, Covent Garden, 4. im Wirtshause ‚Zum Römer und zur Traube' in der Kanalstraße, Westminster. Sie und einige isolierte Brüder versammelten sich in dem genannten Apfelbaum, und nachdem sie den ältesten Meister in den Stuhl gesetzt, konstituierten sie sich als eine Große Loge pro tempore in gehöriger Form und riefen sie sofort durch eine Sitzung der Beamten wieder ins Leben und beschlossen, die Jahresversammlungen und das Jahresfest zu halten und dann einen Großmeister aus ihrer Mitte zu wählen, bis sie die Ehre eines adeligen Bruders an der Spitze haben würden. In Übereinstimmung damit wurde am Tage St. Johann d. T. im dritten Jahre der Regierung König Georgs I. Anno Domini 1717 die Versammlung und das Fest der Freien und Angenommenen Maurer abgehalten in der besagten (Loge) ‚Zur Gans und zum Bratrost', nunmehr übersiedelt in das Bierhaus ‚Zum Königswappen' in St. Pauls Kirchhof. Vor dem Essen schlug der älteste Meistermaurer als Vorsitzender eine Liste von Kandidaten vor. Und die Brüder wählten durch Handmehr Mr. Anthony Sayer, Gentleman, zum Großmeister der Maurer, der sodann von dem erwähnten ältesten Meister mit den Abzeichen seines Amtes und seiner Gewalt bekleidet und von der Versammlung gebührend beglückwünscht wurde, die ihm Verehrung erwies."

* * *

Soweit Andersons Chronik. Ihre Unverläßlichkeit, auch in den letzten Angaben, ist wiederholt nachgewiesen worden. Sie enthält in der für ihn erreichbaren Zeit — alle Teilnehmer des Gründungsereignisses lebten noch — facts and fictions, Dichtung und Wahrheit. Es ist Chronik, nicht Geschichte, was uns Anderson überliefert hat. Wer den braven Reverend ganz verwirft, tut ihm unrecht. Und wer ihn vollkommen ernst nimmt, geht irre. Auch dieses ist Kennzeichen der chronistischen Geschichtsschreibung.

Maurerisches

Deutsch	Französisch	Englisch
A∴B∴A∴W∴	G. A. D. L'U.	G. A. O. T. U.
Allm. Baumeister aller Welten	Grand Architecte de l'Univers	Great Architect of the Universe
Altar	autel	altar
Arbeit (Sitzung)	tenue	meeting
— eröffnen	— ouvrir les travaux	— open the lodge
— schließen	— fermer les travaux	— close the lodge
— unterbrechen	— mettre l'Atelier en récréation	— call from labour to refreshment
Aufnahme (Rezeption)	initiation	initiation
Aufnahme begehren	demander à être reçu maçon	ask (solicit) to be admitted to the mysteries and privileges of F.—y.
Aufseher (I. und II.)	Surveillant (I. et II.)	Warden (Senior and Junior)
Band (Cordon)	cordon, sautoir	collar
Beamter	officier	officer
Bruder, Br∴	frère (F∴)	brother (Bro.)
— Gel∴Br∴ N. N.	— T. C. F. N. N.	— Dear Bro. N. N.
— Schlußformel in Briefen: Ihr treuverb. Br∴	— Votre fraternellement dévoué	— Fraternally Yours
Brudermahl, weiße Tafel	Agape*)	Banquet (Feast), social board
Ceremonienmeister	Maître des Cérémonies	director of ceremonies
Deckung (Austritt), ehrenvolle	demission	demit
Degen	glaive	sword
Freimaurer	Franc-maçon (F∴M∴)	Freemason
— Maurer	— maçon (maç∴)	— mason
Freimaurerliga, Allgemeine	Ligue Internationale de FF∴-MM∴	Universal League of F. M.
Gehörig gedeckt	couvert à l'extérieur	properly tyled
Gelöbnis (Eid)	obligation	Obligation (O. B.)
— ablegen	— prêter son obligation	— take an obligation
Geselle	compagnon	Fellow Craft (F. C.)
Gesetzbuch (Bibel)	livre de la loi (bible)	Volume of the Sacred Law (Holy Bible)
Grad (erster, zweiter, dritter)	degré, grade (premier, deuxième, troisième)	degree (first, second, third)
Griff	attouchement	token
Großloge	Grande Loge, Grand Orient	Grand Lodge
Großmeister	Grand Maître**)	Grand Master
— Dep∴Gr∴M∴	— G. M. adjoint	— Deputy G. M.
Hammer	maillet	gavel (mallet)
Irregulär (Winkelloge)	irrégulier	irregular, spurious, clandestine
Johannes	St. Jean	St. John
Johannisfest	— fête de St. Jean, fête solsticiale	— Festival of St. John, Saint John's Day
Kelle	truelle	trowel
Kette	chaîne d'union	chain
Kleinodien	bijoux	jewels
Kunst, Königliche (K. K.)	art royal	Royal Art
Klopfen	frapper	knock
Lehrling	apprenti	Entered Apprentice (E. A.)

*) Agape (nicht rituell), Banquet blanc (mit Schwestern), Banquet d'Ordre (rituell).

Vokabularium

Spanisch	Tschechisch	Holländisch
El G. A. D. U.	N. S. V.	O. B. d. H.
El Gran Arquitecto del Universo	Nejvyšší stavitel všehomíra	opperbouwmeester des heelals
Ara	Oltář	altaar
Tenida	Práce	arbeid
abrir los trabajos	— otevříti	— openen
cerrar los trabajos	— ukončiti	— sluiten
— receso	— přerušiti	— onderbreken
iniciación	přijetí	receptie
solicitar ser recibido masón	žádati o přijetí	wensch tot opname
Primer y segundo vigilante	První a druhý dozorce	opziener (I. & II.)
collar	Stuha	kordon
oficiales	Činovník	officier
hermano (h..)	Bratr oder b ∴ (inmitten des Satzes)	broeder
querido hermano (qu.. h..)	Drahý bratře N. N.	waarde br. N. N.
saludos fraternales de su h..	bratrsky oddaný	uw u heilw. medebr.
comida fraternal	bratrská hostina	broedermaal (banket, nabroodje)
Maestro de ceremonia	Obřadník	ceremoniemeester
dimisión	krytí (bratr žádá o [čestné] krytí)	dekking
espada	meč	degen
Franc-masón	svobodný zednář	vrijmetselaar
masón	zednář	maçon
Liga Internacional de Franc-masónes	Zednářská Liga Mezinárodní	Int. liga van vrijmetselaren
debidamente cubierto	řádně krytá	behoorlijk gedekt
juramento	Zednářský slib	gelofte (eed)
prestar juramento	slíbiti na zednářské slovo a na zednářskou čest	gelofte afleggen, zweren
compañero	bratr tovaryš	gezel
libro de la ley (biblia)	Kniha Zákona (Bible, Písmo)	boek der wijsheid, bijbel
grado primero, segundo, tercero	Stupeň, prvního, druhého, třetího stupně	graad (eerste, tweede, derde)
toque	Stisk oder podání ruky	aanraking
Gran Logia (Gran Oriente)	Velelóže	grootloge
Gran Maestre	Velmistr	grootmeester
Gran Maestre Adjunto	Úřadující Velmistr	gedeputeerde G. M.
mallete	Kladivo	moker des gezags
irregular	Lóže pokoutní	onregelmatig
San Juán	Sv. Jan	sint jan
fiesta de San Juán fiesta del solsticio	svatojanská slavnost	sint jansfeest
balaustre	lžíce	truffel
cadena de unión	řetěz	broederketen
joyas	Einzahl: klenot, Mehrzahl: klenoty, auch odznaky	kleinoodiën
Real Arte	Královské Umění	koninklijke kunst
llamar	klepati	aankloppen
aprendiz	učeň	leerling

**) Beim Grand Orient de France: Président du Conseil de l'Ordre.

Licht	lumière	light
Lichter, die drei Großen	— les trois lumières	— the three great Lights
Loge (Werkstätte)	loge, atelier	lodge
— symbolische	— bleue, symbolique	— blue lodge
Mann	homme	man
— freier, von gutem Ruf	— libre et de bonnes moeurs	— free man and of good report
Maßstab	règle	twenty-four inch gauge
Meister	maître (M∴)	Master Mason
— v∴ St∴	Vénérable	Worshipful Master (W. M.)
— Altmeister	Ancien Vén.	Past Master (P. M.)
Meistererhebung	élévation à la maîtrise, réception en chambre du milieu	raising
Neuaufgenommener	initié, néophyte	neophyte
Orden	ordre	Order
Osten	orient	East
Paßwort	mot de passe	password
Pfeiler (Säule)	pilier (colonne)	pillar
— die drei Säulen W∴ S∴ Sch∴	— les trois p. sacrés sagesse, force, beauté	— the three great p. s: Wisdom, Strength, Beauty
Pflicht	devoir	care
Protokoll	procès verbal	minutes
Prinzipien (Devise)	principes: — in Frankreich: liberté, égalité, fraternité	great principles: — in England u. Amerika: Brotherly love, relief and truth
Redner	orateur	orator
Regulär	régulier	regular
Ritus	rite	rite
— Schottischer, A. u. A.	— Ecossais Ancien et Accepté	— Ancient and Accepted (Scottish) R.
Saal der verl. Schritte	parvis	anteroom, Tyler's room
Salve, eine dreifache, ausbringen	tirer une triple batterie	battery
Säule	Colonne	column
Schaffner	—	steward
Schritt	pas (la marche)	step
Schurz	tablier	apron
Schweigen	silence	silence
Schwert	épée	sword
Senkblei	fil à plomb, perpendiculaire	plumb
Spitzhammer	grelet, marteline	gavel common
Symbol	symbole	symbol
Stein, rauher	pierre brute	rough ashlar
— kubischer	— cubique	perfect ashlar
Stern, flammender	étoile flamboyante	blazing star
Tapis	tableau	tracing board, trestleboard
Tempel	temple	temple
Tempelhüter	Gardien, tuileur	Tyler, guard
Trinkspruch	santé	toast
Vorbereiten	préparer	prepare
Vorbereitungszimmer	chambre de réflexion	preparation room
Wasserwaage	niveau	level
Winkelmaß	équerre	square
Wort (heiliges)	mot sacré	word
Zahlen, heilige	nombres sacrés	sacred numbers
Zeichen, mr∴	signe	sign
Zeit	heure	time
Zirkel	compas	compasses

luz	světlo	licht
las tres luces del taller	Tři veliká světla	de 3 groote lichten
logia (taller)	Lóže (Dílna)	loge (werkplaats)
logia simbolica	symbolická Lóže	blauwe loge
hombre	muž	—
hombre libre y de buenas costumbres	svobodný muž dobrých mravů a dobré pověsti	vrije man van goeden naam
regla	pravítko a míra	maatstok
maestro	mistr (C∴M∴)	meester
Venerable Maestro	C∴M∴ (Ctihodný Mistr)	voorzittend meester, achtbare m.
Ex-Venerable	Ctihodný Mistr exvenerabilis	—
exaltación al tercer grado	provýšení k mistrovství	meesterverheffing
neófito	novic právě přijatý	nieuw opgenomene
Orden	řád, Řád	orde
Oriente	Východ	oosten
palabra de paso	heslo	paswoord
columna	sloup	zuil
las tres estatuas: Sabiduría, Fuerza, Belleza	— tři Moudrosti, Síly a Krásy	— wijsheid, kracht, schoonheid
deber	povinnost	plicht
protocolo	Zápis s desky	notulen
Lemas: Libertad, Igualdad y Fraternidad	zásady: volnost, rovnost, bratrství	—
orador	Řečník	redenaar
regular	řádná a správná Lóže	regelmatig
rito	obřad	ritus
rito escoces antiguo y aceptado	— skotského, starého a přijatého	oude en aangenomen schotsche R.
sala de pasos perdidos	předsíň oder wörtlich: síň ztracených kroků	voorhof
tributar una triple batería	Trojnásobným radostným potleskem	salvo
columna	sloup	zuil
mayordomo	hospodář	—
paso	krok	pas
mandil	zástěra	schootsvel
silencio	mlčení	stilte
espada	meč	zwaard
plomada	olovnice	schietlood
mazo	palice	spitshamer
simbolo	symbol oder znamení	symbool
la piedra bruta	kámen, hrubý: hrubý kámen, balvan	ruwe steen
— cubica piramidal	krychlý oder kostka	kubis steen
estrella flamígera	hvězda, planoucí hvězda	vlammende ster
tapiz	Koberec	tableau
templo	—	tempel
guarda-templo	dveřník	dekker
un brinde	přípitek	dronk
preparar	připraviti	voorbereiden
cámara de reflexiones	síň rozjímání	donkere kamer
nivel	vodováha	waterpas
escuadra	úhelnice	winkelhaak
palabra sagrada	slovo (posvátné slovo)	heilig woord
cifras sagradas	všem nám posvátné číslo	heilige getallen
signos	znamení, zednářské znamení	teeken
hora	Čas	tijd
compás	kružidlo	passer

Freimaurer im kulturellen und staatlichen Leben der Völker

(Einzelheiten s. unter den Namen des Lexikons. — * s. im Nachtrag.)

Märtyrer des freimaurerischen Gedankens. Alincourt, Andrade, Oyres de Ornellas, Amendola, Bacci, Ballori, Bencivenga, Capello, Caro, Chiesa, Console, Costa, Coustos, Crudeli, Labriola, Lukasinski, Marina, Pilati, Torrigiani, Xiver (s. a. Autodafé 1743, Portugal, Spanien, Italien).

Nobelpreisträger.

Bourgeois, Ducommun, Dunant, Fried, Kipling, La Fontaine, Ostwald, Richet, Roosevelt, Stresemann.

Staatsoberhäupter.

a) Monarchien:

Ägypten: Tewfik Pascha.
Afghanistan: Habibullah Khan, Mahommed Khan.
Brasilien: Kaiser Dom Pedro I.
Belgien: Leopold I.
Bulgarien: Alexander v. Battenberg.
Dänemark: Friedrich V. (?), Friedrich VI. (?), Christian VIII., Friedrich VII., Christian X.
Deutschland: Kaiser Wilhelm I., Kaiser Friedrich III.
Bundesstaaten: Anhalt: Ferdinand, Heinrich. Baden: Großherzog Karl Friedrich. Bayern: Kurfürst Maximilian I., seit 1805 König v. Bayern. Brandenburg-Ansbach: Markgraf Alexander, Brandenburg-Bayreuth: Markgraf Friedrich, Brandenburg-Schwedt: Markgraf Heinrich und Karl. Braunschweig: Herzog Karl, Ferdinand, Friedrich, Leopold. Hannover: König Ernst August, König Georg V. Hessen: Landgrafen Ludwig VIII. u. Ludwig IX., Großherzoge Ludwig I. u. Ludwig II. Hessen-Homburg: Landgraf Friedrich V. Mecklenburg-Strelitz: Großherzog Karl. Preußen: König Friedrich d. Große, Friedrich Wilhelm II., Wilhelm I., Friedrich III. Reuß jüngere Linie: Fürst Heinrich LIV., Fürst Heinrich LXVII. Sachsen-Koburg u. Gotha: Herzog Ernst II., Sachsen-Gotha-Altenburg: Herzog Ernst II., Sachsen-Meiningen: Georg I., Sachsen-Weimar-Eisenach: Großherzog Karl August. Schaumburg-Lippe: Graf Albrecht Wolfgang. Schleswig-Holstein-Augustenburg: Herzog Friedrich Christian. Württemberg: König Friedrich I. Westfalen: König Jérome Bonaparte.
England: Georg IV., Wilhelm IV., Edward VII.
Frankreich: Ludwig XVI. (?), Napoleon I. (?), Karl X., Ludwig XVIII.
Griechenland: Exkönig Georg.
Hawai: Kamehameha IV., Kalakaua.
Holland: Ludwig Bonaparte, Wilhelm II.
Indien: Tippu Sahib, Bahawalpur*) Fakhr-ud-Daulah*).
Java: Poerbohadi Ningrat.
Neapel: König Joachim Murat.
Norwegen: König Haakon VII.
Österreich-Ungarn: Franz v. Lothringen, als Deutscher Kaiser Franz I.
Polen: Stanislaus I., Stanislaus II.
Rumänien: Mavrocordato.
Rußland: Peter III. (?), Paul I., Alexander II.
Serbien: Michael III., Obrenović (?).
Schweden: Gustav III., Gustav IV., Karl XIII., Karl XIV. Bernadotte, Oskar I., Karl XV., Oskar II.. Gustav V.
Spanien: Karl III (?), Joseph Bonaparte. Amadeus Ferdinand v. Savoyen.
Türkei: Murad Muhammed Chan.

b) Republiken. Staatspräsidenten:

Argentinien: Miranda, Alvea, Mitre Rivadavia, Lopez, Urquiza, Sarmiento.
Bolivien: Sucre.
Brasilien: Fonseca.
Chile: O'Higgins, Martinez de Rozas, Enriquez.
China: Sunjatsen, Tschiangkaischek.
Columbia: Bolivar, Caldas, Narino, Santander.
Cuba: Palma, Gomez, Machado, Machado y Morales.
Ecuador: Olmedo.
Frankreich: Carnot Sadi, Faure.
Haiti: Boyer, Hyppolite, Pétion.
Honduras: Barahona, Tosta.
Mexico: Victoria, Guerrero, Pedraza, Echeverria, Bravo, Juarez, Diaz, Madero, Calles, Portes Gil, Ortiz Rubio.
Peru: Santander, Leguia, San Román.
San Domingo: Vasquez.
Schweiz: Borel, Frey, Furrer, Lachenal, Ruchet, Ruchonnet.
Vereinigte Staaten von Nordamerika: Washington, Monroe, Jackson, Polk, Buchanan, Johnson, Garfield, McKinley, Roosevelt, Taft. Harding.
Venezuela: Paéz.

Staatsmänner und Politiker.

Belgien: Anspach, Couvreur, Descamps, Destrées, Devèze, Ducpétiaux, Feron,

Frank, Frère-Orban, Fuchs, Gendebien, Janson, Huysmans, Hymans, La Fontaine, Magnette, Nothomb, Pécher, Royers, Rolin-Jacquemyns, Stassart, Tempels, Van der Noot, Van Humbeeck, Van de Walle, Vandervelde, Verhaegen, Wouters, De Facquz*), Furnemont*), Van Schor*).

Bulgarien: Mileff, Stoiloff, Zankoff.

Dänemark: Blixen-Finecke, Braestrup, Hauch, Simony.

Deutschland: Auerswald, Blum, Carolath-Schönaich, Dönhoff, Görres, Hardenberg, Haugwitz, Hippel, Kaempf, Karsten, Lasker, List, Lichnowski, Montgelas, Müller, Oechelhausen, Rieser, Schacht, Schmalz, Schön, Schulze-Delitzsch, Stein Freiherr v., Stephan, Stichling, Stresemann, Träger, Waldenfels, Wöllner.

England: Amery, Appleton, Barbour, Barnett, Birkenhead, Blades, Bowring, Brougham, Burke, Burnham, Canning, Carnarvon, Chesterfield, Churchill, Cobham, Cooke, Derby, Devonshire, Donoughmore, Eglinton, Forbes, Gorst, Graham, Granville, Greenwood, Grey, Hailsham, Hailsy, Hamilton, Hammen, Hawke, Hewart, Lambourne, Le Hunte, Malet, Melchett (Mond), Meston, Milner, Mitchell-Thomson, Newcastle, Onslow, Ousely, Rhodes, Rhondda, Richmond, Ripon, Saint Aldwyn, Sankey, Shaftesbury, Stack, Steel-Maitland, Shillaker, Short, Skrine, Squires, Stevens, Stonehaven, Studd, Thomas, Tower, Wilkens, Wilson, Worsfeld, Wraxall, Zetland, Lamington*), Stanley*), Studd*), Tillet*).

Frankreich: Arago, Augagneur, Barbès, Baudin, Berryer, Bert, Berteaux, Beurnonville, Blanc, Bokanowski, Bourgeois, Brisson, Brunet, Cabet, Cambacérès Carnot, Challemel, Chautemps, Choiseul, Constant-Biron, Crémieux, Danton, Decazes, Desèze, Demoulins, Doumer, Dubost, Dupin, Esprémeuil, Esquiros, Etienne, Favre, Ferry, Floquet, Flotte, Flourens, Fouché, Foy, Gambetta, Godin, Groussier, Guyot, Hubbard, Lafayette, Lafferre, Lameth, Lanessan, La Rochefoucauld, Limousin, Lockroy, Marat, Marast, Massol, Mesureur, Mirabeau. Montmorency-Luxembourg, Orléans Louis Philippe, Pagnerre, Pelletan, Pichon, Proudhon. Proust. Raspail. Regnier, Rouvier, Sembat, Sieyès, Siméon, Simon, Spuller, Talleyrand-Perigord, Valentin, Viviani, Brissot*).

Griechenland: Capodistria, Xanthos, Ypsilanti.

Irland: Grattan, O Connel.

Italien: d'Azeglio, Amendola, Barzilai, Bertani, Bissolati, Bixio, Bovio, Buonarotti, Cavour, Chiesa, Confaloniere, Coppino, Cordova, Costa, Crispi. Depretis, De Santis, Finocchiari, Frapolli, Gallo, Garibaldi, Guerazzi, La Cava, La Farina, Lecchi, Lemmi, Lerda, Luzzatti, Mazzini, Mazzoni, Meoni, Modena, Montecchi, Mussi, Nathan, Nicotera, Nigra, Nitti, Petroni, Ponzio, Ricciardi, Saffi, San Giuliano, Settembrini, Sineo, Zanardelli, Bertani*), Buscalioni*), Caramanico*).

Jugoslawien: Gjorgjević, Folgeonović, Fortis, Gjaja, Ičko, Katić, Nikolajević, Paču, Schlegel, Vakanović, Vujčić, Zukić.

Niederlande: Carpentier-Alting, Flack, Isselt, Nedermeijer, Troelstra.

Norwegen: Anker.

Österreich: Birkenstock, Foregger, Gebler, Hertz, Kaunitz, Schuhmeier, Sonnenfels.

Polen: Czartoryski, Czerwinski, Kosciuszko, Lubomirski, Malachowski, Mokronowski, Niemcewicz, Potocki.

Portugal: Bombarda, Carvalho, Costa, De Castro, Magalhaes Lima, Passos, Pombal.

Rumänien: Argetoianu Boliac, Bolintineanu, Bratianu, Campineanu, Cogalniceanu, Conachi, Costaforu, Flechtenmacher, Ghica, Golescu.

Rußland: Avksentiew, Dekabristen, Elagin, Gagarin, Kedrin, Khatissian, Kowalewsky, Kurakin, Kuschelew, Kusmin-Karawajew, Lopuchin, Maklakow, Margoulies, Narischkin, Nowikow, Panin, Perewersew, Pergament, Speransky, Tschaikowski, Trubetzkoj.

Schweden: Adelswaerd, Douglas, Engström, Hamilton, Hochschild, Kierulf, Lindmann, Manderström, Marks v. Württemberg, Oxenstierna, Ribbing, Rosenblad, Torpadius, Trolle, Vennersten, Wallenberg, Rudbeck*).

Schweiz: Borel, Buxtorf, Humbert, Meystre, Mörner, Philippin, Häberlin*).

Spanien: Albornoz, Alcalá Galiano, Aranda, Arguelles, Calatrava, Campomanes, Castelar, De los Rios, Domingo, Empecinado, Espartero, Espoz y Mina, Ferrer, Galan, Garay, Jovellanos, Leroux y Garcia, Macarnez, Martinez Barrios, Martinez de la Rosa, Mendizabal, Morayta, Moret, Narváez, Nocedal, Quiroga, Rico, Ruiz Zorilla, Sagasta, Toreno, Urquijo, Apodaca*), Azanza*).

Tschechoslowakei: Beneš, Rašín, Scheiner*), Štefaník.

Türkei: Nami Bey, Pazvanoglu, Rachid, Talaat Pascha, Edham Pascha.

Ungarn: Agoston, Andrássy, Bárczy, Czáky, Eötvös, Ernuszt, Feilitsch, Friedrich, Gratz, Jászi, Ivánka, Kazinczy, Klapka, Kossuth, Pulszky, Rakovszki, Sandor, Szende, Türr, Vészi, Várady, Weckerle, Dessewffy*), Lónyay*), Almásy*) Teleki*).

Vereinigte Staaten von Nordamerika: Bryan, Cameron, Čermák, Clay, Clinton, Dallas, Davis, Dawes, Franklin, Gompers, Good, Hancock, Johnson, Kellogg, King, Lafolette, Latrobe, Livingston, Mac Adoo, Marshall, Mellon, Meredith, Otis, Randolph, Revere, Stevenson, Street, Schurz, Tompkins, Underwood, Wanamaker,

Young, Henry*), Work*), Tompson*) (s. a. Präsidenten und Vizepräsidenten der USA.).
Kanada: Mc Nab.
Mexico: s. a. Mexico, Staatspräsidenten. Gagern von, Hidalgo y Castillo, Mina.
Südamerika: Andrade, Bocayuva, Lopez Planes, Miranda, Rivas, Silva, Mejia*).
Ägypten: Halim Pascha, Zaghlul Pascha, Fuad*).
Südafrika: Botha.
Asien: Farokh-Khan, Chow Tze Chi, Hayashi Hsu Shi Chang, Liu Jui Heng, Sethna, Wu, Wang.
Philippinen: Aguinaldo, Rizal, Pitar y Gatmaitan.
Australien: Athinson, Bledisloe, Bruce, Cook, Massey, Moore, Ryrie, Cockburn*).

Militärpersonen.
(Land- und Seestreitkräfte).

Bulgarien: Midileff.
Deutschland: Bernewitz, Bieberstein, Bischoffswerder, Blücher, Boyen, Buddecke, Etzel, Gneisenau, Guionneau, Heinrich Prinz v. Preußen, Henckel v. Donnersmarck, Hiller v. Gaertringen, Hüser, Keith, Kleist E. v., Kleist v. Nollendorf, L'Estocq, Luckner, Malschitzky, Massenbach. Neander, Reinhardt, Reitzenstein, Riedesel, Scharnhorst, Schöler, Schönaich, Tauentzien, Thielmann, Tirpitz, Wegner.
England: Atholl, Chelmsford, Cockerill, Cornwallis, Crawfurd, Curtis, Ferguson, Fife, Grant, Haig, Hailsy, Harrington, Henderson, Jacob, Jellicoe, Kitchener, Macmunn. Malcolm, Methuen, Moira, Moore, Nelson, Oughton, Parker, Rainsford, Roberts, Shackleton, Smith, Stradbroke, Sueter, Tweeddale, Warren, Wellington, Wilson, Wingate, Wolseley, Yeatsman, Fraser*).
Frankreich: Augereau, Beauharnais, Bernadotte, Bruix, Ganteaume, Gérard, Joffre, Kellermann, Lannes, Lefebvre, Macdonald, Magnan, Magon, Masséna, Mellinet, Moncey, Moreau, Mortier, Ney, Oudinot, Peigné, Pérignon, Sebastiani, Ségur, Sérurier, Soult.
Italien: Ameglio, Bixio, Capello, Garibaldi.
Niederlande: Arenberg, Tongeren.
Österreich: Clerfait, Ferraris, Lichtenstein, Ligne. Thun-Hohenstein, Wurmser.
Polen: Dombrowski, Kosciuszko, Poniatowski, Sapieha, Uminski, Zajonczek.
Portugal: Norton de Matos, Reis.
Rußland: Batemkow. Benkendorf. Kutusow, Michalowski - Danilewski, Murawiew - Apostol, Osten-Sacken, Ostermann-Tolstoi, Pestel, Suworow, Repnin*).
Schweiz: Schumacher.
Spanien: Alava, Ballesteros, Castanos-Contreras. Franco, Mendez, Morillo, Peral, Prim, Riego y Nuñez, San Miguel, Zumalacaregui.
Tschechoslowakei: Štefaník.
Türkei: Osman Pascha.
Ungarn: Klapka.
Nordamerika: Austin, Barney, Brooks, Buffalo Bill, Dewey, Farragut, Gist, Green, Hamilton, Houston, Jackson, Jones, Kalb, Kisch, Lawrence, Lee, Miles, Morton, Oglethorp, Pershing, Pulaski, Putman, Schley, Spalford, Steuben, Sullivan, Warren, Wood, Wooster, Moutgomery*), Rawlins*).
Südamerika: Alvear, Bolivar, Cordoba, San Martin, Barreko*), Zapiola*).
Algerien: Abd El Kader.
Ägypten: Aziz Hassan.
Südafrika: De la Rey, Dewet.

Geistliche.

a) **Katholische:** Athaide, Bischof von Elvas, Portugal, Auersperg, Fürstbischof von Passau, Brigido, Fürstbischof von Laibach, Bevière, Fürstbischof von Lüttich, August Clemens, Herzog v. Bayern, Erzbischof und Kurfürst von Köln, Dalberg, Erzbischof von Regensburg, Delci, Kardinal in Rom, Droste-Vischering, Weihbischof von Münster, Erthal, Fürstbischof von Bamberg, Feijo, Bischof von Braganza in Portugal, Fortique, Bischof von Guyana, Förster, Fürstbischof von Breslau, Horváth, Titularbischof der Csanáder Diözese, Mendez, Erzbischof von Venezuela, Mirer, Bischof von St. Gallen, Munviel, Bischof von San Domingo, Podoski, Bischof von Gnesen, Puzyna, Fürsterzbischof von Wilna, Rohan, Kardinal-Fürstbischof von Straßburg, Ronay, Bischof von Skodar, Schaffgotsch, Fürstbischof von Breslau, Spans, Fürstbischof von Brixen, Spleny, Bischof von Waitzen, Torres, Bischof von Astorga, Trauttmansdorff, Fürstbischof und Kardinal zu Olmütz, Vrhovac, Erzbischof von Agram, Welbrück, Fürstbischof von Lüttich, Zaeppffell, Bischof von Lüttich, Waldburg-Zeil, Fürsterzbischof von Chiemsee. Hohenlohe-Bartenstein, Fürstbischof von Breslau. Siehe weiter: Brentano, Pelgrom, Muth (Abt zu Erfurt), Ronge, Schneider Eulogius, Clairvaux, Casti, Jerocades, Pantaleo, Albertini, Korber, Monsberger, Michaeler, Petran, Rosalino, Schwarzenbach. Schwarzl, Diaz Hernandez, Mier, Mendez, Roma (s. Brasilien), Sieyès, Eybel*); ferner unter: Geistliche, Katholische.

b) **Andere christliche Bekenntnisse:** Anderson, Bellermann, Bergquist. Dodd, Draesecke. Dunnico, Entick. Fensch, Firminger, Blair. Boenders, Carpentier Alting, D'Arcy, Desaguliers, Desmons Foakes-Jackson, Gelpke, Germanos, Gießler, Habicht, Hase, Hemming, Herder, Hintze, Irwin, Junod, Lavater, Leovaris, Lysons, Meekren, Münter, Newton, Obradović, Oliver, Ragotzky, Reuterdahl, Riley, Ronge, Schiffmann, Smith, Spittler, Starck, Visby, Walderdorff, Williams, Wegscheider, Wesley, Woodford, Zangenberg, Zimmer, Zille, Zöllner.

Gelehrte, Hochschullehrer usw.

Belgien: Goblet d'Alviella, Houzeau de Lahaie, Raoul, Wauvermans.
Dänemark: Heegard*), Oersted, Rask, Werlauff.
Deutschland: Becher, Beckmann, Beyer-Boppard, Bluntschli, Boos, Brehm, Brugsch Pascha, Carus, Caspari, Erdmann, Fichte, Forster Vater und Sohn, Hase, Heeren, Heldmann, Heydenreich, Horneffer, Jaeckh, Jordan, Klaproth, Krause, Marbach, Marcuse, Oncken, Ostwald, Preller, Reden, Reinhold, Sachs, Settegast, Seydel, Schletter, Schliemann, Schnackenburg, Veitmeyer, Wachsmuth, Verweyen, Weber, Weißhaupt, Wernekke, Wolfstieg.
England: Gibbon, Plummer, Wilson, Macdonald*).
Frankreich: Alembert, Arago, Bailly, Condorcet, Foucroy, Helvetius, Lacépède, Lalande, Lauth, Littré, Montesquieu, Montgolfier, Pastoret, Pingré, Rozier, Turpin, Wyrouboff.
Italien: Bacelli, Romagnosi, Villari, Vivante.
Jugoslawien: Brusina, Čorović.
Österreich: Boerhave, Born, Burian, Deutsch, Kreidel, Kammerer, Reichl.
Rußland: Labzin, Pypin, Turgenjew.
Schweiz: Hagen, Hottinger, Henne am Rhyn, Wackernagel.
Schweden: Reuterdahl.
Tschechoslowakei: Babák, Krejčí, Křižík, Kozák, Lesný, Nettl, Pezzl, Svoboda, Vonka, Volf.
Ungarn: Apathy.
Vereinigte Staaten von Nordamerika: Burbank, Keyser, Parker, Beaman*).

Ärzte und Naturforscher.

Dänemark: Otto.
Deutschland: Barthelmes, Birch-Hirschfeld, Blumenhagen, Buek, Burdach, Carus, Falck, Förster, Froriep, Graefe, Hahnemann. Harless, Hufeland, Katsch, Kloß, Knoblauch, Kraft, Lachmann, Link, Meißner, Mesmer, Oken, Neumann, Nickel, Reil, Schadow, Selter, Warnatz, Wedekind.
England: Brown, Burness, Copeland, Crucefix, Dassigny, Drake, Fitzwilliam, Jenner, Manningham, Nariman. Power, Richardson, Ruspini, Smith William, Stukeley, White.
Frankreich: Cabanis, Debierre, Guillotin, Lamessan, Marat, Procop, Richet, Vassal.
Italien: Baccelli, Bertani*).
Österreich: Boerhave, Burian, Kammerer, Swieten van.
Rußland: Baienow, Uden.
Schweiz: Brandenberg, Jung, Lavater, Uhlmann.
Tschechoslowakei: Salus, Syllaba, Posner, Weigner.
Vereinigte Staaten von Nordamerika: Craik, Dalcho, Kane, Mackey, Mayo, Marvin*, Brown*).

Dichter und Schriftsteller.

Belgien: Coster, Vosmaer, Willems.
Dänemark: Baggesen, Bauditz*), Rahbeck.
Deutschland: Auerbach, Barsch, Bechstein, Brachvogel, Bürger, Campe, Chamisso, Claudius, Conrad, Freiligrath, Gerhard, Goethe, Haarhaus, Herder, Heun (Clauren), Hölty, Iffland, Immermann, Jacob, Jacobi, Jung-Stilling, Kleist, Klinger, Klopstock, Knigge, Laufs, Lichtwer, Mahlmann, Meding (Samarow), Mosen, Moser, Müller, Musaeus, Rittershaus, Rückert, Schenkendorf, Schlegel, Schlichtegroll, Schlosser, Schmidt-Cabanis, Stinde, Stolberg-Stolberg, Varnhagen, Venedey, Voss, Weißmann, Werner, Wieland, Winkler, Wolff, Becker*).
England: Besant, Burnes, Doyle Conan, Hogg, Kipling, Lockhart, Lytton (Bulwer), Marryat, Parker, Pope, Scott, Simpson, Sterne, Swift, Wakefield, Ward, Wright, Bond*).
Frankreich: About, Ajalbert, Beaumarchais, Béranger, Chamfort, Chénier, Claretie, Erckmann-Chatrian, Florian, Gauthier, Gérard de Nerval, Kistemaekers, Lebey, Lemierre, Maistre de, Mendès. Prévost, Quantin. Quinet, Roucher, Stendhal, Viennet, Voltaire.
Griechenland: Rhigas.
Italien: Alfieri, Carducci, Castelazzo, Chiarini, Cossa, Jerocades, Manzoni, Monti, Niccolini, Pascoli, Rapisardi, Salfi.
Jugoslawien: Milutinović, Vodnik.
Niederlande: Helmers, Lennep, Multatuli.
Österreich: Alxinger, Bahr, Blumauer, Chiavacci, David, Denis, Lennhoff, Lothar, Müller, Prager, Ratschky, Roden, Sacher-Masoch, Salten.
Rumänien: Negruti, Vasile.
Rußland: Nowikow, Cheraskow, Puschkin, Sumarokow.
Spanien: Blasco Ibáñez, Gumtana, Moratin, Nuñez de Acre, Zorilla y Moral.
Schweiz: Jegerlehner, Matthisson, Salis-Seewies, Zschokke.
Tschechoslowakei: Kvapil, Salus.
Nordamerika: Markham, Mark Twain, Ridgely, Teerhune, Wallace, Crane*), Rogers*), Wilder*).
Argentinien: Zuñiga.

Tonkünstler.

Belgien: Benoit, Campenhout, Sevais, Vieuxtemps.

Dänemark: Berggreen, Lassen.

Deutschland: Abt, Damrosch, David, Dörffel, Kayser, Lindpaintner, Litolff, Löwe, Lortzing, Naumann, Neefe, Reichardt, Reissiger, Romberg, Scheibe, Schneider, Speyer, Spohr, Stegmann, Tschirsch, Wilhelm, Gleitz*).

England: Alcock, Attwood, Barrett, Boyce, Cooke, Costa, Cummings, Cusins, Faning. Gadsby, Green, Hatton, Haves, Hulse, Immyns, Landon, Lloyd, Mornington, Sawyer, Smart, Smith, Sullivan, Wallace, Webbe, Wesley, Carey*), Geminiani*).

Finnland: Sibelius.

Frankreich: Boieldieu, Dalayrac, Dupont, Méhul, Meyerbeer, Naudot, Rameau.

Italien: Boito, Lablache, Mingotti, Puccini, Scalabrini, Sarti.

Jugoslawien: Mokranjac.

Norwegen: Bull Ole.

Österreich: Brüll, Grünfeld, Haydn, Hummel, Mozart Leopold, Mozart W. A.

Polen: Elsner.

Spanien: Breton, Clavé.

Tschechoslowakei: Kocián, Nedbal.

Ungarn: Liszt.

Nordamerika: Cadman, Sousa, Whitman, Berlin*).

Bildende Künstler.

Belgien: Dillens, Godecharles, Lens.

Dänemark: Mandelberg, Matthison, Stanley Thorwaldsen.

Deutschland: Chodowiecki, Corinth, Natter, Oeser.

England: Baily, Bartolozzi, Bell, Cole, Faber, Highmore, Hogarth, Lascelles, Sandby.

Frankreich: Bartholdi, Boucher, David, Greuze, Houdon, Moreau, Millet, Prud'hon, Saly, Vernet, Viollet-le-Duc.

Italien: Ferrari.

Österreich: Hickel, Zauner, Adam*), Schmutzer*).

Schweden: Pilo.

Tschechoslowakei: Mucha, Stretti.

Nordamerika: Borglum, de la Mothe, Mc Manus*), Sartain.

Darstellende Künstler.

(Schauspieler, Sänger usw.).

Deutschland und Österreich: Christ Devrient, Ekhof, Gregori, Iffland, Knaack, Lewinski, Löwe, Possart, Rumpelt-Walter, Scaria, Schikaneder, Schröder, Uriot, Vogel, Lobe*).

England: Alexander, Birkhead, Harris, Irving, Kean, Knowles, Terris, Terry, Tree-Beerbohm, Wyndham, Williams.

Frankreich: Le Bauld-de-Nans, Gémier.

Italien: Modena, Novelli, Rossi, Salvini.

Amerika: Bancroft, Barrett, Fairbanks, Florence, Jefferson, Jolson, Kennedy, Lloyd, Mix.

Gegner der Freimaurerei.

Von einer namentlichen Anführung mußte in dieser Gesamtübersicht abgesehen werden, weil die Personen vielfach in Einzelartikeln mit anderem Kennwort eingeschlossen sind, wodurch sich die Auffindung für den Leser erschwert. Es sei daher auf das Spaltenverzeichnis „Gegner" im Index verwiesen. Zusammenstellungen finden sich unter: Antifreimaurerische Körperschaften, Gegner, Faschismus, Bolschewismus, Katholische Kirche, Päpste, Sozialdemokratie u. a. m.

Zeittafel der Geschichte der Freimaurerei

Um 1390 Das Regius-Manuskript (Halliwell-Handschrift).
Um 1450 Das Cooke-Manuskript.
1459 Die Brüderordnungen der Steinmetzen von Straßburg.
1598 Beginn der ältesten erhaltenen Logenprotokollbücher der Loge „An der Marienkapelle" (Mary's Chapel) in Edinburgh.
1620 Beginn der Aufzeichnungen der Masonic Hall in London.
1641 20. Mai. Aufnahme des Generalquartiermeisters der schottischen Armee Robert Moray; die erste Mitteilung über die Aufnahme eines Nichtzünftigen.
1646 16. Oktober. Eintragung im Tagebuch des Elias Ashmole betreffend seine Aufnahme in eine Loge in Warrington.
1682 11. März. Ashmole besucht die Loge in der Masons Hall in London.
1686 Dr. Robert Plot (1651—1696) schildert in seiner Naturgeschichte von Staffordshire die Einrichtungen der Freimaurer.
John Aubrey erwähnt in seiner Naturgeschichte von Wiltshire die Freimaurer und berichtet über die Aufnahme des Christopher Wren.
1688 Die Freimaurer werden von den Studenten von Dublin in einem satirischen Spiel, Tripos, verspottet.
Randle Holm bekennt sich in seiner Waffenkunde als Freimaurer und spricht sich lobend über die Gesellschaft aus.
1709 In der Londoner Zeitschrift „The Tatler" werden zum erstenmal die Freimaurer als Geheimbund bezeichnet, wobei auf ihre Erkennungszeichen wie auf etwas allgemein Bekanntes hingewiesen wird.
1717 24. Juni. Vier Londoner Logen gründen im Gasthaus „Zur Gans und zum Bratrost" die Großloge von London und wählen Anthony Sayer zum ersten Großmeister.
1719 Der als Physiker berühmte Reverend Dr. Theophilus Desaguliers (1683 bis 1744) wird zum Großmeister gewählt.
1721 21. Jänner. Der Arzt Dr. Stukeley erwähnt seine Aufnahme und behauptet, daß man Mühe hatte, die zur Zeremonie notwendigen Personen in London aufzutreiben.
1722 Die Großloge von England beschließt den Druck des Konstitutionenbuches von Anderson.
1723 John, der zweite Herzog von Montagu, wird zum Großmeister gewählt. Mit ihm beginnt die Reihe der adeligen Großmeister Englands.
1723 Der Reverend James Anderson (1680 bis 1738) legt die von ihm verfaßte erste Verfassung, die sogenannten „Alten Pflichten", vor, die von der Großloge genehmigt werden.
Philipp, Herzog von Wharton, Parteigänger der Stuarts, setzt sich als Großmeister durch und bringt die Großloge in Unruhe.
1724 Wharton gründet den die Freimaurer verspottenden Gormogonen-Orden.
1725 Gründung der Großloge von Irland.
Erste Loge in Paris.
1728 Wharton gründet eigenmächtig eine Loge in Madrid, die erste Loge auf dem europäischen Kontinent.
1729 Gründung einer Loge in Gibraltar.
1730 Die erste englische Kolonialloge in Fort William (Kalkutta).
England errichtet die erste Provinzial-Großloge in Amerika.
Die Verräterschrift des Samuel Prichard: „Masonry dissected".
1731 14. Mai. Aufnahme des Herzogs Franz Stephan von Lothringen, nachmals Kaiser Franz I., im Haag.
Benjamin Franklin, aufgenommen in Philadelphia.
1732 Die erste englische Loge in Paris.
1733 Gründung der Großloge von Boston.
1734 Gründung des Unterstützungsfonds der Großloge von England.
Erste amerikanische Ausgabe des Konstitutionenbuches (durch Benjamin Franklin).
1735 Logengründungen in Lissabon, im Haag, erste Loge in Stockholm.
16. Oktober. Amsterdamer Pöbel überfällt eine Loge, Verbot der Freimaurerei durch die Generalstaaten.
1736 30. November. Gründung der Großloge von Schottland in Edinburgh.
Erste französische Großloge am Werk.
1737 Aufnahme des ersten Mitgliedes des englischen Königshauses, des Prinzen Friedrich von Wales. durch Desaguliers im Schlosse zu Kew.
21. März. Die berühmte Rede des Chevalier Ramsay in Paris, auf die sich die freimaurerische Ritterlegende stützt.
6. Dezember. Errichtung der ersten deutschen Loge „Absalon" in Hamburg.
Gaston v. Medici verbietet die Freimaurerei in Toskana.
Ludwig XIV. ebenso für Frankreich.
Gründung eines Freimaurerkrankenhauses in Edinburgh.

1738 Verbot der Freimaurerei in Venedig, wiederholt noch 1785.
7. März. Der Hamburger Senat verbietet die Logentätigkeit.
28. April. Die erste päpstliche Bulle gegen die Freimaurer („In Eminenti").
27. Juni. Verbot der Freimaurerei in Polen durch August III.
Gründung der ersten Loge in Dresden.
14./15. August: Aufnahme Friedrich des Großen als Kronprinz in Braunschweig durch die Hamburger Loge.

1739 Die Inquisition verfolgt die Freimaurer in Florenz.

1740 König Friedrich II. von Preußen leitet zum ersten Male in Charlottenburg die Arbeit einer Loge.
13. September. Gründung der Loge „Zu den drei Weltkugeln" in Berlin.

1742 14. September. Errichtung der ersten Loge in Wien „Zu den drei Kanonen" durch die Breslauer Loge.
Tod des ersten englischen Großmeisters Anthony Sayer.

1743 17. März. Maria Theresia läßt die Wiener Loge durch Militär ausheben.
21. Juni. Bei einem Autodafé in Lissabon werden mehrere Freimaurer, darunter der Schweizer Coustos, zu Galeerenstrafen verurteilt.

1744 Die Berliner Loge nimmt den Namen „Große königliche Mutterloge zu den drei Weltkugeln" an.

1745 Freimaurerverbot in d. Republik Bern.

1748 Der Sultan verbietet die Freimaurerei als religionsfeindliche Sekte.

1751 18. Mai. Bulle des Papstes Benedikt XIV. („Providas") gegen die Freimaurer.
17. Juni. Gründung der Großloge der Ancients in London.
Freiherr von Hund (1722—1776) begründet die Strikte Observanz.
Ferdinand VI. von Spanien verbietet die Freimaurerei.

1752 4. November. George Washington aufgenommen.

1753 Eröffnung eines Freimaurer-Findelhauses in Stockholm.

1755 Gründung der Großloge von Frankreich, die sich seit 1773 „Grand Orient de France" nennt.

1756 Erstes Erscheinen des Ahiman Rezon des Laurence Dermott
Gründung der National-Großloge der Niederlande (heute: Großosten).

1757 Auftauchen der Gold- und Rosenkreuzer, zuerst in Frankfurt.

1760 19. Juni. Stiftung des Clermont'schen Kapitels in Berlin.
Gründung der Großen Landesloge von Schweden.

1763 3. Oktober. Der Danziger Senat verbietet die Freimaurerei.

1764 Konvent in Altenberge, Entlarvung Johnsons.
Gründung der Großloge in Philadelphia.

1766 Aufnahme Johann Gottfried Herders in Riga.

1770 Gründung der Großen Landesloge in Berlin durch Zinnendorf.

1771 14. Oktober. Aufnahme Lessings in der Loge „Zu den drei Rosen" in Hamburg.

1772 Konvent zu Kohlo — Vereinigung der Strikten Observanz mit dem Klerikalen System.
Im Dezember Eröffnung des Freimaurerinstituts (Knabenerziehungsanstalt) in Dresden.

1773 Errichtung des Grand Orient de France.
Adolf F. F. Ludwig Freiherr v. Knigge (1752—1796) in Kassel aufgenommen.

1775 6. März. Begründung der ersten Negerloge in Boston.
12. September. Ferdinand IV. von Neapel erläßt ein Verbot gegen die Freimaurerei.
Konvent zu Wiesbaden.

1776 1. Mai. Stiftung des Illuminatenordens durch Adam Weishaupt in Ingolstadt.

1778 Die ersten drei Gespräche „Ernst und Falk" von Lessing erscheinen, die beiden weiteren 1780.
7. April. Voltaire in der Loge „Aux neuf Sœurs" in Paris aufgenommen.
Konvent von Lyon (Convent des Gaules) Schaffung des Rektifizierten Systems (Chevaliers bienfaisants de la Cité sainte).
Die Freimaurer in Prag errichten das Waisenhaus zu St. Johann dem Täufer.

1779 Ausschreitungen gegen die Freimaurer in Aachen und Verbot durch den Magistrat.
In London wird die deutsche Pilgerloge gegründet.

1780 23. Juni. Aufnahme Goethes in die Loge „Amalia" in Weimar.

1781 Gründung der Großloge von New York.

1782 14. Juli bis 1. September. Kongreß in Wilhelmsbad, der den Zusammenbruch der Strikten Observanz besiegelt.
6. Februar. Der spätere preußische Feldherr Blücher in Stargard in Pommern aufgenommen.

1783 5. Februar. Aufnahme des Großherzogs Karl August von Weimar.
Begründung des Eklektischen Bundes in Frankfurt.

1784 Gründung der Großen Landesloge von Österreich.
Kurfürst Karl Theodor von Bayern verbietet die Freimaurerei und das Illuminatentum (wiederholt 1799 und 1804).
Gründung des Großorients von Polen und Litauen.

1785 Freimaureredikt Joseph II.
Kongreß der Philaleten in Paris.
Der Komponist Franz Josef Haydn (1732—1809) am 4. Februar in der Wiener Loge „Zur wahren Eintracht" aufgenommen.
1789 Aufhebung einer Loge in Rom, Verhaftung Cagliostros.
1790 Die englische Großloge weiht ihr Mädchenerziehungsheim ein.
1791 30. September. Erstaufführung der „Zauberflöte".
Freimaurerverfolgungen in Madeira.
1794 6. November. Aufnahme Johann Gottlieb Fichte's in Rudolstadt.
Alle Logen in Österreich stellen freiwillig ihre Tätigkeit ein.
1795 Eröffnung des Freimaurer-Krankenhauses in Hamburg.
1796 Zar Paul I. unterdrückt die Freimaurerei in Rußland.
1797 1. März. Robert Burns wird zum Poeta laureatus in der Loge gekrönt.
1798 11. Juni. Gründung der Großen Loge „Royal York", genannt „Zur Freundschaft" in Berlin.
20. Oktober. König Friedrich Wilhelm III. von Preußen erläßt ein Edikt gegen geheime Gesellschaften, in welchem den drei altpreußischen Großlogen eine bevorrechtete Stellung eingeräumt wird.
Die Großloge von England eröffnet ihr Knabenerziehungsheim.
1799 Im englischen Parlament wird eine Bill gegen geheime Gesellschaften eingebracht, von der die Freimaurer jedoch ausgenommen werden.
1801 Gründung des Mother Councils des Alten und Angenommenen Schottischen Ritus in Charleston, U. S. A.
1805 4. April. Aufnahme des deutschen Philosophen Krause in Altenburg.
1809 4. April. Aufnahme des 76jährigen Wieland in der Loge „Amalia" in Weimar.
Gründung der Großen Direktorialloge „Wladimir" in Petersburg.
1810 Freimaurerverfolgungen in Portugal, an 30 Freimaurer werden verbannt.
1810—1813 Krause gibt sein Werk „Die drei ältesten Kunsturkunden der Freimaurerbruderschaft" heraus. Darauf Ausschluß Krauses und seines Freundes Mossdorf aus der Loge „Zu den drei Schwertern" in Dresden.
1811 4. Februar. Die Große Loge von Hamburg erklärt ihre Unabhängigkeit von der Londoner Großloge.
28. September. Gründung der Großen Landesloge von Sachsen.
1813 Die beiden in England bestehenden Großlogen, der „Moderns" und „Ancients", vereinigen sich am 27. Dezember in der „Vereinigten Großloge von England".
16. Februar. Großherzog Leopold von Baden löst alle Logen in seinem Lande auf.
1814 13. August. Bulle des Papstes Pius VII. gegen die Freimaurer, ebenso am 13. September 1821.
Freimaurerverfolgungen in Spanien.
1815 In Granada werden fünf Freimaurer gehängt.
Gründung der Großloge „Astraea" in Petersburg.
1819 In Madrid werden zwei Freimaurer hingerichtet.
1822 Kongreß der Heiligen Allianz in Verona, Haugwitz legt eine belastende Schrift vor. Der preußische König verteidigt die Freimaurer.
Gründung der ersten südamerikanischen Großloge (Brasilien).
Verbot der Freimaurerei in Rußland.
1823 Der Eklektische Bund konstituiert sich am 13. Jänner als Große Mutterloge.
1824 Gründung der ersten zentralamerikani-Großloge (Haiti).
1825 In Granada in Spanien werden sieben Freimaurer gehängt, weil sie bei einer Aufnahmearbeit überrascht wurden.
1826 Leo XII. erläßt die Bulle „Quo graviora mala" am 12. April.
Infolge der Ermordung Morgans kommt es in Amerika zu großen Freimaurerverfolgungen.
1829 In Barcelona wird der Meister vom Stuhl der Loge, Oberstleutnant Galvez, wegen seiner Zugehörigkeit zur Freimaurerei hingerichtet.
24. Mai. Pius VIII. erläßt eine Enzyklika gegen die Freimaurer.
Gründung der Großloge „Zur Sonne" in Bayreuth.
1832 15. August. Papst Gregor XVI. wendet sich in seiner Bulle „Mirari vos" gegen die Freimaurer.
1833 Neuerliche Verfolgungen in Spanien und den spanischen Kolonien.
Gründung des Großorients von Belgien.
1840 22. Mai. Aufnahme des Prinzen Wilhelm v. Preußen, später Kaiser Wilhelm I., in den Freimaurerbund.
1844 Gründung der Schweizerischen Großloge „Alpina".
1846 Gründung der Großloge „Zur Eintracht" in Darmstadt.
1847 19. Februar. Großherzog Leopold von Baden hebt das Verbot vom Jahre 1813 wieder auf.
1849 Papst Pius IX. eröffnet die Feindseligkeiten gegen die Freimaurer in einer Allocution.
Gründung der Großloge von Luxemburg.
1852 Der Advokat Eckert in Dresden be-

ginnt in Eingaben an die Behörden die Freimaurer zu verdächtigen.

1853 5. November. Prinz Friedrich Wilhelm von Preußen, nachmals Kaiser Friedrich III., aufgenommen.

1855 Gründung der ersten kanadischen Großloge.

1856 Der protestantische Theologe Ernst Wilhelm Hengstenberg greift in mehreren Schriften die Freimaurer heftig an.

1858 Gründung der Großen Landesloge von Dänemark.

1859 Gründung des Großorients von Portugal

1861 Gründung des Großorients von Italien.

19. Mai. Gründung des Vereins deutscher Freimaurer in Potsdam.

1865 Der Heidelberger Rechtsgelehrte Johann Kaspar Bluntschli antwortet auf den Syllabus des Papstes in einem offenen Brief.

1868 Gründung des Großorients von Griechenland.

Gründung des Großorients von Spanien zu Madrid.

1870 Bei Ausbruch des Deutsch-Französischen Krieges stellen die deutschen Freimaurer die Beziehungen zu den Franzosen ein.

30. Jänner. Gründung der Johannis-Großloge von Ungarn.

1871 Französische Freimaurer beleidigen die Brüder Kaiser Wilhelm und den Kronprinzen Friedrich und laden sie vor ein Schiedsgericht nach Lausanne. Darauf brechen die deutschen Großlogen die ruhenden Beziehungen vollkommen ab.

Wiener Freimaurer gründen am 9. März auf ungarischem Boden in Neudörfel die erste Loge.

29. Mai. Gründung des Großorients von Ungarn.

1872 19. Mai. Gründung des deutschen Großlogenbundes in Berlin.

1873 21. November. Neuerliche Angriffe des Papstes Pius IX. in der Encyclica „Etsi multa".

1875 7. Jänner. Breve des Papstes Pius IX. gegen die Freimaurer.

Edward Prinz von Wales, später Eduard VII. von England, wird als Großmeister eingesetzt (bis 1901).

1877 10. September. Der Großorient von Frankreich streicht aus seinen Ritualen die Formel des A. B. a. W. Darauf brechen die angelsächsischen Großlogen die Beziehungen zu Frankreich ab.

1884 20. April. Leo XIII. erläßt seine Enzyklika „Humanum genus", in der er die Freimaurer als „Impuram hanc luem" bezeichnet.

Gründung der ersten australischen Großloge (Südaustralien).

1886 Gründung der Symbolischen Großloge von Ungarn.

1891 Gründung der Großen Landesloge von Norwegen.

1892 27. November. Einweihung der von Settegast begründeten Großloge „Kaiser Friedrich zur Bundestreue", die 1900 in die Große Loge von Hamburg übergeht.

Nach dem Siege des liberalen Ministeriums Giolitti erläßt Leo XIII. ein Rundschreiben, in dem er neuerdings die Freimaurer angreift.

1893 Errichtung der Provinzial-Großloge „Polarstjernen" der Großloge „Zur Sonne", Bayreuth, in Trondjhem.

Anläßlich seines 84. Geburtstages ergeht sich Leo XIII. in einem Dankschreiben an die orientalischen Kirchen neuerlich in schweren Angriffen gegen die Freimaurer.

1895 Freimaurerkongreß in Mailand.

1896 Internationaler Antifreimaurerkongreß in Trient, bei dem Leo Taxil die Hauptrolle spielt.

Das deutsche Adelsblatt in Berlin greift die Freimaurer heftig an.

Internationaler Freimaurerkongreß in Amsterdam.

1897 Leo Taxil teilt am Ostermontag im Saale der Geographischen Gesellschaft in Paris mit, welches Vergnügen es ihm bereitet habe, die Spitzen der katholischen Kirche durch 12 Jahre hindurch genasführt zu haben.

Antifreimaurertagung in Wien unter Vorsitz des Kardinals Dr. Anton Gruscha, der von einem gewesenen Freimaurer, dem Redakteur Karl Koller, veranstaltet worden war.

1900 Internationaler Freimaurerkongreß in Paris.

1902 Internationaler Freimaurerkongreß in Genf.

1903 Gründung des internationalen FreiMaurerbüros in Genf.

1904 Internationaler Freimaurerkongreß in Brüssel.

1905 23. Jänner. Das Reichsgericht in Wien weist das Gesuch um Zulassung der Freimaurerlogen in Österreich ab.

Gründung der Universala Framasona Ligo auf dem Esperantokongreß in Boulogne s. M.

1907 Begründung des Freimaurerbundes „Zur aufgehenden Sonne" in Nürnberg.

Internationale Freimaurermanifestation in der Schlucht (Vogesen).

1908 Internationale Freimaurermanifestation in Basel.

1909 Gründung des Großorients der Türkei.

Der deutsche Großlogenbund nimmt die seit dem Jahre 1871 ruhenden Beziehungen zum „Grand Orient de

France“ wieder auf, nachdem er bereits 1907 die „Grande Loge de France“ anerkannt hatte.
Internationale Freimaurermanifestation in Baden-Baden.

1911 Internationale Freimaurermanifestation in Paris.
Internationaler Freimaurerkongreß in Rom.

1912 Kongreß des Obersten Rates des A. u. A. Schottischen Ritus in Washington.
Internationale Freimaurermanifestation in Luxemburg.

1913 Gründung der National-Großloge von Frankreich.
Internationale Freimaurermanifestation im Haag.

1914 Pfingsten. Die drei altpreußischen Großlogen bringen beim Großlogenbund einen gegen pazifistische Bestrebungen gerichteten Antrag ein.
28. Juli. Ausbruch des Weltkrieges, Ruhen der Beziehungen zwischen den deutschen Großlogen und denen der feindlichen Staaten.

1917 Gründung der Großloge von Bulgarien.
Kongreß der alliierten und neutralen Freimaurer in Paris.
Tagung der Großmeister der Großlogen der Zentralmächte in Berlin.

1918 Gründung der Großloge von Wien.

1919 Dr. Friedrich Wichtl beginnt seinen Feldzug gegen die Freimaurer.
Gründung der Großloge von Jugoslawien.
April. Besetzung des Budapester Großlogengebäudes durch die Räteregierung. Im August Rückgabe.

1920 14. Mai. Das Gebäude der Symbolischen Großloge von Ungarn in Budapest wird durch den Offiziersverband „Move“ zwangsweise enteignet. Am 18. Mai wird die Großloge von der Regierung aufgelöst.
23. Oktober. Gründung der Großloge „Lessing zu den drei Ringen“ in der Tschechoslowakei.
Gründung der Großloge „Polarstjernen“ in Norwegen.

1921 Gründung der National-Großloge von Polen.
Gründung der „Association Maçonnique Internationale“ (A. M. I.).

1922 Austritt der drei altpreußischen Großlogen aus dem deutschen Großlogenbund, denen am 23. Juni 1924 auch die Große Landesloge von Sachsen folgt.
Kongreß der Obersten Räte des A. u. A. Schottischen Ritus in Lausanne.

1923 Gründung der Tschechoslowakischen National-Großloge.
Kongreß der A. M. I. in Genf.
Gründung der National-Großloge von Rumänien.

1924 Die fünf unabhängigen Logen Deutschlands bilden eine neue Großloge „Deutsche Bruderkette“ mit dem Sitz in Leipzig.
Zerstörung zahlreicher Freimaurerlogen in Italien, Mißhandlung und Tötung einzelner Freimaurer durch Faschisten.
Kongreß der A. M. I. in Brüssel.

1925 Blutnacht in Florenz.
Verbot der Freimaurerei in Italien.
Internationale Freimaurermanifestation.
Gründung der Großloge von Finnland.
Kongreß der A. M. I. in Genf.
Gründung des Großorients von Rumänien.

1926 Wiener Freimaurer kommen in Aachen mit dem bekannten Freimaurergegner, dem Jesuiten Hermann Gruber, zu einer Aussprache zusammen.
In Wien: Reorganisation der Allgemeinen Freimaurerliga (mit Sitz in Basel).
Unter den Auspizien der A. M. I. findet in Belgrad eine internationale Freimaurermanifestation statt.

1927 Im Februar Zusammenkunft französischer Freimaurer mit dem Großmeister Ries des Eklektischen Bundes in Frankfurt a. M. Die Aussprache verläuft ergebnislos.
Kongreß der A. M. I. in Paris.
Kongreß der Allgemeinen Freimaurerliga in Basel.

1928 „Vernichtungsfeldzug“ des Generals Ludendorff gegen die Freimaurer, zahlreiche Streitschriften.
Kongreß der Allgemeinen Freimaurerliga in Wien.
Internationale Freimaurermanifestation in Verdun.

1929 Die Großloge von England hebt die während des Weltkrieges gegen Angehörige der Mittelmächte erlassenen Ausnahmebestimmungen wieder auf.
Kongreß der Allgemeinen Freimaurerliga in Amsterdam.
Kongreß der Obersten Räte des A. u. A. Schottischen Ritus in Paris.
Internationale Freimaurermanifestation in Mannheim.

1930 Einsetzung des Obersten Rates des A. u. A. Schottischen Ritus von Deutschland.
Gründung der Symbolischen Großloge von Deutschland.
Kongreß der A. M. I. in Brüssel.
Kongreß der Allgemeinen Freimaurerliga in Genf.

1931 Kongreß der Allgemeinen Freimaurerliga in Paris.

Bibliographie.

(Wir verweisen auf die Wolfstiegsche Bibliographie und führen darum selbst nur eine Auswahl wichtiger neuerer Werke an.)

Mysterien und Männerbünde.

Freud, Siegmund. Tabu und Totem.

Horneffer, August. Symbolik der Mysterienbünde. 2. Auflage. Celle, Kampmann, 1924.

Lennhoff, Eugen. Politische Geheimbünde. Wien, Amalthea, 1930.

Levy-Bruhl. Das Denken der Naturvölker. Wien 1926.

Schurz. Altersklassen und Männerbünde.

Uxküll, Woldemar v. Die eleusinischen Mysterien. Berlin, Unger, 1927.

Wundt, Wilhelm. Völkerpsychologie.

Steinmetzen- und Bauhüttenbräuche.

Boehn, Otto. Von geheimnisvollen Maßen, Zahlen und Zeichen. Sporn, Zeulenroda, 1929.

Gerstenbrein, Thomas. Die Königliche Kunst. Klausenburg 1927.

Hartlaub, G. F. Giorgiones Geheimnis. München, Allg. Verlagsanstalt, 1925.

Keller, L. Zur Geschichte der Bauhütten und der Hüttengeheimnisse. Berlin, Gaertner, 1898.

Krause, Karl Christ. Friedr. Die drei aeltesten Kunsturkunden der Freimaurerbruderschaft. Dresden 1810—1813.

Newton, Joseph Fort. The Builders. London o. J.

Wagler, Paul. Die deutsche Entstehung der Freimaurerei und ihre Symbolik. Berlin, Wunder, 1925.

Weiß, Eugen. Steinmetzart und Steinmetzgeist. Jena, Diedrichs-Verlag, 1927.

Allgemeines über Bund und Symbolik.

Endres, Franz Carl. Das Geheimnis des Freimaurers (Stuttgart 1927). Anonym. Die Symbolik des Freimaurers (Stuttgart 1930). Anonym.

Henne am Rhyn. Adhuc stat! Die Freimaurerei in zwölf Fragen und Antworten. St. Gallen, Huber & Co., 1906.

Horneffer, August. Der Bund der Freimaurer. Jena, Diedrichs, 1913.

Keller, Ludwig. Die geistigen Grundlagen der Freimaurerei und das öffentliche Leben. Jena, Diederichs, 1911.

Keller, Ludwig. Die Freimaurerei. Eine Einführung in ihre Anschauungs-Welt und ihre Geschichte. (Aus Natur und Geisteswelt, Bd. 463.) Leipzig, Teubner, 1914.

Lennhoff, Eugen. Die Freimaurer. 1.—10. Tausend. Wien, Amalthea, 1928 und 1929. 11.—30. Tausend. Wien, Phaidon, 1932.

Neumann, Otto Philipp. Die Freimaurerei. Leipzig, Lehrmeisterbücherei, Bd. 731 bis 733, 1924.

Quartier-la-Tente, Edouard. Deux siècles de francmaçonnerie, auch englisch: Two centuries of freemasonry. Bern, Büchler & Co., 1917.

Schlesinger, Max. Geschichte des Symbols. Berlin, Simion Nachfolger, 1912.

Einführungs- und Belehrungsschriften, Organisation.

Bischoff, Diedrich. Deutsche Gesinnung. Eine Gabe und ein Gebot großer Zeit. Jena, Eugen Diederichs, 1914.
Die unsichtbare Kirche. Ein Grundgebot deutscher Zukunft. Leipzig, Bruno Zechel, 1916.
Heimat. Eine Botschaft vom neuen Vaterland. Leipzig, Diskus-Verlag, 1924.
Die Religion der Freimaurer. 2. Aufl. Gotha, Leopold Klotz, 1922.
Das freimaurerische Geheimnis. Berlin, W. de Gruyter, 1927.
Der freimaurerische Humanitätsgedanke. Berlin, W. de Gruyter, 1928.
Vom Sinn der Arbeit. Leipzig, Verlag des Vereins deutscher Freimaurer, 1925.

Buddecke, Albert. Das Freimaurerideal. Berlin, Unger, 1925.

Buddecke, Albert, Oberst. Was verdankt Deutschland der Freimaurerei? Verlag Verein deutscher Freimaurer.

Caspari, Otto. Die Bedeutung des Freimaurertums für das geistige Leben. 4. Auflage. Berlin, A. Unger, 1930.

Clausen, Ernst. Die Freimaurer. Einführung in das Wesen des Bundes. Verein deutscher Freimaurer. Leipzig 1922.

Crowe, Fred. J. W. The Master Mason's Handbook. London, Kenning & Son, 1925.

Eberhardt, A. P. Winkellogen. Freimaurerlogen neueren Datums im letzten Vierteljahrhundert. Leipzig, Zechel, 1914.

Fischer, Robert. Erläuterungen der Katechismen der Johannismaurerei. Im Auftrage der Loge „Archimedes zum ewigen Bunde" in Gera herausgegeben von August Horneffer. Drei Bändchen. Leipzig, Verlag Verein deutscher Freimaurer. 4. Band: Historisch-dogmatische Darstellung der hauptsächlichsten freimaurerischen Lehrarten von Ernst Paul Kretschmer-Gera. Ebenda 1930.

Fluhrer, Wilhelm. Die Freimaurerei wie sie ist und wie sie nicht ist. Frankfurt am Main, Winkelmaß und Zirkel Verlag, 1926.

Gintl, Zdeněk. Svobodné Zednářství (tschechisch). Die Freimaurerei. Aufklärungsschrift. Praha, Volná Myšlenka, 1926.

Groddeck von u. Henne Am Rhyn. Versuch einer Darstellung des positiven inneren Freimaurer Rechtes. Leipzig, Findel, 1877.

Horneffer, August. Die Lehrart der Großen Loge von Preußen, genannt „Zur Freundschaft". Das Gebrauchtum des Lehrlingsgrades. Berlin, Franz Wunder, 1927.

Horneffer, August. Die Lehrart der Großen Loge von Preußen, genannt „Zur Freundschaft", in Berlin. Berlin, Verlag Franz Wunder, 1924.

Horneffer, August. Freimaurerisches Lesebuch. Eine Einführung in das freimaurerische Schrifttum. Leipzig, Verein deutscher Freimaurer. Band I, 1927, Band II, 1927.

Mihalič. Savez slobodnih zidara. (Einführungsschrift in serbischer Sprache.) Zagreb 1927.

Pike, Albert. Morals and Dogmas of the ancient and accepted scottish Rite. (Charleston 5632 = Jenkins Richmond Va. 1925.)

Pinkow, Hans Wilhelm. Macht und Einfluß der Freimaurer. Hamburg, Vera-Verlag, 1925.

Plantagenet, E. E. Causeries initiatiques pour le travail en loge d'apprentis. Paris, Gloton, 1929.

Posner, Oskar, Dr. Am rauhen Stein. Ein Leitfaden für Freimaurerlehrlinge. Reichenberg 1925.

Vernichtung der Unwahrheiten über die Freimaurerei. I. Heft: Gegen die Angriffe Ludendorffs. II. Heft: Gegen die Angriffe des Nationalsozialisten Rosenberg. Verein deutscher Freimaurer, 1928, 1931.

Vonka, Rudolf J. Staré povinnosti zednářův (tschechisch). Die alten Pflichten der Freimaurer. Prag, Legiografie, 1931.

Vonka, Rudolf J. Zednářské Symboly. Prag, Legiografie, 1928.

Die Grundgedanken.

Heinichen, Otto. Die Grundgedanken der Freimaurerei im Lichte der Philosophie. Dritte Auflage. Berlin, Unger, 1927.

Schenkel, G. Die Freimaurerei im Lichte der Religions- und Kirchengeschichte. Gotha, Klotz, 1926.

Wolfstieg, August. Werden und Wesen der Freimaurerei. Band 1—3: Ursprung und Entwicklung. Band 4—5: Philosophie der Freimaurerei. Berlin, Unger, 1920 bis 1922.

Quellenwerke.

Ars Quatuor Coronatorum being the Transactions of the Quatuor Coronati Lodge No. 2076, London. 43 Jahrgänge. London, 27 Great Queen Street.

Freimaurermuseum, Das. Archiv für freimaurerische Ritualkunde und Geschichtsforschung. In zwangloser Folge herausgegeben vom Geschichtlichen Engbund des Bayreuther Freimaurermuseums. Schriftleiter: Dr. Bernhard Beyer. Bisher 6 Bände. Zeulenroda-Leipzig, Sporn.

Quellen zur Geschichte der Freimaurerei, herausgegeben von der deutschen Gesellschaft zur Förderung freim.-wissenschaftl. Forschung. Leipzig, Zechel.

Bibliographie und Enzyklopädien.

Allgemeines Handbuch der Freimaurerei. Herausgegeben vom Verein deutscher Freimaurer. 3. völlig umgearbeitete Auflage von Lennings Enzyklopädie der Freimaurerei. 2 Bde. Leipzig, Hesse, 1900/01.

Bibliographie der freimaurerischen Literatur. Herausgegeben von August Wolfstieg. 3 Ganzleinenbände in Lexikonoktav. 2594 Seiten. Verlag Karl W. Hiersemann in Leipzig.

Bibliographie der freimaurerischen Literatur. Erster Ergänzungsband. Herausgegeben von Bernhard Beyer. Lexikonoktav. XVI und 598 Seiten.

Bibliographische Mitteilungen aus dem Verein deutscher Freimaurer. Erscheint jährlich zwei- bis dreimal und bringt Nachträge und Ergänzungen zur Bibliographie Wolfstieg und dem I. Ergänzungsbande und bibliographische Übersichten über die neuesten freimaurerischen Veröffentlichungen.

Hawkins, E. L. A Concise Cyclopaedia of Freemasonry. London 1908.

Macoy, Albert G. Encyclopaedia of Freemasonry (letzte Ausgabe bearbeitet von Hughan und Hawkins). Masonic History Company Chicago, New York, London 1927, in zwei Bänden.

Mackenzie, Kenneth R. H. The Royal Masonic Cyclopaedia. London 1877.

Schwabe, J. C., Dr. Für und wider die Freimaurerei. Kleine Bibliographie der Angriffs- und Abwehrliteratur. Verein deutscher Freimaurer, 1931.

Sheperd, Crosby u. a. Selected list of Masonic Literature. Wisconsin, Burden Alleen Co., 1927.

Stevens, Albert C. The Cyclopaedia of fraternities. New York, Treat & Co., 1907.

Waite, Arthur Edward. A new Encyclopaedia of Freemasonry. London.

Angelsächsische Freimaurerei.

Baird, George. Great American Masons. Washington 1924.

Cox. The Old Constitutions. London bei Richard Spencer 1871. (Faksimiledrucke der Konstitutionen von Anderson 1723, der irischen Kingston-Ausgabe 1731, mit Kopien der Originalkupfer.)

Darrah, Delmar Duane. The Evolution of freemasonry. Masonic Publishing Company, Bloomington, Ill., 1920. Reich illustriert. Neue Auflage 1932.

Daynes, Gilbert. The Birth and growth of the Grand Lodge of England. London 1926.

Gould, Robert Freke. A concise History of Freemasonry. New York, Macoy, 1920.

Gould, Robert Freke. The History of Freemasonry. 6 Bände. London 1882—1887.

Mc Clenachan. History of the ... Fraternity of Free and accepted Masons of New York. Herausgegeben von der Großloge von New York. 1888. 4 Lexikonbände.

Robbins, Alfred. English speaking Freemasonry. London, Ernest Benn L., 1930.

Tatsch, J. Hugo. Short Readings in masonic history. Cedar Rapids 1926.

Wright, Dudley. Robert Burns and his Masonic Circle. London, Cecil Palmer, 1929.

Deutsche und österreichische Freimaurerei.

Abafi, Ludwig. Geschichte der Freimaurerei in Österreich-Ungarn. Budapest, Aigner, 1890. 5 Bände. (Unvollendet.)

Begemann, Wilhelm. Ludwig Keller, die rektifizierten Ritterorden u. Andr. Mich. Ramsay. Berlin, Mittler & Sohn, 1907.

Begemann, Wilhelm. Vorgeschichte und Anfänge der Freimaurerei in England. Berlin, Mittler & Sohn, 1909, 1910.

Brabbée, Gustav. Sub Rosa. Vertrauliche Mitteilungen aus dem maurerischen Leben unserer Großväter. Wien, Rosner, 1879.

Die Freimaurerei Österreich-Ungarns. Zwölf Vorträge, am 30. und 31. März und 1. April 1897 zu Wien gehalten. Wien, Herder, 1897. (Gegnerschrift.)

Findel, Gabriel. Geschichte der Freimaurerei. 7. Auflage. Leipzig, Findel, 1907.

Fluhrer, Wilhelm. Kronprinz und Kaiser Friedrich III. als Freimaurer. Faksimiledruck der Logenrede des kaiserlichen Freimaurers vom 12. September 1886.

Haarhaus, Julius R. Deutsche Freimaurer zur Zeit der Befreiungskriege. Jena, Diederichs, 1913.

Katsch, Ferd. Die Entstehung und der wahre Endzweck der Freimaurerei. Berlin, Mittler & Sohn, 1897.

Kekule von Stradonitz, Stephan von. Der Mord von Sarajevo. Eine Aufklärung. Leipzig, Verein deutscher Freimaurer, 1931.

Keller, Ludwig. Die Tempelherren. Berlin, Weidmann, 1905.

Kneisner, Friedrich. Geschichte der deutschen Freimaurerei, in ihren Grundzügen dargestellt. Berlin, Unger, 1912.

Kohut, Adolf. Die Hohenzollern und die Freimaurerei. Berlin, Wunder, 1909.

Nettelbladt, C. C. F. W. v. Geschichte freimaurerischer Systeme in England, Frankreich und Deutschland. Vornehmlich auf Grund d. Archivalien der Gr. Landesloge der Freimaurer von Deutschland. Berlin, Mittler und Sohn, 1879.

Posner, Oskar. Bilder zur Geschichte der Freimaurerei. Reichenberg 1929.

Reitzenstein, A. v. Strikte Observanz. Berlin, Wunder, 1907.

Runkel, Ferdinand. Geschichte der deutschen Freimaurerei. I. Band. Berlin, Reimar Hobbing, 1931.

Schwabe, J. C. Freimaurerei und Presse im Weltkriege. Drei Bändchen. Leipzig, Verein deutscher Freimaurer, 1916, 1918, 1926.

Taesler, Clemens, Pfarrer. Die klassischen Dichter des deutschen Idealismus und die deutsche Freimaurerei. Sonderdruck, Verlag des Vereins deutscher Freimaurer, 1928.

Wald, W. Geschichte der Großen Landesloge von Deutschland. Berlin, Mittler & Sohn, 1921.

Wanner der Ältere, H. Geschichte des Vereins deutscher Freimaurer. Berlin, Wunder, 1911.

Wiebe, Carl. Die Große Loge von Hamburg und ihre Vorläufer. Hamburg, Rademacher, 1905.

Französische und belgische Freimaurerei.

Amiable et Colfavru. La Franc-Maçonnerie en France depuis 1725. Paris, Edition Acacia, 1927.

Amiable, Louis. Une Loge maçonnique d'avant 1789. La R∴L∴ Les Neuf Sœurs. Paris 1897.

Bègue-Clavel. Histoire pittoresque de la Franc-Maçonnerie. Paris 1843.

Bord, Gustave. La Franc-Maçonnerie en France des origines à 1815. Paris 1908. (Ausgezeichnete Gegnerschrift.)

Duchaine, Paul. La Franc-Maçonnerie belge au XVIIIe siècle. Brüssel 1911.

Lantoine, Albert. Die Freimaurer auf dem Theater. Übersetzung aus dem Französischen von Hugo Schmidt. Leipzig, Zechel, 1926.

Lantoine, Albert. Histoire de la Franc-Maçonnerie Française. La Franc- Maçonnerie chez elle. Paris, Nourry, 1925.

Lantoine, Albert. John Toland, un précurseur de la franc-maçonnerie. Paris, Nourry, 1927.

Lantoine, Albert. Le Rite Écossais ancien et accepté. Paris, Nourry, 1930.
Martin, M. G. La Franc-maçonnerie et la révolution française. Paris, Presses universitaires, 1926.
Reitzenstein, A. v. Freimaurerei in Frankreich. Berlin, Wunder, 1907.
Schiffmann, G. A. Die Freimaurerei in Frankreich in der ersten Hälfte des 18. Jahrhunderts. Leipzig, Zechel, 1881.

Italienische Freimaurerei.

Bacci, Ulisse. Il Libro del Massone Italiano. Roma, Vita Nova, 1922.
Leti, Giuseppe. Carboneria e massoneria nel risorgimento italiano. Genova 1925.
Rygier, Maria. La Franc-Maçonnerie italienne devant la guerre et devant le fascisme. Paris, Gloton, 1929.

Russisch-polnische Freimaurerei.

Friedrichs, E. Die Freimaurerei in Rußland und Polen. Berlin, Wunder, 1907.
Goldbaum, M. S. Rudimente einer Geschichte der Freimaurerei in Polen. Budapest 1898.
Telepnef, Boris. An Outline of the History of Russian Freemasonry. London, The Freemason.

Ungarische Freimaurerei.

Arató, Frigyes. A Szabadkőműveßség. Budapest 1913.
Balassa, Josef. A szabadkömüvesség története. (Geschichte der ungarischen Freimaurerei.) Budapest 1924.

Biographien.

Fensch, Dr. Ludwig. Feßler. Berlin, Wunder.
Gehrke, Paul, Dr. Freimaurerische Lessing-Studien. Manuskript nur für Brüder. Berlin, Selbstverlag, Auslieferung durch Guido Hackebeil.
Kvačala, Ivan. J. A. Comenius. Reuther und Reichard in Berlin 1914.
Oehlke, Alfred. Hermann Settegast. Sein Leben, Wollen und Wirken. Berlin, Unger, 1904.
Reitzenstein, A. von. Fichte. Berlin, Wunder, 1907.
Reitzenstein, A. von. Herder. Berlin, Wunder, 1909.
Reitzenstein, A. von. Lessing. Berlin, Wunder.
Reitzenstein, A. von. Wieland. Berlin, Wunder.
Wernekke, Hugo. Goethe und die Königliche Kunst. Leipzig, Poeschel, Kippenberg, 1905.

Holländische Freimaurerei.

175 Jaren nederlandsche Vrijmetselarij. Amsterdam, H. J. W. Brecht, 1931.

Dänische Freimaurerei.

Bugge, K. L. Det danske Frimureries Historie. 2 Bände: 1. bis 1765, Kopenhagen 1910; 2. bis zur Einführung des schwedischen Systems, Kopenhagen 1927.

Schwedische Freimaurerei.

Die Freimaurerei in Schweden. In „Historische Belehrungen für den Meistergrad des Bundes der Großen National-Mutterloge der Preussischen Staaten gen. zu den drei Weltkugeln". Berlin, Mittler, 1871.
Rudbeck, Johannes. Karl Friedrich Eckleff, der Begründer des schwedischen Freimaurersystems. Deutsche Ausgabe. Berlin 1931.

Freimaurerei und katholische Kirche.

Bühler, Johannes. Freimaurerei und Katholizismus. (Am Bau. Freimaurerische Flugschriften, Heft 1.)
Bühler, Johannes. Freimaurerei und Kirche. Vortrag auf der 2. Gemeinschaftstagung in Potsdam.
Bühler, Johannes. Vom Mönch zum Maurer.
Fülöp-Miller, René. Macht und Geheimnis der Jesuiten. Leipzig, Grethlein & Co., 1928.
Hoensbroech, Graf Paul. Der Jesuitenorden. 2 Bände. Bern 1926.
Neumann, Otto. Die Gegner der Freimaurerei. Bücherei für Freimaurer, Band 15.
Pösche, Gustav. Die Freimaurerei und die römisch-katholische Kirche. Flugschrift 4 des Arbeitsausschusses des Deutschen Großlogenbundes.
Singer, Arthur. Der Kampf Roms gegen die Freimaurerei. Geschichtliche Studie. Oldenburg, Leipzig 1925.
Taute, R. Die katholische Geistlichkeit und die Freimaurerei. 3. Auflage, mit Vorwort von D. Bischoff. Bücherei für Freimaurer, Band 23—24.

Statistik.

Dalen, Carl van. Kalender für Freimaurer. Statistisches Jahrbuch. Leipzig, Zechel, 1931, im 71. Jahrgang.
Jahrbuch (Annuaire) der Association Maçonnique Internationale. Herausgegeben von der Kanzlei in Genf, 1932.
Masonic Year Book, published under the Authority of The United Grand Lodge of England. London, Freemasons Hall, 1931.
Taschenbuch des Vereins deutscher Freimaurer. Mit Logenverzeichnis der deutschen und deutschsprachigen Logen außerhalb Deutschlands. 1932 im 10. Jahrgang.

Varia.

Dollar Masonic Library. Kleine Freimaurerbibliothek. 10 Bändchen, darunter zwei kleine Lexika, für 1 Dollar. Großloge von New York.

Mozart, W. A. Kompositionen für Freimaurer. Leipzig, Breitkopf & Härtel, 1891.

Mozart, W. A. Die Zauberflöte. Zuerst erschienen Leipzig, Breitkopf, 1794.

Ward, J. S. M. Told through the Ages. A Series of Masonic Stories. London, Baskerville Presse, 1926.

Gegnerische Schriften.

Bartels, Adolf. Freimaurerei und deutsche Literatur. Feststellungen und Vermutungen. München, Eher Nachf., 1929.

Daiber, Ludwig Albert. Elf Jahre Freimaurer! Stuttgart.

Eckert, Emil Eduard. Der Freimaurer-Orden in seiner wahren Bedeutung, das heißt als ein Weltorden ... In zwei Schriften den sächsischen Kriminalgerichten und der Ständeversammlung ... Dresden 1852.

Fritsch, Theodor. Die unterirdische Macht. Leipzig, Hammer-Verlag, 1920.

Fritsch, Theodor. Die zionistischen Protokolle. Das Programm der internationalen Geheimregierung. Aus dem Engl. übers. Leipzig, Hammer-Verlag, 1924.

Gruber, Hermann, S. J. Der „giftige Kern" oder die wahren Bestrebungen der Freimaurerei mit Rücksicht auf neuere freimaurerische Verteidigungsversuche, aktenmäßig nachgewiesen von Hildebrand Gerber. Berlin, Germania, 1899.

Gruber, Hermann, S. J. Freimaurerei, Weltkrieg und Weltfriede. 2. Aufl. Wien und Leipzig 1917.

Haiser, Franz. Freimaurer und Gegenmaurer im Kampfe um die Weltherrschaft. München, Lehmann, 1924.

Heise, Karl. Entente-Freimaurerei und der Weltkrieg. Ein Beitrag zur Historie des Weltkrieges und zum Verständnis der wahren Freimaurerei. Basel 1920.

Heise, Karl. Okkultes Logentum. 1. und 2. Aufl. Leipzig, Altmann, 1921.

Hergeth, Friedr. Aus der Werkstatt der Freimaurer und Juden im Österreich der Nachkriegszeit. Graz, Heimatverlag, 1927.

Hitler, Adolf. Mein Kampf. Zwei Bände in einem Band. 6. Aufl. München, Franz Eher Nachf., 1930.

Ludendorff, Erich. Vernichtung der Freimaurerei durch Enthüllung ihrer Geheimnisse. München, Selbstverlag, 1927.

Ludendorff, Erich. Vernichtung der Freimaurerei durch Enthüllung ihrer Geheimnisse. 111.—120. Taus. (München), Selbstverlag des Verf., 1928.

Ludendorff, Erich. Die überstaatlichen Mächte im letzten Jahre des Weltkrieges. 7.—11. Taus. Leipzig, Weicher (1927).

Ludendorff, Erich. Kriegshetze und Völkermorden in den letzten 150 Jahren im Dienste des „allmächtigen Baumeisters aller Welten". (München), Selbstverlag d. Verf., 1928.

Ludendorff, Erich. Weltkrieg droht auf deutschem Boden. 51.—80. Taus. München, Ludendorffs Volkswarte-Verlag, 1930.

Ludendorff, Erich, u. Ludendorff, Mathilde (Dr. med. von Kemnitz). Das Geheimnis der Jesuitenmacht und ihr Ende. München, Ludendorffs Volkswarte-Verlag (1929).

Ludendorff, Mathilde. Der ungesühnte Frevel an Luther, Lessing und Schiller im Dienste des allmächtigen Baumeisters aller Welten von —. (München), Selbstverlag d. Verf., 1928.

Müller von Hausen. Die Geheimnisse der Weisen von Zion. Hrsg. i. A. des Verbandes gegen Überhebung des Judentums E. V. von Gottfried zur Beek (d. i. Ludwig Müller gen. von Hausen). 8. Aufl. Charlottenburg 1923.

Nilus, Sergej A. Die Protokolle der Weisen von Zion. (Russisch.) Nilus, Sergej A. Welikoje w malom i Antichrist kak bliskaja politischeskaja wosmoshnost Zarskoje Selo 1905. (Das Große im Kleinen, und der Antichrist als naheliegende Möglichkeit.) 4. Aufl. 1917.

Poncins, De, Léon. Hinter den Kulissen der Revolution. (Aus dem Franz.) Berlin, Schlieffen-Verlag, 1929.

Recke, Graf von der. Judentum und Freimaurertum. Kolberg 1922.

Rosenberg, Alfred. Weltpolitisches Freimaurertum. In „Der Weltkampf", Heft 24, Dez. 1925. München, Deutscher Volksverlag.

Rosenberg, Alfred. Der Weltverschwörerkongreß zu Basel. München, Eher, 1927.

Rosenberg, Alfred. Freimaurerische Weltpolitik im Lichte der kritischen Forschung. München 1929.

Schwartz-Bostunitsch, Gregor. Die Freimaurerei. Ihr Ursprung, ihre Geheimnisse, ihr Wirken. Mit 60 Bildern. Weimar, Duncker (1928).

Taxil, Leo. s. Hauptteil.

Weltkriegsspionage, Die (Original-Spionage-Werk). Authentische Enthüllungen ... auf Grund amtlichen Materials aus Kriegs-, Militär-, Gerichts- und Reichs-Archiven. Verlag von Justin Moser (1931), München.

Wichtl, Friedr. Weltfreimaurerei — Weltrevolution — Weltrepublik. Eine Untersuchung über Ursprung und Endziele des Weltkrieges. Neu hrsg. von Ernst Berg 11. Aufl. München, Lehmann, 1928.

II
LEXIKON

A

Aachener Freimaurerverfolgung. Anfangs 1779 veranlaßte der päpstliche Nuntius Carlo Bellisoni in Köln den Aachener Magistrat zu einem Vorgehen gegen die dortige Loge „Zur Beständigkeit". Am 23. März 1779 predigte der Dominikaner Greinemann gegen die Aachener Freimaurer, die er „Schelmen, Spitzbuben und Teufelsbanner" nannte und mit einer berüchtigten Räuberbande aus der Aachener Gegend verglich. Vom Aachener Magistrat wurde sodann in einer Verordnung vom 26. März 1779 allen Aachenern das Dulden von Logenversammlungen in ihren Wohnungen bei strengen Strafen verboten. Am 11. April 1779 predigte der Kapuziner Schuff im Aachener Münster gegen die Aachener Logenbrüder und warnte die Gläubigen vor jedem Umgang mit ihnen; alsbald kam es dann zu Tätlichkeiten gegen Aachener Brr. Auf Anraten ihrer Wetzlarer Direktorialloge hatte die Aachener Loge nach dem Erscheinen der Magistratsverordnung ihre Versammlungen eingestellt; sie verlegte Ende 1779 vorläufig ihren Sitz nach Vaals in Holland. Die A. F. rief in der deutschen und ausländischen Presse ein ungeheures Aufsehen hervor. Besonders nachhaltig nahm sich die Wetzlarer Direktorialloge „Joseph zum Reichsadler", insbesondere durch die Brr. v. Ditfurth und Freiherr v. Waldenfels, der Aachener Freimaurer an. Sie wußten eine Reihe von Fürsten, die der Strikten Observanz angehörten, zugunsten der Aachener Loge zu interessieren und zu Vorstellungen beim Aachener Magistrat sowie beim Fürstbischof von Lüttich, Grafen v. Welbrück, der selbst Freimaurer war, zu bewegen. Welbrück, der mit dem zugunsten der Aachener Mönche eingenommenen Kölner Nuntius über die A. F. einen Briefwechsel führte, verbot den beiden Mönchen das Predigen gegen die Freimaurer und bestrafte sie. Friedrich der Große, dem man fälschlich die Urheberschaft eines von Siegfried von Goué herrührenden Sendschreibens an die Mönche (erschienen im Clever „Courrier du Bas-Rhin" vom 22. Mai 1779) zugeschrieben hat, lehnte tatsächlich jeden Eingriff in die Aachener Freimaurerstreitigkeiten ab. Ihr Ende fand die A. F. im Juli 1780, als König Gustav III., der sich schon im Sommer 1779 zugunsten der Aachener Brr. bei Kaiser Joseph II. verwendet hatte, die Aachener Bäder besuchte und sich beim dortigen Magistrat zugunsten der Aachener Loge verwandte. Diese wurde nach Aachen zurückverlegt und blieb seitdem unbehelligt. Über die A. F. gibt es ein umfangreiches Schrifttum; die abschließende kritische Darstellung hat der Ehrenmeister der Aachener Loge Dr. August Pauls in seinem Werk „Geschichte der Aachener Freimaurerei", I. Band (1928), auf Grund eines umfangreichen Materials, u. a. aus dem Großarchiv des Vatikans, gegeben.

Aachener Konferenz. Mitte Juni 1928 fand in der Jesuiten-Residenz in A. eine eintägige Aussprache privater Natur zwischen dem Jesuitenpater Hermann Gruber (s. d.) und den Freimaurern Dr. Kurt Reichl (s. d.) und Eugen Lennhoff (s. d.) (Wien) sowie Ossian Lang (s. d.) (New York) statt. Sie stellte die Folge eines vorangegangenen zweijährigen, umfangreichen Briefwechsels zwischen P. Gruber und Reichl dar, der der grundsätzlichen Auseinandersetzung des Freimaurergegners mit dem Freimaurer über die beiderseitigen Weltanschauungen und der Frage einer Möglichkeit der „Stilisierung" des Kampfes gegolten hatte. In der Korrespondenz, in darauf bezüglichen Aufsätzen in der „Wiener Freimaurer-Zeitung" und bei der Konferenz kam die Anschauung zum Ausdruck, daß es sich bei dem Widerstreit Katholizismus und Freimaurerei um einen Gegensatz weltanschaulicher Fragen (religiöses Dogma und philosophische Toleranz) handle, die nicht zur Deckung gebracht werden können, daß sich aber daraus naturgemäß die Forderung ergebe, die Austragung des gegen die Freimaurerei geführten Kampfes aus dem von vielen Seiten seit Jahrzehnten allein betretenen Gebiet politischen Lügen- und Verleumdungsfeldzuges auf die höhere Ebene kritisch-wissenschaftlichen Geisteskampfes zu heben. Ein Standpunkt, dem P. Gruber voll beipflichtete. Die Konferenz war also nicht, wie verschiedentlich kombiniert wurde, ein „Canossagang der Freimaurerei", noch weniger diente sie dem Abschluß irgendeines kulturpolitischen Paktes.

Aaronschurz der Jahwebrüder ist für Ludendorff (s. d.) der Freimaurerschurz; d. h. „nicht der Schurz des Maurers einer mittelalterlichen Bauhütte, sondern der Schurz der hohepriesterlichen Bekleidung der Juden ...". Da aber der Schurz „das Wesen der Freimaurerei" ausmacht und eine mit ihm in Verbindung stehende Zeremonie des Meistergrades — nach den Anschauungen Ludendorffs — „die jüdische Beschneidung", symbolisiert, werden auch christliche Freimaurer zu „künstlichen Juden", die Jehovah opfern und damit entrassen und somit ihre Völker den Juden hörig machen. — Eine verschrobene Theorie, die Ludendorff allein vertritt (s. Hammelschurz).

Aarons Stab (engl. Aaron's rod), wichtiges Symbol einzelner Hochgradsysteme, gründet sich auf 4. Mos. 17. Nach der Erhebung der Rotte Korah wurden von den Stämmen Israels in der Stiftshütte zwölf Stäbe niedergelegt. A. S., der Stab des Stammes Levi, grünte, blühte auf und trug Mandelfrüchte. Er wurde neben den Bundestafeln und dem Gefäß mit Manna in der Bundeslade aufbewahrt. Im Royal-Arch-Grad wird in der Abteilung des zweiten Vorhangs das Symbol der Schlange und des A. S. verwendet nach Exodus Kap. 4: Der Herr befiehlt Moses, seinen Stab zu Erde zu werfen, der sich in eine Schlange verwandelt. Auf neuerlichen Befehl ergreift Moses die Schlange an ihrem Ende, und sie wird wieder zum Stab. Dieses Wunder vollzieht sich zum Zeichen der Erscheinung des Herrn. Daran schließt sich die ritualistische Erklärung mit einer entsprechenden Symbolhandlung durch den Einzuweihenden.

A. A. S. R. (engl.), Abkürzung von Ancient and Accepted Scottish Rite (s. d.).

Abafi, s. Aigner, Ludwig.

Abakus, ursprünglich die über das Kapitäl einer Säule gelegte Deckplatte, auch Rechenbrett. Bei den Tempelrittern der Stab, den der Großmeister trägt; am Kopf des A. ein Ordenskreuz mit der Inschrift: „In hoc signo vinces".

Abaris, Ordensname Goethes (s. d.) im Illuminatenorden.

A bas les Tyrans, im April 1900 von Copin-Albancelli (s. d.) im Verein mit Louis Dasté in Paris gegründete antifreimaurerische Wochenschrift, die Organ der „Groupe des Amis de A bas les Tyrans" wurde und 1902 den Namen „La Bastille" (s. d.) annahm.

A. B. a. W., Abkürzung für Allmächtiger Baumeister aller Welten. Auch G. B. a. W., Großer Baumeister aller Welten (oder: der Welt). Im Engl.: G. A. O. T. U., Great (auch Grand) Architect of the Universe. Französisch: G. A. D. U., Grand Architecte de l'Univers. Lateinisch: U. T. O. S. A., Universi terrarum orbis summus architectus. — Zum Ruhme des A. B. a. W.: engl. To the glory of the..., frz. A la gloire du..., lat. Ad universi terrarum orbis summi architecti gloriam. In den Initialen häufig auf frmr. Dokumenten, Briefpapieren, Meisterbriefen und Pässen. Die 1930 gegründete Symbolische Großloge von Deutschland kürzt ab: I. V. d. A. B. a. W. = In Verehrung des A. B. a. W. (s. Baumeister, Der allmächtige).

Abbreviaturen, s. Abkürzungen.

Abd El Kader, Kabylenfürst in Algerien, arabischer Emir und tapferer Gegner Frankreichs in den Kolonialkriegen seit 1832. Ausgezeichnet durch ritterlichste Gesinnung. * 1807, † 1883. In Frankreich 1847—1852 gefangen, nahm sich 1860 in Damaskus bei den Christenmassakers der Verfolgten an und rettete Tausende aus den Händen der entfesselten Fanatiker. Am 18. Juni 1864 wurde er in Alexandrien für die Pariser Loge Henry IV., die ihn als erste zu seinem Heldentum beglückwünscht hatte, in der Loge „Les Pyramides d'Egypte" aufgenommen und 1865 in Paris von seinen Brüdern feierlich empfangen.

Abeliten, Söhne Abels, ein dem Freimaurerorden nachgebildeter christlich-moralisch-philanthropischer Orden, gestiftet in Greifswald 1745. Der Orden hatte eigene Symbole, Erkennungszeichen usw., stand aber nach Gaedicke in keinem Zusammenhange mit der damaligen Freimaurerei.

Abercorn, Herzog von, früher Marquis von Hamilton, † 1913, war Großmeister der Großloge von Irland. 1875 wurde er Großaufseher der Großloge von England und gleichzeitig mit dem Prinzen von Wales (dem späteren König Eduard VII.) bei dessen erster Einsetzung als Großmeister in sein Amt eingeführt. Später trat er zur irischen Freimaurerei über.

Sein Vater, der erste Herzog von A. (1811—1885), Lordleutnant von Irland, hatte dem Bund (als Mitglied der Apollo University Lodge Nr. 357, Oxford) ebenfalls angehört.

Aberglaube, eigentlich Überglaube (superstitio), unsinniger Glaube an übernatürliche Kräfte und Vorgänge, der den herrschenden religiösen und wissenschaftlichen Anschauungen nicht mehr entspricht. Gespensterglaube, Spiritismus, Okkultismus, Glaube an magische Kräfte usw. gehören hierher. A. ist zumeist ein Überbleibsel älterer Religionen. Auch die Religionen enthalten A. ähnliche Elemente. „A. ist jede allgemeine Annahme, die entweder keine Berechtigung hat in einer bestimmten Religion oder im Widerstreit steht mit der wissenschaftlichen Auffassung einer bestimmten Zeit von der Natur" (Lehmann, „Aberglaube und Zauberei").

In dieser Definition ist die Relativität des Begriffes A. klar zum Ausdruck gebracht. Die Grenzen des A. sind daher äußerst schwankend. Ob eine Annahme als A. bezeichnet werden darf, kommt stets darauf an, von welchem Gesichtspunkte aus sie angesehen wird.

Abergläubisch ist, wer glaubt, Gott durch bloße Kulthandlungen zu irgendwelchen Taten veranlassen zu können. Der A. ist auch in der Gegenwart stark verbreitet, oft als Reaktion gegen die unerbittliche Kausalitätsauffassung der Wissenschaften. A. ist ein Glaube auf Gebiete angewendet, zu deren Verwaltung und Leitung ausschließlich Vernunft und Wissenschaft berufen sind. Die Quelle des A. ist eine irregeleitete Phantasie. Die Freimaurerei, die im 18. Jahrhundert A. in verschiedenen ihrer Systeme wuchern sah (s. okkultistische Freimaurerei), bekämpft ihn nachdrücklichst. A. steht hier für mangelnde Erkenntnis und die daraus sich ergebenden Fehlschlüsse, die zu Fehlhandlungen ethischer oder sozialer Natur führen. In diesem Sinne ist der Freimaurer auf den Kampf gegen den A. eingeschworen, da er den Sinn seiner Arbeit in dem Streben nach höchster Vollendung menschlichen Wesens und Wissens zu suchen hat.

Die Freimaurerei ist zugleich selbst ein Objekt zahlreicher abergläubischer Vorstellungen. Man bringt sie in Verbindung mit Teufelskult, Schatzgräberei, Magie und Nekromantie. Die Fabeln über die magischen Kräfte der Freimaurer, ihre Unverletzlichkeit infolge eines Teufelspaktes, ihre Reichtümer, ihre Mordtaten sind Legion, wiederholt gesammelt und ebenso unausrottbar wie die Vorstellungen besonders abscheulicher Handlungen gegen das Christentum usw. Die Abgeschlossenheit der Freimaurer hat die Bildungen derartiger Fabeln gefördert. Der Freimaurer ist insbesondere in ländlichen Kreisen ebenso Requisit des A. wie die Hexen, die Juden u. a. m. Die Phantasie des Primitiven schafft sich entlastende Wunschbilder, denen sie alle Greuelvorstellungen anzuhängen bestrebt ist. Durch den großen Taxil-Schwindel (s. d.)

sind die abergläubischen Vorstellungen über die Freimaurerei um so fester verankert worden, als diese groben Schwindeleien sich geraume Zeit der Förderung hoher kirchlicher Kreise erfreuen konnten (s. Volksglaube).

Abgeordneter Meister vom Stuhl, gleichbedeutend mit Zugeordneter, meist auch: Deputierter M. v. St., Stellvertreter des hammerführenden Stuhlmeisters. Ebenso Abgeordneter Großmeister usw.

Abif, s. Hiram.

Abkürzungen (Abbreviaturen), symbolische Zeichen, die mit den stenographischen Sigeln vergleichbar sind, werden in der Freimaurerei seit etwa 1774 gebraucht. Die erste nachweisliche Abbreviatur findet sich in einem Rundschreiben des Grand Orient de France an seine Logen. Es sind dies die bekannten drei Punkte (∴), deren eigentliche Bedeutung ungeklärt geblieben ist; wahrscheinlich sollen damit die drei Lichter um den Altar (Weisheit, Schönheit, Stärke) symbolisiert werden. Ein ähnliches Sigel ist das Parallelepiped (▭) zur Bezeichnung der Loge, in verdoppelter Form (⧈) für die Mehrzahl gebräuchlich.

Die einfachsten Abkürzungen sind Br. für Bruder, häufig mit den drei Punkten, in der Mehrzahl verdoppeltes Zeichen Br Br ∴ ∴ (im Französischen F ∴ und F F ∴, im Englischen Bro., Plural Bn.). Im Englischen L. für Loge (Plural: L L.). Die drei Punkte (∴) sind im englischen Sprachgebiet seltener.

Die häufigsten Abkürzungen sind:

A ∴ B ∴ a ∴ W ∴	Allmächtiger Baumeister aller Welten
A ∴ and A ∴	Ancient and accepted
A ∴ and A ∴ S ∴ R ∴	Ancient and accepted Scottish Rite.
A ∴ L ∴ G ∴ d ∴ G ∴ A ∴ D ∴ L ∴ U ∴	A la Gloire du Grand Architecte de l'Univers.
A ∴ F ∴ (and) A ∴ M ∴	Ancient Free and Accepted Masons
A ∴ Dep ∴	Anno Depositionis (siehe Anno)
A ∴ Inv ∴	Anno Inventionis (siehe Anno)
A ∴ L ∴	Anno Lucis (siehe Anno)
A ∴ M ∴	Anno Mundi (siehe Anno)
A ∴ O ∴	Anno ordinis (siehe Anno)
A ∴ M ∴ I ∴	Association Maçonnique Internationale
A ∴ Y ∴ M ∴	Ancient York Mason
Bro ∴	Brother
D ∴	Deputy (Zugeordneter)
Ehrw ∴	Ehrwürdiger, Ehrwürdigster
D ∴ G ∴ M ∴	Deputy Grand Master
D ∴ Prov ∴ Gr ∴ M ∴	Deputy Provincial Grand Master
D ∴ D ∴ G ∴ M ∴	District Deputy G. M.
E ∴	Eminent oder Excellent
E ∴ A ∴	Entered Apprentice (Lehrling)
Ec ∴	Ecossais (Schottisch)
F ∴ C ∴	Fellow Craft (Geselle)
F ∴ M ∴	Freemason, Franc-Maçon, Freimaurer
Fr.:	Frère
G ∴ A ∴ O ∴ T ∴ U ∴	Great Architect of the Universe
G ∴ C ∴	Great Chapter
G ∴ Com ∴	Grand Commander, Grand Commandeur
G ∴ L ∴	Grand Lodge, Grande Loge, Großloge
G ∴ M ∴	Grand Master, Grand Maître, Großmeister
G ∴ O ∴	Grand Orient, Großorient
G ∴ Off ∴	Grand Officier (Großbeamter)
G ∴ R ∴ A ∴ C ∴	Grand Royal Arch Chapter
G ∴ S ∴	Grand Secretary, Grand Secrétaire, Gr.-Schriftführer
G ∴ W ∴	Grand Warden
J ∴ G ∴ W ∴	Junior Grand Warden
Ill ∴	Illustre
I. T. N. O. T. G. A. O. T. U.	In the name of the Great Architect of the Universe
J ∴ W ∴	Junior Warden (II. Aufseher)
M ∴ M ∴	Master Mason (Meistermaurer)
M ∴ W ∴	Most Worshipful (Ehrwürdigst)
N ∴ S ∴	Nombre sacré (heilige Zahl)
O ∴	Orient
Off ∴	Officier, Officer (Beamter)
P ∴	Past z. B. Pastmaster
R ∴ A ∴	Royal Arch.
R ∴ L ∴	Respectable Loge
R ∴ F ∴	Respectable Frère
S ∴ C ∴	Supreme Council, Suprême Conseil (Oberster Rat)
S ∴ G ∴ I ∴ G ∴	Sovereign Grand Inspector General
S ∴ G ∴ W ∴	Senior Grand Warden
S ∴ W ∴	Senior Warden (I. Aufseher)
T ∴ C ∴ F ∴	Très chèr Frère
T ∴ P ∴	Très Puissant (Titel des Großkommandeurs)
U ∴ F ∴ L ∴	Universala Framasona Ligo
Vén ∴	Vénérable (Stuhlmeister)
W ∴	Worshipful
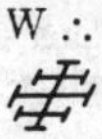	Zeichen des Großkommandeurs des Suprême Conseil

Weitere gebräuchliche deutsche Abkürzungen sind:

A ∴ u ∴ A ∴ S ∴ R ∴	Alter und Angenommener Schottischer Ritus (des XXXIII. Grades)
G ∴ u ∴ v ∴	gerecht und vollkommen
L ∴	Loge
M ∴ v ∴ St ∴	Meister vom Stuhl
Or ∴	Orient
Br ∴	Bruder
i ∴ d ∴ u ∴ h ∴ Z ∴	in der uns heiligen Zahl
treu verb. Br.	treuverbundener Bruder
S ∴	Salve
st ∴ S ∴	stille Salve
i ∴ d ∴ e ∴ O ∴ e ∴	in den ewigen Osten eingegangen.
O ∴ R ∴	Oberster Rat

Von diesen Abkürzungen, die keinerlei Ritualgeheimnis verschleiern, sondern nur der Bequemlichkeit zu dienen haben, sind jene besonders in amerikanischen Chiffrebüchern gebräuchlichen Kürzungen und Sigel zu unterscheiden, die das Druckwerk für Profane unleserlich machen sollen. Hierher gehören auch die von Feßler gebrauchten Chiffren sowie die zum Teile noch ungelösten Chiffren der Rosenkreuzer (s. auch Chiffre-Bücher).

Ablaß. Am 11. August 1898 erschien ein von Leo XIII. persönlich erlassenes Dekret unter dem Fischerring, das für das Sprechen eines von dem Jesuiten de Benazé verfaßten Gebetes gegen die Freimaurerei einen Ablaß von 100 Tagen zubilligte. (Das Gebet ist abgedruckt in Singer: „Kampf Roms gegen die Freimaurerei", Seite 178.)

Aborigines, Geheimgesellschaft, die um das Jahr 1783 in England bestand und deren Einweihungszeremonien im „British Magazine" des gleichen Jahres beschrieben werden. Der Vorsitzende hieß „Das Original". Eine der zahllosen Nachahmungen der Freimaurerei ohne eigentlichen Zusammenhang, die als Form klubmäßiger Geselligkeit im XVIII. Jahrhundert in England sehr beliebt waren. Das Ritual ist abgedruckt in Mackeys Enzyklopädie. (Fehlt bei Wolfstieg.)

About, Edmond, französischer Schriftsteller, * 1828, † 1885, der 1859 eine gegen die weltliche Herrschaft des Papstes gerichtete Schrift herausgab. Verfasser zahlreicher Romane und Zeitungsherausgeber. War Mitglied einer französischen Loge.

Abrac, mystisches Wort, entsprechend dem persischen Abraxas, dem Namen einer Gottheit, die das Jahr symbolisiert. Der Zahlenwert des Wortes ist 365. Mit der Freimaurerei insofern im Zusammenhange, als es in einem alten Freimaurer MS (Leland MS) heißt: die Masons verheimlichen „the wey of wynninge the facultye of Abrac". Gemeint ist, daß die Steinmetzen im Besitze geheimnisvoller, streng bewahrter magischer Künste sind.

Abracadabra, hergeleitet vom Worte Abraxas, magisches Wort, mit dem Talismane versehen werden, insbesondere zur Krankenheilung usw. In dem Buche des Arztes Q. Serenus Sammonicus „De medicina parvo pretio parabili" wird die Schreibweise folgendermaßen angegeben:

a b r a c a d a b r a
a b r a c a d a b r
a b r a c a d a b
a b r a c a d a
a b r a c a d
a b r a c a
a b r a c
a b r a
a b r
a b
a

Das Wort spielt in den Gebräuchen der Gnostiker eine gewisse Rolle und taucht daher dort, wo Freimaurerei mit Gnostik verquickt wurde (XVIII. Jahrh.) mitunter auf.

Abraham, der sagenhafte Erzvater, spielt in den Zunftlegenden der „Old Charges" eine große Rolle. Diese lassen ihn von Euphrat nach Ägypten einwandern und die Ägypter die sieben Künste lehren. Für die Kabbalisten, deren Einfluß hier mitspielt, war Abraham nach Adam der Träger aller menschlichen Kenntnisse. In einer alten englischen metrischen Fassung von „Genesis und Exodus" (Mitte des 13. Jahrhunderts) steht zu lesen, daß A. in Ägypten Astronomie und Arithmetik lehrte. Als sein Schüler wird — im Cooke MS — Euclid bezeichnet, der wiederum die Söhne des ägyptischen Adels in Geometrie unterwiesen hatte, die man jetzt „Masonry" nenne.

Abrüstung. Der Großorient von Frankreich beschäftigte sich auf seinem Konvent 1927 mit der Frage der Kriegsrüstungen und sprach die Hoffnung aus, daß die A. M. I. (s. d.) alles aufbieten werde, um die internationalen Beziehungen der verschiedenen Freimaurereien zu verbessern, „damit es möglich sein wird, zwischen den Völkern trotz des Hypernationalismus, der sich überall breitmacht, brüderliche Zusammenhänge herzustellen. Der Kreuzzug, den es heute zu unternehmen gilt, hat der Abrüstung und dem Frieden zu dienen". Ebenso gaben die Jahresversammlung der Schweizerischen Großloge Alpina in St. Gallen und der Pariser Konvent der Allgemeinen Freimaurerliga 1931 ihrer Freude über die bevorstehende Abrüstungskonferenz beschlußmäßigen Ausdruck (s. Weltfrieden).

Absalom, hebräischer Name: Vater des Friedens, nannte sich seit 26. Juli 1743 die älteste deutsche, 1737 gegründete Loge in Hamburg. „Bode behauptete, der Name sei aus Spott von London hergegeben, weil man dort die frühere Existenz einer französisch arbeitenden erfahren habe" (Ridel, 1817). Unter dem Provinzial-Großmeister Jaenisch wurde die Loge „auf ewig" geschlossen und dafür eine Mutterloge strikter Observanz: „A. zu den drei Nesseln" eingesetzt. Dieses merkwürdige Beiwort wurde dem Ritternamen Jaenischs entlehnt, der als Eques ab urtica (Ritter von der Nessel) in die Strikte Observanz aufgenommen war. Der Name blieb der bis zum heutigen Tage fortbestehenden Johannisloge. Ihre Geschichte schrieb Friedrich Kneisner, 1927.

Abt, Franz, deutscher Liederkomponist * 1819, † 1885, war Mitglied der Loge „Karl zur gekrönten Säule" in Braunschweig, der er mehrere Kantaten widmete.

Abteilungen des Meistergrades, nur in Holland übliche Überbauung des Meistergrades durch die beiden Stufen des „uitverkoren" und „opper-uitverkoren Meesters". Eingesetzt auf Wunsch des Großmeisters Friedrich Prinzen der Niederlande. Die „Afdeelingen" sind eine Art Engbünde ohne Hochgradcharakter und versuchen eine Art Auslese aus den Meistern zu schaffen. Die Mitglieder tragen als Abzeichen kleine silberne Schaumünzen.

Abwaschungen, Reinigungszeremonien, bereits in den Mysterien der Alten üblich, von einzelnen Hochgradriten übernommen. Auch die aus der „Zauberflöte" bekannte Wanderung durch Feuer und Wasser ist nicht als physische Mutprobe, sondern als Reinigungszeremonie gedacht. Ebenso in den Ritualen vieler Johannislogen in irgendeiner Form als Mittel der Läuterung symbolisch verwendet.

Abwehr, s. Aktivismus, Verteidigung.

Abwehrausschüsse gegen Angriffe auf die Freimaurerei haben verschiedene deutsche Großlogen nach dem Weltkrieg ins Leben gerufen, so die Große National-Mutterloge „Zu den drei Weltkugeln" (1924) und die Große Landesloge von Sachsen u. a.

Abwehrliteratur, s. Angriffs- und Abwehrliteratur.

Abzeichen.

1. Beamtenabzeichen. A. als äußeres Zeichen einer Beamtung in der Loge sind bereits frühzeitig nachweisbar. Angeblich sind sie schon 1717 in Gebrauch gewesen. Desaguliers hat den Brauch geregelt. Die gebräuchlichsten Beamten-A. sind: Winkelmaß für den Meister, Wasserwaage für den Ersten, Senkblei für den Zweiten Aufseher, gekreuzte Federn für den Schriftführer, Schlüssel für den Schatzmeister, Füllhorn für den Schaffner, offenes Buch für den Redner, Stäbe für den Ordner (Zeremonienmeister), Schwert für den Pförtner oder Tempelhüter, für den abgegangenen Meister entweder ein Winkelmaß mit der Darstellung des pythagoräischen Lehrsatzes (England) oder ein Zirkel auf einem Kreisbogen, die eine Sonne einschließen.

2. Als Zeichen der Zugehörigkeit zu einer bestimmten Loge wird bei der Aufnahme das Logenabzeichen (Kleinod oder Bijou) verliehen. Der Gebrauch dieser Logen-A. ist jedoch nicht allgemein verbreitet. In Holland werden die Logen durch die verschiedenfarbige Einfassung des Schurzes unterschieden. Die Große Landesloge der Freimaurer von Deutschland ist darangegangen, die Bijoux abzuschaffen.

3. Ehrenabzeichen werden für persönliche Verdienste oder aus Auslaß von Jubiläen verliehen (Ehrenmeister-A. u. a. m.).

4. Für den persönlichen Gebrauch der Freimaurer gibt es zahllose Abarten von Freimaurer-A., die entweder als Uhrenanhängsel, Nadeln usw. getragen werden. Da sie im freien Handel überall zu haben sind, beweist der Besitz eines derartigen A. nichts für die tatsächliche Zugehörigkeit des Trägers zum Freimaurerbunde.

Acacia.

1. s. Akazie.

2. Titel mehrerer freimaurerischer Zeitschriften, so „L'A.", Paris, vom Grand Orient de France geförderte, auch für nichtmaurerische Kreise bestimmte, monatlich erscheinende Revue, ferner „A., Revista masonica", offizielles Organ der Großloge von Puerto Rico.

Acacia Fraternities (engl.), amerikanische freimaurerische Hochschulvereinigungen, setzen sich aus Freimaurern des Meistergrades zusammen, die in Beziehung zu den Universitäten und Colleges stehen (hauptsächlich Professoren und Studierende); ihr Ziel ist die Erhaltung von Studentenheimen. Die erste A. F. wurde an der Staatsuniversität von Michigan 1904 errichtet. 1929 zählten die A. F. 32 Kapitel mit mehr als 7000 Mitgliedern und 500.000 Dollar Vermögen. Die Kapitel sind in einem Grand Conclave vereinigt.

Academia masonica, vom M. v. St. der Prager Loge „Harmonie", Dr. Paul Haensel, ins Leben gerufener Verein zu wissenschaftlicher Erforschung der Grundlagen der Freimaurerei. Die Satzungen besagen: Die A. M. hat den Zweck, die wissenschaftlichen Grundlagen der K. K. festzustellen. Sie ist eine freie wissenschaftliche Vereinigung ohne jedweden Anschluß an irgendwelche andere Organisation und arbeitet unabhängig von jeglicher Parteinahme ausschließlich wissenschaftlich mit dem Ziele, allein durch Ernsthaftigkeit ihrer Tätigkeit Achtung und Einfluß innerhalb der Freimaurerei zu gewinnen. — Zur Mitarbeit an der „Academia Masonica" kann jeder einer regulären, symbolischen Freimaurerloge angehörige Br. herangezogen werden. — Die Definition des Begriffes „regulär" ist identisch mit derjenigen der Verfassung der Großloge „Lessing zu den drei Ringen". — Die Mitarbeiter teilen sich in zwei Kreise: einen inneren und einen äußeren. — Mitglieder des inneren Kreises können nur Brr.-Meister sein, welche sich durch freimaurerische Arbeit, die von diesem inneren Kreise approbiert worden ist, bereits qualifiziert haben. — Zum äußeren Kreise der „Academia Masonica" kann jeder Br., welcher einer regulären symbolischen Loge angehört, zugelassen werden, wenn der innere Kreis hierzu seine Zustimmung gibt. — Bis Mitte 1931 wurden Untersuchungen über „die erste Alte Pflicht" veröffentlicht.

Académie (frz.), Academy (engl.), s. Akademie.

Académie des sublimes maîtres de l'Anneau lumineux (frz.), Akademie der Erhabenen Meister des leuchtenden Rings, ein seit 1780 in Douai gepflegtes Hochgradsystem, das von einem in französischen Diensten stehenden schottischen Offizier, Baron Grant of Blairfindy, geschaffen wurde. Pythagoras wurde darin als Schöpfer der Freimaurerei bezeichnet.

Accepted, Acceptance, Acception. Die „Worshipful Company of Masons of the City of London", die heute noch bestehende Gilde der Werkmaurer, besitzt ein altes Rechnungsbuch, das im Jahre 1619 angelegt wurde und um dessen Bearbeitung sich Conder besondere Verdienste erworben hat. Aus diesem Rechnungsbuche geht hervor, daß in der Company neben den Freemen und Liverymen noch eine besondere Kategorie von Mitgliedern bestand, die accepted Masons genannt wurden und deren Vereinigung als Acceptance oder Accepcion, Acception bezeichnet wird. Aus dem Vergleiche der Namenslisten erhellt, daß es sich hier um eine besondere Abteilung der Company gehandelt hat, die für die Aufnahme in ihren engeren Verband besondere Taxen vorschrieb. Nicht alle Mitglieder der Company waren Mitglieder der A. Eine Eintragung aus dem Jahre 1650 zeigt, daß ein „Mr. Andrew Marvin, the present Warden", also der Vorsteher der Company, für seine Annahme in der A. die entfallenden Gebühren gezahlt hat. Die maurerische Laufbahn dieses Marvin läßt sich nun an Hand der Rechnungsbücher genau verfolgen. Er wurde 1623/24 freigesprochen, also als Freeman oder Yeoman zugelassen (admitted), kam 1636/37 in die sogenannte Livery und war Mitglied des Court of Assistance, des Vorstandes der Company, gewesen, ehe er sich dazu entschloß, auch der A. beizutreten. In sehr mühevollen Untersuchungen konnte R y l a n d s nachweisen, daß in der Zeit von 1620—1682 in den Listen der A. 35 Namen stehen, deren Träger sicherlich in keinerlei Weise mit dem Baugewerbe in Zusammenhang zu bringen sind.

Man hat nun wiederholt versucht, durch eine sprachliche Trennung auch eine Begriffstrennung herbeizuführen, indem man die Zulassung zur Company als „Admittance", die Zulassung zur besonderen Kategorie innerhalb der Company, der Loge, als „Acceptance" auseinanderhalten wollte. Damit sollte zugleich der Unterschied zwischen der Company der Werkmaurer und der in ihr lebenden Society der Symbolmaurer festgehalten werden. Das geht nun nicht an, da es eine feststehende Terminologie damals nicht gab und die beiden Bezeichnungen „admitted" und „accepted" nicht immer im unterscheidenden Sinne gebraucht werden. Erst im Laufe der Jahre entwickelte sich im 17. Jahrhundert ein Sprachgebrauch, der mit dem Worte Acceptance einen bestimmten Begriff verbindet.

Die Sonderung der A. innerhalb der Company kommt auch zum Ausdrucke in zwei Inventarverzeichnissen aus dem Jahre 1663 und 1676. In dem zweiten, ausführlicheren, wird angeführt: Ein Buch der Konstitutionen der accepted Masons, d. i. eine jener Manuskriptrollen, wie sie in zahlreichen Exemplaren heute bekanntgeworden sind (s. M a n u s k r i p t e). Ein Buch der alten Konstitutionen und Ordnungen. Eine große Bibel. Ein Namensverzeichnis der A. Masons in einem schönen, verschließbaren Rahmen mit Schloß und Schlüssel dazu. Eine Geldschwinge und ein elfenbeinerner Hammer. Eigene Rechnungsbücher führte die A. nicht. Die Beiträge flossen in die Kasse der Company. Auch über die besonderen ritualistischen Gebräuche der A. ist nichts Genaueres bekannt. Vom Jahre 1677 angefangen erwähnen die Rechnungsbücher der Company die Acceptance nicht mehr. Es scheint hier, zumindest verwaltungstechnisch, eine Sonderung eingetreten zu sein, die auch die gänzliche Loslösung vorbereitet haben kann.

Die A. ist als Gesamtheit der Accepted Masons somit eine Vereinigung besonderer Art innerhalb der Company of Free Masons. Ihre Angehörigen sind ursprünglich Mitglieder der Company, also Werkmaurer oder Personen, die nach ihrer Berufsart keinerlei oder doch nur abgeleitete Beziehungen zur Werkmaurerei haben. In die Company konnte man eintreten durch Ablegung der Lehrzeit, durch Patrimonium oder auch durch Einkauf. In die A. wurde man durch Annahme gegen Erlag einer bestimmten Taxe eingeführt. Somit haben wir in der Acceptance die Vorstufe der symbolischen Freimaurerloge zu erblicken, die in innigem Zusammenhang mit der Werkmaurerei stand und von Werkmaurern stark durchsetzt war. Elias A s h m o l e (s. d.) hat 1682 diese Loge in London besucht. Leider sind seine Tagebucheintragungen so dürftig, daß wir uns kein klares Bild von der Art der Zusammenkunft und dem Inhalt ihrer Arbeit machen können. Wir erfahren nur, daß in seinem Beisein mehrere Personen zu Freimaurern gemacht wurden, und daß hinterher in der Taverne „Zum Halbmond" ein Essen stattfand. Von den in Ashmoles Beisein Aufgenommenen waren vier nachweislich Werkmaurer, zwei (oder drei) waren Zunftfremde. Die Loge, wie wir die A. nennen dürfen, tagte in der Mason's Hall in Basinghall Street. Der Umstand, daß die Tafel nicht mehr im gleichen Gebäude stattfand, sondern in ein Wirtshaus verlegt wurde, deutet auf eine gewisse Tendenz hin, sich wenigstens für einen Teil der gemeinsamen Versammlung von der Werkstätte zu trennen. In der Folgezeit wird diese Trennung eine vollkommene. Die A. wird zur Loge, die Company der Freemasons gibt die Society der Free and Accepted Masons ab, die von jetzt an ihr Eigenleben führen. Nur der Name deutet noch auf den alten Zusammenhang hin. Jedenfalls ist die alte Loge in der Mason's Hall eingegangen. A n d e r s o n hat sie in seiner Konstitution nicht mehr erwähnt, er dreht aber den Sachverhalt um, indem er, um das Alter seiner Großloge und ihre Bedeutung ins richtige Licht zu setzen, die Behauptung aufstellt, niemand hätte früher in der Company freigesprochen werden können, bevor er nicht in einer Loge der Free and A. Masons installiert worden sei. „Dieser lobenswerte Brauch scheint seit langem aufgegeben worden zu sein."

Im Nachweis der A. liegt nicht nur die Deutung des Namens Free and A. masons, sondern auch der strikte Beweis der Abstammung der Freimaurerlogen von den alten Bauhütten. Zugleich aber auch der Beweis für die einzig richtige Tradition der Freimaurerei, die nur aus Bauhüttenbräuchen und deren Symbolik zu verstehen ist. Woraus unmittelbar die Stellungnahme zu jenen Abarten der Freimaurerei abzuleiten ist, die durch Verfälschung der Tradition fremde Bestandteile, wie die ritterlichen Traditionen, wohl aufgepropft, aber nicht einverleibt haben.

Accolade (auch Akkolade), vom Latein. ad collum. In den ritterlichen Gebräuchen der Ritterschlag auf die Schulter, verbunden mit der Umarmung und dem Kuß. Spielte auch im Brauchtum der „Compagnonnage" (s. d.) eine Rolle. Daher auch (im Frz.) der Bruderkuß.

Acquasi, B o a c h i, Aschantiprinz, wurde von König W i l h e l m III. der Niederlande erzogen und ging als Ingenieur nach Java. Bei einer Beförderung seiner Rasse wegen dort übergangen, kehrte er nach Holland zurück und erhielt für die erlittene Zurücksetzung eine Pension und Landbesitz in Niederländisch-Indien. Er zog dann nach Buitenzorg, wo er ein Freimaurerkränzchen gründete, das seit 1902 als Loge arbeitet. Er dürfte der einzige Neger sein, der einer europäischen Loge angehört.

Acta Latomorum oder „Chronologie de l'histoire de la Franc-Maçonnerie française et étrangère" ist der Titel eines Buches von Claude Antoine T h o r y (s. d.), enthaltend eine Geschichte der Frmre. bis zum Jahre 1814 in zwei Bänden mit fast 1000 Seiten, Paris 1815. Thory war ein bedeutender Gelehrter, außerdem Bürgermeister von Paris. Sein Werk, das zahlreiche Urkunden im Abdruck bringt, ist trotz vieler Unrichtigkeiten von bleibendem Werte.

Acting Grand Master, zu deutsch: amtierender Großmeister. Der Herzog von Cumberland bestimmte bei seiner Wahl zum Großmeister (1782), daß immer dann, wenn ein Prinz von königlichem Blute das Amt des Großmeisters der Großloge von England übernimmt, er aus eigener Machtvollkommenheit einen Peer des Königreiches zum Acting Grand Master ernennen soll, der ihn mit allen Rechten eines Großmeisters zu vertreten hat. (Derzeit: Großmeister ist der Duke of Connaught, acting, oder, wie er jetzt heißt, Pro Grand Master, Lord Amphthill, s. d.) In Amerika heißt der Großbeamte, der im Falle des Ablebens oder der persönlichen Verhinderung des Großmeisters dessen Geschäfte versieht, für die Zeit der Stellvertretung Acting Gr. M. — Die Einrichtung eines amtierenden Großmeisters neben dem wirklichen repräsentativen Großmeister ist auch in kontinentalen Großlogen gelegentlich üblich.

Adam, der erste Mensch, wird in der Geschichte Andersons (s. d.) als der erste Freimaurer bezeichnet. („Adam lehrte seine Söhne Geometrie.")

Adam Kadmon, in der Kabbala die erste Ausstrahlung Gottes, der himmlisch-astrale Urmensch, der Inbegriff der Zephirot, gewissermaßen ein Vorversuch Gottes vor Schaffung des Menschen. Reuchlin sieht ihn im Logos des Johannes-Evangeliums verkörpert. Daher auch in Rosenkreuzerschriften.

Adam, Paul, Mitarbeiter der „Revue de Paris", veröffentlichte 1901 in dieser den Roman „L'Enfant d'Austerlitz", in dem die Vernichtung der Armeen Napoleons in Rußland und bei Leipzig phantasievoll als Freimaurerwerk geschildert wurde.

Adams, John Quincey, Präsident der Vereinigten Staaten von Nordamerika 1825—1829 zur Zeit der Morgan-Affäre (s. d.) entschiedener Gegner der Freimaurerei, die er in verschiedenen Publikationen angriff.

Adamson, Henry, schrieb 1638 in einem in Edinburg erschienenen Gedicht, „Muses Threnodie":

„For we be brethren of the Rosie Crosse,
We have the Mason's Word and second sight".

Zu deutsch:

„Denn wir sind Brüder vom Rosenkreuz,
Wir haben das Maurerwort und das zweite Gesicht".

Nach Vibert („Freemasonry before the existence of Grand Lodges") liegt hier der erste gedruckte Hinweis auf ein besonderes Wort (s. d.) der Freimaurer vor.

Additional Degrees, engl. Bezeichnung für Hochgrade.

Address. Bei den Hauptversammlungen der angelsächsischen Großlogen hält der Großmeister eine Art Thronrede programmatischen Inhalts, die auf Ereignisse des abgelaufenen Amtsjahres eingeht und Wege ins kommende Amtsjahr weist. Die Grandmaster's A. wird von der Großversammlung genehmigt, worauf ein „Committee on Grand Master's A." diese Programmrede durcharbeitet und sie in ihre wichtigsten Punkte zerlegt, die dann über Antrag dieses Komitees den einzelnen Verwaltungsressorts zugewiesen werden.

Adelaide, Hauptstadt von Südaustralien, Sitz der Großloge dieses Staates. Adresse: Freemasons Hall, North Terrace.

Adel und Freimaurerei. Der große Aufstieg der Freimaurerei begann in dem Augenblick, als es den Londoner Logen 1721 gelang, einen Peer von England, den Herzog von Montagu (s. d.) als Großmeister zu gewinnen. Seither ist die Liste der englischen Großmeister gleichzeitig ein Register der vornehmsten Adelsnamen. Anderson verlangt für die Stelle des Großmeisters in seinen „Old Charges" einen Mann von hohem A., einen ausgezeichneten Gelehrten, einen kunsterfahrenen Baumeister oder sonst einen Künstler. Dem Bildungsgrade des XVIII. Jahrhunderts entsprechend, in dem Bildung ein Vorrecht der bevorzugten Stände war, setzten sich die Freimaurerlogen des Kontinents damals lange Zeit hindurch im wesentlichen aus A. zusammen oder wiesen doch sehr starke adelige Kontingente auf.

Bei der sinkenden Bedeutung des A. im 19. Jahrhundert ist dieser in den Logen spärlicher geworden. In England und Skandinavien ist seine Beteiligung an der Freimaurerei freilich noch immer eine sehr rege, um so mehr, als das Herrscherhaus meist die Großmeister stellt. In Deutschland war ein reges Interesse des A. insolange zu verzeichnen, als die regierenden Fürsten dem Freimaurerbunde angehörten. Unter Wilhelm II., der selbst nicht Freimaurer war, wurde der adlige Zuwachs immer geringer. In der Zeit nach dem Kriege hat sich die Deutsche Adelsgenossenschaft (s. d.) sehr schroff gegen die Freimaurerei gewendet und Mitglieder vor die Entscheidung des Austrittes aus der Genossenschaft oder den Logen gestellt. Gegen diesen Terror, der rein nationalistische Triebfedern hat, wurde von aufrechten adligen Freimaurern entschieden und auch mit teilweisem Erfolg protestiert.

Adelsgenossenschaft, Deutsche, hat seit 1925 wiederholt die „Freimaurerfrage" beraten; 1926 wurde beschlossen, daß ein Mitglied der D. A. nicht einer humanitären Loge angehören könne, daß es aber der Gewissensentscheidung des einzelnen überlassen bleibe, ob er die Mitgliedschaft bei der D. A. mit der bei einer der drei altpreußischen Großlogen vereinigen könne. Im Herbst 1930 beschloß die D. A., daß auch Mitglieder der Großen Loge von Preußen, genannt „Zur Freundschaft", und der Großen Nationalloge „Zu den drei Weltkugeln" nicht Mitglieder der D. A. werden können; rückwirkende Kraft wurde diesem Beschluß nicht eingeräumt.

Schon in den neunziger Jahren des letzten Jahrhunderts hatte die D. A. einen Vorstoß gegen die Freimaurerei unternommen; das Deutsche Adelsblatt erging sich in derartigen Verdächtigungen, daß sich Prinz Friedrich Leopold von Preußen (s. d.) als Protektor der altpreußischen Großlogen veranlaßt sah, in einem Schreiben vom

10. Juni 1896 die deutsche Freimaurerei in Schutz zu nehmen.

Adelswaerd, Axel Theodor Freiherr v., schwedischer Großindustrieller und liberaler Politiker, * 1860, Finanzminister 1910 bis 1914, Vorsitzender der schwedischen Gruppe der „Interparlamentarischen Union", ist Freimaurer.

Adept, griechisch: der etwas erlangt hat, in zahlreichen Mysterien, auch in der Alchimie: der Eingeweihte. Bezeichnung zahlreicher Hochgradstufen.

Adeptus exemptus, VII. Grad des Ordens der Gold- und Rosenkreuzer. Die A. e. hatten nach der „Haupt-Convention" von 1767 „Erkenntnis von dem Stein der Weisen, der Kabbala und Magia naturali" (s. Adeptus minor).

Adeptus major, VI. Grad des Ordens der Gold- und Rosenkreuzer. Die A. m. hatten nach der „Haupt-Convention" von 1767 den „lapidem mineralem" und wußten „auf roth zu tingiren" (s. Adeptus minor).

Adeptus minor, V. Grad des Ordens der Gold- und Rosenkreuzer. Der A. m. „kannte die philosophische Sonne und tat Wunderkuren". Vor der Aufnahme nahm der Kandidat feierlich Abschied von den „Philosophi", seinen bisherigen Brüdern. Der Redner belehrte ihn über die Unterschiede von Licht und Dunkel, über Tod und Leben, Verderbnis und Auferstehung, Zeit und Ewigkeit, verhieß ihm größere Naturerkenntnis mit philosophisch-theosophischen Betrachtungen über den „geheiligten dreieinigen Stein", er brachte die Gottesexistenz in Verbindung mit den heiligen Transmutationen der Seele in Christo, durch erneuernde Erleuchtung des Heiligen Geistes. Dann nahm er eine Beichte ab über die am Orden und dem heiligen Bündnis und den sieben Eidespunkten etwa begangenen Sünden und erteilte Absolution, indem der Kandidat auf Stirn, Mund und Brust gezeichnet oder berührt wurde. Schließlich wurde die eigentliche Weihe in Anwesenheit aller Adepten, die verschleiert erschienen, durch den Meister des Tempels vorgenommen. Lichter, Weihrauch, Gebete erzeugten eine stark religiös-mystische Stimmung, das Fallen eines Vorhanges enthüllte die heilige Dreieinigkeit, vor der die Brüder anbetend in die Knie sanken. Es folgte die Verpflichtung gleichzeitig auf den V., VI. und VII. Grad, d. h. der Adepti minores, Adepti majores und Adepti exempti, die als eine Dreiheit in der Einheit dieses Rituals dargestellt wurden. Die Brüder entschleierten sich; der neue Adept erhielt mit einer besonderen Auslegung die Kleidung, das maurerische Schurzfell. Dann wurde mitgeteilt, daß im gegenwärtigen Dezennium die hohen Oberen die „Astralwerke" wegen ihrer großen Schwierigkeit suspendiert hätten, daß nur das mineralische Reich bearbeitet werden dürfe. Der Feierlichkeit bei der Einweihung dieses Grades entsprach es dann. daß der A. m. die Aufnahme in den VI. Grad verlangen durfte, die ohne rituelle Handlung vor sich ging. Ein neues Wort und eine andere Ziffer bildeten die einzige Mitteilung an den jungen Adeptus major und Adeptus exemptus. (Vergl. Arnold Marx, „Die Gold- und Rosenkreuzer" in „Das Freimaurer-Museum", Band V, 1930.)

A. D. G. U. S. W. M. U. S. Schlußformel in Rosenkreuzerbriefen. Abkürzung für: „Auf daß Gott und seine Weisheit mit uns seien."

Adhuc stat! (Noch steht sie!) mit der bildlichen Darstellung einer gebrochenen Säule. Anspielung auf den Templerorden, der trotz der Zerstörung durch Philipp den Schönen noch weiterbestehe. Daher Symbol in der Strikten Observanz und in schottischen Hochgraden. Ebenso wiederholt auf Denkmünzen. Auch Titel eines weitverbreiteten Buches über Freimaurerei des schweizerischen Kulturhistorikers Otto Henne am Rhyn (s. d.).

Adjovi, Jean, Prinz, Sohn des früheren Königs und Oberhaupt der Gemeinschaft der Adjovi Quidah des ehemaligen afrikanischen Negerstaates Dahomey, * 1884, im Weltkrieg Offizier der französischen Kolonialtruppen, wurde 1919 in Cannes in die Loge „Vraie Lumière" aufgenommen.

Adler, in der Symbolik freimaurerischer Hochgrade häufig verwendet. So Ritter vom A., schwarzer A., ebenso roter A., goldener A., A. und Pelikan, weißer und schwarzer A. u. a. m. zur Bezeichnung verschiedener Rittergrade, bezw. Orden in der Freimaurerei. Der doppelköpfige A., Sinnbild der Macht nach Osten und Westen, als Symbol der „Kaiser vom Osten und Westen" (s. d.) 1758 eingeführt, ist in den „Alten und Angenommenen Schottischen Ritus" als Abzeichen des Ritus übergegangen. Das Abzeichen des 33. Grades ist ein die Schwingen entfaltender doppelköpfiger A. mit einer goldenen, beide Köpfe bedeckenden Krone, der in seinen Fängen horizontal ein Schwert hält. Darunter die Parole „Deus meumque Jus".

Adler, Doppelköpfiger, s. Adler.

Adler, Johan Gunder, dänischer Staatssekretär, * 1784, † 1852, Universitätslektor, Freund des Prinzen Christian Frederik, des späteren Königs und Großmeisters Frederik VII., Kabinettssekretär, wirklicher Staatsrat, Geheimer Staatsrat, wurde 1817 in der Loge „Maria zu den drei Herzen" aufgenommen, war intimster Ratgeber des Großmeisters in allen maurerischen Angelegenheiten.

Admission aux épreuves (frz.); Zulassung eines Kandidaten zu der in den französischen Logen der Kugelung vorausgehenden Befragung (s. auch Audition sous le bandeau).

Adonai, hebr.: der Herr. Dient als Ersatzwort des unaussprechlichen Namens Gottes (Jehovah). In mehreren Hochgraden der hermetischen Maurerei und des A. u. A. Schott. Ritus Erkennungswort.

Adonhiram, Adoniram, auch Adoram, nach 1. Buch Könige (in der Form: Adoniram), Hauptschatzmeister des Königs Salomo und Oberaufseher über die 30.000 Mann, die im Libanon die Zedern für den ersten Tempel und andere königliche Bauten fällten. In den verschiedenen Freimaurerlegenden des 18. Jahrhunderts wurde der Name vielfach mit Hiram durcheinandergeworfen; auch heute wird er sehr oft an dessen Stelle gebraucht (s. Hiram). A. kommt in mehreren Graden des A. u. A. Schottischen Ritus und auch in dem des „Royal Master" und des „Mark Master" vor. (Vergl. 1. Könige 4. 6. und 5. 14.)

Adonhiramitische Freimaurerei (Maçonnerie Adonhiramite), nach einem 1787 in „Heliopolis" erschienenen französischen Büchlein zwölfgradiges Hochgradsystem der schottischen Maurerei. Im „New Age Magazine" (Mai 1931) wird von John H. Cowles behauptet, dieser Ritus werde heute noch von Logen in Brasilien bearbeitet.

Adoniram, s. Adonhiram.

Adonis, mythologische Figur, Jüngling von sprichwörtlich gewordener Schönheit, Geliebter der Aphrodite, phönizischer Gott der absterbenden Vegetation (auch Tammus), an den sich im Altertum ein Vegetationskult knüpft. Die Adoniskulte wurden wiederholt zum Vergleiche freimaurerischer Kulthandlungen herangezogen, wobei die frmr. Wortbildung Adoniram zur Quelle vieler unkritischer Konstruktionen wurde.

Adoption, maurerische, fälschlich auch „Taufe" (Baptême, Baptism) genannt, in der französischen Freimaurerei, teilweise auch in Nordamerika üblicher Brauch, die Kinder von Freimaurern in einer besonderen Zeremonie unter den Schutz der Loge zu stellen. Es gibt dafür verschiedene, sehr ansprechende Rituale; in Frankreich veranstalten die Logen alljährlich für Eltern und Kinder Adoptionsfeiern; in neuester Zeit wurden zwecks erhöhter Förderung der Adoptierten eigene Vereinigungen („Patronnage maçonnique" und „Le Rameau", s. d.) gegründet. Für Amerika hat Albert Pike ein Adoptionsritual verfaßt.

Adoptionslogen, s. Adoptionsmaurerei.

Adoptionsmaurerei, Maçonnerie d'adoption. Die Freimaurerei hat, nachdem sie in Frankreich Eingang gefunden hatte, sonderliche Blüten gezeitigt. Als ausschließlicher Männerbund gegründet, war sie seitens des schönen Geschlechtes mancherlei Mißdeutungen ausgesetzt, was Carlo Goldoni in einem heiteren Theaterstück „Le Donne curiose" ergötzlich schildert. Man fand einen galanten Ausweg, indem man Logen stiftete, in denen Männer und Frauen gemeinsam arbeiteten. Diese Logen nannten sich entweder fälschlich direkt Freimaurerlogen und hatten ein eigenes, in gewisser Hinsicht auf dem Freimaurerritual basierendes Gebrauchtum, oder es waren Orden mit eigenem Namen und Ritualen, wie der Mopsorden (s. d.), Chevaliers et Chevalières de la Rose, Ordre de la Félicité, Chevaliers et Chevalières de l'ancre, Ordre des Fendeurs et des Fendeuses usw. In diesen geselligen Bildungen, die dem Geschmacke des sterbenden Rokoko entsprachen, waren besonders der hohe Adel und die großen Damen des Hofes Frankreichs vereinigt. Von 1775 an erhielten die Damenlogen, Adoptionslogen, eine gewisse Bedeutung. In diesem Jahr gliederte der Marquis de Saisseval der Loge „La Candeur" eine Adoptionsloge an, die vom Grand Orient approbiert wurde. Andere Logen folgten dem Beispiel. Die Herzogin von Bourbon wurde am ersten „Adoptionsfest" zur „Großmeisterin aller Adoptionslogen Frankreichs" gewählt. Die auf so tragische Weise ermordete Herzogin von Lamballe, die Freundin Maria Antoinettens, war 1780 Großmeisterin der Adoptionsloge „Contrat-Social". Auch die berühmte Philosophenloge „Les neuf soeurs", die sich durch die Aufnahme Voltaires verewigt hat, hatte eine eigene Adoptionsloge, die von Madame Helvetius, der Gattin des großen Denkers, geleitet wurde. 1781 konnte Maria Antoinette über die Adoptionslogen schreiben: „Tout le monde en est." Im allgemeinen bewegte sich deren Wirken zwischen symbolischen Zeremonien, Wohltun und schönen Festen. Im Wirbel der französischen Revolution versanken alle diese galanten Bildungen, die außer in Frankreich vorübergehend nur noch in den von Frankreich kulturell beeinflußten Ländern Fuß fassen konnten. Dagegen hat es in England, dem Stammlande der Freimaurerei, niemals Adoptionslogen gegeben.

Zur Zeit des ersten Kaiserreiches lebten die Adoptionslogen wieder auf. Kaiserin Josephine wohnte 1805 einer Arbeit bei, in welcher eine ihrer Hofdamen unter der Hammerführung der Baronin Dietrich in den Adoptionsbund der vorübergehend von Paris nach Straßburg übertragenen Loge „Les Francs-Chevaliers" aufgenommen wurde. Auch in der Restaurationszeit lebten die Adoptionslogen fort. Später verschwanden sie vollständig, bis 1907 die Loge „La Nouvelle Jerusalem" der Grande Loge de France wieder eine solche eröffnete, der 1914 eine weitere der Loge „Le Libre Examen" und nach dem Krieg noch einige wenige folgten, alle unter der Grande Loge. Der Grand Orient de France hat die Institution nicht wieder erneuert. Das geistige Leben der Adoptionslogen ist rege und steht auf schöner Höhe. Abgesehen von der Mitwirkung von Brüdern der patronisierenden Logen und deren Verantwortlichkeit gegenüber der Grande Loge besteht kein Zusammenhang mit der Freimaurerei. Ritual s. unten.

(Siehe auch Frauen in der Freimaurerei, Co-Masonry, Droit Humain, Grande Loge mixte.)

Adoptionsmaurerei, Ritual der. Die symbolischen Zeremonien der Adoptionslogen umfassen drei Grade: 1. Apprentie, 2. Compagnonne, 3. Maîtresse. — Jedes Logenamt ist doppelt besetzt, neben der die Funktion ausübenden „Schwester" wirkt ein Bruder der patronisierenden Loge. Der Ort, an dem sich eine Loge befindet, heißt „Climat" (Klima). Die Vorsitzende führt den Titel „Grande Maîtresse" (Großmeisterin). Sie hat ihren Sitz im „Klima von Asien", während der Eintritt in den Logenraum durch das „Klima von Europa" erfolgt. Die beiden Längsseiten heißen „Amerika" und „Afrika". Die Bekleidung bilden ein weißer blau eingefaßter Schurz, weiße Handschuhe, eine blaue Schärpe. Das Bijou stellt ein flammendes, einen Apfel umfassendes Herz dar. Devise: „Schweigen und Tugend". Im Grade der „Apprentie" repräsentieren allegorische Figuren die weiblichen Haupttugenden, ein Tapis

(Arbeitstafel) zeigt die fünf Weltteile, Jakobsleiter, Arche Noah auf dem Berge Ararat, den Turm von Babel, Sonne und Mond. Der Einweihung geht eine Befragung der Kandidatin in einem von einer Kerze nur spärlich erhellten Raum voraus, darauf folgen Umführungen im Logenraum in Verbindung mit ethischen Belehrungen, ein feierliches Gelöbnis und die Weihe. Im zweiten Grad, „Compagnonne", stellt ein Teil der Loge den Garten Eden mit dem Baum der Erkenntnis und der Schlange dar. Auf einem Transparent ist die Ermordung Abels dargestellt. Die Schwestern tragen um die Stirne einen Schleier. Der Tapis zeigt ebenfalls den Baum Adams, Adam und Eva, einen Fluß, Sonne und Mond und Morgenstern. Fünf Wanderungen, die die fünf Sinne symbolisieren, die den Lebensweg weisen, sind von Ausführungen über den Sündenfall und die Tugenden begleitet. Im dritten Grad, „Maîtresse", wölbt sich ein Regenbogen über den Altar, eine fünfstufige Leiter, ein Abbild des Turms von Babel und ein steinerner Behälter mit einem flammenden Herzen vervollständigen die Logeneinrichtung. Der Tapis zeigt Joseph im Brunnen, den schlafenden Jakob, Loths Weib als Salzsäule, Sodoms Ende, das Opfer Abrahams, die Arche Noahs, die Gestirne usw. Im Mittelpunkt der ritualistischen Handlung steht die — symbolisch bedeutsame — Ersteigung der Leiter, deren Sprossen den höchsten Grad der sittlichen Tugenden verkörpern, den es für jede Frau zu erlangen gilt.

Die Adoptionsmaurerei des 18. Jahrhunderts kannte auch höhere Grade; einzelne „Tuileurs" verzeichnen für „Adoptionskapitel" (Chapitres d'adoption) die Grade der „Maîtresse parfaite" und der „Sublime Ecossaise", die aber nach Ragon („Manuel complet de la Maçonnerie d'adoption ou Maçonnerie des Dames") nicht bearbeitet wurden. Darüber hinaus existierten noch in verschiedener Reihung: Elue; Ecossaise; Chevalière de la Colombe; Rose-Croix, chevalière de la Bienfaisance; Princesse de la Couronne (zehnter und letzter Grad).

Der Adoptionsritus von Cagliostro (s. d.) umfaßte: Apprentie, Compagnonne, Maîtresse égyptienne.

Der „Rite du Souverain Chapitre Métropolitain des Dames Ecossaises de France, de l'hospice de Paris, Colline de Mont-Thabor" (s. Schottische Damen) verzeichnete: Kleine Mysterien: Apprentie, Compagnonne, Maîtresse, Novice Maçonne, Compagnonne diverète (die beiden letzteren Grade in Anlehnung an den Schottischen philosophischen Ritus), und Große Mysterien: Maîtresse adonaïte und Maîtresse moraliste (s. auch palladische Freimaurerei).

Adrastea (Die „Unentrinnbare", Nemesis). eine von Herder (s. d.) in seinen letzten Lebensjahren herausgegebene Zeitschrift, in der er vornehmlich geschichtsphilosophische Probleme erörterte. Sie enthielt u. a. auch vier Gespräche über Freimaurerei, das Ergebnis von Studien in den Dresdener und Göttinger Bibliotheken. Die Gespräche lehnen sich an Lessings Äußerungen über Freimaurerei an. Das erste erörtert die Frage der Symbole und zeigt das Bestreben, die freimaurerische Geschichte von sagenhaften Elementen zu reinigen. „Das Geheimnis der freimaurerischen Gesellschaft ist längst bekannt und ihre Geschichte nur ein Familiengeheimnis." Ihr Zweck ist „rein menschliche Beziehungen und Pflichten", der „Bau der Menschheit". Sie könnte, richtig geleitet, „das Auge und Herz der Menschheit" werden. Sie ist „eine geschlossene, das Wohl der Menschheit beratende, im stillen wirkende Männergesellschaft". Es ist gleichgültig, welcher auch der Ursprung der Freimaurerei ist: „An ihren Früchten sollt Ihr sie erkennen." „Alle Anliegen der Menschheit können, dürfen sich an dies unsichtbare Institut wenden, es denkt, es sorgt für sie. Es hilft, wo es helfen kann, und man ist niemandem Dank schuldig." Im zweiten Gespräch: „Salomos Siegelring", Ergebnis des Studiums des englischen Konstitutionsbuches, untersucht H. die Traditionen des Bundes auf Grund der Symbole und stellt unter Beweis, daß die Geheimnisse der Steinmetzbrüderschaften wegen der Mentalität der Umwelt seinerzeit gehütet werden mußten. Aber „jetzt könnte die Mittagssonne in die Loge scheinen; man würde in ihr nichts Anstößiges finden". Das dritte Gespräch, „Basilika", führt die Form der Loge auf die altchristliche Basilika, den Ursprung des Bundes auf die alten Baubrüderschaften zurück und negiert jeden Zusammenhang mit den Tempelherren und Rosenkreuzern. Das Gebrauchtum der Freimaurerei sei aus den Zunftregeln und Sitten, die durchaus Zweck und Sinn hatten, erklärbar. Das vierte Gespräch, „Masonerie", befaßt sich mit demselben Problem und erörtert insbesondere den Einfluß der Geistlichen, die vielfach Mitglieder der Baubrüderschaften waren.

Adreßbücher, Freimaurerische. Die freimaurerische Orthodoxie verurteilt die Herausgabe von Adreßbüchern, weil durch sie geschäftliche Interessen in den Bund hineingetragen werden. Die Praxis spricht aber für sie. Es widerspricht nicht den Grundtendenzen des Bundes, wenn der Br. im Bedarfsfalle den Namen eines Br. eines bestimmten Berufes zu kennen wünscht. Hauptsache bleibt der Takt, mit dem ein derartiges A. verwendet wird. Dagegen liegt in der Anlage dieser Namensverzeichnisse die Gefahr des Mißbrauches insbesondere durch Logenbettler, freimaurerische Industrieritter, Gegner. Daher ist die Zahl dieser A. bisher klein geblieben. Auskünfte erteilen die zuständigen Logen, deren Anschriften wiederum in Jahrbüchern (s. d.), Kalendern (s. d.) usw. veröffentlicht werden.

Adriányi-Pontet, Emil, * 1865 in Budapest, Direktor a. D. in Nürnberg. Aufgenommen 1891 in der Loge „Mathias Corvinus" in Budapest, seit 1912 Mitglied und gewesener Abgeordneter Logenmeister der Loge „Luginsland" in Nürnberg (G. L. L.), seit 1926 Wortführender Meister der Andreasloge „Ardens" (G. L. L.) in Nürnberg. Hervorragender Logenredner (Instruktionsvorträge), veröffentlichte zahlreiche freimaurerisch-wissenschaftliche Arbeiten, besonders geschichtlicher Art, in verschiedenen maurerischen Zeitschriften in deutscher, französischer und englischer Sprache, zum Teil anonym oder pseudonym. Hervorragender Kenner der Ritualistik und Symbolik, insbesondere der Hochgrade älterer und neuerer Art sowie freimaurerischer Chiffernschriften usw. 1903 Ehrenmitglied und 1906 Honorary-Magister der „Societas Rosicruciana in Anglia". Ihm wurde 1907 in Anerkennung für aufklärende Artikel über irreguläre und betrügerische Riten und Körperschaften auf der Jahresversammlung des Supreme Council des A. u. A. Schottischen Ritus (Südliche Jurisdiktion) der USA. in Washington der XXXII. Grad dieses Systems ehrenhalber erteilt, 1909 erhielt er vom Obersten Rat in Madrid den XXXIII. Grad aus gleichem Anlaß und 1911 die Ehrenmitgliedschaft des Obersten Rates von Italien zu Rom. Ältester Inhaber des XXXIII. Grades des A. u. A. Schottischen Ritus in Deutschland. A. war vor mehreren Jahren bestrebt, den A. u. A. Schottischen Ritus in Deutschland einzuführen, scheiterte aber am Widerspruch seiner Großloge. Er ist der Verfasser einer eindrucksvollen, im christlichen Sinne gehaltenen deutschen Ausarbeitung der wichtigsten Grade dieses Ritus.

Advance, engl., für befördert werden (advanced from the entered apprentice degree to the Fellow Craft degree), auch die Annäherung an den Altar: z. B. Advance on your left foot etc. Die Aufnahme in den Mark-Master-Grad wird allgemein als advancement bezeichnet (advanced to the honorary degree of Mark Master).

Advancement hurried (engl.), beschleunigte Beförderung, wird in den angelsächsischen Großlogen gelegentlich vorgenommen, z. B. bei durchreisenden Fremden, bei Seeleuten oder Militärpersonen, die nur zu kurzem Aufenthalte in einem Logenorte weilen. Auch als ehrende Auszeichnung für besonders eifrige Brr.

Ady, A n d r e a s, ungarischer Dichter und freiheitlicher Schriftsteller, * 1877, † 1919, war Freimaurer. Seine Gedichte sind in elf Bänden vereinigt; viele von ihnen zählen zur schönsten Poesie, die Ungarn hervorgebracht hat. Aus seinen Versen spricht unendliche Menschenliebe.

Adyton, das Unbetretbare, jener Raum des klassischen Tempels, welcher der gläubigen Menge verschlossen blieb. Er enthielt zumeist ein Götterbild oder ein Grab usw. Ebenso im jüdischen Ritus das Allerheiligste, das nur der Hohepriester betreten durfte. Daher im freimaurerischen Wortschatze wiederholt als Vergleich verwendet. Die Freimaurerei selbst kennt kein Adyton, weil ihre Geheimnisse allen ihren Brr. zugänglich sind.

Adytum sacrum, Phantasiegebilde des Scharlatans Freiherrn von G u g o m o s (s. d.). In dem auf einem Schloß in Mecklenburg-Strelitz zu errichtenden A. s. sollte nach Behauptungen dieses Hochstaplers gegenüber dem Prinzen von Hessen-Darmstadt und anderen Freimaurern der Strikten Observanz der Tempelherren-Orden in seinem alten Glanz wiederhergestellt und die allein wahre „Belehrung in den höheren Wissenschaften" erteilt werden. „Bei der Einweihung", so erklärte Gugomos, „werde das natürliche Feuer vom Himmel fallen, um das unschuldige Opfer auf dem Altar zu verzehren."

Aechten, Orden der, s. E c h t e n, O r d e n d e r.

A. F. A. M. (engl.), Abkürzung von Ancient Free and Accepted Masons; Alte Freie und Angenommene Maurer.

Affen- und Löwenritter, Auswuchs der schottischen und Templerfreimaurerei in den siebziger Jahren des 18. Jahrhunderts.

Affiliation, Annahme, Übernahme oder Einverbrüderung heißt der Vorgang, mit dem ein Freimaurer aus seiner Loge in eine andere Loge (z. B. bei Wechsel des Wohnsitzes) übernommen wird, wobei er die Mitgliedschaft in seiner Mutterloge entweder aufgeben muß oder unter besonderen Bedingungen beibehalten kann. Die Einverbrüderung wird zumeist durch Kugelung beschlossen und verleiht dem Übernommenen volle Mitgliedsrechte in der ihn annehmenden Loge.

Afghanistan. 1907 wurde der Emir von Afghanistan, H a b i b u l l a h K h a n (s. d.), in die „Concordia Lodge" in Kalkutta (Großloge von England) aufgenommen. Die Aufnahme des Herrschers in die anglo-indische Freimaurerloge wurde von fanatischen afghanischen Mohammedanern als Vergehen gegen die Lehren des Korans ausgelegt. Der Fürst wurde beschuldigt, durch seinen Eintritt in den Bund seine Religion verleugnet zu haben. Einige Mullahs verlangten seine Absetzung. In der Hauptstadt Jalahabad kam es zu erregten Versammlungen, die durch Truppen aufgelöst werden mußten. — Von 1880 bis 1881 bestand in der Hauptstadt Kabul eine englische Loge. Neuerdings hat die Großloge von Schottland die Loge „Bolan" in Quetta im südlichen A. eingesetzt. Dort auch zwei englische Logen.

A. F. L., A l l g e m e i n e F r e i m a u r e r-L i g a, s. F r e i m a u r e r-L i g a, A l l g e m e i n e.

African Lodge Nr. 429 war die erste Negerloge (s. d.) in Boston, zu deren Gründung die Großloge von England 1784 P r i n c e H a l l (s. d.) und a n d e r e n F a r b i g e n die Genehmigung erteilte. Die Loge, die 14 Gründungsmitglieder hatte, arbeitete nur kurze Zeit.

Afrika. Die erste Loge auf dem afrikanischen Kontinent wurde 1736 in Cape Coast Castle (Goldküste) gegründet, ihr Charterbrief aber später wieder zurückgegeben. 1764 bestand in James-Town (Insel St. Helena) unter den „Moderns" eine Loge, die aber bereits nach einem Jahr ihre Tätigkeit einstellte. Die älteste, heute noch bestehende Loge ist die 1772 von Br. Abraham van der W e y d e n unter dem Großorient der Niederlande gegründete Bauhütte „De Goods Hope" in Cape Town (Kapstadt). 1800 wurde eine Regimentsloge in Cape Town gegründet, die ungefähr 25 Jahre lang tätig war. 1811 gründeten die „Moderns" die Loge „British No. 334", die heute noch arbeitet. Die Verteilung der Freimaurerei über den schwarzen Erdteil ist heute im großen und ganzen der politischen Struktur angepaßt.

S e l b s t ä n d i g e G r o ß l o g e n:

Ä g y p t e n (s. d.), zwei miteinander rivalisierende National-Großlogen mit 53, bezw. 96 Logen.

Liberia (s. d.), Großloge mit acht Logen. Im übrigen sind in A. die Freimaurereien von England, Frankreich, Holland, Spanien, Portugal und Belgien stark vertreten, außerdem die Großloge von Hamburg im früheren Deutsch-Südwestafrika. Die Bauhütten in den Negergebieten sind meist entweder reine Europäerlogen oder wie in Liberia Negerlogen. Manche Logen allerdings haben zugleich weiße und farbige Mitglieder; am höchsten ist der Prozentsatz der Neger in gemischten Logen in den französischen Kolonien. Dort, wo die Weißen mit kulturell hochstehenden dunklen Rassen in Berührung sind, z. B. Araber, weisen die Logen teilweise eine große Buntheit der Zusammensetzung auf. Dementsprechend sind in den Bauhütten neben den europäischen Sprachen auch die der Eingeborenen vertreten. Die Verteilung der unter europäischen Großlogen arbeitenden afrikanischen Logen sieht heute folgendermaßen aus:

1. Großbritannien. Alle drei Großlogen (England, Schottland, Irland) sind in Afrika tätig.

a) Großloge von England. Distrikts-Großlogen:

Britisch-Guayana: 6 Logen, davon 5 in Georgetown, 1 in Queenstown, New Amsterdam.

Ostafrika: 16 Logen, darunter 14 im Kenialand (in der Hauptstadt Nairobi, in Mombasa, Nakuru usw.) und 2 in der Hauptstadt von Uganda Kampala.

Ägypten und Sudan: 12 Logen in Ägypten (Alexandria, Kairo, Port Said, Suez usw.) und 5 Logen im Sudan (Khartum, Port Sudan usw.).

Natal: 40 Logen; in der Hauptstadt Pietermaritzburg, Durban, Ladysmith usw.; darunter 6 im Oranjefreistaat, 1 im Basutoland und 1 im Zululand.

Nigeria: 14 Logen; in der Hauptstadt Lagos, in Port Harcourt usw.

Südafrika, Mitte (Central Division): 12 Logen; in Kimberley usw.

Südafrika, Ost (Eastern Division): 46 Logen; Grahamstown, Port Elizabeth sowie im Oranjefreistaat.

Südafrika, West (Western Division): 30 Logen; in Cape Town, Woodstock usw.

Transvaal: 61 Logen; in Johannesburg, Pretoria usw.

Rhodesia mit 5 Logen.

Außerdem arbeiten in den englischen Kolonien unmittelbar unter der Großloge von England: Goldküste 10, Tanganjikagebiet 2, Sierra Leone 4, Mauritius 1, St. Helena 1, Sansibar 2, Südwestafrika 1 Loge, sowie eine auf der Portugal gehörenden Insel Madeira.

b) Großloge von Schottland. Distrikts-Großlogen:

Kap der Guten Hoffnung, östliche Provinz: 12 Logen; in Grahamstown, Port Elizabeth usw.

Natal: 14 Logen; in Durban, Pietermaritzburg, im Basutoland usw.

Rhodesia: 14 Logen; in Bulawayo, Salisbury usw.

Transvaal: 44 Logen (darunter 5 im Oranjefreistaat, 1 in der portugiesischen Kolonie Mozambique).

Kap der Guten Hoffnung, westliche Provinz: 9 Logen; in Cape Town usw.

Unter dem Distrikts-Superintendenten für Ägypten, Palästina und Syrien sind in Ägypten (Kairo, Alexandria, Port Said) 5 Logen tätig.

Unmittelbar der Großloge von Schottland unterstellt arbeiten in Mauritius 1, Nigeria 8, Njassaland 2, Tanganjikagebiet 1, Sierra Leone 3, Gambia 1, Goldküste 4, Kapkolonie 2, Kenialand 1, British-Guayana 3, Marokko 1 Loge.

c) Großloge von Irland. Distrikts-Großlogen:

. Südliche Kap-Provinz: 9 Logen.

Südafrika, Nord: 13 Logen und Rhodesia: 5 Logen.

Außerdem in Natal 6 Logen, in Nigeria 1 Loge.

2. Der Großosten der Niederlande hat in Südafrika zwei Provinzial-Großlogen: Südafrika und Transvaal mit insgesamt 45 Logen (s. Südafrikanische Union).

3. Frankreich.

a) Großloge von Frankreich: Algerien 9, Somaliland 1, Französisch-Guayana 1, Madagaskar 2, Marokko 10, Tunis 3, Ägypten 5, insgesamt 31 Logen.

b) Großorient von Frankreich: Algerien 21, Marokko 9, Tunis 4, Französisch-Äquatorialafrika 1, Madagaskar 3, Mauritius 1, Réunion 1, Senegal 2, Ägypten 3, insgesamt 45 Logen.

4. Spanien.

a) Großloge von Spanien: Marokko 6, Kanarische Inseln 3 Logen (unter der „Großloge der Kanarischen Inseln").

b) Großorient von Spanien: Marokko 4, Kanarische Inseln 1 Loge.

5. Portugal.

Vereinigter Großorient von Lusitanien: Madeira 1, Azoren 2, Angola 10, Portugiesisch-Guinea 2, Kapverdische Inseln 2, St. Thomé 2, Mozambique 5 Logen, insgesamt 24 Logen.

6. Deutschland.

Großloge von Hamburg in Südwestafrika (früher Deutsch-Südwestafrika): 3 Logen.

7. Belgien.

Großorient von Belgien: 1 Loge im belgischen Kongo.

In den italienischen Kolonien ruht die freimaurerische Tätigkeit. Die in den französischen Kolonien tätigen italienischen Logen haben sich teilweise der „Grande Loge de France" angegliedert, so die Loge „Progresso" in Sousse, die jetzt den Namen „Lumière et Progrès" führt, und die Loge „Veritas" in Tunis, die ihren alten Namen behielt.

Auf dem afrikanischen Kontinent arbeiten nach dem Stande von 1930 insgesamt rund 770 Logen.

Afrikanische Bauherren, freimaurerisches System aus den siebziger Jahren des 18. Jahrhunderts. Geistiges Haupt, mutmaßlicher Gründer und zugleich letzter Großmeister war Kriegsrat Carl Friedrich Köppen (s. d.), ein scharfer Gegner der Strikten Observanz. Das System stützte sich vor allem auf die Berliner Loge „Zu den drei Hämmern", die dann nach dem inneren Zerfall der Lehrart zur Großen Landesloge überging. Man nannte sie die „Köppensche, sogenannte afrikanische Loge". Das System basierte auf einer phantastischen Legende. Das „Crata Repoa" genannte Konstitutionsbuch nannte den biblischen Ham als ersten Großmeister der A. B.; er sei nach Ägypten ausgewandert, habe dort den Namen Menes, das heißt König erhalten und eine Gesetzeskommission, „Crata Repoa", geschaffen. Die jüdischen Essener und Therapeuten hätten sich dann der Lehre der A. B. zugewandt, nach ihrer Bekehrung zum Christentum seien sie die eigentlichen Träger und Erhalter der „Crata Repoa" geworden; italienische Freimaurer zur Zeit Pius X. hätten dann den Orden erneuert und ihm die Gestalt einer Akademie der Wissenschaft gegeben. In Wirklichkeit dürfte der Orden kaum lange vor 1763, in welchem Jahre er zum erstenmal in Deutschland auftauchte, gegründet worden sein. Das Konstitutionsbuch „Crata Repoa" wurde 1770 erstmalig gedruckt. Die A. B. erklärten die geflügelte Eiche (den Weltbaum, der schwebend gedacht wurde) mit dem Mantel als Symbol des Menschen, der die Hülle der fleischlichen Begierde (Mantel) abstreifen muß, um dann erst durch die Regungen der Seele (Flügel) zur Vollkommenheit in einem höheren Leben zu gelangen.

Nach der Legende des Systems wurde der Kandidat für die ursprüngliche Gesellschaft der „Crata Repoa" beschnitten und mußte sich gewisser Speisen und des Weines enthalten, einige Monate in einer unterirdischen Höhle zubringen und seine Gedanken aufschreiben. Nachdem er eine Reihe von Sinnsprüchen auswendig gelernt hatte, führte ihn ein Thesmosphoris mit verbundenen Augen und gefesselten Händen durch das Tor der Menschen. Der erste Grad hieß „Pastophoros" oder Lehrling, der den Eingang zu dem Tor der Menschen zu bewachen hat. War der Kandidat durch dieses Tor gelangt, wurde er, nach einer Prüfung unter Blitz und Donner, herumgeführt. Dann mußte er sich durch einen Eid der Verfassung unterwerfen und Verschwiegenheit geloben. Zwischen zwei Säulen vor einer siebensprossigen Leiter erteilte man ihm eine Belehrung über Naturwissenschaften, Anatomie, Arzneikunde und Hieroglyphen. Zweiter Grad: „Neocoros". Nach langem Fasten wurde der Anwärter in einer schwarzen Kammer von schönen Frauen, die üppige Speisen kredenzten, auf die Probe gestellt, dann zur Erprobung seines Mutes unter Schlangen gebracht. Der Unterricht in diesem Grad galt der Geometrie und der Baukunst. Dritter Grad: „Melanophoros" oder Tor der Toten. Um ihn zu erwerben, wurde der Kandidat in ein mit einbalsamierten Leichnamen und Särgen, darunter den des Osiris, angefülltes „Vorzimmer des Todes" geführt, hierauf in einem Kahn von Charon zu den unterirdischen Richtern gebracht und gelehrt, niemals nach Blut zu dürsten, allen Mitgliedern in der Gefahr beizuspringen, keinen Toten unbegraben zu lassen, die Auferstehung vom Tode und das darauf folgende Gericht abzuwarten. Unterricht in der Erdbeschreibung und Sternenkunde sowie in der Beredsamkeit schlossen sich an. Vierter Grad: „Chistophoros" oder Schlacht der Schatten. Man reichte dem Kandidaten einen bitteren Trank, dann mußte er in einer Höhle eine Figur, die zu leben schien, angeblich die Gorgo, köpfen; man sagte ihm, er müsse auch in Hinkunft stets ein Rächer des Bösen sein. Fünfter Grad: „Balahate", zeigte ein Schauspiel, den Kampf gegen den hundertköpfigen Typhon. Sechster Grad: „Astronomus", vor dem Tor der Götter. Siebenter Grad: „Propheta" oder „Saphenath Pancah" entschleierte die angeblich letzten Geheimnisse.

Diese Gradlegende bildete auch die Grundlage zum Aufbau des siebengradigen Köppenschen Systems. Im ersten Grad sollte durch eine Hieroglyphe bewiesen werden, wieviel von der wahren Religion durch die ägyptischen Geheimnisse entdeckt worden sei. Der zweite Grad zeigte, daß Moses dem jüdischen Volk hauptsächlich aus der Erkenntnis der Natur und der Welt die Lehren der Religion habe beibringen wollen. Im dritten Grad wurde nach den Regeln der Weltweisheit die Notwendigkeit der Selbsterkenntnis dargetan. Der vierte Grad war eine Darstellung der Verbindung des Menschen mit der Welt. Christus schien darin als Eckstein der Religion auf. Es folgten noch drei weitere Grade: Novize, Bauherr und Tribunalist, wobei erklärt wurde, daß in der Köppenschen Lehrart die Geheimnisse aller freimaurerischen Systeme enthüllt würden. 1773 gab es in Berlin vier Logen, auch in der Schweiz, in Südwestfrankreich usw. existierten Bauhütten. Zusammenstöße mit Anhängern der Strikten Observanz ließen Köppen in Melancholie verfallen. Er verbrannte einen Teil seiner Akten.

Agape, Liebesmahl, ursprünglich urchristlicher Kirchenbrauch, der nach dem Empfang des Sakramentes alle Gläubigen, ohne Unterschied des Standes, zu einem gemeinsamen Mahl von esoterischer Bedeutung vereinte. Die katholische Kirche schaffte die A. im 7. Jahrhundert ab. Nur in einzelnen christlichen Sekten, Baptisten, Methodisten usw., blieben sie in Übung. Auch die orthodoxen Juden kennen ein derartiges Liebesmahl, bei welchem der Zaddik (der Wunderrabbiner) die Speisen durch Berührung segnet. Künstlerisch verwertet ist die Idee der A. in „Parsifal".

In den Rosenkreuzergraden der Freimaurerei ist die A. als mystisches Liebesmahl erhalten geblieben, so vor allem im A. u. A. Schottischen Ritus.

In der Johannismaurerei ist der Gedanke der A. ausgebaut im Brauche des Brudermahls, bezw. der Tafelloge. Diese heißt im Französischen zumeist A.

Agape fraternelle (frz.), Brudermahl, Tafelloge.

Agenda Paper, in den englischen Logen die Tagesordnung.

Agents provocateurs, s. Spitzel.

Agnostizismus, Lehre, daß der letzte Weltengrund unerkennbar sei, daß es vom absoluten Sein, vom Ding an sich, kein Wissen gebe. Du Bois-Reymond hat für den A. die Formel „Ignorabimus" geprägt. Die Freimaurerei steht nur insofern auf dem Standpunkt des A., als sie selbst keine dogmatische Auffassung hinsichtlich des Weltengrundes vertritt und es ihren Anhängern überläßt, sich darüber selbst ihre Anschauung zu bilden.

Agnus Dei, Lamm Gottes, im Siegel des alten Templerordens, daher von den freimaurerischen Templern im Siegel des Generalissimus übernommen und auch als Abzeichen verwendet. Es findet sich auch bei den Rosenkreuzern auf dem sogenannten Buch mit sieben Siegeln.

Agoston, Peter, Professor an der Rechtsakademie in Großwardein, * 1874, † 1925, Verfasser bedeutender ungarischer juristischer und soziologischer Werke, sozialdemokratischer Führer gemäßigter Richtung, ausgesprochener Theoretiker, nach der Revolution 1918 Staatssekretär im ungarischen Innenministerium. Während der Kommunistenherrschaft Volkskommissär im Auswärtigen Amt, unterhandelte er aus eigenem Antriebe mit Vertretern der auswärtigen Mächte in Wien, um die Wiederherstellung der Ruhe im Lande zu ermöglichen. Nach dem Zusammenbruch inhaftiert, übersetzte er im Gefängnis wissenschaftliche Bücher. Zum Tode verurteilt, aber nach Rußland ausgetauscht. A. war zwei Jahre lang Stuhlmeister der Großwardeiner Loge „László Király".

Agram, s. Zagreb.

Aguadé, Dr., Bürgermeister von Barcelona seit der Gründung der zweiten spanischen Republik 1931, ist Mitglied einer Loge der Großloge von Spanien.

Aguinaldo, Emilio, Freiheitskämpfer auf den Philippinen, * 1871, 1896 Führer der Insurgenten, schloß einen Vertrag mit den Vereinigten Staaten, der die Unabhängigkeit des Archipels garantieren sollte, kämpfte dann aber auch gegen diese, als er seine Hoffnungen enttäuscht sah, unterwarf sich 1900, war in Spanien Freimaurer geworden.

Ägypten. Die Freimaurerei kam mit den Truppen Bonapartes 1798 an den Nil. General Kleber gründete und leitete die Loge „Isis", der ausschließlich französische Militärs angehörten. Als der General 1800 im Kampf fiel, hörte die Logenarbeit auf. 1802 und 1806 gründete der Großorient von Frankreich in Alexandrien Logen. Ein Mitglied der „Isis"-Loge, Samuel Hennes, der mit Marconis (s. d.) 1815 in Paris die Loge „Les Disciples de Memphis" ins Leben gerufen hatte, wurde nach seiner Rückkehr nach Ägypten 1839 Stifter der Loge „Menes", die nach dem Memphis-Ritus arbeitete. Später entstanden unter französischer Obedienz Logen in Kairo, Alexandrien, Mansura, Ismaila, Suez, Port Said. Mit dem Bau des Suezkanals hielt die englische Maurerei ihren Einzug. Zwischen 1862 und 1873 erteilte die Großloge von England Patente für zehn Logen, von denen vier noch heute aktiv sind. Dazu kamen später weitere acht. Seit 1899 bilden sie eine Distrikts-Großloge (von 1901 an im Verein mit den Bauhütten im Sudan), der gegenwärtig 17 Logen unterstehen. Seit 1867 gründete auch die Großloge von Schottland ägyptische Logen, von denen heute vier am Werk sind (je zwei in Abukir und Port Said). Auch griechische und italienische Großkörperschaften setzten sich in Ägypten fest. In den sechziger Jahren machte sich in den einheimischen Kreisen das Bestreben geltend, eine eigene Großloge zu bekommen. Sie trat 1865 mit Prinz Halim Pascha als Großmeister in Funktion, der aber bald nach England ins Exil ging und als Nachfolger Salvatore Zola erhielt. Die Großloge zählte 1873 zehn Logen, in denen der Memphis-Ritus dominierte. Als Prinz Halim Pascha 1867 nach Ägypten zurückkehrte, brachte er das Patent der Großloge von England für eine Distrikts-Großloge von Ägypten mit, er selbst war als Distrikts-Großmeister bestimmt. 1872 bildete sich ein Großorient von Ägypten, dessen Großmeister im folgenden Jahre Salvatore Zola wurde, mit dessen Logen sich die Bauhütten eines 1864 von Neapel aus gegründeten Obersten Rates des Schottischen Ritus vereinigt hatten.

1876 trennte der Großorient die Verwaltung der symbolischen und der Hochgrade und setzte über erstere eine National-Großloge ein, deren Sitz im folgenden Jahre von Alexandrien nach Kairo verlegt wurde. Auf Salvatore Zola, den ersten Großmeister der National-Großloge, folgten 1881 bis 1887 D. Economopulos, 1888 bis 1890 der Khedive von Ägypten, Mohamed Tewfik Pascha (s. d.), 1891 wurde Idris Bey Ragheb (Past-Großaufseher der Großloge von England) Großmeister. Er blieb zweiunddreißig Jahre auf diesem Posten. Unter seiner Führerschaft nahm die National-Großloge großen Aufschwung. 1922 kam es dann zu einer Spaltung. Von einer oppositionellen Gruppe wurde der Bruder des ehemaligen Khediven, Prinz Mohamed Ali, als Großmeister kandidiert, obgleich diesem nach dem Wortlaut der konstitutionellen Vorschriften eine Voraussetzung formeller Natur fehlte: er hatte zuvor nicht das Amt eines Großaufsehers bekleidet. Er war Ehrengroßmeister der National-Großloge, war aber noch kurz vor der Großversammlung 1922 nicht aktives Mitglied einer ägyptischen Loge gewesen und hatte sich erst in letzter Zeit bei der Nil-Loge affiliieren lassen. Idris Bey Ragheb erklärte, daß dabei nicht satzungsgemäß vorgegangen worden sei und annullierte die Affiliation. Da die Loge sich widersetzte, wurden einige ihrer Führer suspendiert. Prinz Mohamed Ali, dem der gute Glaube zugebilligt wurde, und der überdies auch Mitglied einer anderen Loge in Kairo war, wurde von der Maßregelung ausgenommen. In der Großversammlung vom 28. September kam es dann zum offenen Zwiespalt über die Wählbarkeit des Prinzen. Idris Bey Ragheb vertagte die Wahl, schloß die Arbeit und verließ mit den hauptsächlichsten Würdenträgern den Tempel. Der Deputierte Großmeister Tahab Ibrahim erklärte aber die Arbeit für nicht beendet und ließ von den

Zurückgebliebenen die Wahl des Großmeisters vornehmen. Sie fiel auf den Prinzen Mohamed Ali. Idris Bey Ragheb dagegen versammelte die National-Großloge am 3. Oktober zu der gesetzmäßigen Wahl, aus der er wieder als Großmeister hervorging. Seine Einsetzung erfolgte am 8. Oktober. Seit diesem Zeitpunkt gibt es in Ägypten zwei National-Großlogen. Auf Idris Bey Ragheb folgte 1923 als Großmeister Sayed Ali Pascha, an Stelle des Prinzen Mohamed Ali trat 1927 Mamoud Fahmy Kutry Pascha. Versuche, das Schisma zu beseitigen, waren bisher erfolglos. Zuletzt war der als Schiedsrichter nach Ägypten berufene Großkanzler der A. M. I. Mossaz (Genf) um die Einigung bemüht.

Neben den beiden National-Großlogen gibt es eine Distrikts-Großloge der Vereinigten Gr.-L. von England für Ägypten und den Sudan (1930: 17 Logen). Adr. Masonic Hall, Maison de Farro, Sharia Anthikane el Masria, Kairo, ferner unter einem Provinzial-Distrikt-Superintendanten der Großloge von Schottland für Ä., Palästina und Syrien fünf Logen; sowie Logen des Gr. O. und der Gr. L. de France und eine (Alexandrien) der G. L. von Hamburg.

Ägyptische Freimaurerei heißen:

1. Eine von Cagliostro, dem berühmten Hochstapler des 18. Jahrhunderts, zu eigennützigen Zwecken erfundene, von Goethe im „Großkophta" köstlich beschriebene Ordensgründung, die um 1782 zuerst auftauchte und mit Cagliostro wieder verschwand (s. Cagliostro).

2. Die „ägyptischen" Riten von Memphis (s. d.) und Misraim (s. d.).

Ägyptische Mysterien. Die Kenntnis der ägyptischen Priesterbünde hat die Freimaurer besonders des 18. Jahrhunderts wiederholt auf das Vorbild der angeblich bekannten ägyptischen Mysterien verwiesen. Daher die häufigen Anklänge an ägyptische, angeblich von dort authentisch übernommene Bräuche, Baustile u. a. m. Wie sehr man manchenorts in diesem ägyptischen Sagenkreis lebte, zeigt nichts deutlicher als Text und Szenenbild der „Zauberflöte". Die Vorliebe für ägyptische Vorbilder kommt auch noch in der heutigen Freimaurerei zum Ausdruck: in Logennamen (Isis, Harpocrates, zur Pyramide, Horus, Sphinx u. a.) sowie in der Ausstattung vieler Tempel. Daß die von England ausgehende Freimaurerei ihre Wurzeln nicht am Nil zu suchen hat, steht heute geschichtlich fest. Trotzdem versuchen noch immer zahlreiche Freimaurer ihren Witz z. B. an der freimaurerischen Deutung der Cheopspyramide.

Die Verwendung der ägyptischen Baumotive in Freimaurertempeln führte zu manchen Stilwidrigkeiten, mit denen von der modernen Maurerei endlich aufgeräumt werden sollte.

Über Grundsätzliches und Verwandtschaft der Freimaurerei mit den ägyptischen Mysterien s. Mysterien, Ägyptische, und Osiris.

Ägyptischer Ritus, s. Cagliostro.

Ahiman Rezon, or a Help to a Brother showing the Excellency of Secrecy and the first cause or motive of the Institution of Masonry; the Principles of the Craft; and the Benefits arising from a strict Observance thereof etc. etc. Also the Old and New Regulations etc. To which is added the greatest collection of Mason's Songs etc. By Bro. Laurence Dermott, Secretary, 8vo, 209 Seiten. Erschienen in London 1756. Die zweite Auflage führt den veränderten Titel: Ahiman Rezon: or a Help to all that are or would be Free and Accepted Masons; containing the Quintessence of all that has been published on the Subject of Freemasonry, with many Additions, which renders this Work more useful than any other Book of Constitution now existant. By Lau. Dermott, Secretary, London 1764, 8vo, 224 Seiten. Eine dritte Auflage vom Jahre 1778 unterzeichnet Dermott als dep. Großmeister. Weitere Auflagen erschienen 1778, 1787, 1800, 1801, 1807 und 1813. Das Buch, dessen erste Auflagen zu den großen Seltenheiten gehören, hat in der freimaurerischen Literatur lange Zeit eine falsche Beurteilung erfahren. In Wirklichkeit stellt der A. R. das Konstitutionsbuch der Ancients (s. d.) vor, in deren Auftrage es als Gegengewicht gegen die Andersonschen Konstitutionen herausgegeben wurde. Schon die Deutung des Titels begegnet erheblichen Schwierigkeiten, die trotz allen Versuchen eigentlich bis heute nicht vollständig bereinigt sind. Ausgeschlossen seien hier die Versuche, dem Namen kabbalistische Deutung zu geben, wobei sich als Resultat: faithful Brother Secretary ergeben soll. (So Morris Rosenbaum in A. Q. C., 1910, 162 ff., wo nach dem gleichen Zahlenwert der Namen Laurence und Ahiman nach der Gematria der Kabbala der Autor sich selbst bestätigen soll.) Mackey versuchte, den Sinn aus den hebräischen Worten ahim (Brüder), manah (auserwählte) und rezon (Wille) zu konstruieren, also der Wille der auserwählten Brüder, Dalcho leitet ab: ahi (Bruder), manah (vorbereiten) und rezon (Geheimnis), somit: das Geheimnis des vorbereitenden Bruders. Dabei hat Dermott aber in der Vorrede deutlich kenntlich gemacht, daß er das Wort Ahiman als Eigennamen auffaßt. Er erzählt an dieser Stelle einen Traum, es seien ihm die in I. Chronica IX, 17. genannten Tempelhüter Shallum, Akhub, Talmon und Ahiman erschienen, denen er seine Absicht kundgab, eine Geschichte der Freimaurerei zu schreiben. Ahiman führt das Gespräch und klärt den träumenden Dermott auf. Rezon bedeutet Gunst, Wille, Wohlgefallen, auch Rat. Der Titel wäre also zu deuten als Ahimans Gunst oder Rat. Die Bibel, die Dermott nachweislich benützt hat (Druck vom Jahre 1560), bezeichnet Ahiman als den Bruder zur rechten Hand, oder den vorbereitenden Bruder, und Rezon als Sekretär, so daß sich hier wieder Beziehungen zur Person des Autors selbst ergeben. Gewidmet ist die erste Auflage dem Grafen Wilhelm von Blessington, der 1738—39 irischer Großmeister gewesen war und 1756 Großmeister der Ancients wurde.

Inhalt: Im Vorworte verspottet Dermott die Geschichte der Freimaurerei, wie sie Anderson in seinem Konstitutionsbuch geschrieben hatte, und erklärt, weshalb er von einer Geschichte der Freimaurerei Abstand nimmt. Es folgt: Philacteria für jene Gentlemen, die dem Beitritt zum Freimaurerbunde geneigt sind. Diese in der ersten Auflage nicht enthaltene Aufklärung wird vervollständigt durch ein Kapitel, das den Unterschied zwischen der alten, echten, von Dermott vertretenen Maurerei und jener der Moderns klarlegt. Nach seiner Darlegung ist die alte Maurerei universell, die moderne dagegen nur lückenhaft, so daß wohl ein moderner Maurer einem alten alle seine Geheimnisse darlegen und übermitteln könne, nicht aber umgekehrt. Daraus wird geschlossen, daß die Moderns Neuerer sind, die ohne genaue Kenntnis der wirklichen Geheimnisse der Freimaurerei sich ein neues System aufgebaut hätten. In späteren Auflagen fügt Dermott auch das (apokryphe) Leland-Manuskript (s. d.) mit den Briefkommentaren Lockes ein. Seit 1772 folgen auch noch jene Resolutionen der Großlogen von Irland und Schottland, in denen der Großloge der Ancients Gegenseitigkeit und Verkehr zugesichert wird. Weiters enthält das Buch ein Loblied auf die Freimaurerei und schließlich die „Old Charges of the Free and accepted Masons", die Dermott Spratts Konstitutionsbuch für Irland entnommen hat. Da diese Fassung sich von der Andersonschen des Jahres 1728 nur wenig unterscheidet, herrscht hier so ziemlich Übereinstimmung zwischen beiden englischen Großlogen. Insbesondere ist hier die Beziehung auf die Noachiden und die christliche Herkunft der Freimaurerei übereinstimmend. Während die Großloge der Moderns diese Fassung wieder aufgab, blieben die Ancients dabei. Hier verschwand sie erst mit der großen Union im Jahre 1813. Im Inhalt erscheinen weiter eine sogenannte „Charge" oder Ansprache an den Neuaufgenommenen, Anleitungen für die Einsetzung einer neuen Loge und eine Sammlung von „General Regulations" (s.d.). Schließlich noch ein Vergleich zwischen den Satzungen der Regulations for Charity der Londoner und Dubliner Großloge. Auf die Unterschiede zwischen den einzelnen Auflagen kann hier nicht näher eingegangen werden. Bemerkenswert ist noch eine Sammlung von Maurergesängen, deren Wert von Hawkins allerdings sehr gering eingeschätzt wird. („Je weniger man davon spricht, desto besser für die literarische Reputation ihrer Verfasser!")

Man hat den A. R. lange als eine Schmähschrift gegen die Moderns bezeichnet. Mit Unrecht, wie sich bei genauerer Kenntnis herausstellt. Er ist das Konstitutionsbuch der Ancients. Dermott flicht wohl einige nicht sehr liebenswürdige Bemerkungen gegen die Moderns ein, aber er steht auch in den späteren Auflagen, als der A. R. bereits Gegenstand der Polemik geworden war, sicherlich höher als die Schreiber der Moderns, die in den Ancients Betrüger erblicken wollten. Dermott spricht sogar schon 1764, in den späteren Auflagen wiederholt den Wunsch aus, daß es zwischen den Maurern verschiedener Benennungen einmal zur Einigung kommen möge.

In den letzten Auflagen des Buches erscheinen auch seit 1794 Bestimmungen über den Royal-Arch-Grad. Die Maurerei besteht nach A. R. aus dem Lehrlingsgrad, dem Gesellengrad und dem erhabenen Meistergrad. Zum Meister einer Loge soll aber ein Br. nur wählbar sein, wenn er den IV. Grad, den heiligen Royal Arch, erreicht hat. Dieser Grad wird als wesentlicher Grad der alten Maurerei bezeichnet. Der Royal-Arch-Grad, der eine Besonderheit der Ancients vorstellt, ging dann bei der Vereinigung der beiden Großlogen in die gemeinsame Verfassung ein.

Ein Vergleich des A. H. mit den Konstitutionen Andersons fällt zugunsten der letzteren aus. Diese sind sicherlich einfacher gehalten und auch objektiver, während Dermott schon in der ersten Ausgabe sich Seitenhiebe auf die Moderns nicht versagen kann. Geschichtlich ist er ebenso unzuverlässig wie Anderson. Er verflicht auch kleine Klatschgeschichten in sein Buch, so beispielsweise solche von den Verfassern der damals auftauchenden Verräterschriften, aber im allgemeinen führt er den polemischen Kampf gegen die Moderns mit einer Zurückhaltung, die jene vermissen ließen. Man hat ihn von dieser Seite auch persönlich verleumdet, seine ehrliche Geburt bestritten u. a. m. Der Sekretär der Moderns nennt ihn und seine Großloge 1784 impostor (Betrüger) und spricht von Täuschung und Betrug. Trotzdem glaubte Dermott an die endliche Vereinigung der beiden feindlichen Bruderschaften, die ja auch nach seinem Tode eingetreten ist. Die innigen Beziehungen, die seitens der Großloge der Ancients besonders mit den angelsächsischen Kolonien gepflogen wurden, verbreiteten das Buch als Gesetzbuch besonders in Amerika. Schließlich wurde der Titel des Buches der landläufige Ausdruck für das Gesetzbuch schlechtweg. Der Inhalt wurde gewechselt, aber der Name blieb. So in Pennsylvania 1783, Maryland 1797, South Carolina 1807 in der Ausgabe von Dalcho (s. d.), New York 1866 u. a. m.

Eine klare Vorstellung, was die Ancients als besonders unterscheidend von den Neuerern, den Moderns, hervorgehoben wissen wollten, erhält man aus dem A. R. nicht. Der Unterschied lag in Ritualgebräuchen, die im Buche selbst begreiflicherweise nicht deutlicher ausgeführt sind. Als Konstitutionsbuch hat der A. R. seine Bedeutung verloren, nachdem die Vereinigte Großloge von England in ihrer Konstitution auf die erste Andersonsche Fassung zurückgriff. Seine Bedeutung ist demnach heute nur mehr die eines interessanten historischen Dokuments, das über die Entwicklungsgeschichte der Freimaurerei wertvolle Aufschlüsse gibt. Als Autor war der bewegliche Ire Dermott dem trockenen Schotten Anderson sicherlich überlegen. Gewisse Stellen, die einen kaustischen Witz verraten (s. Jamaikarum), sind ein Spiegel dessen, was in Dermott vorging, als er sein Buch schrieb. Nicht immer sehr wohlwollender Spott dient dem Kampfe gegen die Moderns. Er kreidet es ihnen an, wenn sie einen Kastraten aufgenommen haben, oder wenn sie dem Zwitter, dem Chevalier D'Eon, aufgesessen sind. Wenn sich die Freimaurerei lieber zu Anderson bekehrt hat, wenn dessen Alte Pflichten Gemeingut der Freimaurerei geworden sind, so liegt dies wohl auch in der zeitenfernen Form dieser Gesetze, während Dermott als Kind seiner Zeit nicht an das ewige Gesetz, sondern an den zeitlichen Gegensatz dachte, als er seinen A. R. schrieb.

Aigner. 1. Franz Xaver Adam v., * 1751, österreichischer Infanteriehauptmann, wurde 1784 in Prag Freimaurer und spielte in der Strikten Observanz eine große Rolle. 1791 gab er den Dienst auf und widmete sich von da an ausschließlich der Freimaurerei. Er erlangte von Leopold II. die Erlaubnis, in Ungarn deutsche Logen zu gründen, die sich auch nach dem Freimaurerverbot durch Franz II. noch hielten und sich erst 1795 auflösen mußten. Als die Freimaurer Österreichs ihre Auflösung erwarten mußten, brachte Graf Sweerts das gesamte Archiv der Prager Logen zu Aigner, der nun anfing, auch die Archivschätze anderer österreichischer und ungarischer Logen sowie verwandter Orden (Rosenkreuzer, Illuminaten, Asiatische Brüder, Rosenorden) systematisch zusammenzutragen, insgesamt 105 Bände mit etwa 10.000 Protokollen, Briefen, Regierungserlässen, Logenkorrespondenzen. A. trat 1805 das gesamte Archiv seinem Logenbruder Grafen Anton Festetics gegen eine Leibrente von 300 Gulden ab. Durch diesen glücklichen Zufall ist eine der größten Sammlungen freimaurerischer Manuskripte geschlossen erhalten geblieben und heute noch im Besitze der Familie Festetics (s. auch Dég).

2. Ludwig, Publizist, mit dem Schriftstellerpseudonym Abafi, * 1840, † 1909 in Ungarn, aufgenommen 1870 in die Loge „Corvin Mátyás“ in Budapest, von Beruf Verlagsbuchhändler und freier Schriftsteller, einer der fruchtbarsten freimaurerischen Literaten und Historiker. Er leitete durch mehrere Jahre das amtliche Großlogenorgan der ungarischen Freimaurerei „Hajnal“, bearbeitete das Ritual der 1886 aus der Vereinigung der beiden ungarischen Obedienzen hervorgegangenen Symbolischen Großloge und entfaltete eine großartige, auf Akten gestützte historische Tätigkeit, wobei er seit 1882 das Archiv in Dég (s. d.) benützte. Sein Hauptwerk ist die auf sieben Bände berechnete „Geschichte der Freimaurerei in Österreich-Ungarn“ (erster Band 1890), von der jedoch nur fünf Bände fertiggestellt werden konnten. Daneben veröffentlichte er u. a. gründliche Arbeiten über die Rosenkreuzer, die Asiatischen Brüder u. a. Geheimgesellschaften des 18. Jahrhunderts. Er schrieb auch eine einbändige „Geschichte der Freimaurerei in Ungarn“ (in ungarischer Sprache). A. war ein Mensch von ungeheurer Arbeitskraft. Sein Hauptwerk, die österreichische Freimaurergeschichte, bedarf allerdings einer gründlichen Überarbeitung, da A., besonders bezüglich der Vorgeschichte der Freimaurerei ziemlich kritiklos verfahren ist. Der Torso seines großen Geschichtswerkes entbehrt auch der Übersichtlichkeit der Darstellung. Das heute trotzdem noch nicht überholte Werk ist leider schwer verwendbar, da sich Abafi mehrfach widerspricht, was bei der Fülle des Stoffes nicht wundernehmen kann, und weil auch das unentbehrliche Namensregister fehlt.

Aitchisons Haven Lodge, eine der ältesten Baulogen, deren Protokolle bis zum Jahre 1598 zurückgehen. Der Ort liegt östlich von Musselburgh in Schottland. Die Aufzeichnungen sind für die Freimaurergeschichte von größter Wesentlichkeit. Wenn es sich auch um eine Bauhütte von Werkleuten handelt, so sind gerade hier die ersten Anzeichen für die Aufnahme von Nichtbauleuten deutlich erkennbar und die Art der Bauhüttenarbeit klar zu durchschauen. Genaueres über diese Loge der freimaurerischen Vorzeit in A. Q. C. Bd. xxiv.

Ajalbert, Jean, französischer Schriftsteller, * 1863, schrieb Gedichte („Sur les Talus“), Romane, Novellen, Reisebeschreibungen („L'Auvesgne“, preisgekrönt von der Académie), Schriften, auch über die Kolonialfrage. Mitglied der Loge „Cosmos“ (Großloge).

Ajasa, Sir, Kitoyi, Politiker in Nigeria, * 1866, aus dem Geschlecht der einstigen Häuptlinge Oloto of Oto, Mitglied des Parlaments in Lagos, führender Rechtsanwalt, ist Past Grand Standard Bearer der Großloge von England.

Ajtay, Josef, Richter am ungarischen Verwaltungsgerichtshof, * 1876, Rechtsgelehrter und Publizist, Vizepräsident des Ungarischen Nationalverbandes. War M. v. St. der Budapester Loge „Nemzeti“.

Akademie, Anstalt zur Beförderung wissenschaftlicher oder künstlerischer Studien. Die Schule Platons nannte sich akademeia, weil sie nach dem Brauche der Zeit auf einem freien Platz vor dem Garten des Akademos zusammenzukommen pflegte. Im Altertum ist A. gleichbedeutend mit Gelehrtenschule, wobei die Namen der Lehrer auch die der A. sind: Arkesilaos, Karnades, Philon, Antiochos.

Der Gedanke der Akademien, lange Zeit im Mittelalter in Vergessenheit geraten, lebte in Italien am Hofe Cosimos von Medici wieder auf, der um 1470 die platonische A. in Florenz begründete. An zahlreichen anderen Höfen Italiens nachgeahmt, erlangte sie in der Accademia della Crusca (eigentlich A. der Kleie) eine besondere Bedeutung, weil sie sich der Sprachreinigung besonders annehmen wollte. Diese Art der A. fand auch in Deutschland in den verschiedenen Sprachgesellschaften des 17. Jahrhunderts eine Nachahmung.

Ludwig Keller (s. d.) erblickte in den A. und Sozietäten Italiens Vorläufer der Freimaurerei. Er konnte Gradstufen, Erkennungszeichen u. a. m. nachweisen und glaubte auch im Geiste der Freimaurerei eine Entlehnung des alten Humanistengeistes der Renaissance zu erblicken. Seine Deutung von Dürers Melancholie, und die Deutung, die Hartlaub dem Bilde Giorgiones „drei Philosophen“ unterlegt hat, scheinen ihm recht zu geben. Sicher ist wohl, daß diese A. und Sprachgesellschaften nicht bloß philosophische oder sprachwissenschaftliche Zwecke hatten oder bloß der Vereinigung von Künstlern und Wissenschaftlern dienten, sondern daß sie in einem Gradsystem auch ethischen Zwecken huldigten. Trotzdem ist ein Zusammenhang dieser Gesellschaften mit der englischen Freimaurerei nicht erweisbar, Keller hat hier auch scharfen Widerstand von historischer Seite erfahren müssen (Begemann). Daß einzelne Logen, so die „Loge zu den drei Rosenknospen" in Bochum, sich 1792 A. nannten, ist keine Stütze für Kellers Anschauungen. Der Name A. ist besonders in den Hochgradsystemen des 18. Jahrhunderts gerne im Gebrauch. Besonders gegen Ende des 18. Jahrhunderts, als wissenschaftliche und pseudowissenschaftliche Bestrebungen die Logen eroberten, wagte man sich gerne an das Wort A., um die Logen als Stätten besonderer Weisheit zu bezeichnen.

Akademie als Hochgradbezeichnung im 18. Jahrhundert. U. a. gab es:

1. Académie des Sublimes Maîtres de l'anneau lumineux, Meister des leuchtenden Rings, ein 1815 bei der Loge zu Douay in Frankreich vom schottischen Baron Grant of Blairfindy gestifteter Ritus.

2. Académie des Vrais Maçons, in Montpellier, Hochgradsystem mit alchimistischen Tendenzen, gestiftet 1778 in Montpellier. (Sechs Grade.)

3. Académie des Sages, in Avignon, später Paris. 1776 gestiftet.

Akademie, Maurerische. Vorschlag des Doktor Emil Besetzny (s. d.), Wien, eine Körperschaft zu schaffen, die sich mit Erforschung der Geschichte der Freimaurerei und verwandter Bünde, der Geschichte des Humanismus und seiner Gegner beschäftigen sollte. Der Vorschlag fand 1875 rege Unterstützung durch den deutschen Kronprinzen, nachmaligen Kaiser Friedrich III. (s. d.), wurde aber nicht verwirklicht (s. Academia masonica).

Akazie (frz. Cassia, engl. Acacia). Akazienzweige spielen in der freimaurerischen Symbolik mehrerer Grade eine bedeutende sinnbildliche Rolle. Gemeint ist die Acacia vera oder Mimosa nilotica Lin. Die A. soll nach Dalcho im Orient die Stelle unseres Immergrün ersetzen und wird daher gerne auf Gräbern als Zeichen der Unsterblichkeit angepflanzt. Bei freimaurerischen Begräbnissen werden daher Akazienzweige in das Grab geworfen. Mit dem griechischen Akakia (Unschuld, Freisein von Bosheit usw.) hat der Brauch sicher nichts zu tun. Fraglich ist, ob Acacia nicht überhaupt nur durch einen Schreibfehler in die freimaurerische Symbolik geraten ist. In Prichards zergliederter Freimaurerei ist nämlich von Cassia, einer Leguminose, die Rede. Der botanische Streit ist freilich, wie Sonnenkalb richtig meint, recht müßig. Gemeint ist in der Symbolik der grünende Zweig auf dem Erdhügel, der sich fast regelmäßig auf freimaurerischen Symboltafeln, Teppichen usw. vorfindet. In manchen Ländern gilt die A. als die symbolische Pflanze der Freimaurerei.

Aktivismus. Der Betätigungsdrang des Freimaurers und sein Bestreben, die Lehren seiner Gemeinschaft praktisch auszuwerten, ist je nach dem geistigen Klima der einzelnen Freimaurereien ein deutlich abgestufter. Am geringsten ist er, von der Philanthropie abgesehen, in der angelsächsischen Freimaurerei. Hier spielen der ausgesprochen konservative Sinn des Engländers, seine Vorliebe für alte traditionelle Werte eine bestimmende Rolle. Der A. des Engländers erschöpft sich daher in der Errichtung und Verwaltung von großartigen Wohlfahrtsanstalten, deren Genuß in erster Linie wieder der eigenen großen Freimaurerfamilie zukommt. Die drei „Royal Masonic Institutions" in England, die Altersheime, Krankenhäuser, Krüppelfürsorgestellen, Tuberkulosenheime in Amerika sind Ausdrucksformen dieses umgrenzten freimaurerischen A. des Angelsachsen. Werke ad extra werden in Amerika durch die in den letzten Jahren häufigen Elementarkatastrophen (Erdbeben, Mississippiüberschwemmungen) veranlaßt. Aber ebensowenig wie der Angelsachse an Reformen im Inneren denkt, ist er geneigt, die Freimaurerei irgendwie in den Dienst einer politischen oder sozialen Idee zu stellen. Er will seine eigenen Mitglieder zu werktätigen Menschen erziehen; wie sie die empfangenen Lehren verwerten, bleibt ihnen überlassen.

Der kontinentale Freimaurer ist im allgemeinen unruhiger. Während England von den großen Systemschwankungen des 18. Jahrhunderts verschont geblieben ist, stecken im europäischen Freimaurertum noch zahlreiche Reste dieser Zeit, die überwunden sein wollen. Es ergeben sich Widersprüche zwischen der Zeit und der in ihr lebenden und wirkenden Freimaurerei. Daher die zahllosen Reformbestrebungen, besonders in der deutschen Freimaurerei, als Ausdruck eines A. nach innen. In der — unvollständigen — Bibliographie von Wolfstieg sind allein gegen 400 größere und kleinere Arbeiten enthalten, die sich ausschließlich der inneren Reform zuwenden. Im Rahmen der Logentätigkeit liegt, von allen Systemen anerkannt, die Form des A., die sich als freimaurerische Liebestätigkeit bezeichnen läßt. Sie geht vom gelegentlichen Almosen bis zur Errichtung dauernder Stiftungen (Krankenhäuser, Ferienkolonien, Arbeitslosenausspeisungen, Stellungsvermittlungen, Waisenhäuser, Taubstummen- und Blindeninstitute, Lehrlingsschulen, Tagesheime, Wochenbettpflege, Studienbeihilfen, Unterstützung von Volksbüchereien, Notopfer für bedrohte Volksgenossen, Alumnatvereine, Freibettenstiftungen, Fürsorge für entlassene Sträflinge, Kinderkrippen, Siechenhäuser, Weichnachtsbescherungen u. v. a. m.). Dieser A. benützt als Mittel entweder eigene Vereine, die nur aus Freimaurern bestehen, oder er veranlaßt die Freimaurer, sich bestehenden Vereinen dieser Art anzuschließen. In vielen Logen wird ein Verzeichnis über die Mitarbeit jedes einzelnen Br. an derartigen charitativen und sozialen Einrichtungen geführt, säumige Brr. zur Mitarbeit aufgefordert. Eine andere Form freimaurerischer Tätigkeit liegt in der Propaganda für den Bund und in seiner Verteidigung gegenüber feindseligen Angriffen. Propaganda zur Mitgliederwerbung wird im Bunde allgemein verworfen. Es handelt sich um die Propagierung der Idee, wobei das Bestreben hauptsächlich darauf gerichtet ist, irrige, abergläubische, durch Gegner geflissentlich verzerrte Anschauungen über den Bund zu zerstreuen. Diesem Zwecke werden gerecht: Aufklärungsvorträge und Aufklärungsschriften, Beteiligung an öffentlichen Diskussionen, ferner aufklärende Beiträge in den politischen Zeitungen u. a. m. Der Abwehr von gegnerischen Angriffen dienen in vielen Großlogen Presseausschüsse, die alle Erscheinungen in der politischen Presse zu verfolgen haben, Abwehrausschüsse u. a. m. Diese Einrichtungen gehen darauf aus, teils in Berichtigungen falsche Behauptungen über die Freimaurerei zu entkräften, teils auch zugleich durch Belehrung der eigenen Mitglieder diesen bei den unvermeidlichen Auseinandersetzungen des Alltags das notwendige Rüstzeug an die Hand zu geben. Hierher gehören die ausgezeichnete kleine Schrift des Vereins deutscher Freimaurer: „Vernichtung der Unwahrheiten über die Freimaurerei" oder beispielsweise die sehr verdienstvolle Darstellung des Berliner Bundesblattredakteurs Kekule von Stradonitz über das Serajevomärchen. J. G. Findel hat den Taxilschwindel zerstört, auch die Aufdeckung des groben Pamphlets „Protokolle der Weisen von Zion" als Plagiat und plumpe Fälschung ist Freimaurern zu danken.

Anders lebt sich der freimaurerische A. in den romanischen Ländern aus. Der zur dauernden Einrichtung gewordene Kulturkampf in diesen Ländern ruft die Freimaurer auf den Plan als Kämpfer gegen das Dogma, für Gewissensfreiheit und geistigen Fortschritt. Von der politisierenden Kirche angegriffen, sind die Abwehrbewegungen der Freimaurerei häufig genug politisch gefärbt. Besonders die französischen Freimaurer sind wiederholt in der politischen Arena zu sehen gewesen. So insbesondere zur Zeit des Dreyfus-Prozesses.

In der Erkenntnis, daß die Lehren der Freimaurerei nicht durch Völkerkampf, sondern nur durch Völkerbefriedung in die Tat umgesetzt werden können, sucht der freimaurerische A. Wege der Verständigung zwischen den Völkern. Er redet einem logischen, nicht einem bloß gefühlsmäßigen Pazifismus das Wort. Daher die Versuche persönlicher Fühlungnahme unter Freimaurern verschiedener Völker, so die Allgemeine Freimaurerliga, die Association Maçonnique Internationale und deren Einrichtungen. Als Mittel dienen hier neben den Zusammenkünften der Freimaurer selbst jene Versuche, die es unternehmen, die Jugend von chauvinistischem Geiste zu entgiften durch Kinderaustausch, Jugendtreffen u. a. m. Den französischen Freimaurern bleibt unvergessen, daß sie zu einer Zeit, da die linksstehenden Parteien in Frankreich ihren Einfluß verloren hatten, mutig gegen die Ruhrbesetzung aufgetreten sind, weil sie in dieser Strafaktion eine neuerliche Verschärfung der völkischen Gegensätze voraussahen.

Versuche, diesen französischen A. auf die östlichen Länder Europas zu übertragen, mußten und müssen fehlschlagen, weil die Zusammensetzung der Logen hier nicht derart einheitlich ist wie in Frankreich. Hier muß sich der freimaurerische A. darauf beschränken, in der Logenarbeit jene Voraussetzungen zu schaffen, die ein aktives Vorgehen des Einzelmitgliedes im öffentlichen Leben beeinflussen können, ohne daß es durch einen Beschluß zu einer bestimmten Tätigkeit verhalten werden darf. Der französische Freimaurer ist Mitstreiter einer Gemeinschaft, der deutsche ist Kämpfer einer Idee, die er so zu vertreten hat, wie es ihm nach Maßgabe seiner Stellung im öffentlichen Leben, nach seiner politischen Überzeugung, seiner Weltanschauung nach eigenem Gutdünken und Entschluß richtig erscheint. Die Loge darf ihn nicht verpflichten. Daß dieser Unterschied von Laien, die sich gerne an generalisierende Urteile halten, nicht verstanden wird, ist klar. Weniger klar wird dies aber auch den romanischen Freimaurern, die nach ihren Voraussetzungen Forderungen an andere Freimaurereien stellen, denen diese unmöglich entsprechen können.

Alabama, Bundesstaat der Vereinigten Staaten von Nordamerika. Großloge, gegr. 1821. 1930: 565 Logen mit rund 48.500 Mitgliedern. Die Großloge unterhält ein Masonic Home, das durchschnittlich 425 Insassen betreut: rund 80 Alte und 345 Jugendliche. Gegen 100 Absolventen höherer Schulen sind Stipendisten der Großloge. Adresse: Masonic Temple, Montgomery.

Alardus, Matthias Andreas, Geheimer Legationsrat und Kabinettssekretär des Bischofs von Lübeck, * 1715, † 1772, war Mitglied der Loge Absalom in Hamburg. Er besang in einem schwulstigen Gedicht die „höchst beglückte Wahl des Kaisers Franz I.', in dem er ihn als Bruder begrüßte. Dieses Gedicht wurde dem Kaiser, auf Seide gedruckt, überreicht. Seine Gedichte und Reden besprach Lessing während seiner Hamburger Kritikerzeit.

Alarm, fast nur in amerikanischen Logen üblich. Zeichen, daß jemand Eintritt in die Loge verlangt, also nicht nur bei Annäherung von Fremden, sondern auch bei Besuchen des Großmeisters usw.

Alaska, Halbinsel im Nordwesten der Vereinigten Staaten von Nordamerika; die hier arbeitenden elf Logen unterstehen der Großloge des Staates Washington.

Alava, Miguel Ricardo de, spanischer General und Politiker, * 1771, † 1843, Generaladjutant Wellingtons, Gesandter in Frankreich und England, war Freimaurer und wurde deswegen unter Ferdinand VII. gefoltert und zwei Jahre lang eingekerkert.

Albanus, Sanctus, Heiliger der katholischen Kirche, der erste Märtyrer Britanniens unter Kaiser Diokletian. In den Zunftsagen wiederholt als Baumeister und Förderer der Baukunst erwähnt. So im Robertsdruck 1722: „Die Baukunst war in England unbekannt, bis der Hlge. Alban nach England kam, der den König in der Baukunst (Masonry) und im Christentum unterrichtete. Er liebte und schätzte die Bauleute sehr und zahlte ihnen regelmäßig ihren Lohn. Er erreichte für sie beim Könige auch einen Schutzbrief (charter) und die Erlaubnis, eine Generalversammlung (General Assembly) und jährliche Zusammenkünfte abzuhalten. Er machte viele Maurer und gab ihnen eine Pflichtensatzung (Charge), wie sie weiter unten ausgeführt ist." Viscount von Saint Alban war ein Adelstitel des Baco von Verulam, der wiederholt für den Autor der Shakespearischen Werke gehalten wurde. In diesem Sinne hat auch Alfred Dodd in seinem Buche: „The Personal Poems of Francis Bacon, the Son of queen Elizabeth" (Liverpool 1931), aus dem prologue sonnet die Worte herausgelesen: „This is printed as my last secret book to the craft. Lord St. Alban, Worshipfull G. M." (s. Bacon Francis).

Albany, Graf v., Pseudonym des Prätendenten Karl Eduard Stuart (s. d.).

Albedyll, Friedrich Christian von, Generalmajor, Geheimer Kammerrat, später Gesandter in Kopenhagen, * 1699, † 1769, wahrscheinlich in England aufgenommen, meldete sich nach den Protokollen der Loge d'Hambourg am 3. Februar 1738 als Mitglied an und wurde aufgenommen. Drei Tage später wurde sein Bruder Heinrich Otto v. A., polnischer und kursächsischer Kammerherr, braunschweigischer Obrist der Infanterie, in der gleichen Loge als Mitglied eingeführt. F. Chr. v. A. schrieb am 22. Juli 1738 den berühmten Brief an die Hamburger Loge, in welchem er die Absicht des Kronprinzen Friedrich von Preußen (nachmals Friedrich der Große) bekanntgab, sich der Loge anzuschließen. Er vermittelte auch die weitere Korrespondenz mit dem eigentlichen Proponenten, dem Grafen von Schaumburg-Lippe (s. d.), und nahm auch am Aufnahmsakte in der Nacht vom 14. auf den 15. August 1738 im Kornschen Gasthof zu Braunschweig teil.

Alberta, kanadische Provinz. Die Großloge zählte 1930 155 Logen mit gegen 14.000 Mitgliedern. Adresse: Grand Secretary Masonic Temple, Calgary.

Albertini, Joh. Bapt., Dr. theol. u. phil., katholischer Priester, * 1742, † 1820. Rektor der Innsbrucker Universität, dann des Generalseminars für Bildung und Erziehung des tirolischen Klerus, war Redner der Loge „Zu den drei Bergen" in Innsbruck.

Albornoz, Alvaro de, spanischer Advokat, * 1879, Soziologe, Vorkämpfer der republikanischen Idee, Cortesabgeordneter, Journalist und Schriftsteller („Individualismus und Sozialismus", „Die republikanische Partei", „Das spanische Temperament", „Die Tragödie des spanischen Staates", „Intellektuelle und Tatmenschen"), während der Diktatur wiederholt eingekerkert, 1931 erster Arbeitsminister der provisorischen republikanischen Regierung, ist Mitglied einer Loge des Großorients von Spanien.

Alcalá Galiano, Antonio, berühmter spanischer Politiker und Redner, * 1789, † 1865, Abgeordneter, wiederholt Minister, war Freimaurer.

Alchimie (Alchemie, auch Alchymie), ursprünglich „die" Chemie im allgemeinen, später Goldmacherkunst. In Ägypten war die A. eine okkultistisch-mystische Lehre, die auf den Gott Hermes Trismegistos zurückführt und daher auch hermetische Kunst genannt wurde. Die Araber griffen vornehmlich die praktischen Ergebnisse der A. auf. In der Folge nahm die A., vor allem unter dem Einfluß von Paracelsus, immer mehr einen spirituellen Charakter an und ist in dieser Form eine eigenartige Mischung von Wissen und Spekulation, Empirie und Phantasmagorie. So führten alchimistische Forschungen zur Entdeckung des Phosphors durch Brandt und des Porzellans durch Böttger. Die A. war der Auffassung, daß sämtliche Metalle eine Seele haben, die „Prima Materia", und die Möglichkeit der Umwandlung der Metalle in Edelmetalle daher gegeben sei, falls man sie unter Beimengung gewisser Substanzen entsprechend behandle. Dieser Prozeß der Transmutation geht unter dem Einfluß des Steines der Weisen (Magisterium, Roter Löwe, Großes Elixier) vor sich, der seit Geber auch als Allheilmittel galt. Die A. trachtete, diesen Stein der Weisen zu finden. Anfangs kannte man zwei Prinzipien: Mercurius als Typus der Metalle und Sulfur als den des Brennbaren. Paracelsus führte als drittes das Salz, das Prinzip der Festigkeit, ein. Die Zeichen und Ausdrücke der A. sind für den Chemiker verworren, man kann sie nur auf dem Wege ethisch-religiöser Deutung richtig verstehen. „A. ist die eigentliche Trägerin des Verwandlungsgeheimnisses der Mysterienbünde" (Horneffer). Die „Prima Materia" ist das rohe Gewissen des Menschen, „Mercurius" ist das entwicklungsfähige, das einen Läuterungsprozeß (Schmelzofen) durchzumachen hat. Die drei Prinzipien der A., „Mercurius, Sulfur und Salz", entsprechen dem Geist, der Seele und dem Leib. Die A. suchte das „Gold Gottes", nicht das Gold im bloßen materiellen Sinn. Die Metall-Transmutation wird symbolisch mit dem Erlösungswerk Christi verglichen. Man wollte die Wiedergeburt der Menschheit durch „chemische Umwandlung" erzielen. Auch der Weltschöpfungsakt wurde als alchimistischer Prozeß aufgefaßt. Im 17. Jahrhundert wollte man durch die A. den „wahren christlichen Glauben" erhalten. Jakob Böhmes Mystik war von spiritueller Alchimie durchsetzt, sie war eine Art irdischer Naturphilosophie und beeinflußte auch die Rosenkreuzer (s. d.).

Im Zeitalter der Entstehung der ersten englischen Großloge waren alchimistische Einflüsse noch stark wirksam. Es kann daher nicht wundernehmen, daß — namentlich bei der Entstehung der verschiedenen Systeme — alchimistische Elemente in die Freimaurerei Eingang fanden. In den Schottengraden (s. d.) setzte sie als Gradgeheimnis mit der Begründung ein, daß unter den Kreuzfahrern 1090 vier Altmeister aus Schottland Kenntnis von einer Tradition besessen hätten, der zufolge Esdras in den Grundstein des Salomonischen Tempels ein Andenken, das Meisterwort selbst oder einen Hinweis darauf, gelegt habe. Den Schotten sei es geglückt, in einem ausgehöhlten Quadratstein drei goldene Schalen mit den Buchstaben I. G. und O. zu finden, den jüdischen Sinnbildern der Grundstoffe der ganzen Welt und jedes einzelnen Dings. Mit dieser Legende wurde eine entscheidende Wendung eines Teils der damaligen Freimaurerei in der

Richtung zum Okkultismus, zum alchimistischen Mysterienbund angebahnt. Die A. spielte u. a. auch im theosophischen Hochgradsystem der Coëns Elus (s. d.) eine große Rolle, dann bei den Gold- und Rosenkreuzern sowie auch in dem von Saint Martin ins Leben gerufenen „Rite rectifié" (s. d.). Im freimaurerischen Ritual und in der Symbolik sind alchimistische Elemente auch heute nachweisbar. „Die Freimaurerei hat mit der Wiedergeburt, d. h. mit dem Absterben und Wiederaufbau des inneren Menschen und der Belebung und Stärkung seiner unsichtbaren physischen Kräfte zu tun. Auch ist von der Alchimie her die Anschauung in die Freimaurerei übergegangen, daß die Natur nichts ist als die Stoffwerdung der Gottheit" (Wolfstieg, „Philosophie der Freimaurerei", Band I).

Die großen Hochstapler des 18. Jahrhunderts, wie Gugomos, Rosa, Cagliostro, auch Casanova, der Graf von St. Germain, infizierten dort, wo sie mit der Freimaurerei als Hilfsmittel operierten, auch die Freimaurerei mit alchimistischen Vorstellungen. Sehr bezeichnend ist, daß gerade zur Zeit der Aufklärung (Friedrich d. Gr. und Joseph II.) in Deutschland und Österreich große Freimaurergruppen sich ernsthaft mit praktischer Alchimie beschäftigten.

Alcock, John, englischer Komponist und Organist, * 1715, † 1806, komponierte Psalmen, Instrumentalkonzerte usw., gab Sammlungen von Kirchenmusik heraus, war Freimaurer.

Aldworth, the Hon. Mrs. Elizabeth, Tochter des Arthur St. Leger, Viscount von Doneraile, * 1693, geriet angeblich durch Zufall um 1713 in eine von ihrem Vater geleitete Loge. Da sie einen Teil der Zeremonien der Arbeit ohne Absicht belauscht hätte, sei sie von ihrem Vater in versammelter Loge in den Freimaurerbund aufgenommen worden, um auf diese Weise das Geheimnis der Freimaurer zu wahren. (Thackeray schildert diese Szene sehr lustig sowohl in „My Grandfathers Time" als auch im Snobsbuch.) E. A. galt allgemein als „Lady Freemason". Ein Schurz und Abzeichen, die sie getragen haben soll, werden in England aufbewahrt. Ein weitverbreitetes Bild der „Lady Mason" zeigt sie mit Schurz im Zeichen vor dem Meisterstuhle der Loge, in einer Darstellung, die sonst nur bei Meistern vom Stuhl üblich ist.

Die fragliche Aufnahme fällt in eine Zeit, als die Großloge von Irland noch nicht bestand. In den A. Q. C. ist der Fall wiederholt gründlichst bearbeitet. Es ist daraus zu ersehen, daß Lady A. tatsächlich an Freimaurerei ein Interesse hatte, das sie wiederholt bekundete. Aber die Zugehörigkeit und die Tatsache der Aufnahme wird überall in Frage gestellt.

Alemann, Theodor, hervorragender argentinischer Publizist schweizerischer Abstammung, * 1862, † 1925, übernahm nach dem Tode seines Vaters, des Gründers des „Argentinischen Tagblattes", die Führung dieses Blattes, Autorität im Kolonisationswesen, war sehr tätiges Mitglied der Loge „Teutonia" in Buenos Aires.

Alembert, Jean Lerond d', französischer Enzyklopädist, Mathematiker, * 1717, † 1783. Positivist, Sekretär der Akademie, Entdecker des nach ihm benannten physikalischen D'Alembertschen Prinzips, war Mitglied der Pariser Loge „Neuf Sœurs". In der von ihm geschriebenen Vorrede zur Enzyklopädie kündigte er das „Jahrhundert der Wissenschaft" an, welches das Zeitalter der Theologie und Philosophie ablösen werde.

Alessandri, Präsident von Chile, nach dem Weltkrieg der erste führende Staatsmann in seinem Vaterlande, der als Demokrat gegen die herrschende Oligarchie auftrat und daher auf heftigen Widerstand der Konservativen stieß, legte, um seine freiheitliche, demokratische Gesinnung nicht zu schänden, sein Amt nieder und ging ins Ausland. Vom Volk zurückgerufen, kehrte er 1925 als Triumphator nach Santiago zurück. In seiner Begrüßungsansprache erklärte er, er könne keine Form von Diktatur annehmen, weil die Diktaturen den Tod der Freiheit, die Entwürdigung der Völker und die Zertrümmerung der Demokratien bedeuteten. A. war vor seiner Präsidentschaft Großmeister der chilenischen Großloge.

Alethophilen (Societas Alethophilorum), Freunde der Wahrheit, ein 1736 vom gelehrten Grafen von Manteuffel in Berlin gegründeter Orden der Verehrer des Philosophen und Freimaurers Christian Wolff (s. d.). Ordenszeichen: Münze mit Umschrift: Sapere aude und dem Brustbild der Minerva, deren Helm die Köpfe von Leibniz und Wolff (der Leibniz' Grundgedanken zum System entwickelt hatte), aufwies. Die Alethophilen sollten, nach der Wolffschen Lehre, „nichts für wahr oder für falsch ansehen, ohne durch zureichenden Grund davon überzeugt zu sein". Für die Verfassung der S. A. war der Freimaurerbund Vorbild. Die Mitglieder trugen außer dem Ordenszeichen am ziegelfarbigen Band eine Maurerkelle mit der Inschrift „La confrérie des francmaçons" und einem Spruch Senecas. (Vergl. Georg Schuster, Geheime Gesellschaften.)

Im System der Afrikanischen Bauherren Bezeichnung des 5. Grades.

Alexander, George, berühmter englischer Schauspieler, * 1858, † 1918, Direktor des Londoner St.-James-Theaters, war Freimaurer.

Alexander der Große, König der Mazedonier, † 328 vor Christi Geburt, wird von Anderson in seiner ergänzten Geschichte 1738 Gegenstand einer kindlichen Fabel, gegen die sich Schröder in der Übersetzung ins Deutsche scharf ausgesprochen hat. In der ersten Ausgabe des Konstitutionsbuches (1723) wird er nur nebenbei erwähnt. Dagegen weiß Anderson 1738 zu berichten, A. werde „nicht unter die Maurer gerechnet, weil er bei einer nächtlichen Schwelgerei auf Anstiften einer besoffenen Hure die Stadt Persepolis niedergebrannt habe, was kein echter Maurer tun würde, wenn er auch noch so besoffen wäre".

Alexander I., Fürst von Bulgarien, Prinz von Battenberg, s. Fürsten.

Alexander I., Kaiser von Rußland, * 1777, † 1825, war anfänglich der Freimaurerei wenig günstig gesinnt, gewährte dann 1810 den Logen die offizielle Anerkennung, nachdem eine Kommission, bestehend aus dem Unterrichtsminister Grafen Rasumowsky, dem Polizeiminister Balaschew, dem Grafen Michael Speransky (s. d.) und Feßler (s. d.) ein günstiges Gutachten erstattet hatte. Er trat dann selbst dem Bunde bei. Boris Telepnef stellt das („An outline of the history of Russian Freemasonry", 1928) ausdrücklich fest, gegenüber Ernst Friedrich, der („Geschichte der einstigen Maurerei in Rußland", 1904) erklärt, der Zar sei lediglich Illuminat gewesen. A. ließ die Bauhütten durch seinen Polizeiminister, der ebenfalls einer Loge angehörte, aufs gründlichste überwachen und hatte in seiner liberalen Ära in der Großen Direktorialloge „Wladimir" so treue Gefolgschaft, daß Telepnef geradezu von der „Maurerei A.s I." spricht. Mit besonderem Eifer war der Zar um den polnischen Großorient bemüht; bei diesem suchte er Hilfe und Stütze für seine auf Polen bezüglichen Pläne. Als seine Denkweise sich dann unter pietistischem Einfluß völlig wandelte, sein Gemüt sich verdüsterte, aus dem freidenkenden Herrscher der erbitterte Feind aller fortschrittlichen Institutionen wurde, und Metternich immer wieder Maßnahmen gegen die geheimen Gesellschaften forderte, wandte sich A. schließlich schroff gegen seine einstigen Freunde. Nicht zuletzt auch unter dem Einfluß des fanatischen Mönches Photius, der bei einer Audienz erklärte, der Kaiser müsse mit den Geheimgesellschaften, Voltairianern, Freimaurern und Martinisten Schluß machen, er sei vom Herrn auserwählt, die siebenköpfige, dreifach verdammte Schlange des Illuminatentums zu töten. Wenige Tage nach diesem Besuch, am 6. August 1822, erging auf kaiserlichen Befehl ein Ukas des Innenministers, alle geheimen Gesellschaften, auch die Freimaurerlogen, unverzüglich aufzulösen.

Alexander-Katz, Hugo, Berliner Rechtsanwalt, * 1846, † 1929 in Berlin. Aufgenommen in Leipzig (Loge „Balduin zur Linde" 1883), schloß er sich der Settegast-Bewegung an (s. d.) und führte für S. den Rechtsstreit gegen das Edikt von 1798 durch, in dem den altpreußischen Großlogen das Ausschließlichkeitsrecht für die preußischen Staaten zugebilligt war. Durch den erflossenen Urteilsspruch wurde erst allen anderen deutschen Großlogen die Ansiedlung in Preußen möglich. A.-K. war bei der Loge „Victoria in Berlin" affiliiert. In seiner Blütezeit war er ein freimaurerischer Schriftsteller von hohen Qualtäten. Seine Arbeiten erschienen in der von Settegast begründeten, seither eingegangenen Zeitschrift „Die Bausteine".

Alfieri, Vittorio, Graf von, berühmter italienischer Dichter, * 1749, † 1803. Schöpfer der italienischen politischen Literatur, der in seinen Werken für die Freiheitsbewegung eintrat, schrieb Tragödien, Lustspiele mit politischer Tendenz (sein Grabmal von Canova in Santa Croce in Florenz). In seiner berühmten „Vita" (Epoca IV., Cap. I.) befindet sich eine Stelle, derzufolge er Freimaurer, wahrscheinlich Mitglied der Turiner Loge „St. Jean de la Mystérieuse", gewesen ist.

A. L. G. D. G. A. D. L'U. (frz.), Abkürzung von A la gloire du Grand Architecte de l'Univers; zum Ruhme des Großen Baumeisters der Welt.

Algerien (frz. Algérie), französische Kolonie in Nordafrika. Nach der Eroberung des Landes gründete der Grand Orient de France 1832 die erste Loge in Algier. Gegenwärtig arbeiten unter dem Grand Orient de France 20, unter der Grande Loge 9 Logen in Algier, Oran, Phillippeville, Biskra, Orléansville, Sétif u. a. O.

Alincourt, François d', franz. Adliger, der 1776 mit einem portugiesischen Edlen, Don Oyres de Ornellas, vom Gouverneur von Madeira eingekerkert wurde, weil er Freimaurer war. Er wurde dann in Lissabon vierzehn Monate im Gefängnis gehalten, wo er verhungert wäre, wenn sich nicht die Freimaurer seiner tatkräftig angenommen hätten. Er wurde schließlich freigelassen.

Alison, Sir Archibald, berühmter englischer Historiker, * 1792, † 1867, Rektor der Universität Glasgow, schrieb eine „Geschichte Europas" (von der französischen Revolution bis zur Restauration). Das Buch erreichte zehn Auflagen, wurde in die meisten europäischen und auch in viele asiatische Sprachen übersetzt und bis zum Tode von A. in fünfhunderttausend Exemplaren verkauft. Er war Freimaurer.

Alldeutscher Verband erließ durch seinen Arbeitsausschuß 1928 eine Erklärung betreffend die Freimaurerei, in der das Ergebnis eingehender Prüfung der Freimaurerfrage in einem Aufsatz des Barons v. Vietinghoff, gen. Scheel, zusammengefaßt wurde. In diesem wurde die Behauptung von geheimen Oberen, von Umtrieben zugunsten einer jüdischen Weltherrschaft, von unvaterländischem Wollen, von gefährlichen sachlichen Geheimnissen als falsch bezeichnet, den altpreußischen Logen „ein von vielen Mitgliedern derselben bewußt und kräftig geförderter Zug zur Emporentwicklung in nationaler, ja völkischer Richtung" attestiert, dagegen Abstreifung des „jüdisch-alttestamentarischen Brauchtums", sein Ersatz durch deutsche Formen und Symbole, Zusammensetzung der deutschen Freimaurerei aus Angehörigen des deutschen Volkstums, äußere wie innere Scheidung von jeglichem anders gerichteten oder anders zusammengesetztem Freimaurertum auf deutschem Boden sowie im Ausland verlangt.

Allegorie, Darstellung eines Objektes durch ein anderes. Die A. ist die abgeschlossene Darstellung eines Objektes oder Geschehens im Gegensatz zum Symbol, das repräsentativ einen Begriff durch einen anderen ersetzt. Die A. will nicht einleuchtend für den Verstand wirken, sondern anregend für die Phantasie. Beispiele für die A.: die Figur der Gerechtigkeit oder die Darstellung des Kampfes der Kirche gegen ihre Gegner in der Darstellung der „Hunde des Herrn", der Domini Canes gegen Wölfe in der Spanischen Kapelle in Florenz. Auch die Freimaurerei bedient sich zu Lehrzwecken der A. Im englischen Ritual wird der Begriff der Freimaurerei wie folgt umschrieben: „Freemasonry is a peculiar system of morality, veiled in Allegory and illustrated by symbols" („Die

Freimaurerei ist ein eigenartiges System der Sittenlehre, eingehüllt in Allegorien und erläutert an Sinnbildern").

Allgemeine Freimaurer-Liga, s. Freimaurer-Liga, Allgemeine.

Allgemeinheit der Freimaurerei, s. Universalität.

Allied Masonic Degrees. In England besteht ein Allied Masonic Degrees Grand Council (unter einem Großmeister), das jene Orden und Körperschaften patronisiert, die keine eigene Oberbehörde haben. Dazu gehören: St. Lawrence the Martyr, Knights of Constantinople, Grand Tiler of King Salomon, Secret Monitor, Red Cross of Babylon, Grand High Priest, sämtlich Hochgrade der englischen Freimaurerei, daneben noch gegen 50 andere, die zum Teil derzeit nicht mehr bearbeitet werden.

Allokution, im päpstlichen Kurialstil ein Vortrag des Papstes im Kardinalskollegium über irgendeine wichtige religiöse oder auch politische Frage, der durch Anschlag veröffentlicht wird. Mehrere Allokutionen behandeln die Freimaurerei. In der Freimaurerei selbst wird die programmatische Verlautbarung des Vorsitzenden eines Obersten Rates des Schottischen Ritus mitunter so bezeichnet.

Allowed, in den Alten Konstitutionen gleichbedeutend mit accepted (s. d.)

Almanache, kleine Jahrbücher meist künstlerischen Inhalts, Lieder, Gedichte, Bilder, die schon frühzeitig in allen Sprachen auftauchen. In England seit 1735 beliebt als „Pocket Companion" in zahlreichen Auflagen. Im Deutschen z. B. „Taschenbuch für Brüder Freymäurer auf das Schaltjahr 1784". — Der Brauch der Almanache wird auch heute noch in verschiedenen Großlogen gepflegt (z. B. Almanach der Großloge „Lessing zu den drei Ringen" u. a. m.).

Almeida, Antonio Jose d', Dr., Präsident der portugiesischen Republik, Ministerpräsident, Schriftsteller, Journalist, † Okt. 1929, war zu Beginn dieses Jahres zum Großmeister des Vereinigten Lusitanischen Großorients von Portugal gewählt worden, konnte aber das Amt seiner schweren Krankheit wegen nicht mehr antreten.

Almosensammler, Almosenier (frz. Aumonier, engl. Almoner), s. Gabenpfleger, Sack der Witwe, Wohltätigkeit.

Alnwick-Manuskript, derzeit im Besitze des New Castle College der „Societas Rosicruciana in Anglia", ein aus dem Jahre 1701 stammendes Freimaurermanuskript (zwölf Seiten), die Logenrolle der „Company and Fellowship of Freemasons of a Lodge held in Alnwick". Nach Hughan, der es 1871 zuerst veröffentlichte, ein Logenstatut einer rein operativen Loge.

Alpha Lodge, Nr. 116, in Newark, New Jersey, ist die einzige Negerloge der Vereinigten Staaten, die — als Tochter der Großloge von New Jersey — als regulär anerkannt wird. Sie wurde 1871 von Weißen gegründet. Wegen dieser Loge unterbrach während einiger Jahre die Großloge von Mississippi die freundschaftlichen Beziehungen zur Großloge von New Jersey.

Alpha und Omega („Ich bin das A und O, Anfang und Ende, das erste und letzte"). In Hochgraden zur Bezeichnung Gottes.

Alpina, schweizerische Großloge, gegr. 1844. 1931 40 Logen mit etwa 5000 Mitgliedern. Leitung alle fünf Jahre zwischen der deutschen und der französischen Schweiz wechselnd (s. Schweiz).

Die von der Großloge herausgegebene Zeitschrift führt den Titel: „Alpina", Organ der Schweizer Logen, erscheint dreisprachig (deutsch, französisch, italienisch) im (1931) 57. Jahrgang. Adresse derzeit: Eduard Niederer, Bern, Justingerweg 13.

Als-ob-Philosophie, von Vaihinger eingeleitete Richtung des positivistischen Idealismus (s. d.), die Tatsachen und Ideale gleicherweise gelten läßt. A. ist im Grunde Fiktionalismus. Fiktionen (s. d.) sind bewußt falsche, aber zweckmäßige Einbildungen, die wohl kein wirkliches Erkennen zur Folge haben, aber die Berechnung der Wirklichkeit ermöglichen. Unsere Vorstellungswelt ist voller Fiktionen: Kategorien, Allgemeinbegriffe, mathematische und physische Begriffe (Kraft, Materie, Linie, Punkt, das Unendlich-Kleine), der kategorische Imperativ, religiöse Ideen, der Freiheitsbegriff usw. Die Kausalität ist eine analogische Fiktion. Auch Naturgesetze sind fiktiv, bloße Ausdrücke für die Gleichförmigkeit von Tatsachen. Ideale sind praktische Fiktionen: In sich widerspruchsvolle und mit der Wirklichkeit im Widerspruch stehende Begriffsbildungen, „die aber einen ungeheuren weltüberwindenden Wert haben". In der Wirklichkeit gibt es nur eine unabänderliche Zeitfolge von gleichzeitigen und aufeinanderfolgenden Empfindungen. Alles weitere ist eine willkürliche Konstruktion. Die Fiktionen, fiktiven Urteile, werden in Sätzen ausgedrückt, in denen „als ob" als Partikel dient, und die ein „vorliegendes Etwas mit den Konsequenzen aus einem unwirklichen und unmöglichen Fall gleichsetzt", für praktische Zwecke einen Vergleich mit etwas Imaginärem vornimmt. Die A. unterscheidet zwischen Hypothese, Fiktion und Dogma. Erstere kann verifiziert werden und wird dadurch zu einem Dogma, d. h. zu einer als objektiv angenommenen Vorstellung. Fiktionen können hingegen niemals verifiziert, sondern nur durch praktische Leistungen gerechtfertigt werden. Kant bezeichnete bereits Gott, Freiheit, Unsterblichkeit usw. als „Als-ob"-Begriffe, ohne jedoch den Standpunkt des Fiktionalismus ganz durchgeführt zu haben. Die A. übte eine tiefgehende Wirkung auf das neuzeitliche Denken aus und steht den Auffassungen der Freimaurerei in mancher Hinsicht nahe. Sie zeigt uns die Gleichwertigkeit aller Gebiete des Seelenlebens, in dem sie mit dem unbegründeten, naiven Positivismus (s. d.) aufräumt und die Fiktivität des Denkens und Wissens auf allen Gebieten nachweist. Sie liefert uns dadurch die Grundlage, Glauben und Wissen gleicherweise zu achten. Diese Lehre charakterisiert auch das Verhalten der Freimaurerei hinsichtlich der religiösen und politischen Wahrheiten, die gleichwertig, da alle nur „Als-ob"-Wahrheiten sind, praktisch wertvoll, ohne daß wir in der

Lage wären, über ihre Stichhaltigkeit und Beweisbarkeit weitere Feststellungen zu machen. Die freimaurerische Auffassung legt in der Religion auf das sittliche Moment das Hauptgewicht, beachtet nicht die Unterschiede hinsichtlich der metaphysischen Fragen und besagt dadurch im Grunde, daß ihrer Ansicht nach die religiösen Ideen und Begriffe Fiktionen sind, deren Zweck es ist, den Menschen zum sittlichen Handeln zu veranlassen. „Religiös sind wir, wenn wir so handeln, als ob die Sittlichkeitsgebote Gottes Gebote wären". (Heinichen, „Die Grundgedanken der Freimaurerei im Lichte der Philosophie".) Im Sinne der A. wäre vielleicht auch eine für die ganze Freimaurerei gültige Formulierung des Gottesbegriffes möglich (s. Religion). Auch der Glaube an den Fortschritt (s. d.), an die Verwirklichung des Humanitätsideales (s. d.) und das Postulat der sittlichen Freiheit sind im Grunde Fiktionen. Die Freimaurerei verhält sich, „als ob" sie wahr wären. Sie setzt sie aus praktischen Gründen voraus, ohne über ihre Wahrheit im absoluten Sinne etwas behaupten zu wollen. Sie verlangt von ihren Anhängern auch in diesem Sinne kein Glaubensbekenntnis, lehnt Dogmen, die niemals verifizierbar sind, ab. Im Lichte der A. ist die Freimaurerei eine Bewegung, die sich damit begnügt, ihre Grundprinzipien als Fiktionen zu betrachten, ohne sie willkürlich in Dogmen verwandeln zu wollen, wie dies die Religionen und politischen Bewegungen tun.

Altar ist der Einrichtung der Freimaurerlogen ursprünglich fremd. Erst gegen Ende des 18. Jahrhunderts wird es gebräuchlich, die Hauptsymbole der Loge, Bibel, Zirkel und Winkel, an besonders betonter Stelle aufzulegen. In deutschen. Logen ist der A. zumeist der Meistertisch. In englischen und amerikanischen Logen ist der A. oft in Form eines kubischen Steins gewöhnlich in der Mitte der Loge aufgestellt und von den drei kleinen Lichtern flankiert. Am A. werden die Gelöbnisse der Freimaurerei abgelegt. Ebenso werden Brüder, denen eine besondere Ehrung zugedacht wird, vor den A. gerufen.

Altarlichter, Drei, im Schwedisch-christlichen System, die symbolisch ewig brennen, stellen das ewige göttliche Licht dar, das nach Westen getragen wird, um hier, im Sitz der Menschheit, zu leuchten; während die drei Lichter an der Arbeitstafel diese erleuchten — also die Bilder, durch die das Wesen Gottes und das Wesen der Seele dargestellt wird — und so befähigen, Gott, Menschen und das eigene Seelenleben zu erkennen. (Gloede, „Ordenswissenschaft".)

Alte Maurer, s. Ancient Masons.

Altenburg, Hauptstadt des Herzogtums Sachsen-Altenburg. 1742 wurde hier eine der ältesten deutschen Logen gegründet, die nach manchen Wandlungen innerhalb der verschiedenen Großlogensysteme sich 1793 selbständig erklärte und als unabhängige Loge „Archimedes zu den drei Reißbrettern" bis 1924 bestand, in welchem Jahre sie in die Großloge „Deutsche Bruderkette" überging. Sie war wahrscheinlich die erste L., die in deutscher Sprache arbeitete, gab 1746 ein eigenes Liederbuch von L. F. Lenz heraus und unterhielt mehrere sehr wertvolle Zeitungen, so das 1804 gegr. „Journal für Freimaurerei", die „Zeitschrift für Freimaurer" (1823) und den „Ziegeldecker" (1837), fortgesetzt unter dem Titel „Bruderblätter". Die Loge besitzt eine sehr wertvolle Bibliothek und viele kostbare Musealstücke.

Altenglische Lehrart, Gebrauchtum der Großloge der „Ancients" von 1751 (s. Ancient Masons). Der Ausdruck ist irreführend, da die A. L. später als die „neuenglische" Lehrart der Großloge der „Moderns" von 1757 entstand. Während letztere erstmals von Prichard (s.d.) veröffentlicht wurde, findet sich die A. L. u. a. in den Verräterschriften „The three district Knocks, or The door of the most ancient freemasonry" (1760), „Jachin and Boaz; or An authentic key to the door of free masonry (both ancient and modern)" (1762), „Hiram, or The grand master-key..." (1764) dargestellt. Die Unterschiede zwischen A. L. und dem System des „Moderns" sind, dem Geist nach, nicht wesentlich; sie beziehen sich auf die Aufgaben, bezw. die Stellung der Aufseher, die Zahl der „Lichter", die Deutung der drei Säulen u. a. Der A. L. ist die Lehre von den Zahlen und den Werkzeugen der Lehrlinge, der neuenglischen die Lehre von den Fenstern, den Geräten und Kleinodien eigen (Fischer).

Alte Pflichten der Freimaurer, s. Abdruck im Vorwort, ferner Anderson, Pflichten.

Alter.

1. das Aufnahmsalter für die Freimaurerei schwankt nach den Bestimmungen der einzelnen Großlogen. Es ist gewöhnlich das Alter der bürgerlichen Großjährigkeit. Die englische Großloge verlangt das 21. Lebensjahr, von dieser Altersgrenze kann nur der Großmeister in besonderen Fällen entheben. Andere Großlogen legen die Grenze höher, bis zum vollendeten 25. Jahre. Eine Ausnahme wird mit Luftons, Söhnen von Freimaurern, gemacht.

2. zu den Erkennungsfragen der Freimaurerei gehört auch die nach dem symbolischen A., das je nach dem Grade verschieden ist.

Alter der Freimaurerei. Was heutigentags als Freimaurerei bezeichnet wird, kann bis frühestens ins 16. Jahrhundert verfolgt werden. Alle anderen historischen und pseudohistorischen Ableitungen, die Zusammenhänge mit alten Mysterienbünden, Akademien, Sprachgesellschaften, den griechischen Eleusinien, den Essaern oder, wie in Amerika zuletzt beliebt, mit der Kultur der Mayas schaffen wollen, gehen an der Tatsache vorüber, daß Männerbünde eben zu den Erscheinungsformen des menschlichen Lebens auf der Erde seit den Zeiten der primitivsten Kulturformen gehören. Die Freimaurerei ist in England entstanden und entwickelt sich dort aus alten bruderschaftlichen Vereinigungen, die den Typus der Gilden aufweisen. Von dort hat sie ihre Formen und ihr Gebrauchtum übernommen, wenn auch zugegeben werden muß, daß ähnliches Gebrauchtum auch die Steinmetzverbände Deutschlands und Frankreichs aufwiesen. Der Name „Freemason" kommt selbstverständlich schon in viel früheren Zeiten als Bezeichnung des Steinmetzen und Baukünstlers vor. Die Verbindung von Männern verschiedenster Berufe zu einem Bunde unter symbolischen Gebräuchen, die sogenannten „speculative Masons", ist jedoch nicht älter als vier Jahrhunderte. Das älteste erhaltene Logenprotokollbuch reicht bis auf das Jahr 1598 zurück. Über die Aufnahme eines Nichtzünftlers in den Bund der Steinmetzen berichtet nach den alten erhaltenen Akten zuerst ein Protokoll der Edinburgher Loge Mary's Chapel vom Jahre 1600. Die älteren Zunfturkunden, wie die aus dem Jahre 1390 (?) stammende Handschrift des Regius-Manuskripts, betreffen reine Zunftlogen, nicht aber Freimaurerlogen in unserem Sinne.

Altersheime. Heime für alte Freimaurer sind besonders in Amerika in großartigster Weise in Betrieb. Bemerkenswert sind hier u. a. das Masonic Home der Großloge von New York in Utica, das Heim der New Yorker deutschen Logen in Tappan, ferner das Altersheim in Kentucky u. a. O. Zur Aufnahme gelangen alte, erwerbsunfähige Freimaurer oder deren Witwen. Das erste Altersheim — in Croydon — errichtete die englische Großloge auf Anregung von Dr. R. I. Crucefix um die Mitte des 19. Jahrhunderts (Royal Masonic Benevolent Institution for Aged Freemasons and their Widows).

In Deutschland besteht das Altersheim in Einbeck, errichtet am 29. August 1897 unter dem Namen „Johannisstift". Es wird aus Beiträgen von Großlogen und Einzelbrüdern erhalten.

Altersschichtung in den Logen. Freimaurerei ist eine geistige Angelegenheit des reifen Mannesalters. Im allgemeinen erfolgt der Beitritt erst um das dritte Lebensjahrzehnt herum. In den angelsächsischen und romanischen Logen fehlt es nicht an jungem Nachwuchs. Dagegen wurde in Deutschland in der Nachkriegszeit die Beobachtung gemacht, daß die Logen überaltern, d. h., daß der junge Nachwuchs fehlt. Statistiken, die in dieser Beziehung angelegt wurden, so von Paul Selter, Solingen, haben ein Durchschnittsalter von über 50 Jahren ergeben. Dieses Mißverhältnis ist in Deutschland aus den schweren wirtschaftlichen Verhältnissen nach dem Weltkriege zu erklären. Auch zieht die extreme politische Strömung derzeit viele jüngere Elemente von den Logen ab. Dagegen hat die gegnerische Propaganda auf die Mitgliederbewegung in den deutschen Logen nur wenig Einfluß zu verzeichnen, da sie sich zumeist an Leute richtet, die ohnehin keine Neigung zur Freimaurerei haben.

Alter und Angenommener Schottischer Ritus, s. Schottischer Ritus.

Altkatholizismus. Infolge des 1870 ausgesprochenen Unfehlbarkeitsdogmas trennte sich unter Führung des Stiftspropstes Döllinger in München eine Gruppe Katholiken von der römischen Kirche und begründete eine eigene Glaubensgemeinschaft, die sich 1873 ein eigenes Statut gab und einen Bischof wählte. H. v. Hartenstein hat in einer Broschüre „Enthüllungen über die Freimaurerei" (bei Wolfstieg nicht erwähnt!) die Freimaurerei fälschlich für die Abfallsbewegung verantwortlich machen wollen.

Altlogenmeister, gewesene Logenmeister der Großen Landesloge der Freimaurer von Deutschland (Andreas- und Johannislogen), die im Besitz des Ehrenzeichens für verdiente Logenmeister sind.

Altmeister, s. Past Master.

Altpreußische Großlogen. Unter dieser Bezeichnung werden zusammengefaßt: die Große Landesloge der Freimaurer von Deutschland (Deutsch-christlicher Orden), die Große National-Mutterloge zu den drei Weltkugeln und die Große Loge von Preußen, genannt zur Freundschaft (früher: Royal York zur Freundschaft). Sie unterscheiden sich von den übrigen deutschen Großlogen durch ihre geschichtliche Entstehung, die auf Berlin und Preußen verweist, durch ihre Arbeitsart, die über die drei Johannisgrade Hochgrade oder Erkenntnisstufen setzt, sowie durch die Besonderheit der Lehrart, die die „Alten Pflichten" ablehnt und im Christentum verankert ist, so daß wenigstens in der Jetztzeit in allen drei Großlogen nur Bekenner eines christlichen Glaubensbekenntnisses als Mitglieder zugelassen werden können. Am ausgesprochensten ist diese christliche Lehrart in der Großen Landesloge von Deutschland, die sich auch als christlicher Ritterorden bezeichnet. Die A. G. unterhalten nur zu wenigen ausländischen Großlogen Beziehungen.

Einzelnes siehe auch unter: Christliche Lehrart, Deutschland, Berlin.

Altruismus. Aus dem Gegensatz ego und alter hat Auguste Comte den Ausdruck „in schlechtem Latein, aber aus edlem Herzen" geschaffen. Den Gegensatz hat Fritz Mauthner in seinem Wörterbuch der Philosophie in folgendes schöne Bild gekleidet: „Der Baum ist, wenn wir ihm erst etwas Gedankenähnliches zuschreiben, ganz gewiß ein radikaler Denker, denn er ist frei von jeder Rücksicht auf den gegenwärtigen Stand der Philosophie und ihre Parteien. Die Kiefer könnte sich also ganz gut zum metaphysischen Egoismus bekennen. Sie ist der Einzige und die Welt ihr Eigentum... Im Walde aber verliert die Kiefer bis hoch hinauf alle ihre Äste, zeugt einen geraden Stamm und ist froh, einen kleinen grünen Wipfel in Luft und Sonne zu strecken. So steht sie in Reih und Glied und muß die Existenz anderer Kiefern anerkennen... Wenn die Menschen nicht sprechen gelernt hätten, so würden sie ...den moralischen Egoismus weder als Prinzip noch als Tadel kennen." Die Freimaurerei unternimmt es, um im Bilde Mauthners zu bleiben, die Persönlichkeit des einzelnen (Baumes) zu entwickeln und ihm die aus dem Verbande entspringenden Pflichten gegen den Nachbar aufzuerlegen. Oder in der freimaurerischen Symbolik: der rauhe Stein, die frei entwickelte Persönlichkeit, wird durch die freimaurerische Arbeit in eine Kunstform gebracht, die sich lückenlos dem Bau einfügt. Ebenso wie der Individualismus des Freimaurers einem kollektivistischen Gesamtzweck untergeordnet wird, wird der von Spinoza gutgeheißene Egoismus altruistisch verknüpft.

Altschottisches Direktorium, im Rahmen der

Großen National-Mutterloge „Zu den drei Weltkugeln“ die Oberbehörde der 1797 eingesetzten Allgemeinen Altschottischen Loge. Es ist identisch mit den Höchsten Inneren Bundesoberen, die zugleich das Bundesdirektorium bilden, und besteht aus neun Brr., von denen sieben aus den in Berlin arbeitenden Tochterlogen, zwei von den anderen Logen auf zwölf Jahre gewählt werden.

Altschottische Loge, Allgemeine, dient der Arbeit im IV. Grad des Systems der drei Weltkugeln (s. Meister, Altschottischer).

Alttestamentarische Zeremonien und Worte, die in der freimaurerischen Ritualistik eine Rolle spielen, haben in gegnerischen Kreisen zur Behauptung beigetragen, die Freimaurerei sei eine jüdische Institution. Ludendorff kleidet das in die Worte: „Das Geheimnis der Freimaurerei ist überall der Jude.“ Tatsächlich aber finden sich diese Anlehnungen in Anknüpfung an den Salomonischen Tempelbau, sodann auch unzweifelhaft deshalb, weil die Freimaurerei von 1717 auf dem Boden Englands, d. h. auf protestantischem Grund erwuchs. Der Protestantismus, namentlich der reformierte Protestantismus Calvins, hat das Alt-Testamentliche stets ganz besonders betont, im bewußten Gegensatz zum Neu-Testamentlichen, das im besonderen als römisch-katholisch galt. Deshalb finden sich z. B. in alten reformierten Familien so viele alttestamentliche Vornamen. Außerdem mußte sich die Freimaurerei, überkonfessionell und undogmatisch, wie sie auch bei christlicher Betonung immer gewesen ist, zu der allen christlichen Bekenntnissen gemeinsamen Grundlage, d. h. eben zum Alten Testament besonders hingezogen fühlen, nicht weil es „jüdisch“ ist, sondern weil das Judentum Vorstufe des Christentums, das Alte Testament die Grundlage des Neuen ist. (Vergl. „Die Vernichtung der Unwahrheiten über die Freimaurerei...“, Leipzig 1928.)

Alumnatverein, anläßlich einer Tagung des Vereins deutscher Freimaurer von Dr. Rackhorst (s. d.) in Lennep und anderen gegründete Organisation, deren Zweck die Förderung der Jugenderziehung in freimaurerischem Sinn war. Der A. wollte vor allem die außerhalb ihres Familienkreises studierende Jugend in eigenen Heimen sammeln und vor verderblichen Einflüssen schützen und die akademische Jugend über den freimaurerischen Humanitätsgedanken aufklären. Die anfänglich erfolgreich arbeitende Institution fiel den Kriegsfolgen zum Opfer (s. auch Oberverwaltungsgericht, Preußisches).

Alvear, Carlos Maria, General, südamerikanischer Freiheitskämpfer, * 1789, † 1853, Mitstreiter von San Martini (s. d.), 1827 Sieger von Ituzingo, war Freimaurer.

Alxinger, Joh. Baptist von, Hofagent. österreichischer Dichter der josephinischen Aufklärungszeit, * 1755, † 1797. Er war Freimaurer, seit 1779 Mitglied der Loge „Zur wahren Eintracht“ und 1790 Zugeordneter Meister vom Stuhl der Loge „Zum heiligen Joseph“. Von ihm mehrere Freimaurergedichte und Kantaten, ferner ein 1784 herausgegebenes „Taschenbuch für Brr. Freymäurer auf das Jahr 1784. Herausgegeben zum Vorteil der Armen“. In dem von dem Wiener Denunzianten, Exfreimaurer und Exjesuiten Prof. Leopold Aloys Hoffmann (s. d.) zur Zeit der französischen Revolution heraufbeschworenen Zeitschriften- und Broschürenstreit trat er mit seiner Schrift „Antihoffmann“ mutig für die Freimaurerei und gegen das Obskurantentum auf.

Amalia von Nordfeld oder Die Freymaureraufnahme, Sittengemälde in vier Aufzügen von Josef von Auffenberg, erschien 1794 und sollte nach der Vorrede „unerfahrenen Jünglingen einen richtigen Begriff von wahrer und falscher Freimaurerei geben“.

Amalthea.

1. In der griechischen Mythologie die kretische Ziege, die Zeus nährte und deren Horn, cornu copia, das Füllhorn, von Zeus den Töchtern des Melisseus geschenkt wurde. Ihr Horn als Abzeichen des Schaffners in Freimaurerlogen üblich. (Vergl. Amalthea-Almanach 1920.)

2. Name eines Wiener Verlages, der in letzter Zeit wertvolle freimaurerische Werke mit großer Opferwilligkeit herausgab.

Amarant, Blumenname (amarant, d. i. unverwelklich, die trockenen häutigen Hüllen und Deckblätter der Pflanze behalten auch nach dem Verdorren ihre Farbe), beliebte Gartenpflanze, Gartenfuchsschwanz, Tausendschön. Die Königin Christine von Schweden stiftete den noch heute bestehenden androgynen Amarant-Orden 1653. Unabhängig davon gründete Robert Macoy in New York den heute in Amerika weitverbreiteten „Order of the Amarant“, ursprünglich höherer Grad des „Ordens vom Stern des Ostens“ („Eastern Star“, s. d.), dann unabhängige Organisation, der nur Freimaurer des Meistergrades und weibliche Mitglieder des „Eastern Star“ angehören können.

Ambulatory Lodge (engl.), ambulante Loge ohne festen Wohnsitz, zur Bezeichnung von Militärlogen (s. d.).

A. M. D. (engl.), Abk. für Allied Masonic Degrees (s. d.).

Ameglio, italienischer General, Senator, während des Weltkrieges Oberstkommandierender in der Cyrenaika, † 1922, war Mitglied des Großorients von Italien.

Amen. Das Gebet in den angelsächsischen Freimaurerlogen wird mit der Formel „so mote it be“ geschlossen. Die Loge wiederholt die Worte einstimmig. Mote ist die alte Wortform für may (so möge es sein, geschehen) vom angelsächsischen „motan“.

Amendola, Giovanni, gewesener italienischer Kolonialminister, glühender Patriot, liberaler royalistischer Abgeordneter, Führer der Aventin-Opposition, Professor der Philosophie an der Universität Pisa, Kriegsfreiwilliger, der nach beispielloser Hetze am 20. Juli 1925 in einen Hinterhalt bei Montecatini gelockt und von faschistischen Milizen so schwer mißhandelt wurde, daß er trotz Operation durch zwei berühmte Pariser Chirurgen am 7. April 1926 in Cannes den Folgen der Verletzungen erlag, war Freimaurer.

American Lodge of Research, New York, die erste der Quatuor Coronati Lodge (s. d.) nachgebildete amerikanische Forschungsloge, erhielt von der Großloge von New York in deren Jubiläumsgroßversammlung 1931 das Konstitutionspatent. Die Mitgliederzahl ist beschränkt.

American Masonic Club, of the Army of Occupation in Koblenz. Als die dritte amerikanische Armee 1919 in Koblenz lag, arbeitete dort die der Großloge von Rhode Island unterstehende Feldloge „Loge d'Outremer". Als an Stelle der Armee die amerikanischen Besatzungstruppen traten, bildete sich ein Freimaurerklub mit 175 Mitgliedern, die fast alle Großlogen der Vereinigten Staaten repräsentierten. Präsidenten waren u. a. Oberst Louis I. J. van Schalk und Wallace Streater vom Justizministerium in Washington.

American Masonic Headquarters in Paris, ein Heim für die im Weltkrieg an der französischen Front kämpfenden amerikanischen Freimaurer, wurde gleich nach der Ankunft der ersten Truppentransporte errichtet. Es nahm ein ganzes Haus ein und hatte Vortrags-, Lese-, Rauch- und Speiseräume.

American Rite, s. Amerikanischer Ritus.

Amerika. Von den (1930) gegen 4,500.000 Freimaurern leben in Amerika allein gegen 3,700.000. Sie verteilen sich ungefähr wie folgt: Canada 200.000, Vereinigte Staaten von Nordamerika 3,500.000, Zentralamerika 32.000, Südamerika 82.000. Die Freimaurerei fand in Amerika Eingang um 1730. Der Norden wurde hauptsächlich von britischen und irischen Freimaurern freimaurerisch besiedelt, im Süden und Zentralamerika bestanden Beziehungen zu der Freimaurerei der romanischen Länder. Daraus ergaben sich sehr wesentliche Charakterunterschiede der amerikanischen Freimaurerei, die auch heute noch bestehen.

Über die Einzelheiten s. die einzelnen amerikanischen Staaten, sowie Nordamerika, Vereinigte Staaten von, Canada, Südamerika, Zentralamerika.

Amerikanische bruderschaftliche Verbände. Das Beispiel der Freimaurerei hat das gesellige und Vereinsleben Amerikas derart beeinflußt, daß sich, von beruflichen, sportlichen und politischen Vereinigungen abgesehen, fast das ganze Vereinsleben Amerikas in derartigen bruderschaftlichen Verbänden auslebt. Die Zahl der Mitglieder geht in die vielen Millionen, wobei zu beachten ist, daß es der Angloamerikaner liebt, mehreren derartigen Vereinigungen anzugehören. Diese bruderschaftlichen Verbände verfolgen auch materielle Zwecke, wie Lebens- und Krankheitsversicherung, Einrichtungen, die notwendig sind, da dem amerikanischen sozialen Leben die Sozialversicherung Europas vollkommen abgeht. Im folgenden eine gekürzte Zusammenstellung einiger dieser zahllosen bruderschaftlichen Verbände, die sich auf die „Cyclopaedia of Fraternities" von Albert C. Stevens stützt.

1. Freimaurerische Körperschaften, und zwar:

a) die Johannismaurerei in Großlogen, der Amerikanische Ritus in Logen, Kapiteln, Councils und Commanderies; der Schottische Ritus: Lodges of Perfection, Councils, Chapters, Consistories und Supreme Councils;

b) die sogenannten Concordant Orders: Royal Order of Scotland, Knights of the Red Cross of Constantine.

c) Körperschaften, die nicht ausgesprochen freimaurerischer Natur sind, in die aber nur Freimaurer eintreten können: Modern Society of Rosicrucians, Sovereign College of Allied Masonic Degrees, Ancient Arabic Order of Nobles of the Mystic Shrine, Mystic Order Veiled Prophets of the Enchanted Realm, Independent international Order of Owls, Tall Cedars of Libanon.

d) Unregelmäßige (irregular) Orden: Rite of Memphis, Oriental Rite of Memphis and Misraim, Rite of Swedenborg, Order of Martinists.

e) Nicht anerkannte Orden: die Neger-Großlogen und Schottischen Hochgrade unter Farbigen.

2. Militärische Orden und Gesellschaften: Soldiers' and Sailors' Ligue. American Legion, Society of Cincinnati, Grand Army of the Republic United Confederate Veterans, Ladies of the Grand Army u. v. a.

3. Patriotische und politische Orden: Tammany Society, Society of Red Men, Sons of America, Daughters of America, Junior Sons of America, Brotherhood of the Union, Patriotic league, Daughters of Columbia, Silver Knights, True Blues of the World, Loyal Orange Association, National Farmers' Alliance, American Order United Catholics u. v. a.

4. Studentenverbindungen, sogenannte Greek Letter Fraternities: Phi Beta Kappa, Chi Delta Theta (Yale), Chi Pi (Princeton), Zeta Psi (New York) u. v. a. Diese Studentenverbindungen umfassen männliche und weibliche Studenten in gesonderten Gruppen. Zum Teil sind sie Berufsvereinigungen, wie Phi Alpha Sigma (Medizin) oder Alpha Chi Omega (Musik), ferner die aus Freimaurern bestehende Acacia fraternities.

5. Wohltätige oder sogenannte „friendly societies": Independent Order of Odd Fellows, Ancient Order of Foresters, United Order of Druids, U. O. of Hibernians, Benevolent and protectiv Order of Elks, deutsche landsmannschaftliche Verbände, wie die Herrmannssöhne und die Harugari, Liga der amerikanischen deutschen Freunde, Order of Moose, Scottish Clans.

6. Abstinentenorden: Independent Order of Good Templars, Order of Rechabites, Sons of Temperance u. a. m.

7. Konfessionelle Bruderschaften:

a) Jüdische Orden: Independent Order B'nai-Brith, Free Sons of Israel, Sons of Benjamin, Kheser Shel Barzel, American Star Order, Sons of Abraham u. a. m.

b) Römisch-katholische Orden: Knights of Columbus, St. Patricks' Alliance of America, Irish Catholic Benevolent Union, Catholic Order of Foresters.

8. Negerorden: United Brethren of Friendship and Sisters of the Mysterious Ten, International Order of Twelve, Knights of Tabor u. a. m.

9. Mystische und theosophische Orden: Temple of Isis, Brotherhood of the new Life, Christian Science.

10. Revolutionäre Gesellschaften, z. B. der Ku Klux Klan, zahlreiche irische Verbände, die Camorra, die Molly Maguires, White Caps u. a. m.

Die Liste ist unübersehbar und unvollständig. Mit welcher Begierde in den Mittelstandsschichten Nordamerikas derartige Ordensgründungen aufgenommen werden, beweist am besten die Eroberung der Welt durch einen Stammtisch: den ersten Rotary Club in Chicago.

Amerikanischer Ritus, York-Ritus (engl. American Rite, York Rite), Bezeichnung für eine Gruppe von Hochgradriten, deren einzelne Grade in den meisten angelsächsischen Ländern vorkommen, deren Reihung und Gruppierung aber den USA. und Kanada eigen ist. Es handelt sich dabei nicht um ein geschlossenes System, wie etwa beim A. u. A. Schottischen Ritus, sondern, wie gesagt, um Gruppen, die untereinander weder einen organisatorischen noch einen eigentlichen organischen Zusammenhang haben. Die Bezeichnungen A. R., bezw. Y.-R. sind nicht offizieller Natur; der Ausdruck York Rite wird von der Masse der amerikanischen Freimaurer hauptsächlich zum Unterschied vom Schottischen Ritus gebraucht. Die Bezeichnung Y.-R. ist, genau betrachtet, bei aller Popularität, irreführend. Sie deutet auf York hin, hat aber mit diesem nichts zu tun. Der Name kam auf, als fälschlich angenommen wurde, der im 18. Jahrhundert durch die Antients in Amerika verbreitete Royal Arch stamme aus York.

Zum A. R., bezw. Y.-R. werden gerechnet:

1. die Kapitelmaurerei (Capitular Masonry), die im Chapter (Kapitel), nicht mehr in der Loge, bearbeitet wird und auf die drei symbolischen Grade folgt. In ihr finden sich auch die Stufen der Markmaurerei. Sie umfaßt folgende Grade:

Mark Master,
Past Master,
Most Excellent Master,
Holy Royal Arch Mason.

In diesem System ist wieder vom Salomonischen Tempel und vom „verlorenen Wort" die Rede, das schließlich im Royal Arch tief unter dem Tempel entdeckt wird. Die Erklärung, wie es dorthin gelangt ist, gehört zum Inhalt der nächsten Gruppe:

2. Kryptische Maurerei (Cryptic degrees, auch Cryptic Rite), in Councils (Räten). Es sind dies folgende Stufen:

Royal Master,
Select Master. Dazu gesellt sich ein nicht überall eingeführter Nebengrad:
Super-Excellent Master.

Nach der Legende wurde das im Kapitel Wiedergefundene nicht zufällig zurückgelassen; die Gründer der symbolischen Maurerei wollten es für spätere Generationen sicher aufgehoben wissen, auch wenn einmal der Tempel einstürzen sollte. Im wieder an Hiram anknüpfenden Grad des Royal Master finden sehr eindrucksvolle Gespräche über Leben und Sterben, über die Gleichheit vor dem Tod statt. Es wird gelehrt, wie durch das Eingehen in den Ewigen Osten (den Tod) die Arbeit des einzelnen zwar vollendet ist, aber, von anderen aufgenommen, doch weitergeht (auch beim geistigen Tempelbau) und durch die Generationen sich fortsetzen wird. Und wie das Werk nicht jäh abbricht, so kann auch das „Wort" nie endgültig verlorengehen; es muß und wird immer wieder gefunden werden.

Zum Y.-R. wird bisweilen auch die amerikanische Rittermaurerei gerechnet (gelegentlich wird auch diese allein so genannt), im Grunde mit Unrecht, da sie ein ganz anders geartetes System als die beiden anderen darstellt, und überdies streng christlich ist. Diese

Rittermaurerei, Chivalric Masonry, das System der Knights Templar (Tempelritter), umfaßt folgende Orden (Masonic Orders of Christian Knigthood):

Knight of the Red Cross (auch Companion).
Knight Templar,
Knight of St. John,
Knight of Malta.

Dazu kommt gelegentlich noch als Anhängsel der Mediterranean Pass oder Knight of St. Paul.

Die Grade der Knights Templar werden in Commanderies, Komtureien, erteilt.

Die Chapters sind in jedem Staat im Grand Chapter zusammengeschlossen, die Councils im Grand Council, die Commanderies im Encampment. Für die Vereinigten Staaten gibt es ein General Grand Chapter of the USA., einen General Council und ein Grand Encampent (s. alle diese Grade).

Manche amerikanische Autoren rechnen zum A. R., bezw. Y.-R. auch die symbolischen Grade und machen daraus ein System von zehn Graden, das folgendermaßen aussieht:

Apprentice
Fellow-Craft
Master Mason
Lodge
Mark Master
Past Master
Most Excellent Master
Royal Arch
Chapter
Royal Master
Select Master
Super-Excellent Master
Council

„Master Mason" (zit. in „The Freemason" vom 29. August 1927) nennt als essentiell für den „Y.-R." die drei blauen Grade, den Royal Arch und den Malteserrittergrad und plädiert für die Umbenennung in Anglo-Saxon-Rite.

Amerikanische Unabhängigkeitserklärung. Von den 56 Unterzeichnern der Unabhängigskeitserklärung 1776 waren mindestens 15, mutmaßlich aber weit mehr, Freimaurer. Als solche haben sich bekannt: Benjamin Franklin, Pennsylvania; Lymann Hall, Georgia; John Hancock, Massachusetts; Joseph Hewes, North Carolina; William Hooper, North Carolina; Thomas McKean, Pennsylvania; Thomas Nelson, Jr., Virginia; Robert Treat Paine, Massachusetts; John Penn, North Carolina; Roger Sherman, Connecticut; Richard

Stockton, New Jersey; Matthew Thornton, Massachusetts; George Walton, Georgia; William Whipple, New Hampshire; John Witherspoon, New Jersey.

Amery, Leopold S., englischer konservativer Politiker, * 1873, Mitarbeiter der „Times", Kriegsberichterstatter im Südafrikanischen Krieg 1922—1924, erster Lord der Admiralität, dann Kolonialminister und Minister für die Dominions, schrieb „The Empire in the New Era", ist Freimaurer.

Amhurst, Nicolaus, englischer Satiriker und Gegner der Freimaurer, s. Caleb d'Anver.

A. M. I. (Association Maçonnique Internationale), internationale maurerische Vereinigung von symbolischen Großlogen mit dem Sitz in Genf, in der die freimaurerische Weltgeschäftsstelle (s. d.) aufging. An dem von der schweizerischen Großloge „Alpina" einberufenen internationalen maurerischen Konvent vom 19. bis 23. Oktober 1921 in Genf, dem während des Krieges Bemühungen von holländischer Seite vorausgingen, die Freimaurereien der neutral gebliebenen Staaten zur Anbahnung eines Zusammenschlusses gleich nach dem Kriegsende zu bewegen, wurde die Gründung der A. M. I. beschlossen. Vertreter folgender Großlogen und Großoriente nahmen an dieser Tagung teil: New York, Wien, Belgien, Bulgarien, Spanien (Großloge), Frankreich (Großorient und Großloge). Italien (Großorient), Niederlande, Portugal. Türkei, Schweiz. Auch ein Abgeordneter des „Frcimaurerbundes zur aufgehenden Sonne" in Nürnberg wurde laut Kongreßbeschluß zugelassen. Vorsitzender war der schweizerische Großmeister Prof. J. Reverchon (s. d.). In sechs Sitzungen wurden die Grundlagen der zu bildenden Vereinigung besprochen, eine Prinzipienerklärung und Satzungen aufgestellt. Gründende Mitglieder waren die genannten Obedienzen; New York und Holland traten definitiv nach Genehmigung durch ihre Großlogenversammlungen bei. Die Prinzipienerklärung garantierte den einzelnen durch das gemeinsame Ideal verbundenen Obedienzen die Souveränität, Erhaltung des eigenen Charakters, ritualistische Freiheit, unterstrich den Gedanken der Brüderschaft aller Menschen, bezeichnete als Aufgabe der Freimaurerei das Erforschen der Wahrheit, Pflege der Moral und der Solidarität, als Arbeitsgebiet die materielle und sittliche Höherentwicklung und die geistige und soziale Hebung der Menschheit, als Grundsätze Toleranz, Achtung der anderen und seiner selbst und Gewissensfreiheit und als Pflicht die Einbeziehung aller Menschen in das um die Freimaurerei geschlungene brüderliche Band. Die Deklaration schließt mit den Worten: „Die Freimaurerei, die die Arbeit als eine der grundlegendsten Pflichten des Menschen betrachtet, ehrt gleichermaßen Hand- und Geistesarbeit; sie bildet eine Vereinigung von rechtschaffenen. freien und erhabenen Männern, die, geeinigt durch Gefühle der Freiheit, Gleichheit und Brüderlichkeit, jeder für sich und in Gemeinschaft für den sozialen Fortschritt arbeiten." Die ersten Satzungen sehen als Organ der A. M. I. den alle drei Jahre stattfindenden Konvent, einen fünfgliedrigen Beratenden Ausschuß (Comité Consultatif) und ein Kanzleramt (Grande Chancellerie) mit Sitz in Genf vor, das erste Comité Consultatif bildeten die Großmeister von New York, der Schweiz, von Frankreich (Grand Orient), Belgien und der Niederlande, Erster Kanzler wurde der neuenburgische Staatsrat a. D. Edouard Quartier-la-Tente (s. d.), der bisherige Leiter der Weltgeschäftsstelle. Die Geschäftsleitung des Beratenden Ausschusses wurde für die erste Wahlperiode dem Großmeister der Großloge „Alpina" übertragen. Das bisherige Büro der Weltgeschäftsstelle wurde Organ der neuen Vereinigung. Auf Veranlassung der Großloge von Wien wurde eine Aktion zugunsten der verfolgten ungarischen Freimaurer beschlossen, auf Antrag Haeberlin (Zürich) ein Eintreten für die noch in Rußland zurückgehaltenen Kriegsgefangenen. Ein Antrag der Grande Loge de France, auch Frauen aufnehmende reguläre Obedienzen zur A. M. I. zuzulassen, wurde, als in striktem Widerspruch zu den freimaurerischen Grundsätzen stehend, abgelehnt. Die Intervention für die ungarische Freimaurerei erfolgte in Budapest durch Reverchon und den Großhistoriker der Großloge von New York, Ossian Lang, im Jahre 1922. Die beiden Beauftragten setzten sich durch den ungarischen Außenminister Baron Banffy mit dem Innenminister v. Rakovszky (Sohn eines gewesenen ungarischen Großmeisters) in Verbindung; weitere Besprechungen fanden mit Herrn v. Kania und dem Grafen Klebelsberg statt, ein positives Ergebnis konnte aber nicht erzielt werden.

1923 fand der zweite — außerordentliche — Konvent wiederum in Genf statt. Lebhafte Debatten entspannen sich über die mit Recht bestrittene Regularität des „Freimaurerbundes zur aufgehenden Sonne" in Nürnberg, für die sich der Großorient von Frankreich einsetzte. Die Frage wurde nach freiwilligem Rücktritt des F. Z. A. S. auf den nächsten Konvent vertagt, um diesem Gelegenheit zu geben, mittlerweile seine Regularisierung durchzuführen. Auf Verlangen des Großostens der Niederlande wurde die Prinzipienerklärung von 1921 als nichtverbindliche Wegleitung bezeichnet, ferner bestimmt, daß von keiner Obedienz Erklärungen verlangt werden sollten, die nicht auch von den anderen gefordert würden. Das bezog sich auf eine 1921 gestellte belgische Forderung, im Falle einer Kandidatur einer der deutschen Großlogen eine Erklärung bezüglich gewisser Kriegsgeschehnisse zu verlangen. Als neues Mitglied wurden aufgenommen die Großlogen. bezw. Großoriente von Griechenland, Venezuela Columbien (Baranquilla und Carthagena), Philippinen, Portorico, Cuscatlan (San Salvador). Der ungarischen Regierung wurde eine Resolution bezüglich der noch immer an jeglicher Tätigkeit verhinderten Symbolischen Großloge und ihrer Logen übermittelt. Im Frühsommer 1924 erklärte die Großloge von New York. die während ihrer Zugehörigkeit jährlich 1000 Dollar beigesteuert hatte, ihren Austritt aus der A. M. I. mit der Begründung, daß diese Mitglieder habe, die sich nicht an die Landmarken (s. d.) hielten.

Der Konvent von Brüssel im Herbst 1924

nahm die Großlogen von Ecuador, Guatemala, Peru und den Großorient von Haiti als neue Mitglieder auf. Der F. Z. A. S. erklärte, sich einer weiteren Prüfung seiner Regularität nicht unterziehen zu wollen, und verlangte, von den französischen Vertretern unterstützt, das Recht, an den Verhandlungen der A. M. I. vollberechtigt teilzunehmen. Die Frage wurde vertagt, eine Austrittserklärung des F. Z. A. S. aber zunächst nicht zur Kenntnis genommen. In den Beratenden Ausschuß wurden für die nächste Amtsperiode gewählt: Großloge von Frankreich, Großloge von Spanien, Großorient von Belgien, Großosten der Niederlande, Großloge „Alpina". Eine Resolution protestierte gegen Angriffe auf die Freiheit von Völkern, namentlich gegen die Metzeleien in Georgien; eine weitere begrüßte die von der Völkerbundversammlung erzielten Erfolge, gab der Hoffnung Ausdruck, daß die dort zum Ausdruck gekommenen Grundsätze Gemeingut aller Nationen werden möchten, und forderte alle Freimaurer auf, die Anstrengungen des Völkerbundes zur Erreichung des Völkerfriedens zu unterstützen. Reger Gedankenaustausch galt den Problemen der maurerischen Regularität und Territorialität. Der Großloge von New York wurde in einem Memorandum nahegelegt, auf den Austrittsbeschluß zurückzukommen. Die Präsidentschaft des Comité Consultatif wurde dem belgischen Großmeister Charles Magnette (s. d.) übertragen.

1925 fand wieder ein außerordentlicher Konvent in Genf statt. Der anfangs Januar erfolgte Tod des Kanzlers Quartier-la-Tente machte eine Neuwahl notwendig. Es erfolgte eine Teilung der Agenden. Großkanzler wurde Reverchon, administrativer Kanzler der Belgier Max Gottschalk (s. d.), der in der Zwischenzeit die Geschäfte provisorisch geführt hatte. In erster Linie standen zur Diskussion die Angelegenheiten des F. Z. A. S. und der von New York und Holland ebenfalls nicht für regulär gehaltenen National-Großloge von Rumänien. Dem Wunsch, diese Fragen zum Zwecke weiteren Studiums abermals ungelöst zu lassen, opponierten die Holländer. Als ihre Auffassung gegen alle übrigen Stimmen in der Minderheit blieb, zogen sich die holländischen Delegierten vom Konvent zurück. Dieser befaßte sich dann in der Hauptsache auf Grund von Vorschlägen der Belgier Gottschalk und Debruge mit der Aufstellung von Grundsätzen über Regularität (s. d.) und Territorialität und hörte grundlegende Ausführungen des Lütticher Stuhlmeisters J. Lempereur über die Landmarken an.

1926 fand unter den Auspizien der A. M. I. die von der Großloge von Jugoslawien veranstaltete freimaurerische Friedensmanifestation in Belgrad (s. d.) statt. Mitte Juni 1927 starb der Großkanzler Reverchon.

Der Pariser Konvent 1927 wurde deshalb vom September auf Dezember verschoben. Er wählte als alleinigen Großkanzler, indem er die Trennung der Funktionen wieder beseitigte, den Genfer John Mossaz. Im Vordergrund der Tagesordnung stand die Beratung über die neuen Grundlagen, nachdem die in der Zwischenzeit zur A. M. I. zurückgekehrten holländischen Freimaurer in dem Konvent vorausgegangenen Verhandlungen des Comité Consultatif solche verlangt und vor allem aufs entschiedenste für die A. M. I. die allgemeine Anerkennung des Symbols des A. B. A. W., des Allmächtigen Baumeisters aller Welten (s. d.), als Basis der gesamten Maurerei verlangt und von der Annahme dieses Antrages ihr weiteres Verbleiben in der A. M. I. abhängig gemacht hatten. Sie betonten, unbedingt auf dem Boden der universellen Freimaurerei zu stehen, deshalb müsse die Basis der A. M. I. wirklich freimaurerisch sein; die Freimaurerei beruhe aber, soweit sie international zusammengesetzt sei, auf einem rein geistigen Prinzip, das habe auch in der A. M. I. zum Ausdruck zu gelangen; die Freimaurerei könne nicht existieren, wenn sie nicht die höhere, ideale Kraft ausdrücklich anerkenne, die gemeinhin unter der Bezeichnung A. B. A. W. anerkannt sei; stimme man dem nicht zu, so würden niemals angelsächsische oder skandinavische Obedienzen in die A. M. I. eintreten. Von den einzelnen Großkörperschaften wurde nicht verlangt, daß sie die für die A. M. I. geforderte Formel in ihre eigenen Satzungen aufzunehmen hätten. Die holländischen Thesen wurden mit 16 gegen 2 Stimmen (Großoriente von Frankreich und Luxemburg) angenommen. Als weiteres Mitglied wurde die norwegische Großloge „Polarstjernen" angegliedert. Beschlossen wurde die neuerliche regelmäßige Herausgabe des Jahrbuches (Annuaire). Das Comité Consultatif wurde erweitert, zu den bisherigen Mitgliedern traten mit einer gemeinsamen Stimme Jugoslawien und Wien. Die 1925 begonnene Diskussion über Regularität und Territorialität (Sprengelrecht) wurde weitergeführt.

U. a. wurde festgelegt: Jede der A. M. I. angehörende Obedienz verpflichtet sich, keine Logen in Gebieten zu gründen, die der Jurisdiktion einer anderen dieser Großbehörden unterstehen. Sie versagt es sich auch, Logen in Gebieten einer der A. M. I. nicht angehörenden regulären Obedienz zu gründen, es sei denn, daß eine solche Loge ausschließlich aus Brüdern besteht, die anderer Nationalität als jener des Landes sind und keinen Zutritt zu den nationalen Logen finden. In einem Land, in dem bereits eine reguläre, der A. M. I. angehörende Großbehörde besteht, soll eine andere Obedienz nicht ohne Zustimmung der ersteren gegründet werden. Ist diese nicht zu erzielen, so kann die neue Obedienz nicht in die A. M. I. aufgenommen werden. Die vor dem Konvent von 1927 gegebene Lage wird respektiert, doch empfiehlt die A. M. I. den in Frage stehenden maurerischen Mächten, alles zu tun, um möglichst rasch zur nationalen Einheit zu gelangen. Zu diesem Zwecke wird jede der A. M. I. angehörende nationale Obedienz in ihren Reihen jene fremden Logen aufnehmen, die sich auf ihrem Gebiete befinden und den Wunsch äußern, unter ihre Jurisdiktion zu treten. Umgekehrt verpflichten sich die Großbehörden, sich nicht dem Übertritt eigener Logen zu einer anderen Obedienz zu widersetzen, die in dem betreffenden Gebiet früher gegründet wurde. Die A. M. I. empfiehlt allen Mächten, keine Profanen aus anderen Ländern aufzunehmen. Ausnahmen ohne Zustimmung der betreffenden Obedienz können eintreten, wenn deren Widerstand sich auf politische, philosophische oder ethnographische Gründe stützt, die sich nicht mit dem Geist weitestgehender Brüderlichkeit vereinigen lassen, der die Grundlage der Freimaurerei darstellt.

Der Sitz zur Rechten des die Verhandlungen leitenden Präsidenten Groussier (s. d.) blieb auf diesem Konvent leer, zum symbolischen Gedenken an den deportierten italienischen Großmeister Torrigiani, den eingekerkerten General Capello, der noch am Genfer Kongreß 1925 teilgenommen und damals jede Erörterung der Verfolgung der italienischen Freimaurerei als innerpolitische Angelegenheit aufs strikteste abgelehnt hatte, und an alle italienischen Freimaurer. Am 31. Dezember 1927, zwei Tage nach Beendigung des Konvents, faßte das Direktorium des Großostens der Niederlande, nachdem es den Bericht seiner Delegierten angehört hatte, neuerdings den Austrittsbeschluß. Ausschlaggebend war der Umstand, daß der holländische Antrag bezüglich des A. B. A. W. zwar mit überwiegender Mehrheit, aber nicht einstimmig, also in einer jeden Zweifel ausschließenden Weise, angenommen worden war.

Vom 25. bis 30. September 1930 trat ein ordentlicher Kongreß in Brüssel zusammen. Er erwies, vom Großmeister des Großorients von Belgien, Raoul Engel, geleitet, die in der Zwischenzeit erfolgte Konsolidierung durch den Großkanzler Mossaz. Insgesamt waren 26 Mitglieder-Großbehörden vertreten, dazu kamen als Besucher zugelassene Vertreter von weiteren 11 Obedienzen, darunter der in diesem Jahre gegründeten Symbolischen Großloge von Deutschland. Aufnahme fanden: Großorient von Brasilien, Großloge von Cuba, Großloge „Oriental Penninsular" des Staates Merida (Mexiko) und die Großloge „del Pacifico" in Guaymas im Staate Sonora (Mexiko). Der bisherige Beratende Ausschuß wurde in ein Exekutivkomitee, dem ein neuformierter, ausschließlich aus verdienten früheren Delegationschefs bestehender Beratender Ausschuß zur Seite steht, umgewandelt. In den Exekutivausschuß wurden für eine Amtsperiode berufen: Wien, Belgien, Großorient von Spanien, Großloge von Frankreich, Großloge von Portorico, Schweiz, Jugoslawien. Den Delegationen von Wien und Jugoslawien wurde je ein Vertreter der Großlogen von Bulgarien, bezw. der Tschechoslowakei attachiert. Territoriale Differenzen zwischen dem Großorient von Spanien und der Großloge von Portorico wurden durch ein Schiedsgericht beigelegt. Der Bericht des Großkanzlers über seine schiedsrichterliche Tätigkeit im Konflikt zwischen den beiden National-Großlogen von Ägypten (s. d.) wurde zur Kenntnis genommen. Schließlich wurde beschlossen, die Konvente zukünftig mit zweijährigen Intervallen abzuhalten. Als Kongreßort für 1932 wurde Konstantinopel bestimmt.

Amiable, Louis, Richter am Pariser Appellationshof, * 1837, † 1897, aufgenommen 1860 in der Pariser Loge „Isis Montyon", war Mitglied und Großsekretär des Ordensrates (G. O.), bekannter freimaurerischer Schriftsteller, verfaßte u. a. „Une Loge maçonnique d'avant 1789", die Geschichte der berühmten Loge „Les Neuf Sœurs" u. a.

Amicales (frz.), freie Vereinigungen französischer Freimaurer bestimmter Berufs- und Interessengruppen, bezw. gleicher Wohnbezirke, namentlich in Paris sehr zahlreich.

Amicisten- oder **Mosellanerorden.** 1771 gegründeter, bis 1811 nachweisbarer Studentenorden (s. d.) in Jena, Gießen, Marburg, Göttingen, Mainz, Erlangen, Erfurt, Tübingen, Leipzig, Würzburg, Wien und Halle. Anfangs Elitekonventikel innerhalb der Jenenser Landsmannschaft der Mosellaner. Später bildete sich innerhalb des Ordens eine sogenannte „gelehrte" Loge als Pflanzschule und zur Bekämpfung des Rauf- und Saufwesens. Die Rezeptionslogen waren freimaurerischem Gebrauchtum der damaligen Zeit nachgebildet. Nach dreimaligem Klopfen wurde der Kandidat, ohne Rock und Weste, mit verbundenen Augen, vor einen Altar geführt, auf dem unter Leuchtern zwischen Sanduhren Schädel, Armknochen, gekreuzte Schläger und das Gesetzbuch lagen. Hinter dem Altar saß der Logenmeister, die im Halbkreis aufgestellten Brüder setzten dem Kandidaten während der Vereidigung die Degen auf die Brust. Der Neuaufgenommene wurde später in zwei Grade befördert. (Vergl. Georg Schuster: „Geheime Gesellschaften", ferner W. Christian Laukhard: „Der Mosellaner- oder Amicistenorden", Halle 1799.)

Amis de Rabelais nennt sich eine freimaurerische Ärztevereinigung, die von Paris ausgeht und Freimaurerärzte in allen Staaten zu vereinigen trachtet. Der Grundgedanke der Vereinigung ist, die gemeinsamen ärztlichen Belange dadurch zu fördern, daß Berufsmenschen zusammengeführt werden, unter denen auch eine andere persönlich innigere Bindung besteht.

Amis du Symbolisme, in Paris am 25. Februar 1927 gegründete Gesellschaft, die in Gefolgschaft des Herausgebers der Freimaurerzeitung „Le Symbolisme", Oswald Wirth, sich mit esoterischer Untersuchung der Symbole beschäftigt. Die Gesellschaft hat einen mystischen Zug und sucht nach ihrem eigenen Programm „aus den Worten mehr zu lesen, als das profane Wissen in sie hineinzulegen pflegt".

Amphibalus, sagenhafter Baumeister Roms, der den heiligen Alban in England begleitet haben soll und wiederholt in alten Bauhüttengeschichten (nicht bei Anderson!) genannt wird.

Ample form (engl.), eine Loge unter englischer Konstitution, wird als in „Ample form" eröffnet erklärt, wenn der Großmeister oder Pro-Großmeister anwesend ist, bezw. sie leitet, in „due form", wenn ein Past-Großmeister oder der Dep.-Großmeister die Arbeit leitet, sonst immer in „form".

Ampthill, Lord, Arthur Oliver Villiers Russel, 2. Baronet, Pro-Großmeister der Vereinigten Großloge von England, * 1869, war Privatsekretär von Joseph Chamberlain im Staatssekretariat für die Kolonien, Gouverneur von Madras, dann Vizekönig und Generalgouverneur von Indien. Im Weltkrieg kommandierte A. ein Artillerieregiment in Frankreich.

Im Mai des Jahres 1913 führte er die Abordnung der englischen Großloge, die den deutschen Großlogen in Berlin und Hamburg einen Besuch abstattete, und hielt dabei eine vielbeachtete Ansprache, in der er einem auf persönliches Bekanntwerden fußenden Näherkommen das Wort redete.

Amster, Moritz, führender österreichischer Freimaurer, * 1831, † 1900, aufgenommen in der Loge „Humanitas“ in Neudörfel (Wien) 1875, gab für seine Loge die zu großem Ansehen gelangte Wiener Freimaurerzeitung „Der Zirkel“ heraus. Hervorragender Philanthrop, dessen Name mit der Wiedererweckung der Freimaurerei in der österreichischen Monarchie innigst verknüpft ist.

Amsterdam, Stadt in den Niederlanden, bereits im ersten Drittel des 18. Jahrhunderts Sitz mehrerer Logen. Heute acht Bauhütten unter dem Großosten der Niederlande, von denen vier als Gründungsdatum das Jahr 1757 angeben Das Logengebäude an der Vondelstraat 39/41 wurde 1930 ausgebaut.

Analphabeten. Nach den Satzungen der Großloge von England können A. nicht aufgenommen werden (§ 187), weil sie die unerläßliche Aufnahmserklärung nicht ausfertigen können.

Ancient and accepted Rite, in Großbritannien übliche Benennung des Alten und Angenommenen Schottischen Ritus (s. d.).

Ancient Masons (auch **Antient Masons).** Neben der 1717 gegründeten Großloge von England entwickelte sich in England und seinen Kolonien im 18. Jahrhundert eine andere Freimaurerei, die weit älteren Ursprung behauptete und sich als Altmaurer (Ancients, Antients) bezeichnete, im Gegensatz zur Großloge von England, die von ihr als Neumaurer (Moderns) bezeichnet wurde. Die Ursachen des Gegensatzes zwischen Ancients und Moderns werden von den Autoren verschieden erklärt: Nach Sir Alfred Robbins „English speaking Freemasonry“ (London 1930) waren es unzufriedene und wegen Zwistigkeiten aus der Großloge ausgetretene Freimaurer, die sich in Einzellogen versammelten, ohne vorläufig eine Großloge einzusetzen. Dem steht die Ansicht von Sadler gegenüber, der in seinen „Facts and Fictions“ die Meinung vertritt, die Gründer der sogenannten Altmaurerlogen seien irische Freimaurer gewesen, die sich bei Gründung der Großloge nicht anschlossen, sondern selbständige Logen bildeten, die untereinander eine Art Kartell eingingen, das erst späterhin zur Bildung einer Großloge führte. Während Gould und Bywater in der Gründung einen Abfall, ein Schisma sehen, wird von anderen wie Crawley, die vollkommen unabhängige Entstehung aus irischen Wurzeln nicht ohne Berechtigung verfochten. Die Wahrheit scheint in der Mitte zu liegen. Sicher ist, daß sich bei Gründung der Londoner Großloge 1717 mehrere bestehende Logen fernhielten und ihr Eigenleben weiterführten. Ebenso sicher ist aber auch, daß mißvergnügte oder aus anderen Gründen aus der Großloge ausgeschiedene Brüder den Weg zu den sogenannten Altmaurern (Ancients) suchten. Ist doch die wertvollste Persönlichkeit der Altmaurer, Laurence Dermott (s. d.), aus einer „modernen“ Loge in eine Altloge abgewandert! Ebenso sicher ist, daß manche Freimaurer mit den Neuerungen, die insbesondere von Anderson und Desaguliers eingeführt wurden, nicht einverstanden waren, daß sie auf Einhaltung der alten Gebräuche drängten und, da sie in der Minorität blieben, schließlich austraten. Auch Standesgegensätze scheinen eine gewisse Rolle gespielt haben, da die Logen der A. sehr viele Mitglieder aus dem Kleinbürgerstand aufwiesen, die sich mit dem Überhandnehmen des Adels in der Führung der „Moderns“ anfangs nicht abfinden wollten. Gould (IV, 454) ist der Meinung, der ganze Unterschied zwischen den beiden Körperschaften habe nur darin bestanden, daß die eine Gruppe eine höhere maurerische Obrigkeit nicht anerkennen wollte. Das mag für den Anfang stimmen. Aber aus Dermotts „Ahiman Rezon“ ist denn doch deutlich zu erkennen, daß auch ritualistische Unterschiede, nicht nur systematische, den Gegensatz verschärften.

Vor 1751 sind sechs derartige Logen der A. nachweisbar, die untereinander eine Verbindung mit einem gemeinsamen Ausschuß, Grand Committee, eingingen. Soweit Logengründungen in Betracht kamen, wurden die Logenpatente von dazu bevollmächtigten Logenmeistern ausgestellt. Die Bewegung der A. bekam dann ihren großen Impuls durch die Persönlichkeit des nach London zugezogenen Irländers, Laurence Dermott, eine jener seltenen Persönlichkeiten, die neben ihrem Berufe ihre gesamte Zeit der Freimaurerei widmen. Dermott, um 1720 in Irland geboren, wurde 1740 in Dublin in einer „modernen“ Loge Freimaurer und bekleidete dort auch das Amt des Meisters in der Loge Nr. 26. Kurz nachher kam er nach England und wurde auf Grund eines irischen Großlogenpasses bei den „Moderns“ zugelassen. Er war anfangs Maler, später Weinhändler. Seine Bildung war nicht gering. Er hatte hebräische und lateinische Kenntnisse. (Es wird berichtet, daß er mit einem arabischen Freimaurer, der um Unterstützung bat, in hebräischer Sprache verhandelte.) Nach dem Ausmaße seiner Spenden für die Großloge und karitative Zwecke muß er auch begütert gewesen sein. Bei der Besetzung der Stelle eines Großsekretärs der A. trat er zu den Altmaurern über und wurde 1752 Großschriftführer, ein Amt, das ihm hohe Ehren eintrug, 1771 bis 1777 war er Zugeordneter Großmeister. 1783 wurde er neuerlich zum Zugeordneten Großmeister gewählt und blieb vier Jahre im Amt. Die Loge besuchte er zuletzt 1789, zwei Jahre vor seinem Tode. In der letzten Zeit kränkelte er, verstand sich auch nicht gut mit der jüngeren Logengeneration.

Das Grand Committee faßte 1751*) in der Taverne „Zum Türkenkopf“ in der Greek Street den Beschluß, sich als Großloge zu konstituieren, deren Großmeisterposten vorläufig vakant blieb, während nach einem gewissen John Morgan bald Laurence Dermott zum Großschrift-

*) Die entscheidende Sitzung der zum größten Teil irischen Maurer fand am 17. Juli 1751 statt; das erste Protokollbuch beginnt mit Eintragungen vom 5. Februar 1752.

führer gewählt wurde. Die Bemühungen, einen adligen Großmeister zu gewinnen, schlugen zunächst scheinbar fehl, denn in der Großversammlung vom 5. Dezember 1753 einigte man sich auf einen sonst unbekannten Mr. Robert Turner, der auf sechs Monate zum Großmeister gewählt und von einem ebenso unbekannten Hon. Eduard Vaughan abgelöst wurde. Am 27. Dezember 1756 wurde endlich zur Befriedigung der Logen ein adliger Großmeister in der Person des Earl of Blesington gefunden, der vier Jahre lang Großmeister blieb. Weitere Großmeister waren: der Graf von Kelly (1760 bis 1766), Thomas Mathew (1766 bis 1770), John der dritte Herzog von Atholl (1771 bis 1774), John der vierte Herzog von Atholl (1775 bis 1782). 1782 leitete der Abgeordnete William Dickey provisorisch die Großloge, 1785 bis 1791 der Graf von Antrim, 1792 bis 1813 wieder John der vierte Herzog von Atholl, der am 8. November dieses Jahres zugunsten des Herzogs von Kent (Vater der Königin Victoria) zurücktrat. Die Wirksamkeit der Herzöge von Atholl hat den A. auch die Bezeichnung Atholl-Maurerei, Atholl-Großloge eingetragen. Das Wachstum der Großloge der Altmaurer, die sich „Grand Lodge of England according to the old Institutions" nannte, war ein beträchtliches. Neben zahlreichen Logen in England pflanzte sie viele Militär- und Feldlogen sowie Logen in Amerika und auf dem europäischen Kontinent. Selbst wenn man annimmt, daß manche Logennummer nur auf dem Papier stand, ist die Entwicklung eine rapide zu nennen: Bis 1766 waren bereits 145 Logen, bis 1774 192, bis 1813, dem Jahre der Verschmelzung mit den „Moderns", schon 359 Logen im Register eingetragen. Bezeichnend für das Wachstum der Maurerei der A. sind folgende Ziffern: Sie unterhielten 1761 bereits Logen in Amerika, so in Charlestown, 1762 in Amsterdam, 1763 in Tortola, Marseille und Livorno, 1763 in Jamaika, 1764 in St. Helena, 1766 in Minorca. Zwei Militärlogen arbeiteten seit 1771 in Kalkutta und Madras. Bis 1785 waren 49 Militärlogen eingesetzt, die besonders in den Kolonien die Freimaurerei verbreiteten. An der Errichtung der amerikanischen Freimaurerei haben die Militärlogen der A. den allergrößten Anteil. So geht beispielsweise auch die Großloge von New York auf Gründungen der A. zurück.

Das Grundgesetz dieser Großloge schuf Laurence Dermott in seinem berühmten und lange Zeit mißverstandenen Buche „Ahiman Rezon. or Help to a Brother, shewing the Excellency of Secrecy and the First Motive of The Instruction of Free-Masonry", gedruckt 1756 und gewidmet dem Earl of Blesington. (s. Ahiman Rezon). Dieses war die Konstitution der A., entsprach also der Andersonschen Konstitution der Moderns. Sehr geschickt verwies Dermott bei jeder Gelegenheit auf die (angeblichen) Grundsätze der (angeblichen) Yorker ersten Konstitution der Prinzen Eduard (s. d.) Seinem Konstitutionswerk lag vieles von der 1751 erschienenen Spratt'schen irischen Konstitution zugrunde, er selbst spricht beispielsweise darin von „The Regulations for Charity, As practised in Ireland, and by York-Masons in England".

Das Verhältnis der beiden Großlogen zueinander war begreiflicherweise Jahrzehnte hindurch durchaus nicht freundlich. Die Ancients hatten einen Grad ausgebildet, der nicht ihre Erfindung war, den Royal-Arch-Grad (s. d.), der aber von ihnen besonders gerne bearbeitet wurde. Da in diesen Grad späterhin auch Moderns aufgenommen wurden, ergaben sich im Laufe der Zeit doch Beziehungen, die 1797 zum ersten Versuch führten, der unhaltbaren Spaltung ein Ende zu machen. Aber erst ab 1809 zeigten sich die ersten Zeichen eines aufrichtigen Versöhnungswillens, der schließlich am 27. Dezember 1813 zur Vereinigung beider Großlogen in der „Vereinigten Großloge der Alten Freien und Angenommenen Maurer" führte. Dabei wurden von beiden Seiten wesentliche Zugeständnisse gemacht. Der Royal-Arch-Grad wurde eine Einrichtung der Vereinigten Großloge, wobei jedoch die drei Grade der Freimaurerei ausdrücklich als die einzigen Bestandteile der Alten Maurerei bezeichnet wurden. Ebenso wie die Moderns gaben auch die A. gedruckte Logenlisten heraus (engraved lists), die sich durch reichen künstlerischen Schmuck auszeichnen. Ihr karitatives Hilfswerk begründeten sie 1753 als Found of Charity, zu dem bezeichnenderweise auch Moderns gegen gewisse Taxen zugelassen wurden. 1798 wurde der Grundstock zu jenem Institut für Maurersöhne geschaffen, das als Erziehungsanstalt für Knaben noch heute den Stolz der englischen Großloge bildet.

Diese sechzig Jahre der Spaltung in der englischen Freimaurerei werden von manchen Schriftstellern auch als das Schisma bezeichnet. Historisch läßt sich diese Bezeichnung nicht aufrechterhalten. Denn die A. waren trotz des immer wiederholten Vorwurfs der Sezession eigentlich nicht Seceeders, sondern einfach Logen, die ihre Unabhängigkeit gegenüber der Großloge von 1717 verteidigten (s. England).

Ancient and Accepted Scottish Rite (engl.), A. u. A. Schottischer Ritus (s. d.).

Ancients, s. Ancient Masons.

Anderson, James, Dr. phil. und theol., Reverend, Prediger an der Kirche der schottischen Presbyterianer in London, wurde um 1680 in Aberdeen geboren. Wann er nach London kam, ist unbekannt. 1712 und 1715 werden Predigten von ihm in den Zeitungen angekündigt. Wahrscheinlich war er schon in Schottland Freimaurer geworden, ehe er nach London übersiedelte. Bei der Gründung der Großloge 1717 war er nicht anwesend. 1723 und 1725 erscheint er in den Listen der Loge in der „Horne Tavern", Westminster, 1725, und in jenen der „Lodge at Salomon's Temple, Hemmings Row". In der zweiten Auflage der Konstitutionen gibt er an, der Herzog von Montagu habe in der Versammlung der Großloge sein Mißfallen mit den vorliegenden alten „gotischen" Konstitutionen geäußert und den anwesenden Br. James Anderson M. A. (Magister Artium) mit der Bearbeitung betraut. A. scheint sich mit der Arbeit sehr beeilt zu haben, denn schon am 27. Dezember desselben Jahres legte er einem Ausschuß von vierzehn gelehrten Brüdern seine Arbeit vor, die Gegenstand einer lebhaften Aussprache war. Am 17. Jänner 1723, unter der Großmeisterschaft des Herzogs von Wharton, lag das Buch dann in der endgültigen Fassung vor und wurde von der Großloge genehmigt. Am 28. Februar 1723 wurde es bereits im „Postboy" als Neuerscheinung angekündigt und zum freien Verkauf gestellt. 1735 wurde A. bei der Großloge vorstellig, eine zweite Auflage der „Constitutions" herauszugeben. Am 25. Jänner 1738 legte er die Neubearbeitung, in die auch die Namen der bisherigen Großmeister aufgenommen waren, vor und die Großloge genehmigte auch diese zweite Auflage. Sonst ist A. freimaurerisch wenig hervorgetreten. Er scheint auch längere Zeit, wahrscheinlich infolge der Polemiken, die nach der ersten Auflage seines Werkes anhoben, den Logenbesuch eingestellt zu haben, bis er 1735 wieder in die freimaurerische Öffentlichkeit trat. Neben seinen Predigten veröffentlichte A. „Royal Genealogies", eine Stammtafel aller ihm bekannten Könige, ein Buch ohne jeden Wert, ferner ein in seinem Todesjahr erschienenes Werk, „News from Elysium", eine Art Totengespräche, und eine Genealogie des Hauses Yvery. Seine Verhältnisse waren sehr bescheiden. 1720 verlor er nahezu sein ganzes Vermögen und soll im Schuldturm gesessen sein, aus dem ihn angeblich die Freimaurer loskauften. In London war er eine recht populäre Persönlichkeit. Er hieß allgemein der „Bischof" A., ein Titel, zu dem ihm aber jede Berechtigung fehlte. Mit den Behörden stand er, trotzdem er Dissenter war, auf gutem Fuß, erhielt sogar von der Königin Karoline eine Gnadengabe. Über sein Begräbnis berichtet die „Daily Post" vom 2. Juni 1739: „Gestern abend wurde in Bunhill Fields der Leichnam des Dr. Anderson, eines Dissentergeistlichen, beigesetzt. Die Bahre trugen fünf Dissentergeistliche und der Reverend Desaguliers. Ihr folgten etwa ein Dutzend Freimaurer, die das Grab umstanden. Nachdem Dr. Earl eine Rede über die Unsicherheit des Lebens gehalten hatte, ohne dabei des Verstorbenen mit einem Worte zu erwähnen, erhoben die Brüder in einer feierlich trauernden Stellung die Arme, seufzten und schlugen dreimal zu Ehren des Verstorbenen auf ihre Schurzfelle."

A. hat der Freimaurerei die Grundform der sogenannten „Alten Pflichten" gegeben. Er hat dabei ältere Vorbilder benutzt und sich sicherlich in manchem an schottische Muster angelehnt. Die historische Einleitung zu seinen „Constitutions" ist eine traurige Geschichtsklitterung ohne jeden Wert. Auch dort, wo er von Ereignissen spricht, die in die Zeit seiner eigenen Wirksamkeit in der Großloge fallen, ist er äußerst unzuverlässig. Als Historiker kommt A. für die Freimaurerei somit nicht in Betracht. Verewigt ist sein Name aber durch die Grundlage, die er der Freimaurerei in den Alten Pflichten" geschaffen hat (s. d.).

Andrada e Silva, Bonifacio, José de, einer der Begründer der Unabhängigkeit Brasiliens, * 1765, † 1828, in Lissabon Professor der Metallurgie und Sekretär der Akademie, kehrte 1819 nach Brasilien zurück, wurde nach Frankreich deportiert. Er war Freimaurer.

Andrade, Gomez Freire d', General, 1816 Großmeister der Großloge von Portugal, stark national gesinnter Offizier, wurde von dem Kapitän José d'Andrade dem englischen Oberbefehlshaber General Beresford unter der Beschuldigung denunziert, er habe sich als Anhänger der konstitutionellen Monarchie gegen die englische Botmäßigkeit erheben wollen. A. und sieben Brr. seiner Loge wurden zum Tode verurteilt und 1817 gehenkt. Die Leichen wurden verbrannt, die Asche ins Meer gestreut, die Güter eingezogen. Am Tage vor der Hinrichtung erschien ein englischer Oberst im Gefängnis und bot dem Großmeister als Br. Gelegenheit zur Flucht. Dieser lehnte aber ab, daß der andere sich opfere, und blieb. 1853 wurde ihm auf dem Hinrichtungsplatz ein Denkmal errichtet.

Andrássy, Julius, Graf, ungarischer Staatsmann, * 1823, † 1890, nach dem Ausgleich von 1867 ungarischer Ministerpräsident, österreichisch-ungarischer Außenminister, Mitbegründer des Dreibundes. Beteiligte sich als Major am ungarischen Freiheitskampf 1848/49, flüchtete nach London und Paris, wurde in contumaciam zum Tod verurteilt und 1851 in effigie gehenkt. In Paris trat er der Loge „Le Mont Sinai" bei.

Andreä, Johann Valentin, Dichter und theologischer Schriftsteller, * 1586 in Herrenberg (Württemberg), † 1564 in Stuttgart, bereiste als Begleiter deutscher Adeliger Deutschland, Italien und Frankreich, war Hofprediger in Stuttgart, zuletzt Generalsuperintendent und Abt von Adelberg. Seine Dichtungen nennt Herder „Rosen unter Dornen". Den dogmatischen Streitschriften der Zeit gegenüber betont er in seinen Schriften die Wichtigkeit eines praktischen, in der Liebe tätigen Christentums. Seine Schrift „Chymische Hochzeit Christiani Rosenkreuz", die eigentlich satirisch gemeint ist, verschaffte ihm den unverdienten Ruf, der Gründer der Rosenkreuzerbruderschaft zu sein. Die „Chymische Hochzeit" ist gegen 1602 verfaßt und erschien 1616 in Straßburg. Um die Frage, ob A. auch Verfasser zweier anderer rosenkreuzerischer Schriften, „Fama Fraternitatis" und „Confessio", ist, ging lange ein wissenschaftlicher Streit. Er dürfte zugunsten der die Autorschaft Leugnenden entschieden sein. (Vergl. J. Kvačala, „J. V. Andreäs Anteil an geheimen Gesellschaften".)

Andreas, Apostel, nach der heiligen Legende der Ersterwählte unter den Jüngern Jesu, ein leiblicher Bruder des Apostels Petrus, war ein Fischer aus Bethsaida am See Genezareth und ein Schüler Johannes des Täufers. Er folgte dem Meister als erster nach. In der evangelischen Geschichte tritt er wenig hervor, während ihn die Legende in Kleinasien und Skythien das Evangelium predigen läßt. Er gründete in Byzanz die christliche Kirche und erlitt dann zu Patrae in Achaia, weil er sich dem Befehl des römischen Prokonsuls Aegeas, fremden Göttern zu opfern, widersetzte, an der nach ihm Andreaskreuz genannten crux decussata den Märtyrertod. Sein

Gedächtnistag ist der 30. November, ein Tag, der im Volksglauben eine große Rolle spielt. A. wurde der Schutzpatron Schottlands und Rußlands, auch hoher Orden, so des höchsten zaristischen Ordens, begründet von Peter dem Großen 1698, ebenso des schottischen Andreas- oder Distelordens. Nach A. nennen sich Gruppen der „Schottischen Maurerei" (nicht aber die Maurerei Schottlands!).

Andreas-Geselle (Schottischer Geselle), s. Andreasloge.

Andreasgrade, Andreaslehrling, Andreasmeister, s. Andreasloge.

Andreaskreuz (Crux decussata). Kreuz mit schräg gestellten Balken in Form des griechischen X (s. Andreas).

Andreas-Lehrling (Schottischer Lehrling), s. Andreasloge.

Andreasloge, auch Schottische Loge, mittlere Abteilung der Schwedischen Lehrart (s. d.), umfaßt die Andreasgrade. In den skandinavischen Staaten sind diese der 4. bis 6. Grad (4. schottischer Lehrling, 5. schottischer Geselle, 6. schottischer Meister), im Zinnendorfschen System der Großen Landesloge der Freimaurer von Deutschland der 4. und 5. Grad (4. Andreas-Lehrling-Geselle. 5. Andreas-Meister). Schutzpatron der A. ist der Apostel Andreas. In ihr ist nicht mehr vom Salomonischen Tempelbau die Rede, sondern vom Bau des zweiten Tempels unter Nehemias, der auf dem wiedergefundenen Grundstein des ersten Tempels errichtet wurde. Dieser Grundstein bildet das wichtigste Symbol der Arbeitstafel, in deren Mitte er körperlich zu sehen ist. Der Andreas-Meister erfährt, daß unter diesem vollkommenen Kubus eigentlich Christus als der eigentliche Schlußstein des Tempels zu verstehen ist. Die Allegorie des unter den Trümmern des ersten zerstörten Tempels gefundenen Grundsteines, auf welchem sich nach Gottes Ratschluß ein neuer Tempelbau vollziehen sollte, bildet bereits eine Andeutung des Inhaltes des Kapitels (s. d.) des Schwedischen Systems. Die A. feiert am 30. November, dem Tag des Apostels Andreas, im 4. Grad das Andreas-Fest (s. Schwedische Lehrart.)

Andreas-Meister, s. Andreasloge.

Andreasorden, Schottischer, auch Distelorden genannt, dessen Stiftung dem schottischen König Achaius zugeschrieben wird, dem nach blutiger Schlacht ein weißes Balkenkreuz erschienen sein soll. Der Orden war ursprünglich wohl eine christlich ritterliche Bruderschaft, der Jakob I. im Jahre 1087 die erste Organisation gab. Königin Anna (1703) gab ihm seine eigentliche Verfassung, die späterhin von Georg I. (1723), Georg IV. (1827) und Wilhelm IV. (1833) geändert wurde. Dem Orden gehören außer dem Souverän nur 16 Mitglieder an. Seine Devise ist: „Nemo me impune lacessit." (Niemand reizt mich ungestraft.) Ordenszeichen: Ein Medaillon von Gold, in dessen Mitte der heilige Andreas auf grünem Grunde, das Kreuz vor sich haltend. Die Devise steht auf einem Bande mit der Darstellung der Distel. Die goldene Ordenskette besteht aus Disteln und Rauten. Das Ordensband ist grün. Ordenstag ist der 30. November.

Wiederholt ist der Versuch unternommen worden, zwischen diesem ritterlichen Orden und der Freimaurerei Beziehungen herzustellen. So zuletzt auch von Lantoine in „La Franc-Maçonnerie Écossaise en France" (1930, Seite 13-14). Diese Versuche drehen den Sachverhalt bewußt oder unbewußt um. Nicht der Andreasorden ist als Quelle der Freimaurerei anzusprechen, sondern jene Freimaurerei, die sich schottische nannte, übernahm im 18. Jahrhundert skrupellos alte schottische Überlieferungen, um ihren schottischen Charakter damit zu bestätigen. Auf diesem Wege kam der heilige Andreas in die Hochgradüberlieferungen der Freimaurer, ebenso wie Friedrich der Große u. a. m.

Dagegen hat Crowe ziemlich überzeugend nachweisen können, daß die grüne Farbe als Logenfarbe der schottischen Freimaurer aus dem A. entlehnt ist, ebenso wie die blaue englische Farbe dem englischen Garterorden, die irische dem St. Patricksorden.

Andreasritter, auch Schottischer Altmeister, Hochgrad des Klerikalen Systems (s. d.).

Andreastag, der 30. November als Geburtstag des heiligen Andreas. Am A. 1736 wurde die Großloge von Schottland gegründet, die seither ihr Jahresfest an diesem Tage begeht. Ebenso wird der Tag in allen jenen Systemen festlich begangen, die in ihrem Aufbau auch zur Person dieses Apostels Beziehungen haben. So in den Großlogen des Schwedischen Systems, den Großlogen von Schweden, Dänemark und Norwegen, der Großen Landesloge von Deutschland.

Andreas-Vertraute, s. Vertrauter des hl. Andreas.

Androgyne Logen, Logen, die beiden Geschlechtern den Zutritt gewähren. Die reguläre Freimaurerei läßt Frauen nicht zu (s. Adoptionsmaurerei, Droit humain, Frauen).

Anerkennung. Die Übereinstimmung in freimaurerischen Grundsätzen und in der Arbeitsweise bringen Großlogen dadurch zum Ausdruck, daß sie miteinander in ein Anerkennungsverhältnis treten. Die ausgesprochene A. wirkt sich aus durch die Freigabe des gegenseitigen Logenverkehrs und zumeist auch durch den Austausch von Freundschaftsbürgen (s. d.). Die Grundsätze für die A. sind in der Weltfreimaurerei durchaus nicht einheitlich geregelt. Die A. bildet den Ausdruck dafür, daß nach Anschauung der anerkennenden Großlogen Regularität (s. d.) der anerkannten Großlogen vorliegt. Die Regelmäßigkeit ist Voraussetzung der A. Anderseits gibt es mehrfach Beispiele, daß vollkommen reguläre Großlogen einander die Anerkennung wegen grundsätzlicher Unterschiede in der Auffassung der Freimaurerei versagen. Angesichts der Uneinheitlichkeit der Anschauungen gelten neuerdings vielfach als Norm die Grundlagen, die 1928 von der Großloge von England als Voraussetzung der A. veröffentlicht wurden. Diese acht Punkte sind im wesentlichen:

1. Regularität der Abstammung, das heißt, jede Großloge muß gesetzmäßig durch

eine anerkannte Großloge oder durch drei oder mehr regulär konstituierte Logen gegründet worden sein.

2. Bekenntnis zum Allmächtigen Baumeister aller Welten.

3. Verpflichtung auf das Heilige Buch („Volume of the Sacred Law").

4. Zusammensetzung der Mitgliedschaft aus schließlich aus Männern. Eine Großloge darf keine Beziehungen zu gemischten Logen oder Körperschaften unterhalten, die Frauen aufnehmen.

5. Alleinige Jurisdiktion der Großloge über die ihr unterstehenden Logen, daß heißt sie soll eine verantwortliche, unabhängige, ihre Macht selbst ausübende Organisation sein mit alleiniger und unbestrittener Autorität über die drei symbolischen Grade ihrer Jurisdiktion (Lehrling, Geselle, Meister) und diese Autorität mit keinem Obersten Rat teilen.

6. Auflegen der drei Großen Lichter der Freimaurerei (Heiliges Buch, Zirkel und Winkelmaß) bei den Arbeiten der Großloge und ihrer Logen.

7. Verbot von Diskussionen über Religion und Politik in den Logen.

8. Anerkennung der alten Landmarken.

Angenommen, engl. accepted (s. d.).

Anglo-Foreign Lodges, die sieben Londoner Logen fremder Nationen und Sprachen unter der Großloge von England: Pilger Lodge, Nr. 2381, Deutschland, 3315, La France, 2060, L'Entente Cordiale, 2796, Italia, 2687, America, 3368, und Helvetica Lodge, 4984. Bis zum Krieg hielten diese Logen alljährlich ein gemeinsames Fest ab; 1931 wurde beschlossen, den Brauch von 1932 an wieder aufzunehmen.

Angriffe, s. Gegner.

Angriffs- und Abwehrliteratur, eine kleine, wertvolle Bibliographie der deutschsprachigen A. ist „Für und Wider die Freimaurerei" von J. C. Schwabe (Leipzig 1931).

Anhalt, s. Fürsten, Deutsche.

Anhaltender heißt im Zinnendorfschen Ritual der Suchende, nachdem ihm der Tempel geöffnet wurde.

Ankara (Angora), Hauptstadt der Türkischen Republik. Hier arbeitet eine Loge des Großorients der Türkei, der selbst seinen Sitz in Konstantinopel hat. Adresse: Konstantinopel-Pera, 31, Rue Télégraphe.

Anker, das christliche Symbol der Hoffnung, wird in einigen Seitenzweigen der Freimaurerei, so im Royal Ark Mariner, verwendet. „Chevaliers de l'ancre" nannte sich ein androgyner Orden, der in Frankreich um 1745 entstand und nur von kurzem Bestand war.

Anker, Peder, norwegisch-schwedischer Staatsmann, * 1749, † 1824, nach der Vereinigung mit Schweden Staatsminister für Norwegen, war Ritter des Ordens Karls XIII. (s. d.).

Anklopfen.

1. bei einer Loge um Aufnahme in den Bund ansuchen;

2. in bestimmter, nach dem Grad abgestufter Form, durch Klopfen an die Tempeltür Einlaß fordern.

Annahme, s. Affiliation.

Annalen. „Annales chronologiques littéraires et historiques de la Maçonnerie des Pays Bas", ein durch die Fülle seines Materials bemerkenswertes Sammelwerk, das in fünf Bänden bis 1826 erschien. Es enthält eine große Anzahl von Dokumenten aus dem 18. Jahrhundert.

„Annales Originis Magni Galliarum Orientis" ist der Titel des von Thory (s. d.) zusammengestellten französischen Geschichtswerkes (1812).

„Annalen der Loge zur Einigkeit, der englischen Provincialloge sowie der Provincial- und Directorialloge des eklektischen Bundes zu Frankfurt a. M." Titel der 1842 von Kloß (s. d.) veröffentlichten Geschichte des eklektischen Bundes.

Anno, im 18. Jahrhundert entstandene, in den Johannislogen heute kaum mehr, in den Hochgraden und Orden der Freimaurerei noch immer gebräuchliche eigenartige freimaurerische Zeitrechnung. Man unterscheidet:

Anno Lucis (von der Erschaffung der Welt), Jahreszahl plus 4000, also 5930 statt 1930.

Anno Inventionis (Royal Arch), Jahreszahl plus 530.

Anno Mundi (A. u. A. Schottischer Ritus), Jahreszahl plus 3760.

Anno Ordinis (Knight Templars), Jahreszahl vermindert um 1118.

Der A. u. A. Schottische Ritus verwendet außerdem auch noch die hebräischen Monatsnamen. Somit ist z. B. 1. Tischri 5687 gleichbedeutend mit 9. September 1926. Irgendein Wert kommt diesen Spielereien nicht zu; sie sind auch dem ursprünglichen Gedanken der Freimaurerei vollkommen fremd.

Annuaire. Französische Bezeichnung für Jahrbuch, z. B. „Annuaire de la Franc-Maçonnerie Universelle", herausgegeben von der Association Maçonnique Internationale.

Annual Festival, Jahresfest der Großloge von England, findet, ursprünglich mit der Wahl des Großmeisters und der Großbeamten verbunden, seit 1717 alljährlich statt. Bis 1721 wurde es in der „Goose and Gridiron"-Taverne abgehalten, seit der Wahl des Herzogs von Montagu zum Großmeister an wechselnden Versammlungsstätten. Ursprünglich war es für den Tag Johannes des Evangelisten festgesetzt, später wurde es wiederholt auch am Tage Johannes des Täufers oder an beliebigen Daten abgehalten. Seit der Union (s. d.) findet das Jahresfest regelmäßig am Mittwoch nach dem Nationalfeiertag des heiligen Georg statt; es soll der Bekundung „brüderlicher Liebe und deren Erhaltung" dienen.

Anson, George, englischer General, * 1797, † 1857, Abgeordneter, Oberbefehlshaber in Indien, wurde 1837 Provinzial-Großmeister von Staffordshire.

Anspach, Jules, Bürgermeister von Brüssel, an den heute eine der schönsten Straßen Brüssels erinnert, wurde 1857 in der Loge „Les Amis Philanthropes" aufgenommen und erwarb sich als deren Stuhlmeister bleibende Verdienste. * 1826, † 1879. Er war als liberaler Parlamentarier namentlich auf sozialpolitischem Gebiete tätig und zeichnete sich insbesondere bei Bekämpfung der Choleraepidemie 1866 aus.

Ante-room (engl.), Vorraum der Loge, Saal der verlorenen Schritte.

Anthroposophie (Menschenweisheit), eine von Rudolf Steiner nach seinem Austritt aus der theosophischen Bewegung (s. Theosophie) begründete Lehre und Richtung, die behauptet, daß der Mensch durch Entwicklung seiner geistigen Kräfte mit übergeordneten geistigen Wesen (Ätherleib, Astralleib) in Verbindung kommen kann. „A. ist eine Erkenntnis, die vom höheren Selbst des Menschen hervorgebracht wird" (Steiner). Die menschliche Wesenheit ist dreifach gegliedert, in Leib, Seele und Geist. Außer dem Bewußtsein gibt es noch die Erkenntnisarten der Imagination und Inspiration. Die A. glaubt an die Wiederverkörperung des Geistes (Reinkarnation) und das Karma. Den Anlaß zum Austritt Steiners aus der theosophischen Bewegung gab die 1911 erfolgte Gründung des „Stern des Ostens" durch Annie Besant. Diese Bewegung verkündete, daß die Zeit eines neuen Weltlehrers angebrochen und der Inder Krishnamurti der neue Messias sei. Steiners Überzeugung ging dahin, daß die Zeit hierfür nicht reif, und daß im Christentum, einem einmaligen kosmischen Ereignis, das Endziel der Entwicklung liege. Er hielt die Aktion der Besant für dogmatisch und mit dem Prinzip der Toleranz nicht vereinbar. Steiner befreite in der Folge die Theosophie von den indischen Elementen, sie durch abendländische ersetzend. Diese neue Lehre nannte er A. Er gründete als Zentrum der Bewegung das Goetheanum in Dornach (Schweiz). Wie der theosophische, so hat auch der hier gepflegte Geheimkult einen freimaurerischen Einschlag, ohne mit der regulären Freimaurerei in Beziehung zu sein. Steiner kaufte dem Abenteurer Reuß (s. d.) eines seiner „freimaurerischen" Systeme und einen Teil seiner „Vollmachten" um fünfzehnhundert Mark ab, insbesondere die, die ihn zur Einsetzung eines Großrates „Mystica Aeterna" ermächtigten. (Vergl. „Wiener Freimaurerzeitung", 1929.)

Antient and primitive Rite (engl.), Alter und primitiver Ritus, in England um 1872 von John Yarker (s. d.) geschaffene Form des Memphisritus, in dem dessen 95 Grade auf 33 reduziert erscheinen, geleitet von einem „Souveränen Sanktuarium von Patriarchen-Großkonservatoren" des XXXIII. (= XCV.) Grades, unter einem General-Großmeister (XXXIII. = XCVI. Grad). Die „Constitution, General Statutes and Ordinances" von 1775 sehen über den drei symbolischen Graden folgenden Aufbau vor:

Rosenkreuzerkapitel, IV. bis XI. Grad der letzte dem XVIII. des Memphisritus entsprechend): Geheimer Meister, Erhabener Meister, Ritter des heiligen Bogens, Ritter des geheimen Gewölbes, Ritter des Schwertes, Ritter von Jerusalem, Ritter des Ostens, Ritter vom Rosenkreuz.

Senat hermetischer Philosophen, XII. bis XX. Grad (XXXIII. Grad): Ritter des roten Adlers, Ritter des Tempels, Ritter des Tabernakels, Ritter der Schlange, Weiser der Wahrheit, Hermetischer Philosoph, Ritter Kadosch, Ritter des Königlichen Geheimnisses (Royal Mystery), Großinspektor.

Großer Rat, XXI. bis XXX. Grad (XC. Grad): Patriarch Großinstallator, Patriarch Großweihender (Consecrator), Patriarch Großredner (Eulogist), Patriarch der Wahrheit, Patriarch der Planisphären, Patriarch der heiligen Veden, Patriarch der Isis, Patriarch von Memphis, Patriarch der mystischen Stadt, Meister des großen Werks.

Amtsgrade, XXXI. bis XXXIII. Grad (XCV. Grad): Großverteidiger des Ritus, Prinz von Memphis, Patriarch Großkonservator.

Die reguläre Freimaurerei trat zu den — wenigen — Sanktuarien des A. u. p. R. niemals in Beziehungen.

Antients, s. Ancient Masons.

Antifreimaurergesetz, Italienisches, wurde am 10. Januar 1925 vom Ministerrat im Parlament eingebracht. Der erste Artikel dieses Gesetzes bestimmt, daß alle Vereine, Körperschaften, Institutionen, die in Italien wirken, der Polizei ihre Gründungsakten und ihre Satzungen sowie das Verzeichnis ihrer Mitglieder und der leitenden Funktionäre einzureichen haben. Ferner sind die Vereinigungen verpflichtet, jedesmal, wenn die Polizei es verlangt, Auskunft über ihre Organisation und ihr Wirken zu geben. Diese Auskünfte müssen von allen denen, die in führender, lokaler oder allgemeiner Stellung sind, binnen zwei Tagen erteilt werden. Zuwiderhandelnde werden mit Gefängnis nicht unter drei Monaten und mit einer Geldstrafe bis zu 6000 Lire bedroht. Wer wissentlich falsche oder unvollständige Angaben macht, wird mit Gefängnis nicht unter einem Jahr und Geldbuße bis zu 30.000 Lire betraft und für fünf Jahre unfähig erklärt, öffentliche Ämter zu verwalten. Der wichtigste Paragraph ist folgender: Alle Staats-, Provinzial- und Gemeindebeamten und Beamte von Einrichtungen, die Staat, Provinz oder Gemeinde unterstehen, dürfen nicht Mitglieder von geheimen Gesellschaften oder solcher Gesellschaften sein, die durch Eide zum Geheimnis verpflichten. Zuwiderhandelnde verfallen der Entlassung. Das Gesetz wurde im Mai 1925 von der Kammer „einstimmig" mit 307 Stimmen (in Abwesenheit der mehr als 200-köpfigen Opposition), einige Monate später auch vom Senat angenommen, in letzterem nach scharfen oppositionellen Reden der beiden früheren Unterrichtsminister Ruffini und Benedetto Croce. Sofort nachher erklärte der Großmeister Torrigiani (s. d.) alle Logen des Großorients von Italien für aufgelöst (s. Faszismus).

Antifreimaurerische Körperschaften, d. h. Vereinigungen, die in der Bekämpfung der Freimaurerei ihr Ziel oder doch ihre Hauptaufgabe erblicken (also nicht solche, die u. a. auch die Gegnerschaft gegen diese betätigen), treten in den verschiedenen Ländern immer wieder auf, ohne zumeist von allzulanger Lebensdauer zu sein. Die ersten A. K. waren wohl die wenige Jahre nach der Entstehung der ersten Großloge, 1724, gegründeten Gormogonen (s. d.), dann die Scald Miserables

(s. d.) in London; in Teilen Deutschlands, Dänemarks usw. erschienen seit Beginn der vierziger Jahre des 18. Jahrhunderts die Antimasonianischen Societäten (s. d.). Aus späterer Zeit sind die — italienischen — Zappatori (s. d.) zu erwähnen, dann die in den Vereinigten Staaten von Nordamerika im Gefolge der Morgan-Affäre (s. d.) sehr rege tätig gewesene Anti-Masonic party. 1893 wurde in Rom mit Sanktion des Heiligen Stuhls die Union générale antimaçonnique begründet, die auf dem Antifreimaurerkongreß zu Trient 1896 den nicht geglückten Versuch unternahm, zur Dachorganisation aller antifreimaurerischen katholischen Gruppen zu avancieren. Der Beschluß, diesen Kongreß abzuhalten, war auf einen Antrag des Präsidenten der italienischen Antifreimaurerliga „Gullino Luigi" erfolgt. Im gleichen Zeitraum rief in Ungarn der Graner Geistliche Julius Mahovits (Pseudonym: Dr. Julius Csápory) eine Antifreimaurerliga ins Leben, deren von Pater Regnault verfaßte Statuten die Mitglieder der unter dem Schutz des heiligen Michael stehenden Vereinigung u. a. verpflichtete, ihre weiblichen Angehörigen niemals an Freimaurer zu verheiraten. In der Gegenwart die (wieder eingegangene) Lega antimassonica (s. d.), eine italienische Gründung aus der ersten Zeit der Herrschaft Mussolinis, die um das Blatt „Schweizerbanner" sich gruppierende Schweizer Heimatwehr (s. d.) und der Tannenberg-Bund (s. d.) in Deutschland, die Ludendorff nahestehende Formation.

Ein besonders günstiger Boden für die Gründung A. K. war und ist Frankreich, da sie sich dort der besonderen Unterstützung der royalistisch-klerikalen Kreise und der militanten katholischen Presse erfreuen und namentlich in den Wahlkämpfen ein ergiebiges Betätigungsfeld erblicken. R. Mennevée, Paris, gab 1928 in einer Broschüre, „L'organisation anti-maçonnique en France", eine Übersicht über solche Organisationen seit Beginn des 20. Jahrhunderts heraus. (Vorher hatte es u. a. die Taxilsche „Ligue du Labarum" gegeben.) Als deren wichtigste können die folgenden gelten:

Comité Antimaçonnique de Paris, gegründet 1897, geleitet insbesondere von Abbé J. Tourmentin (Pseudonym des Abbé J. de Villemont), Organ: „La Franc-Maçonnerie démasquée". 1904 wurde das Komitee zur Association antimaçonniqe de France, deren „Bulletin" sein Hauptziel in Angriffen auf den Grand Orient de France erblickte, gegründet. Neben Tourmentin war der 1913 verstorbene Leiter der „Franc-Maçonnerie démasquée", der Abbé de Bessonies (Pseudonym Gabriel Soulacroix), Seele der Organisation.

Conseil Anti-maçonnique de France (Abbé de La Rive, Organ: „La France anti-maçonnique").

Groupe des amis de „A bas les Tyrans". M. Copin-Albancelli war der Herausgeber dieses 1900 entstandenen Wochenblattes, das seit 1900 „La Bastille" hieß, während die darum gruppierte Vereinigung ungefähr gleichzeitig zur Union française anti-maçonnique wurde, um nach der „Affaire des fiches" (s. d.) zur Ligue de défense nationale contre la franc-maçonnerie zu avancieren. Mit dieser schlossen sich 1906 mehrere ähnliche Vereinigungen zusammen: die „Ligue Antimaçonnique" und deren weibliche Filiale „Ligue de Jeanne d'Arc" (beide von Major Driant als eine Art von Geheimgesellschaften gegründet). Die neue Körperschaft trug den Namen

Ligue Française Antimaçonnique. Copin-Albancelli, Major Cuiquet, Louis Dasté (Pseudonym von André Baron), Abbé Flavien Brenier hatten die Leitung inne; der weibliche Zweig war auch in dieser neuen Kombination selbständig tätig. Ein 1910 eingetretener Bruch führte zum Ausschluß von Copin-Albancelli und zur Bildung einer neuen Vereinigung, die aber nur von kurzer Lebensdauer war, während die „Ligue" unter Major Cuignet und Abbé Brenier florierte und 49 Sektionen zählte. In den ersten zehn Jahren ihres Bestehens veranstaltete sie mehr als 500 Vorträge und verteilte über 150.000 Traktate. Eine Jugendsektion „Jeunesse Antimaçonnique" wurde ebenfalls gebildet. Anläßlich eines Nationalkongresses im November 1911 wurde ein Bureau Antimaçonnique International (s. d.) gegründet, 1913 ein Institut Antimaçonnique (s. d.), das eine Reihe von Vortragskursen veranstaltete und während des Weltkrieges (21. Dezember 1915 bis 15. Januar 1916) einen internationalen Antifreimaurerkongreß organisierte.

Anläßlich der Wahlen von 1924 bildete sich in Verbindung mit den „Editions Spes" ein neues Comité Antimaçonnique, das sich auch Comité d'Etudes des Questions Maçonniques nannte, zu dessen führenden Persönlichkeiten die reaktionärsten Persönlichkeiten des Nationalen Blocks, so Abbé Bergey, General de Castelnau, Jacques Marcellot, Antoine Redier, Comte de Leusse, Dr. Oberkirch u. a. gehörten. Es stellte seine Tätigkeit 1927 ein, nachdem es nach den Wahlen noch zwei Broschüren, „La Dictature de la Franc-Maçonnerie sur la France" und „Le Secret des Loges", herausgegeben hatte (beide „Editions Spes").

Von verhältnismäßig kurzer Lebensdauer war auch

L'Ordre, der 1925 von Abbé Duperron als internationale Gruppe begründet wurde und die „Cahiers de l'Ordre" herausgab.

In die unmittelbare Gegenwart reicht dagegen die von Mgr. Jouin, Pfarrer zu Saint-Augustin in Paris, dem Herausgeber der „Revue internationale des Sociétés secrètes", 1913 gestiftete

Ligue Franc-Catholique, die nach Internationalisierung des antifreimaurerischen Kampfes strebt und sich als „Ligue anti-judéomaconnique" bezeichnet.

Gründungen aus neuester Zeit sind schließlich der mit der gleichnamigen Zeitung verbundene

Réveil Français, den der Publizist Emile Bergeron (s. d.) leitet und der eine Reihe von Lokalsektionen umfaßt, und die

Propagande d'Union Française des alten Antifreimaurers Copin-Albancelli, die anläßlich der Wahlen von 1928 mit Traktaten „La Libération" hervortrat.

Antifreimaurerische Korrespondenz, s. Löwenstein, Karl, Fürst.

Antifreimaurer-Katechismus erschien 1911 in Amerika, herausgegeben von einem katholischen Blatt in San Antonio, Texas: „Was ist Freimaurerei?" „Die Vereinigung aller moderner Ketzer, eine Gesellschaft der häßlichsten Begierden, eine Vereinigung des Satans." — „Was ist ihr Zweck?" „Der Krieg gegen Gott und die Vernichtung von Kirche und Gesellschaft." —„Welches sind die Wege ihres Wirkens?" „Volksbetrug durch Lüge und Korruption, die Verderbnis der Familien durch Theater, Tanz, Mode und Zeitungen." — „Muß die Kirche die Freimaurer fürchten?" „Nein, sie kann nur bemitleiden." — „Wer war der erste Freimaurer?" „Luzifer." — „Wer wird der letzte sein?" „Satan."

Antifreimaurerkongresse.

1. Trient 1896, veranstaltet nach dem Erscheinen der Enzyklika „Praeclara gratulationis" des Papstes Leo XIII. auf Antrag des Präsidenten der italienischen Antifreimaurerliga „Gullino Luigi", eröffnet am 27. September in Gegenwart von Kardinälen, 36 Bischöfen, bischöflichen Delegierten und mehr als 700 weiteren Abgesandten, zumeist Geistlichen. 22 Kardinäle, 23 Erzbischöfe, 116 Bischöfe forderten den Kongreß in Zuschriften auf, den Freimaurern die Maske vom Gesicht zu reißen. Den Vorsitz führte der Patriarch von Konstantinopel, Casetta, der auch den Kardinalvikar von Rom, Parocchi, vertrat; ihm standen als weltlicher Präsident Fürst Karl zu Löwenstein (s. d.) und 14 Vizepräsidenten aus verschiedenen Staaten zur Seite. Der Papst begrüßte den Kongreß mit einem Breve, in dem von (freimaurerischen) „Dogmen verwegenster Gottlosigkeit" die Rede war. Der Fürstbischof von Trient, Valussi, hieß den Kongreß in seiner Residenz willkommen, „wo sich einst jenes Konzil versammelte, das dem Protestantismus die Hörner zerschmetterte". Heute gelte es, „einen Feind zu bekämpfen, der listig und verschlagen im Namen der Menschlichkeit und des Menschentums, welch letzteres er der Gottheit vorzieht, Unheil anrichtet — die Freimaurerei, die man mit der höllischen Schlange vergleicht, die das erste Menschenpaar betrog, wie die Freimaurerei die Völker täuscht, indem sie ihnen das Glück verspricht". Der Sekretär des Kongresses, Verzichi, legte dessen Ziele dar. Er predigte „einen wahren Kreuzzug gegen den modernen Islam", die Freimaurerei, und gab der Hoffnung Ausdruck, die grünen Freimaurerfahnen recht bald als Siegestrophäen in der Kirche Santa Maria della Vittoria hängen zu sehen. In vier Sektionen wurde gearbeitet, deren erste die freimaurerische Lehre untersuchte und als deren Endzweck den „allgemeinen Umsturz der physischen, geistigen und moralischen Weltordnung" bezeichnete. Die vierte Sektion, für die die Organisation der antifreimaurerischen Bewegung Grundzüge aufstellen sollte, legte ein Statut vor, wonach die 1893 in Rom begründete „Union générale antimaçonnique" als alleiniges Zentrum aller antifreimaurerischen Gruppierungen anzusehen sei; der Beschluß wurde aber nicht durchgeführt. Im Mittelpunkt des Kongresses standen die Debatten über die Angelegenheit Taxil (s. d.), den „Satanskult" der Freimaurer, die Existenz der Miß Diana Vaughan. Taxil war der eigentliche Anreger des Kongresses gewesen. Zwei Richtungen standen sich in Trient schroff gegenüber: die deutschen Kleriker, die nach zehn Jahren doch langsam auf den Schwindel gekommen waren, und die große Masse der übrigen, die nach wie vor treu zu Taxil und der Miß Vaughan standen. Als der deutsche Monsignore Gratzfeld, der Vertreter des Erzbischofs von Köln, erklärte, die mysteriöse Diana Vaughan existiere gar nicht, es handle sich um einen großartigen Betrug, der mit einer Blamage enden müsse, traten ihm ein französischer und ein italienischer Geistlicher in sehr heftiger Weise entgegen. Als dann in einer Sektionssitzung der französische Abbé de Bessonies (s. d.) für Miß Vaughan in die Schranken trat, suchten ein anderer deutscher Geistlicher, Dr. Baumgarten, aus Rom und der Österreicher Koller dem entgegenzuwirken. Sehr konkrete Fragen, die Baumgartner stellte, wurden aber mit der linken Hand abgetan. Schließlich griff, von donnerndem Applaus empfangen, Taxil selbst in die Debatte ein. Er wartete mit einem starken Trumpf auf, indem er eine „Photographie" der Miß Vaughan vorwies; dann erging er sich in starken Ausfällen gegen den Pater Hermann Gruber S. J., der, anfänglich selbst im Banne des Schwindels, dann viel zu dessen Aufklärung beitrug. Man beschloß, eine Kommission einzusetzen, um die Frage der Existenz der Miß Vaughan restlos zu klären. Diese Kommission fällte dann nach dem Kongreß ein salomonisches Urteil, indem sie erklärte, daß sie „bisher auf keinen durchschlagenden Beweisgrund, sei es für, sei es gegen die Existenz" gestoßen sei.

2. Nationale Tagungen werden fast alljährlich von französischen antifreimaurerischen Körperschaften veranstaltet, als internationale Kongresse wurden zwei Veranstaltungen 1911 und 1915/16 in Paris bezeichnet, an denen aber ebenfalls vorwiegend Franzosen teilnahmen. Beide wurden auf Veranlassung der Ligue Française Antimaçonnique vom Bureau International Antimaçonnique veranstaltet. Auf dem ersten (November 1911) trat den offiziellen Protokollen zufolge ein deutscher Monsignore als Redner auf, auf dem zweiten Kongreß, der unter Vorsitz des Herrn de Vignières, vom 21. Dezember 1915 bis 15. Januar 1916 tagte, waren außer Franzosen naturgemäß nur Angehörige von anderen Ententestaaten zugegen.

3. Ein seit 1929 von dem kleinen monarchistischen Kreis des österreichischen Obersten Gustav Wolff (s. d.) wiederholt angesagter A. in Wien kam wegen mangelnden Interesses nicht zustande.

Antifreimaurerpartei, s. Anti-Masonic Party.

Antifreimaurertag, Österreichischer, vom 30. März bis 1. April 1897 in Wien, behandelte in elf Vorträgen (die später in einem Band veröffentlicht wurden) die „Freimaurerei Oesterreich-Ungarns". Spiritus rector war ein freimaurerischer Renegat, der klerikale Redakteur Karl Koller. Die Schlußrede hielt der Kardinal-Fürsterzbischof Dr. Gruscha.

Antilia. Der aus Elbing stammende deutsche Kaufmann Samuel Hartlib, der vor 1628 nach England gekommen war, ging mit dem Plan um, eine humanitäre Gesellschaft zu gründen, wobei ihm die Pansophie des Comenius vorschwebte. Ein Plan einer pansophischen Gesellschaft von Gelehrten, den Hartlib verfaßte, lag dem englischen Parlament vor. Hartlib rechnete so sicher mit der staatlichen Unterstützung, daß er Comenius veranlaßte, nach London zu kommen. Comenius hielt sich deswegen von 1641 bis 1642 dort auf, reiste aber nach Schweden ab, als die Verhandlungen an einem toten Punkt angelangt waren. Hartlib betrieb jedoch den Gedanken weiter. 1660 schreibt er allerdings an Dr. Worthington: „Wir pflegten die wünschenswerte Gesellschaft Antilia und zuweilen Makaria zu nennen. Aber Namen und Sache sind so gut wie verschwunden." In einem weiteren Brief gibt Hartlib an, seine Gesellschaft sei eine Nachahmung einer früheren, in Deutschland tätigen, aber durch den 30jährigen Krieg zerstörten Gelehrtengesellschaft in Nürnberg (?) gewesen. Hartlib nahm dann an dem sogenannten „unsichtbaren Kollegium" (Invisible College) teil, das von einem Deutschen, Theodor Haak, in Oxford gegründet wurde und aus dem die wissenschaftliche Gesellschaft „Royal Society" (s. d.) hervorging. Mitglieder dieses Kreises standen nachweisbar zur Freimaurerei in Beziehung, so Elias Ashmole und Robert Samber, die Freimaurer waren. Wenn also auch die Antilia in England selbst nicht bestanden hat, so steht doch ziemlich fest, daß die humanitären pansophischen Gedanken dieses Kreises um Hartlib auf den geistigen Inhalt der spekulativen Logen nicht ohne Einfluß geblieben sind.

Antillen, Zentralamerika vorgelagerte große Inselgruppe, die den Golf von Mexiko und das Karibische Meer abgrenzt und mit den Bahama-Inseln Westindien bildet, besteht aus den Großen und Kleinen A. Zu ersteren gehören Haiti mit San Domingo, Porto-Rico und Jamaica (s. alle diese), zu letzteren die „Inseln Über dem Winde", die „Inseln Unter dem Winde", die „Jungferninseln", Trinidad, Guadeloupe, Martinique und Curaçao (s. alle diese). Die Freimaurerei ist hier sehr stark verbreitet; schon im 18. Jahrhundert war „Französisch-Westindien" für die Verbreitung der Königlichen Kunst in der Neuen Welt, namentlich auch der französischen Hochgradsysteme, sehr wichtig. Von hier aus gelangte durch Morin (s. d.) das System nach Nordamerika, das die Grundlage des A. und A. Schottischen Ritus bildete; über Haiti brachte diesen de Grasse-Tilly (s. d.) nach Europa.

Anti-Maçon, L', von Leo Taxil (s. d.) unter dem Pseudonym Paul de Régis mit K. de Borgia herausgegebene antifreimaurerische Zeitschrift, die das Jahr des Trientiner Antifreimaurerkongresses, 1896, nicht überlebte. (Vergl. Singer, „Der Kampf Roms...".)

Anti-Masonic Party, in den Vereinigten Staaten von Nordamerika im Gefolge der Morgan-Affäre 1827 entstandene antifreimaurerische Partei, die zehn Jahre lang durch Terror jede Betätigung von Freimaurern im politischen Leben unmöglich zu machen trachtete und namentlich in den Mittel- und Neuenglandstaaten sehr gewalttätig auftrat. Ihr Versuch, 1832 auf ihr antifreimaurerisches Programm William Wirt als Präsidenten durchzubringen, schlug kläglich fehl: trotz der ungewöhnliche Dimensionen annehmenden Volksverhetzung blieb der Freimaurer Andrew Jackson (s. d.) siegreich. Lediglich der Staat Vermont stimmte für die Antimaurer. Diese vermochten dagegen eine Zeitlang in einzelnen Staaten bei lokalen Wahlen Erfolge zu erringen.

Anti-Masonic Review and Magazine, antifreimaurerische Zeitschrift, herausgegeben von Henry Dane Ward in New York, erschien in den dreißiger Jahren des 19. Jahrhunderts und war eine der treibenden Kräfte in der durch die Morgan-Affäre (s. d.) heraufbeschworenen Kampagne gegen die Freimaurerei in Amerika.

Antimassonische Societäten nannten sich androgyne Gesellschaften von Adligen, die bereits 1739 in Oberhessen, und zwar in Büdingen, dann in Hamburg, Kopenhagen und anderen Orten auftraten. Trotz dem kampfansagenden Namen sind sie nicht Kampforganisationen gegen die Freimaurerei gewesen. Im Statut wird als Grund des Zusammenschlusses angeführt, daß die Freimaurer das weibliche Geschlecht ausschließen. Außerdem sollen die Freimaurer sich geweigert haben, ihre Geheimnisse der Obrigkeit zu enthüllen. Schließlich scheint auch den beteiligten Adelskreisen der demokratische Zug der Freimaurerei nicht gepaßt zu haben. Das Statut der Gesellschaft ist 1742 ausgefertigt und von König Christian VII. von Dänemark, der Mitglied der Societät war, eigenhändig vollzogen worden. Verfasser der Satzungen war der dänische Kammerherr Graf Heinrich XII. von Reuß, der 1750 die Societät ins reußische Vogtland verpflanzte und sie dort unter dem Namen der „Gesellschaft der guten Leute" einsetzte. Gegen die Freimaurer errichtete man eine strenge Scheidewand; trotzdem traten Freimaurer ein. Die Gesellschaften scheinen gegen 1762 eingegangen zu sein. Ausführlich berichtet über sie Paul Kretschmer, Gera, in der Festschrift der Großloge „Lessing zu den drei Ringen" 1930 (auch als Sonderdruck im Verlage Gebrüder Stiepel, Reichenberg 1931).

Antimaurer (Antimasons), amerikanische, s. Anti-Masonic party.

Antin, Herzog von, * 1707, † 1743, wurde vom Herzog von Richmond in die Loge d'Aubigny aufgenommen und am 24. Juni 1738 zum Großmeister der Freimaurer im Königreich Frankreich auf Lebenszeit gewählt. Er war ein Urenkel der Marquise von Montespan. Clavel erzählt von ihm in seinen pittoresken Erzählungen, wie er durch seine Persönlichkeit auf eine Polizeipatrouille derart einwirkte, daß sie die Durchsuchung einer Loge unterließ. Der Herzog war der erste Franzose, der den Großmeisterhammer führte und wahrscheinlich der erste französische Großmeister überhaupt, da die Figur seines angeblichen Vorgängers „Lord Harouester" erfunden zu sein scheint.

Antiquity Lodge Nr. 2, heute noch bestehende Gründungsloge der Großloge von England, ursprünglich „Goose and Gridiron" („Zur Gans und zum Bratrost"), nach der Taverne, in deren Versammlungsraum auch die Gründung der Großloge beschlossen wurde. Sie ist eine Loge „from time immemorial", das heißt eine Loge, die älter ist als die Großloge selbst und die daher kein Gründungspatent einer Großloge besitzt. Die A. Lodge galt stets als die älteste der vier Logen, die 1717 in Aktion traten; bis zur Union von 1813 hatte sie denn auch die Nr. 1; sie verlor diese, als infolge des Paktes zwischen „Ancients" und „Moderns" um den Rang in der Vereinigten Großloge gelost wurde.

Antisemitismus und Freimaurerei sind nach dem Sinn des Bundes miteinander unverträgliche Begriffe. Auch die sog. christlichen Systeme sind ihrem ureigentlichen Wesen nach nicht antisemitisch, sondern infolge ihrer eigenartigen, auf dem Johannis-Evangelium beruhenden Lehrarten christlich, d. i. mit Beschränkung auf bestimmte Glaubensvorstellungen gedacht. Die großen Wellen der antisemitischen Bewegung sind aber, insbesondere in Deutschland, an der Freimaurerei nicht spurlos vorübergerauscht. Seit deren Aufkommen um 1880 machte sich ein Niederschlag teilweise auch im Logenwesen geltend, was scharfe Proteste und 1881 eine mannhafte Erklärung des Deutschen Großlogenbundes gegen den A. zur Folge hatte, der es „angesichts der traurigen, für unsere Zeit unerhörten Vorgänge, die an längst versunkene Jahrhunderte erinnern", als Pflicht bezeichnete, „alle Bundeslogen und ihre einzelnen Mitglieder aufzufordern, der sog. antisemitischen Ausschreitung entschlossen und energisch entgegenzutreten". Das „Allgemeine Handbuch der Freimaurerei" (3. Auflage, 1900) bezeichnet A. und Zugehörigkeit zur Freimaurerei als unvereinbar.

Die starke rassische Betonung der Judenfrage in der Nachkriegszeit in Deutschland hat auch in manchen Logen und Logengruppen Erscheinungen rassenantisemitischer Natur gezeitigt. Die sehr häufige Verquickung von Judentum und Freimaurerei in den Angriffen der nationalistischen Kreise, Fälschungen, wie die „Protokolle der Weisen von Zion", und die darauf aufgebaute Hetze, die Stellungnahme von Wichtl, Ludendorff, Rosenberg, Müller-Hausen, Schwartz-Bostunitsch (s. d.) und ihrer Nachbeter in allen möglichen völkischen Verbänden führte dazu, daß man in einigen Großlogen glaubte, dem A. auch aus Opportunitätsgründen namhafte Konzessionen machen zu müssen. Doch sah man bald in einem Teil dieser Kreise ein, daß sich das mit der Würde und den Auffassungen des Bundes nicht vertrage. Die Hamburger Großloge sagte sich „von dem zweifelhaften Treiben los, indem sie das Haupt der Unruhestifter (Robert Eskau, Hamburg, der 1925 verschiedene ‚Botschaften' erließ) aus der Bruderkette entfernte". Immerhin war es „im letzten Grund die antisemitische Frage, die 1922 zur Sprengung des Deutschen Großlogenbundes führte". (Vergl. Stadtpfarrer Dr. G. Schenkel, „Die Freimaurerei im Lichte der Religions- und Kirchengeschichte", Gotha 1926.) All das ist als bedauerliche Zeiterscheinung zu verzeichnen, hat aber mit dem wahren Inhalt der Freimaurerei nichts zu tun und wird von den Geistigen aller Lehrarten abgelehnt. In besonders eindeutiger Form tat das der große Exeget der Großen Landesloge der Freimaurer von Deutschland, Dr. Hieber, Königsberg. Als 1924 die Große Loge von Preußen, genannt „Zur Freundschaft", zum christlichnationalen Prinzip zurückkehrte, betonte Aug. Horneffer nachdrücklichst (vergl. „Am rauhen Stein" d. J.), daß darin keinerlei A., kein Vorwurf gegen die jüdischen Mitbürger liege. „Die Roheiten, deren man sich heute vielfach gegen sie schuldig macht, verletzen mein freimaurerisches und menschliches Gewissen." Der zum gleichen System gehörende Julius Jaeckle, Berlin, erklärte: „Das ist der Weg nicht, der zu der Menschheit Höhen weist, jemanden nicht teilhaben zu lassen auf dem Wege, der zu dem Vaterhause führt, jemanden vom Bau am unsichtbaren Tempel zur Ehre des A. B. a. W. auszuschließen, weil er semitischen statt arischen Geblüts ist. Welch ein Irrweg! Der Jude sei materialistisch, nicht auf das Ewige gerichtet, in seinem Charakter dem Weltlichen, dem Mammon mehr zugewandt als wir? Daß wir doch den Balken in unserem Auge sehen möchten! ... Wir sollten ... keine Rassen in die Logen aufnehmen oder ablehnen, sondern Menschen, ganze, starke, strebende, ewigkeitseingestellte." Auch der Verein deutscher Freimaurer unterstreicht in seiner gegen Ludendorff gerichteten Abwehrschrift „Vernichtung der Unwahrheiten über die Freimaurerei durch 116 Antworten auf 116 Fragen" (erste Auflage erschien 1928), daß in der Freimaurerei, die grundsätzlich allen Rassenhaß verwirft und jede religiöse Überzeugung achtet, weder Rassen-A. noch konfessionelle Unduldsamkeit gegen das Judentum Raum haben.

Anwesenheitsliste. Die Eintragung in die Anwesenheitsliste beim Logenbesuche ist Pflicht. In den alten Logen verzeichnete der Logenschriftführer die Anwesenden in der Verhandlungsschrift. Die Logen in Hamburg, Dresden, Wien u. a. O. trugen die Namen der Anwesenden in eine Dreieckszeichnung ein, die gewissermaßen das Bild der arbeitenden Loge vorstellte.

Anzac Room in London, von den Großlogen von Australien und Neuseeland gestifteter Prunkraum im neuen Großlogenpalast (Peace Memorial Building) der Großloge von England, der ausschließlich mit Hölzern und von Handwerkern dieser Dominions eingerichtet wurde.

Anziehen des neuen Menschen, Das. Der Freimaurerbund fordert von dem Suchenden, der in feierlicher Weise aufgenommen (eingeweiht) werden soll, daß er in einem festlichen (dunklen) Gewand erscheine. Diese Vorschrift gilt auch im allgemeinen weiterhin, wenn der Br. an einer rituellen Arbeit teilnimmt. Nach dem mystischen Brauchtum der Mysterienbünde bedeutet das A. und die Anlegung bestimmter Abzeichen (in der Freimaurerei des „Werkzeuges") auch äußerlich die Verwandlung, die der Novize das erstemal und der Br. jedesmal erfährt, sobald er sich an die „Arbeit" (s. d.) begibt. „Wie die alten Mysterienbünde, versinnbildlichen auch die Freimaurer die Verwandlung, die sie durch den Eintritt in den Bund zu erleben wünschen, durch das Kleid und durch gewisse Gemeinschaftsformen; freilich genügen ihnen wenige, sofort ins Geistige gewendete Andeutungen. Der Myste (ebenso der Suchende, Br.) legt ein anderes (vom Alltagsgewand verschiedenes) Kleid an und zieht damit symbolisch einen anderen Menschen (den ‚neuen Adam') oder einen anderen Leib an." Der alte Leib stirbt oder er bleibt zurück; der „Reine und Verwandelte tritt über die heilige Schwelle. Nachher aber tritt der alte Mensch wieder in sein Recht. Der Alltag gewinnt seine Macht zurück; der Br. ist wieder ein unter das Joch der Notdurft gebeugtes Wesen". (Vgl.: August Horneffer, „Symbolik der Mysterienbünde".) — Der ethische Sinn des A. liegt für den Freimaurer darin, daß er sich der Sitte entsprechend zu den feierlichen Anlässen der Zusammenkünfte festtäglich kleiden und daß er die symbolisierenden Abzeichen des Bundes anlegen soll. Im Tempel, bei der Arbeit erscheint der Freimaurer als ein Mensch, dem ein würdiges Gewand behilflich sein soll, um einen erhobenen Gemütszustand erfahren zu können.

Apathy, Stephan, Universitätsprofessor in Klausenburg, * 1863, † 1922, bedeutender Biologe und Anatom, lange Zeit am Biologischen Institut in Neapel tätig, schrieb auch soziologische Werke, war Meister vom Stuhl der Klausenburger Loge „Unio" und Deputierter Großmeister der Symbolischen Großloge von Ungarn.

Apokalyptische Grade heißen im Schottischen Ritus diejenigen, die sich symbolisch auf das Evangelium Johannis stützen. So der XVII. Grad der Ritter vom Osten und Westen.

Apollo-Freyschaft für Kinderhilfe, Wohlfahrtsorganisation, ausgegangen von der Leipziger Loge Apollo, die Austausch von Schulkindern, Unterbringung von Söhnen und Töchtern von Freimaurern in freimaurerischen Familien zur weiteren Ausbildung in Schule und Lehre und praktischer Hausbetätigung durchführt und aus einer Unterstützungskasse Beihilfen zur Unterbringung der Kinder leistet.

Appleton, William Archibald, * 1859, englischer Gewerkschaftsführer, seit 1907 Generalsekretär der Federation der englischen Gewerkschaften (Trade Unions), Verfasser mehrerer Werke über die Gewerkschaftsbewegung und die Arbeitslosenfrage, seit 1931 Großbeamter der Großloge von England.

Apprenti (frz.), Lehrling.

Apprentice, Entered, die englische Bezeichnung für den Lehrlingsgrad.

Apron, die englische Bezeichnung für Schurz (s. d.).

A. Q. C., Abkürzung für Ars Quatuor Coronatorum (s. d.)

Araberaufstand in Palästina 1929 veranlaßte die National-Großloge von Ägypten (Großsekretär A. Younis) zu einem Appell an die ihr in Palästina unterstehenden, Araber und Juden umfassenden Logen, in welchem sie ausführte, diese furchtbaren Vorgänge entsprächen einer Mentalität, die nichts davon wisse, daß alle Menschen ohne Unterschied der Rasse und des Glaubens Brüder seien. Pflicht jedes palästinensischen Freimaurers sei die Achtung der Überzeugung und des Glaubens und die Aufklärung jener Mitbürger, die noch nicht zu dieser Denkungsart gelangt seien.

Arabien. Große Halbinsel im Südwesten Asiens; in der englischen Kolonie Aden am Ausgang des Roten Meeres arbeitet unter der Großloge von Schottland eine Loge (s. auch Irak).

Arago, Dominique François, berühmter französischer Physiker und Astronom, * 1786, † 1853, schon als Dreiundzwanzigjähriger Mitglied der Akademie der Wissenschaften, Direktor der Pariser Sternwarte, 1848 Mitglied der provisorischen Regierung (Kriegs- und Marineminister), war Freimaurer. („La Revue M", Brüssel, Oktober 1930.)

Arago, Emanuel, Sohn des Vorigen, französischer Politiker, Diplomat und Lustspieldichter, * 1812, † 1896, Gesandter in Berlin 1848, Minister in der Regierung der nationalen Verteidigung 1870, dann Gesandter in Bern, war Mitglied der Loge „Le Réveil Maçonnique", Boulogne (aufg. 1870).

Aranda, Pedro Pablo, Graf, spanischer Diplomat und führender Minister Karls III. (1718 bis 1799), Anhänger der französischen Aufklärungsphilosophie, nahm aktiven Anteil an der Ausweisung der Jesuiten und der Einschränkung der Macht der Inquisition, 1767 Gründer der Gran Logia Espagnola. Nach dem Tode seines Königs wurde er vom reaktionären Ministerpräsidenten Godoy vertrieben.

Aranka, Georg, ungarischer Schriftsteller, * 1737, † 1817, nahm regen Anteil an der Ausbreitung der Freimaurerei in Siebenbürgen; Freund Franz Kazinczýs (s. d.). Auf seine Anregung wurde durch die Mitglieder der Loge in Klausenburg ein Verein für die ungarische Sprache gebildet.

Arató, Friedrich, ungarischer Oberstudiendirektor i. R., * 28. Juli 1859, war lange Zeit Erster Großaufseher der Symbolischen Großloge von Ungarn, schrieb mehrere Werke über die Freimaurerei: „A szabadkőmüvesség", preisgekrönt durch die Symbolische Großloge von Ungarn, „Die Geschichte der Loge Árpád" (Dr. Szeged).

Arbeit macht nach ihrer dominierenden Stellung im Gebrauchtum die Freimaurerei zu einem Arbeitsbund mit Werkkult. Der

Freimaurer spricht vom „Evangelium der A." und vom „Erlebnis der A."

A. heißt auch jede Versammlung der Freimaurer zu freimaurerischen Zwecken. Bereits in den alten englischen Ritualen wird der Unterschied gemacht zwischen „labour" und „refreshment", A. und Erholung. Je nach dem Zwecke der A. wird unterschieden zwischen Festarbeiten, Instruktionsarbeiten, Aufnahmsarbeit, Beförderungen u. a. m. (s. auch Loge). Das den Mitgliedern gewöhnlich zu Monatsbeginn vorgelegte Programm heißt Arbeitskalender.

Unterschieden wird zwischen Innen- und Außenarbeit. Die erstere betrifft die A. in der Loge und am Individuum, die zweite die Umsetzung der freimaurerischen Lehren in Werke der Nächstenliebe und allgemein kulturelle Werke.

Arbeit als Mysterium, s. hierzu: Arbeit, Kultische. Arbeit war in der Urzeit mit religiösen Vorstellungen verbunden. Von magischer, zauberhafter Art sind nach dem primitiven Glauben jene Kräfte in uns, mit denen Arbeit aller Art getan wird. Musik und Gebet (also Arbeitsritus) haben die Arbeit seit je, besonders wo sie gemeinsam erfolgt, begleitet und die Arbeit rhythmisch gemacht, wie eine Prozession rhythmisch ist. (Vergl. das berühmte Werk von Karl Bücher: „Arbeit und Rhythmus".) Gemeinsames Arbeiten vervielfacht die (in jedem einzelnen wohnende) ‚Zauberkraft' und macht den Menschen zum Herrn über jeden Stoff, über die ganze Welt." Vergangene Zeitläufte haben in diesem religiösen Kollektivcharakter der Arbeit die lebendig gewordene Idee der Verbrüderung gesehen, und wir finden, daß heute sozialistische Auffassungen vom Wesen der Arbeit vielfach mit einer Art religiösen Bruderschaftsgedanken verknüpft sind. „Unseren Vorfahren war die Arbeit selber ein Mysterium — und ist es besonders uns Freimaurern geblieben — zumal die gemeinsame Arbeit, die im Rhythmus des brüderlichen Wetteifers vollzogen wird... Mit solchen Gefühlen erfochten die Kriegerbünde ihre Siege, bauten die Maurer ihre Dome, bildeten die Weisheitsbünde ihre Systeme und taten alle anderen religiösen und weltlichen Menschenbünde ihr Werk... In der Gemeinsamkeit arbeitet der eine für den anderen und jeder für alle; das Bewußtsein, mit seiner Teilarbeit einem Ganzen zu dienen, geht über in das Bewußtsein, zum Ganzen zu gehören und mit dem Ganzen die Früchte seiner Arbeit zu ernten." (Vergl. August Horneffer: „Symbolik der Mysterienbünde".)

Arbeit in Forma (engl. in Form), rituelle Arbeit. In der englischen Maurerei wird bei den Großlogenarbeiten in Form" (Eröffnung durch einen Großbeamten), in „due form" (durch den Zugeordneten Großmeister), in „ample form" (durch Großmeister oder Pro-Großmeister) unterschieden.

Arbeit, Kultische. In den Mysterienkulten spielt die Verbindung von Arbeit (s. d.) und Kult eine große Rolle. Diese Vereinigung zweier bedeutender Elemente stammt aus „dem Glauben an den Kultwert (d. h. den Heilswert, den sittlich und religiös befreienden, vergöttlichenden Wert) der Arbeit und umgekehrt an den Arbeitswert (d. h. die reale Kraft) des Kultes". In der Freimaurerei werden die feierlichen (kultischen) Zusammenkünfte, dem oben erwähnten tiefen Sinn entsprechend, geradezu als Arbeiten bezeichnet. „Weil Kult Arbeit ist, haben sich sämtliche Brüderbünde zum religiösen Kultwesen hingezogen gefühlt." Aus der k. A. ist das geworden, was wir im modernen Sinne Kulturarbeit nennen, die ja geistiger Art ist, von einem Glauben getragen ist und ein umfassendes Ziel hat. Diese Kulturarbeit leitet die Freimaurerei. (Vgl. August Horneffer: „Symbolik der Mysterienbünde".)

Arbeit unter freiem Himmel. Als solche bezeichnet man die vorbereitende Versammlung einer Gruppe von Brüdern zum Zwecke einer Logengründung. Die Erteilung der Arbeitserlaubnis steht ausschließlich dem Großmeister zu und gehört zu seinen symbolischen Rechten. Der Ausdruck selbst ist heute ein im Gebrauche abgeschliffener Terminus. Eine sehr wertvolle Arbeit von Kress und Meekren im „Builder" (April, Mai 1926) lenkt die Aufmerksamkeit auf die uralten Kulturwurzeln, von denen der Fachausdruck herzuleiten ist. Alle alten Heiligtümer sind ursprünglich nur Aufbewahrungsorte des Verehrungswürdigen. Das Götterbild wird überdacht, bei Nomadenvölkern wird es in einem Schreine getragen, der bei gottesdienstlichen Anlässen aufgestellt oder geöffnet wird. (Stiftshütte.) Der Raum, in welchem das Götterbild aufgestellt ist, bleibt dem Zutritte der gläubigen Menge verschlossen. (Adyton.) Die ägyptischen Tempel bestehen im wesentlichen aus großartigen Säulenhallen, den verhältnismäßig kleinsten Raum nimmt die abgeschlossene Zelle des Heiligtums, der Standplatz des Götterbildes, ein. Das südliche Klima zwingt an sich schon zu freier Luft. Große Menschenansammlungen sind in geschlossenen Räumen undenkbar. Auch die Theater sind Freilichtbühnen, aber auch die Versammlungen der nordischen Völker, das Thing, tagen im Freien. Das Femgericht versammelt sich an einem Kreuzweg oder unter einem geweihten Baume. Auf freie Plätze verlegt der Volksaberglaube die Satanskulte der Hexen. (Das Johannisfest der Freimaurer fällt mit der Walpurgisnacht zeitlich zusammen!) Mancher Aberglaube, der im Volke heute noch über die Freimaurer im Schwange ist, findet seine Erklärung in den Zufälligkeiten verschiedener Deutung gleicher Anlässe. (Geweihte Tage, Sonnenkult), Teufelsbeschwörer und Geisterzitierer wählen den freien Nachthimmel. U. a. m.

Auch in der Überlieferung der alten Freimaurer spielt der „Freie Himmel" eine bedeutungsvolle Rolle. „Unsere alten Brüder", heißt es bei Anderson, „versammelten sich auf den höchsten Hügeln und in den tiefsten Tälern", um die Annäherung von Unberufenen, Nichteingeweihten, Nichtzunftmäßigen, Neugierigen (cowans and eavesdroppers) leichter beobachten und verhindern zu können. In den Statuten der Loge von Aberdeen (1670) heißt es daher: „Wir ordnen an, daß keine Loge in einem gebauten Hause abgehalten werden soll, wo andere Leute wohnen, sondern in freiem Felde, ausgenommen bei schlechtem Wetter, und dann soll ein Haus ausgesucht werden, daß niemand uns sehen oder hören kann." Ebenso wird angeordnet, daß die Aufnahme von Lehrlingen nur in der Loge im freien Felde, bei den Steinen „at the poynt of the Ness", d. h. also bei einer durch heilige Steine gekennzeichneten Kultstätte, vor sich gehen dürfe. Wem die uralten keltischen Steinringe des schottischen Hochlandes in Erinnerung sind, der wird die Ahnenreihe dieses Brauches zu würdigen wissen. Im schottischen Hochland wird der Kirchenbesuch (going to the church) dialektisch noch immer als going to the stones, also zu den Steinen, bezeichnet. Spätere Erklärungen haben versucht, die Versammlungen der Freimaurer unter freiem Himmel als ein Auskunftsmittel der zur Reformationszeit verfolgten Bruderschaft zu deuten. Wenn der Brauch wirklich bestand, so ist er jedenfalls schon vor 1717 vollkommen in Vergessenheit geraten. Die uns erhaltenen Spuren aus der Vorgeschichte der Freimaurerei weisen auf Versammlungen in Häusern hin. Erhalten blieb lediglich der heute noch übliche Fachausdruck, der wie so vieles andere im Ritual der Freimaurer auf urälteste kulturhistorische Wurzeln hinweist.

Arbeiter-Freimaurerbund und Großloge von Europa, ursprünglich „Arbeiter-Freimaurer-Essäer-Bund" in Verbindung mit dem „Orden der Bauherren". Nachkriegsgründung von kurzer Lebensdauer. Gründer und später Hochmeister war Wilhelm Quintscher, sein Nachfolger als Bundespräsident und Großmeister Alfred Richard Kurt Vogeldey in Plauen-Bornsdorf in Sachsen. Die mit der rechtmäßigen Freimaurerei in keinem Zusammenhang stehende Bewegung wollte „einen internationalen Zusammenschluß aller Werkenden"; die Mitglieder sollten „sich in gemeinnützigen Taten der Nächstenliebe und Menschenpflicht gegenseitig helfen und ihre wirtschaftliche Selbsthilfe so ausdehnen, damit sie der wirtschaftlichen Erdrosselung entgehen ... um so die Kräfte des in ihnen wohnenden göttlichen Geistes ihrem Ideal der Menschheitsveredelung zu widmen ..." Zu den Bundesarbeiten gehörten auch — „in dem Bestreben, ein gesundes, willensstarkes Geschlecht heranzubilden" — Nacktkultur und Nacktsport. Mitglieder konnten Männer und Frauen sein.

Arbeiter-Freimaurer, Der, Zeitschrift, erschien seit 1924 als Organ des mit der regulären Freimaurerei in keiner Verbindung stehenden „Arbeiter-Freimaurerbundes und Großloge von Europa" (s. d.). Als Herausgeber zeichnete der „Bundesmeister und Großmeister" Alfred Richard Kurt Vogeldey in Plauen-Bornsdorf in Sachsen. Die Monatsschrift setzte die von Wilhelm Quintscher herausgegebene Zeitschrift „Arbeit" fort und sollte eine „Internationale Zeitschrift für Menschheitsveredelung" sein, aber auch gleichzeitig „den vielseitigen Interessen internationalen geschäftlichen Weltverkehrs und Handels" dienen. Das Blatt ging bald ein.

Arbeiterlogen. Die Freimaurerei ist im wesentlichen eine Einrichtung des Bürgertums. Sie hat es, von Ausnahmen abgesehen, versäumt, mit den arbeitenden Schichten des Volkes Fühlung zu nehmen und dadurch Beziehungen zur Arbeiterklasse im allgemeinen verloren. Bei dem heutigen hohen Stande der Organisation der arbeitenden Schichten ist eine Annäherung auch kaum mehr denkbar (s. Sozialdemokratie). Bezeichnend für die Kurzsichtigkeit des bürgerlichen Freimaurers war die beabsichtigte Gründung eigener Arbeiterlogen, die gesondert von den eigentlichen Freimaurerlogen geführt werden sollten. Wenig bekannt ist, daß Wilhelm I. als Prinzregent sich der Hilfe der Freimaurer versichern wollte, um durch sie für die Hebung des Arbeiterstandes wirken zu lassen. Dieser Appell ist vollkommen ohne Widerhall geblieben. Heute steht der Arbeiter der Freimaurerei zumeist entweder teilnahmslos oder aus Klassengegensatz feindlich gegenüber.

Arbeitsausschuß, Wissenschaftlicher. Einrichtung des Deutschen Großlogenbundes (s. d.), kurz vor dessen Spaltung ins Leben gerufen. Man setzte in diesen 1918 beschlossenen A. große Hoffnungen und hoffte, daß sich aus alljährlichen Gemeinschaftstagungen eine Art freimaurerische Hochschule entwickeln würde (Kretschmer). Mit der Leitung wurden betraut Bischoff (s. d.) und Freiherr von Reitzenstein (s. d.). Die erste Tagung fand 1920 in Nürnberg, eine weitere im folgenden Jahre in Potsdam statt. Infolge der Spaltung des Deutschen Großlogenbundes konnte sich diese sicherlich wertvolle Einrichtung nicht erhalten.

Arbeitsgemeinschaften zum Zwecke des Gedankenaustausches über Streit- und Zeitfragen, gegenseitiger Anregung, Aussprachen über wirtschaftliche Fragen des Logenbetriebes u. a. wurden in Deutschland als regionale Verbände von Logen verschiedener Systeme gebildet. So z. B. die A. Ostthüringer Logen unter dem Vorsitz der Loge „Archimedes" in Gera, die A. mitteldeutscher Logen Hamburger Systems, die Logentagungen auf der Rudelsburg bei Kösen, im Herbste auf der Leuchtenburg bei Kahla, der rheinisch-westfälische Logenverband, der nordwestdeutsche Logenverband in Bremen. Hierher gehören auch die sogenannten Ringe (s. d.) in Wetzlar und Bielefeld. Ähnliche Einrichtungen kennen auch die amerikanischen Großlogen, so die alljährlich stattfindenden Großmeisterzusammenkünfte, bei welchen von den Großsekretären die technischen Fragen des Logenbetriebes erörtert werden.

Arbeitstafel, s. Tapis.

Arch (engl. der Bogen). In der Form des von zwei Säulen getragenen Bogens auch als Symbol des Himmelsgewölbes. Eine besondere symbolische Deutung erfährt beim Bogensymbol der Schlußstein (Key Stone), der die Spannung des Bogens erhält. Auf diesen Lehrbildern entwickelte sich vor 1743 in Irland und England ein eigentümlicher Hochgrad, der Royal Arch-Degree, der bei der Vereinigung der beiden englischen Großlogen 1813 als weiterer Ausbau des Meistergrades übernommen worden ist (s. Royal Arch). Im schottischen Ritus wird der

XVII. Grad mitunter auch „Arch of Salomon" genannt. — „Arch of Steel" (s. Stahldach). „Arch of Zerubabel" heißt im amerikanischen Ritus der VII. Grad.

Archenholz, Johann Wilhelm von, deutscher Geschichtsforscher, * 1743, † 1812, preußischer Offizier, machte den Siebenjährigen Krieg mit und wurde 1762 verabschiedet, besonders bekannt durch seine Geschichte des Siebenjährigen Krieges (1789), lebte lange Zeit in England und schrieb ein vielfach übersetztes Buch England und Italien (1785, fünf Bände). In diesem Werke behandelt er ausführlich die Spottprozession gegen die Freimaurer 1737. Er war auch mit dem Chevalier d'Eon (s. d.) befreundet. Ebenso berichtet er über die Versuche der englischen Freimaurer, im Jahre 1771 die Rechte einer staatlich anerkannten Korporation zu erlangen. Er selbst scheint nicht Freimaurer gewesen zu sein.

Archimedes, griechischer Mathematiker und Physiker 287 bis 212 v. Chr. Geb., bei der Eroberung von Syrakus von den Römern erschlagen. (Archimedisches Prinzip der Hydrostatik.) Anderson führt ihn in seinem „Stammbaum der Freimaurerei" als Glied der Überlieferung der Geometrie an. Nach ihm nennen sich manche Logen.

Archipel, s. Straits Settlements.

Architectonicus, griechisches Wort, latinisiert, bedeutet: zur Baukunst gehörig. In Schottland zur Bezeichnung des Freimaurers gebräuchlich. Daher „Societas architectonica" für Loge. (Gebräuchlicher ist coetus oder latomia.) Ebenso „fratres architectonici" für Freimaurer, so auf dem von den Freimaurern gesetzten Eckstein der Edinburgher Börse.

Architekt, Bezeichnung hoher Großlogen-, bezw. Ordensämter, z. B. Ordensoberarchitekt und Ordensunterarchitekt (Große Landesloge der Freimaurer von Deutschland), auch bei der Großloge von Schottland (Grand Architect).

In den schottischen und anderen Hochgraden häufige Gradbezeichnung, z. B. im A. u. A. Schottischen Ritus der XII. Grad: Großmeisterarchitekt.

Schließlich im Englischen und Französischen Bezeichnung des höchsten Wesens: Great Architect of the Universe, Grand Architecte de l'Univers.

Architektonische Tafel, in manchen Großlogen Bezeichnung für Protokoll, Verhandlungsschrift.

Archiv, verwaltet vom Logenarchivar, die Sammlung aller auf die Geschichte der L., bezw. Gr.-L. bezüglichen Akten und Dokumente. Den Archiven wird leider in vielen Logen nicht die nötige Aufmerksamkeit zugewendet. Daher hat der „Verein deutscher Freimaurer" eine Anleitung zur Führung von Logenarchiven herausgegeben, die Befolgung verdient.

Arenberg, August Marie Raymond Prinz von, bekannt als Graf La Marck. * 1753 in den Niederlanden, † 1833, stand in französischen Diensten, kämpfte in Indien und Amerika, Mitglied der konstituierenden Nationalversammlung, nach Absetzung des Königs General in der niederländischen Armee, führte seinen Freund Mirabeau (s. d.) mit Ludwig XVI. zusammen, war Mitglied des 1804 gegründeten Suprême Conseil des A. u. A. Schottischen Ritus von Frankreich.

Areopag, ursprünglich der Areshügel bei Athen, Sitz des gleichnamigen obersten Gerichtshofes, in der Freimaurerei: Tribunal der Kadosch-Ritter (s. d.), Werkstätte, in der der 30. Grad des A. u. A. Schottischen Ritus bearbeitet wird. In einigen Hochgradsystemen Klasse von Graden.

Areopagiten, Titel der führenden ersten Mitglieder des Illuminatenordens (s. d.).

Argentinien, südamerikanische Republik, Hauptstadt Buenos Aires. Wie in ganz Südamerika, läuft — vor allem — auch in A. die Frühgeschichte der Freimaurerei mit jener der Unabhängigkeitsbewegung zusammen. Sie knüpft mittelbar an den Namen des Freiheitshelden Miranda (s. d.) an. Die erste Loge in Buenos Aires wurde von dem in Baltimore aufgenommenen Portugiesen Juan de Silva Cordeiro unter dem Namen „San Juan de Jerusalén de la felicidad de esta parte de America" in der Straße „Santisima Trinidad" errichtet. Als Gründungsjahr galt im allgemeinen 1807. Theo Alemann (Mitteilungen der Großloge „Zur Sonne", Or. Bayreuth, 1925/26) gibt 1801 an*). Unter dem Druck der Spanier konnte sich aber diese Loge nicht recht entwickeln. Sie ging 1810, nach dem Tode ihres Gründers, wieder ein. 1806, bei der ersten Besetzung von Buenos Aires durch die Engländer, die nach der Schlacht von Trafalgar unter Lord Beresford die Expedition nach dem La Plata unternahmen, entstanden in deren Reihen zwei Logen, „La Estrella del Sur" und „Hijos de Hiram". Mit dem Abzug der Truppen war die Tätigkeit dieser Bauhütten zu Ende. 1812 traf auf der Fregatte „George Canning" Oberstleutnant José de San Martin (später als General der „Washington Südamerikas") mit einer Reihe von Offizieren in Buenos Aires ein, die gleich ihm berufen waren, bei der Befreiung der Heimat eine große Rolle zu spielen. Um die patriotische Bewegung zu fördern, errichtete San Martin mit diesen, getreu den von Miranda empfangenen Lehren, anfangs 1812 die Loge „Lautaro", unter deren Mitgliedern in großer Zahl auch andere der Männer waren, deren Namen in dem Ringen um die Unabhängigkeit Gemeingut des argentinischen Volkes wurden. Der mit San Martin gekommene Matias Zapiola, der spätere Brigadegeneral, war Sekretär. Seine Gedenktafel auf dem nach ihm benannten Platz in der argentinischen Hauptstadt nennt ihn nicht nur als Unabhängigkeitskämpfer, sondern auch als Gründer der Loge

*) Auch eine Loge mit dem bezeichnenden Namen „Independencia" wird als erste argentinische Loge genannt. Sie soll in den Tagen, die der Erringung der argentinischen Unabhängigkeit vorangingen, in der Gruppe „Sociedad de los Siete" (Gesellschaft der Sieben) aufgegangen sein, die dann im Mai 1810 eine große Rolle spielte. (Vergl. Benjamin Oviedo, „Las Logias de San Juan", Santiago 1930.)

„Lautaro". Die Loge arbeitete in den drei Symbolischen Graden. Eine höhere Abteilung, „Gran Logia de Buenos Aires", bearbeitete den Rosenkreuzer-, bezw. Kadosch-Rittergrad. Diese obere Abteilung namentlich war der Sammelpunkt der führenden argentinischen Patrioten, die darauf bedacht waren, die einmal errungenen Freiheiten zu erhalten und auszubauen.

Auch in den folgenden Jahrzehnten standen zahlreiche bedeutende Staatsmänner in den Reihen der Freimaurer. Namen, die heute in allen Städten immer wieder in den Straßenbenennungen wiederkehren, zierten die Logenprotokolle. Neben dem bereits genannten: Alvea, Mitre, Rivadavia, Lopez, Urquiza, Sarmiento, aber auch viele Persönlichkeiten, die dann berufen waren, in anderen der jungen südamerikanischen Republiken Führer zu werden. Verschiedene auswärtige Großlogen traten gründend auf, der Großorient von Frankreich und die Großloge von England vor allen.

In argentinischen Logen sammelten sich auch viele der Männer, die angesichts der Proskriptionen in Chile, Brasilien und Uruguay ins Exil gingen. Seit den fünfziger Jahren gründeten sich besonders zahlreiche Logen, so 1856 die „Union del Plata", die „Confraternidad Argentina", dann „Consuelo del Infortunio", „Tolerancia", „Regeneracion", „Lealtad" und „Constancia".

1857 entstand ein „Oberster Rat und Großorient", der 1860 in einem Abkommen mit der Großloge von England die Bedingungen festsetzte, unter denen letztere 1861 für die Logen ihrer Lehrart eine Distrikts-Großloge errichtete. Die weitere Entwicklung war dann ungleichmäßig; Schismen blieben auch der argentinischen Freimaurerei nicht erspart. Auch heute gibt es neben dem als regulär anerkannten „Gran Oriente de la Republica Argentina", der vor einiger Zeit durch Vertrag seine Verwaltung von der des Obersten Rates des A. u. A. Schottischen Ritus getrennt hat, eine irreguläre National-Großloge. Der Großorient, der nach dem Schottischen Ritus arbeitet, umfaßt in 61 Logen 1500 Mitglieder. Adresse: Calle Cangallo 1242, die auch jene des Supremo Consejo ist. Der Großorient unterhält eine Knabenanstalt für Freimaurerwaisen. Eine Sehenswürdigkeit ist seine 20.000 Bände umfassende Bibliothek, zu deren Kosten die Regierung jährlich einen ansehnlichen Betrag beisteuert. Die englische Distrikts-Großloge umfaßt in A. 26 Logen; dem Großorient von Spanien unterstehen in einer eigenen Filial Hispano-Argentino 10 Bauhütten, dem Großorient von Frankreich die bekannte Loge „L'Amie des Naufragés", zur Großloge von Hamburg gehören die Logen „Teutonia" in Buenos Aires und „Libertas" in Rosario de Santa Fé.

In A. ist als erstem südamerikanischen Staat eine eingehende Geschichte seiner Freimaurerei erschienen: „Las Sociedades Secretas, Politicas y Masónicas en Buenos Aires" von Martin V. Lazcano (2 Bände, Buenos Aires 1927).

Argetoianu, Costantino, rumänischer Staatsmann, * 1871, wiederholt Minister, seit April 1931 Finanz- und Innenminister im Koalitionskabinett Jorga, mit Averescu Gründer der rumänischen Volkspartei, ist Mitglied des Obersten Rates des A. u. A. Schottischen Ritus von Rumänien und wurde wegen seiner Zugehörigkeit zum Bund in der freimaurerfeindlichen Presse wiederholt angegriffen.

Argonautenorden, androgyner Orden, gegr. 1772 von einem Freimaurer, dem braunschweigschen Hofrat Paul August Schrader, nach anderer Quelle von Konrad v. Rhetz, mit einem an die hellenische Sagenwelt sich anlehnenden Ritual, das in einem Tempel auf einer Insel des Teiches von Riddagshausen bearbeitet wurde. Ritual und Symbolik waren der Schiffahrt entnommen. Es gab einen „Großadmiral", einen „Steuermann", „Schiffsgeistlichen" usw. Der Orden löste sich um 1787 auf.

Argüelles, Agustin, spanischer Politiker und Diplomat, 1775, † 1844, Tutor der Königin Isabella, war Freimaurer.

Ariens Kappers, Adriaan, Kaufmann in Amsterdam, führender holländischer Freimaurer, * 1873, aufgenommen in der Loge „Willem Fredrik", Zweiter Großaufseher des Großostens der Niederlande, Mitglied der „Ronde Tafel".

Aristokratie.

1. s. Adel.

2. Von Freimaurern selbst wird mitunter die Meinung in Wort und Schrift vertreten, die Freimaurerei sei eine „aristokratische Einrichtung". Hier liegt eine bedauerliche Begriffsverwechslung vor. Aus dem Umstand, daß die Freimaurerei eine gewisse Auslese der Geeigneten bei der Aufnahme treibt und einen „Adel der Gesinnung" verlangt, darf nicht geschlossen werden, daß sie nach Wesen und Aufbau aristokratisch sei. Eine aristokratische Freimaurerei würde sich sebst widerlegen. Gerade im Gegenteil: Die Freimaurerei kann nicht anders sein als demokratisch, wofür der Wortlaut der „Alten Pflichten" genügend Grundlagen und Beweise liefert.

Arizona, Bundesstaat der Vereinigten Staaten von Nordamerika. Die 1882 gegründete Großloge zählte 1930 38 Logen mit mehr als 6700 Mitgliedern. Adresse: Masonic Temple, Tucson, Arizona.

Ark (engl.), der Kasten, die Lade. Daher auch „Noah's Ark" („als Noah aus dem Kasten war!"). In der amerikanischen Royal-Arch-Fassung in dreierlei symbolischer Bedeutung: 1. „A. of Noah or of Safety", Noahs Arche, 2. „A. of Covenant or of Moses", Bundeslade, und 3. „Substitute A. or of Zerubbabel", die Lade Zerubabels.

Arkadische Gesellschaft zu Phylandria, 1759 gegründeter Schäferorden, gestiftet von Mitgliedern der Familie des Fürstlich Ysenburgischen Rates F. C. von Buri auf Gut Neuhof bei Offenbach am Main. Die Gesellschaft hatte ursprünglich wohl rein literarische Ziele, bis Ludwig Ysenburg von Buri ihr freimaurerische Formen gab und die Ideale der Schäferdichtung mit den ritterlichen des maurerischen Templertums verband. 1764/65 wurden die Sitzungen ganz nach Logengebrauchtum abgehalten. Der Orden nahm auch Mädchen auf und bestand zumeist aus Jugendlichen. Buri, den ein in Neuhof einquartierter Offizier des Schweizerregiments mit Hochgraden vertraut gemacht hatte, hieß als Ordensoberer „Archon" und verlangte von den Mitgliedern, im Notfall ihr Blut für ihn herzugeben. Er unterschied „gemeine Glieder" und „Edelfreie" und betonte aufs stärkste den christlichen Charakter der Gesellschaft, die mit der Zeit in sieben Graden arbeitete. 1764 bewarb sich der 15jährige Goethe in zwei Schreiben um Aufnahme, fand diese aber nicht. Dagegen wurde der gleichaltrige Prinz Ludwig von Hessen, der sich fast gleichzeitig mit Goethe angemeldet hatte, mit Freuden zugelassen. Das hessische Staatsarchiv in Darmstadt verwahrt die Eintrittsurkunde, worin der Prinz dem Vorsitzenden der Jugendloge gelobt, „alles, was die Arkadische Gesellschaft betrifft, in allen Fällen zu verschweigen und allem dem gehörig nachzukommen, was von einem Mitglied gefordert wird". Weitere hessische Prinzen und Prinzessinnen traten bei, und da auch aus der übrigen Hofgesellschaft und den höheren Bürgerkreisen Darmstadts Zuwachs kam, wurde der Sitz der Loge dorthin verlegt; im August 1768 übernahm Prinz Ludwig selbst als „Archon Palämon" den Vorsitz der nun zu einer förmlichen Loge herangewachsenen A. G. Sie unterschied sich von den Freimaurerlogen nur durch die Aufnahme weiblicher Mitglieder, freilich nur solcher von Adel. Als dann Prinz Ludwig in die Frankfurter Loge „Zu den drei Disteln" aufgenommen worden war, machte er aus der A. G. die „Loge des hl. Ludwig derer Arkadier". (Vergl. Lang, „Aus dem Ordensleben des 18. Jahrhunderts", Heilbronn 1929.)

Arkansas, Bundesstaat der Vereinigten Staaten von Nordamerika. Erste Loge 1819, Großloge gegr. 1838. Sie zählte 1930 in 519 Logen rund 38.500 Mitglieder. Die Gr.-L. unterhält ein Waisenhaus (Masonic Orphans Home) in Batesville und gewährt kranken Kindern Freiplätze im Staatssanatorium in Boonsville, in dem auch eine „Masonic Tuberculous Children's School" untergebracht ist. Adresse: Masonic Temple, Little Rock, Arkansas.

Arlequin Franc-Maçon, zweiaktige freimaurerische Komödie eines unbekannten Autors, wurde im 18. Jahrhundert von der berühmten französischen Theatergruppe Nicolet aufgeführt, die zuerst auf den Jahrmärkten gastierte, dann unter Ludwig XV. am Boulevard du Temple in Paris ihre eigene feste Bühne errichtete. Das Stück erschien auch auf der englischen Bühne. Im Dezember 1780 wurde im Royal Theatre in Covent Garden nach einem Lustspiele „The Suspicious Husband" eine Pantomime „Harlequin Free Mason" aufgeführt, die in der zeitgenössischen Theaterkritik (so: „History of the Theatres in London", 1796) als die beste Pantomime bezeichnet wird, die seit langem in England gegeben wurde und die volle Häuser machte. Die Texte der Gesänge stammten von Charles Dibdin, die Musik von Reinhold und Wewitzer. Die Songs, Duettos, Glees usw. der Pantomime erschienen auch gedruckt und scheinen viel gekauft worden zu sein, denn es sind drei Auflagen bekanntgeworden. Die Texte sind abgedruckt in A. Q. C., Bd. XXI, 1908. Darunter findet sich auch die Maurerhymne „Hail masonry, thou art divine", die bereits 1723 gedruckt wurde.

Armeelogen, Militärlogen, s. Feldlogen.

Armenpflege, s. Wohlfahrtspflege.

Armenpfleger, Almosenier (franz. aumônier, hospitalier, engl. almoner), Logenfunktionär, dessen Aufgabenkreis die Wohlfahrtspflege (s. d.) bildet.

Armenwesen. Die Alten Pflichten befehlen, einen dürftigen Bruder nach Maßgabe der eigenen Mittel zu unterstützen, ebenso schon die ältesten Freimaurerrituale. An der Teilnahme an einer Logenarbeit Verhinderte sind verpflichtet, ihrem Entschuldigungsschreiben einen Almosenbeitrag beizuschließen. In Weimar wurde bei der jedesmaligen Herumsendung der Einladungen durch den dienenden Bruder diesem eine Armenbüchse mitgegeben, damit die am Besuche verhinderten Brüder durch eine freiwillige Gabe die Loge bedenken können.

Armiger, Knappe, auch Socius ordinis, Novizengrad der Strikten Observanz.

Arras, Kapitel von (Souverain Chapitre primatial et métropolitain de Rose — Croix sous le titre distinctif d'Ecossais Jacobite), angeblich 1745 von dem Prätendenten Karl Eduard Stuart gegründetes erstes Rosenkreuzerkapitel, an das sich ein Großteil der die Schottische Maurerei (s. d.) betreffenden Legenden knüpft. Für die wirkliche Existenz des K. v. A. haben sich keine authentischen Unterlagen beibringen lassen. Ein in zahlreichen Abschriften vorliegendes vorgebliches Patent („Bulle") des Anwärters auf den englischen Königsthron, in dem die Kapitelgründung ausgesprochen und mehrere bekannte Freimaurer von Arras (darunter Robert Spiers, der Großvater von Robespierre) zu dessen Leitern bestimmt wurden, wurde zwar von manchen Forschern (so Thory, Daruty, de Loucelles, Bord) für echt angesehen, war aber sicherlich spätere Fabrikation. Diese fand, Lantoine zufolge, wohl in dem Augenblick statt, als die Loge „La Constance" in Arras, um Tochterlogen gründen zu können, sich zur „Mère Loge Ecossaise et Anglaise" erklärte und möglicherweise ihr Prestige durch die vermeintliche Verbindung mit dem Haus Stuart zu heben gedachte (s. Stuarts).

Ars latomorum, s. Latomia.

Ars Quatuor Coronatorum, being the Transactions of the Quatuor Coronati Lodge Nr. 2076, London, heißen die Veröffentlichungen der berühmten Londoner Forscherloge, die jährlich in drei bis vier Heften erscheinen und heute (1931) bereits 42 Bände füllen. Die Zeitschrift ist durch ihre Reichhaltigkeit und wissenschaftliche Gründlichkeit das vornehmste freimaurerische Archiv geworden. In ihr wurde das Quellenmaterial besonders der Frühgeschichte der Freimaurerei derart umfassend dargestellt, daß die „Transactions" zum unentbehrlichen Rüstzeug aller freimaurerischer Forschung geworden sind. Die Zeitschrift wird nur an Mitglieder der Loge und des Korrespondenzzirkels abgegeben. Redakteur ist derzeit Lionel Vibert, London.

Ars regia (lat.), Königliche Kunst, Freimaurerei.

Articles of Union (1813), s. Union, Articles of.

Artois, Graf v., s. Karl X.

Ashlar, im Englischen Bezeichnung für den Stein. Man unterscheidet: Rough A. und Perfect A., den rauhen und den behauenen Stein (s. d.).

Ashmole, Elias, einer der größten englischen Gelehrten des 17. Jahrhunderts, wohl der älteste berühmte „spekulative" Freimaurer. * 1617, † 1692. Polyhistor von vielen Graden: Offizier, Physiker, Astrolog, Rechtsanwalt, Mediziner, Alchimist, Botaniker, Historiker in Oxford, Mitglied der Royal Society, Verfasser bedeutender Werke, Rosenkreuzer. Für die Geschichte der Freimaurerei bedeutungsvoll durch zwei Eintragungen in seinem Tagebuch, aus denen hervorgeht, daß er am 16. Oktober 1646 zu Warrington in Lancashire in eine Loge aufgenommen wurde und am 10. März 1682 einer Aufnahmearbeit in der Londoner Mason's Hall beiwohnte, wobei er nach seiner Angabe der älteste anwesende Freimaurer war. A. spielt auch eine große Rolle in den Hypothesen jener freimaurerischen Forscher, die den Ursprung der Freimaurerei im Rosenkreuzertum suchen. Sie erblicken in dem „Haus Salomonis", das A. 1646 mit dem Astrologen William Lilly, dem Arzt Thomas Wharton, dem Mathematiker William Oughtred und anderen als Mittelpunkt ihrer Gemeinschaftsarbeit gründete, und das ein Sanktuarium für inbrünstiges Suchen nach den tiefsten Mysterien der Natur und dem Geheimnis des menschlichen Glücks sein sollte, den Punkt, an dem die gegenseitige Durchdringung erfolgte. Zumal diese Vereinigung sich in der Mason's Hall, in Mason's Alley Basing Hall Street, einmietete.

An A.s Namen knüpft sich auch die Legende, er sei an Stelle Karls I. (Stuart), dessen Parteigänger er war, hingerichtet worden, während Karl I. unter dem Namen A. weitergelebt habe. Seine reichen Sammlungen bilden einen wertvollen Teil der Oxforder Bibliothekssammlungen (s. Ashmolean-Museum).

Ashmolean-Museum in Oxford, benannt nach Ashmole, enthält auch eine sehr bedeutende freimaurerische Ausstellung, die berühmte Sammlung des gewesenen Großschatzmeisters der Großloge von England, Lewis Evans, die dieser der Universität Oxford 1925 zum Geschenk machte.

Asiatische Brüder, ein Hochgradsystem, das 1782 von Hans Heinrich Freiherr von Ecker und Eckhoffen (s. d.) ausgearbeitet wurde und durch die Vermittlung des Grafen Sinzendorf besonders in den österreichischen Erblanden große Verbreitung fand. Ecker warb schon 1781 als Zugeordneter Meister der Loge „Zu den sieben Himmeln" in Wien für einen von ihm erfundenen hochwürdigsten, mächtigen und weisen „Orden der Ritter und Brüder des Lichts", angeblich von den „sieben weisen Vätern, Vorstehern der sieben Kirchen in Asien" errichtet, mit der Bestimmung, „Licht und Wahrheit zu verbreiten, Seligkeit und Frieden zu schenken und die echten geheimen Bilder der drei Grade der Brr. Freimaurer-Ritter aufzuschließen".

Das System hatte fünf Grade (Ritternovize vom 3., 5. und 7. Jahr, Levite und Priester). In geschickter Weise war das ursprüngliche Element der Kabbala, das jüdische, im Ritual hervorgehoben, um damit die Aufnahme von Juden als „uralten echten Brrn. aus Asien" zu rechtfertigen, die in jener Zeit zur deutschen Freimaurerei und Rosenkreuzerei keinen Zugang hatten. Entsprechend den „sieben Kirchen" bestand der Orden aus sechs Provinz- und einem Hauptkapitel. Ecker war Ordenskanzler, mußte wegen Fehde mit den Rosenkreuzern und Geldgeschichten Wien verlassen, warb dann für seine „Lehrart" in Berlin, wobei er eilte, um sich gegenüber den Beschuldigungen der Rosenkreuzer zu rechtfertigen. Der Orden wurde aber vom König aufgehoben. Ecker erschien auf dem Wilhelmsbader Konvent, gewann dort den Landgrafen Karl von Hessen und arbeitete auf dessen Wunsch das System um. So entstanden die „Ritter und Brüder St. Johannis des Evangelisten aus Asien in Europa", die „Asiatischen Brüder", eine „brüderliche Vereinigung edeldenkender, frommer, gelehrter, erfahrener und verschwiegener Männer ohne Rücksicht auf Religion, Geburt und Stand", bemüht, „nach den Anweisungen des Ordens die Geheimnisse aus den Erkenntnissen aller natürlichen Dinge zum Besten der Menschheit zu erforschen". Juden (Brr. der „Melchisedeklogen", s. d.) waren weiterhin zugelassen, aber Gotteslästerern, Religionsspöttern und Majestätsverbrechern, d. h. solchen, die die „heiligen Rechte der Könige und Fürsten, die das Bild des Ewigen auf Erden sind, nur im geringsten verletzen", war der Eintritt verweigert. Die Organisation war eine Nachahmung der rosenkreuzerischen. Der Orden hatte wieder fünf Abteilungen: zwei Probestufen: „Suchende" und „Leidende"; drei Hauptstufen: „Ritter und Brüder" „Weise Meister", „Königliche Priester oder echte Rosenkreuzer" (letztere auch „Melchisedek Eius" genannt). Ecker war mit diesem phantastischen Ritus 1782 wieder in Wien tätig. Graf Sinzendorf war Großmeister, Fürst Karl von Liechtenstein Ordensprotektor.

Im Grunde waren die A. B. nichts anderes als eine Absplitterung der Rosenkreuzer, in der das kirchliche, ja auch christliche Element fast völlig ausgeschaltet war. Nach Waite lag ihre Anziehungskraft „in dem Fehlen irgendeines Hinweises auf die Notwendigkeit spiritueller Eignung, religiöser Ziele oder Kenntnisse, wenngleich der Ritus der einer Priesterschaft war". Den Inhalt der Lehre bildeten die „echten Geheimnisse und moralisch-physischen Aufschlüsse der Hieroglyphen des Ordens der Ritter und Brüder Freimaurer", vas in Wirklichkeit nichts anderes bedeutet als die mit der Zahlensymbolik Saint-Martins verbundene kabbalistische Lehre der Rosenkreuzer, wobei schlechthin von „der ächten Religion oder Mago Cabala" die Rede ist. Auf den beiden höchsten Ordensstufen wurde Geistesbeschwörung getrieben.

Der Kampf Borns (s. d.) und Dietrichsteins (s. d.) gegen die A. B. trug wesentlich zum Erlaß des Freimaureredikts Josephs II. bei, obgleich in den Listen des Ordens die Namen sehr vieler Adelsgeschlechter der josephinischen Zeit standen. Das Archiv in Dégh (s. d.) enthält zahlreiche auf die A. B. bezügliche Akten. (Vergl. Arnold Marx, „Die Gold- und Rosenkreuzer" [Das Freimaurermuseum], Bd. V.)

Asien. Schon 1728 ersuchte George Pomfret mit einigen Brr. aus Bengal die Londoner Großloge um ein Patent zu einer Logengründung. 1730 erscheint sie in der offiziellen Liste als Loge „East India Arms in Bengal", gleichzeitig wurde Captain Ralph Farr Winter zum Provinzial-Großmeister von Ostindien ernannt. Seither hat die Freimaurerei an zahlreichen Punkten A. festen Fuß gefaßt. Sie hängt dort aber immer noch aufs engste mit der europäischen, in Syrien und China teilweise mit der amerikanischen, in den Nachbargebieten Ägyptens mit der Maurerei dieses Landes zusammen.

Gegenwärtig gibt es in A. nur eine selbständige Großloge, die der Philippinen, mit 101 Logen, darunter 30 in der Hauptstadt Manila. Neben ihr entfaltet die irreguläre, nicht anerkannte „Großloge des Philippinischen Archipels" ihre Tätigkeit. Im übrigen sind am stärksten die Kolonialmächte Großbritannien, Frankreich und Holland vertreten.

Großlogen von England, Distrikts-Großlogen:

Bengal: 81 Logen in Benares, Kalkutta, Darjeeling usw.

Bombay: 49 Logen in Bombay, Karachi, Poona usw., dazu 1 in Aden (Arabien).

Burma: 20 Logen in der Hauptstadt Rangoon usw.

Madras: 35 Logen in Madras, Bangalore, Secunderabad usw.

Punjab: 34 Logen in Delhi, Lahore, Amritsar, Simla usw.

Ceylon: 9 Logen in Colombo.

Östlicher Archipel (Eastern Archipelago): 15 Logen in den Straits-Settlements (Singapore, Penang, Johore usw.).

Hongkong und Südchina: 10 Logen in Honkong, Kanton usw.

Nordchina: 12 Logen in Shanghai, Tientsin usw.

Japan: 5 Logen in Kobe, Tokio und Yokohama.

Unmittelbar der Großloge von England unterstehen: 4 Logen in Irak (Bagdad und Basra), 3 in Palästina.

Großloge von Schottland, Distrikts-Großlogen:

Indien (unter dem „Grand Master of all Scottish Freemasonry in India"): 79 Logen in Kalkutta, Bombay, Rangoon, Karachi, Madras, Delhi, Simla usw., dazu zählen auch 3 Logen in Persien (Teheran, Abadan, Mohammerah).

Mittel-Osten (The Middle East): 8 Logen, davon 5 in den Straits-Settlements und 3 in Niederländisch-Indien (Batavia, Sumatra usw.).

Hongkong und Südchina: 3 Logen in Hongkong.

Nordchina: 5 Logen in Shanghai, Tientsin usw.

Unter dem Distrikts-Superintendenten für Ägypten, Palästina und Syrien arbeiten in Syrien (Damaskus, Alexandrette usw.) 4, in Groß-Libanon (Beyrouth, Tripolis usw.) 5, in Palästina (Jerusalem, Haifa, Jaffa usw.) 7 Logen.

Der Großloge von Schottland unmittelbar untergeordnet sind: 2 Logen in Japan, 1 in Korea, 1 in Irak (Basra), 1 auf den Philippinen (Manila), 1 in Siam (Bangkok), 1 in der Asiatischen Türkei.

Großloge von Irland: In Indien (Bombay, Kalkutta, Lahore und Simla) 11 Logen, auf Ceylon 3 Logen, in China 1 Loge (Shanghai).

Großosten der Niederlande: Unter der Provinzial-Großloge „Niederländisch-Ostindien" 21 Logen.

Großloge von Frankreich: Cochinchina (Saigon) 1, Tonkin (Hanoi) 1, Groß-Libanon 5, Syrien 4, Palästina (Jaffa) 1 Loge.

Großorient von Frankreich: Kambodscha 1, Tonkin 2, Groß-Libanon 6, Syrien 7, Palästina 1, Asiatische Türkei 1 Bauhütte.

National-Großlogen von Ägypten: Palästina 9 Logen, Syrien und Groß-Libanon 6, Irak 1 Loge.

Großloge von New York: Unter dem Distrikt Syrien-Libanon 7 Logen.

Großloge von Massachusetts: Unter dem Distrikt China 8 Logen, darunter 3 in Shanghai, je 1 in Peking und Tientsin und 3 in der Mandschurei (s. d.).

Insgesamt gibt es in A. rund 480 Logen. (Über deren Zusammensetzung s. die einzelnen Länder.)

Askeri Khan, persischer Prinz und Bruder des Schah von Persien, erschien am Hofe Napoleons I., um mit ihm einen Vertrag zu schließen, der eine deutliche Spitze gegen England und Rußland hatte. Er wurde am 24. November 1908 in der Mutterloge des „Rite Ecossais philosophique" aufgenommen und nahm auch am Winter-Johannisfest dieses Jahres des Großorients teil, bei welchem Anlasse Graf Régnaud de Saint Jean d'Angély eine Begrüßungsansprache an ihn richtete.

Ask me, Brother! Die nach dem Weltkrieg eine Zeitlang in der ganzen Welt aufgekommene amerikanische Mode, durch Fragebücher Wissen zu verbreiten, bemächtigte sich auch der Freimaurerei. 1927 erschien in New York ein maurerisches Fragebuch „Ask me, Brother!", das 1001 Fragen und Antworten aus dem Gebiete der freimaurerischen Geschichte und Ritualistik enthält.

Association antimaçonnique de France, französische antifreimaurerische Vereinigung, entstand 1904 aus dem Comité antimaçonnique de Paris, gegründet 1897 von Abbé J. Tourmentin (Pseudonym des Abbés J. de Villemont). Offizielles Organ war „La Franc-Maçonnerie Démasquée", die von 1902 an mit mehreren Unterbrechungen bis 1924 erschien. Die A. war in hervorragender Weise an der „Affaire des Fiches“ (s. d.) beteiligt, sie hielt Lehrkurse über die Freimaurerei ab, um Kämpfer gegen diese heranzubilden, veranstaltete auch eine umfassende Enquête und gab 1908 das „Répertoire maçonnique“ heraus, das 30.000 Namen von angeblichen französischen Freimaurern enthielt. 1920 wurde der royalistische Senator Delahaye Präsident der A.

Association Maçonnique Internationale, s. A. M. I.

Assum, Johann Wilhelm v., preußischer Stabskapitän, vorher Unteroffizier, Alchimist des Herzogs von Zweibrücken, † 1787, anfangs Anhänger Zinnendorffs, Mitglied der Loge „Zu den drei Weltkugeln“ in Berlin, Stuhlmeister der Loge „Zum helleuchtenden Morgenstern“ in Zweibrücken, Gründer einer altschottischen Loge in Neuwied, Kameralrat des Ordens der „Ritter vom wahren Licht“ v. Eckers (Rittername: Philadelphus ab Aquila viridi laureata), Stuhlmeister der von ihm gegründeten Loge „Zur schottischen Beständigkeit“ in Grünstadt, einem Städtchen in der bayrischen Rheinpfalz, in der Alchimie betrieben wurde. Von hier aus trat A. 1785 mit dem Plane eines eigenen Systems hervor (s. Grünstädter System), dessen Endzweck der Stein der Weisen war. Er hatte das Lotto in Darmstadt eingeführt und auch (mit schlechtem Erfolg) in Neuwied betrieben und kam daher auf den Gedanken, für sein System, das für seine „Goldküche“ große Mittel benötigte, eine Lotterie ins Leben zu rufen. Der arg verschuldete Prinz Ludwig von Hessen-Darmstadt (s. d.) unterstützte das Projekt eifrigst. Die Lotterie sollte der profanen Welt gegenüber den Eindruck erwecken, daß die plötzlich durch den alchimistischen Zauber zu Geld gekommenen Ritter im Lotto gewonnen hätten. A. berief einen deutschen Nationalkongreß ein, der den Prinzen Ludwig zum National-Großmeister wählte. Die Sache scheiterte aber sehr bald. A. selbst starb bereits 1787. Der Prinz hatte bei dessen „System“, wie immer bei seinen Unternehmungen, beträchtlich Geld zugesetzt.

Astor, John Jacob, * 17. Juli 1763 in Waldorf (Baden), † 29. März 1848, war Freimaurer. Er wanderte als jüngster von vier Söhnen eines mittellosen Fleischhauers 1783 nach Amerika aus, widmete sich dort dem Pelzhandel und brachte es zu sehr großem Reichtum. 1808 gründete er die Amerikanische Pelzgesellschaft, deren ganzes Kapital — eine Million Dollar — er übernahm. Eine 1810 von ihm an die Columbiamündung entsandte Expedition gründete dort die erste Niederlassung der Vereinigten Staaten am Pacific „Astoria“. 1816 wurde Astor Direktor der Bank der Vereinigten Staaten. Seinem Geburtsort Waldorf stiftete er ein Armenhaus der Stadt New York die großartige Astor-Bibliothek. Astor wurde 1790 in die Holland Lodge Nr. 8 in New York aufgenommen, 1798 war er deren Stuhlmeister. Im gleichen Jahre übergab ihm die Großloge von New York das Amt des Großschatzmeisters, das er bis 1801 bekleidete.

Astraea.

1. In der griechischen Mythe Tochter des Zeus und der Themis, oder des Astraeos und der Eos. Sie ist die letzte der Gottheiten, die es unter den verderbten Menschen aushielt und dann als Jungfrau im Tierkreis glänzte. Dargestellt mit Waage und Sternenkreuz. Ihre Wiederkehr soll für die Menschheit die Erlösung von Zank und Streit und den Anbruch des zweiten goldenen Zeitalters bedeuten. Daher als Symbol der Hoffnung auf kommende bessere Zeiten.

2. Name der 1815 in St. Petersburg gegründeten russischen Großloge.

3. Titel eines freimaurerischen Taschenbuches, herausgegeben 1824 bis 1845 von Friedrich von Sydow (s. d.), 1846 bis 1858 von Aug. Wilh. Müller (s. d.) und Ludwig Bechstein (s. d.), 1859 bis 1870 von Müller; neue Folge ab 1882 von Robert Fischer (s. d.). Erschien bis 1910.

Astrologie, Sterndeutekunst, behauptet auf Grund von angeblich empirischen Tatsachen die Möglichkeit der Vorhersage der Zukunft aus der Konstellation der Sterne (Horoskop). Zwischen A. und Freimaurerei besteht im Grunde kein Zusammenhang, doch wurde ein solcher vielfach von Anhängern der mystischen Richtung konstruiert, und zwar auf Grund angeblicher historischer Beziehungen, die über die Werkmaurerei zum Salomonischen Tempel zurückreichen. Es wurde auch versucht, in die Symboldeutung der „kleinen Lichter“ astrologische Momente hineinzulegen. Beziehungen ergeben sich so in zahlreichen Schriften des 18. Jahrhunderts. Verbunden mit Alchimie und Kabbala, hat die A. in der magischen Freimaurerei eine Rolle gespielt. Beweis dafür sind zahlreiche magisch-astrologische Sterntafeln, die in Archiven von Logen des 18. Jahrhunderts, eines Jahrhunderts besonderer Leichtgläubigkeit, gefunden wurden; so beispielsweise die Zauberbücher des Bayreuther Freimaurermuseums und die Brünner magischen Tafeln (s. d.).

Astronomie, Sternkunde, erforscht die Bewegungsgesetze der Himmelskörper und deren Beschaffenheit. Im kultischen Teil des Logenlebens spielen astronomische Begriffe eine wichtige Rolle. Die Loge mit ihrem gestirnten Himmelsgewölbe, der Anordnung im Sinne der Himmelsrichtungen, mit den Lichtern, Sonne und Mond und dem flammenden Stern, dem Sinnbild des Menschen, ist im Grunde der Kosmos des Freimaurers.

Asunción. Hauptstadt der südamerikanischen Republik Paraguay, Sitz der 1893 gegründeten Großloge, der Gran Logia Simbolica del Paraguay. Adresse: Templo Masónico, Palma 417. Der Großloge unterstehen in A. sechs Logen. Auch der Oberste Rat des A. u. A. Schottischen Ritus von Paraguay hat seinen Sitz in A. Adresse: Casille de Correos 293.

Atelier (frz.), Bezeichnung für Bauhütte, Loge, maurerische Werkstätte; synomym mit Loge gebraucht.

Atelier supérieur (frz.), Werkstätte der höheren Grade: Perfektionsloge, Kapitel, Areopag usw.

Atheismus. Nach dem ersten Hauptstücke der „Alten Pflichten“ Andersons (1723) sind Atheisten von der Aufnahme ausgeschlossen. („A Mason ... will never be a stupid Atheist nor a irreligious libertine.“) Über die Bedeutung des Wortes Atheist ist in der freimaurerischen Literatur viel gestritten worden. Selbst wenn man in der Entstehungszeit der Freimaurerei deistische Einflüsse gelten lassen will, so geht doch aus dem Wortlaute der Alten Pflichten sowie aus der Zeitgeschichte deutlich hervor, daß Anderson wohl Religionsfreiheit sichern wollte, im übrigen aber in Übereinstimmung mit seiner Großloge den Glauben an ein höchstes Wesen festhielt. Ein Blick in die Geschichte des A. von Fritz Mauthner zeigt, daß der Begriff des A. durchaus nicht so leicht zu umschreiben ist. Denn die Religionsgeschichte lehrt, daß alle Dissenter von der überlieferten Religion als Atheisten bezeichnet werden. So Luther und der Papst, Calvin, die Waldenser usw. In der Absicht der Alten Pflichten, jedermann seinen Glauben zu lassen, zeigt sich das Bestreben, bei Annahme eines höchsten Wesens, über das nichts ausgesagt wird und dessen Auffassung und Verehrung jedem überlassen bleibt, eine dogmenfreie ethische Grundanschauung zu schaffen, auf der jeder einzelne weiterbauen kann. Der Hinweis auf den Allmächtigen Baumeister aller Welten wird von der überwiegenden Mehrheit der Freimaurerlogen als verbindlich anerkannt. Der Großorient von Frankreich (s. d.), der diese Verbindlichkeit aufgab, hat sich damit bedauerlicherweise selbst isoliert, ohne inneren Gewinn davon zu haben. Es ist sehr bezeichnend, daß, während beispielsweise von Kirchen der Freimaurerei der Vorwurf der Gottlosigkeit gemacht wird, gerade das freimaurerische Schrifttum langer Zeitperioden die Verteidigung des Gottesbegriffes zum Hauptinhalt hat.

Streng genommen, bedeutet A. den Seelenzustand eines Menschen, der z. B. vom Dasein eines Gottes niemals etwas gehört hat oder der einfach an das Dasein von Göttern nicht glaubt. Im Sprachgebrauche der einzelnen Konfessionen bedeutet dann A. einen Gottlosen, der an einen bestimmten Gott und seine Vorstellung nicht glaubt. Nur so ist es möglich, daß Angehörige verschiedener Konfessionen sich gegenseitig als Atheisten bezeichnen. Da alles Sittliche im Glauben des Konfessionalismus in Gott verankert ist, bedeutet der Gottlose zugleich den Sittenlosen. Die Freimaurerei führt als ordnendes Grundprinzip den Begriff des A. B. a. W. (s. d.) ein, ist also nicht atheistisch, wenn sie es auch ihrem Grundgesetze nach jedem einzelnen überläßt, sich seine metaphysischen Vorstellungen selbst zu entwickeln. Sie ist auch nicht notgedrungen dualistisch, indem sie nicht unbedingt auf einer getrennten Gottesvorstellung im Gegensatze zur Welt besteht. Wesentlich sind für sie die sittlichen Schlüsse, die sich aus der Weltanschauung des einzelnen für ihn selbst und für seine offenbaren Handlungen ergeben. Im Gegensatze zur Kirche, die auf Glaubensreinheit bestehen muß (jede Kirche muß kat holos kai kata mere ausschließlich, also katholisch sein!), ist der Ketzer für sie kein Gottloser. Die Gegnerschaft der Kirchen gründet sich auf der Vorstellung, daß der Freimaurer eine eigene Religion zu vergeben habe und deshalb andere von ihren Konfessionen und kirchlichen Verpflichtungen abzuziehen bestrebt sei. Das ist grundfalsch. Es gibt in der Freimaurerei neben Freidenkern auch gar nicht wenige streng kirchlich Gläubige.

Anderson (s. d.) hat in seinen Alten Pflichten (s. Vorwort: die erste Alte Pflicht) dumme Gottesleugner (stupid atheists) von der Aufnahme in den Bund ausdrücklich ausgeschlossen. Gemeint sind damit Gottesleugner, die wie die zu seiner Zeit häufigen Freidenker den Glauben anderer durch Verspottung der Bibel und der Legenden zu stören bestrebt waren. Die Verbindung mit dem Worte „Wüstling ohne Religion“ (irreligious libertine) weist deutlich darauf hin, daß es sich Anderson, der selbst Geistlicher — und Ketzer war, in erster Linie um die moralische Wertung handelte. Die Stellung der einzelnen Freimaurer zu dem, was landläufig als A. bezeichnet wird, schwankt nach dem klimatischen Temperament der einzelnen Gruppen. Die französischen Freimaurer, die durchaus nicht aus „Atheismus“, sondern weil sie die Toleranz in Glaubensfragen bis zur Indifferenz zu steigern bemüht waren, den Begriff des Allmächtigen Baumeisters aller Welten aus ihrem Gebrauchtum strichen, gelten den Angelsachsen als „Atheisten“. Daraus ergeben sich Zwiespältigkeiten innerhalb der Freimaurerei, die ihre Einheitlichkeit vollkommen zerstört haben. In Deutschland geht die Linie vom christlichen Ritterorden der Großen Landesloge bis zu jenen Großlogen, die in Weltanschauungsfragen vollkommene Freiheit gewähren, vorausgesetzt, daß der Aufnahmswerber den Begriff des A. B. a. W. annehmen will, der ein verbindendes Symbol der Freimaurerei ist. Die Atheismusfrage hat die deutsche Freimaurerei zuletzt intensiver beschäftigt, als im Monismus (s. d.) ein neuer Ausdruck für eine alte Weltanschauung geboren wurde. Die Aufnahmsfähigkeit von Monisten, lange Zeit heftig bestritten, ist heute in vielen Großlogen wohl zugunsten der Monisten entschieden.

Athelstan, angelsächsischer König (925 bis 940), der Enkel Alfred des Großen, gilt in den alten englischen Konstitutionsbüchern als besonderer Beschützer der Steinmetzen. Der Roberts-Druck (1722) weiß von ihm, daß er die Maurer mehr liebte als sein Vater und daß er Geometrie studierte und Jahresversammlungen abhielt und auf einer General Assembly in York viele Maurer machte. Er soll auch ein Buch veranlaßt haben, das die Geschichte der Freimaurerei enthielt und das bei Aufnahmen vorgelesen werden sollte. Historisch als Legende aufgedeckt.

Athen. Hauptstadt von Griechenland, Sitz des Großorients und des Obersten Rats von Griechenland. In Athen arbeiten derzeit 16 Logen.

Athirsata. Titel des „Weisen Meisters“ (Très Sage), des Vorsitzenden eines Rosenkreuzerkapitels (18. Grad) des A. u. A. Schottischen Ritus, auch Athersada, engl. strong hand, d. i. feste Hand, persisches (chaldäisches) Wort, bezeichnet den persischen Statthalter von Jerusalem. Thirsata (Hathirsata), der zusammen mit Zorobabel von Arthaxerxes Longimanus die Erlaubnis erhielt, die Juden aus der babylonischen Gefangenschaft zurückzuführen und dort als königlicher Landpfleger zu regieren.

Seiner Energie gelang es, in kurzer Zeit die Schutzmauern von Jerusalem wieder aufzubauen. Sein eigentlicher Name ist Nehemia.

Atholl, John George S. M., achter Herzog von, * 1871, Brigadengeneral im Weltkrieg, Lord High Commissioner der Kirche von Schottland, war Großmeister der Großloge v. Schottland.

Atholl-Maurerei, Atholl-Großloge, wurde die Großloge der Ancients (s. d.) unter den Großmeistern aus dem Hause der Herzöge von Atholl genannt. Der dritte Herzog bekleidete das Amt von 1771—1774, der vierte Herzog von 1775—1781 und 1791—1813. Letzterer war 1778/79 auch Großmeister der Großloge von Schottland.

Atkinson, Sir Harry Albert, * 1827, † 1892, wiederholt Minister und Ministerpräsident von Neuseeland, 1891 Sprecher des Parlaments, wurde 1887 Distrikts-Großmeister von Wellington (Neuseeland).

At sight, making Masons. Ein viel umstrittenes Vorrecht amerikanischer Großmeister, in besonderen Fällen in einer ad hoc zusammengerufenen Loge Suchende in ritueller Form aufzunehmen und ihnen zumeist auch gleich den 2. und 3. Grad zu erteilen. Auf diese Weise wurden z. B. Ludwig Kossuth, dann der Präsident William Howard Taft vom Großmeister von Ohio aufgenommen, ebenso der Warenhauskönig John Wanamaker, der Flottenadmiral Scott Schley u. a. m. Diese Aufnahmen „auf Sicht" werden in Amerika selten, in Europa nicht geübt. Der Ausdruck „at sight" findet sich erstmals in „Ahiman Rezon" (Ausgabe 1778). Nicht zu verwechseln damit sind die Delegationslogen, in denen z. B. Franz Stephan von Lothringen im Haag oder der Prinz Friedrich von Wales auf seinem Schlosse nach vorhergehendem Beschlusse der Großloge aufgenommen wurden. Hier handelt es sich um Beschlüsse der Körperschaft, bei „at sight" um ein Vorrecht des Großmeisters kraft seines Amtes.

Attouchement (frz.), Griff, engl. Grips.

Attwood, Thomas, englischer Komponist und Organist, * 1765, † 1838, studierte auch bei Mozart in Wien 1784—1787, schrieb Opern, Chorwerke usw., war Freimaurer.

Atwood, Henry C., * 1801, † 1860, spielte als Führer einer schismatischen Freimaurerei in den Vereinigten Staaten eine große Rolle. Wegen interner Meinungsverschiedenheiten (öffentlicher Aufzug am Johannistag) zusammen mit einem anderen Stuhlmeister aus der Großloge von New York ausgeschlossen, gründete er 1837 eine „St. John's Grand Lodge" mit Henry Marsh als Großmeister. 1840 trat A. selbst an die Spitze. Die Großloge vereinigte sich 1850 wieder mit der alten Großloge; 1853 schied A. (wegen der Wahl eines ihm und anderen nicht genehmen Großmeisters) abermals aus und erweckt die „St. John's Grand Lodge" von neuem. Sie lebte bis 1859. A. war 1851 auch die treibende Kraft bei der Gründung eines irregulären „Obersten Rates" (Cerneau-Ritus) in New York, dessen Großkommandeur er wurde, und den man auch „A. Council" nannte, ebenso wie man von der „A. Grand Lodge" gesprochen hatte.

A. u. A. Ritus (s. Schottischer Ritus, Alter und Angenommener).

A. u. A. Schottischer Ritus, Abkürzung von Alter und Angenommener Schottischer Ritus.

Aubrey, John, Mitglied der Royal Society, Archäologe, Verfasser der im Manuskript vorliegenden „Natural History of Wiltshire", † 1726, erwähnt in einer Anmerkung, datiert vom 18. Mai 1691, daß damals eine große Versammlung der Brüderschaft der Angenommenen Maurer (accepted Masons) in der St.-Pauls-Kathedrale stattgefunden habe, wobei „Sir Christopher Wren" (s. d.) als Bruder angenommen worden sei. A. schrieb ursprünglich „free" (frei) — strich das Wort aber aus und ersetzte es durch „accepted" (angenommen). Die tatsächliche Mitgliedschaft Wrens ist allerdings bis heute nicht endgültig festgestellt worden. Die auf dessen Zugehörigkeit zum Bund bezügliche Mitteilung A.s, von anderer Seite bestritten, wird aber neuerdings in einer Geschichte der Lodge of Antiquity (s. d.) bestätigt.

Audition sous le bandeau (frz.), Prüfung der Kandidaten der französischen Logen vor der Kugelung. Der Suchende wird mit verbundenen Augen in die Versammlung der Logenmitglieder geführt und einer eingehenden Befragung unterworfen.

Audi, vide, tace! Sieh, höre und schweige! Die Vereinigte Großloge von England nahm 1813 diesen Spruch als Motto an. Eine in allen Weltliteraturen sprichwörtliche Lebensregel. In schönen bildlichen Darstellungen (Affen) auf indischen Bauwerken.

Auerbach.

1. Berthold, der Dichter der Schwarzwälder Dorfgeschichten, des „Barfüßele" und des großen Spinoza-Romans, Rabbinersohn, * 1812 in Nordstetten im Schwarzwald, † 1882, ursprünglich Talmudschüler, dann Jurist und Philosoph. Am Ende seiner Universitätsstudien Opfer der Demagogenriecherei; als Burschenschafter auf dem Hohenasperg inhaftiert. Begeisterter Anhänger des deutschen Gedankens und der auf nationale Einheit gerichteten Bestrebungen. A. gehörte seit 1838 der Frankfurter Loge „Zur aufgehenden Morgenröte" an.

2. Jakob, jüdischer Religionslehrer, * 1810, † 1887, 1843—1879 Lehrer am Philanthropin in Frankfurt a. M., hervorragender Pädagoge und Verfasser religionswissenschaftlicher Schriften, ein Verwandter des Dichters Berthold A., aufgenommen 1843 in der Frankfurter Loge „Zur Morgenröte" und durch neun Jahre deren Meister vom Stuhl. In der Großen Mutterloge des Eklektischen Bundes bekleidete er das Amt des Zugeordneten Großmeisters und erwarb sich besondere Verdienste um die Verfassungsrevision. Bei der Jahrhundertfeier der Großloge hielt er die Festrede.

Auersperg, gräfliches Geschlecht in Österreich. Johann Baptist Graf v. A., später Fürsterzbischof von Passau, war 1785 Mitglied der Loge „Zu den drei Wassern" in Passau. 1811 versuchte Josef Graf A., wirklicher Geheimer Rat und Oberstlandrichter, bis 1794 Mitglied der Prager Loge „Zur Wahrheit und Einigkeit", diese Loge wieder zu beleben. Der

Plan wurde durch polizeilich erbrochene Briefe entdeckt und A. strafweise nach Brünn versetzt. Sein Name erscheint dann in einem Präsenzbuche der Wildensteiner Ritterschaft auf blauer Erde (s. d.), das sich im Preßburger Logenmuseum befindet.

Auerswald, Hans Jakob von, Landhofmeister von Preußen, * 1755, † 1833, Mitarbeiter am Stein-Hardenbergschen Reformwerk, Einberufer — ohne königliche Vollmacht — des berühmten Provinziallandtages in Königsberg 1812, der die Unterhaltung und Ergänzung des Yorkschen Korps und die Bewaffnung von 30.000 Mann Abwehrtruppen beschloß, war Ehrenmitglied der Loge „Zu den drei Kronen" in Königsberg.

Aufgebot, Aushang. Die Bewerbung um Aufnahme in die Loge wird durch Aushang des Namens, meist mit Lichtbild, bekanntgegeben. Da jedoch viele Mitglieder das schwarze Brett nicht zu beachten pflegen, wird der Name des Aufnahmswerbers vielfach auch durch dreimaliges Aufgebot der Vollloge bekanntgemacht.

Aufhebung einer Loge. Bei inneren Mängeln einer Loge, bei Vergehen gegen die Großlogenordnung, politischer Betätigung u. a. m. kann eine Loge durch die ihr übergeordnete Großloge nach durchgeführtem logengerichtlichen Verfahren aufgehoben und aus den Listen auf Zeit oder Dauer gestrichen werden. Hierzu ist ein Beschluß der Großloge oder ihres Bundesrates, bezw. des entsprechenden verfassungsmäßigen Organs notwendig. Die aufgehobene Loge scheidet damit aus dem Freimaurerbunde aus, verliert ihr Patent und die von der Großloge gewährte Arbeitsbewilligung als gerechte und vollkommene Bauhütte.

Aufklärung, Aufklärungszeitalter, Epoche der Befreiung der Geister vom Druck überkommener Vorurteile und Verbreitung richtiger sach- und vernunftgemäßer Einsichten (Heinr. Schmidt). Die A. strebte danach, dem Verstand gegenüber der gefühlsmäßigen Gebundenheit zu seinem Recht zu verhelfen, die Vernunft zu emanzipieren, den blinden Autoritätsglauben zu beseitigen und alle Gebiete des Lebens auf Grund der rationalen Einsicht zu bewerten und zu gestalten. Ausgehend von John Locke und den englischen Deisten stand insbesondere die zweite Hälfte des 18. Jahrhunderts im Zeichen der A., die auch in der Freimaurerei starke Wurzeln schlug. Hervorragendste Vertreter der A. waren Freimaurer. In Frankreich von den Enzyklopädisten u. a. Helvetius, d'Alembert, Holbach, Voltaire, im Deutschland Friedrichs des Großen, in dem der Rationalismus des Freimaurers Christian Wolff vorbereitend wirkte, der König selbst, Lessing, Herder, Nicolai. Die Freimaurer schlossen sich namentlich in Österreich begeistert den auf A. gerichteten Bestrebungen an (Ignaz von Born, Sonnenfels u. a.). Es ist kein Zufall, daß die „Zauberflöte" (s. d.), die Freimaureroper, den Kampf der A. gegen die finsteren Mächte des überkommenen Dogmentums darstellt.

Den Schlußstein der A. legte Kant. „A. ist der Ausgang des Menschen aus seiner selbstverschuldeten Unmündigkeit, die das Unvermögen ist, sich seines Verstandes ohne Leitung eines anderen zu bedienen." „Sapere Aude! Habe Mut, Dich Deines eigenen Verstandes zu bedienen!" ist seiner Meinung nach der Wahlspruch der A. Kant begann aber zugleich mit dem Abbau des einseitigen Rationalismus, verhalf dem Gefühlsleben aus Gründen der „praktischen Vernunft" wieder zur Geltung. Der Freimaurerkreis um den Weisen von Königsberg trug stark dazu bei, daß diese Auffassung, die sich anfangs auf einen engen Kreis von Pionieren beschränkte, weitere Verbreitung fand.

Aufklärungsschriften über Freimaurerei (s. Literatur in der Einleitung).

Auflösung einer Loge kann erfolgen:

1. freiwillig über Beschluß der Mitglieder, oder infolge Mitgliedermangel;
2. als Strafmaßnahme einer vorgesetzten Großloge (s. Aufhebung);
3. durch die staatlichen Behörden, wie z. B. in der Nachkriegszeit in Ungarn und Italien.

Aufnahme in den Freimaurerbund (frz. réception, engl. initiation) finden Männer von einem von der betreffenden Großloge festgesetzten Mindestalter, die unbescholtenen Rufes und Charakters sind, d. h. als freie Männer von gutem Rufe angesprochen werden, frei über sich verfügen können, ein zum Erfassen der freimaurerischen Grundsätze hinreichendes Verständnis und Bildung besitzen und gewillt sind, sich auf deren Boden zu stellen. Die Frage nach der Religion, der Rasse, der Weltanschauung wird im allgemeinen nicht gestellt. (Ausnahmen hiervon: die christlichen Systeme sowie die amerikanische Freimaurerei, die Neger nicht aufnimmt.)

Die Vorstellung, daß nur begüterte Männer aufgenommen werden, ist ebenso falsch wie die Annahme, daß der Aufzunehmende in religiösen und politischen Belangen eine bestimmte dogmatische Auffassung zu vertreten habe. Der Zweck des Bundes liegt in den Worten Andersons, Menschen zusammenzuführen, die das Leben sonst voneinander trennen würde. Der Aufzunehmende, Suchende genannt, hat sich einem gewissenhaften Vorprüfungsverfahren zu unterziehen, das sich mit seiner Person, seinem bürgerlichen Rufe, seinen Neigungen usw. beschäftigt. Nur durch Aufnahme in eine Loge wird man Mitglied des Bundes; eine unmittelbare Initiation findet nicht statt. Die Aufnahme selbst kann nur in persönlicher Anwesenheit des Kandidaten in einer feierlichen Logenarbeit erfolgen, wobei sich der Suchende einem durch Jahrhunderte bewährten eindrucksvollen Gebrauchstum zu unterwerfen hat. Es ist dem Anwärter in jedem Stadium der Aufnahme möglich, sein Gesuch zurückzuziehen, selbst während des symbolischen Aktes. Durch die vollzogene Aufnahmehandlung erhält der Suchende die Qualitäten des Freimaurers, die ihm den Besuch der Logen öffnen.

Aufnahmegebühren. Für die Aufnahme in die Logen sind gewisse Taxen vorgeschrieben, die sich im allgemeinen in mäßigen Grenzen zu halten pflegen. Das Eintrittsgeld richtet sich nach dem Vermögensstande des Aufzunehmenden, der Lebenshaltung und den Verpflichtungen, die er sonst seiner Familie usw. gegenüber zu erfüllen hat. In berücksichtigungswürdigen Fällen werden die Gebühren herabgesetzt.

Aufnahmeloge, Rezeptionsloge, Logenversammlung (Arbeit) zum Zweck der Aufnahme von Kandidaten (Suchenden).

Aufnahmsgesuch. Während in den deutschen und anderen Logen die Art der Abfassung des Aufnahmsgesuches, abgesehen von der Beantwortung gewisser vorgeschriebener Fragen, dem Aufnahmswerber oft vollkommen freigestellt wird, verlangt der angelsächsische Formalismus eine vorgeschriebene Form, die aber den Wert hat, daß sie dem Aufnahmswerber zugleich die Aufnahmsbedingungen bekannt gibt. Diese Aufnahmswerbung muß mit eigener Handschrift vollzogen werden, da des Schreibens unkundige Personen von der Aufnahme ausgeschlossen sind. Sie lautet z. B. nach § 187 der Großloge von England: „Als freier Mann und nach Erfüllung des 21. Lebensjahres erkläre ich, daß ich unbeeinflußt von unlauterer Werbung durch Freunde und unbeeinflußt von gewinnsüchtigen und unwürdigen Absichten mich frei und freiwillig als Aufnahmswerber für die Geheimnisse der Freimaurer melde; daß ich hierzu veranlaßt werde von einer günstigen Meinung, die ich mir von der Institution mache, und daß ich Belehrung suche. Ich will mich eifrig den alten Gebräuchen und Gewohnheiten des ‚Ordens anzupassen suchen." Die amerikanischen Großlogen verbinden die Gesuchsformulare zumeist mit sehr umfangreichen Fragebogen.

Aufrichten der Säulen, in angelsächsischen, besonders amerikanischen Logen häufiger Brauch, um auch äußerlich den Stand der Logenarbeit zu bezeichnen. Vor beiden Aufsehern stehen kleine Säulen. Während der Logenarbeit ist die des Ersten Aufsehers aufgerichtet, die des Zweiten umgelegt. Wird die Loge zur Erholung (Refreshment) berufen, so übernimmt der Zweite Aufseher symbolisch die Aufsicht über die versammelte Loge, indem er seine Säule aufrichtet, während sie der Erste Aufseher umlegt. Bei Wiederbeginn der Arbeit tritt die alte Säulenordnung ein.

Aufseher, auch **Vorsteher** (engl. W a r d e n, frz. S u r v e i l l a n t), nach dem Stuhlmeister die beiden höchsten, „hammerführenden" Beamten der Loge. Wo die Einrichtung des Zugeordneten Meisters nicht besteht, leitet in Verhinderung des Meisters der Erste Aufseher die Loge. Beiden A. kommt bei der Arbeit eine wichtige Aufgabe zu. Sie vor allem haben den Stuhlmeister bei der Durchführung der Logenordnung und der Kulthandlungen zu unterstützen. Im allgemeinen heißen sie „Erster und Zweiter A.", in der angelsächsischen Freimaurerei „Senior und Junior Warden". In englischen Logen leitet in Abwesenheit des Meisters der Senior Warden die eigentliche Arbeit, während der Junior Warden sehr oft während des „refreshment" vorsitzt. In solchen Fällen wird das symbolisch auch durch besondere Säulenaufstellung zum Ausdruck gebracht. Die A. haben ihren Sitz entweder beide dem Meister gegenüber im Westen, in manchen Systemen aber steht, dem altenglischen Ritual entsprechend, nur der erste A. im Westen, während der zweite nach der Südseite versetzt ist. Die Stellung der A. charakterisiert daher schon äußerlich die Lehrart. Die Abzeichen der A. sind Wasserwaage und Senkblei.

Aufsicht. Bei voller Wahrung der Autonomie der Logen führt die Großloge ein Aufsichtsrecht über die ihr unterstehenden Logen, das sich auf die Arbeitsweise, die Geldgebarung und Einhaltung der allgemeinen freimaurerischen Formen erstreckt. Daher übt der Großmeister das sogenannte Visitationsrecht aus, wobei er die Aufzeichnungen der Loge, ihre Geschäftsbücher usw. überprüft und gewöhnlich auch einer rituellen Arbeit beiwohnt. Das Aufsichtsrecht über lose Freimaurervereinigungen, Kränzchen, Zirkel u. a. wird von dazu von der Großloge bestellten Logen ausgeübt.

Aufzüge, engl. P r o c e s s i o n s. Feierliche Aufzüge gehörten in England zum Wesen der Zünfte und Gilden, besonders dort, wo die Gilde an eine Kirchengemeinde angeschlossen war. Die Freimaurer übernahmen diesen Brauch, indem sie besonders am Tage der Einsetzung des Großmeisters feierliche Aufzüge oder Auffahrten veranstalteten. Die erste feierliche Auffahrt dieser Art soll nach A n d e r s o n der Duke of W h a r t o n veranstaltet haben. Die Gegnerschaft, deren sich die Freimaurerei schon im 17. Jahrhundert zu erfreuen hatte, rief Gegenaufzüge satirischen Charakters hervor (S c a l d M i s e r a b l e s, M o c k M a s o n s, s. d.). Infolgedessen wurden die feierlichen Aufzüge um 1746 eingestellt. — Der englische und amerikanische Freimaurer zeigt sich im Gegensatze zum kontinentalen Maurer bei feierlichen Anlässen, z. B. Grundsteinlegungen (s. d.) auch heute noch in voller maurerischer Bekleidung in der Öffentlichkeit. Aufzüge der Freimaurer sind daher in England und Amerika nichts Seltenes und werden als eine selbstverständliche Einrichtung hingenommen (z. B. feierlicher Aufzug der Freimaurer durch die Straßen von Stratford anläßlich der Grundsteinlegung zum neuen Shakespeare-Theater u. a.).

Augagneur, V i c t o r, französischer sozialistischer Politiker, * 1855, Professor der Pathologie, Bürgermeister von Lyon, Generalgouverneur von Madagaskar, Innen-, dann Marineminister, Generalgouverneur von Französisch-Mittelafrika, gehört dem Grand Orient de France an, dessen Konvent von 1905 er präsidierte.

Auge, Allsehendes, oder A u g e d e r V o r s e h u n g, im Dreieck, umgeben von einem Strahlenkranz (frz. d e l t a l u m i n e u x, engl. a l l - s e e i n g e y e), das in vielen Logen über dem Stuhl des Meisters leuchtet, spielt als aus kirchlichen Gebräuchen übernommenes Symbol vielfach im Meistergrad, vor allem aber in den das esoterische Moment besonders betonenden Systemen eine Rolle. Es ist ein Symbol, das den Menschen an die alle Geheimnisse durchdringende ewige Wachsamkeit Gottes mahnen soll.

Augereau, P i e r r e F r a n ç o i s C h a r l e s, Marschall und Pair von Frankreich unter Napoleon I., * 1757, † 1816, Herzog von Castiglione, der Mann des Staatsstreichs vom 18. Fruktidor, erscheint 1802 als Mitglied einer Feldloge beim 27. leichten Inf.-Regiment „Les Enfants de Mars".

Augmentation de salaire, de gage, de paie (frz.), Lohnerhöhung, Erhebung, Beförderung in einen höheren Grad.

Augusteischer Stil. Anderson macht den Kaiser Augustus in der Geschichtsklitterung seiner „Constitution" zum Großmeister, der den Baumeister Vitruvius, „den Vater aller echten Baumeister bis auf diesen Tag", besonders unterstützte. Unter dem A. S. in England wird jene Periode eines etwas dürren klassischen Baustils verstanden, der insbesondere in der Kunst des Christopher Wren und des Inigo Jones in England zum Ausdruck kam. Von Anderson wiederholt als „Augustan Style" bezeichnet und als letzte Errungenschaft gelobt.

Auserwählte Brüder, V. Grad (zweite Erkenntnisstufe) der Lehrart der Großen National-Mutterloge „Zu den drei Weltkugeln". Diese Stufe bildet den Eingang in den Inneren Orient. Eine Belehrung, daß nicht äußerer Glanz, äußere Auszeichnung, äußere Ehre den Wert des Sittlichen bestimmen, und daß sich auf Irrwege auch begibt, wer die der irdischen Natur gesteckten Grenzen zu überfliegen strebt, sich Wissens- und Vollkommenheitsdünkel hingibt, leitet zu einer templerischen Handlung, zu einer Ritterweihe, über. Der Kandidat vernimmt die Geschichte des Endes des Templerordens, die Legende, die diesen im 18. Jahrhundert mit der Freimaurerei verknüpfte, er erfährt, daß bei allem Streben nach Wahrheit, das die Tempelherren beseelte, schließlich ihr Streben nach Glanz, Macht, Reichtum, nach äußerem Schein den Untergang herbeiführen mußten. Infolgedessen legt er die Zeichen der Ritterschaft wieder ab; vom Orden der Templer soll er aber die Lehre bewahren, Diener der Wahrheit zu sein. Auch der zweite Irrweg (hochmütiger Wissensdünkel, schwindende Scheu vor dem Heiligen, Aufhören der Ehrfurcht vor dem Unbegreiflichen), der sich auch in der anderen Richtung, in dem Wahn manifestieren kann, man könne auf mystische Weise (durch Geisterbeschwörung) das Geheimnis des Lebens enträtseln, wird an einem Beispiel aus der freimaurerischen Geschichte erhellt: an den Rosenkreuzern. Demut soll der A. B. üben, seine Weisheit soll der Glaube, seine Schönheit die Liebe, seine Stärke die Hoffnung sein, der dreifache Grund, auf dem Würden und Glückseligkeit der Menschen beruhen.

Auserwählte Coëns, s. Elus Coëns.

Auserwählter (frz. Elu, engl. Elect), Hochgradbezeichnung, die im 18. Jahrhundert zunächst im Fortspinnen der Hiramlegende, dann auch der De Molay-Tradition u. a. ihren Ursprung hatte. Es gab in Frankreich mehrere Systeme von A. (Elus Coëns, Elus de la Vérité u. a.). A. ist als Gradbezeichnung in fast alle Hochgradsysteme übergegangen. Im Schwedischen System A., oder A. Bruder, im A. u. A. Schottischen Ritus: A. der Neun, der Fünfzehn, der Zwölf, in anderen: Irish Elect, Parfait Elu usw.

Auserwählter (auch Vertrauter des hl. Andreas), letzter Kapitelgrad der Schwedischen Lehrart (im Gesamtsystem: in den skandinavischen Ländern der X., im Zinnendorfschen System der Großen Landesloge der Freimaurer von Deutschland der IX. Grad), hält dem auf die höchste Stufe zu Erhebenden nochmals vor Augen, daß seine letzte und höchste Pflicht das schon in allen früheren Graden angedeutete Streben nach Vereinigung mit Gott als Mittelpunkt der ewigen Liebe ist. Dann wird er in das Innerste, gleich einer schottischen Kapelle ausgestattete Heiligtum geführt, wo die Vereinigung mit dem obersten Meister und den Brr. durch den Genuß des Kelches vollendet wird, wobei symbolisch auch die Vereinigung mit allen schon vorangegangenen Brr., die unauflösliche Verbindung mit dem Orden, erfolgt.

Auserwählter der Fünfzehn, s. Meister, Auserwählter der Neun.

Auserwählter der Neun, s. Meister, Auserwählter der Neun.

Auserwählter Ritter, Erhabener, s. Meister, Auserwählter der Neun.

Ausscheiden aus der Loge, s. Deckung.

Ausschließung, Streichung, ist die schärfste Strafe, die gegen einen Freimaurer verhängt werden kann. Man unterscheidet A. aus der Loge, die nur die Verbindung mit der betreffenden Loge strafweise löst, im übrigen aber den Freimaurercharakter des Betroffenen unberührt läßt, so daß er unter Umständen in einer anderen Loge wieder Anschluß finden kann, und A. aus dem Bund, womit der freimaurerische Charakter des Schuldigbefundenen erlischt. Da jedoch eine Weltorganisation der Freimaurerei mit einheitlicher Leitung und einheitlicher Exekutive nicht besteht, bezieht sich diese A. aus dem Bunde nur auf die eigene Großloge, hat aber im übrigen nur mehr oder weniger theoretischen Wert, indem sie als höchstes Strafausmaß die völlige Unwürdigkeit des Verurteilten zum Ausdrucke bringen soll.

Außenarbeit, s. Aktivismus, Innenarbeit.

Austin, Stephen Fuller, General, amerikanischer Kolonisator, * 1793, † 1836, „Gründer von Texas", Kämpfer für dessen Unabhängigkeit, war Mitglied der „Louisiana Lodge Nr. 109" in St. Geneviève bei St. Louis. Sein Denkmal steht in der National Statuary Hall im Washingtoner Kapitol.

Australischer Staatenbund. Jeder der sechs Staaten, ebenso Tasmanien, hat seine eigene Großloge, die zusammen mehr als 170.000 Mitglieder zählen. Wie in so viele Weltgegenden, die von britischen Pionieren erschlossen wurden, kam die Maurerei auch nach A. durch (irische) Offiziere, Mitglieder von Militärlogen, die sich in den Truppenteilen bildeten, die bei der 1786 begonnenen Kolonisation mitwirkten. Protokolle solcher Logen gehen auf 1803 zurück. 1806 erteilte die Großloge von Irland ein Patent für die erste australische Zivilloge, „Australian Southern Mother Lodge" in Sidney, zog dieses aber 1815 wieder zurück, um es erst 1820 wieder zu erneuern. Diese Bauhütte figuriert heute unter dem Namen „Antiquity" als Nr. 1 auf der Liste von Neusüdwales. In dem Maße, wie die Erschließung des Landes fortschritt, machte auch die Bildung von Logen der drei britischen Obedienzen im Laufe des Jahrhunderts immer größere Fortschritte. 1823 entstand die erste Loge in Tasmanien, es folgten 1834 Adelaide, 1839 Melbourne, 1842 Perth usw. Die älteste anerkannte Großloge ist jene von Südaustralien, gegr. 1884, die jüngste jene von Queensland, gegr. 1920. Es bestehen heute:

1. Großloge von Südaustralien (s. d.), gegr. 1884, 150 Logen, 15.000 Brr. Adresse: Freemasons Hall, Adelaide.

2. Vereinigte Großloge von Neusüdwales (s. d.), gegr. 1888, 584 Logen, 72.500 Brr. Adresse: Masonic Hall, Castlereagh Street, Sidney.

3. Vereinigte Großloge von Victoria (s. d.), gegr. 1889, 455 Logen, 50.000 Brr. Adresse: Freemasons Hall, Collins Street, Melbourne.

4. Großloge von Tasmania (s. d.), gegr. 1890, 46 Logen, 4000 Brr. Adresse: 117 Macquarie Street, Hobart.

5. Großloge von Westaustralien (s. d., gegr. 1900, 131 Logen, 9000 Brr. Adresse: Freemasons Hall, Perth.

6. Vereinigte Großloge von Queensland (s. d.), gegr. 1920, 340 Logen, 17.000 Brr. Adresse: Freemasons Hall, Brisbane.

Bei der Gründung der neuen Großlogen wurde jeweils den bestehenden Logen die Freiheit gelassen, bei der Muttergroßloge zu bleiben. Doch ist die Zahl derer, die davon auf die Dauer Gebrauch machten, nicht groß. Die Großlogen von England und Schottland besitzen noch drei Distrikts-Großlogen, erstere eine in Queensland, letztere zwei in Westaustralien, davon eine in den Goldfedern. Dazu kommen Einzellogen der drei britischen Obedienzen. Insgesamt gehören allen diesen von auswärts geführten Werkstätten etwa 3000 Mitglieder an.

Das Ritualwesen innerhalb der einzelnen Großlogen ist nicht einheitlich geregelt, da die einzelnen Logen, die bei den Großlogengründungen mittaten, das Recht behielten, auch in Zukunft nach hergebrachter Weise zu arbeiten. Das Bestreben, diesbezüglich allmählich zu einer gewissen Übereinstimmung zu gelangen, kommt immer wieder auf den gemeinsamen Konferenzen der australischen Großlogen zum Ausdruck.

Das freimaurerische Leben in A. ist sehr rege. Unter den Großmeistern in Vergangenheit und Gegenwart findet man die Namen sehr zahlreicher Gouverneure der einzelnen Staaten. Die Mitgliederlisten verzeichnen neben den führendsten Persönlichkeiten Angehörige aller Berufsschichten. Die Großlogen nennen monumentale Paläste ihr eigen, daneben gibt es selbst in den kleinsten Orten stattliche Logenhäuser. Vortrefflich ausgebaut ist das Wohlfahrtwesen; die Großlogen haben fast durchwegs sehr beträchtliche Fonds für karitative Zwecke angesammelt. (Nach einer Statistik in „The New Age" vom Oktober 1930: Neusüdwales rund 900.000, Victoria 650.000, Queensland 170.000, Westaustralien 250.000 Dollar.) Neusüdwales setzte 1922 die „William Thompson Masonic School" ins Werk, in welcher 300 bis 400 Kinder dahingegangener Freimaurer erzogen werden. Victoria errichtete ein vorbildliches Spital in Brighton, jede Obedienz hat ein Altersheim, meist im Cottagestil, erbaut. Eine wichtige Funktion kommt in den größeren Städten dem „Masonic Club", dem Freimaurerklub, zu, der den ohnehin engen brüderlichen Zusammenhang wesentlich fördert (s. auch Ozeanien).

Austria, Große Freimaurerloge, sollte 1904 in Österreich gegründet werden; die von den Freimaurern E. V. Zenker und Dr. Emil Roth der k. k. niederösterreichischen Statthalterei überreichten Satzungen kamen aber mit dem Vermerk zurück, das k. k. Ministerium des Innern habe aus Gründen formaler Natur die Bildung des Vereins untersagt. Eine neue Fassung hatte ebensowenig Glück; eine daraufhin ans Reichsgericht erhobene Beschwerde wurde 1905 abgewiesen.

Die Entscheidung des Reichsgerichtes vom 23. Jänner 1905, unterzeichnet vom Reichsgerichtspräsidenten Steinbach, führt folgende Entscheidungsgründe an: „Aus der Bezeichnung (Große Freimaurerloge Austria) geht hervor, daß der geplante Verein ein Glied in dem großen Freimaurerbunde bilden soll, dessen wesentliche Zwecke und Satzungen der Öffentlichkeit gegenüber grundsätzlich geheimgehalten werden. Bei diesem Sachverhalte kann der Umstand, daß der geplante Verein als Freimaurerloge Glied dieses Bundes wird, für die einzelnen Mitglieder Verpflichtungen begründen, welche aus den vorgelegten Statuten überhaupt nicht ersichtlich sein können, deren Zulässigkeit nach dem Vereinsgesetz eben deswegen auch nicht beurteilt werden kann."

Auswärtige Mitglieder sind M., die außerhalb des Logenortes ihren Wohnsitz haben. Sie zahlen bisweilen ermäßigte Beiträge und sind verpflichtet, sich in festgesetzten Zeiträumen bei ihren Logen persönlich oder brieflich zu melden.

Ausweis, der Steinmetzgruß in der mittelalterlichen Bauhütte. Er bestand aus drei Teilen: der Aufnahme, dem Handschenk und den Stellungen.

Autodafé.

1. 1743 in Lissabon: Der Advokat Dr. Jorge da Silva und der Maler Macedo mußten ihre Zugehörigkeit zum Freimaurerbunde mit dem Feuertod büßen.

2. Josef Torrubia, Prediger und apostolischer Missionär, Zensor und Revisor der hohen Inquisition in Madrid, Pater der Provinz Mexiko und Generalgeschichtsschreiber des Franziskanerordens in Asien, verlangte in einem 1752 erschienenen Pamphlet, man möge die Freimaurer „in einem erbaulichen A." verbrennen, „als ein Brandopfer, dem Herrn ein süßer Geruch". Beigefügt sind die Bulle Benedikts XIV., die Dekrete Ferdinands VII. gegen die Freimaurer und ein Hirtenbrief des Bischofs von Ventimiglia über die Bulle Clemens XII. Das Buch erschien auch in deutscher Sprache 1785. Unter dem Titel: „Gegen das verabscheuungswürdige Institut der Freimaurer, An das Consejo de la suprema y general Inquisition in Madrid" veröffentlichte S. s., d. i. Josef Reichsfreiherr von Sonnenfels (s. d.) 1786 eine Gegenschrift.

3. A. des franc-maçons de Cologne. Et se trouve chez le maçon sincère à l'enseigne de la

vertue rue St. Jean à Jerusalem, 1789, enthält ein Gespräch von Freimaurern in der Hölle, wobei Friedrich der Große Grundregeln der Freimaurerei aufstellt.

4. Titel einer Streitschrift von Kratter (s. d.) gegen den österreichischen Freimaurerführer Born („Freymaurer Auto da Fé in Wien", 1786) und mehrerer Gegenschriften.

Autorität darf nach Rudolf Virchow die Beobachtung und das Urteil leiten, aber nicht bestimmen. Der Freimaurer anerkennt die in den Einrichtungen seines Bundes gelegene und im Meister vom Stuhl durch Wahl verkörperte Autorität, lehnt aber die Formel des blinden Autoritätsglaubens, das „Autos epha" (der Meister hat es gesagt) ab, da er auch in der Einordnung in den Bund seine persönliche Freiheit zu wahren hat.

A. U. T. O. S. A. G., Abkürzung für Ad Universi Terrarum Orbis Summi Architecti Gloriam (Zum Ruhme des allmächtigen Baumeisters aller Welten). Überschrift aller Dokumente des A. u. A. Schottischen Ritus.

Avignon, französische Departementshauptstadt an der Rhone, in der zweiten Hälfte des 18. Jahrhunderts ein Mittelpunkt der Freimaurerei okkultistischer Richtung. Von den verschiedenartigen, teilweise überaus wirren Systemen, die in A. gepflegt wurden, war das eigenartigste der „Rite hermetique", auch „Rite de Pernetty" genannt, den der Benediktiner Antoine Joseph Pernetty begründet hatte und den er in einem „Thabor" mit einem Zirkel pflegte, in dem der polnische Graf Hrabianka (s. d.) eine bedeutende Rolle spielte. Dieser Ritus, der unter dem Namen der „Illuminés d'A." (s. d.) berühmt geworden ist, baute sich auf der Aristokratenloge „Les Sectateurs de la Vertu" auf. Pernetty war auch 1770 an der Umwandlung einer anderen Bauhütte, der Loge „Saint-Jean d'Ecosse" in die „Mère Loge Ecossaise du Comtat-Venaissin" beteiligt, die sich eine „Académie des Sages" angliederte und in dieser den ebenfalls hermetischen Grad des „Vrai Maçon" bearbeitete. Die Loge erregte das Mißfallen des päpstlichen Inquisitors P. Mabille, der sie 1775 umstellen und Einrichtung, Bücher und Archive fortschleppen ließ. Daraufhin übersiedelte die Loge nach Paris, indem sie die dortige Loge „Saint-Lazare" zur „Mère Loge Ecossaise de France" erhob.

Avksentiew, 1917 Außenminister der provisorischen russischen Regierung Kerensky, 1918 Präsident des Direktoriums in Sibirien, Führer des rechten Flügels der sozial-revolutionären Partei, Stuhlmeister der russischen Loge „Etoile Polaire" (Gr.-O.) in Paris.

Ayr, Stadt bei Kilwinning in Schottland. Von dort stammten der Chevalier Ramsay (s. d.) und der Dichter Robert Burns (s. d.).

Aytoun, William E., englischer Schriftsteller, Historiker und Dichter, * 1813, † 1865, Universitätsprofessor für Literatur in Edinburgh, schrieb „Homer and other Poems", „Poems and Ballads of Goethe", „Ballads of Scotland", war Meister vom Stuhl der „Canongate Kilwinning Lodge".

Aziz Hassan, ägyptischer Prinz, * 1873, † 1925, Sohn des Prinzen Hassan Pascha, des Bruders des Königs Ahmed Fuad von Ägypten, diente als General in der türkischen Armee, war Freimaurer und nahm 1909 als Delegierter des ägyptischen Suprême Conseil die Einsetzung des Obersten Rates des A. u. A. Schottischen Ritus der Türkei vor.

Azoren. (Portugiesische Inseln im Atlantischen Ozean.) Unter dem Vereinigten Großorient von Lusitanien (Portugal) arbeiten zwei Logen in Horta und Ponta Delgada.

B

Babák, Eduard, Professor der Physiologie und Biologie an den Universitäten Prag und Brünn, * 1873, † 1926, als Wissenschaftler und Organisator wissenschaftlicher Vereinigungen sowie als technischer Beirat bei der Einrichtung der neuen Tschechischen Universität in Brünn von vielseitiger Begabung, war Mitglied der Loge „Cestou Světla" in Brünn.

Babel. Babylonischer Turmbau. Der Turmbau von B. kommt selbstverständlich auch in der Zunftsage der Bauleute zu Ehren. In den alten Maurerhandschriften wird auf ihn Bezug genommen, so bereits im Cooke MS. (s. d.), dann bei Anderson, der auf den Turmbau in Babel und die Zerstreuung der Bauleute die Verbreitung der Baukunst zurückführt.

Babylonish Pass (engl.), auch Red Cross of Babylon, Babylonischer Paß oder Rotes Kreuz von Babylon, in Schottland unter dem Royal Arch-Kapitel bearbeiteter Grad.

Baccelli, Guido, berühmter italienischer Kliniker, † 1916, Kultusminister im Kabinett Crispi, später Ackerbauminister, Gegner des Eintretens Italiens in den Weltkrieg, war Freimaurer. Er erwarb sich besondere Verdienste um die Organisation der Malariabekämpfung in den verseuchten Gegenden Italiens.

Bacci, Ulisse, langjähriger Generalsekretär des Großorients von Italien und Redakteur der „Rivista Massonica italiana", Verfasser des Werkes „Il libro del Massone italiano", wurde von den Faschisten 1929 auf einer der Liparischen Inseln interniert.

Bachoff v. Echt, Freiherren v.

1. Johann August, * 1717, † 1794, preußischer Kammerherr und Prälat des Domkapitels zu Kamin, und sein Bruder

2. Ludwig Heinrich, * 1725, † 1792, in dänischen Staatsdiensten, Gesandter in Madrid, später in Regensburg und Dresden. Sie entstammten einer protestantischen Familie, die wegen ihres Glaubens ihre Heimat hatte verlassen müssen. Auf Reisen Freimaurer geworden, wurden sie beide 1741 in der Loge

„Aux trois Compas“ in Leipzig in den Meistergrad befördert und gründeten mit ihrem Schwager Albert Anton v. Rüxleben 1742 die Loge „Archimedes zu den drei Reißbretern“ in Altenburg, in der auch heute ein Glied der Familie rege tätig ist. Der jüngere der Brüder war ein geistlicher Liederdichter von Ruf. Einige Freimaurerlieder sind im Altenburger Gesangbuch enthalten.

Bacon, Francis (Baco von Verulam), Viscount of St. Alban, * 1561, † 1626, englischer Staatsmann, Lordkanzler, Philosoph, Schriftsteller der elisabethinischen Zeit, vertrat an der Schwelle der Aufklärungszeit als höchste Aufgabe der Wissenschaft die Naturbeherrschung und zweckmäßige Gestaltung der Kultur durch Naturerkenntnis, bekämpfte Vorurteile und Idole, und bezeichnete als Hauptquelle der Erkenntnis die auf Experiment und Induktion gegründete Erfahrung. Dank seiner eigenartigen Persönlichkeit wurde B. Mittelpunkt merkwürdiger Hypothesen. So wurde ihm seit der Mitte des 19. Jahrhunderts von manchen immer wieder die Autorschaft an den Dramen von Shakespeare zugeschrieben. Oft wurde er auch mit der Freimaurerei in Verbindung gebracht, weil er in seinem utopischen Staatsroman „Nova Atlantis“ in einem auf dem unbekannten Eiland Bensalem errichteten idealen Gemeinwesen einen König eine Art Orden stiften läßt, das „Haus Salomonis“, ein geheimes — nach manchen Ausdeutern angeblich rosenkreuzerisches — „Kollegium der sechs Tage“. Manche Forscher haben hier den Ursprung der Freimaurerei suchen wollen. Zuerst Nicolai (s. d.), der 1782 die Behauptung aufstellte, B. habe von den Rosenkreuzern Andreae und Fludd den Gedanken einer „Generalreformation“ der Welt übernommen und darauf seine Idee basiert. Die (noch zu seinen Lebzeiten in ihren ersten Umrissen entworfene) Royal Society (s. d.) sei gestiftet worden, um zur Tat werden zu lassen, was B. in der Neuen Atlantis und der „Instauratio Magna“ vorschwebte. Die zu deren Inspiratoren gehörenden Rosenkreuzer Elias Ashmole (s. d.), William Lilly (der Astrologe) und ihr Kreis hätten insgeheim ein „Haus Salomonis“ errichtet und — als Mitglieder der Masons' Company — diesem den Namen „Freimaurerei“ gegeben, um so in Sicherheit ihren wissenschaftlichen und philosophischen, vor allem aber politischen Plänen, nämlich der Restauration der Stuarts, nachgehen zu können. Diese geheime Gesellschaft sei dann nach dem Tod ihrer Gründer entschlafen und 1717 in der Großloge von England neu erstanden. Trotzdem für diese Hypothese keine tragfähige Grundlage existiert, wird sie, mit gewissen Abweichungen, immer aufs neue abgewandelt.

Die bekannten Versuche, aus Shakespeares Werken durch kabbalistische Methoden die Autorschaft Bacons nachzuweisen, sind von Alfred Dodd auch auf die angeblichen freimaurerischen Beziehungen Bacons angewendet worden (in „The Personal Poems of Francis Bacon [Our Shake-Speare] the son of Queen Elizabeth“, Daily Post Printers, Liverpool, 1931). Dodd liest aus den Sonetten Shakespeares heraus, daß B. der Begründer der Freimaurerei war, als deren erster Großmeister fungierte und die ursprünglichen Rituale bearbeitete. Nach Dodd soll B. auf Reisen im kontinentalen Europa den Rosenkreuzern nahegekommen sein und deren Gebrauchtümer nach England übertragen haben. In dem „prologue Sonnet“ stehen nach Dodd verkapselt die Worte: „This is printed as my last secret book to the Craft. Lord St. Alban, Worshipfull Gr. M.“

Bacon, Roger, Franziskanermönch in Oxford, * 1214, † 1294, für seine Zeit hervorragender Wissenschaftler, der als „Doctor mirabilis“ wegen seiner großen physikalischen Kenntnisse in den Ruf der Zauberei geriet und mehrfach von den kirchlichen Behörden eingekerkert wurde. Als Gegner der Scholastik begründete er die auf wissenschaftlicher Empirie (Experiment) begründete Naturerkenntnis. Er galt als Rosenkreuzer. In dem aus dem Jahre 1677 stammenden Stanley MS wird eine Prophezeiung Roger Bacons angeführt, die ihn für den Freimaurerorden reklamiert:

„Free Masons, Beware Brother Bacons Advice
Interlopers break in and spoil your devices
Your Giblin and Squares all out of Door
An Jachin and Booz shall be secrets no more.“
(„Freimaurer, hört Br. Bacons Rat,
Einschleicher üben an euch Verrat,
Euer Giblin und Winkel, sie kommen ans Licht,
Geheim bleiben Jakin und Boaz nicht.“)

Bacsányi, Johann, ungarischer Dichter, * 1763, † 1845, Anhänger der Ideen der französischen Revolution, nahm an der Verschwörung des Abtes Martinovics (s. d.) teil und wurde zu Kerkerstrafe verurteilt.

Baculus (lateinisch der Stab), der Bischofsstab, auch der Stab, den der Großmeister der Templer als Amtsabzeichen trug. 1859 wurde dieses Amtsabzeichen von den amerikanischen (freimaurerischen) Templern (Knights Templar) als Abzeichen des Großmeisters übernommen. Synonym mit B. wird das lateinische pedum, der Schäferstab, verwendet (s. a. Abacus).

Baden, deutscher Freistaat, früher Großherzogtum. Die älteste Loge wurde 1778 gegründet von der Großloge von Preußen, gen. Royal York zur Freundschaft („Karl zur Einigkeit“ in Mannheim). Mannheim gehörte zu dieser Zeit zu Bayern; die Loge wurde durch das kurfürstliche Edikt von 1785 geschlossen. 1803 kam die Stadt an das neubegründete Großherzogtum B., die Loge nahm 1806 wieder ihre Arbeit auf, und ihr Kapitel erklärte sich 1807 unter französischer Oberleitung zum Großorient von B. Großmeister war Karl August, Fürst von Isenburg. Die Logen in Karlsruhe, Freiburg i. B. und Heidelberg riefen 1809 einen „Großen Landeslogenverein von B.“ ins Leben. Da ein Erlaß des Großherzogs Karl Ludwig Friedrich von 1813 die Schließung der beiden Logenvereine und sämtlicher badischen Logen anordnete, und das diesbezügliche Reskript 1824 von dem Großherzog Ludwig erneuert wurde, ruhte die freimaurerische Arbeit nach dem Ende des reaktionären Ministeriums Blittersdorff. Erst 1845 wagte sich die Freimaurerei wieder hervor, um zwei Jahre später offiziell wieder zugelassen zu werden. Von diesem Zeitpunkte an entwickelte sie sich in B. unter dem Schutze der bestehenden deutschen Großlogen.

Baden, früheres Herrscherhaus, dem Freimaurerbunde gehörten an:

Karl Friedrich, Markgraf, seit 1806 Großherzog, * 1728, † 1811, aufgenommen in einer englischen Loge.

Ludwig Wilhelm August, Prinz von B., Enkel des vorigen, * 1829, † 1897, aufge nommen 1856 in der Loge „Urania zur Unsterblichkeit" in Berlin, war 1859 bis 1864 Großmeister der Großloge Royal York. Er rettete 1859 bis 1860 die badische Freimaurerei gegenüber klerikalen Konkordatswünschen, die ihre Existenz bedrohten.

Prinx Max von Baden, der letzte Reichskanzler des Kaiserreiches (1918), wird von gegnerischer Seite gerne als Freimaurer bezeich net, um seinem Tun angebliche internationale Beziehungen unterschieben zu können. Er ist es aber niemals gewesen.

Badge, im Englischen ein Abzeichen, Kennzeichen; auch für den Schurz (Apron) gebraucht.

Badia, Domingo, spanischer Forschungsreisender, * 1766, † 1818, unternahm als „Mohammedaner Ali Bey" 1803—1807 ausgedehnte Reisen in die arabischen Gebiete Afrikas und Asiens, war später Gouverneur von Cordoba, publizierte 1814 die Ergebnisse seiner Studien in einem dreibändigen, in Paris erschienenen Werk, ging dann in geheimer Mission für Frankreich nach Syrien, um dort politische und kommerzielle Möglichkeiten zu erkunden, und starb plötzlich in unaufgeklärter Weise in Aleppo. Er war der erste Christ, der auf Grund eigenen Schauens die Kaaba in Mekka, die Omarmoschee in Jerusalem und andere berühmte arabische Kulturstätten genauest schildern konnte. 1800 trat B. in London dem Freimaurerbund bei.

Baggessen, Jens, * 1764, † 1826, dänischer und deutscher Dichter, Professor in Kiel, meist auf Reisen. Er setzte sich für den notleidenden Schiller ein, indem er es 1791 durchsetzte, daß ihm der Freimaurer Friedrich Christian von Schleswig Holstein und der dänische Mini ster Graf Ernst v. Schimmelmann auf die Dauer von drei Jahren ein jährliches Ehren geschenk von 1000 Talern aussetzten. Er wurde in Paris in den Freimaurerbund aufgenommen und starb 1826 im Freimaurerspital in Hamburg. Die Loge „Plato" in Wiesbaden ließ zum Gedächtnis der edlen Handlungsweise an Schiller 1911 einen Schillergedenkstein setzen, auf dem auch die Namen der Helfer stehen.

Bahama-Inseln, (frz. Iles Lucayes), Inselgruppe im Atlantischen Ozean, bildet mit den Antillen zusammen Westindien. Unter der Großloge von England arbeiten auf der Turksinsel und auf New Providence (in der Hauptstadt Nassau) je eine Loge.

Bahia, brasilianischer Bundesstaat mit gleichnamiger Hauptstadt. Diese ist Sitz der Grande Loja da B. mit 17 Logen. Adresse: Rua Carlos Gomes 21 (s. Brasilien).

Bahnson, Franz Wilhelm Viborg, Professor, Gymnasiallehrer in Hamburg, * 1826, † 1919, aufgenommen 1855 in der Loge „Zur Brudertreue a. d. Elbe" in Hamburg, freimaurerischer Schriftsteller, Verfasser von freimaurerischen Katechismen auf Grundlage des eklektischen Systems.

Bahr, Hermann, * 1863, österreichischer Schriftsteller, war in seinen jungen Jahren Freimaurer. Als solcher vertrat er in einer Enquete, die sich mit den Möglichkeiten der Errichtung einer Großloge in Österreich beschäftigte, einen sehr radikalen Standpunkt. Er zog sich später von der Freimaurerei vollkommen zurück und unterhielt seither zu ihr keinerlei Beziehungen.

Bahrdt, Karl Friedrich, protestantischer Theologe und Freigeist, 1741 bis 1792, Professor in Leipzig, Erfurt, Gießen, begründete in Heidesheim bei Worms eine Erziehungsanstalt. Durch seine aufklärerischen Schriften geriet er in Zwiespalt mit seinen geistlichen Oberbehörden und wurde seines geistlichen Amtes entkleidet. Seine theologischen Anschauungen ließen vom Christentum nicht viel mehr übrig als nackten Deismus. 1777 trat er dem Freimaurerbunde bei und übertrug dessen innere Einrichtungen auf das Christentum in einem verworrenen Plan, in dem Jesus als Stifter einer geheimen Ordensgesellschaft mit 33 Graden eine Rolle spielt. Auf einem Weinberge bei Halle a. d. S. richtete er ein Wirtshaus ein, wo er eine Winkelloge unterhielt. Der Versuch, eine Aufklärervereinigung, die „Deutsche Union der XXII" (s. d.), im Zusammenhange mit der Freimaurerei zu errichten, brachte ihn in gerichtliche Untersuchung, die schließlich zu seiner Verurteilung führte. Da er zu dem noch den allmächtigen preußischen Minister Wöllner in einem Lustspiel, „Das Religionsedikt", angegriffen hatte, wurde er zu zweijährigem Festungsarrest verurteilt. Kotzebue hat ihm den Namen „Dr. Bahrdt mit der eisernen Stirn" aufgebracht, mit dem er in die Literaturgeschichte eingegangen ist.

Baienow, Nikolaus, Dr. med., aus Kiew, * 1857, † 1924, Professor in Moskau, seit 1884 Mitglied einer Loge des Großorients von Frankreich, war 1906 Gründer und Stuhlmeister der Loge „Renaissance" in Moskau (s. Rußland).

Bailly, Jean Sylvain, berühmter französischer Astronom, Freund von Laplace, * 1736, † 1793, schloß sich der Revolution an, 1789 Abgeordneter von Paris, dann Präsident der konstituierenden Nationalversammlung und Maire von Paris, wegen seiner konstitutionellen Gesinnung und seiner energischen Maßnahmen gegen die Aufrührer als „Königsfreund und gewalttätiger Unterdrücker der Volksfreiheit" hingerichtet. B. war Mitglied der Pariser Loge „Les Nœuf Sœurs" (s. d.)

Baily, Edward Hodges, englischer Bildhauer, * 1788, † 1863, Schöpfer der berühmten Nelson-Säule am Trafalgar Square in London, der Statue des Großmeisters Herzog von Sussex im Londoner Großlogenhaus und zahlreicher bedeutender Skulpturen, war Großdiakon der Großloge von England. Eine Loge in Bristol trägt seinen Namen.

Baird, Robert Hugh, bekannter irischer Journalist. * 1855, Präsident der „Irish Newspaper Society", Leiter des „Irish Daily Telegraph", ist Past Master der Londoner „Motherland Lodge 3661".

Bakonyi, K á l m á n, * 1859, Senatspräsident an der königlichen Gerichtstafel in Budapest. War Großsekretär, dann Deputierter Großmeister der Symbolischen Großloge von Ungarn. Seiner freimaurerischen Gesinnung wegen in den Ruhestand versetzt.

Bakunin, M i c h a e l, berühmter russischer Anarchist (1814 bis 1876), nicht Freimaurer, spricht im zweiten Band seiner „Gesammelten Werke" (Berlin 1923) von der italienischen Freimaurerei der Zeit, in der Mazzini das „Junge Italien" gründete. Sie vereinigte damals, B. zufolge, „die ersten Geister, die treuesten Herzen, die stolzesten Willensmenschen und die kühnsten Charaktere".

Balassa, J o s e f, * 1864, Professor, ungarischer Sprachforscher. Seit 1914 Dep. Großmeister der Symbolischen Großloge von Ungarn. Schrieb ein Buch über die Geschichte der Freimaurerei. („A szabadkőművesség tösténete", Budapest). Unermüdlicher Kämpfer für den Gedanken der völkerversöhnenden Mission der Freimaurerei.

Balchen, B e r n t, berühmter amerikanischer Flieger, Pilot Byrds bei dessen Transozeanflug nach Frankreich und zum Südpol, ist Mitglied einer Loge in Brooklyn. Seiner Erhebung in den Meistergrad, 1928, wohnten mehr als dreitausend Freimaurer bei.

Baldachin, der von Säulen getragene Himmel über dem Meistersitz oder der ganzen Loge als Zeichen des Himmels und zum Zeichen der Universalität der Freimaurerei. (Nicht allgemein üblich!)

Baldrick, Schärpe oder Wehrgehänge, getragen von den Knights Templar (s. d.) mit einem neunzackigen Stern mit dem Passionskreuz und der Inschrift „In Hoc signo vinces".

Baldwin, E v e l y n B r i g g s, amerikanischer Nordpolforscher, der 1901 bis 1902 eine Nordpolexpedition führte, nahm die maurerischen Insignien seines großen Vorgängers K a n mit, um diese im Falle des Erfolges am Nordpol zu deponieren; die Expedition erreichte aber nicht ihr Ziel.

Baldwyn Encampment, Tempelritter-Lager in Bristol, das sich nach B a l d u i n II., dem Nachfolger Gottfrieds von Bouillon, als König von Jerusalem nennt und behauptet, daß es seit undenklichen Zeiten bestehe. Die erste authentische Nachricht stammt allerdings erst aus dem Jahre 1780. Das B. E. schloß sich 1881 dem Obersten Rate des A. u. A. Schottischen Ritus an, wobei es mehrere ritualistische Vorrechte behielt.

Bálint, L u d w i g, ungarischer Advokat, Meister vom Stuhl der Loge Eötvös, Budapest, * 1868, † 1926. Durch seine unermüdliche Tätigkeit wurde das radikale Tagblatt „V i l á g" (s. d) von Freimaurern gegründet. B. war eine Zeitlang Leiter des Blattes.

Ballesteros, F r a n c i s c o, spanischer General und Kriegsminister, Verteidiger der freiheitlichen Ideen, * 1770, † 1832, bewog nach dem Aufstand von 1820 Ferdinand VIII. zur Annahme der Konstitution von 1812, Vizepräsident der revolutionären provisorischen Junta, wurde zum Tode verurteilt, entkam nach Paris. B. war Freimaurer und befreite unter der Herrschaft der Cortes alle wegen ihrer Zugehörigkeit zum Bunde eingekerkerten Brüder.

Ballette, Freimaurerische. Erzbischof von Marseille, B e l s u n c e d e C a s t e l m o r o n, ließ am 3. August 1741 im Jesuitenkollegium Dubois in Caen in dem komischen Ballett „Rhadamiste et Zénobie" eine Tanzeinlage aufführen, in welcher die Gebräuche der Freimaurer verspottet wurden. Etwa in der gleichen Zeit wurde in der Pariser Oper eine von der Tänzerin S a l e arrangierte, von acht Personen in Schäfer- und Schäferinnentracht getanzte Choreographie „Danse des Franc Maçons" aufgeführt. In der Zeit der „Adoptionsmaurerei" (s. d.) waren in deren Zirkeln Ballette mit Anklängen an freimaurerische Ideen nicht selten (s. auch A r l e q u i n F r a n c - M a ç o n).

Ballori, A c h i l l e, hervorragender italienischer Gelehrter und Philanthrop, Großkommandeur des Obersten Rates des Großorients, eine der repräsentativsten Figuren der italienischen Freimaurerei. 1872 in Pisa in den Bund aufgenommen, fiel er am 31. Oktober 1917 im Palazzo Giustiniani in Rom einem verbrecherischen Anschlag zum Opfer, der in seiner Person die gesamte italienische Freimaurerei treffen sollte. Die Leiche des Ermordeten wurde im Fahnensaal des Palazzo Giustiniani, bekleidete mit den freimaurerischen Insignien, aufgebahrt, hierauf verbrannt und die Asche, unter ungeheurer Beteiligung von Brüdern und der Bevölkerung, auf dem römischen Freimaurerfriedhof beigesetzt.

Ballotage, s. K u g e l u n g.

Balogh, E u g e n, * 1864, Generalsekretär der Ungarischen Akademie der Wissenschaften, Justizminister, war Mitglied der Loge Demokratia (Or. Budapest).

Balsamo, s. C a g l i o s t r o.

Balustre, eigentlich eine schmale Säule, dient in der romanischen Maurerei, namentlich des A. u. A. Schottischen Ritus, zur Bezeichnung einer Veröffentlichung, eines Dekretes usw.

Bancroft, G e o r g e, berühmter amerikanischer Filmschauspieler, ist Freimaurer und Mitglied des aus Angehörigen der Filmbranche bestehenden freimaurerischen „233 Klub" in Hollywood.

Bandeau, le (frz.), Augenbinde (s. Audition sous le b,).

Bandel, J o s e p h A n t o n i u s v o n, Ritter des Ordens des Heiligen Petrus und Mitglied der Gesellschaft der Wissenschaften in Rom, ließ 1751 eine heftige Gegenschrift gegen die Freimaurer erscheinen: „Schutzschrift Benedicti XIV. und dessen ohnfehlbaren päbstlichen Excommunications-Bulle gegen die Freymaurer oder Capozaum der Freymaurischen Zeitungschreibern zu Gravenhaag und Sachsen Coburg." Die Schrift ist eine Erwiderung auf Zeitungsartikel, in denen die Freimaurer gegen die päpstliche Bulle in Schutz genommen worden waren.

Bänder, s. B e k l e i d u n g.

Bangel, G e o r g L u d w i g, Antiquar in Frankfurt a. M., * 1850, † 1925, wurde 1877 in der Loge „Carl zum aufgehenden Licht" seiner Vaterstadt aufgenommen und weihte einen großen Teil seines Lebens der freimaurerischen Sache. B. war mehrere Jahre Stuhlmeister seiner Loge, 1907—1913 Zugeteilter Großmeister des „Eklektischen Bundes"; er war innerhalb der deutschen Freimaurerei stets ein Führer der pazifistischen Richtung und namentlich nach dem Krieg schon sehr früh bestrebt, die deutschen und die französischen Freimaurer wieder miteinander auszusöhnen. B. gehörte zu dem kleinen Kreis deutscher Brr., die sich Ende 1924 in Luxemburg mit Bernardin und anderen Freimaurern zu Nancy trafen, um die internationalen freimaurerischen Friedensmanifestationen wieder anzubahnen, an deren Organisation in der Vorkriegszeit er hervorragenden Anteil gehabt hatte. Die schroffe Desavouierung, die dieser und andere vom reinsten Idealismus getragenen Schritte im Schoße seiner Großloge erfuhren, trübte seinen Lebensabend.

Bangkok, Hauptstadt des Königreichs Siam; unter der Großloge von Schottland arbeitet hier die „St. John's Lodge Nr. 1072".

Banner, von den Gilden übernommener Freimaurerbrauch, bei feierlichen Anlässen ein B. vorantragen zu lassen. Diese Übung herrscht allerdings nur dort, wo die Freimaurerei sich geschlossen in der Öffentlichkeit zeigt, also in England, Amerika und einzelnen romanischen Staaten. Dem englischen Großmeister werden mehrere B. bei Grundsteinlegungen usw. vorangetragen, in den Vereinigten Staaten erscheinen freimaurerische B. auch bei den „Paraden" an den Nationalfeiertagen und den Konventionen maurerischer Körperschaften. Jede englische und viele andere Logen haben ihre eigenen B. Bei der großen Kriegsdemonstration der italienischen Freimaurerei am 5. Mai 1915 wurden im Zuge über 400 Logenfahnen mitgeführt. Bei der Johannisgroßloge des Gr.-O. der Niederlande im Haag werden die den Freundschaftsbürgen der fremden Großlogen reservierten Plätze im Osten durch B. bezeichnet. Schweizerische und deutsche Logen pflegen an Festtagen freimaurerische B. an den Logengebäuden aufzuziehen. In den Tagen der Pariser Kommune pflanzten Pariser Freimaurer ihre Logenfahnen auf den Wällen von Paris auf und versuchten, auf diese Weise die Einstellung des brudermörderischen Kampfes herbeizuführen. Dabei fielen ihrer mehrere.

Bannerträger, engl Standard Bearer, frz. Porte étendard, Funktionär namentlich in angelsächsischen Logen und Großlogen, im A. u. A. Schottischen Ritus und anderen Hochgradsystemen.

Baphomet, Name eines scheußlichen Teufelsbildes, dessen Verehrung dem Templerorden vorgeworfen wurde. In einer gegen die Templer gerichteten päpstlichen Bulle ist der B. als ein Idol mit mehreren Köpfen beschrieben. Der Name soll entweder aus dem Griechischen: Bafe (Taufe) und Metis (Weisheit) stammen oder eine Art Anagramm des Wortes Mahomet darstellen, wird aber auch als kabbalistische Verschleierung des Templerwahlspruches „*Tem*plum omnium *h*ominum *p*acis *ab*has" gedeutet. (Die Buchstaben in Kursivschrift sind umgekehrt zu lesen.) Taxil, Bataille u. a. ließen sich diesen „Teufelszeugen" nicht entgehen und erfanden, daß er als „Gott auch in den freimaurerischen Templergraden auftrete. In neueren Abbildungen (vergl. Lennhoff, „Die Freimaurer") thront der geflügelte bockfüßige B., die Abzeichen des Rosenkreuzergrades auf der Brust, auf einer von Schlangen umzüngelten Weltkugel.

Bara, Jules, belgischer Staatsmann, * 1835, † 1900, Abgeordneter, Justiz- und Staatsminister, Senator, Mitglied der Loge „Vrais Amis de l'Union et du Progrès", Brüssel.

Barahona, Miguel Pas, 1925—1929 Präsident der Republik Honduras, ist Freimaurer.

Barbados, östlichste Insel der Kleinen Antillen, seit 1605 britisch, ausschließlich britische Logen: sieben englische unter einer Distrikts-Großloge (Adr.: Masonic Hall, Bridgetown) und drei schottische (ebenfalls unter Distrikts-Großloge in Bridgetown). Von den sieben Logen der Großloge von Schottland arbeiten vier auf den Inseln St. Vincent, Granada und Santa Lucia (s. Inseln unter dem Wind).

Barbès, Armand, französischer Politiker, * 1809, † 1870, war 1830 Mitglied der militanten republikanischen Opposition, wegen revolutionärer Tätigkeit 1834 eingekerkert, 1839 zum Tod verurteilt, auf Fürbitte von Victor Hugo (zu lebenslänglichem Zuchthaus) begnadigt. 1848 befreit, 1849 wieder inhaftiert, während des Krimkrieges wegen eines aus dem Gefängnis an einen Freund gerichteten patriotischen Briefes gegen seinen Willen von Napoleon III. begnadigt. ging freiwillig ins Exil, „eine der edelsten Erscheinungen der französischen Demokratie, rein und stoisch" (Larousse), war Freimaurer (Lebey, „Aperçu historique...", 1925).

Barbour, John Milne, englischer Politiker und Industrieller, * 1868, Handelsminister von Nord-Irland, Präsident der Handelskammer von Belfast, ist führender Freimaurer.

Barcelona, spanische Handelsstadt, Hauptstadt von Katalonien, Sitz der „Gran Logia Española", früher Regional-Großloge „Catalona Balear". Neben Logen dieser Obedienz arbeiten in B. auch Bauhütten des „Gran Oriente Español" (Gr.-L. Regional Nordeste . ño 27.

Bárczy, Stephan, Bürgermeister, später Oberbürgermeister von Budapest, Justizminister i. R., war Mitglied der Loge „Patria", Budapest.

Bardeleben, Friedrich Wilhelm, Oberhofmeister am kurhessischen Hofe, * 1768, † 1838, wurde in Berlin Mitglied der Großloge „Royal York", vereinigte die kurhessischen Logen nach der Auflösung des Königreichs Westfalen, dem Hessen angegliedert war, 1814 zu einer von der Großen Loge „Royal York" genehmigten Großen Provinzialloge, die von 1817—1824 als unabhängige Große Mutterloge von Hessen weiter tätig war. B. war Großmeister der Großen Provinzialloge.

Barmherzigkeit, Orden der.

1. In Italien heute noch bestehende fromme Orden, „Misericordia", die in eigentümlicher Kapuzentracht als Beerdigungsbruderschaften, wie die Kalanden (s. d.), in Florenz u. a. O., heute noch als freiwillige Rettungsgesellschaft dienen.

2. Ordre de la Miséricorde, in Frankreich nach dem Zerfall der Strikten Observanz entstandene sog. Fortsetzung des Tempelherrenordens, die 1807 errichtet wurde, um jedoch angesichts der Konkurrenz der Neutempler" (s. d.) bald wieder einzugehen.

Barnett, Sir Richard Whieldon, englischer Industrieller und Politiker, Präsident des Handelsausschusses des Unterhauses 1923/24, war 1909/10 Präsident des Board of Grand Stewards, seit 1922 Großbeamter der Großloge von England.

Barney, Joshua, amerikanischer Commodore, Revolutionsheld und Flottenführer im englisch-amerikanischen Kriege 1812, bei Bladnesburg schwer verwundet, wurde 1779 in Paris in der Loge „Les Neuf Sœurs" aufgenommen.

Barnwall de Tremlestown, Jean de, irischer Aristokrat, der seiner Anhänglichkeit an die Stuarts und seines katholischen Glaubens wegen ins Exil nach Frankreich ging und dort 1745 von Ludwig XV. naturalisiert und zum französischen Grafen gemacht wurde, gründete in Toulouse 1747 eine Loge, die erst „Ecossais fidèles", dann „Sagesse et Union" und schließlich „Sagesse" hieß. Sie ist die einzige französische Loge, von der auf Grund authentischen Materials von Gaston Martin (s. d.) festgestellt werden konnte, daß ein stuartistischer Anhänger sie stiftete.

Báróczi, Alexander, ungarischer Dichter, * 1735, † 1809, Mitglied der ungarischen Leibgarde am Hofe von Maria Theresia und eifriger Freimaurer. Er war einer der Begründer der neueren ungarischen Literatur.

Baroja, Pio, spanischer Schriftsteller. In seinem Roman „Jahrmarkt der Gescheiten" („La feria de los discretos'), erschienen in den „Romanen der Welt", herausgegeben von Thomas Mann und Scheffauer finden sich Gespräche mit freimaurergegnerische Tendenz.

Barolin, Johannes C., österreichischer Pazifist, * 1857 in Laibach veröffentlichte zahlreiche, auf sozialpolitische pädagogische Reformen abzielende und der Friedensidee dienende Schriften, Anreger einer „altruistischen Weltorganisation", Mitglied der Loge „Eintracht" in Wien, ist Ehrenmitglied der Großloge und Ehrengroßkommandeur des Obersten Rates des Schottischen Ritus von Österreich.

Barrett, Alexander, englischer Komponist und Musikschriftsteller, * 1836, † 1891, Musikreferent der „Morningpost", Leiter der „Musical Times", schrieb „English Church Composers", „Dictionary of Musical Term", war erster Meister vom Stuhl der Londoner „Orpheus Lodge 1706" und Großorganist der Großloge von England.

Barrett, Lawrence P., berühmter amerikanischer Schauspieler, * 1838, † 1891, nahm als Hauptmann am Bürgerkrieg teil, trat wiederholt in London auf, schrieb Werke über die Geschichte des amerikanischen Theaters, so „Edwin Booth and his Contemporaries".

Barruel, Augustin, Abbé und Domherr in Paris, * 1741, † 1820, erbitterter Feind der Freimaurerei, die er für die französische Revolution und das Jakobinertum nach der Formel „Enzyklopädisten + Freimaurer + Illuminaten = Jakobiner", verantwortlich machte. Hauptwerk: „Mémoires pour servir à l Histoire du Jacobinisme", erschienen 1797. Nach B., der selbst im Hause eines Freundes „nach Tisch" Freimaurer geworden sein will, stammt die Freimaurerei von den Manichäern und Tempelrittern her, für ihn gibt es nur eine Quelle der Anarchie, des Meeres von Blut und Grauen, in dem die Erhebung von 1789 ertränkt wurde, die „dreifache Sekte der Sophisten", die den Namen „Jakobinerclub" nur darum annahm, um nicht selbst nach außen hin hervortreten zu müssen. Das mehr mit Leidenschaft als mit Kenntnissen geschriebene fünfbändige Werk hat heute noch Bedeutung, weil die meisten Gegner bewußt oder unbewußt sich auf die ganz haltlosen Anschuldigungen Barruels stützen.

Barsch, Paul, Schriftsteller in Breslau, * 1860, einer der ersten Arbeiter, der die Schicksale seines Arbeiterlebens in rührend ansprechender Form in einem zweibändigen Roman „Von einem, der auszog" schilderte. Auch als lyrischer Dichter von großer Gemütstiefe. Sein 70. Geburtstag war für Schlesien ein nationaler Feiertag. B. war Meister vom Stuhl der Loge „Settegast zur deutschen Treue" in Breslau. † 1931.

Bartels, Adolf, völkischer Literarhistoriker in Weimar, * 1862, bezeichnet in einer Schrift „Freimaurerei und deutsche Literatur, Feststellungen und Vermutungen" die Freimaurerei als „antichristlich, antivölkisch und antistaatlich oder doch antimonarchistisch" und würdigt das Werk zahlreicher Dichter nach ihrer wirklichen oder vermeintlichen Zugehörigkeit zum Freimaurerbunde. Wilhelm Fluhrer, Frankfurt, weist B. in einer Broschüre „Auch ein Ritter vom Geist" in zahlreichen Punkten Unwissenheit und Oberflächlichkeit nach.

Barth, Sir Jacob William, Oberster Richter in Kenya, * 1871, Präsident des Soldatenansiedlungs-Ausschusses, ist seit 1926 Distrikts-Großmeister der Distrikts-Großloge von Ostafrika.

Barthelmes, Richard, Arzt, * 1820, † 1885, wanderte 1852 nach New York aus und machte sich dort zwanzig Jahre lang um die Ausbreitung deutscher Freimaurerei verdient. Fruchtbarer maurerischer Schriftsteller, der nach seiner Rückkehr dem Findelschen Kreise (s. Findel) angehörte und auch als eifriges Mitglied des Vereines deutscher Freimaurer tätig war.

Bartholdi, Frédéric Auguste, berühmter französischer Bildhauer, * 1834, † 1904, dessen Werke nach dem Krieg von 1870 stark von chauvinistischer Einstellung beeinflußt wurden, schuf den „Löwen von Belfort", das Doppeldenkmal „Lafayette-Washington" in Paris, die Freiheitsstatue im Hafen von New York, war Mitglied der Loge „Alsace-Lorraine", der auch Jules Ferry (s. d.) und Joffre (s. d.) angehörten.

Bartolozzi, Francesco, Florentiner Kupferstecher und Maler, * 1728, † 1813, der 1764 nach London kam, um die Handzeichnungen, die der Herzog von York für den König gesammelt hatte, in Kupfer zu stechen. Er bevorzugte eine etwas weichliche Punktmanier, die Mode wurde. 1805 wurde er Direktor der Lissaboner

Malerakademie. Von ihm mehrere bekannte freimaurerische Kupferstiche, so das Titelbild der Konstitution von 1784 und das bekannte und oft variierte Bild: „Chevalier Ruspini führt die Zöglinge des Mädchenwaisenhauses der Groß loge von England vor". B. gehörte der Londoner Loge „Zu den neun Musen" an.

Barzilai, Salvatore, italienischer Staatsmann und Publizist, Irredentist, * 1860, Minister für die unerlösten Provinzen im Kabinett Salandra 1915, Vertreter Italiens bei der Friedenskonferenz, wiederholt Präsident der italienischen Pressevereinigung, Senator, Verfasser bedeutender geschichtlicher und rechtswissenschaftlicher Werke, war Freimaurer.

Basel.

1744 erste Loge, Näheres nicht bekannt.

1768 Loge „A Libertate" unter der Strikten Observanz. (Andreas Buxtorf [s. d.] und Peter Burckhardt.)

1778 Burckhardt gründet die Loge „Zur vollkommenen Freundschaft".

1779 Vereinigung der beiden Logen. — Helvetischer Konvent: Zürich und Basel gründen das Priorat der V. Provinz des Rektifizierten Schottischen Systems.

1808 der Gr. O. von Frankreich gründet die Loge „Freundschaft und Beständigkeit".

1811 löst sich die Loge von Frankreich los, arbeitet in deutscher Sprache und schließt sich dem Rektifizierten Schottischen Ritus an.

1828 Auflösung der Präfektur Basel.

1844 die Loge schließt sich der Großloge „Alpina" an.

1908 2. Internationale Freimaurermanifestation.

1922 Gründung einer zweiten Loge: „Zum Fels am Rhein".

1925 7. Internationale Freimaurermanifestation.

1927 Kongreß der Allgemeinen Freimaurerliga.

Bastard. In den alten Zunfturkunden wird „honest parentage", ehrliche Geburt (Robertsdruck) oder „of good kindred" (Sloane Ms.) für die Aufnahmsfähigkeit verlangt. Diese Forderung wurde später auch in die von Anderson verfaßten Konstitutionen, die sie im Urtexte nicht haben, hineingefälscht (Paton 1869). In der modernen Freimaurerei spielt die Ehelichkeit oder Unehelichkeit der Geburt keine Rolle.

Bastille, La, Pariser antifreimaurerische Wochenschrift, 1902 hervorgegangen aus „A bas les Tyrans", begründet und geleitet von Copin-Albancelli (s. d.) und Louis Dasté, ging Ende Oktober 1910 ein, um 1912 für eine Zeitlang wieder zu erscheinen.

Bataille, Dr., Pseudonym des Schiffsarztes Dr. Charles Hacks; geborener Rheinländer, fanatischer Atheist, Mitverschworener von Taxil (s. d.). 1892 bis 1894 erschien in Paris sein zweibändiges, fast 2000 Seiten umfassendes Werk „Le Diable au 19e siècle" (Der Teufel im 19. Jahrhundert), in welchem haarsträubende Märchen über den „freimaurerischen Teufelskult" erzählt werden. B.-Hacks erzählt u. a., in freimaurerischen Arbeiten, in denen Luzifer erscheine, würden die Schädel ermordeter Jesuitenpatres verbrannt; er habe ein geheimnisvolles Laboratorium im Felsen von Gibraltar gefunden, in dem Freimaurer Satansgift und Bazillen fabrizieren, um Epidemien hervorzurufen usw. Mit dem Ende des Taxil-Schwindels hörte auch das Wirken dieses Betrügers auf.

Batavia, Hauptstadt von Niederländisch-Ostindien, altes freimaurerisches Zentrum, wo bereits 1769 die Loge „De Ster in hat Oosten" gegründet wurde, die heute noch tätig ist. Nach dem Weltkrieg wurden zwei weitere Logen errichtet. Der Sitz der Provinzial-Großloge des Großostens der Niederlande ist Salatiga.

Batenkow, G. S., russischer Oberstleutnant der Genietruppe, Dekabrist, Mitglied des „Nördlichen Bundes", einer der Führer des Aufstandes von 1825, gehörte der Petersburger Loge „Zum auserwählten Michael" an. In seiner schriftlichen Aussage bekundete er Schmerz über das Mißlingen des „ersten Versuchs einer politischen Revolution", für die „die Kräfte viel zu schwach" waren, aber Freude darüber, daß die Stimme der Freiheit wenigstens einige Stunden lang erklingen konnte. Nach Sibirien verschickt, war B. einer der wenigen, die nach dreißig Jahren zurückkehren durften. 1863 schrieb der Siebzigjährige kurz vor seinem Tode in seinen Erinnerungen: „Während meiner zwanzigjährigen Einzelhaft, während meiner ganzen Jugend ohne Bücher, ohne Gesellschaft eines lebenden Wesens — was zu unserer Zeit niemand, ohne sich zu entleiben oder wenigstens den Verstand zu verlieren, hätte ertragen können — hatte ich in meinen grausamen seelischen Qualen gar keine Hilfe, bis ich allem Äußeren entsagte und mich in mein Inneres versenkte. Ich wandte damals die Methode der Freimaurer an, um die vor mir erstandene neue Welt zu übersehen und einzurichten. So festigte ich mich und überlebte die vielfachen Anwandlungen von Tod und Verzweiflung."

Bates, Joah, englischer Dirigent. * 1741, † 1779, im Hauptberuf Spitaldirektor, Mitbegründer und Dirigent der „Concerts of Antient music", Veranstalter der ersten Musikfeste zu Ehren von Händels Andenken, war Freimaurer.

Batterie (frz.), Salve, Beifallszeichen, gewöhnlich als „triple batterie".

Bau, die symbolische Arbeit des Freimaurers, gilt der Errichtung eines Tempels, unter dem Sinnbilde des Salomonischen Tempelbaus, worunter der Tempel der Humanität, der allgemeinen Menschenliebe, verstanden wird. Daher sagt man im Logengebrauche auch Bauleute für Freimaurer.

Baudin, J. B. Alphonse Victor, französischer Arzt und Politiker, * 1814, † 1851, Mitglied der Gesetzgebenden Körperschaft 1849, nahm gegen den Staatsstreich Napoleons III. Stellung und wurde 1851 beim Barrikadenkampf getötet. Seine sterblichen Überreste wurden später ins Pantheon übergeführt. Sein Andenken wahrt ein Denkmal in Paris. B. war Freimaurer.

Baugedanke, Leitmotiv der freimaurerischen Arbeit. „Die Freimaurerei fühlt sich berufen, das menschliche Herz als einen rauhen Stein zu behauen, ihn in die für seine Bestimmung gehörige Form zu bringen und ihn einzufügen in den kunstvollen Bau des Tempels Salomonis, den Menschheitsbau.“ (Wolfstieg.) „Bautätigkeit ist das moralische Symbol der Bildung und höchster Geisteskraft.“ (Wagler.)

Bauhütte.

1. Bei den mittelalterlichen Kirchen- und Klosterbauten der Ort, wo die Bausteine zugerichtet wurden, Bretterhütte, in der die Bauleute aber auch ihre Werkzeuge aufhoben, zur Auszahlung und zu Besprechungen zusammentraten, vielfach auch aßen und schliefen.

2. Bei Bauten von längerer Dauer ging der Name auf die sich dort versammelnde Arbeiterschaft über, z. B. B. an der Marienkapelle als Bezeichnung der Vereinigung der bei deren Bau tätigen Werkleute. Nach der Verweltlichung der Klosterbauhütten Bezeichnung der Brüderschaft der Steinmetzen (auch nur „Hütte“, davon „Haupthütte“).

3. Der englische Name der B., das Lehnwort Lodge (s. d.) wird von der Freimaurerei zur Bezeichnung der Loge übernommen, daher im deutschen Sprachgebrauche B. gleichbedeutend mit Loge.

Bauhütte, Die. Deutsche freimaurerische Zeitschrift, begründet von Findel (s. d.) im Jahre 1858. Die Eigenart der Persönlichkeit Findels gab der Zeitung eine besondere Bedeutung. In diesem Blatte vereinigte das junge freimaurerische Deutschland alle Elemente, die an einer Weiterentwicklung der deutschen Freimaurerei Interesse zeigten. Findels geübte, aber auch sehr spitze Feder gab der B. einen besonderen Reiz. Die älteren Jahrgänge haben in mancherlei Beziehung auch heute noch, besonders in den Beiträgen Findels, Michael Georg Conrads u. a. Aktualität. 1891 kam Findel in Geldschwierigkeiten. Ein Kreis von Freunden des Blattes, Gustav Maier, Fritz Auerbach, Ludwig Bangel u. a., gründeten daher eine Aktiengesellschaft zum Vertriebe der Zeitung, wobei deren Sitz von Leipzig nach Frankfurt verlegt wurde und Professor Gotthold deren Leitung übernahm. Findel erhielt als Ablöse 20.000 Mk. Bis 1902 hatte Gotthold die Leitung; er gab sie, als er zum Großmeister gewählt wurde, an Reinhold Mahlau weiter. Die finanzielle Not der Nachkriegsjahre veranlaßte die Aktiengesellschaft, die Zeitschrift einzustellen. 1925 übernahm Alfred Unger die Zeitschrift von den Brüdern Mahlau und Bangel und führt sie seither unter dem alten Titel weiter.

Bauhüttenbruderschaften, Deutsche. Inwieweit die deutschen Bauhüttenbruderschaften mit den römischen collegiis fabrorum, den Gemeinschaften der Comacini (s. d.) u. a. m. in Verbindung zu bringen sind, soll hier nicht untersucht werden. Im deutschen Mittelalter waren es vor allem die Mönche, die als Baukünstler ihrer Klöster und Klosterkirchen sich zu Baubruderschaften zusammentaten. Unter den verschiedenen Mönchorden ragt damals wie heute der Benediktinerorden durch seine besondere Pflege der Künste hervor. Ungestört von den zahllosen Kriegswirren entstanden so zahlreiche Baudenkmäler, deren Entstehung und Errichtung den Mönchen zu danken ist. So baute 550 der Mönch Germanus die Kirche des heiligen Vincent in Paris, Mönche bauten 600 die Hauptkirche von Canterbury, 602 die von Rochester, 605 die Paulskirche in Westminster u. a. m. Diese Klosterbaubruderschaften reisten von Land zu Land, sie waren bewaffnet und hatten eine fast militärische Disziplin. Zur Erweiterung der Bauhüttengemeinde wurden Laienbrüder aufgenommen, die einem Mönch als Parlier unterstanden. Als erste derartige Klosterbauhütte wird die des heiligen Aurelius an der Benediktinerabtei zu Hirschau genannt, deren Abt, Wilhelm, Pfalzgraf von Scheuern, ihr auch Regeln und Gebräuche vorschrieb. Von den 150 Mönchen der Abtei waren 12 als Zeichner und Planentwerfer tätig. Die große Zahl der Laienbrüder wurde in den verschiedensten Handwerken, die mit dem Bau zusammenhingen, unterrichtet. Außer diesen Laienbrüdern gab es noch eine Abteilung der Handlanger, der Oblaten, die unter besonderen Vorstehern standen. Fast bis zur Hälfte des Mittelalters stand die kirchliche Baukunst ausschließlich unter Obhut der Mönche. Als die deutschen Klosterbauhütten am Schlusse der romanischen Periode zu dem gotischen, dem sogenannten Spitzbogenstil übergingen, waren es abermals Benediktiner, die um die Palme dieses neuen Stiles rangen, so der Mönch Albertus Argentinus, der bei Erbauung des Straßburger Münsters derartige Kunstfertigkeit entwickelte, daß die Straßburger Hütte allein dadurch zum Mittelpunkte der Bauhüttengemeinden wurde.

Um die Mitte des 16. Jahrhunderts vollzieht sich nun ein Wechsel in der Zusammensetzung der Bauhütten: sie werden weltlich. Die Leitung geht an Laienmeister über. Gegen Ende des 16. Jahrhunderts finden sich überall dort, wo größere Bauwerke im Gange sind, bereits weltliche Bauhütten. Sie sind bruderschaftliche Vereinigungen, die deutlich ihre Herkunft aus der klösterlichen Epoche verraten. Als Verfasser der ersten Bauhüttenordnung, die auf uns gekommen ist, der Straßburger, gilt Jost Dotzinger aus Worms, Hüttenmeister zu Straßburg. Über die alten Bauhütten und ihre innere Einrichtung sowie über ihre Ausläufer bis in unsere Tage besteht eine sehr reichhaltige Literatur. Wir verweisen hier besonders auf Eugen Weiß, „Steinmetzart und Steinmetzgeist“ (Jena 1927), dann auf den besten Kenner des deutschen Handwerks, Reichsminister a. D. Wissel, „Des alten Handwerks Recht und Gewohnheit“ (Berlin, Verlag Ernst Wasmuth), schließlich auf Thomas Gerstenbrein „Die Königliche Kunst“ (Klausenburg 1923).

Die Ordnungen.

Über die Gebräuche in den Bauhütten der deutschen Steinmetzen werden wir durch die alten Ordnungen unterrichtet. Die älteste ist die „Ordnunge der Steinmetzen zu Straßburg“ 1459, die auf der Versammlung in Regensburg angenommen wurde. Der Text dieser Ordnung ist auf das alte „Haubtenrecht“ zurückzuführen, da in der folgenden uns erhaltenen Ordnung der sogen. Rochlitzer Steinmetzordnung vom Jahre 1462 angeführt wird, daß sie gemacht ist „auß dem Texte des alden Haubtenrechtes, das do haben gemacht die Heyligen wirdigen gekrönten Mertern“. Die folgende, uns interessierende Ordnung ist die „der Steinmetzen Brüderschaft Ordnungen vnd Articul, erneuert auf dem Tag zue Straßburg auf der Haupthütten auff Michaelis Anno MDLXIII, 1563." Ihre Bedeutung besteht vor allem darin, daß, während in den ersten beiden Ordnungen der katholisch-christliche Geist maßgebend ist, in der neuen Ordnung infolge der Reformation alles spezifisch Katholische fortgelassen ist, so daß hieraus zu ersehen ist, daß in dieser Zeit in den Bauhütten eine Gleichberechtigung der beiden christlichen Religionsbekenntnisse bestand.

In der Bauhütte, die aus den alten Klosterhütten hervorgegangen war, bildeten die am Bau beteiligten Steinmetzen eine Brüderschaft, deren Zusammenkunftstelle die Bauhütte war. Die Bauhütte war aber nicht nur die Arbeitsstätte, sondern sie war für die freizügigen Steinmetzen das Symbol der Brüderschaft, in der Meister und Gesellen sich zu gemeinsamem Wirken verbanden. Die Bauhütte war nicht dem städtischen Zunftzwang — denn neben den Bauhütten bestanden in den Städten Zünfte der Steinmetzen und Maurer — sondern einer selbst gegebenen Ordnung unterworfen. Sie war frei von äußerer Beschränkung durch die städtische Gewerbeordnung, aber in sich selbst bis aufs kleinste gegliedert. Gegründet auf religiöser sittlicher Basis „Gott zu ere vnd zum gemeynen nutz", erwachsen auf dem Boden der katholischen Kirche, eine Frucht der klösterlichen Bauschulen, nicht selbst ein kirchliches Institut, jedoch ein Kind der Zelle und der Zeitrichtung. Bald traten die einzelnen Bauhütten miteinander in Verbindung, was ja bei dem häufigen Ortswechsel der Steinmetzen natürlich war, und so hat es im Mittelalter kein anderes Handwerk zu einer so festen, über das ganze Reich und weit über die Grenzen des Reiches hinausgehenden Verbindung gebracht wie das der Steinmetzen. Ein großer Bruderbund war es. Ihm unterstanden alle lokalen Brüderschaften, sein anerkanntes Haupt war die Straßburger Bauhütte. Neben dieser bestanden Haupthütten in Köln, Bern, Zürich, Wien und anderen Orten. Daß bereits in der Mitte des 16. Jahrhunderts nicht nur das Gefühl der Zusammengehörigkeit der Brüderschaft mit den eigenen Zunftgenossen bestand, sondern daß darüber hinaus ethische und soziale Bestrebungen vorhanden waren, geht aus der Straßburger Steinmetzordnung des Jahres 1563 hervor, in der vorgeschrieben ist, daß die angesammelten Gelder dazu verwendet werden sollten, „Die Armen damit zu fürdern und unser Notdurft der Ordnung damit zu versehen".

Der Meister (oder die beiden Meister) leitet die Bauhütte. Sein Vertreter war der Parlierer (Polier). Die Mehrzahl der zur Bauhütte Zugelassenen waren die Gesellen. Zum Diener (Lehrling) konnte keiner aufgenommen werden, der „uneelich" war. Sein Name wurde in der Bauhütte angeschlagen und alle Br. konnten mit voller Stimmenfreiheit für oder gegen ihn stimmen. Er mußte guten Leumund haben. Mehr als fünf Kandidaten konnten nicht auf einmal angenommen werden (H e i d e l o f f). Dieser Lehrling wurde als Diener am rauhen Steinwerk bezeichnet, während der ordnungsmäßig ausgelernte, in der Fremde gewesene Geselle, der zur weiteren Ausbildung noch dienen wollte, Kunstdiener genannt wurde. Daß der losgesprochene Lehrling in die Geheimnisse der Bauhütte eingeweiht wurde, geht aus der Straßburger Ordnung von 1563 hervor: „denn ein jegklicher Diener, so er ausgedient hat, soll bei seinen treuen und ehren an eyds statt geloben, bei Verlierung des Steinmetzen Handwerck, das er den Steinmetzen gruß und auch die schenk niemands wolle öffnen oder sagen, denn den ers sagen soll, auch gar nichts darum aufschreiben". In dem Bruderbuch der Breslauer Steinmetzen 1707 (Stadtarchiv, Breslau Hds. 0 300, zitiert bei Wissell) lautet die eidesstattliche Versicherung, die unter Erhebung der drei Mittelfinger geleistet wurde: „Ich gelobe und verspreche, daß ich den Steinmetzen Gruß und die Bruderschaft wie auch die Schenk niemandes eröffnen, oder sagen will, denn wem ichs sagen sol, weder meinem Vater noch Mutter, noch Schwester oder Bruder, noch einigen Menschen nicht, auch garnichts davon auf Schreiben, so wahr mir Gott Helffe." Von einer Strafe bei Verletzung des Eides wird hingegen nichts erwähnt. Der Lehrling, der seine Lehrzeit beendet hatte, wurde vor versammeltem Handwerk losgesprochen. Ehrbarer Geselle wurde er aber erst, wenn er die Brüderschaft erworben und zu dem Zwecke 14 Tage von zwei älteren Gesellen in die Zunftgebräuche eingeweiht war. Damit unlautere Elemente von den Bauhütten ferngehalten wurden, diente die Hüttengerichtsbarkeit. Kleinere Verfehlungen wurden im Budenrecht, das sich bis auf den heutigen Tag erhalten hat, schwerere im Hüttengericht, im Gaugericht und als oberster Instanz im Hauptgericht der vier Bauhütten entschieden. Der Fernhaltung nicht zugehöriger Elemente dienten auch die Zeichen, an denen sich die Br. Steinmetzen erkannten. Das Haupterkennungszeichen war die Handschenk.

E r k e n n u n g s z e i c h e n.

Die Handschenk war nur den ehrbaren Gesellen bekannt. Sie bestand in einer Art des Handschenkens, die genau unserem Lehrlingsgriff entspricht, ein Griff, der so unauffällig und schnell gegeben wurde, daß ein anwesender Fremder davon nichts merkte. „War einer der Begrüßenden im Zweifel, ob die Handschenk richtig gegeben sei, reichte er seinem Gegenüber noch einmal die Hand. Doch wurden die Hände tiefer als sonst ineinandergelegt, so daß der ausgestreckte Zeigefinger etwas über das Handgelenk hinaus in der Pulsgegend einen festen Druck ausüben konnte" (Wissel).

Von besonderem Interesse für uns ist die Zeit der Einführung dieses Griffes. Wissel vermutete, daß die Handschenk auf der Tagung zu Straßburg 1563 vereinbart sei. Er stützte seine Annahme auf ein Schreiben der Straßburger Hütte, das sich im Bruderbuch Zürichs vom Jahre 1563 eingetragen findet und folgendermaßen lautet: „Es haben auch gemeine Meister und Gesellen ein Ordnung ihrer Heimlichkeit halben gemacht und angesehen, damit kundbar und wissent, welcher ein redlicher Meister oder Geselle des Steinmetzen Handtwercks sey."

Die alten deutschen Steinmetzen kannten vielleicht doch nicht — wie stets behauptet wird — Grüßer und Briefer. Denn unter den zahlreichen Urkunden, die im Besitze von Wissel sind, findet sich keine Urkunde und überhaupt ist keine bekannt über einen Briefer bei den Steinmetzen. Auch in den Ordnungen und im Examen ist von ihnen keine Rede. Bei den ehrbaren Zimmerleuten und Maurern hingegen unterschied man Grüßer und Briefer. Im Examen der letzteren heißt es bei Anmeldung des zugereisten Gesellen: „Bist Du ein Briefer oder ein Grüßer?" Die Urkunde der Briefer war im allgemeinen eine Art Paß, in dem über die Tätigkeit des betreffenden Gesellen Mitteilung gemacht wurde. Auch im Examen der Steinhauer findet sich nach Heimsch (Handwerksbrauch der alten Steinmetzen, Stuttgart 1872) diese Frage. Zwischen Steinmetzen und Steinhauern bestand aber zweifellos ein Gegensatz, so daß hiermit nicht bewiesen ist, daß sich auch die Steinmetzen in Briefer und Grüßer teilten. Niemand konnte ohne die vorschriftlichen Erkennungszeichen in die Hütte kommen. Die Steinmetzen hatten eine bestimmte Bekleidung, zu der der Hut und der Stock „der Excuser" gehörte, dessen sich wohl auch mancher Br. mit dem Worte Excusez zum Schutz bediente. Auch der Schurz gehörte zur Bekleidung, wie wir aus dem eingehenden Examen wissen, dem sich der in die Hütte um Einlaß Begehrende zu unterwerfen hatte. In diesem heißt es: „Was trägt er unter seiner Zunge? Verschwiegenheit! Was trägt er unter seinem Hut? Zucht und Ehrbarkeit! Warum trägt er einen Stock? Gott und allen braven Steinhauern zur Ehr, mir zum Nutz und andern Hundsfottern zum Trutz! Warum trägt er einen Schurz? Allen braven Steinhauern zur Ehr und mir zum Nutz." Das Umbinden des Schurzes war ein Symbol, das auch bei andern Zünften von besonderer Bedeutung war. So wurde bei den Müllern dem jungen Gesellen das Schurzfell vor offener Lade umgebunden mit den Worten: „In Ehren wirds dir vorgebunden zur Hand, Hüte Dich, daß Dir's nicht abgebunden wird mit Schand" (Wissel, Band II, S. 52). Weitere der vielen Fragen des Examens beziehen sich auf die Bedeutung des Maßstabes und des Zirkels. Das Hauperkennungszeichen der Brr. Steinmetzen war das dem einzelnen Br. erteilte sogenannte Ehrenzeichen, dessen Besitz, wie wir zuerst aus der Rochlitzer Ordnung erfahren, der Beweis der ordnungsmäßigen Erlernung des Berufes war. Diese Steinmetzzeichen, deren uns zirka 10.000 bekannt sind, waren komplizierte, aus bestimmten Winkeln zusammengesetzte Figuren, deren nähere Beschreibung sich erübrigt, da sie nur für den einzelnen Gesellen oder Meister als Merkzeichen galten. Auch die Abnahme der Stellungen der Füße zu ganz bestimmten Figuren diente als Ausweis. Hierbei hatte der Geselle die Arme über die Brust zu kreuzen, so daß die rechte Hand den linken Oberarm umfaßte, der linke Unterarm auf den rechten Unterarm gelegt wurde.

Der Geselle hatte beim Eintritt in die Bauhütte den Hut abzunehmen und erst nach Aufforderung des Altgesellen, „die Gesellschaft soll bedeckt und bedankt sein", denselben wieder aufzusetzen. Ebenso hatten bei dem folgenden Trinkgelage, für das gleichfalls ganz bestimmte Satzungen bestanden, wenn der Altgeselle dreimal mit dem Hammer auf den Tisch klopfte, sich alle zu erheben, bis es heißt, „die Gesellschaft soll bedeckt und bedankt sein". Krüge und Gläser aber dürfen, wie es auch heute bei den ehrbaren, fremden Zimmergesellen Gebrauch ist, nur mit der rechten Hand angefaßt werden. Der Willkommen mußte stets in drei Absätzen getrunken werden. Auf das Buch hatte der Neuaufgenommene kniend Verschwiegenheit zu geloben. Die Annahme, daß mit dem Buch die Bibel gemeint ist, ist nicht zutreffend. Vielmehr handelt es sich um das Bruderschaftsbuch, das sich, ebenso wie die Gesellenordnung, in der Lade befand. Bei Eröffnung der Versammlung, insbesondere bei Neuaufnahme der Junggesellen, wurde die Lade geöffnet und bei Beendigung geschlossen. Ein Brauch, der, als Wissel als wandernder Handwerksgeselle nach Kiel kam, noch bei dem Fachverein der Schlosser und Maschinenbauer, der aus der mittelalterlichen Gesellenbrüderschaft der Schlossergesellen hervorgegangen ist, in Gebrauch war. Auf jeder Seite der Lade stand in zinnernem Leuchter ein brennendes Wachslicht. Das Öffnen der Lade war ein hohes Symbol, denn die geöffnete Lade machte die Verhandlung zu einer amtlichen. Ungehörigkeiten bei geöffneter Lade wurden schwer bestraft.

Symbole.

Winkelmaß, Zirkel, Maßstab, Zweispitz und Spitzhammer waren den Gesellen Wegweiser zu fortschreitender Erkenntnis. Aus einem alten Steinmetzbüchlein erwähnt Heideloff folgende Verse:

> Zirkels Kunst und Gerechtigkeit
> Den, on Gott, niemand uns uslait,
> Das Winkelmos hat Kunst genug,
> Wenn man es brucht an Ortes Fug,
> Der Mosstab hat Kunst mannigfalt
> Wird auch gebrucht von Jung und Alt.

Besondere Bedeutung hatte das Winkelmaß, denn nach der Rochlitzer Ordnung hatte der Polier mit Maßstab und Winkelmaß einen Eid abzulegen. Der Zirkel war das Wahrzeichen der Brüderschaft, das ihnen Wahrheit und Weisheit, Liebe und Eintracht symbolisierte. Die Rose sei ihnen das Sinnbild der Verschwiegenheit gewesen.

Die Säulen sollen nach Weiß dem Steinmetzen wohl bekannt gewesen sein. Im Weißkunig, einer Lebensbeschreibung Maximilians, werden sie als Lust, Notdurft und Stärke bezeichnet. In späterer Zeit wären daraus Weisheit, Wahrheit, Stärke geworden, Worte, mit denen auch heute noch der Steinmetz den Grundstein weiht, da die Schönheit, die wir an zweite Stelle setzen, für den Steinmetz nur eine Seite der Stärke und Wahrheit sei. Daß damit tatsächlich Säulen gemeint sind, ist sicher unrichtig. In der Bauhütte hatten sie weder in natürlicher Form noch im Sinne unserer Symbole Platz. Auch der Text im Weißkunig, „Es sprach dem Kunig, ob er den Grund gelernet hat, darauf, Ime der Jung kunig antwurt: es sei mit dem Stainwerch drew Hauptgepew, das Erst zu dem Lust, das andere zu der Notdurft, das drit zu der Sterkh", beweist keineswegs, daß Säulen in der Bauhütte als Symbole vorhanden waren. Es besagt nur, daß Lust (Liebe), Notdurft (notwendige Kenntnisse) und Stärke zu dem Aufbau gehören. Auch die drei kleinen Lichter hatten keinen Platz in der Symbolik der Bauhütte. Wenn von Lichtern die Rede ist, werden nur zwei Leuchter erwähnt, die neben der geöffneten Lade standen.

Begehrte ein fremder Br. Einlaß in die Bauhütte, so hatte er sich nach Heimsch durch dreimaliges Klopfen anzumelden. Dieses Klopfen wurde alsdann als Zeichen, daß der Fremde eintreten dürfe, von innen erwidert. Alle in der Bauhütte arbeitenden Gesellen, die sich mit dem Hute bedeckten und den Schurz dreieckig nach oben schlugen, stellten sich alsdann so auf, daß der Fremde sich beim Eintreten im Mittelpunkt des gebildeten Halbkreises oder Winkels befand. Alsdann schritt er, nachdem er die Handschenk gegeben hatte, mit drei Schritten auf den Meister zu, indem er mit rechtwinklig gestellten Füßen, den Blick in der Richtung des rechten Fußes, einen Schritt auf den Meister zu machte und den linken Fuß an den rechten heranzog. Daß im Gegensatz zu den englischen Bauhütten des 17. Jahrhunderts ein Paßwort bei den deutschen Bauhütten bekannt war, ist aus den Urkunden nicht erweislich. Es ist auch nach der Ansicht von Wissel durchaus unwahrscheinlich, daß ein derartiges Wort Geltung hatte, da die übrigen geschilderten Erkennungszeichen vollkommen ausreichten. Für die Lehrlinge kam überhaupt kein Zeichen in Betracht, da sie ja erst nach Lossprechung in die Geheimnisse der Bauhütte eingeweiht wurden. Daß sich an Säulen vor dem Eingange zu Domen die Zeichen J. und B. finden, spricht durchaus nicht dafür, daß diese Erkennungsworte für die Brüderschaft gewesen sind, die Säulen am Eingange des Salomonischen Tempels waren ja den Steinmetzmeistern bekannt.

Endlich fragt sich, ob Johannes von den Steinmetzen verehrt wurde. Johannes, der Evangelist, war Schutzpatron der Maurer. Für die Steinmetzen galten dagegen — soweit sich die Geschichte verfolgen läßt — die vier Gekrönten als Schutzpatrone, Johannes, und zwar Johannes der Täufer, wird nur in der Rochlitzer Urkunde erwähnt, daß ein Geselle „bis auff St. Johannestag in Dienst stehen solle“. Aus einer Dombaurechnung aus dem Jahre 1560/32 ist nach Janner, S. 226, zu entnehmen, daß am 24. Juni, dem Johannistage, die Hütte mit Laub geschmückt und mit Kränzen geziert wurde, daß also an jenem Tage ein Hüttenfest gefeiert wurde. Daß aber Johannes der Täufer Schutzpatron der Steinmetzen gewesen ist, geht hieraus nicht hervor. (Mit Benützung eines Aufsatzes von C. Falk, Berlin, in der Festschrift der Großloge „Lessing zu den drei Ringen“, 1930.)

So sehen wir als sicher erwiesen an, daß in den alten Steinmetzbrüderschaften als Erkennungszeichen, die wir übernommen haben, die drei Schritte und der Lehrlingsgriff bestand. Die (s. o.) erstmalig veröffentlichte Urkunde beweist, daß dieser im Jahre 1563 als neues Erkennungszeichen Geltung bekam. Ferner war die Bekleidung mit Schurz und Hut in Gebrauch und Winkelmaß und Zirkel galten als Symbole für Handel nach Recht und Pflicht, für Bruder- und Menschenliebe (s. auch Steinmetzbrauch, Steinmetzordnungen).

Bauhüttenordnungen, s. Steinmetzordnungen.

Baukunst. Die Entwicklungsgeschichte der Freimaurerei verweist symbolisch und geschichtlich auf die B. Daher sind die in den alten Bauhüttenmanuskripten enthaltenen Chroniken gleichzeitig auch eine Darstellung der Geschichte der B., die zumindest in ihren führenden Vertretern behandelt wird. Während sich die kontinental europäische und amerikanische Freimaurerei mit den symbolischen Zusammenhängen begnügt, ist in England der Zusammenhang der spekulativen Freimaurerei mit den alten baubeflissenen Steinmetzbruderschaften noch immer sehr lebendig. Beweis dafür sind die von der Quatuor Coronati Lodge alljährlich veranstalteten Summer Outings, gemeinsame Ausflüge an Orte mit besonders charakteristischen Baudenkmälern der mittelalterlichen Steinmetzenkunst, sowie der Eifer, mit welchem die Zunft- und Gildengeschichte der englischen Baugewerkschaften verfolgt wird. Der kontinentale Freimaurer nimmt die B. als das Mittel für den symbolischen Rahmen seiner Arbeit, dem Engländer sind die alten Baukünstler Fleisch vom eigenen Fleisch und Blut vom eigenen Blut. Nur so ist es zu verstehen, wenn in englischen und amerikanischen freimaurerischen Zeitschriften Fragen des Baustils, der Steinmetzenzeichen, der alten Bauhüttenverträge u. a. m. mit dem gleichen Interesse behandelt und aufgenommen werden, wie etwa die Symboldeutung, die sich aus der B. ableitet, in deutschen Logen. Aus dieser ganz verschiedenen Auffassung erklärt sich auch das besondere Interesse an den Resten des Salomonischen Tempelbaues, der als Realität in Verbindung zur Freimaurerei gebracht wird, die häufige Wiederkehr von kunstvoll ausgeführten Modellen dieses Baues und die bis zu einer gewissen Reliquienverehrung gesteigerte Neigung, sich Steinblöcke aus den Steinbrüchen König Salomos, alte Werkzeuge, wie ägyptische Steinmetzhämmer u. ä., für die moderne Loge zu sichern.

Im übertragenen Sinne gilt dem Freimaurer seine Tätigkeit als geistige Baukunst, Königliche Kunst, die nach gewissen feststehenden „geometrischen Gesetzen“, das sind sittliche Normen, dem Zwecke des Freimaurertums, der Errichtung des symbolischen Tempels dienen soll.

Baumeister, Der Allmächtige, aller Welten. Die Freimaurerbezeichnung Allmächtiger oder Großer Baumeister aller Welten, abgekürzt: A. B. a. W. geht auf biblische Ursprünge zurück. (Epistel an die Hebräer, XI., 10: „Denn er wartete auf eine Stadt, die einen Grund hat, deren Baumeister und Schöpfer Gott ist.“ Paulus I. Brief an die Korinther: „Ich von Gottes Gnade habe den Grund gelegt als sein weiser Baumeister.“ Und vorher: „Ihr seid Gottes Ackerwerk und Gebäu.“) Der Baumeister wird als Vergleich verwendet im Talmud, Traktat Sabbat 114 a, wo auf die Frage: Wer sind die (in der Mischna) erwähnten Baumeister? geantwortet wird: Es sind die Gelehrten (bonajich), weil sie sich mit dem Aufbau der Welt beschäftigen. Bei Plato heißt Gott Demiurg, Weltbildner. Die Gnostiker nannten Demiurg den vom höchsten Gott unterschiedenen Schöpfer der materiellen Welt und identifizierten ihn mit dem Gotte der Juden.

Die englische Fassung „Great Architect of the Universe" lag im Sprachgebrauche der Zeit. So in der Tragödie von Marlow, Edward II.: „Thanked be heavens great architect". Von Comenius wird Gott wiederholt als Baumeister eingeführt. Sehr oft kehrt der Vergleich in den Schriften der Humanisten der Renaissance wieder. So bei Petrus Marcus in seiner Grabrede für Pomponius Laetus: höchster Baumeister aller Welt, bei Pico de Mirandola: der höchste Baumeister der Welt. Im freimaurerischen Cooke-Manuskript heißt es: founder and former of heaven and earth and all things. In den ältesten Ritualbüchern ist die Formel unbekannt. Sie tritt erst im Dumfries Kilwinning MS. Nr. 4 auf, auch die Vorrede der Long Livers hat sie an zwei Stellen. Auch in deutschen Schriften findet sich die Wortverbindung. So in einem architektonischen Werke 1640: der Allmächtige Gott und Architectus gantzer Welt (Wolfstieg), und in der Architectonica sacra des A. E. Mirus 1709 (Sonnenkalb). Anderson hat die Formel für seine Konstitutionen übernommen. So in der ersten Ausgabe: Adam, our first parent, created after the Image of God, the great Architect of the Universe (1723), in der zweiten (1738) abgeändert in: Der Allmächtige Baumeister und Großmeister des Weltalls.

Die Weltmeistersymbolik ist eine der Landmarken (s. Einleitung) der Freimaurerei geworden. Zu den aus dieser Landmark abgeleiteten Folgerungen der freimaurerischen Lehre s. den Abschnitt: Gott.

Bauopfer. Wird ein öffentliches Bauwerk in Angriff genommen, so wird unter besonderen Feierlichkeiten der Grundstein gelegt, wobei in eine Höhlung gewöhnlich Erinnerungsgegenstände, Münzen u. a., gelegt werden. Dieser Brauch, an dem in den angelsächsischen Ländern gewöhnlich die Freimaurer unter einem besonderen Brauchtum teilnehmen, geht bis in die ältesten Tage der Menschheit zurück. (Menschenopfer, dann abgelöst durch Tieropfer, Weihgaben u. a. m.) Die angelsächsichen Freimaurer gießen Öl und Wein über den Eckstein, den sie legen. Auf diesen Opfervorstellungen basieren zahlreiche Bausagen. Der vollendete Bau will sein Opfer haben, sonst kann er nicht gelingen. Daher die Sagen von den Baumeistern, die Fehler an ihrem Bau entdecken und sich aus Scham selbst töten. (In Prag wurde im 19. Jahrhundert erzählt, der Baumeister Emanuel v. Max habe Selbstmord verübt, weil er am Reiterdenkmal des Kaiser Franz einen Huf vergessen habe u. a. m.) Hierher gehören auch die Sagen vom Rosslyn-Pfeiler in der Kapelle der Lairds von Rosslyn in Schottland und vom Glockengießer von Breslau u. a. m. In der Freimaurerei ist die Legende vom Baumeister Hiram eine echte Bauopfersage. Schon aus diesem Grunde ist ihre stuartistische Entstehung (s. Hiram) abzulehnen. (Über das Bauopfer s. G. W. Speth, „Builder's Rites and Ceremonies", Quatuor Coronati Lodge London. 1931.)

Bausteine. In der Logensprache die von den Freimaurern geleisteten Arbeiten, daher auch Logenvorträge belehrenden und zur Förderung des Baus dienenden Inhalts, synonym: Baustück. Beliebt auch als Titel freimaurerischer Zeitschriften, so: „Bausteine", Monatshefte der Provinzial-Großloge von Hamburg in Berlin, begründet von Hermann Settegast, 1892 als Bundesblatt der Großloge „Kaiser Friedrich zur Bundestreue", redigiert von Goldschmidt, ab 11. Jahrgang von Hugo Alexander-Katz, ab 13. Jahrgang von Ludwig Müffelmann (Verlag Unger, Berlin), stellte bei Auflösung der Provinzial-Großloge von Hamburg in Berlin das Erscheinen ein. Ferner: „Bausteine", gesammelt von Brr. des Logenbundes „Royal York zur Freundschaft", redigiert von Johann Karl v. Broecker, erschienen 1882—1884. Ferner: „Bausteine", Schriftenreihe des Freimaurerbundes „Zur aufgehenden Sonne", ab 1923 in Heften mit Einzeldarstellungen. Hamburg, Versandstelle Kliefoth.

Bayerlein, Julius, Mitglied des Reichstags, Kaufmann, * 1838, † 1899, war Meister vom Stuhl der Bayreuther Loge „Eleusis zur Verschwiegenheit", dann Großmeister und Ehrengroßmeister der Großloge „Zur Sonne", förderte tatkräftig alle humanitären Bestrebungen.

Bayern. Die früheste Geschichte der bayrischen Freimaurerei ist nicht ganz erhellt. Eine zunächst als irregulär bezeichnete Loge, die in München in der Gastwirtschaft „Zur Sonne" des Wirtes Pögner zusammenkam (der Führer der Illuminaten, Weishaupt, sprach von ihr als von der „Pögnerischen Loge"), stand wohl am Anfang der Bewegung. 1777 erhielt sie von der Regensburger Mutterloge „Die Wachsende zu den drei Schlüsseln" ein Patent. Stuhlmeister war damals Graf Törring. Die Loge nannte sich jetzt „Maximilianische Einigkeit zur goldenen Sonne". Schon 1775 hatten aus dieser Bauhütte unter der Führung des späteren Kultusministers Grafen Morawitzky ausgetretene Brr. eine eigene Loge „Zur Behutsamkeit" ins Leben gerufen und diese der Strikten Observanz unterstellt. Aus einer weiteren, ebenfalls durch Abspaltung aus der Pögnerischen Loge entstandene Winkelloge „Zum guten Rat" wurde, nachdem durch Vermittlung des Marquis von Costanzo ein Patent von der Loge „Royal York" in Berlin erlangt worden war, die Loge „Theodor vom guten Rat" („St. Théodore du bon Conseil"), die, gestützt auf das ihr erteilte Direktorialrecht, Logen auch in Burghausen, Griesbach, Freisingen und Eichstädt gründete. In dieser Bauhütte, von der allein ausführliche Nachrichten vorliegen, hatten die von Bayern (Ingolstadt) aus ins Leben getretenen Illuminaten (s. d.) ihren Mittelpunkt. Der Aufbau des Ordens sah ja vor, daß der Illuminat, nachdem er in der ersten Klasse nach Absolvierung der „Pflanzschule" Minerval und dann Illuminatus minor geworden war, in der zweiten die Grade der symbolischen Maurerei erlangen mußte, um weiter aufsteigen zu können (K n i g g e s „Neuer Ordensplan" vom 10. Dezember 1782). Das Naturalienkabinett, das die Loge in ihrem eigenen Haus anlegte, entsprang ganz dem wissenschaftlichen Konzept des Ordens. Auch von einer französischen Loge ist in dieser Zeit die Rede. In gewissem Zusammenhang mit der Freimaurerei stand auch der Rosenkreuzerzirkel, dessen Direktor der Beichtvater des Kurfürsten, Karl Theodor F r a n k, war, der dann bei der von einer Denunziantenclique beförderten Illuminaten- (und auch Freimaurer-) Verfolgung eine so entscheidende Rolle spielte. Die Erlässe des Kurfürsten gegen die geheimen Gesellschaften trafen auch die Freimaurer mit voller Schärfe. Die erste „Höchst-Landesherrliche Verordnung" vom 22. Juni 1784 war zwar ganz allgemein gegen „ohne öffentliche Authorität und landesherrlicher Bestättigung errichtete Communitäten, Gesellschaften und Verbrüderungen" gerichtet, das zweite Edikt vom 2. März 1785 dagegen drückte sich nicht mehr in vagen Worten aus, sondern verbot Freimaurern und Illuminaten glattweg jede weitere Tätigkeit. Die Mitglieder der Loge „Theodor vom guten Rat", deren Stuhlmeister der Arzt Professor B a a d e r war, wollten dem Kurfürsten K a r l T h e o d o r durch den Theaterintendanten Grafen S e e a u zu ihrer Verteidigung ein Memorial überreichen lassen; dieser nahm es aber nicht entgegen. In dem Schriftstück erbat die Loge Gerechtigkeit und Schutz „gegen die Wuth Pasquilantischer Schriften". Gemeint war damit vor allem ein Pamphlet: „Ueber Frey-Maurer, erste Warnung", in dem die Loge der Übertretung des landesherrlichen Verbots und „der schändlichsten Verbrechen" bezichtigt wurde. (Verfasser war der Schriftsteller B a b o.) Jedenfalls beschloß die Loge, sich aufzulösen und das Logenhaus zu verkaufen. Gegen die Beschuldigung, das System, nach dem gearbeitet worden sei, sei nicht echte Freimaurerei, sondern gegen die Religion und den Staat gerichtet gewesen, wurden die Direktoriallogen der eklektischen Maurerei in Frankfurt und Wetzlar als Zeugen aufgerufen, die der Loge 1783 einen Konstitutionsbrief ausgestellt hatten. (Vergl. E n g e l, „Geschichte des Illuminatenordens".) Das Verbot der geheimen Gesellschaften wurde vom Kurfürsten M a x i m i l i a n J o s e p h, dem späteren (ersten) König M a x i m i l i a n von Bayern, bestätigt, der 1777 selbst der Strikten Observanz beigetreten war, ebenso wie sein Staatsminister Graf M o n t g e l a s Illuminat und Mitglied der Loge „Theodor vom guten Rat" gewesen war, unter dessen Ministerschaft 1804 abermals eine Verordnung herauskam, die aber, wie das vorhergegangene Edikt, praktisch unwirksam war, da damals in B. überhaupt keine Loge mehr existierte.

In der Zeit der Napoleonischen Kriege erfuhr B. wiederholt Gebietszuwachs. In den neuerworbenen Landesteilen bestand die Freimaurerei schon geraume Zeit. So in Ansbach, Nürnberg, Fürth. Auch in Ulm, das einige Jahre lang unter bayrische Hoheit kam. bestand eine Loge, „Asträa zu den drei Ulmen". Diese rollte die Frage auf, ob auch die Freimaurerlogen geheime Gesellschaften im Sinne der Verordnung von 1804 seien. 1807 wurden durch Erlässe vom 28. April und 8. Mai die Logen berechtigt, ihre Arbeiten unter Kontrolle durch die Behörden wieder aufzunehmen. Weitere Erlässe vom Jahre 1808 bewilligten wohl die Weiterarbeit, verlangten aber den sofortigen Austritt aller Staatsdiener aus den Logen. Auch den Ruheständlern wurde der Wiedereintritt streng untersagt.

1810 fielen Bayreuth und Regensburg an B., beides alte Logenoriente. Der Großmeister der R e g e n s b u r g e r (Großen Mutter-) Loge „C a r l z u d e n d r e i S c h l ü s s e l n", der liberale Fürst Carl Alexander von T h u r n u n d T a x i s (s. d.), Stellvertreter des Kaisers beim Reichstag, seit 1805 regierender Fürst, ein überaus eifriger Maurer, war auf dem Papier zum Provinzial-Großmeister der Großloge von England für B. ernannt worden. Als nun Regensburg zum Königreich kam, unterhandelte der die Loge in Abwesenheit des Fürsten leitende Regierungspräsident Graf W e s t e r h o l t mit dem Grafen Montgelas wegen eines königlichen Protektorats, wobei er die Vereinigung der (damals zehn) bayrischen Logen zu einem G r o ß o r i e n t v o n B. in Vorschlag brachte. Die offizielle Sanktionierung der Freimaurerei nach preußischer Art, wie sie Westerholt offenbar vorschwebte, war aber infolge der politischen Verhältnisse nicht zu erlangen. Auch der Plan der Großloge von B. unter dem Fürsten Thurn und Taxis als Großmeister scheiterte nach langen Verhandlungen der Logen. (Näheres in „Mitteilungen aus dem Verein deutscher Freimaurer", 1927: „B e y e r, „Die Großloge von B. im Spiegel der Regensburger Logengeschichte".) Lediglich die Loge in B a y r e u t h vereinigte sich mit den Logen in Fürth und Hof 1811 zu einer unabhängigen Großloge „Z u r S o n n e". Dieses Zaudern hatte zur Folge, daß die Bauhütten nach wie vor nicht geeinigt, daher schwach waren, als 1814 und 1815 der Einfluß der Gegner neuerlich Verordnungen bezüglich der Beamtenschaft durchsetzte. Erst 1850 trat diesbezüglich eine Änderung ein.

Wie in allen streng katholischen Ländern, hat die Freimaurerei aber auch weiterhin mit dem großen Widerstand in der Bevölkerung und einem gesteigerten Mißtrauen der Behörden zu kämpfen gehabt. Zu wiederholten Malen wurde die Frage der Freimaurerei im bayrischen Landtag leidenschaftlich behandelt. Versuche, der Lehrerschaft das Recht zur Logenmitgliedschaft wieder streitig zu machen, scheiterten aber und die Freimaurerei blieb im wesentlichen ungestört. In der Zeit nach dem Weltkriege erstand dann der Freimaurerei in B. durch die dort hochgekommene Hitler-Bewegung und den in München ansässigen General L u d e n d o r f f neue heftige Gegnerschaft. Sie hat sich dieser bisher zu erwehren gewußt, wenn sie auch indirekt durch die völkischen Feindseligkeiten manche Einbuße zu verzeichnen hatte, da weite Kreise der Intelligenz sich feindlich gegen die Freimaurerei stellten.

Heute bestehen in Bayern Logen u. a. in folgenden Orten: München (9), Regensburg (2), Nürnberg (5), Fürth (1), Erlangen (2), Bamberg (1), Schweinfurt (1), Ulm (1), Hof (1), Bayreuth (1), Ansbach (1).

Bayern, Fürstenhaus, s. Fürsten, Deutsche.

Bayreuth.

1741 Markgraf Friedrich v. Brandenburg-Bayreuth begründet die Schloßloge „Zur Sonne", von der sich die sogenannte Stadtloge absonderte.

1744 Die Loge nimmt den Namen Große Mutterloge an und stiftet Logen in Erlangen und Ansbach.

1764 Die Loge wird der Strikten Observanz zugeführt.

1765 Die Loge ruht und wird erst

1779 zu neuem Leben erweckt. Als das Land unter Preußen kommt, wird

1807 eine Provinzial-Großloge von B. unter Royal York, Berlin, begründet.

1810 Da Bayreuth an Bayern fällt, bilden die Logen in Bayreuth, Nürnberg und Fürth eine selbständige Großloge „Zur Sonne", während die Bayreuther Loge den Namen „Eleusis zur Verschwiegenheit" annimmt.

1829 Die Provinzial-Großloge nimmt auch formell den Namen einer Großloge an und wird endgültig aus dem Verbande der Großloge Royal York entlassen.

1816—1857 Verminderte Tätigkeit der Großloge infolge der bayrischen Ausnahmegesetze.

1847 Die Aufnahmefähigkeit von Nichtchristen wird ausgesprochen.

1865 Der Sitz der Großloge „Zur Sonne" wird dauernd nach Bayreuth verlegt.

1902 Die Großloge begründet in Bayreuth das Freimaurermuseum.

1912 Dr. Bernhard Beyer übernimmt dessen Leitung.

Heute bestehen in Bayreuth: die Loge „Eleusis zur Verschwiegenheit", ein der Großen Landesloge unterstehendes Kränzchen „Fridericus Rex" und der Geschichtliche Engbund des Freimaurermuseums.

Bazot, Etienne François, französicher freimaurerischer Schriftsteller, * 1782. Von ihm u. a. „Manuel du Franc-Maçon" (Paris 1811), „Histoire des Loges et Fêtes d'Adoption" (1811) mit einer auf Adam zurückgehenden Legende.

Beamte (engl. officers, frz. officiers). Die Loge wird durch B. verwaltet, die in jährlichen Wahllogen für die Dauer eines Jahres eingesetzt werden. Der Amtsantritt erfolgt meist am Johannistage (24. Juni), bei welcher Gelegenheit die B. gewöhnlich feierlich eingesetzt und auf ihre Pflichten angelobt werden. In vielen Logen fällt aber heute das Arbeitsjahr mit dem Kalenderjahr zusammen. Die regelmäßigen B. der Loge sind: der Meister vom Stuhl und sein Stellvertreter, vielfach ein Zugeordneter Meister vom Stuhl (in England nur in solchen Logen, deren ersten Hammer der Großmeister führt), die beiden Aufseher, der Schriftführer, der Redner und der Schatzmeister. Außerdem werden zumeist gewählt: Schaffner, Ordner, Almosenier, Tempelhüter, Bücherwart und Archivar, in manchen Logen auch ein Musikmeister, in englischen und amerikanischen Logen auch noch ein Kaplan (Chaplain), der die religiösen Funktionen in der Loge übernimmt, zumeist ein Geistlicher.

Die B. treten zusammen zum sogenannten Beamtenkollegium oder Beamtenrat, das die Geschäfte der Loge leitet und in seiner Amtsführung der Vollversammlung der Loge verantwortlich ist. Die Beamtenstellen werden ehrenamtlich versehen; in englischen und amerikanischen Logen wird das Amt des Sekretärs und des Tempelhüters (Tiler) mitunter besoldet. Zum Zeichen ihrer Würde tragen die B. eigene, ihr Amt kennzeichnende Abzeichen (s. d.) und haben in der Loge besondere Plätze. Besonders verdiente B. werden durch Ernennung zu Ehrenbeamten geehrt.

Beauchesne, Chevalier de, s. Fendeurs.

Beaucinifer, Träger des Beauseant im Templerorden.

Beaufort.

1. Henri Somerset, Herzog von, war 1767 bis 1771 Großmeister der Großloge von England und bemühte sich, allerdings ohne Erfolg, um die staatliche Anerkennung der Freimaurerei durch eine im Unterhause eingebrachte Bill, die wohl 1771 zweimal verlesen, aber dann vertagt wurde.

2. Henry, siebenter Herzog von, * 1792, † 1853, Adjutant von Wellington 1812 bis 1814, konservativer Abgeordneter, wurde 1845 Provinzial-Großmeister von Gloucestershire.

Beauharnais.

1. Vicomte Alexandre de, General der französischen Armee am Rhein, * 1760, Gatte der Mlle. Tascher de la Pagerie von Martinique, der späteren Kaiserin Josephine, wird 1761 als Mitglied der Loge „Pureté" genannt. † 1794 auf der Guillotine.

2. Eugène de, dessen Sohn, später Herzog von Leuchtenberg, * 1781, † 1824. Stiefsohn Napoleons, Vizekönig von Italien, war erster Großmeister des Großorients von Italien, der 1805 zur Zeit der französischen Herrschaft in Mailand errichtet wurde.

Beaumarchais, Pierre-Augustin Caron de, französischer Dramatiker, * 1732, † 1799, äußerst vielseitiger Börsenspekulant, geheimer Polizeiagent, Reeder und Kaufmann, zwischendurch Bühnenautor, dessen „Barbier von Sevilla" (von Rossini vertont) und die „Hochzeit des Figaro" (von Mozart [s. d.] als Textbuch zur gleichnamigen Oper benützt) große Erfolge hatten. B. galt als „Sturmvogel" der Revolution. Sein „Figaro" war keineswegs ein bloßes Lustspiel, brachte politische Tendenzen zum Ausdruck, indem der Plebejer Figaro sich über die Mißbräuche und Günstlingswirtschaft der Aristokratie lustig macht. B. wurde berühmt auch durch seinen Prozeß gegen den Rat Goëzmann, der ihm den Stoff zu seinen „Mémoires" bot, in denen die Rückständigkeit der Rechtspflege bloßgestellt und der entrechtete dritte Stand verteidigt wird. Sein Rührstück „Eugénie" sowie seine Erlebnisse in

Spanien haben den Stoff zu Goethes „Clavigo“ gegeben. B. war Freimaurer.

Beauseant, das schwarz-weiße Banner des Templerordens, vexillum belli oder Kriegsfahne des Ordens mit der Inschrift: „Non nobis, Domine, non nobis, sed Nomini Tuo da gloriam“. Von den freimaurerischen Templerorden und den Rittergraden des Schottischen Ritus übernommen.

Bechstein, Ludwig, deutscher Dichter und Schriftsteller, * 1801, † 1860, vor allem durch seine Märchen berühmt, trat 1842 der Loge „Charlotte zu den drei Nelken“ in Meiningen bei und beteiligte sich eifrig an ihren Arbeiten. Er gab mit Ludw. Wilh. Müller 9 Jahrgänge des Taschenbuchs „Asträa“ (s. d.) heraus, außerdem Maurerlieder und Gelegenheitsgedichte.

Becker, Heinrich, Universitätsprofessor in Frankfurt am Main, * 1863, † 1931, aufgenommen in die Loge „Carl zum aufgehenden Licht“ in Frankfurt am Main, Meister vom Stuhl dieser Loge von 1906 bis 1909, von 1919 bis 1925 Großmeister des Eklektischen Bundes. Er führte den Großmeisterhammer gerade in der schwierigsten Periode seiner Großloge. Allen seinen verbindenden Bemühungen zum Trotz konnte er die Abwanderung mehrerer eklektischer Logen nach dem rechten Flügel der deutschen Freimaurerei nicht verhindern. Es ist ihm aber gelungen, den Kern seiner Großloge über diese schwierigen Zeiten hinüberzuretten. In die Zeit seiner Amtsführung fällt auch die Begründung des „Eklektischen Bundesblattes“ sowie die Neugründung mehrerer eklektischer Logen. Als Fachgelehrter (Chemiker) von Ruf hat er Bleibendes geschaffen.

Becker, Karl Friedrich, deutscher Historiker, * 1777, † 1806, Verfasser der erfolgreichen neunbändigen „Weltgeschichte“, die seither fortgesetzt und wiederholt herausgegeben wurde, war Mitglied der Kottbusser Loge „Zum Brunnen in der Wüste“.

Beckmann.

1. Johann, Universitätsprofessor in Göttingen, * 1739, † 1811, unternahm den ersten Versuch einer technisch-wissenschaftlichen Beschreibung der verschiedenen Gewerbe, prägte den Namen „Technologie“ für diesen neuen Zweig der Wissenschaft; Verfasser der grundlegenden Werke „Entwurf einer allgemeinen Technologie“, „Anleitung zur Handelswissenschaft“, „Vorbereitung zur Warenkunde“ und Beiträge zur Geschichte der Erfindungen“. Der berühmte Wiener Gelehrte Exner schrieb über ihn das Buch „Johann Beckmann, der Begründer der technologischen Wissenschaften“. B. war Mitglied der Göttinger Loge „Augusta zu den drei Flammen“.

2. Johann Philipp B., Dr. jur. und Domherr in Hamburg, * 1752, † 1814, der erste Großmeister der Großen Loge von Hamburg, wurde 1776 in der Leidener Loge „La vertu“ aufgenommen, war dann Mitglied der Hamburger Loge „Ferdinande Caroline“, 1784 Großsekretär der Provinzial-Großloge. v. Gräfe (s. d.) diktierte ihm das englische Ritual, dessen Niederschreiben in England selbst verboten war. 1787—1789 war B. Meister vom Stuhl der „Ferdinande Caroline“, wurde Zugeteilter Großmeister, dann Großmeister der Provinzial-Großloge und 1811 Erster Großmeister der Großen Loge. In der Trauerrede sagte Schröder von ihm: „Darum sei seine Grabschrift: ‚Friede dem Friedseligen‘, denn er ließ niemanden zurück, der es bedauern würde, ihn gekannt zu haben.“

Bedarride.

1. Michel, Marc und Josef, drei Brüder aus Avignon, die 1814 nach Paris übersiedelten und als „Absolute Groß-Konservatoren“ den Misraim-Ritus (s. d.) in Frankreich verbreiteten.

2. Armand, Advokat in Marseille, bedeutender freimaurerischer Schriftsteller, erhielt 1930 mit Lennhoff den Peeters-Baertsoen-Preis (s. d.). Hauptschriften: „Les Théories politiques et Economiques devant la Doctrine Maçonnique“, „Le Travail sur la pierre brute“, „La Doctrine Maçonnique“, „La Lettre G.“. Aufgenommen 1891 in der Loge „Réunion des Amis Choisis“ in Marseille, 1910 Mitglied des Ordensrates, seit 1928 des Grand Collège des Rites.

Beethoven, Ludwig van, soll nach den Erinnerungen von Karl Holz, der mit ihm in regem Verkehr stand, Freimaurer gewesen sein. Die Biographie von Thayer (Breitkopf 1911) nimmt es als sicher an. B. sei früh in eine Freimaurerloge eingetreten, habe diese aber nach Verlust seines Gehörs nicht mehr besucht. Auch Frimmel, der beste neuere B.-Kenner, schrieb in seinem Handbuch von der Möglichkeit, daß B. Freimaurer gewesen sei. In einem Briefe an Wegeler in Koblenz bezieht sich B. auf ein von ihm komponiertes und in Freimaurerlogen gesungenes Lied. In letzter Zeit behauptet Herriot, der gewesene französische Unterrichtsminister und Bürgermeister von Lyon, der eines der letzterschienenen Bücher über B. verfaßt hat, sehr dezidiert das Freimaurertum von B. Er schließt dies aus einer den Tod des Bruders betreffenden Stelle eines Briefes, in welchem bezeichnend von der Akazie die Rede ist. Der Wiener Musikforscher Dr. Rudolf Stephan Hoffmann ist den von allen diesen Autoren angeführten Beweisen gewissenhaft nachgegangen, glaubt aber zu einer skeptischen Beurteilung der Frage gelangen zu müssen.

Befehlshaber des Tempels (frz. Souverain Commandeur du Temple, engl. Knight of the Temple), XXVII. Grad des A. u. A. Schottischen Ritus, verlangt vom Maurer, daß er nicht nur Philosoph und Ethiker, sondern auch Streiter für Ehre, Treue und Pflicht sei. Die alten Rittertugenden leben hier auf, der Kampf für Wahrheit, Recht und Reinheit. Die Liturgie des Grades handelt vom Märtyrertod des Templer-Großmeisters De Molay.

Beförderung bedeutet die Zulassung zu einem höheren Grade der Freimaurerei. Im allgemeinen wird in den kontinentalen Logen zwischen die Grade I, II und III ein Zeitraum von je einem Jahre gelegt. Die Beförderung wird von einem hierzu befugten Logenbeamten (Vorbereitender Bruder oder Aufseher) vorgeschlagen. In England und Amerika wird der II. Grad schon nach einem Monat, der III. Grad schon zwei Monate nach der Aufnahme verliehen. Bei besonderen

Veranlassungen, so bei abreisenden Brr., werden mitunter auch mehrere Grade an einem Tage vergeben. Im 18. Jahrhundert war dies jedenfalls häufiger als heute. So wurde Friedrich der Große an einem Tage in alle Grade aufgenommen. In manchen Großlogen unterscheidet man: Beförderung nach dem Gesellengrad, Erhebung in den Meistergrad.

Begemann, Wilhelm, Dr. phil., Mitglied der Großen Landesloge von Deutschland, * 1843, † 1914, einer der fruchtbarsten und bedeutungsvollsten deutschen freimaurerischen Historiker. Mit dem Dreigestirn Begemann, Keller und Wolfstieg beginnt in Deutschland die wissenschaftliche Durchleuchtung der freimaurerischen Geschichte. Begemann ging mit einem umfassenden Wissensschatze an die Ergründung der Vorgeschichte der Freimaurerei. Seine sprachkritischen Untersuchungen, besonders der englischen Akten, hat der Geschichte zahlreiche neue und überraschende Lichter aufgesetzt. Nicht alles hat der Kritik durch andere Stich gehalten, aber das meiste kann sich behaupten. Seine Hauptwerke sind in erster Linie umfassende Untersuchungen über die Vorgeschichte der Freimaurerei in England (in 2 Bänden 1909/10), Schottland und Irland, Untersuchungen über die Rittergrade, die Templer- und Stuart-Legende, den Chevalier Ramsay, die Großloge von York u. v. a. Er übertrug in glücklichster Weise die Arbeitsmethoden der englischen Quatuor Coronati Lodge auf die deutsche freimaurerische Geschichtsforschung. Die Lesbarkeit seiner Arbeiten leidet bedauerlicherweise an dem schwerflüssigen Stil des Philologen, sonst müßten seine Werke weniger zitiert und mehr gelesen sein. Eine starke Persönlichkeit, die sich ihres Wertes bewußt war, geriet er wiederholt in heftige wissenschaftliche Polemiken, so insbesondere mit Ludwig Keller, dessen reicher Phantasie er die kritische Nüchternheit der Forschung gegenüberstellte.

Begräbnis, Freimaurerisches. Zu den Aufgaben der alten Bruderschaften, aus denen sich die Freimaurerei ableitet, gehörte auch die Sorge um ein angemessenes Begräbnis. Aus diesem Gedankengange heraus haben sich die freimaurerischen Begräbnisrituale entwickelt, die in den angelsächsischen Großlogen üblich sind. Bei den Angelsachsen findet ein freimaurerisches B. nur statt, wenn der Verstorbene oder seine Familie es ausdrücklich gewünscht hat. Die Brr. der Loge erscheinen in Bekleidung (Schurz und Abzeichen), am offenen Grabe werden durch den Logenkaplan Gebete verrichtet und die Brr. nehmen in maurerischer Weise von ihrem Mitbruder Abschied. Einfacher sind die Gebräuche in Kontinentaleuropa. Hier beschränken sie sich auf die Teilnahme an der Beisetzung, wobei eine Trauerrede gehalten wird und Akazienzweige oder die drei symbolischen Rosen in das offene Grab gestreut werden. In Deutschland erscheinen an vielen Orten die Freimaurer zu B. ihrer Brr. in der in den Logen vorgeschriebenen Tracht, daher in weißer Halsbinde und weißen Handschuhen. Der Trauerzug der Brr. erfolgt in Dreierreihen. Nur in einzelnen englischen Logen herrscht der schwer erklärbare Brauch, daß die das Grab umstehenden Freimaurer nach der Grablegung ihre Handschuhe in das offene Grab werfen. Amerikanische Großlogen haben für Begräbnisfeierlichkeiten ein eigenes Ritual, das über Wunsch des Verstorbenen zur Anwendung gelangt. Dieses Ritual wird in maurerischer Bekleidung in Gegenwart der übrigen Trauerversammlung durchgeführt und besteht im wesentlichen neben den Gebeten des Logenkaplans in einer Weihehandlung, in der die ewige Vereinigung des Toten mit der ihn überlebenden Kette symbolisiert wird. Manchmal wird als Zeichen symbolischer Vereinigung die Kette (s. d.) um das offene Grab gebildet. In den Feuerhallen wird die Leichenfeierlichkeit gewöhnlich noch durch Musik ausgestaltet. Da die katholische Kirche die Einsegnung von Freimaurern verbietet, wird in katholischen Ländern, um jedem Konflikte vorzubeugen, von öffentlichen Kundgebungen schon im Interesse der Hinterbliebenen meist abgesehen. Die Loge beschränkt sich hier auf Trauerfeierlichkeiten (Trauerloge) im eigenen Logenraume oder im Hause des Verstorbenen. In Amerika werden die Toten der Loge gerne in eigenen Freimaurerfriedhöfen beigesetzt, um auch so die Verbundenheit über den Tod hinaus zum Ausdruck zu bringen. Ebenso auch in Italien (Freimaurerfriedhof in Rom).

Die erste Mitteilung über ein Freimaurerbegräbnis findet sich in „Reed's Weekly Journal" vom 12. Jänner 1723. Beerdigung des Schauspielers Birkhead vom Drury-Lane-Theater in London. „Die Bahre wurde von sechs Freimaurern getragen, die alle zum Drury-Lane-Theater gehörten. Die anderen Mitglieder der Loge (Nr. 5), der er als Aufseher angehört hatte, und eine große Zahl anderer angenommener Maurer folgten paarweise. Sowohl die Leichenträger als auch die anderen waren mit ihren weißen Schurzfellen bekleidet."

„London Evening Post", 2. Juni 1739: „Gestern nachmittag wurde in Bunhill-Fields der Leichnam des Dr. Anderson, eines Dissentergeistlichen, beigesetzt. Seine Bahre wurde von fünf Dissenterpriestern und dem Rev. Dr. Desaguliers getragen. Ihr folgten etwa ein Dutzend Freimaurer, die im Kreis das Grab umstanden. Dr. Earle hielt eine Rede über die Unbeständigkeit des Lebens . . . Hierauf erhoben die Brüder in feierlicher Trauer die Hände, seufzten laut auf, und schlugen dreimal zu Ehren des Dahingeschiedenen auf ihre Schurzfelle."

„London Evening Post", 16. Jänner 1742: „Vor einigen Tagen starb, ungefähr 70 Jahre alt, Mr. Anthony Sayer, der im Jahre 1717 Großmeister der höchstehrwürdigen und ehrenwerten Gesellschaft der freien und angenommenen Maurer war. Seiner Bahre folgten eine große Zahl von Gentlemen dieser ehrenwerten Gesellschaft, Männer von bestem Ansehen, von Shakespeares Haupttaverne in der Piazza in Covent Garden und bestatteten ihn in der Kirche von Covent Garden mit allen Ehren."

Begräbnisgebrauchtum, Amerikanisches (engl. Masonic Burial). Ein Begräbnis unter freimaurerischem Gebrauchtum findet nur statt, wenn der Verstorbene es letztwillig gewünscht hat. Dieses Gebrauchtum wird auch in Anwesenheit von Nichtfreimaurern durchgeführt. Die Brr. der trauernden Loge erscheinen in schwarzem Gewand mit schwarzer Halsbinde und weißen Handschuhen, die beiden Logensäulen und die Beamtenabzeichen werden umflort. Nach der letzten Einkleidung des Toten wird ihm das weiße Schurzfell in den Sarg gelegt. An der Begräbnisstätte angelangt, wird ein Kreis um den Sarg gebildet, die Schaffner der Loge kreuzen ihre Stäbe über dem Sarg, der Meister steht zu Häupten, die Leidtragenden zu Füßen des Sarges. Die maurerische Trauerfeier beginnt nach Abschluß der kirchlichen Einsegnung. Hierauf spricht der Meister vom Stuhl ein Gebet, hält eine Ansprache an die Loge und wirft den Schurz des Toten und einen Zweig von Immergrün in das offene Grab. Alle Brr. treten an das offene Grab und werfen ebenfalls Zweige in die Tiefe. Hierauf folgen die maurerischen Ehrenbezeugungen. Die Brr. strecken die Hände gegen das Grab aus, Handflächen nach oben, die Hände werden über der Brust gekreuzt und schließlich mit erhobenen Händen und aufwärtsgewendetem Blick ein kurzes Gebet gesprochen. Der Meister spricht die Benediktion des ewigen Friedens, die von den anwesenden Freimaurern mit der Formel „so mote it be" bekräftigt wird. Nach der Feier verläßt die Loge in Prozession (in feierlichem Aufzug) den Begräbnisplatz.

In England sind solche Zeremonien nicht üblich; dagegen existiert in Schottland der Brauch der Lodge of Sorrow (s. d.).

Begräbnisverweigerung. Gestützt auf päpstliche Verfügungen wird Freimaurern von der katholischen Kirche das kirchliche Begräbnis verweigert. Der Vorgang hat dort Bedeutung, wo die Friedhöfe Kircheneigentum sind, da unter Umständen von der Kirche nicht nur die Einsegnung, sondern auch die Beisetzung in kirchlich geweihter Erde verwehrt werden kann. Die Geistlichen sind dabei dem Kirchengesetze nach im Recht, da der Freimaurer als exkommuniziert gilt. Im allgemeinen gehören aber diese Vorfälle zu den besonderen Ausnahmen.

Bègue-Clavel, s. Clavel.

Beharrender, s. Suchender.

Behm, D., deutsch-evangelischer Landesbischof von Mecklenburg, untersagte 1928 auf eine Eingabe des Deutschvölkischen Offiziersbundes in Schwerin den Geistlichen die Zugehörigkeit zur Freimaurerei und forderte sie auf, andernfalls das Pfarramt niederzulegen, was zu erfolgreichen Protestkundgebungen der evangelischen Geistlichen in den Logen führte.

Beifallszeichen, Zustimmungszeichen in geöffneter Loge durch Erheben oder Vorwärtsstrecken der rechten Hand. In einzelnen Logen wird die Hand sodann klatschend auf den Schurz geschlagen. (Das Schlagen auf den Schurz auch sonst als Abschluß eines Zeichens üblich. So bei maurerischen Trauerbräuchen, wie bereits beim Begräbnis des Reverend Anderson [s. d.] überliefert, s. auch Salve).

Beigeordneter, s. Zugeordneter.

Bekehrten, Die. Lustspiel von Alfred Schlimpert, erschienen 1852 in Meißen, schildert die Aussöhnung einer Frau mit der Tatsache, daß ihr Mann Freimaurer ist.

Bekehrung von Freimaurern. Nach den Satzungen der katholischen Kirche sind Freimaurer exkommuniziert. Fälle von Bekehrungen auf dem Totenbette werden in der katholischen Presse wiederholt veröffentlicht. In den Schriften von Pachtler S. J. wird eine derartige amerikanische Bekehrung beschrieben, wobei dem Sterbenden nach langen heftigen Kämpfen neben seiner maurerischen Bekleidung auch ein mit Blut (sic!) geschriebener Eid abgezwungen wurde. Zur Ehre der katholischen Kirche sei angenommen, daß diese Szene für Zwecke der suggestiven Beeinflussung einer gläubigen Menge ebenso erfunden ist wie der mit Blut geschriebene Eid. Berühmt wurde Leon Taxil (s. d.) durch seine Bekehrung, an der die katholische Kirche allerdings wenig Freude erlebt hat (s. auch Franchi).

Bekleidung des Meisters. In Prichards „Masonry dissected" findet sich das Fragestück: „Habt Ihr den Meister gesehen?" — „Ja." — „Wie war er bekleidet?" — „Mit einer gelben Jacke und blauen Hosen." Die Deutung ist: der Zirkel hat einen goldenen Knopf und stahlblaue Schenkel. Die Frage stammt aus der Frühzeit der Freimaurerei, die symbolische Deutung (Azur des Himmels und die Sonne) ist späteren Datums. Auch bei Krause, „Kunsturkunden", besprochen und gedeutet.

Bekleidung, Maurerische (frz. décors maçonniques, engl. Masonic clothing), die der Maurer zum Zeichen der Arbeit in der Loge anlegt, in den frühen Zeiten der Großloge von England der lange, weiße Lederschurz, dazu wurden weiße Handschuhe getragen, die schon Plot (s. d.) im 17. Jahrhundert verzeichnete. Auf dem Titelbild von Andersons Constitution von 1723 sind Schurz (s. d.) und Handschuhe (s. d.) zu sehen. 1727 sind im Protokoll einer Vierteljahresversammlung der Großloge zum erstenmal „Jewels" (Bijoux, Abzeichen) der Meister und Aufseher angegeben, die an einem weißen Band zu tragen seien. 1731 wurde auf Antrag von Desaguliers (s. d.) folgende Bekleidung festgesetzt: Für den Großmeister, seinen Stellvertreter und die Großaufseher goldenes oder vergoldetes Bijou an blauem Halsband und ein weißer, mit blauer Seide eingefaßter Lederschurz; für die Stewards Bijou an rotem Band und rot eingefaßter Schurz, für die Stuhlmeister Bijou an weißem Band, weiß eingefaßter Schurz. Drei Jahre später erhielt die Einfassung des Großmeisterschurzes das damalige Azurblau des Hosenband-Ordens (Order of the Garter), während für den Schwertträger eine gelbe Einfassung bestimmt wurde. Auch bei der Großloge der Ancients war das Blau die Farbe der höchsten Großbeamten. Gegen Ende des 18. Jahrhunderts wurden die anfangs einfachen Schurze immer reicher verziert, sie erhielten Fransen, Tatzen und allerlei Stickereien. Zu Beginn des 19. Jahrhunderts bürgerten sich die Rosetten ein. 1814 traf dann die Vereinigte Großloge neue Verfügungen. Die lichtblaue Farbe des Meisterschurzes wurde die Farbe der Union. Für die Prinzen von Wales, die dem Bund angehören, wurde 1830 ein besonderer Schurz entworfen, im übrigen besteht in der maurerischen Welt keine Norm für die maurerische Bekleidung. In manchen Großlogen wird bei den rituellen Arbeiten nur ein Schurz getragen, in anderen, z. B. in Deutschland, sind Schurz, hoher Hut (Zylinder), Logenabzeichen und weiße Handschuhe vorgeschrieben. In manchen romanischen Ländern existiert der Schurz nur in einzelnen Graden. Als Abzeichen gilt dort eine breite Schärpe (Cordon). Die Johannislogen haben im allgemeinen von England das Blau übernommen, für die symbolischen Logen des Schottischen Ritus gilt durchweg die rote Farbe. Die Farben der Großfunktionäre der verschiedenen Länder sind ganz uneinheitlich. Im Schottischen Ritus gehört zur B. manchenorts der Degen (s. d.).

Die B. wird nur bei rituellen Versammlungen der Loge angelegt. Auf dem Kontinent ist das öffentliche Auftreten in B. verpönt. Dagegen erscheinen in England und Amerika die Freimaurer bei feierlichen Aufzügen in voller Öffentlichkeit in maurerischem Schmuck. Wann die englische Loge in der Öffentlichkeit in voller maurerischer Bekleidung zu erscheinen hat, entscheidet der Großmeister, der hierzu die besondere Erlaubnis erteilt. Daher ist unter den Bestimmungen der sogenannten Meisterverpflichtung (s. d.) ausdrücklich das Versprechen aufgenommen, daß der gewählte Meister vom Stuhl nicht eigenmächtig einen öffentlichen Aufzug ohne Genehmigung der Großloge veranstalten wird. Die historische Ursache zu dieser Bestimmung ist in dem Preston (s. d.) betreffenden Streitfalle zu suchen.

Bekleidung, Maurerische, verschiedene Arten. Aus der anfänglich üblichen, nur aus Handschuhen und Schurz bestehenden Bekleidung ist im Laufe der Zeit ein äußerst kompliziertes System von Bekleidungsarten entstanden — nicht zum Vorteile der Freimaurerei, die sich zeitweise in einzelnen Hochgradsystemen in den mit der Bekleidung verbundenen Äußerlichkeiten erschöpft hat. Reiche Sammlungen freimaurerischer Bekleidungsstücke besitzen die einzelnen Freimaurermuseen. Die Identifizierung einzelner Musealstücke begegnet mitunter den größten Schwierigkeiten, weil besonders im 18. Jahrhundert eine überreiche Phantasie immer wieder neue Varianten geschaffen hat. Eine Beschreibung der verschiedenen Formen der B. hat Crowe in seinem „Masonic Clothing and Regalia" geschaffen. Genaue Angaben über die in Amerika übliche — in Europa aufgegebene — B. des Schottischen Ritus macht Albert Pike in seinen „Liturgies". Bildliche Darstellungen finden sich in den zum Teil prachtvoll ausgestatteten Katalogen von Spezialfirmen, die sich mit dem Vertrieb der maurerischen B. beschäftigen, so z. B. George Kenning & Son, London, Great Queen Street. Goulds „History" enthält zahlreiche farbige Tafeln freimaurerischer Regalien. Die folgende, sehr unvollständige Zusammenstellung soll Sammlern die Sicherstellung der Herkunft einzelner Stücke erleichtern.

1. England: Lehrling: Weißer Lederschurz, Gesell ebenso, mit zwei blauen Rosetten am unteren Ende. Meister: Lichtblau eingesäumter Schurz, viereckig, mit drei lichtblauen Rosetten und zwei Silberquasten ((Tassels) aus je sieben Strähnen (zumeist je sieben kleine Silberkettchen). Beamte tragen ihre Abzeichen an himmelblauen Bändern, der Meister vom Stuhl trägt zur Bekleidung silbergestickte Stulpen (Gauntlets). Pastmaster haben an Stelle der Rosetten drei silberne Setzwaagen (⊥). Stuarts: Ausstattung in gleicher Weise, nur in roter Farbe. Die Großloge hat zur Farbe ein tiefes Dunkelblau mit Goldstickerei und Goldumsäumung. Die Abzeichen werden an goldenen Halsketten getragen, mit dunkelblauen Achselschleifen. Der besonders reich gestickte Großmeisterschurz zeigt in der Mitte das Bild der Sonne. Die Halskette weist als Schmuck fünfzackige Sterne an einzelnen Gliedern auf, u. zw. hat die des Großmeisters neun, des zugeordneten sieben, der beiden Großaufseher fünf, die der übrigen Großbeamten drei Sterne.

Royal-Arch-Grad: Weißer Schurz mit blauer, purpurgeflammter Umsäumung, die Tassels in Gold. Auf der Klappe des Schurzes in Gold das dreifache Tau. Dazu eine blaue Schärpe, mit roten Rhomben gemustert, an der Hüftseite ebenfalls mit einem Dreieck und dem Tripletau. Logenabzeichen werden in England in Form der Ordensauszeichnungen getragen, also an einem länglichen Bandviereck, mit Spangen am Rockaufschlag angesteckt.

2. Irland: Die Ausstattung der Bekleidung ist ähnlich der englischen, nur mit etwas dunklerem Himmelblau, die Großbeamtenschurze sind einfacher, mit Goldfransen. Der irische Royal-Arch-Grad hat einheitlich purpurne Schurzeinfassungen und Schärpen.

3. Schottland: Die Farbe der Einfassungen und Bänder ist grün, auf der Klappe des Meisterschurzes Zirkel, Winkelmaß und G in Goldstickerei. Der Schurz des Meisters vom Stuhl zeigt häufig die schottischen Clan-Farben wie der Kilt.

Angelsächsische Hochgrade:

Mark-Master-Grad: Schurz mit blauer, rot geränderter Einfassung, ebenso die drei Rosetten. Das Logenkleinod: Ein Keystone (Schlußstein) mit den Buchstaben H. T. W. S. S. T. K. S.

Royal-Ark-Mariner-Grad: Schurz, eingesäumt in den sieben Farben des Regenbogens. Im Abzeichen: Regenbogen, Taube mit Ölzweig und Arche. Der Vorsitzende Meister hat auf dem Schurz statt der Rosetten drei Triangel.

4. Nordamerika: Allen Graden gemeinsam ist der einfache weiße Schurz, meist aus Leder, auch aus Leinwand. Logenabzeichen nicht allgemein üblich. Die Beamtenabzeichen am lichtblauen Band, der Meister vom Stuhl trägt bei der Arbeit den hohen Hut, gelegentlich als Traditionswert einen Dreimaster (Revere-Hut, s. d.).

5. Frankreich: Lehrling und Gesellen tragen den Schurz, Meister nur in manchen Logen, stets aber eine oft reich gestickte, blaue Schärpe, bei der Grande Loge (Schottischer Ritus) mit rotem Rand. Großbeamte einen Halskragen mit Stickerei. Wo Schurze getragen werden, sind sie manchmal künstlerisch mit Symboldarstellungen bestickt. Handschuhe sind

nicht vorgeschrieben, wie überhaupt, im Gegensatz zu den angelsächsischen und deutschen Logen, auf gesellschaftliche Kleidung kein großer Wert gelegt wird. Die Mitglieder des Ordensrates des Grand Orient tragen gelb-grüne, goldgestickte Bänder und gleichfarbige Schurze die Bänder der Würdenträger der Grande Loge sind in Weiß, Blau und Rot gehalten.

6. H o l l a n d: Eine einheitliche maurerische B. gibt es nicht. Zunächst hat jede Loge ihre eigenen Farben, die ihr in der Stiftungsurkunde mitverliehen werden. Die Form des Schurzes (Schootsvel, Tablier) ist ganz verschieden. In den südafrikanischen Logen wird die streng viereckige Form bevorzugt, was offenbar auf englischen Einfluß hinweist. In Holland selbst und in Ost- und Westindien sind die unteren Ecken abgerundet. Selten ist die Form des Fünfecks mit einer Spitze nach unten. Manchmal hat man die steiferen Formen dadurch zu vermeiden gesucht, daß man die Seitenränder ausschweifte und die Mitte des unteren Randes in eine Spitze auszog. Lehrlinge: Schurzklappe nach rückwärts, Meister: nach vorwärts umgeschlagen, Gesellen: aufgerichtet. Bei Lehrlingsschurzen fehlt auch wohl die Klappe ganz. Bei Meistererhebungen und Trauerlogen schwarzer Schurz oder weißer mit Todessymbolen. Einige Logen haben Schurze mit aufgesticktem Monogramm („Nos Vincit Libertas“ in Amsterdam). Auf englischen Einfluß ist es zurückzuführen, daß manchenorts (z. B. „La Bien Aimée“ in Amsterdam) die Schurze der Beamten mit den Emblemen des Amtes bestickt sind; französische Mode aber ist es, wenn hie und da die Meister Schurze mit reicher Goldstickerei und allerlei Flitterwerk tragen (Zierschurz). Die älteren Logen haben ursprünglich jede ein besonderes Abzeichen (Draagteeken, Insigne) gehabt, das meistens an farbiger Rosette getragen wurde; die neueren haben keine mehr und auch von den älteren hat wohl nur noch „Vicit Vim Virtus“ in Haarlem das Abzeichen bis heute beibehalten. Die Beamten (Offiziere) tragen ihr Zeichen an einem breiten, seidenen Band (Draagband, Bandelier, Collier), das die Farben der Loge aufweist, sonst aber durchweg einfach und schmucklos gehalten ist und der in Frankreich und auch in England gebräuchlichen Stickereien entbehrt.

7. D e u t s c h l a n d und deutschsprachige Freimaurerei, S c h w e i z, Ö s t e r r e i c h, Großloge L e s s i n g: Lehrlingsschurz weiß, Gesellenschurz entweder blau eingefaßt, weiße Klappe oder mit zwei Rosetten, ungefüttert, Meisterschurz blau gefüttert, blau eingefaßt, drei blaue Rosetten. Teilweise als Gradabzeichen Kelle und Elfenbeinschlüssel üblich (vor allem Große Landesloge). Mit Ausnahme der letzteren besondere Logenabzeichen (Kleinodien oder Bijous), meist an blauem Band mit Einsäumung auch in anderen Farben. In Österreich in einigen wenigen Logen, als Erinnerung an die Schottengrade des Ungarischen Großorients, mit roten Streifen oder auch ganz rot. Die Großlogenfarben gewöhnlich ein dunkles Violett mit Goldrand. Die Bayreuther Großloge hat ein rot-gelbes, die Wiener Großloge ein blau-gelbes Band, die Großloge Lessing ein violettes Band mit den aufgestickten drei Ringen. Die Logenkleidung sieht in diesen Ländern bei rituellen Arbeiten schwarzen Anzug, weiße Halsbinde und weiße Handschuhe, in Deutschland auch den hohen Hut vor.

8. S c h w e d i s c h e L e h r a r t (Skandinavien und Große Landesloge der Freimaurer von Deutschland): Lehrling: Silberne, unpolierte Kelle, weißer Schurz mit hochgeschlagener Klappe. Gesell: Silberne, polierte Kelle, Schurz mit zwei ⊥ am unteren Rand. Meister: Goldene Kelle, beinerner Schlüssel mit dreieckigem Bart und Griff; Schurz: weiß mit blauer oder gelber Umsäumung mit drei in gleicher Farbe ausgeführten Abzeichen in ⊥-Form. Logenabzeichen nur bei einigen Logen üblich.

H o c h g r a d e:

IV. Grad. A n d r e a s l e h r l i n g: An schwarzem Moiréband mit drei weißen Streifen versilberter Triangel mit Totenkopf über zwei gekreuzten Knochen. Fünfeckiger Schurz aus schwarzem Leder mit heruntergeschlagener, halbrunder Klappe. Am Rand des Schurzes und der Klappe leicht gerüschtes Seidenband aufgenäht. Auf der Klappe silberner Totenkopf über zwei gekreuzten Knochen; auf dem Schurz vier weiße Rosetten aus Seidenband. Rückseiten von Schurz und Klappe sind mit schwarzem Futter versehen.

V. Grad. A n d r e a s g e s e l l e: Schärpe aus schwarzem Moiréband mit zwei schmäleren und einem breiteren, weißen Streifen, unten ausgezackt und mit schwarz-weißem Band zusammengehalten; an letzterem ein Dolch. Die Klinge aus Silber und unten zweiseitig zugespitzt; Griff aus schwarz lackiertem Holz, oberhalb desselben Krone. Schurz wie im vorigen Grad.

VI. Grad. A n d r e a s m e i s t e r: Andreaskreuz. Strahlengrund mehr oval; auf der Rückseite im Dreieck hebräische Buchstaben. An schmalem, grünem Band um den Hals zu tragen. Schärpe aus breitem, rotviolettem Moiréband mit grünem Rand, unten ausgezackt und mit ziegelrotem Band zusammengehalten. An letzterem durchbrochener, sechszackiger, flammender Stern, der ein G umschließt. Fünfeckiger Schurz aus weißem Glacéleder mit heruntergeschlagener, halbrunder Klappe. Schurz und Klappe mit ziegelroter Seide eingefaßt und auf der Rückseite gefüttert. In einiger Entfernung von dieser Einfassung ist ziegelrotes Seidenband aufgenäht. Auf der Klappe vergoldetes Beil. In der Mitte des Schurzes vergoldeter, sechszackiger, flammender Stern mit einem G; um denselben vier Rosetten aus zwei aufeinander liegenden, ziegelroten Seidenbändern.

VII. Grad. R i t t e r v o m O s t e n: Schärpe aus dunkelgrünem Moiréband mit fünf aus rotem Seidenband bestehenden Rosetten. Das Band ist unten ausgezackt und mit einem schmalen, roten Band zusammengehalten. Letzteres trägt einen großen, vergoldeten Schlüssel. Griff und Bart desselben haben Dreieckform. Auf den Dreieckseiten des Griffes befindet sich folgende Inschrift (Vorderseite): QUIS CLAUDIT APERIENTEM (Rückseite): QUIS APERIT CLAUDENTEM. Viereckiger Schurz aus weißem Glacéleder mit heruntergeschlagener, halbrunder Klappe. Schurz und Klappe mit grüner Seide eingefaßt und auf der Rückseite gefüttert. In einiger Entfernung von der Einfassung grünes Seidenband ringsum aufgenäht. In der Mitte des Schurzes Andreaskreuz, durch zwei sich kreuzende, grüne Seidenbänder gebildet. Auf der Klappe ein ebensolches.

VIII. Grad. Ritter vom Westen: Halsbandzeichen. Silbernes Templerkreuz. Der Grund ist gerippt; die Buchstaben und Zeichen sind erhaben ausgeführt. Die Buchstaben I: B: M: B: A: D: I: C: gehen vom linken zum rechten Arm. Hexagramm, das ein Kreuz umschließt. Schärpe aus schwarzem Moiréband mit aufgenähtem Kreuz aus hochroter Seide, mit Goldschnureinfassung. Schärpe unten ausgezackt und mit ziegelrotem Band zusammengehalten. An diesem großer, vergoldeter Schlüssel. Griff und Bart haben Form eines Dreieckes. Auf den Dreieckseiten des Griffes befindet sich folgende Inschrift: QUIS / APERIT / CLAUDENTEM (Kehrseite): QUIS CLAUDIT / APERIENTEM. Viereckiger Schurz aus weißem Glacéleder mit heruntergeschlagener, halbrunder Klappe. Schurz und Klappe mit roter Seide eingefaßt und auf der Rückseite gefüttert. In einiger Entfernung von der Einfassung schwarzes Seidenband aufgenäht. In der Mitte des Schurzes Schwert, gestickt mit roter und schwarzer Seide. Auf der Klappe silberne Muschel.

IX. Grad. Vertraute Brüder: Schärpe aus weißem Moiréband mit aufgenähtem Kreuz aus rotem Seidenstoff mit Goldschnur- und Flittereinfassung. Schärpe unten ausgezackt und mit weißem Band zusammengehalten. An letzterem Templerkreuz; auf der einen Seite desselben im Mittelfeld von zwei Schnurkreisen umgeben strahlender Christuskopf; auf der anderen in der Mitte das siebenfach versiegelte Buch mit dem Lamm; zwischen den zwei Schnurkreisen A + D + Q + T + P + M +; aus gelbem Metall.

X. Grad. Auserwählte Brüder: Schärpe aus violettem Moiréband mit zwei goldenen Streifen, unten ausgezackt und mit goldener Schnur zusammengebunden, an der ein Abzeichen in der Form eines Templerkreuzes hängt, dessen obere Hälfte aus weißem Email, die untere aus rubinrotem Glas besteht. Beide Seiten gleich.

9. Alter und Angenommener Schottischer Ritus.

IV. Grad. Geheimer Meister: Schurz weiß, schwarz eingefaßt. Weiß-schwarz tambourierte Handschuhe, Klappe des Schurzes blau, mit einem Auge in Gold. Auf dem Schurz ein Z, umgeben von einem Lorbeer und einem Olivenzweig. Kleinod: Elfenbeinschlüssel mit schwarzem *Z*.

V. Grad. Vollkommener Meister: Abzeichen ein auf 60⁰ geöffneter Zirkel auf einem Kreisbogen an grünem Schulterband. Schurz grün umsäumt, zwei gekreuzte Säulen auf drei Kreisen, die blau, purpur und orange gehalten sind.

VI. Grad. Vertrauter Sekretär: Schurz weiß, auf seiner Klappe ein gleichseitiges Dreieck, im Feld mehrere phönizische Schriftzeichen. Abzeichen ein dreifaches Dreieck in Gold.

VII. Grad. Vorgesetzte und Richter: Schurz weiß mit roter Einsäumung, auf der Klappe ein Schlüssel. Abzeichen ein goldener Schlüssel am roten Bande.

VIII. Grad. Intendant der Gebäude: Abzeichen ein goldenes Dreieck, rotes Band, Schurz weiß mit roter und grüner Umsäumung. Im Mittelfelde ein neunzackiger Stern.

IX. Grad. Auserwählter der Neun: Schurz weiß, mit schwarzer und roter Umsäumung, auf der Klappe ein Arm mit einem Dolch, im Mittelfeld ein Arm, der ein blutendes Haupt hält. Schärpe mit neun roten Rosetten, an der ein Dolch mit silberner Klinge und goldenem Griff hängt.

X. Grad. Auserwählter der Fünfzehn: Weißer Schurz mit schwarzer Einfassung. Schärpe schwarz, mit Dolch.

XI. Grad. Erhabener, auserwählter Ritter: Weißer, schwarz umsäumter Schurz, im Mittelfeld ein flammendes Herz, schwarze Schärpe mit der Inschrift Vincere aut mori, an ihr ein goldenes Schwert.

XII. Grad: Großmeister Architekt: Schurz weiß, schwarz umsäumt, mit Goldfransen. Auf der Klappe und dem Mittelfeld symbolische Werkzeuge. Abzeichen goldenes Neuneck, auf der Rückseite fünf Säulen in verschiedenen Baustilen.

XIII. Grad. Royal Arch: Hier wird eine eigene Bekleidung getragen. Gelbe Robe mit rotem Schulterkragen. Dazu wird eine Goldmedaille mit der Jahreszahl Anno Enochi 2995 als Abzeichen verwendet.

XIV. Grad. Groß-Auserwählter: Die Brüder tragen schwarzes Gewand mit grünen Handschuhen und schwarzem Hut, Schwert, als Abzeichen Medaille in einem Zirkel mit fünfzackigem Stern und den Ziffern III, V, VII, IX. Die Beamten der Loge purpurne Roben. Weißer, rotgefütterter, blau eingefaßter Schurz mit Stickerei, Blumenzweig und Bijou. Halsband mit Akazienzweig und fünfzackigem Stern.

XV. Grad. Ritter vom Osten: Weißer, grün gefütterter und eingefaßter Schurz; auf der Klappe Kopf, gekreuzte Schwerter, in der Mitte drei von Ketten gebildete Dreiecke, wassergrünes Band (von der rechten Schulter zur linken Hüfte); darauf Schädel, Knochen, Kronen, Schwerter und eine Brücke mit den drei Buchstaben L. D. P., Bijou ein kleiner Säbel.

XVI. Grad. Prinz von Jerusalem: Roter, orange gefütterter und eingefaßter Schurz, rote Handschuhe, orangefarbenes, goldgefaßtes Band mit Waage, Arm der Gerechtigkeit, Dolch, fünf Sternen und zwei kleinen Kronen. Die Medaille des Grades zeigt auf der einen Seite eine Hand mit Waage, auf der anderen Seite einen Zweihänder und fünf Sterne.

XVII. Grad. Ritter von Osten und Westen: Schurz gelbseiden, rot eingefaßt. Weißes Band von der rechten Schulter zur linken Hüfte, schwarzes Halsband mit Bijou. Dieses hat sechseckige Form, teils in Silber, teils in Gold und zeigt die Buchstaben B. D. S. P. H. G. F. Unter jedem Buchstaben ein Stern. In der Mitte das Lamm Gottes auf dem Buch der sieben Siegel. Auf der Reversseite zwei gekreuzte Schwerter, an eine Waage gelehnt.

XVIII. Grad. Ritter vom Rosenkreuz: Weißer, schwarz gefütterter, rot eingefaßter Schurz. Darauf gemalt oder gestickt das Bijou. Auf dem schwarzen Grund der Rückseite ein rotes Kreuz. Rotes Halsband (breit), schwarz gefüttert. Bijou über einem Kreissegment geöffneter Zirkel, oben Krone Zwischen den Schenkeln leuchtendes Rosenkreuz. An dessen Fuß auf der einen Seite Adler mit ausgespannten Flügeln, auf der andern ein seine Jungen nährender Pelikan. Dazwischen Akazienzweig. Das Kleinod zeigt auch heiliges Wort und Paßwort.

XIX. Grad. Groß-Pontifex oder Erhabener Schotte. Alle Beamten tragen weiße Leinenkleider und ein blaues Stirnband mit zwölf Goldsternen. Cordon: Violett-weiß umsäumt, zwölf Goldsterne mit den Buchstaben Alpha und Omega. Das Abzeichen ein längliches Viereck mit den hebräischen Buchstaben Aleph und Tau.

XX. Grad. Großmeister aller symbolischer Logen: Alle Brüder sind bedeckten Hauptes, Kordon gelb und himmelblau, Schurz gelb, himmelblau umsäumt. Mittelfeld drei Dreiecke mit Buchstaben der neun großen Lichter. Ebenso das Abzeichen.

XXI. Grad. Noachite oder Preußische Ritter: Schurz und Handschuhe gelb. Breites schwarzes Band, Abzeichen der silberne Vollmond oder ein Dreieck von einem Pfeil durchbohrt. Auf dem Schurz ein Arm mit einem Schwert, darunter eine geflügelte Gestalt, die einen Finger an die Lippen legt.

XXII. Grad. Ritter der königlichen Axt: Schurz weiß, purpur eingefaßt, im Mittelfeld ein Tisch mit mathematischen Instrumenten. Auf der Klappe eine dreiköpfige Schlange. An regenbogenfarbigem Band das Abzeichen, eine goldene Axt.

XXIII. Grad. Chef des Tabernakels: Die Beamten sind in Kostüm, der Vorsitzende trägt die Urim und Tumim des Hohepriesters, dazu einen Turban.

XXIV. Grad. Prinz des Tabernakels: Beamte im Kostüm, auf dem weißen Schurz Darstellung eines Zeltes, auf der Klappe ein Myrtenzweig.

XXV. Grad. Ritter der ehernen Schlange: Abzeichen ein violettes Band, an dem ein Apiskopf mit der Sonne und den Worten Osiris, Ahura, Osarsiph Moses, darunter die Crux ansata mit einer Schlange. Schurz weiß-schwarz mit Sternen, auf der Klappe die Midgardschlange mit einem Skarabäus.

XXVI. Grad. Schottischer Trinitarier oder Prinz der Grade: Schurz scharlach mit weißem Band, im Mittelfeld ein grünes Dreieck. Das Abzeichen ein gleichseitiges Dreieck mit einem flammenden Herz im Zentrum.

XXVII. Grad. Großkommandeur des Tempels: Schurz scharlach, schwarz umsäumt, auf der weißen Klappe ein deutsches Ritterkreuz. Mittelfeld ein Schlüssel in einem Lorbeerkranz. Abzeichen das deutsche Ritterkreuz mit dem Doppeladler.

XXVIII. Grad. Sonnenritter: Weißes Band mit einem goldenen Auge, Schurz weiß, mit einem Pentagramm im Mittelfeld.

XXIX. Grad. Großschotte des heiligen Andreas: Rote Robe mit weißem Andreaskreuz und grünem Schulterkragen. Abzeichen: Das Andreaskreuz mit einem Distelzweig und einem Ritterhelm.

XXX. Grad. Ritter Kadosch: Weiße Dalmatica, schwarz eingesäumt, auf der Brust ein schwarzes lateinisches Kreuz mit den Buchstaben J. B. M. Abzeichen: Ein Doppeladler aus Silber, über einem deutschen Ritterkreuz aus Gold.

XXXI. Grad. Großinspektor — Inquisitor — Kommandeur: Weißes Band mit teutonischem Kreuz aus rotem Email. Auf dessen blauem Mittelstück die Ziffer 31.

XXXII. Grad. Prinz des Königlichen Geheimnisses: Schwarzes, silbern gesäumtes, hochrot gefüttertes Halsband mit rotgesticktem teutonischen Kreuz, silberner Doppeladler in der Mitte. Daran hängend Kreuz wie im XXXI. Grad mit der Ziffer 32.

XXXIII. Grad. Souveräner General-Großinspektor: Weißes Moiréband, goldgesäumt, darauf Golddreieck, umgeben von goldenen Strahlen, in dessen Mitte die Zahl 33. Links und rechts vom Dreieck silbergestickte Schwerter, zumeist auch die Fahnen der Nation und des Ordens. Das Band wird von links nach rechts getragen. Abschluß eine von goldenen Fransen umgebene Rosette in Rot und Grün. Bijou: silberner doppelköpfiger Adler, darüber ein umgekehrtes Dreieck. Der Adler hält ein goldenes Schwert in den Klauen. Das Bijou wird an einer schmalen, weiß-goldenen Halskette getragen. Die Aktivmitglieder der Obersten Räte tragen am Bijou ein dreifaches Kreuz aus rotem Email. In Nordamerika und einigen anderen Ländern existieren für den XXXII. und XXXIII. Grad Kopfbedeckungen, farbige Seidenkappen mit verschiedener Stickerei (Aktivmitglieder des Obersten Rates: purpurn; Großkommandeur: lila; nichtaktive XXXIII: weiß; XXXII. Grad: schwarz).

Der unverhältnismäßige Aufwand an Äußerlichkeiten in verschiedenen Systemen ist fraglos eine der wundesten Stellen der Freimaurerei, gegen die sich eine gesunde Bewegung an allen Orten geltend macht. Die Farbenkarte des Schottischen Ritus ist großenteils historisch bedingt, indem aus den Bekleidungen eingegangener Hochgradformen vieles übernommen wurde. Auch hat Pike (s. d.) sehr viel hierzu beigetragen. In Wirklichkeit ist die reiche Garderobe auch gar nicht durchführbar. Nur in Amerika werden die Grade „in full regalia" bearbeitet, während man sich in Europa mit Abzeichen und verschiedenfarbigen Bändern behilft.

Belcher, Jonathan, Gouverneur der Provinz Massachusetts, der erste Amerikaner (der Kolonialzeit), der Freimaurer wurde. Er wurde 1704 in England zum Maurer gemacht.

Belgien, Königshaus. Leopold I.

aus dem Hause Sachsen-Koburg, * 1790, † 1865, seit 1831 erster König der Belgier, trat 1813 in die Loge „Zur Hoffnung“ in Bern ein. Während seines Aufenthaltes in England schloß er sich der „Lodge of Friendship“ an und war deren Erster Aufseher. Als König von Belgien nahm er das Protektorat über die Freimaurerlogen seines Landes an, brachte deren Tätigkeit auch großes Interesse entgegen, besuchte aber die Arbeiten nicht. Bei der Trauerloge, die 1865 von der belgischen Freimaurerei veranstaltet wurde, waren mehr als 1200 Brr. anwesend.

Belgien.

Österreichische Niederlande.

Die Matrikel des Großorients von B., die 1898 neu angelegt wurde, verzeichnet der Anciennität nach als erste belgische Loge die „Parfaite Union“ in Mons. Sie soll 1721 gegründet worden sein, und zwar mit Patent des englischen Großmeisters Herzog von Montagu vom Herzog von Wharton als „englische Mutterloge in den österreichischen Niederlanden“. Ob das als Geschichte oder — was wahrscheinlich ist — als Legende anzusprechen ist, läßt sich heute kaum mehr feststellen; auch Paul Duchaine, der den Spuren aufs gründlichste nachgegangen ist („La Franc-Maçonnerie Belge au XVIIIe Siècle“, 1911), vermochte nichts Authentisches zu erheben. Es liegen keine tatsächlichen Anhaltspunkte dafür vor, daß der Herzog von Wharton sich 1721, etwa auf einer Reise nach Wien, wie behauptet wurde, in Belgien aufgehalten hätte. Ganz abgesehen davon, daß eine solche Reise des Herzogs nicht 1721, sondern 1725 stattgefunden haben soll. Die „Parfaite Union“ verweist demgegenüber darauf, daß in den jährlichen Verzeichnissen der Provinzial Großloge der österreichischen Niederlande seit 1776 diese Loge immer mit dem Gründungsjahr 1721 und auch Wharton als Stifter aufscheint. Duchaine nimmt aber wohl mit Recht an, daß die Provinzial-Großloge, wenn sie diese auf keinerlei Dokumente gestützte Angabe vornahm, einfach einer Bedingung entsprach, die die Loge in Mons für ihren Anschluß gestellt hatte. Sicher ist, daß diese weder in den Registern der Großloge von England vorkommt noch von Anderson in der zweiten Ausgabe des Konstitutionenbuches von 1738 erwähnt wird. Auch über eine Loge gleichen Namens in Gent vom Jahre 1730, die in einem geschichtlichen Abriß des Obersten Rates von Belgien (1880) erwähnt wird, hat Duchaine keine näheren Daten in Erfahrung bringen können. Doch steht fest, daß sich freimaurerisches Leben in den österreichischen Niederlanden bereits unter der Regierung Karls VI., also vor 1740, regte, daß sich schon zu diesem Zeitpunkt die verschiedenen Nationalitäten Belgiens, und auch Protestanten und Katholiken, zur Logentätigkeit zusammenfanden. Wenn aber in einem deutschen Werk: „Das Ganze aller geheimer Ordensverbindungen ...“, Leipzig 1805, behauptet wurde, der Kaiser habe die Freimaurerei in Flandern 1738 aufgehoben, so zerstört Duchaine auch diese vielfach übernommene Legende. Aus der Korrespondenz zwischen dem Grafen Neny, Präsident des „Conseil Privé“ in Brüssel, und dem Kanzler von Brabant, Crumpipen, und Briefen des Gesandten Grafen Starhemberg aus den siebziger Jahren des 18. Jahrhunderts geht zur Genüge hervor, daß ein solches Edikt nicht existiert hat.

Überwachung der Logen.

1744 wurde Karl von Lothringen, Bruder Franz I., Statthalter der österreichischen Niederlande (bis 1780). Er war Freimaurer und trug wesentlich zur Ausbreitung des Bundes bei; vor allem auch, indem er selbst 1762 die Loge „Saint-Charles“ in Brüssel und 1765 die Loge „L'Unanimité“ in Tournai gründete. An seinem Hof in Brüssel waren die Freimaurer sehr zahlreich. Das änderte sich auch nicht, als zwischen 1764 und 1766 die Kaiserin Maria Theresia in Wien Maßnahmen gegen die Freimaurerei ergriff; in den österreichischen Niederlanden erfolgte bis 1779 kein wie immer gearteter Schritt gegen eine Loge. Allerdings unterhielt die Kaiserin ein Überwachungssystem, um ständig über die Tätigkeit der Freimaurer auf dem laufenden zu sein. Die Korrespondenzen der bekannten Maurer und der Logen wurden insgeheim gelesen. Mit der Leitung des Spitzelwesens war der Rat Weiß in Brüssel betraut, dem der dortige Generalpostdirektor eifrigst zur Seite stand. Für die Überwachung standen eigene Fonds, die „Gastos Secretos“ (s. d.), zur Verfügung; aus diesen flossen beispielsweise in Lüttich die Honorare durch Vermittlung der Witwe des Bankiers Dominique, Vicomte de Nettine. Ihre Abrechnungen existieren noch heute in den belgischen Archiven. Allerdings wußte diese Dame nicht, für welche Zwecke die Kaiserin die Gelder zur Verfügung stellte; sie waren angeblich für eine Akademie bestimmt. Viele zehntausend Gulden wurden für die Spitzel aufgewendet; 1773 schrieb die Kaiserin an Starhemberg, daß sie ihm für die von ihm beschäftigten Agenten, unabhängig von der für Lüttich bestimmten Summe der „Gastos Secretos“, aus ihrer Privatschatulle weiters achttausend Florins jährlich zur Verfügung stelle.

Klerus und Adel in den Logen.

Dabei waren die Logen, auch die in Wien besonders verdächtigte von Lüttich, Versammlungsstätten durchaus loyaler Untertanen, der überwiegende Mehrheit nach gute Katholiken; die Logen versäumten niemals, an den Johannistagen im Juli und September Messen lesen zu lassen, denen die Brr. korporativ beiwohnten, während der zelebrierende Geistliche über dem Ornat sehr oft das freimaurerische blaue Band trug. Zahlreich waren die Kleriker in den Logen. Bei den Brudermählern und weißen Tafeln wurden die kirchlichen Vorschriften über Fasten und Fastenspeisen aufs strengste befolgt. In Lüttich gehörten der Fürstbischof Graf Wellbrück und die meisten Kanoniker seines Kapitels der Loge „Parfaite Intelligence“ an. Ein französischer Journalist, der um 1780 an der Tafel des Fürstbischofs zu Gaste war, war der einzige der achtzehn Anwesenden, der nicht maurerische Insignien trug. Duchaine verzeichnet eine ganze Reihe weiterer prominenter kirchlicher Würdenträger in den verschiedensten Orten.

Auch der Anteil des hohen Adels am Logenleben war beträchtlich — nicht zuletzt infolge der Gründung mehrerer Regimentslogen. Man begegnet in den Logenlisten den Herzögen von Arenberg und Ursel, dem Grafen Hohenzollern, dem Prinzen Karl von Hessen-Rheinfeld, dem Fürsten von Ligne (s. d.), dem Feldmarschall Ferrari, dem Grafen Nunez, Granden von Spanien, dem Erbprinzen Solms-Braunfeld, den Grafen von Saint-Aldegonde, de Vigneuille, de Spaar, de la Marck usw. Daneben gab es zahlreiche hohe Beamte, Richter, Angehörige der angesehensten belgischen Familien, Künstler, Literaten, Musiker. Die Freimaurerei setzte sich überall aus der gesellschaftlichen und geistigen Elite zusammen. Die Logenarbeit beschränkte sich keineswegs auf ritualistische Übung; es herrscht manchenorts vorbildliche geistige Tätigkeit. Die regen Diskussionen, die in den Logen stattfanden, mochten wohl der Kaiserin den großen Aufwand für die Spitzeltätigkeit gerechtfertigt erscheinen lassen.

Die englische Provinzial-Großloge des Marquis de Gages.

1770 erhielt der Marquis de Gages (s. d.), Großmeister der 1763 gegründeten „Parfaite Harmonie" in Mons, die bis dahin Provinzial-Großloge der Grande Loge de France gewesen war, vom Londoner Großmeister Herzog von Beaufort ein Patent für eine englische Provinzial-Großloge für die österreichischen Niederlande und gleichzeitig selbst die Bestallung als Provinzial Großmeister. Dieser Körperschaft gelang es bald, alle belgischen Logen der verschiedenen Riten zu vereinigen. Die Mutterloge nahm den Namen „Vraie et parfaite Harmonie" an. Ihr Stuhlmeister wurde General Graf von Arberg, der gleichzeitig stellvertretender Provinzial-Großmeister war. Als sich dann unter der Regierung Josephs II. die Wiener Provinzial-Großloge der Berliner Großen Landesloge in eine selbständige Landesloge umwandelte, strebte sie auch danach, ihren Einfluß in den Niederlanden geltend zu machen. Nach längeren Verhandlungen mit dem Freiherrn von Seckendorf wurde die Unterstellung unter Wien 1784/85 im Prinzip beschlossen. De facto blieb aber die Provinzial-Großloge infolge schleppender Erledigung der Angelegenheit in Wien zunächst unabhängig.

Das Edikt Josephs II.

Das Handbillett Josephs II. vom 11. Dezember 1785 bezüglich der Neuregelung der freimaurerischen Verhältnisse in seinem Reich änderte dann die Sachlage auch in den Niederlanden von Grund auf. Der bevollmächtigte Gesandte in Brüssel, Graf Barbiano Belgiojoso, verordnete, daß am 9. Jänner 1786 ein auf das Handbillett bezüglicher Erlaß an alle zuständigen Amtsstellen erging. Die Logen fügten sich den Weisungen ohne Protest und sandten ihre Mitgliederlisten ein. Der Marquis de Gages versuchte aber, unterstützt von den österreichischen Behörden in Brüssel, vom Kaiser eine Milderung der Bestimmungen zu erreichen. Mittlerweile wurde der Zusammenschluß der Provinzialloge mit der Wiener Großen Landesloge im April 1786 vollzogen. Ein neues kaiserliches Edikt vom 15. Mai 1786 machte aber die Hoffnungen des Provinzial Großmeisters zunichte; die freimaurerische Tätigkeit mußte auf drei (von fünf) Brüsseler Logen beschränkt werden; alle übrigen Bauhütten im Land waren zu schließen. Am 26. Juni tagte ein Konvent sämtlicher Logen, dem die Frage vorlag, ob es nicht besser sei, sie alle einzuschläfern; die Mehrheit, die sogenannte „deutsche Partei", entschied aber gemäß dem Edikt; ein Zentralkomitee der Logen wurde gegründet, an dessen Spitze erst der Marquis du Chasteler, dann der Baron Seckendorf stand, der aber als Adjutant des Statthalters Herzogs Albert von Sachsen-Teschen vielfach von Brüssel abwesend war. Die drei Brüsseler Logen, die weiterwirken durften, waren: „L'Heureuse Rencontre", „L'Union" und „Les Vrais Amis de l'Union". Der Geist war naturgemäß nicht mehr der alte. Duchaine sagt treffend: „Joseph II. hat ohne Gewinn und ohne Notwendigkeit die belgische Freimaurerei geopfert, d. h. den geistigen, aufgeklärten Teil der Nation. Etwas vom Herz und der Seele des Vaterlandes war dabei getötet worden." Seckendorf erschien den Brüdern mehr als Vertreter der österreichischen Polizei, denn als freigewählter Führer der belgischen Freimaurerei. Ein Konvent der drei Logen im Jahre 1787, der in der freimaurerischen Literatur gewissermaßen als ein „Sieg über Ansichten des Wiener Kabinetts", als ein „großes maurerisches Fest von vierhundertzwanzig Gedecken" (vergl. „Allgemeines Handbuch der Freimaurerei", 3. Auflage, Band I) erscheint, war in Wahrheit eine recht dürftige, lederne Angelegenheit. In der Provinz fristeten einige Logen im Verborgenen auch weiterhin ein bescheidenes Dasein.

Franzosenzeit.

In den stürmischen Tagen, die dann von 1789 an folgten, blieb eigentlich nur die Loge „Les Vrais Amis de l'Union" — und auch diese mit einer Arbeitspause von 1794—1796 — über Wasser. Die durch die Revolution von 1789 errungene kurze Unabhängigkeit ging 1790 wieder verloren. Die österreichischen Besitzverhältnisse wurden wiederhergestellt. 1792, nach der Schlacht von Jemappes, kamen die Franzosen auf kurze Zeit ins Land, mußten dann wieder weichen, um 1794 dann Belgien auf lange Zeit zu okkupieren. In solchen Zeiten wäre auch ohne das Vorhergegangene an ein gedeihliches Arbeiten nur schwer zu denken gewesen. 1790, in den Tagen der Generalstände, spielte durch kurze Zeit der konservative Politiker Van der Noot (s. d.), der Kämpfer für die Befreiung Belgiens und gegen die Reformpläne Josephs II., eine Rolle als Protektor der Loge „Les Vrais Amis de l'Union". Im Verlaufe der französischen Besetzung, die zahlreiche französische Freimaurer nach Belgien brachte, streckte der Grand Orient de France seine Fühler aus; die Folge war in einer Reihe von Orten ein Wiedererwachen der Aktivität. Neben den „Vrais Amis" entstand 1797 eine neue Brüsseler Loge, die „Amis Philantropes". Die Logen in Namur, Tournai, Lüttich, Ostende nahmen ihre Tätigkeit wieder auf; weitere Logen wurden vom Großorient ins Leben gerufen.

Königreich der Niederlande.

Nach dem Sturz Napoleons (1814), als das Land durch den ersten Pariser Frieden mit den nördlichen Niederlanden (Holland) zum Königreich der Niederlande verbunden wurde, gab es insgesamt 24 Logen. 1815 zog König Wilhelm I. in Brüssel ein. Er gab bei diesem Anlaß auf Grund eines im Justizministerium vorgelegten Berichtes des Staatssekretärs Baron Falck (später Zugeordneten Großmeisters des Großorients der Niederlande) dem Wunsch Ausdruck, alle Freimaurer seines Landes in einer Großloge vereinigt zu sehen, deren Protektorat er zu übernehmen gedachte. Es kam aber nicht dazu. Bemühungen zur Gründung einer Großloge, bezw. eines eigenen Großorients schlugen zunächst fehl. Dagegen rief 1817 Baron Jean Pascal Ronyer, Mitglied des Suprême Conseil von Frankreich, in Brüssel einen Obersten Rat der Niederlande des A. u. A. Schottischen Ritus ins Leben. Jetzt erst erhielten die belgischen Freimaurer durch den Prinzen Friedrich der Niederlande, den National-Großmeister der Großloge der nördlichen Provinzen (Holland), Kunde von dem Wunsch des Königs. Der Vorschlag des Großmeisters ging dahin, eine gemeinschaftliche Oberbehörde (Großosten) mit zwei im übrigen voneinander unabhängigen Verwaltungsgroßlogen zu schaffen. Am 11. April 1818 trat die „Grande Loge d'Administration des Provinces Méridionales" in den Räumen der Loge „L'Espérance" in feierlicher Weise zusammen.

1830 änderte sich die politische Konstellation abermals; die Revolution brachte den Belgiern die Unabhängigkeit. Prinz Leopold von Sachsen-Koburg (s. d.) wurde als Leopold I. König der Belgier.

Großorient von Belgien.

Am 23. Februar 1833 trat der Grand Orient de Belgique (Großorient von B.) ins Leben. Man ließ zunächst das Amt des National Großmeisters unbesetzt; der erste Leiter der Geschicke der neuen Organisation war der Advokat Defrenne, der Erste Großaufseher der alten Verwaltungs-Großloge. Der König, selbst Freimaurer, übernahm das Protektorat; erster National-Großmeister wurde der Baron de Stassart (s. d.), Präsident des Senats, Gouverneur von Brabant, Direktor der Akademie von Belgien. Der eigentliche Führer aber wurde sein Stellvertreter, Pierre-Théodore Verhaegen (s. d.), der große Liberale. Zwei Jahre später bereits setzten heftige Kämpfe gegen die Freimaurerei seitens der Klerikalen ein, die seither niemals ganz zum Stillstand gekommen sind. 1837 sprach der Erzbischof von Mecheln den Bannfluch über alle belgischen Freimaurer aus, trotzdem in deren Reihen auch damals sehr viele gläubige Katholiken standen. 1839 verschärfte sich die maßlose Hetze. Die Namen der Brüder wurden in die Öffentlichkeit geschleppt, und wer immer als Freimaurer bekannt wurde, dem drohte in vielen Gegenden schwere geschäftliche Einbuße, gesellschaftliche Ächtung schlimmster Art. Der Senatspräsident, der Gouverneur von Brüssel und viele andere Staatsfunktionäre verloren ihre Ämter. Eine Zeitlang stand man dem Ansturm fast machtlos gegenüber. Aber dann gewann der Widerstand an Kraft. Unermüdlich und furchtlos setzten sich in Kammer und Senat die freimaurerischen Parlamentarier gegen die das Privatleben der Brr. aufs ärgste gefährdenden Verfolgungen zur Wehr. Mit Feuereifer wurde für die bedrohten Ideale gestritten, immer wieder von der Parlamentstribüne herunter von den liberalen Führern Verhaegen (s. d.), Van Schoor (beide wurden National-Großmeister) und Tuisseaux u. a. der freimaurerische Standpunkt verteidigt.

Für den freien Gedanken wurde, namentlich seit 1848, Großes geleistet. In der Öffentlichkeit erhielt dieser eine Pflanzstätte in der Brüsseler Freien Universität, der Université libre, deren Gründer Verhaegen und Van Schoor waren. Als die Fünfzigjahrfeier der auf Gewissensfreiheit aufgebauten Hochschule stattfand, überreichten 300 Studenten dem damaligen Großmeister des Großorients, dem Grafen Goblet d'Alviella, Professor an der Universität, in Erinnerung an die Verdienste seines Vorgängers Verhaegen einen silbernen Hammer.

Der freiheitliche Geist fand seinen Ausdruck naturgemäß auch im Logenleben selbst. Verhaegen war es, der, 1854 Großmeister geworden, die Auffassung verfocht, daß die belgischen Logen die Pflicht hätten, aktiv im liberalen Sinn am politischen Geschehen Anteil zu nehmen; er bewirkte die Streichung der Bestimmung der Satzungen, die die Erörterung politischer und religiöser Fragen in den Bauhütten untersagte. Eine 1856 von der Loge „L'Espérance" in Brüssel herausgegebene Schrift „Etudes sur l'Etat social en Belgique" begründet den Schritt mit dem Willen, den Gedanken der Gewissensfreiheit zu betätigen, allen Freimaurern begreiflich zu machen, daß der Zeitpunkt gekommen sei, aus dem kontemplativen ins wirkliche Leben hinauszuschreiten. Die von anderer Seite, namentlich von Pierre Tempels (s. d.) leidenschaftlich bekämpfte Änderung der Grundsätze trug eine Zeitlang arge Verwirrung in die belgische Freimaurerei. Bis nach mehreren Jahren die Verfechter der unpolitischen Richtung wieder den Sieg davontrugen. Der alte Zustand wurde wiederhergestellt; doch ist dies nicht in dem Sinn aufzufassen, daß sachliche Besprechungen religiöser, philosophischer, sozialer oder politischer Fragen nun einfach ausgeschlossen wären. Jede Lehre darf im Schoße der Loge der Erläuterung und freien Kritik unterworfen werden, aber es ist grundsätzlich untersagt, Abstimmungen über solche Probleme vorzunehmen, Mehrheiten, bezw. Minderheiten zu schaffen. Der Großorient als solcher enthält sich jeder politischen Aktion. Er überläßt es dem freien Willen seiner Mitglieder, sich im profanen Leben politisch zu betätigen, ohne ihnen irgendwelche Wahlvorschriften zu machen. Als Maurerpflicht wird es betrachtet, überall und immer für die Freiheit des Gedankens einzutreten, sie mit allen gesetzlichen Mitteln herbeizuführen und ausbauen zu helfen, wo sie noch nicht besteht, und sie zu verteidigen, wo sie bedroht ist. Jeder Br. bestimmt sich selbst die Art, wie er dieser Pflicht genügen will; die Loge hat ihm keinen bestimmten Weg zu weisen (Deputierter Großmeister Alexis Sluys auf dem Internationalen Freimaurerkongreß 1910). Diese Auffassung einer in ihrem Wirken unpolitischen Freimaurerei, die keinerlei politische Geltung anstrebt, wurde natürlich namentlich von Großmeistern getragen, die selbst Nichtpolitiker waren, bezw. sind (u. a. Houzeau de Lehaie, Bergé, Hasse, nach dem Weltkrieg Leveque und Engel; aber auch Politiker, wie der Senatspräsident Magnette, stützten sie aus innerster Überzeugung). Auch ohne Verquickung mit Politik ist fruchtbare Außenarbeit durchaus möglich. Das zeigt sich in B. vor allem darin, daß die Freimaurerei sich in einem Zeitraum von 75 Jahren stets als Trägerin von Wissen und Volksaufklärung erwiesen hat. Zu den liberalen Leaders, von denen neben den bereits Genannten u. a. auch noch die Großmeister, bezw. Deputierten Großmeister De Facqz, Van Humbeeck (s. d.), der große Unterrichtsminister, Auguste Couvreur (s. d.), Fernand Cock genannt seien, traten nach der belgischen Verfassungsrevision von 1893, die das allgemeine Wahlrecht brachte, auch prominente Sozialisten, die sich früher zurückgehalten hatten, so Van de Velde, Camille Huysmans, La Fontaine (s. diese alle), Furnémont. In weltanschaulicher Hinsicht ging der Großorient von B. ähnliche Wege wie der Großorient von Frankreich, namentlich hinsichtlich des Symbols des A. B. A. W. und der Bibel, die ebenfalls hier aus dem Gesichtswinkel der reinen Gewissensfreiheit abgeschafft wurden. Nachdem nach der Gründung des Großorients alle Dokumente die Überschrift „A la Gloire du Gr.·. Arch.·. de l'Univers et sous la protection spéciale de Sa Majesté Leopold, Roi des Belges" aufgewiesen hatten, verschwand diese ohne formellen Beschluß in der Periode 1854—1856. Gelegentlich der Satzungsrevision 1871 erfolgte die offizielle Beseitigung der Formel. Neuestens geht allerdings von der Lütticher Loge, die mit dem eigenen Beispiel vorausgegangen ist, eine Bewegung aus, die bezüglich des Symbols des A. B. A. W. eine Rückkehr zu den Grundsätzen der Weltfreimaurerei propagiert.

Besonders starkes Gewicht wird in der belgischen Freimaurerei auf die Vertiefung der Ritualistik und Symbolik gelegt. Zwei Führer insbesondere haben sich ritualschöpferisch durch Vertiefung des sittlichen, mystischen und philosophischen Gehalts der Gradlehre besonders hervorgetan, Pierre Tempels und — namentlich für die Hochgrade des A. u. A. Schottischen Ritus — Graf Goblet d'Alviella (s. d.).

In den Tagen, da manche belgische Logen als solche Zentren des politischen Liberalismus waren, waren andere, die streng auf dem Boden der alten Landmarken (s. d.) standen und politische und religiöse Fragen von ihren Tempeln fernhalten wollten, zum Suprême Conseil von B. übergetreten. Sie kehrten dann im Laufe der Zeit zurück, und 1880 wurde ein Konkordat zwischen Großorient und Oberstem Rat abgeschlossen, das auch heute in Kraft ist. Diesem Freundschaftsvertrag zufolge unterstehen alle blauen Logen in B., mit wenigen Ausnahmen, denen das Recht eingeräumt wurde, auch weiterhin unter dem Obersten Rat zu arbeiten, der Obedienz des Grand Orient.

Die regen geistigen Interessen der belgischen Freimaurer finden auch darin ihren Ausdruck, daß dem Großorient der einzige bedeutende Literaturpreis zur Verfügung steht, den die Freimaurerei zu vergeben hat, der Prix Peeters-Baertsoen (s. d.), der alle zehn Jahre den bedeutendsten Werken auf dem Gebiete der freimaurerischen Literatur verliehen wird. Forscher der verschiedensten Länder sind unter seinen Trägern, wie denn überhaupt die Beschäftigung mit dem Wirken der ausländischen Maurerei, die Betätigung des freimaurerischen Universalismus stets im Vordergrund stand. Aus B. kam die Anregung zu internationalen Kongressen, die der Förderung des Friedensgedankens dienen sollten. 1894 fand ein solcher in Antwerpen statt; 1904 und 1910 folgten Tagungen in Brüssel. Der Weltkrieg änderte naturgemäß vieles; es dauerte geraume Zeit, bis so manche Erscheinung, die er im Gefolge gehabt hatte (s. auch Magnette), überwunden war, bis die Gefühle wieder ins normale Geleise gebracht waren. Dann aber bekundeten die belgischen Freimaurer, deren Großmeister Magnette und Engel (s. d.) seit der Gründung der A. M. I. (s. d.) besonders intensiv an deren Arbeit mitwirkten, ehrlichsten pazifischen Willen. Das kam u. a. auf dem Brüsseler Konvent der A. M. I. 1924 in einem ganz auf die Friedensmission abgestimmten feierlichen Ritual, noch mehr 1930 beim gleichen Anlaß in einer großen Friedensmanifestation zum Ausdruck.

1930 zählte der Großorient von B. in 25 Logen 4500 Mitglieder. Adresse: Rian. Nedgrot, 6, rue du Persil, Brüssel.

Belgisch-Kongo, belgische Kolonie in Zentral-Afrika. Unter dem Großorient von Belgien arbeitet eine Loge, die 1905 in Stanleyville gegründet wurde und ihren Sitz 1924 nach Kinshasa verlegt hat.

Belgrad (Beograd), Hauptstadt des Königreiches Jugoslawien. In B. bestanden bis 1914 drei Logen, „Sloga, Rad i Postojanstvo", gegr. 1883, „Pobratim" (1890), „Schumadia" (1910), die sich 1912 zu einem Verbande unter einem Suprême Conseil vereinigten. 1919 wurde die Großloge von Jugoslawien (s. d.) gegründet, der jetzt in B. selbst 7 Logen unterstehen. Adresse: Studenicka 46 a. Dort auch Sitz des Suprême Conseil des A. u. A. Schottischen Ritus.

Belgrader Manifestation 1926 vereinigte unter den Auspizien der A. M. I. auf Einladung der Großloge „Jugoslavia" Delegierte von 16 europäischen und zwei überseeischen Freimaurereien. Die Veranstaltung, die ein Redner als „Locarno der Freimaurerei" bezeichnete, hatte ausgesprochen pazifistischen Charakter. Sie fand ihren Niederschlag in einer Resolution, die u. a. den Wunsch ausdrückte, daß „die demokratischen und Freiheitsideen, die allein die Gerechtigkeit und gegenseitige Achtung sichern, zum führenden Moment des internationalen Verkehrs der emanzipierten Völker werden, die eins sind in dem Bestreben, die Wiederkehr von Katastrophen, die

die Schande der zivilisierten Welt sind, unmöglich zu machen". Andere Fragen wurden bei dieser Tagung nicht berührt. Bei diesem Anlaß wechselten zum erstenmal nach dem Weltkrieg ein französischer Freimaurerführer, Präsident Groussier vom G. O., und ein deutscher Freimaurer, Dr. Müsselmann, letzterer als Privatperson, ohne Auftrag einer Großbehörde, den Bruderkuß, ein Ereignis, das auch in der profanen Presse viel besprochen wurde.

Bell, Andrew, englischer Graveur, * 1726, † 1809, einer der ersten Herausgeber der Encyclopaedia Britannica, deren erste Ausgabe 1768 begonnen wurde und zu der B. zahlreiche Kupferplatten beisteuerte. B., 1793 nach dem Tode Farquhars Alleininhaber der dritten Ausgabe, war Mitglied der St. David Lodge 36 in Edinburgh.

Bellermann, Johann Joachim, deutscher Theologe und Kirchenhistoriker, * 1754, † 1842, Professor der Philosophie und Theologie an der Universität Erfurt, Direktor des Berliner Gymnasiums „Zum grauen Kloster", außerordentlicher Professor der Theologie an der Universität Berlin, Konsistorialrat, hat die Wiedereinführung des Gesangunterrichtes an den Schulen in Preußen durchgesetzt. Verfasser von: „Handbuch der biblischen Literatur" und „Bemerkungen über Rußland" (über die Musikverhältnisse in Rußland), schrieb auch Bücher über Münzenkunde, wurde 1778 in der Revaler Loge „Zur Bruderliebe" aufgenommen, war dann Mitbegründer der Erfurter Loge „Karl zu den drei Rädern" (Eklektischer Bund), in Berlin Mitglied der Loge „Zur Eintracht", Zugeordneter National-Großmeister (1828—1839), dann Ehren-Großmeister der „Großen National-Mutterloge zu den drei Weltkugeln".

Bellinzona. Bei einem Eisenbahnzusammenstoß in B. (unweit der schweizerisch-italienischen Grenze) kamen zahlreiche Personen, darunter auch der deutsche Staatsmann nationaler Richtung Karl Helfferich ums Leben. Die völkische Presse brachte den katastrophalen Eisenbahnunfall sofort mit einem „Attentate der Freimaurer", gegen Helfferich in Zusammenhang. Die fachtechnische Untersuchung hat ergeben, daß es sich um mangelhafte Sicherungsanlagen und unvorhergesehene Verspätungen handelte. Das Ausmaß der Katastrophe (Helfferich selbst verbrannte in einem deutschen Wagen) war nicht zuletzt dadurch bedingt, daß der deutsche Wagen noch mit Gas beleuchtet war.

Bellisoni, Carlo, Kardinal, * 1736 zu Pavia, † 1809, war 1776—1786 päpstlicher Nuntius in Köln. Er ist der eigentliche Urheber der Aachener Freimaurerverfolgung von 1779/80, wie er in einem Bericht an den Kardinalstaatssekretär Marchese Lazaro Opizio Pallavicino selbst hervorhebt. In seinem Briefwechsel mit dem Lütticher Fürstbischof Graf v. Welbrück, dem Aachen kirchlich unterstand, sowie mit dem Kardinalstaatssekretär nahm er sich der beiden Mönche Greinemann und Schuff an, die im Frühjahr 1779 die Aachener Freimaurer in Predigten maßlos angegriffen hatten, und suchte sie vor Strafe zu schützen. Fürstbischof Graf Welbrück, der selbst Freimaurer war, untersagte den Mönchen jedoch jedes weitere Auftreten gegen die Freimaurer und bestrafte sie.

Bencivenga, Roberto, italienischer General, gewesener Generalstabschef von Cadorna, mit der goldenen Tapferkeitsmedaille ausgezeichnet, nach dem Weltkrieg liberaler Publizist, Redakteur des von Amendola (s. d.) geleiteten „Mondo", 1924/25 Präsident der italienischen Journalisten-Assoziation, wurde in dieser Eigenschaft als Freimaurer aufs heftigste von der faschistischen Presse, vor allem „Roma Fascista", angegriffen. Als im September 1925 die „Idea Nazionale" ein apokryphes Zirkular des Großkommandeur Ettore Ferrari (s d.) veröffentlichte, das unerlaubte Beziehungen der italienischen Freimaurerei zum Ausland erweisen sollte, lud B. in Ausübung seines Präsidentenamtes den Leiter des Blattes wegen dieser Fälschung vor das Standesgericht. Der Beschuldigte lehnte aber ab, sich mit der Freimaurerei auseinanderzusetzen. Eine Generalversammlung der Assoziation wurde einberufen, konnte aber nicht abgehalten werden, da faschistische Milizen den Sitz der Vereinigung besetzten. Um „die Ordnung wiederherzustellen", setzte die Regierung die Leitung ab. B. wurde die Zielscheibe von Verfolgungen: 1927 wurde er seines Generalsranges verlustig erklärt und auf administrativem Wege nach der Deportationsinsel Ustica, 1929 nach Ponza verschickt.

Benedikt XIV., Lambertini Prosper, aus Bologna, Papst, gewählt 1740, der erste Träger der Tiara, der die preußische Königswürde anerkannte, erließ am 15. Mai 1751 die antifreimauerische Bulle „Providas". In einer 1752 in Nimwegen erschienenen Schrift „Lettres d'un Franc-Maçon de la Loge Saint-Louis de Nimègue" wurde behauptet, der Papst sei selbst einmal Freimaurer gewesen.

Benediktinerprofeß, Mönchsweihe bei den Benediktinern, weist Symbolhandlungen auf, deren Kern ins Ritual des Johannismeistergrades des Schwedischen Systems übernommen wurde. Die betreffenden Handlungen sind nicht ganz identisch, aber der Sinn, in dem sie vollzogen werden, ist der gleiche. „In beiden Brauchtümern steckt der uralte Heilsweg von der Buße über die Erleuchtung zur Vereinigung mit dem Göttlichen, jener Drang der Menschenseele zu Gott, der mit dem Sündenbekenntnis beginnt, aus dem die göttliche Erleuchtung sich erst entwickeln kann und die dann zur systematischen Vereinigung der Seele mit Gott führt". (Vergl. Klingelhöffer, „Die Mönchsweihe bei den Benediktinern und die Johannismeisterweihe in unserem Orden" im 35. Johannisheft, IX. 3) (S. a. Grablegung, Symbolische.)

Beneš, Eduard, Dr., Außenminister der Tschechoslowakischen Republik, * 1884, flüchtete zu Beginn des Weltkrieges ins Ausland und organisierte dort gemeinsam mit Masaryk den Widerstand der Tschechen gegen die österreichische Monarchie. Nach dem Waffenstillstand vertrat er die Interessen seiner Nation vor der Friedenskonferenz in Versailles und kehrte mit Masaryk als Begründer des tschechoslowakischen Staates heim. B. ist nach dem Kriege Freimaurer geworden und gehört der Prager tschechischen Loge „Pravda vítězí" an. Ein Vortrag, den er in deutscher Sprache in der Prager deutschen Loge „Harmonie" hielt, hat um so größeres Aufsehen erregt, als B. deswegen von extrem nationalistischen tschechischen und klerikalen Blättern heftigst angegriffen wurde.

Bengalen, engl. **Bengal,** britische Provinz in Indien. Bereits 1728 wurde mit Ermächtigung des englischen Großmeisters Lord Kingston von George Pomfret eine Loge in Port Williams errichtet, die dritte Auslandsloge in den Registern der Großloge von England überhaupt. Wenn sie auch keine beträchtliche Tätigkeit entfaltete, spricht ihre Errichtung doch ganz besonders für die rasche Wanderung der Logen mit den Übersee-Engländern, die die ihnen lieb gewordenen Heimatsitten auch in der Fremde nicht missen wollten. So ist die indische Halbinsel offiziell von England früher der Freimaurerei erschlossen worden als der europäische Kontinent. Das eigentliche Logenleben erwachte dann 1740 mit der Gründung der Loge „Star in the East" (jetzt Nr. 67) in Kalkutta. Die heutige Distrikts-Großloge von B. unter der Großloge von England zählte 1930 81 Logen, davon 25 in Kalkutta, andere in Allahabad, Benares, Cawnpore, Darjeeling, Fyzabad, Lucknow, und vielen anderen Orten. Adr.: Freemasons' Hall, 19, Park street, Calcutta. Zahlreiche Logen unterstehen auch der schottischen Provinzial-Großloge in Bombay, sechs Bauhütten in Kalkutta der Großloge von Irland.

Benjamin heißt in den Logen der letztaufgenommene Lehrling, mit Beziehung auf Jakobs jüngsten Sohn.

Benkendorf, Alexander, Graf, russischer General, * 1783, † 1844, intimster Freund und Vertrauter Alexander I., unter Nikolaus I. Chef der Gendarmerie, war Mitglied der Petersburger Loge „Les Amis Réunis".

Bennet, Floyd, der amerikanische Flieger, zog sich 1928 auf einem Flug, der den nahe der amerikanischen Küste auf einer Insel niedergegangenen deutschen Transozeanfliegern Köhl, Hünefeldt und Fitzmaurice bei fürchterlichem Wetter Hilfe bringen sollte, eine tödliche Erkältung zu, war Freimaurer.

Bennett, Sir John R., Hochkommissär von Neufundland, * 1866, Industrieller, 1914 Ministerpräsident, 1917 Kriegsminister, 1924—1928 Kolonialminister von Neufundland, ist seit 1923 Distrikts-Großmeister der Distrikts-Großloge von Neufundland.

Benoit, Peter Léonard Léopold, belgischer Komponist, * 1834, † 1901, Direktor des Königlichen Konservatoriums in Antwerpen, Führer der flämischen Musikschule. Komponist zahlreicher Opern („Charlotte Corday" usw.) und Chorwerke (Rubenskantate usw.), auch als Musikschriftsteller bedeutend, war Freimaurer.

Benoit, Pierre, französischer Romanschriftsteller, Mitglied der Académie française, nicht Freimaurer, läßt in „Pour Don Carlos", die berühmten französischen Freimaurer Littré und Jules Ferry (s. beide) am 13. Dezember 1875 dem Tribunen Léon Gambetta eine politische Adresse einer Loge des Grand Orient de France überbringen. Die Darstellung ist mindestens in bezug auf Littré unrichtig.

Béranger, Pierre Jean, de, französischer Liederdichter, * 1780, † 1857, der Meister des französischen Chansons, war Freimaurer. Seine flammenden Verse „Heilige Allianz der Völker" enthalten den freimaurerischen Verbrüderungsgedanken in reinster Form.

Bergeron, Emile, französischer Publizist, Lehrer in Paris, gewesener Sekretär der „Démocratie nouvelle", 1924 Gründer des antifreimaurerischen Wochenblattes „Le Réveil Français" und der gleichnamigen Organisation, Wanderredner gegen die Freimaurerei.

Berggreen, Andreas Peter, dänischer Komponist, * 1801, † 1880, schrieb die Oper „Billedet og busten", Begleitmusik zu mehreren Dramen von Ohlenschläger, besonders bekannt durch seine elfbändige Sammlung der Volkslieder aller Nationen: „Folkevisor, Folkesange og Melodier", auch als Musikschriftsteller tätig, war Freimaurer.

Bergquist, Olaf, schwedischer Bischof, * 1862, ist führendes Mitglied der Großloge von Schweden.

Berlin, als Sitz der drei Altpreußischen Großlogen und zahlreicher Logen der anderen deutschen Systeme, eine der größten freimaurerischen Zentralen auf dem europäischen Kontinent. Derzeit bestehen:

Große National-Mutterloge „Zu den drei Weltkugeln", Berlin S 14, Splittgerbergasse 5, gegr. 1740.

Große Landesloge der Freimaurer von Deutschland, W 30, Eisenacher Straße 12, gegr. 1770.

Große Loge von Preußen, genannt „Zur Freundschaft" (früher „Royal York zur Freundschaft" genannt), NW 7, Dorotheenstraße 21, gegr. 1798.

1930 Verteilung nach Großlogen für Großberlin: Drei Weltkugeln: 21, Große Landesloge: 15, Preußen: 11, Hamburg: 7, Frankfurt 2, Bayreuth: 2, Sachsen und Deutsche Bruderkette je eine.

Die Hamburger Logen arbeiten im eigenen Logenhause: B.-Wilmersdorf, Emser Straße Nr. 12/13, die Frankfurter im Logenhause: W 15, Joachimsthaler Straße 13.

Geschichtliche Entwicklung:

1739 Loge unter Friedrich d. Gr. ohne Namen; aus ihr ging hervor

1740 Loge „Aux trois Globes", die 1743 abwechselnd deutsch und französisch arbeitet.

1744 Die obige Loge nimmt den Namen „Große Königliche Mutterloge zu den drei Weltkugeln" an (seit 1772 Große National-Mutterloge der Preußischen Staaten).

1755 Gründung der Loge „La petite Concorde", die sich später „Zur Eintracht" nennt.

1758 Französische Kriegsgefangene gründen die Loge „La Fidélité".

1760 Französische Freimaurer gründen die Loge „Aux trois Colombes“, die
1761 den Namen „L'Amitié“ annimmt und sich ab 1765 „Royal York de l'Amitié“ nennt.
1760 Gründung eines Clermontschen Kapitels.
1761 Schottenloge „L'Harmonie“, die sich mit der Schottenloge „L'Union“
1767 unter dem Namen „Friedrich zum goldenen Löwen“ vereinigt und zur Strikten Observanz übertritt. B. führt in dieser den Namen Templin, Gründung des Systems der Afrikanischen Bauherren (bis 1775).
1770 Zinnendorf begründet das System der Großen Landesloge.
1779 Die Große National-Mutterloge „Zu den drei Weltkugeln“ sagt sich von der Strikten Observanz los.
1798 Die Loge „Royal York“ erklärt sich als Großloge. Am 20. Oktober Edikt Friedrich Wilhelms III. betreffend die Unterdrückung geheimer Verbindungen in Preußen. Die drei Berliner Großlogen werden hierbei als vaterländische Logen ausdrücklich von dem Verbot ausgenommen.
1810 Die drei altpreußischen Großlogen gründen einen Großmeisterverein, der 1839 erneuert wird.
1840 Aufnahme des Prinzen Wilhelm von Preußen, später Kaiser Wilhelm I., im Hause der Großen Landesloge.
1853 Aufnahme des Prinzen Friedrich Wilhelm von Preußen, später Kaiser Friedrich III.
1861 In dem B. benachbarten Potsdam wird der Verein deutscher Freimaurer gegründet.
1868 Deutscher Großmeistertag in B., der Vorläufer des Deutschen Großlogenbundes.
1872 Gründung des Deutschen Großlogenbundes.
1892 Der aus der Großloge „Royal York“ ausgetretene Großmeister Settegast gründet die Großloge „Kaiser Friedrich zur Bundestreue“; die Aufhebung des die Ausübung der Maurerei in Preußen den drei Berliner Großlogen vorbehaltenden Ediktes von 1798 wird gerichtlich durchgesetzt. Die neue Großloge löst sich 1900 auf und wird Provinzial-Großloge der Großen Loge von Hamburg in Berlin.
1893 und folgende. Nach Aufhebung des Ediktes gründen die humanitären deutschen Großlogen Logen ihrer Systeme in B.
1923 Auflösung der Provinzial-Großloge von Hamburg.
1930 Einführung des Alten und Angenommenen Schottischen Ritus durch Gründung eines Obersten Rates. Gründung der Symbolischen Großloge von Deutschland, Die Große Landesloge der Freimaurer von Deutschland erklärt sich als Deutschchristlicher Orden.

Bermudas, britische Inselgruppe im Atlantischen Ozean, Flottenstation. Es arbeiten dort vier Logen unter englischer, zwei unter schottischer und drei unter irischer Obedienz.

Bern, Bundesstadt der Schweiz:

1744 Untersuchung gegen die Logen im bernischen Untertanenland Waadt.
1745 Verbot der Freimaurerei.
1746 Erscheinen der Abwehrschrift „Le Franc-Maçon dans la République“ usw.
1798—1803 Berner Offiziere gründen Logen von kurzem Bestand.
1803 Gründung der Loge „Espérance“ (später „Zur Hoffnung“).
1804 Sie wird vom Grand Orient de France bestätigt.
1809 Einweihung des eigenen Logengebäudes. Einführung der deutschen Logensprache.
1813 Leopold v. Sachsen-Koburg, später König Leopold I. der Belgier, wird in die Loge aufgenommen.
1818 Übertritt zur Großloge von England.
1819 Einsetzung als englische Provinzial-Großloge unter Peter Ludwig von Tavel als erstem Provinzial-Großmeister. Rundschreiben betreffs Gründung eines Schweizerischen Logenverbandes.
1822 Zusammenschluß mit dem Grand Orient National Helvétique zur „Großen Nationalloge im englischen System in der Schweiz“.
1827—1836 Wiederholte neuerliche Bemühungen, die Logen des Rektifizierten Schottischen Ritus für den Gedanken einer schweizerischen Einheitsgroßloge zu gewinnen.
1844 Die Loge nimmt an der Gründung der Großloge „Alpina“ teil. Auflösung der Großen Nationalloge.
1848 Die Loge verlangt die Zulassung von Juden seitens aller Logen, was aber erst 1867 von der Großloge beschlossen wurde.
1899 Einweihung des neuen Logenhauses an der Bogenschützenstraße.
1930 Die neugeschaffene Zentralkanzlei der Großloge „Alpina“ nimmt im Berner Logenhaus ihre Tätigkeit auf.

Bernadotte, Jean-Baptiste, Fürst von Pontecorvo, * 1763, Marschall von Frankreich, zeichnete sich in den Feldzügen der Revolution und des ersten Kaiserreiches aus, 1806 Sieger über Blücher in der Schlacht bei Lübeck, wandte sich dann, vom König von Schweden, Karl XIII., adoptiert, gegen Frankreich und bestieg 1818 als Karl XIV. (Johann) den schwedischen Thron. B. wurde in Frankreich in den Bund aufgenommen und war dann als Kronprinz schwedischer Landes-Großmeister, später als König Ordensmeister bis zu seinem Tode 1844 (s. Schweden, Königshaus).

Bernardin, Charles, hervorragender französischer Pazifist und Richter, * 1860, aufgenommen 1892, wiederholt Mitglied des Ordensrates des Großorients von Frankreich, Würdenträger des Grand Collège des Rites, der Obersten Ritualinstanz, 1906/07 Begründer des Komitees für internationale Freimaurermanifestationen mit dem Hauptzweck der Förderung der deutsch-französischen Annäherung, deren leidenschaftlicher, tatkräftiger Pionier B. bis auf den heutigen Tag ist.

Bernewitz, Johann Heinrich Carl

von, Generalleutnant und Kommandant von Braunschweig, * 1754, † 1821, ging als Fähnrich mit Riedesel (s. d.), dem Befehlshaber des vom Herzog Carl von Braunschweig für den amerikanischen Krieg an den König von England verkauften Expeditionskorps nach Quebec, wurde nach der Kapitulation von Saratoga in der von gleich ihm gefangenen englischen Offizieren gegründeten irischen „Loge Nr. 63" im Barackenlager Charlotteville aufgenommen, war 1788 Mitglied der Maastrichter Loge „La Constance", dann in Braunschweig der Loge „Carl zur gekrönten Säule", 1806—1809 deren Meister vom Stuhl.

Berry, Charles Ferdinand de Bourbon, Herzog, * 1778, † 1820, Sohn des Grafen Artois, des nachmaligen Karl X., diente während der Emigration in der Condé-Armee, wirkte in England für die Restauration der Bourbonen, Generalstabschef der Armee, die Napoleon hätte vertreiben sollen, war nach der Restauration der Bourbonen Großmeister des Großorients, wurde mit freimaurerischen Ehren begraben. (Alessandro Luzio, „La Massoneria e il Risorgimento Italiano".)

Berryer, Pierre Antoine, französischer Rechtsanwalt und berühmter Redner, * 1790, † 1868, obwohl überzeugter Royalist und Katholik, verteidigte er nach der zweiten Restauration deren Opfer (mit seinem Vater den Marschall Ney), erwirkte den Freispruch des angeklagten Generals Cambronne, trat für Preßfreiheit ein, wurde wegen seines Buches „De la religion considérée dans ses rapports avec l'Ordre politique et civil" 1830 Abgeordneter, lehnte das ihm von Polignac angebotene Ministerportefeuille ab, nach der Julirevolution der einzige Legitimist im Parlament, 1832 wegen „royalistischer Umtriebe" angeklagt, jedoch freigesprochen, Verteidiger Chateaubriands, 1848 Mitglied der Nationalversammlung, trat gegen die Präsidentschaft von Louis Napoléon auf 1863 wieder Abgeordneter. Sein Andenken ehrt ein aus dem Ergebnis einer öffentlichen Sammlung errichtetes Monument in Marseille. B. war Freimaurer. (Lebey, „Aperçu historique ...", 1925.)

Bert, Paul, französischer Staatsmann und bedeutender Psychologe, * 1832, † 1886, 1870 Präfekt, trat als Abgeordneter für den obligatorischen und kostenlosen Normalschulunterricht ein, Unterrichtsminister im Kabinett Gambetta, 1881/82, Gouverneur von Annam und Tongking, Mitglied der Akademie der Wissenschaften, Verfasser bedeutender phychologischer Fachwerke, war Freimaurer.

Berteaux, Henri Maurice, französischer Politiker, * 1852, † 1911, seit 1893 radikaler Abgeordneter, wiederholt Kriegsminister, bei einem Unglück auf dem Flugplatz Issy-les-Moulineaux getötet, war Mitglied einer Loge der „Grande Loge de France". Eine Loge in St.-Germain en Laye trägt seinen Namen.

Bertani, Agostino, Garibaldiner und italienischer Staatsmann, * 1811, † 1886. Führer der republikanischen Partei, der mit Garibaldi den „Zug der Tausend" vorbereitete. Von Beruf Arzt, trat er als politischer Schriftsteller hervor. Er gehörte der römischen Loge „Propaganda Massonica" an.

Bertuch, Friedrich Justin, Sekretär des Großherzogs Karl August von Weimar, * 1747, † 1822, aufgenommen in die Loge „Amalia" in Weimar 1776 und mit deren Schicksalen engst verbunden. Er beantragte in der Zeit der maurerischen Verwirrung die vorübergehende Schließung der Loge, wurde nach deren Wiedereröffnung 1808 Meister vom Stuhl und nahm u. a. Wieland auf. 1813 gab er eine Anthologie freimaurerischer Lieder und Gesänge heraus („Gesänge für Freimaurer zum Gebrauche aller Teutschen Logen").

Berufe. In der Freimaurerei sind nach Art ihres Aufbaues alle bürgerlichen Berufe vertreten. Eine gewisse Klassenschichtung zeigt die deutschsprachige Freimaurerei, weil nach Art der Auffassung der freimaurerischen Arbeit hier eine zur Erfassung der geistigen Arbeit notwendige Bildung vorausgesetzt wird. In der amerikanischen Freimaurerei werden diese Anforderungen nicht gestellt, weil dort der Gedanke einer brüderlichen Vereinigung ohne weiteren Bildungszweck im Vordergrund steht. Eine Übersicht über die in den Logen vertretenen Berufe ist eigentlich noch nirgends angestellt worden, obzwar gerade eine derart aufgebaute Statistik mancherlei Aufschlüsse verspricht. Dagegen wurde in Deutschland versucht, die Lebensberufe der leitenden Freimaurer, Stuhlmeister, festzustellen. Es zeigt sich hierbei, daß in den leitenden Stellen besonders Lehrpersonen und Ärzte tätig sind. Zeitströmungen haben auf die Zusammensetzung der Logen mitbestimmenden Anteil. Aus ihnen ist es zu erklären, daß z. B. in den Jahren nach dem Weltkrieg in Deutschland der Zugang an akademischen Lehrpersonen sowie an Offizieren bedeutend zurückgegangen ist.

Berufsgruppenvereinigungen in Logen. Während in den europäisch-kontinentalen Logen eine Auslese von einzelnen Berufsgruppen zu Logenbildungen abgelehnt wird, weil man sich gerade aus der Zusammenarbeit beruflich unterschiedener Menschen eine Erfüllung des Logenzweckes verspricht, liebt es der Angelsachse, auch in der Loge mit Leuten seines Berufes beisammen zu sein. Daher gibt es Ärzte- und Advokatenlogen, Polizei- und Feuerwehrlogen, Logen der Lederhändler und der Chemiker. Dies ist in den angelsächsischen Ländern um so leichter möglich, als der Einzelbruder gewöhnlich mehreren Logen angehört, also jederzeit die Möglichkeit hat, auch aus seiner Berufsgruppe herauszutreten. Eine eigenartige Loge dieser Art ist eine Londoner Loge, die sich Radiumloge nennt. Ihre Mitglieder sind zumeist Chemiker, die sich mit strahlenden Elementen beschäftigen. Daher trägt auch der Meister vom Stuhl dieser Loge eine Halskette, in die die kleinsten Mengen von Radium eingeschlossen sind (s. auch Class Lodges).

Besant, Sir Walter, englischer Schulmann und Schriftsteller, Sekretär des Palestine Exploration Fund und Begründer der Incorporated Society of Authors, der ersten englischen Gesellschaft zum Schutze der Autorenrechte, * 1836, † 1901, war mit Rylands,

Gould und Sir Charles Warren der eigentliche Begründer der Quatuor Coronati Lodge in London, der er sich eifrigst widmete. Er war 1862 während seiner Lehrtätigkeit auf Mauritius in die Harmony Port Louis Lodge aufgenommen.

Bessonies, De, Abbé (Pseudonym: Soulacroix, Gabriel), * 1860, † 1913, einer der bedeutendsten Bekämpfer der Freimaurerei in Frankreich, war Leiter der antifreimaurerischen Zeitschrift „La Franc-Maçonnerie Démasquée", zusammen mit dem ausgeschiedenen stellvertretenden Sekretär des Grand Orient de France, Bidegain, Haupturheber der Fiches-Affäre 1904 (s. d.) und ein leidenschaftlicher Bekenner zu der nicht existierenden „Teufelstochter" und „Freimaurerin" Diana Vaughan (s. Taxil). B. unterhielt einen Stab von Mitarbeitern, denen die Beschaffung und Katalogisierung der Namen von Freimaurern zur Aufgabe gemacht wurde. In ungemein mühevoller, in alle möglichen Kanäle führender Maulwurfsarbeit trug er auf diese Weise 30.000 Namen zusammen, die 1908 als „Répertoire Maçonnique" (s. d.) veröffentlicht wurden.

Besuchende Brüder (s. auch Gastrecht, Freimaurerisches). Je nach den lokalen Bestimmungen über das Gastrecht, das durchaus nicht einheitlich geregelt ist, werden reguläre Freimaurer zum Besuche bei anderen Logen zugelassen. Besuchende Brr., die bei einer fremden Loge anklopfen, müssen den Nachweis erbringen, daß sie im Vollbesitze ihrer maurerischen Rechte sind (in good standing). Dazu gehören: die Kenntnis der freimaurerischen Erkennungszeichen des angegebenen Grades, maurerische Ausweispapiere (Logenpaß, s. d.) und die Bestätigung, daß sie tatsächlich noch dem Freimaurerbunde angehören. Hierzu wird meist eine Mitgliedskarte mit der Bestätigung des letzten Logenbeitrages angefordert. Diese Vorsichtsmaßregeln dienen ausschließlich dem Zwecke, die Logen von unerwünschten Besuchern, Logenbettlern und Nichtbefugten freizuhalten. In vielen Logen wird daher der Besucher einer Prüfung unterzogen, die in Amerika obligatorisch ist (s. Tilers Oath). Oder es müssen in Amerika u. a. O. zwei Brr. der Loge die Bürgschaft für den Besucher übernehmen. Der B. B. wird nach erfolgter Prüfung zur Arbeit zugelassen, wird als Gast besonders begrüßt, hat aber in der Regel in der Loge, deren Logenordnung er für die Dauer der Arbeit unbedingt unterstellt ist, keinerlei Rechte. Er darf sich daher an Beschlüssen usw. nicht beteiligen, hat auch nicht das Recht, Anträge zu stellen. Das Wort ergreifen darf er nur über ausdrückliche Erlaubnis des hammerführenden Meisters. In manchen romanischen Logen allerdings können die B. B. auch bei einmaligem Besuch an Kugelungen usw. teilnehmen. Die Zulassung zum Logenbesuch wird besonders in den angelsächsischen Logen vom Bestehen eines Anerkennungsverhältnisses abhängig gemacht. Im allgemeinen hat ein Br. einer Großloge in allen Logen seiner Obedienz Zutritt. Jedoch kennt die englische Verfassung auch hier Ausnahmen.

Ständig besuchende Brüder nennt man Mitglieder meist ortsfremder Logen, die sich einer Loge zu ständigem Besuche anschließen und gewisse Mitgliedsrechte erlangen. Sie haben gewöhnlich weder aktives noch passives Wahlrecht, tragen aber durch einen Mitgliedsbeitrag zu den Bedürfnissen der Loge bei. Inwieweit sie zu den Beratungen der Loge zugezogen werden können, ist von der Verfassung der betreffenden Großloge abhängig. Ständig Besuchende verbleiben bezüglich der maurerischen Gerichtsbarkeit ihrer Mutterloge unterstellt, die auch in jedem einzelnen Falle die Genehmigung zum Eintritt als ständig besuchender Br. in einer fremden Loge zu geben hat.

Bésuchet, Jean Claude, Dr., fruchtbarer freimaurerischer französischer Schriftsteller. Von ihm: „Choix de discours" etc. (1829). „Franche-Maçonnerie" in der Encyclopédie moderne von Courtin (1828). Dissertation préliminaire sur l'origine de la Franc-Maçonnerie (1829) und des zweibändigen „Précis historique de la Franc-Maçonnerie depuis son introduction en France jusqu'en 1829".

Bethlen, Grafen v., eines der ältesten ungarischen Adelsgeschlechter, das in der zweiten Hälfte des 18. Jahrhunderts in der Freimaurerei stark vertreten war. Allein die Matrikel der Loge „St. Andreas zu den drei Seeblättern" in Hermannstadt verzeichnet von 1780—1790 sechs Grafen B. als Mitglieder: Ladislaus, Gregorius, Adam, Alexander, Franziskus und Nikolaus. Auch in der Wiener Loge „Zu den drei Kanonen" kam der Name B. vor.

Bethmann-Hollweg, Theobald von, deutscher Reichskanzler (1900—1917), wird von Ludendorff im 2. Teil seiner „Vernichtung der Freimaurerei" usw. (1928) als „Br." bezeichnet. Die Behauptung ist falsch. Der Umstand, daß die Politik von B.-H. Ludendorff nicht paßte, berechtigt nicht dazu, ihn Freimaurer zu nennen.

Bettelei, Logenbettler. Der Ruf der Hilfsbereitschaft, in dem die Freimaurer stehen, hat eine eigene Bettlergilde gezüchtet, die auf die Sentimentalität der Freimaurer spekuliert. Es gibt wohl keinen Freimaurer, der nicht gelegentlich einem derartigen, meist sehr schlauen Bettler oder Betrüger zum Opfer fällt. Es handelt sich meist um Leute, die irgendwie die Kenntnis freimaurerischer Erkennungszeichen erlangt haben oder um gewesene, aus dem Bunde ausgeschlossene Freimaurer. Sie berufen sich meist darauf, daß sie ihr Gepäck, Geldtasche usw. verloren haben oder daß sie wegen politischer Umtriebe flüchten mußten. Trotz Veröffentlichung des Namens dieser Schwindler in den Freimaurerzeitungen blüht ihr Weizen noch immer. Es gibt gegen sie nur einen Schutz: ihnen einen möglichst kleinen Geldbetrag einzuhändigen, damit ja nicht einmal ein Unschuldiger von falschem Verdachte betroffen werde, und eine ausgiebigere Hilfe erst dann in Aussicht zu stellen, wenn bei ihrer angeblichen Loge telegraphisch Auskunft eingeholt worden ist. In den meisten Fällen wird man zum Mißtrauen um so berechtigter sein, als der wirkliche Freimaurer, dem seine Brieftasche gestohlen wird, sich mit seinen Angehörigen oder seiner Mutterloge selbst ins Einvernehmen zu setzen pflegt. Besonders gewarnt sei vor „politischen Flüchtlingen", deren Romane zumeist am leichtesten zu durchschauen sind. Ebenso vorsichtig sei man mit sogenannten Logenpässen aus kleinen Überseestaaten, die meist gefälscht sind. Ein sogenannter Freimaurer, der sich in einem kleinen europäischen, von der Hauptstrecke abseits liegenden Städtchen mit einem Logenpaß, z. B. aus Haiti ausweist, ist immer ein Professionsbettler!

Beurnonville, Pierre de, Marquis, Marschall von Frankreich und Staatsminister während der Restauration * 1752, † 1821, war nach dem Sturz Napoleons, durch den sich die Großmeisterschaft von Joseph Bonaparte erledigte, zusammen mit dem Marschall Macdonald und General Timbrune, Groß-Konservator des Grand Orient de France, später schloß er sich auch dem Suprême Conseil de France an. Er war ein sehr eifriges Mitglied des Freimaurerbundes, aber auch sehr streng in der Überwachung der Ordnung. Von ihm stammt das Wort: „Nehmen Sie in den Orden nur denjenigen auf, der Ihnen die Hand geben kann, nicht aber den, welcher sie nach Ihnen ausstreckt."

Beweggründe. Die Frage nach den Beweggründen zum Beitritt wird jedem Suchenden gestellt und muß von ihm eindeutig beantwortet werden. Verlangt wird, daß der Suchende aus eigenem freien Entschluß den Wunsch äußert, Freimaurer zu werden. Werbung für den Freimaurerbund ist allgemein verboten. Daher im englischen Ritual die folgende Fragestellung in der Loge: „Erklären Sie ernsthaft und auf Ihr Wort, daß Sie frei von unzulässiger Beeinflussung durch Freunde, von Ihrer eigenen Neigung geleitet, und unbeeinflußt von irgendeinem geschäftlichen oder anderen unwürdigen Grunde, frei und freiwillig sich selbst als Kandidaten stellen?" Die zweite Frage lautet: „Geben Sie zu, daß Sie veranlaßt werden, durch eine günstige, vorher gefaßte Meinung über die Institution, daß Sie Kenntnisse erlangen wollen und den Wunsch haben, sich durch die Aufnahme inniger in den Dienst an Ihren Mitmenschen stellen zu können?" Die Beweggründe werden in einem Schreiben an die Loge klargelegt. Eines der bekanntesten Schreiben dieser Art ist das Aufnahmegesuch Goethes, das er am 13. Februar 1780 an den Geheimrat v. Fritsch richtete. Goethe schreibt: „Schon lange hatte ich einige Veranlassung zu wünschen, daß ich mit zur Gesellschaft der Freimaurer gehören möchte... Es hat mir nur an diesem Titel gefehlt, um mit Personen, die ich schätzen lernte, in nähere Verbindung zu treten — und dieses gesellige Gefühl ist es allein, was mich um die Aufnahme nachsuchen läßt." — Die meisten Großlogen geben Aufklärungsschriften für Suchende heraus, die dem Suchenden klarlegen, was er im Bunde erwarten darf. Insbesondere wird in allen diesen Schriften auseinandergesetzt, daß politische, religiöse Sonderbestrebungen sowie persönliche Interessen geschäftlicher Natur keinerlei Förderung zu erwarten haben.

Beyer, Bernhard, Dr., Nervenarzt in Bayreuth, Sanatorium Herzogshöhe, * 1879, Mitglied der Loge „Eleusis zur Verschwiegenheit" seit 1910, übernahm das von Georg Niehrenheim begründete Großlogenmuseum der Großloge „Zur Sonne" von Bayreuth, das seine Entwicklung und Neuordnung ihm in erster Linie verdankt. Unterstützt von seiner Gattin, brachte er auch die reichen Bücherbestände der Loge in mustergültige Ordnung. Die ständige Beschäftigung mit freimaurerischen Altertümern zeitigte aufschlußreiche Arbeiten, besonders über das System der Gold- und Rosenkreuzer und der magischen Freimaurerei des 18. Jahrhunderts, die in der von ihm veranlaßten Zeitschrift „Das Freimaurermuseum" erschienen. Besondere Verdienste erwarb er sich durch die Weiterführung der Bibliographie von Wolfstieg, deren ersten Ergänzungsband er zusammenstellte. B., seit 1913 Großbeamter, derzeit Zugeordneter Großmeister seiner Großloge, ist heute einer der besten Kenner der Freimaurergeschichte und Musealkunde. Aus seiner Feder stammen zahlreiche Aufsätze, zumeist in den Mitteilungen der Großloge „Zur Sonne" und in der Zeitschrift „Latomia".

Beyer-Boppard, Konrad, Prof. Dr., Hofrat, Schriftsteller, Literaturhistoriker und Philosoph, Ehrenmitglied der Akademie für Wissenschaften in Erfurt und Meister des freien deutschen Hochstifts zu Frankfurt a. M., * 1834, † 1906, Schwiegersohn Friedrich Rückerts, über welchen er vierzehn Werke schrieb, Verfasser von Büchern über indische und iranische Sagen, Ludwig Feuerbach, Deutsche Poetik, Deutsche Literaturgeschichte, war Mitglied der Loge „Karl zum Rautenkranz" in Hildburghausen; er veröffentlichte mehrere freimaurerische Schriften, u. a. „Geist der Lehrlingsaufnahme".

Beyle, Henri, s. Stendhal.

Bibel, frz. Bible, im engl.-freimaurerischen Sprachgebrauch Volume of the Sacred Law (seltener Holy Bible), ist, wie die auf ihr vereinigten Symbole Zirkel und Winkelmaß, eines der Großen Lichter der Freimaurerei (s. d.). Sie liegt auf dem Altar entweder geschlossen oder, wie in englischen und amerikanischen Logen, aufgeschlagen (im I. Grad Psalmen 133, Vers 1, im II. Grad Amos, Kap. 7, Vers 7 bis 8, im III. Grad Prediger Salomo, Kap. 12, Vers 1 bis 7; in vielen Logen Ev. Joh., Kap. 1). Die B. ist ein uralter Bestandteil der Tempelausstattung. Sie wird im Inventar der Londoner Acceptance 1663 erwähnt. In den alten Logenmanuskripten des 16. Jahrhunderts wird die Verpflichtung des Neuaufgenommenen ausdrücklich in die Formel gekleidet: „so helpe me god and holydome and by this book." Ebenso in der ersten gedruckten Konstitution von Roberts (1722): „So helfe mir Gott und der wahre und heilige Inhalt dieses Buches." Die von Gegnern des Bibelbrauches in den Logen immer wieder vertretene Meinung, die B. sei erst später (nach 1723) in Gebrauch genommen worden, ist daher irrig. War also die B. ursprünglich das heilige Dokument, auf das die Logeneide abgenommen wurden, so hat sich ihre Bedeutung späterhin verschoben. Die B. hat in den heutigen Freimaurerlogen keinerlei dogmatische, sondern ausschließlich symbolische Bedeutung, wobei es dem einzelnen vollkommen freigestellt ist, in ihr das heilige, religiös verpflichtende Buch oder die auf jahrhundertelanger Entwicklung begründete, allgemein verpflichtende Sittenlehre, also ein ethisches Dokument, zu erblicken. Daß in der B., ihrer Entstehung nach, zahlreiche Erzählungen, Legenden und Fabeln enthalten sind, die der heutigen Sittenlehre nicht mehr voll entsprechen, kann den Wert dieses seit Jahrhunderten vielen Millionen heiligen Buches in keiner Weise herabsetzen. Die Weltfreimaurerei hat sich mit einer einzigen Ausnahme auf die Grundlage der B., der ja auch viele Bestandteile der freimaurerischen Symbolik entnommen sind, geeinigt. In den heutigen Freimaurerlogen sitzen neben zahlreichen, religiös zutiefst Gläubigen manche Rationalisten und Freigläubige. Beiden hat das Buch in seiner symbolischen Deutung viel zu geben. Die Bestrebungen, die B. aus der Loge zu entfernen, weil sie angeblich zu eindeutig dogmatisch verpflichte, haben daher nie dauernden Bestand gehabt.

In Frankreich wurde 1877 vom Grand Orient de France gleichzeitig mit der Streichung des A. B. a. W. aus der Verfassung und den Ritualen auch die B. abgeschafft. Das hat zu einem Bruche mit der angelsächsischen Freimaurerei geführt, der auch heute noch besteht. In Logen der Großloge von Bayreuth wurde das sogenannte Freiburger Ritual eingeführt, das an Stelle der B. das Weiße Buch (s. d.) auflegte, ein Buch mit leeren Blättern, das auf seiner ersten Seite den Namen Gottes trug. Ebenso hatten einige Schweizer Logen die B. nicht aufliegen. In dem auf monistischer Basis gegründeten „Freimaurerbund zur aufgehenden Sonne" hielt man am Buchsymbol wohl fest, legte jedoch ein wissenschaftliches Werk auf den Altar. In der Loge „Humanitati" in Hannover lag ein Buch auf, dessen erste Seite die Widmung „dem Unerforschlichen" trug und in dem Weisheitssprüche aller Religionen eingeschlossen waren. In letzter Zeit ist man aber in den Großlogen „Zur Sonne" (Bayreuth) und „Alpina" (Schweiz) darangegangen, alle diese mehr weniger glücklichen Varianten zu beseitigen und zur Einheitlichkeit zurückzukehren. 1929 brach die Große Landesloge von Deutschland plötzlich den Verkehr mit der Bayreuther Großloge ab. Als Grund wurde hierbei auch das Fehlen der B. in einzelnen Logen dieser Großloge angegeben, ein Zustand, der in der Großen Landesloge seit vielen Jahren bekannt gewesen war. Dieser Konflikt, der im Wesen andere Motive hatte, wurde beigelegt. Die Schweizer Großloge „Alpina" beschloß anläßlich ihrer Jahresversammlung 1931, daß auf dem Altare der Großloge die geöffnete B. zu liegen habe. Den Bundeslogen wurde der gleiche Vorgang empfohlen. Dagegen legt wie der Großorient von Frankreich, der Großorient von Belgien die Heilige Schrift bei seinen Arbeiten nicht aus.

In den acht Grundsätzen, die seitens der Großloge von England 1928 als Grundlagen für die Anerkennung beschlossen wurden, findet sich auch die Forderung, daß die B. auf dem Altar aufliegen muß.

In den amerikanischen Logen erhält der Neuaufgenommene von der Loge ein Exemplar der B. eingehändigt. In einzelnen Logen wird mit der B. ein Kultus getrieben, der sich von den Grundlagen der Freimaurerei ebensoweit entfernt, wie die Beseitigung der B. oder deren Ersatz durch daß Weiße Buch usw. Die B. in der Freimaurerloge soll etwas undogmatisch Verbindendes sein. Das wird von den beiden extremen Flügeln der Freimaurerei, dem pietistischen und dem rationalistischen, leider noch immer nicht genügend verstanden.

In Logen, die sich ausschließlich aus Mohammedanern zusammensetzen, liegt als Buch auch der Koran (s. d.) auf, ebenso in Indien neben der B. die indischen heiligen Schriften.

Das Buchsymbol wird in manchen Systemen dahin ergänzt, daß nebst der B. auch das Grundgesetz der Freimaurerei, die „Alten Pflichten" und die Verfassung der Großloge, aufgelegt wird.

Als Großes Licht wird die B. in der Großloge von England seit 1760 geführt. Den Antrag stellte William Preston (s. d.). In dessen „Illustrations" findet sich 1781 eine Ansprache und Belehrung für den Neuaufgenommenen, in der es heißt: „As a gentleman and a mason you are bound to be a strict observer of the moral law." („Als Mann von Ehre und Maurer sind Sie gebunden, das Sittengesetz genau zu beobachten.") Hierzu bringt Preston eine Anmerkung: „The Bible, or in countries where it is not known any other Book which is understood to contain the word of God." („Die Bibel, oder in Ländern, wo sie nicht bekannt ist, ein anderes, als Gotteswort anerkanntes Buch.)

1855 erklärte die Großloge von Ohio (USA.), daß die Freimaurerei unbedingten Bibelglauben von ihren Mitgliedern verlange. 1866 ging man in Minnesota sogar so weit, daß Suchenden, gleichgültig welchen Bekenntnisses, die Aufnahme verweigert wurde, wenn sie nicht an die B. glaubten. Von diesem extremen Anschauungen ist man aber wieder zur einzig möglichen Ausgangsbasis zurückgekehrt, die der Amerikaner Oliver Day Street folgendermaßen zusammenfaßt: Die B. ist ein Symbol. Die Freimaurerei verlangt keinen Bibelglauben.

Bibelstellen in Beziehung zur Freimaurerei. Auf die zahlreichen Beziehungen der verschiedenen Hochgradliturgien zu Bibelstellen kann im folgenden nur ganz auszugsweise eingegangen werden. Die angeführten Stellen beziehen sich zumeist auf die Johannisgrade:

Tubalkain (Genesis 4. 22.): „Die Zilla gebar auch, nämlich den Tubalkain, der ein Meister war in allerlei Erz und Eisenwerk."

Enoch (Genesis 5. 21 bis 24.): „Enoch war alt 65 Jahre und zeugte den Methusalah. Und nachdem er ihn gezeugt, blieb er in einem göttlichen Leben dreihundert Jahre und zeugte Söhne und Töchter. Daß sein ganzes Leben ward 365 Jahre. Und dieweil er ein göttliches Leben führte, nahm ihn Gott hinweg und ward nicht mehr gesehen."

Der Regenbogen (Genesis 9, 12.):

„Meinen Bogen habe ich gesetzt in die Wolken, der soll ein Zeichen sein des Bundes zwischen mir und der Erde."

T u r m b a u v o n B a b e l (Genesis 11.): „Es hatte alle Welt einerlei Zunge und Sprache. Da sie nun zogen gegen Morgen, fanden sie eben Land im Lande Sinear und wohnten daselbst. Und sprachen miteinander: Wohlauf, lasset uns Ziegel streichen und brennen! Und nahmen Ziegel zu Stein, und Erdharz zu Kalk und sprachen: Wohlauf, lasset uns eine Stadt und Turm bauen, des Spitze an den Himmel reiche, daß wir uns einen Namen machen, denn wir werden sonst zerstreut in alle Länder. Da fuhr der Herr hernieder . . und sprach: Siehe, es ist einerlei Volk und einerlei Sprache unter ihnen und haben das angefangen zu tun, sie werden nicht ablassen von allem, das sie vorgenommen haben. . . Also zerstreute sie der Herr von dannen in alle Länder. Daher heißt die Stadt Babel, daß der Herr daselbst verwirrt hatte aller Länder Sprache und sie zerstreuet von dannen in alle Länder."

J e h o v a h (6, Exodus 2, 3.): „Gott sprach zu Mose: ...Ich bin Jehova und bin erschienen Abraham, Isaak und Jabok als Schadaj (d. i. der Allmächtige), aber meinen Namen Jehovah habe ich ihnen nicht geoffenbart."

B u n d e s l a d e (Exodus 25.): „Mache eine Lade aus Förnholz, dritthalb Ellen soll die Länge sein, anderthalb Ellen die Breite und anderthalb die Höhe. Und sollst sie mit feinem Gold überziehen inwendig und auswendig... Und du sollst auch einen Gnadenstuhl machen von feinem Golde, dritthalb Ellen soll die Länge sein und anderthalb Ellen die Breite. Und sollst zween C h e r u b i m machen von dichtem Gold zu beiden Seiten, daß ein Cherub sei an diesem Ende der andre am andern Ende... Und die Cherubim sollen ihre Flügel ausbreiten oben herüber, daß sie mit ihren Flügeln den Gnadenstuhl überdecken und eines jeglichen Antlitz gegen den andern stehe... Und du sollst den Gnadenstuhl oben auf die Lade tun und in die Lade das Zeugnis legen, das ich dir geben werde.

Du sollst auch einen Tisch machen aus Förnholz... und sollst ihn überziehen mit feinem Golde... Und sollst auf den Tisch allezeit S c h a u b r o t e legen vor mir.

Du sollst auch einen L e u c h t e r machen von feinem dichten Golde, daran soll der Schaft mit Röhren, Schalenknäufen und Blumen sein. Sechs Röhren sollen aus dem Leuchter zu den beiden Seiten ausgehen."

D e r S c h u h (Buch Ruth 4, 7, 8.): „Es war aber von altersher eine solche Gewohnheit in Israel: wenn einer ein Gut nicht beerben oder kaufen wollte, so zog er seinen Schuh aus und gab ihn den andern, das war das Zeugnis in Israel.

D e r T e m p e l b a u (I. Könige 5.): „Und Hiram, der König von Tyrus, sandte seine Knechte zu Salomo, denn er hatte gehört, daß sie ihn zum Könige gesalbt hatten an seines Vaters Statt. Denn Hiram liebte David sein Leben lang. Und Salomo sandte zu Hiram und ließ ihm sagen: ‚Du weißt, daß mein Vater nicht bauen konnte ein Haus im Namen des Herrn, seines Gottes, um des Krieges willen, der um ihn her war... Nun aber hat mir der Herr, mein Gott, Frieden gegeben. Siehe, so habe ich gedacht, ein Haus zu bauen dem Namen des Herrn... So befiehl nun, daß man mir Zedern vom Libanon haue und daß deine Knechte mit meinen Knechten seien... Denn du weißt, daß bei uns niemand ist, der Holz zu hauen wisse, wie die Sidonier.' Und Hiram sandte zu Salomo und ließ ihm sagen: ‚Ich will tun nach deinem Begehr. Meine Knechte sollen Zedern und Tannenholz vom Libanon herabbringen ans Meer.'

Und der König (Salomo) gebot, daß sie große und köstliche Stein ausbrächen, nämlich gehauene Steine zum Grunde des Hauses. Und die Bauleute Salomos und die des Hiram und die Gibaliter hieben aus und bereiteten zu Holz und Steine, zu bauen das Haus."

D e r B a u m e i s t e r H i r a m (1. Könige 7. 13.): „Und der König Salomo sandte hin und ließ holen Hiram von Tyrus, einer Witwe Sohn aus dem Stamme Naphthali und sein Vater war ein Mann von Tyrus gewesen. Der war ein Meister in Erz, voll Weisheit, Verstand und Kunst, zu arbeiten allerlei Erzwerk."

(2. Chronika 2, 13, flgde.): „So sende ich (König von Tyrus) nun einen weisen Mann, der Verstand hat, Huram Abif, der ein Sohn ist eines Weibes aus den Töchtern Dans und sein Vater ist ein Tyrer gewesen, der weiß zu arbeiten an Gold, Silber, Erz, Eisen, Steinen, Holz, Scharlach, gelber Seide, Leinwand, Rosinrot und zu graben und allerlei künstlich zu machen, was man ihm vorgibt."

D i e b e i d e n V o r h o f s ä u l e n (1. Könige 7, 15.): „Und (Hiram) machte zwo eherne Säulen, eine jegliche achtzehn Ellen hoch und ein Faden von zwölf Ellen war das Maß um jegliche Säule her. Und machte zween Knäufe von Erz gegossen, oben auf die Säulen zu setzen und ein jeglicher Knauf war fünf Ellen hoch. Und es waren an jeglichem Knauf oben auf den Säulen sieben geflochtene Reifen von Ketten. Und machte an jeglichem Knauf zwo Reihen Granatäpfel umher an einem Reifen, damit der Knauf bedeckt war. Und die Knäufe waren wie die Rosen vor der Halle vier Ellen groß. Und der Granatäpfel in den Reihen umher waren zweihundert.., Und er richtete die Säulen auf vor der Halle des Tempels. Und die er zur Rechten setzte, hieß er Jachin, und die er zur Linken setzte, hieß er Boas."

(Chronika II, 3, 15.): „Und er (Huram) machte vor dem Hause zwo Säulen fünfunddreißig Ellen lang und der Knauf oben drauf fünf Ellen. Und machte Kettenwerk zum Chor und tat sie oben an die Säulen und machte hundert Granatäpfel und tat sie an die Ketten. Und richtete die Säulen auf vor dem Tempel, eine zur Rechten und die andere zur Linken und hieß die zur Rechten Jachin, und die zur Linken Boas."

(Chronika II., 4, 11.): „Also vollendete Huram die Arbeit, die er dem Könige Salomo tat am Hause Gottes, nämlich die zwo Säulen mit den Bäuchen und Knäufen oben auf den Säulen. Und die vierhundert Granatäpfel an den beiden gewundenen Reifen... zu bedecken beide Bäuche der Knäufe so oben auf den Säulen waren."

Die Ruhe bei der Arbeit (I. Könige, 6, 7): „Und da das Haus gesetzt ward, waren die Steine zuvor ganz zugerichtet, so daß man keinen Hammer, kein Beil, noch irgend ein eisern Gezeug beim Baue hörte."

Mittlere Kammer und Wendeltreppe (I. Könige, 6, 8, 9.): „Eine Tür aber war zur rechten Seite mitten im Hause, daß man durch Wendelsteine (eine Wendeltreppe) hinauf ging in die Mittlere Kammer und von dieser auf die dritte."

Cherubim (I. Könige, 6, 23.): „Und er (Hiram) machte auch zwei Cherubim aus Ölbaumholz... Und die Cherubim breiteten die Flügel aus, daß ein Flügel rührte an diese Wand und einer an die andere Wand, aber mitten im Hause rührete ein Flügel an den andern. Und überzog sie mit Gold."

Harodim und Menatzchim, Amtsleiter und Aufseher über den Bau (II. Chronika, 2, 17, 18.): „Und Salomo zählte die Fremdlinge im Lande Israel nach der Zahl, da sie sein Vater David gezählt hatte. Und er machte aus denselben 70.000 Arbeiter und 80.000 Hauer auf dem Berge und 3600 Aufseher, die das Volk zum Dienst anhielten."

Der Eckstein (Psalm 118, 22.): „Der Stein, den die Bauleute verwarfen, ist zum Eckstein (cornerstone) geworden."

Bruderliebe (Psalm 113, 1.): „Siehe wie fein und lieblich ist's, daß Brüder einträchtig beieinander wohnen."

Die Vision des wiedererstandenen Tempels (s. Hesekiel, Kapitel 40, folgende).

Das Bleilot (Vision des Amos 7, 7.): „Und der Herr stund auf einer Mauer.. und er hatte das Bleilot in der Hand und sprach zu mir: ‚Was siehest Du, Amos?' Ich sprach: ‚Ein Bleilot.' Da sprach der Herr: ‚Siehe, ich will ein Bleilot ziehen mitten durch mein Volk Israel und ihm nicht mehr übersehen."

Die Johannisbotschaft (Ev. Johannis 1.): „Im Anfang war das Wort und das Wort war bei Gott und Gott war das Wort. Dasselbige war im Anfang bei Gott. Alle Dinge sind durch dasselbe gemacht und ohne dasselbige ist nichts gemacht, was gemacht ist. In ihm war das Leben und das Leben war das Licht der Menschen. Und das Licht scheinet in der Finsternis und die Finsternis hat es nicht begriffen."

St. Johannes (Johannesevangelium 1.): „Er war nicht das Licht, aber er zeugete von dem Licht. Es war in der Welt und die Welt ist durch dasselbige gemacht. Und die Welt kannte es nicht."

Die Berufung (Johannesevangelium 1.): „Nach mir wird kommen, der vor mir gewesen ist, denn er war eher als ich. Und von seiner Fülle haben wir alle genommen."

Bibliographie, Freimaurerische, Bücherkunde des freimaurerischen Schrifttums, geht zurück auf den „Almanach oder Taschenbuch für Brüder Freiymäurer" 1776 bis 1779), den Bode (s. d.) herausgab. Fortgesetzt wurde dieses 347 Nummern zählende Verzeichnis in dem „Neuen Taschenbuch für Freymaurer" (Rostock 1801), das weitere 196 Nummern verzeichnet. Der Komponist und Musikschriftsteller J. F. Reichard gab 1776 als Anhang zur „Sammlung für die freyen und angenommenen Maurer in Deutschland" ein Verzeichnis von „Freymäurer-Liedern", das 77 Nummern enthält, heraus. 1777 erschien das erste Verzeichnis der bei der „Mutterloge zu den drey Weltkugeln edirten Freymäurerschriften", fortgesetzt 1782. C. F. L. Rabe ist der Verfasser des ersten selbständigen Werkes „Anleitung, eine deutsche Freimäurerbibliothek zu sammeln" (Stendal 1788). Moßdorf (s. d.) plante die Herausgabe einer Bibliographie, die jedoch nicht zustande kam. 1830 sammelte Stiller in Rostock 1052 maurerische Schriften in seiner „Deutschen Bücherkunde der Freimaurerei". Auf Grundlage von Stiller bearbeitete dann Kloß (s. d.) die erste große „Bibliographie der Freimaurerei und der mit ihr in Verbindung gesetzten geheimen Gesellschaften" (Frankfurt 1844), die 5393 Titeln vereinigt und fast 70 Jahre lang das Standardwerk der freimaurerischen Bücherkunde blieb. Zahlreiche Bibliothekskataloge vermehrten die Kenntnis von dem großen Literaturschatz der Freimaurerei. Barthelmes gab 1856 eine „Bibliographie der Freimaurerei in Amerika" heraus. Auch Findel versuchte sich bibliographisch. Reinhold Taute (s. d.) gab einen Ergänzungsband zu Kloß heraus („Maurerische Bücherkunde", Leipzig 1886). Die anonymen Autoren bei Kloß und Taute suchte eine Veröffentlichung „Alphabetisches Verzeichnis der in Kloß' Bibliographie der Freimaurerei angeführten anonymen Schriften", 1898, zu deuten. Das enorme Anwachsen der freimaurerischen Literatur und deren Unübersichtlichkeit veranlaßte den Verein deutscher Freimaurer, die Herausgabe einer umfassenden B. in die Wege zu leiten, die von August Wolfstieg (s. d.), Bibliotheksdirektor des preußischen Abgeordnetenhauses, mustergültig angelegt worden ist. Der 1904 auf der Jahresversammlung des Vereines in Bayreuth unter Vorsitz von Robert Fischer (s. d.) gefaßte, finanziell gesicherte und von einer wissenschaftlichen Kommission vorbereitete Beschluß zeitigte das große Werk „Bibliographie der freimaurerischen Literatur". Band 1 erschien 1911, Band 2 1912. Registerband 1913. Die beiden Bände weisen 43.317 freimaurerische Veröffentlichungen, im angeschlossenen Nachtrag weitere 400 Nummern auf. Durch diese von den Freimaurern Deutschlands leider nicht genügend gewürdigte Großtat wurde wissenschaftliche Arbeit überhaupt erst möglich gemacht. Die versprochenen Nachtragsbände konnten infolge einer gewissen Teilnahmslosigkeit der deutschen Freimaurerkreise und infolge der Kriegs- und Nachkriegsfolgen lange nicht erscheinen. Erst 1926, nach Wolfstiegs Tode, erschien ein weiterer Band, der 11.003 Nummern bringt und von dem verdienstvollen Leiter des Bayreuther Großlogenmuseums, Dr. Bernhard Beyer (s. d.) in Wolfstiegs Anordnung weitergeführt ist.

Die knappen Geldmittel zwangen den Verein deutscher Freimaurer, von weiteren Veröffentlichungen der Ergänzungsbände vorläufig abzusehen. Jedoch wird das Material von Oberlehrer Hans Quint in Falkenstein im Vogtlande weitergesammelt, bis Ende 1930: 36.000 Nummern, und wird voraussichtlich in kurzer Zeit erscheinen können, da die beiden Prager Engbünde „Quatuor Coronati Coetus Pragensis" und die „Academia masonica" die Herausgabe ermöglichen wollen. Einiges ist in Form von „Bibliographischen Mitteilungen des Vereines deutscher Freimaurer" in Heftform erschienen.

Die B. „Der Wolfstieg" ist ein Standardwerk der deutschen Freimaurerei, dem andere Freimaurereien nichts Ähnliches zur Seite zu stellen haben. Eine französische B. von Fesch, Denais et Lay (1. Band, Paris 1912) wurde nicht zu Ende geführt. In allerletzter Zeit ist in Frankreich eine „Bibliographie de l'ordre des Templiers" von M. Dessubré erschienen, die jedoch nur ein Teilgebiet behandelt. Einem solchen gilt auch Albert Lantoine, „Les Franc-Maçons au théâtre avec un essai de bibliographie du théâtre maçonnique", Paris 1919.

Eine englische B., „Tentative List of English References to, and Works on Freemasonry, published before 1751", gab Edmund Hunt Dring in seiner Inaugural Address anläßlich seiner Einsetzung als Meister vom Stuhl der „Quatuor Coronati Lodge" in London 1912 (A. Q. C., XXV). Sie ist bemerkenswert durch die Vollständigkeit aller geschichtlichen Hinweise auf die Ära vor der Großlogengründung und besonders wertvoll durch die kurzen Inhaltsangaben. Über Literatur in englischer Sprache unterrichtete auch Enoch T. Carson, „Masonic Bibliography", 1874 (nur von A bis Picart erschienen), und zahlreiche Bibliothekskataloge, die Silas H. Shepherd in der amerikanischen Freimaurerzeitschrift „The Builder", 1922 („Masonic Bibliography"), zusammengestellt hat. Für Bibliothekare ist die „Classification of the Literature of Freemasonry and Related Societies" von William L. Boyden, Washington, von Wichtigkeit.

Bibliophilie. Der amerikanische freimaurerische Schriftsteller Hugo J. Tatsch hat in Verbindung mit einer Reihe von freimaurerischen Bibliophilen eine internationale Gesellschaft „Masonic Bibliophiles" ins Leben gerufen, deren Sekretär er ist. Adresse: 35 West, 32nd Street, New York City.

Auf dem Amsterdamer Kongreß der Allgemeinen Freimaurerliga (1929) bildete sich nach einem Referat von Armin Brüll, Preßburg, eine Fachgruppe für B. und freimaurerische Wissenschaft.

Bibliotheca Klossiana, Grundstock der größten freimaurerischen Bücherei und Handschriftensammlung auf dem europäischen Kontinent, der Bibliothek des Großostens der Niederlande im Haag. Sie war im Besitz des berühmten deutschen freimaurerischen Forschers Kloß (s. d.) und wurde nach seinem Tode von seinen Erben um einen Betrag von mehr als 60.000 Goldmark an den holländischen Großmeister, den Prinzen Friedrich der Niederlande, verkauft, der die Bücherei 1866 dem Großosten zum Geschenk machte. 1880 erschien ein Verzeichnis der Handschriften, 1900 ein Katalog der Bücherei.

Bibliothekarskonferenzen. In den Vereinigten Staaten finden seit 1927 alljährlich Konferenzen von freimaurerischen Bibliothekaren und Erziehern („Informal Conferences of Masonic Librarians and Educators") statt, bei denen Leiter von Großlogenbüchereien, Mitglieder von Erziehungskomitees von Großlogen, Historiker u. a. neben Fragen fachlicher Natur namentlich die Probleme der in Amerika immer stärkere Aufmerksamkeit findenden nachhaltigeren Unterweisung der Brüderschaft in den Lehren der Freimaurerei erörtern und die vielfachen Erfahrungen austauschen, die in den einzelnen Obedienzen diesbezüglich gemacht werden. William L. Boyden, Washington, Robert J. Clegg, Chicago, William Dick, Philadelphia, J. Crawford Hartmann und J. Hugo Tatsch, New York, Silas H. Shepherd, Wisconsin, Charles C. Hunt, Cedar Rapids u. a. gehören zu den führenden ständigen Teilnehmern.

Bibliotheken freimaurerischer Literatur sind recht zahlreich, da viele Großlogen und Logen, aber auch private Sammler von Masonicis stattliche Büchereien angelegt haben. Eine stattliche Anzahl freimaurerischer B. sind in der Wolfstiegschen Bibliographie verzeichnet. Großbüchereien gibt es vor allem in Amerika; in erster Reihe sind da zu nennen jene der Großloge von Iowa in Cedar Rapids (35.000 Bände), die auch Wanderbüchereien unterhält, Massachusetts in Boston (30.000), Ohio in Cincinnati (25.000). Wohl die größte Freimaurerbibliothek der Welt ist jene des Obersten Rates des A. u. A. Schottischen Ritus, die aber auch nichtmaurerische Schriften enthält. Die umfangreichste freimaurerische Bücher- und Handschriftensammlung auf dem europäischen Festland ist die des Großostens der Niederlande im Haag, deren Grundstock die Bibliotheca Klossiana (s. d.) bildet.

Bieberstein, Christian Adam, Marschall von, * 1732, † 1786, schlug zuerst die militärische Laufbahn ein, nahm am Siebenjährigen Krieg teil, war dann Prälat des Stiftes Cammin, wurde 1765 in der Berliner Loge „Zur Eintracht" aufgenommen. Vorsitzender Meister der neugegründeten Militärloge „Zum flammenden Stern", Stifter und Vorsitzender Meister der Loge zu Cammin; sein Andenken ehrt ein Denkmal im Garten des Logenhauses der Großen National-Mutterloge.

Bidegain, s. Fiches.

Bielefelder Ring, s. Ringe, Freimaurerische.

Bielfeld, Jakob Friedrich Freiherr v., * 1716 (oder 1717), † 1770, Geheimer Legationsrat, Schriftsteller, Jugendfreund Friedrichs des Großen, wurde 1737 in Hamburg Freimaurer (Loge d'Hambourg), amtierte bei der Freimaurerweihe Friedrichs des Großen, damals Kronprinzen, 1738 in Braunschweig als Schriftführer und Redner, wurde dann von Friedrich mit Oberg (s. d.) im folgenden Jahr nach Rheinsberg eingeladen, um dort Loge zu halten; er war dann auch nach der Thronbesteigung eine Zeitlang dauernd um die Person des Königs, Schriftführer und Aufseher der von diesem geleiteten „Loge du roi", mehrmals Stuhlmeister der Loge „Aux trois globes", die er 1743 in eine deutsche Loge verwandelte. 1755 setzte er „in großmeisterlicher Amtsausübung" die älteste Berliner Tochterloge der „Drei Weltkugeln" in Tätigkeit. (Vergl. Vorwort von Stefan Kekule von Stradonitz zu „Jakob Friedrich Freiherr von Bielfeld" von Dr. Gerda Voss, Berlin 1928.)

Biene, Bienenkorb, beliebtes Symbol der Freimaurerei (soziale Gemeinschaftsarbeit), z. B. im Wappen des Eklektischen Bundes. Frankfurt. Charles Hunt zitiert aus einem Katechismus von 1511 (?): „Was ist das, ein Baumeister und doch kein Mann, macht, was kein Mann machen kann und dient dabei Gott und Menschen?" Antwort: „Die Biene". Jonathan Swift in einer satirischen Schrift „Letter from the Grand Mistress of the Female Free-Masons" ist wohl der erste, der die Biene als ein freimaurerisches Symbol erwähnt. Als Mathematiker und Architekt wird die Biene wiederholt zum Vergleich herangezogen. Der bekannte Entomologe Henri Fabre hat ihr eine Abhandlung „The Mason Bee" gewidmet.

Bienfaisance Maçonnique in Paris. Wohlfahrtseinrichtung für Freimaurer der „Grande Loge Nationale pour la France".

Bierbaum, Otto Julius, deutscher Lyriker und Romandichter („Das Überbrettel."). * 1865, † 1910. Als der Gemeinderat von Schwabing bei München eine Straße nach ihm benennen wollte, protestierten gegen diese Ehrung „eines Freimaurers" die katholischen Gemeinderäte. B. ist niemals Freimaurer gewesen. In dem von ihm veranlaßten „Roman der XII" kommt im 12. Kapitel ein Freimaurer unter Begleitumständen vor, die darauf hinweisen, daß keiner von den zwölf Autoren zur Freimaurerei Beziehung hatte.

Bijou (engl. Jewel), aus dem 18. Jahrhundert stammender Ausdruck für Logenkleinod oder Logenabzeichen, der auch in die deutsche freimaurerische Terminologie übernommen worden ist.

Binde. Das Verbinden der Augen ist ein uralter, bereits bei den Einweihungen der Mysterienbünde üblicher Brauch, dem der Sinn der Lichterteilung zugrunde liegt. In der Freimaurerei scheint er erst im Laufe des 18. Jahrhunderts entstanden zu sein. So nahm die Loge in Hamburg erst 1753 „die Verbindung der Augen" an. 1762 wurde in England angefragt, ob die Aspiranten mit verbundenen Augen einzuführen wären, da fast alle Logen das Gegenteil übten. Erst am 9. Februar 1763 wurde der englische Brauch endgültig übernommen. In Steinmetzritualen und alten englischen Manuskripten ist von einem Verbinden der Augen keine Rede (s. auch Audition sous le bandeau).

Birch-Hirschfeld, Felix Victor, Dr., Professor der pathologischen Anatomie in Leipzig, * 1842, † 1899, hervorragender Forscher und Lehrer, war Mitglied der Loge „Ferdinand zum Felsen" in Hamburg, später Stuhlmeister der Loge „Zum goldenen Apfel" in Dresden.

Birkenfeld, Veremont, Geistlicher Rat und katholischer Stadtpfarrer in Offenbach a. M., war 1812 Gründer der Loge „Carl und Charlotte zur Treue" in Offenbach. Er starb als deren Stuhlmeister 1820. Der evangelische Konsistorialrat und Großmeister Dr. Friedrich widmete B. seine Schrift „Der Freimaurerbund" und die „Jesuitisch-hierarchische Propaganda" „in dankbarer Anerkennung seines Eifers und seiner Verdienste um die Loge bis an den Tod".

Birkenhead, Frederick Edwin Earl of (vorher Smith), englischer konservativer Staatsmann * 1872, † 1930, Rechtsanwalt, Schriftsteller, Unterhausmitglied, Generalstaatsanwalt in der Koalitionsregierung, 1919 Lordkanzler, 1924 Staatssekretär für Indien im zweiten Kabinett Baldwin, führender englischer Freimaurer, war Zugeordneter Meister der „Royal Colonial Institute Lodge Nr. 3556" (deren Meisterwürde der Großmeister Duke of Connaught ad vitam bekleidet) und Großaufseher der Großloge von England.

Birkenstock, Melchior Edler v., Hofrat * 1738, † 1809, österreichischer Aufklärer, war Mitglied der Studien-Hof-Kommission, Reformator des österreichischen Schulwesens, und Mitglied der Wiener Loge „Zur wahren Eintracht".

Birkhead, Matthew, Sänger und Schauspieler am Londoner Drury Lane-Theater, war Meister vom Stuhl der Loge Nr. 5, als Anderson seine Verfassung schrieb. Von ihm das wohl älteste Lied der englischen Freimaurerei, der Lehrlingsgesang (Entered Apprentice's Song), zuerst erschienen im Weekly Journal, 1. Dezember 1722, von Anderson in seine Konstitutionen (1723) übernommen, ein auch heute noch in England bei Tafellogen gern gesungenes Lied mit den bekannten Anfangsstrophen:

„Come let us prepare
We Brothers that are
Assembled on merry occasion
Let's drink, laugh, and sing
Our wine has a spring
Here's a health to an Accepted Mason."

Biro, Ludwig, ungarischer Romanschriftsteller, Dramatiker und Filmautor, * 1880, war Stuhlmeister der Loge „Martinovics" in Budapest.

Bischoff, Diedrich, Dr. jur., Professor, * 15. Februar 1866 in Bremen, aufgenommen 1893 in der Loge „Hansa" in Bremen, angenommen 1898 Loge „Phönix" in Leipzig, Ehrenvorsitzender des Vereins deutscher Freimaurer, dessen Vorsitzender er durch lange Jahre war. Er gehört zu den führenden Köpfen der deutschen Freimaurerei. Durch sein besonderes Geschick ist es ihm gelungen, den V. d. F. durch die schwierigen Zeiten der Nachkriegszeit ohne größere Verluste hindurchzubringen. Als maurerischer Schriftsteller entwickelte B. eine ansehnliche Produktivität. Neben zahlreichen kleineren Schriften sind besonders zu erwähnen: „Vom vaterländischen Beruf der Freimaurerei", „Die deutsche Freimaurerei im Weltkrieg", „Internationalismus und Freimaurerei" u. v. a. Als zündender Redner wie als gedankenreicher Schriftsteller gleich begabt, hat B. den Jahresversammlungen des Vereines den auszeichnenden Inhalt zu geben gewußt. Auf ihn gehen auch die Gemeinschaftstagungen des Vereines zurück, die der Erörterung grundlegender Fragen der Freimaurerei dienen. Er besaß das besondere Geschick, die deutsche Freimaurerei aus der Zerspaltung ihrer Systeme auf ihren gemeinsamen Kulturbesitz hinzuweisen und in den langen Jahren seiner Geschäftsleitung Praxis und Wissenschaft ausgezeichnet zu verbinden. Seiner innersten Überzeugung nach humanitärer Freimaurer, hatte er selbstverständlich in der Nachkriegszeit mit starken Gegenströmungen zu rechnen. Der volle Einsatz seiner reichen und starken Persönlichkeit hat den einigenden Grundgedanken des Vereines durchzusetzen vermocht.

Bischöfe der englischen Staatskirche von Birmingham, Bradford, Bristol, Buckingham, Kalkutta, Coventry, Derby, Durham, Liverpool, Perth (Erzbischof), Rochester, Willesden, Worcester waren 1930 Großkapläne (Grand Chaplains, bezw. Past Grand Chaplains) der Großloge von England.

Bischöfe, Erzbischöfe, Katholische, die dem Freimaurerbund angehörten, waren u. a.: Athaide, Bischof von Elvas, Portugal (1818), Graf Joh. Bapt. v. Auersperg, Fürstbischof von Passau (1785), Joh. Mich. v. Brigido, Fürstbischof von Laibach (1788), August Clemens, Herzog von Bayern, Erzbischof und geistlicher Kurfürst von Köln, Bischof von Hildesheim, Großmeister des Deutschordens (bis 1738), Karl Theodor v. Dalberg, Erzbischof von Regensburg (1781), Kardinal Delci in Rom (1750), Max v. Droste-Vischering, Weihbischof zu Münster (1778), Franz Ludwig v. Erthal. Fürstbischof von Bamberg, José Luiz Alvez Feijo, Bischof von Braganza in Portugal (1862), Mariam Fernandez Fortique, Bischof von Guyana, Heinrich Förster, Fürstbischof von Breslau (bis 1837), Michael Horváth, Titularbischof der Csanáder Diözese, Don Ramon Ignazio Mendez, Erzbischof von Venezuela, Joh. Petrus Mirer (1845), Bischof von St. Gallen (1807—26), Munviel, Bischof von San Domingo (1810), Podoski, Erzbischof von Gnesen, Primas von Großpolen (1770), Nikodem Puzyna, Fürstbischof von Wilna (1817), Louis René Edouard Prinz v. Rohan, Kardinal-Fürstbischof von Straßburg (1779), Hyazint Ronay, Bischof von Skodar, Philipp Gotthard, Graf v. Schaffgottsch, Fürstbischof von Breslau (1742), Leop. Maria Jos., Graf v. Spans, Fürstbischof von Brixen, Franz Freiherr v. Spleny, Bischof zu Waitzen (1778), Felix Torres Amat, Bischof von Astorga, M. Th. Graf von Trauttmannsdorf, Fürsterzbischof und Kardinal zu Olmütz (1785), Maximilian Vrhovac, Erzbischof von Agram, Franz Karl Graf von Welbrück, Fürstbischof von Lüttich, Zaeppffell, Bischof von Lüttich (1809), Ferd. Chr. Graf zu Waldburg-Zeil, Fürsterzbischof von Chiemsee (1777).

Bischoffswerder, Johann Rudolf v. preußischer General und Minister, * 1714 † 1803, war erst Mitglied der Strikten Observanz, dann einer der leidenschaftlichsten Rosenkreuzer. Jedem magischen und alchimistischen Schwindel seiner Zeit zugänglich, fiel er auf die plumpen Geisterbeschwörungen Schrepfers ebenso hinein wie späterhin auf die Betrügereien des Gugomos (s. d.). Nach dem Tode Schrepfers, der sich in seiner Gegenwart erschoß, schloß er sich dessen Schüler Frölich an. Auch zu dem großen Hochstapler Grafen von St. Germain hatte er Beziehungen. B. gehörte zu jenen führenden „Geistersehern" und „mystischen Dunkelmännern" der zweiten Hälfte des 18. Jahrhunderts, deren Treiben für die Entwicklung der damaligen deutschen Freimaurerei so verhängnisvoll war. In Berlin, wo der Einfluß seines Intimus Wöllner (s. d.) maßgebend war, spielte er als dessen rechte Hand eine Zeitlang als Mentor höchster Kreise eine unverdient einflußreiche Rolle. Namentlich der König Friedrich Wilhelm II. sah in ihm seinen „Retter", seit er ihn einmal — als Prinz — mit einer „Ordensarznei" geheilt hatte, deren „übernatürliche Eigenschaften" angeblich Wunder wirkten. Durch seine Künste nahm B. diesen so gefangen, daß Friedrich Wilhelm sich 1781 — als Ormerus Magnus — in die Mysterien der Gold- und Rosenkreuzer einweihen ließ und an den übelsten Geisterschwindel glaubte, den im Charlottenburger Schloß Wöllner und B. inszenierten.

Bischofskonferenz in Fulda 1896, s. Löwenstein, Karl, Fürst.

Bismarck-Logen nannten sich die Bauhütten der 1897 gegründeten Winkelgroßloge I. O. U. F. (s. d.), der sogenannten „Reichs-Großloge des Internationalen Ordens unabhängiger Freimaurer", nachdem Bismarck die erbetene Erlaubnis erteilt hatte.

Bismarck, Otto von, der erste deutsche Reichskanzler (* 1815, † 1894), war nicht Freimaurer, stand auch der Freimaurerei ziemlich unfreundlich gegenüber. In seinen „Gedanken und Erinnerungen" (1905) gibt er u. a. als Grund den Fall Usedom an. Als Bismarck von Frankfurt nach Petersburg versetzt werden sollte, wurde ihm als Nachfolger der (seiner Meinung nach unfähige) Graf Usedom genannt. Bismarck widersetzte sich aus sachlichen und persönlichen Gründen dieser Ernennung, aber ohne Erfolg: „. . . als ich im Februar 1869 die Abberufung eines so unbrauchbaren und bedenklichen Beamten verlangte, stieß ich bei dem Könige, der die Pflichten gegen die Brüder mit einer fast religiösen Treue erfüllte, auf einen Widerstand, der auch durch meine mehrtägige Enthaltung von amtlicher Tätigkeit nicht zu überwinden war und mich zu der Absicht brachte, meinen Abschied zu erbitten. (Usedom war hoher Freimaurer.) Indem ich heute, nach 20 Jahren, die betreffenden Papiere wieder lese, befällt mich eine Reue darüber, daß ich damals, zwischen meine Überzeugung von dem Staatsinteresse und meine Liebe zu dem Könige gestellt, der ersteren gefolgt bin und folgen mußte. Ich fühle mich heute beschämt von der Liebenswürdigkeit, mit welcher mein König meine Pedanterie ertrug.

Ich hätte ihm und seinem Maurerglauben den Dienst in Florenz opfern sollen." Die **Auffassung** in bezug auf die maurerische Bruderpflicht ist irrig; nicht diese veranlaßte den Kaiser zu seiner Nachsicht gegenüber Usedom.

Bissolati-Bergamaschi, Leonida, italienischer Politiker und Publizist, * 1857, † 1920, Chefredakteur des „Avanti", Führer des Revisionismus in der sozialdemokratischen Partei, Ententefreund, Minister ohne Portefeuille im Kabinett Boselli 1916/17, für soziale Fürsorge im Kabinett Orlando 1917/18, schied bei Friedensschluß wegen der von ihm nicht gutgeheißenen Forderungen in bezug auf den deutschen Teil von Südtirol und Dalmatien aus seiner Stellung. War Großbeamter des Großorients von Italien. (W. F. Z. 1920, Heft 9/12, S. 21.)

Bixio, Girolamo (Nino), italienischer Freiheitskämpfer, * 1821, † 1873, erfolgreicher Stratege im Kampfe gegen Österreich, machte den „Zug der Tausend" nach Sizilien mit, versöhnte Garibaldi und Cavour, Abgeordneter und Senator, war Freimaurer und Mitarbeiter Garibaldis bei dessen auf die Vereinigung der italienischen Freimaurerei abzielenden Bestrebungen. Eine italienische Loge trug seinen Namen.

Björnson, Björnstjerne, der große norwegische Dichter, * 1832, † 1910, bedeutender nationaler Politiker, griff 1892, kurz nach der Umwandlung der schwedischen Provinzial-Großloge in Norwegen in die unabhängige Große Landesloge in eine Kampagne ein, die damals gegen das Schwedische System in Norwegen entbrannt war. Gegenüber einem Verteidigungsaufsatz in der „Aftenposten" veröffentlichte er am 15. September 1892 im Blatte „Politiken" einen beispiellos heftigen Leitartikel „Die Freimaurerei der schwedischen Könige", in dem er die Schwedische Lehrart in schonungslosester Weise bloßzustellen trachtete. Er warf ihr vor, sie huldige einem System der Allgewalt des Vicarius Salomonis, des Ordensmeisters (damals König Oskar II. von Schweden und Norwegen), das in keiner Gesellschaft freier Männer geduldet werden könne. Die Mitglieder seien zu einer unwürdigen Unterwerfung unter einen Willen gezwungen, der durch keinerlei Bestimmungen eingeschränkt werde. Die Ordensregeln seien jenen der Jesuiten nachgebildet, die physischen Prüfungen der modernen Zeit unwürdig, die moralischen durchaus unehrlich. Besonders zu verurteilen seien die Eide, durch die der Ordensmeister, der König, eine Macht erhalte, die aus dem konstitutionellen Monarchen eines demokratischen Staatswesens den absoluten Herrscher über die Spitzen der Beamtenschaft, Offiziere, die größten Kapitalisten usw. mache. Das Schwedische System schaffe einen jesuitischen Staat im Staate und erhebe mit seiner Ausschaltung des Selbstbestimmungsrechtes der Brr. die Unmoral zum Gesetz. B. verlangte das Einschreiten der gesetzgebenden Macht gegen diese Art Freimaurerei; Zugehörigkeit zu dieser müsse mit Entzug des norwegischen Bürgerrechtes bestraft werden. Norwegen habe lange genug die Wirkungen dieser heimlichen jesuitischen Gesellschaft erduldet; ohne diese Freimaurerei wäre der nationale Kampf nicht so lange und hart gewesen.

Blades, George Rowland, erster Baron Ebbisham, englischer Wirtschaftsführer, * 1868, Präsident zahlreicher großer Versicherungskonzerne, 1926/27 Lordmayor von London, Mitglied des Unterhauses, wurde 1913 **Junior-Grand-Deacon** der Großloge von England.

Blair, Hugh, schottischer Geistlicher und Schriftsteller, * 1718, † 1800, Universitätsprofessor für Literatur in Edinburgh, schrieb über Macphersons Ossian; seine „Sermons" wurden in viele Sprachen übersetzt. Er war Mitglied der „Canongate Kilwinning Lodge".

Blanc, Louis, französischer sozialistischer Theoretiker und Schriftsteller, Historiker, * 1811, † 1882, Mitglied der provisorischen Regierung von 1848, während der Herrschaft Napoleon III. im Exil, war Mitglied der Loge „L'Humanité de la Drôme" in Valence" (Grand Orient de France).

Blasco Ibáñez, Vicente, hervorragender spanischer Schriftsteller, Verfasser sozialer, antiklerikaler und realistischer Romane (u. a. „Sangre y Arena" [„Die blutige Arena"], „La catedral", „El intruso", „Der Eindringling", im Weltkrieg „Die apokalyptischen Reiter") und freiheitlicher politischer Kampfschriften (1867—1928), Republikaner, war Freimaurer. Zu seinem Andenken wurde von den spanischen Obedienzen eine Blasco-Ibáñez-Stiftung zwecks Errichtung einer populär-wissenschaftlichen Bibliothek in Valencia, freier Schulen und einer modernen Ferienkolonie in die Wege geleitet.

Blason Maçonnique, Sonette von André Lebey (s. d.), deren jedes einen der 33 Grade des A. u. A. Schottischen Ritus poetisch interpretiert, herausgegeben 1927 von der Loge Saint-Jean in Asnières.

Blau, die Farbe des Himmels, die Farbe, in die sich die Freimaurerloge kleidet. Blau ist die bevorzugte Farbe der Inneneinrichtung, blau sind die Bänder und die Einfassungen der Schurze. Das alte Wappen der englischen Bauhüttenbrüderschaft, wie es Dermott wiedergibt, zeigt drei silberne Türme auf blauem Grund. Dagegen wechselten in der Zunfttracht der Steinmetzenbrüderschaft, der sogenannten Livery, die Farben fast alle drei Jahre. Die Freimaurerfarbe ist ein Himmelblau, das dem Blau des englischen „Order of the Garter" (Hosenbandorden), entspricht. Nach Crowe sind die britischen Großlogenfarben an die hohen Ritterorden angelehnt. So England himmelblau (Garterorden), die Stewards rot (Bathorden), Schottland grün (Distelorden), Irland dunkelblau (St. Patrick-Orden).

Blaue Grade, Blaue Maurerei, die drei Johannisgrade der Maurerei, auch symbolische Grade genannt, gekennzeichnet durch die blaue Farbe der Logenausstattung und der Bandfarben, im Gegensatze zur roten oder Schottischen Maurerei und der Hochgradmaurerei überhaupt, in der andere Farben Verwendung finden.

Blazing Star (engl. flammender Stern (s d.).

Bledisloe, Charles Bathurst, Baron, Generalgouverneur von Neuseeland, Großmeister der Großloge von Neuseeland seit November 1930.

Blight, Reynold E., Dr., amerikanischer Schriftsteller, * in England 1879, freimaurerischer Schriftsteller. 1921/23 Redakteur des „Masonic Digest", seit 1924 des „New Age Magazine", Washington. Hauptwerk: „Freemasonry at a glance".

Blinde können nach der orthodoxen Anschauung der amerikanischen Freimaurerei, jetzt allerdings — nach dem Weltkriege — wiederholt durchbrochen, nicht aufgenommen werden, weil sie die visuellen Erkennungszeichen nicht erfassen können. Der Grand Orient de France lehnte noch 1784 die Aufnahme von Blinden ab. Erst 1803, als nach dem ägyptischen Feldzug viele an Trachom erblindete Offiziere und Mannschaften sich zur Aufnahme meldeten, wurde dies abgeändert. In Darmstadt wurde zuerst ein blinder Tonkünstler, Franz von Conradi, nach eigenem Ritual aufgenommen. Dagegen lehnte 1854 die Großloge von Sachsen die Aufnahme von Blinden ab. Die Aufnahme des blinden Königs von Hannover, Georg V., am 14. I. 1857 hat dann die Frage für den europäischen Kontinent endgültig bejahend entschieden. In London besteht eine Loge „Lux in Tenebris", die ausschließlich aus Männern zusammengesetzt ist, die in der Blindenfürsorge tätig sind.

Blixen-Finecke, Carl Frederik Axel Bror, Freiherr v., dänischer Staatsmann, * 1822, † 1873, im schleswig-holsteinischen Aufstand Führer der Rittergutsschützen, 1851 Mitglied des Kopenhagener Folkething, Chef der Konservativen, trat in politischen Schriften für Vereinigung der skandinavischen Länder ein, später Demokrat, 1859 Außenminister und Minister für Schleswig-Holstein, war eifriger Freimaurer. 1852 wurde er vom schwedischen Kronprinzen in die Johannisloge „Sankt Christopher" in Christiansstad aufgenommen, wurde später Mitglied des Ordensrates der 8. (dänischen) Provinz.

Block, Louis, amerikanischer freimaurerischer Schriftsteller, * 1869, wurde in der „Trinity Lodge Nr. 208" in Davenport (Iowa) aufgenommen, war deren Meister vom Stuhl und 1911 Großmeister der Großloge von Iowa. Von besonderem Wert sind die von ihm als „Reviewer" seiner Großloge alljährlich erstatteten Berichte über die auswärtige Freimaurerei.

Blücher, Gebhard Leberecht von, Fürst von Wahlstadt, preußischer Generalfeldmarschall, * 1742 zu Rostock, † 1819, der „Marschall Vorwärts", wurde am 6. Februar 1782 in die Loge „Augusta zur goldenen Krone" in Stargard (Pommern) aufgenommen, trat 1799 der Loge „Zum hellen Licht" in Hanau bei, besuchte als Generalmajor wiederholt die Loge „Pax inimica malis" in Emmerich und führte ihr auch seine beiden Söhne und neun seiner Offiziere zu. 1802—1806 war er Meister vom Stuhl der Loge „Zu den drei Balken" in Münster, für die er sich in maurerischer Bekleidung malen ließ. Während seiner Stuhlmeisterschaft leitete er 190 Arbeiten. Einige Tage vor der Schlacht bei Lützen (1813) weilte er mit dem Br. v. Scharnhorst in der Loge „Archimedes zu den drei Reißbrettern" in Altenburg. Am 18. September des gleichen Jahres, kurz nach dem Sieg an der Katzbach, hielt er in der Loge in Bautzen seine berühmt gewordene Ansprache: „Ich habe von Jugend auf die Waffen für mein Vaterland geführt und bin darin grau geworden; ich habe den Tod in seiner fürchterlichsten Gestalt gesehen und sehe ihn noch täglich vor Augen; ich habe Hütten rauchen und ihre Bewohner nackt und bloß davongehen sehen, und ich konnte nicht helfen. So bringt es das Treiben und Toben der Menschen in ihrem leidenschaftlichen Zustande mit sich. Aber gerne sehnt sich der bessere Mensch aus diesem wilden Gedränge heraus, und segnend grüße ich die Stunde, wo ich mich im Geiste mit guten, treuen Brüdern in jene höheren Regionen versetzen kann, wo ein reines, helles Licht uns entgegenstrahlt. Heilig ist mir daher die Maurerei, der ich bis zum Tode treulich anhängen werde, und jeder Bruder wird meinem Herzen stets teuer und wert sein."

Nach dem Kriege war B. Gegenstand hoher maurerischer Ehrungen und bewahrte der Freimaurerei seine Anhänglichkeit bis zu seinem Tode. Nach ihm heißen in Deutschland zwei Logen.

Blüher, Hans, Schriftsteller in Berlin, * 1888, nicht Freimaurer, beschäftigt sich in „Die Rolle der Erotik in der männlichen Gesellschaft" (2 Bände, Jena 1919) auch mit der Freimaurerei. B., der die theoretische These vertritt, daß „außer dem Gesellungsprinzip der Familie, das aus der Quelle des mann-weiblichen Eros gespeist wird, im Menschengeschlecht noch ein zweites wirkt, die „männliche Gesellschaft", die ihr Dasein dem mann-männlichen Eros verdankt und sich in den Männerbünden auswirkt, sucht auch das Freimaurertum in diese Problemstellung einzuzwängen. Er lehnt die Definition des Freimaurerbundes als Geistesbund ab, erblickt das Entscheidende im Erlebnis der Verbrüderung unter Männern, also einer „mannmännlichen Beziehung" und sieht („wie im Wandervogel", mit dem er auch sonst die Freimaurerei vergleicht), „die Frauenfrage das vollkommenste Fiasko erleiden". Was August Horneffer, dessen Buch „Der Bund der Freimaurer" (Jena 1913) B. heranzieht, über die Frauen sagt, erscheint diesem „uninteressiert für das Frauenschicksal und im Grunde nichts weiter als eine höfliche Art der Türweisung". „Die geborenen Männerbündler besitzen eben eine unvergleichliche Instinktsicherheit gegen die Invasion von Frauen, sie fühlen ihre Unverdaulichkeit im Gefüge der männlichen Gesellschaft und wachen mit Argusaugen darüber, daß sie immer wieder in den Bereich der Familie zurückgedrängt werden." B. will im Freimaurerbund auch den Typus inversus nachweisen und sucht den „Tatbestand" in der Durchdringung der operativen Maurerei mit „Speculatives", in der Verbrüderung von „Gelehrten und Edelleuten mit Maurergesellen". Den Grund für das Anwachsen der Laienmitglieder in den englischen Logen vor 1717 glaubt er nachweisen zu können, wenn er den Ausdruck „Liebhaber" (der Kunst) nicht als Symbol, sondern als direkte Begriffsbezeichnung auffaßt. Das Gründungsproblem der Freimaurerei würde sich also folgendermaßen lösen: „Englische Gelehrte und Edelleute von invertiertem Typus gingen zu den Steinmetzen und Maurergesellen, weil diese ihrem erotischen Geschmack entsprachen." Die erste Freimaurerloge wäre also „eine komplexe männliche Gesellschaft ersten Grades" gewesen, wobei B. die Frage offen läßt, „ob von neurotischer Färbung oder in offener Sexualität". Die Tatsache, daß der Freimaurerbund sich nicht an die unteren Altersklassen, sondern an gereifte, unabhängige selbständige Männer wendet, ergibt für B. allerdings „immer mehr abnehmende Erotikladung, daher eine immer mehr sich verringernde Impulsivität des ethischen Willens". Aber es ist für ihn ein deutliches Bekenntnis zur Erotik, wenn im freimaurerischem Konstitutionenbuch (von 1723) zu lesen steht, „daß kein Meister einen Lehrling annehmen darf, der nicht körperlich tadellos ist". Dem objektiven Geiste steht der bucklige und schiefe Spinoza näher als der Leichtathlet; aber dieser fängt den Eros des liebenden Mannes sicherer auf und erweckt damit die bauende und tempelhafte Kunst, die Platon im „Gastmahl" die Zeugung des Schönen nennt. B. rühmt der Freimaurerei nach, daß eine großartige Instinktsicherheit ihr eingegeben habe, daß der die Männerwelt durchtränkende Haß auch seinen ambivalenten Wert habe, daß er nichts Ursprüngliches und Absolutes sei, sondern ein Gegenpol von etwas anderem. Wenn im Erlebnisse des Freimaurertums die Befreundung des Feindlichen Ereignis werde, so könne man diesen Griff nur genial nennen, da er genau dorthin ziele, wohin „die Natur beim Menschen den Schwerpunkt seiner Sozialität verlegt hat: Die Männer sind trotz allem verbunden!" „Ohne diese Befreundung des Feindlichen wäre es für das Menschengeschlecht unmöglich, jemals die Erdherrschaft in geistiger Art an sich zu reißen. Fabrikherren und Bankiers können die Welt beherrschen ohne jede Befreundung des Feindlichen; Menschen aber nur mit ihr. An die Zukunft des Menschengeschlechtes glauben aber heißt, an den Geist und an den Mann glauben. Und das hat der Freimaurerbund in seltener und vorbildlicher Weise getan."

Diese Anschauung, die nur aus einer bestimmten modernen Geistesverfassung erklärlich ist, mag Gegner des Bundes ansprechen, sie ist aber als eine aus gewollt subjektiver, vorgefaßter Meinung heraus entstandene willkürliche Verzerrung der Tatsachen zu bezeichnen. In dieser Weise könnten alle großen menschlichen Bewegungen als Ausfluß von Erotik dargestellt werden. Der Baugedanke der Freimaurerei ist aber rein geistiger Natur, und die Verbindung der Steinmetzen mit Elementen aus anderen geistigen und gesellschaftlichen Sphären hat mit all dem, was B. vorbringt, nicht das mindeste zu tun.

Bluhm, Johannes, Dr. med., Generaloberarzt a. D. in Erfurt, * 1865, aufgenommen 1900 in der Loge „Zum Totenkopf und Phönix" in Königsberg i. Pr., Vorsitzender der Johannislogenmeister (Tilsit) 1907—1914, Wortführender Andreaslogenmeister (Erfurt) 1924—1927 Landes-Großsekretär der Großen Landesloge der Freimaurer von Deutschland 1914—1916, langjähriger, sehr verdienter Schriftleiter des „Mecklenburgischen Logenblattes". Als Mitglied der Großen Landesloge der Freimaurer orthodoxer Richtung hat er besonders auf dem Gebiete der Symboldeutung und ihrer geschichtlichen Wurzeln große Verdienste. Das von ihm geleitete Blatt gehört zu den besten deutschen Freimaurerzeitungen.

Blum, Robert, deutscher demokratischer Politiker, * 1807, † 1848, Abgeordneter für Leipzig zur Nationalversammlung in der Frankfurter Paulskirche. Aus niedrigen Verhältnissen stammend, als Theaterkassier, später Schriftsteller tätig, trat er 1845 an die Spitze der deutschkatholischen Bewegung. Mit Froebel vom Parlament in das aufständische Wien entsendet, beteiligte er sich im Oktober 1848 am Barrikadenkampf und wurde gefangen. Um dem Parlament die Verachtung der kaiserlichen Macht zu bezeugen, ließ ihn Windisch-Grätz am 9. November erschießen. Der Abschiedsbrief, den B. vor seinem Tode an seine Frau schrieb, stellt ein erschütterndes Dokument ungewöhnlicher Seelengröße dar. B. war seit 1836 Mitglied der Loge „Balduin zur Linde".

Blumauer, Aloys, österreichischer Dichter, * 1755, † 1798, trat 1772 in den Jesuitenorden ein, nach dessen Aufhebung (1773), er sich mit Privatstunden und freier Schriftstellerei fortbrachte. Von Joseph II. zum Hofzensor ernannt, legte er 1793, bei Beginn der einsetzenden Reaktion, seine Stelle nieder und übernahm die Gräffersche Buchhandlung. Bekannt von seinen Schriften ist die Travestie der Aeneide, die dem Geschmack der Zeit Zugeständnisse macht. 1781 in die Loge „Zur wahren Eintracht" in Wien aufgenommen, redirigierte er das vortreffliche „Journal für Freymaurer" und beschenkte die Freimaurerei mit einer Sammlung von „Freymaurergedichten", von denen sich das Kettenlied: „Wir folgen dem schönsten der Triebe" unter anderen erhalten hat. Seine gesammelten Schriften enthalten Freimaurerreden und Aufsätze.

Blumenhagen, Philip Georg A. W., deutscher Arzt und Novellendichter, * 1781, † 1839, wurde 1811 in den Bund aufgenommen, war Meister vom Stuhl der Loge „Zum schwarzen Bären" in Hannover, arbeitete 1832 die Verfassung für die neue Großloge von Hannover aus, trat für die Aufnahme von Juden in den Freimaurerbund auch schriftstellerisch hervor.

Bluntschli, Johann Kaspar, berühmter deutscher Rechtslehrer, geborener Schweizer (* 1808 in Zürich, † 1881), Professor, Mitglied des Großen Rates seiner Vaterstadt und des Eidgenössischen Staatsrates, 1848 an die Universität München berufen (Deutsches Privatrecht und Staatsrecht), Vorkämpfer des Freisinns gegenüber der sich mächtig regenden ultramontanen Partei, 1861 Professor der Staatswissenschaften in Heidelberg, Mitglied der badischen Ersten Kammer, Gründer (mit Schenkel) des Deutschen Protestantenvereines, streitbarer Verfechter der „christlichen Gottes- und Menschenliebe" gegenüber theologischem Dogma, Verfasser des „Allgemeinen Staatsrechtes". In die Loge „Modestia cum Libertate" in Zürich 1838 aufgenommen, hielt er an dem mit der Gründung der Schweizerischen Großloge „Alpina" verbundenen Johannisfest 1844 die Festrede „Über das Verhältnis der Maurerei zu Kirche und Staat" und verfaßte die 1847 veröffentlichten „Grundsätze des schweizerischen Freimaurervereines". 1864 schloß er sich der Heidelberger Loge „Ruprecht zu den fünf Rosen" an, wurde deren Stuhlmeister und beeinflußte durch die Macht seiner Persönlichkeit die Großloge „Zur Sonne" in Bayreuth durch viele Jahre derart, daß er 1872 zum Großmeister gewählt wurde. Er gab der Großloge die Grundzüge ihrer damaligen Verfassung und das heute bei ihr geübte Ritual, arbeitete die „Allgemeinen Grundsätze des deutschen Großlogenbundes" aus, verfaßte „Freimaurergespräche" u. a. m. Seine Großmeisterschaft bis 1878 darf als eine der geistigen Glanzperioden der Bayreuther Großloge betrachtet werden. Großes Aufsehen erregte schon vorher (1865) das von ihm geschriebene offene Rundschreiben (s. d.) seiner Loge an Papst Pius IX. als Antwort auf dessen Verdammung des Bundes. Auf den Großlogentagen trat B. warm für die Schaffung einer deutschen Einheitsgroßloge ein, 1878 legte er den Entwurf für eine solche Reichsgroßloge vor. Der bei diesem Anlaß wieder deutlich in Erscheinung tretende Partikularismus verstimmte ihn schwer.

B.s zahlreiche wissenschaftliche Werke über das Staatsrecht usw. sind von bleibendem Werte. Nach seinem Tode erschien eine Selbstbiographie „Denkwürdigkeiten aus meinem Leben" (1884, 3 Bände). Nach B. benannt ist eine Stiftung (mit dem Sitz in München), aus deren Zinsenertrag Preise für die Bearbeitung völkerrechtlicher Fragen verteilt werden.

B. war einer der hervorragendsten Persönlichkeiten der deutschen Freimaurerei des 19. Jahrhunderts, die er mit seiner Geistigkeit jahrzehntelang befruchtet hat.

Bluntschli-Ausschuß der Deutschen Liga für Völkerbund wurde nach dem Weltkrieg von deutschen Freimaurern mit der Aufgabe gegründet, den mit der Freimaurerei so nahe verwandten Völkerbundgedanken im Bruderkreise zu vertreten und zu verbreiten. Der Name wurde gewählt „im Aufblicke zu jenem großen deutschen Staatsrechtslehrer Joh. Kaspar Bluntschli. der die von Immanuel Kant einst in wahrhaft prophetischem Geist der Menschheit verkündete Wahrheit von der unbedingten Notwendigkeit einer Verkörperung der Solidarität des Menschengeschlechtes in einer Arbeitsgemeinschaft der Menschheit ins praktische Rechtsleben überzuführen unternahm." Als freiwilliger unpolitischer Helfer bei der Verwirklichung der eigentlichen tiefsten und unmittelbarsten Ausflüsse des freimaurerischen Lehrinhalts gliederte sich der Ausschuß der Deutschen Liga für Völkerbund an. Indem er die ethische und völkerrechtliche Seite ins Auge faßte, wollte er den von der Liga propagierten Gedanken der Zusammenfassung der zerklüfteten Menschheit im Sinne der großen und ewigen geistigen Güter der Menschheit, des Wahren, Schönen und Edlen, gewissermaßen in die Logensprache übersetzen und so von seiner Seite aus und an seiner Stelle nicht nur den großen und so echt freimaurerischen Gedanken des Völkerbundes fördern helfen, sondern darüber hinaus der Arbeit der Liga jene ethische Vertiefung und religiöse Weihe geben, ohne welche auch die reinste und selbstloseste Arbeit an der politischen Gestaltung der Zeit keinen Erfolg haben und keine Dauer versprechen kann. Erster Vorsitzender war Ludwig Müffelmann (s. d.), ihm standen u. a. der Anatom Professor Dr. Bluntschli in Frankfurt a. M., Alfred Unger, Doktor Jaeckh, Hjalmar Schacht und Dr. Leo Müffelmann zur Seite. Auf die Tätigkeit dieser Freimaurer war ein Preisausschreiben der Liga über das Thema „Das Verhältnis der Grundlehren der Freimaurerei zum Völkerbundgedanken" zurückzuführen (s. Völkerbund). Der Ausschuß hatte leider nur kurzen Bestand.

Blutmischung. Von den Mysterienbünden ins Ritual einzelner freimaurerischer Systeme (z. B. Schwedische Lehrart) übernommener Brauch, der die Verbrüderung, Bundesschließung, Unio symbolisiert (s. Verbrüderung).

B'nai B'rith, Unabhängiger Orden (U. O. B. B.), Söhne des Bundes, ist ein 1843 in New York begründeter Ordensverband, der nur Juden aufnimmt. Er trat in Amerika mit dem Programm auf, die Interessen der jüdischen Bürger zu vertreten und an ihrer moralischen und ethischen Vervollkommnung zu arbeiten. 1869 trat eine Reorganisation ein. Zur Zeit, da in Deutschland die Wogen des Stöckerschen Antisemitismus besonders hochgingen, wurde er nach Deutschland (1882) und anderen europäischen Staaten verpflanzt und nahm in der Folge einen bedeutenden Aufschwung. Der Orden hat seine zentrale Leitung in seinem Ursprungslande Amerika, in den anderen Staaten bestehen Distrikts-Großlogen, die sich wieder auf Logen aufbauen. Der Orden hat in Europa keine Grade, dagegen Erkennungszeichen und ein Ritual, das mit dem freimaurerischen Ritual in keiner Weise identisch ist. Frauen werden nicht aufgenommen, jedoch haben viele Logen Frauenvereinigungen und Jugendbünde angegliedert.

Der Orden ist unpolitisch und hat mit der Freimaurerei nichts weiter gemeinsam als gleichartige, aber auf einen konfessionell engen Kreis beschränkte Tendenzen der ethischen Erziehung seiner Mitglieder und der Karitas. Der von Gegnern der Freimaurerei aus durchsichtigen Gründen immer wieder behauptete Zusammenhang des Ordens mit dieser ist frei erfunden. Manche Freimaurer-Großlogen, auch humanitäre, verbieten ihren Mitgliedern sogar den Beitritt, ebenso wie zu anderen freimaurerähnlichen Verbindungen.

Die Leistungen des Ordens, namentlich in karitativer Beziehung, sind mustergültig. Sein Schrifttum bewegt sich auf einer ansehnlichen Höhe. Die Gegnerschaft, die der Orden auch in Freimaurerkreisen findet, ist ganz unbegründet. Er ist auch kein „geheimer" Orden, sondern als Männerbund innerhalb einer Glaubensgemeinschaft zu werten, der nach seinen äußeren Kennzeichen in die gleiche Kategorie gehört wie die Freimaurerei, mit dieser aber sonst weder nach Entstehung noch nach seiner umgrenzten Arbeit, noch organisatorisch etwas zu tun hat.

Board of Benevolence, Wohlfahrtsamt der Großloge von England, verfügt über den Wohlfahrtsfonds (Fund of Benevolence), aus dessen Mitteln allmonatlich 30 bis 50 Spenden an bedürftige Brüder, bezw. Schwestern im Gesamtbetrag von durchschnittlich 3000 Pfund bewilligt werden. Der Fonds wird aus obligatorischen Gaben der Logen und der zu Großbeamten (auch in den Provinzial- und Distrikts-Großlogen) ernannten, bezw. mit dem „London Rank" (s. d.) ausgezeichneten Brr. gespeist. Jährlich stehen etwa 36.000 Pfund zur Verfügung.

Board of General Activities, seit 1927 der eigentliche Verwaltungskörper der sehr umfangreichen Agenda der Großloge von New York. Die Tätigkeit gliedert sich in folgende Unterabteilungen:

1. Board of Publication, der Presseausschuß, der die Herausgabe der Großlogenzeitschrift besorgt. Von dem Umfang der Tätigkeit dieses Ausschusses gibt die Abnehmerziffer des Blattes „Masonic Outlook" — 133.000 Abonnenten — eine Vorstellung.
2. Bureau of Social and Educational Service, ein Amt, das sich mit freimaurerischen Fortbildungsfragen zu beschäftigen hat.
3. The Committee on Antiquities dient archivalischen und historischen Zwecken sowie der Verwaltung des Großlogenmuseums.
4. The Committee on Employment Service, die freimaurerische Arbeitsvermittlungsstelle, und schließlich
5. The Grand Lodge Library, die Verwaltung der Großlogenbibliothek.

Board of General Purposes, Ausschuß für allgemeine Zwecke, heißt in der Großloge von England der mit großer Machtvollkommenheit ausgestattete Verwaltungsausschuß der Großloge, an dessen Spitze ein ehrenamtlicher Präsident steht. Er setzt sich zusammen aus dem Großmeister, dem amtierenden (Pro-) Großmeister, mehreren Großbeamten und 32 Beisitzern aus den Logen der Großloge. Acht Mitglieder ernennt der Großmeister, die anderen werden in einem recht umständlichen geheimen Wahlgang gewählt. Die Befugnisse des Board erstrecken sich auf die Vermögensverwaltung, die Auslandskorrespondenz, das Anerkennungsverhältnis und zahlreiche Rechtsfragen innerhalb der Großloge u. v. a. m.

Boas, der Name der linken oder nördlichen Säule im Vorraume des Salomonischen Tempels. Die Übersetzung wird verschieden gegeben: In ihm (Gott) ist es stark, oder englisch: in strength (in Stärke).

Böber, Johann, russischer Staatsrat, Direktor des Petersburger Kadettenkorps, war zu Beginn des 19. Jahrhunderts einer der tätigsten Freimaurer. Schon 1779 wirkte er als Großsekretär der Schwedischen Provinzialloge in Rußland. Nach den „Acta Latomorum" erreichte er 1803 vom Zaren Alexander I. die Aufhebung des von Paul I. erlassenen Verbotes der Freimaurerei. 1805 wurde er Stuhlmeister der neugegründeten Loge „Alexander zum gekrönten Pelikan", 1809 Großmeister der Großen Direktorialloge „Wladimir zur Ordnung". 1810 zog er beim Großmeister der Großen Landesloge der Freimaurer von Deutschland, Castillon, Erkundigungen über den damals in Rußland freimaurerisch sehr rege tätigen Feßler ein, auf die er wenig günstige Auskünfte erhielt. Das führte naturgemäß zu einer Vertiefung der Abneigung, der sich Feßler auch in Rußland bald gegenübersah. Nach der Gründung der Großloge „Astraea", 1815, behielt B. die Leitung der Direktorialloge noch ein Jahr lang bei und überließ diese dann dem Grafen Mussin-Puschkin; mit der Loge „Zum flammenden Stern" ging er zur „Astraea" über.

Bobrik, Eduard, Professor der Philosophie, 1834—1857 Mitglied der Loge „Modestia cum libertate" in Zürich, Verfasser des Buches „Geschichte, Grundidee und Verfassung der Freimaurerei, zeitgemäß dargestellt von einem Freimaurer" (anonym erschienen Zürich, Orell Füssli & Co., 1838), ins Französische übersetzt 1841, ebenso ins Holländische 1860. Von ihm stammte auch die Idee, mit freimaurerischer Hilfe das deutsche Auswanderungswesen nach Amerika zu regeln und die Lage der Einwanderer in Amerika zu bessern.

Bocayuva, Quintino, brasilianischer konservativer Politiker, 1889 einer der Hauptgründer der Republik, * 1837, † 1912, war Großmeister des Großorients von Brasilien.

Bock, Max, Rechtsanwalt und Notar in Magdeburg, * 1870, aufgenommen 1905 in die Loge „Ferdinand zur Glückseligkeit" in Magdeburg (größte Loge der „Drei Weltkugeln"), seit 1930 deren Meister vom Stuhl, setzte sich auf der Großlogenversammlung Mai 1931 energisch, aber erfolglos für die Beibehaltung der Beziehungen der „Drei Weltkugeln" zur Großloge von Wien ein.

Bode, Johann Joachim Christoph, Taglöhnerssohn, * 1730 (Barum in Braunschweig), † 1793, Militärmusiker, in welcher Eigenschaft er zu komponieren und schriftstellern begann, Autodiktat. 1757 Sprach- und Musiklehrer in Hamburg, 1762 bis 1763 Redakteur des „Hamburgischen Correspondenten". Durch Heirat vermögend geworden, errichtete er eine Buchdruckerei und Verlagsanstalt. Er verlegte eigene und fremde Werke, so Goethes „Götz", Lessings Dramaturgie, Klopstocks Oden, Friedrich Ludwig Schröders „Hamburgisches Theater" und die Zeitschrift „Der Wandsbeker Bote". Dessen Leitung übertrug er seinem Freunde Mathias Claudius (s. d.), später ebenfalls Freimaurer. 1768 verband Bode sich mit Lessing zu der „Buchhandlung der Gelehrten". Diese ging jedoch bald ein. 1778 ging Bode nach Weimar. Als Übersetzer aus dem Englischen hatte er einen guten Namen. In den Freimaurerbund aufgenommen 1761 (Loge „Absalon" in Hamburg), war er in der Strikten Observanz tätig, wurde Gegner dieser Lehrart und suchte in anderen Systemen Befriedigung. Als

Lessing ihn 1771 um Aufnahme bat, lehnte Bode ab, weil die Fortschritte des Systems für den Feuergeist zu langsam seien. 1773 zum Zugeordneten Meister gewählt, vertrat er den Hamburger Orient auf den Konventen in Braunschweig 1775 und Wolfenbüttel (1778). 1780 leitete er die Aufnahmearbeit der Loge „Amalia", in der Goethe das maurerische Licht erhielt. Auf dem Konvent von Wilhelmsbad trat Bode mit seiner Lieblingsidee, der Behauptung geheimer jesuitischer Einflußnahme auf die Freimaurerei, ohne sonderlichen Erfolg auf. Durch Freiherrn von Knigge in den Illuminatenorden aufgenommen, begeisterte er sich eine Zeitlang sehr für diesen (er warb den Herzog Karl August, Goethe, Herder), ebenso für den Orden der Philalethen. Bahrdts „Deutsche Union der XXII" enthüllte er als Spekulation auf menschliche Dummheit. 1790 wollte er ein neues Freimaurersystem schaffen, den „Deutschen Freimaurerbund", der aber nicht zustande kam. Mit Schröder (s. d.) verband ihn innige Freundschaft. Als Wissenschaftler und als Freimaurer stritt B. stets für Wahrheit, Aufklärung und Menschenwohl. Er studierte die Freimaurerei mit heißem Eifer; mehr als 800 Bände über die geheimen Ordensverbindungen der verschiedensten Länder hatte er zu diesem Zwecke gesammelt. Als in den Tagen der französischen Revolution das Obskurantentum zu einem publizistischen Generalangriff auf Illuminaten und Freimaurer einsetzte, wurde B. als „unbekannter Oberer", als „Beförderer des Umsturzes", als Verbindungsoffizier zwischen den Illuminaten und den Jakobinern (auf dem Weg über Mirabeau) verleumdet; namentlich der Wiener Denunziant L. A. Hoffmann (s. d.) griff ihn aus heftigste an („Deutsche Union" u. a.). Wieland (im „Teutschen Mercur"), Georg Friedrich Rebmann („Die Wächter der Burg Zion"), das „Archiv für die neueste Kirchengeschichte" u. a. traten energisch für B. ein.

Bode ist bei all seiner Begeisterung die Personifikation der um das Ende des 18. Jahrhunderts aus ihrer Bahn geworfenen Freimaurerei. Wie diese, erschöpft er sich in Plänen, Neugründungen, ist allem Neuauftauchenden willig und findet nirgends Rast. Das Wort „rastlos", das auf seinem Grabstein steht, charakterisiert ihn am besten. Von ihm sind zahlreiche freimaurerische Reden und Schriften, die er z. T. selbst verlegt hat, erhalten. Von ihm stammt u. a. auch „Cagliostro, Chef der Illuminaten?", welche Abwehrschrift er 1790 gegenüber dem „Geständnis" des Scharlatans vor dem römischen Gerichtshof der Inquisition veröffentlichte. Wichtig ist vor allem der von ihm als ersten unternommene Versuch einer freimaurerischen Bibliographie (s. d.).

Als nach der französischen Revolution die Freimaurer- und Illuminatenriecherei kräftig blühte, tauchte der Name von Bode in zahlreichen Schriften als der eines angeblichen Hauptbeförderers des Umsturzes auf. Hoffmann, Wien (s. d.), und andere behaupteten, eine Reise, die Bode 1788 zwecks Teilnahme am Philalethenkongreß und Studiums des Mesmerismus unternommen hatte, habe diesem „Oberen" dazu gedient, sich „als Haupttriebwerk der Volksaufwiegelei" zu betätigen. Gegen diese Erfindungen trat u. a. Wieland im „Teutschen Merkur" auf, der Bode bestätigte, daß er stets nur von dem Bestreben geleitet gewesen sei, das Wohl der Menschheit zu fördern, aber unfähig, auch nur daran zu denken, durch ungesetzliche Mittel und Gewalt die Dinge auf Erden zu ändern.

Bodenzeichnung, Symbolische. In den Volksbrauchtümern kommen seit den Uranfängen der Menschheit symbolische Bodenzeichnungen vor. Zumeist dienen sie zur Absteckung eines zu bestimmten Zwecken geweihten Raumes. So als Gerichtsort, in Verbindung damit zur Bezeichnung des Ortes und Raumes, innerhalb dessen das Gottesurteil, der Zweikampf als gerichtliches Beweismittel, ausgetragen wird. Ferner zur Bezeichnung des kultischen Raumes, sei es für eine besondere Tabuhandlung oder bei höherer Entwicklungsstufe für eine gottesdienstliche Handlung, eine Weihe u. a. m. Bodenzeichnungen magischer Art sind die bei den verschiedenen Einweihungszeremonien primitiver Völker üblichen Symboldarstellungen. So z. B. bei den Borazeremonien der Australier, eine aus Ocker und Kalk hergestellte Schlangenzeichnung, um welche die Neophyten herumgeführt werden. Ebenso bei den Hopiindianern gelegentlich der Schlangenfeste. Dort, wo eine gewisse Erkenntnis des Ablaufes der Himmelsgestirne bereits eingetreten ist, verbindet sich der magische Sinn der Zeichnung mit primitiven astronomischen Nutzanwendungen, wie Berechnung des Sonnenstandes u. a. Die berühmten Kreise des Stonehenge sind in Stein festgehaltene, magisch-astronomische Bodenzeichnungen. Geisterbeschwörer, Zauberer, Schatzgräber ziehen mit dem Schwert, dem geweihten Stab, dem Ginsterbesen den Kreis um sich. Mephisto wird von Faust durch ein Pentagramm festgehalten, dessen Bann erst ein Rattenzahn bricht. Der magische Kreis zieht die beschworenen Geister an, hält sie aber zugleich vom Beschwörer fern. Der Zauberkreis schließt ab, der in ihm Stehende ist nach außen hin gedeckt.

Einen andern Sinn haben Bodenzeichnungen, die eine Darstellung des Symbolinhaltes eines Kults enthalten. So wurde in manchen deutschen Handwerksbräuchen die Lade in einen Kreidekreis gestellt. Die Symbolzeichnung wird auf den runden Tisch gemalt u. a. m. In den alten Freimaurerbräuchen spielt die Bodenzeichnung eine besondere Rolle. Sie dient hierbei nicht nur als Symboltafel, sie ist ein Lehrbehelf, mit dem das eigenartige Gehen des Eingeweihten gelehrt werden soll. Wie sich aus der Symboltafel der Bodenzeichnung der Teppich der modernen Loge entwickelte, s. Tapis.

Bodley, Thomas Sir, **Bodleian Library,** Thomas Bodley, 1545 bis 1613. Staatsmann und Gelehrter, vermachte bei seinem Tode seine Bibliothek und Handschriftensammlung, für deren Anschaffung er 200.000 £ verwendet haben soll, der Universität in Oxford. In dieser seither ständig weitergeführten Bibliothek befinden sich die Mehrzahl der auf die Entwicklung der spekulativen Freimaurerei bezüglichen Handschriften und Akten. So das Tagebuch des

Elias Ashmole (s. d.), die Schriften von John Aubrey und die Manuspripte des Dr. Richard Rawlinson, der in einem Ms. „Collections relating to Freemasonry" alles, was ihm über Freimaurerei bekannt wurde, teils eintrug, teils in Zeitungsausschnitten einklebte. Ein ausführliches Verzeichnis der in der B. Library erhaltenen Stücke mit Besprechung s. A. Q. C., Band 1898.

Bodung-Verlag — Des Kaisers Traum, mit englischem, deutschem, französischem und spanischem Text und einer farbigen Bilderbeilage 1927. Im Jahre 1890 war die Person Kaiser Wilhelm II. bereits derart deutlich vor den politischen Hintergrund der Zeit getreten, daß die englische Zeitung „Truth" dem Kaiser in ihrer Weihnachts-Nummer einen großen politischen Bilderbogen widmete. Dieser Bilderbogen gibt ein Traumgesicht des Kaisers wieder, der Bismarck entläßt, dadurch Volksaufstände entfesselt, schließlich in einen Weltkrieg hineingerät, worauf ganz Europa in Republiken zerfällt. Der Kaiser flüchtet und die stellenlosen Monarchen gehen in ein Arbeitshaus. Dieser politische Witz, gezeichnet von Sir F. Carruthers Gould und mit einem Bänkelsängerlied von Dowty, erwies sich teilweise von verblüffender Prophetie. Dem Verlage Bodung blieb es vorbehalten, daraus Zusammenhänge mit der Freimaurerei zu finden, trotzdem feststeht, daß weder die beiden oben Genannten, noch der Redakteur Voules jemals Freimaurer gewesen sind.

Body of Masonry (engl.), die Körperschaft, Korporation der Freimaurer, wird im frühesten freimaurerischen Schrifttum häufig synonym für Loge, Großloge, Craft usw. verwendet. So in den Constitutions von 1723. Später im Sprachgebrauche gestrichen, kommt es jetzt nur noch in der Verbindung Grand Bodies, Großkörperschaften, zur Bezeichnung von Großlogen, Großorienten usw. auch im amtlichen Großlogengebrauche vor.

Boenders, Franciscus Coenraad Marinus, * 1887, von 1911—16 niederländisch-reformierter Pfarrer, seither Pfarrer der Geisteskrankenkolonie Gheel in Belgien, seit 1922 Rechtsanwalt in Utrecht, Großredner des G. O. der Niederlande seit 1929, Vorsitzender der holländischen Landesgruppe der Allgemeinen Freimaurerliga und deren Ausschußmitglied, eifrig um die Organisation der Luftons bemüht, deren „Vereenigung van studeerende Kinderen van Vrijmetselaren" er 1928—1930 in ihr Sommerzeltlager begleitete.

Boerhave, Hermann, berühmter Arzt in Wien, Direktor des Medizinwesens unter Maria Theresia (1668 bis 1738), Mitbegründer des Weltrufes der Wiener medizinischen Fakultät. war Freimaurer. Eine Wiener Straße trägt seinen Namen.

Bogota, Hauptstadt der südamerikanischen Republik Kolumbien, Sitz der Gran Logia de la República de Colombia.

Boheman, Karl Adolf Anderson, schwedischer Postbeamter, später Hofsekretär, * 1770, lernte auf Reisen in Deutschland das System der Asiatischen Brüder (s. d.) kennen und versuchte, dieses dem Herzog von Södermanland aufzudrängen. Er vermischte damit allerlei mystische Tendenzen und soll auch politische Ziele verfolgt haben. Er wurde daher von der schwedischen Polizei verhaftet und 1803 ausgewiesen. Das gleiche Schicksal widerfuhr ihm in Dänemark. Er ging dann nach Deutschland, versuchte nochmals, in Schweden festen Fuß zu fassen, wurde aber neuerlich landesverwiesen. 1812 machte er vergeblich Anstalten, in Pyrmont eine Loge zu gründen. Daß er wichtig genommen wurde, beweisen Verlautbarungen der schwedischen Regierung im „Hamburger Korrespondenten" von 1803 sowie eine weitere Erklärung des Kanzlers Oxenstierna von 1804 in der gleichen Zeitung. B. selbst ließ mehrere Verteidigungsschriften erscheinen. Findel bezeichnet ihn („Geschichte der Freimaurerei", Seite 560) als einen Betrüger.

Böhme, Jakob, Schuhmacher in Görlitz (1575 bis 1624), christlicher Mystiker, Theosoph, übte starken Einfluß auf die Gedankengänge der Rosenkreuzer und der auf diesen fußenden freimaurerischen Systeme aus.

Böhmen. Nach einer allerdings umstrittenen Überlieferung soll Franz Anton Graf von Sporck bereits am 24. Juni 1726 in der Landeshauptstadt Prag eine Loge „Zu den drei Sternen" begründet haben. Wäre dies richtig, so wäre die Prager Freimaurerloge eine der allerersten auf dem europäischen Kontinente gewesen. In den Akten der englischen Großloge findet sich jedoch keinerlei Hinweis auf diese Gründung, trotzdem die Legende erzählt, der erste Großmeister der Großloge von England, Sayer, wäre bei der Prager Gründung persönlich anwesend gewesen. Die Geschichte der böhmischen Freimaurerei spielt sich im 18. Jahrhundert hauptsächlich in Prag ab. Wahrscheinlich ist die Freimaurerei erst zur Zeit des österreichischen Erbfolgekrieges durch sächsische und französische Freimaurer in regelrechte Formen gebracht worden. Da die Archive vorläufig vollkommen versagen, kann als erste Erscheinungszeit von Freimaurerlogen nach außen hin erst die Zeit um 1741 angesetzt werden, wo wir von einer Spaltung einer bestehenden Loge in eine bayrische, österreichische und neutrale Partei erfahren. Diese bisher nur als Mutmaßung aufzustellende Behauptung, die den Ursprung der Freimaurerei in Böhmen erst in das fünfte Jahrzehnt des 18. Jahrhunderts verlegt, wobei die Person des sächsischen Grafen Rutowsky (s. d.) vielleicht noch nicht genügend gewürdigt wird, erfährt in letzter Zeit eine Bestätigung durch einen Archivfund von Dr. Josef Volf, Prag. Nach einem am 24. Juni 1791 von der Prager Loge „Zu den drei gekrönten Sternen und Redlichkeit" an die Regensburger Loge „Zu den drei Schlüsseln" gerichteten Schreiben, traten „vor 50 Jahren" d. i. also 1741, zur Zeit der Besetzung Prags durch sächsische und französische Truppen, „einige hier anwesende Brr. öfter zu den geheiligten Arbeiten zusammen", ohne unter einem besonderen Logennamen verbunden zu sein. Diese Zusammentretung aber hat den Grundstein zur Konstituierung dieser ältesten Loge Böhmens und fast aller österreichischen Staaten gelegt. In weiterer Folge ward die Loge unter dem Namen „Zu den drei Kronen" nach englischem System förmlich bestellt, nahm in weiterer Folge der Zeit den Namen „Zu den drei Sternen" an, den sie sodann 1763 in jenen, den sie jetzt führt, verwandelte und sich zu dem Bunde der vereinigten Logen Deutschlands gesellte. Damit dürfte die Überlieferung von der ersten Logengründung durch den Grafen Sporck (s. d.) wohl erledigt sein.

Außerhalb Prags bestand nur noch eine Loge in B., die Sincérité, die 1741 in Leitmeritz ins Leben trat und mit dem Grafen Kinigl und den sie zumeist bildenden Militärpersonen nach Pilsen und Klattau wanderte. An andern Orten Böhmens ist im 18. Jahrhundert keinerlei freimaurerische Spur nachweisbar. Nach der im Zeitalter der Reaktion verfügten Aufhebung der Freimaurerlogen wurden alle Logen in B. geschlossen (1792).

1811 versuchte Josef Graf Auersperg, Oberstlandrichter, die Prager Loge „Vereinigte Freunde zur Wahrheit und Einigkeit" wieder zu errichten. Die Sache wurde jedoch ruchbar und Auersperg strafweise von Prag versetzt. Trotzdem soll die Loge bis 1818 bestanden haben, in welchem Jahre sie aufgehoben wurde. 1849 wurde von zwei verschiedenen Gruppen gleichzeitig versucht, Freimaurerlogen in Prag zu errichten. Die Behörden verweigerten jedoch die Genehmigung. In der Zwischenzeit wurden in reichsdeutschen Städten, besonders in Dresden, Breslau, später in Hof, Zittau u. a. O., österreichische Staatsbürger aus B. sporadisch aufgenommen. Vereinigungen von Freimaurern gab es jedoch erst wieder seit 1869, als durch die neue Vereinsgesetzgebung die Bildung von unpolitischen Vereinen gestattet wurde. Am 24. Juni 1870 wurde von einer Gruppe von Freimaurern unter Leitung des Gaswerkdirektors Chr. Fr. Aug. Jahn (s. d.) der Statthalterei in Prag ein Gesuch um Reaktivierung der Loge „Zur Wahrheit und Einigkeit" überreicht. Dieses Gesuch wurde vom Statthalter Baron Koller unter der Voraussetzung genehmigt, daß sich die Loge unter das Vereinsgesetz zu stellen habe, was die gelegentliche Überwachung der Vereinstätigkeit durch Polizeibeamte beinhaltete. Statt diese günstige Gelegenheit zu ergreifen, wurde von den Prager Brüdern lieber auf die Logengründung Verzicht geleistet, weil man sich mit dem gelegentlichen Zutritt von Nichtmaurern nicht abfinden konnte. Dadurch wurde das Schicksal der Freimaurerei in ganz Österreich in Bahnen geleitet, die der Entwicklung der Freimaurerei hinderlich waren. Der Prager Bruderkreis blieb zwangslos beisammen und gab sich erst 1880 die Vereinsform als nichtpolitischer Verein „Harmonie". Die Freimaurerei fand in B. nunmehr in Form der unpolitischen Vereine mehrere Siedlungsstätten. So in Karlsbad (1871), Prag (1872), Pilsen (1879), Saaz (1883), Bodenbach (1884), Asch (1896), Reichenberg (1897) und Haida. 1909 gründeten Prager Brüder mit Unterstützung der symbolischen Großloge von Ungarn eine Grenzloge in Preßburg (s. d.), die sich mit dem Prager nichtpolitischen Verein „Charitas" deckte. Die Loge arbeitete in Prag administrativ, während rituelle Arbeiten in Preßburg stattfinden mußten. Diese Loge „Hiram zu den drei Sternen" hatte vor dem Weltkriege einen Stock von Brüdern tschechischer Nationalität, die kurz vor dem 28. Oktober 1918 austraten und den Grund zur tschechoslowakischen National-Großloge legten. Die Vereine, die den Krieg überdauert hatten, bildeten sich mit Hilfe benachbarter deutscher Großlogen in Logen um und schlossen sich zur Großloge „Lessing zu den drei Ringen" zusammen.

1931 gibt es daher in B.: die Großloge „Lessing zu den drei Ringen", gegr. 1920, und die Národní Veliká Lože Československá. Die erstere hat in B. Logen in Prag (5), Saaz, Karlsbad, Marienbad, Teplitz-Schönau, Brüx, Gablonz, Reichenberg und Pilsen, die tschechische National-Großloge unterhält in B. 6 Logen in Prag und eine in Pilsen (s. auch Prag, Österreich, Tschechoslowakische Republik).

Böhmische Brüder, christliche Sekte, die auf theologische Schriften des Peter von Chelčický (1420) zurückgeht. Ihm schloß sich der Bruder Gregor an, der die Absichten Peters erläuterte. Die Anhänger beider wurden seit 1461 als angebliche Taboriten verfolgt und sagten sich 1467 von der katholischen Kirche los. Die Eigentümlichkeiten ihrer Lehre liegen mehr auf ethischem als auf dogmatischem Gebiet. Ihr Grundgesetz war die Bergpredigt, weshalb sie die Übernahme von Staatsämtern, den Eid und Kriegsdienst verweigerten. Da sie sich im Schmalkaldischen Krieg weigerten, Kriegsdienste zu leisten, wurden ihre Kirchen beraubt und sie selbst vertrieben. Reste der Waldenser schlossen sich ihnen an. In Preußen und Polen fanden sie Zuflucht, hatten aber im Dreißigjährigen Kriege viel unter Verfolgung zu leiden. Johann Amos Komenský (Comenius) (s. d.) war ihr letzter Bischof. Die Brüdergemeinde löste sich nach seinem Tode auf. Erst Graf Zinzendorff hat ihr Gemeindeleben wieder erneuert. Ihre Reste leben in den Herrenhuter Brüdergemeinden weiter.

Durch die Person ihres Bischofs Comenius ergeben sich Beziehungen zur Freimaurerei. Dagegen sind die von Abafi unternommenen Versuche, in ihnen Vorgänger der Freimaurerei in Böhmen zu erblicken, als willkürlich abzulehnen.

Boieldieu, François Adrien, französischer Opernkomponist („Kalif von Badgad", „Weiße Dame"), * 1775 in Rouen, † 1834, war 1803 Kapellmeister in St. Petersburg und dort Mitglied der Loge „Les amis réunis", für die er auch eine Kantate komponierte.

Boito, Arrigo, italienischer Komponist und Dichter, * 1842, † 1918, bekannt durch seine Opern „Mefistofele" (nach Goethes „Faust") und „Nerone", Übersetzer von „Rienzi" und „Tristan", schrieb das Textbuch zu Verdis „Othello" und „Falstaff", ferner Novellen und Gedichte, war Freimaurer. (Alessandro Luzio „La Massoneria e il Risorgimento italiano".)

Bojničić, Ivan, * 1858, † 1925, kroatischer Historiker, Landesarchivdirektor in Zagreb, Lektor der ungarischen Sprache an der dortigen Universität, 1887—1889 Volksabgeordneter im kroatischen Sabor, schrieb eine Reihe archivistischer und historischer Studien, u. a.

„Der Adel von Kroatien und Slawonien". B. war langjähriger Redakteur der Zeitschrift des Landesarchivs und gleichzeitig der freisinnigen „Aufklärungs-Bibliothek". Als Mitglied der Budapester Loge „Demokratia" war er 1892 Mitgründer der Zagreber Loge „Hrvatska Vila", die sich, als sie die Bestätigung der Behörde trotz aller Bemühungen nicht erlangen konnte, 1903 auf Betreiben von B. mit der Sisaker Loge vereinigte.

Bokanowski, M a u r i c e, * 1879, † 1928, französischer Politiker der Rechten, literarischer Bekämpfer des Bolschewismus, Marineminister. Als Handelsminister im Kabinett P o i n c a r é schloß er 1926 mit Deutschland den ersten Handelsvertrag nach dem Weltkrieg. B. verunglückte auf einem Dienstfluge. Er war Stuhlmeister der Pariser Loge „Action".

Bolanden, K o n r a d v., Pseudonym für Josef B i s c h o f f, päpstlicher Geheimkämmerer, der 1871 ein Buch „Kelle und Kreuz", Erzählung für das Volk (Mainz), und 1908 ein ,weiteres, „Satan bei der Arbeit", erscheinen ließ. Beide sind gegen den Freimaurerbund gerichtete Erzählungen. In der letzteren hat B. die „sozialistisch-jüdisch-freimaurerische" Verbrüderung L u d e n d o r f f s bereits vorgeahnt.

Boliac, C e s a r, rumänischer Politiker und Dichter, * 1813, † 1880, wurde wegen seiner Stellungnahme gegen das russische Protektorat eingekerkert, 1848 Mitglied des revolutionären Komitees und Sekretär der provisorischen Regierung, schrieb patriotische, von sozialem Empfinden erfüllte Gedichte, auch als Archäologe hervorragend, war Freimaurer.

Bolintineanu, D i m i t r i, rumänischer Politiker, Dichter und Publizist, * 1826, † 1872, nahm gegen das russische Protektorat Stellung, verbannt, nach seiner Rückkehr 1861 Außen-, dann Unterrichtsminister, schrieb „Blumen des Bosporus", „Legenden und Lieder Rumäniens", Dramen („Alexandri Lapusneano" usw.), war Freimaurer.

Bolivar, S i m o n, General, * 1783 in Caracas (Venezuela), † 1830 in Santa Maria (Kolumbien), war Freimaurer. Nationalheld des südamerikanischen Befreiungskampfes gegen Spanien, 1810 Mitkämpfer von Miranda (s. d.), Bahnbrecher auf geistigem und kulturellem Gebiet. Freund Alexander v. Humboldts, der mit seiner Hilfe seine berühmte Forschungsreise über die Anden unternahm. Nach einem ungemein schwierigen Marsch über die Kordilleren konnte B. Neugranada und hernach das ganze nördliche Südamerika befreien und sich zum Präsidenten des Staates Kolumbien (damals Neugranada, Venezuela und die Gegend des heutigen Ecuador), 1827 auch von Peru, aufschwingen. 1826 berief B. einen panamerikanischen Kongreß nach Panama zur Gründung der „panamerikanischen Union". 1829 brach ein Aufstand gegen B. los; im Jänner 1830 dankte er ab. Anläßlich der Feiern zu seinem 100. Todestage beantragten die Freimaurer der Staaten Bolivia, Ecuador und Chile die Errichtung eines Nationaldenkmals, verbunden mit einer polytechnischen Anstalt, an der junge Leute der südamerikanischen Staaten für gemeinsame Zwecke erzogen werden sollten.

Bolivien, südamerikanische Republik. Bis 1930 hatte die Großloge von Chile insgesamt sieben Logen in La Paz, Cochabamba, Oruro, Potosi Sucre. Am 12. April 1930 erteilte sie einen Stiftungsbrief für eine selbständige Großloge von B.

Bolschewismus ist der von L e n i n interpretierte und zum Teil verwirklichte Marxismus. Seine Entstehung geht auf den Londoner Parteikongreß der Sozialisten 1903 zurück, 1917 gelangte er in Rußland zur Herrschaft. Sein Ziel ist klassenlose, staatenlose, gewaltlose, kommunistische Gesellschaftsordnung in der ganzen Welt, sein Mittel die Diktatur des Proletariats, das Symbol ist der fünfzackige Sowjetstern mit Hammer und Sichel. Die angebliche Heraufbeschwörung des B. durch die Freimaurerei, die von ihm geplante Weltrevolution, die Ermordung der Zarenfamilie werden von Gegnern der Freimaurerei besonders gerne als schlagendes Beispiel des verhängnisvollen freimaurerischen Einflusses auf das Weltgeschehen herangezogen. Tatsächlich bestehen zwischen B. und Freimaurerei weder persönliche noch geistige Zusammenhänge irgendeiner Art. Der B. ist seinem Wesen nach kollektivistisch, die Freimaurerei individualistisch. Die Volkskommissäre haben die Freimaurerei, die zu ihrer Zeit in Rußland nicht mehr existierte, trotzdem ausdrücklich verboten, sogenannte Nachahmungen in Form eigenartiger mystischer Vereinigungen, wie der „Lodernde Löwe von Leningrad", wurden aufs schärfste unterdrückt. Kein einziger der Volkskommissäre hat jemals einer Freimaurerloge angehört. Insbesondere sind sie niemals in Paris aufgenommen worden. Der Umstand, daß die Pariser Logen zugleich als Aufnahmeort mißliebiger deutscher Politiker bezeichnet werden, beweist allein schon die tendenziöse Mache.

Lediglich T r o t z k y hat, wie er in seinem Memoirenwerke erwähnt, während seiner ersten Gefangenschaft aus der Gefängnisbibliothek Zeitschriften erhalten, die Artikel über Freimaurerei enthielten, und diese und dann auch Bücher aufmerksam studiert. „Ein Schreibheft von mehreren hundert Seiten, eng beschrieben, war fast ganz ausgefüllt von meinen Notizen über die Freimaurerei, ihre Ursprünge und ihre Entwicklung in den verschiedenen Ländern Europas", schreibt er. „So seltsam das scheinen mag, wurde die Geschichte der Freimaurerei die letzte Brücke, die mich zum Marxismus führte."

Dieser letzte Satz ist dahin gedeutet worden, als habe Trotzky aus dem freimaurerischen Gedankenkreis seine kommunistischen Grundsätze geschöpft. Gerade das Gegenteil ist richtig: einer Natur wie Trotzky konnten die auf Befreundung des Feindlichen zielenden Ideen der Freimaurerei nicht genügen. Er sah in ihnen eine Irrlehre, die mit allen Mitteln überwunden werden muß. 1923 schrieb er in der „Iswestija", gerade die französische Freimaurerei sei eine Pestbeule für den Kommunismus, gegen den sie einen reaktionären Einfluß geltend mache. „Sie ist die kapitalistische Feindin des Kommunismus; sie ist so rückständig wie die Kirche, der Katholizismus. Sie stumpft die Schärfe des Klassenkampfes durch Mystizismus, Sentimentalität und moralischen Formelkram ab... Mit glühendem Eisen müßte sie mit ihrer Gefolgschaft ausgerottet werden, denn sie schwächt die Lehren des Kommunismus durch ihre bürgerlichen Journalisten... Besser, eine kommunistische Gemeinschaft von nur 50.000 tatkräftigen Männern, als ein Freimaurer unter Hunderttausenden von ihnen." (W. F. Z. 1923, Nr. 2.). Auf Trotzky ist wohl die im gleichen Zeitraum erfolgte offizielle Stellungnahme der Sowjets gegen die Freimaurerei zurückzuführen; sie findet ihren Ausdruck in folgendem

Beschluß des vierten Kongresses der III. Internationale:

„Es ist unbedingte Notwendigkeit, daß die führenden Organe der Partei alle Brücken abbrechen, die zum Bürgertum führen und deshalb auch einen radikalen Bruch mit der Freimaurerei vollziehen. Der Abgrund, der das Proletariat vom Bürgertum trennt, muß der kommunistischen Partei voll zum Bewußtsein gebracht werden. Ein Bruchteil der führenden Elemente der Partei hat versuchen wollen, über diesen Abgrund maskierte Brücken zu schlagen und sich der freimaurerischen Logen zu bedienen. Die Freimaurerei ist die unredlichste und infamste Prellerei des Proletariats seitens eines nach der radikalen Seite neigenden Bürgertums. Wir sehen uns gezwungen, sie bis aufs äußerste zu bekämpfen."

Eine Reihe von Großlogen haben 1930 gegen die Kirchenverfolgungen in Sowjetrußland protestiert.

Bolzano, Bernhard, deutscher freiheitlicher katholischer Theologe, Philosoph und Mathematiker italienischer Abstammung an der Prager Universität, der, von Rom und dem Metternichschen Absolutismus verfolgt, humanistische und nationalidealistische Ideen im tschechischen Volk verbreitete und 1819 seiner Lehrkanzel der Religionswissenschaft verlustig ging, weil er laut kaiserlichem Dekret „seine Pflichten als Priester, Lehrer und guter Staatsbürger durch Lehren verletzt" hatte, die da lauteten: „Es wird die Zeit kommen, in der der Krieg, dieses unsinnigste Vorgeben zum Beweis des Rechtes des Schwertes, allgemein ausgerottet werden wird. Und auch die Zeit, in der die tausenderlei Unterscheidungen nach Würden und die Grenzen zwischen den Menschen auf das gebührende Maß herabgesetzt sein werden, wo ein jeder in seinem Nächsten nur seinen Bruder sehen wird. Und es wird schließlich auch die Zeit heraufdämmern, die nicht mehr gewaltsame Mißbräuche in dem furchtbaren Maße zulassen wird, das heute an der Tagesordnung ist, eine Zeit, in der niemand mehr allen Ernstes eine Ehre darin sehen wird, daß er allein soviel an irdischen Gütern zusammenrafft, wie genügen würde, die Bedürfnisse von Tausenden zu befriedigen." Nach B. heißt eine Prager tschechische Loge.

Bombarda, Miguel, Dr., Direktor des Hospitals für Geisteskranke in Lissabon, während der Revolution 1910 Leiter des Zivilausschusses, wurde am 3. Oktober erschossen. Seinem Sarge folgten Zehntausende. B. war Redner der Lissaboner Loge „Irradiacao".

Bombay, Provinz Britisch-Indiens. Die erste Loge wurde 1758 gegründet, 1763 ein Provinzial-Großmeister eingesetzt. Gegenwärtig sind unter der Distrikts-Großloge B. der Großloge von England in der Hauptstadt B., in Karachi, Poona usw. insgesamt 49 Logen tätig, darunter auch eine in Aden (Arabien). Adresse: F. M. Hall, Ravelin street, Fort, Bombay. Unter dem „Grand Master of all Scottish Freemasonry in India", der Großloge von Schottland, der ebenfalls seinen Sitz in B. hat (Adresse des Sekretariats: Elphinstone Building, Murzban Road, Bombay), arbeiten insgesamt 79 Logen, darunter viele in anderen Provinzen Britisch-Indiens, sowie in Afghanistan, Persien, Burma (Hinter-Indien) und auf Ceylon. Unter der Großloge von Irland sind in B. zwei Logen tätig.

Bonaparte, s. Napoleon, Napoleoniden.

Bonheur, Rosa, berühmte französische Tiermalerin, * 1822, † 1899, wurde nach ihren eigenen Angaben in einer Freimaurerkapelle getauft. Sie erzählte: „Mein Vater machte die Bekanntschaft eines Herrn Fabré-Palaprat, Großmeisters der Templer. Er besaß das Schwert, den Helm und den Panzer Jacques de Molays, des Märtyrers, der 1314 vor der Kathedrale von Notre-Dame verbrannt wurde. Ich wurde bei den Tempelrittern getauft. Sie hatten eine gotische Kapelle in der Cour du Miracle. Ich wurde getauft unter einem Stahldach von gekreuzten Degen, wobei die Ritter in voller Tracht anwesend waren." Fabré-Palaprat war 1804 Schöpfer der Pariser „Neutempler" (s. d.), eines Pseudo-Ordensrittertums, das mit Freimaurerei an sich nichts zu tun hatte und mit ihr höchstens dadurch in Berührung stand, daß unter den Mitgliedern auch Freimaurer waren.

Bonifaziuskorrespondenz, s. Galen, Augustinus.

Bonneville, Nicolas de, französischer Schriftsteller, Buchhändler in Paris, * 1760, † 1828. Verfasser des Buches „Les Jésuites chassés de la Maçonnerie et leur poignard brisé par les maçons" (1788), übersetzte auch Smiths „The use and abuse of Freemasonry" und Thomas Paines „Essay on the origin of Freemasonry" ins Französische. Seine — fixe — Idee war, daß die Jesuiten in die Freimaurerei die Templerlegende eingeführt hätten, um sie auf diese Weise zu zerstören. Für B. war alles, was im Freimaurertum zu den drei symbolischen Graden hinzugekommen war, Jesuitenwerk, Ramsay, von Hund, Saint Martin, die „Unbekannten Oberen" Geschöpfe der Jünger Loyolas. Das Buch wurde am 13. Juni 1788 im Auftrag der Mère-Loge écossaise im Saale der verlorenen Schritte laut Beschluß verbrannt. 1793 wurde B. als Girondist eingekerkert, kam aber glücklich wieder aus dem Kerker. Er ist auch der Verfasser profaner Geschichtswerke, so einer „Histoire de L'Europe moderne", 1792.

Die Idee, das die Jesuiten die Freimaurerei mit ihren eigenen Waffen schlagen wollten, ist nicht B.s geistiges Eigentum. Adam Weishaupt (s. d.), der Illuminat, dachte ebenso, auch Mirabeau kommt in seiner „Monarchie prussienne sous Fréderic-le-Grand" zu ähnlichen Schlüssen, vor allem aber erhob Bode (s. d.) (auf dem Wilhelmsbader Konvent) in diesem Sinne seine Stimme. Die hauptsächlichste Anleihe dürfte B. aber bei dem oben erwähnten, von ihm ins Französische übertragenen Buch des Captains Smith gemacht haben, dem die Großloge von England 1783 die Druckerlaubnis verweigert hatte. Auch Rebold (s. d.) suchte Zusammenhänge zwischen dem Jesuitenkolleg von Clermont und dem freimaurerischen Kapitel von Clermont. Ebenso Ragon (s. d.) in seiner Orthodoxie maçonnique. Daß die französischen Hochgrade über diese Verdächtigungen empört waren, liegt auf der Hand. Daher spricht auch die Mère-Loge in ihrem Urteil gegen B. von einem „Produkt, geboren aus einem perversen Geiste, und einem Gift, bestimmt, eine alles zerstörende Geißel der Freimaurerei zu werden" (s. Lantoine, Histoire de la Franc-Maçonnerie en France, Seite 218).

Bon Pasteur, System, Logen, die den Namen „Bon Pasteur" führten, finden sich um 1750 in Warschau und Wilna. Aus diesen ursprünglich wohl durchschnittlichen Logen entwickelte sich ein eigenartiges mystisch-kabbalistisches System in zwölf Graden, das sich in vielen Punkten den Gold- und Rosenkreuzern nähert. Dieses System scheint auf Polen beschränkt geblieben zu sein, wenn auch interessanterweise in Wien in Trödlerläden mehrere Abzeichen gefunden wurden. Die mit prachtvoll ausgeführten kabbalistischen Zeichnungen ausgestattete Liturgie des „Bon Pasteur" befindet sich in der Wiener Nat.-Bibliothek. (Ausführlich wiedergegeben mit zahlreichen Abbildungen in „Freimaurermuseum", Band II: Dr. Thalmann, „Das System der Loge du Bon Pasteur".)

Book of our charges, Buch unserer Pflichten, dem Cooke-Manuskript (s. d.) beigefügte Handschrift der „Pflichten" (s. d.) der englischen Steinmetzbrüderschaften, die ältesten, die bekanntgeworden sind. Nach der Hypothese von Sonnenkalb wahrscheinlich eine Abschrift der Statuten, die man auf eine Umfrage des Parlaments an die Gilden von 1388 an die Regierung einsandte. Das B. ist älter als das „Buch der Pflichten" im Halliwell-Manuskript, da dieses Gedicht mehr Artikel und Punkte (15 gegen 9) aufweist. Das Werk wurde bei der Aufnahme der Lehrlinge nach der Eidesleistung verlesen (s. Pflichten).

Boos, Heinrich, Dr. phil., Historiker, * 1851, † 1917, Professor der Geschichte in Basel, der sein Lebenswerk namentlich der Herausgabe historischer Unikate widmete (Inkunabeln und Handschriften der Schaffhausener Stadtbibliothek, Urkundenbücher der Städte Aarau, Worms, der Landschaft Basels), Geschichtsschreiber der Stadt Basel und der rheinischen Städtekultur, war Mitglied der Basler Loge „Zur Freundschaft und Beständigkeit", verfaßte u. a. ein auch in die französische Sprache übersetztes „Handbuch der Freimaurerei" (Aarau 1894). Besondere Bedeutung gewann seine 1910 in zweiter Auflage erschienene „Geschichte der Freimaurerei, ein Beitrag zur Kultur- und Literaturgeschichte des 18. Jahrhunderts".

Boosters s. Sciots.

Booth.

1. Edwin Thomas, berühmter amerikanischer Schauspieler, * 1833, † 1893, Shakespeare-Darsteller, gründete das nach ihm benannte B.-Theater in New York, widmete sein Haus dem Schauspielerklub „The Players", war Freimaurer. In Erinnerung an B., der für diesen Zweck eine bedeutende Summe gespendet hatte, wurde 1896 von der Großloge von New York ein Kinderheim (B. Memorial Building) errichtet.

2. Sir Felix, † 1850, Freund des Polarforschers Roß, dem er 20.000 Pfund zur Ausführung seiner Nordpolexpedition zur Verfügung stellte. Ihm zu Ehren ist die nördlichste Halbinsel des amerikanischen Kontinents Boothia Felix benannt. Er war Sheriff von London 1828 und 1829, wurde nach dem Tode seines Bruders 1834 Baronet. B. gehörte dem Freimaurerbunde an.

Borazeremonien, Mannbarkeitszeremonien australischer Stämme, bei denen in einer gradmäßigen Abstufung die Stammesweihe vollzogen wird. Diese Zeremonien sind als Kulturäußerungen Primitiver für das Verständnis der symbolischen Männerbünde von hohem Werte. Zahlreiche Bestandteile des Borakultes sind infolge der völkerpsychologischen Verwandtschaft bis in die Kulte moderner Männerbünde, so auch der Freimaurer, nachweisbar.

Bord, Gustave, französischer antifreimaurerischer Schriftsteller, Verfasser eines sehr wichtigen, auf Grund umfangreichen Materials geschriebenen historischen Buches „La Franc-Maçonnerie en France des origines à 1815", das auf drei Bände berechnet war, von denen aber nur der erste, bis 1771 reichend, erschien: „Les ouvriers de l'Idée révolutionnaire" (Paris 1908). Unter den wissenschaftlich arbeitenden Gegnern der Freimaurerei ist B. wohl einer der objektivsten. Im Verlaufe einer Polemik über seine Geschichtsauffassung im „Intermédiaire des Chercheurs et des Curieux", die sich über drei Jahre, 1910 bis 1913, erstreckte, erklärte B.: „Ich bekämpfe entschlossen, aber loyal den freimaurerischen Geist, den ich für destruktiv halte, aber ich beklage die übertriebenen, exzessiven auf Ungenauigkeit beruhenden Angriffe, weil sie ungerecht und nutzlos sind." R. Mennevée („L'Organisation antimaçonnique en France", Paris 1928) sieht in dieser Unparteilichkeit, die in antifreimaurerischen Kreisen unliebsam auffiel, den Grund, warum das Werk nicht abgeschlossen wurde.

Borel, Eugen, schweizerischer Bundesrat, Bundespräsident und erster Weltpostdirektor, * 1835, † 1892. Präsident des Bundesgerichtes, 1873 bis 1875 Mitglied des Bundesrates, dann bis zu seinem Tode an der Spitze des Weltpostbüros. Als Oberst im Justizstabe führte er 1891 die neue schweizerische Militärstrafgerichtsordnung ein. B. war Freimaurer.

Borght, Richard, van der, hervorragender deutscher Volkswirt, * 1861, † 1926, Präsident des Kais. Statistischen Amtes in Berlin, Verfasser bedeutender Werke („Finanzwissenschaft", „Grundzüge der Sozialpolitik"), war Mitglied der Lichterfelder Loge „Drei Lichter im Felde" und Ehrenmitglied der Großen National-Mutterloge „Zu den drei Weltkugeln".

Borglum, Gutzon, John Gutzon de

la Mothe, berühmter amerikanischer Bildhauer, Maler und Schriftsteller, * 1867, Ingenieur der Aerodynamik, schuf das Reiterdenkmal Sheridans in Chicago, die Kolossalbüste Lincolns im Kapitol, die Gruppe „Stuten des Diomedes" im New Yorker Metropolitan Museum, „Die Kriege Amerikas" in Newark, das Wilson-Denkmal in Polen, das „First National Memorial", ist Pastmaster der New Yorker Howard Lodge.

Born, Ignaz Edler von, Hofrat * 1742 in Karlsburg in Siebenbürgen, † 1791 in Wien, widmete sich, nachdem er 16 Monate dem Jesuitenorden angehört hatte, in Prag dem Studium der Rechte. Nach Auslandsreisen nach Holland und Frankreich wurde er nach neuerlichen Studien (Naturgeschichte, Bergwerkskunde) 1770 Beisitzer im obersten Münz- und Bergamt in Prag, später Bergrat. Früh Mitglied mehrerer Akademien der Wissenschaften, eifriger Naturaliensammler, erhielt er 1776 die Berufung nach Wien, um das kaiserliche Naturalienkabinett, die Stammsammlung des heutigen Naturhistorischen Museums, zu ordnen und zu beschreiben. (Index rerum naturalium Musei Caes. Vindob. 1778 und Musei Vindob. Testacea 1780.) 1779 wurde er Wirklicher Hofrat bei der Hofkammer im Münz- und Bergwesen. Seiner geistigen Veranlagung nach ein echtes Kind der josephinischen Periode, wirkte er im Geiste der Aufklärung seiner Zeit. Neben zahlreichen wissenschaftlichen Arbeiten veröffentlichte er einige anonyme Pasquille. So die „Staatsperücke" (1771) und eine Spottschrift auf die Mönchsorden: Specimen monachologiae, methodo Linnaeana (Wien 1783), die auch deutsch unter dem Titel Ignaz Loyola Kuttenpeitscher (München 1784) erschien und ins Englische und Französische übersetzt wurde. B. wurde gelegentlich seiner Reisen in den Bund aufgenommen, beteiligte sich in Prag eifrig am Logenleben und wurde nach seiner Berufung nach Wien hier wie dort Mittelpunkt eines auserwählten Kreises, einer der Führer der österreichischen Freimaurerei. Die Wiener Loge „Zur wahren Eintracht" versuchte er zu einer Akademie der Wissenschaften zu gestalten. Die Zeitschrift „Physikalische Arbeiten der einträchtigen Freunde in Wien" (1783 bis 1788 in sieben Vierteljahrsheften) wurde inhaltlich nur von Mitgliedern der Loge bestritten. Welche Anziehungskraft seine Persönlichkeit besaß, beweist das Wachstum seiner Loge, die von 15 Mitgliedern im Jahre 1781 auf 197 im Jahre 1785 anwuchs, von denen ein Großteil zur geistigen Elite zählte. Mit Blumauer, Alxinger, Sonnenfels, Gemmingen, Reinhold und Leon war er außerdem an der Herausgabe des Wiener „Journal für Freymaurer" beteiligt, das zahlreiche wertvolle Beiträge aus seiner Feder enthielt. Er förderte eifrig die Gründung einer Großen Landesloge von Österreich, deren Großsekretär er (1784 bis 1785) war. Mit den Illuminaten hielt er Verbindung. Als der Kurfürst von Bayern 1785 den Illuminatenorden auflöste, schickte ihm B. seine Diplome als Mitglied der Münchner Akademie der Wissenschaften und der gelehrten Gesellschaft zu Burghausen mit einem sehr entschiedenen Protestbriefe zurück (s. Illuminaten). Verfälschung des Wesensinhaltes der Freimaurerei durch asiatische Brr., Magier, Alchimisten usw. veranlaßten B., durch den Fürsten Dietrichstein bei Joseph II. intervenieren zu lassen. Die Folge war 1786 die bekannte einschränkende Verordnung des Kaisers (vergl. Freimaurerpatent). Nach Erlaß des Dekrets wurde B. Stuhlmeister der Loge „Zur Wahrheit". Von seinen maurerischen Schriften seien erwähnt: „Geschichte einiger merkwürdiger Verfolgungen der Maurerey in den neueren Zeiten" (Wolfstieg 6567), die sich mit den Persekutionen der Freimaurer in Portugal, Neapel und Aachen beschäftigt, „Über die maurerische Schönheit", eine Rede, abgedruckt im Wiener „Journal für Freymaurer" 1786, „Über den Ursprung der Tafellogen", ebenda 1784.

In allen Schilderungen der österreichischen Freimaurerei des 18. Jahrhunderts steht B. im Mittelpunkte. Nach der Überlieferung hat ihn Schikaneder im Textbuche zur Zauberflöte als Sarastro verewigt. Die Freimaurerei seiner Zeit hat er weit überragt. Er hatte die Einsicht in ihre Aufgaben und wollte sie wissenschaftlich gestalten. Sein großes Programm ist schließlich an der Trägheit der Masse gescheitert. Er hat im Leben gewirkt, aber die Tragik dieses Lebens war es, daß sich keiner fand, der das reiche Erbe zu verwalten verstand (vergl. Doktor Adolf Deutsch, Wien, „Ignaz von Born" [1931]).

Börne, Ludwig, deutscher Schriftsteller, * 1786, † 1837, Sohn eines jüdischen Bankiers in Frankfurt. Nach seinem Übertritt zum Christentum wechselte er seinen Namen Löb Baruch in Ludwig Börne. Berühmter politischer und kritischer Publizist des Vormärz, der in seinen Schriften die Schärfe des Geistes mit Leidenschaft des Herzens vereinigte, seine Zeit nachhaltig beeinflußte. Freiheit und deutsches Vaterland waren ihm das Höchste. Als er jene in diesem vernichtet sah, ging er nach Paris. Als auch hier die Freiheit unterging, sah er sich beider Ideale beraubt (Leixner). 1808 in die Frankfurter Loge „Zur aufgehenden Morgenröte" aufgenommen. Sein gehässiger Gegner Heinrich Heine behauptet, ihm in Frankfurt zuerst in einem Freimaurerkasino begegnet zu sein. Börnes „Gesammelte Schriften", 2. Bd., XXXIX, enthalten eine 1811 gehaltene schwungvolle Rede, aus der manche Sätze in neuzeitliche Rituale übergegangen sind, u. a. der folgende: „Die Maurerei ist die heilige Quelle, wo die verblühte Schönheit ihre Huldigung, wo die getrübte Weisheit ihre Helle, wo die geschwächte Kraft ihre Fülle wiederfindet. Sie ist das Asyl der geängstigten Treue, die Versöhnerin der beleidigten Unschuld, die Vergelterin der unbezahlten Liebe... Sie stürzt die Scheidewand ein, die das Vorurteil zwischen Menschen und Menschen aufgerichtet; sie zieht das goldene Kleid hinweg, das einen seelenlosen Leib bedeckt. Sie stellt Herz gegen Herz, Geist gegen Geist, Kraft gegen Kraft... Sie lehrt den Baum nach seinen Früchten schätzen, nicht nach dem Boden, der ihn trägt, nicht nach der Hand, die ihn gepflanzt."

Bostel, Friedr. Jakob Dietrich v., * 1744, † 1810. Dr. jur. Meiningischer Hofrat und Reichskammergerichtsadvokat in Wetzlar. War schon 1766 Mitglied der Mainzer Loge „Zu den drei Disteln", später Deputierter Meister der Loge „Zu den drei Helmen" in Wetzlar und Deputierter Obermeister der Großen Schottischen Direktorialloge „Joseph zum Reichsadler" daselbst. Veranlaßte 1777 die Verlegung des Frankfurter Kapitels der Strikten Observanz, in dem er leitende Posten bekleidete, nach Wetzlar. Begeisterter Anhänger der Hochgrade. Griff 1779, nicht sehr geschickt, in die Aachener Freimaurerverfolgung ein. Seit 1783 Deputierter Schottischer Obermeister der Wetzlarer Direktorialloge des Eklektischen Bundes. Er versuchte 1808 vergeblich die Großmeisterwürde dieser seit mehr als 15 Jahren ruhenden Provinzialloge anzunehmen. War 1784 Illuminat unter dem Ordensnamen Jacobus Molay. B., dessen Gattin mit Goethe verwandt war, ist nächst Ditfurth der angesehenste Freimaurer des bedeutenden Wetzlarer Bruderkreises im 18. Jahrhundert gewesen.

Boston, Hauptstadt des Bundesstaates Massachusetts der Vereinigten Staaten von Nordamerika, spielt in der Geschichte der amerikanischen Freimaurerei eine bedeutende Rolle. Hier wurde 1733 die erste reguläre amerikanische Loge unter der Londoner Großloge gegründet („The First Lodge of Boston"); zu besonderem Ruhm gelangte in den Zeiten des Revolutionskrieges die „St. Andrew's Lodge", an deren Sitz, der „Green Dragon Tavern", sich auch das Hauptquartier einer Reihe der den Freiheitskampf propagierenden und vorbereitenden Organisationen befand, so der Sons of Liberty u. a. (s. Boston Tea Party). Heute ist B. Sitz der Großloge von M. (Masonic Temple, 51, Boylston Street) und des Obersten Rates der Nördlichen Jurisdiktion des A. u. A. Schottischen Ritus von Nordamerika (Room, 1117, Statler Building, Park Square).

Boston Tea Party. Als der amerikanische Freimaurer Samuel Adams im „Boston Town Meeting" gegen Ende des Jahres 1772 angesichts des immer heftiger werdenden Konflikts mit England die Worte sprach: „Diese Versammlung kann nichts mehr zur Rettung des Vaterlandes tun", wirkte das als Signal zum Sturm auf die im Hafen liegenden Schiffe der Ostindischen Company. Ein halbes Hundert als Indianer verkleidete Bostoner Bürger warf zum Protest gegen die unerträglichen englischen Abgaben 342 Teekisten ins Meer. Diese in ihren Folgen sehr schwerwiegende „Ocean Tea Party" ging von Mitgliedern der St. Andrews Lodge aus. die gleichzeitig Angehörige des Bundes „Söhne der Freiheit" waren. Schon das Protokoll vom 30. November 1772 der in der „Green Dragon Tavern" (s. d.) arbeitenden Loge verzeichnet nur sieben anwesende Brüder und als Begründung der geringen Frequenz die Beschäftigung der übrigen mit der Teeangelegenheit. Am 16. Dezember, dem Abend der Tea Party, schrieb der Sekretär ins Protokollbuch, daß die Loge sich mit Rücksicht auf die nicht erschienenen Mitglieder auf den nächsten Abend vertagt habe. darunter über die ganze Seite ein großes T.

Boswell, John von Auchinleck, war der erste Nichtzünftige, dessen Aufnahme in eine Loge von „operative masons" feststeht. In den Protokollen der Edinburger Loge „Mary's Chapel" findet sich am „Aucht day of Janij the zeir of God 1600 yeirs", also am 8. Jänner 1600, eine Aufzeichnung über die Teilnahme B.s an einer Zusammenkunft.

Botha, Louis, Burengeneral, * 1862, † 1919, im Krieg gegen England Oberkommandant in Transvaal, später erster Ministerpräsident des südafrikanischen Bundes, war Freimaurer.

Boucher, François, berühmter französischer Maler und Kupferstecher, * 1703, † 1770, erhielt bereits mit 20 Jahren den Grand Prix, Mitglied der Malerakademie, „Erster Maler des Königs von Frankreich", Schöpfer berühmter Schäferszenen, war Freimaurer.

Boumann, Michael Philipp, preußischer Geheimer Oberbaurat und Oberfinanzrat, * 1747, † 1803, Leiter des königlichen Oberbaudepartements, wurde 1875 in der Berliner Loge „Zur Eintracht" aufgenommen, 1796 Mitglied der Mutterloge, 1796 Altschottischer Obermeister, hatte führenden Anteil an der Reorganisierung der Großen National-Mutterloge, arbeitete mit dem Großsekretär Gohl die neue, zum großen Teil heute noch geltende Grundverfassung aus, die die Große National-Mutterloge wieder zur gesetzgebenden und leitenden Behörde machte, 1797 Mitglied des Bundesdirektoriums, das der Großloge ein großes Ansehen erwarb. Eine Aktion B.-Wöllner veranlaßte 1796 das „Konfirmationspatent und Protektorium" des Königs, das dem Bund die Rechte einer vom Staate anerkannten Körperschaft verlieh. 1897 stiftete die Große National-Mutterloge anläßlich des siebzigjährigen Verfassungsjubiläums die „Obermeister Boumannsche Stiftung".

Bourbon-Anjou, Don Francisco de Paula, Herzog von Cadiz, Infant, † 1865, liberaler Sohn Karl IV. von Spanien, Bruder Ferdinand VII., war 1829 Großmeister der spanischen Freimaurerei (s. Spanien).

Bourbon, französisches Königshaus:

Ludwig XVI. (s. d.) wurde 1775 gleichzeitig mit seinen Brüdern, den Grafen von Artois (später Karl X., s. d.) und Provence (dem nachmaligen Ludwig XVIII., s. d.) in Versailles („Orient de la Cour") zum Freimaurer geweiht. Louis de Bourbon, Graf von Clermont (s. d.), aus einer Nebenlinie des Königshauses stammend, war von 1743 bis 1771 Großmeister der französischen Freimaurerei. Dem Bunde gehörte auch der Herzog von Berry, Karl Ferdinand von B. (s. d.) an. (Neuerdings bestreitet Lantoine die Richtigkeit der von Amiable mitgeteilten Aufnahme des Königs und seiner Brüder).

Bourbon, Louis de, s. Clermont, Graf von.

Bourbon (Borbón), spanisches Königshaus.

1. Karl III. (Don Carlos, Sohn Philipp V., * 1718, † 1788), Herzog von Parma, dann König beider Sizilien; seit 1759 König von Spanien, zeichnete sich durch kluge Regierung aus, reformierte die Finanzen seines Landes, ließ große öffentliche Arbeiten durch-

führen, wies 1767 die Jesuiten aus dem Lande. Er wird als Freimaurer bezeichnet, förderte jedenfalls die vorher blutig unterdrückte spanische Freimaurerei. Der Erste Großmeister der Ersten Grand Logia Española, Graf Aranda (s. d.), war sein maßgebender Minister.

2. Infant Don Francisco de Paula de B. (s. d.).

3. Franz von Asissi, Maria Ferdinand, Sohn des Infanten Francisco de Paula, * 1822, † 1902, heiratete die Königin Isabella und erhielt den Titel eines Königs von Spanien, war angeblich Freimaurer. (Vergl. Allg. Handb. d. Freimaurer.)

4. Heinrich Maria Ferdinand, Infant von Spanien, * 1823, † 1870, Bruder von Franz von A., wurde wegen seiner fortschrittlichen Gesinnung seiner Würden entkleidet, mußte flüchten, kehrte nach dem Sturz Isabellas zurück, verfaßte republikanische Flugschriften, griff in einem Manifest den Herzog von Montpensier an und wurde von diesem im Duell erschossen. H. war Mitglied der Pariser Loge Henry IV.

Bourgeois, Léon Victor Auguste, französischer Staatsmann, Pazifist und Verfechter der Menschenrechte, * 1851, † 1925, Minister in verschiedenen Kabinetten, 1895 bis 1896 Ministerpräsident, dann Präsident der Kammer, später des Senats, Bevollmächtigter Frankreichs bei den Haager Friedenskonferenzen 1899 und 1907, ständiges Mitglied des Haager Schiedsgerichtshofes, 1919 Erster Vorsitzender des Völkerbundrates. Für seine pazifistische Tätigkeit, auch manche seiner literarischen Werke dienten der Propagierung der Völkerverbrüderung und der Menschenrechte („La solidarité", „L'éducation de la démocratie française", „La déclaration des droits de l'homme" usw.), erhielt er 1920 den Nobelfriedenspreis. B. trat schon in seinem 1909 erschienenen Werke: „Pour la Société des Nations" für den Völkerbundsgedanken ein. Er war Mitglied der Loge „Sincérité" in Reims.

Bovio, Giovanni, Neapel, italienischer Rechtsphilosoph, Dichter und Politiker, * 1838, † 1903, Autodidakt, der erst mit 15 Jahren lesen lernte, schrieb bereits in seinem 20. Lebensjahr ein Buch über die Naturphilosophie, das ganz neue Prinzipien aufstellte und ihm die Laufbahn des akademischen Lehrers erschloß. Im italienischen Parlament bewies er als Mitglied der republikanischen Gruppe in hinreißenden Reden idealste Auffassung der politischen Pflichten. Berühmt wurde er durch die Ablehnung eines Antrags von französischer Seite, anläßlich der Vergebung einer Staatsanleihe zu intervenieren, wofür ihm mehr als eine Million Lire zugesagt wurden. B. spielte in der Freimaurerei eine große Rolle; die Nachrufe nannten ihn „die hellste Leuchte von Güte und Bürgertugend seines Zeitalters". Elf Logen trugen seinen Namen.

Bowring, Sir Charles Calvert, englischer Kolonialpolitiker, * 1872, 1891 bei der Bekämpfung von Epidemien in China verdienstlich tätig, wiederholt Gouverneur von Britisch-Ostafrika, 1924—1929 Gouverneur von Nyassaland, wurde 1924 Past Grand Deacon der Großloge von England, ist seit 1926 Distrikts-Großmeister für Ostafrika.

Boyce, William, * 1710, † 1779, Komponist der Königlichen Vokal- und Instrumentalkapelle in London, Herausgeber des von Greene (s. d.) vorbereiteten Sammelwerkes „Cathedral Music" und der „Lyra Britannica", komponierte eine Begleitmusik zu Shakespeares „Sturm", ein Oratorium, Symphonien usw., Mitarbeiter an Hawkins „Musikgeschichte", war Freimaurer. Die Freimaurerei gab ihm die Anregung zur Komposition seiner berühmten Serenade „Solomon".

Boyen, Leopold Hermann Ludwig von, preußischer General der Befreiungskriege, * 1771, † 1848, eifriger Helfer Scharnhorsts, Generalstabschef des 3. preußischen Armeekorps 1813 und 1814, nachher Kriegsminister, als welcher er die allgemeine Dienstpflicht in Preußen einführte. 1808 in der Loge „Zu den drei Kronen" in Königsberg in den Freimaurerbund aufgenommen.

Boyer, Jean Pierre, Präsident der Republik Haiti, * 1776, † 1850. Mitkämpfer Pétions (s. d.) für die Unabhängigkeit Haitis, besiegte an der Spitze der Neger den General Leclerc. 1818 vom Senat zum Präsidenten der Republik gewählt, bekleidete er 25 Jahre lang dieses Amt, vereinigte das Königreich Christophes mit der Republik. Er war Freimaurer.

Bô Yin Râ, Pseudonym des deutschen mystischen Schriftstellers Josef Schneiderfranken (s. Ermächtigte Brüderschaft der alten Riten).

Boykott, s. Wolfram, Gerhard.

Boy Scouts s. Pfadfinder.

Brabbée, Gustav, Sparkassenbeamter in Wien, * 1822, war einer der wenigen, die 1848 in der Wiener Loge „Zum heiligen Joseph" während ihres ganz kurzen Bestehens aufgenommen wurden. Verfasser zahlreicher historischer Mitteilungen über Freimaurerei aus der Zeit Maria Theresias und Josephs II., die auch gesammelt in einem Bändchen „Sub Rosa" (1879) erschienen. B. entstammte einer Freimaurerfamilie und schöpfte aus dem Nachlasse seines Großvaters sowie aus Akten, die er mit großem Spürsinn aufzustöbern wußte.

Brachvogel, Albert Emil, deutscher Dichter und Romanschriftsteller. * 1824, † 1878 („Narziß", „Schubert und seine Zeitgenossen"), wurde 1857 in die Berliner Loge „Friedrich Wilhelm zur Morgenröte" aufgenommen und 1874 stellvertretender Großschriftführer der Großen Landesloge der Freimaurer von Deutschland.

Brandenberg, Fritz, schweizerischer Arzt, * 1865 in Zug, dort Chefarzt am Bürgerspital, seit 1899 Arzt in Winterthur. 1913 Mitglied der dortigen Loge „Akazia", Stuhlmeister seit 1916, spielte er in der schweizerischen Freimaurerei bald eine hervorragende Rolle. 1924 in den Verwaltungsrat der Großloge „Alpina" gewählt, war er 1925 bis 1930 Großmeister. Er veröffentlichte u. a. Instruktionen für die drei symbolischen Grade und eine Schrift für Suchende. Hervorragendes leistet B. auf internationalem freimaurerischem Gebiet, namentlich in der A. M. I. Nachdem mit Ablauf seines Großmeisteramtes automatisch auch sein Mandat in deren Leitung zu Ende ging, wurde er 1931 in den Beratenden Ausschuß berufen.

Brandenburg-Ansbach, Nebenlinie des Hauses Hohenzollern. Der letzte Sproß, Christian Friedrich Karl Alexander, * 1736, † 1806, Markgraf seit 1757, trat sein Land gegen eine Leibrente 1791 an Preußen ab. 1754 in den Bund aufgenommen, gründete 1758 die Ansbacher Loge „Zu den drei Sternen", wurde Mitglied der Strikten Observanz und wollte den Schwanenorden wiederherstellen. Seine Loge arbeitete im Schloß von Ansbach.

Brandenburg-Bayreuth, Nebenlinie des Hauses Hohenzollern.

1. Friedrich, * 1711, Markgraf seit 1735, Schwager Friedrichs des Großen, von diesem in Rheinsberg 1740 in den Bund aufgenommen, woran ein bekanntes Bild im Bayreuther Großlogenmuseum erinnert. Stiftete 1741 die Schloßloge in Bayreuth, die er bis zu seinem Tode (1763) leitete.

2. Sein Oheim, Friedrich Christian, * 1708, † 1769, war sein Nachfolger als Markgraf und Protektor der Bayreuther Loge.

Brandenburg-Schwedt, Nebenlinie des Hauses Hohenzollern. Aus diesem Geschlechte gehörten der Freimaurerei an: Heinrich Friedrich, Enkel des Großen Kurfürsten, * 1709, † 1788, seit 1740 Mitglied der Loge „Aux trois Globes" in Berlin, Karl Friedrich Albrecht, Markgraf, Vetter des Vorigen, * 1705, † 1762, von Friedrich dem Großen selbst 1740 aufgenommen, war Großmeister der schottischen Loge „Harmonie" in Berlin.

Branković. Damjan. Industrieller in Belgrad, * 1866, Stuhlmeister der Loge „Probatim", führender jugoslawischer Freimaurer, Großredner der Großloge und des Obersten Rates von Jugoslawien.

Brant, Josef (Thayendanegae), Indianerhäuptling, Chef der Mohawks, fiel dem englischen General Sir William Johnson, der später seine Schwester, Molly Brant, heiratete, durch seine besondere Intelligenz auf und wurde in England erzogen. 1776 wurde er über Vermittlung des Großmeisters Earl of Moira in den Freimaurerbund aufgenommen. Während des englisch-amerikanischen Krieges kämpfte er auf englischer Seite. Während der Schlacht bei den Cedern, bei Montreal, rettete er dem Obersten McKinstrey, damals Hauptmann im Patterson-Regiment, das Leben, indem er das Not- und Hilfszeichen des bereits am Marterpfahle stehenden Feindes annahm. McKinstrey, der 1822 im Staate New York starb, hat sich wiederholt für die Wahrheit dieser Erzählung verbürgt. In einem zweiten Falle, der einen amerikanischen Leutnant Boyd betraf, wollte B. dem gefangenen Feinde, der das Not- und Hilfszeichen gegeben hatte, das Leben retten. Der englische Kommandant, ein ehemaliger Freimaurer der St. Patrick's Lodge in Johnstown, ließ aber den Gefangenen durch Indianer erschlagen, weil er sich standhaft weigerte, Aussagen über die Stellung und Stärke der eigenen Truppen zu machen. (McClenachan, History I, 138 fg.)

Brasilien, Vereinigte Staaten von, südamerikanische Republik. Die Freimaurerei fand Eingang vor 1800, konnte sich aber der Verfolgungen von klerikaler Seite wegen ursprünglich nicht halten. Diese waren wohl auch darauf zurückzuführen, daß die ersten Träger der freimaurerischen Idee in der portugiesischen Kolonie der Unabhängigkeitsbewegung von 1789 („Conjuracao Mineira") entstammten, der José A. Maciel, Domingos Vidal Barbosa und der 1791 hingerichtete Alferes J. da Silva Xavier (Denkmal vor der Deputiertenkammer in Rio) angehörten. Am 100. Todestag des letzteren ließ die Regierung eine Denkmünze prägen, die auf der einen Seite ein Dreieck zeigt, das Abzeichen der „Conjuracao Mineira". Aus diesem hat man auf den freimaurerischen Charakter geschlossen. 1801 wurde in Rio de Janeiro die „Reuniao"-Loge in Arbeit gesetzt, 1802 in Bahia „Virtude e Razao" (Grand Orient de France), 1803 in Rio „Constancia e Filantropia". Diese drei Bauhütten bildeten 1804 einen Großorient von Brasilien (Großmeister Antonio C. de Andrade Machado), aber zwei Jahre später mußten die Arbeiten eingestellt und die Archive verbrannt werden, da der Terror des Grafen Arcos das Leben der Freimaurer bedrohte. Von 1809 an entstanden aber immer wieder Logen; meist hielten sie sich aber nur ganz kurze Zeit. Es gab in ihnen auch katholische Geistliche, einer von ihnen, Pater Roma, wurde auf Befehl von Arcos erschossen. Im allgemeinen sammelten sich in dieser Zeit in den Logen die Elemente, die von der Freiheit des Landes träumten.

1819 wurde die Loge „Commercio e Artes in Rio" wiedererweckt, die aus sich selbst einen Gran Oriente entwickelte, indem sie sich 1822 in drei Logen spaltete. José Bonifacio war der erste Großmeister. Am 4. Oktober folgte ihm Dom Pedro d'Alcantara im Amt, der kurz vorher unter dem Decknamen „Guatimozim" beigetretene Sohn des Königs Johann VI. von Portugal. Nach dessen Einsetzung ins Großmeisteramt erhob sich General Domingos Branco und rief, dreimal von den versammelten Brüdern akklamiert: „Lang lebe Dom Pedro d'Alcantara, erster Kaiser und ewiger Verteidiger von Brasilien!" Dann wurde beschlossen, daß am 12. Oktober Dom Pedros Ausrufung als Kaiser Pedro I. in ganz Brasilien stattfinden solle. Das geschah. Bald nachher verzeichneten aber die Logenprotokolle den Befehl des Kaisers an den Großorient und die Bauhütten, weitere Verfügungen in seiner Eigenschaft als Großmeister abzuwarten und die Tätigkeit zu suspendieren. Diese unerklärliche Haltung und der Umstand, daß Pedro I. auch die Archive an sich nahm, führte, dazu, daß die Stuhlmeister 1823 einer Einladung des Kaisers zu einer Besprechung nicht Folge leisteten. Ein Versuch Pedros, die Arbeiten unter der Leitung von Regierungsbeamten, die dem Bunde angehörten, fortsetzen zu lassen, schlug ebenfalls fehl. Nur wenige Versammlungen fanden statt. Dann schlief der Großorient bis 1831. Dagegen bildeten sich neue, unabhängige Logen, so eine, geleitet vom Marschall Jaoa P. dos Santos Barretto, unter dem Großorient von Frankreich und eine weitere, „Voluntarios da Patria", geführt von J. G. L e d o. Der alte Großorient von Brasilien nahm dann nach der Abdankung des Kaisers Ende 1831 seine Tätigkeit wieder auf. Durch eine feierliche Proklamation wurde die Politik aus den Tempeln verbannt. Uneinigkeit unter den Brr. rief einen zweiten Großorient (Großorient Brasileiro unter Ledo) auf den Plan. 1832 stiftete der Diplomat Visconte Francisco G. de Acaiba Montezuma de J e q u i t i n h o n h a mit belgischem Patent einen Obersten Rat des A. u. A. Schottischen Ritus, worauf die beiden bestehenden Großoriente ihrerseits mit der Bildung von solchen antworteten.

Die weitere Freimaurergeschichte verzeichnet viele Streitigkeiten zwischen den einzelnen Körperschaften. Der Großorient Brasileiro schloß sich schließlich dem Großorient do Brasil (Rua Lavradio) an. 1863 bildeten aber 1500 Brr. einen neuen Großorient (Rua dos Benedictinos), wobei eine Scheidung des Geistes nach politischen Motiven, konservativ und republikanisch, immer mehr in Erscheinung trat. Die beiden Großoriente bezeichneten sich bald nach ihrem Sitz als Großorient dos B e n e d i c t i n o s, der sich besonders antiklerikal betätigte, und den Großorient an der Rua L a v r a d i o, der in diesen Fragen versöhnlicher gestimmt war, obgleich der klerikale Krieg gegen die Freimaurer mit derartiger Heftigkeit geführt wurde, daß der Bischof V i t a l von Pernambuko wegen angedrohten Kirchenbanns gegen die Freimaurer zu einer vierjährigen Gefängnisstrafe verurteilt wurde. Pöbelexzesse gegen die Freimaurer waren die Folge. Diesen wurden die Sakramente verweigert. Die Freimaurer nahmen den Fehdehandschuh auf und erwarben sich trotz aller inneren Streitigkeiten in diesem Kampf, der von ihnen nachdrücklichst auch für die allgemeine Volksbildung und vor allem für die Aufhebung der Sklaverei geführt wurde, größte kulturelle Verdienste. 1872 scheiterten bereits sehr weit gediehene Fusionsverhandlungen an der Großmeisterfrage. 1883 vereinigten sich schließlich die Obedienzen aber doch zu einer einheitlichen Körperschaft, dem „Großorient und Obersten Rat von Brasilien".

Bis 1927 dauerte diese engste organisatorische Gemeinschaft des Großorients mit dem Obersten Rat des A. u. A. Schottischen Ritus. Der Großmeister des Großorients war zugleich Großkommandeur des Obersten Rates, führte also den Titel: Großmeister-Großkommandeur. Gearbeitet wurde nach den verschiedensten Systemen, die im Rahmen des Großorients wieder ihre liturgischen Sonderorganisationen hatten. 1927 trat wieder ein Schisma ein. Dr. Mario B e h r i n g, Generaldirektor der Nationalbibliothek in Rio de Janeiro, seit 1922 Großmeister-Großkommandeur, hatte sich schon 1925 nach dem Vorbild fast aller übrigen Obersten Räte des A. u. A. Schottischen Ritus für organisatorische Trennung der Großloge (als Oberbehörde der symbolischen Logen) und des Obersten Rates (als Obedienz der Hochgrade) ausgesprochen und war als Großmeister zurückgetreten, um nur noch als Großkommandeur zu wirken. Die Großmeisterschaft übernahm Dr. Vicente S. de C a r v a l l i o N e i v a, als dieser bald darauf starb, Dr. Joao S. da F o n s e c a H e r m e s, dann Dr. Octavio K e l l y. Die unter dessen Führung stehende Großlogenmajorität stellte sich nun auf den Standpunkt, daß die Konstitution die Trennung von G. O. und S. C. nicht zulasse. Dennoch kam zunächst ein Pakt zustande, der aber 1927 gekündigt wurde, nachdem Kelly Rückkehr zum Status quo verlangt hatte und, als dem nicht entsprochen wurde, einen neuen S. C. konstituierte. Schließlich bezog Behring mit 24 Mitgliedern des alten Obersten Rates ein neues Heim. Der Pariser Kongreß des A. u. A. Schottischen Ritus 1929 erklärte daraufhin den von Behring geleiteten Obersten Rat nach wie vor als einzige gesetzmäßige Großbehörde der Lausanner Konföderation für Brasilien.

Die auf dem Boden von Behring stehenden symbolischen Logen des Schottischen Ritus lösten ebenfalls die Verbindung mit dem Großorient und gründeten in den einzelnen Bundesstaaten Brasiliens eigene Großlogen, die auf dem Boden der alten Landmarken stehen und ausschließlich die blauen Grade bearbeiten. So entstanden — miteinander verbündet — die Großlogen von R i o d e J a n e i r o (Großmeister Admiral Arturo T h o m p s o n, Tempel: Rua do Carmo 64, Rio); B a h i a (Adr.: Rua Carlos Gomes 21, Bahia); S a o P a o l o (Adr.: Caixa Postal 2611, Sao Paolo); C e a r a (Adr.: Rua Barao do Rio Branco 210, Fortaleza); P a r a h y b a (Adr.: Caixa Postal 44, Parahyba); P a r a (Adr.: Av. Sáo Braz 53-H, Belem); R i o G r a n d e d o S u l (Adr.: Caixa Postal 263, Pelotas) und M i n a s G e r a e s (Adr.: Caixa Postal 121, Bello Horizonte).

Der G r o ß o r i e n t (Rua do Lavradio) gab aber seine Logenzahl 1930 immer noch mit 330, die Mitgliederzahl mit 60.000 an. Er ist Mitglied der A. M. I. und verbündet mit dem Gran Oriente do Rio Grande do Sul (mit 41 Logen und 2500 Mitgliedern, Adr.: Caixa Postal 193, Porto Allegre) und dem Gran Oriente de Sao Paolo (8 Logen und zirka 2500 Mitglieder, Adr.: Caixa Postal 245, Sao Paolo).

Brassel, J o h a n n, Lehrer der Naturwissenschaften in St. Gallen (Schweiz), * 1848, † 1916, Dichter, Redner, Menschenfreund, lange Jahre die populärste Persönlichkeit der Stadt seines Wirkens, seit 1882 Mitglied der Loge „Concordia", war 1896—1900 Großredner der schweizerischen Großloge „Alpina".

Brästrup, C h r i s t i a n J a c o b C o s m u s, dänischer Staatsmann, * 1789, † 1870, Polizeidirektor und Oberpräsident von Kopenhagen, Geheimer Konferenzrat, Unterrichtsminister, wurde in der Rendsburger Loge „Karl zum roten Löwen" aufgenommen, leitete dann die Andreasloge „Cubus-Frederici VII" in Kopenhagen, war als Nachfolger des Königs Friedrich VII. nach dessen Tode Ordens-Großmeister.

Bratianu.

1. J o n C., rumänischer Staatsmann und Publizist, * 1822, † 1891, nahm 1848 in der Verbannung an der Revolution in Paris teil, wirkte dort für die Sache Rumäniens, schrieb „L'Empire d'Autriche et la question d'Orient",

1857 Mitglied des Diwans, 1860 Führer der „Roten" (Liberale), später wiederholt Minister der Nationalliberalen, 1881—1888 Ministerpräsident, setzte sich 1878 am Berliner Kongreß vergeblich für die Unabhängigkeit Rumäniens ein und protestierte erfolglos gegen die Annexion Bessarabiens, erlangte aber später für sein Vaterland die Unabhängigkeit und die Königswürde, kam 1883 in Gastein mit Bismarck zusammen und leitete die Neuorientierung der rumänischen Außenpolitik in der Richtung des Dreibundes ein. Er wurde in Paris in den Freimaurerbund aufgenommen und war 1859 in Bukarest einer der Gründer und Stuhlmeister der Loge „Steaua Dunarei".

2. Dimitri C., Bruder des vorigen, rumänischer Staatsmann und Publizist, * 1818, † 1892, nahm 1848 an den Barrikadenkämpfen in Paris teil, war Mitglied der provisorischen Regierung in Bukarest, wirkte dann in London für die Sache Rumäniens, 1857 Mitglied des Diwans, 1868 Unterrichtsminister, dann Gesandter in Konstantinopel, 1880 Ministerpräsident, 1881 kurze Zeit Ministerpräsident, in Paris in den Freimaurerbund aufgenommen, wirkte 1859 ebenfalls an der Einführung der Freimaurerei in Rumänien als Gründungsmitglied der Loge „Steaua Dunarei" mit.

Bratislava, s. Preßburg.

Braun, Reinhold, deutscher Dichter, * 10. Dezember 1879 in Berlin, Wanderredner des Vereins deutscher Freimaurer, kündet in Wort und Schrift die unvergänglichen Werte der Königlichen Kunst; in seinen von ernster Innerlichkeit beseelten Gedichten finden sich viele tief empfundene, den Weg zu innerer Freiheit weisende freimaurerische Verse.

Braunschweig, Fürstenhaus.

1. Karl I., seit 1735 Herzog von B.-Lüneburg, * 1713, † 1780, war nicht Freimaurer, hatte aber als Protektor der Loge in B. genaue Kenntnis vom Freimaurertum, war im v. Hundschen System historisch aufgenommen und zeigte sich den Freimaurern jederzeit geneigt. Er berief 1770 Lessing an die Wolfenbüttler Bibliothek.

2. Ferdinand, Herzog von B.-Lüneburg-Wolfenbüttel, Bruder des Vorigen, * 1721, † 1792, Schwager Friedrichs des Großen, unter dem er den Siebenjährigen Krieg mitmachte. Er wurde in dessen Loge 1740 aufgenommen, 1770 englischer Provinzial-Großmeister für das Herzogtum B. 1771 trat er dem System der Strikten Observanz bei und wurde 1772 auf dem Konvent von Kohlo Großmeister aller schottischen Logen, Magnus Superior Ordinis per Germaniam inf. Er erkannte dann den Zerfall des v. Hundschen Templersystems und berief für 1782 den Konvent zu Wilhelmsbad ein, wo das System den Todesstoß erhielt. Später (1783) trat er dem Illuminatenorden bei und übernahm auch 1786 die Würde eines General-Obermeisters der Asiatischen Brüder. Er ist der typische Grandseigneur seiner Zeit, wohltätig, betriebsam, aber auch jeder Neuerung auf dem Gebiete des Ordenswesens ohne weiteres zugänglich. Er lief, wie Wolfstieg („Ursprung und Entwicklungen ...", Bd. 3) schreibt, aus Gedankenarmut und geistiger Schwäche jedem freimaurerischen System kritiklos nach. Mystik, Magie, Aberglaube waren ihm Stützen in seinem Bestreben, Versöhnung mit Gott und der Menschheit zu schaffen.

F. L. Schröder begleitete 1792 die Nachricht von seinem Tod („Materialien", Bd. 4, S. 107) mit der Notiz: „Dieser Prinz hätte der deutschen Maurerey wesentliche Dienste leisten können. Die Güte seines Herzens, ... sein Ruhm waren starke Brustwehren gegen die Feinde und Verächter der Brüderschaft. Unglücklicherweise traf er auf Menschen, welche ihm Hang zur Mystik einflößten, von dem er in seinen Jünglings- und männlichen Jahren frei war."

3. Albrecht, Prinz von B., Bruder des Vorigen, war ab 1744 Mitglied der Loge Jonathan in B.

4. Friedrich August, Herzog von B., zweiter Sohn des Herzogs Karl I., * 1740, † 1805, preußischer General, wurde in Berlin aufgenommen, betätigte sich in der Strikten Observanz, war 1772—1799 National-Großmeister der „Drei Weltkugeln", stark mystisch veranlagt, daher mit den großen Schwindlern des Ordenswesens, wie Schrepfer, Gugomos u. a. m., in ständiger Verbindung, Alchimist und Rosenkreuzer, Geisterbeschwörer und Wunderarzt; wie sein Onkel Ferdinand stand er auch zum Grafen St. Germain in Beziehung.

Seine beiden Brüder, Wilhelm Adolf, * 1745, † 1785, und Maximilian Julius Leopold, * 1752, † 1785, waren gleichfalls Freimaurer und Mitglieder der Strikten Observanz. Letzterer, Oberstinhaber des Infanterieregiments in Frankfurt a. d. O., zeichnete sich durch menschenfreundliche Akte aus. Bei einer Überschwemmung bemüht, Menschen zu retten, ertrank er in der Oder.

Bref (franz.), Hochgraddiplom.

Brehm, Alfred Edmund, Zoologe und Reiseschriftsteller, * 1829, † 1884, der Verfasser des zum Volksbuche gewordenen „Tierlebens", aufgenommen in den Bund 1861 in Leipzig, Loge „Apollo". Von ihm mehrere im Drucke vorliegende Vorträge, darunter einer über Freimaurerei in Ägypten. Er war mit dem Kronprinzen Rudolf von Österreich, den er wiederholt auf Reisen begleitete, befreundet und hatte auf dessen weltanschauliche Entwicklung großen Einfluß. Ob er ihn auch zu veranlassen suchte, Freimaurer zu werden, steht dahin.

Brennender Busch, der brennende Dornbusch der Offenbarung Mosis, Exodus 3. Oberste Räte Amerikas datieren ihre Erlässe „near the Burning Bush", um damit anzuzeigen, daß sie in ihrem Ritus die oberste Instanz der Gesetzgebung und der maurerischen Instruktion sind.

Brentano, Dominicus von, Geheimrat, katholischer Theologe der Aufklärungszeit und Übersetzer des Neuen Testaments, * 1740, † 1797, Hofkaplan und geistlicher Rat des Fürstabts Honorius zu Kempten, Pfarrer, war Mitglied und Redner der Eklektischen Loge „Zur aufgehenden Sonne" in Kempten (Taute).

Bresciani, Antonio, Pater, S. I. * 1798, † 1862, Rektor in Turin, Genua, Modena und an der Propaganda in Rom, Mitbegründer des jesuitischen Hauptorgans „Civiltà Cattolica", schrieb in dieser sozialpolitische Artikel und erregte mit zahlreichen „racconti" Aufsehen, Erzählungen in Romanform, die gegen die Freimaurerei gerichtet waren, von einer hemmungslosen Phantasie zeugten und B. zu einem der Hauptkämpfer gegen den Bund stempelten. Auch seine „Prose scelte" (in einem Schulbuch des Jesuitenkollegiums in Freiburg enthalten) sind antifreimaurerisch.

Breslau. Sitz der Provinzial-Großloge von Schlesien (Große Landesloge der Freimaurer von Deutschland) und der Großen Provinzialloge für Schlesien der Großen Loge von Preußen, genannt „Zur Freundschaft" in Berlin.

Die älteste Loge ist die „Vereinigte Loge" der Großen Landesloge, entstanden aus den Logen „Zu den drei Totengerippen" (1741), „Zur Säule" (1774) und „Zur Glocke" (1776). Die Loge „Friedrich zum goldenen Scepter" (1776) und „Blücher zur Freiheit und Licht" (1924) unterstehen den „Drei Weltkugeln. Die Loge „Horus" (1813) gehört zur Großloge von Preußen. Logen des Eklektischen Systems sind: „Herrmann zur Beständigkeit" (1893), „Mozart zur Liebe und Pflicht" (1923), „Johannes zu den drei Rosen" (1928). Der Hamburger Großloge untersteht die Loge „Settegast zur deutschen Treue" (1901), Bayreuth die Loge „Fichte zum flammenden Stern" (1925).

In B. erscheint auch eine deutsche Freimaurerzeitung, das „Schlesische Logenblatt", herausgegeben von der Provinzial-Großloge (Große Landesloge).

Breton, Tomas, spanischer Opernkomponist, * 1850, trat dem Freimaurerbunde bei.

Bretschneider, Heinrich Gottfried, k. k. Hofrat in Wien, * in Gera 1739, † 1810, laut „Brockhaus" von 1822 „Soldat, Hofrat, Bibliothekar in Ofen und Lemberg, Ratgeber und Vertrauter Kaiser Josephs II., Reiseabenteurer, Dichter, Romanschreiber, Freimaurer, Kupferstich- und Gemäldesammler, Rezensent, Satiriker, ein Peregrinus Proteus in hundert Farben und doch dabei ein redlicher Freund der Wahrheit, wie er sie erkannte, Feind aller politischen und pfäffischen Gaukelei, die er entlarvte, ein Enzyklopädist, ... ein Wohltäter seines Zeitalters in Wort und Schrift ...". B., Freund Nicolais und der Großen von Weimar, wurde Freimaurer in der Loge „Zur Einigkeit" in Frankfurt a. M. In Wien betätigte er sich als scharfer Gegner des sich damals in vielen Logen breitmachenden Mystizismus.

Brevet Rank (engl.), Titulargroßbeamtenwürde in der Großloge von England, gleichbedeutend mit Past Rank (s. d.).

Briefler und Grüßler. Beim Vorsprechen eines wandernden Steinmetzen in einer mittelalterlichen Bauhütte entwickelte sich folgendes Frage- und Antwortspiel das in sinngemäßer Veränderung in die Freimaurerkatechismen übergegangen ist:

Mit Gunst und Erlaubnis, ist er ein Steinhauer?
Mit Gunst und Erlaubnis, es steht zu probieren.
Warum ist er ein Steinhauer?
Weil ich von dem Steinhauerhandwerk bin frei- und ledig- und losgesprochen, auch von zwei Steinhauergesellen bin ausgefördert worden nach Handwerksgebrauch und Gewohnheit.
Was ist das Beste vom Handwerk?
Der ehrbare Namen.
Ist er ein Grüßler oder ein Briefler?
Ein Grüßler.
Was ist der Unterschied zwischen einem Grüßler und einem Briefler?
Die Verschwiegenheit.
Geb er mir das Zeichen!
Da muß ich meine Zunge rühren.
Welches ist der erste Steinhauer gewesen?
Der Elogius oder Moses.
Welches ist der erste Baumeister gewesen?
Johannes der Epistel! usw.

Steinmetzen, die sich mit diesen Antworten ausweisen konnten, wurden Grüßler genannt, weil sie den Gruß kannten. Später trat an dessen Stelle ein Ausweis, ein Brief, der den Inhaber, den Briefler, als zünftig auswies.

Briefform. In der Korrespondenz bedienen sich die Freimaurer untereinander einer besonderen Form der Anrede und des Schlusses, die hier nur aus dem einen Grunde nicht angeführt wird, weil es nicht Zweck dieses Buches sein kann, den leider stark in die Halme geschossenen Logenbettel Unbefugter zu unterstützen. In irgendeinem alten Briefsteller ist anscheinend der Brief Goethes an die Weimarer Loge „Amalia", betreffend seine Aufnahme, abgedruckt. Nur so ist es zu erklären, daß fast alljährlich dieser Goethebrief, von irgendeinem Maier oder Müller kopiert, einzelnen Logen zugeht!

Briefmarken, in dem Pamphlet von Schwarz-Bostunitsch „Die Freimaurerei" (Verlag von Duncker in Weimar), wird die falsche Behauptung aufgestellt, daß zahlreiche Briefmarken der europäischen Staaten Freimaurerabzeichen tragen, woraus wieder Schlüsse auf eine bestehende Weltverschwörung gezogen werden, die auch Briefmarken für ihre Propaganda benützt. So werden alle Briefmarken, auf denen das weitverbreitete Symbol des fünfzackigen Sterns oder verschlungene Hände, Werkzeuge vorkommen, einfach kritiklos als Freimaurerbriefmarken bezeichnet, darunter merkwürdigerweise auch Briefmarken des faschistischen Italien. (Eine ausführliche Zusammenstellung der angeblich freimaurerischen Briefmarkenzeichen von philatelistischer Seite findet sich — mit Erwiderung — in der Fachzeitschrift „Donaupost", Bratislava 1930/31.)

Dennoch gibt es Briefmarken mit freimaurerischen Abzeichen, und zwar im Beginn der Briefmarkenära in Amerika. Die Briefmarke wurde damals durch einen besonderen Stempel direkt auf das Poststück aufgetragen. Dabei haben einzelne Postmeister, die Freimaurer waren, die Freimaurerembleme verwendet. So der Postmeister von Bangor in Wisconsin, von Island Port in Vermont u. a. m. (Abbildungen in „Masonic Outlook", Oktober 1927.)

Briefmarken, Amerikanische. In den Ausgaben von 1847—1930, die die großen Männer der Vereinigten Staaten zeigen, finden sich die Bilder folgender Freimaurer: Washington, Franklin, Jackson, Clay, Hamilton, Perry, Garfield, Farragut, Marshall, Roosevelt, McKinley, Monroe, Harding, Nathan Hale, Taft, Sullivan, Steuben und Pulaski.

Brigido v. Breswitz, Johann Michael,

Fürstbischof von Laibach, wurde als Bischof in Zips in die Budapester Loge „Zur Großmut“ aufgenommen und trat 1788 der Strikten Observanz bei.

Brisbane, Hauptstadt des australischen Bundesstaates Queensland, Sitz der Vereinigten Großloge von Queensland (Adresse: H. Harley, Box 675, G. O. P., Brisbane), der 338 Logen unterstehen, darunter 104 Bauhütten in B. selbst. Eine Distrikts-Großloge der Großloge von England hat ebenfalls ihren Sitz in B. (6 Logen).

Brisson, Eugène Henri, französischer radikaler Staatsmann, * 1835, † 1912, war 1885, 1894 und 1911 Kammerpräsident, 1885 Ministerpräsident, schrieb verschiedene bedeutende politische Werke, u. a. veröffentlichte er Erinnerungen an die Dreyfus-Affäre. Er war Freimaurer und als Mitglied der „Loge 133“ (s. d.) eine Zeitlang sehr aktiv an den Kämpfen gegen die Hegemonie des S. C. de France beteiligt (s. Frankreich).

Brithering, schottischer Ausdruck für Initiation, Aufnahme.

Britisch-Columbia, kanadische Provinz. Die 1871 gegründete Großloge zählte 1930 112 Logen mit 15.300 Mitgliedern. Adresse: P. O. Box 910, New Westminster.

Britische Kolonien, s. Kolonien, Britische.

Brittain, Sir Henry E., englischer Großindustrieller, * 1872, Vizepräsident der „English-Speaking Union“ und der „Royal Imperial Society“, Präsident der englischen Sektion der internationalen Journalisten-Vereinigung, Ehrenmitglied der „Press-Union“, ist Freimaurer.

Broached Thurnel (engl.), ein in der frühenglischen Symbolik verwendetes Lehrbild, über dessen wahre Bedeutung die Meinungen stark auseinandergehen. Krause hat es nach älteren Mustern fälschlich mit Drehbank übersetzt. Nach erhaltenen Zeichnungen kann geschlossen werden, daß es sich um einen kubischen Stein handelte, der von einer Pyramide überdacht war. So findet sich das Lehrbild auch in den frühen französischen Teppichen. Thurnel bedeutet nach Parker („Glossar of Terms in Architecture“) einen viereckigen Turm, altfranzösisch tournelle, broached-thurnel einen von einem Spitzturm (spire) abgeschlossenen Turm. Eine andere Erklärung gibt Speth (A. Q. C. XII, 205): Broach heißt im Schottischen der Rauhstein, Thurnel, Thurmer oder Turner der Meißel, mit dem der Rauhstein bearbeitet werden soll. Eine weitere Erklärung im Freemason (19. November 1927): Urnel, Urnal, Ornal oder Ornel bedeutet einen besonderen weißen Baustein. Die Form Broached-Thurnel ist phonetisch aus Broached Urnel entstanden, was nichts anderes bedeuten würde als den rauhen Stein. Die Zeichnung, die auf einem Kubus ruhenden Pyramide, wäre dadurch eine Fehldeutung des Wortes. Das Symbol wird in den alten Katechismen dem Lehrling als Aufgabe zur Bearbeitung zugewiesen.

Brockes, Barthold Heinrich, vor Klopstock einer der bekanntesten Dichter Deutschlands („Irdisches Vergnügen in Gott“, bestehend in physikalischen und moralischen Gedichten). * 1680, † 1747 als hamburgischer Senator. 1714 stiftete er die „Teutschübende Gesellschaft“ und 1716 die „Patriotische Gesellschaft“. Von welcher Seite her die Anregung kam, die Freimaurerei von England nach Hamburg zu verpflanzen, ist unbekannt, vielfach wird angenommen, daß der Keim dazu in diesen Sozietäten gelegt wurde. Diese Sozietäten strebten ihren englischen Vorbildern in allem nach, und ihnen gehörten auch Persönlichkeiten an, die Mitglieder der ersten deutschen Loge wurden. So der berühmte Stadtwundarzt Peter Carpser, Brockes Hausarzt und Freund, und der Advokat Dr. Peter von Stüven. B. selbst wurde nicht Mitglied der am 6. Dezember 1737 gegründeten „Société des acceptés Maçons libres de la ville de Hambourg“, vielleicht, weil er damals, außerhalb Hamburgs, das hamburgische Amt Ritzebüttel als Amtmann verwaltete; aber er stand ihr gewiß nahe.

Brönner, Johann Karl, Buchhändler in Frankfurt a. M., * 1738, † 1812, einer der Gründer des Eklektischen Bundes (s. d.), für welchen er dann als Provinzial-Großmeister (1792 bis 1812) das Gesetzbuch und das Ritual verfaßte. Die Eklektische Bundesurkunde, das Rundschreiben von 1783, war sein Werk. Von ihm zahlreiche maurerische Schriften, darunter eine Geschichte der Loge „Einigkeit“ in Frankfurt a. M., der er sich, 1759 in Lyon aufgenommen, 1763 angeschlossen hatte.

Bronsart v. Schellendorf, Friedrich, deutscher Generalleutnant a. D., war innerhalb der deutschen Adelsgenossenschaft (s. d.) anläßlich der Debatten über den Kampf gegen die Freimaurerei der Führer der intransigenten Minderheit, die ausnahmslos alle Freimaurer, also auch die altpreußischen, von der Mitgliedschaft ausschließen wollte. Er veröffentlichte 1929 eine Broschüre „Deutscher Adel und Freimaurerei“, in der er den weniger radikalen Beschluß bekämpft. Neben Ludendorff Führer des Tannenbergbundes (s. d.).

Brooks John, amerikanischer General, rechte Hand Steubens bei der Reorganisation der Kontinentalarmee im Revolutionskrieg, dann Gouverneur von Massachussetts, † 1825, war Mitglied einer Feldloge.

Brotherly Love, Relief and Truth (Bruderliebe, gegenseitige Hilfe und Treue), Devise der angelsächsischen Freimaurerei.

Brougham, Henry Peter, Lord of B. and Vaux, englischer Staatsmann, * 1778, † 1868, Naturforscher, dann Rechtsanwalt und politischer Schriftsteller, einflußreicher Liberaler, Lordkanzler, wurde in der „Fortrose Lodge“ in Stornoway (Schottland) aufgenommen, wurde dann Mitglied der Cannongate Kilwinning Lodge in Edinburgh.

Brown, John, Dr. med., Präsident der Medizinischen Gesellschaft in Edinburg, * 1735, † 1788. Sein Buch „Elementa medicinae“ (1780), in welchem er ganz neue Anschauungen über das Leben in seinen normalen und krankhaften Äußerungen darlegte, wirkte wie ein revolutionäres Manifest. (Lehre von der Irritabilität.) Besonders in Deutschland fand die Brownsche Lehre begeisterten Anklang. B. war Freimaurer und errichtete 1785 in Edinburg die Loge „Zum römischen Adler", in der nur in lateinischer Sprache gearbeitet wurde. Die Loge hatte nur kurzen Bestand.

Browne, J o h n (M a s t e r K e y). 1798 veröffentlichte B. ein historisch überaus wertvolles Buch, den „Master Key through all the Degrees of a Freemason", von dem 1802 eine zweite Auflage unter etwas verändertem Titel erschien. Das Buch ist nicht als Verräterschrift gedacht, sondern als Instruktionsschrift für Freimaurer. Es ist in einer sehr komplizierten Chiffre abgefaßt und gibt zuverlässige Kenntnis vom Ritual der „Moderns", wie es sich in der Großloge von London im 18. Jahrhundert entwickelt hatte. K r a u s e hat es in seinen Kunsturkunden teilweise verwendet. Die Chiffre beruht hauptsächlich auf der Ersetzung der Vokale durch andere Buchstaben nach den Schlüsseln B. und Keolnu. Dabei sind zahlreiche (stumme) Buchstaben eingesetzt, die einer Lesbarkeit sehr im Wege stehen. Eine vollständige erläuterte Ausgabe in englisch und deutsch gab F. S o n n e n k a l b (Berlin 1922) heraus.

Bruce, S t a n l e y, australischer Staatsmann, * 1883, Vertreter des australischen Staatenbundes beim Völkerbund und bei der Reichskonferenz 1923, wiederholt Minister, 1923—1929 Ministerpräsident, ist Freimaurer.

Brückenbrüder, F r a t r e s p o n t i f i c e s christliche mittelalterliche Brüderschaft im südlichen Frankreich, die sich aus Brücken- und Straßenbauern entwickelte und ähnlich wie die Steinmetzen ein Gebrauchtum hatte. Sie errichteten mehrere Einkehrhäuser für Pilger und betätigten sich insbesondere auf charitativem Gebiete. Ihr Ordenszeichen war der Spitzhammer. Als ihr Gründer wird der Heilige B e n e z e t bezeichnet. Ihr Hauptort war Avignon.

Brückenlogen, s. T s c h e c h o s l o w a k e i, G r o ß o r i e n t.

Bruder. Zum Zeichen innigster Verbundenheit nennen die Freimaurer einander Brüder, und ihre Gemeinschaft eine B r ü d e r s c h a f t. In den meisten Ritualen wird daher der Aufzunehmende in Abstufungen erst mit seinem bürgerlichen Namen, dann als Freund, schließlich als Bruder bezeichnet. Auf dem Namen Bruder gründet die im Bunde herrschende B r u d e r l i e b e ihren Inhalt (s. V e r b r ü d e r u n g). Der größte Vorwurf gegen Freimaurer ist der unbrüderlichen Verhaltens. In der gegenseitigen Bezeichnung als Brüder liegt eingeschlossen ein gesteigerter Grad des Entgegenkommens in allen Lebenslagen, Verständnis für Charaktereigenschaften und wohlwollendes Sichhineinleben in die Seele eines anderen Menschen. Nach den angelsächsischen Ritualen sind die Grundsätze der Freimaurerei: Brotherly Love. Relief and Truth (Bruderliebe, gegenseitige Hilfe und Treue).

Eine mehr esoterische Ableitung des Brudernamens geht hervor aus der gemeinsamen „Gotteskindschaft". So insbesondere im Schwedischen System und in Amerika.

Brüder, Auserwählte, s. A u s e r w ä h l t e B r ü d e r.

Bruder, Der fürchterliche, frère terrible, ist französischen Ursprungs, wird schon 1745 erwähnt. Ein vermummter Bruder, der den Suchenden in der Vorbereitungskammer aufsucht und ihm dort Unterweisungen erteilt. In der deutschen und angelsächsischen Freimaurerei unbekannt, widerspricht vollkommen den wahren Absichten der Freimaurerei. Hat sich im allgemeinen nur noch in romanischen Ritualbeständen erhalten.

Brüder, Geweihte, des Inneren Tempels, s. G e w e i h t e d e s I n n e r e n T e m p e l s.

Bruderhilfe, (Freimaurer-) V e r e i n in Leipzig, Erwerbsnachweis; sein publizistisches Organ ist das Blatt „B. und Leipziger Lokalanzeiger".

Bruder Jonathan, Spitzname des Amerikaners, ist freimaurerischen Ursprungs. Als in einem Kriegsrat unter W a s h i n g t o n keine Übereinstimmung zu erzielen war, unterbrach dieser die Verhandlung mit dem Worte: „Wir wollen Bruder Jonathan fragen." Er meinte damit den seiner Grundsätze und seiner Offenheit wegen besonders geschätzten Freimaurer Jonathan T r u m b u l l.

Bruderkette, Symbol der Verbundenheit, der Brüderschaft der Menschen. Die Aufnahme des Neophyten in den Freimaurerbund wird erst dann zur wirklichen Einweihung, wenn er die geistige B. durch Erleben erfaßt, sich in dieser weiß, auch wenn die Kette äußerlich unvollkommen, ja gesprengt erscheint.

Bruderkette, Deutsche, Großloge. Die fünf in Deutschland arbeitenden unabhängigen Logen „Minerva zu den drei Palmen" in Leipzig (gegründet 1741), Archimedes zu den drei Reißbretern" in Altenburg (gegründet 1742), „Balduin zur Linde" in Leipzig (gegründet 1776), „Karl zum Rautenkranz" in Hildburghausen (gegründet 1787), „Archimedes zum ewigen Bunde" in Gera (gegründet 1804), gestalteten im Jahre 1924 die unter ihnen im Jahre 1883 gebildete F r e i e V e r e i n i g u n g d e r f ü n f u n a b h ä n g i g e n L o g e n D e u t s c h l a n d s zu einer Großloge um, die den Namen G r o ß l o g e D e u t s c h e B r u d e r k e t t e führt. Diese ist von dem Deutschen Großlogenbund und von den nicht zum Deutschen Großlogenbund gehörenden anerkannten deutschen Großlogen anerkannt und hat die vollen Rechte einer Großloge. Die Großloge hat ihren Sitz in Leipzig. Das Archiv der Großloge verwahrt die Loge „Minerva zu den drei Palmen". Die Verwaltung der Geschäfte der Großloge erfolgt an dem Orte, in dem der jeweilige Großmeister wohnt.

Die Großloge hat seither ihre Logenzahl erhöht und hat (1930) 1910 Mitglieder in zehn Logen und fünf Kränzchen. Sie gibt eine eigene Zeitung „Mitteilungen aus der Großloge Deutsche Bruderkette", geleitet von Ernst Paul Kretschmer in Gera, heraus, steht auf dem Boden des humanitären Prinzips gehört aber dem deutschen Großlogenbund nicht an.

Bruderkuß, in den angelsächsischen Ritualen unbekannt, dagegen in einigen deutschen und französischen (A c c o l a d e, s. d.) und in mehreren Hochgradritualen. Entweder als Zeichen der Weihe, als Siegel der Verbundenheit, oder zum Schlusse der Arbeit als Erinnerungszeichen.

Bruderliebe, s. Liebe.

Brudermahl. Im Deutschen im Gegensatz zur Tafelloge (s. d.) eine mehr zwanglose Vereinigung von Brr. nach der Arbeit. Das B. hat gewöhnlich kein eigenes Ritual, es werden die sogenannten offiziellen Reden entweder gar nicht oder nur stark gekürzt gehalten. In einzelnen Systemen (z. B. Wien, auch Großloge Lessing) wird die Erörterung über die in der Arbeit gehaltenen Vorträge gerne beim B. abgehalten, wodurch die eigentliche Logenarbeit entlastet und den Brr. auch Zeit zum Nachdenken über die in der Arbeit geäußerten Ansichten gegeben wird.

Bruderschaften. Vereinigungen, die in geistigem Sinne einen Grad höchster Gemeinsamkeit in der Vorstellung der Blutsverwandtschaft symbolisieren. Daher der symbolische Akt des Blutsaustausches bei Eingehen der Blutsbruderschaft, symbolisch abgeschwächt im Bruderschaftstrinken, wobei ursprünglich die in den Bruderschaftsverband Eintretenden ihr eigenes Blut in den gemeinsam genossenen Trank mischten. Der religiöse Brauch, die Gemeinsamkeit der Gotteskindschaft durch den Brudernamen zu bekräftigen, geht auf die alten Mysterienbünde zurück und wird auch in der Bibel bekräftigt, so Matth. 23, 8: „Ihr seid alle Brüder."

Auf die Freimaurerei bezogen: Die alten Steinmetzenvereinigungen sind B., deren Angehörige sich wechselseitig Brüder (und Schwestern) nennen. In den Satzungen der Steinmetzengilden (z. B. Lincoln 1306) ist ausdrücklich von einer „fraternitas" die Rede. Die Mitglieder heißen „fratres et sorores". Ebenso auch bei anderen Gilden, z. B. in den Ordonnanzen der Brüderschaft der Zimmerleute von London 1333. Von diesen bruderschaftlichen Gildenverbänden wurde der Brauch auch in die spekulativen Freimaurerlogen übernommen. Daher bei Anderson Const. VI. 3: „Ihr sollt einander höflich grüßen, wie man euch lehren wird, euch untereinander Brüder nennen."

Bruderschaften (Fraternities), Amerikanische, s. Amerikanische bruderschaftliche Verbände.

Brugsch, Heinrich Karl Ferdinand, berühmter Ägyptologe * 1827, † 1894, war seit 1859 Freimaurer („Teutonia", Potsdam, später „Pilgrim", Berlin).

Brühl, Heinrich, Reichsgraf von, der bekannte sächsisch-polnische Staatsmann, * 1700, † 1763, war nicht Freimaurer, wohl aber seine vier Söhne. Reichsgraf Aloysius Friedrich und die Grafen Karl Adolf, Albert Christian und Hans Moritz gehörten der Strikten Observanz an. Namentlich Aloysius Friedrich, * 1739, † 1793, entfaltete eine sehr rege freimaurerische Tätigkeit.

Bruix, Etienne-Eustache, Admiral der französischen Flotte in Boulogne unter Napoleon I., Minister, * 1759, † 1805, war Redner der Loge „L'Heureuse Rencontre" in Brest. Die Loge hielt ihm zu Ehren eine Trauerarbeit, bei der der Flottenkommandant, zwei Konteradmirale, zwei Brigadegeneräle, ein Chefchirurg der Armee, viele Stabsoffiziere u. a. erschienen, die sämtlich Freimaurer waren.

Brüll, Ignaz, österreichischer Komponist („Das goldene Kreuz") und Klaviervirtuose, * 1846, † 1907, gehörte von 1877 bis 1879 der Wiener (Preßburger) Loge „Sokrates" an.

Brunet, Frédéric, Deputierter von Paris, Vizepräsident der französischen Kammer, antwortete 1928 auf eine Anfrage der „Liga der kinderreichen Familien", ob er der Freimaurerei angehöre, öffentlich: „Wenn heute das Wohnproblem in Paris auf dem Wege der Lösung ist, so darf ich das Verdienst daran mir zuschreiben, nachdem ich 1922 im Pariser Gemeinderat die Initiative dazu ergriffen habe. Ich habe mich dabei ganz besonders der Interessen der kinderreichen Familien angenommen, ohne mich natürlich um deren politische Einstellung zu kümmern. Aber wenn es Sie interessiert, sage ich Ihnen gerne, daß ich die Ehre habe, der Freimaurerei anzugehören, die sich aus ihren philosophischen Lehren heraus die Befreiung der Menschheit zum Ziele gesetzt hat, sowohl was die materiellen wie auch die sittlichen Bande anbelangt, in die sie durch die Macht der Dogmen verstrickt ist."

Brünn. Landeshauptstadt von Mähren. Trotz der Nähe von Wien und Prag faßte die Freimaurerei hier verhältnismäßig spät Fuß. 1782 sind zwei Logen bestätigt, die Loge „Zur aufgehenden Sonne" unter Führung des Altgrafen Salm-Reifferscheid (s. d.) und die Loge „Zu den wahren vereinigten Freunden", die unter dem Grafen Anton Belcredi arbeitete. 1784 ordneten sich die B. Logen der Prager Provinzial-Großloge unter. Der Zugeordnete Meister der wahren vereinigten Freunde, Feldmarschallleutnant und Theresienritter Franz Wenzel Graf Kaunitz-Rittberg, vertrat die Loge wiederholt in Prag. Nach dem Patente Josephs II. stellten die Brr. in Troppau, Olmütz und Proßnitz ihre Arbeiten ein und schlossen sich der Loge „Zu den wahren vereinigten Freunden" an, die Salm-Loge „Zur aufgehenden Sonne", in die mystische Elemente (Gold- und Rosenkreuzerei) ihren Eingang gefunden hatten, löste sich 1786 freiwillig auf. Einzelne ihrer Brr. traten zur Loge der wahren vereinigten Freunde über, die von da an den Namen „St. Johannisloge zur Sonne der vereinigten Freunde" führte. Späterhin wurde jedoch der alte Name wieder hervorgeholt. Unter dem Drucke klerikaler Einflüsse zog sich Graf Belcredi zurück, zahlreiche Brr. deckten. 1792 ist Graf Mitrovsky noch als Meister vom Stuhl genannt. Der evangelische Pfarrer Riecke, der sich besonders auf humanitärem Gebiete sehr verdient gemacht hatte, erhielt eine obrigkeitliche Verwarnung. Die Logenpapiere sollen (nach B. M. Trapp) ins Ausland gebracht worden sein. 1794 hatten die Freimaurer in B. ihre Tätigkeit wieder eingestellt. Zu Beginn des laufenden Jahrhunderts gründeten B. Brüder, die meist Wiener Logen angehörten, unter Führung des Rechtsanwaltes Dr. Wolf eine Tafelrunde, die sich späterhin den Namen „Rauhenstein" beilegte. Aus ihr ist die heute unter der Großloge „Lessing zu den drei Ringen" arbeitende Loge „Zu den wahren vereinigten Freunden" (gegr 1922), hervorgegangen. Auch die tschechische National-Großloge unterhält derzeit in B. eine Loge „Cestou světla" (Auf dem Wege des Lichts).

Brünner Freimaurermedaille. Der Brünner Sammler Bruno Mauritz Trapp besitzt eine Medaille in rohem Zinnguß, die 1785 auf die Vereinigung der beiden Brünner Logen gegossen worden sein dürfte. Die Medaille ist nur in einem Stücke bekannt und nimmt in ihrem Schriftband auf die über kaiserlichen Befehl erfolgte Verschmelzung der beiden Logen Bezug. (Von Trapp beschrieben in „Quellen zur Geschichte der Freimaurerei", Band I.)

Brünner Fund. Der heute arbeitenden Loge „Zu den wahren vereinigten Freunden" in Brünn gelang es, durch Vermittlung ihres Mitglieds A. Brod im fürstlich Salmschen Schlosse zu Raitz, das gesamte Archiv der Loge „Zur aufgehenden Sonne" in Brünn (1782—1785) zu heben. Graf Salm-Reifferscheid hatte diese Bestandstücke seiner Loge nach deren Inaktivierung in einem Geheimfache seiner Bibliothek aufbewahrt. Das Archiv ist deswegen bemerkenswert, weil es in seinen Stücken einen deutlichen Einblick in den geistigen Inhalt einer Adelsloge des 18. Jahrhunderts gewährt. Neben den eigentlichen Logenakten finden sich die Protokolle des Wilhelmsbader Generalkonvents (s. d.), an dem Graf Salm teilgenommen hat. Die gesamte Logenkorrespondenz, die von Salm getragenen Abzeichen verschiedener Grade, Ritualbücher, sowie zahlreiche Rosenkreuzerschriften. Außerdem als Beweis dafür, daß in der Loge auch Magie getrieben wurde, mehrere kreisförmige magische Tafeln, deren Deutung Posner (Drei Ringe, 1931, Sondernummer Ars Regia) geglückt ist.

Bruno, Giordano, italienischer Philosoph, * 1548, † 1600, antikirchlicher Freidenkenker, als solcher von der römischen Inquisition sieben Jahre lang eingekerkert und dann auf dem Blumenmarkt zu Rom verbrannt. Zur Zeit des italienischen Kulturkampfes errichteten ihm die italienischen Freimaurer an der Stelle, wo er sein Leben lassen mußte, als Zeichen des Protestes gegen die römische Unduldsamkeit ein Denkmal, dessen Entwurf von dem späteren Großmeister Ettore Ferrari (s. d.) stammte.

Brusina, Spiridon, kroatischer Naturforscher, * 1845, † 1908, Universitätsprofessor in Zagreb. Kustos der botanisch-zoologischen Abteilung des dortigen Museums, Gründer und erster Präsident der Gesellschaft kroatischer Naturforscher, Mitglied ausländischer Akademien und zahlreicher wissenschaftlicher Institutionen. Die Zahl seiner wissenschaftlichen Veröffentlichungen übersteigt 150. Er gehörte zu den Gründern der Zagreber Loge „Hrvatska Vila".

Brüssel, Hauptstadt des Königreichs Belgien. Schon um 1740 soll in B. eine Loge gearbeitet haben. 1743 trat die „Equité" ins Leben, 1754 „L'Union parfaite", 1762 gründete der Statthalter der österreichischen Niederlande, Prinz Karl von Lothringen, der Bruder des Kaisers Franz I., die Loge „St. Charles". Nach dem Freimaureredikt Josephs II., d. h. von 1786 bis zur Franzosenherrschaft, waren die durch das Edikt in ganz Belgien allein noch geduldeten drei B. Logen, bezw. der diese dirigierende Zentralausschuß, das einzige Zentrum maurerischen Lebens in den österreichischen Niederlanden. (Darüber und über die Weiterentwicklung s. Belgien.) Heute ist B. Sitz des Grand Orient Belgique, des Großorients von Belgien (Adresse: Rue de Persil Nr. 8), dem in der Hauptstadt selbst sechs Logen unterstehen, ferner des Suprême Conseil des A. u. A. Schottischen Ritus (Adresse: Rue de Laeken 79). In B. fanden 1904, 1907 (Oberste Räte des Schottischen Ritus) und 1910 internationale freimaurerische Kongresse, 1924 und 1930 Konvente der A. M. I. statt.

Die B. Universität (Université libre) geht auf die Initiative führender belgischer Freimaurer (Verhaegen, Van Schoor) zurück.

Brust, die Entblößung der linken Brust wurde in den alten Ritualen bei der Aufnahme verlangt, „damit man sehen könne, daß ich ein Mann, und kein Weib sey".

Brustplatte, die B. des Hohepriesters. geteilt in zwölf die Namen der zwölf Stämme nebst kostbaren Steinen tragende Felder, wird im Royal-Arch-Grad als Teil der Bekleidung des Hohepriesters (High Priest) getragen. Sie symbolisiert die Verantwortlichkeit des Leiters vor dem Gesetz und soll zum Ausdruck bringen, daß alle Teile des Ordens seinem Herzen gleich nahe sind. In der Johannismaurerei unbekannt.

Brustzeichen (Pectorale), in den Johannisgraden dem II. Grad, im Schwedischen System dem Meistergrad entsprechendes Erkennungszeichen, das sich auf den alten Freimaurereid bezieht.

Bryan, William Jennings, nordamerikanischer Staatsmann, Redner, * 1860, † 1926, wurde 1902 Freimaurer. B. war dreimal demokratischer Präsidentschaftskandidat, unter Wilson Staatssekretär. Er war Vorkämpfer der Friedens- und der Antialkoholbewegung und spielte als Antidarwinianer im sogenannten „Affenprozeß" in Dayton eine Rolle, die von politischen Motiven eingegeben war. Er starb an den Aufregungen des folgenden Wahlkampfes (s. Burbank).

Buch, eines der drei großen Lichter auf dem Altare der Loge. Allgemein verstanden wird darunter das Buch der Bücher (Volume of the Sacred Law), die Bibel (s. d.). In einzelnen Systemen wird neben der Bibel auch noch das Gesetzbuch der Großloge als B. aufgelegt.

Buchan. David Stuart Erskine, elfter Earl, englischer Politiker, * 1742, † 1829, befreite die Wahl der repräsentativen Peers von Schottland vom Einfluß der Regierung, gründete die „Society of Antiquities of Scotland", schrieb Biographien, Essays usw., war 1781/82 Großmeister der Großloge von Schottland.

Buchanan, James, 1857—61 Präsident der Vereinigten Staaten von Nordamerika, * 1791, † 1868, der im Krieg mit Mexiko Kalifornien erwarb, war Freimaurer. Unter seiner Präsidentschaft fand die maurerische Weihe des Reiterstandbildes George Washingtons im Bundeskapitol der Vereinigten Staaten statt.

Bucher-Heller, Franz, Dr., Amtsrichter in Luzern, Schweiz, * 1868, † 1925, hervorragender Pazifist, 1905 Organisator des Internationalen Friedenskongresses in Luzern, Vorstandsmitglied des Friedensbüros in Bern, Zentralpräsident der Schweizerischen Friedensgesellschaft, war lange Jahre Stuhlmeister der Luzerner Loge „Fiat lux“ und Mitglied des Verwaltungsrates der Schweizerischen Großloge „Alpina“.

Buchner, Eberhard, Schriftsteller in Birkenwerda bei Berlin, veröffentlichte von 1911 an in 4 Bänden kulturgeschichtlich interessante Dokumente aus alten deutschen Zeitungen unter dem Titel „Das Neueste von gestern“. In dieser Sammlung zahlreiche Zeitungsausschnitte betr. die Freimaurer des 18. Jahrhunderts, (* 1877.)

Buchner, Max, katholischer Hochschulprofessor in Würzburg, Verfasser eines Werkes: „Kaiser Wilhelm II., seine Weltanschauung und die deutschen Katholiken“ (Leipzig, Koehler), setzt sich im IV. Abschnitt dieses Buches auch mit Kaiser Wilhelm II., Judentum und Freimaurerei, auseinander. Da Wichtl für den Verfasser eine zuverlässige Quelle ist, so bleibt das Buch in seinem freimaurerfeindlichen Teil auf der Höhe (oder Tiefe) jener zahlreichen Tendenzschriften, die nach dem Kriege gegen die Freimaurerei geschrieben wurden. Das Bild, das B. entwirft, ist jenes bekannte einer von jüdischen Drahtziehern geleiteten Weltfreimaurerei, die für den Weltkrieg, den Mord in Sarajevo und den Sturz der Hohenzollerndynastie verantwortlich zu machen ist.

Buch, Weißes. Um der Einrichtung der Loge jede dogmatische Deutung zu nehmen und den reinen allverbindenden Humanitätsgedanken im Sinne der „Alten Pflichten“. I. Hauptstück, herauszuarbeiten, stellte Ficke-Freiburg (s. d.) der Großloge „Zur Sonne“ in Bayreuth den Antrag, an Stelle der Bibel ein Buch mit leeren Blättern mit der Goldinschrift „Gott“ auf den Altar zu legen. Dieser Antrag wurde 1872 von der Großloge „Zur Sonne“ angenommen, indem sie es ihren Logen freistellte, nach dem Fickeschen, sogenannten „Freiburger Rituale“ zu arbeiten. Dieser Brauch erhielt sich bis 1930, in welchem Jahre die betreffenden Logen zur Bibel zurückkehrten. Den Anlaß dazu bot der 1928 von der Großen Landesloge der Freimaurer von Deutschland beschlossene Abbruch der Beziehungen. Die G. L. L. erklärte, die Bayreuther Großloge „nicht mehr als freimaurerische Großkörperschaft gelten zu lassen, weil sie ihren Tochterlogen die Freiheit gebe, die Bibel vom Altar zu entfernen“. Eine Beseitigung der Bibel komme einem Widerruf des Gottbekenntnisses gleich und rüttle an dem Fundament der auf dem Glauben an Gott gegründeten Freimaurerei. Daraufhin beschloß Bayreuth, daß in Hinkunft das W. B. nur noch neben der Bibel aufliegen dürfe. Auch die Schweizerische Großloge „Alpina“ war 1930 genötigt, sich anläßlich einer Anfrage aus New York mit dem Problem des W. B. zu befassen. Im Verlaufe der Diskussion zwischen der G. L. L. und Bayreuth interpretierte der evangelische Pfarrer Otto Kaiser in Freiburg i. Br. das W. B. folgendermaßen:

„Das W. B. ist das ausgesprochenste Symbol der humanitären Freimaurerei. Die Frage aufwerfen, ob die Gründer der Freimaurerei und die Vertreter der gegenwärtigen christlichen Freimaurerei die Bibel als dogmatische Autorität auf den Altar legten und legen und ob sie die Hand des Suchenden auf die Bibel legen lassen, damit er auf den Buchstaben der Bibel schwöre, heißt die Frage verneinen. Solche Auffassungen widerstreiten dem ureigensten Geist der Freimaurerei. Die Königliche Kunst will uns frei machen von jedem religiösen, politischen, ethischen und ästhetischen Dogma und uns auf die mühsame Suche nach der Wahrheit schicken, die wir als eigene Überzeugung vertreten können. Die Bibel liegt auf dem Altar der Freimaurerei nicht als dogmatische Autorität, sondern als Symbol höchster Wahrheit und ewiger Gottesoffenbarung. Das W. B. wurde nicht als Gegensatz, in Ablehnung der Bibel an deren Stelle gesetzt, nicht als Symbol der Negation, sondern der Position. Das W. B. schließt die Bibel ein. Die Bibel ist als Symbol der Wahrheit zeitlich und persönlich zu eng. Wir erkennen keine zeitliche Beschränktheit der ewigen göttlichen Wahrheit an, und wir suchen die Körner fruchtbringender Wahrheit nicht nur auf dem Feld eines auserwählten Volkes und einer der positiven Religionen. Wir sind weit hinaus über den engen Horizont, der die Tugend der Antike als blendende Last sieht, weil die Träger dieser Tugend Heiden waren. So wenig aber auch das jüdische Volk als der einzige Vermittler ethischen Gottesglaubens anerkannt werden kann, so töricht erscheint das Bemühen, die Propheten und Jesus darum nicht als Semiten gelten zu lassen, weil sie Verkünder weltbezwingender Wahrheiten gewesen sind. Es gibt nicht nur arisches Weistum, auch nicht nur christliche Wahrheit. Jesus und Buddha, Laotse und Platon und Mohammed sind Führer zu einem Ziel. Das W. B. ist das Symbol unerschöpfter und unerschöpflicher Offenbarung der Wahrheit. Die Bibel auf dem Altar der Freimaurer ist eines der drei großen Lichter, das W. B. umfaßt das Ganze. In Zahlen: 3×3: „Gott, Mensch, Johannislicht; Religion, Moral und Verdienst; Weisheit, Stärke und Schönheit.“

Bucks, Noble Order of, in England gegen 1743 entstandener Orden, der die Gebräuche der Freimaurer nachahmte. Der Wahlspruch lautete: „Be merry and wise,“ die Einzelvereine nannten sich Logen und trugen den freimaurerischen nachgeahmte Abzeichen. Das Wappentier war ein Damhirsch. Der Orden ist nach einigen Jahrzehnten des Bestehens wieder eingegangen.

Budapest, Hauptstadt von Ungarn, hat eine freimaurerische Geschichte, die bis 1768 zurückverfolgt werden kann und bis zu der 1920 von der Regierung des sogenannten nationalen Kurses verfügten Auflösung der Symbolischen Großloge von Ungarn reicht. Von den siebziger Jahren des 19. Jahrhunderts bis zum Umsturz war das Logenleben ungemein rege. In B. erschien auch die einzige von Freimaurern gegründete, bewußt in freimaurerischem Geist gehaltene Tageszeitung „Világ“ („Welt“). Seither sind Logenarbeiten nicht gestattet. Das Großlogengebäude der Symbolischen Großloge wurde der ungarischen Freimaurerei weggenommen (s. Ungarn).

Buddecke, Albert, Oberst a. D., in Jena, Freimaurer, ist Verfasser der Schriften „Das Freimaurerideal" und „Was verdankt das deutsche Volk der Freimaurerei? Ein geschichtlich-kultureller Nachweis" (Leipzig 1930).

Budgell, Eustace, englischer Schriftsteller, * 1685, † 1737, Mitarbeiter der Zeitschrift „Tatler", Generalsekretär des Lordrichters von Irland, Mitglied des irischen Parlaments, Verfasser von „The Characters of Theophrastus", hatte hervorragenden Anteil an der Herausgabe von Tyndall's „Christianity as Old as the Creation", Begründer der Zeitschrift „The Bee", wurde 1732 in der Londoner Sun Lodge aufgenommen. (Vergl. Rawlinson: Biographical Notices of Oxford Writers.)

Buek, Heinrich Wilhelm, Arzt, * 1796, † 1879, aufgenommen 1820 in der Loge „Absalom" in Hamburg, wurde 1847 Großmeister der Großloge von Hamburg, ein Amt, das er 25 Jahre hindurch bekleidete. Mit seinem Bruder Karl Eduard wirkte er schon vor seiner Großmeisterschaft namentlich für die volle Gleichberechtigung der Juden. 1841 — er war damals Zugeordneter Großmeister — wurde unter Bürgschaft seines Bruders der erste jüdische Suchende in der Loge „Ferdinande Caroline" aufgenommen. Außerdem durchbrach B. bewußt das von ihm als ungerechtfertigt empfundene Sprengelrecht, indem er in Nordamerika Hamburger Logen gründete.

Buenos Aires, Hauptstadt von Argentinien. Sitz des Gran Oriente de la Republica Argentina, Calle Cangallo 1242. Außerdem eine deutsche Loge unter der Großloge von Hamburg, „Teutonia", mehrere englische, spanische und französische Logen. Der Oberste Rat des A. u. A. Schottischen Ritus wirkt ebenfalls im „Templo Central", Calle Cangallo 1242.

Buffallo Bill (William F. Cody), berühmter amerikanischer Büffeljäger, * 1845, † 1917, tollkühner Kämpfer im Sioux-Krieg, in Europa bekannt durch seine Wildwest-Schau und farbigen Abenteuerbücher, war Mitglied der Platt Valley Lodge, Nebraska.

Builders (engl.) die Bauleute, dient gelegentlich auch zur Bezeichnung der Freimaurer. Titel eines Buches von Dr. J. Fort Newton, ebenso „The Builder", Official Journal of The Masonic Research Society (Herausgeber R. J. Meekren, St. Louis), eine der führenden wissenschaftlichen Zeitschriften in Nordamerika.

Builders, Order of (Orden der Baumeister), amerikanische Knabenorganisation in Verbindung mit der Freimaurerei, ähnlich dem De Molay-Orden. Die B. entstanden 1921 auf Initiative des Masonic Employment Bureau (freimaurerische Stellenvermittlung) in Chicago unter Führung von Arthur Mollard. An der Gründung nahmen ausschließlich Söhne von Mitgliedern der Van Rensselaar-Perfektionsloge teil, doch verbreitete sich der Orden dann sehr rasch. Er arbeitet nach einem Ritual, das zwei Grade, „Baumeister-Lehrling" und „Baumeister", umfaßt.

Bukarest, Hauptstadt des Königreichs Rumänien, Sitz der National-Großloge von Rumänien (Adresse: Strada Campineanu) mit 23 Logen in B. selbst, und des Großorients von Rumänien (Adresse: Strada Lipscani 5) mit 12 Logen in B. In Verbindung mit der National-Großloge steht der Oberste Rat von Rumänien des A. u. A. Schottischen Ritus. Auf das Haus in der Strada Campineanu wurde in der Nacht vom 14. auf den 15. November 1930 ein Bombenanschlag verübt, dessen Folgen glimpflich waren. Das Attentat ging von dem Kreis des „Buletinul Antijudeo-Masonic" (s. d.) aus.

Bukowina, ehemals österreichisches Kronland, heute zu Rumänien gehörig. (Hauptstadt Czernowitz, heute Cernauti.) Die Freimaurerei fand hier durch deutsche und österreichische Offiziere Eingang (1782). 1789 bestand eine Militärloge „Zu den drei Kanonen" in Sadagora. 1911 entstand in Czernowitz eine Loge, zumeist aus Deutschen bestehend, die sich nach dem Weltkrieg als Loge „Fraternité" zunächst dem Grand Orient de France anschloß und jetzt dem Großorient von Rumänien (Marele Orient) untersteht. Die Nationalgroßloge von Rumänien (Marea Lojà Nationalà) errichtete 1929 in Cernauti die Loge „Ghica Voda".

Buletinul Anti-Judeo-Masonic, rumänisches antifreimaurerisches Organ, das 1930 in Bukarest unter der Leitung des Universitätsdozenten Dr. V. Trifu gegründet wurde. In aufreizenden Artikeln wurden gewaltsame Aktionen gegen die Freimaurerei gefordert. Unmittelbare Folge war der Bombenanschlag auf das Haus der National-Großloge von Rumänien in der Nacht vom 14. zum 15. November 1930.

Bulgarien. Die Freimaurerei hat hier erst nach vielen Ansätzen Fuß fassen können. Die erste Logengründung, in den zwanziger Jahren des 19. Jahrhunderts, ging von Kischinew in Bessarabien aus. Dort wurde eine Bauhütte von dem elsässischen Arzt Schaller gegründet, der 1812 bei Borodino in russische Kriegsgefangenschaft geraten war. Ein führendes Mitglied der Kischinewer Loge, der Archimandrit Efremius, der seine Heimat aus politischen Gründen verließ und nach Rustschuk ging, gründete dann dort eine Loge, der aber keine lange Lebensdauer beschieden war. 1879 erteilte der Großorient von Portugal ein Patent für eine Loge „Stern des Balkans" in Rustschuk. (Erloschen 1882.) Deren Mitglied war Alexander v. Battenberg, Fürst v. B. Ein Jahr später entstand in Sofia eine Loge „Brüderlichkeit", wieder unter dem Großorient von Portugal. Aber auch diese existierte nur kurze Zeit. Neue Impulse gingen nach der türkischen Revolution von Mazedonien aus. 1908 erfolgten Gründungen in Saloniki, Monastir u. a. Orten. Die Patente stammten aus Rumänien, Italien und Frankreich. Aber die nachfolgenden heftigen politischen Kämpfe und die Balkankriege verhinderten zunächst eine Ausbreitung. Am 15. April 1914 erfolgte in Sofia die feierliche Einsetzung der Loge „Zora" durch die Grande Loge de France. Ihr Programm sah u. a. Verbreitung der freimaurerischen Ideen im bulgarischen Volke zu dem Zwecke vor, dessen kulturellen Aufstieg zu fördern. Während des Weltkrieges wandte sich die Loge durch Vermittlung der Schweizer Großloge „Alpina" nach Paris, um die Unabhängigkeit zu erlangen. Dem Wunsche wurde 1917 stattgegeben, und so entstand, nachdem noch die Loge „Licht“ (Svetlina) ins Leben getreten war, aus diesen beiden Werkstätten im gleichen Jahr die Großloge von Bulgarien. Diese zählte 1931 zehn Logen mit rund 500 Mitgliedern. Großmeister: Generalstabsoberst a. D. P. Midileff. Die Großloge besitzt in Sofia ein eigenes Gebäude. Adr.: Institut „Zarya“, Str. Rakowski 106 (s. Sofia).

Bull, Ole Bornemann, berühmter norwegischer Violinvirtuose, * 1810, † 1880, Schüler Paganinis, gründete 1848 in Bergen das Nationaltheater, Komponist zahlreicher Musikstücke für Violine (Phantasien über nordische Themen), war Freimaurer, widmete 1844 das Ergebnis seines New Yorker Abschiedskonzertes dem Witwen- und Waisenfonds der Großloge.

Bullen, Päpstliche, Bulle (mittelalterlich Bulla), eigentlich die Metallkapsel, in der ein Siegel aufbewahrt wird, dann übertragen auf die mit der Bulle versehene Urkunde selbst. Päpstliche B. besonders feierliche Erlässe des Heiligen Stuhls, die in der päpstlichen Dataria ausgestellt werden. Die Sammlung der B. und Breven bezeichnet man als Bullarien. Die Verdammung der Freimaurerei wird in vielen Bullen und Enzykliken (Rundschreiben) ausgesprochen. Die wichtigsten sind:

1. die von Clemens XII. am 28. April 1738 erlassene Bulle „In eminenti“, in der die Vermischung der Katholiken mit dieser „religiösen Sekte“ verboten und zum ersten Male die Staatsgefährlichkeit der Freimaurerei behauptet wird. Die unmittelbare Folge dieser Bulle war ein Verbot der Freimaurerei in den Niederlanden, die Teilnahme wurde in Schweden, im Kirchenstaat und auf Malta mit dem Tode bedroht. Dagegen wurde diese Bulle in den österreichischen Erblanden, mit Ausnahme der Diözöse Olmütz, Ungarn und in Frankreich amtlich nicht veröffentlicht.

2. Die nächste Bulle geht auf Benedict XIV. (1740—1758) zurück. Sie wurde erlassen am 17. Mai 1751 und führt den Namen „Providas“. Sie bestätigt die Bulle Clemens XII. und sucht den Grund der Verurteilung ebenfalls hauptsächlich in religiösen Motiven, indem sie in der Freimaurerei eine Art Häresie erblickt. Auf Grund dieser Bulle setzte in Spanien eine Freimaurerverfolgung ein, die zu Todesurteilen und Galeerenstrafen führte.

3. Nach der Rückkehr des Papstes Pius VII. in den Kirchenstaat (1814) setzte dieser durch die Bulle „Sollicitudo omnium“ den 1775 aufgelösten Jesuitenorden wieder in sein Recht ein (7. August 1814) und verurteilte unmittelbar nachher in einer eigenen Bulle vom 13. August 1814 den Bund der Freimaurer und auch die Carbonari. In dieser wird die Staatsgefährlichkeit des Bundes besonders streng betont und höchste Strafen für die Teilnehmerschaft angedroht. Des gleichen Papstes Bulle „Ecclesiam a Jesu Christo“, von 1821, bezog sich zwar formell auf die Carbonari, galt aber ebenfalls auch den Freimaurern.

4. 1823 erließ Leo XII. die Bulle „Quo graviora mala“. In deren Zeichen wurden 1825 in Spanien sieben Freimaurer gehenkt. Ebenso verurteilten Pius VIII. (1829: „Traditi humilitati“) und sein Nachfolger Gregor XVI. (1832: „Mirari vos“) in Erlässen den Bund.

5. Pius IX., unter dessen Pontifikat die Unfehlbarkeit des Papstes zum Dogma erhoben wurde, befaßte sich von 1846—1875 achtmal in Enzykliken und Allokutionen mit der Freimaurerei. Er nannte diese die „Synagoge des Satans“. Ihm antwortete 1865 in einem aufsehenerregenden offenen Briefe der berühmte Heidelberger Rechtslehrer Bluntschli (s. d.).

6. Leo XIII. brandmarkte in seiner Enzyklika „Humanum Genus“, vom 20. April 1884 die Freimaurerei als Teufelswerk. Diese Enzyklika wurde auch von seinem Nachfolger Pius X. wiederholt zitiert. Leo XIII. beschwor alle katholischen Bischöfe, „impuram hanc luem“ („diese unreine Seuche“) auszurotten und wiederholte seine Angriffe in einer Epistola 1892, in der Enzyklika „Praeclara gratulationis“ 1894 und in einem Breve zum Antifreimaurerkongreß 1896 (s. Katholizismus, katholische Kirche, Päpste).

Bulwer, Edward, Lord Lytton, englischer Schriftsteller, s. Lytton.

Bund ist die allgemeine Bezeichnung für die Organisation der Freimaurer; Orden nennen sich die skandinavischen, holländischen, ein Großteil der romanischen Freimaurerei (z. B. Großorient von Frankreich) und die Große Landesloge der Freimaurer von Deutschland.

Bund deutscher Freimaurerlogen in Polen, s. Polen.

Bünde. Die menschlichen Bünde, zu denen als in der Gegenwart bedeutungsvollster der Freimaurerbund gehört, sind geschichtliche Wirkungen der Bundesschließung (s. d.) und wurden, indem sie die religiöse Hingabe in ihren Mittelpunkt stellten, zu Gebetsbünden, indem sie die gesellschaftliche Tätigkeit als Hauptziel ansahen, zu Arbeitsbünden. Die ersteren ‚suchen mit der ‚wahren Welt‘ oder mit der ‚Gottheit‘ oder wie sie sich sonst ausdrücken, in beständiger, direkter Verbindung zu stehen, sie suchen sich in beschaulicher Betrachtung oder in begeisterter Ekstase über die sinnliche Welt zu erheben und alle Kämpfe, Nöte und Aufgaben dieser Welt zu vergessen, um ganz im Paradiese oder mit den ‚Ideen‘, wie Platon sagt, zu leben“. Der Sinn und Zweck der letzteren ist das Arbeiten, Schaffen und Bauen. Auch sie suchen die Einheit mit dem All, aber sie glauben, daß diese Einheit nicht durch Beten und Schwärmen, Hungern und Verzichten, nicht durch Verlassen und Vergessen der Welt erzielt wird, sondern vielmehr durch werktätige Pflichterfüllung. Sie wollen die Welt dadurch überwinden, daß sie sie in unermüdlicher, treuer Arbeit gewinnen. Sie lieben die Erde als ihre wahre und einzige Heimat und setzen ihre ganze Kraft darein, diese ihre Heimat für sich zu erobern, indem sie sie mit Geist und Schönheit durchdringen und erfüllen. „Es ist ein Irrtum, daß bloß die Gebetsbünde, d. h. die weltflüchtigen, ausschließlich den Verkehr mit der eigenen Seele und dem All suchenden

Bünde ‚geistlich‘ und ‚religiös‘ seien. Jeder Bund, wenn er sich an den ganzen Menschen wendet und ganze Menschen miteinander verbündet, hat es mit dem ‚Geist‘ und dem All zu tun. Der Arbeitsbund ist seinem tiefsten Sinne nach sowohl geistlich wie weltlich.“

Die Freimaurerei ist ein ethischer Arbeitsbund (Engbund, s. d.), der als Männerbund im neueren Europa entstand und „unter dem Namen einer Baugewerksgilde das ausgesprochene Ziel verfolgt, über die Klüfte von Stand und Beruf, Volk und Rasse, Bekenntnis und Glaubensunterschied hinweg die Menschen zu einer überaus innigen und fruchtbaren Seelengemeinschaft zusammenzuschließen“. „Die antiken Engbünde wollten die fremd oder feindlich nebeneinander lebenden Menschen aufs neue miteinander verbinden, und zwar rein als Menschen, im Namen des geheimnisvollen Urerlebnisses. Teils legten sie das Hauptgewicht mehr auf die bestimmten Dienste, welche die Mitglieder einander leisten sollten (z. B. pekuniäre Unterstützung, Begräbnis und Totenkult), teils betonten sie mehr die magisch-mystische Verbrüderung und warteten betend auf das Reich Gottes (von dieser Art waren manche Mysteriensekten und die altchristlichen Gemeinden), teils suchten sie durch Erforschung der Welt und durch sittliche Vervollkommnung sich und die Menschen über die unbefriedigende Tageswelt hinwegzuheben (dies Ziel verfolgten die mannigfachen Philosophenschulen und Weisheitsbünde).“

„In gewissem Sinne verschmolzen diese drei Haupttypen des antiken Engbundwesens miteinander zu dem großen christlich-kirchlichen Religionsbunde. Jedoch befriedigte die entstehende und erstarkende Weltkirche nicht alle geistigen Bedürfnisse und es tauchten neben ihr und in ihr eine Reihe von Engbünden auf, die sich teils neu bildeten, teils an die vorchristlichen anknüpften. Manche von ihnen traten in offenen oder geheimen Gegensatz zu den despotisch-dogmatischen Grundsätzen der Kirche; das waren einerseits die mehr wissenschaftlich gerichteten Bünde, die das Werk der antiken Philosophenakademien fortzuführen suchten, anderseits die gottinnigen Brüdergemeinden, die als häretische ‚Sekten‘ so grausam verfolgt worden sind.“ (Vgl. August Horneffer, „Der Bund der Freimaurer.“)

Aus den Elementen dieser Bünde, als ihre große Synthese entstand der Freimaurerbund, der die Bruderschaftsidee mit der wissenschaftlichen Forschung, das Erlebnis des Mysteriums mit der werktätigen Arbeit im Diesseits, der die kultliche Übung mit kulturellen Bestrebungen verknüpft. Er ist eine religiöse, die soziale und kulturelle Arbeit pflegende, der Wissenschaft und dem Menschentum dienende kultische Brüdergemeinde, d. h. ein universeller Engbund (s. auch Männerbünde).

Bundesblatt. Haupt- oder Untertitel mehrerer freimaurerischer Zeitschriften, z. B. „Bayreuther B.“, jetzt unter dem Titel „Mitteilungen der Großloge zur Sonne in Bayreuth“, Eklektisches B. der Mutterloge des Eklektischen Freimaurerbundes, B., herausgegeben von der Großen National-Mutterloge „Zu den drei Weltkugeln in Berlin“.

Bundesdirektorium der Großen National-Mutterloge „Zu den drei Weltkugeln“ vertritt diese nach außen und gegenüber den Tochterlogen, bestätigt oder verwirft die Beschlüsse der Großloge (im engeren Sinn) und der Gesetzgebenden Versammlung und führt die bestätigten Beschlüsse aus. Es ist in den inneren maurerischen Angelegenheiten als Höchster Innerer Orient der Bewahrer und Pfleger der Lehre und des Rituals und zugleich die Oberbehörde der Altschottischen Loge (s. d.), als welche es den Namen „Altschottisches Direktorium“ führt (Fischer-Kretschmer, Katechismen, IV.).

Bundeslade (engl. Ark of the Covenant), nach 2. Moses, 25, 10, und anderen Bibelstellen eine kostbare Lade, in der die beiden steinernen Gesetzestafeln, Manna und Aarons Stab aufgehoben wurden. Spielt eine ritualistische Rolle im Royal-Arch-Grad.

Bundeslied. Das beliebteste, zumeist in der Kette gesungene Lied der deutschen Freimaurer ist das sogenannte B. von Mozart. Dieses Lied ist angehängt der kleinen Freimaurerkantate und hat dort den Text: „Laßt uns mit verschlung'nen Händen diese schöne Arbeit enden.“ In der großen Mozart-Ausgabe ist dieses Lied dreistimmig gesetzt. Der ursprüngliche Text stammte wohl von Schikander. Zahlreiche andere Texte wurden unterlegt, so daß das B. Volkslied im besten Sinne geworden ist. Der heute bekannteste Text: „Brüder reicht die Hand zum Bunde...“ erscheint schon 1830 in Kommersbüchern.

Bundesobere. Höchste innere Bundesobere heißen im System der Großen National-Mutterloge „Zu den drei Weltkugeln“ die Mitglieder des altschottischen und des Bundesdirektoriums.

Bundesschließung. Der Kampf ums Dasein treibt die Menschen gegeneinander; das Gefühl der Schwäche erfüllt sie mit Angst vor höheren, unbekannten Mächten; der soziale Instinkt aber ordnet den Kampf ums Dasein dem Interesse für den Nebenmenschen ein, gliedert die Familien aneinander, schafft über sie hinaus das Gemeinschaftsleben und macht so die sich sonst in ihrer Vereinsamung schwach fühlenden Individuen fähig, ihre Seelenangst in eine positive, religiöse Beziehung zu den übermenschlichen Kräften zu verwandeln. Aus dieser vom sozialen Instinkt geschaffenen und fortwährend neu erzeugten Erfahrung entstand das Bewußtsein, daß „die Gegensätze zwischen Mensch und Mensch, Mensch und Welt überbrückbar sind und sich auf geheimnisvolle Weise in eine schöpferische Einheit verwandeln können...“ Der Mensch lernte „die Freundeshand nach dem fremden Menschen, nach dem Nebenbuhler und Todfeind ausstrecken; er mußte künstliche Familien und Gemeinschaften bilden, die nicht fragten: woher kommst du und welches sind deine natürlichen Lebens- und Interessenkreise? — sondern die nur fragten: Wohin gehst du und welches sind deine Gesinnungen, deine Geistes- und Gemütskräfte?... Da entstanden die Bünde.“ So kam es zur Bundesschließung unter Menschen, deren Idee war und ist: „Bindung der Gegensätze, Befreundung des Feindlichen." Aus diesen seelischen und sozialen Grundursachen entstand mit den Bünden im Laufe der neueren Zeit die Freimaurerei als humanitärer Männerbund, als „künstliche Familie" (vergl. hierzu Hans Prager, „Loge und Familie", in „Die Leuchte", 1931, Heft 6), als verwirklichte Bundesschließung, welche das „Mysterium" (s. d.), das „Geheimnis" der Vereinigung von Religiösem und Sozialem in sich birgt. (Vgl. August Horneffer, „Der Bund der Freimaurer.")

Bund freiarbeitender Johannislogen, 1912 in Berlin gegründete Winkellogenvereinigung, die sich hauptsächlich auf eine Loge „Zum Firmament" stützte, die sich als Erbin einer 1870 ins Leben getretenen „Kreuzbruderloge" betrachtote. Gründer war Paul Brandes, als Propagandaschrift wurden „Allgemeine Grundsätze der Freimaurerei. Zum Gebrauch für freie Johannislogen. Mit einer Vorrede an freie Männer von gutem Ruf" (Leipzig 1913) verbreitet. Der Ausdruck „freie Logen" wurde folgendermaßen erklärt: „Äußerlich frei muß die Loge sein, nämlich nur von durch allgemeines Stimmrecht aus ihrer Mitte gewählten Johannismeistern geleitet werden; innerlich frei, insofern sie nicht nur den Gehorsam gegen die Landesgesetze geloben soll, sondern auch üben muß." Organ war erst „Das Wort", dann die „Freie Bauhütte", herausgegeben in Leipzig. Dem Bund unterstanden auch Illuminatenlogen (z. B. „Adam Weishaupt zur Pyramide" in Berlin), doch ergaben sich Meinungsverschiedenheiten. 1914 umfaßte der B. f. J. elf Logen. Er besteht nicht mehr; doch nennen sich auch heute einige Einzel-Winkellogen „frei arbeitende" Bauhütten. (Vergl. Eberhardt: „Winkellogen".)

Bund für Volksaufklärung in Wien, gab 1929 eine antifreimaurerische und antisemitische Schriftenreihe „Leuchtkugeln" heraus. Der „Argus" zeichnende Herausgeber versandte auch einige Nummern einer antifreimaurerischen Zeitungskorrespondenz, die aber bald einging.

Bund unabhängiger St. Johannislogen in Deutschland, 1902 gegründete Winkellogenvereinigung. Von den stiftenden irregulären Bauhütten war eine (in Freiburg), ursprünglich eine (suspendierte) Odd Fellowsloge. Organ waren die „Bausteine, Bundesorgan der unabhängigen St. Johannislogen Deutschlands", Hauptloge die Bismarck-Loge (s. d.) in Berlin, die dann 1910 in die Großloge von Preußen, genannt „Royal York zur Freundschaft", überging und als „Louise zur gekrönten Schönheit" neugeweiht wurde. 1903 fand in Berlin ein Kongreß statt, der alle isolierten Logen sammeln sollte. 1906 hörte der Bund zu bestehen auf, 1907 wurde er auf einem Delegiertentag in Wittenberge wiedererrichtet. 1909 ging er abermals ein, nachdem sich mittlerweile mehrere seiner Logen von Bauhütten des Deutschen Großlogenbundes hatten regularisieren lassen. (Vergl. Eberhardt: „Winkellogen".)

Buonarotti, Philippo Michele, italienischer Freiheitskämpfer, * 1764, † 1837, „der Patriarch der Carbonari", vom Großherzog von Toscana, Leopold, verbannt, teilte sein Leben zwischen Paris und Genf, wenn er nicht gerade nach Cherbourg oder Sospello verbannt oder auf die Insel Oléron deportiert war, leitete die Genfer Emigrantenzentrale, spielte beim Geheimbund der „Adelfen" eine führende Rolle, kultivierter Schwärmer, der seinen Idealen bis zum Tode kompromißlos treu blieb. Der Konvent verlieh ihm die französische Staatsbürgerschaft. B. nahm an der Bewegung von Babœuf („Verschwörung der Gleichen") teil, dessen soziales System er als das letzte Ziel der folgerichtig durchgeführten jakobinischen Ideen auffaßte. Er wurde deportiert und erst von Bonaparte, der ihn von Korsika her kannte, befreit. B. weigerte sich aber, ein Parteigänger Napoleons zu werden, organisierte in Grenoble eine frühzeitig entdeckte Verschwörung, lebte in der Folge in der Schweiz und in Belgien, schrieb „Conspiration pour l'Egalité dite de Babœuf", kehrte 1830 nach Paris zurück. Er war Freimaurer.

Burbank, Luther, der geniale Pflanzenzüchter, in Santa Rosa in Kalifornien (USA.), von dem man beinahe ohne Übertreibung sagen konnte, er könne das Aussehen aller Pflanzen züchterisch verändern, war Freimaurer. Im Jahre 1926 entfesselte er durch eine Kundgebung, in der er sich als Schüler Darwins bekannte, einen Religionsstreit, der mit dem berühmten Affenprozeß in Dayton zusammenhing. (Ein Lehrer in Dayton war wegen Häresie angeklagt, weil er den Schulkindern Darwins Lehre zu erklären suchte. Das Puritanertum Amerikas nützte diesen Vorfall für die Wahlpropaganda aus.) B., ein Mensch von seltener Herzensgüte, trat für den angeklagten Lehrer ein und wurde dadurch in einen Wirbelsturm wüstester Gehässigkeit gezogen, dem er bald nachher († 1926) erlag, „weil er den Kinderglauben hatte, daß Logik, Güte und Vernunft die Frömmler und Heuchler überzeugen und auf einen besseren Weg führen könnten. Er starb an diesem Kampfe als ein Opfer dünkelhafter Dummheit und verstockter Unehrlichkeit". (Wilbur Hall: „Lebensernte von Luther B.", 1929.)

Burckhardt, Alphons, Ingenieur in Basel, bedeutender Philantrop, Mitbegründer des berühmten „Schweizerischen Vereines zur Verbreitung guter Schriften" und des Basler Brockenhauses, * 1851, † 1929, war Meister vom Stuhl und langjähriger Deputierter Meister der Basler Loge „Zur Freundschaft und Beständgkeit".

Burdach, Karl Friedrich, berühmter Physiologe, * 1776, † 1847, Professor in Dorpat und Königsberg, aufgenommen 1808, Mitglied der Loge „Minerva zu den drei Palmen" in Leipzig. später. 1834—1841. Meister vom Stuhl der Loge „Zu den drei Kronen" in Königsberg.

Bureau Antimaçonnique International nannte sich eine 1911 von der „Ligue Française Antimaçonnique" (s. d.) auf Initiative von Abbé Flavier Brenier in Paris geschaffene Institution mit dem Zweck, die Begründung weiterer nationaler Antifreimaurer-Ligen zu fördern. Es bestand auch die Absicht, dem Büro eine antifreimaurerische Telegraphenagentur anzugliedern. Am antifreimaurerischen Kongreß der Liga 1911, der über die Gründung entschied, äußerten sich Vertreter deutscher, englischer, belgischer und rumänischer klerikaler Vereinigungen in zustimmendem Sinne. Am 8. Dezember 1911 erschien ein erstes Rundschreiben des B. A. I., das an Regierungen, Behörden und Zeitungen versandt wurde und den Versuch machte, ein freimaurerisches Komplott gegen die spanische Monarchie nachzuweisen. Weitere Rundschreiben von 1912 behaupteten Mißhandlungen politischer Gefangener durch die portugiesische „Freimaurer-Regierung" und verlangten, daß man dieser keine Anleihen gewähre. Das Büro ging nach kurzem Bestand wieder ein.

Bureau de documentation maçonnique, dem Großsekretariat des Großorients von Belgien angegliederte Stelle, die sich ständig über die wichtigen maurerischen Geschehnisse in der Welt unterrichtet, um die belgische Freimaurerei über alle Zweige der freimaurerischen Aktivität auf dem laufenden halten zu können.

Bürge, Bürgschaft. Der Aufnahmswerber in eine Loge bedarf eines Bürgen, der für ihn die Haftung übernimmt. Der B. verpflichtet sich, nur Männer von untadeligem Rufe der Loge zuzuführen, für deren moralisches Verhalten und für deren geistige Eignung er einsteht. In manchen Logen bleibt er der Loge gegenüber auch für die materiellen Leistungen (Beiträge) haftbar. Die meisten Systeme haben eigene Instruktionen für den B. ausgearbeitet, deren Kenntnisnahme jeder B., der einen Suchenden vorschlägt, durch Unterschrift bestätigen muß. Die Bürgschaft erlischt zumeist erst bei der Erhebung des neuen Mitgliedes in den Meistergrad. Nur Meister können Bürgschaften übernehmen. Zwischen dem B. (Paten) und seinem Patenkind entwickelt sich gewöhnlich ein besonders inniges Verhältnis. In Amerika wird bei besuchenden Brüdern, die der Loge bisher unbekannt sind, eine Bürgschaft („I vouch for him") durch ein Mitglied der Loge verlangt, worauf die Prüfung des Besuchers erlassen werden kann.

Bürger, Gottfried August, der Dichter der „Leonore", * 1. Jänner 1748, † 1794, trat 1775 der Loge „Zum goldenen Zirkel" in Göttingen bei und war von 1777 an ihr Redner. In der Gesamtausgabe seiner Werke zwei Freimaurerreden „Über die Zufriedenheit" und „Über den moralischen Mut". Am Johannisfest 1777 las B. in der Loge statt einer Rede „eine Ballade von sehr maurerischem Inhalt" vor, das Lied vom braven Mann.

Bürgerloge, Allgemeine. Winkelgroßloge erst in Berlin, dann an anderen deutschen Orten, gegründet 1896 von einem in Logengründungen zu spekulativen Zwecken sehr betriebsamen Mann, dem Berliner Buchhändler O. Hemfler. Als Obermeister fungierte ein Herr v. Schwanenflügel. Der erste „Großlogentag" 1897 war von zehn Brr. besucht. 1898 wurde ein „Verkündigungsblatt der A. B. L." herausgegeben. Am zweiten Großlogentag waren elf Bauhütten vertreten. 1899 wurde Apotheker Max Fritsch, Leipzig, Großmeister. Nach zahlreichen Irrungen und Wirrungen gegen 1902 vollkommen eingegangen und heute restlos verschwunden.

Bürgerpflichten. Die bürgerlichen Pflichten des Freimaurers kommen bereits in den „Alten Pflichten" zum Ausdruck. Ebenso in allen Freimaurerverfassungen. So z. B. Großloge „Lessing zu den drei Ringen": „Der Freimaurer ist zur Beobachtung der Gesetze seines Vaterlandes verpflichtet und hat zur Erhaltung des inneren Friedens mit besonderer Mäßigung in Wort, Schrift und Tat nach Kräften beizutragen." In ähnlicher Weise wird dies in sämtlichen Konstitutionen zum Ausdruck gebracht. Von den amerikanischen Großlogen wird die genaue Einhaltung der bürgerlichen Pflichten besonders streng, z. B. auch bezüglich der Prohibition und der Ausübung des Wahlrechtes, gefordert. Beeinflussung zugunsten einer bestimmten Partei oder eines bestimmten Kandidaten ist dabei strengstens untersagt und wird, wie z. B. gelegentlich der Präsidentschaftskandidatur des Gouverneurs Al Smith, auch öffentlich gerügt. Dagegen wird die Stimmenabgabe bei der Wahl von allen Freimaurern als Staatsbürgerpflicht verlangt.

Burgfriede im Weltkrieg. Das stellvertretende Generalkommando in Nürnberg verbot 1915 die Verbreitung antifreimaurerischer Schriften, da es darin eine Störung des Burgfriedens erblickte.

Burian, Josef Julius, österreichischer Mediziner, * 1828 in der Bukowina, † 1891. Während der Revolution von 1848 jener Wiener Student, der am 13. März die Massen zum Ballhausplatz führte und vom Balkon der Staatskanzlei die große Rede gegen Metternich hielt. Seine große Popularität führte dazu, daß er in den Projekten für eine künftige demokratische Regierung trotz seiner Jugend als Minister genannt wurde. Auch beim berühmten Hainbacher Studentenfest war er Führer und Redner. In der Oktoberrevolution als Kommandant der mobilen Garde verwundet, floh er und kam 1852 nach New York. Dortselbst Arzt, widmete er sich als Mitglied der „German Pilgrim Lodge" sehr eifrig der Freimaurerei, war Schriftleiter der „Reform", Organ des Vereines deutsch-amerikanischer Freimaurer, später der „Masonia".

Burke, Edmund, englischer liberaler Politiker und Schriftsteller, * 1729, † 1797. trat im Parlament für Mäßigung in der Politik gegenüber Irland ein, kämpfte gegen die „Stempelakte", die den amerikanischen Kolonien ohne deren Einwilligung neue Steuern auferlegen wollten, gegen die Mißbräuche der Verwaltung in Indien, war ein Streiter für Humanität und das Recht der Bedrückten. Er nahm in einem Pamphlet leidenschaftlich gegen die französische Revolution Stellung. Sein Hauptwerk: „A Letter to a noble Lord", die Darlegung seiner politischen Haltung, erzielte 13 Auflagen. B. war Mitglied der Jerusalem Lodge Nr. 44 in London.

Burnes, James, Sir, englischer Generalarzt, * 1801, † 186?, im Dienste der Englisch-Ostindischen Gesellschaft, bahnbrechend im Gesundheitswesen Indiens, wurde 1834 in der „St. Peters" Lodge Nr. 120 in Montrose (Schottland) aufgenommen, 1836 zum Provinzial-Großmeister der Großloge von Schottland in Indien ernannt, und war in dieser Eigenschaft Vorkämpfer für die Gleichberechtigung der Inder innerhalb der Freimaurerei. Da die maßgebende Loge „Perseverance" in Bombay die Aufnahme von Eingeborenen ablehnte, wurde auf Anregung von B. für diese die Loge „Rising Star of Western India" gegründet, deren erster Meister vom Stuhl (1843—1846) und späterer Ehrenmeister er war. Den Anstoß zur Logengründung gab der Inder Maneckji Cursetji, der auf B.s Anraten dem Bund beitreten wollte, jedoch von der Bombayer Loge „Perseverance" abgelehnt, erst in Europa aufgenommen worden war. B. machte auch den Vorschlag zur Gründung einer „Bruderschaft vom Olivenzweig im Osten" (s. d.), die eine Art Ritter-Hochgradsystem für Inder hätte sein sollen.

Burnham, Viscount of, Harry Lawson, W. L., * 1862, Präsident des britischen Reichs-Presseverbandes, konservatives Mitglied des Unterhauses, Präsident der Londoner Universität, der Arbeitskonferenz in Genf 1921/22, wurde in der „Apollo University Lodge", 357, in Oxford aufgenommen.

Burns, Robert, berühmter schottischer Dichter, * 1759, † 1796, aufgenommen 1781 in die Loge „St. David Nr. 174" in Tarbolton, war vier Jahre lang deren sehr eifriger Deputierter Meister, wurde später auch Mitglied der Kilwinning St. James Lodge Nr. 135, ebendort, und einer Loge in Dumfries. Von ihm sind zahlreiche Freimaurerdichtungen erhalten. Eine Fabelbildung, daß er am 1. März 1787 in der Kilwinning Loge zum „Poeta Laureatus" gekrönt worden sei, hat Dudley Wright auf Grund seiner Untersuchungen zerstören müssen. Es gibt hierzu ein sehr schönes Bild, das diesen angeblichen Vorgang zeigt, das sich aber nach Wrights Untersuchungen als bloße Phantasiedarstellung erweist. (Vergl. Dudley Wright „Robert Burns and his Masonic Circle", London 1929.) Am berühmtesten unter den freimaurerischen Gedichten von B. wurde seine Abschiedsode an die Brr. von Tarbolton:

Adieu! a heartwarm fond adieu!
Dear Brothers of the Mystic Tie!

Burschenschaft, Deutsche. Auf dem Burschentag 1922 wurde von den österreichischen Burschenschaften der Antrag gestellt, daß kein Burschenschafter Freimaurer sein dürfe. Der Altherrentag und der Burschentag 1923 erklärten diesen Antrag, als gegen die Verfassung der deutschen Bruderschaft verstoßend, für formell unzulässig.

Busch, Dietrich Wilhelm Heinrich, * 1788, † 1858, Arzt, machte von 1806 bis 1814 alle Feldzüge auf französischer Seite im Dienste deutscher Hilfstruppen mit, zuletzt hessischer Generalarzt, seit 1829 Professor der Gynäkologie in Berlin, wurde aufgenommen 1811 in Marburg, schloß sich dann der Berliner Loge „Zum Pilgrim" an und war von 1843 an durch 15 Jahre Landes-Großmeister der Großen Landesloge.

Butt, Sir Alfred, bekannter englischer Theaterunternehmer, Inhaber und Direktor einer Reihe großer Bühnen (Palace, Drury, Lane usw.), Mitglied des Unterhauses, ist Freimaurer.

Buxtorf, Andreas, Kaufmann und Ratsherr in Basel, Freund Diethelm Lavaters, genoß als Staatsmann großes Ansehen. Er war einer der Gründer der „Gesellschaft zur Aufmunterung des Gemeinnützigen". In der Schottischen Loge „Zu den drei Disteln' in Frankfurt a. M. aufgenommen, gründete er 1768 die erste Basler Loge „À Libertate" nach dem System der Strikten Observanz und wurde deren Meister vom Stuhl.

By—Laws, im Englischen die Hausgesetze, die sich jede freimauerische Körperschaft neben den allgemein verpflichtenden der Großloge gibt, und die ihren lokalen Bedürfnissen angemessen sind. Sie bedürfen der Bestätigung durch die Großloge.

Byrd, Richard E., amerikanischer Admiral, * 1888, berühmt durch die erste Überfliegung des Nordpols, seinen Transozeanflug und die mit kühnen Flügen verbundene Südpolarexpedition 1929/30, ist Mitglied der Kane Lodge Nr. 454, New York. B. warf über beiden Polen freimaurerische Fahnen ab. Von den 82 Teilnehmern an der Südpolarexpedition gehörten mehr als 60 dem Freimaurerbund an, darunter der Pilot des Transozeanfluges Bernt Balchen (s. d.). Der Ministerpräsident von Neuseeland überreichte den Expeditionsmitgliedern vor Antritt der Forschungsfahrt für B. drei Logenhämmer, da die Freimaurer der Expedition mitgeteilt hatten, daß sie in einem Zelt ihres vom Eis eingeschlossenen Standquartiers freimaurerische Arbeit abhalten würden.

Byron, William, Lord, fünfter Baron, * 1722, † 1798, Großmeister der Großloge von England (Moderns) im Jahre 1747, wird in der Freimaurergeschichte, so in „Multa Paucis" (s. d.) und auch von Gould für die Spaltung in der englischen Freimaurerei verantwortlich gemacht, weil durch seine Amtsführung die Großloge in Unordnung geraten sei. Die Protokolle und auch Preston (s. d.) sprechen gegen die Berechtigung dieser Annahme. Lord B. tötete 1765 einen gewissen William Chaworth im Duell, wurde angeklagt, aber gegen Ersatz der Gerichtskosten freigesprochen. Der Fall schadete ihm sehr in der öffentlichen Meinung, zumal der Streit in Trunkenheit ausgebrochen war. Diese Volkesstimme spricht auch aus der freimaurerischen Überlieferung. Jedenfalls ist B. nicht der Urheber des sogenannten Schisma, das ganz andere Gründe hatte (s. England).

C

Cabanis, Pierre-Jean-George, berühmter französischer Mediziner und Philosoph, * 1757, † 1808, Begründer der materialistischen Physiologie, Arzt von Mirabeau, über dessen Krankheit und Tod er bedeutsame Mitteilungen publizierte, war Freimaurer.

Cabet, Etienne, französischer Utopist, Kommunist, * 1788, † 1856, Rechtsanwalt, Staatsanwalt auf Korsika, 1830 Abgeordneter, griff die Regierung in seiner „Histoire de la révolution de 1830" an, ging nach England, wo er unter den Einfluß von Owen kam, schrieb nach seiner Rückkehr „Voyages en Icarie", sein kommunistisches Evangelium, gründete 1848 in Texas eine „Colonie d'Icariens", nach deren Mißerfolg eine gleichartige Kolonie in Nauvoo in Illinois, die aber ebenfalls zerfiel. C. war Freimaurer. (Lebey, „Aperçu historique...", 1925.)

Cabinet de réflexion (frz.), dunkle Kammer, Vorbereitungsraum.

Cable-Tow (engl.), Kabeltau, bei Prichard auch Cable rope. Seil, Strick, Tau zum Leiten oder Ziehen. Spezifisch angelsächsisch-freimaurerischer Ausdruck für die bindende Kraft der Königlichen Kunst. In Murray's „New English Dictionary" erscheint der Ausdruck nicht. Er will etwa besagen, daß der Freimaurer, der „eines Kabeltaus Länge" von der Loge entfernt wohnt, zu ständigem Erscheinen verpflichtet ist. Das Maß ist ganz willkürlich gewählt (3 Meilen, früher 5 bis 50 Meilen). Auf der Arbeitstafel des Lehrlingsgrades schließt das mit vier Quasten (vier Kardinaltugenden) versehene C.-T. die übrigen Symbole ein. In angelsächsischen Ritualen heißt es in bezug auf die Hilfsverpflichtung: „If within the length of your C. T.", d. h. „alles im Bereich Deiner Möglichkeiten". Für seine Herleitung wird die Bibel (Hosea 11, 4) angegeben (s. auch Strick).

Cabletow, The, Manila, ist das amtliche Organ der Großloge der Philippinischen Inseln. Adresse: The Cabletow, P. O., Box 990, Manila, P. I.

Cadena de Union, La, argentinische freimaurerische Zeitschrift, erscheint 1931 im 39. Jahrgang. Herausgeber: Santiago Greco, Buenos Aires, General Hornos 318.

Cadet-Gassicourt, Charles Louis, antifreimauerischer Schriftsteller, * 1769, † 1821, schrieb 1796 eines der wichtigsten gegen die Freimaurerei gerichteten Bücher: „Le Tombeau de Jacques Molay, ou le secret des conspirateurs à ceux qui veulent tout savoir." Er suchte ähnlich wie Barruel und Robinson die Schrecken der französischen Revolution in Zusammenhang mit den Freimaurern und deren templerischen Zweigen zu bringen. C. G., der vorher Sansculotte gewesen war und den die Jakobinerherrschaft zu glühenden Stanzen anläßlich der Enthüllung der Büste von Marat begeistert hatte, wollte sich dafür rächen, daß er trotzdem der Einkerkerung nicht entgangen war, und erfand und entlehnte ungeheuerliche Fabeln über die Vorläufer der Revolution. Er erzählte, der letzte Großmeister der Templer, Jacques Molay, habe, als er im Jahre 1313 vor seiner Hinrichtung in der Bastille eingekerkert gewesen sei (die in Wirklichkeit erst 1370 errichtet wurde!), vier Logen templerischer Freimaurer gegründet und ihnen das heilige Vermächtnis aufgetragen, die Könige (namentlich die Bourbonen) zu beseitigen, die Macht der Päpste zu zerstören und eine Weltrepublik zu errichten. Mitglieder oder Werkzeuge dieser Logen hätten im Laufe der Jahrhunderte zahlreiche politische Morde begangen; die Templer hätten sich in der Revolution Jakobiner genannt und den grausamen Fluch De Molays erfüllt. Später wurde C. G. anderen Sinnes und trat der Loge Sainte-Joséphine bei, als deren Redner er 1809 auch über Ramsay und die sieben Templergrade sprach.

Cadman, Charles Wakefield, amerikanischer Komponist, * 1861, machte als erster die Musik der Indianer bekannt, Präsident des amerikanischen Musikkongresses 1915, komponierte Trios, Liederzyklen mit Benutzung indianischer Themen, erfolgreiche Operetten („The Maid of Niagara" usw.) sowie die in der New Yorker Metropolitan Oper aufgeführten Opern „The Land of Misty Water" und „Shanewis", die ersten eines amerikanischen Komponisten, die sich auf dem Spielplan zu halten vermochten. C. ist Mitglied der „Albert Pike Lodge Nr. 484" in Los Angeles.

Caduceus, der Flügelstab des Hermes (Merkur), der auch in dessen Rolle als Führer der Seelen in den Hades von Bedeutung ist. In den alten englischen Logen wird der Stab des Schaffners (Deacon) so genannt.

Caementarius, von caementum, Bruch oder Mauerstein, im mittelalterlichen Latein für Maurer gebraucht. Magister caementariorum ist daher der Bauleiter. Das Wort wird gelegentlich in lateinischen Übersetzungen für Freimaurer, so in Logenpässen usw., gebraucht und ist sprachlich richtiger als das auf Thory zurückgehende latomus.

Cagliostro, Alexander, Graf v., eigentlich Josef Balsamo, * 1743 in Palermo, † 1795 im päpstlichen Gefängnis San Leone, der „Erzzauberer", einer der ganz großen und wohl der geistreichste Hochstapler des 18. Jahrhunderts, der seine Bedeutung neben zweifellos vorhandenen okkulten Fähigkeiten der Leichtgläubigkeit und dem mystischen Bedürfnis des Adels seiner Zeit verdankte. Im Verein mit seiner Geliebten, späteren Frau, Lorenza Feliciani, deren schöner Körper nicht selten als Lockspeise diente, verstand er es, durch sein imponierendes Auftreten, jahrelang als Magier, Heilkünstler und Prophet gleich seinem Kollegen, dem Grafen St. Germain, die sogenannte gute Gesellschaft in seinen Bann zu ziehen. In einem 1910 erschienenen englischen Werk: „Cagliostro", the Splendour and Misery of a Master of Magic" versucht W. R. H. Trowbridge eine posthume Ehrenrettung des großen Abenteurers. Er hält vor allem die erst in der letzten Lebenszeit C.s behauptete Identität mit Josef Balsamo, der ein Schwindler und Fälscher war, nicht für erwiesen und glaubt, daß C. nicht nur der ihm vorgeworfenen Betrügereien nicht fähig, sondern im Gegenteil ein arg mißbrauchter „Seher“ gewesen sei, eine Anschauung, in der ihm Henry Ridgely Evans („Cagliostro and his Egyptian Rite of Freemasonry“, New York) folgt.

Ob C. wirklich in eine Freimaurerloge aufgenommen wurde, ist fraglich. Theveneau de Morande, einer seiner heftigsten Gegner, behauptete 1786 im „Courrier de l'Europe“, die Aufnahme sei 1777 in der Londoner Loge „L'Espérance“ erfolgt, die in London in der King's Head Tavern in Gerard Street, Soho, zusammenkam. C. habe sich bei dieser Gelegenheit „Josef C., Oberst des 3. brandenburgischen Regiments“ genannt. Man hat aber für diese Behauptung keinen urkundlichen Beweis finden können, ebensowenig für die Angabe von Clavel, C. sei in Deutschland aufgenommen worden. Dieser selbst bestätigte die Angabe von Morande in etwas zweideutiger Weise in „Letter to the English People“. Jedenfalls wurde er von den Freimaurern seiner Zeit allgemein als Br. betrachtet und hatte überall (auch in England) Zutritt zu den Logen. (B. Ivanoff, A. Q. C. XL/I, 47/48.)

Um 1775 begründete C. eine eigene Freimaurerei, die er die ägyptische nannte und die von da an zum System seiner Hochstapeleien gehörte. In diesem ägyptischen Ritus verfocht er vor allem den Grundsatz, daß auch Frauen in den Orden aufgenommen werden müßten. Eine Loge, die er im Haag stiftete und deren Großmeisterin seine Frau wurde, war hauptsächlich für Damen bestimmt. 1779 war er in Mitau und nasführte dort den kurländischen Adel in seinen „Adoptionslogen“, bis ihn die kluge Elisabeth von der Recke (s. d.) durchschaute. Im Archiv der Rigaer Stadtbibliothek finden sich zwei Meisterpatente der „Loge d'Adoption des trois Cœurs couronnés“ und der „Loge d'Adoption des trois Epées couronnées“, deren eines von C. unterzeichnet ist. Ein Versuch, auch in Petersburg unter dem Schutz von Katharina II. sein System zu verbreiten, mißlang, da die Gräfin Recke die Kaiserin gewarnt hatte. Infolgedessen konnte er bei einer Seance in der Wohnung des Fürsten Gagarin entlarvt werden. Der Kaiserin aber war dies Anlaß, drei Spottkomödien zu schreiben, den „Sibirischen Zauberer“, den „Betrüger“ und den „Verblendeten“, in denen sie den Schwindel C.s und anderer Hochstapler auf die ganze Freimaurerei übertrug.

Sein wahres Glück machte C. eine Zeitlang in Frankreich, wo er vor allem den Straßburger Kardinal-Erzbischof Prinz Louis Rohan an sich zu fesseln wußte (1780). Mit dessen Hilfe fand sein Ägyptischer Ritus einen so ausgezeichneten Nährboden, daß der Großadministrator des Grand Orient de France, Herzog von Luxembourg, die Würde eines Großmeister-Protektors annahm. In Lyon und später in Paris gründete C. „Adoptions-Mutterlogen der hohen Ägyptischen Freimaurerei“. An der Spitze stand der „Groß-Kophta“, der manchmal als „Unbekannter Oberer“ bezeichnet wurde, sich zumeist aber in C. selbst verkörperte. Allen, die daran glaubten, wurde „Vollkommenheit durch physische und sittliche Wiedergeburt“ versprochen. Wer die physische Wiedergeburt erlangen wollte, der mußte sich im Vollmonde des Maimonats aufs Land begeben, sich dort in ein Zimmer verschließen und 40 Tage lang mit magerer Kost begnügen. Er mußte sich während dieser Zeit ein paar Mal etwas Blut abzapfen lassen, durfte nur destilliertes Wasser trinken und hatte nach und nach ein paar Tropfen „Materia prima“ einzunehmen. „Am 39. Tage bekommt er zehn Tropfen vom Balsam des Großmeisters, und am 40. Tage geht er völlig verjüngt und wiedergeboren nach Hause“.

Wer aber die moralische Wiedergeburt erlangen wollte, hatte in ein besonders dazu eingerichtetes Haus zu ziehen. Auch dieses Haus durfte er während 40 Tagen nicht verlassen. „Während dieser Zeit werden die geheimnisvollen Arbeiten verrichtet. Am 33. Tage kommen die sieben ersterschaffenen Engel und drücken eigenhändig ihre Sigille und Chiffren auf ein Stück Pergament, das vorher auf besondere Weise zubereitet worden ist. Am 40. Tage sind die Engel mit dieser Arbeit fertig und geben jedem ihrer Lieblinge ein Pentagon. Wer dies empfängt, dessen Geist wird von göttlichem Feuer erfüllt, seine Einsichten werden unbegrenzt, seine Macht unermeßlich, er strebt von nun an nur nach Ruhe und Unsterblichkeit, um von sich sagen zu können: Ich bin, der ich bin“.

Für Frauen und Männer bestanden gesonderte Abteilungen. Männer konnten nur Aufnahme finden, wenn sie den Meistergrad einer Freimaurerloge besaßen, doch vollzogen die C.schen Gründungen auch selbst die Weihe zum Lehrling, Gesellen und Meister. Das Ritual war reichlich okkultistisch. Man nahm lange an, C. habe es selbst erfunden; nach dessen eigenen Äußerungen beruhte es auf der Handschrift eines gewissen George Coston in London. John Yarker („Arcane Schools“) behauptete, daß der Ritus im wesentlichen mit jenem des französischen Kabbalisten Pasqually (s. d.), also den „Elus Coëns“, übereinstimme, daß Coston mutmaßlich ein Schüler von Pasqually gewesen sei. C. hat also wohl nicht viel anderes getan, als dieses System für seine Zwecke adaptiert, wobei, namentlich auch in den Äußerlichkeiten, der „ägyptische“ Charakter besonders hervorgehoben wurde. Die Kandidaten galten als Sucher der „wahren Maurerei der ägyptischen Weisen“. Eine große Rolle spielte die heilige Sieben (sieben Engel entsprachen den sieben Planeten, und der Kandidat wurde in sieben „philosophischen Operationen“ unterwiesen). Die Ordensdevise lautete — reichlich dunkel —: „Qui agnoscit martem, cognoscit artem“. Die Symboldeutung war ganz okkultistischer Natur. Im Mittelpunkt der höchsten Grade standen die Zauberkünste des Wundermanns.

In Paris, wo C. 1785 anlangte, richtete ihm der Kardinal Rohan ein Haus mit einer ägyptischen „Kammer" ein. Houdon, der berühmte Bildhauer, verewigte ihn in Marmor. Auf Stichen von Bartolozzi wurde er als der große Menschenfreund gefeiert; man nannte ihn gar den „göttlichen C.". Die „Philaleten" (s. d.), die in diesem Zeitraum ihren internationalen Freimaurerkongreß abhielten, luden ihn zur Teilnahme ein. Er sagte zunächst zu und versprach, den Versammelten die Geister vorzuführen, die Mittelglieder zwischen dem Menschen und dem Schöpfer seien. Dann verlangte er aber, daß man seinen Ritus annehme, zur Lyoner Mutterloge seines Systems („Sagesse Triomphante") übertrete und die Archive der auf dem Kongreß vertretenen „irregulären" freimaurerischen Systeme verbrenne; nur dann könne er „einen Lichtstrahl in die Dunkelheit ihres Tempels" leuchten lassen. Der Baron von Gleichen als Unterhändler suchte C. zu billigeren Forderungen zu bewegen. Dieser gab aber nicht nach. Schließlich reisten drei Philaleten nach Lyon und ließen sich dort in den ägyptischen Ritus aufnehmen. Trotzdem ihr Urteil günstig ausfiel, schlugen die Verhandlungen schließlich doch fehl. Kurze Zeit später wurde C. — unschuldig — in die berüchtigte Halsbandgeschichte verwickelt und nach seinem Freispruch auf Befehl des Königs ausgewiesen. Damit begann sein Stern zu verbleichen, zumal der „Courrier de l'Europe" ihn nun aufs heftigste angriff. Das führte, nach Trowbridge, dazu, daß die Londoner Freimaurer, die ihn zuerst freundlich aufnahmen, dann vollständig fallen ließen, was namentlich in einer Arbeit der Lodge of Antiquity (1. November 1786) seinen Ausdruck fand. Die Ablehnung (und Verspottung durch den Optiker March), der er hier begegnete, ist in einer Karikatur von Gillray von 1786 („A Masonic Anecdote") festgehalten. Nun wollte C. sein System mit jenem Swedenborgs verbinden. In einem Inserat des „Morning Herald" rief er alle wahren Maurer im Namen Jehovas auf, zu einer Versammlung in O'Reilly's Tavern in Great Queen Street zu erscheinen, um dort einen neuen Tempel, ein neues Jerusalem zu errichten. Bemerkenswerterweise lag dieses Gasthaus gegenüber dem Großlogenhaus.

Die Bemühungen blieben erfolglos; C. reiste ruhelos umher und suchte schließlich mit seinem ägyptischen Ritus in Rom Fuß zu fassen. Am 27. Dezember 1789 wurde er aber von den Organen der Inquisition festgenommen. In seinem Prozeß vor dem Gerichtshof der Inquisition suchte er sich auf die Illuminaten (lies: Freimaurer) auszureden, die ihn auf seinem Irrweg vorwärtsgetrieben hätten. Im Kellergewölbe eines Landhauses bei Frankfurt a. M. habe man ihn zum Illuminaten und ohne sein Vorwissen auch gleich zu einem der zwölf Großmeister gemacht. Ein mit Blut geschriebener Eid habe ihn zur Tötung aller Despoten verpflichten wollen. Die freimaurerisch-illuminatischen Machenschaften seien in erster Linie gegen Frankreich gerichtet gewesen, aber sie würden weitergehen. In den europäischen Banken lägen große Summen bereit. Nicht weniger als 180.000 Freimaurer müßten für die revolutionären Zwecke jährlich je 100 Goldfrancs zur Verfügung stellen, von 20.000 Logen in Amerika und Europa langten jeweils am Johannisfest zusammen weitere 500.000 Louisd'or ein. Die Inschrift eines bei ihm gefundenen Siegels L. P. D. deutete C. mit „Lilia destrue pedibus", „zertritt die Lilien (der Bourbonen) unter den Füßen!"

Dieser reumütige Schwindel rettete C. den Kopf. Er wurde zwar wegen Häresie, Zauberei und Freimaurerei zum Tode verurteilt, aber dann zu lebenslänglichem Zuchthaus begnadigt. Im Urteil der Inquisition wird unter Berufung auf die Bullen von Clemens XII. und Benedict XIV. ausdrücklich auf die freimaurerische Betätigung des Scharlatans hingewiesen. Durch das Verdikt wurde auch ein C. abgenommenes Manuskript „Ägyptische Maurerei" feierlich dem Henker zur öffentlichen Verbrennung überliefert.

Zu seinem Stück „Joseph Balsamo" hat Alexander Dumas (Père) einen szenischen Prolog geschrieben: „La Réception de Balsamo chez les Francs-Maçons", der, bei der Uraufführung (und auch später) weggelassen, 1778 vom „Figaro" publiziert und 1924 von Coté-Darly in einem Neudruck (Paris, „Symbolisme") herausgebracht wurde.

Welchen Zauber die Gestalt des Abenteurers auf seine Zeitgenossen ausübte, zeigt die Anteilnahme Goethes an seinen Schicksalen. Er hat während seiner Italienreise 1787 in Palermo Nachforschungen nach C. angestellt, bei einem Rechtsanwalt den Stammbaum feststellen lassen und auch die Familie besucht. Er gab sich dabei als Engländer, Mr. Wilton, aus und erhielt von der Mutter und den Geschwistern einen Brief an den zur Zeit in London weilenden C. mit. Diesen Besuch behandelt Goethe nicht nur in der „Italienischen Reise" (Palermo, 13./14. April 1787), er kam auch noch 1792 in einem in der Freitagsgesellschaft gehaltenen Vortrag darauf zurück. („Des Joseph Balsamo, genannt Cagliostro Stammbaum. Mit einigen Nachrichten von seiner in Palermo noch lebenden Familie.") Das Interesse der Weimarer Gesellschaft kommt auch zum Ausdruck in der von Jagemann, dem Bibliothekar der Herzogin Anna Amalia besorgten deutschen Übersetzung aus einem Auszuge der Prozeßakten gegen C. („Compendio della vita e delle geste di G. Balsamo, denominato il Conte C.", Rom. 1791.) Goethe hatte sich schon 1780 eifrig mit der rätselhaften Figur des C. beschäftigt, als er vom Besuche Lavaters bei dem großen Magier erfahren hatte. Er schrieb 1781 dringlich an Lavater, er solle ihm ein Wort „aus der ganzen Tiefe" sagen. Aber schon kurz hinterher (18. März) fällt er das Urteil, „Narr mit Kraft und Lump sind nah verwandt". Der Besuch der Elisabeth von der Recke, die er durch Bode kennenlernte, bestätigte sein verdammendes Urteil. Als er nun von dem die Hofgesellschaft begreiflicherweise sehr erregenden Halsbandskandal hörte, suchte er in einem Operntexte Befreiung. Diese Oper sollte „Die Mysticierten" heißen. Reichardt (s. d.) sollte die Musik schreiben. Neuerlichen Anstoß zur Beschäftigung mit dem Thema gab ihm die Übernahme der Leitung der neuen Hofbühne. Und so entstand das Lustspiel „Der Großcophta". Auch in der „Kampagne in Frankreich" findet C. seinen Platz. Goethe schildert, wie ihn schon 1785 die Halsbandgeschichte wie das Haupt der Gorgo geschreckt habe. Aber es waltete kein froher Geist über dem „Großcophta". Bei der Aufführung „fühlte sich ein großer, respektabler Teil des Publikums entfremdet sowie das weibliche Zartgefühl vor einem verwegenen Liebesabenteuer entsetzt".

Cahiers de l'Ordre, Les, antifreimaurerische französische Zeitschrift, die von 1926 bis 1930 als Organ der Gruppe „L'Ordre" unter Führung des Abbé Dupéron, Freimaurer, Juden und Kommunisten bekämpfte. Vor den Wahlen 1928 veröffentlichte das Blatt in einer Massenauflage eine umfangreiche Liste von angeblichen freimaurerischen Parlamentariern, die „dunkle Zusammenhänge" dartun sollte. Als das Blatt mangels Subsidien einging, suchte es die Schuld an seinem Mißerfolg auf „freimaurerische Machenschaften" zurückzuführen.

Calatrava, José Maria, spanischer liberaler Politiker vor der Restauration, * 1781, † 1846, war Freimaurer.

Calcutta, s. Kalkutta.

Caldas, Francisco Jose de, kolumbischer Gelehrter, * 1770, der 1816 wegen Verteidigung der Unabhängigkeit seines Vaterlandes erschossen wurde, war Freimaurer.

Caleb d'Anvers, Pseudonym für Nicolaus Amhurst, englischer Satiriker und Herausgeber der Zeitschrift „The Craftsman" in London, * 1697, † 1742, der nach einer sehr bewegten Vergangenheit in diesem eine Art Revolverblatt geschaffen hatte. Im „Craftsman" erschien am 16. April 1737 aus Anlaß der damals bevorstehenden feierlichen Prozession der Freimaurer unter Großmeister Earl of Loudoun (28. April 1737) ein gehässiger, satirischer Artikel, in welchem die Staatsgefährlichkeit der Freimaurer behauptet und das Vorgehen der Behörden in Frankreich und Holland gebilligt wird, die diese gefährliche Gesellschaft unterdrückt hätten. Ihm antwortete in der in London erscheinenden Zeitschrift „Le Pour et Contre" der frühere Jesuit Abbé Prévost (s. d.). Die Zeitschrift „The Craftsman" wurde von der britischen Regierung bald eingestellt (A. Q. C. 1905. Seite 201).

Calice d'amertume (frz.), Kelch der Bitternis, spielt als Symbol des Leides in manchen Ritualen eine Rolle.

Californien, Bundesstaat der Vereinigten Staaten von Nordamerika. Die 1850 gegründete Großloge zählte 1930 in 580 Logen 142.062 Mitglieder im Meistergrad. Die kalifornischen Maurer nehmen großen Anteil an der Entwicklung des öffentlichen Schulwesens. Die von dem gewesenen Großmeister Adams ins Leben gerufenen „Öffentlichen Schulwochen" finden die ständige Unterstützung der Großloge und vieler Mitglieder. Die Großloge unterhält ein Alters- und ein Kinderheim. Ersteres mit mehr als 300. letzteres mit 190 Insassen. Adresse: „Masonic Temple", San Francisco.

Die zahlreichen deutschen Freimaurer sind in einem „Deutschen Freimaurerclub in Südcalifornien" (Sitz in Los Angeles) vereinigt und geben ein Nachrichtenblatt, „Der deutsche Freimaurer in Südcalifornien", begründet und geleitet von Arthur Schramm, heraus.

Calles, Plutarco Elias, gewesener Präsident von Mexiko, * 1878, ist Mitglied der Loge „Helios" in Guaymas im mexikanischen Staate Sonora.

Calling off, entstanden aus der Formel „to call the lodge from labor to refreshment", die Unterbrechung der Arbeit, sei es zu geselligem Zwecke, einer Ruhepause oder zur Vertagung des Verhandlungsgegenstandes für eine nächste Sitzung. Die darauf folgende Arbeit wird als Fortsetzung der unterbrochenen angesehen, daher nicht besonders eröffnet. Die Formel hierfür lautet: Calling on.

Call to Order (engl.), **zur Ordnung rufen.** Den Redner darf in eröffneter Loge niemand unterbrechen, außer der Meister vom Stuhl ruft ihn zur Ordnung. Nach englischem Ritual kann ein Br., der einem zweimaligen Ordnungsrufe nicht Folge leistet, vom Meister vom Stuhl zum Verlassen der Loge verhalten werden.

Calvert, Albert Frederick, Schriftsteller, * 1872, einer der prominentesten maurerischen Autoren Englands (u. a. „The Bi-Centenary of the United Grand Lodge of England 1717—1917", „Grand Steward's and Red Apron Lodges", „History of the old King's Arm's Lodge"), machte mehrere große Forschungsreisen ins Innere von Nordwestaustralien. 1896 rüstete er auf eigene Kosten eine wissenschaftliche Expedition aus, die die unerforschten Gebiete von Zentralaustralien durchquerte. Verfasser zahlreicher Werke über Australien und die ehemaligen deutschen Kolonien in Afrika, Spanien, Brasilien usw. Schrieb auch: „Bacon and Shakespeare", „Life of Cervantes", u. a.

Cambacérès, Jean-Jacques-Régis, Fürst, Herzog von Parma, * 1753, † 1824, Reichskanzler des ersten französischen Kaiserreiches, wurde 1805 als Vertrauensmann Napoleons I. Großmeister des Grand Orient de France und blieb an dessen Spitze bis 1814. 1806 übernahm er auch die Würde des Großkommandeurs des Suprême Conseil des A. u. A. Schottischen Ritus. Er bekleidete dieses Amt aktiv bis 1818, honoris causa bis 1821.

Cameron, Simon, amerikanischer Politiker und General, * 1799, † 1889, Senator, Führer der republikanischen Partei (damals noch Volkspartei), Kriegsminister unter Lincoln 1860, Gesandter in Rußland, Präsident des Senatsausschusses für auswärtige Angelegenheiten, wurde 1826 in der „Perseverance Lodge Nr. 21" in Harrisburg (Pennsylvanien) aufgenommen.

Camp (engl.), das Lager, bildliche Darstellung eines Freimaurerlagers im XXXII. Grade des A. u. A. Schottischen Ritus mit bildlichen Darstellungen von Zelten, Fahnen usw. Diese Darstellung auf dem Teppich des Grades erscheint auch auf Hochgradschurzen und wird in Verräterschriften besonders gerne abgebildet, so bei Taxil.

Campe, Johann Heinrich, deutscher Schriftsteller, * 1746, † 1818, der Verfasser von „Robinson Crusoe der Jüngere", aufgenommen 1777 in der Loge „Balduin zur Linde" in Leipzig, trat aber bereits 1780, nachdem er der Hamburger Loge „Absalom zu den drei Nesseln“ zugehört hatte, als Enttäuschter wieder aus, da er für seine karitativen Absichten nicht die erhoffte Unterstützung gefunden hatte.

Campeche, Bundesstaat von Mexiko im atlantischen Küstengebiet. Die 1928 gegründete Großloge von C. umfaßte 1930 fünf Logen. Adresse: Apartado Postal, Campeche (s. Mexiko).

Campenhout, François van, Komponist der belgischen Nationalhymne Brabançonne, * 1779, † 1848, Bühnensänger, war Mitglied der Brüsseler Loge „Les Amis Philantropes“.

Campineanu, Jon, rumänischer Politiker, * 1798, † 1863, Vorkämpfer der politischen Freiheit, befreite die Leibeigenen auf seinen Gütern, hatte an der Erneuerung der rumänischen Literatur und Politik hervorragenden Anteil, wirkte in England und Frankreich für die Sache Rumäniens, wurde nach seiner Rückkehr verhaftet, 1848 Mitglied der provisorischen Regierung, war Freimaurer.

Campomanes, Pedro Rodriguez, Graf kräftiger Förderer der spanischen Wiedergeburt, war Freimaurer. * 1723, † 1802.

Canada, wurde zuerst als britische Kolonie von englischen, schottischen und irischen Freimaurern besiedelt. 1738 wurde Major E. J. Philipps von Henry Price (s. d.), Boston, zum Dep. Prov.-Meister von Acadia (Nova Scotia) ernannt. Der ersten Loge in Annapolis folgte 1750 eine zweite in Halifax, 1757 die Antient-Prov.-Großloge von Nova Scotia. 1760 gab es einen „Großmeister von C.“, 1792 wurde Prinz Eduard, später Herzog von Kent, Antient-Prov.-Großmeister. Seit 1855 entstanden, nach Provinzen geordnet, mehrere Großlogen, u. zw.: „Canada (Ontario)“, gegründet 1855, „Alberta“, British Columbia, 1871, „Manitoba“, 1875, „New-Brunswick“, 1867, „Nova Scotia“, 1866, „Prinz Edward Island“, 1875, „Quebec“, 1869, „Saskatchewan“, 1906 (s. diese alle).

Canada (Ontario). Die älteste kanadische Großloge, gestiftet 1855, zählte 1930 564 Logen mit 115.000 Mitgliedern. Adresse: Grand Secretary P. O. Box 227, Hamilton. Die ersten Logen wurden bereits 1780 gegründet; als erste eine Militärloge in Fort Niagara. Seit 1792 gab es einen Provinzial-Großmeister der „Antients“ für Ober-Kanada (William Jarvis) in Niagara, der damaligen Hauptstadt. Von 1817—1822 wirkte eine „Grand Masonic Convention“ in Kingston, von 1822—1830 eine Provinzial-Großloge in York, die infolge der Morgan-Affäre (s. d.) eingeschläfert werden mußte; das Jahr 1845 sah eine neue Provinzial-Großloge unter Sir Allan Napier Mc. Nab; 1855 trat die selbständige Großloge, Grand Lodge of Canada, ins Leben; erster Großmeister war William Mercer Wilson. Die Gründung wurde durch Zusammenschluß der Provinzial-Großloge mit einer 1852 von Logen unter irischer Konstitution gestifteten Großloge möglich. Die Großloge hat den Namen „Grand Lodge of Canada“ bis auf den heutigen Tag behalten, allerdings mit dem Zusatz „in Ontario“, nachdem sie heute nur noch Jurisdiktion über diese Provinz besitzt. 1869 schieden die Logen der Provinz Quebec aus, um eine eigene Obedienz zu bilden.

Canning, Charles John, erster Earl of, * 1812, † 1862, Gouverneur, dann erster Vizekönig von Indien, war Mitglied der Apollo University Lodge in Oxford. Er tat sich als Reorganisator der indischen Verwaltung und Finanzen hervor.

Canning, George, berühmter englischer Staatsmann, wiederholt Minister des Auswärtigen, Premierminister, Förderer der südamerikanischen und der griechischen Erhebung, * 1770, † 1827, war Mitglied der Prince of Wales Lodge.

Canongate Kilwinning Lodge Nr. 2, eine der ältesten und berühmtesten Logen Schottlands. Ihre Geschichte beginnt als Bauloge mit der Errichtung der Holyrood Abbey (1128). Als spekulative Loge wird sie 1677 genannt.

Canopy, (engl.), der Baldachin, unter dem der Meister sitzt und der in einigen angelsächsischen Großlogen über dem Großmeister bei feierlichen Aufzügen getragen wurde. Celestial Canopy ist der Himmel, der zumeist auf den Decken der Logenräume dargestellt wird, um die Unbegrenztheit der Loge nach oben zu symbolisieren. Im gleichen Sinne Clouded Canopy, der bewölkte Himmel.

Capello, Luigi, italienischer General, * 1859, im Weltkrieg Kommandant der zweiten Armee, schloß sich anfänglich den Faschisten an, machte den Marsch auf Rom mit, war zum Kommandanten der faschistischen Miliz ausersehen. Als 1923 der Oberste Faschistenrat die Inkompatibilität zwischen Freimaurerei und Faschismus verkündete, empfand das C., der im Großorient von Italien als Zugeordneter Großmeister von Italien eine führende Rolle spielte, als unerträglichen Gewissenszwang und verließ die faschistischen Reihen. Nach der Ermordung Matteottis erklärte er als einer der ersten, mit Gewalt könne es nicht weitergehen. Am 5. November 1925 veröffentlichte die „Agenzia Stefani“ ein Kommuniqué, in dem gesagt wurde, im Zusammenhang mit dem vereitelten Attentatsplan des gewesenen Abgeordneten Zaniboni sei auch C. verhaftet worden. Gleichzeitig wurden alle Freimaurerlogen militärisch besetzt. Die Anschuldigung fußte auf Angaben eines Lockspitzels, des Journalisten Quaglia. Dieser erklärte, C. habe ihm im Auftrag des Großorients eine große Summe für Zaniboni übergeben. Nach achtzehnmonatiger Untersuchung wurden die beiden 1927 vor den militärischen Sondergerichtshof gestellt. Kronzeuge war Quaglia, „in diesem Prozeß die einzige finstere, innerlichst unlautere Figur“ („Basler Nachrichten“). C. beteuerte mit Würde seine Unschuld; nichts konnte ihm bewiesen werden, als daß er zur Opposition übergegangen war. Auch der für seine eigene Person geständige Zaniboni erklärte nachdrücklichst, C. habe mit seinen Absichten nicht das geringste zu tun gehabt. Trotzdem wurde C. zu 30 Jahren Zuchthaus, verschärft durch Einzelhaft während der ersten sechs Jahre, verurteilt. Aus den Presseäußerungen ging mit aller Deutlichkeit hervor, daß dieses Urteil gegen den Achtundsechzigjährigen nur gefällt wurde, um in ihm die italienische Freimaurerei zu treffen. Das stellten auch Blätter, wie die klerikale Berliner „Germania“, fest. Die Liga für Menschenrechte protestierte öffentlich „gegen diese neue Schande, die dem Recht und dem Weltgewissen angetan wurde", „in Anbetracht insbesondere des Umstandes, daß kein wie immer gearteter Beweis, ja nicht einmal Indizien für die Teilnahme des Generals C. an dem Attentat erbracht worden sind".

Captain (engl.), Hauptmann, Bezeichnung für Beamte in Hochgradkörperschaften. So Captain General (Knights Templar), Captain of the Guard (A. u. A. Schottischer Ritus und Royal and Select Masters), ferner Captain of the Host (Royal Arch; Schottischer Ritus). In der symbolischen Maurerei unbekannt.

Caracas, Hauptstadt der südamerikanischen Republik Venezuela, Sitz der Gran Logia de los Estados Unidos de Venezuela, der in C. selbst vier Logen unterstehen. Adresse: Templo Masonico, Jesuitas a Maturin, In C., auch S. C.

Carbonari (Köhler, Kohlenbrenner), italienischer politischer Geheimbund, dessen Ursprung im Dunkeln liegt. Nach Pietro Dolce stammt der Name von einem Kloster San Carbone, häufiger ist die Deutung, die Carboneria sei von italienischen Mitgliedern der französischen „Charbonniers" oder „Fendeurs" (Holzhacker) ausgegangen. Die C. wurden in den Zeiten der napoleonischen Herrschaft, namentlich in Süditalien, sehr stark und predigten in ihren Hütten die Idee der Einheit und Unabhängigkeit Italiens. Ihre Riten, die ihrem ganzen Aufbau nach freimaurerischen Vorbildern nachgeahmt waren, ohne daß eine unmittelbare Verbindung zwischen Carboneria und Freimaurerei bestanden hätte, betonten sehr stark das religiöse Moment. Ihr symbolischer Wahlspruch hieß: „Säuberung des Waldes von den Wölfen!", also Befreiung von den Tyrannen. Das ritualistische System der C. umfaßte mehrere Grade. Da eine einheitliche Zusammenfassung der einzelnen C.-Gruppen nicht bestand, waren diese in den einzelnen Teilen Italiens verschieden. Die Loge der C. hieß „Vendita". Die Zeremonien gingen in der „Baracca" (Hütte) vor sich. Diese war ein längliches Viereck und versinnbildlichte einen Kohlenmeiler im Wald, die Aufnahme, eine „Wanderung durch den Wald", symbolisierte die Schwierigkeiten des Lebensweges und die „Reinigung durch das Feuer", um die Hemmnisse mit lauterem Herzen überwinden zu können. Das „heilige Wort" des ersten Grades lautete: „Glaube, Hoffnung, Barmherzigkeit!". Die zweite Stufe, der von starkem katholischem Mystizismus erfüllte Meistergrad, ließ den Kandidaten den Leidensweg des „Guten Vetters" Christus durchmachen. Im dritten Grad, der die „Großen Auserwählten", auch „Vollendete Meister" oder „Ritter von Theben" genannt, umfaßte, traten die politischen Tendenzen unverhüllt zutage. Auf dieser und auch auf den folgenden Stufen (Schüler, Apostel, Evangelist, Patriarch, Großpatriarch, Erzpatriarch) mußte der Schwur geleistet werden, das Leben dem Siege der Freiheit, der Gleichheit und dem Fortschritte zu weihen und nötigenfalls zu opfern. Trotz des religiösen Einschlages wurde die Carboneria vom Papst Pius VII. in mehreren Edikten aufs schärfste verurteilt.

Die „Guten Vettern", die auch mit den in gleicher Richtung strebenden anderen italienischen Geheimbünden zusammenwirkten, entwickelten sich nach dem Sturze Napoleons am stärksten im Königreich Neapel. 1820 erhoben sie sich unter General Guglielmo Pepe gegen die Mißwirtschaft des Königs Ferdinand I., ergriffen die Zügel der Regierung und erzwangen vom König den Erlaß einer Konstitution. König und Kronprinz leisteten den Eid auf die neue Verfassung. Der Kongreß von Laibach, wohin Ferdinand auf Einladung der Monarchen von Österreich, Preußen und Rußland gereist war, gab auf Drängen Metternichs Österreich das Mandat, in Neapel die alte Ordnung mit Waffengewalt wiederherzustellen. Ferdinand brach seinen Eid und widerrief die Verfassung. Das neapolitanische Volksheer war den Truppen des Generals Frimont nicht gewachsen. Am 24. März 1821 zogen die Österreicher in Neapel ein. Nun brach die C.-Bewegung überall zusammen: in Sizilien, wo sie unter Führung des Obersten Gaetano Costa groß geworden war, und in Piemont, wo das Zusammenwirken der C. und des ihr ähnlichen Geheimbundes der „Federati" zum Aufruhr geführt hatte. In der Lombardei und in Venetien griffen die österreichischen Behörden scharf ein. In Mailand und Venedig kam es zu den C.-Prozessen, die die Angeklagten, unter denen der Freimaurer Graf Federigo Confalonieri (s. d.) und der Schriftsteller Silvio Pellico die bekanntesten wurden, in die Kasematten des Brünner Spielberges brachten. Trotz aller Verfolgungen war die Carboneria weiterhin mancherorts tätig. Ihr Zentrum wurde aber Paris. In der Alta Vendita in Genua reifte in Giuseppe Mazzini (s. d.) der Entschluß, das „Junge Italien" zu gründen.

Man hat oft behauptet, die Carboneria sei mit der Freimaurerei identisch gewesen. Das ist nicht der Fall. Eine Identität der Freimaurerei und der italienischen politisch aktiven Geheimbünde ist niemals festgestellt worden. Das erhärtet auch ein Freimaurergegner wie der Historiker Alessandro Luzio („La Massoneria e il Risorgimento italiano", Bologna, Zanichelli, 1922). Aber auch die Ankläger selbst sind von dieser Behauptung abgerückt. Während Pius VII. in seiner Bulle vom 13. August 1815 noch erklärte, die Carboneria sei ein neuer Name für die Freimaurerei, wurde sie in der Bulle „Ecclesiam" vom September 1821 „vielleicht als Ableger oder doch gewiß eine Nachahmung der Freimaurerei" bezeichnet. Gewiß gab es in dieser Freiheitsbewegung auch viele Freimaurer, wie eben den großen italienischen Patrioten Mazzini, die ein „drittes Rom", ein italienisches „Risorgimento" ersehnten. Denn die Freimaurerei vereinigte damals in ihrem Schoße „die ersten Geister, die feurigsten Herzen, die stolzesten Willensmenschen und die kühnsten Charaktere" (Bakunin). Aber der Unterschied zwischen Freimaurerei und Carboneria trat doch klar zutage. In der Freimaurerei eine abstrakte Idee, im Carbonaritum der unbedingte Wille zu revolutionärem Handeln. Man hat diese Gegensätzlichkeit dadurch überbrücken wollen, daß man die C. als eine „Unterabteilung" des Bundes, als eine Art volkstümliche Maurerei stigmatisierte, die von der Idee zur Tat, von der Abstraktion zum konkreten Plan, von der Auseinandersetzung über Prinzipien zu deren Betätigung im staatlichen Leben geschritten sei. Das ist aber nicht richtig gesehen: um in diesem Sinne aktivistisch hervorzutreten, hätten die Freimaurer nicht des Umweges über eine Neugründung mit fremdartigen, komplizierten Ritualen bedurft.

Carducci, Giosuè, berühmter italienischer Dichter, * 1835, † 1907, Schöpfer zahlreicher, von leidenschaftlicher Liebe zur Heimat erfüllter Poesien, Verfasser des „Inno a Satana“, Nobelpreisträger für Literatur 1906, wurde 1862 Mitglied der Loge „Galvani“ und Mitgründer der Loge „Felsinea“ in Bologna, später affiliiert in der Loge „Propaganda Massonica“ in Rom. Niederschlag freimaurerischer Ideologie findet sich namentlich in „Giambi ed Epodi“.

Carlile, Buchdrucker in London, der 1819 wegen Veröffentlichung verbotener Schriften zu einer Gefängnisstrafe verurteilt wurde. Er gab 1845 eine Verräterschrift in drei Teilen, „Manual of Freemasonry“ heraus, die auch heute noch sehr verbreitet ist. Die darin enthaltenen Rituale sind nur mit Vorsicht zu verwenden.

Carmick-Manuskript, die älteste freimaurerische Handschrift Amerikas aus dem Jahre 1727. das Manuskript ist eine Kopie nach altenglischen Mustern und ist besonders bemerkenswert durch eine Dreieckzeichnung, die ausdrücklich als Bild der Loge bezeichnet wird (This figure represents the lodge). Der Besitzer Thomas Carmick bringt zum Schlusse einen Eigentumsvermerk an, in dem er alle, die das Buch finden sollten, mit Beziehung auf ihren Eid verpflichtet, es ihm zurückzugeben. Das Manuskript enthält Konstitutionen nach alten Mustern.

Carnarvon, Henry Howard Molyneux Herbert, Earl of, englischer Politiker, * 1831, † 1890, Kolonialminister, Schöpfer des Gesetzes über die Föderation der kanadischen Provinzen, trat 1874 für ein ähnliches System in Südafrika ein. 1885 Lordleutnant von Irland, wurde 1865 in den Freimaurerbund aufgenommen, Vorkämpfer der Anerkennung der freimaurerischen Selbstverwaltung in der englischen Provinz und in den Kolonien, Provinzial-Großmeister für Somerset 1868, Zugeordneter Großmeister 1870, Pro-Großmeister 1875. Sein Biograph, Sir Arthur Hardingen, nennt ihn den „freimaurerischen Gesandten des Friedens mit Australien“.

Carnot, Lazare, genannt der „große Carnot“, französischer Politiker, * 1753, † 1813, widmete sich zuerst der militärischen Laufbahn, sympathisierte mit der Revolution, Mitglied des Konvents, organisierte in dessen Auftrag die Verteidigung in den Pyrenäen und Ardennen und an der Nordfront. 1793 Mitglied des Wohlfahrtsausschusses, widmete sich neuerlich der Organisation des Heeres, setzte die allgemeine Rekrutierung durch, stellte 14 Armeen auf, wird als der eigentliche Organisator des Sieges betrachtet. 1794 Präsident des Konvents, dann Mitglied des Direktoriums, arbeitete für Napoleon den Plan des italienischen Feldzuges aus, mußte, royalistischer Umtriebe bezichtigt, flüchten, nach seiner Rückkehr Generalinspektor und Kriegsminister, stimmte gegen die Errichtung des Kaisertums, mußte sich zurückziehen, bot 1814 wieder freiwillig seine Dienste an, verteidigte als Gouverneur von Antwerpen heldenhaft die Stadt, nach der Rückkehr Napoleons von Elba Innenminister, gründete die heute noch bestehende „Société pour l'Instruction élémentaire“, Pair von Frankreich, unter der Restauration proskribiert, lebte in der Folge in Warschau und Magdeburg. Grab im Pantheon. C. war Freimaurer. (Lebey, „Aperçu historique...“.)

Carnot, Marie François Sadi, französischer Staatsmann, * 1837, ermordet 1894, seit 1887 Präsident der Republik, war Freimaurer.

Caro, Antonio, spanischer Freimaurer, der 1824 unter Ferdinand VII. gehenkt wurde, „weil er sich der Freimaurerei schuldig gemacht hatte“, starb mit den Worten: „Es lebe die Freimaurerei!“ Nach der Hinrichtung wurde ihm die rechte Hand abgeschnitten, der Leichnam außerhalb des Friedhofes verscharrt.

Carolath-Schönaich.

1. Heinrich Karl Erdmann, Fürst von, * 1759, Freund Feßlers (s. d.), dem er 1788—1795 Unterkunft gewährte. Er war Meister vom Stuhl der Loge „Zur goldenen Himmelskugel“ in Glogau, 1785.

2. Heinrich Ludwig Erdmann, Prinz zu, * 1852, † 20. Juni 1920, Mitglied und Präsident des Reichstags (Führer der Nationalliberalen), Präsident der Gesellschaft für Verbreitung von Volksbildung, eifriger Freimaurer (Loge „Friedrich Wilhelm zur gekrönten Gerechtigkeit“ in Berlin), Großmeister der Großloge Royal York, genannt „Zur Freundschaft“, von 1890—1899, dann Ehrengroßmeister, bemühte sich insbesondere um eine Einigung der deutschen Freimaurerei im Rahmen des Großlogenbundes. Er trat im Reichstag wiederholt warm für die Königliche Kunst ein.

Caroline, Königin von Neapel, s. Karoline.

Carpentier-Alting.

1. A. S., Prediger, * 1837, † 1915, Philantrop auf dem Gebiet der Soldaten- und Jugendfürsorge, einer der begeistertsten und fruchtbarsten freimaurerischen Schriftsteller der Niederlande, Leiter des „Maç. Week Blaad“, Ritualschöpfer, Herausgeber der holländischen Bearbeitung des „Allgemeinen Handbuchs der Freimaurerei“, Gründer der „Indisch-Maçonniek Tijdschrift“, Zugeordneter Großmeister für Niederländisch-Indien und Hauptschöpfer der dortigen Provinzial-Großloge. 1905 nach Holland zurückgekehrt, wurde er auch dort Zugeordneter Großmeister. Seine besten Aufsätze („Overdenkingen“) erschienen 1908 gesammelt.

2. J. H., Sohn von A. S., * 1864, † 1929, Advokat, Sekretär des holländisch-indischen Justizdepartements, Professor des Verwaltungsrechtes an der Universität Leiden, 1907 Präsident des höchsten Gerichtshofes in Niederländisch-Indien, Mitglied des Rates von Indien, seit 1921 wieder in Holland. Er wurde 1886 in Padang in der Loge „Mata Hari“ Maurer, in Batavia Stuhlmeister der Loge „De Ster in het Oosten“, Leiter der von seinem Vater gegründeten „Indisch-Maçonniek Tijdschrift“, später der „Broederketen". 1926 stellte ihn der Großorient der Niederlande als Großmeister an seine Spitze. In diesem Amte vertrat er beharrlich seinen idealen Wunsch, die Brr. aller Länder einander näherzubringen und dadurch die durch den Weltkrieg erzeugten Spannungen zu überwinden.

Carpser, P e t e r, Stadtphysikus von Hamburg, † 1759, war Mitbegründer und Zweiter Aufseher der 1737 gestifteten ersten deutschen Loge, der Loge „d'Hambourg", die 1744 den Namen „Absalom" annahm, 1738 deren Meister, mußte jedoch infolge der Verfügung des Rats der Stadt gegen die Freimaurerei abdanken, nahm aber weiterhin regen Anteil am freimaurerischen Leben. Er trat mit Baron O b e r g (anläßlich der nach der Aufnahme des Kronprinzen von Preußen in Braunschweig entstandenen Differenzen) aus der Loge aus, vermittelte später zwischen Oberg und L u t t m a n, wurde 1744 durch Graf S c h m e t t a u Schottenmeister und dann Aufseher der ersten Hamburger Schottenloge.

Carré long (frz.), längliches Viereck, Logenraum.

Carson, C h r i s t o p h e r, berühmter amerikanischer Jäger und Scout, * 1809, † 1868, erwarb sich im Bürgerkrieg als Führer der irregulären Truppen der Scouts große Verdienste, wurde 1865 zum Brigadier ernannt, zeichnete sich im Kriege gegen Mexiko aus, war staatlicher Indianeragent in New Mexico, wurde 1850 in der Montezuma Lodge 109 in Santa Fé aufgenommen.

Carus, J u l i u s V i c t o r, Zoologe und erster Übersetzer der Schriften Darwins ins Deutsche, * 1823, † 1903, Professor der vergleichenden Anatomie an der Leipziger Universität, Verfasser zahlreicher populärwissenschaftlicher Schriften, war seit 1861 Mitglied der Leipziger Loge „Minerva zu den drei Palmen" und 1874—1881 ihr Meister vom Stuhl. Seine „Logenarbeiten" erschienen 1882 gesammelt.

Carvalho, J o s é d a S i l v a, portugiesischer Staatsmann, * 1782, † 1845, Justizminister unter J o h a n n VI., liberaler Politiker, Finanzminister unter D o m P e d r o, mußte 1836 in die Verbannung gehen, nach der Restauration der Verfassung Staatsrat, war Großmeister der portugiesischen Freimaurerei.

Caryfort, erster Baron, vorher John P r o b y, englischer Politiker, * 1720, † 1772, Mitglied des Parlaments, Erster Lord der Admiralität, war 1752/53 Großmeister der Großloge von England.

Casanova, J a k o b, * 1725 in Venedig, † 1789 in Dux in Böhmen, selbstgeadelt als Chevalier de Seingalt, der große Lebens- und Liebeskünstler des 18. Jahrhunderts, war Freimaurer. Er erwähnt in seinen Memoiren seine Aufnahme in eine Loge in Lyon. Kulturhistorisch wichtig ist, daß ihn der Rat der Zehn in Venedig im Jahre 1755 „wegen freimaurerischer Umtriebe und Gotteslästerung" verhaften ließ. Bei der Hausdurchsuchung die bei ihm und einigen Freunden vorgenommen wurde, ließ der Rat in erster Linie auf freimaurerische Beweisstücke fahnden. C. entfloh nach fünfzehnmonatiger Haft aus den Bleikammern — wie aus den Akten der Inquisition in Venedig hervorgeht, nicht so sehr in der von ihm wiederholt erzählten abenteuerlichen Weise, sondern mit Hilfe des bestochenen Gefängniswärters — womit er seinen internationalen Ruf als Abenteurer begründete. Weitere Beziehungen zur Freimaurerei lassen sich nicht nachweisen.

Caspari, O t t o, Professor der Philosophie an der Universität Heidelberg, * 1841, † 1916, („Irrtümer der altklassischen Philosophie", 1869, „Leibniz' Philosophie", 1870, „Erkenntnisproblem", 1881), schrieb 1889 ein mit dem Peeters-Baertsoen-Preis (s. d.) ausgezeichnetes, im Verlage Alfred U n g e r, Berlin, zuletzt von Heinrich K l e i n e b r e i l 1930 in vierter Auflage bearbeitetes Werk: „Die Bedeutung des Freimaurertums für das geistige Leben". C., der zur Heidelberger Loge „Ruprecht zu den fünf Rosen" gehörte, betont in seinem Werke den undogmatischen Charakter der Freimaurerei unter Hervorhebung des religiösen Kerns der Bundesidee. Das Buch, das sich auch an fernerstehende Leserkreise wendet, ist eine der besten Aufklärungsschriften über Freimaurerei.

Cassia, s. A k a z i e.

Castaños, F r a n c i s c o J a v i e r, H e r z o g v o n B a i l é n, * 1766, † 1852 spanischer General, erfocht im Kampfe gegen die Franzosen den Sieg in der Schlacht von Bailén, war Freimaurer.

Castelar, E m i l i o, berühmter spanischer liberaler Politiker und Schriftsteller, * 1832, † 1899, Historiker und Philosoph an der Universität Madrid, Vorkämpfer der religiösen Freiheit, 1873/74 Präsident der Exekutivgewalt, war Freimaurer. C. veröffentlichte u. a. bedeutende Werke über die Zivilisation in den ersten fünf Jahrhunderten des Christentums, eine Geschichte der republikanischen Bewegung in Europa, eine Biographie B y r o n s usw.

Castellazzo L u i g i, italienischer Schriftsteller und Freiheitskämpfer, * 1827, verteidigte 1848 mit G a r i b a l d i Rom, nahm an dessen Feldzug 1866/67 teil, wurde verhaftet, zu lebenslänglichem Kerker verurteilt, 1870 befreit, schrieb unter dem Pseudonym Anselmo R u a l t o erfolgreiche historische Dramen („Tiberio") und Romane, war Großsekretär des Großorients von Italien und Mitglied des Obersten Rates.

Casti, G i o v a n n i B., italienischer Dichter, * 1721, † 1803, Kanonikus in Montefiascone, wurde von J o s e p h II. nach dem Tode M e t a s t a s i o s zum „Poeta Cesareo" ernannt, schrieb „Animali Parlanti", politische und allegorische Gedichte sowie komische Opern („La Grotta di Trofonio" usw.), war Freimaurer. (L u z i o : „La Massoneria e il Risorgimento Italiano".)

Castillon, F r i e d r i c h A u g u s t A. M. v., * 1747 in Lausanne, † 1814, Professor der Mathematik an der Berliner Ritterakademie, aufgenommen 1772 in der Berliner Loge „Pegase", Stifter und Meister vom Stuhl der Loge „Pilgrim", verhandelte 1776 in Stockholm mit E c k l e f f, wurde nach dem Tode Z i n n e n d o r f s, 1782—1789, und nochmals 1799 bis

1814 Landes-Großmeister der Großen Landesloge der Freimaurer von Deutschland, leitete diese in der Napoleonischen Ära unter schwierigsten Verhältnissen. Er gründete gemeinsam mit den beiden anderen Berliner Großmeistern 1810 den „Freimaurerverein der drei Großlogen zu Berlin".

Castro, José Maria, Präsident der Republik Costa Rica, * 1818, † 1891, war Meister vom Stuhl der 1865 gegründeten ersten Loge „Caridad" in Costa Rica.

Catch-questions, Fangfragen, heißen besonders heute noch in Amerika übliche, jedoch nicht anerkannte, mitunter recht eigenartige Fragenstellungen, mit denen ein Freimaurer entweder die Aufmerksamkeit anderer Freimaurer auf sich lenken will, oder die in mehr scherzhaftem Charakter verwendet werden. Z. B.: „Wo hängt ein Meister seinen Hut auf?", oder „Wie bläst des Maures Wind?" u. ä. Amerikanische Freimaurer treiben den Sport der Fangfragen mitunter ins Absurde.

Catholick Religion. Im zweiten Absatz des VI. Hauptstückes der Alten Pflichten (1723) steht der viel kommentierte Satz: „No Private Piques or Quarrels must be brought within the Door of the Lodge, far less any Quarrels about Religion, oder Nations, or State Policy, we being only, as Masons of the Catholick Religion above mention'd. („Private Händel und Streitigkeiten dürfen nicht in die Loge hineingetragen werden, vor allem nicht Streitigkeiten über Religion oder Nationalität oder Politik, da wir als Maurer alle von jener allumfassenden Religion sind, die oben erwähnt wurde.") Die Beziehung auf die „oben erwähnte" Religion steht im ersten Hauptstück „Concerning God and Religion" („Gott und die Religion betreffend"). Gemeint ist dort die Religion „in which all men agree", die Religion, in der alle Menschen übereinstimmen. Das Wort „katholisch" ist hier nicht im kirchendogmatischen Sinne, sondern im reinen Wortsinne gemeint. Das griechische Wort bezeichnet nach seiner Ableitung kat holos das Allgemeine, das Ganze. Die heute als katholische Kirche bezeichnete Kirche nannte sich bereits im zweiten Jahrhundert n. Chr. so, weil sie Bekenner eines Glaubens zusammenfaßte, der überall (katholu) im Gegensatze zu den Häretikern der gleiche, allumfassende und allgemein anerkannte war. Katholikon heißt auch ein allgemeines Wörterbuch oder ein Universalheilmittel. Daß Anderson an der zitierten Stelle nicht an die katholische Kirche gedacht haben kann, ist ohne weiteres klar, wenn man bedenkt, daß er ein protestantischer Dissentergeistlicher war. Er dachte an jene, dem Zeitalter des Deismus geläufige „Religion des anständigen Menschen", d. h. eine die verschiedenen Dogmenreligionen überbrückende, rein ethisch fundierte gemeinsame Glaubensmeinung.

Cave, George, Viscount, * 1856, † 1922, führender konservativer Staatsmann, 1916 Innenminister im Koalitionskabinett, Lordkanzler unter Bonar Law, Kanzler der Universität Oxford, war Freimaurer.

Cavendish, Herzoge von Devonshire. In dieser Familie vererbt sich seit 1814 die Großmeisterschaft der Provinzialloge von Devonshire (Großloge von England) von Generation zu Generation. Von 1814 bis 1858 bekleidete der sechste Herzog das Amt, ihm folgte 1858 bis 1908 Spencer Campton C., seither ist der neunte Herzog Provinzial-Großmeister.

Cavent, im 18. Jahrhundert gleichbedeutend mit Bürge, Pate (s. d.) verwendet.

Cavour, Camillo Benso, Graf von, italienischer Staatsmann, dessen Werk die Einigung Italiens war, * 1810, † 1861, Führer der gemäßigten Liberalen. Seinem Einfluß war die freiheitliche Verfassung des Königreiches Sardinien von 1848 zu verdanken. Handels- und Marineminister im Kabinett d'Azeglio (s. d.), wurde er 1852 Ministerpräsident. Er gewann mit großem diplomatischem Geschick Frankreich für die Sache Italiens, unterstützte insgeheim die Aktion Garibaldis (s. d.). Mit der 1861 erfolgten Ausrufung Victor Emanuels zum König des Geeinigten Italien erreichte C. sein Lebensziel. Er setzte sich auch für liberale Kirchengesetze ein und vertrat den Standpunkt „Freie Kirche im freien Staat". C. war Freimaurer.

Cedar Rapids, im nordamerikanischen Bundesstaat Iowa, Sitz der Großloge dieses Staates und einer berühmten freimaurerischen Bibliothek, die 35.000 Bände umfaßt.

Ceder. Die Libanonceder wird in der Baulegende wiederholt erwähnt, besonders in den Hochgraden.

Tall Cedars of Libanon nennt sich in Amerika ein aus Freimaurern, die den Meistergrad besitzen, bestehender, kostümtragender Verein, der heitere Geselligkeit und Wohltätigkeit übt. Er gliedert sich in „Forests" (Wälder).

Censur, s. Zensur.

Centenary Jewel. Logen, die ein Alter von 100 Jahren erreicht haben, erhalten in der englischen Großloge das Recht auf ein besonderes Abzeichen, das von der Großloge verliehen wird.

Center, opening on the. Im englischen Meisterrituale wird eine Meisterloge als opened on the center bezeichnet, weil alle Anwesenden den gleichen Grad haben und deshalb im gleichen Abstand zu dem angenommenen Mittelpunkt der Freimaurerei stehen. In den vorhergehenden Graden ist dieser Zustand nicht gegeben, weil dort Angehörige aller drei Grade, also mit verschiedenen Abständen, versammelt sind.

Centralisten, deutsche geheime Verbindung aus der zweiten Hälfte des 18. Jahrhunderts, die sich freimaurerischer Formen bediente und vom Bestreben geleitet war, durch Zentralisation der Religionsbekenntnisse diese mit der katholischen Kirche zu verbinden. (Vergl. Schuster, „Geheime Gesellschaften".)

Cercle Maçonnique International in Genf dient Freimaurern, die den dort bestehenden Internationalen Vereinigungen (Völkerbund, Internationales Arbeitsamt, Rotes Kreuz, Vereinigung der Berichterstatter beim Völkerbund usw.) angehören, als gesellschaftlicher Mittelpunkt.

Cérémonie funèbre (frz.), Trauerarbeit (s. d.).

Ceremonienmeister, s. Zeremonienmeister.

Cérès, Ligue fraternelle agricole, heißt eine in Paris 1926 von Brr. des Grand Orient de France begründete Vereinigung, die sich dem Studium des Ackerbaus, der Verpflegung, des gegenseitigen Güterverkehrs und des Syndikalismus zuwendet. Ihre Mitglieder sind meist Funktionäre des Ackerbauministeriums und Brr. ländlicher Distrikte.

Čermák, Anton J., seit April 1931 Bürgermeister von Chicago, als Sohn eines tschechoslowakischen Kohlenarbeiters in Kladno (Böhmen) nach Amerika ausgewandert. Im Wahlkampf, in dem C. mit dem Programm: „Reinigung der Stadt von Verbrecher- und Korruptionswesen" kandidierte, suchten ihm die Anhänger des trüberen Regimes durch Hinweis auf seine Zugehörigkeit zur Freimaurerei katholische Stimmen zu entziehen. Er wurde aber mit gewaltiger Mehrheit gewählt.

Cerneau, Joseph, s. Cerneau-Ritus.

Cerneau-Ritus, von dem 1763 in Villeblerin (Frankreich) geborenen, Ende des 18. Jahrhunderts nach Westindien ausgewanderten Uhrmacher und Goldarbeiter Josef Cerneau gegründetes irreguläres Konkurrenzsystem des A. u. A. Schottischen Ritus. 1806 kam C. von Kuba, wohin er mittlerweile übersiedelt war, nach New York und gründete im Oktober 1807 auf Grund einer „Vollmacht" eines sich Großmeister nennenden Stuhlmeisters in Baracoa (Kuba) namens Antoine Mathieu Dupotet eine Großkörperschaft, die er „The Most Potent Sovereign Grand Consistory of Supreme Chiefs of Exalted Masonry according to the Ancient Constitutions, Scottish Rite of Heredom for the U. S. A. its Territories and Dependencies" nannte. C. war von 1806—1827, in welchem Jahre er die Vereinigten Staaten wieder verließ — er starb 1829 in Frankreich — bei keiner symbolischen Loge affiliiert, somit war er in dieser Zeit kein aktiver Maurer. Seine Körperschaft, die fortgesetzt ihren Namen änderte, hatte wechselvolle Schicksale. 1812 organisierte C. in New York einen Obersten Rat, an dessen Spitze er selbst als Großkommandeur trat. Diese Gründung hatte langjährige Kontroversen mit den regulären Körperschaften des Schottischen Ritus in Charleston und New York zur Folge. Letztere stellten sich auf den Standpunkt, daß, ganz abgesehen von der fragwürdigen Vollmacht, C. niemals das Recht besitzen könnte, einen Obersten Rat mit 33 Graden zu gründen, nachdem er selbst nur bis zum 25. Grad gelangt war. Demgegenüber erklärte C., ein Patent von einem gewissen Martin, „einem Nachfolger von Morin", erhalten zu haben. 1827 wurde der Oberste Rat eingeschläfert, 1832 von A. Laurent, einem Franzosen, zu neuem Leben erweckt. 1846 hörte der Supreme Council abermals zu existieren auf, 1850 stampfte ihn H. C. Atwood mit vollständig neuen Leuten wieder aus dem Boden. In den Jahren 1863—1867 erfolgte unter Eduard B. Hays, dann unter John L. Lewis eine Vereinigung mit den beiden Teilen der damals gerade gespaltenen Nördlichen Jurisdiktion des A. u. A. Schottischen Ritus, so daß auf diesem Gebiet nur noch eine Körperschaft existierte. Harry J. Seymour, ein wegen Handels mit Graden ausgestoßenes Mitglied des C.schen Supreme Council, erklärte, das Urteil nicht anzunehmen, machte sich selbst zum „Großkommandeur", verkaufte das so ursurpierte Amt und den ungültigen C.-Rechtstitel an William H. Peckham. 1881 entstand neben diesem Supreme Council ein zweiter irregulärer Oberster Rat, gegründet von Hopkins Thompson. Die beiden Obersten Räte machten sich gegenseitig das Recht streitig, die „echte" C.-Großbehörde zu sein.

Unmittelbar nach dem Weltkrieg hörte man auch in Europa eine Zeitlang vom C.-Ritus, da von geschäftstüchtiger amerikanischer Seite der Versuch unternommen wurde, auch auf dem Kontinent Fuß zu fassen. Einige Körperschaften, die damals ins Leben traten (z. B. in der Schweiz, in Dänemark und Rumänien), hörten nach kurzer Zeit auf, als C.-Institutionen zu existieren.

Die Großloge von New York untersagte 1927 die Teilnahme ihrer Mitglieder an C.-Organisationen.

Certifikat, Beglaubigungsschreiben einer Großloge oder einer Loge, z. B. ein Meisterausweis oder Logenpaß.

Ceylon. Erste Logen — unter holländischer Obedienz — traten 1771 und 1794 ins Leben. Heute ist eine Distrikts-Großloge der Großloge von England am Werk, gegründet 1810, nur wenige Jahre nach der Besitzergreifung durch Großbritannien; sie umfaßte 1830 acht Logen. Adresse: Victoria Masonic Temple, Colombo. Der Großloge von Irland unterstehen drei Bauhütten, Schottland eine.

Châble, Schule von, eine von der Großloge „Alpina" im Unterwallis, einer streng klerikalen Gegend, errichtete und unterhaltene konfessionslose Schule. Die Schüler entrichten ein kleines Schulgeld; der Betriebsabgang wird aber von der „Alpina" getragen.

Chaillon de Jonville. Augustin Jean François, einer der tätigsten französischen Freimaurer des 18. Jahrhunderts, * 1733, † 1807. Mitglied der „grande chambre" des Parlaments von Paris. Doyen des Staatsrates, Richter im „Halsbandprozeß" gegen den Kardinal Rohan (Affäre Cagliostro), 1787 durch eine „lettre de cachet" auf seine Besitzungen verbannt, während der Revolution Emigrant. Für die große Rolle, die C. in der Freimaurerei spielte, spricht seine Bestellung als Generalsubstitut des Großmeisters Grafen von Clermont an Stelle von La Corne (s. d.). Auf dem berühmten Patent für Morin (s. d.), das am Anfang der Geschichte des A. u. A. Schottischen Ritus steht, ist C. als erster unterschrieben. Auf seine Bemühungen war 1762 die allerdings nur vorübergehende Vereinigung der damals existierenden beiden französischen Großlogen zurückzuführen.

Chaîne d'union (frz.), Bruderkette.

Chairman (engl.), der Vorsitzende irgendeiner Versammlung, dessen Sitz durch einen besonderen Sessel oder durch eine Erhöhung des Sitzes hervorgehoben wird. Der Meister vom

Stuhl ist der Chairman. Der Engländer gebraucht die Verbindung „The Master in the Chair" niemals offiziell, sondern höchstens umschreibend. In alten Logenprotokollen kommt die englische Bezeichnung mitunter vor. Die Sinnverbindung „Meister vom Stuhl" ist ausschließlich deutsche Eigenart. (Im Englischen: Worshipful Master, im Französischen Vénérable Maître.)

Challemel-Lacour, Paul Armand, französischer Politiker und Philosoph, * 1827, † 1896, protestierte 1852 gegen den Staatsstreich Napoleons III., wurde verhaftet und verbannt, Professor am Polytechnikum in Zürich, nach seiner Rückkehr Mitarbeiter des „Temps", Gründer der „Revue blanche", Botschafter in Rußland und England, 1883 Außenminister im Kabinett Ferry, 1893 Präsident des Senats, schrieb: „L'histoire de la Philosophie moderne", „La Philosophie individualiste", nahm 1875 in der Pariser Loge „Clémente Amitié" bei der Aufnahme von Littré und Jules Ferry teil.

Chambre des réflexions (frz.), dunkle Kammer, Vorbereitungsraum.

Chambre du milieu, Mittlere Kammer, im französischen Ritual der Tempel bei der Meisterarbeit. Der Osten wird hierbei Dehbir genannt und ist blau und gold ausgeschlagen. Der übrige Raum heißt Hikal und ist mit schwarzen Behängen versehen.

Chamfort, Nicolas Sébastien Roch de, französischer Schriftsteller, auf Grund seiner „Pensées, maximes, anécdotes dialogues" den größten französischen Moralisten zugerechnet, Mitglied der Académie (* 1741, † 1794). Unter der Schreckensherrschaft verfolgt, beging er Selbstmord. Von ihm stammt der berühmt gewordene Ausspruch: „Krieg den Palästen, Friede den Hütten!" C. war Freimaurer.

Chamisso, Adalbert von, * 1781 auf Schloß Boncourt, † 1838 in Berlin, Weltreisender, Naturforscher und deutscher Dichter („Peter Schlemihl", „Sales y Gomez" usw.), war Mitglied einer Berliner Loge.

Chaplain, Grand Chaplain, der Logen-, bezw. Großlogenkaplan. Die Sitte, besonders feierliche Logen mit einem Gebet zu eröffnen, wobei die alte Invokation der Konstitutionen in dieser Sitte eine Fortsetzung fand, schuf ein Amt: den Chaplain, den Logengeistlichen. Nach englischem Ritus ist es jedoch nicht notwendig, daß der Logenkaplan auch in seinem Berufe Geistlicher ist. Der Meister vom Stuhl kann an seine Stelle treten. In England wurde das Amt des Großlogenkaplans 1775 „wiederbelebt", es finden sich aber keinerlei Hinweise auf ein früheres Bestehen. Die Kapläne gehören zumeist den christlichen Bekenntnissen an, in Amerika werden auch Rabbiner als Chaplains zugelassen.

Chaplin, Charles Spencer („Charlie"), berühmter Filmschauspieler in Hollywood, * 1889 in London, ist Freimaurer.

Character indelebilis. Die Aufnahme in den Freimaurerbund ist als ein Lebensbund gedacht, der nur mit dem Tode enden soll. Trotzdem steht jedem Freimaurer der Austritt aus dem Bunde wieder frei (s. Deckung). Die unzerstörbaren Eigenschaften des einmal zum Freimaurer Geweihten bleiben jedoch auch nach der Deckung gesichert, weil der Bund eine Weihe durchgeführt hat, die als solche schon des Initiationserlebnisses wegen nicht mehr zurückgezogen werden kann, aber auch weil bei der Aufnahme Einblick in die Kultgeheimnisse (s. Geheimnis) des Bundes gewährt wurde. Der Engländer faßt dies kurz in die Worte zusammen: „Once mason, ever mason". Die Rechte des Freimaurers an die Loge erlöschen durch seinen Austritt. Dagegen erlischt nicht die Verpflichtung des Austretenden, über das ihm einmal Anvertraute auch weiterhin Schweigen zu bewahren, zumal diese Verpflichtung durch ein Gelöbnis auf Manneswort übernommen wurde. In letzter Zeit hat es sich mehrfach ereignet, daß gedeckte Freimaurer in öffentlichen Versammlungen die Geheimnisse zumeist aus politischen, agitatorischen Gründen nicht nur preisgegeben haben, sondern auch geschmacklos genug waren, die Aufnahmezeremonien in absichtlich verzerrter Weise einem sensationslüsternen Zuhörerkreis vorzuführen. Ein derartiges Vorgehen richtet sich von selbst. Die Gründe zur Deckung können weltanschaulicher, politischer, persönlicher Natur sein. Daß ein Freimaurer, der aus solchen Motiven den Bund verläßt, späterhin als dessen sachlicher Gegner auftritt, ist moralisch unanfechtbar. Ein Beispiel hierfür war der ursprünglich freiheitliche, später klerikale Redakteur Koller in Wien. Dagegen ist es ein Zeichen moralischer Minderwertigkeit, wenn ein ausgetretener Freimaurer das Gebrauchtum des Bundes, in dessen Eigenart er im Vertrauen auf seine Redlichkeit eingeweiht wurde, durch Entstellung als Waffe gegen den Bund verwendet.

Charge, das im Englischen vieldeutige Wort, bedeutet freimaurerisch die Pflicht, die übernommenen Verpflichtungen. Daher „Old Charges", die Alten Pflichten (s. d.). Ferner bedeutet C. in der englischen Logensprache die Unterweisung, die belehrende Ansprache, die nach der Aufnahme oder der Beförderung an einen Kandidaten usw. gehalten wird. Daher z. B. im englischen Ritual: Charge after Initiation usw. Die älteste derartige C. stammt aus dem Jahre 1734 und wurde von dem irischen Großmeister Lord Kingsland approbiert. Sie ist von großer, wesentlicher Bedeutung, weil sie zeigt, worin die Freimaurer der ersten Zeit den Kreis der Verpflichtungen erblickten. Diese, wiederholt auch in sogenannten Verräterschriften abgedruckte Unterweisung des Lehrlings lautet:

Eine kurze Ansprache,
wie sie neuaufgenommenen Brüdern gehalten werden soll.

„Sie sind nunmehr durch einstimmigen Beschluß unserer Loge Mitglied (Fellow) unserer alten und ehrwürdigen Gesellschaft geworden. Alt, indem sie von undenklichen Zeiten her besteht, ehrwürdig, indem sie darauf abzielt, den Menschen so zu gestalten, daß er mit ihren herrlichen Vorschriften in jeder Beziehung übereinstimme. Die größten Monarchen aller Zeitalter in Asien sowohl wie in Afrika und Europa waren Gönner der Königlichen Kunst, und viele von ihnen saßen als Großmeister über die Maurer in ihren betreffenden Gebieten und haben keine Verkleinerung ihrer Herrschaft darin erblickt. wenn sie sich mit ihren Freimaurerbrüdern auf eine Waagrechte begaben und so handelten, wie sie taten. Der Große Baumeister der Welt ist unser höchster Meister, und das untrügliche Gesetz, das er uns gegeben hat, ist es, nach dem wir arbeiten. Religiöse Auseinandersetzungen werden in der Loge niemals geduldet; denn als Maurer folgen wir nur der allgemeinen Religion oder der Religion der Natur. Das ist der Mörtel. der Menschen von den verschiedensten Grundsätzen zu einem heiligen Bande verbindet und solche Menschen zusammenbringt, die sonst voneinander am weitesten entfernt wären.

Der Maurer hat drei Hauptpflichten, die er jederzeit im Auge zu behalten hat: gegen Gott. seinen Nachbarn und gegen sich selbst. Gegen Gott, indem er seinen Namen nur mit jener höchsten Achtung erwähnt, die ein Geschöpf seinem Schöpfer gegenüber schuldet. Und indem er in Ihm jederzeit das Summum Bonum erblickt, das zu erfreuen wir auf die Welt gebracht wurden und in Übereinstimmung mit dieser Anschauung unser Verhalten danach zu regeln. Unseren Nachbarn gegenüber, indem wir winkelrecht handeln und an ihnen so handeln, wie wir es von ihnen für uns wünschen. Gegen uns selbst, indem wir alle Unmäßigkeiten und Ausschreitungen vermeiden, durch die wir außerstande gesetzt werden könnten, unser Werk zu vollenden, oder zu einem Betragen verleitet werden, das unserem löblichen Berufe nicht zuträglich wäre, indem wir uns jederzeit in gebührenden Schranken halten und frei von jeder Entweihung.

Im Staate hat der Maurer ein friedfertiger und pflichtgetreuer Untertan zu sein, der sich freudig der Regierung, unter der er lebt, unterordnet. Er ist verpflichtet, seinen Höheren schuldige Unterordnung zu erweisen und soll von den Niederen Ehrungen mehr mit einem gewissen Widerstreben empfangen, als sie abpressen. Er hat ein Mann von Güte und Mildtätigkeit zu sein, der nicht zufrieden dasitzt, wenn seine Mitgeschöpfe, und mehr noch: wenn seine Brr. in Bedürftigkeit sind: er hat sie, wenn es in seiner Macht steht (unbeschadet seiner selbst oder seiner Familie), zu unterstützen. In der Loge hat er alles schuldige Dekorum zu wahren, damit die Schönheit und Harmonie nicht gestört oder durchbrochen werde. Er hat dem Meister, der den Beamten vorgesetzt ist, gehorsam zu sein und hat sich selbst eifrig den Geschäften der Maurerei zu widmen, damit er rasch ein Geübter werde, zu seinem eigenen sowie zum Ansehen seiner Loge. Er soll seine eigenen Berufsgeschäfte um der Maurerei willen nicht vernachlässigen, noch auch sich in Streitigkeiten mit Leuten einlassen, die aus Unkenntnis von der Maurerei übel reden oder sie lächerlich machen. Er soll ein Liebhaber der Künste und Wissenschaften sein und alle Gelegenheiten ergreifen, sich selbst hierin zu vervollständigen.

Wenn er einen Freund zur Aufnahme als Maurer empfiehlt, so muß er dafür bürgen können, daß er wirklich glaube, daß er den vorstehenden Pflichten entsprechen werde, damit nicht durch dessen üble Aufführung die Loge schlimmen Verdächtigungen ausgesetzt sei. Nichts kann überzeugungstreue Maurer mehr verletzen, als wenn sie sehen, daß einer ihrer Brr. die heiligen Gesetze ihrer Vereinigung (Order) herabsetzt oder durchbricht. Und sie wünschen, daß einer, der hierzu imstande ist, niemals hätte zugelassen werden sollen."

Charges, The Old, im Deutschen: Alte Pflichten (s. Einleitung des Buches).

Charitas (engl. Charity). Auf die Gebote der Charitas wird der Lehrling bereits bei der Aufnahme verwiesen. In vielen Ritualen wird von dem aller „Metalle" entblößten Neophyten eine milde Gabe verlangt. Die verlegene Haltung des Neuaufgenommenen unterbricht ein Beamter durch einen Merkspruch, wie etwa: „Vergessen Sie niemals den Augenblick, wo Sie, aller Mittel bar, dem Unglück Ihre Hilfe versagen mußten." Die Logencharitas, ursprünglich nur den Angehörigen der Loge selbst zugewendet, ist im Laufe der Zeit expansiver geworden und kommt in zahlreichen milden Stiftungen usw. zum Ausdruck. Lessing („Ernst und Falk", II.) erkennt den Wert dieser Taten ad extra wohl an, sieht in ihnen aber nicht die „„wahren Taten" der Freimaurer. Wohltätigkeit ist ein Teil der freimaurerischen Arbeit, nicht ihr alleiniger Zweck. Die Großloge von England errichtete bereits 1723 einen Unterstüzungsfonds für den eigenen Bruderkreis. Für die karitativen Zwecke der Loge wird regelmäßig zum Schlusse der Arbeit gesammelt, der größte Teil der Großlogenbeiträge fließt solchen zu. Die Geschichte der freimaurerischen Charitas ist so alt, wie die Freimaurerei selbst.

Charity Jewel, Ehrenabzeichen für englische Freimaurer, die als „Stewards" (s. d.) bei zwei der drei großen englischen Wohlfahrtsinstitutionen fungieren, d. h. für jede derselben 10 Guineas beigesteuert haben, wozu noch 2 Guineas für Teilnahme am Jahres-Festessen, bezw. 1 Guinea bei Nichtteilnahme (Non-dining Stewards) kommen.

Charleston, Stadt in Südkarolina (USA.). Hier wurde 1801 der erste Oberste Rat (Supreme Council) des Alten und Angenommenen Schottischen Ritus gebildet, der sich als Mutter-S.-C. bezeichnete. Er wurde jedoch 1870 nach Washington verlegt, das jetzt der Sitz der Südlichen Jurisdiktion des A. u. A. Schottischen Ritus von Nordamerika ist.

Daß die aus Frankreich gekommenen Hochgrade, die zum Schottischen Ritus zusammengefügt wurden, gerade in C. zuerst so kräftig Wurzel faßten, hat seinen Grund darin, daß diese Stadt im 18. Jahrhundert in besonderem Maße Zentrum emigrierter Hugenotten wurde, deren es dort nicht weniger als 16.000 gab. Weiterer französischer Zustrom trat nach dem 1791 in Haiti ausgebrochenen Negeraufstand ein. Infolgedessen gab es um die Jahrhundertwende in C. mehrere von Franzosen gebildete Logen („L'Etoile Renaissante", „La Candeur", „La Réunion Française").

Charta transmissionis (Tabula aurea Larmenii), apokryphe Urkunde der französischen Neutempler (s. d.) zu Beginn des 19. Jahrhunderts, aus der der Beweis der Fortdauer des

Templerordens nach dessen Vernichtung hervorgehen sollte. Diese Grundakte, die die — falschen — Unterschriften aller angeblichen Großmeister seit 1324 enthielt, sollten in diesem Jahr von einem angeblich von de Molay vor seiner Verbrennung zu seinem Nachfolger ernannten Johannes Marcus Larmenius Hierosolymitanus zwecks Übergabe des Großmeisteramtes an Franz Thomas Alexandrinus, Schaffung von vier General-Vikariaten, Festlegung der Fortdauer des Ordens, ausgestellt worden sein. Der Name Larmenius kommt aber weder in der Geschichte des Ordens noch in den mehr als 800 Namen enthaltenden Untersuchungsakten des Templerprozesses vor (s. Neutempler).

Die seinerzeit viel behandelte Urkunde (Thory, Findel, Bègue Clavel u. a. m.) kam in den Besitz des englischen Freimaurerhistorikers Crowe, der sie der Großpriorei von England und Wales zuführte (s. A. Q. C., Band XXIV).

Charter (engl.), auch Warrant, Logenpatent, Stiftsbrief, durch den eine Loge seitens einer Großloge ermächtigt wird, die gesetzmäßige freimaurerische Tätigkeit aufzunehmen. Viele Großlogen schreiben vor, daß das Dokument in jeder Arbeit offen aufliegen muß. Im Falle der Auflösung einer Loge wird der C. von der Großloge eingezogen.

Chartres, Herzog v., s. Orléans.

Chastenier, Benedict, französischer Wundarzt, der 1766 in Frankreich, 1767 in London eine Abart des Ritus von Pernetty (s. d.) mit neun Graden auf Swedenborgscher Grundlage unter dem Namen Illuminés Théosophes (Illuminated Theosophists) einführte. Seine englischen Logen gaben jedoch bald die maurerische Form auf und gingen dazu über, die mystischen Lehren Swedenborgs ohne solche zu bearbeiten. Die neun Grade umfaßten die drei symbolischen Grade, IV., V., VI. Theosophischer Lehrling, Geselle und Meister, VII. Erhabener Schottischer Maurer, VIII. Blauer Br. IX. Roter Br.

Chautemps, Camille, französischer Politiker, * 1885 wiederholt Minister, 1930 Ministerpräsident, ist Freimaurer.

Chauvinismus, nach Chauvin, einem prahlerischen Rekruten eines französischen Lustspieles, der überhitzte, anderen Nationen gegenüber überhebliche, anmaßende, kriegerisch sich gebärdende, unduldsame, extreme Nationalismus (s. d.). Seine Unverträglichkeit mit dem Freimaurertum ergibt sich aus dessen Toleranzgedanken.

Chef (frz.), engl. Chief, Führer. In Hochgradritualen häufig. Z. B.: C. du Tabernacle, C. des douze tribus, C. de la Maçonnerie.

Chelmsford, Frederick Augustus, Lord, britischer Oberbefehlshaber im Zulukrieg, * 1827, † 1905, war Freimaurer.

Chêne et du Tombeau, Ordre du (frz.), Orden der Eiche und des Grabes, ein 1747 von der Herzogin Dorothea von Mecklenburg-Strelitz begründeter androgyner Orden mit Nachahmung freimaurerischer Gebräuche.

Chénier, französischer Schriftsteller.

1. André de, der bedeutendste französische Lyriker des 18. Jahrhunderts, schuf in klassizierendem Stil Idyllen, Elegien, Oden usw., * 1762, † 1794, schloß sich in der Revolution der gemäßigten Richtung an, bekämpfte die Jakobiner im „Journal de Paris", gab antirevolutionäre Schriften heraus, trat für Ludwig XVI. ein, beendete sein Leben auf dem Schaffott. war Mitglied der Pariser Loge „Les Nœuf Sœurs".

2. Joseph Marie, der Hauptdramatiker der französischen Revolution, in dessen Rollen der berühmte Schauspieler Talma seinen Ruf begründete, * 1764, † 1811. Er war Mitglied einer französischen Loge.

Cheraskow, Michael, russischer Odendichter und Essayist, * 1733, † 1807, Verfasser der Epopöe „Rossia", Kurator der Moskauer Universität, Berater der Zarin Katharina I., gehörte zu den Gründern der bedeutende wissenschaftliche Arbeit leistenden, eine wahre geistige Elite vereinigenden Moskauer Loge „Eintracht".

Cherbury, Lord, englischer Aufklärungsphilosoph (s. Herbert).

Cherubim, Exodus XXV, 8 und 20, läßt Moses zwei Flügelwesen, Cherubim an der Bundeslade anbringen, die mit ihren Flügeln die Lade beschatten sollen. In Anlehnung daran sind im Wappen der englischen Großloge und vieler angelsächsischer Großlogen, so New York u. a., zwei C. als Schildhalter des Wappens verwendet, die (im englischen Wappen) die als Wappenkrönung verwendete Bundeslade mit ihren Flügeln decken.

Chesterfield, Philipp Dormer Stanhope, Earl of, * 1694, † 1773, berühmter englischer Staatsmann, Parlamentsredner und Schriftsteller, Gesandter an verschiedenen Höfen, u. a. auch im Haag, von wo aus er wahrscheinlich die Aufnahme des Herzogs Franz v. Lothringen veranlaßte. Bei dessen Aufnahme im Haag war er anwesend. Er ist in die Weltliteratur eingegangen durch seine 1774 erschienenen „Letters to his son" („Briefe an seinen Sohn").

Chevalier (frz.), Ritter, daher zur Bezeichnung von Hochgraden. Ridel (1817) trifft sicherlich den Nagel auf den Kopf, wenn er in seinem Wörterbuch schreibt: „So nannten die Franzosen die Aufgenommenen zuerst wohl, weil sie aus Gentleman Gentilhomme (s. d.) machten. Ihnen ahmten es die Deutschen nach."

Die Zahl der C.-Grade (s. auch Knights, Ritter) war im 18. Jahrhundert außerordentlich groß; u. a. seien folgende angeführt, die teilweise auch heute noch vorkommen:

C. de l'aurore,
C. de l'aigle,
C. de la triple croix,
C. Grand Commandeur.
C. illustre,
C. Kadosch,
C. d'Orient,
C. du Serpent d'airain,
C. du Soleil,
C. sublime,
C. bienfaisants de la Cité sainte,
C. de la Toison-d'or,
C. Rose-Croix,

C. impérial,
C. de l'épée,
C. Prussien,
C. Royale-Hache.

Chevaliers des cinq épées (holl. Ridders der vijf Degens), eine in Anlehnung an freimaurerische Gebräuche im 18. Jahrhundert an der Universität Leiden bestehende Studentenverbindung. Sie arbeitete in vier Graden: Aspirant, Chevalier, Commandeur und Grand Croix (A. Q. C. 1893, 97).

Chevaliers libérateurs des esclaves blancs, s. Smith, Sir William.

Chew, Poon, Dr., chinesischer Journalist in Amerika, Begründer der ersten chinesischen Zeitung in den Vereinigten Staaten, * 1866, † 1931, Vorkämpfer für die rechtliche Gleichstellung seiner Landsleute in den Staaten („Treatment of Exempt Classes of Chinese in America", 1907), war einer der wenigen Chinesen, die amerikanischen Logen angehören, und bekleidete den XXXIII. Grad im A. u. A. Schottischen Ritus.

Chiarini, Giuseppe, italienischer patriotischer Dichter, Pädagog und Kritiker, * 1833, † 1860, schrieb „Poesie", „In memoriam", „Giosuè Carducci", gründete in Turin die „Rivista Italiana", übersetzte Heine, war Freimaurer.

Chiavacci, Vinzenz, österreichischer Schriftsteller, bester Schilderer der Wiener Volksseele in Skizzen und Volksstücken, * 1847, † 1916, Herausgeber der Werke Nestroys und Anzengrubers, war Mitglied der Loge „Zukunft" in Wien.

Chiesa, Eugenio, italienischer republikanischer Politiker und Publizist, wurde nach den Unruhen 1898 während des Standrechts vom Sondergerichtshofe in contumaciam zu 15 Jahren Zuchthaus verurteilt, dann aber von den Geschworenen freigesprochen. Seit 1903 Kammermitglied, war er ein furchtloser, auch von den Gegnern hochgeachteter Kämpfer für die Reinheit des staatlichen und wirtschaftlichen Lebens. Ausgesprochener Dreibundgegner, ging der 53jährige 1915 freiwillig an die Front. In den Tagen der Piavekämpfe wurde er Luftfahrtminister. Nach Friedensschluß wieder in die Reihen der republikanischen Partei zurückgetreten, galt er als einer der prominentesten Gegner des Faschismus. Seine Villa in Marina di Massa wurde angezündet, in seinem Haus in Mailand vieles demoliert. Nach der Ermordung Matteottis rief im Parlament sein Aufschrei: „Die Regierung schweigt, sie ist Komplizin!" gewaltige Stürme hervor. 1926 drohte Zwangsinternierung auf einer der Liparischen Inseln. Daher floh er im Winter zu Fuß über die Alpen. Im Exil in Frankreich war er nach wie vor für seine Ideale, vor allem auch für die Freimaurerei tätig, der er sich um die Jahrhundertwende als Mitglied der Loge „Propaganda Massonica" in Rom angeschlossen hatte. Er war Stuhlmeister der Pariser Loge „Italia" und Mitglied der „Nuova Italia", beide zur Grand Loge de France gehörig. C. starb am 22. Juni 1930.

Chiffre-Bücher. Der Druck des Rituales ist von den angelsächsischen Großlogen verboten. Die Überlieferung erfolgt ausschließlich durch mündliche Weitergabe (Oral Instruction). Trotzdem gibt es in Amerika u. a. sogenannte C., die das Ritual in einer besonderen chiffrierten Form enthalten, um das Gedächtnis zu unterstützen. Diese sind von den amerikanischen Großlogen wiederholt verboten worden (s. Mündliche Überlieferung).

Chigi, Don Sigismondo, Fürst von Farnese, Schriftsteller und Künstler des 18. Jahrhunderts, der sich um die Verschönerung der Stadt Rom große Verdienste erwarb, Marschall der Römischen Kirche und Inhaber anderer katholischer Ehrenstellen, Nachkomme von Päpsten, gehörte 1789 der römischen Loge „Amici sinceri" an.

Chihuahua, Bundesstaat von Mexiko, im nördlichen Hochland. Die gleichnamige Hauptstadt ist Sitz der Großloge „Cosmos". Adresse: Apartado postal 171, Chihuahua (s. Mexiko).

Chile, südamerikanische Republik. Maurer gab es bereits in den letzten Jahren der spanischen Herrschaft. Führende Liberale schlossen sich dem Bunde an, u. a. der Freiheitskämpfer O'Higgins (s. d.). 1851 gründeten französische Freimaurer in Valparaiso die Loge „Etoile du Pacifique", der auch viele Einheimische beitraten, 1854 Nordamerikaner die in englischer Sprache arbeitende Loge „Bethesda" (unter der Großloge von Massachusetts). Im gleichen Jahr gründete Manuel de Lima aus Curaçao die erste in spanischer Sprache wirkende Bauhütte „Union fraternal". Weitere französische Logen, ebenso wie die erste dem Grand Orient de France unterstehend, wurden in Copiago, Santiago und Concepcion gestiftet. Als Napoleon III. den Grand Orient zwang, als Großmeister den Marschall Magnan anzuerkennen, waren die demokratisch eingestellten chilenischen Logen mit diesem unkonstitutionellen Vorgehen nicht einverstanden und gründeten 1862 eine eigene Großloge mit Sitz in Valparaiso (erster Großmeister Juan de Dios Arlegui). Diese arbeitet nach dem Schottischen Ritus. Nach dem Erdbeben und der großen Feuersbrunst von Valparaiso 1906 wurde der Sitz der Großloge, deren Archive ebenfalls der Katastrophe zum Opfer fielen, nach Santiago verlegt. Die Großloge umfaßte 1930 68 Logen und 23 Zirkel mit etwa 5800 Mitgliedern. Daneben gibt es eine Anzahl vor 1907 gegründeter Logen unter auswärtigen Obedienzen, unter diesen zwei deutsche in Santiago (unter der Großloge von Hamburg), eine englische, fünf schottische, eine französische, eine italienische, fünf amerikanische (unter einem Dep. Distriktsgroßmeister von Massachusetts). Die chilenische Maurerei, die wiederholt heftigsten Attacken von klerikaler Seite ausgesetzt war, arbeitete für Trennung von Kirche und Staat, bemühte sich um das Gesetz über den obligatorischen freien Elementarunterricht, beides zur Zeit der Staatspräsidentschaft von Arturo Alessandri (s. d.). Seitdem die Scheidung von Kirche und Staat gesetzlich vollzogen ist, konnten die Logen freier aufatmen. Das manifestiert sich u. a. darin, daß es ihnen jetzt möglich ist, Grundstücke und Gebäude, in denen sich die Tempelräume befinden, als ihr Eigentum zu deklarieren, was ihnen als „geheimen Gesellschaften“ früher nach den Gesetzen unmöglich war. Die Logen errichteten Volksschulen, erhalten mehr als 30 Abendschulen für jugendliche Arbeiter, mehr als 30 Pfadfinderkorps mit 8000 Knaben und Mädchen, Ferienkolonien und veranstalten wissenschaftliche Vortragsreihen für Arbeiter. Großlogenhaus: Delicias 655—658, Santiago de Chile, ebendort auch der Sitz des 1899 gegründeten Obersten Rates des A. u. A. Schottischen Ritus.

Chiliasmus, Lehre vom tausendjährigen irdischen Reich der Gerechten, das dem Weltenende vorausgehen und mit der zweiten Ankunft Christi beginnen werde. Die chiliastische Lehre kam durch das Evangelium Johannis in das Christentum. Die katholische Kirche nimmt in bezug auf den C. keinen klaren Standpunkt ein, lehnt ihn eher ab. Doch erscheinen chiliastische Bewegungen im Laufe der Geschichte immer wieder. Wolfstieg („Philosophie der Freimaurerei“) behauptet, daß Anderson einem ausgesprochenen C. huldigte.“ Der Sinn des Wortes erfuhr eine Verallgemeinerung, indem heute auch verschiedene nichtreligiöse optimistische Lehren als chiliastisch bezeichnet werden. Kant nennt die Annahme eines Fortschrittes der Menschheit C. Der Glaube an einen ewigen Frieden wird ebenfalls als C. bezeichnet.

China.

1. Nordchina: In Shanghai, Tientsin, Hankau usw. arbeiten unter der 1877 gegründeten Distrikts-Großloge „Northern China“ der Großloge von England 12 Logen mit über 1000 Mitgliedern, unter der gleichnamigen Distrikts-Großloge der Großloge von Schottland fünf Logen, unter den Großlogen von Irland 1, Massachusetts 4, Philippinen 1 Loge. („Amity“ Lodge Nr. 106 in Shanghai, deren Mitglied der Außenminister Chengting T. Wang [s. d.] ist.)

2. Südchina: In Hongkong, Kanton usw. arbeiten unter der 1875 gegründeten Distrikts-Großloge „Hongkong and Southern China“ der Großloge von England 10, der gleichnamigen Distrikts-Großloge der Großloge von Schottland 3 Logen.

3. Mandschurei: Unter dem Distrikt C. der Großloge von Massachusetts arbeiten in Mukden, Charbin und Dairen drei Logen.

Chinese Free Mason (engl.), chinesische Freimaurer. In manchen chinesischen Städten, aber auch außerhalb des Reiches der Mitte in Metropolen mit starken chinesischen Kolonien Inschrift auf Türschildern gewisser Vereinshäuser. Die Organisation, die sich diesen Titel beilegt, hat in Wirklichkeit mit Freimaurerei nichts zu tun. Es handelt sich um den „Chin Kung Tang“, den „Bund der öffentlichen Wohlfahrt“, der sich auch „Großloge von China“ nennt, unter einem Großmeister steht und seit der Revolution von 1911 seinen Hauptsitz in Shanghai, 476, Avenue Haig, hat. Der Bund hat ein Ritual, das vom Leben der Seelen nach dem Tode handelt, und nimmt Männer und Frauen auf. (Vergl. „Masonic News“ vom 27. VII. 1929.)

Chodowiecki, Daniel, berühmter Maler, Kupferstecher und Sittenschilderer seiner Zeit, * 1726, † 1801, Akademiedirektor in Berlin, hinterließ zwei maurische Zeichnungen, aus denen geschlossen werden kann, daß er Freimaurer war. Es sind dies ein mehrfach „verfälschter“ Druck „Allegorie auf die Einäscherung Ruppins“ und ein Titelblatt zu dem Roman des A. S. v. Goué „Über das Ganze der Maurerey“. Beide Stiche im Bayreuther Freimaurermuseum. Über eine maurerische Tätigkeit C.'s ist sonst nichts bekannt.

Choiseul.

1. Etienne François, Herzog von, * 1719, † 1785, Außen-, Kriegs- und Marineminister Ludwig XV., Günstling der Pompadour, vereinigte durch einen Hausvertrag die in verschiedenen Ländern regierenden Bourbonen und gewann Korsika für Frankreich, wurde 1770 durch Madame Dubarry gestürzt. C. war Meister vom Stuhl der Loge „Enfants de la Gloire“ (1761) und führendes Mitglied der Grande Loge de France.

2. Claude Antoine, Herzog von, Ehrenkavalier der Königin Marie Antoinette, mit der königlichen Familie in Varennes gefangen genommen, von der Konstituante in Freiheit gesetzt und unter Louis XVIII. (liberaler) Pair von Frankreich. Unabhängiger Charakter, der es ablehnte, die Rachegelüste des neuen Regimes mitzumachen und sich dem Todesurteil gegen den Marschall Ney widersetzte, war von 1825—1838 Großkommandeur-Großmeister des Schottischen Ritus (Suprême Conseil) von Frankreich.

Choiseul-Praslin, Charles Laure Hugues Theobald, Comte de, * 1805, † 1847, Pair von Frankreich, 1839 Senator, Schwiegersohn des Marschalls Sebastiani (s. d.), wegen angeblicher Tötung seiner Frau verhaftet, vergiftete er sich im Gefängnis. Er war Freimaurer (Gaston Martin, „Manuel d Histoire de la Franc-Maçonnerie Française“).

Chow Tze Chi, chinesischer Finanzminister, Mitglied der Federal Lodge Nr. 1 in Washington. Seine 1915 erfolgte Aufnahme in den Schottischen Ritus ging im kaiserlichen Ankleideraum im Tempel des Himmels in Peking vor sich.

Christ, Josef Anton, * 1744 in Wien entfloh der Erziehung in einem Jesuitenkloster, wurde Husar und kam dann als Schauspieler nach Prag. In seinen Memoiren, erschienen unter dem Titel „Schauspielerleben im 18. Jahrhundert“ (München), schildert er ausführlich das Prager Freimaurerleben um 1772. (Vergl. Egon Erwin Kisch, „Prager Pitaval“.)

Christian Science (engl.), wörtlich Christliche Wissenschaft, ist eine Art Religion, 1866 von der Amerikanerin Mary Baker Eddy begründet, deren Grundlagen die Bibel und das von der Stifterin verfaßte Werk „Science and Health“ (Wissenschaft und Gesundheit) sind. In der Auffassung der C. S. ist Gott allein wirklich, alles andere nur Schein, nur im Bewußtsein des Menschen existierend, so auch Krankheit, Sünde und Tod. Die Möglichkeit der Heilung ist stets gegeben, sie ist Frage des wahren Glaubens und des Insichvertiefens. Die C. S. fand fast in alle Länder Eingang, hat aber ihre stärksten Gemeinden in USA. Die

1871 gegründete Mutterkirche befindet sich in Boston, wo auch die Organe der C. S. erscheinen, vor allem die Tageszeitung „The Christian Science Monitor“. Zwischen C. S. und Freimaurerei besteht keinerlei offizieller Zusammenhang, doch sind in Amerika viele Freimaurer Anhänger der C. S. Die bereits erwähnte Tageszeitung widmet der Freimaurerei eine ständige umfangreiche Rubrik und bringt öfters auch außerhalb derselben von bedeutenden Autoren verfaßte Artikelserien über freimaurerische Themata. Die Gründerin verdankt den Aufstieg der Bewegung zum Teil Freimaurern, die sie nach dem Tod ihres ersten Mannes (Washington Glover) aus bitterster Not retteten.

Christliche Freimaurerei Nach Art ihrer Entstehung ist die Freimaurerei ursprünglich christlich, das heißt die Bauhüttenleute und ihre „spekulativen“ Mitglieder waren Christen. Dafür sprechen auch die alten Konstitutionen, in denen von der Heiligen Kirche und der Dreifaltigkeit die Rede ist. Die spekulative Freimaurerei, die 1717 in der Londoner Großloge eine höhere Organisationsstufe fand, machte dem deistischen Zuge der Zeit Zugeständnisse. In den „Pflichten“ Andersons ist nur mehr von jener Religion die Rede, in der alle Menschen übereinstimmen. Tatsächlich wurden in die englischen Logen schon sehr frühzeitig Andersgläubige, Juden, Mohammedaner, Buddhisten, aufgenommen. Die ersten jüdischen Namen erscheinen schon 1723 in den Logenregistern. Damit haben die Gründer der Großloge, dem Zeitgeiste entsprechend, die Interkonfessionalität der Freimaurerei zum Ausdrucke gebracht.

Die heute als christlich bezeichnete Freimaurerei ist anderer Entstehung. Sie ist hervorgegangen aus dem Vorstellungskreis christlicher Ritterorden, die im 18. Jahrhundert die Freimaurerei durchsetzten. Daraus entwickelten sich Systeme, die in ihren Ritualen schließlich im christlichen Glauben münden, auch wenn sie von der allgemeinen Basis der Freimaurerei ausgehen. In den Grundlagen besteht zwischen der christlichen Freimaurerei und der humanitären Weltmaurerei kein Unterschied. Dieser ergibt sich erst in der Fortführung der Systeme, besonders in den Hochgraden oder Erkenntnisstufen, die auf der allgemeinen Basis aufgebaut sind. C. F., das heißt nach ihrem Lehrinhalt nur Christusbekennern zugänglich sind das Schwedische, bezw. Zinnendorfsche System, also die Großlogen von Schweden, Norwegen und Dänemark, und die Große Landesloge der Freimaurer von Deutschland — die sich in letzter Zeit nach außenhin als deutsch-christlicher Orden bezeichnet — ferner die beiden anderen altpreußischen Großlogen. Das schwedische Lehrgebäude ist am bewußtesten exklusiv christlich, mit ausgesprochen positiv christlichen Hochgradritualen und Symbolen. Auch die Hochgrade der Großen National-Mutterloge „Zu den drei Weltkugeln“ sind im Grunde positiv christlich zu nennen, während bei der Großen Loge von Preußen, genannt „Zur Freundschaft“, sich der Übergang zu der übrigen maurerischen Auffassung schon deutlich zeigt. (Vergl. Schenkel.) Bei letzterer war wohl zu den Erkenntnisstufen stets nur Christen der Zutritt möglich, während in den drei Johannisgraden von 1872 bis 1924 auch Bekenner anderer Religionen Zulaß fanden. Weniger aus systematischen, als aus zeitbedingten Gründen wurde von dieser Großloge die Beschränkung auf Christen auch wieder auf die drei blauen Grade erstreckt.

Die gesamte übrige Freimaurerei kennt diese somit nur auf die skandinavischen Länder und einen Teil der deutschen Freimaurerei beschränkte, christlich eingestellte Arbeitsweise nicht. In einzelnen Großlogen nehmen einzelne Logen nur Christen auf. Das ist eine willkürlich gesetzte Eigenart einzelner Bauhütten, deren Lehrart aber trotzdem nicht christlich, sondern allgemein freimaurerisch ist. Solche Eigenart einzelner Logen ist ebenso zu verstehen, wie die in England und Amerika häufige Beschränkung der Loge auf eine bestimmte Berufsgruppe, u. a. m.

Christus. Im Mittelpunkt der Ordensübung des Schwedischen, bezw. Zinnendorfschen Systems als Führer zum Bewußtsein der Gotteskindschaft, steht C., und zwar nicht nur die Lehre, sondern auch die Erscheinung. Die Johannisloge stellt in ihren beiden ersten Graden gewissermaßen die natürliche Gotteserkenntnis dar. Der Johannis-Meistergrad und die beiden Andreasgrade beruhen auf dem Gottesglauben, wie er seinen Niederschlag in der Geschichte des jüdischen Volkes und im Alten Testament gefunden hat. Das Kapitel wird von der Erscheinung des Herrn völlig beherrscht. In den abschließenden Graden tritt die Gewißheit hervor, daß in seiner Person und Lehre völlige und abschließende, „absolute“ Gottesoffenbarung gegeben ist. (Vergl. „Die Große Landesloge der Freimaurer von Deutschland, ihr Werden und Wesen“, 1929.)

Chronik der Freimaurerei, s. einleitenden Abschnitt.

Chrysophiron. Name Wöllners (s. d.) im Rosenkreuzerorden.

Chubb, Thomas, von Beruf Handschuhmacher und Lichterzieher, * 1679, † 1747, ein nachdenklicher Handwerker, der sich vom gläubigen Christen und Sozinianer zum Deisten entwickelte, der in seinen Anschauungen vom Atheisten nicht weit entfernt war. Persönlich ohne Vorbildung, legte er sich seine Weltanschauung nur auf Grund seines gesunden Menschenverstandes zurecht. Er kam in seinen von Pope und seiner Zeit vielbewunderten Schriften zu der Anschauung, Religion sei Privatsache, ob jemand rechtgläubig sei oder nicht, gehe die bürgerliche Gesellschaft nichts an, auch der Atheist habe Anspruch auf den Schutz der Gesellschaft, sofern er sich sittlich führe. Eine seiner Meinungen ging auch dahin, die Kindertaufe zu verwerfen, da das Christentum nicht erblich sein solle. Er suchte nachzuweisen, Christus habe dem Menschengeschlecht die größte und dauerhafteste Glückseligkeit bringen wollen. Um diesen Zweck zu erreichen, habe er freundschaftliche Vereine oder Liebesfamilien begründet, deren einziges Ziel es war, die Tugend zu üben. Um diesen Liebesfamilien sinnfälligen Ausdruck zu geben, habe er Gebrauchtümer eingeführt, wie das Untertauchen bei der Taufe und das Liebesmahl. Die Werke C.s stehen in keinerlei Zusammenhang mit der Freimaurerei, sind aber ein guter Ausdruck für die religiöse Stimmungslage, aus der sich die von Anderson vertretene Religion „in which all men agree" entwickelte.

Churchill, Winston Leonard Spencer, englischer Staatsmann, * 1874, 1908 bis 1910 Handelsminister, 1910/11 Innenminister. 1911—1915 Erster Lord der Admiralität, 1917 Munitionsminister, 1918—1921 Kriegsminister, 1921/22 Kolonialminister, 1924—1929 Finanzminister, Lordrektor der Edinburgher und Aberdeener Universität, Verfasser bedeutender Werke, ist Freimaurer („The Freemason 1929. Maiheft, S. 919). Hauptwerke: „The World-Crisis", „The Aftermath", deutsch im Amalthea-Verlag erschienen.

Cihac, Alexandri de, rumänischer Sprachgelehrter, * 1825, † 1887, Begründer der wissenschaftlichen Sprachforschung in Rumänien, preisgekrönt vom Pariser Institut de France, gab ein etymologisches Wörterbuch der rumänischen Sprache heraus, war Freimaurer.

Cincinnati, im nordamerikanischen Bundesstaat Ohio, Sitz der 1808 gegründeten Großloge von Ohio. Adresse: Masonic Temple, East Fifth St., C. 1928 wurde in C. in Anwesenheit von mehr als hunderttausend Personen ein neuer Tempel eingeweiht, der einen ganzen Straßenblock einnimmt und einen Kostenaufwand von über 4½ Millionen Dollar bedingte.

Circular throughout the two hemispheres (engl.), das Dokument, mittels welchem der erste Oberste Rat (Mother Supreme Council) des A. u. A. Schottischen Ritus (Charleston, USA.) am 4. Dezember 1802 seine Gründung (am 31. Mai 1801) unter erstmaliger eingehender Darstellung der Grundlagen des neuen Systems anzeigte. Die erste Großloge, die daraufhin in freundschaftliche Beziehungen mit dem S. C. trat, war die Großloge von Schweden.

Clairvaux, französische Zisterzienser-Abtei, bemerkenswert dadurch, daß in ihr eine Freimaurerloge unter den Mönchen bestand, die vom Grand Orient de France am 9. Februar 1786 ein Logenpatent erhielt. Die Loge führte den Namen „La Vertu", ihr Stuhlmeister war der Ordensbruder Louis Elloy. Die Loge zählte 13 Mitglieder und stellte 1788 ihre Arbeiten wieder ein, als ihr der Ordensprior sagen ließ, daß ihre Versammlungen in den Nachbarstädten ungünstig beurteilt würden. („Acacia", Paris, Mai 1924.)

Clandestine, vom Lateinischen clandestinus, heimlich, geheim, im Englischen Bezeichnung von irregulären oder Winkelorganisationen, die sich den Freimaurernamen beilegen.

Claraz, Lucie, gläubige Katholikin in Freiburg (Schweiz), wurde zur Zeit des Taxil-Schwindels fälschlich beschuldigt, an „Luciferischen Freimaurerorgien" teilgenommen zu haben. Klerikale Blätter bezeichneten sie als „Buhlerin des Satans" und warfen ihr Hostiendiebstahl vor. Ihre Mutter starb aus Gram über die vermeintliche Schande.

Clare, Martin M. A., Schullehrer und Mitglied der Royal Society, † 1751, berühmter Freimaurer der ersten Jahrzehnte der englischen Großloge, deren Deputierter Großmeister 1741. Aufgenommen wahrscheinlich in der Old King's Arms Lodge (Erster Aufseher 1730), Meister der Loge Nr. 4 (heute Lodge of Friendship Nr. 6). 1734 war er mit William Hogarth (s. d.) Grand Steward, 1735 Junior Grand Warden (Zweiter Großaufseher). In dieser Eigenschaft hielt er am 11. Dezember d. J. eine für damals aufsehenerregende Großlogenrede (Oration or Discourse), die später vielfach gedruckt und in mehrere Sprachen übersetzt wurde und eine glänzende Kritik all der menschlichen Schwächen beinhaltete, die die Durchsetzung der freimaurerischen Ideale selbst im Bruderkreis manchmal so schwer machen. C. war zu seinem Auftreten wohl berufen; er galt als der Verfasser einer Gegenschrift auf Prichards „Masonry Dissected", die 1730 unter dem Titel „A Defence of Masonry" erschien und der zweiten Auflage des Konstitutionsbuches von 1738 angefügt wurde.

Clarence, Albert Victor, Herzog von C. und Avondale, * 1864, † 1892, ältester Sohn des damaligen Prinzen von Wales, des späteren Königs Eduard VII., war Freimaurer und wurde von seinem Vater 1890 als Provinzial-Großmeister von Berkshire eingesetzt.

Claretie, Jules, französischer Schriftsteller, * 1840, † 1916, Romancier, Direktor der Comédie Française, Mitglied der Akademie, war Freimaurer.

Clarke.

1. Sir Edward, berühmter englischer Jurist und Politiker, * 1841, † 1931, langjähriges Unterhausmitglied, Solicitor-General im zweiten Ministerium Salisbury, war Großbeamter der Großloge von England. Eine Loge trägt seinen Namen.

2. Sir Basil, berühmter englischer Journalist, * 1879, Kriegsberichterstatter der „Daily Mail" im Weltkrieg, Direktor des Nachrichtendienstes im Wiederaufbauministerium; 1931 Meister vom Stuhl der Londoner „Author Lodge 3456".

3. Sir Caspar Prudon, Direktor des Londoner „South-Kensington"- und des New Yorker „Metropolitan"-Museums, Ehrenbürger von London, Ehrendoktor mehrerer amerikanischer Universitäten, Architekt, kunstgeschichtlicher Schriftsteller, Autorität auf dem Gebiete der orientalischen Kunst, einer der Organisatoren der orientalischen Teppichausstellung in Wien 1891, wurde 1876 in die Londoner Loge „Urban No. 1196" aufgenommen.

Class Lodges heißen in den angelsächsischen Ländern Logen, die sich aus einer einzigen Klasse, Schicht, Berufs- oder Interessentengruppe zusammensetzen. Dazu gehören Logen, deren Mitglieder z. B. nur aus Bürgermeistern, Lehrern, ehemaligen Schülern bestimmter Schulen, Angehörigen der gleichen Nation, Offizieren, Abstinenten, Rotariern, Parlamentariern bestimmter Parteien, Waffenkameraden, Marineuren, Blumenliebhabern, Geistlichen, Bibliophilen, Logensekretären usw. bestehen. Unter die C. L.

zählt z. B. auch die Royal Alpha Lodge Nr. 16, eine Bauhütte, der ausschließlich der engste Freundeskreis des englischen Großmeisters angehört, und die Grand Stewards Lodge, Berufsgruppenvereinigung.

Claudius, Matthias, deutscher Volksdichter (der „Wandsbecker Bote"), * 1740, † 1815, berühmt durch vielgesungene Lieder („Der Mond ist aufgegangen"; „Bekränzt mit Laub"; „Wenn jemand eine Reise tut"), wurde 1774 in der Loge „Zu den drei Rosen" in Hamburg an einem Abend in alle drei Grade aufgenommen. Er war auch Mitglied der Andreasloge „Fidelis", übersetzte eine Reihe bedeutender freimaurerischer Bücher aus dem Französischen und verfaßte mehrere freimaurerische Tafellieder.

Claudy, Carl Harry, amerikanischer Schriftsteller, * 1879, langjähriger Redakteur des „Master Mason". Freimaurerische Hauptwerke: „A Masters Wages", „The Old Pastmaster".

Clausen, Ernst, * 1862, † 1913, Sekretär des Vereines deutscher Freimaurer und durch viele Jahre die Seele seines Arbeitsamtes. Neben zahlreichen Schriften erwähnenswert eine Einführungsschrift aus seinem Nachlaß 1914 und 1931 erschienen bei Unger, Berlin, unter dem Titel: „Die Freimaurer".

Clavé, José Anselmo, spanischer Komponist, * 1824, † 1874, schrieb volkstümliche Lieder und Chöre, organisierte den spanischen Männergesang, war Freimaurer.

Clavel F. T. Bègue, französischer freimaurerischer Schriftsteller, der 1843 eine „Histoire pittoresque de la Franc-Maçonnerie" herausgab, der er im nächsten Jahre einen „Almanach pittoresque de la Franc-Maçonnerie" folgen ließ. Diese mit oft nachgedruckten Stahlstichen versehenen beiden Bände erfreuen sich auch heute noch, trotz der vielen historischen Fehler, großer Beliebtheit. Als C. 1844 eine eigene Zeitung, den „Grand Orient", herauszugeben begann, wurde er wegen Verrates freimaurerischer Geheimnisse aus dem Bunde ausgeschlossen, erfreute sich aber auch weiterhin der Freundschaft der meisten, mit dem scheinbar parteilichen Urteil nicht einverstandenen Brr.

Clay, Henry, amerikanischer demokratischer Staatsmann, * 1777, † 1852, der besonders zur Zeit des Streites über die Sklaverei in Amerika zwischen den beiden Parteien wiederholt erfolgreich vermittelte. Er war 1820 Großmeister in Kentucky und gab 1822 die Anregung zur Gründung einer General-Großloge der Vereinigten Staaten, die aber nicht zustande gekommen ist.

Clegg, Robert Ingham, Ingenieur in Chicago, bekannter freimaurerischer Schriftsteller, Pastmaster der „Tyrian Lodge 370" in Cleveland, Leiter der „Masonic History Company", Chicago, Vizepräsident der „National Masonic Research Society", Past-Grand-Historian der Großloge von Ohio, erwarb sich größte Verdienste durch die Neubearbeitung der Werke von Albert G. Mackey: „History of Freemasonry", „Encyclopedia of Freemasonry", „Symbolism of Freemasonry" und „Jurisprudence of Freemasonry".

Clemens August, Herzog von Bayern, Erzbischof und geistlicher Kurfürst von Köln, Bischof von Hildesheim, * 1700, † 1761, war bis zum Erscheinen der Bannbulle Clemens XII. Freimaurer. Als Ersatz soll er um 1740 den Mopsorden (s. d.) gegründet haben.

Clemens XII., Papst, Corsini Lorenzo, * 1652, † 1740, erließ am 7. März 1738 den ersten Bannfluch gegen die Freimaurerei, die Bulle „In eminenti apostolatus specula", eine „Verurteilung der Gesellschaft oder der Konventikel, gemeiniglich Freimaurer genannt, unter der Strafe der Exkommunikation, in die man ipso facto verfällt und von der die Lossprechung, ausgenommen im Todesfall, dem Papste vorbehalten ist". Von dieser Bulle datiert der offizielle Kampf der katholischen Kirche gegen das Freimaurertum (s. Bullen, Päpste, Gegner).

Clément, Genfer Schriftsteller, Nichtfreimaurer, schrieb um 1740 ein poetisches „Hyperdrama" zur Verherrlichung der Freimaurerei, betitelt „Les Fri-Maçons"; in diesem Stück wird vor allem das freimaurerische Gesetz der Gleichheit glorifiziert. Da C. in Paris nicht die richtigen Schauspieler zur Aufführung fand, ließ er das Stück in London in Druck erscheinen.

Clerfait, Karl Josef de Croix, Graf v., österreichischer Feldmarschall, * 1733, † 1798, nahm am Siebenjährigen Krieg teil, siegreich gegen die Franzosen in den Niederlanden, schlug als Oberbefehlshaber der Armee am Mittel- und Niederrhein Jourdan. Ein österreichisches Infanterieregiment trug seinen Namen. C. war Mitglied der Wiener Loge „Zur gekrönten Hoffnung".

Clergy Lodge (engl.), d. h. eine Loge, die sich ausschließlich aus anglikanischen Geistlichen der Diözese von Sussex zusammensetzt, wurde im September 1931 in Brighton, England, unter dem Namen „St. Wilfrith of Sussex" eingeweiht. Es gibt in England noch andere „Class Lodges" ihrer Art.

Clermont (lat. clarus Mons), Namen mehrerer französischer Städte. Ferner ein Jesuitenkollegium in Paris, wo Jakob II. nach seiner Flucht aus England 1688 lebte, bis er nach St. Germain verzog. Hier sollen nach der unverbürgten Überlieferung unter Einfluß der Jesuiten jene „Schottenlogen" entstanden sein, die in ihrer Arbeit den wahren Zweck, die Wiedereinsetzung der Stuarts in England, verhüllt hätten.

Clermont, Kapitel, von, ein Chevalier de Benouville oder Bonneville (nicht zu verwechseln mit Nicolas de Bonneville, der in „Les Jesuites chassés de la Maçonnerie..." 1788 Zusammenhänge zwischen Jesuiten und Hochgradmaurerei behauptete), ein Jacobit, soll 1754 in Paris, Faubourg de la Nouvelle France, in Verbindung mit den Stuarts ein Hochgradkapitel eingesetzt haben, das sich Chapitre de Clermont nannte. Schiffmann („Die Entstehung der Rittergrade", 1882) glaubt, diese zuerst von Thory (Acta Latomorum 1818) aufgestellte Annahme widerlegen zu können; Lantoine („Histoire de de Franc-Maçonnerie française", 1925) hält sie aufrecht und läßt auch die Möglichkeit offen, daß aus diesem Kapitel 1758 der „Rat der Kaiser vom Osten und Westen" entstand.

Ein im Siebenjährigen Krieg kriegsgefangener Offizier, der Marquis Gabriel Filley de

Lerneu (s. d.), brachte 1758 ein Clermontkapitel nach Berlin. Im Dezember dieses Jahres richtete er es neben einer französischen Militärloge („La Fidélité") bei der Mutterloge „Zu den drei Weltkugeln" als Kapitel von Jerusalem-Rittern ein. 1760 wandelte es der Stuhlmeister der „Drei Weltkugeln", v. Printzen (s. d.) in ein „hierosolymatischen Hochkapitel" um. Er sandte dann den entlassenen anhaltischen Konsistorialrat Philipp Samuel Rosa (s. d.), der sich in der Maurerei als Glücksritter versuchte, als Legaten aus, um in den norddeutschen Logen Kapitel zu gründen. Das Ritual, das sich an Offenbarung Johannis, Kapitel 4, anlehnte und die Kultlegende, teils eine Weiterführung der Hiramssage, nämlich die Rache an den Mördern, teils eine Ausdeutung der Offenbarung Johannis, Kapitel 21, 22, von dem neuen Himmel, der neuen Erde und dem neuen Jerusalem, übten eine starke Anziehungskraft aus. Der ritualistische Aufbau des Kapitels, das seinen Namen dem französischen Großmeister Grafen v. Clermont (s. d.) zu Ehren trägt (vergl. Runkel, „Geschichte der Freimaurerei in Deutschland", 1. Bd., 1931), war folgender:

1. Ein schottischer Grad, in dem von vier nach Jerusalem gewanderten schottischen Brr. im Grundstein des Salomonischen Tempels gefundene drei seltsame Schalen eine Rolle spielten. Diese Schalen seien nach Schottland gebracht worden, wo die Finder von König David II. zu Rittern des Distelordens gemacht wurden. Durch den Besitz der Schalen sei es möglich geworden, die Zentralwissenschaft wieder zu bearbeiten, deren Kenntnis seit Salomons Tod verlorengegangen sei; in der Folge sei dieses Wissen von den aus Jerusalem zurückgekehrten Schotten den ersten Tempelherren anvertraut worden. Daher müsse auch jetzt jeder schottische Br. und Ritter sich verbinden, die Kunst theoretisch oder praktisch zu bearbeiten. Dazu solle die philosophische Beschäftigung auf dieser Stufe führen. Der philosophische Bau der Schotten, die Arbeit „auf Grund der fünf Meisterpunkte", werde befördert durch das Wissen um das Geheimnis der drei Schalen. Der Buchstabe I auf der ersten bedeute Salz, den Grundleib aller Dinge, das G auf der zweiten Schwefel. Die dritte trage keinerlei Inschrift: das deute auf Merkur, den allgemeinen Weltgeist.

Ebenso unsinnig wie der Inhalt dieses Grades war der der folgenden. Der Schottische Ritter wurde:

2. Adlerritter (Kapitel der Auserwählten, Elu-Grad) und hatte sich als solcher mit den „hermetischen Wissenschaften" zu beschäftigen, dann

3. Tempelritter (Eques illustris), und schließlich

4. Ritter Gottes (Chevalier sublime). Dieser im neuen Jerusalem spielende Grad wurde im Hochkapitel bearbeitet; seine Zeremonie sollte den Kandidaten in engste Gemeinschaft mit Gott bringen.

Die Kapitel des Clermontschen Ritus, der bald allgemein als Clermont-Rosasches System bezeichnet wurde, beschäftigten sich also mit alchimistischen, physikalischen und mechanischen Dingen, suchten bei den Mitgliedern Verständnis für Gewerbe- und Industrieförderung zu wecken und schufen eine Erziehungsanstalt, die „Rosenschule". Kirchlich war der Clermontismus deistisch-irenisch, die aber auch in diesem System liegende romantische katholisch-mittelalterliche Tendenz zeigte sich in Titeln, im Gebrauch der lateinischen neben der französischen Sprache, in der offiziellen Anwendung von Ritternamen und auch darin, daß man von den bloßen Zusammenhängen des Ursprungs der Freimaurerei mit dem Orden der Ritter des heiligen Bischofs von Jerusalem zur Erzählung von der Fortsetzung des Ordens der Templer durch die Brüderschaft überging. (Wolfstieg, „Ursprung und Entwicklung der Freimaurerei", 3. Band, Seite 107 ff.) Der Betrüger Johnson (s. d.) brachte 1763 in Jena fast alle Kapitel des Clermontschen Systems durch seine Unverfrorenheit in seine Hand.

Clermont, Louis de Bourbon-Condé, Graf von, * 1709, † 1771, als Nachfolger des Herzogs von Antin (1743) der zweite dem französischen Hochadel entstammende Großmeister der Großloge von Frankreich, stand im Siebenjährigen Krieg lange als Feldherr in Deutschland, Flandern, Hannover, und bekümmerte sich in dieser Zeit sehr wenig um die damals teilweise sehr reformbedürftigen Logen. Er war eigentlich geistlichen Standes. Sein kriegerisches Handwerk konnte er nur infolge päpstlicher Dispensation ausüben. Anfangs war er sehr eifrig. In einem von Albert Lantoine in der Bibliothek Carnavalet aufgestöberten Rapport des Polizeileutnants Feydeau de Marville an den Minister des Königlichen Hauses wird von dem Grafen gesagt: „Er projektiert für den Freimaurerorden neue Verfassungen... Er will alle entfernen, die nicht dem Adel angehören oder nicht gute Bürger sind." Aber bald überließ er die Leitung der Großloge Generalsubstituten, erst dem Financier Bauve, dann La Corne (s. d.), schließlich Chaillon de Jonville (s. d.). Vor seinem Tode bestimmte er den Herzog von Chartres (später Philipp von Orléans) zu seinem Nachfolger (s. Frankreich).

Climat (frz.), Klima, im Sprachgebrauch der Adoptionsmaurerei (s. d.) gleichbedeutend mit Orient (als Sitz einer Loge).

Clinton, De Witt, Gouverneur des Staates New York, * 1769, † 1828, Senator, Vorkämpfer des Systems der staatlichen freien Schule und des Eriekanals, den er nach maurerischem Gebrauchtum weihte, war von 1806—1830 Großmeister der Großloge von New York. Während der Morgan-Affäre (s. d.) wurde er von den Antimaurern beschuldigt, daß er den Fall nicht genügend verfolgt habe. Der Generalstaatsanwalt des Staates New York legte sogar sein Amt nieder, weil er C. des geheimen Einverständnisses mit den angeblichen Mördern Morgans beschuldigte. Die objektive Untersuchung des Falles zeigte aber, daß C. alles unternommen hatte, was seines Amtes war.

Clothed, auch properly clothed, bekleidet. Nach englischem und amerikanischem

Gebrauchtum: „Ein Maurer ist richtig bekleidet, wenn er die weißen Handschuhe, einen weißen Schurz und das Abzeichen seiner Loge trägt." Der Hut gehört also nach englischem Rituale nicht zur Bekleidung (s. d.).

Clothing (engl.), Bekleidung.

Clothing the Lodge, zu deutsch die Loge bekleiden. Bei der Aufnahme in die alten Zunftvereinigungen hatte der Lehrling den Meistern eine angemessene Anzahl von Schurzfellen und Handschuhen neben den Aufnahmsgebühren zu entrichten. So in den Satzungen der schottischen Melrose Lodge Nr. 1 anno 1695: „Kein Lehrling oder Fellow kann in unsere Gesellschaft aufgenommen werden, er habe denn die Handschuhe für jene Personen vorgewiesen, denen er solche zu zahlen verpflichtet ist." Der Lehrling oder Neuhinzutretende bekleidet also die Loge, wobei mitunter auch noch die Frauen der Meister mit Handschuhen zu beschenken sind. In den General Regulations, die von der Großloge von England 1721 angenommen wurden, heißt es noch: „Every new Brother at his making is decently to clothe the Lodge." Späterhin wurde der Brauch umgekehrt. Der Lehrling bekleidete nicht mehr die Loge, sondern erhält von ihr seine maurerische Bekleidung.

Club.

1. Nach John Aubrey (1626—1700) ein im 17. Jahrhundert entstandenes Modewort (a sodality at a tavern or drinking house). Von den politischen C. abgesehen, entwickelten sich im 18. Jahrhundert in England zahllose C., besonders zu landmannschaftlichen Zusammenkünften, ebenso wie heute der Verein der Reichsdeutschen in Prag oder der Verein der Österreicher in Berlin u. a. m. Später wuchs die Zahl der C. in England ins Ungemessene. Sie waren fast ausschließlich rein gesellige Vereinigungen, die sich dann nach Stammtischbrauch eigene, sehr oft komische Namen beilegten (ohne Nasen, die Häßlichen, die Beefsteakesser, die Excentrics, die Makkaronis u. ä.), und die, dem Namen zu liebe, auch ein Gebrauchtum entwickelten. Sehr oft ist dieses Gebrauchtum dann späterhin dem freimaurerischen Ritual entlehnt oder es verhöhnt die Freimaurerei. Auch die Odd Fellows (s. d.) sind auf diese Weise entstanden. Das Clubwesen hat die Entwicklungsjahre der Großlogenmaurerei teilweise sicherlich ungünstig beeinflußt. Viele Logen waren in den ersten Jahrzehnten nichts anderes als C., was auch aus den wiederholten scharfen Bestimmungen gegen die Trinksitten ersichtlich ist. Daher Rylands: „Es kann kein Zweifel darüber obwalten, daß die Versammlungen der ersten Freimaurerzeit den Clubsitten der Periode sehr ähnlich waren".

2. Im deutschen Logengebrauch eine zwanglose Zusammenkunft an vorbestimmten Tagen ohne Rituale, einfach zur Pflege der Geselligkeit oder zur Abhaltung von Vorträgen, an die sich die in den Tempelarbeiten selten mögliche Erörterung anschließen kann.

3. Masonic Clubs sind amerikanische C., die sich ausschließlich aus Freimaurern zusammensetzen. Es kommen darin, besonders in großen Städten, die Angehörigen vieler Logen zusammen. Diese C., deren Zahl unübersehbar ist, sind z. T. in einer National League of Masonic Clubs vereinigt, die sich alljährlich einmal versammelt. Der älteste derartige C. ist 1875 von John T. Heard in Ipswich, Massachusetts, errichtet worden. 1927 umfaßte die Liga bereits 620 C. mit mehr als 300.000 Mitgliedern. Eine Sonderstellung nimmt der Sojourners Club ein, der sich nur aus Personen des Heeres und der Marine zusammensetzt. Dieser C. wurde 1900 auf den Philippinen begründet, 1917 in Chicago wiederbelebt. Er hat eigene maurerische Formen und bearbeitet sogar einen eigenen Grad: „The Heroes of 76". Als Beispiel für Masonic Clubs diene der Level-Club in New York, der 4000 Mitglieder zählt und ein 17 Stock hohes Clubhaus besitzt, das auch als Freimaurerhotel Verwendung findet. Die amerikanischen Großlogen betrachten die Entwicklung der C. mit großer Reserve, weil sie nicht mit Unrecht befürchten, daß die C. dem Logenbesuch Einbuße tun. Masonic Clubs existieren auch in Australien usw.

Coahuila. Bundesstaat von Mexiko im nördlichen Hochland. Die Hauptstadt Torreon ist Sitz einer Großloge „Benito Juárez". Adresse: Apartado postal 87, Torreon, Coahuila (s. Mexiko).

Cobham, Lord Richard, General und Mitglied des englischen Parlaments, * 1669, † 1749, später Feldmarschall, Gegner von Walpole, war 1725 Mitglied der Loge ‚Queen's Head" in Bath.

Cochinchina, Teil Indochinas, französische Kolonie; in der Hauptstadt Saigon, früher Hauptstadt der ganzen Kolonie Französisch-Indochina, arbeitet unter dem Grand Orient de France und der Grande Loge de France je eine Loge.

Cockerill.

1. John, berühmter englischer Maschinenbauer, * 1790, † 1840, gründete über 60 Werke in England, Frankreich und Deutschland, vor allem aber in Belgien, wo in erster Linie die Maschinenfabriken in Seraing seine Schöpfung darstellen. C., dem in Brüssel und Seraing Denkmäler errichtet wurden, war Mitglied der Loge in Lüttich.

2. Sir George Kynaston, englischer General, * 1867, erwarb sich in Indien und Südafrika große Verdienste, technischer Delegierter Englands bei der Haager Friedenskonferenz 1907, im Weltkrieg Vizedirektor der militärischen Operationen und des Nachrichtendienstes, wurde 1926 Past-Grand-Deacon, 1927 Grand-Sword-Bearer der Großloge von England.

Codex Juris Canonici (kanonisches Recht) bringt die Verdammung der Freimaurerei durch die römische Kirche zum Ausdruck. Nicht nur ist den Freimaurern der Eintritt in kirchliche Orden und in religiöse Vereinigungen verschlossen (Can. 542 und 693), nicht nur wird ihnen das Patronatsrecht aberkannt (Can. 1453), sondern die Freimaurer werden als solche exkommuniziert (Can. 2335), Geistliche und Ordensleute, die Freimaurer wären, verlieren ihre Stellung und werden in besondere Strafen genommen (Can. 2336), dem Freimaurer ist die Kirchentrauung versagt (Can. 1065) und kirchliche Beerdigung verboten (Can. 1240), und wenn diese versehentlich doch geschehen ist, so soll sein Leichnam, soferne dies „ohne große Nachteile" möglich ist, wieder ausgegraben und an ungeweihter Stelle vergraben werden (Can. 1242). Der treue Sohn der Kirche aber darf sich nicht einmal sachlich über Zweck und Ziel der Freimaurerei und ihre Stellung zur Religion und bürgerlichen Gesellschaft unterrichten; auch das ist ihm ausdrücklich untersagt (Can. 1399). (Vergl. Gotthilf Schenkel, „Die Freimaurerei im Lichte der Religions- und Kirchengeschichte", Gotha 1926, woselbst die wichtigsten Bestimmungen des C. J. C. aus der Ausgabe 199 wiedergegeben sind.)

Coëns Elus, s. Elus Coëns.

Coetus (lat.), Versammlung, wird in lateinischen Übersetzungen auf Pässen usw. für Loge, Magnus Coetus für Großloge verwendet. Das Wort scheint auf Laurence Dermott zurückzugehen, der sich auf einem Diplom als Sec. M. Coetus (Secretarius Magni Coetus) bezeichnet.

Cogalniceanu, Michel, rumänischer Politiker, Historiker und Publizist, * 1817, † 1891, 1848 Führer der Bewegung gegen Sturza, 1857 Abgeordneter des „Diwan", Vorkämpfer der Vereinigung der rumänischen Fürstentümer, Gründer der Universität Jassy, 1859 Ministerpräsident, 1868—1870 Innenminister unter Carl von Hohenzollern, 1876 bis 1878 Außenminister, dann Gesandter in Paris, reformierte das rumänische Unterrichtswesen, Schöpfer wichtiger Gesetze, Vorkämpfer der Emanzipation der Zigeuner, Verfasser bedeutender historischer Werke über Rumänien („Geschichte der Walachei und der Moldau"), war Meister vom Stuhl einer Bukarester Loge.

Cole, bekannte englische Buchdrucker- und Stecherfamilie, die wiederholt Werke für die englische Freimaurerei lieferte.

Benjamin C. druckte 1728 eine Kopie der Old Charges für den Earl of Kingston. Das Titelkupfer, drei Freimaurer vor einem unvollendeten Tempel mit Symbolen und den Himmelsgestirnen, trägt seinen Namensvermerk. Hiervon veranstaltete er einen Nachdruck.

William C. wurde 1766 von der Großloge beauftragt, die sogenannten „Engraved Lists of Lodges", die jährlichen Logenverzeichnisse herauszugeben.

John C. veröffentlichte 1801 seine „Illustrations of Masonry", worin er die Begräbnisgebräuche der Freimaurer, sowie die Einrichtungen der Wohlfahrtsinstitute ausführlich schilderte. Von John C. sind auch Geschäftskarten erhalten, die mit Symbolen der Freimaurer und Bucks (s. d.) geschmückt sind.

Ferner:

Thomas C., berühmter amerikanischer Landschaftsmaler, * 1801, † 1848, Begründer der amerikanischen Malerschule, errang durch seine Bilderserie „The course of Empire", die in unzähligen Reproduktionen verbreitet waren, große Erfolge. Er war Mitglied der „Amity Lodge" in Zanesville (Ohio).

Collar (frz. Sautoir), das breite Halsband, an dem das Logen- oder Großlogenabzeichen getragen wird. In der englischen Großloge werden die Abzeichen der Großbeamten an kunstvoll gearbeiteten Ketten getragen.

Collectio masonica, Freimaurermuseum der Föderation symbolischer Johannislogen in der National-Großloge Rumäniens in Arad. Leiter ist Alex. Frigyes.

College of Rites in Norway, Maine (USA.), freimaurerisches Kollegium, das alle Riten besitzt, die im Lauf der Zeit verschwunden oder ausgestorben sind, bezw. noch hie und da existieren, und regulären Freimaurern, die solche Lehrarten zu bearbeiten wünschen, Patente erteilt.

Collegia, vom lateinischen colligo, ich sammle, ursprünglich also Versammlungen zu einem bestimmten Zweck, später Bezeichnung von Vereinigungen von Gleichgesinnten oder zu gleichem Zwecke, Berufe, Versammelten. In der römischen Geschichte wird Numa Pompilius als der Gründer der Collegien bezeichnet, womit ihr hohes Alter zum Ausdruck gebracht werden soll. Man unterschied im Lateinischen: C. religiöser Art, wie Priestervereinigungen, C. der Amtspersonen, z. B. das C. der scribae, Gildenverbände, wie die der Fabri (Schmiede), Pistores (Bäcker), Navicularii (Frachtschiffer), u. a. m. Schließlich C. Sodalitia, auch Sodalitates oder Sodalitia genannt, die unseren Geselligkeitsvereinen, Klubs usw. gleichkommen. Auch zu wohltätigen Leistungen wurden C. gebildet. Die Aufnahme in ein Collegium (recipere in C.) fand in Form einer eidlichen Verpflichtung statt. Die Sodalen nannten sich fratres, sie hatten gemeinsame Begräbnisplätze (Columbarien), unterstützten einander und feierten gemeinsame Feste (dies violarum, dies rosae). Das Wort: „tres faciunt collegium" geht auf diese Vereinigungen zurück, da ein legales C. mindestens drei Mitglieder haben mußte.

Auch die Bauleute hatten ihre Collegien, das C. Fabrorum (s. d.). Daß diese Einrichtung auf die Steinmetzbräuche anderer Länder übergegangen ist, bedarf keines Beweises. Doch wird man mit der stammbaumartigen Ableitung der Freimaurerei von diesen Collegien wohl nur vorsichtig umgehen dürfen.

Collegia Fabrorum, Gesellschaften der Bauleute im alten Rom unter Leitung eines hohen Staatsbeamten, die nicht nur philosophisch-ethische Bildung ihrer Mitglieder, sondern auch Tugend, Rechtschaffenheit und edles Betragen erforderten. Die Blütezeit dieser Gesellschaften fällt in das vierte Jahrhundert n. Chr. Mit dem Zerfall des Römischen Reiches und der Völkerwanderung gingen auch sie zugrunde.

Collignon, Henri, französischer Staatsrat, Präfekt, Generalsekretär der Präsidentschaft der Republik, * 1857, † 1915, der im Weltkrieg als 58jähriger freiwillig an die Front ging und fiel, war Freimaurer.

Collins, Algernon L., Großbeamter der G.-L. von England, * 1869, bekämpfte 1916 deren Beschluß, daß es „zur Vermeidung von Störungen von Frieden und Eintracht notwendig sei, daß keine Brüder deutscher, österreichischer, ungarischer oder türkischer Geburt während der Kriegsdauer an einer Versammlung der Großloge oder einer Provinzial-, Distrikts- oder Einzelloge teilnehmen sollen", als seiner Anschauung nach unkonstitutionell, unlogisch, als einen Bruch der Logenautonomie und als Verleugnung der besten freimaurerischen Grundsätze.

Colmet, Pierre, französischer antifreimaurerischer Publizist, griff 1927/28 in der „Revue Internationale des Sociétés Secrètes" (s. d.) in mehreren Artikeln P. Hermann Gruber S. J. (s. d.) wegen dessen Korrespondenz mit dem Wiener Freimaurer Dr. Kurt Reichl (s. d.) aufs heftigste an, besonders auch, weil Gruber nicht an die Authentizität der „Protokolle der Weisen von Zion" und an das Bestehen eines jüdischen Weltherrschaftsplans zu glauben erklärte. Gruber wies C. hierauf bemerkenswerte Unkenntnis auf dem Gebiet der freimaurerischen Literatur nach.

Colombia, südamerikanische Republik, s. Kolumbien.

Colombo, Hauptstadt und Haupthafen der Insel Ceylon. Unter der Provinzial-Großloge der Großloge von England arbeiten neun Logen. Adresse: Victoria Masonic Temple, C. Außerdem wirkt auch unter Schottland eine Loge.

Colonne (frz.), Säule, Pfeiler.

Colonne d'harmonie (frz.), Logenorchester.

Colorado, Bundesstaat der Vereinigten Staaten von Nordamerika. Die 1861 gegründete Großloge zählte 1930 150 Logen mit etwa 35.000 Mitgliedern. Adresse: Masonic Temple Denver, C.

Columbanus-Orden, antifreimaurerischer, katholischer Orden im irischen Freistaate, der ein Ritual mit mehreren Graden besitzt.

Columbia, Bundesdistrikt der Vereinigten Staaten von Nordamerika. Die Großloge wurde von 5 Logen 1810 gegründet. 1930 zählte sie 44 Logen mit 24.000 Mitgliedern. Sie legte u. a. die Grundsteine der City Hall, des Smithonian Institutes, des Washington-Denkmals und des Erweiterungsbaues des Kapitols. Adresse: Masonic Temple, Washington (D. C.).

Columbia, Colombia, südamerikanische Republik, s. Kolumbien.

Columbusritter, Knights of Columbus, amerikanische katholische Organisation, die ihrem Wesen nach gegen die Freimaurerei gerichtet ist, ohne im allgemeinen aggressiv aufzutreten. Der Gründer, Rev. M. J. McGivney in New Haven, Connecticut (1882), wollte der Freimaurerei hauptsächlich dadurch entgegenwirken, daß er Katholiken, namentlich auch die damals zahlreich an diese Anschluß suchenden jüngeren Elemente, durch Schaffung einer in den äußeren Formen ähnlichen Organisation vom Eintritt in Logen abhielt. Die Anlehnung an das freimaurerische Vorbild ist sehr deutlich: die C. besitzen ein Gebrauchtum in vier Graden, Zeichen, Worte und Griffe usw. Sie tragen eine Uniform ähnlich der der Knights Templar (s. d.), der amerikanischen freimaurerischen Tempelritter, und veranstalten wie diese große Paraden. Den Mitgliedern, namentlich den ehemaligen Kriegsteilnehmern, stehen zahlreiche Wohlfahrtsanstalten zur Verfügung. An der Katholischen Universität in Washington errichteten sie einen Lehrstuhl für amerikanische Geschichte. Die Zahl der Ordensmitglieder in den Vereinigten Staaten, Kanada, Mexiko, Kuba und Neufundland erreichte eine Million; die Bundeszeitschrift „Columbia" erscheint in einer Riesenauflage. In Amerika bestehen gegen 2400 „Councils", Zweigvereine, unter 60 Staatsdirektionen. Während des Weltkrieges betrieben sie in Frankreich Fürsorgeanstalten für katholische amerikanische Soldaten mit einem Aufwand von 14,000.000 Dollar. Nach dem Krieg bestand die Absicht, auch in Europa Fuß zu fassen. Zunächst wurde 1923 in Rom ein Wohlfahrtswerk errichtet. Als offizieller Zweck wird angegeben: Gegenseitiger Schutz und Förderung der katholischen Ideen. Lebhafte Tätigkeit wird zur Bekämpfung des Sozialismus als Exponent des „materialistischen Radikalismus" entfaltet.

Die antifreimaurerische Tendenz kam anläßlich des Kulturkampfes in Mexiko dadurch zum Ausdruck, daß die C. in der ganzen Welt in verschiedenen Sprachen abgefaßte Pamphlete verteilten, die die Schuld an den Ereignissen der Freimaurerei in die Schuhe schieben sollten. Im übrigen aber bestehen vielfach (z. B. im Staate New York) freundschaftliche Beziehungen zwischen den beiden Bünden. Es ist vorgekommen, daß ein Großmeister der Großloge von New York am Nationalfeiertag bei den C. die Festrede hielt, während in manchen Orten bei freimaurerischen Tempelweihen usw. die C. als Gratulanten sich einfinden. Solche Beziehungen werden in gewissen katholischen Kreisen sehr ungern gesehen, die an sich schon wegen des freimaurerähnlichen Charakters gegen diese Organisation ihrer Glaubensgenossen voreingenommen sind. Ein Versuch von C., mit Führern der Knights Templar zur Bereinigung der Gegensätze zusammenzutreten (1924), wurde von Kardinal O'Connell aufs entschiedenste mißbilligt. 1925 erließ der leitende Ausschuß der C. von Quebec, Kanada, eine geharnischte Resolution, in der erklärt wurde, die Freimaurerei der Vereinigten Staaten sei trotz aller Beteuerungen der katholischen Kirche feindlich gesinnt, was aus Erörterungen über die Schuldfrage deutlich hervorgehe. Infolgedessen beteuere der „Executive Council" neuerdings seine unbedingte Unterwerfung unter die auf die „verbotenen Gesellschaften" bezüglichen Gebote der katholischen Kirche und verdamme aufs nachdrücklichste die Haltung der mit den Freimaurern paktierenden C. Gleichzeitig wurde die höchste Behörde der C. (Supreme Board) aufgefordert, allen Unterabteilungen die kirchlichen Vorschriften in bezug auf die Freimaurerei in Erinnerung zu bringen.

Für Jugendliche wurde neuerdings eine eigene Organisation, die „Columbian Squires", geschaffen.

Comacini, die Meister von Como am Comosee, die besonders in der amerikanischen Literatur gerne mit den Steinmetzbrüderschaften und daher mit den Freimaurern in Verbindung gebracht werden. Ossian Lang hat darüber im Jahresbericht der Großloge von New York 1925 eine ausführliche Arbeit veröffentlicht. Während Leader Scott u. a. in den C. das „missing link" (verlorenes Zwischenglied) zwischen den römischen Kollegien und der Steinmetzenbrüderschaft erblicken, kommt Ossian Lang zu folgenden Schlüssen: der Name Magistri C. kommt zuerst im Kodex des Königs Rotharis vor (643 n. Chr.) und regelt die Ordnung der lombardischen Steinmetzen, die sich hauptsächlich aus der Gegend um den Comosee rekrutierten. Dieser Kodex wurde bestätigt und erweitert durch König Liutprand um 725. Nach Langs Ansicht waren die C. eine Gewerkschaft von Steinmetzen, die ebenso wie später die in Deutschland usw. in erster Linie die Bautechnik pflegte, sich gegenseitiger Hilfe bei Unglücksfällen usw. versicherte u. a. m. Von einem Geheimnis, einem besonderen Kult, von besonderen Logen ist nichts bekannt. Die C. nannten sich selbst Deutsche oder Franken. Dieser letztere Name (Franchi) hat zu der falschen historischen Deutung geführt, in den Comacinen liberi muratori (freie Maurer) zu suchen, weil franchi im Italienischen auch Freie bedeutet. Die Behauptung von J. Fort Newton, daß die Comacinen ihre Versammlungsorte „Loggia" nannten, daß sie weiße Handschuhe und Schurzfelle trugen und die vier gekrönten Märtyrer verehrten, ist bloße Erfindung. Ebenso wird ihr Großmeister mit dem Namen Gastaldo bezeichnet. Auch hierfür fehlt jeder historische Beleg. Zusammengefaßt: die Comacinen waren lombardische Bauleute, die sicherlich ihre Hüttenorganisation hatten, aber mit der Freimaurerei in keinerlei Zusammenhang gebracht werden können.

Co-Masonry, angelsächsischer Zweig der „gemischten", das heißt auch Frauen aufnehmenden, irregulären Freimaurerei (s. Frauen). In England wurde sie durch den 1902 von der Theosophenführerin Annie Besant gegründeten „Order of the Universal Co-Masonry in the British Federation" eingeführt. Die C. ist aus der französischen „Maçonnerie Mixte", dem heutigen Supr. Cons. „Droit humain" (s. d.), hervorgegangen. 1902 ließ sich die Führerin der Theosophen, Annie Besant, mit sechs ihrer Anhänger in Paris aufnehmen und erhielt die Vollmacht, in England die „gemischte" Freimaurerei einzuführen. Sie gründete in London die Mutterloge „Human duty Nr. 6". Die Beziehungen zur theosophischen Organisation wurden teilweise sehr rege (s. Theosophie). Nachdem Annie Besant nach kurzer Zeit zur Vorsitzenden des „Co-Masonic Supreme Council for Great Britain" ernannt worden, breitete sich die „gemischte" Freimaurerei naturgemäß stark unter den Anhängern der „Theosophical Society" aus. Auch in Amerika existiert eine starke Organisation der C., geschaffen von Professor A. Muzzarelli, einem französischen Sprachlehrer in New York, der 1903 die „Alpha Lodge" in Charleroi, Pa., ins Leben rief und dann eifrig zunächst in den französischen und italienischen Niederlassungen in den Vereinigten Staaten wirkte. Innerhalb vier Jahren gründete er mehr als 50 „gemischte" Logen. 1908 verließ er Amerika. 1909 gründeten Delegierte von 20 dieser Logen in St. Louis die „American Federation of Human Rights". Auf deren zweiter Versammlung in Chicago 1913 wurde bereits in englischer Sprache verhandelt. Die „American Federation" hat heute ihren Sitz in Larkspur, Colorado, wo 1918 auch ein Waisenhaus errichtet worden ist. Offizielles Organ: „The American Co-Mason".

Combermere, erster Viscount, Stapleton Cotton, englischer Feldmarschall, * 1773, † 1865, kämpfte 1793/94 in Flandern, 1815/16 Kommandant der Kavallerie der Verbündeten, Gouverneur von Barbados, Oberbefehlshaber in Irland und Indien, wurde 1830 Provinzial-Großmeister von Cheshire.

Comenius, Jan Amos (latinisiert aus dem tschechischen Komenský), * 1592 in Nivnitz bei Ungarisch Brod in Mähren, † in Naarden bei Amsterdam 1670, entstammte der Gemeinde der Bömisch-mährischen Brr. Früh verwaist, kam er 1608 auf die lateinische Schule der Brüdergemeinde Prerau, besuchte 1611 die später zur Universität erhobene Gymnasialschule in Herborn, schloß seine Studien 1613 mit einer Reise nach Holland und blieb dann ein Jahr in Heidelberg. Schon 1614 ist er Rektor der Brüderschule in Prerau, 1616 zum Priester geweiht und seit 1618 Priester in Fulnek. Er verfaßte mehrere erbauliche Schriften und erfreute sich großen Ansehens und großer Beliebtheit in seiner Gemeinde. Infolge der Schlacht am Weißen Berge 1621 verlor er Amt und Habe durch Plünderung, 1624 durch die Vertreibung aller evangelischen Priester auch sein Asyl in Brandeis. 1628 mußte er sein Vaterland verlassen und fand Zuflucht in Lissa in Polen, wo er Leiter des dortigen Gymnasiums wurde. Seit 1632 war er Senior der Böhmisch-mährischen Brüdergemeinden.

Seine schulreformerischen Schriften hatten die europäische Aufmerksamkeit auf ihn gelenkt. Besonders seine „Pansophia", die durch Vermittlung des in London lebenden Samuel Hartlib in Druck erschien, erregte Aufsehen, so daß er 1641, einer Einladung Hartlibs folgend, nach London reiste, wo sich das englische Parlament mit seinen erzieherischen Vorschlägen beschäftigte. Da aber das englische Projekt infolge der Revolutionswirren nicht zur Ausführung gelangte, führte ihn ein ergebener Freund, Ludwig de Geer, dem schwedischen Kanzler Oxenstierna zu, den er in Norrköping besuchte. Der Kanzler wies ihm als ruhigen Wohnsitz Elbing in dem damals schwedischen Gebietsteile Preußens an, wo C. in den Jahren 1642 bis 1648 in Ruhe seinen Arbeiten lebte. 1648 wurde er Bischof der Böhmisch-mährischen Brr. und nahm wieder Wohnsitz in Lissa, von wo ihn der ungarische Fürst Rákoczy nach seinem Gute Sáros-Patak berief, allwo C. eine höhere Musterschule einrichtete. Er fand jedoch keine rechte Befriedigung, sein Gönner Rákoczy starb, und so kehrte C. im Jahre 1652 wieder nach Lissa zurück. Hier erschien in diesem Jahre das in Nürnberg verlegte Buch, das seinen Weltruhm vermehren half, der erste praktische Anschauungsunterricht, der „Orbis sensualium pictus" (1658). Im April 1658 eroberte und zerstörte ein polnisches Heer das von den Schweden besetzte Lissa. C. verlor sein ganzes Hab und Gut, darunter fast alle seine Handschriften, und flüchtete nach Hamburg, wo er zwei Monate krank lag, dann zum Sohne seines Freundes de Geer nach Amsterdam. Hier endlich fand er Ruhe und konnte mit Unterstützung reicher Freunde, wie Lorenz de Geer u. a., an eine Herausgabe seines Gesamtwerkes schreiten. Er starb in Naarden und wurde dort am 22. November 1670 beigesetzt.

Seine Begräbnisstätte hat ebenso wechselvolle Schicksale erfahren wie der lebende C. Erst nach dem Weltkriege erinnerte man sich der verwahrlosten, unter einem Wachzimmer gelegenen Grabstätte. In Zusammenarbeit mit den holländischen Behörden ließ die tschechoslowakische Regierung die Gebeine ihres größten Landsmannes heben und in einer würdigen Kapelle beisetzen, die durch Schenkung der holländischen Regierung in den Besitz der Tschechoslowakischen Republik übergegangen ist.

Die Zahl der Schriften von C. wird mit 142 angegeben. Seine Hauptwerke sind: „Janua linguarum reserata" (1631), „Didactica magna" (1632), „Pansophiae prodromus" (1639), „Orbis pictus" (1658), „Panegersia" (1662), „Unum necessarium" u. v. a. C. dringt in seinen didaktischen Schriften vor allem auf naturgemäße Erziehung, auf Anschauung der Welt, nicht auf Belehrung durch die Schriften alter und neuer Gelehrter, er predigt besonders in seiner „Panegersia" eine weitherzige Humanitätslehre friedliche Verständigung der Kirchen und Nationen, Erziehung des Menschengeschlechtes zu seinen höheren Zwecken durch Schulung, Verständnis und unmittelbare Erkenntnis der Dinge

Beziehungen des C. zur Freimaurerei sind gegeben durch seine ausgeprägte Humanitätslehre. Hartlib und er trugen sich mit der Absicht, eine Gemeinschaft von Menschen zu bilden und, wie er in der während seines Londoner Aufenthaltes entstandenen Schrift „Via lucis" (1642) es ausdrückt, alle Kollegien, Genossenschaften und Brüderschaften zu sammeln und ein allgemeines Kollegium unter den Gebildeten des ganzen Erdkreises aufzurichten. In diesen Schriften verwendet C. nun zahlreiche Gleichnisse, die mit dem Symbolinhalt der Freimaurerei vollkommen übereinstimmen. Er spricht von einem Templum sapientiae, vom höchsten Baumeister der Welt u. a. m. Besonders gerne wird als Zeichen der geistigen Verwandtschaft zwischen C. und der Freimaurerei das Titelbild der 1644 erschienenen Schrift „Pansophiae Prodromus" herangezogen, das eine königliche Frauengestalt zeigt, zu deren Füßen Zirkel, Winkelmaß und ein Buch liegen. In einer sehr schönen Arbeit hat Vonka („Drei Ringe", Jahrgang 1927, pag. 131) 33 Beweisstücke zusammengetragen, die, wenn nicht für das Freimaurertum des C., so doch für seine geistige Verwandtschaft Beweise erbringen.

C. einfach als Freimaurer zu bezeichnen, geht wohl zu weit. Er hat den Gedanken eines weltumspannenden Humanitätsbundes gepflegt und ausgesprochen, der später im Freimaurerbund die C. selbst versagte Erfüllung gefunden hat. Das verbindet ihn mit der Freimaurerei. Außerdem hat C. Gedanken ausgesprochen und vertreten, die dann zur Zeit der Gründung der Großloge von England in gebildeten Kreisen Englands lebendig genug waren, um der Verfassung der ersten Großloge ihren unverwischbaren Stempel aufzuprägen. Wenn es also auch historisch schwer fällt, C. in die Freimaurerei hineinzudenken, so fällt es anderseits ebenso schwer, sich eine vom Humanitätsgedanken erfüllte Freimaurerei ohne C. vorzustellen.

Die Übereinstimmung der freimaurerischen „Alten Pflichten" mit den Satzungen der Böhmischen Brr. die C. 1616 und 1649 verfaßte, hat bereits Krause (1810) erkannt. Auf seinen Zusammenstellungen fußte Dr. Ludwig Keller (s. d.) in seiner Schrift „Die Schriften des Comenius und das Konstitutionenbuch". Bei der Schwierigkeit der Materie (ein großer Teil der in Betracht kommenden Schriften des C. ist in tschechischer Sprache verfaßt) konnte nur ein tschechischer Sachverständiger neue Ergebnisse zeitigen. Der bereits oben erwähnte R. J. Vonka hat im Jahre 1931 eine Schrift in tschechischer Sprache erscheinen lassen: „Staré Povinnosti svobodných zednářův", „Die alten Pflichten der Freimaurer" (in der Knihovna zednářské Literatury, Band III, Prag), in der er den Text der Alten Pflichten in englischer, deutscher und tschechischer Sprache den Originalstellen aus den Schriften des C. gegenüberstellt. Die Übereinstimmung ist in vielen Punkten eine verblüffende. An einzelnen Stellen ist sie sogar wortgetreu! Durch die Untersuchungen Vonkas wird es immer deutlicher, daß der oder die Verfasser der Andersonschen Konstitutionen die Schriften des C. zumindest gut gekannt haben müssen. Selbst wenn man zugibt, daß die Gedanken des C. zu jener Zeit gewissermaßen in der Luft lagen, wird man an dieser auffälligen Übereinstimmung nicht vorbeigehen können.

Comenius-Gesellschaft für Geisteskultur und Volksbildung, Berlin. Begründet 1893 durch den Geheimen Archivrat Dr. phil. Ludwig Keller, eine nichtfreimaurerische Vereinigung, der jedoch viele Logen und Freimaurer als Mitglieder angehören. In ihren Veröffentlichungen, den „Monatsheften", jetzt unter dem Namen „Geisteskultur" erscheinend, zahlreiche grundlegende Arbeiten besonders über Mysterienbünde, Kollegien, Sprachgesellschaften, Humanitätsbünde usw.

Coming Men of America, von einem Freimaurer, William Hunter aus Oak Park, Illinois, gegründete Jugendorganisation, die in Hochgraden nach freimaurerischem Muster arbeitete. Der Zweck war, Jugendliche zu moralischem Leben und reinen Freundschaftsbeziehungen zu erziehen. Der Orden hatte Rituale, Erkennungszeichen, Logenabzeichen und Diplome. Er wuchs bald auf 110.000 Mitglieder an, schlief aber gegen 1907, wahrscheinlich infolge des Mangels einer Führerpersönlichkeit, wieder ein (s. Hugo Tatsch in „The Builder", 1927).

Comité Antimaçonnique, antifreimaurerisches Komitee in Paris, das zur Zeit der Wahlen von 1924 eine rege Tätigkeit entfaltete. Es gehörten ihm an General de Castelnau, Dr. Oberkirch und andere Wahlwerber des reaktionären Flügels des „Bloc National". 1927 stellte das Komitee seine Tätigkeit ein.

Commandery (engl.), Komturei, in Amerika Organisation der Knights Templar (Tempelritter). Die Beamten heißen: Commandeur, Generalissimo, Captain General, Prelate, Senior Warden, Junior Warden usw. In England heißt die C. Priory.

Commandeur, s. Kommandeur.

Commendator (Komtur) war die unterste Beamtung im System der Strikten Observanz. C. domus, Hauskomtur, hieß der Meister vom Stuhl einer Loge. Es gab Commendatores majores und minores. Der C. war der Obere seiner Ritter, hatte über ihr gutes Betragen zu wachen und sie in der Geschichte des Templer-Ordens und über dessen angebliches Verhältnis zur Maurerei zu unterrichten. Der C. domus war dem Subprior untergeben, an den er seine Berichte zu schicken hatte. (A. H. B., II. Aufl.)

Committee on Foreign Correspondence heißen in den amerikanischen und manchen anderen angelsächsischen Großlogen die Ausschüsse, denen die alljährliche Berichterstattung über die Vorkommnisse in anderen Großlogen obliegt. Diese gedruckten Jahresberichte, die alles im Laufe von 12 Monaten eingehende Material, nach Großlogen geordnet, analysieren, sind von großem aktuellen Werte, da sie gewöhnlich eine ausgezeichnete, bisweilen nicht unkritische Jahresschau über die Entwicklung der Freimaurerei der Welt enthalten. Besonders mustergültig sind die Übersichten der Großlogen von New York, Iowa und North Carolina.

Communication bedeutet im englischen Logenbrauche:

1. Die Logenversammlung, das Beisammensein mit anderen. Daher auch Grand C., die Großlogenversammlung.

2. C. of degrees heißt die mündliche Überlieferung eines Gradinhaltes, ohne Durchführung der zugehörigen Zeremonien. Im Deutschen: historische Beförderung.

Compagnia della Cazzuola, Gesellschaft der Maurerkelle, gegen 1512 in Florenz gegründete heitere Vereinigung, deren Mitglieder bei den Convivien in Maurertracht erschienen. Kelle und Hammer waren Symbole, der heilige Andreas der Schutzpatron. Trotz Tracht, Symbolik und Gebräuchen ohne Zusammenhang mit der Freimaurerei.

Compagnon (frz.), Bezeichnung des II. Grades, Geselle, englisch Fellow Craft.

Compagnonnage, bis auf den heutigen Tag in Frankreich bestehende Handwerksbrüderschaft mit eigenartigen, den freimaurerischen ähnlichen Gebräuchen. Sie gliedern sich in drei Gruppen, die Kinder Salomons, die Kinder des Maître Jacques und die Kinder des Vaters Soubise. Diese drei Gruppen befehdeten sich zeitweilig bis aufs Blut und fochten miteinander regelrechte Straßenkämpfe aus. Die Compagnons, deren Zahl in den letzten Jahren durch das Aufkommen der großen Gewerkschaften naturgemäß stark im Abnehmen begriffen ist, sind den Hamburger Zimmergesellen vergleichbar, mit denen sie auch im Jahre 1930 eine Zusammenkunft in Frankreich veranstalteten. Sie haben ihre Erkennungszeichen, ihren besonderen Gruß, sie nennen sich Brr. und pflegen eine Legende, die merkwürdigerweise sowohl an den König S a l o m o wie an den letzten Templergroßmeister Jacques de M o l a y anknüpft. Der Hauptzweck ihrer Vereinigung ist die Ermöglichung der Gesellenfahrt durch Frankreich. Diese Fahrt, Tour de France, wird ermöglicht, indem bestimmte Orte Unterkunftstellen für reisende Handwerksgesellen bereit halten, wo nach erfolgtem gebrauchtümlichen Gruße Unterkunft, Vermittlung von Arbeitsgelegenheiten, Zehrgeld und Unterstützungen vermittelt werden. Die C. ist wohl der letzte Rest echter Handwerksgebräuche im heutigen Maschinenzeitalter. Ihr Studium hat für den freimaurerischen Forscher durch die merkwürdigen Analogien mit freimaurerischem und altem Steinmetzengebrauchtum einen hohen Wert.

Companion, Inhaber des Royal-Arch-Grades.

Company und Society. Bei der Darstellung der Zunft und Gildenverhältnisse des altenglischen Bauhandwerkes ergeben sich große Schwierigkeiten sachlicher und sprachlicher Natur. Sachlich: weil vieles dem Geschichtsschreiber unklar bleibt, sprachlich: weil die in ständigem Flusse befindliche altenglische Terminologie wiederholt verwirrend ineinandergreift und weil viele Ausdrücke eigentlich unübersetzbar sind. Man braucht hier nur an die unglückliche Übersetzung von Freemason in Freimaurer zu erinnern, um die Schwierigkeiten anzudeuten. B e g e m a n n, der Philologe von Beruf war, hat durch die rein sprachwissenschaftliche Einteilung und seine deduzierte Klassifizierung berechtigten Widerspruch gefunden. Und ebenso stimmen die englischen Autoren auch mit jener, besonders von W o l f s t i e g und K e l l e r vertretenen Richtung durchaus nicht überein, die in der Loslösung der Society von der Company den Ausdruck besonderer geistiger Bewegungen erblicken wollen. Die hier wiedergebene Darstellung schließt sich in erster Linie an Londoner Verhältnisse an.

Die Zunftgenossenschaften führen in England verschiedene Namen. Sie werden als Commonalty, fellowship, company bezeichnet, das von ihnen ausgeübte Gewerk heißt trade art, mistery, craft, faculty, science, occupation. Daneben kommen noch die Bezeichnungen Community oder Corporation vor. Aber auch der Ausdruck Society kommt vor. Eine scharfe Trennung der Bezeichnung besteht also durchaus nicht. Die Zunft untersteht der staatlichen Obrigkeit (Baupolizei), die auch auf die Verhältnisse der Mitglieder Einfluß nimmt. Neben oder besser in der Zunft erhielten sich die alten Steinmetzenbrüderschaften, die sich der staatlichen Aufsicht entzogen. Im Laufe der Zeiten sind sie wohl ineinander übergegangen, so daß Zunft und Brüderschaft eins wurde. Die nicht endenwollenden Lohnbewegungen der Gesellen riefen eigene Organisationen, alliances, covignes oder conferacies, auf den Plan. Dies scheint zu schweren Mißhelligkeiten geführt zu haben, wobei die Städte um ihre Autorität zu bangen begannen. Daher erwirkten sie bei der Vormundschaft des Königs H e i n r i c h VI. im Jahre 1425 die Bestätigung eines Parlamentsbeschlusses, in welchem die jährlichen Zusammenkünfte und Vereinigungen der Werkmaurer verboten wurden. Das Edikt verbietet Kapitel oder Kongregationen abzuhalten. Zuwiderhandelnde sind als Hochverräter zu behandeln. Praktisch hatte dieser Erlaß keine Folgen. Die Bauhütten waren Werkverbände, sie hatten aber in sich noch die Reste der alten Steinmetzenbrüderschaft.

In London war die Gilde aus der Vereinigung von zwei besonderen Zünften hervorgegangen. Dort bestanden zwei einander nicht sehr wohlgesinnte Zünfte: die der M a s o u n h e w e r s, also der Steinmetzen, und die der

Masoun Legers, der eigentlichen Maurer. Nach der großen Pest im Jahre 1356 gerieten die beiden Bruderzünfte einander derart in die Haare, daß der Mayor von London daranging, endlich Ordnung zu schaffen. Es wurde eine aus 12 Personen bestehende Körperschaft gegründet, die eine Vereinigung der beiden Baukorporationen vorbereiten sollte. 1376 werden noch beide Zünfte gesondert genannt. Im Gildenverzeichnis stehen die Vertreter der Freemasons an 19., die Masons Company of the City of London an 36. Stelle. Infolge Drucks der städtischen Behörden wurde also aus diesen beiden Zünften, eine einzige. Dabei ist auch der Unterschied zwischen freemason und mason verwischt worden, wie sich aus der Korrektur in einem alten Akt ziemlich eindeutig ergibt. 1436 verfügt König Heinrich VI., „daß alle gildes fraternities and autres companies incorportz" (so!) ihre Patente und Freibriefe vorzulegen haben. Änderungen in der Fassung der Konstitutionen dieser Zeit lassen vermuten, daß auch die Steinmetzenzunft zu dieser Zeit eine Satzungsänderung durchgemacht hat. 1436 erwarb die Masons Company in London für 99 Jahre ein Grundstück vom Prior der Dreifaltigkeitskirche und errichtete darauf eine Halle. Diese Masons Hall lag östlich von der Guildhall zwischen Basinghall und Colemann Street. 1472 bekam die Company ein Wappen, 1481 wurde sie eine sogenannte Livery Company, d. h. sie erhielt durch königliche Erlaubnis eine Zunfttracht und rückte damit in die Reihe dieser bevorrechteten Zünfte vor. 1563 kaufte die Zunft den Boden, auf dem ihre Halle stand.

Über die Verhandlungen innerhalb der Company wurden Protokolle geführt, die sich bis 1620 zurück erhalten haben. Conder, der sie in den Veröffentlichungen der Quatuor Coronati Lodge bearbeitet hat, konnte hierbei folgendes feststellen: die Zunft wird geleitet von einem Meister und zwei Wardens, denen ein Verwaltungsrat, Court of Assistance, zur Seite steht. Ein Schreiber, Clerk, versieht die Eintragungen und führt die Rechnungen. Die Mitglieder zerfallen in liverymen, die berechtigt sind, die Zunfttracht zu tragen, und in einfache Mitglieder, die yeomen oder freemen. Aus den Rechnungsbüchern lassen sich die Schicksale der einzelnen Mitglieder gut verfolgen. Neben der Company besteht eine Vereinigung, die Society genannt wird. Es ist zu ersehen, daß der Lehrling für seine Aufnahme eine gewisse Taxe zahlte, daß für die Freisprechung nach sieben Jahren neuerliche Taxen zu entrichten waren. Hatte der nunmehr Freigesprochene den Ehrgeiz, Liveryman zu werden, so kostete das neuerlich 9 £. Für ein weiteres £ konnte er Mitglied der Society werden, die hier also zum ersten Male als gesonderte Vereinigung erscheint. Die Society lebt mit der Company in enger Verbundenheit, die Taxen gehen in die gemeinsame Kasse. Erst viel später hat die Society einen eigenen Clerk. Genaue Überprüfung der Mitgliedernamen zeigen nun folgendes: nicht alle Mitglieder der Company sind Mitglieder der Society. Anderseits aber führt die Society Mitglieder in ihren Listen, die in jenen der Company nicht vorkommen. Nunmehr entwickelt sich auch ein Unterschied im Sprachgebrauche: die Gesamtheit nennt sich Free and Accepted Masons. Die Mitglieder der Society heißen Accepted Masons (s. a. Accepted). In den Listen der Society tauchen Namen von Zunftfremden auf, die aus später auszuführenden Gründen beitraten, Leute verschiedener Berufe, die Anschluß suchten, nicht um das Bauhandwerk zu treiben, sondern aus geselligen oder geistigen Gründen.

Die Society tagte in der Masons Hall. Der Grundriß des Gebäudes weist auch eine Küche auf. Es fanden also die Versammlungen nach der Sitte der Zeit bei Speise und Trank in der Maurerhalle statt. Aber Elias Ashmole erwähnt bereits 1682, daß nach der Versammlung in der Masons Hall ein Mahl in der Taverne zum „Halben Mond" stattgefunden hat. Es wurde also der ritualmäßige Teil der Aufnahme noch in der Halle der Maurer, die anschließende Tafel bereits in einem Wirtshause abgehalten. Mit der Zeit scheint man überhaupt die Maurerhalle verlassen zu haben — die Gründe hiefür können sehr banale gewesen sein — und damit vollzog sich langsam aber sicher die Trennung der Company von der Society. Werden doch späterhin Beschwerden darüber laut, daß die Accepted Masons die Erkennungszeichen verändert haben, so daß die Mitglieder der Company Schwierigkeiten beim Besuche der Versammlungen hatten. Wie leicht der Zusammenhang in Vergessenheit geriet, beweist Anderson, der die ursprünglichen Versammlungen in der Masons Hall mit keinem Worte mehr erwähnt. Auch der ursprüngliche Zweck der Acceptance geht verloren. In den Logen, wie wir jetzt die Society nennen wollen, schrumpfte die Zahl der wirklichen Bauleute immer mehr und mehr zusammen. Unter den ersten Beamten der Großloge von London 1717 ist überhaupt kein Steinmetz mehr. Sayer, der erste Großmeister, wird einfach als Gentleman charakterisiert, die beiden ersten Großaufseher sind ein Zimmermann und ein Captain. Heute besteht die Company der Masons als Londoner Gilde weiter, während aus der Society die heutige Freimaurerei hervorgegangen ist. Gould faßt die Unterschiede, die in den Begriffen Company und Society gelegen sind, in den Satz zusammen (History III, 211): „Wie immer auch der Sprachgebrauch in den Provinzen gewesen sein mag, so muß für die Hauptstadt wenigstens angenommen werden, daß Society zur Bezeichnung der Loge, Company zur Bezeichnung der Brr. der Gilde verwendet wurde."

Eine der ungeklärtesten Fragen der Freimaurergeschichte betrifft die Gründe dieser Absonderung in eine Company und Society. Besonders von deutschen Forschern werden hier tiefgeistige Motive in den Vordergrund gestellt, sei es nun, daß es das alte Rosenkreuzertum, sei es, daß es der Deismus gewesen sein soll. Bezeichnenderweise lehnen englische Autoren alle diese Ableitungen übereinstimmend ab, so daß sich hier der merkwürdige Widerstreit ergibt, daß die Engländer, die in der Kontinuität ihrer Volkssitten leben, die von den Deutschen beanspruchte geistige Tiefe der Motive ablehnen. Der Brauch, daß Männer von Ruf und Namen sich einer Zunft als Mitglieder anschließen, ist auch heutigentags noch in England üblich. Henry Browne (A. Q. C. 1909, 19) meint hierzu: „im XVII., XVIII. und anfangs des XIX. Jahrhunderts galt es als Ehre, Freeman einer Zunft zu sein, so wie es in London noch heute als Auszeichnung gilt, Mitglied einer Livery company zu werden. Deshalb waren eine ganze Anzahl von Personen des Adels und der Gentry Mitglieder der einen oder der anderen Zunft, die einen durch Erbschaft (patrimonium), die andern als Servitut, und ihre Söhne wurden apprentices. So hatte die Zunft der Tuchweber und die Kammer der Kaufleute in Durham eine große Anzahl derartiger Ehrenmitglieder. 1781 wird Hugh Percy, Herzog von Northumberland, in Durham als Freeman in die Company of butchers aufgenommen. John Lambton wird 1813 in die Schmiedezunft aufgenommen. Sehr eifrige Mitglieder schienen es allerdings nicht gewesen zu sein, denn sie werden alljährlich mit 10 Schilling bestraft, weil sie bei den Vierteljahrsversammlungen fehlten. Auch der derzeitige Prinz von Wales ist eingetragenes Mitglied mehrerer Zünfte. Wie stark diese Einwanderung von Zunftfremden vor sich ging, beweist die Loge von Aberdeen, die 1670 ihre neuen Statuten von allen Mitgliedern unterschreiben ließ. Von den 59 Mitgliedern waren überhaupt nur noch 7 Steinmetzen. In einzelnen Orten blieb der Zusammenhang zwischen Company und Society bis ins XIX. Jahrhundert erhalten. So bei der Loge St. John Nr. 3 in Glasgow, wo der Vorsteher der Steinmetzengilde bis 1850 Meister vom Stuhl der symbolischen Loge war. In Edinburgh wurde 1754 eine Loge der Freimaurer gegründet, in der die Symbolmaurer die Majorität erlangten. Darauf traten die Werkmaurer aus und gründeten 1776 eine eigene Loge, in die nur Werkleute aufgenommen wurden. Erst 1919 wurden auch verwandte Gewerbe, wie Maurer, Elektroingenieure, Steinpolierer und Steinbrucharbeiter aufgenommen.

Die Trennung der beiden Gruppen vollzog sich als innerliche Notwendigkeit, als der Bestand an gemeinsamen Interessen geringer wurde. Die Company blieb die Vereinigung der operativen, die Loge wurde die Sammelstelle der spekulativen Maurer. Über besondere geistige Betätigung der Logen schweigen sich die vorhandenen Akten aus. Sie erzählen von Gradarbeiten, einem Gebrauchtum und Geselligkeit. Die ersten erhaltenen Reden, so z. B. die Charge des Lord Kingston, geben allgemeine moralische Anweisungen, die sich auf das Gebrauchtum stützen. Von besonderen geistigen Geheimnissen, etwa im Sinne rosenkreuzerischer Esoterik, erfahren wir nichts. Die Society entlehnte von der Company die Gebräuche, sie dankte ihr ihren Bestand. Dann hat sie sich von ihr losgesagt und ging in das über, was wir heute Freimaurerei nennen.

Durch den Übergang vom Zunftzwang zur Gewerbefreiheit hat die Company of Masons allmählich jeden Zusammenhang verloren. Sie besteht wohl noch heute weiter, ist aber nichts anderes als eine jener livery companies von London, die ein großes Vermögen verwalten, gesellige und Wohlfahrtszwecke pflegen, eine sogenannte benefit society, die nach Conder nichts anders sind als eine auf historische Traditionen zurückblickende Art von Klubs.

Compass der Weisen, „von einem Mitverwandten der inneren Verfassung der ächten und rechten Freymäurerei beschrieben herausgegeben von Ketmia Vere“ (Berlin und Leipzig 1779), eines der wichtigsten Bücher für die Kenntnis der Rosenkreuzer im 18. Jahrhundert, galt nach Abafi lange als die „Bibel des Ordens“. Der eigentliche C. d. W. ist ein dreiteiliger alchimistisch-kabbalistischer Traktat, eine 94 Seiten lange Vorrede gibt „die Geschichte dieses erlauchten Ordens“ vom Anfang seiner Stiftung an deutlich und treulich vorgetragen.

Compasses (engl.), **Zirkel**; in Verbindung mit square (Winkelmaß) häufig Titel angelsächsischer Freimaurerzeitungen: Square and Compass.

Conachi, Vomicul Costache, rumänischer Dichter und Politiker, * 1777, † 1849, Thronprätendent der Moldau, war Freimaurer.

Concordisten, s. Studentenorden.

Condorcet, Marie Jean Antoine, französischer Mathematiker und Enzyklopädist, Sekretär der Akademie, * 1743, † 1794, Verfasser des berühmten Werkes „Esquisse d'un tableau historique des progrès de l'esprit humain“, in dem er die unbeschränkte Vervollkommnungsmöglichkeit des Menschen verfocht, war Freimaurer.

Condorcet-Littré, französische freimaurerische Organisation, die um die Sicherung des Nachwuchses namentlich aus intellektuellen Kreisen bemüht ist.

Conductor noviciorum (lat.), Novizenmeister im Klerikat (s. d.) der Tempelherren.

Confalonieri, Federigo, Graf, liberaler lombardischer Edelmann, * 1788, der seine Heimat frei und auf möglichst hoher kultureller und wissenschaftlicher Stufe zu sehen wünschte. 1814, nach der Okkupation von Mailand, Führer einer Deputation der provisorischen Regierung, die dem in Paris weilenden Kaiser Franz, eine Reihe nationaler Wünsche der Lombarden vortrug, die der Monarch zurückwies, wobei er gleichzeitig scharfe Maßnahmen gegen „Jakobiner und Freimaurer“ befahl. Im Verein mit anderen hervorragenden Mailändern suchte C. die modernen Errungenschaften, die er im Auslande kennengelernt hatte, nach der Lombardei zu verpflanzen. Man schuf öffentliche Gasbeleuchtung, eine Sparkasse, eine moderne Zeitschrift, den „Conciliatore“, Volksschulen nach schweizerischem Muster, Dampfschiffahrt auf dem Po. Namentlich in England studierte C. die Neuerungen der Zeit. Dort wurde er 1818 vom Großmeister Herzog von Sussex in Cambridge dem Freimaurerbund zugeführt, der ihn wegen seines übernationalen Charakters und des brüderlichen Geistes gegenseitiger Hilfe anzog.

Die Reformtätigkeit der Mailänder Patrioten wurde von Wien eingestellt; an Stelle der philanthropischen Betätigung trat nun ausgebreitetes Befassen mit der Politik, die letzten Endes auf Befreiungspläne hinauslief. Die Carboneria blühte auch in Lombardo-Venetien auf (s. Carbonari). C. hatte besonderen Einfluß auf einen Zirkel, dem Graf Luigi Porro Lambertheng i, der Dichter Silvio Pellico und andere angehörten. Die Konspiration gedieh aber nicht über die ersten Anfänge hinaus, zumal C. im Grunde kein richtiger Revolutionär war und das Gewaltsame verabscheute. (Vergl. Ricarda Huch: „Menschen und Schicksale aus dem Risorgimento".) Dennoch wurde nach dem Zusammenbruch des Aufstandes der liberalen Partei in Piemont 1821 auch C. und sein Mailänder Kreis verhaftet. Die Flucht, die ihm der Militärgouverneur Graf Bubna ermöglichen wollte, hatte er verschmäht. Trotzdem der „Carbonari-Prozeß" keineswegs ergab, daß C., wie die Anklage behauptete, mit dem Plane einer Generalrevolution umgegangen sei, wurden er und zahlreiche andere zum Tode verurteilt, nach einer vom Erzbischof von Mailand und vielen glänzenden Namen unterzeichneten, von dem berühmten Dichter Manzoni verfaßten, von der Kaiserin unterstützten Petition für C. aber zu lebenslänglichem Kerker begnadigt. Auf dem Transport in die Kasematten des Brünner Spielberges besuchte ihn in Wien Metternich, um ihn persönlich zu einem Geständnis über die „Verzweigung der liberalen Partei in Europa" zu bewegen. Die Mühe war vergeblich. C. mußte neben Silvio Pellico (vergl. dessen Buch „Meine Gefängnisse") und anderen in den furchtbaren Verliesen, bei auf Anordnung des Kaisers besonders unmenschlicher Behandlung, zwölf Jahre lang schmachten. Korrespondenz war verboten. Der Tod seiner aufopfernden Frau durfte ihm erst nach 18 Monaten mitgeteilt werden. 1835, nach dem Heimgang des Kaisers, erhielt C. die Freiheit. Er ging zuerst nach Amerika, wo er als „Märtyrer der Verbesserung des Menschengeschlechts" gefeiert wurde. Er trachtete dann in die Heimat zurückkehren zu dürfen. Die österreichische Regierung setzte es aber sogar durch, daß sein Aufenthalt in Frankreich und der Schweiz auf die allergrößten Schwierigkeiten stieß und er als Verfolgter und Rechtloser von Ort zu Ort ziehen mußte. Als 1848 die Revolution ausbrach, wollte der Schwerkranke nach Hause eilen. Er starb unterwegs im Hospital am Gotthard. Seine Beisetzung in Mailand wurde zu einer großen nationalen Kundgebung.

Confirmisten, s. Studentenorden.

Connaugth und Strathearn.

1. Herzog von, Prinz Arthur William Patrick Albert, Bruder des Königs Eduard VII. von England, * 1850, seit 1901 als dessen Nachfolger Großmeister der Vereinigten Großloge von England. Aufgenommen am 24. März 1874 durch seinen Bruder in die Prince of Wales Lodge Nr. 259, von 1886—1901 Provinzial-Großmeister von Sussex.

2. Prinz Arthur, Sohn des Großmeisters, * 1883, Provinzial-Großmeister von Berkshire.

Connecticut, Bundesstaat der Vereinigten Staaten von Nordamerika. 1750 wurde die erste Loge in New Haven von England eingesetzt, weitere Logen erhielten von verschiedenen amerikanischen Provinzial-Großlogen das Licht. Die berühmteste Bauhütte in der Geschichte der Freimaurerei von C. war zugleich die berühmteste Feldloge im amerikanischen Freiheitskrieg, die „American Union Nr. 1". Ihr Siegel zeigte eine Kette aus dreizehn Ringen, deren jeder einen der dreizehn im Kampfe stehenden Staaten darstellte. In den unglücklichen Schlachten von Long Island und Harlem wurde ein großer Teil ihrer Mitglieder getötet oder gefangen, unter letzteren der Stuhlmeister Br. Joel Clark. Aber die Überlebenden retteten die Logengeräte, führten sie auf dem abenteuerlichen Rückzug von New York mit und stellten in vom Schlachtenlärm erfüllter Weihnachtsnacht die Lichter hinter der neuen Linie am Delaware in einer roh gezimmerten Arbeitshütte wieder auf.

An Stelle des in der Gefangenschaft gestorbenen Stuhlmeisters wurde General Parsons gewählt und bald erfreute sich die Bauhütte des ständigen Besuches der großen Kriegsführer, namentlich auch Washingtons. In einer Arbeit, an der General Br. Israel Putnam teilnahm, wurde in feierlicher Weise das Andenken der Brr. Warren, Montgomery und Wooster, des ersten Stuhlmeisters der ersten Loge („Hiram") von C., geehrt, der drei Generale, die ihr Leben für die Sache der Unabhängigkeit geopfert hatten. In dieser Feldloge wurde auch der Plan geboren, alle amerikanischen Freimaurer unter Washington als General-Großmeister zu vereinigen. Am Johannistag 1779 traten mehr als 100 Brr. zusammen, um diesen Vorschlag zu besprechen. Die Versammlung nahm ihn enthusiastisch auf; einige Monate später wurde er von Delegierten mehrerer Regimentslogen und der Maurerei von sieben Staaten unter dem Vorsitz des Generals Gist neuerlich erörtert, aber er kam dann im Laufe der Begebenheiten doch nicht zur Ausführung.

Die bald nach der siegreichen Beendigung des Krieges, 1789 gegründete Großloge hatte 1930 in 125 Logen mehr als 46.000 Mitglieder. Adresse: Masonic Temple, Hartford, C.

Conrad, Michael Georg, deutscher Schriftsteller, jungdeutscher Realist, * 1846, † 1927, in Genf aufgenommen 1870 in die Loge „Union des Cœurs", später Meister vom Stuhl der von ihm mitbegründeten deutschen Loge „Pestalozzi" in Neapel bis 1877, lebte dann nach Aufenthalten in Lissabon und Paris in München, ohne aber am eigentlichen Logenleben in Deutschland weiter aktiven Anteil zu nehmen. Sehr eifriger, fortschrittlich gerichteter Freimaurer, der besonders in Findels Blatt leidenschaftlich für Reformen eintrat. Von ihm mehrere Aufsatzsammlungen, wie: Die Loge im Kulturkampf, Vom Reißbrett, Mehr Licht, Flammen für freie Geister, ein sehr schöner Nachruf für den Freimaurer Carlos von Gagern, u. a. m.

Consecration (engl.), Einsetzung einer Loge, Lichteinbringung.

Consecration, Elements of (engl.), s. Wein, Korn, Öl.

Conseil (frz.), **Council** (engl.), Rat, Bezeichnung für verschiedene Hochgradkörperschaften, bezw. Hochgradlogen. Suprême C., Supreme Council, Oberster Rat im A. u. A. Schottischen Ritus (s. d.).

Conseil Fédéral (frz.), Bezeichnung für den Bundesrat, z. B. der Grande Loge de France.

Conseil philosophique (frz.), Werkstätte des XXX. Grades (Areopag) des Grand Orient de France, in welcher der XIX. bis XXX. Grad erteilt wird.

Considérant, Victor, französischer philosophischer und sozialistischer Schriftsteller und Reformator, Anhänger der Lehren Fouriers, * 1808, † 1893, war Freimaurer.

Consolateur (frz.), Tröster, s. Frère Consolateur.

Console, Gustavo, Florentiner, Advokat in Florenz, Freimaurer, wurde in der „Bartholomäusnacht von Florenz" (3. und 4. Oktober 1925) von einem Fascistentrupp in Gegenwart seiner Frau und seiner Kinder mit acht Schüssen getötet (s. Fascismus).

Constant, 16 Briefe an, über die Freimaurerei, von Fichte (s. d.), zeigen diesen als begeisterten Anhänger des freimaurerischen Gedankens.

Constant, Alphonse Louis, vorher Abbé, französischer Schriftsteller, * 1816, † 1877, schrieb unter dem Pseudonym Eliphas Lévi Werke über religiöse Probleme, in denen sich bereits seine überquellende Phantasie bekundete und die ihm Kerkerhaft eintrugen, war später ganz der Magie und Kabbala ergeben, verfaßte „Histoire de la Magie", „Dogme et Rituel de la Haute Magie", „La Clef des Grands Mystères" usw. Er wurde 1861 Mitglied der französischen Loge „La Rose du Parfait Silence", trat aber infolge der abfälligen Kritik eines seiner Vorträge, den er als Redner der Loge hielt, bald wieder aus.

Constantisten, 1777 in Halle gegründeter Studentenverein, dessen Zwecke, Einrichtungen und hauptsächlich freimaurerischen Vorbildern nachgeahmte Gebräuche in der Hauptsache mit denen der Harmonisten (s. Harmonie und Studentenorden) übereinstimmten. In Wien hießen die Mitglieder „Brüder der Beständigkeit".

Constitution.

1. In der Mehrzahl Constitutions (engl.), die Satzungen. Daher Old Constitutions, auch bei Anderson, der in ihnen zusammenfaßt: History, Charges, Regulations usw. der altehrwürdigen Bruderschaft. Auch als Lehnwort im Deutschen für Großlogenverfassung gebraucht.

2. Die gesetzmäßige Einsetzung einer Loge durch eine Großloge. Daher: Constitution of a lodge.

3. Synonym: Patent, Warrant, Charter, Stiftungsbrief. Die Regelmäßigkeit einer Loge kommt zum Ausdruck durch die Unterstellung unter eine Großloge, die ihr ein Patent, Charter, Warrant ausstellt. Der Stiftungsbrief der Großloge gibt der Loge erst die Regularität. Nach amerikanischer Anschauung hat der besuchende Br. aus einer anderen Loge die Pflicht, sich auf seine Regelmäßigkeit prüfen zu lassen, er hat aber anderseits auch das Recht, die Vorlage des Stiftungsbriefes zu verlangen, um sich selbst zu überzeugen, ob er in einer regelmäßigen Loge zu Gaste ist. Der Stiftungsbrief liegt in angelsächsischen Logen bei jeder Arbeit als Beweis der Regelmäßigkeit auf.

Consummatum est, die Worte des Erlösers am Kreuz: „Es ist vollbracht." In einzelnen Hochgraden des Schottischen Ritus Schlußformel, zum Zeichen, daß die erteilte Lehre ihre Grenze erreicht hat.

Contaut-Biron, Anne Armand E., Vicomte, französischer Diplomat, * 1817, † 1890, Mitglied der Nationalversammlung 1871, Botschafter in Berlin 1878, verhandelte wegen der vorzeitigen Räumung der besetzten Gebiete, Senator, war Freimaurer.

Contreras, Juan, spanischer General, * 1815, † 1880, war Freimaurer.

Convents (frz.), Konvente (s. Konvente in Frankreich).

Cook, Sir Joseph, australischer Politiker. * 1860, wiederholt Ministerpräsident, 1913/14 Außenminister, Vertreter Australiens bei der Friedenskonferenz in Versailles, Hochkommissär, wurde 1927 Past-Grand-Deacon der Großloge von England.

Cooke.

1. Thomas Simpson, englischer Dirigent, Komponist und Sänger, * 1782, † 1848, Bearbeiter ausländischer Opern, schrieb Operetten, Begleitmusiken zu Dramen, war 1844 Großorganist der Großloge von England.

2. Thomas William, Earl of Leicester, englischer liberaler Politiker, * 1754, † 1842, hatte hervorragenden Anteil an der Entwicklung der englischen Landwirtschaft, nahm gegen den Krieg mit den amerikanischen Kolonien Stellung und brachte im Parlament den Antrag ein, die Unabhängigkeit der amerikanischen Kolonien anzuerkennen, überbrachte den Beschluß des Parlaments, der mit einer Mehrheit von einer Stimme gefaßt wurde, dem König Georg III., war Mitglied der „Union Lodge Nr. 52" in Norwich. 1819 Provinzial-Großmeister von Norfolk.

Cooke-Manuskript, zweitälteste bisher bekannte Handschrift der mittelalterlichen englischen Bauleute, etwa 1430—1440 entstanden. Das 1861 zum erstenmal veröffentlichte, im Britischen Museum aufbewahrte Pergament enthält eine Art Zunftsage und Anleitungen zu gewissenhafter Erfüllung der Zunftpflichten und zu sittlich-religiösem Verhalten in einem angehefteten „Book of our charges". Letzteres dürfte älter als das „Regiusgedicht" (s. d.) sein und aus dem Jahre 1388 aus Westengland stammen, ist von einem Geistlichen verfaßt und eine Abschrift zweiter oder dritter Hand. Auf diese Form gehen im wesentlichen die jüngeren Manuskripte zurück, die für den Logengebrauch der Brüderschaft bestimmt waren. Auch der Verfasser dieser History (in Wirklichkeit einer Reihe von Legenden), der, wie Sonnenkalb (s. d.) nachwies, im Ton eines Märchendichters berichtet, wünscht wie der Autor des „Regiusgedichtes" (Halliwell-Manuskript) den Nachweis zu führen, daß die Masonry das vornehmste Gewerk (Craft) sei, weil sie von der Geometrie, der ersten und angesehensten der sieben freien Künste, abstammt, daß sie das älteste aller Gewerke darstelle, da sie sich von Lamechs Sohn (also nur sieben Generationen nach Adam) herleite, und daß sie als würdigste Craft anzusprechen sei, weil so viele hohe Personen, Könige, Geistliche, Gelehrte, ihre Mitglieder waren. Die Geschichte hat aber auch den Zweck, das Alter, die Identität und die Autorität der „Pflichten" zu erweisen, die sie einleitet. Nach dem C.-M. gab schon Nimrod den Steinmetzen eine Charte, Euklid, „der Schüler Abrahams", verordnete Pflichten, desgleichen David, Salomo, König Karl II. von Frankreich, St. Alban (der Schutzheilige Englands), Prinz Edwin, der Sohn Athelstans. (Vergl. Wolfstieg, „Ursprung und Entwicklung...", 2. Bd.; s. Book of our charges; Manuskripte; Pflichten im einleitenden Teil.)

Copeland, Royal Samuel, berühmter amerikanischer Augenarzt, * 1868, Senator des Staates New York, Universitätsprofessor, Vorsitzender des Gesundheitsamtes der Stadt New York 1918—1923, Verfasser bedeutender medizinischer Fachwerke, ist Freimaurer.

Copin-Albancelli, Paul, französischer Publizist, der in den achtziger Jahren der Freimaurerei angehört und sie um 1890 verlassen hatte, betätigte sich dann mehr als 40 Jahre lang als leidenschaftlicher Antifreimaurer. 1900 gründete er mit Louis Dasté die Wochenschrift „A bas les Tyrans", aus der 1902 „La Bastille" wurde. Eine gleichzeitig ins Leben gerufene „Groupe des Amis de A bas les Tyrans" wandelte sich in die „Union Française Antimaçonnique" und in weiterer Folge in die „Ligue Française Antimaçonnique" um. C.-A. schrieb zahlreiche Schriften, gegen die Freimaurerei gerichtete Pamphlete, bemühte sich seit 1909 mit dem Abbé Flavius Brenier um die Schaffung eines geheimen internationalen antifreimaurerischen Komitees, das alle in gleicher Richtung strebenden nationalen Gruppen zusammenfassen sollte, wurde 1910 infolge von Streitigkeiten aus der „Ligue" ausgeschlossen, setzte aber seine Kampagne fort und trat noch anläßlich der Wahlen von 1928 mit einer neuen Organisation „Propagande d'Union française" hervor, die in „La Libération" betitelten Traktaten gegen die Freimaurerei zu Felde zog.

Coppino, Michele, italienischer Politiker und Schriftsteller, * 1832, † 1901, Unterrichtsminister 1876, Schöpfer des Gesetzes über den obligatorischen und unentgeltlichen Normalunterricht, war Mitglied der Turiner Loge „Ausonia".

Cordier de St. Firmin, Abbé, Historiker, Redner der Loge „Les Neuf Sœurs", war der freimaurerische Bürge Voltaires und führte ihn in dieser Eigenschaft am 7. Februar 1778 in diese Loge ein, * 1730, † 1816.

Córdoba, José Maria, kolumbianischer General, Held des Unabhängigkeitskrieges (1800—1830), war einer der Pioniere der Freimaurerei in Südamerika.

Cordon (frz.), Logenschärpe (s. Bekleidung).

Cordova, Filippo, italienischer Staatsmann, Minister in verschiedenen Kabinetten, * 1812, † 1868, war Mitglied der Turiner Loge „Ausonia", wurde 1861 Erster Deputierter Großmeisters des italienischen Großorients, nach Abdankung von Nigra Großmeister.

Corinth, Lovis, deutscher Maler und Radierer, * 1858, † 1925, lebte von 1890 bis 1900 in München, dann in Berlin. Er war einer der Führer der Sezession und schuf große religiöse und mythologische Werke, ungewöhnlich zarte Stilleben, bedeutende Porträts. Am bekanntesten wurden wohl „Perseus und Andromeda", „Rittner als Florian Geyer" und die „Pità". C. wurde 1890 Mitglied der Münchner Loge „In Treue fest". In die Münchner Zeit fällt die Entstehung seines Bildes „Die Loge" mit seinen markanten Männerköpfen.

Corner-Stone, der Eckstein eines Gebäudes, maurerisch gewöhnlich der in der Nordostecke, der, einem alten Brauche gemäß, in England und Amerika von Freimaurern auch bei öffentlichen Gebäuden, wie Schulen, Universitäten, Theatern, Kirchen, Regierungspalästen unter einem besonderen Ritual gesetzt wird.

Cornova, Ignaz, Jesuit und Professor an mehreren Gymnasien, * 1740, † 1822, nach Aufhebung des Jesuitenordens Professor der Weltgeschichte an der Prager Universität. 1776 schloß er sich der Prager Loge „Zu den drei gekrönten Säulen" an, trat dann später zur Loge „Wahrheit und Einigkeit" über. Sein für Prag verfaßtes Ritual wurde später von Feßler benutzt. Er hielt die erhaltene „Rede bey der Einweihungsfeyer des von unserer verklärten Landesmutter (Maria Theresia) dem Waiseninstitut zum hl. Johann geschenkten Hauses" (1781), veröffentlichte auch eine Geschichte des Waisenhauses (1785) und stellte als Zweiter Aufseher der Loge einen Antrag, bezüglich der Pflicht, für die hinterlassenen Kinder der Brr. zu sorgen (1791). Das anonym erschienene „Betbuch für Freymaurer" wird von Dr. Volf (Prag) ebenfalls C. zugeschrieben.

Cornucopia, das aus dem Horn der Ziege Amalthea hergestellte Füllhorn. In den englischen und, von dort übernommen, auch in deutschen Logen das Abzeichen des Schaffners.

Cornwallis, Charles, Marquess of, englischer General, * 1738, † 1805, diente in Deutschland, war dann Adjutant des englischen Königs, Gegner der Aktion Englands gegen die amerikanischen Kolonien, im Krieg mit diesen Befehlshaber in Süd-Carolina, besiegte 1781 Green, wurde bei der Kapitulation von Yorktown gefangengenommen, nach England zurückgekehrt, zum Generalgouverneur und Oberbefehlshaber von Indien ernannt, 1791 Vizekönig von Irland, erwarb sich dort große Verdienste um die Pazifizierung des Landes. C. ließ im amerikanischen Krieg den auf der Gegenseite im Kampfe gefallenen Freimaurer Baron de Kalb (s. d.) bei Cambden mit militärischen und freimaurerischen Ehren begraben.

Ćorović, Vladimir, Dr., jugoslawischer Historiker, Professor für südslawische Geschichte an der Universität Belgrad, * 1885 in Mostar, aufgenommen 1924 in der Belgrader Loge „Dossitije Obradović", deren Stuhlmeisteramt er versieht.

Correspondenz nannte man in deutschen Logen des 18. Jahrhunderts das gegenseitige Besuchsrecht. Es wurde durch einen Beschluß der Berliner und Hamburger Logen nur jenen Brr. gewährt, deren Logen einer Großloge unterstellt waren. Trotzdem wurden 1810 Brr. der

Altenburger Loge, die keiner Großloge unterstand, in Hamburg zum Besuche zugelassen.

Cossa, Pietro, italienischer Schriftsteller, * 1824, † 1881, Erneuerer der italienischen Literatur, schrieb erfolgreiche historische Dramen („Nerone", „Cola di Rienzo" usw.), war Freimaurer.

Costa.

1. Sir Michele, Komponist, * 1809 in Neapel, † 1884 in Hove (England), Operndirigent in London, Direktor der Philharmonischen Gesellschaft und der Königlichen Oper, war Mitglied der „Bank of England Lodge Nr. 263".

2. Andrea, italienischer Politiker, * 1851, † 1910, wurde 1882 als erster sozialdemokratischer Abgeordneter ins Parlament gewählt, Vizepräsident der Kammer, Vertreter der gemäßigten Richtung des Sozialismus, war Deputierter Großmeister des Großorients, blieb, auch als im sozialdemokratischen Lager die Unvereinbarkeit der gleichzeitigen Zugehörigkeit zur Freimaurerei und zur Partei ausgesprochen wurde, treuer Anhänger des Freimaurerbundes.

Costa, Da.

1. Hippolyte José, * in der Kolonie Sacramento in Portugiesisch-Südamerika, in Philadelphia Freimaurer geworden, übersiedelte zu Beginn des 19. Jahrhunderts nach Lissabon. Als der Polizeichef Diego Marrique (s. d.), ein geschworener Feind der Freimaurerei, von dessen Zugehörigkeit zum Bunde erfuhr, wurde er verhaftet, konnte aber an Bord der Fregatte „Phönix", des englischen Stationsschiffes, fliehen, die ihm den Schutz der englischen Flagge gewährte. Wenige Tage später begann eine allgemeine Verfolgung der Lissaboner Freimaurer, von denen viele nach Angola und Mozambique deportiert wurden. C. fand in England Asyl, schilderte seine Erlebnisse in zwei Bänden „Narrative of my persecution in Lisbon by the Inquisition for the pretended crime of Freemasonry" und machte sich dort als Verfasser eines Werkes über die Dionysischen Riten einen Namen.

2. Alfonso, gew. portugiesischer Gelehrter und Politiker, * 1871, Professor an der Universität Lissabon, 1910—1911 Minister im provisorischen Kabinett, 1920 Vorsitzender der Völkerbundversammlung. Die Trennung von Staat und Kirche in Portugal war vornehmlich sein Werk. C. ist Freimaurer.

Costa-Foru, G., rumänischer Publizist, gewesener konservativer Minister, * 1856, Generalsekretär der rumänischen Liga für Menschenrechte, Freimaurer, Kämpfer gegen Polizeiwillkür, wurde 1925 wegen seines unerschrockenen Eintretens für die Rechte der Minderheiten in Klausenburg von chauvinistichen Studenten überfallen und schwer verletzt.

Costarica, zentralamerikanische Republik. Die Freimaurerei wurde um 1865 eingeführt; in diesem Jahre erteilte der Großorient von Neu-Granada einen Stiftungsbrief für die Loge „Caridad" in San José, der im folgenden Jahre eine Gründung unter der Großloge von Kuba und unmittelbar hernach zwei weitere Bauhütten folgten. Die Gründungen waren dem Erzbischof von Guatemala, Manuel F. Barrutia, ein Anlaß, sich mit einem Schreiben voll schwerster Anklagen gegen die Freimaurerei an den freigeistigen Präsidenten von C., José Maria Castro (s. d.), zu wenden, der Stuhlmeister der Loge „Caridad" war; dieser wies die Einmischung energisch zurück. (Die beiden Schreiben vom 15. März und 10. April 1867 sind in „Documentos históricos referentes a la Mas.:. de Costa Rica" von A. G. M. Gillott, San José, C. R., 1926, abgedruckt.)

1871 wurde ein Oberster Rat des A. u. A. Schottischen Ritus eingesetzt, der den bestehenden Logen neue Konstitutionsurkunden ausstellte und bis 1875 sechs weitere Logen ins Leben rief. Infolge politischer Umwälzungen (Diktatur des Generals Guardia) mußten Oberster Rat und Logen ihre Arbeit einstellen. Ein Aufflackern 1888 war nur von kurzer Dauer. Nachdem dann von Guatemala aus Neugründungen erfolgt waren, erblickte 1899 die Großloge von C. das Licht. Erster Großmeister war Arthur G. M. Gillott. Unter der Großloge arbeiteten 1930 in sechs Logen gegen 400 Mitglieder. Die Grundgesetze entsprechen jenen der nordamerikanischen Großlogen. Adresse: Apartado Y, San José.

Coster, Charles de, der belgisch-flämische Nationaldichter, * 1827, † 1879, Dichter der „Flämischen Legenden" und des „Tyl Ulenspiegel", war Freimaurer. Er wurde 1858 in der Brüsseler Loge „Les vrais amis de l'union et du progrès réunis" aufgenommen und setzte 1865 in einem Logenvortrag den Plan seines Eulenspiegelbuches den Brr. seiner Loge zum erstenmal auseinander.

Cotisation (frz.), Logen-, bezw. Großlogentaxen.

Coty, François, Besitzer einer sehr bekannten französischen Parfümfabrik, Nationalist, behauptete in dem von ihm erworbenen Pariser Blatte „Figaro", die Freimaurer und Kommunisten hätten durch Vermittlung von „Herriot, Stuhlmeister der Loge ‚Garibaldi' in Lyon", einen Bund geschlossen. Nun hat aber Herriot niemals dem Freimaurerbunde angehört. Das ganze erwies sich als eine übelriechende Erfindung des Pariser Parfümeurs.

Council, (engl.), s. Conseil.

Coups (frz.), Schläge.

Couronne mystique, Chevaliers et compagnons de la, s. Mesmerianische Freimaurerei.

Court de Gébelin, Antoine, * 1725, † 1784, französischer protestantischer Gelehrter, Verfasser von 9 Bänden eines auf 30 Bände berechneten Werkes „Le Monde primitif analysé et comparé avec le monde moderne", königlicher Zensor, Preisträger der Académie, mit de Savalette de Langes einer der Gründer des Ordens der Philalethen (s. d.), Schriftführer der Loge „Les Neuf Sœurs", der Enzyklopädistenloge in Paris und Präsident der von Mitgliedern dieser Loge und anderen Freimaurern Ende 1780 gegründeten „Société Apollonienne" (s. d.). An seinem „Cours des allégories les plus vraisemblables des grades maçonniques" (1717) nahmen die bedeutendsten Brr. von Paris teil (Amiable).

Court of Honour (engl.), Ehrenhof, von

Pike geschaffene Institution der Südlichen Jurisdiktion von Nordamerika des A. u. A. Schottischen Ritus, bestimmt für Mitglieder, die dem Ritus besondere Dienste geleistet haben, zusammengesetzt aus den Trägern des XXXIII. Grades, den Aktiv-, Ehren- und emeritierten Mitgliedern des Obersten Rates, den Grand Crosses (s. d.), d. h. Trägern des Großkreuzes der Südlichen Jurisdiktion, und den Knights Commanders of the C. o. H. (s. d.).

Coustos, Johann, Diamantenschleifer und Steinschneider bernischer Herkunft, englischer Bürger, der in der ersten Hälfte des 18. Jahrhunderts aus England nach Lissabon kam, sich dort niederließ und eine Freimaurerloge gründete. Nach der Bulle Clemens XII. (s. d.) ging die portugiesische Inquisition mit besonderer Schärfe gegen die damals noch sehr dünn gesäten Freimaurer vor. C. wurde mit zwei französischen Brr., den Juwelieren Jacques Mouton und Thomas Braslé, von der Frau eines Konkurrenten der Inquisition denunziert und 1743 überfallen, blutiggeschlagen und in den Inquisitionskerker verschleppt. Neunmal wurden die drei Männer der Folter unterzogen, aber sie verrieten nicht einen der Namen. die man von ihnen zu hören hoffte. Braslé starb an den Folgen der Torturen. C. wurde schließlich als Protestant bei einem Autodafé in Lissabon in der Kirche des hl. Dominikus zu vierjähriger Kerkerstrafe verurteilt. C. gelang es, mit Hilfe der englischen Freimaurerei zu bewirken, daß der englische Gesandte auf Geheiß seiner Regierung seine Freilassung verlangte und durchsetzte. C. kehrte im Dezember 1744 nach London zurück und lebte dort, wie sich aus seinem seinerzeit vielgelesenen Buche „Unparalleled Sufferings of John Coustos", London 1746, ergibt, auch weiterhin im Anschluß an die englischen Logen. Das genannte Werk, als Kulturdokument schon wegen der bildlich dargestellten Folterszenen von hohem Werte, zeigt C. als Meister einer englischen Loge (s. Portugal).

Couvreur, frz. Bezeichnung für den englischen Tiler, deutsch Ziegeldecker, den Logenbeamten (Tempelhüter), der für die Dekkung (s. d.) der Loge zu sorgen hat.

Couvreur, Auguste, belgischer Politiker und Publizist, * 1827, † 1894, Vizepräsident des Abgeordnetenhauses, 1872—1874 und 1878 bis 1880 National-Großmeister des Großorients von Belgien.

Couvrir (frz.), decken.

Cowan, ein schottisches Wort, über dessen Etymologie sehr viel gestritten worden ist. Man hat seine Sprachwurzel im griechischen küon (Hund), im hebräischen cohen (Priester), sogar im französischen „Chouans" aufzufinden geglaubt. Wahrscheinlich hängt es mit dem gotischen kujon zusammen (hominem imbellem et cujus capiti omnes toto illudunt, kujon appellare moris est). Die Bezeichnung C. findet sich vom Jahre 1598 angefangen in freimaurerischen und Bauhüttenakten. Es wird unterschieden zwischen Master Mason, Fellow Craft, Entered Apprentice (Meister, Geselle und Lehrling) und den C. In den Akten der Loge Kilwinning wird darunter verstanden „without the word", d. i. ein Baumann, der das Wort, d. i. die wirkliche Weihe nicht empfangen hat, jemand, der das Bauhandwerk ausübt, ohne aber eigentlich ordentlicher Zünftler zu sein. Nach Jamiesons Wörterbuch der schottischen Sprache sind C. Leute, die Deiche oder Mauern aus trockenem Stein ohne Mörtel bauen, oder Leute, die als unausgebildete Maurer tätig sind. Die Bezeichnung hat etwas Wegwerfendes, um so mehr als C. im Zusammenhange, cowans, interlopers, eavesdroppers (Einschleicher und neugierige Aushorcher) gebraucht wird. Ursprünglich nur als Bezeichnung des unausgebildeten, nicht qualifizierten Baumannes gebraucht, bekam es später in der spekulativen Freimaurerei den Sinn, den wir heute dem Worte „der Profane" geben. Während es im Schottischen in den Akten der Loge Edinburgh (1599), der „Mutter Kilwinning" (1623, 1645, 1647) u. a. O. vorkommt, ist es im englischen Sprachgebrauche erst nach 1717 nachweisbar. Bei Prichard (1730) ist C. der Aushorcher und Ablauscher. Anderson verwendet das Wort erst 1738, wo er den Begriff „unaccepted Masons" durch C. ersetzt.

Der C. war in den Werklogen ein nicht gerne gesehener Hilfsarbeiter. Im ältesten Protokolle der Loge an der Marienkapelle in Edinburgh (1599) wird ein Meister getadelt, weil er C. beschäftigt. An anderen Orten gab es besondere Satzungen über C., die nur dann verwendet werden durften, wenn zünftige Bauleute in einem Umkreis von 15 Meilen nicht aufgetrieben werden konnten. Die C. hatten auch Gradstufen ihrer Ausbildung. Doch wurden auch „Meister Cowans" niemals in die Logen zugelassen, ebenso wie man es peinlichst vermied, ihnen die künstlerische Steinmetzenarbeit zuzuteilen oder zu erlauben.

Cowles, John Henry, Colonel, im Spanisch-amerikanischen Krieg Hauptmann, Großkommandeur des Obersten Rates (Supreme Council) A. u. A. Schottischen Ritus, Südliche Jurisdiktion der USA. in Washington, * 1863, auf zahlreichen ausgedehnten Reisen eifriger Förderer der internationalen maurerischen Zusammenarbeit, Altgroßmeister der Großloge von Kentucky, bewirkte eine Spende seines S. C. von einer Million Dollar zwecks Errichtung einer Fakultät für angehende amerikanische Diplomaten.

Cowley, Sir Arthur Ernest, * 1861, Bibliothekar der weltberühmten Bodleian Library in Oxford, die auch viele maurerische Schätze enthält, Verfasser wichtiger Quellenwerke zur Geschichte des Altertums, ist Mitglied der Apollo University Lodge, 357 (s. d.).

Cox, Daniel, auch Coxe, Milizoberst und Richter in West (New) Jersey, * 1673, war die erste Persönlichkeit, die in den Akten der Großloge von England in bezug auf Amerika genannt ist, aber auch der erste, dessen Ernennung zum Provinzial-Großmeister durch den englischen Großmeister in den Registern verzeichnet steht. Die „Copy of the Deputation to Daniel Cox Esqr. to be Provincial Grand Master of the Provinces of New York, New Jersey and Pennsylvania in America", gegeben vom Großmeister Herzog von Norfolk, ist mutmaßlich überhaupt das älteste Dokument dieser Art. C., der zur Zeit der Erteilung des Patents nicht in England war, erhielt die Bestallung erst im Jänner 1731, als er als „Provincial Grand Master of North America“ in der Londoner Großlogenversammlung feierlich empfangen wurde, übte dann aber anscheinend seine Prärogerative nicht aus. (Vergl. Sir Alfred Robbins, „English speaking freemasonry“, 1930.)

Craft, eigentlich Geschicklichkeit, Kunstfertigkeit, dann zur Bezeichnung des Gewerks oder der Brüderschaft. Von der spekulativen Freimaurerei aus dem Wortschatze der Handwerke und Zünfte übernommen zur Bezeichnung der Gesamtheit der Freimaurer. Im Deutschen ist das Wort in seiner jetzigen Bedeutung nur mit „die Kunst“ im übertragenen Sinne als Gesamtheit der Freimaurer zu übersetzen. Daher der englische Trinkspruch: The King and the Craft = Der König und die Kunst.

Craft degrees (engl.), die drei Grade der symbolischen Maurerei.

Craft Lodge, nicht seltene englische Bezeichnung für Symbolische, Blaue Loge.

Craftsman, in frühen freimaurerischen Schriften gleichbedeutend mit Freimaurer.

Craftsman, The, englische kritische Zeitschrift, herausgegeben von Caleb d'Anvers (Pseudonym für den satirischen Schriftsteller Nicholas Amhurst, 1697—1742), die aus Anlaß einer freimaurerischen Auffahrt der Earls von Loudoun und Darnley am 16. April 1737 einen heftigen Angriff gegen die Freimaurer veröffentlichte. Dieser Zeitungsartikel ist deswegen bemerkenswert, weil hier zum ersten Male gegen die Freimaurer der Vorwurf einer Mordtat erhoben wird. (Ermordung des Kapitäns Porteous, s. d.)

Craik, James, Dr. med., * 1730 in Schottland, † 1814, gehörte als Feldarzt zur unmittelbaren Umgebung Washingtons und begleitete ihn während der Feldzüge. Als Generalarzt der Armee zeichnete er sich wiederholt besonders bei Monongahela und Valley Forge aus. Er blieb Leibarzt Washingtons bis zu dessen Tode. Er war Mitglied der Loge Nr. 22 in Alexandria (Virginia).

Cramer, August Benvenuto, * 1826, † 1894, Apotheker, später Schriftsteller, schloß sich 1860 der Loge „Zu den drei Kleeblättern“ in Aschersleben an, 1872 der Loge „Harpokrates“ in Magdeburg, dann der „Siegenden Wahrheit“ in Berlin.

Dem neuentstandenen Verein deutscher Freimaurer wandte er sich begeistert zu, wurde auch geschäftsführendes Vorstandsmitglied, bis ihn 1889 Kränklichkeit zum Rücktritte zwang. C. war ein Reformmaurer großen Stils, der es versuchte, der deutschen Freimaurerei neuen Inhalt zu geben, daher lesen sich seine zahlreichen, in der von ihm 1878 begründeten Zeitschrift „Latomia“ niedergelegten Aufsätze auch heute noch gut und muten durchaus modern an. Die Zahl seiner Arbeiten ist unübersehbar. Sein Plan einer deutschen National-Großloge ist auch heute nicht erfüllt. C. gehörte wie Findel, Michael Georg Conrad u. a. zu jenem Kreise tätiger Freimaurer, die ihre vortrefflichen Reformideen gegenüber der schwerbeweglichen Masse nicht durchzusetzen vermochten. Er hatte im Gegensatze zu Findel viel Verbindliches, viele Freunde, aber ebensowenig Erfolg.

Crata Repoa, s. Afrikanische Bauherren.

Crawfurd, 20. Earl of, John Lindsay, englischer General, * 1702, † 1749, kämpfte in der kaiserlichen Armee unter Prinz Eugen 1735 gegen die Türken, stand dann in russischen Diensten, schottischer repräsentativer Peer, Mitglied der Loge „Mary's Chapel“ in Edinburgh, war 1734 Großmeister der Großloge von England.

Crawley, Chetwode, Dr. phil., irischer freimaurerischer Geschichtsforscher und Schriftsteller, * 1843, † 1916, Mitglied der Quatuor Coronati Lodge, förderte wichtiges Material über die Frühzeit der irischen Maurerei zutage. Hauptwerk: „Caementaria Hibernica“ (3 Bände). Aufgenommen 1873 in der Dubliner „Scientific Lodge Nr. 250“, Gründer und Meister der „Trinity Colleges Lodge Nr. 357“, wurde Großschatzmeister der Großloge von Irland und Großkanzler des Obersten Rates des A. u. A. Schottischen Ritus.

Credaro, Luigi, italienischer Philosoph und Staatsmann, * 1860, Universitätsprofessor, republikanischer Abgeordneter, radikaler Unterrichtsminister, gehörte einer der aufgelösten italienischen Logen an.

Credo der amerikanischen Freimaurer (nach einer offiziellen Verlautbarung der Großloge von New York, 1919): „Unser maurerischer Glaube ist, daß es einen Gott gibt, der der Vater aller Menschen ist, daß die Heilige Schrift eine göttliche Offenbarung darstellt, die für Glauben und Leben Richtschnur und Führung bildet; daß die Menschenseele unsterblich ist, daß der Charakter des Menschen sein Geschick bestimmt; daß die Nächstenliebe, nach der Liebe zu Gott, die erste Pflicht des Menschen ist; daß das Gebet als eine Beziehung des Menschen zu Gott wichtig ist. Auf diesem Felsen stehen wir vereint und unentwegt fest... Unseren alten Gesetzen gemäß kann nicht nur kein Atheist zum Maurer gemacht werden, es darf auch kein Atheist unsere Logen betreten.“

Crémieux, Isaac Adolphe, französischer Advokat und Politiker, * 1796, † 1880. Beim Ausbruch der Februarrevolution 1848 veranlaßte er die Familie Orléans zum Verlassen Frankreichs, wurde Justizminister der provisorischen Regierung, unterstützte zunächst die Kanditatur Louis Napoleons, schloß sich aber dann der Opposition an. Eine Zeitlang von Napoleon eingekerkert, trat er 1869 wieder in die politische Öffentlichkeit und wurde 1870 Mitglied der „Défense Nationale“ und Justizminister. Er beschloß seine politische Laufbahn als Senator. C. war Jude und begründete unter dem Eindruck der gräßlichen Judenverfolgungen im Osten die „Alliance Israélite Universelle“. Als Freimaurer war C. sehr eifrig tätig. 1848 begrüßte er namens der provisorischen Regierung die eine Proklamation überbringenden Brr. Dem Suprême Conseil des A. u. A. Schottischen Ritus stand er von 1869 an bis zu seinem Tod als Großkommandeur vor. Seine jüdische Abstammung, sein

Eintreten für seine Glaubensgenossen in Verbindung mit dieser hohen freimaurerischen Stellung hat zu der unausrottbaren, wenn auch ganz falschen Behauptung geführt, daß die „Alliance Israélite" die eigentliche Drahtzieherin der Freimaurerei, besonders der Hochgrade sei.

Crispi, F r a n c e s c o, italienischer Staatsmann, Garibaldiner, Führer der Linken im italienischen Parlament, * 1819, † 1901. Sein Leben als Insurgent, Emigrant, Parteichef, politischer Schriftsteller und zuletzt als Staatsmann ist reich an wechselvollen Schicksalsschlägen. C. wurde 1876 Kammerpräsident, bekleidete eine Reihe von Ministerstellen und war von 1893—1896 Ministerpräsident. Bekannt ist seine franzosenfeindliche Einstellung und sein aufrichtiges Eintreten für den Dreibund. Er gehörte der römischen Loge „Propaganda Massonica" an, veranlaßte die Gründung der Turiner Loge „Ausonia" und war deren Ehrenmitglied, geriet jedoch mit dem Grand Orient von Italien in Konflikt, als er gerade zur Zeit des lebhaftesten Kulturkampfes in Neapel eine papstfreundliche Rede hielt. Durch die gegen C. entfesselte Empörung in den Logen kam auch der Großmeister L e m m i zu Fall, der 1896 sein Amt niederlegte und von Ernesto N a t h a n abgelöst wurde.

Cromarty, G e o r g e M a k e n z i e, dritter Earl, † 1768, Anhänger des Prätendenten K a r l E d u a r d, zum Tode verurteilt und begnadigt, war 1737 Großmeister der Großloge von Schottland.

Cromwell, O l i v e r, Protektor der englischen Republik, * 1599, † 1658, gilt im irischen Volksglauben als Freimaurer. In einem irischen Volkslied: „O! Blarney Castle, My Darling" finden sich die Zeilen: „And because he was a Freemason, he mounted a battering-rame" und weiter: „Black Cromwell, he made a dark signal, for in the black art he was deep". C. galt in Irland als Besitzer der schwarzen Künste, die ihm übernatürliche Fähigkeiten verliehen. Daher im Volksglauben die Verbindung mit der Schwarzen Kunst der Freimaurer, als deren Gründer man ihn auch bezeichnete (A. Q. C. 1908/181).

Die Fabel, daß C. die Freimaurerei zu politischen Zwecken und zum Sturze der Dynastie begründet habe, geht zurück auf eine Schrift des französischen Abbé L a r u d a n (1746). Die dort angegebenen Zusammenhänge erweisen sich bei kritischer Nachuntersuchung als glatte Erfindung.

Crooke's Digest. Verwaltung und Arbeit großer amerikanischer Großlogen, wie etwa die Großloge von New York mit mehr als 300.000 Mitgliedern, zeitigen fortlaufend wichtige Beschlüsse. die in die Gesetzessammlung der Großloge aufgenommen werden müssen. Die Schwierigkeit für die Stuhlmeister besteht nun darin, daß sie in der kurzen Zeit ihrer Amtswaltung gar nicht in die Lage kommen können, sich mit der ganzen Legislative ihrer Großloge bekannt zu machen. Daher werden Gesetzessammlungen angelegt, die sich durch einen stark aufgeschlossenen Index den verantwortlichen Logenleitern als willkommene und leicht zugängliche Hilfe anbieten. Nachdem im Jahre 1886 bereits S i m m o n John C. G r a v e s und John F. C o l l i n s eine derartige Gesetzessammlung angelegt hatten, hat dann späterhin der New Yorker Abel C r o o k e eine solche geschaffen, die nach seinem Tode von einem eigenen Großlogenkomitee verwaltet und 1928 mit ausführlichem Index in zwei Bänden herausgegeben wurde. Dieser Ausschuß ist eine ständige Einrichtung geworden und legt alljährlich Berichte über den Stand der Gesetzessammlung vor.

Cross, J e r e m y, * 1783, † 1861, aufgenommen 1808, ein Schüler von Thomas Smith W e b b (s. d.), hatte sich eine derartige Kenntnis der Rituale angeeignet, daß er im Auftrage von amerikanischen Logen als Lehrer im Ritualgebrauche fungieren konnte. Er war gleichzeitig Grand Lecturer mehrerer Großlogen und durch seine vielen Reisen und mehrere grundlegende ritualistische Werke („The true Masonic Heart" 1819 u. a.), eine der bekanntesten maurerischen Persönlichkeiten seiner Zeit. Eine Zeitlang trug er sich auch mit der Absicht, einen eigenen Obersten Rat des Schottischen Ritus zu schaffen, gab diesen Plan aber wieder auf, stand jedoch 1851—1852 an der Spitze des sogenannten Obersten Rates des „Scottish Rite of Herodom". Unter anderem geht das Symbol der gebrochenen Säule (broken column) auf ihn zurück.

Crossle, P h i l i p, irischer freimaurerischer Forscher, gibt mit John L e p p e r (s. d.) die Geschichte der irischen Freimaurerei heraus. Der 1. Band ist 1925 anläßlich der Zweihundertjahrfeier der Großloge von Irland erschienen.

Cross-Legged Knights. Bei Beerdigungen von Templerrittern wurden die Beine des Leichnams gekreuzt (im Englischen cross-legged). Diese Stellung, die übrigens schon bei klassischen Darstellungen des Todes eine Rolle spielt (s. L e s s i n g, „Wie die Alten den Tod darstellten"), sollte an die Marterstellung des Heilands am Kreuze erinnern. In Bildwerken der Zeit wiederholt auf Sarkophagfiguren nachgebildet, spielte sie in der freimaurerischen Templerlegende eine große Rolle, indem Grabmäler in Schottland als Beleg für den Zusammenhang der Freimaurerei mit den Templerrittern herangezogen wurden.

Crowe, F r e d e r i c k J. W., Organist an der Kathedrale von Chichester, * 1864, † 1931, bekannter Sammler freimaurerischer Altertümer, die von der Großloge von England für ihre Musealbestände erworben wurden. Aktivmitglied der Quatuor Coronati Lodge, London, veröffentlichte er zahlreiche wertvolle Arbeiten so „Masonic Clothing and Regalia", „Things a Freemason should know". mehrere Belehrungsschriften, wie „What is Freemasonry", „The Master Masons Hand Book" u. a. m.

Crucefix, R o b e r t T h o m a s, Dr., englischer Arzt, * 1797, † 1850, Menschenfreund, begeisterter Freimaurer, 1829 in den Bund aufgenommen, Junior Grand Deacon der Großloge, machte sich besonders verdient um die Durchführung des Plans, ein der englischen Freimaurerei würdiges Asyl für alte Freimaurer und -witwen zu errichten, ein Gedanke, für den er von 1835 an mit großer Energie und noch größeren Opfern an eigenem Besitz kämpfte. Das heute in Croydon bestehende Altersheim, dessen Errichtung er allerdings nicht mehr erlebte, ist sein Werk. In der von ihm herausgegebenen „Freemason's Quarterly Review" trat er für seinen Plan mit außerordentlicher Wärme, als sich Schwierigkeiten zeigten, mit Schärfe ein. Es kam zu Meinungsverschiedenheiten und einer vorübergehenden Suspendierung, weil C. in einer von ihm geleiteten Versammlung heftige Angriffe auf die Großlogenleitung nicht zurückgewiesen und ein geharnischtes Schreiben, das er 1840 an den Großmeister Herzog von Sussex gerichtet hatte, in seinem Blatte veröffentlichte. Bis C. dann in einer eigens anberaumten außerordentlichen Großlogenversammlung sich entschuldigte und so die Beendigung des Konflikts ermöglichte.

Crudeli, Tommaso, Dichter in Florenz um 1740, * 1702, geriet als erstes italienisches Opfer des Kampfes gegen die Freimaurerei auf eigenartige Weise in die Kerker der Inquisition. Ein junger Florentiner Arzt, Dr. Bernardiono Pupiliani, verkehrte freundschaftlich mit einem Abbate Octaviano Bonaccorsi, der Mitglied der von Charles Sackville, Herzog von Middlessex, gestifteten ersten Loge in Florenz war und der seinem Freunde von den theologischen und philosophischen Erörterungen in der Loge erzählte (ob die Welt von Gott oder dem Zufall regiert werde, über die Unsterblichkeit der Seele, die Bewegung der Erde um die Sonne u. a. m.). Zur Osterzeit beichtete Pupiliani seinem Freunde, dem Domkanonikus G. G. Maria Guadagna, über seine Beziehungen zu einem Freimaurer, weshalb ihm geistliche Exerzitien bei den Jesuiten auferlegt wurden. Dort nahm ihn der Vikar des Inquisitors, der Jesuit Benoffi, neuerlich ins Verhör, wobei Pupiliani sich gerühmt haben soll, er kenne die Geheimnisse der Freimaurerei. Der Jesuit erstattete Bericht an die heilige Inquition, die eine Verfolgung des als Freigeist bekannten Logensekretärs C. und anderer Brr. anordnete. Der Freimaurer Baron Stosch erhielt Befehl, Florenz binnen drei Tagen zu verlassen, C. wurde am 9. Mai 1739 verhaftet und gefoltert. Nach Poppi verbannt, wurde er durch Vermittlung des Herzogs Franz Stephan bald freigelassen, hatte aber durch die körperlichen Qualen derart gelitten, daß er, erst 43 Jahre alt, am 27. Jänner 1745 an Bluthusten starb.

Cryptic Degrees, s. Kryptische Maurerei.

Csáky, Theodor, Graf, * 1834, † 1894. Erst Offizier, 1861 Reichstagsabgeordneter. Er war einer der Führer der ungarischen Emigration, agitierte an den Höfen Napoleons III. und Viktor Emanuels und regte bei Bismarck vor dem Ausgleich von 1867 die Gründung einer ungarischen Legion an. 1861 in der Loge „Szt. István" in Budapest aufgenommen, 1864 in Genf Gründer der Emigrantenloge „Ister", war er 1872 Zugeordneter Großmeister des Großorients von Ungarn.

Cuba, s. Kuba.

Cummings, William Hayman, berühmter englischer Sänger und Dirigent, * 1831, † 1915, Tenorist, auch in Amerika erfolgreich, Professor der Königlichen Musikakademie, Ehrendoktor der Universität Dublin, Dirigent der „Philharmonical Society", bedeutender Musikhistoriker, Verfasser einer Biographie von Purcell und des „Biographical Dictionary of Music", komponierte Chorwerke, Orchesterstücke, war Mitbegründer der Londoner Orpheus Lodge.

Curaçao, zu Holländisch-Westindien gehörende Insel an der Küste Venezuelas. Unter dem Großosten der Niederlande arbeiten zwei Logen, auf der zur Kolonie gehörenden Insel Aruba eine weitere Bauhütte. Unter der Großloge von England und unter der Großloge der Vereinigten Staaten von Venezuela ist je eine Loge tätig.

Curtis, Sir Roger, englischer Admiral, * 1746, † 1816, kämpfte in Afrika, Neufundland, blockierte 1781 die Franzosen bei Minorca, Oberbefehlshaber der Flotte in Portsmouth, war Mitglied der „Phoenix Lodge Nr. 257".

Cusins, Sir William George, englischer Komponist und Klaviervirtuose, * 1833, † 1893, Hoforganist der Königin Victoria, Dirigent der „Harmonic Society", Mitarbeiter am Musiklexikon Groves, schrieb ein Oratorium, Symphonien, Ouvertüren, Kammermusik, war Meister vom Stuhl der Londoner Jerusalem Lodge.

Custodian of the Work heißt in angelsächsischen Großlogen, besonders in Amerika, ein Großbeamter, dessen Aufgabe es ist, die Reinheit des Rituals und die Einheitlichkeit der freimaurerischen Arbeit in den Logen zu überwachen, insbesondere aber sein Gutachten über vorgeschlagene Ritualänderungen abzugeben.

Cypern (Cyprus), s. Zypern.

Czartoryski, Adam Kasimir, Fürst, * 1734, † 1823 polnischer Reichstagsmarschall. 1763 für den Thron vorgeschlagen, verzichtete er, „um dem Vaterland nicht im Wege zu stehen". C. war unter Joseph II. Feldmarschall und Chef der Galizischen Nobelgarde, im vierjährigen Reichstag Führer der Fortschrittspartei, Mitglied der Warschauer Loge „Les trois frères".

Czerwinski, Stanislaw, polnischer Minister für Kultus und Unterricht, † 1931, war ein eifriges Mitglied der Großloge von Polen.

D

Daiber, Albert Ludwig, sonst unbekannter Autor, der 1905 in Stuttgart eine Broschüre unter dem Titel „Elf Jahre Freimaurer" herausgab. Diese wertlose Schrift verzeichnet 1926 bereits eine Auflagenzahl von 72.000 Exemplaren. D., der Freimaurer gewesen ist, bekennt, um eine Illusion ärmer und eine trübe Erfahrung reicher geworden zu sein. Nach Wolfstieg (148) stellte er 1888 die Bücherliste der Loge „Modestia cum Libertate" in Zürich zusammen. In seinen Ausführungen vollkommen egozentrisch eingestellt, hat er lokale und persönliche Erfahrungen zum Anlaß genommen, um sich mit der Feder am eigenen Logenkreise und der Freimaurerei kleinlich zu rächen.

Dais, die erhöhte, überdachte Estrade für Ehrengäste bei einem Bankett usw. In der freimaurerischen Terminologie (frz. und engl.) der gewöhnlich erhöhte Osten der Loge.

Dalayrac, Nicolas, französischer Komponist, der 61 komische Opern schrieb und in seiner Zeit große Erfolge verzeichnete, * 1753. † 1809, war Mitglied der Pariser Loge „Nœuf Sœurs".

Dalberg

1. Karl Theodor Anton Maria, * 1744, † 1817, Reichsfreiherr von, letzter Kurfürst von Mainz und Kurerzkanzler, Erzbischof von Regensburg, später Fürst-Primas des Rheinischen Bundes und Großherzog von Frankfurt, befreundet mit Goethe, Schiller, Herder, Wieland, Gelehrter von Rang und als Mensch von hervorragenden Eigenschaften, war erster Stuhlmeister der 1781 gestifteten Loge „Johannes zur brüderlichen Liebe" in Worms und Illuminat (Crescens). Von ihm ein noch heute gerne gesungenes Maurerlied: „Laßt uns, ihr Brüder, Weisheit erhöhn". Die von Bode (s. d.) unter seiner Mitwirkung 1787 gestiftete Erfurter Loge erhielt zu seinen Ehren den Namen „Karl zu den 3 Rädern".

2. Wolfgang Herbert, Freiherr v., Bruder des Vorigen, hervorragender Theaterfachmann, Intendant des Mannheimer Theaters, * 1750, † 1806, veranlaßte Schiller, dessen Genie er als einer der ersten erkannte, zur Umarbeitung seiner „Räuber" für die Bühne und führte sie in ihrer neuen Form auf, die Bearbeitung der „Luise Millerin" ist ebenfalls auf seine Anregung zurückzuführen. Er stand auch zu Lavater in Beziehungen, war Mitglied der Wetzlarer Loge „Joseph zu den drei Helmen", spielte in der Strikten Observanz eine gewisse Rolle, nahm 1782 am Wilhelmsbader Konvent teil, war Mitbegründer der Wormser Loge „Johannes zur brüderlichen Liebe" und der Heidelberger Bauhütte „Karl zum Reichsapfel".

3. Johann Friedrich Hugo, Reichsfreiherr v., Bruder des Vorigen, Domkapitular in Trier und Worms, * 1760, † 1812, auch als Komponist, Klavierspieler und Musikschriftsteller bekannt, komponierte Klavierstücke, Kammermusik, zwei Melodramen nach Klopstock, schrieb „Vom Erfinden und Bilden", „Untersuchungen über den Ursprung der Harmonie" usw., war Mitglied der Wormser Loge „Johannes zur brüderlichen Liebe".

Auch andere Mitglieder der Familie gehörten dem Bunde an.

Dalcho, Frederick, Dr. med., * 1770 in London als Sohn eines preußischen Offiziers, der Freimaurer war. Nach Erlangung des medizinischen Diploms wanderte er nach Amerika aus, war längere Zeit Militärarzt und ließ sich dann als Arzt in Charleston nieder. Er betätigte sich späterhin auch als Geistlicher und schrieb Werke über die protestantische Kirche in Süd-Karolina. An der Gründung des Ersten Obersten Rates des A. u. A. Schottischen Ritus, des Mutter-S. C. von Charleston (1801), nahm er regsten Anteil, wurde Großkommandeur und beteiligte sich später führend an der Gründung der Großloge von Süd-Karolina 1817. Eine Art Verfassung für diese Körperschaft enthält sein „Ahiman Rezon", der in zwei Auflagen erschien. † 1836.

Dalen, Karl van, Dr. phil., Oberlehrer beim Kadettenkorps in Berlin, * 1816, † 1879, aufgenommen 1848 in Elberfeld, später in Berlin eifrig maurerisch tätig, war von 1871 bis 1879 Vorsitzender des Vereins deutscher Freimaurer. Sein Namen ist Begriff geworden durch den von ihm im Jahre 1861 begründeten, auch nach seinem Tode bis auf die Jetztzeit fortgeführten Freimaurerkalender (1931: 70. Jahrgang), zuletzt im Verlag von Bruno Zechel, Leipzig, erscheinend. Der „Dalen" ist ein statistisches freimaurerisches Handbuch in deutscher Sprache, das neben der deutschen Freimaurerei auch die der anderen Länder in Jahresübersichten vorführt.

Dalmatien, früher zu Österreich, jetzt zu Jugoslawien gehörig. Zur Zeit Napoleon I., als Teil des Königreiches Illyrien, Sitz mehrerer französischer Logen, so in Zara und Ragusa. Heute unter der Großloge „Jugoslavia" Logen in Dubrovnik (Ragusa), Kotor (Kattaro) und Split (Spalato).

Dalrymple, Sir David, Lord Hailes, schottischer Richter, * 1726, † 1792, lehnte es ab gegen den Philosophen Hume „wegen atheistischer Grundsätze" eine Untersuchung zu führen, schrieb „ Ancient Scottish Poems" usw., war 1774/75 Großmeister der Großloge von Schottland.

Damaskus, Hauptstadt der Republik Syrien (von Frankreich verwaltetes Völkerbundmandat). Unter einer der beiden National-Großlogen von Ägypten, der Grande Loge de France und einem Großsuperintendanten der Großloge von Schottland (in Kairo) arbeitet je eine Loge; zwei Bauhütten unterstehen dem Grand Orient de France. Auch dem in Syrien und im Großlibanon bestehenden Distrikt der Großloge von New York unterstehen in D. Logen.

Damasus Pontifex, Ordensname von Herder (s. d.) im Illuminatenorden.

Damen, Schottische, von Frankreich, frz. **Dames écossaises de France, de l'hospice de**

Paris, colline de Mont-Thabor, androgyner Ritus, gegründet 1810 durch die Loge „Le Mont-Thabor". Ein „Souverain Chapitre métropolitain" bearbeitete ein von de Mangourit (s. d.) geschaffenes schottisch-philosophisches Adoptionssystem. Mangourit führte den Titel eines „Général chef d'ordre des Dames écossaises de France", souveräne Großmeisterin war Joséphine de Richepanse. Die Grade zerfielen in:

Kleine Mysterien: 1. Apprentie. 2. Compagnonne. 3. Maîtresse. 4. Novice maçonne. 5. Compagnonne discrète.

Große Mysterien: 6. Maîtresse adonaïte, 7. Maîtresse moraliste.

Die Instruktionen der Grade lehrten Wohlfahrtspflege gegenüber Frauen und Mädchen. Das Kapitel, das viel Gutes hat, löste sich 1828 anläßlich des Todes seines Stifters auf (Ragon).

Damrosch, Leopold, Komponist und Dirigent, * 1832 in Posen, † 1885, nach Tätigkeit in Weimar und Breslau als Dirigent des Männergesangvereines „Arion" nach New York berufen, rief dort die für das Musikleben der Stadt wichtigen „Oratorio Society" und „New York Symphony Society" ins Leben, Ehrendoktor der Columbia-Universität, komponierte Lieder, Instrumentalstücke und Chorwerke („Siegfrieds Schwert" usw.), Gründer der deutschen Oper in New York und deren Dirigent. Liszt widmete ihm seine Kompositien „Triomphe funèbre du Tasse". D. war Freimaurer und leitete 1881 beim hundertjährigen Jubiläum der Großloge von New York den musikalischen Teil der großen Festarbeit.

Dänemark.

1. Bis 1927 galt es als feststehend, daß die 1743 vom russischen Diplomaten Baron Münnich in Kopenhagen gegründete und bis heute als älteste dänische Bauhütte bekannte Loge „St. Martin", in der es bereits 1744 zu einer Sezession kam, auch zuerst in Dänemark maurerische Tätigkeit entfaltete. Anläßlich der Einweihung des neuen Großlogen-Palastes der Großen Landesloge im Blegdamsweg in Kopenhagen 1927 wurden aber Mitteilungen veröffentlicht, denen zufolge schon früher freimaurerisch gearbeitet worden sein mag, denn schon 1741/42 wurde unter dem Protektorat des Königs Christian VI. und unter Mitwirkung der Königin Sofie Magdalena und dreißig fürstlicher und hochadeliger Persönlichkeiten die „Antimassonianische Societät" ins Leben gerufen, in deren Statuten als Bedenken gegenüber der Freimaurerei neben dem Geheimnis auch der Ausschluß der Frauen von der Mitgliedschaft angeführt wurde; Freimaurer und Personen, „die mit Verachtung von Gott und Religion sprechen", waren von der Mitgliedschaft bei der Societät ausgeschlossen. die sich 1750 mit der „Gesellschaft der guten Leute" vereinigte. Über die dänischen Freimaurer, gegen die sich die Bestrebungen der „Antimassonianischen Societät" richteten, bestehen aber nach wie vor keine positiven Mitteilungen. Die Loge St. Martin vereinigte in sich eine Reihe hochgestellter Persönlichkeiten, darunter auch den russischen Gesandten Baron von Korff. Die 1744 ausgetretenen Brr. unter Führung des späteren Kirchenrates Georg Nielsen beschafften sich durch Vermittlung der Hamburger Provinzial-Großloge ein Patent von England und gründeten 1745 die Loge „Zorobabel". Admiral Graf Christian Conrad Danneskjold Laurvig, * 1723, † 1783, erhielt 1749 vom englischen Großmeister Lord Byron für die Loge „St. Martin" eine Konstitution, wobei er gleichzeitig zum Provinzial-Großmeister für Dänemark und Norwegen ernannt wurde. Er stiftete daraufhin mehrere Logen, u. a. im gleichen Jahre die erste norwegische Bauhütte St. Olaus „Zum weißen Leoparden", Die Berliner Mutterloge „Zu den drei Weltkugeln" setzte dann eine dritte Loge „Zu den drei brennenden Herzen" und eine schottische Loge „Die vier flammenden Sterne" in Kopenhagen in Arbeit, was zu Streitigkeiten führte. 1762 stiftete der Sekretär der englischen Gesandtschaft, Charles Tullmann, der dann 1765 (englischer) Provinzial-Großmeister für Schweden wurde, die Loge „Phönix", in der dann die „Drei Herzen" aufgingen. Bis 1765 stieg die Zahl der dänischen Werkstätten auf insgesamt zehn. In diesem Jahre kam die Strikte Observanz durch Schubart (s. d.) ins Land. Die Logen wurden aufgelöst und eine Mutterloge „Zum Nordstern" und zwei Tochterlogen „Zorobabel" und „Phönix" errichtet, von denen die beiden ersteren sich 1767 zu einer einzigen „Zorobabel til Nordstjernen" vereinigten, in der dann später auch „Phönix" aufging. Kopenhagen wurde zur Präfektur Binin der Strikten Observanz. In Schleswig entstand die Präfektur Eydendorf. Die Arbeitssprache war deutsch, erst 1778 wurde eine dänisch arbeitende Loge eingesetzt. 1780 nahm die königliche Regierung Veranlassung, die Freimaurerei vor ausländischer Führung zu warnen, da von Hamburg aus verbreitet worden war, die damals noch dem Herzog von Braunschweig unterstehende dänische Freimaurerei sei wegen der Heermeisterschaft des Herzogs Carl von Södermanland (s. d.) von Schweden abhängig. In den folgenden Jahren genehmigte der König fallweise die Unterstellung unter einen ihm genehmen Großmeister. Auf Ferdinand von Braunschweig folgte Landgraf Karl von Hessen (s. d.). Dessen Bestellung ging die öffentliche Anerkennung der Freimaurerei durch königliche Kabinettsordre voraus. Landgraf Karl, dänischer Feldmarschall, führte 1782 das Rektifizierte Schottische System (s. d.) ein. Schon in den siebziger Jahren war er für die Ausbreitung der Freimaurerei in der Provinz tätig gewesen, 1775 erhielt in einer der ihm unterstehenden Logen in Schleswig Ludwig Friedrich Schröder (s. d.) den Meistergrad. Nach dem Tode des Landgrafen von Hessen wurde der Kronprinz, nachmals König Christian VIII., durch königlichen Erlaß General-Großmeister (1836).

Ihm folgte sein Sohn König Friedrich VII. Unter diesem nahm die Freimaurerei bedeutenden Aufschwung. Die in Helsingör errichtete Loge „Kosmos" erbat die Erlaubnis, die Schwedische Lehrart bearbeiten zu dürfen. Daraufhin ließ sich 1852 der königliche

General-Großmeister vom schwedischen Kronprinzen, dem späteren König Karl XV., auf Schloß Fredericksborg in das Schwedische System einweihen und nahm es 1855 als allgemein gültige Lehrart für seine Großloge an. 1858 wurde als achte Provinz des Schwedischen Systems die Danske Store Landsloge (Große Landesloge) in Kopenhagen eingesetzt. Da König Christian IX. nicht Freimaurer war, wurde 1862 der Geheime Konferenzrat Bræstrup Großmeister. Auf ihn folgte 1870 der Geheime Staatsrat Trap, 1872 trat Kronprinz Friedrich, der spätere König Friedrich VIII., an die Spitze der Großen Landesloge. 1882 richtete der Professor der Kirchengeschichte an der Kopenhagener Universität, Dr. Friedrich Nielsen, heftige Angriffe gegen das Schwedische System, das er als eine falsche christliche Lehre denunzierte. Seine aufsehenserregende Schrift „Frimureriet i Norden" hatte lange Polemiken zur Folge, in die auch auch der bekannte deutsche Freimaurer Schiffmann (s. d.) eingriff. Der Erfolg, den Nielsen beabsichtigt hatte, trat aber nicht ein.

Die Große Landesloge verzeichnet bis auf den heutigen Tag ein ständiges gedeihliches Wachstum. 1818 hat sie auch in Island Fuß gefaßt, indem sie in Reykjavik die Loge „Edda" gründete. Nach dem Schwedischen System arbeitend, ist die Freimaurerei in Dänemark ein christlicher Orden, an dessen Spitze der König als Protektor steht. Ordensmeister (Vicarius Salomonis) ist derzeit (1931) König Christian X. Unter ihm steht als Statthalter Prinz Harald von Dänemark. Die Große Landesloge umfaßt ein Provinzial-Kapitel in Odense, vier Andreaslogen, 17 Johannislogen und 28 Instruktionslogen, die Mitgliederzahl beträgt gegen 8000. Seit 1927 besitzt sie am Blegdamsvejen in Kopenhagen eines der prächtigsten Großlogenhäuser der Welt. Der von Holger Rasmussen errichtete Bau enthält in drei Stockwerken 340 Säle, Zimmer usw. Er erforderte einen Aufwand von $4^1/_2$ Millionen dän. Kronen.

2. Der Charakter der dänischen Großloge als christliche Freimaurerei veranlaßte zu Beginn des 20. Jahrhunderts die Gründung von humanitären Logen. Die Große Loge von Hamburg errichtete in Kopenhagen die in dänischer Sprache arbeitende Loge „Christian til Palmetrœet" und „De Gamle Pligter" (1900 und 1921), sowie die Loge „Ygdrasil" in Hillerød (1921). Die Große Landesloge von Dänemark hat daraufhin die Beziehungen zur Hamburger Großloge abgebrochen und deren dänische Bauhütten bis heute nicht anerkannt. Nach dem Weltkrieg erfolgten in Dänemark auch mehrere irreguläre Gründungen.

Dänemark, Königshaus.

1. Friedrich V., * 1723, † 1766, König seit 1746, war Mitteilungen aus seiner Zeit zufolge nach Freimaurer, hielt dies aber, wohl der gegnerischen Einstellung seines Vaters Christian VI. wegen, der Protektor und Mitglied der Antimasonianischen Societät (s. d.) war, geheim. Ein Schreiben im Archiv der Großen Landesloge von Dänemark an den Meister der Loge „St. Martin" anläßlich des Todes des Königs spricht vom „entschlafenen königlichen Bruder", auch in den im gleichen Archiv verwahrten Akten der Strikten Observanz findet sich eine von 1752 stammende Rede des Freiherrn v. Hund (s. d.), die F. als Freimaurer bezeichnet. Die Aufnahme erfolgte mutmaßlich zwischen 1744 und 1746 in der Loge „St. Martin", die Protokolle aus dieser Zeit, die Auskunft geben könnten, fehlen leider. (Vergl. K. L. Bugge „Det Danske Frimureries Historie".)

2. Friedrich VI., * 1768, † 1839, von 1784 an Regent, führte viele Reformen ein, seit 1804 König, soll von seinem Schwiegersohn, dem Landgrafen Karl von Hessen-Kassel, in den Bund aufgenommen worden sein.

3. Christian VIII., Friedrich, * 1786, † 1848, König seit 1839, wurde 1817 auf Schloß Odense in der Loge „Maria zu den drei Herzen" aufgenommen, wurde nach dem Tode des Landgrafen Karl von Hessen General-Großmeister von Dänemark, nahm auch nach der Thronbesteigung regen Anteil an den freimaurerischen Arbeiten.

4. Friedrich VII., Karl Christian, * 1808, † 1863, bestieg 1848 den Thron, gab 1849 seinem Lande eine demokratische Verfassung, wurde 1827 auf einer Reise in Genf in die Freimaurerei aufgenommen, dann in Dänemark von seinem Vater, dem König Christian VIII., 1839 der Odenseer Loge „Maria zu den drei Herzen" affiliiert, war als König General-Großmeister, nahm an der Entwicklung der dänischen Freimaurerei entscheidenden Anteil; vom schwedischen Kronprinzen Karl (dem späteren König Karl XV. (s. Schweden, Königshaus) in die höheren Grade der Schwedischen Lehrart eingeweiht, führte er 1855 an Stelle des in Dänemark bis dahin geübten Rektifizierten Systems die Schwedische Lehrart ein. 1858 wurde unter seiner Leitung als VIII. Provinz die Große Landesloge von Dänemark „Danske Store Landsloge" eingesetzt. Der König wurde nun Vicarius Solomonis (Ordensmeister) der VIII. Provinz.

5. Friedrich VIII., * 1843, † 1912, regierte von 1906 bis zu seinem Tode, wurde 1870 in der Kopenhagener Loge „Zorobabel und Friedrich zur gekrönten Hoffnung" aufgenommen, trat 1872 an die Spitze der dänischen Freimaurerei, zu deren Aufschwung er viel beitrug. Seine drei Söhne wurden ebenfalls Mitglieder des Ordens.

6. Christian X., * 1870, seit 1912 König, wurde 1889 zum Freimaurer geweiht, ist Vicarius Salomonis (Ordensmeister). Seine beiden Brüder:

7. Christian Friedrich Karl, G. W. A., * 1872, seit 1905 König Haakon VII. von Norwegen, und

8. Harald Christian Friedrich, Prinz von Dänemark, * 1876, wurden 1889 zusammen aufgenommen. Prinz H. ist Ordenskanzler und Deputierter Großmeister (Salomo's Tempels Statthalter) der Großen Landesloge.

Danenhower, Sloan, amerikanischer Marineoffizier, * 1885, Kommandant des „Nautilus" (des Nordpol-Unterseebootes von Wilkins), wurde am 8. April 1931 mit zwei anderen Mitgliedern der Besatzung, dem Chefingenieur Ralph D. P. Shaw und dem Hilfsingenieur Hilmar Carl Schnetter, in der Arcturus Lodge Nr. 274 in New York aufgenommen und auf Grund einer Dispenserteilung seitens des Großmeisters am gleichen Abend zum Gesellen und Meister befördert.

Danmark, Storlogen af, s. Danske Stor Orient.

Danske Stor Orient (Großorient von Dänemark) nannte sich bis 1929 eine 1919 entstandene, nicht anerkannte Großloge auf humanitärer Grundlage. Sie erhielt 1924 von dem damals noch existierenden, ebenfalls irregulären „Grande Oriente Italiano degli Antichi ed Accettati Liberi Muratori" des Dr. Eduardo Frosini (s. d.) ein Patent als dessen dänischer Zweig. Seit 1929 nennt sich der D. St. O. „Storlogen af Danmark af gamle, frie og antagne Murere" (Großloge der Alten, Freien und Angenommenen Maurer von Dänemark); sie umfaßt 16 Logen und arbeitet nach der englischen Lehrart.

Danton, Georges Jaques, Führer in der französischen Revolution, * 1759, † 1794, Justizminister, Gründer des Revolutionstribunals, Mitglied des Wohlfahrtsausschusses, dessen Außenpolitik er bestimmte. D. wurde vielfach als Urheber der Septembermorde bezeichnet. Das ist unrichtig. D. betrachtete überhaupt den Terror als Aushilfsmittel und mußte wegen dieser Anschauung über Betreiben von Robespierre 1794 die Guillotine besteigen. Als man ihm den Rat gab, ins Ausland zu flüchten, sprach er die berühmten Worte: „Nimmt man denn das Vaterland an den Schuhsohlen mit?" D. war Mitglied einer Pariser Loge.

Danzig (Freistaat unter dem Schutze des Völkerbundes). Solange D. zu Westpreußen gehörte, standen seine Logen in engstem Zusammenhange mit den Geschicken der preußischen Freimaurerei. Die älteste Bauhütte, die Loge „Eugenia zum gekrönten Löwen" („Drei Weltkugeln"), entstand 1777 als rechtmäßige Fortsetzung der bereits 1751 unter dem Namen „Aux trois niveaux" („Zu den drei Bleywagen") ins Leben getretenen ersten Loge. Diese hatte gerade eine Schwesterloge erhalten, „Zu den drei Sternen" (gegr. 1762 unter der Königsberger Kronenloge), als 1763 der Magistrat von D. die Freimaurerei verbot. Das Edikt rief in der deutschen Freimaurerwelt große Aufregung hervor und veranlaßte mehrere Gegenschriften. Die Eintrachtsloge in Frankfurt a. M. ließ drucken „den Beweis, daß der richterliche Spruch des Danziger Magistrats wider die dortigen Freimaurer ungültig und der Ehre der Richter nachteilig sei". (Vergl. Kneisner, „Geschichte der deutschen Freimaurerei ...", 1912.) Die Loge „Zu den drei Bleywagen" arbeitete trotz des Verbots weiter. Von den anderen Logen, die im Laufe der Zeit gegründet wurden, waren bei Kriegsende 1918 drei (darunter eine humanitäre unter Hamburg) am Werk.

Dazu kamen im März, bezw. Mai 1918 zwei altpreußische Bauhütten in Zoppot. Auch nach der Lostrennung D. von Deutschland durch den Versailler Friedensvertrag blieben die Logen bei ihren deutschen Großlogen; 1925 gesellten sich ihnen je eine Loge der Großen Loge von Preußen, genannt „Zur Freundschaft", und der Großloge „Zur Sonne", Bayreuth, so daß im Freistaate nunmehr acht freimaurerische Werkstätten wirken. Nach dem Krieg hat auch eine Tagung des Vereines Deutscher Freimaurer wieder in D. stattgefunden.

D'Arcy, Charles F., Dr. Reverend, irischer Lordprimas und Großkaplan der Großloge von Irland, betonte 1925 beim Dankgottesdienst in der St. Patrick-Kathedrale in Dublin anläßlich der Zweihundertjahrfeier der Großloge, daß die Freimaurerei in den schweren irischen Revolutionstagen nach dem Weltkrieg ein festes Band zwischen Norden und Süden des Landes gebildet habe.

Dargaud, Jean Marie, französischer Literat und Historiker, * 1800, † 1866, Vertrauter Lamartines, schrieb namentlich Biographien aus der englischen Geschichte, ferner „Histoire de la Liberté religieuse en France et de ses fondateurs", war Freimaurer.

Darmstadt, Hauptstadt des Freistaates Hessen. Im 18. Jahrhundert herrschte am Landgräflichen Hof in D. regstes freimaurerisches Leben. Dem Beispiel Ludwigs VIII. folgten Söhne und Enkel. Aus der von Offenbach nach D. verlegten „Gesellschaft der Arkadier" (s. d.) wurde nach der Aufnahme des Prinzen Ludwig (s. d.) in die Frankfurter Loge „Zu den drei Disteln" in Anlehnung an das System der Strikten Observanz 1768 die „Loge des hl. Ludwig derer Arkadier". Schon 1764 wird eine Loge „Zur weißen Taube" erwähnt. 1816 wurde die Loge „Johannes der Evangelist zur Eintracht" als Tochterloge des Eklektischen Bundes gestiftet. Seit 1846 ist D. Sitz der „Großen Freimaurerloge zur Eintracht in D.".

Diese Großloge ist aus dem Eklektischen Freimaurerbund hervorgegangen. Die Veranlassung gaben Streitigkeiten um das christliche Prinzip. Die Große Mutterloge suchte den Eklektischen Bund auf die Grundsätze des alten englischen Konstitutionenbuchs zurückzuführen und die Aufhebung der Bestimmungen im Gesetz und Ritual, die ein Bekenntnis zur christlichen Religion verlangten, in ihren Logen durchzusetzen. Sie sandte den Bundeslogen 1844 „ausführliche Erläuterungen" zu diesem Punkt. Drei Logen verharrten beim christlichen Prinzip: „Carl zum aufgehenden Licht" in Frankfurt a. Main, „Johannes der Evangelist zur Eintracht" in D. und „Die Freunde zur Eintracht" in Mainz. Sie protestierten und schieden aus dem Eklektischen Bund aus. Die geistige Führung im Kampf mit der Großen Mutterloge hatte die Frankfurter Loge; die Begründung der neuen Großen Freimaurerloge ging aus von dem Oberappellationsrat Joh. Friedrich Lotheissen von der Darmstädter Loge, der zusammen mit dem Ministerialrat Freiherrn von Rieffel vom Großherzog Ludwig II. von Hessen (selbst Freimaurer) die landesherrliche Bestätigung erreichte und der erste Großmeister der am 22. März 1846 ins Leben getretenen Großloge wurde. Die Bearbeitung von Hochgraden wurde ausgeschlossen, das christliche Prinzip jedoch festgelegt. Der Friede mit dem Eklektischen Bunde wurde schon 1847 wiederhergestellt.

1858 wünschte Großherzog L u d w i g III. als Protektor, daß sich die eklektischen Logen in Alzey, Offenbach, Gießen und Worms der „Eintracht" anschließen möchten. Da jedoch bezüglich der hinzugekommenen humanitären Logen das christliche Prinzip nicht reibungslos durchzuführen war, kam es zu einem Kompromiß, das den neuen Gliedern eine Ausnahmestelle einräumte. Schließlich gab die „Eintracht" 1873 das christliche Prinzip überhaupt auf und bekannte sich zur humanitären Auffassung.

Die Darmstädter Großloge darf es für sich buchen, daß sie als erste dem Gedanken einer Einigung der deutschen Freimaurerei nahetrat (1865). Im deutschen Großlogenbund hat sie dann diese Tradition jederzeit aufrechterhalten.

Die Großloge umfaßt heute zehn Johannislogen und zwei Kränzchen mit gegen 900 Brr. Sie gehört dem Deutschen Großlogenbund auch nach seiner Sprengung durch die altpreußischen Großlogen an.

Dartmoor in der englischen Grafschaft Cornwallis, Kriegsgefangenenlager zur Zeit der Napoleonischen Kriege. Französische Kriegsgefangene, zumeist Seeleute, begründeten hier die Loge „La Réunion" und mehrere Hochgradstufen. Wie bei der Überfüllung des Lagers (sechs Baracken für je 1500 Mann, die aber mit 11.000 Gefangenen belegt waren) maurerische Arbeiten abgehalten werden konnten, ist schwer verständlich (C r o w e in A. Q. C. 1907, 226).

Dartmouth, William H. L., Dr., Earl of, englischer Jurist, * 1851, langjähriger Whip (Einpeitscher) der konservativen Partei, seit 1893 Provinizial-Großmeister von Staffordshire.

Dassigny, F i f i e l d, Dr., irischer Arzt, * 1707, † 1744, schrieb das in seinem Todesjahr in Dublin erschienene Werk „A Serious and Impartial Enquiry into the Cause of the present Decay of Free-Masonry in the Kingdom of Ireland usw." Das später sehr lange verschwunden gewesene, 1867 von H u g h a n aufgefundene Buch, von dem nach der Wolfstiegschen Biographie nur drei Exemplare bekannt sind, ist eine Reformschrift, die den damaligen vorübergehenden Verfall eines Teiles der Freimaurerei schildert und die Mittel angibt, diesen aufzuhalten. Es ist auch darum wichtig, weil hier zum ersten Male in einer Druckschrift vom Bestehen von „Royal-Arch-Maurern" die Rede ist, die vorher nur in einem Logenprotokoll von 1743 erwähnt werden. D. nennt sie „a body of men who have passed the chair." Unter den Subskribenten des Buches, deren Namen nach englischer Übung mitgedruckt sind, findet sich auch the Honorable Mrs. A l w o r t h (s. d.), die „Lady Freemason".

David.

1. K a r l, Sohn eines Prager Fleischhauers, Jurist und Kreishauptmann, schlug sich im österreichischen Erbfolgekriege bei der Besetzung Prags durch die Bavern und Franzosen unter K a r l VII. auf die Seite der Bayern und organisierte einen Bauernaufstand gegen M a r i a T h e r e s i a. D. wollte nach Niederwerfung des Aufstandes fliehen, wurde aber gefangengenommen und zum Tode verurteilt. Als er das Schaffott bestiegen hatte (Juni 1743), wurde er im letzten Augenblick begnadigt und zu längerer Kerkerhaft nach Budapest geführt. Er gehörte der Prager Loge des Grafen P a r a d i e s an, die sich für die Herrschaft des bayrischen Kurfürsten erklärt hatte.

2. J a c q u e s L o u i s, französischer Maler, * 1748, † 1825, während der Revolution Konventsmitglied, Kunstdirektor, Hofmaler N a p o l e o n s, seit 1815 Emigrant in Brüssel (Hauptwerke: Schwur der Horatier, Schwur im Ballhaus, Tod Marats, Krönung Napoleons, Raub der Sabinerinnen, Leonidas, Porträts u. a.), war Freimaurer.

3. J a k o b J u l i u s, österreichischer Schriftsteller, * 1859, † 1906, war Mitglied der Wiener Loge „Zukunft". Hauptwerke, neben Gedichten und Erzählungen, der Roman „Am Wege sterben" und die Novellensammlung „Troika".

4. F e r d i n a n d, berühmter Violinvirtuose und einer der hervorragendsten Geigenlehrer aller Zeiten, * 1810, † 1873, Schüler von S p o h r (s. d.), hatte in ganz Europa große Erfolge, wurde von Mendelssohn, dessen berühmtes Violinkonzert er als erster spielte, als Konzertmeister an das Gewandhaus in Leipzig verpflichtet und war Professor des dortigen Konservatoriums, komponierte für Geige; berühmt durch eine Sammlung älterer Violinmusik „Hohe Schule des Violinspiels". Er wurde 1836 in der Leipziger Loge „Minerva zu den drei Palmen" aufgenommen.

Davis, J a m e s J., amerikanischer Arbeitsminister (Secretary of Labor) in den Kabinetten H a r d i n g, C o o l i d g e und H o o v e r, aus kleinsten Verhältnissen emporgearbeitet, in seinen Anfängen Zeitungsverkäufer, Schuhputzer, Laufbursche, Bergwerksarbeiter, später Beamter, ist Freimaurer, besitzt seit 1929 den XXXIII. Grad. In seinem ganzen amtlichen und privaten Wirken vertritt er den Geist der Bruderschaft („Fraternalism"), der nach seiner Anschauung allein Staat und Menschheit vorwärtsbringen kann. * 1873.

Davis, J o h n W i l l i a m, amerikanischer Politiker und Diplomat, * 1873, demokratisches Mitglied des Kongresses, Generalstaatsanwalt der Vereinigten Staaten, demokratischer Kandidat für die Präsidentschaft 1924, Botschafter in England, Mitglied amerikanischer Logen und (Titular-) Großaufseher der Großloge von England.

Dawes, C h a r l e s G a t e s, nordamerikanischer Finanzmann und Politiker, * 1865, hervorragendes Mitglied der republikanischen Partei, im Weltkrieg Oberst, dann Brigadegeneral, ist Freimaurer. D. verfaßte das berühmte „Dawes-Gutachten" über die deutschen Reparationszahlungen, 1923 wurde er zum Vizepräsidenten der Vereinigten Staaten gewählt.

Dayka, G a b r i e l, ungarischer Dichter, * 1769, † 1796, war katholischer Geistlicher, muße aber wegen seiner radikalen Ansichten aus dem Priesterstande austreten. Eifriger Freimaurer.

Daynes, Gilbert, Oberstleutnant und Rechtsanwalt, freimaurerischer Schriftsteller, * 1886, † 1931, im November 1930 als Stuhlmeister der Quatuor Coronati Lodge Nr. 2076 eingesetzt, verfaßte u. a. „The Birth and growth of the Grande Lodge of England" (1926).

Deacon (engl.), Diakon hieß ursprünglich in der Edinburgher und anderen schottischen Maurerlogen der Vorsteher, Meister. D., Warden, Praeses und später Master sind also gleichbedeutend. Später wechselt die Bezeichnung ihren Sinn. D. ist heute in den angelsächsischen Logen der Schaffner. Man unterscheidet den Senior- und den Junior-D. Ihr Abzeichen ist entweder die Sonne (Senior) und der Mond (Junior) oder, wie in England, eine Taube, in Anspielung auf jene, die Noah aussendete. Der Pflichtenkreis dieser Logenbeamten umfaßt die Einführung von Gästen und alle jene Aufträge, die der Meister vom Stuhl während der Arbeit erteilt. Der Senior-D. hat seinen Platz in der Nähe des Meisters, der jüngere in der Nähe des Ersten Aufsehers. Der Brauch der D. scheint mit Laurence Dermott (s. d.) nach England gekommen zu sein, wurde von den Altmaurern übernommen und ging dann auf die Vereinigte Großloge von England über.

Debierre, Charles, hervorragender französischer Mediziner und Politiker, * 1853, Professor, Senator, Präsident des Ordensrates des Großorients von Frankreich 1911—1913 und 1920—1921.

Debs, Eugen Victor, amerikanischer Arbeiterführer und Publizist, * 1855, † 1925, seit 1893 Präsident der amerikanischen Eisenbahner-Union, 1894 als Führer des Eisenbahnerstreiks wegen Bannbruches zu sechs Monaten Gefängnis verurteilt, 1897 Präsident des nationalen Rates der sozialdemokratischen Partei Amerikas, Mitarbeiter und Chefredakteur verschiedener Zeitungen, begeisterter Friedensapostel, der seine Überzeugung auch im Weltkrieg nicht verleugnete, 1918 wegen einer in Kanton (Ohio) gehaltenen pazifistischen Rede auf Grund des Spionagegesetzes zu einer Freiheitsstrafe von zehn Jahren verurteilt, die erst 1921 in eine Geldstrafe umgewandelt wurde, wobei aber D. seine bürgerlichen Rechte nicht zurückerhielt. Er war wiederholt Präsidentschaftskandidat, zuletzt 1920 während seiner Haft. Er erhielt bei dieser Wahl fast eine Million Stimmen. D. war Freimaurer. („Auf der Warte", 1926, S. 126.)

De Castro, José, portugiesischer Staatsmann und Publizist, * 1848, † 1929, Republikaner, Abgeordneter der Gesetzgebenden Versammlung, nach der Revolution von 1915 Ministerpräsident und Marineminister, war Zugeordneter Großmeister des Vereinigten Großostens von Lusitanien (Portugal).

Decazes, Elie, Herzog von, * 1780 † 1860, liberaler französischer Staatsmann, Ministerpräsident unter Ludwig XVIII., Pair von Frankreich, war von 1818—1821 und 1838 bis 1860 ein die Freimaurerei gegen alle Angriffe sehr energisch verteidigender Großkommandeur Großmeister des A. u. A. Schottischen Ritus von Frankreich.

Deckung.

1. Die erste Pflicht des Aufsehers einer Loge bei ihrer Eröffnung ist, „zu untersuchen, ob die Loge gehörig gedeckt" ist (engl. properly tiled, frz. couvert à l'extérieur). D. bedeutet also die durch persönlichen Augenschein erreichte Gewißheit, daß nur Freimaurer bei der Arbeit anwesend sind („Die Loge ist nach innen und außen gehörig gedeckt").

2. D. eines Br. (engl. demit, frz. démission) bedeutet ein Ausscheiden aus der Loge oder dem Bunde. Synonym mit Entlassung. Der Ausscheidende „nimmt seine D.", indem er unter Angabe von Gründen sein Entlassungsgesuch (D.-Gesuch) stellt, um „ehrenvolle D." bittet. Die Loge kann die D. verweigern, das heißt die Ausstellung des Entlassungsscheines versagen, wenn z. B. bei persönlichen Konflikten eine Beilegung versucht werden soll, oder wenn der betreffende Br. seinen Pflichten gegenüber der Loge noch nicht voll nachgekommen, z. B. mit Mitgliedsbeiträgen im Rückstande ist oder die Rückgabe des Logeneigentums (Bekleidung, Instruktionsschriften, Logenpapiere) verweigert. Die erfolgte D. wird bestätigt durch einen Austritts- oder Entlassungsschein (D.-Zertifikat).

Décors (frz.), gleichbedeutend mit maurerischer Bekleidung.

De Cristoforis, Malachia, italienischer Senator, * 1830, † 1916, gründete 1898 einen Großorient von Italien mit Sitz in Mailand. Er war bis 1915 dessen Großmeister und vereinigte ihn dann mit dem römischen Großorient. Er war Ehrengroßmeiser der italienischen Freimaurerei.

Defrenne, Joseph Maria Philippe, Baron, belgischer Dichter und Rechtsanwalt, * 1767, † 1834, war Gründer des Großorients von Belgien und 1833 dessen erster Großmeister.

Degen. Der Gebrauch von D. bei der Arbeit widerspricht dem ursprünglichen Gedanken der Freimaurerei. Er ist daher auch in den angelsächsischen Logen vollkommen unbekannt. Nur der Logenhüter trägt als symbolisches Abzeichen seiner Hütergewalt ein Schwert, das über seinem Sitze im Vorraum angebracht zu sein pflegt. Sogar gegen diesen symbolischen Gebrauch wetterte Laurence Dermott, der darin eine abwegige Neuerung erblickte. Auf dem Kontinent legten ursprünglich, ebenso wie auch heute noch in den humanitären Logen Deutschlands, Offiziere usw. die Waffe vor der Arbeit ab. Da der D. jedoch in Frankreich zum Gesellschaftskleide gehörte (Galanteriedegen) und da mit den Hochgraden, die im dritten Jahrzehnt des 18. Jahrhunderts entstanden, ritterliche Vorstellungen in die Freimaurerei eindrangen, kam auch der D. oder Dolch als Ritualgegenstand in Übung. Im allgemeinen verwenden D. nur jene Systeme, die selbst (Ritter-) Hochgrade weiterentwickeln, wie die Große Landesloge der Freimaurer von Deutschland. oder die einmal mit Hochgradsystemen in Verbindung standen. Ebenso spielt der D. in den Hochgraden des A. u. A. Schottischen Ritus eine Rolle.

Dégh, Schloß im ungarischen Komitate Veszprém und Fejér, der gräflichen Familie Festetics gehörig. Als die Freimaurerei in Österreich unter Franz II. bedroht wurde, rettete der Komorner Infanteriehauptmann Franz Xaver Adam von Aigner die Akten der österreichischen Freimaurerei nach Budapest und trat sie gegen eine Leibrente von 300 Gulden seinem Logenbruder Festetics ab. Auf diese Weise sind 115 Bände mit mehr als 10.000 einzelnen Aktenstücken, die sich mit der Freimaurerei, dem Gold- und Rosenkreuzertum, der Strikten Observanz u. a. m. beschäftigten, gesammelt erhalten geblieben. Die Manuskriptsammlung im Schloß D. dürfte die größte freimaurerische Manuskriptsammlung im Profanbesitz sein. Ihr Wert liegt in der fast lückenlosen Erhaltung der Geschichte der österreichischen Freimaurerei des 18. Jahrhunderts. Nach diesem Archive hat Ludwig Aigner-Abafi (s. d.) seine „Geschichte der österreichischen Freimaurerei" bearbeitet. In letzter Zeit veröffentlichte Arthur Singer (†), Budapest, mehrere unbekannte Akten.

Degree (engl.), Grad.

Deismus ist eigentlich Vernunftsreligion, die oft mit Theismus (s. d.) verwechselt wird. Der „Deist glaubt an einen Gott, der Theist an einen lebenden Gott." Aus dieser Definition Kants geht der Unterschied zwischen beiden klar hervor. Während der Theismus jene Glaubensrichtung verkörpert, die Gott für ein persönliches geistiges Wesen erklärt, das die Welt aus einem Willen heraus geschaffen hat und sie erhält und regiert, wozu er der Wunder bedarf, anerkennt der D. zwar ebenfalls die Wesenheit Gottes, negiert aber dessen wundertätiges Eingreifen in das Geschehen. Denn Gott hat mit der Welt zugleich auch die Gesetze geschaffen, nach denen sie sich aus ihrem unvollkommenen Zustande allmählich zur Vollkommenheit entwickeln soll. Ein Gott, der Wunder tun müßte, um die Welt im Gang zu erhalten, würde der Vollkommenheit entraten, ohne die er unvorstellbar ist. Gottes Wille zeigt sich also im gesetzmäßigen Geschehen in der Welt, vor allem in der Natur. Der D., der solches sagt, ist somit nicht ein Feind des Christentums, er verneint lediglich das Dogma der überweltlichen Wundererscheinungen. Religion ist in der Auffassung des D. „Anweisung nicht zum seligen, sondern zum sittlichen Leben" (Wolfstieg: „Philosophie der Freimaurerei").

Der Vater dieser aus den langen kirchlich-politischen Glaubenskämpfen hervorgegangenen religionsphilosophischen Bewegung war Eduard Herbert, Lord Cherbury (1583 bis 1648) — ein jüngerer Zeitgenosse des Philosophen Bacon of Verulam — der zuerst den Begriff und die Zugänglichkeit der natürlichen Religion entwickelte. Zu ihren Vorläufern gehörten auch die Latitudinarier des 17. Jahrhunderts, die alle konfessionellen Unterschiede der christlichen Gruppen für unwesentlich erklärten und nur die in der Heiligen Schrift niedergelegten „Grundwahrheiten" als bindend erachteten. Die namhaftesten Deisten, auch Freidenker (Freethinkers) genannt, waren dann John Toland (s. d.), der in seinem 1696 erschienen Werke „Das Christentum ohne Geheimnis" nachzuweisen suchte, daß in den Evangelien nichts Widernatürliches, aber auch nichts Unvernünftiges enthalten sei; Anthony Collins („Über das Freidenken, 1713"); Thomas Woolston (1669—1731), der in seinen „Abhandlungen über die Wunder unseres Heilands" die Wunder des Evangeliums zu prophetischen und sinnbildlichen Erzählungen umdeutete; Matthews Tindal, der in dem Buche „Das Christentum so alt wie die Schöpfung" erklärte, es gebe nur eine wahre Religion, die natürliche, die nichts anderes sei, als die Grundlage der Sittlichkeit. Diese Religion sei von allem Anfang an dagewesen; was man später in sie hineingelegt habe, sei Aberglaube. Auch der Staatsmann Viscount Bolingbroke dachte ähnlich. Zu den Deisten wird schließlich Lord Anthony Shaftesbury gerechnet, der mit seiner Diesseitsreligion der Schönheit und Tugend das ästhetische Ideal in den Mittelpunkt der Sittenlehre rückte. Ein Denker, der das große Sprachrohr aller derer war, die sehnsüchtig danach trachteten, das Ideal eines moralischen und politischen Zustandes herbeizuführen, der zur allgemeinen Glückseligkeit hinüberleiten sollte. In Frankreich leitete der D. die „Bataille de l'encyclopédie" ein (Diderot).

D. setzt einen hohen Grad von Toleranz voraus, insofern, als er die durch die kirchlichen Spaltungen gegebenen Gegensätzlichkeiten von vornherein ausschließt. Die Versuchung lag daher nahe, im D. eine der Wurzeln der Freimaurerei zu erblicken, dieser deistische Tendenzen nachzusagen. Klerikale Kreise bezeichnen den D. geradezu als Grundidee, Religion der Freimaurerei. Pachtler (s. d.) nennt ihn das „Patengeschenk des Freimaurerbundes von 1717". Auch Freunde der Freimaurerei und selbst Freimaurer haben ähnliche Gedanken geäußert. Hettner (s. d.), der kein Freimaurer war, nennt in seiner „Literaturgeschichte des 18. Jahrhunderts" die Freimaurerei eine „innere Mission der englischen Deisten." Wolfstieg (s. d.) behauptet in seiner „Philosophie der Freimaurerei", daß „manche Brr., ja ganze Systeme der Freimaurerei noch tief im D. stecken". Es geht aber trotzdem nicht an, D. und Freimaurerei (auch nicht die von 1717) einfach zu indentifizieren. In manchen Auffassungen von Religiosität, Sittlichkeit und Toleranz stimmte wohl die zeitgenössische freimaurerische Auffassung mit den Lehren der Deisten überein, ohne daß deswegen aber die Freimaurerei zur Deistenkirche geworden wäre. Die „Alten Pflichten" werden gerade in der englischen Freimaurerei in ganz anderem Sinne ausgelegt und gehandhabt. Schenkel („Die Freimaurerei im Lichte der Religions- und Kirchengeschichte") weist auch darauf hin. daß keiner der großen Deisten Mitglied des Freimaurerbundes war.

Immerhin dürfte aber der unleugbare Toleranzgedanke, der in der ersten „Alten Pflicht" Andersons (1723) eingeschlossen ist, doch von deistischen Gedankengängen beeinflußt gewesen sein. Wenn, wie anzunehmen ist, Dr. Theophilus Desaguliers (s. d.) auf die Redaktion der „Pflichten" Einfluß genommen hat, so spiegelt sich auch der Geist seines Kreises, der Royal Society, in deren eindringlichen Fassung. Man darf auch nicht vergessen, daß Anderson Dissentergeistlicher war, selbst unter religiösen Ausnahmsgesetzen stand und daher dem Gedanken der Toleranz ebenso zugänglich war wie etwa der große Dulder Comenius. Es ist auch bezeichnend, daß in den Konstitutionen Andersons der Gottesbegriff ganz farblos und allverbindlich wiedergegeben ist, während die früheren Konstitutionen, so noch der 1722 erschienene Roberts-Druck, einen genau definierten Kirchengott voraussetzten („You shall truly honour God and his holy Church"), ebenso wie Anderson auch nur von den staatlichen Obrigkeiten spricht, während Roberts ausdrücklich vom Könige spricht. Wenn also die Freimaurerei auch nicht als Kind des D. bezeichnet werden kann, ist sie doch als Erbin der aus dem D. geborenen Toleranzidee anzusprechen.

Dekabristen, russische Geheimbündler, die die erste revolutionäre Bewegung im Zarenreich anfachten, die am Tage der Erhebung mit dem verunglückten Petersburger Aufstand vom 14. Dezember 1825 ihr Ende fand. Von diesem Datum (D. = Dezembristen) haben die Träger der Bewegung, von denen fünf hingerichtet, die andern in die schreckliche sibirische Nacht verschickt wurden, später ihren Namen erhalten. Sie selbst nannten ihre politischen Geheimbünde anders: „Bund der Rettung", „Wohlfahrtsgesellschaft", schließlich „Nördlicher Bund" und „Südliche Vereinigung". Dazu kamen noch die „Vereinigten Slaven" und Mitglieder der polnischen „Patriotischen Gesellschaft". Ein großer Teil der D. stand in der Freimaurerei, die Führer fast ausnahmslos, vor allem auch ihr geistiges Haupt Pestel (s. d.). Aus den Logen trugen sie das Bekenntnis zur Humanität und Toleranz, das Streben nach Entwicklung eines allgemein gültigen Elements in ihre politischen Bünde, ein Streben, das es vorher in Rußland nur in den Bauhütten gegeben hatte. Der „Bund der Rettung" übernahm vom System der Freimaurerei eine Reihe von Zeremonien des Rituals, ferner die Einteilung in drei Grade. Der Neuling im Bunde hieß „Bruder", die zweite Stufe bildeten „Männer", die Führer waren im „Rat der Bojaren" (III. Grad) vereinigt. Auch von der „Patriotischen Gesellschaft" führten Brücken zum Freimaurertum. Diese polnischen Geheimbünde waren von Mitgliedern der „Nationalen Freimaurerei" (s. d. und Lukasinski) ins Leben gerufen worden. Die Sittenlehre des „Katechismus" der „Vereinigten Slaven" zeigte stark freimaurerischen Einschlag.

Von den Führern der D. war Pestel in den Petersburger Logen „Zur Sphinx" und „Zu den drei Tugenden" tätig; Fürst Sergej Trubetzkoj, die beiden Brr. Murawiew-Apostol, Nikita Murawiew und Fürst Wolkonsky gehörten der Petersburger Loge „Les Amis réunis" und später den „Drei Tugenden" an, Leutnant Kachowski den „Freunden des Nordens", Oberst Glinka und Bestuschew der Loge „Michael der Erwählte", Oberst Puschin war ebenfalls Mitglied der „Amis réunis", Oberstleutnant Batemkow (s. d.) gehörte zuletzt zur „Fackel des Ostens". Dieser war einer der ganz wenigen, denen es nach dreißigjähriger sibirischer Gefangenschaft beschieden war, wieder in die Heimat zurückzukehren. 1863, als Siebzigjähriger, schrieb er folgende Sätze über sein Freimaurertum nieder: „Während meiner Einzelhaft, während meiner ganzen Jugend ohne Bücher, ohne Gesellschaft eines lebenden Wesens — was zu unserer Zeit niemand, ohne sich zu entleiben oder wenigstens den Verstand zu verlieren, hätte ertragen können — hatte ich in meinen grausamen seelischen Qualen gar keine Hilfe, bis ich allem Äußeren entsagte und mich in mein Inneres versenkte. Ich wendete damals die Methode der Freimaurerei an, um die vor mir erstandene neue Welt zu übersehen und einzurichten. So festigte ich mich und überlebte die vielfachen Anwandlungen von Tod und Verzweiflung." (Vergl. Ernst Friedrichs „Geschichte der einstigen Maurerei in Rußland", Berlin 1904.)

Dekker, Eduard Douwes (Pseudonym **Multatuli**), holländischer Schriftsteller, * 1820, † 1887, verfaßte u. a. den autobiographischen Roman „Max Havelaar", in dem er auf Grund seiner Erfahrungen im holländischen Kolonialdienst die dort herrschenden Zustände scharf geißelte. D. war Freimaurer.

Dél („Mittag"), ungarische freimaurerische Zeitschrift, begründet und herausgegeben von Max Bakonyi (1908—1909).

Delagoanère, Johann Peter, erster Großmeister der Großen Loge der Freimaurer, genannt „Royal York zur Freundschaft", † 1802, hoher Staatsbeamter in preußischem Dienste, dann Konsul in La Coruna, war Meister vom Stuhl der Loge „Royal York", erhielt in dieser Eigenschaft später den Titel eines Großmeisters und wurde im Juni 1798 Großmeister der neugegründeten Großen Loge. D. legte sein Amt einige Monate später nieder, als er nach La Coruna übersiedelte.

De la Rey, Jacobus Herklaas, Mitglied des Volksrates der Südafrikanischen Republik, * 1847, † 1914, im Burenkrieg wiederholt siegreicher General, war Freimaurer.

Delaulnaye, François Henry Stanislas, französischer maurerischer Schriftsteller, Verfasser der „Mémoires sur la Franche Maçonnerie", 1806, des „Tuileur des 33 degrés de L'Ecossisme du Rite ancien dit accepté" u. a. In dem letzteren Werke versucht er mitunter sehr kühne etymologische Erklärungen der verschiedenen Symbolworte, die mitunter um so absurder sind, als D. anscheinend das Hebräische nur schlecht beherrschte.

Delaware, Bundesstaat der Vereinigten Staaten von Nordamerika. Die Großloge, gegr. 1806, zählte 1930 in 22 Logen mehr als 6000 Mitglieder. Adresse: Masonic Temple, Wilmington, D.

Delhi, Hauptstadt des Indischen Reiches und zugleich der indischen Provinz Punjab. Unter der Distrikts-Großloge Punjab der Großloge von England arbeiten hier zwei Logen, unter dem Großmeister der „All Scottish Freemasonry in India" eine Bauhütte. Der Sitz der Distrikts-Großloge Punjab befindet sich in Lahore.

Delille, Jacques, Abbé, * 1738, † 1813, Dichter, Professor am Collège de France, auf Vorschlag von Voltaire Mitglied der Académie française, Übersetzer von Virgil, Milton und Pope, Verfasser von Dichtungen didaktischen Charakters („Les Trois règnes de la nature" usw.), einer der berühmtesten Literaten des 18. Jahrhunderts, dessen Georgica-Übersetzung in Versen Voltaire „un des ouvrages qui font le plus d'honneur à la langue française" nannte, der „Watteau der Poesie". Er war Mitglied der Pariser Loge „Neuf Sœurs" (s. d.).

De los Rios, Fernando, Justizminister der provisorischen Regierung der zweiten spanischen Republik, Neffe des berühmten Giner D. l. R. (s. d.), Sozialist, nach Studien in Madrid, an der Sorbonne, in London und Deutschland Professor des politischen Rechtes in Granada, Cortesabgeordneter, Gegner des Bolschewismus in seinem Buch „Meine Reise nach Sowjetrußland", ist Mitglied des Großorients von Spanien.

Demiurg, Werkmeister, Weltbaumeister, Bildner des Weltalls, so bezeichnet Platon Gott. Ebenso nennt die Freimaurerei, getreu ihren werkmaurerischen Traditionen, Gott den „Allmächtigen Baumeister aller Welten" (A. B. a. W.).

Demokratie. Indem sich die Freimaurerei adogmatisch als ein Bund von Männern bekennt, die einig sind „im Streben nach geistiger und sittlicher Veredlung, und zwar ohne Rücksicht auf Rasse, Nationalität, Glauben, gesellschaftliche Stellung oder Parteizugehörigkeit", von Männern, die verpflichtet sind, „gegen jedermann, in und außerhalb der Loge, Gewissens-, Glaubens- und Geistesfreiheit zu üben, entsagt sie als Korporation jedem politischen Bekenntnis, also auch zur demokratischen Gesinnung als einer Parteigesinnung oder auch nur zur demokratischen Staatsform. Lehnt sie so jedes Einrücken in eine politische Kampffront auch für die D. ab, so macht sie doch gleichzeitig den innersten Kern jeder demokratischen Kulturauffassung der D. zu ihrem eigenen Inhalt, nämlich vor allem das Festhalten an dem nur relativen Wahrheitsgehalt jeder nationalen, klassenmäßig oder sonst wie immer orientierten Parteiüberzeugung. Das Erkennen der Relativität jeder Wahrheit heißt aber zugleich die Möglichkeit, ja geradezu die Regelmäßigkeit des Irrens bei allen menschlichen Weg- und Zielstreben zugeben. Diese Erkenntnis ist die notwendige Voraussetzung aller Toleranz, aller Glaubens-, Gewissens- und Geistesfreiheit, dieser wesentlichen Kriterien der D. als Kulturform. D. und Freimaurerei gehen also beide von dieser gleichen Grundeinsicht aus und gelangen von ihr zu den gleichen Postulaten, die Freimaurerei im Rahmen ihres Bundes, die D. jetzt im Rahmen der Staaten.

Demokratischer Gedanke der englischen Lehrart, kommt darin zum Ausdruck, daß sie die symbolische, blaue Johannismaurerei als ein in sich und nach außen abgeschlossenes Ganzes darstellt, das alle höheren Grade als nicht integrierende Teile betrachtet. (Fischer-Kretschmer, „Katechismus", IV. Teil.)

De-Molay-Orden, amerikanischer Jugendorden. der 1919 von dem Freimaurer Frank S. Land unter dem Protektorate von Würdenträgern des A. u. A. Schottischen Ritus in Kansas City gegründet wurde. Er gab sich seinen Namen nach dem letzten Großmeister des Templerordens und nimmt Freimaurersöhne, nahe Verwandte von Freimaurern und deren Freunde im Alter von 16 bis 21 Jahren auf. Die Entwicklung ging außergewöhnlich rasch vor sich. Heute zählt der Bund zehntausende Mitglieder. Seine Lehre hat eine stark maurerisch-ethische Grundlage: die Mitglieder verpflichten sich zur Eltern- und Vaterlandsliebe, Sittenreinheit und treuer Kameradschaft. Von Wichtigkeit sind Kurse in amerikanischer Bürgerpraxis. Der Orden besitzt ein eigenes, von Frank A. Marshall geschaffenes Ritual mit zwei Graden, deren erster, der Einweihungsgrad, auf symbolischen Reisen die Kardinaltugenden einprägt und die Jungen aneifert, bessere Jünglinge, Männer und Staatsbürger zu werden, während im zweiten, dem historisch-dramatisch gestalteten De-Molay-Grad der Flammentod des Großmeisters eine große Rolle spielt. An der Spitze des Ordens steht seit 1921 ein Großer Rat (Grand Council), dem nur Freimaurer angehören. Jedes Kapitel wird von einer maurerischen Körperschaft betreut. Mitglieder, die 21 Jahre alt geworden sind, können an den Versammlungen erst wieder teilnehmen, wenn sie sich dem Freimaurerbund angeschlossen haben.

Deniers de la veuve, in belgischen Logen früher übliche Ersatzmünzen, die bei der Spendensammlung verwendet wurden. Der Spender kaufte eine solche Münze vor der Arbeit gegen einen ihm gutdünkenden Betrag, so daß bei der Armensammlung selbst alle Brr. symbolisch den gleichen Münzbetrag entrichteten.

Denier van der Gon, Dr. Willem H., leitender Redakteur der holländischen freimaurerischen Zeitschrift „De Vrijmetselaar" * 1858, aufgenommen 1898 in der Loge „Sint-Lodewijk" in Nijmegen, namentlich auf dem Gebiet der freimaurerischen Symbolik, Ritualistik und Esoterik ungemein verdienstvoll.

Denis, Michael, Abbé, * 1729, † 1800, österreichischer Exjesuit, Dichter und Bibliograph, Lehrer am Theresianum in Wien, ganz unter dem Einflusse Klopstocks stehend, dessen Art er als „Barde Sined" nachahmte, Vertreter des Gedankens einer deutsch-österreichischen Union, eifriges Mitglied der Loge „Zur wahren Eintracht" in Wien und Mitarbeiter an deren „Physikalische Arbeiten der Einträchtigen Freunde in Wien".

Denkmünzen, Medaillen. Die ältesten Freimaurergedenkmünzen sind die auf Lord Sackville, Herzog von Middlesex, 1733 in Florenz geschlagene, die Absalom-Medaille Hamburg 1742, die Martin-Folkes-Medaille 1743 in Rom. Die im Jahre 1726 geprägte Sporck-Medaille ist nicht freimaurerisch. Besonders in Deutschland, Frankreich, im letzten Jahrhundert auch in Belgien sehr beliebt, ist das freimaurerische Medaillenwerk derart angewachsen, daß es sich zu einer Spezialwissenschaft entwickeln konnte. Das erste Werk über Freimaurermedaillen ist die „Numotheca Numismatica Latomorum" von Ernst Zacharias (1840—1846). Ihr folgte 1851 das Werk von Dr. Merzdorf: „Die Medaillen der Freimaurerbruderschaft". In deutscher Sprache am erschöpfendsten ist das Medaillenwerk der Hamburgischen Zirkel-Korrespondenz:

„Abbildungen freimaurerischer Denkmünzen und Medaillen" (s. Wiebe). Von englischen Werken sei erwähnt: Marvin, „The Medals of the Masonic Fraternity", Boston 1880, Shackles, The Medals of British Masonry", 1901, Lane, „Centenary Warrants and Jewels". Das erste Medaillenkabinett legte die Wiener Loge „Zur wahren Eintracht" 1784 an. Große Medaillensammlungen finden sich in Hamburg, London, Bayreuth, Berlin und in Privatbesitz.

Denslow, Ray Vaughan, amerikanischer Journalist, * 1885, Redakteur der „Trenton Daily News" 1911—1921, veröffentlichte Werke über die Geschichte der Freimaurerei im nordamerikanischen Westen, u. a. „Territorial Masonry", Mitarbeiter des „Builder", wurde 1906 in der „Censor Lodge Nr. 172" in Macon (Missouri) aufgenommen, ist Herausgeber des „Missouri Grand Lodge Bulletin".

Denunzianten, freiwillige Hilfsorgane der polizeilichen Überwachungsbehörden, die, in der Absicht, Gunst, Stellen oder bare Entlohnung zu erlangen, der Polizei Meldungen über Absichten. Vorfälle und Gesinnungen ihrer nächsten Umgebung erstatten und so in ihrer Gesamtheit die Behörden auf geheimen Wegen über die Stimmung der Bevölkerung auf dem laufenden erhalten. Die D. bildeten, vom Beginn der französischen Revolution angefangen, bis in die siebziger Jahre des vorigen Jahrhunderts ein unentbehrliches Hilfsmittel der geheimen Polizei aller Staaten und müssen namentlich auch als ein charakteristisches Merkmal des vormärzlichen Regimes und vor allem des Metternichschen Systems angesehen werden, unter dem sie allmählich eine immer weiter um sich greifende Verseuchung der öffentlichen Moral bewirkten und eine Atmosphäre allgemeinen Mißtrauens schufen. Bei der Bekämpfung, bezw. Unterdrückung der Freimaurerei durch staatliche Organe spielten und spielen überall D., die vielfach frei erfundene oder absichtsvoll entstellte Meldungen über Freimaurer und deren Tätigkeit erstatteten, eine ausschlaggebende Rolle. Von den Spitzeln (s. d.) unterscheiden sich die D. im allgemeinen dadurch, daß sie in keinem festen Verhältnis zu den Behörden stehen und mehr in der Hoffnung auf Vorteile oder aus Rache, persönlicher Feindseligkeit oder aus Konkurrenzgründen fallweise Meldungen erstatten, während jene sozusagen als affiliierte Amtsorgane anzusehen sind und fortlaufend in Erfüllung einer übernommenen Aufgabe handeln. Freilich pflegt nicht selten freiwilliges Denunziantentum in berufsmäßige Spitzelei überzugehen. Die Geschichte der Freimaurerei kennt auch sehr zahlreiche Fälle dieser Art.

Denver, Hauptstadt der nordamerikanischen Bundesstaates Colorado, Sitz der 1865 gegründeten Großloge von Colorado. Adresse: Grand Secretary, Masonic Temple, 319, D. Vor dem Weltkrieg arbeitete hier die Loge „Schiller Nr. 41" in deutscher Sprache. Jetzt ist in dieser Bauhütte die englische Sprache in Verwendung, doch gehören zu ihren Mitgliedern auch heute vieler Brr. deutscher Abstammung.

Depew, Chauncy M., amerikanischer Großindustrieller und Politiker, * 1834, † 1927, Präsident des „New York Central Railroad" und des gesamten Vanderbiltschen Eisenbahnsystems, 1900 Senator, wurde 1861 in der Courtland Lodge aufgenommen, war dann Mitglied der New Yorker „Cane Lodge".

Depretis, Agostino, italienischer Staatsmann, * 1813, † 1887, Anhänger Garibaldis, zerfiel später mit diesem, Minister in verschiedenen Kabinetten, wiederholt Ministerpräsident, schloß 1882 den Dreibund ab, war Mitglied des freimaurerischen „Supremo Consiglio".

Deputation, Deputationsloge. Das rasche Wachstum der Freimaurerei in England bald nach 1717 zwang die Großmeister zu häufigen Reisen, um Logen einzusetzen. Da sie auch andere Abhaltungen hatten, wurde der Ausweg der Deputation gewählt. Großbeamte oder Stuhlmeister wurden mit der Vertretung des Großmeisters betraut. Der Name D. ging dann später auch auf die schriftliche Vollmacht des Großmeisters über, so daß eine Zeitlang D. gleichbedeutend ist mit Warrant oder Charter, d. i. Stiftungsurkunde.

D. L. bedeutet weiters eine Logenabordnung, die zu einem bestimmten Zweck, etwa Aufnahme eines Suchenden von Stand, entsendet wird. So nahm eine D. L. der Loge Mary's Chapel in Edinburgh im Jahre 1641 den Generalquartiermeister der schottischen Armee, Robert Moray, in Newcastle auf. Bekannt ist die D. L., die unter Leitung von Dr. Desaguliers im Haag 1731 den nachmaligen Kaiser Franz von Lothringen aufnahm. Ebenso wurde der erste Prinz aus dem englischen Königshaus, Friedrich Ludwig von Wales, von einer D. L. 1737 im Schlosse von Kew durch Desaguliers aufgenommen. Auch Friedrich der Große wurde 1738 als Kronprinz in Braunschweig durch eine D. L. der Hamburger Loge in den Freimaurerbund eingeführt.

Schließlich heißen D. L. auch noch Zweiglogen, die in Orten mit einer geringeren Zahl von Mitgliedern mit beschränkten Rechten nur zur Erleichterung der Arbeit eingesetzt werden. (Heute wohl nirgends mehr üblich.)

Deputation der Freimaurer in Chursachsen für die Armut wurde 1772 anläßlich der sächsischen Hungersnot auf Anregung des Freimaurers Ministers v. Ferber in der Loge „Zu den drei Schwertern" von dieser und den Logen „Zur gekrönten Schlange" in Görlitz und „Minerva" in Leipzig gegründet. Sie brachte 18.000 Taler für die notleidenden Bewohner des Erzgebirges auf.

Deputationstag der Strikten Observanz in Braunschweig vom 24. August bis 9. Dezember 1779, der die Wahl des Herzogs Karl von Södermanland zum Heermeister der siebenten Provinz (Deutschland) bestätigte und die Vereinigung der deutschen Logen Strikter Observanz mit Schweden (s. d.) in Form eines Freundschaftsvertrages auf Gegenseitigkeit beschloß. Prinz Karl von Hessen wurde als Koadjutor (Zugeordneter Großmeister) bestellt.

Deputierte Distrikts-Großmeister sind die Zugeordneten Großmeister in den Distrikten, in die die Großloge von New York und andere amerikanischen Großlogen eingeteilt sind. Sie werden vom Großmeister der Großloge auf ein

Jahr ernannt und haben die Aktionen der Großloge bei den ihnen unterstellten Logen zu vertreten und die Verbindung zwischen den Logenleitungen und der Großloge herzustellen.

Deputiertenmeister, in der schweizerischen Großloge „Alpina" Vertrauensmann der Großloge bei den einzelnen Logen, hat über alle wichtigen Vorgänge dem Großmeister Bericht zu erstatten und über die Einhaltung der Großlogengesetze bei der Loge zu wachen. Er wird auf Vorschlag der Loge von der Großloge ernannt.

Deputierter, in Verbindung mit einem freimaurerischen Beamtentitel gleichbedeutend mit Zugeordneter, Stellvertretender, z. B. Deputierter Großmeister, Meister vom Stuhl.

Deraismes, Maria, * 1828, † 1894, die Begründerin der modernen französischen „gemischten Maurerei" (Maçonnerie mixte, s. d.), die in keinerlei Beziehung zur regulären Freimaurerei steht. Auf Grund philosophischer Studien und starker rednerischer Begabung trat sie als öffentliche Vortragende hervor. Nach dem Deutsch-Französischen Krieg widmete sie sich der Propaganda für Demokratie und Republik und dem Kampfe für die Frauenemanzipation. Sie gründete eine Reihe feministischer Vereine und eine Zeitung, trat dann in die Reihen der Freidenker und organisierte mit anderen den ersten antiklerikalen Kongreß von 1881. Im folgenden Jahre wurde sie von der Loge „Les Libres Penseurs" in Pecq, die kurz zuvor aus der schismatischen „Grande Loge Symbolique Ecossaise de France" ausgeschieden und unabhängig geworden war, in striktem Widerspruch zu den freimaurerischen Grundsätzen in die Freimaurerei eingeweiht, ein Schritt, der zunächst energischeste Proteste und die Schließung der Loge, 1893 aber die Gründung der gemischten Obedienz „Droit humain" (s. d.) zur Folge hatte, deren erste Führerin M. D. war.

Derby, Edward George Villiers Stanley, englischer Diplomat und Staatsmann, * 1865, wiederholt Minister, während des Weltkrieges Staatssekretär des Kriegsamtes, 1918 bis 1920 Botschafter in Paris, 1922—1923 wieder Staatssekretär des Kriegsamtes, ist Großaufseher der Großloge von England und seit 1899 Provinzial-Großmeister von Lancashire Ost.

Der Mann ohne Vorurteile, historisches Lustspiel, s. Sacher-Masoch und Sonnenfels.

Dermott, Laurence, Führer der „Antients" (s. d.), Maler, dann Weinhändler, ein Ire, * 1720, † 1791, nach Gould der „bemerkenswerteste („most remarkable") Freimaurer, der jemals lebte, von Calvert („The Grand Lodge of England 1717—1917") als „der kühnste, feurigste, enthusiastischeste, unermüdlichste Genius in den Annalen der Freimaurerei" charakterisiert, lange nicht nur von den „Moderns" verkannt und geschmäht, deren Benennung als solche er ebenso prägte, wie er das Schlagwort „Antients" zur Losung machte. 1740 wurde er Freimaurer, 1746 Stuhlmeister der Loge Nr. 26 in Dublin. 1748 schloß er sich, nach seinen Angaben, einer Londoner Loge an, 1752 wurde er Großschriftführer der wenige Monate zuvor gegründeten „Grand Lodge of England according to the Old Institutions" und 35 Jahre lang deren führender, treibender Geist und meisterlicher Organisator. Dank seiner Energie brachte er sie auf eine solche Höhe, daß, als die Zeit zur Vereinigung mit der Großloge reif wurde, die jüngere Körperschaft in den Verhandlungen sich nicht nur behaupten konnte, sondern in der Lage war, die Weiterführung vieler ihrer charakteristischesten Besonderheiten zu sichern. (Vergl. Daynes, „The Birth and Growth of the Grand Lodge of England 1717 to 1926). Er brachte für seine Arbeit, die er unter den Schlagworten „Universal Masonry!" und „No Innovation!" („Keine Neuerungen!") betrieb, ungestüm vorwärtsdrängendes Temperament, leidenschaftliche Ergebenheit, beträchtliches Wissen, Skrupellosigkeit gegenüber der Gegnerschaft und große schriftstellerische Begabung mit, die vor allem in der von ihm verfaßten, 1756 erschienenen Konstitution „Ahiman Rezon" (s. d.) zum Ausdruck kam. 1771 wurde „der außerordentliche Mann" (Hawkins, „Concise Cyclopaedia", 1918) unter der Großmeisterschaft des (dritten) Herzogs von Atholl Deputierter Großmeister (bis 1777) und bekleidete dieses Amt nochmals von 1783—1787.

Derwentwater, Charles Radcliffe, Earl, Schotte, * 1693, † 1746, gleich seinem 1718 wegen jakobitischer Umtriebe hingerichteten Bruder James Parteigänger der Stuarts, beteiligte sich in Frankreich eifrig an den Restaurationsbestrebungen Jakobs III. und soll 1725 in Paris die erste Loge auf französischem Boden gegründet haben, als deren Großmeister er bezeichnet wird. (Lalande schreibt Derwent-Waters.) In den Listen des Grand Orient de France wurde er bis 1910 als erster französischer Großmeister geführt. D. geriet beim Aufstandsversuch (1745) auf einem Aufrührerschiff in englische Gefangenschaft und wurde im Tower geköpft. Albert Lantoine hält seine Teilnahme an der französischen Freimaurerei, soweit sie in ihrer Frühzeit mit England zusammenhing, für problematisch, ist aber nicht abgeneigt, ihm in der sogenannten jakobitischen (stuartistischen) Freimaurerei eine Rolle zuzuweisen. Damit wird diese Problematik der Frage allerdings nur verschoben: denn nichts ist problematischer als die von Lantoine neuerdings konstruierte Schottenmaurerei unter den exiliierten Stuart-Anhängern (s. Schweden).

Desaguliers, John Theophilus, Dr., Reverend, * 1683 zu Rochelle in Frankreich als Sohn eines protestantischen Geistlichen, der nach dem Edikt von Nantes (1685) sein Vaterland verließ und nach England flüchtete, studierte in Oxford Philosophie und bei Kelly experimentelle Physik. 1713 führte er sich in London als kaum Dreißigjähriger mit Vorlesungen über Physik ein, die bald sehr geschätzt wurden. Mit Isaac Newton stand er in freundschaftlichem Verkehr. Für seine wissenschaftliche Geltung spricht der Umstand, daß ihn die Royal Society taxfrei in ihre exklusiven Reihen aufnahm. In der Theologie ebenfalls graduiert und 1718 an der Oxforder

Universität auch zum Doktor der Rechte promoviert, erhielt er vom Earl of Sunderland eine Pfründe, die er gegen eine solche in Essex umtauschte, dabei aber in London wohnen blieb. Seine wissenschaftlichen Arbeiten sind sehr zahlreich. (1716 über die Anlegung von Kaminen, 1734 zwei Bände experimentelle Philosophie, 1735 ein Buch über Optik u. a. m.) Er ist in die Geschichte der Physik eingegangen als Entdecker des Unterschiedes elektrischer Leiter und Nichtleiter. Er war auch einer der ersten, die den Blitz als eine elektrische Entladung erkannten. Als Geistlicher war er weniger fruchtbar. Es ist bloß ein Sermon überliefert. † 1744 in London in seiner Wohnung in Bedfords Coffeehouse.

Wann D. Freimaurer geworden ist, entzieht sich unserer Kenntnis. Er gehörte 1725 zur Loge „The Horn“ in Westminster, ebenso zur Loge „Salomon's Temple Hemmings Row“, 1730 erscheint er in den Logenlisten der Loge Bear and Harow in der Butcher Row, im gleichen Jahre auch in der University Lodge. Bei der Gründung der Großloge scheint er keine Rolle gespielt zu haben. Er wird erst 1719 erwähnt, als er zum Großmeister der jungen Großloge gewählt wurde. Wahrscheinlich wurde er erst kurz vorher aufgenommen. Daß er auf die Abfassung der Konstitutionen Andersons Einfluß genommen hat, ist um so mehr anzunehmen, als er ein Sammler alter Überlieferungen war und auch das Vorwort zur Erstausgabe schrieb. Wenn man in D. den geistigen Vater der Konstitutionen vermutet, für den der ihm geistig nicht gewachsene Anderson die Feder führte, trifft man wohl das Richtige. Dem Ausbau der Großlogenordnung widmete er viel Arbeit. Auf ihn geht der Überlieferung nach die Wiedereinführung der offiziellen Trinksprüche beim Jahresfeste der Großloge zurück, er hat auch die Bekleidungsordnung der Großbeamten und Stuhlmeister bearbeitet. Eine Rede über Freimaurerei, die er nach Kloß 1721 gehalten haben soll, ist verlorengegangen. Unter drei Großmeistern, Wharton, Dalkeith und Paisly, war er Zugeordneter Großmeister, zwanzig Jahre lang Großwürdenträger. Er führte die Deputationsloge nach dem Haag zur Aufnahme des Herzogs Franz Stephan von Lothringen und nach Kew zur Aufnahme des englischen Thronfolgers Friedrich, Prinzen von Wales. D. scheint es gewesen zu sein, der seiner jungen Großloge den Hochadel, mit dem er in der Royal Society Verkehr pflog, in erster Linie den Herzog von Montagu, zuführte und dadurch den ungeheuren Aufschwung der Freimaurerei sicherte. Er hat für die Freimaurerei seiner Tage die gesellschaftlichen Schranken durchbrochen. Dadurch gewann sie eine unerwartete Ausbreitung, die zufolge der auf dem Kontinente herrschenden anglisierenden Mode ihr die europäische Welt eröffnete. Er war der erste Freimaurer von gesellschaftlicher Geltung und von eigener Persönlichkeit. Er ist im wahrsten Wortsinne der Vater der englischen Großlogenmaurerei.

De Sanctis, Francesco, italienischer Politiker und Gelehrter, * 1818, † 1883, nahm 1848 an der Revolution in Neapel teil, war dann in der Verbannung Professor der Literatur in Zürich, nach seiner Rückkehr Unterrichtsminister in den Kabinetten Cavour und Cairoli, Republikaner, schrieb „Geschichte der italienischen Literatur“, literaturgeschichtliche und philosophische Abhandlungen, war Freimaurer (Luzio: „La Massoneria e il Risorgimento Italiano“).

Descamps, Joseph Louis, liberaler belgischer Politiker, Arzt, * 1845, † 1888, Abgeordneter, wurde 1875 in der Loge „La parfaite Union“ in Mons aufgenommen, war 1908—1910 National-Großmeister des Großorients von Belgien.

Des Etangs, Nicolas Charles, freimaurerischer Reformer und Gegner der Schottischen Hochgrade, * 1766, † 1847, bekleidete unter Napoleon I. verschiedene Staatsämter und war nach der Restauration Advokat. 1797 in die Loge „L'Heureuse Rencontre“ in Toulon aufgenommen, kam er nach Paris, wurde dort Meister vom Stuhl der Loge „Les Trinosophes“ und entwickelte eine rege freimaurerisch-publizistische Tätigkeit. Von Bedeutung namentlich „Refutation du livre de Barruel“ und „Le véritable Lieu des peuples“. Ebenso wie die meisten führenden freimaurerischen Schriftsteller seiner Zeit sprach er sich gegen die durch die Hochgrade in der französischen Freimaurerei geschaffenen Verwirrungen aus. Er suchte einen Mittelweg zu finden, indem er die Hochgrade zu rektifizieren trachtete. Daher sein System von fünf Graden, bestehend aus den symbolischen Johannisgraden, dem Rosecroix rectifié und dem Grand Élu Kadosch. Dieses System wurde auch eine Zeitlang von einigen französischen Logen bearbeitet, ging dann aber wieder ein. Die Eigenart des Ritus war der Versuch, die Grade durch soziale und politische Gedankengänge zu erklären. So bedeutete z. B. der Meistergrad den Kampf der Freiheit gegen Despotie u. a.

Desèze, Romain, Graf, berühmter französischer Rechtsanwalt, * 1748, † 1828, Verteidiger Ludwig XVI. vor dem Konvent, eingekerkert nach der Revolution, Präsident des Kassationshofes, Pair von Frankreich, Graf, Mitglied der Akademie, gehörte der Pariser Loge „Neuf Sœurs“ (s. d.) an.

Desmons, Frédéric, protestantischer Geistlicher in Nîmes, Abgeordneter, Vizepräsident des französischen Senats, * 1832, † 1910, war am Konvent des Grand Orient de France 1877 Berichterstatter in der Frage der Unterdrückung der Formel des „Allmächtigen Baumeisters aller Welten“ in der Konstitution. Die Tatsache, daß gerade dieser junge Geistliche sich mit Entschiedenheit im Namen der Toleranz für die Streichung einsetzte, hatte auf das Ergebnis der Abstimmung starken Einfluß. Mehr als zwei Drittel der Logen sprachen sich in seinem Sinne aus. D. war seit 1887 während fünf Wahlperioden ein überaus eifriger Präsident des Ordensrates des Grand Orient.

Desmoulins, Camille, berühmte Erscheinung der französischen Revolution, Publizist und Rechtsanwalt, * 1760, † 1794. Führer des Bastillesturms, dessen Zeitung „Les Révolutions de France et de Brabant" (1789—1791) größten Erfolg hatte, Mitglied des Konvents. In seinem „Vieux Cordelier" bekämpfte er die Schreckensherrschaft und wurde mit Danton als „Gemäßigter" guillotiniert. D. war Freimaurer.

Destrées, Jules, belgischer Staatsmann, * 1863, Führer der Bewegung „Jeune Belgique", gründete mit Vandervelde (s. d.) den „Cercle des Etudiants Progressistes", ferner eine Volksuniversität, wirkte während des Krieges in Italien für die Sache seines Vaterlandes, war Minister für Wissenschaft und Kunst, organisierte Volksbibliotheken, Verfasser soziologischer, geschichtlicher und politischer Schriften, ist Freimaurer (Mitteilungen der Großloge „Zur Sonne", Or. Bayreuth, 1929/30, Jännerheft).

Determinismus, die Lehre von der ursächlichen Bestimmtheit des Willens. Für die Deterministen gibt es keine Willensfreiheit im absoluten Sinne. Die Freimaurerei hat nicht das Recht, im theoretischen Streit des D. und des Indeterminismus (s. d.) zu entscheiden, doch lehnt sie die schroffe Form des D. ab, da sonst ihre Forderung nach Gewissensfreiheit sinnlos wäre (s. auch Freiheit).

Deus meumque jus, Gott und mein Recht, ist der Wappenspruch der Obersten Räte des A. u. A. Schottischen Ritus und insbesondere des XXXIII. Grades. Der Spruch geht zurück auf die Devise des englischen Königswappens „Dieu et mon Droit" und soll von Richard Löwenherz bei der Belagerung von Gisors (1198) als Feldruf ausgegeben worden sein.

Deutsch, Adolf, Dr. med., Obermedizinalrat, Wien, * 1867, Chefarzt der österreichischen staatlichen Invalidenfürsorge, Mitglied der Loge „Prometheus" in Wien, während mehrerer Jahre deren Stuhlmeister und Großbeamter der Großloge von Wien, Forscher auf dem Gebiete des österreichischen Freimaurertums des 18. Jahrhunderts, veröffentlichte u. a. 1928 „Sammlung von Wiener Schattenrissen aus dem Jahre 1784" und 1931 die Biographie „Ignaz von Born". (Freimaurermuseum, VI.)

Deutschbund, älteste völkische Organisation in Deutschland, gegründet 1894, beschloß Pfingsten 1928 auf Antrag des Bundes-Großmeisters Geheimrat Gerstenbauer, Weimar, daß Freimaurer nicht mehr aufzunehmen und die wenigen freimaurerischen Mitglieder von früher aufzufordern seien, aus der Loge auszutreten, „wenn sie dort den rassischen und völkischen Gedanken nicht durchsetzen können."

Deutsche Bruderkette, Großloge, mit Sitz in Leipzig, gegründet am 16. November 1924 von den fünf alten, ehemals unabhängigen Logen „Minerva zu den drei Palmen" in Leipzig (gegründet 1741), „Archimedes zu den drei Reißbretern" in Altenburg (1742 entstanden), „Balduin zur Linde" in Leipzig (1776 gegründet), „Karl zum Rautenkranz" in Hildburghausen" (1787 entstanden) und „Archimedes zum ewigen Bunde" in Gera (1803 entstanden, seit 1804 selbständige Loge), die in der am 14. Oktober 1883 errichteten Freien Vereinigung der fünf Unabhängigen Logen Deutschlands vereinigt waren. Seither ist die Großloge auf zehn Logen und fünf Kränzchen angewachsen, denen rund 1850 Brr. angehören. Die Großloge steht auf nationalem Boden und fordert nach dem Grundgesetz von den Mitgliedern Bekenntnis zum deutschen Volkstum und Opferbereitschaft für das deutsche Vaterland. Einschränkungen bei der Auswahl Lichtsuchender nach Zeit- und Personenverhältnissen oder Eigenart einer Loge bestimmt jede Bauhütte nach eigenem pflichtmäßigem Ermessen.

Deutsche Großlogen.

Anerkannte deutsche Großlogen sind:

1. Großloge „Zur Sonne" in Bayreuth, gegründet 1741, 1930: 46 Logen, 20 Kränzchen, ungefähr 4000 Brr.

2. Große National-Mutterloge „Zu den drei Weltkugeln" in Berlin, gegründet 1740, 23 Innere Oriente, 95 Schottenlogen, 184 Johannislogen, 61 Kränzchen, ungefähr 22.000 Brr.

3. Große Landesloge der Freimaurer von Deutschland, Deutsch-christlicher Orden in Berlin, gegründet 1770, 4 Provinzial-Großlogen, 19 Kapitel, 54 Andreaslogen, 178 Johannislogen, 59 Kränzchen, ungefähr 20.000 Brr.

4. Große Loge von Preußen, genannt „Zur Freundschaft" (früher Royal York), Berlin, gegründet 1798, 1 Provinzial-Großloge, 23 Innere Oriente, 110 Johannislogen, 17 Kränzchen, ungefähr 12.000 Brr.

5. Große Freimaurerloge „Zur Eintracht" in Darmstadt, gegründet 1846, 10 Johannislogen, 2 Kränzchen, ungefähr 900 Brr.

6. Große Landesloge von Sachsen in Dresden, 46 Logen, 37 Kränzchen, ungefähr 7200 Brr.

7. Große Mutterloge des Eklektischen Freimaurerbundes in Frankfurt a. M., gegründet 1783, 26 Logen, 5 Kränzchen, ungefähr 3000 Brr.

8. Große Loge von Hamburg, gegründet 1740, 56 Logen, 9 Kränzchen, ungefähr 5000 Brr.

9. Großloge „Deutsche Bruderkette" in Leipzig, gegründet 1924, 10 Logen, 5 Kränzchen, ungefähr 1900 Brr.

Dazu kam 1930 die Symbolische Großloge von Deutschland, Berlin, 24 Logen, ungefähr 1000 Brr., von den übrigen deutschen Großlogen nicht anerkannt (s. d.).

Deutsche Logen außerhalb Deutschlands, Österreichs und der Schweiz.

I. Europa.

1. Dänemark: Kopenhagen: „De gamle Pligter" und „Christian til Palmetraeet"; Hilleröd: „Ygdrasil".

2. England: London: „Pilgerloge" und „Deutschland".

3. Frankreich: Paris: „Goethe".

4. Lettland: Riga: „Johannisfeuer"; Libau: „Anker".

5. Litauen: Memel: „Memphis".

6. Polen: „Bund deutscher Freimaurerlogen in Polen". Das Taschenbuch des V. d. F. gibt 14 Logen an: Bromberg (Bydgoszcz): „Janus";

Kulm-Schwetz (Chelmno): „Wilhelm zur strahlenden Gerechtigkeit"; Dirschau (Tczew): „Friedrich zum unauslöschlichen Gedächtnis"; Gnesen (Gniezno): „Zum bekränzten Kubus"; Graudenz (Grudziądz): „Viktoria zu den drei gekrönten Türmen; Hohensalza (Inowroclaw): „Zum Licht im Osten"; Kattowitz (Katowice): „Zum Licht im Osten"; Konitz (Cholnice): „Friedrich zur wahren Freundschaft"; Krotoschin (Krotoszyn): „Zum Tempel der Pflicht treue"; Ostrowo (Ostrów): „Zum Tempel der Treue im Osten"; Posen (Poznan): „Zum Tempel der Eintracht"; Rawitsch (Rawicz) „Zum Tempel der Bruderliebe"; Stargard (Starograd): „Augusta zur Unsterblichkeit"; Thorn (Torun): „Zum Bienenkorb". Van Dalens „Kalender für Freimaurer", 1931, führt außerdem noch an: Leszno (Lissa): „Comenius" und Pless (Pszczyna): Freimaurervereinigung „Zu den drei Bergen".

7. Rumänien: Bukarest: „Sapientia", „Zur Brüderlichkeit" und „Arbeit"; Brasov: „Zu den drei Säulen"; Czernowitz (Cernauti): „Fraternité".

8. Spanien: Barcelona: „Hansa Nr. 13".

9. Tschechoslowakei: Aussig a. d. Elbe: „Brudertreue a. d. Elbe"; Bodenbach: Kränzchen „Freundschaft"; Brünn: „Zu den wahren vereinigten Freunden"; Brüx: „Zu den drei Lichtern"; Gablonz a. d. Neisse: „Wahrheit"; Karlsbad: „Munificentia zur Verbrüderung am Sprudel"; Marienbad: „Goethe zum Tale des Friedens"; Olmütz: Humanitas"; Prag: „Hiram zu den drei Sternen", „Harmonie", „Freilicht zur Eintracht", „Adoniram zur Weltkugel", „Wahrheit und Eintracht zu den gekrönten Säulen"; Pilsen: „Ludwig Piette zur Aufrichtigkeit und Treue"; Preßburg: „Zur Verschwiegenheit"; Reichenberg: „Latomia"; Saaz: „Kette zur Freiheit"; Teplitz-Schönau: „Zur Quelle des Heils"; M.-Ostrau: „Fides i. T. d. Arbeit"; Kesmark: „Zips unt. d. Tatra".

10. Türkei: Konstantinopel: „Stambul".

II. Afrika.

1. Ägypten: Alexandrien: die Loge „Zur Pompejus-Säule" ruht derzeit; Kairo: „Zur Sphinx".

2. Südafrika: Das Taschenbuch des V. d. F. 1930/31 gibt an: Kapstadt: „Zur Eintracht" und Johannesburg: „Germania". Im Verzeichnis des Großostens der Niederlande sind Kapstadt: „Zur Eintracht" und Johannesburg: „Kaiser Friedrich" (derzeit ruhend) angeführt.

3. Südwestafrika: Lüderitzbucht: „Kaiser Friedrich III."; Swakopmund: „Zur Hoffnung" (die älteste deutsche Loge im Übersee); Windhook: „Zum Kreuz des Südens".

III. Amerika.

1. Vereinigte Staaten von Nordamerika: Los Angeles: „Acacia"; San Francisco: „Hermann Nr. 127"; New Haven (Connecticut): „Connecticut Rock Lodge Nr. 92"; Washington: „Arminius Nr. 25"; New Orleans: ‚Germania Nr. 46"; Baltimore: „Germania Nr. 160"; Boston: „Germania"; Buffalo: „Concordia Nr. 143" und ‚Harmonie Nr. 143"; Rochester: „Germania Nr. 737"; Albany: „Gutenberg"; Milwaukee: „Aurora Nr. 30"; Philadelphia: „Hermann Nr. 125" und „Humboldt Nr. 359"; Scranton (Pennsylvania): „Teutonia"; Reading (Pennsylvania): „Salomons Lodge 231"; Pittsburgh: „Jefferson Nr. 288" und ‚Germania Nr. 509". In New York und Brooklyn arbeiten unter dem 9. Distrikt (Manhattan) der Großloge von New York 29 Logen in deutscher Sprache.

2. Argentinien: Buenos-Aires: „Teutonia"; Rosario de Santa Fé: „Libertas".

3. Brasilien: Joinville (Staat St. Catharina): „Freundschaft zum südlichen Kreuz"; Rio de Janeiro: „Zur Eintracht"; Santa Cruz; ‚Lessing"; Sapyranga: „Estrella d'Aurora"; Sertao Sant Anna: „Serro Negro"; die letzteren drei im südbrasilianischen Logenverband.

4. Chile: Concepcion: „Glück auf"; Santiago: „Drei Ringe" und „Germania"; Valparaiso: „Lessing".

5. Mexiko: In der Hauptstadt Mexiko: „Zur deutschen Treue". Die Loge „Germania" ruht.

IV. Asien.

Palästina: Jerusalem: „Zur Quelle Siloah".

Deutsche National-Großloge, Reichs-Großloge. Die Zerrissenheit der deutschen Freimaurerei wurde schon vor der Reichsgründung schmerzlich empfunden. Wiederholt wurde der Gedanke nach Einigung, Zusammenfassung der Großlogen erörtert, namentlich auch in den Reihen des 1861 gegründeten Vereins Deutscher Freimaurer. 1864 veröffentlichte dieser das Statut zu einem bereits 1849 von der Loge „Zur Verschwisterung der Menschheit" in Glauchau vorgeschlagenen, alljährlich zusammentretenden allgemeinen deutschen Maurertag (s.d.), 1865 regte die Große Loge „Zur Eintracht" in Darmstadt eine „Deutsche maurerische Zentralbehörde" an. 1868 kam der Deutsche Großmeistertag (s. d.) zustande, 1872 trat der Deutsche Großlogentag ins Leben. Dieser befaßte sich 1878 in Hamburg mit einem vom Großmeister der Großloge Royal York „Zur Freundschaft", Herrig, vorgelegten Statut zu einer National-Großloge in Gestalt einer „Vereinigten Großloge von Deutschland", zu der 1871, gleich nach der Reichsgründung, auch Dr. A. Widmann (s. d.) von der Großen Landesloge aufgerufen hatte. Nach dem Herrigschen Entwurf sollten alle Großlogen als Mutterlogen mit anzustrebender möglichst gleichartiger Verfassung und Beibehaltung des bisherigen Rituals weiterbestehen und die „Vereinigte Großloge" sich aus frei gewählten Abgeordneten der Johannislogen zusammensetzen (Kneisner). Auf dem Großlogentag erklärte man sich im Prinzip für die Vereinigung und setzte eine Kommission zwecks Ausarbeitung detaillierter Vorlagen ein, aber es war angesichts der Debatte von vornherein klar, daß von der weiteren Behandlung kein positives Ergebnis zu erwarten sein würde. Alle erdenklichen Einwände wurden in Hamburg vorgebracht; national sei Gegensatz zum Kosmopolitismus des Bundes; Zentralisation sei Machtentfaltung, die einzelnen Großlogen würden majorisiert; im Geiste seien die deutschen Logen eins, der Großlogenbund bilde bereits die Form der Einheit. Eine National-Großloge würde das Wirken der

Logen weit über die Schranken hinaus ins öffentliche Leben tragen, das müsse zu Konflikten führen. In süd- und mitteldeutschen Logen zeigte sich auch Furcht vor straffer preußischer Bürokratie. (Vergl. Wanner d. Ält., „Geschichte des Vereins deutscher Freimaurer".) Tatsächlich wurde 1880 (Berlin) beschlossen, den von Bluntschli ausgearbeiteten Entwurf der Fünferkommission „zurzeit ganz auf sich beruhen zu lassen".

Da die maurerischen „Regierungen" wegen der vorhandenen gegensätzlichen Stimmungen zu keinem Resultat gelangt waren, griff die Bewegung auf das Maurervolk über. Der Verein deutscher Freimaurer nahm die Frage der nationalen Vereinigung wieder auf. Man schlug neuerdings vor, daß ein Maurertag der Johannislogen als Ergänzung zum deutschen Großlogenbund ins Leben gerufen werden solle (1886 und 1889). Man dachte dabei an eine Art Zweikammersystem, wobei das Maurerparlament die Abgeordneten, der Großlogenbund den Bundesrat vorstellen sollte. Der Großlogentag von 1893 (Dresden) lehnte jedoch den Antrag trotz vieler Änderungen ab. Ein neuerlicher Versuch, der 1900 vom Rheinisch-westfälischen Logenverband zwecks Schaffung einer einheitlichen deutschen Großloge gemacht wurde, blieb wieder erfolglos.

Nach dem Weltkriege versuchte der Großmeister der Großloge „Zur Sonne" in Bayreuth, Dr. Paret, die Frage wieder ins Rollen zu bringen. Der Zeitpunkt war jedoch ungünstig gewählt, da gerade zu dieser Zeit Sonderbestrebungen in der deutschen Freimaurerei wirksam wurden, die 1923 sogar den Deutschen Großlogenbund zerschlugen. Erst 1929 tauchten Bestrebungen auf, wenigstens die humanitären Großlogen von Hamburg, Frankfurt, Bayreuth und Darmstadt zu einer einheitlichen Großloge „Zu den alten Pflichten" zusammenzuführen. Die Verhandlungen darüber, an denen auch wieder Dr. August Paret beteiligt war, sind noch nicht abgeschlossen. Die partikularistischen Neigungen der Deutschen kommen bedauerlicherweise in der Freimaurerei ganz besonders zum Ausdruck.

Deutscher Freimaurerbund. 1790 versuchte Bode (s. d.) durch die Loge „Zum Kompaß" in Gotha, die damals zu dem von ihm nicht geschätzten Eklektischen Bund gehörte, eine Einigung der Freimaurerei in Deutschland zu erreichen. Er sandte einen „Cirkularbrief" aus, „enthaltend Vorschläge zur festeren Knüpfung eines auf durchgängige Gleichheit und Freyheit gegründeten Bundes zwischen allen deutschen Logen der symbolischen Grade..." Seine Absicht ging dahin, einen deutschen Freimaurerbund aller Johannislogen ins Leben zu rufen wobei die Ordnung der inneren Angelegenheiten den einzelnen Logen überlassen bleiben, aber die Abhängigkeit der deutschen Bauhütten von allen möglichen Systemen beseitigt werden sollte. Nur 17 Logen, unter ihnen die Gothaer, erklärten, mittun und nach Bodes Ritual arbeiten zu wollen. Der Gedanke scheiterte infolgedessen bald (s. Deutscher Großlogenbund).

Deutscher Großlogenbund. Die Idee eines Deutschen Logenbundes, bereits 1790 von Bode propagiert, von Schröder aufgenommen und 1801 im sehr schwachen Gebilde des „Logenvereins" auch „Großer Freimaurerbund" genannt, für ganz kurze Zeit und nur für eine kleine Minderheit verwirklicht, wurde um die Mitte des 19. Jahrhunderts immer häufiger vorgebracht, namentlich auch als Wunsch nach einer einheitlichen deutschen National-Großloge (s. d.). Der sächsische Großmeister Warnatz (s. d.) regte schließlich eine Zusammenkunft der deutschen Großmeister an, die 1868 in Berlin im Hause der „Drei Weltkugeln" stattfand. Nur die Bayreuther Großloge fehlte. Der Versuch glückte, und so fanden in den folgenden Jahren weitere derartige Deutsche Großmeistertage (s. d.) statt. Wenn auch nicht alle gefaßten Beschlüsse von den Großlogen einmütig genehmigt wurden, so brachten sie diese doch einander so weit näher, daß wieder auf Antrag von Warnatz bald nach der Reichsgründung die Bildung eines D. G. ins Auge gefaßt werden konnte. Nach langen Verhandlungen trat dieser am 19. Mai 1872 in Berlin ins Leben. Als seine Bestimmung wurde statuiert, die Einigkeit und die Zusammenarbeit der deutschen Logen zu wahren und zu fördern und den außerdeutschen Großlogen gegenüber eine gemeinsame maurerische Stellung einzunehmen. Er umfaßte die acht deutschen Großlogen; die „Freie Vereinigung der fünf unabhängigen Logen" (die sich erst nach dem Weltkrieg zur Großloge „Deutsche Bruderkette" zusammenschlossen) wurde zwar anerkannt, aber nicht in den D. G. aufgenommen. Dessen Aufbau zeigte von Anfang an schwere innere Mängel. Er war ein recht lockeres Gefüge, das durch stete Eigenbröteleien nicht fester wurde. Eine gemeinsame geistige Führung scheiterte an partikularistischen Neigungen. Der D. G. war in der Ablehnung von einschneidenden und fortschrittlichen Anträgen stärker als im positiven Schaffen, namentlich auf geistigem Gebiet. Eine Belebung des ethischen Geistes und der Logen, „eine Anregung, zum Fortschreiten auf ritualistischem Gebiet ist von ihm nicht ausgegangen, ja selbst den Zweck der Einigung, den er sich vorgesetzt, vermochte er nicht zu erfüllen", schrieb 1900 das „Allgemeine Handbuch der Freimaurerei", eine Auffassung, zu deren Änderung auch später nichts geschah.

Der Bund war eigentlich nur eine beratende, keine wirklich bestimmende Körperschaft, wichtige Beschlüsse konnten durch eine einzige Oppositionsstimme abgelehnt werden. Die Tätigkeit des D. G. war daher im allgemeinen eine recht bescheidene. Folgendes sei aus den Ergebnissen der (mit geringen Unterbrechungen) jährlichen Großlogentage herausgehoben:

1873 erklärte der D. G., fest an dem Grundsatz zu halten, daß die Verschiedenheit der Hautfarbe und Rasse kein Hindernis der Anerkennung sei. 1874 lehnte er gegenüber nordamerikanischen Großlogen die Anerkennung des Sprengelrechtes ab und stellte fest, daß die innere Arbeit der Logen an der Veredlung und sittlichen Vervollkommnung ihrer Mitglieder die Hauptaufgabe der Freimaurerei sei und bleibe. 1877 wurde als Reaktion auf die Streichung des A. B. a. W. durch den Großorient von Frankreich erklärt: „Das den

Freimaurern heilige Sittengesetz hat seine tiefste und stärkste Wurzel in G o t t." 1880 wurde der Plan einer Deutschen National-Großloge zu Grabe getragen, 1883 die Gründung der V i k t o r i a - S t i f t u n g (s. d.) beschlossen, 1884 eine Antwort auf die Enzyklika L e o s XIII. als unnötig bezeichnet. 1885 wurden die Bestrebungen des F i n d e l schen „Lessingbundes" als nichtberechtigt abgelehnt, 1887 der Unabhängige Orden B'nai B'rith als geheime Verbindung erklärt, der anzugehören keinem Mitgliede deutscher Logen gestattet sei. 1893 wurde der Gedanke eines ständigen allgemeinen Deutschen Maurertages abgelehnt und der Settegast-Großloge (s. d.) die Anerkennung verweigert. Die Ablehnung der letzteren gehörte auch in den folgenden Jahren zu den Beschlüssen der Großlogentage. 1897 fiel ein Antrag auf allgemeine Anerkennung der Alten Pflichten von 1723 und der Allgemeinen maurerischen Grundsätze des Deutschen Großmeistertages von 1870. 1900 stand abermals auf Anregung des R h e i n i s c h - W e s t f ä l i s c h e n L o g e n v e r b a n d e s die Frage einer einheitlichen deutschen Großloge zur Erörterung. Es wurde festgestellt, daß nach den geschichtlich gewordenen Verhältnissen eine größere formelle Vereinigung zurzeit unmöglich sei, doch sollte eine Ausgestaltung des D. G. studiert werden.

Zu Anfang des Jahrhunderts häuften sich die Schwierigkeiten. 1901 und 1902 fanden wegen der im Gefolge der Settegast-Angelegenheit durch die Großloge von Hamburg ausgebrochenen ernsten Streitigkeiten zwischen den altpreußischen Großlogen und der Großloge von Hamburg überhaupt keine Großlogentage statt. 1903 gab es Meinungsverschiedenheiten wegen der Gründung einer Loge Hamburger Systems in Kopenhagen. Immerhin kam es zu einer Wiederaufnahme der freundschaftlichen Beziehungen zwischen den „Drei Weltkugeln" und „Royal York" einerseits und Hamburg anderseits. 1905 wurde der Entwurf zu einem Bundesgericht, den die erwähnten Differenzen zwischen der Großen Loge von Hamburg und den Altpreußen gezeitigt hatten, abgelehnt, der 1903 gutgeheißene Antrag auf Herausgabe einer wissenschaftlichen maurerischen Zeitschrift vertagt. Den Großlogen wurde es jetzt anheimgestellt, es mit sich selbst abzumachen, ob sie den Orden B'nai B'rith als geheime Gesellschaft betrachten wollten. Einstimmig wurde die Anerkennung der G r a n d e L o g e d e F r a n c e ausgesprochen. Von 1907 an wurde eine Reorganisation des Großlogenbundes immer wieder erörtert. In diesem Jahre brachte die Große Landesloge durch den Grafen zu D o h n a den Entwurf eines Grundgesetzes ein, als dessen Zweck u. a. angeführt wurde, die führenden und maßgebenden Kreise der Nation aufs neue für die Mitwirkung an den freimaurerischen Arbeiten zu gewinnen, die freimaurerische Erziehung auf breite Schichten des Volkes zu übertragen. Wichtig war an dem Entwurf vor allem der Vorschlag auf Schaffung eines gemeinsamen B u n d e s a m t e s, zu dessen Aufgaben geschichtliche Forschungen auf dem Gebiete der Maurerei, Verbreitung und Durchführung kultureller Aufgaben, auch außerhalb freimaurerischer Kreise, und Berichterstattung über die Verhältnisse der Freimaurerei und über die Tätigkeit derselben inner- und außerhalb Deutschlands gehören sollten. Der Entwurf scheiterte aber bereits 1908 daran, daß über die Zahl der Großlogenvertreter im Bundesamt keine Einhelligkeit zu erzielen war; die Große Landesloge wollte sich der Auffassung der anderen sieben Großlogen nicht anbequemen. Diese Haltung drohte zu einer Ausschaltung der Großen Landesloge zu führen; am 6. Dezember 1908 beschlossen die sieben in Bayreuth einig gewesenen Großmeister in Berlin die Gründung eines Verbandes deutscher Freimaurerlogen zur Vertiefung und Verbreitung der freimaurerischen Gedanken in Deutschland, in welchem die deutschen Johannislogen eine angemessene Vertretung erhalten sollten. Infolgedessen bekundete die Große Landesloge 1909 Entgegenkommen, die Angelegenheit scheiterte jedoch trotzdem abermals an der Frage des Stimmenverhältnisses im Bundesamt. Auf der gleichen Tagung wurde die Wiederanknüpfung der Beziehungen zum G r a n d O r i e n t d e F r a n c e mit den Stimmen der fünf humanitären Großlogen gegen die drei altpreußischen Großlogen beschlossen. Diese Majorisierung führte 1910 (Darmstadt) nach energischem Auftreten der drei altpreußischen Großlogen zum Beschluß auf Einführung der Dreiviertelmehrheit bei den Abstimmungen.

Während des Weltkrieges wurden Beziehungen zur bulgarischen und türkischen Freimaurerei hergestellt und 1917 die Aufnahme der Freien Vereinigung der fünf unabhängigen Logen in den D. G. vollzogen. Seit 1916 wurde die Diskussion über das Grundgesetz und die Schaffung eines Bundesamtes wieder aufgenommen. Nach dem W a f f e n s t i l l s t a n d 1918 ergingen Funksprüche an die Großlogen von England und der Vereinigten Staaten, in denen — für die deutschen Frauen und Kinder — um Aktionen zwecks Milderung der harten Bedingungen ersucht wurde und gleichzeitig an die Großlogen der im Krieg neutral gebliebenen Länder, mit der Bitte, diesen Aufruf zu unterstützen. In den beiden folgenden Jahren veranstaltete der mittlerweile gebildete Arbeitsausschuß des D. G. in Nürnberg (im Anschluß an die Jahresversammlung des Vereins Deutscher Freimaurer) und in Potsdam Gemeinschaftstagungen, eine Art Lehrkurse, bei denen aktuelle Probleme zur Erörterung gelangten. Es war dies der erste Versuch, den D. G. aus einer formalen Einigung der deutschen Großlogen zu einer inneren Annäherung derselben zu führen und Brr. aller Systeme Gelegenheit zu geben, sich in persönlicher Fühlungnahme und freiester Aussprache in den gemeinsamen maurerischen Geist zu vertiefen und die Anschauungen über brennende Gegenwartsfragen der deutschen Freimaurerei zu klären. Der Ausschuß begann auch, gegenüber den in der Öffentlichkeit einsetzenden Angriffen, Abwehrschriften an die Logen abzugeben.

Dann aber spitzten sich die Verhältnisse so zu, daß es 1922 am 50. Jahrestag der Gründung des D. G. zum A u s t r i t t d e r d r e i altpreußischen Großlogen kam. Die Altpreußen machten geltend, eine innere Verschmelzung und die Beseitigung der von altersher bestehenden Gegensätze sei dem D. G. nicht gelungen, dieser sei durch seine Verfassung zu einer fast gänzlich handlungsunfähigen Körperschaft geworden, durch einen mittlerweile erfolgten engeren Zusammenschluß der Humanitären sei das vom D. G. durch offiziellen Beschluß abgelehnte sogenannte Maurerparlament in die Tat umgesetzt worden „und damit der Zerfall des Großlogenbundes in zwei Bünde ohne Schuld der altpreußischen Großlogen praktisch bereits geschehen" (s. Vertretertage). Die Altpreußen hoben ferner ihren „rein nationalen" Standpunkt hervor, kritisierten die in den Kreisen der anderen Großlogen angeblich vorhandenen „pazifistischen und kosmopolitischen" Anschauungen, die Große Landesloge und die National-Mutterloge führten darüber Klage, daß sie wegen ihrer Haltung in der Judenfrage Angriffen von Mitgliedern der humanitären Großlogen ausgesetzt gewesen seien, schließlich wurde erklärt, die altpreußischen Großlogen fühlten sich durch die Zugehörigkeit zum Großlogenbund in der Durchführung ihrer Aufgabe beengt, zur Wiederaufrichtung des deutschen Volkes „durch Erziehung zur Vaterlandsliebe, zum Nationalgefühl und zum Gemeinsinn sowie durch Förderung der Religiosität im Volke und der Abkehr vom Materialismus" beizutragen. Der Austritt war also sichtlich vom Bestreben geleitet, der völkischen Zeitströmung Rechnung zu tragen und die Scheidung in ein christliches und ein humanitäres Lager deutlich zu markieren. An den gemeinsamen Stiftungen des D. G. blieb die ausgeschiedene Gruppe beteiligt.

Der dieserart sehr geschwächte Großlogenbund trat in der Folge als Rumpforganisation zusammen. Er schrumpfte noch mehr ein, da auch die Große Landesloge von Sachsen ihren Austritt vollzog und die mittlerweile gegründete Großloge „Deutsche Bruderkette" ebenfalls nicht mehr mittat. Heute besteht der D. G. nur mehr aus den Großlogen von Hamburg, Bayreuth, Frankfurt und Darmstadt.

Deutscher Großmeistertag, von Gustav Heinrich Warnatz (s. d.), Großmeister der Großen Landesloge von Sachsen angeregte Zusammenkünfte der deutschen Großmeister, deren erste 1868 in Berlin zwecks Aussprache über den damaligen Stand der Freimaurerei stattfand und eine Einigung darüber ergab, daß das Institut der Freimaurerei jetzt noch eine größere Notwendigkeit als früher für sich habe und daß sein Zweck nur bei Geheimhaltung der symbolischen Formen erreicht werden könne. Eine Vereinfachung der Rituale wurde nicht für bedenklich angesehen, aber den einzelnen Großlogen überlassen. Das Fortbestehen der drei Johannisgrade wurde für eine Notwendigkeit erklärt. Die weiteren Tagungen folgten 1869 in Dresden, 1870 in Hamburg, 1871 in Frankfurt a. M. 1872 wieder in Berlin, fast jedesmal mit befriedigendem Erfolge. Durch Aufstellung allgemeiner maurerischer Grundsätze (s. d.) (1780) erwarb sich diese Vereinigung bleibende Verdienste. Das Erwachen des nationalen Einheitsgefühles im geeinten Deutschen Reich führte den Großmeistertag dann durch Beschluß von 1871 in den Deutschen Großlogenbund (s. d.) über, der 1872 ins Leben trat. (Vergl. Kneisner, „Geschichte der deutschen Freimaurerei", 1912.)

Deutsche Union der XXII, von dem Freigeist und ehemaligen Prediger Bahrdt (s. d.), dem „Thersites der Aufklärungszeit", in Halle gegründeter geheimer „Bund zum Zwecke der Aufklärung der Menschheit und der Dethronisierung des Aberglaubens und des Fanatismus durch eine stille Verbrüderung Aller, die Gottes Werke lieben, fortsetzen". Die D. U. sollte einen Plan Jesu wieder aufnehmen, der nach Bahrdt („Ausführung des Planes und Zweckes Jesu", 1783) Stifter einer geheimen Ordensgesellschaft mit drei Graden gewesen sei, „welche die vernünftige Religion im Stillen verwahren und sie gegen Aberglauben und Priesterbetrug schützen sollte". Die Ordensbrüder hatten Jesus bei den wunderbar scheinenden Handlungen beigestanden und sich besonders zur Zeit seines Leidens und Sterbens als Engel erwiesen. Nach der scheinbaren Himmelfahrt habe Jesus fortgelebt „als unbekannter Oberer einer Mutterloge, in der noch Paulus aufgenommen worden sei". Ursprünglich sollte der Bund zwei Klassen von Verbrüderten umfassen, gemeine und designierende Brr., später strebte ein „verwässerter Plan" dahin, die D. U. in eine Art Freimaurerei mit drei Graden umzuwandeln. Angebliches Ziel: „Vervollkommnung der Wissenschaft, der Künste, des Handels, insbesondere der Volksreligion, Verbesserung der Erziehung, Hervorziehung gemeinnütziger Talente usw. Bode (s. d.) enthüllte jedoch die Absichten Bahrdts als einen Versuch, der lediglich auf Geldschneiderei hinauslief. (Vergl. Georg Schuster, „Geheime Gesellschaften".)

Deutsch-französische Annäherung, s. Rapprochement franco-allemand.

Deutscher Logenbund, 1903 gegründete Vereinigung von Winkellogen (sogenannte Hemfler-Logen, s. d.) in Augsburg („Bavaria"), Hamburg (Großloge „Zur goldenen Weltkugel") und München (Großloge „Isarfels"), die sich nicht dem ebenfalls irregulären „Reformierten Freimaurerorden" (s. d.) anschlossen. Die Führung lag bei der Münchener Zentrale der Großloge „Isarfels". Die Satzungen des D. L. betonten humanitäre Tendenzen, bezeichneten aber zugleich als Aufgabe die Befestigung der wirtschaftlichen Lage ihrer Mitglieder durch materielle Zuwendungen, Anbahnung von Geschäftsverbindungen usw. Als Organ sollte die Zeitschrift „Meteor" dienen, die aber niemals erschienen ist. Die Mitglieder der Münchener Loge gründeten den Verein „Meteor", dessen Aufgabe es war, Suchende vorzubereiten und zu beobachten. Die einzige Logengründung des D. L. war die Nürnberger Loge „Hans Sachs", die aber bald wieder einging. Bereits 1904 schied die Hamburger Loge aus und schloß sich unter dem Namen „Zur treuen Bruderkette" der irregulären Großen Freimaurerloge von Deutschland an. Die Augsburger Loge ging 1905 zum irregulären „Souveränen Sanktuarium des Schottischen Memphis- und Misraim-Ritus" über. Die Großloge in München stellte ihre Tätigkeit 1905 gleicherweise ein und trat der irregulären „Symbolischen Großloge des Schottischen Ritus in Deutschland", der früheren „Großen Freimaurerloge von Deutschland" bei.

Deutschland.

1. Frühzeit.

Die Freimaurerei fand in Deutschland frühzeitig Eingang. In den Listen der englischen Logen tauchen sehr früh Namen aus Deutschland auf, die besonders bei den regen Handelsbeziehungen der deutschen Hafenstädte gelegentlich ihrer Geschäftsreisen Zutritt zu den englischen Logen erlangten. Auch adelige Persönlichkeiten, wie etwa der Graf Albrecht Wolfgang von Schaumburg-Lippe, waren schon in England Freimaurer geworden, bevor noch in D. selbst Logen festen Fuß gefaßt hatten. Der Großmeister Herzog von Norfolk ernannte 1729 den Herrn Thuanus, außerordentlichen Gesandten von Braunschweig-Lüneburg und Sachsen-Gotha am großbritannischen Hof, auch du Thon, du Thom genannt, zum Provinzial-Großmeister von Niedersachsen (Anderson, Konstitutionsbuch 1738). Von einer Tätigkeit dieses Provinzial-Großmeisters ohne Provinz ist allerdings nichts bekannt. 1733 gab der Großmeister Earl of Strathmore elf deutschen Gentlemen die Erlaubnis, eine Loge in Hamburg zu stiften. Dieser Versuch verunglückte. Als eigentlicher Begründer der Freimaurerei in D. kann ein sonst unbekannter Br. Charles Sarry (s. d.) bezeichnet werden, der im Jahre 1737 in Hamburg lebte und dort als „Deputierter Großmeister des Königreichs Preußen und des Kurfürstentums Brandenburg" eine Reihe von jungen Leuten, die in dem Weinhause „Taverne d'Angleterre" des Jens Arbien in der Bäckerstraße zusammenkamen, für die Freimaurerei zu gewinnen wußte. Darunter waren ein hannoverscher Kavalier, Georg Ludwig v. Oberg, der Jurist Dr. Peter v. Stüven, der Stadtwundarzt Peter Carpser. Auch der Dichter Friedrich v. Hagedorn gehörte zu diesem Kreise, schloß sich aber der Freimaurerei nicht an. Das älteste Dokument, welches die Gründung einer Loge auf deutschem Boden nachweist, ist die „Fondation, Règles, charges, Loix et Minutes de la très vénérable Société des acceptés Maçons Libres de la Ville de Hambourg, érigée l'an MDCCXXXVII, le sixième Décembre". Diese in französischer Sprache abgefaßte Gründungsurkunde, die unter anderem auch die Hausgesetze der Loge d'Hambourg betrifft, ist die älteste freimaurerische Urkunde auf deutschem Boden. Gearbeitet wurde im Lehrlings- und Meistergrad, wobei die Prichardsche Verräterschrift als Ritual diente. Durch eine Deputation dieser Loge wurde in der Nacht vom 14. auf den 15. August 1738 der Kronprinz von Preußen, spätere König Friedrich der Große, in Braunschweig im alten Kornschen Gasthause aufgenommen, wobei v. Oberg den Prinzen und nach ihm einen Grafen v. Wartensleben aufnahm.

Die Hamburger Loge war zwar aus regulären Freimaurern zusammengesetzt, aber sie war eigentlich eine Loge ohne Autorisation seitens einer Großloge. Der zweite Meister dieser Loge, der Blaufärber Luttman, ließ sie daher am 23. Oktober 1740 in das Register der Londoner Großloge eintragen, wo sie unter Nummer 108, bei späterer Numerierung im Jahre 1755 als Nummer 119 mit dem Namen „Bunch of Grapes, Becker Street Hamburg" erscheint. Gleichzeitig erhielt Luttmann vom englischen Großmeister John Keith, Earl of Kintore, eine Bestallung als Provinzial-Großmeister von Hamburg und Niedersachsen mit der Vollmacht, Maurer zu machen und Logen zu gründen, wodurch erst in D. eine legale maurerische Instanz geschaffen war. Die Hamburger Loge nennt sich zum ersten Male 1743 mit einem unterscheidenden Namen „Absalom", eine Bezeichnung, die notwendig wurde, weil eine zweite Logengründung in Hamburg bevorstand.

Die Aufnahme des Kronprinzen von Preußen leitet die weitere Ausbreitung der Freimaurerei in D. ein. Auf Schloß Rheinsberg führte v. Oberg eine Zeitlang die eigene Loge Friedrichs. 1739 übernahm der Prinz selbst den Hammer seiner Loge und hielt auch noch als König nach seiner Thronbesteigung (1740) Logenarbeiten im Schloß Charlottenburg ab; die Berliner Loge selbst hatte keinen unterscheidenden Namen, wird aber wiederholt als „Loge première", auch „Loge du Roi notre Grand-Maître" bezeichnet. Durch den Sekretär des Königs, Geheimrat Jordan, wurde 1740 eine weitere — bürgerliche — Loge begründet, die den Namen „Aux trois Globes" („Zu den drei Weltkugeln") annahm.

Die Loge des Königs bestand bis Dezember 1740. Beim Abgang des Königs zur Armee ging sie ein; die Mitglieder traten zu den „Drei Weltkugeln" über. 1742 wollte Graf Gotter die Loge als Adelsloge wieder beleben, infolge des Einschreitens Bielfelds (s. d.) gegen solche Exklusivität versagte der König seine Genehmigung.

Während diese Entwicklungslinie somit auf englischen Ursprung verweist, ging eine zweite auf französische Einflüsse zurück. Hier ist besonders der sächsisch-polnische Marschall Rutowski (s. d.) zu erwähnen, ein natürlicher Sohn August des Starken, der, wahrscheinlich in Frankreich aufgenommen, seit 1738 als Logengründer in Sachsen und im benachbarten Böhmen tätig war. Über das rasche Wachstum des Freimaurertums in diesen Gründungsjahrzehnten informiert die nachstehende Tabelle:

1. Hamburg: Absalom: 6. Dezember 1737.
2. Dresden: Aux trois aigles blancs, 1738.
3. Berlin: Aux trois Globes, 1740.
4. Bayreuth: Zur Sonne, 31. Januar 1741.
5. Leipzig (ohne Namen): 20. März 1741.
6. Meiningen: Aux trois boussoles, September 1741.
7. Breslau: Aux trois squelettes, 18. Mai 1741.

8. Frankfurt a. d. O.: Deputationsloge, 1741.
9. Frankfurt a. M.: L'Union, 1741.
10. Altenburg: Aux trois compas, 31. Januar 1742.
11. Wien: Aux trois Canons, 14. September 1742.
12. Hamburg: St. Georg, 14. September 1743.
13. Braunschweig: Jonathan, 1744.
14. Kopenhagen: Zorobabel, 1745.
15. Marburg: „Zu den drei Löwen", 1745.
16. Hannover: Friedrich, 1746.
17. Celle: Augusta, 1748.
18. Oldenburg: Abel, 1752.
19. Schwerin: St. Michael, 1754.
20. Wien: Aux trois cœurs, 1754.

Unter dem Einflusse dieser raschen Ausbreitung entstanden bald auch höhere Organisationsstufen, Provinzial-Großlogen oder Mutterlogen, die für sich das Recht in Anspruch nahmen, als übergeordnete Instanzen die Arbeiten zu regeln und neue Logen nach bestimmten Grundsätzen zu gründen. So entstand die Provinzial-Großloge von Hamburg und Niedersachsen, konstituiert von der Großloge von England 1740, die von England aus patentierte Loge „l'Union von Frankfurt", begründet 1741, die sich die Befugnisse einer Mutterloge zulegte und die preußische Loge „Zu den drei Weltkugeln", die sich seit 1744 Große königliche Mutterloge „Zu den drei Weltkugeln" nannte. Schließlich die vom Marschall Grafen Rutowski begründete sächsische Gruppe, die sich seit 1741 als obersächsische Großloge „Aux trois aigles blancs" bezeichnete und Logen gründete. Bis hierher liegen die Entwicklungslinien der deutschen Freimaurerei ziemlich klar und übersichtlich. Wohl bestanden hier und dort Seitenzweige, die sich noch nicht angeschlossen hatten (mit der Bezeichnung Winkellogen kann in dieser Periode nicht sparsam genug umgegangen werden). Aber im großen ganzen sind gut entwickelte Kristallisationszentren erkennbar. Die Entwicklung der Schotten- und vor allem der Templermaurerei und ihre Folgen warf dann die Systematik der deutschen Freimaurerei vollkommen über den Haufen.

2. Das Chaos der Systeme.

Es begann mit der Einführung sogenannter schottischer Logen, die 1742 von sieben Mitgliedern der „Trois Globes" in Berlin und 1744 auf Betreiben des Grafen Schmettau in Hamburg unter dem Namen „De l'Union" begründet wurden. Diese Schottenlogen stammten aus Frankreich, waren durch Emigranten oder Kriegsgefangene sowie durch die vielen an den Höfen tätigen Kaufleute usw. nach D. verpflanzt worden, wo sie bereitwilligst Nachahmung fanden. Sie sind bald in Berlin, Hamburg, Leipzig, Frankfurt a. M. nachweisbar. In Kürze entwickelten sich auch zahlreiche, der Freimaurerei nachgebildete Orden (Abeliten, Glückseligkeit, Pilgrime usw.), die auch Frauen aufnahmen. Trotzdem sie bald wieder eingingen, haben sie doch viel zur Verwirrung beigetragen. Einer der wesentlichsten war der Adoptionsorden der Möpse (s. Mopsorden), hinter dem man lange Zeit eine katholische Gegengründung gegen die Freimaurerei vermutete. Ein französischer Kriegsgefangener, der Marquis Filley de Lerneu (s. d.), führte 1760 mit Unterstützung des Freiherrn v. Printzen das System des Clermontschen Kapitels (s. d.), auch Clermont-Rosasches System genannt, in Berlin ein. Der Kriegsrat und Kanonikus Karl Friedrich von Köppen begründete ein paar Jahre später den sonderbaren Orden der Afrikanischen Bauherren (s. d.); im gleichen Zeitraum traten auch die Gold- und Rosenkreuzer (s. d.) auf, die sich durchwegs auf freimaurerische Kreise stützten.

Zum Gipfel der Verwirrung führte jedoch der eine Zeitlang sozusagen allmächtige Templerorden des Freiherrn v. Hund (s. d.), die Strikte Observanz, die den eigentlichen Gedanken des Freimaurertums vollkommen zugunsten eines auf falschen Voraussetzungen aufgebauten, eine unhaltbare Tradition behauptenden Ritterordens verschob. Diese Periode der deutschen Freimaurergeschichte ist allgemein kulturgeschichtlich noch nicht genügend gewertet worden. Sie ist ein Beweis für den kritischen Tiefstand eines Teils der damaligen, zumeist aus Adeligen bestehenden geistigen Oberschichte. Neben ehrlichen unkritischen Schwärmern, die Gutes erstreben und dem vermeintlichen Ideal ihre besten Kräfte weihen, da sie auch hinter der falschen Maske das wahre Freimaurertum ahnen und ersehnen, tauchen Betrüger auf, wie Johnson (s. d.) und Gugomos (s. d.), die die unklaren Köpfe mit den verworrensten Ideen füllen, um ihnen um so leichter die Taschen leeren zu können. Man muß es urkundlich nachlesen, wie beispielsweise ein Bürgermeister von Roßkampf (Heilbronn) (s. d.) mit sich selbst kämpfen muß, ehe er sich zugesteht, daß der verehrte Magus ein Erzbetrüger und Ausbeuter ist, um diese sonderbarste aller Zeiten zu begreifen. Seitdem die Strikte Observanz noch mit dem Klerikat des Johann August v. Starck (s. d.) verbunden war, hatte sie überhaupt jede Richtung verloren. Daran konnte auch der Schutz des Herzogs Ferdinand von Braunschweig (s. d.) nichts ändern, der nach Hunds Tode der eigentliche Führer der deutschen Freimaurerei geworden war. Die allgemeine Verwirrung war so weit gediehen, daß man schließlich nach so und so vielen Konventen auf dem Konvente von Wilhelmsbad (s. d.) 1782 endgültig Ordnung zu schaffen versuchte. Das gelang nicht. Aber die Templerlegende wurde hier endlich zu Grabe getragen und die Strikte Observanz gehörte praktisch nunmehr der Geschichte an. Liest man Logenakten dieser Zeit durch, dann muß man sich häufig genug erst daran erinnern, daß die Grundlage der verschiedenartigen Systeme doch eigentlich die Freimaurerei war. Da spukt Okkultismus und Spiritismus in seiner wüstesten Form (s. Schrepfer), da wird Gold gebraut, es werden mit Hilfe von kabbalistischen Tafeln und Heptamerondarstellungen Schätze gehoben, der Tau der jungfräulichen Erde gesammelt u. a. m. Besonders einzelne Personen, wie der Landgraf Ludwig von Hessen (s. d.), verstehen es meisterhaft, einen wahren Hexensabbat um sich zu entfesseln.

Mitten in diese geistige Misere platzt dann auch noch der Ingolstädter Professor Adam Weishaupt mit seinem Illuminatensystem hinein. Diese antijesuitische, aber den Jesuiten ihre Methoden nachahmende „Weisheitsschule" mit sicherlich gut gemeinten, aber doch höchst nebulosen Kampfzielen fand merkwürdigerweise viel Zulauf; Bode, Knigge, Nicolai, der Weimarer Herzog Karl August und Herder, Goethe (s. alle diese) traten bei. Wieso diese mit untauglichen Mitteln Aufklärung verbreiten wollende doktrinäre Koterie mit Sturm- und Drangallüren in den Verdacht kommen konnte, daß sie die Trägerin aller auf staatlichen Umsturz gerichteten Pläne gewesen sei, ist auch dann unverständlich, wenn man selbst das aus persönlichen und Konkurrenzgründen gegen sie entfesselte wüste Kesseltreiben in Betracht zieht. Das Interessanteste ist dabei wohl, daß diese, namentlich in Bayern wirkenden Illuminaten eigentlich durch ihre Stiefbrüder gestürzt wurden, die Gold- und Rosenkreuzer in Preußen, die dort durch Wöllner und Bischoffwerder (s. beide) zu verhängnisvollem Einfluß gelangt waren.

3. Klärung und Reform.

Der Wilhelmsbadner Kongreß begrub die Strikte Observanz, und man sah nicht allzuviel Leidtragende. Und wenn es auch noch einige Jahrzehnte dauerte, bis stabilere Verhältnisse den Sieg davontrugen: nach Wilhelmsbad hebt eine neue Ära der deutschen Freimaurerei an. Allerdings wirkte sich die deutsche Kleinstaaterei und der eigentlich bis zum heutigen Tage nicht ganz überwundene Partikularismus der deutschen Stämme auch in der Freimaurerei aus. Ein Beweis hierfür ist die Überzahl von deutschen Großlogen. Die aus der Loge des Königs Friedrich hervorgegangene Berliner Loge „Aux trois Globes" war 1744 zur Großen Königlichen Mutterloge „Zu den drei Weltkugeln" geworden. 1772 wurde sie unter der Großmeisterschaft des Herzogs Wilhelm von Braunschweig zur Großen National-Mutterloge der Preußischen Staaten.

1770 begründete der Feldmedikus Johann Wilhelm Kellner v. Zinnendorf (s. d.) unter Absage an die Strikte Observanz und die vorher von ihm geleitete Mutterloge auf Grund der vom schwedischen Kanzleirat Friedrich v. Eckleff (s. d.) erhaltenen Akten die Große Landesloge der Freimaurer von Deutschland, die seither nach dem etwas modifizierten Schwedischen System arbeitet.

Die dritte Berliner Obedienz, die „Große Loge von Preußen, genannt Royal York zur Freundschaft", heute nur noch genannt „Zur Freundschaft", ging 1798 — durch Teilung — aus der Loge „de l'Amitié" hervor, die 1752 oder 1754 von französischen Freimaurern, Gelehrten, Künstlern und Beamten in der Hauptstadt Preußens ins Leben gerufen wurde. 1761 nannte sie sich „de l'Amitié aux trois Colombes", 1765, als sie den Bruder des Königs von England, den Herzog von York, der Freimaurerei zugeführt und dessen Protektorat erlangt hatte, „La loge Royale de York de l'Amitié". Alle diese drei Großlogen waren im Besitze königlicher Schutzbriefe, ihre Stellung wurde nach außen hin auch dadurch gestärkt, daß ein von König Friedrich Wilhelm III., dem Großneffen Friedrichs des Großen, 1798 erlassenes Edikt (s. d.) in Preußen die Teilnahme an allen geheimen Verbindungen und Gesellschaften untersagte, aber die drei Großlogen und deren Tochterlogen ausdrücklich von dem Verbot ausnahm. Anderen Logen blieb so die Tätigkeit auf preußischem Boden versagt, ein Umstand, der später zu erheblichen Mißhelligkeiten führen sollte (s. Settegast).

Außerhalb Preußens wirkten in der Zeit der freimaurerischen Reformation der Eklektische Bund in Frankfurt (als englische Provinzial-Großloge), ferner die englische Provinzial-Großloge von Hamburg und Niedersachsen.

Der erste Ruf zur Reformation war auf Betreiben des Wetzlarer Kammergerichtsassessors Ditfurth (s. d.) und des Stuhlmeisters der Frankfurter „Einigkeit", Brönner (s. d.), im „eklektischen Rundschreiben" ergangen. Welchen Widerhall dieser Ruf nach Rückkehr zur alten Einfachheit, zur Gründung eines Bundes, dessen Grundlage Freiheit und Gleichheit im freimaurerischen Leben sein sollten, hervorrief, geht wohl daraus hervor, daß nicht weniger als 53 Logen aus verschiedenen Ländern ihre Zustimmung bekundeten. Es fehlte allerdings auch nicht an Feindseligkeiten. Wie schon so oft, erklärten die Mystiker die Neugründung für einen Herd des Deismus, wenn nicht gar des Atheismus. In Frankfurt setzte man sich gegen diese Anwürfe energisch zur Wehr und erklärte dem Aberglauben, der Astrologie, dem Obskurantismus aller Art den Krieg. Nur die drei Johannisgrade sollten in Hinkunft als für die ganze Maurerei verbindlich anerkannt sein. Im übrigen sollte jeder Loge die Freiheit gelassen werden, nach Belieben auch höhere Grade zu bearbeiten.

Von Hamburg aus hielt in den neunziger Jahren das „Schrödersche System" in deutsche Logen seinen Einzug. Friedrich Ludwig Schröder (s. d.), der den von Wieland übersetzten Shakespeare in den Spielplan der deutschen Schaubühne einführte und selbst ein bedeutender Shakespeare-Darsteller war, war 1774 in der Loge „Emanuel zur Maienblume" Freimaurer geworden. Es spricht für seine starke Persönlichkeit, daß er, obwohl „Komödiant", also Angehöriger eines Standes, dem man in der damaligen Zeit im allgemeinen nicht mit allzu großer Achtung begegnete, ohne Kugelung aufgenommen wurde. Was Schröder mit seiner Reform anstrebte, war: strengeres Sittlichkeitsgefühl und Unterordnung, Abschaffung der Hochgrade mit ihrer Herrschaft über die Johannisgrade. Er stand auf dem Standpunkt, daß letztere alles enthalten, was symbolisch „als Leitfaden zur sittlichen Freiheit und Bruderliebe von der Geburt bis zum Tode dem denkenden Menschen helfend und erinnernd zu Seite stehen“ könne, und verfocht mit Entschiedenheit die Idee, die Würde des Meistergrades sei die Vollendung der maurerischen Bildung.

Alles, was im Laufe der Zeit zu der bei aller Schönheit und Tiefe so einfachen Symbolik des englischen Rituals an überflüssigem Beiwerk hinzugefügt worden war, wurde von Schröder ausgemerzt. Nicht ohne daß er, bevor er mit seiner Schöpfung an die Öffentlichkeit trat, Goethe und Herder und seinen Freund Hufeland, den ausgezeichneten Arzt und Eklektiker der medizinischen Wissenschaft, mit den wesentlichen Zügen des Reinigungswerkes vertraut gemacht hätte. „Da die Wahrheit einfach ist, so muß auch das Symbol einfach sein“, war der Leitsatz des Reformators, und bei erfreulich vielen drang er damit durch. Eine sehr große Zahl von Logen arbeiten bis auf den heutigen Tag nach der Schröderschen Lehrart, die auch das englische Konstitutionsbuch mit seiner Verneinung jeder religiös-kirchlichen Beschränkung wieder in seine Rechte eingesetzt hat.

Was Schröder in Hamburg vollbrachte, leistete in Berlin bis zu einem gewissen Grade Feßler (s. d.). Dort war harte Arbeit zu tun. Die Strikte Observanz hatte zwar ziemlich abgewirtschaftet. Im preußischen Staat war aber bis 1797 der Staatsminister von Wöllner (s. d.), der Chef des Departements für geistliche Angelegenheiten, allmächtig. Ein Zelot und blinder Schwärmer, der 1788 durch sein Glaubensedikt und die Wiedereinführung der Zensur fast alles wieder zerstört hatte, was unter Friedrich dem Großen an Aufklärung und tolerantem Geist ins Land gekommen war. Auch für die Freimaurerei hatte er sich in hohem Maße als schädlich erwiesen. In mittelalterlichster Mystik befangen und einer der fanatischsten Bekenner der Rosenkreuzerei, hielt er die Lehre von der Gemeinschaft mit den Geistern für das einzig wahre Wissen. Als eines der Oberhäupter des Gold- und Rosenkreuzerordens (der mit der rätselvollen geheimen Gesellschaft, wie Andreä sie sich vorstellte, kaum mehr etwas zu tun hatte), machte er dessen Doktrinen beinahe zur Grundlage des kirchlichen und politischen Systems in Preußen. Er konnte das tun, da es ihm gelungen war, in Gemeinschaft mit dem ihm geistesverwandten General von Bischoffwerder, auch König Friedrich Wilhelm II. ganz in den Dunstkreis der Geisterseher zu bannen.

Feßler (s. d.) ging 1796, nachdem er ein Werk über Marc Aurel beendigt hatte, nach Berlin. In der Loge „Royal York“ angenommen, machte er sich sofort daran, zu purifizieren, zu verbessern. Er ging allerdings weniger radikal zu Werk als Schröder, vielleicht weil er als Süddeutscher seiner Phantasie mehr Lauf ließ als der klar und nüchtern denkende Schweriner. Aber auch er entkleidete unter Anlehnung an das altenglische Ritual die Sinnbilder der schwülstigen Zierate, machte aus den Hochgraden Stufen der Erkenntnis, gab den Symbolen einen vernünftigen Sinn und dem Brauchtum einen Zweck und eine von hoher Sittlichkeit erfüllte Grundlage. Die Gebräuche sollten nichts anderes mehr sein als sinnliche Darstellungen der Natur und der Ziele der Freimaurerei. Diese nach Kräften fortzupflanzen, sollte jeder ihrer Jünger angeleitet werden.

Es wäre hier auch anderer Reformatoren zu gedenken, die mit mehr oder weniger Glück Geist und Ritual zu erneuern suchten: In erster Linie des Philosophen Krause (s. d.), der seine Lehre allerdings auf von ihm irrtümlich für echt gehaltene Urkunden stützte, aber von der Freimaurerbrüderschaft als umfassendem Menschheitsbund ein hellstrahlendes Bild entwarf, das von der Mehrheit seiner Brr. noch nicht verstanden wurde. Krause zur Seite stand sein Freund Friedrich Moßdorf in Dresden, der später als Herausgeber der ersten „Enzyklopädie der Freimaurerei“ von Lenning die Grundlage zum „Allgemeinen Handbuch der Freimaurerei“ schuf, dem — heute leider vergriffenen — bedeutendsten Werk der deutschen Freimaurerei. Wesentliche Verbesserungen führten auch der Berliner Oberkonsistorialrat Zöllner und der Hofrat Johann Schneider (s. beide) in Altenburg ein, welch letzterer auch der freimaurerischen Geschichtsforschung neue Wege erschloß.

Sehr wesentlich war auch, daß die deutsche Freimaurerei nunmehr daranging, ihre Selbständigkeit zu erobern. Den Anfang machte der Eklektische Bund, der mit der am 18./21. März 1783 verfaßten und genehmigten Bundesurkunde den Grund zur eigenen Großlogenselbständigkeit legte. 1783 hatte sich auch die Mutterloge „Zu den drei Weltkugeln“ selbständig erklärt. Am 4. Februar 1811 sagte sich auch die Provinzial-Großloge von Hamburg und Niedersachsen von der englischen Großloge los und wurde die Großloge von Hamburg. Ihr folgte die Große Landesloge von Sachsen (28. September 1811) und die Großloge „Zur Sonne“ in Bayreuth (11. Dezember 1811), so daß die Aufteilung der deutschen Großlogen bereits ungefähr den Verteilungen zu Beginn des 20. Jahrhunderts entsprach. Einzelne später entstandene Großlogen verschwanden infolge politischer und staatlicher Neuordnungen wieder, so die Großloge von Hannover, als dieses 1866 an Preußen fiel. Dafür entstanden 1846 die Große Freimaurerloge „Zur Eintracht“ in Darmstadt, 1924 aus der Vereinigung der fünf unabhängigen Logen die Großloge „Deutsche Bruderkette“ mit dem Sitz in Leipzig und 1931 die von den übrigen deutschen Großlogen einstweilen nicht anerkannte „Symbolische Großloge von Deutschland“.

In der Frühzeit der systematischen Reinigung erfuhr die deutsche Freimaurerei von zwei Seiten wesentliche Impulse. Der eine ist zu suchen im Aufklärungszeitalter und in der von gesteigertem Weltgefühl erfüllten Periode des deutschen Klassizismus. Der zweite stammte von den Triebkräften des Nationalidealismus, der sich in der Zeit der Befreiungskriege besonders lebhaft äußerte. Der deutsche Klassizismus hat die deutsche Freimaurerei reichst beschenkt. Es genügt hier, die Namen Lessing, Herder, Wieland, Joh. Heinrich Voß, Mathias Claudius, Gottfried August Bürger, Johann Wolfgang Goethe, Johann Gottfried Fichte anzuführen. Von den Helden und Sängern des deutschen Befreiungskampfes gegen Napoleon den Freiherrn v. Stein, Blücher, Scharnhorst, Gneisenau, Hardenberg, Schenkendorff, Rückert u. v. a. (s. alle diese).

Die Synthese von Nationalismus und Kosmopolitismus, wie sie Fichte in die Worte gekleidet hatte: Vaterlandsliebe ist des Freimaurers Tat, Weltbürgersinn ist sein Gedanke, wurde von K. Chr. Fr. Krause (s. d.) in seinen auf Gründung einer Völkergesellschaft, eines Menschheitsbundes abzielenden Werken gesteigert. In den Tagen des deutschen Biedermeier, im Vormärz, ist unter dem Einflusse der romantischen Strömungen diese Betonung eines ideellen Menschheitsbundes von deutschen Freimaurern bis zu einer gewissen Weltfremdheit emporgetrieben worden.

4. Das 19. Jahrhundert.

Solche Weltfremdheit deutschen Logentums trat auch zutage in den Perioden großer politischer und sozialer Bewegungen, wie etwa im Jahre 1848. Sie zeigte sich auch in dem Fehlschlagen des von dem Prinz-Protektor Wilhelm, später Kaiser Wilhelm I. (allerdings als Gegengewicht gegen die emporkommende Arbeiterbewegung), unternommenen Versuches, die Freimaurer für die Arbeiterfrage zu interessieren. Die deutsche Freimaurerei hatte das Glück — oder auch Unglück — daß sie unter dem Schutze der regierenden Häuser mehr als ein Jahrhundert sozusagen ungestörter Entwicklung hinter sich bringen konnte. Das galt insbesondere für Preußen, wo die Hohenzollern das Protektorat über die vaterländische Freimaurerei ausübten. Wilhelm I., dem Bismarck den leisen Vorwurf macht, daß er mit einer fast religiösen Treue an seinen Freimaurerbrüdern hing, und sein Sohn Friedrich III., der in seinem Kronprinzenliberalismus die Hoffnung aller fortschrittlichen Elemente war, waren jahrelang durchaus aktive Freimaurer. In den Tagebüchern Friedrichs ist von der Freimaurerei mit einer Herzlichkeit die Rede, die ein Beweis mehr dafür ist, wie ernst es ihm um seine Zugehörigkeit zum Bunde war (s. Preußen) Die Angriffe protestantischer Zeloten (s. Hengstenberg und Möller) oder die des sächsischen Denunzianten Advokaten Eckert (s. d.) erregten wohl die deutschen Logen. Aber da sich z. B. gegen den Magdeburger Generalsuperintendenten Möller sofort der Hohenzollernprinz Wilhelm erhob und ihm kräftig die Leviten las, nahm das deutsche Logenleben wenig mehr als die Rolle des interessierten Zuschauers ein. Etwas lebhafter war die Anteilnahme, als Bluntschli (s. d.) die Angriffe des Papstes zurückwies, und als Findel (s. d.) den Taxil-Schwindel aufdeckte. Große geistige Gesamtbewegungen gehen der deutschen Freimaurerei des 19. Jahrhunderts aber im Grunde genommen ab. An Leistungen hat sie zu buchen die Reformbestrebungen des Vereins deutscher Freimaurer (1861) und die nach dem Kriege von 1871 nach erfolgter Reichseinheit endlich zuwege gekommene Bildung des Deutschen Großlogenbundes, der durch 50 Jahre zumindest die Fiktion einer einigen deutschen Freimaurerei vorstellte und sich gelegentlich als Mittel zu fruchtbarer Arbeitsanregung erwies. Sonst aber war dieses Jahrhundert der deutschen Freimaurerei ein mehr oder weniger scharf akzentuierter, manchmal auch ganz abebbender geistiger Kampf der Systeme gegen- und untereinander, demgegenüber die von sehr hochwertigen Persönlichkeiten, wie Krause, Mossdorff, Findel, Seydel, Schauberg u. v. a., angeregten Reformpläne zurücktreten. Insbesondere war es die Spaltung in die humanitäre und christliche Freimaurerei (s. d.), welche die deutschen Logen Jahre hindurch absorbierte und so alle auf Gemeinschaftsleistungen zielenden Absichten lahmlegte. Es verdient in diesem Zusammenhange auf die sicherlich paradoxe Erscheinung hingewiesen zu werden, daß die deutsche Freimaurerei, wie keine andere Gruppe der verschiedenartigen Freimaurereien der Erde, von der Erörterung einer Frage zweiter Ordnung eigentlich nie losgekommen ist. Das ist — so seltsam dies auch klingen mag — die Judenfrage (s. d.). Im wesentlichen drehten sich die Debatten der beiden deutschen Freimaurergruppen immer nur um zwei Kernprobleme: 1. Hochgrade oder nur Johannisgrade und 2. die Judenfrage, die in der deutschen Freimaurerei für so bedeutungsvoll angesehen wurde, daß aus diesem Streit heraus sogar neue Großlogen entstanden: „Eintracht“ und die Settegast-Großloge „Kaiser Friedrich zur Bundestreue“, daß altpreußische Großmeister, wie v. Etzel (s. d.) und Settegast (s. d.), den Hammer niederlegten und ganze Zeitepochen der deutschen Freimaurerei von diesem Streite widerhallten. Wobei bemerkt sei, daß es sich hier, wenigstens im 19. Jahrhundert, um eine prinzipielle Frage innerhalb der deutschen Freimaurerei selbst, ohne Rücksichtnahmen auf Stimmungen und Beurteilungen in der Außenwelt, gehandelt hat.

Soweit gemeinsame Leistungen der deutschen Freimaurerei im 19. Jahrhundert zu verzeichnen sind, beziehen sie sich auf Großlogeneinrichtungen wie Stiftungen (Viktoriastiftung u. ä.). Das geistige Leben wurde immer reicher durch die Tätigkeit des „Vereins deutscher Freimaurer“ befruchtet, der, anfangs von den Großlogen stark angefeindet, sich zum Hüter des deutschen freimaurerischen Gemeinschaftsgeistes entwickelte. Der Verein darf für sich buchen, die Standardwerke des deutschen freimaurerischen Schrifttums: das „Allgemeine Handbuch der Freimaurerei“ und die von Wolfstieg begründete, von Beyer und Quint (s. d.) fortgeführte Bibliographie, ermöglicht zu haben.

Seitdem Findel, Schauberg, Seydel, Nettelbladt u. a. die Basis zu einem modernen freimaurerischen Schrifttum in deutscher

Sprache gelegt hatten, ist diese Literatur zu einer ansehnlichen, man darf sagen führenden Höhe emporgestiegen. Abgesehen von einer reichen Zeitungsliteratur, aus der Findels „Bauhütte" hervorragt, haben Begemann, Keller und Wolfstieg neben Sonnenkalb, den beiden Brüdern August und Ernst Horneffer, Hieber, Wanner, Kneisner, Beyer, die philosophischen Autoren Caspari, Heinichen, Wagler, die Ritualbearbeiter Fischer, Marbach, Bluntschli und Selter u. v. a. ein Schrifttum hervorgebracht, das den besten Vorbildern englischer Leistungen gleichkommt, sie aber an Gefühlstiefe wesentlich übertrifft. Einen ganz neuen Stil schuf Diedrich Bischoff, der verdiente Vorsitzende des Vereins deutscher Freimaurer, der die soziale Bedeutung des Freimaurertums in zahlreichen Werken darzustellen und in Leistung umzusetzen versuchte. Das Humanitätsideal, das eine Eigenart deutschen Freimaurertums ist, schuf sich in der Comeniusgesellschaft Ludwig Kellers eine besondere Ausdrucksform, die über den Logenrahmen weit hinausging. Und so nahm um die Jahrhundertwende bis zum Ausbruch des Weltkrieges die deutsche Freimaurerei einen geistigen Aufschwung, der sie bereits zu befähigen schien, ein wirksamer Faktor des deutschen Kulturlebens zu werden. Die Beschaulichkeit des deutschen Logenlebens schien überwunden, und es kündigte sich eine Epoche an, wo die deutsche Freimaurerei, ohne ins Politische abzuirren, in den Kampf der Geister wohlvorbereitet einzutreten berufen war.

5. Der Weltkrieg und seine Folgen.

Im Weltkrieg sah sich die deutsche Freimaurerei plötzlich allein. Die Beziehungen zum freimaurerischen Ausland hörten mit einem Schlage auf. Die belgische Freimaurerei erhob durch ihren Großmeister Magnette (s. d.) Beschuldigungen gegen die deutschen Freimaurer, die sich nach dem Kriege bei abgekühlter Beurteilung als falsch und ungerecht erwiesen. Aber die feindselige Stimmung war einmal geschaffen. Selbst ein so kluger und kühler Kopf wie der Schweizer Kanzler der internationalen freimaurerischen Weltgeschäftsstelle, Quartier-La-Tente (s. d.), trat gegen die deutschen Freimaurer mit Bezichtigungen hervor, die nicht von realen Gegebenheiten, sondern von leidenschaftlicher Erregung des Nationalismus bestimmt waren. Als nach dem unglücklichen Ausgange des Krieges überdies ein Funkspruch die Freimaurerei der Welt zur Hilfeleistung für das notleidende Volk aufrief, verhallte dieser Notschrei im Äther. Und als 1921 die Freimaurer einiger Siegerstaaten die Frage der Wiederanknüpfung der Beziehungen erörterten, schlug bei einem allerdings kleinen Teil von ihnen zunächst die Kriegspsychose noch so deutlich durch, daß ein Wiedereintreten der deutschen Freimaurerei in die internationale Kette, selbst wenn die Neigung hierzu auf deutscher Seite überhaupt vorhanden gewesen wäre, damals durch Bedingungen, die an die deutsche Selbstachtung rührten, unmöglich gemacht worden wäre. Allerdings hat dann in den Freimaurereien der Siegerstaaten diese Kriegspsychose erfreulich rasch wieder rein freimaurerischen Erwägungen Platz gemacht. Es muß anerkannt werden, daß besonders auf französischer Seite nach 1920 ein ehrlicher, in breitester Öffentlichkeit betonter Versöhnungswille zu verzeichnen war. Aber durch die gewissenlose völkische Hetze gegen das Freimaurertum war die deutsche Freimaurerei jetzt im eigenen Lande in die Verteidigung gedrängt. Weite Volksschichten beschuldigten sie des Vaterlandsverrates. Offiziersverbände, Studentenvereinigungen, die Adelsgenossenschaft, kirchliche Kreise suchten seelische Entlastung, indem sie bei der Suche nach den an der Katastrophe Schuldigen sich an die deutschen Freimaurer hielten. Eine ins unendliche angeschwollene gegnerische Literatur (Wichtl, Rosenberg, Heiser, Schwarz-Bostunitsch, Ludendorff [s. alle diese] verbreitete den Haß gegen die „überstaatlichen Mächte", wozu auch die Juden und von einem Teil der Angreifer (Ludendorff!) auch die Jesuiten gezählt werden. In Wort und Schrift ergoß und ergießt sich eine Sturzflut von Gehässigkeiten, Verdächtigungen und Beschuldigungen gegen die deutschen Brr. (s. hierzu „Vernichtung der Unwahrheiten über die Freimaurerei", herausgegeben vom „Verein deutscher Freimaurer in Leipzig" und zahlreiche polemische Streitschriften von Buddecke, Fluhrer, Pfannkuchen, Kretschmer, Bonhoff, Bachmann u. v. a.), Und hier macht sich auch wieder die in Deutschland nur periodenweise ruhende antisemitische Bewegung in besonderem Maße geltend. Die Freimaurer als „Judenknechte, als künstliche Juden, als zu Juden Abgestempelte, als Handlanger Alljudas, als Werkzeuge der Weisen von Zion" sahen sich plötzlich einer Welt des Hasses gegenüber, der nicht nur von Einzelpersonen genährt wurde, sondern der sogar im Programm großer politischer Parteien (z. B. Nationalsozialisten) zum Schlagwort wurde.

Die Art, wie die deutsche Freimaurerei auf diese Angriffe reagierte, hat bei Angehörigen anderer Freimaurereien Befremden und harte Urteile ausgelöst, die beweisen, daß die psychologische Grundlage der deutschen Freimaurerei nie recht verstanden worden ist. Im Gegensatze zur romanischen Freimaurerei, die eine kulturpolitisch orientierte progressive Einrichtung vorstellt, hat die deutsche Freimaurerei immer schon ein Eigenleben ganz anderer Art geführt. Sie setzte sich vorzugsweise aus dem Bürgertum und den Beamtenkreisen zusammen. Der Kleinbürger, der Staatsbeamte, der Lehrer, der protestantische Geistliche, die akademischen Berufe, vereinzelt auch Offiziere füllten die Logen. Das heißt also Menschen, die außerhalb der Loge ganz bestimmten politischen Gesinnungen huldigten. Man war außerhalb der Loge mehr oder weniger konservativ politisch, nationalliberal oder deutschnational, nach links ging die Entwicklung im allgemeinen höchstens bis zum Demokraten. Die Zahl der Sozialdemokraten in den deutschen Logen der Vorkriegszeit dürfte an beiden Händen abzuzählen sein. Selbstverständlich war man monarchistisch, auch wenn man mit Wilhelm II. nicht immer sympathisieren konnte, man war vaterländisch aus innerem Drang, hing an dem von Bismarck geeinten Reich, feierte mit Begeisterung den Sedantag und trat für die durch die starke Armee und Flotte nach außen hin gesicherte Staatautorität ein. Das alles brach mit dem Kriegsende zusammen. Man kann der deutschen Freimaurerei, die der Mehrzahl nach aus konservativen Elementen zusammengesetzt war, keinen Vorwurf daraus machen, daß sie sich nicht im Handumdrehen umstellen konnte. Es liegt auf der Hand, daß ein Großteil dieses mit Beamten des alten Kurses stark durchsetzten Bürgertums seine Vorbehalte gegenüber der neuen Staatsform haben mußte. Mag die deutsche Freimaurerei immer wieder erklären, sie sei unpolitisch, mag jede Erörterung politischer Fragen noch so strenge aus den deutschen Logen ausgeschlossen bleiben, eines kann nicht verhindert werden: daß eine im Politischen ziemlich einheitlich denkende Mitgliedschaft in Fragen, wo die Freimaurerei mit dem Außenleben in Berührung tritt, diesen politischen Grundzug deutlich erkennen läßt. Das zeigte sich besonders im Fall Stresemann. Die ausländische Freimaurerei, insbesondere in Frankreich, hatte erwartet, daß dessen versöhnliche Tätigkeit gerade bei den deutschen Großlogen Widerhall finden und zumindest Gesten auslösen werde, die eine Annäherung ermöglichen würden. Das Gegenteil trat — für den Kenner nicht unerwartet — ein. Während Stresemann in Genf und Locarno Reden hielt, die von freimaurerischem Weltgeiste erfüllt waren, schwieg sich die deutsche Freimaurerei vielsagend aus, nicht zuletzt deswegen, weil das mit den neuen staatlichen Verhältnissen unzufriedene Bürgertum, das mit einem Zipfel in die Logen hineinreichte, von dieser Versöhnungspolitik einfach nichts wissen wollte. Was half es denn, daß die französischen Freimaurer gegen die Friedensverträge, gegen die Ruhrbesetzung Reden hielten und Manifeste erließen? Die französische Regierung, auf die sie keinen Einfluß hatten, setzte deswegen doch ihre Gewaltpolitik fort. Die fortschreitende Not radikalisierte den politischen Geist in D. Und von dieser Radikalisierung wurden auch jene Kreise ergriffen, die unter der Not der Verhältnisse aus behäbigen, durch eigener Hände Arbeit gesicherten Bürgern zu verarmten, mißvergnügten, verzweifelten Menschen wurden. (Es sei hier eine Briefstelle angeführt, in der es heißt, daß der Logenbesuch in einer geistig sehr regsamen Loge nicht zuletzt deswegen so schlecht geworden sei, weil die in der Loge zahlreich vertretenen Staatsbeamten usw. die Ausgabe für das Glas Bier beim Klubabend scheuen müssen!)

Aus dem Radikalismus dieser Stimmungen entwickelte sich in der deutschen Freimaurerei jener Typus, der mit dem Überkommenen brechen und eine neue Form der deutschen Freimaurerei aufstellen will, die man die christlich-national-deutsche nennen kann. Da die völkische Öffentlichkeit den Freimaurern ihren Nationalismus nicht glauben wollte, ging man darauf aus, ihn um jeden Preis zu beweisen. Daher die zahllosen nationalen Erklärungen der deutschen Freimaurer gegen die Kriegsschuldlüge, gegen die Verträge von Versailles usw., daher das schroffe Ablehnen aller internationalen Bindungen, die Verurteilung des Pazifismus, der als eine schwächliche, volksschädigende seelische Entartung aufgefaßt wird, daher die strengen Verbote aller internationalen Freimaurergruppierungen, wie z. B. der Allgemeinen Freimaurerliga. Dies blieb nicht unwidersprochen. Denn in der deutschen Freimaurerei leben eine ganze Anzahl ehrlicher, wertvoller Menschen, die diese Schwenkung der Freimaurerei, in der sie einen Bruch mit der Vergangenheit zu sehen glauben, nicht mitmachen wollten. Eine ganze Reihe deutscher Freimaurer vertritt den Standpunkt, daß Nationalgefühl und Internationalismus nicht Gegensätze, sondern Stufen sind. Aber diese Richtung ist in der Minorität geblieben. Ihre Vertreter haben entweder sich der Majorität fügen müssen, oder sie sind aus ihren Großlogen ausgeschieden. (So Rackhorst, Quint, Leo Müffelmann, Endres, Littmann.) Die Gründung der Symbolischen Großloge von Deutschland (s. d.) im Jahre 1930 stellt einen Versuch dar, auch dieser Richtung eine Vertretung zu geben, das heißt jener deutschen Freimaurerei, die national und international zugleich sein will, und die ihrem Volke dienen will nicht durch Abschließung, sondern durch eine planmäßige Annäherung. Zwischen diesen beiden Strömungen geht der Kampf hin und her.

Es ist im wesentlichen nur das Bild der großen politischen Parteiungen, die D. heute spalten, die sich auch im Logenleben widerspiegeln. Die Freimaurerei ist immer noch der Ausdruck ihres Milieus gewesen. Besonders in D. hat sie immer die geistigen Strömungen des Bürgertums wiedergegeben. Von diesem Gesichtspunkte aus will sie auch heute verstanden werden. Damit soll selbstverständlich nicht alles entschuldigt werden, was in den letzten 13 Jahren von seiten der führenden deutschen Freimaurerkreise veranlaßt wurde. Es ist da mancher schwere Prinzipienbruch unterlaufen, der Deutsche Großlogenbund ist darüber in Trümmer gegangen und viele, sehr viele deutsche Freimaurer sind innerlich unbefriedigt, viele haben sich vollkommen zurückgezogen. Aber es geht auch nicht an, die deutsche Freimaurerei in Grund und Boden zu verurteilen, weil sie anders ist. Die deutsche Freimaurerei, oder um es präziser auszudrücken: die deutschen Freimaurereien, sind ebenso ein Opfer des Krieges und seiner Folgen wie die deutsche Wirtschaft, die deutsche Wissenschaft. Ihr Zustand ist auch ohne Vergleich in der Freimaurergeschichte. Bei großen Umwälzungen (Frankreich, Rußland, Italien, Ungarn) wurde die Freimaurerei entweder zerstört, oder aber sie zog es vor, ihre Arbeit selbst einzustellen. Hier aber lebt eine Freimaurerei die stürmische Zeit krisenhafter Umwälzungen durch. Alles in ihr selbst ist Krise.

Es ist nicht ihr Schicksal, das sie lebt, sondern die schicksalhafte Verbundenheit mit ihrem Volke bestimmt ihre weitere Entwicklung. Wie die deutsche Freimaurerei diese furchtbare Kulturdämmerung überdauern wird, kann niemand voraussagen. Am allerwenigsten dieses

Buch, das Bestehendes verzeichnen, nicht aber Künftiges prophezeien soll.

Deutschland, Symbolische Großloge von, entstanden im Juli 1930. Eine Gruppe von Freimaurern, die den verschiedensten deutschen Systemen entstammten, und die mit der ablehnenden Haltung der deutschen Freimaurer gegenüber internationalen und pazifistischen Problemen, der Liga usw. nicht einverstanden waren, vereinigten sich mit 600 aus dem F. z. a. S. (s. d.) ausgetretenen, teils im Auslande regularisierten, teils die Regularisierung anstrebenden Mitgliedern zur Gründung einer Großloge. Da Verhandlungen mit dem Deutschen Großlogenbund ergebnislos blieben, die Wiener Großloge eine Patentierung der neuen Großloge ablehnen mußte, setzte der seit kurzer Zeit bestehende Oberste Rat des A. u. A. Schottischen Ritus für Deutschland am 27. Juli acht Logen ein, die sich hierauf auf Grund der von der Großloge von England herausgegebenen Bestimmungen über Regularität zu einer eigenen Großloge vereinigten. Die neue, zehnte Großloge Deutschlands wird von den neun älteren deutschen Großlogen nicht anerkannt. Sie unterscheidet sich von diesen schon durch ihre Prinzipienerklärung, in der sie den internationalen freimaurerischen Verkehr propagiert, und durch ihr Konkordat mit dem Schottischen Ritus, indem sie ihren Mitgliedern den Beitritt zu den Hochgraden des Obersten Rates von Deutschland gestattet. Ihr Arbeitsprogramm gilt vor allem dem Friedensproblem und der sozialen Frage. Die symbolische Großloge gibt eine eigene Zeitschrift heraus, die „Alten Pflichten". Die Gründung dieser Großloge, zu deren erstem Großmeister Dr. Leo Müffelmann, Berlin, gewählt wurde, hat zu einem heftigen Meinungsaustausch geführt, der auch in die Öffentlichkeit getragen wurde.

Deutsch-Südwestafrika (ehemals), s. Südwestafrika.

Deutschvölkische Freiheitsbewegung. Die Gesamtleitung beschloß 1927, daß Mitglieder humanitärer Logen der D. F. nicht angehören und Brr. der drei altpreußischen Großlogen keine leitenden Stellungen und Mandate annehmen können.

Deux Franc-Maçons, Les, ou le coup du hasard, die Freimaurerei behandelndes Theaterstück von Pelletier-Volmiranges, wurde 1808 in Paris aufgeführt.

Devèze, Albert Charles, belgischer Politiker, * 1881, Minister der nationalen Verteidigung 1920—1923, ist Freimaurer. (Mitt. d. G.-L. „Zur Sonne", Or., Bayreuth 1929/30, Heft 7).

Devonshire.

1. Siebenter Herzog v., Spencer Compton Cavendish, hervorragender englischer Staatsmann, * 1833, † 1908, liberaler Politiker, 1863 Erster Lord der Admiralität, Kriegsminister im Kabinett Gladstone, als dessen Nachfolger Führer der Liberalen, Staatssekretär für Indien, später wegen der Home Rule Gegner Gladstones und Führer der liberalen Unionisten, 1895—1903 Präsident des Geheimen Rates im konservativen Kabinett Salisbury, Gegner Balfours in der Freihandelsfrage, Kanzler der Universität Cambridge, wurde 1876 Großbeamter der Großloge von England.

2. Achter Herzog v., Victor Christian William Cavendish, * 1868, wiederholt britischer Minister, zuletzt Staatssekretär des Kolonialamtes, Generalgouverneur von Kanada, ist Provinzial-Großmeister der Provinzial-Großloge von Derbyshire.

Devrient, Karl August, berühmter deutscher Schauspieler, Schwager Friedrich Ludwig Schröders, * 1797, † 1872, wurde 1844 in der Loge „Zur Ceder in Hannover" aufgenommen.

Dewey, George, amerikanischer Admiral, * 1837, † 1917. Im spanisch-amerikanischen Krieg Oberbefehlshaber des ostasiatischen Geschwaders, der 1898 vor Manila die spanische Flotte vernichtete, war Mitglied einer Loge in Washington.

Dewet, Christian, Burengeneral, * 1854, † 1922, einer der tollkühnsten Kämpfer im Krieg gegen England, Oberbefehlshaber der Oranjeburen, der sich 1914 bei Ausbruch des Weltkrieges nochmals erhob, 1915 wegen Hochverrates verurteilt, aber amnestiert wurde, war Freimaurer.

Diacon, Diaconus, s. Deacon.

Diagne, Blaise, Deputierter von Senegal in der französischen Kammer, 1931 Unterstaatssekretär im französischen Kolonialministerium, der erste Neger, der Mitglied eines europäischen Kabinetts wurde, gehört einer Loge des „Grand Orient de France" an. (* 1872.)

Diaspora, Diasporabrüder, der Bibel entnommener Ausdruck für die Zerstreuung der Elemente einer völkischen Einheit. In der D. leben Freimaurer in Ländern, in denen die Freimaurerei verboten ist, daher heißt das Buch von Haniel (s. d.) „Aus der D.". Besonders beliebt war der Ausdruck zur Bezeichnung der freimaurerischen Verhältnisse im Österreich der Vorkriegszeit. D.-Brr. nennt man auch solche Freimaurer, die nicht am Ort einer Loge wohnen.

Diaz, Porfirio, mexikanischer Staatsmann, * 1830, † 1915, Mestize, Advokat und Professor, liberaler Politiker, Insurgentenführer im Kampfe Juarez' gegen Kaiser Maximilian und die Franzosen. Nach erfolgloser Kandidatur gegen Juarez ging er nach Nordamerika, kehrte zurück und besiegte im Bürgerkrieg sowohl Lerdo de Tejado, wie dessen Gegner Iglesias. 1877—1880 und 1884—1910 Präsident der Republik Mexiko, schuf er mit diktatorischer Gewalt Ordnung und Frieden in dem von inneren Kämpfen aufgewühlten Lande. Seine Anhänger hießen „Cientificos". Von Madero bekämpft, dankte er 1911 ab und lebte in der Folge in Spanien. D. war Freimaurer und Großmeister der „Gran Dieta" genannten Großloge (s. Mexiko).

Diaz Hernandez, Manuel, Don, katholischer Geistlicher, * 1774, † 1863, dem 1894 von der Bevölkerung der Stadt Santa Cruz da Palmas auf den Kanarischen Inseln ein Denkmal gesetzt wurde, war Freimaurer, leidenschaftlicher Patriot und aufrechter Liberaler, der trotz Gefängnis und schweren Prüfungen seinen Idealen treu blieb. Die Statue, deren Sockel die Inschrift trägt: „Diaz sein dankbares Vaterland", zeigt auf dem Rock die Insignien des freimaurerischen Rosenkreuzergrades als Beweis für die Treue zum Bunde, die diesen guten Katholiken auszeichnete. Stets trug er auf seinem Priesterkleid die Abzeichen seines Kapitels: Pelikan, Kreuz und Rose. 1820 wurde D. H. seiner liberalen Betätigung wegen von der Regierung des absolutistischen Königs Ferdinand VII. nach Teneriffa verbannt. 1835 konnte er nach seiner Heimatinsel zurückkehren. Er wurde wieder in seine Pfarre eingesetzt und blieb Priester und Freimaurer zugleich bis zu seinem Tode.

Dichtung, Freimaurerische.

1. Lyrik: Lieder, Hymnen, Kettenlieder und Kettensprüche, Geleit- und Wandersprüche, Tafellieder, Trauergesänge, Leitsprüche (Prologe), Sprüche beim Entzünden der Lichter dienen der Weihe der freimaurerischen Arbeit. Zahllose Sammlungen (Anthologien) verraten, wie viele berufene und auch unberufene Dichter zum lyrischen Hausschatz der Freimaurerei beigetragen haben. Selbstverständlich sind diese Poeme nicht immer wertvoll und überleben häufig kaum den Augenblick ihres Erscheinens. Trotz der lyrischen Überproduktion muß gesagt werden, daß die Zahl der wirklich dichterisch wertvollen lyrischen Leistungen sehr klein ist.

Isoliert auf einsamer Höhe stehen die Logengedichte Goethes, von denen besonders eines, das Symbolum „Des Maurers Wandeln, es gleichet dem Leben", in maurerischen Kreisen allbekannt und auch in die meisten Sprachen übersetzt ist. (Die englische Übersetzung stammt von Carlyle.) Aus dem 18. Jahrhundert haben sich ferner mehrere Gedichte Blumauers erhalten. Auch der wenig bedeutende österreichische Dichter Alxinger lebt in einigen Maurerliedern fort. Will man Schikaneders Freimaurertexte zur „Zauberflöte", wie die Sarastro-Arie, hierherrechnen, so ist aus dem 18. Jahrhundert wohl alles Bleibende in deutscher Sprache aufgezählt. Die stärkste deutsche dichterische Begabung im 19. Jahrhundert zeigt Emil Rittershaus, der ganz eigenartige Gedichte schuf, die nicht nur dem Behagen der Logenarbeit, sondern auch dem Kampfe der Meinungen in der Außenwelt nachdenkliche Stimmungen abzugewinnen wußten. Von deutschen Logendichtern seien weiters genannt: Mahlmann, Oswald Marbach, Feodor Löwe, Christian Klötzer, Friedrich Holtschmiedt u. a. Den Durchschnitt weit überragen in letzter Zeit: Paul Richter (Lübben) mit seinen kosmischen Gedichten, der Sachse Reinhold Braun und der Wiener Max Roden. Auch Heinrich Glücksmann (Wien) hat in seinen Gedichtsammlungen manchen Kettenspruch, der erhalten bleiben wird.

Die französische Literatur war anfänglich ganz auf das Getändel des Rokoko eingestellt. Es gibt wohl kein altes französisches Freimaurerlied, in dem nicht irgendwie dem beau sexe eine Verbeugung gemacht würde. Der Arzt Procop schrieb um 1730 seine „Apologie de la maçonnerie". Das im 18. Jahrhundert entstandene „Frères et compagnons de la maçonnerie" wird noch heutigentags in französischen Freimaurerlogen gesungen. Im allgemeinen aber ist die lyrische Literatur der französischen Logen recht arm, was wohl darauf zurückzuführen ist, daß die Arbeit der französischen Bauhütten mehr auf den Verstand als auf das Gemüt berechnet ist.

Die italienischen Freimaurer haben im 18. Jahrhundert im neapolitanischen Geistlichen Jerocades, im 19. in Carducci ihren Dichter gefunden. Dem Charakter der italienischen Arbeit lag das Ekstatische besonders gut, daher der Erfolg der Hymnen Carduccis u. a.

Die englische Lyrik bevorzugte in den Anfangsjahren der Großloge das Tafellied. (Matthew Birkhead, „Enter'd Prentice's Song", 1723.) Gerade bei den Angelsachsen ist aber die echte Stimmungslyrik aufgekommen, die Gefühle und Empfindungen in bezug auf Freimaurerei und Loge schildert, ohne einem Zweck, dem gesungenen Liede, dienen zu wollen. Hier ist in erster Linie Robert Burns zu nennen, dem seine Loge in Tarbolton zahlreiche Dichtungen verdankt. In der neuesten Zeit hat besonders Rudyard Kipling zahlreiche Maurergedichte geschrieben, darunter das ausgezeichnete Gedicht von seiner Mutterloge, „My Mother Lodge", das in viele Sprachen übersetzt ist. Von amerikanischen Dichtern sind die beiden poetae laureati zu nennen. Robert Morris („We met upon the level") und Fay. Hampstead mit dem viel zitierten: „Let there be light". Die moderne amerikanische Freimaurerlyrik vertreten Douglas Malloch („My Father's Lodge"), Wilbur Nesbit, McLachlin („Song of the working tools") u. a.

2. Epik: An epischen Werken ist die Freimaurerliteratur arm. Zu erwähnen sind Goethes „Geheimnisse", die vielfach maurerisch gedeutet wurden und gelegentliche, mehr scherzhafte Epen, die sonderbarerweise immer wieder Noah und seinen Kasten behandeln (Hessemer, Marbach, Jahn). Viel reicher ist dagegen die freimaurerische Literatur an Werken der erzählenden Kunst,

3. Romane, Novellen, Erzählungen, Kurzgeschichten: Die Handlung ist in den hierher gehörenden, in der freimaurerischen Literatur sehr beliebten Zwiegesprächen meist vollkommen Nebensache. So in Lessings „Ernst und Falk", in Herders „Adrastea". Ein weitausholendes Zwiegespräch über Freimaurerei, ziemlich unabhängig von einer Handlung, stammt von Thomas Mann, die Zwiegespräche des Helden des ‚Zauberberg' mit dem Freimaurer Settembrini und dem Jesuiten Naphta. Bestes freimaurerisches Schrifttum, das dem Wesen der Freimaurerei und ihrer Eigentümlichkeit als Mysterienmännerbund gerecht wird, ist eingeschlossen in Goethes „Wilhelm Meister", in Wielands „Agathodaemon" und in zahlreichen Romanen Feßlers. Heinrich Zschokke verwendet oft freimaurerische Motive, ebenso Friedrich Nicolai in seinem „Sebaldus Nothanker". Knigge kommt in dem Roman seines Lebens ebensowenig von der Freimaurerei los, wie in seinem reich bewegten Leben selbst, ebenso Jung Stilling.

Eine besondere Abart der freimaurerischen Literatur bildet die zumeist im romantischen

Zeitalter entstandene. Hier handelt es sich nicht so sehr um den Gedankeninhalt der Freimaurerei, als um ihre Erscheinungsform als Geheimbund. Diese Literatur ist unübersehbar. Freimaurer, Templer, Illuminaten, Rosenkreuzer geben das Kostüm für den Helden, die Freimaurerei stellt die Kulisse. (Etwa: „Die Furchtbaren Unbekannten oder die Ritter des Bundes für Tugend und Recht." 1794.) So ziehen sie durch die Weltliteratur, besonders jene, die dem Gruselbedürfnis des Lesers entgegenkommen soll. Daher kann weder Alexander Dumas, noch Eugen Sue auf die Freimaurer verzichten. Sie geistern durch die Romane Gregor Samarows und des blutrünstigen Sir John Retcliffe, Naundorffs Roman von der Loge Archimedes oder des Tschechen Svátek Roman vom Grafen Sporck geben Dichtung, die leider ebenso für Wahrheit genommen wurde, wie die dem üblen Pamphlete der „Weisen von Zion" zugrundeliegende Stelle aus Retcliffes Revolutionsromanen. Auch Sacher-Masoch ist hier zu nennen. In künstlerischer Form verwendet das Freimaurermotiv Leo Tolstoi in seinem Roman „Krieg und Frieden". „Ritas Vermächtnis" von E. Handel-Mazzetti ist typisch für den gegnerischen R.

Goethes Märchen hat man wiederholt freimaurerische Deutung zu geben versucht. Die Form des Märchens oder der Fabel, des Sinngedichtes (Lessing: „Das Geheimnis") ist auch sonst in der freimaurerischen Literatur sehr beliebt. Ein ausgezeichnetes Werk ist J. S. M. Wards „Told through the Ages", der Versuch, in einer Kette von Erzählungen kulturgeschichtlich die Lehre der Freimaurerei zu entwickeln. Rudyard Kipling ist hier mit mehreren Novellen vertreten („The man who would be King", im „Kim" u. a. m.). Die moderne amerikanische Literatur bevorzugt die Short Story, die Kurzgeschichte, die besonders im „Masonic Outlook", New York, mit Vorliebe gepflegt wird. Schließlich hat die moderne amerikanische Literatur satirische Werke geschaffen, in denen Freimaurer den Pfeil der Satire gegen sich selbst richten: so Roe Fulkerson in seinem „Our Lodge Portrait Gallery" und dem köstlichen „Leaves from a Diary of a Grand Master's Wife".

4. Dramatische Kunst: Ihr ist unter „Theater" ein besonderer Abschnitt gewidmet. Sieht man genauer zu, so gibt es auf der Sprechbühne eigentlich nur ein einziges dramatisches Werk, das als freimaurerisch bezeichnet werden darf: Lessings „Nathan der Weise". Was sonst als Freimaurertheater bezeichnet wird, wendet sich entweder in Tendenz gegen gewisse Erscheinungen in der Freimaurerei (so Goethes „Großkophta" und die dem gleichen Thema gewidmeten drei kleinen Stücke der Kaiserin Katharina II. von Rußland), oder es wird das Freimaurertum zur Erzeugung dramatischer oder komischer Konflikte verwendet, die sich besonders aus der Neugierde der Frauen ergeben. So die „Donne Curiose" des Goldoni, der „Freimaurer" Kotzebues, die „Logenbrüder" von Laufs und Kraatz u. v. a. m. Das Motiv des verweigerten Hausschlüssels eingekleidet in die Freimaurerei!

5. Witz, Scherz Satire: Die europäischen Freimaurer haben für diese Abart wenig Verständnis. Sie fassen ihre Aufgabe zu ernst auf. Dagegen liebt sie der Amerikaner, wie die in den meisten amerikanischen Freimaurerblättern übliche heitere Spalte deutlich zeigt. Er spricht auch in diesen Zeitschriften gerne von „shoes and ships and sealing wax, of cabbages and kings" („The Walrus and the Carpenter"). In den französischen und italienischen Witzblättern ist der Freimaurer eine stehende Figur. Auch die politische Satire verarbeitet ihn mit großer Regelmäßigkeit. Wogegen in der deutschen satirischen Literatur der Freimaurer nur sehr selten erwähnt wird. Er kommt nur mittelbar zu Ehren, so etwa, wenn über ihn Ansichten verbreitet werden, die den Spott herausfordern. (So im „Simplicissimus" als Satire gegen Ludendorff.) Bis zu welcher Geschmacklosigkeit die französische politische Satire zu gehen liebt, beweist ein Bild aus einem Pariser Blatt: die von den Freimaurern geförderte Laienschule nimmt auf der einen Seite Schulkinder auf, die sie durch die andere Türe als Schweine mit Apachenmützen wieder verlassen. Oder: Herriot als Salome bringt dem Grand Orient das als Schweinskopf garnierte Haupt Poincarés (s. auch Satire).

Dickens, Charles, der berühmte englische Schriftsteller, * 1812, † 1870. Die wiederholt gestellte Frage, ob D. Freimaurer war, muß verneint werden. Er macht wohl an verschiedenen Stellen Anspielungen, so, wenn er sich über ein Hotel beklagt, in dem die Handtücher nicht größer waren als ein freemason's apron (Freimaurerschurz). Es ist sonst aber nichts bekannt, was sein Freimaurertum bestätigen würde.

Dictionnaire maçonnique (frz.), ein freimaurerisches Wörterbuch, wurde 1825 von Quantin (s. d.) in Paris herausgegeben.

Diderot, Denis, * 1713, † 1784, die Seele der französischen Enzyklopädie und einer der einflußreichsten Schriftsteller der revolutionären Aufklärungsperiode, ursprünglich Deist, dann Pantheist, der im Wahren, Schönen und Guten die Gottheit erkannte. („Das Wahre erkennen, das Gute tun, das unterscheidet einen Menschen vom andern.") D. schrieb u. a. „Pensées sur l'interprétation de la nature" (1754). In seinem Bestreben um die zuerst in einem Logenkreis angeregte Herausgabe der „Encyclopaedie" fand er die rege Unterstützung freimaurerischer Kreise (s. Ramsay). Die Angabe, daß er einer Loge angehörte, ist nicht nachgewiesen.

Didler, Karl, pensionierter Schulvorsteher in Berlin, erschöpfte sich und seine bescheidenen Geldmittel, indem er seit 1848 an alle Fürsten und Staatsmänner Denkschriften verschickte, in denen er alle Fürsten, soweit sie Protektoren des Bundes waren, aufforderte, dieses Protektorat niederzulegen und zugleich auf die besondere Gefährlichkeit des Freimaurerbundes aufmerksam machte. Ebenso wie Eckert (s. d.) hatte auch ihm die Revolution des Jahres 1848 die Überzeugung geschaffen, daß die Freimaurer an der Weltrevolution die Schuld trügen. Auch für den Nichtfachmann ist die geistige Erkrankung des Vielschreibers mit ausgesprochenen Querulantenerscheinungen ohne weiteres erkennbar.

Diederichs.

1. Eugen, deutscher Verlagsbuchhändler in Jena, * 1866, † 1930, war Mitglied der Loge „Urania zur Unsterblichkeit" in Berlin. In seinem berühmten Verlage erschienen auch mehrere bedeutende freimaurerische Werke. Während des Weltkrieges war er in einen Konflikt mit der deutschen Freimaurerei geraten, weil er sich im Jahre 1915 an einer Ehrung für den Schweizer Dichter Karl Spitteler beteiligt hatte, der in der Kriegszeit deutlich Partei gegen Deutschland ergriffen hatte.

2. Christoph Leopold v., Geheimer Oberjustizrat in Berlin, * 1772, † 1839, Chef der Justizorganisationskommission in Sachsen und den Rheinlanden, führte 1825 nach dem Tode des Justizministers Kircheisen das preußische Justizministerium, wurde 1812 in der Posener Loge „Zum Tempel der Eintracht" aufgenommen, war dann Meister vom Stuhl der Berliner Loge „Zu den drei Seraphim", Mitglied der Großen National-Mutterloge und des Altschottischen Direktoriums.

Dienende Brüder sind Aufwärter der Loge, die gegen Entlohnung Dienste leisten, als Brr. angesehen und angesprochen werden, aber mancherorts weder aktives noch passives Wahlrecht, noch auch sonst Stimmrecht haben. Sie werden in die Grade regelrecht eingeführt, müssen daher den Anforderungen der Aufnahme bezüglich des Charakters usw. entsprechen. Für das Wort „dienend" ist jetzt die Bezeichnung helfende Brr. allgemein eingeführt.

Dienende Brr. erscheinen in den Logen zuerst gegen 1721. Im 18. Jahrhundert waren es zumeist die Lakaien der adeligen Herren, bei Militärlogen Unteroffiziere oder Soldaten. Heute sind es meist Angehörige des mittleren Bürgertums, die zumeist nur fallweise der Loge ihre Dienste widmen. Im Jahre 1748 traten sie in Hamburg zu einer eigenen Loge zusammen und nahmen andere auf, erhielten aber einen strengen Verweis und mußten geloben, es nie mehr zu tun.

Dienst am Volke. In den ersten Tagen der deutschen Republik, am 27. November 1918, stellte die Frankfurter Loge „Zur Einigkeit" folgende Leitsätze über die Aufgaben der deutschen Freimaurerei auf:

1. Ob das in Deutschland jetzt Gewordene Bestand hat oder nicht, ob man ihm zustimmt oder es ablehnt, darauf kommt es jetzt nicht an. Es kommt vielmehr darauf an, daß in möglichst reibungslosem Zusammenarbeiten alle staatlichen, kommunalen, volkswirtschaftlichen und privaten Angelegenheiten ohne Stockung und Verwirrung weiterlaufen.

2. Es darf keiner den Posten verlassen, auf den ihn Stand, Amt oder Beruf gestellt haben. Das Vaterland braucht alle und jeden; undankbar und feige wäre es, das Vaterland in seiner Not im Stiche lassen zu wollen.

3. Pflicht jedes Freimaurers ist es, in der gegenwärtigen gefahrvollen Lage seine ganze Kraft dem Gemeinwohl zu widmen, auf daß Ruhe und Ordnung gewahrt bleiben als die Grundlagen der staatlichen und wirtschaftlichen Lebensfähigkeit des Vaterlandes.

4. Der Auf- und Ausbau unseres gesamten Staats- und Gemeindelebens erfordert die Mitwirkung der Bürger aller Stände; es darf keiner grollend, untätig oder gleichgültig beiseite stehen. Die zu lösenden Aufgaben aber fordern ein politisch interessiertes und geschultes Volk. Daran aber hat es bisher bei uns gefehlt. Darum müssen alle die aus ihrer Zurückhaltung heraustreten, die seither dem politischen Leben ferngestanden haben.

5. Die Freimaurerei muß als Faktor am nationalen Wiederaufbau sich fühlen und durch rege Mitarbeit zur Geltung zu gelangen suchen.

6. Das ihrem innersten Wesen als Erziehungsschule entsprechende Arbeitsgebiet ist die Volkserziehung im weitesten Sinne. Dieses weite Feld gibt Gelegenheit zu vielseitiger Betätigung je nach Kenntnissen, Neigungen und Interessen des einzelnen wie der freien Körperschaften.

7. Die Ausgestaltung dieser äußeren Zukunftsarbeit der deutschen Freimaurerei ist Sache der hierzu berufenen oder einer zu diesem Zwecke neu zu begründenden zentralen freimaurerischen Arbeitsleitung.

Diercks, Th. Gustav, Dr. phil., Schriftsteller, Dozent an der Humboldt-Akademie in Berlin, * 1852, aufgenommen 1891 in der Loge „Bruderbund am Fichtenberg" in Berlin-Steglitz, Großarchivar der „Drei Weltkugeln", 1897 bis 1923, Redakteur des „Bundesblatt" („Drei Weltkugeln"). Mehrjähriger Aufenthalt in Nordafrika und den Mittelmeerländern, maßgebender Kenner der spanischen Geschichte („Das andere Spanien", 1908) und der Seele und Kultur der Araber. Diplomatische und Forschungsreisen.

Dietrichstein, Joh. Baptist Karl Fürst von, Wirklicher Geheimer Rat und Obersthofstallmeister, * 1728, † 1808, Freund des Kaisers Joseph II. von Österreich, aufgenommen in der Kopenhagener Loge „Zu den drei brennenden Herzen", wurde 1777 Provinzial-Großmeister der von der Berliner Großen Landesloge abhängigen Provinzial-Großloge von Österreich, nach deren Loslösung von Berlin Landesgroßmeister. Ein Grandseigneur seiner Zeit, der für alle Arten von Geheimbünden viel Vorliebe hatte, sich den Gold- und Rosenkreuzern ebenso anschloß wie den Asiatischen Brr. und manchen anderen Absonderlichkeiten huldigte (Loge zu Pferde!). Schließlich scheint er die Verwirrungen in der Freimaurerei doch erkannt zu haben, denn er verband sich mit Born, um Ordnung in die verwirrten Freimaurerverhältnisse zu bringen, und veranlaßte den ihm gut gesinnten Kaiser zur Erlassung des bekannten Freimaurerediktes des Jahres 1785. Er zog sich dann von der Freimaurerei überhaupt zurück.

Dignitaire, Grand Dignitaire (frz.), Würdenträger, Großwürdenträger.

Dillens, Adolphe, hervorragender belgischer Maler, * 1821, † 1877, war Mitglied der Loge „Amis du Commerce et de la Persévérance", Antwerpen.

Dillon, Charles, Viscount, * 1745, † 1813, Zugeordneter Großmeister der Großloge von England 1768—1774, Mitglied der Royal Society, Parlamentarier, Begründer des ersten

Baufonds für ein Großlogenhaus. Dank seinen Bemühungen konnte 1774 das große Grundstück an der Great Queen Street gekauft werden.

Dimissoriale, s. Deckung.

Diplome.

1. Mitgliedsdiplome, auch Meisterdiplome, Bescheinigungen eines erlangten Grades, werden als Logenpässe ausgestellt, um den Mitgliedern den Besuch anderer Logen, auf Reisen usw., zu ermöglichen. Diese im 18. Jahrhundert meist künstlerisch ausgeführten Logenausweise tauchen etwa um 1750, zuerst in Frankreich, auf. Besonders bekannt das in Salzburg aufbewahrte Diplom Mozarts, ausgestellt von der Loge „Zur neugekrönten Hoffnung“ in Wien.

2. Ehrendiplome, Beurkundungen der in einer Loge erlangten Ehrenmitgliedschaft.

Director of Ceremonies, Grand, Großbeamter in den angelsächsischen Großlogen, dessen Aufgabe es ist, deren feierliche Aufzüge und Zeremonien (z. B. bei Grundsteinlegungen usw.) zu leiten. Sein Abzeichen sind zwei von einem Bande zusammengehaltene Stäbe (s. Zeremonienmeister).

Direktorium, in manchen Logen und Großlogen Bezeichnung für den (gegebenenfalls durch die Meisterschaft ergänzten) Verwaltungsausschuß der Großloge oder Loge, in der englischen Großloge als Board of General Purposes bezeichnet.

Bundesdirektorium heißt bei der Großen National-Mutterloge „Zu den drei Weltkugeln“ die oberste vollziehende Stelle, die sich aus einer Anzahl gewählter Vertreter zusammensetzt.

Dirigit obliqua (lat.), Devise des Gesellengrades der Strikten Observanz (auf einem kubischen Stein).

Dirksen, Alfons, Lehrer in Berlin, * 1881, Mitglied der Loge „Pythagoras zum flammenden Stern“, freimaurerischer Schriftsteller, seit 1919 Herausgeber der „Concordia, Bibliothek für Freimaurer“, besorgte nach Wolfstiegs Tod die Neuauflage von dessen fünfbändigem Werk „Werden und Wesen der Freimaurerei“.

Disciplina arcani enthielt die Geheimnisse der alten Christen. Aus der von Heiden mißdeuteten Lehre vom Abendmahl entstand die Fabel von der Ermordung eines Kindes, dessen Blut die Christen tränken, mit Mehl bestreuten und die Glieder unter sich aufzehrten. Die Christen hatten zu schweigen: 1. über Gegenstände und 2. gegen Personen. Zu 1. gehörten: die Lehre von der Dreieinigkeit, die Sakramente, die Kirchengebräuche beim Meßopfer, die heiligen Schriften und die Kirchenbesitztümer und -güter. Zu 2. gehörten die Heiden und Juden und nichtgetaufte Christen (Katechumenen). Mit der Ausbreitung des Christentums und seiner Verallgemeinerung starb diese Kirchenzucht ab. (Nach Ridel, Wörterbuch 1817.)

Discours, s. Ramsay.

Dispens, Dispensation (engl.), außerordentliche Vollmacht, die vom Großmeister, besonders der amerikanischen Großlogen in Ausnahmefällen erteilt werden kann. Im allgemeinen handelt es sich hier um Fälle, wie sogenannte Versammlungen unter freiem Himmel, d. h. Logenzusammenkünfte noch vor der Erteilung eines Patents, Bewilligung, an einem Tage mehr als fünf Kandidaten aufzunehmen, Erlaubnis zu Doppelmitgliedschaften, Herabsetzung des Aufnahmsalters, Festsetzung bestimmter Arbeitstage u. a. m. Diese Dispensrechte werden in den meisten Verfassungen genau umschrieben und werden zumeist durch Großlogenbeschluß im Einzelfalle nachträglich gutgeheißen.

Dissidenten. Die Frage, ob Personen, die aus einer Kirche ausgetreten sind, weiterhin Freimaurer bleiben können, hat naturgemäß nur für die christlichen Systeme Belang. Die National-Mutterloge „Zu den drei Weltkugeln“ hat 1927 entschieden, daß auch D. weiter Freimaurer bleiben können, weil man ein guter Christ sein könne, auch ohne einer dogmatischen Kirche anzugehören.

Distress, Sign of (engl.), das Große Not- und Hilfszeichen (s. d.).

District Deputy Grandmaster (engl.), 1855 von der Großloge von New York anläßlich der Einteilung des Großlogensprengels in Distrikte geschaffenes Amt. Der Großmeister ernennt alljährlich für jeden dieser Distrikte einen D. D. G. M., dem seine Vertretung bei den Logen obliegt.

District of Columbia, s. Columbia.

Distrikts-Großlogen nennt die englische Großlogenverfassung Unterabteilungen der Großloge in Kolonien und überseeischen Ländern zum Unterschiede von den Provinzial-Großlogen in England selbst. Die Distrikts-Großlogen, deren Großmeister (Distrikts-Großmeister) vom Großmeister der Großloge von England ernannt werden, können eigene Satzungen herausgeben, die jedoch mit der Großlogenverfassung nicht in Widerspruch stehen dürfen, verwalten eigene Fonds, unterstehen jedoch in den wesentlichen Belangen, wie Logengründung usw., der Großloge von England unmittelbar.

Distrikts-Großmeister sind die Großmeister der überseeischen Distrikte der Vereinigten Großloge von England; sie werden vom Großmeister ernannt.

Disziplin. Dem Begriff der Freimaurerei entspricht nicht der Begriff der Unterordnung, sondern der Einordnung. Zu dieser verpflichtet sich der Neuaufgenommene, nachdem ihm ausdrücklich versichert worden ist, daß von ihm nichts verlangt werden darf, was mit den Gesetzen des Staates, der bürgerlichen Ordnung und der herrschenden Gesellschaftsmoral in Widerspruch stehen könnte. Die D. in der Loge wird durch das Ritual aufrecht erhalten, das unbedingte Einordnung und Selbstdisziplin verlangt. Daher hat der Meister vom Stuhl in erleuchteter Loge auch eine während der Arbeit unanfechtbare Disziplinargewalt, deren äußerstes Mittel die Aufforderung zum Verlassen der Loge ist. Bei Bruch der Logendisziplin in erleuchteter Loge wird die Loge geschlossen und das logengerichtliche Verfahren über den schuldige Br. eröffnet.

Ditchfield, P. H., Reverend, englischer Geistlicher und Schriftsteller, * 1854, schrieb über hundert Werke (Geschichte, Archäologie, Architektur, Topographie, Stadt- und Landleben verschiedener Zeiten), eifriger Freimaurer, Past-Großkaplan der Großloge von England, Mitgründer und Pastmaster zahlreicher Logen.

Ditfurth, Franz Dietrich v., Reichskammergerichtsassessor, „Vater der Frankfurter Großloge" (Große Mutterloge des „Eklektischen Bundes"), * 1738, † 1813, war sehr tätiges Mitglied der Wetzlarer Loge „Joseph zu den drei Helmen", deren Stuhlmeister er 1777 wurde. Er wirkte dann als Schottischer Obermeister der Wetzlarer Großen Schottischen Direktorialloge „Joseph zum Reichsadler".

D. studierte mit heißem Eifer die verschiedenen wirklichen oder vermeintlichen Seitenzweige der Freimaurerei des 18. Jahrhunderts, die sich zumeist als Verirrungen erwiesen, schloß sich der Strikten Observanz an, in der er der Eques ab orno (Ritter von der Esche) war, wurde auch Illuminat (Minos), tat sich auf dem Konvent von Wilhelmsbad 1782 (s. d.) hervor, sah aber enttäuscht, daß auch das auf diesem geschaffene System der „Ritter der Wohltätigkeit" keine Lösung bedeutete, und entschloß sich zu der radikalen Umkehr, die sein nach Reinheit der freimaurerischen Lehre dürstender Sinn innerlich längst vorbereitet hatte. 1783 genehmigten die Provinzial-Großlogen von Frankfurt und Wetzlar ein von D. und Frankfurter Brrn. entworfenes Rundschreiben an die deutsche Freimaurerei, dessen Erfolg dann die Gründung der neuen eklektischen Großloge war. „Wie die eklektischen Gelehrten der Weltweisheit zu tun pflegten und pflegen, so wurde nun aus alten Quellen und den verschiedenen Lehrweisen das brauchbar Erscheinende, Beste und Überzeugendste ausgewählt und für die Frankfurter Großloge zusammengestellt" (Kekule von Stradonitz). D. wurde Provinzial-Großmeister, trat aber 1791 zurück, da man ihm wenig Dank wußte. Er war einer der besten Freimaurer des 18. Jahrhunderts, von klarem Urteil und energischem reformatorischen Wollen; ihm hat die deutsche Freimaurerei vieles zu danken.

Djavid Bey, türkischer Politiker, nach dem Sieg der jungtürkischen Revolution 1909/10 in den Kabinetten Hussein Hilmi und Hakki Bey Finanzminister, war Meister vom Stuhl der Loge „Konstitution" in Konstantinopel.

Djordjević, Andra, serbischer Staatsmann, * 1854, † 1914, Justizminister, Kultusminister, Staatsrat, Professor an der Rechtsfakultät der Belgrader Universität, Stuhlmeister der dortigen Loge „Pobratim", aufgenommen in der Budapester Loge „Demokratia".

Dobrovský, Josef, * 1753, † 1829, berühmter Slavist und erster Wiederbeleber der tschechischen Literatur, wegen seiner Vorliebe für die blaue Farbe auch der „blaue Abbé" genannt, galt allgemein als Freimaurer, wobei der Beweis hauptsächlich aus seinen eigenartigen Siegeln und Vignetten abgeleitet wurde. In seinen Anschauungen stand er der Freimaurerei sicherlich sehr nahe (z. B. 1784: „Das ist doch gewiß und auch aus der Geschichte der ältesten Philosophie bestätigt, daß es eine Vernunftmoral ohne Religion geben kann"). Er wurde lange Zeit als Mitglied der Loge „Zur Wahrheit und Einigkeit" in Prag genannt. In deren Listen kommt er jedoch nicht vor. Dr. Josef Volf (Prag 1929) hat in einer Arbeit zum 100. Todestag D.s den wohl bindenden Nachweis erbracht, daß D. nicht Freimaurer gewesen ist.

Dodd, William, Reverend, englischer Geistlicher, * 1729, † 1777, ein Mann von großen Geistesgaben, aber sehr schwankender Moral, infolge seines luxuriösen Lebenswandels ständig in Geldverlegenheiten, einer der Kapläne des Königs, war auch Grand Chaplain der Großloge von England und hielt bei der Einweihung der ersten Maurerhalle in London 1776 eine vielbeachtete und durch die Großloge von England in Druck verbreitete Festrede. Kurze Zeit hinterher wurde er wegen Wechselfälschung zu ungunsten des Lords Chesterfield verhaftet und nach damaligem Rechtsbrauch zum Tode durch den Strang verurteilt. Trotzdem sich 30.000 Menschen für seine Begnadigung verwendeten, wurde das Urteil am 27. Juni 1777 vollstreckt. Für die Beliebtheit des Geistlichen sprechen zahlreiche Legenden, die erzählen, D. sei durch einen besonderen Kunstgriff bei der Hinrichtung wohl bewußtlos geworden, aber am Leben geblieben und von Freunden, die seine Leiche übernahmen, wieder ins Leben zurückgerufen worden. Er habe noch viele Jahre in Frankreich in bedrückter Lage weitergelebt. Die Großloge hatte ihn vor der Hinrichtung aus ihren Listen gestrichen. Die Schande, die ihr von ihrem Großkaplan bereitet wurde, war selbstverschuldet. Denn die Großloge hatte D. zu einer Zeit zum Großkaplan gewählt, als er durch seinen Lebenswandel bereits jeden Kredit bei Hofe verloren und auch als Hofkaplan abgesetzt worden war. (A. Q. C., Band XIX und XX.)

Dogma, Lehrsatz, der nach der Auffassung seiner Verfechter keines Beweises bedarf. D. gibt es sowohl auf religiösem, wie auch auf politischem und wirtschaftlichem Gebiete. Institutionen auf dogmatischer Grundlage, als deren hervorstechendste die katholische Kirche gelten kann, üben Glaubenszwang aus. Die Freimaurerei kennt keine D., nimmt aber die Anhänger der verschiedensten religiösen, politischen und nationalen D. auf, insoferne sie sich der Pflicht der Toleranz unterwerfen. Sie ist adogmatisch, nicht antidogmatisch, wie vielfach behauptet wird. Die adogmatische Einstellung der Freimaurerei ist die Hauptquelle der vom Katholizismus gegen sie gerichteten Anfeindungen.

Dohna-Schlodien, Stanislaus, Graf zu, Freimaurer seit 1874, 1908—1915 Landes-Großmeister der Großen Landesloge der Freimaurer von Deutschland, dann Ordenssenior, arbeitete im Gebrauchtum und der Lehre des Ordens die grundlegenden Gedanken wesentlich klarer heraus. In der Nachkriegszeit wurde gegen ihn wiederholt in deutschen Adelskreisen und von nationalistischen Parteigängern der Vorwurf erhoben, er hätte eine ihm 1912 zugegangene Warnung, daß die Freimaurer die Ermordung des Erzherzogs Franz Ferdinand beschlossen hätten, nicht weitergeleitet und sei hierdurch indirekt an dem Attentate in Sarajevo und dem Ausbruche des Weltkriegs schuld. Da diese Anschuldigung auch in öffentlichen Versammlungen von Herrn von Puttkamer und dem Grafen von der Recke wiederholt wurde, sah sich Graf D. zur Klage veranlaßt. Bei der vor dem vierten Strafsenat des Kammergerichtes in Berlin am 24. November 1930 als Berufungsinstanz durchgeführten Verhandlung wurden die Angeklagten von Puttkamer und von der Recke unter Zubilligung des § 193 (Wahrnehmung berechtigter Interessen) wohl freigesprochen, das Gericht stellte aber zugleich fest: Der Überbringer der Warnung, Dr. Köthner (s. d.) ist eine zwar ehrenhafte, aber überaus nervöse, gedächtnisschwache und phantastische Persönlichkeit, auf deren Zeugnis sichere Feststellungen überhaupt nicht zu gründen sind. Er hat ferner zugegeben, daß er sich mit diesem Aufsatze habe wichtig machen wollen. Ein Schwager Dr. Köthners, Major von Coler, der dessen Material dem Großen Generalstab zur Kenntnis brachte, ist auch dort mit einem mitleidigen Lächeln abgewiesen worden. Der Angeklagte, Graf von der Recke, sagte das Gericht, ist ein fast 70jähriger Herr mit angegriffenen Nerven, dessen Urteilsfähigkeit durch seinen fanatischen Freimaurerhaß getrübt ist. Der Urteilsspruch schließt: „Bei allem Mitgefühl für den in diesem Falle völlig schuldlos verdächtigten Privatkläger konnte hiernach das Gericht dem Angeklagten den Rechtsschutz des § 193 nicht versagen." In der gleichen Sache erhob D.-S. auch gegen Ludendorff Klage, über die das Gothaer Amtsgericht am 1. Juli 1931 entschied. Ludendorff wurde wegen übler Nachrede zu 500 Mark Geldstrafe verurteilt. Das Gericht billigte ihm zu, daß er nicht aus ehrlosen Motiven, sondern aus subjektiv vaterländischer Einstellung seinen Kampf gegen die Freimaurerei führe. Der Zweck der Äußerungen könne jedoch nur gewesen sein, Sensation zu erregen und den Kläger in der Öffentlichkeit herabzusetzen. Die Berufungsinstanz bestätigte im Oktober 1931 dieses Urteil D. lebt seit Kriegsende in der Schweiz.

Doktordissertationen, Freimaurerische. Die philosophische Fakultät der Universität Würzburg approbierte 1922 eine Dissertation von E. v. Jan: „Französische Freimaurerlyrik im 18. Jahrhundert"; eine antifreimaurerische Dissertation von Dr. Josef Hoser, „Swinburnes Klassizismus im Lichte der freimaurerischen Weltanschauung", wurde im gleichen Jahre von der philosophischen Fakultät der Universität München angenommen. Sie erschien später im Buchhandel unter dem geänderten Titel „Freimaurerei, Heidentum, Umsturz." 1931 promovierte in Leipzig Werner Brägger, Chemnitz, mit einer D.: „Die öffentlich-rechtliche Stellung der drei Altpreußischen Großlogen" zum Dr. jur.

Dombrowski, Jan Heinrich, polnischer Nationalheld, * 1755, † 1818, machte die Insurrektion unter Kosciuszko gegen Rußland mit und kämpfte seit 1798 als Führer der von ihm aufgestellten polnischen Legion auf Seite Napoleons. In der Schlacht bei Leipzig deckte er den Rückzug Napoleons und führte den Rest der polnischen Hilfstruppen an den Rhein, ebenso wie er den Übergang über die Beresina verteidigt hatte. Er war Freimaurer.

Domingo, Marcelino, Unterrichtsminister in der provisorischen Regierung der zweiten spanischen Republik, * 1884, Journalist, Schriftsteller, Dramatiker, ist Mitglied des Großorients von Spanien.

Dominikanische Republik, s. Santo Domingo.

Dönhoff.

1. Ludwig August Karl, Graf, * 1742, † 1803, preußischer Staatsminister und Obermarschall, war altschottischer Obermeister und Meister vom Stuhl der Loge „Zu den drei Kronen" in Königsberg. Nach dem Edikt von 1798 (s. d.) führte er seine Loge der National-Mutterloge „Zu den drei Weltkugeln" zu. Sein Sohn

2. August Philipp Friedrich, Graf v., * 1763, † 1838, Obermarschall des Königreiches Preußen, war gleichfalls Stuhlmeister der Loge „Zu den drei Kronen" in Königsberg und Obermeister der delegierten altschottischen Loge „Zu den drei Kronen".

Donoughmore.

1. Richard Hely Hutchinson, zweiter Lord, berühmter liberaler irischer Staatsmann, * 1756, † 1825, als Protestant hervorragender Vorkämpfer der Katholiken-Emanzipation, war Großmeister der Großloge von Irland 1789 bis 1812, zu einer Zeit, als die irischen Freimaurer mehrheitlich katholischen Glaubens waren. 1793, im Kampf mit Frankreich, stellte er für die britische Armee auf eigene Kosten ein aus Freimaurern bestehendes, von seinem Bruder, dem Ersten Großaufseher der Großloge, befehligtes Freiwilligenregiment auf, die „Masonic or Royal Irish Volunteers". 1810 hielt er im House of Lords seine berühmte Rede zur „Catholic Petition", in der er leidenschaftlich für die Gleichberechtigung der Katholiken eintrat. 1825 schwer erkrankt, verließ er trotzdem sein Krankenlager, um an der entscheidenden Parlamentsabstimmung über die Katholiken-Emanzipation teilzunehmen. Zwei Monate später verschied er. In einer Versammlung der „Catholic Association" des gleichen Jahres wurde seiner als „Erbpatron der Katholiken" gedacht.

2. Richard W. I. H. H., Earl of, * 1875, gewesener britischer Unterstaatssekretär des Kriegsamtes, 1911—1931 stellvertretender Sprecher und Ausschußpräsident des Oberhauses, langjähriger Großmeister der Großloge von Schottland, Großkommandeur des A. u. A. Ritus von England und Wales.

Doppelmitgliedschaft (engl. Dual Membership). Die Frage, ob ein Freimaurer gleichzeitig vollberechtigtes Mitglied zweier oder mehrerer Logen sein kann, spielt namentlich in den amerikanischen Großlogen eine bedeutende Rolle. Bis vor kurzer Zeit wurde sie von diesen fast ausnahmslos verneint, obgleich beispielsweise in Großbritannien, Frankreich und anderen Ländern das Recht auf Mitgliedschaft bei mehreren Bauhütten als Selbstverständlichkeit gilt. In Frankreich ist auch die gleichzeitige Zugehörigkeit zu Logen des Grand Orient und der Grande Loge sehr häufig, und nur die Möglichkeit, in beiden Obedienzen gewisse Funktionen, z. B. das Stuhlmeisteramt, zu bekleiden, begrenzt. In England ist die Zahl der Brr., die mehreren Bauhütten angehören. schon durch das

Bestehen der Class Lodges (s. d.) sehr groß. In den Vereinigten Staaten haben neuerdings zahlreiche Großlogen, z. B. die Großloge von New York (1928), die Bestimmung getroffen, daß ihre Mitglieder bei Wohnungswechsel sich innerhalb des eigenen Staates auch anderen Logen anschließen können, wobei unfreiwilliger Verlust der Mitgliedschaft bei einer Loge auch die bei der anderen, bezw. den anderen nach sich zieht. Außerhalb des Staates ist die Doppelmitgliedschaft auf Logen solcher Großlogen beschränkt, die gegenseitiges Recht halten. Manche europäische Großlogen kennen eine beschränkte Doppelmitgliedschaft für Brr., die eine neue Loge gründen wollen. Sie gelten für einen bestimmten Zeitraum (bei der Großloge von Wien drei Jahre) als beurlaubt und haben nach Ablauf der Frist auf Wunsch das Recht, zurückzukehren.

Dörffel, Alfred, deutscher Musikschriftsteller, Ehrendoktor der Leipziger Universität, * 1821, † 1905, errichtete eine wertvolle Leihanstalt für musikalische Literatur, die die Grundlage der 1894 eröffneten bekannten Musikbibliothek Peters in Leipzig bildete, war Kustos der musikalischen Abteilung der Leipziger Stadtbibliothek und Redakteur des berühmten Musikverlages Breitkopf & Härtel, gab einen „Führer durch die musikalische Welt" heraus, übersetzte Berlioz' „Instrumentationslehre", war anerkannter Musikkritiker, verfaßte die Jubiläumsfestschrift „Geschichte der Gewandhauskonzerte", wurde 1842 in der Leipziger Loge „Balduin zur Linde" aufgenommen und komponierte für die Loge zahlreiche Musikstücke, zumeist zu Texten von Marbach (Trauerkantate, Oratorium, Kettenlied, Kantate, Tafellieder usw.).

Dorischer Stil. Der Säulenknauf der Säule der Stärke im Freimaurertempel wird im D. St. gehalten.

Dorregaray y Romiguera, Antonino, Führer der spanischen Karlisten, * 1820, † 1881, war Freimaurer.

Douglas, Ludwig Wilhelm August, Graf, schwedischer Staatsmann, * 1849, † 1916, nationalschwedischer Politiker, Außenminister 1895—1899, war Ritter des Ordens Karl XIII. (s. d.).

Doumer, Paul, Präsident der französischen Republik seit Juni 1931, * 1857, Professor und Journalist, Politiker, Generalgouverneur von Indochina, Präsident des Senats, war Freimaurer. 1887 als Mitglied der Loge „Les Frères du Mont-Laonais" und 1889 als Mitglied des „Conseil de l'Ordre du Grand Orient de France" und Schatzmeister bis 1891. Während der Dreyfus-Affäre trat er in der Kammersitzung vom 1. Dezember 1904 durch Zwischenrufe heftig gegen Laferre, den damaligen Präsidenten des Grand Orient, auf und bekämpfte auch den Kriegsminister André wegen der „Affaire des fiches" (s. d.). Im Jahre 1906 erklärte er in einem Schreiben an seine Wähler, er habe die Freimaurerei verlassen.

Doumergue, Gaston, Präsident der französischen Republik (1923—1930). Anläßlich seiner Wahl wurde behauptet, daß er Freimaurer sei. Die Mitteilung war jedoch falsch.

Doyle, Sir Conan Arthur, englischer Schriftsteller, * 1859, † 1930, der Erfinder des Sherlock Holmes, war Freimaurer. In seinen letzten Lebensjahren beschäftigte er sich vorzugsweise mit spiritistischen Studien.

Doyle, Sir John, englischer General, * 1750, † 1834, nahm am Krieg gegen die amerikanischen Kolonien teil, Mitglied des irischen Parlaments, Kriegsminister, wurde 1807 Provinzial-Großmeister der Kanalinseln.

Drake, Francis, englischer Arzt und bekannter Altertumssammler, aufgenommen in den Freimaurerbund 1725 in York. Von ihm stammt eine der ältesten freimaurerischen Reden: „Speech... delivered at Merchant's Hall" in York, 27. Dezember 1726, die wegen ihrer Behandlung der drei Grade für die Kenntnis der Freimaurerei der Frühzeit von großer Bedeutung ist.

Dräseke, Johann Heinrich Bernhard, berühmter protestantischer Kanzelredner, * 1774, † 1849, zuletzt in Potsdam, hielt 1814 Reden über Deutschlands Wiedergeburt, weshalb der Deutsche Bundestag durch den Rat von Bremen ihm seine Kanzelreden untersagen ließ. 1832 Generalsuperintendant in Magdeburg, machte er sich bei der Geistlichkeit seines Sprengels durch seine Wirksamkeit unbeliebt und trat, da er sich den Kämpfen nicht mehr gewachsen fühlte, 1843 in den Ruhestand. 1809 in Lübeck durch den Grafen Moltke in den Bund aufgenommen, entwickelte er sich zu dessen begeistertem Anhänger, war 1826—1829 Meister vom Stuhl der Loge „Zum Ölzweig" in Bremen. 1809, in der kritischen Zeit Preußens, sagte er in der Loge „Zum Füllhorn": Man kann diesen Tempel zerstören, aber nicht den Bau unserer Herzen. Man kann unsere Zusammenkünfte verhindern, aber nicht unsere Einigkeit im Geiste. Man kann uns untersagen, daß wir uns Maurer nennen, aber nicht, daß wir es seien... Sei gegrüßt, Maurertempel! Du bist, wenn alles Ketten trägt, die einzige Freistatt der verwüsteten Erde."

Drášković.

1. Ivan, Graf von, kroatischer Offizier, * 1740, † 1787, Oberst, Freischarenkommandant im bayrischen Erbfolgekrieg, begeisterter Freimaurer, Begründer der Loge „L'Amitié de Guerre" in Glina, erster Großmeister der D.-Observanz (s. d.), ein ungewöhnlich humanitär gesinnter Mann, ein „Verschwender im Wohltun", „Vater seiner Untergebenen", der in einer Zeit, in der die Leibeigenschaft noch existierte und die Mitglieder der kroatischen Logen zum Großteil Großgrundbesitzer waren, in die Verfassung seines freimaurerischen Systems die Worte aufnahm: „Vorzüglich aber muß die Humanität gegen Personen niederen Standes empfohlen werden... Wir sind alle gleich geboren: die Natur legte zwischen uns keinen Unterschied. Wem also das Los zuteil wurde, Untertanen oder Diener zu haben, muß diese sanftmütig behandeln und alles vermeiden, ihr durch ihren Stand ohnehin schweres Schicksal noch mehr zu erschweren..." Auf seinem Landschloß Brezovica bei Zagreb war D. selbst eifrig auf die Hebung des arg bedrückten Bau-

ernstandes bedacht. Er war der eigentliche Begründer der Freimaurerei im slawischen Süden.

Außer Graf Ivan waren weitere sechs Mitglieder der Familie D. Freimaurer.

2. Janko, Graf D., * 1770, † 1856, Neuschöpfer Kroatiens, hervorragender Illyriker, Kavallerieoffizier in den Türkenkämpfen, Gründer des literarischen Vereines „Matica Hirske", Träger des nationalen Geistes.

Drášković - Observanz, Hochgradsystem des 18. Jahrhunderts, begründet von den Grafen Ivan Drášković (s. d.) und Stephan Niczky (s. d.). D. betätigte sich in Glina und Zagreb als Gründer von Logen, die sich zu einer sogenannten „Militärischen Union" verbanden. Niczky, der in Osijek, Warasdin und anderwärts Logen einer „Freien Union" gestiftet hatte, verband sich mit D., und beide vereinigten ihre Logen 1777 in ein System, die sogenannte D.-O. D. selbst wurde Großmeister. 1784 erfolgte der Anschluß der Provinzial-Großloge an die Große Landesloge von Österreich in Wien. Das System, nach welchem auch unter deren Schutz weitergearbeitet wurde, ging dann im allgemeinen Zusammenbruch der österreichischen Freimaurerei mit dieser unter.

Drei spielt in der freimaurerischen Symbolik als wichtigste der sogenannten heiligen Zahlen eine ganz besondere Rolle (s. Zahlen, Heilige).

Dreieck (frz. und engl. triangle). Als die erste durch gerade Linien eingeschlossene Fläche und in Beziehung auf die heilige Zahl drei ein in vielen Riten, Mysterien, ebenso in der Kabbala und der Alchimie verwendetes Symbol. Bei den Ägyptern bezeichnet das Symbol die Gottheit, ebenso das D. mit dem allsehenden Auge in der christlichen Symbolik. Zwei übereinandergelegte gleichseitige Dreiecke bilden das Hexagramm, das Davidswappen, das Schild oder Siegel Salomonis, auch das Bauhüttensymbol des mit dem D. vereinigten Zirkels, das ursprünglich die Symbolik des Zusammenwirkens der beiden Kräfte der Welt zum Ausdruck bringen sollte, und zwar bedeutete das mit der Spitze nach oben deutende D. das „konstruktive Prinzip", das mit der Spitze zum Boden weisende das „destruktive", welche beiden Kräfte sich das Gleichgewicht hielten. In der Alchimie versinnbildlichte das nach oben gekehrte D. Feuer, das nach unten gewendete, das Wasser, während die Vereinigung als Chaos bezeichnet wird.

In der Freimaurerei kommt das D. als Symbol der Gottheit vor (im neunfachen Strahlenkranz mit dem allsehenden Auge). Als D. wird auch das Kränzchen (Triangel) bezeichnet, im Gegensatz zu der durch ein längliches Viereck dargestellten Loge. Logenabzeichen sind häufig in einem D. eingeschlossen. Das dreifache D. ist ein Abzeichen der Knights Templar (s. d.).

Dreifaltigkeit (frz. trinité, engl. trinity).

1. Im kirchlichen Sinne: In den alten Logenmanuskripten wird in der sogenannten Invokation auch die Heilige D. angerufen. So z. B. im Großlogenmanuskript Nr. 1, geschrieben 1583 („Die Macht des Vaters und die Weisheit seines glorreichen Sohnes, vereint mit der Gunst und der Güte des Heiligen Geistes, das sind drei Personen und ein Gott, seien mit uns").

2. Ritter vom Kreuze der D., ein zwischen 1785 und 1790 von dem preußischen Hauptmann v. Assum gestifteter, sogenannter freimaurerischer Orden, der bald einging.

3. Großmeister des Ordens der Heiligen D., auch Ecossais trinitaire, Name des XIV. Grades im Misraimritus (s. d.), bestehend aus drei Stufen.

Dreifaltigkeitsbrüderschaft, auch Zirkelgesellschaft, Zirkler, Zirkelbrüder, Junkerkollegium genannt, wurde 1379 (?) zu Lübeck von Patriziern zu geistlichen Zwecken gestiftet und bildete später das erste der zwölf Kollegien, die mit dem Rate der Stadt die legislative Gewalt teilten. Kaiserliche Bestätigungen erhielt sie 1485, 1641, 1670, 1709 und zuletzt durch Joseph II. 1778. Versammlungsorte der Gesellschaft waren die Olavsburg auf der Waknitz und das Compagniehaus in der Stadt. Es gab Herren, Brüder und Gesellen; die Mitglieder trugen früher außer dem eigenen Mantel (Hoiken) auch ein besonderes Ordenszeichen, bestehend in einem Kreise (Gottheit), in welchem ein gespaltener Zirkel (Dreieinigkeit) stand. Dieses Ordenszeichen ward durch die Bestätigung Josephs II. etwas abgeändert. Im Museum der Preßburger Loge „Verschwiegenheit" findet sich ein eigenartiges Ritual-Manuskript eines sonst unbekannten Freimaurers Koch, in welchem eine Verbindung zwischen dieser adeligen Zirkelgesellschaft, den Wildensteiner Rittern auf blauer Erde (s. d.) und den schottischen Hochgraden versucht wird. Ob dieses Ritual wirklich ausgeübt wurde oder ob es nur eine Spielerei Kochs vorstellt, läßt sich vorläufig nicht feststellen.

Drei Punkte (∴). Hinter Abkürzungen werden im freimaurerischen Schrifttum die drei P. gesetzt, bei Bezeichnung der Mehrzahl zumeist verdoppelt. Daher auch die Bezeichnung der Freimaurer als Dreipunktebrüder (Frères-Trois-Points). Sie werden zumeist als Symbol für die drei Lichter gedeutet. Diese Ableitung ist aber sicherlich falsch; Freimaurer des 18. Jahrhunderts haben aus bisher unbekannten Gründen einen sehr alten Setzer- und Schreiberbrauch kopiert. Die drei P. erschienen schon in alten Mönchschriften. So auch im Vergil der Medici, in alten Templerschriften (Bibliothek Corsini in Rom), auch in den Drucken des Comenius kommen sie vor, woran Vonka (s. d.) sogar eine besondere Theorie über die Zugehörigkeit des Comenius zu freimaurerähnlichen Gesellschaften anschloß. Besonders in alten französischen Schriften ist die Verwendung der drei P. hinter Abkürzungen, am Schlusse eines Satzes oder auch zur Ausfüllung eines leeren Raumes wiederholt gebräuchlich. Von hier aus scheint die französische Freimaurerei diese heute spezifisch freimaurerische Schreibart übernommen und sie an die übrige Freimaurerei weitergegeben zu haben. In der angelsächsischen Maurerei sind die drei P. nicht häufig, und wo sie erscheinen, sind sie sicherlich ein entlehnter Brauch. Eine andere Erklärung gibt d'Allendy (in seinem „Symbolisme du Nombre", einer esoterischen Schrift), der in den drei P. die drei Jod sieht, die in der Kabbala den Namen Gottes vorstellen. Nach ihm wäre das Dreieck und der Winkel nichts anderes als die im Werksymbol ausgeführte Punktdreizahl. Gegen diese Deutung spricht die Geschichte der Werksymbolik.

In Frankreich tauchten die drei P. in freimaurerischen Briefen und Dokumenten in den siebziger Jahren des 18. Jahrhunderts auf. Fernand Chapuis hat sie bereits im ersten Register der Loge „La Sincérité" (Besançon) von 1764 in verkehrter Anordnung (·.·) gefunden.

Dreipunktebrüder heißen die Freimaurer in gegnerischen Schriften, nach den drei Punkten (s. d.), die in freimaurerischen Dokumenten als Abkürzungen verwendet werden.

Drei Ringe. Die durch den Freimaurer Lessing in ewig klassische Form gekleidete Ringerzählung im Nathan geht auf uralte, wahrscheinlich jüdische Vorbilder zurück. Besonders im Orient hat sich durch Jahrhunderte hindurch die Erinnerung an religiöse Disputationen erhalten, in denen der gegenseitige Wert der verschiedenen Religionen abgewogen wurde. (Philo von Alexandrien gegen Apion und Isidorus vor dem Kaiser Caligula, die Disputation vor dem Chagan der Chazaren, Bulan, die als Ergebnis den Übertritt des ganzen ugrisch-finnischen Stammes zum Judentume hatte, die Disputationen des Jesuitenpaters Xavier mit Mullahs und Shintopriestern in Indien und Japan u. v. a. m.). In der Disputation vor dem Chazarenfürsten ist bereits von zwei Ringen die Rede. In erweiterter Form findet sich die Ringerzählung in der etwa 1342 handschriftlich festgehaltenen Sammlung Gesta Romanorum. Ungefähr um die gleiche Zeit erscheint sie in der Novellensammlung Ciento Novelle antiche, die im Toskanischen herauskam. Hier (78. Erzählung) sind die handelnden Personen bereits der Sultan und der Jude, beide ohne Namen. Von hier aus hat sie Giovanni di Boccaccio übernommen (1313—1375), bei dem sie als dritte des ersten Tages im Decamerone zu finden ist. Der Sultan heißt hier Saladin, der geizige Jude, der sich schlau aus der Situation zu retten weiß, Melchisedek. Hans Sachs, der die Übersetzung des Boccaccio von Steinhöwel (gestorben 1482) kannte, hat sie in einem Meistergesang „der Jued mit den dreyen Ringen" schlecht und recht in Reime gebracht. Ein Jahrhundert später erscheint der gleiche Stoff in dem tragischen Buche Schebet Jehuda, Zuchtrute Judas, ein Buch, das von drei Generationen jüdischer Autoren, Juda, Salomo und Joseph ibn Verga verfaßt wurde, eine Art Trostbüchlein für die von der Inquisition hart bedrängten Juden und Marannen (jüdischen Scheinchristen). Der König heißt dort Pedro von Aragonien, der Jude Ephraim. Der Disput geht nur zwischen Juden und Christen, daher ist auch nur von zwei Ringen die Rede. Gleiche Gedankengänge finden sich in der mittelalterlichen Literatur der Reformationszeit, wo die Disputanten Martinus (Luther), Petrus (der Katholik) und Johannes (der Kalviner) heißen. In ätzendem Spotte hat Jonathan Swift diese Gegenüberstellung der drei (christlichen) Religionen in „Tale of a Tub" (die Geschichte von der Tonne) aufgegriffen. Die drei Söhne heißen hier: Peter (der Katholik), Martin (Luther) und Jack (John Calvin). Auch Lichtwer hat sich in einer kleinen Fabel dem gleichen Stoffe zugewendet.

Lessing hat mitten in seinen heißen Kämpfen um den Nachlaß des Reimarus, seinem Widersacher, dem Hauptpastor Göze, die Waffen zu entwinden versucht, indem er, wie er an Else Reimaurus am 6. September 1778 schreibt, „seine alte Kanzel, das Theater" bestieg. In einem Briefe an seinen Bruder Karl kündigt er das neue Drama an: „Ich habe vor vielen Jahren einmal ein Schauspiel entworfen, dessen Inhalt eine Art Analogie mit meinen gegenwärtigen Streitigkeiten hat, die ich mir damals nicht träumen ließ. Ich möchte zwar nicht, daß der Inhalt meines Stückes allzufrüh bekannt würde, aber wenn Du oder Moses ihn wissen wollt, so schlagt das Decamerone des Boccaccio auf: Giornata I, Melchisedek, Giudeo". Die Parabel von den drei Ringen ist der Kern der Nathanfabel. Bis in die letzte Zeit von verschiedensten Seiten mißverstanden und daher angefeindet, ist der Sinn der Fabel nicht in einer Herabsetzung des Christentums noch in einer Verherrlichung des jüdischen Glaubens zu suchen, sondern in jenen mit den deistischen Gedankengängen so nahe verwandten Worten der alten freimaurerischen Grundidee von jener Religion, in der alle Menschen übereinstimmen (in which all men agree). Der Sinn der Parabel liegt in der Überbauung des religiösen Gedankens durch die allgemeine verbindende Ethik. Die allen sittlich vollwertigen Menschen gemeinsame Sittlichkeit hüllt sich in das Kleid der verschiedenen Religionen. Das Erkennen des Wertes liegt in den Früchten, nicht in ihren Erscheinungsformen.

Begreiflicherweise hat diese innere Verwandtschaft der Fabel mit einem der Grundgesetze der Freimaurerei aus ihr ein Bestandstück des Freimaurertums auch unserer Zeit geschaffen. Zahlreiche Logen und eine Großloge führen das Symbol der „Drei Ringe" als Zeichen einer über das Trennende der Glaubensbekenntnisse hinaus wollenden Toleranz, die, weit entfernt von Indifferenz, überall das Gute zu finden erwartet. Die Kraft des Steins an den Tag zu legen, bleibt der fortschreitenden Menschheit überlassen, die dereinst vor einem weiseren Richter bestehen soll. Kuno Fischer hat hier den feinen Vergleich vom Schatze im Weinberg angeführt: die Söhne suchen den Schatz, finden aber ihren Lohn nicht in den vergrabenen Schätzen, sondern in der guten Ernte, der Frucht ihrer Arbeit. Um dieser Parabel willen ist Lessings Nathan neben der Zauberflöte, deren Sarastro nicht dem Worte, wohl aber dem Gedanken nach ein geistiger Milchbruder Nathans ist, das dramatische Spiel der Freimaurerei geworden. Es gehört zu den schönsten Einrichtungen der deutschsprachigen Freimaurerei, hohen Festtagen dadurch die besondere Weihe zu geben, daß die Parabel von den drei Ringen zu der im Geiste Lessings versammelten Gemeinde spricht.

Dreiunddreißig spielt in der Zahlensymbolik einiger freimaurerischer Systeme, besonders des mit dem XXXIII. Grad abschließenden A. u. A. Schottischen Ritus, eine Rolle.

Drei Weltkugeln. Die Bedeutung dieses symbolischen Zusatzes zum Namen der Großen National-Mutterloge in Berlin hat bisher keine einwandfreie aktenmäßige Lösung gefunden. Es liegen verschiedene Erklärungen vor. 1. Friedrich der Große nahm bei der Gründung der Berliner Loge die Anregung aus dem Wappen der Mediceer, dessen Kugeln als Symbol der Vollkommenheit gedacht sind; 2. die drei Kugeln oder farbigen Punkte sind als Kraft, Liebe und Schönheit oder als die drei großen Lichter aus dem Symbolschatz der italienischen Akademien und Loggien der Renaissance entlehnt; 3. sie stellen einen Himmelsglobus, einen Erdglobus und eine Armillarsphäre dar; 4. es sind drei Weltkugeln mit darüber schwebendem Adler, sie versinnbildlichen die Beherrschung der Welt durch die Idee der Humanität; 5. der Name wurde nach der schon 1723 in London gestifteten Globe Lodge unter Verwendung der heiligen Dreizahl gewählt; 6. die drei Kugeln sind als Erdteile anzusehen und weisen auf die im Altertum bekannten Kontinente Europa, Asien und Afrika hin, in denen bereits der Gedanke der Humanität durch griechisch-römische Philosophie und Ethik verbreitet war; 7. Weltkugel ist eine zwar hochklingende aber verkehrte Übersetzung des ursprünglichen französischen Namens „globe". Die Gründer hatten die Vorstellung von der Erde in der alten Globenform. Schließlich wurde („Mecklenburgisches Logenblatt", 1926, Nr. 10) auf einen Roman der Schriftstellerin E. v. Adlersfeld-Ballestrem: „Die Erzählungen der Elf" (Dresden 1925) hingewiesen, in dem es S. 296 heißt: „... ich kannte das Symbol der Lehre Buddhas, das Tschintamani, jene drei Kugeln, von Blitzen begleitet, das schon auf sehr alten kleinasiatischen Wollteppichen vorkommt." Darüber angestellte Nachforschungen überzeugten aber den Freiherrn v. Blitzenstein (s. d.), daß es sich hier nicht um drei Kugeln, sondern um drei Perlen handelt. „tschinta" heißt nämlich der Gedanke und „mani' das Kleinod, kostbarer Edelstein, Perle. Der Buddhist soll stets seine Gedanken darauf richten, falls er die Erfüllung von Wünschen irgendwelcher Art ersehnt. Er spricht deshalb auch kurz von Wunschsteinen und Wunschperlen. Kekule von Stradonitz meint, daß jene Deutung der drei W., die den Erdkreis mit der mystischen Dreizahl zusammenbringt, die einfachste und darum natürlichste ist. (Vergl. „Bundesblatt" 1925, Seite 11.)

In einzelnen englischen Logen werden die beiden Säulen von der Erd- und der Himmelskugel gekrönt. Auch im System des F. z. a. S. (s. d.) wird die über dem Altare schwebende Himmelskugel symbolisch verwendet.

Drei Weltkugeln, Zu den, Große National-Mutterloge, s. Berlin, Deutschland, Preußen.

Dresden. Sitz der Großen Landesloge von Sachsen, Ostraallee 15.

1738 Graf Rutowski errichtet als zweite Bauhütte in Deutschland die Loge „Aux trois aigles blancs", aus der noch im selben Jahre wegen zu großer Mitgliederzahl die Loge „Aux trois glaives d'or" sich bildet. Durch abermalige Spaltung entsteht
1741 die Loge „Aux trois cygnes", die aber noch im selben Jahre in der Schwerterloge aufgeht. Die beiden bestehenden Logen bilden die Großloge Obersachsens. Großmeister Graf Rutowski.
1755 und 1762 Gründung der Logen „Zu den drei Palmen" (Strikte Observanz) und „Aux trois grénades", die sich
1766 mit der Schwerterloge vereinigten.
1765 wurde für Suchende, die der deutschen Sprache nicht mächtig waren, die Loge „Étrangère" errichtet, die dann aber auch in die „Drei Schwerter" überging. Ebenso
1772 die vom Grafen Brühl 1766 unter dem Namen „St. Jean des Voyageurs", gegründete Loge „Aux vrais amis".
1781 übersiedelte die 1776 in Wildenfels gegründete Loge „Zum Goldenen Apfel" nach D.
1811 Gründung der Großen Landesloge von Sachsen, der sich die Logen von D. anschließen.
1815 Gründung der Loge „Astraea zur grünenden Raute". Sie vereinigte
1831 sich mit der Schwerterloge, die seither den Namen „Zu den drei Schwertern und Astraea zur grünenden Raute" führt.
1863 Gründung der Loge „Zu den ehernen Säulen".
1894 Die große Landesloge der Freimaurer von Deutschland gründet die Loge „Zum goldenen Kreuz".
1906 Gründung der Loge „Zu den drei Adlern" („Drei Weltkugeln").
1911 „Zum flammenden Stern", Sachsen.
1923 Loge „Körner zum Schwert und zur Palme" (Preußen) und „Friedrich zur Treue" (Hamburg).
1929 „Aufrecht und treu" („Drei Weltkugeln").

In D. erscheint das Blatt „Mitteilungen der Großen Landesloge von Sachsen". Die Dresdener Logen der Großen Landesloge von Sachsen unterhalten die Erziehungsanstalt, die den Namen Freimaurerinstitut (s. d.) führt, außerdem Wohlfahrtseinrichtungen, wie die Erholungsheime in Rehefeld, Teplitz-Schönau u. a. O.

Droit Humain, Le, Internationaler Orden (frz. Ordre maçonnique mixte international Le Droit Humain), ursprünglich französische, dann in gegen 600 Logen in 18 Ländern verbreitete Organisation, die sich gemischte Freimaurerei nennt, neben Männern auch Frauen aufnimmt, mit der regulären Freimaurerei aber in keinen Beziehungen steht (s. Frauen). Eine Loge der 1880 von einigen aus dem Suprême Conseil de France ausgeschiedenen Bauhütten gegründeten schismatischen „Grande Loge Symbolique Ecossaise de France", die „Libres Penseurs" in Le Pecq, erklärte mit anderen die Mitarbeit der Frauen am freimaurerischen Werk für notwendig. Eine Gruppe verlangte von der Großloge die Genehmigung zur Aufnahme von solchen. Trotz abschlägigen Bescheides, der in der dem traditionellen Charakter der Freimaurerei entsprechenden Verfassung der Obedienz begründet war, beharrte die Loge auf ihrem Standpunkt, erklärte sich für unabhängig und erteilte am 4. Jänner 1882 der bekannten Feministin Maria Deraismes (s. d.) das Licht. Kurz darauf stellte die Loge aber ihre Arbeiten ein. 1891 teilte Senator Dr. Georges Martin (s. d.) der Großloge mit, die von ihm geleitete Loge „La Jérusalem Ecossaise" habe zwecks Heranziehung von Frauen die Absicht, eine gemischte Loge unter dem Namen „Droit Humain" ins Leben zu rufen! Wieder erfolgte Ablehnung. Trotzdem konstituierte sich die gemischte Loge. Am 14. März 1893 „weihte" Maria Deraismes in Gegenwart von Dr. Martin 13 Frauen aus eigener Machtvollkommenheit zu „Freimaurerinnen", obgleich sie selbst niemals über den Lehrlingsgrad hinausgekommen war. Es folgten weitere Aufnahmen und Erhebungen, Dr. Martin ließ sich affiliieren, und am 4. April wurde mit Maria Deraismes als „Vénérable" die Loge gleich als Grande Loge Symbolique Ecossaise de France „Le Droit Humain" eingesetzt. Im folgenden Jahr starb die bedeutende Frau; ihre Stelle nahm Marie Martin, die Gattin des Dr. Martin, ein. 1896 gab sich die Großloge eine Konstitution als symbolische Körperschaft, 1901 erklärte sie sich aber als „Suprême Conseil universel mixte" des Schottischen Ritus des XXXIII. Grades. Keines der Mitglieder war jemals von einem Obersten Rat des A. u. A. Schottischen Ritus aufgenommen worden. Doktor Martin, vorher heftigster Hochgradgegner, teilte lediglich mit, ein regulärer Br. des XXXIII. Grades" habe einen Angehörigen des „Rite mixte" auf die höchste Stufe erhoben, und dieser habe weitere Beförderungen vorgenommen. Eine Reihe von Austritten war die Folge. Bis 1910 entstanden in Frankreich, die Mutterloge eingeschlossen, insgesamt sechs Logen des „Droit Humain", davon vier in der Provinz. Der Aufschwung kam vom Ausland her. Anläßlich des Pariser Theosophenkongresses zu Beginn des Jahrhunderts wurde die Führerin der Theosophen, Annie Besant, mit anderen Jüngern dieser Lehre in die „gemischte Freimaurerei" aufgenommen und nahm seither aktivsten Anteil an der Propagierung des „Droit Humain". Sie führte die „Universal Co-Masonry" (ursprünglich „Joint Masonry" genannt) in England und in Indien ein und gründete eine ganze Anzahl von Logen, als erste in London die Mutterloge „Human Duty". Auch am Zentralpunkt der theosophischen Bewegung, in Indien, entstand eine solche. Annie Besant stiftete Logen in Benares, Bombay, Adyar und Rangoon und unterließ es auch nicht, Krishnamurti dem Bunde zuzuführen. Die Entwicklung ging nun — auch in manchen nichttheosophischen Kreisen — rasch vorwärts. 1913 kam es in Frankreich wegen der zu großen Machtvollkommenheit des S. C. zu einer Sezession; am 15. Jänner 1914 teilte eine „Grande Loge Mixte" ihre Existenz mit; sie kehrte aber später zum S. C. zurück. Lediglich die Loge „La Sagesse — Science et Vérité" blieb außerhalb. Während des Krieges starb das Ehepaar Martin; nach dem Waffenstillstand wurde Eugène Piron, 1929 Lucien Lévi Großkommandeur. Ein internationaler Kongreß, 1920, nahm eine neue internationale Konstitution an, die 1921 in Druck gelegt wurde. Dieser Verfassung zufolge zerfällt der „Rite mixte" in nationale Föderationen, die im Gebiete ihrer Jurisdiktion eine gewisse Souveränität ausüben. Jede Föderation ist im Obersten Rat vertreten. Sekretariat: 5, rue Jules-Breton, Paris.

Das „Droit Humain" hat der internationalen Freimaurerei wiederholt Anlaß zu Erörterungen gegeben. Die Großloge von England erklärte 1929, mit keiner Obedienz in Beziehungen stehen zu können, die die „gemischte Freimaurerei" anerkennen würde; auch die A. M. I. hat 1921 festgestellt, daß Großlogen, bezw. Großoriente, die Frauen aufnehmen, in ihren Reihen keinen Platz finden können. Lediglich der Grand Orient de France hat nach anfänglichem heftigen Widerstand gegen die Gründung des „Droit Humain" 1920 dessen männlichen Mitgliedern den Zutritt zu seinen Logen gestattet. 1930 hat er aber den diesbezüglichen Vertrag gekündigt. Auch die Grande Loge de France hat ihren Mitgliedern die Beteiligung an freimaurerischen Zusammenkünften mit dem D. H. untersagt.

Drontheim, s. Trondhjem.

Druidenorden. Der „Vereinigte Alte Orden der Druiden" (United Ancient Order of Druids), der seinen Ursprung in England hat und, wie die Odd Fellows, über Amerika nach dem Kontinent kam und weit verbreitet ist, weist im Ritual und namentlich in der Ideologie Ähnlichkeiten mit der Freimaurerei auf. In seiner Ordenslegende knüpft er an das keltische Druidentum (Priestertum) Englands und Irlands und dessen letzte Ausläufer im Bardentum an. Der D., der 1781 in London gegründet wurde, stellt sich karitative Aufgaben und leistet Bedeutendes auf dem Gebiete der Unterstützung seiner Mitglieder. Das Ritual, das in von „Edelerzen" geleiteten „Hainen" (ursprünglich Logen, welche Bezeichnung seither teilweise wieder aufkam) gepflegt wird, umfaßt drei Grade. Der Ovatengrad, „Grad der Erkenntnis und des Wissens", bietet eine Einführung. Der Bardengrad will zum Kunstverständnis erziehen, zu künstlerischer, auch literarischer Tätigkeit anregen, den Sinn für alles Schöne wecken. Der Druidengrad, „Grad des Wollens, Beschließens und Handelns", führt die Ethik des Ordens aus und lehrt die Anwendung der ethischen Grundsätze im praktischen Leben. Über den drei Graden gibt es Hoch-Erz-Kapitel (auch „Royal Arch Chapter" genannt), einen Hochgrad. An der Spitze der Haine (engl. Groves) eines Landes steht der vom Edel-Groß-Erz geführte Großhain, der in Distrikts-Großhaine zerfällt. 1872 wurde die „Druideneiche“ nach Deutschland verpflanzt. Der „Dodonahain Nr. 1“ von Preußen war das erste Glied des späteren deutschen Großhains der Reichsgroßloge, die elf deutsche Großlogen unter einem Hoch-Edel-Groß Erz zusammenfaßt.

Einem Deutschen, dem Schulinspektor Frick in Hamburg, gelang es, 1908 in München die internationale Weltloge der Druiden zu gründen mit dem Zweck:

1. Alle Druiden der ganzen Welt ohne Rücksicht auf ihre Religion, ihren Rang, ihr Vermögen, ihre Sprache und Nationalität in engere Verbindung zu bringen.

2. Maßnahmen zu finden, den Mitgliedern und ihren Verwandten Hilfe in der Not zu bringen, und die betreffenden Einrichtungen jedes nationalen Ordenszweiges zu unterstützen.

3. Internationalen Frieden und Eintracht zu fördern.

Anläßlich der Zweiten internationalen Weltloge in London 1913 verpflichtete man sich, auch das deutsche Ordensideal: Humanität zu pflegen, die Veredlung des Menschentums zu fördern, den internationalen Frieden nach Kräften zu beschirmen.

Drummond, George, Lordprovost von Edinburgh, * 1687, † 1766, Begründer der medizinischen Fakultät der Universität Edinburgh, führte im Kommunalwesen grundlegende Reformen durch, war 1752 Großmeister der Großloge von Schottland.

Drusen, syrischer Volksstamm. Auf eigenartige Symbolgebräuche eines unter den D. in Syrien verbreiteten Männerbundes, der in vielen Punkten Ähnlichkeit mit freimaurerischen Gebräuchen hat, machte Haskett Smith (A. Q. C. 1891) aufmerksam, s. auch Bruderschaften im Islam.

Dualismus, Zweiheitslehre, Anschauung, daß die Wirklichkeit aus zwei entgegengesetzten Prinzipien, Substanzen, Vorgängen besteht. Auf metaphysischem Gebiete die Auffassung, daß Seele und Leib zwei verschiedene Substanzen sind; erkenntnistheoretischer D. ist die Annahme der Zweiheit von Wirklichkeit und Denken, Sein und Bewußtsein, Subjekt und Objekt; der ethische D. unterscheidet klar zwischen Neigung, Sinnlichkeit einerseits, und Vernunft, Pflicht anderseits. (Stoiker, Kant, Fichte.) Die ältere Form des D. unterscheidet zwischen Gutem und Bösem, Gott und Teufel usw. Die Freimaurerei nimmt sich nicht das Recht heraus, den Streit zwischen D. und Monismus zu entscheiden, steht aber der dualistischen Auffassung insoferne näher, als sie in ihrer überwiegenden Mehrheit theistisch eingestellt ist (s. Theismus). In praktischer Hinsicht ist die Freimaurerei dualistisch, sie will im Sinne des Humanitätsideals alle menschlichen Fähigkeiten, Körper und Seele gleicherweise zur Entfaltung bringen, von der Erfahrung ausgehend, daß die Verschiedenheit der äußeren und inneren Erfahrung ungeachtet jeder Spekulation nicht zu leugnen sei. Die gemeinsamen Wurzeln des Körperlichen und Geistigen kennen wir nicht, und so ist es nicht rückständig, „mit intellektueller Ehrlichkeit zu bekennen, daß man in diesem Sinne Dualist ist“. (Heinichen: „Die Grundgedanken der Freimaurerei im Lichte der Philosophie.“)

Dublin, Hauptstadt des irischen Freistaates, Sitz der Grand Lodge of Ireland (s. d.), Freemason's Hall Molesworth Street, begründet 1725. In Dublin selbst sind über 100 Logen in Tätigkeit.

Dubost, Henry Antoine, gen. „Antonin“, französischer Politiker, * 1842, † 1921, Verwaltungsbeamter, Justizminister, 1906—1920 Präsident des Senats, 1913 Präsidentschaftskandidat, war Freimaurer.

Duchaine, Paul, Advokat in Brüssel, Verfasser bedeutender juristischer und volkswirtschaftlicher Werke, Freimaurer, schrieb das 1910 vom Großorient von Belgien preisgekrönte Werk „La Franc-Maçonnerie Belge au XVIIIe siècle“, das bisher einzige grundlegende Buch über diese Epoche.

Ducommun, Elie, Großmeister der schweizerischen Großloge „Alpina“ (1890—1895), * 1833, erst Lehrer, dann in der Leitung der „Revue de Genève“, Kanzler des Staates Genf, liberaler Redakteur in Delsberg und Bern, Generalsekretär der Eisenbahngesellschaft „Jura Bernois“. Die letzten Jahre seines Lebens widmete er hauptsächlich der Leitung des Berner „Internationalen Friedensbüros“. D., Mitglied der Berner Loge „Zur Hoffnung“, war ein Fackelträger der freimaurerischen Ideen und als Vorkämpfer der Friedensidee weit über die Grenzen seines Vaterlandes hinaus bekannt. 1902 Nobelfriedenspreisträger. Seine letzten Worte — er starb am 6. Dezember 1906 — waren: „Liebet Euch untereinander!“

Ducpétiaux, Edouard, berühmter belgischer Nationalökonom und Publizist, * 1804, † 1868, Verfasser von „Le Budget des ouvriers“, „Le Paupérisme en Belgique“, Leiter und Reformator des belgischen Gefangenen- und Wohlfahrtswesens, liberaler Politiker, zugleich in religiösen Dingen klerikal gesinnt, Kämpfer für die liberale katholische Schule, war Mitglied der Loge „Vrais Amis de l'Union et du Progrès réunis“.

Due form (engl.), s. Ample form.

Due Guard (engl.). In amerikanischen Ritualen ein Zeichen, das unmittelbar vor dem Gradzeichen gegeben wird, um anzudeuten, daß man sich der Pflicht der Geheimhaltung bewußt sei, sich hinsichtlich des Zeichengebens pflichtgemäß in acht nehme. Das D.-G.-Zeichen besteht darin, daß man die Hände jeweils in jene Stellung bringt, wie bei der Ablegung des Gelöbnisses in dem Grade, dessen Zeichen man geben will.

Duell. Gegen die Sitte des Zweikampfes ist die Freimaurerei wiederholt aufgetreten, allerdings mußte sie sich hier Beschränkungen auferlegen, da viele ihrer Mitglieder (Offiziere) der Duellsitte unterworfen waren. Bezeichnenderweise ist die Literatur über Freimaurerei und Duell besonders dort reichhaltig, wo sich das Duell zu einem gesellschaftlichen Unfug auswuchs, wie z. B. in Ungarn. Die Freimaurerei hat sich in erster Linie bemüht, das Duell unter ihren eigenen Angehörigen unmöglich zu machen. Trotzdem sind zahlreiche Freimaurerduelle bekannt, die dann mit der Entfernung beider Streitenden aus der Loge endigten. So kam es bei Einweihung des ersten Freimaurertempels in London 1776 zu einem Streit zwischen einem Beamten und einem Offizier, der ein Duell mit tödlichem Ausgang zur Folge hatte. Ein Großmeister von Indiania erschoß 1823 seinen Gegner im Duell. Der Großmeister De Witt Clinton hat viele Duelle ausgefochten. Wiederholte Verbote des Duells blieben ergebnislos, da die Gesellschaftssitte sich als die stärkere erwies. Insbesondere in Deutschland, wo die in den Logen stark vertretenen akademischen Kreise der Sitte des Zweikampfes unterworfen waren. Auch die privilegierte Stellung des Reserveoffiziersstandes hat eine völlige Unterdrückung dieser zu dem Begriffe der Freimaurerei in krassem Widerspruche stehenden Sitte unmöglich gemacht.

Duell für die Freimaurerei fand 1911 in Budapest statt. Auf dem klerikalen Pressetag dieses Jahres behauptete Professor Stefan Miklóssy, auf einem Freimaurerkongreß in Paris sei der Kampf gegen das Christentum zur Freimaurerpflicht erklärt worden. Darauf entspann sich eine Polemik zwischen dem der Freimaurerei nahestehenden Tagblatt „Világ“ und Professor Miklóssy. Wegen Kennzeichnung seiner Behauptung als Lüge forderte letzterer den Chefredakteur des „Világ“, Dr. Ludwig Bálint, Meister vom Stuhl der Loge „Eötvös“, der die Forderung annahm. B. wurde an der Stirn verwundet.

Duffy, Francis, katholischer Priester, Feldkaplan des amerikanischen 165. Infanterieregiments im Weltkrieg an der französischen Front, ist einer der wenigen katholischen Geistlichen der Jetztzeit, die sich der Freimaurerei gegenüber freundlich gestellt haben. Er sagte 1925 in einem öffentlichen Vortrag: „Es ist richtig, daß wir nicht Freimaurer sein können, aber es ist ebenso richtig, daß es unter den amerikanischen katholischen Priestern keinen einzigen gibt, der nicht zahlreiche Freunde hätte, die das Freimaurerabzeichen tragen.“

Duisburg. Hier entstand 1784 unter dem Eklektischen Bund die Loge „Zur Hoffnung“, die 1788 inaktiv wurde. Der Senat der Duisburger Universität wandte sich am 2. Juli 1784 an Friedrich den Großen mit der Bitte, die Errichtung einer Loge zu verbieten. Friedrich wies am 2. August 1784 den Antrag ab, mit der Erklärung, daß die Freimaurerei eine vom Staate geduldete Gesellschaft sei und daß sich der Senat daher die Errichtung einer Loge in Duisburg gefallen lassen müsse. Heute bestehen in Duisburg zwei Logen und ein Logenkränzchen.

Dukaten (Freimaurer-), bekannt aus Nürnberg 1743, ferner aus Braunschweig 1760, Vorderseite Harpokrates, Rückseite Hand aus Wolken hält Setzwaage über unbehauene Steine. Ferner Braunschweig 1772, Prämiendukaten des Lehrinstitutes, Vorderseite wie oben, Revers, verkleinertes Logensiegel. Moritz Löhne bezeichnet auch ein ohne Jahr herausgekommenes medaillenförmiges einseitiges Mitgliedszeichen der Loge „Freie Forschung und Duldsamkeit“ als Dukaten. Abbildungen im Hamburger Medaillenwerk.

Dulce, Domingo, spanischer General, * 1808, † 1869, war Freimaurer.

Duldung, s. Toleranz und Gewissensfreiheit.

Duly and truly prepared (engl.), gehörig vorbereitet.

Dumas, Alexander, der Vater, französischer Romanschriftsteller von unerreichter Fruchtbarkeit, * 1830, † 1870. In seinen historischen Romanen nahm er es mit der geschichtlichen Treue nicht allzu genau. Daher finden sich an mehreren Stellen auch Beziehungen zur Freimaurerei, die er in der französischen Revolution und bei anderen Anlässen eine Rolle spielen läßt. Dabei sind ihm mehrfach Fehler unterlaufen. So z. B. wenn er J. J. Rousseaus Aufnahme schildert, der sich Marat widersetzt haben soll, obzwar eindeutig feststeht, daß Rousseau niemals Freimaurer war (s. auch Cagliostro).

Dumfries-Kilwinning-Manuskript Nr. 4, eine der jüngsten Formen der Niederschriften der alten englischen „Konstitutionen“ der Steinmetzbrüderschaft, aus dem 17. Jahrhundert stammend. Es ist das Gebrauchsexemplar der alten schottischen Loge Dumfries Kilwinning. In diesem Manuskript wird entschieden nur der geistige Bau, die geistig-religiöse Brüderschaft betont; alle Dinge, die sich auf das Baugewerk beziehen, werden geistig erklärt und allegorisiert. (Vergl. Wolfstieg, „Werden und Wesen ...“, 2. Bd., S. 72.)

Dummheit. Die Intelligenz der Masse entspricht gewöhnlich nicht der durchschnittlichen Begabung und Bildung der in ihr vorhandenen Einzelindividuen (Loewenfeld, „Über die Dummheit“). Daher Schiller: „Jeder, sieht man ihn einzeln, ist leidlich klug und verständlich, sind sie in corpore, gleich wird ein Dummkopf daraus.“ Die Einschränkung der Persönlichkeit in der Masse hat auch eine Einschränkung des geistigen Horizontes zur Folge. Ein beliebtes Objekt der Dummheit der Masse sind die Freimaurer und der an sie geknüpfte Aberglaube. Nur so ist es verständlich, daß nicht nur die Schwindeleien eines Taxil, sondern auch die Kritiklosigkeiten eines Ludendorff und vieler anderer Zustimmung und Glauben finden konnten.

Dunant, Henri, schweizerischer Philantrop, * 1828, † 1910. In Genf geboren, genoß er eine tief religiöse Erziehung und betätigte sich dann schriftstellerisch. 1859 war er Augenzeuge der blutigen Schlacht von Solferino. Sein Verkehr mit der als Engel der Schlachtfelder bezeichneten Miß Florence Nightingall hatte ihn für die grauenvollen Schrecken, das Massenelend der Schlachtfelder besonders empfänglich gemacht. Die entsetzlichen Erlebnisse, die er auf dem Verbandplatze in der Kirche von Castiglione in sich aufgenommen hatte, veranlaßten ihn, allen Mächten einen Gegenseitigkeitsvertrag vorzuschlagen, der im Jahre 1864 zur Genfer Konvention (s. d.) führte. Für deren Ausbau verwendete D. nicht nur seine gesamte Arbeitszeit, sondern auch sein nicht unbedeutendes Vermögen.

20 Jahre hindurch hat er selbst Not gelitten, bis er 1892 im Spital in Heiden (Kanton Appenzell) landete, wo ihm ein menschenfreundlicher Arzt eine bleibende Stätte schuf. Erst 1895 erinnerte sich die Welt seiner wieder und überhäufte ihn mit Ehrungen, deren bedeutendste der Nobelfriedenspreis war. D. konnte jedoch die Verbitterung seines Lebens nicht überwinden und blieb in seinem Asyl. Er wurde in aller Stille am 30. Oktober 1910 in Zürich den Flammen übergeben. D., der Begründer des Roten Kreuzes, jener internationalen Organisation, die sich zu einer alle Nationen umspannenden Hilfe bei Weltkatastrophen jeder Art entwickelt hat, war Freimaurer.

Dunckerley, Thomas, natürlicher Sohn Georgs II. von England, * 1724, † 1795, Marineoffizier, später Rechtsanwalt in London, einer der freimaurerischen Pioniere der zweiten Hälfte des 18. Jahrhunderts, aufgenommen 1754 in der Loge Nr. 31 in Portsmouth, erhielt 1760 gelegentlich einer Amerikareise eine Vollmacht zur Gründung von Logen in Amerika. Er errichtete eine Loge auf seinem Schiffe „Vanguard" und in Quebec eine Provinzial-Großloge, indem er Oberstleutnant Simon Frazier als Provinzial-Großmeister von Kanada installierte. 1762 betätigte er sich als Logengründer auf S. M. Schiff „Prinz". Auch eine dritte „Seeloge" (s. d.) ist seinem Wirken zu danken. Eine dieser Logen wurde von D. 1765 nach London übergeführt. Drei Jahre später wurde dort auch die Bauhütte vom „Vanguard" ansässig. D. war ihr erster Meister. (Heute „London Lodge" No. 108.) D. entwickelte eine unermüdliche Tätigkeit. Er wurde Provinzial-Großmeister mehrerer Provinzial-Großlogen, Past-Großaufseher der Großloge von England usw. Von ihm ist eine Rede überliefert: „The Light and Truth of Masonry explained" (Plymouth 1756). Er beteiligte sich auch eifrig an den Organisationen des Royal Arch und der Knights Templar und war erster Großmeister dieses Freimaurerritterordens bei der Einsetzung des ersten Großkonklaves in London 1791.

Dundas, Lords of, s. Zetland.

Dunnico, Herbert, Rev., gew. Stellvertretender Sprecher des englischen Unterhauses, Geistlicher, Gouverneur mehrerer Schulen und Kollegien, ehemals Fabriksarbeiter, * 1876, Mitglied der Labour-Party. Erster Stuhlmeister der aus Parlamentsmitgliedern dieser Partei bestehenden „New Welcome Lodge" in London, Vizepräsident des Internationalen Friedensbüros in Genf.

Dupaty, Charles, französischer Jurist, * 1746, † 1788, Generalanwalt des Parlaments in Bordeaux, erlitt wegen seines mutigen Feldzuges gegen die Ungerechtigkeit der Justiz Kerkerhaft, Vorkämpfer einer durchgreifenden Reform des damals noch vollends mittelalterlichen Strafrechtes, setzte sich für drei zum Tode verurteilte Bauern ein, veröffentlichte „Briefe über das Strafverfahren in Frankreich" („Lettres sur la procédure criminelle"), schrieb auch Gedichte und die bemerkenswerten „Lettres sur L'Italie", war Stuhlmeister der Pariser Loge „Neuf Sœurs" (s. d.)

Dupin.

1. André Marie J. J., berühmter französischer Rechtsanwalt, genannt D. aîné, * 1783, † 1865, während der „100 Tage" Abgeordneter, mit Berryer (s. d.) Verteidiger des Marschalls Ney, Anwalt von Boyer, Béranger usw., als Deputierter 1817 Gegner Karls X. Er hatte an der Revolution 1830 Anteil, war Freund des Herzogs von Orléans, 1831—1839 Kammerpräsident, nach der Revolution 1848 Mitglied der Konstituante, dann Präsident der Gesetzgebenden Versammlung, schrieb „Liberté de l église gallicane", „Procès de Christe" usw. Sein Andenken ehrt ein Denkmal in Varzy. D. war Mitglied des Suprême Conseil de France.

2. François Pierre Charles, französischer Nationalökonom, Ingenieur und Mathematiker, Bruder des Vorigen, * 1784, † 1873, hervorragender Marinefachmann, Mitglied der Akademie der Wissenschaften, 1824 baronisiert; als Abgeordneter dennoch Mitglied der Opposition, 1833 Marineminister, 1848 Mitglied der Konstituante und der Gesetzgebenden Versammlung, schrieb: „Application de la géometrie et de la mécanique à la marine", „Bien-être et concorde des classes du peuple français", ferner als Hauptwerk „Forces productrices des nations de 1800 à 1851". Er war Mitglied des Suprême Conseil de France.

Dupont, Pierre, französischer Dichter und Komponist, * 1821, † 1870, errang mit seinen „Les deux Anges" den Preis der Akademie, schrieb revolutionäre und sozialistische Gedichte, die er selbst vertonte, und die ihm 1851 Verurteilung zu 7 Jahren Deportation eintrugen, wurde dann begnadigt und übte insbesondere durch seine Bauernlieder großen Einfluß aus, rief in diesen zur Eintracht auf, schrieb „La Légende du Juif-Errant" (illustriert von Gustave Doré), war Freimaurer.

Durango, Bundesstaat von Mexiko im atlantischen Küstengebiet, ist Sitz der Großloge „Guadalupe Victoria". Adresse: Apartado postal 108, Durango (s. Mexiko).

Durch Arbeit zur Einigkeit, Losung des Vereins deutscher Freimaurer auf seinem Wappen. Dieses zeigt unter dem Sternenhimmel einen breitästigen Baum, darunter maurerische Werkzeuge, hinter denen die Sonne aufgeht.

Dürer, Albrecht. Der Kupferstich, die 1514 erschienene „Melancholie" ist zu wiederholten Malen zur freimaurerischen Symbolik in Beziehung gebracht worden. Das bisher ungedeutete Bild hat sicherlich symbolischen Charakter. Von Keller u. a. ist die Vermutung ausgesprochen worden, daß D. während seines Aufenthaltes in Italien mit den Gedanken der dort bestehenden Symbolischen Bünde (s. Giorgiones Geheimnis) vertraut wurde. Die auf D.s Bilde gehäuften Symboldarstellungen (Steinmetzgeräte, Leiter, Uhr, magisches Quadrat) scheinen dafür zu sprechen.

Durham, John George Lambton, Earl of, * 1792, † 1840, Minister im Kabinett Grey, Botschafter in Petersburg. 1838 Generalgouverneur aller nordamerikanischen Besitzungen Großbritanniens, Kolonialreformer, war Freimaurer.

Dutch Reformed Church, Holländische Reformierte Kirche in Südafrika, protestantische Sekte mit insgesamt rund 200.000 Anhängern, sprach sich 1931 auf ihrer Synode in Pretoria gegen die Zugehörigkeit ihrer Angehörigen zur Freimaurerei aus, da sie selbst genügend Gelegenheit zur Betätigung von Bruderliebe und Philantropie biete. Der Grund liegt in Wahrheit darin, daß das südafrikanische Freimaurertum nach Anschauung der D. R. C. das von dieser stark betonte „Africanderdom" nicht genügend pflegt.

E

E. A., im Englischen Abkürzung von Entered Apprentice, Lehrling.

Eagle (engl.), Adler (s. d.).

Earthen Pan, obsoleter Ausdruck für harte, gebrannte Erde. In den symbolischen Erklärungen neben Kreide und Kohle (chalk and charcoal) im 18. Jahrhundert verwendet, derzeit außer Gebrauch.

Eastern Star, Orden „Stern des Ostens". begründet 1870 von Robert Morris, in La Grange, Kentucky. Er umfaßt unter Führung von Freimaurern des Meistergrades deren Frauen, Töchter (über 18 Jahre). Mütter, Witwen und Schwestern. Er ist heute die drittgrößte Organisation der Welt. Die erste Großloge wurde in Michigan gegründet. Heute sind ungefähr 1,500.000 Maurer und deren weibliche Angehörige Mitglieder, sie entfalten eine großzügige karitative Tätigkeit. Die Logen heißen Chapter, werden von einer Grand Matron und einem Patron geleitet und arbeiten in fünf Graden. Der Orden rechnet sich zur „Adoptionsmaurerei" (s. d.), indem die weiblichen Mitglieder in die weitere freimaurerische Gemeinschaft „adoptiert" werden. Seine Lehren sind auf die Heilige Schrift gegründet. Jeder Grad handelt von einer edlen Frauengestalt, deren jede eine weibliche Kardinaltugend verkörpert. Jephtas Tochter (I. Grad) lehrt die bindende Kraft des Gelübdes, Ruth (II. Grad) die Hingabe an die Lehren der Religion, Esther (III. Grad) Treue zu Verwandten und Freunden, Martha (IV. Grad) Standhaftigkeit in der Stunde der Prüfung, Electa (V. Grad), Geduld. Der ein weibliches Mitglied einführende Pate muß „in good standing" (s. d.) sein. Die Bindung an die Freimaurerei wird sehr betont. Der Ordensstern ist fünfzackig und zeigt fünf je einem der Grade zugehörige Farben und die Symbole des Ordens.

Die Grade haben auch folgende Benennungen: 1. Jephtas Tochter (blau), Tochtergrad (Blume des Grades Veilchen, Gradsymbole Schwert und Schleier). 2. Ruth (gelb), Witwengrad (Sonnenblume, Ähre). 3. Esther (weiß), Grad der Gattin (weiße Lilie, Krone und Zepter). 4. Martha (grün), Schwesterngrad (Fichtenzweig, geborstene Säule). 5. Electa (rot), Grad des Wohltuns (rote Rose, verschlungene Hände und Pokal). In einigen Großlogen Amerikas bestand vor kurzer Zeit eine dem E. S. abträgliche Stimmung, die darauf hinausging, den männlichen Mitgliedern den Beitritt zu untersagen. Die Beschlüsse wurden entweder zurückgezogen oder gemildert, da man die humanitäre Wirksamkeit des Ordens zu schätzen weiß.

Eavesdropper, s. Einschleicher.

Ebbe und Flut, eine in dem historischen, heute nicht mehr verwendeten Freimaurereid angedrohte Art der Bestrafung für Verräter der beschworenen Geheimnisse. Wie J. Heron Lepper (Miscellanea latomorum, Juli 1921) zeigen kann, handelte es sich hier um die symbolische Übernahme einer bis ins 13. Jahrhundert üblichen Strafe für Verrat. (Penes des Robert Filzwalter, Kastellan und Bannerträger von London: „Und die Strafe sei, wer den Tod wegen Verrates verdient hat, der soll angebunden werden an einem Pfosten in der Themse zu Wood Wharf, wo die Boote festgemacht werden, zwei Ebben und zwei Fluten des Wassers." Um 1305.) Der alte Freimaurereid, der anscheinend erst im 18. Jahrhundert dem Ritual eingefügt und dann wieder aufgegeben wurde, spricht symbolisch vom Verscharren am Ufer, eines Kabeltaus Länge entfernt, wo Ebbe und Flut zweimal wechseln.

Ebdar, s. Ermächtigte Bruderschaft der alten Riten.

Ebrietatis Encomium, oder Preis der Trunkenheit, worin authentisch und äußerst eindringlich die Notwendigkeit häufiger Trunkenheit bewiesen wird, usw. usw. Gestützt durch Beispiele von Heiden, Türken, Ungläubigen, Primitiven, Christen, Heiligen, Päpsten, Doktoren, Dichtern, Freimaurern und anderen gelehrten Männern aller Zeitalter. Von Bonifatius Oinophilus de Monte Fiascone. Gedruckt London 1723. Eine satirische Schrift auf das feuchtfröhliche merry England. Die auf die Freimaurer bezügliche Stelle lautet: „Ich kann meine Leser versichern, daß die Freimaurer intime Freunde der Weinhändler sind." Als Verfasser der pseudonym erschienenen Schrift wird Robert Samber (s. d.) genannt.

E. C. = English Constitution, Bezeichnung für alle Logen, die unter der Großloge von England arbeiten.

Echten, Orden der, eine der vielen Nachahmungen des Freimaurerordens im 18. Jahrhundert. Begründet vom preußischen Brigademajor v. Bessel, war sein Sitz während des Siebenjährigen Krieges im Hauptquartier des Generals von Fouqué. Laut Ordensbuch war Ordenszweck „Pflege aufrichtiger Freundschaft" als „Grundsäule dieses Ordens". Nach Ferdinand Runkel („Mecklenburgisches Logenblatt", 1928) machte der Orden einen stark erotisch gefärbten Eindruck. 1758 gestiftet, ging er 1769 wieder ein.

Ecker und Eckhoffen.

1. Hans Heinrich, Freiherr v., * 1750, † 1790, und sein Bruder

2. Hans Karl, Freiherr v., * 1754.

Der Ältere der beiden versuchte, Freimaurer geworden, sein Glück mit der Rosenkreuzerei und gründete 1781 als Stuhlmeister der Loge „Zu den sieben Himmeln" in Wien einen phantastischen, kabbalistischen, interkonfessionellen „Orden der Ritter und Brüder des Lichts", den er auch nach Berlin verpflanzte. Er baute diesen aus fünf Graden bestehenden Orden dann zu dem der Asiatischen Brüder (s. d.) aus, der namentlich in Wien großen Zulauf hatte, bis Joseph II., 1785 nicht zuletzt seinetwegen sein Freimaureredikt erließ. Seinen jüngeren Bruder setzte er zu einem der Obermeister und Mitglied des Synedrion dieses Systems ein. Dieser, Hans Karl, ist bemerkenswert durch die für seine Zeit revolutionäre Schrift: „Werden und können Israeliten zu Freimaurern aufgenommen werden?" die in Hamburg (1788) erschien, nachdem E. dort schon vorher in seiner Loge Juden eingeweiht hatte. Auch zu den Asiatischen Brr„ bei denen er selbst den Namen Israel führte, ließ er Juden zu. Auseinandersetzungen darüber führten zur Herausgabe der Broschüre. Er schrieb auch ein ins Französische übersetztes Schauspiel: „Der Freimaurer im Gefängnis" (1778).

Eckert, Eduard Emil, Ex-Advokat, seit 1849 in Dresden Redakteur der rechtsgerichteten „Freimüthigen Sachsenzeitung", später des „Mulde-Journal". Von einer Loge abgelehnt, setzte sich nach der Revolution von 1848 in seinem nie sehr klaren Kopfe die Idee fest, die Freimaurer seien an den Revolutionen und allen Übeln in der Welt schuld. Er kämpfte für diese Idee in seinen Zeitungen, später in Eingaben an den Rat der Stadt Dresden und die sächsische Kammer („Der Freimaurerorden in seiner wahren Bedeutung". 1852). Wenn auch diese Zuschriften, die das Verbot der Freimaurerei forderten, amtlich nicht in der gewünschten Weise erledigt wurden, so entfesselten sie doch Freimaurerdebatten in der sächsischen Kammer, die schließlich dazu führten, daß den sächsischen Offizieren die Mitgliedschaft in den Logen vom Kriegsminister Rabenhorst 1852 verboten wurde. Diese Maßregel blieb, zuletzt allerdings abgeschwächt, bis 1869 in Kraft. Da E. in Sachsen den Boden verlor, ging er trotz seiner Abneigung gegen den „Preußischen Adler", der „in Dresden 1848 die Revolution gehißt", nach Berlin, wo er jedoch ausgewiesen wurde.

Er lebte dann in Prag, später in Wien, wo er die „Historisch-politischen Blätter" redigierte. In zahlreichen Hetzschriften kämpfte er nunmehr gegen die Freimaurerei. Die Methode seiner Kampfführung erinnert bisweilen an Ludendorff (s. d.), der übrigens die Bücher von E. ausgiebig als Quellen für seine Angriffe gegen das deutsche Freimaurertum benutzt hat. „Ich allein kämpfe seit Frühling 48 gegen die Revolution!" schrieb er an den Fürsten Schwarzenberg. Und fügte hinzu, er habe sich die Vernichtung der Freimaurerei zur Lebensaufgabe gemacht. Dieses Streben erscheine manchen Leuten zwar als Torheit, „allein der Mann von Auffassung, Bildung und Tatkraft vermag viel". Einer glaubte E. wirklich, was dieser in seinem „Magazin der Beweisführung für Verurteilung des Freimaurerordens" (1855/56 und 1863), im „Tempel Salomonis oder Generalcharte des Arbeitsplanes des Revolutionsbundes" (1855), in „Die geheimen oder Mysteriengesellschaften der alten Heidenkirche" (1860) zusammenphantasierte: der Wiener Gesandte in Dresden, Graf Kuefstein, der dem österreichischen Polizeiminister Kempen von Fichtenstamm triumphierend den „juristischen Beweis von der Gefährlichkeit des Freimaurerordens und seiner Inkompatibilität mit den Landesgesetzen" übermittelte. Der Polizeiminister war, wie aus seinem 1931 in Wien erschienenen Tagebuch hervorgeht, weniger begeistert. Aus dessen Aufzeichnungen von 1857/58 zeigt sich, daß E., von Kardinal Rauscher empfohlen, in Wien als bezahlter Angeber tätig war, daß ihm Kaiser Franz Joseph I. auch persönliche Zuwendungen zukommen ließ (so am 13. Juli 1857 eine Ehrengabe von 500 fl.), daß ihn Kempen aber nicht für voll nahm. Er nennt ihn das „Ichneumon der Freimaurerei" (Notiz vom 7. November 1857), beklagt sich über die „langen ermüdenden Unterhaltungen" und bezeichnet es als „fixe Idee", einen „an Tollheit grenzenden Gedanken", daß E. seinen Behauptungen nach imstande wäre, „durch eine Anklage vor dem Schwurgerichte" den Freimaurerorden derart herabzusetzen, „daß alle bedeutenden Mitglieder sich zurückziehen müßten". In Wien trat E. schließlich zum katholischen Glauben über und endete 1866 durch Selbstmord. Die kritiklose Heftigkeit seiner Angriffe, das Querulantentum, das er an den Tag legte, die zügellose, ungehemmte, immer wiederholte gleichartige geistige Technik seiner Schriften läßt keinen Zweifel darüber, daß er an der Grenze des Normalen stand, sie wahrscheinlich sogar überschritten hatte.

Eckhart, Johann, **Meister E.**, christlicher Mystiker, * 1260, † 1327. Das Höchste ist ihm die Vereinigung der Seele mit Gott, die mystische Schauung Gottes in den Tiefen der eigenen Seele. In der Nachkriegszeit wurden von Bischoff und Wagler, als Protest gegen den Materialismus der Zeit freimaurerische Beziehungen zu den Gedankenkreisen des Meisters E. gesucht.

Eckhel, Josef Hilarius, Jesuit, Numismatiker, * 1737, † 1798, Lehrer der Beredsamkeit am Wiener Jesuitenkollegium, Professor an der Universität und Direktor des k. k. Münzkabinetts, war Mitglied der Loge „Zur wahren Eintracht" in Wien.

Eckleff, Karl Friedrich, schwedischer Kanzleirat, schleswigscher Abstammung. * 1723, † 1784, gründete 1756 die erste schwedische St.-Andreas- (schottische) Loge und drei Jahre später ein Ordenskapitel mit den höheren Graden nach der fortan „Schwedisches System" benannten und von ihm begründeten Lehrart. Schon vorher hatte er, den der Staatsdienst nicht befriedigte — er nahm als Vierundvierzigjähriger nach 25 Dienstjahren beim Auswärtigen Amt seinen Abschied — den Orden der Gedankenbauer gestiftet, eine literarische Gesellschaft, die Dichtkunst und Beredsamkeit förderte und für die Ideen der Aufklärung und für die Pflege einer nach französischem Muster ausgebildeten poetischen Sprache kämpfte. E. selbst dichtete religiöse Oden. 1750 stiftete er eine weitere Ordensgesellschaft nach ausländischem Vorbild, die „Fackelbrüder" (drei Grade: Fackelknappe, Fackelritter, Fackelzünder), die sich ebenfalls für literarische Übungen interessierten. Ihre Arbeit sollte „schöne literarische Beschäftigung auf moralischen, philosophischen, schöngeistigen und amüsanten, aber niemals auf theologischen, politischen und schmutzigen Gebieten" sein. Motto der Gesellschaft war „Freundschaft und Weisheit". Mit den literarischen verband E. bibliophile Interessen, er sammelte viele tausende Bände.

In die Freimaurerei wurde E. möglicherweise in einer französischen Loge eingeführt. 1750 erscheint er in der Matrikel der Stockholmer Johannisloge „St. Edward". Am 30. November 1756 stiftete er mit sechs anderen schottischen Meistern die erste St.-Andreas-Loge „L'Innocente", am 25. Dezember 1759 als Ordensmeister ein Ordenskapitel, das „Chapitre Illuminé de Stockholm". Damit war die höchste Abteilung des schwedischen Freimaurersystems organisiert. E. hatte den Aufbau seines Systems vollendet, das sich in allem Wesentlichen bis auf den heutigen Tag erhalten hat. 1761 wurde er anläßlich der Stiftung der „Schwedischen Großen Landesloge" deren Abgeordneter Landes-Großmeister. 1773 trat der Herzog Karl von Södermanland, der spätere König Karl XIII., ins Kapitel ein. (Auch seine Brüder, König Gustav III. und der Herzog Friedrich Adolf, wurden in dieser Zeit Freimaurer.) E. legte im folgenden Jahr sein Amt als Ordensmeister nieder und übergab es dem Herzog, dessen Nachfolger in dieser Würde dann alle seine Nachfolger auf dem schwedischen Königsthrone bis auf den heutigen Tag waren. E. behielt nur das Amt des Wortführenden Meisters der 1760 ebenfalls von ihm gestifteten „Siebenten St.-Johannis-Loge" in Stockholm.

Seine Logen höheren und niederen Grades setzte E. unter Berufung auf gewisse, etwa von 1750 stammende. aus dem Ausland erhaltene Akten ein. Die Dokumente dieser „Eckleffschen Akten" sind in Chiffreschrift in französischer Sprache abgefaßt und namens des ausländischen Großkapitels „Grand Chapître de la Confraternité l'Illuminée" von „Frédéric Aescher, Secrétaire", unterzeichnet. Welches Großkapitel aber die Papiere ausstellte, hat E. niemals verraten. Nach Äußerungen des Herzogs Karl war es ein Kapitel in Genf, das seine Kenntnisse von einem anderen in Avignon erhalten hatte (wo es ja ein Hochgradsystem von Illuminés gab). Auch ein intimer Freund E.s, Ministerialrat Johann Medling, der 15 Jahre nach dessen Tode manches vom E.schen Nachlaß in Händen hatte, schrieb 1822, die ersten höheren Kenntnisse hätten von der „V. Provinz in Genève gestammt". Alle dazugehörenden Akten und Urkunden „wurden jeden dritten Posttag in zerschnittenen 32stel-Bögen, durcheinandergemischt, an E. gesandt, der sie mit Hilfe des Br. Wesmann alle zusammen und in Ordnung brachte: aber die Chiffre des Allergeheimsten wurde mit einem besonderen Boten hierher nach Schweden geschickt".

Von 1763 an begann dann die Verbindung E.s mit Zinnendorf (s. d.) in Berlin, die die Einführung der Lehrart in Deutschland (in der Zinnendorfschen Fassung) zur Folge hatte. (Vergl. Johannes Rudbeck „Karl Friedrich Eckleff, der Begründer des schwedischen Freimaurersystems", aus dem Schwedischen, Berlin 1931.)

Eckleffsche Akten, s. Eckleff.

École des Francs-Maçons, ou les Francs-Maçons sans le savoir, die Freimaurerei behandelndes Theaterstück von André Honoré, veröffentlicht in Paris 1799.

Écossais (frz.), Schotte, schottisch, in Frankreich entstandene Bezeichnung für freimaurerische Hochgrade, die mit der Freimaurerei Schottlands selbst nichts zu tun haben. Die Zahl der sogenannten Schottengrade ist unübersehbar; Oliver verzeichnet 80 E.-Grade, Ragon 83. Hier eine Auswahl aus verschiedenen Riten: Maître é. E. d'Angers ou d'Alcidony, in einem 1776 in Hamburg erschienenen Werke „Considérations philosophiques sur la Franc-Maçonnerie" erwähnt. E. de St. André d'Ecosse, begründet von Baron Tschoudy (s. d.) XXIX. Grad im A. u. A. Schottischen Ritus. Illustre Architecte écossais, Grand Architecte écossais. E. Anglais. E. de Clermont. E. de la Sainte Trinité. Sublime E. de la Grande Loge du Prince Edouard, wahrscheinlich ein Stuart-Grad mit Anspielung auf den Prätendenten. E. d'Angleterre. E. Anglais sublime. E. Français. E. du St. Georges. Grand Maitre é. E. de la voute sacrée de Jacques VI. Grand E. Sublime E. E. d'Hiram. E. des trois J (die drei J bedeuten Jourdan, Jaho und Jachin). In Deutschland: Jungschotte oder Kleinschotte, Altschotte, Hochschotte. Grüner Sch. (E. vert). Roter Sch. (E. rouge).

Eine genaue Übersicht über die verschiedenen Schottengrade ist. ganz abgesehen von der riesigen Zahl, unmöglich, weil in den einzelnen Systemen oft der gleiche Grad mit verschiedenen Namen belegt wird. Die vorstehende Übersicht soll daher nur eine Vorstellung geben, mit welcher Begierde diese Hochgradentwicklung in ihrer Zeit aufgenommen und weiterentwickelt wurde. Reste finden sich in den heute überlebenden Schottengraden (s. d. und Schottische Maurerei, A. u. A. Schottischer Ritus, Schwedisches System, Ritter, Knights).

Ecossais fidèles de la vieille bru (frz.), Treue Schotten der alten Schnur, nach Borel ein im Jahre 1747 in Toulouse vom Prätendenten Karl Eduard Stuart gegründetes System von neun Graden in drei Kapiteln. Das ganze System wurde von einem Obersten Rat geleitet, dessen Mitglieder Menatzchim (s. d.) genannt wurden. Der Stuart soll dieses System eingesetzt haben, um sich für die in Toulouse erfolgte Aufnahme seines Adjutanten Samuel Lockard dankbar zu erweisen. Das erste Kapitel umfaßte die symbolischen Stufen in vier Graden, das zweite Kapitel, die Maurerei der Kreuzzüge, weitere vier, der neunte oder letzte Grad enthielt die Geheimnisse der „wissenschaftlichen" Freimaurerei. Die Gründungsgeschichte ist erfunden.

Écossisme (frz.), Schottische Maurerei, Schottischer Ritus (s. d.).

Ecuador, südamerikanische Republik, 1808 gab es in Quito die Loge „Ley natural" unter der Obedienz von Neu-Granada. Stuhlmeister war der Regierungschef Pio Montufar, Marques de Selva Alegre. Auch Mejia Lequerica, der „Mirabeau von Südamerika", war ihr Mitglied. 1821, nach der Unabhängigkeitserklärung, entstand in Guayaquil unter der Loge „Lautaro" (Buenos Aires) die Loge „Estrella de Guayaquil", der die Führer der liberalen Partei und des Freiheitskampfes angehörten. Die Loge war aber nur zwei Jahre in Tätigkeit, eine weitere, gegründet vom Obersten Rat Neu-Granada, arbeitete von 1824 bis 1830. 13 Jahre später errichtete dieselbe Obedienz die Loge „Centro Filantropico", die eine bedeutende freie Schule für arme Kinder errichtete, ein Zentrum für Verbreitung von Kultur und Humanität. 1857 rief der Großorient von Peru eine Loge und ein Kapitel in Guayaquil ins Leben. Der spätere reaktionäre Präsident der Republik, Gabriel Garcia Moreno (* 1821, † 1875), suchte um Aufnahme nach, wurde aber abgewiesen. Er schwor Rache, die er betätigte, als er — und mit ihm die Kirche — zur Macht kam, indem er anordnete, „daß alle Freimaurer standrechtlich zu behandeln seien". Seine Ermordung wurde von den Klerikalen fälschlich Freimaurern in die Schuhe geschoben. Es folgten wechselvolle Schicksale, bald war Logentätigkeit möglich, bald mußte sie wieder eingestellt werden. Als 1895 die Liberalen zur Macht zurückkehrten, konnte am 31. Jänner 1897 die Loge „Luz de Guayas" unter der Großloge von Peru eingesetzt werden, die bis auf den heutigen Tag tätig ist. Sie gab zwei weiteren Bauhütten das Licht. Von 1901 an verbreitete sich auch der Schottische Ritus unter dem Obersten Rat von Peru. (Erste Loge „Sucre".) Seele der freimaurerischen Arbeit war Oberst Gaspar Alamira Plaza, unter dem 1910 ein selbständiger Oberster Rat des A. u. A. Schottischen Ritus sich bildete. 1921 erfolgte durch die Großloge von Peru die Einsetzung der Großloge von E. Erster Großmeister Juan Molinari. 1924 gab sie sich das offizielle Organ „El Nivel". 1930 zählte die Großloge 8 Logen mit 280 Mitgliedern. Sie gehört der A. M. I. an. Adresse: P. O. B. 932, Guayaquil.

Ecuyer-Novice (frz.), V. Grad des Rektifizierten Schottischen Systems (s. d.), ritualistisch dem XXX. Grad des A. u. A. Schottischen Rituals gleichgestellt.

Edikt von 1798, Erlaß des Königs Friedrich Wilhelm II. von Preußen, der die Teilnahme an geheimen Gesellschaften unter Strafandrohung verbot, dabei aber im § 3 den drei altpreußischen Großlogen eine Monopolstellung einräumte, indem diese allein ausdrücklich ausgenommen wurden. Der § 3 lautet: „Von dem Freimaurerorden sind folgende drei Mutterlogen: die Mutterloge ‚Zu den drei Weltkugeln' die Große Landesloge, die Loge ‚Royal York de l'amitié' und die von ihnen gestifteten Tochterlogen toleriert und sollen die in vorstehenden §§ 4 und 5 enthaltenen Verbote auf gedachte Logen nicht angewendet werden, diese jedoch verpflichtet sein, die in den §§ 9 und 13 enthaltenen Vorschriften auf das genaueste zu befolgen." Das Verbot erstreckte sich auf Gesellschaften und Verbindungen, die sich gegen den Bestand des Staates richteten, oder die unbekannten oder bekannten Oberen eidliche Verpflichtungen ablegten, Verschwiegenheit über die zu offenbarenden Geheimnisse forderten oder sich zur Erreichung einer namhaft gemachten Absicht verborgener mystischer hieroglyphischer Formen bedienten. Die übernommenen Verpflichtungen beinhalteten die Pflicht, jeden Versuch, der Untertanenpflicht zuwiderzuhandeln, sofort der obersten Polizeibehörde des Orts anzuzeigen, ferner jährlich das Verzeichnis der sämtlichen Tochterlogen und deren Mitglieder einzureichen. Zugleich bestimmte das E. das Aufnahmsalter, das nicht unter dem erfüllten 25. Lebensjahre angesetzt werden dürfe. Wie streng diese letztere Bestimmung gehalten wurde, beweisen zwei Kabinettsordres, in welchen (1799) ausnahmsweise zwei durchreisenden Engländern unter 25 Jahren die Aufnahme genehmigt wurde, während 1819 die Affiliierung eines im Auslande Aufgenommenen, noch nicht 25jährigen, vom Könige (gez. v. Hardenberg) verweigert wurde.

Veranlassung zu diesem einschneidenden Erlaß war die Beschlagnahme von Papieren eines „moralischen Vehmgerichts" (zu dem drei Stifter des Evergetenordens [s. d.] 1795 zusammengetreten waren), die zur Vermutung Anlaß gaben, man sei einem Revolutionsklub auf die Spur gekommen. Durch die Verfassung für das Königreich Preußen von 1850 wurde das E. aufgehoben. Trotzdem blieb aber den altpreußischen Großlogen weiterhin ihr Monopol, das z. B. nach 1866 auch die Großlogen von Hannover und Hessen zwang, sich aufzulösen. Bei Gründung der Settegast-Großloge ließ Settegast (s. d.) durch den Berliner Rechtsanwalt Hugo Alexander-Katz (s. d.) ein Verwaltungsstreitverfahren einleiten, um die Rechtsgültigkeit des E. festzustellen. Bei der Verhandlung vor dem Königlichen Bezirksausschuß in Berlin 1892 und vor dem Königlichen Oberverwaltungsgericht 1893 wurde die Ungültigkeit des E. festgestellt. Erst dadurch wurde es den übrigen deutschen Großlogen ermöglicht, auch in Preußen Logen zu gründen.

Edinburgh, Sitz der Großloge von Schottland. Die alte Werkloge an der Marienkapelle (Mary's Chapel) datiert aus der Zeit von 1598, bis zu welchem Jahre ihre protokollarischen Aufzeichnungen reichen. Die noch heute bestehende Loge führt in den Großlogenregistern die Nr. 1. Neben ihr arbeiten weitere 28 Bauhütten. Adresse der Großloge. Freemason's Hall, 96 George Street. Großlogentagungen finden vierteljährlich statt.

Eduard VII., König von Großbritannien und Irland, Kaiser von Indien, * 1841, † 1911, als Prinz von Wales Großmeister der Vereinigten Großloge von England, Protektor der britischen Freimaurerei, aufgenommen 1868 in Stockholm durch König Karl XV., Mitglied zahlreicher englischer Logen, 1869 Pro-Großmeister, 1874 als Nachfolger des Marquis Ripon Großmeister, 1875 in der Royal Hall installiert. Er nahm zwei seiner Brüder, die Herzoge von Connaught (den heutigen Großmeister) und Albany, und seinen ältesten Sohn, den Herzog von Clarence, persöhnlich in den Bund auf. Die Zeit seiner Großmeisterschaft war durch einen bedeutenden Aufschwung der englischen Freimaurerei gekennzeichnet. Die Zahl der aktiven Logen stieg von 1200 auf über 3000. 1888 leitete er das Jahresfest anläßlich der Hundertjahrfeier der freimaurerischen Mädchenanstalt, die an freiwilligen Spenden 51.000 Pfund ergab; 1898 wurden aus dem gleichen Anlaß bei dem ebenfalls von ihm geleiteten hundertsten Festival der Knabenanstalt 141.000 Pfund gespendet. E. legte auch als Großmeister mit maurerischem Gepränge den Grundstein zu den neuen Docks in Bombay und zu zahlreichen öffentlichen Gebäuden in England. In die Anfänge seiner Amtstätigkeit fiel der Bruch der Großloge von England mit dem Großorient von Frankreich. Anläßlich seiner Thronbesteigung legte er den Großmeisterhammer nieder.

Edwin, Edwinsage. In den Zunftlegenden mancher „Old Charges" wird „der jüngste Sohn des Königs Athelstan" (Cooke MS), auch der „jüngste Sohn E." (ebenso wie in anderen Athelstan selbst), als der erste Beschützer der Steinmetzbruderschaften auf englischem Boden, als der Begründer der Steinmetzbruderschaften genannt. Unter seiner Patronanz habe 926 in York eine Versammlung der Bauleute stattgefunden, um auf Grund eines vom König erteilten Freibriefes die Gildenangelegenheiten selbständig zu regeln. („Er war in der Geometrie so bewandert, daß es ihm große Freude machte, mit den Maurern zu sprechen und von ihnen die Kunst [the Craft] zu lernen. Wegen seiner Liebe ... wurde er in Windsor zum Maurer gemacht und erhielt von seinem Vater Charter und Auftrag, einmal jährlich Versammlung abzuhalten ..., und er hielt eine solche in York ab und machte hier Maurer und gab ihnen Charges ...", sagt das Landsdowne MS.) Anderson und der Verfasser von „Multa Paucis" (s. d.) machten aus E. den Bruder des Königs. Nun hatte aber Athelstan gar keinen Sohn dieses Namens, und sein Halbbruder ertrank in früher Jugend. Man hat daher in dem E. der Zunftlegenden auch E., König von Northumberland (in Bedas „Historia Ecclesiastica": E. of Northumbria) erblicken wollen, der 627 eine Holzkirche baute und dann ein steinernes Gotteshaus zu errichten begann. Jedenfalls hat die Sage von dem „ersten Spekulativen" kritiklose Buchstabengläubige veranlaßt, die ganz falsche Theorie aufzustellen: „Demgemäß trat die erste Großloge von England im Jahre 926 in York zusammen." Die „Yorksage" spielte infolgedessen in der freimaurerischen Geschichtsforschung eine Zeitlang eine große Rolle; es wurden sogar Dokumente produziert, die sich nachher als geschickte Fälschungen erwiesen (s. York und Yorker Urkunde).

Eerens, de, D. J., Generalgouverneur von Niederländisch-Indien, * 1781, † 1840, war ein sehr eifriger Freimaurer. Besonders hingebend diente er dem Bunde als Offizier in Spanien, wo er, allen Bedrückungen zum Trotz, insgeheim Loge hielt.

Eglinton, Alexander Montgomerie, 10. Earl, britischer Politiker, * 1723, † 1769, schottischer repräsentativer Peer, nahm im Parlament gegen die „Bankakte" und die Steigerung der öffentlichen Schulden Stellung, schrieb: „Inquiry into the Origin and Consequences of the Public Debts", war 1750 Großmeister der Großloge von Schottland.

Egoismus im praktischen Sinne ist ein Verhalten, das von Selbstsucht und Eigennutz geleitet wird und im Grunde im Selbsterhaltungstrieb wurzelt. E. tritt in verschiedenen Formen auf. Der primitive Egoist ist nur auf sich selbst bedacht, er ist der, „welcher alle Zwecke auf sich selbst einschränkt, der keinen Nutzen worin sieht, als in dem, was ihm nützt" (Kant). Der „geläuterte" Egoist läßt in seinem „wohlverstandenen" Interesse auch die Interessen seiner Mitmenschen gelten, fühlt sich als Teil der Gemeinschaft, sein Trieb zur Erhaltung und Steigerung, zur höchsten Ausbildung und Machtfülle seiner Persönlichkeit vollendet sich in der „schenkenden Tugend" (H. Schmidt). Es gibt auch einen E. im weiteren Sinne, der sich nicht auf das Individuum, sondern auf die verschiedenen Formen der Gemeinschaft (Nation, Klasse usw.) bezieht. Max Stirner vertrat den schrankenlosen E.: Der Mensch „ist sich selbst höchster Zweck". Die Freimaurerei lehnt den E. im allgemeinen ab. Ihre Moral ist nicht lebensentsagend, nicht asketisch; das Leben bejahen heißt aber, den E. bis zu einem bestimmten Grad gelten lassen. Selbstlosigkeit kann aus der Welt nicht weggeleugnet werden. Selbsthingabe ist zweifelsohne ein Kulturfaktor, wichtiger vielleicht, als der auf dem Selbsterhaltungstrieb beruhende nackte E. Die Freimaurerei ist wohl in der Methode individualistisch, doch findet sie das Ziel ihres Wirkens im Humanitätsideal, das sozialer Natur ist. Entfaltung der Persönlichkeit ist nach ihrer Auffassung kein E., da sie einen überindividuellen Wert bildet. Sie sucht im Sinne Shaftesburys, der einen großen Einfluß auf das freimaurerische Denken ausübte, „die harmonische Verbindung egoistischer und sozialer Neigungen". Ihr Ideal ist „möglichst große Personalität mit möglichst starker Sozialität verbunden" (Rudolf Eisler).

Eheschließung, Freimaurerische. In einzelnen romanischen Großlogen, besonders in Ländern, in denen ein Kulturkampf im Gange ist, wird hie und da die bürgerliche Eheschließung durch eine freimaurerische Kulthandlung ergänzt. Dieses

Surrogat der kirchlichen Trauung wird mit einem besonderen Ritual ausgestattet, das in einem feierlichen Gelöbnis der jungen Eheleute gipfelt. Diese Bräuche sind sehr wenig entsprechend, sie suchen die Kirche durch Nachahmung ihres Ritus zu bekämpfen und entbehrlich zu machen. Die übrige europäische und die gesamte angelsächsische Freimaurerei lehnt diese Art des Gebrauchtums entschieden ab.

Ehlers, Eduard, Oberst, * 1844 in Dänemark, † 1917 in New York, wurde 1865 in den Bund aufgenommen, war von 1881 bis zu seinem Tode Großsekretär der Großloge von New York und hatte an deren gewaltigem Aufschwung führenden Anteil. Eine Loge trägt seinen Namen.

Ehrenmitgliedschaft. Die Loge verleiht Ehrungen an besonders verdiente Brüder, indem sie ernennt:

1. Zu Ehrenmeistern oder Ehrenbeamten besonders verdiente abgegangene Meister vom Stuhl oder Beamte. Die Ehrenmitglieder aus dem Stande der eigenen Loge erhalten gewöhnlich ein eigenes Ehrenmitgliedsabzeichen, ein Diplom, und werden gewöhnlich von der Leistung des Mitgliedsbeitrages befreit.

2. Ehrenmitgliedschaften an Angehörige fremder Logen werden verliehen, um besondere Verdienste zu belohnen, oder aber auch, um zwischen zwei Logen oder Großlogen einen Grad besonders freundschaftlicher Verbundenheit zu bekunden. Daraus entwickelte sich der Brauch, gegenseitig Ehrenmitgliedschaften an den „jeweiligen Meister vom Stuhl"' der befreundeten Loge zu verleihen. Das hat zu Unzukömmlichkeiten geführt, weil diese Ehrenmitgliedschaften gleichsam auch an ungeborene Personen verliehen wurden. Mit Recht wird daher gegen diese Verallgemeinerung einer Ehrung „auf ewige Zeiten" Verwahrung eingelegt. — Verlust der Mitgliedschaft in einer Loge zieht den Verlust aller Ehrenmitgliedschaften nach sich, ebenso wie bei dem Verlassen einer Loge wegen persönlicher Differenzen die Ehrenmitgliedschaft niederzulegen ist. Die erste deutsche Ehrenmitgliedschaft wurde 1776 in Altenburg verliehen. Manche Logen verleihen Ehrenmitgliedschaften überhaupt nicht oder nur sehr sparsam. Anderwärts hat die Häufung dieser Ehren in den letzten Jahren sogar dazu geführt, daß ein Großmeister erklärte, er nehme weitere Ehrenmitgliedschaften nicht mehr an und lege zugleich alle bisher empfangenen zurück.

Ehrenrat, auch Logengericht genannt, ist eine Einrichtung der Logen, die das maurerische Verfahren bei Verletzung der maurerischen Pflichten einleitet und ein Urteil zu fällen hat. Gegensätzlichkeiten zwischen Brr. einer Loge werden zumeist durch den Stuhlmeister oder durch ein Verständigungsverfahren zum Ausgleiche gebracht. Falls dieses ergebnislos bleibt, kommt die Angelegenheit vor den E. Bereits in den „Alten Pflichten" Andersons (1723) ist jedem Br. das Recht eingeräumt, gegen Verletzung von „Honour and Safety" (Ehre und Sicherheit) bei der Loge vorstellig zu werden, und, wenn er sich dort nicht befriedigt fühlt, bei der Vierteljahrsversammlung der Großloge Berufung einzulegen. In den meisten Verfassungen bildet ein Großlogenehrenrat die oberste Instanz, bei der Berufungen gegen Logenehrenratsurteile eingebracht werden können. Der Meister vom Stuhl sowie die Großbeamten unterstehen gewöhnlich unmittelbar dem E. der Großloge. Die Strafen, die beide Körperschaften verhängen können, sind: Verweis, Rüge, zeitweiliges Verbot des Logenbesuches und der Ausschluß aus der Loge oder dem Bunde.

Ehrenzeichen. Außer den bei der Ernennung zu Ehrenmitgliedern üblichen E. werden z. B. von der Großloge von England Abzeichen an solche Brr. verliehen, die sich an karitativen Werken beteiligen; so z. B. erhalten Freimaurer, die mindestens 10 Pfund, 10 Schilling (10 Guineen) zum Bau des neuen Londoner Freimaurerhospitals beisteuern, ein besonderes E. in Form des „Permament Commemorative Jewel". In der Großen Landesloge der Freimaurer von Deutschland und anderen Großlogen gibt es besondere E. für verdiente Stuhlmeister (E. am goldgestreiften blauen und roten Band).

Ehrwürdig. Im Englischen heißt der Meister vom Stuhl Worshipful, im Französischen Vénérable. Daher im Deutschen die Ansprache: Ehrwürdiger Meister vom Stuhl. Der starre Formensinn der Engländer hat diese Bezeichnungen für höhere Ämter noch gesteigert mit „Most Worshipful" und „Right Worshipful", was im Deutschen wenig glücklich mit „Höchstehrwürdig" oder „Ehrwürdigst" nachgeahmt wurde. Gegen die Bezeichnung des Meisters vom Stuhl als „Ehrwürdig" ist wenig einzuwenden, zumal es sich hier um einen internationalen Brauch handelt, der seinen Traditionswert hat. Dagegen ist gegen die verschiedenen Steigerungen mit Recht der Einwand erhoben worden, daß nach den Alten Pflichten „all Preferment among masons is grounded upon real Worth and personal Merit only". Im übrigen ist auch die Übersetzung „Ehrwürdiger" nicht sehr glücklich, denn „worshipful" entspricht der altbürgerlichen Bezeichnung „Euer Ehren" besser als dem üblichen „Ehrwürdiger".

Eid. In den alten englischen Baubrüderschaften wurden dem Neuaufzunehmenden die Satzungen verlesen, worauf er — vorher oder nachher — das Gelöbnis der Pflichterfüllung und der Verschwiegenheit abzulegen hatte. Diese Verpflichtung wurde zumeist auf die Bibel abgelegt, die dem Neophyten in die Hand gegeben wurde. Der Neuaufgenommene antwortete darauf mit der Formel: „So help me god and holydome and by this book." Später wurde die Formel in die Worte gekleidet: „So helfe mir Gott und der Inhalt dieses Buches." Gegen Ende des 17. Jahrhunderts ist in den englischen Logen dann der sogenannte E. auf Hals, Herz und Eingeweide eingeführt worden (die Haughfoot Lodge hat 1702 nur den E. auf die Gurgel) in Beziehung auf gewisse Strafandrohungen bei Nichterfüllung der Verpflichtungen. Der Robertsdruck (1722) kennt bezeichnenderweise diesen E. nicht, weil er sich auf alte Steinmetzenüberlieferungen stützt. Dieser alte Freimaurereid ist heute vollkommen verlassen und wird nur gelegentlich als historische Erinnerung verlesen. Da über den E., besonders von gegnerischer Seite, die wildesten Gerüchte verbreitet werden, sei hier ein modernes Freimaurergelöbnis (Großloge Lessing „Zu den drei Ringen" in der Tschechoslowakischen Republik) in vollem Wortlaute wiedergegeben:

„Ich gelobe als Mann von Ehre und mit dem guten Gewissen eines freien Mannes, den mir bekannten Zwecken der Freimaurerei meine besten Kräfte zu widmen, mich zu bestreben, den sittlichen Forderungen des Bundes jederzeit gerecht zu werden, die Gebote des Meisters vom Stuhl und der Loge zu achten und zu befolgen, meinen Brr. brüderlich und allen Menschen menschlich zu begegnen. Insbesondere aber gelobe ich feierlich, über das Gebrauchtum, die Erkennungszeichen und die inneren Angelegenheiten der Loge unverbrüchliche Verschwiegenheit zu bewahren, die Zusage auf Maurerwort ebenso heilig zu halten wie den bindendsten E. und aus dem Bunde nicht ohne zwingenden Grund auszutreten." Dieser E. wird abgelegt, nachdem der Suchende nochmals eindringlich darüber belehrt worden ist, daß der Bund von ihm nichts verlangen darf, was „gegen die staatliche Ordnung, die Gesetze der Obrigkeiten oder die Grundlehren bürgerlicher Sittenlehre" verstoßen könnte. Der heutige Freimaurereid, besser Gelöbnis genannt, beinhaltet also nichts anderes als die Verpflichtung, die Erkennungszeichen (s. d.) geheimzuhalten und, ebenso wie in allen anderen geschlossenen Gesellschaften, über die inneren Angelegenheiten der Loge Außenstehenden gegenüber zu schweigen. Andere Verpflichtungen werden weder verlangt noch eingegangen.

Eid der Ritter der Strikten Observanz, s. Forma professionis.

Eignung zum Freimaurer. In der Andersonschen Konstitution wird als Voraussetzung für die Aufnahme angegeben: „The Persons admitted Members of a Lodge must be good and true Men, free-born and of mature and discreet Age, no Bondmen, no Women, no immoral or scandalous men, but of good Report." („Diejenigen, die zur Mitgliedschaft einer Loge zugelassen werden, müssen gute und treue Männer sein, freigeboren, von reifem und verständigem Alter, keine Leibeigenen, keine Weiber, keine unsittlichen und anstößigen Menschen, sondern Leute von gutem Rufe.") In der vierten Pflicht wird der Meister dahin belehrt, daß er Leute nicht zu Gesellen nehmen darf, die ein Gebrechen haben, das sie unfähig machen könnte, die Kunst zu erlernen. („No Maim or Defect in his Body, that may render him uncapable of learning the Art.") Diese Bedingungen der „Alten Pflichten" sind mit gewissen Änderungen in die Verfassungen aller Großlogen übergegangen. Verlangt wird: Großjährigkeit (eine Ausnahme machen hier die Luftons, s. d.), unbescholtener Charakter und guter Ruf, ein zum Erfassen der freimaurerischen Grundsätze hinreichendes Verständnis und eine gewisse berufliche Selbständigkeit. Die Bedingungen freier Geburt sind durch historische Entwicklung überholt. Die Beschränkung auf Männer ist ein Fundamentalgrundsatz der regulären Freimaurerei. Eine Eigenart der amerikanischen Freimaurerei ist die Bedingung körperlicher Volltüchtigkeit, d. h., Krüppel werden dort im allgemeinen nicht aufgenommen. Dieser Grundsatz wird jedoch jetzt nach dem Weltkriege in allen Großlogen durchbrochen, da man Kriegsverletzte von der Aufnahme selbstverständlich nicht ausschließen kann. Die amerikanischen Großlogen wahren insofern noch die alte Form, als sie in jedem derartigen Falle durch eine großmeisterliche Entscheidung die Aufnahme bewilligen lassen.

Die Zugehörigkeit zu einem politischen Geheimbund schließt von der Aufnahme in den Freimaurerbund aus (s. auch Qualifikation).

Einbeck, Stadt in der preußischen Provinz Hannover. Eine von der dortigen Loge „Georg zu den drei Säulen" begründete Stiftung eines Altersheims für Freimaurer (1897 als Johannisstift errichtet) wurde als eingetragener Verein ausgebaut und erfreut sich als einzige derartige Stiftung der Förderung aller Systeme des Deutschen Reiches.

Einfassung, s. Tesselated Border, Tassels.

Einflußlinien, s. Geschichtstheorien.

Eingeborene der französischen Kolonien. Der Konvent des Grand Orient de France 1930 erklärte die Aufnahme von E. der Kolonien in die dortigen Logen als „vom nationalen, sozialen und moralischen Gesichtspunkt aus äußerst wünschenswert." Der Ordensrat unterstrich 1931 diese Anschauung in einem Rundschreiben an die Logen der Kolonien und Protektorate.

Einheitlichkeit der Freimaurerei. Die von Gegnern verbreitete Vorstellung eines einheitlichen, von einer zentralen, meist als unbekannt hingestellten Oberbehörde geleiteten Weltbundes entbehrt der realen Grundlagen. Nationale, klimatische u. a. Verhältnisse färben auf die einzelnen Freimaurereien (man beachte die bewußt gewählte Mehrzahl des Wortes) ab. Von einer einheitlichen Freimaurerei kann deswegen nicht gesprochen werden und die in letzter Zeit entstandenen internationalen Vereinigungen sind daher auch nicht ein Beweis der Einheit, sondern im Gegenteil Versuche, eine derartige Einheit erst anzubahnen (s. Weltfreimaurerei). Im folgenden ist zusammengestellt, was heute als gemeinsamer Besitz der verschiedenen Freimaurereien bezeichnet werden kann. Hierher gehört:

1. die Ableitung der Freimaurerei von den alten Steinmetzenbruderschaften und deren Gebrauchtum.

2. die Symbolik der Freimaurerei, die sich in der Arbeit am Salomonischen Tempelbau, dem Tempel der Humanität, ausdrückt; geteilt in drei Grade.

3. die drei Großen Lichter der Freimaurerei: Bibel, Winkelmaß und Zirkel auf dem Altar der Logen. Ausnahme: Großoriente von Frankreich und Belgien, welche die Bibel nicht auflegen.

4. die Erkennungszeichen (allerdings mit Unterschieden: Amerika).

5. die Bekleidung mit dem Schurz als Arbeitssymbol.

6. die Lehrbilder des A. B. a. W. (außer Frankreich und Belgien), des flammenden Sterns und der Hiramlegende.

7. die Idee eines weltumspannenden Bundes, in einzelnen Ländern, wie z. B. Deutschland derzeit bei den altpreußischen Großlogen, vollkommen abgelehnt.

8. der Brudername und die daraus abgeleitete Verpflichtung zu einer Hilfsbereitschaft, sowie das freimaurerische Gastrecht, das jedoch durch Anerkennungsfragen eingeschränkt wird.

9. die in allen Großlogenverfassungen festgelegte Grundregel, daß religiöse und politische Fragen und deren Behandlung in der Loge ausgeschlossen sein sollen, und daß keinerlei verpflichtende Beschlüsse in solchen Fragen gefaßt werden dürfen.

10. die Beschränkung der Mitgliedschaft auf Männer.

Einheitsbestrebungen, Deutsche. Als Ausdruck der deutschen Kleinstaaterei und der durch die verworrenen Systemverhältnisse geschaffenen Zerrissenheit der deutschen Freimaurerei blieb eine zur Gesamtzahl der deutschen Freimaurer im schroffen Mißverhältnis stehende Zersplitterung übrig, die auch heute noch in der Überzahl von neun anerkannten und zwei von den anderen nicht anerkannten Großlogen zum Ausdruck kommt. Dieser Übelstand wurde früh peinlich empfunden und führte zu zahlreichen Versuchen, diese disjecta membra der deutschen Freimaurerei zu einem einheitlichen Körper zu vereinigen. Nachdem schon 1790 Bode in seinem Logenbund die Anregung gegeben hatte, kam 1801 der Deutsche Logenverein zustande, der sich jedoch nur auf die Großlogen von Hamburg, Hannover und Royal York erstreckte. 1837 schlossen sich die altpreußischen Systeme zu einem Großmeisterverein zusammen. Weitere Versuche fallen in das Jahr 1845, als die Enthüllung des Denkmals für den Straßburger Dombaumeister Erwin von Steinbach (s. d.) der deutschen Freimaurerei einen auf das Ganze gerichteten Impuls verlieh. Der Provinzial-Großmeister von Schlesien, Steinbeck. gab 1848 die Parole zur Gründung einer deutschen Gesamt-Großloge aus. Im gleichen Jahre lud der Frankfurter Rosalino zu einem allgemeinen deutschen Maurerkongreß ein. 1849 empfahl die Loge in Glauchau die Einberufung eines allgemeinen deutschen Maurertages, eine Idee, die 1864 auch vom Verein deutscher Freimaurer aufgegriffen wurde. 1865 regte die Großloge „Zur Eintracht" in Darmstadt die Bildung einer deutschen freimaurerischen Zentralbehörde an. 1868 meldete sich der sächsische Großmeister Warnatz zum Wort und brachte den deutschen Großmeistertag (s. d.) zusammen, der 1872 nach erfolgter Einigung der deutschen Stämme zu einer nationalen Einheit schließlich zum deutschen Großlogenbund (s. d.) führte, der durch fünfzig Jahre wenigstens nach außen hin eine Einheitlichkeit der deutschen Freimaurerei erzielte. Aber in den siebziger Jahren taucht die Idee einer deutschen National-Großloge neuerdings auf (Widman, Herrig, Kreyenberg u. a.), auch der Maurertag, das deutsche Maurerparlament, steht — leider ohne positives Ergebnis — wieder im Mittelpunkte des Interesses. Auch ein 1899 vom rheinisch-westfälischen Logenverband gestellter Antrag auf Einberufung eines allgemeinen deutschen Maurertages, der im Jahre 1900 stattfinden sollte, hatte keinerlei bleibenden Erfolg. Neben dem stark entwickelten Großlogenpartikularismus waren es insbesondere die offenen und latenten Gegensätze zwischen den humanitären und christlichen Großlogen, die eine dauernde Verbindung unmöglich machten.

Nach dem Weltkrieg griff die Spaltung in der deutschen Freimaurerei immer weiter um sich. Ein Antrag, den der Altgroßmeister der Großloge „Zur Sonne" in Bayreuth, Dr. August Paret, ausgearbeitet hatte und der ein mustergültiges Statut einer derartigen Gemeinschaft mit weitgehender Belassung der historischen Autonomien beinhaltete, hatte um so weniger Aussicht auf Erfolg, als gerade damals schon die Spaltung im deutschen Großlogenbunde sich vorbereitete. Durch den Austritt der drei altpreußischen Großlogen, denen später auch die Großloge von Sachsen folgte, ist der deutsche Großlogenbund ein Rumpfparlament geworden, das allerdings noch den alten Namen weiterführt, aber doch nur mehr die Vertretung der Minorität der deutschen Freimaurer, nämlich die humanitären Großlogen, umfaßt. Um 1929 tauchten dann Versuche auf, mindestens die humanitären Großlogen von Hamburg, Frankfurt, Bayreuth und Darmstadt zu einer Gesamt-Großloge „Zu den Alten Pflichten" zusammenzuschließen. Auch um diese Versuche ist es wieder still geworden.

In dieser Aufspaltung in eine übergroße Anzahl von Systemen liegt sicherlich eine Schwäche der deutschen Freimaurerei, obzwar sich auch Verteidiger finden, die gerade in dieser Zersplitterung einen Ausdruck des in der deutschen Freimaurerei stark entwickelten Individualismus erblicken wollen. Unter den heute im deutschen Volke bestehenden weitgehenden Parteiungen ist an eine Einigung um so weniger zu denken, als die Geschichte der deutschen Freimaurerei zur Genüge beweist, daß auch die Zeiten großer nationaler Impulse an der deutschen Freimaurerei leider wirkungslos vorübergerauscht sind. Es sind hier zahlreiche Gelegenheiten versäumt worden, die heute für lange Zeit unwiederbringlich verloren scheinen.

Einheitsbund deutscher Freimaurer, eine vom Stuhlmeister Friedrich Holtschmidt, Braunschweig (s. d.), ins Leben gerufene Bewegung, die eine Einigung der deutschen Freimaurer, über alle trennenden Schranken der Systeme und Konfessionen hinweg, auf dem Boden einer spezifisch christlichen Humanität herbeiführen sollte. Holtschmidt versuchte hierbei die Synthese in der Weise, daß er das Humanitätsprinzip aus den Lehren Christi ableitete. Damit sollte die verbindende Brücke für die christliche und humanitäre Freimaurerei geschlagen werden. Die Geschäftsstelle des 1897 von Holtschmidt und Professor Dahl gegründeten Bundes befand sich in Braunschweig. Die erste größere Kundgebung war die Herausgabe einer Sammlung „Der Stern von Bethlehem", Braunschweig, 1898. Zu einer weiteren Ausgestaltung kam der Bund nicht, da er überall auf Ablehnung stieß.

Einrichtung der Loge (engl. the furniture, frz. la décoration). Die Loge hat die Form eines länglichen Viereckes (s. Form). Ihre Ausdehnung wird angegeben: von der Erde bis zum Himmel, von der Oberfläche der Erde bis zum Mittelpunkt. Sie steht, nach Prichard, auf geheiligtem Grunde, „wo nie ein Hahn gekräht, eine Frau geplaudert, ein Löwe gebrüllt hat, wo Friede, Einigkeit und Ruhe herrscht". Ihre E. ist mit wenigen Änderungen in allen Logen die gleiche. Sie ist orientiert nach den Himmelsrichtungen. Im Osten sitzt der Meister vom Stuhl, der die Arbeiten leitet und der von zwei Aufsehern unterstützt wird, die entweder beide im Westen oder im Süden und Westen sitzen. Vor dem Meister liegt die Dreiheit der drei Großen Lichter: Bibel, Zirkel und Winkelmaß. Zur E. gehören die drei Säulen der Weisheit, Schönheit und Stärke, auf denen die drei kleinen Lichter brennen. Zwei Säulen mit den Namen der Säulen aus der Vorhalle des Salomonischen Tempels flankieren den Eingang. In den meisten Logen findet sich außerdem eine bildliche Darstellung der freimaurerischen Hauptsymbole, die entweder auf einem Teppich (Tapis, s. d.) vereinigt sind, oder eine Tafel (Tracing Board, Trestle Board, Reißbrett, s. d.) schmücken. (Teilweise Ausnahme: Frankreich.) Diese Hauptgerätschaften unterliegen symbolischer Deutung, die nicht in allen Systemen die gleiche ist.

Das englische Ritual unterscheidet als Teile der E.:

1. Ornaments: das musivische Pflaster, den flammenden Stern und die geschlungene, die Loge umspannende Schnur.

2. Furniture: Buch, Zirkel und Winkel, und

3. Jewels: drei bewegliche, d. i. Winkelmaß, Setzwaage und Lot, und drei unbewegliche, das Reißbrett, den rauhen und den behauenen Stein. Außerdem gehört zur Einrichtung der englischen Logen noch der Kreis mit den beiden Tangenten, die Jakobsleiter u. a. m.

Das Wort E. hat in der Freimaurerei einen Doppelsinn: es bezeichnet sowohl den materiellen Gegenstand, als auch die symbolische Deutung.

Eins, s. Zahlen, Heilige.

Einschläfern oder Inaktivieren einer Loge (frz. mettre en sommeil). Die Inaktivierung erfolgt entweder über Beschluß der Loge selbst oder auf Großlogenbeschluß. Das Inventar und die Akten der Loge werden in diesem Falle von der Großloge in Verwahrung genommen, bis die Loge wiedererweckt wird. Im Gegensatze zur Auflösung einer Loge bezeichnet E. den latenten Fortbestand ohne Entwicklung einer Aktivität.

Einschleicher (engl. Eavesdropper), vom englischen eavesdrop, die Dachtraufe. Wahrscheinlich aus den Handwerksgebräuchen übernommen, Nichtzünftige, die sich einschleichen, so lange unter die Dachtraufe zu stellen, bis ihnen „the water runs in at his shoulders and out at is heels." Ebenso im französischen Logengebrauch des 18. Jahrhunderts „on les met sous une gouttière, une pompe ou une fontaine". Der aus seiner Verräterschrift bekannte Abbé Perau soll dieses Schicksal erlitten haben. Daher auch in den alten Freimaurerlogen „Es regnet", wenn ein Unberufener in der Nähe war. Eavesdropper wird in der englischen Etymologie auch derjenige genannt, der an Fenstern, Dachrinnen, Wänden, Türen horcht. Wahrscheinlich wurde die sogenannte Bestrafung von Einschleichern zur Erklärung des Wortes erfunden!

Einsegnungsritual des Schottischen Ritus. In Amerika finden gelegentlich vor der Beerdigung von Mitgliedern der höchsten Grade des A. u. A. Schottischen Ritus maurerische Kirchenzeremonien statt, deren Rituale von Albert Pike (s. d.) geschaffen worden ist. Erstmals wurde eine solche 1891 bei der Bestattung von Pike selbst zelebriert. Die Zeremonien finden um Mitternacht statt und zerfallen in vier Teile: Urteil, Darstellung des Lebensweges des Verstorbenen, Reinigung, Einsegnung. Beim Kirchenaltar, vor einem hohen Kreuz, steht der Sarg. In schwarze Kutten gehüllte freimaurerische Würdenträger, brennende Kerzen in der Hand, umgeben ihn. Auf drei Seiten stehen Gruppen von je drei brennenden Kerzen, auf der vierten liegt ein mit Immergrün bekränzter Totenkopf, umgeben von sieben Leuchtern. Das „Urteil" über den Toten, für den „der Tag des ewigen Lichtes seinen Anfang nimmt", geht in der Form eines Dialoges vor sich. Dann wird noch einmal der Sargdeckel abgenommen und man sieht den Leichnam. Lorbeer und Weinlaub um die Stirne, ein leuchtendes Kreuz und Blumen auf der Brust, einen symbolischen Strick um die Füße. Weinlaub, Kreuz und Fesseln werden unter Erklärung dieser Symbole abgenommen, nur die Blumen, als Sinnbilder der Liebe und Freundschaft der Überlebenden, werden dem Toten belassen. Ein „De profundis" ertönt, die Würdenträger löschen die Kerzen, knien nieder, dann erfolgt die Einsegnung durch die Geistlichen, und Salz, als Zeichen der Rückkehr des Körpers zur Erde und des Eingehens der Seele zu Gott, wird in den Sarg gestreut. Dann fallen drei Schläge auf den Sarg, der hierauf von Kadosch-Rittern (s. d.) zum Leichenwagen getragen wird.

Einsetzung

1. einer Loge, Lichteinbringung (frz. Installation, engl. Consecration). Über die Vorgänge bei Einsetzung einer Loge gibt bereits Anderson in dem sogenannten Postskript zu seiner Verfassung Bescheid, das 1721 beschlossen wurde. Ein Beispiel des Vorganges zeigt eine Urkunde aus dem Jahre 1725: Sieben Bruder-Meister bitten den Großmeister Lord Paisley um die Genehmigung, in der Taverne „Zum Schwan und Römer" als Loge arbeiten zu dürfen. Der Großmeister genehmigt

und beauftragt Desaguliers, der am 2. Februar 1725 die Einsetzung vollzieht. Die Einsetzung erfolgt also in feierlicher Weise durch den Großmeister und die Großbeamten oder durch einen Vertreter (Delegation), wobei der Meister vom Stuhl und die Beamten auf die Bundes- und Großlogengesetze verpflichtet werden. Der Vollzug der Einsetzung kommt zum Ausdruck, indem die Loge in das Großlogenregister eingetragen wird. Insolange die Loge nicht eingesetzt ist, gilt sie als unrechtmäßig. Die Einsetzungszeremonien sind in den einzelnen Ländern verschieden. Während in kontinentalen Großlogen im Ritual die Erleuchtung, die Einbringung des Lichtes, besonders eindrucksvoll ist, spielen in den angelsächsischen Großlogen, die „Elements of Consecration", eine besondere Rolle: Korn, Wein und Öl (Symbole für Wohlstand, Fülle und Friede), wozu mancherorts auch noch das „Salz der Weisheit" tritt;

2. von Beamten (engl. installation): wird nach erfolgter Wahl durch den Großmeister oder Meister vom Stuhl in feierlicher Weise, meist am Johannistage, unter Ablegung einer Dienstverpflichtung vorgenommen.

Eintracht, Zur, Große Freimaurerloge, s. Darmstadt.

Einverbrüderung, s. Affiliation.

Einverständnis mit dem Feinde. Im letzten Weltkrieg ist den Freimaurern wiederholt der Vorwurf gemacht worden, daß sie durch das Not- und Hilfszeichen und auch durch besondere Abzeichen sich mit den Freimaurern im feindlichen Lager verständigt hätten. Das k. u. k. Kriegsministerium behauptete in einem Erlaß vom 14. Juli 1917 folgendes:

„Dem k. u. k. Kriegsministerium und dem k. u. k. Armee-Oberkommando sind durch die Militärkommandos und Erg.-Bezirkskommandos die Meldungen zugegangen, daß von verschiedenen Heeresangehörigen an der Front ein Notzeichen zum Zwecke des Lebensrettens gebraucht und daß auch bei den Etappenformationen ein universelles Freimaurerabzeichen (Maurer-Zirkel und -Kelle) an den Kappen, Helmen oder Monturstücken getragen wird. — Dienstbuch I verbietet allen Angehörigen des k. u. k. Heeres und des k. u. k. Landsturms das Tragen von privaten Abzeichen irgendwelcher Art. Dieses zweifelsohne hochverräterische Gebrauchen solcher Notzeichen und das Tragen von solchen Abzeichen ist strengstens verboten. Zuwiderhandelnde sind dem K.-M., Abt. IX, namentlich zu melden."

Schon aus der Zusammenstellung Zirkel und Kelle ist zu ersehen, daß es sich um eine glatte Erfindung handelte. Ein derartiges Abzeichen würde von Freimaurern der Entente überhaupt nicht verstanden worden sein. Die Verfasser dieses Buches haben an verschiedensten Fronten niemals ein derartiges Abzeichen gesehen. Ebenso ist das von der k. u. k. Heeresleitung veröffentlichte Bild der Loge in Serbien (veröffentlicht durch Generalmajor von Kerchnawe) insofern eine Fälschung, als die auf dem Bilde dargestellten Personen bei näherer Betrachtung deutlich als österreichische Etappenoffiziere zu erkennen sind.

Einwanderungsfrage, Amerikanische. Die vor dem Weltkriege von den Vereinigten Staaten von Nordamerika im wesentlichen freigegebene Einwanderung veranlaßte deutsche Freimaurer, Hilfsorganisationen ins Leben zu rufen, die den meist ratlosen Einwanderern in den ersten Tagen mit Rat und Tat zur Seite stehen sollten. Die im Jahre 1840 einsetzende Bewegung gegen die deutschen Einwanderer führte zur Bildung des Ordens der Hermannssöhne (s. d.), an dessen Gründung Freimaurer hervorragend beteiligt waren.

Die Verschärfung der Einwanderungsgesetze nach dem Weltkriege wird derzeit vom Organ der Südlichen Jurisdiktion von Nordamerika des A. u. A. Schottischen Ritus aus patriotischen Motiven nicht nur vertreten, sondern als ungenügend betrachtet. (Nach einer Statistik des Einwanderungskommissärs McClatchy sind seit 1921 in die Staaten 5,000.000 Menschen eingewandert, darunter 2,000.000 unter Umgehung der Gesetze!)

Einweihungen des Altertums waren die im Mittelpunkt der Geheimkulte der Mysterien (s. d.) stehenden Zeremonien, die den Kandidaten in übersinnliche Welten einführten. Sie wurden in einem Trancezustand erlebt. Der Geist wurde von Priestern, die magische Kräfte in sich entwickelt hatten, vom Leibe gelöst und aus der grobstofflichen Welt sozusagen durch höhere Regionen in die geistige Welt geleitet. Der Eingeweihte gewann die Überzeugung von dem Fortleben nach dem Tode, dieser wurde für ihn von dann an Übergang zu einer anderen Daseinsstufe, war nicht mehr Ende, sondern Anfang.

Eisner, Kurt, * 1867, † 1919, sozialdemokratischer Schriftsteller, 1918, nach dem Umsturz, Ministerpräsident des Freistaates Bayern, fiel dem Mordanschlag des Grafen v. Arco am 2. Februar 1919 zum Opfer, wird von politischen Gegnern immer wieder als Freimaurer bezeichnet. Er ist nie Mitglied des Bundes gewesen.

Ekhof, Hans Konrad Dietrich, Hofschauspieler in Gotha, * 1720, † 1778, der Vater der deutschen Schauspielkunst. Er war der erste Schauspieler Deutschlands, der Darsteller des Lebens genannt werden kann. Auch als Schriftsteller tätig. E. war Meister vom Stuhl der 1774 gestifteten Loge „Kosmopolit" in Gotha (heute „Ernst zum Kompaß"). Er nahm den regierenden Herzog Ernst von Gotha und dessen Bruder Herzog August in den Bund auf.

Eklektischer Bund, Frucht der reformatorischen Bestrebungen zur Zeit des Höhepunktes der freimaurerischen Verirrungen in Deutschland. Der Ruf erging auf Betreiben des Wetzlarer Kammergerichtsassessors Franz Dietrich von Ditfurth (s. d.) — nach dem ergebnislosen Verlauf des Wilhelmsbader Konvents (s. d.) — im sogenannten „Eklektischen Rundschreiben", der eigentlichen Eklektischen Bundesurkunde. Der Entwurf stammte von Johann Karl Brönner (s. d.), dem Stuhlmeister der Frankfurter Loge „Zur Einigkeit". Nicht weniger als 53 Logen aus verschiedenen Ländern bekundeten ihre Zustimmung zu diesem am

18./21. März 1783 von der Frankfurter und Wetzlarer Provinzialloge genehmigten Schreiben. Dieses war ein kräftiger Appell zur Beendigung der Zwistigkeiten und Spaltungen, zur Rückkehr zur alten Einfachheit der ursprünglichen Rituale, zur Gründung eines Bundes, dessen Grundlagen Freiheit und Gleichheit im freimaurerischen Leben sein sollten. Nur die drei Johannisgrade, so wollten es die Reformatoren sollten in Hinkunft als für die ganze Maurerei verbindlich anerkannt sein. Im übrigen sollte jeder Loge die Freiheit gelassen werden, nach Belieben auch höhere Grade zu bearbeiten. Zielbewußt wurde von diesem Kreis der Ritterspielerei, dem Aberglauben, der Astrologie, dem Obskurantismus aller Art der Kampf angesagt. In Anlehnung an die alten eklektischen Philosophen wollte man aus allen Systemen das Beste und Überzeugendste herausnehmen. „In dem ersten Grad", wurde gesagt, „weihen wir den Lehrling zur Kenntnis seiner selbst ein. In dem zweiten Grad führen wir den Gesellen auf die Erkenntnis der Natur, in dem dritten Grad lassen wir den Meister seine Bestrebungen bis zu dem Schöpfer und Urheber aller Dinge hinaufschwingen, damit er den auf die Einheit gegründeten dreifachen Bund näher erkennen lerne, und um dadurch zu der allerverborgensten Weisheit durchzudringen." Für die von Wetzlar und Frankfurt gestiftete neue Vereinigung, die 1786 25 als autonom geltende Logen aufwies, setzte sich gleich zu Anfang der Name „Eklektischer Freimaurerbund" durch. Aus ihm entwickelte sich die „Große Mutterloge des Eklektischen Freimaurerbundes" in Frankfurt a. M. (s. Frankfurt).

Eklektizismus, philosophische Richtung, die aus verschiedenen bestehenden Systemen Leitsätze und Gedanken entnimmt, um diese mehr oder weniger zu einer neuen Einheit zusammenzufassen. Die Freimaurerei vereinigt in ihrer Mitte alle Überzeugungen religiöser und politischer Natur und ist in diesem Sinne eklektisch, bezw. synthetisch. E. war in Deutschland zur Zeit der freimaurerischen Verirrungen ein Schlagwort, das Reform und Reinigung bedeutete (s. Eklektischer Bund).

Elagin, Iwan, russischer Senator und Geheimer Rat, * 1725, † 1794, Kabinettsminister und Vertrauter der Kaiserin Katharina I., aus alter, russischer Adelsfamilie, war einer der frühesten Pioniere der Freimaurerei in Rußland. 1772 erhielt er vom englischen Großmeister die Bestellung als Provinzial-Großmeister für Rußland. 1776 vereinigte er seine Provinzial-Großloge mit den Bauhüten des Zinnendorfschen Systems, nahm dieses für seine Logen an und wirkte nun als Provinzial-Großmeister der vereinigten Körperschaften. Als 1779 das Berliner System von Schweden verdrängt wurde, kehrte E. wieder zur ursprünglichen englischen Lehrart zurück und wandte sich von da an gegen die höheren Grade (s. Rußland).

Elbschwanenorden, s. Sprachgesellschaften.

Elect (engl.), **Elu** (frz.), Auserwählter. Bezeichnung zahlreicher Hochgradstufen, namentlich im 18. Jahrhundert (s. Schottischer Ritus und Auserwählte).

Electus, auch Adlerritter, erste Kapitelstufe des Clermontschen Kapitels (s. d.).

Elementarproben, s. Proben, Körperliche.

Eleusinien des neunzehnten Jahrhunderts, oder Resultate vereinigter Denker über Philosophie und Geschichte der Freimaurerei, Titel einer in zwei Bändchen 1802 und 1803 im Verlage von Fröhlich von Joh. K. August Fischer und Ignaz Aur. Feßler herausgegebenen Zeitschrift. In dieser Zeitschrift veröffentlichte Johann Gottlieb Fichte seine Briefe an Constant, eine Philosophie der Freimaurerei in 16 Briefen als Ergebnis von Vorträgen, die er 1800 vor Berliner Freimaurern gehalten hatte.

Eleusinische Mysterien, s. Mysterien, Eleusinische.

Élie de Beaumont, Jean Baptiste Jacques, * 1732, † 1786, berühmter französischer Verteidiger, der Voltaire in seinem Kampfe ums Recht, insbesondere im Prozeß zur Rehabilitierung des unschuldig hingerichteten Protestanten Jean Calas, tatkräftig unterstützte, war Mitglied der Loge „Neuf Sœurs" (s. d.).

Eliphas, Lévi, s. Constant, Alphonse Louis.

Elisabeth von England. Die jungfräuliche Königin, * 1553, † 1603, wird bei Anderson als eine Gegnerin der Freimaurerei angeführt, weil sie als Frau nicht Mitglied des Bundes werden konnte. Sie soll eine bewaffnete Abteilung nach York geschickt haben, um die Jahresversammlung der Großloge dort aufzuheben. Sir Thomas Sackville soll aber die Befehlshaber der Truppe in die Loge aufgenommen haben, so daß diese nach ihrer Heimkehr einen günstigen Bericht über die Freimaurerei erstatteten. Die Erzählung ist eine freie Erfindung Andersons.

Elks, Benevolent and Protective Order of E. 1866 von Schauspielern gegründeter amerikanischer bruderschaftlicher Bund, ursprünglich Jolly Corks genannt, der in Nachahmung freimaurerischen Gebrauchtums gegenseitige Unterstützung und Geselligkeit pflegt.

Ellwood, Charles A., hervorragender amerikanischer Soziologe, * 1873, Universitätsprofessor in Montana 1900—1930, seither an der Duke-Universität, korrespondierendes Mitglied der Deutschen Soziologischen Gesellschaft, Verfasser bedeutender, zum Teil auch ins Deutsche übersetzter Werke („The Social Problem"), ist Freimaurer, Mitglied des Vorstandes der Allgemeinen Freimaurerliga.

Elphinstone, John, 13. Baron, englischer Kolonialpolitiker, * 1807, † 1860, Gouverneur von Madras, später von Bombay, verhinderte dort 1857 einen Aufstand, wurde 1840 Distrikts-Großmeister von Madras.

Elsaß-Lothringen. Bis 1870 bestanden im Elsaß französische Logen, die sich 1871 auflösten, da sie sich dem vom Reichskanzleramt verfügten Anschluß an deutsche Großlogen nicht unterwerfen wollten. In den Verzeichnissen des G. O. de France wurden sie durch eine Reihe von Jahren auf schwarz umrahmter

Seite weitergeführt. Manche Brr. ließen sich von den Bauhütten in Belfort und Nancy übernehmen. In Paris bildete sich eine eigene Loge „Alsace-Lorraine", der u. a. die Schriftsteller Erckmann, Chatrian, der Bildhauer Bartholdi, Joffre (der spätere Marschall von Frankreich) u. a. angehörten. In E.-L. selbst wurden mehrere deutsche Logen begründet. Deren Tätigkeit fand 1918 mit der Besetzung durch die Franzosen ein Ende. Die deutschen Logen wurden nach Deutschland zurückverlegt. So arbeitet die Metzer Loge „Zum Tempel des Friedens" in Heidelberg, „An Erwins Dom zu Straßburg im Elsaß" in Hanau. Dagegen gründeten die französischen Großbehörden neuerdings französische Logen, in denen die 1871 geschlossenen Bauhütten wieder auflebten.

Elsner, Josef, polnischer Komponist, * 1769, † 1854, Lehrer Chopins, Kapellmeister in Warschau, Begründer der dortigen „Gesellschaft zur Erhaltung und Förderung der Tonkunst", komponierte zahlreiche Opern, Symphonien, Kammer- und Kirchenmusik, Verfasser von „Rhythmus und Metrum der polnischen Sprache", war Mitglied der Loge „Bouclier du Nord", komponierte eine 1805 im Großorient von Polen zum Vortrag gelangte freimaurerische Hymne.

Elu (frz.), **Elect** (engl.), Auserwählter, Bezeichnung mehrerer Hochgrade, häufig namentlich im 18. Jahrhundert (s. Schottischer Ritus und Auserwählte).

Solche E.-Grade waren (bezw. sind) u. a.:
Petit E.
E. Coëns (s. d.).
Grand E.
Maître E. des Neuf.
Maître E. des Quinze.
Sublime Chevalier E.
E. Parfaits.
E. de la Vérité.

Elus Coëns (Auserwählte Coëns), okkultistisches französisches Hochgradsystem, das um 1760 von Martines de Pasqually (s. d.) in Bordeaux gegründet wurde. Dieser hatte einen „Traité de la réintégration des êtres dans leurs premières propriétés, vertus et puissances spirituelles divines" geschrieben, ein wahres Labyrinth dunkler, unverständlicher Ausdrücke eine Art Zusammenfassung und geheime Auslegung der ersten Bücher des Pentateuch, vor allem der Schöpfungsgeschichte und des Exodus. Die Zentralfigur ist Moses, als dessen Vollstrecker sich Pasqually bezeichnete. Auf den Ideen dieses von Theurgie, Kosmogonie, Anthropologie, esoterischer Geometrie, Theosophie, symbolischer Bibelauslegung usw. durchsetzten Werkes baute er sein System auf. Dieses stellte einen seltsamen Mischmasch aus allen möglichen esoterischen Lehren des Ostens dar, die auf dem Wege der Kabbala nach dem Westen gelangt waren. Die E. C. waren unter der Maske der Freimaurerei Ausläufer der langen Kette geheimer Gesellschaften, deren Mitglieder glaubten, durch magische Übungen, „Vertus actives", mit dem Göttlichen in Verkehr treten zu können, um dadurch der Unsterblichkeit teilhaftig zu werden. Die Adepten von Pasqually hielten sich für direkte Abkömmlinge der Epopten des alten Griechenland, bekannten sich im Zeitalter der Aufklärung zu den mystischen Doktrinen der Neu-Platoniker, Gnostiker und Kabbalisten und pflegten die „geheime Weisheit der Alten". Die eigentliche Arbeit begann 1761. Über den symbolischen Graden bauten sich höhere Stufen auf, meist schottische Grade, die mystische Hintergründe hatten. Insgesamt hatte das System neun Grade, der höchste Grad war der sogenannte Réau-Croix. Pasqually, der zuerst in Toulouse als „Schildträger" und Generalinspektor der englischen Stewards Lodge auftrat und dort auf Mißtrauen stieß, ging dann nach Bordeaux, wo es ihm gelang, den anfänglichen Widerstand der Rationalisten zu überwinden, in einer Loge Fuß zu fassen und diese in die „Loge française Elus Ecossaise" umzuwandeln. 1770 gab es in verschiedenen Städten, vor allem auch in Paris, zahlreiche Logen des Systems, an dessen Spitze ein Oberstes Tribunal stand. Eine große Rolle spielten der Lyoner Mystiker Willermoz (s. d.), der Enzyklopädist Baron Holbach (s. d.), der Maler Van Loo u. a. 1767 wurde Willermoz von Pasqually zum „Großmeister des Großen Tempels von Frankreich" ernannt. Auch der Marquis Louis Claude de Saint-Martin (s. Martin) war eine Zeitlang getreuer Anhänger von Pasqually, als dessen Sekretär er wirkte. Er gab sogar seinen Dienst auf, „um sich ganz den Werken der mystischen Wissenschaft und der Armut zu weihen", er kam aber allmählich von der Theurgie, dem „äußeren Weg", ab und beschritt den „inneren Weg", um direkt mit Gott in Verbindung zu treten. Das führte ihn zur Theosophie und zum Versuch, das System der E. C. zu reformieren (s. Martinismus). 1772 reiste der Großsouverän Pasqually plötzlich nach San Domingo ab, wo er 1774 starb. Wenige Jahre später bereitete der Erfolg des Rektifizierten Schottischen Systems (s. d.) auch der Tätigkeit der E. C. ein Ende. Der dritte Großsouverän, de la Casas, übergab das Archiv 1781 den Philaleten (s. d.). (Vergl. Le Forestier, La Franc-Maçonnerie occulte au 18e siècle, Ordre des E. C.)

Emanuel, Immanuel, zu deutsch: „Gott mit uns!" Das Wort spielt im (XVIII.) Rosenkreuzergrad des A. u. A. Schottischen Ritus eine Rolle.

Emden, Heinrich, Philanthrop in Frankfurt a. M., * 1852, † 1929, Ehrenbürger der Universität Frankfurt, hervorragender Förderer der wissenschaftlichen Institutionen seiner Vaterstadt, tätiger Arbeiter für die Völkerversöhnung, ermöglichte es nach dem Weltkrieg französischen Akademikern, in Frankfurt wieder Vorträge zu halten. E. war Ehrenmeister der Loge „Zur aufgehenden Morgenröte".

Emergency (engl.), Dringlichkeit, Notwendigkeit. Lodge of E. heißen schnell einberufene Logenversammlungen, die in Dringlichkeitsfällen, z. B. zur Aufnahme Durchreisender usw., einberufen werden. In Amerika entscheidet über die Zulässigkeit solcher Dringlichkeitslogen der Großmeister.

Emeth (hebräisch), die Lauterkeit, Treue, hauptsächlich: die Wahrheit. Im XI. Grad des A. u. A. Schottischen Ritus werden die Mitglieder in Amerika auch Princes of E., Fürsten der Wahrheit, genannt.

Emigrantenlogen haben für die Freimaurerei in allen Zeiten eine gewisse Bedeutung gehabt. Nicht in einer schwere Zweifel ausschließenden Weise gelöst ist bis auf den heutigen Tag das Problem, welchen Anteil Logen von Jakobiten, d. h. nach Frankreich emigrierten schottischen und irischen Anhängern des Hauses Stuart (s. d.) an der Geburt der französischen Freimaurerei und, im Zusammenhang damit, an der Entstehung der Schottischen Hochgrade hatten. Daß es auf französischem Boden in der ersten Hälfte des 18. Jahrhunderts Logen gab, die Jakobiten ihre Entstehung verdankten, steht außer Zweifel. Auch in Rom ist 1735 eine solche Bauhütte festgestellt. Besondere Bedeutung erlangten gegen Ende des 18. Jahrhunderts von Franzosen errichtete E., die während des Negeraufstandes auf Haiti nach Charleston im Staate Südkarolina in Nordamerika flohen. Sie entwickelten sich zu einem Zentrum, das beim Aufbau des A. u. A. Schottischen Ritus und des ersten Obersten Rates dieses Systems von Einfluß wurde. Französische Emigranten waren überhaupt zu verschiedenen Zeiten in verschiedenen Teilen der Welt als Logengründer tätig. (Große Revolution, Restauration usw.) Bis auf den heutigen Tag besteht z. B. in Montevideo die Loge „Amis de la patrie", der u. a. auch Garibaldi angehörte. Sie bildete sich 1827 aus Liberalen unter dem Namen „Les Enfants du Nouveau Monde". In der amerikanischen Freimaurerei der Zeit des Unabhängigkeitskrieges traten irische Emigranten teilweise stark hervor.

Im 19. Jahrhundert mit seinen großen politischen Verschiebungen waren Gründungen von E. nicht selten. Polen gründeten eigene Bauhütten 1832 in Besançon, Avignon und Le Puy, 1847 in London (Polish National Lodge); 1863 wurde in Cuneo (Italien) von Angehörigen der polnischen Offiziersschule eine Loge errichtet. Ungarische Flüchtlinge bildeten im gleichen Jahre in Genf die Loge „Ister".

Nach dem Weltkrieg haben namentlich russische Emigranten Logen gebildet. 1922 wirkten solche an der Errichtung der Loge „Zum großen Licht im Norden" („Drei Weltkugeln") in Berlin mit; sechs russische Logen arbeiten in Paris, darunter zwei unter dem Grand Orient de France, vier unter der Grande Loge. Letzterer unterstehen auch zwei italienische E.

Eminent (engl.) heißt der Vorsitzende einer Commandery (Komturei) der Knights Templar. Der Grand Commander wird als Right Eminent angesprochen, der Großmeister des Encampment (Lager) führt den Titel Most Eminent.

Empecinado, Juan Martín Díaz, el, spanischer Freiheitskämpfer, * 1775, † 1823, General, war Freimaurer.

Empereurs d'Orient et d'Occident, s. Kaiser vom Osten und Westen.

Empirismus, Erfahrungsphilosophie, die erkenntnistheoretische Anschauung, daß es nichts Apriorisches, Angeborenes gibt, daß alle Erkenntnis aus der Erfahrung (Empirie) herrührt. Auf diese gründet der methodologische E. alle Wissenschaft. Kants Kritizismus (s. d.) ist eine Synthese von E. und Rationalismus (s. d.): Erkenntnis muß wohl von der Erfahrung ausgehen, doch spielt im Prozeß des Erkennens auch das Erkenntnisvermögen eine wichtige Rolle. Die Stoiker waren Empiristen. Den neuzeitlichen E. begründeten Locke (erkenntnistheoretischer E.) und Bacon (methodologischer E.). Dieser E. war im Grunde die erste Phase des später einsetzenden Rationalismus, wenn auch letzterer und der E. im gewissen Sinne auch Gegensätze sind. Die gegenüber dem Gefühl, der Religion, wieder zum Wort gelangte Vernunft betonte zunächst die Wichtigkeit der Erfahrung, im Gegensatz zur Mystik und zu den Phantastereien des Mittelalters. Der E. beeinflußte stark das Denken des 17. und 18. Jahrhunderts und daher auch die Freimaurerei. Goethe und Herder nahmen den Standpunkt des rationalen E ein.

Die Freimaurerei wertet die wichtige Rolle des E. auf dem Gebiete der Wissenschaft, die die Erfahrung, von allen dogmatischen Voraussetzungen befreit, zwecks Erklärung der Tatsachen und Beherrschung der Natur verarbeitet. Sie verficht aber die Anschauung, daß es auch außerempirische Erkenntnismöglichkeiten gibt, die, wie z. B. die Religion, aus rein inneren Erlebnissen hervorgehen, deren Realität aber als innere Erfahrung nicht geleugnet werden kann. Sinnliche, von außen veranlaßte Erfahrung, ist in der Auffassung der Freimaurerei nur eine Seite der Gesamterfahrung, die auch auf die seelische Erfahrung bezogen werden muß.

Emulation Lodge of Improvement, s. Unterrichtslogen.

Encausse, Gérard, Dr., s. Papus.

Endres, Franz Carl, Schriftsteller und Journalist, * 1878, widmete sich erst der militärischen Laufbahn, war Professor an der Münchner Militärakademie, im Weltkrieg Generalstabschef einer türkischen Armee. Schrieb zahlreiche Bücher, Reisebeschreibungen, philosophische Schriften, Werke pazifistischer Tendenz („Die Tragödie Deutschlands", „Der Gaskrieg" usw.), 1920 in München („Zum aufg. Licht an der Isar") in den Bund aufgenommen, ist gegenwärtig Mitglied der Logen „Labor" (Wien), „Fiat Lux" (Luzern), „Lalande" (Paris). Unter dem Pseudonym „Von einem Br.-Meister" erschienen zwei erfolgreiche freimaurerische Werke: „Das Geheimnis des Freimaurers" und „Die Symbolik des Freimaurers". In der „Leuchte", deren Redakteur er seit dem Tode Rackhorsts ist, tritt E. für die übernationalen, völkerverbindenden Bestrebungen der Freimaurerei ein.

En Famille. Nur in Frankreich übliche Bezeichnung für Logenverhandlungen über innere Angelegenheiten, bei denen Besucher entweder nicht zugelassen oder um zeitweises Verlassen der Arbeit gebeten werden. (Vertrauliche Sitzungen.)

Enfantin, Barthélemy Prosper, genannt „Vater E.“, französischer Ingenieur, Führer der Schule der Saint-Simonisten, * 1796, † 1864, erfolgreicher Redner, mit Bazard „Père suprême“ seiner Gemeinde, trennte sich dann von diesem, da er mit dem Saint-Simonismus vor allem religiöse Elemente, eine sittliche Revolution verbinden wollte. Er gründete einen eigenen Kreis in Menilmontant, ging mit einigen Anhängern nach Ägypten, um einen weiblichen Messias zu suchen, schrieb „Économie politique“, „Morale“ und „La vie éternelle“, war Freimaurer. (Lebey, „Aperçu historique...“, 1925.)

Enfants de la Loge (frz.), Kinder der Loge, hießen die — noch nicht als Mitglieder betrachteten — Lehrlinge und Gesellen in den Anfängen der sächsischen Freimaurerei. (Vergl. Kneisner, „Geschichte...“, S. 28.)

Enfants de la veuve (frz.), s. Söhne (Kinder) der Witwe.

Engbünde, Bestrebungen, besonders interessierte Freimaurer des Meistergrades zu eigenen wissenschaftlichen Vereinigungen zusammenzuführen, gehen zuerst auf Feßler (s. d.) und Schröder (s. d.) zurück, die in der Großloge Royal York und der von Niedersachsen E. ins Leben riefen, um deren Mitgliedern Kenntnisse von der Geschichte der Freimaurerei und den freimaurerischen (Hochgrad-) Systemen zu vermitteln. Bei Feßler ging das teilweise Hand in Hand mit der Reform der Hochgrade, die er zu bloßen „Initiationen“ herabdrückte, Erkenntnisstufen (s. d.), geschichtlichen, abschnittsweise gegebenen Aufklärungen über die verschiedenen, teils erloschenen, teils noch tätigen Logensysteme mit höheren Graden, wobei diese „widerlegt, beurteilt, enthüllt, berichtigt und mit den vorgeblichen letzten Aufschlüssen .,.. verglichen wurden“ (Fischer, Katechismen, IV.). Eine Art Vorläufer der E. war auch der kurzlebige Feßlersche Scientifische Bund (s. d.), der 1802 gebildet wurde, um durch gemeinschaftliche Forschung die Geschichte der Freimaurerbrüderschaft von ihrem Ursprung an bis auf die gegenwärtigen Zeiten im ganzen und in allen ihren Teilen, sowie in allen ihren Systemen und Ausartungen in höchstmöglicher Vollkommenheit und Evidenz zu bearbeiten und solches würdig befundenen, vertrauten Brüdern mitzuteilen“.

Auch bei Schröder sollte der E. an die Stelle der Hochgrade treten und den Übergang zur reinen Freimaurerei erleichtern. Schröder ging aber weiter als Feßler. Seiner Engbundorganisation (erst „Vertraute Brüder“, dann „Historische Kenntnisstufe“, schließlich „Engerer geschichtlicher Bund“) fehlte jeder Einfluß auf die Johannisgrade; er war lediglich ein kritisches Institut, obwohl bis 1851, gleich den Initiationen Feßlers, ein besonderes Ritual gebräuchlich war. Die E., die sich bei Logen einer ganzen Reihe von Städten bildeten, unterstanden dem Mutterbund in Hamburg. Sie haben in den Jahren ihres Bestehens sehr viel wertvolle Arbeit geleistet, darunter das erste deutsche Freimaurerhandbuch C. J. R. Ridels (Weimar), „Versuch eines alphabetischen Verzeichnisses der wichtigeren Nachrichten zur Kenntnis und zur Geschichte der Freimaurerei“, erschienen 1817 (auch bei der Anlage dieses Wörterbuches noch viel benützt). Eifersüchteleien der Großlogen und die Angst, es könnte sich aus dem E. ein Hochgrad entwickeln, veranlaßten die deutschen Großlogenmeister 1868, den E. zu verbieten. Sein Archiv blieb in Hamburg.

Der Name E. taucht seither als Bezeichnung für wissenschaftliche Arbeitsgemeinschaften wiederholt auf. Derzeit bestehen z. B. ein geschichtlicher E. des Bayreuther Freimaurermuseums, ein wissenschaftlicher E. der Loge „Balduin zur Linde“ in Leipzig, ein geschichtlicher E. der Berliner Logen der Großen Loge von Hamburg. Ein E. ist auch die „Academia masonica“, die von Dr. Haensel in Prag (1930) begründet wurde. Die sehr begrüßenswerte Einrichtung der E. ist ein Schutz der wissenschaftlich interessierten, zum Forschen bereiten Brr. einer Loge gegen die „Viel zu Vielen“ und eine Zuflucht aus dem mitunter dem rein Gesellschaftlichen allzusehr zuneigenden Logenleben besonders größerer Logen.

Engeström, Lars, Graf, schwedischer Staatsmann und Schriftsteller, * 1758, † 1807, Außenminister unter Karl XIII., Kanzler der Universität Lund und der Akademie, war Ritter des Ordens Karls XIII. (s. d.).

England ist das Mutterland der heutigen Freimaurerei. Zugegeben, daß Bauhüttengebräuche, die sich seit den Zeiten des Altertums in den Steinmetzvereinigungen, Akademien usw. herausgebildet hatten, möglicherweise von Frankreich und Deutschland aus nach E. überführt wurden, so bleibt doch das eine bestehen, daß die besondere gebrauchtumsmäßige Form eines Männerbundes, der sich im Anschlusse an die Steinmetzenbruderschaften entwickelt hat, von E. ausgegangen ist und von dort aus die zivilisierte Erde erobert hat. Daß die Freimaurerei in E. aus bruderschaftlichen Verbänden hervorgegangen ist, den von Sonnenkalb zur Erklärung herangezogenen Trinity Guilds, steht wohl fest. Die Vorgeschichte der Freimaurerei in E. ist aber in vielen Punkten trotz der ergebnisreichen Untersuchung des Kreises der Quatuor Coronati in London und deutscher Forscher, wie Wilhelm Begemann, Keller, Wolfstieg, Sonnenkalb u. a. in manchen Punkten noch ziemlich umstritten. Die Schranke des Raumes setzt auch unserer Darstellung Grenzen, so daß nur das Allerwichtigste hervorgehoben werden kann.

Steinmetzengilden (Craft guilds) mit sehr alten Gebräuchen bestehen in E. schon im 14. Jahrhundert. Darauf deutet das alte Regius-Manuskript, die sogenannte Halliwell-Handschrift, die Ende des 14. Jahrhunderts verfaßt ist, sowie Bauverträge, wie z. B. der von York, 1352, in denen den Steinmetzen die Einhaltung ihrer „alten Gebräuche“ zugesagt wird. Sehr alte Bauhüttenordnungen sind bekannt aus Schottland, wo 1598 bis 1599 William Schaw, der „Lord Warden Generall of the Masons“, eine allgemeine Bauhüttenordnung und eine besondere für die Loge by the Kirk- of Kilwynning (so!) herausgab.

Sind die Logen also ursprünglich Vereinigungen von Werkleuten zu einem bestimmten Bauzweck, daher z. B. die Loge „An der Marienkapelle zu Edinburgh", so bestehen in ihnen oder neben ihnen bruderschaftliche Verbände, denen nicht nur die Werkgenossen, sondern auch deren Frauen und Witwen angehören. Eine derartige Gild of Masons ist beispielsweise aus Lincoln, 1380, bekannt. Hier ist auch der Zweck dieser Vereinigung genau ausgeführt. Die Freimaurer werden dort caementarii genannt. Die Bruderschaft umfaßt die fratres et sorores. Der Zweck der Vereinigung ist vor allem ein religiöser. Es werden Messen an bestimmten Tagen gelesen, Pilgrime unterstützt, es gibt Lichtspenden für die Kirchen, weshalb die verschiedenen Strafen wegen Nichteinhaltung der Satzungen auch in Pfunden Wachs taxiert sind, es gibt Armen- und Krankenunterstützung und schließlich wird dafür Vorsorge getroffen, daß jedes Mitgied eines kirchlichen anständigen Begräbnisses teilhaftig wird und für sein Seelenheil Messen gelesen werden. Diese Bruderschaften, die Company of Freemasons, sind in verschiedenen Teilen E.s nachweisbar. Am besten zu verfolgen sind sie in London, wo Conder ihre Geschichte auf Grund der noch erhaltenen Originalakten zusammenstellen konnte. Die erste Erwähnung der Freimaurer als einer City Guild geschieht 1376 unter Edward III., wobei sie jedoch nur eine sogenannte Fellowship of Prescription war, d. h. eine mehr freiwillige Vereinigung, die vom Könige keinen Freibrief besaß. Daß sie jedoch den inkorporierten Gewerkschaften oder Zünften gleichgestellt war, beweist der Umstand, daß sie 1472 das Vorrecht erhielt, ein Wappen zu führen. 1481 erhielt sie weiters das Recht, eine besondere Zunfttracht, Livery, zu tragen. Dieses Recht ist enthalten in einer Ordnung, die den Namen „Ordinacio lathomorum" trägt. Im 16. Jahrhundert hört nun die Bezeichnung Fellowship auf und wird durch den seither bleibenden Namen Society of Freemasons ersetzt. Erst 1677 erhielt sie „gegen eine freiwillige Spende" von dem immer in Geldnöten befindlichen Karl II. einen königlichen Freibrief.

Seit dem 17. Jahrhundert nachweisbar, wahrscheinlich aber schon früher, treten in dieser Company Personen als Mitglieder auf, die mit der Kunst der Steinmetzen selbst, also der Werkmaurerei, nur mittelbar oder überhaupt keine innere Beziehung haben. Es sind dies Geistliche, Personen, die vielleicht als adelige Patronatsherren zur Zunft in Beziehung standen, ferner Söhne von Zunftmitgliedern, die auf dem Wege des „Patrimoniums" Mitglieder wurden. Diese Leute, die nicht immer Standespersonen gewesen sind, werden in London als angenommen, accepted, bezeichnet. Conder konnte nun nachweisen, daß sich im Schoße der Werkgemeinschaft eine besondere Gesellschaft absondert, die als Acceptance oder Acception bezeichnet wird. Aus den Rechnungsbüchern der Londoner Company, die bis 1620 zurückreichen, läßt sich nachweisen, daß nicht alle Mitglieder der Zunft auch Mitglieder der Acceptance gewesen sind. Die Zahl der Angenommenen ist auch nicht übermäßig groß gewesen. In den Jahren 1620—1682 sind bloß 35 Namen verzeichnet, die auf „Nichtzünftler" hinweisen (Rylands). Die erste historisch belegte Aufnahme eines Non-Operative, also eines Nichtzünftlers, in eine Steinmetzengilde ist die eines Boswell of Auchinleck, die 1600 in Edinburgh stattfand. 1641 wurde der Generalquartiermeister der schottischen Armee, Robert Moray, im Lager von Newcastle in eine Werkloge aufgenommen. Elias Ashmole (s. d.) erwähnt in seinem Tagebuche vom 16. Oktober 1646, 4 Uhr 30 p. m., daß er zu Warrington in Lancashire zum Freimaurer gemacht wurde. Anderenorts war die Teilnahme der Nichtzünftler eine stärkere. Als z. B. die Loge in Aberdeen 1670 ihre Satzungen neu ausgearbeitet hatte, unterschrieben diese 59 Mitglieder, von denen jedoch nur noch sieben Werkmaurer waren. Diese Nichtzünftler, für die der Name Speculatives, geistige oder Symbolmaurer, späterhin in die freimaurerische Terminologie eingegangen ist (sie selbst nannten sich niemals so), gewannen somit die Oberhand an einzelnen Orten. Es wäre vollkommen verfehlt, wenn man in diesen Zusammenschlüssen irgendwelche Bildungen zu höherem geistigen Zwecke, etwa zu religiösen oder philosophischen, oder gar zu besonderen esoterischen Zwecken erblicken wollte. Daß Personen, die mit einem Handwerk nichts zu tun haben, dennoch ehrenhalber in eine Zunft aufgenommen werden, oder bei ihr aus geselligen Gründen Anschluß suchen, gehört zu den gesellschaftlichen Sitten E. (So wird beispielsweise 1781 Hugh Percy, Herzog von Northumberland, in die Zunft der Fleischhauer aufgenommen, John Lambton wird 1813 Mitglied der Schmiede u. a. m.) Auch der Anreiz eines Mysteriums, eines besonderen Geheimnisses, ist sicherlich nicht vorhanden gewesen. Das in alten Akten erwähnte Mystery hat mit Mysterium nichts zu tun und bedeutet, ebenso wie Trade, Art, das Gewerbe (vom Spätlat. misterium, frz. mestier [métier], altengl. mistere).

Daß diese eigenartigen Vereinigungen, die sich unter besonderen Gebräuchen versammelten, ihre eigenen Erkennungszeichen hatten, in der Öffentlichkeit bekannt waren, also nicht etwa als Geheimbund auftraten, bezeugen zahlreiche Anspielungen in zeitgenössischen Werken. Randle Holm schreibt in seiner „Academy of Armorie" „I cannot but Honour the Fellowship of the Masons because of its Antiquity, and the more, as being a member of that Society called Free Masons" (1688). Dr. Robert Plote (1651—1696) erwähnt in seiner „Natural History of Staffordshire" die Craft of Masonry und sucht ihre Gebräuche zu schildern; in einem Studentenulk an dem Trinity College in Dublin (1688) werden die Freimaurer sogar schon verspottet, und in der bekannten Zeitung „Tatler" wird 1709 von einer Gesellschaft, Pretty Fellows, geschrieben: „sie haben ihre Zeichen und Griffe wie die Freimaurer". Das spricht dafür, daß die Freimaurer als Einrichtung schon so gut bekannt waren, daß man sie als Vergleichsmoment mit bekannten Eigenarten heranziehen konnte.

1. Die Großloge von London. Jedenfalls bestanden derartige Logen von Freimaurern, die also mit der Zunft wenig mehr zu tun hatten, die sich auch gar nicht mehr in der Zunfthalle der Freimaurer, sondern in Tavernen versammelten, gegen Ende des 17. Jahrhunderts. Sie scheinen sogar in ziemlichem Verfall gewesen zu sein, denn der hochgelehrte Dr. William Stukeley schreibt in seinem Tagebuch, daß er 1717 aufgenommen wurde, daß er die erste Person gewesen sei, die seit vielen Jahren zum Freimaurer gemacht wurde, und daß man Mühe hatte, genug Mitglieder für die Zeremonie zu bekommen. Anderson schiebt die Schuld für diesen Niedergang dem berühmten Baumeister Londons und der St.-Pauls-Kathedrale, Christopher Wren, zu, der die Logen vernachlässigt habe. Nun ist die Zugehörigkeit Wrens zum Bunde mehr als strittig. Tatsache ist, daß die Logen eine Periode des Niederganges durchmachten, und daß sie aus einer Zentralisierung der Leitung sich Vorteile für die Gemeinschaft versprachen. Diese Versuche gehen bis auf das Jahr 1716 zurück. Nachdem man in einer Zusammenfassung der Meister eine Art leitende Organisation geschaffen hatte, ging man zur höheren Einheitsstufe, der Großloge, über.

Am 24. Juni 1717 traten in der Taverne „Goose and Gridiron" („Zur Gans und zum Bratrost") vier Logen, die sich nach ihren Versammlungsorten benannten, und zwar „Zur Gans und zum Bratrost", „Zum Römer und zur Traube", „Zur Krone" und „Zum Apfelbaum" zusammen und gründeten nach den Berichten eine Großloge, indem sie einen Großmeister aus sich wählten, bis ihnen die Ehre zuteil werden sollte, einen adeligen Br. an die Spitze zu stellen. Durch Handmehr wurden gewählt Anthony Sayer, Gentleman, zum Großmeister, zu Großaufsehern Jacob Lamball, Zimmermann, und Kapitän Joseph Elliot. Bezeichnenderweise ist also unter den ersten Großbeamten kein Steinmetz mehr. Die Großloge nannte sich „Großloge von London und Westminster", hatte also damals noch keinerlei imperialistische Absichten. Allerdings stammt der Bericht aus dem Jahre 1738, und Anderson ist ein etwas unzuverlässiger Historiker. Vielleicht ist die Bezeichnung Großloge und Großmeister daher auch späteren Datums. Die folgenden Großmeister sind der Steuersekretär George Payne (1718), dem im Jahre 1719 Dr. Desaguliers folgt (s. d.). 1720 ist Payne wieder Großmeister, der 1721 vom ersten adeligen Großmeister, dem Herzog von Montagu (s. alle diese) abgelöst wird.

Mit dieser Wahl beginnt ein neues Kapitel der englischen Freimaurergeschichte. Es dürfte Dr. Desaguliers gewesen sein, der den ihm aus der Royal Society bekannten Herzog zur Übernahme des Großmeisterhammers veranlaßt haben dürfte. Damit hatte die Freimaurerei gesellschaftlich Fuß gefaßt. Der englische Hochadel begann sich für die Bruderschaft zu interessieren, und die Stelle des Großmeisters wurde begehrenswert, denn Montagus Nachfolger, der Herzog von Wharton, drängte sich der Großloge geradezu auf, als er 1722 zum Großmeister gewählt wurde. Die Art, wie er sich benahm, und das gewisse Ressentiment, das er gegen den Bund behielt, läßt auf verletzte Eitelkeit schließen. Jedenfalls aber war die Freimaurerei nunmehr in England gesellschaftlich gesichert. Seit 1721 stehen ausschließlich Mitglieder des englischen Hochadels oder Mitglieder des Königlichen Hauses an der Spitze der Großloge. Der Erfolg der Freimaurerei wurde in den Anfangsjahren gekrönt durch die Aufnahme des Prinzen Friedrich Ludwig von Wales (1737) (s. England, Königshaus).

Die ersten Jahre der neugeschaffenen und zu überraschendem Aufstieg gelangten Körperschaft sind naturgemäß dem Ausbau gewidmet. Nachdem bereits Großmeister Payne alte Akten der früheren Logen vorgelegt hatte, gab nach der Darstellung Andersons der Herzog von Montagu den Auftrag, aus diesen alten „Gotischen Konstitutionen" eine neue für die Großloge anzufertigen. Mit dieser Arbeit wurde der Reverend Anderson betraut, der schließlich ein Manuskript ablieferte, das den Titel führt. „The Constitution, History, Laws, Charges, Orders, Regulations and Usages of the Right Worshipfull Fraternity of Accepted Free Masons collected from their general Records and their faithfull Traditions of many Ages." Dieses Werk, zu dem der geistig bedeutende Dr. Desaguliers, die stärkste Persönlichkeit des „Revival" der Freimaurerei, die dem Herzog von Montagu zugeeignete Widmung schrieb, wurde unter der Großmeisterschaft des Herzogs von Wharton genehmigt und bildet die für die moderne Maurerei grundlegende Schrift, die unter dem Namen der „Alten Pflichten vom Jahre 1723" allgemein bekannt ist. Am Schluß des geschichtlichen Teils dieser ersten Ausgabe erwähnte Anderson über die Geschehnisse von 1717 an nur sehr weniges. Er sagt lediglich: „die freigeborenen britischen Nationen hätten im Genusse des Friedens und der Freiheit in letzter Zeit dem glücklichen Sinn für masonry jeder Art sich stark hingegeben und die verfallenden Logen Londons wieder belebt; in der Metropole, wie an anderen Orten ständen verschiedene würdige Einzellogen in Blüte, die eine Vierteljahrsberatung und eine jährlche Hauptversammlung hätten, um darin die Formen und Gebräuche der sehr alten und ehrwürdigen Brüderschaft klüglich zu bewahren, die Königliche Kunst gehörig zu pflegen und den Kitt der Brüderlichkeit zu erhalten, so daß die ganze Körperschaft einem wohlgefügten Gewölbe gleiche. Edelleute, Geistliche und Gelehrte hätten sich den ‚Pflichten' unterworfen und trügen die Abzeichen eines freien und angenommenen Mason unter dem gegenwärtigen würdigen Großmeister, dem sehr edlen Herzog von Montagu". (Übersetzt von Begemann in seiner „Vorgeschichte und Anfänge der Freimaurerei in England", 2. Buch.) Erst die Ausgabe von 1738 war dann ausführlicher, aber ihre Einzelheiten sind leider nicht sehr verläßlich.

Am 17. Jänner 1723 konnte der Großaufseher J. Timson das neue Konstitutionsbuch gedruckt vorlegen. Sie bestand aus „History" und „Charges" und von Payne geformten 39 „General Regulations", also aus Geschichte, Pflichten und allgemeinen Verordnungen. Dazu kamen einige Lieder.

Die „Pflichten" waren betitelt:

„The Charges of a Freemason, extracted from the ancient records of Lodges beyond the Sea and of those of England, Scotland and Ireland, for the use of the Lodges in London to be read at the making of New Brethren or when the Master shall order it."

Sie handelten:

I. von Gott und Religion,
II. von der höheren und niederen bürgerlichen Obrigkeit,
III. von den Logen,
IV. von Meistern, Aufsehern, Genossen und Lehrlingen,
V. von der Führung der Zunft bei der Arbeit,
VI. vom Benehmen, nämlich:
1. in der Loge, solange sie gestaltet ist,
2. wenn die Loge zu Ende ist, und die Brr. noch nicht gegangen sind,
3. wenn Brr. sich treffen ohne Fremde, aber nicht in einer förmlichen Loge,
4. in Gegenwart Fremder, die keine Maurer sind,
5. im Hause und in eurer Nachbarschaft,
6. gegen einen fremden Br.

Symbolmaurerei war also noch immer mit Vorschriften für die Werkmaurerei verquickt. Denn noch hatte ja letztere sich nicht vollständig losgelöst. Aber viele derer, die die „Alten Pflichten" in ihrer neuen Gestalt lasen, sahen auf den Grund; sie lächelten oder räsonierten über die „History", aber sie erkannten den Geist der maurerischen Magna charta, den Willen, das Trennende beiseite zu lassen, das Sehnen nach der „Befreundung des Feindlichen", die Abkehr vom Dogma, die Möglichkeit einer Synthese von Arbeit und Kontemplation. Vielleicht noch nicht gleich, als das Konstitutionsbuch in die Öffentlichkeit kam. Aber lange dauerte es nicht, bis der Samen aufging und der freimaurerische Gedanke seine Werbekraft erwies. Alle die, wie Comenius es einmal genannt hat, „Männer der Sehnsucht" waren, fühlten sich von der neuen Baukunst angezogen, deren Baustoff „nicht Holz, nicht Stein, nicht Erz und Mörtel, sondern Leben und Seele" sein sollte. Es war nach August Horneffer („Der Bund der Freimaurer", 1913) förmlich so, als ob eine unsichtbare Macht die besten Männer der verschiedensten Nationen und aller Geistesrichtungen in das Gehege dieser rätselhaften Arbeitsgilde trieb und eine noch weit stärkere Macht sie in ihr festhielt und bei allen Gegensätzen der Auffassung zu einer treuen Gesinnungsgemeinschaft zusammenschmiedete. Schon 1725 verzeichnete die Loge „Römer und Trauben" von bekannten Persönlichkeiten den Dissenterprediger Lord Paisley, den Physiker Sir Richard Manningham, Mitglied der Royal Society, den Diplomaten Lord Waldegrave, den Grafen Albrecht Wolfgang von Lippe-Bückeburg, der dann später Friedrich den Großen auf die Freimaurerei aufmerksam machte. Anderen Bauhütten gehörten der jüngere Lord Stanhope, der hervorragende Staatsmann und Schriftsteller, der Mediziner Dr. Beal, der Numismatiker Martin Folkes an.

Der Herzog von Wharton, ein adeliger Tunichtgut, schied bald im Unfrieden von seiner Großloge. Nicht genug daran, gab er Anstoß zu einer Bildung, die gegen die Freimaurerei gerichtet war und die unter dem Namen Gormogonen (s. d.) die Freimaurerei verspottete. Daß in der jungen Großloge auch sonst nicht immer alles in schönster Ordnung war, beweist auch das berühmte Sittenbild des Großlogenfunktionärs William Hogarth (s. d.), „Die Nacht", das besonders die etwas überschäumende Lebensfreude der Logen geißelt. Unter adeligem Einfluß nahmen die Logen auch Gebräuche an, die an die Gepflogenheiten der hohen militärischen und zivilen Orden erinnerten. Dazu gehörten auch die feierlichen Aufzüge oder Prozessionen durch die Straßen Londons, die aber zu Gegendemonstrationen, den sogenannten Prozessionen der Mock Masons oder Scald Miserables (s. d.) führten, so daß, nachdem es 1744 sogar zu Pöbelexzessen gekommen war, die Großloge vom öffentlichen Auftreten absehen mußte. Auch von anderer Seite erfolgten Feindseligkeiten. Sensationell aufgemachte „Verräterschriften", die der neugierigen Menge allerlei aus dem Ritual mitteilten, kamen in den Buchhandel. Als erste eine Art Katechismus: „The Mason's Examination" (erschienen 1723 in der Flying-Post). Besondere Berühmtheit und reißenden Absatz erlangte das Pamphlet „Masonry dissected" von Samuel Prichard, das das vollständige Ritual enthielt und mancherorts (namentlich, als es in andere Sprachen übersetzt worden war) als Grundlage maurerischer Tätigkeit benutzt wurde. Trotzdem nahm die Großloge ständig zu. Die gestochene Logenliste von Pine aus dem Jahre 1735 weist bereits 107 Logen auf, darunter Logen in Indien und auf dem europäischen Kontinent. Auch Werke ad extra werden schon begründet. So der Fund of Benevolence, der auf den Großmeister Dalkeith (1723—1724) zurückgeht und die Stiftung von Waisenhäusern, die schon 1739 angeregt wurden. Allerdings darf man sich durch die hohen Logenzahlen in den ersten Jahren nicht täuschen lassen. Nicht alle Logen, die eingesetzt wurden, haben auch tatsächlich immer gearbeitet, und die Großloge hatte ihre liebe Not mit der Eintreibung von Logenbeiträgen u. a. m. Immerhin haben wir einen Einblick über die Ausbreitung der Freimaurerei des ersten Jahrhunderts, wenn wir die Ziffern der Logen heranziehen, die im Jahre 1814 in die Vereinigte Großloge eintraten. Von der durch diese Vereinigung beseitigten Spaltung soll gleich weiter unten die Rede sein. Die „Moderns" traten in die Vereinigung ein mit 81 Logen in London und 277 im Lande. Die „Antients" mit 59 Logen in London und 127 im Lande. Die Logen im Auslande waren bei den „Moderns" mit 207 eingesetzt, hiervon mußten aber 1814 zahlreiche gestrichen werden, namentlich solche, die mittlerweile zu auswärtigen Großlogen abgewandert waren. Jedenfalls sprechen diese Zahlen für die große Ausbreitung der Freimaurerei innerhalb eines Jahrhunderts.

Aber die Entwicklung der Freimaurerei hat auch in E. ihre schwierigen Jahre. Die zeitgenössischen Engländer hören es nicht gern, wenn man diese Periode. als das Schisma bezeichnet. Trotzdem ist diese Bezeichnung in ihre eigene geschichtliche Terminologie eingegangen.

2. Die Ancient Masons (Antients). Neben der 1717 gegründeten Großloge von E. entwickelte sich bald eine andere Freimaurerei, die sich selbst als Altmaurer (Antients) bezeichnete, im Gegensatze zur Großloge von London, die von ihr als die der Neumaurer (Moderns) etwas absprechend bezeichnet wurde. Die Ursache des Gegensatzes zwischen Ancients und Moderns werden von den Autoren verschieden erklärt: Nach Sir Alfred Robbins („English speaking Freemasonry", London 1930) waren es unzufriedene und wegen Zwistigkeiten aus der Großloge ausgetretene Freimaurer, die sich in Einzellogen versammelten, ohne vorläufig eine Großloge einzusetzen. Dem steht die Ansicht von Sadler gegenüber, der in seinen „Facts and Fictions" die Meinung vertritt, die Stifter der sogenannten Altmaurerlogen seien irische Freimaurer gewesen, die sich 1717 bei Gründung der Großloge nicht anschlossen, sondern selbständige Logen bildeten, die untereinander eine Art Kartell eingingen, das erst späterhin zur Bildung einer Großloge führte. Während Gould und Bywater in der Gründung einen Abfall, ein Schisma sehen, wird von anderen, wie Chetwode Crawley, die vollkommen unabhängige Entstehung aus irischen Wurzeln nicht ohne Berechtigung verfochten. Die Wahrheit scheint in der Mitte zu liegen. Sicher ist, daß sich bei Gründung der Londoner Großloge 1717 mehrere bestehende Logen fernhielten und ihr Eigenleben weiterführten. Ebenso sicher ist aber auch, daß mißvergnügte oder aus anderen Gründen aus der Großloge ausgeschiedene Brr. den Weg zu den Antients suchten. Ist doch die wertvollste Persönlichkeit der Altmaurer, Laurence Dermott (s. d.), der übrigens die Bezeichnung „Antients" und „Moderns" prägte und durchsetzte, aus einer „modernen" Loge in eine Altloge abgewandert! Ebenso sicher ist, daß manche Freimaurer mit den Neuerungen, die insbesondere von Anderson und Desaguliers eingeführt wurden, nicht einverstanden waren, daß sie auf Einhaltung der „Alten" Gebräuche drängten und, da sie in der Minorität blieben, schließlich austraten. Auch Standesgegensätze scheinen eine gewisse Rolle gespielt zu haben, da die Logen der Antients sehr viele Mitglieder aus dem Kleinbürgerstande aufwiesen, die sich mit dem Überhandnehmen des Adels in den Logen der Moderns anfangs nicht abfinden konnten. Gould (IV. 454) ist der Meinung, der ganze Unterschied zwischen den beiden Körperschaften habe nur darin bestanden, daß die eine Gruppe eine höhere maurerische Obrigkeit nicht anerkennen wollte. Das mag für den Anfang stimmen. Aber aus Dermotts „Ahiman Rezon" ist denn doch deutlich zu erkennen, daß auch ritualistische Unterschiede, nicht nur systematische, den Gegensatz verschärften. In dem Buche „Multa paucis" wird die nachlässige Führung durch den Großmeister Lord Byron (s. d.) als Grund angegeben. Allerdings zu unrecht, wie eine Prüfung der Ereignisse ergibt.

Vor 1751 sind sechs derartige Logen der Antients nachweisbar, die untereinander eine Verbindung mit einem gemeinsamen Ausschuß, dem Grand Committee, eingingen. Soweit Logengründungen in Betracht kamen, wurden die Logenpatente von dazu bevollmächtigten Logenmeistern ausgestellt. Ihren großen Impuls bekam die Bewegung der Antients durch die Persönlichkeit des nach London zugezogenen Irländers Laurence Dermott, eine jener seltenen Persönlichkeiten, die neben ihrem Berufe ihre gesamte Zeit der Freimaurerei widmen. Dermotts Auftreten hat wohl die Gründung einer Großloge beschleunigt. Das Grand Committee faßte 1751 in der „Taverne zum Türkenkopf" in der Griechischen Straße (Greek Street) den Beschluß, sich als Großloge zu konstituieren, deren Großmeisterposten vorläufig vakant blieb, während der erst seit 5 Tagen den Antients angehörende Dermott zum Großschriftführer gewählt wurde. Die Bemühungen, einen adligen Großmeister zu gewinnen, schlugen zunächst offenbar fehl, denn in der Großversammlung vom 5. Dezember 1753 einigte man sich auf einen sonst unbekannten Mr. Robert Turner, der auf sechs Monate zum Großmeister gewählt und von einem ebenso unbekannten Hon. Edward Vaughan abgelöst wurde. Am 27. Dezember 1756 wurde endlich zur Befriedigung der Logen ein adliger Großmeister in der Person des Earl of Blessington gefunden, der vier Jahre lang Großmeister blieb. Die weiteren Großmeister waren: der Graf von Kelly (1760—1766), Thomas Mathew (1766—1770), John, dritter Herzog von Atholl (1771—1774), John, vierter Herzog von Atholl (1775—1781), 1782 leitete der Abgeordnete Willam Dickey provisorisch die Großloge, 1783—1791 der Graf von Antrim, 1792—1813 wieder der vierte Herzog von Atholl, der am 8. November zugunsten des Herzogs von Kent (Vater der Königin Victoria) zurücktrat. Das Wachstum der Großloge der Antients (bald auch „Atholl-Großloge" genannt), die sich als Grand Lodge of England According to the Old Institutions bezeichnete, war ein beträchtliches. Neben zahlreichen Logen in England pflanzte sie Militär- und Feldlogen sowie Logen in Amerika und auf dem europäischen Kontinent. Selbst wenn man annimmt, daß manche Logennummer nur auf dem Papier stand, ist die Entwicklung eine rapide zu nennen: Bis 1766 waren bereits 145 Logen, bis 1774 192, bis 1813, dem Jahre der Verschmelzung mit den Moderns, schon 359 Logen im Register eingetragen. Das Grundgesetz dieser Großloge schuf Laurence Dermott in seinem berühmten und lange Zeit mißverstandenen Buche „Ahiman Rezon, or Help to a Brother, shewing the Excellency of Secrecy and the First Motive of The Instruction of Free-Masonry", gedruckt 1756, gewidmet dem Earl of Blessington (s. d.). Das Buch, das in zahlreichen Auflagen erschien, ist wegen der besonders in den späteren Auflagen gehäuften Ausfälle gegen die Moderns als eine Art Schmähschrift gegen die Großloge von 1717 gedeutet worden. Davon kann jedoch keine Rede sein. Der Ahiman Rezon ist die Konstitution der Antients, ebenso wie Andersons Buch die der Moderns.

3. Die Großloge von York. (Noch eine dritte Gruppe trat eine Zeitlang selbstverdig auf. In York, der Hauptstadt der Grafschaft Yorkshire, bestand gleichfalls eine Loge, die im Laufe der Zeit den Charakter der Werklogen verloren hatte und ebenso wie die Logen in London mit Nichtzünftlern stark durchsetzt war. Die Vorgeschichte der Yorker Freimaurerei ist ebenfalls sehr verdunkelt. Ihre aktenmäßigen Spuren sind bis etwa 1705 zu verfolgen. Der Vorsitzende führte den Titel Präsident, die Großloge selbst wird „Honourable Society of Free Masons", 1725 dann aber auch „Society of free and accepted masons" genannt, schließlich proklamierten sich die Yorker als „Großloge von All-England", wobei sie auf ihre „Tradition" als „älteste Bauhütte" pochten, indem sie deren Gründung vor das Jahr 1000 zurückverlegten. 1726 erklärte der Zweite Großaufseher Francis Drake (s. d.), man wolle dem Londoner Großmeister seinen Rang nicht streitig machen, aber dem Yorker Großmeister gebühre das Prädikat „Totius Angliae". Auf feststehende Bezeichnungen darf in diesen Entwicklungsjahren nicht zuviel Wert gelegt werden. Die Begriffe selbst standen noch nicht fest. Die Versammlungen werden private Lodges (s. d.) genannt, dann ist wieder von einer General Lodge die Rede. Erst später ist scheinbar die Londoner Terminologie für Ämter, Versammlungen usw. übernommen worden. Die Großloge scheint gegen 1744 eingeschlafen zu sein, wenigstens fehlen von 1744 bis 1761 alle handschriftlichen Aufzeichnungen über eine Logentätigkeit. 1761 erweckten sechs „überlebende" Brr. die Großloge neuerdings, die von da an auf Grund der „Old Rules of the Grand Lodge of York" eine rege Tätigkeit entfaltete, wenigstens hat sie von 1762—1790 elf neue Logen eingesetzt. Auch eine Londoner Loge, Nr. 259, in der „Taverne zur Punschbowle" ging zu ihr über. Eine gewisse Bedeutung erlangte die Großloge von All-England um 1779, als infolge einer Rebellion in der Lodge of Antiquity, der alten „Gans- und Bratrost"-Loge, sich ein Teil derselben unter Führung von William Preston (s. d.) abspaltete und von der „Großloge von All-England" ein Patent für eine neue Großloge erbat, das sie unter dem Namen

4. Grand Lodge of England, South of the Trent auch erhielt. Diese neue Großloge soll vier neue Logen gegründet haben, die Geschichte weiß allerdings nur von zweien. Diese vierte Großloge ging jedoch bald wieder ein, da es im Jahre 1789 zur Versöhnung der Gruppe Prestons mit der Großloge von London kam. Die Spuren der Großloge von York sind auch nicht viel länger zu verfolgen.

5. United Grand Lodge of England. Das Verhältnis der beiden großen freimaurerischen Körperschaften der. Antients und der Moderns war ein mehr oder weniger feindseliges. Viele, unter ihnen Dermott, erstrebten aber den Zusammenschluß. Durch äußere Anlässe wurden sie zueinander gebracht. Im Jahre 1799 wurde im Parlament ein Gesetzentwurf eingebracht, der alle Vereinigungen, die einen staatlich nicht genehmigten Eid von ihren Mitgliedern einforderten, für ungesetzlich erklären sollte. Dadurch war der Weiterbestand der Freimaurerei ernstlich bedroht. Die beiden Großmeister, der Earl of Moira (s. d.), Progroßmeister der Moderns, und der Herzog von Atholl (s. d.) von den Antients schritten gemeinsam beim Parlament ein und erreichten eine Ausnahmsverfügung für die Freimaurer; sie wurden gegen jährliche Vorlage der Mitgliederverzeichnisse beim Friedensrichter von dieser Bestimmung ausgenommen. Es bedurfte aber erst weiterer schwieriger Fühlungnahme, um die beiden selbstbewußten Körperschaften an den eigentlichen Verhandlungstisch zu bringen. Um die Annäherung zu erleichtern, ließ der Earl of Moira in einer eigens eingesetzten, aus je neun Stuhl-, bezw. Altmeistern bestehenden Lodge of Promulgation (1809) die Alten Landmarken gründlichst untersuchen, um eine gesicherte Basis der wahren Grundlagen der Freimaurerei zu gewinnen. Hierbei wurden in mehrfacher Hinsicht Annäherungen auch an das Ritual der Alten Freimaurer vorgenommen. Die Moderns, die überhaupt viel mehr Entgegenkommen zeigten, ließen sich sogar herbei, ihren Großmeister, den Herzog von Sussex, und mehrere Großbeamte noch einmal in einer Loge der Alten aufnehmen, also gewissermaßen regularisieren zu lassen, nur um der Einsetzung des Herzogs von Kent als Großmeister der Alten beiwohnen zu können. Die ritualistischen Schwierigkeiten, die hauptsächlich im Royal-Arch-Grade und verschiedenen Hochgraden gelegen waren, wurden gleichfalls entgegenkommender Weise überwunden. In den am 25. November 1813 unterzeichneten „Articles of Union Between the two Grand Lodges of Freemasons in England", die heute ein Prunkstück des Londoner Großlogenmuseums bilden, wurde festgesetzt, daß die Freimaurerei bestehe aus den drei Graden, des Lehrlings, Gesellen und Meisters, mit Einschluß des höchsten Ordens vom heiligen Royal Arch, daß die Bearbeitung anderer Grade geduldet werde und daß ein einheitliches Gebrauchtum und eine einzige unverfälschte Bundeslehre nach den Alten Landmarken überliefert werden müsse. Von einer Lodge of Reconciliation sollte die Einheitlichkeit des Rituals in verbindlicher Form festgelegt und weitergegeben werden. In ungewöhnlich feierlicher Weise wurde am 27. Dezember 1813 in einer großartigen Versammlung die „United Grand Lodge" geschaffen. Diese „Grand Assembly" wird mit Recht als einer der größten Tage der eng-

lischen Freimaurerei bezeichnet. In feierlicher Prozession hielten die beiden Großlogen in den Festtempel der Freemason's Hall ihren Einzug: immer ein Würdenträger der „Moderns" neben einem Funktionär der „Alten", zum Schluß Arm in Arm die beiden Großmeister aus dem Königshaus, der Herzog von Sussex von den „Antients" und sein jüngerer Bruder, der Herzog von Kent, der die Farben der „Neuen" trug. Unter Orgelklängen wurde die „ewige Union" von den beiderseitigen Großkaplänen, den Reverends Dr. Barry und Dr. Coghlan, verkündet und von der Riesengemeinde mit brausendem „So mote it be!" aufgenommen. Nachdem dann die Geräte nach uraltem Ritus mit Korn, Wein und Öl geweiht worden waren und unter dem Vorsitz des Grafen Lagardje von der Großloge von Schweden die Formel des Gelöbnisses für die „Vereinigte Großloge" genehmigt worden war, wurde dieses von allen Anwesenden, die ihre Hände zur „Kette" vereinigt hatten, mit tiefer Bewegung geleistet. Hierauf erklärte der Herzog von Kent seine Großmeisterschaft für beendet und schlug den Herzog von Sussex als ersten Großmeister der „Vereinigten" vor. Einstimmig erfolgte die Wahl. Die Vereinigung trat ins Leben mit einer Grand Stewards Lodge, 139 Londoner, 404 Provinz- und 104 Auslandslogen. Das neue — amtlich niemals niedergeschriebene! — Ritual wurde 1816 vorgeführt und genehmigt. Die Vereinigte Großloge hatte aber nicht alle Teile voll befriedigt. Und so kam es im Jahre 1823 zu einer Abfallsbewegung in Liverpool, wo sich unter Führung eines von der Großloge von E. disziplinierten Br. wiederum eine „Grand Lodge of Free and Accepted Masons according to the Old Constitutions" auftat. Sie hatte 1838 erst drei Logen. Diese Großloge, die nach ihrem ersten Versammlungsort auch Großloge von Wigan genannt wird, hielt sich überraschend lange. Erst 1913 suchten sieben Pastmasters um Aufnahme in die Vereinigte Großloge von E. an. Sie erhielten auch ein Patent, verloren aber ihren alten Rang in der Großlogenliste und erscheinen jetzt unter Nr. 3177. Damit war auch dieser lokale Streit, das „Semi-Schisma", wie es Sir Alfred Robbins nennt, erledigt.

Die Vereinigte Großloge von E. hat in den Jahren seit ihrer Gründung eine ununterbrochene Linie bedeutenden Aufstieges zu verzeichnen und namentlich auf karitativem Gebiet Gewaltiges geleistet. Größere Schicksalsschläge sind ihr seither erspart geblieben. Ein aufsehenerregendes Ereignis war es, als der Großmeister Marquis Ripon (s. d.), der 1869 zum ersten Male gewählt worden war und der sich maurerisch besonders betätigt hatte, am 2. September 1874 der Großloge seinen Amtsverzicht mitteilte, weil er zum römisch-katholischen Glauben übergetreten war. Eine weitere, für die englische Freimaurerei sehr einschneidende Periode begann 1877, als im September dieses Jahres der Grand Orient de France die Bibel aus den Logen entfernte und die Formel des A. B. a. W. aus Ritualen und amtlichen Schriftstücken strich. In dieser Änderung einer „Landmark" der Freimaurerei erblickten die britischen Freimaurer eine Entfernung von den alten Grundregeln und sahen sich daher veranlaßt, die Beziehungen zum Grand Orient de France abzubrechen und den französischen Brr. die weitere Anerkennung zu versagen (1878). Dieser Bruch bestand auch während des Weltkrieges weiter, als französische und englische Truppen gemeinsam auf den Schlachtfeldern bluteten. Eine gründliche Verfassungsrevision des Jahres 1883 schuf ein mustergültiges Grundgesetz, das in seiner Klarheit für alle anderen Großlogen vorbildlich ist. Im selben Jahre zerstörte eine Feuersbrunst das 1784 erbaute Großlogenhaus (Freemason's Hall an der Great Queen Street), wobei kostbare Reliquien zugrunde gingen. Der Tempel wurde wieder erbaut, erwies sich aber bald für die jährlich wachsenden Bedürfnisse zu klein, so daß sich die Großloge 1919 entschließen mußte, auf Anregung des Großmeisters einen neuen großen Maurertempel zu errichten, der zugleich eine Erinnerung an die im Weltkrieg gefallenen fast 4000 englischen Freimaurer sein soll, die auf 1 Million Pfund Bau- und Einrichtungskosten veranschlagte Masonic Peace Memorial Hall, zu der im Jahre 1927 der Grundstein gelegt wurde und die im Mai 1931 teilweise bezogen werden konnte.

Ein besonderer Glanz fiel 1875 auf die Großloge, als nach langen Jahren wieder ein Mitglied des königlichen Hauses den Großmeisterhammer ergriff. Es war dies Albert Edward Prinz von Wales (später Eduard VII.), der von 1875 bis zu seinem Regierungsantritt 1901 als Großmeister, dann als Protektor fungierte. Er führte seine beiden Brüder, die Herzoge von Albany und Connaugth, sowie seinen Sohn, den Herzog von Clarence, dem Bunde zu. Ihm folgte in der Großmeisterwürde der Herzog von Connaught, der seit 1902 bis zum heutigen Tage die Großloge leitet. Der derzeitige König von E. ist nicht Freimaurer, wohl aber gehören der Prinz von Wales und zwei seiner Brüder in führenden Positionen der Großloge an. Eduard VII. legte seine Würde zurück, als er den Thron bestieg, indem er dem Beispiel des Königs Georg IV. folgte, der ebenfalls (1790—1812) im Augenblicke seiner Thronbesteigung zugunsten des Herzogs von Sussex entsagt hatte. Unter seiner Hammerführung war die Großloge um 1311 Logen gewachsen.

Im Weltkrieg versuchte die Großloge von E. anfangs eine ihrer freimaurerischen Tradition und dem Bruderschaftsgedanken entsprechende Haltung einzunehmen. Mit den Freimaurereien ihrer verbündeten Länder, Frankreich und Belgien, hatte sie der Bibel und des A. B. a. W. wegen keine Beziehungen mehr. Rußland hatte keine anerkannte Freimaurerei. Dagegen bestanden freundschaftliche Beziehungen zu den Großlogen Deutschlands, die erst fünfzehn Monate vor Ausbruch des Krieges durch einen Besuch in Berlin besonders unterstrichen worden waren. Der Ausbruch des Weltkrieges überraschte die Großloge. Verschiedene Versuche besonders eifriger Brr., sie zu politischen Erklärungen gegen die freimaurerischen Angehörigen der gegnerischen Mächte, zu formellem Abbruch zu veranlassen, wurden zurückgewiesen. Ein Br., der sich in der Verfechtung seiner diesbezüglichen Anträge eines maurerischen Vergehens schuldig machte, wurde sogar ausgeschlossen. Eine Loge schloß ihren abgegangenen Meister aus, nur weil er Deutscher von Geburt war. Diese Loge wurde von der Großloge aufgelöst. Diese bemühte sich, in politische Fragen nicht hineingezogen zu werden. Erst im Frühjahr 1915, nach der Versenkung der „Lusitania", wurde die Situation in der Großloge kritisch. Wohl hatten die beiden deutschen Logen Londons gleich zu Beginn des Krieges klugerweise ihre Arbeiten eingestellt, aber in einzelnen Logen waren naturalisierte Engländer, von denen manche verständlicherweise zu ihren alten Vaterländern hielten. Um unvermeidliche Zusammenstöße in den Logen zu verhindern, entschloß sich die Großloge von E. zu einer Maßregel, die an sich vernünftig war, solange der Krieg dauerte, die aber durch die überlange Beibehaltung nach dem Friedensschlusse besonders in Deutschland sehr verstimmen mußte. Die Großloge verhinderte einen Antrag, der dahin ging, alle naturalisierten Brr. aus den gegnerischen Staaten auszuschließen, sie faßte aber den Beschluß, allen Brr. deutscher, österreichischer, ungarischer, bulgarischer und türkischer Geburt auf Kriegsdauer den Logenbesuch zu verbieten. Die deutschen Großlogen hatten schon bald nach Beginn des Weltkrieges die Beziehungen zur englischen Großloge abgebrochen. Diese entschloß sich zu dem gleichen Vorgehen erst eineinhalb Jahre später.

Im Juni 1917 feierte die Großloge von E. die Zweihundertjahrfeier ihres Bestehens. 8000 Freimaurer waren in der Albert Hall unter Vorsitz des Großmeisters versammelt. Ebenso zahlreich war die Versammlung, als die Großloge 1919 Waffenstillstand und Frieden in einer großen Gedenkfeier beging. Mehr als 500 Abgesandte aus befreundeten Großlogen und aus Übersee nahmen daran teil. In Anerkennung der blutigen Opfer, die seitens der englischen Freimaurerei im Weltkriege gebracht worden waren und ihrer großen karitativen Leistungen genehmigte der König, daß der britische Löwe in das Wappen der Großloge aufgenommen werde. Zur Erinnerung an die im Krieg gefallenen englischen Freimaurer und als Friedensmonument wurde eine Sammlung eingeleitet, die eine Million Pfund erreichen soll, um der Erbauung des neuen Großlogenpalastes, der Masonic Peace Memorial Hall, zu dienen (Masonic Million Memorial Fund).

Statistisches:

Die Großloge von E. umfaßt nach dem letzten „Masonic Yearbook" 1931 5228 Logen, davon 1102 in London selbst, 2739 Logen in der Provinz, 649 in den Kolonien, dazu 55 nicht in Distrikte eingeteilte, und 2 Militärlogen. Die Logen sind aus verwaltungstechnischen Gründen in E. in Provinzial-Großlogen, in den Kolonien in Distrikts-Großlogen eingeteilt, nur die Londoner Logen unterstehen unmittelbar der Großloge. Großmeister ist der Herzog von Connaught und Strathearn (s. d.), Pro-Großmeister Lord Ampthill (s. d.), Zugeordneter Großmeister Lord Cornwallis. Eine ganz genaue Angabe der Mitgliederzahl ist unmöglich, da in E. die Erlaubnis der Mehrfachmitgliedschaft besteht, d. h. ein Br. kann mehreren Logen angehören. Die Zahl der Freimaurer, die der englischen Großloge unterstehen, wird auf 300.000 geschätzt. Die Großloge, für die es kein Glaubensproblem gibt, kennt auch keine Rassenfrage. Daher sind in den Kolonien Angehörige aller Rassen vertreten, besonders in Indien, wo in einzelnen Logen alle Glaubensbekenntnisse und viele Kasten und Rassen einträchtlich zusammen arbeiten. Rudyard Kipling schildert eine solche Loge in seinem schönen Gedicht: „My Mother Lodge".

Wohlfahrtseinrichtungen der Vereinigten Großloge von E.

Neben dem „Fund of Benevolence" (s. d.), aus dem die Großloge alljährlich aus eigenen Mitteln rund 36.000 Pfund für Hilfeleistung an in Not geratene Brr. und Witwen ausschüttet, bestehen folgende „Institutions":

The Royal Masonic Institution for Girls, gegr. 1788, sorgt für Unterricht, Kleidung und Unterhalt von Freimaurertöchtern. Die Anstalt verfügt über eine Unterschule in Weybridge und eine Oberschule in Clapham. Eine neue Oberschule in Rickmansworth Park ist im Bau.

Royal Masonic Institution for Boys, gegr. 1798, wie oben für Söhne von Freimaurern in zwei Anstalten.

Royal Benevolent Masonic Institution, gegr. 1842. Zur Unterstützung von alten Brr. und Schwestern. Die derzeitigen Jahrespensionen (etwa 1800) betragen 68 Pfund jährlich für Verheiratete, 64 für Unverheiratete, 56 für Witwen. Außerdem Altersheim in Croydon.

Freemasons Hospital and Nursing Home, London, 237 Fulham Road, SW 3, gegr. als Krankenhaus mit 46 Betten, die jetzt durch einen Neubau auf 160 gebracht werden sollen, dient gleichzeitig der Ausbildung von Krankenschwestern. Die Verpflegungstaxen betragen wöchentlich drei Guineen. Für Unbemittelte werden die Kosten aus einem „Samaritan Fund" bestritten.

Die Beiträge für alle diese Wohlfahrtspflege (s. d.) sind freiwillige und werden durch „Stewards" (s. d.) in den einzelnen Logen gesammelt. Alljährlich wird ein großes „Festival" veranstaltet, bei welchem Anlasse die Stewards die gesammelten Beträge übergeben. Für den Umfang der Wohlfahrtsleistungen sprechen folgende Zahlen: das Mädcheninstitut faßt gegen 400 Zöglinge, 800 weitere erhalten Erziehungsbeiträge. Ebenso sind im Knabeninstitut 800 Zöglinge untergebracht, während über 400 Erziehungsbeiträge erhalten. Der Unterstützungsfonds für alte Freimaurer und deren Frauen oder Witwen unterstützt derzeit gegen 1800 Personen. Der Gesamtaufwand der Wohlfahrtsinstitute beträgt jährlich 300.000 Pfund Sterling. Bei einem der letzten Festivals des Mädcheninstituts unter Vorsitz des Prinzen von Wales wurde eine Rekordzahl erreicht. Die Stewards überreichten aus freiwilligen Spenden 201.046 Pfund Sterling, d. i. über vier Millionen Mark.

England, Distrikts-Großlogen in Übersee.
Auckland (Neuseeland), 17 Logen, Sitz Auckland,
Barbados, 7 Logen, Bridgetown,
Bengal, 81 Logen, Kalkutta,
British Guyana, 6 Logen, Georgetown,
Burma, 20 Logen, Rangoon,
Canterbury (Neuseeland), 7 Logen, Christchurch,
Ceylon, 9 Logen, Colombo,
China, Nord, 11 Logen, Schanghai,
Afrika, Ost, 16 Logen, Nairobi,
Ägypten und Sudan, 17 Logen, Kairo,
Archipel, Östlicher, 15 Logen, Singapore,
Gibraltar, 9 Logen, Gibraltar,
Goldküste, 11 Logen, Accra,
Hongkong und Südchina, 10 Logen, Hongkong,
Jamaika, 13 Logen, Kingston,
Japan, 5 Logen, Tokio,
Madras, 35 Logen, Madras,
Malta, 7 Logen, Malta,
Natal, 40 Logen, Pietermaritzburg,
Neufundland, 11 Logen, St. John's,
Nigeria, 14 Logen, Lagos.
Otago und Southland, 4 Logen, Dunedin,
Punjab, 34 Logen, Lahore,
Queensland, 6 Logen, Georgetown,
Rhodesia, 7 Logen, Salisbury,
Südafrika (Centr. Div.), 12 Logen, Kimberley,
Südafrika (Eastern Division), 46 Logen, Port Elizabeth,
Südafrika (West. Div.), 30 Logen, Cape Town,
Südamerika, 26 Logen, Buenos Aires,
Transvaal, 61 Logen, Johannesburg,
Wellington (Neuseeland), 6 Logen, New Plymouth,
Westland und Nelson (Neuseeland), 7 Logen, Greymouth.

Logengruppen unter Großinspektoren (Grand Inspectors):
Bermuda, 4 Logen,
Fidschi-Inseln, 4 Logen,
Irak, 4 Logen, Bagdad, Basrah,
Ostafrika, 4 Logen, Tanga, Zanzibar,
Sierra Leone, 4 Logen, Freetown,
Trinidad, 4 Logen, Fort of Spain.

England, Königshaus, ist seit 1737 stets durch zahlreiche Mitglieder führend im Freimaurerbund vertreten gewesen. Die Zugehörigkeit ist dabei in den allermeisten Fällen nicht als Formalität betrachtet worden, die königlichen Prinzen nahmen auf die Entwicklung der englischen Freimaurerei entscheidenden Einfluß. Das Großmeisteramt hatten inne: Heinrich Friedrich, Herzog von Cumberland, 1782—1790; Georg August Friedrich, Prinz von Wales (der nachmalige König Georg IV.), bis zur Thronbesteigung, 1790 bis 1813; Eduard, Herzog von Kent, 1813 bis zur Vereinigung der beiden Großlogen; August Friedrich, Herzog von Sussex, 1813—1843; Albert Eduard, Prinz von Wales, der nachmalige König Eduard VII., 1874—1901. Seither ist sein Bruder, Arthur, Herzog von Connaught, Großmeister. König Georg V. ist nicht Freimaurer, aber seit 1901 Protektor (Grand Patron) der freimaurerischen Wohlfahrtsinstitutionen Englands. Die königlichen Prinzen leisteten vielfach auch in den Kolonien der freimaurerischen Sache Dienste, so der Herzog von Kent (Kanada) und der jetzige Großmeister in Indien. Im freimaurerischen Leben der englischen Provinz spielten und spielen sie gleichfalls eine große Rolle; zurzeit sind Provinzial-Großmeister: Arthur, Prinz von Connaught, der Sohn des Herzogs, für Berkshire, der Prinz von Wales für Surrey, der Herzog von York für Middlesex.

1. Friedrich Ludwig, Prinz von Wales, Sohn Georgs II., * 1707, † 1751, war der erste königliche Prinz, der in den Freimaurerbund aufgenommen wurde, und zwar 1737 in einer eigens zu diesem Zwecke im Kew Palace bei Richmond abgehaltenen, vom früheren Großmeister der Großloge und Kaplan des Prinzen, Desaguliers (s. d.), geleiteten Arbeit.

2. Eduard August, Herzog von York und Albany, Sohn des Vorigen, * 1739, † 1767, wurde 1765 in der Berliner Loge „L'Amitié" aufgenommen, 1767 in England zum Past Grand Master ernannt. Die Berliner Loge, deren Protektorat der Prinz übernahm, nannte sich ihm zu Ehren „La Royale York de l'Amitié".

3. Wilhelm Heinrich, Herzog von Gloucester, Bruder des Vorigen, * 1743, † 1805, wurde während der Großmeisterschaft von Lord Blayney 1766 in einer zu diesem Zwecke angesetzten Arbeit der New Lodge, die in der Horn-Taverne ihre Zusammenkünfte hielt, aufgenommen und 1767 zum Past Grand Master ernannt.

4. Heinrich Friedrich, Herzog von Cumberland, Bruder des Vorigen, * 1745, † 1790, wurde 1767 in der „Royal Lodge" aufgenommen und wurde 1782 zum Großmeister gewählt, bei welcher Gelegenheit die Institution des Acting Grand Master (s. d.), heute Pro Grandmaster genannt, eingeführt wurde. Der Herzog war bis zu seinem Tode Großmeister.

5. Georg IV., August Friedrich, König von England und Hannover, Sohn Georgs III. * 1762, † 1830, Regent 1811 bis 1820, machte Hannover zum Königreich, erwarb Indien und das Kap der guten Hoffnung für England, wurde 1787 als Prinz von Wales aufgenommen, 1790 zum Großmeister gewählt und behielt diese Würde bis 1813, blieb nach der Thronbesteigung Protektor (Grand Patron) der Großloge. Von 1805 bis 1820 hatte er auch das Großmeisteramt von Schottland bekleidet.

6. Friedrich, Herzog von York und Albany, Bruder des Vorigen, * 1763, † 1827, wurde 1787 in der „Britannic Lodge" unter Hammerführung des Großmeisters, des Herzogs von Cumberland (Nr. 4), aufgenommen, war dann Mitglied der „Prince of Wales Lodge" und wurde 1820 von seinem Bruder, dem Großmeister Herzog von Sussex, als deren Meister vom Stuhl eingesetzt.

7. Wilhelm IV., Heinrich, König von England und Hannover, * 1765, † 1837, seit 1830 König, wurde 1787 als Herzog von Clarence in der Plymouther Loge „Prince George" aufgenommen, 1828 vom Großmeister Herzog von Sussex (Nr. 10) zum Meister vom Stuhl der „Prince of Wales

Lodge" eingesetzt, war nach der Thronbesteigung Protektor der Großloge.

8. Eduard, Herzog von Kent und Strathearn, Bruder des Vorigen, Vater der Königin Victoria, britischer Feldmarschall, kämpfte in Nordamerika, * 1767, † 1820, wurde 1790 in der Genfer Loge „Union des Cœurs" eingeweiht, 1790 Past Grand Master und Provinzial-Großmeister von Gibraltar, 1792 auch von Nieder-Kanada (Antients). 1813 Großmeister der Londoner Großloge der „Antients", schlug er am 27. Dezember dieses Jahres in der die Union besiegelnden „Großen Versammlung der Freimaurer" seinen Bruder, den Herzog von Sussex, zum Großmeister der neuen „Vereinigten Großloge" vor und unterschrieb im Namen der „Antients" die Vereinigungsurkunde.

9. Ernst August, Herzog von Cumberland, * 1771, † 1851, seit 1837 König von Hannover, wurde 1796 im Hause des Earls of Moira (s. d.) aufgenommen, zum Past Grand Master ernannt, 1814 Ehrenmitglied der Loge „Friedrich zum weißen Pferd" in Hannover, setzte 1828 die Großloge von Hannover ein und war bis zu seinem Tod deren Großmeister.

10. August Friedrich, Herzog von Sussex, Bruder des Vorigen, * 1773, † 1843, wurde 1798 in der zur Großen Loge „Royal York" gehörenden Berliner Bauhütte „Zur siegenden Wahrheit" aufgenommen. Freimaurerischer Geist kennzeichnete sein Wirken auch im öffentlichen Leben. Er trat für die Abschaffung des Sklavenhandels ein, nahm entschieden für die Emanzipation der Katholiken in Irland Stellung, exponierte sich für eine zeitgemäße Reform des Parlaments. Er war Mitglied der „Prince of Wales Lodge", 1805 Past Grand Master, 1811 Deputierter Großmeister, 1813 nach dem Rücktritt des Prinzen von Wales, des nachmaligen Königs Georg IV. (Nr. 5), Großmeister der „Moderns". Er förderte tatkräftig die Einigungsbestrebungen, wurde auf Vorschlag seines Bruders, des Herzogs von Kent (Nr. 8) zum Ersten Großmeister der Vereinigten Großloge gewählt und 1814 in dieses Amt, das er bis zu seinem Tod behielt, eingesetzt. 1817 erteilte er der Loge „Zur aufgehenden Morgenröte" in Frankfurt am Main, die ihrer jüdischen Mitglieder wegen Schwierigkeiten hatte, eine Konstitution, derzufolge sie unter der Nummer 684 in das Register der Großloge von England eingetragen wurde. Dem Repräsentanten der Loge sagte er wörtlich: „Ich will nicht allein in Frankfurt, sondern in ganz Deutschland Epoche mit dieser Konstitution machen, denn ich bemerke, daß man dort mit der Aufklärung zurückgeht, statt Fortschritte zu machen. Ich frage nicht danach, ob diese Konstitution den anderen Logen nicht behagt; was die Großloge von England als die erste aller Mutterlogen anerkennt, dessen brauchen sich andere Logen wahrhaft nicht zu schämen..."

11. Wilhelm Friedrich, Herzog von Gloucester und Edinburgh, Sohn des gleichnamigen Herzogs (Nr. 3), britischer Feldmarschall, * 1776, † 1834, wurde 1795 in der „Britannic Lodge" aufgenommen, 1796 zum Past Grand Master ernannt.

12. Georg V., König von Hannover, Sohn des Königs Ernst August (Nr. 9), * 1819, † 1870 (s. Hannover).

13. Eduard VII., Albert, König von England, Kaiser von Indien, * 1841, † 1910, wurde 1868 vom König Karl XV. (s. Schweden, Königshaus) in Stockholm in den Bund aufgenommen, 1869 in England Past Grand Master, 1874 nach dem Rücktritt des Marquis Ripon (s. d.) zum Großmeister gewählt. Er hatte dieses Amt bis zu seiner 1901 erfolgten Thronbesteigung inne, blieb als König Protektor des Ordens.

14. Arthur Wilhelm Patrick Albert, Herzog von Connaught, Bruder des Vorigen. * 1850, wurde 1874 in der „Prince of Wales Lodge" von seinem Bruder, dem Prinzen von Wales und nachmaligen König Eduard VII. (Nr. 13), aufgenommen, 1886 Provinzial-Großmeister von Sussex, dann Distrikts-Großmeister von Bombay, 1890 Past Grand Master, seit der Thronbesteigung seines Bruders 1901 Großmeister der Großloge von England. Die Anregung zum „Masonic Million Memorial Fund" zwecks Errichtung des 1931 eröffneten neuen Palastes der Großloge in London zum Andenken an die im Weltkrieg auf dem Felde der Ehre gefallenen fast 4000 englischen Freimaurer ging von ihm aus.

15. Leopold Georg Duncan Albert, Herzog von Albany, Bruder des Vorigen, * 1853, † 1884, wurde 1874 in der Oxforder „Apollo University Lodge Nr. 357" aufgenommen, 1875 Provinzial-Großmeister von Oxfordshire, 1877 Senior Grand Warden der Großloge.

16. Albert Viktor Christian Eduard, Herzog von Clarence und Avondale, * 1864, † 1892, Sohn Eduard VII. (Nr. 13), wurde 1885 von seinem Vater in der „Royal Alpha Lodge Nr. 16" aufgenommen, 1887 Senior Grand Warden, 1890 Provinzial-Großmeister von Berkshire.

17. Arthur Friedrich Patrick Albert, Prinz von Connaught, Sohn des Herzogs von Connaught (Nr. 14), * 1883. 1920 Generalgouverneur von Südafrika, wurde 1911 unter Hammerführung des Pro Grand Masters Lord Ampthill (s. d.) in Anwesenheit seines Vaters in der „Royal Alpha Lodge Nr. 16" aufgenommen, wurde auch Mitglied der „Wellesley Lodge Nr. 1899", 1914 Past Grand Warden, 1924 Provinzial-Großmeister von Berkshire.

18. Eduard Albert, Prinz von Wales, Herzog von Cornwall, Sohn des Königs Georg V., * 1894, wurde 1919 in der „Household Brigade Lodge Nr. 2614" aufgenommen, 1922 Senior Grand Warden, 1924 Provinzial-Großmeister von Surrey.

19. Albert Friedrich Arthur Georg, Herzog von York, Bruder des Vorigen, * 1895, wurde 1919 in der „Navy Lodge Nr. 2612" aufgenommen, 1923 Senior Grand Warden, 1924 Provinzial-Großmeister von Middlesex.

20. Georg Eduard Alexander Edmund, königlicher Prinz, Bruder des Vorigen, * 1902,

wurde 1928 in der „Navy Lodge Nr. 2612" aufgenommen.

Englische Hochgrade (engl. „Higher" oder „Additional" Degrees). (Nach der Darstellung von Crowe „The Master Masons Hand Book", 1925.)

1. Supreme Order of the Holy Royal Arch, wahrscheinlich zwischen 1737 und 1740 entstanden, gilt nicht als eigentlicher Hochgrad, sondern ist in der Verfassung von 1813 als Teil des Meistergrades übernommen, wie er besonders von den Antients entwickelt wurde. Die Legende des Grades knüpft an die Wiedererbauung des Tempels an und behandelt auch das verlorene Meisterwort. Der Grad wird erteilt in einem Chapter, die Mitglieder heißen Companions, die Einführung heißt Exaltation. Aufgenommen werden Maurer, die mindestens schon einen Monat Meister sind. Die Oberbehörde heißt „The Supreme Grand Chapter of Royal Arch Masons of England", hat derzeit 5046 unterstehende Chapters, Kapitel, und ihren Sitz in der Freemason's Hall, Great Queen Street, London W. C.

2. Mark Master's Degree, nur Meistermaurern zugänglich, knüpft an die alten Steinmetzzeichen an. Viele Bauhütten in Schottland haben seit den Zeiten des Mittelalters ihre sogenannten Zeichenbücher (Mark Books). Ursprünglich zwei Grade, Mark Men und Mark Master. Der Inhalt der Legende knüpft an den „verworfenen Stein, der zum Schlußstein geworden". Dieser nur in England und Amerika bearbeitete Grad wurde lange Zeit von der Großloge von England nicht anerkannt, worauf die Markmasters eine eigene Großloge bildeten. Der Schurz ist blau mit Purpurstreifen. Der derzeitige Großmeister der Großloge von England, Herzog von Connaught, ist auch Großmeister der Grand Lodge of Mark Master Masons of England. Unter dem Schutze der Mark-Master-Großloge arbeiten die beiden folgenden Grade:

3. Royal Ark Mariners, knüpft im Ritual an die Legende von Noah und der Sintflut an. Daher auch der Schurz in Regenbogenfarben eingesäumt. Das Abzeichen ist der Regenbogen und die Taube mit dem Ölzweig. Geleitet von einem Royal Ark Council. Die Zeremonie heißt Elevation.

4. Royal and Select Masters (Grand Council), aus Amerika stammende Grade, Most Excellent Master, Royal Master, Select Master und Super Excellent Master. Abzeichen: Ein gekröntes, mit der Spitze nach unten gewendetes goldenes Dreieck.

Ebenfalls unter der Mark-Master-Großloge steht:

5. Allied Masonic Degrees, Grand Council of, verwaltet sechs verschiedenartige Grade vereint: a) Grand Council of St. Lawrence the Martyr; b) Knights of Constantinople; c) Red Cross of Babylon; d) Grand High Priest; e) Grand Tyler of King Salomon, or Masons elect of twenty-seven; f) Secret Monitor or Brotherhood of David and Jonathan.

Der Besitz des Mark-Master-Grades ist Voraussetzung.

6. Ancient and Accepted Rite, identisch mit dem A. u. A. Schottischen Ritus mit 33. Graden. Den XXXI. Grad dürfen jeweils nur 90, den XXXII. Grad nur 54 Brr. innehaben. Der XXXIII. Grad wird nur nach strengster Auslese verliehen.

7. Royal Order of Scotland, eine in Schottland entstandene Weiterbildung des Royal Arch. Im wesentlichen eine christianisierte Weiterausführung des Meistergrades. Der König von Schottland ist erblicher Großmeister; ist er nicht Freimaurer, bleibt sein Sitz bei jeder Versammlung frei. In England erst 1872 eingeführt. Der Orden hat zwei Grade, Heredom (H. R. D. M.) und Rosy Cross (R. S. Y. C. S.). Verleihbar nur an Mitglieder des Royal Arch.

8. United religious and military Orders of The Temple and of St. John of Jerusalem, Palestine, Rhodes, and Malta, gewöhnlich Knights Templar oder Knights of Malta genannt, amerikanischen Ursprungs, wo sie bereits 1769 erwähnt werden. Gegliedert in Preceptories. Der Royal-Arch-Grad ist Voraussetzung.

9. Masonic and Military Orders of Knights of Rome and of the Red Cross of Constantine, Knights of the Holy Sepulchre and Knights of St. John, Reste alter Ritterorden aus dem 18. Jahrhundert, die 1897 eine Vereinigung eingingen (s. alle diese).

Die beiden folgenden Vereinigungen bezeichnet Crowe als „semi-Masonic"; ihr maurerischer Charakter wird nur dadurch begründet, daß die Mitglieder Freimaurer sein müssen.

Rosicrucian Society of Anglia (s. d.), eine Vereinigung von Rosenkreuzern und The Order of the Secret Monitor or the Brotherhood of David and Jonathan, stammt aus Amerika, gegründet 1848. Meistermaurern zugänglich, arbeitet in drei Graden: Member of the Order, Prince of the Order, Supreme Ruler of the Order.

Die meisten dieser Hochgrade werden in einem Großteil der angelsächsischen Welt bearbeitet.

Andere Hochgrade kennt die englische Freimaurerei nicht. Systeme, die unter anderem Namen auftreten, sind von der Großloge von England als irregulär bezeichnet. Insbesondere erkennt die Großloge die verschiedenen anderen amerikanischen Seitenzweige nicht an und verbietet in England den Beitritt.

Englische Lehrart, s. Lehrarten.

Englische Stufen nannten die Gold- und Rosenkreuzer die drei Johannisgrade, die sie als eine von ihnen eingerichtete „Pflanzschule" für ihren Orden erklärten.

Enoch, auch Henoch, der Urgroßvater Noahs, der nach Genesis, Kap. 5, Vers 20 ff., ein Alter von 365 Jahren erreichte und „nachdem er ein göttlich Leben geführt, nahm ihn Gott hinweg und ward nicht mehr gesehen". An diese eigenartige Bezeichnung des Hinwegnehmens von der Erde schließen sich in den jüdischen Legenden zahlreiche Deutungen und Erzählungen an. Aus diesem Legendenschatz schöpfen verschiedene Hochgrade, indem sie in E. den Mann sehen, dem Gott seinen wahren Namen enthüllte. Als E. starb, blieb dieser Name in einem unterirdischen Gewölbe, wo er nach dem Verluste des wahren Meisterwortes wiedergefunden wird. (Royal-Arch-Grad und XIII. Grad des A. u. A. Schottischen Ritus usw.)

Enriquez, Camilo, chilenischer Priester, der sich im Unabhängigkeitskampf besonders hervortat, * 1769, † 1824, war Freimaurer.

Entered Apprentice (engl.), Lehrling.

Entered Apprentice's Song, Lehrlingslied von Matthew Birkhead (s. d.), ältestes bekanntes freimaurerisches Lied, erschienen in „Read Weekly Journal", London, am 1. Dezember 1722, betitelt „The Free Masons Health", beginnend mit den Worten: „Come let us prepare / We Brothers that are / Met together on merry Occasions" /, wird auch heute noch in englischen Logen gesungen. 1725 veröffentlichte das „London Journal" eine Parodie „An Answer to the Freemasons Health": „Good people give ear / And the truth shall appear / For we scorn to put any grimace on."

Enthusiasmus, ursprünglich dem Wortsinn nach der Zustand eines Menschen, der des Gottes voll ist. Nach Kant: eine Anspannung der Kräfte durch Ideen, welche dem Gemüte einen Schwung geben, der weit mächtiger ist und dauerhafter wirkt als der Antrieb durch Sinnesvorstellungen. Freimaurerei ist an sich zu überlegt, um dauernd E. zu vertragen. Sie sucht durch Mittel ihrer Methodik die Bereitschaft zum E. lebendig zu erhalten. Daher im Ritual als Zweck der Arbeit: „den Geist zu erleuchten und das Herz für alles Schöne und Edle zu erwärmen". Wellen des E. in der Freimaurerei werden in ihrer Geschichte besonders häufig erregt durch nationale Impulse, ferner durch soziale Bedingnisse (Werke der Menschenliebe) u. a.

Entick, John, Reverend, * um 1703, † 1773, ein sehr fruchtbarer Schriftsteller seiner Zeit, besonders als Herausgeber von Wörterbüchern. Über seine freimaurerische Laufbahn ist wenig bekannt, bis er 1754 in einen Ausschuß gewählt wurde, der eine Neuausgabe der Andersonschen Konstitutionen vorbereiten sollte. Scheinbar hat E. bei dieser Bearbeitung den Hauptteil der Arbeit geleistet, denn in der Ausgabe von 1756 wird er auf dem Titelblatte und in der Genehmigung durch die Großloge allein genannt. Auch die Ausgabe von 1767 trägt seinen Namen.

Entlassung, Ehrenvolle. Jedem Freimaurer steht es frei, sein Verhältnis zur Loge zu lösen und in einer schriftlichen Anzeige an den Meister vom Stuhl unter Darlegung der Gründe um Entlassung nachzusuchen. Nur bei durchaus nichtigen Gründen oder bei behebbaren persönlichen Konflikten innerhalb der Loge oder wenn der Gesuchsteller mit seiner Deckung (s. d.) einer gegen ihn geführten Untersuchung, einem logengerichtlichen Verfahren zuvorkommen will, kann die Loge die ehrenvolle Entlassung verweigern, hat aber sonst kein Mittel, die Fortsetzung der Mitgliedschaft zu erzwingen. Der ehrenvoll Entlassene hat das zur Verwahrung übernommene Logeneigentum (Bekleidung usw.) zurückzustellen und bekommt einen Entlassungsschein. Außerdem muß er mit seinen materiellen Verpflichtungen der Loge gegenüber in Ordnung sein. Nach Hamburger Verfassung und anderen gilt das Verhältnis zum Freimaurerbunde, falls der Entlassene sich binnen eines Jahres nicht bei einer anderen regulären Loge als Mitglied gemeldet hat, überhaupt als gelöst.

Enttäuschte, ein stehender Begriff in der Freimaurerei zur Bezeichnung jener Vielzuvielen, die im Bunde nicht das gefunden haben, was sie suchten, oder die an persönliche, meist an einen engen Kreis gebundene Erfahrungen Verallgemeinerungen knüpfen. Enttäuscht werden vor allem jene, die persönliche oder wirtschaftliche Vorteile oder die Erfüllung politischer oder einseitig weltanschaulicher Hoffnungen im Bunde erwarten. Enttäuscht geben sich jene vielen, die ihre irrigen, über den Bund verbreiteten Anschauungen auf diesen übertragen und in ihren Erwartungen durch eigene Schuld getäuscht werden. Eine Analyse der Enttäuschungsgründe ergibt mitunter sehr viel Menschliches, Allzumenschliches. Die E. ziehen sich meist von der Loge zurück. In Ausnahmsfällen treten sie dann gegen den Bund auf (s. Daiber). Enttäuschen können Menschen, aber nicht der Bund, wenn seine Grundidee richtig erfaßt wird. Wer von einer geistigen Bewegung die Welterlösung binnen Jahresfrist erwartet, wird sich dem Heer der E. bald zuzuzählen haben (s. auch Fiktion).

Enzykliken, Päpstliche, s. Bullen und Katholizismus.

Enzyklopädien, Freimaurerische, s. Handbücher.

Enzyklopädie, Große. Der französische Forscher Joseph le Gras stellt in seiner grundlegenden Schrift „L'Encyclopédie" (Paris, 1928) fest, daß die ursprüngliche Idee zu dem großen Werk der E. nicht von Diderot ausging, der dann allerdings der Hauptkämpfer der „Bataille de l'Encyclopédie" war, sondern von Freimaurern stammt und von diesen zuerst propagiert wurde. Gemeint ist Ramsay (s. d.). Auch in zahlreichen französischen antifreimaurerischen Schriften wird die E. ausdrücklich als Freimaurerwerk bezeichnet. Zum Beispiel spricht in „Marie Antoinette et le Complot Maçonnique" (Paris, 1910) Louis Dasté von der „Maçonnique Grande Encyclopédie".

Enzyklopädisten, die Herausgeber und Bearbeiter der großen französischen Enzyklopädie, die, 1751 von Diderot und d'Alembert nach dem Muster der englischen Enzyklopädie von Chambers angeregt, bis 1772 erschien. Aus der Zusammenarbeit an diesem großen Werke ergab sich bei den Mitarbeitern eine Gesinnungsgemeinschaft in Fragen der Religion, Ethik und der Staatswissenschaften, so daß der gemeinsame Geist als eine gut zu charakterisierende philosophische Richtung erfaßt werden kann. U. a. waren folgende E. Freimaurer: d'Alembert, Helvetius, Holbach, Voltaire, Lalande, Condorcet. Aus dem Kreise dieser E. entstand eine durch ihre hohen geistigen Leistungen berühmt gewordene Loge in Paris, die Loge „Les Neuf Sœurs“ (s. d.), die man auch die „Enzyklopädistenloge“ oder „Philosophenloge“ genannt hat.

Eon de Beaumont, bekannt unter dem Namen der Chevalier d'Eon, eine rätselhafte Persönlichkeit, die als Zwitter oder Transvestit durch ihren Geschlechtswechsel ihre Zeit in Atem hielt. * 1728, † 1810 in London, wurde E. als Knabe erzogen, leistete Militärdienste, wurde dabei auch verwundet, war Dr. jur., Parlamentsadvokat und Diplomat. 1777 mußte er auf Befehl Ludwig XVI. Frauenkleider anlegen und behielt diese bis an sein Lebensende. Er war in den letzten Jahren in Not, erteilte in weiblicher Bekleidung Fechtunterricht, zur Zeit der französischen Revolution trug er sich mit der Absicht, ein Frauenbataillon aufzustellen. Wegen seines Geschlechtscharakters kam es zu hohen Wetten; eine derartige Wette wurde gerichtlich eingeklagt, wobei der eine Advokat als Beweis für das männliche Geschlecht E.s seine Zugehörigkeit zu einer Londoner Freimaurerloge anführte. Ein Spottbild, das aus diesem Anlasse herauskam, zeigt E. in Weiberkleidern mit einer Deputation der Freimaurer, die ihn, um die eigene Blamage zu verhüten, inständigst bitten, die Untersuchung zu verweigern.

Eötvös, Karl v., Advokat in Budapest, fortschrittlicher ungarischer Schriftsteller, Politiker, Freimaurer, * 1842, † 1916, Hauptverteidiger im großen Tisza-Eszlarer-Ritualmordprozeß, in welchem er gegen die fanatische und verhetzte öffentliche Meinung einen glänzenden Freispruch erzielte.

Épeler (frz.), gleichbedeutend mit buchstabieren und syllabieren.

Ephesus hieß bei den Illuminaten die Stadt Ingolstadt in Bayern, der Wohnort des Stifters Weishaupt (s. d.).

Epopten hießen in den eleusinischen Mysterien die Sehendgewordenen, die Schauenden, im Gegensatze zu den Mysten. Daher auch als Bezeichnung im VI. Grade der Illuminaten. Auch Wieland verwendet die Bezeichnung in seinem Orden des Agathodämon im Gegensatze zu den Akusten, den bloß Hörenden.

Epreuves (frz.), Proben, Prüfungen.

Équerre (frz.), Winkelmaß.

Eques, Ordensnamen in der „Strikten Observanz“. Als Beispiele für die jedem Ritter eigenen Namen seien genannt:

ab ense, Heermeister Freiherr v. Hund (s. d.);

ab struthione, Generalvisitator Schubart von Kleefeld (s. d.);

a leone resurgente, Landgraf Karl von Hessen-Kassel (s. d.), Koadjutor des Großmeisters Herzog Ferdinand von Braunschweig;

a lilio convallium, Joachim Christian Bode (s. d.);

a victoria, General-Großmeister Herzog Ferdinand von Braunschweig (s. d.).

Eques a sole aureo. Nach der Unterschrift des Heermeisterpatents (s. d.) des Freiherrn von Hund (s. d.) der „unbekannte Obere“ der „Strikten Observanz“, der angebliche Ordens-Großmeister, dessen Name niemals verraten wurde, weil er wohl auch gar nie existiert hatte. Lange Jahre war die Legende im Umlauf, dieser Ritter sei der Prätendent Eduard Stuart.

Eques, Equesgrad, der Rittergrad der Strikten Observanz hatte lateinische Rituale mit ordentlichen Liturgien. Dieser Grad war der eigentliche „Hohe Orden“, der als Kapitel das ganze regierte, ohne den unteren Graden Rechenschaft schuldig zu sein. Anfangs gab es neben dem E., dem eigentlichen Ritter, noch die zwei Gruppen der „Armigeri“, Knappen, Waffenträger, d. h. Ordensbrüder, die von Geburt nicht adelig waren und Socii et Amici Ordinis (Bundesgenossen), d. h. weltliche und Kirchenfürsten, die ipso jure Ritter waren. Der E. wurde mit einer Rüstung als Tempelritter bekleidet und erhielt ein Wappen, eine lateinische Devise und einen lateinischen Ritternamen. Später trat die nicht allgemein anerkannte Stufe des „Eques professus“ hinzu. (Vergl. Reitzenstein „Strikte Observanz“.)

Eques professus, um 1770 entstandene, nicht allgemein anerkannte höchste — siebente — Stufe der „Strikten Observanz“, der eigentliche Ritter, der Profeß tat und den Ritterschlag erhielt. Das Ritual war lateinisch und vollständig katholisch gehalten, was aber Protestanten, wie den Herzog Ferdinand von Braunschweig nicht abhielt, den Grad anzunehmen. Gleichviel ob Protestanten oder Katholiken, mußten alle Freimaurer, die Ritter werden wollten, zu Gott, der Heiligen Jungfrau Maria und allen Heiligen schwören, die alte, vom Hlg. Bernhard gegebene Ordensregel der Templer zu beobachten (s. Forma professionis). Dieser Eid und die katholischen Gebräuche gaben in der Zeit der „Strikten Observanz“ Anlaß zu der Behauptung, daß die Jesuiten, deren oberste Mitglieder ebenfalls Professi hießen, an der Spitze der Templerei stünden und das ganze Getriebe zu ihren Ordenszwecken leiteten. (Vergl. Reinhold Taute „Der Wilhelmsbader Konvent“ . . .)

Equinox, the. „Die große weiße Bruderschaft, bekannt als die A. A.“ („Atlantic Adepts“), von dem Irländer Aleister Crowley anfangs des 20. Jahrhunderts in England gegründeter hermetisch-rosenkreuzerischer Orden ohne jede Beziehung zur Freimaurerei, der seinen Mitgliedern versprach, ihnen durch Studium von Büchern buddhistisch-theosophischer Tendenz zum mystischen Stadium des Samadhi („bei welchem das Viele und das Eine in einer Verbindung von Sein und Nichtsein vereint sind“) zu verhelfen. Der Orden ging 1916 ein. Crowley stand zu irregulären freimaurerischen Gründungen in Beziehung.

Equites a cruce Trinitatis, s. Grunstädter Lehrart.

Erckmann-Chatrian, gemeinsamer Schriftstellername der französischen Romanschriftsteller Emile Erckmann, * 1822 in Pfalzburg, † 1899, und Alexandre Chatrian, Lothringer, * 1826, † 1890. Die beiden, vielleicht volkstümlichsten elsaß-lothringischen Schriftsteller, die in ihren Romanen aus der Zeit Napoleons gegen den Krieg und für die Menschenrechte eintraten, waren Freimaurer. E. war auch Dramatiker. Hauptwerke: „Histoire d'un Conscrit de 1813"; „Waterloo"; „La Guerre"; „L'Ami Fritz". Nach dem Krieg 1870 Chauvinisten. Bei der Einweihung des E.-C.-Denkmals in Pfalzburg 1923 lehnte es der chauvinistische Maurice Barrès im Namen des Denkmalkomitees ab, den Straßburger Stuhlmeister Oesinger sprechen zu lassen, um den „rein literarischen und nationalen Charakter" der Feier nicht zu verändern.

Erdmann, Otto Linné, deutscher Chemiker, * 1804, † 1896, Universitätsprofessor in Leipzig, wirkte grundlegend auf dem Gebiete der Technologie und Warenkunde, Verfasser des bedeutenden Fachwerkes „Grundriß der allgemeinen Warenkunde", das zahlreiche Auflagen erreichte und in erweiterter Form heute noch verwendet wird, war Meister vom Stuhl der Leipziger Loge „Apollo" und Großmeister der Großen Landesloge von Sachsen.

Ere maçonnique (frz.), maurerische Zeitrechnung.

Eremitage, Hoher Orden zur, nach dem Weltkrieg von einem gewissen Paul Eggert in Berlin nach freimaurerischem Muster gegründet. Über den Orden klärte die Gerichtsverhandlung vor dem Schöffengericht in Lichterfelde 1927 auf, in welcher Eggert wegen Betruges und Unterschlagung der Ordensgelder zu einer Gefängnisstrafe verurteilt wurde.

Erhebung, engl. **Raising,** frz. **Elévation** (à la maîtrise), Beförderung in den Meistergrad.

Erie-Kanal, Verbindung des Erie-Sees mit Albany im Staate New York, wurde vom New Yorker Großmeister De Witt Clinton (s. d.) mit freimaurerischem Ritual eröffnet.

Erkenne Dich selbst! Mahnung an der Pforte vieler Freimaurertempel, stand als Spruch über dem Eingang des Tempels von Delphi.

Erkenntnisstufen nannte Feßler (s. d.) die von ihm reformierten Hochgrade, Initiationen, „rein moralische Mysterien, dramatische Akte, die nicht für Freimaurerei gehalten werden sollen, sondern mehr als Mittel dienen, um auf das moralische Gemüt zu wirken, dasselbe bisweilen zu erwärmen und für den Zweck der Brüderschaft zu begeistern". Diese Absicht sollten in Kulthandlungen eingebettete historische Unterweisungen erfüllen, in denen die Erkenntnis von den wahren Absichten der Freimaurerei, ihrer Geschichte und Grundlagen vermittelt werden sollte (s. Engbünde). Feßler setzte über die Johannisgrade folgende E.: Schottischer vollkommener Baumeister; Andreasritter („Gericht", in Rechtfertigung durch die Liebe ausklingend); „Feier" (Agape); „Übergang" (Weihe des Todes und Feier der Unsterblichkeit); „Heimat" und schließlich „Vollendung" (Teleiosis) in Verbindung mit einer Geschichte der maurerischen Gnosis als letzter Aufklärung. Das Ritual wurde an der Wende des 18. zum 19. Jahrhundert in der Großloge „Royal York" eingeführt, soweit Feßler die einzelnen E. mitgeteilt hatte (bei seinem Austritt 1802 fehlten noch die 8. und 9.). 1804 wurde an Stelle dieser Initiationen eine einzige E. gesetzt, die „Vertrauten Brüder", aus denen dann der Innere Orient (s. d.) entstand. Auch die Große National-Mutterloge „Zu den drei Weltkugeln" nennt die von ihr bearbeiteten höheren Grade E.

Erkenntnisstufen der „Drei Weltkugeln". Die Große National-Mutterloge „Zu den drei Weltkugeln" in Berlin bearbeitet über den drei Johannisgraden vier als Erkenntnisstufen (s. d.) bezeichnete Hochgrade: 4. Schottenmeister (Schottenstufe); 5. Auserwählte Brüder; 6. Geweihte des inneren Tempels; 7. Vertraute der Vollendung (s. alle diese).

Erkenntnistheorie, im engeren Sinne kritische E., ist die Lehre vom Wesen und von den Prinzipien der Erkenntnis, ihrem Ursprung, ihren Voraussetzungen, ihrem Gegenstand und ihren Grenzen, im Gegensatz zur Logik, die sich vornehmlich mit den formalen Elementen des Erkennens befaßt, und zur Psychologie, die das Erkennen in seiner Funktion untersucht. E. trachtet den „Geltungsanspruch der Erkenntnis zu rechtfertigen" (Rudolf Eisler). Sie ist „Selbsterkenntnis der Vernunft" (Kant). Als Ursprung der Erkenntnis gilt die Erfahrung (Empirismus, s. d.), das Denken (Rationalismus, s. d.) oder die Intuition. Kant führt hier den Standpunkt des Kritizismus (s. d.) ein. Als Gegenstand der Erkenntnis werden die Wirklichkeit (Realismus, s. d.), die Begriffe und Ideale (Idealismus, s. d.) oder die Phänomene, Tatsachen (s. Positivismus) angenommen. Seit Kant steht E. im Vordergrund der Philosophie, doch wird jetzt oft die Ansicht vertreten, daß es „keine ewige E." (Schiller) gibt, und daß E. im Grunde nur „Erfahrungskritik" (Schmidt) sein kann. Über das Verhältnis der Freimaurerei zur E. s. Philosophie.

Erkennungszeichen, aus den alten Zunftgewohnheiten übernommene Einrichtung der Freimaurerei. Sie werden dem einzelnen Freimaurer bei der Weihe gegeben, um ihn als solchen vor anderen zu legitimieren. Sie gliedern sich in Zeichen, Worte und Griffe (auch Klopfen und Losung), sind in den einzelnen Graden verschieden und haben symbolischen Charakter, der mit der Gesamtsymbolik der Freimaurerei in Zusammenhang steht. Durch zahllose „Verräterschriften" heute allgemein bekannt, haben sie ihren Wert eingebüßt. Die Kenntnis der E. beweist daher noch nicht, daß der Zeichengebende tatsächlich Freimaurer ist.

Erlebnis. Von der Freimaurerei wird häufig gesagt, daß sie nicht erklärt werden könne, daß sie erlebt werden müsse. Jede dynamische Idee, die an die Gefühlswelt appelliert, muß aufgenommen und innerlich verarbeitet werden, insoferne sie nicht wirkungslos bleiben will. In diesem Sinne ist auch die Freimaurerei ein E., zumal ihre Lehren nicht in rationaler Form, in Worte gekleidet, ausgedrückt, sondern in symbolischer Gestaltung übermittelt werden, deren Ausdeutung ein hohes Maß von Sich-Einfühlen, seelischer Resonanz, voraussetzt. Vor allem ist aber die Weihe (Einweihung, Initiation) E., zumal die Suchenden in die Freimaurerei nicht wie in die Religion hineingeboren, sondern auf Grund erfühlter Wahlverwandtschaft in die Kette aufgenommen werden.

Ermächtigte Bruderschaft der alten Riten,

abgekürzt Ebdar (Urmaurerei), nach dem Weltkrieg entstandene kult-magisch arbeitende mystische Gemeinschaft, gegründet auf die Lehren des unter dem' Pseudonym Bô Yin Râ schreibenden deutschen mystischen Schriftstellers Josef Schneiderfranken (* 1876 in Aschaffenburg). Dieser behauptet, es gäbe seit uralten Tagen eine geistige Bauhütte, die zu allen Zeiten Arbeiter suchte, die gesonnen waren, an dem großen erhabenen Bau jenes Tempels mitzuhelfen, von dem nur einige wenige auf dieser Erde Plan und Ausmaße kennen, an dessen Erstehen aber jeder mitwirken kann, der die Lehre nicht verschmäht, die ihn zum baugerechten Maurer und Steinmetzen bildet. Die wahre Freimaurerei geht, Bô Yin Râ zufolge, unendlich viel weiter zurück als auf 1717, ihr Ursprung ist etwas anderes als der Ursprung des heutigen Namens. Nach seiner Auffassung sind die heutigen Freimaurerlogen nicht ein vollkommen werkgerechter Bau, bestenfalls Aufbewahrungsstätten des Arbeitsgerätes, der Maße und Bauschablonen, der Verwahrungsort uralter heiliger Symbole, die deuten zu können erst wirklich zum Verstehen der Lehre befähige, die aber unter den dort Versammelten, denen die Symbole zu bloßen Allegorien geworden seien, niemand mehr deuten könne. Bô Yin Râ definiert die freimaurerische Arbeit, wie er sie versteht, ungefähr folgendermaßen: Beim Bau des Tempels ist jeder Werkmann Arbeiter, Werkzeug und Baustein zugleich; jeder, der an diesem Tempel baut, hat sich selbst als Baustein seinem Gefüge einverleibt, den Weisungen derer gehorsam, die von dem alleinigen Baumeister aller Welten als Baumeister gesetzt sind, und die, selbst als ragende Säulen behauen, als Monolithen das hohe Gewölbe des Tempels zu tragen haben. Wer maßgerechter kubischer Baustein werden will, muß sich durch eigene Arbeit behauen und schleifen. Doch muß er auch durch innere Arbeit, zu der ihn die in seinem Innersten erkannten Symbole leiten, leuchtend werden, denn der zu erbauende Tempel besteht aus innerlich leuchtenden Steinen, damit er die unermeßliche Weite der Ewigkeit mit seinem Licht überstrahle. Zu eigenem Licht gelangt nach Bô Yin Râ aber nur, wer auch die von den anderen, bereits leuchtend gewordenen Steinen ausgehenden Strahlen aufnimmt. Dazu braucht er das Licht jener Säulenmonolithen, die im Innern des Tempels stehen. Erst wenn der letzte der erdgebundenen Menschen, die zurück in die Urheimat streben, ins Licht heimgefunden hat, wird der Tempelbau vollendet sein.

Die „Ebdar" will solche „wahrhafte Maurer" erstehen lassen, die den „Lehrling" zu führen und anzuleiten verstehen und selbst wieder die Schüler jener weisen Meister sind, denen allein der Plan sich enthüllt. Diese Meister, die Bô Yin Râ „Leuchtende des Urlichts", „Weise des Ostens", „Priester des Tempels der Ewigkeit" nennt, die im „Innersten Osten" leben, sind einander geistig in einer Gemeinschaft verbunden, die schon Jahrtausende hindurch in stiller Verborgenheit wirkt und auf geistigem Wege — ohne das gesprochene oder geschriebene Wort — alle Menschen zu erreichen vermag, deren innere Seelenkultur durch eigene Anstrengungen so weit gefördert wurde, daß die Strahlen geistigen Lichts, die von dieser Gemeinschaft ausgehen, ihre Herzen erfüllen können. Um diese „Leuchtenden des Urlichts" wußte die Gralsritterschaft, in neuerer Zeit die Freimaurerei. Neuestens spricht man von „Mahâtmas", von einer „Weißen Loge". (Vergl. Bô Yin Râ „Mehr Licht", Leipzig 1921.) Von dieser Gemeinschaft sind immer von Zeit zu Zeit irdische Emanationen inspiriert worden. Die Freimaurer der alten Zeit, die echten Rosenkreuzer, sollen durch Glieder der „Weißen Loge" in den Besitz von Schlüsseln, Lichtwerkzeugen, gelangt sein, mit denen sie den steilen Yoga-Weg beschreiten konnten, der allein zum Ziel führt, das Harmonisierung der Gegensätze, Einigung der Seelenkräfte bedeutet. Ein Weg, der auch dargestellt ist in der alchimistischen Lehre vom Stein der Weisen, daß das Wasser, die Seele, fixgemacht und dadurch zum Kristall wird, der in seiner Kristallhaftigkeit, seiner harmonischen Ausgeglichenheit das Licht ungehindert durchgehen läßt, mystisch gesprochen, identisch mit dem Licht selbst wird.

Bô Yin Râ bezeichnet sich nun als Ermächtigter, Esoteriker der „Weißen Loge", in deren Namen er wieder die „Ebdar" rektifizierte, die aus einem französischen „Gralsorden" unter der Großmeisterschaft von Dr. Dreyfus, Paris (Pseudonym „Patrodes"), hervorgegangen ist. Bô Yin Râ selbst ist nicht Mitglied der Brüderschaft, sondern nur Protektor. Er wies ihr lediglich den ritualistisch festgelegten Weg zur Arbeit. Die Aufnahme in die Brüderschaft ist an gewisse psycho-physische Voraussetzungen gebunden. Ihr geht eine Prüfungszeit voraus, die von sieben Wochen bis zu sieben Jahren dauern kann. Auch hier handelt es sich um ein Yoga-System. In der Ritualistik sind Konzentrationsmethoden eingeschlossen, die psychische Wirkungen, dann Änderungen hervorrufen, auf deren Grundlage Weisungen zu weiterer, höherer Arbeit gegeben werden können. Die „Ebdar" umfaßt ein System von sieben Graden; über den drei „Laiengraden" der Symbolischen Maurerei bauen sich vier Priestergrade auf. Der letzte Grad hat jeweils nur einen Träger, der den Orden auf Grund der Weisungen des „Ermächtigten" leitet. Der Aufstieg auf eine höhere Stufe erfolgt erst, wenn die Ziele des innegehabten Grades vollkommen erreicht und verwirklicht sind. Der Übergang von den Laiengraden zur Priesterschaft kann nur vollzogen werden, wenn die innere Reinigung so weit gediehen ist, daß dieser Zustand sich gleichsam von selbst ergibt, wenn nach dem Meistergrad eine gewisse Souveränität des Individuums erreicht ist, die den Angehörigen der „Ebdar" zum „wahrhaft freien Baumeister des Tempelbaues" macht. Infolgedessen wird man in die ersten drei Grade erhoben, während auf den höheren Stufen die Erhebung nur ausgesprochen wird. Das Ritual ist hier lediglich äußere Bestätigung einer im Inneren bereits verwirklichten Tatsache. Die Mitglieder der

„Ebdar“ dürfen symbolischen Freimaurerlogen angehören, jedoch nicht Hochgradriten. Der freimaurerische Name der „Ebdar“ ist „Großorient von Patmos“, eine geistige Fiktion, die enge Verbundenheit mit dem Evangelisten Johannes andeuten soll, dessen Verbannungsinsel Patmos war. Der derzeitige Großmeister der „Ebdar“, gleichzeitig „Legat von Patmos“, ist Dr. Dreyfus. Die Mitgliederzahl der „Ebdar“ ist angesichts der Anforderungen nicht sehr groß, ihr offizielles Organ ist die Zeitschrift „Die Säule“ (früher „Magische Blätter“), Leipzig. Die reguläre Freimaurerei unterhält zur „Ebdar“ keine Beziehungen.

Ernst und Falk, s. Lessing.

Ernuszt, Dr. Jozsef v., ungarischer liberaler Politiker, Obergespan, Kämpfer für das allgemeine gleiche und geheime Wahlrecht, † 1916, war Zugeordneter, dann Ehren-Großmeister der Symbolischen Großloge von Ungarn.

Erotik in der Freimaurersymbolik glaubt Anton Chaurand de Mailly (Anthropophytheia, Jahrbücher für folkloristische Erhebungen von Dr. F. S. Kraus, Leipzig 1910, Ethnologischer Verlag) erkennen zu können. Er sieht sie im Dreieck als dem Symbol der Zeugung (Mann, Weib, Kind) in den beiden Säulen, die als das generative (Mann) und das vernichtende Prinzip (Weib) gedeutet werden; J. u. B. sterben in der Vernichtung, damit M. B. geboren werden kann. Der flammende Stern symbolisiert das Prinzip des Lebens, daher der Buchstabe „G“, Generativ. Im Rosenkreuz bedeutet der aufrechtstehende Balken den Phallus, der wagrechte den Tod, die Rose die Wiedergeburt. Aus diesem Zeugungskult der Freimaurer soll sich auch deren Vorliebe für die Gründung von Findelkinder-, Wöchnerinnen- und Waisenhäusern erklären. (Für diese verworrene Deutungsart ist wohl nicht zuletzt der amerikanische Ritualeklektiker Albert Pike [s. d.] verantwortlich, der sie in seinen „Morals and Dogma“ der Freimaurerei unterlegt. Ebenso J. S. M. Ward in „Who was Hiram Abiff“ u. a. Schriften in seinem über das Ziel schießenden Bestreben, der Freimaurerei durch Ableitung von uralten östlichen Kulten das Ansehen hohen Alters zu geben) (s. auch Taxil und Blüher).

Erstaunungszeichen, ein Zeichen, das im III. Grade der Johannismaurerei gelehrt wird.

Erwin von Steinbach, deutscher Dombaumeister, * 1240 in Mainz, † 1318 in Straßburg, stiftete 1275 eine Laienbruderschaft der Steinmetzen und löste dadurch die Steinmetzenbruderschaft von den mönchischen Bauvereinen los. Der Straßburger Dom ist sein Werk. Daher nannte sich eine deutsche Loge in Straßburg: „An Erwins Dom“. Über ihn s. auch bei Goethe, „Von deutscher Art und Kunst“. Bemerkenswert ist, daß in Erwins Namen über Einladung der elsässischen französischen Loge „Les frères réunis“ 1845 und 1857 Freimaurerversammlungen unter Beteiligung deutscher Logen in Straßburg stattfanden. Von einer deutsch-französischen freimaurerischen Zeitung „Erwinia“, die 1847 begründet wurde, sind sieben Lieferungen erschienen.

Erze, s. Metalle.

Escoceses, s. Mexiko.

Eskau, Robert F., war Mitglied der Loge „Gudrun“, Hamburg, und wurde durch Ehrenratsspruch entlassen. Er überschwemmte in den Jahren nach dem Kriege die deutsche Öffentlichkeit, soweit sie an Freimaurerei Interesse hatte, mit Broschüren, in welchen er die Umstellung der Freimaurerei auf antisemitisch völkischer Basis verlangte. (Offener Brief an den Reichsminister Gustav Stresemann, unterzeichnet „Werkbund deutscher Freimaurer“ u. a.) Schließlich gründete er einen Bund, die „Hermannssöhne“, der in Rundschreiben zur Abhebung aller Sparguthaben und zur Anlegung in Sachwerten aufforderte. Seine Tätigkeit hörte ebenso plötzlich auf, als sie zur allgemeinen Beunruhigung der beteiligten Kreise begonnen hatte (s. Hermannsbotschaft).

Esoterisch, exoterisch, esoterisch vom Griechischen eiso, exoterisch vom Griechischen exo. Aus den Mysterien des Altertums auf die Philosophenschulen übergegangene Begriffe. Die großen Philosophen sollen ihr Wissen in eine für einen äußeren, nicht ganz vorgebildeten Kreis und in eine Lehre der Vollendeten geteilt haben. Die Bevorzugten hießen die Esoteriker, die anderen die Exoteriker. Auf die Freimaurerei bezogen versteht man unter exoterisch die äußere Hülle der freimaurerischen Lehre, während unter Esoterik sowohl die wahre Erkenntnis des freimaurerischen Gedankens, als auch die auf das Ich gerichtete freimaurerische Selbstbeschau zum Zwecke der Selbstveredlung verstanden wird. Daher auch beide Begriffe oft zur Bezeichnung von Innen- und Außenarbeit. In gewissen Freimaurerkreisen besteht die Neigung, unter Esoterik eine Art von mystischem Versenken in das eigene Ich zu verstehen, wobei eine Übetragung jener Gedankengänge deutlich wird, die sich in den der Erforschung des sogenannten Astralleibes der Menschen, der Geisterwelt usw. gewidmete (buddhistischen) Esoterischen Gesellschaften bemerkbar macht.

Espartero, Baldomero, Herzog de la Victoria, Fürst von Vergara, * 1792, † 1879, spanischer General, Politiker, kämpfte gegen die Franzosen und siegreich in Südamerika, erließ 1833 ein Pronunziamento zugunsten Isabellas II., schlug die Karlisten, stürzte 1840 die Regentin Christine, war 1841—1843 Regent, lebte dann im Ausland, gelangte 1854—1856 als Ministerpräsident neuerdings zur Macht, war Freimaurer.

Espérancelogen, ein im 18. Jahrhundert begründeter gemischter Orden, der „Chevaliers et Dames de l'espérance“. Nachweisbar in Hamburg 1757, in Jena, Göttingen u. a. O. Verschwand noch vor der Jahrhundertwende.

Esperanto, Welthilfssprache, erfunden von Dr. Zamenhof, die auch von zahlreichen Freimaurern als ein Weg zur internationalen Verständigung und als Mittel zur Völkerversöhnung betrachtet wird. Das führte 1905 auf dem ersten Esperantokongreß in Boulogne zur Gründung der Vereinigung „Esperanto-Framasona“. Aus dieser wurde dann die „Universala Framasona Ligo“, die heutige, auf eine wesentlich breitere Basis gestellte „Allgemeine Freimaurerliga", deren Esperantogruppe seither auf allen Esperantokongressen vertreten war (s. Freimaurer-Liga, Allgemeine). 1913 fand in Bern die erste ganz in E. abgehaltene Tempelarbeit statt, deren Ritualübersetzung von Dr. Fritz Uhlmann, Basel, stammte. In Paris besteht eine Loge „E."

Espoz y Mina, Javier, spanischer General, * 1784, † 1836, Gegner Ferdinands VII., mußte wegen seiner freiheitlichen Auffassung wiederholt fliehen, kämpfte 1834 an der Spitze der Armee der Liberalen gegen die Karlisten, war Freimaurer.

Esprémeuil, Jacques Duval d', Rat des Parlaments von Paris, * 1746, bedeutender Redner, Vertreter des Adels in der Konstituante, in ebenso scharfer Opposition zu den revolutionären Ideen von 1789 wie früher zur Regierung Ludwigs XVI., Freimaurer, endete 1794 auf der Guillotine.

Esquiros, Henri-Alphonse, französischer Literat und Politiker, * 1814, † 1876, schrieb Gedichte, den Roman „Le Magicien", „Charlotte Corday" und „L'Évangile du Peuple", in welch letzteren beiden ein exaltierter theoretischer Sozialismus sich geltend macht, „Histoire des Montagnards", „Histoire des Martyrs de la Liberté" u. a., 1849 Mitglied der Legislative (Montagne), ging 1851 ins Exil, Mitarbeiter der „Revue des deux Mondes", 1869 Deputierter, 1871 Mitglied der Assemblée nationale, später Senator, war Freimaurer (Lebey, „Aperçu historique...", 1925).

Esquisse des travaux (frz.), Protokolle.

Essäer, auch Essener genannt, eine von Philo, Plinius und Josephus beschriebene, etwa um 150 v. Chr. auf der Grundlage der strengsten Askese errichtete jüdische Ordensgesellschaft in Palästina, die hauptsächlich am Westufer des Toten Meeres siedelte. Sie waren in Grade geteilt — die Vollmitglieder der letzten Stufe hießen „Homiletes" — lebten in einer Art Gütergemeinschaft, pflegten einen Mysterienkult und bezweckten eine Reinigung der Lehre Mosis und der Propheten. Sie gebrauchten Symbole, vergaben bei der Aufnahme an die Neophyten, die zuvor ein Jahr lang erprobt worden waren, als Abzeichen eine Hacke und einen Schurz und vollzogen eine Art Taufe durch Besprengung mit Wasser. Der Name stammt aus dem Hebräischen: chassid, fromm, heilig.

Äußere Ähnlichkeit ihrer Gebräuche mit freimaurerischen, die nur völkerpsychologisch zu erklären ist, hat zahllose freimaurerische Historiker auf den Plan gerufen, die in den E. Vorläufer der Freimaurerei erblicken wollen. Davon kann, wenigstens soweit eine stammbaumartige Verknüpfung gemeint ist, selbstverständlich keine Rede sein.

Esteva, Francisco, Kaufmann in Barcelona, * 1874, gewesener Gemeinderat, Republikaner, seit 1921 Großmeister der Großloge von Spanien, Kämpfer für den internationalen freimaurerischen Gedanken, für den er sich seit der Gründung der A. M. I. in deren leitendem Ausschuß betätigt. In einem offenen Brief an den Diktator Primo de Rivera (1927) vertrat er mit mutiger Offenheit das freimaurerische Ideal.

Eszterházy von Galantha, Grafen, ungarisches Magnatengeschlecht, aus dem im 18. Jahrhundert fünf Mitglieder der Wiener Loge „Zur gekrönten Hoffnung" angehörten. Auf den Tod des Grafen Franz E., Banus von Kroatien, † 1785, schrieb Mozart seine Maurerische Trauermusik.

Ethik, sittliche Lehre im religiösen und philosophischen Sinn, behandelt die Herkunft, Entwicklung und Wesen der sittlichen Normen. E. spielt in der Freimaurerei eine tragende Rolle, indem das Sittengesetz (s. d.) im Mittelpunkt des freimaurerischen Lehrgebäudes steht. Über die Einstellung der Freimaurerei zu den Problemen der E. (s. Philosophie.

Etienne, Eugène, französischer Politiker, * 1844, † 1921, Vizepräsident der Kammer, wiederholt Innenminister und Kriegsminister, war Mitglied der Pariser Loge „Cosmos" (Großloge von Frankreich).

Etikette, ein wichtiges Problem in den amerikanischen Logen, das in einem vielgelesenen Buche „Masonic Etiquette" (herausgegeben von der Großloge von New York) behandelt wird.

Étoile flamboyante (frz.), flammender Stern (s. d.).

Etoile Flamboyante, Ordre de l' (frz.), Orden vom flammenden Stern, von Baron Tschoudy (s. d.), 1766 gegründeter freimaurerischer Ritus mit fünf Graden. (Vergl. L'Etoile Flamboyante ou la société des francs-maçons considérée sous tous les aspects", 1766, dieses Autors.) Er hatte keinen Meistergrad, um jede Beziehung zu den Stuarts, die diesen angeblich geschaffen hätten, zu vermeiden.

Étroite Observance hieß nach Le Secret des Francs-Maçons (Genua 1744) ein in Frankreich (Bas Languedoc) begründeter, die Frauen ausschließender Geselligkeitsorden „La Boisson", begründet von einem M. de Posquières um 1703. Der Name der Strikten Observanz, die später in der Freimaurerei eine so große Rolle spielte, ist hier also sprachlich vorweggenommen.

Etsi multa, Enzyklika Pius' IX. gegen die Altkatholiken vom 21. November 1873, ist auch gegen die Freimaurerei gerichtet, die als „Synagoge des Satans" bezeichnet wird. Emil Rittershaus (s. d.) antwortete auf diese Verdammung mit dem Gedicht „Dem Papste!"

Etzel.

1. Franz August v., deutscher Ingenieur und Geograph, * 1783, † 1850, Generalmajor, stand beim Generalstab in militärischer Verwendung, schrieb: „Erdkunde", „Karten und Pläne zur allgemeinen Erdkunde", wurde 1803 in Paris, wo er einen Teil seiner Studien absolvierte, in eine Loge aufgenommen, war dann Begründer und Meister vom Stuhl der Koblenzer Loge „Friedrich zur Vaterlandsliebe", 1821 in der Berliner Loge „Zur Eintracht" angenommen, 1825—1828 deren Vorsitzender Meister, National-Großmeister der Großen National-Mutterloge „Zu den drei Weltkugeln"; er

zeigte stark fortschrittliche Tendenzen und nahm namentlich in der damals akuten Judenfrage eine Haltung im Sinne der „Alten Pflichten" ein.

2. Franz August v., Sohn des Vorigen, deutscher General, * 1808, † 1888, nahm am Feldzug gegen Dänemark teil, kämpfte 1866 bei Münchengrätz und Königgrätz, 1870 Korpskommandant, wurde 1835 in der Berliner Loge „Zur Eintracht" aufgenommen, 1873 National-Großmeister, befürwortete die Abschaffung der Bestimmungen, die die Aufnahme von Nichtchristen verhinderten. Die Ablehnung seiner diesbezüglichen, von freisinnigem Geist diktierten Vorschläge veranlaßte ihn 1876 zur Niederlegung seines Amtes und Ausscheiden aus dem Bunde.

Eucken, Rudolf, * 1846, † 1926, Professor in Jena, Vertreter einer idealistischen Philosophie, deren ethische Ableitungen der „Eucken-Bund" zu verbreiten und zu verwirklichen sucht. E. selbst war nicht Freimaurer, der idealistische Grundzug seiner Lebenslehre hat jedoch mit der freimaurerischen Ethik so viele Berührungspunkte, daß seitens des Vereins deutscher Freimaurer eine Arbeitsgemeinschaft mit dem Bunde erwogen und empfohlen wurde.

Eudämonismus, Glückseligkeitslehre, Glücksmoral, sieht den Zweck jeglichen sittlichen Bestrebens im persönlichen Glück, das allerdings verschieden ausgelegt werden kann. Kant betrachtet Glückseligkeit als für ein allgemein gültiges Moralprinzip ungeeignet. Die Freimaurerei wird des E. beschuldigt. Sie erstrebt zwar im Geiste der Humanität das größtmögliche Glück der größtmöglichen Zahl, jedoch keineswegs im rein materiellen Sinne. Sie faßt das Glück in sozialem Sinne auf: das egoistische Verlangen nach Glück muß das Glück der Mitmenschen berücksichtigen und sich dem obersten sittlichen Ziel, der Verwirklichung der Menschheitsidee unterordnen. Die Diesseitigkeit des freimaurerischen E. wird der Freimaurerei seitens der katholischen Kirche vorgehalten (s. Aachener Konferenz).

Euergeten (auch Evergeten), aus dem Griechischen: Wohl-, Gut- und Schönhandelnde, eine dem Illuminatenbunde ähnliche Gesellschaft, die von Schlesien ausging. Die Gründer waren ein Kriegskammerassessor Zerboni, ein Leutnant v. Leipziger und ein Kaufmann Contessa in Hirschberg, die 1791 einen ethischen Bund begründen wollten. Feßler, der den Illuminatencharakter sehr wohl erkannte, arbeitete für den Bund wohl eine Art Verfassung aus, zog sich dann wieder zurück, geriet aber seinetwegen in gerichtliche Untersuchung. Der Bund mischte sich in politische Dinge ein, kam wohl unverdientermaßen in den Verdacht, an Unruhen beteiligt gewesen zu sein. Die Führer wurden verhaftet, aber bald wieder in Freiheit gesetzt. Eine Verteidigungsschrift Zerbonis (1800) ist das letzte Lebenszeichen dieser sicherlich ehrlich denkenden, aber politisch unreifen Menschen. Auf ein moralisches Femgericht der Gründer der E. war das für die deutsche Freimaurerei so bedeutsame preußische Edikt von 1798 (s. d.) zurückzuführen.

Euklides, der Vater der „Mathematik", lehrte um 300 v. Chr. zu Alexandria die Geometrie und verfaßte mathematische Werke, die bis heute ihre Bedeutung haben. Die Beziehung auf E. findet sich in den ältesten Freimaurerhandschriften, so z. B. in dem Regius MS (ungefähr 1390), wo er als Vater der Freimaurerei bezeichnet wird. Auch Anderson führt ihn unter den Vätern der Freimaurerei an. Das Regius MS beginnt seine Geschichte der Freimaurerei mit den Worten: „Hic incipiunt Constitutiones Artis Geometricae secundum Euclidem." Besonderer Beliebtheit erfreut sich bei den Freimaurern das sogenannte 47. Problem des E., der Pythagoräische Lehrsatz. Dieses Problem wird wiederholt symbolisch gedeutet, die Darstellung des Problems, die drei Vierecke über dem Dreieck, findet in freimaurerischen Abzeichen, so dem des englischen Pastmasters, wiederholt Verwendung.

Europa. Die Großlogen geordnet nach Alter:

Großloge von England, London	1717
Großloge von Irland, Dublin	1725
Großloge von Schottland, Edinburgh	1736
Großorient von Frankreich, Paris	1736
Große National-Mutterloge „Zu den drei Weltkugeln", Berlin	1744
Großorient der Niederlande, Haag	1756
Große Landesloge von Schweden, Stockholm	1760
Große Landesloge der Freimaurer von Deutschland, Berlin	1770
Großloge von Preußen, gen. „Zur Freundschaft", Berlin	1798
Großloge von Hamburg, Hamburg	1811
Großloge von Sachsen, Dresden	1811
Großloge „Zur Sonne", Bayreuth	1811
Großloge de France, Paris	1821
Eklektischer Bund, Frankfurt	1823
Großorient von Belgien, Brüssel	1833
Großloge „Alpina", Schweiz	1844
Großloge „Eintracht", Darmstadt	1846
Großloge von Luxemburg, Luxemburg	1849
Große Landesloge von Dänemark, Kopenhagen	1858
Großloge von Lusitanien, Lissabon	1859
Grande Oriente von Italien, Rom	1861
Großorient von Griechenland, Athen	1868
Großloge von Spanien, Barcelona	1885
Symbolische Großloge von Ungarn, Budapest	1886
Großorient „Espagnol", Sevilla	1889
Großloge von Norwegen, Oslo	1891
Großloge der Türkei, Stambul	1908
Großloge „Nationale de France", Paris	1913
Großloge von Bulgarien, Sofia	1917
Großloge von Wien, Wien	1918
Großloge „Jugoslavia", Beograd	1919
Großloge „Lessing zu den 3 Ringen", Prag	1920
Großloge Polarstjernen, Trondhjem	1920
Großloge von Polen, Warschau	1921
Großloge von Rumänien, Bukarest	1922
National-Großloge der Tschechoslowakei, Prag	1923
Großloge „Deutsche Bruderkette", Leipzig	1924
Großorient von Rumänien, Bukarest	1925

Großloge von Finnland, Helsingfors . . . 1925
Symbolische Großloge von Deutschland, Berlin 1930

In Ungarn, Italien und Rußland gibt es derzeit keine Freimaurerei. In Ungarn wurden die Symbolische Großloge und ihre Logen 1920 nach dem Zusammenbruche der 100tägigen Sowjetherrschaft aufgelöst und ihre Gebäude beschlagnahmt. In Italien hat Mussolini durch das Antifreimaurergesetz von 1925 der freimaurerischen Tätigkeit ein Ende bereitet. In Rußland hat sich die Sowjetregierung wiederholt entschieden gegen die Freimaurerei gestellt.

Die Gesamtzahl der Freimaurer in E. beträgt gegen 700.000, in rund 8000 Logen.

Evangelische Kirche, s. Protestantismus.

Evangelium Johannis, s. Johannisevangelium.

Evens, John Howell, bekannter englischer Arzt, Krebsspezialist, * 1870, Leiter des Londoner Krebsspitals, Professor der Universität Oxford, wurde 1922 Past Grand Deacon der Großloge von England.

Evolutionismus. Entwicklungslehre, erstreckt sich auf alle Gebiete des Wissens und sieht das Wesen der Welt in einer stetigen Änderung, meist im Sinne des Fortschritts (s. d.). Auf geschichtsphilosophischem Gebiete steht der E. zum Revolutionismus im Gegensatz und verkündet, daß nur die allmähliche friedliche Entwicklung der Menschheit zum Heile gereichen kann. Die Auffassung der Freimaurerei ist evolutionistisch. Sie steht auf dem Standpunkt der Bedingtheit aller Wahrheiten und hegt daher die Ansicht, daß man zur Durchführung einer Idee niemals Gewalt anwenden dürfe. Den naturwissenschaftlichen E. schätzt die Freimaurerei wohl als eine fruchtbare Lehre, doch lehnt sie ab, ihn zur Erklärung des Gewissens, des Geistes heranzuziehen.

Excellent Master, Grad der Kryptischen Maurerei (s. d.).

Excelsior per artis concordiam (Empor durch Einigkeit der Kunst), Titel einer von dem Leipziger Künstler Professor Héroux im Auftrage des Vereins deutscher Freimaurer entworfenen Radierung.

Exklusivität. Dem Wesen nach auf Auslese gestellt, ist der Freimaurerbund nicht exklusiv im Sinne gesellschaftlicher Abschließung. Erinnert sei hier an das Wort Josephs II: „Wenn ich mit meinesgleichen verkehren wollte, müßte ich in die Kapuzinergruft hinabsteigen." (Die Kapuzinergruft in Wien ist die Begräbnisstätte der Habsburger.) Freimaurerei kann nicht exklusiv sein, will sie nicht einen Hauptsatz ihrer „Alten Pflichten" Lügen strafen: Menschen zu vereinigen, die sonst in ständiger Entfernung voneinander verbleiben müßten. Trotzdem gibt es überall Logen, die den Sinn dieser „Alten Pflichten" mißverstehen und die in der Kapuzinergruft leben möchten. Es kann vorkommen, daß ein gesellschaftlicher Klüngel den notwendigen Logengeist verdrängt. Solche Beispiele sind schon aus dem 18. Jahrhundert bekannt. Die Loge hat auf Auslese zu sehen, sie darf aber nicht im gesellschaftlichen Sinne exklusiv sein. Sonst mißversteht sie ihren Zweck.

Exkommunikation, s. Katholizismus.

Exlibris, Freimaurerische, sind in einer Publikation der „Masonic Bibliophiles" von J. Hugo Tatsch und Winward Prescott „Masonic Bookplates, supplemented by a Descriptive Check List of 586 Masonic Ex Libris" (Cedar Rapids, Iowa, 1928) gesammelt (s. auch Gebrauchsgraphik).

Extinct Lodge (engl.), gestrichene, ausgelöschte Loge, d. i. eine Loge, die zu arbeiten aufgehört hat, in den Großlogenregistern gestrichen und deren Logenpatent (Charter) eingezogen wurde.

Extinguishing the Lights Ceremony (engl.), s. Gründonnerstag-Zeremonie.

Exoterisch, s. Esoterisch.

Expert (frz.), s. Experte.

Experte, Bezeichnung eines Logenbeamten, dem die Prüfung der Besuchenden und vielfach die Vorbereitung bei der Aufnahme obliegt (s. Vorbereitender).

Exposures (engl.), auch Spurious Catechisms, werden in England die Verräterschriften (s. d.) genannt.

F

F∴, im Französischen Abkürzung von frère, Bruder.

Faber, John, englischer Kupferstecher, von ihm stammt der bekannte Stich des ersten englischen Großmeisters Anthony Sayer (nach dem Ölgemälde von Joseph Highmore). Highmore war 1727 Junior Grand Warden, F. 1740 Grand Steward der Großloge von England.

Fabré-Palaprat, Raymond de, Arzt in Paris, * 1775, † 1838, der Begründer der Neutempler (Néo-Templiers) (s. d.). Er produzierte 1804 die gefälschte „Charta Transmissionis" oder „Tabula aurea" des Larmenius (s. d.) und behauptete, dieses Fundamentalinstrument des Templerordens in direkter Überlieferung als Großmeister Bernardus Raymundus übernommen zu haben. Zum Beweise seiner Rechtmäßigkeit wies er den „Templerschatz" vor, bestehend aus einem Reliquiar mit Knochenstücken der verbrannten Templer De Molay und seiner Leidensgenossen, das Schwert des Großmeisters De Molay, einen eisernen Helm des Dauphins der Auvergne, Guy, ein hohes Elfenbeinkreuz und Stoffstücke, die Templerfahne, den Beauséant und die Kriegsfahne der Templer. Er fand

Zulauf und konnte den Orden der Templer wieder einmal aufrichten! Die Herrlichkeit untergrub F.-P. dann aber selbst durch einen neuen „Fund", eine alte griechische Bibel, die er nachweislich bei einem Antiquar erstanden hatte, und die er als die Heilige Schrift von Templeraltar erklärte. Unglückseligerweise stimmte dieser alte Text mit den offiziellen Bibeltexten nicht überein. Daher kam es zu einer Spaltung im Templerorden! F.-P. ließ seine Ritter ein Gelöbnis der Armut, der Keuschheit und des Gehorsams ablegen, war aber klug genug, für die Begriffe der Keuschheit und Armut eine gewisse late Observanz gelten zu lassen. Eine Kapelle im Templerstil wurde eingerichtet, in welcher übrigens auch Rosa B o n h e u r (s. d.) getauft wurde. F.-P. war ein plumper Fälscher. Es ist im einzelnen festgestellt worden, wo er den Templerschatz zusammengekauft hatte. Die berühmte Charta aurea, die alle Großmeister „mit ihrem Blute" unterzeichnet hatten, hat er entweder selbst angefertigt oder malen lassen. Der Orden der Neutempler schlief um 1845 wieder ein. (Vergl. L a n t o i n e, „Histoire", 283 ff.).

Fabrorum Collegium, s. C o l l e g i a.

Fahnen, s. B a n n e r.

Fairbanks, D o u g l a s, berühmter amerikanischer Filmschauspieler, * 1883, ist Mitglied der Beverly Hills-Lodge 528 in Los Angeles.

Falb, R u d o l f, Dr., * 1838, † 1903, Geologe, bekannt durch seine Erdbebentheorien und Wettervorhersagen „Die kritischen Tage", war Freimaurer. F i n d e l („Bauhütte", 1881) erwähnt eine Unterhaltung mit ihm, in welcher F. auf die Ähnlichkeit der Abzeichen in peruanischen Tempeln mit modernen Freimaurerabzeichen aufmerksam machte. F. glaubte, daß Peruaner Gold für den Salomonischen Tempel nach Jerusalem gebracht (!) und dort die Riten kennengelernt hätten. Diese von B a r t h e l m e s (s. d.) als Narrheiten gekennzeichneten Kombinationen sind dann später mit Beziehung auf die Maya-Kultur wieder aufgetaucht.

Falck, A n t o n R e i n h a r d, F r e i h e r r v., niederländischer Staatsmann und Diplomat, * 1777, † 1843, hatte großen Anteil an der niederländischen Freiheitsbewegung, war Unterrichtsminister unter W i l h e l m I., trat nach Ausbruch des belgischen Aufstandes für die Trennung Hollands von Belgien ein, war Zugeordneter Großmeister des Großostens der Niederlande.

Falk, E d m u n d, Dr. med., Sanitätsrat in Berlin, * 1864, Alt- und Ehrenmeister der Loge „Victoria" in Berlin, aufgenommen 1894, Verfasser zahlreicher gründlicher historischer Untersuchungen. In letzter Zeit beschäftigt ihn hauptsächlich die Frage des Zusammenhanges der alten Handwerksgebräuche mit den Ritualen der Freimaurer. (So in der Festschrift der Großloge „Lessing zu den drei Ringen", 1930, im „Hamburger Logenblatt" usw.)

Fallou, F r i e d r i c h A l b e r t, Advokat, * 1794, Mitglied der Loge „Archimedes zu den drei Reißbrettern" in Altenburg, Verfasser der „Mysterien der Freimaurer oder die verschleierte Gebrüderung, Verfassung und Symbolik der deutschen Baugewerke", 1848, 2. Auflage 1859, mit wertvollen Hinweisen auf die Vorgeschichte des Bundes, Zunftverfassungen der deutschen Baugewerke und deren Bräuche. Darin befinden sich für die Zusammenhänge mit der heutigen Freimaurerei wesentliche Stücke aus dem „A u s w e i s" der alten Steinmetzbrüderschaften, wie beispielsweise folgende Dialogstelle, deren Echtheit allerdings von neueren Forschern stark angezweifelt wird:

Altgesell: „Was trägst du unter deinem Hute?"

Fremder: „Eine hochlöbliche Weisheit."

Altgesell: „Was trägst du unter deiner Zunge?"

Fremder: „Eine hochlöbliche Wahrheit."

Altgesell: „Wozu trägst du einen Schurz?"

Fremder: „Dem Handwerk zu Ehren und mir zum Vorteil."

Altgesell: „Was ist die Stärke bei unserem Handwerk?"

Fremder: „Dasjenige, was Wasser und Feuer nicht verzehren können."

Altgesell: „Was ist das beste an einer Mauer?"

Fremder: „Der Verband."

Falsche Brüder wurden in der Frühzeit der ersten englischen Großloge Leute genannt, die sich aus politischen und anderen Gründen in die Logen aufnehmen ließen, um diese ihren Zwecken dienstbar zu machen. Namentlich in der Vorrede der „L o n g L i v e r s" (s. d.) ist von solchen F. B. vielfach die Rede. (Vergl. B e g e m a n n.) Es handelte sich dabei nicht selten um Jakobiten (s. d.), T o r i e s, die dem herrschenden Königshaus feindlich gesinnt waren (s. W h a r t o n).

Fälschungen, Freimaurerische, betreffen entweder Dokumente, mit denen irgendwelche historische Zusammenhänge oder Ableitungen bewiesen werden sollen, oder Überlieferungen zum Teile mündlicher Art. Die an anderer Stelle wiedergegebene Geschichtsklitterung A n d e r s o n s (s. d.) kann nicht als Fälschung bezeichnet werden, da sie lediglich den Stil der Chronisten nachahmt, die alle Weltgeschehnisse bis zur Erschaffung der Welt verfolgen. Außerdem benützte hier Anderson ältere Vorbilder. Dagegen haben wohl die meisten Glücksritter der Freimaurergeschichte des 18. Jahrhunderts mit gefälschten Urkunden operiert. Berühmte F. sind: die von K r a u s e als „ä l t e s t e K u n s t u r k u n d e n" bezeichneten und ernst genommenen Dokumente, wie das sog. F r e i m a u r e r v e r h ö r unter H e i n r i c h VI., der älteste Katechismus, die Y o r k e r Urkunde (Konstitution von 926) (s. alle diese), deren Unechtheit F i n d e l nachweisen konnte, die K ö l n e r Urkunde, die auf die Freimaurerei bezüglichen Briefe von John L o c k e, ebenso die auf die holländische Loge Frederick's Vredendall im Haag bezüglichen Akten, C a g l i o s t r o s plumpe F., betreffend eine vorgebliche ägyptische Freimaurerei u. a. m. Um 1812 erregten die F. eines William F i n c h, eines Schneiders aus Canterbury, einiges Aufsehen. Alle diese, die Johannismaurerei betreffenden F. treten aber an Zahl und Bedeutung zurück gegenüber jenen zahlreichen Fälscherkünsten, die in Verwendung kamen, um den Hochgraden und Rittergraden den Schein uralten Bestehens und historischer Grundlage zu geben. Hierher gehört das Heermeisterpatent (s. d.), mit dem der gutgläubige, aber kritiklose Freiherr v. Hund hinters Licht geführt wurde, die berühmte Charta Transmissionis (s. d.) des angeblichen Templergroßmeisters Larmenius und schließlich die Ableitung der Großen Konstitutionen (s. d.) des A. u. A. Schottischen Ritus von einem apokryphen Dokument Friedrichs des Großen. Dieses Schreiben, dessen Original unauffindbar ist, wird immer wieder im genauen Wortlaut gegeben. Auch der Brief, den der König anläßlich der Freimaurerverfolgungen nach Aachen geschrieben haben soll, ist als F. anzusprechen.

Im Gegensatze zu diesen mehr oder weniger frommen Betrugsversuchen, die in erster Linie dem Ansehen einzelner Personen oder des Bundes dienen sollten, stehen jene zahllosen tendenziösen F., die von Gegnern mit weniger Geschick als Vertrauen auf die Gläubigkeit der Masse hervorgezaubert wurden. Unübertroffen stehen hier Leo Taxil und seine Freunde da, die ganze Ritualreihen gefälscht haben. Hierher gehören auch die „Protokolle der Weisen von Zion“, die F. der römischen „Idea Nazionale“ (s. Fascismus), sowie zahlreiche Belegstellen aus Ludendorffs Schriften, vor allem aber die von Mousset (s. d.) aufgedeckten F. in den von „Professor Pharos“, recte Puntigam (s. d.) herausgegebenen Protokollen des Mordprozesses von Sarajevo, auf denen die Behauptung von der Schuld der Freimaurer an der Sarajevoer Bluttat und dadurch am Weltkrieg aufgebaut wurde. Bisher unbekannt geblieben sind F., die ein gewisser Koch in Preßburg, scheinbar ohne Nebenzweck, aus Spieltrieb produzierte, wobei er die Freimaurerei mit einer adeligen Gesellschaft in Lübeck, der sogenannten Circulgesellschaft, in Verbindung brachte und für sich selbst aus Freimaurerei, Circulgesellschaft und Wildensteiner Ritterschaft ein sonderbares System errichtete.

Wiederholt umgefälscht wurden bildliche Darstellungen der Freimaurerei. So besonders wieder vom Taxilkreis. Ebenso auch von nationalistischen Blättern, wobei harmlosen Logenphotographien durch Titel und Schlagzeilen die gewünschte Wirkung verliehen wird. Ein bekanntes Beispiel aus allerletzter Zeit ist die Gruppenaufnahme der deutschen Feldloge „Zum aufgehenden Licht an der Somme“ in St. Quentin, die von Ludendorff als Beweis für landesverräterische Umtriebe in den Feldlogen herangezogen wurde. Die auf dem Bilde erkennbare Zivilperson ist jedoch kein Franzose, sondern ein deutscher Etappenphotograph namens Sparr.

Familienforschung, Freimaurerische. Die Treue, mit der vielfach mehrere Generationen dem Bunde dienen, hat wiederholt zu Familienforschung Anlaß gegeben. Ein schönes Beispiel einer Freimaurerfamilie ist die des Dichters Walter Scott.

1. Generation:
   Walter Scott (Beardie)
2. Generation:
   Robert
   Walter
   William
3. Generation:
   *Walter 1754
   Sohn, Name unbekannt
   *Capt. Robert Scott 1786
   Thomas
   *Robert 1785
   John
   *Walter, Sir, 1801
   *Thomas 1807
   Daniel
4. Generation:
   *Thomas (1807)
   *Sir Walter Scott
   *Walter 1836
   *Walter 1826

Sir Walter Scotts Schwiegersohn Gibson Lockhart wurde 1826 aufgenommen, dessen Sohn 1848.

Faning, Eaton, englischer Komponist, * 1850, † 1927, Professor der Königlichen Musikakademie, komponierte Chorwerke, Ouvertüren, Operetten, war Mitglied der Londoner Orpheus Lodge und Großorganist.

Farben, Farbensymbolik, die bei den Alchimisten, Kabbalisten und Rosenkreuzern eine große Rolle spielt, ist der Freimaurerei ursprünglich fremd. Das alte Zunftwappen der englischen Freimaurer hatte einen blauen Grund. Vielleicht daher, später symbolisch als Farbe des Himmels gedeutet, wurde Blau die freimaurerische Hauptfarbe. Die Farbe der Logenbänder usw. war ursprünglich weiß, etwa mit andersfarbigem Rand, wie in Braunschweig 1744 (gelb eingesäumt). Ebenso Dresden 1743 Logenbänder weiß, nur die Großloge blaue Bänder. In der von Perau (s. d.) herausgegebenen Verräterschrift 1745 findet sich das Fragenstück: „Habt Ihr den Großmeister gesehen? Ja! Wie ist er gekleidet? Antwort: In Gold und Azur, oder besser in ein braunes Gewand mit blauen Strümpfen.“ Gold und Azur bedeuten hier jedoch die Farben des Zirkels mit seinem goldenen Kopf und seinen stahlblauen Schenkeln. Über Antrag von Desaguliers wurde 1731 in der englischen Großloge folgende Farbenordnung beschlossen: Großbeamte blaues Band, Stewards rotes Band, alle anderen, Stuhlmeister und Brr., weißes Band. Ein in der Rawlinsonsammlung vorhandenes Verzeichnis spricht außerdem noch von einem in tiefstem Gelb eingefaßten Schurz für den Großschwertträger. Crowe vermutet, daß die Farben der Großloge den hohen englischen Orden entlehnt wurden. Daher Großloge von England lichtblau wie der Hosenbandorden, Großloge von Schottland das grüne Band des Distelordens, die Groß-Stewards das Rot des

* Die mit einem Sternchen Bezeichneten waren Freimaurer. Die Aufnahmen erfolgten mit Ausnahme von Robert Scott und Sir Walter Scott durchwegs in der Canongate Kilwinning Lodge. Die Jahreszahlen bedeuten das Jahr der Aufnahme.

Bathordens. Die irische Großloge wählte zur Unterscheidung ein dunkleres Blau.

Späterhin wurde Blau die allgemeine Farbe. Auch heute noch die übliche Farbe der nach ihr benannten blauen, d. i. Johannismaurerei, im Gegensatz zu dem Rot der „Schottischen", roten Maurerei. Die Farben der Hochgrade sind sehr abwechslungsreich. Die höchste Stufe erreicht der Royal-Ark-Mariner-Grad, der als Farbe das ganze Spektrum des Regenbogens verwendet (s. Bekleidung).

Farbige (engl. Coloured people [men]), s. Neger.

Farragut, David, Glasgow, Erster Admiral der Flotte der Vereinigten Staaten von Nordamerika, * 1801, † 1870, zeichnete sich im Krieg gegen England aus, spielte auch im Bürgerkrieg eine hervorragende Rolle, wofür ihm der Kongreß den Dank des Vaterlandes aussprach, war Mitglied der Lodge No. 1, Portsmouth.

Farrokh-Khan, Emir-ul-Mulkh, Emir, kaiserlich persischer Minister, * 1814, wurde als Gesandter am französischen Hofe 1857 zugleich mit der Mehrzahl seines Gesandtschaftspersonals in der Loge „La sincère amitié" in Paris aufgenommen.

Fascismus hat von Anfang an die italienische Freimaurerei bekämpft und sie schließlich vollkommen ausgelöscht. Die volle Schärfe des Kampfes richtete sich gegen den Grande Oriente d'Italia, Großorient von Italien, mit Sitz im Palazzo Giustiniani in Rom, seine Auswirkungen trafen aber auch den Supremo Consiglio (Obersten Rat) und die Gran Loggia Nazionale (National-Großloge), die an der Piazza Gesù in Rom niedergelassen waren. Am 13. Februar 1923 forderte der Große Fascistenrat unter Vorsitz Mussolinis (s. d.) die Fascisten, die Freimaurer waren, auf, zwischen der Zugehörigkeit zur Partei und zur Freimaurerei zu wählen. Für die Fascisten gebe es nur die fascistische Disziplin und Hierarchie und nur einen Gehorsam, jenen gegenüber dem Duce. Der Grund zu diesem Vorgehen lag nicht zuletzt in einer kurz vorher vom Großorient herausgegebenen Mitteilung, worin als Ergebnis eingehender Debatten erklärt wurde, daß die Freimaurerei niemals zu einer politischen Partei werden könne, sondern im Interesse des vaterländischen Gedankens über allen Parteien stehen müsse, und daß die freimaurerische Tradition sich unverrückbar auf die Anschauungen von der Souveränität des Volkes stütze. Am 18. Februar gab das Direktorium des Großorients allen Brr. Fascisten volle Handlungsfreiheit. Manche verließen den Orden, z. B. die Mitglieder des Großen Fascistenrates Rossi, Balbo und Acerbo, andere kehrten dem Fascismus den Rücken, so der aus dem Weltkrieg bekannte General Luigi Capello (s. d.), der den fascistischen Marsch auf Rom mitgemacht hatte. In einem Graubuch „Massoneria e Fascismo" (Rom 1923) unterbreitete der Großmeister des Großorients, Senator Domizio Torrigiani (s. d.) der Öffentlichkeit das Material über die Stellungnahme der Freimaurerei zum F. Bei aller Anerkennung der ursprünglichen fascistischen Ideologie wurde jede Gewaltpolitik abgelehnt und der Freiheitsgedanke der italienischen Freimaurer nachdrücklichst unterstrichen. Ende 1923 setzten schwere Ausschreitungen fascistischer Sturmtrupps gegen viele Freimaurerlogen ein. In zahlreichen Städten wurden Freimaurertempel zerstört, deren Einrichtungen und Archive weggeschleppt. Am 5. August 1924 dekretierte der Große Fascistenrat neuerdings die Inkompatibilität zwischen F. und Freimaurerei. Daraufhin gingen die Gewalttaten weiter. In Rom fanden wiederholt nächtliche Angriffe auf den Palazzo Giustiniani statt. Der Großorient erklärte nun auch seinerseits Unvereinbarkeit zwischen den beiden Bewegungen und schloß das Mitglied des Großen Fascistenrates, Dudan, aus. Torrigiani, Capello u. a. bekundeten namentlich nach der Ermordung Matteottis öffentlich, daß staatliche Ordnung nicht auf Terror, sondern nur auf Demokratie beruhen dürfe. Die Fascisten verboten daraufhin auch die Zugehörigkeit nichtfascistischer Offiziere und Beamten zur Freimaurerei.

Am 10. Jänner 1925 wurde im Parlament ein Antifreimaurergesetz (s. d.) eingebracht, das die freimaurerische Tätigkeit zwar nicht formell verbot, aber praktisch unmöglich machen sollte. Im Mai wurde dieses Gesetz nach einer heftigen Rede Mussolinis von der Kammer angenommen. In der Generalversammlung des Großorients am 6. September wurde Torrigiani neuerlich zum Großmeister gewählt und mit außerordentlichen Vollmachten ausgestattet. Falsche Zeitungsnachrichten (gefälschte Dokumente in der „Idea Nazionale"!), die Freimaurer hätten ausländische Intervention angerufen und zum Sturz der Lira beigetragen, führten zu neuerlichen Krawallen. In Florenz wurde vier Tage lang eine förmliche Treibjagd auf Freimaurer veranstaltet. Eine ganze Anzahl von ihnen wurde blutig geschlagen, vierzig schwer verletzt, achtzehn getötet, u. a. der Eisenbahner Necciolini, der frühere — kriegsinvalide — Abgeordnete Pilati und der Rechtsanwalt Console. Daraufhin erklärte der Großmeister Torrigiani die Arbeit der italienischen Freimaurerei für eingestellt. Am 4. November wurde General Capello unter der Beschuldigung verhaftet, an dem Attentatsplan des Sozialisten Zaniboni gegen Mussolini beteiligt gewesen zu sein. Gleichzeitig wurden der Sitz des Großorients und die Logenhäuser in der Provinz von Truppen besetzt. Durch Annahme des Antifreimaurergesetzes auch im Senat trat dieses in Wirksamkeit. Capello wurde nach achtzehnmonatiger Untersuchung vor den fascistischen Sondergerichtshof gestellt. Der Prozeß erbrachte trotz der Beteuerungen des Lockspitzels Quaglia, der die Anzeige erstattet hatte, nicht die Spur eines Beweises gegen Capello, trotzdem wurde dieser zu 30 Jahren Zuchthaus, verschärft durch Einzelhaft während der ersten sechs Jahre, verurteilt. Am nächsten Tage wurde der Großmeister Torrigiani verhaftet und ohne jedes Gerichtsurteil von der Konfinierungskommission auf fünf Jahre nach den Liparischen Inseln verbannt. Wegen eines schweren Augenleidens, das fast Erblindung herbeigeführt hätte, wurde

Torrigiani nach mehrjähriger Internierung auf einige Zeit in ein Sanatorium in Mittelitalien übergeführt, aber dann wieder auf eine der Inseln zurückgebracht. Seit der formellen Auflösung der Freimaurerei sind auch sonst bei wiederholten Gelegenheiten zahlreiche Freimaurer verhaftet und interniert worden. Im Frühsommer 1931 anläßlich des Konflikts zwischen dem Vatikan und fascistischer Regierung erklärte der Papst in seinem Rundschreiben über die „Katholische Aktion", der F. habe zuerst die Freimaurerei hinausgewiesen, ihr dann aber das Tor wieder weit geöffnet, worauf das fascistische Direktorium antwortete, das Gegenteil sei der Fall: Vatikan und Freimaurerbund, „eins im Haß gegen den fascistischen Staat", hätten miteinander ein Bündnis besiegelt (s. Italien).

Faßbinderorden, ein Studentenorden an der Jenaer Universität, der 1761—1768 bestand und freimaurerische Sitten, so die Erkennungszeichen, nachahmte. Das Abzeichen zeigte ein aufgestelltes Faß und drei Gläser.

Faubel, A. F. L., Oberst a. D. der niederländischen Kolonialarmee, * 1865, Großsekretär des Großostens der Niederlande, aufgenommen 1899 in der Loge „De Stern in het Oosten" in Batavia, gewesener Zugeordneter Großmeister der Provinzial-Großloge von Niederländisch-Indien, Stuhlmeister einer Reihe von Logen seiner wechselnden Dienstorte (zuletzt „Groot-Nederland" im Haag), seit 1915 Mitglied des Großbeamtenrates (Hoofdbestuur) des Großostens der Niederlande, ist besonders auch um die Herausarbeitung der geistigen Grundsätze seiner Obedienz in der freimaurerischen Öffentlichkeit bemüht.

Fauchè, Giovanni Battista, * 1815, † 1884, Franzose von Geburt, zuerst in österreichischen Diensten, an der revolutionären Bewegung in Venedig beteiligt, Marineminister Garibaldis, annektierte Sizilien für das neue Regime, war Freimaurer.

Faure, Felix, Präsident der französischen Republik von 1895—1899, * 1841, † 1899, Gerbermeister, dann Politiker, Staatsoberhaupt zur Zeit des Dreyfus-Prozesses und des Faschoda-Konflikts, wurde in Le Hâvre 1865 in die Loge „L'Aménité" aufgenommen.

Faux-frère (frz.), Freimaurer, der sein Gelübde bricht, auch Denunziant, Spitzel (s. d.).

Faux Grand Maître du Grand Orient de France, Le, vieraktiges Lustspiel, das 1815 erschien und gegen Napoleon, den „falschen Großmeister der Freimaurer", und seine Generäle gerichtet war.

Favon, Georges, Staatsrat in Genf, * 1843, † 1902, langjähriger Chef des Genfer Erziehungsdepartements, Mitglied und Präsident des schweizerischen Nationalrates, Gründer und Leiter des radikal-demokratischen „Petit Genevois" (später „Genevois"), während eines Vieteljahrhunderts glänzendster politischer Publizist der Westschweiz, Mitglied der Genfer Loge „Fidélité et Prudence", war Großredner der Großloge „Alpina".

Favre, Jules, französischer Staatsmann, * 1809, † 1880, Advokat, Führer der republikanischen Opposition gegen Louis Philippe und Napoleon III., 1870 Kriegsgegner, 1881 Außenminister, war Freimaurer.

Fédération Internationale Maçonnique pour la Société des Nations (Internationale Freimaurervereinigung für den Völkerbund). ist eine in Paris auf Anregung von Magalhaes Lima (s. d.) nach dem Weltkrieg gebildete, zunächst auf Frankreich beschränkt gebliebene Organisation zur Pflege des Völkerbundgedankens. Führende Mitglieder: der französische Deputierte Accambray, der seinerzeitige Präsident der Völkerbundversammlung und gewesene portugiesische Ministerpräsident Alfonso da Costa, der Ehren-Großmeister der Großloge von Frankreich, Bernard Wellhoff, und der Pariser Advokat Robert Kiefé.

Feigenbruderschaft, eine um die Mitte des 18. Jahrhunderts in Nachahmung der Freimaurerei in Wien entstandene Rotte von grobschlächtigen Epikureern beiderlei Geschlechtes, die 1751 in Nußdorf bei Wien von der Keuschheitskommission ausgehoben wurde. Darunter befanden sich auch die beiden Söhne des Bürgermeisters Rutenberg aus Danzig, die zur Prangerstrafe verurteilt wurden. Um sich an den Österreichern zu rächen, lieferte der Danziger Magistrat den damals österreichischen Rittmeister Baron Friedrich v. d. Trenck an Friedrich den Großen aus, der ihn dann 10 Jahre in Magdeburg gefangen hielt.

Feilitzsch, Arthur Freiherr von, Geheimer Rat, Vizepräsident des ungarischen Abgeordnetenhauses, Ackerbauminister, war Stuhlmeister der Loge „Unio" in Klausenburg (* 1859, † 1925).

Feldhofer, Anton, pensionierter Gubernialsekretär der galizischen Regierung, überreichte von 1792 an dem Kaiser Franz II. von Österreich 20 Jahre lang „sehr importante Details" in Form von Denkschriften, in denen er den Nachweis erbringen wollte, die Freimaurer hätten es darauf abgesehen, den Kaiser und seine Gemahlin zu schinden, wie auch lebendig verbrennen zu lassen. Vom Kaiser indirekt ermutigt, legte er gegen entsprechende Bezahlung unzählige Berichte über von ihm entdeckte „Verschwörungen" vor. Im Wiener Haus-, Hof- und Staatsarchiv finden sich in den die Geheimakten des Kaisers enthaltenden Faszikeln ganze Aktenbündel mit den von F. ersonnenen Schauermärchen über die „heimlichen Jakobiner". Seine Spezialität war die Auslegung von Theaterzetteln, aus denen er alles mögliche herauslas. (Der Titel des Volksstückes: „Die hübsche kleine Putzmacherin" deutete auf die Absicht der Freimaurerei hin, die Erde von den Monarchen zu reinigen.) Trotzdem der Oberstlandrichter von Haan 1801 im Auftrag des Kaisers ein Gutachten vorlegte, in dem er die Mitteilungen des F. als Hirngespinste bezeichnete, die an die Würde des Thrones rührten, bezog der Kaiser auch weiterhin diese Mitteilungen seines Konfidenten, die er bis 1804 aus der Privatschatulle bezahlen ließ. Ob F. nur Narr oder bewußter Erpresser war, der mit der ständigen Angst des Kaisers vor geheimbündlerischen Verschwörungen ein Geschäft machen wollte, ist heute nicht mehr festzustellen. (Ausführliches hierüber: „Neue Freie Presse“, Wien, 14. Juni 1931, Beilage, mitgeteilt von Richard Wiener.)

Feldlogen, s. Militärlogen.

Feldlogen, Deutsche, im Weltkrieg: Brüssel, „Stern von Brabant“; Bukarest, „Carmen Sylva zur deutschen Treue“; Chauny, Vereinigung „Victoria im Felde“; Focsani, ein Feldkränzchen; Kattowitz, „Zur Wacht an den Grenzen“; Kowno, „Deutsche Wacht an der Memel“; Libau, „Anker und Schwert“; Lüttich, „Zum Eisernen Kreuz“; Metz, „Moselwacht“; Mitau, „Zum deutschen Schwert im Osten“; Riga, „Hanseatentreue“; Warschau, „Zum Eisernen Kreuz im Osten“; Westerland-Sylt. „Frisia zur Nordwacht“; Wilna, „Wilna zum flammenden Schwert“.

Félicité, Ordre de la, ein gemischter, d. h. Frauen und Männer aufnehmender Logenorden, der 1742 in Nachahmung freimaurerischer Gebräuche von de Chambonnet gegründet wurde. In einer Polizeinote von 1744, in der von der Absicht die Rede ist, Tänzerinnen des Opernballetts, darunter die Carton (die 1738 dem Polizeileutnant Herault die „Masonry dissected“ von Prichard verschaffte), in den Orden aufzunehmen, wird gesagt, dessen Geheimnis bestehe in drei Dingen: „gut Trinken, gut Essen usw.“ (Vergl. Lantoine, „Histoire“.) Als Parodie auf die Freimaurerei bezeichnet Dinaux („Les Sociétés badines...“, Paris 1867) diesen und ähnliche Orden jener Zeit, wie die aus der „Félicité“ hervorgegangenen Chevaliers et Chevalières de l'Ancre“, die „Fendeurs et Fendeuses“, die „Chevaliers et Chevalières de la Rose“ u. a.

Fellow, Fellow Craft, Fellowship (engl.), Fellow bedeutet Genosse, daher Fellowship die Genossenschaft. Im englischen akademischen Leben ursprünglich die ordentlichen Mitglieder eines College. Späterhin Bezeichnung eines akademischen Grades oder der Mitgliedschaft einer wissenschaftlichen Gesellschaft. Z. B.: F. S. A. = F. of the Society of Arts F. R. S. = F. of the Royal Society. F. R. C. P. = F. of the Royal College of Physicians usw.

Im freimaurerischen Sinn hat F. eine Doppelbedeutung: ursprünglich ist F. das Mitglied der Craft, der Gewerkschaft. Er muß Master sein, ehe er F. werden kann, Master bedeutet den Befähigungsgrad, F. die erlangte Mitgliedschaft an einem bestimmten Orte. (Speth.) Später erscheint F. zur Bezeichnung einer Gradstufe, in dem der erst gegen 1730 vom Meistergrade abgetrennte Ritualteil als zweiter Grad der Fellows bezeichnet wird, die von da an, entsprechend dem deutschen Wort Gesell, „Fellow-Craft“ heißen. F. C. ist daher in der angelsächsischen Freimaurerei durchweg der „Gesell“. Fellowship heißt die gesamte Genossenschaft, der Bund.

Fellow Craft's Song, eines der bekanntesten Tafellieder der alten englischen Freimaurerei mit den vielzitierten Anfangszeilen: „Hail Masonry Thou Craft divine.“ Der Dichter ist Charles Delafaye, der um 1723 Mitglied der Loge at Horn's Tavern in London war.

Feme, Die heilige, deutsche, besonders in Westfalen (14. und 15. Jahrhundert) verbreitete Geheimgesellschaft, die sich zur Zeit des Darniederliegens der staatlichen Gewalten im mittelalterlichen Deutschland Gerichtsbarkeitsrechte anmaßte und wie alle derartigen Einrichtungen, z. B. die Heilige Hermandad in Spanien, unter guter Führung eine segensreiche Einrichtung, unter schlechter eine Bedrohung der sozialen Gemeinschaft bedeutete. Sie ging schließlich an sich selbst und dem Widerstande des Volkes zugrunde. Maurerisch insoferne von Belang, als Albert Pike bei seiner Bearbeitung des A. u. A. Schottischen Ritus auch den geschichtlichen Rahmen der Feme für einen Grad verwendet hat.

Fendeurs, Les, eine 1747 entstandene Nachahmung der Freimaurerei in Frankreich, die sich dem Namen entsprechend auf die Holzfällervereinigungen als Ursprung bezog. Ihre Einrichtungen erinnern in vielen Punkten an die später aufgetretenen Carbonari. Der Versammlungsort hieß Chantier (Bauplatz oder Zimmerhof), die Mitglieder sprachen sich als Cousins an. Der Vorsitzende hieß Père-Maître. Der Orden bestand bis gegen 1809. Genaueres über ihn bei Kloß, Geschichte der Freimaurerei in Frankreich, und Crowe, A. Q. C. 1909, der auch Abbildungen aus dem Ritual bringt.

Fensch, Ludwig, Dr. phil., Geistlicher, zuletzt Oberpfarrer in Forst i. L., * 1838, † 1910, war einer der führenden humanitären deutschen Freimaurer. Er war Gründer der Loge „Zum Licht im Walde“ in Forst (Royal York), schrieb eine Reihe von Büchern (u. a. „Freimaurerei und Christentum“, „Das Panteistikon des John Toland“, „Feßler“, „Zur Arbeit am Rauhen Stein“). In den letzten Jahren vor seinem Tode war er Vorsitzender des Vereins Deutscher Freimaurer. In dieser Eigenschaft hielt er auf den Jahresversammlungen bedeutende Vorträge, so in Magdeburg (1907) über Glauben und Wissen. („Darf die Loge Gottesleugnern Zutritt gewähren? Wenn der Suchende in der Freimaurerei eine Verbrüderung von Menschen zur Pflege des Menschentums sieht, so ist er in der Tat kein Gottesleugner, auch er fragt nach der letzten Lösung des Welträtsels, hat den Drang nach Höherem und Übersinnlichem und ist mehr ein Gottsucher als ein Gottesleugner. Er kann daher dem Bunde beitreten.“)

Fenster, auf Teppichen und Symboltafeln einzelner Systeme, zuerst abgebildet 1747; schon in einer französischen Verräterschrift finden sich drei Fenster, die im Katechismus von Prichard erklärt werden: „Habt ihr einige feste Lichter in der Loge?“ „Ja, drei.“ „Wie sind sie gelegen?“ „Im Osten, Süden und Westen.“ „Wozu dienen sie?“ „Um den Männern zu, bei und von der Arbeit zu leuchten.“ „Warum ist kein Licht im Norden?“ „Weil die Sonne keine Strahlen daher wirft.“ Diese drei festen Lichter werden in Gegensatz gebracht zu den kleinen, beweglichen Lichtern auf den drei Säulen.

Ferguson.

1. Walther, englischer Schiffskapitän und Freimaurer, rettete 1792 auf seinem Zweidecker „Good Hope“ 64 Freimaurerfamilien von Madeira vor der Verfolgung der Inquisition nach Amerika, wo sie von Washington zu Bürgern der Vereinig-

ten Staaten gemacht wurden (s. Portugal).

2. Hon., George Howan, seit 1923 Ministerpräsident von Ontario (Kanada), * 1870, Führer der Konservativen, ist Freimaurer.

Fergusson, Sir Charles, Baronet of Kilkerran, * 1865, kämpfte in Ägypten, Indien und im Weltkrieg, Generalgouverneur und Oberbefehlshaber von Neuseeland 1924—1930, war Großmeister der dortigen Großloge.

Ferienkurse, Freimaurerische, veranstaltete 1921 und 1922 der — nur kurze Zeit in Erscheinung getretene — „Groß-Orient der Schweiz des A. u. A. Schottischen 33° Ritus“ (Cerneau). Diese Kurse fanden in Klosters (Graubünden) statt. Sie behandelten neben Unterricht in der Welthilfssprache Ido u. a. folgende Themen: 1921: Jesus von Nazareth im Lichte der Freimaurerei, das Wesen der Hochgradmaurerei, die Religionen im alten Ägypten, Einführung in die ägyptischen Mysterien. Einweihung in die Eleusinien, Einführung in die freimaurerischen Konstitutionen, das Cooke-Manuskript, das Freimaurerverhör, Ramsays Rede, der Aufbau des Weltalls nach der Auffassung der alten Inder und der neuen Wissenschaft; 1922: Die Freimaurerei im Verhältnis zur altägyptischen und altindischen Religion, Hochgradsysteme, psychische Irrwege, praktische Menschenkenntnis, die Gesetze der Harmonieübungen.

Féron, Emile, * 1841, belgischer Politiker, gründete 1863 in Brüssel die „Libre Pensée“, Mitbegründer der Unterrichtsliga und der Musterschulen, fortschrittlicher Abgeordneter, Gründer des republikanischen Blattes „La Réforme“, war Mitglied der Loge „Les Amis Philantropes“ in Brüssel.

Ferrari, Ettore, römischer Bildhauer, * 1844, † 1929, einer der bekanntesten italienischen Künstler der Vorkriegszeit, Schöpfer der Statue von Giordano Bruno in Rom, wiederholt Stadtrat und Kammerdeputierter, war einer der Führer der italienischen Freimaurerei, Großmeister des Großorients, Großkommandeur des mit diesem verbundenen Supremo Consiglio. In der Zeit der Freimaurerverfolgungen durch die Faschisten wurde sein Haus in Rom mehrmals überfallen. Drei Monate vor seinem Tode wurde F. „konfiniert“.

Ferraris, Joseph, Graf v., österreichischer Feldmarschall, * 1726 in Lunéville, † 1814 in Wien, nahm am Siebenjährigen und am Bayrischen Erbfolgekrieg teil, führte die erste topographische Aufnahme der Niederlande durch, Vizepräsident des Wiener Kriegsrates, war Mitglied der Brüsseler Loge „Heureuse Rencontre“.

Ferrer, Francisco, spanischer Lehrer und Revolutionär, * 1859, erschossen am 13. Oktober 1910 im Fort Montjuich, war Freimaurer. F., Mitglied einer Pariser Loge, gehörte zu dem Kreis der revolutionären Bewegung. Er war allerdings weniger Politiker als Pädagoge. Er erkannte, daß unter dem herrschenden System keine Möglichkeit war, seine Schule des Rationalismus durchzusetzen. Deshalb wurde er Revolutionär, weil er in einer republikanischen Staatsform den geeigneten Boden für seine Reformtätigkeit erhoffte. Der Umstand, daß er mit Revolutionären Umgang hatte, wurde ihm zum Verderben. Bei den Hochzeitsfeierlichkeiten des spanischen Königspaares fiel beim Einzug in Madrid eine Bombe, wobei aus dem Gefolge einige Personen getötet, bezw. verwundet wurden. Der Täter war ein früherer Lehrer an einer der F.schen Schulen. F. wurde als der Tat mitverdächtig verhaftet. Nach dreizehnmonatiger Untersuchungshaft wurde er vor ein ordentliches Gericht gestellt, das ihn freisprach. Gewisse Kreise der Kirche hatten die Aburteilung vor einem Kriegsgericht gefordert. Aber der Widerhall, den die Verhaftung F.s in Europa gefunden hatte, ließ es der spanischen Regierung doch nicht rätlich erscheinen, F. vor ein Kriegsgericht zu stellen. Während der Verhaftung waren seine Schulen geschlossen. Erst nach langen Verhandlungen durfte F. nach seiner Freilassung die Schulen wieder öffnen. Er selbst hielt sich von nun an vorwiegend in Paris auf, wo er in steter Verbindung mit republikanischen Kreisen war. In der Zwischenzeit war in Spanien die Mißstimmung gegen die Regierung gewachsen. Es kam zu einem Generalstreik, der vor allem in Barcelona einen kirchenfeindlichen Charakter annahm. Dort wurden Kirchen und Klöster in Brand gesteckt und Mönche und Nonnen verjagt. Da Barcelona der Hauptsitz der modernen Schule war, beschuldigte man F., der Organisator der Streikbewegung zu sein. Bei einem zufälligen Aufenthalt in Spanien — F. besuchte seine todkranke Schwägerin — wurde er verhaftet und von einem ganz willkürlich amtierenden Kriegsgericht seiner Gesinnung, nicht einer Tat wegen, zum Tode verurteilt. Nicht das geringste Indizium lag vor. F. durfte sich nicht verteidigen, ebenso durfte er keine Zeugen, die seine Unschuld beweisen konnten, beibringen. Man verlas in der Verhandlung lediglich die Aussagen von Belastungszeugen aus der Voruntersuchung. Aber auch diese wußten nichts Positives; sie hatten nur gehört, F. sei die „Seele des Aufstandes“ gewesen. Am Tage vor der Hinrichtung wurde F. in eine Zelle gebracht, die nach Art einer Kapelle eingerichtet war. Die katholische Kirche wollte sich die Gelegenheit nicht entgehen lassen, eine Seele für sich zu retten. Aber F. wies jeden geistlichen Beistand energisch ab. Stehend empfing er die tödliche Salve. Sein letzter Gruß galt seiner Schule: „Jungens trefft gut! Ich bin unschuldig. Es lebe die moderne Schule!“ Ein einziger Schrei der Empörung ging durch die Welt. Den Zahllosen, die gegen die blutige Schmach dieser ungeheuerlichen Rechtsverletzung ihre Stimme erhoben, gesellten sich auch viele freimaurerische Körperschaften. F. selbst erklärte, er habe seit zehn Jahren nur seinen Schulen, dem Unterricht, der Geistesbildung gelebt. Als besonders belastend wurden die bei ihm aufgefundenen freimaurerischen Schriften sowie Schurz und Meisterband des G. O. de France bezeichnet, obgleich die Freimaurerei in Spanien seit 1789 gesetzlich anerkannt war. Allerdings stand im § 2 der damaligen Verfassung der spanischen Freimaurerei: „Die Grundsätze der Freimaurerei sind die allgemeine Moral und das Naturgesetz, vorgeschrieben durch die Vernunft und erklärt durch die Wissenschaft!“ Das ohne den Schatten eines Beweises gefällte Todesurteil rief allgemeinste Entrüstung hervor, man hoffte allgemein, der König werde es nicht unterschreiben. Aber Alfons XIII. unterschrieb.

Ferry, Jules, französischer Staatsmann, * 1832, † 1893, organisierte nach der Absetzung des Kaisers Napoleon III. den Widerstand gegen die eindringenden Deutschen mit Gambetta, Favre, Rochefort u. a. 1880 Schulminister, war er die Seele des Antiklerikalismus und führte als Ministerpräsident die Gesetze gegen die Ordensgesellschaften und für die Laienschule durch (1882). Unter dem zweiten Ministerium F.: Verbannung des Jesuitenordens, Auflösung der sich den Gesetzen nicht fügenden katholischen Orden und Schöpfung der neben der konfessionellen Schule neu eingerichteten staatlichen Volksschule [École laique], um die gerade in unseren Tagen wieder in Frankreich der Kampf geht.) F. wurde am 8. Juli 1875 in der Pariser Loge „La Clémente Amitié" zusammen mit dem Philosophen Littré (s. d.) aufgenommen.

F. E. R. T., Abkürzung der Ordensdevise des „Ordens vom Tempel und St. Johann von Jerusalem", bedeutet: „Fortitudo Eius Rhodum tenuit" („Rhodus wurde durch seine Tapferkeit gehalten"), bezieht sich auf die Verteidigung von Rhodus durch den Ordens-Großmeister im Jahre 1522. Auch im Wahlspruche des italienischen Annunziatenordens, der angeblich 1392 von Amadeus von Savoyen gegründet wurde. Eine andere fälschlich unterschobene Deutung lautet: „Frappez, Entrez, Rompez Tout".

Feßler, Ignaz Aurelius (Innocentius), * 1756 in Czurendorf in Westungarn † 15. Dezember 1839 in Petersburg. Von einer tiefgläubig katholischen Mutter für den geistlichen Beruf vorbereitet, trat er in den Kapuzinerorden ein und pilgerte, nachdem er 1774 die kleineren Weihen empfangen hatte, zur Weiterbildung durch mehrere Klöster. Mit 23 Jahren wurde er zum Priester geweiht und kam 1781 als Frater Innocentius nach Wien, wo er sich mit Anhängern der liberalisierenden Josephinischen Kirchenpolitik anfreundete und von den Ideen der Aufklärung derart gefesselt wurde, daß er selbst als Neuerer hervortrat. Er unterbreitete dem Kaiser einen Bericht über Greuel in einem Klostergefängnis und legte ihm zugleich seine Anschauungen über die Notwendigkeit der Verbesserung des Kirchenwesens dar; er schlug vor, die Geistlichen unter den Schutz des Staates zu stellen, um sie gegen Verfolgungen durch die kirchliche Macht zu sichern, trat für die Priesterehe, Denkfreiheit bezüglich der kirchlichen Lehrbegriffe, Toleranz für jede Konfession usw. ein. Schließlich ließ er seine Gedanken über die Majestätsrechte in kirchlichen Sachen auch drucken und öffentlich verbreiten. („Was ist der Kaiser?") Das zog ihm starke Feindschaften zu, und man machte ihm beim erzbischöflichen Konsistorium den Prozeß. F. wurde auf vier Wochen von allen priesterlichen Funktionen suspendiert. Ein kaiserliches Dekret an den Erzbischof verwendete sich für ihn. Auf Grund eines Kommissionsberichtes bezüglich der F.schen Angaben über die Klostergefängnisse wurden diese aufgehoben und zahlreiche unglückliche Mönche und Nonnen aus fürchterlichen Kerkern befreit.

F. wurde dann vom Kaiser als Professor für orientalische Sprachen und Auslegungskunst des Alten Testaments an die Lemberger Universität berufen. Gleichzeitig erhielt er als erster Kapuziner den theologischen Doktorgrad. Fast wäre es nicht zur Abreise gekommen. Ein fanatischer Klosterbruder, Pater Sergius, verübte auf den „Häretiker" ein Attentat, dem dieser nur mit knapper Not entging.

In Lemberg verlangte und erhielt er durch Pater Chrysologus die Entlassung aus dem Kapuzinerorden und wurde Freimaurer, indem er sich in der Loge „Phönix zur runden Tafel" 1783 aufnehmen ließ. Sein antijesuitisches Theaterstück, „Sidney", wegen angeblicher Ausfälle gegen die Kirche denunziert, zog ihm neuerlich den Haß der klerikalen Kreise zu, so daß er sich seines Lebens nicht sicher fühlte und 1788 nach Breslau floh. Dort nahm sich seiner ein Freimaurer, Fürst Wilhelm von Schönaich-Carolath (s. Carolath) an, der ihn nach Wallisfurth als Erzieher seiner Kinder berief. F. trat nunmehr zum lutherischen Glauben über und schloß 1792 ein Ehebündnis, das jedoch 1802 wieder gelöst wurde. In Wallisfurth begann er eines seiner Hauptwerke, den „Marc-Aurel", von dem er drei Bände fertigstellte, die bis 1799 drei Auflagen erlebten, und siedelte 1796 nach Berlin über.

Hier wurde er in die Untersuchung gegen die Euergeten (s. d.) verwickelt, das Verfahren gegen ihn jedoch eingestellt. Seine wirtschaftliche Lage war ziemlich trostlos. 1796 schloß er sich der Loge Royal York an und blieb in ihrem Stande bis 1802. Streitigkeiten veranlaßten ihn, 1802 auszutreten. In dieser verhältnismäßig kurzen Zeit leistete er Hervorragendstes. Er wurde Reformator der Loge Royal York, Begründer und Zugeordneter Großmeister der auf ihr aufgebauten Großloge und der Erbauer ihres Systems. (Vergl. O. Kahle in Concordia-Bibliothek, Bd. 9/11.) Bald nach seinem Eintritt in die Oberste Leitung berufen (damals noch nach französischen Vorbild die Ritter vom Rosenkreuz), arbeitete er Rituale und Verfassung nach seinem Grundsatz um, Freimaurerei sei eine Erziehungsanstalt zur Vernunftmäßigkeit und Sittlichkeit zum Vorteil der menschlichen Gesellschaft, erreichte durch Teilung der Loge in vier Bauhütten die Errichtung der Großloge, für die er das Protektorat des Königs erwirkte, vier Monate, bevor dessen Edikt erging, das den drei preußischen Großlogen eine Monopolstellung einräumte. Diese Stellungnahme Friedrich Wilhelms II. gegenüber der F.schen Großloge war um so bedeutsamer, als die Große Landesloge diese der Reformen wegen als „Winkelloge" erklärt und des heimlichen „Jakobinismus" verdächtigt hatte, eine Beschuldigung, die in den damaligen Zeiten recht schwer wiegen konnte. Leider vertrug sich F. mit einem der größten deutschen Geister nicht, der in seiner Zeit in seine Loge eintrat, mit Fichte. Vielleicht traf diesen der größte Teil der Schuld an dem Streit, der im Juli 1800 zum Austritt des Philosophen führte (s. Fichte).

Bei seinem Reformwerk drängte F. — allerdings ohne Erfolg — auf gänzliche Beseitigung der Hochgrade. Er glaubte, daß reine freimaurerische Arbeit nur auf Grund der von ihm wieder stark der ursprünglichen englischen Lehrweise angenäherten „hiramitischen Maurerei" — wie er die Johannismaurerei in der von ihm bearbeiteten Form nannte — allein möglich sei, mußte sich aber angesichts der Ablehnung, der er begegnete, doch zur Beibehaltung von Hochgraden entschließen. Das geschah, indem er zunächst auf die vier bisher bearbeiteten Hochgrade einen Innersten Orient („Die Auserwählten des neuen Jerusalem") aufsetzte und dann die höheren Grade einer durchgreifenden Reformation unterzog, sie zu Erkenntnisstufen, Unterrichtsgraden (s. d.) gestaltete. Die kirchliche Erziehung, die F. genossen hatte, führte ihn dabei auch auf gnostische Bestandteile, die in seinen Schriften häufig genug zu verfolgen sind. An dem Maßstabe seiner Zeit gemessen, hat F. in seinem Ritual — er arbeitete auch die Johannisgrade um — eine sehr vergeistigte und hochpoetische Auffassung und Behandlung der Freimaurerei geschaffen.

„Alle maurerischen Rituale sollten ihrer formalen Tendenz nach sein: Nicht Mittel, die Neugierde der Brr. zu unterhalten und zu spannen; nicht symbolische Vorbildungen der letzten Aufschlüsse; nicht Versprechungen einst mitzuteilender wichtiger Geheimnisse, sondern rein belehrende, auf die edleren Gefühle berechnete Darstellungen, durch welche das von dem Vorstande erfaßte Wesen der Freimaurerei dem Herzen nähergelegt und dasselbe dafür erwärmt und begeistert wird."

Zu seinem Ausscheiden führten nicht zuletzt die Anfeindungen, denen das „Feßlersche System" bald unter seinen Brr. begegnete. Aber auch weiterhin hielt ihn der Gedanke der Freimaurerei fest. Er schloß sich der Loge „Zu den drei Bergen" in Freiberg i. S. an, die sich seine Annahme von den so undankbaren Berlinern nicht verbieten ließ. 1803 zog er mit seiner ihm 1802 angetrauten zweiten Frau nach dem von ihm überzahlten Gute Kleinwall bei Berlin. Seine Verhältnisse wurden immer schlimmer, lange hielt er sich nur durch Zuwendungen auswärtiger Freimaurerfreunde über Wasser. Trotzdem literarisch ungemein tätig, wurde er schließlich 1809 als Professor für orientalische Sprachen und Philosophie an die Universität in St. Petersburg berufen.

In Petersburg betätigte er sich sofort wieder freimaurerisch. Zusammen mit dem Unterrichtsminister Grafen Rasumovsky, dem Polizeiminister Balaschew und dem demokratischen Staatssekretär Speransky (s. d.) saß er in einer vom Kaiser Alexander I. eingesetzten Kommission, die über die Tätigkeit der Logen ein Gutachten abzugeben hatte. Speransky hatte er, um diesem die notwendigen Kenntnisse zu vermitteln, eigens in den Bund aufgenommen. Auf Grund des Kommissionsberichtes wurde die Freimaurerei in Rußland offiziell genehmigt. Auch hier machte sich aber bald Mißgunst geltend. Auf Erkundigungen, die der Großmeister der Direktorialloge „Wladimir", Böber, in Berlin über F. einzog, äußerte sich der Ordensmeister der Großen Landesloge, Castillon, sehr unfreundlich. U. a. warf er ihm vor, er habe einen eben getauften Juden, der von der Loge „Royal York" abgewiesen wurde, nach Hamburg empfohlen und dort seine Aufnahme bewirkt und Fichte auf ungesetzliche Weise in den Bund aufgenommen. (Vergl. Friedrichs „Geschichte der einstigen Maurerei in Rußland", Berlin 1904.) Auch sonst ruhten die Feindseligkeiten kirchlicher Kreise gegen ihn nicht, so daß er es vorzog, die Leitung einer Erziehungsanstalt in Wolsk im Gouvernement Saratow zu übernehmen. 1819 zum Superintendenten, Konsistorialpräses und Bischof in Saratow erhoben, verdarb er es sich mit seinen Pastoren und wurde nach Petersburg zurückberufen, wurde Generalsuperintendent und Kirchenrat (1833) und verlebte hier den Rest seines vielbewegten Lebens.

Feßlersche Lehrart, s. Feßler.

Feste. Als freimaurerisches Fest gilt der Johannistag, am 24. Juni, an welchem Tage das Johannisfest (s. d.) gefeiert wird. In englischen Logen und auf den obersten Stufen der Schwedischen Lehrart gilt auch als Festtag der Tag St. Johann des Evangelisten, der 27. Dezember. Außerdem veranstaltet die englische Großloge ihr Jahresfest am Mittwoch nach dem St.-Georgs-Tag, dem 23. April. In Schottland und in den Andreaslogen des Schwedischen Systems wird der Andreastag, der 30. November gefeiert, in Frankreich die Sommersonnenwende, von den beiden französischen Körperschaften des Schottischen Ritus auch die Wintersonnenwende (s. Fête de l'Ordre Ecossais). Am 22. März, dem Tag der Hinrichtung des letzten Tempelgroßmeisters Jakob de Molay, begehen die Kapitel des Schwedischen Systems (im VII. Grad) das Große Ordensfest. Der Gründonnerstag gibt den Rosenkreuzerkapiteln des A. u. A. Schottischen Ritus Anlaß zu einer eindrucksvollen Zeremonie. Außerdem begehen die meisten Logen noch ihren Einsetzungstag durch das Stiftungsfest. Auch das Weihnachtsfest und ein Neujahrsfest ist in manchen Logen üblich. Als Schwesternfeste werden Veranstaltungen mit den Frauen und weiblichen Angehörigen bezeichnet, die mitunter in eigener ritualmäßiger Form abgehalten werden.

Festetics, Grafen, ungarische Magnatenfamilie. Graf Ludwig F. und seine drei Söhne waren in den achtziger Jahren des 18. Jahrhunderts Mitglieder der Loge „Zur Großmut" in Budapest. Anton F. kaufte 1805 dem Hauptmann Franz Xaver v. Aigner (s. d.) die von diesem geretteten Freimaurerarchive ab, die noch heute im Schlosse von Dég (s. d.) von der Familie F. verwahrt werden. Andere F. waren in Wien und Brünn Freimaurer.

Fête de l'Ordre Ecossais (frz.), Fest des Schottischen Ordens, findet in Paris alljährlich im Dezember am Tag der Wintersonnenwende als gemeinsame Veranstaltung des Suprême Conseil und der Grande Loge de France statt.

Fête solsticiale (frz.), Sonnwendfest, von vielen französischen Logen an Stelle des Johannisfestes begangen.

Feuer, wahrscheinlich aus Frankreich stammender Brauch beim Ausbringen von Gesundheiten an der Tafelloge. In den „Three Distinct

Knocks" (1768), ebenso in „Jachin and Boas" wird das Niedersetzen der Gläser als Feuern bezeichnet. In etwas veränderter Form bei der deutschen Tafelloge: der den Trinkspruch Ausbringende läßt mit einem dreimaligen F. (oder auch mit einem einmaligen für dreimaligen) F. der zu ehrenden Person gedenken (s. Salve).

Feuerbestattung wird von katholischen Gegnern (in Schriften, Hirtenbriefen usw.) als ein Hauptprogrammpunkt der Freimaurerei und Kampfmittel gegen die katholische Kirche bezeichnet; in einzelnen Orten haben Freimaurer, wohl auch Logen aus sanitären, ethischen und ästhetischen Gründen sich für die Einführung der Kremation eingesetzt, im übrigen aber steht die Freimaurerei als solche diesem Problem indifferent gegenüber, da sie ihren Mitgliedern vollkommene Freiheit in religiösen Fragen läßt. Vereine von Freunden der Feuerbestattung (z. B. die Wiener „Flamme") haben selbst wiederholt die ausdrückliche Erklärung abgegeben, daß sie zu dem Freimaurertum in keiner Beziehung stehen.

Feustel, Friedrich v., Bankier, Mitglied des Zollparlaments und der bayrischen Abgeordnetenkammer, seit 1874 Mitglied des Reichstags. * 1824, seit 1843 Mitglied der Loge „Eleusis zur Verschwiegenheit" in Bayreuth, Großmeister der Großloge „Zur Sonne" von 1863—1869, dann von 1875—1884. Von ihm mehrere Reden: Zur Ritualfrage, Regerer Verkehr zwischen Großloge und Tochterlogen, Was ist Freimaurerei u. a.

Fiala, Anthony, amerikanischer Polarforscher, * 1869, begann seine Laufbahn als Zeichner für Zeitungen, nahm am Spanisch-Amerikanischen Krieg teil, Photograph der Baldwin-Ziegler-Expedition (1901/02), Leiter der zweiten Ziegler-Expedition (1903 bis 1905), begleitete Roosevelt auf seiner Forschungsreise nach Brasilien, schrieb „Fighting the Polar ice", ist Mitglied der New Yorker Kane Lodge Nr. 454.

Fiches, Affäre der. Jean Bidegain, seit 1894 stellvertretender Sekretär des Grand Orient de France in Paris, war 1904 der Urheber der „Affaire des Fiches". Als damals in Frankreich, das noch unter den Nachwirkungen der Dreyfus-Affäre vibrierte, davon gesprochen wurde, die reaktionäre Kamarilla in der Armee plane einen Staatsstreich mit dem Ziel einer Diktatur wünschte sich der Kriegsminister André (im Kabinett Combes) über die Loyalität jener Offiziere zu unterrichten, denen höhere Kommanden anvertraut werden sollten. Ein Major seines Stabes kam auf die Idee, durch das Sekretariat des Grand Orient eine Sammlung von „Fiches", Informationszetteln, über die Aspiranten auf diese Posten anlegen zu lassen. Dessen Generalsekretär Vadécart kam dem — nicht zu verantwortenden — Wunsche seltsamerweise nach und wurde später vom Ordensrat ritterlich gedeckt, trotzdem dieser vorher nicht befragt worden war und zweifelsohne ein durch die Konstitution des Grand Orient verbotenes aktives Eingreifen in politische Geschehnisse vorlag. Bidegain verkaufte sein Wissen in Gestalt entwendeter Dokumente und Kopien um 20.000 Francs durch einen der Führer der antifreimaurerischen Bewegung, Abbé de Bessonies (s. d.), an die klerikale „Ligue de la Patrie". Schwerste Angriffe waren die Folge. In der Kammer wurde die Regierung am 28. Oktober 1904 von dem klerikalen Deputierten Guyot de Villeneuvs interpelliert, ein Mißtrauensvotum gegen den Kriegsminister gefaßt und die Angelegenheit als Agitationsmittel für die Wahlen von 1906 weidlich ausgeschlachtet. Der Konvent des Grand Orient von 1905 behandelte die Affäre eingehend, er anerkannte, daß die verantwortlichen Funktionäre in guten Treuen gehandelt hätten. Bidegain veröffentlichte in der Folge zwei Bücher gegen die Freimaurerei, „Le Grand Orient de France" (1915) und „Une conspirations sous la 3e République" (1910). 1919 erwarb er ein Papiergeschäft in Neuilly, schwere Geldsorgen trieben ihn einige Jahre später in den Tod. 1926 beging er mit seiner Frau Selbstmord.

Einen zweiten F.-Skandal gab es 1906, diesmal mit umgekehrten Vorzeichen. Abbé Tourmentin (s. d.), der gewesene päpstliche Nuntius Montagnini, der Mgr. Jouin (s. d.) und andere hatten umfangreiche Zettelkasten angelegt, in denen Beamte, Politiker, Geistliche, Offiziere verzeichnet waren, die in ihren Augen des „Republikanismus" verdächtig waren. Diese „F. Pontificales", die zu einer Hausdurchsuchung in der ehemaligen Nuntiatur führten, wirbelten viel Staub auf.

Fichte, Johann Gottlieb, deutscher Philosoph, * 1762, † 1814, 1793 Professor in Jena, hielt dann, als er dort wegen eines Aufsatzes „Über den Grund unseres Glaubens an eine göttliche Weltregierung" des Atheismus beschuldigt und entlassen wurde, Vorlesungen in Berlin, 1805 Professor in Erlangen, 1807—1808 „Reden an die deutsche Nation" in Berlin, 1810 Professor und erster Rektor der neuen Berliner Universität. Berühmt u. a. durch Versuch einer „Kritik aller Offenbarung", „Wissenschaftslehre", „Bestimmung des Menschen", „Der geschlossene Handelsstaat", „Grundzüge des gegenwärtigen Zeitalters", „Anweisung zum seligen Leben", „System der Sittenlehre" usw.

Wo F. als Freimaurer aufgenommen wurde, ist unbekannt. 1794 erscheint er als Mitglied der Loge „Günther zum stehenden Löwen" in Rudolstadt. Als er wegen des Atheismusstreites und auch infolge der unfreundlichen Stellungnahme der Jenenser Studenten Jena verlassen und nach Berlin übersiedeln mußte, suchte er in Berlin Anschluß an die dortigen Freimaurerkreise. Varnhagen schreibt in seinen Denkwürdigkeiten, daß F., nachdem er weder bei den Gelehrten, noch bei dem großen Publikum hatte durchdringen können, zu dem Versuche gekommen war, seine Lehre dem Freimaurerorden zur Pflege und Ausbreitung zu übergeben und diesem selbst dadurch eine neue Weihe zu verschaffen. Der Plan war, diesen in allen Weltteilen wirksamen Bund von Verbrüderten zu einem Organ der Philosophie zu machen und gleichsam ein Pythagoreisches Institut in seiner Zeit wieder hervorzurufen. F. traf im Herbst 1799 mit Feßler (s. d.) zusammen, der in ihm ein bedeutungsvolles Element für den Freimaurerbund erkannte und seine Einverbrüderung bei der Loge „Royal York“ einleitete. Bei der Annahme F.s am 17. April 1800 hielt Feßler an ihn eine schöne Ansprache, das gute Verhältnis zwischen diesen beiden, für den Rahmen einer Loge zu bedeutenden Männern hielt jedoch nicht lange an. Die Gegensätze, die sich entwickelten, waren ursprünglich rein wissenschaftlicher Natur. Sie betrafen die letzten Aufschlüsse, die Feßler in seinem „Inneren Orient“ zu geben verheißen hatte. Die anfangs sachlich geführte schriftliche Auseinandersetzung geriet auf das persönliche Gebiet. F. war sicherlich nicht nur eine starke, sondern auch eine starre und unnachgiebige Persönlichkeit. Am 15. Juni 1800 hielt Feßler eine Rede über „Klugheit und Gerechtigkeit, die Grundfesten einer Loge“, die im wesentlichen gegen den neuerstandenen Euergetenbund gerichtet war. F. bezog diese Rede zu Unrecht auf sich und trat beim Johannisfest in derart scharfer Weise gegen Feßler auf, daß er den Unwillen aller Anwesenden erregte. Zwar wurde eine Aussöhnung zwischen den beiden Hitzköpfen hergestellt, aber der Riß blieb, so daß F. schon am 7. Juli seinen Austritt bei der Loge anmeldete; er blieb aber in Beziehung zur Freimaurerei.

Seine Ansichten über die Freimaurerei sind niedergelegt in Sonntagsvorträgen, die er im April 1800 vor einer zahlreichen Versammlung von Freimaurern aller Systeme in Berlin gehalten hat. Der Redakteur der „Eleusinien des 19. Jahrhunderts“, J. C. A. Fischer, erhielt von F. die Erlaubnis, sie in Druck zu legen, und nannte sie „16 Briefe an Constant über Philosophie der Freimaurer“, wobei er jedoch einzelne Erweiterungen einfügte. So ist der zweite Brief von Fischer. Erst vom 6. Brief an sind die Zusätze ganz unbedeutend und die Worte fast durchgehend die eigenen F.s. Der Grundzug der F.schen Auffassung deckt sich mit dem Lessings. Der Zweck des Freimaurerbundes ist für ihn, „die Nachteile der Bildungsweise in der größeren Gesellschaft wieder aufzuheben und die einseitige Bildung für den besonderen Stand in die gemeine menschliche Bildung zu verschmelzen“. Die ganze Menschheit soll eine einzige, rein moralische Gemeinde in einem einzigen, durchaus rechtlichen Staat ausmachen, wobei das vernünftige Wesen durchaus über die unvernünftige Natur herrschen und der tote Mechanismus dem Gebote eines Willens unterworfen werde. Für den Maurer ist die Religiosität nichts Isoliertes und für sich Bestehendes. Er ist nicht religiös, sondern er denkt und handelt religiös. Durch die Betrachtung des scheinbaren Widerspuches zwischen dem Pflichtgesetze und dem Weltenlauf wird der Mensch zur Religion geführt. Diese Betrachtung stellt ihm statt des irdischen Zwecks, an dem er verzweifelt, unerachtet er nicht aufgibt, für ihn zu arbeiten, einen unsichtbaren und ewigen auf. Die Religion ist ihm nun nicht mehr Gegenstand, sondern Werkzeug alles seines Wirkens. Wie sich in den Augen des Maurers der irdische Zweck zu dem ewigen verhält, so verhält sich für ihn der gegenwärtige nächste Zweck des Staates, in welchem er lebt, zu dem irdischen Zweck der gesamten Menschheit. In seinem Gemüte ist Vaterlandsliebe und Weltbürgersinn innigst vereinigt: „Vaterlandsliebe ist seine Tat, Weltbürgersinn ist sein Gedanke. Die erstere die Erscheinung, die zweite der innere Geist dieser Erscheinung.“

In diesen Briefen an Constant hat F. nach Lessing der deutschen Freimaurerei einen geistigen Inhalt gegeben, der in Krauses „Menschheitsbund“ die abschließende Krönung erfahren hat. Es tut in unserer Zeit besonders not, auf diese F.schen Gedankengänge zu verweisen, weil hier zum ersten Male der Gedanke des freimaurerischen Internationalismus seine für alle Zeiten erledigende Fassung erfahren hat. Während Goethe als Weltbürger in seinen Mannes- und Greisenjahren außerhalb seines Volkes lebt, steht F., der Redner an die deutsche Nation, in glühender Liebe zu seinem Volk, ohne auf den evolutionären Menschheitsgedanken verzichten zu wollen. Diese Verbindung von Vaterlandsliebe und Menschheitssinn, die dem heutigen Freimaurer von seinen Gegnern so sehr zum Vorwurf gemacht wird, geht also, was nicht nachdrücklichst genug betont werden kann, gerade auf den glühendsten Verfechter deutschen Volkstums, nämlich auf F. zurück.

Ficke, Gottfried August, Kaufmann und Fabrikant in Freiburg i. Br., * 1808, † 1887. Aufgenommen in der Loge „St. Georg“ in Hamburg (1841), übersiedelte er nach Freiburg und erweckte die eben erst eingegangene Loge „Zur edlen Aussicht“ in Freiburg zu neuem Leben (1852). Er schuf im Verein mit F. B. v. Trentowsky (s. d.) für seine Loge ein eigenes, oft „F.sches“ oder Freiburger“ benanntes Ritual, das von teilweise anderen Grundgedanken bei den Symbolen ausging und auch an Stelle der Bibel das Weiße Buch (s. d.) auflegte. Diese wesentlichen Rituraländerungen wurden von der Großloge „Zur Sonne“ auf ihrer Tagung in Heidelberg 1870 genehmigt. F., der eine starke Persönlichkeit mit reicher Welterfahrung war, darf zu den bedeutenden Reformatoren der deutschen Freimaurerei des 19. Jahrhunderts gerechnet werden. Er hinterließ reiche naturwissenschaftliche und ethnologische Sammlungen, die dem Freiburger Städtischen Museum zufielen.

Fictuld, Hermann, richtig Johann Heinrich Schmidt, Verfasser alchimistischer, magisch-kabbalistischer Schriften, spricht in dem 1747 geschriebenen und 1749 in Leipzig erschienenen „Aureum Vellus oder Goldenes Vlies, das ist verhoffte Entdeckung, was dasselbige sey?“, an zwei Stellen von einer „Sociätät der Goldenen Rosenkreuzer“, den Erben der Ritter vom Goldenen Vlies nach der Schlacht bei Nancy. Auch in allen seinen späteren Schriften spielt der 1747 anscheinend noch ganz im geheimen wirkende Orden eine Rolle, dem F. dann die erste Organisation schuf, wenn er nicht von sich aus eine ganz neue Verbindung unter dem alten bewährten Namen ins Leben gerufen hat. (Vgl. Arnold Marx: „Die Gold- und Rosenkreuzer“ im „Freimaurermuseum“, Bd. 5.).

Fidelitas, Fraternité des Lowtons de France, 1930 gegründete französische Jugendvereinigung. Sitz: Orphelinat Maçonnique, 19, rue de Crimée, Paris.

Fidschi-Inseln (engl. Fiji Islands), Inselgruppe in Polynesien, englische Kronkolonie. In der Hauptstadt Suva und anderen Ortschaften arbeiten unter der Großloge von England vier, unter der Großloge von Schottland eine Loge.

Fife, James Duff, 4. Earl, General, * 1787, † 1857, Freiwilliger im Kriege der Spanier gegen Napoleon, nahm als General in spanischem Dienste an der Schlacht bei Talavera teil, war 1814/15 Großmeister der Großloge von Schottland.

Fiktion, im wissenschaftlichen Denken eine Annahme, deren Unwahrscheinlichkeit, ja Unmöglichkeit eingesehen ist, die aber doch als Hilfsbegriff dem menschlichen Verstande große Dienste leistet (z. B. leerer Raum, der Äther, die soziologischen Fiktionen der Gleichheit aller Menschen, der Demokratie usw.). Wir denken so, als ob etwas wäre, was doch nicht ist oder nicht so sein kann. Die Theorie der F. gibt Vaihinger in seiner Als-ob-Philosophie (s. d.). Auch die Freimaurerei arbeitet mit F. der Gleichheit. der allgemeinen Bildungsfähigkeit, der Brüderlichkeit, der ethischen Vollwertigkeit aller ihrer Mitglieder usw. Diese unentbehrlichen Denk- und Arbeitsbehelfe behalten selbstverständlich ihren vollen Wert, auch wenn das Einzelerlebnis sie zu widerlegen scheint. Die sogenannten „Enttäuschten" (s. d.) im Bunde gehören daher ausnahmslos zu jenen Menschen, die Wert und Wesen der Fiktion nicht verstehen, und die ihr bedeutungsloses persönliches Erleben über den in seiner abstrakten Schärfe wohl „fiktiven", aber in seinen Auswirkungen doch so überaus fruchtbaren Bundesgedanken zu stellen bemüht sind.

Fil à plomb (frz.), Senkblei.

Fillmore, Millard, 1850—1852 Präsident der Vereinigten Staaten von Nordamerika, * 1800, † 1874, war in den Tagen der Morgan-Affäre heftiger Kämpfer gegen die Freimaurerei, nachdem er 1828 auf das Programm der antimaurerischen Partei in die New Yorker Legislative gewählt worden war. Da die Demokraten ihn 1852 nicht wieder als Präsidentschaftskandidaten aufstellten, kandidierte er 1856 auf das Programm der „Know Nothings", der geheimbündlerischen militanten Katholiken- und Fremdengegner, unterlag aber.

Film. Szenische Darstellungen freimaurerischer Zeremonien sind in der Nachkriegszeit wiederholt auf der Leinwand erschienen, so z. B. in einem Cagliostro-Film. Der Ludendorff nahestehende Tannenbergbund ließ 1929 einen Filmstreifen herstellen, zu dem W. Grenz einen Text geschrieben hat. Dieser gestellte Film dient der Tendenz der Bekämpfung der Freimaurerei im Sinne Ludendorffs. In Hollywood wurde im Auftrage amerikanischer Freimaurer ein Film hergestellt, der nicht für die Öffentlichkeit berechnet ist, sondern Instruktionszwecken in Logen dienen soll.

Finch, William, ein Betrüger aus Canterbury (England), der mit der Dummheit der Welt schlau umzugehen verstand. Er war gegen Ende des 18. Jahrhunderts Mitglied einer Loge gewesen, die er wieder verlassen mußte. Darauf eröffnete er eine eigene Loge in seinem Hause und nahm Leute, denen er Geld schuldete, in die Freimaurerei auf. Ein Handwerker, Smith, der für F. gearbeitet hatte, präsentierte ihm seine Rechnung. F. schickte ihm seine Gegenrechnung über Aufnahmstaxen in den Bund, die um 15 Pfund höher war. Smith ging vor Gericht und ließ Großbeamte der Großloge von England als Zeugen laden. Das Gericht verurteilte F. als Betrüger. F. veröffentlichte ein Manifest, in welchem er die Freimaurerzeugen des Falscheides bezichtigte. Ein Buch über Freimaurerei, „A Masonic Treatise with an Elucidation on the Religious and Moral Duties of Freemasonry" widmete er dem Provinzial-Großmeister von Kent, wobei er die Unverschämtheit besaß, sich im Vorwort auf angebliche Billigung durch diese amtliche Person zu berufen (1801). Zahlreiche andere Schriften folgten, zum Teile in einer primitiven Chiffreschrift verfaßt. Im Jahre 1816 ging ihm scheinbar der Atem aus, er versuchte vergeblich, seinen ganzen Buchladen, etwa 7000 Stück eigener Drucke, in Partien zu verkaufen. Bald hernach starb er den Hungertod.

Findel, Gottfried Josef Gabriel, freimaurerischer Schriftsteller und Buchhändler, * 1828, † 1905. Aus ärmlichen Verhältnissen stammend, bezog er das Gymnasium in Bamberg, wo er sich bereits mit literarischen Arbeiten beschäftigte, und kam mit sieben Gulden in der Tasche an die Münchner Universität. 1849 tat er sich bei Studentenversammlungen hervor, mehrere scharfe Artikel aus seiner Feder trugen ihm eine zehnmonatliche Untersuchungshaft ein. Er wurde amnestiert, gab das Studium auf und wurde Buchhändler und Schriftsteller. Aus der katholischen Kirche war er ausgetreten und hatte sich der freireligiösen Gemeinde angeschlossen. Während seiner Lehrzeit in einer großen Buchhandlung in Heidelberg besuchte er Vorlesungen an der Universität. Seine freimaurerische Laufbahn ist sehr bewegt. 1856 in der Loge „Eleusis" in Bayreuth aufgenommen, schloß er sich 1858 der Loge „Minerva" in Leipzig an und wollte nach vorübergehender Rückkehr zu seiner Mutterloge 1872 zur Loge „Apollo" hinüberwechseln; da er dort Schwierigkeiten begegnete, die, wie schon vorher, nicht zuletzt auf seine Schreibweise zurückzuführen waren, trat er der Loge „Zum Morgenstern" in Hof bei, aber auch hier hielt es ihn nicht, und er schied 1891 in Unfrieden von der Bauhütte; 1898 finden wir ihn in der Loge „Johannes zum wiedererbauten Tempel" in Ludwigsburg. Die Leipziger Logen hatten ihm den Besuch gesperrt. Erst die aus der „Minerva" hervorgegangene Loge „Phönix" nahm ihn wieder auf. F. söhnte sich dann mit den Leipziger Verhältnissen langsam wieder aus.

Auf die freimaurerischen Verhältnisse seiner Zeit gewann er besonderen Einfluß durch die gemeinsam mit Dr. Rudolf Seydel (s. d.) begründete Zeitschrift „Die Bauhütte". F., ein ausgezeichneter, scharfer Journalist, eine ungestüme, von leidenschaftlicher Hingabe an die freimaurerische Sache erfüllte Kampfnatur, deckte in dieser Zeitung rücksichtslos Schäden im Bunde auf und redete einem zeitgemäßen Fortschritt das Wort. Daß er sich hierdurch viele Feinde schuf, liegt auf der Hand. Sein reichhaltiger Briefwechsel, der im Archive der Großloge „Zur Sonne“ in Bayreuth verwahrt wird, zeigt, daß er mit allen führenden Freimaurern seiner Zeit in ständigem fruchtbarem Gedankenaustausche lebte. Im Jahre 1860 regte er gemeinsam mit dem Schweizer Freimaurer Schauberg (s. d.) die Gründung des Vereins deutscher Freimaurer an, die am 19. Mai 1861 Wirklichkeit wurde. Er war durch 17 Jahre der treffliche Geschäftsführer des Vereins, auf ihn geht neben vielen anderen Schöpfungen auch die Herausgabe der Jahrbücher zurück. 1878 trat er aus dem Verein aus. Für seine Zeit ungeheures Aufsehen erregte die 1861 bis 1862 erstmals erschienene Geschichte der Freimaurerei, der eine Fülle weiterer Schriften und zahlreiche Neuauflagen und Übersetzungen folgten. „Die Grundsätze der Freimaurerei im Völkerleben“ und „Der freimaurerische Gedanke und seine Berechtigung“ wurden vom Großorient von Belgien mit dem Peeters-Baertsoen-Preis (s. d.) ausgezeichnet. Im Auftrage des V. d. F. unternahm F. eine Reise nach England, wo es ihm auf Grund genauer Archivstudien gelang, die Unechtheit der Yorker Urkunde (s. d.) nachzuweisen. Seinem unruhigen Kopf entsprang 1884 die Idee des Lessingbundes (s. d.), gegen den sich die deutschen Großlogen auf dem Großlogentag 1885 entschieden aussprachen. Der Bund hatte namentlich in Glaubensdingen sehr ausgesprochen radikale Tendenzen und wollte die Logen unter dem Schlagwort „erhöhte planmäßige Werktätigkeit“ mit der Besprechung politischer und religiöser Fragen belasten. Nachdem die Großlogen ihren Mitgliedern die Beteiligung verboten hatten, stellte der Lessingbund 1891 seine Tätigkeit ein. Im gleichen Jahre trat F. die „Bauhütte“ an eine von Brr. gebildete Aktiengesellschaft in Frankfurt a. M. ab. Allgemeines Aufsehen erregte er dann wieder, als er 1896 den Schwindeleien Marghiottas und Leo Taxils (s. beide) mit den scharfen Gegenschriften „Katholischer Schwindel“, „Die Germania und der Gockelhahn des Teufels Bitou“, „Die katholische Klerisei auf der Leimrute“ entgegentrat und dadurch zur Aufdeckung der Taxiliade den entscheidenden Anstoß gab. Neben seiner ausgiebigen literarischen Tätigkeit gab F. seit 1895 die „Signale für die deutsche Maurerwelt“ und jahrelang den „Kalender für Freimaurer“ von van Dalen heraus. Für die Anerkennung der Negerfreimaurer Amerikas setzte er sich lebhaft ein und wurde von der Prince Hall-Großloge in Boston zum Ehren-Großmeister ernannt.

F., eine reich begabte, schöpferische, furchtlose, unabhängige, selbstlose Persönlichkeit, war doch ein unglücklicher Mensch, der unter der Fuchtel seines cholerischen Temperaments stand. Geleitet von einem gewaltigen Freiheitsdrang, kämpfte er hemmungslos nach allen Seiten; namentlich sein Streit gegen die Hochgrade (vor allem der Großen Landesloge) kannte keine Grenzen. Wirkliche und eingebildete Feindschaften verbitterten ihm sein Leben, das auch sonst an Fehlschlägen reich war. Auf seine Zeit hat er nachhaltigen Eindruck ausgeübt; vieles von dem, was er geschaffen, hat bleibenden Wert behalten. Aus dem Bilde der Freimaurerei ist er nicht wegzudenken. Seine Schriften vergl. Bibliographie von Wolfstieg.

Finley, George Washington (Tewah-quah-ke-mon-goh), Chef der Piankeshaws-Indianer, * 1859 im Staate Kansas, ist einer der wenigen Rothäute, die den XXXII. Grad des A. u. A. Schottischen Ritus besitzen.

Finnland. Das russische Großfürstentum F. wurde im Jahre 1154 durch den König Eric IX. von Schweden erobert. 1714—1721, 1742—1743, und schließlich im Jahre 1809 fiel es an Rußland zurück. 1917 erklärte F. seine Unabhängigkeit und konstituierte sich 1919 als Republik. Die erste Freimaurerloge bestand vom Jahre 1758 an in Abo, dann in Helsingfors (nach vorübergehender Überführung nach Stockholm) unter der Großloge von Schweden bis zu ihrer Auflösung durch Kabinettsorder des Zaren vom Jahre 1809. Die Loge hatte damals 400 Mitglieder; 1813 hörte ihre Tätigkeit auf. Diese Loge, „Sankt Augustin“, wurde am 3. April 1923 durch die Großloge von Schweden wiedererweckt, nachdem schon 1908 ein Freimaurerverein „Granatenhjelms Stiftelse“ zur Erinnerung an den 1784 in Helsingfors verstorbenen schwedischen Freimaurer Major Fredrik Granatenhjelm von in Schweden aufgenommenen Finnen gegründet worden war.

Schon im Jahre 1919 hatten in Helsingfors lebende Finnländer, die während ihrer Aufenthalte in den Vereinigten Staaten in den Bund, zumeist in den Logen der Großloge von New York, aufgenommen worden waren, bei dieser Großloge um die Arbeitsbewilligung angesucht und sie bereitwilligst erhalten. Der Großmeister Arthur S. Tompkins begab sich in Begleitung von R. J. Kenworthy, Townsend Scudder und Ossian Lang nach Helsinki (früher Helsingfors), weihten die Loge Suomi Nr. 1 an ihrem Sitze im alten Parlamentshause ein und installierten als ihren Meister Axel Solitander, früheren finnischen Generalkonsul in New York und nunmehrigen Regierungsbeamten. Es stellte sich bald heraus, daß die Abhängigkeit einer europäischen Loge von Amerika zu umständlich war, so daß sich New York erbot, die Errichtung einer Großloge von F. zu ermöglichen, sobald drei Logen für ihre Gründung vorhanden sein würden.

Am 2. August 1923 erfolgte die Lichteinbringung in die Tammerloge Nr. 2 in Tampere, am folgenden Tage in die Loge „Phönix Nr. 3“ in Turku, und zwar wieder durch eine New Yorker Abordnung. Tovio H. Nekto aus Brooklyn verblieb bis zum Herbst 1924 in F., um die Arbeiten der drei Logen zu kontrollieren. Das Ritual der New Yorker Logen wurde übersetzt; die Loge „Suomi“ arbeitet abwechselnd schwedisch und finnisch, „Tammer“ finnisch und „Phönix“ schwedisch.

Im Frühjahr 1924 erteilte Großmeister William A. Rowan über einstimmig angenommenen Antrag von Ossian Lang den drei Logen, welche sich im Ansuchen um Konstituierung einer unabhängigen Großloge vereinigt hatten, ein provisorisches Patent, und am 9. August desselben Jahres versammelten sich die Vertreter der drei finnischen Logen unter Großmeister Solitander in ihrem Tempel zu Helsingfors, um sich auf die Konstitution, die Landmarken und die Alten Pflichten zu verpflichten, so wie sie durch die Großloge von New York beobachtet werden. Adresse: Unionsgatan 13, Helsinki.

Finocchiari, Aprile, italienischer Staatsmann, Minister in verschiedenen Kabinetten, bis 1914 Justizminister unter Giolitti, führender Freimaurer, Mitglied der Loge „Propaganda Massonica" in Rom, † 1916, bekämpfte leidenschaftlich den Eintritt Italiens in den Weltkrieg und schied, als dieser doch erfolgte, unter Protest aus der Leitung des Großorients von Italien aus.

Firminger, Walter K., Kaplan des Königs von England, Schriftsteller, * 1870, Verfasser zahlreicher theologischer und geographischer Werke sowie einer Geschichte der Freimaurerei in Bengalen, ist Großkaplan der Großloge von England.

Firrao, Josef, Kardinal-Staatssekretär der römischen Kurie, erließ am 14. Jänner 1739 auf Grund der Bulle Clemens XII. ein Edikt, das auf freimaurerische Betätigung außer der Exkommunikation, Gütereinziehung und Todesstrafe setzte.

Fischer, Johann Karl August, preußischer Hofrat, † 1814 in Wien, gab 1802 in Berlin die Eleusinien des 19. Jahrhunderts oder Resultate vereinigter Denker über Philosophie und Geschichte der Freimaurerei heraus (zwei Bände), in denen auch die bekannten „Briefe an Constant" von Fichte erschienen. Der zweite dieser Briefe ist von ihm selbst geschrieben und eingeschoben.

Fischer, Robert Julius, * 1829, † 1905, aus einer Malerfamilie in Gera stammend, Beamter beim Geraer Stadtrat, 1877 Gemeinderat, Oberbürgermeister von Gera, Landtagsabgeordneter, 1881 Vortragender Rat im Fürstlichen Ministerium, Geheimer Regierungsrat. 1857 in der Loge „Archimedes zum ewigen Bunde" aufgenommen, war er seit 1863 mit einer Unterbrechung von 1879—1886 deren Meister vom Stuhl. In diesem Amte entfaltete er eine beispiellos fruchtbare, von humanitärem, tolerantem Geist im schönsten Sinne des Wortes erfüllte Tätigkeit. Die Amtsniederlegung nach siebenjähriger Meisterschaft geschah als Protest gegen antisimitische Strömungen, die sich in der Loge eingenistet hatten. Auch während der zweiten Amtsführung kämpfte er energisch gegen solche an. Er hinterließ mehr als 500 größere und kleinere Arbeiten. Von 1890 an war er Geschäftsführer, von 1897 bis zu seinem Tode Vorsitzender des Vereins deutscher Freimaurer, dessen Vorstand er seit 1884 angehörte. Er veranstaltete die Herausgabe der dritten Auflage des „Allgemeinen Handbuches der Freimaurerei" (1900/1901). Weltruf genießen seine Katechismen, die im ersten Teile bisher 56 Auflagen erlebten, und die jetzt von Dr. August Horneffer, bezw. Ernst Paul Kretschmer, neu bearbeitet erscheinen. Noch kurz vor seinem Tode legte F. den Grundstein zur Bibliographie, die dann von Wolfstieg 1913 herausgebracht wurde. Ebenso übersetzte er in einer erläuternden Schrift die „Alten Pflichten", gab 23 Bände des Taschenbuches „Astraea" heraus, leitete die Zeitschrift „Latomia" und mühte sich — allerdings vergeblich — um Einigung der deutschen Freimaurerei in einer Johannis-Großloge des Deutschen Reiches, die 1900 vom Deutschen Großlogentag abgelehnt wurde. Auch als feinsinniger Dichter hat er sich bewährt. Neben dieser freimaurerischen Tätigkeit wirkte F. bahnbrechend auf dem Gebiete der Gabelsberger Stenographie und gab auch mehrere kaufmännische Handbücher von großem Werte heraus. Durch sein verbindliches Wesen gewann er sich im Bunde und außerhalb zahlreiche Freunde. Bei gleicher Arbeitskraft wie sein Zeit- und Altersgenosse Findel, verstand er es, dort zu verbinden, wo jener durch seine ätzende Schärfe trennte. Als Muster freimaurerischen Schaffens und unermüdlicher Arbeitskraft ist er mit seinen Werken in die Geschichte der Freimaurerei eingegangen.

Fitzwilliams, Duncan Campbell Lloyd, bekannter englischer Arzt, * 1878, Chefchirurg zahlreicher Spitäler u. a. des Mount Vernon Spitals für Krebskrankheiten, am Londoner Freimaurerspital hervorragend tätig, wurde 1922 Deputierter Grand Director of Ceremonies.

Flagge der Freimaurer. Eine von Großlogen eingeführte Freimaurerflagge gibt es nicht. Im Seeverkehr hat sich jedoch der Brauch entwickelt, daß manche Kapitäne, die Freimaurer sind, eine blaue F. mit weißem Zirkel und Winkelmaß führen, um in Fällen der Not Brr. zu Hilfe zu rufen oder im Hafen durch Hissen der Flagge freimaurerischen Verkehr anzubahnen. Der Suprême Conseil de France lud 1848 die freimaurerischen Körperschaften ein, eine solche F. anzuerkennen, die auf weißem Grund das Notzeichen zeigen sollte. Er fand wenig Enthusiasmus. Nach einer Mitteilung des Seefahrers F. W. Graefenhain im „Maçonnick Weekblaad" aus dem Jahre 1861, hißte ein Kapitän im Hafen von Honolulu die F. Von den dort gerade liegenden Schiffen antworteten an hundert. Man besuchte sich und verbrachte miteinander Stunden edler Geselligkeit. Der verstorbene holländische Großmeister A. S. Carpentier-Alting äußerte sich zur Frage der F. in seinem Wörterbuch für Freimaurer: „Als Notflagge kann die F. ihren Dienst tun. Aber der wahre Freimaurer braucht sie nicht, er soll seinen Mitmenschen helfen, auch wenn sie nicht Freimaurer sind." Die Große Landesloge der Freimaurer von Deutschland führt offiziell eine Ordensfahne — rotes Kreuz auf weißem Grund —, die zum Beflaggen von Logenhäusern verwendet wird. Seit 1931 hat auch die Große Loge von Preußen, genannt „Zur Freundschaft" eine F.; sie ist tiefblau und zeigt das Wappen der Großloge.

Flaggengruß (Flag ceremony), ein nach dem Weltkrieg in amerikanischen Logen aufgekommener Brauch. Die Staatsflagge wird vor Eröffnung der Arbeit begrüßt (in Oregon mit militärischem Gruß).

Flammender Stern (frz. Étoile flamboyante, engl. Blazing Star), kommt in den ersten Ritualen nicht vor. Die Loge „Absolon" in Hamburg kannte ihn z. B. 1737 noch nicht. Doch wird er bereits 1735 in England als ein Bestandteil der Einrichtung der Loge genannt. Er ist ein fünfzackiger Stern im Strahlenkranz, in dessen Mitte der Buchstabe „G". Bei der Vereinigung der beiden englischen Großlogen 1813 wurde folgende Erklärung über „the Blazing Star, or Glory in the contre" gegeben: Er erinnert uns an die Sonne, welche die Erde mit ihren Strahlen erleuchtet, und der Menschheit ihre Segnungen zuteil werden läßt, indem sie allen auf der Erde Licht und Leben gibt. In einem alten, von Oliver wiedergegebenen Logenbild (Tracing Board) erscheint der F. S. im Mittelpunkte der Symboldarstellung. Seine Deutung in den verschiedenen Systemen, auch Hochgraden, ist nicht einheitlich. In England wird er bereits im I. Grad erklärt, in Deutschland u. a. O. ist er ein im II. Grad gedeutetes Sinnbild. Er darf zu den allgemein üblichen Symbolen der Freimaurerei gerechnet werden.

Flammendes Schwert, Flamberg, in einzelnen englischen und vielen kontinentalen Logen übliches Dekorationsstück der Logeneinrichtung, das entweder auf dem Meistertische liegt oder vor dem Meister in einem besonderen Gestell steht. Es scheint um 1760 aufgekommen zu sein, denn Laurence Dermott geißelt diese mit der Einrichtung der echten Freimaurerlogen und dem Sinn der Arbeit in Widerspruch stehende Neueinführung in der 1764 erschienenen Ausgabe seines „Ahiman Rezon" (s. d.) als ein Zeichen der Großmannssucht und Eitelkeit der „Moderns", die ohne Staatsschwert in ihren Logen nicht arbeiten könnten.

Flechtenmacher, Christian, rumänischer Rechtsgelehrter, * 1785, † 1843, Schöpfer des rumänischen Zivilkodex (Code Collimaque), war Freimaurer.

Flemming, Hugo, Pastor und Evangelist der Wichern-Vereinigung in Hamburg, Neustrelitz, gab 1931 ein Buch, „Gottesvolk oder Satansvolk?", heraus, das sich in Ludendorffschen Gedankengängen bewegt. Eine Erwiderung, die einer Erledigung gleichkommt, schrieb hierzu Eduard Bachmann. (Mitteilungen der Großen Landesloge von Sachsen, Juli 1931.)

Flohr, Johann Friedrich August, Pädagoge, Professor in Berlin, * 1819, † 1899, Zugeordneter Großmeister der Großen Loge von Preußen, genannt „Royal York zur Freundschaft", veröffentlichte 1898 deren Geschichte. Er war seit 1853 Stuhlmeister der Berliner Loge „Friedrich Wilhelm zur Gerechtigkeit" und stand lange Zeit an deren Spitze.

Floquet, Charles Thomas, Advokat, radikaler französischer Politiker, * 1828, † 1896, wiederholt Präsident der Deputiertenkammer, 1889 Ministerpräsident, Bekämpfer des Boulangismus, war Mitglied der Loge „La Justice", Paris, und nahm mit Brisson (s. d.) u. a. an der Bekämpfung der die Tradition verfechtenden Auffassung des Suprême Conseil de France in Sachen des Symbols des A. B. a. W. führenden Anteil.

Florence, William Jermyn, amerikanischer Schauspieler, * 1831, † 1891 (Bernard Conlin), besonders erfolgreich in „The Mighty Dollar" von Benjamin Wolff (das 2500mal gespielt wurde), auch in England, Kompagnon Joseph Jeffersons, war der eigentliche Begründer des Ordens der „Nobles of the Mystic Shrine" (s. d.).

Florenz war in der ersten Hälfte des 18. Jahrhunderts der Sitz der ersten, 1733 gegründeten Loge auf italienischem Boden (wenn man die fast gleichzeitige Gründung der römischen Jakobitenloge in Betracht zieht, eine der ersten beiden Bauhütten). Gründer war Charles Sackville, Herzog von Middlesex (s. d.); erster Stuhlmeister ein „Monsiù Fox", wahrscheinlich Henry Fox, der spätere Lord Holland, Staatssekretär Georgs II. Am 23. Juli 1737 trat in F. auf Veranlassung des Heiligen Offiziums der Inquisition — möglicherweise unter Vorsitz des Papstes Clemens XII. — eine außerordentliche Konferenz zusammen, an der die Leiter der drei päpstlichen Kanzleien, Ottoboni, Spinola und Zandadori sowie der Inquisitor des Heiligen Offiziums teilnahmen. Gegenstand der Beratungen bildete die Freimaurerfrage. Wie die Berliner „Vossische Zeitung Nr. 85" von 1737 meldete, gelangte die Konferenz zu einer Verurteilung der Freimaurerei, die als „Heimlicher Molinismus oder Quietismus" bezeichnet wurde. Bald hernach setzten Verfolgungen ein; am 28. April 1738 wurde die erste päpstliche Bulle gegen den Freimaurerbund erlassen. 1739 wurde der Florentiner Dichter Tommaso Crudeli wegen seiner Logentätigkeit eingekerkert und gefoltert.

Zu Ehren von Lord Sackville wurde 1733 die erste freimaurerische Medaille geschaffen. Sie war das Werk des bekannten Medailleurs Johann Lorenz Natter (s. d.), der der Florentiner Loge angehörte. Kenntnisse von französischen Hochgraden, die dieser später mitnahm, trugen zur unrichtigen Behauptung bei, F. sei die Wiege des klerikalen Systems (s. d.) gewesen.

Im 19. und 20. Jahrhundert zeichnete sich das freimaurerische Leben in F. durch starke Geistigkeit aus. Zu Beginn der Fascistenherrschaft gab es dort sechs Logen des Großorients und mehrere der Großloge von Italien. Der fascistische Kampf gegen die Freimaurerei erreichte in F. ganz besonders exzessive Formen. Den Höhepunkt bildete nach schweren Ausschreitungen am 26. September 1925 eine förmliche „Bartholomäusnacht" (3. Oktober 1925), die mehreren Freimaurern das Leben kostete (s. Italien).

Florian, Jean Pierre Claris de, französischer Romanschriftsteller und Dichter * 1755, † 1794, Mitglied der Akademie, bekannter Liederdichter, Schöpfer einer Reihe von Dramen, insbesondere als Moralist und Satiriker von Bedeutung, war Freimaurer.

Florida, Bundesstaat der Vereinigten Staaten von Nordamerika. 1786 wurde General James Grant, der Oberbefehlshaber der britischen Truppen in den Provinzen Ost- und Westflorida, von der Großloge von Schottland zum Provinzial-Großmeister für den „Südlichen

Distrikt von Nordamerika bestellt und zur Einsetzung der „Grants's East Florida Grand Lodge" mit Sitz in St. Augustine ermächtigt. Diese war mit einer einzigen Tochterloge von 1783—1784 in Tätigkeit. Als in diesem Zeitpunkt durch den Tausch von F. gegen die Bahamainseln ersteres von England an Spanien überging, verließen die meisten Freimaurer das Land. Unter der bis 1819 dauernden spanischen Herrschaft, die Kolonisten aus den angrenzenden Territorien der Vereinigten Staaten nicht gerne sah, gab es eine einzige Bauhütte, die aber nach fünfjährigem Bestand von der Regierung unterdrückt wurde. Nach der Abtretung an die USA. begann dann rasch reges maurerisches Leben. 1820 setzte die Großloge von South Carolina wieder eine Loge ein, „Florida Virtues Nr. 20", 1830, nachdem F. den Rang eines Territoriums erhalten hatte, wurde die heutige Großloge gegründet. Sie zählte 1930 in 251 Logen mehr als 31.000 Mitglieder und unterhält ein Masonic Home mit 150 Insassen: 40 Alten, 110 Kindern. Adresse: Masonic Temple, Jaksonville.

Flotte, P a u l d e, französischer Politiker und Seeoffizier, * 1817, † 1860, sympathisierte mit der Revolution 1848, wurde, obwohl beim Juniaufstand den Bruderkampf zu verhindern bestrebt, deportiert, Mitglied der Legislative 1849, schrieb das bedeutsame Werk: „La Souveraineté du Peuple", nach dem Staatsstreich 1851 verbannt, befehligte als Mitkämpfer G a r i b a l d i s eine Flottille, fiel in der Schlacht bei Solano, wo ein Monument sein Andenken ehrt, war Freimaurer (L e b e y, Aperçu historique...", 1925).

Flourens, G u s t a v e, französischer demokratischer Politiker, später Sozialistenführer, 1871 Hauptürheber des Aufstandes der Comune, war Freimaurer. * 1838, fiel F. 1871 bei einem Angriff gegen Versailles.

F. L. S. O., in der Strikten Observanz, analog dem alten Templerorden Inschrift auf dem kleinen Kreuz der Dienenden Brr., F r a t r e s L a i c i, s e r v i e n t e s o r d i n i, auch zu lesen: Firmat labor servatque ordinem. (Vgl. N e t t e l b l a d t, „Geschichte freimaurerischer Systeme".)

Fludd, R o b e r t (R o b e r t u s d e F l u c t i b u s), englischer Philosoph, * 1574, † 1637 als Arzt in London, verpflanzte die phantastische Naturphilosophie und Theosophie des Paracelsus und die Gedanken des Nikolaus von C u s a nach England. Er trat als Verteidiger der Rosenkreuzer auf, denen er mehrere Schriften widmete. Seine Hauptwerke sind: „Historia macro- et microcosmi", „Philosophia Mosaica", „Clavis philosophiae et alchymiae" (1617 bis 1633), außerdem seine Rosenkreuzerschriften: „Apologia compendiaria" (1616), „Tractatus Apologeticus integritatem Societatis de Rosae Cruce defendens" (1617, auch ins Deutsche übersetzt 1782), sowie die 1629 unter dem Decknamen Joachim F r i z i u s erschienene Schrift „Summum bonum", in der F. zugesteht, daß er der Gesellschaft vom Rosenkreuz selbst nicht angehöre. Seine Schriften werden jedoch von den Rosenkreuzern immer wieder zum Beweise der Existenz der Bruderschaft vom Rosenkreuz zitiert. Nach S o n n e n k a l b war F. „angenommenes" Mitglied der Londoner „Society of Freemasons".

Foakes-Jackson, F r e d e r i c k J o h n, englischer Geistlicher, Kanonikus, langjähriger Dekan des Jesus-College in Cambridge, Superintendent der Provinzial-Großloge von Cambridgeshire. * 1855, bekämpfte 1916 den als Ausfluß der Kriegsereignisse gefaßten Beschluß der Großloge von England, daß es „zur Vermeidung von Störungen, von Frieden und Eintracht notwendig sei, daß keine Brr. deutscher, österreichischer, ungarischer oder türkischer Geburt, während der Kriegsdauer an einer Versammlung der Großloge oder einer Provinzial-, Distrikts- oder Einzelloge teilnehmen sollen". Er erklärte diesen Schritt als eine Schwächung der Grundlagen der Freimaurerei. Kein Br. dürfe wegen seiner Nationalität von Logenbesuchen ausgeschlossen werden.

Folger, R o b e r t B., amerikanischer Arzt, freimaurerischer Schriftsteller, * 1803, Vorkämpfer des „Cernau-Ritus" (s. d.), Generalsekretär des Obersten Rates dieses irregulären Systems, veröffentlichte dessen Geschichte „The Ancient and Accepted Scottish Rite, in thirty-three Degrees..." (New York, 1862, zweite Aufl. 1881).

Folkes, M a r t i n, einer der frühesten maurerischen Pioniere in England, Deputierter Großmeister 1724—1725, * 1690 als Sohn eines der höchsten englischen Staatsbeamten. Nach mathematischen und philosophischen Studien in Cambridge promovierte er 1717 als „Master of Arts" (M. A.). Seine großen Kenntnisse, hauptsächlich auf archäologischem Gebiete, hatten ihm schon drei Jahre früher die Aufnahme in die Royal Society verschafft. 1716 wurde er Mitglied des Rates dieser Gesellschaft, 1722 von N e w t o n als einer der Vizepräsidenten bestimmt, 1741 erhielt er als Nachfolger von S l o a n e den Präsidentenstuhl. F. betätigte sich auch in anderen wissenschaftlichen Gesellschaften, so als Präsident der Society of Antiquaries. Die Universitäten Oxford und Cambridge verliehen ihm ehrenhalber den Doktorhut der Rechtswissenschaften. Die Französische Akademie wählte ihn als Nachfolger von H a l l e y zu ihrem Mitglied. F. war einer der Gründer der ersten Loge in Norfolk. 1742 stiftete er anläßlich einer Italienreise eine Bauhütte in Rom. Damals wurde zu seinen Ehren eine Medaille geprägt. F. starb am 28. Jänner 1754. 1792 wurde ihm im Chor der Westminsterabtei ein Denkmal errichtet.

Folnegović, F r a n, kroatischer Politiker und Publizist, * 1848, † 1903, Dichter, Novellist, 1875 Abgeordneter des kroatischen Sabor als Mitglied der Starčevićevschen Rechtspartei, einer der glänzendsten Redner dieses Landtags, 1892 Mitbegründer der Zagreber Loge „Hrvatska Vila".

Folter. Von den Organen der Inquisition durchgeführte Folterungen von Freimaurern sind besonders aus Spanien und Portugal bekannt (s. C o u s t o s). Bemerkenswert ist, daß im Kirchenstaate die aufgehobene F. ausnahmsweise gegen Freimaurer anzuwenden gestattet wurde. (Vergl. „Freimaurerei Österreich-Ungarns", 1897, Seite 237.)

An der Aufhebung der F. im Reiche Maria Theresias hatte der Freimaurer Freiherr von Sonnenfels (s. d.) in Wien bestimmenden Anteil.

Fonseca, Manuel Deodoro, brasilianischer General und Staatsmann, * 1827, † 1892, zeichnete sich im Krieg gegen Paraguay aus, Gouverneur von Rio Grande do Sul, wurde wegen seiner Sympathien für die revolutionäre Bewegung in der Armee und der Unterzeichnung des Manifestes von 1887 seines Amtes enthoben, stürzte 1889 Dom Pedro II., war Chef der provisorischen Regierung, rief die Republik aus und war 1890 deren erster Präsident, mußte jedoch 1891 abdanken. Er war 1890/91 Großmeister des Großorients von Brasilien.

Fontanes, Louis, Marquis de, französischer Dichter und Politiker, * 1757, † 1821, vom revolutionären Regime verfolgt, unter Napoleon Präsident der gesetzgebenden Körperschaft, Großmeister der Universität, Senator und Graf, verfaßte die Abdankungs-Urkunde Napoleons, nach der Restauration der Bourbonen Pair von Frankreich und Staatsrat. F. war Freimaurer.

Forbes, Sir William, englischer Bankier und Schriftsteller, * 1739, † 1806, Berater Pitts, hatte führenden Anteil an der Vorbereitung der „Bankruptcy Act", schrieb „Memoirs of a Banking House" usw., war 1766 bis 1777 Großmeister der Großloge von Schottland.

Force, Sagesse, Beauté (frz.), Stärke, Weisheit, Schönheit.

Ford, Henry, amerikanischer Großindustrieller, Besitzer der größten Automobilfabrik der Welt in Detroit, * 1863, ist Mitglied der Palestine Lodge in Detroit.

Foregger zum Greiffenthurm. Richard, Dr. v., Advokat in Wien, * 1842, † 1916, Reichsratsabgeordneter der Fortschrittspartei, dann der „Vereinigten Linken", Mitglied der Loge „Humanitas" in Wien, trat im Reichsrat und in Eingaben an die Regierung mit großer Energie, wenn auch erfolglos, für die Reaktivierung der Freimaurerei in Österreich ein.

Foresters, Ancient Order of, Order der Förster, Waldleute, ein in England entstandener Geheimbund, der bis 1813 zurück nachweisbar ist. Er steht in Beziehung zu den Odd Fellows. Der Orden hat in England mehr als eine Million Mitglieder. In Amerika ist er in zahlreiche Zweige gespalten. Die F. sind ein auf bruderschaftlicher Grundlage aufgebauter gegenseitiger Unterstützungsverein, der Krankenunterstützung, Sterbegelder usw. zur Auszahlung bringt. Das Fehlen einer Sozialversicherung erklärt in England wie in Amerika den starken Zulauf.

Form (engl.), s. Ample form.

Form der Loge. Als solche wird in den alten Ritualen ein längliches Viereck angegeben, dessen größte Länge von Osten gegen Westen, größte Breite von Norden zum Süden ist.

Forma professionis militum templi, reformati ordinis strictae observantiae, lateinischer Rittereid des Eques professus (s. d.) der Strikten Observanz, war ganz katholisch gehalten, wurde aber auch von protestantischen Fürsten geleistet. In deutscher Übertragung lautete er: „Ich schwöre dem Allmächtigen, der heiligen Jungfrau Maria, allen Heiligen, Dir, o Herr, mein ganzes Leben hindurch die vom H. Bernhard von Clairvaux den Tempelrittern gegebene und durch den Papst Honorius II. bestätigte Regel zu beobachten, in allen Artikeln, soweit sie auf den heutigen Stand des Ordens anwendbar und nicht dispensiert sind, zu leben in Gehorsam, ohne Eigentum, im Orden und in geistiger Keuschheit".

Forschungslogen. Neben der „Quatuor Coronati Lodge" (s. d.) gibt es in England eine ganze Anzahl anderer freimaurerische Forschung betreibende Logen. 1892 wurde die „Lodge of Research" Nr. 2429 in Leicester gegründet, sie gibt „Transactions" heraus. Später entstanden in den verschiedenen Provinzen der Vereinigten Großloge von England 21 weitere Logen, die ausschließlich der Pflege freimaurerischen Studiums dienen. Zu diesen zählen u. a. die „Installed Master" — Logen von Humber, Mid-Kent, Berkshire, ferner die „Essex Master's Lodge", die neuerdings wertvolle Jahresberichte veröffentlicht. Auch Irland hat eine Forschungsloge, „Lodge of Research, CC", Dublin. Daneben entwickelten sich Vereinigungen, die, ohne Logencharakter zu haben, gleiche Ziele verfolgen. Am nachhaltigsten hat sich von diesen die „Manchester Association for Masonic Research" durchgesetzt; in enger Verbindung mit dieser wirkt die „Merseyside Association", der mehrere wertvolle Bände zu danken sind. In Schottland leistet die „Glasgow Past Master's Association" Forschungsarbeit. Als erste amerikanische Logen dieser Art entstanden 1931 die „American Lodge of Research" in New York und, einige Monate früher, die „North Carolina Lodge of Research" in Monroe, N. C. (bez. Forschung s. auch Engbünde).

Forster, Johann Reinhold, der Vater * 1729, † 1798, und der Sohn Johann Georg, * 1754, † 1794. Familie schottischer Abstammung. Der Vater erst Prediger, dann Naturforscher, Mathematiker und Philosoph nahm an der zweiten Weltumseglung Cooks teil, bei der ihn der damals siebzehnjährige Sohn begleitete. Der Sohn beschrieb diese Weltreise nach den Tagebüchern seines Vaters. Vater F. wurde von der englischen Regierung mit dem Doktortitel der Oxforder Universität ausgezeichnet. Friedrich d. Gr. stellte ihn als Professor der Naturwissenschaften in Halle an. Er verstand und sprach 17 Sprachen, darunter Koptisch und Samaritanisch. Er galt für einen der besten Zoologen und Botaniker seiner Zeit.

Johann Georg, der Sohn, ein Mann von universeller Bildung, begabter Schriftsteller („A voyage round the world" 1775; Ansichten von „Niederrhein, von Brabant, Flandern, Holland, England und Frankreich", 3 Bde., 1791 u. a.), war nach der Rückkehr von der Cookschen Expedition erst in Paris, dann Professor der Naturgeschichte am Carolinum in Cassel, 1784 in Wilna. 1788 nach Mainz als Bibliothekar berufen, geriet er als Protestant und Humanist in Gegensatz zu den katholischen Kreisen, woraus sich bei ihm eine gewisse revolutionäre Stimmung entwickelte. Er schloß sich daher 1792 den Mainzer „Klubbisten" an und wurde 1793 nach Paris geschickt, um dort den Anschluß des linken Rheinufers an das revolutionäre Frankreich anzubahnen. 1793 eroberten jedoch die deutschen Heere Mainz, F. jun. wurde heimatlos und bereitete eine Reise nach Indien vor, als ihn in Paris der Tod ereilte.

F. sen. war Mitglied der Loge „Zu den drei Degen" in Halle, deren Meister er 1781 war. Handschriftlich werden noch einige Reden von ihm verwahrt. F. jun., wahrscheinlich 1776 in die Loge „Les Neuf Sœurs" in Paris aufgenommen, war 1778 Mitglied der Loge „Zum gekrönten Löwen" in Cassel und des dortigen Gold- und Rosenkreuzer-Zirkels, 1784 wurde ihm zu Ehren in Wien in der Loge „Zur wahren Eintracht", der er beigetreten war, eine Festloge veranstaltet. In einem Schreiben vom 14. August (cit. von Dr. B. Blawis in „Das Freimaurermuseum", Bd. V., S. 190 ff.) lobt er die Aufklärungsarbeit und Reformtätigkeit der österreichischen Freimaurer.

Förster, Theodor, Dr. med., Generalarzt, * 1834, † 1915, Herausgeber einer aufschlußreichen Logenkarte von Deutschland und einer Schrift über Blücher als Stuhlmeister, war langjähriger Führer der Loge „Zu den drei Balken" in Münster in Westfalen.

Fort Hiram. Über Aufforderung der staatlichen Behörden beschloß die Großloge von Rhode Island 1814, sich in den Dienst der Landesverteidigung zu stellen und an den Befestigungsarbeiten teilzunehmen. Die Großloge begab sich in „Prozession" mit Musik zu der ihr zugewiesenen Stelle und errichtete dort ein Bollwerk, das mit Genehmigung des Gouverneurs den Namen F. H. erhielt (3. Oktober 1814). Ebenso errichteten auch die Freimaurer von Boston auf einer Höhe oberhalb der Stadt ein „Fort Masonic".

Fortis, Alessandro, italienischer Staatsmann, * 1841, † 1909, Freiheitskämpfer, Advokat, Führer der Linken im Parlament, Minister in den Kabinetten Zanardelli und Pelloux, 1905 Ministerpräsident, war Freimaurer und Mitglied des „Supremo Consiglio".

Fortschritt, Entwicklung im Sinne des Höheren, Wertvolleren, kann auf alle Gebiete der menschlichen Betätigung bezogen werden. Auf technischem und wissenschaftlichem Gebiete ist F. objektiv feststellbar, auf sittlichem und geschichtlichem Standpunkt ist dies eine Frage der Wertung. Die meisten großen Denker (Bacon, Pascal, Herder, Lessing, Kant, Goethe, Fichte, Hegel, Wundt usw.) nehmen einen sittlichen Fortschritt der Menschheit an, Rousseau und Schopenhauer leugnen ihn. Die Freimaurerei glaubt an den Fortschritt, da der Glaube an Aufstieg allein schon Träger des Aufstieges selbst ist, und ohne diesen Glauben jede Tätigkeit sinnlos wäre. In den Konstitutionen vieler Großlogen wird die Freimaurerei ausdrücklich als fortschrittliche Institution bezeichnet; viele Logen tragen den Namen F.

Fouché, Joseph, Herzog von Otranto, * 1763, † 1820, einer der wandlungsfähigsten Politiker Frankreichs zur Zeit Napoleons, längere Zeit Polizeiminister, war 1814 Konservateur der Grande Loge de France, um die Freimaurerei nachdrücklicher überwachen zu können.

Fourcroy, Antoine François de, Professor der Chemie in Paris, * 1755, † 1809, über dessen Anregung der Nationalkonvent das Maß- und Gewichtssystem vereinheitlichte und das Metersystem einführte, trug zur Entwicklung der Chemie in Frankreich, insbesondere aber zur Verbreitung der Lehren von Lavoisier viel bei. Er war unter Napoleon Leiter des Unterrichtswesens und wurde in den Grafenstand erhoben. F. war Mitglied der Loge „Neuf Sœurs" (s. d.).

Four Old Lodges, The (engl.), die vier alten Logen in London, die 1717 die erste Großloge gründeten (s. England).

Foy, Maximilian-Sebastian, französischer General und Politiker, * 1775, † 1825, bei Waterloo verwundet, unter der Restauration fortschrittlicher, ungemein populärer Abgeordneter, für dessen Kinder eine nationale Sammlung eingeleitet wurde, die eine Million Francs erbrachte, war eifriger Freimaurer.

Foyer fraternel, Altersheim der Großloge von Frankreich in Aulnay bei St. Jean.

Fragebogen, Fragen. Dem Suchenden werden vor der Aufnahme eine Reihe Fragen zur schriftlichen Beantwortung übergeben, aus denen seine Stellungnahme zu Problemen des Lebens im allgemeinen und im Hinblick auf seine an die Aufnahme geknüpften Erwartungen erschlossen werden soll. In romanischen Logen ist es üblich, dem Suchenden mündlich Fragen zu stellen (s. Audition sous le bandeau), aus deren Beantwortung sich seine persönliche Einstellung zu allgemeinen, kulturellen und sozialen Fragen ergeben soll. In deutschen Logen sind diese Fragen entweder einheitlich und ganz allgemein gefaßt, oder sie werden dem Bildungsgrade des Aufzunehmenden, seinem Berufe, oder den bekannten Neigungen angepaßt. Der beantwortete Fragebogen bildet einen Teil des im Logenarchiv verwahrten Personalaktes und hat in vielen Fällen hohe persönliche und historische Bedeutung erlangt.

Fragebücher, s. Katechismus.

Fragestücke sind mehreren der alten Manuskripte (s. d.) der englischen und auch deutschen Steinmetzenbrüderschaften angefügt; sie beweisen teilweise, daß alles, was das Bauwerk anbetraf, damals symbolisiert und symbolisch verstanden wurde. Eigentlich nur ein F. bildet das Sloane-Manuskript Nr. 3329 (s. d.) im Britischen Museum. (Vergl. Wolfstieg, „Ursprung und Entwicklung...", S. 77, 79, 82.)

Fra-Maçonnes, Les, ein französisches einaktiges Vaudeville, das 1754 erschien und von den Frauen handelt, die Zutritt zum Freimaurertempel wünschen.

Franchi, Ausonio, eigentlich Cristoforo Bonavino, italienischer Philosoph, * 1821, † 1895, ursprünglich Geistlicher, legte jedoch das geistliche Kleid ab und wurde philosophischer Schriftsteller, der sich besonders heftig mit der Orthodoxie auseinandersetzte. („La

Religione del Secolo XIX", 1853, u. a.) Als Siebzigjähriger machte er seinen Frieden mit der Kirche, widerrief seine Schriften und trat als Karmeliter in ein Kloster ein. Bei Gründung der Turiner Großloge 1864 war er Vorsitzender des Gran Consiglio. Er war auch Meister vom Stuhl der Loge „Insubria" in Mailand.

Franck, P., Exjesuit, Beichtvater des Kurfürsten Karl Theodor von Bayern, Zirkeldirektor der Münchner Rosenkreuzer, veranlaßte den Kurfürsten zu dem 1784 begonnenen Einschreiten gegen die Illuminaten.

Franc-Maçonnerie démasquée, La, antifreimaurerische französische Halbmonatsschrift, gegründet 1884 unter den Auspizien des Bischofs von Grenoble, Fava, als „La Franc-Maçonnerie", wurde lange Zeit (bis 1913) von Abbé de Bessonies (Pseud. Gabriel Soulacroix) geleitet, hatte hervorragenden Anteil am Taxil-Schwindel, wurde später Organ der „Association antimaçonnique de France" und ging im November 1924 ein.

Franc-Maçons Les, Singspiel, das 1905 im Pariser Theater Cluny aufgeführt wurde.

Franco, Mello, Major, spanischer Fliegeroffizier, der als erster von Spanien nach Südamerika flog und bei einem zweiten Transozeanflug beinahe das Leben verlor, republikanischer Politiker, wegen freiheitlicher Betätigung unter Berenguer eingekerkert, entflohen, gab im Anschluß an die Revolte von Jaca im Dezember 1930 von einem Flugzeug aus verfrüht das Signal zum republikanischen Aufstand, entkam nach Portugal, wurde nach Ausrufung der Republik zum Generaldirektor des spanischen Militärflugwesens ernannt, ist Mitglied einer Loge der „Grande Loge de France".

Frank, Louis, belgischer liberaler Politiker, Kolonialminister 1921, Professor des Seerechts an der Universität Brüssel, Vizepräsident der Internationalen Rechtsvereinigung (London) und der Interparlamentarischen Handelskonferenz, ist Freimaurer. (Mitteilungen der Großloge „Zur Sonne", Bayreuth, 1929/30, Jännerheft.)

Frankfurt am Main

1741/42 Gründung einer Loge „L'Union" auf Anregung des französischen Gesandten Marquis Belleisle.

1742 Der Erste Aufseher dieser Loge, Marquis de la Tierce, gibt die erste französische Übersetzung des englischen Konstitutionenbuches heraus.

1743 erhält die Frankfurter Loge von der Großloge von England ein Patent als Tochter der in London 1732 gegründeten („à l'enseigne du Duc de Lorraine, Suffolkstreet") Loge „L'Union".

1745 Die Loge betrachtet sich als Mutterloge und setzt in Marburg die Loge „Zu den drei Löwen" ein.

1746—1752 ruht die Loge wegen inneren Zwistes, wird von Steinheil wieder erweckt.

1761 Nach langen, durch die Kriegsläufte bedingten Wirren entwickelt die Loge wieder regere Tätigkeit unter Johann Peter Gogel; Gründung der Loge „Zur Einigkeit" in Nürnberg.

1766 Gogel wird von der Londoner Großloge als Provinzial-Großmeister für den ober- und niederrheinischen und fränkischen Kreis eingesetzt.

1767 Die Strikte Observanz faßt Fuß; Verlegung der Mainzer Loge „Zu den drei Disteln" nach F.

1782 Nachdem die Großloge von England infolge ihres 1773 mit der Berliner Großen Landesloge geschlossenen Freundschaftsvertrages die Bestätigung des neu gewählten Provinzial-Großmeisters P. F. Passavant verweigert, sagt man sich von England los, das die Unterstellung unter Berlin verlangt, und erklärt sich selbständig unter dem Namen „Provinzialloge zu Frankfurt a. M.".

1782 Der ergebnislos verlaufene Konvent von Wilhelmsbad läßt in F. D. v. Ditfurth (s. d.) den Plan reifen, das bisherige zerrüttete System vollkommen umzuarbeiten. Die Provinziallogen von F. und Wetzlar erlassen auf Grund eines Entwurfs von Brönner

1783 ein Rundschreiben, das als Stiftungsurkunde des Eklektischen Freimaurerbundes (Eklektische Bundesurkunde) anzusprechen ist. Darin werden die alten Rituale der drei Symbolischen Grade wieder aufgenommen, wird eine Verbindung eingegangen „zur Aufrechterhaltung der Königlichen Kunst der geeinigten alten Freimaurerei".

1785 Verhandlungen mit der englischen Großloge (durch v. Gräfe) führen zu dem Ergebnis, daß sich die Frankfurter Direktorialloge des Eklektischen Bundes neuerdings als Provinzial-Großloge England unterstellt.

1793 Das Einrücken der Franzosen veranlaßt die Provinzial-Großloge, die Arbeiten einzustellen.

1801 Die Arbeiten werden wieder eröffnet,

1806—1808 Während der Franzosenherrschaft ruhen die Arbeiten.

1807 Der Großorient von Frankreich gründet eine meist aus jüdischen Brr. bestehende Loge „Aurore naissante".

1811 Einführung des christlichen Prinzips.

1817 Da die Großloge von England unter dem Herzog von Sussex die „Judenloge" „Aurore naissante" („Zur aufgehenden Morgenröte") in ihren Schutz nimmt, bezw. ihr eine Konstitution gibt, ohne die Frankfurter Logen zu befragen, sagen sich diese

1822 von England los und nehmen

1823 als selbständige Großloge den Namen Große Mutterloge des Eklektischen Bundes an. Erster Großmeister Johann Peter v. Leonhardi

1836 Joh. Georg Kloß wird Großmeister.

1844 Infolge der „ausführlichen Erläuterungen" der Großen Mutterloge, die die Abkehr vom christlichen Prinzip beinhalteten, treten eine Reihe von Logen aus und bilden die Großloge „Zur Eintracht" in Darmstadt.

1859/60 Die hessischen Logen müssen sich über Befehl des Landesherrn Großherzogs Ludwig III. von der Frankfurter Großloge trennen, um sich der „Eintracht" anzuschließen.
1871 Umgestaltung von Verfassung, Gesetzbuch und Ritual.
1897 Revision des Gesetzbuches.
1906 Der Großlogentag in F. anerkennt die Grande Loge de France; nach
1918 Die Großloge verliert durch den nationalistischen Stimmungsumschwung in einzelnen Logen wohl einige ihrer Bundeslogen, konnte aber ihren Stand wieder halten.
1927 Ergebnislos verlaufene Besprechung des Großmeisters Ries mit den Führern des Grand Orient und der Grande Loge de France.

Die Große Mutterloge des Eklektischen Freimaurerbundes zu F. a. M., gegründet 1783, hat derzeit 26 Logen und 5 Kränzchen mit insgesamt gegen 3000 Brr. Sie gibt eine eigene Zeitschrift, das „Eklektische Bundesblatt", heraus. Das Archiv ihrer Loge „Zur Einigkeit" ist eine besondere Sehenswürdigkeit. In F. selbst unterhält sie sechs Logen. Ferner haben die Große Landesloge eine, die „Drei Weltkugeln" zwei, die Großloge von Preußen, Bayreuth und Hamburg ebenfalls je eine Loge.

Frankfurter Begegnung 1927. Am 27. Februar 1927 fand in Frankfurt a. M. die erste offizielle Aussprache zwischen deutschen und französischen Freimaurern nach dem Kriege statt. Am 12. Jänner hatte der Präsident des Ordensrates des Grand Orient de France, Senator Brenier, und der Großmeister der Grande Loge de France, Monier, in gleichlautenden Schreiben dem damaligen Großmeister der Großen Mutterloge des Eklektischen Freimaurerbundes in Frankfurt a. M., Bankdirektor Ludwig Ries, eine Zusammenkunft vorgeschlagen, um die Frage der von den Franzosen gewünschten Aussöhnung der deutschen und französischen Freimaurerei gemeinsam zu erörtern. Ries antwortete am 21. Februar in zustimmendem Sinne, nachdem er vorher die übrigen deutschen Großmeister von der bevorstehenden Zusammenkunft in Kenntnis gesetzt und ihnen anheimgestellt hatte, an der Begegnung teilzunehmen oder Vertreter zu entsenden. Das geschah aber nicht. Der altpreußische Großmeister-Verein lehnte eine Beteiligung u. a. mit der Begründung ab, daß Verhandlungen unmöglich seien, „solange Deutschland nicht frei sei von der ihm zu Unrecht aufgebürdeten Last, die Schuld am Weltkrieg zu tragen, und solange noch Teile des Deutschen Reiches unter dem Druck fremder Besatzung stehen." Zu der Zusammenkunft kamen von französischer Seite der Präsident des Ordensrates des Grand Orients, Brenier, der Zugeordnete Großmeister der Grande Loge, Doignon, begleitet vom Großsekretär des Grand Orient van Raalte und dem bekannten Pazifisten Gaston Moch (Großloge) als Übersetzer, von deutscher Seite Großmeister Ries, Zugeordneter Großmeister Becker und Dr. Rosenmayer. Die Unterhandlungen wurden von deutscher Seite hauptsächlich auf jene Probleme zugeschnitten, die damals eine wirkliche Aussöhnung zwischen Deutschland und Frankreich besonders schwierig machten. Großmeister Ries legte Fragen vor, die sich auf das Recht des deutschen Volkes auf eine Revision des § 231 des Versailler Friedensvertrages (Kriegsschuldfrage) und die damals andauernde Besetzung deutschen Gebietes bezogen. Eine dritte Frage galt dem Eigentum der früheren deutschen Logen in Elsaß-Lothringen. Bezüglich der Kriegsschuldfrage und der Besetzung erklärten die Franzosen, daß es sich da um Probleme handle, deren Beantwortung nicht ihnen, sondern allenfalls den Konventen ihrer Obedienzen zustehe; sie fügten aber hinzu, daß die französische Freimaurerei auf dem Standpunkt stehe, daß die Besetzung sobald als möglich aufhören müsse. In bezug auf das deutsche Logeneigentum wurde freundschaftliche Intervention zugesagt. Im übrigen blieb die Besprechung ergebnislos.

Frankfurter Lehrart nennt man gelegentlich das auf der ursprünglichen englischen Lehre beruhende Gebrauchtum des Eklektischen Bundes (s. d.)

Frankfurter Parlament, Deutsche Nationalversammlung 1848/49. Als Ergebnis der „Achtundvierziger-Revolution" trat am 18. Mai 1848 in der Paulskirche zu Frankfurt a. M. die erste aus allgemeinen Wahlen hervorgegangene deutsche Nationalversammlung zusammen. Ihr erster Präsident war Heinrich von Gagern. Auf seinen Antrag wurde in der Person des österreichischen Erzherzogs Johann ein Reichsverweser gewählt. Die Nationalversammlung konnte aber ihre Hauptaufgabe, die Beratung der Verfassung des neuen Reiches, nicht durchführen. Dazu kamen die Gegensätze zwischen den Anhängern der kleindeutschen und großdeutschen Richtung. Österreich und Preußen riefen ihre Abgeordneten ab, und die Angehörigen der republikanischen Linken, die schließlich allein als Rumpfparlament übrig blieben, wurden mit Waffengewalt auseinander getrieben. Unter den 568 Abgeordneten dieses Parlaments gab es sehr viele Freimaurer. So v. Gagern, Robert Blum, Fürst Lichnowski u. a.

Von den österreichischen Abgeordneten wurden mehrere in Frankfurt in den Bund aufgenommen, so z. B. die steirischen Abgeordneten Pattay und Scheuchenstuhl. Ein Teil der Abgeordneten hielt seine Sitzungen in der Loge „Sokrates" in Frankfurt ab, die auch von Erzherzog Johann wiederholt besucht wurde, der sich sehr anerkennend über die Freimaurerei äußerte. Alle Anzeichen sprechen dafür, daß Erzherzog Johann selbst auch dem Bund angehört hat, und zwar soll er in einer schottischen Loge aufgenommen worden sein.

Franklin, Benjamin, amerikanischer Staatsmann, * 17. Jänner 1706 in Boston, † 17. April 1790 in Philadelphia, von Beruf Buchdrucker, später Buchhändler, Schriftsteller, Erfinder des Blitzableiters und einer der Hauptbegründer der amerikanischen Unabhängigkeit (daher: „eripuit coelo fulmen, sceptrumque tyrannis": „Er entriß dem Himmel den Blitz, das Szepter den Tyrannen"). Seine Biographie muß an anderen Stellen nachgelesen werden. Mit der freimaurerischen Idee in London bekannt geworden, vertrat er schon in einem von ihm nach seiner Rückkehr gegründeten Selbsterziehungsklub, den er „Junto" nannte, der aber allgemein der „Lederschurzklub" hieß, maurerische Grundsätze: als er dann Aufnahme in die Loge begehrte, waren seine Chancen, zugelassen zu werden, zunächst gering. Die gesetzten Herren, aus denen sich die Loge „Zum heiligen Johannes von Jerusalem" zusammensetzte, dachten nicht allzu hoch von dem abenteuerlustigen, burschikosen jungen Drucker, der einer anderen Gesellschaftsschichte angehörte und ihnen ein allzu unruhiges Blut zu sein schien. 1731 doch aufgenommen, widmete er sich der Königlichen Kunst mit allen seinen Kräften. Ständig erschienen in seiner „Pennsylvania Gazette" Logennachrichten. 1734 brachte er als erstes freimaurerisches Buch jenseits des Ozeans eine Ausgabe der „Andersonschen Konstitution" heraus. Schon 1732 war er Zweiter Großaufseher, im gleichen Jahre, in dem sein so berühmt gewordener Almanach „Poor Richard" erschien. Zwei Jahre später stand er als Provinzial-Großmeister an der Spitze der Bruderschaft. Zeitlebens blieb dieser erste große Amerikaner, der sich der Freimaurerei angeschlossen hatte, ihr begeisterter Pionier. Im Jahre 1760 verzeichnen die Register der Großloge von England seinen Besuch, und als er nach siegreicher Beendigung des Unabhängigkeitskrieges als Gesandter der dreizehn vereinigten Staaten nach Paris kam, schloß er sich der berühmten Loge „Les Neufs Sœurs" an. Auf F. gestützt, betrat der 84jährige Voltaire als Suchender den Tempel dieser Loge; von 1779 bis 1782 war F. Stuhlmeister. Als einer der großen amerikanischen Patrioten genoß er in Paris gewaltige Verehrung, Diderot und D'Alembert bezeichneten ihn als Verkörperung praktischer Weisheit; das Volk, das in ihm ein Sinnbild der Freiheit erblickte, feierte ihn nächst Voltaire wie keinen Franzosen jener Zeit.

Frankreich. Das erste Land, wo die Freimaurerei nach 1717 auf breiterer Basis festen Fuß faßte, war Frankreich. Über die ersten Gründungen gehen die Angaben der freimaurerischen Historiker auseinander. 1725 bestand angeblich in Paris eine Loge beim englischen Speisewirt Hure, der in der rue de la Boucherie die Schenke „Au Louis d'Argent" unterhielt. Am 17. Mai 1729 wurde der Überlieferung zufolge eine zweite Bauhütte in der rue des Boucheries eröffnet, diesmal in einem anderen Gasthaus. War die erste Loge angeblich von den Engländern Lord Derwentwater (s. d.) und „Lord Harnouester" gegründet worden, stand diesmal ein Franzose an der Spitze, der Philantrop André-François Lebreton. Im gleichen Jahr stiftete ein englischer Steinschneider, Goustaud, die Loge „Sainte-Marguerite". 1732 erscheint die „Loge de Bussy" als erste unter englischer Konstitution in der Londoner Matrikel, und zwar als „Nr. 90 King's Head at Paris" verzeichnet. Sie ist mutmaßlich mit „Louis d'Argent" identisch. Ihr gehörte als erster französischer Hocharistokrat der Herzog d'Aumont an, nach dem die Loge später benannt wurde. 1733 wurde „Nr. 127 Valencienne in French Flanders" („La Parfaite Union in Valenciennes") in die Londoner Stammrolle eingetragen, zwei Jahre später installierten der Herzog von Richmond und Desaguliers, letzterer in besonderer Mission, eine weitere Bauhütte, gleichfalls an der rue de Bussy, in einem sehr vornehmen Kreis, der sich schon kurze Zeit vorher im Château d'Aubigny bei der Herzogin von Porthsmouth versammelt hatte, in der Hauptsache englische Lords, unter ihnen der Gesandte Waldegrave, dessen Sohn Lord Chewton bei diesem Anlaß das Licht erhielt. Unter den Franzosen, die an der Logengründung teilnahmen, ragte, einer Meldung der Londoner „St. James Evening Post" vom 20. September 1735 zufolge, der „Sehr ehrenwerte Präsident" Montesquieu (s. d.) hervor, der mutmaßlich dem Neophyten, Grafen Saint-Florentin (s. d.), „Staatssekretär Seiner sehr christlichen Majestät", dem später so berühmt gewordenen Minister, das Geleite gab. Im übrigen ist man bezüglich der ersten Periode auf Angaben des Astronomen Lalande (s. d.) angewiesen, niedergelegt in einem „Memoire", das sich großteils im Artikel „Freimaurer" des dritten Ergänzungsbandes zur großen Enzyklopädie wiederfindet. In neuester Zeit unternahm es Albert Lantoine (s. d.), das spärliche Material zu ergänzen. Als die freimaurerische Idee nach Frankreich gebracht wurde, regierte dort das Kind Ludwig XV. Die Vorbedingungen für das Gedeihen eines humanitär eingestellten Bundes schienen denkbar ungünstig. Nach wie vor herrschten unumschränktester Absolutismus und wüsteste Sittenlosigkeit. Die Kirche war, nach der Aufhebung des Edikts von Nantes, mächtiger denn je, das ausgesogene Land, unter einer ungeheuren Schuldenlast zusammenbrechend, verelendet, die geistigen Interessen der höheren Stände erschreckend gering. Es gab keine Versammlungsfreiheit. Von den Freiheiten, die sich die Engländer erkämpft hatten, hörte man mit ungläubigem Staunen. Zunächst war es der Adel, der sich in den Bauhütten zusammenfand. Daneben gab es etwelche Bürger und Künstler. Bald tat man sich zur ersten Großloge zusammen. „Lord Harnouester" wird als erster Großmeister bezeichnet. Über die Persönlichkeit dieses Mannes wurde aber niemals Positives bekannt. Ein königlicher Erlaß verbot den Adeligen, die es wagen sollten, Freimaurer zu werden, den Hof. Der König erklärte auch, wohl auf Veranlassung seines Premierministers, des Kardinals Fleury, daß ein Franzose, der sich unterstehe, die Großmeisterschaft anzunehmen, ohne weiteres verhaftet werden würde. Am 14. September 1737 erließ der Generalleutnant der Polizei, René Herault, ein „Verbot an alle", sich zu versammeln, Vereinigungen von „Freys-Maçons" zu bilden oder Freimaurersitzungen zuzulassen. Der Weinhändler Chapelot, rue de la Rapée, bei dem eine Loge ausgehoben wurde, wurde zu 1000 Livres Buße und zur Schließung seiner Schenke auf die Dauer von sechs Monaten verurteilt. Er mußte den Eingang seiner Kneipe in dieser Zeit vermauern lassen. 1738 ließ Herault eine Übersetzung der Prichardschen Verräterschrift „Masonry dissected" drucken und veröffentlichen. Die Tänzerin Carton hatte sie einem Freimaurer abgelistet. Der Erzbischof von Marseille ließ im Jesuitenkollegium in Caën als Einlage eines komischen Balletts eine Tanzszene aufführen, die die freimaurerischen Gebräuche verhöhnte.

Der „Discours" von Ramsay.

Von den Leuten, die in den Anfängen der französischen Freimaurerei die Logen zusammensetzten, waren nicht alle vom Verständnis für die Tragweite der Idee erfüllt. Davon zeugt die bedeutsame Rede, die 1737 von dem schottischen Edelmann, Freund des Erzbischofs Fénélon und gewesenen Erzieher Karl Eduard Stuarts (s. d.), Andreas Michael Ramsay (s. d.), dem Redner der Großloge, gehalten wurde. Es war ihm darum zu tun, diese von Leuten zu befreien, die die Logen als Vorspann für ihre Geschäfte benutzen wollten. Sein „Discours" enthielt Vorschläge zur Reform im wahren maurerischen Sinne. Er bezeichnete als die zum Eintritt in den Orden nötigen Eigenschaften „weise Menschenliebe" und „reine Sitten" und erklärte, es gelte „... eine Einrichtung zu stützen, deren einziger Zweck die Einigung der Geister und Herzen ist, um sie zu bessern und in der Folge eine ganz geistige Nation zu bilden, worin man, ohne daß den Pflichten Abbruch geschieht, welche die verschiedenen Staaten fordern, ein neues Volk schaffen wird, welches, aus verschiedenen Nationen zusammengesetzt, sie alle bis zu einem gewissen Punkt durch das Band der Tugend und der Wissenschaft verknüpfen wird". Ramsay beging dabei einen historischen Fehler, indem er die Entstehung der Freimaurerei auf die Johannisritter zurückführte und daraus den Namen „Johannisloge" ableitete. Das trug ihm später den ungerechtfertigten Vorwurf ein, daß auf ihn jene bald hernach einsetzenden freimaurerischen Verirrungen zurückzuführen seien, die aus der schlichten Brüderschaft ein Chaos von Ritterorden machten; Ramsay habe die Freimaurerei der katholischen Kirche untertan machen wollen; der Wunsch habe ihn beseelt, das freimaurerische Ritual mit Bräuchen des katholischen Kults aus religiösen und politischen Gründen zu verquicken. Um Karl Eduard Stuart eine Phalanx für die Bemühungen zu schaffen, den verlorenen britischen Thron zurückzuerobern, eine „jakobitische Maurerei", im Gegensatz zur „ketzerischen" englischen zu schaffen. Die Richtigkeit dieser Erzählungen hat sich nie erweisen lassen, und die Forschung nimmt heute mit Recht an, daß Ramsay nichts Neues in die Welt setzen, sondern im Gegenteil zur Einfachheit mahnen wollte. Man hat aber vielfach übersehen, daß in der Ramsayschen Rede, die später seinem Großmeister zugeschrieben wurde — es war dies ein Urenkel der Marquise von Montespan, Louis de Pardaillan de Gondrin, Herzog von Antin (s. d.), der, allen Anfeindungen zum Trotz, 1738 die Leitung der Großloge übernommen hatte — andere, sehr viel wesentlichere Stellen enthalten waren. Folgendes wurde von Ramsay ausgeführt, der dabei teilweise Fénélon folgte: „Die Welt ist eine große Republik, in der jede Nation eine Familie und jeder Einwohner eines ihrer Kinder ist. Wir wollen alle Menschen von aufgeklärtem Geiste und guten Sitten vereinigen ... durch die erhabenen Grundsätze der Tugend, der Wissenschaft, der Religion, in welchen das Interesse der Brüderschaft zum Interesse des ganzen menschlichen Geschlechts wird ... Wir haben unter uns drei Arten von Brr.: Novizen oder Lehrlinge, Gesellen oder Professoren, Meister oder Vollkommene. Den ersten erklärt man die sittlichen Tugenden, den zweiten die Tugenden der Heiden und den letzten die christlichen Tugenden, in der Art, daß unsere Einrichtung die ganze Philosophie der Gefühle und die ganze Theologie des Herzens in sich schließt ... Der Orden verlangt von jedem von uns eine rege Arbeit, die keine Akademie leisten kann ... Die Großmeister anderer Länder vereinigen alle dem Bunde angehörenden Weisen und Künstler, um Material zu einem universellen Handbuch zu sammeln, das alle freien Künste und Wissenschaften umfassen soll, Theologie und Politik ausgenommen. Man hat ein solches Werk in England bereits begonnen. Durch Zusammenwirken unserer geeigneten Brr. könnte da in wenigen Jahren etwas Ausgezeichnetes zustande kommen ... Man wird so schließlich die Weisheit aller Nationen in einem einzigen Werk vereinigen, einer Universalbibliothek alles dessen, was an Gutem, Großem, Leuchtendem und Nützlichem in Kunst und Wissenschaft existiert ..." Der Erfolg dieser Rede blieb nicht aus. Freimaurer warben für die Idee, die hier geboren war: eine Enzyklopädie zu schaffen, die geeignet sein müsse, die Welt mit einem neuen Geist zu erfüllen. Schon 1741, fünfzig Jahre vor der französischen Revolution, wurde in der Rede aber auch der — rein geistig gemeinte — Gedanke einer universellen demokratischen Republik und der Vereinbarkeit kosmopolitischen Denkens mit patriotischem Empfinden ausgesprochen. Ein heftiger Gegner der Freimaurerei, Larudan, Verfasser der „Franc-Maçons écrasés" (irrtümlich Abbé Perau zugeschrieben), kommentierte die Rede, als deren Prinzipien er neben der Brüderlichkeit: „Gleichheit und Freiheit" bezeichnete. Das war vielleicht das erstemal, daß — und dazu von einem Gegner der Königlichen Kunst — die Devise ausgesprochen wurde, die bald wirklich die der französischen Freimaurerei werden sollte: „Freiheit, Gleichheit, Brüderlichkeit".

Das Chaos der Hochgrade.

Als der Herzog von Antin starb, gab es in F. mehr als 200 Logen. 1743 wurde ein neuer Großmeister gewählt: Louis de Bourbon, Graf von Clermont (s. d.). Dieser stand aber lange als Feldherr in Flandern und anderwärts, konnte sich um die Vorgänge in den Logen wenig kümmern und überließ bald alles seinem Stellvertreter, dem Finanzier Baure, dem aber Autorität mangelte. Mittlerweile hatte sich die Zahl der bürgerlichen

Elemente vermehrt. Der Gebrauch von Degen, der in das Ritual eingeführt wurde, sollte die Gleichheit symbolisieren, wie diese schwächlichen Jünger eines großen Werkes sie auffaßten. Dem gleichen Zweck diente die Übung, die Aufzunehmenden in Anlehnung an das englische „Gentleman" als „Gentilhommes" zu bezeichnen. Aber ein Großteil der adligen Freimaurer war für diese Gleichheit nicht eingenommen. Ungesunde Sucht, in der Loge ebenso wie im profanen Leben mehr gelten zu wollen, machte sich breit. Bei manchen spielte allerdings auch das Streben eine Rolle, sich gewisser Elemente zu entledigen, die auf irreguläre Weise in die Logen gekommen waren, die eine der wie Pilze aus dem Boden schießenden „Verräterschriften" gelesen hatten und sich auf Grund der so erlangten Kenntnisse als Freimaurer ausgaben. So entstand jene Periode, in der aus „Gentilhommes" alle möglichen „Chevaliers", Ritter, wurden, indem man auf die drei ursprünglichen Grade höhere Grade aufsetzte und eine bunte Fülle neuer freimaurerischer Systeme in der Weise schuf, daß man die Ritterorden des Mittelalters zu Vorfahren der Freimaurer werden ließ und die schlichte Bausymbolik gewaltsam ummodelte. Als erster höherer Grad entstand der „Schottische Meister" (s. d.), der „Maître Ecossais", der schon 1742 erwähnt wird. Zahlreiche andere Grade folgten, die alle unter dem Sammelbegriff „Schottische Maurerei" (s. d.) segelten, ohne mit Schottland etwas zu tun zu haben, Grade, in denen bald die Hiramlegende weitergesponnen wurde, bald an Stelle des getöteten Baumeisters der hingerichtete letzte Templer-Großmeister Jacques de Molay trat, bald Karl I. (Stuart) geisterte, Systeme auch, die mit des letzteren Nachfolgern und ihren Anhängern, den Stuartisten, Jakobiten (s. d.) in Zusammenhang gebracht wurden, in denen „Unbekannte Obere" umgingen. Dazu kamen Riten, die auf den in breiten Schichten herrschenden mystischen Neigungen, auf katholischer Ideologie, auf Rosenkreuzertum aufgebaut waren, die die Logen zu Sanktuarien okkultistischer Bestrebungen machten, geheimes Wissen um letzte Dinge, Offenbarungen, „die Wahrheit" zu besitzen vorgaben, hermetische Wissenschaft betrieben (s. Okkultistische Maurerei). Da waren, um — Ragon (s. d.) folgend — nur einige dieser Systeme aufzuzählen: die „Elus" (Auserwählten) von Lyon, die „Perfektionslogen", Bordeaux, das „Kapitel von Arras", das, einer lange aufrechterhaltenen Legende zufolge, von Karl Eduard Stuart (s. d.) gegründet sein sollte, die „Ecossais fidèles de la Vieille-Bru", Toulouse, die „Schottische Mutterloge", Marseille, die „Mutterloge des großen französischen Globus" und das „Kapitel von Clermont", beide in Paris, die „Souverainen Kommandeure des Tempels", Carcassonne, die „Kaiser von Osten und Westen", die „Noachiten", der „Contrakt Social", der „Schottische Philosophische Ritus", die „Philaleten", die „Auserwählten Cöens", die „Martinisten" usw. Zahlreiche Systeme führten auf Abwege, die mit dem eigentlichen Inhalt der Freimaurerei nichts zu tun und die betrüblichsten Spaltungen im Gefolge hatten. Man täte aber der französischen Freimaurerei des 18. Jahrhunderts Unrecht, wenn man sie nur auf Grund dieser Erscheinungen und der daraus resultierenden Schismen werten wollte. Man muß vielmehr anerkennen, daß, wenn sich auch stets zwei Lager gegenüberstanden, die aus äußerlichen Gründen nicht zusammenfanden, doch mit der Zeit sehr fruchtbare Arbeit geleistet wurde. 1756 gab sich die „Grande Loge Anglaise de France" eine neue Verfassung und wurde zur „Grande Loge de France". In der folgenden Zeit gesellte der Großmeister Graf Clermont seinem Stellvertreter Baure einen zweiten Substituten in der Person des Tanzmeisters Lacorne (s. d.), Stuhlmeisters der Loge „Trinité", an dem manche wegen seiner bürgerlichen Herkunft Anstoß nahmen. Zwischen den „Lacornards" und ihren Gegnern gab es bald heftigen Streit. Lacorne wurde 1762 durch Chaillon de Jonville (s. d.) ersetzt; 1765 kam es zu Ausschlüssen, einer Palastrevolution, die im folgenden Jahr ihre Fortsetzung fand. 1767 wurde die Tätigkeit der Großloge — nicht die der Logen — auf Veranlassung des Königs vorübergehend eingestellt. Vier Jahre später — 1771 — starb der Großmeister Graf Clermont.

Die Gründung des Grand Orient. Unter den Männern, die nun die Führung in die Hände nahmen, begann der Aufschwung. Nicht durch das Verdienst des neuen Großmeisters, den Clermont vor seinem Tode designiert hatte. Dieser, Herzog Louis Philipp von Chartres, später von Orléans (s. d.), bekümmerte sich im Grunde nicht mehr als sein Vorgänger um das ihm von den vor seiner Wahl auf kurze Zeit versöhnten Gruppen einhellig anvertraute Kleinod. Um so eifriger war sein Stellvertreter um die Freimaurerei bemüht, der zum Generaladministrator des Ordens bestellte Herzog von Montmorency-Luxembourg. Faktisch an die Spitze der französischen Freimaurerei gestellt, suchte er nach Kräften zu reformieren, die widerhaarigen Parteien zu einigen. Am 24. Mai 1773 wurde als Ergebnis dieser Bemühungen feierlich die Errichtung der „Grande Loge Nationale" (Grand Orient) proklamiert. Da aber viele nicht mittun wollten und die „Grande Loge" aufrechterhielten, war die Spaltung nicht zu beseitigen. Der Grand Orient freilich dominierte. 1774 bezog er das Novizenhaus der ausgewiesenen Jesuiten am Faubourg Saint-Germain. In den nächsten Jahren schlossen sich ihm eine Reihe der Schottischen Systeme an.

Hatten sich die bisherigen Konflikte und Unzukömmlichkeiten zu einem großen Teil daraus ergeben, daß der einmal gewählte Stuhlmeister unabsetzbar war, so führte man nun demokratische Grundsätze ein. Man schuf für den Großorient eine treffliche Verfassung, deren Prinzipien dann später in größerem Rahmen im positiven Werk der Revolution sich wiederfanden. Schon in einem Rundschreiben des Großorients vom Jahre 1775 wurde ein Gedanke ausgesprochen, der 16 Jahre später, in der „Deklaration der Menschenrechte", in dem Satze zum Ausdruck kam: „Das Gesetz ist der Ausdruck des

Willens der Allgemeinheit!" Stolz sprach man von den „Bürgern der Freimaurer-Demokratie".

Freiheit und Gleichheit als Hauptpfeiler der französischen Freimaurerarbeit, als „köstliche Mitgift" der Freimaurer, als „Fundament des Ordens", wurden mehr und mehr betont. Daß das nicht nur Metaphern waren, zeigt sich in der Zusammensetzung der Logen, im Hereinströmen der großen Geister. Die Enzyklopädisten und andere Große fanden sich ein. Nach Montesquieu (s. d.) und Helvetius (s. d.) kamen Lalande (s. d.), der große Erforscher der Gestirne, Condorcet (s. d.), der berühmte Mathematiker, und Lacépède (s. d.), der Musiker und Naturforscher, nach der Revolution Präsident des Senats und Großkanzler der Ehrenlegion. Sie gehörten der 1769 gestifteten Loge „ Les Neufs Sœurs" (s. d.) an, die bald der Mittelpunkt der erleuchtetsten Köpfe war. Lalande war ihr erster Meister. Ihm folgte Benjamin Franklin (s. d.), damals Gesandter der dreizehn Vereinigten Staaten von Nordamerika in Paris. In dieser Musterwerkstätte des maurerischen Gedankens traf man den Grafen La Rochefoucauld (s. d.), der die amerikanischen Verfassungen in die französische Sprache übersetzte, den Grafen Milly von der Akademie der Wissenschaften, den berühmten Advokaten Elie de Beaumont (s. d.), der Voltaire im Kampf ums Recht zur Seite stand, Dupaty (s. d.), den dieser seinen „üngen Sokrates von Bordeaux" nannte, Desèze (s. d.), den glänzendsten Redner des Pariser Barreaus und Verteidiger Ludwigs XVI, vor dem Konvent, den Präsidenten der Provinzialkammer Dr. Guillotin (s. d.), den Marquis Lafayette (s. d.), den Seehelden des amerikanischen Befreiungskrieges Paul Jones (s. d.). Da arbeiteten einträchtig zusammen Pastoret (s. d.), nach Franklins Ausspruch der größte Gelehrte seiner Zeit, Verfasser der „Geschichte der Gesetzgebung der alten Völker", Schöpfer des Pantheons und letzter Kanzler F., der „französische Plutarch" Turpin, der Enzyklopädist d'Alembert (s. d.), die Maler Claude-Joseph Vernet und Greuze (s. d.), der große Bildhauer Houdon (s. d.) und die Dichter André Chenier (s. d.) und Roucher. Neben ihnen der Abbé Sieyès (s. d.), der Anwalt des dritten Standes und „Denker der Revolution", Camille Desmoulins (s. d.), der Journalist Brissot, der berühmte Chemiker Fourcroy (s. d.), einer der tatkräftigsten Organisatoren des öffentlichen Unterrichtswesens, u. v. a. Am bekanntesten neben dieser „Werkstätte der Philosophen" war die Loge „des grands Seigneurs", mit ihrer wirklichen Bezeichnung „Loge de la rue du Coq-Héron". Aber auch in anderen französischen Logen leisteten bedeutende Männer freimaurerische Arbeit: Mirabeau (s.d.), Beauharnais (s.d.), Beaumarchais (s.d.), Joseph de Maistre (s. d.) der Marquis de Fénélon, die Herzoge von Choiseul (s. d.), Chamfort (s. d.), Masséna (s. d.), Beurnonville (s. d.), Abbé de Chaligny, Talleyrand. Gleich den „Neufs Sœurs" waren die Logen „Les Amis réunis", „Loge des 22", „Les chevaliers bienfaisants", „Candeur", „Rue de la Sourdière", um nur diese zu nennen, Bauhütten der geistigen Elite. Die höchsten Gedanken der Zeit waren diesen Brr. geläufig. Die Freimaurerei wurde so zu einem Hauptorgan aller Geistesströmungen des 18. Jahrhunderts und verbreitete diese unter den Spitzen der Bourgeoisie des ganzen Landes, in einem Teil des Adels, aber auch unter den vielen Klerikern, die trotz der römischen Bannflüche im freimaurerischen Streben nichts sahen, was dem christlichen Dogma zuwiderlief. Manchem dieser Freimaurer im Priestergewande — bemerkenswerterweise mehr Ordensgeistliche als Weltpriester — schien die freimaurerische Lehre von Gleichheit und Freiheit dem wahren Christentum sehr verwandt. Auch Voltaire (s. d.) wurde in den Bund aufgenommen. Am 17. Februar 1778 gab die Loge „Les Neufs Sœurs" in Gegenwart von 250 Brr. dem Vierundachtzigjährigen das Licht.

Bisweilen machte sich in dieser Zeit die Freimaurerei auch im öffentlichen Leben bemerkbar. Freimaurer von Gewicht suchten den ärgsten Ausschreitungen der Justiz Einhalt zu gebieten. Der Advokat Elie de Beaumont trat zweimal vor die Richter, als Voltaire den Ruf nach Gerechtigkeit hatte ertönen lassen. Vor allem im Falle des Protestanten Jean Calas, der in Toulouse unter der falschen Beschuldigung hingerichtet worden war, einen seiner Söhne ermordet zu haben, um dessen Übertritt zum Katholizismus zu verhindern. Die Ehre des Gemordeten wurde wieder hergestellt, sein Hab und Gut seinen Erben zurückgegeben. Größeren Ruhm noch errang sein Logenbruder Dupaty, der alles aufs Spiel setzte, um eine Reform des grausamen Strafrechtes herbeizuführen. Noch war die Folter die Hauptwaffe der Untersuchung, wurde der kleinste Diebstahl eines Bediensteten unnachsichtlich mit dem Tode bestraft. Als im Jahre 1785 drei Bauern aus der Umgebung von Chaumont wegen angeblichen Diebstahls zum Tode verurteilt worden waren, griff Dupaty, unterstützt von einem anderen Freimaurer, Legrand de Laleu, ein. In einer 250 Seiten umfassenden Eingabe an den König stellten die beiden die Ungeheuerlichkeit des Vorgehens dar und verlangten, daß ein Gesetz geschaffen werde, das solche Exzesse in Zukunft unmöglich mache. Dupaty brachte die Schrift, unterstützt von seiner Loge, in die Öffentlichkeit, indem er sie zugunsten der drei Unglücklichen verkaufte. Daraufhin wurde auf Betreiben des Generalanwaltes Séguier ein Verfahren eröffnet. Legrand de Laleu wurde wegen Verletzung der Standespflichten von der Advokatenliste gestrichen, die Denkschrift vom Scharfrichter den Flammen übergeben. Die Loge „Les Neufs Sœurs" trat für ihre Mitglieder ein, ließ deren Bilder öffentlich verteilen. Dupaty und Legrand ließen weitere Denkschriften erscheinen. Und schließlich siegten sie. Das dreifache Todesurteil wurde kassiert, der Prozeß an die erste Instanz zurückverwiesen. Dupaty, obwohl nicht Advokat, erhielt durch besondere Ermächtigung die Erlaubnis, die Angelegenheit der unschuldig Verurteilten zu vertreten. Sein Plädoyer, erfüllt von reinstem freimaurerischem Geiste, war eine flammende Anklage gegen das geltende Strafrecht; das Ergebnis: der Freispruch der Bauern. Dupaty und die mit ihm kämpfenden Freimaurer verhalfen in vier weiteren Prozessen der Gerechtigkeit zum Triumph. Dupaty veröffentlichte „Briefe über das Strafverfahren in Frankreich", die noch einmal alle seine Ideen zusammenfaßten. Ein königliches Dekret vom 1. Mai 1788 stellte daraufhin eine allgemeine Reform des Strafrechtes in Aussicht. Im gleichen Jahr starb Dupaty. Der Freimaurer Pastoret setzte sein Werk fort.

In eine etwas frühere Zeit, ins Jahr 1773 — Ludwig XV. saß noch auf dem Thron — fiel eine große Rede des späteren Präsidenten des Kassationsgerichtshofes, Henrion de Pensey, über die Rolle der Freimaurerei im Leben der Völker: „Der wahre Freimaurer ist ein Hüter der Moral. Nur wer Sitten hat, ist würdig seinesgleichen zu regieren... Die Sitten und die Gesetze sind die Säulen, auf denen das Wohlergehen der Menschheit beruht. Der Besitz der Moral kann Gesetze überflüssig machen, wo aber Sittenlosigkeit herrscht, sind die weisesten Verordnungen wertlos." Diese Worte wurden in einem Zeitpunkt gesprochen, in dem die Unmoral am Hofe und in manchen höchsten Kreisen ihren Gipfelpunkt erreicht hatte. Die Hindernisse, die die freimaurerische Arbeit noch immer erschwerten, das Durcheinander der Hochgrade, der okkultistisch-alchimistische Unfug der vielen phantastischen „Systeme", die mit der Freimaurerei im Zusammenhang zu stehen vorgaben, vermochten also den echten Geist der symbolischen Baukunst nicht zurückzudämmen. Ebensowenig Schaden tat die Spielerei der „Adoptionslogen" (s. d.), von Beamten regulärer Bauhütten geleitete Vereinigungen, die ihre besonderen Rituale hatten und mehr mondän als philosophisch inspiriert waren, und in denen die großen Damen des Hofes wie die Prinzessin von Chartres und die Herzogin von Lamballe den Ton angaben.

Die Zeit der französischen Revolution.

Es gab damals 629 Logen in F., davon 65 in Paris. Nicht alle standen auf gleicher Höhe, aber viele von ihnen wetteiferten darin, die Grundsätze der Gerechtigkeit und Wahrheit zu vertreten, Gleichheit der Rechte, Freiheit und Brüderlichkeit in einem höheren Sinne zu predigen, die Beseitigung der ungerechten Privilegien und die Emanzipation der Menschheit zu fordern. Aber das heißt nicht, daß die sich vorbereitende französische Revolution (s. d.) einer freimaurerischen Verschwörung entsprang. Alle Untersuchungen, ob in den Logen ein Komplott geschmiedet wurde, durch das dann die Volksleidenschaften bis zur Siedehitze entfesselt wurden, sind durchaus negativ ausgefallen. Die Arbeit, die die französischen Freimaurer leisteten, war geistiger Natur. Man dachte daran, neuen, schöneren Grundsätzen zum Durchbruch zu verhelfen. Aber es war in den Logen keine Rede davon, das Regime beseitigen zu wollen. Die Brr. waren zumeist durchaus nicht republikanisch. 1782 richtete die Loge „La Candeur" ein Rundschreiben an alle Schwesterlogen, in dem sie aufforderte, auf gemeinsame Kosten eine Fregatte auszurüsten und sie dem König zum Geschenk zu machen, damit dieser das Schiff den amerikanischen Freiheitskämpfern zur Verfügung stellen könne. Nichts ist törichter als zu glauben, daß man an die Tötung des Königs auch nur zu denken gewagt hätte. Ein so bedeutender Katholik wie Joseph de Maistre (s. d.) erklärte 1793 in seinem „Memoire à Vignet des Etoles", daß die Freimaurerei als solche an den blutigen Geschehnissen ganz unschuldig sei. Die revolutionäre Propaganda habe umgekehrt einen zerstörenden Einfluß auf die Freimaurerei ausgeübt. Eine Feststellung, die später auch von dem berühmten Mounier (s. d.) dem Präsidenten der Konstituante vom 6. Oktober 1789, einem Nichtmaurer, vollinhaltlich bestätigt wurde.

Schon die Zusammensetzung der Logen hätte einheitliche Willensbildung ausschließen müssen. Neben Männern, die dann die Bänke der Generalstände, der Konstituierenden Nationalversammlung füllten, standen an der Spitze von Bauhütten Geistliche, Aristokraten, hervorragende Persönlichkeiten des öffentlichen Lebens, die durchaus nicht auf Sturz von Thron und Altar sannen und teils emigrierten, teils in den Revolutionsjahren unter das Beil kamen. Ludwig XVI. (s. d.) selbst hatte sich angeblich zum Freimaurer machen lassen. Gemeinsam mit seinen Brüdern, den Grafen Provence (s. d.) und dem Grafen Artois (s. d.). Am 1. August 1775 hätte man für sie in Versailles eigens zu diesem Zwecke „à l'Orient de la Cour" eine Loge „La Militaire des Trois Frères-Unis" gegründet. (Diese Feststellung von Louis Amiable wird neuerdings von Lantoine als unrichtig hingestellt.) Die Freimaurerei hat nichts unternommen, die Revolution zu organisieren. Sie gab F. die These von der Einheit des Menschengeschlechtes, formulierte, von Franklin und Lafayette unterwiesen, die Monschen- und Bürgerrechte. In ihrem Schoße wuchsen die „Ideen von 1789", Ideen, die auch Kant, der kein Freimaurer, kein Revolutionär war, ausgesprochen hatte. Aber was 1791 folgte, stand im denkbar schärfsten Gegensatz zu allen freimaurerischen Idealen, war eine entsetzliche Pervertierung der Absichten, von denen zu Beginn der Revolution die Männer der Generalstände geleitet worden waren. In diesen hatten Freimaurer in großer Zahl Sitz und Stimme. Was nicht verwunderlich erscheint, wenn man sich vor Augen hält, daß die Denker, die Reformatoren, die populärsten und geachtetsten Bürger den Logen angehörten. In ihren „Cahiers" war wohl die Rede von aufbauenden Reformen, nicht jedoch von alles zertrümmernden Gewalttaten. Wenn all das entsetzliche Geschehen von den Freimaurern vorher bestimmt und beschlossen war, wer hat dann verfügt, daß auch so viele hunderte Freimaurer in dieser „Freimaurer-Revolution" die Guillotine besteigen mußten? Einer sprach es 1792 klipp und klar aus, daß ihm der freimaurerische Freiheitsbegriff zu wenig Realität war. Der Großmeister Philipp von Orleans (s. d.), jetzt „Philippe-Egalité", der sich mit dieser Begründung vom Orden lossagte und gegen die Freimaurerei im „Journal de Paris" eine öffentliche Erklärung erließ. Wäre der Großorient wirklich das gewesen, was beispielsweise der Abbé Barruel (s. d.) von ihm behauptete, so hätten sich seine Pforten nicht 1792 geschlossen

Die napoleonische Ära.

Der Mann aber, der sie nach dem Kataklysmus wieder öffnete, Roëttiers de Monteleau (s. d.), kam geradeswegs aus dem Kerker.

Als der Großorient von Roëttiers reaktiviert wurde, folgten zunächst nur 18 Logen dem Rufe. Nach und nach fanden sich aber wieder die Freimaurer der alten Garde ein: François de Neufchateau, der Präsident des Senats, Fontanes (s. d.), der Präsident der gesetzgebenden Körperschaft, Lacépède (s. d.), der Großkanzler der Ehrenlegion, auch Lalande und Pastoret kehrten in die „Kolonnen" zurück. Dazu gesellten sich nun die Männer um Napoleon (s. d.), von dem es nicht dokumentarisch feststeht, ob er selbst Freimaurer war, der aber sichtlich bestrebt war, das Freimaurertum vor seinen Wagen zu spannen. Seine Brüder Joseph, Lucien, Louis, Jérome, sein Stiefsohn Beauharnais (s. d.), sein Erzkanzler Cambacérès (s. d.), dessen „projet de code civil" die Grundlage zum Code Napoleon wurde, 22 Marschälle von F., unter ihnen — neben Massena (s. d.) und Beurnonville (s. d.) — Kellermann (s. d.), Bernadotte (s. d.), Ney (s. d.), Macdonald (s. d.), waren Freimaurer und auf des Kaisers Wunsch zumeist hohe Funktionäre des Ordens. Das Interesse bei Hofe wurde nicht von allen Freimaurern gerne gesehen. Nicht jeder schwärmte dafür, Glied einer „napoleonischen", „kaiserlichen" Freimaurerei zu sein.

Der Alte und Angenommene Schottische Ritus.

Zunächst aber beschäftigte alle eine Neugründung, die sich in den ersten Jahren des Jahrhunderts vollzogen hatte. 1804 war der Rittmeister de Grasse-Tilly (s. d.) aus St. Domingo nach F. zurückgekehrt, mit einem Patent des 1801 ins Leben getretenen „Obersten Rates" von Charleston (USA.), das ihn ermächtigte, in der Alten Welt, den „Alten und Angenommenen Schottischen Ritus" (s. d.) einzuführen, ein Hochgradsystem mit 33 Graden. So entstand neben dem Grand Orient abermals eine zweite Organisation, der Suprême Conseil mit einer ihm untergeordneten „Grande Loge générale Ecossaise", nachdem mit der zweiten Großloge des 18. Jahrhunderts der Grande Loge 1799 endlich eine Fusion eingegangen worden war.

Am Tage nach der Kaiserkrönung setzten von seiten der Freimaurer bei Hofe Bemühungen ein, die Einheit wieder herzustellen. Es kam auch 1804 im Hause des Marschalls Kellermann zur Herbeiführung einer vorübergehenden „Unité" zum Abschluß eines Konkordats (s. d.), doch zeigte es sich bald, daß auf die Dauer doch nun einmal ein Nebeneinander von zwei Riten bestehen bleiben werde. Großmeister des Großorients wurde Joseph Napoleon, sein Stellvertreter Cambacérès (s. d.), der aber gleichzeitig auch an die Spitze des schottischen „Suprême Conseil" trat. Dabei hatte die kaiserliche Polizei gewaltige Angst vor den „Voltairianern", die ihres Erachtens die Logen bevölkerten und unterhielt ein ausgedehntes System von Spitzeln (s. d.), die ergründen sollten, wie weit der Hang zur „Gleichheit, Freiheit, Brüderlichkeit, Philosophie und Republik" gehe.

Nach dem Sturze Napoleons machte die französische Freimaurerei wechselvolle Schicksale mit. Ein neues System suchte sich breitzumachen, der Misraimritus (s. d.), Ausgeburt einer geradezu tollen Phantasie, propagiert von den drei Brüdern Bedarride (s. d.). „Suprême Conseil" und „Grand Orient" wurden seit der Restauration immer mehr das Ziel einer heftigen klerikalen Kampagne. Ein Umstand, der naturgemäß zu Widerstand herausfordern mußte und nicht zum geringsten Teil die antiklerikale Haltung der französischen Freimaurerei bewirkt hat, die ihr auch heute noch eigen ist. Daß nicht etwa Religionsfeindlichkeit die Triebfeder war, geht daraus hervor, daß der Großorient auf Antrag seines Mitgliedes Blanchet 1849 eine Bestimmung in seine Verfassung aufnahm, die als Voraussetzung der Aufnahme den Glauben an einen persönlichen Gott und die Unsterblichkeit der Seele festsetzte. Eine dogmatische Bindung, auf die die Reaktion nicht ausblieb und um die in der Folge 20 Jahre lang heftige Kämpfe gingen. Gleich nach der Einführung freilich nahm sie Angriffen den Wind aus den Segeln, die dahin gingen, dem Großorient den Garaus zu machen. Nach der Februarrevolution von 1848 hatten sich Führer der Freimaurerei ins Rathaus begeben, um der provisorischen Regierung eine Proklamation zu überreichen. Sie waren von den Regierungsmitgliedern, die Logen angehörten, in freimaurerischer Bekleidung festlich empfangen und in deren Namen vom Justizminister Crémieux (s. d.) begrüßt worden. Als am 2. Dezember 1851 der Staatsstreich Napoleons III. (s. d.) glückte, glaubte man in den reaktionären Kreisen, daß nun die letzte Stunde des französischen Freimaurertums geschlagen habe. Aber Napoleon, der vermeinte, die Freimaurerei für seine Zwecke ausnützen zu können, nötigte dem Großorient als Großmeister den Prinzen Murat (s. d.), den Sohn des einstigen Königs von Neapel, auf. Demokratische Elemente empörten sich gegen diesen Zwang, und als es 1861 zur Neuwahl kommen sollte, wurde mit Erfolg Prinz Louis Napoleon als Gegenkandidat aufgestellt. Der Kaiser, einmal entschlossen, die Freimaurerei nach seinem Willen gelenkt zu sehen, verbot daraufhin den Prinzen eine weitere Betätigung im Orden und ernannte — gegen jedes Recht — durch ein Dekret vom 11. Jänner 1862 den Marschall Magnan (s. d.) zum Großmeister, der zu diesem Behufe eigens erst in eine Loge hatte aufgenommen werden müssen.

Grand Orient und Suprême Conseil.

Gestützt auf den kaiserlichen Befehl, verlangte

der Marschall auch von der zweiten Großbehörde, dem Suprême Conseil, daß diese sich seiner Großmeisterschaft unterwerfe und in Hinkunft mit dem Großorient zusammen eine einzige National-Großloge bilde. Der Dichter Viennet (s. d.), Direktor der Akademie, der an der Spitze des Schottischen Ritus stand, leistete aber heftigsten Widerstand und erklärte, auf die inneren Angelegenheiten der Freimaurerei stehe dem Kaiser kein Einfluß zu: „Was Sie von mir verlangen, ist Selbstmord", schrieb er an Magnan . . . „Wohl kann ich mich persönlich opfern, aber der Schottische Ritus wird mich sicherlich überleben." Die Antwort auf dieses Schreiben war die Auflösung des Suprême Conseil. Viennet erwiderte, daß er diese nicht zur Kenntnis nehme. Und er behielt mit seiner mutigen Haltung recht. Die Arbeit beider Großbehörden ging weiter, und es kam schließlich ohne Fusion zur Anbahnung herzlichster Beziehungen. Für den Großorient selbst erwies sich die Leitung durch Magnan als nicht ungünstig. Man hatte seiner Tätigkeit mit Bangen entgegengesehen, denn „die großen Männer der Staatsstreiche pflegen im allgemeinen nicht von Skrupeln geplagt zu sein". Aber Magnan mißbrauchte seine Rechte als Großmeister nicht, im Gegenteil, er stimmte einer Verfassungsänderung zu, die diese wesentlich einschränkte. Ihm folgte General Mellinet im Amte, und es kam wieder eine Zeit, die an jene des letzten Jahrhunderts erinnerte, in denen die Logen „Generalstände der Philosophen" gewesen waren. Mit Eifer gab man sich dem Studium von philosophischen, ethischen, wirtschaftlichen und sozialen Fragen hin. Die besten freiheitlich gesinnten Männer des Landes strömten in die Logen; u. a. Gambetta, Arago, Henri Brisson, Jules Ferry, Floquet, Jules Simon, Antonin Dubost (s. diese alle). Der demokratische Zug äußerte sich 1871 in der Abschaffung der Großmeisterschaft mit allen ihren Prärogativen. An ihre Stelle wurde ein Ordensrat (s. d.) gesetzt, der von Jahr zu Jahr seinen Präsidenten zu bestellen hat.

In dieser Epoche entschied sich auch das Schicksal der 1848 in die Verfassung aufgenommenen religiös-dogmatischen Bindung. 1875 hatte der Bischof Dupanloup seinen Rücktritt als Mitglied der Akademie erklärt, um gegen die Wahl des großen Positivisten Littré (s. d.), des Schöpfers des „Dictionnaire", zu protestieren. Daraufhin meldete sich dieser, 74 Jahre alt, als Suchender beim Großorient. Bei seiner Aufnahme gefragt, ob er an die Existenz Gottes glaube, antwortete er: „Ein Weiser des Altertums, dem ein König die gleiche Frage stellte, dachte Tag für Tag nach und fühlte sich niemals in der Lage, zu antworten. Ich bitte Sie, auch von mir weder Bejahung noch Verneinung zu verlangen. Keine Wissenschaft leugnet eine ‚erste Ursache', denn nirgends trifft sie etwas, was gegen eine solche zeugt, noch eine solche beweist. Alles Wissen ist relativ, immer wieder stößt man auf Wesenheiten und Urgesetze, deren tiefsten Grund wir nicht erkennen. Wer mit Entschiedenheit ausspricht, daß er weder gottgläubig noch Gottesleugner ist, beweist nur sein Unverständnis für das Problem des Werdens und Vergehens der Dinge."

Die Beseitigung des A. B. a. W.-Symbols durch den Grand Orient. Zwei Jahre später, auf dem Konvent von 1877, unterdrückte der Grand Orient die Formel vom „Allmächtigen Baumeister aller Welten". Der protestantische Geistliche Desmons (s. d.) hatte den auf die Streichung hinzielenden Antrag unter Berufung auf die Notwendigkeit vertreten, das Prinzip der Gewissensfreiheit so klar als möglich zum Ausdruck zu bringen. Das geschah durch die neue Formel: „Die Freimaurerei hat zu Grundsätzen die unbedingte Gewissensfreiheit und die menschliche Solidarität. Sie schließt niemanden um seines Glaubens willen aus." Die Streichung des A. B. a. W. hatte freilich weittragende Folgen: die Großloge von England und in der Folge die meisten angelsächsischen Großlogen brachen die Beziehungen zum Grand Orient de France ab; sie erklärten dessen Standpunkt nicht als Bekenntnis zum Atheismus, aber als Beseitigung der ersten „Landmark" (s. d.) der Freimaurerei.

Auch innerhalb einzelner Logen des Suprême Conseil de France hatten sich Stimmen dafür erhoben, den gleichen Weg wie der Grand Orient zu betreten. Sogar schon früher als bei diesem. Der Suprême Conseil hatte sich aber von Anfang an der rationalistischen Auffassung heftig widersetzt. Die Logen „La Justice" Nr. 133, „La Liberté maçonnique" und „Les Amis Inséparables" hatten schon 1869 die Formel aus ihren Einladungen entfernt; 1873 trat der Suprême Conseil dem energisch entgegen, indem er die Titelzeile A. L. G. D. G. A. D. L'U! (À la Gloire du Grand Architecte de l'Univers!) für alle Logen verbindlich erklärte. Die Gegner beruhigten sich aber nicht. Männer wie Gustave Mesureur, Brisson, Floquet (s. alle diese) protestierten, der Suprême Conseil gab jedoch nicht nach. Zwei Logen, die sich dennoch nicht fügten, wurden eingeschläfert. 1875 gehörte der Suprême Conseil zu den Gründern der Lausanner Konföderation (s. d.) und unterstrich dadurch auch nach außenhin seinen Willen, nicht von den traditionellen Auffassungen abzuweichen.

Die Grande Loge Ecossaise Symbolique.

In den nächsten Jahren trat dann diese Frage einigermaßen in den Hintergrund angesichts des Kampfes gegen die Hegemonie der Hochgrade, für die auf Demokratie gegründete Autonomie der Verwaltung der blauen Logen, der von ungefähr den gleichen Brr. entfesselt wurde, die gegen die Beibehaltung des Symbols frondiert hatten. Der Suprême Conseil suchte längere Zeit seine Stellung, die ihm auch die höchste Gewalt über die symbolischen Logen einräumte, zu behaupten. Es kam zu Ausschlüssen der „Rebellen", 1880 zur Gründung einer nur die drei symbolischen Grade anerkennenden „Grande Loge Symbolique Ecossaise", gebildet unter dem Schlagwort „le maçon libre dans la loge libre" von zwölf separatistischen Logen. Zu dieser gehörten auch „Les Libres Penseurs“ von Le Pecq, die 1882, im Gegensatz zu den Wünschen der schismatischen Großloge, eine Frau, Maria Deraismes (s. d.) aufnahmen und dadurch in der Folge den Anstoß zur Gründung der „gemischten Freimaurerei“ (s. Droit humain) gaben. Angesichts der starken Tätigkeit der „Symbolischen Großloge“, die auf 36 Logen anwuchs, entschloß sich der Oberste Rat schließlich zum Nachgeben. Mit Wirksamkeit vom 1. Jänner 1895 übertrug er einen Großteil seiner Rechte über die symbolischen Logen an eine neugebildete

Grande Loge de France.

Bereits 1896 beschloß die Grande Loge Ecossaise Symbolique sich mit dieser zusammenzuschließen, und in der Folge erhielt die Grande Loge de France die volle Autonomie über die blauen Logen. Ein Dekret des Suprême Conseil vom 26. Juli 1904 verkündete die vollständige Trennung der Verwaltungen des Obersten Rates und der Großloge. An diesem Tag begab sich der Suprême Conseil auch des bis dahin noch ihm vorbehalten gewesenen Rechtes, die Stiftungsbriefe für neue Logen auszustellen. Seither unterstehen dem Obersten Rat ausschließlich die Werkstätten (Ateliers) des IV. bis XXXIII. Grades, die Großloge hat alleinige Jurisdiktion über die in den Graden I bis III arbeitenden Logen. Während beim Grand Orient die Hochgrade und das diese leitende Grand Collège des Rites (s. d.) trotz gewisser Sonderrechte ein integrierender Bestandteil des Ordens sind, ist beim Schottischen Ritus der Dualismus vollkommen durchgeführt. (Die vom Suprême Conseil und dem Großorient bearbeiteten Hochgrade sind im übrigen dieselben.) Im Gegensatz zum Großorient hat die Grande Loge die Großmeisterschaft beibehalten. Dem Conseil de l'Ordre (Ordensrat) des ersteren entspricht der Conseil Fédéral (Bundesrat).

Die Freimaurerei von heute.

Das französische Freimaurertum hat sich seit Beginn des Jahrhunderts recht gleichmäßig fortentwickelt. Der Streit der Systeme hörte im wesentlichen auf; die 32.000 Maurer des Grand Orient de France (Sitz: 16, rue Cadet, Paris) arbeiten mit den 15.000 der Grand Loge de France, (8, rue Puteaux, Paris), einträchtig in freisinnigem Geiste zusammen und diese und Suprême Conseil eint ehrliche Freundschaft im gemeinsamen Ritus. Die Grande Loge hat — nicht zu ihrem Schaden — dem Beispiel des Suprême Conseils folgend, das Symbol des A. B. a. W. beibehalten, während der Großorient auch nach 60 Jahren an dem Grundsatz festhält, daß dieses ein Dogma bedeute, dem er sich nicht beugen könne. Hatte auf dem so folgenschweren Konvent des Jahres 1877 der Pastor Desmons seinen Brr. zugerufen: „Überlassen wir es den Theologen, die Dogmen zu erörtern. Die Freimaurerei muß bleiben was sie ist. Sie darf niemals in die heiße Arena der theologischen Diskussionen heruntersteigen; sie muß sich hüten, eine Kirche, ein Konzil, eine Synode sein zu wollen“, so wiederholte das am Konvent des Jahres 1927 der Präsident des Ordensrates, der frühere Vizepräsident der Deputiertenkammer, Arthur Groussier (s. d.). Auf Äußerungen des holländischen Freimaurers Gonsalves, der dem Grand Orient vorhielt, daß das Prinzip der Freimaurerei durchaus religiös sei, da der Bund im Vertrauen in die Existenz eines geistigen und sittlichen Weltsystems wurzle, das die Menschheit vorwärtsschreiten lasse, antwortete Groussier: „Es ist wahr, daß wir nicht von dem ausgesprochen religiösen Geist der angelsächsischen Logen durchdrungen sind. Wenn wir uns aber im Laufe der Zeiten so entwickelt haben, wie es geschehen ist, und uns zur uneingeschränkten Freiheit des Denkens bekennen, haben nicht andere Obedienzen sich von den Grundsätzen, die Duldsamkeit, Sittlichkeit und Brüderlichkeit heißen und in unserer Konstitution verankert sind, einigermaßen entfernt und sich einer der Konfessionen angenähert? Wir machen ihnen daraus keinen Vorwurf. Wir hegen vollste Achtung für ihren Glauben... wir verlangen nur, daß die Andersgesinnten dessen eingedenk sein mögen, daß die Toleranz eine der freimaurerischen Haupttugenden ist. Mögen sie ihre Dogmen beibehalten, wenn ihr Glaube ihnen dies vorschreibt, mögen sie aber auch uns für unseren Teil erlauben, die unbedingte Unanfechtbarkeit der Dogmen zu bestreiten... Gewiß, wir haben in diesem zwanzigsten Jahrhundert auch Materialisten in unseren Reihen. Aber schon im 18. Jahrhundert waren hervorragendste Vertreter dieser Richtung Mitglieder unserer Logen. Ist es denn verwunderlich, daß gerade sie, von den Glaubensgemeinschaften erbarmungslos verfolgt, Zuflucht im Tempel der Denkfreiheit suchten? Aber man findet in unseren Logen auch reine Spiritualisten, denn der Großorient verkündet ja keine Lehrmeinung, also weder Atheismus, noch Materialismus, noch Deismus. Er hütet sich davor, seinen Mitgliedern vorzuschreiben, bestimmte Grundsätze anzuerkennen oder andere abzulehnen, er fordert seine Brr. nur auf, denkende Menschen zu sein“.

Die politischen Probleme.

Auch auf die Frage, wie es sich mit dem Schlagwort von der „politischen französischen Freimaurerei“ verhält, gab Groussier die Antwort, indem er auf die Anklage: „Ihr treibt Politik! Genau wie Rom strebt ihr eine politische Machtstellung an!“ erwiderte: „Eine moralische Machtstellung? Ja! Politische Herrschaft? Nein! Unser Orden trachtet so wenig nach Herrschaft, wie er sich einer solchen unterwerfen würde. Er verteidigt Ideen und lehnt es kategorisch ab, ehrgeizige Begehrlichkeiten zu befriedigen“. Wenn man unter „Politik“ Einmischung in die Gestaltung des inneren Lebens anderer Völker oder die Teilnahme am Kampf der Parteien versteht, so haben weder der Großorient noch die Großloge mit Politik zu tun; es ist den Logen ausdrücklich verboten, in Wahlkämpfe einzugreifen. Aber sie sind darin einig, daß es ihre Aufgabe sei, gemeinsam alles zu erörtern, was mit dem geistigen und sozialen Fortschritt der Menschheit zu tun hat. Man bemüht sich, möglichst vorurteilslos alle Vorschläge zu durchdringen, die auf die allgemeine Besserstellung und auf gegenseitige Annäherung gerichtet sind. Und gemäß der Position, die die französischen Freimaurer im Leben der Nation einnehmen, treten sie mit ihren Ansichten auch stets offen hervor. Was immer beschlossen wird, geht aus den Logen hinaus: durch Resolutionen, die der Presse übergeben werden, durch Schriften, die die Ergebnisse der Diskussionen verarbeiten, durch Veranstaltungen für die Allgemeinheit. Allwöchentlich sehen die großen Versammlungsräume des Großorients und der Großloge Tausende von Männern und oft auch Frauen, denen dargelegt wird, was die Freimaurerei bewegt. „Tenue blanche" lautet der Name dieser öffentlichen Sitzungen; sehr oft kommen in ihnen auch Führer des Volkes zum Wort, die nicht dem Bunde angehören. Nie aber wird man in diesen Versammlungen oder im engeren Kreis der Logen Parteiangelegenheiten erörtert sehen. Wenn die französische Freimaurerei einmal nach außenhin aktiv auf den Plan tritt, handelt es sich stets um Fragen höherer Ordnung. Als es darum ging, Frankreich von den Machenschaften des von Deutschenhaß und Feindschaft gegen die Republik gepeitschten korrupten Generals Boulanger zu befreien, als das furchtbare Unrecht der Dreyfus-Affaire die Gemüter arg erschütterte, waren die Freimaurer auf dem Posten. Und auch, als es sich um die Frage der Trennung von Kirche und Staat handelte. Immer in Verteidigung des Gedankens der nationalen Demokratie und des kulturellen Liberalismus.

Antiklerikalismus.

Oft ist die Frage untersucht worden, ob sich die Toleranzidee mit den ausgesprochen antiklerikalen Tendenzen der französischen Brüderschaft vertrage. Die Antwort wird der auf der Zunge haben, der den unerbittlichen Krieg kennt, den die Kirche der französischen Freimaurerei seit mehr als hundert Jahren liefert. Die antifreimaurerischen päpstlichen Enzykliken des 19. Jahrhunderts haben in Frankreich weitverzweigte antifreimaurerische Körperschaften (s. d.) entstehen lassen, die nur ein Ziel haben: den erbarmungslosen Kampf gegen die „ruchlose Sekte". Dieses Anathema rief notgedrungen Widerstand hervor und führte zu der Einstellung, die heute den französischen Obedienzen in bezug auf den militanten Katholizismus eigentümlich ist. Sie sehen sich der Notwendigkeit des Abwehrkampfes gegenüber, führen diesen aber seit geraumer Zeit mit einer gewissen Passivität. Andere Probleme sind in den Vordergrund getreten: Bekämpfung der Volksseuchen, Unterrichtsreform, vor allem aber die Friedensfrage. Kaum eine Loge ist der anderen gleich. Manche sind Sammelbecken stärkster Intellektualität, manche ähneln mehr humanitären Klubs, vielen ist das Ritual lebendiger Rahmen, anderen Inhalt ihrer Arbeit am rauhen Stein. Aber in einem Punkt herrscht seit dem Ende des Weltkrieges in allen Bauhütten Einmütigkeit. Man fühlt sich verpflichtet, an der Spitze aller jener zu marschieren, die von der Sehnsucht erfüllt sind, Frankreich mit Deutschland zu versöhnen, die Haßpsychose abzubauen und die Welt mit dem Bewußtsein der menschlichen Solidarität zu erfüllen. „Die Freimaurerei ist universell, oder sie ist nicht!" Das ist die Lehre, die jedem neuaufgenommenen Freimaurer mit auf den Weg gegeben wird. Seit einer Reihe von Jahren werden die Möglichkeiten gründlich studiert, die zur Beseitigung der Kriegsgreuel, zur Herbeiführung einer Atmosphäre des Friedens führen können.

Das „Rapprochement franco-allemand"

ist in irgendeiner Form immer wieder eines der Pflichtthemen, die von den in jedem Herbst stattfindenden Konventen des Großorients und der Großloge den Bauhütten zur Behandlung aufgegeben werden. Schon lange vor Thoiry und Locarno, zu einer Zeit, da in Frankreich noch Gewaltpolitik Trumpf war, wurde ausgesprochen, daß es nur eine französische Politik, die der Versöhnung, geben dürfe, wurde ein „Comité Fraternité-Réconciliation" gegründet und erklärt, daß die Friedensverträge ein Unrecht darstellen und die Besetzung des Rheinlandes so rasch als möglich zu beenden sei. „Eine Brutstätte des Hasses, der die Verfasser schändet, die im 20. Jahrhundert ein Volk in Sklaverei werfen wollen", nannte auf dem Konvent von 1924 ein Mitglied der Grande Loge den Vertrag von Versailles. „Die Friedensverträge bedeuten den vorläufigen Triumph des schrankenlosen Egoismus. Anstatt die Kollisionsmöglichkeiten fürderhin auszuschalten oder wenigstens einzudämmen, haben sie diese verewigt", äußerte sich 1926 in Belgrad im gleichen Sinne Camille Savoire, der Großkommandeur des „Grand Collège des Rites" des Grand Orient. Und durch Konventsbeschluß der Großloge wurde ein umfangreiches Programm für moralische, militärische, wirtschaftliche, finanzielle Abrüstung und für Volkserziehung in pazifistischem Sinne genehmigt, wurde ausgesprochen, es sei oberste Pflicht Frankreichs, die durch den Krieg aufgespeicherten Haßgefühle zu bekämpfen, „der Welt den Frieden zu erklären". „Nicht drohen sollen wir, sondern versöhnen, nicht mit der Faust auf den Tisch schlagen, sondern die offene Hand bieten. Deutschland (das damals noch nicht dem Völkerbunde angehörte) soll ein Schiedsgericht ohne Klauseln und ohne Vorbehalte vorgeschlagen werden. Sein Eintritt in den Völkerbund ist nach Kräften zu fördern. Die Aufhebung der Ruhrbesetzung ist zu beschleunigen. Die Verständigung mit Deutschland hat jedes militärische Bündnis mit anderen Staaten auszuschließen. Die Zollschranken, die Hauptursache der Kriege mit all ihrem Elend, sind tunlichst zu beseitigen. Alles ist zu unterstützen, was die gegenseitige geistige und sittliche Durchdringung der beiden Völker fördern kann, deren Kulturen sich in so hohem Maße ergänzen. Der Chauvinismus und die Methoden der Herausforderung sind aufs energischeste zu bekämpfen. Die Jugend ist zur Erkenntnis der menschlichen Solidarität zu erziehen. Aus dem Unterricht hat alles zu verschwinden, was den Haßgedanken nähren muß. Deutschen und Franzosen müssen die unendlichen Leiden ins Bewußtsein geführt werden, die sie seit der Teilung des Reiches Karls des Großen in elf Jahrhunderten des Brudermordes erduldet haben. Sie müssen begreifen lernen, daß jeder Versündigung, die das eine Volk am Geiste des Friedens begeht, eine solche des anderen folgen muß. Jeder Franzose muß wissen, was die europäische Kultur dem Deutschland der Renaissance und der Romantik, dem Geist von Weimar und den großen deutschen Denkern zu danken hat. In den Schulen muß die deutsche Sprache gelehrt werden, denn nur wer diese kennt, kann die Seele des deutschen Volkes ganz verstehen lernen. Der Austausch von Studenten und Schülern ist auf breite Basis zu stellen. Nur so werden die Kinder dazu beitragen, die Eltern, die vom Haß immer noch nicht lassen mögen, zu den Pflichten der zivilisierten Menschen zurückzuführen.“ So beschloß die Grande Loge und ähnlich auch der Grand Orient. Man organisierte Versammlungen, in denen der auch heute nicht begrabene Antagonismus auf seine wirklichen Ursachen zurückgeführt wurde, leistete Aufklärungsarbeit. Die öffentliche Meinung wurde durch Friedenskundgebungen aufs nachhaltigste beeinflußt. 1923, als die antideutsche Nachkriegspolitik des Nationalen Blocks Poincarés ihren Höhepunkt erklomm, tadelte diesen beim Ordensbankett des Grand Orient ein Redner in den heftigsten Ausdrücken. „Was sollen wir zu dieser Regierung sagen, die durch ihr unverantwortliches Verhalten die Welt nicht zur Ruhe kommen läßt. Ist es nicht Verrücktheit, mitten im Frieden in das Gebiet eines Nachbarvolkes einzudringen. Ein solches Vorgehen... ist ein Verbrechen! Millerand und Poincaré und der Block verhindern die Verständigung mit Deutschland, die wir so sehr wünschen. Sie verhetzen das Volk und täuschen es“. In der gleichen Zeit protestierte die Grande Loge bei der Regierung gegen die Duldung der Hetzlieder in Kabaretts und Konzertkaffeehäusern gegen Deutschland und die deutschen Frauen. Und die Loge von Verdun forderte Versöhnung mit den Worten: „Von dem todwunden, geschändeten Boden von Verdun, der blutgetränkten, zerstörten Stadt soll der erste Ruf ergehen zu moralischer Abrüstung...“. Seither ist kein Konvent vorbeigegangen, an dem nicht das Bekenntnis zum Frieden, der sehnsüchtige Wunsch nach Annäherung erneuert worden wäre. André Lebey, einer der führenden Freimaurer des Großorients, hat für diese Beharrlichkeit den Satz geprägt: „Keine Utopie, keine Illusion kann uns darüber hinwegtäuschen, daß, wenn die Menschheit nicht den Krieg vernichtet, der Krieg die Menschheit ausrotten wird. Ideale werden nicht verwirklicht, sie treten nicht in reale Erscheinung, wenn sie nicht unausgesetzt immer und immer wieder verfochten werden.“ Und Maurice Monier, Großmeister der Großloge, gab 1927 die Parole aus: „Die einzige Aufgabe der Gegenwartsfreimaurerei ist die Arbeit für den Frieden!“

Diese Arbeit möchte die französische Freimaurerei naturgemäß in Gemeinschaft mit deutschen Großlogen leisten. Sie hat aus diesem Grunde verschiedentlich Versuche unternommen, die Beziehungen zu diesen, die durch den Krieg vollständig unterbrochen wurden, wieder aufleben zu lassen. Bisher mit negativem Erfolg. Ein einziges Mal — im Februar 1927 — fand in Frankfurt a. M. auf französische Anregung hin eine informatorische Aussprache zwischen dem Großmeister des Eklektischen Bundes, Bankdirektor Ludwig Ries, dem damaligen Präsidenten des Ordensrates des Grand Orient, Senator Brenier und dem Zugeordneten Großmeister der Grande Loge, Doignon, und einigen anderen Würdenträgern statt. Großmeister Ries stellte bei diesem Anlaß mehrere Fragen, die sich auf die Kriegsschuldfrage und die Besetzung des Rheinlandes bezogen. Die beiden französischen Obedienzen mußten aber zu ihrem Bedauern erklären, daß sie nicht in der Lage seien, sich in unmittelbarer Weise in die politische Regelung der zwischen den Regierungen von F. und Deutschland schwebenden Fragen internationalen Charakters einzulassen (s. Frankfurter Begegnung).

Die Grande Loge Nationale Indépendante et Régulière pour la France.

Seit 1913 gibt es in Frankreich eine dritte Obedienz, die mehrheitlich aus Engländern zusammengesetzte „Grande Loge Nationale Indépendante et Régulière pour la France“ (42, rue de Rochechouart, Paris). Sie ging hervor aus zwei Logen des Grand Orient, der bis auf das Jahr 1732 zurückführenden „L'Anglaise“ in Bordeaux und der Pariser Loge „Centre des Amis“ (s. d.), die nach dem System des rektifizierten Schottischen Ritus arbeitete. Der Grand Orient hatte diese alte Loge, die von 1841 bis 1910 geruht und in diesem Jahr vom Genfer Großpriorat wieder erweckt worden war, 1911 übernommen. Meinungsverschiedenheiten bezüglich der Formel des A. B. a. W. und anderen konstitutionellen Fragen führten, nachdem die Auffassung der Loge am Konvent des G. O. von 1913 unterlegen war — im Verein mit der „Anglaise“ — zum Ausscheiden aus dem Grand Orient. „Centre des Amis“ erklärte sich als Großloge und wurde von Genf als solche anerkannt; im Dezember des gleichen Jahres folgte dann die Anerkennung der „Grande Loge Nationale“ durch die Vereinigte Großloge von England. Erster Großmeister war Dr. Edouard de Ribaucourt. Im Juni 1914 entstand — von in Paris lebenden Engländern gebildet — die dritte Loge, „St. George“. Weitere Gründungen folgten. Anfangs 1931 zählte die G. L. N. 29 Logen, die teils nach englischer, teils nach rektifizierter Lehrart arbeiten, zwei Instruktionslogen, eine Schottenloge, sechs Royal-Arch-Kapitel, letztere unter einem Großkapitel. Großmeister ist H. de Mondehare in Paris.

Franz I., römisch-deutscher Kaiser, s. Lothringen, Franz Stephan v.

Franz II., römisch-deutscher Kaiser, von 1792 bis 1806, dann als Franz I. Kaiser von Österreich, * 1768, † 1835, war infolge der im Verlauf der französischen Revolution heftig einsetzenden klerikalen Einflüsterungen vom ersten Tag seiner Regierung an feindlich gegen die Freimaurerei eingestellt, worin er später namentlich durch Metternich bestärkt wurde. Er glaubte an ein „Freimaurerkomplott", das zur französischen Revolution geführt habe, und lebte in ständiger Furcht vor „Umtrieben der geheimen Gesellschaften". Auf dem Regensburger Reichstag 1794 ließ er durch seinen Gesandten die Unterdrückung aller geheimen Gesellschaften beantragen, konnte aber infolge des Widerstandes der Gesandten von Preußen, Hannover und Braunschweig einen solchen Beschluß nicht erreichen. Ohne die Freimaurerei in seinen eigenen Staaten zunächst formell zu verbieten, ließ er sie seine Ungnade so heftig spüren, daß die meisten Logen freiwillig ihre Arbeit einstellten. Die zahlreichen antifreimaurerischen Denunzianten seiner Zeit, wie Professor Leopold Alois Hoffmann (s. d.), hatten stets das Ohr des Kaisers. Ihre Hetzschriften und viele andere auf die Freimaurerei bezüglichen Dokumente wurden von ihm als „Acta secreta" gesammelt. 1797 wurden dann alle geheimen Gesellschaften aufgehoben. 1801, nach dem Frieden von Lunéville, erging für alle Staatsdiener das Verbot, fürderhin Mitglieder von Geheimgesellschaften zu sein. Durch eidliche Reverse hatten sie diese Verpflichtung zu bestätigen. Der Kaiser unterhielt zur Überwachung der Freimaurerei nicht nur durch die Polizei, sondern auch persönlich einen ausgedehnten Spitzeldienst. Polizeibeamte mußten sich in Logen aufnehmen lassen, um ständig berichten zu können. (Hofrat Ludwig Brügel in Wien hat aus Aktenstücken des Wiener Staatsarchivs des Inneren und der Justiz festgestellt, daß diese Meldungen voll der plumpsten Erfindungen waren.) Der pensionierte Wiener Regierungssekretär Feldhofer (s. d.) war zwanzig Jahre lang Konfident des Kaisers, obgleich der mit der amtlichen Überprüfung der Angaben betraute niederösterreichische Oberst-Landrichter v. Haan diese als Hirngespinste und abgeschmackte Phantasien bezeichnete und an den Kaiser appellierte, sich des Denunzianten zu entledigen. F. ließ sogar durch Spitzel sondieren, ob man nicht die Spaltung innerhalb der deutschen Freimaurerei (in der er auch den Protestantismus treffen wollte) fördern könne, um den Bund auf diese Weise totzuschlagen.

Franz-Joseph-Land. In den Eiswüsten von F. errichteten die Freimaurer der Baldwin-Zeigler-Polarexpedition eine Loge, die sie nach dem berühmten Polarforscher Kane (s. d.) benannten (1901). Mitglieder einer zweiten Polarexpedition unter Leitung von Fiala-Zeigler (1903—1905) nahm die maurerischen Arbeiten dort wieder auf. Es dürfte dies der nördlichste Punkt der Erde sein, auf dem maurerische Versammlungen stattgefunden haben.

Französisch-Äquatorial-Afrika, früher Französisch-Kongo; in der Hauptstadt Brazzaville arbeitet unter dem Grand Orient de France eine Loge.

Französische Logen in Deutschland. Französische kriegsgefangene Offiziere gründeten zur Zeit des Siebenjährigen Krieges ein Clermontkapitel (s. d.) in Berlin. Rege Beziehungen zur französischen Freimaurerei sind um die Mitte des 18. Jahrhunderts an vielen Stellen Deutschlands nachweisbar, wie denn auch eine Anzahl Logen lange Zeit in französischer Sprache arbeiteten. Während der Napoleonischen Kriege wurden in Deutschland zahlreiche französische Logen gegründet. So die „Réunion des amis" in Hannover, „Les adeptes de la croix du Nord" in Hamburg, „Les amis de la Humanité" in Lübeck, „La Réunion" in Berlin u. a. O. Es war auch die Gründung einer „Grande Loge provinciale Hanséatique" für Hamburg vorgesehen. Im Königreiche Westphalen wurde ein unter französischem Einfluß stehender Großorient begründet. In Darmstadt bestand eine Loge „Aux trois Palmes", in Frankfurt a. M. die Loge „Trinité", in Mainz die Loge der „Amis Réunis". Unter dem Schutze des Grand Orient de France wurde in Frankfurt a. M. 1807 auch die aus Juden bestehende Loge „Zur aufgehenden Morgenröte" gestiftet.

Nach dem Weltkriege entstanden unter französischen Militärs Logen im besetzten Gebiet, so in Ludwigshafen, Wiesbaden u. a. O., die mit der Rheinlandräumung nach Frankreich verlegt wurden.

Französische Logen in England.

1. Unter der Großloge von England: in den ersten Jahrzehnten der englischen Großloge entstanden in London Logen, die vornehmlich aus Franzosen zusammengesetzt waren. Die „Lodge at Salomons Temple" in Hemmings Row, der unter anderem auch Desaguliers und Anderson angehörten, war eine derartige Franzosenloge, ebenso die „Union French Lodge", gegründet 1732, die „Loge of St. George de l'Observance" Nr. 148, die „Old French Lodge" Nr. 190, gegründet 1742, die „Immortalité de L'Ordre", gegründet 1766, der auch der berühmte Chevalier d'Eon angehörte, u. a. Im ganzen sind ungefähr zwölf derartige Franzosenlogen im Rahmen der Großloge von England (Moderns) zu verzeichnen. Die führende Persönlichkeit war ein Kupferstecher Peter Lambert de Lintot. Diese französischen Logen führten in England die französischen Hochgrade ein und entwickelten ein System von sieben Graden. Besonders die Loge „St. George de l'Observance" war an dieser Neuerung beteiligt. Die bearbeiteten Hochgrade entsprechen im wesentlichen den damals in Frankreich entstandenen Schotten- und Clermontgraden. In diese Logen wurden eine ansehnliche Anzahl von Mitgliedern der Moderns aufgenommen. Auch mit der neuerstandenen Großloge „Südlich vom Trent" standen sie in Beziehung. Reste dieser Hochgradbewegung haben sich in England erhalten (s. Englische Hochgrade). Im übrigen aber kehrte sich die Mehrheit der Logen von dieser landfremden Einrichtung wieder vollkommen ab, und durch die Unionsakte des Jahres 1813 wurde die reine Lehrart der Großloge von England allgemein eingeführt (s. hierzu: Wonacott, „The Rite of seven Degrees" in A. Q. C., Band XXXIX). Geschichtlich sind diese französischen Hochgradlogen in England deswegen von besonderer Bedeutung, weil sie die Einwanderung der fran-

zösischen Ritualentartungen in das Mutterland der Freimaurerei deutlich erkennbar machen. Von Anhängern der Schottentheorie wird diese Einwanderung allerdings als Rückwanderung bezeichnet.

Neuerdings gibt es unter den sieben „Anglo-Foreign Lodges" (s. o.), der Großloge von England, den Logen, die es in London ansässigen Ausländern (besonders Engländern fremder Geburt) möglich machen, in ihrer Muttersprache zu arbeiten, „La France", 2060, und L'Entente Cordiale", 2796, mit französischer Logensprache.

2. Infolge des Bruches zwischen der Großloge von England und dem Großorient von Frankreich gründete dieser in London die Logen „Hiram" (1899), „Concordia" (1909) und „Humanitas" (1922). Diese Logen bestehen aus in London ansässigen Franzosen und haben mit englischen Logen keinen Verkehr.

Französische Revolution s. R e v o l u t i o n.

Französischer Ritus (frz. R i t e f r a n ç a i s, auch R i t e m o d e r n e), System von sieben Graden (oder Orden), d. h. den drei symbolischen und vier schottischen Hochgraden:

Elu,
Ecossais,
Chevalier d'Orient,
Chevalier Rose-Croix.

Der F. R. wurde lange Zeit hindurch im Schoß des Grand Orient de France bearbeitet, er gehört auch heute noch zu den Riten, die dessen Grand Collège des Rites in seinen Règlements verzeichnet; in der Praxis ist aber der A. u. A. Schottische Ritus die auch beim Grand Orient vorherrschende Lehrart geworden. Dagegen ist der F. R. noch in einer Reihe von überseeischen (namentlich brasilianischen) Logen im Gebrauch.

Französische Systeme ihrem U r s p r u n g nach sind u. a.:

die S c h w e d i s c h e Lehrart (damit im Zusammenhang das Z i n n e n d o r f sche System der Großen Landesloge der Freimaurer von Deutschland), die verschiedenen S c h o t t i s c h e n Hochgrade (A. u. A. Schottischer Ritus. Rektifiziertes System, Französischer Ritus und die [schottischen] zahlreichen Systeme des 18. Jahrhunderts, der M i s r a i m - R i t u s, der M e m p h i s - R i t u s u. v. a.). (Vergl. F i s c h e r - K r e t s c h m e r, Katechismen. IV.)

Französisch-Guinea, Kolonie an der Westküste Afrikas. In der Hauptstadt Conakry arbeitet unter der „Grande Loge de France" eine Loge.

Frapolli, L o d o v i c o, * 1815 in Mailand, italienischer Politiker, Geologe, beteiligte sich an den italienischen Befreiungskämpfen, machte den Zug Garibaldis mit und wirkte seit 1866 im italienischen Parlamente auf seiten der radikalen Opposition. 1869/70 Großmeister des Großorients von Italien. Unter seiner Großmeisterschaft wurde der Sitz des Großorients von Florenz in das eroberte Rom verlegt. Bei Ausbruch des Deutsch Französischen Krieges eilte er zu G a r i b a l d i, der auf französischer Seite kämpfte, weshalb er auch seine Großmeisterwürde am 7. September 1870 niederlegte. Mit der Führung der Amtsgeschäfte wurde für ihn bis zur Ersatzwahl Giuseppe M a z z o n i betraut. † 1878.

Fraternité-Réconciliation. Nach dem Weltkrieg gegründete französisch-maurerische Vereinigung, die sich für deutsch-französische Verständigung einsetzt. Sie bemüht sich, französischen Freimaurern und ihren Freunden durch Vorträge prominenter Deutscher das wahre Gesicht Deutschlands zu zeigen und führt Jugendaustausch durch. Vorsitzender ist der Pazifist Gaston M o c h.

Fratres Calami, Brüder der Feder, nennt sich eine Londoner Loge, die sich ausschließlich aus gewesenen Logenschriftführern anderer Logen zusammensetzt und sich vorzugsweise mit Fragen der Logenadministration beschäftigt.

Frauen als Freimaurer. Nach dem 3. Hauptstück der „Alten Pflichten" sind Frauen von der Mitgliedschaft ausgeschlossen (no Bondsmen, no women, no immoral or scandalous Men, but of good Report). Daher wurde auch in den alten Logen bei der Aufnahme die linke Brust des Suchenden entblößt, um zu zeigen, daß er männlichen Geschlechtes sei. A n d e r s o n erzählt, daß die jungfräuliche Königin E l i s a b e t h deshalb den Freimaurern ungnädig gesinnt gewesen wäre, weil sie als Weib nicht beitreten konnte. Das ist allerdings ebenso eine Fabel wie die von S a c h e r - M a s o c h sogar dramatisierte Geschichte von M a r i a T h e r e s i a, die, aus weiblicher Eifersucht, verkleidet die Loge ihres Gatten Franz besucht habe. Mit großer Hartnäckigkeit wird die Erzählung von der Lady A l d w o r t h (s. d.) aufrechterhalten, die unversehens eine Freimaurerloge belauschte und von den entsetzten Brüdern kurzerhand aufgenommen wurde, um so dem Verrate der Geschehnisse zu entgehen. Die ganz gleiche Geschichte wird übrigens auch von einer Mrs. B e a t o n aus Norwich erzählt, ebenso soll die „Melrose Lodge" Nr. 1 die Isabella S c o o n aus Not aufgenommen haben. Beim Winterjohannisfeste der „Regimentsloge des Inf.-Reg. Nr. 22" in Newcastle (1769) soll die Wirtin mit einem Feuerhaken die Tür erbrochen haben und gleichfalls vereidigt worden sein. Es handelt sich wohl bei den meisten dieser Erzählungen um Wanderlegenden uralten Ursprungs, die sogar schon in den Geschichten der Männerbünde primitiver Völkerstämme vorkommen. Später verfuhr man nämlich einfacher. So wurde eine Kellnerin M o l l y, die sich in die „Canterbury Lodge" eingeschlichen hatte, einfach ohne Weihe wieder vor die Tür gesetzt. Und bei der feierlichen Einsetzung des Prinzen von Wales, späteren Königs E d w a r d VII., als Großmeister der Großloge von England wurden vom Dache der Alberthalle in London zwei neugierige Aufwärterinnen polizeilich entfernt! Eine Frau, die 1903 gewaltsam in die Loge zu C e t t e einbrach, wurde sogar wegen schweren Hausfriedensbruches zu 13 Monaten Kerker verurteilt. Im amerikanischen Sezessionskriege soll sich der Fall öfters ereignet haben, daß Offiziere ihre Frauen in die freimaurerischen Geheimnisse und Erkennungszeichen einweihten, um sie den Freimaurern der gegnerischen Armee zum Schutze empfehlen zu können. So ein Major Charles L i l l e in Gainsville (Georgia). Über den

Zwitter Chevalier D'Eon s. d. Die Gattin des französischen Generals Xaintrailles, die zur Zeit des Konsulats als Rittmeister der Kavallerie in der Armee diente und sogar Adjutantin ihres Mannes war, war wirkliches Mitglied der Loge „Les Artistes". Ein besonderer Fall ist ferner jener der Gräfin Helene Hadik-Barkoczy, der Gattin des Grafen Béla Hadik, Generaladjutanten des Erzherzogs Max, späteren Kaisers von Mexiko. Sie war die letzte ihres Stammes und hatte daher von den ungarischen Behörden männliche Erbrechte zuerteilt erhalten. Auf Grund dieser „Manneserklärung" wurde sie 1875 in der Loge „Egyénlőség" in Ungvar, trotzdem der ungarische Großorient seine Zustimmung ausdrücklich verweigert hatte, doch nach allen Regeln der Kunst aufgenommen. Der Großorient zog den Meister vom Stuhl zur Verantwortung und ließ alle Schuldtragenden aus den Listen streichen. Im Jahre 1882 erfolgte in Frankreich die Aufnahme der Maria Deraismes (s. d.) in die Loge „Les Libres Penseurs" von Le Pecq. Die „Grande Loge Symbolique" entzog der Loge das Patent, worauf in der Folge die „gemischte" Freimaurerei des „Droit Humain" (s. d.) und Co-Masonry entstand.

1921 stellte die Großloge von Frankreich beim Genfer Konvent der A. M. I. den Antrag, einzelnen Mitgliedsobedienzen die Zulassung von Frauen zu gestatten. Die Versammlung lehnte das mit allen gegen die drei Stimmen der Großlogen von Frankreich und Spanien und des Großorients von Portugal ab. In den Grundregeln, die von der Großloge von England 1929 herausgegeben wurden, ist die Aufnahme von Frauen eines der Kardinalhindernisse für die Anerkennung.

Bünde mit freimaurerischem Charakter, die Frauen aufnehmen, hat es zumindest auf dem europäischen Kontinente seit dem 18. Jahrhundert immer gegeben. In Frankreich entstanden zunächst der Orden der Ritter und Nymphen von der Rose, die Gesellschaft der Genossen der Penelope, der Orden der Glückseligkeit, der Holzhauerorden, der Ankerorden usw.; an allen diesen mehr oder minder geheimnisvollen Gesellschaften konnten Männer und Frauen teilnehmen. Die Versammlungsorte hießen Haine, Lustwäldchen, Liebestempel, die weiblichen Mitglieder wurden „Cousinen" oder „Freundinnen" tituliert. Nach Deutschland verirrte sich diese Ausartung vor allem in Gestalt des Mopsordens (s. d.).

In Frankreich wieder bildete sich dann, in Verbindung mit Logen, die Adoptionsmaurerei (s. d.) In Amerika bestehen zahlreiche Vereinigungen von Freimaurerangehörigen auch weiblichen Geschlechts, so der Eastern Star (s. d.), die Regenbogenvereinigungen (Order of the Rainbow), die Job's Daughters u. a. m.

In der Zulassung von Frauen zu Logen liegt ein vollkommenes Verkennen der wahren Absichten der Freimaurerei als eines Mysterienmännerbundes. Es handelt sich nicht darum, Frauen von der Betätigung ihres humanitären Wollens auszuschließen. Dazu haben sie in zahllosen Verbänden reichste Gelegenheit. Es ist aber sinnlos, Frauen auf eine Symbolik zu verpflichten, deren einzelne Werkbestandteile ihnen doch geschlechtsfremd sind (weibliche Steinmetzen?) und sie in Verbände zu zwängen, deren Wesenszug durch ihre Aufnahme verändert werden muß. Wenn Anderson die Frauen ausdrücklich ausschloß, so folgte er jedenfalls nur den Grundsätzen der alten Werkmaurer, die die Zunft allen weiblichen Personen streng verschlossen hielt. Nur eine einzige weibliche Person wurde nach der Legende der Ehrung durch die Zunft teilhaftig: die Königin von Saba. Das Aufstellen ihres Bildes in den Statuenreihen der deutschen Dome ist, zumal das gewöhnlich in Verbindung mit jenem des Königs Salomon geschah, sicherlich keine Zufälligkeit. Die Zunft ehrte sie als eine zum Legendenkreise des Tempelbaues gehörige Gestalt.

Klagen über die Ausschließung der Frauen von der Logentätigkeit wurden sehr früh laut. Davon geben die Zeitungen des 18. Jahrhunderts einen Begriff. Im Jänner 1733 meldete die „Vossische Zeitung" (vergl. Eberhard Buchner, „Das Neueste von Gestern", München) aus Großbritannien: „... Das Geheimnis (der Freimaurerei) wird denen Gliedern der Gesellschaft bey ihrer Aufnahme offenbaret, es müssen sich aber selbige mittelst eines scharfen Eides verbinden, solches niemanden zu entdecken. Derart, daß, als eine gewisse vornehme Prinzessin, die dieses Geheimnis gerne wissen wollte, einen auch vornehmen Herrn dazu beredete, daß er sich in diese Fremesen würde begeben und hiernächst die Eröffnung solchen Geheimnisses von ihm begehrte, derselbe ihr solches gleichwohl abgeschlagen." 1737 glaubte ein Pariser Korrespondent des gleichen Blattes, daß in Frankreich den Freimaurern sicherlich bald „das Cantate gelegt" werde. „Das Frauenzimmer läßt ihre Scheelsucht, daß sie das männliche Geschlecht von den Geheimnissen ihrer Brüderschaft ausgeschlossen, ... ziemlich widerfahren." In Bern verstanden es Frauen sogar, die Regierung gegen den Orden aufzustacheln. „Die Frey-Mäurer-Eheweiber", die, wie es in einem damaligen Schriftstück heißt, „ungeachtet ihrer Liebkosungen und Listen und Ränke zu ihrem größten Verdruß zur Ergründung des pretendierenden Frey-Mäurer-Sekrets niemals gelangen können." Beschwerden gab es auch in Deutschland. 1785 druckte Wieland in seinem „Teutschen Merkur" eine Auseinandersetzung über das Thema ab, „daß bei den Freimaurern den Frauen wohl das Herz offen stehe, aber die Loge geschlossen sei". Auch Goethe trug sein Scherflein dazu bei. Als sein Sohn August bei einer Veranstaltung der Loge „Amalia", zu der die Schwestern geladen waren, deren Dank zum Ausdruck bringen sollte, ließ er ihn die scherzhafte Versfrage stellen:

„Sollen aber wir, die Frauen,
Dankbar solche Brüder preisen,
Die ins Innere zu schauen,
Immer uns zur Seite weisen?"

Eine Antwort auf diese bis auf den heutigen Tag immer wieder aufgerollte Frage versuchte Herder in seinen Freimaurergesprächen, in denen er Linda (seine Frau Karoline) zu Faust (Herder selbst) folgendes sagen läßt: „Der Mann bedarf eines Aufschwunges, und wir gönnen ihm solchen gern. Er muß sich zuweilen erweitern und erheben, daß er, Mann mit Männern lebe, sonst wird er bei aller Müh und Liebe selbst uns alltäglich. — Verübelt mir aber nicht Freunde: Euer Geschlecht begrenzt oder, wie man sagt, borniert sich zu bald und erschwert sich seine Fesseln. — Oft sinkt ihr unter ihrem leisen, aber fortwährenden Druck nieder und veraltet. Veraltet vor der Zeit unter Gewohnheiten, die ihr nicht ändern wollt. Vorurteile umschlingen uns vielleicht leichter als Euch; aber an Euch sind sie drückender und fester. Mit unserer mehreren Elastizität und Seelenfreiheit sind wir geborene Freimaurerinnen am reinen Bau und Fortbau der Menschheit. — Welchen großen und schönen Gedanken hatte Sokrates, den ihm Aspasia nicht eingab?“ Herder antwortet: „Und doch gehört Ihr bei Euren großen Gedanken doch nicht in das geschlossene Viereck des Beratens und Wirkens. Läuft nicht die Phantasie oft mit Euch fort? Ist nicht der gute Trieb bei Euch immer voran? Ihr seid zu tätig, zu barmherzig, der Augenblick übernimmt Euch. Auf einmal würdet Ihr der gesamten Menschheit helfen wollen und alles verderben. Schon deshalb gehört Ihr nicht in jenes stillberatende, leidenschaftslos wirkende Viereck.“

Daß die Freimaurer nicht misogyn sind, beweist nicht nur die Überreichung der Frauenhandschuhe bei der Aufnahme, der in allen Großlogen offizielle Trinkspruch auf die Schwestern, die Schwesternfeste, die Schwesternvereinigungen in vielen Logen und die verschiedenen geselligen Veranstaltungen mit Zuziehung der Frauen. Auch die karitative Werktätigkeit der Logen ist zum großen Teile den Frauen übertragen. Sie als vollberechtigte Mitglieder in die Logen aufzunehmen, besteht aber um so weniger Veranlassung, als die Freimaurerei ihrem Wesen nach ein Männerbund war, ist und bleiben wird.

Free, wie in Freemason, ist eine im englischen Gildenwesen sehr häufige Vorsilbe, die in Verbindung mit mehreren Gildenbezeichnungen auftritt. So: Free Carmen, Free Fishermen, Free Dredgers of Whitstable, Free Watermen, Free Vintners, Free Butchers, Free Carpenters, Free Sewers u. a. m. Zur Erklärung wurde, besonders bei den Steinmetzen. herangezogen: Frei vom Gildenzwang der Stadt. Das scheint aber nicht durchwegs richtig zu sein, denn die genannten Gilden waren zum Teile eingetragene Körperschaften und standen daher unter der Autorität der städtischen Behörden. Daß unter F. eine bürgerliche Freiheit im Gegensatz zu Hörigkeit oder Untertänigkeit verstanden wurde, zeigt sehr schön ein Beispiel aus dem Jahre 1305. Vier Fleischhauer wurden vor die städtische Obrigkeit gerufen, weil sie vom Bischof von London in Stepney Land erhalten hatten, wodurch sie in ein Untertanenverhältnis zum Bischof gerieten. Der Stadtrat beschloß, daß ihnen das freedom der city (etwa das Freisassentum der Stadt) abzusprechen sei. (Speth, AQC 1897, Seite 15.) Erschwert wird die Feststellung des Begriffes noch durch die verschiedene Verwendung des Präfixes Free. In Free Vintners (Freiweinhändler) haben wir es mit einer 1473 inkorporierten Gewerkschaft zu tun, die als Freemen of the Mistery of Vintners of the City eingetragen sind. Hier ist aus Freemen schließlich nur die Vorsilbe übernommen worden. Bei anderen Companien, wie denen der Free Fishermen, scheint der Name ebenso wie bei Free Carmen in Anlehnung an den Sprachgebrauch Freemason entstanden zu sein. Die Free Watermen and Lightermen, die Fährleute und Leichterführer, waren niemals inkorporiert. Es scheint, daß sie sich deshalb frei nannten. Bei Free Sewers (Freischneider) liegt die Entstehung wieder anders. Die Free Sewers waren nicht Mitglieder der Gilde, wurden aber von Gildenleuten beschäftigt.

Besonders schwer liegt die Erklärung beim Worte Freemason, Freimaurer. Hier ist in den Ableitungen auch keinerlei Einigkeit zu erzielen. Die Behauptung, der Freemason habe den Freestone behauen, während sich der rough Mason mit dem gewöhnlichen Baustein begnügen mußte, ist als erledigt anzusehen. Speth u. a. glauben folgende Erklärung geben zu können: die großen, besonders kirchlichen Bauten des Mittelalters sind von wandernden Steinmetzen und Baumeistern mit Hilfe der ortsansässigen Maurergilde errichtet worden. Zwischen diesen beiden Gruppen bestanden tiefgehende Gegensätze. Die Ortsansässigen sagen (Speth): „Kein Arbeiter soll beschäftigt werden, der nicht Lehrling bei einer unserer Companies (Zunft) gewesen ist und der Freisasse der Stadt ist.“ Ihnen antworteten die Kirchenbauer: „Unsere alten Pflichten binden uns, für jedes Mitglied unserer Bruderschaft Arbeit zu finden, so gut wir es können. Was gehen uns eure Gesetze und Regeln an? Wir sind eine Bruderschaft, um Jahrhunderte älter als ihr, wir bauen Kirchen unter Freiheiten, die euren Bürgermeister nichts angehen. Ihr seid Gildenmaurer, wir aber sind Freimaurer, frei von eurer Aufsicht, stehen außerhalb eurer Gesetze und Regeln. Laßt uns in Frieden“ (A. Q. C. 1897, 19). Die Vorsilbe F., frei, im Französischen franc, bedeutet also frei sein von etwas, von einem sonst gültigen Gesetz, Zunftzwang u. a. m. Analogien finden sich auch in anderen Sprachen. So Free Chapel, Free House, Franc-Tireur, Franche-Comté, Freigraf, Freischütz, Freiherr, Freikorps, Freisasse, Freistatt u. a. Die Silbe bedeutet also eine Befreiung von einer sonst allgemeinen Verpflichtung.

Mit dieser Erklärung Speths hat die Herkunft und Bedeutung des Wortes Freimaurer eine logische Erklärung gefunden. Allerdings sei vermerkt, daß die Erklärung nicht allgemein angenommen worden ist.

Freemason (engl.), Freimaurer.

Freemason als Schiffsname. Ein Schiff mit dem Namen F. verkehrte 1738 von Edinburgh und trug ein Abzeichen, das ihm die Loge „Mary's Chapel“ verehrt hatte. Ebenso vermittelte ein Schooner gleichen Namens 1769 den Verkehr zwischen Brighton und Dieppe.

Freemasons' Hall (engl.), in Großbritannien usw. Bezeichnung für Logen-, bezw. Großlogenhaus. In den Vereinigten Staaten ist im allgemeinen der Ausdruck Masonic Temple gebräuchlich.

Freemasons' Hospital and Nursing Home, s. Wohlfahrtspflege der englischen Freimaurerei.

Freemasons' Magazine or General and Complete Library nannte sich eine freimaurerische Zeitschrift, die von 1793—1798 in London erschien. Insgesamt kamen elf Halbjahresbände heraus. Der Titel der Zeitschrift wechselte verschiedentlich. William Preston dürfte den Inhalt wesentlich beeinflußt haben.

Feemason, the, or the secret of the lodge room! Häusliches Drama in zwei Akten von I. P. Hart, wurde 1839 im Londoner Queen's Theatre aufgeführt.

Freestone und Rough stone. Die Bauleute werden in England um das Jahr 1000 als caementarii bezeichnet. Im 13. Jahrhundert taucht der Unterschied zwischen caementarii und sculptores lapidum liberorum, englisch als freestone mason und roughstone Mason, Freisteinmaurer und Rauhsteinmaurer, auf. Das. was wir im deutschen Sprachgebrauche als Maurer bezeichnen, ist im englischen der Bricklayer, der „Ziegelmaurer". Um diese Begriffe Freestone und Roughstone und die davon abgeleiteten Werkbezeichnungen des Freemason und des Rough mason geht einer der einschneidendsten historischen Streite. Begemann glaubt, Freestone bezeichnet den weicheren, für bildhauerische Zwecke geeigneten Stein (Sandstein, Tuff, Muschelkalk), während der roughstone den härteren Stein der Quaderarbeit bezeichnen soll (Granit, Basalt u. ä.). Freestone ist wohl sicher als Übersetzung aus dem französischen Franche pierre anzunehmen und bedeutet den frei herausragenden, künstlerisch bearbeiteten Stein. Englische Sprachforscher, wie Murray, halten es für ganz ausgeschlossen, daß das Wort Freemason durch Abschleifung aus Freestone Mason entstanden sei. Der heute noch nicht geklärte Streit geht um zwei Pole: die eine Partei glaubt, daß der Freimaurer im Englischen Freemason genannt werde, weil er der künstlerische Bearbeiter des Freestone war (so Begemann), während Wolfstieg und Sonnenkalb im Freemason den selbständigen Künstler sehen, das Wort also nicht aus dem Materialbegriff herleiten. Über die Deutung, die Speth gibt, s. unter „Free-".

Frei. Die ersten Konstitutionen der Freimaurer schrieben vor, daß nur die frei Geborenen (free born) aufgenommen werden könnten. Als dann die Sklaverei abgeschafft wurde, stellten die Freimaurer von Barbados, des zweitältesten Distrikts der englischen Großloge, mit Erfolg den Antrag, „free born" in „free man" umzuwandeln. Infolge dieser Änderung erhielten seit 1847 auf den Antillen zahlreiche englische Untertanen, die Sklaven gewesen waren, das freimaurerische Licht.

Freibettenhilfe, s. Rat und Tat.

Freidamenorden, androgyner Orden in Wien, über den ein seltenes Buch, „Vier Stücke aus den Papieren eines Freimaurers, betreffend den Freimaurerorden und F.", von Josef Freiburger, Wien 1782, berichtet. Großmeisterin soll eine Gräfin H. h. nh. lz., gewesen sein, eine Dame, deren blendenden Reizen Kaiser Joseph fast ein ganzes Jahr gehuldigt haben soll (Brabbé). Sie hieß im Orden „die ewige Jungfrau". Der Orden, der zum großen Teil aus gefälligen Damen der Wiener Lebewelt bestand, wurde von Kaiser Franz gegen 1795 unterdrückt, der auch einige der hervorragenderen Mitglieder aus Wien ausweisen ließ.

Freidenkertum. Der Begriff des F. (engl. Freethinkers, frz. Libres Penseurs) geht auf die Zeit des englischen Deismus zurück. Toland schreibt bereits 1697 „We freethinkers". Allgemein eingeführt wurde der Ausdruck durch das Freidenkerbuch von Collins (1713). An diesen Veröffentlichungen, die zu ihrer Zeit größtes Ärgernis erregter, dachte Anderson bei seiner ersten Verfassung, als er dumme Gottesleugner und Libertiner ausschloß. Das heutige F. sucht sich von herkömmlichen Ansichten und Bewertungen, namentlich in religiöser Hinsicht, freizumachen. Seit 1880 besteht ein Internationaler Freidenkerbund. Klassengegensätze haben aus diesem proletarische Freidenkerbünde herausgezogen. Die Stellung des Freimaurertums zu den Freidenkern ist durchaus keine einheitliche. Die angelsächsischen Freimaurer bekämpfen die Freidenker, die deutsche Freimaurerei steht ihnen schon mit Rücksicht auf die zahlreichen religiös gerichteten Mitglieder ihrer Logen ablehnend gegenüber. Dagegen ist in den romanischen Ländern, wo ein Kulturkampf chronisch geworden ist, manchenorts eine deutliche Verbindung des Freimaurertums mit den Freidenkern nachweisbar. Rein systematisch betrachtet, ist die Freimaurerei dem F. gegenüber ebenso indifferent wie den verschiedenen religiösen Glaubensrichtungen, weil es sich um Weltanschauungsfragen handelt, deren Erörterung grundgesetzlich in den Logen ausgeschlossen ist (s. auch Deismus).

Freie fortschrittliche freimaurerische Vereinigung wurde 1922 innerhalb des Vereines deutscher Freimaurer von einer oppositionellen Gruppe gegründet, bestand aber nur kurze Zeit. Die Vereinigung, der u. a. Dr. Rackhorst, Lennep, Dr. Leo Müffelmann, Berlin, und Dr. Pototzky, Breslau, angehörten, hatte als Programmpunkte die Schaffung einer deutschen Einheitsgroßloge, Förderung neuer Wege praktischer freimaurerischer Betätigung, Bekämpfung von Auswüchsen im Freimaurertum (Mystizismus, Antisemitismus, Chauvinismus), Pflege von Beziehungen zur außerdeutschen Freimaurerwelt.

Freie Johannislogen, s. Bund freier Johannislogen.

Freier Mann von gutem Ruf (frz. homme libre de bonnes moeurs, engl. free man of good report) muß der Kandidat (Suchende) sein, der um Aufnahme in den Freimaurerbund ansucht. Die „Alten Pflichten" (s. d.) verlangten noch freie Geburt, seither gilt aber als „frei" der selbständig handelnde, selbständig denkende Mann, der auch die innere geistige Freiheit besitzt, die keine Unterwerfung unter Dogma und Leidenschaften kennt.

Freier und Angenommener Maurer (engl. Free and accepted Mason), s. Accepted.

Freie Vereinigung der fünf Unabhängigen Logen Deutschlands, s. Unabhängige Logen und Deutsche Bruderkette, Großloge.

Freigeboren, s. Frei.

Freiheit, im allgemeinen, Unabhängigkeit von außerhalb des Subjekts liegendem Zwang; im politischen Sinne die Ausschaltung der Willkür von einzelnen Personen und von einzelnen Schichten des Volkes und die Bestimmung des Schicksals, der Gemeinschaft durch den Gesamtwillen, der in einer Demokratie durch die Wahlen erfaßt wird; in philosophischem Sinne ist F. in metaphysischer Hinsicht Indeterminismus (s. d.) in psychologischer die Fähigkeit des zielbewußten, aktiven individuellen Wollens und Handelns (Wahlfreiheit), in ethischem Belange die Fähigkeit, schädliche Triebe und Neigungen durch die Vernunft zu beherrschen. Volle Willensfreiheit ist ein Grenzwert, in Wirklichkeit ist nur ein relativ freier Wille als seelisches Kraftzentrum annehmbar. Der Mensch ist als Sinnenwesen determiniert, dem Kausalgesetz unterworfen, als Vernunftswesen ist er aber frei (Kant). Freier Wille ist der den sittlichen Gesetzen unterworfene Wille. Der sittliche Mensch handelt, als ob er frei wäre. In diesem Sinne ist die Freiheit eine notwendige Fiktion (Vaihinger), die die Konstruktion der Verantwortlichkeit und Zurechnungsfähigkeit ermöglicht, ohne die ein soziales Zusammenleben undenkbar ist. Für James bedeutet die Willensfreiheit nur das „Besser-werden-Können".

Für die Freimaurerei ist die Willensfreiheit, die Autonomie des sittlichen Gesetzes, Grundgedanke (Caspari: „Die Bedeutung der Freimaurerei für das geistige Leben"). Die Freimaurerei glaubt daran, daß der Mensch insbesondere seine sozial schädlichen Neigungen ändern kann. „Die Freiheit richtig anzusehen, ist die wichtigste Aufgabe des Maurers" (Wolfstieg: „Die Philosophie der Freimaurerei"). Die Imperative, die im Aufnahmeritual eine wichtige Rolle spielen, setzen ebenfalls Willensfreiheit voraus.

Die Freimaurerei verlangt von ihren Angehörigen, daß sie freie Männer von gutem Rufe seien, vertritt also sittliche F., die sich von Leidenschaften und verzerrten Urteilen freizuhalten weiß, die den Mann in Selbsterkenntnis zur Selbstbestimmung führt und die es ihm ermöglicht, nach sittlichen Grundsätzen sein Handeln frei selbst zu regeln. Die F. des Freimaurers gründet sich auf Erkenntnis und Wissen. Deshalb lehnt er jeden Dogmenzwang ab und findet den Begriff seiner F. eingeschlossen in den Worten von der Glaubens- und Gewissensfreiheit, die er für sich beansprucht und die er anderen gegenüber nach dem Grundgesetze der Toleranzidee zu üben verpflichtet ist. Die sittliche F. des Freimaurers ist eine durch die Übung des Sittengesetzes, durch Selbsterkenntnis und Erkenntnis und wohlwollendes Verstehen anderer gezügelte. Wer seine Schranken kennt, der ist der Freie, wer frei sich wähnt, ist seines Wahnes Knecht (Grillparzer).

Freiheit, Gleichheit, Brüderlichkeit, seit der großen Revolution die Devise des französischen Volkes, wurde zuerst in französischen Freimaurerlogen des 18. Jahrhunderts ausgesprochen und hat auch heute im Ritual und Dokumenten der französischen Freimaurerei ihren Platz.

Freiheitsbewegungen, Politische. An großen Freiheitskämpfen hat die Freimaurerei als Bund niemals und nirgend Anteil haben können, schon weil sie ihrer ganzen Zusammensetzung nach Angehörige der verschiedensten politischen Parteiungen in sich vereinigt. Wo aber immer in den letzten zwei Jahrhunderten P. F. im Gange waren, standen auch Freimaurer als Personen führend in ihren Reihen. Im amerikanischen Unabhängigkeitskampf traten fast nur Freimaurer an die Spitze. Washington und die meisten seiner Generäle, Benjamin Franklin und der überwiegende Teil der Männer, die die Fundamente der Union legten, gehörten dem Bunde an. Zu den geistigen Grundlagen der großen Französischen Revolution von 1789 (nicht zu dem, was unter der Schreckensherrschaft daraus wurde) haben Freimaurer vieles beigetragen, nicht zuletzt die Devise: Freiheit, Gleichheit, Brüderlichkeit! und die Deklaration der Menschenrechte. Irische Freimaurer (z. B. Grattan) kämpften zu Ende des 18. Jahrhunderts für die Rechte des irischen Volkes, zu Beginn des 19. für die Katholikenemanzipation. Sehr bedeutend war der Anteil von Brr. an den Freiheitsbestrebungen in den romanischen Ländern. Die hervorragendsten Liberalen und Demokraten in Spanien und Portugal gehörten dem Bunde an und fast alle Namen der Männer, die die Freiheit der südamerikanischen Republiken erkämpften, sind in Logenprotokollen verzeichnet. In den deutschen Freiheitskriegen gegen Napoleon hatten Freimaurer die Leitung inne (Blücher, Gneisenau, Scharnhorst, von Stein, Hardenberg u. v. a. Der Aufruf: „An mein Volk!" war von einem Freimaurer verfaßt). Die edelsten Gestalten des Dekabristenaufstandes (Pestel und seine Freunde) waren Freimaurer, ebenso die Träger der Emanzipationsbestrebungen Polens. Trotz aller faschistischen Ableugnungsversuche bleibt die Tatsache bestehen, daß das italienische Risorgimento, die Erhebung Italiens zum Nationalstaate, zahlreiche Freimaurer als Führer sah (Mazzini, Garibaldi u. a.). Kossuth, der ungarische Nationalheld, war Freimaurer, wie auch zahlreiche seiner Intimen. In den Listen der Carboneria sind sie ebenso vertreten wie in denen der griechischen Hetärie, der Mitkämpfer des Serben Karageorg, der Jungtürken, der chinesischen Republikaner (Sunjatsen). Diese Tatsachen ehren die Freimaurerei; sie braucht damit durchaus nicht hinter dem Berg zu halten. Ihre Brr. sind in die Reihe der Nationalhelden fast aller Völker, die um ihre Freiheit kämpfen mußten, als verehrungswürdige, nachahmenswerte Gestalten eingetreten. Deswegen aber von einer „Weltrevolution" der Freimaurer zu reden, heißt, die Geschichte absichtlich mißdeuten. Denn wie oft kann die Freimaurergeschichte Beleg dafür ablegen, daß die Nationalhelden des einen Volkes den Freimaurern eines anderen als Abtrünnige, als Gegner, als Hochverräter erschienen sind, daß Brr. als treue Söhne ihrer Nationen einander mit der Waffe in der Hand entgegentraten. Gerade das Nationalheldentum so vieler Freimaurer ist ein Beweis dafür, wie stark in den Freimaurern das Bekenntnis zum eigenen Staate und Volke lebendig ist.

Freiheitsstatue im New Yorker Hafen. Der Grundstein zu diesem weltberühmten Monument wurde von der Großloge von New York gelegt (s. Bartholdi).

Freiligrath, Ferdinand, deutscher Dichter und Freiheitssänger des Vormärz und des Jahres 1848, * 1810, † 1876 in Stuttgart. Wegen seines radikalen Liberalismus verfolgt, begab er sich 1845 in die Schweiz, später nach London. Wegen Majestätsbeleidigung angeklagt, aber freigesprochen (Oktober 1848), lebte er ab 1849 wieder in Bilk bei Düsseldorf, wurde wegen seiner demokratischen Gesinnung jedoch neuerdings verfolgt, worauf er wiederum nach London flüchtete. Erst 1868 wurde ihm die Rückkehr nach Deutschland gestattet. Er lebte von da an in Cannstatt bei Stuttgart. Er wurde am 14. Mai 1842 in der Loge „Zum wiedererbauten Tempel" in Worms aufgenommen, scheint ihr aber aus politischen Gründen innerlich fremd geblieben zu sein.

Freimaurer (engl. Freemason, frz. Franc Maçon, auch Maurer, engl. Mason, frz. Maçon). Das Wort F. ist eine schlechte Übersetzung des englischen Freemason, das die Steinmetzen und Kirchenbauer bezeichnet. Über die Entstehung des Wortes sind die Meinungen geteilt: Nach der einen Anschauung wird unter Freemason verstanden jener höher qualifizierte Bauarbeiter, der den free-stone, den zum Schmuckstück verarbeiteten härteren Stein, zu bearbeiten hat, also der als Bildhauer tätige Steinmetz, zum Unterschied vom roughstone mason, dem Rauhsteinmaurer, der den Mauerstein bearbeitet, und dem bricklayer, dem Maurer in unserem Sinne. Begemann sieht im Freemason den höher qualifizierten Bauarbeiter, der zugleich als Architekt tätig ist. Demgegenüber steht die von vielen Engländern und auch Sonnenkalb vertretene Meinung, der Free Mason sei der von dem Zunftzwang der Stadtgemeinde, in der er eben arbeitete, freie Maurer, der Mitglied einer Bruderschaft der kirchenbauenden Steinmetzen war, einer Gemeinschaft, die je nach der Arbeitsgelegenheit von Ort zu Ort zog und ihre besonderen Vorrechte hatte. Die Vorsilbe Frei (s. d.) ist in englischen Zunftgebräuchen auch sonst üblich, man liest von Free Carmen, Free Fishhermen, Free Dredgermen (Austernfischer) u. a. m. Einzelne dieser Freizunftbezeichnungen sind allerdings späteren Datums und scheinen dem Namen Freemasons nachgebildet zu sein. Die von Lessing in seinem Ernst und Falk gegebene Deutung, die an das angelsächsische Masa (Messe, wobei an die Runde Tafel des Artus gedacht wird) anknüpft, ist nachweislich falsch. Ebenso ist mit der oft zitierten Stelle aus Tassos Befreitem Jerusalem, II/2, wo von einem Macone die Rede ist, nichts anzufangen, da es sich hier um einen Bekenner Mohammeds handelt, der früher Christ war. („Einst Christ, doch jetzt dem Mahom zugewandt", Streckfuß.)

Die Ableitung des Wortes Freemason ist somit, trotzdem sehr ernsthaft vertretene Meinungen einander gegenüberstehen, noch immer strittig.

Freimaurerbibel. Die berühmte „Oxford University Press" verlegt eine eigene Ausgabe der Bibel für den Gebrauch von Freimaurerlogen, die sogenannte „Oxford Masonic Pedestal Bible". In vielen amerikanischen Logen ist es Brauch, die Neuaufgenommenen mit einer solchen Bibel zu beschenken.

Freimaurerbund Amerika, Vereinigung deutscher Freimaurer in den Vereinigten Staaten, wurde gegründet, als einige amerikanische Großlogen infolge des Eintritts Amerikas in den Weltkrieg den Gebrauch der deutschen Sprache in den Logen untersagten. Hauptzweck: Erhaltung der deutschen Sprache und des deutschen Wesens in der amerikanischen Freimaurerei. Vor allem wurde in einer weitverbreiteten Resolution darauf hingewiesen, daß Washingtons erfolgreiche Generäle, der Freimaurer Baron von Steuben, Mühlenberg und Herchheimer, in den für die nationale Selbständigkeit Amerikas entscheidenden Schlachten aus deutschen Elementen gebildete Truppen in deutscher Sprache kommandierten und zum Siege führten, daß deutsche Sprache somit zu einem unauslöschlichem Bestandteil der Vereinigten Staaten geworden sei. Der Bund forderte auch alle nichtfreimaurerischen deutsch-amerikanischen Organisationen auf, für das historische und gesetzliche Recht der deutschen Sprache in der Bevölkerung einzutreten. Devise: „Die Freimaurerei kennt keine Unterschiede der Rasse, Sprache, Religion und des politischen Glaubens..."

Freimaurerbund, Deutscher, s. Deutscher Freimaurerbund.

Freimaurerbund „Deutschland", 1911 vom Konsulatssekretär Karl Tannert in Breslau gegründete Winkel-Großloge, die auf dem Inseratenweg Mitglieder suchte und solche ohne rituelle Einführung aufnahm. (Vergl. A. P. Eberhardt, „Winkel-Logen", Leipzig 1914).

Freimaurerbund zur aufgehenden Sonne (F. z. a. S.). Der F. z. a. S. ist eine Gründung des Generalagenten Karl Heinrich Loeberich, der unter dem Decknamen Dr. Erich Hein im Jahre 1905 die Satzungen zu einer Großloge auf freireligiöser Grundlage entwarf. Er legte seinen Plan in einer Halbmonatsschrift zur Förderung der monistischen Vernunftreligion, „Die Freien Glocken", dar und fand Anhang. Loeberich war 1899—1905 Mitglied einer nicht anerkannten Loge in München, genannt „Zur Leuchte" gewesen und hatte sich dort mit freimaurerischem Gebrauchtum vertraut gemacht. Ursprünglich als Freidenkervereinigung gedacht, wurde die von Loeberich gegründete Vereinigung aus äußeren Gründen als

Freimaurerloge weitergeführt, wobei Loeberich für eine vollkommen religionslose, auf monistischer Weltanschauungsbasis ruhende Freimaurerei eintrat. 1906 begann er von Nürnberg aus Logen zu gründen, die er als Reformlogen bezeichnete. In einer gut geleiteten und von kämpferischem Geist erfüllten Zeitschrift, den „Sonnenstrahlen", wurde nicht nur die Propaganda für die Bundesidee, sondern auch der Kampf gegen das „rückständige Altmaurertum" aufgenommen. Ursprünglich nur auf einen Grad beschränkt, führte man bereits 1908 aus pädagogischen und psychologischen Gründen einen zweiten Grad ein, dem übrigens bald auch der Meistergrad folgte. Durch öffentliche Werbung in den Zeitungen wurde auf den Bund aufmerksam gemacht und auf diesem Wege auch so viele Mitglieder gewonnen, daß 1910 bereits über 1000 Brr. beisammen waren. Die Entwicklung war eine recht vielversprechende, um so mehr, als es gelungen war, Personen von höchster wissenschaftlicher Bedeutung für den Freimaurerbund auf monistischer Grundlage zu gewinnen. So war der bekannte Leiter des Haeckel-Museums in Jena, Professor Dr. L. Plate, Ehrengroßmeister. Auch der berühmte Chemiker und Monist Professor Dr. Wilhelm Ostwald (s.d.) war einige Zeit Deputierter Großmeister. Bedenken wurden laut wegen der allzu dogmatischen Festlegung der monistischen Weltanschauung. Sehr frühzeitig taucht auch bereits die Anerkennungsfrage auf, die aber immer wieder zurückgestellt werden konnte. Nachdem sich der Bund auf ein von Dr. Marcinowski verfaßtes Ritual geeinigt hatte, war auch die äußere Bindung gelungen und der F. z. a. S. machte rasche Fortschritte. Eine überaus wertvolle Persönlichkeit gewann der Bund in der Person des 1919 zum Großmeister gewählten Dr. Rudolf Penzig (s. d.), der durch seine geistvollen Aufklärungsschriften, einen ausgezeichnet geschriebenen Katechismus u. m. a. sehr viel für die Hebung des geistigen Niveaus des Bundes leistete.

Aber trotz äußeren Glanzes hatte der Bund im Inneren die gleichen Schwächen, wie jede nicht anerkannte freimaurerische Organisation. Der Anerkennungsbazillus, von dem im Bunde gesprochen wurde, hatte weite Kreise infiziert. Wie immer in regelwidrig aufgebauten Großlogen usw. empfanden es auch innerhalb des F. z. a. S. sehr viele Brr. peinlichst, daß sie als irreguläre von einer Teilnahme an der allgemeinen regulären Freimaurerei ausgeschlossen blieben. Man hatte bereits in der Einführung des dreigliedrigen Rituales Zugeständnisse machen müssen, man hatte das Dogma „des Monismus" aufgegeben, man verzichtete seit 1924 auf die Werbung durch Zeitungsinserate, „weil sie der Tradition der Freimaurerei widerspricht". Teile des Bundes, wie die Großloge Bohemia in Böhmen und Schweizer Logen waren zur regulären Freimaurerei übergegangen. Da kamen Ereignisse, die den Bund in den Mittelpunkt des freimaurerischen Interesses stellten. Während die reguläre deutsche Freimaurerei nach dem Kriege die Wiederaufnahme von Beziehungen zur Auslandmaurerei entweder ganz ablehnte oder zumindest auf kommende Zeiten zu verschieben erklärte, war der F. z. a. S., der seine pazifistische Gesinnung eindeutig klarlegte, zur Anbahnung freundschaftlicher Beziehungen im Auslande bereit. So kam es denn zu Zusammenkünften mit französischen Freimaurern, der F. z. a. S, veranstaltete gemeinsam mit französischen Freimaurern Friedenskundgebungen und trat in Wort und Schrift in anerkennenswertem Mute für die Befriedung Europas und die Wiederannäherung zwischen Deutschland und Frankreich ein. Der Großorient und auch die Großloge von Frankreich erkannten darauf den F. z. a. S. im Jahre 1921 als regulär an, letztere, „obwohl es scheint, als ob bei seiner Gründung die allgemein üblichen Verpflichtungen nicht erfüllt worden sind". Auf dem internationalen Kongreß, der 1921 zur Gründung der Association Maconnique Internationale (AMI) einberufen worden war, erschien nunmehr auch der Großmeister des F. z. a. S., Rudolf Penzig. Die AMI war der Annahme dieser deutschen Großloge geneigt. Penzig reiste ab, mit dem Bewußtsein, daß seine Großloge als regulär aufgenommen worden sei. Einspruch von holländischer und amerikanischer Seite brachten die Frage der rechtsgültigen Aufnahme jedoch bereits im folgenden Jahre neuerlich zur Behandlung, in Brüssel wurde 1924 die Aufnahme vertagt, in Genf 1925 stand man neuerlich vor der ungeklärten Frage, die sich schließlich dadurch entschied, daß sich der F. z. a. S., um keine direkte Ablehnung zu erfahren, freiwillig zurückzog. Von diesem Augenblicke saß dem F. z. a. S. der Regularisierungswurm zerstörend im Leibe. Ein Teil schwenkte ab und ging in die Bayreuther Großloge zur Sonne über, darunter auch Dr. Karl Weigt, Großmeister des F. z. a. S., der allerdings nach kurzer Zeit auch dort wieder ausschied. Heftige Auseinandersetzungen unter Großmeister Heinsen, Hamburg, führten endlich zu einer reinlichen Scheidung. Ein Teil der F. z. a. S.-Mitglieder hatte schon seit Jahren die Regularisierung angebahnt, indem sie sich in Logen der Grande Loge de France aufnehmen ließen und beim Suprême Conseil de France auch Hochgrade genommen hatten. Auf der Sommertagung in Halle (1930) kam es nach einer sehr würdig geführten Auseinandersetzung zur Trennung. Gegen 600 Mitglieder des F. z. a. S. — darunter Heinsen — schieden aus und bildeten kurz darauf mit anderen Freimaurern, die aus regulären Logen ausgetreten waren, die Symbolische Großloge von Deutschland (s. d.). Der Rest führt den F. z. a. S. unter Leitung des Großmeisters Dr. Max Seber, Dresden, weiter.

Faßt man das Wesen des Bundes kurz zusammen so ergibt sich folgendes Urteil: Der F. z. a. S. ist eine aus trüben Quellen entstandene Organisation, die in ihren Grundlagen den Bedingungen der regulären Freimaurerei in keiner Weise entsprochen hat. Seine geistige Entwicklung ließ diese trüben Gründungszeiten und manche Erscheinungen, die aus dem Kraftburschentum einer „Reformbewegung" entstammten, vergessen. Die Leistungen des Bundes waren sehr ansehnlich. Die Wirksamkeit Penzigs hat auch die reguläre Freimaurerei beeinflußt. Ein sehr reichhaltiges, flott geschriebenes und zeitgemäßes Blatt, „Das neue Freimaurertum", steht auf einer Höhe, die von vielen regulären Freimaurerzeitungen nicht erreicht wird. Um so bedauerlicher ist es, daß dieser Bund sich in einer unheilbaren Eigenbrötelei immer wieder in Gegensatz zur regulären Freimaurerei gestellt hat, der auf die Dauer unhaltbar bleiben mußte. Bedauerlich ist es, daß die vielen wertvollen Kräfte des Bundes der regulären Freimaurerei entzogen wurden und sich schließlich in den unerfreulichen Kämpfen um die Regularisierung erschöpften. Das Beispiel des F. z. a. S. ist ein Musterbeispiel für das Schicksal aller irregulärer Freimaurerbünde, die an ihrem Geburtsfehler schließlich einmal zugrunde gehen müssen. Über die Geschichte der F. z. a. S. unterrichtet: Fr. Mart, „Erkenne Dich selbst, 25 Jahre F. z. a. S. 1907—1927", Dresden.

Freimaurer, Der, Lustspiel in einem Aufzug von August von Kotzebue (s. d.), erschien 1818.

Freimaurerdorf wurde während des Weltkrieges der in den Karpathenkämpfen schwer heimgesuchte ungarische Ort Mezölaborcz genannt, da für dessen Wiederaufbau von Seiten der Symbolischen Großloge von Ungarn bedeutende Mittel aufgebracht wurden.

Freimaurerei (engl. Freemasonry, frz. Franc-Maçonnerie, auch Maurerei, engl. Masonry, frz. Maçonnerie), Umschreibung des Begriffes.

1. In den Verfassungen einzelner Großlogen:

a) die Großloge von England setzt ihrer Verfassung die Alten Pflichten voran. Sie gibt jedoch eine Umschreibung des Begriffes F. in dem Katechismus des Lehrlingsgrades. Diese lautet: „Freimaurerei ist ein eigenartiges System der Sittlichkeit, eingehüllt in Allegorien und erleuchtet durch Sinnbilder. Die Freimaurerei lehrt Wohltätigkeit und Wohlwollen üben, die Reinheit schützen, die Bande des Blutes und der Freundschaft achten, die Grundregeln der Religion annehmen, und ihre Gebote achten, dem Schwachen beistehen, den Blinden leiten, die Waisen beschützen, den Niedergetretenen erheben, die Regierung unterstützen, Sittlichkeit verbreiten und Wissen vermehren, die Menschen lieben, Gott fürchten, seine Gebote ausführen und auf Glückseligkeit hoffen."

b) französisch, z. B. Grande Loge de France (1907): „Die Freimaurerei ist eine universelle Vereinigung, gegründet auf Solidarität. In allen Lagen sollen die Freimaurer einander unterstützen, selbst im Falle der Lebensgefahr. Die Freimaurerei hat zum Zweck die moralische Vollendung der Menschheit, als Mittel hierzu die ständige Verbesserung der geistigen und materiellen Lage der Menschen. Sie hat als Devise die Worte: „Freiheit, Gleichheit und Brüderlichkeit." Sie ist die praktische Schule, der Tempel des Unterrichts dieser drei Hauptgrundsätze aller Vereinigungen von Menschen, die Gerechtigkeit und Fortschritt wollen ... Die Maurertempel sind jeder praktischen Arbeit an einem höheren Leben offen, für welche die profane Welt schrittweise vorbereitet werden soll."

c) Großosten der Niederlande 1928: „Die Freimaurerei ist eine Geistesrichtung, aus innerem Drange geboren, die alle geistigen und seelischen Eigenschaften zu entwickeln strebt, die den Menschen auf eine höhere geistige und sittliche Stufe erheben können. Sie findet ihr Ziel in der Ausübung dieser Lebenskunst. Zweck der Freimaurerei ist zunächst die Vervollkommnung des einzelnen und die Leitung der Menschheit auf dem Wege zu vollkommener und harmonischer Entwicklung. Sie lehrt, daß die erste Pflicht des Menschen sei, sich dem Wohle der Gesellschaft zu weihen und, wenn nötig, zu opfern. Sie forscht nach den allen Menschen gemeinsamen Gefühlen, um die Nationen zu vereinigen und verfolgt den Zweck, die Vorurteile, die Quelle der Feindschaft unter den Völkern, zu vernichten. Sie strebt dahin, diese Grundsätze im gesellschaftlichen Leben zur Geltung zu bringen und leiht Beistand und Hilfe überall, wo auf gleicher Grundlage Anstrengungen gemacht werden, das Wohl der Menschheit zu fördern."

d) deutsche Großlogen, zumeist nach einer gemeinsam vom deutschen Großlogenbunde ausgearbeiteten Fassung:

Z. B. Großloge von Hamburg: „Die Freimaurerei bezweckt in einer zumeist den Gebräuchen der zu Bauhütten vereinigten Werkmaurer entlehnten Form die sittliche Veredlung des Menschen und menschliche Glückseligkeit überhaupt zu fördern. Indem sie von ihren Mitgliedern den Glauben an Gott als den obersten Baumeister aller Welten, an eine höhere sittliche Weltordnung und an die Unsterblichkeit der Seele voraussetzt, verlangt sie von ihnen Betätigung des höchsten Sittengesetzes: „Liebe Gott über alles, und Deinen Nächsten wie Dich selbst".

Großloge von Bayreuth 1926: „Der Bund der Freimaurer bildet eine Vereinigung von Männern, die in Form brüderlicher Gemeinschaft sittliche Veredelung, Menschenliebe und harmonische Ausbildung von Gemüt und Verstand erstreben."

Große Loge von Preußen, genannt „Zur Freundschaft": Einleitungssatz wie bei Hamburg, dann heißt es: „Sie betrachtet deshalb als ihre Hauptaufgabe der Logen die innere Arbeit derselben an der Veredlung und sittlichen Vervollkommnung ihrer Mitglieder."

Symbolische Großloge von Ungarn: „Der Bund der Freimaurer ist eine zur Wahrung, Pflege und Verbreitung der wahren Humanität geschaffene Korporation, deren Mitglieder einander als Brr. betrachten und nennen."

2. In Aussprüchen:

Lessing: „Die Freimaurerei ist nichts Willkürliches, nichts Entbehrliches, sondern etwas Notwendiges, das im Wesen der Menschen und der bürgerlichen Gesellschaft gegründet ist."

Bode: „Die Freimaurerei ist eine Gesellschaft von Männern aus allerlei Nationen und Ständen, die sich freiwillig verpflichten, einander zu lieben und ihr gegenseitiges Wohl zu befördern, dabei mit gemeinsamen Kräften danach streben, daß des Guten in der Welt immer mehr und des Bösen immer weniger werde."

Schröder: „Die Freimaurerei soll das Band der Eintracht und des gegenseitigen Wohlwollens zwischen Menschen werden, welche sonst durch Religionsbegriffe, Erziehungsvorurteile oder Nationalverhältnisse in einer ewigen Entfernung leben würden."

Fichte: „Der Maurer, der als Mensch geboren ward und durch die Bildung seines Standes, durch den Staat und seine übrigen gesellschaftlichen Verhältnisse hindurchging, soll auf diesem Boden wieder ganz und durchaus zum Menschen gebildet werden."

Wieland: „Es ist eine der wesentlichsten Bedingungen unseres Bundes, alle Menschen, ohne Rücksicht auf Stand, Religionsunterschied, bürgerliche und nationale Verhältnisse als unsere Brr. anzusehen und zu behandeln. Der Freimaurer als solcher ist kein Bürger dieses oder jenes Staates, er ist ein Weltbürger, oder genauer im Geiste unserer Weihe zu reden, ein Theopolit, Gottesbürger, ein Mitglied der allumfassenden Stadt Gottes."

Krause: „Die Freimaurerei ist die Kunst, den Menschen als Menschen und die Menschheit als Menschheit rein und allseitig zu erziehen, d. h. ihr Leben zu wecken, zu leiten und auszubilden und die ganze Bestimmung des Menschen und der Menschheit zu erreichen."

Goethe in einer 1821 gehaltenen Logenrede: „Unser Bund hat viel Eigenes, wovon gegenwärtig nur das eine herausgehoben werden mag, daß sobald wir uns versammeln, die entschiedenste Art von Gleichheit entsteht... Jeder bescheidet sich in würdiger Gesellschaft in Betracht allgemeiner Zwecke auf alles Besondere Verzicht zu tun."

Friedrich der Große: In einer Kabinettsordre vom 7. Februar 1779 sagt der König: „daß er immer mit Vergnügen an dem Glück und der Wohlfahrt einer Gesellschaft teilnehme, die, so wie diese, ihren Ruhm in die unermüdliche, unausgesetzte Verbreitung aller Tugenden setze, die den rechtschaffenen Mann und wahren Vaterlandsfreund bilden."

Blücher, in der Loge zu Bautzen, am 18. September 1813: „Ich habe von Jugend auf die Waffen für mein Vaterland geführt und bin darin grau geworden. Ich habe den Tod in seinen fürchterlichsten Gestalten gesehen und sehe ihn noch täglich. Ich habe Hütten rauchen und ihre Bewohner nackt und bloß davongehen sehen und ich konnte nicht helfen... Aber gerne sehnt sich der Mensch aus diesem wilden Gedränge heraus und segnend preise ich die Stunde, wo ich mich im Geiste mit guten treuen Brr. in jene höheren Regionen versetzen kann, wo ein reineres, helleres Licht uns entgegenstrahlt. Heilig ist mir daher die Maurerei, der ich bis im Tode treulich anhängen werde und jeder Br. wird meinem Herzen stets teuer und wert sein. Gott sei mir gnädig!"

Kaiser Wilhelm I.: „Ich bin mir bewußt, daß ich den Orden nach allen meinen Kräften gegen seine Feinde und Gegner verteidigt habe, weil ich von dem Ernst und der Lauterkeit seiner Zwecke überzeugt bin."

Kaiser Friedrich III., 18. Oktober 1887: „Für mich war sie (die Freimaurerei) mit eine Quelle, das mir auferlegte Leid in Ergebenheit gegen den Willen Gottes zu tragen." Von ihm stammt auch das Wort von der Gewissensfreiheit und Duldung als den zwei Grundsätzen der Freimaurerei. (12. September 1886.)

„Allgemeines Handbuch der Freimaurerei" (3. Auflage): „Freimaurerei ist die Tätigkeit engverbundener Männer, die unter Anwendung sinnbildlicher, größtenteils dem Maurerhandwerk und der Baukunst entlehnter Formen für das Wohl der Menschheit wirken, indem sie sich und andere sittlich zu veredeln suchen, um dadurch einen allgemeinen Menschheitsbund herbeizuführen, den sie unter sich im kleinen bereits darstellen wollen."

Bischoff, Diederich: „Symbolkult und Freundschaftspflege bildet die Aufgabe, die allen Logen in der Welt gemeinsam ist. In diese allgemeine Aufgabe aber fügt sich ein besonderes ein: das sind die geistigen Arbeitsgegenstände, mit denen sich die Brudergemeinde beschäftigt. Sie werden vom Logentum aus der Umwelt entnommen. Aus dem Anblick der völkischen Lebensaufgaben und aus der völkischen Empfindungs- und Gedankenwelt."

König Oscar II. von Schweden 1865: „Der Freimaurer ist und will frei sein in der höchsten und edelsten Bedeutung dieses Wortes. Er sieht ein und erkennt, daß gerade das Recht der Selbstbestimmung dem einzelnen Br. die Kraft verleiht, die das Einigungsband vergoldet, das die freien Seelen aneinanderkettet und sie zur Ausführung der Werke des Dreifaltig Großen Baumeisters auf Erden fähig macht."

Horneffer, August („Der Bund der Freimaurer", 1913): „Worin liegt der Hauptbeweis für den Wert der freimaurerischen Bundesformen? Offenbar in den praktischen Früchten, die sie zeitigen. Ich sehe vornehmlich zwei: durch die Bundesformen ist unter Menschen verschiedenen Glaubens und Herkommens ein Einheitsgefühl von solcher Stärke erzeugt worden, daß dem Bunde mit Freuden große Opfer gebracht worden sind und noch täglich gebracht werden. Und zweitens: der Bund hat nicht nur Opferfähigkeit und Opferwilligkeit gezüchtet, sondern viele seiner Mitglieder in ihrem ganzen Empfinden und Denken gereinigt, vertieft, verschönt, gehoben. Der Freimaurerei sind mehr charaktervolle Menschen und wertvolle Mitglieder der sozialen Gemeinschaft zu verdanken, als die Welt ahnt."

Heinichen, Otto („Die Grundgedanken der Freimaurerei im Lichte der Philosophie", 1927): „Die Maurerei ist die universellste Institution zur Beförderung der Humanität und die einzige, die das Gewissen weder durch Sätze des Glaubens noch durch solche des Unglaubens bindet."

Endres, Franz C. („Das Geheimnis des

Freimaurers", 1927): „Aufgabe der Freimaurerei: der Gemeinschaft zeigen, was sie dem Individuum schuldet, und den Individuen zeigen, was sie der Gemeinschaft schulden."

W a g l e r, Paul, 1930: „Die Freimaurerei entstand als das Erlebnis der künstlerischen Bauarbeit während der Entwicklung des romanischen Stils im Bau deutscher Dome bis 1150. Freimaurerei ist nach ihrer Symbolik und ihrem Gebrauchtume sowie nach dem Geiste beider germanischer Rassegeist."

Freimaurer, Ein, von Wien. Posse von Franz U l m a y e r, erschien um 1860.

Freimaurerei, Weiße, s. E r m ä c h t i g t e B r u d e r s c h a f t d e r a l t e n R i t e n.

Freimaurerfriedhof, Römischer. Auf Grund eines Vertrages, den der Großschatzmeister des italienischen Großorients in den achtziger Jahren des vorigen Jahrhunderts mit der Stadtverwaltung Roms abschloß, erwarb der Großorient von Italien käuflich einen Grundanteil des römischen Friedhofes von Campo Verano. Auf diesem F., der den Großmeistern des Ordens als letzte Ruhestätte dienen sollte, wurde 1885 zum erstenmal die Asche eines solchen, des kurz vorher verstorbenen Großmeisters Giuseppe M a z z o n i, beigesetzt.

Freimaurer-Gesundheiten, Logentrinksprüche, Toaste in poetischer Form wurden im 18. Jahrhundert wiederholt gedruckt. Um nur einige zu nennen: Joh. Wilhelm Bernhard H y m m e n fügte 1772 seinen „Neuen Freymäurerliedern" einen Anhang, „Freymäurergesundheiten", an, auch das Tischbuch der afrikanischen Bauherrenloge enthielt solche; eine weitere Sammlung sogenannter „Sechsreim-Gesundheiten" erschien 1777 und hatte ebenfalls Hymmen zum Verfasser. (Vergl. „Bundesblatt", 1925, Nr. 1, Seite 15.)

Freimaurerinstitut, Dresdner, Lehr- und Erziehungsanstalt für Knaben in Dresden-Striesen, 1773 von Freimaurern, namentlich Mitgliedern der damals noch zwei Bauhütten bildenden Loge „Zu den drei Schwertern" und „Asträa zur grünenden Raute", zunächst als Witwen- und Waisenschule gegründet und noch heute von 15 Mitgliedern dieser Loge verwaltet, woher sie auch von alters her im Volksmunde den Namen Freimaurerinstitut erhalten hat, ist eine öffentliche Realschule, die gleich den staatlichen und städtischen Schulen unter der Oberaufsicht des Ministeriums für Volksbildung steht. Der Ausbau zur Oberrealschule ist bewilligt. Ostern 1930 wurde zu dem Zwecke die Obersekunda aufgesetzt. Mit der Schule ist ein Internat verbunden, in dem der Schwerpunkt des Instituts ruht. In der Einrichtung von Erzieherfamilien zu 20 bis 25 Schülern ist die ständige Verbundenheit zwischen jungem Menschen und Erzieher, der zugleich Lehrer ist, und die individuelle Behandlung des einzelnen gewährleistet.

Freimaurer-Kaffeehaus in W i e n, wurde von einem dienenden Br. namens W o l f zur Zeit F r a n z I. in Wien als Freimaurer-Kasino gegründet. Es war durch lange Zeit das Kaffeehaus der geistigen Oberschichten. 1787 fand hier das „Freimaurer-Autodafé" (s. d.) statt, die recht peinliche Angelegenheit B o r n - K r a t t e r. Als im Jahre 1796 die Logen eingestellt wurden, entschloß sich der damalige Besitzer namens J ü n g l i n g, das Kasino in ein regelrechtes Kaffeehaus umzuwandeln. Es bestand noch bis 1900 als Kaffee S t i e r b ö c k.

Freimaurerkantate, Kleine, Mozarts letzte Arbeit vom 15. November 1791 (s. M o z a r t).

Freimaurer-Krankenhaus in Hamburg (Kleiner Schäferkamp), besteht seit 1795. Zwei Jahre vorher hatten Friedrich Ludwig S c h r ö d e r und andere Freimaurer den Plan gefaßt, dieses erste Hamburger Privatkrankenhaus ins Leben zu rufen. Ursprünglich diente das Haus zur Aufnahme weiblicher Dienstboten, wurde dann durch den Bau eines zweiten Hauses für männliche Dienstboten erweitert und schließlich für Kranke aller Schichten bestimmt. 1892 wurde ein Neubau bezogen, der den neuzeitlichen hygienischen Ansprüchen in vollkommenster Weise entsprach. In allen deutschen Kriegen seit 1813 wurde das F.-K. zum Lazarett. Von 1914 bis zum Friedensschluß fanden 2397 Soldaten mit 173.387 Verpflegstagen Aufnahme. Das F.-K. ist Eigentum der Vereinigten fünf Hamburger Logen.

Freimaurerliga, Allgemeine. Vereinigung von Einzelmitgliedern regulärer Großlogen aller Länder, die den übernationalen, völkerverbindenden, pazifistischen Gedanken der Freimaurerei aktiv pflegen wollen, ursprünglich Vereinigung von Freimaurern, die Esperanto sprachen. Diese gründeten auf dem ersten internationalen Esperantistenkongreß 1905 in Boulogne einen Verein „Esperanto Framasona", dessen Vorsitzender der Engländer Oberst P o l l e n war. Anläßlich des Esperantokongresses in Bern 1913 wurde auf Veranlassung des Schweizers Dr. Fritz U h l m a n n (s. d.) der Vereinszweck erweitert; nicht mehr die Ausbreitung der Esperantosprache sollte das Hauptziel sein, sondern die Vereinigung von Freimaurern aller Riten u. a. auch auf dem Weg über die Welthilfssprache. Die erweiterte Organisation erhielt den Namen „U n i v e r s a l a F r a m a s o n a L i g o" (Allgemeine Freimaurerliga) und beschränkte die Mitgliedschaft nicht mehr auf Esperantisten. Präsident wurde der damalige portugiesische Großmeister Magelhaes L i m a (s. d.), Sekretär Dr. Fritz Uhlmann. Der Krieg unterbrach die Arbeit. Nach Friedensschluß fand auf dem internationalen Esperantistenkongreß im Haag 1920 die erste Nachkriegsversammlung der Liga statt. 1923 wurde in Nürnberg ein neuer Vorstand gewählt. Präsident wurde Dr. Fritz Uhlmann, Basel, Sekretär Carl B a r t h e l, Frankfurt a. M. Als 1925 die Idee der internationalen freimaurerischen Manifestationen (s. d.) wieder aufgenommen wurde, arbeitete die Liga bei der Organisation der Basler Manifestation mit.

1926 regte Eugen L e n n h o f f (s. d.) unter Mitwirkung von Professor Dr. Victor H a m m e r s c h l a g, Wien, einen neuen Aufbau auf viel weiterer Basis an. Dieser wurde beschlossen und Lennhoff zum ehrenamtlichen Geschäftsführer bestellt. Landesgruppen wurden gegründet, ein Nachrichtenblatt geschaffen und alljährlich Kongresse abgehalten, als deren Motto der von Professor K r a f t, Dresden (s.

d.) 1925 in Basel gesprochene Satz gelten kann: „Von Mensch zu Mensch, von immer zahlreicheren Brr. zu wachsender Brüderschar müssen die persönlichen Bande klarer Gesinnung, klarer Zielstrebigkeit sich spannen, soll eine Zeit vernichtenden Hasses und brutaler Gewalt abgelöst werden von einer Epoche der Solidarität, Wahrheit und Gerechtigkeit."

Ligakongresse, die alljährlich Hunderte von Brr. aus zahlreichen Staaten zusammenführen, fanden bisher in Basel (1927), Wien (1928), Amsterdam (1929), Genf (1930) und Paris (1931) statt. Gemäß den Kongreßbeschlüssen wurden ein viersprachiges Merkblatt „für ins Ausland reisende Brr.", Monographien der französischen und amerikanischen Freimaurerei herausgegeben. Erstere hat E. E. Plantagenet, Paris (s. d.), letztere Eugen Lennhoff, Wien, zum Verfasser. Seit der Wiener Tagung wird ein großer Teil der Kongreßarbeit in Fachgruppen geleistet: Schriftsteller und Journalisten (Abwehrkampf), Ärzte, Juristen, Esperantisten, Jugendorganisation, praktische Friedensarbeit, Bibliophilie und freimaurerische Museumskunde, wissenschaftliche Arbeit, Menschenrechte. Die leitenden Organe der L. waren bis Ende 1930: Ausschuß (mit Sitz in Basel) und Zentralstelle (Wien) als Exekutive, der Vorstand und die Generalversammlung. Mit dem 1. Jänner 1931 trat eine Änderung ein. Seit diesem Zeitpunkte werden die Gesamtgeschäfte unter Aufsicht des Ausschusses (Präsident Dr. Fritz Uhlmann, Basel) von einem ständigen Sekretär besorgt (P. Reck. Basel, Byfangweg 13), die geistigen Agenden führt Eugen Lennhoff, Wien, I., Kohlmarkt 5/8.

Freimaurermorde. Zu den unsittlichsten Waffen im Kampfe gegen die Freimaurerei gehört die seit dem Ende des 18. Jahrhunderts von zahlreichen skrupellosen Gegnern immer wieder aufgestellte Behauptung, die Freimaurerei ließe ihre Gegner töten. Sie kam — in Verbindung mit den Illuminaten (s. d.) — in den Tagen der französischen Revolution auf. Namentlich der Abbé Barruel (s. d.) malte in seinen „Mémoires pour servir à l'histoire" aus, wie die den „Geheimen Ausschuß" der französischen Freimaurer bildenden „Adepten der letzten Geheimnisse" auf Verrat die Strafe des Dolches oder der „aqua toffana" gesetzt hätten und in den „von einem grauenhaften Mystizismus erfüllten politischen Sanctuarien der Freimaurerei" schreckliche Erprobungen des Mutes der Kandidaten stattfänden, die ausersehen waren, Brudermörder und Bluthunde zu werden". In Wien schrieb zur gleichen Zeit der berüchtigte Denunziant Professor Leopold Alois Hoffmann (s. d.), die Freimaurer hätten den Kaiser Leopold meuchlerisch aus dem Wege geräumt. Seither kehrt diese Verleumdung in sehr vielen Schriften wieder. 1920 schrieb Friedrich Wichtl (s. d.) eine stark verbreitete Broschüre, „Freimaurermord", in der er unter Berufung auf die angebliche Äußerung des am Attentat von Sarajevo beteiligten Čabrinović (der niemals Freimaurer war): „In der Freimaurerei ist der Mord erlaubt!", dem Freimaurerbund einige Dutzend politischer Morde aus den letzten zwei Jahrhunderten andichtete (s. auch Pitaval).

Freimaurerorden, s. Orden.

Freimaurerregeln (frz. Règles maçonniques), wurden 1782 auf dem Wilhelmsbader Konvent angenommen, moralische Lebensregeln für die Brr. der Logen des Rektifizierten Systems.

Freimaurerrhythmen in der Musik. Hermann Abert weist in seiner Mozartbiographie, II. Bd., S. 773, auf die freimaurerische Symbolik hin, die gelegentlich in Mozarts „Zauberflöte" zum Ausdruck kommt. So sind die drei Bläserakkorde, die zu Anfang der Ouvertüre dreimal wiederkehren, zu dreimal drei gesteigert werden und auch in der Versammlung der Eingeweihten vorkommen, bekanntlich nichts anderes, als eine Stilisierung der freimaurerischen Schläge des Lehrlingsgrades. Auch im Chor der Geharnischten kommen ähnliche Rhythmen vor. Das klopfende Thema im Allegroteil der Ouvertüre symbolisiert das Behauen des rauhen Steins. Jedenfalls ist das Klopfmotiv des darauffolgenden Fugatos aus der Assoziation jener Klopfvorstellung herzuleiten. Daß man von allem Anfang die Bläserakkorde mit freimaurerischer Rhythmik in Zusammenhang brachte, beweist z. B. Johann Peter Winters „Labyrinth", dessen Text Schikaneder verfaßte; deshalb ist die Vermutung wohl berechtigt, daß Schikaneder, der selbst, wie Mozart, Freimaurer war, auch hier, wie in der „Zauberflöte" freimaurerische Rhythmen angewendet wissen wollte.

Die Ouvertüre beginnt hier mit den gleichen Akkordschlägen in C-Dur, doch ohne Lagenwechsel. In der Oper erscheinen wiederholt maurerische Klopfrhythmen, so S. 19 des Klavierauszugs, der „Gesellenrhythmus" (daktylisch) im „Chor der Eingeweihten", als die Abgesandten der Luna erscheinen, und schließlich in der Introduktion des 2. Aktes nach der „Prüfung im Labyrinth" (Meisterprüfung?) der Rhythmus der Meister.

Klopfrhythmen bringt Johann Gottlieb Naumann in seiner Sammlung von 1782 „Vierzig Freimäuerer Lieder". Hier charakteristisch in einem Instrumentalstück „Eintritt in die Loge" mit fortgesetztem Rhythmus (Lehrlingsrhythmen). Ebenfalls freimaurerische Rhythmen zeigt ein Lied in Fürstenaus „Maurergesängen" „Die Drei" (Lehrlingsrhythmus), während das Lied „Zu kämpfen für sein Vaterland" im vollständigen Liederbuch der Freimäuerer (11. Bd., 1785), vermutlich von Scheibe, im Baß einen durchgeführten Lehrlingsrhythmus aufweist. Das vielleicht charakteristischeste Beispiel maurerischer Rhythmik findet sich jedoch in Otto Urbans allgemeinem Liederbuch für Freimaurerlogen unter dem Titel „Willkomm, ihr Brüder". Hier beginnt ein Instrumentalvorspiel mit punktierten Rhythmen (Lehrlingsrhythmus) bei aufsteigendem Dreiklang, wie in der „Zauberflöte"-Ouvertüre.

Mozart hat in seinen übrigen freimaurerischen Werken sich der hier behandelten Rhythmen nicht bedient. Am ehesten könnte man vielleicht in der Ziegenhagenschen Kantate (Die ihr des unermeßlichen Weltalls) in den punktierten Rhythmen des Vorspiels eine Andeutung maurerischer Symbolik sehen.

Freimaurerritter heißen die Brr. der „Großen Landesloge der Freimaurer von Deutschland" (Deutsch-christlicher Orden) und des gesamten Schwedischen Systems. Die Ordensregel („Allgemeine Regel") verlangt ausdrücklich, daß die Brr. bei Einrichtung ihres Lebens ritterlichen Sinn pflegen. Der Schwerpunkt der Idee des Rittertums liegt in der Pflichterfüllung.

Freimaurersymphonie (in drei Sätzen für großes Orchester, Chor und Soli) schrieb der Hamburger Komponist Karl Gleitz. Sie wurde 1912 zum ersten Male aufgeführt. Die drei Sätze spiegeln den Versuch des strebenden Menschen, das eigene Innere zum Tempel herzurichten, in dem das Göttliche wohnt.

Freimaurerverein der drei Großen Logen zu Berlin, gegründet 1810 auf Einladung der „Großen Loge Royal York". Die „Vereinigungspakte" beinhalteten u. a. die „gegenseitige Verteidigung ihrer Gerechtsame", Anerkennung der zu den drei Obedienzen gehörigen, zu stiftenden, bezw. zu affiliierenden Logen, die Verwaltung einer Generalarmenkasse, Zensur von Veröffentlichungen von Brr. über Freimaurerei, Nichtzulassung von Juden, monatliche Aussprachen von zwölf Deputierten über maurerische Fragen. Diese Konferenzen des „Vereins der drei Großen Logen" bestanden bis 1823.

Freimaurerverhör Heinrichs VI., auch Locke-Manuskript und Leland-Manuskript, angeblich alte, in Wirklichkeit gefälschte Handschrift, Freimaurerkatechismus. der den von Anderson und Preston zum Freimaurer gestempelten englischen König Heinrich VI. (der in Wahrheit die Baugilden unterdrückte) zum Verfasser haben sollte. John Leland, † 1552, Kaplan und „King's Antiquary" Heinrichs VIII., wurde die Überlieferung des Dokuments zugeschrieben, das den Titel trug: „Certayne questyons with answeres to the same, concernynge the mystery of maconrye; wryttene by the Hande of Kynge Henrye the Sixthe of the Name and faithfullye copyed by me Johan Leylande Antiquarius, by the Commaunde of His Highnesse (Henry VIII.)." In die Öffentlichkeit gelangte die ursprünglich als wahre Sensation angesehene Schrift zuerst 1753 im „Gentleman's Magazine" unter der Marke eines Abdruckes eines angeblich 1748 in Frankfurt am Main erschienenen Neudruckes, einbegleitet — und das war eine weitere Fälschung — mit einem Schreiben des „Entdeckers" John Locke von 1696, indem dieser die Echtheit gleichsam bestätigte. Diese wurde anfangs blind geglaubt. Noch Krause nahm das Dokument als „das älteste Fragestück über den Ursprung, die Wesenheit und die Bestimmung der Freimaurerschaft" in seine „Drei Kunsturkunden" auf, trotzdem sie schon Lessing als „Staub, und nichts als Staub!" bezeichnet hatte.

Freimaurer-Zeitung.

Unter diesem Titel erschienen:

1. Fr.-Z., Wochenblatt für Freunde der Weisheit und Literatur, Berlin 1783 bei Spener, 6 Nummern, dann eingegangen.

2. Fr.-Z., herausgegeben von Andreae und Ditfurth, 1786—1786, Neuwied, 79 Nummern, sehr selten.

3. Fr.-Z., Herausgeber R. R. Fischer, dann Zille, Herm. Schletter, Otto Henne am Rhyn, Karl Pilz, H. G. Thenau und Reinhold Bachmann, erschienen 1847—1909.

4. Allgemeine österreichische Fr.-Z., herausgegeben von Julius Goldenberg und Emil Meschorer, Wien 1874—1880.

5. Wiener Fr.-Z., herausgegeben als Fortsetzung des „Zirkel" von der Großloge von Wien, 1919—1923, Redakteur Heinrich Glücksmann, seither Eugen Lennhoff.

Frère Consolateur (frz.), Bruder, Tröster, Logenamt (z. B. in Tournai, Belgien) im 18. Jahrhundert.

Frère-Orban, Hubert Joseph W., belgischer Staatsmann, * 1812, † 1896, Führer der liberalen Partei, antiklerikaler Kämpfer, wiederholt Minister (Öffentliche Arbeiten, Finanzen), zweimal Ministerpräsident, Schöpfer des freiheitlichen Schulgesetzes, war tätiges Mitglied der Lütticher Loge.

Frères Galfatre. Lustspiel von Bayard und Xavier, das die Freimaurerei zum Inhalt hat, wurde 1844 am Pariser Theater „Palais Royal" aufgeführt.

Frère terrible, s. Fürchterlicher Br.

„Freunde in Gefangenschaft" war der Name einer Loge, die 1811 von vierzig in englische Kriegsgefangenschaft geratenen französischen Offizieren auf Malta gegründet wurde.

Freundschaft. In Andersons Konstitution wird F. als Zweck der Vereinigung bezeichnet. Die Loge will unter ihren Mitgliedern in Erfüllung ihrer besonderen Zwecke einen höheren Grad der Verbundenheit erzeugen, der auch in vielen Logennamen („Zur Freundschaft", „L'Amitié") zum Ausdruck kommt. Die der Loge beitretenden Männer sind meistens in einem Alter, wo die ersten Jugendfreundschaften bereits verblaßt sind. Echte F. zwischen Männern anzubahnen, die sich aus der Verbundenheit zu einem höheren Ziele ergibt, die auf gegenseitiger Achtung und gegenseitigem Verstehen gegründet sein soll, ist einer der wesentlichsten Zwecke auch der heutigen Logen, wobei die freundschaftlichen Bande die Vereinigung zu höherer Werktätigkeit befördern sollen.

Freundschaftsbürgen, frz. Garant d'amitié, engl. Representative genannt, sind die bevollmächtigten Vertreter einer Großloge bei einer anderen, von ihr anerkannten und mit ihr im Anerkennungsverhältnis stehenden Großloge. Sie werden gegenseitig ausgetauscht, indem gewöhnlich Dreiervorschläge erstattet werden, aus denen die Großloge einen als Vertreter oder F. wählt. Die F. haben die Aufgabe, der von ihr vertretenen Großloge regelmäßig Berichte über freimaurerische Vorkommnisse in der anderen Großloge zu erstatten und sollen eigentlich als eine Art bevollmächtigter Gesandter den Briefwechsel vermitteln. Sie haben bei den Versammlungen der Großloge einen Ehrenplatz und tragen meist das Abzeichen der Großloge, die sie vertreten. In Wirklichkeit ist jedoch das Amt des F. zu einer leeren Formalität herabgesunken, die wertlos geworden ist. Die Association Maçonnique Internationale hat sich daher bemüht, ein gemeinsames Regulativ für Freundschaftsbürgen zu schaffen, ein Versuch, der noch in den Anfängen steckengeblieben ist. Der Titel eines F. ist meist mehr oder weniger etwas rein dekoratives, und diese „Gesandten an fremden Höfen" haben meist weder ein Amt noch eine Meinung zu vertreten. Ein beherzigenswerter Vorschlag geht von Beyer, Bayreuth aus, der im Großlogenverkehr zwischen dem korrekten Anerkennungsverhältnis und einem besonders betonten Freundschaftsverhältnis unterschieden wissen will. Nur im letzteren Falle wären F. zu ernennen. Damit würde das Amt wohl eine gesteigerte formale Bedeutung erhalten, ohne aber an Inhalt zu gewinnen. Die Beziehungen zwischen den Großlogen gewinnen durch die F. nichts und würden durch Aufgeben dieser überlebten Institution auch nichts verlieren.

Freundschaft, Zur, Große Loge von Preußen, genannt, früher „Royal York zur F.", s. Berlin, Preußen, Deutschland, Feßler.

Frey, Emil, schweizerischer Bundespräsident, * 1838, † 1922, im amerikanischen Sezessionskrieg Major, nach Rückkehr in die Heimat basellländischer Regierungsrat, Redakteur, von 1882 bis 1885 Gesandter in Washington, dann Bundesrat und Chef des Militärdepartements, 1895—1921 Leiter des Internationalen Büros der Welttelegraphenunion, war Mitglied der Loge „Zur Freundschaft" in Basel, in die er 1872 aufgenommen wurde.

Freymäurer, Der. Lustspiel in einem Aufzug von C. D. Wagenseil, erschienen 1780 in Ulm.

Freymäurer, Die, oder Ihr Schönen forschet umsonst. Dreiaktiges Lustspiel von I. D. Haensel, erschien 1781 in Frankfurt und Leipzig.

Freymaurer, Die. Lustspiel in drei Aufzügen von Friedrich Ludwig Schröder, wurde 1784 auf dem k. u. k. Nationalhoftheater in Wien (als Zweiakter) aufgeführt.

Freymaurer im Gefängnis, Der. Dreiaktiges Schauspiel von Hans Karl Freiherr von Ecker von Eckhoff, erschien 1778, handelt von der Standhaftigkeit eines Freimaurers, der gefangen genommen, um keinen Preis sein Wissen verrät. Erschien auch in französischer Übertragung („Le Franc-Maçon prisonnier").

Fried, Alfred Hermann, österreichischer Schriftsteller, Nobelfriedenspreisträger, * 1864 in Wien, † 1921, war Mitglied der Wiener Loge „Sokrates". Seit 1891 gehörte er zu den engsten Mitarbeitern der Pazifistin Berta von Suttner. Er gründete 1892 mit dieser die Revue „Die Waffen nieder" und im gleichen Jahr in Berlin die Deutsche Friedensgesellschaft. 1899 trat an Stelle des genannten Blattes die Monatsschrift „Die Friedenswarte". F. gab auch das „Jahrbuch des internationalen Lebens" heraus. 1902 wurde er zum Mitglied des Internationalen Friedensinstitutes gewählt. 1911 erhielt er den Nobelfriedenspreis, 1913 verlieh ihm die Universität Leiden das Ehrendoktorat der Philosophie. Während des Weltkrieges predigte er von der Schweiz aus vom ersten Tag an — allerdings vergeblich — den Frieden. F. schrieb zahllose Bücher und Artikel u. a. von ersteren: „Die Haager Konferenz", „Die Grundlagen der modernen Wirtschaft und der Krieg", „Die moderne Schiedsgerichtsbewegung", „Handbuch der Friedensbewegung", „Das Abrüstungsproblem", „Vom Weltkrieg zum Weltfrieden" usw. Seine bitteren Erfahrungen während des Weltkrieges legte er in einem vierbändigen Kriegstagebuch nieder.

Frieden, Friedensarbeit, freimaurerische, s. Weltfrieden.

Friedensidee im Ritual. Auf dem Konvent der A. M. I. (s. d.) in Brüssel 1924 wurde der großen rituellen Arbeit ein eigenes Friedensritual zugrunde gelegt, eine Wechselrede zwischen dem belgischen Großmeister, Großaufsehern und dem Großredner über die Bedeutung der Weltfreimaurerei für den pazifistischen Kampf. Auch die Rituale anläßlich der Tagungen der Allgemeinen Freimaurerliga (s. d.) tragen der freimaurerischen Friedensmission Rechnung.

Friedensmanifestationen, Freimaurerische, s. Weltfrieden.

Friedrich, Prinz der Niederlande (s. d.).

Friedrich, Stephan, * 1883, Ingenieur, ungarischer Ministerpräsident der Gegenrevolution 1919, war Mitglied der Loge „Világ", Budapest, und Erster Großaufseher der Symbolischen Großloge von Ungarn.

Friedrich III., Deutscher Kaiser, König von Preußen, s. Hohenzollern.

Friedrich der Große, König von Preußen, s. Hohenzollern.

Friedrich der Große, Legendenbildung. Das bekannte Bild im Bayreuther Museum, Fr. d. G. bei der Aufnahme des Markgrafen von Bayreuth, ist kein historisches Dokument, sondern ein viel später entstandenes, frei erfundenes Genrebild. Erfindung ist die Überlieferung im A. u. A. Schottischen Ritus, Fr. d. G. habe 1762 oder 1768 den A. u. A. Schottischen Ritus begründet. Dieser ist nachweislich erst ein Produkt des Jahres 1801. Ebenso erfunden ist das vielzitierte Schreiben Fr. d. G. an die Patres Greinemann und Schuff (s. Aachen), trotzdem dieses Schreiben sogar wiederholt mit der faksimilierten Unterschrift des Königs herausgebracht wird. Erfindung ist ferner die Geschichte vom ungetreuen General Walrave (s. d.). Zu den Nachkriegslegenden gehört auch die von völkischer Seite aufgestellte Behauptung, die Freimaurer hätten den Degen Fr. d. G. entwendet. Tatsächlich handelt es sich hier um ein altes, im Besitze der National-Mutterloge „Zu den drei Weltkugeln" befindliches Logenschwert!

Friedrich, Herrscher. Freimaurer waren:

Dänemark, Könige:

F. V.
F. VI.
F. VII.
F. VIII.

Deutsches Reich:
F. III., Deutscher Kaiser, König von Preußen.
Preußen, Könige:
F. II., der Große
F. Wilhelm II.
F. III. (s. Deutsches Reich)
Württemberg:
F. I., Wilhelm Karl, König von Württemberg.

Friedrich Leopold, Prinz von Preußen, s. Hohenzollern.

Friedrich Wilhelm III., König von Preußen, * 1770, † 1840, war, entgegen anders lautenden Mitteilungen, nicht selbst Freimaurer, erklärte aber auf dem Zweiten Wiener Kongreß 1833, er werde „den Freimaurerbund immer schützen, weil er wisse, daß diejenigen seiner Diener, die Maurer seien, auch zu den vorzüglichsten Staatsdienern gehören".

Friendly Societies, bruderschaftliche Verbände, die in England durch Parlamentsakte als Krankenunterstützungsvereine im Sinne unserer Krankenkassen anerkannt sind. Sie wurden Ende des vorigen Jahrhunderts hauptsächlich von Arbeitern begründet und leisten gegen wöchentliche Zahlung Unterstützung im Falle der Krankheit und einen Begräbnisbeitrag. Zu ihnen gehören z. B. in England die Odd Fellows; zur Freimaurerei haben sie keine Beziehung.

Friendly Society of Free and Accepted Masons, eine 1737 in London entstandene gegenseitige Unterstützungsgesellschaft, Benefit Society, die für den Fall der Krankheit, der Schuldhaft, des Todes oder dauernder Arbeitsunfähigkeit Vorsorge treffen wollte. Sie tagte erst im „Weißen Schwan", in Covent Garden und ging dann ganz in die Loge „Two Black Posts" in Maiden Lane über. Ähnliche Versuche wurden auch an anderen Orten unternommen. Wie alle diese Unterstützungsgesellschaften mit Gegenseitigkeit, krankte auch die F. S. an der geringen Mitgliederzahl und den hohen Ansprüchen, die sich aus der Verpflichtung zur Leistung ergaben, und ist daher 1753 wieder eingegangen. (Ausführliches hierüber in A. Q. C. 1916.)

Fries, Amos Alfred, amerikanischer Generalmajor, * 1873, Leiter des „Chemical War Service", führte wichtige Befestigungswerke aus, ist Präsident der Sojourners (s. d.), des amerikanischen militärischen Freimaurerklubs.

Frimaçons, Les, „Hyperdrama" von Vincent, d. i. Clement aus Genf, erschien 1740 (s. Clement).

Fritsch.

1. Jakob Friedrich, Freiherr v., * 1731, † 1814, sachsen-weimarischer Staatsminister, Präsident des Geheimen Conseils, trat 1765 dem v. Hundschen System bei, wurde Hauskomtur (Meister vom Stuhl) der Loge „Amalia" in Weimar. Auf seine Veranlassung wurde der berühmte Schwindler Johnson auf der Wartburg festgesetzt. An ihn richtete Goethe sein Aufnahmsgesuch. Als die Loge 1782 ihre Arbeiten einstellte, legte er den Hammer nieder.

2. Karl Wilhelm, Freiherr v., Sohn des Vorigen, * 1769, † 1850, Staatsminister wie sein Vater, wurde 1807 in Rudolstadt aufgenommen und wurde bei der Wiedererweckung der Loge „Amalia" schon 1808 deren Meister vom Stuhl, in welcher Würde er 35 Jahre blieb. Er hielt Goethe den Nachruf in der Loge „Amalia". Bei den Kabinettskonferenzen in Wien 1833 bekannte er sich als Freimaurer und trat gegenüber den Verdächtigungen, die von Metternichscher Seite geäußert wurden, mit derartigem Erfolge auf, daß die drohende Sperrung der Logen unterblieb.

3. Theodor, Ingenieur, Mühlenbauer, Herausgeber des „Hammer" in Leipzig, * 1852, seit 1885 im radikalsten Sinne in der antisemitischen Bewegung tätig. Er erblickte im Antisemitismus eine Weltanschauung und widmete diesem Kampfe — zuerst in der von ihm gegründeten „Antisemitischen Korrespondenz", die später „Deutsch-Soziale Blätter" hieß — namentlich in der 1902 ins Leben gerufenen Zeitschrift „Der Hammer" sein Lebenswerk. Von seinen Büchern wurden am bekanntesten: „Handbuch der Judenfrage", „Der falsche Gott", „Das Rätsel des jüdischen Erfolges". Bis zum Weltkrieg war F. wohl der aktivste deutsche Antisemitenführer. Nach dem Beginn des antifreimaurerischen Feldzuges Ludendorffs griff auch F. die Freimaurerfrage auf. Er bezeichnete sich, wie schon in früheren Aufsätzen und Schriften („Die verborgene Macht") als heftigen Gegner des internationalen Freimaurertums, dessen „verhängnisvolle Machenschaften aus den letzten Jahrzehnten er genau so wie jeder, der den nötigen Blick für Vorgänge hinter den politischen Kulissen besitzt", kenne und verdamme, erklärte es aber für unklug, über alles, was sich Freimaurerei nenne, unterschiedslos den Stab zu brechen. Es gibt Wissende und Unwissende, Betrogene und Betrüger. Mit der von Ludendorff angekündigten „Vernichtung" sei nichts. „Wenn überhaupt eine Möglichkeit besteht, die Freimaurerei ihres völkerfeindlichen Charakters zu entkleiden oder völlig unschädlich zu machen, so kann diese Tat nur von Freimaurern selbst ausgehen." F. meint, nur wenn man „den ehrlichen Teil der Freimaurer" davon überzeuge, „daß ihr Vertrauen schmählich mißbraucht werde", könne die Wendung kommen. Keine von außen kommende Macht sei imstande, „die mit der verbrecherischen internationalen Großfinanz und dem talmudistischen Judentum verbündete Freimaurerei aus dem Sattel zu heben . . . Selbst die machtvolle und meisterlich organisierte katholische Kirche erweise sich diesem Weltgauklertum gegenüber machtlos". Man könnte die Ehrlichsten und Klügsten unter den Maurern über den großen Betrug aber nur aufklären, wenn man ihr Gehör besitze, das aber lasse sich nicht gewinnen, wenn man ihnen mit offener Feindschaft begegnet. F. erblickt vom völkischen Standpunkt aus das Heil überhaupt nicht in der Vernichtung der Freimaurerei. Er sieht in ihr einen „Bau, der manches Erhaltungswerte" aufweist. Die Freimaurerei „müßte sich umgestalten, zu einem arischen Kulturbund auf Grundlage der Rassenpflege". F. wurde wegen dieser Äußerungen von Ludendorff heftig angegriffen. Die „Deutsche Wochen-

schau“ vom 4. September 1927 stellte fest daß „der Altmeister der völkischen Bewegung ... die Prüfung durch die Schrift Ludendorffs nicht bestanden und sich als einer der ersten aus unserem völkischen Eden infolge der durch diese herbeigeführte Reinigung ausgeschlossen hat“. Ludendorff selbst bat, den „Hammer“ nicht mehr in sein deutsches Haus zu senden.

Froriep, Ludwig Friedrich v., * 1779, † 1847, Schwiegersohn Bertuchs (s. d.), berühmter Arzt und Geburtshelfer, zuletzt in Weimar tätig, Begründer einer bis in unsere Tage blühenden berühmten Ärztefamilie, war von 1806—1810 Freimaurer (Halle).

F. R. S., Abkürzung für Fraternitas Rosicruciana und Fellow Royal Society.

Fruchtbringende Gesellschaft, älteste deutsche Sprachgesellschaft, später auch der „Teutsche Palmbaum“ (im Volk schon früh meist der Palmenorden) genannt, 1617 gegründete Sozietät, die sich bis 1680 bis auf über 800 Mitglieder aus den Reihen der Fürsten, des Adels, der Gelehrten und der Dichter vermehrte, Vorsitzender war zuerst Kaspar v. Teutleben, ihm folgten Fürst Ludwig von Anhalt, Herzog Wilhelm von Weimar und schließlich Kurfürst Friedrich August von Sachsen, bei dessen Tod (1680) der „Palmbaum“ erlosch. Die Gesellschaft hatte einen erziehlichen Zweck: Ausübung der Tugend und tadelloser Gebrauch der Muttersprache (hauptsächlich in der Dichtkunst). Symbol war ein „indianischer Palmen- oder Nußbaum“, das Motto: „Alles zu nutzen“. Ludwig Keller, der hier Einflußlinien auf die Freimaurerei feststellen zu können glaubte, und mit ihm Wolfstieg (im Gegensatz zu dem skeptischen Begemann!) erblicken in der F. G. etwas anderes als eine Sprachgesellschaft im wörtlichen Sinn, vielmehr eine Vereinigung, die bestimmte religiöse oder doch moralische und soziale Interessen verfolgte, vor allem die Durchdringung Deutschlands mit Toleranz und Frieden und die Erziehung der erwachsenen Jugend. Die Mitgliederliste verzeichnet eine ganze Reihe von führenden Männern, die den toleranten und irenischen Ideen der Zeit huldigten, von den Brandenburger Kurfürsten bis zu Opitz und Friedrich Logau. Diese Gesellschaft war inmitten des Dreißigjährigen Krieges der Mittelpunkt und der Vertreter der Frieden wünschenden und religiös toleranten, meist protestantischen Parteigenossen, die Spitze einer Partei, die nicht lutherisch und nicht kalvinistisch, sondern evangelisch war und auch toleranten Katholiken die Pforten öffnete. Daher gab es auch viele Ausländer in diesem Kreise. Die Mitglieder besaßen (den genannten Forschern zufolge) „Geheimnisse“, die in dem Ziel der stillen, unermüdlichen Propaganda für ein verständiges, gemütsstärkendes unparteiisches und friedliebendes Christentum lagen, das mehr Wert auf Tugend als auf Glauben, mehr Wert auf christlichen Wandel als auf Parteizugehörigkeit legte (Wolfstieg).

Fuchs, Felix, belgischer Jurist, * 1858, † 1928, Generalgouverneur des belgischen Kongo bis 1919, war Freimaurer.

Führer, Der, Organ der in deutscher Sprache arbeitenden Freimaurer und Odd Fellow-Logen im Staate New York, herausgegeben von Max Schmetterling, berichtet vorzugsweise über Ereignisse in den Logen des deutschen Distrikts (IX. Manhattan) der Großloge von New York, erscheint wöchentlich einmal.

Fülöp-Miller, René, Schriftsteller in Wien, * 1891, verfaßte u. a. „Geist und Gesicht des Bolschewismus“, „Lenin und Gandhi“, „Macht und Geheimnis der Jesuiten“ (1929), beschäftigt sich in letzterem mit dem Verhältnis der Jesuiten zur Freimaurerei. Er verficht die nicht stichhältige These, die Freimaurerei verfüge über eine mächtige, über die ganze Welt verbreitete Organisation und überschätzt daher Umfang und Auswirkungen des Kampfes, den die Freimaurer namentlich im Zeitalter der Aufklärung gegen die Jesuiten geführt haben. Im übrigen bemüht sich F.-M., durchaus objektiv zu sein.

Fundamental-Konstitution, Verfassung der Großen Landesloge von Schweden (1800), in deutscher Übersetzung 1871 in „Historische Belehrungen für den Meistergrad des Bundes der Großen National-Mutterloge der Preußischen Staaten, genannt zu den drei Weltkugeln“ erschienen, hiervon Faksimiledruck 1930 im Frimurerforlaget, Kopenhagen.

Funde merum genio! (Bring dem Genius ein Trankopfer!) wurde in alten Ritualen dem Neuaufgenommenen beim Gesundheittrinken zugerufen. Der Spruch stammt aus Persius, Sat II., V, 3.

Funksprüche des deutschen Großlogenbundes nach dem Waffenstillstand 1918 (s. Kriegsgefangenenaktion, ferner: Waffenstillstands- und Friedensbedingungen).

Fürchterlicher Bruder, frz. **Frère terrible.** In der englischen Freimaurerei unbekannt. Ist eine Erfindung der französischen Freimaurerei, die den Vorbereitenden Br. in Schreckgestalt, vermummt, zum Neophyten in die Vorbereitungskammer schickt. Der F. B. ist ein Requisit einer der Freimaurerei vollkommen fremden Vorstellungswelt, nämlich der Verschwörerbünde. Dem Neophyten soll das Gruseln beigebracht werden! In den deutschen Systemen wohl zeitweise im Gebrauch, heute bereits zumeist verlassen. In romanischen Logen als falscher Traditionswert noch immer beibehalten.

Furrer, Jonas, schweizerischer Staatsmann, * 1805, † 1861, Bundesrat, Erster Bundespräsident der Schweizerischen Eidgenossenschaft nach der Schöpfung der Bundesverfassung von 1848, an deren Werden er großen Anteil hatte. Vorher Advokat in Winterthur, Volkstribun und Bürgermeister von Zürich. Mitglied der Winterthurer Loge „Akazia“, nahm er regen Anteil am freimaurerischen Leben, war 1844 Mitgründer des Schweizerischen Logenbundes (Großloge) „Alpina“ und Erster Großredner.

Fürsten, Chefs regierender Häuser und deren Angehörige, Mitglieder des Freimaurerbundes:

Afghanistan, s. d.
Ägypten, s. d.
Belgien, s. d., Leopold I. und Niederlande.

Brasilien, s. d.
Bulgarien, s. Fürst Alexander I. von Battenberg, * 1857, † 1893.
Dänemark, s. Dänemark, Königshaus.
Deutschland, s. Fürsten, Deutsche, Hohenzollern.
England, s. England, Königshaus.
Frankreich, s. Bourbon, Napoleoniden.
Griechenland, s. Georg. Exkönig
Hawai, s. d.
Holland, s. Niederlande.
Indien, s. Johore, Kapurthala, Patiala.
Liechtenstein s. Liechtenstein. Karl Borromäus.
Lothringen, s. d.
Neapel, s. Murat.
Niederlande, s. d.
Norwegen, s. d. und Dänemark.
Österreich-Ungarn, s. Österreich (Herrscherhaus) und Lothringen.
Persien, s. d., Askeri Khan und Salar ab Dauleh.
Polen, s. Polen, Könige.
Rußland, s. Rußland, Zaren.
Schweden, s. Schweden, Königshaus.
Spanien, s. d., Bourbon (Borbón), Savoyen, Amadeus v. und Napoleoniden.
Toskana, s. Lothringen, Franz Stephan v.
Türkei, s. d.

Fürsten, Deutsche, Chefs regierender Häuser und deren Angehörige, Mitglieder des Freimaurerbundes:

Anhalt-Bernburg, Prinz Friedrich Franz v., * 1769.
Anhalt-Koethen, Herzoge v.
1. Ferdinand, * 1769, † 1830,
2. Heinrich, * 1778, † 1847.
Baden.
1. Großherzog Karl Friedrich v., * 1728, † 1811,
2. Prinz Wilhelm v., * 1829, † 1897.
Bayern (Haus Wittelsbach).
I. Kurbayersches Haus.
Herzog Clemens August v., Kurfürst v. Köln, * 1700, † 1761.
II. Pfalz-Zweibrücken-Birkenfeld.
1. Pfalzgraf Friedrich v., * 1724, † 1767,
2. Kurfürst Maximilian I. v., seit 1805 König von B., * 1756, † 1825.
Brandenburg-Ansbach, Markgraf Alexander v., * 1736, † 1806.
Brandenburg-Bayreuth, Markgraf Friedrich v., * 1711, † 1763.
Brandenburg-Schwedt, Markgrafen v.
1. Heinrich, * 1709, † 1788,
2. Karl, * 1705, † 1762.
Braunschweig.
I. Herzoge v.
1. Karl, * 1713, † 1780,
2. Ferdinand, * 1721, † 1792.
3. Friedrich, * 1740, † 1805,
4. Leopold, * 1752, † 1785.
II. Prinzen v.
1. Albrecht, * 1725, † 1745,
2. Wilhelm, * 1745, † 1770.
Hannover, Könige v.
1. Ernst August, * 1771, † 1851,
2. Georg V., * 1819, † 1878.

Hessen-Darmstadt.
I. Landgrafen v.
1. Ludwig VIII., * 1691, † 1768,
2. Ludwig IX., * 1719, † 1790.
II. Großherzoge v.
1. Ludwig I., * 1753, † 1830,
2. Ludwig II., * 1777, † 1848.
III. Prinzen v.
1. Friedrich Ludwig, * 1759, † 1802,
2. Christian Ludwig, * 1763. † 1830,
3. Ludwig Georg Karl, * 1749, † 1823,
4. Georg Karl, * 1754, † 1830.
Hessen-Homburg, Landgraf, Friedrich V., * 1748, † 1820.
Hessen-Kassel, Prinzen und Landgr. v.
1. Karl, * 1744, † 1836,
2. Friedrich, * 1747, † 1837,
3. Wilhelm, * 1787, † 1867,
4. Friedrich, * 1820, † 1884.
Hessen-Philippstal-Barchfeld, Prinzen v.
1. Ernst Konstantin, † 1771,
2. Wilhelm, * 1831, † 1890.
Hessen-Rheinfels-Rotenburg, Landgraf Ernst Konstantin v., * 1716, † 1778.
Lothringen.
1. Franz Stephan, Kaiser Franz I., * 1708, † 1765,
2. Karl, Prinz v., Statthalter der Niederlande, * 1712, † 1780.
Mecklenburg-Schwerin. Erbgroßherzog Friedrich v., * 1778, † 1819.
Mecklenburg-Strelitz.
1. Herzog Adolf Friedr. v., * 1738, † 1794,
2. Großherzog Karl v., * 1741 † 1816,
3. Prinz Ernst v., * 1742, † 1814,
4. Prinz Georg v., * 1748, † 1785.
Nassau.
1. Fürst Karl Wilhelm v. N.-Usingen, * 1735, † 1803,
2. Herzog Friedrich August v., * 1738, † 1816.
Preußen.
I. Könige v.
1. Friedrich der Große, * 1712, † 1786,
2. Friedrich Wilhelm II., * 1744, † 1797,
3. Wilhelm I., deutscher Kaiser, * 1797, † 1888,
4. Friedrich III., deutscher Kaiser, * 1831, † 1888.
II. Prinzen v.
1. August Wilhelm, * 1722, † 1758,
2. Heinrich, * 1726, † 1802.
3. Ferdinand. * 1730, † 1813.
4. Friedrich Leopold, * 1865. † 1931.
Reuß.
I. R., ältere Linie.
1. Prinz Heinrich XIV., * 1749, † 1799,
2. Prinz Heinrich XV., * 1751. † 1825,
3. Prinz Heinrich XVII., * 1761, † 1807.
II. R., jüngere Linie.
a) R.-Lobenstein, Fürst Heinrich LIV., * 1767, † 1824,
b) R.-Ebersdorf, Fürst Heinrich LXXII, * 1797, † 1853,
c) R.-Schleiz. Fürst Heinrich LXVII., * 1789, † 1867.
R. jüngere Linie, Prinz Heinrich XXXIII.

Sachsen, Prinz Karl v. (Herzog v. Kurland), * 1733, † 1796.
Sachsen-Teschen, Herzog Albert v., * 1738, † 1822.
Sachsen-Altenburg (vorher S.-Hildburghausen).
I. Prinz Josef, * 1702, † 1787.
II. Herzoge v.
1. Friedrich (S.-H.), * 1763, † 1834,
2. Joseph (S.-A.), * 1789, † 1868,
3. Georg (S.-A.), * 1796, † 1853.
Sachsen-Koburg und Gotha.
1. Leopold I., König der Belgier, * 1799, † 1865,
2. Herzog Ernst II. v., * 1813, † 1893.
Sachsen-Gotha und Altenburg.
1. Prinz Ludwig Ernst v., * 1707, † 1763,
2. Prinz Moritz v., * 1711, † 1777,
3. Prinz Johann Adolf v., * 1721, † 1799,
4. Herzog Ernst II. v., * 1745, † 1804,
5. Prinz August v., * 1747, † 1806.
Sachsen-Meiningen, Herzoge v.
1. Karl Friedrich, * 1712, † 1743,
2. Karl, * 1754, † 1782,
3. Georg I., * 1761, † 1803.
Sachsen-Weimar-Eisenach.
1. Großherzog Karl August v., * 1757, † 1828,
2. Herzog Karl Bernhard v., * 1792, * 1862.
Schaumburg-Lippe, Regierender Graf Albrecht Wolfgang v., * 1699, † 1748.
Schleswig-Holstein.
I. Holstein-Gottorp, Prinz Georg Ludwig v., * 1719, † 1763.
II. Schl.-H.-Sonderburg-Augustenburg, Herzog Friedrich Christian II. v., * 1765, † 1814.
III. Schl.-H.- (Beck-) Sonderburg-Glücksburg, Herzoge v.
1. Friedrich Wilhelm (H.-Bede), * 1687, † 1749,
2. Friedrich Karl Ludwig (H.-B.), * 1757, † 1816,
3. Wilhelm (Sch.-S.-G.), * 1785, † 1831,
4. Karl (Schl.-H.-S.-G.), * 1813, † 1878.
Württemberg.
I. König Friedrich v., * 1754, † 1816.
II. Herzoge v.
1. Ludwig, * 1756, † 1817,
2. Eugen, * 1758, † 1822,
3. Ferdinand, * 1763, † 1834,
4. Alexander, * 1771, † 1833,
5. Heinrich, * 1772, † 1838,
6. Paul, * 1785, † 1852,
7. Paul, * 1797, † 1860,
8. Maximilian, * 1828, † 1888.

Futuwwa-Bünde, heute nicht mehr bestehende Bruderschaften im Islam, von deren Gebrauchtum manches an die Derwischorden übergegangen ist, weisen in Ritual und Symbolik Parallelen mit der Freimaurerei auf. Heinrich Junker, Leipzig, hat diese in einer Schrift „Zeremonien der Bruderschaften im Islam", Leipzig 1930, eingehend nachgewiesen.

F. z. a. S., Freimaurerbund „Zur aufgehenden Sonne" (s. d.).

G

G. Der Buchstabe „G" inmitten des flammenden Sterns wird bei Prichard gedeutet: „Was bedeutet der Buchstabe ‚G'? Die Geometrie oder die fünfte Wissenschaft." Andere Deutungen sind: Gott (engl. God, syrisch Gad, schwedisch Gud, abgeleitet vom persischen Goda [auch Khoda]), ferner Gnosis, Gloire, Grandeur, Generatio (Rosenkreuzer), in der Strikten Observanz auch Gottfried von Bouillon. Besonders in Amerika erscheint der Buchstabe G nicht nur im flammenden Stern, sondern auch zwischen den Schenkeln des übereinandergelegten Zirkels und Winkels.

Gabanon, s. Travenol.

Gabaon-Notel, Wort im A. u. A. Schottischen Ritus, aus dem Hebräischen, bedeutet „vollkommener Freund". Gabaon, abgeleitet von Gibeon, heute El Jeb, kommt auch in anderen Systemen vor; es ist der Name der palästinensischen Stadt, in deren Umgebung sich vor der Errichtung des Tempels der Kultplatz mit der Bundeslade befand.

Gabenpfleger, auch Almosenier genannt, Beamter der Loge, dem die Sammlung der milden Gaben in der Loge (Sack der Witwe) und deren Verwaltung zusteht.

Gadsby, Henry Robert, englischer Komponist, * 1842, † 1907, schrieb Chorwerke, Symphonien, Verfasser einer Harmonielehre, war Mitglied der Londoner „Orpheus Lodge Nr. 1706".

Gaedicke, Johann Christian, Buchhändler in Berlin, * 1763, aufgenommen in der Loge „Joseph zur Einigkeit" in Nürnberg, schloß sich 1804 der Loge „Zu den drei Seraphim" in Berlin an. Er gab 1818 ein „Freimaurer-Lexikon" heraus (zweite Auflage 1831), das wegen angeblichen Verrates freimaurerischer Geheimnisse vom Altschottischen Direktorium der Großen National-Mutterloge am 10. März 1818 zu Unrecht beanstandet wurde und zu seinem Ausschluß führte.

Gael Lodge, Glasgow, Schottland, arbeitet als einzige Loge in der Welt in gaelischer (keltischer) Sprache.

Gagarin, Gabriel, Fürst, russischer Handelsminister, Oberprokurator des Heiligen Synods, † 1807, war 1779 Großmeister der Großen Nationalloge (des Schwedischen Systems) von Rußland, (Kapitel „Phönix") in Petersburg. Von 1781 an betätigte er sich freimaurerisch in Moskau.

Gage (engl. Twenty-four-inch Gage), der in 24 Teile eingeteilte Zollstab. Die 24

Teile sollen die Tagesstunden vorstellen, von denen 8 dem Dienste Gottes und der Notleidenden gewidmet sein sollen.

Gagern, C a r l o s v o n, * 1826 als Sohn eines preußischen Majors, † 1885, mit acht Jahren verwaist, tat er an drei verschiedenen Gymnasien wegen seiner Eigenwilligkeit nicht gut, maturierte dann schließlich in Stargard und bezog 1845 die Universität. Das Jusstudium behagte ihm nicht, er ging 1846 nach Holland, 1847 nach Paris, kam dann nach Spanien, schloß sich den Carlisten an und sollte in dem Städtchen Estella als Gefangener der Königlichen erschossen werden. Ein Mädchen, mit dem er ein Verhältnis unterhielt, erwirkte seine Begnadigung, die ihn auf dem Richtplatze, vor dem vollzugsbereiten Peloton erreichte. Lange Zeit gefangen, wurde er vom preußischen Gesandten schließlich doch befreit und trat in die deutsche Armee als Unteroffizier ein. Mit 24 Jahren verheiratet, schloß er sich der von W i s l i c e n u s begründeten Freien Gemeinde an, wurde ihr Sprecher, berief Volksversammlungen ein, in denen er freigeistige Reden hielt. Schließlich wanderte er 1852 nach New York aus, wurde Journalist und ging dann 1853 nach Mexiko. Hier machte er die verschiedenen Perioden der mexikanischen Revolution mit, zum Schlusse focht er unter Benito J u a r e z, 1863 geriet er in die Gefangenschaft B a z a i n e s und wurde bis 1865 gefangengehalten. Freigelassen, schloß er sich neuerdings Juarez an, wurde aber von einem seiner Generale, der sich gegen Juarez gestellt hatte, wiederum gefangen und erlangte seine Freiheit, indem er vom Kerkerfenster aus auf gut Glück das Große Not- und Hilfszeichen gab. Ein mexikanischer Offizier (Freimaurer) verhalf ihm darauf zur Flucht. Er kam wieder zu Juarez, als dieser den Kaiser M a x i m i l i a n gerade in Queretaro gefangengenommen hatte, besuchte Max im Kerker. Er diente darauf noch längere Jahre unter Juarez und Porfirio D i a z, wurde dann mexikanischer Gesandter in Wien und Dresden. Kurz vor seinem Tode besuchte er noch einmal Spanien, wo er 1885 starb. Politisch war G. in den letzten Jahren Sozialist, religiös ein Freidenker im weitesten Sinne des Wortes. 1857 in der Loge „Schiller" in Brooklyn aufgenommen, später bei der Loge „Paz y Concordia" in Mexiko, schloß sich der begeisterte Freimaurer 1878 der Wiener Loge „Schiller" in Preßburg an. Seine freimaurerischen Schriften, herausgegeben von Michael Georg C o n r a d, erschienen 1883 unter dem Titel „Schwert und Kelle". Die ihn und sein abenteuerreiches Leben würdigende Trauerrede. die der Sammlung vorangestellt ist, hielt Dr. Ludwig K u n w a l d.

Gages, F r a n ç o i s J o s e p h D u M o n t. M a r q u i s d e. * 1739, † 1787, Großmeister der „Parfaite Harmonie", Mère Loge Provinciale française in Mons, belgischer Mäzen, Vertreter des Adels in den Ständen des Hennegaus, kaiserlicher Kämmerer, vereinigte 1770 als Provinzial-Großmeister die Logen der österreichischen Niederlande zur englischen Provinzial-Großloge, war bis zum Edikt Josephs II. Führer der belgischen Freimaurerei.

Galan, F e r m i n, spanischer Offizier, * 1900 in Cadix, im Marokkokrieg wegen besonderer Tapferkeit ausgezeichnet, begeisterter republikanischer Patriot, Bekämpfer von Ungerechtigkeit in jeder Form, unter P r i m o d e R i v e r a wegen freiheitlicher Betätigung zu 6 Jahren Gefängnis verurteilt, unter B e r e n g u e r freigelassen und als Hauptmann Kompagniekommandant in Jaca, entfesselte dort am 12. Dezember 1930 vorzeitig den dann niedergeschlagenen republikanischen Aufstand, lehnte Fluchtmöglichkeit ab, stellte sich selbst und wurde nach standgerichtlichem Urteil erschossen. Seit der Ausrufung der Republik wird G. vom spanischen Volke als Märtyrer gefeiert. Er war Freimaurer.

Galen, A u g u s t i n u s, G r a f, Benediktinerpater der böhmischen Abtei Emaus, gab seit 1906 in Prag die Zeitschrift „Bonifaziuskorrespondenz, apostolische Mitteilungen für den hochwürdigen Klerus und gebildete Laien" heraus, in der mehrere Jahre lang die Freimaurerei aufs heftigste bekämpft wurde.

Galilei, G a l i l e o, * 1564, † 1642, wurde wegen seines Eintretens für die Lehre des Kopernikus (Bewegung der Erde um die Sonne) von der römischen Inquisition verfolgt, eingekerkert und zum Widerruf gezwungen. Das ihm zugeschriebene Wort: „Und sie bewegt sich doch" ist ebenso unhistorisch wie die Berichte seiner Folterung. Als Opfer dogmatischer Unduldsamkeit von den Freimaurern durch Entlehnung seines Namens für Logenbezeichnungen wiederholt geehrt.

Galilei-Kör (G a l i l e i - V e r e i n), freiheitliche Vereinigung von Universitätsstudenten in Budapest, gegründet 1908. Die ungarische Freimaurerei wurde ohne jeden Grund beschuldigt, diesen Verein ins Leben gerufen und dadurch an der Vorbereitung der Revolution mitgewirkt zu haben.

Gallo, N i c o l ò, italienischer Politiker und Schriftsteller, * 1849, Universitätsprofessor, schrieb Dramen, geschichtliche Werke, wiederholt Minister und Präsident der Kammer, war Freimaurer.

Galyuff, J o s i p, Bischof von Zagreb, * 1722. † 1786. römischer Ehrendoktor der Theologie, Rektor des Theologischen Institutes in Bologna, Domherr in Zagreb, 1782 Bischof. G. betätigte sich stark auf allen humanitären Gebieten: er war Meister vom Stuhl der Loge „Prudentia".

Gambetta, L é o n, französischer Staatsmann, * 1838. † 1882. Als glänzender forensischer Redner in politischen und anderen Prozessen („Souscription Baudin") berühmt geworden, wirkte er unter dem zweiten Kaiserreich in den Reihen der republikanischen Linken. stellte sich zuerst gegen den Krieg von 1870, wenn er auch dann der Bewilligung der Kredite zustimmte. Mitglied der Regierung der Nationalverteidigung. mit Hilfe eines Ballons aus dem belagerten Paris entkommen. riß er eine unumschränkte Diktatur an sich und verstand es. den französischen Widerstand in der Provinz neu zu beleben. Selbst nach dem Fall von Paris wollte er den Krieg à outrance weiterführen. Nach dem Sturz der Kommune trat er wieder in die

Nationalversammlung ein und gründete eine Zeitung „La République française". Als Haupt der republikanischen Partei wurde er 1879 Kammerpräsident, 1881 Ministerpräsident. Er bahnte die französische Bündnispolitik an, indem er Beziehungen zu Rußland suchte. Sein glänzendes Begräbnis erfolgte auf Staatskosten. G. war seit 1869 Mitglied der Loge „La Réforme" in Marseille, dann auch der „Clémente Amitié" in Paris.

Gambia, britische Kronkolonie in Westafrika. Unter der Großloge von Schottland arbeitet in der Hauptstadt Bathurst eine Loge.

Ganteaume, Honoré, französischer Admiral, unter Napoleon I. Kommandant der Seestreitkräfte nach dem ägyptischen Feldzug, * 1755, † 1818, war Großwürdenträger des Grand Orient de France. Bei der freimaurerischen Trauerfeier für den Admiral Bruix 1805 hielt er im Tempel der Loge von Brest eine Trauerrede.

Garant d'amité (frz.), Freundschaftsbürge.

Garay, Martin de, spanischer Politiker, * 1760, † 1822, glänzender Administrator, 1816 Minister, suchte den ruinierten Kredit seines Vaterlandes zu heben, wurde von Ferdinand VII. verbannt, war Freimaurer.

Garcia Moreno, Gabriel, Staatsmann und Schriftsteller, reaktionärer Präsident von Ekuador, * 1821, † 1875 (ermordet), bekämpfte leidenschaftlich den Freimaurerbund, bei dem er vor der Machtergreifung vergeblich um Aufnahme angesucht hatte. Er ordnete an, „daß alle Freimaurer standrechtlich zu behandeln" seien. Seine Ermordung wurde von den Klerikalen fälschlich auf die Freimaurer geschoben; diese jeder tatsächlichen Begründung bare Behauptung gehört auch heute noch zum unausrottbaren Repertoire der sogenannten „Freimaurermorde" (s. d.).

Garde des Sceaux (frz.), Siegelbewahrer, Würdenträger in der französischen Maurerei.

Garfield, James Abraham, Präsident der Vereinigten Staaten von Nordamerika, * 1831, † 1881, Taglöhner, Kutscher, Bootsmann, Lehrer, Advokat, Senator, machte den Sezessionskrieg als Generalmajor mit und wurde 1880 zum Präsidenten gewählt. Er fiel als Opfer eines Attentates, das von einem abgewiesenen Stellenjäger, Charles Guiteau, auf ihn verübt wurde. G. wurde als Kommandant eines Militärlagers 1861 von der „Magnolia Lodge" in Columbus, Ohio, aufgenommen und bekleidete von 1865—1874 in der „Garratsville Lodge" das Amt des Logenkaplans.

Garibaldi, Giuseppe, italienischer Staatsmann und Revolutionär, * 1807, † 1882. Im Jahre 1834 wegen Beteiligung am Aufstande zum Tode verurteilt, flüchtete er nach Frankreich, nahm Dienste beim Bey v. Tunis und später in südamerikanischen Republiken. Bei der Kunde vom Ausbruch der italienischen Erhebung traf er 1848 in Nizza ein, wurde von König Karl Albert aber abgewiesen. Als Führer eines Freiwilligenkorps kämpfte er gegen die Österreicher, verteidigte dann Rom gegen die Franzosen (1849), floh vor Verfolgungen und lebte dann in Tanger und 1850 in New York. 1854 kehrte er nach Sardinien zurück, und focht 1859 wieder gegen die Österreicher an der Spitze von Freischaren. 1860 führte er von Genua aus den berühmten Zug der 1000 nach Marsala und übernahm Sizilien im Namen Victor Emanuels II. Er eroberte Sizilien und griff dann eigenmächtig Neapel an. Um den Lorbeer wurde er jedoch gebracht, da Victor Emanuel inzwischen von Norden her herangerückt war und G. in seinem Vordringen aufhalten ließ. An der Seite des Königs zog er in Neapel ein. 1862 versuchte G. eigenmächtig einen Angriff auf Rom, wurde jedoch im Gefecht von Aspromonte verwundet und gefangen. Amnestiert, kehrte er nach Caprera zurück. Im Kriege 1866 mußten er und seine Freischar sich mit geringfügigen Waffentaten begnügen. Wiederum lockte ihn die Eroberung Roms. Trotzdem er auf Caprera interniert und überwacht wurde, wußte er zu entfliehen, kam in die Romagna, wurde aber vom französischen General Failly und päpstlichen Truppen bei Mentana vollkommen geschlagen. Auf der Flucht wurde er verhaftet und neuerdings interniert. 1870 lockte ihn der Deutsch-Französische Krieg wieder auf das Schlachtfeld. Er kämpfte mit seinem Freikorps in der Bourgogne (1871 bei Dijon), erntete aber von seiten der französischen Militärs derartigen Undank, daß er sich aus der Nationalversammlung von Bordeaux zurückzog und wieder nach Caprera in die Einsamkeit ging. Zuletzt war er italienischer Parlamentarier als Abgeordneter von Rom.

Als Freimaurer war G. eifrig tätig. Aufgenommen wurde er 1844 in der französischen Loge „Les Amis de la Patrie" zu Montevideo. Von seinen Mitstreitern im Freiheitskampfe waren sehr zahlreiche Mitglieder des Bundes (Mazzini, Crispi, Lafarina, Fauché, Buscalioni, Bixio, Cavour, waren z. B. am Zug der 1000, bezw. dessen Vorbereitung beteiligt). Nach der Einnahme von Palermo wurde er Großmeister ad vitam der aus der Vereinigung mehrerer Systeme hervorgegangenen Maurerei. Eines Abends brachte er seinen ganzen Generalstab in eine Loge mit, um alle diese Offiziere selbst dem Bunde zuzuführen, von dem er schwärmte: „Die Freimaurerei wird die Menschheit vorwärts bringen. Die stetige Anwendung ihrer heiligen Grundsätze muß zu einem brüderlichen Bündnis aller Nationen führen." Und ein anderes Mal (in einem Schreiben vom 18. Mai 1867): „Die Freimaurer sind ein auserwählter Teil des italienischen Volkes. Sie erheben sich über die Leidenschaften des profanen Alltags, und so werden sie, durchdrungen von der hohen Mission, die die große maurerische Institution in ihre Hände legte, die sittliche Einheit der Nation begründen." Und in einem weiteren Briefe: „Daß die Freimaurerei die Inkarnation alles dessen bedeute, was es an Ehrbarkeit, Noblesse, an Sehnen nach Hebung des Menschentums gibt — ist das nicht eine Aufgabe, würdig der größten der der Humanität dienenden Gemeinschaften?" Kurz hernach separierte er sich aber wieder und gründete in Palermo einen neuen Obersten Rat. 1867 vereinigte sich dieser wieder mit dem Großorient. G.

wurde Ehrengroßmeister. Sein Reiterdenkmal auf dem Janiculus überragt die ewige Stadt. An diesem Monument hatten die italienischen Freimaurer zum Gedenken an ihren Großmeister einen Bronzekranz angebracht. Den Faschisten des römischen Stadtteils Trastevere blieb es vorbehalten, diesen Kranz wieder zu entfernen und ihn durch eine Inschrift zu ersetzen, die besagt: „Dem Führer der Rothemden — die Schwarzhemden. Von den Freimaurern errichtet — von den Faschisten berichtigt."

Garnier-Pagès, Louis Antoine, französischer republikanischer Politiker und Historiker, * 1803, † 1878, Mitglied der provisorischen Regierung von 1848, war Mitglied einer Loge des Großorients von Frankreich.

Gastos Secretos, waren zur Zeit der Kaiserin Maria Theresia von dieser unterhaltene geheime Fonds in den österreichischen Niederlanden, die zur Überwachung der Loge von Lüttich und ihrer Mitglieder dienten. Ihre Verwaltung lag in den Händen der Witwe des Bankiers Dominique Vicomte de Nettine; die Auszahlung erfolgte auf Grund von „Ordonnanzen", die meist auf Auszahlung für eine nicht bestehende „Akademie" lauteten. In Briefen Maria Theresias an den Grafen Starhemberg ist von G. S. die Rede. In einem solchen vom 3. März 1773 kündigt die Kaiserin an, daß sie unabhängig von den G. S. jährlich 8000 Gulden zur Überwachung anderer Logen in den Niederlanden anweisen werde.

Gastrecht, Freimaurerisches. Als Regel gilt, daß jeder reguläre Freimaurer in jeder regulären Freimaurerloge der Erde als Gast zugelassen werden muß. Diese Regel ist im Wesen der Freimaurerei als einer internationalen Einrichtung eingeschlossen. Diese Regel hat aber insbesondere in den Jahren nach dem Weltkriege so zahlreiche Ausnahmen erfahren, daß von einem allgemeinen G. nicht gesprochen werden kann. Voraussetzung eines G. ist neben der unbestrittenen Regelmäßigkeit des Besuchers meist auch das Bestehen des Anerkennungsverhältnisses zwischen den in Betracht kommenden Großlogen. Die Großloge von New York z. B. aber läßt Brr. der von ihr nicht anerkannten Grande Loge de France zum Besuch ihrer Logen zu. Es kann das Freundschaftsverhältnis zwischen Großlogen abgebrochen sein, wodurch auch das G. beschränkt wird. Allerdings nicht immer. Es wird nicht selten ausdrücklich festgestellt, daß nur die offiziellen Beziehungen eingestellt werden, nicht aber das private Besuchsrecht des einzelnen Br. Der englische Stuhlmeister hat das Recht, Personen, deren Anwesenheit den Frieden seiner Loge bedrohen könnten, selbst wenn sie der Großloge von England angehören, vom Besuche auszuschließen. In einzelnen amerikanischen Logen werden Gäste ebenfalls nur in Auswahl zugelassen. Der Freimaurer des Grand Orient de France findet in angelsächsischen Logen derzeit keinen Einlaß. Unter gewissen außerhalb der Freimaurerei gelegenen Verhältnissen sind Besucher bestimmter Nationalitäten, Rassen usw. nicht gerne gesehen. Die amerikanischen Großlogen lassen Neger nicht zu. Über die Zulassung von Juden (auch in humanitären Logen) in Deutschland gab es jahrelange erbitterte Kämpfe. Heute gewähren auch die christlichen Systeme Deutschlands Andersgläubigen das G., aber nicht die Mitgliedschaft.

Das G. soll ein uneingeschränktes sein. Umstände besonderer Art können Logen veranlassen, das G. nur in beschränktem Ausmaße (dreimaliger Besuch) zu gewähren. Nur am Johannistage wird in einzelnen Logen unbeschränktes G. für alle regulären Freimaurer geübt. Diese Beschränkungen des G. sind sicherlich dem Gedanken der Freimaurerei nicht förderlich, sie können aber unter gewissen Umständen ihre berechtigten Gründe haben. Zum großen Teile sind sie allerdings mehr formalistischer Natur. Besucher fremder Logen tun daher gut daran, sich vorher bei ihrer Großloge über diese besonderen Verhältnisse zu erkundigen.

Freimaurerische Hilfsbereitschaft im Falle einer Notlage wird allerdings durch diese Beschränkungen nur in den seltensten Fällen berührt. Als schönes Beispiel sei hier ein Fall angeführt, in dem sich der freimaurerische Hilfswille ohne Rücksicht auf Anerkennungsfragen usw. bewährt hat: ein Freimaurer aus Übersee, der in einem westböhmischen Badeorte schwer erkrankte, äußerte den Wunsch, in seiner Heimat zu sterben. Er wurde durch eine ganze Kette von Brr. (auch der Schiffskapitän war Freimaurer) noch lebend in seine Heimat gebracht, wo ihm sein letzter trauriger Wunsch im Kreise seiner Logenbrüder in Erfüllung ging.

Gaules, Convent des (frz.), Konvent der französischen Abteilungen der Strikten Observanz in Lyon 1778, geleitet von Willermoz. Auf dieser Tagung wurde das System der Chevaliers bienfaisants de la Cité Sainte" (Wohltätige Ritter der Heiligen Stadt) aus der Taufe gehoben (s. Konvente).

Gauthier, Théophile, französischer Schriftsteller, * 1811, † 1872, Apostel der Romantik, Dichter, Dramatiker, Kritiker, Romancier („Mlle. de Maupin"), Archäologe, Mittelpunkt der literarischen Gesellschaft seiner Zeit, war Freimaurer. (Lebey, „Aperçu historique...", 1925.)

Gavel (engl.), Schlegel. In der angelsächsischen Freimaurerei amtieren Meister und Aufseher statt mit dem Hammer mit dem Steinmetzschlegel.

G. D. (Golden Dawn), Hermetic Order of the (Hermetischer Orden der Goldenen Morgenröte), von Mac Gregor Mathers, Verfasser von Werken über Magie und Okkultismus, in England gegründeter, erstmals 1889 in die Öffentlichkeit getretener Orden „hermetischer Rosenkreuzer". Er hatte mit Freimaurerei nichts zu tun, nahm auch Frauen auf und bearbeitete neun Grade, die jenen der deutschen Gold- und Rosenkreuzer ähnlich waren, und einen Zulassungsgrad. Die Beförderung in die einzelnen Grade war an den Besitz von bestimmten Kenntnissen in Astrologie, Alchimie und Kabbala gebunden. Der Orden verbreitete sich in

Frankreich, Holland, in den Vereinigten Staaten usw., hörte aber 1897 zu bestehen auf.

Gebet. Ebenso wie in alten Gilden zu Beginn der Versammlung eine Invokation, ein Gebet an Gott, früher auch an die Dreifaltigkeit, gerichtet wurde, ist in vielen Großlogen die Übung des Gebetes in der Loge beibehalten worden. In England wurde es um die Mitte des 18. Jahrhunderts vom Deputierten Großmeister Thomas Manningham (s. d.) in der heutigen Form eingeführt. Nach den amerikanischen Grundsätzen („Prayer is helpful") ist das G. ein Bestandteil der Arbeit. In den angelsächsischen Logen wird das G. zumeist vom Chaplain, einem Geistlichen irgendeiner Konfession, gesprochen. In deutschen Logen meist vom Meister vom Stuhl. Das G. der Freimaurer ist im allgemeinen ein unkonfessionelles. das sich an den A. B. a. W. richtet, ein Gottesbegriff, der alle konfessionellen Deutungen der Gottheit überbrückt. In den Logen der Nachfolgestaaten der österreichisch-ungarischen Monarchie und den romanischen Bauhütten ist das G. nicht üblich.

Gebetbuch für Freimaurer. Unter dem Titel „Betbuch für Freymaurer" erschien in Prag 1784 ein wahrscheinlich vom Prager Jesuiten Cornova verfaßtes Gebetbuch in Schreibschrift, das sich nach Ausstattung und Form an die damals üblichen Gebetbücher der katholischen Kirche anlehnt. Es ist ein freimaurerisches Kuriosum. das nur in wenigen Exemplaren erhalten geblieben ist. Die Prager historische Gesellschaft „Quatuor Coronati" gab es 1929 im Nachdruck heraus.

Gebetbuch gegen die Freimaurer unter dem Titel „La neuvaine eucharistique" wurde von Leo Taxil (s. d.) unter dem Namen der von ihm erfundenen Diana Vaughan herausgegeben.

Gebet des heiligen Bernhard, d. h. das Gebet des Grades der Auserwählten, des X. Grades des Schwedischen Systems, des IX. Grades der Großen Landesloge der Freimaurer von Deutschland, deutsch-christlicher Orden. Jedem dieser Brr. wird dieses Gebet bei der Aufnahme in einem weißen rotbekreuzten Büchlein übergeben. Das G. d. h. B. besteht in neun litaneimäßigen Anrufungen des Lammes Gottes. die den neun Ordensstufen der Großen Landesloge entsprechen. Ferner empfängt der Auserwählte ein weißleinenes Band mit einem blutroten aufgestickten Tempelherrenkreuz. das zur Erinnerung an das G. d. h. B. dient. Es gilt als priesterliche Binde. wird nicht getragen. aber dem Auserwählten mit ins Grab gegeben.

Das G. d h B. war bereits im alten Templerorden im Gebrauch; v. Hund brachte wohl nicht diese Anrufung des himmlischen Obermeisters, doch die Ordensregel des heiligen Bernhard in das Templersystem der Strikten Observanz. Früher wurde der in den Grad der Auserwählten Brüder Aufgestiegene auch in der Großen Landesloge angehalten, das Gebet täglich herzusagen. jetzt hat es hier mehr den Charakter der Reminiszenz.

Gebetsapostolat. Pius XI. wählte 1926 in einem Aufruf zur Aufnahme des Kampfes gegen die Freimaurerei die „schonende Form" einer Gebetsmeinung, des G. Dieses ist eine Gebetsvereinigung von 25 Millionen Katholiken der ganzen Erde. Sie wurde 1844 von Scholastikern des Jesuitenordens in Holland errichtet. Ihre Monatsblätter erscheinen in 35 verschiedenen Sprachen. Durch eifriges Gebet und sonstige liebevolle Bemühungen um Freimaurer soll ihr wahres Ziel für Zeit und Ewigkeit sichergestellt werden.

Gebetskreuzzug auf Lebenszeit gegen die Freimaurer wurde 1917 in Österreich vom katholischen Verein der Kinderfreunde ausgeschrieben. Dieser forderte in den Petrusblättern vom 15. Februar d. J. auf, „sich auf Lebenszeit bereit zu erklären, wöchentlich den schmerzhaften Rosenkranz für die Bekehrung oder Vernichtung des Freimaurerbundes in allen Ländern der Erde zu beten oder wenigstens ein Ave Maria täglich in dieser Meinung zu verrichten".

Gebetsligen, Vereinigungen, die den Kampf gegen die Freimaurerei auf dem Wege des Gebetes führen wollen, existieren in Frankreich. Die „Association réparatrice envers la Très Sainte Trinité pour l'extraction des Sociétés" in Paris, auch die „Croisade maçonnique" in Lille werden in diese Kategorie eingereiht.

Gebler, Tobias Phil., Freiherr von, k. k. Staatsrat in Wien. * 1726, † 1786, unter Maria Theresia als Mitglied des Geheimen Rates Leiter der äußeren österreichischen Angelegenheiten, 1762 Hofrat, 1782 Vizekanzler der böhmisch-österreichischen Hofkanzlei, erwarb sich bedeutende Verdienste um die Hebung der Wissenschaften, um das Polizei- und Kameralwesen und die Schulanstalten Österreichs. G. betätigte sich sehr eifrig als Freimaurer. Nach der Gründung der Provinzialloge von Österreich war er Großmeister der Distrikts-Großloge „Zum neuen Bund", nach dem Freimaurer-edikt Josephs II. Stuhlmeister der einen der beiden Wiener Logen „Zur neugekrönten Hoffnung". In seinem Briefwechsel mit dem ihm befreundeten Nicolai in Berlin 1771—1786 (veröffentlicht von Richard Maria Werner, Berlin 1888) sind die freimaurerischen Verhältnisse in Wien eingehend erörtert.

Gebrauchsgraphik, Freimaurerische. Den im Logenbetriebe notwendigen graphischen Behelfen. wie Einladungen zu den Logensitzungen. Mitgliederverzeichnissen der Logen und Großlogen usw., suchte man schon sehr frühzeitig künstlerische Gestaltung zu geben. Gute Beispiele derartiger Gebrauchsgraphiken sind z. B. die Titelbilder und Vignetten der verschiedenen Ausgaben der Konstitutionsbücher von Anderson (1723. Titelblatt von Cole) oder die mitunter überraschend eindrucksvollen Logenladungen (Summons), so insbesondere die der „Loge Key and Garter" (Schlüssel und Hosenbandorden) aus dem Jahre 1730. Auch den Logenlisten wurde besondere künstlerische Sorgfalt zugewendet. (Z. B. Engraved List of Lodges von Pine aus dem Jahre 1735.) Als die Logenpässe oder Zertifikate aufkamen, die zum Ausweise reisender Brr. dienten, legte jede Loge einen gewissen Ehrgeiz darein, möglichst künstlerische Ausweise in der Maurerwelt vorweisen zu lassen. So die schönen und figurenreichen Logenpässe der österreichischen Logen, z. B. der Paß Mozarts im Salzburger Mozart-Museum.

Diese graphische Freimaurerkunst ist im 19. Jahrhundert wieder ziemlich konventionell und nichtssagend geworden. Aus diesem Grunde war es besonders zu begrüßen, daß Kekule von Stradonitz im Jahre 1930 im Auftrage des geschichtlichen Engbundes des Bayreuther Freimaurermuseums gemeinsam mit Hans Weinberg eine im Wiener Amalthea-Verlage erschienene kostbare Mappe freimaurerischer Graphiken („200 Jahre freimaurerische Gebrauchsgraphik") herausgab, die neben vielen guten Beispielen aus dem 18. auch solche des 19. und 20. Jahrhunderts zeigt. Neben meist unbekannten Stechern des 18. Jahrhunderts finden sich gute Vorbilder von Orlik, Hildenbrand, Hans Weinberg, Heinrich Kley, Bayer, Heermann u. v. a. Kostbarkeiten besonderer Art sind die wenigen freimaurerischen Graphiken von Adolf v. Menzel, so die an Gestalten reiche Visitenkarte für den Generalarzt Dr. Puhlmann, den Mitbegründer des Vereines deutscher Freimaurer, die freimaurerischen Vignetten aus Menzels Bildern zur Lebensgeschichte Friedrichs d. Gr. u. a. m. Dem Geschmacke der Zeit entsprechend. findet die Graphik heute besonders in Buchzeichen (Exlibris) vielfache Verwendung. In Amerika und auch von tschechischer Seite sind daher schon freimaurerische Exlibris-Sammlungen herausgegeben worden, die ein schöner Beweis dafür sind, wie sehr die freimaurerische Symbolik die darstellende Kunst zu befruchten vermag.

Gebrauchtum, Ritual, heißt die besondere Form der freimaurerischen Arbeit, die sich in ihren Entstehungsformen an alte Gebräuche der Steinmetzbruderschaften anlehnt. Das in den altenglischen Bauhütten übliche Ritual war wahrscheinlich von ganz einfacher Form: der Bürge führt den Lehrling ein, die Zeremonie beginnt mit einer Anrufung Gottes (Invokation), der Vorsitzende bringt die Zunftgeschichte zu Gehör, hierauf eine Ermahnung an die Anwesenden, die jetzt zur Verlesung gelangenden Satzungen treu zu halten; die Pflichten werden verlesen, der Neuling leistet auf sie das Gelöbnis, indem er die Bibel in die Hände nimmt, er erhält darauf Erkennungszeichen und die Symbole, zum Schluß erhält er die Bekleidung, oder er bekleidet die Loge, indem er Schurzfelle oder Handschuhe überreicht. Schlußgebet. Zumeist anschließend ein einfaches Mahl. Da die Gebrauchtümer mündlich weitergegeben worden sind, fehlen Einzelheiten. Sie sind nur aus den Manuskripten zu erschließen. Ein besonderes G. wird auch beim Besuche von Brr. aus fremden Bauhütten angewendet. wie es auch heute noch unter den Steinmetzen üblich ist. (Siehe hierzu: Eugen Weiß. Steinmetzart und Steinmetzgeist, Diederichs Verlag 1927: der Zuspruch.)

Dieses ursprüngliche einfache Brauchtum ist später, besonders wahrscheinlich in den spekulativen Logen, weiter ausgebaut worden. Dr. Stukeley, der nach einer Eintragung in sein Tagebuch 1717 aufgenommen wurde, schreibt, daß man damals Mühe hatte, genug Personen zusammenzutreiben, um die Zeremonie durchführen zu können. Das spricht für eine bereits kompliziertere Form des Rituals. Die erste Verräterschrift, „A Mason's Examination", erschienen in der Flying Post 11.—13. April 1723, bringt wohl kein Ritual, aber in einem Katechismus doch schon verschiedene Anhaltspunkte, ebenso die „Masonry Dissected" von Samuel Prichard. Eine genaue Schilderung des Rituals gibt bereits 1742 der Abbé Perau in seiner Verräterschrift „Le secret des Francmaçons", in dem bereits wesentliche Abweichungen von der zu erschließenden Urform feststellbar sind. Bei der Wanderung durch andere Länder hat das Ritual fremde Bestandteile angenommen. Inwieweit die Hiramlegende ursprünglich ist, bleibt dabei umstritten. Die sogenannten physischen Proben (s. d.) sind sicherlich kontinentalen Ursprunges. Das 18. Jahrhundert mit seinen zahllosen Systembildungen und Verirrungen hat dann eine Unzahl von Ritualen gezeitigt, die zum Teil wieder ganz verschwunden sind, teils aber ihre Reste bis auf den heutigen Tag in dem ursprünglich klaren einheitlichen Ritualgang zurückgelassen haben. Um die Herstellung gereinigter Ritualverhältnisse haben sich in Deutschland besonders verdient gemacht: Schröder (s. d.), der im Verein mit J. G. Herder der Hamburger Großloge ein noch heute gültiges Ritual schenkte, Feßler (s. d.), der in gleicher Weise in Berlin tätig war, späterhin O. Marbach, Bluntschli, Ficke u. a. m. Das Ritual des A. u. A. Schottischen Ritus haben Albert Pike und (für Belgien) Goblet d'Alviella u. a. bearbeitet. Im allgemeinen geht der Zug aller modernen Ritualbearbeitungen dahin, bei möglichster Wahrung wahrer Traditionswerte die Form dem Inhalt des Gegenwartslebens anzupassen. In Deutschland sind in den altpreußischen Großlogen zum Teil sehr interessante Versuche gemacht worden, das G. auf nationale Grundlagen zu stellen.

Die einzelnen Großlogen verhalten sich bezüglich eines Einheitsrituals verschieden. Am strengsten sind die angelsächsischen, die eine starre Form weiterpflanzen, deren Niederschrift offiziell verboten ist. Die Überlieferung erfolgt mündlich. In England sorgen eigene Unterrichtslogen (s. d.) für die mustergültige Vorführung des Rituals. Auch in den meisten anderen Großlogen herrscht Ritualzwang, d. h. alle Logen sind an das von der Großloge gewählte Ritual gebunden. Mancherorts gibt es freilich Ausnahmsverhältnisse: z. B. kann eine Loge aus historischen Gründen bei Übertritt in eine andere Großloge ihr altes Ritual beibehalten. Oder es wird auch volle Ritualfreiheit gewährt, wobei nur ein gewisser Grundbestand von Symbolen vorausgesetzt oder bestimmt wird, daß die ritualfreie Loge einmal jährlich das Großlogenritual vorführen muß. Jedenfalls läßt sich das eine feststellen, daß, abgesehen von den unter „Einheitlichkeit der Freimaurerei" (s. d.) beschriebenen gemeinsamen Formen, auch bezüglich des Rituals eine sehr bunte Reihe im G. vermerkt werden muß.

Gebrauchtum, ursprüngliche Formen. Da Ritualbücher aus der ersten Zeit der Logenarbeiten nicht bestehen, ist die Sicherstellung der ersten Gebrauchtümer sehr erschwert. Herbert Poole (A. Q. C. XXXVII) hat den Versuch unternommen, das sogenannte Urritual zusammenzustellen. Als Quellen können hier dienen: die alten Manuskripte der Freimaurer und die gedruckten Verräterschriften. Als Bestandteile des G. ergeben sich hierbei: in den Manuskripten:

1. ein Gebet oder die Invokation (Anrufung Gottes) als Einleitung;
2. die Verlesung der Geschichte;
3. die Angelobung auf das Heilige Buch der Schriften, die Bibel;
4. die Verlesung der Charges, Verpflichtungen, und schließlich
5. die durch eine Gelöbnisformel erfolgende Annahme dieser Verpflichtungen.

Weitere Einzelheiten finden sich in den sogenannten Verräterschriften. So in Grand Whimsey, einer Schrift, die kurz vor Prichards „Masonry Dissected" 1730 erschien. Dort heißt es: „Zwei Aufseher führten mich vom Dunkel ins Licht, wobei ich zwei Reihen von Brr. passierte, zum oberen Ende des Raums. Von dort fragte der Meister: Wen haben wir hier? Ein junger Br. antwortet: Einen Gentleman, der Mitglied der Gesellschaft zu werden wünscht. Der Meister fragte mich, ob ich aus freiem Willen oder über Wunsch einer anderen Person käme. Ich sagte: aus eigenem Willen. Darauf sagte er, wenn ich Mitglied der Gesellschaft werden wolle, müßte ich einen Eid ablegen. Ein Winkelmaß wurde auf den Boden gelegt, ich mußte mit bloßem Knie niederknien, ein Zirkel wurde mir in die rechte Hand gegeben, dessen Spitzen ich auf die linke Brust setzen mußte. Im Katechismus heißt es dann: Ich legte den feierlichen Eid als Maurer ab, indem ich mit bloßem Knie zwischen Winkelmaß und Bibel niederkniete. Nach dem Chetwode Crawley MS. (Beginn des 18. Jahrhunderts) wird der eben Vereidigte mit dem jüngsten Br. aus dem Zimmer geschickt und erhält von diesem jungen Br. die genaue Unterweisung der Erkennungszeichen. In Kenntnis dieser kehrt er in die Loge zurück, gibt sich dort zu erkennen und spricht die Ritualworte: Hier stehe ich, der jüngste und letztzugelassene Lehrling, so wie ich geschworen habe bei Gott und St. Johann, bei Winkel und Zirkel und Maßstab, meines Meisters Dienst zu erfüllen, von Montag früh bis Samstag abend, und dies unter dem Schlüssel (Verschluß) zu halten unter nicht geringerer Strafe als daß... Hierauf flüstern alle Anwesenden untereinander das Wort, bis es zum Meister kommt, der es dann dem Lehrling wiedergibt.

Unter den Symbolen, die in diesen alten Ritualen vorhanden sind, finden sich: die Ornamente. die beiden Säulen, der flammende Stern, Winkelmaß, Zirkel, Maßstab, das musivische Pflaster, Fenster u. v. a. Der Teppich beschränkt sich auf drei Linien, die mit Kreide auf dem Boden gezogen sind (Mason's Confession 1755). An ihnen lernt der Lehrling die Schritte.

Die Zusammensetzung der regelmäßigen Loge wird verschieden angegeben: 7 Meister, 5 Lehrlinge (Chetwode Crawley), 2 Lehrlinge, 2 Gesellen und 2 Meister (Sloane MS., 18. Jahrhundert), drei von jedem Grade (Trinity College Dublin MS., 1711), 1 Meister, 2 Aufseher, 4 Gesellen, 5 Lehrlinge mit Winkel, Zirkel und Maßstab („Mason s Examination", 1723), Gott und der Winkel, mit 5 oder 7 regelrechten Maurern („Grand Mystery", 1724) 5 Fellow Crafts und 7 Lehrlinge („Mason's Confession", 1755).

Trotz der großen Verschiedenheiten die mangels einer ordnenden Zentralstelle sogar im gleichen Ort zu verzeichnen sind, geht aus diesen mangelhaften Überlieferungen doch das eine hervor, daß die alten englischen Logen bereits eine hochentwickelte Ritualhandlung kannten, aus der zahlreiche Bestandteile in die modernen Ritualbücher übergegangen sind. Wobei in Hinblick auf die bald darauf in Frankreich entstandenen Hochgrade darauf verwiesen werden muß, daß die gesamte Symbolik der alten Logen vollkommen in der alten Steinmetztradition verharrte.

Aus den sonstigen Gebrauchtümern und Gewohnheiten der alten Logen sei nach Arthur Heiron (A. Q. C. XXXVII) erwähnt: Als Grundriß der Loge wurde damals das Dreieck angenommen. Seine Ecken stellen dar den Meister vom Stuhl und die beiden Aufseher, die beide im Westen sitzen. In einzelnen Logen war der Altar in der Mitte der Loge üblich, vor dem das Gelöbnis abgelegt wurde. Die Symbolzeichnung wurde vom Tyler in Kohle und Kreide auf dem Boden angebracht, an deren Ecken die drei Lichter brannten. Die beiden Säulen standen vor den Sitzen der Aufseher. Zum Logenschmucke gehörten zwei Globen, Erde und Himmelsgewölbe. (Auch heute noch in einzelnen englischen Logen.) Der Meister trug bei der Arbeit einen dreieckigen Hut, den er beim Gebet abnahm. In einzelnen Logen stand vor dem Meister ein flammendes Schwert als Zeichen seiner absoluten Autorität während der Arbeit. Nach der feierlichen Aufnahme wurden Tische in die Loge getragen und die Brr. nahmen an der Tafel Platz. Beamte der Loge waren Meister vom Stuhl und Aufseher, der Schriftführer und Schatzmeister. Der Tyler, Logenhüter, war eine der wichtigsten Persönlichkeiten der Loge. Er trug die Ladungen aus, machte die Bodenzeichnung und sorgte für die Tafel. Nach dem Essen wurde die Bibel wieder aufgeschlagen, die Brr. blieben bei Wein und Tabak, und der Meister ließ die „Lecture" verlesen, stellte Fragen und katechisierte die Brr. Getrunken wurde mit „Three times Three" (Dreimal Drei) bei den gebrauchtümlichen Gesundheiten. Nach der Arbeit und Aufhebung der Loge brachte der Tyler die Loge wieder in Ordnung, wobei er mit „Mop and Pail" (Wischlappen und Eimer) die Bodenzeichnung verlöschte.

Die Logendisziplin mußte durch strenge Hausgesetze aufrechterhalten werden. Der Alkoholismus der Zeit zwang zu besonderen Maßnahmen. So wird Brr., die „disguised in liquor" (in Trunkenheit) die Loge betreten, der Zutritt versagt. Unziemliche Reden, Flüche usw. standen unter Strafe, die in Geld erlegt wurde. Die strengste Strafe war die Ausschließung. Wiederholt müssen Mißbräuche gerügt und abgestellt werden. So z. B. der Verkauf von Theaterkarten in der Loge u. a. m. Auf Wahrung der Form wurde besonders bei öffentlichen Aufzügen strenge gesehen. Ziemliche Kleidung wurde vorgeschrieben, einzelne Logen gingen so weit, eine Gleichtracht, Uniform, einzuführen. Unziemliche Kleidung war ein Grund, um den Logenbesuch zu verbieten. War die Arbeit — was in den damaligen lebhaften Zeiten sicherlich nicht immer leicht war — ungestört vor sich gegangen, so schloß der Sekretär das Protokoll mit der befriedigenden Formel: „Closed in due Form, Harmony and Decorum." Es gibt aber auch Protokolle, in denen bedauernd festgestellt wird, daß die Versammlung nicht in wünschenswerter Harmonie verlaufen sei. Der Fehler des inneren Aufbaus dieser Arbeiten lag noch in der Vereinigung von eigentlicher Ritualarbeit und den Genüssen der Tafel. Erst als die vollständige Scheidung dieser beiden Bestandteile der alten Freimaurerarbeit vollzogen war, zog auch die eigentliche Weihe des Rituals in die Tempel ein, die Labour und Refreshment auch räumlich voneinander zu trennen wußte.

Gedicht, Maurerisches, s. Halliwell-Gedicht.

Gefängnis, Loge im Eine Anzahl von Freimaurern, die 1798 im New Yorker Schuldgefängnis saßen, baten die Großloge um die Erlaubnis, das Johannisfest im Schuldturm als Loge begehen zu dürfen. Die Erlaubnis wurde erteilt (Mc. Clenachan, II., 103).

Gegner der Freimaurerei. Die Angriffspunkte, die die Freimaurerei bietet, sind im wesentlichen folgende:

1. Sie bezeichnet sich selbst als einen Menschheitsbund, eine übervolkliche Körperschaft, die Unterschiede der Rassen, der Religion, des politischen Glaubens, der Nation und des Standes zu überbrücken sucht. Sie trachtet, dieses Ziel auf friedlichem Weg zu erreichen, ist also gegen jede Art von Gewalt. Sie ist optimistisch, evolutionär, tolerant und bezeichnet als den Inhalt ihrer Lehre den Humanitätsgedanken, wie er in klassischer Weise in Frankreich von den Enzyklopädisten, in Deutschland von Lessing, Herder, Fichte, Krause u. a. ausgesprochen wurde. Dadurch setzt sie sich in Gegensatz zu allen geistigen Richtungen, die mehr oder weniger ausschließlich sein wollen, katholisch, im wahren Wortsinne. Solche Richtungen, die irgendeine Beeinträchtigung ihrer Programme ausschließlichen Charakters nicht zugeben wollen, sind: die katholische Kirche, die eine Beeinträchtigung ihrer Dogmatik der Glaubensreinheit, befürchtet, ebenso die Orthodoxien anderer Kirchen, nationale und nationalistische Parteien, die den Internationalismus ablehnen, schließlich auch sozialistische Parteien, wie der Bolschewismus, aber auch die Sozialdemokratie in einzelnen Vertretern, die zur Aktivierung der Parteidoktrin eine Klassenvermischung, wie sie in der Freimaurerei selbstverständlich gegeben ist, verhüten wollen. Diese erste Gruppe enhält die ernsthaften G. d. F. Hier liegen Weltanschauungsgegensätze zugrunde, die wohl in sachlicher Weise erörtert werden können, deren Beseitigung aber kaum zu erwarten ist. Dieser Kampf der Meinungen könnte in voller Sachlichkeit, mit Achtung des Gegners geführt werden. Dies geschieht aber seitens der Feinde der Freimaurerei fast nie.

2. Die Freimaurerei ist allgemein in ihrem Programm. In der Praxis zieht sich die Freimaurerei aber auf einen bestimmten Kreis durch sie Auserwählter zurück. Sie verbindet diesen Kreis durch ein bestimmtes Gebrauchtum und hält dieses geheim. Die Freimaurerei hat also ein Geheimnis (s. d.), und sie verpflichtet ihre Anhänger, dieses zu wahren. Es kommt nicht darauf an, daß dieses Geheimnis der Freimaurerei, das sich auf Gebrauchtum und Erkennungszeichen beschränkt, oft und oft verraten, ja sogar von Freimaurern selbst preisgegeben wurde. (So haben beispielsweise die italienischen Freimaurer in der ersten Zeit der faschistischen Angriffe das gesamte Ritual fortlaufend durch Ulisse Bacci in der „Rivista massonica" veröffentlichen lassen.) Die Abgeschlossenheit der Loge nach außen und ihr Geheimnis wird aber doch immer wieder zum Angriffspunkt, weil hinter diesem Geheimnis alle möglichen politischen Absichten, insbesondere im Sinne einer allgemeinen Weltrevolution, gesucht werden (zu welchem Zwecke diese stattfinden soll, wird hierbei fast nie ausgesprochen). Hier ist natürlich den Wunschträumen der Gegner Tür und Tor geöffnet. Befinden sich unter ihnen Personen von einer gewissen verminderten psychischen und intellektuellen Wertigkeit, wie sie z. B. bei der Massenpsyche immer gegeben ist, so wird aus der Freimaurerei ein Geheimbund mit verbrecherischen Instinkten und Absichten. Die einmal erregte Phantasie des Gegners bringt daher in einem offensichtlichen Beziehungswahn alles, was ihm selbst politisch, moralisch, sozial verwerflich zu sein scheint, in beziehungsreiche Verbindung zur Freimaurerei. Hierfür ist besonders Wichtl (s. d.) ein Beispiel. In dieser Kritiklosigkeit der Gegnerschaft spielen wieder Wunschvorstellungen vom Feinde eine große Rolle: daher werden den Freimaurern sexuelle Orgien zugeschrieben: schwarze Messen, Teufelskult, die Verehrung des Baphomet, mit Blut unterfertigte Teufelseide alle politischen Morde der vergangenen Jahrhunderte gehen auf ihr Konto, ja sogar alle plötzlichen Todesfälle irgendwelcher dem Freimaurergegner genehmer Persönlichkeiten werden zu Freimaurermorden. Sie tragen auch die Schuld an allen unglücklichen politischen Ereignissen im Leben irgendeines Volkes. 1870 haben sie Frankreich an Deutschland verraten, 1914 Deutschland an Frankreich. Der Frieden von Versailles ist ein Werk der Freimaurer, trotzdem weder Wilson noch Poincaré, weder Lloyd George noch Sforza, weder Masaryk noch Kramář Freimaurer waren. Der Bol-

s c h e w i s m u s ist ein Werk der Freimaurer, trotzdem kein einziger der heute führenden Volkskommissäre Freimaurer war oder ist, und trotzdem — im Gegenteil — die Sowjets die Freimaurerei in Acht und Bann getan haben. Ebenso sind alle jene Politiker, deren Tätigkeit — z. B. in Deutschland — nationalistischen Kreisen ungelegen kam oder kommt, selbstverständlich Freimaurer, trotzdem jederzeit der Nachweis erbracht werden kann, daß weder E b e r t noch N o s k e oder S c h e i d e m a n n, weder R a t h e n a u noch der klerikale E r z b e r g e r, weder der General G r ö n e r noch Kurt E i s n e r jemals Freimaurer gewesen sind.

Mit dieser Gruppe von Gegnern, zu denen in letzter Zeit W i c h t l, H a i s e r, der Nationalsozialist R o s e n b e r g, S c h w a r t z - B o s t u n i t s c h, das Ehepaar L u d e n d o r f f, der Franzose d e P o n c i n s u. v. a. gehören, ist eine Auseinandersetzung überhaupt unmöglich. Wenn von dieser Seite z. B. ernsthaft behauptet wird, M o z a r t sei von Freimaurern ermordet worden, S c h i l l e r sei ein Opfer einer Freimaurerverschwörung, der Sarajevoer Mord (1914) sei von Freimaurern beschlossen worden, wobei ein Großmeister K o h n (s d.) (übrigens ein vollkommen waschechter Arier und Protestant) eine bestimmende Rolle gespielt haben soll, so hört jede Möglichkeit einer Verständigung auf. Der nach jedem Kriege auflebende A n t i s e m i t i s m u s gibt dieser Gegnerschaft eine besonders haßverzerrte Note, die ihr jede Urteilsfähigkeit nimmt. Die „P r o t o k o l l e d e r W e i s e n v o n Z i o n" (s. d.), eine nachgewiesenermaßen plumpe Fälschung, wird zur Kabbala dieser Gegnergruppe. Ludendorff hat sogar eine an die Gematria erinnernde kabbalistische Zahlendeutung, seine berühmte J a h w e z a h l. erfunden, aus der er alle welterschütternden Ereignisse ableiten und vorhersagen zu können glaubt. (Der nächste — selbstverständlich von Freimaurern, Juden und Jesuiten heraufzubeschwörende Weltkrieg — wird 1932 ausbrechen, weil $1+9+3+2=15$, und 15 durch 5, die Jahwezahl, teilbar ist.)

Naturgemäß sind auch die ernsthaften G. d. F. in ihren Mitteln nicht immer wählerisch. Daher erschöpfen sich Diskussionen auch mit solchen nur zu oft mit Erörterungen unbeweisbarer Angriffe, die aus dem Arsenal der unkritischen Gegnerschaften stammen. Dies haben neuerdings J e s u i t e n eingesehen, denen es einging, daß die durch fast 200 Jahre immer wieder hervorgeholten, plumpen, auf die Suggestibilität der Massenpsyche berechneten Argumente gegen die Freimaurerei ihnen allmählich den Kredit bei ihren eigenen Intelligenzschichten untergraben. Daher 1926 die vielbesprochene Aachener Aussprache (s. d.) zwischen Freimaurern und dem seither verstorbenen Jesuiten G r u b e r (die von großen Teilen des katholischen Klerus entschieden mißbilligt wurde). Man kann schließlich einer ländlichen Bevölkerung die Freimaurer als Teufelsbeschwörer an die Wand malen. Einer intelligenten Stadtbevölkerung läßt sich auf die Dauer schon schwerer glaubhaft machen. daß stadtbekannte Persönlichkeiten einmal wöchentlich in das jedem bekannte Logengebäude treten, um dort Hostien zu durchbohren oder schwarze Messen zu lesen!

Freimaurerei ist eine Gesinnungsgemeinschaft und muß als solche mit starken Gegnerschaften rechnen. Die Art des Kampfes gegen die Freimaurerei ist aber von verschiedensten Einflüssen vergiftet. Besonders in der Nachkriegszeit hat in Deutschland das Entlastungsbedürfnis aus dem Freimaurer den „großen Unbekannten" gemacht der für alles und jedes die Schuld trägt. Dieses Schicksal hat die Freimaurerei mit ihren größten Gegnern, den Jesuiten, interessanterweise gemeinsam zu tragen. Im folgenden soll an einzelnen Beispielen die verschieden begründete Gegnerschaft auseinandergesetzt werden.

a) K a t h o l i s c h e K i r c h e (s.d.). Der Gegensatz ist sehr alt. Er findet seinen prägnantesten Ausdruck in den päpstlichen B u l l e n (s. d.), deren erste, „In eminenti", von C l e m e n s XII. bereits 1738, nur 15 Jahre nach dem Erscheinen der „Alten Pflichten" (1723), der ersten 1717 gegründeten Großloge, erlassen wurde. Die Freimaurer werden hier als i r r e l i g i ö s e S e k t e, als „Antichristen" verdammt. Um diese Verdammung schmackhafter zu machen, werden sie dann späterhin als Feinde der bestehenden Regierungsgewalten, als Anstifter oder doch Beförderer aller Revolutionen bezeichnet. Diese Gedankengänge gehen durch alle Bullen, Enzykliken und Allokutionen der Päpste hindurch. Zur Beweisführung wurden und werden von zahlreichen katholischen Geistlichen — im 18. Jahrhundert z. B. P e r a u, L a r u d a n, B a r r u e l — in Broschüren und Zeitschriften Material gegen die Freimaurer gesammelt, die historische Ereignisse von Grund auf „umdeuten". (P a t e r A b e l, Wien. erzählte z. B. die Fabel, daß ihm sein Großvater versichert habe, er sei dabei gewesen, als die Ermordung des Königs G u s t a v III. von Schweden von den Illuminaten beschlossen wurde.) Besonders aufreizend wirkten in dieser Beziehung z. B. die heute noch immer zitierten Schriften von B a r r u e l (s. d.) und — aus einer anderen Zeit stammend — P a c h t l e r (s. d.) usw. Die Kritiklosigkeit auch höchster kirchlicher Stellen kam im berühmten Taxil-Schwindel (s. T a x i l), der jahrelang die Gemüter in Bann hielt und im Antifreimaurerkongreß von T r i e n t (1896) gipfelte, auf dem sich zahlreiche hohe und höchste kirchliche Würdenträger ernsthaft mit dem Problem befaßten, ob die von Taxil erfundene „Teufelstochter" Diana V a u g h a n nicht doch am Ende nicht existiere, besonders zum Ausdruck. Etwas mehr Form hatte ein vom Kardinal G r u s c h a im folgenden Jahr in Wien abgehaltener Antifreimaurertag, bei dem unter Leitung des Redakteurs Karl K o l l e r eine Reihe von Hocharistokraten und Priestern, darunter auch der ehemalige österreichische Justizminister Graf S c h ö n b o r n, Vorträge gegen die Freimaurerei hielten. Koller war selbst Freimaurer gewesen und hatte das Material" beigestellt. Immerhin zeigte sich in diesen Vorträgen noch ein gewisses Bemühen, wissenschaftlich und kritisch zu bleiben.

Auch einige deutsche katholische Zeitungen und Zeitschriften (z. B. die „Kölnische Volkszeitung", auch die „Germania") gaben sich Mühe, den sachlichen, weltanschaulichen Gegensatz herauszuarbeiten. Je provinzieller aber die klerikale Presse wird, je weniger sie mit dem kritischen und je mehr sie mit dem rein parteimäßig eingestellten und gefühlsmäßig urteilenden Leser zu rechnen hat, desto gröber ist das Geschütz und desto plumper sind die noch immer von Taxil entlehnten phantasievollen Argumente ad hominem simplicem. Am plumpsten wohl in Frankreich, wo zahlreichen antifreimaurerischen Körperschaften (s. d.) klerikalster Couleur keine Beschuldigung gegen die Freimaurerei zu unwahrscheinlich war und ist, um nicht vorgebracht zu werden.

Als praktische Konsequenz ergibt sich aus dieser Gegnerschaft: dem Katholiken ist die Freimaurerei in jeder Form verboten, der Freimaurer ist exkommuniziert, seine Bücher stehen auf dem Index, er hat kein Anrecht auf ein kirchliches Begräbnis und auf die Sakramente. Verlangt wird ein Widerruf (s. Bekehrung) und in vielen Fällen das in den Händen des Widerrufenden befindliche freimaurerische Eigentum. Die Strenge, mit der diese Bestimmungen durchgeführt werden, wird lokal verschieden durchgeführt, sie ist jedoch in den oberkirchlichen Bestimmungen nirgends gemildert worden.

b) Protestantische Orthodoxie. Während vielfach Protestantismus und Freimaurerei Hand in Hand gehen und sowohl der Anteil führender Kirchenmänner an der Königlichen Kunst als auch die Mitwirkung von Freimaurern an evangelischen Werken in allen Weltteilen stets groß war und es geblieben ist, fehlte es auch hier nicht an sich heftig gebärdenden, intoleranten Feinden. Das Urbild des evangelischen kirchlichen Gegners ist Ernst Wilhelm Hengstenberg (s. d.), Professor der Theologie in Berlin (1802 bis 1868). Seine Hauptstreitschrift, „Die Freimaurerei und das evangelische Pfarramt" (3 Teile 1854/55), geht vom Standpunkt starrer pietistischer Orthodoxie aus, behauptet der Kirche gefährliche Tendenzen, nennt die Freimaurerei „ein dem Höllenfeuer nahe verwandtes Ungeheuer, einen Goliath, den Davids Schleuder treffen müsse", und bestreitet evangelischen Pfarrern das Recht, Freimaurer zu werden. Unter anderen sekundierte ihm aufs kräftigste der Magdeburger Generalsuperintendent Möller (s. d.). (Zahllose Gegenschriften!) In der Zeit nach dem Weltkriege — diesmal unter dem Einfluß der völkischen Hetze — sind diese Angriffe seitens evangelischer Geistlicher wiederholt aufgefrischt worden. Ebenso wie 1855 Möller seine Geistlichen zum Austritte aus der Freimaurerei zwingen wollte (wofür er übrigens vom Oberkirchenrate eine Rüge und von dem damaligen Prinzen von Preußen, dem nachmaligen Kaiser Wilhelm I., mehrere heftige Briefe erhalten hatte), haben hohe Würdenträger, wie z. B. der Landesbischof von Mecklenburg, auf ihre Geistlichen einen Zwang auszuüben versucht. Da in der Leitung mehrerer Großlogen, besonders altpreußischer, evangelische Geistliche tätig sind, so kam es zu sehr lebhaften Auseinandersetzungen, die bisher an den bestehenden Verhältnissen nichts geändert haben. Antifreimaurerisch eingestellt sind auch die (schottischen) Presbyterianer, neuestens ein Teil der Führer der reformierten holländischen Kirche in Südafrika.

c) Politische und nationale Richtungen. Der Nationalismus moderner Prägung (der mit Nationalidealismus nicht verwechselt werden darf!) ist überall ein Gegner der Freimaurerei, da er vorwirft, sie verwässere durch den ihr innewohnenden Internationalismus den „wahren" nationalen Gedanken, besser gesagt Ultranationalismus. Daß der Nationalismus des Freimaurers sehr wohl mit seinem Internationalismus verträglich ist („Vaterlandsliebe ist des Maurers Tat, Weltbürgersinn sein Gedanke", sagt der national wohl zuverlässige Freimaurer Fichte), wird nicht zugegeben. Daher bekämpfen die Freimaurerei derzeit in Frankreich die Chauvinisten aller Färbungen, in Deutschland alle völkischen Gruppen und Parteien, vor allem die Nationalsozialisten, sowie alle im völkischen Fahrwasser schwimmenden Organisationen, z. B. die Deutsche Adelsgesellschaft, der Nationalverband deutscher Offiziere, einzelne studentische Korporationen, der Deutsche Turnerbund, der Ludendorff verbundene Tannenberg-Bund u. a. m. Diese Gegnerschaft führte zu „Reinigungsaktionen" in den eigenen Reihen, indem Freimaurer nicht mehr aufgenommen und, soweit sie Mitglieder sind, vielfach zum Austritt veranlaßt wurden. Dabei wird jedoch in einzelnen Körperschaften zwischen humanitären und christlichen Systemen, wohl auch zwischen der Großen Landesloge und den beiden anderen altpreußischen Großlogen unterschieden.

Der Faschismus ist aus seiner ganzen selbstherrlichen Einstellung heraus ein eifervoller Feind der einflußreich gewesenen Freimaurerei Italiens. Er hat es bis zu schwersten persönlichen Freimaurerverfolgungen gebracht, deren Höhepunkte nach Angriffen auf die Logen der meisten Städte die Blutnacht von Florenz (1925) und die Persekutionen der Führer des Großorients waren. Es wurden Hunderte von Logen ausgeplündert, mehrere Freimaurer erschlagen, viele, vor allem der Großmeister Torrigiani (s. d.), auf administrativem Wege, ohne Gerichtsurteil, nach den Liparischen Inseln verschickt, viele mußten ins Ausland fliehen. Ein trauriges Kapitel für sich bildete der Fall des Generals Cappello (s. d.), der infolge einer auf Lockspitzelarbeit fußenden, durchaus unstichhaltigen Anklage wegen angeblicher Beteiligung an einem Attentatsversuch auf Mussolini zu dreißig Jahren Zuchthaus verurteilt wurde. Dabei kann niemand der italienischen Freimaurerei, die an der Einigung Italiens und auch an dem für Italien doch so glücklich verlaufenen Krieg 1914—1918 hervorragend beteiligt war, den Vorwurf machen, sie sei nicht ganz besonders eifervoll im nationalen Sinn gewesen. Die Namen Mazzini, Garibaldi, Carducci u. v. a. sprechen für sie!

Nachahmungen der Fascistenpartei betätigten sich in neuester Zeit im freimaurerfeindlichen Sinne in Spanien (Primo de Rivera), in Rumänien, in der Tschechoslowakei. In Spanien gab es während der Diktaturperiode wiederholt vorübergehende Verhaftungen von Freimaurern, in Rumänien wurden 1930 sogar Bombenanschläge gegen die Loge verübt.

In Ungarn ist 1921 die auf die kurze Bolschewikenherrschaft folgende reaktionäre Regierung des sogenannten „christlichen Kurses" mit einer Auflösung der Symbolischen Großloge und der Logen und der Beschlagnahme ihres Besitzes vorgegangen.

Die Sozialdemokratie nimmt der Freimaurerei gegenüber keine einheitliche Stellung ein. Auf italienischen Sozialistenkongressen wurde bereits in der Vorkriegszeit die Freimaurerei bekämpft und die Inkompatibilität zwischen der klassenkämpferischen Sozialdemokratie und dem Freimaurerbund ausgesprochen und die Mitgliedschaft den Parteigenossen verboten (Reggio 1912). Einen ähnlichen Beschluß faßten die ungarischen Sozialdemokraten während des Weltkrieges; im Jahre 1928 wurde auch in der Schweiz ein von Nicole, Genf, ausgehender derartiger Exklusivantrag gestellt, der aber vom Parteitag abgelehnt wurde. In anderen Ländern sind auch Sozialdemokraten Freimaurer.

Der Bolschewismus verbietet die Freimaurerei. Lenin und die russischen Volkskommissäre gelten in der gegnerischen Presse zu Unrecht als Freimaurer. Trotzky (s. d.) hat in seinen Memoiren (Verlag Fischer, Berlin) wohl ein Kapitel der Freimaurerei gewidmet, er behandelt darin aber nur seine frühere literarische Beschäftigung mit Freimaurerbüchern (im Gefängnis), die ihn wegen der eigenartigen Verhältnisse der Freimaurerei Rußlands (s. d.) an der Wende des 18. und 19. Jahrhunderts interessierten.

Einzelne Gegner, die in den letzten Jahrzehnten besonders von sich reden machten, sind der Advokat Eckert (s. d.) aus Dresden, dessen nach 1848 erschienene Schriften auch heute noch im Umlauf sind und beispielsweise Ludendorff stark anregten. In seine Linie gehörte der Schulvorsteher Karl Didler, Berlin, der in den Jahren 1864—1867 auf eigene Kosten 44 Monatshefte erscheinen ließ. Er ist an den Kosten der Drucklegung dieser an alle deutschen Regierungen und zahllose Private versendeten Broschüren vollkommen zugrunde gegangen. Er und Eckert waren sicherlich geistig abnorme, von einer fixen Idee „Besessene"; wie sich neuestens herausstellte (Tagebücher des österreichischen Polizeiministers Kempen v. Fichtenstamm), hat sich Eckert für seine Denunziationen von der österreichischen Regierung bezahlen lassen. Sehr viel Aufsehen erregten nach dem Weltkrieg die Schriften des österreichischen Nationalrates Wichtl (s. d.), der den für die Zentralmächte unglücklichen Ausgang des Völkerringens zum Anlaß nahm, die Freimaurerei (nicht zum erstenmal!) als Mittelpunkt einer Weltverschwörung zu schildern, die den Weltkrieg verschuldet und seine Beendigung im weltrevolutionären Sinne herbeigeführt habe. Man ist jetzt über die Entstehungsgeschichte dieser Angriffe einigermaßen informiert. Das deutsche Auswärtige Amt hielt es aus einer Verkennung der Tatsachen heraus um 1917 für angebracht, gegen die Ententemaurerei einen Schlag zu führen. Der Schriftsteller Gustav Meyrink sollte dafür gewonnen werden, einen freimaurerfeindlichen Roman zu schreiben. Da daraus schließlich nichts wurde, kam das sehr oberflächlich zusammengestellte Material dann an Wichtl. Dieser, der schon vorher durch eine Veröffentlichung („Das Verhalten der Tschechen im Weltkriege") Aufsehen erregt hatte, fand im Münchner Verlag Lehmann eine ausgezeichnete Stütze. Sein Buch „Weltfreimaurerei, Weltkrieg, Weltrevolution", das eine sehr große Auflagenziffer erreicht hat, kam dem psychischen Bedürfnis der Zeit entgegen. Wichtl enthüllte die vorgeblichen letzten Ursachen von Deutschlands Unglück im Weltkrieg. Versuche, sich selbst durch angebliche Freimaurerattentate interessant zu machen, mißlangen ihm allerdings. Aber das Buch war ein ungeheurer Erfolg. Wichtl selbst wurde dann von seinem Parteigenossen Lodgman (Gauparteitag der deutschen Nationalpartei in Mährisch-Schönberg, 6. September 1925) als ein Leichtgläubiger bezeichnet, „der hinter allem und jedem einen Freimaurer witterte". Lodgman, dem er wegen seines Namens keine Ruhe ließ, hat ihm, wie er a. g. O. erzählte, das Märchen aufgebunden, er sei Mitglied einer Londoner Loge „Von den sieben Sternen". Lodgman kam dadurch selbst in den Verdacht, Freimaurer zu sein, was sich auch im politischen Kampfe auswirkte. Wichtl hat das Thema noch wiederholt abgewandelt, so in einer Flugschrift „Freimaurermörder" u. a. m. Selbst wenn man von seinem „guten Glauben" überzeugt sein will — was manchmal allerdings sehr schwer fällt — ist seine unkritische, nur auf Namensgleichheiten und ganz oberflächliche Beziehungen gestützte Untersuchung der Freimaurerei und ihrer Einflüsse auf den Weltkrieg von einer niederschmetternden Einfältigkeit. In ruhigen Zeiten wäre man über dieses Produkt hinweggegangen. Der Stimmungslage der Nachkriegszeit kam es sosehr entgegen, daß es in zahlreichen Entlehnungen sogar in die Weltliteratur eingegangen ist.

Auf ähnlicher Stufe wie Wichtls Buch stehen die Bücher von Rosenberg, der allerdings von einer ganz anderen Geistigkeit ist, Heise, des Russen Schwartz-Bostunitsch des Franzosen de Poncins und schließlich die Publikationen und Vorträge des Ehepaares Ludendorff.

Der General Erich Ludendorff trägt den Zusammenbruch Deutschlands begreiflicherweise besonders schwer. Er reagiert den Grund der Niederlage in der Vorstellung: Verschwörung der „überstaatlichen Mächte" Jude, Jesuit und Freimaurer ab. Diese — neuerdings auch die Nationalsozialisten, zu denen er zuerst führend gehörte — bekämpft er in Wort und Schrift. Seine Broschüre: „Die Vernichtung der Freimaurerei durch Enthüllung ihrer Geheimnisse" hat eine ungeheure Auflagenzahl erreicht. 1928 waren schon 110.000 Exemplare erschienen, die zum Teil gratis abgegeben wurden. Er selbst sagt: „Ich hasse nicht die einzelnen Freimaurer, ich habe im Gegenteil tiefes Mitleid mit deutschen Männern, die Freimaurer geworden sind." Sein Nachweis gilt der von ihm als unbestreitbar vertretenen Meinung, daß die Freimaurerei nichts anderes sei als ein Werkzeug Alljudas, und daß der Deutsche, der dem Bunde beitritt, zum „künstlichen Juden" gestempelt wurde. Zur Beweisführung benutzt er das „verjudete Ritual" der Freimaurer, wobei er eine kabbalistische Gewandtheit an den Tag legt, die in diesem sonst so nüchternen Kopf nie zu vermuten gewesen wäre. Im Vereine mit seiner Frau, Dr. Mathilde Kemnitz-Ludendorff, veranstaltete er große Vortragsreisen durch Deutschland, in denen er seine Beweise immer wieder von neuem vorträgt. Drohbriefe, scheinbar von geschmacklosen Witzbolden, die in ganz unmöglichen Freimaurerzeichen seine geplante Ermordung ankündigten, nahm er derart ernst, daß er direkt beim Reichspräsidenten Hindenburg vorstellig wurde, wo er allerdings kühle Ablehnung fand. Zuerst in der „Deutschen Wochenschau", jetzt in Ludendorffs „Volkswarte", wird das Thema Jude, Freimaurer, Jesuit unaufhörlich abgewandelt. Sein Auftreten hat dem General allerdings sehr geschadet. Er wurde als „Politiker" vom Großteil der deutschen Presse fast aller Parteirichtungen unter schmerzlichem Bedauern gebührend abgelehnt. Sein hemmungsloses. vollkommen kritikloses, auch für den Laien als falsch erkennbares Buch und die nachfolgenden Schriften gleichen Kalibers hatten Sensationswert, aber nicht mehr. Seine Tätigkeit hat eine Flut von Gegenschriften hervorgerufen. Die beste bleibt: „Die Vernichtung der Unwahrheiten über die Freimaurerei", herausgegeben vom Verein deutscher Freimaurer, Leipzig, die mehrfache Auflagen erlebt hat.

In Österreich betätigt sich die bedeutungslose monarchistische Parteigruppe des Obersten Wolff (Kaisertreue Volkspartei) freimaurerfeindlich. Man brauchte sie nicht zu erwähnen, wenn sie nicht seit 1929 mit etwelchem Lärm wiederholt einen internationalen Antifreimaurerkongreß, als „Fortsetzung des Kongresses von Trient", angesagt hätte, der aber nach mehrfachen Verschiebungen nicht zustande kam.

In der Tschechoslowakei vereinigen sich Klerikale, Faschisten und sonstige Extremnationale im tschechischen Lager mit den deutschen Nationalisten und Nationalsozialisten in ihrer Abneigung gegen die Freimaurerei.

Man darf ruhig behaupten, daß jeder Tag der Freimaurerei neue Gegner bringt. Ihr Repertoire ist allerdings nicht groß. Seit den Tagen des Abbé Barruel, der 1797 in die Welt schrie, das Freimaurertum sei der Herd aller planmäßigen Konspirationen der „Sophisten der Rebellion", hat sich inhaltlich in diesen Dingen gar nichts geändert. Die Freimaurer, die teilweise den Angriffen gegenüber lange Zeit in kühler Ruhe verharrten, weichen heute Auseinandersetzungen, so fruchtlos sie sich Gegnern gegenüber gestalten, die unbelehrbar sind oder es sein müssen, um so weniger aus, als sie keinen wie immer gearteten Grund haben, die Öffentlichkeit zu scheuen. In den letzten Jahren haben wiederholt Prozesse stattgefunden, in denen Freimaurer ihre Angreifer auch vor Gericht stellten und zur Aussprache zwangen. Gelegentlich sind in den (meist in Deutschland) geführten Verhandlungen Urteile aus rein formalistischen Gründen zuungunsten der klagenden Freimaurer ausgefallen. In der Sache selbst behielten sie stets recht. Man kann sich aber gerichtlich nur wegen faßbarer, konkreter Anschuldigungen auseinandersetzen. Wenn lächerliche Pauschalbehauptungen aufgestellt werden wie diese: die Freimaurer haben gemordet; sie töteten Gustav III. von Schweden, Ludwig XVI. und Maria Antoinette von Frankreich, Kaiser Leopold II., Mozart, Lessing, Schiller, König Humbert von Italien, das österreichische Thronfolgerpaar (Sarajevo), dann hört naturgemäß jede Diskussion auf. Wenn gesagt wird, Wilson und die ganze Reihe der Ententestaatsmänner, ebenso wie die den Völkischen mißliebigen deutschen Staatsmänner der Weimarer Verfassung, seien Freimaurer, dann kann der Freimaurer immer wieder nur dagegenhalten: „es ist nicht wahr"! Dann kommt der Gegner mit „unbekannten Oberen" und dem „Geheimnis der Freimaurer" und als der Weisheit letzter Schluß erscheinen dann die „Weisen von Zion" und die Behauptung, die niederen Grade wüßten ja überhaupt nicht, was in den oberen Graden beschlossen werde. Und wenn dann Männer auftreten, die in den niederen und höheren Graden Bescheid wissen und es auf Ehre und Gewissen nehmen, die Behauptungen seien unwahr, dann kommt das letzte Argument, daß der Freimaurer nichts verraten dürfe, und daß er daher zur Lüge verpflichtet sei. Das mag trostlos sein für den Freimaurer, aber er kann dagegen nicht aufkommen. Wer die Masse hat, der hat auch recht. Und die Freimaurer haben die Masse nicht.

Geheimberichte an den Grafen Hertling (klerikaler deutscher Reichskanzler 1917/18) über die deutsche Freimaurerei wurden 1920 in den „Süddeutschen Monatsheften" vom Ministerialdirektor Franz von Stockhammern veröffentlicht. Graf H. hatte während des Weltkrieges über die internationalen Beziehungen der Freimaurerei, insbesondere auch der deutschen, in der Schweiz, wo diese angeblich zusammenlaufen sollten, durch einen Mittelsmann geheime Beobachtungen anstellen lassen, der ihm u. a. folgendes berichtete: „Über die Stellungsnahme der Freimaurerei der Entente zu den Kriegsproblemen bestehen vielfach irrige Anschauungen. Ich habe neuestens wiederholt Gelegenheit gehabt, mich zu informieren. Das

Gesamtergebnis ist folgendes· In der anglo-amerikanischen Gruppe der Freimaurerei, die die Logen von Deutschland, England, Deutsch-Österreich, Schweden, Norwegen, Dänemark, Holland, der Schweiz und Nordamerika in sich vereinigt, verkörpern sich noch heutzutage fast unangekränkelt die Ideale, die das Freimaurerwesen geschaffen, die ihm Ziel und Richtung gegeben und die ihm Einfluß auf die Entwicklung des geistigen und kulturellen Lebens der Völker verliehen haben. Die Logen, die den Freimaurereien dieser Gruppen angehören, widmen sich überwiegend, wenn nicht sogar ausschließlich, humanitären und kulturellen Bestrebungen, halten sich grundsätzlich von öffentlichen und kollektiven Eingriffen in die Politik fern und hüten mit einer gewissen Zähigkeit die Traditionen nichtpolitischer Wirksamkeit, die sie von ihren geistigen Vorfahren überkommen haben. Ihnen steht die Gruppe der lateinischen Freimaurerei gegenüber... Die Trennungslinie, die sie von den Logen der anglo-amerikanischen scheidet, ist eine grundsätzliche und daher so lange unüberbrückbar, als sie sich nicht zu dem alten Freimaurerideal zurückentwickelt. Internationale Beziehungen im politischen Sinne bestehen aber nur unter den Logen der lateinischen Gruppe... es ist unschwer verständlich, daß das Band, das die Freimaurerei der lateinischen Gruppen mit jenem der anglo-amerikanischen verknüpft, ein nur sehr loses und traditionelles ist. An eine politische Interessengemeinschaft zwischen den Angehörigen beider Gruppen ist nicht zu denken. Die grundsätzlichen Unterschiede, welche die Mentalität sowie die Gesamtheit der Moral- und Kulturbegriffe der lateinischen und der anglo-amerikanischen Rasse aufweisen, machen ihre Wirkung mit logischer Notwendigkeit auch innerhalb der Freimaurerei geltend" (s. P o l i t i k).

Geheimbund. Die „Weltenkette" — dem Freimaurer fernes Endziel, schöner Wunschtraum, ist jenen, die die Königliche Kunst Tag für Tag lästern, positive Gegenwart. Ihnen ist die Freimaurerei ein Geheimbund, dessen Macht über die ganze bewohnte Erde reicht, der Menschheitstempel ein alles beherrschender Staat über den Staaten, eine alle Glaubensmeinungen verfolgende Kirche über den Kirchen. Geheimverbände sind nun nach S c h w e y e r Vereinigungen, die ihr Dasein, ihre Ziele, ihre Verfassung, ihre Tätigkeit, ihre Mitglieder und ihre Gebräuche oder sonstige zur Beurteilung wichtige Umstände, die Einrichtungen oder Merkmale ihres Wesens aus irgendeinem Grunde geheimhalten. Beispiele von Geheimbünden sind: die Illuminaten, die Carbonari, die Dekabristen, irische Geheimbünde, wie die Fenier, die chinesische Hung-Gesellschaft, der Ku-Klux-Klan, die Omladina, die Schwarze Hand u. a. m.

Auf die Freimaurerei punktweise nach der obigen Definition bezogen:

D a s e i n: ist bekannt. Versammlungsort kann allenorts polizeilich nachgewiesen werden.

Z i e l e: sind aus den Schriften der Freimaurer ohne weiteres zu ersehen.

V e r f a s s u n g: wird gedruckt in Profandruckereien und den Behörden zur Genehmigung vorgelegt.

T ä t i g k e i t: ist bekannt aus zahllosen Wohlfahrtseinrichtungen u. ä. m., ebenso die geistige Tätigkeit aus der Literatur des Bundes.

M i t g l i e d e r: Mitgliederlisten werden in Profandruckereien alljährlich gedruckt, kommen also in Staaten mit Zensurgesetzen ohne weiteres zur Kenntnis der Behörde. Die Vorstände müssen der Behörde bekanntgegeben werden.

G e b r ä u c h e: die Kulthandlungen, Zeremonien (Ritual) werden geheimgehalten (s. G e h e i m n i s).

Einrichtungen oder Merkmale anderer Art als die oben genannten bestehen nicht, können daher nicht geheimgehalten werden.

Die Freimaurerei ist somit k e i n G e h e i m b u n d, sie ist eine in sich g e s c h l o s s e n e G e s e l l s c h a f t.

Geheimbund, Antifreimaurerischer, wurde von dem berüchtigten Denunzianten Prof. Aloys Leopold H o f f m a n n (s. d.) und seinem Mitarbeiter, dem Hannoveraner Leibarzt Z i m m e r m a n n (s. I n c o n n u s), den Kaisern L e o p o l d II. und F r a n z II. in der Zeit der französischen Revolution als Rezept zur Bekämpfung der Freimaurerei vorgeschlagen. Diese von Hoffmann erdachte obrigkeitliche Geheimorganisation sollte zum Ziele haben: „Entgegenarbeitung wider die französische Propaganda, den Demagogismus, die Religionslosigkeit und falsche Aufklärung dieses Zeitalters und wider alle hiermit verwickelten Geheimorden." (Vergl. Vertrauliche Akten im Wiener Haus-, Hof- und Staatsarchiv.)

Geheime Gesellschaft, s. G e h e i m b u n d.

Geheime Obere. Das System der Strikten Observanz stand auf sehr schwachen Füßen. Um die Stellung zu verstärken, wurde es in Abhängigkeit gebracht von einem sogenannten unbekannten Oberen, worunter die Eingeweihten den englischen Kronprätendenten Karl Eduard S t u a r t verstanden. Den unbekannten Oberen hat aber als Freimaurer nie jemand zu Gesicht bekommen. Bezeichnenderweise agierten alle Hochstapler der Freimaurerei des 18. Jahrhunderts, J o h n s o n, G u g o m o s, S c h r e p f e r u. a. mit diesem Begriff des großen Unbekannten.

So widersinnig vom geschichtlichen Standpunkt auch die Legende von den Unbekannten Oberen und dem ihnen angeblich geschuldeten „unbedingten Gehorsam" ist, so hat sie für die Freimaurerei doch größte Bedeutung gewonnen, indem von gegnerischer Seite immer wieder das Märchen aufgetischt wird, die Freimaurerei sei vom G. O. abhängig, wobei die niederen Grade über die wahren Absichten niemals aufgeklärt, sondern nur als willenlose Werkzeuge mißbraucht würden. Je nach der Stimmung der Zeit sind die G. O. einmal die Führer der Großloge von New York, die Leiter des Grand Orient de France, auch die Jesuiten, ein andermal die Juden (die Weisen von Zion, s. d.) oder wie bei L u d e n d o r f f die „überstaatlichen Mächte", das sind Juden, Jesuiten und Freimaurer in holdem Verein. Nicht selten wird seit 1921 die „Association Maçonnique Internationale" (A. M. I.) als die Brutstätte der Weltverschwörung bezeichnet, dann wieder die

„Alliance israélite“ in Paris oder die Bolschewiken. Gegen derartige Verdächtigungen ist die Freimaurerei allerdings machtlos. Negativ läßt sich ein Beweis nicht erbringen, und den positiven Beweis müssen die Gegner schuldig bleiben, weil es in der Freimaurerei eben keine geheime Zentralleitung, keine G. O. gibt, und weil die Freimaurerei ein Weltbund der Idee nach, nicht aber hinsichtlich politischer oder anderer Auswirkungen dieser Idee ist.

Geheimer Meister, s. Meister, Geheimer.

Geheimnis. Einer der Hauptangriffspunkte gegen die Freimaurerei ist ihr Geheimnis. Dieser Vorwurf kehrt seit den ersten päpstlichen Bullen bis in unsere Tage in allen gegnerischen Schriften wieder, trotzdem das G. des Freimaurers durch Bekanntmachung aller seiner Einrichtungen schon unzählige Male „verraten“ worden ist. Das freimaurerische G. ruht in den Gelöbnisworten, die der Lehrling bei der Aufnahme dem Meister vom Stuhl nachspricht. Er gelobt, über das Gebrauchtum, die Erkennungszeichen und die inneren Angelegenheiten der Loge unverbrüchliche Verschwiegenheit zu bewahren. Beginnen wir beim letzten Punkte: Jede Gemeinschaft hat ihr „Geheimnis“, d. h., sie will nicht, daß ihre inneren Angelegenheiten Außenstehenden bekannt werden. Es werden in zahllosen Vereinen Sitzungen als vertraulich erklärt, es wird Vorstandsmitgliedern eine ehrenwörtliche Verpflichtung zur Wahrung der Vertraulichkeit abgenommen, es gibt ein Dienstgeheimnis, jede Familie hat gegenüber anderen Familien ihre bestimmten Vertraulichkeiten, die sie für sich bewahrt, wir kennen Fabrikationsgeheimnisse u. a. m. Wenn man der Freimaurerei ihr ebenso geartetes „Logengeheimnis“ verübelt so liegt dies in erster Linie in der Vorstellung, die man sich von ihr fälschlich als einem weltumspannenden, politisch gerichteten, Umsturz planenden Geheimbund (s. d.) macht. Ein solcher ist sie aber eben nicht. Ein G. läßt sich nur unter wenigen bewahren. Mehr als vier Millionen Menschen, die verschiedenen Rassen, Religionen, Nationalitäten, Berufsschichten angehören, können ihr G. nicht behalten, ohne daß es verraten würde. Was als G. bisher aufgedeckt wurde — und es ist wohl schon alles „verraten“ worden — hat höchstens in den hierfür geeigneten Köpfen die Gestaltung eines verbrecherischen Geheimbundes erzeugen können (s. Ludendorff). Als Bund hat also der Freimaurerbund keinerlei G., das sich auf die Welt und deren Gestaltung beziehen könnte, insbesondere aber kein politisches G.

Das, was der Freimaurer als G. bezeichnet, hat nichts mit Geheimniskrämerei zu tun, bezieht sich nicht auf Religion, Politik, soziale Probleme, Moral usw., es liegt in seinem Wesen als Mysterien-Männerbund. Es ist das G. des persönlichen Erlebens einer Kulthandlung, die an dem Neophyten der einzelnen Grade als an einer abgestimmten, der Weihe zugänglichen Seele vollzogen wird. Dieses G. bezieht sich somit auf das Gebrauchtum. Und es wird aufrecht erhalten, auch wenn man Ritual- und Symbolerläuterungen überall erwerben kann und neuerdings (z. B. in Deutschland) von Gegnern in öffentlichen Versammlungen Rituale vorgeführt werden. Denn, was wird dabei verraten? Zeremonien, Hülle, aber nichts vom esoterischen G. Das Gebrauchtum, ohne das Erlebnis seiner ethischen Bedeutung, ohne schöpferisches Mitschaffen, muß den Nichteingeweihten so leer anmuten, wie — um die Musik heranzuziehen — das Lesen einer Partitur denjenigen, in dessen Seele sich die Notenbilder nicht sofort zu Akkorden und Harmonien formen. Dieses G. aber, dieses Eingehen ins innerste Heiligtum der Königlichen Kunst, dieses seelische Einswerden mit Brr. in aller Welt, ist nicht mitteilbar, ist nur erlebbar, auch wenn das gedruckte Ritual noch soviel zu sagen scheint. „Das eben ist das wahre Geheimnis, das, allen vor Augen, Euch ewig umgibt, aber von keinem gesehen.“ Bei der Abgeschlossenheit der Tempelarbeit gegenüber der Außenwelt spielt aber auch die Furcht vor Profanierung eine große Rolle, die Befolgung des klugen Satzes des Horaz: „Odi profanum vulgus et arceo!“ Nicht um müßige Neugierde zu erregen, nicht um durch Geheimniskrämerei — ohne Geheimnis — zu locken, sondern um dem geistigen Bauen in der Loge die wahrhafte Weihe zu erhalten, ohne die ihm der Lebensnerv zerschnitten wäre. „Gewissen Geheimnissen, und wenn sie offenbar wären, muß man durch Verhüllung und Schweigen Achtung erweisen“, sagt der Freimaurer Goethe, dem das gleiche Thema die bedeutsamen Verse eingab:

Niemand soll und wird es schauen,
Was einander wir vertraut.
Denn auf Schweigen und Vertrauen
Ist der Tempel aufgebaut.

Die Erkennungszeichen schließlich werden aus sehr begreiflichen Gründen geheimgehalten. Deren Besitz ist ein Schlüssel zu anderen Menschen. Sie geben das Recht auf Forderungen auch persönlicher Natur. Allerdings wird heute von allen erfahrenen Freimaurern ohne weiteres zugegeben, daß ein regelrecht ausgestellter Logenpaß schwerer wiegt als die beste Kenntnis der Zeichen. Diese haben aber einen uralten Traditionswert und überdies auch symbolische Bedeutung. Daher hält die Freimaurerei an ihnen fest und hält sie geheim, auch wenn sie die Profanierung dieser Zeichen nicht immer verhindern kann.

Es darf hier vielleicht darauf hingewiesen werden daß das vorliegende Wörterbuch so viel von der Freimaurerei enthüllt, daß tatsächlich nur die Veröffentlichung der Rituale und die genaue Schilderung der Erkennungszeichen zur Vollständigkeit fehlen. Und die sind eben das G.

Geheimnis, Das wahre. Jedes der im 18. Jahrhundert entstandenen unterschiedlichen Systeme der Freimaurerei behauptete, das „w. G.“ der Freimaurerei zu besitzen. Besonders in der Strikten Observanz, in dem der Freimaurerei nahestehenden Gold- und Rosenkreuzerorden und den diesen beiden nahestehenden Riten wurde mit einer gewissen Verachtung auf die banalen Werkhüttengeheimnisse herabgeblickt. Was von den Geheimnissen dieser verschiedenen Nutznießer des Freimaurertums zu halten ist, kommt in einem zeitgenössischen Urteil zum Ausdruck (Unbekannter im Köthener Taschenbuch für Freimaurer auf das Jahr 1803), ein Urteil, das so wahr ist — daß es heute geschrieben sein könnte:

„Bis 1740 hatten die Freimaurer von keinem Geheimnisse gesprochen; ob sie gleich eine geheime Gesellschaft sein wollten; aber seit diesem Jahre fing ein Geschrei von Geheimnissen an. — Lange waren Maurer und Profane überzeugt: es gebe Geheimnisse im Orden. Kluge behaupteten, sie zu kennen, und wollten sie nicht mittheilen, selbst dem Bruder nicht; Thoren suchten sie gegen jener Willen zu erforschen. Die heilige Philologie, die sich einst für das Centrum der Weisheit ansah und für den einzigen Massstab, Männerwerth zu berechnen, gelten wollte — diese heilige Einfalt kramte in den Antiquitäten; der Name Maurer war ihre Laterne, ihr Knäuel Ariadne's, der aus dem Labyrinthe helfen sollte. Von Seth's Säulen bis auf Salomon's Tempel, von Roms Capitole bis auf die Paulskirche in London war jedes Gemäuer Denkmal der Freimaurerei; und es gab im Ernst der Thoren nicht wenige, welche die verborgene Weisheit der ägyptischen Priester, die geheime Lehre der Eleusinien, neue Ergänzungen alter Schriftsteller, verlorene Künste Hetruriens und Gott weiss welche andere Herrlichkeiten der Antiquare wieder aufzufinden hofften. Man deutete und suchte, solange die heilige Einfalt noch herrschte; aber eine sogenannte liberale Philosophie errang den Vortritt; und jene Deutungen machten andern Platz. Theologen suchten bald die Vereinigung aller Religionen in eine natürliche, bald Wiederherstellung des Katholicismus; und alle Proteste der Brüderschaft, dass der Orden sich um Religion gar nicht bekümmere, gar nicht bekümmern dürfe, halfen zu nichts, als jene Vermuthung: da stecke das Geheimniss, nur fester zu begründen. Katholische wie protestantische Inquisitoren gingen mit gleicher Heftigkeit auf die Brüder los, die bald Atheismus, bald Jesuitismus predigen sollten; und noch bis heute haben beide Meinungen über den Gehalt des Geheimnisses der Freimaurer noch eine gleich erbitterte Menge Anhänger. Religiöse Schwärmer suchten und fanden ein religiöses Geheimniss, bald innige Vereinigung mit Gott, die zur moralischen Vollkommenheit hebe und von Erleuchtung des Innern ausgehe — Verbindung mit den seligen Geistern, welche den Tempel der Freimaurerei allein noch nicht ganz verlassen hätten und dem Maurer das Vorgefühl der künftigen Seligkeit gäben — bald Erhöhung der menschlichen Kräfte zur schaffenden Gotteskraft hinauf durch den Glauben, der Berge versetzt, und die Gaben des Gottesgeistes, wie sie die ersten Jahrhunderte des Christenthums zu sehen meinten. Haben die Theologen ihre Meinungen behalten und mit Erbitterung vertheidigt — gewiss! diese Schwärmer thaten es auch. Im geweihten Kreise meinten sie mit Henoch und Methusalah zu wandeln, und mit Moses, Elias und Jesus das Brot zu essen. — Freunde der Natur meinten: Eindringen in das Innere der Natur sei des Freimaurers Pflicht und Zweck — sein Geheimniss die gemachten Entdeckungen: Goldmacherei, Stein der Weisen und treffliche Arcana gegen alle Uebel Leibes und der Seele. Vom Tross der gewöhnlichen Handwerksmaurer sonderten Gold- und Rosenkreuzer sich ab, um ungehindert auf mancherlei heiligen und unheiligen Wegen ins Innere zu dringen und die Decke wegzunehmen, welche die Werkstatt der Natur verhüllt. Andere speculative Köpfe glaubten: die Freimaurerei sei durch die alles zernagende Zeit entnommen der Bürde, ein Geheimniss zu bewahren, und beeiferten sich, ihr eins zu geben; weil sie doch eins haben müsse — Historiker den Orden längst vergessener Ritter, und Intriguanten ein Klerikat, jeder wollte auf seine Art Commenden und Pfründen stiften, zu welchen die Brüder gelangen sollten. Ein Plan jagte den andern und konnte es; denn die auf losem Sand errichteten Tempel wehte der Wind um."

Ähnlich äußerte sich der Begründer des Illuminatenordens, Weishaupt (s. d.): „Unter allen Gegenständen des menschlichen Wissens schicken sich für geheime Verbindungen keine Kenntnisse weniger als theoretische, oder speculative; es sei nun, dass die Gesellschaft die Erforschung oder die Mittheilung dieser Kenntnisse zum Zweck ihrer Verbindung machen will. Mit blossem Wissen und Theorien ist der Welt sehr wenig gedient. — Nur schwache und unerfahrene Menschen stehen in dem Wahne, dass es uralte, verborgene, höchst wichtige Ueberlieferungen gebe. Dies alles ist blosses Vorgehen schlauer Betrüger, welche ihren eigenen Einfällen und Geburten durch diesen uralten Kunstgriff die Aufnahme und Verbreitung erleichtern wollen. Ein solches Vorgeben kann der Kritik und nähern Prüfung nie widerstehen. Der so nöthige Beweis aus der Geschichte kann für die ältere Abstammung solcher Lehren nie auf eine befriedigende Art geführt werden; und man sündigt zu sehr auf den Leichtglauben der Menschen, wenn man bei uns den Wahn erwecken will: als ob das menschliche Geschlecht ausser den bekannt gewordenen Schätzen des Alterthums noch ungleich wichtigere Aufschlüsse aus den Ländern und Zeiten der Unwissenheit durch den so betrüglichen Weg einer geheimen Ueberlieferung zu erwarten hätte."

D. w. G. der Freimaurerei liegt im Innerlichwerden der freimaurerischen Lehren und ihrer Nutzanwendung auf die eigene Persönlichkeit und die menschliche Gesamtheit. Darüber hinaus kann es kein „w. G." geben. Nur Dünkel konnte diesen Begriff schaffen. Es muß aber zugegeben werden, daß es auch heutigentags Zirkel gibt, die in der Freimaurerei nur eine Vorstufe zur Erkennung des „w. G." sehen wollen, das in der Verbindung der Freimaurerei mit esoterischen Neigungen, wie etwa bei Bo Yin Râ u. a., gelegen sein soll (s. Ebdar). Die Flucht vor den Wirklichkeiten des Lebens treibt einzelne Freimaurer, und nicht nur diese, in ein Wunschland weltabgewandter Spekulationen. Es gibt ein Geheimnis der Freimaurerei, eingeschlossen im Erlebnis der Weihe und in den Erkennungszeichen. Das „w. G." aber ist das Produkt eines geistigen Hochmuts, dem in bezug auf die Freimaurerei jeder innere Wert und jede Berechtigung abzusprechen ist.

Geheimniskrämerei. Unter vollkommenem Mißverstehen der gegebenen Verhältnisse wird noch immer in einzelnen Teilen des Bundes, besonders von einzelnen führenden Persönlichkeiten eine Vorsicht geübt, die nur als G. bezeichnet werden kann, und die dem Bunde mehr Schaden als Nutzen stiftet. Hätten die Geheimniskrämer recht, dann wäre jede geschichtliche Forschung in der Freimaurerei unmöglich. Ein gutes Vorbild geben hier die englischen Freimaurer, die zurzeit auch aus diesem Grunde die beste Geschichtsschreibung der Freimaurerei haben. Der G. hat die Freimaurerei in früheren Jahrzehnten manches nutzlose Opfer gebracht. Hierfür sprechen die Schicksale von Krause (s. d.), Mossdorf (s. d.), Schiffmann (s. d.) und Gaedicke (s. d.).

Geheimschrift. Seit dem Mittelalter wurde die Benützung von Chiffreschriften zwischen einzelnen sowohl als zwischen Gesellschaftsgruppen eine allgemeine „Manie". Der Gebrauch fand dann im 18. Jahrhundert gewissermaßen als selbstverständliche Notwendigkeit auch in die Freimaurerei Eingang. Bei dieser kam vornehmlich eine G. in Übung, die auf Grund der durch die mittelalterlichen Kabbalisten erfundene „Kabbala der neun Kammern" (Aik Bechar) konstruiert wurde, bezw. deren Konstruktion in Gestalt von quadratischen Zeichen nachahmte.

Man schreibt bei diesem System die 27 Buchstaben des hebräischen Alphabets, eingeschlossen die fünf sogenannten Schlußzeichen, in dreimal drei übereinanderliegende Felder; über jedem Buchstaben steht der Zahlenwert, über jedem Buchstaben ferner 1, 2, und 3 Punkte, die die Stellung der Buchstaben in der Kammer bezeichnen. Diese Kabbala der neun Kammern war bereits im Altertum in Verwendung. Aus ihr werden dann die sogenannten Sigille der Geister abgeleitet, die im „Höllenzwang" des Dr. Faust, in den Schriften des Agrippa von Nettesheim und von da abgeleitet in den Rosenkreuzerschriften eine große Rolle spielen. Man schreibt die einzelnen Buchstaben nach dem kabbalistischen Alphabet nebeneinander, verbindet die Figuren, wobei man die Punkte fortläßt, und erhält durch Zusammenziehung den sogenannten Charakter oder das Sigillum des Geistes oder Engels, das man zur Verheimlichung seines Namens benutzt. (Genaueres über die Ableitung dieser Siegel in „Freimaurermuseum", Bd. 3.)

Aus dem Mittelalter stammt auch die ebenfalls das Vorbild der neun Kammern annehmende sogenannte Quadratchiffreschrift (auch Noachitische Schrift genannt). Z. B.

6	7	2
1	5	9
8	3	4

Die Summe einer Seite und auch die Diagonalen ergeben immer 15. In diese mystischen Quadrate, in die ursprünglich die hebräischen Zeichen eingesetzt wurden, schrieb man dann lateinische Buchstaben, bis schließlich das zumeist verwendete „Freimaurerquadrat" entstand.

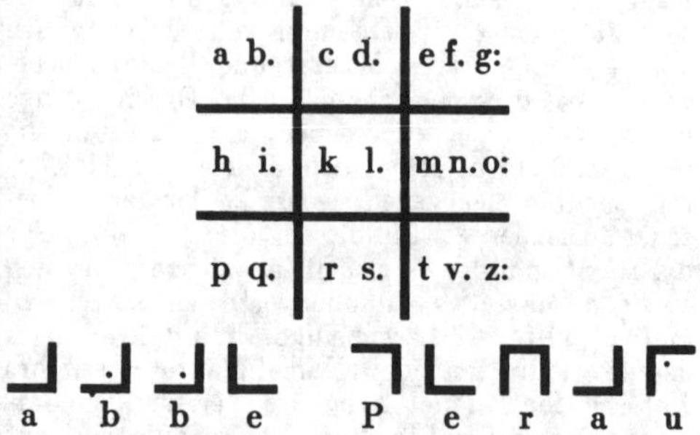

In dieser Schrift geschrieben sind zahlreiche Akten und Aktenstellen; sie erscheint auch wiederholt auf Siegeln oder Zeichnungen symbolischen Charakters. Im System der Gold- und Rosenkreuzer erfuhr das Chiffrewesen einen besonderen Ausbau, so daß dort jeder Grad eine besondere G. führt. Ebenso in der Schwedischen Lehrart Eckleffs, in den verschiedenen Schottischen Riten usw.

Verschieden von diesen mehr oder weniger spielerischen G. sind jene Chiffreschriften, denen nicht gewählte Zeichen, sondern ein Schlüsselwort zugrunde liegt. In dieser Chiffreschrift sind sogar auch freimaurerische Bücher gedruckt: Browne's Master Key, London 1794, das auf die Schlüsselworte Browne und Keolnu aufgebaut ist, und Masonic Treatise von Finch, 1802 (s. d.), das verschiedene Schlüssel hat. Eigenartig sind auch die Chiffreschriften, die im v. Hundschen System der Strikten Observanz üblich waren. So kann man z. B. das „Heermeisterpatent" im Archiv von Deg entziffern, während das diesbezügliche Dokument in Kopenhagen bis heute noch nicht dechiffriert wurde.

Auch Feßler hatte die Gewohnheit, einen Teil seiner Schriften mit Chiffren zu durchsetzen, wodurch die Lesbarkeit stark leidet. Der Schlüssel hierzu ist wiederholt veröffentlicht worden, zuletzt in photographischen Nachbildungen durch Ernst Klatscher in Prag.

Die heutige Freimaurerei hat diese Chiffreschriften vollkommen aufgegeben. Nur in der amerikanischen Freimaurerei werden noch sogenannte Chiffre Books (s. d.) verwendet, trotzdem sie von den Großlogen wiederholt verboten wurden.

Geheimsprache. Die irischen Steinmetzen gebrauchten eine eigene G., die als Bearlagair-na-Saor bezeichnet wird. Die Deutung dieses Wortes ist unsicher: Kurzsprache der Steinmetzen oder künstliche Sprache. Diese Sprache wurde aufgebaut auf invertierten Worten, oder Worten mit systematisch angehängten Vorsilben, Einfügung oder Umstellung von

Buchstaben. Für England ist eine derartige G. wohl nicht nachgewiesen, immerhin besteht die Möglichkeit, daß mehrere der heute noch üblichen und in ihrer Bedeutung noch nicht geklärten Ritualworte der Freimaurerei auf derartige Wortbildungen zurückgehen (s. A. Q. C. 1902, Seite 17).

Gehorsam gegenüber den staatlichen Gesetzen wird bereits in Andersons „Alten Pflichten", II. Hauptstück, verlangt: „Ein Freimaurer ist ein friedfertiger Untertan der bürgerlichen Gewalten, wo immer er wohnet und darf sich nie in Verschwörungen und hochverräterische Verbindungen gegen den Frieden und die Wohlfahrt des Volkes mischen, noch sich pflichtvergessen gegen die unteren Behörden betragen." In den amerikanischen Logen wird auf die Ausübung der Bürgerrechte durch die Mitglieder als einer Staatsbürgerpflicht (Wahlbeteiligung u. a.) strenge gesehen. In allen anderen Logen ist Unterwerfung unter die staatlichen Gesetze selbstverständliche Voraussetzung, wodurch natürlich eine von einzelnen Logenmitgliedern für ihre Person auf legalem Wege angestrebte Änderung bestehender Gesetze nicht ausgeschlossen sein kann.

Den von den Gegnern behaupteten unbedingten Gehorsam gegenüber freimaurerischen unbekannten oder bekannten „Oberen" gibt es nicht. In der Strikten Observanz wurde mit dem Gedanken eines blinden „Kadavergehorsams" gespielt. Die innere Zerrissenheit gerade dieses Systems spricht aber nicht gerade dafür, daß dieser unbedingte G. sich jemals durchzusetzen wußte. Über G. und Einordnung in der Loge s. Disziplin.

Gehrke, Paul, Dr. phil., Bibliothekar in Berlin, * 1866, † 1930, Leiter des Bundesmuseums und der Sammlungen der Großen National-Mutterloge „Zu den drei Weltkugeln" in Berlin, war ein kenntnisreicher freimaurerischer Geschichtsschreiber. 1929 erschien von ihm ein Buch „Freimaurerische Lessingstudien", das zahlreiche neue Forschungsergebnisse und auch ein Bild des bisher unbekannten, in Kopenhagen verwahrten Logenpasses Lessings enthält (bei Stackebeil, Berlin).

Geisenheimer, Sigmund, jüdischer Kaufmann in Frankfurt a. M., * 1774, † 1828, wurde in Frankreich in den Freimaurerbund aufgenommen. Da ihm der Eintritt in eine deutsche Loge versagt war, gründete er 1808 mit Hilfe des Grand Orient de France die Loge „L'Aurore naissante" (die heute noch bestehende Loge „Zur aufgehenden Morgenröte") in Frankfurt a. M., deren erster Meister er wurde. Besonders bemühte er sich um die Emanzipation der Juden, die zumal in Frankfurt mit der starren Abneigung der Bürgerschaft zu rechnen hatten. Auf ihn geht auch die heute noch bestehende Erziehungsanstalt „Philanthropin" zurück. Auch die Gründung des Frankfurter jüdischen Krankenhauses ist sein Werk. Sein Name wird in Frankfurt durch zahlreiche wohltätige Stiftungen lebendig erhalten.

Geist. In der Philosophie zumeist der Inbegriff alles Gedanklichen und Ideellen, im Gegensatze zum Stofflichen und Körperlichen. Der schöpferische Intellekt wird ebenfalls als G. bezeichnet. Die Freimaurerei glaubt an die Wirksamkeit und gestaltende Kraft des G. und ist in diesem Sinne Bekennerin des Spiritualismus (s. d.); sie lehnt den groben Materialismus (s. d.), der die Existenz des Geistigen leugnet, ab.

Geistesfreiheit, Eintreten für, ist als grundsätzliche Aufgabe der Freimaurerei in vielen Großlogenverfassungen niedergelegt. Im allgemeinen wird der Standpunkt vertreten, daß es nicht Sache der Organisation, sondern des einzelnen Freimaurers ist, diesen Kampf zu führen. Die Jahresversammlung des Großostens der Niederlande im Juni 1928 diskutierte folgende Thesen: „Das Bestehen von Gefahren für die persönliche und geistige Freiheit als Folge des Auftretens gewisser kirchlicher Gruppen ist nicht mehr Mutmaßung, sondern es sprechen bereits die Tatsachen eine deutliche Sprache. Der Orden der Freimaurer ist kraft seines Zieles und Wesens verpflichtet, dieser Erscheinung ernste Aufmerksamkeit zu widmen. Organisierte Tätigkeit, diesem Übel zu wehren, liegt aber nicht auf dem Weg des Ordens oder der Logen als solcher. Sie ist jedoch Aufgabe der Ordensmitglieder, die individuell oder in Gruppen und in Zusammenarbeit mit gleichgesinnten Profanen vorzugehen haben. Den Mitgliedern des Ordens wird empfohlen, für persönliche und geistige Freiheit in den freigesinnten Kreisen und in der Presse stets einzutreten."

Geistliche.

1. Katholische G. Daß der katholische Klerus nicht immer geschlossen gegen die Freimaurerei stand, zeigen zahlreiche Logenlisten aus dem 18., auch noch manche aus dem frühen 19. Jahrhundert. Reinhold Taute hat in einer Schrift „Die katholische Geistlichkeit und die Freimaurerei" (3. Aufl. 1908) mehr als 500 Namen teilweise sehr prominenter katholischer G. zusammengestellt, die dem Bunde angehörten, ein Verzeichnis, das seither in den verschiedensten Ländern sehr wesentlich ergänzt worden ist. Interessanterweise zeigen sich diese geistlichen Freimaurer, darunter höchste Würdenträger (s. Bischöfe, Erzbischöfe), die trotz der päpstlichen Bullen vielfach führende Stellungen in Logen bekleideten, in besonderer Stärke nach Aufhebung des Jesuitenordens (1775) in den Bauhütten. Es sind sowohl Ordens- als Weltpriester, Pfarrer, Kapläne, Äbte, Domherren, Pröpste. Einige Klöster und Abteien hatten eigene Logen (z. B. die Zisterzienserabtei in Clairvaux (s. d.). Die Loge „Zu den drei Disteln" in Mainz bestand eine Zeitlang hauptsächlich aus G., zu den Stiftern der Loge „Friedrich zu den drei Balken" in Münster gehörten Domherren und bischöfliche Räte, in Hildesheim, Kassel, Breslau, Gießen, Fulda und Köln waren Zierden des Klerus eifrige Freimaurer. Die Erfurter Loge „Karl zu den drei Rädern" wurde 1783 unter Mitwirkung des späteren Fürstprimas Dalberg (s. d.) gestiftet und — nach vorübergehender Schließung — 1803 im Peterskloster in der Wohnung des Prälaten und Abtes Placidus Muth wieder eröffnet. Die französische Loge „Charité-sur-Loire" wurde ausschließlich von Bene-

diktinern gegründet, in die „Parfaite Union“ in Rennes allein 1785 zwölf Geistliche aufgenommen; diese Loge unterstützte in nicht geringem Umfang kirchliche Werke. Die Bauhütte in Condon verwahrt, wie Gaston Martin mitteilt, den Brief eines jungen Br., der den Dank dafür ausspricht, daß die Mitglieder ihm die geistlichen Gewänder anschafften, die er für seine erste Messe benötigte. Auch in den meisten anderen Ländern lassen sich zahlreiche ähnliche Beispiele anführen. Geistliche Mitglieder hatten fast alle rheinischen Logen, ferner Hannover, München, Paderborn, Posen, die Bauhütten in Österreich und Ungarn. In Wien verzeichnete die Loge „Zur Beständigkeit“ in ihren Mitgliederlisten zwei k. k. Hofprediger, den Rektor eines Priesterseminars, zwei Domherren; der Loge „Zur gekrönten Hoffnung“ gehörten dreizehn G. an, den Budapester Logen „Zur Großmut“ und „Zu den sieben Sternen“ ein Bischof, vier Mönche, ein Weltgeistlicher, mehrere Pfarrer. Ebenso lagen die Dinge in Prag, Brünn, Graz, Innsbruck, Linz, Agram usw. Auch in der Schweiz, in Belgien, in Frankreich, selbst in Italien, Spanien Portugal und Südamerika fand die Freimaurerei stets zahlreiche Anhänger unter dem Klerus.

Von den katholischen Priestern, die Taute namentlich anführt, seien folgende genannt: Johann Baptist Albertini, Rektor des Generalseminars für Bildung und Erziehung des tirolischen Klerus; Johann Baptist Graf Auersperg, Fürstbischof von Passau; Fürstbischof Bevière von Lüttich; Dominikus von Brentano, Hofkaplan und geistlicher Rat des Fürstabtes Honorius zu Kempten; Johann Michael Brigido von Breswitz, Fürstbischof von Laibach; Abbé Cordier de St. Firmin, Paris, der Voltaire in seine Loge einführte; Gottlob Amandus Freiherr von Dalberg, Geheimrat des Fürstbischofs von Speyer; Johann Friedrich Hugo Freiherr von Dalberg, Domkapitular zu Trier, Worms und Speyer; Karl Theodor Anton Maria Reichsfreiherr von Dalberg, letzter Kurfürst von Mainz und Kurerzkanzler, später Fürstprimas des Rheinischen Bundes und Großherzog von Frankfurt; der Jesuit Lorenz Leopold Haschka, Professor der Ästhetik am Wiener Theresianum, Dichter der von Haydn komponierten österreichischen Volkshymne, der dann später allerdings zum heftigen Gegner wurde; Urban Hauer, Abt des berühmten Benediktinerstiftes Melk in Niederösterreich, der fast alle Mönche seiner Abtei dem Bunde zuführte und auf seinem Sterbebette anordnete, man solle ihn mit Schurz und Kelle, zugedeckt mit dem geistlichen Habit, in den Sarg legen und sodann den Sarg mit dem Meisterhammer zunageln! Johann Josef Klampt, Kanonikus und Dompfarrer in Glogau; Abbé Franz Liszt, der große Komponist; Erzbischof Podowski von Gnesen; Nikodem Pucyna, Fürstbischof von Wilna, Louis Renée Edouard Prinz von Rohan, Kardinal-Fürsterzbischof von Straßburg; Maximilian Verhovac, Erzbischof von Agram, dessen Bild noch heute in der seinen Namen tragenden Loge hängt; Franz Karl Graf von Wellbrück, Fürstbischof von Lüttich. Noch in den dreißiger Jahren des 19. Jahrhunderts war ein katholischer Pfarrer am Niederrhein Meister vom Stuhl einer Loge.

Auf der anderen Seite stellte der Klerus naturgemäß die energischesten und fanatischesten Kämpfer gegen den Freimaurerbund; das militante Antifreimaurertum des Katholizismus steht bis auf den heutigen Tag immer unter geistlicher Führung.

2. Evangelische G. Der Anteil der protestantischen Geistlichkeit an der Freimaurerarbeit ist teilweise sehr rege. Namentlich in den angelsächsischen Ländern, wo die Ämter des Großkaplans und des Logenkaplans (Grand Chaplain, Chaplain) nach Möglichkeit mit Brr. geistlichen Standes besetzt werden und ein großer Teil der Erzbischöfe und Bischöfe der anglikanischen Kirche hohe freimaurerische Würden bekleidet. In der Großloge von „Alabama“ sind unter 53.000 Mitgliedern 1550 G. verschiedener protestantischer Kirchen. Auch in Deutschland, Holland und anderen kontinentalen Ländern ist der Anteil evangelischer G. am freimaurerischen Wirken erfolgreich; nicht selten findet man Pfarrer als Großmeister oder Träger anderer bedeutender Funktionen. Gelegentlich vertreten sie den humanitären Gedanken in besonders liberalem Sinn (in der unmittelbaren Gegenwart z. B. die publizistisch hervortretenden Deutschen Schenkel und Kaiser und der Holländer Junod); ein protestantischer französischer Pastor, Desmons, war es, der den Grand Orient de France vor allem dazu bewog, das Symbol des A. B. a. W., als seiner Auffassung von unbedingter Gewissensfreiheit widersprechend, fallen zu lassen. Die evangelische Orthodoxie freilich betrachtete die Freimaurerei immer mit etwas scheelen Blicken (s. Hengstenberg, Möller). Es hat letzterer daher auch in deren Reihen nicht an grimmigen Gegnern gefehlt. In den letzten Jahren ist diese Feindschaft in Deutschland sogar noch wesentlich verstärkt worden. Völkisch eingestellte G. machen, teilweise unter dem Einfluß Ludendorffs, der auch die protestantischen Pfarrer, die Logen angehören, als „künstliche Juden“ bezeichnet, sehr heftig Front gegen die Königliche Kunst; der Landesbischof von Mecklenburg verlangte von seinen Pfarrern, die Freimaurer sind, Lossagung vom Bunde, wogegen seitens einer Reihe von G. schärfste Verwahrung eingelegt wurde.

3. Jüdische G. Die jüdische Orthodoxie lehnt die Freimaurerei aus den gleichen Erwägungen ab wie die katholische Kirche, d. h., sie behauptet Gefährdung der Glaubensreinheit. Aus den freieren Richtungen des Judentums gehören dagegen, besonders auch in Amerika, Rabbiner dem Bunde an.

4. Griechisch-orthodoxe G. Zahlreiche Priester und Bischöfe, auch mehrere Patriarchen gehörten, bezw. gehören dem Bunde an. So der griechische Nationalheld Erzbischof Germanos (s. d.) von Patras, der 1820 den griechischen Freiheitskampf vorbereitete und dann der provisorischen Regierung angehörte, und in der Gegenwart der Patriarch

von Alexandrien, Meletius, der frühere ökumenische Patriarch von Konstantinopel.

Gekrönte, Vier, s. Quatuor Coronati.

Gelbe Jacke, s. Bekleidung des Meisters.

Gelléri, Moritz, Direktor des ungarischen Industrievereins, volkswirtschaftlicher Publizist, * 1854, † 1915, war der langjährige Schriftleiter der Blätter der Symbolischen Großloge von Ungarn. Ein Sammelband „25 Jahre im Dienste der Königlichen Kunst" enthielt eine Fülle bemerkenswerter Aufsätze.

Gelpke, Ernst Friedrich, Professor der Theologie in Bern, * 1807 (Sachsen), † 1871, Verfasser einer wichtigen Kirchengeschichte der Schweiz, war 1862—1868 Großmeister der schweizerischen Großloge „Alpina".

Gelübde, s. Eid.

Gemeinschaftstagungen. Zusammenkünfte zwischen Freimaurern der verschiedenen deutschen Systeme zum Zwecke der freien Aussprache über Fragen, die von Interesse für die gesamte deutsche Freimaurerei sind, finden jeweils im Anschlusse an die Jahresversammlungen des Vereines deutscher Freimaurer statt. Die erste dieser Tagungen fand, vom Arbeitsausschuß des deutschen Großlogenbundes einberufen, im November 1920 in Nürnberg statt. „Freimaurerei und Deutschtum", Freimaurerei und Sozialismus", „Freimaurerei und Religion" waren die damals behandelten Fragen. Auch die Großloge „Lessing zu den drei Ringen" für die Tschechoslowakische Republik, organisiert seit 1931 G. Ebenso die Großloge von Sachsen in ihrem Erholungsheim in Rehefeldt. In Amerika werden derartige Tagungen als Zusammenkünfte der Großbeamten, z. B. der Großschriftführer, veranstaltet, z. B. Masonic Conference in Cedar Rapids, Iowa 1918.

Gemeinsinn bedeutet in der Ethik Sinn für das Gemeinschaftswesen, an das der einzelne sich uneigennützig hinzugeben hat. Der G. ist die seelische Grundlage des über das Du hinausreichenden Altruismus und unerläßliche charaktermäßige Voraussetzung zur Erfüllung der obersten sittlichen Forderungen der Freimaurerei durch den Logenbruder, mit denen die strengste, pflichtgemäßeste Befolgung der vaterländischen Gesetze verknüpft wird.

Gémier, Firmin, berühmter französischer Theaterdirektor, Regisseur, Schauspieler, * 1865, Leiter des staatlichen Théâtre de l'Odéon in Paris, Vorkämpfer für die Schaffung einer übernationalen Theaterorganisation, Gründer des „Théâtre National Populaire", ist Mitglied der Pariser Loge „Ernest Renan".

Gemischte Freimaurerei (frz. Maçonnerie mixte, engl. Co-Masonry), s. Adoptionsmaurerei, Droit humain, Frauen.

Gemüt. Als Zweck der freimaurerischen Arbeit wird in deutschen Ritualen bezeichnet: „den Verstand zu erhellen und das Herz für alles Schöne und Edle zu erwärmen". Die Arbeit wendet sich also in gleicher Weise an den Verstand wie an die Empfänglichkeit des G. Auch die gefühlsmäßige Seite des Seelenlebens soll anklingen. Trotzdem es sich also hier um zwei entgegengesetzte Eigenschaften des menschlichen Wesens handelt, nach Goethe: Gemüt und Scharfsinn, schafft die freimaurerische Arbeit einheitliche Leistung, indem sie das Denken durch Beanspruchung des Gefühls in die richtigen Bahnen lenken will und das Gefühl unter die Kontrolle des Denkens und Vorstellens stellt.

Gendebien, Alexandre Joseph, belgischer Staatsmann, * 1789, † 1869, Mitglied der provisorischen Regierung von 1830 und des Nationalkongresses von 1831, war Mitglied der Loge „Les Amis Philantropes" in Brüssel.

General Activities, Board of, s. Board of G. A.

Generalat, angebliche oberste Leitung der Gold- und Rosenkreuzer, nach dem „Hauptplan" von 1777, aus 7 Magi gebildet, deren oberster der maius majorum war, und dessen „drei jüngste Mitglieder das erste Triumvirat" ausmachten. Ob das G. wirklich bestanden hat, liegt im Dunkel.

General-Großinspektor, souveräner, der oberste, XXXIII. Grad des A. u. A. Schottischen Ritus. Die Träger dieses Grades werden dem Orden mit einem goldenen Ring vermählt.

General-Großmeister (96°), engl. **Grand Master General,** Titel des Chefs eines Souveränen Sanktuariums des Memphisritus (s. d.).

General Purposes, Board of, s. Board of G. P.

General Regulations, zusammengestellt von Großmeister George Payne (1720) und genehmigt von der Londoner Großloge 1721, sind allgemeine freimaurerische Bestimmungen, die Payne nach alten Mustern für den Gebrauch der jungen Großloge als eine Art allgemein gültigen Hausgesetzes zur Herstellung der notwendigen Einheitlichkeit verfaßte. Sie sind mit Abänderungen in fast alle freimaurerischen Verfassungen auch unserer Tage übergegangen und geben ein Bild von der Einrichtung und gesetzlichen Grundlage der ersten Großloge. Die 39 Punkte dieser allgemeinen Verordnungen sind auch heute noch von derartiger Bedeutung, daß sich ihre kurze Inhaltswiedergabe hier rechtfertigt.

1. Der Großmeister kann alle Logen besuchen und dort den Vorsitz übernehmen.

2. Der Meister vom Stuhl hat das Recht, jederzeit nach eigenem Gutdünken die Loge einzuberufen. Fehlt oder stirbt der Meister vom Stuhl, so tritt an seine Stelle ein abgegangener Meister vom Stuhl oder der Erste Aufseher.

3. Jede Loge hat ein Buch ihrer Hausgesetze. ein Mitgliederverzeichnis sowie ein Verzeichnis aller Logen am gleichen Orte mit deren Versammlungstagen zu führen.

4. Ohne Erlaubnis des Großmeisters dürfen nicht mehr als fünf neue Mitglieder an einem Tage aufgenommen werden, das Aufnahmsalter ist nicht unter 25 Jahren anzusetzen, es sei denn, der Großmeister gebe Dispens.

5. Zwischen der Anmeldung und der Aufnahme eines neuen Mitgliedes muß ein Monat verstreichen, damit Erkundigungen eingeholt werden können.

6. Die Aufnahme eines neuen Mitgliedes setzt die einhellige Zustimmung der Loge voraus.

7. Der Neuaufgenommene hat die Loge zu bekleiden (s. Clothing the Lodge) und dem Unterstützungsfonds einen Beitrag zu leisten.

Er hat ferner die allgemeinen Bestimmungen und Hausgesetze durch Gelöbnis anzunehmen.

8. Gruppenaustritt aus einer Loge zur Bildung einer neuen Loge unterliegt der Genehmigung des Großmeisters. Ohne Patent des Großmeisters ist eine Gruppe von Brr. nicht als Loge anzuerkennen. Verkehr mit einer derartigen irregulären Loge ist den übrigen Logen verboten.

9. Ein Br., der sich gegen die Logenharmonie vergeht, wird zweimal durch den Meister vom Stuhl vermahnt. Leistet er den verlangten Gehorsam nicht, so wird gegen ihn nach den Hausgesetzen oder weiteren Verordnungen der Großloge vorgegangen.

10. Die Loge faßt Majoritätsbeschlüsse und kann ihren Vertretern bei den Vierteljahrsversammlungen der Großloge Aufträge erteilen, an die diese Vertreter gebunden sind.

11. Die Einheitlichkeit des Gebrauchtums wird festgelegt, sie soll gefördert werden durch häufigen, gegenseitigen Logenbesuch.

12. Die Großloge besteht aus den Meistern und Aufsehern aller Logen, mit dem Großmeister und den beiden Großaufsehern und dem Deputierten Großmeister. Sie versammelt sich vierteljährig, zu Michaeli, Weihnachten und Mariä Verkündigung. Bei diesen Versammlungen darf kein anderer Br. außer den obengenannten anwesend sein.

13. Bei den Vierteljahrsversammlungen werden alle gemeinsamen Angelegenheiten behandelt. Nur bei der Vierteljahrsversammlung dürfen Meister gemacht werden (!). Hier werden alle Beschwerden verhandelt. Jeder Br. hat das Berufungsrecht an die Vierteljahrsversammlung. Der Sekretär hat eine Logenliste zu führen. Allgemeine karitative Zwecke werden von hier aus betreut, dafür wird in den Logen gesammelt. Die Verwaltung hat ein Großlogenschatzmeister. Der Großmeister überwacht den Sekretär und Schatzmeister. Ein Großlogenhüter wird bestellt, der aber nicht Mitglied der Großloge ist.

14. Fehlt der Großmeister oder sein Stellvertreter, so ist der an Maurerjahren älteste Stuhlmeister Großmeister pro tempore, vorausgesetzt, daß nicht ein früherer Großmeister anwesend ist.

15. Fehlen die Großaufseher, so treten für sie vom Großmeister pro tempore eingesetzte Logenaufseher ein.

16. Die Vermittlung zwischen dem Großmeister und der Großloge stellt der Deputierte Großmeister vor, dem die Großaufseher zu berichten haben.

17. Großmeister, Deputierte Großmeister und Großaufseher können nicht gleichzeitig Logenmeister sein.

18. Ist der Deputierte Großmeister erkrankt, so setzt der Großmeister einen Stellvertreter pro tempore ein. Bei Konflikten zwischen Großmeister und Deputierten oder den Großaufsehern kann der Großmeister diese Beamten nicht absetzen, sondern muß den Fall der Großloge vorlegen. Ist eine Versöhnung nicht zu erzielen, so setzt die Großloge den Deputierten Großmeister oder die Großaufseher ab und wählt neue.

19. Mißbrauch der Amtsgewalt des Großmeisters soll in eigenen Bestimmungen verhindert, und vorgekommene Fälle entsprechend gesühnt werden. Bisher lag kein Anlaß vor.

20. Der Großmeister soll mit dem Deputierten Großmeister und den Aufsehern alle Logen der Stadt mindestens einmal während seines Amtsjahres besuchen.

21. Stirbt der Großmeister im Amte, so soll der Deputierte Großmeister die früheren Großmeister zur Amtsübernahme auffordern. Gelingt ihm dies nicht, so führt er die Großloge bis zur Neuwahl.

22. Die Jahresversammlung der Großloge hat alljährlich am Tage Johannis des Täufers oder des Evangelisten stattzufinden. An diesem Tage ist der neue Großmeister zu wählen.

23. Die Vorbereitung des Jahresfestes ist Sache der Großaufseher, denen Stewards beigesellt werden.

24. und 25. Betreffen Anordnungen über das Fest, die Verrechnung der Teilnehmerkarten u. ä.

26. Der Großmeister ernennt zwei oder mehrere Türhüter für das Fest.

27. Die Großaufseher oder Stewards ernennen die bedienenden Brr.

28. Großmeister und alle Großbeamten haben vor Beginn des Festes anwesend zu sein, um etwaige Beschwerden entgegenzunehmen und Streitfälle noch vor dem Essen zu bereinigen und Vorsorge zu treffen, daß während des Festes kein Zwiespalt entstehe.

29. Nach dieser Amtshandlung verlassen Großmeister und Großbeamte den Saal, um den anderen Brr. die Beratung über die neuen Wahlen zu ermöglichen. Wird der bisherige Großmeister wiedergewählt, so ist er hereinzurufen und zu bitten, das Amt beizubehalten. Das Ergebnis wird aber erst nach der Tafel verlautbart.

30. Während des Essens ist die Großlogenordnung aufgehoben.

31. Nach dem Essen wird in Anwesenheit aller Brr., also auch der Kandidaten, die Großloge eröffnet.

32. Hat der Großmeister die Wiederwahl angenommen, so soll ein hierzu bestimmter Br. der Großloge an ihn nochmals die Bitte richten, im Amte zu bleiben, und wenn der Großmeister sein Einverständnis kundgibt, so wird er von diesem Br. zum Großmeister ausgerufen, wobei sich alle anderen Brr. zu erheben haben und den neuen Großmeister beglückwünschen.

33. Nimmt der bisherige Großmeister die Wiederwahl aber nicht an, oder wollen die Brüder die Verlängerung seiner Amtszeit nicht, so soll der Großmeister seinen Nachfolger namhaft machen, der im Falle einstimmiger Annahme durch die Großloge eingesetzt und begrüßt werden soll.

34. Ist aber keine Einstimmigkeit vorhanden, so schreibt jeder Stimmberechtigte seinen Kandidaten auf einen Zettel. Der abtretende Großmeister zieht aus der Büchse einen Zettel hervor, und der gezogene Kandidat wird Großmeister (!!!).

35. Der neue Großmeister ernennt seinen Deputierten Großmeister und die beiden Großaufseher, die die Großloge bestätigen muß.

36. Ist der zum Großmeister Gewählte abwesend, so kann er nicht proklamiert werden, es sei denn, der Großmeister bürge für die baldige Amtsübernahme. In diesem Falle amtiert der alte Großmeister weiter und ernennt den Deputierten Großmeister und Großaufseher für seinen Nachfolger.

37. Hierauf werden die übrigen Angelegenheiten der Großloge erledigt.

38. Der Großmeister oder sein Deputierter richten dann eine Ansprache an die Versammlung; hierauf wird die Großloge geschlossen, „in einer Weise, die in keiner Sprache geschrieben werden kann", und die Brr. gehen oder bleiben beisammen nach Belieben.

39. Jede Jahresversammlung hat gesetzgeberische Rechte. Nur müssen dabei die alten Landmarken (s. d.) genau befolgt werden. Auch müssen alle Verfassungsänderungen in der vorhergehenden Vierteljahrsversammlung vorgelegt und genehmigt worden sein. Jeder Teilnehmer an dem Fest, auch der jüngste Lehrling, muß vor dem Essen eine Abschrift der Satzungsänderungen eingehändigt erhalten. Die Beschlüsse erfolgen mit Mehrheit.

Diese 39 Punkte wurden in der Jahresversammlung am 24. Juni 1721 von 150 Brr. angenommen. Die Grundzüge dieser Satzungen sind in den meisten modernen Großlogenverfassungen wenigstens in Spuren nachweisbar, wenn auch einiges, wie die höchst absonderliche Art der Großmeisterwahl, auch in England niemals eingehalten wurde. Aber vieles, so die Rechte des Großmeisters und seine Verpflichtungen zum Logenbesuche usw., sind beibehalten und ausgebaut worden. — Anschließend an diese G. R. gibt A n d e r s o n in einem Postskript noch die Vorschriften über Einsetzung einer neuen Loge, die gleichfalls, wenn auch mehrfach abgeändert, noch heute Gültigkeit haben.

Generous Freemason, The, erste englische tragikomische Oper des Freimaurers William Rufus C h e t w o o d, wurde im August 1730, anläßlich der Bartholomäusmesse in Smithfield, aufgeführt. Das Textbuch, von J. R o b e r t s herausgegeben, war dem Großmeister und der Brüderschaft gewidmet.

Genf, Hauptort der französischen Schweiz, Sitz des Völkerbundes, war die Wiege der schweizerischen Freimaurerei.

1736 „Société des Maçons libres" oder „Francs-Maçons du Parfait Contentement."
1737 Georg H a m i l t o n, englischer Provinzial-Großmeister.
1744/45 Maßnahmen des Rates gegen die Freimaurerei.
1768 Stiftung der noch heute arbeitenden Loge „Union des Cœurs".
1769 Gründung der Grande Loge Nationale de Genève.
1786 Grand Orient de G.
1801 Grande Loge provinciale de G. unter dem Grand Orient de France.
1817 Errichtung einer Präfektur des Rektifizierten Ritus. Seit
1885 Sitz des Großpriorats des Rektifizierten Ritus.
1902 Internationaler freimaurerischer Kongreß.
1921 Gründung der A. M. I. (s. d.). Seither Sitz des Großkanzlers dieser Vereinigung.
1923 und 1925 Außerordentliche Kongresse der A. M. I.
1930 Kongreß der Allgemeinen Freimaurerliga.

In G. arbeiten unter der schweizerischen Großloge „Alpina" 7 Logen, eine weitere untersteht dem G. O. de France. Logenhäuser: Rue Bovy-Lysberg 5 und Rue Massot 3 („Union des Cœurs"). Adr. des Großkanzlers der A. M. I.: John M o s s a z, 61 bis, rue de Lyon.

Genfer Konvention (R o t e s K r e u z), 1864 in Genf auf Betreiben des Freimaurers Henry D u n a n t (s. d.) in Genf abgeschlossenes internationales Staatsübereinkommen „Zur Verbesserung des Loses der Verwundeten und Kranken der im Felde stehenden Heere", das eine starke Humanisierung der Kriegsführung bewirkte, soweit von einer solchen überhaupt die Rede sein kann.

Gentleman, Gentilhomme. Das im Deutschen eigentlich nicht übersetzbare Wort G e n t l e m a n ist auch im Englischen vieldeutig. Es bedeutet ebenso den Mann von Stand, guter Erziehung, Bildung und guter Lebensart, wie den Ehrenmann oder — in der Ansprache „Gentlemen! — „Meine Herren". Es ist also im allgemeinen die Anerkennung bürgerlich moralischer Vollwertigkeit. Daher wird im Verzeichnis der Großloge von London der erste Großmeister S a y e r einfach als Gentleman bezeichnet.

Das französische G e n t i l h o m m e bezeichnet dagegen den adeligen Stand, den Edelmann. Bei der Wanderung der Freimaurerei aus England nach Frankreich sind hier durch die schlechte Übersetzung Gentleman in Gentilhomme Begriffsverschiebungen eingetreten, die nicht wenig zur Verwirrung und zur Herausbildung der „ritterlichen Grundlage" der Freimaurerei beigetragen haben.

Gentlemen Freemasons hießen in Irland die Angehörigen der spekulativen Logen im Gegensatze zu den Werkmaurern. So begleiteten 1725 den neugewählten Großmeister von Irland, Richard Earl of R o s s e bei seiner Einsetzung „Six Lodges of G. F. to the King's Inn" in Dublin.

Geomatic Mason (engl.), Ausdruck in der schottischen Freimaurerliteratur des 18. Jahrhunderts, bedeutet Non-Operative Mason, Gentleman Mason, Symbolmaurer, im Gegensatz zu Domatic Mason, Werkmaurer.

Geometrie. Der Steinmetzenherkunft entsprechend, hat die G. auch in der Freimaurerei ihre Bedeutung bewahrt. Der Buchstabe im flammenden Stern (s. „G.") weist auf sie hin, die Verehrung, die E u k l i d (s. d.) in den alten Manuskripten genoß, erklärt sich unschwer aus der Bedeutung dieser freien Kunst für die Symbolik der Freimaurerei, die planmäßige Ordnung, also Harmonie im Weltall, im Tempel und im menschlichen Handeln bedeutet. In einer, allerdings nur dem Geübteren verständlichen Weise hat Paul Wagler (s. d.) die Bedeutung der G. für den Freimaurer klarzulegen versucht. Geometrische Symbole, so die Darstellung des pythagoreischen Lehrsatzes, finden sich in symbolischen Abzeichen und Zeichnungen, so auch auf dem Titelkupfer der ersten Ausgabe der Andersonschen Konstitution 1723.

Georg, Exkönig von Griechenland, ist Mitglied der 1930 gegründeten Wallwood Lodge Nr. 5143 in London.

Georg, Prinz, vierter Sohn des Königs Georg V., ist seit 1928 Mitglied der Londoner Navy Lodge 2612. Diese besteht aus Offizieren der Kriegsmarine; erster Stuhlmeister war 1896 der Prinz von Wales und nachmalige König Eduard VII. Die Arbeit anläßlich der Aufnahme des Prinzen G. wurde von seinem älteren Bruder, dem Herzog von York, eröffnet.

Georgenknappen, Gefolgschaft der, ist ein mit dem Zweck, die Jugend in freimaurerischem Sinne zu beeinflussen und überhaupt der freimaurerischen Jugendpflege zu dienen, 1926 von Lic. Studienrat Ludwig Zangenberg (s. d.) in Dresden ins Leben gerufener Bund von Söhnen von Freimaurern verschiedener Systeme. Die Gefolgschaft zerfällt in Knappenburgen, die von Burgverbänden der Förderer betreut werden. Das Wahrzeichen der G. ist St. Georg. Er soll die jungen Menschen hinweisen auf die Überwindung des Bösen durch Mut, Reinheit und Opferbereitschaft, ihn anspornen zur sittlichen Ertüchtigung durch Pflege bewußt vaterländischer und christlicher Gesinnung, aber ohne parteipolitische und dogmatische Verengung. Die Errichtung — durch die Johannisloge „Zum goldenen Kreuz" in Dresden — erfolgte an Goethes Geburtstag 1926. Finanziell wird das Werk zum großen Teil durch die Großloge „Zur Sonne", Bayreuth, getragen, auch drei Dresdner Logen sind korporative Mitglieder des Fördererverbandes. Der Leiter des „Burgenlandes" muß den Grad eines Johannismeisters besitzen und als solcher imstande sein, das Wahre, Gute und Schöne sowohl in der christlichen als in der humanitären Form der deutschen Freimaurerei zu nützen. Die Gefolgschaft teilt sich in Knappen und Junker.

Georgi, Karl Heinrich, * 1834, † 1915 zu Aachen als Verlagsbuchhändler, aufgenommen 1864 in die Loge „Zur Beständigkeit und Eintracht" („Drei Weltkugeln") in Aachen, später deren langjähriger Meister vom Stuhl, zuletzt Ehrenmeister. Schrieb u. a. „Geschichte der Loge ‚Zur Beständigkeit und Eintracht' in Aachen" (1878) und unter dem Pseudonym Pierre Marteau, „Politik und Zustände der drei altpreußischen Großlogen und der Kampf des christlichen mit dem humanistischen Prinzip" (1906), das eine sehr scharfe Kritik der altpreußischen Freimaurerei enthält. G. war ein feinsinniger, tiefgründiger Logenleiter und Redner, einer der besten deutschen Freimaurer seines Zeitalters.

Georgia, Bundesstaat der Vereinigten Staaten von Nordamerika. Die „Salomons Lodge Nr. 1" in Savannah kann als die älteste bestehende Loge der Vereinigten Staaten angesehen werden. Sie wurde 1734 von General Oglethorpe — ein Jahr nach der ersten englischen Logengründung in Savannah — ins Leben gerufen. Die heutige Großloge, gegründet 1786, hatte 1930 584 Logen mit mehr als 61.000 Mitgliedern. Seit 1880 unterhält sie ein Kinderheim, in dem durchschnittlich 200 Kinder betreut werden. Das religiöse Moment wird stark betont, die Bibellektüre durch die Jugend des Staates wird durch jährliche Preisausschreiben gefördert. Adresse: Masonic Temple, Macon, Geo.

Bemerkenswert ist, daß im 18. Jahrhundert, in einem Zeitraum, in dem in G. Katholiken und Juden die Bürgerrechte verweigert wurden, die Freimaurer allein Toleranz im weitesten Sinne übten und die Bekenner beider Konfessionen in ihre Reihen aufnahmen. „L'Esperance Lodge" in Savannah bestand ausschließlich aus Katholiken, meist französischen Emigranten; der erste katholische Geistliche in Savannah, ein Österreicher, war Kaplan der Loge.

Gérard, Henry, französischer General, * 1856, † 1926, während des Weltkrieges Kommandant der 8. Armee, nachher Kommandant der Besatzungstruppen am Rhein, war 1921 bis 1922 Präsident des Conseil de l'Ordre und vertrat als solcher den Grand Orient de France bei der ersten internationalen freimaurerischen Nachkriegstagung in Genf. G. war einer der ersten französischen Militärs, die sich nach Kriegsende aktiv der pazifistischen Bewegung anschlossen.

Gérard de Nerval (G. Labrunie), französischer Literat, Romantiker, * 1808, † 1855, Übersetzer von „Faust", schrieb mit Dumas „L'Alchimiste" usw., mit Mery „L'Imagier de Haarlem" u. a., Romane, Novellen, ferner „Les Illuminés ou les Précurseurs du Socialisme", beging Selbstmord, war Freimaurer. (Lebey, „Aperçu historique...", 1925.)

Geräte, s. Einrichtung.

Gerecht und vollkommen, engl. just, perfect and regular, frz. (selten) juste et parfait, freimaurerischer Wertbegriff, der sich erst nach der Gründung der ersten Großloge entwickelt hat, d. h. von einer Zeit an, als eine in Übereinstimmung mehrerer Logen als Oberbehörde eingesetzte Großloge die Gesetze für die Gesamtheit zu bearbeiten begann. Nach dem heute allgemein herrschenden freimaurerischen Rechte hat eine Loge nur dann Anspruch auf das Prädikat, wenn sie gerecht ist nach ihrer Einsetzung und vollkommen nach ihrer Einrichtung. Die Grundlage der Rechtmäßigkeit ist die von einer selbst als g. u. v. geltenden Großloge ausgestellte Stiftungsurkunde (Charter) sowie die durch diese vollzogene regelrechte Einsetzung. In der Großloge von England haben bloß drei Logen keinen Charter. Es sind dies jene Logen, die bereits bei Gründung der Großloge bestanden, und die daher als „Lodges from times immemorial" gelten. Ist somit das eine Kriterium der Rechtmäßigkeit gegeben durch die reguläre Einsetzung (das Wort kommt zuerst bei Anderson 1723 vor), so herrscht bezüglich der Einrichtung insofern keine Übereinstimmung, als die Einrichtung einer Loge von den Eigenheiten des besonderen Systems (Lehrart) bedingt ist. Jedoch gelten mit verschwindenden Ausnahmen als besondere Kennzeichen der Einrichtung der Symbolbegriff des A. B. a. W. sowie die Bibel auf dem Altare in der Dreiheit der Drei großen Lichter. Eine gewisse Sicherheit in der Beurteilung der Rechtmäßigkeit gibt die Art der Entstehungsgeschichte einer Großloge in ihrer stammbaumartigen Ableitung von der englischen Großloge. Mit dem Begriffe des Anerkennungsverhältnisses hat dies nichts zu tun, da auch g. u. v. Großlogen miteinander nicht im Anerkennungsverhältnis stehen müssen. Verlangt wird außerdem das Fernhalten politischer und religiöser Diskussionen aus den Logen sowie die Einhaltung des freimaurerischen Ritualgeheimnisses. Außerdem gilt als Voraussetzung, daß alle Logen der betreffenden Großloge nur aus Männern bestehen dürfen und daß Frauen zu rituellen Arbeiten nicht zugelassen sind.

Der einzelne Freimaurer, der nach dem Wortlaute der Alten Pflichten einer Loge angehören muß (III. Hauptstück), ist g. u. v., solange er im Vollbesitze seiner freimaurerischen Rechte ist und einer regulären Loge angehört. In Amerika ist der Wortgebrauch: „in good standing“ (s. d.), was sowohl besagt, daß der betreffende noch Mitglied einer Loge ist, als auch daß er die vereinbarten Jahresbeiträge entrichtet hat.

Der Gegensatz von g. u. v. beinhaltet die Qualifikation als Winkelmaurerei (s. d.), ein Wort, das durch den weniger absprechenden Begriff des „Regelwidrigen“ besser zu ersetzen wäre.

Gerhard, Wilhelm, deutscher Dichter, Konsul in Leipzig, * 1780, † 1858, Verfasser des bekannten Liedes: „Auf Matrosen, die Anker gelichtet“. Übersetzer englischer Dichter (Burns und Byron u. a.), war von 1807 bis 1850 Mitglied der Loge „Minerva zu den drei Palmen“ in Leipzig.

Gerhardt, Karl, Jurist und später Bürgermeister von Frankfurt a. d. Oder, * 1832, † 1911, aufgenommen 1871 in die dortige Loge „Zum aufrichtigen Herzen“, später Mitglied der Loge „Zur Eintracht“, Berlin, war von 1891 bis 1911 National-Großmeister der National-Mutterloge „Zu den drei Weltkugeln“ und entfaltete besonders im deutschen Großlogenbund eine ersprießliche Tätigkeit. Eine Zeitlang stand er im Mittelpunkt der Einheitsbewegung innerhalb der deutschen Freimaurerei. Auf ihn geht u. a. auch die Gründung des Victoriastiftes, des ersten freimaurerischen deutschen Schwesternheims in Dahme und die Neubearbeitung der Gradverfassung seiner Großloge zurück. Der Beschluß des deutschen Großlogentages 1909, betreffend die Wiederanknüpfung freundschaftlicher Beziehungen zum Grand Orient de France, veranlaßte ihn zu der Bemerkung, daß „der Bund für die drei altpreußischen Großlogen so lange keine Bedeutung mehr habe, solange nicht ausreichende Garantien gegen so verhängnisvolle Mehrheitsbeschlüsse gegeben seien.“

Gerichtsbarkeit, Jurisdiktion, s. Recht, Maurerisches.

Germanenorden in Berlin, „Bund zur Pflege urdeutscher Kunst und Wissenschaft“ (Abzeichen: Hakenkreuz), gegründet nach dem Weltkrieg, schließt Freimaurer von der Mitgliedschaft grundsätzlich aus.

German Masonic Home in Tappan (N.Y.), das Altersheim der deutschen Freimaurer des Staates New York, wurde 1888 erworben und ausgebaut. 1908 wurde ein Anbau mit einem Kostenaufwand von achtzigtausend Dollar ausgeführt. Jede der 29 deutschen Logen, die im neunten Distrikt der Großloge von New York vereinigt sind, hat einen Raum eingerichtet, der ihren Namen trägt. Alljährlich versammelt ein Traubenfest die deutschen Brr. und deren Familien bei ihren Alten. Das jeweilige, meist sehr bedeutende Reinerträgnis des Festes dient der Erhaltung und der Erweiterung des Heims.

Germanos, Erzbischof von Patras, * 1771, † 1826, hißte 1820 die Fahne des griechischen Freiheitskampfes gegen die Türken, war Mitglied der provisorischen Regierung, gehörte dem Freimaurerbund an.

Gertinger, Johann, aus Eperjes in Ungarn, ein nachweislich Geisteskranker, in dessen Wahngebilden die Freimaurerei eine bestimmende Rolle spielt. Er scheint in Eperjes Mitglied der Loge „Zum tugendhaften Reisenden“ gewesen zu sein (1771), kam dann nach Hamburg und war 1778 Mitglied der Loge „Zur Eintracht“ in Berlin. Er richtete mehrere Sendschreiben an Lessing (1780), dem er den „läppischen“ „Ernst und Falk“ zum Vorwurf macht. Weiters: „Geistliche Augensalbe für Freymaurer-Ordensbrüder“. In seiner letzten Zeit scheinen ihn besonders religiöse Wahnideen erfüllt zu haben, wie besonders aus seinem Briefe an die Loge in Eperjes 1784 hervorgeht. Die Loge nahm diese offensichtlich verworrene Zuschrift in einer geharnischten Erwiderung bitter ernst. Über das Lebensende G.s ist nichts bekannt. (Beyer, Mitt. d. Gesch. Engb. des Bayreuther Freimaurermuseums Nr. 1.)

Gertsch-Robert, Louis, Großschriftführer der Großloge von Spanien, * 1888, Schweizer, während des Krieges Mitglied des Berner Büros für die Repatriierung von Zivilinternierten, Mitgründer und Seele des Berner Komitees für Kriegsgefangenenhilfe, Schweizerisches Rotes Kreuz, seit 1921 mit besonderem Eifer in der A. M. I. tätig (seit 1924 als Vertreter der Großloge von Porto Rico), Stuhlmeister der Loge „La Sagesse“ in Barcelona.

Gesang, s. Musik, Lieder.

Geschäftsmaurerei. Die gegenseitige Hilfsbereitschaft, die im brüderlichen Verhältnis der Freimaurer gelegen ist, verleitet einzelne Glieder immer wieder dazu, den Bundesgedanken für eigensüchtige Zwecke nutzbar zu machen. Der erste bekannte Fall von G. dürfte der einer Tabakfirma Carrington, Bett und Stainer in London gegen 1725 gewesen sein, die auf ihren Tabakpaketen das Freimaurerabzeichen anbrachte. Auch der Besitzer einer Badeanstalt zu Margate konnte es sich nicht versagen, seine Seebäder unter das Freimaurerzeichen zu stellen (etwa 1740). G. gilt in der Freimaurerei als unehrenhaft. Wer die Zugehörigkeit zum

Bunde zu geschäftlichen Zwecken ausnützt, setzt sich der Mißachtung aus. Zu wiederholten Malen sind von Großlogen, besonders Amerikas, scharfe Verordnungen gegen den geschäftlichen Mißbrauch von Abzeichen usw. erlassen worden. Über die Unzulässigkeit der Verknüpfung selbstischer materieller Zwecke mit Freimaurerei wird bereits der Suchende in vollkommen eindeutiger Weise belehrt.

Geschäftsstelle zum Austausch von Logenlisten, früher maurerisches Korrespondenzbüro genannt, eine in der Loge „Balduin zur Linde" in Leipzig über Anregung von Lecher entstandene Zentralstelle, welche die Mitgliederverzeichnisse der einzelnen Logen sammelt und sie in Serien an die Teilnehmer abgibt. Jede beitretende Loge hat neben einem geringen Jahresbeitrag (derzeit 15 Mark) soviel gedruckte Logenlisten beizustellen, als Mitglieder der Geschäftsstelle angeschlossen sind. Das Unternehmen trat 1831 mit einer Teilnehmerzahl von 42 Logen ins Leben und wurde erst von Weinedel, später von Zechel geleitet. Derzeit (1931) sind noch 331 Logen angeschlossen. Die Leitung und den Vertrieb hat für die Loge Balduin, Leipzig, Elsterstraße 2, Kurt Jaenisch.

Geschichtsschreibung der Freimaurerei. Die ältesten Geschichtswerke der Freimaurerei sind nach Art der mittelalterlichen Chroniken abgefaßt. Sie sind den Konstitutionen angeschlossen und sollten bei der Aufnahme von Neophyten vorgelesen werden, um ihnen die notwendige Ehrfurcht vor der Institution beizubringen. So vorgeschrieben im Robertsdruck 1722, in Andersons „Constitutionen" 1723 und in den alten Manuskripten. Daher beginnen diese Chroniken mit Erschaffung der Welt und werden in einer gewissen Beharrlichkeit über die Bauleute der Bibel (Noah, Nimrod, Salomon usw.) weitergeführt nach Assyrien und Babylonien, Ägypten, Hellas und Rom, von wo aus die Baukunst durch Vermittlung römischer Bauleute nach England kommt, um hier ihre Vollendung im augusteischen Stil zu finden. Ebenso wie Adam werden alle bekannten Namen zu Freimaurernamen umgeprägt. Nimrod war Großmeister, aber auch Kaiser Augustus usw. Hier spricht Gutgläubigkeit Tradition und ein Bestreben, die geliebte Kunst durch ein bis an die Grenzen der Menschheit reichendes Alter besonders ehrwürdig zu gestalten, aus den altehrwürdigen Bauhüttenakten.

Daneben aber entstand im 18. Jahrhundert eine historische Fälscherindustrie, für die es diese Rechtfertigung nicht gibt. Insbesondere das Auftreten mancher Hochgradsysteme hat eine vollkommene Verwirrung der Freimaurergeschichte zur Folge gehabt, an der sie heute noch leidet. Die älteren Freimaurergeschichtswerke sind daher durchweg unkritisch geschrieben. Das gilt auch von englischen, wie beispielsweise dem Prestons. Da in den seltensten Fällen vorhandene Aufzeichnungen eingesehen, zumeist nur mündliche Überlieferungen verwendet wurden, so hatte die kritische Geschichtsschreibung des 19. Jahrhunderts eine Unsumme von Arbeit zu leisten. Über den Durchschnitt erhoben sich die Acta Latomorum (Thory) und die Geschichte von Bègue-Clavel, obzwar auch dort noch sehr viel Unkraut zwischen den Furchen wuchert. Wie versandet die freimaurerische Tradition geworden war, zeigt wohl am besten der Umstand, daß der Zusammenhang zwischen der Freimaurerei und den alten Steinmetzenbauhütten durch den Abbé Grandidier (s. d.) erst wieder entdeckt werden mußte. Eine besondere Tragik liegt darin, daß sich die drei „ältesten Kunsturkunden", die Krause bearbeitete, als sichere Fälschungen erwiesen haben.

Ein Umschwung in der Historiographie der Freimaurerei trat gegen Mitte des 19. Jahrhunderts ein, insbesondere, nachdem in englischen Archiven die alten Manuskripte ihre Auferstehung feierten. Man ging den Handschriften kritisch zu Leibe. Es war als ein großes Ereignis zu buchen, als Findel (s. d.) in England die Fälschung der Yorker Urkunde feststellen konnte. Die Wiedererweckung der freimaurerischen G. ist besonders den Engländern zu danken. In ihrer Loge „Quatuor Coronati" und anderen Forschungslogen vereinigten sich alle wirklichen Kenner der englischen Geschichte: Gould, Speth, Sadler, Chetwode Crawley, Hughan, Conder, Crowe, Vibert, Calvert u. v. a. Gould gab seine Geschichte der Freimaurerei heraus (6 Bände). In Deutschland taten Forscherarbeit: Kloß, Begemann, Keller, Sonnenkalb, Wolfstieg, Kneisner, Schiffmann, Kekule von Stradonitz u. v. a. Die italienische Freimaurerei bearbeitete Ulisse Bacci, die französische Lantoine, neben diesen Martin u. a. Die Geschichte der Freimaurerei in Österreich-Ungarn fand in Abafi ihren Schilderer.

Unter dem Schwergewicht dieser Autoren, die nicht nur gefühlsmäßig Eleusis oder die ägyptischen Priesterbünde mit der Freimaurerei verbanden, sondern Beweise suchten, die insbesondere auch aus der G. die Vorgeschichte der Freimaurerei zu ergründen trachteten, wurde es langsam schwer, Geschichte der Freimaurerei zu schreiben. Dazu kamen zahlreiche Arbeiten, die das Völkerpsychologische der Erscheinungsform des Männerbundes zum Verständnis heranzogen (Horneffer). Und so ist Geschichte der Freimaurerei heute ein Spezialgebiet geworden, kein Boden für phantasiereiche Tänzer, sondern ein steiniger Boden für ernsthafte Forscher. Dieser Wandlung entsprechen auch die heutigen Geschichtswerke. Daß daneben sehr viel Unkritisches weiter produziert wird, daß leider in zahlreichen Logenvorträgen und Veröffentlichungen sich ein blutiger Dilletantismus auslebt, hat andere Gründe: die Loge hat einen ziemlichen Verbrauch an Instruktionsvorträgen, aber nicht immer die fachkundigen Instruktoren. Daß das im flüchtigen Wort vorüberrauscht, mag noch hingehen. Schlimmer ist, daß längst Geklärtes in seinen Traditionsfassungen noch immer gedruckt, häufig auch von Gegnern übernommen und gegen den Bund verwendet wird.

Wer sich ernsthaft mit Geschichte der Freimaurerei beschäftigen will, hat u. a. folgende in der Bibliographie dieses Lexikons näher verzeichnete Werke zur Verfügung:

Gould, „History of Freemasonry", auch gekürzt als „Concise History" erschienen. — Ars Quatuor Coronatorum. Transactions der Quatuor Coronati Lodge in London. — Lang, Ossian, History of Freemasonry in the State of New York, und zahlreiche Einzelstudien. — Robbins, „English speaking Freemasonry". — Darrah. History of Freemasonry (amerikanisch). — Calvert, Grand Lodge of England 1717—1917. — Daynes, Birth and Growth of the Grand Lodge of England. — Vibert, Freemasonry before the Existence of Grand Lodges und Story of the Craft. — Telepneff, An Outline of the History of Russian Freemasonry.

In deutscher Sprache:

Allgemeines Handbuch der Freimaurerei. Begemann, Vorgeschichte der Freimaurerei in England. Ebenso Irland und Schottland. — Boos, Geschichte der Freimaurerei. — Findel, Geschichte der Freimaurei. — Wolfstieg, Ursprung und Entwicklung der Freimaurerei. — Kneisner, Geschichte der deutschen Freimaurerei. — Sonnenkalb, Entstehung des Meistergrades und zahlreiche Arbeiten in der „Zirkelkorrespondenz" und dem „Mecklenburgischen Logenblatt". — Beyer, Das Freimaurer-Museum (Einzeldarstellungen). — Horneffer, A., Die Freimaurerei. — Wanner d. Ä., Zahlreiche, besonders die deutsche Freimaurerei betreffende Arbeiten. — Abafi, Geschichte der Freimaurerei in Österreich-Ungarn. — Keller, Zahlreiche Schriften und Beiträge in den Comeniusheften. — Starcke, Die Freimaurerei, ihre geschichtliche Entwicklung. — Lennhoff, Die Freimaurer. — Posner, Bilder zur Geschichte der Freimaurerei u. a. m. — Friedrichs, Geschichte der einstigen Maurerei in Rußland.

In französischer Sprache:

Lantoine, Histoire de la Franc-Maçonnerie française. — Martin, Manuel d'histoire de la Franc-Maçonnerie française u. a.

In italienischer Sprache:

Bacci, Il libro del massone italiano. Daneben viele freimaurerische Zeitungen mit vorwiegend historischem Inhalt (s. Zeitungen). Dem Studium der Geschichte der Freimaurerei dienen zahlreiche wissenschaftliche Gesellschaften, wie die Wolfstieg-Gesellschaft und der Engbund des Bayreuther Großlogen-Museums, der Engbund der Logen „Balduin zur Linde" in Leipzig, die Quatuor Coronati-Gesellschaft in Prag, der deutsche und tschechische Freimaurer angehören. Bezüglich England und Amerika s. Forschungslogen, Großlogenbibliotheken und Sammlungen unterstützen diese Bestrebungen. Die Geschichte des A. u. A. Schottischen Ritus hat in Amerika neuestens Lobingier bearbeitet. (Einzeldarstellungen in „The New Age Magazine"), in französischer Sprache Lantoine „Le Rite Ecossais Ancien et Accepté", 1930.

Diese Werke sind, was hervorgehoben zu werden verdient, allgemein zugänglich. Es liegt kein Geheimnis über ihnen. Es sind die informierten und informierenden Werke der Freimaurerei, und wer sie benützt, wird es nicht notwendig haben, sich an die sehr trüben Quellen der gegnerischen Literatur wenden zu müssen. Über diese tendenziöse Geschichtsschreibung s. Gegner.

Geschichtstheorien der Freimaurerei. Die freimaurerische Geschichte ist durch zwei Jahrhunderte fast lückenlos, durch die vorhergehende Jahrhunderte jedoch nur äußerst lückenhaft zu verfolgen. Der Ausfüllung dieser für das Verständnis der Freimaurerei sehr wesentlichen Zeitlücken dienen verschiedenartige Geschichtstheorien, die so weit auseinandergehen, daß ihre Vertreter sich wiederholt in heftigen literarischen Fehden gegenüberstanden. Die wesentlichsten G. sind:

1. Die Bauhüttenüberlieferung. Sie besagt, daß die heutige Freimaurerei in bewiesenem Zusammenhange steht mit den alten Bauhütten der kirchenbauenden Bruderschaften, d. h. bruderschaftlichen Vereinigungen erst geistlichen, später weltlichen Charakters, die je nach dem zu bearbeitenden Bauplatze ihren Wohnsitz änderten und dadurch die Bauhüttengebräuche verbreiteten. Die deutschen Bauhütten stehen hier in inniger Verwandtschaft mit den in England entstandenen und dorthin übertragenen. Da in den Baukollegien der Römer und den Verbänden der Comacini (s. d.) Gebräuche entwickelt wurden, die sich aus dem Zusammenleben einer Gruppe von Menschen mit gleichem Berufszweck von selbst ergeben, so sind in diesen alten Bauhüttengebräuchen sicherlich sehr alte Bestandteile mitverarbeitet, ohne daß es gelingen würde, eine direkte Übertragung nachzuweisen. Diese Bauhüttentradition geht also direkt auf die Steinmetzenbauhütte und ihre Gebräuche zurück, von dort stammen die symbolischen Ausdrücke, die freimaurerische Terminologie, von dort die ältesten jener Urkunden, wie das Regius-Manuskript (s. d.), die Cooke-Handschrift (s. d.) u. a. m. Hier läßt sich auch einleuchtend verfolgen, wie die Bauhütte der Werkleute, der „Operatives", zur Loge der Freimaurer wurde (s. Acceptance). Lücken ergeben sich jedoch auch hier. Sie finden sich vor allem in den Ritualgebräuchen, die nicht schriftlich überkommen sind, und hauptsächlich in der Hiramlegende, die wohl ihrem ganzen Charakter nach eine Bauopferlegende ist, deren Herkunft und erstes Auftauchen aber noch nicht genügend geklärt werden konnte. — Diese Bauhüttentradition hat für sich die Möglichkeit des Aktenbeleges. Für sie spricht außerdem die Kontinuität des englischen Volksempfindens, das die Freimaurer als Nachfahren der alten Steinmetzen in geistigem Sinne auffaßt. Daher ist die Freimaurerei für den Engländer die Craft, d. h. die Gewerkschaft, die eine bestimmte Kunst, craft, mistery, ausübt. Bezeichnenderweise wird daher auch diese historisch eindrucksvollste G. in England fast von allen Forschern vertreten (Gould, Speth, Conder, Armitage, Hextall, Robbins u. v. a.). Ebenso in Deutschland vorzugsweise von Begemann

(s. d.) und dem derzeit genauesten Kenner des alten englischen Gildenwesens, Sonnenkalb.

2. Die Akademien. Ähnlichkeiten des geistigen Wollens der bereits entwickelten spekulativen Freimaurerei mit Gesellschaften des frühen Christentums, Kultverbänden und Akademien der Renaissance, den Sprachgesellschaften des deutschen Barocks u. a. veranlaßten Ludwig Keller, hier innere Verwandtschaften abzuleiten. Danach wäre die Freimaurerei eine in das Werkkleid des Steinmetzen gehüllte ethisch-philosophische Gesellschaft von Anbeginn an gewesen, die in den letzten Jahren vor ihrer Großlogengründung besonders vom humanistischen Geiste des Comenius befruchtet wurde. Keller leugnet nicht den Zusammenhang mit den Steinmetzenbruderschaften, meint aber, daß auch diese ein besonderes kultisches Geheimnis zu verwalten gehabt hätten, wie die Akademien usw. eben auch. Diese Anschauung ist besonders von Begemann heftig bestritten worden.

3. Die Deisten. Das Suchen nach einem tieferen geistigen Inhalt der ersten Bauhütten lenkte die Aufmerksamkeit auf die Deisten Englands. Besonders nachdem ein Nichtfreimaurer, Hettner, einer der gründlichsten Kenner der englischen Geistesgeschichte, die Behauptung aufgestellt hatte, der Deismus habe sich in der Freimaurerei sein Organ geschaffen, ist diese Theorie, so von Wolfstieg u. a., bereitwilligst aufgegriffen worden. Sie gehört zu den Lieblingsideen namhafter deutscher Historiker, wird aber in England von berufener Seite ziemlich einhellig abgelehnt.

4. Die Rosenkreuzer. Daß es im 17. Jahrhundert vereinzelt Männer gab, die auf den Titel Rosenkreuzer (s. d.) Anspruch machen dürfen, so Elias Ashmole (s. d.) und sein Kreis, steht fest. Ashmole selbst war auch Freimaurer. Das Bestehen einer eigenen Societas rosicruciana um diese Zeit wird bestritten. Man hat versucht, vieles im Gebrauchtum der Freimaurer auf rosenkreuzerische Einflüsse zurückzuführen. Katsch geht sogar soweit, die Freimaurerei als Ganzes als einen Ausdruck des in die Breite gehenden Rosenkreuzertums aufzufassen.

5. Die Kabbala. Eng verwandt mit der rosenkreuzerischen G. sind die Versuche, das Gebrauchtum der Freimaurerei und damit auch ihre eigentliche Entstehung aus den kabbalistischen Lehren der Renaissance zu entwickeln. Hier spielen Deutversuche, die das Gebiet ernster kritischer Geschichtsforschung vollkommen verlassen, eine große und wiederholt auch verhängnisvolle Rolle. Da Steinmetzenüberlieferung und Kabbala auf der Bibel fußen, so ergeben sich ziemlich zwangsläufig Übereinstimmungen (z. B. lautet der Titel in dem Mitte des 17. Jahrhunderts hebräisch geschriebenen Buche des Rabbi Mejir Margolies aus Ostrok: „Das Geheimnis der Säulen J. u. B." Der Prophet der neuerstandenen jüdischen Sekte der Chassidim Baalschem wird dort wiederholt Meister genannt, Weisheit, Schönheit und Stärke sind drei der Sephirot). Auf dieser kabbalistischen Theorie fußen zahlreiche hermetische Systeme der Freimaurerei des 18. Jahrhunderts.

6. Die Ritterlegende. Sie geht zurück auf die Rede des Chevaliers Ramsay (s. d.), der die Freimaurer mit den geistlichen Ritterorden des Mittelalters zur Zeit der Kreuzzüge verglich, ohne wahrscheinlich mehr damit zu bezwecken. Daraus ist die templerische Ritterlegende der Freimaurerei entstanden, die, ohne die Spur irgendeines historischen Beweises, in fröhlichem Phantasieren die Freimaurerei zu einer Fortsetzung des Templerordens, ihre Mitglieder zu Tempelrittern umprägte. Diese Ritterlegende beginnt mit Jacques de Molay (s. d.), dem letzten Großmeister der Templer, der als Ketzer verbrannt wurde, und führt in kühner Kombination über Schottland wieder in die Bauhütte zurück. Verknüpft wird damit die stuartistische Legende, die den Prätendenten Stuart zum Inhalt hat, der bis auf den heutigen Tag in der Freimaurerei die Rolle des Pontius im Credo spielt. Im System der Strikten Observanz des Freiherrn v. Hund, das in der zweiten Hälfte des 18. Jahrhunderts die deutsche Freimaurerei eine Zeitlang beherrschte, war Karl Eduard Stuart andeutungsweise der „unbekannte Obere". Trotzdem die Templerlegende bereits auf dem Wilhelmsbader Konvent (1782) offiziell abgelegt wurde, spukt sie — allerdings in sehr abgeschwächter Form — heute noch in einigen Hochgradsystemen.

7. Die Mysterienbünde. Als Legenden zu bewerten sind auch jene zahllosen Versuche, die Freimaurerei stammbaumartig mit den Essäern, den Kultverbänden der Assyrier, den Magi, den Chaldäern, den eleusinischen Mysterien, dem Mithraskult, den Priesterbünden der Ägypter, den Stonehengepriestern, Druiden, den Mayas, den Kulten primitiver Völkerschaften usw. zu verknüpfen. Daß Ähnlichkeiten und Ableitungen bestehen, liegt auf der Hand. Ein Stammbaum läßt sich daraus aber nicht entwickeln. Der Wert solcher direkten Ableitungen ist nicht höher anzusetzen wie die Chronik des Anderson. Hier hört Geschichte auf, Geschichte zu sein, und der Wunsch wird Vater des Gedankens.

8. Die deutsche Entstehung. Ähnliches ist schließlich auch von den geistreichen, aber hoffnungslosen Versuchen zu sagen, die Wagler in seinem Buche: „Die deutsche Entstehung der Freimaurerei" unternommen hat. Hier soll nachgewiesen werden, daß die Freimaurerei in ihrer Symbolik die alten Steinmetzenweistümer eingeschlossen hat, wobei die mittelalterliche Bauhütte die Bau- und Steinmetzenkunst als Instinktleistung, nicht als Anwendung von Erkenntnissen gepflegt haben soll. Das Erlebnis der Arbeit in der mittelalterlichen Bauhütte ist für Wagler Instinktkultur. Die Symbolik und der Geist des Freimaurers sind ihm nicht Gedankenergebnis englischer Aufklärung, sondern Wirkung des ästhetisch-statischen Instinktes des deutschen Dombauers. Das Freimaurertum ist in seiner gegenwärtigen Verfassung 1717 in England

konstituiert, der Geist und die Symbolik der Freimaurerei sind während des 11. und 12. Jahrhunderts in Deutschland entstanden. Freimaurerei wird nach Wagler auf Grund dieser Gedankengänge zu einer Manifestation deutschen Rassegeistes. Er steht mit dieser Konstruktion unter den Forschern allein.

Bis auf die Bauhüttenüberlieferung sind alle G. der Freimaurerei mehr oder weniger konstruiert. Soweit sie auf Schlußfolgerungen ehrlicher Denkarbeit aufgebaut sind, bleiben diese Theorien fruchtbar und sind auch geeignet, die trockene Aktenmäßigkeit der englischen Geschichtsschreibung zu beleben. Hierfür ist besonders Wolfstieg ein guter Beleg. Anders wird es freilich, wenn zur Stützung dieser G. Material mitkonstruiert ist, wie es besonders bei zahlreichen Hochgradüberlieferungen der Fall ist.

Eine Reihe von hier nicht besonders aufgezählten G. mußte zusammenstürzen, weil sie gutgläubig auf Fälschungen (s. d.) fundiert waren. Ein trauriges Beispiel hierfür waren die „Ältesten Kunsturkunden" von Krause (s. d.).

Geschlossene Gesellschaft. Die Definition der Freimaurerei als einer geschlossenen, nicht einer geheimen Gesellschaft geht auf Feßler (s. d.) zurück, der diesen Gedanken dem im Jahre 1797 verfaßten „Grundvertrag" der Fundamentalkonstitution der Großloge von Preußen als Ausgangspunkt gab. Feßler ging dabei von der Absicht aus, den Freimaurerbund derart zu konstituieren, daß die staatlichen Behörden und mit ihm auch die Öffentlichkeit ihn als eine berechtigte Institution anerkennen können und müssen. Durch die Ausschaltung aller unkontrollierbaren Instanzen, wie der in der Strikten Observanz immer wieder behaupteten „Unbekannten Oberen", sollte die Freimaurerei als eine wohl auf ihre Mitglieder beschränkte, daher geschlossene, aber keine geheime Gesellschaft erkennbar werden.

Geselle (engl. Fellow oder Fellow-craft, frz. Compagnon), Bezeichnung des II. Grades der Freimaurerei.

Gesellengrad. Es muß heute als sicher angenommen werden, daß die ältesten Logen ursprünglich nur zwei Grade gekannt haben. Die Dreiteilung des Lehrinhaltes der Freimaurerei und damit die Schaffung des G. ist ungefähr um 1730 aufgetreten und hat sich langsam die Logen erobert. Hierbei wurde der bis dahin bestehende I. Grad geteilt und aus ihm Ritualbestandteile losgelöst. Der Streit um die drei Grade geht durch das ganze 18. Jahrhundert hindurch und wird eigentlich erst bereinigt durch die Act of Union (Unionsakte) der Vereinigten Großloge von England, die 1813 für alle Freimaurerlogen die Einteilung in drei Grade als verbindlich voraussetzt. Inhaltlich bedeutet der G. die Nutzanwendung des im Lehrlingsgrade erarbeiteten Symbolinhaltes. Der Geselle wird, wie schon im Namen enthalten ist, auf die Gemeinschaftsarbeit mit anderen verwiesen. Sein Symbol ist daher der bereits behauene Stein, der sich dem Nachbar tragfähig anschließt. In praktischer Auswirkung dieser Gemeinschaftsarbeit werden daher die Gesellen einer Loge meist Fürsorgearbeiten zugewendet, dagegen sind sie noch nicht berufen, Ämter in der Loge zu bekleiden. Die Weiterbildung des Lehrlings in den G. wird als eine Belohnung für geleistete Arbeit aufgefaßt, daher auch im Deutschen die Bezeichnung Beförderung.

Geselligkeit (engl. Refreshment) ist ein Mittel des Zusammenhaltes der Loge zu freimaurerischer Arbeit. In den alten englischen Logen war Arbeit und G. durch die Art der Zusammenkunft an der Wirtstafel von selbst verbunden. Später trat die Trennung in Labour and refreshment ein. Die G. hat den Zweck, die Mitglieder einer Loge und deren Angehörige in zwangloser Form einander näherzubringen. Die Beschränkung der G. auf jenes Maß, das dem eigentlichen Logenzweck nicht abträglich wird, ist um so schwerer, als in vielen Logen die Neigung entwickelt ist, die reine G. in den Vordergrund zu stellen. G. ist sicherlich unentbehrlich, besonders in großen Logen, wo die Weihe der ritualmäßigen Arbeiten ein Näherkommen ausschließt. Die Gefahr, daß sie ausschließlicher Logenzweck wird, ist ebenso gegeben, wie das andere Extrem, das von einzelnen Brr. vertreten wird. die aus jeder Loge eine Akademie der Wissenschaften entwickeln möchten. Hier den richtigen Ausgleich zu finden, der alle Logenmitglieder befriedigt, ist sicherlich nicht immer leicht und setzt sehr viel Takt und Verständnis des leitenden Meisters voraus. Der G. dienen Klubabende, Schwestern- und Familienfeste.

In den angelsächsischen Logen steht die Form der ritualmäßigen Arbeit derart beherrschend im Vordergrund, daß viele Brr. das Bedürfnis haben, außerhalb der regelmäßigen Logenarbeit beisammenzusein. Daraus entstehen die sogenannten Maurerklubs, die begreiflicherweise von manchen Großlogen nicht gerne gesehen werden, weil viele Brr. diese zu nichts verpflichtenden Zusammenkünfte der strengen Form der Ritualarbeit vorziehen und deshalb ihren Logen fernbleiben. Der Amerikaner will außer dem Ernst der Logenarbeit auch seinen „Playground", seinen Spielplatz haben. Diesem Umstande verdanken die zahlreichen „Sidelines", wie die „Grottos", der „Order of the Nobles of the Mystic Shrine", die „Tall Cedars" (s. alle diese) und andere Organisationen ihre Entstehung. Ebenso wie der deutsche Freimaurer, dessen G. sich im wesentlichen im eigenen Logenhause abspielt, seine Kegelbahn liebt, haben englische und amerikanische Logen ihre Sportplätze, Summer Outings und Camps. Auch der Franzose hat diese Form der G. außerhalb der Logen entwickelt. Dahin gehören die zahlreichen Amicales (s. d.) und die verschiedenen Bankette. In England und Amerika geben einzelne Logen gewöhnlich einmal jährlich sogenannte Ladies Nights, Veranstaltungen mit Frauen. Der Masonic Ball gehört zu den ständigen Einrichtungen amerikanischer Logen. Er wird meist in der Form eines Wohltätigkeitsfestes veranstaltet. Die großen englischen Wohlfahrtsinstitute beziehen ihre Haupteinkünfte aus den alljährlich veranstalteten Festivals, bei welchen die Stewards die im Laufe des Jahres gesammelten Beträge abliefern. Sehr beliebt sind in letzter Zeit von einzelnen Großlogen veranstaltete Erholungsreisen, die gleichfalls den Zweck haben, durch gemeinsame Erlebnisse den Zusammenhang unter Brr. gleicher Richtung zu festigen.

Gesetzbuch. Die Grundlage der freimaurerischen Gesetzgebung bilden jene Bauhüttenordnungen, die in der Zunftlade aufbewahrt und bei den Versammlungen aufgelegt wurden. Die alten Manuskripte der englischen Werklogen lassen diesen Ursprung deutlich erkennen. Ein Privatdruck, den Roberts in London 1722 herausgab, ist die erste gedruckte Form eines derartigen Logengesetzes. Durch die von der Großloge von London 1723 veranlaßte Herausgabe der Constitutions, verfaßt von Anderson, wurde das erste Beispiel einer Großlogenverfassung gegeben, die seither bei allen Großlogen in einer den besonderen Zwecken angepaßten Form in Verwendung steht und die inneren Einrichtungen der Großlogen und ihrer Logen regelt. In dem G. spiegelt sich der Geist der Großloge und ihre besondere Auffassung des freimaurerischen Gedankens wider. Die Gesetze der Großlogen unterscheiden sich in wesentlichen Punkten derart, daß wiederholt Versuche unternommen wurden, ein allgemeines Maurerrecht aus ihnen zusammenzufassen (s. d.). Ergänzt werden die Großlogengesetze durch Hausgesetze der einzelnen Logen.

Gesetzlicher Schutz. Die Logen und Großlogen genießen in den Kulturstaaten den gleichen g. S. wie alle anderen humanitären Vereine. Ein Sonderrecht der altpreußischen Großlogen, begründet auf dem Edikt von 1798 (s. d.), wurde von Settegast (s. d.) und durch das Einschreiten von Alexander-Katz (s. d.) 1893 endgültig aufgehoben. Die englischen Logen genießen eine Ausnahmsstellung, indem sie von den Bestimmungen der Parlamentsakte von 1799 ausdrücklich ausgenommen wurden. In Amerika stehen der Name „Freimaurer" und alle damit in Verbindung stehenden Bezeichnungen, wie „F. a. A. M." u. a., unter g. S. Mit Gültigkeit vom 1. September 1924 wurde folgender Zusatz zu § 240 des amerikanischen Strafgesetzbuches vom Senate und Abgeordnetenhaus beschlossen: „Wer absichtlich den Namen einer (namentlich angeführten) Bruder- oder patriotischen Gemeinschaft oder den Titel eines ihrer Beamten sich beilegt, oder ihre Abzeichen und Embleme oder die Formen und Zeichnungen derselben, oder das Ritual und die Zeremonien nachahmt oder verwendet, ohne nach den Verfassungen und Gesetzen, Regeln und Ordnungen dieser Orden oder Gesellschaften dazu ermächtigt zu sein, macht sich eines Vergehens schuldig. Als Abzeichen gelten ‚Badges', das sind öffentlich getragene Abzeichen, wie Anhängsel. Nadeln usw., Rosetten oder farbige Knöpfe (Knopflochrosetten)." Infolgedessen haben verschiedene Großlogen durch gerichtlichen Einspruch zu erlangen gewußt, daß · sogenannte „clandestine" (Winkel-) Großlogen, die Bezeichnung als freimaurerische Körperschaften einstellen mußten.

Gesinnung. Nach Kant die allgemeine Richtung des Denkens und Fühlens eines Menschen, insofern sie der sittlichen — nicht der theoretisch logischen — Beurteilung unterliegt, also der Motive des Handelns in ihrer Gesamtheit. Die ethische Beurteilung eines Menschen richtet sich nach seiner G., nicht nach dem äußeren Erfolg seiner Taten. Die Freimaurerei als Gesinnungsgemeinschaft will die ethische G. ihrer Mitglieder dem Bundeszweck dienstbar machen. Daher wird im Aufnahmsverfahren die aus den Lebensäußerungen des Kandidaten zu erschließende G. einer besonderen Prüfung unterworfen.

Gevelelo nennt sich eine Vereinigung Leipziger Logenmitglieder, die im geselligen Leben der Freimaurer dieser Stadt eine bedeutende Rolle spielt. (Abkürzung für: **Gesellige Vereinigung Leipziger Logen.**)

Geweihte des Inneren Tempels, VI. Grad (dritte Erkenntnisstufe) der Lehrart der Großen National-Mutterloge „Zu den drei Weltkugeln", ist ein Grad der Selbsterkenntnis. Nur durch deren Pforte gelangt man zum innersten Heiligtum. Im inneren Tempel mit den Symbolen der Offenbarung soll jeder Zugelassene den Menschen in sich erforschen. Der G. d. i. T. lernt, daß von den Widersprüchen des menschlichen Daseins, der Unklarheit und Verworrenheit, dem schmerzlichen Streit mit den Mitmenschen und sich selbst nur wahre Selbsterkenntnis und Selbstüberwindung befreien kann. Er muß die Kraft der Liebe in seinem Inneren wirken lassen, die reich macht in aller Armut, stark in aller Schwäche, frei in aller Gebundenheit. Auf den Weg zur Erkenntnis suchten im Lauf der Zeiten mancherlei Bewegungen zu führen: Mysterienbünde, Philosophen, usw., niemals aber hat einer die Erkenntnis des höchsten Wesens so vollständig und so trostvoll gelehrt, nie jemand aus dieser Erkenntnis so starke, so edle Beweggründe zur Tugend abgeleitet und so viel Beruhigung im Leben und im Tode daran geknüpft, niemand die Tugend so geübt, wie der Meister von Nazareth. Er soll darum allein der Führer sein.

Gewissensfreiheit. Die Großloge von England ist zu einer Zeit entstanden, da eine gewisse Ermüdung nach den jahrhundertelangen Glaubenskämpfen eingetreten war. Aus der schwülen Atmosphäre der Ära der religiösen Verfolgungen flüchteten die Freimaurer in die reine Sphäre einer von den Philosophen ihrer Zeit vertretenen Glaubens- und G. und bekannten sich aufs nachdrücklichste zu dieser. Das verstehen die „Alten Pflichten" unter den Worten: „The Religion in which all Men agree" (die Religion, in der alle Menschen übereinstimmen). Demnach lehnt der Freimaurer das Dogma ab und gewährt G., die ihn zur Toleranz anderen gegenüber verpflichtet. Kaiser Friedrich III. (s. d.) hat dies in die Worte gekleidet: „Zwei Grundsätze bezeichnen vor allem unser Streben: G. und Duldung. An ihnen lassen Sie uns festhalten mit all unserer Kraft." In Beantwortung der antifreimaurerischen Bulle Pius IX., 1865, schrieb Bluntschli (s. d.) in bezug auf die G.: „Wird die Freimaurerei deshalb verdammt, so sind die gebildete Welt und die zivilisierten Staaten derselben Verdammnis teilhaft."

Gewölbe, s. Arch.

Gewölbe, Stählernes, Stahldach (frz. Voûte d'acier), üblich in Lehrarten, die mit Degen (s. d.) arbeiten. Ehrenbezeugung, z. B. beim Eintritte des Großmeisters, indem die in zwei Reihen stehenden Brr. die Degen in Form eines Daches kreuzen. Ursprünglich militärische Sitte; heute auch noch als Hochzeitsgebrauch üblich, so in England bei Eheschließungen von Offizieren, Sportleuten u. a.

Ghica, Jon, rumänischer Staatsmann und Schriftsteller, * 1817, † 1897, stand zuerst als Gouverneur von Samos in türkischen Diensten. 1866/67 Minister unter Cuza, 1870/71 Ministerpräsident, dann Generaldirektor der rumänischen Theater, Gesandter in London, war Freimaurer.

Gibbon, Edward, englischer Historiker und Schriftsteller, * 1737, † 1794, Verfasser des berühmten Werkes „Decline and Fall of the Roman Empire", war 1774 Mitglied der Londoner „Lodge of Friendship" Nr. 3.

Giblim, auch Ghiblim, werden in Andersons Constitutions (Ausgaben von 1723 und 1738) als Bauleute am Salomonischen Tempel genannt, und zwar als Steinhauer und Bildner. Es handelt sich um die Gibliter, die Bewohner von Gebal (Byblus), Stadt und Distrikt in Phönizien. Diese werden tatsächlich in der Bibel (Ezech. 27, 9. Josua 13, 5 und 1, Könige 5, 18.) als Bauleute neben den Leuten Salomons und Hirams erwähnt. In einzelnen Hochgraden als Paßwort gebräuchlich.

Gibraltar. Eine der frühesten Logen, die von England aus gegründet wurden, „St. John of Jerusalem", entstand 1728 in G. Gegenwärtig wirkt dort eine 1752 gestiftete Distrikts-Großloge der Großloge von England mit 3 Logen. Adresse: Masonic Hall, Alameda, G., außerdem zwei schottische, eine irische und eine spanische Loge.

Bei den Freimaurerverfolgungen in Spanien (September 1928) flüchteten zahlreiche Freimaurer und Odd Fellows nach G.

Giesecke, Karl L. M. Die Lebensgeschichte von G. ist schwer zu schreiben und zahlreiche Verwechslungen kommen sicherlich deswegen vor, weil in seiner Familie zweimal Zwillinge und einmal Drillinge zur Welt kamen. Sein wirklicher Name war anscheinend Johann Georg Metzler. * in Augsburg 1761 als Sohn eines Schneiders, studierte in Göttingen die Rechte und wurde 1783 Schauspieler. Als solcher wirkte er in Wien bei Schikaneder in der „Zauberflöte", und zwar als erster Priester im Chore mit. 1794 begann er sich mit Mineralogie zu beschäftigen und hatte dadurch auch Beziehungen zu Goethe. Nach einem Wanderleben durch ganz Europa schickte ihn 1806 der König von Dänemark nach Grönland, wo er von der dänischen Regierung vergessen wurde, so daß er erst 1813 mit einer reichen Steinsammlung und einigen Pelzen, aber sonst ohne alle Mittel, nach Europa zurückkehrte. In England wurde er dann Professor der Mineralogie in Dublin, erreichte hohe wissenschaftliche Ehren, † 1833 in Dublin. G. wurde 1788 in Wien in der Loge „Zur neugekrönten Hoffnung" am Johannistage aufgenommen. Er hat in Gesprächen wiederholt behauptet, daß er den Text zur „Zauberflöte" geschrieben und daß sich Schikaneder bloß die Rolle des Papageno selbst auf den Leib geschrieben habe. Tatsache ist, das G. sich als Librettist auch sonst betätigt hat, und daß Schikaneder gelegentlich fremde Arbeiten unter seinem Namen herausgab. Nichtsdestoweniger ist der Fall unklar.

Gießler, Johann Karl Ludwig, protestantischer Theologe, * 1793, † 1854, Universitätsprofessor in Bonn und Göttingen, Verfasser eines bekannten sechsbändigen „Lehrbuchs der Kirchengeschichte", wurde in Halle 1817 in der Loge „Zu den drei Degen" Freimaurer und leitete später die Loge „Augusta zum goldenen Zirkel" in Göttingen.

Gijn, van, Simon M. H., führender Freimaurer, * 1848, aufgenommen in der Loge „La Flamboyante" in Dordrecht 1872, war deren langjähriger Vorsitzender Meister und Großmeister des Großostens der Niederlande, ist dessen Ehrengroßmeister und Ehrengroßkommandeur des Obersten Rates des A. u. A. Schottischen Ritus der Niederlande.

Gilden, im Mittelalter entstandene freie genossenschaftliche Vereinigung zur Förderung gemeinsamer Interessen. Der Ursprung wird auf altheidnische, mit Opfern (gield, gildi) verbundene Feste und Trinkgelage zurückgeführt, auch auf römische Organisationen. In England sind sie sehr früh, in Frankreich seit dem 11., in Deutschland seit dem 12. Jahrhundert nachweisbar. Die ältesten Gilden waren bruderschaftliche Vereinigungen mit einem religiösen Grundzug. Die weltlichen G. waren teils Schutzgilden (Rechtsschutz, Eideshilfe) zur gegenseitigen Unterstützung (Feuersnot, Krankheit, Tod, Seelenheil), teils politische G., so die Altbürgergemeinden in deutschen Städten, Gewerbe-G., schließlich Handwerks-G., Zünfte.

Die englischen G. waren religiöse, dann Gilds Merchant und Craft Gilds. Die religiösen standen mit der katholischen Kirche im engen Zusammenhange. Beispiele für die Gilds Merchant (Kaufmanns-G.) sind die heute noch bestehenden zwölf großen Livery Companies in London. Die Craft Gilds entsprechen etwa den heutigen Trade Unions. Sie werden zunächst von Leuten gebildet, die zu den Gilds Merchant der eingesessenen Bürger mit ihrem wachsenden patrizischen Charakter (erbliche Mitgliedschaft!) keinen Zulaß fanden, vor allem Handwerker, und die sich nun selbst in Crafts Misteries organisierten. Ihr Zweck war die Sicherung der Lebenshaltung des einzelnen Mitgliedes und seine Unterstützung im Falle der Arbeitslosigkeit oder Krankheit. Sie hatten regelmäßige Versammlungen, unterhielten Messen und Lichtstiftungen in bestimmten Kirchen, sorgten für Begräbnis und Seelenheil veranstalteten als Träger moralischer und religiöser Grundsätze biblische Mirakelspiele. Mitglieder waren auch die Frauen der Werkleute. Die Bezeichnung untereinander war Br. und Schwester. Die G. stellen somit gewerkschaftliche Vereinigungen von bruderschaftlichem

Charakter vor. Daraus erklärt sich auch, daß Personen, die mit dem besonderen Handwerk nichts weiter zu tun hatten, sich den G. und den aus ihnen entstandenen bruderschaftlichen Verbänden anschlossen. Die ersten positiven Nachrichten über G. der Bauleute stammen von der Mitte des 14. Jahrhunderts. 1350 traten sie in York, 1357 in Chester als Veranstalter von Mirakelspielen hervor. 1375 ist in einer Aufzeichnung über eine Vertreterversammlung der städtischen G. in London, von „ffremasons", die Rede.

Die Freimaurerei steht zum G.-Wesen insofern in innigster Beziehung, als sich in ihr die Entwicklung über die Steinmetzenbruderschaften und die Zunft der Steinmetzen zur geistigen, spekulativen Form nachweisen läßt. Das Gebrauchtum der Freimaurerei geht zurück auf Eigentümlichkeiten der weltlichen Steinmetzenbruderschaften, die die geistlichen ablösten und die nach ihrer Auflösung in den Zunftgebräuchen fortlebten (s. auch Company und Society).

Gilkes, Peter William, berühmter englischer freimaurerischer Instruktor, * 1765, † 1833. Zahlreiche Stuhlmeister und ungemein viele lernbegierige Brr. seiner Zeit verdankten ihm ihr freimaurerisches Wissen.

Giner de los Rios, Francisco, * 1840, † 1915, Professor an der Madrider Universität, begeisterter Verfechter der Ideen des deutschen Philosophen Krause (s. d.), Begründer der modernen spanischen Philosophie, war Freimaurer.

Giorgiones Geheimnis nennt der Mannheimer Kunsthistoriker G. F. Hartlaub die symbolische Deutung, die er dem berühmten Gemälde des Meisters „Die drei Philosophen" gibt. Hartlaub nimmt an, daß G. die Absicht hatte, drei Männer zu zeigen, die einer der platonischen Sodalitäten der Renaissance, also einem der von Ludwig Keller (s. d.) als Vorläufer der Freimaurerei bezeichneten Weisheitsbünde angehörten. Die ganze Darstellung zeigt nach Hartlaub, daß das Bild die drei Stufen (Grade) der Gemeinschaft darstellen sollte: der eine der Männer ist mit Zirkel und Winkelmaß ausgerüstet, der zweite ist als Wanderer in die Weite — in die morgenländische Ferne! — dargestellt, der dritte entfaltet ein Blatt mit geheimwissenschaftlichen (astrologisch - alchimistischen) Zeichen. Die Höhle auf der linken Seite des Bildes stellt für Hartlaub den stillen Geburtsort jenes höheren lichten Menschentums dar, das die drei Männer suchen. Das höchste Ziel ist die „Stadt", die sich leuchtend im Hintergrund zeigt, und die das Ideal des Brüderbundes: den vollkommenen Tempel oder Kosmos oder auch das Reich Gottes symbolisch ausdrückt. Auch August Horneffer steht auf dem Boden von Hartlaub. Er weist auch auf einem anderen Bild, „G.s Familie", Symbole nach, die in der Freimaurerei bekannt sind, und bezeichnet dieses Gemälde ebenfalls als eine sinnbildliche, durch höchste Kunst verklärte Darstellung des inneren Lebens jener Geistesgemeinschaften vor der Freimaurerei, die den Weg zur Humanitas suchten, also zum wahren Leben und der idealen Welt, wie sie nicht ist, aber sein sollte. Dr. C. Harms, Florenz, bestätigte (1926 in der „Kölnischen Zeitung"), daß die Zeichen auf den Bildern G.s Grad- und esoterische Qualitätsabzeichen alchimistischer Bünde jener Zeit bedeuten, die auch in der Freimaurerei wiederkehren. Auch nach Harms stellen die drei Philosophen die Gradstufen des Lehrlings, Gesellen und Meisters dar, wie sie in allen derartigen Weisheitsschulen zu beobachten sind.

Girard, Stephen, aus kleinsten Anfängen emporgestiegener, in Bordeaux 1750 geborener, in Philadelphia niedergelassener Unternehmer, Großkaufmann, Reeder, Bankdirektor, einer der ersten amerikanischen Multimillionäre, Freigeist. Verehrer der französischen Aufklärer, deren Namen er seinen Schiffen gab, Philanthrop von ungewöhnlichen Ausmaßen, der bei seinem 1831 erfolgten Tod fast sein ganzes, 40,000.000 Dollar betragendes Vermögen für Wohlfahrtszwecke hinterließ, davon allein zwei Millionen für ein Waisenhaus in Philadelphia. G. bedachte auch die Großloge von Pennsylvanien mit einem stattlichen Fonds; in einer ihrer Logen in Philadelphia hatte er sich eifrig betätigt.

Girschick, Adolf, Kaufmann in Saaz in Böhmen, * 1854, † 1931, erster Großmeister der Großloge „Lessing zu den drei Ringen" in der Tschechoslowakischen Republik, aufgenommen in der Dresdner Loge „Zu den drei Schwertern" 1880. Die Sammlung der Freimaurerei in den Ländern der böhmischen Krone zur Zeit des österreichischen Verbotes ist ausschließlich G.s Verdienst, der es in fleißiger Kleinarbeit verstanden hat, die Verbindungen zwischen den in der Diaspora lebenden Brr. anzuknüpfen und durch Einberufung von böhmischen Brudertagen usw. lebendig zu erhalten. Er wurde auch der Gründer der ersten Großloge, nachdem die Freimaurerei in Böhmen seit 125 Jahren geruht hatte. Persönlich ist G. wenig hervorgetreten, seine Persönlichkeit war von einem bezwingenden Zauber; er verstand es, die wenig homogenen Gründungselemente seiner Großloge in eine höhere Einheit zu bringen.

Gist, Mordecai, General Washingtons im amerikanischen Revolutionskrieg, war Großmeister der Großloge von South Carolina 1790/91.

Gjaja, Jovan, serbischer Politiker, aus Dalmatien stammend, * 1846, † 1928, Chefredakteur, seit 1882 einer der ersten Führer der jungradikalen Partei, 1890—1892 Innenminister in den radikalen Kabinetten Sava Grujić und Pašić, Gesandter in Athen und Sofia, war Freimaurer.

Glaire, Pierre Maurice de, schweizerischer Diplomat in polnischen Diensten, Sekretär des Königs Stanislaus August von Polen, * 1743, † 1819, Geheimer Rat, Gesandter am Hofe der Kaiserin Katharina von Rußland, entwickelte bis 1784 eine rege Tätigkeit in den polnischen Logen. In seine Heimat zurückgekehrt, wo er Mitglied des Direktoriums der Helvetischen Republik wurde, trat er 1811 als Großmeister an die Spitze des neu gegründeten Grand Orient national helvétique in Lausanne.

Glaube. Der Freimaurer glaubt an das Walten einer sittlich schöpferischen Kraft im Weltall, die er unter dem Namen des Allmächtigen Baumeisters aller Welten (s. d.) verehrt. In dieser Formel stimmen alle Großlogen überein. Ihre besondere Deutung (vom unbedingten Gottesglauben bis zum Symbol) ist in den verschiedenen Obedienzen ganz außerordentlich verschieden. Völlig falsch ist jedenfalls die Behauptung von Gegnern der Freimaurerei, diese — oder nur ein Teil von ihr — sei glaubensfeindlich. Einzelne — namentlich die nordamerikanischen — Großlogen legen den G. an die Unsterblichkeit der Seele fest. Die Großloge von England vertritt diese Glaubensforderung in ihren letzten Grundregeln für die Anerkennung nicht mehr. Sehr weit gehen amerikanische Großlogen, die von ihren Mitgliedern den G. an die Wirksamkeit des Gebetes fordern. In den christlichen Systemen (s. d.) wird Christus in den Mittelpunkt der Lehre gestellt. Der Grand Orient de France hat jede Glaubensformel aus seiner Verfassung gestrichen und sich dadurch besonders zur angelsächsischen Freimaurerei in einen unüberbrückbaren Gegensatz gebracht. In keiner anderen Frage kommen die verschiedenen geistigen Temperamente und Veranlagungen der national getrennten Freimaurereien der verschiedenen Länder so stark zum Ausdruck, wie gerade im G.-Problem. Der Begriff des A. B. a. W. ist geeignet, alle Weltanschauungen zu decken. Der G. des Freimaurers kann nicht eine Religion der Gunstwerbung im Sinne Kants sein. Wesentlich in ihm sind lediglich die sittlichen Ableitungen aus dem persönlichen G. Die immanente Sittlichkeit des großen Weltgeschehens gibt dem Freimaurer den G. zur Arbeit und die Hoffnung auf die Erfüllung seines Bauzweckes.

Selbstverständlich gibt es auch unter Freimaurern eine mitunter sehr bedauerliche Intoleranz in Glaubensfragen, zumal ja die Freimaurerei nicht eine Versammlung von Vollendeten, sondern eine Schule zur Vollendung sein will. Weltanschauungsfragen haben daher die Freimaurerei in einzelnen ihrer Teile wiederholt intensiv beschäftigt. Hier den Richter spielen wollen und Recht und Unrecht verteilen, hieße die geistigen Veranlagungen der einzelnen Freimaurereien mißverstehen. Allgemein verbindend bleibt in all diesen Weltanschauungsfragen für die unterschiedlichen Freimaurereien lediglich die Vorstellung und der G. an den A. B. a. W.

Glaube als Wortsymbol bildet mit Liebe und Hoffnung die drei Flammen (Säulen) des Rosenkreuzergrades des A. u. A. Schottischen Ritus und anderer Systeme; er bedeutet G. an die ewige Wahrheit, die Natur und Welt beherrscht, und ist die Flamme, die der Erkenntnis leuchtet. Der G. verleiht die Macht, die Leidenschaften zu meistern, er darf aber nicht blind sein; blinder G. macht zum Fanatiker zum Ignoranten, der das Denken durch Einbildung ersetzt und glaubt, ohne zu wissen.

Glaubensartikel, Freimaurerische. In der 1931 von der Großloge von New York angenommenen Verfassung heißt es:

Als der Ausdruck der einfachsten Form des maurerischen Glaubens werden die folgenden Glaubensformeln festgesetzt, die den Glauben wohl nicht erschöpfen, aber an sich nicht widerlegbar und überzeugend sind:

1. Es gibt einen Gott, den Vater aller Menschen.
2. Die Heilige Bibel ist das Große Licht der Freimaurerei und das Gesetz und der Führer im Glauben und Handeln.
3. Der Mensch ist unsterblich.
4. Der Charakter bestimmt das Schicksal.
5. Menschenliebe ist nächst der Liebe zu Gott des Menschen erste Pflicht.
6. Das Gebet, als ein Mittel, Gott näher zu kommen, ist förderlich (s. auch Credo).

Gleichberechtigung aller Brüder. Nach englischem und kontinentalem Brauch erlangt der Lehrling durch die Aufnahme die vollen Mitgliederrechte in der Loge. In einzelnen amerikanischen Obedienzen wird dagegen dem Aufgenommenen bis zur erlangten Meisterweihe das volle Stimmrecht vorenthalten, wie ja auch in diesen Großlogen Lehrlinge und Gesellen in der Statistik durchwegs fehlen. Nur bei Angelegenheiten, die einen bestimmten Grad betreffen, haben, wie auch in Europa, dessen Besitzer Stimmrecht.

Gleichheit. Andersons „Alte Pflichten" enthalten den Satz: „All Preferment among Masons is grounded upon real Worth and personal Merit only" (aller Vorzug unter Maurern ist begründet allein auf wirklichem Wert und persönlichem Verdienst). Die G. unter Freimaurern liegt im Brudernamen verankert. In der Loge sind alle Brr. gleich. Das profane Leben setzt seine Unterschiede. Die Loge verwischt bei der Arbeit das Rangverhältnis und will für die Zeit der Vereinigung alle Brr. auf derselben Waagrechten versammeln. Ausgezeichnet hat dies Rudyard Kipling in seinem Gedichte „Meine Mutterloge" ausgedrückt:

„Draußen: Herr! Wachtmeister! Ein schroffes Dienstgesicht!
Doch drinnen nur: Mein Bruder! Mit Rang und Titelverzicht!
Der Zirkel, die Waage gleicht alles aus."

Eine wiederholt im englischen Schrifttum vorkommende, auch dichterisch verwendete Redewendung spricht vom „to meet upon the level", auf gleicher Waagrechten begegnen.

Aus dieser Gleichheit in der Loge ergeben sich für den Freimaurer Verpflichtungen für das profane Leben, die beispielsweise im Dienstverhältnis seitens des Vorgesetzten und Untergebenen sicherlich viel Takt erfordern. Der Vorgesetzte wird sein „schroffes Dienstgesicht" dem Br. zuliebe auch anderen gegenüber mildern, und der Untergebene wird als Br. sich zu vermehrter Pflichterfüllung veranlaßt fühlen. Der Offizier, der mit seinem Sergeanten in einer Loge sitzt, ist nach der Arbeit wieder der Vorgesetzte. Dienst ist etwas Unpersönliches, das Höhere und Niedere braucht. Der persönliche Takt kann dieses Verhältnis beeinflussen, der Freimaurerei liegt nichts ferner, als dieses gegebene notwendige

Verhältnis zu stören. In den frühen Verräterschriften, die eine gute Vorstellung von den alten Katechismen geben, wird der Freimaurer bezeichnet als a man, begot of a Man, born of a Woman, Brother to a King (Ein Mann, gezeugt von einem Manne, geboren von einem Weibe, Bruder eines Königs). (The Grand Mystery, 1724.) In den späteren Schriften findet sich die Fassung: Free Man, born of a Free Woman, Brother of a King, Fellow to a Prince and Companion to a Beggar, if a Mason and a worthy Man" („Ein freier Mann, geboren von einem freien Weibe, Bruder eines Königs, Genosse eines Fürsten und Genosse eines Bettlers, falls er ein Maurer und ein würdiger Mann ist"). In Andersons Verfassung ist von dieser Gleichheit nicht die Rede, es wird nur darauf verwiesen, daß sich aller Vorzug unter Maurern auf eigenem Verdienst gründet. In den ersten Jahren der Großloge scheint diese Unterlassung der Betonung einer völligen Gleichheit den Moderns zum Vorwurfe gemacht worden zu sein, denn Laurence Dermott (s. d.) spricht in nicht gerade schmeichelhafter Verbindung von den „Gentlemen Members of the Modern Society of Masons". Dagegen war in Frankreich der Begriff der Gleichheit in der Loge schon in den frühesten Zeiten deutlich ausgeprägt. So 1783 in der Relation apologique et historique de la Société des F. M.: „On ne garde dans ces assemblées d'autre rang que celui de la réception". 1744 in Idée juste de Société des Freymaçons: „Une égalité parfaite règne entre tous les Membres de cette société." Wann in den französischen Logen die „heilige Dreizahl", le ternaire sacré, des Liberté, Égalité, Fraternité aufgekommen ist, steht nicht fest. Jedoch hatten die Logen der Martinisten bereits diese später in der französischen Revolution zur Berühmtheit gelangte Devise.

Gleichnisse. Im Ritual der Großen Landesloge der Freimaurer von Deutschland werden Sonne und Mond und die beiden kupfernen Säulen in den Ecken der Arbeitstafel Gleichnisse genannt. Dieser Ausdruck, der sehr unklar ist, wird von Nettelbladt dahin gedeutet, daß diese Dinge mehrere Bedeutungen haben. Im heute geltenden (zweiten) Logenbuch findet sich keine Erklärung.

Gleichtracht (Uniform). Trat die alte englische Loge in die Öffentlichkeit, wie bei Aufzügen, Kirchengängen, Grundsteinlegungen, so wurde oft eine G. vorgeschrieben. So 1791 in der Loge von Cambridge: blauer Rock mit gelben Knöpfen, weiße Weste, schwarze Satin- oder Seidenkniehosen und weiße Strümpfe. Dieser Brauch erklärt sich aus den Klubsitten Englands. (Vergl. Dickens „Pickwickier".) Die amerikanischen Knights Templar, ein Seitenzweig der Freimaurerei, tragen bei öffentlichen Aufzügen auch heute noch eine Uniform: schwarzen Waffenrock, schwarzen Dreispitz mit Federbesatz und Schwert an einer goldenen Koppel. In einzelnen Hochgraden des A. u. A. Schottischen Ritus wird durch die Bekleidung eine Art G. geschaffen (s. Ordenstracht).

Globen, die Erd- und Himmelskugeln, häufig verwendet als Krönung der beiden Vorhofssäulen im Tempel. Sie sollen den Freimaurer auf die Betrachtung des Weltalls hinleiten. Daher sehr oft auch in sinnbildlichen Darstellungen. Auch in Logennamen: Große National-Mutterloge zu den drei Weltkugeln (aux trois globes) (s. d.).

Glocke, Symbol in der Andreasloge, an deren Pforte ihr Schall den Johannismeister anmelden soll. Sie symbolisiert die Stimme des Gewissens, dient aber auch an Stelle des Hammers. Im letzteren Fall bedeutet sie als Meisterglocke das göttliche Wort, als G. der Aufseher dessen Widerhall in der Welt.

Glory, Symbol of, heißt in amerikanischen Ritualen der flammende Stern (Blazing star).

Glückseligkeit. Wenn auch G. nicht das einzige Ziel alles sittlichen Handelns und Strebens ist, so stehen beide doch nicht im Gegensatz zueinander (s. Eudämonismus). Der Freimaurerei wird vorgehalten, daß sie das Streben nach G. als Grundsatz und Maßstab der Sittlichkeit aufstelle und als alleiniges Ziel ihrer Tätigkeit verfolge. Das „Glücklichsein" ist ... keine Gabe des Schicksals. Man muß es sich, wenn es dauernd sein soll, selbst erkämpfen (Humboldt). Diese Auffassung entspricht der freimaurerischen, in dem die G. an Pflichterfüllung geknüpft wird.

Glücksmann, Heinrich, Professor, Dramaturg des Deutschen Volkstheaters in Wien, * 1864, Schriftsteller, aufgenommen 1893 in der Wiener Loge „Eintracht". Seit 1898 Mitglied der „Humanitas" und Leiter der von dieser herausgegebenen freimaurerischen Zeitschrift „Der Zirkel", nach deren Übernahme durch die Großloge von Wien und Umwandlung in die „Wiener Freimaurerzeitung" der letzteren bis 1923.

G. M. G. (engl.), Grand Master General, s. Generalgroßmeister.

Gneisenau, August Neidhardt, Graf von, * 1760, † 1831, preußischer General, Kämpfer für die Wiedergeburt seines Vaterlandes, 1813 Blüchers Generalstabschef, hatte bedeutenden Anteil an den Erfolgen der Befreiungskriege. 1815 verfolgte er die Franzosen nach der Schlacht bei Waterloo. 1818 Gouverneur von Berlin und Staatsrat, 1825 Generalfeldmarschall. G. wurde am 17. März 1788 Mitglied der Johannisloge „Zu den drei Felsen" (Drei Weltkugeln) in Schmiedeberg i. R., wo er im Bataillon Schorff als Premierleutnant Dienst tat. 1813 wurde er zum Ehrenmitglied ernannt.

Gnosis, s. Gnostizismus.

Gnostische Kirche, s. Martinisten, Moderne.

Gnostizismus, eine dem Neu-Platonismus (s. d.) nahestehende geistige Bewegung (eine Art esoterische Religionslehre), die besonders im 2. und 3. Jahrhundert n. Chr. stark verbreitet war, die christlichen Traditionen im Sinne der Mysterienfrömmigkeit verstand und umgestaltete und im Gegensatz zum Autoritätsglauben Gnosis, d. h. unmittelbare Erkenntnis des Übersinnlichen durch direkte Gottesschau suchte. In diese eigenartige Lehre waren orientalische und griechische Mythen, platonische und stoische Philosophie sowie Theosophie verwoben. Die häretischen **Gnostiker** wollten die christliche Lehre mit G. in Einklang bringen, ein Bestreben, das von der Kirche mit Erfolg bekämpft wurde. Der G. baute eine Weltenstufenlehre (Kosmogonie), ein Emanationssystem auf. Die Gnostiker glaubten an ein unendliches, unsichtbares Wesen, das sich in Emanationen ausbreitet, die desto unvollkommener werden, je entfernter sie sich vom Mittelpunkte ihres Urhebers befinden. Die Dreieinigkeit der Gnostiker besteht aus der Materie, dem **Demiurg** und dem Erlöser. Die höheren Emanationen, die Äonen, haben teil an den Attributen der göttlichen Weisheit und sind mit Hilfe symbolischer Zahlen in Klassen geteilt, die in ihrer Gesamtheit das Lichtmeer, pleroma, die vollkommene Erkenntnis bilden. Der Demiurg, ein Untergott, erscheint in dieser Lehre als der Schöpfer der Welt, die er ohne Mitwirkung des unsichtbaren Gottes erschaffen hat. Nach der Anschauung einer anderen gnostischen Sekte ist er dagegen der Vertreter und das Werkzeug des Obersten Gottes, den der göttliche Wille speziell als Jehova über die Juden gesetzt hat. Die Menschheit habe die Bestimmung, sich von der Natur loszumachen und diese zu beherrschen, um in ein Leben voll unsterblicher Schönheit aufzugehen. Die Juden gelangen hierbei als „Psychiker" nur bis zu Jehova, die Heiden bleiben „Erdenmenschen", die wahren Christen aber, d. i. die Gnostiker, sind „Pneumatiker", die allein zum wahren Leben gelangen können. Simon **Magus**, sein Nachfolger **Menander**, der Milleniumsapostel **Gerinthes** und einige andere Männer des 1. Jahrhunderts gelten als die Stifter des G. Im 2. Jahrhundert kam hierzu die Sekte des **Basilides** von Alexandrien, die den G. mit indischen und ägyptischen Bestandteilen verquickte, so mit den 365 Äonen oder Schöpfungszyklen, die Basilides unter dem Namen **Abraxas** zusammenfaßte, ein Wort, dessen Zahlenwert 365 beträgt. Ganz absonderlich muten jene gnostischen Glaubensätze an, die im Demiurg ein der Urgottheit feindliches Wesen erblicken, oder daß beispielsweise **Kain** im Gegensatze zum blindgläubigen **Abel** ein Gnostiker gewesen sei, den Jehova, der Demiurg, verfolgte, oder daß der Demiurg mit seinen Dämonen dummschlau den Tod Christi verursacht und dadurch die wahren Absichten des unbekannten Gottes gefördert habe.

Begreiflicherweise fanden diese Lehren in den breiten Schichten der Gläubigen wenig Verständnis. Die Exklusivität dieser Lehre, die in ihrer Verstiegenheit nicht von allen begriffen werden konnte, förderte ein Geheimbundwesen. Nach **Heckethorn** („Geheime Gesellschaften") hatte dieser Geheimbund auch seine besonderen Zeichen. Die Gnostiker erkannten sich, indem sie sich beim Händeschütteln mit gebogenem Finger leise über die Handflächen fuhren.

Im Mittelalter galten in erster Linie die Templer als Hüter gnostischer Überlieferung. Wie der Neu-Platonismus, so beeinflußte die Gnosis stark die neu-christliche Form der Kabbala (s. d.) und andere Systeme und insbesondere auch **Reuchlin** (s. d.) und Jakob **Böhme** (s. d.) und damit die Rosenkreuzer. Auch im 17. und 18. Jahrhundert machte er sich noch geltend.

Mit der Freimaurerei kamen gnostische Systeme im 18. Jahrhundert in Berührung, als christliche Mysterien in die Freimaurerei einsickerten. Die Deutung der Königlichen Kunst als Mysterienbund war dabei wohl richtig, die besondere Auslegung zugunsten einer rein christlichen Gnosis jedoch ein Verkennen der geschichtlichen Grundlagen. Die Gnosis wurde auch — zu Unrecht — herangezogen, um in der Zeit der maurerischen Verirrungen die Abstammung der Freimaurerei von den Tempelrittern zu erhärten. Es wurde fälschlich behauptet, diese hätten sich der alten Baubrüderschaften bedient, bezw. in Gemeinschaft mit ihnen esoterische Lehren pflegende Körperschaften gebildet, um so ihre gnostische Symbolik in Stein der Nachwelt zu überliefern. Ihre esoterische Kosmogonie sei das „verlorene Wort" (von dem in freimaurerischen Hochgradsystemen so viel die Rede ist), der Logos, die Wissenschaft vom Allmächtigen Baumeister (vergl. A. Q. C., 1911, Bd. 24/3).

Gnostisch-esoterischen Kultus enthielt die Lehrart der **Martinisten** (s. d.). Auch bei **Feßler** sollte die höchste Stufe (Vollendung, Teleiosis) in einer vollständigen Geschichte der sogenannten maurerischen Gnosis die letzten Aufschlüsse geben.

Mit Gnosis wird auch in einzelnen Systemen der Buchstabe „G" (s. d.) gedeutet.

In der heute mancherorts neuerstandenen gnostischen Bewegung liegt ein wunscherfülltes Abkehren von den Realitäten des leiderfüllten Daseins, ein Retten in das Pneuma einer besseren Welt. Eine gnostische Welle dieser Art kann den **Einzelnen** in seiner Abgeschiedenheit über das persönliche Leid hinwegbringen, sie ist aber außerstande, der Gesamtheit einer auf ein Bauziel gerichteten Vereinigung Impulse zu fördernder Gemeinschaftsarbeit zu geben. Der moderne G. vermag vielleicht Spannungen des einzelnen zu entspannen, der Spannkraft des Bundes dienen kann er nicht!

Goblet d'Alviella, Eugène Félicien, Graf, Brüssel, Schriftsteller, Universitätsprofessor, Kammerabgeordneter, Vizepräsident des Senats, Staatsminister, * 1846, † 1927, nahm auf die Entwicklung der belgischen Freimaurerei außerordentlich starken Einfluß. 1878 in die Kammer gewählt — G. war damals Journalist — wehrte er energisch klerikale Angriffe auf die Freimaurerei ab. Auch als Senator trat er später entschieden für diese ein. Freimaurer seit 1870, trat er schon als Stuhlmeister der Brüsseler Loge „Amis Philantropes" leidenschaftlich für kontemplative Tätigkeit, historisch-esoterische Studien ein. Als Großmeister des Grand Orient de Belgique (1884) bekämpfte er jeden Gedanken an politische Betätigung der Freimaurerei. Im besonderen Maße konnte er dann für die Reinheit der Lehre als Großkommandeur des belgischen Suprême Conseil des A. u. A. Schottischen Ritus (seit 1900) wirken. In dieser Eigenschaft arbeitete er in zwanzigjähriger Tätigkeit die Rituale des Schottischen Ritus (XXII.—XXX.

Grad) vollständig um, indem er ihren sittlichen, mystischen und philosophischen Gehalt in jeder Weise vertiefte. Jeden der von ihm neubearbeiteten Grade lehnte er an eine der großen Religionen, bezw. Weisheitsschulen an. G. erhielt zweimal den freimaurerisch-literarischen Peeters-Baertson-Preis, 1909 wurde er zum Aktivmitglied der Londoner Quatuor Coronati Lodge gewählt. Hauptwerke: „Migration des Symboles", „L'Evolution religieuse contemporaine chez les Anglais", „Introduction à l'Histoire Générale des Religions", „Des Origines du Grade de Maître". Letzteres Buch stellt eine sehr wertvolle Studie über die Entstehung des Meistergrades dar.

Göchhausen, Ernst August Anton v., Geheimrat, * 1740, † 1824, preußischer Offizier, dann Staatsbeamter, schriftstellerisch tätig, bekämpfte die „poésie larmoyante" seiner Zeit, 1763 in der Hallenser Loge „Philadelphia" aufgenommen, beschäftigte er sich mit dem Studium des Jesuitismus und der geheimen Gesellschaften (Werke: „Vorläufige Darstellung des heutigen Jesuitismus, der Rosenkreuzerey, Proselytenmacherey und Religionsvereinigung", „Enthüllung des Systems der Weltbürger-Republik", „Vollendeter Aufschluß des Jesuitismus und des wahren Geheimnisses der Freimaurer" usw.), hielt ungeachtet des Zusammenbruches der Strikten Observanz an der Überzeugung fest, daß der Freimaurerbund vom Templerorden abstamme und diesen seinen ursprünglichen Charakter bewahren müsse.

Godecharles, Guillaume, belgischer Bildhauer, * 1750, † 1835, Bildhauer Napoleons, dann des Königs Leopold I., von ihm die Front des Parlaments in Brüssel und des (abgebrannten) Schlosses in Laeken, war Mitglied einer Loge in Brüssel.

Godin, Jean-Baptiste André, französischer Politiker und Industrieller, * 1817, † 1880, arbeitete sich aus kleinen Anfängen empor, gründete für seine Arbeiter ein „Familistère", eine Vereinigung für Produktion und Konsum, war Abgeordneter, schrieb: „Solutions sociales", „Les Socialistes et les droits du travail", „Mutualité nationale contre la misère" usw., war Mitglied der Loge „Thélème" („Acacia" 1927, Heft 43).

Goedsche, Hermann, deutscher Romanschriftsteller, * 1815, † 1878, schrieb unter dem Namen Sir John Retcliffe eine Reihe historischer Romane (Sebastopol, Villafranca, Nena Sahib, Puebla, Biarritz u. a. m.), in denen er dem Sensationsbedürfnis seiner Zeit ebenso entgegenkam, wie späterhin die verschiedenen Detektivromane. In seinem Roman „Biarritz" schildert er eine Szene auf dem Prager Judenfriedhof. Die Vertreter der Judenheit kommen da einmal in hundert Jahren an einem bestimmten Tage in mitternächtlicher Stunde zusammen und verteilen die Herrschaft über die Welt. Die geschilderte Szene hat dem Verfasser der berüchtigten Protokolle der „Weisen von Zion" (s. d.) als Muster gedient. Auch an verschiedenen anderen Romanstellen bringt G. seinen Lesern mit Hilfe der Freimaurerei und anderer „Geheimbünde" das Gruseln bei.

Goethe, Johann Wolfgang von, * 28. August 1749 in Frankfurt a. M., † 22. März 1832 in Weimar. Biographie möge an anderen Orten nachgesehen werden.

G. als Freimaurer: Im Jänner 1780, von seiner Schweizer Reise zurückgekehrt, richtete G. an den damaligen Stuhlmeister der Weimarer Loge „Amalia" folgendes Schreiben:

„Euer Exzellenz nehme ich mir die Freiheit mit einer Bitte zu behelligen. Schon lange hatte ich einige Veranlassung zu wünschen, daß ich mit zur Gesellschaft der Freimaurer gehören möchte; dieses Verlangen ist auf unserer Reise viel lebhafter geworden. Es hat mir nur an diesem Titel gefehlt, um mit Personen, die ich schätzen lernte, in nähere Verbindung zu treten — und dieses gesellige Gefühl ist es allein, was mich um die Aufnahme nachsuchen läßt. Wem könnte ich dieses Anliegen besser empfehlen als Ew. Exzellenz. Ich erwarte, was Sie der Sache für eine gefällige Leitung zu geben geruhen werden, erwarte darüber gütige Winke und unterzeichne mich ehrfurchtsvoll Ew. Exzellenz gehorsamster Diener Goethe."

Der Meister vom Stuhl, Staatsminister Freiherr J. F. v. Fritsch (s. d.), stand G. nicht freundlich gegenüber. Er hatte sich sogar wegen dessen Ernennung zum Geheimrat mit Rücktrittsabsichten getragen. Er erledigte das Ansuchen pflichtgemäß, hatte aber den Takt, bei der am Vorabend des Johannisfestes, am 23. Juni 1780, erfolgenden Aufnahme den Hammer an Bode (s. d.) abzugeben. Nach einer Mitteilung von Pabst soll G. das Verbinden der Augen verweigert, jedoch das Versprechen gegeben haben, die Augen selbst geschlossen zu halten. Die Damenhandschuhe, die er nach der Aufnahme für die „seinem Herzen am nächsten stehende Frau" erhielt, sandte er der Frau v. Stein. Am 23. Juni 1781 wurde G. zum Gesellen befördert, am 2. März 1782 zum Meister erhoben. Sein Gesuch um Beförderung ist ebenfalls erhalten geblieben und lautet:

„Darf ich Ew. Exzellenz bei der neuen Aussicht auf die Zusammenkunft einer Loge auch meine eigenen kleinen Angelegenheiten empfehlen? So sehr ich mich allen mir unbekannten Regeln des Ordens unterwerfe, so wünsche ich doch auch, wenn es den Gesetzen nicht zuwider wäre, weitere Schritte zu tun, um mich dem Wesentlichen mehr zu nähern. Ich wünsche es sowohl um meiner selbst willen, als um der Brüder, die manchmal in Verlegenheit kommen, mich als einen Fremden traktieren zu müssen. Sollte es möglich sein, mich gelegentlich bis zum Meistergrade hinauf zu führen, so würde ich's dankbarlichst erkennen. Die Bemühungen, die ich mir bisher in nützlichen Ordenskenntnissen gegeben habe, haben mich vielleicht nicht ganz eines solchen Grades unwürdig gelassen. Der ich jedoch alles Ew. Exzellenz gefälligst Einsicht überlasse und mich mit unwandelbarer Hochachtung unterzeichne Ew. Exzellenz ganz gehorsamster Goethe."

Wenige Wochen nach dieser Erhebung mußte die Loge „Amalia" wegen Zerwürfnissen, die in den damaligen allgemeinen Freimaurerverhältnissen ihren Grund hatten (der Streit der Systeme hatte seinen Höhepunkt erreicht), die

Arbeiten einstellen. Die Freimaurerei ruhte in Sachsen-Weimar bis gegen 1807. Ein Gesuch aus Jena um obrigkeitliche Bewilligung einer Loge wurde in diesem Jahre G. zur Bearbeitung vorgelegt. G. äußerte sich in seinem Gutachten vom 31. Dezember 1807 ablehnend, wobei er die in den letzten Jahrzehnten vollkommen zerrütteten freimaurerischen Verhältnisse im Auge hatte. Auch schienen ihm die Voraussetzungen in Jena nicht genügend gesichert.

Trotz dieser ablehnenden Stellung übernahm er im Auftrage des Herzogs Karl August (s. d.) im Verein mit Bertuch (s. d.) die Vorarbeiten für eine von ihm selbst als wichtig angesehene Wiederbelebung der Loge „Amalia". In seiner Wohnung fanden eine Reihe von Vorbesprechungen statt, wobei G. sich nachdrücklich dafür einsetzte, der wieder zu erweckenden Loge als Grundlage das mittlerweile von dem Hamburger Schauspieler Friedrich Ludwig Schröder geschaffene System zu geben, das die Maurerei wieder auf ihre ursprüngliche reine Form zurückführte. G. trug auch dazu bei, daß die am 27. Juni 1808 unter Bertuch wiedereröffnete „Amalia" einen Logenraum im Wittumspalais zugewiesen erhielt. Er konnte dann zwar den Logenarbeiten nur in den ersten Jahren nach der Wiedereröffnung regelmäßig beiwohnen, doch nahm er auch in der Folge an jedem bedeutungsvollen Ereignis, an jedem größeren Fest so lebhaften Anteil, „daß die wichtigeren Reden, Gesänge und Anordnungen meist seiner vorausgehenden Prüfung und Billigung sich erfreuen durften". In einem Schreiben vom 5. Oktober 1812 an Bertuchs Nachfolger, den Geh. Kammerrat Ridel, bat G. um die Vergunst, „auf irgendeine schickliche, der maurerischen Form nicht unangemessene Weise als Abwesender betrachtet und seiner Verpflichtung gegen die Gesellschaft suspendiert" zu werden. Er begründete dies mit dem Satze: „Ungern möchte ich diese ehrenvolle und interessante Verbindung ganz aufgeben, möchte aber doch, da es mir unmöglich fällt, den Logen regelmäßig beizuwohnen, nicht durch mein Ausbleiben ein böses Exempel geben." Die Beurlaubung G.s wurde gewährt.

1809 wirkte G. bei den Aufnahmen des Kanzlers von Müller und — einen Monat später — Wielands (s. d.) mit. Lebhaft erörterte er im Freundeskreis dessen erste Logenrede über Zweck und Geist der Freimaurerei. Als der Dichter des „Oberon" starb, trat G. an den im Tempel errichteten Katafalk, um die berühmtgewordene Gedächtnisrede „zu brüderlichem Andenken Wielands" zu halten, in der er den Satz über die Freimaurerei prägte:

„Wenn dieser altgegründete und nach manchem Zeitwechsel oft wieder hergestellte Bund eines Zeugnisses bedürfte, so würde hier das vollkommenste bereit sein, indem ein talentreicher Mann, verständig, vorsichtig, umsichtig, erfahren, wohldenkend und mäßig, bei uns seinesgleichen zu finden glaubte, sich bei uns in einer Gesellschaft fühlte, die er, der besten gewohnt, als Vollendung seiner menschlichen und geselligen Wünsche so gern anerkannte."

Stärksten Eindruck machte auf G. die Meistererhebung des in die „Amalia" eingetretenen russischen Obersten Geismar, der Weimar vor einem französischen Überfall bewahrt hatte. Denn nach dieser Feier entstand wohl das Tiefste, was jemals in poetischer Form über Freimaurerei gesagt wurde, das „Symbolum", jenes Gedicht, in dem Goethe das ganze Wesen der maurerischen Symbolik, das Wandern des Maurers durch die verschiedenen Grade als Abbild des höheren geistigen Menschenlebens zu ergreifendster Darstellung gebracht hat und das mit den Worten beginnt:

Des Maurers Wandeln
Es gleicht dem Leben,
Und sein Bestreben
Es gleicht dem Handeln
Der Menschen auf Erden.

G. veranlaßte auch die Aufnahme seines Sohnes August (* 1789, † 1830), der 1815 in den Bund trat. Tagebuchaufzeichnungen in großer Zahl bekunden, daß dieser dem Vater über jede Logenzusammenkunft Bericht erstattete. Im Archiv der „Amalia" sind die Gedichte und Lieder verwahrt, die G. ihr bei allen besonderen Gelegenheiten zu senden pflegte. Als 1825 die 50. Wiederkehr des Regierungsantrittes Karl Augusts gefeiert wurde, trug er zur Logenfeier mehrere „Gesänge" bei.

Bis in die letzten Lebensjahre war G.s Anhänglichkeit an die Loge eine lebhafte. Noch 1830 sandte er ihr seinen poetischen Dank für ihre Glückwünsche zu seinem fünfzigjährigen Maurerjubiläum.

In den Inneren Orient der Loge war G. noch 1782 aufgenommen worden. Auch dem Illuminatenorden (s. d.) gehörte er, von Bode geworben, unter dem Namen „Abaris", an, woraus sich wohl erklärt, daß er gelegentlich seiner Aufenthalte in Karlsbad von Metternichs Agenten „vigiliert" wurde.

G.s maurerische Werke, ausschließlich maurerischen Inhaltes oder für maurerische Anlässe gedichtet:

A) Reden:

Rede zum brüderlichen Andenken Wielands, von G. selbst bei der Trauerfeier am 18. Februar 1830 vorgetragen.

Einleitung zu den Trauerreden aus Anlaß des Ablebens des Meisters vom Stuhl Ridel, 1821.

B) Gedichte, in den meisten Gedichtsammlungen unter dem Titel „Loge" vereinigt:

1. Bundeslied: „In allen guten Stunden", entstanden 1775.
2. Symbolum: „Des Maurers Handeln", Entstehungszeit unbekannt (s. o.).
3. Dank des Sängers: „Vom Sänger hat man viel erzählt", 1815.
4. Verschwiegenheit: „Wenn die Liebste zum Erwidern", 1816.
5. Trauerloge: „An dem öden Strand des Lebens."
6. Gegentoast der Schwestern: „Unseren Dank und wenn auch trutzig." Zum 24. Oktober 1820, dem Amalienfeste, vorgetragen von August v. Goethe.
7. Zur Logenfeier am 3. September 1825 (50jähriges Regierungsjubiläum Karl Augusts:
   a) „Einmal nur in unserm Leben";
   b) „Laßt fahren hin das Allzuflüchtige";

c) „Nun auf und laßt verlauten."
8. Spruch: „Zum Beginnen, zum Vollenden", mit einer Handzeichnung, datiert Weimar, März 1826.
9. Dem würdigen Bruderfeste: „Fünfzig Jahre sind vorüber", datiert Johanni 1820; poetischer Dank für die Überreichung einer Ehrenkunde aus Anlaß seines fünfzigjährigen Maurerjubiläums.
10. Apokryph. Im Jahre 1930 hat Johannes Urzidil, Prag, ein Gedicht von G. veröffentlicht, das „Carlsbad, November" (ohne Jahr) datiert ist und mit den Worten beginnt: „Wenn um Mitternacht in banger Stunde..." Die Echtheit dieses Gedichtes, das schon in der Datierung auffällig ist (G. war niemals im November in Karlsbad), wird bestritten.

Maurerische Anklänge bei G. finden sich besonders in Wilhelm Meisters Lehrbrief in den „Lehrjahren", dann in den „Wanderjahren". Freimaurerische Symbolik hat man auch im „Märchen" zu erkennen geglaubt. Schikaneders „Zauberflöte" begeisterte ihn zu einer Fortsetzung.

Den tiefsten Gehalt der leider Fragment gebliebenen „Geheimnisse", in denen Humanus als Hohepriester der Humanität erscheint und die Versöhnung von Antike und Christentum gefeiert wird, schöpft nur der aus, dem sich Sinn und Bedeutung der Freimaurerei ganz erschlossen haben.

Im „Großkophtha" hat G. sich mit den Verirrungen der Freimaurerei seiner Zeit auseinandergesetzt. Unerschöpflich sind die zahllosen dichterischen Stellen und Aussprüche, in denen G., ohne dabei direkte Beziehungen zur Freimaurerei bewußt zu suchen, sich mit deren Grundgedanken in Übereinstimmung weiß. Wie es gerade bei ihm nicht darauf ankommt, in Zitaten aus seinen Werken den Nachweis zu erbringen, daß er sich freimaurerisch mehr oder weniger betätigt hat, als vielmehr um den Beweis, wie sehr die Freimaurerei seiner Zeit seinem allumfassenden, weltumspannenden Gedanken gerecht zu werden bestrebt war. Wie er seiner Zeit die künstlerische Form gab, in den sie ihren Inhalt zu gießen hatte, so hat auch die Königliche Kunst, ganz abgesehen davon, daß auch auf sie ein Strahl der Dichtersonne fiel, von seinem Humanismus und seinem Gott und Welt in einem Blicke erfassenden Bild ewige Befruchtung erfahren. Erst in jüngster Zeit ist die Frage aufgeworfen worden, ob G. ein „guter Freimaurer" war. Die Präsenzlisten der Loge „Amalia" sprechen nicht dafür. Wir wollen die Frage, die kleinlich von Kleinlichen gestellt wird, beruhigt offen lassen. G. war sicherlich kein „guter Freimaurer" im gewöhnlichen Logensinne, das heißt kein Logenbruder. Er hatte dazu nicht die Zeit. Aber er war der größte Deutsche, der jemals in einer Loge den Schurz getragen hat.

G.-Erinnerungen freimaurerischen Charakters finden sich im Weimarer Staatsarchiv sowie im Archiv der Loge „Amalia". Erst 1930 wurde dort seine maurerische Bekleidung gefunden.

Goethe und freimaurerähnliche Vereinigungen. Als 15jähriger trat G. in Verbindung mit Ludwig Ysenburg von Buri und bewarb sich um Aufnahme in die „Arcadische Gesellschaft in Philandria" (s. d.). Einer anderen logenartigen Gesellschaft gehörte er in Wetzlar an, und zwar der „Rittertafel" und dem „Orden des Überganges" (s. „Dichtung und Wahrheit"). Im 17. Buch von „Dichtung und Wahrheit" erzählt G. unter anderem, daß ihm die angesehene, wohlgegründete Offenbacher Freimaurerloge die Mitgliedschaft nahelegte, „ich aber, aus einem Unabhängigkeitsgefühl, das mir später als eine Verrücktheit erschien, lehnte jede Verknüpfung ab, nicht gewahrend, daß diese Männer, wenn schon in höherem Sinn verbunden, mir doch bei meinen den ihrigen so nahe verwandten Zwecken hätten förderlich sein müssen."

Goethe-Zirkel, philosophisch historischer Engbund der Bundes- und Großloge „Zur Sonne", Bayreuth. Aus Anlaß der 100jährigen Wiederkehr von Goethes Todestag wandelt sich der geschichtliche Engbund des Bayreuther Freimaurermuseums in eine Gesellschaft um, deren Zweck die Verfolgung des gesamten Interessengebietes der Freimaurerei sein soll, soweit sie philosophische und historische Fragen betreffen. Mitglieder des Zirkels können nur Meister sein, die sich nachweislich für die geistige Vertiefung der freimaurerischen Weltanschauung und die Erforschung der freimaurerischen Geschichte bemüht haben. Die Tätigkeit des Zirkels soll vorzugsweise korrespondierend sein.

Goffaux, Franz Leopold, Kanonikus und Hofkaplan in Hildesheim, Vorkämpfer der Rechte des Bauernstandes, unterbreitete der Landschaft als Mitglied der Landstände 1789 eine Denkschrift, die auf die Bedrückung der Bauern hinwies, trug durch seine Stellungnahme viel zur Verhütung von Unruhen bei, war Mitglied der Hildesheimer Loge „Pforte zur Ewigkeit".

Gogel, Johann Peter, Kaufmann in Frankfurt a. M., * 1728, † 1782, Stuhlmeister der Loge „Zur Einigkeit", 1766 (englischer) Provinzial-Großmeister für den ober- und niederrheinischen und fränkischen Kreis, eifriger Anhänger der reinen Maurerei.

Goldenberg, Julius, Rechtsanwalt und freimaurerischer Schriftsteller in Wien, * 1840, † 1889, trat der Loge „Humanitas" in Neudörfl bei, gründete 1874 die Loge „Zukunft", schuf und leitete die wertvolle, für ihre Zeit ungewöhnlich moderne „Allgemeine österreichische Freimaurerzeitung". Seine Versuche, der Freimaurerei in Österreich gesetzliche Anerkennung zu verschaffen, schlugen fehl.

Goldenes Vlies, ritterlicher Orden, gestiftet 1429 von Philipp dem Guten von Burgund, österreichischer (bis 1918) und spanischer Zweig, galt als der höchste europäische Orden. In der Lehrlingsbelehrung des englischen Rituals bei Übergabe des Schurzes heißt es: „Ich bekleide Sie mit dem unterscheidenden Merkmal eines Maurers. Es ist älter als das Goldene Vlies, der römische Adler, ehrenvoller als der Stern des Hosenbandordens oder der eines anderen bestehenden Ordens, denn er ist das Zeichen der Unschuld und das

Band der Freundschaft... Wenn Sie ihm niemals Schande antun, er wird Sie niemals entehren."

In französischen hermetischen Hochgradsystemen des 18. Jahrhunderts gab es Grade vom G. V. (Toison d'or) der Argonauten; sie bildeten die höchste Stufe der „Illuminés d'Avignon" (s. d.) die Ritter des G. V.

Goldküste, englische Kolonie an der Westküste Afrikas mit dem Schutzgebiet Aschanti und dem „Nördlichen Territorium". In der Hauptstadt Accra, in Coomassie, Cape Coast Castle usw. arbeiten elf Logen unter einer Distrikts-G.-L. der G.-L. von England, drei unter der G.-L. von Schottland.

Goldmacherei. In der kontinentalen Freimaurerei der letzten zwei Jahrzehnte des 18. Jahrhunderts suchte und fand die damals grassierende Alchimie auch Unterschlupf in den freimaurerischen Logen, besser gesagt in den auf diesen aufgebauten, aber die reine Lehre fälschenden Orden der Gold- und Rosenkreuzer, Asiatischen Bauherren und allen möglichen anderen Systemen. Kryptokatholische Mystik verbündete sich mit dem Wahn der Goldmacherkunst, Adepten, die angeblich „primam rotationem" besaßen, das heißt, das „Geheimnis der Mischung" zu beherrschen vorgaben, fanden begeisterte Aufnahme. Im Dégher Freimaurerarchiv des Grafen Festetics existiert eine Liste solcher Personen, darunter ein Graf Eszterházy, „fähig, aus dem Gold und Silber eine animam zu ziehen, welche tingieret und sich mit mercurio amalgiert". Viele Logen besaßen Laboratorien, in welchen man mit Pulver und Tinkturen, Stahlblech, Bleiglas, Urin, Schwefel und Salz nach bestimmten Rezepten experimentierte. Für die Einrichtung solcher „Goldkochereien" galten genaue Vorschriften, wie die folgende aus der Wiener Loge „Zur gekrönten Hoffnung" (um 1780): „Das Laboratorium soll abgelegen, räumlich licht, von dichtem Gemäuer, mit gutem Zug und einer Requisitenkammer versehen seyn, ferner soll darin ein Schmelz-, Reververier-, Calcinir-, Capellir- und Destillir-Ofen, nebst einem Balneo Mariae angelegt werden. So müssen auch Retorten, Recipienten, Kolben, Helme, Circulir- und Zucker-Gläser, auch Separir- und Filtrir-Gefäße, imgleichen Tiegel, Treib-Scherben, Capellen, Zangen, Eintrag-Löffel, Rühr-Stangen und Güß-Buckel vorhanden seyn... Es können anfänglich unterschiedliche Curiosa und kleine Labores vorgenommen werden... um nur denen Brüdern hiedurch unterschiedliche Handgriffe beyzubringen, und sie in der Feuer-Arbeit zu exerziren. Allein die Hauptnothwendigkeit ist, daß sie die Radical- und Universal-Menstrua wohl und gutt zu machen lernen, damit, wenn sie ad Philosophiam gehen, sogleich zum Werk schreiten können..." Über das Gold wurde gesagt: „Wir wissen, daß die alten Ägyptischen Meister die Ewigkeit mit einem Circul ohne Punct als den Inbegrieff aller Vollkommenheiten bezeichnet haben, daß sie aber solches Zeichen anderen Dingen mehr, als den Metallen, Mineralien, auch Universalien und fordersamt dem Golde und der Sonnen zugeeignet, ist nicht ohne Ursache geschehen: denn hiedurch haben sie vieler sichtbarer und greiflicher Dinge Beschaffenheit, Nutzbar- und Würdigkeit zu erkennen geben wollen; und zwar, daß gleichwie die himmlische Sonne, aus denen übrigen Planeten der fürtreflichste, also auch in aller Wahrheit die irdische Sonne oder das Gold unter denen Metallen das Edelste ist. Dieses sollen wir aus dem Geheimnüsvollen Punct, welcher uns sonsten die Gottheit, hier aber ein unverweslich reines Wesen anzeiget, erkennen. Daß aber das Gold eine Ausgeburth der Sonnen und concentrirtes Feuer sey, ist allen wahren Philosophen der hermetischen Wissenschaft bekannt. Warum aber das reine Gold, wie die andere Metalle vom Feuer nicht verzehret, sondern darinnen ständig bleibet, und verschönert wird, das können nur diejenigen begreifen, welche seine 3 Principia naturgemäß zu scheiden und nach der Übereinstimmung des reinsten Pondus naturae ihre Betrachtungen anzustellen wissen. Uns aber soll dermalen die Erkenntnis der Ursache seines Caracters genug seyn, da wir dann auch in der Folge sehen werden, daß alles Unvollkommene aus einem Vollkommenen hervorgebracht, gleich wie das Vollkommene selbsten aus dem Vollkommenensten gezeiget worden ist" (s. Alchimie, Rosenkreuzer).

Goldoni, Carlo, berühmter italienischer Lustspieldichter, * 1707 in Venedig, † 1793, der Reformator des italienischen Lustspiels. Als Dichter von einer ungeheuerlichen Fruchtbarkeit (gegen 200 Stücke aller Gattungen). Unter seinen zahllosen Lustspielen findet sich auch eines, das auf die Freimaurerei Bezug hat: die „Donne curiose", die „Neugierigen Frauen" (deutsch von Franz Zschech, Reclams Universalbibliothek Nr. 620). Vier neugierige und eifersüchtige Frauen suchen hinter das Geheimnis ihrer Männer und Verlobten zu kommen, die sich in einem streng verschlossenen Hause sehr geheimnisvoll versammeln. Die heiter verwickelte Handlung wird schließlich zu allgemeiner Zufriedenheit gelöst.

Gold- und Rosenkreuzer, s. Rosenkreuzer.

Golescu, Gheorghe A., rumänischer Politiker und Publizist, * 1819, † 1881, wiederholt Minister, schrieb „Über die Abschaffung der Sklaverei in den Donaufürstentümern", war Freimaurer.

Goltstein, Joh. Ludw. Franz, Graf v., kurpfälzischer Geheimrat und Statthalter in Düsseldorf, seit 1774 Geh. Staats- und Konferentialminister in Mannheim, † 1776, war 1765 Mitgründer, seit 1768 Deputierter Provinzial-Großmeister der Loge „La Parfaite Amitié" in Düsseldorf.

Gomez, José Miguel, kubanischer Staatsmann, * 1858, † 1913, Präsident der Republik 1909, war Freimaurer.

Gompers, Samuel, Präsident der American Federation of Labor, * 1850, † 1925, der bekannte Arbeiterführer, war Freimaurer (u. a. Ehrenmitglied der berühmten schottischen „Kilwinning Lodge" Nr. 0) und wurde in Washington mit freimaurerischen Ehren beigesetzt. Eine nach seinem Tod gegründete Loge trägt seinen Namen.

Gooch, Daniel, Sir, englischer Industrieller und Ingenieur, * 1811, † 1889, berühmter Lokomotivkonstrukteur, Erbauer des ersten Kabels nach Amerika, Präsident der „Great Western Railway", Mitglied des Parlaments, war Freimaurer.

Good Hope, englischer Zweidecker, der 1792 64 Freimaurerfamilien von Madeira nach New York rettete. Der Gouverneur der Regierung der Königin Maria hatte Befehl erhalten. alle Freimaurer, deren er sich bemächtigen könne, als „Revolutionsstifter" der Inquisition auszuliefern. Der Kapitän der G. H., der Freimaurer Walter Ferguson, nahm die bedrohten Brr., die von der Frau des Gouverneurs gewarnt worden waren, an Bord. Bei der Einfahrt in New York zeigte eines der Großsegel Freimaurerzeichen, darunter die Worte „Asylum quaerimus" (Eine Freistätte suchen wir). Die Flüchtigen fanden herzliche Aufnahme; die Großloge von Pennsylvanien lud sie feierlich nach Philadelphia ein. Eine Fregatte der Unionsflotte brachte die Märtyrer nach dem Delaware River, George Washington entbot ihnen den Gruß der Vereinigten Staaten und erklärte sie zu deren Bürgern.

Good, James W., amerikanischer Kriegsminister (Secretary of War) im Kabinett Hoover, * 1866, gehört einer Loge in Cedar Rapids, Iowa, an.

Good Samaritan (engl.), Seitenzweig des amerikanischen Royal-Arch-Grades, der an Männer und Frauen verliehen wird. Die Versammlungen heißen „Assemblies", die Legende dieses Seitengrades baut sich auf der Erzählung vom guten Samariter auf. Der Grad ist vollkommen unabhängig von der eigentlichen Freimaurerei, wird wegen seiner schönen ritualistischen Ausschmückung sehr gepriesen und ist nur Mitgliedern des Royal-Arch-Grades oder deren Frauen offen.

Good standing, In (engl.), sind nach amerikanischem Sprachgebrauch Freimaurer, die mit ihren finanziellen Verpflichtungen der Loge gegenüber in Ordnung sind und alle Rechte des Aktivmitgliedes besitzen. Die Constitutions der Grand Lodge des Staates von New York geben hierzu folgende Erklärung: Um „i. g. st.", auch „good masonic st.", zu sein, muß ein Br. aufgenommen und befördert sein in einer gerechten und vollkommenen Loge von Freimaurern, und darf dort weder nichtaffiliiert (unaffiliated) noch suspendiert oder ausgeschlossen sein. Als unafffiliated (nicht affiliiert, isoliert) wird ein Maurer bezeichnet, der nach erfolgter Aufnahme die Hausgesetze (by-laws) der Loge nicht unterzeichnet hat, oder ein Br., der nach Erfüllung aller seiner materiellen Verpflichtungen freiwillig ausgetreten ist und sich keiner anderen Loge angeschlossen hat; oder ein Bruder, der einer regelrechten Loge angehört hat, deren Patent ungültig geworden ist. Ferner ist als nichtaffiliiert zu bezeichnen ein aus den Logenlisten wegen Nichterfüllung seiner materiellen Pflichten (Mitgliedsbeiträge) Gestrichener.

Das amerikanische Brauchtum wahrt somit den Charakter indelebilis (s. d.) des einmal Aufgenommenen, verweigert ihm aber die Ausübung seiner maurerischen Rechte, wenn er „nicht im guten Stande" ist.

Goose and Gridiron, Gans und Bratrost, hieß die Taverne in St. Pauls Churchyard, London, in der sich am 24. Juni 1717 vier Logen zur Gründung der Großloge von London vereinigten. Die eigenartige Beschildung rührt von dem Gastwirte Robert Hubert her, der, um einen Gesangverein zu verhöhnen, an Stelle des Schwans, des Apolls und der Leier eine Gans anbringen ließ, die auf einem Bratrost klimpert. Das Gasthaus stand bis zum Jahre 1897. Das Tavernenzeichen befindet sich jetzt im Guild Hall Museum in London.

Gormogonen (engl. Antient Noble Order of the Gormogons), ein im Herbst 1724 in London aufgetauchter sogenannter Orden, der sich in Zeitungsmeldungen in offenen Gegensatz zur Freimaurerei stellte. Hinter der Gründung, die in der zweiten Auflage von „Grand Mystery of the Freemasons Discover'd" (Oktober 1724) unter dem Pseudonym „Verus Commodus" eingehend beschrieben wurde, waren stuartistische Einflüsse bemerkbar, die sich gegen das regierende Haus — „die Usurpatoren" — richteten. Beteiligt war der Herzog Philipp von Wharton (s. d.), der geistreiche, aber zügellose Tory, der den englischen Freimaurern als Großmeister der Großloge 1722 bis 1728 manche böse Stunde bereitet hat. Der Orden behauptete aus den Urzeiten Chinas zu stammen. Unter Heranziehung einer grotesken persischen Dynastiegeschichte, die sich für den Kenner ohne weiteres auf die englischen dynastischen Verhältnisse übertragen ließ, wurde versucht, dem Königshaus Schwierigkeiten zu bereiten und das Freimaurertum zu verunglimpfen. Der Orden hatte, wie wohl eindeutig feststeht, politische Tendenzen, die von den Stuarts oder Jakobiten ausgingen und an denen auch Jesuiten beteiligt gewesen sein sollen. Die Verbindung Whartons („Mandarin Hang Chi" nannte er sich in einem Brief über die G. an den Herausgeber des Blattes „Plain Dealer") mit dem Orden zeigt deutlich, wohin er zielte. Mit der Abreise Whartons aus England verlor der Orden seinen persönlichen Rückhalt und schlief gegen 1731 ein.

Von Hogarth (s. d.) stammt das satyrische Kupfer „The Mystery of Masonry, brought to Light by the Gormogons".

Dr. Höfig (Parchim) glaubte die Bedeutung des Namens gefunden zu haben, indem er ihn aus dem lateinischen Germanus und dem griechischen Zeitworte gignomai (geboren werden) ableitet. Diesem erstaunlichen und so vollkommenen zusammenhanglos auftretenden Namen G. = „Deutschbürtige" stimmt auch Ferdinand Runkel (Geschichte der deutschen Freimaurer, I, 359) zu. Man vergleiche den Text der Briefe des Verus Commodus (s. d.) mit diesem Deutungsversuch, um die Haltlosigkeit dieser philologischen Haarspalterei zu verstehen. Es ist viel zweckmäßiger, auf die Deutung ganz zu verzichten als Deutungen anzuführen, die weder philologisch noch historisch einen Sinn ergeben.

Görres, Josef v., deutscher Publizist und Polyhistor, * 1776, † 1848, auf den verschiedensten Gebieten der Wissenschaft (Philosophie, Medizin, Physiologie usw.) hervorragend tätig; Professor in Koblenz, Heidelberg und zuletzt in München. Als Publizist trat er in seinem „Rheinischen Merkur“ für freiheitliche Ideen und nationalen Geist ein und wird als ein Meister der deutschen Prosa bezeichnet. Wegen seiner Schrift „Deutschland und die Revolution“ mußte er in die Schweiz flüchten. Er erhoffte später die Durchführung seiner Ideale von der katholischen Kirche, kämpfte für den Ultramontanismus und nahm scharf gegen den Protestantismus Stellung. Er entfaltete eine umfangreiche literarische Tätigkeit. Am bekanntesten: „Die deutschen Volksbücher“ und sein fünfbändiges Werk „Die christliche Mystik“. Die 1876 in Bonn zur Förderung der Wissenschaft im katholischen Geiste gegründete Görres-Gesellschaft ist seinem Andenken gewidmet. G. war wohl Mitglied der französischen Loge in Koblenz (um 1809), der auch seine Mitarbeiter am „Rheinischen Merkur“ (Schenkendorf usw.) angehörten. Am 14. Oktober d. J. schrieb er an Arnim: „In der hiesigen Loge habe ich Brüder und Freunde gefunden ... und wir mauern fort ...“ (Schellberg, Görres-Ausgabe 1911, II. Bd., Seite 114). Schon aus seinem Aufsatz: „Religion in der Geschichte“ (1807) ging sein Interesse für die Freimaurerei hervor.

Gorsleben, Rudolf John, Verfasser eines Werkes, betitelt „Hochzeit der Menschheit“ (Köhler und Amelang, Leipzig 1930), in dem er — ebenso wie früher schon Guido v. List — nachzuweisen versucht, daß die Freimaurerei aus der arischen Geheimlehre herstamme. Daraus zieht er den Schluß, dieses arische Erbe dürfe nicht, weil es überrostet und verschmutzt wiedergefunden wurde, einfach aus Unkenntnis und Torheit fortgeschleudert werden, sondern die Arier hätten es aufzunehmen. Die Beweise führt G. aus dem Altgermanischen. Christi Vater war ein Zimmermann, der das Grist (Gerüst), d. h. den Krist, erzeugte. Hiram ist Hermann, Irmin; Salomo ist entstanden aus Salmann, dem Weltenbaumeister, Widukind ist das Kind der Witwe u. a. m.

Gorst, Sir John Eldon, englischer Politiker, * 1838, † 1926, war zuerst in Neuseeland tätig, wurde 1868 von Disraeli mit der Reorganisation der konservativen Partei betraut. Mitbegründer der „Fourth party“, Generalstaatsanwalt im Kabinett Salisbury, Unterstaatssekretär für Indien, Vizepräsident des Ausschusses des Abgeordnetenhauses, war einer der Begründer der „Drury Lane Lodge 2127“.

Gott, s. Baumeister, Der Allmächtige aller Welten.

Gotter, Gustav Adolf, Graf von, preußischer Diplomat, * 1692, † 1762, spielte als Gesandter des Herzogs von Gotha, dann Preußens am Wiener Hofe eine große Rolle, später Geheimer Staats- und Kriegsrat, Generaldirektor der Berliner Oper, war Meister vom Stuhl der Loge „Zu den drei Weltkugeln“, versuchte 1741/1742 eine „Noble-Loge“ zu gründen, die ausschließlich Adelige hätte aufnehmen sollen; Friedrich der Große versagte aber seine Genehmigung.

Gottesbeweis. Die Freimaurerei tritt in die Frage eines G. nicht ein, da sie nach ihrer Grundlehre die Welt als planmäßiges Bauwerk eines Allmächtigen Baumeisters auffaßt. Die Deutung dieses symbolischen Begriffes wird freigegeben.

Gottesdienste, Freimaurerische, in Kirchen sind in England und in den übrigen angelsächsischen Staaten häufig. Der freimaurerische Charakter kommt, abgesehen vom Predigttext, darin zum Ausdruck, daß meist drei Logenmitglieder Winkelmaß, Zirkel und Senkblei tragen.

Gotteskindschaft, die Heilslehre, daß alle Menschen Kinder Gottes sind. Die angelsächsische Freimaurerei, insbesondere die amerikanische, vertritt die „Landmark“, daß die G. allein dem Bruderschaftsgedanken lebendigen Inhalt verleiht, daß die Bruderschaft der Menschen auf die G. gegründet ist. Diese Auffassung kommt auch in den Satzungen zum Ausdurck. In christlichen Systemen gilt als Ziel des Bundes das Erlangen der G. durch die Bruderliebe.

Gottesleugner, s. Atheismus.

Gottes Name. Der Wortzauber und Wortaberglaube, der sich an den geheimen Namen Gottes knüpft, ist uralter Herkunft. Bei den Chaldäern waren die 50 Namen der Gottheit nicht nur geheim, sondern sicherten dem, der sie kannte, auch eine besondere Macht über die Gottheit. Von den babylonischen Kulturzentren aus ging diese Form des Wortaberglaubens auf die benachbarten Völker über. So nach Ägypten (Osiris hatte 100 geheime Namen, unter denen er angerufen werden konnte), Persien und zu den Juden. Auch in China ist der Wortaberglaube nachweisbar. Ebenso wie bei den Juden der Name Jehova durch Adonai ersetzt wird, wird das geschriebene Wort Khien (Konfuzius) Mao ausgesprochen. Besonders in der Kabbala ist an die 72 Namen Gottes ein besonderer Wortaberglaube gebunden, der infolgedessen überall dort, wo Beziehungen zur Kabbala bestehen, auftaucht. Daher auch in den kabbalistisch infizierten Freimaurerritualen des 18. Jahrhunderts. Relikte dieses Wortaberglaubens finden sich noch in verschiedenen Hochgradritualen, besonders des A. u. A. Schottischen Ritus, wo mehrere Legenden auf dem „ineffable name“ aufgebaut sind (s. auch ineffable).

Gottgeweihtes Buch, im Freiburger Ritual das „Weiße Buch“.

Gotthardi, Franz, unter Kaiser Joseph II. Polizeidirektor in Pest, k. k. Rat, ursprünglich Kaffeesieder, machte sich durch seine Organisation des Spitzeldienstes in Ungarn in nationalen Kreisen unmöglich und übersiedelte nach Wien, wo er für Leopold II. als Akquisiteur politischer Konfidenten und Spitzel (s. Martinović) und als Mittelsmann zwischen ihnen und dem Kaiser tätig war. Eine seiner Hauptaufgaben war die Überwachung der Freimaurer, Illuminaten und Jesuiten. Später zum Verwaltungsdirektor des Wiener

Nationaltheaters ernannt, ließ er sich nach dem Tode seines kaiserlichen Gönners in politische Konspirationen ein und wurde als einer der Hauptschuldigen an der sogenannten Wiener Jakobinerverschwörung im Jahre 1795 als Hochverräter zu einer 35jährigen Kerkerstrafe verurteilt.

Göttinger Dichterbund, auch Hainbund genannt, eine Vereinigung junger Dichter der Sturm- und Drangperiode, die am 12. September 1772 von Voß, Müller, Hahn, Hölty u. a. begründet wurde und mit dem Gedanken an einen geheimen Auslesebund spielte. Da Klopstock an den Bund einen zustimmenden Brief richtete, fühlte sich dieser, der allmählich auch weitere Mitglieder, wie Leisewitz, die Grafen Stolberg und Cramer gewann, in seinen Zielen bestätigt. Voß schrieb an Brückner, es solle ein Bund werden um mit vereinten Kräften den Strom des Lasters und der Sklaverei aufzuhalten. Zwölf sollten den inneren Bund ausmachen, jeder müsse einen „Sohn" annehmen, der ihm nach seinem Tode folge. 1774 kamen die Hainbündler in Hamburg zusammen, da ihnen Klopstock empfohlen haben soll, zur Gewinnung einer äußeren Stütze in den Freimaurerbund einzutreten. Nachweislich haben Voß (6. Juni 1774) und die beiden Grafen Christian und Friedrich Leopold Stolberg (am 11. Mai 1774) in der Loge „Zu den drei Rosen" in Hamburg, der auch Lessing angehörte, Aufnahme gefunden. Der Hainbund selbst löste sich um 1778 wieder auf.

Gottlosenbewegung wird in den Johannisbotschaften 1931 der Großmeister der altpreußischen Großlogen und einer Osterbotschaft des Großmeisters der Großloge „Deutsche Bruderkette" scharf verurteilt. Die Botschaften rufen die Brr. dieser Großlogen auf, „mitzustreiten im Kampf um das schwerbedrohte höchste Gut unseres Volkes, sein Christentum". Ähnlich auch in Verlautbarungen des Obersten Kommandeurs des A. u. A. Schottischen Ritus südlicher Jurisdiktion, Cowles, 1931.

Gottschalk, Max, Dr. jur., Brüssel, Advokat, * 1889, juristischer Berater der Internationalen Alliierten Rheinlandkommission (1919—1921), Mitglied des Internationalen Arbeitsamtes in Genf, nach seiner Rückkehr nach Belgien Delegierter dieses Amtes und wissenschaftlicher Mitarbeiter des Solvay-Instituts für Soziologie, war von Ende 1924 bis 1927 administrativer Kanzler der A. M. I. (s. d.).

Götze Humanität nannte in den siebziger Jahren des 19. Jahrhunderts der Jesuitenpater S. M. Pachtler das Ideal der nach ihm „atheistischen" Freimaurerei. Pachtler schrieb vielgelesene, noch heute zitierte heftige Bücher gegen das Freimaurertum (Hauptwerke: „Der stille Krieg gegen Thron und Altar oder das Negative in der Freimaurerei" und „Der G. H. oder das Positive in der Freimaurerei").

Goué, August Siegfried v., zugleich mit Ditfurth (s. d.) Hofgerichtsassessor in Braunschweig, dann Legationssekretär in Wetzlar, * 1742, † 1789, Freund Goethes an der dortigen von ihm gegründeten Rittertafel, später Offizier und Schriftsteller, einer der leidenschaftlichsten literarischen Verfechter der Tempelherrenlegende, Verfasser des Buches „Über das Ganze der Freimaurerei" (1782), später „Notuma nicht Exjesuit über das Ganze der Freimaurerei" (1788). G., Meister vom Stuhl der Loge „Ludwig zum flammenden Stern" in Burgsteinfurt, war auch sonst schriftstellerisch für die Freimaurerei tätig. Er empfahl dem Rittmeister v. Canitz in Kassel Gugomos (s. d.), der daraufhin 1773 in die dortige Loge aufgenommen wurde. 1789 verwandte sich G. beim Herzog Ferdinand v. Braunschweig für die verfolgten Aachener Freimaurer. Er ist der wirkliche Verfasser des am 22. Mai 1779 zu Cleve im „Courrier du Bas-Rhin" erschienenen Sendschreibens an die beiden Aachener Mönche Greinemann und Schuff, die im Frühjahr 1779 aufreizende antifreimaurerische Predigten gehalten hatten; man hat vielfach dieses Sendschreiben fälschlich Friedrich d. Gr. zugeschrieben.

Gould, Robert Freke, ursprünglich englischer Offizier, * 1836, † 1915, machte den Taipingaufstand in China mit, zog sich 1863 ins bürgerliche Leben zurück und wurde Rechtsanwalt. 1855 in der Royal Navy Lodge in Ramsgate aufgenommen, wurde er Großbeamter der Großloge von England. 1886 war er einer der neun Gründer der Quatuor Coronati Lodge, wurde ihr Meister, und blieb bis zuletzt eines ihrer führenden, gelehrtesten Mitglieder. Zahlreiche historische Untersuchungen faßte er in seinem Hauptwerke, „The History of Freemasonry" (1882—1887) in sechs Bänden zusammen, von dem auch eine gekürzte Ausgabe: „Concise History of Freemasonry" (letzte Ausgabe 1924, bearbeitet von Fr. Crowe, ergänzt bis in die letzte Zeit) erschienen ist. In den „Transactions" der Quatuor Coronati Lodge veröffentlichte G., der mit dem belgischen Peeters-Baertsoen-Preis ausgezeichnet wurde, zahlreiche Beiträge, ferner erschienen zahlreiche Einzeldarstellungen (vergl. Wolfstiegs Bibliographie). G.s Geschichte, von der jetzt Dudley Wright eine Neuausgabe vorbereitet, ist eines der Standardwerke der freimaurerischen Geschichtsschreibung. G. und sein Kreis haben erst die wissenschaftliche Historiographie der Freimaurerei begründet.

Goutte de lait, Mutterberatungsstellen, die von französischen Freimaurern unterhalten werden. Die freimaurerische „Ligue fraternelle de Montmartre" unterhält eine derartige Anstalt mit bestem Erfolge schon seit 40 Jahren.

Gozlan, Léon, französischer Publizist, * 1803, † 1866 berühmter Chroniqueur schrieb Romane, Novellen, Dramen, Komödien („Une tempête dans un verre d'eau"), war Freimaurer. (Lebey, „Aperçu historique ...", 1925.)

Grablegung, symbolische. Eine offenbar uralte symbolische Auferweckungszeremonie (auch in den australischen Borazeremonien enthalten), verbunden mit Bedeckung mit dem Grabtuche, Totenglocke, Totenkerzen, Auferweckung, bei der Ordensprofeß des Benediktinerordens üblich. Sie wird zwischen dem Offertorium bis zur Kommunion der heiligen Messe eingeschaltet. Der Sinn ist, den Übergang in ein neues, gereinigtes Leben symbolisch darzustellen. Inwieweit die Kenntnis dieser kirchlichen Gebräuche gewisse freimaurerische Kulthandlungen beeinflußt hat, ist nicht bekannt, wenn auch die Möglichkeit eines Zusammenhanges nicht von der Hand zu weisen ist.

Grad, Der letzte. Friedrich Holtschmidt (s. d.), Meister vom Stuhl der Loge „Carl zur gekrönten Säule" in Braunschweig, empfahl die Einführung eines letzten G., der ohne Rücksicht auf die bestehenden Lehrarten einheitlich alle Lehrarten überbauen sollte. Er versprach sich davon eine Einigung der bestehenden deutschen Freimaurersysteme und eine besondere Auslese. Dieser zuerst 1886 vorgetragene, 1895 wiederholte Vorschlag fand keinen Anklang.

Grade. Die Einteilung des Lehrinhaltes der Freimaurerei in Stufen oder G. ist in ihrer Eigenart als Männerbund gelegen. Alle Männerbünde, die ein Mysterium, das heißt ein esoterisch bedeutungsvolles Lehrgebäude verwalten, teilen ihre Lehren gradweise, in miteinander verbundenen Lehrstufen mit (vergl. hierzu Heinrich Schurz: „Altersklassen und Männerbünde"). Die Einteilung in die drei G. des Lehrlings, des Gesellen und Meisters, deren symbolische Deutung nicht nur an die Lebensalter: Jüngling, Mann, Greis, sondern auch an die Vorstellung von Geburt, Leben und Tod anschließt, ist heutigentags Gemeinbesitz der gesamten Maurerei. Sie werden als die symbolischen G. bezeichnet. In den ersten Entwicklungsjahren der Großlogenmaurerei ab 1717 ist nur von zwei G. (nach Hughan sogar nur von einem) die Rede. Der I. G. wurde dann in zwei Abschnitte geteilt, so daß gegen 1730 das System der drei G. ziemlich allgemein durchgearbeitet erscheint. Gould zufolge anerkannten die Konstitutionen von 1723 zwei G.: Lehrling und Gesellen oder Meister, jene von 1738 drei: Lehrling, Geselle und Meister. Ähnlich urteilt Speth. In der englischen Unionsakte von 1813 wurde feierlich festgelegt, „daß die reine alte Maurerei aus drei und nicht mehr G. bestehe".

Manche Lehrarten beschränken sich nicht auf diese Dreizahl, sondern führen sie in verschiedenen zahlreichen Stufen (s. Hochgrade) weiter. Der Inhalt der freimaurerischen Lehre ist jedoch in den drei symbolischen, auch blauen oder Johannisgraden genannten Stufen vollkommen enthalten.

Gräfe, August v., Hauptmann und Werbeoffizier in englischen Diensten, Meister vom Stuhl einer englischen Loge in Kanada, wurde von der Großloge von England 1785, in der Zeit des Zusammenbruches der Strikten Observanz, mit der Wahrnehmung ihrer Interessen in Deutschland beauftragt. In dieser Eigenschaft trat er mit v. Exter (s. d.) in Hamburg in Verbindung, teilte die in Vergessenheit geratenen englischen Rituale wieder mit, wofür ihm durch Überreichung von Hamburger Medaillen gedankt wurde, setzte Exter wieder als Provinzial-Großmeister ein. G. stellte dann in Hannover die alte englische Provinzialloge von 1756 wieder her und bemühte sich auch erfolgreich um die Versöhnung zwischen der englischen Großloge und der Frankfurter Provinzialloge. Er versuchte auch, den Royal-Arch-Grad in Deutschland einzuführen, der aber hier keinen festen Fuß fassen konnte.

Gräfe, Karl Ferdinand v., Professor der Chirurgie in Berlin, 1813—1815 Generalstabsarzt, glänzender Operateur, * 1787, † 1840, Vater des berühmten Augenarztes Albrecht v. G., wurde 1808 in der Loge „Zu den drei Degen" in Halle, aufgenommen.

Graham, Sir James Robert George, englischer Staatsmann, * 1792, † 1861, erster Lord der Admiralität im Kabinett Grey, Innenminister im Kabinett Peel, erster Lord der Admiralität in Aberdeens Koalitionsministerium und im Kabinett Palmerston, wurde 1825 Provinzial-Großmeister von Cumberland, 1860 von Cumberland und Westmoreland.

Gral. Die Sage vom G. und seiner Ritterschaft ist wahrscheinlich nicht christlichen Ursprungs. Sie scheint in Irland und Wales entstanden, und von da nach Cornwall und der Bretagne abgewandert zu sein. Wird — mehr metaphorisch als inhaltlich berechtigt — häufig mit der Freimaurerei in Beziehung gebracht, wobei nicht nur der Erlösungsgedanke, sondern auch die zum Liebesmahle versammelte Bruderschaft das Vergleichsmoment gibt.

Gral, Heiligen, Orden vom, s. Ermächtigte Bruderschaft der alten Riten.

Grammophonplatten mit freimaurerischer Musik sind in französischen Logen im Gebrauch. Sie geben das Repertoire des Pariser „Chœur Mozart" für feierliche Logenanlässe wieder.

Über die Zulässigkeit von Grammophonmusik bei freimaurerischen Logenarbeiten entspann sich aus künstlerischen Erwägungen eine lebhafte Aussprache im Großosten der Niederlande (1930/31). Während von der einen Seite nicht mit Unrecht darauf verwiesen wurde, daß durch die G. das Persönliche der Kunst zu kurz komme, haben die Anhänger der G. mit ebensoviel Recht behauptet, daß die Plattenmusik die künstlerische Wiedergaben erlaube und besonders in kleinen Koloniallogen unentbehrlich sei, um so mehr als gute Plattenmusik immer noch besser sei als die häufig nur dilettantischen Darbietungen bei Mangel an wirklichen Künstlern.

Granatapfel. Künstlerisch oft als Symbol der Fruchtbarkeit verwendet („Aus einem Kern entstehen viele hunderte"). In der Beschreibung der beiden Säulen im Vorhofe des Tempels (1. Könige, VII., 15) werden Granatäpfel als Schmuck der Kapitäle erwähnt. Daher auch in Freimaurerlogen zur Verzierung der Vorhofsäulen.

Grand Architect (engl.), ein selten verliehener Titel für verdiente Brüder, die sich als Architekten im Dienste der englischen Großloge ausgezeichnet haben. So wurde der Architekt der Freemasons' Hall in London, Thomas Sandby (s. d.) zum Großarchitekten ernannt.

Grand Architecte de l'Univers (frz.), Großer Baumeister aller Welten.

Grand Bard (engl.), Großbarde, Funktionär der Großloge von Schottland.

Grand Bible-Bearer (engl.), Großbibelträger, Funktionär der Großloge von Schottland.

Grand Chapitre (frz.), Großkapitel, Tagung der den XVIII. Grad besitzenden Brr. des Grand Orient de France unter Leitung des Grand Collège des Rites.

Grand Chapter (engl.) Großkapitel, leitende Körperschaft der Royal-Arch-Kapitel. In England: Supreme G. C.

Grand Collège des Rites ist die höchste Institution des Grand Orient de France für die Hochgrade; es setzt sich aus höchstens 33 Freimaurern zusammen, die den XXXIII. Grad des A. u. A. Schottischen Ritus oder einen diesem entsprechenden Grad besitzen. Die vom G. C. d. R. verwalteten und geleiteten Hochgradwerkstätten des Grand Orient bearbeiten den A. u. A. Schottischen Ritus (33 Grade), ohne daß der Grand Orient in Verbindung mit der Lausanner Konföderation der Obersten Räte dieses Systems steht; daneben existieren (auf dem Papier): der Französische Ritus (Rite français) mit sieben Graden und in sehr spärlichen Überresten der Rektifizierte Schottische Ritus. Auf die Logen des Grand Orient und auf dessen Verwaltung und Leitung übt das G. C. d. R. keinen Einfluß aus.

Grand Conseil (frz.), Großrat, Tagung der den XXX. Grad besitzenden Brr. des Grand Orient de France, geleitet vom Großkommandeur als Präsident-Großmeister.

Grand Conservateur (frz.). Nach dem Sturze Napoleons blieb das Amt des Großmeisters, das bis dahin der Erzkanzler Cambacérès innegehabt hatte, unbesetzt. Der Grand Orient setzte einen Verwaltungsausschuß ein, dessen Mitglieder den Titel G. C. führten. Diese Posten bekleideten die Marschälle Macdonald, Beurnonville und General Timbrune, Graf von Valence.

Grand Consistoire (frz.), Großkonsistorium, Tagung der den XXXII. Grad bekleidenden Brr. des Grand Orient de France.

Grand Constitutions (engl.), frz. Grandes Constitutions, s. Große Konstitutionen von 1786.

Grand Cross Court of Honour, nur in Nordamerika bekannter Ehrenrang für besonders verdiente Träger des XXXIII. Grades des A. u. A. Schottischen Ritus der südlichen Jurisdiktion.

Grande Loge (frz.), **Grand Lodge** (engl.), Großloge.

Grande Loge mixte, s. Droit humain.

Grand Encampment (engl.), Groß-Feldlager der Knights Templar (Tempelritter) in Schottland und Amerika; in England Great Priory (s. Knights Templar).

Grandidier, Ph. A., elsässischer Abbé, * 1729, † 1787, Kanonikus am Dome von Straßburg machte in einem 1782 erschienenen „Éssai historique et topographique sur l'église cathédrale de Strasbourg" auf den Zusammenhang der Freimaurerei mit den alten Steinmetzenbruderschaften aufmerksam. Als Kenner der alten Bauhüttenordnungen und der freimaurerischen Rituale zog er vermutende Vergleiche, die späterhin bestätigt wurden. Die Überraschung, die seine Untersuchungen hervorriefen, sind ein Beweis dafür, wie sehr der in England als Kontinuität bewahrte Zusammenhang der Freimaurerei mit den Steinmetzen im 18. Jahrhundert auf dem Kontinent durch die überwuchernden Hochgradsysteme und Ritterlegenden verlorengegangen war.

Grand Lodge Rank (engl.), auch Grand Rank, Großbeamtenwürde.

Grand Maître (frz.), Großmeister.

Grand Master (engl.), Großmeister. G. M. als Bezeichnung des höchsten Amtes einer Körperschaft ist im englischen Sprachgebrauche schon im 16. Jahrhundert nachweisbar. So 1549 in einer Predigt Latimers vor König Eduard VI.: „God is great Grand Master of the Kynges House." Ebenso 1558, wo von einem öffentlichen Amte als „Lord grandmaster" gesprochen wird. In einem Lustspiel von Beaumont und Fletcher, „Humorous Lieutenant", heißt es von Lysimachus: „He was Grand Master of the elephants." (Miscellanea Latomorum, Okt. 1928.)

Grand Master's Lodges, Logen des Großmeisters, gibt es in England und Irland. Im Register der Großloge von England trägt die G. M. L. die Nr. 1. Sie wurde 1759 von der Großloge der Antients unter der Großmeisterschaft des Earl of Blesington gegründet, der 1738/1739 Großmeister von Irland gewesen war. Dort war eine G. M. L. bereits 1749 entstanden und mit bedeutenden Privilegien ausgestattet worden. Bis 1856 besaß sie das Vorschlagsrecht für die Besetzung der Großbeamtenposten, bis 1837 hatte jedes in der G. M. L. in den Meistergrad erhobene Mitglied ipso facto Sitz und Stimme in der Großloge. Heute noch besitzen die Mitglieder das Recht, die Bekleidung von Großbeamten zu tragen und genießen die diesen gebührenden Ehren. Auch die englische Royal Alpha Lodge Nr. 16 (s. d.) ist eine Bauhütte, die den Großmeister mit seinen intimeren maurerischen Freunden vereinigt.

Grand Office-Bearer (engl.), Bezeichnung der Großbeamten in Schottland.

Grand Orient (frz.), gleichbedeutend mit Grande Loge, Großloge. Die vielfach verbreitete Auffassung, G. O. sei identisch mit Hochgradmaurerei, ist irrig.

Grand Painter (engl.). Die Provinzial-Großloge von Leicestershire ernannte 1793 einen G. P., Großmaler, d. h. einen durch seine künstlerische Leistungen um die Großloge verdienten Br., zum Großbeamten, mit Hervorhebung seiner künstlerischen Qualität.

Grand Registrar (engl.), Großlogenamt der Großloge von England. Der G. R. hat in der Großloge ähnliche Funktionen wie der „Chef des Protokolls" im staatlichen Leben. Er ist zumeist ein Rechtsgelehrter von Ansehen, verwahrt die Großsiegel der Großloge, überprüft die Protokolle und hat für die richtige Ausfertigung aller amtlichen Schriftstücke Sorge zu tragen. (Englische Konstitution 31—32.)

Grand rien. Der Ausspruch „c'est un grand rien" („das ist ein großes Nichts", so in bezug auf die Freimaurerei) wird Friedrich dem Großen in den Mund gelegt. Es handelt sich hier um eine unbelegte und unbelegbare Anekdote, die wahrscheinlich erfunden wurde, um die Zurückhaltung Friedrich des Großen gegenüber dem Bunde in seinen letzten Lebensjahren zu unterstreichen. In den Schriften des Königs steht der Ausspruch nicht. Vergleichsweise sei hier an das Wort Casanovas erinnert, der in seinen Memoiren von den „Sublimes Bagatelles de la Franc-Maçonnerie" spricht.

Grand Stewards, Grand Stewards Lodge, s. Stewards.

Grands Honneurs (frz.), Ehrenbezeugungen, die den Großwürdenträgern beim feierlichen Einholen in den Tempel usw. gebühren.

Grant, Alfred E. A., britischer Admiral, * 1861, Verteidiger von Alexandrien, gewesener Flügeladjutant des Königs, ist Großbeamter der Großloge von England.

Grant, Sir James Dundas, berühmter englischer Mediziner und Professor für Hals- und Ohrenleiden an der Universität London, Ehrenmitglied zahlreicher ausländischer Ärztegesellschaften, seit 1916 Großbeamter der Großloge von England und Chefarzt des Freimaurer-Krankenhauses.

Granville, George Leveson Gower, Earl of, führender englischer liberaler Staatsmann, * 1815, † 1891, wiederholt Außenminister, Kolonialminister im Kabinett Gladstone, Kanzler der Universität London, trat für die Zulassung der Frauen zum Hochschulunterricht ein, war Mitglied der „Apollo University Lodge" in Oxford.

Grasse-Tilly, Alexander François Auguste de, Graf, französischer Rittmeister, * 1766, † 1828 (?), Sohn des Admirals G.-T., dessen Flotte Washington zu Hilfe kam und dessen Sieg bei Yorktown ermöglichte, kam wahrscheinlich 1795 mit seinen vier Schwestern nach Amerika, nachdem die französische Revolution die Familie um Hab und Gut gebracht hatte. Mutmaßlich Mitglied der Pariser Loge „Contrat Social", wurde er 1796 Mitbegründer, 1798 Stuhlmeister der Loge „La Candeur" in Charleston (South Carolina); 1798 stiftete er mit anderen die Bauhütte „La Réunion Française". 1801 wurde er Großmarschall der „Antients"-Großloge des Staates. Er tat bei der Gründung des ersten amerikanischen „Rates der Prinzen des königlichen Geheimnisses" (Princes of the Royal Secret) und 1801 bei der Einsetzung des ersten Obersten Rates des A. u. A. Schottischen Ritus (Mother Supreme Council) in Charleston mit; 1802 erhielt er ein Patent als Großkommandeur ad vitam für Französisch-Westindien. Auch dort betätigte er sich als Logengründer; 1803 setzte er in Port-au-Prince (damals auch Port Républicain genannt) den Obersten Rat für die Westindischen Inseln „Über und unter dem Wind" (heute Supreme Council for the Windward and Leeward West-Indian Islands) ein. Das blutige Scheitern der napoleonischen Expedition und die Fremdenmassakers machten dessen Tätigkeit sehr rasch ein Ende. G.-T. kehrte nach Frankreich zurück, setzte dort am 22. Dezember 1804 den ersten europäischen Obersten Rat des neuen Ritus, den Suprême Conseil de France, ein und war dessen Großkommandeur, bezw. Ehrengroßkommandeur neben Cambacérès (s. d.) bis 1818. Er nahm in der Folge an der Einsetzung der Obersten Räte von Italien (Mailand 1805), Spanien (Madrid 1809) und Belgien (1817) teil. Enttäuschungen blieben ihm nicht erspart. 1818 wurde er bezichtigt, alle Macht allein ausüben zu wollen und seiner Funktionen enthoben. Er blieb aber der Maurerei treu und noch 1828 schrieb er nach den Vereinigten Staaten, er beschäftigte sich mit der Wiedererweckung des S. C. für die Westindischen Inseln.

Gratisbrotverein in Budapest, eine von den ungarischen Freimaurern 1901 gegründete großzügige Wohlfahrtsinstitution, die auch nach dem Verbot der Logentätigkeit in Ungarn trotz Wegnahme des Lokals und der Einrichtungsgegenstände aufrechterhalten wurde. Während der kalten Jahreszeit werden täglich allen sich einfindenden Armen unentgeltlich ausreichende Brotrationen verabreicht.

Gratismilchverein in Budapest, ebenso wie der „Gratisbrotverein" freimaurerische Gründung aus der Vorkriegszeit, die auch heute, nach dem Verbot der Freimaurerei, aufrechterhalten wird. Der Verein gibt Milch und Brötchen an bedürftige Kinder aus, in manchen Jahren über achthunderttausend Portionen. Besonders kränkliche oder unterernährte Kinder werden ärztlich behandelt.

Grattan, Henry, irischer Staatsmann, * 1746, † 1820, Parlaments- und Volksredner, der in einer Zeit schwerster Bedrückung und Rechtlosigkeit seines Volkes als Führer der Opposition die Wiederherstellung der 1720 beseitigten Freiheit des irischen Parlaments mit voller gesetzgebender Unabhängigkeit forderte und 1782 durchsetzte, war Freimaurer. Später im englischen Unterhaus Vorkämpfer der Katholikenemanzipation, wurde er 1783 als Oberst der Freiwilligen Mitglied der „First Volunteer Masonic Lodge of Ireland". Von einem ihm vom irischen Volk angebotenen Ehrengeschenk von hunderttausend Pfund nahm er nur die Hälfte an. Seine sterblichen Überreste wurden in einem Ehrengrab in der Westminsterabtei beigesetzt.

Gratz, Gustav, ungarischer Schriftsteller, gew. Minister u. Gesandter in Wien, * 1875, Vertrauter des letzten Herrschers aus dem Hause Habsburg, Karl, und von diesem anläßlich seiner zweiten Rückkehr nach Ungarn 1920 als Außenminister designiert, war Mitglied der Loge „Demokratia" in Budapest.

Gratzfeld, Monsignore, deutscher Geistlicher, erklärte auf dem Trientiner Antifreimaurerkongreß 1896, die von Leo Taxil (s. d.) erfundene angebliche „Miss Diana Vaughan" (s. d.) existiere nicht. Er wurde aber von der Mehrheit der verblendeten Kongreßteilnehmer für das Opfer von Betrügern gehalten.

Grävell, Maxim Karl Friedrich Wilhelm, preußischer Regierungsrat, Mitglied der deutschen Nationalversammlung 1848 (* 1781, † 1860) und kurze Zeit auch Ministerpräsident des deutschen Reichsverwesers Erzherzog Johann. Er war Meister vom Stuhl der Loge in Lübben und betätigte sich auch als freimaurerischer Schriftsteller.

Great Architect of the Universe (engl.). Allmächtiger Baumeister aller Welten.

Great Geometrician of the Universe (engl.), Bezeichnung des A. B. a. W. (s. d.) im II. Grad.

Greeley, Adolphus Washington, * 1844, amerikanischer General und Polarforscher, Ehrenpräsident des New Yorker „Explorers-Club", nahm an der amerikanischen Polarexpedition 1882 teil, wurde durch die Hilfsexpedition Schley gerettet, leitete dann den Bau wichtiger Kabel nach den Philippinen, China, Kuba usw., Verfasser meteorologischer und elektrotechnischer Werke, Mitglied der Kane Lodge (s. d.).

Green, Nathaniel, Generalquartiermeister der Revolutionsarmee Washingtons, * 1742, trug während des ganzen Feldzuges seine maurerischen Insignien unter der Uniform.

Green Dragon Tavern in Boston, einer der Ausgangspunkte der amerikanischen Unabhängigkeitsbewegung, Versammlungsstätte der „Sons of Liberty", „North End Caucus" und anderer revolutionärer Vereinigungen, war der Sitz der ersten Loge der „Antients" in Massachusetts, der St. Andrews Lodge, die 1752 eine Konstitution von der Großloge von Schottland erhielt (s. Boston Tea Party und Nordamerika).

Greene, Maurice, englischer Komponist und Musiker, * 1696, † 1755, Organist der Londoner St.-Pauls-Kirche, Mitbegründer des Londoner Musikvereins, Freund Händels, Schöpfer zahlreicher Kirchenkompositionen, schrieb auch freimaurerische Musikstücke, war Mitglied einer Loge, die 1725 in der „Ship Tavern" zusammenkam.

Greenwood, Arthur, englischer sozialistischer Politiker, Gesundheitsminister im Labour-Kabinett Macdonald, † 1880, Verfasser politischer und soziologischer Schriften, ist Mitglied der Londoner „New-Welcome"-Lodge, die aus Parlamentariern der Labour Party besteht.

Gregor XVI., Papst, Bartolomeo Cappellari, * 1765, † 1846, scharfer Gegner der freien Forschung, erließ 1852 die Bulle „Mirari vos", in der er von der Verschwörung der „geheimen Gesellschaften" sprach, „in die alles, was in den Häresien und in den verruchtesten Sekten Sakrilegisches, Schändliches und Blasphemisches ist, wie in eine Kloake mit allem Schmutz zusammengeflossen ist" (s. Päpste).

Gregori, Ferdinand, Professor, deutscher Schauspieler und Bühnenleiter, * 1870, † 1928, bedeutender Menschengestalter, in Wort und Schrift für Theaterreform tätig, Leiter der Schauspielschule an der Wiener Akademie für Musik und darstellende Kunst, Intendant in Mannheim, Spielleiter der Berliner Reinhardt-Bühnen, war Mitglied der Wiener Loge „Zukunft".

Gregorians, Order of, auch „Merry Gregs" genannt, freimaurerischer, anfänglich wohl gegnerischer, gegen Ende des 18. Jahrhunderts vom Prinzen William von Gloucester als „Grand" geleiteter Orden, dessen Spuren sich in England von 1728 bis 1806 nachweisen lassen. W. H. Rylands ist ihnen nachgegangen und hat bemerkenswerte Analogien zu freimaurerischen Gebräuchen festgestellt. Die Ziele des „Gregorism" waren ethischer Natur; wer Mitglied, „Bruder", werden wollte, mußte ein Mann von Ehre, gesunder Moral und unbedingter Loyalität sein. Der Orden hatte ein Großkapitel in London und eine ganze Anzahl von Kapiteln. Die handschriftlichen Hausgesetze eines solchen in Wakefield (1796) sind im Besitz der Quatuor Coronati Lodge. (Vergl. Rylands in A. Q. C., Band 21, 2, S. 91.)

Greinemann, Ludwig, Dominikanermönch, erregte 1727 im Verein mit dem Lektor der Kapuziner Schuff durch Predigten die Volksstimmung in Aachen derart, daß es zu Pöbelausschreitungen gegen die Freimaurer kam (s. Aachen).

Grenznotopfer. Von den deutschen Freimaurern 1930 eingeleitete Sammlung „für die in wirtschaftlicher und seelischer Not schmachtenden Volksgenossen in den deutschen Grenzlanden". Die Verwaltung hat ein eigener Verein, „G.", der von Dr. Franz Lüdtke in Oranienburg bei Berlin geleitet wird. Im ersten Jahre gehörten von den deutschen Logen ein Viertel dem Verein an. Die gesammelten und aufgewendeten Mittel betrugen 15.000 Mark. An der Aktion beteiligten sich sämtliche deutschen Großlogen.

Greuze, Jean-Baptiste, berühmter französischer Maler und Kupferstecher. * 1725, † 1805. Sein bekanntestes Bild ist „Der zerbrochene Krug". Werke von ihm im Louvre, in Berlin, Dresden u. a. G., war Mitglied der Loge „Les neuf Sœurs" in Paris.

Grey, Edward, Viscount of Fallodon, berühmter englischer Staatsmann, * 1862, Außenminister in den liberalen Kabinetten Asquith und Campbell-Bannerman, 1905—1916, vermittelte 1912—1913 in der Balkankrise zwischen den Großmächten, versuchte auch den Weltkrieg zu verhüten, Anhänger der Völkerbundidee, Verfasser des bekannten Werkes über die Vorgeschichte des Weltkrieges: „Twenty-five Years of Service", wurde in der Apollo University Lodge 357 in Oxford aufgenommen.

Griechenland (Republik). Wenn man das heutige Territorium in Betracht zieht, kann als erste Loge jene gelten, die um 1780 von Verona aus auf dem damals noch griechischen Korfu gegründet wurde. Manche Griechen traten damals im Ausland dem Bunde bei, so Rhigas von Fera (s. d.), der größte Freiheitsdichter und Patriot seiner Zeit, der dann 1798, als er das Signal zum Aufstand geben wollte, von den österreichischen Behörden an die Türken ausgeliefert und von diesen nächst Belgrad in der Donau ertränkt wurde. Von 1807 an, in welchem Jahre die napoleonischen Truppen ihren Einzug hielten, folgten mehrere Gründungen unter dem Großorient von Frankreich. 1814 gab es vorübergehend einen Großorient von Korfu. 1821 brach der Freiheitskampf der Hetärie (s. d.) aus. An der Entstehung und dem Wirken dieses patriotischen Geheimbundes, der die Befreiung Griechenlands vom türkischen Joch betrieb, hatten Freimaurer führenden Anteil, was auch im Ritual mit seiner Anlehnung an das Schottische System zum Ausdruck kam. Fürst Alexander Ypsilanti (s. d.), der unglückliche Held des Aufstandes, war in Petersburg Mitglied der Loge „La Palèstine" geworden. Bei dem Freiheitsringen blieben viele Brr. auf dem Felde der Ehre. In den Erinnerungen von Nikolaus Ypsilanti, des Bruders von Alexander, ist gesagt, daß der Gedanke, in Anlehnung an das freimaurerische Vorbild eine freiheitliche Brüderschaft zu gründen, im Augenblick erwacht sei, da nach dem Wiener Kongreß Metternich dem Grafen Kapodistrias erklärte, er erkenne das Bestehen einer griechischen Nation nicht an. „Die Ehre der griechischen Rasse wurde durch diese Beleidigung schwer getroffen, aber die Folgen waren gute, denn wenn der Ehrbegriff einer unterdrückten Nation nicht erloschen ist, wie nahe ist sie der Wiedereroberung der Freiheit! ... Von dieser Stunde an zeigte sich im Gesicht eines jeden Griechen feste Entschlossenheit... Sie weihten sich den heiligen Mysterien einer Bruderschaft, die vom Himmel für ihre Freiheit bestimmt war." Die Freimaurer wurden damals in G. vielfach auch „freie Baumeister" genannt. Bereits 1813 war in Leukas Emanuel Xanthos von Patmos (damals in Odessa lebend) in den Freimaurerbund aufgenommen worden. Er wurde 1814 der Stifter der Gesellschaft der Freunde, der Hetaireia der Philiker. Von den großen Nationalhelden, die in der Folge die Fahne der Freiheit hißten; gehörte u. a. auch der berühmte Erzbischof von Patras, Germanos, Mitglied der provisorischen Regierung, der Freimaurerei an.

1840 erteilte die Großloge von England, die 1837 eine Korfioter Loge „Pythagoras" installiert hatte, ein Patent für einen Großorient von G., der sich aber nicht zu entwickeln vermochte. Starke Aktivität entfalteten von 1859 an entstandene Logen unter italienischer Obedienz. Trotzdem einige Bischöfe damals gegen die Freimaurerei mobil machten und 1866 in Patras das Logenhaus angezündet wurde, bildete sich 1868 unter dem Prinzen Rhodakanakis der Großorient von Griechenland, dem 1872 unter dem gleichen Chef der Oberste Rat des A. u. A. Schottischen Ritus folgte. Der Großorient nahm in der Folge einen gedeihlichen Aufschwung; namentlich in den intelligenten und hohen kirchlichen Kreisen wußte er starke Anhängerschaft zu gewinnen, zumal die Logen stark in patriotischem Sinne tätig waren. Eine in den neunziger Jahren eingetretene Spaltung wurde 1896 durch Neuorganisation wieder beseitigt. 1930 zählte der Großorient 51 Logen mit 6000 Mitgliedern. 19 in Athen, 5 in Saloniki, 5 in der jetzigen britischen Kolonie Cypern. Die Loge auf Korfu untersteht dem Grand Orient de France. Dieser, die Großloge von Frankreich, der Großorient von Spanien haben Logen in Saloniki, die Großloge von England in Zante. Der Großorient ist Mitglied der A. M. I. Adresse: Rue Aharnon 19, Athen.

1930 erließ anläßlich der Balkankonferenz der Großmeister des G. O., Miltiades Pouris, eine Botschaft, in der er daran erinnerte, daß der Märtyrer und Freimaurer Rhigas Ferraios seinerzeit der erste war, der den Gedanken einer freien und geeinigten Balkanhalbinsel propagierte; im Gedanken daran rief er die Freimaurer des Balkans zur Eintracht und Zusammenarbeit auf: „Brüder alle, tretet ein in den Tempel des Friedens; lasset alles Trennende draußen; aber bringet mit, was uns eint!"

Griff (frz. attouchement, engl. grip), eigenartige Form des Händedruckes, freimaurerisches Erkennungszeichen, symbolisiert Treue und Hilfsbereitschaft und bedeutet: „Es grüßt Dich ein Bruder!" Für die einzelnen Grade verschieden.

Grock, Künstlername des schweizerischen Artisten Adrien **Wettach,** weltberühmter Musikclown, ist Mitglied einer Loge der Grande Loge de France.

Groddeck, Karl Heinrich von, Jurist, * 1821, † 1886, Stuhlmeister der Loge „Zur goldenen Harfe" in Marienwerder, eifriges Mitglied des Vereins deutscher Freimaurer, bearbeitete in dessen Auftrag den „Versuch einer Darstellung des positiven inneren Freimaurer-Rechtes", der später von Otto Henne Am Rhyn vollendet und von Merzdorf eingeleitet wurde. Es war dies das erste aus der Vereinstätigkeit entstandene größere Werk.

Groß, Ferdinand, österreichischer Schriftsteller, * 1849, † 1900, bekannter Feuilletonist, Mitarbeiter der „Frankfurter Zeitung" und des „Wiener Fremdenblattes", schrieb mit Max Nordau das Lustspiel „Die neuen Journalisten", war Mitglied der Wiener Loge „Zukunft".

Groß-, als Vorsilbe, kommt in Beamtenbezeichnungen der Großlogen vor. So: Großaufseher, Großschriftführer, Großtempelhüter usw., als Bezeichnung der gewählten Beamten der Großloge. Ebenso Großrat für einen dem Großmeister zugeteilten Beratungsausschuß (Grand Conseil).

Großbeamte (engl. Grand Officers, frz. Grands Officiers), die Würdenträger der Großloge (s. d.). Sie bilden den Großbeamtenrat.

Großbritannien, s. England, Schottland, Irland.

Große Konstitutionen von 1786 (engl. Grand Constitutions, frz. Grandes Constitutions) bilden eine Grundlage der Verfassungen der Obersten Räte des A. u. A. Schottischen Ritus. Sie wurden lange Zeit Friedrich dem Großen zugeschrieben, diese Hypothese erwies sich aber als irrig (s. Schottischer Ritus).

Große Landesloge der Freimaurer von Deutschland, s. Berlin, Deutschland, Preußen, Schwedische Lehrart.

Großes Ordensfest des Schwedischen, bezw. Zinnendorfschen Systems wird am 22. März im VII. Grad zur Erinnerung an den Todestag des letzten Großmeisters des Templerordens, De Molay, gefeiert. (Vergl. Schwedische Lehrart.)

Großinger, Franz Matthäus, * 1752, † 1830, in Ungarn geborener Exjesuit und Ordensschwindler, der ein sehr unstetes Leben führte, 1783 in Halle den Rosenorden ins Leben rief, wegen Betrügereien eingekerkert wurde und später auf dem Gut seines Gönners Grafen Fugger den Plan zu einem ähnlich gearbeiteten „Harmonieorden" (s. d.) entwarf.

Großinspektor-Inquisitor-Kommandeur (frz Grand Inspecteur Inquisiteur Commandeur, auch Grand Juge Commandeur, engl. Inspector Inquisitor, auch Grand Inspector Inquisitor Commander), XXXI. Grad des A. u. A. Schottischen Ritus, sogenannter Verwaltungsgrad, wird in einem Tribunal bearbeitet. Die Legende des Grades erinnert an die Heilige Feme, die Gradlehre handelt von den Grundsätzen wahrer Gerechtigkeit, vom gerechten, unbestechlichen Urteil.

Großkapitel (engl. Grand Chapter), in der angelsächsischen Maurerei die Oberbehörde für die Royal-Arch-Kapitel; genau genommen liegt darin ein Widerspruch mit der amtlichen englischen Feststellung von 1813, daß der Royal Arch kein besonderer Grad sei.

Großkophta, s. Kophta, Cagliostro.

Groß-Libanon, Republik in Vorderasien, durch Frankreich verwaltetes Völkerbundmandat. In der Hauptstadt Beirut, gegenwärtig Sitz des französischen Gouverneurs für das ganze Mandatsgebiet Syrien-Libanon, gründete die Großloge von Schottland 1861 eine Loge, der bald Bauhütten der beiden französischen Großbehörden folgten. Gegenwärtig arbeiten in Beirut, Tripoli, Zahlé usw. unter dem Distrikts-Superintendenten der Großloge von Schottland für Ägypten, Palästina und Syrien fünf Logen. unter den beiden ägyptischen National-Großlogen sechs, unter der Großloge von Frankreich vier, dem Großorient von Frankreich sechs und in einem Distrikt der Großloge von New York vier, insgesamt 25 Logen.

Großloge (engl. Grand Lodge, frz. Grande Loge, auch Grand Orient), die höchste Organisationsstufe der Freimaurerlogen, die sie zu einer höheren Einheit zusammenfaßt. Eine G. kommt zustande, indem eine Vereinigung regelrechter Logen von einer bereits bestehenden G. ein Patent erhält (auch Oberste Räte haben solche wiederholt erteilt), oder indem mehrere reguläre Logen für sich selbst eine G. einsetzen. Beide Wege sind nach den Anschauungen der G. von England (s. Anerkennung) rechtsgültig, Die G. hat die Aufgabe, in Zusammenfassung der ihr unterstehenden Logen für die Einheitlichkeit der Form und des Inhaltes der freimaurerischen Arbeit zu sorgen. Je nach der Verfassung ist die G. ein reiner Verwaltungskörper der Gesamtheit, oder aber eine frei gewählte übergeordnete und leitende Körperschaft. Sie gliedert sich in Verwaltungsinstanzen, die in den einzelnen Ländern verschieden abgestuft sind. Die letzte Entscheidung steht in den meisten G. bei der Vollversammlung, auch Großversammlung, bezw. Bundesversammlung genannt.

In England und anderen Orten versteht man unter G. zweierlei: den organisatorischen Begriff und die Versammlung selbst.

Großlogenbund, Deutscher, s. Deutscher Großlogenbund.

Großlogen, Deutsche, s. Deutschland, Deutsche Großlogen.

Großlogen, Großoriente, s. die einzelnen Länder, Hauptstädte und Städte, die Sitz solcher sind.

Großlogentage, Deutsche, s. Deutscher Großlogenbund.

Großlogenverein, s. Freimaurerverein der drei Großen Logen zu Berlin.

Großlogenverwaltung. Der Verwaltungsapparat einer Großloge wächst begreiflicherweise mit ihrer Mitgliederzahl. Große Obedienzen wie die von England oder New York haben eine derart umfangreiche Verwaltung, daß diese nur hauptamtlich besorgt werden kann. Daher ist in den angelsächsischen Großlogen das Amt des Großschriftführers oder Sekretärs meist eine besoldete Stelle. Auch die Agenden des Großmeisters sind — z. B. in Amerika — oft derart umfangreich, daß der gewählte Großmeister während seiner Funktionsdauer oft auf die Ausübung seines Profanberufes verzichten muß. Daher werden nur wirtschaftlich gutgestellte, unabhängige Mitglieder für diesen Posten ausersehen, was Vorteile und Nachteile in sich schließt. Neuerdings sind auch die meisten europäischen Großlogen dazu übergegangen, neben ihren ehrenamtlichen Großschriftführern eigene besoldete Beamte als Kanzleileiter anzustellen.

An der Spitze der Großlogenverwaltung steht der Großmeister, beim Grand Orient de France der Präsident des Ordensrates. Der ihm zur Seite stehende Großbeamtenrat wird entweder von der Vollversammlung der Großloge gewählt, oder aber die Vollversammlung wählt nur die wesentlichsten Beamten, wie den Großmeister, Großaufseher, Schatzmeister, während die anderen Großbeamten vom Großmeister ernannt werden („by appointment of the Grand Master"). In der englischen Großloge werden zahlreiche Großbeamtenstellen als Ehrungen verliehen, meist im sogenannten „Past Rank", d. h. die Ernannten werden gleich „Past-Grand Officers".

Die Verwaltung — soweit es sich nicht um das dem Großschriftführer vorbehaltene Arbeitsgebiet handelt — führt bei den angelsächsischen Großlogen zumeist ein gewähltes Board of general purposes oder Board of general activities oder ähnlich; ihm obliegt — die Agenden sind nicht einheitlich verteilt — z. B. die sehr umfangreiche Verwaltung des Großlogenbesitzes, die Beaufsichtigung und Administration der von der Großloge unterhaltenen Wohlfahrtseinrichtungen, die Kontrolle der Logen, bisweilen die Herausgabe der amtlichen Großlogenzeitschriften u. v. a. m. Bei den Logen des europäischen Kontinents sind manchenorts kleine Verwaltungsausschüsse tätig, die aus den hauptsächlichsten gewählten Ämtern bestehen; weitere wichtige Entschließungen haben — je nach den Bestimmungen der Großlogenverfassung — ein Bundesrat oder die Stuhlmeisterversammlung zu fassen; als letzte Instanz entscheidet dann die Vollversammlung der Großloge, meist Bundesversammlung, in England Grand Lodge, in Frankreich Convent genannt, die sich aus den Delegierten der Logen zusammensetzt. Diese werden teils gewählt, teils — z. B. in England und anderen angelsächsichen Großlogen — ist die Vertretung den Stuhlmeistern, Altmeistern (Past Masters) und Aufsehern vorbehalten. Diese erteilt den Amtswaltern die Entlastung, faßt die allgemein gültigen Beschlüsse und ist auch die Berufungsinstanz gegenüber Logen- und Großlogenbeschlüssen, durch die sich ein Einzelmitglied benachteiligt fühlt.

Die Großlogenauslagen werden bestritten durch regelmäßige Beiträge aller Einzelmitglieder (Kopftaxe), Aufnahmstaxen, oft auch Beförderungsgebühren und Spenden. Im Jahre 1931 hat sich auch die Großloge von England zu dem in ihrer Geschichte bisher ungewöhnlichen Vorgange entschließen müssen, durch vorgeschriebene Jahresbeiträge — bis dahin gab es nur einmalige Taxen bei der Aufnahme — den Bestand ihrer gewaltig angewachsenen Administration zu sichern. Bedeutende Ansprüche — abgesehen vom Aufwand für die ständigen Wohlfahrtszwecke — werden an die Großlogen durch Werke ad extra gestellt. So haben in den letzten Jahren die amerikanischen Großlogen enorme Mittel gelegentlich großer Elementar katastrophen aufgebracht (Mississippiüberschwemmungen, Erdbeben in Florida u. a.). Manche europäischen Großlogen haben ihre gesamten Kräfte zur Behebung der durch die Weltwirtschaftskrise hervorgerufenen Arbeitslosigkeit angespannt. Auch für nationale Hilfswerke (Deutsche Ostmarkenhilfe) wird beträchtliches geleistet. Die Güte einer G. kommt materiell zum Ausdruck im Verhältnis zwischen den für Eigenbrauch und für Hilfswerke und Wohlfahrtseinrichtungen aufgebrachten Mitteln. Daß diese Leistungen in den letzten Jahren scheinbar geringer geworden sind, liegt in den erhöhten Kosten des eigenen Betriebes und der verminderten Leistungsfähigkeit der Mitglieder. Sehr viele Fonds, die durch Jahrzehnte angesammelt wurden, sind infolge der Geldentwertung und der vermehrten Ansprüche notleidend geworden. Besonders gilt dies von Deutschland, wo manche maurerischen Hilfswerke ihre Tätigkeit einstellen mußten.

Großmeister (engl. Grand Master, frz. Grand Maître). Die Bezeichnung tritt zum ersten Male im Jahre 1717 auf, als vier Londoner Logen eine Großloge bildeten und den Gentleman Anthony Sayer zum G. wählten. Vorher war die Bezeichnung unbekannt. In den ersten Jahrzehnten nach der Londoner Gründung wurde auf dem Kontinente vielfach auch der Meister vom Stuhl einer Loge als G. bezeichnet. Die Befugnisse des G. sind in den verschiedenen Großlogen durchaus nicht immer übereinstimmend.

In einzelnen Systemen ist seine Stellung eine ausgesprochen hierarchische, in den meisten ist er als gewählter Amtswalter nur der höchste Beamte der Großloge. Ebenso wie dem Meister vom Stuhl stehen ihm symbolische Rechte zu, er hat die Kompetenz, die Erlaubnis zur Abhaltung von Logenarbeiten unter besonderen Umständen (Arbeit unter freiem Himmel, s. d.) zu erteilen; er kann zumindest in Amerika das Recht des „at sight" (s. d.) ausüben, er visitiert die Logen und kann in jeder Loge seiner Obedienz jederzeit die Leitung der Arbeit übernehmen. In einzelnen Großlogen ernennt er einen Teil der Großbeamten. In vielen Großlogen hat er ein nur durch die Bundesversammlung zu behebendes Vetorecht gegen Logenbeschlüsse, Aufnahmen u. a. m. Er vertritt die Großloge nach außen und hat die Hauptaufgabe, in seiner gehobenen Stellung für Einhaltung der Bundesgesetze, Friede und Eintracht unter den Logen und Brr. zu sorgen. Die G. der Großen National-Mutterloge „Zu den drei Weltkugeln" und des Großorients von Belgien führen den Titel National-Großmeister; im Schwedischen System obliegt die oberste Leitung dem Ordensmeister, bezw. dem Landes-Großmeister; der Grand Orient de France hat an Stelle des G. einen Präsidenten des Ordensrates (s. Président du Conseil de l'Ordre).

Der G. wird zumeist von den Delegierten der Brüderschaft einer Großloge gewählt. Seine Amtsdauer ist entweder jeweils für ein Jahr festgesetzt wie in den angelsächsischen Großlogen, oder sie erfolgt für eine Amtsperiode von drei, fünf, neun Jahren. Der G. teilt sich in seine Amtsführung mit dem Deputierten Großmeister, den er entweder ernennt, oder den die Brüderschaft im gleichen Wahlgang wählt. Wird in England ein Mitglied des königlichen Hauses zum G. gewählt, so ernennt er einen Acting oder Pro Grandmaster (s. d.), der ihn offiziell vertritt.

Einzelne Großlogen haben die Einrichtung eines repräsentativen G., der nur bei besonders feierlichen Anlässen fungiert, und eines amtierenden G., der die laufenden Geschäfte unter Verantwortlichkeit leitet. Alle die Großlogen bindenden Erlässe, Verträge, Verlautbarungen nach außen hin werden vom G. vollzogen. Ebenso setzt er durch seine genehmigende Unterschrift Logen in Arbeit.

In den Hochgraden des A. u. A. Schottischen Ritus führt der oberste Beamte den Titel Großkommandeur. Seine Stellung ist die eines unabhängigen Leiters, der eine besonders in Amerika sehr weitreichende Amtsgewalt hat.

Großmeister aller Logen (frz. Vénérable Grand Maître de toutes les Loges, dagegen engl. Master of the Symbolic Lodge), XX. Grad des A. u. A. Schottischen Ritus. Dieser Grad ist sichtlich ein Produkt der Zeit der „Verirrungen", da ein Ballast aller möglichen Grade die Königliche Kunst zu ersticken drohte. Er will Lehrmeister heranbilden, die die Brüderschaft wieder zur Freimaurerei in ihrer ursprünglichen Reinheit zurückführen, ihr zeigen, daß man, um die Wahrheit zu kennen, diese erst erkennen muß. Der „Großmeister" muß sich bewußt sein, daß er nicht mehr als die anderen, sondern nur Erster unter gleichen ist. Der Grad wird nur von wenigen Obersten Räten bearbeitet.

Großmeister-Architekt (frz. Grandmaître architecte, engl. [Grand] Master Architect), XII. Grad des A. u. A. Schottischen Ritus, architektonischer Grad, in dessen Lehre die Geometrie die Hauptrolle spielt. Die Entwicklung der Konstruktions- und der Baukunst durch die Geometrie wird auf den Menschen symbolisiert, der, durch sittliche Grundsätze geläutert, den Tempel der Wahrheit, Gerechtigkeit und Liebe darstellt. Der Grad weist eine reiche Zahlensymbolik auf und stellt eine philosophische Entwicklung des Gesellengrades dar.

Großmeisterlogen, s. Grand Master's Lodges.

Großmeistertag, Deutscher, s. Deutscher Großmeistertag.

Großmeistervereine.

1. Preußischer G., 1839 gegründete Vereinigung der drei altpreußischen Großlogen zur Behandlung gemeinsamer Angelegenheiten.

2. G. der Großlogen von Bayreuth, Frankfurt a. M. und Hamburg, 1900 mit ähnlichen Programmen ins Leben getreten.

Großorient, s. Grand Orient.

Großorient des Schottischen, Misraim- und Memphis-Ritus und Souveränes Sanktuarium für das Deutsche Reich, 1902 in Deutschland von dem Abenteurer Theodor Reuß (s. d.), ferner Franz Hartmann und Henry Klein eingeführter irregulärer freimaurerischer Orden, der einen Obersten Rat, Großräte, Schottische Kapitel vom Rosenkreuz und Adler und Pelikan, symbolische Logen und Kränzchen umfaßte und sieben Grade ritualmäßig bearbeitete. (Vergl. Misraim-, bezw. Memphis-Ritus.)

Großpriester (frz. Grand-Pontife ou Sublime Ecossais, engl. [Grand] Pontiff), XIX. Grad des A. u. A. Schottischen Ritus, lehrt Unduldsamkeit, Unwissenheit, Aberglauben und Fanatismus in jeder Form zu bekämpfen, ein Gedankengang, der sich bis zum XXX. Grad durch alle Stufen zieht.

Grotto, s. Propheten, verschleierte.

Groussier, Arthur, französischer Politiker, * 1863, gewesener Vizepräsident der Kammer, trat für das Verhältniswahlrecht ein, Verfasser mehrerer Fachwerke über die „Arbeitsgesetzgebung", wurde 1885 in der Pariser Loge „L'Emancipation" aufgenommen, wiederholt Mitglied des Ordensrates des Grand Orient, dessen Präsident 1925, wiedergewählt 1927, Präsident des Ausschusses („Comité Consultatif") der „A. M. I." 1927—1930, Vorkämpfer für die Universalität des Freimaurerbundes und für die Einheit der französischen Freimaurerei.

Gruber, Hermann, Pater S. J., * 1851, † 1930, geborener Tiroler, autoritativster Gegner der Freimaurerei im militanten katholischen Lager, zuletzt als Professor im Ignatius-Kolleg der deutschen Jesuiten in Valkenburg (Holland) tätig. Eingehende Studien über den Positivismus führten G. auf die Freimaurerei, deren Bekämpfung er sein Lebenswerk widmete. Auf Grund unausgesetzter Studien, einer äußerst umfangreichen Bibliothek und ständiger Informationen aus allen Ländern schrieb er, teilweise unter dem Pseudonym Hildebrand Gerber, abgesehen von zahllosen Artikeln in Zeitungen und Zeitschriften und Darstellungen für katholische Handbücher, gegen siebzig teilweise sehr umfängliche antimaurerische Schriften. Deren hauptsächlichste sind: „Der giftige Kern oder die wahren Bestrebungen der Freimaurerei usw.", „Leo Taxils Palladismus-Roman", „Betrug als Ende eines Betruges", „Mazzini, Freimaurerei. Weltrevolution", „Freimaurerei, Weltkrieg, Weltfrieden". In Holland kam ein Werk heraus, das „dreimal 333 Aussprüche P. Grubers gegen die Freimaurerei" zitierte. G. wurde so zur maßgebenden Quelle für die gesamte zeitgenössische Kampfliteratur gegen den Freimaurerbund. Auch persönlich wurde er von Rom und seinem Orden als Konsulent in der Freimaurerfrage ständig herangezogen. Zahlreiche Streiter wider die Königliche Kunst holten sich bei G. persönlich Wegleitungen oder bezogen ihr ganzes Rüstzeug aus dessen Kampfschriften. Eine besondere Rolle spielte G. anläßlich des Taxil-Schwindels. Anfangs ließ auch er sich täuschen und übersetzte sogar Taxils „Drei-Punkte-Brüder" ins Deutsche, war aber dann, als der Freimaurer Findel den Bluff entlarvte, mit Dr. Cardanus von der „Kölnischen Volkszeitung" auf katholischer Seite der erste, der energisch gegen den Schwindel auftrat und die Weltblamage einzudämmen suchte. Eine Zeitlang allerdings vergeblich. Taxil griff ihn auf dem Trientiner Kongreß aufs schärfste an. Trotz seiner von einer falschen Grundlage ausgehenden antimaurerischen Schriftstellerei war G. doch auch schon in dieser Periode eine gelehrsame Gründlichkeit eigen, die bisweilen sichtlich von der üblen Pamphletliteratur abstach.

Dieser Zug führte schließlich dazu, daß die wissenschaftliche Objektivität immer mehr in den Vordergrund trat. Eine Artikelserie in der österreichischen katholischen Wochenschrift „Das neue Reich", betitelt „Der Kampf gegen die Freimaurerei im Lichte der jüngsten Kundgebungen Pius XI." (Juni 1926), zeigte in gewisser Hinsicht bemerkenswerte Loyalität, indem G. zum erstenmal auf rein weltanschaulicher Basis die Freimaurerei zum Gegenstand einer philosophischen Analyse machte. Als Wesenseinheiten der modernen spekulativen Freimaurerei erschienen ihm dabei:

1. der praktisch allem grundsätzlichen Liberalismus gemeinsame, angeblich religiöse oder konfessionell neutrale, tatsächlich antisupranaturalistische, praktisch adogmatische und antidogmatische Charakter;
2. das naturalistisch-humanitäre Fundamentalprinzip;
3. die deistische Grundidee.

Zum erstenmal wurde hier von dieser Seite die Freimaurerei nicht des Atheismus bezichtigt. Diese Fixierung freimaurerischer weltanschaulicher Grundsätze führte zu einer Korrespondenz mit dem Freimaurer Dr. Kurt Reichl, Wien (s. d.), und zu einer Reihe von Artikeln in der „Wiener Freimaurer-Zeitung", die das Wichtigste aus diesem Schriftwechsel wiedergaben und die beiderseitigen weltanschaulichen Grundsätze gegenüberstellten. Die umfangreiche Materie, die auch infolge des leidenden Zustandes des Paters G. schriftlich nur schwer zu bewältigen war, ergab das Zustandekommen einer ganz inoffiziellen persönlichen Zusammenkunft in Aachen (s. d.) Mitte Juni 1928, bei der mit G., Dr. Kurt Reichl, Eugen Lennhoff, Wien, und Ossian Lang, New York, zusammenkamen. Die Konferenz betonte, um G.s eigene Worte zu gebrauchen, im wesentlichen „die Ausscheidung unsachlicher, verleumderischer und persönlich verletzender oder auch läppischer Kampfmittel in den notwendigen Geisteskämpfen zwischen Gegnern, deren Fundamentalgrundsätze sich in diametralem Widerstreit gegenüberstehen".

Die Haltung G.s erfuhr auf gewisser katholischer Seite mannigfachen heftigen Widerspruch, namentlich die von Mgr. Jouin (s. d.) geleitete antisemitisch-chauvinistische Pariser „Revue Internationale des Sociétés secrètes" (s. d.) erging sich in schwersten Ausfällen, auf die G. die Antwort nicht schuldig blieb. Dagegen vertraten die jesuitischen „Études religieuses" in Paris und andere Organe ebenfalls ungefähr den Standpunkt G.s. Die sonst übernationalistische „Revue Internationale des Sociétés secrètes" leistete auch Ludendorff (s. d.) Schützenhilfe, dessen antifreimaurerisches Werk G. als „das Nonplusultra des blödsinnigsten Schwindels ..." bezeichnet hatte. Ludendorff seinerseits suchte naturgemäß die Aachener Bewegung als einen Beweis seiner These von „freimaurerisch-jesuitischer Zusammenarbeit zur Vernichtung Deutschlands" hinzustellen.

Grün, Farbe der Hoffnung, bedeutet im Schwedischen System, den Eckleffschen Akten zufolge, die Hoffnung, daß der durch das gewaltsame Ende des Templerordens zusammengestürzte Tempel — wenn auch unter anderen Voraussetzungen — wieder aufgebaut werde. Diese Farbe spielt auch in der maurerischen Bekleidung der Großloge von Schottland und verschiedener Hochgrade eine Rolle.

Grundgesetz, Allgemeines, für den Freimaurerbund, ein von den Mitgliedern des Vereines deutscher Freimaurer (s. d.) Seydel, Bluntschli, Findel, Schauberg und v. Trentowski verfaßtes, von der in Worms 1867 tagenden Jahresversammlung des Vereins beschlossenes Statut einer Universal-Großloge, der die in den einzelnen Ländern arbeitenden Großlogen als National-Großlogen angeschlossen sein sollten. Es bezeichnete als Zweck des Freimaurerbundes „die Darstellung der Menschheit als eines Ganzen, verbunden in brüderlicher Liebe zum gemeinsamen Streben nach allem Wahren, Schönen und Guten" und nannte ihn „den Bund der Bünde, d. i. die weiteste irdische Gemeinschaft, welche nur diejenigen ausschließt, die sich durch Mangel an verbindender Liebe und wirkungsfähiger Teilnahme an den genannten Strebezielen von selbst ausschließen, dagegen alle zu gemeinsamer Arbeit und freundschaftlicher Verbindung einladet, welche die Gemeinschaft der in jenem Sinne gleichstrebenden aufrichtig suchen." Dieser Entwurf ging mit einem „Manifest an alle Großlogen des Erdenrunds" hinaus, fand auch bei der „Alpina" (Schweiz), bei romanischen Großlogen und beim Verein deutschamerikanischer Freimaurer Zustimmung, wurde aber in den angelsächsischen Ländern und in Deutschland abgelehnt (s. auch Grundsätze, allgemeine).

Grundgesetze. Ein einheitliches G. fehlt der Freimaurerei bis auf den heutigen Tag. Jede Großloge setzt ihr eigenes fest. Dabei werden die allgemeinen Eigenschaften des Bundes, über die ein, allerdings nirgends fixiertes, stillschweigendes Übereinkommen besteht, zugrundegelegt (s. Landmarken). Versuche einer Vereinheitlichung wurden wiederholt unternommen, so für Deutschland auf dem Deutschen Großmeistertag 1870, die sich jedoch bei den Gegensätzen innerhalb der deutschen Freimaurerei nicht durchsetzen konnten. Auch Findel hat sich in seiner Untersuchung über die Landmarken an einem Grundgesetz versucht. Ebensowenig ergebnisreich waren bisher die Verhandlungen der „Association Maçonnique Internationale" (A. M. I.), die über die ersten Anfänge nicht hinauskamen.

Gründonnerstag-Zeremonie. Die Ritter vom Rosenkreuz (XVIII. Grad des A. u. A. Schottischen Ritus) versammeln sich alljährlich am Gründonnerstag zu einer sehr eindrucksvollen, an das Martyrium Christi, des Künders der Menschenbefreiung und der allumfassenden Liebe gemahnenden Zeremonie, dem „Verlöschen der Lichter". Bis zum Ostersonntag, an dem diese wieder angezündet werden, herrscht — symbolisch — Dunkelheit in den „Tälern" der Rosenkreuzritter. Im Englischen heißt der Brauch: Ceremony of Extinguishing the Lights oder Maundy Thursday Ceremony.

Grundregeln der Freimaurerei. Eine Zusammenstellung der freimaurerischen Lebensregeln erfolgte wiederholt, so auch auf dem Wilhelmsbader Konvent von 1782 (s. d.). Am bekanntesten sind: „Allgemeine Grundregeln der Freimaurerei, auf Anordnung der vollkommenen und gerechten Schottischen Loge ,Casimir zu den drey gekrönten Säulen und drey gekrönten Sternen' in Prag" (bearbeitet von Alex. von Enders, 1777).

Fide Deo, diffide Tibi, fac propria, castas
Funde preces, paucis utere, magna fuge.
Multa audi, dic pauca, tace abdita, disce minori
Parcere, maiori cedere, ferre pacem,
Tolle moras, mirari nihil, contemne superbos,
Fer mala, disce Deo vivere, disce mori.
Trau Gott, trau nicht dir, still wirke das deinige, lauter
Fließ dein Gebet, dir genüge wenig, die Größe verschmähe,
Vieles vernimm, sprich wenig, verschweig das Vertraute, Geringrer
Schone, dem Höheren weich, trag den Gleichen mit Huld.
Hasse das Zaudern, bewundere nichts und verachte die Stolzen,
Übel ertrag und lern, leben und sterben in Gott.

Grundsätze, allgemeine freimaurerische, aufgestellt vom Deutschen Großmeistertag in Hamburg am 7. Juni 1870:

1. „Die Freimaurerei bezweckt, in einer zumeist den Gebräuchen der zu Bauhütten vereinigten Werkmaurer entlehnten symbolischen Form die sittliche Veredlung des Menschen und menschliche Glückseligkeit überhaupt zu fördern.

Indem sie von ihren Mitgliedern den Glauben an Gott als den obersten Baumeister der Welt, an eine höhere sittliche Weltordnung und an die Unsterblichkeit der Seele voraussetzt, verlangt sie von ihnen die Betätigung des höchsten Sittengesetzes: „Liebe Gott über alles und deinen Nächsten mehr als dich selbst."

2. Bibel, Zirkel und Winkelmaß sind dem Freimaurer die Symbole der jedem Maurer obliegenden Pflichten und als solche Hauptsymbole der Freimaurerei.

3. Nur freie Männer von gutem Ruf und von einer solchen geistigen Bildung, wie sie die Ausübung des freimaurerischen Berufes voraussetzen muß, können als Mitglieder des Bundes zugelassen werden. Stand, Religionsbekenntnis und politische Meinung dürfen kein Hindernis der Aufnahme sein.

4. Zweck und Wesen der Freimaurerei sind in den drei Johannisgraden vollständig enthalten.

In den maurerischen Systemen, die höhere Grade bearbeiten, berechtigt deren Besitz zu keinem Vorzug in der Leitung der Johannisloge. Jene drei (Johannis-)Grade genießen in allen maurerischen Systemen gleichmäßige Anerkennung.

5. Aller Vorzug unter den Maurern gründet sich einzig auf wahren Wert und eigenes Verdienst.

6. Der Freimaurerbund ist keine geheime Verbindung. Zweck, Geschichte, Gesetzgebung und Statistik des Freimaurerbundes sind kein Geheimnis und können der Regierung auf Verlangen vorgelegt werden. Das von jedem Freimaurer bei der Aufnahme und der Beförderung eidlich abzunehmende Gelübde der Verschwiegenheit bezieht sich nur auf die Formen des maurerischen Ritus, auf die Gebräuche.

7. Privathändel oder Streitigkeiten sollen nicht zur Türe der Loge hineingebracht werden, noch weniger aber Streitigkeiten über Religion, Politik oder Staatsverwaltung."

Dieses Grundgesetz wurde damals von den meisten deutschen Großlogen angenommen, nur die Große Landesloge von Deutschland lehnte es ab, die beiden anderen altpreußischen Großlogen fügten ergänzende Bestimmungen hinzu. So hatte die „Große Loge von Preußen, genannt Royal York zur Freundschaft" in ihrer Verfassung die folgenden Ergänzungen (Abdruck 1921):

„Stand, Nationalität oder Farbe, Religionsbekenntnis und politische Meinungen dürfen ebensowenig ein Hindernis der Aufnahme sein, wie die Verschiedenheit der Hautfarbe oder Rasse ein Hindernis der Anerkennung einer Loge oder Großloge werden darf, sobald solche über ihre Verfassung und Grundsätze befriedigende Aufschlüsse gibt und in bezug auf ihre gedeihliche maurerische Wirksamkeit die geeignete Sicherheit bietet."

In der gleichen Verfassung hieß es:

„Die Logen als solche sind nicht berufen, sich an den politischen und kirchlichen Parteikämpfen handelnd zu beteiligen. Sie sollen als parteilose Friedenstempel Brr., welche verschiedenen Parteien und Religionsbekenntnissen zugetan sind, menschlich einigen, wenn dieselben die maurerischen Ideen und Grundsätze anerkennen. Dagegen sind die Logen berufen, ihre Beziehungen zu den sittlichen Lebenskreisen und Kulturbestrebungen in den Brr. zum klaren Bewußtsein zu bringen. Die Freimaurer sind verpflichtet, die Grundsätze der Freimaurerei im Leben zu betätigen und die sittlichen Grundlagen der Gesellschaft da, wo dieselben angegriffen werden, zu verteidigen.

Die Logen fördern durch ihre Anregung und durch die Tätigkeit ihrer Brr. die Stiftung wohltätiger Anstalten und üben bei jeder Gelegenheit nach Kräften die Werke hilfreicher Menschenliebe aus."

In der Frühjahrsversammlung 1924 dieser Großloge wurden die Allgemeinen Grundsätze der Freimaurerei außer Kraft gesetzt und weggelassen, „da sie für die ‚Große Loge von Preußen, genannt zur Freundschaft' nur noch historischen Wert haben".

Im übrigen hatten diese Bestimmungen schon auf der Tagung des Deutschen Großlogenbundes in Kassel 1900 eine sehr wesentliche Durchbrechung erfahren, da dort der Satz 2 des § 3 (Humanitätsprinzip) gestrichen wurde. Heute werden diese Grundsätze nur noch in den Satzungen der humanitären Großlogen, z. B. Hamburg, Darmstadt usw., als verbindlich eingesetzt. In dem 1924 veröffentlichten Grundgesetz der Großloge „Deutsche Bruderkette" erscheint die Mehrzahl dieser grundgesetzlichen Bestimmungen aufgenommen, dagegen fehlt die das Humanitätsprinzip beinhaltende Fassung des § 3.

Grundstein, s. Corner stone.

Grünfeld, Alfred, berühmter österreichischer Pianist, * 1852, † 1924, war Mitglied der Loge „Zukunft" in Wien.

Grünstädter Lehrart (Equites a cruce Trinitatis), ein von dem Alchimisten und preußischen Stabskapitän v. Assum (s. d.) erfundenes System von sieben Graden, das wahrscheinlich von den „Rittern vom wahren Licht", bezw. den „Asiatischen Brüdern" in manchem Wesentlichen entlehnt war, zu denen v. Assum durch Ecker v. Eckhoffen (s. d.) Beziehungen unterhielt. Unausgegorene Mystik, Alchimie und kluge Berechnung standen diesem System in gleicher Weise Pate, wie aus der Verquickung dieses Planes einer Systembildung mit einem Lotto deutlich hervorgeht, das Mittel für die Goldkocherei aufbringen sollte, von der sich der „National-Großmeister" Prinz Ludwig von Hessen-Darmstadt (neben dem drei weitere hessische Prinzen bei dem System mittaten) eine Beendigung seiner ewigen Finanzkalamitäten versprach. Die Gründung erfolgte 1785 in Grünstadt (bayr. Rheinpfalz) auf einer Tagung, veranstaltet von einem „Direktorium des großen deutschen Nationalkongresses ad Sanctum Ludovicum Constantiae scoticae", hinter dem sich die recht bescheidene Grünstädter Loge „Zur schottischen Beständigkeit" (gegründet von v. Assum 1784) verbarg. Die Grade umfaßten neben den drei Johannisgraden als IV. den Jungschotten, als V. den Altschotten, als VI. den Provinzialkapitular vom roten Kreuz und als VII. den Ritter der Klarheit und des Lichts. Nachdem der Stifter bereits 1787 starb, hörte man von diesem mehr als fragwürdigen „System" nichts mehr, das seinen Protektor, den Prinzen Ludwig, statt ihm Geld zu tragen, noch solches kostete.

Grüssler, hieß im Frage- und Antwortbrauch

der mittelalterlichen Steinmetzen (s. d.) jener, der sich durch zutreffende Beantwortung der Fragen als zünftig erwies.

Guadeloupe, zu den kleinen Antillen gehörende Doppelinsel, französische Kolonie; in Basse-Terre und Pointe-à-Pitre arbeiten unter dem Grand Orient de France drei Logen, unter der Grande Loge eine Bauhütte.

Guaita, Stanislas, Marquis, französischer Dichter und Okkultist, * 1861, † 1897, schrieb mystische Gedichte („Oiseau de Passage", „La Muse noire", „Rosa mystica"), Schüler von Eliphas Lévi (s. d.), Erneuerer der Rosenkreuzer-Bewegung, Verfasser von „Le serpent de la Genèse", „La clef de la magie noire" usw., war um 1884 Gründer des modernen Martinistenordens (s. d.).

Guatemala, Republik in Zentralamerika. Der Widerstand des Klerikalismus machte lange Zeit freimaurerische Arbeit in Zentralamerika unmöglich. Ein vom Obersten Rat von Neu-Granada (derzeit Republik Columbia) 1871 eingesetzter Oberster Rat für Zentralamerika hatte zuerst seinen Sitz in Costarica, 1887 wurde er nach G. verlegt. Ohne eine Jurisdiktion über symbolische Logen anzustreben, ging dieser Suprême Conseil daran, in den fünf zentralamerikanischen Republiken Logen zu gründen. 1904 wurde von den dieser Art entstandenen Logen in G. eine Großloge gegründet, die acht symbolische Logen umfaßte. 1908 wurde von der Regierung die freimaurerische Tätigkeit verboten. Erst 1919 erteilte der Präsident der Republik die Ermächtigung, wieder zusammenzukommen. Die Großloge organisierte sich aufs neue. Sie zählte 1930 19 Logen mit 800 Mitgliedern. Adresse: Apartado 312, Guatemala.

Guatimozim, freimaurerischer Deckname des Kaisers Pedro I. von Brasilien, Großmeister im Jahre 1822 (s. Brasilien).

Guayana, im nordöstlichen Teil Südamerikas.

1. Britisch-G. (englische Kolonie). In der Hauptstadt Georgetown und in anderen Ortschaften arbeiten unter der 1899 gegründeten Distrikts-Großloge der Großloge von England 6, unter der Großloge von Schottland 3 Logen.

2. Holländisch-G., Surinam (holländische Kolonie). Unter dem Großosten der Niederlande und der Großloge von Schottland arbeitet in der Hauptstadt Paramaribo je eine Loge.

3. Französisch-G. (französische Kolonie). In der Hauptstadt Cayenne und anderen Ortschaften sind vier Logen, je zwei unter dem Grand Orient und der Grande Loge de France tätig.

Guayaquil, Hafenstadt der südamerikanischen Republik Ecuador am Pazifischen Ozean. Sitz der Großloge von Ecuador, Adresse: P. O. Box 932, Guayaquil (Ecuador), mit 8 Logen, darunter 7 in G.

Guerazzi, Francesco Domenico, italienischer Politiker und Schriftsteller, * 1804, † 1873, literarischer Vorkämpfer der Freiheitsbewegung, schrieb Romane und Novellen, in denen er das Volk zur Vaterlandsliebe erziehen wollte, 1849 einer der Triumviren von Toskana, später Minister, war Freimaurer.

Guerrero, Vicente, mexikanischer General und Politiker, Präsident der Republik 1827, erschossen 1831, war Großmeister des York-Ritus. Mexiko verdankt ihm die Abschaffung der Sklaverei.

Guerrini, Olindo, italienischer Lyriker (unter dem Namen Lorenzo Stecchetti), * 1845, † 1916, Bibliothekar in Bologna, trat in seinen Werken für die Sache der Freiheit ein, schrieb realistische Dichtungen („Vita di Giulio Croce", „Polemica" usw.), das Drama „Cloe", Gedichte („Canti popolari romagnosi"), war Mitglied der Loge „Dante Alighieri" in Ravenna.

Guest, Edgar Albert, Dichter, * 1881 in England, lebt in Amerika, schrieb „The Light of the Faith", „Harbor Lights of Home", ist Freimaurer.

Gugomos, Gottlieb Franz, Freiherr von, * 1742 oder 1743, † 1816, bayrischer Jesuitenzögling, Kammerjunker beim Markgrafen August Georg von Baden-Baden, Badener Kommissär, Hochstapler großen Stils auf freimaurerischem Gebiete, trat dem System der Strikten Observanz bei (Theophilus a Cygno triumphante) und verstand es durch viele Jahre, besonders bei Personen fürstlichen Geblütes, für seine Phantastereien Glauben zu finden. 1775 nahm er am Braunschweiger Konvent (s. d.) der Strikten Observanz als Vertreter des Prinzen Ludwig von Kassel teil und begleitete dann diesen und dessen jüngeren Bruder Georg auf einer freimaurerischen Studienreise nach dem Süden, um ihnen behilflich zu sein, die „wahren Geheimnisse" der Strikten Observanz und der Freimaurerei zu ergründen. Bald teilte er den Prinzen überraschende Entdeckungen mit. Er erklärte auf Grund von Gesprächen mit einem Petriner Mönch in Rom, alles, was bisher in der Strikten Observanz geschehen sei, sei „Tand, falscher Wahn, Nachspiegelung, falsche Lehre" gewesen. Das „Goldene Buch der Weisheit" weise keinen der in Deutschland bekannten Namen auf. Es gäbe nur sechs wahre Glieder des Innersten Ordens des alten echten Templerordens, er sei jetzt eines von ihnen, „für Deutschland, Frankreich, Holland und die nordischen Länder geweiht". Nach Frankfurt zurückgekehrt, erließ G. eine Einladung zu einem neuerlichen Konvent der Strikten Observanz in Wiesbaden. Auf dem Konvent in Braunschweig habe er, wie er in einem Rundschreiben verkündete, feststellen müssen, daß keiner der Anwesenden Zeichen, Wort und Griff der echten Templerherren erwidern konnte. Er aber habe damals schon gewußt, daß der wahre Templerorden noch besteht, wenn auch nur aus ganz wenigen Mitgliedern. Auf Grund dieser Gewißheit sei er in entfernte Länder gezogen, wo ein segensvoller Vater ihn vermöge der ihm vom „Heiligen Stuhl" (von Cypern) übertragenen oberpriesterlichen Gewalt nach dreimal physisch und moralisch überstandenem Noviziat zum Geistlichen des wahren Templerordens geweiht habe, damit er sein Volk erretten und diesem jene Vollkommenheit übermitteln könne, die Gottes Geist mit seinem Ebenbild teile, „wenn des Oberpriesters Finger den fruchtvollen Samen auf unseren Scheitel legt und Brust und Nacken mit Chrisma benetzt". G. vollzog verschiedene Aufnahmen in seinen „wahren Templerorden". Verschiedene Mitglieder der Strikten Observanz, vor allem v. Hund (s. d.) und Bode (s. d.), witterten von Anfang an Schwindel und warnten. Andere waren zuversichtlicher, so der Ordenskanzler der 8. Provinz, Hofrat Karl Eberhard Waechter aus Stuttgart.

Zum Konvent versammelten sich schließlich 22 Persönlichkeiten, darunter der Herzog Ernst von Sachsen-Gotha-Altenburg, der Landesherr von Wiesbaden Fürst Carl Wilhelm von Nassau-Usingen, die Prinzen Ludwig und Georg von Hessen-Nassau. G. zeigte ein prunkvolles lateinisches Patent vor, gezeichnet von Wilhelmus Albanus Georgius „des hochheiligen Stuhles von Jerusalem Pater, Großmeister der Streiter Christi und des salomonischen Tempels..." Neben dieser Fälschung legte G. auch einen Auszug der Geschichte des Templerordens, eine Liste der angeblichen Großmeister und der geheimen Fortsetzer des Ordens vor und erklärte, auch Ignatius Loyola sei Tempelherr gewesen. Der französische Tempelherr Aumont hatte das maurerische System zur Verdeckung des Templerordens erfunden und diesen nach Schottland gebracht; er habe aber selbst den wahren Sinn der ihm überlieferten geheimen Zeichen nicht gekannt, daher sei das Wissen der Freimaurer Stückwerk geblieben und der Orden auf Abwege geraten. Dessen innerstes Geheimnis sei schließlich durch drei Brr. gerettet worden und befinde sich auf Cypern.

Der Konvent forderte von G., daß dieser ihm die behaupteten geheimen Kenntnisse des wahren Templerordens unverzüglich mitteile. G. tat gekränkt, für die Menschenliebe, die der allerhöchster Orden durch ihn erwiesen, nur Undank zu empfangen. Das Verlangen praktischer Beweise seiner Kenntnisse sei ein Mißtrauensvotum; die Ordensgeheimnisse seien dem innersten Kreise vorbehalten. Gegenüber wachsendem Mißtrauen zog er die Verhandlungen in die Länge, versprach aber schließlich, alle Anwesenden zu Rittern zu schlagen und sie dem Allerheiligsten einzuverleiben. Vor Eröffnung der geheimen Wissenschaft aber müsse ein Adytum sacrum (s. d.) errichtet werden, denn nur im „Zirkel des geweihten und geheiligten Platzes" dürfe der „Naturzwang und Geisterzitationen" vorkommen. Bei der Einweihung des Adytum sacrum werde „das natürliche Feuer vom Himmel fallen und unsere unschuldigen reinen Opfer auf dem Altar verzehren". Man möge einstweilen an den Bau dieses Heiligtums schreiten, bis er selbst dann mit den heiligen Geschirren, dem Altar und den übrigen Dingen des heiligsten Tabernakels von Cypern zurückkehren werde. Tatsächlich beschloß der Konvent, den Bau auf einem Gut in Mecklenburg-Strelitz zu errichten, worauf G. am 31. August, prächtig gewandet, die feierliche Aufnahme in sein „System" in einem mit 80 Lichtern erleuchteten Saale vornahm. Die Prinzen von Hessen fungierten als Ministranten. Am 5. September ging der Konvent zu Ende. Einige waren hochbefriedigt, andere, vor allem der Heilbronner Bürgermeister von Rosskampff (s. d.) und Waechter waren fest davon überzeugt, daß der „wahre Tempelherrenorden" Lug und Trug und G. ein dreister Schwindler sei. Als aber Rosskampff an seine Ordensbrüder eine vernichtende Kritik über das Treiben von G. versandte, blieb diese zunächst unwirksam, obwohl G. von Frankfurt unter Hinterlassung beträchtlicher Schulden abgereist war und sich unsichtbar gemacht hatte; an der unentwegten gläubigen Haltung der Darmstädter Prinzen und des Kammerherrn von Bischofswerder aus Dresden mußten die Beschuldigungen abprallen. In einem Metallspiegel, der als Zauberspiegel" galt und ein „göttliches Orakel" zeigte, las man in Darmstadt die Bestätigung alles dessen, was G. vorgebracht hatte. Endlich sickerte die Wahrheit aber doch durch. Den von G. unter falschen Versprechungen im Stiche gelassenen Diener Hartprecht ließ Rosskampff protokollarisch einvernehmen, wobei sich herausstellte, daß die „echten" Patente, Ordenskreuze, die vergoldete Kapsel für das große Ordenssiegel und dieses selbst und alle übrigen Ordensrequisiten nicht von Cypern, sondern zumeist von Rastätter Handwerkern stammten, die nicht einmal bezahlt worden waren. Damit war G. für jeden, der sehen wollte, erledigt. Er nahm Kriegsdienste, wurde überzähliger preußischer Hauptmann und leistete 1780 plötzlich feierlichen Widerruf, indem er erklärte, daß alles, was er gelehrt, von Irrlehren „aus der Schule der ewigen Menschenfeinde" herkomme. Er tat dann noch in verschiedenen Armeen Dienst und war zuletzt Major im bayrischen Generalstab.

Die kulturgeschichtlich hochinteressante Biographie von G., zugleich ein Beweis für das tiefe Bildungsniveau eines Teiles der hohen und höchsten Gesellschaft des 18. Jahrhunderts, möge nachgelesen werden bei Dr. Gustav Lang: „Aus dem Ordensleben des 18. Jahrhunderts", Heilbronn 1929.

Guillemain de Saint-Victor, Louis, Verfasser französischer „Verräterschriften" über das Ritual der Freimaurerei, die nach 1780 erschienen. So 1781 „Recueil précieux de la Maçonnerie Adonhiramite", durch welches Buch der Name Adoniram für Hiram in die freimaurerische Terminologie eingeführt wurde.

Guillotin, Joseph Ignace, Arzt, Lehrer am Jesuitenkollegium in Bordeaux, dann Professor an der medizinischen Fakultät der Universität Paris, * 1738, † 1814, Gründer der Gesellschaft, die zur Académie de médecine wurde, 1789 Abgeordneter des dritten Standes von Paris zur Konstituante. G. ist als Anreger des nach ihm benannten Hinrichtungswerkzeuges in die Geschichte eingegangen, woran er bis an sein Lebensende schwer litt. Er war Mitstifter des Grand Orient de France, Stuhlmeister der Loge „La Concorde Fraternelle", Mitglied der „Neuf Sœurs". Auf einem erhaltenen Meisterbriefe erscheint sein Name neben dem des Enzyklopädisten Lalande.

Guinea, s. Französisch- und Portugiesisch-G.

Guintana, Manuel José, berühmter spanischer Dichter, * 1772, † 1857. Seine „Oda al mar“, „Batalla de Trafalgar“ u. a. sind in allen Anthologien zu finden. Er schrieb auch nationale Tragödien. Als leidenschaftlicher Patriot trat er mit aller Kraft gegen die französische Invasion auf; seine flammenden Verse brachten ihm den Beinamen des spanischen Tyrtaios. Seine Lebensbeschreibungen berühmter Spanier reihten ihn unter die glänzendsten Historiker seines Landes. G. war Freimaurer.

Guionneau, Ludwig August v., preußischer Generalmajor, * 1749, † 1829, Freimaurer seit 1774 (Loge „Zum flammenden Stern“, Berlin), 1804 National-Großmeister der Großen National-Mutterloge „Zu den drei Weltkugeln“, der er zwanzig Jahre seines Lebens ausschließlich widmete. Er stellte die Jahrbücher von der Gründung bis zu seinen Tagen her, entwarf die 1799 Gesetz gewordenen „Statuten des Ordens“, befreite das Ritual für die Johannisgrade vom Wust der Strikten Observanz und erneuerte die Instruktionen. Dreißig Jahre lang war er auch Vorsitzender Meister der Loge „Zu den drei Seraphim“.

Gullino Luigi, italienische Antifreimaurerliga, s. Antifreimaurerische Körperschaften.

Güßfeldt, Paul, deutscher Forschungsreisender, * 1840, leitete Expeditionen nach der Loangoküste (Westafrika) und in die Anden, war Mitglied einer Berliner Loge (M. a. d. V. d. F., November 1924). Er starb 1920.

Gustav III. von Schweden, * 1746, † 1792. König seit 1771, stürzte durch einen Staatsstreich 1772 den Reichsrat und suchte die Vorherrschaft des Adels zu brechen, wobei er sich in erster Linie auf das Bürger- und Bauerntum stützte. Seine Maßnahmen riefen eine Adelsverschwörung hervor, an der besonders die Grafen Ribbing und Horn sowie der Hauptmann Anckarström beteiligt waren. Auf einem Maskenball am 16. März 1792 wurde er von Anckarström durch einen Pistolenschuß tödlich verwundet und starb wenige Tage nachher. Sein Tod fiel in die Zeit der französischen Revolution und wird von Gegnern der Freimaurer immer wieder diesen in die Schuhe geschoben. So insbesondere vom Kardinal Mathieu, Erzbischof von Besançon. der sogar die Namen von Teilnehmern an einer erfundenen „Freimaurer-Verschwörerversammlung“ in Frankfurt 1788 auf Grund der Angaben eines Mittelmannes, der allerdings nicht selbst dabeigewesen sei, anzugeben weiß. Ähnliches verbreitete der bekannte Kanzelprediger P. Abel, Wien, der sich auf die Überlieferung seines Vaters stützte, der den Ort der Verschwörung wiederum nach Wetzlar verlegte. G. III. war aber selbst Freimaurer (s. Schweden, Königshaus), seine Regierungstendenzen richteten sich gegen den Adel und stützten den dritten Stand. Von den geschichtlichen Tatsachen abgesehen, wäre geschichtskritisch überhaupt nicht zu verstehen, welches Interesse deutsche Freimaurer in Frankfurt oder Wetzlar an seiner Ermordung gehabt haben könnten.

Gustav V. von Schweden, * 1858, König seit 1907, Ordensmeister der Großen Landesloge von Schweden, gehört dem Freimaurerbund seit 1877 an; er folgte seinem Vater König Oskar II. als Ordensmeister der IX. Provinz (Schwedisches System) und als „Vicarius Salomonis“, d. h. Oberster Chef der schwedischen Freimaurerei.

Guttemplerorden, 1852 unter dem Namen „Independent Order of Good Templars“ von Coon in New York gegründet, — in Grade und Logen geteilt, hat zum Hauptzweck die Bekämpfung des Alkohols und seiner Folgen und verlangt strengste Enthaltsamkeit von allen alkoholischen Getränken — 1868 durch Josef Malins nach England verpflanzt erlangte er sehr rasch große Verbreitung in der ganzen Welt. Papst Leo XIII. erließ am 9. August 1893 gegen den Orden ein Dekret, das allen Katholiken den Beitritt zum Orden verbot, weil der Papst hinter den G. Zusammenhänge mit der Freimaurerei vermutete. Diese Anschauung ist jedoch falsch. Zusammenhänge zwischen G. und Freimaurern haben niemals bestanden. Ähnlich ist nur die Organisationsform des Ordens, auch das Ritual der G. zeigt Anlehnungen an freimaurerische Vorbilder. In London bestehen innerhalb der Großlogen von England sogenannte Temperenzler- oder Abstinentenlogen, die zum Teile aus G. bestehen. Der Orden hat mehrere Millionen Mitglieder und ist selbstverständlich in Amerika an der Prohibitionsbewegung eifrig beteiligt.

Gutturale, von Guttur, Hals oder Kehle, das sogenannte Halszeichen.

Guyot, Yves, französischer Politiker und Volkswirt, * 1843, † 1927, Minister der öffentlichen Arbeiten, Deputierter, vertrat als Leiter verschiedener Zeitungen, insbesondere des „Journal des Economistes“, die Freihandelslehre und bekämpfte jede koloniale Expansionspolitik. G. wurde 1879 in der Loge „L'Ecole mutuelle“ (G. O.) in Paris aufgenommen.

Guzman, Blanco Antonio, venezolanischer General und Staatsmann, * 1829, † 1899, Führer der liberalen Revolution von 1861 gegen den Diktator Paéz, später Vizepräsident und dreimaliger Präsident von Venezuela. G., der sich hervorragende Verdienste um die Hebung der Wissenschaft und des geistigen und kulturellen Lebens seines Landes erwarb, war Freimaurer. 1929 gaben der Oberste Rat und die Großloge von Venezuela eine freimaurerische Erinnerungsmarke an ihn heraus.

H

Haag, D e n H a a g, 's G r a v e n h a g e, Residenz der Königin der Niederlande. Über die erste Freimaurerarbeit erfahren wir bereits 1731, als Franz Stephan v o n L o t h r i n g e n (s. d.) im Haag von Dr. D e s a g u l i e r s in den Freimaurerbund aufgenommen wurde. Eine ständige Loge entwickelte sich gegen 1735. Von hier aus verbreitete sich die Freimaurerei in Holland. Die älteste existierende Loge in 's Gravenhage ist „Union Royale“, die 1757 begründet wurde. Der 1756 gestiftete „Grootoosten der Nederlanden“ hat im Haag seinen Sitz (Fluweelen Burgwal 22) (s. N i e d e r l a n d e).

Haager Protokolle von 1637/38, s. K ö l n e r U r k u n d e.

Haakon VII., K ö n i g v o n N o r w e g e n, * 1872, wurde als Prinz K a r l von Dänemark 1896 in den Freimaurerverband aufgenommen.

Haarhaus, J u l i u s R u d o l f, deutscher Schriftsteller, * 1867 (Romane und Jagddarstellungen), veröffentlichte 1913 anläßlich der Jahrhundertfeier der deutschen Befreiungskriege ein inhaltsreiches Werk „Deutsche Freimaurer zur Zeit der Befreiungskriege“ mit 13 Portraits, in dem er die ausschlaggebende Beteiligung der deutschen Freimaurerei an der Erhebung Preußens nachweist.

Habana (Havana), Hauptstadt von Kuba (s. d.), Sitz der Gran Logia de la Isla de Cuba mit 187 Logen, darunter 48 in H. Adresse: Apartado 72. Habana.

Habıb Ullāh Chan, Emir von Afghanistan aus dem Hause B a r i k s a y, * 1872, † 1919, Sohn von A b d' u r R a h m a n, regierte 1901 bis 1919, lehnte sich an England an, besuchte den Vizekönig Lord C u r z o n in Indien und wurde 1907 in der „Concordia Lodge“ in Kalkutta in den Bund aufgenommen.

Habicht, K a r l, D. theol., Pfarrer an St. Petri in Berlin, * 1868, National-Großmeister der Großen National-Mutterloge „Zu den drei Weltkugeln“ (seit 1923), Freimaurer seit 1896, siebzehn Jahre lang Stuhlmeister der Loge „Friedrich der Große“ in Berlin, einer der prominentesten deutschen Freimaurer, gegen Widerstände um Einigkeit der deutschen Freimaurerei bemüht. Auf seine Initiative sind die Konferenzen der deutschen Großmeister zurückzuführen, die seit der Auflösung des Deutschen Großlogenbundes stattgefunden haben.

Habsburg-Lothringen, Kaiserhaus, s. Ö s t e r r e i c h, H e r r s c h e r.

Hackebrüderschaft. In einem bei A b a f i I, 33 erwähnten Brief aus Eger in Böhmen wird 1744 der „Reguln und Gesetze der uralten böhmischen Hackebrüderschaft“ gedacht. Die Brüderschaft nannte sich nach der Hacke, die jeder als Zeichen bei sich zu tragen verpflichtet war. An der Spitze stand ein Rektor; Eid und Devise lauteten „auf die Hacke“. Abafi vermutet, daß es sich um Abkömmlinge der böhmischen Brr. handelt und sieht in ihnen fälschlich Vorläufer der Freimaurerei.

Hacks, Dr. C h a r l e s, s. B a t a i l l e.

Hacquet, ehemaliger französischer Notar auf S. Domingo, brachte noch von G r a s s e - T i l l y (s. d.) bei seiner Rückkehr aus Amerika den Perfektionsritus von 25 Graden nach Frankreich, den er in der Pariser Loge „Sept Ecossais“ zu bearbeiten begann. Er behauptete, sein Ritus von Heredom sei von der Großloge von Kilwinning 1776 in Boston eingesetzt worden. Um Zwistigkeiten zu vermeiden, trat der Grand Orient mit ihm in Verhandlungen. Man nahm ihm seinen Ritus ab und ernannte ihn zum Präsidenten des Grand Consistoire des Rites. In dieser Eigenschaft spielte er eine große Rolle bei den Verhandlungen mit dem 1804 von Grasse-Tilly gegründeten Suprême Conseil des A. u. A. Schottischen Ritus.

Hadik-Barkóczy, H e l e n e, G r ä f i n, s. F r a u e n i n d e r F r e i m a u r e r e i.

Haftpflicht des Bürgen. In vielen Großlogen haftet der Bürge nicht nur für die moralische Eignung des von ihm vorgeschlagenen Suchenden, sondern auch für die Taxen, für die Aufnahme- und die Beförderungsgebühren bis zum Meistergrade. Er ist außerdem auch haftbar dafür, daß sich der von ihm vorgeschlagene Suchende am Aufnahmstage pünktlich einfindet. Wie streng dies früher genommen wurde, hierfür ein Beispiel: In der Loge des englischen 17. leichten Dragonerregiments erschienen vier Suchende aus dem 56. Infanterieregiment nicht zur Aufnahme (1809). Die Loge beschloß: Sergeant B r o w n e, der Bürge für die vier Suchenden, wird für die erwachsenen Kosten haftbar gemacht. Außerdem wird beschlossen, mit Vertretern des 56. Infanterieregiments künftighin keinen maurerischen Verkehr mehr zu pflegen (A. Q. C. 1915—1916).

Hagen, H e r m a n n, schweizerischer Sprachforscher, * 1844, † 1898, Professor der Philologie in Bern, wurde 1876 in der Berner Loge „Zur Hoffnung“ aufgenommen, Mitbegründer und Vorsitzender des „Vereins zur Verbreitung guter Schriften“, Leiter der „Alpina“, der Zeitschrift der Großloge.

Haggai, nach der Bibel in Babylon im Exil geboren, kam mit Zerubabel nach Jerusalem, um dort den Tempel zu errichten. Im Royal-Arch-Grad wird der Scribe, Schriftführer, als H. bezeichnet.

Hahn, im A. u. A. Schottischen Ritus Symbol der Wachsamkeit.

Hahnemann, S a m u e l C h r i s t i a n F r i e d r i c h, Arzt, * 1755, † 1843, Begründer der Homöopathie, einer Heillehre, die sich auf den bekannten Sätzen: „simila similibus, contraria contrariis curantur“ aufbaut und Heilstoffe zumeist nur in infinitesimalen Verdünnungen abgibt. Seine Heilmethode hat in jüngster Zeit durch den Berliner Chirurgen B i e r eine Wiederbelebung erfahren. H. war Freimaurer, wurde 1777 aufgenommen in der Loge „Zu den drei Seeblättern“ in Hermannstadt (Siebenbürgen); von 1817—1820 war er Mitglied der Loge „Minerva“ in Leipzig.

Haig, Douglas, Earl, britischer Feldmarschall, * 1861, † 1928, von 1915 an Oberbefehlshaber der britischen Truppen in Frankreich und Flandern von 1915—1919, war Großaufseher der Großloge von Schottland seit 1926. Aufgenommen 1884 in die Elgin Lodge in Leven (Schottland), blieb er infolge Auslandverwendung volle 40 Jahre im Lehrlingsgrad und wurde erst 1924 in den Meistergrad erhoben. Im Dezember 1925 übernahm er das Meisteramt.

Hail, Hale, Hele, wird im engl. Logenwortschatze in doppelter Bedeutung geführt. Der besuchende Br. wird gefragt: „Whence do you hail?" Hier stammt das Wort vom Anglosaxonischen Hael und bedeutet: Woher kommt Ihr? Welcher Loge gehört Ihr an? Der zweite Sinn ist abgeleitet vom anglosaxonischen Helan, Hehlen, Verbergen und ist gleichbedeutend mit dem Neuenglischen conceal, Verbergen, Geheimhalten.

Hailsham, Lord of, Sir Douglas McGarell Hogg * 1872, englischer Lordkanzler, zurzeit Kriegsminister, bedeutender Parlamentarier, 1907 aufgenommen in der „Robert Mitchell Lodge Nr. 2956", London, ist Großbeamter der Großloge von England.

Haiser, Franz, gegnerischer Schriftsteller, * 1871, völkischer österreichischer Publizist, veröffentlichte im Verlage Lehmann, München 1924, eine antisemitische Tendenzschrift unter dem Titel „Freimaurer und Gegenmaurer im Kampfe um die Weltherrschaft" (die Juden sind die Freimaurer, und die Gegenmaurer sollen in einem allarischen Bund zusammengefaßt werden).

Haiti, Insel der Großen Antillen in Westindien, Negerrepublik. Die Geschichte der Freimaurerei reicht in die erste Hälfte des 18. Jahrhunderts zurück; da ein Teil der Insel damals im französischen Besitze war, erfolgten die freimaurerischen Gründungen in erster Linie von dieser Seite. Bereits 1749 gründete die Grande Loge Anglaise de France 2 Logen, an die sich im weiteren Verlauf Bauhütten verschiedenster Großlogen und Systeme anreihten. Besonders bedeutsam wurde die Festsetzung der Schottischen Maurerei Frankreichs in der zweiten Jahrhunderthälfte. Durch Morin (s. d.) fanden von hier aus die schottischen Hochgrade Eingang nach Südcarolina und kamen von dort, zum A. u. A. Schottischen Ritus gestaltet, über Haiti nach Frankreich zurück. Der große Negeraufstand um 1800 bereitete der freimaurerischen Tätigkeit ein Ende, doch lebte diese dann rasch wieder auf. Die Großloge von Pennsylvanien gründete einige Logen, die französischen Bauhütten wurden reaktiviert, die Großloge von England ernannte einen Provinzial-Großmeister.

Die politische Selbständigkeit H. gab der Freimaurerei neue Impulse. 1824 entstand aus der englischen Provinzial-Großloge eine eigene Obedienz, deren erster Großmeister der Minister General Ingignac, des die Freimaurerei begünstigenden Präsidenten Boyer war. Die vielfach schwankenden politischen Verhältnisse auf der Insel beeinflußten naturgemäß auch die Freimaurerei; es dauerte lange, bis nach Entzweiungen und Sondergründungen geordnete Verhältnisse eintraten. Der Großorient von Haiti zählt heute, 1930, 39 Logen mit rund 1800 Mitgliedern; er anerkennt die Prince Hall-Negerfreimaurerei der Vereinigten Staaten und gibt ein Monatsblatt „La Fraternité" heraus. Ein Teil dieses offiziellen Organs erscheint in englischer Sprache, da dem Großorden auch zahlreiche amerikanische Marineure, Militärs und Beamte usw. angehören. Unter der Grande Loge de France arbeiten außerdem zwei Logen. 1923 wurde ein von der Generaldirektion der öffentlichen Arbeiten erbauter neuer Tempel eingeweiht. Adresse: Grand Orient de Haiti, Port-au-Prince.

In der Republik San Domingo (s. d.), die den östlichen Teil der Insel einnimmt, ist die „Gran Logia Nacional de la Republica Dominicana" tätig.

Halim Pascha, Mohammed Abdul, ägyptischer Prinz, * 1831, † 1894, kaiserlich türkischer Minister, setzte 1861 den Obersten Rat des Ottomanischen Reiches ein, war 1865 Großmeister der ersten Großloge von Ägypten, ging dann nach England ins Exil, brachte 1867 von dort ein Patent für eine Distrikts-Großloge der englischen Großloge mit, die er bis 1872 leitete.

Hall, Prince, Neger von Barbados, seit der Mitte des 18. Jahrhunderts in Boston, wollte 1775 Sklaven für die Revolutionsarmee rekrutieren, wurde abgewiesen, diente aber, da selbst frei, in der kontinentalen Armee, protestierte 1777 bei der „Gesetzgebenden Versammlung von Massachusetts" gegen die Sklaverei und war dann der erste Schwarze, der in Amerika Freimaurer wurde, mutmaßlich mit vierzehn anderen freien Negern in einer Militärloge unter der Stuhlmeisterschaft von J. B. Batt. Am 2. März 1784 erhielten H. und seine Freunde von der Großloge von England einen Stiftungsbrief zur Errichtung einer „African Lodge". Die Loge wurde 1787 in Boston eingesetzt. H. wurde dann 1791 erster Großmeister der „African Grand Lodge". † 1807. Im folgenden Jahr nahm die A. G. L. den Namen Prince Hall Grand Lodge an. Heute gibt es 36 P.-H.-Großlogen, von denen sieben den Namen des Stifters der Negerfreimaurerei führen (s. Neger).

Halliwell-Gedicht, Halliwell-Manuskript, ist, wenn man von dem „Book of our Charges" absieht, die älteste bekanntgewordene Niederschrift der alten Constitutions, wahrscheinlich die älteste der Geschichte der Steinmetzbrüderschaften überhaupt. Es ist, wie es scheint, im Westen Englands gegen Ende des 14. Jahrhunderts entstanden und von Halliwell 1840 herausgegeben worden. Man nennt das M.-S. auch einfach „Maurerisches Gedicht", dann auch Regius-Manuskript, weil es ursprünglich der Bibliotheca regia angehörte. Die Handschrift ist eine um 1400 entstandene Abschrift; das Original, das wahrscheinlich wenig älter war, ist nicht mehr vorhanden. Das M.-S. ist in mittel-englischer Sprache verfaßt und besteht aus 794 paarweise gereimten Versen. Sein Zweck war, dem jungen Handwerker das Auswendiglernen des nötigsten Wissensstoffes bequemer zu machen. Der Verfasser war ein Gelehrter, sicherlich ein Geistlicher.

Das Gedicht zerfällt nach einer Einleitung in acht Abschnitte, deren erster den bezeichnenden lateinischen Titel führt: „Hinc incipiunt constitutiones artis gemetrie secundum Euclidem". Die Einleitung enthält eine Beschreibung der Übertragung oder Umänderung der Wissenschaft der Geometrie (der vornehmsten der „sieben freien Künste") in die Baukunst (Masonry) durch Euklid (s.d.), dessen Schriften in England schon im 12. Jahrhundert durch die Übersetzung eines Benediktinermönchs bekannt geworden waren. Es folgt die phantasievolle Erzählung von der Einführung der Kunst der Masonry in England zur Zeit des Königs Athelstan, dann in fünfzehn Artikeln und fünfzehn Punkten die Verfassung des Gewerks (Craft), die Pflichten, hierauf eine „alia ordinacio artis gemetrie"; die nächsten Abschnitte handeln von den (deutschen) Schutzheiligen des Gewerks, den Vier Gekrönten (als Vorbilder für jeden guten Steinmetzen), von der Erbauung des Turmes von Babel (durch König Nabuchodonosor, als abschreckendes Beispiel), von den „sieben freien Künsten", vom Verhalten in der Kirche und in der Gesellschaft.

Gould (und mit ihm Wolfstieg) nahmen — entgegen Begemann — an, daß das Gedicht im Besitze einer nichtwerkmaurerischen Gilde (besser: Brüderschaft) gewesen und für die Kammer verfaßt war, um dort vorgelesen und unter Leitung von Brr. besserer Schulung, vielleicht des Geistlichen, besprochen und dann auswendig gelernt zu werden. (Vergl. Wolfstieg: „Ursprung und Entwicklung der Freimaurerei", II. Band.)

Halliwell-Phillipps, James Orchard, Literaturhistoriker (Shakespeare-Studien), * 1820, † 1889, fand im British Museum die älteste freimaurerische Handschrift, das sogenannte Regius-Manuskript, das nach ihm auch H.-M.-S. heißt.

Hall, Masonic. Die ersten Freimaurerlogen versammelten sich in Gasthäusern, Tavernen. Nur die mit der company of Freemasons in Verbindung stehende Acceptance benützte auch die als „Hall" bezeichnete Versammlungsstätte, das Haus, in dem sich auch die werktätige Zunft der Steinmetzen versammelte.

Nach Gründung der Großlogen wurden besonders die Jahresversammlungen in den Hallen verschiedener Gilden usw. abgehalten. So z. B. in der Halle der Goldschmiede, oder Haberdashers' Hall (H. d. Posamentierer) oder in der Stadthalle u. a. m. Die erste Maurerhalle ist aus Marseille, 1765, bekannt. 1775 legte die Großloge von England den Grundstein für ihre eigene Halle, die als „Aula Latomorum" bezeichnet wird, und bezog das Haus 1776. Man bezeichnet im heutigen angelsächsischen Sprachgebrauche als M. H. ein Gebäude, das ausschließlich freimaurerischen Zwecken dient, während als M. Building Gebäude bezeichnet werden, die auch an profane Betriebe u. a. m. Räume abgeben. M. Temple ist der eigentliche Arbeitsraum oder auch ein Haus, das nur diesen Arbeitsraum enthält.

Hall Stone Lodges (engl.) sind jene Logen der Großloge von England, die zum „Masonic Million Memorial Fund" (s. d.) für den Bau des neuen Großlogenpalastes in London einen Betrag zur Verfügung stellten, der einer Kopfquote von 10 Guineas pro Mitglied entspricht. Die Meister dieser Logen tragen ein vom Großmeister verliehenes besonderes Abzeichen.

Halsey,

1. Sir Frederick, englischer Politiker, Unterhausmitglied, * 1839, † 1927, Deputierter Großmeister der Vereinigten Großloge von England 1903—1925. War ein halbes Jahrhundert lang eine der markantesten Erscheinungen der englischen Freimaurerei. Während dieser ganzen Zeit war er Provinzial-Großmeister von Hertfordshire.

2. Sir Lionel, dessen Sohn, britischer Admiral, * 1872, Kämpfer bei der Verteidigung von Ladysmith (Südafrika), im Weltkrieg in der Schlacht bei Jütland Stabschef des Prinzen von Wales und dessen Schatzmeister auf den Überseereisen, ist Provinzial-Großmeister der Provinzial-Großloge von Hertfordshire und Past-Großaufseher der Großloge von England.

Hamburg, Sitz der Großen Loge von H., kann den Ruhm für sich in Anspruch nehmen, die erste deutsche Freimaurerloge beherbergt zu haben. Bei den innigen Handelsbeziehungen zwischen London und H. mußte hier auch die Freimaurerei bald Eingang finden. Schon 1733 genehmigte der Großmeister Earl of Strathmore elf deutschen Gentlemen die Errichtung einer Loge in H. Auch 1735 wird einer solchen Erwähnung getan. Diese Nachrichten sind jedoch mit Vorsicht aufzunehmen. Das älteste heute erhaltene Dokument in französischer Sprache weist auf die Gründung der „Loge de Hambourg" am 6. Dezember 1737 hin. Stifter war der spätere holländische Leutnant Charles Sarry (s. d.), bezeichnet als „Deputierter Großmeister von Preußen und Brandenburg". Mitstifter waren Baron Georg Ludwig v. Oberg (s. d.), der eine Woche später Stuhlmeister wurde, der hervorragende Stadtarzt Peter Carpser, der Gelehrte Peter Stüven und Daniel Krafft. Diese „Société des acceptés maçons libres de la Ville de Hambourg" war an der Bäckerstraße in der Schenke des Weinwirtes Jens Arbien tätig. Das Hausgesetz („43 Lokalgesetze") hielt sich genau an Andersons Konstitutionenbuch. Die Aufnahmezeremonien waren zu Beginn sehr einfach; Vorbereitung in der dunklen Kammer, Verbinden der Augen, besondere Gesellenloge gab es nicht, bis 1755 wurden die beiden ersten Grade (nach Schröder, während Wiebe die Frage offen läßt) zusammen erteilt (Kneisner). Unter den in den nächsten Monaten Affiliierten befand sich auch der in London aufgenommene Matthias Albert Luttman (s. d.). Die Herren in den Ämtern der freien Hansestadt hatten allerlei Ungünstiges über die „Indifferentisten, Deisten und Libertiner" gehört, die sich Freimaurer nannten, hielten sie für eine Gefahr für den Obrigkeitsstaat mit seiner christlichen Staatsordnung. Jedenfalls beschloß der Senat am 7. März 1738, ihre Tätigkeit durch ein 1740 wieder aufgehobenes Verbot abzustellen. Der Eifer der wenigen Hamburger Freimaurer wurde aber noch in der nächsten Zeit ganz besonders entfacht. Namentlich durch die Mitteilung, die Oberg im Juli 1738 vom Generalmajor Albedyll (s. d.) erhielt, der regierende Graf Albrecht Wolfgang von Lippe (s. d.) habe ihm den Wunsch mitgeteilt, es möge eine Deputation nach Braunschweig entsendet werden, um dort einen „illustre inconnu" dem Bunde zuzuführen. Vier Mitglieder (v. Oberg, Baron v. Löwen, Stüven und Bielfeld [s. d.]) begaben sich auf die Reise. Im Kornschen Gasthof in Braunschweig, einem renommierten Einkehrhaus in der Breiten Straße, trafen sie Albedyll und die Grafen Lippe und Kielmannsegge und mit diesen den Suchenden: den Kronprinzen Friedrich von Preußen. In der Nacht vom 14. zum 15. August 1738 wurde dieser in die drei Grade aufgenommen. Seit 1739 arbeitete die Loge, aus der Oberg, Stüven, Carpser, Bielfeld bald nach ihrer Rückkehr wegen Beanstandung der Reiseabrechnung austraten, dann in deutscher Sprache. 1740 erlangte ihr Stuhlmeister Luttman die Eintragung in das Londoner Großlogenregister als Nr. 119. 1741 legte sie sich den Namen „Absolom" bei.

Im selben Jahre wurde eine englische Provinzial-Großloge von H. und Niedersachsen unter Luttman als Provinzial-Großmeister errichtet, die bis 1811 bestand. Sie gründete 1743 eine Loge „St. Georg", ebenso wurde 1745 eine Schottenloge „Judica" begründet. Von H. aus wurde das Licht nach Braunschweig, Kopenhagen, Hannover, Celle, Oldenburg, Schwerin usw. getragen. Nach einer Periode reger Arbeit scheint die freimaurerische Tätigkeit dann aber etwas erlahmt zu sein. Um 1757 wurde die Freimaurerei wieder belebt, zugleich aber in neue Bahnen abgedrängt. Unter der Provinzial-Großmeisterschaft des Arztes Dr. Gottfried Jacob Jänisch wurde die Strikte Observanz angenommen. Jänisch ließ am 30. Jänner 1765 durch die dienenden Brr. den englischen Arbeitsteppich auslöschen, alle bisher vorhandenen Logen auf ewig auflösen, legte seine Provinzial-Großmeisterwürde nieder und errichtete neu die Mutterloge „Absalom" und die Tochterloge „St. Georg". Trotzdem an der Spitze der Logen hervorragende Männer, wie Bode (s. d.) und Dresser standen, litten die Logen in dieser Zeit an einer vollständigen inneren Zersetzung. Von 1767 bis 1773 ruhte fast alle Logenarbeit. Dafür tauchten mehrere als „Winkellogen" qualifizierte Bauhütten des Zinnendorfschen Systems auf, darunter die vom Rittmeister v. Rosenberg (s. d.) begründete Loge „Zu den drei Rosen", in die später Lessing aufgenommen wurde. Das System der Strikten Observanz wurde aber zunächst trotz der 1773 erfolgten alleinigen Anerkennung der Zinnendorfschen Großen Landesloge seitens England beibehalten, mehrere neue Logen wurden begründet. So 1774 die Loge „Emanuel zur Maienblume" und 1775 die Loge „Ferdinande Caroline", gestiftet vom Herzog Ferdinand von Braunschweig und Landgraf Karl von Hessen. Als dann auf dem Konvent zu Wilhelmsbad 1782 die Strikte Observanz zu Grabe getragen wurde, faßte man 1783 in H. den Beschluß, wieder die ursprüngliche Freimaurerei zu bearbeiten und alle Rittersysteme zu lassen. Die bei diesem Anlaß vorgenommene Zusammenlegung der Logen in eine deutsche und eine französische Loge bewährte sich jedoch nicht. Sie wurde bereits 1786 wieder verlassen, als die englische Großloge den 1773 geschlossenen Vertrag mit der Großen Landesloge wieder aufhob und durch den Hauptmann v. Gräfe die Provinzial-Großloge wieder aufleben ließ. An deren Spitze trat der Rosenkreuzer Dr. med. Johann Gottfried v. Exter, ein leidenschaftlicher Alchimist. Die v. Extersche Provinzial-Großloge entwickelte sich nun mit ihren vier Logen neben der von ihr wohl anerkannten der Großen Landesloge unter Jakob Mummsen mit ebenfalls vier Bauhütten.

Das Jahr 1789 brachte dann die sogenannte „Revolution der Hamburger Freimaurerei". Man trat in Verkehrverhältnisse mit den Zinnendorfschen Logen. Beim ersten Besuch in der Loge „St. Georg" verfocht deren Stuhlmeister Georg Heinrich Sieveking unter größtem Aufsehen die radikale Abkehr von aller Symbolik. Ihm trat in der Folge Friedrich Ludwig Schröder (s. d.) entgegen, der zwar ebenfalls zu reformieren, aber das Kind nicht mit dem Bade auszuschütten gedachte. Schröder machte sich mit Feuereifer an die Neubearbeitung des Rituals im ursprünglichen reinen Sinn. Monatliche Versammlungen, die unter den Logen stattfanden, befestigten den inneren Zusammenhalt. Die Zahl der Bauhütten wuchs. Ein im Jahre 1795 errichtetes Krankenhaus für weibliche Kranke gab auch einen gemeinsamen äußeren Inhalt. 1797 schuf Schröder eine allerdings kurzlebige „Instrucktions- und ökonomische Loge", in der er den Vorsitz führte. Aus dieser Idee entwickelte sich dann später der Schrödersche Engbund (s. d.). Im Jahre 1800 kam Schröder mit seinem mit Hilfe Herders auf Grund der alten englischen Ritualbestände neu bearbeiteten Ritual heraus, das unter seinem Namen auch heute noch in Gebrauch ist. Ebenso veranlaßte er als Zugeordneter des Provinzial-Großmeisters Beckmann die Revision der Verfassung. 1808 faßte Schröder den Plan, die Großloge von der englischen Großloge loszulösen. Die Besetzung H.s durch Napoleon ließ diesen Gedanken reifen, und so wurde, um die Einverleibung in den Grand Orient de France als „Grande Loge provinciale Hanséatique" zu verhindern, am 4. Februar 1811 beschlossen, sich als unabhängige Große Loge zu H. zu erklären. Erster Großmeister wurde der Domherr Dr. jur. Joh. Phil. Beckmann, * 1752, † 1814, ihm folgte von 1814—1816 sein Deputierter Schröder.

Die Große Loge von H., der bald zahlreiche Töchter zuwuchsen, hat sich im Laufe ihrer Tätigkeit im Geiste Schröders bewährt und war durch das ganze 19. Jahrhundert hindurch eine eifrige Verfechterin des Humanitätsgedankens. Diese Stellung trat besonders in der sie wiederholt beschäftigenden Judenfrage deutlich hervor. 1841 wurde von der Loge „Ferdinande Caroline" der erste Jude aufgenommen. 1846 kam es zum Bruch mit der Großen Landesloge, weil ein jüdisches Mitglied der Loge „Emanuel", Dr. Lazarus, von der Loge „Boanerges zur Bruderliebe", nicht zum Besuch zugelassen worden war. Die Große Loge erklärte, erst dann wieder die Beziehungen aufnehmen zu wollen, wenn allen Mitgliedern ihrer Tochterloge, ohne Unterschied des Glaubens, der Besuch bei den Logen der Großen Landesloge freigegeben sein werde. Das geschah 1857. Die Große Loge von H. darf es auch für sich buchen, daß sie die humanitäre Freimaurerei nach Dänemark und die deutsche Freimaurerei nach den überseeischen Ländern getragen hat, und daß unter ihrem Schutze sich blühende Logen in den Balkanländern, Afrika, Südamerika usw. entwickeln konnten. Auch in der Liquidierung des Settegast-Streites hat sie — unter Großmeister Wiebe (s. d.) — Großzügigkeit und Verständnis für die allgemeinen Fragen der Freimaurerei bewiesen.

Die Großloge umfaßt heute 56 Logen mit mehr als 5000 Mitgliedern. Die sechs vereinigten Logen von H. unterhalten ein Logenhaus in der Welckerstraße 8. Ein besonderer Ruhmestitel der H. Großloge ist das von ihr seit 1755 unterhaltene, in den letzten Jahren modernst ausgebaute Freimaurerkrankenhaus (s. d.).

H. zählt neben den Logen der Großloge von H. noch zwölf Logen der Großen Landesloge der Freimaurer von Deutschland, vier der Großloge von Preußen, eine Dreiweltkugel-Loge, zwei Frankfurter und eine Bayreuther Loge. 1931 wurde in Hamburg-Harburg die Symbolische Großloge von Deutschland gegründet.

H. ist auch heute unter den deutschen Großstädten freimaurerisch von besonderer Bedeutung.

Hamburger Freimaurerkrankenhaus, s. Freimaurerkrankenhaus.

Hamburger Logenblatt, amtliches Organ der Großen Loge von Hamburg, zurzeit geleitet vom Deputierten Großmeister Pastor W. Hintze (s. d.), erscheint seit 1868.

Hamilton, Alexander, amerikanischer Staatsmann und General, * 1757, † 1804, neben Washington der bedeutendste Politiker der amerikanischen Freiheitsbewegung, 1779/80 Oberstleutnant in Washingtons Stab, 1782/83 Mitglied des Kontinental-Kongresses, unterschrieb für New York die Konvention von Annapolis, trat in seiner Broschüre „Report of Manufacturers“ für die Entwicklung der Industrie ein, Anhänger einer zentralisierten Regierungsmacht, verfolgte eine stark konservative Politik. Die Verfassung der Vereinigten Staaten von Nordamerika ist zum größten Teil sein Werk, erster Finanzminister Washingtons, 1798—1800 Befehlshaber der Armee gegen Frankreich, wurde von seinem politischen Gegner Aaron Burr im Duell erschossen. Er war Freimaurer.

Hamilton, Henning Ludwig Hugo, Graf, schwedischer Staatsmann und Militärschriftsteller, * 1814, † 1886, wiederholt Minister, Gesandter in Kopenhagen, Kanzler der Universität, Sekretär der schwedischen Akademie, war Ritter des Ordens Karls XIII. (s. d.).

Hamilton, zehnter Herzog, Douglas Alexander, englischer Diplomat und Politiker, * 1767, † 1852, Lordleutnant von Lancashire, Parlamentarier, Botschafter in Petersburg, behauptete, Anrecht auf den schottischen Thron zu haben, war 1820/21 Großmeister der Großloge von Schottland.

Hamilton-Jefferson-Clubs in den Vereinigten Staaten, sind nach dem Weltkrieg entstanden und bezwecken die Herbeiführung einer Versöhnung zwischen Freimaurerei und Katholizismus, wobei die Knights Templar (s. d.) und die Knights of Columbus die Brücke bilden sollten.

Hammelschurz, ebenso wie Aaronschurz (s. d.) Wortprägung Ludendorffs. Während in der überwiegenden Mehrheit der deutschen Großlogen — wie in der übrigen freimaurerischen Welt — der Schurz (des Werkmaurers) aus weißem Lammfell den Freimaurer daran erinnern soll, „daß er ein Arbeiter ist und in der Arbeit seine höchste Ehre zu finden hat“, findet man allein in der Großen Landesloge der Freimaurer von Deutschland, Deutsch-Christlicher Orden, abweichende Auffassungen. Nur dort wird der Schurz in Anlehnung an alt- und neutestamentlichen Sprachgebrauch gelegentlich als „der vergängliche Schurz des Fleisches“ bezeichnet und dem Gesellen beim Eintritt in den Meistertempel zur Beförderung an der Pforte mit einer gewissen Hast abgerissen. Ludendorff folgert daraus, daß der Schurz des Freimaurers das aronitische Priesterkleid sei, und daß das Abreißen eine symbolische Beschneidung bedeute. Nun beruft sich Ludendorff allerdings auf einen Ausdeuter der Rituale der Großen Landesloge, den Theologen Gloede, der auf die Stelle 2, Mos. 28; 42, 43 hinweist, in der den jüdischen Priestern das Tragen eines weißen linnenen Gewandes anbefohlen wird. Aber Gloede sagt: „Bedeutet (aber) die Schürze den materiellen Bestandteil des Menschen, das Sterbliche und Vergängliche, sein Sein in der Zeit und im Raume und alle Mängel, welche dieser Pilgrimsschaft eigen sind, so stellt die weiße Farbe desselben dar, was wir schon hienieden wieder werden sollen, um es dereinst in vollendeter Harmonie im besseren Jenseits zu sein, nämlich wahre Priester des Höchsten und Genossen einer heiligen Gottesgemeinde.“ „So“ — schreibt der alttestamentliche Exeget Gloede weiter — „ward dem Mose befohlen usw.“ Das „so“ kann doch wohl nur heißen (und ist in dieser Weise von der Großen Landesloge auch wohl immer verstanden worden) „so z B.“, „so ähnlich“, „so entsprechend“ ward dem Mose befohlen. Und ähnliche Bewandtnis hat es mit dem Abreißen des Schurzes. Hier, meint Gloede, sei durch das Abreißen das „Ausziehen des Fleischesleibes“, also schmerzhafter Tod und Verwandlung dargestellt. Man muß das Ganze der Gloedeschen Ausführungen gelesen und alle Bibelstellen des alten und neuen Testaments nachgeprüft haben, auf die sich Gloede beruft, um zu wissen, wie abwegig Ludendorffs Deutung des Freimaurerschurzes ist. Der Freimaurerei gilt der Schurz weder als jüdische Priesterkleidung, noch kennt sie — mit der genannten Ausnahme — das Abreißen des Schurzes bei der Erhebung in den Meistergrad. (Vergl. „Die Vernichtung der Unwahrheiten über die Freimaurerei“, zweites Heft, Leipzig 1931.)

Hammer. Der Vorsitzende Meister einer Loge,

ebenso die beiden Aufseher, führen zum Zeichen ihrer Würde (s. Hammergewalt) einen H. Dessen Form ist entweder der Steinmetzenschlegel, englisch maul genannt, oder der zweiköpfige H., engl. gavel, frz. maillet. Als Abzeichen des Lehrlings gilt der Spitzhammer, mit dem der rauhe Stein symbolisch bearbeitet wird. Der H. in der Hand des Vorsitzenden ist nicht nur in der Freimaurerei üblich. Die Odd Fellows und auch die Schlaraffen haben ihn der Freimaurerei entlehnt. Er findet sich aber auch bei vielen profanen Vereinigungen beruflicher und wirtschaftlicher Art, besonders in den angelsächsischen Ländern. Auch der Vorsitzende beim Völkerbunde führt den H.

Die in den Logen verwendeten H. sind meist von hohem Kunstwerte. Besonders berühmt ist der H. Friedrichs des Großen, den die Große National-Mutterloge „Zu den drei Weltkugeln" in Berlin, das Bayreuther Großlogenmuseum in Nachbildung, besitzt. Der älteste in einer Freimaurerloge verwendete H. ist ein Steinmetzenschlegel aus einem ägyptischen Königsgrabe der XVIII. Dynastie, etwa um 1700 v. Chr. Er wurde dem Provinzial-Großmeister von Ägypten, General Wilson, verehrt, der ihn 1928 dem Londoner Großlogenmuseum schenkte. Provinzial-Großmeister Lord Ampthill legte mit ihm 1929 den Grundstein zum Shakespeare-Theater in Stratford on Avon.

Der H. hat uralte symbolische Bedeutung (Thors H.). Im Inventar der Londoner Acceptance wird bereits 1676 ein H. aus Elfenbein erwähnt.

Hammer, Der, völkisch-antisemitische, antifreimaurerische Zeitschrift (s. Fritsch, Theodor).

Hammerführende. Als solche werden in der Loge der Stuhlmeister und die beiden Aufseher bezeichnet.

Hammerführung, Leitung der Loge.

Hammergewalt heißt in den Freimaurerlogen die in der Hammerführung zum Ausdruck kommende symbolische Gewalt des Meisters vom Stuhl in eröffneter Loge. Der Meister vom Stuhl nimmt Beratungsgegenstände „unter den Hammer", sein Hammerschlag eröffnet und schließt die Arbeit, mit dem Hammer bezeichnet er die einzelnen Abschnitte gebrauchtümlicher Vorgänge, mit der Kraft des Hammers weiht er Neophyten ein, erteilt er auch Weihen in höheren Graden. Seinem Hammerschlag hat die Loge in erleuchteter Loge unbedingtes Gehör zu schenken. Der Dreiklang der Hämmer des Meisters und der beiden Aufseher (der Hammerführenden) regelt die Arbeit jeder Freimaurerloge.

Hancock, John, amerikanischer Staatsmann zur Zeit der Unabhängigkeitsbewegung, * 1737, † 1793, erster Unterzeichneter der Unabhängigkeitserklärung, Präsident des Kontinentalkongresses 1775—1777, erster Gouverneur von Massachusetts, wurde 1762 in die „Merchants Lodge" in Quebec (Kanada) aufgenommen und schloß sich dann der „St. Andrews Lodge" in Boston an. Er nahm auch an der berühmten Boston Tea Party (s. d.) teil.

Hand. Nach Jacob Grimm waren H. und Finger bei allen Völkern zeichenhaft und bedeutsam. Ihre frühere Sinnfälligkeit und spätere Symbolik haben noch in der jetzigen Sprache einen reichlichen Bodensatz zurückgelassen. (Schlesinger, „Geschichte des Symbols".) In den ägyptischen Hieroglyphen zeigt die offene, spendende H. den Mann, die geschlossene die Frau an. Im deutschen und römischen Recht wird die H. zum Symbol der Rechtsprechung. Das Handlegen als Zeichen der Besitzergreifung, der Handschlag zur Besiegelung eines Vertrages, die Schwurhand, das Handversprechen, die Handgreiflichkeit als Zeichen des Anspruchs, das Berühren des Heiligen Buches beim Eid, die Aufbewahrung zu getreuer H., die selbst Eigentum nicht erwerben kann. Als religiöses Symbol: das Erheben der Hände zur Gottheit, das Falten zum Gebet, die H. als Weihegabe, z. B. als Bittgeschenk ägyptischer Wöchnerinnen an die geburtshelfende Isis. Auch im Aberglauben vieler Völker erscheint die H. als Symbol. So als Schutzmittel gegen den bösen Blick. Ein beliebtes Amulett ist in Japan der Abdruck einer Kinderhand auf einem Blatt Papier als Haussegen und Schutz vor Dämonen.

In der Freimaurerei wird die Symbolik der H. in reichstem Ausmaße verwendet, Zeichen und Griffe sind an sie gebunden. Die Weihe erfolgt durch sie, im Verschlingen der Hände, der Kette, wird der bruderschaftliche Gedanke zum Ausdrucke gebracht. Die beiden ineinanderverschlungenen Hände finden sich wiederholt in bildlicher Darstellung in Siegeln, Logenwappen u. a. (vergl. Herig, „Menschenhand und Kulturwerden", Einführung in die Manufaktologie, Verlag für Urgeschichte und Menschenforschung, Weimar 1929).

Hand, Denyer F. J., englischer Publizist, * 1859, † 1927, war Mitglied der „Gallery Lodge No. 1928", Gründer zahlreicher Logen, entfaltete eine großzügige karitative Tätigkeit, Großbeamter der Großloge von England, Herausgeber der freimaurerischen Zeitschriften „The Freemason" und „The Masonic Illustrated".

Handauflegen, rechtssymbolisch als Zeichen der Besitzergreifung, ein Brauch, der auch in der kirchlichen Symbolik eine große Rolle spielt. Bei den Freimaurern bezeichnet er, nach Hieber, die Übertragung des Geistes und der Kraft auf den zu Weihenden. Es ist ein Segen, den der Meister erteilt, wie auch die begleitenden Worte es ausdrücken.

Handbuch des Schwindels, ein Werk des Romanschriftstellers Ewald Gerhard Seeliger (Weltbücher-Verlag, München), bekundet Freimaurerfeindschaft, die nichts anderes ist als Originalitätshascherei um jeden Preis. Freimaurerei wird folgendermaßen definiert:

„Winkelkirchentum, volksverräterische Stiefbruderei, städtische Anmeuermeierei, Unmenscherei, übermenschlicher Ganzgeheimgeschäftsverkehr, herrschaftsverübende Volksspaltereigesellschaft, hinterlistige Freiheitsvermaurerei. Schon das Wort Freimaurerei ist die unfreiwillige Entlarvung der Freimaurer. Wer frei sein will, darf keine Mauer um sich errichten. Wer richtig denkt, braucht sich nicht hinter einer Mauer zu verkriechen. Nur wer einer unsauberen Beschäftigung obliegt, pflegt sich ein Schurzfell umzubinden. Wer für die Menschheit strebt, braucht es nicht im geheimen zu tun. Wer besonders tiefe Lebenseinsichten gefunden zu haben glaubt, hat sie nicht nur seinen freimauernden Mitgenossen, sondern sofort der ganzen Menschheit mitzuteilen. Geheimnisse, Schranken und Mauern trennen; trennen ist hetzen (s. Grenze, Hetzer). Jede Verheimlichung erfolgt nur zu dem Zwecke der Verschwörung, und jede Verschwörung ist eine Abrede zur Gewaltverübung. Bisher hatten die in den Freimaurerverbänden zusammengeschlossenen Übermenschen die Oberhand. Eine Freimaurerei für arme Schlucker gab es nicht. Da aber jede Gewaltansammlung ihre Gegenwirkung hervorruft, haben sich inzwischen diese armen Schlucker (s. Untermenschen) zu ganz ähnlichen Geheimbünden zusammengeschlossen (s. Kommunismus, Sozialismus, Sozialisten). Die Unmenschenbrüder der Londoner und Pariser Freimaurerei, die den Weltkrieg geplant und entzündet haben, sind nicht mit in den Krieg gezogen. Darum wird jetzt der Krieg zu ihnen kommen (s. Luftschiffahrt, Giftgase). Jeder deutsche Bruder Freimaurer aber ist ein Verräter seiner deutschen Brüder der Nichtfreimaurer. Auf dem Lande gibt es keine Freimaurerei. Der Bauer hat keine Zeit für Kunstlehre, Hokuspokus (s. d.) und dergleichen Blödschnickschnack (s. Ritual, Symbol), sondern er arbeitet mit allen zehn Fingern in der Erde, damit auch der Bruder Freimaurer in der Stadt, von dem er bisher nur geschunden (s. Regierung) worden ist, was zu futtern hat (s. Loge, Genf)."

Bei dem Stichwort „Loge" heißt es: „freimaurerische Geheimgesellschaft (s. Freimaurerei), Winkelkirche, abseitige Zusammenhockbude für menschenschinderlich gestimmte Gaukler, Volksverratklause, Hokuspokusabort. Jede Loge ist eine Verschwörung gegen alle, die nicht darin sind (s. Kirche, Partei)."

Handbücher des freimaurerischen Wissens. Das Bedürfnis, die Materie der Freimaurerei in Handbuchform zusammenzufassen, ist sehr frühzeitig nachzuweisen. 1748 erschien bereits ein „Dictionnaire de l'Ordre de la Félicité" von Fleury. 1805 wurde der Versuch zum ersten Male auf die reine Freimaurerei ausgedehnt, und zwar von Chomel, „Vocabulaire des Franc-Maçons", das auch von Vignozzi ins Italienische übersetzt wurde. In deutscher Sprache ist wohl das älteste Handbuch der „Versuch eines alphabetischen Verzeichnisses der wichtigsten Nachrichten zur Kenntnis und Geschichte der Freimaurerei" von Kornelius Johann Rudolf Ridel, Jena 1817. Gaedicke bereicherte die Literatur durch sein „Freimaurer-Lexikon" (1. Auflage 1818, 2. 1831). Ferner erschienen u. a.: Dr. Albert Mackey, „Lexicon of Freemasonry" (1845), das viele Auflagen erlebte, Georg Oliver, „Dictionary of Freemasonry" (1855), ebenfalls in vielen Auflagen, Kenneth R. H. Mackenzie, „The Royal Masonic Cyclopaedia" (1877), die kleine „Concise Cyclopaedia of Freemasonry" von E. L. Hawkins (1908), Albert G. Mackey, „An Encyclopaedia of Freemasonry", letzte Auflage bearbeitet von Hughan und Hawkins (1927), und Arthur Edward Waite, „A new Encyclopaedia of Freemasonry", 2 Bände. Zahlreiche andere Handbücher sind bei Wolfstieg verzeichnet.

In deutscher Sprache verdient das Allgemeine Handbuch der Freimaurerei, herausgegeben vom Verein deutscher Freimaurer, besondere Beachtung. Es erschien zuerst unter dem Titel „Encyclopaedie der Freimaurerei" von Karl Lenning, ein Deckname, unter dem sich der deutsche Buchhändler Hesse (in Paris) verbarg, der das Manuskript dem Verleger Brockhaus anbot. Auf Empfehlung Krauses übertrug Brockhaus die Bearbeitung dem als Sammler und durch seinen Riesenfleiß bekannten Moßdorff (s. d.). Das Werk erschien zuerst in 3 Bänden 1822, 1824 und 1828. Die 2. Auflage 1863 (F. A. Brockhaus, Leipzig) bildete die Grundlage eines holländischen Handbuches von Carpentier-Alting. 1898 übernahm der Verein deutscher Freimaurer das Verlagsrecht und brachte das Handbuch in 3. Auflage in 2 Bänden unter Redaktion von Robert Fischer heraus. Im Vorwort dieser Auflage heißt es: „Das Handbuch ist für das Verständnis der nichtmaurerischen wie der maurerischen Welt berechnet." Eine 4. Auflage wird derzeit mit Unterstützung der deutschen Großlogen vorbereitet.

Händeklatschen, s. Salve.

Handel-Mazzetti, Enrica, Freiin von. österreichische katholische Schriftstellerin, * 1871, behandelt in ihrem Roman „Ritas Vermächtnis" die Freimaurerei im Stile der Taxiliade. Der Großmeister ist mit dem Teufel identisch und kommt mit Schwefel und Gestank in die Versammlungen der Freimaurer gefahren.

Handeln macht den Mann oder Der Freymaurer, dreiaktiges Schauspiel des Wiener Theaterdirektors Friedrich Hensler, erschien 1782 in Köln.

Handschenk, das Erkennungszeichen in den Bauhütten der deutschen Steinmetzen, wird erstmals in der Steinmetzen Brüderschaft Ordnungen vnd Articul erneuert auf dem Tag zue Strassburg auf der Haupthütten auff Michaelis anno 1563" erwähnt. Die H. war nur den ehrbaren Gesellen bekannt, sie bestand in einer besonderen Art des Handschenkens, einem Griff, der so unauffällig und schnell gegeben wurde, daß ein anwesender Fremder davon nichts merkte. Dieses Erkennungszeichen ist, Forschungen des früheren deutschen Reichsministers Wissell zufolge, wahrscheinlich anläßlich der Straßburger Tagung 1563 erst eingeführt worden. Die H. findet sich im freimaurerischen Lehrlingsgriff wieder.

Handschlag, s. Erkennungszeichen und Griff.

Handschriften, s. Manuskripte.

Handschuhe, symbolischer Bestandteil der freimaurerischen Bekleidung (s. d.). Der Brauch, bei der Aufnahme dem Neophyten ein Paar H. zu seinem eigenen Gebrauch und ein Paar Frauenhandschuhe zu überreichen, ist bereits Plot (1686) bekannt. Der Brauch hat eine eigenartige Umkehrung des ursprünglichen Sinnes durchgemacht. In den schottischen Schaw-

Statuten (s. d.) wird der Neuaufgenommene verhalten, den Meistern eine entsprechende Anzahl von H. zu überreichen. Ebenso in den Akten der schottischen Melrose Loge. Auch als Sühneleistung (wegen eines Vergehens beim Johannisfeste) werden dort 1739 H. vorgeschrieben. In der schottischen Loge zu Jedburgh werden auch H. für die Frauen der Meister verlangt, was später durch einen Geldbetrag abgelöst wurde. Die H. sind also ursprünglich eine Leistung der Lehrlinge an die Loge. Später bekleidete nicht mehr der Lehrling die Loge, sondern wurde von ihr bekleidet. In der heutigen Freimaurerei erhält der Lehrling ein Paar H. für sich als symbolisches Zeichen, daß seine Hände bei der Arbeit rein zu bleiben haben. Ferner erhält er ein Paar Frauenhandschuhe als Gruß an die sonst von den Arbeiten der Loge ausgeschlossene Schwester. In dem Ritual der böhmischen Loge „Sincérité" (um 1760) werden sogar drei Paar H. vergeben. Ein Paar zum Zeichen der Aufnahme, eines zum ständigen Gebrauch bei der Arbeit, ein Paar Frauenzimmerhandschuhe, „bestimmt, sie dem Frauenzimmer zu geben, für welches die Sie größte Achtung hegen. Allein, lassen Sie solche nie unreine oder Hurenarme bekleiden!" Goethe (s. d.) sandte die ihm bei seiner Aufnahme übergebenen H. der Frau v. Stein.

Hanel, Jaromir, Dr., Hofrat, * 1847, † 1910, Professor der österreichischen Reichs- und Rechtsgeschichte an der Deutschen Universität in Prag, dann des deutschen Rechts an der Tschechischen Universität, als Tscheche eifriger Bewunderer und Förderer deutschen Kultur- und Geisteslebens, Verfasser zahlreicher juristischer Werke, war geistiger Führer der Freimaurerei in Böhmen. Er leitete von 1894 bis 1909 den Prager Freimaurer-Bruderkreis „Harmonie" und war Ehrenmeister der Loge „Archimedes zu den drei Reißbrettern" in Altenburg. Eine Auslese seiner zahlreichen, durch Form und geistigen Inhalt gleich bemerkenswerten Logenvorträge erschien unter dem Titel „Aus der Diaspora".

Hannon, Peter Joseph Henry, englischer Wirtschaftsführer, * 1874, Vizepräsident des Industriellenverbandes, Präsident der Zentralkammer für Landwirtschaft und der „British Commonwealth Union", Herausgeber von „The Navy", ist Freimaurer.

Hannover, Hauptstadt der preußischen Provinz H. (1814 bis 1866 Königreich). Die Freimaurerei fand Eingang von Hamburg, hatte aber in den ersten Jahren mit Schwierigkeiten seitens des Konsistoriums zu kämpfen. 1746 errichtete der Gardeoffizier Georg Ludwig Mehmet von Königstreu eine Loge. Nach der Arbeitseinstellung der Loge „Zu den drei Kanonen" in Wien brachten Brr. dieser Loge ihre Archive nach H. Von hier aus wurde dann versucht, die Freimaurerei in Österreich wieder zu beleben, indem 1754 in Wien eine Deputationsloge „Aux trois cœurs unis" errichtet wurde, die sich jedoch nur einige Monate halten konnte. 1756 wurde von England eine Große Provinzialloge von H. eingesetzt. Die Strikte Observanz ergriff dann aber auch H. Nach mancherlei Irrungen, die 1776 zur Einstellung der Arbeiten führten, wurde 1786 in die alten Bahnen zurückgelenkt und die englische Provinzialloge von 1756, unter dem Herzog Karl Ludwig Friedrich von Mecklenburg-Strelitz, wieder eingesetzt. Andere Systeme errichteten ebenfalls Logen in H. Als 1810 H. an das neu errichtete Königreich Westfalen fiel, kamen einige hannoversche Logen an den „Grand Orient de Westphalie" in Kassel. Nach der Erhebung H. zum Königreiche traten Selbständigkeitsbestrebungen immer deutlicher hervor. Am 1. November 1828 schritt die Provinzialloge „Friedrich" zur Gründung einer Großen Loge des Königreichs H. Erster Großmeister wurde der nachmalige König, Prinz Ernst August, Herzog von Cumberland. Die Großloge, die — mit Ausnahme der Loge „Ceder" — nach dem Schröderschen System arbeitete, nahm 1856 auf Wunsch des Königs Georg V. (s. d.) (Großmeister seit 1857) das christliche Prinzip an. Der Krieg von 1866 schuf veränderte politische Verhältnisse. Der blinde König Georg V. ging des Thrones verlustig, versuchte jedoch von Hietzing bei Wien aus die Großmeisterschaft — gegen starke innere Widerstände — beizubehalten. Die Großloge von H. wendete sich an den König Wilhelm von Preußen und bat als Großloge weiterbestehen zu dürfen. Sie erhielt jedoch von den zuständigen Ministerien den Bescheid, daß nach dem Edikt von 1798 (s. d.) keine vierte Großloge in Preußen bestehen dürfe. Die Großloge von H. löste sich daraufhin 1868 selbst auf. Die Logen schlossen sich in der Mehrzahl der Großloge „Royal York" an. Ein Versuch, das christliche System bei diesem Übergang zu widerrufen, fand in Berlin sowohl bei der Großloge „Royal York" als auch beim Protektor König Wilhelm I. kein Entgegenkommen.

Derzeit bestehen in der Stadt H. acht Logen, von denen die Mehrzahl den altpreußischen Systemen angehört. Außerdem unterhalten dort Logen die Großlogen von Hamburg und Bayreuth.

Hannover, Könige, Mitglieder des Freimaurerbundes:

1. Ernst August, * 1771, † 1851, König seit 1837, wurde 1796 als Herzog von Cumberland in England aufgenommen. Er war seit 1828 Großmeister der von ihm eingesetzten Großen Loge des Königreichs H. Sein Sohn

2. Georg V., * 1819, † 1878, König von 1851—1866, durch Unfall 1833 erblindet, wurde, sechs Jahre nach seiner Thronbesteigung (1857), in der Loge „Zum Schwarzen Bären" in H. für alle Logen des Königreichs aufgenommen und als Großmeister eingesetzt. Er betätigte sich bis zu der durch die Einverleibung H. in Preußen (1866) bedingten Auflösung seiner Großloge sehr eifrig.

Hanson, Sir Richard Davies, englischer Kolonisator, * 1805, Herausgeber des Londoner „Globe", Kronanwalt von Neuseeland, Oberster Richter von Südaustralien, Gouverneur dieser Kolonie, Schriftsteller („The Jesus of History"), war Mitglied der Lodge of Friendship in Adelaide.

Hanusch, Ferdinand, erster Staatssekretär (Minister) für soziale Fürsorge der Republik Österreich, * 1866, † 1923, Webergeselle, Schöpfer des österreichischen Arbeiter- und Angestelltenrechtes. Sein Andenken ehren das Denkmal der Republik vor dem Wiener Parlament, eine Straße und ein Gemeindebau, die seinen Namen tragen. H. war Deputierter Meister der Loge „Lessing" und Mitglied des Großbeamtenrates (stellvertretender Erster Großaufseher) der Großloge von Wien.

Hardenberg, Karl August, Fürst v., preußischer Staatsmann, * 1750, † 1822 im Hannöverschen, trat in preußische Staatsdienste, wurde Minister des Auswärtigen und 1810 auf Wunsch der Königin Luise trotz der Antipathie Napoleons Staatskanzler. Er war Mitglied der Loge „Zum weißen Pferd" in Hannover und 1778—1781 deren Meister vom Stuhl. Der feierlichen Aufstellung seines Bildes in der Großloge „Royal York" in Berlin (1816) wohnte auch Blücher bei. H. machte 1822 den Kongreß von Verona mit, auf dem Metternich die vollständige Unterdrückung des Freimaurerbundes verlangte. Preußen stemmte sich dagegen. König Friedrich Wilhelm bezeichnete die Freimaurer als seine besten Diener. Auf der Heimreise vom Kongreß erkrankte H. und starb in Genua. Von ihm stammt der Ausspruch, daß er „namentlich Freimaurer als einen mächtigen Hebel für große Dinge im Inneren und Auswärtigen ansehe, wenn der Staat den Geist derselben und in solcher Tätigkeit zu edlen Zwecken benutzen und unterstützen wollte".

Harding, Warren G., Präsident der Vereinigten Staaten von Nordamerika, Republikaner, * 1865, † 1923, Einberufer der Washingtoner Abrüstungskonferenz, wurde in der Marionlodge Nr. 70 in Marion (Ohio) in den Freimaurerbund aufgenommen, erhielt im ersten Jahre seiner Präsidentschaft den XXXII. Grad des A. u. A. Schottischen Ritus, war bereits für den XXXIII. Grad gekugelt und auch Knight Templar. Das maurerische Bekenntnis Hardings lautete: „Kein Mann hat je mit größerer Gewissenhaftigkeit und nach gründlicherer Erwägung Eide geleistet und Verpflichtungen unterschrieben, als ich es beim Empfang der verschiedenen Grade der Freimaurerei getan habe, und ich sage nach reiflicher Überlegung: Nie bin ich in der Freimaurerei auf eine Lehre gestoßen und niemals habe ich eine Verpflichtung aussprechen gehört, die nicht offen der Welt kundgetan werden könnte. Mehr noch: Wenn die verkündeten Lehren beachtet, die übernommenen Verpflichtungen und das geforderte Verhalten auch wirklich von allen Menschen befolgt würden, dann wären die Beziehungen der Menschen untereinander unendlich bessere." Noch am letzten Tag seines Lebens — H. starb in San Franzisko auf einer Dienstreise — erließ er eine freimaurerische Botschaft, die ein Appell zur Brüderlichkeit war, an die Tempelritter von Hollywood. In den Sockel seines Grabdenkmals wurden seine maurerischen Insignien eingemauert.

Hare, Sir John, erfolgreicher englischer Schauspieler und Theaterdirektor, * 1844, † 1921, trat mit Bancroft zusammen auf, Charakterdarsteller, war Mitglied der Drury Lane Lodge.

Häresie, in der Kirchensprache Irrlehre, Ketzerei. Den gegen die Freimaurerei erlassenen päpstlichen Bullen zufolge machen sich die Freimaurer vom Standpunkt der katholischen Kirche der H. schuldig (s. Irrlehren).

Harewood, Earl of, vorher Lascelles, Henry Georg Charles, Viscount, Schwiegersohn des Königs Georg von England, * 1882, war während einer Amtsperiode Erster Großaufseher der Vereinigten Großloge von England und ist seither Provinzial-Großmeister von Yorkshire West Riding, der viertgrößten der englischen Provinzial-Großlogen. Zu ihr gehören u. a. die Bauhütten von Sheffield, Halifax, Bradford und Leeds.

Harleian Manuscripts.

1. Angeblich von Randle Holme (s. d.) geschriebenes maurerisches Manuskript aus der Mitte des 17. Jahrhunderts, so genannt, weil es in der Sammlung des British Museums unter Nummer 2054 in jenen Akten aufbewahrt wird, die Robert Harley, Earl of Oxford, Premierminister der Königin Anna, als Bibliotheca Harleiana hinterließ. Es wurde von Hughan in seinen Masonic „Sketches and Reprints" abgedruckt und erläutert. Ein Faksimile gab die Quatuor Coronati Lodge in London heraus.

2. Handschrift Nr. 1942 der gleichen Sammlung, enthaltend einen alten Freimaurereid.

Harlequin Freemason, Pantomime mit Gesang von Charles Dibdin, wurde 1780 in der Londoner Covent Garden Oper aufgeführt. Die Seele von Hiram trat darin auf, die einer steinernen Statue Harlekins das Leben gab. Den Abschluß bildete ein „farbiger Aufzug der Großmeister von der Schöpfung bis zur Neuzeit" Die Pantomime wurde nicht weniger als 63mal aufgeführt, 1761 „auf Befehl des Königs Georg III". Auch in Amerika verzeichnete sie starken Erfolg.

Harless, Jakob Christian, Professor der Medizin an der Universität Erlangen, * 1773, † 1853, Stuhlmeister der Loge „Libanon zu den drei Zedern", erließ 1809 in dieser Eigenschaft ein Rundschreiben, das leidenschaftslos und klar über die letzten Ursachen der damaligen tiefen Erniedrigung Deutschlands sprach und die Aufgaben des Freimaurerbundes in dieser schweren Zeit darlegte: „Wenn es zu den heiligsten Verpflichtungen unseres Ordens gehört, überall, wo er kann, wohltätig zur Beförderung des Guten, des Ehrwürdigen, des Rechts und des Menschenwohles zu wirken, was kann ihm näher und wichtiger sein als die zweckmäßigste Mithilfe zur Erhaltung und Befestigung des Kleinods, durch das er sich selbst in dem Schoße der Nation, die ihn achtet, und unter dem Schirm der Gesetze, die er verehrt, sicher und wirksam fühlt? In unseren Maurerbrüdern kann reine furchtlose Vaterlandsliebe nie erlöschen, denn sie ist zu innig mit dem Wesen unseres Bundes verwebt. In ihm liegt es mehr als in jedem anderen gesellschaftlichen Verein, leitend und erweckend auf die Menge zu wirken durch unser Beispiel, unsere Arbeiten, durch unsere Erfahrungen."

Harmonie, Übereinstimmung im ganzen; auf

den Menschen bezogen: Innige Wechselwirkung von Körper und Seele. Im Weltall waltet Harmonie, alles Lebendige strebt nach ihr, Individuum und Gesellschaft. Das Ziel alles Werdens ist: Eine möglichst große Mannigfaltigkeit zur Entfaltung zu bringen und diese in eine Einheit ohne Gegensätze zusammenzufassen. Die Freimaurerei erstrebt die Harmonie der geistigen Kräfte: Weisheit, Schönheit und Stärke, die in ihrem Ritual demgemäß eine wichtige Rolle spielen. Sie bejaht die Willens-, Gefühls- und Vernunftseite des Menschen gleicherweise und will den ganzen Menschen zur Entfaltung bringen, nicht bloß einen Bruchteil seines Ichs, wie es die dogmatischen Bewegungen tun. In diesem Sinne ist Freimaurerei Lebenskunst im wahrsten Sinne des Wortes.

Harmonieorden, ein 1788 von dem Ordensschwindler Grossinger (s. d.) als Fortsetzung des Rosenordens gestifteter androgyner Bund.

Harmonische Gesellschaft, Gründung von Mesmer (s. d.) in Paris, Orden, der „der Harmonie der ganzen Natur nachforschen und physisch und moralisch auf die Menschheit einwirken wollte“, hatte in Frankreich etwa 30 Logen.

Harmonistenorden, ein studentischer Orden mit dem Schottischen System der Freimaurerei entlehnten Bräuchen, gegründet 1764 in Jena.

Einem Jenaer Stammbuch aus dem Jahre 1766 zufolge, das Friedrich Kneisner („Zirkelkorrespondenz“ 1929, Nr. 20) bearbeitete, zerfiel dieser Orden der Harmonie (vergl. auch „Studentenorden des 18. Jahrhunderts...“ von Wilhelm Fabricius, Jena 1891) in Logen und Grade. Letztere umfaßten den des Lehrlings, des Gesellen und des Meisters, doch sollen darüber hinaus noch vier weitere Grade bestanden haben. Für jeden Grad gab es ein Aufnahmeritual. Der Einzuführende wurde mit verbundenen Augen in die Loge geleitet und in Eid genommen. Es ist nicht ausgeschlossen, daß der Name des Ordens mit der Leibniz-Wolfschen Philosophie in Beziehung steht. Leibniz hat den Satz von der prästabilierten Harmonie alles Weltgeschehens aufgestellt. Es lag nahe, den Maßstab der Harmonie auch an das sittliche Verhältnis des einzelnen Menschen anzulegen.

Die Harmonisten nannten sich auch „Schwarze Brüder“, die Jenenser Loge hieß „Zum rothen Stein“. Der Zirkel (Zeichen) des Ordens wies sieben Punkte in verschiedener Verteilung auf.

Harnouester, Lord, soll 1736 von vier Pariser Logen als Nachfolger des „ersten Großmeisters“ Lord Derwentwater zum Großmeister gewählt worden sein. In den englischen Adelslisten kommt dieser Name überhaupt nicht vor, auch kein ähnlich klingender. Daher wird angenommen, daß es sich hier um eine bisher unbekannte Persönlichkeit gehandelt hat, deren Namen verschrieben wurde. Gould neigt der Meinung zu, daß H. aus einem Hörfehler eines französischen Sekretärs für Derwentwater entstanden ist.

Eine interessante Deutung versucht Hextal (A. Q. C. XXVI). Er hält H. für einen Schreibfehler für hanaster. Mit diesem, nur in Oxford üblichen Worte, wurden Angehörige der Kaufmannsgilde bezeichnet, die Zollfreiheit genossen. Das Wort, latinisiert Hanasterius, hat seinen Ursprung in Hansa, Societas mercatorum. Oxford war zur damaligen Zeit stuartfreundlich. So kann der Name H. durch Mißverstehen eines dem Lord Derwentwater zustehenden Titels entstanden sein; andere denken an einen Decknamen. H. könnte also ein Pseudonym für den leidenschaftlichen Parteigänger der Stuarts, Derwentwater, gewesen sein. Aber auch dessen angebliche Großmeisterschaft ist problematisch (s. Derwentwater).

Hanaster findet sich in modernen englischen Wörterbüchern, fehlt aber bezeichnenderweise in den französisch-englischen Wörterbüchern der in Betracht kommenden Zeit um 1725.

Harodim. Anderson erwähnt im Konstitutionenbuch „3600 Princes or Master-Masons“, die das Werk nach den Anleitungen des Königs Salomo leiteten. In einer Fußnote mit Bezug auf Princes heißt es: „Im 1. Buch, Könige, v. 16, heißen sie Harodim, Leiter oder Vorsteher, die König Salomo über das Werk setzte, und ihre Zahl ist 3300. Aber Chronica II. 18 heißen sie Menatzchim, Aufseher und Anfeuerer des Volkes bei der Arbeit, und ihre Zahl ist 3600.“ Luther nennt die H. oberste Amtleute und die Menatzchim Amtleute. Der Name taucht dann in den sogenannten „Scotts Masons Lodges“ wieder auf, wo er nach Yarker „Elders“, Älteste bedeutet (s. Scots- oder Scotch-Logen).

Harodim, Grand Chapter, of the Order of, 1787 von Preston (s. d.) gegründetes Kapitel, eine Art Instruktionsloge, in dem seine „lectures“ gelernt werden sollten. Es war eine Fortsetzung der 1777 zum gleichen Zweck abgehaltenen „Chapters of the Order“ der Lodge of Antiquity. Preston gab dem „Orden“ eine Legende auf den Weg, die auf ehrwürdiges Alter schließen lassen sollte. Das Kapitel überlebte die schismatische Großloge „South of the River Trent“, mit deren Gründung es entstanden war, um ein paar Jahre.

Harpocrates, aus dem ägyptischen Har-pi-Chrati, d. i. Horus, das Kind, der Gott der Verschwiegenheit. (Ovid: „Quique premit vocem digitoque silentia suadet.“) Daher auch als Logennamen in Verwendung, z. B. die 1826 in Magdeburg begründete, heute noch arbeitende Loge „Harpocrates“.

Harring, Harro Paul, deutscher Romanschriftsteller und Revolutionär, * 1798, † 1870, vielseitiges Talent, von unruhigem Blut durch die ganze Welt getrieben, überall für die Sache der Freiheit tätig; H. kämpfte in Griechenland; nach Deutschland zurückgekehrt, wurde er 1832 wegen Teilnahme am Hambacher Fest ausgewiesen, betrieb in der Folge in Italien, England, Nord- und Südamerika revolutionäre Propaganda und wurde als Freund Mazzinis verfolgt. H. war Mitglied der Leipziger Loge „Apollo“.

Harrington, dritter Earl of, vorher Charles Stanhope, englischer General, * 1753, † 1829, nahm am Krieg gegen die amerikanischen Kolonien teil, Befehlshaber in Irland, Abgeordneter, 1805 in besonderer Mission in Wien, wurde 1801 Provinzial-Großmeister von Derbyshire.

Harris, R e g i n a l d, kanadischer Rechtsanwalt und Schriftsteller, * 1881, gewann mit seiner Abhandlung „Governance of Empire" den Preis des Londoner „Standard of Empire", schrieb: „Organization of a Legal Business" und „The Trial of Christ from a Legal Standpoint", wurde 1913 in der „St. Andrews Lodge Nr. 1" aufgenommen, 1923 Großhistoriker der Großloge von Nova Scotia, bekannter freimaurerischer Schriftsteller, schrieb: „History of Freemasonry in Nova Scotia", „The Early History of Knight Templarism in Nova Scotia", „History of Scottish Rite in Nova Scotia" usw.

Harris, S i r A u g u s t u s H e n r y G., englischer Schauspieler und Dramatiker, * 1852, † 1896, überaus erfolgreich im Covent-Garden- und Princess-Theater, wurde in der St. Clare Lodge in Edinburgh aufgenommen, war Mitbegründer der Drury Lane Lodge 2127.

Harrisburg, Hauptstadt des nordamerikanischen Bundesstaates Illinois, Sitz der Großloge von Illinois. Adresse: Masonic Temple, Harrisburg.

Harris-Form der alten Handschriften, s. M a n u s k r i p t e. Sie stammt aus dem 17. Jahrhundert und zeigt schon die Entwicklung der Freimaurerei nach der brüderschaftlichen Seite.

Harte Schläge, s. S c h l ä g e.

Hartlib, S a m u e l, s. A n t i l i a.

Harugari, Deutscher Orden der, ursprünglich als Reaktion auf fremdenfeindliche, besonders gegen die Deutschen gerichtete Volksstimmung, gründeten Dr. Philipp M e r c k l e, F. G e r m a n n, Th. R o d m a n n u. a. 1847 in New York den H.-Orden, dessen Aufgabe sein sollte, deutsche Sprache, Literatur und Volkssitte auch in der Fremde zu schützen. Der Name soll an die alten Cherusker erinnern. Die erste Loge, „Arminia" Nr. 1, fand bald Nachfolger, so daß der Orden auf ungefähr 300 Logen anwuchs, die unter Großlogen stehen. Die Mitgliederzahl beträgt derzeit gegen 50.000. Angeschlossen sind Frauenorganisationen und Sängerbünde („Harugari Singing Society"). Der Orden unterstützt seine Mitglieder in Notfällen und leistet Begräbnisbeiträge, Witwen- und Waisenunterstützungen usw. Zur Freimaurerei unterhält der Orden keine Beziehungen.

Haschka, L a u r e n z L e o p o l d, österreichischer Odendichter, * 1749, † 1827, der Verfasser der ersten Texte zur Volkshymne „Gott erhalte Franz den Kaiser", zu welcher der Freimaurer H a y d n die Musik schrieb, 1781 aufgenommen in der Loge „Zum heiligen Joseph" in Wien. Von B r a b b é als unsteter, launischer, zerfahrener Kumpan geschildert, deckte er die Loge 1783. Unter Kaiser F r a n z stand er im Lager der ärgsten Obskuranten und Freimaurergegner; mit L. A. H o f f m a n n (s. d.) und H o f s t ä t t e r bildete er das „dreifache H", das Symbol der Reaktion. (Vergl. B i b l, „Der Zerfall Österreichs".)

Hase, K a r l A u g u s t v., Universitätsprofessor in Jena, * 1800, † 1890, hervorragender Forscher auf dem Gebiete der protestantischen Kirchengeschichte, in Tübingen wegen Teilnahme an der Burschenschaftsbewegung verfolgt und auf dem Hohenasperg eingekerkert, 1825 begnadigt. Später Geheimer Rat. H. sah die Quelle der Religion, im Gegensatz zur Orthodoxie, im religiösen Gefühl des Individuums, war sich aber zugleich der Wichtigkeit der kirchlichen Religion bewußt und suchte beide Faktoren des religiösen Lebens in Einklang zu bringen, lehnte sowohl die Orthodoxie wie auch den nüchternen Rationalismus ab, Verfasser bedeutender kirchengeschichtlicher Werke: „Das Leben Jesu", „Kirchengeschichte", die elf Auflagen erreichte, „Handbuch der protestantischen Polemik gegen die römisch-katholische Kirche", sowie des „Jenaischen Fichte-Büchleins". H. war Mitglied der Leipziger Loge „Apollo".

Hase, R u d o l f, Justizrat, Rechtsanwalt in Altenburg, Thüringen, * 1861, † 1930, Stellvertretender Großmeister der Großloge „Deutsche Bruderkette", Alt- und Ehrenmeister der Loge „Archimedes zu den drei Reißbretern", war einer der Schöpfer des freimaurerischen Hamburger Medaillenwerkes.

Hasse, J e a n - L a u r e n t, Architekt in Antwerpen, * 1849, † 1925, war National-Großmeister des Großorients von Belgien, langjähriger Stuhlmeister der Loge „Les Amis du Commerce et la Persévérance réunis", Organisator der ersten internationalen maurerischen Zusammenkunft 1894 in Antwerpen, 30 Jahre lang Teilnehmer an allen freimaurerischen Kongressen und Manifestationen, bei denen die Friedensfrage Hauptgegenstand der Beratung war. Immer für den Gedanken der Weltmaurerei tätig, war H. maßgebend um die Annäherung zwischen den Freimaurern Deutschlands und Frankreichs bemüht.

Hastings, F r a n c i s R a u d o n, erster Marquess, vorher M o i r a, Earl of, s. M o i r a.

Hatton, J o h n L., englischer Opernkomponist und Dirigent, * 1809, † 1886, schrieb u. a. die in Wien zuerst aufgeführte Oper „Pascal Bruno", Begleitmusiken zu vielen Dramen, die Kantate „Robin Hood", war Freimaurer.

Hauch, A d a m, dänischer Staatsmann, * 1755, † 1838, Leiter des Königlichen Theaters in Kopenhagen, Staatsminister, bekannter Philantrop, wurde 1788 in der Londoner „Pilgrim Lodge" aufgenommen, dann Mitglied der Kopenhagener Bauhütte „Zorobabel zum Nordstern".

Hauer, U r b a n, Abt des Benediktinerstiftes Melk a. D., Präses des Prälatenstandes von Niederösterreich, * 1709, † 1785, war eifriger Freimaurer und trat für den Bund gegenüber dem freimaurerfeindlichen Wiener Kardinal M i g a z z i energisch ein. Auf dem Sterbebett befahl er seinem Diener S t a d l e r, man solle ihn mit Schurzfell und Kelle — zugedeckt mit dem geistlichen Habit — in den Sarg legen und diesen mit dem Meisterhammer zunageln (Lat. XXV., Seite 47).

Haugwitz, C h r i s t i a n A u g u s t H e i n r i c h, G r a f v., von 1792—1804 preußischer Staats- und Kabinettsminister, * 1752, † 1831, wurde 1774 in der Loge „Minerva" in Leipzig aufgenommen, tat in der Strikten Observanz mit, verfiel dann dem Pietismus, trat zur Großen Landesloge über, gründete aber dann eine religiös-mystische Bruderschaft mit pietistischer Deutung der symbolischen Grade, die „Kreuzfrommen“ oder „Kreuzbrüder“, auch „Johannisvertrauten“ genannt (s. d.). Diese Ordensstiftung, der H. durch zahlreiche, in einem uns heute unerträglichen Stil geschriebenen pietistischen Rund- und Sendschreiben Gestaltung gab und für die er den Herzog Ferdinand von Braunschweig, den Prinzen Karl von Hessen, den Grafen Friedrich Leopold zu Stolberg-Stolberg u. a. gewann, ist bis gegen 1797 nachweisbar (s. Fuchs in „Bauhütte“, 1929). 1798 war H. einer der drei Minister, die das auf die Freimaurerei bezügliche Edikt (s. d.) gegenzeichneten. Dem Kongreß der „Heiligen Allianz“ in Verona (1822) lag eine französisch abgefaßte Denkschrift des von Treitschke als „pflichtvergessener Unterhändler“ charakterisierten Staatsmannes gegen die Freimaurerei vor, in der er behauptete, die französische Revolution und der Königsmord seien nicht nur von der obersten Leitung des Freimaurerordens beschlossen worden, sondern auch das eigentliche Resultat der Vereinstätigkeit und der dort geleisteten Schwüre. Durch das Eintreten Friedrich Wilhelms III. von Preußen und Hardenbergs wurde die in dieser Denkschrift für den Bund gelegene große Gefahr abgewendet.

Haupthütte. Die Vereinigungen der weltlichen deutschen Bauleute waren in Hüttengaue organisiert, deren Verwaltung je eine H. führte. Das Hüttenrecht in der Lade zu Straßburg nennt als H. die Orte:

Straßburg: „wass abwendig der Mosel ist, und franken lant unn an den Thüringer Wald und Pöbenburg, bis an das Bistumb gegen Aichstädt, und von Aichstädt bis Ulm, von Ulm bis gen Augspurg, darzu von Augspurg bis an den Adel Prag und biss an das Welschland, Meissnerland, Hessen und Schwabenland, diese sollen der Straßburger Ordnung gehorsamb seyn und den 10ten Pfenning reichen.“

„Die Wiener Haupthütten bei Stefan hat ihr Gebüth Ober und Nieder bayerland, auch das Land ob der Enns, Beheimb, Mähren, Steyermarkt, Kärndten und Krain und ganz der Donau obhin, das soll gehorsamb seyn der Haupthütten zu Wien und den 10ten Pfenning reichen.“

„Das Gebüth der Kölnischen Haupthütten hebt an, wo der Rhein und Main zusammenstißen, geht abwärts bis ins Niederland, diese sollen der Haupthütte zu Köln bey der Dom Kirche gehorsamb seyn und den 10ten Pfenning reichen.“

„Das Züricher Haupthütten Gebüth hat Bern, Basel, Luzern, Schafhausen, St. Gallen und die ganze Eidgenossenschaft, die sollen der Haupthütte zu Zürich gehorsamb seyn und den 10ten Pfenning reichen und giebt auch die Steuer an.“

In der Hüttenordnung vom Jahre 1459 wird als Sitz der vierten H. Bern statt Zürich genannt. Die Bauhüttenordnung, von Kaiser Friedrich III. im Jahre 1459 priviligiert, wurde von allen seinen Nachfolgern neu bestätigt, bis sie mit Reichstagsbeschluß vom 15. Juli 1771 als Korporation mit eigenem Privileg aufgehoben wurde.

Der Zweck der H. war die Organisation der Steinmetzbrüderschaft, wozu auch die eigenartigen Gebräuche der Steinmetzen, ihre Weistümer und Erkennungszeichen gehörten, die zum Teile auf die Freimaurer übergegangen sind.

Haus Salomonis, s. Bacon, Francis.

Hauts Grades (frz.), Hochgrade.

Hawai, Insel der Sandwichgruppe, früher selbständiges Königreich, jetzt unter amerikanischer Verwaltung stehend. Aus dem Herrscherhause waren König Kamehameha IV., † 1863, Mitglied und Meister der 1841 von dem Franzosen Le Tellier, Eigentümer der Barke „Ajax“ an Bord dieses Schiffes im Hafen von Honululu gegründeten Loge „Le Progrès d'Océanie“ des A. u. A. Schottischen Ritus (S. C. de France). König David Kalakaua I., † 1891, war ebenfalls Mitglied und 1877 Meister vom Stuhl dieser Loge, die 1905 an die Großloge von Kalifornien überging. Heute gibt es auf H. sechs Logen.

Haward, Edwin, englischer Publizist und Schriftsteller, * 1884, Berichterstatter der „Times“ in Indien, Herausgeber der „North China Daily News“ in Shanghai, schrieb „Pioneers on four Fronts“, „The last Rebellion“, ist einer der Gründer der Londoner „Alfred Robins Lodge 5083“.

Hawke, Sir John Anthony, hoher englischer Richter, * 1869, konservativer Politiker, Mitglied des Unterhauses, ist Großbeamter der Großloge von England.

Hayashy, Tudasu, Graf, japanischer Staatsmann, * 1850, † 1913, mehrfach Minister, Botschafter in England, hervorragend beteiligt am Abschluß des englisch-japanischen Bündnisses, war 1904 Stuhlmeister der Londoner Empire Lodge Nr. 2018 und vom gleichen Jahre an Past-Großaufseher der Großloge von England.

Haydn, Franz Josef, österreichischer Komponist, * 1732, † 1809 (Jahreszeiten, die Schöpfung, viele Symphonien, der Tondichter der Kaiserhymne, die heute als Deutschlandlied weite Verbreitung hat), wurde am 11. Februar 1785 in die Loge „Zur wahren Eintracht“ in Wien aufgenommen. Einer seiner Bürgen war Graf Anton Apponyi, k. k. Kämmerer. Seine Einweihung war ursprünglich für den 28. Jänner angesetzt; an diesem Tag fand sich auch Mozart in der Loge ein. Die sechs berühmten Quartette Mozarts, die 1785 entstanden, sind H. gewidmet. Ein Zusammenhang mit der durch die Aufnahme H.s vertieften Freundschaft ist wahrscheinlich. Auch der Loge „Zur Wahrheit“ gehörte H. später an, wird aber in dieser als von Wien abwesend und nach wie vor im I. Grad geführt.

Hayes, William, englischer Komponist und Musikgelehrter, * 1707, † 1777, Professor der Musik in Oxford, Mitherausgeber von Boyces (s. d.) „Cathedral Music“, auch als Musikschriftsteller tätig, war Freimaurer, schrieb die Musik zu Jacksons „An Ode Sacred to Masonry", die in der ersten Sammlung freimaurerischer Musik, herausgegeben 1766 von Thomas Hale, unter dem Titel „Social Harmony" Aufnahme fand.

Hebräische Sprache. In den Ritualen aller Freimaurergrade, besonders der Hochgradsysteme, befinden sich zahlreiche, zum Teil in ihrer heute gebräuchlichen Form abgeschliffene hebräische Worte und Wortverbindungen. Diese sprachlichen Fremdkörper haben wiederholt, zuletzt in Deutschland, zu der parteimäßig billigen Behauptung geführt, in diesen Sprachrelikten sei der Beweis der Abhängigkeit der Freimaurerei von einem, die Weltherrschaft anstrebenden All-Juda gegeben. Besonders die Phantasie Ludendorffs lebt sich in dieser Richtung aus. Die Herkunft der hebräischen Worte ist aber anders zu erklären: die Baulegende lehnt sich an biblische Inhalte (Bau des Salomonischen Tempels) an. Dadurch sind Beziehungen zur Bibel gegeben, die in der alten Steinmetzensymbolik eine große Rolle spielten. Man denke an die beiden Säulen Jachin und Boas des Würzburger Doms. Hebräische Worte finden sich bereits zu einer Zeit in Freimaurerritualen, wo von einer Zugehörigket von Juden überhaupt noch keine Rede sein konnte. Sie sind meist von Geistlichen dem Gebrauchtum eingefügt worden. Besonders häufig findet sich der Gottesname Jehovah, Beziehungen auf die Stiftshütte, die Bundeslade u. v. a. m.

Mit dem Auftauchen der Hochgrade wurde der Verbrauch an hebräischen Bezeichnungen ins Ungemessene gesteigert, da jeder Hochgrad seine eigenen Erkennungszeichen, Symbole und Paßworte schuf, wobei in Anlehnung an die Erkennungsworte der ursprünglichen Grade wiederum aus dem Hebräischen geschöpft wurde. Der Kompilator der Hochgradrituale Amerikas, Albert Pike, war aus Liebhaberei Hebräist. Er hat die von ihm verfaßten Hochgradrituale derart mit hebräischen Worten gestopft, daß beispielsweise die von uns viel verwendeten Wörterbücher von Oliver und Mackey ganze Seiten hebräischer, der Johannismaurerei vollkommen fremder Worte und Wortverbindungen anführen. Auch hier hat der genius loci, die besondere Vorliebe des Amerikaners für die Bibel, den hebräischen Wortschatz vermehrt. Eine andere Quelle sind die verschiedenen hermetischen, mystischen und rosenkreuzerischen Verbindungen, die mit dem Freimaurertum des 18. Jahrhunderts in Verbindung traten. Die Bereicherung erfolgte hier aus kabbalistischen Schriften. Der unaussprechliche Name Gottes, die 72 Buchstaben als Zeichen der 72 Gottesnamen sind wiederholt nachweisbar. Das Hebräische verdankt seine Verwendung somit nicht nur dem Umstande, daß es die heilige Sprache der Schrift ist, sondern auch dem Bedürfnis nach dem Geheimnisvollen, das gegen Ende des 18. Jahrhunderts besonders rege war (s. Magie). Viele dieser hebräischen Worte haben auch in der modernen Maurerei Traditionswert. Sie sind außerdem allgemein üblich und haben daher etwas Verbindendes.

In deutschen Logen hat man unter dem Einflusse gegnerischer Strömungen versucht, das Ritual von den hebräischen Bestandteilen zu befreien. Der Versuch muß als mißlungen betrachtet werden. Die mehr oder weniger demonstrative „Entjudung" der Freimaurerei scheitert vor allem daran, daß die Baulegende auf dem Alten Testamente fußt. Viel mehr als die acht oder zehn hebräischen Erkennungsworte sind in der modernen deutschen Freimaurerei ohnehin nicht übrig geblieben. Werden auch diese beseitigt, dann hört der Zusammenhang mit der Freimaurerei überhaupt auf, weil diese Erkennungsworte in der gesamten Freimaurerei üblich sind. Dagegen muß es die moderne Freimaurerei begrüßen, wenn der Bestand an meist vollkommen unverständlichen, falsch wiedergegebenen und als nachträgliche Fehlleistungen in die Ritualistik eingewucherten hebräischen Worten möglichst eingeschränkt wird. Nicht weil sie hebräisch, wohl aber weil sie überflüssig und verwirrend sind. Das vorliegende Lexikon hat daher aus dem reichen hebräischen Vokabular der Freimaurerei, besonders der Hochgrade, nur das unumgänglich Notwendige übernommen und muß im übrigen auf das „Allgemeine Handbuch" oder Mackey verweisen.

Neuhebräisch, als lebende Sprache benutzt von mehreren Logen Palästinas, Syriens und der Levante.

Hedonismus, die Anschauung, daß sinnliche oder geistige Lust das höchste Gut und Triebfeder des sittlichen Handelns sei. Die Freimaurerei lehnt den H. ab. Obwohl es nicht zu leugnen ist, daß das Streben nach Lust ein bestimmendes, wenn auch nicht ausschließliches Motiv des Handelns ist, so spielen doch bei diesem auch objektive Werte (Sittlichkeit, das Gute usw.) mit. Streben nach Glück „ist natürlich, aber gerade darum ethisch nicht verdienstlich". (Heinichen, „Der Grundgedanke der Freimaurerei im Lichte der Philosophie".) Ethisches Handeln beginnt im Grunde erst dort, wo das Interesse aufhört. Die Freimaurerei ist keineswegs lebensverneinend, doch glaubt sie nicht, daß der ganze Inhalt des menschlichen Strebens mit dem Jagen nach Lust und Glück erschöpft ist. Sie fordert, daß der Mensch das Gute um des Guten willen tun solle. Sie unterscheidet im Sinne Kants streng zwischen Neigung und Pflicht.

Heeren, Arnold Hermann Ludwig, deutscher Historiker, * 1760, † 1842, Professor der Philosophie und Geschichte in Göttingen, wies der geschichtlichen Forschung insbesondere als Kulturhistoriker neue Wege. Verfasser der „Geschichte der Künste und Wissenschaften", „Geschichte des europäischen Staatensystems", Begründer des großen Sammelwerkes „Geschichte der europäischen Staaten', war der erste, der die Geschichte der alten Völker vom Gesichtspunkt des wirtschaftlichen Lebens und der kulturellen Entwicklung untersuchte („Ideen über Politik, den Verkehr und den Handel der vornehmsten Völker der Alten Welt"), war Mitglied der Göttinger Loge „Augusta zum goldenen Zirkel".

Heeringen, Kurt von, Oberstleutnant a.

D., * 1878, seit 1931 Landes-Großmeister der Großen Landesloge der Freimaurer von Deutschland, aufgenommen 1921 in der Loge „Friedrich Wilhelm zur Morgenröte“, Schriftleiter der Zirkelkorrespondenz, für die er mehrere wertvolle Beiträge lieferte.

Heermeister. Freiherr von Hund, der Stifter der Strikten Observanz, behauptete auf Grund eines Patents (s. Heermeisterpatent), auf dem jedoch nur sein Name und die Unterschrift „Georgius Wilhelmus a Sole aureo, ordinis templariorum magister“ zu lesen sind, zum H. (Provinzial-Großmeister) der VII. Provinz des Templerordens (Deutschland) eingesetzt zu sein. Auf Grund dieses Dokuments trat er an die Spitze der Strikten Observanz. 1778 wurde Herzog Karl von Södermanland, der nachmalige König Karl XIII., mit der Heermeisterwürde bekleidet.

Heermeisterpatent, Hundsches, spielt bei allen Diskussionen über die Strikte Observanz (s. d.) eine große Rolle. Die Legitimation des Freiherrn von Hund (s. d.) als Heermeister der VII. Provinz des Templerordens, bezw. der Strikten Observanz, stützte sich auf dieses H., das heute im Archiv der Großloge von Dänemark deponiert ist. Zu Lebzeiten von Hunds wurde erzählt, daß dieser 1742 oder 1743 in Frankreich am Hofe des Prätendenten Karl Eduard Stuart von verschiedenen englischen und schottischen Freimaurern mit den hohen Graden des Templerordens bekannt gemacht und von einem „Ritter von der roten Feder“ („a penna rubra“) im Beisein zweier Anhänger des Prätendenten, Lord Kilmarnock und Lord Clifford, den Namen „Eques ab ense“ erhalten hatte Auf dem Konvent zu Altenberge 1764 erklärte von Hund bezüglich dieser Bestallung, diese sei tatsächlich in der angegebenen Weise in Paris erfolgt, und er sei dann dem Prätendenten vorgestellt worden. Es sei ihm dann ein Patent in Chiffreschrift vorgelegt worden, das er nun vorzeigte. Weitere Angaben zu machen weigerte er sich unter Berufung auf Gelöbnispflichten. Obwohl niemand das vorgewiesene Dokument lesen konnte, wurde von Hund als genügend legitimiert befunden Auf dem Konvent von Kohlo 1772 kam das H. abermals zur Sprache. Obwohl das Dokument auch jetzt nicht entziffert werden konnte, erklärten sich vier Experten, und dann auch die Versammlung selbst, von der Richtigkeit der Bestallung Hunds überzeugt. Trotzdem drangen die Präfekturen der Strikten Observanz mit der Zeit auf gründliche Klärung der Frage, die infolgedessen auf dem Konvent zu Braunschweig 1775 zum dritten Male verhandelt wurde. Von Hund war auch diesmal nicht zu bewegen, mitzuteilen, wer der „Ritter von der roten Feder“ gewesen sei, da dies weder sein Eid noch sein Gewissen zulasse. Nach seinem Tode konnte man auch in seinen nachgelassenen Papieren keine bestimmte Andeutung über die Person des wahren Ordens-Großmeisters finden. Der maurerische Nachlaß des Heermeisters samt dem ominösen Patent kam zuerst in den Besitz des Herzogs Ferdinand von Braunschweig, dann in jenen des dänischen Feldmarschalls und Statthalters von Schleswig-Holstein, Landgrafen Karl von Hessen-Kassel, und auf diesem Wege schließlich ins Eigentum der Großen Landesloge von Dänemark.

Der Text ist großteils in lateinischer Schrift, jedoch in einer vollständig unverständlichen Chiffre verfaßt. Nur drei Einschaltungen in einer abwechselnden Chiffre waren zu enträtseln: Profan- und Rittername von Hund, dann die Unterschrift des Ausstellers „Georgius Wilhelmus, Equ. a. sole aureo Supr. Empl. Magister“. Dieses Dokument, dessen Echtheit die intimen Vertrauten des Heermeisters wohl bezweifelten und als eine Art frommen Betrug betrachteten, während andere, nicht eingeweihte Ordensbrüder nicht die geringsten Zweifel bezüglich der Authentizität hegten, wurde von Schröder (s. d.) und später von Merzdorf (s. d.) und Begemann (s. d.) als Hauptfälschung und Irreführung bezeichnet. Nach E. A. Pontet drängt sich angesichts des durchaus ehrenwerten Charakters von Hunds die Vermutung auf, daß als Hersteller oder mindestens Urheber der Heermeisterlegitimation am ehesten die beiden Brüder Schmidt in Frage kommen, mit denen der Heermeister die fehlenden Grundlagen für die Einrichtung der VII. Ordensprovinz schuf, und aus deren Händen er das Patent im guten Glauben entgegengenommen haben könnte. Jedenfalls erklärt Pontet, daß das in Kopenhagen befindliche Dokument die Urkunde ist, die an verschiedenen Konventen vorlag, und daß ein im Dégher Archiv (s. d.) befindliches entziffertes H. unbekannten Ursprungs auf keinen Fall als echt bezeichnet werden kann. (Vergl. E. A. Pontet in „Drei Ringe“, Mai 1931. „Zur Aufklärung über das von Hundsche Heermeisterpatent“.)

Hegenberger, Albert F., amerikanischer Fliegerleutnant, der mit Lester I. Maitland (s. d.) den ersten Transozeanflug von Kalifornien nach Honolulu unternahm und von der amerikanischen Regierung den Titel „Eroberer des Pacific“ verliehen erhielt, ist Mitglied einer Loge in Dayton (Ohio).

Heidegger, John James, ein geborener Schweizer, * 1659, † 1749, veranstaltete Opern- und Konzertstagiones in London, so die Italienische Oper. 1728—1734 war er Partner des deutschen Komponisten Haendel gelegentlich dessen englischer Tätigkeit. Er wird 1725 als Groß-Steward der Großloge erwähnt und ihm für sein „handsome and elegant entertainment“ gedankt. Sein Bild malte Hogarth (s. d.).

Heidenkirche. Der in abenteuerliche Ideen verstrikte Dresdner Exadvokat Eduard Emil Eckert (s. d.), nach dem österreichischen Polizeiminister von Kempen das „Ichneumon“ der Freimaurerei, der, im Solde der Wiener Regierung stehend, die Vernichtung der Freimaurerei zu seiner Lebensaufgabe gemacht hatte, vertrat in seinen haltlosen Schmähschriften und in Denunziationen am Wiener Hofe die Überzeugung, daß „der rechte, große, geheimnisvolle und unaussprechliche Ordenszweck der Freimaurer Wiederherstellung der alten Heidenkirche und ihre Erhebung zu einer theokratisch-politischen, einheitlichen Weltmacht mit Lebensgemeinschaft der Gläubigen sei", ein Zweck, welcher die totale Zerstörung aller heutigen Weltordnung als Vorbedingung seiner möglichen Realisierung in sich schließt.

Heilige Zahlen, s. Zahlen, Heilige.

Heilsarmee, Die, erließ 1926 ein vom Stabschef Higgins gezeichnetes vertrauliches Schreiben an die Unterführer, das „H.-führer und Geheimgesellschaften" betitelt war und deutlich auf die Freimaurerei anspielte. Als Higgins dann zum General aufrückte, wurde er vom Bürgermeister von Chatham in England, Herbert F. Whyman, Großbeamten der Großloge, eingeladen, er möge aussprechen, daß seine Erklärung von 1926 sich nicht auf die Freimaurer beziehe. Da Higgins das verweigerte, lehnten Whyman und die Bürgermeister mehrerer anderer Städte ab, Veranstaltungen der Heilsarmee zu präsidieren.

Heine, Heinrich, deutscher Dichter, * 1797, † 1856, war nicht Freimaurer. Dagegen scheint sein Vater, Samson H., Freimaurer gewesen zu sein. Im Buche „Über Ludwig Börne", 1. Seite, heißt es: „Einst führte mich mein Vater ins Lesekabinett einer der △ oder ⏀-Logen, wo er oft soupierte, Kaffee trank, Karten spielte und sonstige Freimaurerarbeiten verrichtete." Gemeint ist wahrscheinlich eine Loge in Frankfurt a. M. Da Samson H. Jude war, könnte es sich um die Loge „Zur aufgehenden Morgenröte" handeln, die damals bereits Juden aufnahm.

Außer diesem Passus sind bei H. noch zwei weitere auf Freimaurerei bezügliche Stellen zu finden:

„Das, was die Wolfschen Philosophen zu demonstrieren gedacht, was die Philanthropen in ihrem Gemüte gefühlt, was Mendelssohn im Mosaismus gefunden, was die Freimaurer gesungen, was die Poeten gepfiffen, was sich damals in Deutschland in allen Formen geltend machte, ist der reine Deismus."

Und an anderem Orte: „Es ist nichts lustiger, als wenn Schauspieler vom Studieren sprechen. Es kommt mir ebenso vor, wie wenn die Freimaurer von Arbeit reden."

Heinrich, Prinz von Preußen, * 1726, † zu Rheinsberg 1802, Feldherr und Bruder Friedrichs d. Gr. Die Freimaurereigenschaft des Prinzen H. ist früher behauptet, dann aber bis in die neueste Zeit in Abrede gestellt worden. Im Jahre 1927 gelang Dr. Pauls, Aachen, der Nachweis (aus einem Briefe des Prinzen H. an die „Mère Loge Ecossaise de France" in Paris vom Jahre 1784), daß er dem Bunde tatsächlich angehört hat.

Heinrich VI., englischer König, s. Freimaurerverhör.

Heise, Karl, * 1872, schrieb nach dem Kriege eine Reihe von Schriften gegen die Freimaurerei, so „Entente-Freimaurerei und der Weltkrieg" (Basel 1919). Wertloses phantastisches Machwerk ohne Kritik, das sich auf die gleichen Gedankengänge stützt wie das Buch von Wichtl.

Helder, Johannes, Dr., ehemaliger Geistlicher, * 1839, einer der Führer der holländischen Freimaurerei, aufgenommen 1879 in der Loge „Deugd en I Jver" in Harlingen, Stuhlmeister dieser Loge, dann der „L'Union Provinciale" in Groningen, gewesener Großbibliothekar, ist Ehrenmitglied des Großostens der Niederlande.

Heldmann, Friedrich, Professor der Staatswissenschaften in Würzburg und Bern, * 1766, † 1838, war Mitgründer der Loge „Zur Brudertreue" in Aarau. Er beabsichtigte die Herausgabe eines Handbuches der Freimaurerei, das von dem Buchhändler Gädicke in Berlin herausgegeben werden sollte, mußte aber ähnliches von der damals herrschenden freimaurerische Zensur erleben wie Krause und Moßdorf. Gegen die Veröffentlichung erhoben „in wahrem hierarchischen Lichtlöschergeiste" das Bundesdirektorium der Großen National-Mutterloge „Zu den drei Weltkugeln" in Berlin sowie das Direktorium der rektifizierten schottischen Maurerei in Basel — H. lehrte damals an der Kantonschule in Aarau — Einspruch, weil sie einen Verrat maurerischer Geheimnisse befürchteten. Trotzdem sich die Loge in Aarau hinter H. stellte, deckte er, um seiner Loge Auseinandersetzungen zu ersparen. Er veröffentlichte später einen Teil seiner Forschungen unter dem Titel: „Die drey aeltesten geschichtlichen Denkmale der teutschen Freymaurerbrüderschaft", Aarau 1819. Aus der von ihm erstmals abgedruckten Straßburger Steinmetzordnung von 1495, Artikeln der Steinmetzbrüderschaft von 1563 und der (unechten!) Kölner Urkunde von 1535 suchte er eine Geheimlehre der alten Bauhütten darzustellen.

Helfende Brüder heißen in den meisten Logen die sonst als dienende Brr. (s. d.) bezeichneten Hilfskräfte. Der Name wurde gewählt, um den sozialen Unterschied, der in der Bezeichnung „dienende" liegt, innerhalb der Logen zu mildern.

Hell-leuchtend, s. Kugelung.

Helmers, Jan Frederick, holländischer Dichter, * 1767, † 1818, bekannt als Autor von „De Hollandsche Natie", schrieb auch Tragödien, wurde 1807 in der Amsterdamer Loge „La Charité" aufgenommen.

Helsingfors (finn. Helsinki), Hauptstadt der Republik Finnland (s. d.). Die von der Großloge von New York begründete Großloge von Finnland hat hier ihren Sitz (Unionsgatan 13) mit drei Logen; ferner Loge St. Augustin unter der Großen Landesloge von Schweden .

Helvetius, Claude Adrien, französischer Philosoph aus der Schule der Enzyklopädisten, * 1715, † 1771. Sein von Condillac beeinflußtes Hauptwerk „De l'esprit" (Paris 1758) wurde, als „staats- und religionsgefährlich" vom Papst, dem Parlament und der Sorbonne verurteilt, öffentlich verbrannt. In seinen Werken ist er, der sich persönlich zeitlebens durch Altruismus hervortat, entschiedener Sensualist und Materialist. („Wer sich selbst soviel nützt, daß er andern nicht schadet, sondern ihr Wohl vielmehr fördert, ist der wahrhaft gute Mensch".) Ungewöhnlicher Wohltäter, Freimaurer. Er faßte mit Lalande den Plan zu einer wissenschaftlich-künstlerischen Loge, wie es dann die „Neuf Sœurs“ (s. d.) wurden, erlebte aber die Gründung dieser „Philosophenloge“ nicht mehr, die seine geistige Tochter war. Die beiden ersten Johannisfeste der Loge (1776 und 1777) wurden dann im Park des Hauses in Auteuil begangen, in dem sich die geistige Elite um die Witwe H. zu versammeln pflegte. Als Voltaire in diese Loge aufgenommen wurde, übergab man ihm als Zeichen besonderer Ehrung die maurerische Bekleidung des H., von dem er geschrieben hatte („Dictionnaire philosophique“): „Ich liebte den Verfasser des „Esprit“. Dieser Mann war mehr wert als alle seine Feinde zusammen“, wenn er auch seine Anschauungen nicht teilte.

Hemflerlogen nannte man um die Jahrhundertwende Winkellogengründungen des (1910 verstorbenen) Berliner Verlagsbuchhändlers O. Hemfler, so die „Allgemeine Bürger-Loge“, den „Reformierten Bürgerlichen Freimaurer-Orden“ und die „Internationale Logen-Union“.

Hemming, Samuel, Dr., Reverend, Schulvorsteher in Hampton, * 1766, † 1828, einer der tätigsten englischen Freimaurer nach der Union von 1813, von diesem Jahr bis 1816 Stuhlmeister der Lodge of Reconciliation (s. d.), zwölfmal Stuhlmeister der Lodge of Harmony, 1813 Grand Chaplain, 1816 Senior Grand Warden der Vereinigten Großloge.

Hempstead, Fay, amerikanischer Dichter und Rechtsanwalt, * 1847, wurde 1869 in der „Western Star Lodge Nr. 2“ in Little Rock (Arkansas) aufgenommen, 1881 Großsekretär der Großloge von Arkansas, wurde 1908 in Chicago zum „Poeta laureatus“ der Freimaurerei geweiht.

Henckel von Donnersmarck, Wilhelm Ludwig, Graf von, * 1775, † 1849, preußischer Generalleutnant, Adjutant Yorcks, Verfolger der Franzosen nach Leipzig, aufgenommen 1791 in der Loge „Zu den drei Kronen“ in Königsberg, Landes-Großmeister der Großen Landesloge von Deutschland 1838 bis 1841 und 1842/43. Er nahm 1840 den nachmaligen Kaiser Wilhelm I. in den Bund auf. Während der Befreiungsfeldzüge setzte er Feldlogen ein. Auf sein Beispiel berief sich Friedrich Wilhelm III., als er 1822 auf dem Kongreß zu Verona die Freimaurerei gegen Metternich verteidigte.

Henderson, Wilfred, englischer Vizeadmiral, * 1873, † 1930, vor dem Weltkrieg Marineattaché in Berlin, im Herbst 1914 Kommandant einer Marinebrigade in Belgien, die sich nach der Einnahme von Antwerpen in Holland internieren lassen mußte. Er gründete und leitete dann in Groningen eine aus den Freimaurern seiner Truppe bestehende Interniertenloge „Gastvrijheid“, die nach englischem Ritus und in englischer Sprache unter holländischer Jurisdiktion arbeitete. 1924 nahm H. an der ersten auf Wiederannäherung gerichteten Zusammenkunft der holländischen „Runden Tafel“ teil.

Hendler, Friedrich, * 1761 in Schaffhausen (Schweiz), † 1825, Theaterdirektor in Wien, schaffte die Figur des Kasperl ab und schrieb an 200 Stücke, war Mitglied der Wiener Loge „Zur neugekrönten Hoffnung‘ und Verfasser der „Maurerrede auf Mozarts Tod“ (1791 erschienen). H. war auch der Autor des Schauspiels in drei Aufzügen „Handeln macht den Meister oder die Freimaurer“ (Köln 1782 und 1785).

Hengstenberg, Ernst Wilhelm, Professor der Theologie in Berlin, * 1802, † 1868, berühmter Gegner der Freimaurerei, engstirniger Vertreter der protestantischen Orthodoxie, der in jeder nicht auf diese eingestellte Anschauung eine Gefahr für das Christentum erblickte, stellte den Satz auf: „Die Grundlage des Freimaurerwesens ist der Deismus, die Antipathie gegen das Spezifisch-Christliche.“ Den wandelte er in seiner „Evangelischen Kirchenzeitung“ und in mehreren Büchern („Die Freimaurerei und das evangelische Pfarramt“, 1854/55) immer wieder aufs neue ab. Seinen Unkenrufen suchte er dadurch Nachdruck zu verschaffen, daß er unablässig den vielen gleich ihm unduldsamen hohen Herren in der Regierung in den Ohren lag, sie möchten alles aufbieten, um das „dem Höllenfeuer nahe verwandte Ungeheuer“ auszuschwefeln. Eine Flut von Gegenschriften war die Antwort. Die heftige Polemik erfüllte längere Zeit theologische und politische Blätter. Es wurde behauptet, daß der Eintritt des Prinzen Wilhelm von Preußen, späteren Kaiser Friedrich, gerade wegen der H.schen Angriffe erfolgt sei (vergl. Kneisner, „Geschichte der deutschen Freimaurerei“).

Henne am Rhyn, Otto, Staatsarchivar in St. Gallen (Schweiz), * 1828, † 1914, Kulturhistoriker („Allgemeine Kulturgeschichte“, 1877/78; „Kulturgeschichte des jüdischen Volkes“, 1880; „Kulturgeschichte des deutschen Volkes“, 1886; „Kultur der Vergangenheit, Gegenwart und Zukunft in vergleichender Darstellung“, 1890; „Geschichte des Rittertums“, „Die Freimauer“, „Die Jesuiten“ u. v. a.). 1861 in der Loge „Concordia“ in St. Gallen aufgenommen, leitete er 1873—1878 die in Leipzig erscheinende „Freimaurerzeitung“ und schloß sich der Loge Balduin in Leipzig an. Die freimaurerische Literatur verdankt ihm eine große Anzahl wertvollster Schriften, die Veröffentlichung einer Urkunde der Steinmetzenbruderschaft aus dem Archiv der St. Galler Bauhütte, ferner „Adhuc statt, die Freimaurerei in zehn Fragen und Antworten“, „Fiat Lux, Vertheidigung der Freimaurerei gegen innere und äußere Feinde“, „Symbolik der Freimaurerei“; er schildert die Freimaurerei auch ausführlich in seiner Kulturgeschichte. Weiters betätigte er sich als Bearbeiter von Ritualen, der Darstellung eines allgemeinen Freimaurerrechtes und gab auch den Ergänzungsband zur zweiten Auflage des Handbuches der Freimaurerei (1879) heraus.

Henning, Wilhelm, Major a. D., rechtsradikaler Reichtstagsabgeordneter, einer der heftigsten deutschen Bekämpfer der Freimaurerei. In einer Schrift „Stellt die Freimaurer unter Kontrolle!“ (1928) will er glauben machen, daß die letzten Ziele der Freimaurerei nur den Trägern des XXXIII. Grades, nach H. größtenteils Juden, bekannt seien. Das letzte Geheimnis der Freimaurerei sei die Errichtung der jüdischen Weltherrschaft, deren Abzeichen der Akazienzweig.

Hephata, oder Denkwürdigkeiten eines Freimaurers, erschienen 1836 bei Karl Andreä in Leipzig. Herausgeber war ein Dr. P. Lumignon, der selbst nicht Freimaurer war. Das Buch, eine der übelsten Schmähschriften auf die Freimaurerei, bringt Mitteilungen aus verschiedenen Riten und Graden in entstellter Form mit gröbsten Karikaturen. Es ist jetzt wieder bekannter geworden, nachdem Ludendorff es als Quelle benützt hat! Als Gegenschrift erschien 1836 bei H. Francke „Anti-Hephata oder Apologie der hohen königlichen Kunst" von Dr. Werdt, eine Schrift, die in satirischer Form den H. zu widerlegen sucht.

Herault, René, Generalleutnant der Polizei von Paris, zeichnete sich durch besonderen Eifer im Kampfe gegen die Freimaurerbewegung aus. Er erließ 1757 ein „Verbot an alle", sich zu vereinigen oder Vereinigungen von „Freys-Maçons" zu bilden, verschaffte sich durch die Operntänzerin Carton ein einem Freimaurer abgelistetes Exemplar der „Masonry dissected" und ließ darauf das Ritual übersetzen und durch den Druck verbreiten („Vossische Zeitung", Berlin 1738). Er ließ im Hotel de Bourgogne in der Wohnung eines Engländers Hausdurchsuchung halten; einen Gastwirt namens Chapelot à la Râpée, der seine Räume einer Freimaurerloge zur Verfügung gestellt hatte, verurteilte er zu 1000 Pfund und ließ die Wirtshaustür für sechs Monate vermauern. Ebenso sprengte er eine Freimaurerversammlung im Hotel des Soissons, deren Mitglieder ins Gefängnis geworfen wurden. In dem gleichen Hotel wurde auch 1745 eine Loge ausgehoben und der Gastwirt Le Roy zu 3000 Pfund verurteilt.

Herbert, Edward, **Lord H. of Cherbury**, englischer Aufklärungsphilosoph 1583—1648. Begründer des Deismus, forderte in dem Werk „Über die Wahrheit" (1624) in Anlehnung an die Stoa eine über den positiven Religionen stehende „natürliche Religion", auch „Vernunftsreligion" genannt, die zur Grundlage die allen Menschen gemeinsame Vernunft und als wesentlichen Inhalt die Sittlichkeit hat. H. nahm Senecas Satz: „Wir pflegen viel zu geben auf die Annahme aller Menschen; und es ist bei uns ein Wahrheitsbeweis. daß etwas aller Meinung ist", als für die Religion schlechthin in Anspruch. An diese Lehre knüpfte die Freimaurerei von 1717 in gewissem Sinne an. In der Andersonschen Konstitution erscheint diese „natürliche" Religion als die „Religion, in der alle Menschen übereinstimmen". H. sprach auch von einem „alle umfassenden Haus eines religiösen Kultes", in dem die ‚allgemeine Eintracht" eine Stätte hat. Von H. gingen u. a. John Toland (s. d.), Antony Collins und Matthäus Findel bei ihren Versuchen aus, die Stellung der Vernunft zu Religion und Christentum zu präzisieren.

Herder, Johann Gottfried, * 25. August 1744 in Mohrungen, † 18. Dezember 1803 in Weimar, wurde 1766 in Riga in der Loge „Zum Schwert" in den Bund aufgenommen. Er bekleidete das Amt des Schriftführers, dann des Redners und empfing in dem Kreis kluger, feingeistiger Männer manche Anregungen, die in der „Ältesten Urkunde des Menschengeschlechts" ihren Niederschlag fanden. Auf seinen Reisen kam er mit zahlreichen Freimaurern zusammen, so 1769 in Paris, wo er mit den Enzyklopädisten regen Verkehr pflegte. In Weimar hielt er sich von der Loge fern, hauptsächlich aus dem Grunde, um als höchster Geistlicher des Landes keinen Anlaß zu Mißdeutungen zu geben. Mit Unbehagen sah er aber auch Alchimie und Magie sich in die Freimaurerei einschleichen und dachte durch Philosophie zu reformieren. Er war der Ansicht, „daß auch bei diesem Institut ein neuer, unsrer Zeit gemäßer Geist geweckt und die veralteten Gebräuche neu belebt werden sollten". Sehr entschieden verwarf H. die Zurückführung des freimaurerischen Ursprungs auf älteste Zeiten. Ihn schmerzte „das Irrsal der Menge und der auf seine Gesellschaft geworfene Schimpf des Truges", denn er liebte die Freimaurerei, wie er sie sah, jene Gemeinschaft, die er sich als Auge und Herz der Menschheit dachte. Als Humanitätsphilosoph mußte er sich von dem Gedanken eines Bundes, den er selbst als „eine geschlossene, das Wohl der Menschheit beratende, im stillen wirkende Männergesellschaft" bezeichnet, sehr angezogen fühlen. In seinen „Briefen zur Beförderung der Humanität" ist das erste seiner Gespräche „über eine unsichtbar-sichtbare Gesellschaft" enthalten, das an Lessings „Ernst und Falk" anknüpft und eine Vorstellung von jenem, zur damaligen Zeit nicht vorhandenen Bund gibt, wie H. ihn sich vorstellte. Seine unsichtbar-sichtbare Loge ist eine Versammlung aller denkenden Menschen in allen Weltteilen. Faust oder Gutenberg ist ihr Meister vom Stuhl; Poesie, Philosophie und Geschichte sind ihre drei Lichter, ein heiliges Dreieck, das über Nationen, Sekten und Menschen strahlt. Einziger Antrieb der Gesellschaft ist Humanität: „Gäbe man diesem Begriff alle seine Stärke . . . und legte ihn als Pflicht, als unumgängliche erste Pflicht, sich und anderen ans Herz; alle Vorurteile von Staatsinteressen, angeborener Religion und das törichteste Vorurteil unter allen, das von Rang und Stand, sollte unschädlich gemacht werden." Zwei weitere Gespräche sind enthalten in der „Adrastea". Die Freimaurerei, als Adrastea, bringt den Menschen „über allen Unterschied der Stände, über jeden Sektengeist erhoben, die goldene Zeit zurück, die in unser aller Herzen lebet". Für das tiefe Interesse, das H. der Freimaurerei entgegenbrachte, legt sein in den Hamburger Großlogenarchiven erhaltener Briefwechsel mit Friedrich Ludwig Schröder (s. d.), beredtes Zeugnis ab. Als dieser sein Ritual bearbeitete, erfreute er sich in vierjährigem Briefwechsel der Mithilfe und Anregungen H.s, dessen Geist unverkennbar in vielen Stellen der Schröderschen Lehrart niedergelegt ist. Auf der Plakette, die von der Loge „Amalia" im Jahre 1903, dem 100. Todesjahre H.s, geprägt wurde, stehen die Worte: „Dem Freunde und Mitarbeiter Schröders."

Das schöpft die maurerische Bedeutung H.s nicht aus. Fernab vom Logenleben seiner Zeit hat H. der deutschen Freimaurerei ihre besondere Eigenart gegeben. Er hat sie in einer Zeit der Verwirrung mit jenem Geiste der Humanität erfüllt, der, von Lessing begründet, in ihm seinen größten Vertreter gefunden hat. Der klassische Humanismus der deutschen Freimaurerei, der sie von ihren angelsächsischen und romanischen Schwestern so wesentlich unterscheidet, jener Geist, der den Freimaurer von den Einzelerscheinungen seiner Zeit auf das „Unsichtbar-Sichtbare" seiner Vereinigung hinweist, jener Humanitätsgedanke, der dann in K r a u s e s „Menschheitsbund" sich die sichtbare Form zu geben bestrebt war, ist neben Lessing ausschließlich H.s Werk. Er ist der Menge der Freimaurer fremder als Lessing, der nicht zuletzt durch die dramatische Form, durch die Kanzel des Theaters, seine Gedanken sinnfälliger zu gestalten wußte. Man tut aber Lessings Größe keinen Abbruch, wenn man H. als den tieferen Humanisten und den befruchtenderen Lehrer bezeichnet. Lessing, der streitbare scharfe Geist, steht im Leben und ist daher auch unserer Zeit noch lebendig. Der zartfühlende H. steht dem Leben ferner. Auch er hatte seine Kämpfe, aber er lebte sein stilles Leben in sich. Deshalb wird H. in seiner wahren Größe und Bedeutung wohl viel gepriesen — aber leider nur wenig gekannt.

Heredia, J o s é - M a r i a d e, französischer Dichter spanischer Abstammung, * 1842, † 1905, Mitglied der Akademie, war Präsident des Ordensrates des Grand Orient de France, für dessen Arbeiten er eine Reihe von Liedern und Hymnen dichtete.

Heredom, s. H e r o d o m.

Heredom, Brother of, erster der beiden Grade des R o y a l O r d e r o f S c o t l a n d (s. d.), abgekürzt H. R. D. M.

Hermandad (span.), die Bruderschaft, eine politische bruderschaftliche Vereinigung der kastilischen Städte gegen den Adel, gegründet um 1282, wiederbelebt 1295. Sie hatte ein Gebrauchtum, eine Verschwiegenheitsverpflichtung und hüllte sich in das Kleid des Geheimbundes. Aus ihr ging die staatliche Gendarmerie Spaniens hervor, die wie sie, die Santa H., die heilige H., genannt wurde. In ihr, wie in allen Bünden mit Schweigepflicht, äußerliche Ähnlichkeiten mit der Freimaurerei.

Hermannsbotschaft, O s t e r n 1 9 2 5, Hermannsbriefe und andere Botschaften wurden von Robert F. E s k a u (s. d.), Hamburg, angeblich in einer Auflage von 1 Million Exemplaren versandt. Es handelte sich um eine wüste antisemitische Hetze im Zusammenhang mit der Freimaurerei. Eskau, der eine Bauhütte der Großen Loge von Hamburg angehörte, wurde aus dieser ausgeschlossen.

Hermes Trismegistos, griechische Bezeichnung für den Mondgott der alten Ägypter, dargestellt als Ibis oder mit dem Ibiskopf. Er repräsentiert die gleichmäßige Ordnung im Weltganzen und wird dadurch der Schutzgott aller irdischen Gesetze. Er gilt auch als Erfinder der Alchimie und der Magie, daher der Name h e r m e t i s c h e K u n s t für Alchimie, die in einer hermetischen Kette als Geheimlehre weitergegeben wurde. Ebenso „hermetisch abgeschlossen", als Bezeichnung besonderer Verschließung gegen die Außenwelt. Zur Zeit der Infiltrierung der Freimaurerei mit alchimistischen und magischen Bestandteilen (18. Jahrhundert) spielt daher auch der H. T. eine Rolle. Eine h e r m e t i s c h e M a u r e r e i (s. d.) bestand damals besonders in Frankreich in zahlreichen Systemen.

H. T. spielt schon im C o o k e - M a n u s k r i p t (s. d.) eine Rolle. In dessen Legende findet H. T. nach der Sinflut die eine der beiden Säulen, Pythagoras später die andere, in die vor dem großen Wasser alles Wissen von Lamechs Söhnen eingegraben worden war. Und H. T. und Pythagoras „lehrten die Wissenschaften, die sie dort geschrieben fanden". H. T. ist hier also gleichsam der erste Lehrer der Menschheit, der „Vater aller Weisheit". W o l f s t i e g sieht in dieser Darstellung die Einwirkung der Alchimie, die in der Zeit, in der der Verfasser das Cooke-Manuskript schrieb (Ende des 14. oder Anfang des 15. Jahrhunderts), sehr im Schwunge war. Des H. T. damals gerade erfundene smaragdene Tafel (Tabula smaragdina) galt als das Rezept, nach dem der Stein der Weisen gebrannt werden mußte.

Hermetische Bruderschaft des Lichts, s. T e m p l e r, o r i e n t a l i s c h e.

Hermetische Freimaurerei, im 18. Jahrhundert namentlich in Frankreich aufgekommene, auch heute in kleineren Zirkeln gepflegte Methode, die sich an die sogenannte hermetische Philosophie anlehnt, nach der die alchimistischen Prozesse der Metallverwandlung (Transmutation) als Symbole der Wandlung des groben, rauhen, unwissenden, noch nicht sittlich gereiften Individuums zum veredelten, geläuterten Menschen betrachtet werden. Im 18. Jahrhundert war die Zahl der alchimistischen, hermetisch gedeuteten Symbole in manchen freimaurerischen Hochgradriten sehr beträchtlich. Das Buch des Barons T s c h o u d y, „L'Etoile flamboyante" (Der flammende Stern), enthält (S. 234 ff.) einen „Katechismus" für den Grad eines Adepten oder „Apprenti Philosophe sublime et inconnu", in dem die hermetische Anschauungsweise auf die Freimaurerei übertragen wird. Wilhelm H o e h l e r („Hermetische Philosophie und Freimaurerei", 1905) und Oswald W i r t h („Le Symbolisme hermétique dans ses rapports avec l'Alchimie et la Franc-Maçonnerie", 2. Aufl., 1931) behandeln in Textausgaben alter Alchimisten, bezw. selbständig die hermetische Freimaurerei. Wirth sieht in den Transmutationsprozessen, symbolisch betrachtet, eine Analogie zum symbolischen Bauen. Beide versinnbildlichen ihm das „Große Werk" am Menschen. Die moderne Maurerei ist ihm nur eine Fortentwicklung der alten hermetischen Philosophie. Die Vorbereitungskammer z. B. setzt er dem philosophischen Ei der Alchimisten gleich, dessen Inschrift „Vitriol" rein hermetisch sei, ebenso wie die vier Elementarprüfungen (z. B. Feuerprobe = alchimistische Kalzination). Nach bestandenen Prüfungen wird der Suchende zum philosophischen Stein, zum vollkommen gereinigten Salz, das Merkur (Quecksilber = äußere

Einwirkungen) koagulieren kann, um es zu einem hochaktiven Sulfur (Schwefel = innere Kraft) zu fixieren. In den auf den Lehrlingsgrad folgenden Stufen setzt sich der Umwandlungsprozeß fort, bis dann das „Große Werk“ in der mittleren Kammer (Chambre du Milieu) des Meistergrades vollendet wird. (Vergl. auch J. M. Ragon, „De la Maçonnerie occulte et de l'initiation hermétique.“)

Unter den freimaurerisch-hermetischen Systemen des 18. Jahrhunderts spielte eine besondere Rolle jenes der Illuminés d'Avignon des Benediktiners Pernetty, der Rite hermétique (hermetischer Ritus) oder Rite de Pernetty, dessen neun Grade, namentlich die sechs Hochgrade, von hermetischen Lehren durchzogen waren (der Leib Hirams versinnbildlichte die prima materia des Großen Werkes), während ein zehnter Abschlußgrad einen vollständigen Kursus der hermetischen und gnostischen Wissenschaften enthielt (s. Illuminés d'Avignon).

Stark von hermetischer Symbolik war auch die Lehrart der Elus Coëns (s. d.) durchsetzt. Ebenso trat hermetische Philosophie bei den Gold- und Rosenkreuzern in Erscheinung; in neuester Zeit beschäftigen sich mit hermetischer Maurerei u. a. die „Societas Rosicruciana in Anglia“ (s. d.) und der „Ordo Aureae et Rosae Crucis in Dania“.

Hermetischer Orden der G. D., d. i. Golden Dawn, Goldene Morgenröte, s. G. D. (Golden Dawn), Hermetic Order of the.

Hermetischer Ritus, frz. Rite hermétique, s. Illuminés d'Avignon.

Herodom, ein Wort, das in der Schottenmaurerei eine große Rolle spielt. Es soll der Name eines Berges bei Kilwinning sein, der aber in Schottland unbekannt ist. Andere Ableitungen sind Heredum, Genetiv des lateinischen heres, der Erbe, womit die Erbschaft der maurerischen Templer vom Templerorden angedeutet werden soll, oder Hirodom, Hierosdomos, das heilige Haus, der Tempel. Clavel leitet ab von „Heredis Domus“ (Haus des Erben), Ragon glaubt, es sei damit, immer in der Stuart-Legende verbleibend, das Haus der Erben, der Sitz des Prätendenten Karl Eduard in St. Germain-en-Laye gemeint, wo jedoch er selbst niemals, wohl aber sein Vater, Jacob II., gewohnt hat. Lantoine bescheidet sich mit der Meinung, „es ist mit dem Worte Herodom ebenso wie mit der Schottenmaurerei. Sie treten in die Geschichte ein, ohne daß man wüßte, wie und wo sie zur Welt gekommen sind“. Für ihn ist eine angebliche „Grande Loge Royale de l'Ordre d'Heredom de Kilwinning“ in Edinburgh, von der 1786 ein „Grand Chapitre Provincial“ (Großes Provinzial-Kapitel), bezw. eine Grande Loge in Rouen (Mitglieder der Loge „L'Ardente Amitié“ unter Führung von Jean Matheus) ein Gründungspatent erhalten haben wollte, eine französische Erfindung. Wie es überhaupt für ihn feststeht, daß auch alle anderen damaligen Hochgradkörperschaften in Frankreich, die unter der Marke „Rite d'Heredom de Kilwinning“ schottische Abstammung behaupteten, französisches Eigengewächs waren. (La Franc-Maçonnerie Ecossaise en France, 1930.)

Herold, Der, Freimaurerzeitung, ursprünglich als Anzeigenblatt in Berlin erscheinend, von Ferd. Dross 1890 gegründet, hat sich unter Zimmer, zuletzt unter Kekule von Stradonitz, zu einem sehr beachteten unabhängigen Wochenblatt entwickelt, das 1923 sein Erscheinen infolge der schwierigen materiellen Verhältnisse der Inflationszeit leider einstellen mußte.

Heroldo, La (Esp.), der Herold, le Hérault, offizielles Organ der Allgemeinen Freimaurerliga, erscheint seit 1931 zweisprachig (deutsch und französisch) viermal jährlich. Das Blatt wird von der Zentralstelle in Basel herausgegeben.

Herrenhaus, Preußisches. Am 9. Juli 1918 griff im damals noch bestehenden preußischen Herrenhaus bei der Beratung des Staatshaushaltsplanes Fürst Otto II. zu Salm-Horstmar die Freimaurer aufs heftigste an, wobei er die vorliegende Wahlrechtsvorlage, die die Einführung des Reichstagswahlrechts in Preußen und Demokratisierung der Zusammensetzung des Herrenhauses vorsah, als einen Sieg der jüdisch-demokratischen gegenüber der deutsch-aristokratischen Weltanschauung bezeichnete. Für erstere machte er die Freimaurer verantwortlich, deren Werk alle Revolutionen seien. In Deutschland hätten die jüdisch-freimaurerischen Einwirkungen auf Beseitigung der deutsch-aristokratischen Einrichtungen solange keinen wesentlichen Fortschritt machen können, als ihnen eine festgefügte monarchische Gewalt Paroli bot. Fürst von Hatzfeld, Nicht-Freimaurer, trat diesen Äußerungen heftigst entgegen, indem er betonte, Freimaurer sowohl als Juden hätten bei der Armee im Felde usw. voll ihre Schuldigkeit getan. Er gab seinem Bedauern darüber Ausdruck, daß der Vorredner das Trennende hervorgehoben und so die Einigkeit im Innern geschädigt habe. Staatssekretär a. D. Dernburg erklärte, man habe das Gefühl, die Worte des Fürsten Salm seien aus einem zerfallenen Turm, aus einem alten Moderduft herausgekommen, da sie mit dem modernen Deutschland nicht das geringste zu tun hätten. Vom freimaurerischen Standpunkt aus antwortete der Bürgermeister von Mühlhausen in Thüringen, Adolf Trenckmann, Stuhlmeister der Loge „Hermann zur deutschen Treue“. Er betonte, die deutsche Freimaurerei stehe niemanden an Patriotismus, Religiosität und Vaterlandsliebe nach.

Herrig, Christian Friedrich Ludwig, Oberlehrer am Kadettenkorps in Lichterfelde, Studiendirektor, * 1816, † 1889, trat 1839 der Loge „Karl zur gekrönten Säule“ in Braunschweig bei, dann in Berlin der Loge „Friedrich Wilhelm zur gekrönten Gerechtigkeit“. Von 1873 an war er durch 16 Jahre Großmeister der Großloge von Preußen (Royal York). Als Mann von liberalen Anschauungen warf er sein ganzes Gewicht in die Schale, als es sich um die Beratung der Judenfrage handelte, und wußte es durchzusetzen, daß das Grundgesetz der Großloge dahin geändert wurde, daß das Religionsbekenntnis keinen Hinderungsgrund zur Aufnahme bieten dürfe. 1877 veröffentlichte er einen Entwurf zur Bildung einer „Vereinigten Großloge von Deutschland" mit dem Sitz in Berlin, der aber vom Großlogenbund abgelehnt wurde.

Herrnhuter, von den mährischen Brr. herstammende, durch den Grafen von Zinzendorf begründete religiöse Sekte in Herrnhut, Kreis Bautzen (1722). Pietistische Richtungen in der Freimaurerei, wie die des Grafen Haugwitz (s. d.), verleiteten Zschokke, in seiner Erzählung „Die Herrnhuter" Ähnlichkeiten zwischen Freimaurerei und H. zu suchen. Irgendein innerer Zusammenhang läßt sich jedoch nicht herstellen.

Herrscher, s. Fürsten.

Hertling, Graf, s. Geheimberichte an den Grafen H.

Hertz, Friedrich, österreichischer Soziologe und Nationalökonom, gewesener Ministerialrat im österreichischen Bundeskanzleramt, jetzt Universitätsprofessor in Halle a. d. S., * 1878, führender internationaler Pazifist, trat als Zwanzigjähriger in seinem Buch „Agrarfrage im Verhältnis zum Sozialismus" für eine Synthese der liberalen und sozialistischen Ideen ein, bot in „Moderne Rassentheorien" (neubearbeitet unter dem Titel „Kultur und Rasse") die erste umfassende Kritik des Rassenwahns, kämpfte 1919 in der Schweiz publizistisch gegen die Vergewaltigung des Selbstbestimmungsrechtes der Deutschen und gegen die Ungerechtigkeiten der Friedensdiktate, wirkte in England für die Linderung der Not seines Vaterlandes. H. ist Mitherausgeber der „Friedenswarte", war Sekretär der paneuropäischen Union und rief die der Völkerverständigung dienenden internationalen Hochschulkurse ins Leben. Er ist Mitglied der Wiener Loge „Zukunft".

Heseltine, James, * 1745, † 1804, Großschriftführer der Großloge von England („Moderns"), sehr tätiger Freimaurer, dessen Unterschrift auf zahlreichen Logenpatenten auch außerhalb Englands zu finden ist, von 1769 bis 1784, später Erster Großaufseher, bezw. Großschatzmeister. Zerwürfnisse zwischen ihm und Preston (s. d.) führten zur Sezession der Gründungsloge „Antiquity", die für kurze Zeit die Bildung einer oppositionellen Großloge zur Folge hatten.

Hesperische Freimaurerei (frz. „Maçonnerie Hespérique, Philosophique, Templière"), pseudomaurerische, wahrscheinlich ephemere Gründung aus dem Jahre 1842, von der nicht mehr bekannt ist, als ein Hinweis von Marconis im „Rameau d'or d'Eleusis" und ein Diplom, das Albert Lantoine im „Symbolisme" Nr. 94, von 1926, teilweise veröffentlichte. Als Stifter des 36-grädigen Ritus werden der Astronom Dolabèle und der Publizist Virginius bezeichnet.

Hesse, s. Lenning.

Hessen (bis 1866 **Hessen-Darmstadt**), Freistaat innerhalb des Deutschen Reiches, bis 1918 Großherzogtum.

Das Fürstenhaus betätigte sich zeitweise sehr rege in der Freimaurerei. Der landgräfliche Hof zu Darmstadt stellte dem Bund eine ganze Reihe von eifrigen Mitgliedern:

Die regierenden Landgrafen
Ludwig VIII., * 1691, † 1768;
Ludwig IX., * 1719, † 1790;
Ludwig X., * 1753, † 1830;
Prinz Friedrich Ludwig, * 1759, † 1802.
Die Prinzen und Landgrafen
Christian Ludwig, * 1763, † 1830;
Ludwig Georg Carl, * 1749, † 1823 (s. d.);
Georg Karl, * 1754, † 1830;
Großherzog Ludwig II., * 1777, † 1848 (s. auch Darmstadt).

Hessen-Kassel, s. Kurhessen und Westfalen, Großorient von.

Hessen-Kassel, Fürstenhaus. Mitglieder, die dem Freimaurerbund angehörten, s. Fürsten, Deutsche, ferner Karl, Prinz und Landgraf von H.-K.

Hetärie, Hetaireia der Philiker, Gesellschaft der Freunde, 1814 in Odessa gegründete griechische Geheimorganisation, die „den Halbmond durch das Kreuz besiegen", das heißt Griechenland vom türkischen Joch befreien wollte. Von dem Freimaurer Emanuel Xanthos gestiftet, ähnelt ihr Brauchtum in manchem freimaurerischen Vorbildern. Die Mitglieder zerfielen in sieben Klassen: Angenommene, Empfohlene, Priester, Hirten, Oberhirten, Eingeweihte, Oberste Eingeweihte. Bei der Weihe zum Priester mußte man vor einem Bild, das die Auferstehung Christi zeigte, Treue, Kampfbereitschaft und Schweigen geloben. Der Aufzunehmende machte dreimal das Kreuzzeichen über den Kandidaten, wies auf die auf dem Altar stehende Kerze und sprach: „Dieses Lichtlein ist der einzige Zeuge, den unser unglückliches Vaterland besitzt, wenn seine Kinder den Eid der Befreiung leisten." Darauf folgte der „Große Schwur", der sich ähnlich in den höheren Graden wiederholte.

Führer des von der H. organisierten, 1821 von den Türken niedergeschlagenen Aufstandes war der Freimaurer Fürst Alexander Ypsilanti, der zuvor an die Spitze des Geheimbundes getreten war (s. Griechenland).

Vorher hatte es — gegen Ende des 18. Jahrhunderts — die H. des Rhigas (s. d.) in Bukarest und Wien gegeben, die im wesentlichen gleichen Zielen huldigte, dann später die eine Verbesserung der griechischen Verhältnisse auf friedlichem Wege anstrebende H. der Philomusen.

Hettner, Hermann Theodor, Literarhistoriker und Kunstschriftsteller, * 1821, † 1882. Sein Hauptwerk ist die sechsbändige Literaturgeschichte des 18. Jahrhunderts. Der erste Band behandelt die englische Literatur. Hier kommt H. ausführlich auf die Freimaurerei zu sprechen, in der er ein Instrument erblickt, das sich der englische Deismus zur praktischen Durchsetzung seiner Weltanschauung gegeben habe. H. selbst war, soweit bekannt, nicht Freimaurer. Seine Anschauungen sind wiederholt auch von englischer Seite bekämpft worden.

Trotzdem bleiben die Darlegungen H.s eine der großartigsten Darstellung der englischen Geistesgeschichte in Beziehung zur Freimaurerei. Wenn auch zugegeben werden muß, daß H. die geistigen Triebfedern und auch die Freimaurerei des 18. Jahrhunderts in Unkenntnis der englischen freimaurerischen Spezialforschungsergebnisse teilweise überschätzt hat, so hat er richtig erkannt, wie erstaunlich die Tatsache ist, daß sich mitten in einer kalten, nüchternen Zeit ein Bund bildete, der sich an die Phantasie und an das Gemüt des Menschen wendet und ihn zu freier und in sich harmonischer Vollendung zu erziehen trachtet.

Heun, Karl Gottlob Samuel, deutscher Schriftsteller, * 1771, † 1851 (Pseudonym H. Clauren), schrieb erfolgreiche realistische Romane („Mimili") und Lustspiele („Der Bräutigam aus Mexiko" und „Das Vogelschießen"). Von H. stammt das Gedicht „Der König rief und alle, alle kamen", dessen Anfangszeilen im Befreiungskrieg, an dem er teilnahm, geflügelte Worte wurden. H. war preußischer Staatsbeamter und brachte es als solcher bis zum Geheimen Hofrat; er war Mitglied der Leipziger Loge „Minerva zu den drei Palmen", später der Loge „Archimedes zum ewigen Bund" in Gera.

Hewart, Sir Gordon, Baron of Burry, seit 1928 britischer Lord Chief Justice (höchster Richter des Königreichs), * 1870, Ehrendoktor von fünf Universitäten, 1913 bis 1922 Mitglieder des Unterhauses, 1921/22 Kabinettsminister (Generalanwalt), einer der Unterzeichner des Friedensvertrages mit Irland, ist Großbeamter der Großloge von England.

Hexagramm, Sechseck, eine Figur, die als sogenanntes mystisches H. die Mathematiker bei Behandlung der Kegelschnitte seit alten Zeiten beschäftigt. (Wenn ein Sechseck einem Kegelschnitt eingezeichnet wird, so liegen die Schnittpunkte der drei Paare von Gegenseiten auf einer Geraden. Pascalsche Gerade.) Ebenso wie das Pentagramm, der Drudenfuß, ist das H. ein Zaubersymbol, das in der Alchimie, Kabbala und Astrologie eine große Rolle spielt. Als religiöses Symbol des Judentums, Davidschild, auch Siegel Salomonis geheißen. In der Alchimie symbolisiert es das Chaos, das aus der Vereinigung von Feuer und Wasser entsteht. Ist wahrscheinlich als Rest der alchimistischen Periode der Freimaurerei zurückgeblieben und erscheint mitunter in Logensiegeln u. a.

Hextall, William Brown, freimaurerischer Historiker, * 1847, † 1923, aufgenommen 1873 in der Hartington Lodge in Derby, seit 1904 Mitglied der Quatuor Coronati Lodge, Meister dieser Loge 1914, brachte zahlreiche historische Beiträge aus der Anfangsgeschichte der englischen Freimaurerei und arbeitete auch lange Jahre anonym für die Miscellanea latomorum.

Heydemann, Ludwig Eduard, Professor der juristischen Fakultät der Universität Berlin, * 1805, † 1874, Geheimer Justizrat, Berater des Justizministeriums in gesetzgeberischen Angelegenheiten, hatte hervorragenden Anteil an der Ausarbeitung des preußischen Strafgesetzbuches und des Gesetzes zum Schutz des geistigen Eigentums, wurde 1849 in der Berliner Loge „Zum flammenden Stern" aufgenommen, war 1862 Mitglied des Bundesdirektoriums der Großen National-Mutterloge „Zu den drei Weltkugeln" und eifriger Mitarbeiter an der Ausgestaltung der freimaurerischen Gesetzgebung dieser Großloge.

Heydenreich, Karl Heinrich, Professor der Philosophie in Leipzig, * 1764, † 1801, Kantianer, Verfasser von: „System der Ästhetik", „System des Naturrechts", „Briefe über den Atheismus" und „Betrachtungen über die Philosophie der natürlichen Religion", war Mitglied der Leipziger Loge „Minerva zu den drei Palmen".

Hickel (auch Hickl und Hikel geschrieben). Anton, * 1745 zu Böhmisch-Leipa, † 1798 in Hamburg, Hofmaler des Münchner Hofes, 1780 in Mannheim, wo er Mitglied der dortigen Freimaurerloge wurde, lebte lange Jahre in Paris als Lieblingsmaler der Königin Marie Antoinette und der Prinzessin Lamballe, 1786 von Joseph II. zum Hofmaler ernannt, von 1797 an in Hamburg, wo er als Modemaler der vornehmen bürgerlichen Kreise wirkte. (Allgemeines Lexikon der bildenden Künste, Bd. 17.)

Hicks-Beach, s. St. Aldwyn.

Hidalgo y Castillo, Miguel D., Märtyrer der mexikanischen Freiheit, Geistlicher, * 1753, hingerichtet von den Spaniern 1811, nachdem er 1810 den Aufstand entflammt und Mexiko für unabhängig erklärt hatte und nach einer Reihe von Siegen geschlagen wurde. Er war Freimaurer.

Hieber, Otto, * 1840, † 1930. Von Beruf Arzt in Königsberg in Preußen, aufgenommen 1869. Einer der fruchtbarsten Schriftsteller der Freimaurerei aus dem System der Großen Landesloge von Deutschland, deren Ordenssenior er war. Von ihm stammen zahlreiche exegetische Schriften über das Schwedische System, bezw. die Lehrart der Großen Landesloge der Freimaurer von Deutschland, namentlich die vorbildlichen Leitfäden durch alle Grade der Ordenslehre. Als Reformer innerhalb seines Systems von nachhaltender Wirkung, hat er in der abgeklärten Ruhe seines hohen Alters allgemeine Gesichtspunkte zu finden gewußt, die ihm auch hohes Ansehen innerhalb der anderen Systeme dauernd sichern. Für die große Verehrung, die er in seinem eigenen Bruderkreise genoß, spricht der Umstand, daß er durch ein halbes Jahrhundert Meister vom Stuhl seiner Loge „Zum Totenkopf und Phönix" in Königsberg blieb.

Hiel, Emmanuel, flämischer Lyriker, * 1834, † 1899, schrieb Lieder (Chansons d'ouvriers et de marins), lyrische Dramen usw., war Freimaurer.

Higher Degress, Additional Degress (engl.), Hochgrade.

Highest of Hills and in the Lowest of valleys (auf den höchsten Hügeln und in den Tiefsten der Täler). In den Traditionen der alten Freimaurerei spielt die Arbeit unter freiem Himmel (s. d.) eine große Rolle. Anderson schreibt, daß die „alten“ Brr. sich auf den höchsten Hügeln usw. versammelten, um vor Überraschungen gesichert zu sein. Ebenso heißt es in den Statuten von Aberdeen (1670), daß keine Loge gehalten werden solle in einem Hause, das auch von anderen Leuten bewohnt werde, sondern auf freiem Felde, außer bei schlechtem Wetter. Für die Aufnahme von Lehrlingen wird die Arbeit auf freies Feld, „bei den Steinen“, verlegt, also an eine der zahlreichen, durch Steinmäler aus grauester Vorzeit gekennzeichneten Kultstätten. Die Formel hat heute nur noch symbolische Bedeutung, jedoch führen einzelne amerikanische Logen, besonders am Johannistage, diese Arbeiten auf Bergen, Hügeln oder in Tälern (Grand Cañon) zur Erinnerung an die alte Freimaurersitte auch heute noch aus.

High Time, High Twelve (engl.), Mittag, im freimaurerischen Sprachgebrauch Hochmittag (s. Low Twelve [engl.], Mitternacht, im freimaurerischen Sprachgebrauch Hochmitternacht). In Amerika auch Name gewisser freimaurerischer Wohlfahrtsvereinigungen, die augenblicklicher Hilfe für Brr. oder deren Familien dienen.

Hiller von Gaertringen.

1. August, Freiherr von, preußischer General der Infanterie, * 1772, † 1856, Held der Schlacht bei Belle-Alliance (1815), sein Vater, Rudolf, war Freimaurer und Meister vom Stuhl der Loge „Wittekind zur westfälischen Pforte“ in Minden, als er 1796 dort aufgenommen wurde. 1802 führte er den Hammer in der gleichen Loge. Er war 1813 Stellvertretender Meister der Feldloge „Friedrich zur Vaterlandsliebe“, aus der später die Koblenzer Loge hervorging, und leitete eine Arbeit dieser Loge 1814 in Luxemburg. In seinen verschiedenen Dienststellungen in Stettin, Posen, Breslau betätigte er sich eifrigst in den Ortslogen, zum Schlusse seines arbeitsreichen Lebens gehörte er der Loge „Friedrich zum goldenen Szepter“ in Breslau an. Auch im Innersten Orient bekleidete er höchste Ämter. Gelegentlich seines 50. Maurerjubiläums im Jahre 1846 wurde, für ihn überraschend, auch sein Sohn Friedrich Wilhelm (s. u.), damals Premierleutnant, in die Loge aufgenommen. 1899 verlieh Kaiser Wilhelm II. dem 4. Posenschen Infanterieregimente den Namen Freiherr Hiller von Gaertringen, in Anerkennung der besonderen Leistungen der beiden Generale August und Friedrich Wilhelm. (Vergl. Aufklärungsschrift der Großen National-Mutterloge „Zu den drei Weltkugeln“: „Ludendorff auf dem Kriegspfade gegen die deutsche Freimaurerei“, Berlin 1928.)

2. Wilhelm, Freiherr von, preußischer General, Sohn des Vorigen, wurde 1846 — er war damals Flügeladjutant Friedrich Wilhelms IV. — Mitglied der Loge „Zu den drei Seraphim“ in Berlin. 1866 wurde er zum tragischen Held der Schlacht von Chlum; im Augenblick des entscheidenden Erfolges, den er selbst herbeigeführt hatte, wurde er von einem Granatsplitter tödlich getroffen.

Himmelsgegenden. Die Freimaurerloge ist nach den H. orientiert. Im Osten ist der Sitz des Meisters vom Stuhl (Orient der Loge). Der Eingang der Loge liegt im Westen, im Süden sitzt gewöhnlich der Redner, in manchen Systemen der Zweite Aufseher, im Norden der Schriftführer. Daher auch die alte, in vielen Systemen wiederkehrende Katechismusfrage: Wohin reiset Ihr? Vom Westen gegen Osten.

Himmelsgestirne. Die Loge wird in den Ritualbüchern als ein Bild des Weltalls bezeichnet. Sonne, Mond und Sterne zieren in bildlicher Darstellung den Himmel der Loge. Ihnen wird symbolische Deutung zuteil: Die Sonne regiert den Tag, der Mond die Nacht, der Meister vom Stuhl die Loge. Viel verwendet wird auch als symbolische Ausschmückung eine Siebenzahl von Sternen, die auch wiederholt in Logennamen vorkommt.

Hindenburg, Paul von Beneckendorf und, Generalfeldmarschall, * 1847, der zweite deutsche Reichspräsident, Führer der deutschen Armeen im Weltkriege, ist nicht Freimaurer. Er hat jedoch Angriffe auf die Freimaurerei abgelehnt und in Aussprachen mit deutschen Großmeistern und in betontem Gegensatze zu Ludendorff zu erkennen gegeben, daß ihm der geistige Inhalt der Freimaurerei nicht fremd sei, da seine beiden Großväter zur Zeit der Befreiungskriege Freimaurer gewesen seien und er nicht bezweifle, daß der vaterländische Geist, der damals die Freimaurerei beseelt habe, auch heute noch in ihren Kreisen herrsche. Mütterlicherseits der Generalarzt Dr. Schwickart, der Katholik war, und väterlicherseits der Generallandschaftsdirektor Otto Ludwig von H.-Beneckendorf, letzterer durch mehr als 50 Jahre Mitglied der Loge „Zur goldenen Harfe“ in Marienwerder. Auch der Urgroßvater, Johann Otto Gottfried von Beneckendorf, war Freimaurer (aufgenommen 1776 in die Loge „Zu den drei Kronen“ in Königsberg).

Hintze, Wilhelm F. R., Pastor, * 1876, Zugeordneter Großmeister der Großen Loge von Hamburg seit 1930, ist Leiter des „Hamburger Logenblattes“ und Herausgeber der Sammlung „Große Meister“. Er wurde 1910 in der Hamburger Loge „Emanuel zur Maienblume“ aufgenommen.

Hippel, Theodor Gottlieb von, preußischer Staatsrat, * 1775, † 1843, der Verfasser des Kriegsaufrufs zum Befreiungskriege „An mein Volk“ (17. März 1813), war ein sehr eifriger Freimaurer. Er wurde 1797 in der Marienburger Loge „Viktoria zu den drei gekrönten Türmen“ aufgenommen, war 1803 Mitstifter der Loge „Zur goldenen Harfe“ in Marienwerder, dann u. a. deren Stellvertretender Redner, Erster Vorsteher und (1815) Meister vom Stuhl. 1813 stiftete er in Gnadenfrei in Schlesien die Feldloge „Zum eisernen Kreuz“, deren Stuhlmeister er wurde. In Reden in der Marienwerder Loge nannte H. den Maurerbund „eine geheime Ehrenlegion, welche die Unverletzbarkeit des Staates und seiner Verfassung und die Ehrfurcht gegen das Oberhaupt desselben nicht bloß beschwört, nein, durch die Tat zu besiegeln bereit ist“. (Vergl. Pinkow, „Macht und Einfluß der Freimaurer“.)

Hiram. Der Name H. kommt in der Bausage

der Freimaurerei, der Bibel entnommen, in zweifacher Bedeutung vor. Da ist vorerst:

Hiram, König von Tyrus. Hiram, auch Huram oder Hirom geschrieben, schickte beim Tode Davids an Salomo eine Trauergesandtschaft (1. Kön. 5, 15—32). Er lieferte ferner Salomo Bauholz und erhielt dafür von Salomo Weizen und Öl zur Beköstigung seines Hofes (Chronika II, 2), sandte Salomo zu Huram und ließ ihn um einen weisen Mann bitten, „der zu arbeiten verstände in Gold, Silber, Erz, Scharlach, rosinrot und gelber Seide, und ausgraben mit den Weisen, die in Juda und Jerusalem sind". Und da sprach H., der König zu Tyrus, durch Schrift und sandte zu Salomo: „So sende ich nun einen weisen Mann, der Verstand hat, Huram Abif, der ein Sohn ist eines Weibes aus den Töchtern Dans, und sein Vater ist ein Tyrer gewesen. Der weiß zu arbeiten in Gold, Silber, Erz, Eisen, Steinen, Holz, Scharlach, gelber Seide, Leinwand rosinrot und zu graben allerlei, und allerlei künstlich zu machen, was man ihm vorgibt." (In der Übersetzung von M. Luther.)

In den jüdischen Sagen (Midrasch) wird von H.s Ende berichtet, daß er sich gegen Gott empörte und von diesem durch den Propheten Ezechiel gewarnt wurde. Als H. v. T. diese Warnung nicht befolgte, brachte Gott den König Nebukadnezar gegen ihn auf, der das Reich des H. zerstörte und ihn selbst einen qualvollen Martertod sterben ließ. Nach einer anderen Sage wurde H. v. T. dagegen von Gott mit einem Alter von 600 Jahren belohnt, weil er die Zedern zum Tempelbau geliefert hatte. In Midrasch, Bereschis Rabba, findet sich die Version, H. v. T. und Nebukadnezar seien von Gott bestraft worden, weil sie sich für Götter hielten. Dadurch sei der vorzeitige Tod in die Welt gekommen.

Außerdem ist in der Bibel noch die Rede von Adoram oder Hadoram, der unter König David Rentmeister, unter Salomo Aufseher über die Arbeiter im Libanon war. Hier ist er über die Frone gesetzt und wird Adoniram genannt. Noch unter Rehabeam wird er erwähnt, heißt aber dort wieder Adoram. Diese Namen sind in den verschiedenen Freimaurerlegenden des 18. Jahrhunderts durcheinander geworfen worden, so daß der Baumeister H. bald unter diesem Namen, bald wieder als Adoniram, Adoram erscheint. Die H.-Legende der Freimaurer meint also H., den Baumeister, auch H. Abiff genannt, den H., König von Tyrus, an Salomo sandte. Andersons Geschichte in den „Constitutions" von 1723 hat hierzu den Satz: „But above all, he sent his Namesake, Hiram or Huram, the most accomplish'd Mason upon Earth" (Doch vor allem sandte er seinen Namensvetter, H. oder Huram, den vollendetsten Maurer der Erde). Soviel in Kürze über die in Frage stehende Person der Legende.

Legende. Wie ist nun die an die Person H.s anknüpfende Legende entstanden? Daß es sich um eine der uralten Bausagen, um ein Bauopfer handelt, ist nicht strittig. Dagegen bestehen Meinungsverschiedenheiten, wie die H.-Legende in die Freimaurerei hineingelangt ist. Sonnenkalb ist der Meinung, daß die H.-Legende uralter Besitz der Steinmetzenbruderschaften sei. Nach ihm war der heutige III. Grad, in dem die H.-Legende ihre bestimmende Rolle spielt, der einzige bis gegen 1650. Um diese Zeit wurde die Zeremonie in zwei Teile geteilt, die auf den Beginn und das Ende der Lehrzeit verlegt wurden. Aus dem I. Grad spaltete sich um 1725 der II. ab, so daß ein Dreigradsystem entstand. Dieser Meinung steht die von Mackey, Gould u. a. gegenüber, die in der H.-Legende einen ursprünglich fremden, erst im 18. Jahrhundert in die Freimaurerei gelangten Bestandteil erblicken. Man versuchte auch der H.-Legende eine politische Deutung zu geben, indem man in H. den hingerichteten Karl I. von England (aus dem Hause Stuart) personifizierte, die „Kinder der Witwe" sollten bedeuten die Anhänger der Witwe Karls I., Henriette von Frankreich, das verlorene Wort den Sohn. Friedrich Nicolai glaubte diese Deutung, und Nicolas Bonneville bestätigte es: „Die Symbole des Meistergrades sind entlehnt der Verschwörung der „Jakobiten", der Anhänger Karls I., um seinen Tod zu rächen und seinen Sohn auf den Thron zu heben." Weil nämlich im Neuen Testament Logos nicht nur das Wort, sondern auch den Sohn (Jesus Christus) bezeichnet, ist der verlorene Logos der Sohn Karls! Mit diesen erkünstelten Deutungen ist nun historisch nichts anzufangen.

Woher die Keime der H.-Legende stammen, ist daher bis heute nicht genügend geklärt. Sie erscheint gegen 1724, Anderson macht erst 1738 eine Andeutung über H.s Tod und Bestattung. Der Charakter als Baulegende steht fest. Daß sie in den alten Manuskripten nicht aufgezeichnet ist, spricht nicht gegen ihr Alter. Sie ist entweder als mündliche Überlieferung schon den alten Logen vor 1717 bekannt gewesen oder bei der Bearbeitung der alten „Gotischen Schriften" wiedergefunden und mit in die Ritualbestände der Großloge aufgenommen worden. Die Verwechslung H. mit Adoniram hat Guillemain de St. Victor in die Literatur eingeführt.

In verschiedenen Hochgradsystemen, so besonders dem des A. u. A. Schottischen Ritus, erscheint dann H., König von Tyrus, als handelnde Ritualperson, während sich die Ritualhandlungen um die Bestattung des ermordeten H., seine Nachfolge, die Bestrafung seiner Mörder bewegen. Der Baumeister H. ist in seiner ritualistischen Bedeutung ausschließlich auf den III. Grad verwiesen, in dem er zum ersten Male handelnd auftritt und seinen symbolischen Opfertod erleidet.

Hiramitische Freimaurerei nannte Feßler die erste Bearbeitungsform seines im Auftrage der Loge Royal York angelegten Rituals der Johannisgrade, die von ihr 1797 auf drei Jahre angenommen wurde. Aus diesem Ritual entstanden dann die weiteren Feßlerschen Formen.

Hiramitische Meister, s. Meister, Hiramitische.

Hirte, Der gute (engl. the good shepherd, frz. le bon pasteur). Das Zeichen des g. H. nach Lukas XV. findet im Rosenkreuzergrade Verwendung.

Hirtenbrief an die wahren und ächten Freimaurer alten Systems (1785), nach Marx („Freimaurermuseum", Bd. V.) die letzte größere, vom Orden der Gold- und Rosenkreuzer ausgegangene Schrift, die ursprünglich dem gegnerischen Lager (u. a. Haugwitz) zugeschrieben wurde. Der „H." wendet sich an Alchimie treibende Brr. und will ihnen die wirkliche, d. h. spirituell gedeutete Alchimie (also nicht auf materielle Bereicherung ausgehende) vor Augen führen. Bis auf geringfügige Unterschiede entwickelt er Boehmes Lehre von der Kosmogonie.

Historian, Grand, amerikanischer Großbeamter, der nicht von der Großloge gewählt, sondern vom Großmeister für eine bestimmte Amtsperiode ernannt wird (by appointment of the Grand Master). Seine Aufgabe ist es, die Geschichte der Großloge festzuhalten und ebenso die Brr. der Großloge durch verläßliche geschichtliche Untersuchungen über die Entwicklung der Freimaurerei zu unterrichten. Besondere Verdienste in diesem Amte hat sich der G. H. der Großloge von New York, Ossian Lang (s. d.), erworben.

Historische Aufnahme, Beförderung usw. Unter gewissen Verhältnissen (so bei Kürze der Zeit, Regularisierungen u. a. m.) werden die drei Grade nicht in voller Durchführung des Rituals gegeben, sondern in erzählender Form. So wird beispielsweise bei ortsfremden Mitgliedern der II. Grad historisch erteilt und der III. voll durchgeführt u. a. m. In den Hochgraden des A. u. A. Schottischen Ritus werden in Europa viele Grade nur erzählt, während lediglich die Pfeilergrade des Systems wirklich durchgeführt werden.

Hobart, Hauptstadt von Tasmanien, Sitz der Großloge dieses Staates, mit 46 Logen, darunter 10 in H. selbst. Adresse: 117, Macquarie Street.

Hochdorf, Max, Journalist und Schriftsteller in Berlin, * 1880, veröffentlichte Romane, Dramen, philosophische und historische Werke. Sein Kant-Buch, seine „Ebenbilder Gottes" und andere seiner Bücher suchen nach dem maurerischen Grundgeist. Den Sozialisten H. lehrte Aufenthalt in den verschiedensten europäischen Zentren, daß über aller Parteipolitik höchste Moral zu stehen hat. So wurde er Freimaurer. Er ist Redner der Loge „Friedrich Ludwig Schröder" in Berlin.

Hochgrade*) (frz. Hauts Degrés, engl. High Degrees oder auch Additional Degrees), eine der meistumstrittenen Einrichtungen der Freimaurerei. Daß der Lehrinhalt der Freimaurerei in den drei symbolischen Graden vollkommen enthalten ist, wird überall zugestanden. Die Hochgrade werden damit begründet, daß eine Weiterleitung besonders Beflissener und eine philosophische Vertiefung in einzelnen Speziallehren der Freimaurerei notwendig sei. Quartier-la-Tente hat das viel erörterte Wort geprägt: „die Symbolischen Grade seien die Elementarschule, die H. die Hochschule der Freimaurerei". Das hat, mit Recht, scharfe Zurückweisung in Freimaurerkreisen erfahren. Die H. wollen eine Art Auslese aus den Vielzuvielen des Logenlebens schaffen. Diese sicherlich gute und der Freimaurerei förderliche Absicht wird durch die bestehenden Hochgradsysteme jedoch oft nicht erreicht. Die H. sind vielfach ebenso Masseninstitutionen wie die Logen, die sie durch Auslese überbauen wollen. Dieser Zweck der Auslese wird durch Engbünde zu wissenschaftlichem Zweck, gelehrte Gesellschaften, Sonderlogen, wie die der „Quatuor Coronati", die „Academia masonica" u. ä. m., ebensogut, wenn nicht besser erzielt. Die H. des A. u. A. Schottischen Ritus widmen sich der Spezialisierung gewisser maurerischer Kardinaltugenden. Sie sind aber nicht imstande, dem Lehrinhalt der Freimaurerei etwas Neues hinzuzufügen, sie komplizieren im Gegenteile die einfachen Linien durch zahllose neue Ritualformen, Erkennungszeichen und symbolische Details, so daß zufolge der mitunter überschäumenden Phantasie der Ritualdichter (Pike) mehr verschleiert als erhellt wird. Geht man die ganze Reihe der zahllosen Hochgradsysteme durch, so findet man nur ein einziges, das eine ungebrochene und logisch durchgeführte Leitlinie hat: das ist das Ritual der Schwedischen Lehrart, die sich aber selbst als christlichen Ritterorden bezeichnet und dadurch den Gegensatz zur Freimaurerei betont.

Soweit heute Hochgrade bestehen, sind sie großteils Reste der ritterlichen Verirrungen der Freimaurerei im 18. Jahrhundert. Man hat sie auch als erziehliches Element der Freimaurerei bezeichnet, insofern als die Erwartung der höheren Grade die Anteilnahme auch in den niederen Graden lebendig erhalten soll. Dieses Mittel ist wohl skeptisch zu beurteilen. In der heutigen Zeit sind die Hochgrade ein Anachronismus. Der Sinn der heutigen Freimaurerei geht auf Vereinheitlichung. Die Auffaserung des Lehrgebäudes durch eine, heute allerdings nicht mehr so stark in Erscheinung tretende, in einzelnen Systemen bis zu Wolkenkratzerhöhe (90 Grade!) reichende symbolische Aufstockung hemmt diese zeitgemäßen und sehr notwendigen Bestrebungen. Es kann auch nicht bestritten werden, daß durch die H. das im Freimaurertum ohnehin nie auszurottende „Menschlich-Allzumenschliche" nur vervielfacht wird, indem dem Spiele persönlicher Eitelkeiten, dem Geltungsbedürfnis und dem Hängen an Äußerlichkeiten Tür und Tor geöffnet wird.

Durch die Hochgrade ist auch eine bedauerliche Umwertung der Freimaurerei in der sie umgebenden Welt eingetreten. Sieht man von mystischen, kabbalistischen und gnostischen Zutaten ab, so bleibt als Kern fast aller Hochgrade die Templerlegende übrig, die an die Person des letzten Templer-Großmeisters De Molay und seinen durch religiöse und autokratische Unduldsamkeit herbeigeführten Tod auf dem Scheiterhaufen anknüpft. Die Legende wird eingeführt, um eine Moral, eine Lehre

*) In der Beurteilung der Hochgradfrage stimmen die Herausgeber dieses Buches nicht überein. Die gegenteilige Anschauung wird im Kapitel „Schottischer Ritus" vertreten. P.

zu begründen, die im wesentlichen nichts anderes beinhaltet als den Kampf gegen Unduldsamkeit, die Aufforderung, als geistiger Kämpfer für Duldsamkeit aufzutreten und das eigene Leben nach diesen Grundsätzen zu gestalten. Das ist ebenfalls, allerdings ohne soviel ritualistischen Aufwand, in den drei Johannisgraden vollkommen eingeschlossen. Die ritualistische Durchführung in den Hochgraden bringt aber durch das Einfließen ritterlicher Vorstellungen symbolische Gesten und eine dekorative Ausgestaltung der Ritualhandlungen mit sich, die an sich vollkommen harmlos ist, die aber zu Mißdeutungen Anlaß geben kann. Das wird auch in breiten Freimaurerkreisen empfunden und man macht daher den H. den Vorwurf, daß durch sie die Stellung der Freimaurerei in der Welt erschwert wird, nicht weil die H. das sind, wofür sie in der profanen Welt gehalten werden, wohl aber weil sie den Anschein erwecken, als ob sie eine geheimnisvolle, der übrigen Freimaurerei übergeordnete und sie leitende Organisation seien. Ein so genauer Kenner der Freimaurerei wie Gould verwirft aber außerdem die H., weil sie dem demokratischen Grundzug der Freimaurerei widersprechen, indem sie in ihrem hierarchischen Aufbau das Grundprinzip voller Gleichberechtigung durchbrechen und Klassen unter den Angehörigen eines auf voller Gleichheit aller Teilnehmer begründeten Bundes schaffen. Erfolge des einen oder anderen Hochgradsystems können also nicht darüber hinwegtäuschen, daß ihre, dem eigentlichen Wesen der Freimaurerei fremde Erscheinung auf unhistorischer Basis die gradlinige Bauhüttenidee durchsetzt und auch empfindlich gestört hat.

Hochgradsysteme. Über die große Zahl von H., die im 18. Jahrhundert entstanden sind, bezw. im Laufe des 19. Jahrhunderts Umgestaltungen oder Zusammenfassungen zu neuen Riten erfuhren, unterrichten u. a. folgende Stichworte: Akademie als Hochgradbezeichnung; Allied Masonic Degrees; American Rite (York Rite); Chevalier; Clermontsches Kapitel; Ecossais; Elus; Englische Hochgrade; Erkenntnisstufen der „Drei Weltkugeln"; Hermetische Maurerei; Illuminés d'Avignon; Kaiser vom Osten und Westen; Klerikales System; Knight; Knights Templar; Kryptische Maurerei; Lehrarten; Markmaurerei; Martin (Louis Claude, Marquis de Saint M.); Martinisten; Martinisten, moderne; Memphis-Ritus; Misraim-Ritus; Memphis- und Misraim-Ritus; Okkultistische Maurerei; Pasqually; Prinzen des Königlichen Geheimnisses; Rektifizierter Ritus; Ritter; Rittergrade; Rosenkreuzer; Royal Arch; Schottengrade; Schottische Maurerei; Schottischer Ritus; Strikte Observanz; Tempelherrenorden, freimaurerische.

Hochkapitel des hohen Ordens der Tempelherren in Jena, Gründung des Hochstaplers Johnson (s. d.) im Jahre 1763 (s. auch v. Hund).

Hochmittag, Hochmitternacht (engl. High twelve und low twelve), freimaurerische Zeitbezeichnungen, die den Beginn und das Ende der Arbeitsstunden angeben. Die Erklärung des Begriffes „Hochmittag" wird im englischen Ritual folgendermaßen gegeben: „Da die Erde sich ständig um ihre Achse und um die Sonne dreht, und die Freimaurerei allgemein über ihre Oberfläche verbreitet ist, so folgt daraus, daß die Sonne immer in ihrem Meridian in Beziehung zur Freimaurerei sein muß."

Hochschild, Carl Fredrik, Lotharius, Freiherr von, schwedischer Staatsmann und Schriftsteller, * 1831, † 1898, liberaler Politiker, 1880—1885 Außenminister, war Ritter des Ordens Karl XIII. (s. d.).

Hoditz, Albrecht Josef, Graf, * 1706, † 1778, eine der vielen über den Bildungsdurchschnitt ihrer Klasse weit hinausragenden, aber ebenso exzentrischen Persönlichkeiten des 18. Jahrhunderts. Friedrich der Große, dem ihn seine vorübergehende Ehe mit der Markgräfin Sophie von Brandenburg-Bayreuth verband, versuchte vergeblich, aus ihm einen tüchtigen Husarenoberst zu machen; am Wiener Hofe erregte er Aufsehen, indem er sich als „Heide" ausgab. Er wurde in Breslau 1742 in der Loge „Zu den drei Totengerippen" aufgenommen und errichtete dann in Wien die Loge „Zu den drei Kanonen", als deren „Großmeister" er geführt wurde, bis ihn die Bruderschaft absetzte. Die Loge wurde durch die militärische Aushebung auf Befehl Maria Theresias berühmt. Auf seinem mit bizarrster Laune eingerichteten Herrensitz Roßwalde (Schlesien), waren Friedrich und Voltaire seine Gäste. Der König dichtete damals die Verse: „O singulier Hodiz...", die ein Bild des Arkadiens in Schlesien mit seinem Sonnentempel, seinen Theatern, seiner Liliputanerstadt usw. gaben. Als H. schließlich finanziell zusammenbrach, bot ihm Friedrich in Potsdam ein Asyl.

Hoensbroech, Paul, Graf von, * 1852, † 1923, gehörte 14 Jahre dem Jesuitenorden an und entfaltete nach seinem Austritte eine rege Tätigkeit gegen den Orden. Noch nach seinem Tode erschien eine Enzyklopädie „Der Jesuitenorden" (in zwei Bänden, 1926), in welcher er den Kampf gegen den Orden zum Abschlusse zu bringen trachtete. In diesem Werke widmet H. auch der Stellung des Jesuitenordens zur Freimaurerei und dem Taxilschwindel weit ausholende Darstellungen, die besonders durch die zahlreichen Zitate aus jesuitischen Schriften interessant sind.

Hoffmann, Leopold Alois, Universitätsprofessor in Wien, * 1759, † 1801, war von 1783—1788 Freimaurer, zuletzt in der Loge „Zur neugekrönten Hoffnung" in Wien. Nach Ausbruch der französischen Revolution trat er aus der Loge aus und begann einen leidenschaftlichen Kampf gegen das Freimaurertum, dessen „Komplott" er die Schuld an den revolutionären Umwälzungen in Frankreich zuschrieb. Er trat als Denunziant hauptsächlich in seiner „Wiener Zeitschrift“ (1792—1793) auf und veröffentlichte mehrere, meist anonyme Bücher gegen Freimaurer und Illuminaten, vom Bestreben geleitet, erst Leopold II., dann Franz II. zu energischem Vorgehen gegen die Logen, zur Gründung eines Geheimbundes gegen die Freimaurerei zu bestimmen. In einer im Wiener Haus-, Hof- und Staatsarchiv aufbewahrten Denunziationsschrift seines Freundes Zimmermann (s. d.) aus Hannover ist dieser Plan genau dargelegt. Besonderes Aufsehen machten die Schriften: „Briefe eines Biedermannes an einen Biedermann über die Freymaurer in Wien“ und „Die zwei Schwestern P*** (Paris) und W*** (Wien) oder neuentdecktes Freimaurer- und Revolutionssystem ...“. Man lebe in einem „bösen Zeitpunkt“, predigte der „Heerführer der Obskuranten“, „in welchem man so vieles von teils wirklich verübten, teils versuchten Königsmorden höre“. Die Freimaurer verbänden sich in der ganzen Welt untereinander und seien daher für den Staat „furchtbarlich“, ihr Tempelbau laufe aber auf nichts anderes hinaus, als auf den Untergang der Religionen und aller Großen. Aus den Grundsätzen der Loge „Zur wahren Eintracht“ habe man ersehen können, daß Wien „die echte Schwester“ des revolutionären Paris sei, weshalb auch in Österreich der Umsturz der Staatsverfassung und die Königsmorde zur Tat werden könnten. Der plötzliche Tod Kaiser Leopolds II. beweise, daß man diesen „meuchlerisch“ aus dem Wege geräumt habe. In „Aktenmäßige Darstellung der Deutschen Union und ihre Verbindungen ...“ behauptete H. eine innige Verbindung zwischen den „Oberen“ Bode und Mirabeau, die mit Hilfe der Freimaurerei „die Hauptmine zur Explosion der französischen Staatsrevolution ganz unvermerkt bearbeitet“ hätten. Diese Tätigkeit rief eine Flut von Gegenschriften gegen den „Hoffmannismus“ auf den Plan (Alxinger: „Anti-Hoffmann“, Knigge: „Des seligen Herrn Etatsrats Samuel Konrad von Schafskopf hinterlassene Papiere“, Dalberg: „Von dem Einfluß der Wissenschaften und schönen Künste in Beziehung auf öffentliche Ruhe“, u. a.), sie war jedoch den obersten Hofstellen sehr genehm (Leopold II. sagte: „Der Kerl ist ein Esel, ich weiß es, aber er leistet mir als Spion sehr gute Dienste“), so daß man H. als den eigentlichen Spiritus rector des schließlichen Verbotes der Freimaurerei in Österreich bezeichnen kann.

Hoffnung (als Wortsymbol) bildet mit Glaube und Liebe die drei Flammen (Säulen) des Rosenkreuzergrades mehrerer Hochgradsysteme. Sie ist die Sehnsucht der Menschenseele nach dem Unendlichen, die Fackel, die allein leuchtet und den Weg weist, wenn ringsum sich alles in Finsternis hüllt.

Hogarth, William, berühmter englischer Maler und Kupferstecher, * 1697, † 1764, der als Sittenschilderer seiner Zeit fortlebt. Er war ein Mündel des Freimaurers Sir James Thornhill und dessen Schüler, heiratete gegen dessen Willen seine Tochter, was zu längerem Zerwürfnis führte. 1725 erscheint er in der Liste der Loge „Hand and Appletree“, 1730 in der Loge „Bear and Harrow in Butchers Row“. Besonders interessant von seinen Bildern ist „Die Nacht“, das die Freimaurer seiner Zeit in einer nächtlichen Straßenszene karikiert. Ein anderes Bild „The Mystery of Masonry brought to light by the Gormogons“ ist eine Satire auf bekannte freimaurerische Persönlichkeiten seiner Zeit. Von H. soll auch das Abzeichen der Großlogenstewards herrühren. Er selbst wurde am 30. März 1734 zum Grand-Steward ernannt.

Sehr bekannt ist sein Selbstporträt (mit Hund), er hat außerdem zahlreiche Freimaurerporträts gemalt. So Martin Folkes, John Pine u. a. m. Seine Büste ist in der Londoner Nationalgalerie.

Hogg, James, schottischer Dichter, nach seinem Geburtsort „Ettrick-Schäfer“ genannt, * 1770, † 1835, begann seine Laufbahn als Schafhirt, wurde von Walter Scott und Lord Byron gefördert, berühmt durch sein Gedicht „The Queens Wake“, war Mitglied der Edinburger Loge „Canongate Kilwinning Nr. 2“.

Hohenlohe-Bartenstein, Josef Christian, Fürst v., * 1740, † 1817, letzter Fürstbischof von Breslau (seit 1795), der gleichzeitig weltlicher Fürst war. Fürst H. war nachweislich 1776 Mitglied der in Bonn von der Strikten Observanz gegründeten Freimaurerloge und, nach einem Vortrag des Kölner Stuhlmeisters Oestges aus dem Jahre 1807, auch Mitveranlasser des Anschlusses der Kölner Loge „Le Secret des trois Rois“ an den Grand Orient de France im Jahre 1775.

Hohenzollern, deutsches Fürstengeschlecht, aus dem die Könige von Preußen und die drei letzten deutschen Kaiser stammten.

1. Friedrich der Große; während eines Tischgespräches äußerte sich sein Vater, König Friedrich Wilhelm I., auf einer Rheinreise abfällig über die Freimaurerei und alle geheimen Gesellschaften (1738). Der anwesende Graf Albrecht Wolfgang zu Schaumburg-Lippe widersprach und bekannte sich offen zur Freimaurerei. Dieses Tischgespräch machte auf den jugendlichen Kronprinzen Friedrich derartigen Eindruck, daß er dem Grafen gegenüber den Wunsch äußerte, Freimaurer zu werden. Graf zu Schaumburg-Lippe gab diesen Wunsch an den ihm bekannten Freimaurer Friedrich Christian v. Albedyll weiter, der seiner Loge in Hamburg Bericht erstattete. Die Loge beschloß, eine Deputation nach Braunschweig zu entsenden, der Baron Oberg als Meister vom Stuhl die Brr. Löwen und Bielfeld und der Kammerdiener Obergs, Rabon, angehörten. In der Nacht vom 14. zum 15. August 1738 fand im Kornschen Gasthofe in der Breiten Straße die Aufnahme statt. Zugleich mit Friedrich wurde der Hauptmann Graf Leopold Alexander von Wartensleben aufgenommen. Die Arbeit dauerte bis 4 Uhr morgens. Mit dem Kronprinzen waren auch Graf Schaumburg-Lippe, Graf Kielmannsegge und Albedyll nach Braunschweig gekommen. Friedrich lud dann Oberg und Bielfeld (s. beide) nach Rheinsberg ein. Ersterer wurde erster Meister der Kronprinzenloge, die Friedrich später selbst leitete.

Noch heute finden sich im Schloß Rheinsberg maurerische Symbole aus jener Zeit. Nach der Thronbesteigung (1740) konnte das „Journal de Berlin" melden: „Une société infortunée, à laquelle il semble, qu'on prépare le même sort, qu'aux anciens Templiers, peut aussi se promettre un azyle dans la généreuse protection de S. M. Je parle des Francs-Masons. Ils peuvent mettre leur Loge à l'abri du Trône et jouir d'un repos qu'aucune persécution en troublera."

Friedrich der Große brachte die Freimaurerei nach Berlin, hielt im Schloß Charlottenburg selbst Loge. Er nahm in der ersten Arbeit seinen Bruder Wilhelm auf, später auch seinen Schwager, den Markgrafen Friedrich von Brandenburg-Bayreuth. Auf die weitere Entwicklung der Freimaurerei in Preußen nahm Friedrich wiederholt Einfluß. Als er hörte, daß die Kaiserin Maria Theresia gegen die Logen eingenommen sei, sagte er: „Die Kaiserin hat ganz recht, denn da sie nicht wissen kann, was in den Logen vorgeht, so ist sie auch nicht schuldig, solche zu leiden. Ich aber, der ich es weiß, kann nicht nur solche dulden, sondern ich muß solche auch billig schützen und handhaben." Er bewilligte die Gründung der Loge „Aux trois globes" in Berlin, aus der mit seiner Genehmigung späterhin die Große National-Mutterloge der preußischen Staaten entstand. Mit den Verwirrungen der Freimaurerei in den späteren Jahrzehnten wollte er allerdings nichts mehr zu tun haben. Zustimmende Äußerungen zu der Freimaurerei, wie er sie verstanden haben wollte, sind aber auch noch aus seinen späten Lebensjahren bekannt, so 1777, wo er vor seinem Neffen Friedrich August dem guten Geiste, der alle ihre Mitglieder beseelt, Beifall zollt. Im gleichen Jahre schreibt er an die Loge „La Royale York de l'Amitié": „Eine Gesellschaft, die nur daran arbeitet, in meinen Staaten alle Tugenden auf fruchtbringende Weise hervorzurufen, kann immer auf meine Protektion rechnen. Dies ist eine rühmliche Aufgabe für einen jeden guten Herrscher, und ich werde nie aufhören, sie zu erfüllen." Auch 1779 versichert er in einer Kabinettsordre vom 7. Februar die gleiche Loge seiner freundschaftlichen Teilnahme. Die von Gegnern verbreitete Geschichtsfälschung, Friedrich II. habe sich von der Freimaurerei zurückgezogen und sie in späteren Jahren überhaupt abgelehnt, wird durch diese Belegstellen leicht zu berichtigen sein. Ebenso gehört die Geschichte vom ungetreuen General Walrave (s. d.) in das Bereich der Fabel. Im A. u. A. Schottischen Ritus wird Friedrich der Große als Patron bezeichnet, der die sogenannten Großen Konstitutionen erlassen habe. Auch das ist haltlos. Daß Friedrich, ebenso wie sein großer Zeitgenosse Joseph II., in einem Zeitalter der Aufklärung für die verschiedenen Verirrungen der Freimaurerei auf alchimistischem und magischem Gebiet und für das Templerunwesen der Strikten Observanz kein Verständnis aufbringen konnte, liegt in der Klarheit seines geistigen Lebens. Daher erklären sich auch die sogenannten „mürrischen" Urteile über die Freimaurer seiner Zeit. An der Freimaurerei selbst ist er niemals irre geworden.

Freimaurer waren auch seine Brüder:

2. Wilhelm, Prinz von Preußen, * 1722, † 1758,

3. Heinrich, Prinz von Preußen, * 1726, † 1802, Feldherr (wie Dr. Pauls, Aachen, 1927, aus einem Brief des Prinzen an die „Mère Loge Ecossaise de France" in Paris [1784] nachwies),

4. Ferdinand, Prinz von Preußen, * 1730, † 1813,

5. Friedrich Wilhelm II., Neffe und seit 1786 Nachfolger Friedrichs des Großen, * 1744, † 1797, wurde als Prinz Freimaurer. Daß die Aufnahme in einer regulären Loge erfolgte, begegnet Zweifeln. Seine mystische Veranlagung brachte ihn unter den Einfluß der Rosenkreuzer (s. d.). Wöllner und Bischoffwerder (s. d.) hatten über ihn eine verhängnisvolle Macht, die aber durchaus in der Richtung seiner Neigungen ging. Als „Ormesus magnus" wurde er 1781 im Charlottenburger Schloß in die Mysterien der Rosenkreuzerei eingeweiht. Diese Verbundenheit erklärt auch seine scharfe Stellungnahme gegen die Illuminaten in einem Brief an den Kurfürsten von Sachsen. Als König nahm er keinen Einfluß auf die Freimaurerei, bestätigte aber das Protektorium der Großen National-Mutterloge.

6. Friedrich Wilhelm III., 1797 bis 1840, gehörte dem Bund nicht an. Freiherr Albin von Reitzenstein hat festgestellt, daß die noch im „Allgemeinen Handbuch" (III. Auflage) enthaltene Version, er sei in einer Feldloge in Paris aufgenommen worden, irrig ist. Den preußischen Großlogen gehörte aber sein Wohlwollen. Im Edikt von 1798 sicherte er diesen ein Monopolrecht in den preußischen Staaten (s. Preußen, Settegast). Auf dem Kongreß von Verona, 1822, ließ er die Angriffe gegen die Freimaurerei (Haugwitz) unbeachtet. Auf dem zweiten Kongreß ließ er erklären, er werde „den Freimaurerbund immer schützen, weil er wisse, daß diejenigen seiner Diener, die Maurer seien, zu den vorzüglichsten Staatsdienern gehörten".

7. Wilhelm I., * 1797, † 1888, König von Preußen und erster Deutscher Kaiser, wurde mit Genehmigung seines Vaters am 22. Mai 1840 durch den Landes-Großmeister der Großen Landesloge, Grafen Henckel von Donnersmarck, in Gegenwart der beiden anderen Großmeister für alle drei preußischen Lehrarten in die ersten drei Grade aufgenommen und übernahm zugleich das Protektorat über sie. Friedrich Wilhelm III. hatte ausdrücklich gewünscht, daß der Prinz „nicht einer besonderen Loge in den preußischen Staaten, sondern allen, ohne Rücksicht auf deren Lehrarten, angehöre, und das Protektorat über sie übernehme". Er betätigte sich bis zur Thronbesteigung sehr eifrig als Freimaurer, nahm an zahlreichen Arbeiten in Berlin und auswärts teil, führte bis zum Jahre 1861 den Vorsitz im Preußischen Großmeisterverein und ließ sich auch in die höheren Grade einweihen. 1851 schrieb der damalige Prinz von Preußen an den Ministerpräsidenten Manteuffel:

„Die Freimaurerlogen sind die wirksamsten Pflanzstätten wahrer Gottesfurcht, christlicher Frömmigkeit, sittlicher Tugenden, echter Vaterlandsliebe, zuverlässigster Untertanentreue, aufrichtigster Ehrfurcht und Ergebenheit gegen den Landesherrn... Verbirgt sich auch das Wirken der Logen und der Freimaurer, so ist es darum nicht minder wohltätig zum Besten des Vaterlandes... Es ist in ihm ein Organismus geschaffen, der für den Staat wie für das Leben von höchst segenbringenden Folgen ist... Übrigens sind die Verleumdungen gegen den Freimaurerorden nicht neu, sie sind so alt als er selbst und wiederholen sich nur von Zeit zu Zeit. Er teilt dies Schicksal mit allen Institutionen, die sich, wenngleich gesetzmäßig, in Geheimnis hüllen, sowie mit allem Guten, denn das Schlechte wird nie verleumdet."

1853, als die Angriffe (s. Eckert und Hengstenberg) besonders laut waren, machte Wilhelm auf einer Reise nach Solingen sein eigenes Programm und fuhr zuerst in die Loge „Prinz von Preußen zu den drei Schwertern", um dadurch, wie er erklärte, sein Freimaurertum vor aller Welt zu dokumentieren. Bei den verschiedenartigsten freimaurerischen Feiern, denen er beiwohnte, brachte er seine Anhänglichkeit an den Bund und seine Begeisterung für dessen Ideen zum Ausdruck (bez. Details vgl. „Ludendorff auf dem Kriegspfad gegen die deutsche Freimaurerei", Aufklärungsschrift der Großen National-Mutterloge, Berlin, 1928). Energisch setzte er sich 1855 in Briefen an den freimaurerfeindlichen Magdeburger Generalsuperintendenten Möller für die Freimaurerei ein, wobei er dem leidenschaftlichen Parteigänger des orthodoxen Hengstenberg das Recht absprach, ohne wirkliche Kenntnis vom freimaurerischen Wesen ein Urteil zu fällen. Bismarck (s. d.) machte ihm seine fast religiöse Treue gegen die Brr. sogar zum Vorwurf (Gedanken und Erinnerungen I, 204). Am 27. Jänner 1847 erließ er ein Rundschreiben an die ihm unterstehenden Logen, in welchem er den Logen dringend empfahl, den sich allerorten bildenden Vereinen für das Wohl der arbeitenden Klassen beizutreten, ohne daraus eine Bundesangelegenheit zu machen, um durch ihr Beispiel den Sinn der Ordnung, der Pflicht und Nächstenliebe zu wecken und zu verbreiten. Dieser Versuch, die Freimaurerei auf eine soziale Außenarbeit zu verweisen, hatte allerdings nicht den gewünschten und wünschenswerten Erfolg. Dieser Aufruf hätte der deutschen Freimaurerei eine ins ganz Große gehende Bedeutung eröffnen können. Die Gelegenheit ist leider versäumt worden.

8. Friedrich III., Deutscher Kaiser, Sohn des Vorigen, * 1831, † 1888, regierte 1888, wurde im Jahre 1853 von seinem Vater der Freimaurerei zugeführt, zur Zeit, da die wütende antifreimaurerische Kampagne Eckerts und Hengstenbergs (s. d.) allgemeines Aufsehen erregte. Aufgenommen für die Große Landesloge, wurde er gleichzeitig Ehrenmitglied der beiden anderen preußischen Großlogen. Für die Aufnahme war ein Saal des väterlichen Palais als Johannistempel eingerichtet worden. Prinz Wilhelm erteilte dem Sohn mit dem Hammer Friedrichs des Großen die Weihe. 1860 übernahm er das Amt des Ordensgroßmeisters der Großen Landesloge und wurde 1861 Protektor der Altpreußischen Großlogen und Vorsitzender des Großmeistervereins. Kronprinz Friedrich Wilhelm dachte vor allem an die Einheit der deutschen Freimaurerei, und zwar auf humanitärer Basis. Vor allem war ihm auch darum zu tun, die Geschichte seiner Großloge von allen Legenden und Traditionen zu befreien, die unhaltbar geworden waren und auch dazu dienen konnten, Vorurteile gegenüber anderen Systemen wachzuhalten. Am 24. Juni 1870 trat er anläßlich der Hundertjahrfeier der Großen Landesloge mit einer überaus bemerkenswerten Rede hervor, in der er seine Forderungen: die Einheit allen Freimaurertums, die Notwendigkeit gründlicher geschichtlicher Forschungen und die Anerkennung der grundlegenden Bedeutung der Johannisfreimaurerei aufs nachdrücklichste unterstrich:

„... Nach meiner Überzeugung gibt es nur eine Freimaurerei, die nur in verschiedener Form auftritt... Halten wir das Bewußtsein von der Einheit der Freimaurerei und von der Zusammengehörigkeit der verschiedenen Lehrarten in der Folgezeit recht fest. Gebe ein jeder die Eitelkeit auf, die da glaubt, allein die ganze und die echte Wahrheit zu besitzen und allein für die Wahrheit die echte richtige Form anzuwenden. Möge darin das neue Jahrhundert wirklich eine neue Zeit werden, daß hinfort jeder in brüderlicher Achtung und Anerkennung auch dem Andersdenkenden begegne... Die Große Landesloge ist bis in die neueste Zeit der Gegenstand zum Teil sehr gehässiger Angriffe gewesen. Diese Angriffe können uns um so weniger beirren, je deutlicher sie beweisen, daß die Gegner von der Geschichte und von der Lehre der Großen Landesloge nur einzelne Bruchstücke kennen, und selbst die nicht einmal genau...

Wir können ein kompetentes Urteil über die Große Landesloge nur dem einräumen, der ihre Lehre, ihre Einrichtungen, ihre Geschichte gründlich kennt... Jetzt erwächst uns die Forderung, daß wir von der Geschichte, die mit den symbolischen Handlungen und Mysterien der verschiedenen Stufen unseres Ordens in engem Zusammenhange steht, die Geschichte der Entstehung und Entwicklung der Großen Landesloge trennen und die letztere offen darlegen, daß sie von allen im Bunde untersucht werden kann ... Während frühere Zeiten sich bei der Autorität der Überlieferung beruhigten, sind in unseren Tagen die Forschungen der historischen Kritik zu einer Macht geworden, der auch die heiligsten Überlieferungen sich nicht mehr entziehen können... Es ist deshalb seit langer Zeit mein Bestreben darauf gerichtet, die historischen Dokumente redlich und gründlich untersuchen und ordnen zu lassen... Geschichtliche Wahrheiten können nur durch geschichtliche Forschungen sichergestellt werden... Wir müssen den Gedanken immer mehr zur Geltung kommen lassen, daß in unserer Zeit die Johannisloge das

Hauptaugenmerk in der Freimaurerei sein, das Hauptgewicht erlangen muß."

Die in der Großen Landesloge überwiegenden konservativen Elemente waren aber für die humanitäre Erneuerung, wie sie der Kronprinz im Auge hatte, nicht eingenommen. Es kam bald zu einem Konflikt des Ordensoberen mit dem Archidiakonus Gustav Adolf Schiffmann (s. d.), der im Auftrage Friedrich Wilhelms dessen Zweifeln über den angeblich alten Ursprung der Schwedischen Lehrart gründlich nachging und daraufhin gewisse Überlieferungen für irrtümlich erklärte. Infolge dieses Streites trat der Kronprinz als Ordensmeister zurück, blieb aber stellvertretender Protektor der altpreußischen Großlogen. Sein Interesse an der Freimaurerei, als deren Grundpfeiler er mit allem Nachdruck Gewissensfreiheit und Duldung, Fortschritt, nicht Stillstand bezeichnete, blieb aber ungeschwächt.

Sein früher Tod ließ die Hoffnungen auf die Erfüllung des Einheitsgedankens im Sande zerrinnen. Ein Wort von ihm ist in den Hausschatz des deutschen Freimaurers eingegangen. Am 12. September 1886 sprach er gelegentlich eines Logenbesuches in Straßburg die Worte: „Zwei Grundsätze bezeichnen vor allem unser Streben: Gewissensfreiheit und Duldung. An ihnen lassen Sie uns festhalten mit unserer ganzen Kraft! Daß dieselben bei uns immer vollkommener werden, dazu lassen Sie uns allezeit mithelfen. Nicht nur loben wollen wir diese Tugenden, sondern sie auch fleißig üben. Wenn wir also wirken, dann wird es wohl mit uns, wohl um die Freimaurerei stehen. Dazu helfe uns der große Baumeister aller Welten."

9. Friedrich Leopold, Prinz von P., Sohn des Feldmarschalls Prinz Friedrich Karl, * 1863, war der letzte Protektor der preußischen Freimaurerei aus dem Hause H. Aufgenommen 1889 in der Loge „Friedrich Wilhelm zur Morgenröte", wurde er 1894 Protektor. Seit 1895 war er auch Ordensmeister der Großen Landesloge. In den Revolutionstagen des November 1918 erregte er durch seine Haltung bei seinen Brr. allgemeinen Unwillen. (Er ließ die rote Fahne auf seinem Palais aufziehen u. a. m.) Er legte dann seine Ämter und Würden nieder und schied auch bald aus der Freimaurerei aus. Er lebte zuletzt in der Schweiz und hatte mit dem Bund weiterhin keine Fühlung. † 1931.

10. Wilhelm II., der letzte Deutsche Kaiser bis 1918, war nicht Freimaurer. Warum er es nicht war, darüber kursieren zahlreiche Deutungen und Fabeln, die jedes Inhaltes entbehren. Da zwischen seinem Vater und ihm tiefgehende Gegensätze bestanden, sind die wahren Gründe wahrscheinlich psychologischer Art. Er nahm an der Freimaurerei keinerlei Anteil, zu Jubiläen der Logen spendete er wiederholt sein Bild. In seinem Memoirenwerke gedenkt er auch der Freimaurer. Er macht eine „Große Orientloge" für den Zusammenbruch Deutschlands verantwortlich und nähert sich in diesen Gedankengängen bedenklich Ludendorffs Phantastereien.

(Über die H. und die Freimaurerei schrieb Dr. Adolf Kohut ein bei Franz Wunder 1910 erschienenes Buch. Der Byzantinismus des Buches verdirbt leider den Geschmack an der sonst ganz brauchbaren historischen Sammlung von Details.)

Holbach, Paul Heinrich Dietrich, Baron v., * 1723, † 1789, aus Heidelsheim in der Pfalz, lebte in Paris, Enzyklopädist, Materialist, Menschenfreund, „Maître d'hôtel de la philosophie", Verfasser des Systems „de la nature ou des lois du monde physique et du monde moral" (1770), war Freimaurer.

Holbrook, Sir Arthur, englischer Journalist und konservativer Politiker, * 1850, Parlamentarier, Expräsident der „Newspaper Society", Gründer der „Southern Daily Mail", Präsident der Handelskammer in Portsmouth, wurde 1926 Past Grand Deacon der Großloge von England.

Holiness to the Lord! Heilig ist der Herr! Spruch auf der Mitra des Hohepriesters, Wappenspruch der Großloge von New York, im 18. Jahrhundert der Großloge der „Antients".

Holland, s. Niederlande.

Holme, Randle, englischer Schriftsteller, * 1627, † 1699, Verfasser der „Academy of Armory", die 1688 gedruckt wurde, bezeichnete sich in diesem Werke als Mitglied der von ihm wegen ihres hohen Alters gelobten „Society called Freemasons". Das Manuskript der „Old Charges" (Alte Pflichten), das als Harleian M.-S. Nr. 2054 bekannt ist, stammt von seiner Hand.

Holtschmidt, Friedrich, Bankdirektor in Braunschweig, * 1832, † 1911, war Gründer der „Braunschweiger Logenkorrespondenz", in der er tatkräftig für starken Zusammenschluß der deutschen Freimaurer eintrat, Propagator des nach kurzem Bestand eingegangenen „Einheitsbundes", der sich u. a. auf den Boden „des keine Konfession ausschließenden, aber allen Konfessionalismus, den Bund selbst überwindenden Humanitätsprinzips" stellte. In Elberfeld in eine Loge der „Drei Weltkugeln" aufgenommen, dann länger als 20 Jahre führendes Mitglied der Braunschweiger Bauhütte „Carl zur gekrönten Säule", Hamburger Systems, gründete er 1901 unter der Großen Landesloge die Loge „Zum neuen Tempel". H. veröffentlichte eine Reihe bemerkenswerter freimaurerischer Schriften.

Hölty, Ludwig Heinrich Christian, lyrischer Dichter im Göttinger Dichterbund, * 1748, † 1776 („Üb immer Treu und Redlichkeit", „Wer wollte sich mit Grillen plagen" u. v. a.), starb nach einem entbehrungsreichen Leben frühzeitig an Lungenschwindsucht. Im Protokoll der Loge „Zum goldenen Zirkel" in Göttingen ist er 1775 als Studiosus H. zur Aufnahme vorgeschlagen. Zur Aufnahme selbst kam es aber nicht mehr.

Homerule Bill, die 1914 vom englischen Parlament angenommen wurde, aber dann im Krieg nicht in Kraft trat, enthielt die Bestimmung, daß die Versammlungen und Eide der Freimaurer, obwohl geheim, nicht als ungesetzlich anzusehen seien. Die Bestimmung fand auf Antrag des Marquess von Tullibard i n e, des damaligen Großmeisters von Schottland Aufnahme, um angesichts der Vorherrschaft des Katholizismus in Irland nach Einführung von Homerule Gefährdung der Freimaurerei zu verhindern. In dem am Ende des 18. Jahrhunderts vom englischen Parlament beschlossenen Gesetz gegen geheime Gesellschaften wurden die Logen in England und Schottland durch Zusatzbestimmungen gegen die Anwendung des Gesetzes geschützt. In Irland war eine solche gesetzliche Freiheit für die Freimaurer niemals ausdrücklich ausgesprochen worden. In seiner Unterhausrede vom 12. Dezember 1912 machte Marquess von Tullibardine darauf aufmerksam, daß ohne ausdrückliche gesetzliche Regelung die irische Freimaurerei in die Gefahr kommen könne, daß einmal die alten irischen „White Boy Acts" gegen sie angewendet werden. Der Staatssekretär für Irland, der sich ausdrücklich als Freimaurer bekannte, betonte ebenfalls, daß es notwendig sei, „eine so ausgezeichnete mildtätige und brüderliche Gesellschaft" zu schützen.

Homme libre et de bonnes mœurs (frz.), freier Mann von gutem Ruf.

Homosexualität, s. B l ü h e r.

Hompesch.

1. F e r d i n a n d, F r e i h e r r v., * 1744 zu Düsseldorf, † 1805 zu Montpellier. Letzter Großmeister des katholischen Maltheserordens, der 1798 mit seinen Rittern durch N a p o l e o n B o n a p a r t e mit Gewalt von der Insel Malta vertrieben wurde. Seit 1765 Mitglied der Loge „La Parfaite Amitié" in Düsseldorf.

2. F r a n z K a r l, F r e i h e r r v., Kanzler von Jülich-Berg, † als bayrischer Finanzminister 1800. War 1765 Mitgründer und Meister vom Stuhl, seit 1767 Provinzial-Großmeister der Loge „La Parfaite Amitié" in Düsseldorf.

Honduras (Zentralamerikanische Rupublik), besitzt seit 1870 eine maurerische Organisation. Die erste Loge wurde vom Obersten Rat von Zentralamerika in der Hauptstadt Tegucigalpa gegründet, Bauhütten in San Pedro, Sula und La Ceiba folgten. 1919 erteilte die Großloge von Schottland Patente für vier Logen in verschiedenen Städten, die von in Honduras ansässigen Nordamerikanern gegründet wurden. 1922 schlossen sich die drei älteren Logen, denen sich in der Zwischenzeit drei weitere gesellt haben, zur Großloge von Honduras zusammen, die 1930 rund 250 Mitglieder zählte. Adresse: Templo masonico, Tegucigalpa. Daneben bestehen die vier schottischen Logen unter ihrer Mutter-Großloge weiter.

Hongkong, Insel an der Südküste von China, bildet mit dem Pachtgebiet H. eine britische Kronkolonie; in der Hauptstadt H. arbeiten unter der Distrikts-Großloge „Hongkong and South China" (gegründet 1875) der Großloge von England 6 Logen, im übrigen Südchina 4 Logen, unter der Distrikts-Großloge „Hongkong and South China" der Großloge von Schottland 3 Logen.

Honneurs (frz.), zeremonielle Ehren, die den Großwürdenträgern bei der feierlichen Einführung in die Loge gebühren.

Honolulu, s. H a w a i.

Honorary Masons, s. R e a l M a s o n s.

Hooiberg, A n d r é J e a n, Konservator der Bibliothek des Großostens der Niederlande, * 1873, aufgenommen 1899 in der Loge „De Veluwe" in Apeldorn, Sekretär der historischen Kommission des Großostens und des Komitees „De Ronde Tafel", Redakteur der freimaurerischen Wochenschrift „De Broederketen", Mitglied der Redaktionskommission des „Vrijmetselaar".

Hopi- und Zuniindianer, mexikanische Indianerstämme, bei denen sich uralte Initiationszeremonien und Vegetationskulte, Schlangentänze u. ä. erhalten haben. Besonders in der amerikanischen Literatur sind Vergleiche dieser Kulte mit den freimaurerischen Gebräuchen sehr beliebt, wobei sehr oft vergessen wird, daß das Bindeglied des Vergleiches nur auf dem Boden des Völkerpsychologischen (Mysterienbünde) gesucht werden darf.

Höpker, H e i n r i c h, Dr. jur. et rer. pol., Oberregierungsrat, Vertreter des Präsidenten des Preußischen Statistischen Landesamtes, * 1874, Schriftsteller (volkswirtschaftliche und politische Schriften), Zugeordneter Großmeister der Großen Loge von Preußen, genannt „Zur Freundschaft", seit 1929 Vorsitzender des Vereins deutscher Freimaurer, in welchem er ebenso wie sein Vorgänger B i s c h o f f die Forderung nach Mitarbeit der deutschen Freimaurer an vaterländischer Aufbauarbeit vertritt.

Horneffer,

1. A u g u s t, Dr., Kulturphilosoph, * 1875, von N i e t z s c h e und der Antike ausgehend. („N i e t z s c h e als Moralist und Schriftsteller", 1906; „Das klassische Ideal", 1906; Übersetzungen klassischer Autoren: P l a t o [der Staat], T h e o p h r a s t, T a c i t u s, H e r o d o t, D e m o s t h e n e s, C i c e r o, T h u k y d i d e s u. a. m.). In dem Streben nach neuer Religiosität, die persönliche Wahrhaftigkeit mit sozial aufbauender Kraft verbinden soll, indem sie einen einheitlichen Glauben an den Sinn des Lebens und die Aufgaben des Menschen pflanzt, gelangte A. H. in einer durch die Konsequenz der geistigen Linienführung bemerkenswerten Entwicklung zur Freimaurerei. Sein bedeutungsvollstes Werk ist die „Symbolik der Mysterienbünde", München 1916. Gemeinsam mit seinem Bruder gab er die Monatsschrift zur Sammlung der Geister „Der unsichtbare Tempel", fortgesetzt unter dem Titel „Deutscher Pfeiler", heraus (1916—1923). Für seine Großloge sowie dem Verein deutscher Freimaurer bearbeitete er eine Reihe grundlegender Belehrungsschriften, so die Neubearbeitung der Katechismen von Fischer, eine freimaurerische Anthologie, freimaurerisches Lesebuch (Berlin 1920) u. a. m. Zurzeit ist H. Großschriftführer der Großloge von Preußen, genannt „Zur Freundschaft" in Berlin und leitet deren Bundesblatt „Am rauhen Stein". Besonders verwiesen sei auf seine ausgezeichnete Darstellung: „Der Bund der Freimaurer" (Jena 1913).

2. E r n s t, Kulturphilosoph, * 1871, Professor der Philosophie in Gießen, leitete das Kartell freiheitlicher Vereine in München, bearbeitete Nietzsches Lehre von der ewigen Wiederkunft u. a. (1900), übersetzte P l a t o n s Apo-

logie und Kriton. In der Auffassung der Freimaurerei mit seinem Bruder August übereinstimmend, gab er mit diesem den „Unsichtbaren Tempel“ heraus, wirkte als Wanderredner des Vereines deutscher Freimaurer und veröffentlichte zahlreiche wertvolle Arbeiten über Werkbünde, Freimaurerei und religiöse Krisis, Freimaurerei und Volksseele u. a. m.

Horváth, Michael, Historiker, katholischer Bischof von Csanád, * 1809, † 1878, ungarischer Kultus- und Unterrichtsminister im Jahre 1848, wurde als Emigrant in der Schweiz in den Freimaurerbund aufgenommen und war Mitglied der ungarischen Loge „Ister“ in Genf.

Hottinger, Johann Jakob, Schweizer Historiker, ursprünglich Theologe, * 1783, † 1860, Erziehungsrat, 1833 Professor der Geschichte an der neuen Universität Zürich, setzte das Werk des Johannes von Müller fort, Verfasser einer zweibändigen „Geschichte der Eidgenossen“, Ehrendoktor der Universitäten Zürich und Königsberg, Züricher Magistrat, Mitglied der Loge „Modestia cum Libertate“, 1844 erster Großmeister der schweizerischen Großloge „Alpina“, führte er sein in der Zeit schwerster politischer Zerklüftung seines Vaterlandes (Sonderbundskrieg!) doppelt schweres Amt erfolgreich im Sinne werktätiger, das Einigende betonender Liebe.

Houdini Heinrich, berühmter Zauberkünstler, * 1874, † 1929, bemühte sich besonders darum, die Tricks spiritistischer Medien zu enthüllen, war Mitglied der St. Cecilia Lodge Nr. 586, New York. Er war mit Conan Doyle befreundet, den er vergeblich von seinen spiritistischen Wegen abzuziehen trachtete.

Houdon, Jean-Antoine, * 1741, † 1828, berühmter französischer Bildhauer, der alle geistigen Größen seiner Zeit: Lafayette, Franklin, Voltaire, Lalande, Dupaty, Condorcet, Pastoret (durchwegs Freimaurer), Rousseau u. v. a., im Stein verewigte und im Auftrage des Kongresses der Vereinigten Staaten ein Standbild Washingtons schuf, war Mitglied der Pariser Loge „Neuf Sœurs“ (s. d.).

Houpe dentelée (frz.), geschlungene Schnur auf dem Tapis, s. Tesselated Border.

Houston, Samuel, amerikanischer General und Politiker, * 1793, † 1863, nahm 1812 am Krieg gegen die Indianer teil, Kommandant der Armee von Texas gegen Mexiko, siegreich gegen Santa Anna bei San Jacinto, erster Präsident der Republik Texas 1836, nach deren Einverleibung in die USA. Gouverneur, Vorkämpfer der Rechte der Indianer, wurde 1817 in der „Cumberland Lodge“ in Nashville (Tennessee) aufgenommen, war dann Mitglied der „Holland-Lodge Nr. 1“ in der nach ihm benannten Stadt Houston (Texas).

Houzeau de Lahaie, belgischer Geologe, Professor in Mons, * 1832, † 1922, National-Großmeister des Großorients von Belgien, Pionier des Gedankens der freimaurerischen Universalität und der Bemühungen, die letzten Endes 1902 die Gründung der 1921 in der A. M. I. aufgegangenen freimaurerischen Weltgeschäftsstelle zur Folge hatten.

Houzé, Huzza, Hosché, wahrscheinlich korrumpierte Form aus Hoschea, das im Schottischen Ritus als Ausruf vorkommt. Erscheint auch in der Verräterschrift Jachin und Boas 1750. Eine andere Deutung geht auf den Ausruf Hussa zurück. Wie alle derartige Rufformen („Hurre, Hurre“ in Bürgers „Leonore“), an sich ohne jede Wortbedeutung. Wird in einzelnen Logen, auch deutschen, als Ausruf der Salve (s. d.) angefügt.

H. R. D. M., Abkürzung von Heredom. I. Grad des Royal Order of Scotland (s. d.).

Hsu, Shih-Ch'ang, chinesischer Staatsmann, unter dem kaiserlichen Regime Innenminister, Vizekönig der Mandschurei, Vizepräsident im Kabinett des Prinzen Ching, Generalstabschef, dann Mitarbeiter Yuan Shihkai's, 1918 vom Tuchung-Parlament zum Präsidenten der Republik gewählt, ist Freimaurer, widmete dem Bund gelegentlich seiner Beförderung in den XXXI. Grad eine Rolle mit einem Spruch des chinesischen Weisen Mentse: „Ohne Winkelmaß und Zirkel kann man keine Vierecke bilden oder Kreise beschreiben.“

Hubbard, Gustave-Adolphe, französischer positivistischer Philosoph und freiheitlicher Parlamentarier, * 1858 in Madrid als Sohn eines unter Napoleon III. verbannten Republikaners, wurde in solcher Weise Vorkämpfer der Ideen seines Vaters, daß er den Ehrennamen eines „Paladins der Republik“ erhielt. An den Kämpfen gegen den Boulangismus und für das Recht des Hauptmanns Dreyfus hatte H. stärksten Anteil. Bedeutend war seine Rolle gerade in dieser Zeit im Ordensrat des Grand Orient de France. Unter den Ministerien Combes und Rouvier hielt er in der Deputiertenkammer viel beachtete Reden zur Frage der Trennung von Kirche und Staat.

Hufeland, Christoph Wilhelm, berühmter Arzt und Eklektiker der medizinischen Wissenschaft, * 1762, † 1836, Verfasser des auch heute noch vielgelesenen Buches „Makrobiotik oder die Kunst, das menschliche Leben zu verlängern“ (Berlin 1796). Professor der Medizin an der Berliner Universität, Vorkämpfer der Kuhpockenschutzimpfung, wurde 1783 in Göttingen in die Loge „Augusta zu den drei Flammen“ aufgenommen. H. war ein Freund Schröders (s. d.), der ihn über die wesentlichen Züge seines Reformwerkes unterrichtete, bevor er es der maurerischen Öffentlichkeit beganntgab.

Hughan, William James, einer der hervorragendsten fruchtbarsten Historiker der englischen Freimaurerei, * 1841, † 1911, 1863 in der St. Aubyn Lodge No. 954, Devonport, aufgenommen, Provinzial-Großsekretär von Cornwall, Past Senior Grand Deacon der Großloge von England, Provinzial-Großaufseher der National-Großloge von Ägypten usw., nahm er unermüdlichen Anteil an den Forschungen der von ihm mitgegründeten Quatuor Coronati Loge in London. Seine Untersuchungen galten besonders den alten Verfassungen (Old Charges und Old Constitutions), über die er u. a. 1869, 1872, 1895, 1899 Schriften veröffentlichte, Ritualuntersuchungen, Geschichte einzelner alter Logen, alten Logenlisten u. v. a.

Hulse, Sir Samuel, dritter Baronet, englischer Feldmarschall, * 1747, † 1837, kämpfte 1793 in Flandern, wurde 1788 Provinzial-Großmeister von Sussex, 1814 von Kent.

Humanistenlogen nannten sich um die Jahrhundertwende Winkellogengründungen des Berliner Kaufmanns N. Perls, die im sogenannten „Unabhängigen Freimaurer-Orden der Humanisten" vereinigt waren.

Humanität (engl. Humanity, frz. Humanité), vom lateinischen humanitas, die Menschlichkeit, bedeutet schon bei den Alten, besonders bei Cicero, vorzugsweise die harmonische Ausbildung der Anlagen des Gemütes und des Verstandes. Bei Cicero auch in dem Nebensinn der literarisch-ästhetischen Allgemeinbildung. Da diese Bildung im Mittelalter vorzugsweise aus den Resten klassischer Schriften geschöpft werden konnte, bezeichnet „studia humaniora" die philologischen Lehrfächer, Humanismus diejenige Erziehungsweise, die sich auf die Schriften der Alten stützte. Daher auch heute noch die Unterscheidung der humanistischen (Gymnasialbildung) und der realistischen (Realschule) Erziehung. Humanisten nannten sich im Gegensatze zu den Scholastikern jene Gelehrten des 15. Jahrhunderts, die aus den Schätzen alter Kunst und Wissenschaften eine Wiederbelebung, Renaissance, des antiken Geistes erwarteten (Dante, Petrarca, Boccaccio, in Deutschland Kirchenreformer, wie Melanchthon u. a.).

Im freimaurerischen Sinne bedeutet H. die Lehre vom Menschen und seiner Würde. Übung der H. ist daher Menschlichkeit im Sinne von Wertung des Menschen und der in ihm liegenden Eigenschaften. Von der Wertung des Menschen ausgehend, ergeben sich daher als praktische Folgerungen der freimaurerischen H.-Lehre: die Achtung vor dem Menschen, die durch Zufälligkeiten der Geburt, des Standes, der Konfession nicht berührt werden kann. Die Anerkennung seiner Menschenrechte, insbesondere des Rechtes, seine Vernunft und seine Freiheit zu gebrauchen, d. i. Gedanken- und Gewissensfreiheit. In der Anerkennung des Menschen und seiner Rechte ist eingeschlossen die Verpflichtung zur Menschenliebe, zur Teilnahme an den Geschicken des Menschen. H. hat als Objekt das Einzelschicksal sowie das Schicksal des Menschen in seinen sozialen Verbänden. Sie wendet sich daher in humanitären Werken sowohl dem einzelnen zu (Charitas) als sie auch auf die allgemeine Lage des Menschen als Glied einer menschlichen Gemeinschaft Einfluß zu nehmen sucht.

In der Praxis des Freimaurerbundes heißt das also: der Bund lehrt die Achtung vor dem Menschen und verpflichtet zu Menschenliebe. Er hat die Zuversicht einer fortschreitenden Entwicklung des Menschengeschlechtes und sucht diese zu fördern. Der Freimaurer sieht in seinen Logen und bei seiner Arbeit von allen Trennungen ab, die das Leben geschaffen hat und wendet sich an den Menschen an sich. (Daher in der „Zauberflöte": „Er ist ein Prinz, noch mehr, er ist ein Mensch!") Der Humanitätsgedanke verpflichtet den Freimaurer zur Übung der Lehre vorerst in seiner nächsten Umgebung. Daher ist Freimaurerei als H.-Lehre bodenständig, mit dem eigenen Volkstume innigst verwachsen. Nicht nur Charity, auch H. beginnt at home. Vaterlandsliebe ist daher in Erfüllung des H.-gedankens des Maurers Tat (Fichte). In ihrer letzten gedanklichen Konsequenz führt die H.-Lehre zu einem Weltbürgersinn („Weltbürgersinn ist ihr Gedanke!", Fichte). Daher ist der Freimaurer bestrebt, den Frieden zwischen Menschen und ihren sozialen Verbänden zu fördern. Er sucht im Kampfe der Klassen ebenso vermittelnd einzugreifen, wie er sich um den Völkerfrieden bemüht. Deshalb unterstützt er alle Bestrebungen, die auf eine Erhaltung des Friedens hinzielen, und verurteilt das Dogma der Gewalt. Die H.-Lehre will ihm den höheren Standpunkt erschließen, von dem aus er das Bild seiner Welt betrachten, verstehen und beeinflussen soll. Das Absolute dieser Lehre soll den einzelnen frei machen von Schlagworten des Tages und der Parteien und soll ihn befähigen, in den Ereignissen des Tages klaren Blick zu bewahren und sich nicht von Leidenschaften der Masse hinreißen zu lassen. Da die Lehre der H. allgemein ist, schließt der Lehrgang in der Loge alle politischen Stellungnahmen zu Ereignissen aus, die höchstens den Wert des Beispiels haben können, das der Untersuchung zugrunde gelegt wird. Dagegen ist eine politisch oder konfessionell einseitige Stellungnahme im Widerspruche mit dem H.-Gedanken. Daher auch die freimaurerische Forderung der Toleranz, der Freiheit des Geistes und der Freiheit des Denkens, für sich und für andere. H. heißt für den Freimaurer: allen Menschen menschlich begegnen.

Humanitätsmaurerei, ein Begriff, der außerhalb der deutschen Freimaurerfamilie weder besteht noch auch verstanden wird, weil Freimaurerei den Begriff der Humanität als selbstverständlich einschließt. Das Bestehen einer christlichen Freimaurerei (s. d.) in Deutschland hat die übrigen deutschen Großlogen veranlaßt, sich selbst ein sprachlich unterscheidendes Merkmal zu geben, wobei die nicht gerade glückliche Wortverbindung H. erfunden wurde, die im Adjektivum „humanistisch" und „humanitär" noch mehr an Deutlichkeit verliert. Gemeint ist, daß der einen Gruppe von deutschen Großlogen, die nach ihrem Ritualinhalt und ihrem ganzen System sich nur an Bekenner der christlichen Glaubensbekenntnisse wendet, eine andere Gruppe von Großlogen gegenübersteht, die einen Unterschied nach dem Glaubensbekenntnis nicht macht und hierin mit der ganzen übrigen Freimaurerei der Erde übereinstimmt. Zu dieser H. gehören die Großlogen von Bayreuth, Frankfurt, Hamburg, Darmstadt, Sachsen, und Deutsche Bruderkette. Der deutsche Partikularismus kommt aber auch in dieser Humanitätsgruppe zum Ausdruck, insofern als sich die beiden Großlogen von Sachsen und Deutsche Bruderkette wohl als humanitär bezeichnen, aber doch eine Sonderstellung gegenüber den vier anderen (Hamburg, Bayreuth, Darmstadt und Frankfurt) einnehmen. Die Bezeichnung ist eingebürgert, trotzdem sie begrifflich schlecht ist. Richtig wäre: deutsche Freimaurerei zur Bezeichnung jener Freimaurerei, die mit den in der übrigen Welt arbeitenden Großlogen in der Auffassung ihrer Arbeitsweise und ihres Pflichtenkreises übereinstimmt, und deutsch-christliche Freimaurerei, die eine Spielart der allgemeinen Freimaurerei mit Einschränkung ihrer Arbeitsweise vorstellt.

Humanum genus, Enzyklika des Papstes Leo XIII. (s. d.), „de secta Massonum", wohl die schärfste Kundgebung des Päpstlichen Stuhls gegen die Freimaurerei. In ihr nennt Leo XIII. den Freimaurerverband „impuram hanc luem", „diese unreine Seuche".

Humbert, Aimé, Staatsrat in Neuenburg, Schweiz, Präsident des schweizerischen Ständerates, Gesandter in Japan, Professor der französischen Literatur und Rektor der Neuenburger Akademie, Historiker, war Großmeister der Großloge „Alpina". * 1819, † 1900.

Hummel, Johann Nepomuk, Komponist, * 1778 in Preßburg, † 1837 in Weimar. Schüler Mozarts, 1820 nach Weimar als Kapellmeister berufen, wurde er im gleichen Jahre in die Loge „Amalia" aufgenommen. Er stand in Verkehr mit Goethe, von dem er auch mehrere Lieder vertonte, darunter die zwei Freimaurergedichte „Einmal nur in unserm Leben" und „Laßt fahren hin das Allzuflüchtige".

Hund, Karl Gotthelf, Reichsfreiherr von H. und Altengrotkau, * 1722, † 8. November 1776 in Meiningen, stammte aus einem schlesischen Geschlecht, das sich bis zum Jahre 1300 verfolgen läßt. Sein Vater war Kursächsischer Kammerherr und Großgrundbesitzer. Karl Gotthelf studierte von 1737—1739 in Leipzig, ging dann auf Reisen. Der Tod der von ihm verehrten Tochter seines Vormundes, Caspar Heinrich von Rodewitz, ging ihm derart zu Herzen, daß er völlig zusammenbrach und den Beschluß faßte, nie zu heiraten. In Paris soll er unter dem Einfluß einer vornehmen Dame zum Katholizismus übergetreten sein. Anläßlich der Kaiserkrönung Karls VII. in Frankfurt a. M. (1741) dort anwesend, soll er in den Freimaurerbund aufgenommen worden sein. 1743 leitete er in Paris eine Loge und fungierte am 25. August 1743 bei Einsetzung einer solchen als Erster Aufseher.

Sein ganzes Leben ist von Freimaurerei und der von ihm begründeten Strikten Observanz erfüllt. Diesem Zwecke opferte er alles, Zeit, Geld und Grundbesitz, 1776 reiste er, obzwar schon krank, nach Meiningen, um den regierenden Herzog Friedrich August der Strikten Observanz zuzuführen. Gleich nachher wurde er bettlägerig und starb an einer „hitzigen Krankheit". Er wurde im vollen Heermeisterornate in der Stadtkirche von Mellrichstadt (Unterfranken) beigesetzt. Am Finger trug er den goldenen Heermeisterring mit den Initialen N. V. I. O., d. i. „nulla vi invertitur ordo" („Durch keine Gewalt kann der Orden gestürzt werden").

H. erklärte, 1742 am Hofe des Prätendenten Karl Eduard Stuart (s. d.) von einem mysteriösen Ritter „a penna rubra" („Von der roten Feder") in Gegenwart von Lord William Kilmarnock und Lord Clifford, zweier Anhänger des Prätendenten, die Weihen als Ritter des alten, in Schottland angeblich fortlebenden Templerordens (s. d.) empfangen zu haben und zum „Heermeister (Provinzial-Großmeister) der VII. Ordensprovinz" (Deutschland) ernannt worden zu sein. Er sei diesem auch vorgestellt worden, der in der Folge den Eingeweihten als der höchste geheime Obere des Ordens, als der Oberste Großmeister und Träger der auf ihn überkommenen Templertradition, galt. Als Beweis für diese, vielfach als unwahr bezeichneten Angaben legte H. später ein sogenanntes Heermeisterpatent (s. d.) vor, durch das er auf einem bis heute nicht entzifferten chiffrierten Dokument als Heermeister von Deutschland bezeichnet und eingesetzt worden sein wollte. Nach Deutschland zurückgekehrt, begann H. mit dem ihm befreundeten C. G. Marschall von Bieberstein (s. d.) auf seinen Besitzungen nach Pariser Muster zu arbeiten. Marschall von Bieberstein errichtete in Naumburg die Schottenloge „Zu den drei Hämmern", H. in seinem Schlosse zu Kittlitz die später auf das Gut Unwürde in der Lausitz verlegte Loge „Zu den drei Säulen". Man nährte die in Frankreich erdachte Fabel, daß die Freimaurerei in Wirklichkeit von dem Tempelherrenorden abstamme, als dessen geheime Fortsetzung aus dessen Trümmern errichtet worden sei, gab sich dem irrigen Bewußtsein hin, Träger der hohen Sendung zu sein, den „Tempel" wieder in hellem Glanz erstrahlen zu lassen. Die Mitglieder der Logen gaben sich klingende Ordensnamen. H. selbst führte in den Annalen seines Templerordens den Namen Carolus eques ab Ense oder Chevalier de l'epée. 1755 gab H. dieser Gemeinschaft von Tempelrittern einen Operationsplan. Es sollten möglichst viele Personen hohen Standes herangezogen werden, außerdem wurde auch ein Finanzplan (ökonomischer Plan) entworfen, da der Orden bis dahin nur von den persönlichen Einkünften H.s lebte. Strenger Gehorsam war Grundbedingung des Systems, daher auch der Name:

Strikte Observanz.

Es wurde eine eigene Ordenstracht festgelegt, die auf einem über weißwollenem Unterkleid getragenen weißen Mantel das rote Templerkreuz zeigte; als Uniform galt ein purpurroter Waffenrock mit neun kleinen, goldgestickten Schleifen und blauer Weste. Das von den angeblichen S. I. (Superiores Incogniti, Unbekannte Obere) geleitete System umfaßte die drei Johannisgrade, den Schottengrad und den Inneren Orient (I. O.). Letzterer hatte zwei Stufen: Novize (s. d.) und Rittergrad (Eques) (s. d.). Dazu kam etwa 1770, nicht allgemein anerkannt, der (rein katholische) Eques professus (s. d.). Deutschland an der Elbe und Oder, einschließlich Dänemarks, Schwedens und Kurlands (Germania inferior) bildete die VII., Deutschland an der Donau, am Po und Tiber (Germania superior) die VIII. Provinz. Ganz Europa gliederte sich auf dem Papier in neun derartigen Provinzen, fünf waren tätig, davon drei in Frankreich (V. Burgund [umfaßte auch die Schweiz], VI. Albernia, VII. Occitania).

Der Aufzunehmende, zu „Rektifizierende", hatte eine „Obödienzakte" (s. d.) zu unterzeichnen und unterzog sich Einweihungszeremonien, die denen der alten Ritterorden nachgeahmt waren. Der Siebenjährige Krieg brachte H. und seine Freunde auf andere Gedanken, zumal H. wiederholt von seinen Besitzungen fliehen mußte. Daß die Strikte Observanz nach dem Kriege wieder auflebte, verdankte sie mehreren merkwürdigen Persönlichkeiten. In Berlin hatten französische kriegsgefangene Offiziere eine eigene Freimaurerei, das sogenannte Clermontsche System (s. d.), man darf wohl sagen, erfunden. Zum Vorkämpfer dieses Systems machte sich ein entgleister protestantischer Pastor, der ehemalige Konsistorialrat Philipp Samuel Rosa (s. d.), der in Deutschland an mehreren Orten Kapitel gründete.

Der Hochstapler Johnson.

Mit Rosa machte gemeinsame Sache ein gewisser Johann Samuel Leucht, einer der genialen Gauner des 18. Jahrhunderts, denen durch die Leichtgläubigkeit besonders der hohen adeligen Kreise ihre Wirksamkeit sehr erleichtert wurde. Leucht stellte sich 1763 in Jena als Georg Friedrich von Johnson-Fünen (s. d.) vor, gab vor, schottischer Edelmann und Großprior des wahren Ordens der Templerritter zu sein, der beauftragt sei, den schwindlerischen Ordenssystemen in Deutschland ein Ende zu bereiten. Mit einer entwaffnenden Frechheit ausgestattet, brachte er nicht nur die Jenenser Freimaurer hinter sich, er „entlarvte" auch Rosa, der sich ihm unterwarf. Johnson verkündete nun, der Orden verfüge über ungeheure Geldmittel, er habe eine große geheime Armee, die sich zu einem Feldzuge gegen Cypern vorbereite. Nebenbei machte er Gold und lebte auf Kosten der ihm blind gefügigen Logenbrüder. Es ist bezeichnend für den Geist der Zeit, mit welch plumpen Mitteln Johnson seine Leute zu fesseln verstand. H. sah in ihm entweder einen gefährlichen Konkurrenten, den er sich gewinnen mußte, oder aber, was wahrscheinlicher ist, er war ebenso schwachsinnig wie die anderen und ging Johnson ins Garn. Auf einem Konvent zu Altenberge (s. Konvente), einem Gute bei Weimar, sollte nun die Begegnung der Templerpotentaten, H. und Johnson, stattfinden. Johnson ließ seine Templer in Altenberge tüchtig exerzieren, ließ sie bei Nacht alarmieren und durch die Thüringer Wälder reiten. Am 26. Mai 1746 erschien endlich H. in Altenberge. Er huldigte kniend dem Johnson, der ihn darauf feierlich als Heermeister investierte. Nicht genug daran, bot er dem Orden ein Rittergut zum Kaufe an, um die immer mehr wachsenden Kosten des Ordens zu decken. Das vereinbarte Kaufgeld hat H. niemals zu sehen bekommen. Aber es wurden in Altenberge noch andere große Finanzpläne geschmiedet; jeder Novize sollte sein gesamtes Allodialvermögen dem Orden hinterlassen, sich zu Adjutantendiensten verpflichten usw. Auch eine Besteuerung aller Ritter zugunsten der Ordenskasse wurde beschlossen. Da wurden schließlich diese traurigen Ritter stutzig. Sie weihten H. in Einzelheiten aus dem Leben Johnsons ein, so daß H. endlich dahinter kam, daß er es mit einem „formellen Filou" zu tun habe. Einer Forderung auf Degen und Pistolen entzog sich Johnson durch die Flucht. Er trieb sich dann lange Zeit unstet umher, seine Glorie war verblaßt, 1765 wurde er in Alsleben, Anhalt, von preußischen Soldaten verhaftet und an Weimar ausgeliefert. Geheimrat Fritsch ließ ihn auf die Wartburg bringen, wo er das Zimmer Luthers bewohnte und in Gefangenschaft bis zum Jahre 1775 auf Kosten des Ordens lebte, der die Verpflegungsgebühren für ihn zu bezahlen hatte.

H. war nunmehr der Alleinherr. Er veranstaltete Konvente (s. d.) und hielt für den Orden einen „Geschäftsreisenden", den überaus eifrig um die Sache bemühten Landwirt und Kriegslieferanten Johann Christian Schubart, Edler von Kleefelde (s. d.), (Eques a struthione), der als Delegatus in Europa umherreiste, um das Templersystem zu verbreiten. Er hatte auch großen Erfolg, wenn er dabei auch nicht immer uneigennützig vorging. U. a. führte er dem Orden Johann Joachim Bode (s. d.) zu. Zahlreiche Logen schlossen sich, geblendet vom „Rittertum", der Strikten Observanz an, die unter der Maske von Freimaurern die Vernichtung der echten Freimaurerei betrieb. Eine große Zahl deutscher Fürsten schwor dem Orden, dem „Unbekannten Oberen" und H. Treue und Gehorsam. Auch v. Zinnendorf (s. d.) — und mit ihm die Logen der Mutterloge „Zu den drei Weltkugeln" und diese selbst — ging vorübergehend zur Strikten Observanz über, bis er sich im November 1766 dann zwecks Einführung des Schwedischen Systems in Deutschland wieder lossagte.

Auch sonst bekam das System neuerlich schwere Konkurrenz.

Das Klerikat.

Es war der Gedanke aufgetaucht, nicht die Ritter des Tempelherrenordens seien im Besitze der wahren Templergeheimnisse (Magie und Alchimie!) gewesen, sondern ein geistlicher Zweig, die Kleriker. Ein Schwärmer wie H., der protestantische Theologe (aber heimliche Katholik), Freiherr Johann August von Starck (s. d.) wurde 1766 der Prophet dieser neuen Heilslehre und machte daraus ein neues, geistlichen Orden nachgebildetes Hochgradsystem, das Klerikale System (s. d.), dessen Brr. die Fratres Clerici Ordinis Templariorum waren, auch Klerikat genannt, mit katholisierenden Tendenzen.

H., immer auf der Suche nach neuen Geheimnissen, strebte nach Verbindung mit Starck, der sich bereit erklärte, sich mit dem „weltlichen Zweig" zusammenzuschließen, aber die Kleriker den Logen der Strikten Observanz übergeordnet wissen wollte. Vermittler waren v. Raven (s. d.) und Freiherr v. Prangen. Aber die Ritterschaft war unsicher geworden. 1771 wurde der Herzog Ferdinand von Braunschweig für das System gewonnen. Auf dem Konvent zu Kohlo (s. Konvente) vom 4. bis 24. Juni 1772 erschien wohl H. noch in vollem Glanze. Dort vollzog sich auch der formelle Anschluß der Kleriker. Aber sein Stern war im Sinken. Man wählte den Herzog Ferdinand von Braunschweig (s. d.), der ein Jahr zuvor als Eques a Victoria beigetreten war, zum Magnus Superior Ordinis per Germaniam inferiorem, Großmeister aller vereinigten Logen der VII. Provinz, und Großmeister aller vereinigten Schottenlogen. H. legte neuerlich sein Heermeisterpatent vor, das trotz der Chiffren als befriedigend und beweiskräftig angenommen wurde. Er blieb Heermeister über die Logen in Ober- und Niedersachsen, Dänemark und Kurland und Leiter der Zeremonien und des Titelwesens. Dagegen zog sich Freiherr v. Starck, dem es nicht gelungen war, an die Spitze der Strikten Observanz zu gelangen, allmählich zurück.

Das System hatte seinen Höhepunkt erreicht. 26 deutsche Fürsten gehörten ihm an, als H. in feierlichem Zuge am 22. Mai 1775 vor seinen in Rittertracht erschienenen Brr. zum Konvent im Ordenshause zu Braunschweig zog. Zweifel an der Echtheit seiner Urkunden, die er unter Tränen verteidigte, wurden jedoch abermals laut. Er schilderte auf Verlangen aller Präfekturen, wie er in Paris geweiht worden sei, weigerte sich aber, sein Gelöbnis zu brechen, den Namen des „Ritters von der roten Feder" zu nennen. Man ließ ihn dann wohl nicht fallen, aber man war unzufrieden und dachte an eine Reform der durch ihn verbildeten Freimaurerei, und stellte ihn in allen Ehren kalt.

Gugomos.

H. nahm an dem Konvent von Wiesbaden (s. Konvente) nicht mehr teil, zu dem die Ladung 1776 von einem Mann ergangen war, der sich dann ebenfalls als übler Scharlatan entpuppte, dem Freiherrn von Gugomos (s. d.), der Kammerjunker des Markgrafen von Baden gewesen war und nach dem Konvent von Braunschweig die Prinzen Georg und Ludwig von Hessen-Darmstadt auf einer Reise nach Frankreich und Italien begleitete, die Studien über den wahren Zweck der Freimaurerei galt. Zur Begründung der Notwendigkeit des von ihm einberufenen Kongresses erklärte er, er sei nach Braunschweig gekommen, um zu ergründen, ob unter den Anwesenden wirkliche Angehörige des Ordens seien. Seine geheimen Zeichen seien jedoch nicht verstanden worden. Er aber sei in fernen Landen zum wahren Tempelherrn geweiht worden, um das deutsche Volk zu retten, das so viel Gutes in der Seele besitze und gerne auf Vollendung hinarbeite. Auf dem Konvent zeigte er eine vom „heiligen Ordensstuhl von Cypern" ausgestellte Vollmacht und andere Urkunden vor, die beweisen sollten, daß man sich mit den bisherigen Versuchen, den Tempelherrenorden wiederherzustellen, auf einem falschen Weg befunden habe. Die volle Belehrung in den höheren Wissenschaften (d. h. der Alchimie), könne niemals von der Strikten Observanz, sondern nur vom wahren Haupt auf Cypern kommen, das auf einem gefälschten „Commissorium" als „Wilhelmus Albanus Gregorius, Supremus M. T. A." figurierte, und nur in einem „Adytum sacrum" (s. d.) gegeben werden, das erst gebaut werden müsse. Der Konvent zeigte das Bild völliger Verwirrung. Manche hielten Gugomos vom Anfang an für einen Schwindler, andere ließen sich gegen teures Geld einweihen; der Zweifler wurden aber immer mehr, als Gugomos nur zwei Aufgenommenen den Plan des Adytum mitteilen und dann nach Cypern reisen wollte, um die notwendigen Geschirre zu holen. Als der Konvent geschlossen wurde, war der Schwindel den meisten offenbar geworden.

H. starb zwei Monate später. Nach seinem Tode brach Konkurs über seinen Nachlaß aus, seine Mobilien wurden öffentlich versteigert, sein letztes Gut, Lipsa, kam an den Grafen v. Röder.

Das Ende der Strikten Observanz.

Das System überlebte den Stifter nicht lange. Herzog Ferdinand von Braunschweig erklärte, das Amt des Ordensgroßmeisters so lange verwalten zu wollen, bis der wirkliche Ordensgroßmeister bekanntgemacht und sich legitimiert habe. Im Nachlaß H.s fanden sich keine Andeutungen darüber, ausgenommen, daß dieser tatsächlich an die Ordensmeisterschaft des Prätendenten Karl Eduard glaubte. Dieser aber erklärte v. Wächter (s. d.) in Florenz, er sei nicht der Ordensmeister, wisse von diesem nichts und gehöre dem Freimaurerbund überhaupt nicht an. Was ihn aber nicht hinderte, später dennoch als Großmeister des Hohen Ordens vom Logentempel aufzutreten, den Herzog von Ostgotland zu seinem Statthalter für die Ritter- und Freimaurerlogen des Nordens zu ernennen und 1783 König Gustav III. von Schweden (s. d.) zum Koadjutor und Nachfolger im Großmeistertum des Freimaurerordens für alle Logen im Norden zu nominieren. Zunächst bewarb sich nach dem Tode H.s der Ordensmeister des Schwedischen Kapitels, Herzog Karl von Södermanland (der spätere König Karl XIII.), der Bruder des Königs Gustavs III., um das erledigte Heermeisteramt. Man beschloß, trotz vieler Bedenken, der Bestellung zuzustimmen, wenn der Herzog die Zinnendorf erteilte Bewilligung zur Gründung der Berliner Großen Landesloge zurückziehe, die sich als unliebsame Konkurrenz geltend machte. Die Schwedische Großloge gab eine befriedigende Erklärung ab, worauf 1777 nach einer Zusammenkunft in Hamburg ein Vereinigungsvorschlag der Schwedischen Großloge mit dem Oberdirektorium der Strikten Observanz vom Herzog Ferdinand genehmigt, und durch ein Schreiben des Herzogs von Södermanland, als Großmeister der schwedischen Freimaurer, unterstützt wurde. Der Vorschlag wurde auf dem Konvent von Wolfenbüttel (1778) angenommen und die Wahl des Herzogs vollzogen. Da aber eine Vereinigung mit der Schwedischen Großloge unter dem fremden Prinzen als Heermeister der Strikten Observanz auch sonst nicht mehr holden Großen National-Mutterloge in den preußischen Staaten, genannt „Zu den drei Weltkugeln", wegen der sich daraus ergebenden politischen Folgerungen untragbar erschien, und diese 1779 den Beschluß faßte, die Hochgrade des v. Hundschen Systems nicht mehr zu bearbeiten, ferner die dänischen Logen feierlich gegen die Wahl des Herzogs protestierten, und in Schweden selbst Bedenken auftauchten, wurde der Vereinigungsvertrag durch einen Freundschaftsvertrag auf Gegenseitigkeit ersetzt, wobei aber Herzog Karl endgültig Heermeister der VII. Provinz wurde. Die Folge war allgemeine Verwirrung. Herzog Ferdinand von Braunschweig berief für September 1780 einen allgemeinen Freimaurerkonvent aller Großlogen ein, um eine Rettung zu versuchen. Dieser sollte die Fragen des Ursprungs des Ordens und der vermeintlichen Oberen zu lösen versuchen. Der Herzog von Södermanland untersagte als Heermeister die Abhaltung der Tagung. Braunschweig hielt am Gedanken fest, worauf Herzog Karl das Heermeisteramt niederlegte. Der Konvent trat schließlich am 16. Juli 1782 in Wilhelmsbad (s. d.) zusammen. Er bedeutete für die Strikte Observanz den Todesstoß. Das Märchen von der Abstammung vom Templerorden wurde fallen gelassen. An Stelle des bisherigen Systems wurde über die Johannisgrade das sog. „rektifizierte System" der „Ritter der Wohltätigkeit" (s. d.) gesetzt. (Vergl. Albin Freiherr von Reitzenstein „Die Strikte Observanz", Berlin, dessen Darstellung wir teilweise folgen.)

H., dessen Charakterbild schwankt, wird mitunter als betrogener Betrüger hingestellt. Das war er sicher nicht. Er war vielmehr eine pathologisch leichtgläubige Persönlichkeit mit großem Geltungsbedürfnis. Wahrscheinlich hat er den Zauber, der ihm in Paris vorgemacht worden war — falls er überhaupt dort aufgenommen wurde — geglaubt und ehrlich danach gehandelt. Durch seine Tätigkeit hat er der Freimaurerei unermeßlichen Schaden bereitet. Er hat sie vollkommen von ihrer natürlichen Entwicklung abgezogen. Der Name der Strikten Observanz, die Märchen von den Geheimen Oberen gehen auf seine kindliche Erfindungsgabe zurück. Die Forderungen des unbedingten Gehorsams, „ohne zu ergründen, warum dieses geschehen, jenes unterbleiben soll", die gesamte Korrespondenz von den Oberen kontrollieren zu lassen und die auferlegten Strafen willig und ohne Widerrede auf sich zu nehmen, hat dem System den Namen gegeben. Sie hat aber auch in der Nachwelt die Vorstellung einer geheimnisvollen, von einer zentralen Oberbehörde geleiteten Maurerei erweckt.

Und so ist die Person eines vor dem Richterstuhle der Psychiatrie sicherlich als schwachsinnig zu bezeichnenden Menschen wieder einmal einer geistigen Bewegung als dauernde Belastung geblieben.

Hunggesellschaft oder Triasbund, ältester chinesischer Geheimbund, dessen Ursprung im Dunkel liegt, in dessen Ritual aber manche Analogien dafür sprechen, daß er auf die gleichen Quellen zurückgeht, in denen die alten Mysterienbünde und letzten Endes auch Teile der freimaurerischen Ritualistik wurzeln. Der Forschung zufolge ging die H. aus dem sektiererischen Mysterienbund der „Weißen Lotosblume" hervor. Die H., die 250 Jahre lang die Restauration der Ming-Dynastie als politisches Ziel verfolgte und der in unseren Tagen Sun Yat Sen, der Begründer der chinesischen Republik, angehörte, war die Wiedererweckerin des chinesischen Nationalismus. Das Ritual — es ist Nichteingeweihten nicht in allen Teilen bekannt geworden — führt den Kandidaten auf einer „mystischen Reise" durch die „Halle der Treue und Ergebenheit", in der Winkelmaß und Dreieck die Einheit von Himmel, Erde und Mensch im Höchsten Wesen symbolisieren, durch eine verwirrende Fülle von „Toren" und „Hallen", nach Reinigung im Wasser der heiligen „Drei Brunnen" ins „Zelt der roten Blume" und schließlich zum „Markt des Weltfriedens". Hier ist der „Tempel der Tugend und des Glücks", das Ziel der langen Wanderung des Kandidaten, der nach Anhören der Bundeslegende diese „Reise" „nackt", den rechten Arm, Schulter und Brust entblößt, und die Hose bis zum Knie aufgerollt, antreten muß. Unter den zu stählernem Dach gekreuzten „Schwertern der Gerechtigkeit" muß er den „Weg zum Licht" schreiten, zu einem neuen, reineren Leben; ein feierlicher, aus 36 Schwüren bestehender Eid verbindet ihn schließlich den neuen Brüdern.

Hunt, Charles Clyde, amerikanischer freimaurerischer Schriftsteller, wurde 1900 in der Loge „Lafayette Nr. 52" in Montezuma (Iowa) aufgenommen, ist seit 1925 Großsekretär der Großloge von Iowa, Reorganisator ihrer berühmten Bibliothek, eifriger Mitarbeiter der National Masonic Research Society und ihrer Zeitschrift „The Builder".

Hüser, Hans Heinrich Gustav von, preußischer General, * 1782, † 1857, Lehrer am Kadettenkorps in Berlin, gehörte dem Patriotischen Kreis an, 1813 Adjutant Gneisenaus (s. d.), bei Bautzen schwer verwundet, 1844 Gouverneur von Mainz, war Meister vom Stuhl der Berliner Loge „Zum goldenen Schiff".

Hut. In deutschen Logen gehört der H. (Zylinder) zur freimaurerischen Bekleidung. Er wird während der Arbeit getragen, beim Gebet abgenommen. In amerikanischen Logen trägt nur der Meister vom Stuhl den hohen H., in der Großloge von Massachusetts erhält der Großmeister bei Übergabe seiner Amtszeichen (Regalia) den nach dem Großmeister und Helden genannten traditionellen „Paul Revere Hat", einen Dreispitz mit blauer Einsäumung. In den skandinavischen Logen wird der H. nur im Meistergrad getragen. Da sich auch die Juden bei ihrem Gottesdienste mit dem H. bedecken, hat die beziehungsreiche Literatur der Gegner hier eine jüdische Sitte vermutet, die ihr zur Erklärung der jüdischen Abstammung der Freimaurerei gelegen kam. In Wirklichkeit hat der H. in der Loge eine ganz andere Herkunft. In England sitzt der Speaker bedeckten Hauptes. Bei Verkündigung eines Urteils bedeckt sich der Richter. Nach den „Three Distinct Knocks", einer Verräterschrift aus dem 18. Jahrhundert, nimmt der Meister vom Stuhl den Hut zu Beginn der Arbeit ab und bedeckt sich zum Zeichen des Schlusses. In den deutschen Logen hat der H. symbolische Bedeutung als Zeichen der Freiheit. Als solches ist der H. ein uraltes Symbol, so bei der Freilassung der Sklaven in Rom. Nach Cäsars Ermordung wurden von Cassius und Brutus Münzen geschlagen, die einen H. mit zwei Dolchen (Schwertern) als Zeichen der Freiheit zeigten. Dieses Beispiel wurde auch später von den Niederlanden nach Abwerfung des spanischen Joches nachgeahmt. Als Nero gestorben war, lief das römische Volk zum Zeichen seiner durch den Tod des Tyrannen nun wiedererlangten Freiheit mit dem H. auf dem Kopfe in der Stadt umher. Der spanische Grande bedeckte sich vor seinem König als besonderes Vorrecht. Auch die Quäker verbieten das Abnehmen des H. im Hinblick auf die allgemeine Freiheit und Gleichheit.

Im 18. Jahrhundert wurde auch in den englischen Logen allgemein der H. getragen. In den französischen Logen überreichte der Meister dem Kandidaten nach der Aufnahme den H. mit den Worten: „In Zukunft dürfen Sie sich damit bedecken.“ Später trug der Meister allein den H. So nach den Hausgesetzen der „Sea Capitains Lodge“, Liverpool 1788. Späterhin kam der H. in den englischen Logen vollkommen ab, nur eine englische Loge, die Loge von Newstead Nr. 47, hat den Brauch beibehalten.

Bei freimaurerischen Begräbnissen bleibt der amerikanische Meister vom Stuhl auch am offenen Grabe bedeckt, während alle anderen Brr. das Grab barhaupt umstehen.

Bei freimaurerischen Begräbnissen bleibt der Marschall (1730) oder der Großlogentürhüter (Montgomery) in einem himmelblauen Barett. Auf altenglischen Stichen, so der Logenliste von 1735, ist der Meister bedeckt, die anderen Teilnehmer ohne H. Auf dem Titelkupfer der ersten Konstitution sind alle barhaupt. 1728 dagegen auf dem Stiche von Cole, Meister und beide Aufseher bedeckten Hauptes.

Hutchinson, William, Schriftsteller, * 1732, † 1814, schrieb mehrere zu seiner Zeit vielgelesene Romane, betätigte sich als Altertumsforscher und gab einige der in England so beliebten Landschaftsgeschichten heraus („History of Cumberland“ u. a.). Als Freimaurer wurde er, der Meister vom Stuhl der Loge „Concordia“ in Barnardcastle war, durch sein Werk „The Spirit of Masonry, in moral and elucidatory Lectures“ berühmt, das 1775 mit Genehmigung der Großloge erschien und, wie Oliver schreibt, von seinen Zeitgenossen mit Begeisterung begrüßt wurde. H. vertritt in diesem Werke allerdings sehr persönliche Anschauungen, die er durch eine gezwungene Etymologie zu stützen bestrebt ist. Besonders eigenartig ist seine christliche Deutung des Meistergrades, wonach in Hiram die Ersetzung des verbrauchten Alten Testamentes durch das Neue symbolisiert sein soll. Die Bedeutung H.s liegt in seiner Zeit. Die späteren Freimaurergenerationen haben sich von seinen Theorien vollkommen abgewandt.

Huysmans, Camille, belgischer Politiker, einer der Führer der Sozialdemokratie seines Vaterlandes und der Internationale, * 1871, Minister für Wissenschaft und Kunst in den Kabinetten Poullet und Jaspar 1925 bis 1927, ist Freimaurer.

Hymans, Paul, belgischer Staatsmann und Diplomat, * 1865, liberaler Politiker, Justizminister, wiederholt — auch gegenwärtig, 1931 — Außenminister, erster Delegierter Belgiens bei der Friedenskonferenz, Präsident der Völkerbundversammlung, ist Freimaurer. („Mitteilungen der Großloge zur Sonne“, Orient Bayreuth 1929/30, Heft 7.)

Hyppolite, Louis Mondastine Floréal, Präsident der Republik Haiti, * 1827, † 1865, Adjutant des Generals Télémaque, entfachte nach der Hinrichtung des ersteren durch dessen Gegner Légitime einen Aufstand, siegte 1889 und wurde Präsident, führte ein absolutistisches, zugleich aber aufgeklärtes Regime, wurde vergiftet. Er war Freimaurer, ebenso wie sein Vorgänger Boyer (s. d.).

I

Ibero-amerikanischer Freimaurerkongreß, sollte, einberufen von der Großloge von Spanien anläßlich der Weltausstellung in Barcelona im September 1929 stattfinden. Die Veranstaltung wurde aber ohne Angabe von Gründen in letzter Stunde vom Präfekten verboten, nachdem bereits eine Reihe von Delegationen, u. a. der Ausschuß der A. M. I. (s. d.) in Barcelona eingetroffen waren.

I. C. = Irish Constitution, Bezeichnung für alle Logen, die unter der Großloge von Irland arbeiten.

Ich bin, der ich bin. Im Hebräischen: eheyeh ascher eheyeh. Geht zurück auf Exodus 3, 14. Wiederholt in Hochgraden gebraucht. Auch in kabbalistischen und magischen Inschriften, so z. B. auf den magischen Tafeln der Gold- und Rosenkreuzer.

Ičko, Peter, serbischer Freiheitskämpfer, † 1808, Führer der Kaufmannschaft, erster Bürgermeister des freien Belgrad, war Freimaurer.

Idaho. Bundesstaat der Vereinigten Staaten von Nordamerika. Die Großloge, gegründet 1867, hatte 1930 80 Logen und rund 10.400 Mitglieder. Adresse: Masonic Temple, Boise.

Idealismus, Weltanschauung, die an die Realität und gestaltende Kraft der Ideen glaubt. Der metaphysische I. lehrt, daß nur Ideen wirklich existent sind, die physische Welt hingegen nur ihre Entfaltung sei. Erkenntnistheoretisch behauptet der I., daß die Außenwelt im Grunde stets vom erkennenden Subjekt abhängig sei. Ideale sind die auf vollkommene Weise verwirklicht gedachten Ideen, Grenzwerte. Die Philosophien von Plato, Lessing, Herder, Kant, Fichte, Schelling, Eucken, Vaihinger u. a. beruhen zum Teil auf idealistischer Grundlage. „Der Mensch bedarf Ergänzungen der Wirklichkeit durch eine selbstgeschaffene Idealwelt“ (Vaihinger). In praktischer Hinsicht bedeutet I. das Erfülltsein mit Idealen, idealer Gesinnung, idealem Streben, Orientierung des Wollens an Idealen. Fehlt diesem Idealismus die realistische Begründung, so wird der Idealist zum Schwärmer oder Phantasten. Die Freimaurerei ist geistesgläubig (Bischoff), ihre Weltanschauung ist idealistisch. Ihr höchstes Ideal ist von Humanität erfüllte Kultur. Sie erstrebt die Vergeistigung des Triebhaften, die harmonische Entfaltung aller schöpferischen Kräfte und ihre Zusammenfassung in einer vollkommenen Synthese. Der Freimaurer hegt die Überzeugung, daß Institutionen und Maßnahmen ohne tragende Gesinnung wertlos sind, und daß man die Welt nur verbessern kann, wenn es gelingt, das Individuum im Sinne der Ideale umzugestalten.

I. d. u. h. Z., Abkürzung von: In den uns heiligen Zahlen, freimaurerische Briefformel, französisch: p. l. n. s., par les nombres sacrés.

Iffland, August Wilhelm, der größte deutsche Schauspieler seiner Zeit, * 1759, † 1814, auch als fruchtbarer Dichter tätig, zuletzt Generaldirektor aller königlichen Schauspiele in Berlin. Der Ifflandring, heute im Besitze Albert Bassermanns, erinnert an I.s für die deutsche Schauspielkunst richtunggebende Größe. Er wurde durch Schröder (s. d.) in den Freimaurerbund aufgenommen. Von ihm auch ein freimaurerisches Theaterstück: „Der Magnetismus“, Nachspiel in einem Aufzuge, 1787.

Igglesden, Sir Charles, englischer Schriftsteller und führender Journalist, * 1861, Präsident der englischen Sektion der Internationalen Journalistenvereinigung, ist Freimaurer.

Illinois. Bundesstaat der Vereinigten Staaten von Nordamerika. Die 1823 gegründete Großloge ging 1827 wieder ein, da in Chicago die im Gefolge der Morgan-Affaire aufgetretenen Freimaurerverfolgungen sich ganz besonders auswirkten. 1840 wurde sie wiederbegründet. Sie zählte 1930 1013 Logen mit 295.000 Mitgliedern und ist die zweitgrößte Großloge der Vereinigten Staten, die drittgrößte der Welt (nach New York und England). Adresse: Masonic Temple, Harrisburg, Ill. Im Masonic Orphans Home in La Grange sind durchschnittlich 250 Waisenkinder untergebracht.

Illuminaten. In den 70er Jahren des 18. Jahrhunderts in Bayern gegründeter Geheimorden, der — und im Zusammenhang mit ihm die Freimaurerei — zu Unrecht als Urheber der Schreckensherrschaft der französischen Revolution und ihrer Folgen für ganz Europa bezeichnet wurde. Stifter des Ordens war der streitbare Ingolstädter Professor Adolf Weishaupt (s. d.), der nach dem organisatorischen Vorbild des Jesuitenordens, mit dem er im Kampfe stand, eine „Geheime Weisheitsschule“ ins Leben rufen wollte, in der die besten jungen Akademiker unbehindert von den traditionellen Fesseln alles das lernen sollten, was die Priester von den Lehrstühlen verbannt hatten. Am 1. Mai 1776 wurde die Gründung vollzogen. Weishaupt und den Studenten Massenhausen, der mit ihm die Satzungen ausgearbeitet hatte, eingerechnet, bildeten fünf Mitglieder die neue Vereinigung, die erst „Orden der Perfektibilisten“ heißen sollte, dann aber „Orden der Illuminaten“ genannt wurde. An die Stelle der profanen Namen der Mitglieder traten Pseudonyme. Weishaupt hieß Spartakus, Massenhausen Ajax. Nur allmählich wuchs der Orden. U. a. wurden Kanonikus Hertel, Weishaupts alter Schüler Franz Xaver Zwackh, Sekretär der bayrischen Staatslotterie in München, der einflußreiche Geheimrat Lori, der Münchner Arzt Bader, der Freiherr von Bassus, Marquis Constanzo Mitglieder. Zwackh wurde der Exponent des Ordens in der bayrischen Hauptstadt. Die Gründer und die ersten, die nach ihnen beitraten, erhielten den klingenden Titel Areopagiten. 1779 entstand ein „Lehrplan“ mit drei Ordensklassen: Novize, Minerval, Erleuchteter Minerval.

Die Novizen mußten nach strengster Schweigeverpflichtung eine Vorbereitungsklasse oder „Pflanzschule“ durchlaufen, in dieser in förmlichen Exerzitien über die Ordensziele: sittliche Vervollkommnung und Glück der Menschheit nachdenken, unbedingten Gehorsam gegenüber den Oberen geloben, am Ende jedes Monats versiegelte Briefe mit der Aufschrift „Quibus licet“ abliefern, die — ein durch alle Klassen fortgeführtes System gegenseitiger Bespitzelung — eingehende Berichte über den einführenden Bürgen darstellen. Dafür mußte dieser Pate wieder ständig Charakteristiken seines Schützlings liefern. Nach Absolvierung der Prüfung mußte der Novize jedes Detail, das ihn, seine Familie und seine Beziehungen anging, in Formularen mit zahlreichen vorgeschriebenen Rubriken bekannt geben, bestimmte Bücher studieren über Rhetorik, Philosophie, Moralsysteme, alte und neue Sprachen, und den Niederschlag der Lektüre in Aufsätzen zum Ausdruck bringen. Wichtig war auch die Werbetätigkeit.

Minerval, „Schüler der Minerva“ wurde der Novize durch rituelle Einweihung. In dieser Klasse trug man an einem grünen Band eine Eule, die ein Buch in der Klaue hielt, das die Buchstaben P. M. C. V. (per me coeci vident) zeigte. Die Minervalen mußten ein Tagebuch führen, wissenschaftliche Aufzeichnungen machen, fleißig die Quibus licet abliefern. Ein seltsames Kalendarium, in dem die Monate eigene Namen hatten, verzeichnete die Versammlungsdaten. Die Arbeiten der „Minervalkirchen“ hatten den Charakter gelehrter Akademien, brachten Berichte über Bücher, interessante Entdeckungen, wissenschaftliche Vorträge über Themata, die im Zusammenhang mit der höheren Entwicklung der Menschheit standen.

Erleuchteter Minerval — Minerval illuminatus — wurde man ohne viel Zeremonien. Aus dieser Klasse wurden die Leiter der Minerval-Versammlungen gewählt. In allen Klassen wurde mancherlei von den Jesuiten übernommen. Weishaupt, der „General" des Ordens, hieß sogar die Maxime gut: der Zweck heiligt die Mittel. Die Dürftigkeit des Aufbaus brachte schon bald nach der Gründung eine Schwächeperiode. Man suchte deshalb Anlehnung bei der Freimaurerei, verschaffte sich durch Marquis von Constanzo von der Berliner Großloge Royal York ein Patent für eine Münchner Loge „Theodor zum guten Rat", die man dann unabhängig erklärte und in den I.-orden überführte. Auf einer Reise nach Frankfurt warb Marquis Constanzo den Freiherrn von Knigge (s. d.), der als Philo bald der wichtigste Mann im Orden wurde. Er beendete die zwischen Weishaupt und den Areopagiten ausgebrochenen Streitigkeiten, arbeitete einen Neuen Ordensplan aus, der wieder drei Klassen brachte, deren jede aber mehrere Grade hatte. Zur ersten, die bisherigen Stufen umfassenden Klasse kam der Illuminatus minor, die zweite Klasse wurde aus den drei Graden der symbolischen Maurerei gebildet unter Hinzufügung zweier weiterer Abteilungen; Illuminatus major oder Schottischer Novize und Illuminatus dirigens oder Schottischer Ritter. Die dritte Klasse sollte in vier Graden die eigentlichen Mysterien lehren. Zwei Grade wurden aber nur fertig: Priester und Regent. Der Illuminatus minor hatte die leitenden Minervalen auszubilden, der Illuminatus major war Lehrmeister der Ordenswerber. Der Illuminatus dirigens nahm an der Leitung der „Präfekturen", der „Direktion des unteren Gebäudes" teil. Der Priestergrad war die Krönung der von Weishaupt erdachten wissenschaftlichen Akademie; die Synode der Priester sollte Hüterin eines Schatzes enzyklopädistischer Weisheit werden. Betrachtungen über Aufrichtung eines „allgemeinen Sittenregiments", Despotismus, Tyrannei und Revolution haben den Priestergrad als politischen Grad erscheinen lassen, doch ist manches daran wohl lediglich auf die Ausdrucksweise der Sturm- und Drangperiode zurückzuführen, in die ja der Illuminatismus fiel. Die Reformen Knigges brachten starken Zuwachs. U. a. traten bei: Herzog Ferdinand von Braunschweig, Herzog Ernst von Gotha, Herzog Karl August, Goethe (Abaris), Herder, Bode (s. d.), Karl Freiherr von Dalberg, Graf Stolberg, regierender Fürst von Neuwied, Generalpostmeister Graf Thurn-Taxis, Graf Cobenzl, Josef von Sonnenfels, Hofrat Freiherr von Born in Wien und viele andere, die im gesellschaftlichen und geistigen Leben hervorragten, und auch geistliche Kreise waren vertreten.

Bald erwuchsen aber Feinde: manche Freimaurer, die Berliner Rosenkreuzer (s. d.) unter Wöllner, ferner die reaktionären Berater des 1777 in Bayern als Nachfolger des aufgeklärten Maximilian zur Herrschaft gelangten Kurfürsten Karl Theodor (s. d.). Auch neuerliche heftige innere Streitigkeiten, die zum Austritt Knigges führten, hemmten bald die Entwicklung. Der Münchner Buchhändler Strobl, Professor Westenrieder, Kanonikus Dantzer, die Herzogin Maria Anna, die Professoren Josef Utzschneider, Grünberger, Cosandey, Renner und Zaupser, die letzteren vier selbst gewesene I., begannen aus meist sehr persönlichen Motiven ein Kesseltreiben gegen den Orden, beschuldigten diesen gefährlicher politischer Treibereien. 1784 erließ der Kurfürst Karl Theodor, beeinflußt auch durch seinen Beichtvater, den Zirkeldirektor der Münchner Rosenkreuzer Pater Frank, ein Edikt gegen die geheimen Gesellschaften. Eine Flut von Schriften und Zeitungsangriffen setzte ein. Pater Frank, der Kanzler Freiherr von Kreitmayr, der Rosenkreuzer Freiherr von Thörring und andere maßgebende Hofleute lagen dem Kurfürsten in den Ohren, bis dieser schließlich energisches Vorgehen beschloß. Es nützte den I. nichts, daß sie in Bayern ihre Tätigkeit einstellten. Neue Edikte ergingen, viele I. wurden verhaftet, Offiziere und Beamte verloren ihre Posten, auch Geistliche wurden versetzt, alles unter dem Vorwand, sie seien „notorische Freidenker". Weishaupt floh. Ordensschriften, die man bei Zwackh in Landshut fand und die auf Befehl des Kurfürsten von mehreren der Hauptdenunzianten unter dem Titel „Einige Ordensschriften des I.-Ordens ..." höchst willkürlich aneinandergereiht in Buchform herausgebracht wurden, und weitere Dokumente aus dem Besitz des Freiherrn von Bassus („Nachtrag von weiteren Originalschriften ...") steigerten die Verfolgungswut. Man lastete den I. Giftmorde, Weltherrschaftspläne und alle möglichen Verbrechen an, an die sie niemals gedacht hatten, so daß ein neuerliches Edikt die I. ein „weit mehr als die Pest zu verabscheuendes Übel" nannte und auf jede weitere Tätigkeit für den Orden Todesstrafe setzte. Die tatsächlichen Strafen fielen dann allerdings viel milder aus. Nur gegen Weishaupt, den man in ganz besonderer Weise der gemeinsten Verbrechen zieh, wollte der Haß nicht zur Ruhe kommen, auch dann nicht, als er sich in der Freien Reichsstadt Regensburg in Sicherheit wähnte. Die Treue des Herzogs Ernst von Gotha, der ihm Asyl in Gotha bot, rettete ihn (s. Weishaupt). Schließlich verfügte Graf Stolberg, der an Stelle von Weishaupt die Leitung des Ordens als Nationaloberer übernommen hatte, die Einstellung der Tätigkeit. Als letzte schloß die Weimarer Minervalkirche unter Bode ihre Pforten. 1785 fand die Ordenstätigkeit ihr Ende.

Während der französischen Revolution gingen Gerüchte um, der Orden sei wieder aufgelebt. Ein neues Kurfürsten-Edikt erging. Die I. wurden als internationale Spießgesellen der Jakobiner ausgeschrien. Professor Leopold Alois Hoffmann (s. d.) in Wien, der Hannoveraner Leibarzt Zimmermann, der Ungar Martinovics, der französische Abbé Barruel (s. d.), der Schotte Robinson, sogar Cagliostro, dieser vor dem Gerichtshof der römischen Inquisition, wetteiferten in

Denunziationen gegen die „Sophisten des Aufruhrs", wobei Mirabeau und Bode als die Verbindungsglieder mit Paris galten. Nach Barruel war das Problem der französischen Revolution mit der Formel „Enzyklopädisten—Freimaurer—I.—Jakobiner" zu lösen. Jahrzehntelang wurde diese ebenso unrichtige wie törichte Beschuldigung geglaubt.

Illuminaten, Moderne. Auf Initiative von Theodor Reuß (s. d.) wurde 1906 von Leopold Engel, dem deutschen Historiker der I. des 18. Jahrhunderts, ein neuer I.-Orden ins Leben gerufen, wobei es sich naturgemäß nicht um eine Organisation des 1785 entschlafenen Weishauptschen Ordens handeln kann. Der Lehrplan und die Organisation des neuen Ordens wurden von Engel geschaffen, nachdem die Behauptung von Reuß, daß in seiner Person „sich die noch übrigen Reste des alten Ordens konzentrierten", sich als falsche Vorspiegelung herausgestellt hatte und in Wahrheit nichts mehr bestand als das, was irgendwelche Antiquare verschaffen konnten. (Vergl. Leopold Engel in der Abonnementseinladung zu dem umgearbeiteten Lehrgang „Über Mensch- und Selbsterkenntnis".) Im Laufe der Zeit wurden den eigentlichen I.-Graden, ebenso wie im alten Orden, ohne jede Beziehung zur anerkannten Freimaurerei, freimaurerische Grade hinzugefügt. Während noch in der Nr. 1, Jahrgang I., des „Ordensanzeigers des I.-Ordens, Sitz in Dresden", keinerlei Bemerkung über den freimaurerischen Charakter des Ordens in Erscheinung trat, sondern gesagt ist, die Mitglieder verbinde nur ein freundschaftliches Band, ist dann aus einem späteren amtlichen Blatte: „Das Wort, Bausteine für Freimaurerei und allseitige Erkenntnis" (Verlag Herzog in Meerane) und aus dem „Ordensanzeiger des Illuminatenordens", VII. Jahrg. (Nr. 1), von Jänner-Februar 1914 zu ersehen, daß schon 1912 in Berlin eine „Johannisloge" des Ordens „Adam Weishaupt, Zur Pyramide" bestand, die unter Konstitution einer „Großen Illuminaten-Freimaurerloge für Deutschland" arbeitete. Eine seit 1910 in Köln bestehende I.-Loge „Adam Weishaupt, Zum Licht am Rhein" hatte 1913 ebenfalls beantragt, zu einer Freimaurerloge erweitert zu werden, welchem Wunsche der Ordenskustos Leopold Engel als Beauftragter der Berliner Loge entsprach, freudig als derjenige begrüßt, der ausersehen war, die I.-Freimaurer ihrem großen Ziele entgegenzuführen. Nach dem Weltkriege griff der I.-Orden u. a. nach Österreich über. Beziehungen zur Freimaurerei bestehen nach wie vor nicht.

Illuminatus dirigens oder **Schottischer Ritter** (Andreas-Ritter), höchste Stufe der zweiten Klasse des I.-Ordens. Der Grad hatte administrativen Charakter. Die Mitglieder der Kapitel hatten an der Leitung der Präfekturen teilzunehmen. Schurz mit grünem Kreuz.

Illuminatus major oder **Schottischer Ritter**, vierte Stufe der zweiten Klasse des I.-Ordens, anschließend an die drei Grade der Symbolischen Maurerei. Der I. m. war der Lehrmeister seiner Brr., die als Werber für den Orden auftraten. Die in allen Graden übliche Charakterzergliederung, das „Porträt" des Kandidaten, war hier sehr eingehend. Das Fragestück umfaßte 32 Seiten. Die Weisung lautete: „Erforsche dich selbst, wenn du andere ergründen willst. Dann erst erforsche die anderen." Die reichlich bombastische Belehrung, die der I. m. nach der Weihe erhielt, wurde später mit als „Beweis" für die große politische Konspiration angeführt, deren man die Illuminaten verdächtigte. Man lehnte zwar ausdrücklich gewaltsame Reformen als verwerflich ab, sprach aber davon, man müsse „um die Mächtigen der Erde eine Legion von Männern sammeln, die unermüdlich sind, alles zum Besten der Menschheit zu leiten ...", „alle Stellen, wo Macht für die gute Sache zu erringen ist, zu gewinnen versuchen" und so „durch redliche und sanfte Mittel Einfluß auf die Regierungen bekommen" Grünes Schurzfell.

Illuminatus minor, letzte Stufe der ersten Klasse des Illuminatenordens, war zur Ausbildung der leitenden Minervale (s. d.) bestimmt (s. Illuminaten).

Illuminés d'Avignon, hermetisches freimaurerisches System des 18. Jahrhunderts, das nichts mit den Illuminaten zu tun hat, mit denen es fälschlich oft in Zusammenhang gebracht wird. Sein Gründer war der 1716 geborene Benediktiner Dom Antoine Joseph Pernetty. Studium alchimistischer Werke brachte ihm die „Erleuchtung, die antike Mythologie sei nichts als eine Allegorie der hermetischen Philosophie". Das führte ihn dazu, 1758 die „Fables égyptiennes et grecques devoilées et reduites au même principe ..." und im Anschluß daran einen „Dictionnaire mythohermétique" zu veröffentlichen, die Ilias und die Odyssee hermetisch zu erklären. 1765 verließ er sein Kloster, ging nach Avignon, erweckte dort die infolge der päpstlichen Bulle von 1751 eingeschlafene Freimaurerei zu neuem Leben und schuf 1766 in der Aristokratenloge „Les sectateurs de la vertu" ein neues System, den Rite hermétique oder Rite de Pernetty. Zu den drei symbolischen Graden traten sechs Hochgrade: wahrer Maurer, wahrer Maurer auf dem geraden Wege, Ritter des goldenen Schlüssels, Ritter der Iris, Ritter der Argonauten, Ritter des Goldenen Vlieses. Durch alle Grade zogen sich hermetische Lehren. Der Leib Hirams versinnbildlichte die prima materia des Großen Werkes. Pernetty schuf noch einen weiteren Grad, den „Sonnenritter", dessen Ritual einen vollständigen Kurs der hermetischen und gnostischen Wissenschaften enthielt. Aus Furcht vor Verfolgungen von klerikaler Seite ging Pernetty nach Berlin, wo ihn Friedrich der Große zum Bibliothekar und Mitglied der Akademie der Wissenschaften machte. Pernetty gab in seinem Exil ein physiognomisches Werk: „Discours sur la Physionomie et les Connaissances physionomiques" (1769) heraus. Mit seinen Adepten in Avignon blieb er in ständiger Verbindung. Mit seiner Hilfe wurde 1770 die Loge „Saint-Jean d'Ecosse" zur „Mère-Loge Ecossaise du Comtat-Venaissin" aus der dann auf Umwegen die „Mère-Loge Ecossaise de France" in Paris wurde, gegründet. Diese praktizierte unter Führung des Arztes B o i l e a u die hermetische Maurerei von Pernetty, erhöhte aber 1778 die Zahl der Hochgrade auf zwölf durch Hinzufügung theosophisch-mystischer Stufen, deren erste drei Abteilungen waren: „Ritter des Schwarzen Adlers oder Souveräner Prinz Rosenkreuzer von Heredom", einen Lehrgang der Magie, Alchimie und Astrologie. Die „Physiognomischen Fragmente" L a v a t e r s führten Pernetty zur Veröffentlichung der „Connaissance de l'homme moral par celle de l'homme physique" und „Observations sur les maladies de l'âme", in denen er die abstruse Theorie zweier ungleicher Seelen aufstellte. Immer mehr verfiel Pernetty der Mystik, kam er sich als Neugeborener, Seher, Erleuchteter (Illuminé) vor. Eifrig nahm er an den Arbeiten der Berliner okkultistischen Maurerzirkel teil, bildete auch einen eigenen Kreis der „Eingeweihten des heiligen Wortes" zwecks Suche nach dem Stein der Weisen. Hauptmitarbeiter in diesem Zirkel war der Starost von Libau, der polnische Graf H r a b i a n k a. Dom Pernetty glaubte allen Ernstes, von einem Engel Assadai geleitet zu sein, der erst zum Himmel zurückkehren werde, wenn Pernetty das Geheimnis des Großen Werkes entdeckt haben würde.

1783 kehrte Pernetty, gefolgt von Hrabianka und mehreren anderen Adepten, nach Valence, bezw. Avignon zurück und setzte dort in einem „Thabor" die okkulten Übungen fort. Mittlerweile waren Elemente aus den Lehren des Visionärs S w e d e n b o r g (s. d.) hinzugekommen, dessen Werke Pernetty ins Französische übersetzt hatte. Die bald stark wachsende Gruppe, die später als die „Illuminés d'Avignon" bezeichnet wurde, träumte von einem neuen Zion, dessen Hohepriester Pernetty sein sollte. Alle Mitglieder waren Freimaurer, in ihrem System spielte neben der heiligen Dreieinigkeit die Jungfrau Maria eine besondere Rolle. Während der Jakobinerherrschaft wurde Pernetty verhaftet, aber dann wieder freigelassen. Er starb 1796. Wenige Jahre nach seinem Tode hörte die Tätigkeit seiner Gruppe auf. Der Grad des „Sonnenritters" ging in den A. u. A. Schottischen Ritus über (vergl. Joanny B r i c a u d, Les. I d'A., Paris 1927).

Illusion ist im allgemeinen eine Empfindung, die einen höheren Grad an Realität beansprucht, als ihr auf Grund der äußeren Veranlassung zukommen würde, daher auch Einbildung. Im praktischen Sinne ist I. Selbsttäuschung betreffend den Wert eines Gegenstandes, eines Menschen, einer Idee. Der Idealismus (s. d.) führt im Grunde zur I., die aber zum Teil lebensfördernd wirkt. Auch die absoluten Wahrheiten, die Dogmen, sind I., doch kann die Gemeinschaft ohne sie, die das zusammenhaltende Element bilden, nicht auskommen. „Der Wille zum Schein ist metaphysisch tiefer als der Wille zur Wahrheit" (N i e t z s c h e). Auch das Erkennen kann der I. nicht entraten; indem die Hauptzüge einer Erscheinung verstärkt, die Nebenzüge vergessen werden, wendet das Erkennen I. an (Nietzsche). Die im sozialen Sinne aufgefaßten I. erwecken Hoffnung und reißen zur Selbsthingabe mit, die die Voraussetzung des Kulturfortschrittes ist. „Wege, die zu irren und zu träumen" (S c h i l l e r). Die Freimaurerei leugnet nicht die Wichtigkeit der I., der Dogmen (s. d.) für das soziale Geschehen, sie will aber verhindern, daß sie in Aberglauben ausarten und infolge ihrer suggestiven Kraft in Intoleranz überschlagen.

Illustre Frère (frz.), Anrede, die bestimmten maurerischen Würdenträgern, bezw. den Inhabern bestimmter Grade ritualmäßig zukommt.

Illyrien, Königreich. N a p o l e o n I. schuf 1809 aus Dalmatien, Istrien sowie aus Teilen von Krain, Kroatien und Kärnten ein Königreich I., zu dessen Verwaltungszentrum die Stadt Laibach erwählt wurde. War in diesen Ländern, soweit sie bisher der österreichischen Krone angehört hatten, die Freimaurerei streng verboten, so erfreute sie sich unter französischer Herrschaft des allerhöchsten Schutzes. Wo immer französische Offiziere und Verwaltungsbeamte auf ihren Kriegszügen hinkamen, pflegten sie in Feldlogen freimaurerische Arbeit und errichteten auch, bei längerer Anwesenheit, Zivillogen, in die sie angesehene Bewohner des Landes aufnahmen. So entstanden auch in den illyrischen Provinzen unter dem Schutze des Grand Orient de France eine Reihe von blühenden Bauhütten. In Laibach arbeitete bereits 1808 eine französische Militärloge, „La parfaite Amitié" genannt. 1812 wurde hier auch eine Zivilloge gestiftet, die den Namen „Les amis du Roi de Rome et de Napoléon" erhielt. Ihr gehörten eine Reihe hervorragender Bürger der Stadt, Deutsche, Italiener und Slowenen, als Mitglieder an, darunter der Laibacher Weihbischof R i z z i und der bedeutende slowenische Dichter V o d n i k. Auch in Fiume, Karlstadt und Triest entstanden auf diese Weise eigene Bauhütten, deren Mitglieder, soweit sie ortsansässig waren, nach der Rückkehr der Habsburger von der Polizei M e t t e r n i c h s auf das ärgste verfolgt wurden.

Immediate Past Master, abgekürzt I. P. M., wird der unmittelbare Vorgänger des amtierenden Logenmeisters nach englischem Ritual genannt. Er sitzt zur Linken des Meisters vom Stuhl und trägt als Abzeichen ein Winkelmaß mit der Darstellung des 47. Problems des Euklid. Er vertritt den Meister vom Stuhl in seiner Abwesenheit.

Immermann, K a r l L e b e r e c h t, deutscher Dichter und Dramatiker („Oberhof") * 1796, † 1840, Landesgerichtsrat, dann Theaterintendant in Düsseldorf, wurde 1825 in die Magdeburger Loge „Ferdinand zur Glückseligkeit" aufgenommen.

Immovable Jewels (engl.), Unbewegliche K l e i n o d i e n (s. d.).

Immyns, J o h n, englischer Musiker, † 1764, Mitbegründer der heute noch bestehenden „Madrigal-Society", war 1725 bei einer Logenversammlung (King's Arms, St. Pauls Churchyard) anwesend.

Imperatoren wurden in der ersten Hälfte des 18. Jahrhunderts in einer Reihe von Schriften die angeblichen höchsten Führer des Ordens der Rosenkreuzer genannt, über die nähere Aufschlüsse aber nirgends gegeben werden: Johann

Carl v. Frisau um 1730, Abraham van Brün in Hamburg, der „letzte echte Rosenkreuzer“, † zwischen 1745—1750, Friedrich Stein aus Utrecht (um 1725), Tobias Schultze in Amsterdam um die Jahrhundertmitte (s. Rosenkreuzer).

Inaktivieren, außer Arbeit setzen. Daher inaktive oder ruhende, auch eingeschläferte Logen. Inaktive Freimaurer sind solche, die aus einer Loge ausgetreten sind, ohne sich einer anderen wieder angeschlossen zu haben.

Indenture (engl.), der Kontrakt oder Vertrag. Der Begriff spielt in der Steinmetzenüberlieferung eine bedeutsame Rolle. Als I. wird der Bauvertrag bezeichnet, den der Bauherr mit dem Mason eingeht, in welchem das Ausmaß der verlangten Bauarbeit und die Bezahlung vereinbart wird. Ebenso wird als I. bezeichnet der Lehrvertrag, den die Eltern oder Vormünder mit dem Mason bei Übergabe ihres Sohnes oder Mündels in die Lehre schließen. Beide Arten der I. sind für die Geschichte der Steinmetzen und Bauleute und daher auch für die Geschichte der Freimaurerei von großer Wichtigkeit.

Indeterminismus nimmt absolute Freiheit des Willens an. Der Wille ist fähig, unabhängig von äußeren und inneren Ursachen, seine Entscheidungen zu treffen. Die Freimaurerei lehnt die radikale Form des I. ab, da Freiheit in ihrem Sinne nicht Willkür heißen soll. Sie ist mit Kant der Ansicht, daß derjenige frei ist, „der selbstgegebenen Gesetzen gehorcht“, unfrei aber, „der seinen Neigungen unterliegt“. Sie neigt daher im praktischen Sinne dem Standpunkt des gemäßigten I. zu, ohne für sich das Recht zu beanspruchen, den theoretischen Streit des Determinismus (s. d.) und des I. entscheiden zu wollen (s. auch „Freiheit“, „Sittengesetz“).

Index. Die freimaurerischen Schriften stehen selbstverständlich auf dem Index der von der katholischen Kirche verbotenen Bücher. Die Große Landesloge der Freimaurer von Deutschland hat 1927 für ihre Lehrlinge und Gesellen ein Verzeichnis jener freimaurerischen Bücher und Zeitschriften bekannntgegeben, deren Lektüre seitens dieser Brr. der Ordensleitung unerwünscht ist und vor denen daher gewarnt wird. Genannt werden u. a. die Fischerschen Katechismen, das „Allgemeine Handbuch der Freimaurerei“, zahlreiche Veröffentlichungen des Vereins deutscher Freimaurer u. a.

Indiana. Bundesstaat der Vereinigten Staaten von Nordamerika. Die Großloge, gegründet 1818, hatte 1930 557 Logen mit 130.000 Mitgliedern. Im Masonic Home werden durchschnittlich 200 Männer und Frauen, 225 Knaben und Mädchen betreut. Die Jugendlichen werden in Cottages erzogen. Adresse: Masonic Temple, Indianapolis.

Indianer, die Ureinwohner Amerikas, finden sich in Amerika nicht selten in den Logen der Weißen. (Wiederholt ist auch der Versuch unternommen worden, in den alten Kultformen der I. Anklänge der Freimaurerei zu finden, was völkerpsychologisch wohl Analogien, aber nicht, wie viele Wald- und Wiesenhistoriker der Freimaurerei glauben, innere Zusammenhänge ergibt.) Bereits vor dem Unabhängigkeitskrieg traten in der Kolonie New York Irokesen dem Bund bei. Berühmte I., die Freimaurer waren, sind der Irokese und englische Parteigänger Josef Brandt (s. d.), der im amerikanischen Revolutionskrieg einem Gefangenen, dem Kapitän Mac Kinstrey, als dieser am Marterpfahle das Not- und Hilfszeichen gab, das Leben rettete. Auch Sitting Bull war Freimaurer gewesen, ebenso der Freund Washingtons, Red Jaquet, dessen Großneffe, General Ely S. Parker, der im Bürgerkrieg dem Stab des Generals Grant angehörte und Stuhlmeister einer Loge war, „Deerfoot“, der erste amerikanische Marathonläufer, Chester A. Lay, Sachem der Senecas, dessen Bruder John Lay (sein Stein auf dem Indianermissionsfriedhof trägt maurerische Embleme). Bei Einweihung einer Loge in Boston erschien der I. Wah Bah Gossh in voller Kriegsbemalung und beglückwünschte die Versammlung in formvollendeter Ansprache (1856). 1851 beschloß jedoch die Großloge von New York: „Es ist im allgemeinen unerwünscht, Personen indianischer Rasse aufzunehmen oder Logen aus ihnen zu bilden, weil mit ganz wenigen Ausnahmen nur einige I. die nötige Bildung besitzen, um die Grade zu erlangen, die Mehrzahl von ihnen aber zu ungebildet und bezüglich Sitten, Gebräuchen und Religion auf einer zu tiefen Stufe stehen.“ Im gleichen Beschlusse wurde aber die Aufnahme von zwei I. gutgeheißen, weil bereits ihr Vater Freimaurer gewesen war (Mc. Clenachan). Auch in der Folge sind nicht nur im übrigen Amerika, sondern auch im Staate New York manche hervorragende I. Freimaurer geworden; der lebenden Generation gehören z. B. von den Tuskaroras der Häuptling Clinton Rickards und der Superintendant der Baptistensonntagsschule Roy Patterson, der Politiker Nikodemus Billy von den Tonawanda-Indianern am Eriesee, der „rollende Donner“ William Newell und der bedeutende Opernsänger Oskenonton, beide Mohawks, an.

Indien. Lord Coleraine, englischer Großmeister, erteilte 1728 George Pomfret die Ermächtigung, in Fort ,William, Bengal dem heutigen Kalkutta, eine Loge zu gründen. 1730 erscheint sie offiziell im Großlogenregister als „East India Arms in Bengall“. Im gleichen Jahr wurde Captain Ralph Farr Winter als Provinzial-Großmeister von Ostindien bestellt. Die Freimaurerei machte in I. rasche Fortschritte — erste Loge in Bombay 1758 — so daß 1779 in fast allen von Engländern besiedelten Städten Logen bestanden. Die Aufnahme von Eingeborenen setzte 1843 mit der Gründung der Loge „Rising Star of Western India“, Nr. 342, in Bombay (Großloge von Schottland) ein. Der erste „Native“, der in Europa Zutritt zum Bund erhielt, war Maneckji Cursetjee, der dann mit Hilfe von Dr. James Burnes (s. d.) die Bewegung einleitete, die in der Folge der Freimaurerei so viele Inder aller Glaubensbekenntnisse zuführte. Heute unterhält die Großloge von England Distrikts-Großlogen in Bengal (81 Logen), Bombay (49 Logen),

Burma (20 Logen), Madras (35 Logen), Punjab (34 Logen) (s. alle diese). Die Großloge von Schottland hat eine Provinzial-Großloge „of all Scottish Freemasonry in India" (Bombay) mit 79 Logen, Irland unterstehen in I. elf Bauhütten.

Die indischen Logen zeichnen sich heute teilweise durch starke Rassenmischung ihrer Mitglieder aus. Sehr bezeichnend hierfür ist das bekannte Gedicht von Rudyard Kipling, „My Motherlodge", in dem es heißt:

„Der Rechnungsführer Bola, Jud Saul, der Aden entstammt,
Der Zeichner Din Mohammed vom Feldvermessungsamt
Und Babu Chikerbutty und Amir Singh, der Sikh
Und Schuppenverwalter Castro, ein römischer Katholik."

Bei den Arbeiten solcher Logen liegen auf dem Altar Bibel, Koran, Veden und es ist dem Neuaufzunehmenden anheimgestellt, das Gelübde, je nach seinem Glauben, auf eines dieser heiligen Bücher abzulegen. Da die Stuhlmeister jährlich wechseln, kommt es vor, daß ein Br. von einem Hindu aufgenommen, von einem Mohammedaner befördert und von einem Parsen in den Meistergrad erhoben wird.

Unter den (Past-) Großaufsehern der Großloge von England finden sich u. a. der Rajah von Kapurthala, der Sultan von Johore, der Maharadscha von Patiala.

Individualismus (im Gegensatz zu Universalismus [s. d.]) bedeutet in der Philosophie den Standpunkt, welcher nur den einzelnen Personen (Individuen) eine selbständige und absolut wertvolle Bedeutung zuerkennt, das Ganze aber (z. B. den Staat) lediglich als rein äußerlich tätiges Gemenge von Individuen ansieht. Der äußerste I. lehnt auch den Staat und die Gemeinschaft ab (z. B. die Philosophie Max Stirners) und führt zum Anarchismus und Nihilismus. Die individualistische Ethik kennt nur Beziehungen Einzelner zu Einzelnen, sie stellt das Individuum als absoluten Selbstzweck hin und schaltet somit den Gemeinsinn (s. d.) als seelische Anlage und den Universalismus (s. d.) als Richtung gesellschafts- und menschheitsumfassender Bestrebungen aus. Der historische I. betrachtet die großen Persönlichkeiten, die „Heroen", als Schöpfer der Geschichte im Gegensatze zum Sozialismus (s. d.), der die Geschichte als von den Massen erzeugt ansieht. Die Freimaurerei läßt einen bedingten I. als seelisch-geistige Entwicklungsnotwendigkeit für die Persönlichkeit, deren Selbstätigkeit und Freiheit weder überwuchert noch aufgehoben werden darf, zu; das freimaurerische Persönlichkeitsideal ist also (relativ) individualistisch. Das sittlich-geistige Ziel dieser Persönlichkeitsgestaltung aber ist universalistisch, d. h. es beinhaltet das Wohl des Ganzen (der Menschheit), dem der einzelne zu dienen hat. In der Freimaurerei läßt sich der (richtig begriffene) I. als Bedingung der Freiheit der Persönlichkeit mit dem Universalismus, der im Humanitätsideal gipfelt, organisch-sinnvoll und praktisch zusammenfügen.

Ineffable Degrees, die unaussprechlichen Grade, heißen im A. u. A. Schottischen Ritus die Hochgrade der Perfektionsloge (IV. bis XIV. Grad), weil in ihnen die Suche nach dem unaussprechlichen Namen (Gottes) behandelt wird.

Information, Lawfull. Ein Fremder, der eine Loge besuchen will, muß sich durch Kenntnis der Erkennungszeichen legitimieren. Die hierzu erforderliche Prüfung kann in angelsächsischen Logen durch die L. I. ersetzt werden, d. h. durch Bürgschaft eines der Loge bekannten Bruders, der ihn als Freimaurer kennt oder ihn bereits gehörig geprüft hat.

Informationsbüro, Maurerisches (Bureau maçonnique d'informations), Wohlfahrtsinstitution der schweizerischen Großloge „Alpina" für Stellenvermittlung, Jugendaustausch usw., verwaltet von der Großlogenkanzlei in Bern.

Ingemann, Bernhard Severin, dänischer Dichter und Schriftsteller, * 1789, † 1862, stand unter dem Einfluß der deutschen Romantik, schrieb Gedichte, Dramen („Masaniello" usw.), Märchen und Erzählungen, philosophisch gefärbte Romane aus der Geschichte des Mittelalters („Waldemar der Große und seine Mannen", „Prinz Otto von Dänemark" usw.), hatte größten Erfolg mit seinem auch in fremde Sprachen übersetzten Roman „Die Dorfkinder". Er war Freimaurer.

In Hoc Signo Vinces. Die Inschrift, die dem Kaiser Konstantin in Kreuzesform während der Schlacht gegen Maxentius (312) am Himmel erschienen sein soll. Nach dieser Erscheinung ließ Konstantin die Kreuzesfahne, das Labarum, bilden. Der amerikanische Templerorden führt den Spruch als Devise.

Initiation. Eine bereits im Altertume gebräuchliche Bezeichnung für eine Mysterienweihe („Ab Orpheo sacrorum solemnibus initiatus" Justin, XI. 7). Von den Freimaurern zur Bezeichnung der Einführung, Aufnahme, übernommen. Feßler nennt so die Einführung in die Erkenntnisstufen (s. d. und Initiationen).

Initiation d'un frère trois-points, L', französische antifreimaurerische Posse von Saint-Lo, wurde erstmals 1905 in Paris aufgeführt.

Initiationen nannte Feßler (s. d.) die von ihm an Stelle der Hochgrade eingeführten Erkenntnisstufen, die geschichtliche, abschnittweise gegebene Aufklärungen über die verschiedenen, teils erloschenen, teils noch tätigen Logensysteme mit höheren Graden vermitteln sollten. Damit in Verbindung steht „eine auf die edleren Gefühle des Menschen berechnete Initiation von rein moralischer Tendenz, in der nichts versprochen, auf nichts Höheres (d. i. keinen höheren Grad) hingewiesen, nichts unerklärt gelassen wird". Im Jahre 1804 wurde an Stelle der I. eine einzige Erkenntnisstufe gesetzt, die unter dem Namen „Vertraute Brüder" sich mit den Aufschlüssen über Geschichte und Wesen der Freimaurerei beschäftigte. Daraus entstand in der Folge in der Großen Loge von Preußen, genannt „Royal York zur Freundschaft", die einzige über die Johannisgrade hinausgehende Stufe, der Innere Orient, der zwar nach einem eigenen Ritual arbeitet, aber im übrigen nichts sein will als eine Abteilung der Großloge für Ritualfragen.

Initiationsritus. Die Aufnahme in den Freimaurerbund zeigt in Symbolik und Ritual starke Anklänge an die Mysterienform. Die Vorbereitung, die dunkle Kammer als Ausgangspunkt (in den antiken Mysterien die dunkle Höhle!), die Symbole der Zeit, des Todes, der geistigen Wiedergeburt, die symbolischen Wanderungen des Suchenden, der Gedanke der Reinheit (symbolisiert durch die kultische Bekleidung mit dem weißen Schurz), namentlich auch die Darstellung der Hiram-Legende im III. Grad, weisen starke Analogien zu den klassischen Initiationen auf (s. Mysterien).

Innenarbeit, Freimaurerische, die Arbeit an sich selbst („am rauhen Stein"), die kontemplative Tätigkeit im Tempel, die Erziehung zum Freimaurer in der Loge, das Versenken in Symbolik und Ritualistik, wird oft in Gegensatz zur Außenarbeit, zum Aktivismus, der in den der Freimaurerei gezogenen Grenzen auch außerhalb der Loge wirken will, gestellt. In vielen Großlogen führt die Frage: Kontemplation oder Aktivismus immer wieder zu Auseinandersetzungen. Die Antwort kann wohl nur lauten: Innen- und Außenarbeit (s. Aktivismus).

Innerer Orden, s. Innerer Orient.

Innerer Orient. Nach der Verfassung der „Großen Loge von Preußen, genannt zur Freundschaft" (vormals Royal York), haben die in einer ganzen Reihe von Orten bestehenden I. O., die Aufgabe, durch geeignete Unterweisung die Entstehung und geschichtliche Entwicklung aller Großlogenssysteme alter und neuer Zeit unter ihren Mitgliedern zu verbreiten, insbesondere aber soll in ihren Arbeiten das Wesen des Bundes gegenüber allen anderen ethischen und religiösen Gesellschaften klargestellt und alles ferngehalten werden, was dem innersten Wesen der Freimaurerei fremd wäre. Ein I. O. bildet eine engere Vereinigung erwählter, hiramitische Meister genannter Brr., er ist, auch wenn er sich nicht so nennt, ein Hochgrad, der im großen und ganzen der zweiten Abteilung (Andreasloge) der großen Landesloge entspricht. Die Mitgliedschaft wird lediglich durch Berufung erworben. Es kann daher kein Mitglied seine Aufnahme in einen I. O. beantragen. Solange die Große Loge von Preußen auch nichtchristliche Mitglieder aufnahm, wurde diesen die Zulassung zum I. O. nicht gewährt.

In der Lehrart der Großen National-Mutterloge „Zu den drei Weltkugeln" bilden die über dem IV. Grad (Schottengrad) vorhandenen drei Stufen den I. O. Das Bundesdirektorium ist in den inneren maurerischen Angelegenheiten als der „Höchste Innere Orient" der Bewahrer und Pfleger der Lehre und des Rituals.

Schon im Tempelherrensystem der Strikten Observanz umfaßte der I. O. (auch Innerer Orden) die Grade, die auf den Schottischen Meister folgten. Seine Versammlungen hießen Kapitel.

Inner Guard, die innere Wache, heißt im englischen Ritual ein Logenbeamter, der für die innere Deckung (s. d.) zu sorgen hat. Er führt die Gäste ein, übernimmt den Suchenden und erhält Aufträge vom II. Aufseher.

Innerster Orient, die oberste wissenschaftliche Abteilung der Großen Loge von Preußen, genannt „Zur Freundschaft", die als höchste Erkenntnisstufe die wissenschaftliche Erforschung des wahren Wesens der Maurerei und der geschichtlichen Entwicklung der Großlogensysteme aller Zeiten zu fördern und die Einsicht in diese Entwicklung unter den Mitgliedern zu verbreiten hat, namentlich „die Erkenntnis der Eigenart und Geschichte der Großen Loge von Preußen ..." (Kretschmer). Er bearbeitet alle Fragen des Gebrauchtums und der Lehre und legt seine Anträge der Großloge vor, während er selbst kein für die Großloge bindendes Beschlußrecht hat. Er besteht aus dem Großmeister, den Zugeordneten Großmeistern und den Ehren-Großmeistern sowie aus jeweils auf drei Jahre gewählten neun Mitgliedern des Berliner Inneren Orients als ordentlichen und aus den Provinzial-Großmeistern und ihren Deputierten, den Ehren-Großmeistern der Großen Provinziallogen, sowie den hammerführenden Beamten der Inneren Oriente und ihren ständigen Vertretern beim I. O. als außerordentlichen Mitgliedern.

In Ordnung! Aufforderung des Meisters vom Stuhl an die Loge, die im Ritual vorgesehene besondere Haltung der Logenordnung einzunehmen.

Inquisition. Sie bekämpfte seit 1737 die Freimaurerei. Der ersten Bulle gegen die Freimaurer „In eminenti", die am 28. April 1738 vom Papst Clemens XII. erlassen wurde, ging auf Veranlassung der Sacra congregatio inquisitionis am 25. Juni 1737 eine Konferenz voraus, an der der Papst mit den Leitern der drei päpstlichen Kanzleien, den Kardinälen Ottoboni, Spinula und Zondadari, und dem Inquisitor des heiligen Offiziums über die Freimaurerei beriet. Die Berliner „Vossische Zeitung" veröffentlichte in ihrer Nummer 85 einen Bericht aus der Lombardei vom 30. Juni 1737, wonach das heilige Amt der I. geurteilt habe, daß unter der Freimaurerei „ein geheimer Molinismus oder Quietismus verborgen seyn müsse". Man habe auch bereits die gerichtliche Verfolgung aufgenommen und verschiedene Personen verhaftet, „ob man gleich große Ursache zu zweifeln hat, daß ihre Grundsätze mit einigen Erleichterungen und hohen Betrachtungen, welche bei dem Molinismo und Quietismo zu finden, solten in Vergleichung zu stellen seyn". Im Kirchenstaat erließ der Kardinalstaatssekretär Firrao am 14. Jänner 1739 ein Edikt, das die päpstliche Bulle „unter Androhung der Exkommunikation, Konfiskation der Güter und selbst des Todes gegen freimaurerische Versammlungen unnachläßlich und ohne Hoffnung auf Begnadigung" kundgibt. Die Häuser, in denen derartige Versammlungen abgehalten und geduldet würden, seien niederzureißen, die zum Beitritt Geworbenen hätten bei einer Strafe von tausend Goldtalern oder sogar Einkerkerung die Namen der Anwerber anzuzeigen. Im gleichen Jahre wurde in Florenz Tommaso Crudeli (s. d.) wegen Zugehörigkeit zur Freimaurerei gefoltert und ins Gefängnis der I. geworfen.

Besonders heftig gebärdete sich die I. in Spanien, wo Philipp V. regierte. Der Generalinquisitor Orbe y Larreategui setzte ein Edikt durch, das die ganze Gerichtsbarkeit gegen die Freimaurer in den Wirkungskreis der I. verwies. Der König verbannte alle Freimaurer aus seinem Lande. Als man nach Ablauf der sechstägigen Gnadenfrist noch eine Loge entdeckte, wurden die dabei überraschten acht Freimaurer eingekerkert. Unter Ferdinand VII. setzte die I., nach Erlaß der zweiten antifreimaurerischen Bulle des Papstes Benedikt XIV., am 2. Juli 1751 wieder ein scharfes königliches Edikt durch. Urheber der Maßregel war der Franziskanermönch Fra José Torrubia (s. d.), Zensor und Revisor des heiligen Offiziums der I. zu Madrid. Auf seine Anklage hin erklärte der König, er habe beschlossen, „diesen nachteiligen Orden mit seinem ganzen Ansehen auszurotten". Immerhin kam er dem Wunsche Torrubias nicht nach, daß die Freimaurer „zur größeren Verherrlichung des Glaubens und zur Stärkung des Glaubens in einem erbaulichen Autodafé verbrannt werden".

Dagegen war es in Portugal schon früher unter Johann V. zu dieser Maßnahme gekommen. Drei Edelsteinschneider, Coustos (s. d.), Mouton und Braslé, wurden nach Folterung vor dem Präsidenten der I., Kardinal de Cunho, bei einem Autodafé in der Kirche des heiligen Dominikus zu Lissabon am 21. Juli 1744, dem der König mit dem ganzen Hofe beiwohnte, zu Galeerenstrafen, bezw. Deportation verurteilt. Im gleichen Jahre fanden zwei weitere Autodafés statt. Auch unter Josef I. setzte die I. ihre Verfolgungen bis zu dem Augenblick fort, da der Freimaurer Pombal (s. d.) Ministerpräsident wurde. Unter der Königin Maria I., die unter dem Einfluß des Inquisitors Alvara José Rodelhan stand, wurden die Freimaurer neuerdings der I. überantwortet.

1775 überfiel der Inquisitor P. Mabile mit Bewaffneten die Mutterloge in Avignon; 1785 wurden in Venedig mehrere Freimaurer verbannt, kurze Zeit hernach befahl der Staatsinquisitor Girolamo Diedo, auch in Verona nach Freimaurern zu fahnden. Eine Loge wurde ausgehoben, deren Gründer und Stuhlmeister, ein französischer Sprachlehrer, gefangengenommen. Zu Überfällen kam es auch in Padua und Rom. Dort benützte die I. auch den Prozeß gegen Cagliostro (s. d.) zu antifreimaurerischen Maßnahmen. In dem vom Notar der heiligen römischen und allgemeinen I. unterzeichneten Urteilsdekret gegen den Abenteurer wurde erklärt, daß Papst Pius VI. durch eine neue Apostolische Konstitution die früher gegen die Freimaurerei erlassenen Bullen erneuere und bestätige. Das Buch Cagliostros über seine sogenannte Ägyptische Maurerei wurde auf öffentlichem Platz verbrannt.

Im 19. Jahrhundert wirkte die I. namentlich wieder in Portugal und Spanien gegen die Freimaurerei. Nach der Rückkehr Ferdinands VII. wurden am 25. September 1814 in Madrid 25 Freimaurer auf sechs Jahre in die Kerker der I. geworfen, 1815 wurden in Granada fünf Freimaurer gehängt, 1819 erlitten in Madrid zwei Brüder den Foltertod, 1825 wurden in Granada wieder sieben Freimaurer hingerichtet, und im folgenden Februar Antonio Caro, der mit dem Rufe starb: „Es lebe die Freimaurerei!" Nach seiner Tötung schnitt man ihm die rechte Hand ab. In Portugal (s. d.) erreichten die Verfolgungen in der Zeit von 1824—1834 ihren Höhepunkt.

I. N. R. I., Jesus Nazarenus Rex Judaeorum, die Spottinschrift auf dem Kreuze Christi. Rosenkreuzer verwendeten die Formel mit der Deutung: Igne Natura Renovatur Integra (Durch Feuer wird die reine Natur erneuert), oder Igne Roris Nitrum Invenitur (Durch Feuer wird das Salz [Natron] des Taus gefunden). Auch als die Zusammensetzung der vier hebräischen Namen der Elemente (Jamimim [Wasser], Nour [Feuer], Ruach [Luft] und Jebschah [Erde]) alchimistisch gedeutet. Heiliges Wort eines Hochgrades im A. u. A. Schottischen Ritus.

Barruel und andere Gegner der Freimaurerei interpretierten das „Feuer" (Ignis), das die Natur erneuern soll, als die französische Revolution.

Inseln Über dem Winde (engl. Leeward Islands), zu den Kleinen Antillen gehörende Inselgruppe, englische Kolonie. Unter der Großloge von England arbeiten auf der zur Gruppe gehörenden Insel Antigua zwei, auf Monserrat, Dominika (in der Hauptstadt Roseau) und St. Kitts oder St. Christopher (in der Hauptstadt Kingstown) je eine Loge. 1803 hatte Graf de Grasse-Tilly (s. d.), als erste Tochter des 1801 gegründeten ersten Obersten Rates des A. u. A. Schottischen Ritus (Charleston), in Port-au-Prince einen Obersten Rat für die Westindischen Inseln „über und unter dem Wind" eingesetzt, der nach dem Scheitern der napoleonischen Expedition wieder einging.

Inseln Unter dem Winde (engl. Windward Islands), zu den Kleinen Antillen gehörende Inselgruppe, englische Kolonie; unter der Distrikts-Großloge von Barbados (Großloge von England) arbeiten auf der Insel Grenada zwei, auf Santa-Lucia und St. Vincent je eine Loge.

In silentio et spe fortitudo mea (lat.), Devise des Meistergrades der Strikten Observanz (auf Schiff ohne Mast und Segel, das auf stillem Meer fährt).

Installation, Einsetzung des Stuhlmeisters in sein Amt; in den angelsächsischen Logen geschieht die Einsetzung nach besonderem Ritual durch einen „Installing master", gewöhnlich den Vorgänger im Meisterstuhl, in Gegenwart eines „Board of Installed Masters" (s. d.). In manchen kontinentalen Großlogen ist I. durch einen Großbeamten vorgeschrieben.

Installed Masters' Lodges (engl.), Name einer Reihe englischer Forschungslogen (s. d.).

Installed Masters, Board of (engl.),

1. Ausschuß von Altmeistern (Past Masters), die bei der Einsetzung eines neuen Stuhlmeisters mitwirken;

2. im Jahre 1827 vom englischen Groß-

meister Herzog von Sussex ad hoc mit der Bestimmung eingesetzte Loge, Einheit in das Ritual für die Stuhlmeisterinstallation zu bringen. Insgesamt fanden drei Arbeiten in Freemason's Hall statt, denen zahlreiche Meister und Altmeister beiwohnten.

Institut Antimaçonnique, von der „Ligue Française Antimaçonnique" ins Leben gerufene öffentliche antifreimaurerische Lehrkurse, deren erster am 26. Februar 1913 stattfand. Sie wurden nach verhältnismäßig kurzer Zeit wieder eingestellt.

Instruktion, s. Unterrichtslogen.

Instruktionslogen, s. Unterrichtslogen.

Intellektualismus, die Auffassung, daß auf allen Gebieten des Lebens der Intellekt, Verstand, das entscheidende Wort hat. Die seelischen Vorgänge werden anstatt auf den Willen (s. Voluntarismus) auf den Verstand zurückgeführt, die ethischen Handlungen als von Vernunftsmotiven veranlaßt aufgefaßt. Die Stoiker und Kant waren Intellektualisten. Die Freimaurerei schätzt den Intellekt als eine gestaltende geistige Kraft, doch lehnt sie den extremen I., der dem Verstand auch auf Gebieten zur ausschließlichen Geltung verhelfen will, die der Leitung anderer Kräfte (Gefühl, Gewissen usw.) bedürfen, ab. (Vergl. auch Rationalismus.)

Intendant des Gebäudes, auch Meister in Israel (frz. Intendant des bâtiments, engl. Intendant of the Building), ist der VIII. Grad des A. u. A. Schottischen Ritus, architektonischer Grad, Kollegium der Baumeister aus Hirams Schule. Ihre Aufgabe ist die Errichtung des Zukunftstempels nach reiner Lehre. „Morals and Dogma" von Pike (s. d.) geben diesem Grad hohe Arbeitsgedanken.

International Bureau of Masonic Information, eine internationale freimaurerische Nachrichtenstelle, bestand in Amerika. Sie wurde 1907 in Chicago gegründet und setzte sich zum Ziel, die Statistik und die Verfassungen aller Großlogen, Nachrichten über Winkellogen, die Namen gestrichener Freimaurer und alle Mitteilungen „zum Besten der freimaurerischen Brüderschaft" zu sammeln. Sitz des Büros war New Orleans.

International Compact heißt der im Jahre 1814 von den Großlogen von England, Irland und Schottland eingegangene Vertrag gegenseitiger Anerkennung unter Gleichstellung der freimaurerischen Grundlagen. Der I. C. wurde geschlossen von den Großmeistern Herzog von Sussex für die englische, Herzog von Leinster für die irische und Lord Kinnaird für die schottische Großloge. Die drei Großlogen erklären hierin, daß sie nur die drei Johannisgrade, eingeschlossen den Royal-Arch-Grad, anerkennen, sie garantieren sich weiters gegenseitig das Sprengelrecht und setzen die Bedingungen für die etwaige gegenseitige Inanspruchnahme der Wohltätigkeitseinrichtungen u. a. fest. Dieser Vertrag ist heute noch in Kraft und sichert die Einheit der in drei Großlogen geteilten britischen Freimaurerei.

Internationale Logen-Union in Berlin, Winkellogenvereinigung, gegründet 1903 von dem (1910 verstorbenen) Verlagsbuchhändler O. Hemfler, Berlin (s. Hemfler-Logen). Sie ging 1906 wieder ein.

Internationale Organisation der Freimaurerei existiert nur in Ansätzen. Es gibt weder eine Gesamtoberleitung, noch überhaupt einen starken internationalen Zusammenschluß. Der Brudergedanke ist zwar allen Logen gemeinsam, aber es ist bis heute nicht gelungen, ihn organisatorisch in der Weise zu betätigen, daß ein allgemeiner Bund der Großlogen oder doch eine deren Mehrheit umfassende internationale freimaurerische Vereinigung zustande gekommen wäre. Obwohl es nicht an vielfachen Bemühungen gefehlt hat, die weltumspannende Bruderkette Wirklichkeit werden zu lassen, die nicht politischen Machtzielen zu dienen hätte, sondern eine großartige Friedensorganisation darstellen müßte. Eine ganze Reihe von Organisationen, die nach dem freimaurerischen Vorbild entstanden sind, sehen so aus, wie man sich diese im allgemeinen vorstellt. Eine Muttervereinigung leitet die von ihr abstammenden Gruppen nach genauen Grundregeln. Nicht so die Freimaurerei. Niemals seit ihrer Gründung hat die Mutterloge, die Großloge von England, eine Initiative zu gemeinsamem Tun aller Freimaurerlogen ergriffen oder gar irgendwelche Befehle erteilt. Sie betrachtet sich in keiner Weise als Zentrale, und maßgebend ist sie höchstens insofern, als Großlogen, die von ihr anerkannt werden, unbedingt „gerecht und vollkommen" sind. Das will aber nicht besagen, daß nur Großlogen, mit denen die Großloge von England in Beziehung steht, als regulär gelten können.

Daß keine umfassende freimaurerische Internationale besteht, hat seinen Grund vor allem darin, daß manche der freimaurerischen Obedienzen sich gegenseitig nicht anerkennen, d. h. nicht in freundschaftlicher Fühlung miteinander sind, die durch Ernennung gegenseitiger Freundschaftsbürgen, Besuchsrecht usw. betätigt wird. Die Großloge von England ist besonders rigoros. Sie hat Ende der siebziger Jahre die Beziehungen zum Großorient von Frankreich abgebrochen, als dieser das Symbol des Allmächtigen Baumeisters aller Welten aus seiner Verfassung gestrichen hatte. Die damalige Änderung der Konstitutionen des Großorients von Frankreich schuf ein Haupthindernis auf dem Wege zu einer „Weltfreimaurerei". Denn die Großloge von England und mit ihr der Großteil der angelsächsischen Großlogen haben aus dem Bruch nicht nur die Konsequenz gezogen, den Verkehr mit dem Großorient von Frankreich einzustellen, sondern sie wollen auch nicht an einer noch so losen Vereinigung teilnehmen, die auch diesen einbeziehen würde.

Dazu kommen andere Momente. Mit dem Deutsch-Französischen Krieg vom Jahre 1870 bis 1871 waren auch die Beziehungen zwischen der französischen und der deutschen Freimaurerei zu Ende, und es dauerte Jahrzehnte, bis es gelang, neuerdings solche herzustellen. Das Hauptaugenmerk aller jener, die vor dem Weltkrieg sich um die Schaffung einer freimaurerischen Internationale bemühten, war auf das schwere Werk gerichtet, die deutsche und französische Freimaurerei einander wieder näherzubringen. Es kam zu einer Reihe von Manifestationen (s. d.), bei denen der freimaurerische Gemeinschaftswille bekundet wurde, aber das waren zumeist Kundgebungen von einzelnen. Die Großlogen verhielten sich zurückhaltend. Von 1894 an fanden auch internationale Kongresse (s. d.) statt, zu denen Großlogen Delegierte entsandten, doch war immer nur eine Minderheit vertreten.

Als nach dem Kriege in freimaurerischen Kreisen der Gedanke immer lebhafter zum Ausdruck gebracht wurde, daß der Geist des Friedens über das zerrüttete Europa kommen müsse, und daß es beschworene Pflicht der Freimaurerei sei, im Geiste der Völkerverständigung zu wirken, standen viele zur Arbeit im Leben draußen auf und leisteten Großes. Aber das Ergebnis des Strebens nach einer Organisation im Schoße der Freimaurerei ist bis zur Stunde sehr dürftig geblieben. 1921 erfolgte in Genf die Gründung der Association Maçonnique Internationale (A. M. I.), die wenigstens den ehrlichen Versuch darstellt, die Freimaurerei auch auf internationalem Gebiet organisatorisch zusammenzufassen. Sie bildete zunächst einen Ausbau der „freimaurerischen Weltgeschäftsstelle" (s. d.), die vor dem Kriege von dem Staatsrat Quartier-La-Tente in Neuenburg (Schweiz) gegründet worden war, deren Aktionsradius aber in keiner Weise dem einem Wunschtraum entsprechenden Titel entsprach. Auch die A. M. I. ist eine bescheidene Rumpforganisation; die angelsächsische und deutsche Freimaurerei verhält sich ihr gegenüber ablehnend; die Großloge von New York und der Großosten der Niederlande, die anfänglich mittaten, schieden wieder aus. Die Zurückhaltung der angelsächsischen Großlogen erklärt sich nicht zuletzt aus dem oben angeführten Grund; was die deutsche Freimaurerei anbelangt, so hat sich deren überwiegende Mehrheit seit dem Weltkrieg nicht nur zur Frage der Wiederanknüpfung freundschaftlicher Beziehungen zu den Großlogen der ehemals feindlichen Staaten, sondern auch zum Gedanken der Betätigung des freimaurerischen Internationalismus überhaupt, ablehnend verhalten. Infolge dieser Konstellation mußte die A. M. I., deren Sitz Genf (Großkanzler I. Mossaz) ist, Torso bleiben (s. A. M. I.).

Eine weitere I. O. ist die Allgemeine Freimaurerliga (frz. Ligue Internationale de Franc-Maçons; Esperanto Universala Framasona Ligo, U. F. L.), die, 1905 als Vereinigung von Esperantisten-Freimaurern gegründet, 1926 reorganisiert wurde und alljährlich internationale Kongresse veranstaltet. Sie umfaßt ausschließlich Einzelmitglieder, also keine Großlogen oder deren Vertreter. Ihr Sitz ist Basel (s. Freimaurerliga, Allgemeine).

International verbunden sind schließlich die Obersten Räte (Suprêmes Conseils) des A. u. A. Schottischen Ritus. Sie sind in einer sehr losen Vereinigung, der 1875 gegründeten Lausanner Konföderation vereinigt, die alle fünf Jahre einen Kongreß abhält. Außer diesen Tagungen, gelegentlichen regionalen Zusammenkünften und gegenseitiger Anerkennung besteht aber auch bei dieser Organisation kein festeres Bindeglied. Die Lausanner Konföderation besitzt keine Oberleitung, keine Zentrale, kein gemeinsames Organ (s. Schottischer Ritus, ferner Weltloge).

Internationaler Freimaurerbund (I. F. B.) in Zürich, 1920 von einem internationalen Kongreß acht irregulärer Körperschaften (Cerneau-Ritus) gegründete, seither eingegangene Vereinigung. Beteiligt waren u. a. der ebenfalls nicht mehr bestehende „Großorient der Schweiz des A. u. A. Schottischen Ritus", der mit dessen regulären Obersten Räten in keinem Zusammenhang stand und ebenfalls nicht mehr besteht, und die durch die Affäre von Mc Blain Thomson (s. d.) bekanntgewordene sogenannte „American Masonic Federation".

Internationaler Freimaurerzirkel in Genf, s. Cercle Maçonnique International.

Internationales Bureau für freimaurerische Beziehungen (frz. Bureau international de relations maçonniques), s. Weltgeschäftsstelle.

Internationalismus und Nationalismus. Der Freimaurerbund ist international nach seinen Grundlagen („Alte Pflichten"), Einrichtungen, seiner Symbolik und dem im Baugedanken eingeschlossenen Endzweck des Bundes, der Humanitätsidee. Er ist international als Gedanke (Postulat), aber nicht einheitlich in seiner Form. International ist er, indem er Menschen verschiedener Rassen, nationaler Zugehörigkeiten, verschiedener Glaubensbekenntnisse für die gleichen Humanitätspflichten zu erziehen, begeistern, verpflichten sucht. Nicht einheitlich ist er, indem die nationalen und staatlichen Bedingtheiten der Freimaurerei jeweils so starke Besonderheiten aufprägen können, daß mitunter sogar der unzerstörbare internationale Charakter darüber in den Hintergrund tritt. Nicht international in der Hinsicht, daß keine Weltorganisation besteht, sondern lediglich ein Nebeneinander von sehr zahlreichen, an sich völlig unabhängigen, nur teilweise im Freundschaftsverhältnis miteinander stehenden Großlogen, aber keine Zentralstelle, die Weisungen ausgeben würde, keine bekannten oder geheimen „Oberen der Gesamtmaurerei" (s. Internationale Organisation). Die Freimaurerei ist ein ewiger Wunschgedanke der Menschheit, im übrigen aber ein Kind ihrer Zeit.

Zur Zeit des deutschen Klassizismus ging der internationale Gedanke der Freimaurerei so weit, daß Wieland sich zu dem abwegigen Gedanken verleiten ließ, der Freimaurer sei als solcher kein Bürger dieses oder jenes Staates, sondern ein Weltbürger, ein Theopolit. Schon Fichte trat dem mit dem vielzitierten Worte vom Freimaurer entgegen: „Vaterlandsliebe ist seine Tat, Weltbürgersinn ist sein Gedanke." International im Sinne des Freimaurers heißt daher nicht, das eigene Nationale aufgeben, sondern gerade im Gegenteile bei starker Hervorhebung des eigenen Nationalcharakters über diesen hinauszubauen. Die nationalen Pfeiler der einzelnen Freimaurereien sollen die Kuppel des Menschheitstempels tragen. Mit Beziehung auf Felix Dahns Wort: „Das höchste Gut des Mannes ist sein Volk", faßte daher Großmeister Girschick der Großloge Lessing „Zu den drei Ringen" die Lösung zusammen: „Arbeit am eigenen Volke und daher in erster Linie national, um international werden zu können. Am eigenen Volke hat der Freimaurer zu erweisen, ob er die Bauarbeit am Tempel der Menschheit richtig versteht." Jede Freimaurerei ist ihrem inneren Aufbau nach national, weil sie im eigenen Boden wurzelt. Daher bestehen auch unter den Freimaurereien Unterschiede, die nur aus dem Nationalen zu verstehen sind (oberflächlich betrachtet: angelsächsische, deutsche, romanische Freimaurerei).

Krisen im Völkerleben führen zu einer stärkeren Betonung des Nationalen. Die heutige deutsche Freimaurerei hat beispielsweise in einzelnen ihrer Teile den internationalen Zusammenhang vollkommen gelöst, trotzdem sie vor dem Weltkriege gerade diesen Gedanken besonders gepflegt hat. Auch die belgische Freimaurerei hat viele Jahre nach dem Kriege ihren nationalen Charakter besonders Deutschland gegenüber stark in den Vordergrund gestellt.

Die Freimaurerei hat im Weltkriege die gleichen Erfahrungen gemacht, wie andere internationale, viel kräftiger begründete Einrichtungen, so die katholische Kirche, die Sozialdemokratie, die Wissenschaften u. a. m. Sie hat nicht versagt, da sie doch weder die Machtmittel besaß, den großen Ausbruch des Völkerhasses zu verhindern, noch auch die Gewalt, den Menschenhaß durch die Menschenliebe zu überwinden. Überall haben die Freimaurer in den verschiedenen Heeren ihre Staatsbürgerpflicht voll erfüllt, in vielen Fällen aber haben auch Freimaurer, die sich als Gegner gegenübergestanden waren, in Hospitälern, Kriegsgefangenenlagern usw. ihrer Bruderpflicht genügt. Keinem einzigen Freimaurer kann Pflichtverletzung seiner beschworenen Staatsbürgerpflichten im Einverständnis mit den Freimaurern des anderen Lagers nachgewiesen werden. Daß man bei der Suche nach dem Schuldigen alle internationalen Körperschaften, daher auch die Freimaurerei verdächtigt hat, ist zu durchsichtig, um ernst genommen zu werden (s. Ludendorff).

In the Lord is all our trust! Wahlspruch der Großloge von England 1717.

In the Name of God, Amen! Wahlspruch der Gründungsakte (Articles of Union) der Vereinigten Großloge von England 1813.

Investitur, engl. Investiture, die Übergabe der freimaurerischen Bekleidung an den Neuaufgenommenen.

Iowa. Bundesstaat der Vereinigten Staaten von Nordamerika. Die Großloge, gegründet 1844, hatte 1930 556 Logen mit 86.000 Mitgliedern. Die Großloge besitzt eine der vollständigsten Freimaurerbibliotheken der Erde (ungefähr 40.000 Bände, darunter Unica von höchstem Werte), die auch allen Bürgern von Cedar Rapids und den Studenten des Coe College zugänglich ist. Diese von Theodore Sutton Parvin gegründete Bibliothek wird den Mitgliedern auch durch sogenannte Wanderbüchereien erschlossen. Angeschlossen ist ein sehr reichhaltiges freimaurerisches Museum. Eine ausgezeichnet geleitete Zeitschrift, „Grand Lodge Bulletin" (1930, 40. Band), bringt zu den wertvollen Bücherschätzen erklärende Artikel und wissenschaftliche Aufsätze von bleibendem Wert. Um den Ausbau der Bibliothek haben sich der jetzt in New York tätige Hugo J. Tatsch und Großsekretär C. C. Hunt besonders verdient gemacht. Als Wohlfahrtsanstalt führt die Großloge das „Masonic Sanitarium". Adresse: Masonic Temple, Cedar Rapids, Iowa Masonic Temple.

I. P. M. (engl.), Abkürzung von Immediate Past Master (s. d.).

Irak, arabisches Königreich, Teil Mesopotamiens zwischen Bagdad und Basra. Während des Weltkrieges, im Februar 1918, wurde von Militärs in Basra die erste Loge gegründet, „Mesopotamia 3820", unter englischer Konstitution. Der Distrikts-Großmeister von Bombay reiste 1700 Meilen weit, um die feierliche Weihe vorzunehmen. Die Loge erbaute einen eigenen Tempel, in dem auch die übrigen seither gestifteten Logen arbeiteten, je eine unter England, Schottland und Ägypten. Zwei englische Logen arbeiten in Bagdad. Während die englischen Klubs im I. scharf zwischen Europäern und Asiaten unterscheiden, finden sich in den Logen neben Engländern und anderen Europäern auch Armenier, Chaldäer, Mohammedaner und Inder.

Irische Freiwilligenbewegung (Volunteers), 1782, die ursprünglich das während des amerikanischen Unabhängigkeitskrieges von Truppen entblößte Land gegen einen möglichen französischen Einfall zu schützen bestrebt war und dann durch den Konvent der Freiwilligen in Dungannon, der von dem Freimaurer Oberst William Irvine of Irvinestown, dem Befehlshaber der „Lowtherstown Masonic Volunteers" geleitet war, starken Anteil an der — vorübergehenden — Erlangung freierer verfassungsmäßiger Rechte (durch den Freimaurer Henry Grattan, s. d.) hatte, wurde stark von Freimaurern getragen. Viele Logen beteiligten sich an der Errichtung von Freiwilligenkorps; die „Tyrone Lodge" in Newtown Stuart wandelte sich in das „Free First Mason Corps of the Kingdom of Ireland" um; aus Freiwilligenregimentern entstanden auch neue Logen, z. B. 1783 die heute noch existierende „First Volunteer Lodge Nr. 620", deren Mitglieder 61 Jahre lang zu den Arbeiten in Uniform erscheinen mußten. Dieser Loge gehörten neben Grattan u. a. der Major Archibald Hamilton Rowan an, der 1791 führend an der Bildung des für das irische Nationalideal eintretenden — Katholiken und Protestanten gleichermaßen umfassenden — Geheimbundes „United Irishmen" (s. d.) mitwirkte, und im folgenden Jahr, begleitet von Oberst Napper Tandy, in der Uniform der Freiwilligen im englischen Unterhaus erschien, um gegen die Auflösung des Bundes zu protestieren, und der dann die Bürger unter die

Waffen rief. In Newgate eingekerkert, entkam er nach Frankreich, dann nach Amerika, durfte aber 1802 wieder in die Heimat zurückkehren

Ein freimaurerisches Abzeichen aus jener Zeit zeigt auf der Aversseite die irische Harfe mit den Worten „Liberty or Death" („Freiheit oder Tod"), auf der Reversseite drei mal drei Freiwillige (Leichte Infanterie, Linie, Grenadiere), die auf den Spitzen ihrer Bajonette drei Gruppen freimaurerischer Symbole und darüber die Inschrift „We struggle for Liberty" („Wir kämpfen für die Freiheit!") zeigten (s. a. United Irishmen). (Vergl. William Georghegan, „History and Antiquities of the First Volunteer Masonic Lodge of Ireland" 1921, ferner Lepper and Crossle, „History of the Grand Lodge of Ireland" 1925.)

Irishmen, United, s. United Irishmen.

Irland. Die Vorgeschichte der irischen Freimaurerei ist ebenso in Dunkel gehüllt wie die der englischen. Die ersten Nachrichten verdanken wir einem sehr merkwürdigen Dokument. Gelegentlich einer akademischen Feier in Dublin wurde an der dortigen Universität ein sogenannter Tripos, ein Studentenulk, aufgeführt (1688), in dem der Sprecher die Freimaurer und ihre Loge in einer derben Weise verspottete. Der akademische Hochmut der Jugend kommt dabei zum Ausdruck, denn der Student verhöhnt die Freimaurer, weil sie einfache Leute, Spießbürger zu Mitgliedern haben, er wirft ihnen besondere Schäbigkeit bei einer Armensammlung vor und spottet über die gewaltigen „Nichtgeheimnisse", die sie durch einen Eid zu bewahren verpflichtet seien. Aus diesem Dokument geht hervor, daß es 1688 in Dublin im Bereiche der Universität bereits Freimaurer gegeben hat, daß man von ihnen wußte und sogar einige ihrer besonderen Eigentümlichkeiten gekannt haben muß (Crawley). Da alle freimaurerischen Aufzeichnungen vor 1760 und alle Protokollbücher vor 1780 fehlen, ist es schwer, ein klares Bild von der Anfangszeit der irischen Freimaurerei zu erhalten. Logen müssen schon gegen 1723 in Dublin in einem Verband zusammengeschlossen gewesen sein, denn ein dortiges Wochenjournal berichtet am 26. Juni 1725 von einer feierlichen Auffahrt der Großloge, die wegen des schlechten Wetters in Kutschen unternommen werden mußte. 1725 gilt heute als offizielles Gründungsjahr der Großloge von I. Der Earl of Rosse ist der erste bekanntgewordene irische Großmeister. Sein Erster Aufseher war ein Baronet, Sir Thomas Prendergast, von dem bekannt ist, daß er Mitglied einer englischen Loge gewesen war. Da im Jahre 1725 ein Nachdruck von Andersons Constitutions für I. veranlaßt wurde, scheint die Zahl der Brr. immerhin schon ansehnlich gewesen zu sein. In den nächsten sechs Jahren fehlen alle Nachrichten. Dagegen hören wir von einer Grand Lodge of the Province of Munster, die am 27. Dezember 1726 in Cork zusammentrat. Diese Provinzial-Großloge übte durch mehr als dreiviertel Jahrhundert Rechte aus, die einer Großloge zukommen. Rege Beziehungen bestanden zu England. So war Springett Penn, der Deputierte Großmeister von Munster 1728, vorher Mitglied einer Londoner Loge. Ebensowohl James O'Bryan, Großmeister von Munster 1726.

Die ersten Jahre.

Ein noch innigeres Band zwischen beiden Ländern wird sichtbar in der Person von James, vierter Lord Kingston, der 1728 Großmeister von England gewesen war und im Juli 1731 dieselbe Würde in I. erlangte. Einen Monat später wurde er auch Großmeister von Munster, was offiziell die Eingliederung der Provinzial-Großloge in die Nationale Großloge bedeutete, wenn auch einzelne nicht damit einverstanden sein mochten. Die irischen Freimaurer sind besonders stolz darauf, daß ihre Großloge — von gelegentlichen, als Episoden zu wertenden Absplitterungen abgesehen — seither (also länger als irgendeine andere Loge der Welt) ihre Monopolstellung bis auf den heutigen Tag bewahrt hat, trotzdem die heftigen politischen, rassischen, religiösen und nationalen Kämpfe, die zu Aufstand und Bürgerkrieg führenden Leidenschaften gerade in I. dem freimaurerischen Gedanken ein ganz besonders schweres Gebiet zur Bearbeitung gaben. Der Umstand, daß nacheinander drei Iren Großmeister von England gewesen waren, Earl of Inchiquin (1726), Lord Colerainé (1727) und Lord Kingston (1728), hielt das Interesse an der Freimaurerei besonders lebendig. Wiederholt waren schon sehr früh irische Abordnungen bei den Londoner Großlogenversammlungen anwesend. Unter Kingston nahm die Großloge, die „Most Ancient and Honourable Society of the Free and Accepted Masonry", einen besonderen Aufschwung. Die führenden Mitglieder der irischen Aristokratie schlossen sich ihr an. So der Earl of Middlesex, Sohn des Herzogs von Dorset, des Lordleutnants von I., der dann 1733 in Florenz eine Loge gründete. (Diese ließ auf ihn unter seinem Adelstitel Lord Sackville eine Medaille schlagen: „Carolus Sackville, Magister Florentinus".) Nach den Erfahrungen, die Lord Kingston in London gesammelt hatte, wurde nunmehr die Großloge eingerichtet. 1731 wurden allen sich unterstellenden Logen Freibriefe ausgestellt. Die Logen in Ulster und einige andere hielten sich fern, sie nannten sich „Logen seit undenklichen Zeiten" („time immemorial Lodges") und glaubten, auf Patente verzichten zu können. Erst 1748 unterstellte sich auch Belfast der Großloge von Dublin.

Die anfangs sehr herzlichen Beziehungen zur Londoner Großloge erfuhren eine gewisse Abschwächung durch nationale Momente. Die Iren wählten besonders populäre Adelige zu Großmeistern, die Engländer traten in immer engere Verbindung mit den Schotten, die ihnen eine Anzahl von Großmeistern stellten, darunter solche, die vorher Großmeister der Großloge von Schottland gewesen waren. Sir Alfred Robbins, dessen Darstellung hier im wesentlichen gefolgt wird, meint, daß es besonders Desaguliers gewesen sei, der aus Sympathie zu Schottland, wo er zahlreiche wissenschaftliche Beziehungen unterhielt, dem schottischen Einfluß deutlich den Vorzug gab. Auch spielten hier nationale Veranlagungen eine gewisse Rolle. Die Engländer neigten in ihrer Großloge mehr dem aristokratischen und sogar autokratischen Prinzip zu, die Iren waren für Demokratie und Autonomie. In Fragen des Rituals waren wieder die Iren wesentlich konservativer. So ist es auch zu verstehen, daß der Ire Laurence Dermott (s. d.) in London einen so maßgebenden Einfluß auf die Entwicklung der Großloge der „Antients" (s. d.) nehmen konnte. Die Großloge von I. erklärte 1758, in England nur noch diese als die wirklich gesetzmäßige Großloge anerkennen zu wollen, ein Zustand, der erst 1813 ein Ende fand.

Das irische System fand besondere Ausbreitung durch die zuerst von der Großloge von I. betätigte Einsetzung von Militärlogen mittels „Ambulatory Warrants" an Regimenter der britischen Armee. Dadurch wurde das irische Ritual über die ganze englische Kolonialwelt verbreitet, es entstanden amerikanische Provinzial-Großlogen und im weiteren Verlaufe Großlogen, deren Ritual noch heute die besonderen irische Züge aufweist. Die Antients in England folgten diesem Beispiel mit derartiger Schnelligkeit, daß sie 1789 bereits ebenfalls 49 Militärlogen zählten. Wie stark diese Militärlogen wirkten, beweist z. B. der Umstand, daß, während New York vor dem Unabhängigkeitskriege die Domäne der „Moderns", also der Großloge von England, gewesen war, nach der Besetzung der Stadt durch das britische Militär eine Provinzial-Großloge gegründet werden konnte, die aus sieben „Antients"-Logen, einer irischen und einer schottischen bestand, von denen wieder sechs Militärlogen waren. Auch die australische Maurerei entstand durch Militärlogen; die erste ständige Loge mit irischem Patent in I. selbst erhielt die Provinzial-Großloge von Munster, zahlreiche Schwestern in anderen Provinzial-Großlogen, die die Großlogenverwaltung entlasteten.

Die irischen Freiwilligen.

Die irische Freiwilligenbewegung (s. d.) zu Ende des 18. Jahrhunderts erfaßte auch die Logen. Die Irish Volunteers und der Geheimbund der United Irishmen (s. d.) gewannen Einfluß auf die Freimaurerei. Auch als die damals herrschende Gefahr einer französischen Invasion geschwunden war, blieben die Freiwilligen beisammen, um von England, das damals im Kampf gegen die amerikanischen Kolonien und anderwärts stark gebunden war — „Englands Verlegenheit, Irlands Gelegenheit!" — parlamentarische Freiheiten zu erlangen (s. Grattan). So entstanden — ein Unikum in der Freimaurergeschichte! — bewaffnete Logen der irischen Unabhängigkeitskämpfer. In Dublin gründete sich 1783 die „First Volunteers Lodge", die heute noch besteht, in Newtown Stuart sammelte sich ein First Free Mason Corps of the Kingdom of Ireland. Ein eigenes Abzeichen mit der Aufschrift „Freiheit oder Tod, Kampf für die Freiheit" mit freimaurerischen Emblemen wurde von den leichten Reitern von Bally mascanlon getragen. Die verbotenen United Irishmen nahmen in Nordirland gleichfalls die freimaurerische Form für ihre Versammlungen an, bezw. verbargen sich unter dem Deckmantel von Freimaurerlogen; diese beruhigten ihr freimaurerisches Gewissen auf einer Tagung in Dungannon mit der Formel, daß, da den Logen Erörterung politischer und religiöser Fragen verboten sei, solches in den rituellen Arbeiten auch nie geschehe. Gelegentlich verwandle man sich nachher aber in Vereinigungen bürgerlicher Freimaurer, die doch das Recht zur Beratung allgemeinwichtiger Dinge hätten. Jetzt schritt die Großloge energisch ein und verbot solches Tun. Als 1798 der Aufstand der United Irishmen zum Bürgerkrieg führte, stellte die Großloge ihre Arbeiten ein. Nach dem Zusammenbruch der Bewegung lagen ihr zwei Anträge vor: der eine verlangte den Ausschluß aller politisch kompromittierten Brr., der andere, daß die Großloge von der politischen Tätigkeit von Mitgliedern keinerlei Kenntnis zu nehmen habe, da diese deren Privatsache sein und bleiben müsse. Der Großmeister, Earl of Donoughmore (s. d.) brachte schließlich eine Versöhnung der beiden streitenden Parteien zustande. Meinungsverschiedenheiten unpolitischer Natur führten kurz hernach zu neuem Zwist. Sezessionisten von Ulster gründeten 1808 eine eigene Großloge, den Grand East of Ulster. Das Jahr 1813, das England den maurerischen Frieden brachte, führte aber diese Gruppe wieder in die irische Großloge zurück. Diese wies in jener Zeit sehr starke Kontingente militanter Katholiken auf (die „United Irishmen" waren zwar interkonfessionell aufgebaut, aber doch mehrheitlich katholisch!). Der größte irische Katholikenführer aller Zeiten, Daniel O'Connell (s. d.), „der Befreier", trat 1799 dem Bunde bei und betätigte sich in der Loge M. 198 in Dublin als enthusiastischer Redner. Der Großmeister in der Zeit der schweren inneren und äußere Wirren, Earl of Donoughmore, aber war der leidenschaftlichste und erfolgreichste protestantische Vorkämpfer der Katholikenemanzipation. Von 1792 an weihte Lord Donoughmore seine ganzen Kräfte und seine sehr umfangreichen Beziehungen der Sache der unterdrückten katholischen Mitbürger. Indem er so handelte, befolgte er lediglich einen der Hauptgrundsätze der Freimaurerei, dessen Haupt er war, nämlich, daß niemand seiner religiösen Überzeugung wegen leiden dürfe. Später setzte er sein Wirken im britischen House of Lords fort, und 1810 erhob er in einer ungemein wirksamen Rede über die „Catholic Petition" seine Stimme für das katholische Volk. Allen Versuchen, I. auch weiterhin mit Einschränkungen gegen die Katholiken zu regieren, setzte er tatkräftigen Widerstand entgegen. Am 17. Mai 1825 stand er mit Fieber vom Krankenlager auf, um im Oberhaus die zweite Lesung der „Catholic Relief Bill" durchzusetzen. Sein Zustand verschlimmerte sich bedenklich; und er starb, der Protestant und Freimaurer, am 23. August, als Märtyrer der Sache seiner katholischen Mitbürger. Bei einer Versammlung der „Catholic Association" am 20. November 1825 wurde seinem Andenken als dem des „Erbpatrons der Katholiken" herzlichst gehuldigt.

Kampf um die Katholikenemanzipation.

In seinem Bemühen, das Recht für die Katholiken durchzusetzen, wurde Donoughmore von den Freimaurern seiner Jurisdiktion getreulich unterstützt — aber das Ergebnis war dann paradox. Vor und während der Zeit der Gesetzwerdung der „Catholic Relief Bill" waren 60 Prozent der irischen Freimaurer Katholiken, aber sobald die Schwierigkeiten aus dem Wege geräumt waren, wendete sich die Kirche gegen ihre früheren Freunde — den Katholiken wurde verboten, dem Orden anzugehören; diejenigen, die beigetreten waren, wurden zum Austritt verhalten. (Oberst Claude Cane in den „Irish Times", 15. März 1929.)

Noch einmal stand die Großloge von I. im Mittelpunkte schwerer nationaler Kämpfe. Im Jahre 1922 besetzten die Sinnfeiner das Großlogenhaus in der Molesworth Street in Dublin und hausten dort recht übel. Aber, wie Robbins hervorhebt, begnügten sie sich damit, im Speisesaal Schießübungen abzuhalten. Im übrig ließen sie freimaurerische Bilder, Einrichtungen und die Bibliothek vollkommen unberührt. Als drei Jahre später (1925) die Großloge in öffentlicher Prozession in voller maurerischer Bekleidung durch die Straßen Dublins zu ihrem Zweihundertjahrfeste zog, wurde nicht ein Ruf von seiten ihrer Gegner laut, und zum ersten Male seit Jahren wehte die Freimaurerflagge von der Freemason's Hall, im Angesicht des am selben Tage versammelten Parlaments des irischen Freistaates, des Dail Eireann. Wieder war ein Donoughmore, der sechste Graf, Großmeister.

Die heutige Teilung des Landes in den irischen Freistaat und das der britischen Regierung unterstehende Ulster (sechs nördliche Grafschaften) kommt in der Freimaurerei nicht zum Ausdruck; eine Großloge vereinigt nach wie vor alle irischen Freimaurer.

Innere Einrichtungen der irischen Großloge.

Die Großloge hat ihren Sitz in Dublin und unterhält 13 Provinzial-Großlogen im Lande selbst, ferner in überseeischen Gebieten Südafrika, Neuseeland, Südliche Kapprovinz. Als besondere Eigenart besitzt sie eine Grand Lodge of Instruction, d. i. eine Großlogen-Organisation mit einem Großsekretär für Unterricht und Assistenten in Dublin und Belfast, die für die Erhaltung der Reinheit des freimaurerischen Rituals zu sorgen haben. Die Großloge hat gegen 800 Logen; sie unterhält eine Mädchenwaisenschule und ein Schulinstitut für Knaben in Dublin. Weitere reiche Wohlfahrtseinrichtungen kommen den Witwen, kranken und arbeitsunfähigen Brr. zugute. Das Motto des St. Patrick-Ordens „Quis separabit?" hat sie sich zu eigen gemacht. Sie hat es in ihrer Geschichte zu bewähren gewußt.

Irländer, Vereinigte, s. United Irishmen.

Irrationalismus, die Anschauung, daß die Wirklichkeit logisch nicht erfaßbar, an sich unvernünftig ist, daß das Erkennen im Grunde nichtrationalen Faktoren entspringt. Die Freimaurerei lehnt den I. in seiner extremen Form ab, doch ist sie der Ansicht, daß es bei aller Anerkennung der Wichtigkeit der intellektuellen Funktionen auch außerintellektuelle Möglichkeiten der Erkenntnis gibt.

Irregulär, s. regulär.

Irregular making (engl.), jemanden auf irreguläre Weise zum Freimaurer machen.

Irrlehren. Im katholischen Religionsunterricht der preußischen höheren Schulen wird beim Thema „Irrlehren" auch die Freimaurerei behandelt. In den amtlichen „Richtlinien für die Lehrpläne der höheren Schulen Preußens" von 1925 liest man unter den Lehraufgaben im katholischen Religionsunterricht für Knaben der Obertertia (Normalalter 14 Jahre!): Aufklärung und Unglaube, Freimaurer, französische Revolution...

Irving, Sir Henry, berühmter englischer Tragöde und Shakespeare-Darsteller, der als erster Schauspieler in England die Ritterwürde erhielt, Ehrendoktor der Universitäten Dublin, Cambridge und Glasgow, * 1838, gründete 1886 die Londoner „Savage Club Lodge Nr. 2190" und war Vizepräsident der „Royal Masonic Institution for Girls"; von dieser Loge ging die Anregung zur Gründung des Irving-Museums aus. † 1905.

Irwin, Charles F., amerikanischer Geistlicher und bekannter freimaurerischer Schriftsteller, wurde 1903 in der „Kedron Lodge Nr. 389" in West Middlesex (Pennsylvania) aufgenommen, 1914 Meister vom Stuhl der „Belle Centre Lodge Nr. 347" in Ohio, Fachmann auf dem Gebiete der freimaurerischen Altertumskunde, stellte ein Register von mehr als 12.000 amerikanischen Freimaurern auf, die am Weltkrieg teilnahmen, veröffentlichte unter dem Titel „The quest of the twelwe" eine Reihe bemerkenswerter Aufsätze über die amerikanischen Militärlogen im Weltkrieg im „Builder" und im „Master Mason".

Isismysterien, s. Mysterien, Ägyptische.

Isis ou l'initiation maçonnique, 1859 in Paris erschienenes Theaterstück, in dem der Freimaurerei „ihre Enthaltsamkeit oder doch mindestens Reserve" gegenüber den großen politischen und religiösen Kämpfen des Tages vorgeworfen wird.

Islam. Bruderschaften im I., z. B. bei den Drusen (A. Q. C. 1891), die in ihren inneren Einrichtungen an die Freimaurerei erinnern, sind bereits lange bekannt. Auf die Wesensverwandtschaft der sogenannten „Futuwwa-Bünde (s. d.) mit den Zeremonien der Freimaurer hat in einer kleinen Schrift Heinrich Junker aufmerksam gemacht. (Verein deutscher Freimaurer, Leipzig 1930.)

Island. In Reykjavik besteht seit 6. Jänner 1919 unter der Großen Landesloge von Dänemark die Loge „Edda", Gründer und erster Stuhlmeister L. Kaabers, Generalkonsul und Bankdirektor. In Ifafjord ist unter dieser Loge eine Instruktionsloge tätig.

Isselt, Edmund Wilhelm, van Dam van, niederländischer Politiker und Dichter, * 1796, † 1860, Freiheitskämpfer, Präsident der zweiten Kammer, bekannt durch sein patriotisches Gedicht „Chattam", 1838—1860

Großredner des Großorients der Niederlande, Leiter der Zeitschrift „Jaarboekje voor Nederlandsch Vrijmetselaaren".

Ister, ungarische Loge in Genf, gegründet durch ungarische Emigranten nach 1860, bestand bis 1866. Mitglieder waren: General Georg Klapka, Bischof Michael Horváth, Graf Theodor Csáky, Graf Alexander Karacsay, Elek Thaisz u. a.

Italien.

Toskana.

Da Italien im 18. und bis zum dritten Viertel des 19. Jahrhunderts ein geographischer, nicht aber ein staatlich einheitlicher Begriff war, vollzog sich die Entwicklung der Freimaurerei in den einzelnen Landesteilen unter sehr verschiedenen Bedingungen. Die ersten Nachrichten über Freimaurerei auf der Apenninenhalbinsel stammen aus Florenz. Die Stadt am Arno war im 18. Jahrhundert berühmt durch ihre naturwissenschaftlichen Museen (Accademia del Cimento und Accademia Botanica) und wurde besonders von den Engländern viel besucht. Als Gründer wird Charles Sackville, Earl of Middlesex, Sohn des Earls of Dorset, bezeichnet, der 1733 eine Loge in Florenz gestiftet haben soll. Da Sackville bei seiner Abreise von London erst 19 Jahre alt war, also unter dem englischen Aufnahmsalter stand, so scheint der Hergang vielmehr so gewesen zu sein, daß er in Florenz in eine bereits bestehende Loge aufgenommen wurde. Jedenfalls aber war er Meister vom Stuhl der Loge, denn es wurde im gleichen Jahre von Natter eine Denkmünze modelliert, auf der er als Magister Florentinus bezeichnet wird. Die Loge kam in Florenz in der Via Maggio im Gasthause des Pasciò (Pascione) zusammen. Als erster Stuhlmeister wird auch ein „Monsiù Fox" genannt, nach Sbigoli Henry Fox, der spätere Lord Holland, Staatssekretär Georgs II. und Vater des berühmten englischen Politikers Charles James Fox. Anscheinend haben zu dieser Zeit auch noch in anderen toskanischen Städten Logen bestanden, denn der Großherzog Gaston Medici erließ 1737 ein Verbot der Freimaurerei. Nach seinem Tode ging Toskana an Franz Stephan von Lothringen über, der selbst Freimaurer war. Von einer Beteiligung des späteren deutschen Kaisers Franz an Logenarbeiten ist nichts bekannt. Die Freimaurerei blieb unbehelligt, bis die päpstliche Kurie auf eine Loge in Livorno aufmerksam wurde, die aus Katholiken, Protestanten und Juden zusammengesetzt war. Es wurden sogar Verhaftungen vorgenommen, da man in der Loge eine Zelle des Unglaubens vermutete, aber das Verfahren wurde eingestellt. 1738 erließ Clemens XII. die bekannte Bulle „In eminenti". Der Kardinal Firrao ergänzte sie durch Durchführungsbestimmungen besonders scharfer Art für den Kirchenstaat und ließ 1739 Freimaurerbücher durch den Henker öffentlich verbrennen. In Toskana hatte die Bulle keine weiteren Folgen, die Logen breiteten sich sogar aus und faßten in Livorno, Mailand, Verona, Venedig, auch im Königreiche Neapel Fuß. Eine Ausnahme bildete in Florenz der Fall des Dichters Tommaso Crudelli (s. d.), der, 1739 der Inquisition denunziert, wegen Häresie verfolgt und, nachdem er im Gefängnis gefoltert worden war, auf Betreiben des Herzogs zwar freiging, aber an den Folgen der Haft, nur 43 Jahre alt, starb.

Venedig.

In Venedig werden wir über die Freimaurerei durch die Schicksale Casanovas unterrichtet. Casanova, der in Lyon aufgenommen war, hatte die Söhne der Frau Lucia Memmo, Pisani, Bernardo und Lorenzo, in den Bund eingeführt. Die Mutter behauptete nun, Casanova verführe ihre Söhne zu Ausschweifung und Atheismus. Ein Freund ihres Hauses, Antonio Mocenigo, übernahm die Anzeige bei den Behörden, zumal er Casanova auch wegen der Verführung seines Neffen Bragadino zu kabbalistischer Beschäftigung grollte. Casanova selbst hat prahlerischerweise seine Maurerabzeichen dem Spion Manuzzi, der mit seiner Überwachung betraut war, vorgewiesen. Er wurde am 27. Juli 1755 verhaftet und am 12. September zu fünf Jahren Gefängnis verurteilt, ein Strafausmaß, das ihm nicht mitgeteilt wurde. Daher dann auch seine Flucht aus den Bleikammern (1. November 1756). Dabei ist Casanova, wie Guggitz schreibt, noch immer gut weggekommen. Denn 1783 wurde in Venedig der Marchese Vivaldi als Freimaurer verhaftet und im Gefängnis erdrosselt, worauf man seinen Leichnam maskiert mit folgender Inschrift öffentlich ausstellte: „So behandelt die Republik die Freimaurer".

Neapel.

Im Königreich beider Sizilien taucht die Freimaurerei sehr frühzeitig auf. Karl III. erließ gegen sie 1751 nach der päpstlichen Bulle „Providas" ein strenges Verbot. Um diese Zeit arbeiteten in Neapel die Logen „Uguaglianza", „La Pace", „L'Amicizia", es gab Logen in Capua, Messina, Caltagirone, Catania, Aversa und Gaeta. England setzte 1762 den Br. Manuzzi zum Provinzial-Großmeister für I. ein. Die neapolitanischen Logen vereinigten sich zu einer Großloge, genannt „Del Zelo", und wählten zum Großmeister den Fürsten di Caramanica, der als Vertrauter der Königin Caroline (Tochter Kaiser Franz I.) galt. Neben dieser National-Großloge arbeitete zu gleicher Zeit die englische Provinzial-Großloge unter dem Duca della Rocca und eine französische Loge. Aber Ferdinand IV. und sein Minister Tanucci waren der Freimaurerei gram. Als 1776 am Feste des heiligen Januarius das Volk auf das Wunder des Blutes wartete und dieses nicht fließen wollte, rannten gekaufte Weiber durch die Gassen und schrien, der Heilige versage das Wunder, weil die Stadt mit der Pest der Maurerei angesteckt sei. Nur mit Mühe gelang es, die aufgestachelte Menge von Ausschreitungen abzuhalten. Aber Ferdinand hatte nun einen „Grund" zum Einschreiten. Eine große Zahl von Brr. wurde ins Gefängnis geworfen, unter ihnen auch der Abbate Antonio Jerocades (s. d.), ein begeisterter Sänger des freimaurerischen Gedankens.

Da erwuchs unerwartete Hilfe von Seite der

Königin. Sie ließ die Strafverordnungen des Ministers Tanucci zurücknehmen, stellte diesen kalt und hätte es gerne gesehen, wenn auch der König selbst Freimaurer geworden wäre. Dieser wollte sich aber aus einem merkwürdigen Grunde nicht anschließen. Er fürchtete sich vor den Prüfungen bei der Aufnahme, von denen ihm jemand erzählt hatte, daß sie an den Mut des Kandidaten größte Anforderungen stellten. In einem Brief an den Papst führte er über seine Gemahlin Klage: „Die Freimaurerei wird von meiner Frau protegiert, die in jedem Belang regieren will." Alle möglichen Systeme waren am Werk, nicht zuletzt auch die Strikte Observanz. Die Gunst der Königin schwand aber mit einem Schlage, als die Französische Revolution sich gegen ihre unglückliche Schwester Marie Antoinette erhob. Haß gegen alle liberalen Gedanken kam in ihr zur Herrschaft und in dessen Gefolge stärkste Antipathie gegen die Logen...

1792 ankerte eine Flotte der französischen Republik im Hafen von Neapel. Das Jakobinertum hielt seinen Einzug. Von diesem Augenblick an veränderte, wie Ulisse Bacci in seinem „Libro del Massone Italiano" schreibt (1922), die Freimaurerei in I. ihren Charakter. Sie wurde „ein gelehriges Werkzeug der regierenden Gewalten".

In den anderen Staaten: Die National-Großloge von Österreich gründete 1784 in der Lombardei Logen in Mailand, Cremona u. a. O. Nach 1738 entstanden auch Logen in Sardinien und Piemont. Auch der Schottische Ritus faßte bald Fuß.

Kirchenstaat.

Im Kirchenstaat stiftete 1742 Martin Folkes (s. d.) eine Loge in Rom, woran ebenfalls eine Freimaurermedaille erinnert. Aber schon vorher bestand in Rom (1735 bis 1737) eine jakobitische Loge, der enragierte Parteigänger der Stuarts angehörten, so der Earl of Winton, der aus dem Tower in London entsprungen war, ehe das Todesurteil wegen Beteiligung am Aufstand von 1715 vollstreckt werden konnte, und John Murray of Broughton, der Sekretär des Prätendenten Karl Eduards (s. d.), der dann später von seinem Herrn abfiel. 1787 wurde in Rom eine Loge „Amici sinceri" eröffnet, die in einem Hause nahe Trinità del Monte arbeitete und dem Grand Orient de France unterstellt war. Ihre Gründer waren fünf Franzosen, ein Amerikaner und ein Pole. Zu ihren Mitgliedern gehörte Don Sigismondo Chigi (s. d.), Herzog von Farnese, der Kustode des Konklaves und ständiger Marschall der Heiligen römischen Kirche. Die Loge wurde nach dem Prozeß gegen Cagliostro behördlich eingestellt (1789).

Napoleonische Maurerei.

Die Freimaurerei erhielt eine Neuorientierung durch die veränderten staatlichen Verhältnisse des Napoleonischen Zeitalters. Die französischen Armeelogen kamen nach I. 1801 wurde in Mailand eine Loge „L'heureuse rencontre" gegründet. In der österreichischen Zeit hatte die Loge „De la Concorde" (1785—1787), die Visconti, Trivulzio, Beccaria, Castelbarco mit den Spitzen der Wiener Bürokratie, den Wilczeks und Künigls und anderen, vereinigt. Während der napoleonischen Herrschaft sah die italienische Freimaurerei genau so aus, wie ihre französische Schwester: in den Logen dominierten die Marschälle, die Ritter der Ehrenlegion, die Senatoren und Deputierten. 1803 entstand eine Loge in Mantua, 1805 ein Oberster Rat für das Königreich I. in Mailand. Der Vizekönig Eugen Beauharnais, Stiefsohn Napoleons I., wurde Großmeister. 1804 bildete sich in Neapel ein Grand Orient de la division militaire du Royaume d'Italie, der sich 1805 mit dem Mailänder Grand Orient vereinigte. 1809 wurde ein besonderer Grand Orient de Naples errichtet, an dessen Spitze der König von Neapel, Joachim Murat (s. d.), trat.

Die Restauration der alten Regierungen nach dem Jahre 1814 hatte zunächst die Einstellung jeder freimaurerischen Arbeit zur Folge. Besonders scharf wendete sich der aus dem Exil heimgekehrte Papst Pius VII. gegen die „Staatsgefährlichkeit" der Freimaurer.

Risorgimento.

In diesem Zeitraum begann, zuerst in Süditalien, eine eigenartige Bewegung hervorzutreten. Überall entstanden geheime Sekten mit radikalen politischen Tendenzen. Die radikalste unter ihnen war der Geheimbund der Carbonari (s. d.), der Kohlenbrenner, deren Brauchtum sich in mancher Hinsicht an das der Freimaurerei anlehnte, und denen vielleicht in einzelnen Orten die Loge als der geeignete Organisationsboden für ihre Absichten erschien. An Stelle der Loge trat bei den „Köhlern" die „Hütte", in denen den „guten Vettern", so nannten sich die Mitglieder, als heiligste Pflicht der Kampf gegen die Tyrannei verkündet wurde, oder, wie die Carbonari das in ihrer symbolischen Sprache ausdrückten: „die Jagd auf die Wölfe des Waldes". Man hat in der Folge oft behauptet, die Carboneria sei mit der Freimaurerei identisch gewesen. Aber das ist nicht der Fall. Eine Identität der Freimaurerei und der italienischen politisch aktiven Geheimbünde ist niemals festgestellt worden. Die Ankläger selbst sind von dieser Behauptung abgerückt. Während Pius VII. in seiner Bulle vom 13. August 1814 noch erklärte, die Carboneria sei ein neuer Name für die Freimaurerei, wurde sie in der Bulle „Ecclesiam" vom September 1821 „vielleicht als Ableger oder doch gewiß eine Nachahmung der Freimaurerei" bezeichnet. Gewiß gab es in dieser Freiheitsbewegung, die man nicht mit der Maffia oder Camorra in einen Topf werfen darf, auch Freimaurer, so den großen italienischen Patrioten Mazzini, den von einem dritten Rom träumenden Gründer des „Jungen Italien". Denn die Freimaurerei vereinigte damals in ihrem Schoße „die ersten Geister, die feurigsten Herzen, die stolzesten Willensmenschen und die kühnsten Charaktere" (Bakunin). Aber der Unterschied zwischen Freimaurerei und Carboneria trat doch zutage. In der Freimaurerei wohl eine abstrakte Idee, im Carbonaritum der unbedingte Wille zu revolutionärem Handeln. Man hat das dadurch überbrücken wollen, daß man die Carbonari als eine „Unterabteilung“ des Bundes, als eine Art volkstümliche Maurerei stigmatisierte, die von der Idee zur Tat, von der Abstraktion zum konkreten Plan, von der Auseinandersetzung über Prinzipien zu deren Betätigung im staatlichen Leben geschritten sei. Das ist aber nicht richtig gesehen: um in diesem Sinne aktivistisch hervorzutreten, hätten die Freimaurer nicht des Umweges über eine Neugründung mit fremdartigen, komplizierten Ritualen bedurft.

Eines allerdings hatte die italienische Freimaurerei mit der Carboneria gemein: beide — später nur die Logen — trugen in hohem Maße dazu bei, in der Bevölkerung der italienischen Staaten das Gefühl für nationale Einheit und Freiheit, für ein größeres I. zu wecken. Man findet die Namen der Männer, die zu diesem Neubau beitrugen, zu einem Großteil in den Matrikeln der italienischen Bauhütten.

In Neapel wurde die Zugehörigkeit zur Freimaurerei unter Kerkerstrafe gestellt (1816). Trotzdem arbeiteten um 1820 wieder Logen, denen ein neuerlicher Erlaß 1821 die Tätigkeit einstellte. Der Großorient beider Sizilien mußte sich 1821 auflösen, als nach der Niederwerfung des Carbonariregimes nach dem Laibacher Kongreß ein wildes Terrorregime einsetzte.

Mit dem Erstarken der Freiheits- und Einheitsbewegung um die Jahrhundertmitte rührten sich auch die Bauhütten wieder kräftig, nachdem eine Loge in Palermo 1848 sich mit einem Eintagsdasein hatte begnügen müssen. Von Frankreich aus waren 1856 die Loge „Trionfo Ligure“ in Genua und 1860 die Loge „Amici veri virtuosi“ in Livorno gegründet worden. 1861 entstand in Turin die Loge „Ausonia“. Andere Städte folgten. Im gleichen Jahre wurde der in Montevideo aufgenommene Garibaldi (s. d.) in Neapel in der Loge „Sebezia“ affiliiert. Die Loge nahm sogleich den Namen Gran Madre Loggia oder Grande Oriente de Napoli an. An Garibaldis Bestrebungen hatten Freimaurer hervorragenden Anteil. In einer Schrift von Buscalioni („La R : M : L∴, Ausonia“ e „La Spedizione de Mille“ 1915) steht folgendes zu lesen: „Der Zug der Tausend wurde von Br. Mazzini inspiriert, von den Brr. Crispi, Bertani und Lafarina ausgearbeitet. Man fuhr auf zwei Schiffen, die der Freimaurer Fauchè zur Verfügung gestellt hatte; die Geldmittel hatten die Brr. Lafarina und C. M. Buscalioni beigesteuert. Befehlshaber war Br. Garibaldi, sein Unterführer Br. Bixio, und auch ihre Offiziere und Freiwillige waren großteils Freimaurer. Insgeheim wurden sie von Br. Cavour unterstützt... Diese legendär anmutende, heroische Expedition, die in der Geschichte nicht ihresgleichen hat, bedeutet für die italienische Freimaurerei eines ihrer größten Ruhmesblätter.“ Es ist in diesem Zusammenhang auch ein Geistlicher, Fra Giovanni Pantaleo, zu nennen, der Lektor der Philosophie in einem Franziskanerkloster war und sich Garibaldi und seinen Freiwilligen auf ihrem Zuge als Kaplan zur Verfügung stellte. Er meldete sich nach den erfolgreichen Kämpfen seines Helden bei der Loge „Fede Italica“ an. In seinem Aufnahmegesuch schrieb er: „Beruf: Priester. Bekenner des allgemeinen Priestertums der Völkerfreiheit“. In Palermo führte Garibaldi alle seine Offiziere dem Bunde zu.

Organisationen.

Für den 26. Dezember 1861 wurde eine konstituierende Versammlung nach Turin einberufen, um an die Einsetzung einer zentralen Großloge (Großorient) schreiten zu können. Für die Ausbreitung der Freimaurerei um diese Zeit spricht die Anwesenheitsliste. Es waren vertreten Logen von Rom, Ascoli, Bologna, Cagliari, Florenz, Genua, Livorno, Messina, Mondovi, Macerata, Pisa, Mailand, Tunis, Turin, Cairo, Alessandria. Da der erste gewählte Großmeister Delpino wegen seines hohen Alters verzichtete, wurde der Gesandte in Paris, Graf Nigra (s. d.) als Großmeister erkoren. An seine Stelle trat schon im folgenden Jahr der frühere Minister Cordova (s. d.). Die herrschende politische Zersplitterung I. färbte bald auch auf die Freimaurerei ab. An Einheit war lange nicht zu denken. Neben dem Grande Oriente von Turin bestand die Madre Loggia capitulare Dante Allighieri, die den Schottischen Ritus propagierte, in Neapel arbeitete ein Großorient, ebenso ein Großorient unter Garibaldi in Palermo.

Zur Bereinigung dieser Gegensätze wurde 1864 nach Florenz ein Kongreß einberufen, an dem fünf Großlogen (Turin, Neapel, Palermo, Turin-Schottisch und Livorno) teilnahmen. An die Spitze wurde ein Verwaltungsausschuß gestellt und Garibaldi zum Großmeister gewählt. Garibaldi nahm mit Brief vom 6. Juni 1864 die Großmeisterwürde an. Da aber gegen ihn bald politische Bedenken laut wurden, resignierte er nach kurzer Zeit. Neuerdings wurde das Bild der Obedienzen chaotisch. Ein neuer Logenbund in Turin trat auf den Plan: Vorsitzender wurde Professor Franchi. Der „Consiglio del Rito Simbolico“ verlegte seinen Sitz nach Mailand, der Grande Oriente die Zentrale nach Florenz. Daneben entstanden wieder zwei Oberste Räte in Palermo, die Garibaldi und der Fürst Sant'Elia leiteten. Erst 1868 vereinigten sich alle diese mehr durch Provinzialismen als durch wirkliche maurerische Grundsätze getrennten Körperschaften, wobei nur noch der Supremo Consiglio in Palermo unter Sant'Elia selbständig bestehen blieb. Da sich nunmehr auch die lange zögernde Mutterloge „Ausonia“ in Turin mit ihren Filialen zum Beitritte geneigt zeigte, schien die Einheit der italienischen Freimaurerei endlich hergestellt. Unter Frapollis (s. d.) Vorsitz trat 1869 wieder ein Kongreß von 150 Logen in Florenz zusammen und einigte sich auf allgemeine Grundsätze, die teilweise scharf antiklerikal waren.

Der Großorient.

Als Rom 1870 mit dem Königreiche vereinigt wurde, verlegte der Grande Oriente seinen Sitz dorthin und wählte den gewesenen toskanischen Triumvirn und Mitstreiter Garibaldis, Giuseppe Mazzoni (s. d.) zum Großmeister. Nachdem 1873 auch noch der Oberste Rat von Palermo sich dem Grande Oriente angeschlossen hatte, war auch die maurerische Einheit in I. vollzogen. Am 17. März 1872 zeigten sich die Freimaurer I. zum ersten Male mit ihren Bannern in feierlicher Prozession auf den Straßen Roms. Sie geleiteten den großen Kämpfer für die Einheit I., ihren Br. Mazzini, zur letzten Ruhestätte. 1875 weihten sie den ersten Tempel in Rom ein. Die Gedenktafel trägt den Text: „Templum hoc Romae a servitute redemptae liberi structores Italici justitiae veritati sacrarunt". Immer wieder war in der Folge die italienische Freimaurerei bestrebt, ihre völkische Eigenart zu beweisen. So nahm sie mit allen ihren Bannern 1877 an der Enthüllung des Garibaldi-Denkmals in Mentana teil. Sie beteiligte sich in imposanter Weise an den Trauerfeierlichkeiten für Viktor Emanuel II. Dem italienischen Geiste entsprechend, verfocht sie leidenschaftlich die Rechte des jungen Königreiches gegen die päpstlichen Ansprüche. Der bedeutsamste 20. September, der den Sieg über den Kirchenstaat gebracht hatte, wurde ihr Feiertag. Daher ihre stete kulturkämpferische Stellungnahme, die durch schwerste Angriffe von päpstlicher Seite (Leo XIII.) nur noch verstärkt wurde. In diesem Geiste beging sie auch 1878 die Hundertjahrfeiern Voltaires und Rousseaus.

Neue Streitigkeiten, hauptsächlich wegen der Hochgrade, führten vorübergehende Spaltungen herbei, die nicht einzeln verzeichnet seien. Den Aufstieg der Freimaurerei in I. vermochten aber auch diese internen, mitunter sehr kleinlichen Differenzen nicht zu stören. Nach Mazzoni wurden Petroni, Frapolli, Adriano Lemmi, Ernesto Nathan, Ettore Ferrari (s. alle diese) Großmeister. Die Enzyklika Humanum Genus (1884) beantworteten die italienischen Freimaurer, indem sie auf dem Campo di Fiori ein Giordano Bruno-Denkmal Ferraris enthüllten (1889). An der Stelle, wo Brunos Geist in den Flammen des Scheiterhaufens aufgegangen war, hielt Giovanni Bovio (s. d.), umgeben von mehr als 100 Freimaurerfahnen und mehr als 3000 Freimaurern, eine Rede, in der er dem Dogma den „pensiero concorde delle nazioni" entgegenhielt. 1893 übersiedelte der Grande Oriente in den Palazzo Borghese. Die feindliche Presse schrie von Bestechung und Korruption.

Schwierigkeiten bereitete dem Grande Oriente die Haltung des Br. Ministerpräsidenten Francesco Crispi, der 1894 eine papstfreundliche Rede in Neapel gehalten hatte. Großmeister Lemmi sprach den darob grollenden oberitalienischen Logen das Recht ab, einen Br. wegen politischer Äußerungen zur Verantwortung zu ziehen, und ging mit der Auflösung einzelner Logen vor. Aber die entstandene Unruhe im Großorient veranlaßte ihn schließlich zum Rücktritt.

Ihm folgte Ernesto Nathan, der natürliche Sohn Mazzinis, Bürgermeister von Rom (1896). Heftige Angriffe auf die Freimaurerei, so die des Staatsrates Ruomoldo Bonfadini, zwangen den Grande Oriente immer wieder zu öffentlicher Abwehr. Mit feurigen Stanzen Carduccis nahm die italienische Freimaurerei an der Enthüllung des Dante-Denkmals im „unerlösten" Trient teil. Im Jahre 1898 kam es zu einem Bruch mit dem Grand Orient de France, der trotz wiederholt vorher ergangener Warnung eine im Zusammenhang mit dem Fall Crispi entstandene sezessionistische Gruppe in Mailand anerkannt hatte. Die Beziehungen ruhten längere Zeit. 1901 bezog der Grande Oriente den Palazzo Giustiniani, in dem er bis zur Unterdrückung der Freimaurerei durch den Faschismus arbeitete.

Politik.

Man hat der italienischen Freimaurerei den Vorwurf gemacht, daß sie sich politisch betätigt habe. Die Politik des Grande Oriente war die des italienischen Liberalismus, der national und antiklerikal gerichtet war. Es gibt kein bedeutenderes Ereignis der italienischen Politik, zu dem der Grande Oriente nicht in diesem Sinn Stellung nimmt. Das zitierte Buch von Ulisse Bacci, dem ehemaligen Großsekretär, ist geradezu nach politischen Ereignissen eingeteilt. Verwundern darf dies um so weniger, als fast alle großen Politiker des Risorgimento und der italienischen Wiedergeburt dem Freimaurerbund angehörten, und die Brr. es daher für ihre geheiligte Pflicht halten mußten, das Programm ihrer Nationalhelden treu zu bewahren. Folgendermaßen hat das der Großmeister Ernesto Nathan ausgedrückt:

„Wir sind keine politische, wohl aber eine patriotische Gesellschaft", wurde immer wieder ausgesprochen. „Wir italienischen Freimaurer sind nicht antikatholisch, denn wir achten jede Überzeugung, und nichts ist falscher als die Behauptung, wir seien Bekämpfer der Religion. Wie könnten sich sonst in unserer Kette Menschen jeglichen Glaubens verbrüdern. Menschen, von denen wir nur eines fordern: dem ewigen Gesetz des Fortschrittes zu gehorchen. Nie haben wir eine Religion angegriffen, aber wir befehden die klerikale Partei, diese Partei, die sich der Religion bedient, um I. wieder in Unfreiheit zu stürzen. Wir befehden alle, die die Religion Sonderinteressen untertan machen wollen, aber wir legen keiner wie immer gearteten Überzeugung Fesseln an. Wir sind auch weder die Inspiratoren gewisser politischer Schulen, noch die Sachverwalter bestimmter politischer Gruppen. Unser politisches Konzept hat nichts mit jenen Schulen zu tun, die die Geister auf Doktrinen festlegen, nichts mit den Gruppen, die sich die Macht streitig machen. Wir sind stets und vor allem Italiener. Indem wir unserem Vaterlande mit Hingabe dienen, glauben wir der ganzen Menschheit zu nützen." Mit einem Wort: Der Großorient betrachtete sich als Schule der Freiheit, der Toleranz, der bürgerlichen Erziehung, als über den Parteien stehender Hüter der besten liberalen Traditionen. Er stand mit dieser Meinung nicht etwa allein da; sie entsprach der Anschauung weitester italienischer Kreise und wurde auch von den offiziellen Stellen oftmals zum Ausdruck gebracht.

Es liegt im Wesen der romanischen Freimaurerei, daß sie, wo sie es ihren Idealen schuldig zu sein glaubt, gerne ihre Stimme erhebt („Elevez la voix!" schrieb im Weltkrieg der belgische Großmeister Maguette an die deutschen Großlogen, als belgische Arbeiter nach Deutschland transportiert werden sollten). Der Kampf, den die italienischen Freimaurer für notwendig erachteten, spielte auf politischem Gebiet und wurde daher von ihnen auch mit politischen Mitteln ausgetragen. Erfüllt von dem Gedanken an die unzerstörbare Einheit ihres Vaterlandes und von der Idee, alles, was italienischer Nationalität, unter die Trikolore des geeinten Königreiches zu bringen, war die italienische Freimaurerei auch — im österreichischen Sinne — irredentistisch. Wie sie die Enthüllung des Trientiner Trutzdenkmals begrüßte, so trauerte sie auch um den italienischen Patrioten Oberdan. Die Abneigung gegen die Österreicher, die fremden Bedrücker aus dem Vormärz, lag ihr im Blute.

Freimaurerei und Weltkrieg.

Und daraus erklärt sich auch ihre Stellungnahme im verhängnisvollen Jahre 1914. Am 30. Juli 1914 sprach der italienische Großmeister von der Gefährdung der nationalen Interessen, von der Möglichkeit der Vervollständigung der nationalen Einheit. Der Zugeordnete Großmeister Gustavo Canti nahm an einer Versammlung im Teatro Manzoni in Rom teil, bei welcher der österreichische Irredentist Battistini eine flammende Rede hielt, und schloß daran Worte der Erinnerung an die italienischen Märtyrer vom Spielberg, die Opfer der Gräben von Mantua, und forderte die Jugend zum Kampfe auf gegen „l'eterno barbaro!" Auf eine Anfrage des Deutschen Großlogenbundes vom 5. November 1914, ob die in den Zeitungen veröffentlichten Mitteilungen über dreibundfeindliche Kundgebungen der italienischen Maurer wahr seien, antworteten diese zunächst vieldeutig. Sie leiteten dann ein Hilfswerk für die Flüchtlinge aus dem Trento ein. Sehr bezeichnend war eine Rede, die G. de Vincentiis in Tarent hielt. Er sagte: „O Volk von Italien, Du Siegfried Latiums, der Tag, an dem Dein Kuß das schlafende Mädchen weckt, ist nahe! Wann wird das Schwert auf den Alpen leuchten, das der politische Mime nicht zu schmieden versteht, und das nur geschmiedet werden kann von der Kraft der Liebe." Als am 5. Mai 1915 das Denkmal der tausend Garibaldiner in Quarto eingeweiht wurde — Gabriele d'Annunzio hielt die Festrede — umrahmten die Fahnen von 400 italienischen Logen den Festplatz. Neun Tage später trat Italien in den Weltkrieg ein. Der Großorient sprach in einer Botschaft von einem lang erwarteten Ereignis, das er begrüßte. Gleichzeitig werden Hilfsaktionen verschiedenster Art beschlossen. Der durch das Wolff-Büro bekanntgegebene Abbruch der Beziehungen der deutschen Großlogen wurde ruhig zur Kenntnis genommen, die Sympathieerklärungen der französischen Freimaurer lebhaft begrüßt. Der Großmeister Nathan, der in amtlicher Eigenschaft in Amerika weilte und dort bleiben sollte, eilte zurück, um freiwillig an der Front zu kämpfen. Vergebens hatte der Großorient der Niederlande die italienischen Brr. ermahnt (April 1915), die feindselige Haltung gegenüber den deutschen Brr. einzudämmen. Die patriotische und nationale Welle schlug über ihnen zusammen.

Die Erklärungen des Grande Oriente während des Krieges, nach dem Waffenstillstand und zur Zeit der Friedensschlüsse können übergangen werden. Es steht in ihnen nichts anderes, als in den Erklärungen freimaurerischer Körperschaften anderer Völker zu lesen steht. Der Unterschied liegt höchstens in folgendem: der deutsche, der englische, französische, amerikanische Freimaurer begleitete die sein Volk betreffenden Ereignisse mit der Leidenschaft seines Nationalbewußtseins, diente seinem Vaterland als Soldat. Nie war das Wort Fichtes, daß Vaterlandsliebe des Freimaurers Tat ist, lebendiger als in den Tagen des Weltkrieges. Aber der italienische Freimaurer ging darüber noch hinaus. Er trachtete, daß der Orden eingreife, hielt es — und da stand er im Gegensatz zu den Auffassungen und den Handlungen der übrigen anderen Freimaurereien der Welt — für selbstverständlich, daß der Großorient als solcher in dem Kampf um höhere nationale und freiheitliche Güter (das war er nach italienischer Auffassung) in besonderem Maß in Erscheinung trete. Dabei darf aber nicht übersehen werden — und das gilt für die gesamte Politik der italienischen Freimaurerei — daß da gar nichts Geheimes im Spiel war, daß nicht „von unbekannten Oberen" Drähte gezogen wurden; alles ging in der breitesten Öffentlichkeit vor sich, und immer, wenn der Großorient auf den Plan trat, waren die Plakatwände mit seinen Affichen bedeckt, brachten die Zeitungen seine Verlautbarungen.

Der glühende Nationalismus und dessen patriotische Betätigung wurden der italienischen Freimaurerei dann freilich schlecht gelohnt. Der Faschismus hat sie von Anfang an nicht neben sich geduldet und ihr in einem verhältnismäßig kurzen, aber ungemein heftigen Kampf den Garaus bereitet.

Faschismus.

Als nach dem Marsch auf Rom die Faschisten zur Macht gelangten, gab es in I. zwei blaue Obedienzen, den „Grande Oriente", der im Palazzo Giustiniani residierte, und die weit kleinere National-Großloge, „Gran Loggia Nazionale", die in Verbindung mit dem Supremo Consiglio d'Italia den A. u. A. Schottischen Ritus repräsentierte und nach ihrem Sitz auch „Freimaurerei der Piazza Gesù" genannt wurde. An der Spitze des Großorients stand in diesem Augenblick als Großmeister der Senator Domizio Torrigiani (s. d.), den Schottischen Ritus leitete der Großkommandeur Raoul Palermi. Auch beim Großorient gab es einen Obersten Rat des XXXIII. Grades; dessen Großkommandeur war Ettore Ferrari (s. d.). Die Auseinandersetzung des Faschismus mit der Freimaurerei (zunächst eigentlich nur mit dem Großorient) wurde am 13. Februar 1923 deutlich sichtbar. An diesem Tag wurde folgendes bekanntgegeben.

„Der Große Faschistenrat hat beschlossen: In der Erwägung, daß die letzten politischen Ereignisse, die Haltung und gewisse Beschlüsse der Freimaurerei begründeten Anlaß zur Anahme geben, daß die Freimaurerei Programme verfolgt und Methoden anwendet, die im Widerspruch zu denen stehen, die die ganze Tätigkeit des Faschismus inspirieren, fordert der Rat die Faschisten, die Freimaurer sind, auf, zwischen der Zugehörigkeit zur nationalen Faschistenpartei oder zur Freimaurerei zu wählen. Denn für die Faschisten gibt es nur eine einzige Disziplin, die des Faschismus, nur eine einzige Hierarchie, die des Faschismus, und nur einen einzigen Gehorsam, den absoluten, unterwürfigen und jederzeitigen Gehorsam gegenüber dem Duce und den anderen Führern des Faschismus."

Diese Erklärung erregte nicht geringes Erstaunen, trotzdem bekannt war, daß zu Beginn der faschistischen Tätigkeit auch Freimaurer sich in dessen Reihen führend betätigt hatten, und daß beispielsweise der General Luigi Capello (s. d.) den Marsch nach Rom mitgemacht hatte. Man wußte, daß der Großorient es dann aber abgelehnt hatte, als solcher sich dem Faschismus zu verschreiben. Anfangs Februar hatte die Generalversammlung des Symbolischen Ritus des Großorients dessen Verfassung in enger Anlehnung an die Konstitution der angelsächsischen Großloge revidiert und dann über eine gleichzeitige Besprechung des faschistischen Problems folgendes Communiqué ausgegeben.

„Die Generalversammlung erörterte die Frage, wie der Begriff der vaterländischen Pflicht in diesem bedeutsamen Augenblick des nationalen Lebens auszulegen sei. Die Debatte, an der Brr. in hoher politischer Stellung teilnahmen, zeigte, daß die Freimaurerei niemals zu einer politischen Partei werden kann, daß sie im Interesse des vaterländischen Gedankens über allen Parteien stehen muß. Auch in dieser Stunde, die begreiflicherweise auch die Merkmale aller revolutionären Bewegungen aufweist, kann und darf der Bund der Freimaurer nicht von seinen Traditionen abgehen, die sich auf die Anschauung von der Souveränität des Volkes als unerschütterlichem Fundament unseres bürgerlichen Lebens stützt."

Nach der faschistischen Kampfansage ließ das Direktorium des Großorients den Brr. Faschisten völlige Freiheit, „alle Beziehungen zur Freimaurerei abzubrechen, um dem Fascio loyal weiterdienen zu können", „diejenigen, die so handeln, werden durch diesen ihren Schritt beweisen, daß ihnen in den Logen als oberstes Gesetz die Vaterlandsliebe eingeimpft wurde" (Erklärung vom 18. Februar 1923). Es erfolgten auch manche Austritte; weit mehr Freimaurer aber kehrten dem Faschismus den Rükken, verzichteten auf alle sich bietenden Chancen, um dem Ideal der Demokratie treu zu bleiben. Unter anderen trat General Capello aus der faschistischen Partei aus. Kurze Zeit später veröffentlichte der Großmeister Torrigiani ein Graubuch „Massoneria e Fascismo". Daraus ging hervor, daß schon ein am 19. Oktober 1922, also vor dem Sieg des Faschismus, erlassenes Rundschreiben des Großmeisters sich gegen jede Gewalt als normale politische Kampfmethode ausgesprochen hatte. Der Faschismus sei in seinen Anfängen als notwendiges Befreiungswerk erschienen, als es sich darum handelte, der Anarchie und der drohenden Aufrichtung der Diktatur des Proletariats entgegenzutreten. Jetzt aber hätten die Brr. Faschisten dafür Sorge zu tragen, daß das Tun des Fascio nicht zu Terror ausarte. Dazu erklärte Torrigiani im Graubuch:

„Freimaurer kann man nur dann werden, wenn man dem Vaterland und dem Freiheitsgedanken wirklich ergeben ist. Aber man legt sich damit nicht auf ein politisches Glaubensbekenntnis fest. In unseren Reihen ist Platz für die verschiedensten politischen Anschauungen... Wie wir in allem unserem Tun stets das Wohl des Vaterlandes im Auge haben, so auch bei unserer Einstellung zum Faschismus. Unser Streben war darauf gerichtet, mitzuwirken an der Entgiftung des politischen Haders, an der Bekämpfung der grausamen Gewaltakte und an der Befriedung I. Den Gedanken der Humanität, das Bewußtsein der Bruderschaft der Nationen wollten wir verbreiten. Das sind auch heute die Richtlinien unserer Arbeit. Und deshalb wollen wir hoffen, daß die faschistischen Theorien nicht Formen annehmen, die allen Begriffen von Demokratie und Freiheit ins Gesicht schlagen und auf Diktatur, auf Oligarchie hinauslaufen."

Ende 1923 begannen aber in zahlreichen italienischen Städten wüste Ausschreitungen faschistischer Trupps gegen Freimaurerlogen. In Prato, Pistoia, Termolì, Monte Leone, Lucca, Turin, Mailand, Bologna, Venedig, Livorno, Perugia, Bari, Tarent usw. wurde Logeneigentum zerstört. Proteste beim Justizminister, dann bei Mussolini blieben ohne Erfolg. Die Beschlüsse über die Inkompatibilität der Zugehörigkeit zur Freimaurerei und zum Faschismus wurden auf Antrag Bodreros am 5. August 1924 vom Großen Faschistenrat verschärft. Der Großorient schloß seinerseits faschistische Funktionäre, die das Gebot ignorierten, aus seinen Reihen aus. Die Brandschatzungen (Florenz, Genua, Livorno, Pisa, Venedig, Palermo usw.) gingen weiter; in Rom kam es wiederholt zu nächtlichen Sturmangriffen von Schwarzhemden auf den Palazzo Giustiniani. Eine amtliche Kommission veröffentlichte in einem Memorandum Material über die Freimaurerei, das deren Anteil am Risorgimento verkleinern sollte. Immer wieder protestierten die Freimaurer gegen das Gewaltregime. Nach dem Mord an Matteotti war General Capello einer der ersten, der öffentlich erklärte, daß es mit Terror nicht weitergehen könne. Auch der Republikaner Eugenio Chiesa, der in der Kammer seine Stimme in so aufsehenerregender Weise erhob, als es um die Schuldfrage im Fall Matteotti ging, war Freimaurer. Im Dezember 1924 führte Torrigiani in Mailand aus, der Faschismus bedeute geistig und moralisch einen Rückschritt. Nun wurde auch nichtfaschistischen Beamten und Offizieren die Logenzugehörigkeit verboten.

Am 10. Jänner 1925 brachte der Ministerrat im italienischen Parlament auf Vorschlag des Innenministers ein Antifreimaurergesetz ein. Dieses beinhaltete den Zwang zur Einreichung der Mitgliederlisten und genauester Auskunfterteilung an die Polizei (auf Zuwiderhandeln wurden Gefängnisstrafen und hohe Geldbußen gesetzt), ferner das Verbot für alle Beamtenkategorien, Mitglieder „geheimer Gesellschaften" oder solcher Organisationen zu sein, „die durch Eid zum Geheimnis verpflichten". Im Mai 1925 wurde das Gesetz von der Kammer bei namentlicher Abstimmung „einstimmig" angenommen; die mehr als 220 Abgeordneten der Opposition waren freilich nicht zugegen.

Der Großorient arbeitete weiter. Am 6. September 1925 wurde von der von mehr als 500 Delegierten besuchten Generalversammlung Torrigiani wiederum zum Großmeister gewählt; seine außerordentlichen Vollmachten bestätigt. Er erklärte, die italienische Freimaurerei werde sich nie durch Terror abhalten lassen, ihre Stimme gegen die ungesetzliche Diktatur zu erheben. Daraufhin wurde der Kampf noch schärfer. Hohe Beamte wurden gemaßregelt und apokryphe Dokumente in der „Idea Nazionale" sollten dartun, daß die italienische Freimaurerei ausländische Befehle befolge und die volle Ausnützung des Sieges im Weltkrieg dadurch verhindert habe, daß sie gegen imperialistische Aktionen in nichtitalienischen Gebieten aufgetreten sei. In der Nacht vom 3. auf den 4. Oktober 1925 kam es zu schweren Bluttaten in Florenz, zu Mord und Brandstiftung. In dieser „Bartholomäusnacht" wurden u. a. der Eisenbahner Neciolini, der Kriegsinvalide Exdeputierte Pilati und der Rechtsanwalt Console getötet.

Den Schlußstein bildete dann der Prozeß gegen General Capello, die Behauptung von dessen Teilnahme an dem Attentatsplan des gewesenen Abgeordneten Zaniboni im November 1925. Der Verhaftung des Generals folgte die militärische Besetzung des Großorients und der übrigen italienischen Logenhäuser. (In diesen Tagen wurde auch vom Senat das Antifreimaurergesetz angenommen. Dagegen sprachen sich die früheren Unterrichtsminister Ruffini und Benedetto Croce, der berühmte Gelehrte, aus.) Trotzdem Capello auch nicht das geringste nachzuweisen war (Hauptzeuge gegen ihn war ein Lockspitzel namens Quaglia), wurde er vom Sondergerichtshof unschuldig zu 30 Jahren Zuchthaus verurteilt (s. Capello). Am nächsten Tag wurde der Großmeister Torrigiani, der mittlerweile alle Logen des Großorients aufgelöst hatte, verhaftet und von der Konfinierungskommission „wegen Agitation gegen Regime und Staat" ohne jede Verhandlung auf fünf Jahre nach den Liparischen Inseln verbannt, „trotzdem schon die Voruntersuchung seine Nichtbeteiligung an dem Komplott festgestellt hatte", wie sogar die klerikale, antifreimaurerische Berliner „Germania" feststellte. Zahlreiche andere Freimaurer ereilte das gleiche Schicksal. Seither existiert in I. keine Freimaurerei mehr.

In der Emigration lebende italienische Freimaurer haben in Paris unter der Grande Loge de France zwei Logen gegründet, „Italia" und „Italia nuova". 1930 wurde von einem Teil dieser Brr. auf Grund von Vollmachten des mittlerweile verstorbenen Großkommandeurs Ettore Ferrari (s. d.) eine Reorganisation des Großorients im Auslande angebahnt. Vorübergehender Sitz dieser Organisation ist London. Der Platz des Großmeisters und seines ersten Zugeordneten wurde freigehalten. als zweiter Zugeordneter Großmeister fungierte zunächst Eugenio Chiesa (s. d.), nach dessen Tod trat Professor Arturo Labriola (s. d.) an seine Stelle.

Itansko. Drama von E. Ray, veröffentlicht 1835, behandelt die Freimaurerei.

Ivánka, Imre von, ungarischer Politiker, * 1815. † 1896. Im Unabhängigkeitskrieg 1848 bis 1849 Oberst der ungarischen Honved, nach 1861 Reichstagsabgeordneter, 1893—1896 Großmeister der Symbolischen Großloge von Ungarn.

I.·.V.·.I.·.O.·.L.·., Inveni Verbum in Ore leonis (Ich fand das Wort im Maule des Löwen). Mit Beziehung auf die Legende des XIII. Grades des A. u. A. Schottischen Ritus, spielt an auf den Schlüssel zur Bundeslade, oder die Tafel mit dem unaussprechlichen Gottesnamen, der von einem Löwen gefunden und im Maule gehalten wurde, der ihn freiwillig wieder den suchenden Israeliten gab.

J

Jachin, auch Jakin ist der Name einer Säule im Salomonischen Tempel, 1. Kön. 7, 13—31, wo es von Hiram heißt: „und machte zwo eherne Säulen, eine jegliche 18 Ellen hoch... und machte zween Knäufe, von Erz gegossen, oben auf die Säulen zu setzen. Und es waren an jeglichem Knauf sieben geflochtene Reifen wie Ketten. Und machte an jeglichem Knauf zwo Reihen Granataepfel umher an einem Reifen, damit der Knauf bedeckt war... Und er richtete die Säulen auf vor der Halle des Tempels, und die er zur rechten Hand setzte, hieß er Jachin, und die er zur linken Hand setzte, hieß er Boas. Und es stund also oben auf den Säulen wie Rosen." Die beiden Säulen haben im Tempel des Freimaurers symbolische Bedeutung (s. Säulen, ferner Würzburger Säulen).

Jackson.

1. Andrew, Präsident der Vereinigten Staaten von Nordamerika, * 1767, † 1845, Demokrat, „Old Hickory", kämpfte 1812 gegen die Engländer, dann auch gegen die Indianer und als Generalmajor gegen die Spanier in Florida und stand 1829—1837 als Präsident an der Spitze der Vereinigten Staaten. Er wurde 1805 in Savannah aufgenommen und war 1822 bis 1824 und 1839 Großmeister der Großloge von Tennessee. Seine Treue zum Bund bekundete er öffentlich zur Zeit der zweiten Präsidentschaftswahlkampagne, die in die Zeit der Morgan-Affäre (s. d.) mit ihren Freimaurerverfolgungen fiel. Damals erklärte er: „Die Freimaurerei ist eine auf das Wohl der Menschheit bedachte Institution; ich bin davon überzeugt, daß sie auch in der Zukunft blühen wird!"

2. James, berühmter amerikanischer General im Revolutionskrieg, Eroberer von Savannah, * 1757, war 1789 Großmeister der Großloge des Staates Georgia. † 1806.

Jacob, Claud W., Sir, britischer Feldmarschall, * 1863, Oberbefehlshaber in Indien 1925, ist Großaufseher der Großloge von England.

Jacob, Heinrich Eduard, Dichter und Schriftsteller, * 1889 in Berlin, seit 1927 Korrespondent des „Berliner Tageblatt" in Wien, erster Novellenband „Das Leichenbegängnis der Gemma Ebria", 1912, schrieb ferner „Die deutsche Dichtung seit Goethes Tod", „Reise durch den belgischen Krieg" (1915 erschienen; von bemerkenswert pazifistischer Gesinnung beseelt), „Der Zwanzigjährige", das Schauspiel „Beaumarchais und Sonnenfels"; „Der Tulpenfrevel" und „Die Physiker von Syrakus", die, wie auch die historische Novelle „Das Flötenkonzert der Vernunft" (1923) ein ethisches Programm im Sinne der Humanität darlegen. Hauptwerke: die Romane „Jacqueline und die Japaner" (1928), „Blut und Zelluloid" (1929), „Die Magd von Aachen" (1930). J. ist Mitglied der Wiener Loge „Humanitas".

Jacobi, Friedr. Heinrich, Philosoph und Schriftsteller, * 1743, seit 1807 Präsident der Akademie der Wissenschaften in München, † daselbst 1819; Goethes Freund. Seit 1765 Mitglied und Schatzmeister der Loge „La Parfaite Amitié" in Düsseldorf; 1784 Illuminat unter dem Ordensnamen Sully.

Jacobiten, s. Stuarts, Schottische Maurerei.

Jaeckh, Ernst, deutscher Orientalist und Schriftsteller, * 1875, auch journalistisch tätig, Professor an der Berliner Handelshochschule, Gründer der „Deutschen Liga für Völkerbund", der „Deutschen Gesellschaft" und der Deutschen Hochschule für Politik, schrieb „Der aufsteigende Halbmond", „Deutschland und der Völkerbund", „Kiderlen-Wächter", „The New Germany", ferner über Nietzsche und David Friedrich Strauß, war nach dem Weltkrieg einer der Gründer des freimaurerischen Bluntschli-Ausschusses der D. L. f. V. Er trat wegen des nationalistischen Kurses innerhalb der deutschen Freimaurerei aus seiner Loge aus.

Jahn, Christian Friedrich August, * 1817, † 1894. War erst Lehrer in Dresden, dann Gasfachmann und Direktor der Gasanstalt in Dresden. Erbaute die Prager Gasanstalt in Karolinenthal bei Prag, deren Leitung er 1862 übernahm. Aufgenommen 1844 in der Dresdner Loge „Zu den drei Schwertern", vereinigte er in Prag die dortigen Freimaurer und versuchte 1870 die behördliche Genehmigung zur Wiedereröffnung der Logen in Österreich zu erlangen. Da dieser Versuch aber fehlschlug, gründete er den freimaurerischen Verein „Harmonie" in Prag, den er bis zu seinem Tode leitete.

Jahreswort (frz. mot de semestre). In einzelnen Großlogen, z. B. Frankreich, wird in bestimmten Zeiträumen ein bestimmtes Wort als Erkennungszeichen (frz. auch mot annuel) gegeben, das beim Eintritt als Legitimierung verlangt wird. In den meisten Großlogen nicht mehr üblich.

Jahwe-Brüder oder Jahwe-Priester nennt Ludendorff (s. d.) die Freimaurer. Aus „Jahwe-Priestern soll das Freimaurervolk bestehen, das, selbst rassenlos geworden, sich als Anhängsel der jüdischen Rasse über die Erde verbreitet und überall seine geheime Missionstätigkeit ausübt".

Jahwezahl. Ein in die gegnerische Literatur hauptsächlich durch Ludendorff eingeführter kabbalistischer Begriff. Der erste und der zweite Konsonant des Wortes Jahweh, Jehowa, hat den Zahlenwert 10 und 5. Daher sind, für Ludendorff, die Zahlen 10 und 5 heilige, Erfolg und Sicherheit versprechende Zahlen. Da nun, immer wieder nach Ludendorff, alle unglücklichen Kriege und Ereignisse durch Freimaurer bedingt sind, so läßt sich aus den Jahreszahlen erkennen, inwieweit Freimaurer hinter den katastrophalen Ereignissen stecken. Man braucht bloß die Zahlen darauf zu untersuchen, ob die Jahwezahl oder ihr Mehrfaches darin enthalten ist. Z. B. Ausbruch der französischen Revolution $1789 = 1 + 7 + 8 + 9 = 25$, oder die preußische Niederlage im Jahre 1806 (Quersumme 15) oder Ausbruch des Weltkrieges 1914 (Quersumme 15) oder die Entlassung Ludendorffs am 26. Oktober 1918 (Quersumme 55, wobei allerdings 19 und 18 als ganze Zahlbegriffe verwendet werden müssen) usw. Um die gewünschten Jahwezahlen herauszubekommen, muß man also auch die Zahlen als solche kombinieren können. Mit einiger Mühe läßt sich so unschwer zu jedem mißliebigen historischen Ereignis die J. konstruieren. Hier ist Ludendorff absoluter Zahlenkabbalist geworden, was aber nicht hindert, daß die J. in das Rüstzeug der gegnerischen Propaganda eingegangen ist.

Jakobsleiter. Nach 1. Mos. 28, die Himmelsleiter, die Jakob im Traume erschien. Sie ruht auf der Bibel und steigt gegen Himmel in sieben Sprossen. Im englischen Ritual üblich. Ihre drei Hauptstufen sind Glaube, Liebe und Hoffnung. In alten christlichen Schriften werden die sieben Stufen auch mit dem Namen der sieben freien Künste bezeichnet. Ebenso im A. u. A. Schottischen Ritus, und zwar im XXX. Grad (Ritter Kadosch), wo die sieben Sprossen auf der einen Seite die Namen der sieben freien Künste auf der anderen die der sieben Kardinaltugenden tragen.

Jalisco, Bundesstaat von Mexiko an der pazifischen Küste. In der Hauptstadt Guadalajara hat die Großloge „Occidental Mexicana" ihren Sitz. Adresse: Apartado postal 9 (s. Mexico).

Jamaika, Insel in Britisch-Westindien (Große Antillen). 1739 erteilte die Großloge von England unter der Nr. 182 den ersten Freibrief für eine Loge in Kingston, 1742 wurde der erste Provinzial-Großmeister bestellt, nachdem auch in Port Royal eine Loge entstanden war. Zahlreiche Gründungen folgten, deren Schicksale sehr schwankend waren. 1843 wurde auch ein schottischer Provinzial-Großmeister (Rev. W. P. Burton) eingesetzt. Heute zählt die Distrikts-Großloge der Großloge von England 13 Logen, der schottische Distrikt fünf, die Großloge von Irland eine Loge.

1761 kam Morin (s. d.), auf den mittelbar die Entstehung des A. u. A. Schottischen Ritus zurückgeht, zuerst nach Kingston und machte als ersten Überseer A. Francken zum Abgeordneten Großinspektor.

Jamaika- und Barbados-Rum. Die von den „Moderns" geübte Sitte der Bodenzeichnung mißfiel Laurence Dermott (s. d.), dem Verfasser des „Ahiman Rezon" (1764) dermaßen, daß er schreiben konnte: „Da bekommt auch — bei den Moderns — so ein Tyler zehn oder zwölf Schillinge dafür, daß er zwei Pfosten auf den Boden malt, wobei er Jamaika-Rum auf den einen und Barbados-Rum auf den anderen schreibt. Dies alles — wie ich glaube — nur deswegen, damit die Brr. unterscheiden können, wo die eine und die andere Sorte dieser Getränke in der Loge aufbewahrt werden." Diese Verhöhnung der beiden Säulenbuchstaben richtete sich ebenso gegen das Ritual der „Moderns" wie gegen deren Trinksitten, wobei aber die Bemerkung erlaubt sei, daß auch die Ancients diese Art geistiger Stärkung nicht unterschätzten. Nicht nur hier sah Dermott den Splitter im Auge der „Moderns"!

Jandel, Alex., P., 73. Ordensgeneral der Dominikaner, † 1872, hat in einer Freimaurerloge den als Gast erschienenen Teufel durch das Kreuzeszeichen vertrieben. Die gesamte Loge stob nach dem heiligen Zeichen auseinander So steht es wenigstens in der Biographie, die P. Hyazint Cornier, Ordensgeneral von 1904 bis 1916, herausgegeben hat.

Janson, Paul, belgischer Politiker, * 1840, † 1913, Führer der liberal-progressistischen Partei, Staatsminister, war Stuhlmeister der Loge stob nach dem heiligen Zeichen auseinander in Brüssel.

Japan. Die Freimaurerei beschränkt sich in der Hauptsache auf die angelsächsischen Kolonien der Städte Yokohama, Tokio und Kobe. Zwischen der Regierung und den Logen ist ein Abkommen getroffen, daß in der Stille gearbeitet wird und Japaner im allgemeinen nicht aufgenommen werden. Die in J. bestehenden Logen gehören zumeist der englischen Großloge an. 1866 wurde die erste Bauhütte, Yokohama Lodge Nr. 1082, von Engländern gegründet. 1873 eine Distrikts-Großloge. Gegenwärtig sind unter dieser in Tätigkeit fünf Logen mit etwa 300 Mitgliedern, ferner mehrere Hochgradwerkstätten. 1927 wurde an Stelle des 1923 durch Erdbeben zerstörten Tempels in Yokohama (Nr. 3, Bluff), ein neues, schönes, von der Großloge von England gewidmetes Heim eingeweiht. Der Großloge von Schottland gehören in J. zwei Logen an.

Jászi, Oskar, Schriftsteller und Politiker, * 1875, ein Führer der radikalen Bewegung in Ungarn, Minister für die nationalen Minderheiten im Ministerium Károlyi (1918/1919). Jetzt Professor im Oberlin-College (Vereinigte Staaten). J. war Meister vom Stuhl der Loge „Martinovics" in Budapest.

Java, s. Niederländisch-Indien.

Jefferson, Joseph, amerikanischer Schauspieler, * 1829, † 1905, berühmter Komiker, hatte insbesondere mit seinem Rip van Winkle großen Erfolg (in dieser Rolle trat er allein in London 170mal auf), war Freimaurer.

Jegerlehner, Johannes, schweizerischer Schriftsteller, * 1871, Verfasser zahlreicher Romane und Erzählungen aus der Alpenwelt seiner Heimat, wohnhaft in Grindelwald, ist Mitglied der Loge „Zur Hoffnung", Bern.

Jehovah. Der sogenannte unaussprechliche Name Gottes, daher in freimaurerischen Ritualen und Gesängen wiederholt für Gott. In einzelnen Hochgraden auch als heiliges Wort.

Jellicoe, John Rushworth, Viscount J. of Scapa, Admiral der britischen Flotte, * 1859, Kommandant des ostasiatischen Geschwaders und Stabschef der Seymour-Expedition im Boxeraufstand, im Weltkrieg Oberkommandierender der Nordseeflotte, schlug die Schlacht am Skagerrak, 1920—1924 Generalgouverneur des Dominions von Neuseeland, war während dieser Zeit Großmeister der Großloge von Neuseeland. In der Großloge von England ist er Past-Großaufseher.

Jena. Universitätsstadt in Thüringen. Die erste Loge 1746 errichtet unter dem Namen „Zu den drei goldenen Rosen" (3 W.). Zur Zeit der Strikten Observanz spielte J. eine bedeutungsvolle Rolle (s. Johnson). Als Universitätsstadt gab sie auch den Boden ab für zahlreiche, der Freimaurerei nachgeahmte Studentenorden (Amicisten, Harmonisten, Faßbinderorden u. a. m.). Heute bestehen in J. drei Logen: „Carl-August zu den drei Rosen" (1749, 3 W.), „Friedrich zur ernsten Arbeit" (Bayreuth 1889), „Zur Akazie am Saalestrand" (Gr. L. L. 1891). Dr. phil. Werner Mohr gibt hier die „Allgemeine Logenzeitung" heraus.

Jenner, Edward, englischer Arzt, * 1749, † 1823. Der Entdecker der Kuhpockenschutzimpfung, die er im Jahre 1796 zuerst vollzog und 1798 veröffentlichte. Er gehörte zur Loge „Faith and friendship" in Berkeley. Jedoch haben bereits 1758 die Freimaurer in Gothenburg in Schweden eine eigene Impfstation errichtet, wobei sie sich noch der Übertragung der Pocken von Mensch zu Mensch bedienten. Sie nahmen arme Kinder auf, versahen sie mit Kost, Wohnung und Kleidern und „präparierten" sie für die Operation. Nach dreimonatigem Aufenthalt durften die Kinder wieder geholt werden. Auch Kindern vermögender Leute wurde die Pockenimpfung durch die Freimaurer zugänglich gemacht. Für die Bedeutung dieser Einführung spricht der Umstand, daß zur gleichen Zeit jährlich in Europa gegen 400.000 Menschen an den schwarzen Blattern starben.

Jephthas Tochter, der I. Grad des gemischten amerikanischen Ordens „Eastern Star“ (s. d.). Dieser Tochtergrad symbolisiert u. a. den Gehorsam der Kinder gegenüber den Geboten der Eltern.

Jerocades, Antonio, Abbate, neapolitanischer katholischer Geistlicher, Dichter, der „Orpheus“ der italienischen Freimaurerei des 18. Jahrhunderts, gab 1785 unter dem Titel „Lira focente“ eine Sammlung freimaurerischer Gedichte heraus, Verfasser einer naiven freimaurerischen Epopöe „Paolo o dell' Umanità liberata“, die Ritualhandlungen in Form von Prophezeiungen beschrieb, Paulus als Philosophen auftreten ließ, der das freimaurerische Licht empfangen hatte und im Himmel in Petrus den Bruder erkannte. Er wurde 1770 in Marseille Freimaurer und 1776 anläßlich der unter Ferdinand VI. inszenierten Freimaurerverfolgung ins Gefangenhaus geworfen, aber auf Einschreiten der Königin Karoline wieder befreit. * 1738, † 1805.

Jerusalem, Hauptstadt von Palästina. J. als Sitz des Salomonischen Tempels und des zweiten Tempels Zerubabels, dann im Zusammenhang mit Christus usw. spielt in den Legenden der verschiedensten Hochgrade, auch im Namen von solchen, eine bedeutende Rolle. So Prinz von J., XVI. Grad des A. u. A. Schottischen Ritus. Ein häufiger Logenname ist „Zum heiligen Johannes von J.“ Auch das Clermontsche System mit seinen Kapiteln von Jerusalemrittern, der Rektifizierte Ritus der „Chevaliers bienfaisants de la Cité Sainte“ erinnern an Jerusalem.

Vor dem Weltkrieg gab es in J. eine Loge „Moriah“ des Grand Orient de France. Nachdem der Ausgang des Krieges die britische Zivilverwaltung nach Palästina brachte, wurden u. a. folgende gegründet: „King Salomon's Temple“ (Großloge von England, 1923), „Golden Throne“ (Großloge von Schottland), mehrere Bauhütten unter ägyptischer Obedienz; in letzter Zeit: „Four Heavens“ (England), „Holy City“ (Schottland) und „Zur Quelle Siloah“ der Symbolischen Großloge von Deutschland (1931). Eine Markloge arbeitet gewöhnlich in den Steinbrüchen Salomos (s. Palästina).

Jerusalem, Neues.

1. s. Swedenborg.

2. Auserwählte des neuen J., VIII. Grad des ursprünglichen Feßlerschen Systems (1797), Umarbeitung des „Chevalier sublime“ des Clermontschen Hochkapitels, handelte vom Erlangen des Bürgerrechts im ewigen Staat Gottes.

Jesuiten. Während man in den J. die militantesten Gegner der Freimaurerei im katholischen Lager zu erblicken hat, wurde während geraumer Zeit von Freimaurern die These vertreten, daß die Societas Jesu zu Ende des 17. Jahrhunderts die Freimaurerei ins Leben gerufen oder sie doch bald nach Gründung der ersten Großloge (besonders in Frankreich und Deutschland) in eine ganz bestimmte Richtung zu lenken getrachtet habe. Bode, Biester, Knigge, Schröder, Nicolai in Deutschland, Nicolas de Bonneville, Rebold, Ragon in Frankreich, Capt. Smith in England (s. alle diese) waren Hauptverfechter der Theorie vom maßgebenden jesuitischen Einfluß auf die Freimaurerei. Bode war der erste, der sie in ihrer weitestgehenden Form niederschrieb („Pflichtmäßige Bedenken zu dem Zirkulare des M. S. O. a Victoria vom 19. September 1780“). Er nannte in diesem Manuskript an die Adresse des Herzogs Ferdinand von Braunschweig in den Tagen der ärgsten Zerrüttung der Strikten Observanz (s. d.) die J. die Erfinder der Freimaurerei und entwickelte den vermeintlichen geheimen Sinn der drei Johannisgrade und des (IV.) Schottengrades, der sich auf Grund dieser Einstellung ergab. 1782, auf dem Wilhelmsbader Konvent der Strikten Observanz, unterstrich er seine Anschauungen aufs nachdrücklichste. Sie erfuhren dann im wesentlichen besonders nachhaltige Unterstützung durch Nicolai (s. d.) und Nicolas de Bonneville („Les Jésuites chassés de la Maçonnerie et leur poignard brisé par les Maçons“, 1788), dem wiederum Mirabeau („La Monarchie prussienne...“) kräftig sekundierte. Ludwig Friedrich Schröder war zwar nicht der Meinung, daß die J. die Freimaurerei begründet hätten, aber auch er suchte den mystischen Inhalt des angeblich von den J. geschaffenen Schottengrades in Übereinstimmung mit dem unterlegten Zweck zu enträtseln.

Die Ansicht der meisten Bekenner der Jesuitentheorie ging dahin, die J. hätten sich darum der kontinentalen Freimaurerei bemächtigt, um diese in ihrem Sinn zu politisieren, mit ihrer Hilfe das vertriebene Haus Stuart (s. d.) wieder auf den englischen Thron zu bringen und dadurch auch dem Katholizismus im Inselreich wieder zur Macht zu verhelfen, diesen zugleich aber auch in den anderen protestantischen Ländern zu stärken. Um die Seelen für diesen Zweck vorzubereiten, hätten die „unbekannten Oberen“ aus der protestantischen englischen Freimaurerei mit ihren in der Bausymbolik wurzelnden drei Graden durch Aufpfropfung von ihnen ersonnener Hochgrade einen katholischen Kult gemacht, die freimaurerische Tempelherrenlegende erfunden, die Logen mit ihren Emissären durchsetzt und mit allen Mitteln danach gestrebt, sich das ganze Freimaurertum hörig zu machen.

Wenn immer wieder so hartnäckig behauptet wurde, der in Frankreich wirkende Jacobit (Stuartist) Chevalier Ramsay (s. d.) sei der Erfinder der Templergrade, der Schottischen Maurerei (s. d.) und habe dies durch seinen „Discours“ kundgetan, so hängt das aufs engste mit den Behauptungen über deren vermeintlichen jesuitischen Ursprung zusammen. Ramsay war in den Augen der Jesuitengegner ein leidenschaftlicher Jünger Loyolas, wie auch der Freiherr v. Hund, Johnson, Gugomos (der Jesuitenzögling war), der Kleriker Starck (s. diese alle), die ihre Freimaurerei nur im Interesse der katholischen Kirche verbreitet haben sollten. Die Verbindung der Strikten Observanz mit dem zweifelsohne katholisierende Tendenzen verfolgenden klerikalen System (s. d.) Starcks erschien besonders gravierend, nicht minder die Tatsache, daß nach der Aufhebung des Jesuitenordens durch Clemens XIV. (1773) tatsächlich zahlreiche Exjesuiten Einlaß in Logen suchten und fanden.

Die Symbolausdeutung, wie sie den J. nach Ansicht ihrer Bekämpfer vorschwebte, sah folgendermaßen aus: die drei Schläge versinnbildlichten die Dreieinigkeit, auch die drei Gelübde, die Säulen J. und B. Jesuiten und Benediktiner, die fünf Punkte der Meisterschaft: die fünf jesuitischen Fundamentalsätze, die Bundeslade (im IV. Grad): den Bund, den der Freimaurerorden mit dem Haus Stuart geschlossen, der darin ruhende Stab Aarons: die oberpriesterliche Herrschaft, das Gelobte Land: Großbritannien, Jerusalem: London, die Wiedereroberung Palästinas: die Wiedereinführung der katholischen Religion in England, die vier Altmeister aus Schottland: die professos quatuor votorum der J. Die Zeichen auf den drei Schalen aus dem Grundstein des Tempels, die im Schottengrad besonders wichtig sind, ergaben Jacobus Glorificabit Ordinem, bezw. Jesuitae Gubernant Orbem, d. h. die J. regieren den Bund und wollen durch diesen die katholische Religion nach England zurückführen. Mittels der drei Schalen (Katholizismus, Jesuiten, Haus Stuart) versinnbildlichte man die Bestandteile der „Schottischen (Königlichen) Kunst". Da die Sarazenen (Wilhelm von Oranien und die Protestanten) Meister des heiligen Bundes (Beherrscher von Großbritannien) geworden seien, habe man das im Grundstein des Tempels gefundene Heiligtum (den Bund) nach Schottland (Frankreich) gebracht und dort auf dem Berg Herodom (Clermontsches Kollegium der J. in Paris) verwahrt. Die Schottische Kunst oder Große Wissenschaft sei also nichts anderes als durch Wiedereinsetzung der Stuarts, Wiedereinführung des Jesuitenordens und des Katholizismus die Engländer erneut zur Seligkeit zu führen. Auch die alchimistischen Bestandteile des Gebrauchtums mancher Systeme der damaligen Zeit fanden gleichartige Interpretation: Verwandlung in das edelste Metall hieß Bekehrung zur Romkirche. Als jesuitische Grade reinsten Wassers wurden auch jene des Ritters vom Rosenkreuz und des Ritters Kadosch angesehen (wobei bemerkenswert ist, daß in der neueren antifreimaurerischen katholischen Literatur der letztere Grad immer wieder ganz besonders als antiklerikal bezeichnet wird). Jesuitischer Untergrund wurde auch im Schwedischen System gesucht.

Für diese ganze Auffassung haben sich schlüssige Beweise niemals erbringen lassen. Zahlreiche Forscher sind der These aufs gründlichste nachgegangen und dazu gelangt, sie in den Bereich der Legende zu verweisen. (Vergl. z. B. Nettelbladt, „Geschichte freimaurerischer Systeme...", 1879, in neuester Zeit auch den Nichtfreimaurer Le Forestier, „L'Occultisme et la Franc-Maçonnerie Ecossaise", 1928.) Nettelbladt erklärt, es hätte keine andere Verbindung zwischen Jesuiten und Freimaurern bestanden als die Möglichkeit einer Beziehung einzelner am Hofe Jakobs II. Er beruft sich auf die von Macpherson herausgegebene reiche Sammlung von stuartistischen Originalbriefen und Aktenstücken „Original Papers", in denen sich nicht die geringste Spur von einem Zusammenhang zwischen J. und Freimaurern, nicht ein Wort von einem Plan der ersteren findet, durch den Freimaurerbund zu wirken. Auch wenn man nicht alle Gegenargumente gelten lassen mag, die Nettelbladt ins Treffen führt, so wird man ihm grundsätzlich doch beipflichten müssen. Alle Untersuchungen, die über die jakobitische Freimaurerei (s. Stuarts, Schottische Maurerei), die Entstehung der Rittergrade, die Strikte Observanz, das Klerikat angestellt wurden, haben nichts Positives zutage gefördert, das auf planmäßige jesuitische Absichten schließen ließe, auch die katholisierenden Tendenzen nicht, die da und dort zutage traten. Man darf nicht vergessen, daß trotz der päpstlichen Bullen im 18. Jahrhundert ohnehin ein großer Teil der kontinentalen Freimaurer katholischen Glaubens war, beispielsweise in Frankreich die überwiegende Majorität, und daß sich Absichten der Jesuiten in einem Zeitraum von sechzig Jahren doch irgendwie hätten im Schoße der englischen Freimaurerei manifestieren müssen, um dem ersehnten Ziel näherzukommen. Das ist aber nicht der Fall. Alle die angeblich jesuitischen Grade, die sich im 18. Jahrhundert in einem großen Teil der Welt verbreiteten, fanden damals gerade in England keinen Eingang. Die Tatsache ist nicht von der Hand zu weisen, daß es glaubenseifrige Katholiken gab, die in den Freimaurerlogen ein Feld zur Betätigung auf religiösem Gebiet liegender Ambitionen sahen, aber einen großzügigen Plan von jesuitischer Seite beweist auch solche Tätigkeit nicht.

Man hat auch in dem Faktum, daß den Gold- und Rosenkreuzern prominente J. angehörten (z. B. als Zirkeldirektor in München der Exjesuit P. Frank, der Beichtvater des Kurfürsten Karl Theodor), Grundlagen für die Jesuitenriecherei erblicken wollen. Dem treten aber Bernhard Beyer und Arnold Marx (Freimaurermuseum, Band I und V) entgegen. Auch wenn es feststeht, daß die Verfolgung der antijesuitischen bayrischen Illuminaten von den Rosenkreuzern ausging (sie führte dann auch zur Unterdrückung der Freimaurerei in Bayern!) und daß dabei P. Frank eine hervorragende Rolle spielte, so darf doch nicht übersehen werden, daß der unerbittlichste Feind der Illuminaten im rosenkreuzerischen Lager Wöllner (s. d.) war, der aber auch als preußischer Minister ganz besonders heftig gegen die J. vorging.

Bemerkenswert ist übrigens, daß gerade in jenem Kreis, in dem die ausgesprochenste Jesuitengegnerschaft betätigt wurde, bei den Illuminaten, zwar nicht jesuitischer Einfluß, aber jesuitische Grundlagen sich zeigten. Der jesuitische Einschlag in der Ordensgestaltung ist unverkennbar. Weishaupt und

Knigge (s. beide) waren sich sowohl über die Notwendigkeit des Kampfes gegen die J. als in der Anschauung einig, daß nur Anwendung jesuitischer Methoden der Verwirklichung ihrer Ideen nützlich sein könnte (s. Illuminaten).

Die Vertreter der Jesuitentheorie haben eines völlig übersehen: daß der Jesuitismus in Wirklichkeit gegen die Freimaurerei seit deren Entstehung Krieg geführt hat. „Sein Kreuzzug richtet sich dabei gegen den freimaurerischen Humanitätsgedanken, dessen entscheidender Kern in der Auffassung besteht, daß in der Menschennatur angeborene sittlich-religiöse Erkenntnis- und Schöpferfähigkeiten gegeben sind die in einer Kultur des selbständigen Gewissens entfaltet werden müssen. Diese Auffassung widerstreitet der Idee von der alleinseligmachenden Kirche und von deren universalem Herrschaftsberuf... Solcher Glaube an die Menschennatur wird bis auf den heutigen Tag als ‚Satanismus' gebrandmarkt." (Vergl. „Vernichtung der Unwahrheiten über die Freimaurerei".) Die leidenschaftlichsten, schärfsten katholischen Bücher gegen die Freimaurerei stammen aus jesuitischer Feder; besonders traten in neuerer Zeit die Patres Pachtler, Gruber, Bresciani (s. alle diese) und Schneemann schriftstellerisch hervor. P. Gruber galt geradezu als die hervorragendste antifreimaurerische Autorität der katholischen Kirche. Es ist darum bemerkenswert, daß dieser eminente Gegner, der bis zu seinem 1930 erfolgten Tode im Kampf gegen den Freimaurerbund in vorderster Reihe stand, in seinen letzten Lebensjahren in privatem Briefwechsel und Aussprachen mit einigen wenigen Freimaurern (s. Aachener Konferenz) den Standpunkt einnahm, daß es an der Zeit sei, an die „Ausscheidung unehrlicher, verleumderischer und persönlich verletzender oder auch läppischer Kampfmittel" in einem Geisteskampf zwischen Gegnern zu schreiten, „deren Fundamentalgrundsätze sich in diametralem Widerstreit gegenüberstehen" (Brief an Dr. Kurt Reichl, Wien, vom 3. Januar 1929).

Wenn neuestens Ludendorff (s. d.) ein Bündnis zwischen „Freimaurern, J. und Juden" als Basis seiner Hypothesen konstruiert, so gehört diese Annahme ins Gebiet der jeder Grundlage entbehrenden Erfindungen, die in den polemischen Schriften des Generals so zahlreich sind.

Jesus, s. Christus.

Jesusorden wurde im 18. Jahrhundert der Gold- und Rosenkreuzerorden wiederholt genannt; seine Mitglieder nannten sich auch „Kreuzbrüder". Im „Hirten-Brief an die wahren und ächten Freymäurer" heißt es: „Der ganze Orden ist auf Jesus allein gebauet, es ist ein Jesusorden, die Mitglieder sind kleine Jesus; Christus selbst wohnt in dem Kreisdirektor." (Vergl. Beyer, Freimaurer-Museum, Bd. 11, S. 20/21.)

Jetons de présence, Anwesenheitsmarken, gravierte oder geprägte Marken mit dem Namen des Inhabers, die beim Besuche der Loge abgegeben wurden, damit der Sekretär die Anwesenheitsliste feststellen konnte.

Joachim, St., Orden, s. Jonathan.

Joannovics, Georg v., ungarischer Politiker und Gelehrter, * 1821, † 1909, Abgeordneter im Reichstag 1847/1848, nach Beendigung des Unabhängigkeitskrieges als nationaler Patriot im Exil, 1854 wegen politischer Vergehen zu zwölf Jahren Kerker verurteilt, 1857 amnestiert, 1865 wieder Abgeordneter, dann Staatssekretär im Kultus- und Unterrichtsministerium, bedeutender Linguist, Mitglied der Akademie der Wissenschaften. J. war 1871 der erste Großmeister des Großorients von Ungarn, wirkte für die Vereinigung der beiden Riten und führte von 1897 bis zu seinem Tode die Symbolische Großloge von Ungarn.

Jobel, hebräisches Wort, spielt im A. u. A. Schottischen Ritus eine Rolle. J. bedeutet wörtlich die Trompete, mit der die Wiederkehr des Tages verkündet wurde, als die Juden in Kanaan einzogen.

Jobs Daugthers (Hiobs Töchter), amerikanische Mädchenorganisation in Verbindung mit der Freimaurerei, 1920 in Omaha. Nebraska, gegründet, nimmt als Mitglieder Töchter, Nichten, Schwestern und Enkelinnen von Freimaurern des Meistergrades oder Mitglieder des Eastern Star auf. Die lokalen Körperschaften nennen sich Bethel. Die drei obersten Beamtinnen versinnbildlichen die drei Töchter Hiobs, von denen die Bibel erzählt, daß diese die ersten Frauen waren, welche mit ihren Brüdern in bezug auf Vererbung der Familiengüter gleichgestellt wurden und daß sie regen Anteil an der Erziehung der Frauen ihrer Zeit nahmen. Am Ende des „Buches Hiob" sind sie erwähnt als „die Schönsten und die Makellosesten im ganzen Lande".

Joffre, Jacques César, Marschall von Frankreich, * 1852, † 1931, 1910 Generalstabschef, im Weltkrieg bis 1916 Oberbefehlshaber der französischen Truppen, Sieger in der Marneschlacht 1914, nach 1916 Vorsitzender des Obersten Kriegsrates, war Freimaurer. 1875 wurde er in der Pariser Loge „Alsace Lorraine" aufgenommen und 1893 von dieser zum „membre honoraire" ernannt. Von freimaurergegnerischer Seite wurde behauptet, daß J. die Freimaurerei lange von seinem Tode verlassen habe. Das ist unrichtig. Nach dem Krieg hat er u. a. auf dem Genfer französischen Generalkonsulate als Maurer die Vertreter der dortigen französischen Loge „Fraternité" empfangen; bei der Einweihung des Kriegerdenkmals in Monnetier-Mornex (Haute-Savoie) verließ er, begleitet vom Senator Goy, die Feier, um sich zu einer „Fête blanche" mehrerer Logen zu begeben, die zur gleichen Zeit stattfand.

Johannes der Täufer, Johannes der Evangelist. Der Täufer ist seit uralten Zeiten der Schutzpatron der Steinmetzengilden und der ihnen angeschlossenen Bruderschaften. Zumindest in England. Er wird schon 1136 auf einer Inschrift aus der Monrose-Abtei als Patron bezeichnet. Im übrigen hatten ihn auch die Zimmerleute zum Schutzheiligen erwählt. In den Ordonnanzen der Bruderschaft der Carpenters von London setzen diese eine Lichtstiftung ein, „die brennen soll in der Kirche des hl. Thomas von Acon und der des St. Johann" (1333). Hingegen kennen ihn die Satzungen der Masons von Lincoln 1321 noch nicht. Die Gilde ist gegründet „in honore Domini nostri Jesu Christi et beatae Mariae virginis et omnium sanctorum“ (A. Q. C. XLII. Part. 1.). Nach Wolfstieg hatten die süddeutschen Steinmetzen als Schutzpatrone die Vier Gekrönten (Quatuor Coronati), während die norddeutschen und englischen sich zu St. Johann bekannten. Nur die Rochlitzer Bauhüttenordnung spricht vom Täufer. Daß dem Johannistag in Deutschland bei den Tagungen der Haupthütte keine besondere Bedeutung zukam, ist auch aus den Versammlungstagen ersichtlich, die ganz willkürlich, ohne Beziehung auf ein besonderes Patronsfest. einberufen wurden, April 1459 und 1464, Michaelis (28. Sept.) 1459, Juli 1518 usw. Dagegen beging der „Bund der ausgewiesenen Steinmetzen“ noch 1872 in Wien und 1862 in Budapest seinen sogenannten Ausweis am 24. Juni. Thomas Gerstenbrein in Klausenburg, der selbst ausgewiesener Steinmetz ist, schreibt, daß dieser Ausweis zweimal jährlich stattfand: am 24. Juni, dem Tag des Täufers als Schutzpatron der Steinmetzbruderschaft, und am 27. Dezember, dem Festtag des Evangelisten als Schutzpatron der Klosterbauhütte. In den schottischen Logen wurde Johann der Evangelist ausschließlich verehrt. Alle Logen legten sich seinen Namen bei: „St. John's Lodge“. Er wurde bildlich dargestellt mit einer Schriftrolle in der einen und einem Kelch in der anderen Hand, aus dem sich eine Schlange hervorringelte. Zu seinen Füßen der Adler. Die Schlange erinnert hierbei an die erfolglosen Versuche, ihn zu vergiften.

Jedenfalls wurde aber dann späterhin der Täufer der unbestrittene Schutzpatron. Die Gründung der Großloge von London fand 1717 an seinem Festtage statt. Im allgemeinen wird auch das Johannisfest am 24. Juni, dem Geburtsfest von J. dem Täufer, von fast allen Logen begangen, in englischen und einzelnen deutschen Logen wird auch der dem Evangelisten geweihte Tag, das Winter-Johannisfest (St. John in Harvest), am 27. Dezember gefeiert. Die symbolische Deutung der Figur des Vorläufers Christi, des Täufers, ist sicherlich erst freimaurerischen Ursprungs. Hierher gehört auch die in englischen und amerikanischen Logen übliche Figur der zwei Parallel-Linien, die einen Kreis berühren. Das englische Ritual sagt hierzu: „In allen regulären, richtig eingesetzten Logen gibt es einen Punkt in einem Kreis, um den herum die Brüder nicht irren können. Der Kreis ist gegen Nord und Süd eingeschlossen von zwei parallelen Linien, von denen die eine Moses, die andere den König Salomo vorstellt. Gehen wir um diesen Kreis herum, so müssen wir beide Linien berühren. Der Punkt in der Mitte stellt den Maurer vor, der, wenn er um den Kreis herumgeht, nicht irren kann.“ In amerikanischen Logen werden die beiden parallelen Linien als Johann der Täufer und Johann der Evangelist gedeutet (s. auch Johannisfest).

Johannisbotschaft. In manchen Großlogen übliches Rundschreiben des Großmeisters zum Johannisfest, in dem gewöhnlich allgemeine Grundsätze der gemeinsamen Arbeit, Programme usw. veröffentlicht werden.

Johannisbrüder, s. Kölner Urkunde.

Johannisdukaten in der Strikten Observanz. übliches Johannisfestopfer, jährliche Abgabe zum besten des Ordens, die auf einen holländischen oder Speziesdukaten festgesetzt war. Die Bestimmungen über die Zahlung waren sehr streng.

Johannisfest wird am 24. Juni, als dem Geburtsfeste Johannes des Täufers, des Schutzpatrons der Freimaurerei, in den meisten Logen der Welt gefeiert. Es ist das Bundesfest der Freimaurerei, an dem jeder Freimaurer zum Zwecke der Bekundung seiner Zugehörigkeit zu einem die Erde umspannenden Bund teilnehmen soll. In Deutschland ist es in seinem Rosensymbol zugleich das Fest der Liebe und des gleich der zur Mittsommerszeit voll erwachten Natur freudig bejahten Lebens. Die drei Johannisrosen, mit denen der Freimaurer seine Arbeitsstätte und sich selbst schmückt, versinnbildlichen in ihrer abgestuften Farbenzusammenstellung die Lebensdevise des Freimaurers: Licht, Liebe, Leben. In der Zeit vor den Großlogengründungen war das J. entweder ganz unbekannt oder durchaus nicht spezifisch freimaurerisch. Die Londoner Freemasons standen z. B. in guter Beziehung zum Kloster der heiligen Dreifaltigkeit in Aldgate. Daher war ihr großer Festtag das Fest der Dreifaltigkeit, daneben das Fest der Vier Gekrönten (Quatuor Coronati, 8. November). Die Beteiligung an den Prozessionen dieser Tage wurde unter hohen Strafen zur Pflicht gemacht. Anderseits hatten 11 Gilden den heiligen Johannes als Schutzpatron. Die Aldwick-Loge feierte das Fest des heiligen Michael. In den Kilwinningakten ist nur vom Feste des heiligen Andreas die Rede. In den Protokollen der ältesten Loge (Edinburg) ist von 1599—1756 kaum sechsmal das J. erwähnt.

Allgemeine Verbreitung bekam das Mittsommerfest der Freimaurerei erst nach den Großlogengründungen. Die gründende Sitzung der englischen Großloge fand am Johannistage 1717 in der Taverne „Zur Gans und zum Bratrost“ in London statt. In den Allgemeinen Satzungen der ersten Konstitution von 1723 heißt es: „Die Brr. aller Logen in und außerhalb London und Westminster sollen zu einer Jahreszusammenkunft und Fest (Annual Communication and Feast) an geeignetem Platze zusammenkommen am Tage St. Johann des Täufers oder sonst am Tage St. Johann des Evangelisten usw. Ob nun dieses Fest für alle Brüder stattfindet oder nicht, so muß doch die Großloge an irgendeinem geeigneten Platze jährlich am St.-Johannis-Tage, und falls dieser auf einen Sonntag fällt, am darauffolgenden Tage zusammenkommen, um alljährlich einen Großmeister, einen Zugeordneten (Großmeister) und die Aufseher zu wählen (General Regulations 1720).“ Die übrigen Quartalsversammlungen wurden festgesetzt für den St.-Michaels-Tag (Michaelmas, 29. September), Christmas (24. Dezember) und Lady's Day (Mariä Verkündigung). Hieraus hat sich dann durch Verlegung des Wintertermins auf das Fest St. Johanns des Evangelisten (27. Dezember) der Brauch des Winterjohannisfestes ergeben, das besonders von den englischen Logen (so von der Quatuor-Coronati-Loge in London) festlich begangen wird.

Der Verlegung der freimaurerischen Feste auf die beiden Solstitien liegt sicherlich ein — vielleicht unbewußter — innerer Zusammenhang mit uralten Kultgebräuchen um die Zeit der Sonnenwenden zugrunde. Dadurch erhält das J. der Freimaurer, von seiner tiefen maurerischen Bedeutung abgesehen, auch noch die besondere Bedeutung einer in allen Männerbünden bemerkbaren innigen Verbundenheit mit dem im Sonnenablaufe begründeten Kreislauf in der Natur.

Die Johannisfeiern der Freimaurer haben eine kaum übersehbare Literatur hervorgerufen, zumal der Brauch besteht, Johannisfestreden durch den Druck festzuhalten. In vielen Logen wird an diesem Tage auch ein besonders festliches Ritual verwendet. In vielen Logen, besonders in Deutschland, pflegt am Johannistage die feierliche Einsetzung des neugewählten Meisters vom Stuhl und der anderen Amtswalter stattzufinden. Mit dem Johannistage schließt in den meisten Logen das maurerische Rechnungsjahr. Die Mitgliederstatistiken sind daher meist vom Johannistage datiert. Ebenso gilt es als besonderer Vorzug, am Johannistage in einer Loge aufgenommen worden zu sein. Nach dem Johannistage schließen die meisten Logen die Jahresarbeit und lassen eine Sommerpause von mehreren Monaten eintreten, während welcher ritualmäßige Arbeiten nur in besonderen Ausnahmefällen stattfinden dürfen. Die Armensammlung am Johannistage wird meistens besonders reich bedacht und einem besonderen Zwecke zugewendet.

Johannisgrade heißen die in der Johannisloge erteilten Grade des Lehrlings, Gesellen und Meisters. Sie erschöpfen den Inhalt der freimaurerischen Lehre, werden aber auch in den verschiedenen Hochgradsystemen als Voraussetzung für die höheren Grade bearbeitet. Die von Quartier-La-Tente gebrauchte Wendung, die Johannisgrade seien die Elementarschule, die Hochgrade aber die Hochschule der Freimaurerei, wird oft zurückgewiesen. Mit mehr Recht kann gesagt werden, daß die J. das Gebäude der Freimaurerei, die Hochgrade dagegen nur der ornamentale Stuck der Fassade sind.

Johannisloge. Die in den drei Johannisgraden (s. d.) arbeitende Loge heißt J. Ihr Schutzpatron ist St. Johann der Täufer, dessen Fest, der Johannistag, auch der höchste Festtag der J. ist. In Schottland bezogen sich die alten Logen auf St. Johann den Evangelisten und führten dessen Namen zur Bezeichnung ihrer Arbeitsweise. Dort gibt es daher „St. John's Lodge" im Gegensatze zur „Lodge St. John" (Johannisloge und Loge zum Heiligen Johann), im ersteren Falle als Gattungsbegriff, im zweiten als charakterisierender Name einer Einzelloge.

Johannislogen, Freie, s. Bund freier Johannislogen.

Johannismaurerei, auch symbolische oder blaue Maurerei genannt (daher auch Johannisgrade und Johannisloge), heißt im Gegensatze zu den Hochgraden die auf die drei Grade des Lehrlings, Gesellen und Meister beschränkte Lehrart. Sie führt ihren Namen nach dem Schutzpatron, St. Johann dem Täufer und verwendet für Abzeichen usw. die blaue Farbe. Der Lehrinhalt der Maurerei ist in den drei Johannisgraden vollkommen enthalten. Die Hochgrade (s. d.) sind lediglich Einzelausführungen in neugestalteter Symbolik.

Johannismeisterhefte werden von der Großen Landesloge der Freimaurer von Deutschland in zwangloser Folge herausgegeben und enthalten Arbeiten, die der Vertiefung in die Symbolik des Meistergrades dienen.

Johannismeisterschlüssel. Im Schwedischen System tragen die Meister als Schmuckstück und Zeichen der Würde einen Schlüssel aus Elfenbein. Griff und Bart dieses J. sind, wie die Kelle, dreieckig gestaltet. Der Schlüssel dient — symbolisch — zum Erschließen des Herzens als der wohlverwahrten Schatzkammer des maurerischen Geheimnisses. Er öffnet aber auch den Eingang zu allen Johannis-, Lehrlings-, Gesellen- und Meisterlogen.

Johannisstift, Altersheim für Freimaurer in Einbeck (Hannover), Wohlfahrtseinrichtung der deutschen Freimaurer für alte, kranke und arbeitsunfähige Brr., errichtet 1897.

Johannistag. Der von der abendländischen Kirche früh dem Weihnachtsfest gegenübergestellte Tag der Sommersonnenwende (Midsummerday, schwed. Midsommersdag, frz. Solstice), wodurch uralte heidnische Solstitialfeste in den christlichen Kanon der Festtage übernommen wurden. Die Feier des J. und der Johannisnacht ist in zahlreichen Volkssitten verbreitet. Überbleibsel aus heidnischer Zeit sind auch die Versuche, in der Johannisnacht die Zukunft zu entschleiern. Als Volksfeste: die Johannisfeuer, die Tänze um den brennenden Holzstoß u. a. m. Der Herkunft nach gehört das Johannisfest zu den ältesten Festbräuchen der Menschheit, die an den höchsten Stand der Sonne anknüpfen.

Freimaurerisch: s. Johannisfest.

Johannisvertrauten, Gemeinschaft der, s. Kreuzfromme.

Johanniter-Orden, Preußischer. Das Ordenskapitel beschloß im Juni 1927, daß kein Johanniterritter in Zukunft gleichzeitig Mitglied einer humanitären Loge sein könne. Am 11. Februar 1928 erklärte das Kapitel, die Zugehörigkeit zu einer der altpreußischen Großlogen solange nicht zu beanstanden, als die drei Großlogen auf dem von ihnen dem J. dargelegten Standpunkt verbleiben. 1929 schließlich beschloß das Ordenskapitel, gegen die Mitgliedschaft eines Johanniterritters bei der Großen Landesloge der Freimaurer von Deutschland nichts einzuwenden, dagegen den Beitritt eines Johanniterritters zu den beiden anderen altpreußischen Großlogen für solange als unzulässig zu erklären, als nicht deren vollständige Trennung von den humanitären Großlogen vollzogen sei. Eine neuerliche Stellungnahme wird erfolgen, „sobald diese beiden Großlogen das Bekenntnis und die Verteidigung eines dogmatischen Christentums uneingeschränkt zulassen und ihren Mitgliedern die Zugehörigkeit und den Beitritt zum Verein deutscher Freimaurer in Leipzig untersagen".

Johnson,

1. Andrew, 1865—1869 Präsident der Vereinigten Staaten von Nordamerika, * 1808, † 1875, Demokrat, wurde 1830 in den Freimaurerbund aufgenommen; er war Ehrenmitglied der Großloge von Florida.

2. Hiram Warren, amerikanischer Senator, * 1866, Staatsanwalt im berühmten Bestechungsprozeß gegen hohe Beamte der Stadt San Francisco, Gründer der progressiven Partei, 1924 Präsidentschaftskandidat, ist Freimaurer.

3. Melwin Maynard, Rechtsanwalt in Boston, USA., * 1871, berühmter Verteidiger, seit 1918 Professor an der Universität Boston, Großmeister der Großloge von Massachusetts 1914—1916, vielseitiger freimaurerischer Schriftsteller. Hauptwerk: „The Beginnings of Freemasonry in America".

4. Charles H., Oberster Leiter des Wohlfahrtswesens des Staates New York, * 1870, Präsident der amerikanischen Gefängnis-Vereinigung („Prison Association"), 1922 Leiter der amerikanischen Hilfsaktion in Rußland und im Osten, Vertreter der Vereinigten Staaten Nordamerikas beim „Internationalen Gefängniskongreß" in London, 1915 Meister vom Stuhl der Ancient City Lodge Nr. 452 in Albany, 1917/18 Deputierter Distrikts-Großmeister, 1926—1928 Präsident des Board of General Activities, 1930 und 1931 Großmeister der Großloge von New York.

Johnson-Fünen, Georg Friedrich v., in Wirklichkeit mutmaßlich Johann Samuel Leucht oder Leicht, † 1775, Schwindler aus der Zeit der Strikten Observanz, erster großer Hochstapler der maurerischen Geschichte. Leucht, der nach mannigfachen Schwindeleien in Prag und Wien 1755 beim Hofjäger des Fürsten von Anhalt in Bernburg Jägerbursche gewesen war, tauchte 1758 in nobler Aufmachung noch unter seinem wirklichen Namen als besuchender Br. in der Loge zu Halle auf, gab sich als Abgesandter der Großloge aus und vollzog Aufnahmen in einen höheren Grad, der sich im wesentlichen mit Alchimie befaßte. Er verschwand dann wieder, ging auf Reisen, mußte wiederholt flüchten, wurde sächsischer Rittmeister, schwindelte wieder, wurde eingesperrt, trat, freigelassen, in preußische Dienste, um dann 1763 mit einem „Hofstaat" von vier Personen in Jena zu erscheinen. Er behauptete jetzt, er heiße in Wirklichkeit Georg Friedrich von Johnson-Fünen, sei schottischer Edelmann, „Ritter vom großen Löwen des hohen Ordens der Tempelherren zu Jerusalem" und „Großprior des wahren Tempelordens der eigentlichen schottischen Oberen", abgesandt von dem verborgenen Großkapitel der ganzen Welt in Schottland, mit dem Auftrag, den falschen Lehrarten der Freimaurerei ein Ende zu machen, die Logen in Deutschland nach echtem Templerbrauch zu reformieren, eine Miliz des Ordens zu errichten und den Brr. die Nutznießung der geretteten Schätze und geheimen Wissenschaften des alten Ordens zu vermitteln. Er versicherte auch, das wahre Geheimnis der Freimaurerei zu besitzen und die Kunst zu beherrschen, unedle Metalle in Gold zu verwandeln. Er brachte das jenensische Kapitel des Clermontschen Systems (s. d.) ganz auf seine Seite, erklärte die Berliner Oberbehörde dieser Lehrart für unrechtmäßig, errichtete ein neues Hochkapitel und schlug gegen klingende Münze Ritter, die ihm blindlings vertrauten und ihn den „größten Menschen unter der Sonne" nannten. Als es J. gelang, einen anderen, ähnlich gearteten Geschäftemacher, den in Halle im Zusammenhang mit dem Clermontschen System auf ähnlicher Grundlage wirkenden früheren Konsistorialrat Philipp Samuel Rosa (s. d.) zu entlarven, hatte er vollends Oberwasser. Er forderte die verschiedenen von Rosa und dessen Berliner Freunden gegründeten Kapitel des Clermont-Rosaschen Systems auf, sich seiner Obedienz zu unterwerfen. Das geschah auch, nachdem er die Urkunden der Widerstand leistenden Berliner unter Trompetenschall hatte verbrennen lassen. Von allen Seiten kamen Abgeordnete, die ihm ihre Urkunden ablieferten und nach deren feierlichen Vernichtung sich neuerdings ins Noviziat aufnehmen ließen, wofür sie große Summen — manchmal bis zu zweitausend Taler — zu bezahlen hatten. Selbst der Heermeister Baron Hund (s. d.) ging J. auf den Leim und huldigte ihm 1764 kniend und in mittelalterlicher Rüstung in Altenberge, wurde aber dann doch von Mißtrauen erfüllt und nannte ihn bei einer Zusammenkunft einen Betrüger und „formellen Filou". J. flüchtete, von Hund vor die Pistole gefordert, mit der Ordenskasse, wurde 1765 verhaftet und von dem weimarischen Minister Freiherrn von Fritsch auf der Wartburg bis zu seinem Tode in Gefangenschaft gehalten (s. Hund).

Johnston, Sir Alexander, * 1778, † 1849, Reorganisator der Kolonie Ceylon, Vizepräsident der Königlich Asiatischen Gesellschaft, wurde 1810 Distrikts-Großmeister von Ceylon.

Johore, malaiisches Sultanat unter britischem Protektorat, hat eine der Distrikts-Großloge des Östlichen Archipels der Großloge von England unterstehende Loge „Johore Royal 3946" in J. Bahru. Der Sultan von J. ist Großbeamter der Großloge von England im Rang eines Past-Großaufsehers.

Jolson, Al (Ase Joelson), berühmter amerikanischer Schauspieler und Tonfilmstar, * 1886, besonders erfolgreich in den Filmen „Der Jazzsänger" und „Der singende Narr" („Sonny Boy"), ist Freimaurer.

Jonathan. Das Freundschaftsverhältnis zwischen David und J. wird auch in der Freimaurerei und ihr ähnlichen Verbänden (Odd Fellows) öfters symbolisch abgewandelt. J. und David nannte sich eine katholische Gesellschaft, die von 1773—1778 in Amsterdam auftrat und in 7 Graden ihren Lehrinhalt bearbeitete. Ihr Zweck scheint katholische Propaganda gewesen zu sein.

Jonathan, Bruder, Spitzname des Amerikaners, s. Bruder J.

Jonathaner Orden. 1755 unter hocharistokratischen Offizieren der Garnison in Leitmeritz, Eger u. a. O. in Böhmen entstandener Geheimbund zum Zwecke der „Pflege der zärtlichsten Freundschaft und Wohltuns", Gründer war der Herzog Christian Franz von Sachsen-Coburg-Saalfeld, Regimentsinhaber und Oberst des Regimentes Wolfenbüttel in Leitmeritz. Unter den Mitgliedern werden genannt: Fürst Piccolomini, Graf Clary, Graf Kolowrat, Graf Nostitz u. v. a. Trotzdem in den Bestimmungen ursprünglich zu lesen stand, daß „Frauenzimmer, Juden, Türken, besonders aber Freimaurer" niemals Hoffnung haben, in den Orden aufgenommen zu werden, verrät dieser in seinem Aufbau deutlich freimaurerischen Einfluß. Auch wurden sehr bald doch Frauen, die ein besonderes Abzeichen trugen, aufgenommen. 1785 wurde nach einer Übergangszeit, während welcher der Orden den Namen „Zur Ehre der göttlichen Vorsehung" getragen hatte, eine neue Bezeichnung gewählt. Er hieß von da an „Ritterliches weltliches Ordenskapitel von St. Joachim, dem gebenedeiten Vater der heiligen Jungfrau Maria". Gegen Ende des 18. Jahrhunderts stand der Orden, dem unter anderen auch der englische Admiral Nelson angehört hatte, in hohem Ansehen, 1804 hatte er seinen Sitz in Bamberg. In der Zeit vor 1813 scheint er eingeschlafen zu sein.

Jones.

1. Inigo, * 1573, † 1652. Großer englischer Baumeister (nach Anderson „ebenbürtiger Rivale" des Palladio), der unter drei Königen (Jacob I., Karl I. und Karl II.) eine Reihe klassischer Bauwerke, so den königlichen Palast von Whitehall, erbaute. Er wird von Anderson als Großmeister bezeichnet. Seine Zugehörigkeit zur Freimaurerei ist jedoch mehr als zweifelhaft. Die Große Landesloge der Freimaurer von Deutschland glaubt im Besitz einer alten esoterischen Ordenslehre zu sein, die die alten Masonen aus der Zeit des I. J. überkommen hätten. Diese Ancient Masons sollen nach Hieber, „Der Johannis-Lehrlingsgrad", Berlin 1903, Seite 30—32 (in der uns vorliegenden siebenten Auflage nicht mehr enthalten!), in der englischen Großloge 1717 vergebens Fuß zu fassen versucht und einen Teil ihrer alten Aufzeichnungen verbrannt haben, trotzdem die Großloge von England „mit allen Kräften bemüht war, in ihren Besitz zu gelangen". Ganz aufgegeben sei der alte Schatz der Ordenslehre indes nicht. Ein Bau nach altem Risse sei „wahrscheinlich" (?) in Florenz errichtet worden. Als aber in Italien unter Papst Clemens VII. im Jahre 1737 eine Verfolgung über die Freimaurerei hereinbrach, habe man die Urkunden des Ordens nach Genf gerettet. Von hier seien sie an den schwedischen Kanzleirat v. Eckleff gelangt. Sie wurden die Grundlagen für einen neuen Bund in Schweden und später nach denselben Plänen für die Große Landesloge der Freimaurer von Deutschland. I. J. mit der heutigen Freimaurerei in Verbindung zu bringen, den Bund lückenlos bis dorthin zu verfolgen. ist bislang vergebliche Liebesmüh gewesen und wird es voraussichtlich auch bleiben. Man vergleiche diese „Ordenssage", die mit historischer Forschung nicht das geringste zu tun hat, mit Begemanns tiefgründigen Arbeiten über die Vorgeschichte des Bundes in England! („Erläuterungen der Katechismen der Johannis-Freimaurerei" von Robert Fischer. Vierter Teil..., herausgegeben von Ernst Paul Kretschmer-Gera, 15. Auflage, 1930.)

2. John Paul, Seeheld des amerikanischen Befreiungskrieges, * 1747, † 1792, Vater der amerikanischen Flotte, hißte 1777 zum ersten Male das Sternenbanner, war Mitglied der Loge in Kirkcudbright in Schottland (seiner ursprünglichen Heimat) und der Pariser Loge „Neuf Sœurs".

3. Stephen, englischer Publizist, * 1763, † 1828, Redakteur der „General Evening Post" und anderer Blätter, Verfasser des „Pronouncing Dictionary of the English Language" (1798), maurerischer Schriftsteller, Schüler Prestons, dessen Leben er 1795 im „Freemason's Magazine" beschrieb, schrieb „Masonic Miscellanies in Prose and Verse" u. a. m., war der erste „Prestonian Lecturer" (s. d.) und das fleißigste Mitglied der Lodge of Reconciliation (A. Q. C. XXIII/3).

Jordan, Jean Etienne, aus einer Hugenottenfamilie, * 1700, † 1744, Prediger, dann Geheimer Rat Friedrichs des Großen, Vizepräsident der Königl. Akademie der Wissenschaften und Künste, schrieb u. a. „Recueil de littérature de philosophie et d'histoire", wurde 1739 von Friedrich (als Kronprinz) in Rheinsberg aufgenommen und war der erste Schriftführer der Loge des Königs. Auf seinen Antrag erteilte dieser 1740 die Genehmigung zur Errichtung der Loge „Aux trois Globes", gilt also als der eigentliche Stifter der Großen National-Mutterloge.

Josaphat, das Tal zwischen Jerusalem und dem Ölberg. In vielen Katechismen (z. B. Prichard, s. d.) wird J. als Stätte der Logenarbeit bezeichnet. Damit ist gemeint, daß die Loge nicht die reale, sondern eine ideale, erst zu erarbeitende Welt versinnbildlicht, die nur dem durch die Weihe Gegangenen zugänglich ist. J. wird in diesem Sinne als entlegener, schwer zugänglicher Ort herangezogen.

Joseph II., römisch-deutscher Kaiser seit 1765, * 1741, † 1790, begünstigte eine Zeitlang die Freimaurerei, der er aber nicht angehörte. Eingehend sprach er über den Bund mit dem dänischen Rittmeister von Sudthausen (s. d.), Abgesandten der Großen Landesloge der Freimaurer von Deutschland, der ihm 1776 im Auftrag Zinnendorfs die Bitte um die Bestätigung des Protektoriums Friedrichs des Großen unterbreitete. Das betreffende Schreiben hätte vom Landesgroßmeister Herzog Ernst von Sachsen-Gotha und Altenburg unterfertigt werden sollen, der es aber ablehnte, sich persönlich in dieser Sache „an des Teutschen Reiches Oberhaupt" zu wenden, da seine Unterschrift „dem gemeinen besten eher nachteilig als zuträglich sein dürfte". Der Herzog hatte übrigens gehört, „der Kaiser sei Maçon" und empfahl, ihm auch die Landes-Großmeisterschaft anzutragen. Sudthausen setzte dem Kaiser in zwei Unterredungen die Grundsätze der Freimaurerei auseinander. J. schien nicht abgeneigt, selbst seinen Anschluß zu vollziehen, wollte sofort an Ort und Stelle unterrichtet werden, was Sudthausen ablehnte, war dann gesonnen, sich in aller Form aufnehmen zu lassen, kam aber davon wieder ab, als auch die Mitglieder der Strikten Observanz in Prag in Konkurrenz traten und ihn in einem von Herzog Ferdinand von Braunschweig einbegleiteten Brief ebenfalls aufs dringendste einluden, der ihre zu werden. Überdies war J. 1776 noch Mitregent seiner Mutter, deren alte freimaurergegnerische Verfügung noch Geltung hatten. Er schrieb dem Herzog von Braunschweig, daß er nicht beitreten könne, weil dies den Landesgesetzen zuwider und auch seiner Mutter nicht angenehm wäre. Der Großen Landesloge schrieb der Kaiser u. a., daß ihre Tendenz, christliche Tugend zu befördern und der Menschlichkeit nutzbar zu sein, mit seinen Gesinnungen und Wünschen übereinstimme. Wenn er auch den erbetenen Schutz nicht gewähren könne, wolle er sie doch versichern, „daß Männer und Gesellschaften, die nach diesen Vorsätzen handeln, wegen ihrem dabei beobachtenden Geheimnis, wenn sie nur nicht Böses, sondern lauter Gutes thuen, weder von meiner Bangigkeit, noch von meinem Vorwitz jemals was zu sorgen haben würden". Das Überwuchern aller möglichen, die wahre Freimaurerei überschattenden und ihre Grundgedanken verwirrenden Systeme (Rosenkreuzer, Asiatische Brüder usw.) mit ihren Geisterbeschwörungen, Experimenten veranlaßte J., auf Betreiben zweier führender Freimaurer, des Landes-Großmeisters Fürsten Dietrichstein (s. d.) und des Freiherrn von Born (s. d.), 1785 die Freimaurerei zwar unter seinen Schutz zu stellen, aber gleichzeitig die Zahl der Logen eng zu begrenzen. In einem „Handbillet" wurde die Zahl der Wiener Logen auf 2 bis 3, mit je höchstens 180 Mitgliedern beschränkt. Im übrigen durften Logen mit beschränkter Zahl nur an den Sitzen der Landesregierungen existieren. Dafür sollten die Regierungen den Freimaurern „allenthalben vollkommene Aufnahme und Schutz und Freiheit angedeihen lassen..."

Jouin, Mgr., Pfarrer von St. Augustin in Paris. Apostolischer Protonotar, leidenschaftlicher Bekämpfer der Freimaurerei, des Judentums und des republikanischen Gedankens, Gründer der antifreimaurerischen, seit 1912 erscheinenden „Revue Internationale des Sociétés Secrètes", die sich insbesondere Studien auf internationalem freimaurerischen Gebiet zur Aufgabe stellt und reiches Material sammelt; sie ist offizielles Organ der ebenfalls von J. ins Leben gerufenen Ligue Franc-Catholique, vertritt ausgesprochen chauvinistische Tendenzen und erscheint wöchentlich. Die Zeitung richtete heftige Angriffe gegen Pater Gruber S. J. (s. d.) wegen seiner Korrespondenz mit dem Wiener Freimaurer Dr. Reichl (s. d.) und der Aachener Begegnung (s. d.) mit den Freimaurern Reichl, Lennhoff (Wien), und Ossian Lang (New York). Für J. ist die Freimaurerei „Judéo-Maçonnerie"; er veröffentlichte auch mehrere antifreimaurerische Bücher, u. a. „La guerre maçonnique"

Journeyman. In den alten Werklogen wurde ein Steinmetz, der seine Lehrlingszeit beendigt hatte und selbständig zu arbeiten befähigt war, als J. bezeichnet. Er war jedoch verpflichtet, in einer bestimmten Zeit um Zulassung zu einer Loge anzusuchen, womit er den Titel eines „fellow-craft" erlangte. Daher in den Verhandlungsschriften, z. B. der Loge „Mary's Chapel" in Edinburgh, strenge Verfügungen gegen Meister erlassen wurden, die J., d. h. also nicht Organisierte, beschäftigten. Jene J., die nach Ablauf der vorgeschriebenen Zeit eine Zulassung zur Loge nicht anstrebten, wurden in eigenen Verzeichnissen geführt und standen unter Boykott.

Jovellanos, Caspar Melchor de, spanischer Politiker und Publizist, Minister, * 1744, † 1815, schrieb lyrische Dichtungen und zahlreiche politische Werke, war Freimaurer.

Juarez, Carlo Benito, mexikanischer Staatsmann, * 1806, † 1872. Präsident seit 1858, Besieger des Kaisers Maximilian, war Freimaurer. Carlos von Gagern (s. d.) berichtet hierüber in „Tote und Lebende" 1884, Seite 384: „Maximilian hatte eine Zusammenkunft mit J. gewünscht. J. gehörte dem Freimaurerbunde an und hegte die Besorgnis, der Kaiser könnte sich ihm als Br. vorstellen, in welchem Falle er nicht feindlich gegen ihn hätte vorgehen dürfen. Darum seine Weigerung, Maximilian zu sehen. Ich (Gagern) hielt es aus demselben Grunde für meine Bruderpflicht, Maximilian, als er sich im Unglück befand, meine Dienste anzubieten." Gagern erzählt weiter, er habe sich dem gefangenen Kaiser als Br. zu erkennen gegeben, habe aber aus dem Verhalten Maximilians deutlich erkannt, daß dieser nicht Freimaurer war.

Jubela-o-um, mystische Namen der drei Gesellen, die in der Hiram-Legende eine besondere Rolle spielen. Die scheinbar nur zu dem Zwecke erfundenen Namen, um den drei Mordgesellen einen Namen zu geben, sollen abzuleiten sein vom hebräischen Jobel, die Trompete, mit der nach hebräischem Ritus die Jahreswiederkehr des Einzugs in Kanaan alljährlich verkündet wurde.

Jubiläen, Freimaurerische, Logenjubiläen (der 25. usw. Stiftungstag), werden gewöhnlich in besonders feierlicher Weise begangen. Zumeist geben die Logen aus diesem Anlasse eine Geschichte der eigenen Bauhütte heraus. Die Hundertjahrfeier englischer Logen wird durch die Verleihung der Centenary Jewels und Centenary Warrants auch äußerlich gekennzeichnet. J. einzelner Brr. sind Anlaß zu besonderen Ehrungen. Viele Logen verleihen den Jubilaren den Silberschurz für 25jährige, den Goldschurz für 50jährige Zugehörigkeit. In den französischen Obedienzen werden die alten Freimaurer bei einer Festarbeit (Grand Orient: Konvent, Grande Loge: Schottisches Ordensfest) mit einer Medaille bedacht.

Juden. Daß die ältesten freimaurerischen Urkunden deutlich einen christlichen Charakter zeigen, ist an anderer Stelle (s. christliche Freimaurerei) dargelegt. Eine Änderung trat ein, als Anderson in seiner Konstitution vom Jahre 1723 diesen christlichen Charakter zugunsten einer „Religion, in der alle Menschen übereinstimmen", veränderte. Wohl hat er in der zweiten Auflage 1738 den christlichen Charakter der Freimaurerei wieder festzulegen versucht, aber die Großloge von England kehrte doch wieder zu der ersten, alle religiösen Anschauungen überbrückenden Fassung zurück. In England spielte die Frage der Zulassung von J. praktisch niemals eine Rolle. Die J. waren aus England unter König Edward I. (1290) ausgewiesen worden. Erst unter Cromwell wurde von Holland aus wieder der Versuch gemacht, ihnen ein Siedlungsrecht in England zu verschaffen. Die Begründung, die Cromwell aus religiösen Gründen sehr beschäftigte, war, daß nach den Worten der Bibel die J. über alle Lande zerstreut sein müßten, ehe das Tausendjährige Reich sich erfüllen könne. Cromwell stand der Zulassung der J. nicht ablehnend gegenüber. Unter Karl II., den jüdische Geldleute in Holland unterstützten, kamen auch wieder J. nach England, die zumeist den gebildeten spaniolischen Judenfamilien Hollands angehörten und eine sozial geachtete Stellung einnahmen. Wir finden daher schon 1723 und 1725 jüdische Namen in den Logenlisten. 1732 wurde sogar am Sonntag, um J. die Teilnahme zu ermöglichen, in Cheapside, im Wirtshaus „Zur Rose", eine Loge abgehalten, wobei ein Schnupftabakhändler namens Daniel Delvalle als Meister fungierte. (Die „Daily Post" vom 22. September 1732 schreibt dazu: Der Abend wurde in einer Weise ver bracht, die dem christlichen Sabbat keinerlei Abbruch tat.) Trotzdem scheinen einige Christen daran Anstoß genommen zu haben, denn wir lesen in „Fog's Journal", 7. Oktober 1732, daß ein berüchtigter Straßenredner namens Henley eine öffentliche Rede gegen die „Judenmaurer" ankündigte. Unter den J. scheint damals der Tabakhandel sehr verbreitet gewesen zu sein, denn auch die Namen zweier anderer Tabakhändler, die Freimaurer waren, Bett und Stainer, klingen jüdisch. Bereits aus dem Jahre 1650 wird aus Rhode Island in Amerika von einer Loge anscheinend spaniolischer J. berichtet. Die Echtheit des Manuskripts wird aber — mit Recht — bestritten. 1732 ist ein Salomon Mendez Großschaffner beim Großlogenfeste. Die Antients ließen nicht nur J. zu, sie hatten auch ein eigenes Gebet für jüdische Logen, das im Ahiman Rezon 1756 abgedruckt ist. („A Prayer said at the opening of the Lodge as used by Jewish Freemasons." Ähnlich auch noch in der Ausgabe von 1850.)

Das allgemeine Prinzip der Zulassung von J. wurde allerdings an einzelnen Orten durchbrochen. So hat die Tranquillity Lodge Nr. 18 im Jahre 1791 die Aufnahme von J. ausdrücklich „für ewige Zeiten" abgelehnt, was allerdings nicht hinderte, daß die gleiche Loge im Jahre 1849, nachdem sie lange Jahre geruht hatte, durch jüdische Brr. wiedererweckt wurde. Die Loge besteht heute fast ausschließlich aus solchen. Die in England übliche Schichtung der Logen hat dort auch zur Gründung reiner Judenlogen geführt. Maßgebend war auch dabei, daß orthodoxe J., die ihre Speisegesetze auch beim Brudermahle zu achten genötigt sind, in einem engeren Verband beisammen blieben, was in England keinerlei Anstoß erregen konnte, da ja auch Berufsgruppen, wie Chemiker, Ärzte, Lederhändler u. a. m., sich zu eigenen Logen zusammenschließen. Der Lord-Mayor von London, Sir Henry Isaacs, war Mitglied einer derartigen Judenloge. Ebenso bestehen heute noch in England neben mehreren anderen Samson 1668, Barnato 2265 u. a. fast ausschließlich aus J. Rein jüdische Logen sind ferner die Logen in Palästina, Joppa Nr. 188, gegründet 1789, Israel Nr. 205, gegründet 1793, Montefiore Nr. 1017, Amicus Nr. 3772 u. a. Eine jüdische Loge Israel besteht seit 1873 in Birmingham, 1925 wurde eine jüdische Loge Carmel in Cardiff eingesetzt.

Auch in Amerika gibt es, besonders in New York und Chicago, ausschließlich jüdische Logen, ebenso wie es in Amerika Logen gibt, die nur Christen aufnehmen, z. B. die Palestine Lodge in Detroit u. a. m. Solche — übrigens nicht gerade häufige — Sonderung nach Konfessionen hat in den angelsächsischen Ländern keine tiefere Bedeutung, da alle Logen gleichberechtigt derselben Großloge angehören, ihre Mitglieder in dieser Ämter bekleiden und die Großloge selbst an der striktesten Einhaltung der Alten Pflichten festhält. Das sehr frühzeitige Erscheinen von J. in den angelsächsischen Logen, ihre volle Gleichberechtigung zu einer Zeit, da noch kein christliches System festen Fuß gefaßt hatte, erklärt sich aus der ganzen Stellung, die sie dort einnahmen. Ihrer Religion nach waren sie „Nonkonformisten", d. h. sie gehörten nicht zur Staatskirche. Aber auch der Reverend Anderson war als Dissentergeistlicher Nonkonformist. Andere Unterschiede bestanden nicht. Sie waren freizügig, durften Handel treiben, nur bezüglich des Wahlrechtes waren alle Dissenter, also auch die J., zurückgesetzt. Aber England kannte weder ein Ghetto noch Ehebeschränkungen, noch diffamierende allgemeine Bestimmungen gegen die J. In Amerika genossen sie die gleichen Rechte wie im englischen Stammland, daher finden wir auch unter den Gefährten Washingtons eine ganze Reihe von J., die auf hervorragenden Posten im Staatsdienste und in der Armee dienten. Von 46 prominenten J., die aus dieser Zeit als Freimaurer bekannt sind, waren 24 Offiziere, darunter Washingtons Adjutant Oberst Isaac Frank, Major Nones, Hauptmann de la Motta und Hauptmann Le Leon, die den tödlich verwundeten Baron von Kalb vom Schlachtfeld trugen. Die Freimaurer Hyam Salomon und Robert Morris aus Philadelphia u. a. brachten die Geldmittel für die Kriegsführung auf, Moses Michael Mayer war Großmeister von Massachusetts.

Deutschland.

Anders liegen die Verhältnisse in Deutschland. Hier muß in Betracht gezogen werden, daß die soziale Stellung des J. bis weit ins 19. Jahrhundert hinein eine sehr gedrückte war. (Moses Mendelssohn, dem Freund Lessings, wurde, wenn er auf Reisen ging, von der Torwache der Judenzoll nach dem Tarife für einen polnischen Stier abgenommen!) J.

als gleichberechtigte Mitglieder waren demnach eine ganz unmögliche Vorstellung. Aber die deutschen Logen wurden durch J., die in England oder auch in Frankreich aufgenommen worden waren und die sich zum Besuch meldeten, zur Stellungnahme grundsätzlicher Art gezwungen. In Hamburg erschienen 1749 drei portugiesische J. zu Besuch der Loge. Da, wie Schröder schreibt, darüber im Protokolle sonst keinerlei Bemerkung vorfindlich ist, nahm man es als etwas Selbstverständliches hin. 1787 sprach sich die Provinzialloge unter v. Exter ausdrücklich für die Zulassung jüdischer Besuchender aus. Hans Heinrich von Ecker und Eckhoffen (s. d.), der auch im Orden der Asiatischen Brüder J. zuließ, trat 1788 mit einer aufsehenerregenden Broschüre hervor: „Werden, können Israeliten zur Freimaurerei aufgenommen werden?" 1811 wurde auf eine Beschwerde des Grand Orient de France wegen Nichtzulassung seiner Mitglieder jüdischen Glaubens von Hamburg aus ausdrücklich versichert, daß „die Logen unseres engeren Bundes die vorerwähnten maurerischen Grundsätze immer treulich befolgt hätten und auch weiterhin befolgen würden". 1815 wurde berichtet, daß die drei Berliner Großlogen J. die Zulassung verweigerten und Logen, die J. aufnehmen, als „Toleranzlogen" bezeichnen. Schröder meinte hierzu, daß gegen diese Bezeichnung, die ehrenvoll sei, nichts eingewendet werden könne. 1816 wurde unter dem Großmeister v. Beseler der Provinzial-Großloge von Hannover mitgeteilt, daß gegen die Aufnahme des Fähnrichs Meyer vom Landbataillon nichts einzuwenden sei. 1837 wird neun Judenfreimaurern in Wesel mitgeteilt, daß „wir Israeliten, die sich bei uns zur Aufnahme melden würden, keiner anderen Verpflichtung unterwerfen zu können glauben als den allgemeinen Gesetzen der Ballotage". 1841 wurde über einen Makler Harry Lipschütz ballotiert. Dabei fielen 20 schwarze Kugeln, von denen scheinbar 17 nachher mit konfessionellen Gründen belegt wurden. Die Großloge entschied: Gegen den Aspiranten liegt nichts vor. Die Zulassung eines Br. mosaischen Glaubens enthält nichts gegen die Prinzipien und Gesetze. Die Ballotage wurde aufgehoben und Lipschütz zugelassen. Damit hatte Hamburg die maurerische Gleichstellung der Juden vollzogen, der erst 1848, also sieben Jahre später, die bürgerliche folgte.

In den anderen Systemen vollzog sich die Lösung der Judenfrage langsamer. Der Meister der „Drei Weltkugeln" sprach 1763 aus, daß nur ein Christ Mitglied des Ordens werden könne. 1766 wies die Frankfurter Loge „Zur Einigkeit" ein Gesuch um eine Logengründung in Kassel zurück, weil sich unter den Gesuchstellern auch „ein Kind Israels" befand. Feßler wurde es von seinen Brr. sehr verübelt, als er einen wegen seines Judentums in Berlin Abgelehnten in Hamburg aufnehmen ließ. Ende des 18. Jahrhunderts bildete sich in Berlin eine sogenannte Toleranzloge, die sich jedoch nicht halten konnte. In Frankfurt, wo wegen der bürgerlichen Gleichstellung der J. lange und erbitterte Kämpfe ausgefochten wurden, lehnte die Eklektische Großloge die Aufnahme von J. zunächst entschieden ab. Frankfurter J., die in Frankreich aufgenommen worden waren, gründeten daher unter Patronanz des Grand Orient de France 1808 die noch heute bestehende Loge „L'Aurore naissante", „Zur aufgehenden Morgenröte", der Ludwig Börne, Gabriel Riesser, Berthold Auerbach (s. alle diese) u. a. angehörten. Diese Loge erhielt auch, als sie nach dem Zusammenbruche des Napoleonischen Reiches ihren Zusammenhang mit Frankreich aufgeben mußte, gegen die Weigerung des Eklektischen Bundes vom englischen Großmeister, Herzog von Sussex, ein Patent. Der Londoner Repräsentant der Loge, Kaufmann Anton Wolf, sprach in einer Audienz dem Herzog den Dank seiner Frankfurter Brr. aus und berichtete als des Herzogs wörtliche Äußerung: „Ich will nicht allein in Frankfurt, sondern in ganz Deutschland Epoche mit dieser Konstitution machen, denn ich bemerke, daß man dort mit der Aufklärung zurückgeht, statt Fortschritte zu machen. Ich frage nicht danach, ob diese Konstitution den anderen Logen sehr behagt... Was die Großloge von England, als die erste aller Mutterlogen, anerkennt, dessen brauchen sich andere Logen wahrhaft nicht zu schämen!"

Die G.-L. von Hannover stellte sich auf den Boden der unbedingten Toleranz und hatte deswegen nach 1866 bei der Übernahme in die altpreußischen Großlogen Schwierigkeiten. Noch vor 1848 wurden J. auch in der Großloge von Sachsen zugelassen, ebenso in der Großloge von Bayreuth. Zu schweren Auseinandersetzungen kam es in Frankfurt. 1844 siegte hier das Humanitätsprinzip in seiner reinen Form. In „ausführlichen Erläuterungen" an die Logen wurde vorgeschrieben: „Der Maurer muß Bekenner und Verehrer des alleinigen Gottes sein, weil dieses Religionsbekenntnis das einzige ist, in dem alle Menschen übereinstimmen können. Jedem Maurer soll seine besondere Meinung und Glaubensansicht überlassen bleiben." Zu dieser Sinnesänderung trug in hervorragender Weise der „Praeceptor Latomorum Germaniae", Kloß (s. d.) bei, seit 1836 Großmeister des Eklektischen Bundes. Seine Schrift „Über die Unstatthaftigkeit des Versuchs, ein positives Christentum in die Freimaurerei hineinzuziehen", die scharf die Grenze zwischen dem christlichen und dem Humanitätsstandpunkt zog, erregte nachhaltiges Aufsehen. Mehrere der Aufnahme von J. abholde Logen traten aus und gründeten die Großloge „Zur Eintracht" in Darmstadt (1846), die sich dann bis 1870 zum christlichen Prinzip bekannte. 1854 gestattete die Großloge Royal York, genannt „Zur Freundschaft", den Besuch jüdischer Brr., 1872 auch deren Aufnahme in die Johannisgrade. Auch die Darmstädter Großloge ließ seit 1873 J. zu. Ein 1899 in der Großloge Royal York gestellter Antrag auf Wiedereinführung des christlichen Prinzips wurde mit 67 gegen zwei Stimmen abgelehnt. Kaiser Friedrich III., auf den das vielzitierte Wort zurückgeht, „der Judenhaß ist die Schmach des Jahrhunderts“, hatte bereits als Prinz Gelegenheit, in den Konflikt einzugreifen. Als er sich 1857 mit der englischen Prinzessin Victoria verlobte, wurde in den englischen Freimaurerlogen bekannt, daß jüdische Brr. mit Ausweispapieren der englischen Großloge nicht einmal als Besucher zu den meisten preußischen Freimaurerlogen zugelassen würden. Die englische Großloge erhob Widerspruch, drohte mit Abbruch der brüderlichen Beziehungen — vergebens. Als nun Prinz Friedrich Wilhelm bei seinem Brautbesuch in London auch einer Sitzung der Großen Loge von England beiwohnen wollte, empfing ihn der Großmeister im Logenhause mit allen einem Fürsten gebührenden Ehren, bedeutete ihm aber, daß die Teilnahme an den Sitzungen englischer Logen den preußischen Brr. so lange untersagt bleibe, bis diese die englischen Brr. israelitischen Glaubens als gleichberechtigt aufnehmen würden! Der Prinz versprach, er werde nach der Rückkehr in die Heimat für die Aufhebung jenes veralteten Großlogenbeschlusses wirken.

1874 genehmigte auch die Große National-Mutterloge „Zu den drei Weltkugeln“ das Besuchsrecht, lehnte aber die Aufnahme (1874) ab. (Die Zweidrittelmajorität zur Annahme wurde nicht erreicht; 64 für, 45 gegen.) 1876 war das Verhältnis 88 : 57. Der National-Großmeister der „Drei Welkugeln“, General von Etzel (s. d.), schied daraufhin aus dem Bunde aus, weil er seine fortschrittliche Anschauung gegenüber der Mehrheit seiner Großloge nicht durchsetzen konnte. Dagegen gelang es seinem Amtsbruder, dem Großmeister der Großloge „Royal York“, Herrig (s. d.), die Verfassungsänderung zu erreichen, daß die Religion keinen Hinderungsgrund bei der Aufnahme bilden dürfe.

In einem Brief der „Drei W.“ an den holländischen Großosten vom Jahre 1881 wurde ausgesprochen: „Wir erkennen mit Ihnen im Prinzip, daß die Ausschließung der Israeliten von der Aufnahme in unseren Logen nicht vereinbar mit dem Grundwesen der Freimaurerei ist, und geben uns der sicheren Hoffnung hin, daß diese Schranken in nicht allzu ferner Zeit in unserem Bunde fallen werden.“ Auch die Große Landesloge der Freimaurer von Deutschland ließ J. als Besuchende zu. 1889 trat der Großmeister der Großloge Royal York, Herrmann Settegast (s. d.), von seinem Amte zurück, weil er wahrzunehmen glaubte, daß jüdischen Suchenden unsachliche Schwierigkeiten bereitet wurden, und gründete die Großloge „Kaiser Friedrich zur Bundestreue“, die dann 1900 in der Großloge von Hamburg aufging. Vor dem Weltkrieg war die Lage der Judenfrage somit folgende: Von den altpreußischen Großlogen ließen die Große Landesloge und die „Drei Weltkugeln“ J. zum Besuche zu, nahmen sie aber als christliche Systeme nicht als Mitglieder auf. Die Großloge Royal York „Zur Freundschaft“ ließ sie zu den Johannis graden zu. Die übrigen deutschen (humanitären) Großlogen hatten jüdische Mitglieder.

Die Haltung der deutschen Großlogen — nur innerhalb dieser, aber nicht in den übrigen ~~einfluß gewesen. Zur Zeit der Hochflut des~~ gegeben! — ist immer von Zeitströmungen beeinflußt gewesen. Zur Zeit der Hochflut des Vorkriegsantisemitismus unter Stöcker, Ahlwardt u. a., und schon früher war auch die deutsche Freimaurerei nicht frei von diesen Strömungen. In den gesammelten Schriften von Johann Gabriel Findel (s. d.), einem Humanitätsfreimaurer von großem Format und entschiedenem Gegner der christlichen Systeme, finden sich sogar Aufsätze, die von den jüdischen Suchenden einen eigenen Eid wie im tiefsten Mittelalter verlangten. Die stark rassenantisemitische völkische Bewegung seit dem Weltkrieg hat selbstverständlich auch die deutsche Freimaurerei nicht unberührt gelassen (s. Antisemitismus). Da alle gegnerischen Angriffe die Freimaurer als Werkzeuge Alljudas charakterisieren, glaubten und glauben manche Großlogen und Logen, teilweise wohl weniger aus Überzeugung als aus Opportunismus, dem Zeitgeiste Rechnung tragen zu müssen. Die Großloge von Preußen, genannt „Zur Freudschaft“ (vormals Royal York), kehrte wieder zur christlichen Einstellung zurück. In zahlreichen Logen wurden Satzungsänderungen vorgenommen, die sich bis zu rassischen Grundsatzerklärungen steigerten. Auch beim Zerfalle des Deutschen Großlogenbundes (1923) war solche Rücksichtnahme auf profane Stimmungen, wenn vielleicht auch nicht ausschlaggebend, so doch mitbestimmend. Aus gleichen Gründen wanderte auch eine ganze Anzahl von Logen der humanitären Systeme zu den christlichen Lehrarten ab. Die Judenfrage wurde — wenn auch nicht laut ausgesprochen — in der deutschen Freimaurerei der Nachkriegszeit mit ihren besonders schwierigen Verhältnissen wieder ein akuter Zustand.

Der Anteil der J. an der Freimaurerei: Wenn man den Gegnern glauben wollte, so wären alle J. Freimaurer und umgekehrt. Besonders heiter wirken hier die Veröffentlichungen von Mitgliederlisten jüdischer Freimaurerlogen Amerikas, die selbstverständlich nur aus J. bestehen. Da solche Bauhütten aber nicht zahlreich sind, ließe sich mit derselben Beweiskraft die Behauptung aufstellen, alle Freimaurer seien Kohlenhändler, nur weil es in London eine Loge gibt, die nur aus solchen besteht. In den drei altpreußischen Großlogen mit gegen 60.000 Mitgliedern gibt es heute überhaupt fast keine J., in den Großlogen von Darmstadt, Sachsen, Deutsche Bruderkette mit etwa 10.000 Mitgliedern nur wenige, in den drei anderen deutschen Großlogen steht ihr Prozentsatz unter dem Bevölkerungsschlüssel; lediglich eine Reihe von Logen in Großstädten sind stark mit J. durchsetzt. Das ist an sich vollkommen verständlich. Da in den deutschen Großstädten vorzugsweise Logen der christlichen Systeme arbeiten, schließen sich die J. solchen Logen an, die ihnen zugänglich sind. Daher ist ihr Prozentsatz in einzelnen Logen Deutschlands ein verhältnismäßig hoher, der Gesamtzahl der deutschen Freimaurer gegenüber aber ein geringer. In den anderen Ländern ist das gleiche Verhältnis zu konstatieren. In den großen amerikanischen Städten ist in einzelnen Logen das Judentum sogar überwiegend. Dagegen hat die weit über 1000 Mitglieder zählende Loge in Detroit, Palestine Lodge, nicht einen einzigen J. als Mitglied. Von gegnerischer Seite wird immer wieder der B'nai-B'rith-Orden (s. d.) der Freimaurerei zugerechnet. Dabei wird aber übersehen, daß die Einführung des B'nai B'rith in Deutschland und anschließend daran in den anderen kontinentalen europäischen Staaten gerade dem in einzelnen deutschen Freimaurerlogen hochgekommenen Antisemitismus zu danken war, der jüdische Mitglieder aus den Freimaurerlogen vertrieb und sie zur Entlehnung einer bereits in Amerika ausgebildeten Bundesform veranlaßte. Auch zur „Alliance Israélite" steht die Freimaurerei in keinerlei Beziehung, trotzdem der Jude Crémieux Freimaurer und Präsident dieser dem Schutz des Judentums dienenden Gesellschaft war. Allerdings bleibt es ziemlich hoffnungslos, diese jederzeit nachweisbaren Tatsachen der Voreingenommenheit der Massenseele gegenüber mit Erfolg zu behaupten, weil das Entlastungsbedürfnis der Masse gefühlsmäßige, nicht aber kritische Wege geht. Und so ist durch die Tätigkeit des Generals Ludendorff, des Franzosen de Poncins, des Russen Schwartz-Bostunitsch u. a. die Vorstellung einer Weltverschwörung der „getarnten" Weltmächte, der Juden, Freimaurer und Jesuiten geschaffen worden, deren Zweck es sein soll, durch Entrassung, Proletarisierung und Entvölkerung die Herrschaft des Bösen aufzurichten.

Auch der italienische Fascismus, der den Antisemitismus ablehnt, schließt sich dem (1931) insofern an, als er von einer Verschwörung des Vatikans mit den Freimaurern gegen den Fascismus orakelt. Die Kette: J., Freimaurer, Jesuiten gestattet zahlreiche Permutationen. Und so ist es in der französischen nationalistischen Presse die Judéo-Maçonnerie, bei den Fascisten und Engländern sind es die Freimaurer und Jesuiten, bei Ludendorff sind es schließlich alle drei. Warum? Weil es so schön und bequem ist, über den Kurzschluß eines Schlagwortes die seelische Entladung ohne Kontrolle des Denkens zu suchen und dem „Großen Unbekannten" der Weltgeschichte zumindest einen Namen geben zu können (s. auch Antisemitismus).

Das „jüdische Ritual". Besonders durch Ludendorff (s. d.) wird die Ansicht verbreitet, das Ritual der Freimaurerei sei rein jüdische Kulthandlung (Abstempelung zum „künstlichen" Juden). Das Ritual der Freimaurer hat biblische Bestandteile, die nach der Bundeslegende an den Bau des Salomonischen Tempels anknüpfen. Die Säulen haben biblische Namen. Was sonst an hebräischen Worten im Ritual vorkommt, ist entweder der Herkunft nach altes Bauhüttengut oder im 18. Jahrhundert von christlichen Geistlichen und Gelehrten, zumal bei Schaffung der von Christen begründeten, damals meist christlichen Hochgradsysteme hineingetragen worden. Die Hamburger Großloge hat z. B. in ihrem Siegel das hebräische Wort „Chochmo", die Weisheit. Wie es mit der Beteiligung von Juden bei Gründung dieser Großloge stand, ist oben nachzulesen (s. Bibel, Hebräische Sprache, Alttestamentarische Zeremonien).

Judge Advocate, in amerikanischen Großlogen ein dem Großmeister zugeordneter Rechtskundiger, dem die Begutachtung maurerischer Rechtsfälle innerhalb der Großloge sowie die Beratung der Großloge in Fragen zivilrechtlicher Natur zukommt. Irgendeine Entscheidung in rechtlicher Beziehung steht ihm nicht zu. Der Großmeister ist an die Meinung des J. A. nicht gebunden.

Jug and Mug (engl.), ein Humpen und ein (zylinderförmiger) Trinkbecher aus Ton oder Steingut, sind wesentliche Einrichtungsstücke der englischen Logen des 18. Jahrhunderts. Sie zeigen unter der Glasur vielfach künstlerische Zeichnungen mit den Freimaurersymbolen, Liedertexte, Sprüche u. a. m. Besonders schöne Exemplare in der Londoner Großlogensammlung. Sie wurden zum Punschtrinken verwendet. Um Ausschreitungen zu verhindern, bestimmten viele Logen in ihren Hausgesetzen, wieviel Humpen aufgesetzt werden durften. Daß dies in mitunter witziger Weise umgangen wurde, beweist ein gigantischer Krug von 18 Quart (mehr als 18 Liter) Inhalt einer Dubliner Loge, der von einem trinkfesten Bruder der Loge geschenkt wurde, nachdem die Loge beschlossen hatte, daß beim „Refreshment" nur ein Punschkrug aufgetragen werden dürfe.

Jugendausschuß, Freimaurerischer, bestand eine Zeitlang in Deutschland. Er wurde am 16. Juni 1913 im Hause der Großloge Royal York durch die Wahl eines Vorstandes konstituiert. Beschlossen wurde, die deutsche Freimaurerei über die Bedeutung der Jugendarbeit aufzuklären und in studentischen Korporationen Vorträge über das Wesen der Freimaurerei halten zu lassen, aufklärende Artikel über den Humanitätsgedanken und seine Bedeutung in die studentische Presse und in die akademischen Almanache zu bringen, ferner die soziale Arbeit der Studentenschaft zu unterstützen und interkorporative Organisationen zu schaffen, die sich der sozial-ethischen Betätigung im Kreise der Humanität widmen sollten. In der Folge fanden in einer Reihe von Universitätsstädten Vorträge statt, und in einer studentischen Versammlung in Berlin im Frühsommer 1913 wurde ein Vorschlag angenommen, nach dem Vorbild der in Oxford und Cambridge bestehenden Settlements in Deutschland einen studentischen Siedlerbund zu schaffen. Der Krieg machte diese Absichten zunichte.

Jugendbewegung, freimaurerische. Die in den letzten Jahren die verschiedensten Länder erfassende Gründung freimaurerischer Jugendorganisationen geht von der Erkenntnis aus, daß nur der die Zukunft hat, der die Jugend für sich einzunehmen versteht. Die Jugendorganisationen sind daher nicht etwas ursprünglich aus der Jugend selbst Geborenes, sondern Vereinigungen, die eine Altersklasse schafft, die ihre Ideale in der Jugend fortzupflanzen und zu erhalten bestrebt ist. Darin liegt eine gewisse Stärke, aber auch die Schwäche dieser Organisationen, deren sich die Gründer bewußt sein müssen. Die freimaurerische Ideenwelt entspringt im allgemeinen der Stimmungslage des Gereiften. Es fehlt ihr jener Zug ins Ekstatische, welcher der Jugend eignet. Rechnet man hiezu noch den heute psychologisch tief eingewurzelten Gegensatz zwischen Vätern und Söhnen, so sind die Schwierigkeiten der Bildung freimaurerischer Jugendgruppen deutlich aufgezeigt. Zudem ist die Jugend unserer Tage in einem scharfen Umbildungsprozeß begriffen. Es ist bezeichnend, daß die große romantische Bewegung der unmittelbaren Nachkriegsjahre, der Wandervogel und vieles andere in deutlichem Rückgang begriffen sind. Während um diese Zeit die Jugend sich ihr Leben selbst gestalten wollte, hat sie sich heute wieder preisgegeben, indem sie sich politisierte und dadurch in die Abhängigkeit — besonders radikaler — politischer Parteien und ihrer Schlagworte geriet. Da die Freimaurerei besinnlich, aber nicht ekstatisch, humanitär, aber nicht politisch ist, so bleibt es abzuwarten, welche Tiefe die freimaurerische Jugendbewegung, die seit 1928 von der Allgemeinen Freimaurerliga planmäßig gefördert wird, in der Jetztzeit und welche Bedeutung sie für die Zukunft erlangen wird. Dort, wo Jugendgruppen ins Leben getreten sind, sind sie meist an die Persönlichkeit oder das Geschick aus höheren Altersklassen stammender leitender Personen gebunden (s. Jugendorganisationen, Jugendfragen, Sektion für, der Allgemeinen Freimaurerliga).

Jugendfragen, Sektion für, der Allgemeinen Freimaurerliga, wurde an deren Wiener Kongreß 1928 ins Leben gerufen. Als Ziel der an der Jugend in eigenen Organisationen für Jugendliche, vor allem L u f t o n s (s. d.), zu leistenden Arbeit wurde bezeichnet, diese dem schädlichen Einfluß der Parteipolitiker und der nationalen, politischen und religiösen Haß erzeugenden Ideologien so lange als möglich zu entziehen, sie mit dem Gedanken der Humanitätslehre, mit pazifistischem Geist zu erfüllen und so der Friedensarbeit zu dienen. Als praktische Programmpunkte wurden bestimmt: Internationaler Jugendaustausch, Unterbringung der nach Absolvierung der Schulen und Universitäten im eigenen Lande keine Beschäftigung findenden Jugend in ausländischen Stellungen, Anbahnung eines Briefwechsels zwischen Kindern von Freimaurern verschiedener Länder. Die Sektion trat seither an allen Ligakongressen zu eingehenden Beratungen zusammen; sichtbare Zeichen ihrer Wirksamkeit waren u. a. eine dem Genfer Kongreß der Liga 1930 unmittelbar vorausgehende Tagung von Mitgliedern freimaurerischer Jugendorganisationen, die durch das Wirken der Gruppe eine nicht unbeträchtliche Vermehrung erfahren haben, und die 1929 anläßlich des Amsterdamer Kongresses erfolgte Schaffung einer internationalen Zentrale für Austausch von Freimaurerkindern in H a a r l e m (Holland).

Jugendorganisationen, Freimaurerische.

E u r o p a:

1. D e u t s c h l a n d.
   Gefolgschaft der Georgenknappen, Dresden.
2. F r a n k r e i c h.
   „Fidelitas", Fraternité des Lowtons de France, Paris.
3. N i e d e r l a n d e.
   Vereeniging van studeerenden Kinderen van Vrijmetselaaren (V. S. K. V.).
   Comenius-Vereine, mit Sitz im Haag und in Haarlem.
4. Ö s t e r r e i c h.
   „Kette", Wien.
   „Arbeit", Wien.
   Vereinigung von Freimaurertöchtern, Wien.
5. S c h w e i z.
   Ligues de Jeunesse Maçonniques.
6. T s c h e c h o s l o w a k e i.
   „Amicitia", Prag.
7. V e r e i n i g t e S t a a t e n v o n N o r d a m e r i k a:
   De Molay-Orden.
   The Builders.
   Job's Daughters.
   Order of the Rainbow.

Jugoslawien. Die Gründung der ersten Freimaurerlogen auf dem Gebiet des heutigen Königreiches J. erfolgte vor 1760 in Kroatien. Sie ging auf österreichische Offiziere kroatischer Nationalität zurück, die im Siebenjährigen Krieg als Kriegsgefangene in Deutschland Mitglieder von Bauhütten geworden waren. Als älteste Bauhütte gilt „L'A m i t i é d e G u e r r e" in G l i n a (1759). Um die Verbreitung der freimaurerischen Idee machten sich besonders die Grafen D r a š k o v i ć verdient, die in der kaiserlichen Armee hohe Stellungen bekleideten. Graf Kasimir Drašković († 1765) war bereits 1742 Mitglied der ersten Wiener Loge „Zu den drei Kanonen". Seine Enkel, Graf Janko Drašković, einer der bedeutendsten Förderer der kroatischen nationalen Wiedergeburt, und dessen von revolutionären Ideen erfüllter Bruder G e o r g gehörten ebenfalls dem Bund an. Der hervorragendste Bahnbrecher der Freimaurerei wurde aber Graf I v a n Drašković (s. d.). Im Siebenjährigen und im Bayrischen Erbfolgekrieg Offizier, zog er sich auf sein Landschloß bei Zagreb zurück und erwarb bald großen Ruhm als ein auf die sittliche und materielle Hebung des arg bedrückten Bauernstandes bedachter und von höchster Humanität erfüllter Edelmann. Ivan Drašković ist als der eigentliche Begründer der Freimaurerei im slawischen Süden anzusehen. Seiner Anregung und Mitwirkung war die Gründung mehrerer Logen zu danken, vor allem die der Zagreber „Prudentia", der sich im Laufe der Jahre auch mehrere Domherren des Bistums anschlossen, unter ihnen Maximilian V r h o v a ć (s. d.), der hochgebildete, aufgeklärte Priester, der spätere Bischof von Zagreb. Eifrigster Mitarbeiter von Drašković war der Obergespan Graf Stefan N i c z k y, der 1773 in Ossiek (Esseg) die Loge „Vigilantia" (später „Zur Wachsamkeit") gründete. Die ersten Logen in Glina, Zagreb und Warasdin hatten französische Namen und arbeiteten in französischer Sprache. In Warasdin entstand dann die Loge „Libertas", die sich des Lateinischen bediente. Von ihr trennte sich als erste die deutsche Sprache pflegende Loge 1775 die

Bauhütte „Zu den drei Drachen“ (Drei Weltkugeln) ab. In der „Vigilantia“ in Ossiek erscheinen zuerst serbische und kroatische Brr. vereint. Die prominentesten Serben Südungarns betätigten sich damals freimaurerisch, so der spätere Metropolit von Karlowitz Stefan Stratimirović, der Bischof Josif Jovanović Schakabenda und der Buchdrucker Stefan Novaković. Auch in anderen kroatischen Städten entstanden Bauhütten.

Die Drášković-Observanz.

Fast alle Brr. nahmen hohe gesellschaftliche Stellungen ein. Sie waren als Freimaurer eifrig um das Volkswohl bemüht, schritten an die Regelung des Hörigenwesens, errichteten Schulen und Bibliotheken und suchten das kulturelle Niveau nach Kräften zu heben.

1777 schlossen sich sieben Logen (zwei davon in Ungarn) zur ersten Großloge „In der Provinz der Freiheit“ zusammen, die nach der sogenannten Drášković-Observanz (s. d.) arbeitete und nach ihrer Konstituierung 1778 den Grafen Ivan Drášković zum Großmeister hatte. 1781 schloß sich die Großloge an Wien an. Die kaiserlichen Maßnahmen gegen die Freimaurerei führten nach dem Tode des Grafen zur Einstellung der maurerischen Tätigkeit. In der Konstitution der Drášković-Observanz war das vortreffliche Wollen ihrer Gründer klar zum Ausdruck gekommen. Sie wandte sich gegen die Leibeigenschaft, verlangte Humanität vor allem gegen Personen niederen Standes, denn so hieß es in der Großlogenverfassung: „Wir sind alle gleich geboren!“ Den Logen wurde es zur Pflicht gemacht, alle ihre Mitglieder zu dieser Auffassung zu erziehen.

Als dann unter Napoleon I. das Königreich Illyrien Dalmatien, einen Teil Kroatiens und fast ganz Slowenien unter französischer Herrschaft zusammenfaßte, entstand unter dem Einfluß französischer Offiziere und Beamten neues maurerisches Leben. In Zara, Spalato, Ragusa, Cattaro, Laibach, Karlowitz entstanden Logen des Grand Orient de France. Nach dem Abzug der Franzosen wurden diese wieder geschlossen und die Freimaurer verfolgt. In diesen Teilen des heutigen Jugoslawien bildeten sich dann erst Jahrzehnte später wieder Bauhütten: 1872 in Sissak („Zur Nächstenliebe“), 1890 in Semlin („Stella orientalis“), 1892 in Zagreb („Hrvatska Vila“). Zu deren tätigsten Gründern gehörte Dr. Adolf Mihalić (s. d.). 1903 wandelte sich die Zagreber Loge, die sich eine Zeitlang starker klerikaler Gegnerschaft zu erwehren hatte, in die „Ljubav Bližnijega“ um. In Esseg entstand die „Budnost“, in Zagreb eine zweite Loge, „Maximilian Vrhovac“. Alle diese Logen unterstanden der Symbolischen Großloge von Ungarn.

Erste Logen in Serbien.

In Serbien wirkte Ende des achtzehnten Jahrhunderts eine Loge in Belgrad, über die wenig bekannt geworden ist. Sie arbeitete mutmaßlich in türkischer Sprache und zählte zu ihren Mitgliedern den türkischen Vezir (Generalgouverneur) des damaligen Paschaliks Belgrad, den als Menschenfreund großen Hadschi Mustapha Pascha, den das ganze Volk „Mutter der Serben“ nannte, den Metropoliten Methodius, den Führer im ersten Serbenaufstand Janko Katić, den Führer der Kaufmannschaft Peter Ičko (s. d.) und den späteren griechischen Märtyrer Konstantinos Rhigas aus Fera. Als der Vezir 1801 als Opfer der von ihm bekämpften türkischen Räuberbanden fiel, ging Peter Ičko nach Semlin, um den Mord zu rächen und für die Befreiung Serbiens zu wirken. Er leitete mit Hilfe freimaurerischer Freunde, vor allem des Metropoliten Stratimirović, eine diplomatische Aktion zur Lösung der Christenfrage im Paschalik Belgrad ein. Ičko suchte dort auch eine bewaffnete Aktion zu organisieren und trat dieserhalb mit Alexa Nenadović, Janko Katić und dem „schwarzen“ Georg Petrović (Kara Georg) in Verbindung (letzterer gehörte dem Bunde nicht an). Die Vorbereitungen zum Kampf wurden aber 1803 von den Türken entdeckt; es kam zu einem Blutbad, bei dem auch der Freimaurer Alexa Nenadović, ein angesehener Dorfältester und Priester, ums Leben kam. Die Metzelei war aber dann der eigentliche Anlaß zum Ausbruch des erfolgreichen Kampfes gegen die Türken. In diesem spielte Peter Ičko schließlich als diplomatischer Unterhändler eine entscheidend große Rolle. Er wurde später von Kara Georg zum ersten Bürgermeister des freien Belgrad ernannt. Neben ihm wirkte im befreiten Serbien als Volksaufklärer und erster Unterrichtsminister der Freimaurer Dositej Obradović (s. d.), der in Triest in den Bund aufgenommen worden war. Er gilt als der eigentliche Schöpfer der serbokroatischen Schriftsprache. Obzwar er wegen seiner antiklerikalen Gesinnung und Tätigkeit persönlich mit dem Metropoliten Stratimirović durchaus nicht übereinstimmte, hatte dieser dem Br. doch zur Reise nach Serbien geraten und ihn in Karlowitz mit allen Ehren öffentlich empfangen. Die Verdienste der Freimaurer um die Schaffung des neuen serbischen Staates zu Beginn des 19. Jahrhunderts waren damals allgemein anerkannt. Die Katastrophe Serbiens 1813, der Wiener Kongreß und die Tätigkeit der Heiligen Allianz führten dann allerdings zu einer Drosselung der freimaurerischen Arbeit.

Um 1848 gab es in Belgrad — Serbien war damals Vasallenfürstentum — die Loge „Ali Kotsch“, deren kleines Logenhaus in der Festung am Kalimegdan von der Stadtgemeinde 1930 den Freimaurern zum Geschenk gemacht wurde; zu den Mitgliedern gehörten Türken und Serben, unter den letzteren der Dichter Sima Milutinović (s. d.). Als Freimaurer gilt auch der große Patriot Fürst Michael Obrenović. 1875 gründete der Großorient von Italien in Belgrad die Loge „Luce dei Balkani“, später „Svjetlost Balkana“, von ihren Mitgliedern zeichnete sich während des Aufstandes in der Herzegowina (1875—1878) besonders der herzegowinische Woiwode Miko Ljubibratić aus, der mit Garibaldi in regem Schriftwechsel stand.

Nach dem Berliner Kongreß, der Serbien die volle Unabhängigkeit brachte, entwickelte sich wieder reges freimaurerisches Leben, 1881 entstand in Belgrad die Loge „Srbska Zadruga“, 1883 „Sloga, Rad i Postojansko“, die heute noch existiert. 1890 entstand unter dem Schutz der „Symbolischen Großloge von Ungarn“ „Pobratim“, 1892 erhielt die erste Loge im Inneren Serbiens das Licht, „Nemanja“ in Nisch. 1899 bekannte sich in der Nischer Nationalversammlung der Unterrichtsminister Andreas Gjorgjević gegenüber Angriffen auf die Freimaurerei begeistert zu dieser. Nach der Annexionskrise machte sich „Pobratim“ selbständig. 1910 gründeten die „Große Loge von Hamburg“ die Loge „Šumadija“, der Großorient von Frankreich „Ujedinjenje“. Im Mai 1912 vereinigten sich drei Belgrader Logen zur Gründung des Suprême Conseil von Serbien, dem der Oberste Rat von Griechenland die Weihe gab.

Nach dem Weltkrieg.

Im Oktober 1918 lösten sich die kroatischen Logen von der „Symbolischen Großloge von Ungarn“ los, am 10. Jänner 1919 bildeten sie die „Velika Matica Loža Ljubav Bližnijemu“ (Große Mutterloge „Zur Nächstenliebe“). Die Loge „Ljubav Bližnijega“, die dieserart den Rahmen der neuen Großbehörde bildete, hörte infolgedessen als Loge zu bestehen auf. An ihrer Stelle wurde eine neue Bauhütte „Grof Ivan Drášković“ gegründet. Bald erfolgte der Zusammenschluß der gesamten jugoslawischen Maurerei. Der mittlerweile in Belgrad wieder aktivierte Suprême Conseil gründete am 9. Juni 1919 in Gemeinschaft mit der „Großen Mutterloge“ in Zagreb die Großloge der Serben, Kroaten und Slowenen „Jugoslavija“ mit Sitz in Belgrad. Erster Großmeister wurde der Gouverneur der Nationalbank, Georg Weifert, Zugeordnete Dr. Adolf Mihalić, Zagreb, und Professor Sveta Stojković, Belgrad. Unter dem Schutze der neuen Großloge bildeten sich seither eine ganze Reihe neuer Logen. Die Bauhütten der durch den Friedensvertrag jugoslawisch gewordenen Teile der Bačka und des Banats (Subotica, Sombor, Novisad) nahmen ihre Tätigkeit wieder auf: Anfangs 1931 zählte die Großloge 24 Logen und zwei Kränzchen; 1926 veranstaltete sie unter Patronanz der A. M. I. in Belgrad einen als Friedensdemonstration gedachten Internationalen Freimaurerkongreß.

Durch freimaurerische Initiative wurden eine Anzahl von Organisationen geschaffen, die schöne Werke ad extra zu betreiben haben. Dazu gehören in Belgrad: Asyl und Erziehungsanstalt für Waisenkinder; Erziehungsanstalt für Kinder aus Südserbien „St. Sava-Gesellschaft“; Erziehungsanstalt für taubstumme Kinder „Kralj Dečanski“; Unterstützungsfonds für Kriegsinvalide und Kinder von solchen „St. Georg“; Brotverteilung an Arbeitslose „Nasušni Hleb“; Verein zur Bekämpfung der Bettelei; Anti-Tuberkulose-Liga; in Zemun: Blindenasyl und Erziehungsanstalt.

Neben der Großloge „Jugoslavija“ existiert in Zagreb eine Winkelgroßloge „Libertas“.

Junck, Joseph, höchster luxemburgischer Staatsbeamter, * 1838, † 1922, 29 Jahre lang Großmeister der luxemburgischen Freimaurerei, war ein Vorkämpfer des Gedankens der freimaurerischen Universalität und begeisterter Förderer der internationalen freimaurerischen Zusammenkünfte. Seine Büste (mit freimaurerischen Abzeichen) als Zierat am Luxemburger Bahnhofgebäude.

Jung, gen. **Stilling,** Heinrich, Schriftsteller, vorher Schneider, Lehrer, nach Universitätsstudien, Augenarzt in Elberfeld, Professor der Kameralwissenschaft in Kaiserslautern, Marburg und Heidelberg (1740—1817), bedeutender Pietist; am berühmtesten wurde der von Goethe zum Druck beförderte erste Band seiner Selbstbiographie, bekannt auch aus Goethes „Dichtung und Wahrheit“, trat in „Theobald oder die Schwärmer“ (1784/85) warm für die Freimauererei ein, als Hauptkorrektiv gegenüber den damaligen zahlreichen Absonderungen religiöser Schwärmer und inneres Ziel für den religiös rastlos Strebenden. Nach Stecher war J.-S. selbst Freimaurer, ebenso nach dem „Bundesblatt“ 1919. Dort wird auch angegeben, er habe Max von Schenkendorf, den Freiheitsdichter, der Freimaurerei zugeführt. (Vergl. Martin Eckhart in „Zirkelkorrespondenz“ 1928, Nr. 20).

Jung, Karl Gustav, schweizerischer Arzt, * 1793, † 1864, Universitätsprofessor in Basel, studierte in Deutschland, kam dort mit der Burschenschaftsbewegung in Berührung, anläßlich der infolge der Ermordung Kotzebues eingeleiteten Untersuchung inhaftiert, mußte ein Jahr unschuldig in Untersuchungshaft verbringen, wurde 1825 in der Basler Loge „Zur Freundschaft und Beständigkeit“ aufgenommen, war 1838—1845 deren Meister vom Stuhl, 1850 Großmeister der Großloge „Alpina“, an deren Gründung er hervorragenden Anteil hatte, Stifter des Asyls „Zur Hoffnung“, dessen Zweck die Erziehung und Pflege von geistig zurückgebliebenen Kindern war.

Jungfern-Inseln (engl. Virgin Islands), zu den Kleinen Antillen gehörende Inselgruppe, englische Kolonie. Auf der zur Gruppe gehörenden Insel St. Thomas (früher Dänemark gehörend, jetzt Besitz der Vereinigten Staaten von Nordamerika) arbeitet unter der Großloge von England eine Loge.

Jungtürken, s. Türkei.

Junior oder **Zelator,** erster Grad des Ordens der Gold- und Rosenkreuzer, nach Dr. Bernhard Beyer „Das Lehrsystem des Ordens der Gold- und Rosenkreuzer“, Leipzig-Berlin 1925, erst später bei der wachsenden Ausbreitung des Ordens eingefügt. Der Einweihung gingen Handgelübde und mehrere Prüfungen der Kenntnisse in „echter Naturkunde“, höherer Scheidekunst, „göttlicher und natürlicher Magie“ voraus. Der feierliche, aus sieben Eidespunkten bestehende Schwur war mit drei Fingern auf den Anfang des Johannis-Evangeliums zu leisten (s. Rosenkreuzer).

Junior Warden, englische Bezeichnung für den Zweiten Aufseher.

Junod, Albert E. F., holländischer Geistlicher und Publizist schweizerischer Abstammung, * 1876 in Delémont, aufgenommen 1909 in der Loge „L'Union Royale" im Haag, wiederholt deren Stuhlmeister, 1926—1929 Großarchivar des Großostens der Niederlande, Mitglied des Komitees „Ronde Tafel", führendes Vorstandsmitglied der holländischen Landesgruppe der Allgemeinen Freimaurerliga, Redakteur der „Maçonniek Tijdschrift".

K

Kabbala, im Jüdischen: Überlieferung, bezeichnete die neben dem geschriebenen Gesetz — ursprünglich mündlich — überlieferte theosophische und theurgische Geheimlehre im Judentum, die in der talmudischen Zeit als mystische Reaktion gegen den übertriebenen Formalismus entstand, das religiöse Leben mit neuem Inhalt erfüllen wollte und im jüdischen Mittelalter zu einer Religionsphilosophie wurde, die ihre Aufgabe in der Lösung der tiefsten Fragen über Gott und Welt suchte. In einer Entwicklung, die vom 7. bis zum 15. Jahrhundert dauerte, wurde aus einem auf Mitteilungen der „Heiligen Leuchte" (Rabbi Simeon ben Jochai um 150 n. Chr.) zurückgehenden intuitiven Erfassen der übersinnlichen Welt und der von einem Hofstaat umgebenen Thronherrlichkeit Gottes etwa im 9. Jahrhundert im „Sepher Jezirah" (Buch der Schöpfung, Formung, Weltbildung) eine Weltentstehungslehre, in der Zahlen (Zephirôt) eine Hauptrolle spielten, die, hier in der Hauptsache noch kosmologisch gedeutet, dann zu metaphysischen Begriffen wurden. Das 13. Jahrhundert bildete die Lehre von diesen zehn Zephirot aus, als von zehn Grundkräften, die zwischen Gott, dem En soph (aufgefaßt als Urlicht, Urwille, Uridee) und der Schöpfung vermittelten, sowie die Anschauung von vier sich abstufenden Weltordnungen und von der Seelenwanderung. Gleichzeitig entstanden Bemühungen um Erkenntnis der Namen Gottes, wofür die Vertauschbarkeit der Buchstaben mit ihren Zahlenwerten benutzt wurde. Als Zusammenfassung alles dessen gilt das um 1300 erschienene grundlegende Werk „Zohar" (Glanz, Licht), ein in Form eines Kommentars zum Pentateuch geschriebenes Buch, „in dem schöpferische Gedankenkraft, phantastische Bildlichkeit und systematischer Geist sich das Gleichgewicht hielten" (Dessoir: „Vom Jenseits der Seele", dem wir hier teilweise folgen). Es wurde in aramäischer Sprache herausgegeben von Mose de Leon aus Avila in Spanien. Von da ab nahm die K. teils die Richtung auf das abstrakt-begriffliche Gebiet, teils auf magische Wunderwirkung. Die Verbindung von Wort und Zahl im Verein mit planmäßiger Askese und der kabbalistischen Seelenwanderungstheorie — um die Seele ins übersinnliche Reich zu führen — erfolgte namentlich durch Isaak Lurja (1533—1572).

Zur Zeit der Renaissance lebte diese merkwürdige Denkverfassung auch außerhalb des Judentums, gestützt von christlichen Gelehrten, wieder auf. Diesmal als Reaktion gegen die Scholastik. Man wollte sich über den schemenhaften Formalismus bis zu den Urgründen des Seins erheben. Giovanni Pico della Mirandola (1463—1494) leitete in seiner Florentiner Akademie diese neue Bewegung ein, die nun auch neuplatonische, christliche Glaubenselemente, insbesondere aus dem Evangelium Johannis, in sich aufnahm. Der Humanist Johannes Reuchlin (s. d.), Gründer der „Academia secretissima philosophiae" schrieb die grundlegenden Werke „De verbo mirifico (1494) und „De arte cabbalistica" (1517). Auch Agrippa von Nettesheim (1487—1533) war Kabbalist. Nach Reuchlin gibt es drei Arten von geistigen Wesen: Die Oberen, die ihr Licht unmittelbar von Gott empfangen; die Himmlischen, die über die Sphären des Weltalls gesetzt sind und den Himmel, die Sterne und die Planeten lenken, und schließlich die Wesen dritten Ranges, die für die Menschen sorgen.

Die kabbalistische Philosophie versucht, den religiösen Gehalt des eigentümlich ausgedeuteten Alten Testaments mit der Emanationenlehre, dem Glauben an die Seelenwanderung und der pythagoräischen Zahlenmystik in Einklang zu bringen. Gott als das Grenzenlose (En soph) bedarf der Mittelwesen, um die unvollkommene und unendliche Welt hervorzubringen; in seinem Sohne Adam Kadmon (dem androgynen, himmlisch-astralen Urmenschen) leben die geistigen Kräfte (die Zephirôt), die die wirkende Kraft Gottes durch das Weltall leiten: Weisheit, Verstand, Gnade, Stärke usw. Die zehn Zephirôt (auch Lichtkreise), die Urpotenzen, gewöhnlich in der Form des „kabbalistischen Baums" (auch „Lebensbaumes") geordnet, bilden den Ausgangspunkt aller Spekulation. Sie sind nichts Materielles, sondern „stellen bloß die Grenzen dar, in welche die höchste Wesenheit der Dinge sich selbst eingeschränkt hat, die verschiedenen Abstufungen der Finsternis, in welche das göttliche Licht seinen unendlichen Glanz hat einhüllen wollen, um angeschaut werden zu können". Die Formen aller Arten des Seins sind in den Zephirôt enthalten, und diese selbst wieder in der Quelle, aus der sie fließen. Sie nehmen eine ähnliche Stellung ein wie bei Plato die Ideen, bei den Gnostikern die Äonen und — später die „Quellgeister" der Rosenkreuzer. Dieser obersten der Welten: Aziluth (Welt der Zephirôt oder Ausstrahlungen des En soph) folgen drei weitere: Beriah, Welt der Urschöpfung mit den zehn Urformen der zu schaffenden und geschaffenen Dinge, Jezirah, Welt der Formung (Sphären, Geister, Seelen) mit den zehn übersinnlichen Vorbildern der materiellen Welt und A z i j a h, Welt der Erscheinungen, des Materiellen (Körper- und Sinnenwelt). Jede dieser Welten ist also in gleicher Art wie die der Zephirôt aus zehn Wesenreihen aufgebaut; alle in enger Verbindung miteinander, aber so voneinander geschieden, daß die oberste (die geistige) von den drei höchsten Zephirôt beeinflußt wird (Kether, Chochma, Binah = Krone, Weisheit, Verstand), die das Vernunftsreich bilden, die mittlere (die seelische) von den drei mittleren das Seelenreich verkörpernden Zephirôt (Hosed, Geburah, Tiphered = Gnade, Stärke, Schönheit) und schließlich die letzte (die körperliche), wiederum von den drei folgenden Zephirôt (Nezach, Hod, Jesod = Macht, Glanz, Materie), die das Reich der Natur bilden. (Die unterste Zephira, M a l k u t h, „Reich", faßt die drei vorangehenden im Prinzip der Materialität zusammen.) Der irdische Mensch (den die Kabbala als Mikrokosmos auffaßt), solange er noch nicht durch Seelenwanderung gereinigt in die Geisterwelt eingegangen ist, gehört allen drei Welten an, da er (nach ägyptischen Vorbildern) eine dreigeteilte Seele hat (nach dem Zohar ist sie das, was ihn wirklich ausmacht; der Körper ist nur ihr Kleid): N e s c h a m a h, die vernünftige Seele, R u a c h, die Geistseele, den beseelenden Atem und N e p h e s c h, die animalische Seele, die Lebenskraft. Der Zusammenhang jedes der drei Seelenteile mit einer der drei Welten ermöglicht es dem Menschen, den Lauf der Dinge zu seinen Gunsten zu ändern, auf die Geistes- und Naturwelt zu wirken, doch muß er dazu fromm sein, den hinter den Worten der Heiligen Schrift verborgenen wahren Sinn ergründet haben (Hauptaufgabe der kabbalistischen Spekulation) und außerdem die Namen Gottes (und ihre Bedeutung) und der Engel kennen, um durch Worte und Formeln magische Handlungen begehen, Wunder wirken zu können. „Jedes Wort im Gesetz enthält einen tieferen Sinn und ein verborgenes Mysterium", sagt schon der Sohar, „die Erzählungen des Gesetzes sind nur das Gewand des Gesetzes. Wehe dem, der das Gewand für das Ganze selber hält". Das wirkliche Wissen war aber den Weisen vorbehalten, denen, die vorbereitet sein würden, „in zukünftigen Zeiten die S e e l e d e r S e e l e, welche im Gesetze atmet, zu schauen".

W o r t e stellten also die Verbindung zwischen der körperlichen und geistigen Welt her, auch Z a h l e n, die ja schon bei Plato die Welt der Ideen mit der der materiellen Dinge verbinden, spielten eine große Rolle. Zahlen und Worten schrieben die Kabbalisten starke magische Kraft zu, durch Zauberformeln glaubten sie übermenschliche Kräfte erreichen zu können. (Manche Forscher rechnen freilich, daß diese magischen Mittel nur für die Außenwelt berechnet, für den wahren Eingeweihten aber nebensächlich waren und nicht den wahren Kern der Spekulation bildeten.) Eine überreiche, vieldeutige mystische Symbolik, die insbesondere an die Bedeutung der N a m e n G o t t e s („gewissermaßen als Doppelgänger Gottes, die, von ihrem Träger durch magische Kräfte losgelöst, Wunder tun können", M a r x) angeknüpft, gab magische Ausblicke. Bei der mystischen Auslegung der Worte der Schrift spielte gemäß den Besonderheiten des hebräischen Alphabets B u c h s t a b e n s y m b o l i k mit Hilfe von besonders entwickelten Spezialwissenschaften eine ausschlaggebende Rolle. Diese waren: G e m a t r i a, die Kunst, mit Hilfe der Zahlenwerte der Buchstaben den geheimen Sinn der Texte zu entziffern, N o t a r i k o n, d. h. die Bildung neuer Worte aus Anfangs- und Endbuchstaben gegebener Worte, und schließlich T h e m u r a h, Versetzung der einzelnen Buchstaben eines Wortes, um ein neues zu bilden. Sepher J e r i z a h sagt: „Das Wort ist Gott." Zerlegt man das (hebräische) „Wort" (Alphabet) in die 22 Konsonanten, deren erste zugleich als Zahlen benutzt werden und den zehn Zephirôt entsprechen, so gewinnt man „zweiunddreißig wunderbare Wege der Weisheit".

Kabbalistische Gedankengänge bildeten — neben der Alchimie, oder noch stärker als diese — den Kern der Geheimwissenschaft der G o l d- u n d R o s e n k r e u z e r, wobei es (nach M a r x) schwer ist, festzustellen, wie weit sich die diesem Orden eigenartige Kabbalistik mit der ursprünglichen K. oder deren christlicher Ausdeutung durch die Mystik der Renaissance deckt. (Ausführlich über die K. in ihrem Verhältnis zu den Gold- und Rosenkreuzern unterrichtet Arnold M a r x, „Die Gold- und Rosenkreuzer" in „Freimaurer-Museum", Bd. V.) Erwähnt sei nur folgendes: Auch die Rosenkreuzer unterschieden ganz klar zwischen dem von Gott stammenden G e i s t (= Neschamah), der „aus dem allgemeinen Weltgeist" gespeisten S e e l e (= Ruach) und dem aus Erde bestehenden L e i b (= Nephesch). Auf die kabbalistische Zahlensymbolik gehen die rosenkreuzerischen „Grade nach der magischen Einteilung" zurück. Von den kabbalistischen Gottesnamen hatten bei den Gold- und Rosenkreuzern insbesondere der größte, zweiundsiebzigteilige „S c h e m h a m p h o r a s c h" Bedeutung. Nur erlesene Brr. erhielten ihn, bei seinem Empfang wurde der feierlichste Eid geschworen, er barg magische Kräfte und er bildete zusammen mit dem Urim und Thumim (Licht und Recht im Brustschild des jüdischen Hohepriesters) das Signum des höchsten Grades, der Magier.

Über die Gold- und Rosenkreuzer und andere mystische Vereinigungen des 18. Jahrhunderts, die in mittelbarem oder unmittelbarem Zusammenhange mit der Freimaurerei standen, erlangte die K. auch Einfluß auf diese. Zahlreiche Bildtafeln, Zeichnungen, chiffrierte Dokumente u. a. mehr verweisen auf diese merkwürdige Zeit, in der neben stärkstem — von Freimaurern getragenem — Aufklärungsstreben in vielen Logen die Kabbalistik ebenso selbstverständlich einherging, wie bei den Gold- und Rosenkreuzern die Gradstufen den Zephirôt entsprachen. Auf Reuchlin wird die Dreiheit „Weisheit, Schönheit, Stärke" zurückgeführt, in die er den mittelalterlichen Ternar „Macht, Weisheit, Liebe" abwandelte. Auf das Pentagramm Reuchlins, das bei ihm Jesus bedeutet und bei den Rosenkreuzern zur Rose wurde, wird der „flammende Stern", das Symbol des vollkommenen Menschen, zurückgeführt. Für Wolfstieg („Philosophie der Freimaurerei", II. Band) besteht kein Zweifel daran, daß auch vieles in der heutigen freimaurerischen Symbolik auf die K. zurückgeht, er zitiert W. E. Metzener: „Es prägt sich aus in der Zahlensymbolik, in der Benutzung von Namen und Worten, um daran eine geistige Deutung anzuknüpfen, in den geometrischen Figuren und sonstigen Bildern, um anschaulich zu machen, was begrifflich nicht faßbar ist, und auch in der Allegorie, die über Zeit und Raum mit souveräner Macht schaltet, weil es gar nicht auf das darunter Verborgene ankommt..."

Unendlich weit über solche Anlehnung aber ging in manchem verworrenen freimaurerischen System des 18. Jahrhunderts der kabbalistische Einschlag hinaus („Asiatische Brüder", „Martinisten" usw.). Erst gegen Ende des Jahrhunderts konnte sich die Freimaurerei von den ihr durch diese Lehrarten aufgepfropften wesensfremden Bestandteilen durch einen gesunden Rationalismus befreien. Nichtsdestoweniger wird mancherorts innerhalb des Freimaurertums bis auf den heutigen Tag eine esoterische Richtung gepflegt, die wohl die K. und ihre Methoden an sich ablehnt, aber der Versenkung in eine aus der Renaissancezeit stammende Mystik geneigt ist, deren Wurzeln auch in dieser zu suchen sind.

In der letzten Zeit sucht Ludendorff (s. d.) seine Theorien von dem Einfluß der Freimaurerei auf das Weltgeschehen als kabbalistischer Zahlendeuter mit sogenannten Jahve-Jahren und Jahve-Tagen zu erweisen. (Über K. vergl. Dr. Erich Bischoff „Elemente der Kabbala" — und „Die Cabbala".)

(Für Zephirôt und Zohar findet sich bei manchen Autoren auch die Schreibweise: Sephirôt, bezw. Sohar.)

Kadosch, s. Ritter Kadosch.

Kaempf, Johannes, Wirklicher Geheimer Rat, Bankdirektor, Ältester der Kaufmannschaft in Berlin, freisinniger Politiker, Präsident des deutschen Handelstages, 1907—1912 Vizepräsident, 1912—1918 Präsident des Deutschen Reichstages, war Mitglied der Loge „Sankt Johannes zum schwarzen Adler" in Landsberg a. W. und Ehrenmitglied der „Drei Weltkugeln".

Kairo, Hauptstadt von Ägypten, Sitz zweier rivalisierender gleichnamiger National-Großlogen von Ägypten: I. mit 26 Logen in K. (Adresse: P. O. B. Nr. 148) und II. mit 46 Logen in K. (Adresse: P. O. B. Nr. 1370), ferner der Distrikts-Großloge „Ägypten und Sudan" der Großloge von England mit 6 Logen in K. (Adresse: Masonic Hall) und eines Distriktssuperintendenten der Großloge von Schottland mit 2 Logen in K., 3 weitere Logen arbeiten unter der Grande Loge de France, eine unter dem Grand Orient de France und — in deutscher Sprache — die Loge „Zur Sphinx" unter der Großen Loge von Hamburg (s. auch Ägypten).

Kaiser vom Osten und Westen (frz. Empereurs d'Orient et d'Occident [Souverain Conseil des]), 1758 in Paris entstandenes Hochgradsystem (ursprünglich auch Chapitre des Souverains Princes Maçons). Das System trat nach außen hin — mit geteilten Kompetenzen — als „Grande et Souveraine Loge Ecossaise Saint-Jean de Jérusalem" mit Perfektionslogen und „Souverain Conseil" mit Kollegien und Kapiteln in Erscheinung und bearbeitete in sieben Klassen 25 Grade. Es wurde später in Amerika die Grundlage zum A. u. A. Schottischen Ritus mit seinen 33 Graden. Den K. v. O. u. W. wird auch die Gründung des „Grand Consistoire des Sublimes Princes du Royal Secret" in Bordeaux zugeschrieben. An ihrer Spitze stand ebenfalls der Großmeister der blauen französischen Maurerei, Graf von Clermont. Was ihnen vor allen anderen Hochgradriten ihrer Zeit Bedeutung verleiht, ist der Umstand, daß sie unter den zahllosen Schottengraden, die in Frankreich damals an der Tagesordnung waren, die markantesten zu einer Hierarchie verbanden, die allein sich auf die Dauer als lebenskräftig erwiesen hat. In Gemeinschaft mit ihren „Prinzen des Königlichen Geheimnisses" in Bordeaux gaben sie 1762 die 35 Artikel der „Réglements et Constitutions de la Maçonnerie de Perfection" heraus, worunter damals noch das gesamte System verstanden wurde (von Jube im „Recueil des Actes du Suprême Conseil de France" veröffentlicht; das Original ist nicht mehr ans Tageslicht gekommen). Von den K. v. O. u. W. stammte dann das berühmte Patent von 1761, das Etienne Morin (s. d.) zur Gründung einer Perfektionsloge in der Neuen Welt ermächtigte. Auf dieses Patent ist 1801 die Entstehung des ersten Obersten Rates des A. u. A. Schottischen Ritus in Charleston zurückzuführen. Die K. v. O. u. W. vereinigten sich gegen Ende des 18. Jahrhunderts mit dem Grand Orient de France.

Kalakaua, David, König von Hawai, * 1836, † 1891, war 1875 Stuhlmeister der Loge „Le progrès d'Océanie" in Honolulu.

Kalandsbruderschaften, besonders in den sächsischen Landen, aber auch sonst in Deutschland verbreitete, den Elendsgilden und Beerdigungsbruderschaften nachgeahmte oder sie ersetzende Vereinigungen, deren Herkunft ungewiß ist. Ein aus dem 13. Jahrhundert stammendes Gedicht bezeichnet den Papst Pelagius als Stifter. Der Zweck der Kalanden, an deren Spitze zumeist ein Geistlicher war, erschöpfte sich in Messelesen, Beten und Armenunterstützung. Um 1373 besteht beispielsweise in Brandenburg eine Gesellschaft „Fratres calendarum exilii", die es sich zur Aufgabe machte, „die Fremden zu hegen und zu pflegen und die Leiber der Gestorbenen in christlicher Liebe zu bestatten". Objekte der Fürsorge waren besonders Landflüchtige oder aus einer Stadtgemeinde Ausgestoßene, ferner Arme, die mittellos starben und eines christlichen Begräbnisses verlustig gehen konnten, außerdem Hungrige und Darbende. In Berlin erinnert noch heute eine Kalandsgasse an den Kalandshof, der in der Klosterstraße lag. Der Name der K. stammt vom lateinischen calendae, weil sie sich zumeist zu Monatsbeginn versammelten. Alljährlich wurde eine Gedächtnismesse auch für alle Kalandsbrüder und -schwestern gehalten. In diese Messestiftung kauften sich die Mitglieder durch ihren Beitritt ein. Auch wurden gemeinsame Mahle veranstaltet, die aber derart ausarteten, daß das Wort Kaland einen sehr üblen Beigeschmack erhielt (Kalandern, bunte Kalender machen: für Saufen, ein großer Kaland: für ein Saufgelage u. a. m.). Durch reiche Stiftungen wurden die K. eine gewisse soziale Macht, verfielen aber im Dreißigjährigen Kriege und lösten sich im 17. Jahrhundert auf. In ihren Einrichtungen haben sie viel Ähnlichkeiten mit den Steinmetzenbruderschaften z. B. Englands. Bußen, Stiftungen wurden in Pfunden Wachs gezahlt, die Gastmahle, die Jahresmessen u. a. m. sind vollkommen gleichartig. Man darf sie auch mit den Steinmetzenbruderschaften in eine gewisse Parallele setzen, weil hier wie dort Personen durch die Sorge für ihr eigenes Seelenheil in Verbindung mit allgemeiner Charitas zum Beitritte veranlaßt wurden.

Die Beerdigungsbruderschaften der Juden, die bis ins 13. Jahrhundert nachweisbar sind, in Prag durch den Hohen Rabbi Löw eingeführt, ebenso die Misericordiabruderschaften Italiens, die heute noch in Florenz, Pisa und Siena in der alten Kapuzentracht tätig sind, sind geistige Geschwister der K.

Kalb, Johann, Baron von, nordamerikanischer General deutscher Abkunft, lange in französischen Diensten, trat mit Lafayette in die amerikanische Revolutionsarmee ein. * 1721, † 1780. Fiel in der Schlacht bei Camden. Tödlich verwundet, von drei freimaurerischen Offizieren vom Schlachtfeld getragen, wurde er von seinem Kampfgegner, Lord Cornwallis, mit maurerischen Ehren begraben. Sein Denkmal wurde 1825 im Beisein von Lafayette von den Freimaurern von Camden eingeweiht. K. war Freimaurer.

Kalender, auch Almanach oder Jahrbücher heißen meist von Großlogen oder Logen herausgegebene, jährlich erscheinende Veröffentlichungen. Die erste Erwähnung der Freimaurer findet sich in einem „historischen Jahrbuch vom Jahre Christi 1737“. In einem französischen „Almanach des Cocus“, erschienen in „Konstantinopel“ (das ist Paris), ist die berühmte Rede des Chevalier Ramsay mit einem besonders lasziven Titelkupfer abgedruckt. 1755 erschien ein Almanach im Haag in französischer Sprache. Er wurde von 1758—1792 in Amsterdam und im Haag fortgesetzt und enthält Berichte, Reden, Lieder, Logen-K. u. ä. 1771 bringt Leipzig einen „Freymaurer-K.“ nebst einem Verzeichnis „aller auf dem Erdboden bekannten Logen“, 1775 London den „Free-Masons-Calender“, gewidmet dem Großmeister Lord Petre. 1778/79 gab Bode einen Kalender heraus. Bemerkenswert ist auch das „Taschenbuch für Brr. Freimaurer auf das Jahr 1784“, herausgegeben zum Vorteil der Armen von Alxinger in Wien. Vom Jahre 1824—1910 erschien das Taschenbuch Astraea. Besondere Verbreitung hat der „K. für Freimaurer“, herausgegeben von Carl van Dalen, erlangt, der seit dem Jahre 1861 mit kurzer Unterbrechung bis zum heutigen Tage erscheint. Von den modernen Jahrbüchern (die Liste der Taschenbücher muß in Wolfstieg I./50 flg. nachgesehen werden) sind zu erwähnen: Das Taschenbuch des Vereines deutscher Freimaurer, das seit 1922 erscheint, das Jahrbuch der Weltfreimaurerei (Annuaire), herausgegeben von der A. M. I. (s. d.), schließlich das „Masonic Year Book“ der Großloge von England u. v. a.

Kalifornien, s. Californien.

Kalkutta, Hauptstandt der britisch-indischen Provinz Bengal, Sitz der Distrikts-Großloge „Bengal“ der Großloge von England (Adresse: Free-Masons Hall, 19 Park-Str. Calcutta), der in K. 25 Bauhütten unterstehen. Unter dem Großmeister der „All Scottish Freemasonry in India“ (Sitz: Bombay) sind in K. sieben Bauhütten tätig, unter der Großloge von Irland sechs. K. spielte schon in der frühesten Zeit der englischen Großlogenmaurerei eine Rolle. Bereits 1730 war es Sitz eines Provinzial-Großmeisters für Ost-Indien. Die 1740 gegründete Loge „Star in the East“ arbeitet noch heute als Nr. 67.

Kambodscha (frz. Cambodge), Teil von Indochina, Königreich unter französischem Protektorat; in der Hauptstadt Phnom-Penh arbeitet unter dem Grand Orient de France eine Loge.

Kamehameha IV., König von Hawai, † 1863, wurde 1857 in Honolulu Freimaurer. Mehrere Jahre lang war er Stuhlmeister der Loge „Le Progrès d'Océanie“.

Kammer. Dunkle, Vorbereitungsraum (engl. Room, frz. Chambre des réflexions). Im englischen Katechismus lautet die Frage: Wo wurden Sie vorbereitet? Antwort: In einem passenden Raume nahe der Loge. Die K. oder Vorbereitungsraum ist der erste Ort, an dem der Suchende mit der Freimaurerei in symbolische Beziehung tritt. Die im 18. Jahrhundert üblichen schreckenerregenden Einrichtungsgegenstände sind dem modernen Geist der Freimaurer entsprechend verschwunden. Die dunkle K. dient in ihrer Ausstattung heute lediglich der Selbstbesinnung auf den vorgehabten Zweck der Aufnahme.

Kammer, Mittlere, s. Mittlere Kammer.

Kammerer, Dr. Paul, berühmter österreichischer Biologe, * 1880, † 1926, war Mitglied der Wiener Loge „Goethe“. Hauptwerk: „Allgemeine Biologie“.

Kampf um den Niederwald, freimaurerisches Drama in fünf Akten von Konrad Bayer, erschien in Stuttgart 1892, Dresden 1906.

Kanada, s. Canada.

Kanarische Inseln, spanische Kolonie mit eigener spanischer Großloge und drei Logen in Santa Cruz de Palma, Santa Cruz de Teneriffa und Las Palmas.

Kandidat, vom lat. candidus (candidis vestibus indutus“, mit weißen Kleidern angetan), die Bezeichnung für den Aufnahme Heischenden (im Deutschen: Suchender). Der Name verweist auf alte Mysteriengebräuche, in denen der Neuling zum Zeichen der Reinheit in weiße Gewänder gehüllt wurde.

Kändler, Johann Joachim, war 1735

bis 1756 an der Meißner Porzellanmanufaktur tätig. Von ihm 4 Porzellangruppen, die Freimaurer darstellen. Hiervon drei im Bayreuther Großlogen-Museum.

Kane, Elisha Kent, amerikanischer Arzt und Polarfahrer, * 1820, † 1857, Mitglied der Franklin Lodge in Philadelphia, unternahm zwei berühmte Nordpolfahrten, um die verschollene Expedition Sir John Franklin's zu suchen. Er glaubte 1855 den Nordpol gefunden zu haben und hißte an der Stelle die amerikanische und die freimaurerische Fahne. Seine Annahme erwies sich aber als irrig. Anläßlich seines Todes hielt die Großloge von New York einen feierlichen Trauergottesdienst ab, 1922 brachten mehrere amerikanische Logen an seinem Sterbelager in Havanna eine Gedenktafel an. Die Kane Lodge Nr. 545 (s. d.) in New York trägt den Namen des heldenhaften, von Freimaurern besonders geförderten Forschers.

Kane Lodge (Nr. 545) in New York, die nach Elisha Kent Kane (s. d.) benannte Bauhütte der amerikanischen Polarforscher. Von berühmten Helden der Arktis gehörten bezw. gehören ihr an: der Entdecker des Nordpols, Admiral Robert E. Peary, General Adolphus W. Greeley, Commander Donald B. MacMillan, Admiral Byrd (s. alle diese) und viele andere. Die Loge wurde ein Jahr nach dem Tod K.s, 1858, gegründet. 1920 wurde eine Kane-Lodge-Medaille gestiftet, die für besondere Verdienste auf dem Gebiete der Polarforschung verliehen wird. Die erste dieser Medaillen war für Peary bestimmt.

Kanonen, s. Trinksitten.

Kanonikat, dritte Stufe des Klerikalen Systems, das die volle Weihe vermittelt (s. Klerikale Akten).

Kanonisches Recht, s. Codex Juris Canonici.

Kansas. Bundesstaat der Vereinigten Staaten von Nordamerika. Die Großloge wurde gegründet 1850 und zählte 1930 446 Logen mit 82.000 Mitgliedern. Sie unterhält ein Masonic Home mit gegen 200 Insassen: Alten, Witwen und Waisen. Adresse: Masonic Temple, Topeka, Kansas.

Kant, Immanuel, deutscher Philosoph, * 1724, † 1804, wurde der „Alleszermalmer" genannt, da er mit dem Dogmatismus der Theologie und zugleich der empirischen, sowie rationalistischen Philosophie ins Gericht ging. K. war im gewissen Sinne selbst Rationalist (s. Rationalismus) und legte auch den Schlußstein der Aufklärung (s. d.). Er lehrte zwar, daß man „nur dem Zuge des Verstandes zu gehorchen habe", lehnte aber zugleich die von der rationalistischen Philosophie geforderte Objektivierung der Begriffe, deren Wahrheiten „bloße Erdichtungen" sind, ab. Das wahre Wesen der Welt, das „Ding an sich", können wir niemals erklären, die Welt des Scheins ist unsere Welt. Er verwarf die Theologie, „die Zauberlaterne der Hirngespinnste", ebenso wie auch die dogmatische Metaphysik, die über die Erfahrung hinausgeht. K. überwand zugleich den einseitigen Rationalismus und erkannte den Willen als mitbestimmenden Faktor auf philosophischem Gebiete, insbesondere in Fragen der Ethik, an. Er unterschied daher zwischen reiner und praktischer Vernunft. Letztere beeinflußt den Willen und stellt Postulate auf, die der Mensch aus praktischen Vernunftsgründen anerkennen muß. So ist Gott ein Postulat im Sinne des moralischen Theismus (s. d.). K. löste die Moral von der Religion los. „Sie bedarf keineswegs der Religion, sondern ist vermöge der reinen praktischen Vernunft sich selbst genug." Die Grundlage der Sittlichkeit (s. d.) ist die sittliche Autonomie des Menschen. Das Gewissen, das Pflichtgefühl und die Achtung vor dem Sittengesetz (s. d.) führen zum moralischen Verhalten.

K. übte auf das Denken der Menschheit einen nachhaltigen Einfluß aus. K. ist wohl auch „der bedeutendste Philosoph für die Freimaurerei" (Heinichen). „Wenn er dem Bunde persönlich auch nicht angehörte, so lebt doch die Gedankenwelt Kants wohl nirgends im gebildeten Bürgertum so stark fort, als in den deutschen Logen" (Schenkel). Die Autonomie des Sittengesetzes kann „als Grundgedanke aller Grundgedanken der Freimaurerei bezeichnet werden" (Heinichen). Die Auffassungen Kants bezüglich der Moral zeigen uns, daß er „seinem tiefsten Wesen nach Freimaurer war" (Caspari). „In der Johannisloge werden die drei großen Gedanken, K.s Forderungen der praktischen Vernunft, Gott, Freiheit, Unsterblichkeit dargestellt" („Die Große Landesloge der Freimaurer von Deutschland in ihrem Werden und Wesen", 1929). Kants Ablehnung jeglichen Dogmatismus, sein Standpunkt hinsichtlich der Religion: „Es ist nur eine Religion, aber es kann vieler Arten des Glaubens geben", sein Sittengesetz, der moralische Theismus, seine Lehre, daß ewiger Friede und ein idealer Staatenbund Endzweck der menschlichen Geschichte sind, die wichtigsten Teile seiner Philosophie, klingen, als wären sie auf Grund der freimaurerischen „Alten Pflichten" aufgebaut. Zum philosophischen Unterbau der freimaurerischen Ideologie hat K. jedenfalls entscheidend beigetragen.

Mit den bedeutendsten Freimaurern Königsbergs war K. eng befreundet, u. a. mit Theodor Gottlieb von Hippel, Johann Gottlieb Frey, seinem Verleger Joh. Jakob Kanter und seinem Testamentvollstrecker Pfarrer Wasianski.

Kanzler, auch Großkanzler, Beamter, Schriftführer der Obersten Räte des A. u. A. Schottischen Ritus, ebenso der Leiter der Großkanzlei der A. M. I. (frz. Chancelier).

Kapitel (engl. Chapter, frz. Chapitre). Im Englischen ursprünglich wohl als Bezeichnung einer geschlossenen Vereinigung üblich, denn Heinrich VI. von England verbietet 1425 den Maurern, sich in „Chapters and Congregations" zu vereinigen. Das Wort ist heute ausschließlich in Hochgraden üblich, u. a.

1. im A. u. A. Schottischen Ritus mit XXXIII Graden bearbeiten die K. den XV.—XVIII. Grad: XV. Ritter vom Osten oder des Degens, XVI. Prinz von Jerusalem, XVII. Ritter vom Osten und Westen, XVIII. Ritter vom Rosenkreuz;

2. im Schwedischen System umfaßt das K. die K.-Grade: in Skandinavien sind dies der VII.—X. Grad (VII. Stuartbrüder oder Ritter des Ostens oder Prinzen von Jerusalem, VIII. Vertrauter Salomons oder Ritter des Westens, IX. Vertrauter St. Johannis, X. Vertrauter des hl. Andreas), im Zinnendorfschen System der Großen Landesloge der Freimaurer von Deutschland der VI.—IX. Grad (VI. Ritter des Ostens, VII. Ritter des Westens, VIII. Vertrauter der Johannislichter, IX. Auserwählter) (s. alle diese Grade). Schutzpatron der K.-Grade ist der Apostel Johannes. Die K. feiern am 22. März im VII. Grad das sogenannte Große Ordensfest zur Erinnerung an den Todestag des letzten Großmeisters des Templerordens, de Molay, und am 27. Dezember im Kreise der Brr. des VIII. und IX. Grades das Fest Johannis des Evangelisten (vergl. schwedische Lehrart);

3. der Royal-Arch-Grad wird im K. erteilt. In England, wo er offiziell nicht als Hochgrad gilt, unterstehen die Royal-Arch-K. gleichwohl nicht der Großloge, sondern dem Großkapitel (Supreme Grand Chapter). In Schottland und Irland bearbeitet das Groß-K. die Grade des Mark Master, Excellent Master und Royal Arch und mehrere Einsetzungs- und (in Schottland) Nebengrade;

4. im American Rite (York Rite) heißt die erste Gruppe nach den symbolischen Graden Kapitelmaurerei (Capitular Masonry). Das K. umfaßt: Mark Master, Past Master, Most Excellent Master und Royal Arch, also vier Stufen.

Kapitelgrade heißen die in Kapiteln verliehenen Hochgrade.

Kapitelmaurerei (engl. Capitular Masonry), s. Kapitel.

Kapitel-Meister ist der Vorsitzende eines Kapitels. Er führt im A. u. A. Schottischen Ritus den Titel „Weiser Meister", im frz. Très Sage und — traditionell — „Athirsata" (s. d.).

Kapitol in Washington. Am 18. September 1793 wurde der Grundstein zum Haus der amerikanischen Gesetzgebung von Washington namens der Großloge von Maryland gelegt. Eine der Bronzetüren in den Wandelgängen des Senats zeigt eine figürliche Darstellung dieser in maurerischer Bekleidung und mit Logengeräten vollzogenen feierlichen Handlung.

Kapkolonie, s. Südafrikanische Union.

Kapodistria, Johann Anton, Graf, griechisch-russischer Staatsmann, * 1775, † 1831, ursprünglich Mediziner, unter der türkischen Vasallenherrschaft 1803—1807 zugleich Innen-, Außen- und Marineminister der Ionischen Inseln. Nach der Rückkehr seiner Heimat unter französische Herrschaft trat er in russische Dienste, war Gesandter in der Schweiz, Bevollmächtigter beim Wiener und Karlsbader Kongreß, 1816 russischer Außenminister, mußte 1821 abdanken, lebte in der Folge in der Schweiz, wirkte für den griechischen Befreiungskampf, wurde 1827 in Damala vom Konvent zum Präsidenten und Regenten gewählt, suchte Aufstände mit russischer Hilfe zu unterwerfen, wurde von den beiden Brüdern Mauromichalis ermordet. Er war Freimaurer.

Kapralik, Adolf, Dr. phil., * 1857, Zugeordneter Großmeister der Großloge von Wien, aufgenommen 1911 in der Loge „Humanitas", 1915—1919 deren Stuhlmeister, seit 1917 Vorsitzender des Zentralausschusses der Wiener Grenzlogen der Symbolischen Großloge von Ungarn, führte in dieser Eigenschaft die Wiener Bauhütten in die 1918 gegründete Großloge von Wien über, an deren Gründung er ausschlaggebenden Anteil hatte.

Kapstadt (Cape Town), Hauptstadt der zur Südafrikanischen Union gehörenden Provinz Kapkolonie. In K. sind tätig: Die englische Distrikts-Großloge „South Africa, Western Division" (P. O. Box 709) mit sechs, die Schottische Distrikts-Großloge „Western Province of the Cape of Good Hope" (Adresse: P. O. Box 1300, Cape Town) mit fünf, die Distrikts-Großloge „Southern Cape Province" der Großloge von Irland mit fünf, die Provinzial-Großloge von Südafrika des Großostens der Niederlande mit vier Logen in K. selbst. Die erste Bauhütte wurde 1772 von den Holländern gegründet, der 1800 eine englische Militärloge folgte (s. auch Südafrikanische Union).

Kapurthala. Der gegenwärtige Maharadscha dieses britischen Tributär-Staates in der indischen Provinz Punjab ist Großbeamter der Großloge von England mit dem Rang eines Past-Großaufsehers.

Kapverdische Inseln, an der Westküste Afrikas, portugiesischer Besitz; unter dem Großorient von Lusitanien (Portugal) arbeiten hier zwei Logen.

Kardinaltugenden. Plato unterschied deren vier: Weisheit, Tapferkeit, Besonnenheit und Gerechtigkeit, Schopenhauer zwei: Gerechtigkeit und Menschenliebe. Im englischen Ritual werden angeführt: Besonnenheit, Tapferkeit, Klugheit und Gerechtigkeit.

Karl August, Großherzog von Sachsen-Weimar, s. Sachsen-Weimar.

Karl Eduard, der Prätendent, s. Stuarts.

Karl, Landgraf von Hessen-Kassel, * 1744, † 1836, dänischer Feldmarschall, Statthalter in Schleswig und Holstein und Norwegen, Schwiegersohn des Königs Friedrich VI. von Dänemark, spielte in der Freimaurerei seiner Zeit eine führende Rolle. Er betätigte sich als Logengründer und war 1778 Meister vom Stuhl der vier vereinigten Hamburger Logen der Strikten Observanz, in welcher er ein Jahr später Koadjutor des Heermeisters usw. wurde. Nach dem Wilhelmsbader Konvent bekleidete er im Rektifizierten System das Amt des Koadjutors des General-Großmeisters Herzog Ferdinand von Braunschweig, dem er später in seiner Würde folgte. In Dänemark erwirkte er der von ihm geleiteten Freimaurerei die Anerkennung als öffentlich-rechtliche Körperschaft. Nach den Napoleonischen Kriegen nahm er die beiden vom Grand Orient de France gegründeten, vorwiegend aus jüdischen Mitgliedern zusammengesetzten Logen „Zur aufgehenden Morgenröte" in Frankfurt a. Main und „Zu den vereinigten Freunden" in Mainz unter seinen Schutz, gab ihnen neue Konstitutionen und der ersteren sogar ein Patent für ein Schottisches (christliches!) Kapitel. 1817 erteilte er den Stiftungsbrief für die Loge „Carl zum aufgehenden Licht" in Frankfurt.

Was den Landgrafen vor allem an die von ihm gänzlich falsch verstandene Freimaurerei fesselte, war sein grenzenloser Mystizimus, seine unstillbare Sucht, von „geheimen Oberen" das „wahre Geheimnis" zu erfahren. Restlos studierte er ein System nach dem anderen; er war Philaleth, Rosenkreuzer, Asiatischer Bruder. Von allen Seiten beschaffte er sich Rituale und „Akten", die ihm für seine fieberhafte alchimistische Tätigkeit Nutzen versprachen. Daß er unter diesen Umständen nur zu oft ein Opfer der Hochstapler und Betrüger wurde, die damals die Freimaurerei mißbrauchten, liegt auf der Hand. U. a. fiel er dem „Grafen Tourouvre" (s. d.) in Heilbronn herein. Dem Grafen St. Germain hielt er Treue bis zu dessen Tod.

Karl X., Philipp, König von Frankreich aus dem Hause Bourbon, vorher Graf von Artois, Bruder von Ludwig XVI. und XVIII., Sohn des Dauphins Ludwig, * 1757, † 1836, nach der Revolution die treibende Kraft der auf die Restauration der Bourbonen gerichteten Bestrebungen, 1825 als Nachfolger Ludwigs XVIII. zum König gekrönt, führte ein reaktionäres Regime, dankte 1830 infolge der Juli-Revolution ab. Nach Amiable wurde K. mit seinen Brüdern Ludwig XVI. (s. d.) und dem Grafen von Provence, dem nachmaligen Ludwig XVIII. (s. d.) 1775 zum Freimaurer geweiht. Lantoine bestreitet die Richtigkeit dieser Angaben.

Karl XIII., König von Schweden, s. Schweden.

Karls XIII. Orden, ein in Schweden von K. XIII. 1811 gestifteter Orden (mit einer Klasse) auf freimaurerischer Grundlage, „um die Tugenden zu ehren, die von keinem Gesetze vorgeschrieben sind". Der regierende König ist jederzeit der Ordensmeister; außer den königlichen Prinzen werden nur 27 weltliche und drei geistliche Mitglieder aufgenommen. Der Orden stellt die Spitze der Schwedischen Lehrart dar. Die Ordensmitglieder stehen im Range nach den Komturen und vor den Rittern der übrigen schwedischen Orden. Abzeichen: rotes Kreuz mit Namenszug des Stifters an goldener Königskrone und Brustkreuz aus rotem Tuch.

Karl XIV., Johann, König von Schweden, s. Bernadotte.

Karoline, Marie, Königin beider Sizilien, * 1752, † 1814, Tochter des freimaurerischen Lothringers Franz I., Schwester Josephs II., gleich ihrem Vater und ihrer Schwester, Maria Anna (s. d.), bis zur französischen Revolution Förderin und Beschützerin der von ihrem Gemahl, König Ferdinand IV., verfolgten Freimaurerei. Sie bewirkte die Zurücknahme der Strafverordnungen des Ministers Tanuccio, setzte in ihren Staaten trotz vieler Hindernisse die Duldung des Bundes durch und wirkte auch erfolgreich für die in der Republik Venedig eingekerkerten Brr., worüber der König in einem Brief an den Papst Klage führte. Die Wiener Loge „Zur wahren Eintracht", mit der sie wahrscheinlich durch ihren Privatsekretär Ignaz Rainer zu Harbach in Verbindung stand, sprach ihr hierfür schriftlich den Dank des Bundes aus. Nach ihr hießen mehrere französische Logen. In den „Annales maçonniques" 1807 wird ein amtlicher Erlaß des Grand Orient de France aus dem Jahre 1777 erwähnt, der für alle Tafellogen einen Trinkspruch „Pour Caroline!" anordnete. In den Tagen der französischen Schreckensherrschaft, die sie auf die Tätigkeit der Freimaurer zurückführte, wandelte sich die Freundschaft in Haß und Verfolgung.

Karsten, Gustav, deutscher Physiker und Politiker, * 1820, † 1900, Mitglied des Reichstages (Fortschrittpartei), Professor an der Universität Kiel, Verfasser der achtundzwanzigbändigen „Enzyklopädie der Physik", Leiter der Zeitschrift „Fortschritt der Physik", war Meister vom Stuhl der Kieler Loge „Alma an der Ostsee".

Karthoum, Hauptstadt des Sudan. Unter der Distrikts-Großloge „Ägypten und Sudan" (Sitz in Kairo, s. d.) der Großloge von England arbeiten hier drei Logen.

Kastellan heißt der Hausverwalter einer Freimaurerloge, der gewöhnlich auch noch die Küchenwirtschaft zu führen hat. Er ist immer Mitglied der Loge, verwaltet sein Amt oft ehrenamtlich oder gegen freie Wohnung und Reingewinn aus der Wirtschaft.

Kastraten. Laurence Dermott (s. d.) macht im Ahiman Rezon den Moderns den Vorwurf, sie hätten sogar K., also Halbmänner, aufgenommen, trotzdem die Ausgabe der Constitutions — von 1738 — diese ausdrücklich auschließt. Eine Berliner Loge fragte 1755 bei der Provinzial-Großloge von Hamburg an, ob Kastraten aufnahmsfähig seien. Die Antwort lautete: Ja, wenn er ein rechtschaffener Mann ist. Es handelte sich damals um den Hofsänger Luini.

Katechismus. Der Kern der sogenannten „Heimlichkeit" des Steinmetzen war die besondere Art des Grußes, mit dem er sich bei Wanderfahrten in fremden Bauhütten einzuführen hatte. Diese Heimlichkeit umfaßt die besonderen Erkennungszeichen, die eigentlichen Grußworte und die Kenntnis der besonderen Gebräuche, z. B. beim Gesellenmachen u. a. m. Aus diesen Bestandteilen entwickelte sich im Laufe der Zeiten ein besonderer Kanon von Fragen und Antworten, die schon in den alten englischen Logen allgemein üblich waren. Eine der ersten Verräterschriften der Freimaurerei heißt Masons' Examination. Sie erschien 1723 in einer öffentlichen Zeitung („Flying Post" in London) und gibt den ersten bekannten K. wieder. Da im Laufe der Zeiten fast jede Lehrart ihren eigenen K. entwickelte und in Druck legte, muß von einer genaueren Aufzählung abgesehen werden. Die in der breiteren maurerischen Öffentlichkeit bekanntesten K. sind heute die K. aller drei Grade von Robert Fischer, zuletzt bearbeitet von Dr. August Horneffer, der auch den Lehrlings-K. der Großen Loge von Preußen, genannt „Zur Freundschaft“, bearbeitete; der Eklektische K. von Bahnson; die K. von Dr. W. Smitt, schließlich Posner, „Am rauhen Stein“ u. v. a. Der Zweck des K. ist, dem Neuaufgenommenen oder Beförderten jene wesentlichen Fragen in katechisierender Form beizubringen, die teils der Kenntnis der betreffenden Gradausweise, teils dem Verständnis des Gradinhaltes und seiner Symbolik dienen sollen.

Katharina II., Kaiserin von Rußland, * 1729, † 1796. Sie durchschaute die freimaurerische Zusammenhänge behauptenden Schwindeleien Cagliostros, den sie durch drei kleine dramatische Schriften: „Der Betrüger“, „Der Zauberer von Sibirien“ und „Der Verblendete“ lächerlich machte. Über ihre Stellung zur Freimaurerei s. Rußland.

Katholiken-Emanzipation in Irland war in hervorragendem Maße den Bemühungen eines protestantischen Großmeisters der Großloge von Irland, des ersten Earl of Donaughmore (Richard), zu danken, der seine ganze Kraft der Sache der unterdrückten katholischen Iren weihte. Bereits 1810 hielt er im House of Lords eine Aufsehen erregende Rede über die „Catholic Petition“, und am 17. Mai 1825 verließ er sein Krankenlager und ging stark fiebernd ins Oberhaus, um die zweite Lesung der „Catholic Relief Bill“ durchzusetzen. Kurze Zeit hernach starb er an den Folgen seines aufopfernden Handelns. Bei einer Versammlung der „Catholic Association“ in Dublin am 25. November 1825 wurde ihm von dem großen Katholikenführer Daniel O'Connell, der selbst Freimaurer war, als dem „Erzpatron der Katholiken“ gehuldigt (s. Irland).

Katholische Großmeister in England. Die Geschichte der englischen Freimaurerei verzeichnet drei Großmeister, die Katholiken waren. 1732 wurde Viscount Antony Montacute gewählt, der, obgleich Peer von England, den damaligen Gesetzen nach nicht Mitglied des Oberhauses werden konnte. 1772 bis 1776 entfaltete Lord Robert Petre, Abkömmling einer alten glaubensstarken katholischen Familie, eine überaus fruchtbare Tätigkeit. 1870—1874 war Marquis Ripon Großmeister. Dieser trat erst während seiner Großmeisterschaft zum katholischen Glauben über und legte daraufhin sein Amt nieder.

Katholizismus, Katholische Kirche. Der Kampf der k. K. gegen die Freimaurerei setzte mit einer Konferenz ein, die zwei Jahre nach Gründung der ersten Loge in Rom auf Veranlassung der Sacra Congregatio Inquisitionis von den Leitern der drei päpstlichen Kanzleien, Ottoboni, Spinola und Zondadori am 25. Juni 1737 abgehalten wurde. Die Berliner „Vossische Zeitung“ (1737, Nr. 85) berichtete bereits unterm 30. Juni aus der Lombardei, „das heilige Amt der dasigen Inquisition, bei welchem die errichtete Gesellschaft der Frei-Mäurer denunciiret worden“, habe „geurteilet, daß darunter ein heimlicher Molinismus oder Quietismus verborgen seyn müsse“. Man habe „auch bereits die gerichtliche Verfolgung wider diese Brüderschaft angefangen und verschiedene Personen in Verhafft genommen, ob man gleich große Ursache zu zweifeln hat, daß ihre Grund-Sätze mit einigen Erleuchtungen und hohen Betrachtungen, welche bei dem Molinismo und Quietismo zu finden, solten in Vergleich zu stellen seyn“.

Am 28. April 1738 erließ Papst Clemens XII. die erste Bulle gegen die Freimaurerei, die mit den Worten begann: „In eminenti apostolatus specula.“ Sie beinhaltete die „Verdammung der Gesellschaft oder der heimlichen Zusammenkünfte, Freimaurer genannt, unter Strafe des mit der Tat sofort eintretenden Bannes, von dem die Lossprechung — das Sterbebett ausgenommen — dem höchsten Oberhaupt der Kirche vorbehalten bleibt“. Vorgeworfen wurde der Freimaurerei in dieser Bulle, daß bei ihren Zusammenkünften „Menschen aller Religionen und Sekten, mit dem angemaßten Schein einer gewissen Art von natürlicher Rechtschaffenheit zufrieden, durch ein enges und geheimnisvolles Bündnis nach festgestellten Gesetzen und Gebräuchen sich miteinander verbünden und zugleich im geheimen wirken, indem sie sowohl durch einen auf die Heilige Schrift abgelegten Eid als durch Androhung schwerer Strafen zu einem unverbrüchlichem Stillschweigen verpflichtet werden“.

Trotz der Schwere der Kampfansage gegen die „Ketzerei“ tat die Bulle nicht überall die gleiche Wirkung. Eine Reihe von Fürsten, so König August von Polen, trachteten, ihr kräftigsten Nachdruck zu verschaffen. Für das weltliche Herrscherreich des Papstes erließ Kardinal Firrao ein besonderes Edikt, in welchem Exkommunikation, Güterkonfiskation und Todesstrafe angedroht wurde. In Spanien, Portugal und Florenz (s. alle diese) verzeichnete die Freimaurerei bald ihre ersten Märtyrer. Eine in Dublin erschienene Verteidigungsschrift „Relation Historique...“ wurde von der Inquisition zur Verbrennung durch Henkershand verurteilt; das Urteil wurde am 25. Februar 1739 in Rom auf öffentlichem Platz vollzogen. In anderen Staaten dagegen, z. B. in Frankreich und den habsburgischen Erblanden, wurde die Bulle nicht kundgemacht. Trotzdem begannen auch in Wien und Paris Freimaurerverfolgungen.

Eine zweite Bulle gegen die Freimaurerei erließ Benedikt XIV. am 18. Mai 1751 („Providas“). Auch sie verurteilte die Freimaurerei lediglich aus religiösen Gründen, namentlich wegen des Toleranzgedankens der „Alten Pflichten“ von 1723. Wenn der Papst sagte: „Da in derlei Gesellschaften und Konventikeln Leute jeder Religion und jeder Sekte sich zusammengesellen, kann der Reinheit der katholischen Religion ein großer Schaden zugefügt werden...“, so zielte das deutlich auf Andersons Charakteristik der Maurerei als „Mittelpunkt der Vereinigung und das Mittel, treue Freundschaft unter Personen zu stiften, die sonst in beständiger Entfernung hätten bleiben müssen“, aber auch auf die „Religion, in der alle Menschen übereinstimmen“. Die Folgen dieser Bulle waren in manchen Ländern noch schwerwiegender als die der ersten. In

Spanien wurden Freimaurer von der Inquisition eingekerkert. Ferdinand VI. erklärte in einem Dekret alle Mitglieder des Bundes als Hochverräter und des Landes verwiesen. Der Franziskaner Fra Joseph Torrubia (s. d.), Zensor und Revisor der Inquisition zu Madrid, ließ sich, nachdem er vom päpstlichen Pönitentiarius vorher vom abzulegenden Gelöbnis der Verschwiegenheit entbunden worden war, in eine Loge aufnehmen und bezeichnete dann in einer Anklageschrift die Freimaurer als Sodomiten und Zauberer, Ketzer, Atheisten und Aufrührer, die „zur größeren Verherrlichung des Glaubens und Stärkung der Gläubigen in einem erbaulichen Autodafé verbrannt werden“ sollten. In Neapel, Portugal, Danzig, Aachen, Avignon, Savoyen usw., von 1784 an auch in Bayern, war die Freimaurerei ebenfalls Verfolgungen ausgesetzt.

Auf der anderen Seite zeigten sich im 18. Jahrhundert aber auch starke Beziehungen zwischen K. und Freimaurerei. In Frankreich, Österreich, den österreichischen Niederlanden, italienischen Staaten usw. war die überwiegende Mehrheit der Freimaurer katholischen Glaubens. Als sich die Grande Loge Anglaise de France, die Großloge von Frankreich, 1755 neue Gesetze gab, trennte sich die französische Maurerei geistig von der englischen Mutter u. a. dadurch, daß sie das römisch-katholische Glaubensbekenntnis von den Aufnahmesuchenden verlangte (Fischer-Kretschmer, „Katechismen“, IV.). Selbst in Irland mit seinem besonders militanten Katholikentum stellte dieses 50—60% der Logenmitgliedschaft. Die Zahl der katholischen Geistlichen (s. d.) in Logen aller Länder war — namentlich in der josefinischen Ära — sehr groß; eine Zusammenstellung (Reinhold Taute „Die katholische Geistlichkeit und die Freimaurerei“, 1909), die über fünfhundert Namen anführt, verzeichnet unter diesen auch eine bedeutende Zahl hervorragendster Kirchenfürsten. Es gab Freimaurerlogen, die ausschließlich oder fast ganz aus Klerikern zusammengesetzt waren, so die in Clairvaux (s. d.), und in der freimaurerischen Literatur des 18. Jahrhunderts sind Abwehrschriften, die Geistliche zu Verfassern haben, nicht selten (s. Michaeler). In Belgien und anderwärts ließen die Logen an den Johannistagen Messen lesen, denen die Brr. korporativ beiwohnten. während der zelebrierende Geistliche über dem Ornat sehr oft das freimaurerische blaue Band trug. Bei den Brudermahlen wurden die Kirchenvorschriften über Fasten und Fastenspeisen streng befolgt. Nach der Aufhebung des Jesuitenordens, 1773, kamen auch viele Exjesuiten in die Freimaurerei. Da in dieser Zeit auch freimaurerische Hochgrade starke Verbreitung hatten, denen entschieden katholisierende Tendenzen (s. u. a. Klerikales System) innewohnten, konnte die Behauptung starke Anhängerschaft gewinnen, die Jesuiten hätten die Freimaurerei, bezw. deren Hochgrade erfunden oder doch auf eine Umgestaltung der ursprünglichen englischen (als protestantisch bezeichneten) Form hingewirkt, um den Bund den Interessen der katholischen Kirche dienstbar zu machen, vor allem das Haus Stuart und damit die katholische Religion wieder nach England zu bringen (s. Jesuiten). Noch 1904 behauptete Ludwig Keller („Die Tempelherren und die Freimaurer“) über die Strikte Observanz (s. d.), in der er eine von katholischer Seite ausgehende Reform der Freimaurerei zwecks Aufsaugung der Freimaurer durch die Tempelherren erblickte: „In demselben Augenblick, wo sich die Kurie mit dem ganzen Gewicht ihrer Macht gegen die ‚Gesellschaft der Freimaurer‘ erklärte, erhob sich unter dem vielversprechenden Protektorat eines Fürsten, der ihr Verbündeter war (d. i. der angebliche Großmeister Karl Eduard Stuart, der Prätendent [s. d.]), der neue Ritterorden, der alle Bräuche der Maurer und noch viel mehr in sich enthielt. Die Möglichkeit trat in den Gesichtskreis, die bisherigen Protektoren der Freimaurer — dazu gehörte außer dem Haus Hannover seit 1740 auch der König von Preußen — aus dem Sattel zu heben und die gesamte Organisation der freien Maurer allmählich in ein nützliches Organ katholischer Fürsten und Staaten und in eine weltlich-geistliche Kongregation zu verwandeln.“ Eine Auffassung, der wir nicht beizupflichten vermögen.

Von päpstlicher Seite geschah von 1751 bis 1814 wenig Sichtbares gegen die Freimaurerei. Pius VI. ließ zwar 1791 Cagliostro (s.d.) auch wegen „Freimaurerei“ verurteilen und bestätigte in einem damit im Zusammenhange stehenden Dekret die Konstitutionen seiner Vorgänger. Aber gerade unter diesem Papst, der auch in einer Konsistorial-Allokution die Hinrichtung Ludwigs XVI. als „die Quintessenz des freimaurerischen Katechismus“ charakterisierte. wurden die Freimaurer nicht mehr ex officio exkommuniziert.

Ganz anders gestalteten sich dann die Dinge, als nach dem Sturz Napoleons Pius VII. wieder zur Macht kam. Nachdem am 7. August 1814 der Jesuitenorden wiederhergestellt worden war, erließ der Kardinal-Staatssekretär Consalvi am 13. August d. J. eine heftige Verordnung gegen „Freimaurer, Illuminaten, Ägypter ...“, in der zum erstenmal „die mörderische Entfaltung und die verborgenen Pläne dieser geheimen Vereinigungen und höllischen Zusammenkünfte“ gebrandmarkt, d. h. politische Kampfgründe angeführt werden. Die Beschuldigungen, die der Abbé Barruel und seine Gesinnungsgenossen im Zusammenhange mit der französischen Revolution gegen die Freimaurerei erhoben hatten, die Tatsache, daß manche in dem Wirken des dem Papst so verhaßten Napoleon und seiner Männer freimaurerisches Tun erblickten, die Kampfstellung, die Kaiser Franz I. und Metternich gegen den Bund einnahmen, machten sich hier deutlich geltend. 1818 gestattete die Kurie, daß die im übrigen aufgehobene Folter ausnahmsweise gegen die Freimaurer angewendet werde. Im Kirchenstaate und in Spanien wurde davon auch Gebrauch gemacht. 1821 erging die Bulle „Ecclesiam a Jesu Christo“, die zwar gegen die Carbonari gerichtet war, in diesen als angeblichen Ablegern oder doch Nachahmern der Freimaurerei aber auch jene treffen wollte.

Von diesem Zeitraum an wurden nicht nur die Bullen (s. d.) und Enzykliken „wider Krebs und tötliche Pest der Gesellschaft" immer zahlreicher, die katholische Welt lebte ihnen auch in erhöhtem Maße nach. Seit den dreißiger Jahren des letzten Jahrhunderts ist Logenmitgliedschaft katholischer Geistlicher kaum mehr zu verzeichnen; auch die Gläubigen zogen sich zurück. Besonders auffällig trat das in Irland in Erscheinung. Dort hatte der Großmeister der Freimaurer, Lord Donoughmore (s. d.), sich — im Parlament — für die Katholiken-Emanzipation geradezu geopfert. Trotzdem verließen mit dem Katholikenführer Daniel O'Connell, der ein eifriger Freimaurer gewesen war, seine Glaubensbrüder die Logen in Scharen. Leo XII. (Quo graviora mala", 1825), Pius VIII. (1829), Gregor XVI. („Mirari vos", 1832), Pius IX. (dieser achtmal) und Leo XIII. erließen Verdammungen der Freimaurerei. Am schärfsten der letztere in der Enzyklika „Humanum Genus" vom 20. April 1884, in der er die Freimaurerei „das Reich des Satans", eine „unreine Seuche" (impuram hanc luem) nannte, während Pius IX. von der „Synagoge des Satans", von den „geheimen Sekten, die zum Verderben und zur Verwüstung der Kirche sowohl als des Staates aus der Finsternis emporgestiegen", gesprochen hatte.

Die päpstlichen Verurteilungen der Freimaurerei folgten meist auf politische Geschehnisse, bei denen ein Zusammenhang mit dem Bund konstruiert wurde: Die Julirevolution 1830, die Freiheitskämpfe von 1848, der Abfall der Altkatholiken, die Aufrichtung des geeinten Italien, der Kulturkampf in Belgien und Deutschland wurden den Freimaurern angelastet. Die Verdammungen hatten auch ein gewaltiges Anwachsen des antifreimaurerischen Schrifttums im katholischen Lager zur Folge. Namentlich Jesuiten traten mit Kampfschriften hervor (Meurin, Bresciani, Schneemann, Pachtler, Gruber u. a.). In einzelnen Ländern bildeten sich starke antifreimaurerische Organisationen (s. d.). Insbesondere in Frankreich traten deren bis auf den heutigen Tag sehr zahlreiche auf den Plan. Auf Katholikentagen bildete die Freimaurerfrage meist Gegenstand eingehender Aussprache, in der jeweils Verstärkung der Aktion gegen „jene weltbekannte Partei von Verschworenen und Meineidigen, die von den Christen höchstens den Namen haben", gegen „das gottlose Schurzfell", gegen die „Männer der Finsternis und des Todes", gegen die „Organisation des Unglaubens" verlangt wurde, Gebetsfeldzüge wurden angesagt, die Kirchenstrafen gegen die Freimaurer an den Kirchentüren in Erinnerung gebracht. Alle Versuche, in Österreich die seit Ende des 18. Jahrhunderts unterdrückte Freimaurerei wieder einzuführen, scheiterten am Widerstand der kirchlichen Kreise. Immer wieder wurde den Gläubigen erklärt, daß die Freimaurerei als fanatische Gegnerin von Kirche, Staat und jeglicher Ordnung Thron und Altar unterhöhle, daß sie abscheulichem Satanskult huldige, daß ihr der Mord heilig sei und vor allem alle politischen Attentate ihr zur Last fielen. Den Höhepunkt erreichte der Kampf im 19. Jahrhundert mit der durch den Taxil-Schwindel (s. d.) ausgelösten heftigen Bewegung, die wiederum in dem antifreimaurerischen Kongreß von Trient (s. d.) 1896 gipfelte.

Wenn manche geglaubt hatten, daß die Aufklärung des Betruges, den Taxil an der Kirche verübt hatte, der schmähliche Zusammenbruch seiner Lügenmärchen über die Freimaurerei klärend wirken würde, so war das ein Trugschluß. Zwar sind in den letzten Jahrzehnten die päpstlichen Verdammungen der Freimaurerei spärlicher geworden, die Fehde hat aber an Heftigkeit nicht nachgelassen. In jüngster Zeit erhob die katholische Kirche in der ganzen Welt gegen die Freimaurerei den Vorwurf, sie habe den Kulturkampf in Mexiko und den Kirchensturm in Spanien entfesselt. Sie nannte das den „Freimaurerkrieg" gegen die Kirche. Und wie nach dem Weltkrieg von manchen Kanzeln herab verkündet wurde, die Freimaurer hätten das Attentat von Sarajevo angestiftet und so den Weltbrand entfesselt, so wurde und wird von den gleichen Stellen aus gepredigt, die Freimaurer in gewissen Ländern sähen ihre Hauptaufgabe darin, Priester und Nonnen zu foltern, Kirchen und Klöster in Brand zu stecken. Bis auf den heutigen Tag wird die Lehre verkündet: das Ziel der Freimaurerei sei die Zerstörung der gegenwärtigen christlichen Zivilisation. Die angestrebte Weltherrschaft des Freimaurerbundes würde an deren Stelle eine naturalistisch-atheistische Zivilisation setzen. Die Freimaurer stünden nicht im Heerlager des Gottesreiches auf Erden, der wahren Kirche Jesu Christi, sondern in jenem des Reiches des Satans.

Die Argumente, denen der „heilige Krieg" der Kirche gegen die Freimaurerei entspringt, liegen somit auf der Hand. Sie sind oft analysiert worden. Der erste und gewichtigste Grund, den alle Päpste ihrem Verdammungsurteil vorangestellt haben, ist der Vorwurf, daß der Freimaurerbund Männer von verschiedenen Religionen und Sekten als Brr. einigt und dadurch „die Reinheit der katholischen Religion trübt". Diese Einstellung kommt in unseren Tagen mittelbar auch in der an sich nicht gegen die Freimaurerei gerichteten Enzyklika Pius XI. über die „Einheit der Kirchen" zum Ausdruck, die die Anstrengungen verurteilt, „die gemacht werden, die wahre Religion mit den falschen zu verbinden und den Glauben zu erwecken, daß alle Religionen gut sind".

Pater Gruber S. J. (s. d.) hat als die Wesenheiten der modernen Freimaurerei, wie sie der Kirche heute erscheinen, folgende Punkte angeführt:

1. Den allem grundsätzlichen Liberalismus gemeinsamen, angeblich religiösen oder konfessionell neutralen, tatsächlich antisupranaturalistischen, praktisch-adogmatischen und antidogmatischen Charakter,

2. das naturalistisch-humanitäre Fundamentalprinzip,

3. die deistische Grundidee. (Gruber schreibt

nicht atheistisch, sondern deistisch!)

Die Freimaurerei gilt dem K. als die Hauptförderin des „Laizismus“ und die Trägerin einer „reinen Diesseitskultur“. (Vergl. Artikelserie von Gruber in „Das neue Reich“, 1926.) Der weltanschauliche Gegensatz läßt sich demnach etwa folgendermaßen darstellen:

Katholizismus	**Freimaurerei**
Dogma (Von Gott geoffenbarter, alleinseligmachender Glaube)	Adogma (Sittlichkeit, in der alle Menschen übereinstimmen)
Intoleranz	Toleranz
Supranaturalismus	Laizismus
Ethik: Erlangung der Glückseligkeit im Jenseits; metaphysische Erbsünde	Ethik: Verminderung des Leidens in der Symbiose der Menschheit (humanitär, positiv)
Ethik = theonom Ethische Werte: von Gott geoffenbart; es gibt von Gott aus ein Gut und Böse	Ethik = symbionom Ethik: Setzung der Werte durch Willen, Sitte, Tradition. Das Ethische = das Allgemeine
Ethik als Befolgung göttlicher Gebote	Ethik als Ausübung des humanitären Ideals

Die Kirche fordert unbedingten Gehorsam gegen ihre Autorität, die Freimaurerei anerkennt die freie sittliche Selbstbestimmung des Menschen. Die k. K. lehrt die Verderbtheit der menschlichen Natur und ihre Wiederheiligung nur durch die kirchlichen Gnadenmittel; die Freimaurerei lehrt die Entwicklungsfähigkeit und Vervollkommnung des Menschen aus eigener sittlicher Kraft. Jene ermuntert zur Tugendübung durch Verheißung von Lohn und Strafe im Jenseits, diese fordert die Übung des Guten um des Menschen im Diesseits willen. Die k. K. muß grundsätzlich unduldsam, die Freimaurerei grundsätzlich duldsam sein. (Vergl. Karl Weiß, „Jahrbuch des Vereins deutscher Freimaurer“ 1924/25.)

Die freimaurerische Weltanschauung steht mit ihrer Metaphysik und Ethik, mit ihren Grundanschauungen über Menschenbestimmung und Menschenwert der katholischen Weltanschauung scharf abgegrenzt gegenüber, niemals aber hat das Freimaurertum, das keineswegs Religion ist, die Betätigung seiner Weltanschauung zu bewußtem, absichtlichem Kampf gegen die k. K. als religiöse Gemeinschaft mißbraucht. Dies stünde im vollen Widerspruch zur Adogmatik und Toleranz seiner Geistesrichtung. Auf einem ganz anderen Gebiet liegt die Tatsache, daß die Freimaurer in den romanischen Staaten den ihnen aufgezwungenen Kampf schließlich aufnahmen, im Lager des Liberalismus führend auftraten, ihre freiheitlichen Ideen auch in der Öffentlichkeit nachdrücklichst verfochten und zu Trägern antiklerikaler Kulturpolitik wurden, nicht als Feinde der Kirche, wohl aber als Gegner des Machthungers auf bürgerlich-staatlichem Gebiete.

Katić, Janko, serbischer Patriot, Geburtsjahr nicht feststehend, 1804 —1806 Hauptführer der mit Karageorg gegen die Türken kämpfenden Serben der Umgebung von Belgrad. 1806 nach einem erfolgreichen Gefecht von einem Türken erschossen, war Freimaurer.

Katsch, Ferdinand, * 1828, † 1896, Arzt, aufgenommen in die Loge „Zur Eintracht“ in Berlin 1862, später Stuttgart „Zu den drei Zedern“, beschäftigte sich vornehmlich mit der Vorgeschichte der Freimaurerei und versuchte in seinem Hauptwerke „Die Entstehung und der wahre Endzweck der Freimaurerei“, Berlin 1897, gleich Nicolai — sehr scharfsinnig und geistreich — einen Zusammenhang zwischen Freimaurerei und Rosenkreuzertum herzustellen. Hierbei hat er manches gefunden, was einer Nachprüfung standhält, seine grundsätzlichen Ableitungen sind aber mit größter Vorsicht hinzunehmen.

Kaunitz, Wenzel Fürst v., * 1711, † 1794, Hof- und Staatskanzler unter der Kaiserin Maria Theresia und lange der eigentliche unumschränkte Gebieter über die österreichischen Erblande, Berater Josephs II. (sein Denkmal am Gruppenstandbild Maria Theresias in Wien), war Freimaurer. Allerdings ist über seine besondere Logenzugehörigkeit nichts bekannt. Zwei seiner Söhne, Ernst Christoph, * 1737, † 1797, Obersthofmarschall, Dominicus Andreas, * 1739, † 1812, Botschafter und Obriststallmeister, gehörten der Wiener Loge „Zur gekrönten Hoffnung“ an. Ein dritter Sohn, Franz Wenzel, * 1742, † ?, war 1785 Meister vom Stuhl der Brünner Loge „Zur aufgehenden Sonne“. Ferner wird noch ein Graf Johann Adolf v. K. genannt, * 1696, † 1771, der Mitglied der Wiener Loge „Zu den drei Kanonen“ war. Dessen Sohn, Adolf Johann, * 1750, † 1826, war Mitglied und Zugeordneter Meister vom Stuhl der Prager Loge „Zu den drei gekrönten Sternen“.

Kayser, Paul Anton, Monsignore, in Preußisch-Schlesien geboren, kam bald nach 1900 als katholischer Seelsorger nach dem kärntnerischen Markt Feldkirchen. Er gründete hier eine Anzahl katholischer Anstalten und wirtschaftlicher Unternehmungen, geriet aber nach einigen Jahren in finanzielle Bedrängnis. Um sich aus dieser zu befreien, ließ er sich in Kreditoperationen ein, auf Grund deren er in einem aufsehenerregenden Schwurgerichtsprozeß in Klagenfurt am 21. Marz 1911 zu zwei Jahren schweren Kerkers verurteilt wurde. Nachdem er seine Strafe verbüßt hatte, gab K. 1913 im Verlage Georg Hampel (Leobschütz in Schlesien) eine umfangreiche Broschüre heraus: „So wahr mir Gott helfe! Enthüllungen aus der Freimaurerwerkstätte Österreichs“ und 1914 im gleichen Verlage eine Schrift: „Ein Wort an meine schweigenden Gegner. Eine unentbehrliche Ergänzung zu meiner Rechtfertigungsschrift ‚So wahr mir Gott helfe!‘“ Beide Schriften enthalten die schwersten Angriffe gegen die österreichische Justiz und Verwaltung und stellen die Behauptung auf, daß Österreich von den Freimaurern beherrscht, daß die ganze österreichische Justizmaschine vom kleinen Bezirksrichter bis hinauf zum damaligen Justizminister von Freimaurern besetzt sei, und daß eben diese Freimaurer ihn wirtschaftlich zugrunde gerichtet und seine Verurteilung trotz seiner Unschuld erzwungen hätten. Die grotesken Behauptungen fanden in dem christlichsozialen Reichsratsabgeordneten R. Wolleck einen Befürworter; denn als die erstere Broschüre wegen der darin enthaltenen Majestätsbeleidigungen vom Innsbrucker Staatsanwalt beschlagnahmt wurde, brachte Wolleck 1913 eine Interpellation an den Justizminister ein und erreichte damit, daß das konfiszierte Buch immunisiert wurde, d. i. als Parlamentsbericht erscheinen durfte. K.s Broschüren sind ein Schulbeispiel dafür, mit welcher Leichtfertigkeit und Gewissenlosigkeit Lügen und Verleumdungen gegen die Freimaurerei erhoben und geglaubt werden.

Kayser, Philipp Christoph, deutscher Klaviervirtuose und Komponist, * 1755, † 1823, Freund Goethes, den er nach Italien begleitete, Musiklehrer in Zürich, Kapellmeister in Weimar, vertonte Goethes Oper „Erwin und Elvira", Liedertexte von Gellert, Klopstock und Goethe. C. A. H. Burkhardt schrieb über ihn „Goethe und der Komponist Ph. Ch. Kayser". Er wurde 1774 in der Züricher Loge „Modestia cum libertate" aufgenommen, begleitete 1782 Diethelm Lavater zum Konvent von Wilhelmsbad, setzte das freimaurerische Gedicht Leopold von Stolbergs „Laßt uns, Brüder, Weisheit erhöhen" in Musik.

Kazimirović, Radovan N., Doktor der Rechte und Professor der altslawischen Theologie in Belgrad, wurde im Verlauf des Prozesses gegen die Mörder von Sarajevo in vager Form beschuldigt, als Kurier nach Budapest und Paris geschickt worden zu sein, um die Zustimmung der Freimaurerlogen zur Durchführung des Attentats gegen den Erzherzog-Thronfolger Franz Ferdinand zu erwirken. Wie K. in einem Brief an den französischen Historiker Mousset (s. d.) vom 5. November 1929 feierlich und entschieden erklärt, war und ist er nicht Freimaurer und hat die ihm zugeschriebene Rolle niemals gespielt (s. Sarajevo).

Kazinczy, Franz, einer der bedeutendsten Förderer der Wiedergeburt der ungarischen Literatur, der erste ungarische Schriftsteller von europäischem Geist, wurde 1784 in die Loge „Zum tugendhaften Kosmopoliten" in Miskolcz aufgenommen und hieß in dieser Bauhütte Orpheus. Für eine 1790 von ihm in Kaschau herausgegebene Zeitschrift wählte er diesen seinen Freimaurernamen als Titel. 1794 wurde er in den ungarischen Jakobinerprozeß verwickelt, zum Tode verurteilt, begnadigt und 1801 amnestiert. (* 1759, † 1831.)

K. C. C. H., s. Knight Commander of the Court of Honour.

Kean, Edmund, englischer Schauspieler, * 1787, † 1833, berühmter Shakespeare-Darsteller, Held des Schauspiels K. von Dumas dem Älteren, hatte ein wechselvolles Schicksal, war seit 1817 Mitglied der St. Mark Lodge in Glasgow und wurde mehrmals von Freimaurern vom Hungertode gerettet.

Kedrin, Eugen, russischer Advokat und Politiker, * 1851, † 1921, konstitutioneller Demokrat (Kadett), Gemeinderat und Abgeordneter von Petersburg in der ersten Duma (1906), 1919 Justizminister der russischen Nord-West-Regierung, seit 1905 Mitglied der Loge „Les Renovateurs" des Groß-Orients von Frankreich, war 1906, in welchem Jahre er auch am internationalen Freimaurerkongreß teilnahm, einer der Initianten zur Schaffung einer russischen Freimaurerei. 1907 entstand unter seiner Mitwirkung die Loge „Polarstern" in Petersburg, deren Erster Aufseher er war (s. Rußland).

Keith, James, * 1696, † 1758, General, als Anhänger des Hauses Stuart lange im Exil, russischer Heerführer unter Zarin Anna, Gouverneur der Ukraine, preußischer Feldmarschall unter Friedrich dem Großen. Nachdem er sich in den Schlachten bei Lobositz und Roßbach hervorgetan hatte, fiel er 1758 beim Überfall von Hochkirch. K. war ein Bruder von John K., Earl of Kintore, Großmeister von Schottland 1738, von England 1740. Er selbst war 1740 der Zweite Provinzial-Großmeister für Rußland, später Vizegroßmeister der norddeutschen Logen englischer Lehrart.

Kekule von Stradonitz, Stefan, Dr. jur. et phil., fürstlich schaumburg-lippischer Kammerherr, * 1863, Historiker und Genealoge, lebt in Lichterfelde bei Berlin. Er leitete bis 1923 die Berliner Zeitschrift „Der Herold", die als unabhängige, freimütige Zeitschrift durch lange Jahre der Sprechsaal der gesamten deutschen Freimaurerei war. Seine zahlreichen historischen Arbeiten betreffen zumeist die altpreußische Geschichte. Er steht der 1896 gegründeten Loge „Zu den drei Lichtern im Felde" („Drei Weltkugeln") vor und leitet als Großarchivar das „Bundesblatt" seiner Großloge. Auch für den Verein deutscher Freimaurer ist er vielfach tätig. 1931 erschien die Aufklärungsschrift: „Der Mord von Sarajevo". 1925 war er der deutsche Unterzeichner des von holländischer Seite angeregten Aufrufs an die Freimaurerbrüderschaft, der der übernationalen Annäherung „der über die Oberfläche der Erde zerstreuten Freimaurer" dienen sollte.

Kelch der Bitternis (frz. Calice d'amertume, engl. Cup of bitterness). Eine nur noch in französischen Ritualen des I. Grades während der Reisen übliche Zeremonie.

Kelle (frz. Truelle, engl. Trowel). Symbolisches Werkzeug der Freimaurerei, das Sinnbild der verbindenden und festigenden Arbeit innerhalb der Bruderschaft, daher in vielen Lehrarten im II. Grad verwendet. Im Schwedisch-Zinnendorfschen System wird im Lehrlingsgrad das Schweigegebot mit der K. besiegelt. Kleine Kellen als Abzeichen häufig. Beliebt ist auch die K. als Erinnerungszeichen, besonders in England und Amerika, bei sogenannten „Schwesternabenden" („Ladies Night"). Eine belgische Freimaurerzeitung führte den Namen „La Truelle".

Kelle oder Kreuz oder Freimaurer und Jesuiten. Schauspiel von Norbert Hanrieder, erschien 1904 in Linz.

Keller, Ludwig, Geheimer Archivar in Berlin, * 1849 in Hessen, † 1915. Religionsgeschichtliche Studien am Staatsarchiv in Münster i. W., dessen Direktor er von 1881—1895 wurde, brachten ihn der Kirchen- und Sittengeschichte des Christentums näher, zu deren Erkenntnis er mit einem Bienenfleiß sondergleichen alles zusammentrug, was ihm in der Menschheitsgeschichte über Sekten, Sozietäten, Orden und geheime Bünde zugänglich war. Er veröffentlichte u. a. die Geschichte der Wiedertäufer, dann die der Gegenreformation in Westfalen. Besonders gründlich beschäftigten ihn dabei das Urchristentum der altevangelischen Reformatoren, die Philosophenbünde des Altertums, die Akademien der Renaissance, die deutschen Gesellschaften des 18. Jahrhunderts. Begreiflicherweise kam er hierbei auch mit der Freimaurerei in Berührung (1897 wurde er Mitglied der Loge „Zur Eintracht und Standhaftigkeit" in Kassel, 1899 bei der Loge „Urania zur Unsterblichkeit" in Berlin affiliiert), der er schon vor seinem Beitritt (1897) mehrere Arbeiten gewidmet hatte. Nach K. bildeten die als Ketzer und Sekten bezeichneten Parteien, wie sie im Mittelalter unter mancherlei Namen, aber allerorten und immer wieder auftauchten, nur eine einzige große Reformpartei, die „Brüderschaften", die sich selbst einfach „Christen" nannten, und die nichts anderes sein wollten, als was der Name besagt; die deutschen „Bauhütten" nahmen diese jedesmal christlich und brüderlich in den Schutz, wenn die „rechtgläubigen" Parteien im Namen Christi mit Feuer und Schwert gegen die „Sekten" Krieg führten und die Wogen des Religionshasses über die Verfolgten zusammenzuschlagen drohten. Seine zahlreichen, sehr wertvollen Aufsätze sind zumeist in den Veröffentlichungen der 1892 von ihm gegründeten Comenius-Gesellschaft enthalten. Die Schlußfolgerungen, die K. aus seinem ungeheuren Material zog, wurden allerdings lebhaft bestritten. Insbesondere war es Wilhelm Begemann (s. d.), mit dem er wiederholt — auch in scharfer Weise — im wissenschaftlichen Streit über die Wurzeln der Freimaurerei, die er in die Tiefen des Mittelalters, bezw. der Renaissance versenken wollte, aneinandergeriet. K. versuchte, in der Comenius-Gesellschaft ein Organ zu schaffen, das der durch die großen geistigen Gegensätze zerrissenen deutschen Geisteswelt wieder das Humanitätsideal schenken, die Entwicklung der religiösphilosophischen Weltanschauung der abendländischen Völker wissenschaftlich erforschen. die Geistesgeschichte zum Rang eines selbständigen Wissensgebietes erheben und im Geist des Comenius wirken sollte. Für das berechtigte Ansehen, das er in der deutschen Freimaurerei genoß, spricht der Erfolg seines preisgekrönten Buches „Die geistigen Grundlagen der Freimaurerei und das öffentliche Leben", 1911. Auch ein im Jahre 1914 in der Teubnerschen Sammlung „Aus Natur und Geisteswelt" erschienene populäre Einführung in die freimaurerische Gedankenwelt unter dem Titel „Die Freimaurerei" erfreut sich großer Verbreitung. Historisch mögen seine Ableitungen in vielen Punkten anfechtbar sein, die Zusammenhänge zwischen Freimaurerei und den von K. bearbeiteten Akademien usw. sind sicherlich nicht in direkter Ableitung zu suchen. Seine Arbeiten bleiben aber trotzdem von besonderem Wert, weil sie für bedeutsame gedankliche Verbindungen anderer Art die unverrückbare Grundlage beinhalten. Wolfstieg ist im Recht, wenn er behauptet (Concordia, Bd. 9/II), niemand habe den Inhalt des von ihm aus der Geschichte des Neuhumanismus heraus begriffenen Humanitätsgedanken so fest und klar erfaßt wie K. In seiner Großloge („Freundschaft") bekleidete er zuletzt das Amt des Zugeordneten Großmeisters und Obersten Meisters des innersten Orients. Sehr tätig war er für den Verein deutscher Freimaurer.

Keller, Wilhelm, Buchdruckereibesitzer in Gießen, * 1815, † 1895, Mitglied der Gießener Loge „Ludwig zur Treue", veröffentlichte 1856 eine „Geschichte des Eklektischen Freimaurerbundes", 1859 eine „Geschichte der Freimaurerei in Deutschland" und gehörte zu den eifrigsten Mitarbeitern der „Bauhütte" und der „Freimaurerzeitung".

Kellermann, François Christophe, nach seinem Siege Herzog von Valmy, * 1735, † 1820, brachte es vom gemeinen Soldaten bis zum Marschall von Frankreich. Unter Ludwig XVIII., dem er sich 1814 anschloß, Pair des Königreiches. K. nahm führenden Anteil an der freimaurerischen Arbeit. Als maßgebendstes Gründungsmitglied des 1804 ins Leben getretenen Obersten Rates des A. u. A. Schottischen Ritus und Großadministrator der im Anschluß daran entstandenen Grande Loge Générale Ecossaise versammelte er auf Grund eines ihm vom Erzkanzler Cambacérès (s. d.) übermittelten Wunsches Napoleons nach Vereinigung der beiden bestehenden Riten eine Kommission, in die der Grand Orient u. a. den Marschall Massena (s. d.) entsandte; diese gelangte zum Abschluß eines Konkordates (s. d.), das sich dann allerdings nicht als lebensfähig erwies.

Kelle und Schwert. In der Bibel, Nehemia 4, 17, 18, heißt es von den aus der babylonischen Gefangenschaft zurückgekehrten Juden, als sie die Mauern der Tempelstadt wiederherstellten: „Mit der einen Hand taten sie die Arbeit, und mit der anderen hielten sie die Waffen. Und ein jeglicher, der da baute, hatte sein Schwert an seine Lenden gegürtet und bauete also." Auf diese Stelle bezieht sich Ramsay (s. d.) in seinem berühmten „Discours". Dadurch ist die Verbindung K. u. S. in die freimaurerische Terminologie übergegangen. Im schwedischen System der Großen Landesloge der Freimaurer von Deutschland erhält jeder Freimaurerritter bei seiner Einkleidung das Werkzeug der K. und die Waffe des S. Die erklärenden Worte bei der Übergabe bezeichnen die K. als das „vornehmste Werkzeug des Maurers, mit dessen Hilfe er die Fugen und Risse seines Herzens gegen die Angriffe des Lasters vermauern und verkitten soll". Die K., die an einem ledernen Riemen befestigt ist, „damit sie um so sicherer verwahrt werden kann", hat Dreiecksform, die drei Seiten versinnbildlichen die drei göttlchen Aspekte Weisheit, Schönheit und Stärke, Vater, Sohn und Geist. Sie ist unpoliert, damit sie durch fleißige Anwendung ihren Glanz erhalte. Das Schwert ist das Sinnbild des Heldentums, der Schützer der Einigkeit, das Symbol der Gerechtigkeit und Waffe im Kampfe für die Wahrheit. Daher legt der Meister vom Stuhl in diesem System zu Beginn der Arbeit das blanke Logenschwert über die Bibel, als Zeichen, daß der wahrhafte Inhalt dieses Buches verkündet, beschützt, verteidigt und zum Siege geführt werden muß.

Kellog, Frank B., amerikanischer Staatsmann, Staatssekretär des Auswärtigen im Kabinett Coolidge, * 1856, Botschafter, Vater des „Kellog-Paktes", Nobelfriedenspreisträger, ist Freimaurer.

Kemaleddin, Achmed Effendi, türkischer Prinz, * 1847, † 1905, war Freimaurer.

Kempkes Adolf, * 1871, † 1931, Staatssekretär der Reichskanzlei während der Reichskanzlerschaft Stresemanns (1923), Reichsgeschäftsführer der Deutschen Volkspartei, war Redner, dann Zugeordneter Meister der Loge „Alfred zur Linde" in Essen.

Kennedy, Charles Rann, amerikanischer Dramatiker und Schauspieler, * 1871, schrieb Novellen und Gedichte, besonders erfolgreich mit seinem Theaterstück „The Servant in the House", das auch in einer Loge im Rahmen einer rituellen Arbeit aufgeführt wurde, ist Freimaurer.

Kentucky. Bundesstaat der Vereinigten Staaten von Nordamerika. Die Großloge wurde 1800 gegründet. Sie hatte 1930 579 Logen mit 60.760 Mitgliedern und führt ein umfangreiches Wohlfahrtsprogramm durch. Ihre zwei Masonic Homes sind Musteranstalten. Das eine der beiden für Witwen und Waisen betreut mehr als 620 Insassen, davon über 570 Knaben und Mädchen. Die zweite Institution ist ein Altersheim für alte Maurer. Ein Neubau für das Masonic Widows and Orphan's Home. mit einem Aufwand von zwei Millionen Dollar errichtet, wurde 1930 beendet. Adresse: Masonic Temple, Louisville.

Kenworthy, Robert J., führender amerikanischer Freimaurer, Großmeister, dann Großsekretär der Großloge von New York, nach dem Weltkrieg im Interesse der Anbahnung übernationaler freimaurerischer Beziehungen wiederholt in Europa, * 1862, † 1931. „New York Herald" zufolge war er im Staat New York so bekannt, daß Briefe, die lediglich „R. J. K." adressiert waren, ihn ohne weiteres erreichten.

Kenyaland, britisches Protektorat in Ostafrika. Unter der Distrikts-Großloge „Eastern Africa" (Adresse: P. O. Box 82, Nairobi, Kenya Colony) arbeiten in der Hauptstadt Nairobi, in Mombasa usw. insgesamt 16 Logen, darunter zwei in der Hauptstadt Kampala der benachbarten Kolonie Uganda (s. d.).

Keramik, Freimaurerische. Bald nach der 1752 von Sadler und Green in Liverpool erfundenen Methode, Keramiken zu bedrucken, wurden auch solche mit maurerischen Inschriften und Emblemen erzeugt, namentlich Trinkkrüge. Neben Sinnsprüchen zeigen sie hauptsächlich Säulen, das Königliche Gewölbe, das musivische Pflaster, Werkzeuge, den Salomonischen Tempel usw. Außer Liverpool, wo der Schwarzdruck bevorzugt wurde, wurden Haupterzeugungsorte Leeds, wo man auch Rot und Braun verwendete, dann Sunderland und vor allem Staffordshire. Ein um 1820 aufgekommenes neues Verfahren der Farbenauftragung brachte die Herstellung von Krügen, Teekannen, Schüsseln mit maurerischen Emblemen im tiefen Blau und anderen Farben. (Vergl. Porzellan, Jug and Mug.)

Kerning, J. B. (Pseudonym), s. Krebs.

Kerzen. Die den Arbeitsraum des Freimaurers erleuchtenden K. haben symbolische Bedeutung. Das Lichtsymbol der K. ist ebensowohl ein Sinnbild des Lebens, als auch eine Opferablösung. Besondere Bedeutung haben die auf den drei Säulen der Weisheit, Schönheit und Stärke brennenden K., zu deren Entzündung besondere Licht- und K.-sprüche in Verwendung stehen. Erleuchtet heißt eine Loge, wenn die drei großen Lichter auf dem Altare enthüllt und die drei symbolischen K. entzündet sind.

Keßler, gen. von Sprengseysen, Christian Friedrich, Offizier, * 1730, † 1809, starb als Oberst. Er war ein treuer Gefolgsmann des Freiherrn v. Hund (s. d.) in der Strikten Observanz, zuletzt Generalprokurator der VIII. Provinz, und hielt diesem 1776 in Meiningen eine für die Kenntnis von dessen Leben wichtige Trauerrede. Er hat sich auch als Schriftsteller versucht, indem er gegen den satirischen Roman Saint-Nicaise (1785) von Starck (s. d.) einen Anti-Saint-Nicaise verfaßte (1786).

Kette (frz. Chaîne d'union, engl. mystic chain) heißt ein symbolischer Akt des freimaurerischen Rituals. der in manchen Großlogen — zumeist zum Schlusse der Arbeit — vorgenommen wird. Als Bruderkette bezeichnet sich der Freimaurerbund, dessen Einzelmitglieder Kettenglieder dieser die Erde umspannenden K. darstellen. Der Brauch des Kettenschließens ist in England unbekannt, dagegen in deutschen und romanischen Ritualen üblich. Ridel erwähnt 1817, daß das Schlingen der K. schon in den ältesten Ritualen vorkomme, und daß der Neuaufgenommene, wenn er zuerst das freimaurerische Licht erblickt, die Brr. in der K. sieht. Trotzdem scheint der Brauch im 18. Jahrhundert nicht allgemein bekannt geworden zu sein. denn Herzog Ferdinand von Braunschweig lehrte die Brr. der Loge in Magdeburg die K. schließen. Das Symbol der K. ist auch in anderen Bünden gebräuchlich. so bei den Odd Fellows, die als Abzeichen drei ineinandergeschlungene Kettenglieder tragen.

Das Wort K. ist als Logenname sehr beliebt. Auch die in Buenos Aires erscheinende Freimaurerzeitung der deutschen Loge „Teutonia" führt den Namen „Die Kette".

Kette der Pilgrime, der Freimaurerei nachgebildeter Universitätsorden des 18. Jahrhunderts, der zuerst in Jena und Helmstädt, 1758 auch in Hamburg, ferner in Kopenhagen auftrat. Die Gemeinschaft nannte sich auch „Gesellschaft der Kette", bestand zumeist aus Personen höherer Stände; als Erkennungszeichen dienten die Buchstaben W. B. S., die das

Ordenskleinod bildeten. Sie bedeuteten Willfährigkeit, Beständigkeit, Stillschweigen. Die Mitglieder nannten sich „Ritter von der Kette", ihre Zusammenkünfte „Union". Das Ritual bezog sich auf Reise und Pilgrimschaft. (Vergl. „Latomia", Bd. 27.)

Ketteler, Wilhelm Emanuel, Bischof von Mainz, * 1811, † 1877, ein streitbarer Kirchenfürst der deutschen Kulturkampfzeit, Führer des deutschen Katholikentums, wandte sich gegen die Freimaurerei in einer Streitschrift: „Freiheit, Autorität und Kirche" (7 Auflagen, Mainz 1862). Die Schrift rief zahlreiche Gegenschriften hervor, so „Katholizismus und Freimaurerei" von Rudolf Seydel (s. d.), Leipzig 1863, auf die K. in einer neuen Schrift „Kann ein gläubiger Christ Freimaurer sein?" (Mainz 1865) antwortete. Die Schriften K.s gegen die Freimaurer sind in alle Kultursprachen übersetzt und werden auch heute noch in Gegnerschriften gerne zitiert.

Keußler, Gerhard v., Tondichter, * 1874 in Schwanenburg (Livland), jetzt in Leipzig, Mitglied der Loge „Hiram zu den drei Sternen" in Prag (Hauptwerke: „Auferstehung und jüngstes Gericht", 1904, Morgenländische Phantasie, 1905, „An den Tod", 1922, Oratorien, zwei Symphonien, Musikdramen, Wartburgkantate „Die Burg" u. a.). Freimaurerisch ist sein Kantatenwerk „Das große Bündnis", bei dem allerdings der Gedanke der Königlichen Kunst, da im Hintergrund gehalten, nur dem Eingeweihten erkennbar ist.

Key (engl.), Schlüssel (s. d.).

Keyser, Charles Edward, englischer Industrieller, † 1929, Präsident der Britischen Archäologischen Gesellschaft, großzügiger Philantrop, Past-Großaufseher der Großloge von England, Provinzial-Großmeister von Hertfordshire, einer der begeistertsten, tatkräftigsten Arbeiter am Bau, wurde 1872 in der „Newton University Lodge" in Cambridge aufgenommen.

Keystone (engl.), der Schlußstein, der das Gewölbe hält. Wird im Royal Arch und in der Markmaurerei (s. d.) symbolisch gedeutet; in letzterer mit den Buchstaben: H. T. W. S. S. T. K. S., die an die Hiramlegende anknüpfen.

K. H. (engl.), Abkürzung von Kadosh.

Kielmansegge, Georg Ludwig, Graf, einer der ersten Deutschen, deren Aufnahme in den Freimaurerbund nachweisbar ist, * 1705, † 1785, wurde 1732 in der Londoner Bear and Harrow Lodge eingeweiht, wirkte 1738 in Braunschweig bei der Aufnahme des Kronprinzen von Preußen, des späteren Königs Friedrich des Großen, mit. Im 18. und 19. Jahrhundert gehörten mehrere Mitglieder der Familie K. dem Bunde an, u. a. Karl Rudolf August K., hannoverscher Staatsminister.

Kierulf, Otto Richard, schwedischer General und Politiker, * 1825, † 1897, Staatsminister 1871, war führender Freimaurer, Mitglied des Ordens Karls XIII.

Kilmarnock, William Boyd, 4. Earl of, aufgenommen 1740 in der Loge zu Falkirk, war Großmeister der Großloge von Schottland. Er schloß sich der jakobitischen Bewegung an und wurde in der Schlacht bei Culloden 1746 verwundet und gefangen und später als Hochverräter hingerichtet. In der englischen Schlachtlinie stand ihm sein Sohn, Earl of Erroll, gegenüber. Als der verwundete Vater, der im Schlachtgetümmel den Hut verloren hatte, an der englischen Linie vorbeigeführt wurde, sprang der Sohn, der als englischer Fähnrich diente, aus der Reihe und bedeckte ihn mit seinem Hute. Dieser Sohn folgte dem Vater 1749 in der Stuhlmeisterschaft der schottischen Loge zu Falkirk, wo seine beiden Brüder Charles und William als Aufseher fungierten. Er war 1751 Großmeister der Großloge von Schottland.

Kilwinning, Stadt in Ayrshire in Schottland, 40 km von Glasgow. Ebenso wie York in England, gilt K. als die Mutterstadt der Freimaurerei in Schottland. Daher auch: „Mother" K. Die besonders von schottischen Hochgradriten an den Ort K. und an das angeblich benachbarte, aber geographisch unauffindbare Herodom geknüpften historischen Behauptungen haben sich als Fälschungen erwiesen. Die Protokolle der Werkloge von K. reichen bis in das Jahr 1642 zurück. 1677 gründete die K.-Loge mit Werkmaurern, die aus der Canongate Loge in Edinburgh ausgetreten waren, die Canongate K. Lodge, die ebenfalls aus Werkmaurern bestand. Die Loge von K. galt als Pflanzstätte der Maurerei etwa im Sinne einer Großloge, ging aber 1736 in die Großloge von Schottland auf. Als älteste schottische Loge, ein Rang, den sie auch gegenüber dem Widerstand der uralten Loge „Mary's Chapel" in Edinburgh schließlich zu wahren wußte, nachdem sie sich länger als ein halbes Jahrhundert — bis 1807 — selbständig gehalten und in dieser Zeit auch Tochterlogen gegründet hatte, führt sie in den Matrikeln die Nr. 0.

Kinder der Witwe, s. Sohn der Witwe.

King, William Rufus, amerikanischer Politiker und Diplomat, * 1786, † 1853, demokratisches Mitglied des Kongresses, Botschafter in Paris, Präsident des Senats, Vizepräsident der Vereinigten Staaten von Nordamerika, war Mitglied der „Phoenix Lodge Nr. 8" in Fayetteville.

Kingston, Hauptstadt von Jamaika (s. d.), Sitz der bereits 1742 eingesetzten Distrikts-Großloge der Großloge von England (Adresse: 3. Melbourne-Rd.), der in K. selbst sieben Logen unterstehen. Die Distrikts-Großloge der Großloge von Schottland (Adresse: 137 Harbour Street) unterhält in K. drei Bauhütten, die Großloge von Irland eine (s. auch Jamaika).

Kinigl, Grafengeschlecht, das sich im 18. Jahrhundert in der österreichischen Freimaurerei, besonders in Böhmen, hervortat.

1. Sebastian Franz Josef, * 1720, † 1783, gründete die Prager Loge „Zu den drei Sternen" (1743) und die Loge „Sincérité" in Klattau (1743) und spielte in der Strikten Observanz in Böhmen eine führende Rolle.

2. Kaspar Hermann, sein Sohn, * 1745, † 1824, aufgenommen 1764 in der Prager Loge „Zu den drei Sternen", war die führende Persönlichkeit der Freimaurerei in Böhmen, deren Schicksale mit seiner Tätigkeit innigst verknüpft sind. 1782—1786 war er Großmeister der Provinzial-Großloge von Böhmen.

Aus dem gleichen Geschlechte waren noch Freimaurer:

3. Leopold Franz, ein Vetter des erstgenannten Grafen Sebastian, * 1726, † 1813, der 1777 die Loge „Zu den drei Bergen" in Innsbruck gründete und dann leitete. und dessen Sohn,

4. Leopold, * 1764, der bis 1791 Mitglied der Loge „Zu den sieben Weisen" in Linz war.

Kinker, Johannes, niederländischer Philosoph und Dichter, * 1764, † 1845, Anhänger des kantischen Kritizismus, Professor der Philosophie in Lüttich, nach der belgischen Revolution als Rechtsanwalt in Amsterdam tätig, schrieb „Le dualisme de la Raison", wurde 1805 in die Amsterdamer Loge „La Charité" aufgenommen, war 1816 Großbeamter des Großorients der Niederlande.

Kipling, Joseph Rudyard, einer der meistgelesenen englischen Autoren der Zeit („Dschungelbuch", „Kim"), * 1865 in Bombay. Im englischen Kolonialdienst tätig, schloß er sich 1886 der Loge „Hope and Perseverance" in Lahore an. Da er noch nicht 21 Jahre alt war, gab der Distrikts-Großmeister besondere Vollmacht zur Aufnahme. Kurze Zeit war K. Schriftführer der Loge. Nach Allahabad versetzt, wurde er 1888 Mitglied der alten Loge „Independence with Philantropy". Nach seinem Weggang von Indien ist er aktiv in Logenarbeiten nicht mehr hervorgetreten. Um so nachhaltiger hat ihn die Freimaurerei in seiner dichterischen Tätigkeit beeinflußt. Die ersten Spuren finden sich in seiner Novelle „The Man who would be King". Der Held seines prachtvollen Abenteuerromans „Kim" ist der Sohn eines Freimaurers. Von besonderer Schönheit ist hier die Auseinandersetzung der beiden Regimentskapläne, die um den Erziehungsplan des Jungen streiten. Weitere Anspielungen auf Freimaurergebräuche finden sich in der mittelalterlichen Erzählung „The Wrong Thing" und in „The Winged Hats", ebenso in „Brother Square Toes". 1926 veröffentlichte K. eine Novellenreihe unter dem Titel „Debits and Credits". In vier dieser Geschichten, die den Weltkrieg zum Hintergrund haben, und zwar: „In the Interest of the Brethren", „The Janeits", „A Madonna of the Trenches" und „A Friend of the Family" kommt K. immer wieder auf freimaurerische Redewendungen, Ritualworte und Gebräuche zurück. Auch in mehreren Gedichten hat er seine Anhänglichkeit an diese bewiesen, so insbesondere in dem wunderschönen, stimmungsvollen Gedicht „The Mother Lodge" (übersetzt von Dr. Oskar Posner), in „The Widow at Windsor", „The Press", „Banquet Night", „Sons of Martha", „The Palace" (übertragen von Dr. Hugo Frey) u. a. m. Aus seiner Kolonialdienstzeit hat K. eine heiße Liebe zu Menschen aller Rassen und Farben mitgebracht. Das Rassengewirr Indiens begründete seine Liebe zum Menschen, die er an zahlreichen Stellen seiner Werke zum Ausdruck bringt.

Kirche, s. u. a. Katholizismus, Protestantismus, Bullen, Päpste, Inquisition, Geistliche, Bischöfe, Gegner.

Kirchenbauten, zeigen vielfach steinerne Versinnbildlichungen des Gebrauchtums der alten Steinmetzen. Die Bildwerke am Gallustor des Basler Münsters und die Rose der Lausanner Kathedrale sollen in dieser Hinsicht an künstlerischem und sachlichem Wert den ersten Platz einnehmen. Die Basler Skulpturen symbolisieren in sechs Nischen die Vorarbeit, Lehrlings-, Gesellen- und Meisterbrauch durch figürliche Darstellung. Auch am Wiener Sankt Stephansdom finden sich — z. B. am Riesentor — Anspielungen auf die Bauhüttenweistümer.

Kirchenfenster, Ein freimaurerisches, hat die Parochialkirche in Grimsby in England. Es wurde von den dortigen Freimaurern gestiftet, vom Provinzial-Großmeister von Lincolnshire feierlich geweiht und stellt Salomo, König Hiram von Tyrus, den Baumeister Hiram und biblische Gestalten dar, die Bruderliebe, Wohltätigkeit und Wahrheit symbolisieren.

Kirkwall Kilwinning Scroll. Die im Jahre 1736 gegründete schottische Loge zu Kirkwall Kilwinning besitzt eine anscheinend aus der ersten Hälfte des 18. Jahrhunderts stammende Symboltafel, die sich in ihrer Eigenart von den sonst üblichen unterscheidet. Die beiden Seitenteile zeigen in einer primitiven geographischen Darstellung den Zug der Israeliten von Ägypten ins Gelobte Land, das Mittelblatt beginnt mit Eva im Paradies und endigt bei den Symboldarstellungen der Freimaurerei. Die Symboltafel ist auf Leinen primitiv gemalt und dürfte eines der ältesten Beispiele eines Tapis (s. d.) sein. (Beschrieben und abgebildet in A. Q. C., 1897.)

Kisch, Frederick Hermann, englischer Oberst, * 1888, im Weltkrieg dreimal verwundet, Pazifist. Er gab seine glänzende militärische Laufbahn auf, um als Leiter des politischen Departements der „Jewish Agency" seine Dienste der Zivilisation Palästinas zu widmen. In Indien in die Freimaurerei aufgenommen, ist K. auch in Jerusalem maurerisch tätig. Er ist Altmeister der dortigen englischen Loge „King Salomon's Temple".

Kistemaeckers, Henry Hubert Alexandre, französischer Schriftsteller, * 1872, Vizepräsident der Gesellschaft dramatischer Autoren, schrieb Romane („Le Marchand de bonheur" usw.), Theaterstücke („Le Roi des Palaces" usw.), ist Mitglied der Loge „Cosmos" (Grande Loge).

Kitchener of Khartoum, Horatio Herbert, Lord, britischer Feldmarschall, * 1850, † 1915, während des Weltkrieges mit dem bei den Orkneyinseln versenkten Kriegsschiff „Hampshire" untergegangen. K. tat sich besonders in Kolonialfeldzügen hervor, besiegte den Mahdi in der Schlacht bei Omdurman und beendete den Burenkrieg. Er war Past-Großaufseher der Großloge von England und Distrikts-Großmeister für Ägypten und den Sudan und einer der Stifter der Drury Lane Lodge Nr. 2127 in London. Logen in London, Bolton, Simla und Kairo tragen seinen Namen.

K. K. D. H., im Englischen Abkürzung von Knight Kadosh, Ritter Kadosch.

Klapka, Georg, ungarischer Freiheitskämpfer, * 1820, † 1892, nahm am ungarischen Unabhängigkeitskrieg 1848/49 als General teil und verteidigte die Festung Komorn, flüchtete dann nach Italien und Frankreich und kehrte erst 1867 nach Ungarn zurück, nachdem er 1866 auf Aufforderung Bismarcks in Oberschlesien eine ungarische Legion gebildet hatte, die aber nicht mehr in Aktion trat. In Turin schloß er sich der Loge „Dante Alighieri" an, trat 1869 der Budapester Loge „Matthias Corvin" bei und war Vorsitzender des Obersten Rates des A. u. A. Schottischen Ritus in Ungarn.

Klaproth, Martin Heinrich, Professor der Chemie an der Berliner Universität, * 1743, † 1817, Entdecker der seltenen Metalle Uran, Zirkon, Titan, Tellur, Zer, gehörte seit 1776 der Loge „Zur Eintracht" in Berlin an und war Zugeordneter National-Großmeister der „Drei Weltkugeln".

Klassiker der deutschen Freimaurerei, s. Lessing, Herder, Fichte, Goethe, Wieland.

Klein, Hermann, Musikkritiker, Schriftsteller und Journalist, Mitarbeiter des „Manchester Guardian", „London News" und „New York Herald", berühmter Gesangsprofessor, Verfasser hervorragender Fachwerke, Übersetzer vieler Operntexte sowie von Liedern von Schubert und Schumann, ist Past-Grand-Organist der Großloge von England.

Kleinodien (engl. Jewels, frz. Bijoux) heißen in der Bausymbolik der Freimaurer zwei Gruppen von je drei symbolischen Werkzeugen usw. Man unterscheidet die sogenannten drei beweglichen K.: Winkelmaß, Wasserwaage und Senkblei, die gleichzeitig als Abzeichen des Meisters und der beiden Aufseher gelten und mit den Personen wechseln, und die drei unbeweglichen der Arbeit: rauher Stein, behauener Stein und Reißbrett, die wiederum auch Lehrling, Gesellen und Meister symbolisieren.

Als K. wird auch das Logenabzeichen (Bijou) bezeichnet.

Kleist.

1. Ewald Christian von, der Dichter des „Frühlings" und der „Ode an die preußische Armee" in einer Zeit, als Dichten unter Offizieren noch als Schande galt, * 1715, † 1759, starb als preußischer Major an den in der Schlacht von Kunersdorf erlittenen Wunden in Frankfurt a. d. Oder. Wo er aufgenommen wurde, ist unbekannt. Die Loge „Zum aufrichtigen Herzen" in Frankfurt a. d. O. setzte ihm 1779 auf dem Friedhof ein Denkmal.

2. Friedrich Heinrich Ferdinand, Graf von Nollendorf, preußischer General, * 1762, † 1823, befehligte 1812 eine Brigade des Yorckschen Korps, 1813 Generalleutnant und Kommandeur des 2. Korps, entschied, als er nach der Schlacht bei Dresden bei Nollendorf in den Rücken der Franzosen fiel, die Schlacht bei Kulm zugunsten der Verbündeten, befehligte bei Leipzig den linken Flügel der böhmischen Armee, am Sieg bei Laon und bei der Einnahme von Paris hervorragend beteiligt, 1821 Generalfeldmarschall, war Ehrenmitglied der Loge „Zu den drei Degen" in Halle und affiliiert bei der Feldloge „Friedrich zur Vaterlandsliebe".

3. Heinrich v., einer der größten deutschen Dramatiker, * 1777, † 1811. In einer Erzählung, die er acht Tage vor seinem Freitode schrieb, „Magister Dunkelklar", findet sich folgende Stelle: „Ich klopfte an die Türe durch alle Tonarten, ich klopfte selbst den Freimaurerakkord, aber niemand rief Herein!" Ein Beweis fehlt bis heute, daß auch H. v. K. Mitglied des Bundes gewesen wäre.

Klemens August, Herzog von Bayern, seit 1725 Kurfürst von Köln, * 1700 zu Brüssel, † 1761 zu Ehrenbreitstein. Für die Annahme, der Kurfürst sei bis zum Erscheinen der ersten päpstlichen Bannbulle gegen die Freimaurer (1738) Mitglied des Bundes gewesen, fehlen ebenso die Beweise wie für die oft aufgestellte Behauptung, er habe etwa 1740 den Mopsorden mitgestiftet.

Klerikale Akten, auf das Klerikat (s. d.) bezügliche Schriftstücke, die sich in freimaurerischen Archiven zu Berlin, Rostock, Königsberg, Braunschweig, Dresden, Darmstadt, im Haag, sowie auszugsweise in verschiedenen Verräterschriften erhalten haben. Ihr Inhalt geht von der im Klerikat eingeschlossenen Lehre aus, jeder Mensch könne tiefere Kenntnis von Gott erlangen, wenn er sich vom Schlamm des Irdischen befreie und seinen Geist aus dem Banne der Materie zu lösen versuche. Die Kleriker verweisen als Beispiel auf die Essäer als Träger dieser Fähigkeiten, deren Kenntnisse durch sieben syrische Christen dem Templerorden vermittelt worden seien. Nach Aufhebung des Ordens habe sich der Geheimbund der Freimaurerei als Hülle bedient. Daher könne auch niemand in die Geheimnisse des Klerikats eingeweiht werden, der nicht die höchsten Freimaurergrade besitze. Die Akten enthalten die Regeln für die Kleriker, deren Zahl nie mehr als 70 betragen dürfe. Die Kenntnisse wurden in drei Graden vermittelt. Diese waren:

1. der des Hochschotten, der das Gelübde der Verschwiegenheit und eines tugendhaften Lebens abzugeben hatte und dem unter dem Symbol des Zerstörten Tempels das Schicksal des Templerordens vorgestellt und das durch die sieben syrischen Christen bewahrte Licht durch den flammenden Stern versinnbildlicht wurde;

2. das Noviziat, der Novize, der im Stile mittelalterlicher Priesterweihe unter Psalmengesang und Gebet initiiert wurde und dabei durch den Conductor noviciorum eine alchimistisch-theosophische Schöpfungsgeschichte übermittelt erhielt. Den Abschluß bildete

3. das Kanonikat, die volle Weihe. Diese vollzog sich um Mitternacht in einer Kapelle, unter alchimistischen Handlungen, mit einer Salbung, der Einkleidung in die Ordenstracht, wobei das kleine magische Kreuz und ein Ring verliehen wurden. Der Unterricht der Kanoniker war teils historisch, teils magisch-okkult. In den Unterrichtsakten findet sich die „Philosophia hermetica" von Frederico Gualdo, einem Rosenkreuzer, der sich ein Alter von 400 Jahren gab, die er seinem geheimen

Lebenselixier danken wollte. Eine zweite bedeutsame Lehrschrift der Kleriker ist die Tabula Chaeremonis sacerdotis et philosophi memphici de mysteriis, die sich auf der alchimistischen Schrift Tabula Smaragdina aufbaut. Eine Kopie dieser Schrift in Latein findet sich im Archiv der Großen Landesloge der Freimaurer von Deutschland.

Woher Starck diese grundlegenden Akten hatte, ist strittig. Soweit es sich um geistliche Handlungen dreht, ist deutlich eine Übersetzung katholischer Priester- und Mönchsweihen ins Protestantische erkennbar. Deshalb wurde ja auch Starck vorgeworfen, er habe durch sein System dem Katholizismus in Deutschland neue Wege erschließen wollen. Während man zu Lebzeiten Starcks die K. A. für ein Fälschungsprodukt hielt, neigt Runkel („Geschichte der Freimaurerei in Deutschland", 1931, I. 299) der Meinung zu, Starck habe die Akten aus Petersburg von dem Kapitelmitglied Pylades, d. i. der Uhrmacher Schürger, erhalten, was dieser auch brieflich bestätigt habe. Nun erwähnt aber bereits Ridel („Wörterbuch", 1817) unter „Pylades", daß Schürger eine von Starck abhängige Persönlichkeit war, so daß der bestätigende Brief nicht viel beweisen kann. Die Herkunft der Akten bleibt also in Dunkel gehüllt.

Klerikalismus, s. Katholizismus.

Klerikat, Klerikales System. Der Templerorden unterstand in geistlichen Dingen ursprünglich dem Patriarchen von Jerusalem. 1172 erhielt er vom Papst Alexander III. die Gerechtsame, eigene Priester mit Ordensgelübde anzunehmen, so daß seither ein Klerikat des Templerordens bestand. Die Kleriker besorgten neben ihren geistlichen Geschäften als Schriftgewandte auch den Briefwechsel, die Rechnungsprüfer u. a. Außerdem standen die Kleriker im Rufe besonderer magischer und alchimistischer Fähigkeiten.

Die Selbstverständlichkeit, mit der der weltliche Teil des Templerordens, die Strikte Observanz, durch den Freiherrn v. Hund (s. d.) und die Seinigen fälschlich als Fortsetzung der Alten Templer hingestellt wurde, findet ihr Gegenstück in der „Wiedererweckung" des geistlichen Zweiges des Ordens durch den zu Schwerin geborenen evangelischen Geistlichen Johann August Starck (s. d.). (Es ist bemerkenswert, daß der Katholische Ritterorden der Templer im weltlichen und geistlichen Zweige von je einem Protestanten erweckt wurde, denen beiden nachgesagt wurde, sie hätten in Paris die katholische Taufe empfangen!)

Starck, der 1776 als kaum Fünfunddreißigjähriger bereits Oberhofprediger, Generalsuperintendent und Ordinarius der Theologie in Königsberg war, konnte sich dort nicht durchsetzen und erhielt 1777 eine Stelle in Mitau. Hier versteifte sich sein bisheriger fortschrittlicher Sinn, der ihn in Kampfstellung gegen den „Magus des Nordens", Hamann, gebracht hatte, zu deutlicher Orthodoxie. Auch in Mitau gefiel es ihm nicht. 1781 gelang es ihm endlich, als Oberhofprediger nach Darmstadt zu kommen. Er war 1761 als Student in Göttingen in eine französische Militärloge aufgenommen worden und dann nach Petersburg gegangen, wo er die Idee zur Gründung des K. gefaßt zu haben scheint. 1767 trat er durch den Rostocker Stuhlmeister, Joachim Heinrich von Schröder, mit Hund in Verbindung. Während dieser Verhandlungen gründete er das klerikale Kapitel zu Wismar. Grundlage bildete die dortige Loge „Zu den drei Löwen". Der Altar wurde von katholischen Priestern geweiht. Die Brr. dieses, mit den Gold- und Rosenkreuzern nahe verwandten. Templerei mit Theosophie verquickenden, sogenannten „K. S.", die Kleriker (fratres clerici), waren, der Ordenslegende zufolge, angeblich Nachkommen der Essäer (s. d.), die im Heiligen Lande mit der Erforschung der geheimen Kenntnisse der Natur sich beschäftigten und zu hoher Wissenschaft, zu größerer Vollkommenheit gelangt seien. Sie hätten sich dann durch Vermittlung des Heiligen Bernhard mit dem Tempelherrenorden verbunden und eine besondere Regel erhalten und wären die eigentlichen Bewahrer der Gesetze und Geheimnisse des Ordens geblieben. Bei der Aufhebung des Tempelherrenordens hätten sie dessen geheimste Nachrichten und Urkunden in Verwahrung genommen und viele Kostbarkeiten gerettet, in deren Besitz sie sich teilweise immer noch befänden. Die „fratres clerici" besäßen die letzten Aufschlüsse aller Geheimnisse der natürlichen und göttlichen Magie und Alchimie. Es bestehe ein geheimes Hochkapitel von geweihten Klerikern, die die wahren „Unbekannten Oberen" der Freimaurerei und die eigentlichen Leiter des „Innersten Ordens" seien. Der Heermeister, Graf Sackville (s. d.) in Italien, — der eine solche Würde nie bekleidete — habe die Geheimnisse durch den berühmten Kupferstecher Natter (s. d.) nach Petersburg gelangen lassen, wo sie in einem Kapitel bearbeitet würden. Starck behauptete, diesem anzugehören und auf Grund seines hier erlangten Wissens das System der „Strikten Observanz" gründlich verbessert zu haben. Sein System hatte über den maurerischen Graden drei höhere Stufen: 1. Hochschotte; 2. Novize; 3. Kanonikus.

Starck nannte sich „Archidemides ab Aquila fulva" und bezeichnete sich als Kanzler des „Klerikats". Als er die Beziehung zu v. Hund (s. d.) aufnahm, um den angestrebten Einfluß in der „Strikten Observanz" zu erlangen, war dieser sehr einverstanden, die Beziehungen auf breite Basis zu stellen, da er hoffte, von Starck die Kenntnisse zu erlangen, die ihm selbst so sehr abgingen.

Starck stellte die erstaunliche Bedingung, daß die Kleriker über den Logen der „Strikten Observanz" stehen und unmittelbar dem Provinzial-Großmeister (Heermeister) unterstellt werden sollten, welche Würde er anscheinend, ohne dies natürlich deren Träger, v. Hund, zu verraten, selbst anstrebte. Durch Vermittlung des Mecklenburgers v. Raven (s. d.), der als Prior in Wismar die Hauptstütze der Kleriker in Deutschland war, kam auf dem Konvent von

Kohlo (1772) der Pakt (Pactum fundamentale) zustande, demzufolge sich die Kleriker mit der „weltlichen Branche", dem Hundschen System, „wiedervereinigten".

In diesem Pactum fundamentale zwischen „Sr. Hochwürden und Gnaden dem Herrn Heermeister..." „und dem Hochwürdigen Capitulo Canonicorum regularium der siebenten Provinz...", der von Hund für die weltliche Branche, von Raven und Starck für die Kleriker unterzeichnet wurde, sprachen sich beide die Anerkennung der Regelmäßigkeit aus und legten die Art der Zusammenarbeit fest. Das Schriftstück ist „e Sede Magistrali in Conventu Separato Ordinis" vom Trinitatistag 1772 datiert. Dieser Pakt wurde geschlossen, trotzdem Schubart (s. d.) sich dagegen aus begreiflichen Gründen ausgesprochen hatte. Der Generalkonvent zu Kohlo in der Niederlausitz bestätigte ihn, wobei den Klerikern wesentliche Zugeständnisse gemacht wurden. Sie behielten ihre Kapitel-Einrichtungen, bekamen das Monopol für geistliche Handlungen bei den Fratribus equitibus militiae Christi (!), sie durften auch „in Ausübung der den fratribus clericis" einst gegebenen „Privilegii" geistliche Handlungen an Personen vollziehen, die mit dem päpstlichen Interdikt belegt waren, sie konnten den gegen Ritter verhängten Ordensbann 40 Tage lang aufhalten, sie wählten durch ihren Prior den Heermeister mit, hatten die Wahl des Priors nur zur Bestätigung vorzulegen, sie behielten ihr „Geheimnis" und hatten dem weltlichen Zweig keine Abgaben zu leisten. Die Ritter wurden durch sie auf die Ordensregel des heiligen Bernhard von Clairvaux in Pflicht genommen u. a. m.

Über den geistigen Inhalt und das Ritual dieses klerikalen Systems s. Klerikale Akten. Die stark katholisierenden Tendenzen müssen in einem Milieu, das vorzugsweise evangelisch war, eigentümlich anmuten. Den geistigen Aufbau seines Systems hat Starck in einem Briefe an die Prinzen von Hessen und Mecklenburg 1778 klargelegt.

Es ist die dem Zeitgeiste entsprechende christliche Mystik, in dunkle, vieldeutige Sätze gekleidet. Das Vermögen des „Schlüsselträgers" wirkt im ganzen Universo. Starck kennt die magischen Geheimworte, warnt aber zugleich vor Faustens Höllenzwang. Der Brief ist ein Meisterwerk der Verschleierung und Andeutung des Besitzes besonderer magischer Geheimkräfte.

Zerwürfnisse im Orden, zumal mit Mitauer Brüdern, die ihm seine Akten mit dem versprochenen geheimen Wissen mit Gewalt abnehmen wollten, veranlaßten Starck später zur Abfassung seines gegen die Strikte Observanz gerichteten Saint Nicaise (s. d.) (1786). Er und Raven legten aber schon viel früher ihre Ämter nieder, und so kam es schon 1778 wieder zur Trennung der beiden „Branchen". Mit der Strikten Observanz verschwand dann auch das K.

Daß die Grundlagen, auf denen es arbeitete, ebenso gefälscht waren wie die der Strikten Observanz, unterliegt keinem Zweifel. Einen moralischen Maßstab anlegen wollen, hieße aber den handelnden Personen Unrecht tun. Es war die Gründerzeit der Systeme. Jeder vom Gründungsfieber Erfaßte schuf sich seine Legende. Die stark katholische Färbung des systematischen Aufbaues des K. hat oft die Frage aufwerfen lassen, ob hier nicht von weitblickenden Instanzen des Papsttums der Versuch einer Missionstätigkeit im evangelischen Deutschland auf dem Wege des Freimaurertemplertums versucht wurde. Maßgebende Forscher (zuletzt Ferdinand Runkel) verneinen sie entschieden.

Kleriker (fratres Clerici Ordinis Templariorum), Brr. des Klerikalen Systems (s. d.) des Freiherrn von Starck.

Klinger, Friedrich Maximilian v., deutscher Dichter, * 1758, † 1831, Freund Goethes, Verfasser von „Sturm und Drang", das einer ganzen Literaturepoche den Namen gab, Feuergeist, Kraftgenie, später Offizier im Stabe des Großfürsten Paul von Rußland, Generalleutnant und Kurator der Universität Dorpat, wurde 1779 in Zürich Mitglied der Loge „Modestia cum libertate". Das Drama „Der Derwisch" verrät in seiner ganzen Auffassung freimaurerische Einflüsse. In einem Gespräch mit dem Sultan sagt der Held: „Lieber Sultan, der Orden hat das Gute, daß er für keinen Sultan gemacht ist, und kein Sultan für ihn. Denn Weisheit, Schönheit, Stärke sind die Pfeiler, worauf der Orden ruht, dazu gesellen sich Wohltätigkeit, Gerechtigkeit und Liebe, ich für meinen Teil verband die Freude mit."

Klopfrhythmen. Die charakteristischen Rhythmen des Freimaurers sind in der Musik zahlreich verwendet worden. So besonders in der Ouvertüre der „Zauberflöte", ebenso auch in der Oper „Osiris" von Johann Gottlieb Naumann, und in zahlreichen Freimaurerliedern. In A. Q. C. 1915 wurde die Behauptung aufgestellt, daß der berühmte drahtlose Hilferuf S. O. S. nichts anderes sei als der freimaurerische Klopfrhythmus. Diese Behauptung ist jedoch hinfällig, da dieses Hilfszeichen drei willkürlich zusammengestellte Morse-Gruppen darstellt, für die erst später, sowie bei der Unterlegung der Texte militärischer Hornsignale, die Worte „save our souls" oder „send out succour" unterlegt worden sind (s. auch Freimaurerrhythmen in der Musik).

Klopstock, Friedrich Gottlieb, * 1724, † 1803, Dichter des „Messias", war Mitglied der Loge „Zu den drei Rosen" in Hamburg, in die auch Lessing aufgenommen wurde.

Kloß, Georg Burkhard, * 1787, † 1854, Professor der Medizin, praktischer Arzt in Frankfurt a. M., Bibliograph. 1805 wurde er als Lufton in der Loge „Zur Einigkeit" in Frankfurt aufgenommen, seit 1828 deren Meister vom Stuhl, 1836 Großmeister des Eklektischen Bundes. Als Sammler alter Drucke, die er später seiner Vaterstadt Frankfurt vermachte, verstand er es auch, eine für die damalige Zeit aufsehenerregende freimaurerische Büchersammlung zusammenzubringen, die nach seinem Tode von seinen Erben an den Prinzen Friedrich der Niederlande, den damaligen

Großmeister des Großostens der Niederlande, verkauft wurde. Gelegentlich seines fünfzigjährigen Maurerjubiläums schenkte der Prinz die „Bibliotheca Klossiana" dem Großosten der Niederlande; sie bildet den Kern der Bibliothek im Großlogenhaus im Haag. K. studierte mit heißem Eifer die Quellen und Urkunden der freimaurerischen Geschichte. Das ergab vor allem eine kritische Untersuchung der sogenannten „Kölner Urkunde", deren Echtheit er in der Altenburger Zeitschrift für Freimaurerei ablehnte. 1842 gab er die Annalen der Loge „Zur Einigkeit", Frankfurt a. M., heraus, die aber leider nur bis zum Jahre 1811 geführt sind. 1843 erschien seine „Bibliographie der Freimaurerei und der mit ihr in Verbindung gesetzten geheimen Gesellschaften". Sein Hauptwerk ist das 1846 erschienene Buch: „Die Freimaurerei in ihrer wahren Bedeutung, aus den alten und aechten Urkunden der Steinmetzen, Masonen und Freimaurer nachgewiesen". Weitere Werke: „Geschichte der Freimaurerei in England, Schottland und Irland..." (1847) sowie ein zweibändiges Werk, „Geschichte der Freimaurerei in Frankreich" (1852/53). K. war der Begründer der ernsthaften deutschen freimaurerischen Geschichtsforschung, auf dessen Werken auch heute noch verläßlich weiterzubauen ist. „Praeceptor Latomorum Germaniae" wird er im Nachruf seiner Großloge genannt. Als Stuhlmeister war er ein aufrechter Kämpfer für wahre humanitäre Freimaurerei; seine aufsehenerregende Schrift „Über die Unstatthaftigkeit des Versuchs, ein positives Christentum in die Freimaurerlogen hineinzuziehen" spielte im Streit um die Judenfrage eine große Rolle.

Klub, s. Club.

Knaack, Wilhelm, berühmter deutscher Komiker, * 1829, † 1894, hatte namentlich in Wien große Erfolge, wurde 1854 in der „Vereinten Loge" seiner Vaterstadt Rostock aufgenommen.

Kneisner, Friedrich, Rektor i. R. in Hamburg, * 1860, hervorragender freimaurerischer Historiker („Geschichte der Freimaurerei in Deutschland", „Geschichte der Großloge von Hamburg, der Provinzial-Großloge von Niedersachsen" u. a. m.). 1887 in der Hamburger Loge „Boanerges zur Bruderliebe" aufgenommen, jetzt „Zu den drei Rosen". Seine geschichtlichen Darstellungen zeichnen sich durch genaueste Aktenkenntnis und über den Dingen stehende Objektivität besonders aus.

Kneph, Weltei, geflügeltes Ei.

1. Symbol des 95. Grades (Souveränes Sanktuarium) des Memphis-Ritus.

2. The K., Name einer Zeitschrift des Yarkerschen Sanktuariums für Großbritannien.

Knie. Das Niederknien in einem besonders feierlichen Augenblick der Aufnahme ist in einzelnen Großlogen, nicht in allen, üblich. Nach der Überlieferung wurde in den alten Steinmetzbauhütten bei der Aufnahme das linke Knie entblößt. Die Erklärung des Katechismus auf die Frage „Warum wurde Dein linkes Knie entblößt? lautet: „Weil mein linkes Knie die schwächste Stelle meines Körpers ist und weil ein Lehrling die schwächste Stelle der ganzen Maurerei ist." Der Wiener Archäologe Anton Mailly verweist darauf, daß die Steinmetzen ihre Heimlichkeiten besonders gerne im Bildschmucke der von ihnen errichteten Gotteshäuser verwendeten. So erklärt er auch das nackte Knie der Heilandsfigur im Tympanon des Riesentors der Wiener Stephanskirche als einen Hinweis auf eine derartige versteckte, nur dem Eingeweihten verständliche Heimlichkeit. Dieser Meinung schließt sich auch Otto Boehn („Von geheimnisvollen Maßen, Zahlen und Zeichen", Verlag Sporn, Leipzig 1929) an.

Knife and Fork Degree, Messer- und Gabelgrad. Satirische Bezeichnung für jene Freimaurer, denen die Genüsse der Tafel wichtiger sind als die freimaurerische Arbeit. Der Ausdruck geht auf Laurence Dermott zurück, der von jungen Brr. spricht, denen die Handhabung von Messer und Gabel mehr Genugtuung bereitet als Winkel und Zirkelmaß.

Knigge, Adolph Freiherr von, Schriftsteller (bekanntestes Werk „Über den Umgang mit Menschen", daneben vor allem Romane), * 1752, † 1796, geistiger Stürmer und Dränger, Gegner der Despotie, Pazifist, Kosmopolit und Patriot, nahm mit kraftvoller Begeisterung an den freimaurerischen Bestrebungen seiner Zeit teil, er schloß sich der „Strikten Observanz" an (Kassel: „Zum gekrönten Löwen", Hanau: „Wilhelmine Caroline") und führte als Eques a cygno eingehende Korrespondenzen mit deren Führern, aber auch mit jenen der Rosenkreuzer. Auf den Konventen von Braunschweig, Wolfenbüttel, ebenso in Wilhelmsbad trat er gegen die Zerrissenheit der Freimaurerei, für Abhilfe auf dem Wege gründlicher Reformen ein. Im Dienste der Königlichen Kunst unternahm K. zahlreiche Reisen. Ferdinand Josef Schneider nennt ihn den wahrhaft ewigen Juden in Ordensangelegenheiten. Der Marquis Constanzo führte ihn in Frankfurt dem Illuminatenorden (s. d.) zu. Unter dem Ordensnamen Philo war er in diesem einige Zeit mit leidenschaftlicher Hingabe als Propagandist, Reklamechef, innerer Reformator tätig. Das Illuminatentum erhielt eigentlich erst durch K.s „Neuen Ordensplan" ein festes Gefüge und geistige Kraft, die ihm sein Stifter Weishaupt nicht hatte geben können. K. war es, der den rationalistischen Charakter, den das Illuminatentum vor seinem Beitritt hatte, mit dem irrationalen Inhalt der Freimaurerei durch deren Aufnahme in den Orden verband, den Typus des „Illuminatenfreimaurers" schaffen wollte. Er war dann auch an der Ausarbeitung der Grundlagen des „Eklektischen Bundes" beteiligt. Dr. Joseph Popp nennt ihn („Freimaurermuseum", Bd. VI) den hauptsächlichsten Verfasser der „Eklektischen Bundesakte", d. h., „einen der Schöpfer des modernen Freimaurerwesens". In seinen letzten Lebensjahren stand er im Kampf gegen die Denunzianten Prof. Alois Hoffmann, Wien, und den Leibarzt Zimmermann, Hannover (s. beide).

Knight (engl.), Ritter, in zahlreichen Hochgraden, Rittergraden (s. d.), engl. Knightly Grades, z. B. K. of St. Andrew, K. of the brazen Serpent, K. of the East, K. of the East and West, K. of the Holy Sepulchre, K. of the red Eagle, K. of the Sun, K. of the Tabernacle, K. of the Temple.

Knight Commander of the Court of Honour, ausschließlich in Amerika existierender Ehrengrad des A. u. A. Schottischen Ritus, der verdienten Trägern des XXXII. Grads verliehen werden kann.

Knighthood, Ritterschaft, s. Rittergrade.

Knightly Grades (engl.), Rittergrade.

Knights of Columbus, s. Columbusritter.

Knights of Malta, s. Ritter von Malta.

Knights Templar (engl.), Tempelritter. Den Überlieferungen der maurerischen Templerorden mit historischem Rüstzeug nachgehen zu wollen, ist ziemlich aussichtslos. Denn alle diese Überlieferungen sind für einen bestimmten Zweck konstruiert und halten einer historischen Nachprüfung nicht stand. Der Kern dieser Legenden ist ungefähr folgender: Der Templerorden (s. d.) wurde 1118 gegründet, erster Großmeister war Hugo de Payens. Der Orden selbst kam im Laufe der Jahrhunderte zu einer großen politischen Machtstellung. Eifersüchteleien der Ritterorden untereinander, sowie die Eifersucht des Papstes und des Königs von Frankreich führten zu seinem Verfall und endgültig vernichtenden Schicksal. Am 12. Mai 1310 wurden nach einem langen Prozeß gegen die Templer, in dem der Vorwurf der Ketzerei und die Verehrung eines Götzen in Satansgestalt, des Baffometus, eine große Rolle spielten, 45 Templer in Paris öffentlich dem Scheiterhaufen übergeben. Dieses gleiche Schicksal ereilte am 18. März 1313 den letzten Großmeister De Molay und die drei höchsten Beamten des Ordens, die vor der Notre-Dame-Kirche den Flammen übergeben wurden. Durch die von Chevalier Ramsay (s. d.) wiedererweckte freimaurerische Ritterlegende kamen die Templer wieder in den Mittelpunkt des Interesses einzelner freimaurerischer Richtungen. Die Legende will wissen, daß einzelne Templer, die sich zu retten vermochten, in Schottland die Templergeheimnisse treu bewahrt und sie schließlich in den Freimaurerorden übertragen hätten. Über die Person, die da die Vermittlung gespielt haben soll, herrscht in den modernen Templerriten keine Einheitlichkeit der Überlieferung. Für die französischen Néo-Templiers war es Johann Marcus Larmenius, für die Templer der Strikten Observanz Peter d'Aumont, eine dritte Richtung, die in Schweden entwickelt wurde, berief sich auf einen Neffen des hingerichteten Großmeisters, den Grafen von Beaujeu, usw. Der englische Historiker Gould trifft das Richtige, wenn er sagt: „Es besteht nicht der mindeste Grund zur Annahme, daß Mitglieder des zersprengten Templerordens Freimaurer geworden sind. Das ganze ist eine Erfindung moderner Freimaurerei (fabrications of modern masonic tradition)." Ebenso lehnte auch der Großmeister der Templer von Kanada, McLeod Moore, in einer Ansprache (Montreal 1889) die direkte Abkunft entschieden ab. („It cannot claim a direct descent from the ancient Military Order".)

Jedenfalls haben die Tempelritter in ihrer modernen Gestalt in den angelsächsischen Ländern sehr starke Verbreitung gefunden. Trotzdem das neutemplerische „Baldwyn Preceptory, Bristol" in England von sich behauptet, es bestehe seit undenklichen Zeiten (from times immemorial), hörte man von den „Knights Templar" erstmals aus Amerika. Die erste beglaubigte Nachricht darüber stammt aus Boston, wo in einem Andreaskapitel 1769 ein William Davis neben anderen Graden die des Royal Arch und K. T. erhielt, die möglicherweise von der irischen Militärloge des 29. Regiments nach Massachusetts gebracht wurden. Neuerdings haben Lesser und Crossle in ihrer „History of the Grand Lodge of Ireland" (Bd. 1, 1925) eine Mitgliederliste der „High Knight Templars" von Irland aus dem Jahre 1788 veröffentlicht, in der bei jedem Ritter das Datum des Ritterschlages vermerkt ist. Das früheste Datum ist der 24. März 1765. Wo die Zeremonie vor sich ging, wer den Kandidaten zur maurerischen Ritterwürde erhob, ist aber nicht gesagt.

Die erste Nachricht von öffentlichem Auftreten geht auf das Jahr 1785 zurück, als die englischen K. T. am Tage Johannis des Evangelisten (27. Dezember) in einer besonderen Uniform gelegentlich ihres Grand Encampment die Straßen in Prozession durchzogen, nachdem 1780 durch „The Charter of Compact" das „Supreme Grand and Royal Encampment at our Castle in Bristol" begründet worden war. 1791 bildete sich mit Thomas Dunckerley (s. d.) als erstem Großmeister das „Grand and Royal Conclave of K. T. for England" in London. 1873 vereinigten sich die Körperschaften von England und Irland zu einem Generalkonvent.

Am ausgedehntesten ist die Organisation in USA., wo das System ohne tiefere Bedeutung auch zum York-Ritus gerechnet wird. Es gibt in den Vereinigten Staaten (Ende 1930) 1716 Commanderies (Komtureien) mit 434.000 Mitgliedern (Stufen: Order of the Red Cross, Knight Templar, Knight of Malta). Aufgenommen werden lediglich Freimaurer christlichen Glaubens, die zuvor den Grad des Royal Arch Mason erlangt haben. Der Kandidat bewirbt sich als Pilger oder palmer um die Aufnahme in die Komturei (Commandery). Er macht eine symbolische Prüfungszeit von sieben Jahren durch, geht dann sieben Jahre (symbolisch) auf Kreuzfahrt und wird, wenn er sich bewährt hat, in feierlicher Weise zum Ritter geschlagen. Das Ritual des Ordens hat kaum mehr maurerischen Anklang. Die Fahne des Kreuzfahrers, ein rotes Kreuz auf weißem Grunde, hängt über dem im Osten stehenden Altare, daneben zwei himmelblaue Banner mit dem Osterlamm und dem Templerkreuz. Der Beauséant oder die Kriegsflagge der alten Tempelritter steht im Süden. Die symbolischen Farben des Ordens sind schwarz und weiß mit Gold- und Silberverzierungen.

Die verschiedenen Feldlager (encampments) sind zu Komtureien zusammengefaßt, deren Leiter hochtönende Namen führen. (Eminent Commander, Captain General u. a. m.) Unter dem Motto des Ordens „In Hoc Signo Vinces" treten alljährlich die verschiedenen Komtureien zu einem großen Konklave zusammen, das sich in Amerika als großes Ereignis in der Öffentlichkeit vollzieht. Die Templer sind hierbei in voller Uniform, die sie bei festlichen Anlässen tragen: eine der altamerikanischen Heeresuniform nachgeahmte Tracht, bestehend aus schwarzem Waffenrock und Hose, Dreimaster mit Straußfederschmuck, Silbergürtel und antikem Schwert mit Elfenbeingriff. Bei weniger festlichen Anlässen wird eine runde Kappe mit Goldstreifen und dem Templerkreuz als sogenannte Fatigue Dress (Interimsuniform) getragen. In dieser Tracht veranstalten die Templer feierliche Paraden durch die Städte ihrer Konklaves. Unter rauschender Marschmusik, nach amerikanischer Manier in weit geöffneten Kolonnen, werden die Straßen durchzogen, die Templerbanner wehen, und eine schaulustige Menge, die nach Hunderttausenden zählt, nimmt so am Konklave teil. Die einzelnen Encampments setzen ihren Ehrgeiz darein, recht militärisch auszusehen. Eigene Drillabteilungen üben ständig nach eigenem Exerzierreglement. Zur Aneiferung werden Wettbewerbe ausgeschrieben.

In Irland tragen die K. T. weißen Mantel, an der linken Schulter ein scharlachfarbenes Kreuz, eine bis zu den Knien reichende Tunika und entsprechende Kopfbedeckung.

1910 schlossen die templerischen Körperschaften in den verschiedenen Staaten ein Konkordat.

Knoblauch, Johann Georg Alexander, Sanitätsrat, * 1820, † 1899, nach dem Tode seines Freundes Kloß (s. d.) dessen ärztlicher Nachfolger im Frankfurter Rochusspital, besonders ausgezeichnet in der Bekämpfung der Pockenkriegsseuche 1871, war von 1884 bis 1892 Großmeister des Eklektischen Freimaurerbundes und trat für das humanitäre Freimaurertum in der Zeit der auch die Freimaurerei berührenden antisemitischen Welle Ahlwardt-Stöcker überzeugungstreu in den Vordergrund.

Knocks, The three distinct (engl.), die drei starken Schläge, Titel einer 1760 erschienenen Verräterschrift, die in mehreren Auflagen erschien und trotz ihrer Unzuverlässigkeit für Studien der Ritualistik der Freimaurerei von einigem Wert ist.

Knotensäulen, s. Würzburger Säulen.

Knowles, James Sheridan, englischer Schauspieler und dramatischer Schriftsteller, * 1784, † 1862, zuletzt populärer Straßenprediger der Baptistengemeinde, gehörte der St. Mark Lodge in Glasgow an.

Knownothings, 1852 ins Leben getretene amerikanische protestantische Geheimgesellschaft mit sieben Graden, die politische Tätigkeit gegen Katholiken und Einwanderer entfaltete. Infolge Nachahmung des Gebrauchtums der Freimaurer wurde die Organisation zu Unrecht mit diesen in Zusammenhang gebracht. Sie suchten u. a. die Wahl des für die Beschränkung der Rechte der Einwanderer eintretenden Präsidentschaftskandidaten Hewitt durchzusetzen, erlitten aber eine schwere Niederlage und verschwanden in der Folge von der Bildfläche.

Koblenz. Wegen angeblicher freimaurerischer Zusammenkünfte in K. erließ der Trierer Kurfürst Joh. Philipp v. Walderdorff 1762 ein scharfes Edikt gegen die Freimaurer, die er mit Amtsenthebung und Landesverweisung bedrohte. Der 1776 gefaßte Plan von Bostel in Wetzlar, in Neuwied oder K., wo trotz des Edikts Freimaurer ansässig waren, eine Loge der Strikten Observanz zu gründen, scheiterte. 1784 bestand in Koblenz (Antigonia) eine Illuminatenniederlassung, deren Mitglieder der Graf v. Metternich (Himenes), Vater des österreichischen Staatskanzlers, und der Domherr Graf v. Kesselstadt (Guiccardini) waren. In der napoleonischen Zeit blühte in K. eine Loge des französischen Großorients. Unter der Großen National-Mutterloge „Zu den drei Weltkugeln" arbeitet seit 1817 die Loge „Friedrich zur Vaterlandsliebe".

Kocián Jaroslav, Professor am Konservatorium in Prag, * 1884, berühmter Geigenvirtuose, Schüler von Ottokar Ševčík, zu dessen großen Erfolgen er neben Kubelík gehört, ist Mitglied der Loge „Jan Amos Komenský" in Prag.

Kohlo, s. Konvente.

Kohn, Johann Gottlieb Carl, Direktor der Frankfurter Gasanstalt, Großmeister des Eklektischen Freimaurerbundes in Frankfurt a. M. Als solcher wurde er, da die Reihe turnusweise an seine Großloge kam, 1914 geschäftsführender Vorsitzender des Deutschen Großlogenbundes, der im gleichen Zeitraum den S. C. von Serbien als regelmäßig anerkannte. Über den geistigen Kurzschluß K.—Serbien—Sarajevo hat antisemitische Gegnerschaft, zuerst wohl Wichtl, einen Zusammenhang zwischen dem „Juden Kohn", den Freimaurern und dem Thronfolgermord von Sarajevo konstruiert. Nun war aber K. gar nicht einmal Jude, sondern stammte aus einer bis ins 18. Jahrhundert verfolgbaren Ahnenreihe westpreußischer Landwirte, die durchwegs evangelische Christen waren. Aus dem Werke von Heintze-Cascorbi „Die deutschen Familiennamen", Halle 1922, geht zur Evidenz empor, daß der jüdische Kohn, auch Cohn, in den christlichen Kuhne, Kühne, Kühn, Künne, Kohn, Cone, Köhne, Coenen, Kohnen, Namensvettern hat, die ihren Namen von dem gotischen Kunja, Kuni, althochdeutsch Kunni, d. i. genus, das Geschlecht, ableiten.

Köln. Älteste Loge „De la Fidélité", 1751; alle Angaben über frühere Kölner Logen sind legendenhaft. Anfangs der siebziger Jahre des 18. Jahrhunderts erstand in K. die Loge „Le Secret des trois Rois", die sich 1775 dem Grand Orient de France unterstellte; ihr gehörten hochgestellte katholische Geistliche, u. a. zwei Verwandte des regierenden Kölner Kurfürsten Maximilian Friedrich Grafen von Königsegg, an. 1778 bildete sich unter der Strikten Observanz die nach diesem Kurfürsten benannte Loge „Maximilian zu den drei Lilien", die gleichfalls höhere katholische Geistliche zu ihren Mitgliedern zählte. Die Illuminaten zählten in K. (Amphipolis) nur wenige Anhänger. Die Dreikönigsloge mußte 1788 ihre Arbeiten für einige Jahre einstellen, da die Bevölkerung die Freimaurer beschuldigte, die Urheber eines Edikts des Kölner Senats zu sein, das den Protestanten freie Religionsübung gewährte. Während der französischen Zeit bestanden in K. unter dem französischen Großorient zwei Logen. Auch im 19. und 20. Jahrhundert herrschte in K. reges Logenleben. Nachdem von altpreußischen Großlogen gegründete Kölner Logen seit 1848 jüdische Brr. aufnahmen und wegen der ihnen daraus erwachsenen Schwierigkeiten zum Systemwechsel schritten, wurde ihnen im Dezember 1851 durch die Kölner Polizeidirektion im Auftrag der Königlichen Ministerien eröffnet, daß das Edikt vom 20. Oktober 1798 hinsichtlich der Freimaurerlogen noch in voller Geltung sei, d. h. daß in K. nur Tochterlogen der drei altpreußischen Logen, die satzungsgemäß keine Nichtchristen aufnehmen durften, geduldet werden könnten. Zur Zeit ist die „Vereinsloge Minerva zum vaterländischen Verein und Rhenana zur Humanität" („Drei Weltkugeln") die älteste Kölner Bauhütte; außerdem fünf andere Logen verschiedener Lehrarten.

Kölner Urkunde, eine (angeblich in Köln 1535 niedergeschriebene) auf Pergament geschriebene Urkunde mit 72 Zeilen, in der freimaurerischen Quadratchiffreschrift geschrieben, mit zwei Zeilen Unterschriften in Kursivschrift, unter denen auch die Unterschrift Melanchthons zu lesen ist. Diese Urkunde wurde dem Großmeister der Niederlande, Prinzen Friedrich, im Jahre 1816 aus Rotterdam zugesendet. Das Begleitschreiben von Frauenhand, gezeichnet N. C. geb. v. T. (van Teylingen?, holländischer National-Großmeister 1795), erklärte, daß die Urkunde nebst anderen beiliegenden Schriftstücken einer Loge „Frederiks Vredenhall" im Orient Der Haag aus den Jahren 1637/38, sich im Nachlasse des Herrn van Teylingen befunden habe. Prinz Friedrich ließ 1818 die Urkunde kopieren und den lateinischen Text nebst holländischer Übersetzung an die Logen in Holland verteilen.

Der Text der Urkunde ist abgedruckt in der II. Auflage des „Allgemeinen Handbuches der Freimaurerei". Die Urkunde beginnt: „Ad majorem Dei Gloriam Omnipotentis", mit einer Erklärung ausgewählter Meister der Ehrwürdigen, dem St. Johannes geweihten Bruderschaft, die als Vertreter von Bauhütten in London, Edinburgh, Wien, Amsterdam, Paris, Lyon, Frankfurt, Hamburg, Antwerpen, Rotterdam, Madrid, Venedig, Gent, Königsberg, Brüssel, Danzig, Middelburg, Bremen und Köln zusammengekommen sind, um in Köln in Form eines Kapitels zu tagen und ein Sendschreiben an alle Ordensbrüder zu erlassen. Zuvörderst wird festgestellt, daß die Societas oder der Ordo der liberorum caementariorum seine Herkunft weder von den Tempelherren noch sonst einem geistlichen oder weltlichen Ritterorden herleite, sondern älter als diese sei. Der Orden soll entstanden sein zur Zeit der kirchlichen Spaltungen im Altertum, als gelehrte und erleuchtete Männer sich durch einen hochheiligen Eid verpflichteten, die Tugend erzeugenden Lehren der christlichen Religion besser und reiner zu bewahren. Sie nannten sich, da sie Johannes den Täufer zu ihrem Vorbilde erkoren, dem Johannes geweihte Brüder (Fratres Johanni sacri). Sie selbst wurden auch Meister genannt, die sich aus ihren Schülern Werkgenossen auswählten, die collaboratores, Gesellen, wurden, während den Schülern der Name discipuli, Lehrlinge, zufiel. Aus diesen drei Graden besteht die in der Urkunde bezeichnete Gesellschaft auch weiter, die Meister gliedern sich in electi (Auserwählte) und summi electi (Höchsterwählte). Dagegen stellt die U. fest, daß alle anderen sogenannten Verbrüderungen, welche mehr oder andere Gradabteilungen haben, mit diesem Johannisorden in keinerlei Verbindung stehen. Unter diesen Lehrern, die sich mit Mathematik, Astronomie und anderen Wissenschaften beschäftigten, sei auch nach ihrer Zerstreuung ein reger Gedankenaustausch gepflogen worden. Um einen Zusammenhang des Bundes zu gewährleisten, wurde ein summus magister oder Patriarch als sichtbares Oberhaupt eingesetzt. Mit Genehmigung dieses Ordensoberen werden nun die folgenden Weisungen erlassen:

Die Leitung des Bundes wird den auserwählten Meistern übertragen. Sie haben dafür zu sorgen, daß die Ordensgesetze eingehalten werden, und den Orden nach außen hin zu verteidigen. Nur der Name fratres Joannaei, Johannisbrüder, wird anerkannt, da diese Bruderschaft vor dem Jahre 1440 unter keinem anderen Namen bekannt gewesen ist. Aufnahmsfähig sollen nur Bekenner der christlichen Religion sein. Bei der Aufnahme dürfen keine körperlichen Peinigungen angewendet werden, sondern nur Prüfungsmittel, welche dazu dienen, die Geisteskraft, die Neigungen und die Gemütsart der Novizen zu erforschen. Zu den übernommenen Pflichten gehören auch die des Gehorsams gegen die weltlichen, auf gesetzliche Weise eingesetzten Obrigkeiten. Der Leitsatz des Ordens soll sein: „Omnes homines veluti fratres et propinquos ama et dilige" (Alle Menschen sollst du als deine Brüder und Nächsten lieben und schätzen) und „Deo quod Dei, imperatori quod imperatoris" (sc. tribuito) (Gib Gott, was Gottes, dem Kaiser, was des Kaisers ist). Die Geheimnisse des Ordens sollen dazu dienen, ohne Prunken wohlzutun und die Vorsätze des Ordens ohne Störung zu verfolgen. Als Festtag wird alljährlich der Johannistag (24. Juni) angesetzt. Als Ordensbruder wird nur anerkannt, wer unter Vorsitz eines auserwählten Meisters, in Gegenwart von mindestens sieben Brr., in die Geheimnisse eingeweiht wurde und imstande ist, seine Aufnahme durch Kenntnis der Zeichen und Erkennungsworte zu erweisen. Hierbei werden auch die vom allgemeinen Gebrauche abweichenden Zeichen und Erkennungsworte der Bauhütten in Hamburg, Rotterdam, Middelburg und Venedig anerkannt, die auf „schottische" Weise eingerichtet sind. Von diesem Sendschreiben werden 19 Kopien verfertigt, die an alle Meisterkollegien versendet werden. Datiert: Colonia Agrippina (Köln) 1535, am 24. Tage des Monats Juni nach der christlichen Zeitrechnung. Das Schriftstück ist unterschrieben von: Harmanus, Carlton, Jo Bruce, Fr. v. Upna, Cornelius Banning, De Coligny, Virieux, Johann Schröder, Hofmann, Jacobus Prepositus, A. Nobel, Ignatius della Torre, Doria, Jakob Uttinhove Falck, Niclaes van Noot, Philippus Melanchthon, Huyssen, Wormer Abel.

Um die Echtheit der Urkunde erhob sich ein langer und mit wissenschaftlicher Gründlichkeit geführter Streit. Insbesondere war es die Unterschrift Melanchthons, die in diesem Zusammenhange großes Aufsehen erregte. Kloß (s. d.) war dann einer der ersten, der sie als Fälschung erkannte. Was in dieser Urkunde auffallen muß, ist einmal ihr positiver Inhalt, der nicht nur einen Versuch darstellt, dem Bund ein möglichst hohes Alter zu geben, sondern auch seine Ziele, seine Zusammensetzung, seine demokratischen Einrichtungen wesentlich einzuengen und das Märchen vom Unbekannten Oberen wieder lebendig werden zu lassen. Anderseits sind auch die Feststellungen im negativen Sinne wichtig, die Ablehnung eines Zusammenhanges mit Templerrittern u. a. m., Stellungnahmen, die nur dann einen Sinn geben, wenn man die Freimaurerei des 18. Jahrhunderts mit ihrer Templerlegende u. a. m. in Betracht zieht. Auch die Anspielung auf den Schottischen Ritus ist auffallend genug. Die fast unübersehbare Literatur über die K. U. hat daher als Endresultat die Verwerfung ihrer Echtheit ergeben.

Eine Abbildung der Urkunde findet sich bei Ferdinand Runkel, „Geschichte der Freimaurerei in Deutschland", Bd. I, 48.

Kolowrat, Grafen von, böhmisches Adelsgeschlecht, aus dem im 18. Jahrhundert sechs Mitglieder zumeist Prager und Wiener Logen angehörten.

Kolowrat-Liebsteinsky, Franz Anton, Graf von, * 1778, † 1861. Seit 1825 im Staatsministerium des Kaisers Franz als Gegengewicht gegen Metternich tätig, wirkte er in Prag als Stadthauptmann und eifriger Gegner der Freimaurer, indem er alle ihm bekannten Freimaurernamen, darunter auch seinen eigenen Vater, der Wiener Behörde bekanntgab. Mit Hilfe von Lockspitzeln, so des Polizeikommissärs Preißler, der in eine Prager Loge eingeschmuggelt wurde, wußte er ausführliche Darstellungen über die sogenannte „Ramifikation" der Freimaurer in Europa zu geben. Seinen Berichten legte er auch aufgefangene Briefe von Dresdner Logenbrüdern bei, er errichtete auch in den böhmischen Badeorten, u. a. in Karlsbad, sogenannte Polizeilogen, in denen Briefe hervorragender Persönlichkeiten erbrochen und kopiert wurden. Auf diese Weise wurde z. B. der Briefwechsel Goethes und Karl Augusts von Weimar überwacht. K. legte auch für den Kaiser eine reichhaltige Sammlung von Freimaurerabzeichen usw. an, so daß Franz II. eine — heute noch erhaltene — freimaurerische Sammlung von großer Reichhaltigkeit besaß (Viktor Bibl, „Der Zerfall Österreichs", Band 1, 90).

Kolumbien (Colombia), südamerikanische Republik. Das Land wurde oft von Bürgerkriegen erschüttert, was auf die Entwicklung der Freimaurerei naturgemäß von ungünstigem Einfluß war. Dazu gesellt sich die durch die außerordentlich schwierigen Verkehrsverhältnisse und mangelnden Kommunikationen bedingte Isolierung der einzelnen Landesteile so daß eine innere organisatorische Geschlossenheit des Bundes als unmöglich bezeichnet wird. Die sehr rührige. 1917 begründete National-Großloge mit Sitz in Baranquilla (Apartado postal 333) gehört der A. M. I. an. Diese Gran Logia Nacional de Colombia anerkennt zwei andere kolumbianische National-Großlogen in Bogota, bezw. Cartagena. Sie zählt in 10 Logen über 1600 Mitglieder.

Sehr ungeklärt liegen die Dinge in Cartagena. 1929 entstand an Stelle der dortigen National-Großloge eine Gran Camera Simbolica de Cartagena, mit drei Logen. Zwei andere Logen schlossen sich zu einer Gran Logia Simbolica zusammen. eine Loge, „Jerusalem", erklärte sich überhaupt als selbständig. Der Jahresbericht 1930 der Großloge von New York bemerkt zu diesen Verhältnissen richtig: „Es kommt leider oft vor, daß freimaurerische Jurisdiktionen in Zeiten, die eine starke Front nach außen erfordern würden, nicht in Harmonie miteinander leben können."

Die Gran Logia de la República de Colombia in Bogota (Apartado 347) hat sechs Logen, von denen eine in englischer Sprache arbeitet. Die G. L. gibt seit 1931 als offizielles Organ die „Revista Masonica" heraus.

In Cartagena befindet sich auch der Sitz des Supremo Consejo, des Obersten Rates des A. u. A. Schottischen Ritus von K.

Komitee für deutsch-französische Annäherung, wurde 1906 von Freimaurern aus Deutschland, Frankreich, der Schweiz und Luxemburg gegründet, die der Anschauung waren, daß der Deutsch-Französische Krieg 1870/71 weit genug zurückliege und daß es endlich möglich sein müsse, eine Wiederannäherung der maurerischen Körperschaften der beiden Länder anzubahnen. Von diesem Komitee gingen die freimaurerischen Manifestationen (s. d.) aus. die bis zum Kriegsausbruch, mit Ausnahme 1910, alljährlich Freimaurer zahlreicher Länder zur Bekundung des Verständigungswillens vereinigten. Dem Komitee gehörten zu Beginn an: Charles Bernardin, Pont-à-Mousson, Frankreich; Dr. Heinrich Kraft, Straßburg; Josef Junck, Luxemburg; A. Dubesset, Paris; Antonin Laurent, Lyon; Hans Friedemann, Jena; S. G. Cahn, Colmar; Ed. Quartier-la-Tente, Neuenburg, Schweiz. Nach dem Weltkrieg veranstaltete das Komitee 1925 in Gemeinschaft mit der Allgemeinen Freimaurerliga (s. d.) eine Manifestation in Brüssel. Seit 1927 besteht es ausschließlich aus französischen Freimaurern und Mitgliedern des deutschen Freimaurerbundes „Zur aufgehenden Sonne" (s. d.) und veranstaltet jeweils zu Pfingsten, abwechselnd auf französischem und deutschem Boden, Kundgebungen, die der Versöhnung von Deutschen und Franzosen dienen.

Kommandeur (engl. Commander, frz. Commandeur), in manchen Hochgraden Titel des leitenden Würdenträgers. So als Oberhaupt einer Komturei der Knights Templar (s. d.). Großkommandeur, Vorsitzender (Großmeister) eines Obersten Rates des A. u. A. Schottischen Ritus u. a. m. Auch Bezeichnung einzelner Hochgrade.

Kommune, Pariser, 1871, gab Anlaß zu einer Manifestation von Pariser Freimaurern. Am 26. April versammelten sich im Théâtre du Châtelet zahlreiche Brr., um über eine Vermittlungsaktion zwischen der Kommune in Paris und der Regierung Thiers in Versailles zu beraten. Es war eine durchaus private Veranstaltung, deren Einberufung der Großorient aufs schärfste mißbilligt hatte. Dennoch war die Beteiligung sehr stark. „Männer des Friedens!", apostrophierte der Hauptredner, Thirifocq, die Versammlung, „die Freimaurer werden Soldaten sein! Sie müssen im Angesicht der Versailler die freimaurerischen Banner aufpflanzen, entschlossen, sie mit der Waffe zu schützen, wenn eine einzige Kugel die blauen Farben durchbohren sollte!" Mit Fahnen und in voller maurerischer Bekleidung zog man dann zum Rathaus, brachte den Mitgliedern der Kommune den Wunsch nach Beendigung der brudermörderischen Kämpfe zum Ausdruck und erklärte durch Thirifocq, daß die erschienenen Maurer bereit seien, die Republik mit allen Kräften zu verteidigen. Am 29. April traten dann einige tausend Brr. auf der Place du Carrousel zusammen. Die weiße Fahne der Loge von Vincennes mit der Inschrift: „Liebet Euch untereinander!" voran, zogen sie, geschmückt mit den farbigen Bändern der verschiedenen Grade und Systeme, mit Abzeichen und Schurzen, abermals zum Hôtel de Ville, dann über die Boulevards zum Triumphbogen. Auf der Place Beauveau wurde einer der Teilnehmer von einer aus der Richtung Versailles kommenden Granate getötet. Parlamentäre, 40 Stuhlmeister und Würdenträger, begaben sich gleichwohl weiter. Zwischen der Porte Maillot und der Porte Bineau wurden die Logenfahnen auf die Wälle gepflanzt. Als die Deputation an der Brücke von Courbevoie anlangte, erteilte der General Montandon einer dreiköpfigen Abordnung die Erlaubnis. die Absperrung zu passieren und zu Thiers zu gehen. Die Unterredung verlief aber ergebnislos. Auch diese Demonstration wurde vom Ordensrat des Grand Orient aufs heftigste getadelt, nachdem seine Versuche, sie zu verhindern, gescheitert waren.

Kommunismus, s. Bolschewismus.

Konferenzen hießen in der Strikten Observanz Besprechungen, die der Generalgroßmeister Herzog Ferdinand von Braunschweig 1778 in Kopenhagen und Maltisholm (Schweden) über die Frage der Wahl des Herzogs von Södermanland zum Heermeister der siebenten Provinz und andere Fragen abhielt. Auch die dem gleichen Thema geltenden Verhandlungen, die ein Jahr vorher zwischen schwedischen Abgeordneten und solchen des Herzogs von Braunschweig in Hamburg stattgefunden hatten, wurden als K. bezeichnet. Bei diesem Anlaß wurde die Vereinigung der Schwedischen Maurerei mit der Strikten Observanz vereinbart (s. Konvente; 7. Wolfenbüttel).

Konfessionalismus in der Freimaurerei, die Verpflichtung zu einem bestimmten Glauben seitens einzelner Lehrarten, wird vom „Allgemeinen Handbuch der Freimaurerei", 3. Auflage, als „mit der Gewissens- und Glaubensfreiheit der wahren Toleranz unvereinbar und daher der wahren Freimaurerei fremd" bezeichnet.

Kongo, s. Belgisch-Kongo und Französisch-Äquatorialafrika.

Kongreß der Vereinigten Staaten von Nordamerika. Dem „New Age Magazine" zufolge waren 1928 von 435 Mitgliedern des Repräsentantenhauses 314, von 96 Senatoren 60 Freimaurer.

Kongresse, Maurerische, nennt man internationale Versammlungen von Freimaurern verschiedener Länder. Hiebei sind zu unterscheiden K., an denen sich Großlogen, das sind bevollmächtigte Körperschaften mit autoritativer Vollmacht, beteiligen, und K., die von Einzelfreimaurern ohne Vollmacht seitens ihrer Großlogen veranstaltet werden. Die erstere Art wird seit 1921 vorgestellt durch die regelmäßigen offiziellen Zusammenkünfte, Konvente, der in der „Association Maçonnique Internationale", A. M. I. (s. d.) vereinigten Großlogen, Genf 1921, 1923, Brüssel 1924, Genf 1925, Belgrad (Friedensmanifestation unter Patronanz der A. M. I.) 1926, Paris 1927, Brüssel 1930. Da dieser die englischen, nordamerikanischen, deutschen usw. Großlogen nicht angehören, haben die Beschlüsse organisatorischer Art, die auf den internationalen Konventen gefaßt werden, keine allgemeine Bedeutung für die Weltfreimaurerei. Internationale K. von Einzelbrüdern sind wiederholt versucht worden (1842 in Washington, 1843 in Baltimore, die sich jedoch nur auf amerikanische Brr. beschränkten). Bedeutungsvoller waren die K. in Steinbach 1845 und 1857, in Straßburg 1846 und 1847, in Basel 1848 und in Straßburg 1849, die hauptsächlich eine Annäherung der deutschen und französischen Freimaurer im Geiste des Dombaumeisters Erwin von Steinbach anbahnen wollten. Weitere Internationale K. u. a.: Paris 1889, Antwerpen 1894, Haag 1896, Paris 1900, Genf 1902, Brüssel 1904, Lissabon 1905 (spanisch-portugiesisch), Brüssel 1910, Rom 1911. Bei den meisten dieser K. waren jeweils auch eine Reihe von Obedienzen offiziell vertreten.

K. im kleinen waren die Manifestationen (s. auch d.) des Komitees für deutsch-französische Annäherung (s. d.), die seit 1900 zwischen deutschen und französischen Freimaurern veranstaltet wurden, wobei auch im pazifistischen Geist tätige Freimaurer aus anderen Ländern mitwirkten. Nachdem gegenseitige Besuche in Nancy, Lyon und Straßburg den Boden vorbereitet hatten, fand 1907 das erste größere Treffen bei Kolmar (in der „Schlucht") statt. 1909 folgte eine Zusammenkunft in Basel, 1909 in Baden-Baden. 1911 kamen gegen

400 deutsche und französische Brr. in Paris zusammen. 1912 traf man sich in Luxemburg. Die letzte dieser Zusammenkünfte vor dem Kriege fand 1913 im Haag statt. Es nahmen Freimaurer von 14 Nationen daran teil. Die nächste für Frankfurt a. M. angesetzte Manifestation fiel bereits in die Kriegszeit und mußte daher unterbleiben. Erst 1925 konnten die zerrissenen Fäden wieder aufgenommen werden (Manifestation von Basel). Die Versammlungen zeigten in der Folge aber ein anderes Bild, da sich die reguläre deutsche Freimaurerei gegen die Teilnahme ihrer Angehörigen wandte. Die Franzosen (unter Führung von Charles Bernardin [s. d.]) trafen in diesem Rahmen seit 1927 von deutscher Seite nur noch die Angehörigen der nicht anerkannten Großloge des Freimaurerbundes „Zur aufgehenden Sonne“: Verdun 1928, Mannheim 1929, Besançon 1930, Freiburg i. B. 1930.

Durch das Erstehen der Allgemeinen Freimaurerliga in ihrer heutigen Form wurden deren alljährliche K. (1927 Basel, 1928 Wien, 1929 Amsterdam, 1930 Genf, 1931 Paris) zu einer ständigen Einrichtung. Die Teilnehmer sind Einzelbrüder, die Großlogen selbst üben jeweils am Orte der Tagung das Gastgeberrecht aus, nehmen aber an den Tagungen als solche nicht teil. Diese K. der Liga erfreuen sich heute besonderer Beliebtheit, weil sie Freimaurern der verschiedensten Nationen die Gelegenheit zu persönlichem Zusammentreffen, zu gemeinsamer übernationaler Arbeit, zur Bekundung des Friedenswillens und zur Beratung allgemein freimaurerischer Fragen geben.

So überflüssig die Bemerkung auch für den Freimaurer ist, so notwendig ist sie nach außen hin: weder die K. der A. M. I. noch die K. der Liga haben irgendeinen bestimmenden Einfluß auf die Weltfreimaurerei. Weder in der A. M. I. noch in der Liga ist die Freimaurerei geschlossen vertreten. Die K. haben weder eine von allen Großlogen anerkannte gesetzgeberische noch eine vollziehende Gewalt. Sie sind wichtige Mittel zum Zwecke der gegenseitigen Annäherung, sind aber weder ein freimaurerisches Weltparlament noch der Ort, wo die berüchtigten „Geheimen Oberen“ ihre Pläne enthüllen. Es ist vielleicht nicht überflüssig, auch darauf hinzuweisen, daß diese internationalen K. usw. auch nicht, wie Gegner immer wieder schreiben, mit den „Zionisten-K.“ irgend etwas Gemeinsames haben, es sei denn, daß auch Zionisten-K. mit Vorliebe in Basel abgehalten wurden, das heute der Sitz der Liga ist.

Zu Internationalen K. treffen sich schließlich auch mit einer gewissen Regelmäßigkeit die seit 1875 durch die Lausanner Konföderation (s. d.) verbundenen Obersten Räte des A. u. A. Schottischen Ritus. Letzte Tagungen: Brüssel 1907, Washington 1912, Lausanne 1922, Paris 1929.

Königliche Axt, s. Ritter der Königlichen Axt.

Königliche Kunst, s. Kunst, Königliche.

Königlichen Gewölbe, Ritter vom, s. Royal Arch.

Königlicher Orden von Schottland, s. Royal Order of Scotland.

Konkordat.

1. Vertrag zwischen Staat und römischer Kirche über deren Verhältnis innerhalb des Staates,

2. freimaurerischer Vertrag zwischen einem Obersten Rat des A. u. A. Schottischen Ritus und der Großloge des gleichen Landes, in dem die gegenseitige Abgrenzung der Befugnisse festgelegt wird, insbesondere aber der Verzicht des Obersten Rates auf die Gründung von blauen Logen vertraglich ausgesprochen wird.

Konkordat von 1804. Zwischen dem Schottischen Ritus (Suprême Conseil de France, bezw. Grande Loge Ecossaise Générale) und dem Französischen Ritus (Grand Orient de France) kam im Hause des Marschalls Kellermann ein K. zustande, nachdem Napoleon I. durch den Erzkanzler Cambacérès (s. d.) den Wunsch nach der Vereinigung der beiden Lehrarten hatte übermitteln lassen. Für den Grand Orient unterhandelte u. a. Marschall Masséna. Das K. beinhaltete die Vereinigung der Großloge mit dem Großorient und dessen ausschließliche Gewalt über die Grade I—XVIII, wogegen dem Suprême Conseil die Bearbeitung der Grade XIX—XXXIII vorbehalten wurde. Das K. wurde dann von den beiden Körperschaften sanktioniert, seine Durchführung scheiterte aber an der Folge von Widerständen innerhalb des Großorients. Am 6. September 1805 erklärten die wieder bei Kellermann zusammengetretenen Führer des Schottischen Ritus das K. für aufgehoben, die Schottische Großloge für wieder aufgerichtet.

Konsistorium, Werkstätte für den XXXI. und XXXII. Grad des A. u. A. Schottischen Ritus.

Konstantinopel, s. Stambul.

Konstitutionen. Die ältesten Bauhüttensatzungen werden als Ordnungen bezeichnet. So Straßburg 1459 und 1563, Torgau 1462. Auch die Fabric Rolls von York 1352 sprechen von einer Ordinacio facta pro caementariis. Die Loge von Kilwinning hat 1599 ihre Ordonance, das Lansdowne Manuscript Orders. Schon im ältesten freimaurerischen Gedicht, der Halliwell-Handschrift um 1390, taucht das Wort Constitution auf („Hic incipiunt constitutiones artis gemetriae secundum Euclydem“). Diese Sammelbezeichnung der für die Zunft erlassenen Gesetze und Ordnungen hat sich erhalten und ist auch auf die Freimaurerei übergegangen. In York werden 1600 „Constitutiones of Masonry“ niedergeschrieben, daneben finden sich noch die Bezeichnungen wie Articles (Cook 1490), Statutis (Schaw-Manuskript, 1598). Seltener ist „Laws and Regulations“. Im allgemeinen hat sich in der angelsächsischen Freimaurerei für die Sammlung aller auf die Freimaurerei bezüglichen Gesetze das Wort K. durchgesetzt und ist dadurch auch in den Sprachgebrauch anderer Freimaurereien übergegangen. So „Constitution et Réglements Généraux“ der Grande Loge de France. Im Deutschen wird das Wort K. mit Verfassung übersetzt (z. B. Großloge von Hamburg, Wien u. a.). Grundgesetz nennen die Gesetzessammlungen die Großlogen von Preußen, Sachsen, Darmstadt, Bruderkette, Grundverfassung die Große National-Mutterloge „Zu den drei Weltkugeln".

Inhaltlich hat sich an dem Begriff K. im Laufe der Jahrhunderte verschiedenes geändert. Die alten Manuskripte der englischen Logen enthalten die Geschichte der Kunst, die sogenannten Charges oder Pflichten, und besondere Regulations oder mehr hausgesetzliche Ordnungen. Geschichte und Charges sind der wesentliche Bestandteil. Daran haben sich dann insoferne Änderungen vollzogen, als sich die Geschichte als Überlieferung unhaltbar erwies und auch die Alten Pflichten sich in einzelnen Teilen vom lebendigen Gesetz der Werkbauhütte zum Traditionswerte der Freimaurerloge umwandelten.

Die erste gedruckte K. ist „The Old Constitutions belonging to the Ancient and Honourable Society of free and accepted Masons, Taken from a Manuscript wrote above Five Hundred Years since" (London, Printed and Sold by J. Roberts in Warwick Lane MDCCXXII). Ihnen folgten die von Anderson im Auftrage der Großloge von London verfaßten K., erschienen 1723, in weiteren Auflagen 1738, 1756, 1767, 1827, 1841, 1847, 1855, 1858, die letzte als Gesetzbuch der Großloge von England, erschienen 1919. Für die Antients (s. d.) schrieb Laurence Dermott seinen Ahiman Rezon (s. d.), ein Buchtitel, der zum Bezeichnen eines Buches der K., besonders in Amerika, allgemein üblich geworden ist. Die heute in den Großlogen üblichen Gesetzessammlungen gliedern sich gewöhnlich in eine allgemeine Festlegung der maurerischen Grundgesetze, zu denen sich die Großloge bekennt und die auf die Verwaltung der Großloge und ihrer Logen bezüglichen Satzungen (s. im einleitenden Teil: Die Alten Pflichten).

Konstitutionenbuch (engl. Book of Constitutions), s. Konstitutionen.

Kontemplative Maurerei. Kontemplativ heißt eigentlich: den Tempel genau beobachten. Unter Tempel ist aus dem Kult der Auguren jene Himmelsstelle zu verstehen, die der Augur für einen bestimmten Zweck besonders beobachtete. K. M. ist hauptsächlich jene auf das eigene Innenleben gerichtete, die durch Selbstbeschau und Selbsterkenntnis geistige und moralische Werte am Individuum schaffen will. Diese esoterische, auf das eigene Ich bezogene Auswertung der maurerischen Lehre steigert sich in einzelnen Riten bis zu einem System freimaurerischer Mystik. Ebenso wird unter K. M. verstanden jene Einschränkung der maurerischen Arbeit, die auch als Innenarbeit bezeichnet wird, wobei in der Loge der Ort erblickt wird, der in der Eigenart seiner Einrichtung nur auf die Entwicklung des Einzelwesens wirken soll (s. Innen- und Außenarbeit).

Konvente der Strikten Observanz. Zusammenkünfte zur Regelung gemeinsamer Ordensfragen, zu denen Delegierte der verschiedenen Ordensabteilungen zusammenkamen. Geschichtliche Bedeutung erlangten:

1. Konvent von Altenberge bei Kahla, 1764, auf dem der Schwindler Johnson (s. d.) unter großem militärischen Gepränge mit v. Hund (s. d.) zusammentraf. Dieser K. endete aber dann mit der Entlarvung und mit der Flucht Johnsons und der unbestrittenen Anerkennung des Freiherrn v. Hund als Führer des Ordens.

2. Konvent von Kohlo, einem Rittergute in der Niederlausitz, 1772. Auf ihm fand die Vereinigung der Strikten Observanz mit dem Klerikat Starcks (s. d.) des weltlichen und geistlichen Ordenszweiges, statt. Zugleich wurde Herzog Ferdinand von Braunschweig (s. d.) zum Magnus superior ordinis und Großmeister aller schottischen Logen erkoren. Das „Heermeisterpatent" (s. d.) v. Hunds wurde von einer Kommission anerkannt.

3. Konvent von Braunschweig, 1775, bezeichnete den äußerlichen Höhepunkt, aber auch schon den wirklichen Beginn des Abstiegs der Strikten Observanz. 22 Fürsten gehörten ihr an, als die Delegierten am 22. Mai in ihrer Rittertracht in Prozession ins Ordenshaus zogen. v. Hund wurde abermals aufgefordert, seine immer stärker angezweifelte templerische Heermeisterschaft nachzuweisen. Unter Tränen erzählte er die Geschichte seiner Bestallung durch den „Ritter von der roten Feder" in Paris. Nochmals erklärten sich die anwesenden Abgeordneten zufriedengestellt; aber das einmal rege gewordene Mißtrauen war bei manchen nicht mehr zu unterdrücken.

4. Konvent von Wiesbaden, 1776, war nicht eine Ordensveranstaltung, sondern eine Privatangelegenheit des Hochstaplers Gugomos (s. d.).

5. Konvent von Leipzig, 1777. Nachdem v. Hund 1776 gestorben war, erschienen Abgesandte des schwedischen Hochkapitels in Deutschland, um eine Vereinigung mit der siebenten (deutschen) Provinz anzubahnen. Nach erfolgreichen Besprechungen in Hamburg wurde in Leipzig, dem Wunsch der Schweden gemäß, der Herzog von Södermanland (später Karl XIII., König von Schweden) zum Nachfolger des Freiherrn v. Hund gewählt.

6. Konvent von Lyon, Convent national des Gaules, 1777. Tagung der beiden französischen Provinzen, brachte im Grunde deren Abfall, d. h. die Rektifizierung des Systems unter dem Einfluß von Willermoz (s. d.). An Stelle der Tempelritter traten die „Chevaliers bienfaisants de la Cité Sainte". Nach außen hin wurde die Aufrechterhaltung des Zusammenhanges dadurch betont, daß dieses System den Herzog Ferdinand von Braunschweig an die Spitze stellte (s. Lyon).

7. Konvent von Wolfenbüttel, 1778, bedeutete den Wendepunkt der Strikten Observanz. Da der K. von Leipzig nur als eine Art Vorversammlung gegolten hatte, wurde der Einigungsvertrag mit den Schweden besiegelt und in neuerlicher Wahl der Herzog von Södermanland zum gemeinsamen Heermeister bestellt. Das Ordensdirektorium in Braunschweig wurde bestätigt. Aber diese Wahl erschien der Berliner Großen National-Mutterloge wegen daraus sich ergebender Folgerungen politischer Natur bedenklich; sie erklärte 1779, die hohen Grade der Strikten Observanz nicht mehr zu bearbeiten. Auch Schlesien ging verloren.

8. Konvent von Wilhelmsbad, 1782, gab dann dem Tempelherrensystem der Strikten Observanz den Todesstoß (s. eigenen Artikel).

Konvente in Frankreich (frz. Convents). Der Grand Orient de France und die Grande Loge de France halten alljährlich Mitte September Konvente, d. h. von Delegierten sämtlicher Logen beschickte Bundesversammlungen ab, die etwa eine Woche dauern. Auf ihrer Tagesordnung steht neben der Erledigung der satzungsgemäßen administrativen Angelegenheiten umfassende Generalberichtserstattung und Aussprache über die den Logen zum Studium aufgetragenen mannigfachen Fragen allgemein freimaurerischer, sozial- und kulturpolitischer Natur. Diese Versammlungen und auch die an sie anschließenden rituellen Feierlichkeiten werden nicht von den Großbeamten, bezw. Ordensräten, sondern von Funktionären geleitet, die jeweils auf Kongreßdauer gewählt werden.

Konvent von Wilhelmsbad, 1782, stellte den letzten Versuch dar, den Orden der Strikten Observanz durch Reform auf eine gesunde Basis zu stellen. In der Zeit der höchsten Verwirrung erließ der General-Großmeister Herzog Ferdinand von Braunschweig an alle schottischen Obermeister ein Rundschreiben, worin er beklagte, daß die Logen Häuser der Uneinigkeit geworden seien und worin es weiter heißt, es könne ihm nicht gleichgültig sein, „Oberhaupt einer Gesellschaft zu heißen, die mit ihren Beschäftigungen keinen Zweck verfolge, als durch Aufnahme ohne Maß die Reichtümer der Schottenlogen zu vergrößern, den einzelnen Gliedern dadurch ökonomische Vorteile zu verschaffen und das beste menschliche Institut in eine Leibrentengesellschaft umzugestalten. Auf der anderen Seite durch Erwerbung dieser Reichtümer an der Wiederherstellung eines Ordens zu arbeiten, der den Sitten und dem Geist des Jahrhunderts nicht mehr passend sei". Daher forderte er zu Reformvorschlägen auf. In einem weiteren Rundschreiben von 1780 wurde ein allgemeiner Ordenskonvent auf den 15. Oktober 1781 angekündigt, der unter anderem neue allgemeine Grundsätze aufstellen, die Frage der Erhaltung des Ordens und seiner Oberen endgültig klären sollte.

Der Konvent wurde dann verschoben und nahm am 16. Juli 1782 in Wilhelmsbad bei Hanau seinen Anfang. Er krankte von Anfang an daran, daß es sich schließlich doch nicht um einen allgemeinen Freimaurer-Kongreß, sondern wieder nur um einen Konvent der Tempelritter handelte. 35 Delegierte waren anwesend. Die hauptsächlichsten Teilnehmer waren: Der General-Großmeister Herzog Ferdinand von Braunschweig (Eques a Victoria) (s. d.), sein Koadjutor, der Landgraf Prinz Karl von Hessen-Kassel (Eques a Leone resurgente) (s. d.), der Geheime Rat Johann Joachim Christian Bode (Eques a Lilia convallium), der Marquis de St. Amaud aus Montpellier, Freiherr Wolfgang Heribert von Dalberg, Intendant der Mannheimer Nationalbühne, der Reichskammergerichtsassessor Franz v. Ditfurth aus Wetzlar, Dr. Sebastian Giraud aus Turin, Geheimrat Freiherr von Dürkheim, Heermeister der 5. Provinz in Straßburg, der Musiker Christoph Kayser, Dr. Diethelm Lavater aus Zürich, Graf Josef Kolowrat-Liebsteinsky, k. k. Kämmerer aus Wien, der polnische Geheimrat Ernst August von Kortum, Graf de la Perouse, Generalvisitator des Großpriorats von Italien, Bürgermeister Freiherr Heinrich von Roßkampff, Heilbronn, Graf Salm-Reifferscheid, Brünn, Johann Friedrich von Schwartz, Kämmerer des Herzogs von Braunschweig, Graf Paul Szapary, k. k. Kämmerer, Budapest, Bürgermeister von Türkheim, Straßburg, Graf Michael von Viczay, Preßburg, und Jean Baptiste Willermoz, Lyon, der Hauptbegründer des Schottischen Rektifizierten Systems (s. d.). Daneben gab es auch nichtoffizielle Teilnehmer, so den Freiherrn v. Knigge und den Prinzen Friedrich von Hessen.

Der Konvent hielt insgesamt 36 Sitzungen ab. In langwierigen, weitschweifigen Darlegungen wurde die Frage untersucht, ob Beweise für die Affiliation des Tempelherrenordens nach dem System der Strikten Observanz beizubringen seien. Eine Legende nach der anderen wurde zu Grabe getragen. Es ergab sich z. B. aus bis auf das Jahr 900 zurückkontrollierten Totenregistern, daß der „Subprior Carolus von Monte Carmel", auf den die Strikte Observanz die Hiramlegende bezog, nie existiert hatte. Bode bezeichnete die „unbekannten Oberen" als Erfindung Schubarts und erklärte, seiner Meinung nach hätten die Jesuiten in der Maske von Freimaurern die ganze Verwirrung angerichtet, zumal die „fünf Punkte der Meisterschaft" der Strikten Observanz beinahe wörtlich mit den Fundamentalgrundsätzen der Jesuiten übereinstimmten. Ähnliches äußerten Prinz Karl und Kortum. Willermoz, der vielleicht den stärksten Einfluß ausübte, drängte darauf, den Tempelherrenorden fallen zu lassen und sein neues Lyoner System anzunehmen. Die Stimmen, die die Fortsetzung des Templerordens für lächerlich erklärten, mehrten sich von Sitzung zu Sitzung. Kortum namentlich trat dafür ein, in Hinkunft die „Vorzüge von eigenem Verdienst und nicht von demjenigen unserer Vorfahren herzuleiten". Auch verlangte er die radikale Abschaffung aller höheren Grade. Ditfurth erklärte es für kindisch und erbärmlich, einen Orden zu einer Zeit wieder aufzurichten, da Joseph II. die wirklich noch existierenden aufhebe. Zweck der Freimaurerei sei allgemeine Menschen- und vorzügliche Bruderliebe, Wohltätigkeit, Aufklärung und Duldung. Man müsse daher alle Systeme arbeiten lassen. Die Beweise der Abstammung vom Tempelherrenorden seien so wertlos, „daß wir damit in jedem Gerichtshofe, womit wir darin auftreten, ausgepfiffen werden müßten". Bei der Abstimmung wurde schließlich die Frage, ob die Abstammung vom Templerorden erwiesen sei, verneint, das Votum aber dadurch abgeschwächt daß eine „gewisse Beziehung und Analogie" zwischen Freimaurern und Templern festgestellt wurde. Einmütig war man aber gegen die Beibehaltung der bisherigen, auf die Restauration des Templerordens anspielenden äußere Form der Arbeit. „Der gewisse Zusammenhang" sollte in Hinkunft nun durch eine historische Unterweisung „in einer besonderen und letzten Klasse des Ordens erteilt werden", welcher zugleich die Regierung der unteren Grade zu übertragen und „der Name der Ritter der Wohltätigkeit beizulegen wäre." Mittels eines feierlichen Renunziationsaktes wurde der Tempelherrenorden begraben. Dagegen konnte man sich nicht entschließen, die Reform auch in einer durchgreifenden Einschränkung der Hochgrade zum Ausdruck kommen zu lassen. Mehrheitlich einigte man sich auf folgenden Aufbau: drei symbolische Grade, Schottengrad, Novize und Ritter. Willermoz trug also mit seinem Lyoner System der „Wohltätigen Ritter der Heiligen Stadt" im großen und ganzen den Sieg davon. Das leere Spiel mit überflüssigen, unverständlichen Symbolen und allem möglichen äußeren Tand wurde beibehalten.

Nach 50tägiger Konventdauer — Herzog Ferdinand von Braunschweig wurde neuerdings zum General-Großmeister gewählt — gingen die Delegierten schließlich wenig befriedigt nach Hause, trotzdem der Konvent im Grunde keinen Mißerfolg, sondern im Gegenteil in vielfacher Hinsicht den Sieg einer neuen Zeit darstellte: Der Strikten Observanz war der Todesstoß versetzt, die Legende von den „unbekannten Oberen" zerstört und dem Gebilde von der vermeintlichen Fortsetzung des Templerordens das Grab geschaufelt. Die Schwärmerei für falsches Rittertum und geheime, übersinnliche Weisheiten, die Macht des Gespenstes, das jahrzehntelang die Köpfe verwirrt und die Besten von wirklicher freimaurerischer Arbeit abgehalten hatte, brach zusammen. Das in Wilhelmsbad angenommene System der Ritter von der Wohltätigkeit erwies sich aber auch nicht als lebenskräftig und fand bei den Logen nur wenige Anhänger. Allgemein war man unzufrieden, daß man nicht zu einer wirklichen Einigung, sondern lediglich zur Aufstellung eines neuen Systems gelangt war. Immer stärker regte sich der Wille, selbst einschneidend zu reformieren und zur Einfachheit und Freiheit der Arbeit zurückzukehren. Nur wenige Logen blieben äußerlich bei der Strikten Observanz. Die Bewegung der Reformation brach sich siegreich Bahn. (Vergl. Reinholt Taute „Der Wilhelmsbader Konvent und der Zusammenbruch der Strikten Observanz", Berlin.)

Konvertiten. Trotzdem man in der englischen Großloge nicht nach der Religion fragte, bestand eine Zeitlang im 18. Jahrhundert eine besondere Abneigung gegen den Glaubenswechsel. Deshalb wurden suchende K. mitunter abgelehnt. Dieser Vorgang ist freimaurerisch durch nichts gerechtfertigt. Auch im Klerikat (s. d.) wurden K. abgelehnt.

Kopenhagen (Kjöbenhavn), Hauptstadt des Königreiches Dänemark (s. d.), Sitz der „Den Danske Store Landsloge" (Große Landesloge), Blegdamsvej 23, die in der Hauptstadt selbst zwei Johannislogen und zwei Andreaslogen unterhält. Außerdem zwei Logen unter der Großloge von Hamburg: ‚Christian til Palmeträett" und „De Gamle Pligter", die in dänischer Sprache arbeiten. Die erstgenannte gibt ein Logenblatt heraus.

Kophtha, Groß-, nannte Cagliostro das Oberhaupt seiner „ägyptischen Maurerei", wobei er diesen manchmal als „unbekannten Oberen" einführte, manchmal sich selbst als Gr.-K. bezeichnete. Die Ableitung des Namens ist dunkel. Das Allgemeine Handbuch der Freimaurerei zitiert Cagliostro, der behauptete, in England ein Manuskript eines sonst unbekannten (bei Wolfstieg nicht erwähnten) Schriftstellers George Kofton über „Ägyptische Maurerei" als Vorbild benützt zu haben, und nimmt an, daß er daraus den Namen K. in freier Erfindung entwickelte. Yarker („Arcane Schools"), der die „ägyptische Maurerei" als identisch mit dem System der Elus Coëns von Pasqually (s. d.) erklärt, spricht von George Coston als einem mutmaßlichen Schüler des französischen Kabbalisten P., dessen Ritualmanuskript Cagliostro benutzt habe. Goethe gab seinem Lustspiel, in dem er die abenteuerliche Tätigkeit Cagliostros in Verbindung mit der Halsbandaffaire behandelte, den Titel „Der Großkoptha".

Köppen, Karl Friedrich, preußischer Kriegsrat, * 1734, † 1797, aufgenommen 1749 in der Loge „Zu den drei Weltkugeln", ist der Hauptgründer des Ordens der Afrikanischen Bauherren (s. d.), für die er in Verbindung mit Hymmen die Crata Repoa (s. d.) im Jahre 1770 verfaßte. Vom ihm stammt auch eine Verräterschrift „Les plus secrètes mystères des hauts grades de la maçonnerie dévoilés" (Berlin 1766).

Koran. In Logen, die sich vorzugsweise oder ausschließlich aus Mohammedanern zusammensetzen, so in Indien, Syrien, Ägypten u. a. m., liegt als Heiliges Buch der Gesetze an Stelle der Bibel oder mit dieser zusammen der K. auf dem Altar.

Korber, Norbert, Prämonstratensermönch in Mähren, um 1775 Ehrenmitglied der Loge „Zur aufgehenden Sonne" in Brünn, wurde wegen seiner Zugehörigkeit zum Bunde gemaßregelt, als Lehrer des Kirchenrechts abgesetzt, dann strafweise — unter dem Deckmantel einer angeblichen Beförderung — nach dem entlegenen Lechwitz versetzt, wo er zur Fortsetzung seiner Forschungen keine Möglichkeit hatte.

Korea, Halbinsel in Ostasien, früher Kaiserreich, jetzt japanische Kolonie; in der Hauptstadt Söul arbeitet unter der Großloge von Schottland eine Loge.

Koreish-Sekte (Tochter der Kaaba), alter arabischer Bund, in dem der amerikanische freimaurerische Forscher Denman Wagstaff die Urform der Freimaurerei sehen will. Nach Wagstaff hat dieser Bund drei Grade, von denen die beiden ersten manches enthalten, was an die Freimaurerei erinnert, während der dritte die Errichtung der Kaaba in Mekka symbolisiert.

Korfu, s. Griechenland.

Korn, Wein und Öl, Ausschüttung von. Uralter Opfergebrauch, der von den angelsächsischen Freimaurern besonders bei Grundsteinlegungen heute noch ausgeübt wird. Bei den feierlichen Aufzügen der angelsächsischen Freimaurer wird K. in einer goldenen Büchse, W. und Ö. in silbernen Gefäßen mitgeführt. Der Grundstein wird mit K. bestreut und mit W. und Ö. besprengt.

Kornähre, s. Schibboleth.

Körner, Gottfried Christian, * 1756, † 1831, Vater des Freiheitsdichters Theodor K., Appellationsgerichtsrat, schloß sich 1777 der Loge Minerva in Leipzig an, 1813 der Loge „Zu den drei Schwertern" in Dresden, deren Meister vom Stuhl er bis 1815 war. Ob er nach seiner in diesem Jahre erfolgten Übersiedlung nach Berlin dort weiteren freimaurerischen Verkehr pflegte, ist unbekannt. Sein Briefwechsel mit Schiller, mit dem ihn innige Freundschaft verband, ist gedruckt. Dort auch mehrere auf Freimaurerei bezügliche Stellen (s. Schiller). Eine Rede „Ideen über Freimaurerei" findet sich in der Handschriftenabteilung der Berliner Staatsbibliothek.

Körperliche Eignung zum Freimaurer. Die Frage nach der „physical qualification of candidates for Masonry", in den kontinentalen Freimaurerkreisen fast unbekannt, spielt in der amerikanischen Freimaurerei eine gewisse Rolle. Die Handwerksübung, der die Königliche Kunst entsprang, hat ihren Niederschlag in den Alten Pflichten gefunden. Dazu gehört auch die Bestimmung der alten Zünfteordnung, die nur Leute mit geraden Gliedern und geeignetem Körperbau Aufnahme gewährte, und die bei Anderson vom Lehrling spricht „ohne körperlichen Mangel und Gebrechen, die ihn unfähig machen könnten, die Kunst zu erlernen, seines Meisters Bauherrn zu dienen". In Europa wird heute allgemein nach gesundem Körper des Suchenden nicht gefragt. Erstmals 1782, dann 1803 (als nach dem ägyptischen Feldzug zahlreiche an Trachom erblindete Offiziere um Aufnahme einkamen) wurde vom Grand Orient de France die Zulässigkeit der Initiation von Blinden bejaht, obwohl der sinnfällige Charakter der Symbolik der Aufnahme von Sinneskrüppeln Schwierigkeiten bereiten muß. In Deutschland gab als erste die Loge in Darmstadt einem blinden Tonkünstler nach eigenem Ritual das innere Licht, 1854 sprach sich die Große Landesloge von Sachsen gegen die Aufnahme von Blinden, Tauben und Taubstummen aus. 1857 wurde diese Frage durch Rezeption des blinden Königs Georg V. von Hannover für den Kontinent endgültig erledigt. Ein Taubstummer wurde 1824 in der Leipziger Loge „Balduin zur Linde" aufgenommen, was von der Hamburger Großloge prinzipiell als keineswegs unzulässig erklärt wurde. Bezüglich körperlich Verstümmelter wurden 1855 in Irland noch Schwierigkeiten gemacht. Die Großloge erließ ein grundsätzliches Aufnahmeverbot gegen Lahme und Verkrüppelte. In einem Teil von Amerika hielt die konservative Auslegung des erwähnten Satzes der Alten Pflichten noch im zwanzigsten Jahrhundert an. 1910 erklärte der Rechtsberater der Großloge von New York, Abel Crook, man müsse an der negativen Bestimmung der alten Landmarken festhalten. Andere amerikanische Großlogen teilten diesen Standpunkt schon damals nicht. Die Folgen des Weltkrieges haben in den Vereinigten Staaten zu neuerlichen Diskussionen geführt, in denen aber naturgemäß die moderne Anschauung zumeist obsiegen mußte. Um nicht gegen die Landmarken zu verstoßen, erteilt in jedem Einzelfalle der Großmeister Dispens.

Körting, Leonard, Gaswerkdirektor in Hannover, * 1834, † 1930, ein leuchtendes Vorbild für Generationen von Freimaurern, trat 1873 mit 23 anderen Brr. wegen seiner aufrechten humanitären Gesinnung von der Großen Landesloge (Loge „Zur Zeder") zur Großloge von Preußen, genannt „Royal York zur Freundschaft" (Loge „Zum Schwarzen Bären") über, die ein Jahr zuvor für ihre Johannisgrade das christliche Prinzip verlassen hatte. Von 1893—1923 deren Stuhlmeister, führte er sie in unverbrüchlichem humanitären Geiste und verließ sie 1925, als die Großloge wieder zum christlichen Prinzip zurückkehrte, nur wegen seines hohen Alters nicht. Besondere Verdienste erwarb sich K. um die Austragung von Gegensätzen. In dem großen wissenschaftlichen Streit zwischen Ludwig Keller (s. d.) und Wilhelm Begemann (s. d.) war er einer der Friedensstifter, ebenso 1917 bei der Auseinandersetzung Bischoff-Wolfstieg.

Kortum, Ernst Traugott von, polnischer Geheimrat und Starost, * 1742, † nach 1786, in der Strikten Observanz „Eques a fonte irriguo", erschien als Delegat von Warschau auf dem Präliminarkonvent von Leipzig 1777, wurde auf dem Deputationstage zu Braunschweig vom Herzog Ferdinand zum Legatus a latere des Heermeisters ernannt und war mit Schwartz der Verfasser der Ladung zum Wilhelmsbader Kongreß und vertrat auf diesem, gleich ersterem, die Theorie von jesuitischen Machenschaften in der Strikten Observanz. Er verfaßte „Beiträge zur philosophischen Geschichte der heutigen geheimen Gesellschaften", Leipzig 1786, auch die „Drei Freimaurerreden in nichtfreimaurerischem Stile", gehalten am 12. Dezember 1786 in der Loge „Zum Biedermann" in Lemberg, werden ihm zugeschrieben. Nach Ridel „wollte er in der Strikten Observanz regieren, verlor aber seine Stelle darüber".

Kościuszko, Thaddäus, * 1746, † 1817, polnischer Nationalheld, leistete Kriegsdienste in der Armee Washingtons, kehrte 1786 nach Polen zurück und focht 1792 gegen die Russen. Nach der zweiten Teilung Polens lebte er in Leipzig und trat dann 1794 in Krakau als Diktator an die Spitze der polnischen Erhebung. Am 10. Oktober 1794 fiel er verwundet in russische Gefangenschaft, aus der ihn Paul I. 1796 entließ. Von da an lebte er im Auslande und starb 1817 in Solothurn; seine Gebeine wurden 1818 auf Anordnung des Kaisers Alexander in der Königsgruft des Wawel in Krakau beigesetzt. Sein Herz ruhte bis nach dem Umsturz 1918 in einer Urne im Polenmuseum in Rapperswil (Schweiz); dann nach Warschau gebracht. K. war Freimaurer, es ist jedoch nicht bekannt, wo er aufgenommen wurde.

Kosmopolitismus, Weltbürgertum, Streben, das auf das Wohl der ganzen Menschheit gerichtet ist und alle Menschen als Glieder einer allumfassenden Gemeinschaft betrachtet. Patriotismus (s. d.) steht zum K. nicht im Gegensatz, da es im Interesse eines jeden Volkes liegt, seine Fähigkeiten innerhalb der ganzen Kulturgemeinschaft voll zur Entfaltung zu bringen. Die Idee des K. trat schon sehr früh auf. Kosmopolitisch dachten im Altertum die Kyniker und Stoiker, die Humanisten der Renaissance und die deutschen Klassiker: Lessing, Wieland, Herder, Goethe usw., besonders Wieland, der den K. in seinem Agathodämon sogar bis zum Theopoliten, Gottesbürger, steigert. Auch Kant trat für K. ein und warf sogar die Idee eines „Völkerbundes" auf. Sein Zeitalter stand stark unter dem Einfluß der Stoa (s. d.). Die deutsche romantische Philosophie ist von kosmopolitischen Gedankengängen erfüllt, auch die romantische Schule der deutschen Nationalliteratur beweist neben deutschem Freiheitsdrang kosmopolitische Einstellung durch dichterische Erfassung fremder Kulturkreise.

Die Freimaurerei verfocht gleich in ihren Anfängen kosmopolitische Ideen. Lessing sagte in „Ernst und Falk", daß Männer notwendig seien, „die über die Vorurteile der Völkerschaft hinweg wären und genau wüßten, wo Patriotismus Tugend zu sein aufhöret". Wieland rief in seinem Vortrag „Über das Fortleben im Andenken der Nachwelt" seinen Brr. zu: „Der Freimaurer als solcher ist als Bürger ein Weltbürger..." Fichte sagt vom Freimaurer: „Vaterlandsliebe ist seine Tat, Weltbürgersinn sein Gedanke." In besonders eindringlicher Form vertraten die auf einen Menschheitsbund gerichteten Ideen des freimaurerischen Philosophen Karl Christ. Friedr. Krause (s. d.) weltbürgerliche Gesinnung.

Seitdem sich in den Völkern das nationale Bewußtsein verstärkt hat, ist der K. durch den Internationalismus ersetzt worden, der weniger weit ausgreifend als der K. die Verständigung und Vereinigung der Staaten in einer großen, die Nationen umfassenden Organisation bei Wahrung der nationalen Eigenarten anstrebt.

Kosmos, Weltall, die Welt als geordnetes harmonisches Ganzes. Die Loge ist ein Abbild des K., daher ist K. auch ein recht häufiger Logenname.

Kossuth, Ludwig von, ungarischer Freiheitskämpfer, Führer der Revolution von 1849, * 1802, † 1894. Er war während eines Menschenalters Mentor seiner Nation; während seiner Emigrationszeit in Amerika wurde er in Cincinnati am 19. Februar 1852 in die Loge Nr. 133 aufgenommen, am 20. in den Gesellen- und Meistergrad erhoben. Am 26. Februar wurde er zum Ehrenmitglied der Loge ernannt, am 28. Februar in der „Centre Loge Nr. 23" in Indianapolis feierlich empfangen.

Am 3. Mai 1852 wurde K. von der Großloge von Massachusetts in Boston feierlich als Schützer und Apostel der Volksfreiheit, als Held der Unabhängigkeit seiner unterdrückten Heimat begrüßt. Rev. Randall hieß ihn namens des Ordens willkommen, „der seine Arme um den Hals des freundlosen Fremden lege und ihn fühlen lasse, daß er unter Freunden eine Heimat gefunden habe". In seiner Antwortrede betonte K., er empfinde, seit er Freimaurer geworden sei, viel stärker die Pflicht der Heimat gegenüber. Von den Gesinnungsgenossen und Mitkämpfern K.s schlossen sich die meisten im Exil dem Bunde an (s. auch Ister).

Kostüm. Zu den Eigentümlichkeiten amerikanischer Logenarbeit gehören auch die sogenannten costume works, d. h. Arbeiten im Kostüm. Die Logen bearbeiten z. B. den Inhalt des III. Grades in Form einer dramatischen Szene. Die Mitwirkenden tragen das K. der salomonischen Zeit, die Legende usw. wird dramatisch dargestellt. Mit der eigentlichen Erhebungsarbeit hat diese Dramatisierung nichts zu tun, sie füllt nur durch szenische Darstellung den symbolischen Inhalt auf. Sogenannte Degree-Teams unternehmen häufig auch Reisen an andere Logenorte, und erfreuen sich einer ganz besonderen Beliebtheit. Da auch die Hochgrade einzelne Stufen dramatisch vorführen lassen, so gibt es in Amerika eine ganze Anzahl derartiger Logenspiele.

Köthner, Dr. Paul, Privatdozent der Universität Berlin, ehemals Mitglied der Großen Landesloge der Freimaurer von Deutschland, war durch zwei Aufsätze im „Femestern" 1925/26 die Hauptquelle für die haltlose Beschuldigung des Hochverrats gegen den ehemaligen Landes-Großmeister und Ordenssenior der Großen Landesloge der Freimaurer von Deutschland, Grafen zu Dohna-Schlodien (s. d.). K. stellte die Behauptung auf, er habe in den Jahren 1911—1913 „in Logen anderer Städte und Länder" aus unvorsichtig verlorenen Bemerkungen und durch merkwürdige Umstände den Plan zur Ermordung des Erzherzogs Franz Ferdinand erlauscht, zum Weltkrieg, zum Sturz der Throne und Altäre und manches, was dann bis ins kleinste eingetroffen ist. „Mit diesem furchtbaren Wissen" sei er zum Landes-Großmeister Graf Dohna gegangen und habe ihm „unter vier Augen enthüllt", was er „mit eigenen Ohren gehört und mit eigenen Augen gesehen hätte". Der Landes-Großmeister habe darauf nur die „kategorische Erklärung" abgegeben: „Es gibt nur eine Freimaurerei" und nichts weiter veranlaßt. Diese Erzählung bildet einen der Hauptangriffspunkte im deutsch - völkischen Kampf gegen die Freimaurerei. In einem Privatklageverfahren des Grafen zu Dohna gegen den Hauptmann a. D. Jesco-Peter von Puttkammer und den Oberstleutnant a. D. Friedrich Wilhelm Graf von der Recke wegen Beleidigung vor dem Amtsgericht Berlin-Lichterfelde (18. Juli 1927) wurde sie von K. als Zeuge vorgebracht. Das Gericht erklärte demgegenüber: „Der Versuch der Angeklagten, die Wahrheit der von ihnen verbreiteten Tatsachen zu beweisen, ist mißlungen. Der Zeuge K. räumte von Anfang an ein, daß er den angeblichen Mordplan gegen den Erzherzog in seiner Unterredung mit dem Privatkläger überhaupt nicht erwähnt habe; weiter gab er zu, daß seine „Entdeckungen" nur in der Wahrnehmung einer dem Erzherzog und dem Deutschen Reich feindlichen, radikalen und internationalistischen Stimmung in gewissen Wiener Logen... bestanden hätten. Bestimmte Tatsachen habe er dem Grafen Dohna nicht angeben können, dieser habe deshalb seine Wahrnehmungen, die ihm sehr ernst gewesen seien, sehr wohl als ein leeres Gewäsch auffassen können; auch sei es möglich, daß er seinerzeit aus seinen Wahrnehmungen noch gar nicht die Folgerungen gezogen habe, die er im Artikel angegeben hatte, sondern daß er erst nach den Erkenntnissen von 1918 glaubte, er habe das alles schon vor dem Krieg vorausgesehen. Die nachträgliche schriftstellerische Verwertung des Vorganges sei dem Bedürfnis entsprungen, sich wichtig zu machen. Diese Aussage wird durch den persönlichen Eindruck bestärkt, den der Zeuge auf das Gericht gemacht hat, nämlich den eines nervösen, gedächtnisschwachen, phantastischen, aber innerlich ehrlichen Menschen. Auch in einem weiteren Prozeß, den Graf Dohna im Juni 1931 vor dem Amtsgericht Gotha gegen Ludendorff wegen ähnlicher Behauptungen führte und der mit der Verurteilung des Generals endete, spielten die Angaben von K. eine Rolle. Es wurde bei dieser Gelegenheit bekannt, daß jener mittlerweile seine Beschuldigungen zurückgezogen hatte.

Kotzebue, August Friedrich Ferdinand von, * 1761 in Weimar, † 1819 als Opfer eines politischen Mordanschlages durch den Burschenschafter Karl Ludwig Sand. Russischer Staatsrat. Stand in dem Rufe, Geheimberichte über die liberalen Bewegungen in Deutschland an Rußland und andere reaktionäre Staaten erstattet zu haben, die sich rückwirkend in Bedrückung der freiheitlich Gesinnten auswirkten. Als Schriftsteller von einer unglaublichen Fruchtbarkeit, hat er zahllose recht oberflächliche und seichte Theaterstücke verfaßt, von denen höchstens noch „Die deutschen Kleinstädter", „Die zärtlichen Verwandten" oder die „Pagenstreiche" lebendig geblieben sind. Er wurde in Moskau oder Reval in den Freimaurerbund aufgenommen, gehörte jedenfalls in beiden Städten Logen an. In Reval war er Ehrenmitglied der „Drei Streithämmer". In der Petersburger Loge „Hygiea" bekleidete er das Amt des Redners.

K. schrieb auch ein seichtes Lustspiel „Der Freimaurer" (1818). Bei dessen Erstaufführung kam es in Graz 1818 zu einem großen Theaterskandal. Das Stück mußte hierauf in Wien vorgelegt werden. Die Folge war, daß der Gubernialrat Poehm eine Rüge erhielt und daß die Theaterzensur von nun an der Polizei übertragen wurde.

Kowalewsky, Maxim, russischer Gelehrter, * 1850, † 1916, Professor des öffentlichen Rechts in Moskau, verließ 1884 die Universität, da er sich einem neuen Statut nicht unterwerfen wollte, das die freie Wahl neuer Hochschullehrer durch das Professorenkollegium aufs schärfste beeinträchtigte. Er ging ins Ausland und gründete in Paris die „Freie Universität". Nach Rußland zurückgekehrt, wurde er als Mitglied der Partei für demokratische Reformen (konstitutionelle Monarchisten) 1907 Abgeordneter der 2. Duma, 1910 Gemeinderat von Petersburg, 1912 Mitglied der Hohen Kammer. K. genoß in den wissenschaftlichen und fortschrittlichen Kreisen Rußlands größte Popularität. Er gab das volkstümlichste Organ des Liberalismus heraus, die Monatsschrift „Europäischer Kurier". 1887 einer der Gründer der Pariser Loge „Cosmos" der Großloge von Frankreich und später Mitglied der „Fraternité" (Großorient), wurde er der eigentliche Schöpfer der russischen Freimaurerei des 20. Jahrhunderts. 1906 erhielt er vom Grand Orient de France ein Patent zwecks Logengründungen in Moskau und Petersburg. Diese wurden 1907 und 1908 durchgeführt, 1909 wurde K. Meister des Kapitels „Polarstern" in Petersburg. Eine in Gründung begriffene Belgrader russische Loge wird seinen Namen führen (s. Rußland).

Kozák, Jan Blahoslav, ursprünglich evangelischer Geistlicher, dann Professor der Philosophie an der Prager Tschechischen Universität, * 1888, ein ergebener Schüler Masaryks, Verfasser mehrerer philosophischer und glaubensphilosophischer Schriften, ist Freimaurer.

Kraft, Heinrich, Professor, Röntgenologe in Dresden, vor dem Weltkrieg in Straßburg, Mitglied und Stuhlmeister der dortigen Loge „An Erwins Dom", Vorkämpfer für den Gedanken der deutsch-französischen Verständigung, für diese auf dem Internationalen Freimaurerkongreß in Brüssel 1904, dann als einer der Veranstalter der Internationalen freimaurerischen Manifestationen (s. d.) tätig. Seit 1926 gehört K. dem Vorstand der Allgemeinen Freimaurerliga an und war auf deren Kongressen zumeist deutscher Hauptredner. Er ist Mitglied der Basler Loge „Zur Freundschaft und Beständigkeit". (* 1867.)

Kragen, s. Schulterkragen.

Kramář, Karl, Dr., tschechischer Politiker, einer der Mitbegründer der Tschechoslowakischen Republik und deren erster Ministerpräsident, ist niemals Freimaurer gewesen. Mit der Freimaurerei in Verbindung brachte ihn Dr. Friedrich Wichtl (s. d.) in seiner 1918 erschienenen Broschüre „Dr. Karl Kramář, der Anstifter des Weltkrieges". Auch auf dem Titelblatt des bekannten Buches von Wichtl, „Freimaurerei, Weltrevolution, Weltrepublik", ist K. als Freimaurer abgebildet. Die Beziehungen auf ihn, sowie auf seine Rolle in der von Wichtl angenommenen freimaurerischen Weltrevolution sind reine Phantasien. K. hat selbst auf eine Anfrage öffentlich verlautbaren lassen, daß er nie Freimaurer gewesen ist.

Krankenhäuser, Freimaurerische, bestehen an vielen Orten, besonders bemerkenswert:

Hamburger Freimaurer-Krankenhaus, begründet 1779, ursprünglich für weibliche, später auch für männliche Dienstboten errichtet, steht in Obsorge der fünf Hamburger

Logen der Großloge von Hamburg. Derzeit mit den modernsten Einrichtungen ausgestattete Anstalt (s. d.).

Freemason's Hospital and Nursing Home in London, erst auf 46 Betten eingerichtet für kranke Freimaurer und deren Angehörige, wird jetzt durch einen Neubau mit 160 Betten erweitert.

Krankenhaus der Großloge von New York in New York, hierzu 1922 in Utica das Masonic Soldiers and Sailors Memorial Hospital, ursprünglich der Pflege von Kriegsinvaliden der Armee und Marine gewidmet, hatte im Jahre 1930 bereits (mit der Kinderabteilung zusammen) 212.173 Verpflegstage, mit einem Aufwand von 2 Dollar pro Kopf.

Die Organisation der Shriners (s. d.) in Amerika unterhält allein derzeit 21 chirurgische Anstalten für verkrüppelte Kinder.

Augenblicklich bringen Großlogen Amerikas für europäische Verhältnisse beneidenswerte Summen zu einem großzügigen Feldzug gegen die Tuberkulose auf.

Kränzchen (frz. Triangle Cercle), eine aus Freimaurern der gleichen oder verschiedenen Großlogen zusammengesetzte Vereinigung, meist an Orten, wo sonst keine Loge besteht und die Möglichkeiten zur Bildung einer solchen infolge geringer Mitgliederzahl usw. noch nicht gegeben sind. Die K. unterstehen meist dem Schutz einer Loge und arbeiten ohne besonderes Gebrauchtum. Im allgemeinen können sie als Vorstufen einer Logenbildung aufgefaßt werden. Ihre Stellung innerhalb einer Großloge wird durch besondere organisatorische Bestimmungen geregelt.

Kratter, Franz, Dr. phil., Beamter des österreichischen Staatsrates, * 1757, schloß sich der Loge „Zum heiligen Joseph" in Wien an und verkehrte viel mit Born (s. d.). Als dieser wegen der Illuminatenverfolgung seinen bekannten Absagebrief an den Kurfürsten Karl Theodor von Bayern geschrieben hatte, glaubte K., als geborener Bayer, sein bayrisch-patriotisches Anhänglichkeitsgefühl nicht unterdrücken zu können und trat gegen Born in Briefen auf, die zu dessen Kenntnis gelangten und anscheinend Borns Eitelkeit schwer verletzten. Auch in einer pseudonymen Schrift „Drei Briefe über die neueste Freimaurerrevolution in Wien von Ignaz Berger" (d. i. K.) trat er gegen Born polemisch auf. Dieser glaubte nun den lästigen Pamphletisten unschädlich machen zu müssen. Am 10. März 1787 fand eine Freimaurerzusammenkunft im Wiener Freimaurerkasino statt; hierbei las Born die Pamphlete vor. K. leugnete die Autorschaft ab. Es kam zu erregten Szenen, im Verlaufe welcher K. schließlich vor Tätlichkeiten flüchten mußte. Dieses sogenannte Freimaurer-Autodafé schilderte K. in einer Broschüre, deren Druck Born verhindern wollte. Die Affäre kam bis vor Kaiser Joseph II., der entschied, daß die Broschüre gedruckt werden dürfe. Eine wahre Hochflut von Pamphleten war die Folge dieser Affäre, bei der sich Born durch persönliche Rücksichtnahmen zu Schritten verleiten ließ, die seiner Person nicht angemessen waren. K. taucht nach seinem unrühmlichen Abschied von der regulären Freimaurerei dann noch mehrmals als Gründer von Winkellogen auf, die sich jedoch nicht halten konnten. (Näheres s. Adolf Deutsch, „Ignaz v. Born", im „Freimaurermuseum", Band VI, ferner die Broschürenliteratur bei Wolfstieg.)

Krause, Karl Christian Friedrich, deutscher Philosoph, * 1781, † 1832, Schüler Schellings und Fichtes, 1802 Privatdozent in Jena (Philosophie, Mathematik, Naturrecht). Zu weiteren Studien, namentlich auf dem Kunstgebiet, ging er 1804 nach Rudolstadt, 1805 wurde er in der Loge „Archimedes zu den drei Reißbretern" in Altenburg in den Freimaurerbund aufgenommen. Er legte hierbei nicht den alten Maurereid, sondern an dessen Stelle das Gelöbnis ab, „er wolle ein sittlicher und guter Mensch, ein gewissenhafter und treuer Br. Maurer sein, die allgemeinen Gesetze der Maurerschaft und die besonderen Beigesetze seiner Loge befolgen und hinsichtlich der Maurerei verschwiegen sein, sofern dies mit seinem Gewissen und seinen sonstigen moralischen Verpflichtungen, insonderheit auch mit seinen Verpflichtungen gegen den Staat in Einklang stehe". Noch im selben Jahre wurde er von der Dresdener Loge „Zu den drei Schwertern und den wahren Freunden" affiliiert und nahm seinen dauernden Wohnsitz in Dresden; er wurde Redner der Loge und entfaltete mit Moßdorf (s. d.) eine rege Tätigkeit, die vollsten Beifall seiner Brr. fand. Seine Arbeiten erschienen dann im Druck, insbesondere: „Vier Freimaurer-Reden", dann „Höhere Vergeistigung der echt überlieferten Grundsymbole der Freimaurerei" (12 Logenvorträge umfassend). Ferner versah er die Übersetzung von Lawries Geschichte der Freimaurerei mit einer Vorrede und mit erläuternden und berichtigenden Anmerkungen. 1810—1813 erschien sein freimaurerisches Hauptwerk „Die drei ältesten Kunsturkunden der Freimaurerbrüderschaft..." Die Herausgabe dieses Buches hatte für K. die verhängnisvollsten Folgen. Moßdorf hatte das Erscheinen des Buches schon vorher, im Oktober 1809, in einem Rundschreiben angezeigt, mit Bewilligung der Meisterversammlung der Dreischwerter-Loge, in welchem die Aufmerksamkeit auf die „mühsamen und scharfsinnigen Untersuchungen" gelenkt wurde. Bei der Hamburger und den Berliner Großlogen erhob sich heftiger Widerstand gegen die Herausgabe. Nach einem vergeblichen Versuch, sie dadurch zu verhindern, daß man dem Verfasser eine von ihm selbst zu bestimmende Summe für das Manuskript anbot, verlangten die Großlogen von der Loge „Zu den drei Schwertern" die Ausschließung von K. und Moßdorf. Dieses Ansinnen wurde zunächst zurückgewiesen; als aber kurz nachher 7 Brr. mit dem Austritt drohten, falls K. und Moßdorf nicht ausgeschlossen würden, beschloß die Loge in einer stürmischen Versammlung mit Stimmenmehrheit die zeitweilige Entfernung der beiden Brr. Daraufhin deckte Moßdorf die Loge, dasselbe taten einige andere Brr., die den Beschluß als ungesetzlich und ungerecht bekämpft hatten. K. selbst ging unbeirrt den Weg weiter, den er für sittlich geboten hielt, wobei er sich weiter als Freimaurer betrachtete. Er ging nun nach Berlin, wo er hoffte, besser für die Erziehung seiner zahlreichen Kinder sorgen zu können, habilitierte sich an der Universität und konnte begründeten Anspruch darauf erheben, Fichtes Nachfolger im Lehramte zu werden. Allein seine Hoffnung erfüllte sich nicht, so daß er sich entschloß, nach Dresden zurückzukehren (1815).

K.s fernerer Lebenslauf ist eine Kette von Verfolgungen und Mißerfolgen, die materielle Not seine ständige Begleiterin. Unermüdlich am Ausbau seines philosophischen Systems arbeitend, dabei genötigt, durch Privatunterricht den Lebensunterhalt für seine Familie zu erwerben, lebte er zunächst in Dresden, wo er seine zweite, erweiterte Ausgabe der Kunsturkunden veranstaltete. 1823 unternahm er den dritten Versuch, eine Lebensstellung als akademischer Lehrer zu finden; er zog mit Frau und 12 Kindern nach Göttingen und habilitierte sich wiederum als Privatdozent. Seine Vorlesungen zogen zahlreiche Hörer an, eine ganze Reihe bedeutsamer Schriften wurde von ihm herausgegeben, aber wiederum wurde seine Hoffnung auf eine Professur enttäuscht. Unruhen in der Studentenschaft 1831, an denen K. nicht den geringsten Anteil hatte, wurden zum Anlaß genommen, ihn in eine polizeiliche Untersuchung zu verwickeln; er sah sich genötigt, Göttingen zu verlassen und wandte sich nun nach München. Auch hier verfolgte ihn sein Unstern und der Haß seiner Gegner. Schelling, Präsident der Münchner Akademie der Wissenschaften, verhinderte seine Aufnahme in den Verband der Universität, andere Einflüsse machten ihn der Polizei verdächtig, so daß ihm die Ausweisung drohte. Der Philosoph Franz v. B a a d e r verbürgte sich schließlich für die politische Unschuld K.s, und so konnte dieser in München bleiben als kranker, körperlich gebrochener Mann. 1832 starb er. Es mildert die Schatten dieses Bildes nur wenig, daß die Nachwelt versucht hat, wenigstens einiges von dem gutzumachen, was den Zeitgenossen K. gegenüber zur Last fällt. Die Loge „Zu den drei Schwertern" in Dresden widerrief 1881 die Ausschließung K.s und im selben Jahre wurde ihm in seinem Geburtsort ein bescheidenes Denkmal errichtet, auf freimaurerische Anregung und in der Hauptsache mit freimaurerischen Mitteln.

K. entwickelte als philosophischer Schriftsteller ungewöhnliche Fruchtbarkeit. Sein Name steht heute gleichberechtigt neben den bekannteren Schellings, Fichtes und H e g e l s. Von den beiden Erstgenannten beeinflußt, ging er doch eigene Wege. Der Ausgangspunkt seines Philosophierens ist derselbe, wie der D e s c a r t e s, der Zweifel an all dem, was uns die sinnliche Erfahrung zeigt, und wie Descartes gelangt er schließlich zu dem festen Punkte, von dem alle philosophische Erkenntnis ausgehen muß, zu dem, was K. „Selbstschauung" nannte, oder was man heute meist innere Wahrnehmung nennt. Ihr schreibt er allerdings eine weit höhere Erkenntniskraft zu, als wir ihr heute zuzugestehen vermögen. Von da erhebt sich der menschliche Geist auf analytischem Wege, von den besonderen zu immer allgemeineren „höherwesentlichen" Erkenntnissen, weiterhin zur Erkenntnis der Welt, welche die unendliche Vernunft, die unendliche Natur und die an beiden teilhabende, gleichfalls unendliche Menschheit umfaßt, und gelangt schließlich zur Erkenntnis Gottes oder „Wesens", wie sich K. am liebsten ausdrückt, das der Grund und die Ursache der Welt ist. In ihm, unter ihm und durch ihn ist die Welt; Gott selbst aber ist auch Urwesen, d. h. er ist vor und über der ganzen Welt und allen endlichen Vernunftwesen. K. nennt diese ihm eigentümliche Weltanschauung „P a n e n t h e i s m u s", A l l - i n - G o t t - L e h r e, im Gegensatz zum Pantheismus, der Weltganzes und Gott gleichsetzt. Dieser Gottesgedanke durchdringt sein ganzes philosophisches System, auf ihm beruht seine Religionsphilosophie. Die ganze praktische Philosophie K.s wird mit dem Gottesgedanken in enge Verbindung gesetzt.

In der als Gottesreich erscheinenden Welt gewinnt die Idee der M e n s c h h e i t eine ganz besondere Bedeutung. Diese ist für K. keine bloße Abstraktion, sondern ein innerlich verbundenes, organisches Ganzes, d. h. ein solches Ganzes, „dessen alle Teile durch das Ganze und durch alle Teile wechselseitig bestimmt werden".

Im „T a g b l a t t d e s M e n s c h h e i t l e b e n s", einem eigenartigen Versuch, die höchsten Fragen in allgemeinverständlicher Weise zu behandeln, legt er folgendes Bekenntnis seines Glaubens an die Menschheit ab: „Ich glaube an eine Menschheit des Weltalls (also nicht bloß der Erde), die ursprünglich und ewig in Gott ist, in Vernunft und Natur bestehend, die Einheit beider in Gott, von Gott geliebt und Gott liebend, das innigste Wesen Gottes im Wechselleben mit Gott, mit Vernunft und Natur als ein Ganzes und in allen Sonnenbauen (gleich Sonnensystemen) eigentümlich vollendet." Ausführlich hat K. seine Gedanken über die Menschheit und ihre Ziele in der für einen weiten Leserkreis bestimmten, den Brr. gewidmeten Schrift „D a s U r b i l d d e r M e n s c h h e i t" entwickelt.

Im Jahre 1814, nach der Besiegung N a p o l e o n s, veröffentlichte K. eine Reihe von Aufsätzen, die dann auch selbständig unter dem Titel erschienen: „E n t w u r f e i n e s e u r o p ä i s c h e n S t a a t e n b u n d e s a l s B a s i s d e s a l l g e m e i n e n F r i e d e n s . . ." Die Gedanken dieses Völkerbundentwurfs (!), für welche K. die Fürsten und Diplomaten Europas, leider ohne Erfolg, zu gewinnen versuchte, waren kurz folgende: Die alliierten Völker, also insbesondere England, Preußen, Österreich, Spanien und Rußland, sollten einen Staatenbund bilden, der allmählich alle Völker Europas zu umfassen hätte. Dieser Bund sollte ein „organisch-föderativer" Staat sein, beruhend auf der Anerkennung der persönlichen Freiheit und Eigentümlichkeit jedes Volkes, auf dem Grundsatz der sittlich freien Entwicklung, die zwar eine vernunftgemäße Erziehung durch Belehrung, Gesetz und rechtmäßigen Zwang, nie aber Unterdrückung oder rohe Gewalt kennt. „Der Staatenbund verabscheut die schmachvollen Grundsätze, daß die Regierungen und Souveräne eine eigene und andere Moral haben, als die einzelnen; daß im Gebiete der Politik zu lügen und zu trügen erlaubt sei, daß das Recht so weit reiche als die Gewalt. Die Verhandlungen des Bundes sollen mit größtmöglicher Offenheit unter Ausschluß jeder Arglist geführt werden. Der Beitritt zum Staatenbunde ist freiwillig, auch darf kein Staat gehindert werden auszutreten, nur hat er seine eingegangenen Verbindlichkeiten zu erfüllen." Die in dem Staatenbunde vereinten Staaten „begeben sich gänzlich und ohne Rückhalt des Notrechtes, der Selbsthilfe, der Notwehr und der Notrache und erkennen die verfassungsmäßige Rechtsentscheidung des ganzen Bundes in einem gemeinsamen Völkergericht und unbedingt gültig an und versprechen sich ihr unbedingt zu fügen" Aus dem rechtmäßigen Zustande, den der Staatenbund herbeiführe, werde sich, so meinte K. gegenüber Kant, der ewige Friede als notwendige Folge von selbst ergeben.

Neben diesem europäischen Staatenbunde sollten ein asiatischer, ein afrikanischer, ein nordamerikanischer, ein westindischer und ein südamerikanischer und ebenso ein dreifacher australisch-polynesischer sich bilden; in weiterer Folge sollten dann diese Staatenbünde zu einem höheren Ganzen vereinigt werden — dem einen und ganzen Rechtsbunde der Erde.

Schon vor dem Erscheinen der Schrift über den Staatenbund, und zwar im Jahre 1811, hatte er die Grundlehren über den Menschheitsbund und über das Verhältnis desselben zu der seinen einzigen Vorläufer bildenden Freimaurerei in einem ausführlichen „Vorbericht" zu den „drei ältesten Kunsturkunden der Freimaurerbrüderschaft" und in einem in Katechismusform gehaltenen Lehrfragestück, das aus 131 Fragen und Antworten besteht, niedergelegt. Er beginnt mit den Worten: „Wir leben in einer Zeit der Wiedergeburt oder vielmehr der Neugeburt. Die Menschheit erwacht zu neuem Leben. Ein höherer Staatenverein beginnt wirklich zu werden und zuerst die europäischen Völker in einem Ganzen zu umfassen. Der geselligen Gottinnigkeit ist eine höhere Vollendung, ein völlig neues Leben durch die reifere Ausbildung der Wissenschaft und der Kunst bereitet. Wissenschaft und Kunst, diese beiden Grundwerke der Menschheit, gewinnen in den letzten Jahrzehnten vorzüglich in Deutschland neue Kraft und schönere Gestalt. Das häusliche Leben hat sich durch alle Stände veredelt. Die meisten und die edelsten Völker Europas streben jetzt im Staate, in der Kirche, in Wissenschaft und Kunst, sowie in allen geselligen Vereinen und in allen menschlichen Dingen mehr als je nach Einheit und Ganzheit, nach organischer Ausbildung und harmonischem Wechselleben ... Das Erwachen dieses Geistes der Einheit und der harmonischen Organisation bezeichnet den Eintritt eines neuen Lebensalters der Menschheit auf Erden; in ihm wird die Menschheit die volle Blüte ihres harmonischen Lebens beginnen."

„Sofern die Freimaurerbrüderschaft", sagt K. in einem vielzitierten Absatz seines Vorberichts, „ihrem in ihrer eigenen Geschichte deutlich ausgesprochenen wesentlichen Begriffe gemäß ist, erkenne ich sie ihrer Grundlage und ihrem reinen Geiste nach für einen nach Zeiten und Orten beschränkten und bis jetzt bewußtlosen, dennoch aber für den bis jetzt einzig bestehenden geselligen Versuch an, die Ideen der Menschheit des Menschheitslebens und des Menschheitsbundes zur Anschauung zu bringen, in rein menschlichem Geiste zu leben und den offenen Menschheitsbund in abgesonderten Hallen vom Vernunftsinstinkt geleitet vorzubereiten." Allerdings darf man nicht glauben, daß die Freimaurerei schon der Menschheitsbund sei. Sie hat bisher die ersten zwei ihrer Hauptlebensalter zurückgelegt; das erste umfaßt nach K. ihr ursprüngliches Dasein als Gesellschaft wirklicher Baukünstler von den Zeiten der römischen Baukorporationen an; die zweite Periode der Brüderschaft beginnt mit der Gründung der Londoner Großloge im Jahre 1717. Trotz mancher Bedenken, die K. gegen die von ihr eingeführte sogenannte neuenglische Lehrart geltend macht, erkennt er ihr doch zwei wesentliche Verdienste zu: die Loslösung des Bundes von der Werkmaurerei, den ersten Schritt zur Öffentlichkeit, der 1723 getan wurde durch die Veröffentlichung des Andersonschen Konstitutionsbuches. Wenn auch die Freimaurerei in dieser Periode noch viel von den Zunftgebräuchen und -Regeln, und auch viel von den Zunftgeheimnissen beibehielt, so hat sie sich doch schon zum Schauplatz rein menschlicher Bestrebungen umgebildet und in dieser Gestalt sich über die Erde verbreitet. Jetzt aber ist es endlich hohe Zeit, daß die Brüderschaft durch eine völlige Wiedergeburt ihre dritte, schönste Periode beginne. Mit einer bloßen Reform wäre nichts getan, eine Wiedergeburt und Neugestaltung des Masonenbundes — diese Bezeichnung hält K. für die richtige gegenüber der Bezeichnung Freimaurerei — allein kann seine Wirksamkeit für Menschlichkeit und Menschheit wesentlich erhöhen. Die Freimaurerei wie sie jetzt ist, hat in ihrem Gebrauchtum, Gesetzen und Einrichtungen vieles, was ihrem eigenen Grundgesetz, und noch vielmehr was dem Urbegriff der Menschheit widerstreitet. Eben deshalb hält es K. für unbedingt notwendig, die Brüderschaft über ihre Geschichte aufzuklären, damit sie in der Lage sei, die nach seiner Anschauung ihrem eigentlichen Wesen fremden Zutaten einer späteren Zeit, vor allem das Gradwesen (auch die Johannisgrade), die Großlogen, das Geheimnis, zu beseitigen und die freimaurerische Lehre in ihrer ursprünglichen Gestalt wiederherzustellen.

Die drei Urkunden, welche K. für die ältesten der Freimaurerbrüderschaft hielt, waren in ihrer Echtheit als alte Dokumente lange umstritten; heute werden sie mit Sicherheit als unecht angesehen. Es sind 1. das „Freimaurerverhör" (s. d.) Heinrichs VI., 2. die „Lehrlingslektion" (The entered aprentices Lecture) (s. d.), 3. die „Yorker Urkunde" (s. d.). Aber diese Tragik wird schon dadurch gemildert, daß K.s Werk trotzdem auch heute noch als historisches Werk einen hohen Wert besitzt; viel wichtiger aber ist, daß seine Bedeutung für die Freimaurerei gar nicht auf diesen Urkunden und ihrem historischen Wert beruht. Ihm kam es darauf an, nachzuweisen, daß das, was er für die wahre Aufgabe der Freimaurerei hielt, schon bei den Vorläufern und in den ersten Anfängen des Bundes im Keime vorhanden gewesen sei, nämlich der allgemein menschliche Charakter und das rein sittliche Ziel. Über allem aber steht das Bild des Menschen K., der nach den Worten Rudolf Euckens „den entscheidenden Aufgaben der Menschheit sein Leben geweiht hat, der im Eifer um das Höchste Großes erreichte, und der in dem harten Kampfe, den ihm die Last äußerer Verhältnisse, Gleichgültigkeit und Mißwollen der Menschen aufzwangen, seiner Bestimmung Treue gehalten hat und über alle Anfechtungen innerlich Sieger geblieben ist".

Die Bedeutung von K. für den Freimaurerbund liegt nicht so sehr in seinen eigentlichen freimaurerischen Schriften, als vielmehr in dem von ihm vorgeahnten Menschheitsbund. Durch ihn ist ebenso wie durch Lessing die Freimaurerei auf den klar gefaßten Humanitätsgedanken hingewiesen worden. Mit Lessing ist daher K. der eigentliche Begründer jener humanitär denkenden Freimaurerei, die ein spezifisch deutsches Produkt ist. Während die angelsächsischen Freimaurer ihren Humanitätsbegriff aus religiöser Grundlage ableiten (Gotteskindschaft), die französischen Freimaurer aus mehr sozialen Postulaten (Menschenrechte), hat die deutsche Freimaurerei durch K. den ethischen Humanitätsgedanken als Geschenk erhalten, der ohne religiöse oder politisch-soziale Ableitung zum kategorischen Bestandteil der freimaurerischen Lehre erhoben wurde. Romanen und Deutsche haben den gleichen Humanitätsbegriff in der gleichen Lehre und Forderung eingeschlossen. Aber die Art, wie sie darüber reden, ist eine so verschiedene, daß sie einander häufig nicht verstehen! Der deutsche Humanitätsbegriff, wie er uns in den Schriften von K. entgegentritt, ist dabei entschieden der weitere, weil er absolut gedacht ist. Somit darf K., was vielleicht noch nicht genügend erkannt ist, neben Lessing als der geistige Vater der deutschen Freimaurerei bezeichnet werden, die durch ihn ein sie differenzierendes Merkmal erhalten hat: den von ihm als höchsten Ausdruck seines Humanitätsgefühls dem Bunde auferlegten Zweck des Menschheitsbundes.

K. R. C. (engl.), Abkürzung für Knight Rose Croix, Ritter vom Rosenkreuz.

Krebs, Joh. Baptist (Pseudonym J. B. Kerning und Gneising), * 1774, † 1851, ursprünglich katholischer Theologe, dann Opernregisseur in Stuttgart, Mystiker, Wiedererwecker der von 1784—1834 wegen obrigkeitlicher Verbote fast gänzlich ruhenden württembergischen Freimaurerei (durch eine Adresse an König Wilhelm I.), 1835 Gründer und Stuhlmeister der Loge „Wilhelm zur aufgehenden Sonne", freimaurerischer Schriftsteller mit stark theosophischem Einschlag („Maurerische Mitteilungen", 6 Bände, „Der Freimaurer" u. a.). 1840 Stifter der Loge „Zu den drei Zedern", Schöpfer eines Sabbithengrades (s. d.), dessen auf der Philosophie des Aristoteles fußende Lehre Sätze und Wörter (Begriffe) in Töne überführte, die er als Teile der Urkraft (Gott) betrachtete. (Vgl. Konrad Steller in „Latomia", 1922, Nr. 9/10, S. 98.) „Den tiefen Sinn der freimaurerischen Symbolik zu ergründen (‚durch Wiederbelebung einer prophetischen Kraft im Menschen', Findel), war während 30 Jahren das Ziel des Strebens" von K. („Freimaurerzeitung", 1852, Nr. 24/26).

Kreide, Holzkohle und Ton (engl. Chalk, Charcoal and Clay), alte maurerische Symbole, die bei Prichard und Brownes erwähnt werden. Sie sollen vorstellen: Freiheit, Wärme und Eifer. In anderen Lehrarten auch anders gedeutet.

Kreidel, Alois, Professor der Physiologie an der Universität Wien, Mitglied der Akademie der Wissenschaften, altruistische Forschernatur, † 1928, war Freimaurer.

Krejčí, Dobroslav, Dr. jur., Professor an der Universität in Brünn, * 1869, Leiter des staatlichen statistischen Amtes, dessen Einrichtung er besorgt hat, Verfasser zahlreicher einschlägiger Werke, ist Mitglied der Loge „Cestou světla", Brünn.

Kretschmer, Ernst Paul, Realoberlehrer und Stadtarchivar in Gera, * 1887, seit 1916 Mitglied der Loge „Archimedes zum ewigen Bunde", seit 1920 Stuhlmeister, Zweiter Großaufseher der Großloge „Deutsche Bruderkette", historischer und freimaurerischer Schriftsteller. Von seinen größeren freimaurerischen Arbeiten seien u. a. erwähnt: „Die antimassonianische Sozietät und die Logen Heinrichs XII", Reuß-Schleiz, Leipzig 1919, die Neubearbeitung (13. und 14. Auflage) des IV. Teils der Fischerschen Katechismen (Historisch-dogmatische Darstellung der wichtigsten freimaurerischen Lehrarten), Leipzig 1926, „Logenarchive, ihre Anordnung und Einrichtung" (in Verbindung mit Dietel und Dr. Meißner), Leipzig 1928, „Auf Spuren des Mopsordens in Thüringen", Leipzig, 1925, „Fischer-Tschirch-Liederbuch für Freimaurerlogen, neunte, bedeutend erweiterte Auflage mit lexigraphischem Anhang", Leipzig, 1925.

Kreuz. In den drei symbolischen Graden kommt das K. im allgemeinen als Symbol nicht vor. Nur in christlichen Systemen wird auch schon in den niederen Graden auf das K. und seine Bedeutung verwiesen.

In der Symbolik des A. u. A. Schottischen Ritus, im XVIII. Grad der Ritter vom Rosenkreuz, im griechischen K. mit der Rose, versinnbildlicht die senkrechte Linie das Leben, die horizontale, das Leben kreuzende, den Tod. (Der Weg zur Seligkeit des Daseins geht durch den Tod.) Im übrigen sind in der Freimaurerei und ihren Hochgradsystemen folgende Kreuzformen üblich:

Ägyptisches K., das einfache T, auch in Form des Henkelkreuzes, crux ansata, oder in Form des dreifachen T im Royal Arch.

Passionskreuz, lateinisches K., crux immissa, das sich aus den auseinandergefalteten sechs Flächen des Kubus bilden läßt (Knights Templar). In dieser Form auch beliebt als freimaurerisches Schmuckstück (Kugel).

Andreaskreuz, crux decussata, in Form eines X, findet Verwendung im Abzeichen des Großmeisters der Großloge von Schottland, im XXIX. Grad des A. u. A. Schottischen Ritus, in den Abzeichen der Andreasmeister des Schwedischen Systems.

Kreuz von Salem, auch Pontifikalkreuz genannt, mit drei Querbalken, getragen vom Großmeister der Knights Templar (s. d.), ebenso als Symbol hinter dem Namen des Großkommandeurs des A. u. A. Schottischen Ritus.

Patriarchenkreuz, zwei Querbalken, im XXXIII. Grad des A. u. A. Schottischen Ritus.

Teutonisches K., mit doppelköpfigem Adler, Abzeichen der Kadoschritter des A. u. A. Schottischen Ritus.

Verschiedene andere Kreuzformen, die den alten geistlichen Ritterorden entlehnt sind, so das Templerkreuz, das K. des Deutschen Ritterordens, das achtspitzige Malteserkreuz, das Konstantinskreuz (s. Labarum) kommen ebenfalls in Hochgraden vor.

Kreuz, Christian, Deckname für Herbert von Bomsdorff-Bergen, der 1921 bis 1923 Mitglied der Züricher Loge „Libertas und Fraternitas" (vor deren Rektifizierung durch die Großloge „Alpina") gewesen und aus dieser ohne Erteilung einer ehrenvollen Entlassung ausgeschieden ist. Er ist der Verfasser einer Hetzschrift gegen die Freimaurer: „Ein Weltbetrug durch Zeichen, Wort und Griff", Zürich 1923.

Kreuzbrüder, s. Kreuzfromme.

Kreuz der Dreifaltigkeit, Ritter vom, 1785 vom früheren preußischen Hauptmann von Assum in Grünstadt gegründetes sogenanntes freimaurerisches System (s. „Grünstädter Lehrart") in Verbindung mit einer Lotterieunternehmung. Geldgeber war der Landgraf Ludwig von Hessen. (Vergl. Schuster, „Geheime Gesellschaften".)

Kreuzfromme oder Gemeinschaft der Johannisvertrauten, auch Kreuzbrüder. Aus mystischer Theologie und Narrheit zusammengesetztes System, begründet von dem Pietisten und Schwärmer Graf von Haugwitz (s. d.) nach dessen Trennung von der Strikten Observanz 1777; nach einer Äußerung von Ditfurth (s. d.) am besten „für alte Spitalweiber" geeignet. Die drei Johannisgrade der Freimaurerei erfuhren hier eine durchaus pietistische Deutung. Dennoch vermochte Haugwitz den Herzog Ferdinand von Braunschweig, den Prinzen Karl von Hessen und andere dafür einzunehmen. Einige schlesische und sächsische Logen verließen teils das Zinnendorfsche, teils das System der Gold- und Rosenkreuzer, um die von Haugwitz entworfene herrenhutisch-maurerische „Lehrart" als die einzig wahre und echte anzunehmen. Bei der Einführung wurde der Kandidat gefragt, „ob er glaube, daß Jesus Christus Gottes Sohn, wahrer Gott sowie der Vater sei". Die Beschäftigung war, „sich über der Wonne, einmal wieder dem Drange der Welt und der Etikette auf wenige Augenblicke entflohen zu sein, recht brüderlich zu umarmen, gemeinschaftlich und, wie der Herr es vorschrieb, im Verborgenen zum Allvater zu beten und so das Glück der Existenz wieder einmal an der Seite biederer Herzensfreunde in der möglichsten Unschuld und Vollkommenheit zu schmecken."

Das System ging bald ein.

Kreuz, Rotes, Auszeichnung für Brr. der höchsten Ordensstufe im Schwedischen, bezw. Zinnendorfschen System (s. d.), die sich in den skandinavischen Ländern zu einem „Auszeichnungsgrad", dem XI. des Systems, entwickelt hat. Auch bei der „Großen Landesloge der Freimaurer von Deutschland" erfolgt die früher ganz einfache Erteilung des R. K. an die „Ritterkommandeure mit dem roten Kreuz" auch Tempelmeister genannt, neuerdings nach einem eigenen Ritual, doch wird gesagt, daß es sich dabei nicht um einen „zeremoniellen Grad" handle. Der Auszuzeichnende erhält unter entsprechender Ermahnung, daß er sich auf der höchsten Stufe doch nur immer als Lehrling der Königlichen Kunst betrachten dürfe, solange er auf Erden wandle, und daß er stets bestrebt sein müsse, Stolz und Eigendünkel abzulegen, das rubinfarbene Kreuz am roten Band und den weißen Lehrlingsschurz, den er nun in allen Arbeiten, auch im Kapitel trägt, in dem sonst die Brr. des VI. bis IX. Grades schurzlos erscheinen. Das rote Kreuz wurde zur Zeit der Strikten Observanz erfunden, um den Brr. etwas zu geben, was dem Eques-Grad (s. d.) äußerlich gleichsah. Die Strikte Observanz diente in Schweden in nicht unbedeutendem Maß als Vorbild, und vieles wurde in das Eckleffsche System hinübergenommen, was Zinnendorf ablehnte (z. B. auch die in Deutschland fehlenden Ritternamen mit Devisen und Ritterwappen), so daß dort der Ausbau des R. K. zum eigenen Grad naturgemäß war. Die Ritterkommandeure mit dem R. K., die Tempelmeister, haben Sitz im Höchsten Ordenskapitel.

Kreuzworträtsel, Freimaurerische (Cross word puzzles), waren nach dem Weltkrieg eine Zeitlang in amerikanischen Logenblättern häufig. Die auszufüllenden Quadrate waren um maurerische Symbole gruppiert, und die zu erratenden Worte bezogen sich zumeist auf die Ritualistik.

Krieg. Nach Schmidt, „Philosophisches Wörterbuch": „Die moralische Beurteilung des Krieges kann nur zu einer Verurteilung führen: Der Krieg ist barbarisch, bestialisch, dumm, schlecht, kulturwidrig, unsittlich, unverträglich mit menschlicher Würde, wahrer Kultur und Moral. Aber die Menschheit — auch die sogenannte Kulturmenschheit — steht ja noch zum großen Teile auf der Stufe der Barbarei, intellektuell, wie moralisch. Darum — aber nur darum — ist der Krieg noch möglich und nach historisch-soziologischer Kausalität unvermeidlich, zuweilen sogar noch von moralischer Teleologie geboten: Als Verteidigungs- und Befreiungskrieg." Über die Stellung des Freimaurers zum K. s. Pazifismus, Weltkrieg.

Kriegsgefangenenaktion 1918. Der Deutsche Großlogenbund appellierte in einer vom geschäftsführenden Großmeister Wilhelm Süß, Darmstadt, unterzeichneten Botschaft vom 7.

Februar 1919 („Die brutale Stimme des Krieges ist zum Schweigen gekommen. Nun muß sich die Stimme der Humanität, welche unser Weltenbund als Hochziel seines Strebens anerkennt, wieder Gehör verschaffen ...") an die Freimaurer der Welt, dahin zu wirken, daß der damals noch in manchen Ländern trotz des Kriegsendes weiterbestehenden Zwangsarbeit deutscher Kriegsgefangener bald ein Ende gesetzt und diesen würdige Behandlung und baldige Heimbeförderung ermöglicht werde.

Kriegsgefangenenlogen. Da in den vielen Kriegen des 18. Jahrhunderts in allen Armeen Freimaurer dienten, gab es deren zahlreiche auch unter den Kriegsgefangenen. Es sind viele Beispiele dafür bekannt, daß Freimaurer ihren kriegsgefangenen Brr. zu helfen trachteten, was um so notwendiger erschien, als die Kriegsgefangenschaft jener Zeit meist noch härter war als im Weltkrieg. Die Gefangenen litten unter Hunger und Kälte; da die Gefängnisse stets überfüllt waren, brachte man sie sehr schlecht unter; berüchtigt waren beispielsweise die Hulks von Portsmouth, Plymouth, Chatham, abgetakelte Schiffe, die in den Häfen verankert lagen. Französische Freimaurer waren es zuerst, die in der Gefangenschaft Logen gründeten; sie wurden vielfach von lokalen Logen unterstützt. Die Protokolle englischer Bauhütten verzeichnen nicht selten beträchtliche Spenden für Unterstützungszwecke. Auch die Großloge von England warf für diese Zwecke Beträge aus.

1756, im ersten Jahr des Siebenjährigen Krieges, bildete sich in Basingstoke die erste K. französischer Offiziere. Sie konstituierte sich ohne Patent. Als die Gefangenenlager 1758 nach Petersfield verlegt wurden, arbeitete die Loge dort weiter. Von 1759 an war sie in Leeds und nahm dort einige Bürger der Stadt auf. Ihre Mitglieder fanden auch regelmäßig Zutritt zu den Arbeiten der heimischen Loge „The Talbot". Erst mit Kriegsende, 1763, wurde die Loge aufgelöst.

Ende 1758 gründeten französische Kriegsgefangene unter Führung des Marquis Filley de Lerneu mit Genehmigung der Mutterloge „Zu den drei Weltkugeln" in Berlin eine Loge unter dem Namen „La Fidélité", die keine Aufnahmen vollziehen durfte und bis zur Auswechslung der Gefangenen bestand. Diese französischen Offiziere waren es auch, die die höheren Grade nach Berlin brachten und bei der Loge „Zu den drei Weltkugeln" unter Leitung des Barons von Printzen ein Kapitel von Jerusalemrittern errichteten, das als das Clermontsche Kapitel sehr bekannt geworden ist.

1762 erteilte die Großloge von York den französischen Kriegsgefangenen der Stadt ein Patent für eine Bauhütte, ebenfalls unter der Bedingung, keine Neuaufnahmen zu vollziehen. Aus dem 18. Jahrhundert sind noch mehrere Logen bekannt, zu deren Gründung kriegsgefangene Freimaurer die Initiative ergriffen (Magdeburg, Launceston u. a.).

Während der Napoleonischen Kriege gab es K. in Malta, Spanien, Derbyshire, Wales, drei in Hants, sieben in Devonshire usw. In den meisten Orten wurde ihnen von den bestehenden Logen Gastfreundschaft erwiesen; in Melroose und Selkirk z. B. stellte man ihnen die Tempel zur Verfügung. In Abergavenny, wo es damals noch keine englische Loge gab und die kriegsgefangenen Freimaurer unter Konstitution des Großorients de France auch britische Untertanen aufnahmen, gründeten diese nach der Heimkehr der Gefangenen sofort eine eigene Loge. Eigenartig waren manchmal die Namen der Logen: „Die Unglücklichen", „Freunde in Gefangenschaft", „Friedenssehnsucht" usw. Auch in Gefängnissen, in die man Kriegsgefangene sperrte, gab es K. Crowe berichtet z. B. (in A. Q. C., Bd. XX/3) über eine solche im „Orient of Dartmoor".

Die K. auf Malta „Freunde in Gefangenschaft", deren Mitglieder 1811 von jenen einer englischen Loge zu einem Brudermahl eingeladen worden waren, wollten diese Liebenswürdigkeit erwidern; der Gouverneur mußte aber die Versammlung verbieten, weil mittlerweile Priester die Bauern zu einem Angriff auf die Loge aufgehetzt hatten, unter dem Vorwand, die herrschende Trockenheit und Viehseuchen seien auf die Freimaurer zurückzuführen. Trotzdem das Mahl abgesagt wurde, drang die Menge in den Tempel ein. Lionel Vibert beziffert die Zahl der französischen K., die in England bis zur Beendigung der Napoleonischen Kriege bestanden, auf 32 („Annales Maçonniques Universelles" 1931, Nr. 4).

Aus dem amerikanischen Unabhängigkeitskrieg ist neuerdings die Existenz einer Loge bekannt geworden, die von Offizieren des von Herzog Karl von Braunschweig an England verkauften Expeditionskorps als Konventionsgefangenen nach der Kapitulation von Saratoga (1777) im Barackenlager von Charlotteville 1780 errichtet wurde, woselbst sich auch eine als „Irländische Loge Nr. 63" bezeichnete Bauhütte befand, deren Mitglieder Angehörige des 20. englischen Linienregiments waren (Freimaurermuseum, Band VI).

Während des Weltkrieges entstanden auf holländischem Boden die Logen „Gastvrijheid" in Groningen (1915) und „Willem van Oranje" (1918) im Haag. Erstere setzte sich aus Angehörigen der englischen Marinebrigade zusammen, die nach den Kämpfen bei Antwerpen nach Holland übergegangen und dort interniert worden war; sie arbeitete unter dem Großosten der Niederlande nach englischem Ritual. Nach Beendigung des Krieges erhielt die Loge ein neues Patent von der Großloge von England. Auch die zweite Loge wurde von Kriegsgefangenen gebildet, die nach Holland ausgetauscht worden waren. Auch sie arbeitete nach englischem Ritual und wurde nach Friedensschluß ebenfalls in eine Bauhütte unter englischer Obedienz umgewandelt.

Kriegsgelöbnis. Im Weltkrieg mußten die in der Militär- und Marineloge von New York um Aufnahme Ansuchenden folgendes geloben:

1. Ich verspreche am Krieg ohne Brutalität und ohne Haß teilzunehmen und dem amerikanischen Ideal treu zu bleiben.

2. Da ich weiß, welche Versuchungen dem Lagerleben innewohnen und welche moralische und soziale Zusammenbrüche daraus resultieren, verspreche ich ein makelloses Leben zu führen, auf daß die amerikanische Uniform das Sinnbild und die Gewähr wahrer Männlichkeit sei.

3. Ich gelobe durch mein Beispiel und meinen Einfluß mitzuhelfen, diese Anschauung zu der im amerikanischen Heer und Flotte herrschenden zu machen.

Kriegsschuldfrage. Die deutsche Freimaurerei hat zu wiederholten Gelegenheiten ihre Stimme gegen den Anwurf erhoben, Deutschland trage allein die Schuld am Weltkrieg. Die 54. Hauptversammlung des Vereins deutscher Freimaurer in Magdeburg 1922 protestierte in einer Resolution, die als Quelle der geistigen und materiellen Verelendung in Deutschland den „in Haß und Rachsucht wurzelnden Versailler Vertrag" und dessen Grundlage, „die Lüge von der alleinigen Schuld Deutschlands am Weltkrieg", bezeichnete, und ihr den Kampf aller jener ankündigte, „die Deutschlands Wiederaufbau und damit auch die dauernde Befriedung Europas und der Welt ehrlich wollen." Es hieß weiter: „Wahrheit und Ehrlichkeit in unser Leben zu bringen, ist freimaurerisches Ideal. Wir verlangen die Wahrheit auch für die Lösung der Frage nach der Ursache des Weltkrieges und der Schuld an ihm. Wir fordern alle Freimaurer und freimaurerischen Verbände aller Länder auf, sich dieses Ideals bewußt zu sein und mit uns gegen Lüge und Verleumdung zu kämpfen. Wir erheben als Deutsche feierlich Einspruch dagegen, die Parias der Menschheit zu sein, wir verteidigen unsere nationale Würde und Ehre. Hört und helft uns, Brr. Freimaurer, wo immer Ihr im Tempel der Wahrheit und des Lichts für die Menschheit baut." Die K. wurde von deutscher Seite auch bei der Frankfurter Begegnung (s. d.), die zwischen dem Großmeister des Eklektischen Bundes, Ludwig Ries, und den Führern der französischen Freimaurerei (1927) stattfand, erörtert.

Krispyn, Vrij-Metselaar, 1822 erschienenes holländisches dreiaktiges Freimaurerlustspiel von H. v. Aelvervelt.

Kritizismus. Kritisch ist im allgemeinen jede Philosophie, die keine These als Dogma, d. h. ohne Begründung ihrer Existenzberechtigung, gelten läßt, zwischen Erscheinung und „An sich" unterscheidet und die Relativität der Wirklichkeit einsieht. Seit Kant ist K. eine Methode der Philosophie, die der Konstruktion eines systematischen Wissens eine erkenntnistheoretische Untersuchung vorangehen läßt. K. ist kein Skeptizismus (s. d.), ist im Gegenteil von der Gültigkeit der apriorischen Erkenntnungselemente überzeugt. Vom Übersinnlichen sagt der K. nur, daß es wohl unerkennbar, aber denkbar sei und in „praktisch-sittlicher Absicht anerkannt zu werden vermag" (Kant). Die Freimaurerei nimmt in den meisten Fragen den Standpunkt des K. ein, insbesondere in bezug auf die Gottesfrage. Ihr Ausgangspunkt ist nicht Gott als Dogma, sondern das Sittengesetz und die Menschenliebe, die die Freimaurerei zum Glauben an die sittliche Weltordnung, zum Symbol des A. B. a. W. führen. (Vergl. Caspari, „Die Bedeutung der Freimaurerei für das geistige Leben", Seite 180/182.) Die Freimaurerei hat im Sinne des K. im allgemeinen Mißtrauen gegen künstliche Systeme und daher auch keine einheitliche Weltanschauung und kodifizierte Philosophie.

Křižik, Franz, Ingenieur, Dr. hon. causa, * 1847, Erfinder der nach ihm benannten, allgemein verbreiteten Bogenlampe, gehört der Loge „Sibi et posteris", Prag, an.

Kroatien, s. Jugoslawien.

Kronauer, Otto, Bundesanwalt der Schweizerischen Eidgenossnschaft, * 1850, † 1922, vorher Erster Staatsanwalt des Kantons Zürich, war Mitglied der Loge „Akazia" in Winterthur.

Krone, Symbol bei der Weihe zum Andreas-Gesellen (Schwedisches, bezw. Zinnendorfsches System), ferner im XXX. Grad des A. u. A. Schottischen Ritus u. a.

Krüppel, Verstümmelte. Die genaue Auslegung des vierten Hauptstückes der Alten Pflichten führte dazu, daß besonders in Amerika Verstümmelte keine Aufnahme in die Logen fanden. Durch den Weltkrieg sahen sich auch amerikanische Logen veranlaßt, diese Bestimmungen zu mildern, wobei jedoch, um einer Änderung der Alten Pflichten vorzubeugen, der Großmeister jeweils in den einzelnen Fällen Dispens erteilt (s. auch Körperliche Eignung).

Kryptische Grade (engl. Cryptic degrees). Als solche werden bezeichnet die beiden Grade des Royal- und Select Master, mitunter (so in England) auch des Superexcellent Master. Der Inhalt dieser Grade, die in einem Grand Council vergeben werden, schließt sich an die Enoch-Legende und die Auffindung des geheimen Namens Gottes in einem Gewölbe, Höhle (Krypta) an (s. Royal and Select Masters).

K. T. (engl.), Abkürzung für Knight Templar (s. d.)

Kuba (Cuba), größte der Großen Antillen; 1762 war eine irische Regimentsloge als erste in Havanna maurerisch tätig. Offiziellen Einzug hielt die Freimaurerei in K. aber erst zu Beginn des 19. Jahrhunderts, als französische Flüchtlinge, die der Aufstand von San Domingo 1798 vertrieben hatte, sich hier niederließen. Diese gründeten 1802 und 1803 Logen in Santiago. 1804 erteilte die Großloge von Pennsylvanien ebenfalls Franzosen ein Patent für eine Bauhütte in Havanna. Zu den damals in K. Tätigen gehörten auch der spätere Systemgründer in New York, Josef Cernau, und Antoine Matthieu Duptot, der ihn mit den notwendigen „Vollmachten" für USA. versah. Dieser Tätigkeit bereitete aber der Französisch-Spanische Krieg 1809 ein Ende. In der Freimaurerei wurden nun die eigentlichen Einwohner maßgebend. Immerhin blieb es dem französischen General Louis de Clouet vorbehalten, 1818 den Schottischen Ritus offiziell einzuführen, indem er in Havanna ein Konsistorium der Prinzen des Königlichen Geheimnisses (XXXII. Grad) einrichtete. In der gleichen Zeit entstand eine Großloge des sogenannten York-Ritus. In den nächsten Jahren waren verschiedene amerikanische Großlogen und auch der Großorient von Frankreich gründend tätig. Abermals trat aber eine Unterbrechung ein, als der spanische König Ferdinand VII. schwere Verfolgungen und Hinrichtungen von Freimaurern befahl. Jede freimaurerische Arbeit wurde verboten, und erst 1859 konnte sich neues Leben rühren. Eine Großloge wurde errichtet, die „Gran Logia de la Isla de Cuba“ mit Sitz zunächst in Santiago, später in Habana. Im gleichen Jahr kam ein Oberster Rat des A. u A. Schottischen Ritus hinzu. Die Entwicklung gestaltete sich zunächst recht schwierig, die Verfolgungen dauerten fort, die Freiheitskämpfe, an deren Führung Freimaurer hervorragendsten Anteil hatten, hemmten mancherorts zeitweise jede Arbeitsmöglichkeit, dazu kamen auch innere Zwistigkeiten, die eine Konsolidierung lange unmöglich machten. Eine Zeitlang gab es nebeneinander drei Großlogen, die sich aber schließlich doch in der alten Gran Logia von 1859 zusammenfanden. Sie hatte 1930 in 25 Distrikten 190 Logen mit gegen 14.000 Mitgliedern.

Der große Aufschwung hat mit der Gründung der Republik 1902 eingesetzt. Von den bisherigen fünf Staatspräsidenten waren drei, Palma, Gomez und der gegenwärtige, Machado (s. d.), Mitglieder des Bundes. Durch ein Dekret dieses letzteren Staatsoberhauptes erhielt die Großloge 1929 ein staatliches Grundstück für den Bau eines Großlogentempels. An die Stiftung wurde die Bedingung geknüpft, daß in diesem Haus auch eine öffentliche Bibliothek und eine Laienschule errichtet werde. Für den Glockenturm des großen Gebäudes wurde eine Statue des freien Gedankens mit einem mächtigen — nachts brennenden — Fanal entworfen. Adresse: Apartado 72, Habana.

Kubischer Stein, s. Kubus.

Kubus, Kubischer Stein, der Würfel (engl. perfect ashlar, frz. pierre cubique), ein Symbol der Johannismaurerei. Der behauene Stein ist das Lehrbild des Bausteins, der sich lückenlos dem Bau einfügt, und der in fleißiger Arbeit aus dem unbehauenen Stein erstehen soll. Daher ist er das Lehrbild des in der freimaurerischen Arbeit Vorgeschrittenen, der durch Arbeit an sich selbst die Fähigkeit zu tragfähiger Einfügung erreicht hat. Im Schwedischen, bezw. Zinnendorfschen System spielt der K. auch in höheren Graden eine Rolle, als Symbol des zur Gotteskindschaft erhobenen, erlösten Menschen, als Sinnbild auch des Obermeisters.

In Ludendorffs (s. d.) Schriften werden Kriegerdenkmäler (wie etwa das Münchner), die Kubusgestalt zeigen, als Freimaurerdenkmäler oder „Judenkubus“ bezeichnet. Es erübrigt sich, darauf hinzuweisen, daß diese Zusammenhänge nur in Ludendorffs verwirrten Vorstellungen bestehen.

Kugelung (Ballotage) heißt der Vorgang der geheimen Abstimmung, zumeist bei Aufnahmen, aber auch zur Entscheidung bestimmter Fragen mit Stimmzeichen, Kugeln. Wie schon aus Ovids Metamorphosen XV., 41, ersichtlich, ist dieser Brauch uralten Datums.

Mos erat, antiquus niveis atrisque lapillis
His damnare reos, illis absolvere culpae.
(Alter Brauch wars, mit schwarzen und weißen Steinchen
Schuldig zu sprechen die einen, die andern von Schuld zu befrein.)

Der K. haften, wie jeder geheimen Abstimmung, unvermeidliche innere Mängel an. Im allgemeinen wird eine K. als helleuchtend erklärt, wenn nur weiße Stimmzeichen fallen, als trüb, wenn zwei, als dunkel, wenn mindestens drei schwarze Kugeln geworfen werden. Die Bestimmungen über die Zahl der schwarzen Kugeln, die zur Ablehnung genügen, sind in den einzelnen Großlogen und Logen verschieden. In einzelnen Logen besteht der Brauch, daß die geworfene schwarze Kugel dem Meister vom Stuhl vertraulich begründet werden muß, andernfalls sie als weiß gezählt wird. Um Verwechslungen vorzubeugen, werden in einzelnen Logen statt der Kugeln weiße Würfel und schwarze Pyramiden verwendet. Die Mängel des K.-Verfahrens liegen auf der Hand. Wiederholte Versuche, ein anderes, offenes Verfahren der Abstimmung einzuführen, sind jedoch immer gescheitert.

Kugelung, Gemeinsame. Nach englischem Brauch ist es zulässig, daß über mehrere Suchende in einem Akte abgestimmt wird. Fällt hierbei ein schwarzes Stimmzeichen, so ist die K. für jeden einzelnen noch einmal zu wiederholen.

Ku-Klux-Klan, bekannteste amerikanische Geheimorganisation, deren Tendenzen sich gegen Neger, Katholiken und Juden richten, bestand schon einmal nach dem Sezessionskrieg, zunächst als harmlose Gründung einer Freundesgruppe in Pulaski im Staate Tennessee. Ursprünglich extravaganter Klub mit etwas Mystik. Der Name war mutmaßlich eine Alliteration des griechischen „Kuklos“ (Kreis) mit dem alten keltischen „Klan“ (Sippe, Verband). Nach anderem soll „Klux“ aus „Lux“ (Licht) entstanden sein. Dem neuen Bund strömten zahlreiche Elemente aus den Südstaaten zu, die die durch die Senatsakte von 1867 verfügte Abschaffung der Sklaverei nicht verwinden mochten, auf deren Ausbeutung die wirtschaftliche Prosperität des Südens zum Großteil begründet gewesen war: Pflanzer, Söhne von Plantagenbesitzern, abgerüstete Soldaten der Konföderierten usw. „Kampf gegen die Neger trotz allem“ wurde Losung des K.-K.-K. Es kam bald zu wilden Terrorakten. Die Mitglieder hielten, in schwarze „Leichentücher“ gehüllt, nächtliche Gerichte über Neger, dann setzte Lynchjustiz ein, gewalttätige Nachtritte, Folterungen, Erschießungen. Die Leichen wurden, mit den Buchstaben „K.-K.-K.“ versehen, an die Haustüre gehängt. Mit diesen Methoden sollte der angeblich drohenden „Afrikanisierung“ des amerikanischen Südens ein Riegel vorgeschoben werden. Unter dem Mantel des Klans blühten Raubmord und private Rache. 1871 erließ der Senat der Vereinigten Staaten eine Anti-Ku-Klux-Klan-Bill, die dem Präsidenten Grant auf die Dauer eines Jahres fast diktatorische Gewalt verlieh. Das Haupt des Klans, der „Große Magier“ General Nathan B. Forrest, der sich zuletzt alle Mühe gegeben hatte, den Orden zu reorganisieren und auf den Boden der Zucht zurückzuführen, löste hierauf das „Unsichtbare Reich“, wie sich der Bund nannte, auf.

Es entstand neuerdings in der zweiten Hälfte des Weltkrieges, unter Ausnützung der allerletzten Errungenschaften amerikanischer Reklametechnik, diesmal von der (geheimen) Idee ausgehend, durch Kapitalisierung von Vorurteilen zu gewaltigen Geldmitteln zu gelangen, an Haß wie an irgendeiner marktgängigen Ware zu verdienen. Die Neugründung ging von dem Colonel, besser gesagt Reverend William Joseph Simmons aus, der im Krieg gegen Spanien Soldat gewesen, dann Methodistenprediger geworden war und für eine Reihe harmloser „geheimer“ Gesellschaften agentiert hatte. Auf dem Gipfel des Stone Mountains im Staate Alabama proklamierte er im Winter 1915 unter den lodernden Flammen eines Feuerkreuzes die Wiedererweckung des Klans. Propagandaleiter, Haßmanager wurde der geschäftstüchtige Edward Young Clarke. Für die Mitgliederwerbung wurden Agentenprovisionen bezahlt, die höheren Funktionäre wurden am materiellen Erfolg interessiert. Das „Hauptquartier“ lieferte Charterbriefe Patente, Mitgliedsdiplome und verkaufte auch die vorgeschriebene Gewandung: weiße Mäntel mit über das Kinn reichenden Kapuzen und einem roten Andreaskreuz. Zu deren Erzeugung wurde eine eigene Gesellschaft gegründet, die „Gate City Manufacturing“ im Staate Georgia. Da man mit Negerhetze allein das Auslangen nicht mehr finden konnte, wurde zu einem Kreuzzug auch gegen Katholiken und Juden aufgerufen, gegen den Katholizismus als geistigen Unterdrücker, der den Vatikan von Rom nach Washington verlegen und über den Sternen und Streifen das Kruzifix aufzupflanzen sich anschicke, gegen das Judentum, das infolge seiner Herrschaft über Kino und Theater die allgemeine Moral korrumpiere. Sehr geschickt wurde das große Fürchten kapitalisiert, das von 1919 bis etwa 1923 in Amerika herrschte, die Angst vor Sowjetrußland, der bolschewistischen Revolution, den Gewerkschaften, dem Pazifismus, den neuen Ideen. Der Klan spielte sich als Retter auf, predigte ein neues Staatsideal, das hundertprozentige Amerikanertum, dem nur der entspreche, der auf amerikanischem Boden als Kind weißer protestantischer Eltern geboren sei. Während auf der einen Seite dieser zum Glauben gewordene „ethische“ Übernationalismus bei Umzügen von zehntausenden Vermummten, in Filmen und Schriften verkündet wurde, lebte auf der anderen der wilde Terror von einst noch grausamer wieder auf. Angeblich zur „Reinigung der korrumpierten Moralbegriffe“ zogen nachts Strafexpeditionen aus, deren Umfang sich noch steigerte, als 1924 Simmons zurücktreten mußte und an seine Stelle der Zahnarzt Hiram Wesley Evans aus Atlanta als „Kaiserlicher Zauberer“ trat. Die Nachtritte der „Rächer des Rechts“ wurden zu bewaffneten Aktionen gegen „negrophile Papisten, Emissäre Roms, jüdische Verderber“. In manchen Gegenden wurden sie zu fast alltäglichen Erscheinungen. Unter dem Titel „Suprematie der weißen Rasse“ wurde in einigen Staaten die gesetzlose Lynchjustiz förmlich in Permanenz erklärt, man vertrieb Leute von der Scholle, teerte und federte sie, zündete katholische Kapellen und Kirchen an, erschlug, erschoß, verbrannte und hängte Männer, Frauen und Mädchen. Am stärksten heimgesucht wurden die Staaten Florida, Texas, Oklahoma, Virginien, Alabama, Kolorado, Georgia. 1923 verzeichnete der Staat Oklahoma nicht weniger als 2300 „whipping partes“, 2200 weitere wurden als „noch nicht erledigt“ öffentlich angekündigt. In einem Prozeß in Pennsylvanien wurde vom Gericht erklärt, daß der Klan, durch seine Handlungen und Lehren, Rassen- und Religionshaß geschürt, Aufruhr gestiftet und ungesetzliche Zusammenrottung gefördert habe, deren Ergebnisse schwerer Landesfriedensbruch, Gesetzesverletzungen und Tötung waren, alles das zu dem eingestandenen Zweck, die Mitgliederzahl der Organisation zu heben.

Erst in den letzten Jahren kamen die Aktionen des Klans mehr oder weniger zum Stillstand. Die Begeisterung, die er in den Nachkriegsjahren in breitesten Schichten geweckt hatte, machte der Besinnung Platz, und die Mitgliederzahl, die eine Zeitlang mehrere Millionen betragen hatte, ging sehr zurück. Die nächtlichen Aufnahmezeremonien unter hohem, brennendem Kreuz in offenem Feld haben viel von ihrem ursprünglichen Reiz eingebüßt; der Zauber der „Erhabenen Zyklopen“, „Königlichen Adler“, „Großen Drachen“ ist, nachdem allmählich auch die Masse hinter die Kulissen sah und energische Abwehr einsetzte, verflogen.

Zu denen, die von allem Anfang an in erster Reihe Front gegen das Treiben des Klans machten, gehörten führende amerikanische Freimaurer und eine ganze Reihe von Großlogen. Die meisten von ihnen erklärten die Mitgliedschaft bei den „Clansmen“ als schweres freimaurerisches Vergehen. „Jede Gemeinschaft, die es versucht, Gesetze in eigene Hand zu nehmen, ist Mob. Jeder Freimaurer, der sich einer solchen anschließt, verstößt gegen die Grundsätze des Bundes und ist mit sofortigem Ausschluß aus der Freimaurerei zu bestrafen“, wurde 1923 vom Großmeister von Kentucky dekretiert. Noch viel schärfer drückte sich 1925 der Großmeister von New York, Tompkins, in einer Rede aus, in der er das Bestreben des Klans, nur Weiße protestantischen Bekenntnisses zur Regierung zuzulassen, als ungerecht, unamerikanisch und unchristlich geißelte:

„Die fundamentale Doktrin der amerikanischen Freimaurerei ist das Prinzip der Vaterschaft Gottes und der Bruderschaft der Menschen. Alle Völker wurden aus einem Stoff geschaffen, alle Menschen sind daher Brüder, Glieder einer Familie. Die Freimaurerei kennt, das lehrt schon das Aufnahmeritual, keine geographischen Grenzen, keine Rassen- und Glaubensunterschiede ... Im Kreise der Männer, die an der Wiege unseres Vaterlandes standen, befanden sich unter denen, die mit leidenschaftlichster Hingabe an dem großen Werk der Aufrichtung des Staates arbeiteten, zahlreiche Katholiken und Israeliten. Der erste Amerikaner, der im Kampfe um die Unabhängigkeit Amerikas sein Leben hingab, war ein Neger. In allen unseren Kriegen marschierten, kämpften und starben Protestanten, Katholiken, Juden, Neger Schulter an Schulter mit gleicher Vaterlandsliebe für die großen patriotischen Ziele. Und im Frieden sollten wir nicht einträchtig zusammenarbeiten zum Wohle des Landes und der Menschheit?! Es ist ausgeschlossen, daß die Privilegien und Wohltaten, die die amerikanische Republik gewährt, einer Richtung zugute kommen, sie gelten gleichmäßig für alle, und es ist ausgeschlossen, daß eine Rasse, eine Religion über die andere dominieren darf. Der Klan will das amerikanische Volk in feindliche Gruppen scheiden. Das darf nicht sein; das würde den Bestand des Staates gefährden. Was tut der Klan? Er züchtet Haß gegen die Juden, gegen die er mit Gewaltakten und Grausamkeiten vorgeht, er hetzt aufs schwerste gegen die Katholiken, er unterdrückt die Neger, die während der letzten 60 Jahre die äußersten Anstrengungen gemacht haben, sich der Freiheit würdig zu zeigen, die ihnen L i n c o l n gegeben hat. Der Klan begeht grausame Attentate: Teeren und Federn, Todesdrohungen, Zerstörung des Eigentums sind Äußerungen des Guerillakrieges, des ‚Unsichtbaren Reiches‘ gegen die konstitutionellen Gewalten. Dazu gesellen sich: Boykott gegen kaufmännische und industrielle Unternehmungen, Entlassung von Arbeitern und Angestellten, die anderen Bekenntnissen angehören, Kampf gegen öffentliche Funktionäre usw. Das sind wohl genug Belege für den unamerikanischen, antifreimaurerischen, gefährlichen Charakter dieser Organisation, für die kein Platz in unserem Lande sein sollte. Ich habe während meiner Großmeisterschaft zahlreiche Kundgebungen von Freundschaft zwischen Freimaurern und Katholiken, namentlich auch seitens der katholischen Organisation der Kolumbusritter erhalten ... Der Pater Francis D u f f y, Geistlicher des 165. Infanterieregiments, der sich im Kriege durch seine aufopfernde Fürsorge für Katholiken, Juden und Protestanten auszeichnete, und der ein hervorragender katholischer Priester ist, hielt jüngst einen Vortrag über Toleranz und Intoleranz, in dem er unter anderem ausführte, er sei ein Gegner jener Bestrebungen, die den Kampf zwischen Katholiken und Freimaurern schüren: ‚Es ist richtig, daß wir nicht Freimaurer sein können, aber es ist ebenso richtig, daß es unter den amerikanischen katholischen Priestern keinen gibt, der nicht zahlreiche Freunde hätte, die die Freimaurerabzeichen tragen.‘

Wir Freimaurer müßten alles tun, um dem Geist, der aus diesen Worten spricht, zu allgemeinem Durchbruch zu verhelfen. Wir wollen die Weltbrüderschaft, den Weltfrieden, gegründet auf die Eintracht aller. Der Ku-Klux-Klan will das Gegenteil! Darum bekämpfen wir ihn!“

Kultort. Der freimaurerische Tempel ist ausschließlich der rituellen Arbeit geweiht und ist daher ein K. Die Einstellung der Freimaurerei zu ihrem Tempel ist eine ähnliche wie die der alten Mysterienbünde zu ihren Kultstätten. (Vergl. S c h e n k e l: „Die Freimaurerei im Lichte der Religions- und Kirchengeschichte“.)

Kultur, die Entfaltung der wertvollen menschlichen Fähigkeiten, die Vergeistigung der animalischen Triebe des Menschen, Veredlung, Vervollkommnung. Diese besteht letzten Endes darin, daß der Mensch in immer höherem Maße zur Selbsterkenntnis und Selbstbeherrschung, Naturerkenntnis und Naturbeherrschung gelangt, bis er, auf der höchsten Stufe, die Natur in höchster Einsicht mit Freiheit seinen höchsten Zwecken dienstbar machen kann. Das Kulturideal ist, mit den Worten Schillers ausgedrückt, daß der Mensch in der höchsten Fülle von Dasein die höchste Selbständigkeit und Freiheit verbinde und, anstatt sich an die Welt zu verlieren, diese in sich ziehe und der Einheit seiner Vernunft unterwerfe sowie — mag hinzugefügt werden — der Hoheit seines Willens. Wissenschaft und Kunst, beide im weitesten Sinn genommen, sind die Hauptfunktionen der K. (Heinr. S c h m i d t).

J o d l will den Menschen zur Kulturverehrung erzogen wissen.

„Wir müssen die Menschen zur Ehrfurcht erziehen vor diesem gewaltigen Phänomen, welches uns das Geschlecht durch eigene Kraft emporsteigend zeigt von der tierischen Horde zur beseelten Gesellschaft, und von primitivsten Denkäußerungen zu jenem ungeheuren Besitz an Gedanken und technischem Können, über den wir heute verfügen — ein Schatzhaus der Jahrtausende, eine Welt über der Welt, und doch kein Jenseits, sondern aus der Welt gewonnen, auf sie bezogen. In ihr leben, weben und sind wir: herausgelöst aus diesem Zusammenhang ist der einzelne, auch der Höchstbegabte, ein Nichts; kein Mensch, sondern nur ein Tier, hilfloser, ungeschickter, unbrauchbarer im Kampf ums Dasein als das Mitglied einer primitiven Horde, zu der seine Ur-Ur-Vorfahren einst gehörten. Vor dieser gemeinsam errungenen, in Jahrtausenden geschaffenen höheren Wirklichkeit, dem Werk der Geschichte, das im objektiven Geiste fortbesteht und überliefert wird, ist auch der Größte klein: denn, was ist das Beste, was er zu geben hat im Vergleich zu dem, was die Menschheit schon besitzt, und wie wäre er zu diesem seinem höchsten Eigentum gekommen, wenn nicht tausend unsichtbare Hände ihn emporgehoben, tausend Geister der Vergangenheit ihn beseelt und befruchtet hätten. In diesem gemeinsamen Werk der Menschheit ist aber auch der Kleinste und Geringste groß: denn aus tausend und tausend Einzelleistungen setzt sich das ungeheure Ganze zusammen, und jeder, der an seiner Stelle das Richtige tut, dasjenige, wozu ihn seine Kräfte befähigen und was die organisierte Gesellschaft braucht, ist wertvoll, ja unentbehrlich“ (J o d l,

„Der Monismus und die Kulturprobleme der Gegenwart", 1911). Diese Sätze eines Nichtfreimaurers entsprechen durchaus ganz dem Sinn des Kulturideals der Freimaurerei.

Deren wichtigste Aufgabe ist, im Sinne des Humanitätsideals, die Verbreitung und Förderung der K. In den Ritualen und Konstitutionen vieler Großlogen wird dies ausdrücklich betont. Sie fördert und unterstützt außerdem tatkräftig Institutionen und Bewegungen, deren Ziel ebenfalls Steigerung der K. ist. Die Erziehung zur Toleranz ist eine wichtige Tätigkeit in kulturellem Sinne, indem sie die sozialen Beziehungen zu vergeistigen trachtet.

Kulturkampf. In den Kämpfen zwischen der katholischen Kirche und dem Deutschen Reich prägte Rudolf Virchow das sprachlich recht unglückliche Wort vom K., eines Kampfes für die Kultur, was von seinen Gegnern spöttisch in den Gegensinn, Kampf wider die Kultur umgedreht wurde (1872). Das Wort hat sich jedoch derart durchgesetzt, daß es sogar im Französischen als Lehnwort erscheint. Gemeint war der Kampf der von Virchow als Naturwissenschaftler vertretenen, fortschrittlich gerichteten, den fortschreitenden Erkenntnissen der Menschheit angemessenen Kultur gegen die nur auf Traditionswerten gegründete, im wesentlichen dogmatische, kirchliche Kultur Roms. Der deutsche K. kam nach kurzer Zeit zum Stehen, er hat daher die deutsche Freimaurerei auch nicht wesentlich beeinflußt. Anders liegt die Sache in jenen Staaten, die eigentlich einen chronischen K. durchzufechten haben, das sind in erster Linie die romanischen Länder. Aus diesen zwischen Staat und Kirche jahrhundertelang geführten erbitterten Kämpfen erklärt sich auch das aktivere Hervortreten der Freimaurer, besonders Frankreichs. Die Freimaurer stehen in den romanischen Ländern auf Seite des Staates, der eine Loslösung von der kirchlichen Gewalt anstrebt. Da dieser Kampf von seiten der Kirche selbstverständlich mit politischen Mitteln geführt wird und geführt werden muß, sind auch die Freimaurer wiederholt in der politischen Arena für die von ihnen verteidigten Grundsätze zu sehen gewesen. Dem Wesen nach ist die Freimaurerei ebensowenig antikatholisch, als sie antiprotestantisch oder antijüdisch ist. Sie bekämpft nicht die Kirche. Sie verteidigt aber in jenen Staaten, wo auch heute noch ein K. im Gange ist, die Rechte auf die Freiheit des Geistes und der Überzeugung. In Frankreich ist der Inhalt des K. heute vornehmlich die Laienschule, die von den Freimaurern gegenüber den katholischen Ansprüchen auf allgemeine Einführung der konfessionellen Schule entschieden verteidigt wird.

Kultus, Kult, Freimaurerischer. Die Freimaurerei löst auf eigenartige Weise den Konflikt, der zwischen Form und Sinn allenthalben besteht. Die katholische Kirche bindet Form und Inhalt unbedingt, die evangelische gibt die Form frei, legt den Geist fest, die Freimaurerei ist der Form nach fest, konservativ, im Geiste frei, entwicklungsfähig, nur die allgemeine Richtung weisend. Der freimaurerische K. wirkt rein psychologisch, verzichtet auf magische Mittel und sakramentalen Charakter, will das Überpersönliche durch freie persönliche Aneignung lebendig machen. Der freimaurerische K. ist im wesentlichen Werkkult, „Königliche Kunst" ist kultische Arbeit oder Arbeitskult (Horneffer, „Symbolik der Mysterienbünde"). Die Freimaurerei faßt den Kult als Mittel, nicht als Zweck auf, sie ist sich dessen bewußt, daß es ohne Form keinen Bestand geben kann, daß aber anderseits ein rein äußerlich gewordener Kult in Aberglauben und Phantastereien entarten muß. Ihrer Meinung nach ist der Kult — so unentbehrlich er ist — um des Menschen willen da und nicht umgekehrt; er darf niemals zur Dogmatisierung des Inhalts führen. (Vergl. Gotthilf Schenkel: „Die Freimaurerei im Lichte der Religions- und Kirchengeschichte".)

Kunst, Königliche (engl. Royal Art, frz. Art royal). Die Freimaurer nennen ihre K. die königliche. Anderson ist 1723 diese Wortverbindung bereits derart geläufig, daß er an mehreren Stellen seiner historischen Einleitung von der „Royal Art" spricht. Er sagt: „Am Tigris und Euphrat gab es so viel gelehrte Priester und Mathematiker, die unter dem Namen Chaldäer und Magier bekannt waren, welche die gute Wissenschaft (good science) Geometrie bewahrten, ebenso wie Könige und große Männer die K. K. aufmunterten." Weiter erzählt er, die K. K. sei durch Mizraim, den zweiten Sohn Hams, nach Ägypten gebracht worden. Später wird erwähnt, die Heiden hätten sich wohl alle Mühe gegeben, die K. K. zu pflegen, wären aber nicht weiter gekommen, bis Gott seinem auserwählten Volke den Auftrag gab, sein Haus zu bauen. Das Wort von der K. K. erscheint dann wieder in der Beschreibung der Fortpflanzung der Freimaurerei durch Könige, Potentaten und Prinzen, die sogar bis nach Indien die K. K. verpflanzten. Im Laufe des Textes kommt das Wort noch wiederholt vor, bis schließlich die Geschichte der Andersonschen Constitutions mit einem Hochgesange auf die K. K. schließt: „The Royal Art duly cultivated and the Cement of the Brotherhood preserv'd, so that the whole Body resembles a well built Arch." Die Behauptung, die Bezeichnung sei erst zu Zeiten König Williams III. aufgekommen, der sich als Bauherr besondere Verdienste erwarb, ist somit hinfällig. Ebenso die Versuche, die Bezeichnung „königlich" mit angeblichen stuartistischen Bestrebungen der alten englischen Freimaurerei in Zusammenhang zu bringen. Viel wahrscheinlicher ist es, daß die Bezeichnung anspielen will auf die Bausage des Königs Salomo, dessen Kunst betrieben wurde, als Hiram den Tempel errichtete. Eine andere Deutung, die zulässig ist, kann auf die zahlreichen Gnadenbeweise und Privilegien verweisen, die den Steinmetzen und Baukünstlern allezeit von Monarchen usw. gewährt wurden. Sie durften sich mit ihrer Kunst des besonderen königlichen Schutzes erfreuen.

Im symbolischen Sinne bezeichnet sich die Freimaurerei sehr nachdrücklich ebenfalls als die K. K., als eine Kunst, die für die Loge, die Lehrstätte, darin besteht, ihre Jünger mit Hilfe der freimaurerischen Symbole zur Humanität zu erziehen, die für den einzelnen Freimaurer aber eine Lebenskunst ist, die Kunst ernster Selbsterkenntnis, strenger Selbsterziehung und harmonischer Lebensführung, die Kunst, die als ihr höchstes Gebot die Liebe nennt, die Kunst, „die eigene Seele, wie die Menschheit zur Wohnung des Ewigen zu erbauen".

Kunsturkunden, von dem Philosophen Krause (s. d.) eingeführter Begriff für die freimaurerischen Dokumente (Freimaurerei = Kunst) in seinem Werk („Die drei ältesten Kunsturkunden der Freimaurer-Brüderschaft", erschienen 1809 und 1813). Die Tragik im Leben Krauses hat es mit sich gebracht, daß alle drei K., auf die er sich beruft, nachträglich als Fälschungen erkannt wurden.

Kupferschmidt, Gustav Adolf Cäsar, * in Danzig 1840, † 1901, von Beruf Kaufmann, kam 1863 nach London und schloß sich dort der deutschen Pilgerloge an. Historische Interessen führten ihn der „Quatuor Coronati Lodge" zu, deren Meister vom Stuhl er wurde und für die er mehrere wichtige Arbeiten lieferte. So: „Freemasonry and Hermetism", „Glimpses of early freemasonry in Germany", „Grand Lodges of England and Sweden" u. a. m. In der Großloge von England bekleidete er das Amt des Zugeordneten Sekretärs für deutsche Korrespondenz.

Kupferstiche, Freimaurerische, aus der ersten Hälfte des 18. Jahrhunderts, bilden wesentliche Ergänzung der Quellen für die immer noch fehlende Geschichte des älteren freimaurerischen Gebrauchtums. Unter den allerdings seltenen bildlichen Darstellungen nimmt eine im öffentlichen Buchhandel erschienene Serie von sieben Blättern „Assemblée de Franc-Maçons", die die damaligen Vorgänge bei einer Lehrlingsaufnahme und Meistererhebung zeigt, die hervorragendste Stelle ein. Die Blätter sind (nach Dr. B. Beyer in „Das Freimaurer-Museum", Bd 5) erstmals um 1744 erschienen und in der Folge von verschiedenen Seiten wiederholt gestochen und neu aufgelegt worden.

Kupffer, Hugo v., bedeutender deutscher Journalist, langjähriger Chefredakteur des „Berliner Lokal-Anzeiger", * 1853, † 1928, war lange Jahre Mitglied des Bundesdirektoriums der Großen National-Mutterloge „Zu den drei Weltkugeln" und Stuhlmeister der Berliner Loge „Zum flammenden Stern".

Kurakin, Fürst, um 1774 russischer Gesandter in Stockholm, war um die Einführung des Schwedischen Systems in Rußland durch König Gustav III. und dessen Bruder, Herzog Karl von Södermanland, eifrig bemüht. K. begleitete den Großfürsten Paul auf seiner achtzehnmonatigen Reise nach Westeuropa; in deren Verlauf fand die Aufnahme des späteren Zaren in den Freimaurerbund statt (s. Rußland).

Kurhessen, Große Mutterloge von, mit Sitz in Kassel, bildete sich 1817 aus der 1814 gegründeten Großen Provinzialloge von K. (der Großen Loge Royal York). Die Aufhebung der Freimaurerei in K. 1824 bedeutete das Ende dieser Körperschaft.

Kurland, s. Lettland.

Kurorte, Freimaurerzusammenkünfte. Die meisten Logen stellen während der Sommermonate ihre Arbeiten ein. Nur in den K. wird, um den dort anwesenden fremden Freimaurern eine Gelegenheit zu brüderlichem Anschluß zu geben, auch im Sommer die Arbeit aufrechterhalten. Derartige Sommerzusammenkünfte finden u. a. regelmäßig statt:

In Deutschland: Baden-Baden, Bayreuth (während der Festspielzeit), Bergen auf Rügen, Borkum, Büsum, Bad Dürkheim, Bad Godesberg a. Rh., Homburg, Kissingen, Kreuznach, Kudowa, Langeoog, Bad Liebenstein, Oeynhausen, Reichenhall, Salzschlirf, Salzuflen, Schreiberhau, Warmbrunn im Riesengebirge, Warnemünde, Westerland-Sylt, Wiesbaden, Wildbad, Wildungen, Zinnowitz, Zoppot.

In der Tschechoslowakei: Karlsbad. Marienbad, Franzensbad, Teplitz-Schönau, Tatrakurorte.

Auch in französischen K. findet der Freimaurer während der Sommermonate Anschluß.

Kuschelew, Egon, russischer Generalleutnant und Senator, * 1763, † 1826, Zugeordneter Großmeister der Großloge „Astrea", richtete 1820 an den Zaren Alexander I. ein bemerkenswertes Memorandum, in dem er die Situation der russischen Freimaurerei schilderte und den Kaiser um Reform bat. Er wünschte die Schaffung einer auf strenger Disziplin und zentralen Autorität beruhenden Hierarchie.

Kusmin-Karawajew, Wladimir, russischer Jurist, * 1855, † 1927, Professor für Militärstrafrecht an der Militärschule, dann an der Akademie für militärisches Recht in Petersburg, Generalmajor, 1905 Abgeordneter der ersten Duma, Generalinspektor der Militärgerichte der russischen Armee seit dem Krieg mit Japan, Redakteur der fortschrittlichen juristischen Zeitschrift „Das Recht", Advokat, wurde 1908 in der Loge „Polarstern" in St. Petersburg aufgenommen, trat im Exil in die Pariser Loge „Astrée" (Grande Loge) ein.

Küstner, Simon Friedrich, * 1745, † 1799, spielte in der zweiten Hälfte des 18. Jahrhunderts im freimaurerischen Leben von Frankfurt a. M. eine führende Rolle, wurde 1769 in der Loge „Zur Einigkeit" aufgenommen, war Mitbegründer des Eklektischen Bundes (s. d.), 1778 Mitglied der Abordnung der Provinzial-Großloge bei den Verhandlungen mit der Strikten Observanz, verfaßte und unterschrieb 1783 namens der Provinzialloge als deren Sekretär das gemeinsam mit der Wetzlarer Direktionsloge herausgegebene Zirkular, das der Ausgangspunkt des Eklektischen Bundes wurde, 1790 bis zu seinem Tode Meister der Loge „Carl zur Einigkeit".

Kutschbach, Albin H., deutscher Schriftsteller, * 1853, nahm 1875—1878 am bosnischherzegowinischen Aufstand und am Krieg gegen die Türkei teil, war, nach Deutschland zurückgekehrt, Redakteur verschiedener Zeitungen und Herausgeber des „Allgemeinen Deutschen Exportblattes", dann auf dem Balkan in diplomatischer Verwendung, erhielt Titel und Rang eines Gesandten und bevollmächtigten Ministers, insbesondere am rumänischen Hofe tätig, der beste deutsche Kenner Südosteuropas, Verfasser geschichtlicher und politischer Werke, besonders erfolgreich mit seinem 1929 erschienenen „Der Brandherd Europas", ist Mitglied der Loge „Psyche" in Oppeln.

Kutusow

1. A. M., russischer Major, Mystiker, übersetzte Schriften von Paracelsus, Klopstocks „Messias" u. v. a. ins Russische. Er war ein überaus tätiger Freimaurer und gehörte zur Zeit der Zarin Katharina II. zu den Gründern der bedeutende wissenschaftliche Arbeit leistenden, eine wahre geistige Elite vereinigenden Moskauer Loge „Eintracht". Im Auftrag der Brüderschaft unternahm er zahlreiche Reisen, namentlich nach Deutschland, „um von allen merkwürdigen, gemeinnützigen und zweckmäßigen Erscheinungen Nachricht zu geben und besonders die besten neueren Schriften zum Übersetzen ins Russische einzusenden". Als die Verfolgung des Kreises um Nowikow (s. d.) einsetzte, wurde sein Vermögen konfisziert. Er starb 1790.

2. Michael Ilarionowitsch Golenischtscheff, Fürst, Ehrentitel Smolenskij, russischer Feldmarschall, * 1745, † 1813, in zahlreichen Kämpfen ausgezeichnet, Oberbefehlshaber bei Austerlitz, 1811 gegen die Türken, 1812 gegen Napoleon, Nationalheld, der Rußland von der napoleonischen Invasion befreite, aber wenig später — als Oberkommandierender der russisch-preußischen Armee — starb, war ein führender Freimaurer.

Kvapil, Jaroslav, tschechischer Lyriker und Dramatiker von Ruf, * 1868, Dramaturg des Nationaltheaters, jetzt des Stadttheaters in Prag-Weinberge, betätigte sich auch als politischer Organisator. Auf seinen Antrag kam es zu jener historischen Proklamation der tschechischen Schriftsteller im April 1917, die als ein wichtiges Ereignis der tschechischen Unabhängigkeitsbewegung zu verzeichnen ist. Er wurde aufgenommen in der Prager deutschen Loge „Hiram zu den drei Sternen", trat dann zur Loge „Jan Amos Komenský" über, beteiligte sich eifrig an der Gründung der „Národní Veliká Lože Československá", deren Großmeister er war. Gehört derzeit zur Loge „Pravda vítězí" in Prag.

Kyffhäuser-Verband des Vereins deutscher Studenten (völkisch) beschloß 1928, „daß die Zugehörigkeit zu einer Freimaurerloge, in der jüdisch-widervölkischer kosmopolitischer Einfluß am Werk ist, mit der Zugehörigkeit zum K.-V. unvereinbar ist. Als solche Logen gelten ohne weiteres die humanitären Logen". Den Mitgliedern der altpreußischen Logen wurde eine genaue Überprüfung der „letzten Bindungen ihrer Logen" dringend ans Herz gelegt und ihrer im K.-V. genossenen völkischen Erziehung vertraut, „daß sie gegebenenfalls eine notwendig werdende Trennung von sich herbeiführen werden". Als selbstverständlich wurde vorausgesetzt, „daß sich die altpreußischen Logen angehörenden Alten Herren bei den völkischen Erneuerungsbestrebungen in den Logen in vorderster Reihe betätigen".

L

Labarum, die Kreuzfahne, die Konstantin der Große nach der Legende während der Schlacht gegen Maxentius am Himmel erblickt haben soll. Heute im Gebrauche der freimaurerischen Tempelritter.

Labarum, Ligue du, Vereinigung gegen die Freimaurerei, die 1896 von Leo Taxil (s. d.) gegründet wurde, um seine Buchhandlung, die „Librairie antimaçonnique", zu finanzieren. Sie war in Grade gegliedert: 1. Legionäre Konstantins; 2. Soldaten des heiligen Michael; 3. Ritter des heiligen Herzens. Für Frauen gab es nur einen Grad, „Schwestern der Jungfrau von Orleans". Die Mitglieder nannten sich Brr. An der Spitze stand, unter dem Pseudonym Paul de Régis, Taxil selbst.

Lablache, Luigi, berühmter italienischer Bassist, * 1794 in Neapel, † 1858 in England, Freund Rossinis und Bellinis, Gesanglehrer der Königin Victoria, 1827 einer der Fackelträger bei Beethovens Begräbnis, berühmt als Leporello, wurde 1802 in der „Drury Lane Lodge 2127" aufgenommen.

Labor Viris Convenit, abgekürzt L. V. C., d. i. Arbeit ziemt den Männern, war der Wappenspruch der siebenten Provinz der Strikten Observanz. Unter diesem Titel erschien 1931 eine von der Großloge „Lessing zu den drei Ringen" herausgegebene Festschrift anläßlich ihres zehnjährigen Bestehens.

Labour-Party, s. New Welcome Lodge.

Labrador, Halbinsel Nordamerikas, spielt in der Fabelwelt der Strikten Observanz eine eigentümliche Rolle. Wohl nach dem Muster der Jesuitenrepubliken in Paraguay dachte man in diesen Kreisen an amerikanische Besitzungen, die für die Zwecke des Ordens Mittel liefern sollten. Im Konstitutionspatent der Dresdner Loge „Zu den drei Schwertern". 1762 wird daher v. Hund als „Großmeister aller wahren Maurer und amerikanischen Brüder" bezeichnet. In Wirklichkeit hatte der Orden niemals überseeische Besitzungen, weder in L. noch in anderen amerikanischen Landstrichen.

Anläßlich der L.-Expedition des Nordpolforschers MacMillan (s. d.) ersuchten acht Mitglieder der Expedition den Großmeister der Großloge von Maine um ein Logenstatut. Sie erhielten die Erlaubnis, auch ohne ein solches Loge zu halten.

Labriola, Arturo, italienischer Jurist, Advokat, Verfasser bedeutender volkswirtschaftlicher Werke, gewesener Abgeordneter und Minister antifaschistischer Gesinnung. Im

Prozeß Zaniboni-Capello bot er sich als Verteidiger des Erstangeklagten an, und allen Verfolgungen zum Trotz bekannte er sich offen zur Freimaurerei. 1926 wurde er, damals Professor in Neapel, ein Opfer des damals herrschenden Terrors. Ein faschistischer Trupp zerstörte sein Heim und schleppte seinen vierzehnjährigen Sohn unter Schlägen nackt durch die Straßen von Neapel. Die Professur am Istituto Superiore Navale wurde L. entzogen. Er lebt als Emigrant in Paris und spielt bei den Rekonstruktionsversuchen des G. O. von Italien eine Rolle.

Labzin, A., Präsident der kaiserlichen Akademie in Petersburg, * 1776, † 1825, gründete 1800 die rosenkreuzerische Loge „Zur sterbenden Sphynx" in Petersburg. Er wurde in den letzten Regierungsjahren Alexanders I. in das Gouvernement Simbirsk verbannt, weil er sich im vertrauten Kreise freimütig gegen den allmächtigen vertierten Günstling Araktschejev geäußert hatte.

La Cava, Pietro, italienischer Politiker, * 1835, † 1912, Rechtsgelehrter, nahm an der süditalienischen Freiheitsbewegung teil, Minister in den Kabinetten Depretis, Crispi und Giolitti, war Mitglied des Obersten Rates (Supremo Consiglio).

Lacépède, Etienne de, Graf, berühmter französischer Naturwissenschaftler, Pair von Frankreich, * 1756, † 1825, Senator, war Großkonservator des Großorients von Frankreich, dann gründendes Mitglied des Obersten Rates des Schottischen Ritus.

Lachenal, Adrien, Schweizerischer Staatsmann, einer der hervorragendsten Führer der freisinnigen Partei, Advokat, * 1849, † 1918, Präsident der beiden eidgenössischen Räte, Bundespräsident, war Meister vom Stuhl der Loge „Fidélité et Prudence" in Genf.

Lachmann, Franz Heinrich August, Sanitätsrat in Braunschweig, * 1797, † 1872, aufgenommen 1817 in der Loge „Carl zur gekrönten Säule" in Braunschweig, deren Meister vom Stuhl von 1848 bis 1857, fruchtbarer freimaurerischer Historiker. Sein bedeutendstes, auch heute noch wertvolles Werk ist das im Jahre 1866 erschienene: „Geschichte und Gebräuche der maurerischen Hochgrade und Hochgradsysteme, Manuskript für Engbünde".

Lacorne, französischer Tanzlehrer und Meister vom Stuhl der Loge „La Trinité" in Paris, wurde vom Großmeister Graf von Clermont 1761 zu seinem Stellvertreter ernannt. In seiner Eigenschaft als „Substitut du Grand Maître, Grand Elu Parfait, Chevalier Substitut et Prince maçon" unterschrieb er auch das berühmte Patent, das Etienne Morin (s. d.) ermächtigte, in Amerika das System der „Kaiser vom Osten und Westen" einzuführen. L. hatte wenig Autorität, sollte aber den Kampf zwischen den in den sechziger Jahren des 18. Jahrhunderts miteinander rivalisierenden Gruppen austragen. Es bildeten sich daher zwei Parteien, Lacornards und ihre Gegner, die sich heftigst bekämpften. Besonders die bürgerlichen Mitglieder aus freien Berufen empörten sich gegen den ihnen aufgedrängten „Tanzmeister". Es kam aus diesem Anlasse nach Lantoine sogar bis zu Faustkämpfen in der Loge, die Polizei mußte einschreiten und verbot eine Zeitlang jede weitere maurerische Arbeit (1766). Die Logen blieben vier Jahre lang geschlossen. Schließlich gab Clermont nach, rief seinen Vertreter ab und ernannte an seiner Stelle Chaillon de Jonville (s. d.), Meister vom Stuhl der Loge „St. Thomas".

Lady's Certificate. Der Oberste Rat des A. u. A. Schottischen Ritus, Südliche Jurisdiktion, in Washington, gibt Zertifikate aus, die Frauen, Witwen, Mütter, Schwestern und Töchter von Mitgliedern des Ritus als deren Angehörige legitimieren Diese Dokumente kommen besonders für Fälle plötzlicher Not und sonstiger Hilfsbedürftigkeit in Betracht.

Lady Freemason, s. Aldworth, Frauen.

Lady Patroness. In einzelnen englischen Provinzlogen bestand der heute nicht mehr geübte Brauch, weibliche Angehörige hervorragender Br. zur L. P. der Loge zu ernennen. Ihre Funktion bestand hauptsächlich in der Förderung der charitativen Werke der Loge. So wurde 1771 eine Miss Cholmondeley of Vale Royal in der Cestrian Lodge für dieses Ehrenamt bestimmt (Miscell. Lat 1929, Nr. 2).

La Farina, Giuseppe, italienischer Politiker, Publizist und Historiker, * 1815, † 1863, einer der Führer der Revolution in Sizilien, 1837 Abgeordneter und Minister, Begründer des „Piccolo Corriere d'Italia", Verfasser von „La storia d'Italia del 1814 al 1850", war Freimaurer.

Lafayette, Marie Josef, Marquis de, General und Politiker, * 1757, † 1834, trat 1777 in die Dienste der nordamerikanischen Freiheitsbewegung, erhielt 1781 den Oberbefehl in Virginien, kehrte dann nach Frankreich zurück, wo er für das Bündnis mit Amerika entscheidend tätig war. 1784 wieder in Amerika, lebte er eine Zeitlang bei Washington in Mount Vernon und erhielt das Bürgerrecht der Vereinigten Staaten. Abermals nach Europa 1789 zurückgekehrt, beteiligte er sich als liberaler Royalist lebhaft an der revolutionären Bewegung, ließ die Nationalversammlung die berühmte Erklärung der Menschen- und Bürgerrechte annehmen, war Kommandant der Bürgergarde, Oberbefehlshaber der Nationalgarde. Am 6. Oktober 1789 rettete er den König und seine Familie und brachte sie nach Paris. 1790 leistete er beim Föderationsfest (14. Juli) auf dem Marsfeld als erster den Bürgereid. 1791 zum Befehlshaber einer der drei Armeen ernannt. Gegner der Jakobiner, floh er, von diesen angeklagt, 1792, wurde von den Österreichern als Kriegsgefangener in Olmütz festgesetzt und erst 1797 durch Napoleons Intervention befreit. Während der Napoleonischen Ära lebte er zurückgezogen auf seinen Gütern in Frankreich und trat erst in den 100 Tagen politisch wieder hervor. 1819 wurde er Deputierter und hielt sich als solcher zur liberalen Opposition, als beredter Verteidiger der demokratischen Freiheiten. Eine Reise nach Amerika, die er 1824 unternahm, brachte ihm gewaltige Ehrungen, zu denen auch die Freimaurerei in ganz besonderem Ausmaße beitrug. Heimgekehrt, stürzte er sich wieder in das politische Leben, beteiligte sich an der Julirevolution (1830) und wurde Oberkommandant. Die Hoffnungen, die er in die Revolution gesetzt hatte, wurden jedoch von Louis Philippe nicht erfüllt, so daß sich L. wiederum der republikanischen Opposition anschloß. L., der in den Akten der Großloge von Pennsylvanien als „ancient York mason" bezeichnet wird, wurde wohl 1777 oder 1779 in einer militärischen Loge in Morristown in Gegenwart von Washington aufgenommen. In Frankreich war er Mitglied der Loge „Contrat Social" und des Suprême Conseil des A. u. A. Schottischen Ritus. 1830 veranstalteten dessen Logen ihm zu Ehren große Feierlichkeiten. Als Erinnerung an L. werden in Amerika zahlreiche Musealstücke aufbewahrt. So ein Schurz, den seine Gattin für Washington stickte, und die Schlüssel der Bastille, die L. einer amerikanischen Loge geschenkt haben soll.

Lafferre, Louis, französischer Politiker, * 1861, Senator, Unterrichts- und Arbeitsminister, war Präsident des Ordensrates des Grand Orient de France.

Lafollette, Robert Marion, amerikanischer Senator, * 1855, † 1925, Gouverneur von Wisconsin, Präsidentschaftskandidat der „Progressisten" auf ein pazifistisches Programm, war Freimaurer. Sein energischer Kampf für Fortschritte auf allen Gebieten trug ihm große Popularität und den Ehrennamen „fighting Bob" ein. Während des Weltkrieges, den er aufs schärfste ablehnte, verlor der „Hochverräter", dessen furchtlose Kampagne gegen die Beteiligung Amerikas allgemeines Aufsehen erregte, seinen Senatorsitz, aber bei den ersten Nachkriegswahlen wurde er mit gewaltiger Majorität wiedergewählt. Als L. 1921 für die Präsidentschaft kandidierte, erhielt er, ohne daß er eine der großen Parteien hinter sich hatte, mehr als sechs Millionen Stimmen.

Lafontaine.

1. H. C. de, gewesener englischer Geistlicher, Sheriff von London, Schriftsteller (Musik), Kritiker und Herausgeber von Zeitschriften, * 1857, freimaurerischer Forscher, Gründer und Führer mehrerer Logen, Großbeamter der Großloge von England, Mitbegründer der Grande Loge Nationale de France, 1929/30 Stuhlmeister der Quatuor Coronati Lodge, in deren „Transactions" — und anderen maurerischen Zeitschriften — er wichtige historische Studienergebnisse veröffentlicht.

2. Henry, belgischer Rechtslehrer, Advokat, Vizepräsident des belgischen Senats (Sozialdemokrat), seit 1902 Vorsitzender des Berner Internationalen Friedensbüros, Mitbegründer des Internationalen Bibliographischen Instituts in Brüssel, pazifistischer Organisationen und der Belgischen Liga für obligatorisches Schiedsgerichtsverfahren in internationalen Streitfragen, 1913 Nobel-Friedenspreisträger, betätigt sich in der Freimaurerei sehr aktiv. L. ist Ehrenmitglied der Allgemeinen Freimaurerliga, deren Vorstand er angehört.

Laienbrüder. Die im Mittelalter in den Klöstern als L. aufgenommenen Mitglieder ohne Weihen hatten zur Maurerei insoweit Beziehungen, als sie, besonders bei den kunstliebenden Benediktinern, in das Bauhandwerk eingeführt wurden und den geistlichen Bruderschaften angehörten (s. Bauhüttenbruderschaften).

Laizismus. Vom Katholizismus wird die Freimaurerei als die Hauptförderin des L., als die Trägerin einer reinen Diesseitskultur angesehen. Unter L. wird dabei pauschal der Freimaurerei der Vorwurf gemacht, sie sei in bezug auf die Ethik rein naturalistisch-humanitär und antisupranaturalistisch eingestellt und vertrete in der Metaphysik den undogmatischen Gottesbegriff mit rein subjektiver Binnenzeichnung. Hier ist innerhalb der Freimaurerei eine klare Scheidung in eine überwiegende Mehrheit und eine Minderheit zu treffen. Die angelsächsische, nordische und die deutsche Maurerei haben diese Anlastung des L. eigentlich nur mitzutragen, da sie in Wirklichkeit einen theistischen Gottesbegriff und eine ebensolche Ethik zum Inhalt haben. Jene freimaurerischen Gruppen, die im Allmächtigen Baumeister Aller Welten (s. d.) ein Symbol eines letzten spirituellen Seinsgrundes erblicken, also einen undogmatischen Gottesbegriff lehren, haben entsprechend eine Ethik ohne übersinnliche Bindung, die in der Tat mit ihrem naturalistisch-humanitären Grundprinzip als L. benannt werden könnte, da sie eine Ethik der reinen Designation, nicht der Resignation, der Erdtüchtigkeit, nicht der Erdflüchtigkeit ist. Diese freimaurerische Ethik setzt als Ziel alles Handelns die Förderung der menschlichen Symbiose zu einer ethisch und ästhetisch wertvolleren Verweltlichung. Die Freimaurerei dieser Gruppe sieht die Verweltlichung der menschlichen Gesellschaft als eine durch den wirtschaftlichen und sozialen Entwicklungsprozeß fortschreitend entstandene und gegebene Tatsache an. Sie ist also die Ethik der Akklimatisation, da sie sich auf den Boden der „laizistischen" Gesellschaft stellt und mit allen Mitteln der Diesseitskultur das Leiden der Menschheit an der Zivilisation zu mildern trachtet. Die Menschheit in ihrem terrestrischen sozialen Leid, nicht in ihrer metaphysischen Erbsünde, scheint ihr nächste Aufgabe des Sorgens und Wirkens zu sein. Von ihrer Metaphysik aus sieht sie den Weg nicht von Gott aus, sondern zu Gott hinauf symbolisiert. Ihre weltprompte Humanität ist gegenüber der religiösen dogmatischen Ethik eben „laizistisch" geschlossen.

Lalande, De, Joseph-Jérome Lefrançais, berühmter französischer Astronom, Enzyklopädist, Mitglied der Akademien von Paris, London, Petersburg, Berlin, Stockholm, Rom und Florenz, * 1732, † 1807, gab u. a. einen französischen Sternkatalog heraus, „Histoire Céleste française", der 47.000 Sterne enthält, hielt sich 1751 zwecks Mondbeobachtungen in Berlin auf. Er war Gründer und erster Stuhlmeister der Enzyklopädistenloge „Les Neuf Sœurs" und nahm in dieser Eigenschaft Voltaire (s. d.) auf. Schon bevor er mit Helvetius (s. d.) den Plan zu dieser Bauhütte ausarbeitete, stiftete und leitete er die „Loge des Sciences", war er Würdenträger des Grand Orient. Für die Große Enzyklopädie schrieb er auch den Artikel über Freimaurerei (1774 in etwas veränderter Form als „Mémoire historique sur la Maçonnerie" selbständig erschienen und 1777 in den offiziellen „Etat" des Grand Orient übernommen).

Lamartine, Alphonse de, berühmter freiheitlicher französischer Dichter von eigenartig romantisch-religiöser Sentimentalität, * 1790, † 1861, war im Jahre 1848 Minister des Auswärtigen der provisorischen Regierung der neubegründeten Republik, bekannt als ausgezeichneter Redner. Selbst nicht Freimaurer, schrieb er 1856 und 1858 der Loge „Les Arts Réunis" in Mâcon Briefe, in denen er seine Übereinstimmig mit den sittlichen Grundlagen der Freimaurerei bekundete, die Freimaurer als die „großen Eklektiker der modernen Welt" bezeichnete und das „große universelle Dogma der Brüderlichkeit" pries. („...eure Kelle schüttet die Mörtel der Tugend auf, die die Fundamente der Gesellschaft bildet...")

Lambourne, Amelius Richard M. L., Lord, * 1847, † 1928, führender konservativer englischer Parlamentarier, Mitglied des Unterhauses 1892—1917, war Provinzial-Großmeister von Essex.

Lameth, Alexander (später Graf v.), * 1760 zu Paris, † 1829. Teilnehmer am nordamerikanischen Freiheitskrieg, 1789 Führer des dritten Standes in der Pariser Nationalversammlung, General, unter dem Empire Präfekt in Aachen (1806—1809); hier hervorragendes und begeistertes Mitglied der Loge „La Concorde".

Lammfell. Der Schurz des Maurers soll aus L. sein. Hierzu wird im englischen Ritual die Erklärung gegeben: „Der Schurz, den ich Ihnen übergebe, ist aus der Haut eines Lammes, denn das Lamm ist seit unvordenklichen Zeiten das Zeichen der Reinheit und der Unschuld."

Landesgroßmeister, Bezeichnung der Großmeister der Großen Landeslogen des Schwedischen Systems, bezw. der Großen Landesloge der Freimaurer von Deutschland, auch Sachsens.

Landesloge der Freimaurer von Deutschland, Große (Deutsch-christlicher Orden), s. Deutschland, Preußen, Berlin.

Landmarken, s. Einleitender Teil.

Landon, Sir Ronald, englischer Komponist und Dirigent, * 1873, Dirigent des „Albert Hall Orchesters", schrieb eine sinfonische Dichtung, Ballette, Lieder, dramatische Szenen, Ouvertüren, war 1918 Großorganist der Großloge von England.

Landsdowne-Manuskript, früheste bekanntgewordene Version der „Old Charges", um die Mitte des 16. Jahrhunderts niedergeschrieben (s. Manuskripte).

Lane, John, * 1843, † 1899, hervorragender freimaurerischer Historiker und Statistiker, der sich der „Quatuor Coronati Lodge" anschloß und eine große Anzahl von Arbeiten, die sich insbesondere mit der Frühgeschichte der Freimaurerei beschäftigen, herausgab. Seine Hauptwerke sind die „Masonic Records 1717—1886", Angaben über sämtliche Logen, die in diesem Zeitraum jemals der Obedienz der Großloge von England unterstanden.

Lanessan, Jean-Marie-Antoine de, französischer Naturforscher, Arzt und Politiker, * 1843, † 1919, Professor der Medizin in Paris, 1881 Deputierter, Gründer der Zeitung „Réveil", Leiter des „Siècle", 1891 Generalgouverneur von Indochina, 1899 Marineminister, Verfasser des großen französischen Flottenprogramms, Redakteur der „Revue Internationale des Sciences biologiques", schrieb einen „Manuel d'histoire médicale", „Histoire de l'Entente franco-anglaise" u. a., war Freimaurer. (Lebey, „Aperçu historique...", 1925.)

Lang, Ossian, amerikanischer Schriftsteller, Pädagoge, Großhistoriker der Großloge von New York, für die er eine große Anzahl wertvoller historischer Untersuchungen veröffentlicht hat, Berichterstatter und Sekretär des „Committee on foreign correspondence", sucht durch alljährliche Besuche in Europa den Zusammenhang zwischen der Großloge von New York und den europäischen Großlogen aufrechtzuerhalten. Dank seiner vollkommenen Kenntnis der drei Weltsprachen, seinem profunden maurerischen Wissen und seinen zahllosen persönlichen Bekanntschaften ist er einer der genauesten Kenner der zeitgenössischen Freimaurerei. Er versuchte wiederholt, die ungarische Freimaurerei wieder zu beleben und ihr die behördliche Bewilligung zu verschaffen. Auch in Rumänien hat er sich um die Einigung unter den verschiedenen dort arbeitenden Großlogen erfolgreich bemüht. Seine großen Reisen führten ihn auch wiederholt nach Syrien, wo er die amerikanische Freimaurerei einführte, wie er auch an der Gründung der Großloge von Finnland tätigen Anteil nahm. Mit Lennhoff und Doktor Reichl nahm er an der Aachener Konferenz (s. d.) mit Pater Hermann Gruber S. J. teil, mit dem er bis zu dessen Tod in regem Gedankenaustausch blieb. Seine Tätigkeit, die von gegnerischer Seite gerne als eine international führende bezeichnet wird, ist in Wirklichkeit eine rein informative, zumal seine Großloge keine Neigung zeigt, sich in die europäischen Verhältnisse irgendwie einzumischen. Von seinen zahlreichen Arbeiten seien die grundgelehrte Abhandlung über die Comacini (s. d.), die Anfänge der schottischen Maurerei sowie seine „History of Freemasonry in the State of New York" (1922) und zahlreiche Zeitberichte über die deutsche, französische, ungarische, rumänische, italienische Freimaurerei besonders hervorgehoben.

Längliches Viereck, s. Loge.

Lanier, John J., amerikanischer freimaurerischer Schriftsteller (Fredericksburg, Virginia), schrieb u. a. „The Master Mason", „Masonry and Citizenship", „Washington, the Great American Mason", „Masonry and Protestantism".

Lannes, Jean, Herzog von Montebello, Marschall von Frankreich, * 1769, † 1809, wurde 1795 General, machte den ägyptischen Feldzug mit, begünstigte den Staatsstreich Bonapartes vom 18. Brumaire, im zweiten italienischen Feldzug erfolgreich bei Montebello und Marengo, nahm 1809 Saragossa, wurde in der Schlacht bei Eßling tödlich verwundet, war Freimaurer. (Lebey, „Aperçu historique de la Franc-Maçonnerie", 1925.)

Lantoine, Albert, feinsinniger französischer Schriftsteller und Historiker, * 1869, wurde 1901 in der Loge „La Jérusalem Ecossaise" aufgenommen, Gründer der gelehrten Loge „Le Portique", ursprünglich Hochgradgegner, wurde nach sehr eingehenden Studien Mitglied des Obersten Rates von Frankreich des A. u. A. Schottischen Ritus und dessen Historiker („Histoire de la Franc-Maçonnerie Ecossaise en France"), glänzender freimaurerischer Publizist, Verfasser der Werke: Histoire de la Franc-Maçonnerie française", „Hiram couronné d'épines", „Hiram au Jardin des Oliviers", „La Franc-Maçonnerie au Théâtre" u. a.

Lanz, römisch-katholischer Priester in Regensburg, wurde 1785 bei einem Spaziergang mit dem Stifter des Illuminatensordens, Weishaupt, an dessen Seite vom Blitz erschlagen; Dokumente, die man in seinem Priestergewand fand, boten Unterlagen für die Angeberei gegen die Illuminaten.

Lapicida, lateinisches Wort von Lapis und Caedo, der Steinhauer. In alten freimaurerischen Dokumenten mitunter auch für Freimaurer in Gebrauch.

Larmenius, s. Charta Transmissionis.

La Rochefoucauld, Francois Alexandre Frédéric de, Herzog von Liancourt, * 1747, † 1827, Mitglied der Nationalversammlung 1789—1791, übersetzte die amerikanischen Verfassungen ins Französische, trat wirksam für die Verbesserung des Gefängniswesens sowie für die Einführung der Kuhpockenimpfung ein, gründete die Musterschule „Ecole des enfants de la Patrie" und die erste Sparkasse in Frankreich. L. war Mitglied der Loge „Neuf Sœurs" (s. d.) in Paris.

Larra, Mariano José de, spanischer Schriftsteller, * 1807, † 1837, schrieb unter dem Pseudonym „Figaro" Skizzen, die eine genial-satirische Kraft bewiesen, beging Selbstmord. Er war Freimaurer.

Larudan, Abbé, Verfasser einer gegen die Freimaurer gerichteten, lange Zeit dem Abbé Perau zugeschriebenen Schrift „Les Franc-Maçons écrasés". Das Buch erschien zuerst in Amsterdam 1746, wurde im gleichen Jahre bereits von Louise Adele Victoria Gottsched ins Deutsche, ebenso ins Holländische übersetzt und erlebte zahlreiche Auflagen. Schon Kloß verweist darauf, daß dieses Buch die Waffenkammer für die meisten Angriffe auf die Freimaurerei ist. Insbesondere versucht L. die Behauptung aufzustellen, diese sei von Oliver Cromwell zum Zwecke der Bekämpfung der Stuarts und ihres katholischen Heerbanns erfunden worden, habe also gegen Thron und Altar gerichtete Tendenzen.

Lascelles, Frank, englischer Bildhauer und Maler, bekannt als Organisator von großartigen historischen Umzügen, wirkt auch als Schriftsteller und Dichter, ist Mitglied der „Apollo University Lodge" in Oxford.

Lasker, Eduard, deutscher Politiker, * 1829, † 1884, Gründer und Führer der deutschen nationalliberalen Partei, bekannter Gegner der Bismarckschen Politik, besonders in den Fragen der Steuerreform und des Sozialistengesetzes. Er wurde aufgenommen in der Tranquillity Lodge Nr. 185 in London.

Lassen, Eduard, dänischer Komponist, * 1830, † 1904, als Nachfolger von Franz Liszt Hofkapellmeister in Weimar, Schöpfer zahlreicher Opern („Der Gefangene") und der Begleitmusik zu Goethes „Faust" * und Hebbels „Nibelungen", war Freimaurer.

Lateinisch als Logensprache. Als internationale Sprache wurde in der Loge „St. David" in Edinburgh mehrmals die lateinische verwendet, besonders wenn Gäste aus anderen Ländern anwesend waren. So wurden nach einem Protokoll vom 13. September 1783 drei Offiziere und ein Gesandtschaftsattaché, sämtlich Polen, nach lateinischem Ritual aufgenommen.

Late Observanz, s. Observanz, Late.

La Tierce, Marquis de, Erster Aufseher der 1741 gegründeten Loge „L'Union" in Frankfurt am Main, übersetzte zuerst die Konstitutionen Andersons ins Französische und veröffentlichte die Übertragung 1742 in Frankfurt unter dem Titel „Histoire, Obligations et Statuts de la très vénérable confraternité des Franc-Maçons . . .". Das zweibändige Werk enthält auch gleichsam als Einleitung den berühmten „Discours" von Ramsay, allerdings als Rede „des Großmeisters der Freimaurer von Frankreich", woraus sich die lange verbreitete irrige Annahme ergab, sie stamme vom Herzog von Antin. Er soll längere Zeit in London gelebt und mit Anderson in vertrautem Verkehr gestanden haben. Er verbesserte in seinem bereits 1733 druckfertigen Werk die Geschichte Andersons, indem er sie in Epochen teilte, ein Vorgang, den Anderson in seiner zweiten Ausgabe 1738 übernahm.

Latomia, griechisches Wort (mit Betonung auf der vorletzten Silbe), Steinbruch, besonders die als Gefängnisse dienenden Steinbrüche in Syrakus. In der latinisierten (auf der zweiten Silbe betonten) Form heute gleichbedeutend mit Freimaurerei. Gern gebraucht als Name von Logen, ebenso als Titel einer in Leipzig erscheinenden Zeitung (1930 im 50. Jahrgang), begründet von Benvenuto Cramer, später von Robert Fischer, jetzt von Dr. Hugo Schmidt geleitet.

Latomus, latinisierte Form des griechischen Latomos. Lateinischer Ausdruck für Freimaurer. Im klassischen Latein unbekannt, dagegen im mittelalterlichen. Thory nannte daher sein Geschichtswerk „Acta Latomorum".

Latrobe, John Hazlehurst Boneval, amerikanischer Politiker, * 1803, † 1891, Rechtsanwalt und Schriftsteller, von dem auch der Entwurf des Denkmals von Kosciusko in Westpoint stammt, hervorragender Eisenbahnfachmann, schrieb Novellen und Gedichte, war Präsident der „American Colonisation Society", wurde 1825 in der „Winder Lodge" No. 77 in Baltimore aufgenommen, war deren Meister vom Stuhl, 1870—1878 Großmeister der Großloge von Maryland. Eine Baltimorer Loge trägt seinen Namen.

Laufs, Karl, Lustspieldichter, * 1858, † 1900, schrieb mit Kraatz den Schwank „Logenbrüder", war Mitglied der Kasseler Loge „Zur Eintracht und Standhaftigkeit".

Lausanner Konföderation, die 1875 begründete Vereinigung der Obersten Räte des A. u. A. Schottischen Ritus (s. d.). Sie besitzt keine zentrale Leitung; der Name stammt vom Ort der Tagung, auf dem der Zusammenschluß erfolgte.

Lautaro.

1. Nach dem (chilenischen) indianischen Freiheitskämpfer L. benannte Loge, 1797 von General Francisco Miranda (s. d.) und anderen Trägern der südamerikanischen Freiheitsidee in London gegründet.

2. Bauhütte gleichen Namens, nach der Unabhängigkeitserklärung Argentiniens 1812 in Buenos Aires von den Helden Miranda, San Martin, Alvear (s. alle diese) und General José Matias Zapiola ins Leben gerufen und vor allem unter dem Stuhlmeister General San Martin zur Blüte gebracht. Sie war ein Zentrum zahlreicher Männer des südamerikanischen Unabhängigkeitskampfes. Mitglied war u. a. Bernardino Rivadavia, der das argentinische Gesetz über die Gewissensfreiheit erkämpfte. Aufgenommen wurde nur, wer durch die Tat bewiesen hatte, daß er für Gedankenfreiheit und das Wohl des Vaterlandes begeistert war. Jedes Mitglied mußte sich verpflichten, seine Lebensarbeit der Erkämpfung und Erhaltung der Unabhängigkeit Südamerikas zu widmen, sich stets menschlich zu benehmen und als Staatsbürger die Gerechtigkeit der vom Volke sich selbst gegebenen Gesetze zu respektieren.

Lauth, Charles, französischer Chemiker, Direktor der berühmten Porzellanfabrik Sèvres, Entdecker des nach ihm benannten Farbstoffes „Violet Lauth“, schrieb „Recherches sur la porcelaine“, „La manufacture nationale de Sèvres“, war Freimaurer.

Lavater, Diethelm, Arzt und Ratsherr in Zürich, * 1740, † 1826, ein Bruder des berühmten Johann Caspar L. (s. d.). Wurde 1765 in der Loge „Libanon zu den drei Cedern“ in Erlangen aufgenommen, war Tischgenosse Goethes in Leipzig, wo er 1766 der Loge „Zu den drei Palmen“ beitrat, Freund Schubarts, beteiligte er sich eifrigst an der Strikten Observanz, veranlaßte 1772 den Übertritt der Züricher Loge „La Discrétion“ zu diesem System, worauf sie den Namen „Modestia cum libertate“ annahm und L. an ihre Spitze stellte. Nach dem Anschluß an das Rektifizierte Schottische System (Chevaliers bienfaisants de la Cité Sainte) wurde L. Prior des schweizerischen Priorats; 1782 nahm er am Wilhelmsbader Konvent teil. Später zog er sich aber, zumal er eine Zeitlang den rosenkreuzerischen Bestrebungen seiner Zeit verfallen war, vom Logenleben fast ganz zurück.

Lavater, Johann Caspar, berühmter Züricher Pfarrer und Physiognomiker, * 1741, † 1801, war selbst nicht Freimaurer, schrieb 1785 an seinen Bruder Dr. med. Diethelm L. (s. d.), damals Meister vom Stuhl der Züricher Loge „Modestia cum Libertate“ einen bemerkenswerten Brief über die Freimaurerei, die damals, in den Tagen nach dem Wilhelmsbader Konvent, aus der Zeit der Verirrungen herausstrebte. In diesem (im Archiv der Loge aufbewahrten) Schreiben lobt er an der Freimaurerei und ähnlichen Vereinigungen ihre „Verbindsamkeit“, brüderliche Vereinigung zu einem guten Zweck. Er erklärt aber eine klare Herleitung und Zweckbestimmung der Freimaurerei für notwendig: „Nur der allerbestimmteste Zweck und die direktesten Mittel zu demselben halten eine Sozietät. So viele Nebenzwecke, soviel Unbestimmtheit der Gesellschaft. Unbestimmtheit aber und Tod sind in jedem Sinne Synonyme, wie die Realität, so die Bestimmtheit. Wer einer Verbindung mit einer Gesellschaft bedarf und die Solidität derselben wünscht, der setze etwas zum Ziel, das so gewiß ist, als sein Leben und geometrisch bestimmt, wie eine komplette Zahl. Wenn ich ein Mitglied irgend einer solchen, zum Wohl der Menschheit auf eine besondere Weise wirksam seyn wollenden Gesellschaft wäre, wo wäre mein allererstes, darauf zu bestehen, daß alle schlechterdings evidenten, axiomatischen, intuitifgewissen Grundwahrheiten, worauf alles beruhen würde, was Zweck der Gesellschaft heißt, mit der möglichsten Klarheit und inalterablen Penetranz auf eine oder mehrere Tafeln geschrieben, und zu den allein entscheidenden Notionibus directribus gemacht würden. Diese müßten auf alle ersinnbahre Art jedem Gliede eingeprägt werden. Aber in diesem müßte auch nicht das mindeste erschlichen, vorausgesetzt Conventionelle seyn.“

L. verlangt ferner von den Mitgliedern der Loge „praktische Anwendung der allgemeinen Wahrheiten der Gesellschaft und betrachtet es als ein Hauptgesetz, daß die Gesellschaft nie eine bestimmte Zahl überschreitet“ (Mitteilung von Friedrich Zollinger, Alpina“, 1930/21).

Law Enforcement, Commitee on, Rechtsausschuß amerikanischer Großlogen, dessen Aufgabe es ist, die in den staatlichen Gesetzen der Freimaurerei gewährleisteten Sonderrechte zu wahren und auch Überschreitungen von Großlogengesetzen in der Öffentlichkeit zu verfolgen. Die Freimaurerei genießt in den amerikanischen Gesetzen den Schutz des Namens. Die Verleihung von maurerischen Graden durch unbefugte Personen gilt als Betrug. Z. B. klagte das Komitee für Gesetzesverletzung im Jahre 1929 einen gewissen Samuel Ginzberg in New York an, weil er gegen Entlohnung „Maurer machte“. Der Mann wurde verhaftet und wegen Betruges zu einer Gefängnisstrafe verurteilt. Ebenso wird durch diesen Ausschuß die Geschäftsmaurerei, die Verwendung maurerischer Abzeichen zu geschäftlichen Zwecken, u. a. m. verfolgt.

Lawrence, Sam, Crocker amerikanischer General, * 1832, † 1911, im Bürgerkrieg schwerverwundet, Großmeister der Großloge von Massachusetts, war 1901—1910 Großkommandeur des Obersten Rates der Nördlichen Jurisdiktion des A. u. A. Schottischen Ritus in Washington und hinterließ freimaurerischen Wohlfahrtsinstitutionen 230.000 Dollar.

Lawrie, Alexander, 1804 Großschriftführer der Großloge von Schottland, Verfasser eines oft zitierten Werkes „The History of Freemasonry“. Die Autorschaft wurde übrigens von Dr. David Irving bestritten. Der Verfasser soll diesem zufolge Sir David Brewster sein, der das Buch für L. geschrieben und ihm die Ehren der Autorschaft überlassen habe. Der Sohn L.s, der sich William Alexander Laurie schrieb, † 1870, war ebenfalls Großschriftführer der Großloge von Schottland und gab 1859 eine verbesserte Auflage des Werkes heraus.

Laws (engl.), Gesetze. Die englische Freimaurerei unterscheidet als Laws, Gesetze:

1. die Landmarken (s. einleitenden Teil),
2. General Laws, das sind jene Bestimmungen, die sich bei Anderson unter dem Titel General Regulations vorfinden und die sich auf alte, vor Gründung der Großloge auf dem Consensus omnium begründete Satzungen berufen,
3. Local Laws, Hausgesetze, die nach 1721 von den einzelnen Logen erlassen wurden und die in Übereinstimmung mit den Landmarken und den General Laws sein müssen. Landmarken und General Laws sowie die Konstitution der Großloge sind allgemein verpflichtende Gesetze. Dagegen müssen die Local Laws oder By-Laws durch Unterschrift bei der Aufnahme besonders angenommen werden. Ein Br., der die By-Laws nicht unterzeichnet hat, gilt nicht als Mitglied der Loge (unaffiliated).

Lazarette. Verwundetenspitäler wurden von sehr vielen Logen während der Kriege des vergangenen Jahrhunderts bereitgestellt. So in den Napoleonischen Kriegen, im Deutsch-Französischen Kriege und insbesondere im Weltkriege 1914—1918. In diesen Jahren waren fast alle deutschen Logenhäuser für Zwecke der Verwundetenfürsorge in Verwendung, ebenso auch in Frankreich und anderen Ländern. Einer großzügig vorbereiteten Tätigkeit der amerikanischen Großlogen auf Seite der Ententestaaten wurden von der Heeresleitung große Hindernisse bereitet, was auf klerikale Einflüsse im französischen Generalstab zurückzuführen war. Die amerikanischen Freimaurer waren daher genötigt, ihr Hilfswerk mit dem der Young Men's Christian Association (YMCA) zu vereinigen. Um so großartiger war dann die heimische Verwundetenfürsorge. Hier sei auch das nach dem Kriege gestiftete Masonic Soldiers and Sailors Memorial Hospital der Großloge von New York in Utica besonders erwähnt.

Lazarettzüge wurden während des Weltkrieges von mehreren deutschen Logen unterhalten. Die Hamburger Loge „Absalon" unterhielt einen Lazarettzug bestehend aus 31 Waggons und sieben Zubehörwaggons, die jedesmal 306 Verwundete transportieren konnten. Die Loge hat für Verwundetenfürsorge den Betrag von über 355.000 Mark aufgebracht.

Le Bauld-de-Nans, Claude Etienne, Schauspieler an der Berliner französischen Bühne, * 1736, † 1789, Leiter der „Gazette littéraire française", war 1771—1778 Meister vom Stuhl der Mannheimer Loge „St. Charles de l'union", dann Redner der Berliner Loge „Royal York", 1788 deren Meister vom Stuhl, auch als freimaurerischer Dichter und Schriftsteller bekannt (Recueil de discours usw.).

Lebenskunst. Freimaurerei ist die Kunst harmonischer Lebensgestaltung. „Maurer ist jeder, der sein eigenes Leben ausbaut, damit er zur Vollendung des Kunstwerkes des ganzen Menschheitslebens beitragen könne" (Lessing). „Zum Besten der Menschheit kann niemand beitragen, der nicht aus sich selbst macht, was aus ihm werden kann und soll" (Herder). In einem 1900 von den Großlogen von Hamburg, Bayreuth und Frankfurt an ihre Tochterlogen erlassenen Schreiben, in dem die Ziele des Freimaurerbundes vortrefflich formuliert sind, heißt es: „Die Freimaurerei ist eine Kunst, die Kunst, das menschliche Leben harmonisch zu gestalten, die Kunst, sich selbst in das richtige Verhältnis zum Nebenmenschen zu setzen... Freimaurerei ist Lebenskunst."

Lebenslängliche Ämter. In einzelnen Systemen besteht der Brauch, Beamtungen, wie z. B. den Vorsitz der Loge, der Großkörperschaft, auf Lebenszeit, ad vitam, zu verleihen. Gegen diese, zu vielfachen Unzukömmlichkeiten führende Übung macht sich vielfach Opposition geltend (s. a. Charakter indelebilis).

Lebensversicherungen, die von Freimaurerlogen selbst ausgehen, haben sich im allgemeinen nicht bewährt; in Amerika gibt es zahlreiche Nachahmungen der Freimaurerei, die im wesentlichen nichts anderes sind als L. mit ritualistischer Einkleidung. Außerdem bestehen aber in Amerika mehrfach Lebensversicherungsgesellschaften, die sich vorzugsweise an Freimaurer wenden, so die 1869 gegründete „Acacia" in Washington, die derzeit einen Versicherungsstand von 350 Millionen Dollar hat. Auf dem europäischen Kontinent sind die sogenannten Sterbekassen häufig (s. d.).

Lebey, André, französischer Romanschriftsteller und Dichter, * 1877, gewesener Kammerdeputierter von Paris, aufgenommen 1909 in der Pariser Loge „Victor Hugo", gewesener Vizepräsident des Ordensrates (G. O.), Großredner des „Grand Collège des Rites" (der Obersten Ritualinstanz des Großorients), entwarf 1917 auf dem Kongreß der Freimaurereien von Entente- und neutralen Staaten das Projekt eines Völkerbundpakts, Gründer der Loge „Locarno", bekannter freimaurerischer Schriftsteller, schrieb: „Le Vénérable et le Curé" (Roman), „L'Initiation de Vercingétorix", „Le Blason maçonnique" (Sonette), „La F. M. et la Paix", „Le Monde Moderne et la Franc-Maçonnerie" u. a.

Leblanc de Marconnay, französischer freimaurerischer Publizist, Würdenträger des G. O. de France, Parteigänger des Cerneau-Ritus, in dessen Interesse er 1852 in einem geschichtlichen Bericht „Rapport sur les différends élevés entre la Grande Loge du rite d'York pour l'Etat de la Louisiane et le Suprême Conseil du rite Ecossais pour le même Etat..." (Paris) in den Kampf um den A. u. A. Schottischen Ritus eingriff. Er veröffentlichte im gleichen Jahr in London ein Schreiben, in dem er die aufsehenerregende Mitteilung brachte, die Jesuiten hätten vom Papste den Widerruf aller Bullen gegen die Freimaurer verlangt. Die rätselhafte Nachricht wirbelte viel Staub auf, ohne praktische Folgen zu zeitigen.

Lechangeur, Beamter einer Loge in Mailand, † 1812, ist der eigentliche Erfinder des Misraim-Ritus (s. d.). Er wurde von der Beförderung in die höheren Grade ausgeschlossen, trat darauf aus und gründete ein eigenes System von 90 Graden. Der Ritus machte unter ihm jedoch keine Fortschritte, bis er durch die Brüder Bedarride in Frankreich Verbreitung fand und viel Verwirrung anstiftete.

Lecchi, Luigi, Graf, italienischer Dichter und Freiheitskämpfer, † 1867, Studiengenosse Mazzinis, wegen revolutionärer Propaganda jahrelang eingekerkert, 1848 Präsident der provisorischen Regierung in Brescia, 1860 Senator, war Mitglied der Loge „Reale Amalia Augusta" in Brescia und schrieb für diese das freimaurerische Lied „Il Luce".

Lecturer, Grand, in amerikanischen Großlogen ein Großbeamter, dessen Aufgabe es ist, die unterstehenden Logen zu besuchen, die Einhaltung des Gebrauchtums zu überprüfen und Unterweisungen zu erteilen, die die Vertiefung des Wissens um Symbolik und Ritualistik bewirken sollen.

Lectures heißen in den angelsächsischen Ländern die von Zeit zu Zeit in den Logen zu Unterrichtszwecken vorgetragenen, in den Instruktionslogen besonders geübten Belehrungen über den Katechismus. Eine besondere Bedeutung haben in England die sogenannten Prestonian L. Preston (s. d.) hinterließ bei seinem Tode ein Kapital von 300 Pfund Konsols, aus dessen Zinsenerträgnis ein alljährlich zu vergebendes Stipendium bestritten wird, das jeweils dem Prestonian Lecturer, einem besonders hervorragenden Redner, zufällt, der in dem betreffenden Jahr der Ehre teilhaftig wird, die Prestonian L. zu halten.

Lee, Henry, amerikanischer General, * 1756, † 1818, „Light Horse Harry", im Revolutionskrieg 1778 als Kommandant der irregulären Truppen sehr erfolgreich, an der Kapitulation Cornwallis' bei Yorktown beteiligt, 1786—1788 Mitglied des Kontinentalkongresses, 1792—1795 Gouverneur von Virginia, 1799—1801 Mitglied des Kongresses, hielt die Trauerrede für Washington, prägte den berühmten Ausspruch: „Erster im Krieg, erster im Frieden, erster in den Herzen seiner Landsleute", war Mitglied der Hiram Lodge 59 in Westmoreland County (Virginia).

Lefebvre, François Joseph, Herzog von Danzig, Marschall von Frankreich, * 1755, † 1820, erfolgreicher Heerführer Napoleons, dessen Frau, eine ehemalige Wäscherin, als Vorbild des erfolgreichen Theaterstückes „Madame Sans Gêne" von Sardou und Morau diente, war Freimaurer.

Lefranc, Abbé, Superior des Hauses der Eudisten in Caen, erbitterter Gegner der Freimaurer, Verfasser des 1791 erschienenen Buches „Le Voile levé pour les curieux" (1816 vermehrt unter dem gleichen Titel mit dem Zusatz „suivi de la conjuration contre la réligion catholique et les souverains), in welchem er behauptet, die Freimaurerei habe das französische Volk gelehrt, mit dem Dolch umzugehen, das Fleisch der Getöteten zu essen und aus ihren Schädeln zu trinken. L. wurde am 2. September 1792 mit 191 Priestern ein Opfer des Massakers im Konvent der Karmeliter in Paris, obgleich der Freimaurer Led'hui sein Leben aufs Spiel setzte, um den Priester zu retten. Das Buch ist in viele Sprachen übersetzt, wird aber interessanterweise von dem großen Freimaurergegner Barruel als ungenau abgelehnt.

Le Foyer, Lucien, französischer Pazifist, * 1872, Vizepräsident des Internationalen Friedensbüros, Generalsekretär des Ausschusses der französischen Friedensgesellschaft, gewesener Abgeordneter von Paris, wurde 1900 in der Loge „Cosmos" aufgenommen, 1930 Großmeister der Großloge von Frankreich.

Lega antimassonica, antifreimaurerischer Geheimbund, der sich 1925, vor dem Verbot der italienischen Freimaurerei, in den faschistischen Reihen gebildet hatte und mit ungesetzlichen Mitteln gegen die Freimaurer vorgehen wollte. Sein Plan ging dahin, durch Squadristen die Logen zu zerstören. Mussolini verbot die Lega, einige Mitglieder, die sich dem Auflösungsbeschluß widersetzten, wurden aus der faschistischen Partei ausgeschlossen.

Legende. Als L. wird in der Freimaurerei bezeichnet die von Anderson seinem Konstitutionsbuche vorangestellte Geschichte der „Craft". Ebenso bezeichnet man die Bausage, deren Mittelpunkt der Baumeister Hiram ist, als L. In den Hochgraden hat jeder einzelne Grad eine legendenhafte Unterbauung seines Lehrinhaltes, so Pike „Legenda". Besondere Bedeutung in den alten Bauhüttengebräuchen, die zum Teil auch auf die Freimaurer übergegangen sind, hat die L. von den vier gekrönten Märtyrern.

Legend of the Craft (engl.). Das Wort L. hat hier seinen ursprünglichen Sinn bewahrt: legenda, das bei gewissen Anlässen Vorzulesende. In den Konstitutionen von Anderson wird die Legende des Gewerks als ein Stück bezeichnet, das bei der Aufnahme neuer Brr. vorzutragen ist. Es ist die alte kindlich naive Kunstgeschichte, die bei Adam, „our first parent", dem die Geometrie ins Herz geschrieben war, anhebt und bis auf die letzten Tage fortgesetzt wird. Sie fehlt in keiner jener alten Rollen, die den Überlieferungsbestand der alten Logen bildeten. (Den Inhalt der Legende s. im Einleitenden Teil, wo sie — gekürzt — nach Andersons Konstitutionenbuch von 1722 wiedergegeben ist.)

Leguía, Augusto B., 1919 durch Staatsstreich Präsident der Republik Peru, vom Kongreß legalisiert, 1924 und 1929 wiedergewählt, durch die Revolution 1930 abgesetzt, ist Mitglied des Obersten Rates von Peru.

Lehrarten, s. Systeme.

Lehrbrief, aus den Steinmetzenbräuchen übernommene Übung, den Gesellen bei ihrer Beförderung einen Lehrausweis, L., mitzugeben. Von der Loge in St. Gallen wurde in das Ritual des II. Grades daher der L. aus Goethes „Wilhelm Meister" aufgenommen. In anderen Systemen, z. B. dem der Großloge „Lessing zu den drei Ringen", wird dieser Goethesche L. verlesen, außerdem erhält jeder Geselle einen persönlich gefärbten L. mit, in welchem die Meisterschaft der Loge ihre Wertung der bisher geleisteten Arbeit zum Ausdrucke bringt.

Lehrbücher der christlichen Schulbrüder in Frankreich, die bis zu dem 1901 erlassenen französischen Vereinsgesetz, das den Angehörigen der nicht gesetzlich ermächtigten geistlichen Genossenschaften verbot, Schulanstalten zu leiten, in großer Zahl in Verwendung standen, enthielten heftige antifreimaurerische Lesestücke („Die

Freimaurer und die Juden sind die Feinde der Gesellschaft wegen ihrer Habgier und ihres Hochmutes. Für Geld würden sie ihr Vaterland oder vielmehr das der anderen, denn sie haben keines, verraten. Wir müssen solche Ungeheuer verabscheuen und diesen Scheusalen gegenüber unsere Religion verteidigen!"). Eine gegen diese Lesebücher gerichtete Rede des früheren Ministerpräsidenten Léon Bourgeois (s. d.) wurde durch Maueranschlag bekanntgemacht.

Lehrbücher, Freimaurerische, s. Katechismen.

Lehre, Die, des Freimaurerbundes basiert vor allem auf der Kenntnis seiner Entstehung, seiner Einordnung in ähnliche Erscheinungen des gesellschaftlichen Lebens. Daher ist Grundlage das historische Wissen. Ohne diese Kenntnis der Entwicklungsgeschichte der Freimaurerei bleibt sie selbst unverständlich. Die Verirrungen der Freimaurerei in gedanklich wesensfremde Formen und Gruppen, so das Ritterwesen, oder in politisierende Abweichungen sind nur durch Geschichtskenntnis zu verstehen und zu berichtigen. Den zweiten wichtigen Teil der L. bildet die Erforschung ihrer ethischen und philosophischen Grundlagen, ihr Verhältnis zur Religion und zu organisierten Glaubensgemeinschaften. Aus dieser Kenntnis leitet sich der dritte Teil der L. ab: Die praktischen Nutzanwendungen für den Einzelbruder und die Gesamtheit der Freimaurer und die sich daraus ergebenden Auswirkungen auf den einzelnen, seine Familie und Berufsgruppe, auf Volk und Menschheit.

Mittel der L. sind die Symbolik und ihre Deutung. Das freimaurerische Symbol ist ein Lehrbild, das in eindrucksfähiger, knapper Form Forderungen an den Freimaurer stellt. Diese Fassung der Postulate in Lehrbilder ist eines der Hauptmerkmale der freimaurerischen L. Sie selbst wird in einem geordneten Unterricht vergeben. Ihr dienen neben den ritualmäßigen Arbeiten, in denen das Symbol als solches spricht, insbesondere die Unterrichtslogen, die für alle Grade vorgeschrieben sind, sowie die Behandlung von Problemen allgemeiner Bedeutung, die das gesellschaftliche Leben der Menschen betreffen. Die Erörterung religiöser und politischer Fragen ist grundsätzlich ausgeschlossen. Besonders streng wird dieser Standpunkt in der angelsächsischen Freimaurerei eingehalten. Dagegen lassen andere Großlogensysteme solche Erörterungen zu, wobei jedoch strenge darauf gesehen wird, daß Fragen der Tagespolitik vermieden, soziale Fragen nur von einem allgemeinen, höheren Gesichtspunkte aus behandelt und bindende Beschlüsse nicht gefaßt werden. Der Zweck dieser Erörterungen liegt nicht in der Propagierung einseitiger Anschauungen, sondern in der Ableitung des Gemeinsamen aus widersprechenden Meinungen.

Lehrling (engl. entered apprentice, frz. apprenti), der I. Grad der Maurerei. In Übernahme der Bauhüttengebräuche tritt der Neuaufgenommene als L. ein und erhält die seinem Grad entsprechende Werkausstattung. Der Gegenstand seiner Arbeit ist der rauhe Stein (s. d.). Während in den alten Verfassungen in den Freimaurerlogen die L. vollkommen gleichberechtigt waren, gilt heute, mindestens in der angelsächsischen Maurerei, der Lehrlingsgrad nur als Übergang, L. haben dort in der Loge kein Stimmrecht und werden in Amerika in den Mitgliederstatistiken auch nicht mitgezählt. Aus diesen Gründen wird die Lehrzeit, die in Europa gewöhnlich ein Jahr beträgt, abgekürzt. In den meisten europäischen Logen hat der L. in allgemeinen Angelegenheiten volle Mitgliederrechte.

Lehrlingslied, Französisches, eine der ältesten freimaurerischen Dichtungen, aufgenommen in der Sammlung von Naudot (s. d.), wird heute noch in französischen Logen gesungen:

„Frères et compagnons
De la Maçonnerie
Sans chagrin jouissons
Des plaisirs de la vie.
Munis d'un rouge bord,
Que par trois fois un signal de nos verres
Soit une preuve que d'accord
Nous buvons à nos frères."

Deutsch im Liederbuch von Lenz (1746).

„Zunftgenossen, Edle Brüder
Der berühmten Maurerey
Auf! Geniesst des Lebens Güter
Braucht sie, seyd vergnügt dabey!
Lasst den Wein im Becher blinken,
Das dreimal bewegte Glas
Zeige, daß wir einig trinken
Nach der Maurer Regel Maass."

Lehrlingslied, Englisches, s. Entered Apprenticés Song.

Lehrlingspfeiler, s. Prentice Pillar.

Lehrlingstafel, Bezeichnung der Arbeitstafel (Tapis, Teppich) des I. Grades, auch Lehrlingsteppich.

Le Hunte, Sir George Ruthven, * 1852, † 1925, Gouverneur der Fidschi-Inseln, Präsident von Dominica, Gouverneur von Britisch-Neu-Guinea und von Südaustralien, Gouverneur und Oberbefehlshaber von Trinidad und Tobago, wurde 1925 Senior-Grand-Deacon der Großloge von England.

Leidender, in der Lehrart der Großen Landesloge der Freimaurer von Deutschland Bezeichnung für den Suchenden.

Leinster, irische Adelsfamilie, deren Angehörige seit dem 18. Jahrhundert ohne Unterbrechung in der angelsächsischen Freimaurerei die höchsten Stellen bekleiden. Der zweite Herzog von L. wurde 1770 Großmeister von Irland. Er war der Enkel jenes Herzogs von Richmond, der 1725 Großmeister der Großloge von England war, und kommandierte 1779 das erste Regiment der Irish Volunteers (s. Irland). Als infolge der irischen Freiwilligenbewegung (s. d.), die in den Reihen der Freimaurer besondere Unterstützung fand, die Großloge von Irland politisiert zu werden drohte, erklärte sich L. gegen die Freiwilligenbewegung überhaupt und gab dem in den Worten Ausdruck, er glaube nicht, daß Fragen der Verfassung mit dem Bajonett gelöst werden könnten. Durch seinen Widerstand gab er Anlaß zu heftigen Meinungskämpfen in der Großloge.

Leipzig (seit 1924), Sitz der Großloge „Deutsche Bruderkette" und des Vereins deutscher Freimaurer. 1736

Gründung einer namenlosen Loge. 1741 Loge „Aux trois Compas", die sich 1747 mit der 1746 gegründeten Loge „Minerva" vereinigte. 1766 gründeten Mitglieder der Strikten Observanz die Loge „Minerva zu den drei Palmen". Die Loge bewahrte ihre Selbständigkeit als unabhängige Loge und trat erst 1924 als Gründungsloge in die Großloge „Deutsche Bruderkette" ein. 1776 Gründung der Loge „Balduin", die sich unter die Große Landesloge stellte; sie nahm 1783 den Namen „Balduin zur Linde" an; von 1809 an unterstand sie der Hamburger Provinzial-Großloge, später dem sächsischen Logenbund, erklärte aber ihre Unabhängigkeit neuerlich 1824 und blieb unabhängige Loge bis 1924. Heute unter der Großloge „Deutsche Bruderkette". Heute bestehen in L.: Unter der Großloge von Sachsen: Apollo (1799), Phönix (1802), Vesta zum heiligen Feuer (1906), Zur grünenden Eiche (1911), Fichte zur deutschen Treue (1927), Große Landesloge: Stern zur Treue (1903), Drei Weltkugeln: Goethe zur Feuerkugel (1906), Frankfurt: Gotthold zur Treue (1913), Preußen: Mozart zur Bruderkette (1916), Großloge Deutsche Bruderkette: die Logen Minerva zu den drei Palmen (1741), Balduin zur Linde (1776), Wieland (1921).

Leiter (engl. l a d d e r, frz. é c h e l l e), als eines der ältesten Symbole der alten Mysterien bekannt. Ihre Stufen versinnbildlichen die Höherentwicklung der Seele zum wahren Licht.

In den indischen B r a h m a m y s t e r i e n spielte die siebenstufige L. eine Rolle. Ihre sieben Sprossen symbolisierten die sieben Welten der Seelenwanderung; als deren niedrigste galt die Erde, es folgten die Geisterwelt (Reinkarnation), der Himmel, eine Zwischenwelt, die etwa dem Firmament der alten jüdischen Schriften entsprach, die Welt der Wiedergeburt, der Palast des Großen Königs (der sich auch bei den frühen Rosenkreuzern findet) schließlich das Reich Brahmas (der En Soph der Kabbala). Eine L. gab es auch im M i t h r a-K u l t (s. d.)

In der ä g y p t i s c h e n Mythologie ist H o r u s der Gott der L.; kleine L. wurden als Amulette getragen. Die Vorstellung vom himmlischen Land, das nur mit Hilfe der Sonnenleiter erreicht werden könne, liegt dem Symbol zugrunde. Nach einer ägyptischen Legende wurde Horus nach seiner Ermordung von Osiris mittels einer L. wieder ins Leben zurückgeführt.

In Form der J a k o b s l e i t e r (s. d.) gehört die L. zum Symbolschatze der englischen Maurerei.

Im XXX. Grad des A. u. A. Schottischen Ritus ist die sogenannte M y s t i s c h e L. (s. d.) in den Mittelpunkt eines Teils der Kulthandlung gerückt. Sie zeigt zweimal sieben Sprossen. Die eine Stufenreihe lehrt: Gerechtigkeit; Güte; Demut; Treue; rastlose Arbeit; Pflicht; Edelmut in Verbindung mit Einsicht und Klugheit, die andere zeigt die sieben alten Wissenschaften: Grammatik, Rhetorik, Logik, Arithmetik, Geometrie, Musik, Astronomie.

Leiter, mystische (engl. M y s t e r i o u s L a d d e r, auch K a d o s h L a d d e r, frz. É c h e l l e M y s t i q u e). s. L e i t e r.

Leland-Manuskript, s. F r e i m a u r e r v e r h ö r.

Lemierre, A n t o i n e M a r i n, berühmter französischer Dichter, * 1723, † 1793, erfolgreich mit seiner Tragödie „Guilleaume Tell", Verfasser didaktischer Gedichte, Mitglied der Akademie, gehörte der Pariser Loge „Neuf Sœurs" an. Sein Vers: „Le trident de Neptune est le sceptre du monde" galt lange als „Vers des Jahrhunderts".

Lemmi, A d r i a n o, Großmeister des Großorients von Italien, Großkommandeur des Supremo Consiglio, * 1822, † 1906, Reorganisator der italienischen Freimaurerei, der zur Zeit des antifreimaurerischen Trientiner Kongresses (s. T a x i l) als „Freimaurerpapst" ausgeschrien wurde, war einer der Hauptförderer der italienischen Einheits- und Freiheitsbewegung, der „Bankier der Revolution", Freund von M a z z i n i und K o s s u t h, reiste er mit letzterem nach Amerika, mußte nach seiner Rückkehr in einem Sarg fliehen, war einer der hauptsächlichsten Vorbereiter des „Zug der Tausend nach Sizilien", schmuggelte den nach Caprera verbannten G a r i b a l d i durch die italienische Flotte aufs Festland zurück, finanzierte dessen und Mazzinis freiheitliche Unternehmungen und war Philanthrop in großem Ausmaße. 1870 Freimaurer geworden und Freund C r i s p i s, trat er nach dessen Sturz von der Großmeisterschaft zurück (1895).

Lennep, J a c o b v a n, holländischer Dichter, Schriftsteller und Historiker, * 1802, † 1868, konservativer Politiker, Übersetzer von B y r o n, schrieb Erzählungen, historische Romane, Bühnenstücke sowie die Biographie von V o n d e l, wurde 1832 in die Amsterdamer Loge „Wilhelm Frederick" aufgenommen.

Lennhoff, E u g e n, Schriftsteller in Wien, * 1891 in Basel, Reisejournalist, Kriegsberichterstatter der Ullsteinschen Tageszeitungen u. a. im k. u. k. Kriegspressequartier, Chefredakteur, schrieb u. a. „Die Freimaurer", „Politische Geheimbünde", aufgenommen 1920 in der Loge „Zukunft", Wien, war Großbeamter der Großloge von Wien, deren offizielles Organ, die „Wiener Freimaurerzeitung", er seit 1923 leitet, 1925—1930 erster Großkommandeur des Obersten Rates des A. u. A. Schottischen Ritus von Österreich, 1926 bis 1930 ehrenamtlicher Leiter der Zentralstelle der auf seine Initiative reorganisierten Allgemeinen Freimaurerliga, führt seither deren geistige Agenden, Vertreter der Großloge von Wien im Ausschuß der „Association Maçonnique Internationale". Das Werk „Die Freimaurer" wurde 1930 mit dem (belgischen) Peeters-Baertsoen-Preis ausgezeichnet.

Lenning, P s e u d o n y m des deutschen — eine Zeitlang in Paris tätigen — Buchhändlers H e s s e, der 1812—1919 den Grundstock legte zu der dann von M o ß d o r f (s. d.) bearbeiteten und herausgegebenen dreibändigen „Enzyklopädie der Freimaurerei nebst Nachrichten über die damit in wirklichen oder vorgeblichen Beziehungen stehenden geheimen Verbindungen" (Leipzig, Brockhaus, 1822—1828), die dann in der zweiten und dritten Auflage als

„Allgemeines Handbuch der Freimaurerei" herauskam.

Lenoir, Marie Alexander, französischer Archäologe, * 1761, † 1839, kam auf Grund seiner Studien der ägyptischen Priesterbünde und Mysteriengesellschaften auf die für die freimaurerische Geschichtsforschung unglückliche Idee, einen direkten Zusammenhang zwischen diesen ägyptischen Bünden und der Freimaurerei zu konstruieren. Daher bis auf den heutigen Tag die Vorliebe für ägyptische Tempelausstattungen und ägyptische Symboldeutung, die durch die Geschichtsforschung längst als unrichtig abgetan ist.

Lens, André-Corneille, bedeutender flämischer Maler, * 1739, † 1822, Professor an der Akademie in Brüssel, von ihm die Gemälde in der Madeleinekirche in Lille, ferner „Coriolan", „Helena und Paris", Kunstschriftsteller, war Mitglied der Loge „Union" in Brüssel.

Lenz, Friedr. Ludwig, Hofrat in Altenburg, * 1717, † 1780, aufgenommen 1742 in die Loge Archimedes zu den drei Reißbretern" in Altenburg, gab für diese 1745 das erste deutsche Logengesangbuch „Freymäurer-Lieder" heraus, dem er 1775 eine weitere kleine Sammlung folgen ließ. Er war von 1764—1780 Meister der Altenburger Loge.

Leo, Päpste.

1. L. XII., Hannibal della Ganga, gewählt 1823, erließ am 23. April 1826 die antifreimaurerischen Bulle „Quo graviora mala".

2. L. XIII., Gioacchino Vinzenzo, Graf Pecci, * 1810, † 1903, wohl der hervorragendste unter den Päpsten des 19. Jahrhunderts, erließ drei antifreimaurerische Kundgebungen, von denen die am 28. April 1884 erlassene Enzyklika „Humanum Genus" die wichtigste und folgenreichste war (siehe: Bullen, Päpste, Gegner).

Leon, Jacob Jehuda, Rabbi, spanischer Jude, * um 1603, wanderte in der Jugend nach Holland aus und war Rabbiner der Judengemeinden in Hamburg und Amsterdam, wo er 1648 zum obersten Schulleiter der jüdischen Schulen gewählt wurde. Er widmete sein Spezialstudium dem Salomonischen Tempelbau und fertigte ein Modell nach den Angaben der Bibel an, das er in einem spanischen Buche „Retrato del templo de Salomo" 1642 beschrieb. Das Buch erregte derartiges Aufsehen, daß es ins Hebräische und von da ins Holländische, Lateinische und Englische übersetzt wurde. 1675 kam L. nach England und führte das Modell dem König Karl II. vor. Diese genaue Schilderung des Tempels hat die symbolische Phantasie der Freimaurer sicherlich sehr befruchtet. Ein Beweis hierfür findet sich bei Dermott in seinem Ahiman Rezon. Dermott gibt weiters an, daß er in den nachgelassenen Schriften des „famous and learned hebrewist, architect and brother (!)" eine Wappenzeichnung gesehen habe, die er im Ahiman Rezon auch abbildet. Es ist dies jene bekannte zweiteilige Darstellung, die im oberen Teile das heutige Großlogenwappen, im unteren das fälschlich als Wappen der „operatives" bezeichnete Wappenbild aufweist. Dieses Wappen, das in seinen wesentlichen Zügen auch heute noch ziemlich unverändert in den meisten angelsächsischen Großlogen verwendet wird, zeigt vier Felder: einen goldenen, steigenden Löwen im blauen Feld, einen Ochsen im blauen Feld, der durch den Sand zieht, im dritten einen Mann mit erhobener Hand in Purpur und Hermelin und im vierten einen Adler im blauen Feld. Als Wappenkrönung die Bundeslade, darüber die gefalteten Flügel der seitlich stehenden Cherubim. Als Motto: „Kodes la Adonai" (so nach Dermott), englisch „Holiness to the Lord". Die vier Darstellungen des Wappens beziehen sich auf vier der Stämme Israels (Juda: Löwe; Ephraim: der Ochse; Ruben: ein Mann; und Dan: ein Adler). Dieses auf den gelehrten Rabbi zurückgehende Wappen hat in den alten Steinmetzgildenwappen nicht seinesgleichen. Das übliche Wappen der Steinmetzbruderschaften und -gilden zeigt in verschiedenen Abwandlungen die drei Türme in einem durch Winkel und Zirkel zweigeteilten Feld. Dermott brachte das Wappen des Rabbi, das wohl dessen künstlerischer Laune entsprungen war, in die Freimaurerei. Rabbi L. hat zahlreiche zeichnerische Kompositionen zum Talmud entworfen. Sein frei erfundenes Wappen der Bauleute hat durch die mit den Antients zusammenhängenden Großlogen eine von ihm wohl nicht erwartete Verbreitung gefunden. (A. Q. C. 1899.)

Leonhardi, Johann Peter, Freiherr von, Kaufmann in Frankfurt a. M., * 1747, † 1830, hervorragender Politiker, 1768 in die Loge „La Charité" in Amsterdam aufgenommen, 1770 von der Frankfurter Loge „Zur Einigkeit" affiliiert, der erste Großmeister des „Eklektischen Freimaurerbundes". 1786—1792 war er Provinzial-Großmeister unter der Großloge von England, 1820 übernahm er dieses Amt nochmals, 1823 erfolgte unter seiner Führung die Loslösung von der Mutter-Großloge. Bis 1826 führte er die Geschäfte des Großmeisters des nun unabhängigen Eklektischen Bundes.

Leopold I., König der Belgier (Sachsen-Koburg), * 1790, † 1865, wurde 1813 in der Loge „Zur Hoffnung" in Bern aufgenommen, wurde dann in London Erster Aufseher der Lodge of Friendship Nr. 6, erlangte den (schottischen) Kadoschrittergrad und war seit 1839 Protektor des Großorients von Belgien. Infolge dieser Patronanz bildeten sich mehrere Militärlogen. Daraufhin verbot ein katholischer Kriegsminister den Angehörigen der Armee den Logenbesuch. Der konstitutionelle König ließ dem Minister freie Hand, bekundete dem Freimaurerorden aber bei jeder Gelegenheit sein lebhaftes Interesse. Zu seinem Gedächtnis veranstaltete der Großorient am 10. Februar 1866 in Gegenwart von mehr als 1200 Brr. eine grandiose Trauerfeier.

Leovaris, Archimandrit in Jerusalem, einer der höchsten Würdenträger der griechisch-orthodoxen Kirche, ist Mitglied der Loge „Jerusalem" der National-Großloge von Ägypten.

Lepper, John, Heron, irischer freimaurerischer Forscher, * 1878, gibt mit Philip Crossle (s. d.) im Auftrag der von ihm 1914 mitbegründeten Dubliner „Lodge of Research CC" die Geschichte der irischen Freimaurerei heraus. Der erste Band ist 1925 anläßlich der Zweihundertjahrfeier der Großloge von Irland erschienen.

Lerda, Giovanni, italienischer sozialistischer Publizist, * 1853, † 1927, mußte im 14. Lebensjahr seine Ausbildung unterbrechen, um für die verwitwete Mutter und drei kleine Schwestern zu sorgen, sehr schwere Jugend, durch Tüchtigkeit Verlagsleiter, 1894 selbst Verleger in Genua. Wegen lebhafter politischer Tätigkeit in der sozialistischen Partei 1894 unter Crispi für die Deportation vorgeschlagen, aber freigesprochen. 1898, nach den Maiunruhen in Mailand, entzog er sich der Verhaftung durch Flucht in die Schweiz, wurde aus Genf ausgewiesen, lebte in Lausanne. Nach Italien zurückgekehrt, freier Schriftsteller. 1912 erklärte die sozialistische Partei auf dem Kongreß von Reggio Emilia die gleichzeitige Zugehörigkeit zur Freimaurerei und zur Partei für moralisch inkompatibel. L., dessen Zugehörigkeit zum Großorient bekannt war und dem man eben die Leitung des Zentralorgans „Avanti" und des Sekretariats des Parteivorstandes angeboten hatte, trat aus der Partei aus. Er veröffentlichte: „La Lotta per la Vita", „Il Socialismo e la sua Tattica", „L'influenza del Cristianismo sull'economia" und redigierte während seiner Parteitätigkeit eine Reihe von Wochenblättern. Zwei Jahre lang Chefredakteur der Halbmonatschrift „Socialismo" und der „Rivista dei Comuni". L. war seit Beginn der achtziger Jahre eifriger Freimaurer, Zugeordneter Großredner und wurde unter dem Faschismus mit den Insignien seiner Maurerwürde eingeäschert. In seinen letzten Lebensjahren wurde sein Haus in Rom dreimal verwüstet.

Lerneu (auch Lernay und Lernais geschrieben), Gabriel Filley, Marquis de, im Siebenjährigen Krieg in Preußen kriegsgefangener französischer Offizier, erhielt 1758 von der Mutterloge „Zu den drei Weltkugeln" die Erlaubnis, aus gleich ihm kriegsgefangenen Kameraden in Berlin eine Militärloge „La Fidélité", zu gründen, die aber keine Aufnahmen vollziehen durfte. Die Loge bestand bis 1763, als die Kriegsgefangenen ausgewechselt wurden. L. führte in Berlin im Verein mit v. Printzen (s. d.) das Clermontsche System (s. d.) ein.

Leroux, Pierre, französischer Publizist, Philosoph, Politiker, * 1797, † 1871, ursprünglich Typograph, Saint-Simonist, gründete mit Reynaud 1838 die „Encyclopédie nouvelle", Mitarbeiter der „Revue des deux Mondes", rief mit George Sand und Viardot die „Revue Indépendante" ins Leben, schrieb u. a. „De l'humanité, de son principe et de son avenir", trat für einen Sozialismus, gegründet auf Familie, Eigentum und Vaterland, ein, 1848 Mitglied der Konstituante, 1849 der Legislative, im Exil in England, verfaßte ein „Projet d'une Constitution démocratique et sociale", war Freimaurer. (Lebey, „Aperçu historique...", 1925.)

Lerroux y Garcia, Alejandro, spanischer Staatsminister (auswärtige Angelegenheiten), * 1864, republikanischer Publizist, Zeitungsherausgeber, Chefredakteur, einer der Führer der Republikanischen Union, Abgeordneter der Cortes, während der Diktatur des Generals Primo de Rivera eingekerkert, nach der Ausrufung der zweiten spanischen Republik 1931 Außenminister der provisorischen Regierung, ist Mitglied einer Loge der Großloge von Spanien.

Lesný, Vinzenz, Indologe, * 1882, Professor an der Prager tschechischen Universität, unternahm mehrere Forschungsreisen nach Indien und betätigt sich hauptsächlich als Sprachwissenschaftler und Übersetzer aus der alten indischen Literatur, gehört der Loge „28. říjen" in Prag an.

Lesseps, Ferdinand, Vicomte de, Erbauer des Suezkanals, * 1805, † 1894, war Freimaurer.

Lesser, Richard, Begründer und Hauptpfleger des freimaurerischen Altersheims „Johannisstift" in Einbeck, * 1840, † 1914, war Herausgeber und Bearbeiter der ersten acht Bände der „Concordia", Bibliothek für Freimaurer.

Lesser Lights (engl.), die Kleinen Lichter der Loge (s. Licht).

Lessing, Gotthold Ephraim, * 1729 zu Kamenz in Sachsen, † 1781. Seinen Lebenslauf verzeichnen die zahlreichen Biographien. Seine Beziehungen zur Freimaurerei waren die folgenden: Unter den im Jahre 1753 veröffentlichten Fabeln seiner „Kleinen Schriften" findet sich das bekannte Gedicht „Das Geheimnis". Der Bauernjunge Hans will seinem Beichtvater ein Geheimnis nicht enthüllen. Endlich, nach langem Drängen, enthüllt Hans sein Geheimnis: es ist ein Vogelnest. Daran schließt sich die Fabelmoral von einem „drollig Volk, das schon seit manchen Jahren die Neugier auf der Folter hält", mit der bissigen Schlußfolgerung: „War das der Mühe wert, daß Ihr es mir gesagt und ich's von Euch begehrt?" L. stand zu dieser Zeit nachweisbar in regem Verkehr mit Freimaurern, so mit Christian Friedrich Voß, seinem Verleger, dem Begründer der „Vossischen Zeitung", mit Nicolai, mehreren Schauspielern, die Freimaurer waren, u. a. m. Persönliche Rücksichtnahme oder bessere Erkenntnis haben ihn veranlaßt, dieses satirische Gedicht in die Neuausgabe seiner Gedichte (1771) nicht mehr aufzunehmen. In Hamburg hatte er Veranlassung, sich als Kritiker mit den Schriften des Freimaurers M. A. Alardus zu beschäftigen, ebenso mit jenen des Abraham Gotthelf Kästner, aus dessen Dichtungen er sogar in einer kritischen Besprechung einige Verszeilen heraushebt, die gewissermaßen eine Antwort auf sein eigenes „Geheimnis" geben. Da er mit Bode (s. d.) nicht nur in geschäftlicher, sondern auch in freundschaftlicher Beziehung stand, so war es ohne weiteres klar, daß er auch an dessen regen freimaurerischen Interessen Anteil nahm. Er äußerte schließlich den Wunsch, selbst Freimaurer zu werden. Hierüber schreibt Bode selbst in der deutschen Übersetzung des französischen Buches von Nicolas Borneville „Les Jésuites chassés de la Maçonnerie" (deutsch: „Die Jesuiten vertrieben aus der Freymaurerey" usw., Leipzig, Göschen, 1788) in einer Anmerkung: „Der Übersetzer, der lange Zeit mit L. in wahrer Vertraulichkeit gelebt hat, ist es seiner Asche schuldig, folgendes zu sagen: L. sagte zu einem Meister vom Stuhle der Strikten Observanz, er wisse das Geheimnis der Freymaurerey, ohne eingeweihet zu seyn, und wolle darüber schreiben. Dieser Meister vom Stuhl antwortete: ‚L., ich möchte nicht gerne in irgendeiner Wissenschaft Ihr Gegner seyn, aber hier wissen Sie so wenig, daß ich es leicht haben würde, meinen Speer gegen Sie aufzunehmen.' L. meinte freylich, das sey nur die Sprache eines Meisters vom Stuhl. Indessen brachte ihn doch der ernsthafte Ton seines Freundes dahin, um die Aufnahme zu ersuchen. Der Meister vom Stuhl gab ihm aber die Antwort: ‚Ich wüßte keinen Mann, den ich lieber zum Br. hätte als Sie. Aber ich muß es Ihnen deswegen platterdings abrathen, sich aufnehmen zu lassen, weil die Fortschritte in unserem System zu langsam für Ihr Alter und für Ihren feurigen Charakter'."

Von diesen Bemühungen des Dichters um die Aufnahme hatte der ehemalige preußische Hauptmann Georg Johann Freiherr von R o s e n b e r g (s. d.) erfahren, der in Hamburg eine Winkelloge gegründet hatte („Zu den drei Rosen"), die sich später der Großen Landesloge unterstellte. L. hatte mittlerweile in Wolfenbüttel im Dienste der Freimaurerherzoge von Braunschweig reichlich Veranlassung, sich mit der Freimaurerei theoretisch zu beschäftigen. Als er 1771 auf einer Urlaubsreise nach Hamburg kam, zeigte er Bode ein Manuskript: „Der wahre Orden der Frey Maurer aus den aeltesten Urkunden hergeleitet und mit Gründen bewiesen." Bode lehnte den Druck ab. Im Oktober desselben Jahres wird das Manuskript Nicolai und R a m l e r in Berlin gezeigt. Beide Freunde schließen sich der Ablehnung Bodes an. Dadurch, daß Friedrich Nicolai eine Abschrift des Manuskripts genommen hat, ist es wenigstens teilweise erhalten geblieben. Von diesem Aufsatz erfuhr auch v. Rosenberg, der diensteifrig darüber nach Berlin berichtete. Und nun entwickelte sich um die Person L.s ein eigentümliches Intrigenspiel. Während Freunde wie Bode ihm den Eintritt in die Loge widerraten, nicht zuletzt deswegen, weil sie einen derart kritischen Geist in die damals nichts weniger als erfreulichen Logenverhältnisse nicht einführen wollen, ist Rosenberg wie versessen darauf, den berühmten Schriftsteller und Kritiker, den er nur ganz oberflächlich kennt, für seine Loge zu gewinnen. Er schreibt am 7. September: „Ich stelle alles mögliche an, ihm habhaft zu werden und habe ihm sogar versprechen lassen, gratis zu recipieren." Er verlangt sogar von seinem Landes-Großmeister Z i n n e n d o r f, er solle direkt an L. schreiben, was dieser aber ablehnte. Die Einführung L.s wurde von Rosenberg mit einem gewissen Geheimnis umgeben, und so wurde denn am 14. Oktober 1771 in der Wohnung Rosenbergs im Beisein eines von der Großen Landesloge entsendeten Kommissars L. aufgenommen und gleich in alle drei Grade befördert. Die Aufnahme war eigentlich vollkommen ungesetzlich vollzogen. Denn die Loge war nicht gesetzmäßig besetzt, die beiden Aufseher und die übrigen Beamten waren nicht eingeladen worden. Rosenberg hatte die Brr. seiner eigenen Loge zum Teile ferngehalten, vielleicht um die Aufnahme nach eigenem Gutdünken vollziehen zu können. Zinnendorf gab ihm hinterher wohl eine leise Rüge pro futuro, hieß aber den Aufnahmsakt gut. Auf L. scheint diese in mehrfacher Beziehung eigenartige Aufnahmshandlung keinen besonderen Eindruck gemacht zu haben. Hierzu schreibt Bode weiter: „Denselben Abend nach der Aufnahme sagte dieser Herr v. Rosenberg zu L.: ‚Nun, Sie sehen doch, daß ich die Wahrheit gesagt. Sie haben doch nichts wider die Religion oder den Staat gefunden!' Hier kehrte sich L., der etwas wie Langeweile gefühlt haben mochte, um und sagte: ‚Ha! Ich wollte, ich hätte dergleichen gefunden, das sollte mir lieber seyn'."

Der ungünstige Eindruck, den L. von der Loge — nicht von der Freimaurerei — bei seiner Aufnahme gewann, wurde aber noch wesentlich verstärkt durch einen geradezu monströsen Brief, den der Großmeister Zinnendorf am 19. Oktober, also fünf Tage nach der Aufnahme, an ihn richtete. Nach einigen recht banal gehaltenen Glückwünschen zur Aufnahme und einigen sehr platt klingenden Belehrungen wird schließlich von Zinnendorf eine Erklärung verlangt, daß L. „den Zirkel nicht überschreiten werde, den ihm die Freimaurerei vorzeichne", und schließlich heißt es: „Ich erwarte ... die Schrift, welche Sie vor dem Eintritte im Orden durch den öffentlichen Druck ganz unrecht bekannt zu machen, den Vorsatz gehabt haben sollen." Es sei zugegeben, daß Zinnendorf nach den Satzungen seiner Großloge berechtigt war, eine Vorzensur aller Arbeiten seiner Brr. auszuüben. Aber die geistige Distanz der Persönlichkeiten, die einander hier gegenüberstehen, ist denn doch eine derartig gewaltige, daß der Brief Zinnendorfs eine Ungeheuerlichkeit bleibt. Ob L. geantwortet hat, wissen wir nicht. Es wäre von ihm zu erwarten gewesen. Aber eines wissen wir: die Schrift L.s ist nicht erschienen, weil ihm Bode entschieden davon abriet. Und ferner wissen wir, daß L. nach seiner mißglückten Aufnahme keine Loge mehr besucht hat. Das einzige Materielle, das an seine Logenzugehörigkeit noch erinnert, ist sein Logenzertifikat im Kopenhagener Großlogenarchiv, das neben dem Namen v. Rosenberg u. a. auch jene der beiden Aufseher (S u d t h a u s e n und D e t e n h o f f) trägt, die bei der Aufnahme nicht zugegen gewesen waren.

Um so überraschender ist es, wie L. nunmehr außerhalb jeder Verbindung mit der Loge sich als Freimaurer entwickelt. Daß er bis 1780 in den Listen der Hamburger Loge erscheint, ist hier bedeutungslos. Von größter Wichtigkeit ist es aber, daß L. der Gedanke der Freimaurerei nicht mehr losließ, und daß er diesem Ringen um die Idee in seinem „E r n s t u n d F a l k" beredten Ausdruck gab. Diese Gespräche für Freimaurer sind 1778 (drei Gespräche) und 1780 (die zwei weiteren) erschienen. Und zwar ohne Bezeichnung des Autors mit einer Widmung an den Herzog F e r d i n a n d von Braunschweig.

Der Veröffentlichung dieser Gespräche ging ein Briefwechsel mit dem Herzog voraus, der durch die Veröffentlichungen von Partuschke aus dem Archive der Loge „Carl zur gekrönten Säule“ in Braunschweig bekannt wurde (1929). L. sandte im Juli 1778 die Urschrift an den Herzog, der dafür dankte und sorgsamste Aufbewahrung zusicherte. Am 19. Oktober schrieb L., er habe die Gespräche drucken lassen. Darauf äußerte der Herzog sein Bedenken wegen der Veröffentlichung und bedauert, daß nicht vorher seine Zustimmung eingeholt wurde. (Es ist empfehlenswert, den Brief des Herzogs mit dem Briefe Zinnendorfs zu vergleichen. Ein Verbot des Herzogs Ferdinand ist niemals erfolgt!) L. entschuldigte sich und schloß seinen Brief mit den Worten: „Werde ich verstanden, so bin ich gerechtfertigt. Werde ich nicht verstanden, so habe ich nicht geschrieben.“ Der den Briefwechsel vermittelnde Zugeordnete Großmeister Oberstleutnant von Lestwitz schlug darauf dem Herzog vor, den Briefwechsel über diesen Gegenstand für jetzt geendigt zu sehen.

In den Freimaurergesprächen „Ernst und Falk“ hält das Geschichtliche, das L. gibt, historischer Kritik nicht stand. Aber L. darf, besonders nach dem Inhalte des zweiten Gesprächs, als der Künder des philosophischen und sozialethischen Gedankeninhaltes der Freimaurerei bezeichnet werden. Wie in England Desaguliers der Begründer der formalen Freimaurerei der freimaurerischen Neuzeit ist, so ist in Deutschland L. der eigentliche Begründer der freimaurerischen Humanitätslehre geworden. Wie über „Nathan der Weise“ und der „Erziehung des Menschengeschlechts“ steht über „Ernst und Falk“ leuchtend das Motto: Duldung! Tätige Menschenliebe!

Falk (L.) ist Freimaurer. Ernst begehrt Aufklärung über den Bund. Falk gibt ihm zu verstehen, daß es, um ein wahrer Freimaurer zu sein, nicht genügt, einmal in einer Loge aufgenommen worden zu sein, sondern daß es notwendig ist, daß man „einsehe und erkenne, was und warum die Freimaurerei ist, wann und wo sie gewesen, wie und wodurch sie gefördert oder gehindert wird.“ Dazu müsse man durch Nachdenken gelangen. Denn: „Die Freimaurerei ist nichts Willkürliches, nichts Entbehrliches, sondern etwas Notwendiges, das in dem Wesen der Menschen und der bürgerlichen Gesellschaft gegründet ist.“ Allerdings: In Worten läßt sich das freimaurerische Streben nicht voll ausdrücken. Es ist: „Etwas, was selbst die es wissen, doch nicht hinreichend sagen können“. Also auch bei L. die Auffassung: Die Freimaurerei ist ein Geheimnis. Und weiter läßt er Ernst fragen: „Wenn Freimaurer sich nicht wörtlich gegeneinander mitzuteilen imstande sind, wie breiten sie denn gleichwohl ihren Orden aus? Und hier antwortet Falk: „Durch Taten.“ Aber darunter versteht er nicht Wohltun, karitative Betätigung, „Taten ad extra“, die dem innersten Triebe der Menschlichkeit entströmen: „Die wahren Taten der Freimaurer sind so groß, so weit aussehend, daß ganze Jahrhunderte vergehen können, ehe man sagen kann: ‚Das haben sie getan.‘ Gleichwohl haben sie alles Gute getan, was in der Welt ist — merke wohl: in der Welt — und fahren fort, an all dem Guten zu arbeiten, was noch in der Welt werden wird — merke wohl: in der Welt.“

Das ist nicht Überheblichkeit, sondern L. will damit ausdrücken, daß der Freimaurer, der seine Aufgabe ernst auffaßt, als Weltbürger handelt, nicht als Logenmitglied, nicht als „Sektierer“, und daß die wahren Taten der Freimaurer, sosehr sie ein „Geheimnis“ sind, der Menschheit doch offen vorliegen. Ernst ist skeptisch, glaubt, Falk wolle ihn zum besten halten. Darauf dieser: „Wahrlich nicht... Geschwind sage ich dir nur noch: die wahren Taten der Freimaurer zielen dahin, größtenteils alles, was man gemeiniglich gute Taten zu nennen pflegt, entbehrlich zu machen.“ Was L. hierunter versteht, ist klar. Über allem steht ihm das Streben nach dem Hinwegräumen jener Hindernisse, welche die Menschheit trennen und auseinanderhalten, statt sie zu vereinigen. (Vergl. Merzdorf, „Ernst und Falk.“) In dieser Beziehung vergleicht Falk das Leben der Menschen mit einem Ameisenhaufen: „Welche Geschäftigkeit und doch welche Ordnung, alles trägt und schleppt und schiebt und keines ist den anderen hinderlich... Sie helfen einander sogar.“ Und haben doch „niemand unter sich, der sie zusammenhält und regiert.“ Ob die Menschen wohl auch einmal zu solch organischem Zusammenleben gelangen werden? „Die Staaten vereinigen die Menschen, damit durch diese und in dieser Vereinigung jeder einzelne Mensch seinen Teil von Glückseligkeit desto besser und sicherer genießen könne.“ Aber die Staatsverfassungen sind höchst unvollkommene Mittel. Sie können nicht verhindern, auch wenn sie noch so gut gemeint sind, daß die Interessen der verschiedenen Staaten und Staatengruppen miteinander kollidieren. „Wenn jetzt ein Deutscher einem Franzosen, ein Franzose einem Engländer oder umgekehrt begegnet, so begegnet nicht mehr ein bloßer Mensch einem bloßen Menschen, die vermöge ihrer gleichen Natur gegeneinander angezogen werden, sondern ein solcher Mensch begegnet einem solchen Menschen, die ihrer verschiedenen Tendenz sich bewußt sind, welches sie gegeneinander kalt, zurückhaltend, mißtrauisch macht, noch ehe sie für ihre einzelne Person das geringste miteinander zu schaffen und zu teilen haben.“ Aber auch die Trennung der Menschen nach Völkern, Religionen und Ständen richtet Scheidemauern auf: „Die bürgerliche Gesellschaft setzt ihre Trennung auch in jedem ihrer Teile gleichsam bis ins Unendliche fort.“ Schonungslos legt so Falk die Hand auf alle Wunden der Gesellschaft „Willst du mir dadurch das bürgerliche Leben verleiden? Mich wünschen machen, daß den Menschen der Gedanke, sich in Staaten zu vereinigen, nie möge gekommen sein?“ fragt Ernst. Sein Freund widerspricht. „Wenn die bürgerliche Gesellschaft nur das Gute hätte, daß allein in ihr die menschliche Vernunft angebaut werden kann, ich würde sie bei weit größeren Übeln noch segnen.“ Jedoch: Es wäre notwendig, daß sich in jedem Staate Männer zusammentun würden, Hand an das Trennende zu legen, „Männer, die über die Vorurteile der Völkerschaft hinweg wären und genau wüßten, wo Patriotismus Tugend zu sein aufhöret ... Männer ... die dem Vorurteile ihrer angeborenen Religion nicht unterlägen, nicht glaubten, daß alles notwendig gut und wahr sein müsse, was sie für gut und wahr erkennen ... Männer, welche bürgerliche Hoheit nicht blendet und bürgerliche Geringfügigkeit nicht ekelt; in deren Gesellschaft der Hohe sich gerne herabläßt und der Geringe sich dreist erhebet."

Solche Männer aber, sagt Falk, die daran arbeiten, „jene Trennungen, wodurch die Menschen einander so fremd werden, so eng als möglich wieder zusammenzuziehen", gibt es. „Es sind die Freimaurer. . ."

Daß L. auch in seinen Hauptwerken den in den Freimaurergesprächen niedergelegten Humanitätsideen Ausdruck verleiht, bringt ihn der Freimaurerei in seiner ganzen Erscheinung immer näher. Er ist der lebendige Beweis für die Absolutheit des freimaurerischen Gedankens, der auch losgelöst vom Logenleben bestehen und wirken kann. Daher gilt L. den Freimaurern aller Systeme als der Apostel der Humanität, deren Lehrinhalt er in seiner unvergänglichen Parabel von den drei Ringen eingeschlossen hat. Nicht umsonst ist es daher gerade immer wieder L., der auch von Zeitgenossen unserer Tage immer wieder als Gegner empfunden wird. Man denke an das Vorgehen holländischer Unterrichtsbehörden, die die Lektüre des „Nathan" verboten haben, an Proteste nationalsozialistischer Schuljugend in Thüringen gegen L.s Werke als Unterrichtsgegenstand, und nicht zuletzt an das Buch von D ü h r i n g, um den Haß gegen ihn und zugleich seine fortwirkende Größe zu verstehen. Die Freimaurer verehren seinen Namen unter ihren besten. Zahlreiche Logen heißen nach ihm, sein „Ernst und Falk" ist in alle Kultursprachen übersetzt, und die Parabel von den drei Ringen ist beinahe zu einem Lehrbild der Weltfreimaurerei geworden.

Lessingbund deutscher Freimaurer nannte F i n d e l (s. d.) eine Art Konkurrenzunternehmen gegen den Verein deutscher Freimaurer, aus dem er 1878 ausgetreten war. Dieser Bund, der 1884 zunächst als „Freimaurervereinigung Zeitgeist" ins Leben trat, geriet jedoch sehr bald in Gegensatz zu den deutschen Großlogen, die sich gegen seine „destruktiven" Tendenzen aussprachen. Im wesentlichen klangen die Programme des Bundes viel radikaler, als sie gemeint waren. Findel versuchte mit seinem Kreise der Freimaurerei einen der Zeit angemessenen Inhalt zu geben. Besonders die unglückliche Fassung des Satzes, daß Politik und Besprechung religiöser Fragen geradezu in die Logen hineingehörten, hat dem Bunde den freimaurerischen Boden entzogen. Er war seit 1891 nicht mehr tätig.

L'Estocq, A n t o n W i l h e l m v., preußischer General der Kavallerie, * 1738, † 1815, machte sämtliche preußischen Kriege, vom Siebenjährigen angefangen, mit und tat sich besonders in der Schlacht bei Eylau als General der Kavallerie hervor. Er war Freimaurer und nahm an den Arbeiten der Logen in Berlin lebhaften Anteil.

Lestwitz, E r n s t S i e g i s m u n d, B a r o n v., braunschweigischer Oberstleutnant und Pagengouverneur, * 1710, † 1779, aufgenommen 1760 in der Loge „Jonathan" in Braunschweig, spielte im System der Strikten Observanz eine bedeutungsvolle Rolle und war Subprior und Präfekt der Präfektur Brunopolis. Er war der Berater des Herzogs F e r d i n a n d v. Braunschweig in allen maurerischen Dingen und vermittelte in dieser Eigenschaft auch den brieflichen Verkehr mit L e s s i n g anläßlich der Herausgabe von „Ernst und Falk".

Leszczynski, s. S t a n i s l a u s I. L., König von Polen.

Letchworth, S i r E d w a r d, * 1833, † 1917, war von 1892 bis zu seinem Tode Großsekretär der Großloge von England und übte in diesem Vierteljahrhundert einen sehr maßgeblichen Einfluß auf die Entwicklung der englischen Freimaurerei aus.

Letter or halve (engl.), buchstabieren oder syllabieren.

Lettland, baltische Republik. Auf dem Boden des heutigen L. gab es im 18. Jahrhundert in Riga, Libau und Mitau ein zeitweise recht reges maurerisches Leben. In diesem Zeitraum arbeiteten namentlich in Riga eine ganze Anzahl Logen. Deren wichtigste waren: „Zum Schwert", „Apollo", „Castor", „Konstantin zum gekrönten Adler", „Zur kleinen Welt", und „Astraea". F r i e d r i c h s (Geschichte der einstigen Maurerei in Rußland) nennt überdies einige Bauhütten der Strikten Observanz, die sich aber sehr im Hintergrund hielten. Die älteste Loge „Zum Schwert", in die 1766 H e r d e r (s. d.) aufgenommen wurde, entstand 1750. Sie hieß ursprünglich „Zum Polarstern" (nach Dr. Alfred B i h l m a n, der neuerdings die im Archiv der Stadtbibliothek Riga erliegenden 20 Freimaurerakten durchgesehen hat; nach Friedrichs: „Zum Nordstern"). Gründer waren die Brr. v. H e y d e und Z u c k e r b e c k e r, Mitglieder einer Petersburger Loge. 1765 wurde die Loge von dem Rostocker Arzt Hofrat Dr. Gustav v. H a n d t w i g (auf dessen Tod dann Herder eine Ode schrieb) zur Strikten Observanz übergeführt. In der Loge spielten liberale Köpfe die ausschlaggebende Rolle, u. a. die beiden Brüder B e r e n s, von denen der Ratsherr Johann Christoph Berens in seinem „Bonhommien" gegen die Fron auftrat, der Bürgermeister S c h w a r z, der Buchhändler Johann Friedrich H a r t k n o c h, der Herder nach Riga gebracht hatte und als erster in den baltischen Provinzen K a n t verlegte. Diesem aufgeklärten Logenkreis war die Schaffung einer Freischule für verarmte und verwaiste Kinder, die Entstehung des ersten Theaters und die Begründung einer Zeitung zu danken. Das Rigaer Archiv besitzt neben andern auf diese Loge bezüglichen Stücken eine von Herder stammende Beschreibung einer Aufnahme. Die Logen „Apollo" und „Castor" traten 1773, bezw. 1777 ins Leben. Erst Töchter der Berliner Großen Landesloge, verließen sie dieses System wegen der Intransigenz des Großmeisters C a s t i l l o n, der ihnen u. a. in schroffer Form den Verkehr mit der seiner Anschauung nach „nicht gesetzmäßigen" Schwerterloge untersagte. Sie schlossen sich erst der englischen Prov.-Gr.-L. für Rußland, dann dem Schwedischen System an. Zur russischen Landesloge in Moskau gehörte „Konstantin zum gekrönten Adler", zum Schwedischen System die Loge „Zur kleinen Welt". Diese besaß ein eigenes Haus und arbeitete auch weiter, als 1794 der Generalgouverneur Fürst R e p n i n auf Wunsch der Kaiserin K a t h a r i n a II. die mündliche Weisung erteilte, alle Logen zu schließen. In diesem Jahr veröffentlichte sie eine „Sammlung einiger Freimaurerlieder zum Gebrauch der Loge" (Riga, Georg R. K e i l, 1791). Nachdem dann 1809 ein schärferes Verbot erging, wandelte sich die Loge in den Gesangverein „Euphonie" um, der bis 1914 bestand. Die Loge „Astraea" endlich war eine Gründung der englischen Provinzial-Großloge in Petersburg. Bemerkenswert ist, daß in allen diesen Logen das Bürgertum, vorwiegend Kaufleute, dominierte, Namen von Adeligen kommen nur vereinzelt vor. Bihlman stellt (in einer Handschrift, im Besitze der Herausgeber) fest, daß, wenn in der zweiten Hälfte des 18. Jahrhunderts in Livland eine gewisse Renaissance sich bemerkbar machte, dies zum größten Teil der Freimaurerei zu verdanken war, in deren Reihen fast alle führenden Männer standen; auch an der Bauernbefreiung (1804) hatte sie entscheidenden Anteil.

Die Loge in L i b a u wurde von E l a g i n (s. d.) für die englische Provinzialloge errichtet; in Mitau wurde sogenannte „freimaurerische" Tätigkeit von C a g l i o s t r o entfaltet, der namentlich den Reichsgrafen Friedrich von M e d e m und dessen Tochter, die Dichterin Gräfin Elisa von der R e c k e, eine Zeitlang in seinen Bann zu ziehen wußte. Während seines Aufenthaltes in Mitau gab es dort zwei Logen, und zwar „Trois Cœurs couronnés" und „Troix Epées couronnées". Im Archiv des Provinzialmuseums in Mitau ist ein Meisterpatent aufbewahrt, das von Cagliostro unterzeichnet ist. Die letztere Loge überlebte unter dem deutschen Namen „Zu den drei gekrönten Schwertern" alle anderen Bauhütten in Livland und Kurland. Sie wurde verschiedentlich rekonstituiert; 1818 schloß sie sich der „Großen Freimaurerloge Astraea" an; 1819 stellte sie aber dann ihre Arbeiten ein.

Fast hundert Jahre später, am 28. Oktober 1916, wurde in Libau die Feldloge „Anker und Schwert" gegründet, die im Jänner 1919 durch die Große Loge von Preußen, genannt „Zur Freundschaft", in eine Johannis-Friedensloge umgewandelt wurde. Die Loge mußte am 6. April 1921 infolge der politischen Neuordnung aufgelöst werden, wurde aber an demselben Tage unter dem Namen „Anker" als selbständige lettländische Johannisloge neugegründet. Trotzdem sie auf diese Weise den veränderten Verhältnissen sich gefügt und die Statuten ihrer Loge vorschriftsmäßig aufgestellt und den lettländischen Behörden eingereicht hatte, wurde in der Presse im Februar 1925 die Verdächtigung ausgesprochen, daß die Loge staatsfeindliche Tendenzen verfolge. Die politische Polizei leitete eine Untersuchung ein, die den Beweis für die vollständige Grundlosigkeit dieser Verdächtigungen erbrachte. Die Staatsanwaltschaft aber stellte beim Bezirksgericht den Antrag auf Schließung der Loge wegen Nichtbefolgung der eingetragenen Statuten und auf sofortige Sistierung der Logentätigkeit (aus der Benutzung des Rituals der früheren Mutter-Großloge wurde „Abhängigkeit vom Ausland" gefolgert). Dem zweiten Teile des Antrages gab das Bezirksgericht keine Folge; die Verhandlung über den ersten Teil wurde wiederholt vertagt. Am 21. Mai 1927 fiel die Entscheidung: die Schließung der Loge wurde abgelehnt. Alle Anschuldigungen gegen die Loge fielen in sich zusammen. Nächst der Objektivität des Gerichtes, welches kein Bedenken trug, den Antrag des Staatsanwalts abzulehnen, ist der Erfolg der Verteidigung durch den Rechtsanwalt K r a s t k a l n, Mitglied der ebenfalls selbständigen Loge „J o h a n n i s f e u e r" in R i g a, zu verdanken.

Erwähnt sei noch, daß der Staatsanwalt seine Anschuldigung, die Loge sei keine selbständige lettländische Loge, sondern stehe in einem Abhängigkeitsverhältnis zu einer ausländischen Großloge, hauptsächlich damit begründete, daß die Loge nach dem Ritual der Großen Loge von Preußen, genannt „Zur Freundschaft" arbeite und sich, soweit die örtlichen Verhältnisse es gestatten, nach deren Grundgesetz richte. Die Ablehnung dieser Begründung durch das Gericht ist von prinzipieller Bedeutung. Adresse: Postfach 46, Libau.

Leucht, J o h a n n S a m u e l, s. J o h n s o n.

Leuchtende des Urlichts, s. E r m ä c h t i g t e B r u d e r s c h a f t d e r a l t e n R i t e n.

Leuchter, Siebenarmiger (engl. g o l d e n oder s e v e n b r a n c h e d c a n d l e s t i c k), ein Einrichtungsgegenstand der biblischen Stiftshütte, der auf Geheiß Moses angefertigt wurde. Er stand dann im Tempel und kam, wie aus der Darstellung am Titus-Bogen in Rom ersichtlich, als spolia opima, als Beutestück von besonderem Wert, nach Rom. Seine Symbolik wird auf die sieben Planeten, die sieben Erzengel und die sieben Altarfeuer bezogen. Noch heute im Ritualgebrauch der Juden bei deren Lichtfest (Menorah des Chanukafestes). Charles H. M e r z glaubt, daß der s. L. ein Einrichtungsstück der alten Logen war, aber als jüdisches Symbol entfernt und durch das Christus repräsentierende „Einzige Licht" ersetzt worden sei, eine Anschauung, die nicht begründet werden kann. Die Johannisloge kennt den s. L. überhaupt nicht. Dagegen wird er im Royal-Arch-Kapitel verwendet.

Level (engl.), W a s s e r w a a g e.

Leverhulm, W i l l i a m H e s k e t h, V i s c o u n t, führender englischer Großindustrieller, * 1851, † 1925, Begründer der Sunlight-Seifenfabrik, beteiligte seine Angestellten und Arbeiter vom Anfang an am Gewinn seiner Unternehmung, unterbreitete als liberales Mitglied des Unterhauses einen Gesetzentwurf betreffs Alters- und Pensionsversicherung, wurde in

Ansehung seiner Verdienste um die soziale Hebung des Arbeiterstandes zum Baronet, dann zum Viscount erhoben, Ehrendoktor der Universität Edinburgh. Er führte nach dem Kriege in seinen Betrieben den Sechsstundentag ein, war Großaufseher der Großloge von England.

Levetzau, Joachim Godske v., dänischer Diplomat, * 1782, † 1859, Generalkommissär der französischen Armee Bernadotte, Legationssekretär in Wien, Gouverneur des Herzogtums Lauenburg, Oberhofmarschall, Chef der königl. Theater und Kunstsammlungen in Kopenhagen, war Freimaurer.

Levi, Eliphas, s. Constant, Alphonse Louis.

Lewinsky, Josef, berühmter österreichischer Schauspieler, Charakterdarsteller, * 1835, † 1907, wirkte am Wiener Burgtheater, war Mitglied der Wiener Loge „Zukunft". Kennzeichnend für seine hohe Auffassung von der Freimaurerei ist der Umstand, daß er erklärte, immer Lehrling bleiben zu wollen, da seiner Ansicht nach der Mensch immer nur Lehrling sei und des Meistergrades niemals würdig werden könne.

Lewis (engl.), Steinklammer, Zwingkeil zum Heben schwerer Steine. Zur Bezeichnung von Maurersöhnen, die (anderwärts, nicht in der angelsächsischen Maurerei) als Luftons bezeichnet, vor erlangter Volljährigkeit gewisse Sonderrechte bezüglich der Aufnahme genießen. Das Wort kommt zuerst im Konstitutionenbuch von 1738 vor. In einem alten Ritualbuch aus dem Jahre 1794 findet sich folgendes Fragestück: „Wie nennen wir den Sohn eines Freimaurers? L.! Was bedeutet das? — Stärke. — Wie wird ein L. in der Loge abgebildet? — Als eine metallene Klammer. — Worin besteht die Verpflichtung eines L. gegen seine betagten Eltern? — Die drückende Bürde in der Hitze des Tages für sie zu tragen und ihnen zur Zeit der Not zu helfen, da sie hiervon in Rücksicht ihres hohen Alters verschont bleiben sollten, auf daß sie ihre übrige Zeit glücklich und gemächlich beschließen. — Was für ein Vorrecht erlangt er durch diese Art zu handeln? — Daß er vor jedem anderen zum Freimaurer aufgenommen wird." (s. Lufton).

Lewis, Ludwig, Professor, Sprachlehrer, * 1799, † 1890, wurde 1825 in Stettin in der Loge „Drei goldene Anker" aufgenommen, war auch Mitglied der „Canongate Kilwinning Lodge" in Edinburgh. Im Revolutionsjahr 1848 versuchte er in Wien die Freimaurerei wiederzubeleben, indem er unter der Provinzialloge von Schlesien der Großen Landesloge der Freimaurer von Deutschland die Loge „Zum heiligen Joseph" ins Leben rief, die jedoch nur kurzen Bestand hatte. Er betätigte sich dann — nach Budapest übersiedelt — als Logengründer in Ungarn („Einigkeit im Vaterlande" in Budapest, „Zu den drei weißen Lilien" in Temesvar und „Zur Brüderlichkeit" in Ödenburg u. a.). Er schrieb eine (wertlose) Geschichte der Freimaurerei in Österreich. Akten zufolge, die nach dem Weltkriege im Österreichischen Haus-, Hof- und Staatsarchiv zugänglich wurden, kann es keinem Zweifel unterliegen, daß dieser Wiedererwecker der Freimaurerei in Wahrheit ein Konfident der k. k. Behörden war, der sich innerhalb und außerhalb des freimaurerischen Kreises intensiv als Spitzel und Denunziant betätigte. Er erstattete Anzeigen gegen alle Welt, selbst gegen geistliche Missionen und Bibelgesellschaften wegen „politischer Umtriebe" und meldete der österreichischen Regierung auch das Bestehen einer umstürzlerischen „Kossuth-Loge" in Ungarn. Im Auftrage militärischer Behörden unternahm L. im Jahre 1851 eine Kundschafterreise nach Belgrad, um die Tätigkeit gemutmaßter serbischer Geheimbünde zu überwachen, und tat eifrig bei der Loge „Ali Kotsch" mit, nur zu dem Zweck, um deren Mitglieder als Umstürzler zu denunzieren und die Notwendigkeit seiner dauernden Tätigkeit als gutbezahlter Spitzel in Belgrad darzutun. Im Jahre 1854 wurde er von dem damaligen Militär- und Zivilgouverneur in Ungarn, Erzherzog Albrecht, als politischer und militärischer Kundschafter nach Polen und Rußland entsandt, wobei er jedoch so ungeschickt und taktlos vorging, daß er bald zurückberufen und kaltgestellt wurde. Seine Abberufung veranlaßte in erster Linie seine Geldgier und völlige Skrupellosigkeit in finanziellen Dingen sowie der Verdacht, daß er nach mehreren Seiten hin als Spion tätig sei. In den amtlichen Schriftstücken im Wiener Haus-, Hof- und Staatsarchiv wird L. wiederholt als „berufsmäßiger Logengründer" bezeichnet.

Libanon, das Gebirge, aus dem König Salomo das Bauholz, die Zedern, für seinen Tempel bezog. Prinz vom L., Nebenbezeichnung des XXII. Grades des A. u. A. Schottischen Ritus (s. Ritter der Königlichen Axt); Tall Cedars of L. nennt sich ein Seitenzweig der amerikanischen Freimaurerei, dessen Symbolik auf die Holzfäller des L. anspielt.

Liberalismus ist als Inbegriff einer politischen, kulturellen, wirtschaftlichen Methode, ferner einer bestimmten Parteiideologie, des weiteren einer Regierungsart und endlich einer staatlichen Organisationsform zu bezeichnen. Alle diese Sondererscheinungen ergänzen einander und ergeben in ihrer Gesamtheit das, was man die vom liberalen Geiste getragene Gesellschaftsordnung nennt. Der L. zeigt sich vor allem als Anerkennung der Tatsache der individuellen Freiheit. Die liberale Methode geht von der Voraussetzung aus, daß die Fähigkeit zur Freiheit in jedem Menschen liege und nicht das Vorrecht weniger ausmache. Diese Freiheit ist eine Aufgabe, die Fleiß, Arbeit und Opfer verlangt. In der politischen Welt sind die liberalen Parteien die Vertreter dieser Methode, die besonders für das freie Spiel der individuellen Kräfte eintreten. Im organischen Zusammenhang mit diesem Programm wird eine Selbstregierung der Freiheit proklamiert, die bezweckt, die Funktionen der Gesetzgebung und der Regierung auf ein Minimum herabzusetzen. Der freie Wettbewerb soll nach diesen Prinzipien die Tätigkeit eines Gemeinwesens regulieren und den Fortschritt gewährleisten. Eine liberale Regierung tritt dafür ein, daß sich die wechselseitigen Interessen in Schach halten und daß die sozialen Kräfte das Gleichgewicht erlangen. Der L. als Regierungskunst zeigt sich in dem Bestreben, das Prinzip der Erhaltung und des Fortschrittes, die radikale Initiative und die geschichtliche Überlieferung miteinander zu vereinigen, die Unternehmungslust wachzuhalten und die Selbstregierung des Volkes zu unterstützen. Der liberale Gedanke schafft eine Demokratie freier Menschen, die sich durch den Geist der freiwilligen Zusammenarbeit aufbaut. Da sich aber im Laufe der neueren Geschäfte die Demokratie immer mehr und mehr von unten auffüllt, dringt der Sozialismus (s. d.) vielfach in das Gefüge des L. ein und drängt zur Forderung der sozialen Demokratie, die ursprünglich noch sehr viel vom Geiste des L. enthält. Jedoch: die Notwendigkeit, das Proletariat für den Klassenkampf heranzubilden, es zu einer starken Stoßkraft auszugestalten, bewirkt, daß das Prinzip der liberalen Freiheit allmählich aus der Taktik der sozialistischen Parteien schwindet und dem Prinzipe der wechselseitigen gesellschaftlichen Verpflichtung und der Unterordnung des einzelnen unter das Klasseninteresse Platz macht. Wo dies der Fall ist, löst der Sozialismus den L. ab, tritt ihm vielfach feindlich entgegen, vor allem mit dem Plan, die Vergesellschaftung der Produktionsmittel an die Stelle des freien Spiels der Kräfte in der Wirtschaft zu setzen. L. und Sozialismus sind Gegner des Klerikalismus (s. d.) und des Nationalismus (s. d.) (nicht des Nationalidealismus!), ersterer, weil diese politischen Dogmen einen Gewissenszwang bedeuten, den er ablehnt, letzterer als im Widerspruch mit dem Klasseninteresse stehend.

Heute ist zweifelsohne die große Auseinandersetzung zwischen L. und Sozialismus im Gang, deren Dauer und Ergebnis nicht vorausgesagt werden kann. Der Kommunismus als extremer Sozialismus (Rußland) und der staatsvergötternde nationalistische Fascismus (Italien) sind die Todfeinde des L., der — da er in Italien besonders blühte — in seinem Untergang dort auch die italienische Freimaurerei mitgezogen hat, die, wie in allen romanischen (aber auch anderen) Staaten, dessen Bannerträgerin war. In den anderen Ländern ist der wirtschaftliche L. durch die Wirtschaftskrise vielfach der Staatskontrolle und dem Gesetze der zu regulierenden Kräfte unterworfen worden; das Prinzip: „laissez faire, laissez passer" gilt heute nur mehr eingeschränkt. Kulturell sieht sich der L. gegen absolutistische, nationalistische und klerikale Anstürme in die Verteidigung gedrängt, er gibt sich aber alle Mühe, sein kulturelles Urgut, die „Menschenrechte" (s. d.), weiterhin zu vertreten.

Der Geist des kulturellen L., der religösen Ursprungs ist und aus der Forderung der Glaubensfreiheit entsprang, hat seine Entfaltung besonders dem Protestantismus zu danken, dies vor allem in England, dem Geburtslande der Freimaurerei, dessen neuere Geschichte geradezu die Geschichte des L. genannt werden kann. Er hat in der Freimaurerei eine besondere Pflegestätte gefunden; die „Alten Pflichten" von 1723 atmen seinen Geist; ihre Toleranzaufforderung u. a. sind liberal im reinsten Sinn des Wortes. Die grundsätzlichen Forderungen des L. wurden daher von Freimaurern in erster Linie vertreten; solche waren mit am Werk, als in die Verfassung der Vereinigten Staaten der Satz aufgenommen wurde:

„Wir erachten es als selbstoffenbare Wahrheit, daß alle Menschen gleich geschaffen sind, daß sie von ihrem Schöpfer mit gewissen unveräußerlichen Rechten begabt sind; daß zu diesen Leben Freiheit und das Streben nach Glück gehören; daß, diese Rechte zu sichern, Regierungen unter den Menschen eingesetzt sind, welche ihre gerechten Befugnisse von der Einwilligung der Regierten ableiten, daß, so oft eine Regierungsform gegen diese Ziele zerstörend wirkt, es das Recht des Volkes ist, sie zu ändern oder abzuschaffen, eine neue Regierung einzusetzen und sie auf solche Grundsätze zu bauen, ihre Befugnisse solchergestalt einzurichten, als sie ihm am meisten geeignet erscheint, seine Sicherheit und sein Glück zu bewirken."

Bedeutend war auch der freimaurerische Anteil am Werden der „Erklärung der Menschen- und Bürgerrechte" der Französischen Revolution, welche die Charte des modernen L. genannt worden ist. Mit den „Menschenrechten" ist die Freimaurerei unzertrennlich verknüpft; daraus ergibt sich die historische und kulturelle Bedeutung des L. für das Freimaurertum, in dessen Reihen sich bis auf den heutigen Tag in vielen Ländern immer wieder heroische Kämpfer und Märtyrer für die Ideale des L. gefunden haben. „Die Freimaurerei ist die einzige wirklich große und dauerhafte Gemeinschaftsbildung des idealistischen L." (Schenkel, „Die Freimaurerei im Lichte der Religions- und Kirchengeschichte".)

Libération, La (frz.), 1928 von Copin-Albancelli und André Baron (Louis Dasté) in Paris anläßlich der Wahlen herausgegebene antifreimaurerische Traktatserie.

Liberia. Negerrepublik an der Pfefferküste von Westafrika, besteht seit 1847 aus freigelassenen amerikanischen Sklaven. Eine Großloge wurde 1867 gegründet, die mit dem Hauptsitze in Monrovia neun Logen unterhält. Die 500 Mitglieder sind ausschließlich Neger. Die Großloge ist anerkannt. Adresse: P. O. Box. 22, Monrovia.

Libertas, Symbolische Großloge, in Zagreb, gegründet 1927, irreguläre Vereinigung, die keinerlei Anerkennungen erhalten hat.

Liberté, Egalité, Fraternité (frz.), Freiheit, Gleichheit, Brüderlichkeit, Wahlspruch der französischen Logen (s. Frankreich).

Libertiner. Im ersten Hauptstück der „Alten Pflichten" findet sich jener berühmte und viel umstrittene Satz vom „stupid atheist and irreligious libertine". „Dummer Gottesleugner und Wüstling ohne Religion" übersetzt es Robert Fischer. Die „Alten Pflichten" schließen Männer dieser Geistesverfassung mit scharfer Betonung bewußten Gegensatzes aus, indem sie es für unmöglich erklären, daß jemand, der die Kunst recht versteht, Atheist oder L. sein könne. Was unter Atheist zu verstehen ist, geht aus dem üblichen Sprachgebrauche hervor. Atheist ist der Gottlose. Der Wortsinn liegt im Negativen des Gottesglaubens. Der übliche Sprachsinn geht aber weiter: Atheist ist nicht nur ein passiver Zustand der Gottlosigkeit, es ist die aktive Tendenz des Gottesleugners. Da der Gläubige Ethik und Moral vom Gottesglauben nicht trennen zu dürfen glaubt, so ist Atheist zugleich der Amoralische oder Antimoralische. Dieses Werturteil über den amoralischen Gottlosen geht durch die ganze Menschheitsgeschichte hindurch. Während der Wortsinn des Wortes Atheist seit jeher feststeht, ist im Worte L. ein Bedeutungswandel zu verzeichnen. Denn L. bedeutet ursprünglich ganz harmlos den Freigelassenen, d. h. den Sklaven, dem sein Herr die Freiheit schenkte. Das Wort stammt aus dem Lateinischen, der Grieche verwendet es als Lehnwort. Das entwickelte Sprachgefühl des Lateiners unterschied sogar libertus, den Freigelassenen in bezug auf den Akt der Freilassung (Hanno libertus Augusti, d. i. der von Augustus freigelassene Punier Hanno), dagegen libertinus in bezug auf den Stand (Libertinus Hanno). Als Gruppenbezeichnung kommt das Wort wohl erst in den Apostelbriefen vor. Juden, die in Rom freigelassen worden waren, kehrten nach Jerusalem zurück und gründeten eine eigene Synagogengemeinde, die mit der übrigen Judenschaft in Streit geriet. Apostelbrief VI./9 heißt es: „Da stunden etliche auf von der Schule, die da heißet die L. und der Kyrener und der Alexanderer und derer, die aus Cilicien und Asien waren, und befragten sich mit Stephanus. Und sie vermochten nicht zu widerstehen der Weisheit und dem Geiste, aus welchem er redete. Da richteten sie zu etliche Männer, die sprachen: Wir haben ihn gehört Lästerworte reden wider Moses und Gott.“ Diese Verleumdungen führten zur Steinigung des Stephanus. Die L. erscheinen also in der Apostelgeschichte als Glaubenseiferer, und zwar für den alten Glauben. Nehmen wir als Gegenpol dieser Begriffssetzung einer glaubenseifernden Sekte das klassische Beispiel der heutigen Verwendung des Wortes L.: im Personenverzeichnis der „Räuber“ spricht Friedrich Schiller von „Libertinern, nachher Banditen“. Hier ist das absprechende Werturteil bereits im Worte enthalten.

Das Wort L. taucht in der unserem Sprachgebrauche naheliegenden Bedeutung zur Zeit der Reformation auf. Coppin in Lille (1530), dessen Schüler Quintin aus dem Hennegau, Bertrand und Pocquet, Lehrer einer Art spiritualistischen Pantheismus finden ihren Weg nach Frankreich und bei der leichtlebigen Margarete von Valois Unterschlupf. Daß sich ihre zahlreichen Anhänger in Frankreich zu Beginn des 16. Jahrhunderts (angeblich 50.000 allein in Paris, 60.000 in Frankreich) so stark vermehrten, spricht dafür, daß sie ziemlich unbehelligt blieben. Der Bruder Margaretens, Franz I., wechselte seine Stellung gegenüber den Ketzern, je nach politischem Bedarf. Um Margarete, deren heitere Lebensauffassung in ihrer Novellensammlung in die Weltliteratur eingegangen ist, sammelte sich ein Kreis von Freidenkern, die den Mut hatten, lachende Zweifler zu sein. Da waren besonders drei, Marot, Dolet und Désperiers, die sich in Blasphemien überboten. Der letztere ist der Verfasser einer frechen Streitschrift, „Cymbalum mundi“, in welcher er den neuen und den alten Glauben in Nachahmung der Göttergespräche Lukians verhöhnt. Auch Rabelais gehört zu diesem Kreise, der sprachgewaltigste und schöpferischeste unter ihnen, dem ein sonderbares Geschick es ermöglichte, alle seine lachenden Frechheiten unbehelligt vortragen zu dürfen. Der massige Pfarrherr Rabelais, der in seinem Gargantua sich selbst beschrieb, war einer der gefährlichsten Feinde der herrschenden Kirche. Sein Drucker und Verleger Dolet hatte weniger Glück. Er suchte seine Freigeisterei protestantisch zu verkleiden. Das war belastender als Freigeisterei. So starb er den Feuertod. Die Linie der L. dieser Periode endet in Michel de Montaigne, den man den ersten modernen Europäer genannt hat. Montaigne, in seiner Art der größte Moralist aller Zeiten, hat überhaupt kein Verhältnis zur Religion. Sein Leitspruch: „Was weiß ich eigentlich?“ ist ganz sokratisch.

In den Zeiten der großen Reformationskämpfe taucht das Wort L. als abfällige Gruppenbezeichnung wieder auf. Calvins Gegner in Genf sind „L.“. Servet, den Calvin hinrichten ließ, ist L. oder steht ihnen zumindest nahe. In den Begriff des Libertinertums fällt auch der Antwerpner Schieferdecker Pruystinck, der, nicht zuletzt auf Luthers Veranlassung, vor die Antwerpner Ketzerrichter geladen, gefoltert und verbrannt wurde. Kein Wunder, wenn im 16. Jahrhundert das Wort L. ein Schimpfwort schlimmster Art wurde. Die esprits forts, die starken Geister, wie sich die Freidenker zur Zeit Ludwigs XVI. nannten, waren L. Begreiflicherweise haben kirchliche Kreise diesen Schmähbegriff auch auf die free-thinkers, die Freidenker des 18. Jahrhunderts, ausgedehnt. Welch hohe Meinung die L. von sich selbst hatten, zeigt eine Stelle des Tartüffe (1667). Der Gläubige wirft dem Aufklärer vor seine Sprache schmecke nach Libertinage. Worauf Cléante antwortet: „C'est être libertin, que d'avoir de bons yeux.“ (Freidenker sein heißt gute Augen haben!)

L. (auch Metternich hat es in seinem Sprachschatze) ist im Wandel der Zeiten der Ausdruck einer Pauschalverdächtigung geworden. Jeder, der nicht mit den herrschenden Glaubensmeinungen übereinstimmt, ist ein Atheist und daher auch ein L., ein Wüstling. Die von Anderson gebrauchte Zusammenstellung „atheist and libertine“ ist im gewissen Grade eine bloße Tautologie, d. h. Atheist und L. sind ein einheitlicher Begriff. Daß er auf die Freidenker seiner Zeit nicht gut zu sprechen war, ist bei ihm als Geistlichen nur zu verständlich. Im übrigen darf aber nicht behauptet werden, daß die Freimaurerei der ersten Jahrzehnte von L. frei war. Wir erfahren durch Dr. Stukeley, daß der Zugeordnete Großmeister Martin Folkes (1724/25) ungefähr dem Urbilde des L. nahekam.

Lichnovski, Felix Maria Vincenz Andreas, Fürst von, * 1814, † 1848, wurde 1848 vom Kreise Ratibor in das Parlament der Paulskirche in Frankfurt a. M. gewählt und gehörte durch seine hervorragende Beredsamkeit und seinen scharfen Witz zu den hervorstechendsten Köpfen der Nationalversammlung. Er vertrat den konservativen Standpunkt gegenüber dem jungdeutschen Radikalismus und trat als Verfechter der Legitimität und als glaubenseifriger Katholik wiederholt hervor. Er wurde mit dem preußischen General von Auerswald auf der Bornheimer Landstraße bei einem Pöbelaufstand unter barbarischen Mißhandlungen getötet (18. September 1848). Er war Mitglied einer Pariser Loge, wird als Besuchender der Loge in Ratibor erwähnt und war auch anwesend, als Franz Liszt 1841 in der Loge „Zur Einigkeit" in Frankfurt a. M. aufgenommen wurde.

Licht, als Symbol, spielt in der Freimaurerei eine bedeutsame Rolle. Der Suchende wandert aus dem Dunkel dem L. zu. Er wird aufgenommen, indem ihm das L. erteilt wird. Die Loge wird eingeweiht, indem das L. eingebracht wird (Lichteinbringung). Die Eröffnung der Loge wird durch Entzünden der Lichter, ihr Schluß durch Verlöschen angedeutet. Die arbeitende Loge ist „erleuchtet". Die drei Großen Lichter, Winkelmaß, Zirkel und Buch, liegen auf dem Altare, die drei Kleinen Lichter brennen auf den Säulen der Weisheit, Schönheit und Stärke, sie stellen vor den Meister vom Stuhl und die beiden Aufseher, oder Meister vom Stuhl, Mond und Sonne. Als Lichter bezeichnet man auch die führenden Beamten der Loge (s. Lichtsymbolik).

Lichteinbringung einer Loge ist das feierliche Stiftungsfest, bei dem zum ersten Male die drei Großen Lichter auf dem Altare niedergelegt und enthüllt und die drei Kleinen Lichter entzündet werden. Die symbolische Vorstellung der L. geht aus von dem Gedanken der Übertragung des ewigen Lichtes der Freimaurerei an eine noch nicht erleuchtete, neue Arbeitsstätte (s. Lichtsymbolik).

Lichter, Feste, heißen im Katechismus von Prichard (s. d.) die drei symbolischen Fenster (s. d.) der Loge.

Lichterteilung. Der Vorgang der Aufnahme als L., als Erleuchtung, Wandern aus dem Dunkeln ins Licht ist in vielen Mysterienbünden üblich. In der Freimaurerei ist die materielle Form der L. sicherlich erst späten Datums. In den Bauhüttengebräuchen kommt sie nicht vor, hätte auch dort keinen Sinn gehabt. Auch die Freimaurerei der Gründungszeit kannte die symbolische Form der L. nicht. Erst in der Zeit der Strikten Observanz wird das Licht symbolisch durch Freigeben der verbundenen Augen erteilt, wobei zwischen dem halben und vollen Licht unterschieden wurde. Bode (s. d.) wurde noch sehend aufgenommen. 1753 wurde in Hamburg die „Verbindung der Augen" vorgeschlagen. 1762 wurde in England angefragt, ob es notwendig wäre, die „Adspiranten" mit verbundenen Augen einzuführen, da fast alle Logen in Deutschland das Gegenteil übten. Erst 1763 wurden in Hamburg die Augen der Suchenden verbunden. Goethe lehnte es ab, sich die Augen verbinden zu lassen und versprach nur, sie während der Aufnahme nicht zu öffnen, was ihm bewilligt wurde (s. Lichtsymbolik).

Lichtkult, s. Lichtsymbole.

Lichtsuchender, s. Suchender.

Lichtsymbolik spielt im freimaurerischen Gebrauchtum eine wichtige Rolle, die neuerdings beispielsweise in Holland immer stärker in Erscheinung tritt. Der Freimaurer ist Lichtsucher, dem Kandidaten wird solches erteilt, in eine neugegründete Loge wird das Licht eingebracht, bei rituellen Arbeiten der Tempel erleuchtet, die großen und kleinen Lichter sind von ausschlaggebender Bedeutung. Licht darf als eines der ältesten Symbole gelten, sicherlich als das größte, umfassendste, allgemeinste und verbreitetste, das die mannigfaltigste Auslegung gefunden hat. In Religion und Weltanschauung, in der Kunst und im Bereiche ethischen Höherstrebens hat es seinen Ort. Schon der älteste uns bekannte Gesetzgeber, der altbabylonische Hammurabi, 2200 v. Chr., bezeichnet sich in der Einleitung des 1901 in Susa entdeckten Gesetzeskodex als einen geistigen Verwandten des Sonnengotts Schamasch, als einen von diesem zur Erleuchtung des Volkes eingesetzten Fürsten, und wird auf einem alten Relief dargestellt, wie er seine Anweisungen von dem Lichtgott empfängt. Astrale Motive sind es, die das alte religiöse Denken im Lande des Euphrat und Tigris beherrschen. Aufstieg und Niedergang der Sonne wird zum kosmischen Vorbild des sie auf Erden stellvertretenden Heros, der dementsprechend auch aufersteht und zum Himmel fährt. Unbesiegbar heißen darum schon die orientalischen Sonnengötter, „es wächst das Licht", „auxei phos", klang der Jubelruf an den vorchristlichen Stätten der Frömmigkeit.

Paul Gerhardt weiht dem Kindlein in der Krippe die Worte: „Ich lag in tiefer Todesnacht, du wurdest meine Sonne, die Sonne, die mir zugedacht, Licht, Leben, Freud' und Wonne. O Sonne, die das werte Licht des Glaubens in mir zugericht, wie schön sind deine Strahlen!" Der biblische Gott wohnt in einem „Reiche des ewigen Lichtes" und beruft seine Propheten zur Erleuchtung der in Finsternis wandelnden Menschen. Die Gerechten werden „wie die Sonne leuchten in ihres Vaters Reich", „Die Weisen strahlen wie die Sterne, und jene, die zur Gerechtigkeit viele erzogen, wie der Glanz am Firmamente ewiglich". Als „Licht vom Lichte" im christlichen Glaubensbekenntnis gepriesen, nennt sich Christus das „Licht der Welt", dem die alte messianische Erwartung sich entgegengesehnt hatte.

In Indien, dessen älteste religiöse Dichtungen auf einen ähnlichen Ton gestimmt sind, und

Ägypten mit seinem besonderen Sonnenkultus, in den Heiligtümern der Griechen und Römer wie der Christen hat der Kultus die symbolische Sprache der Farben eindrucksvoll gestaltet. (Neuerdings sieht Franz C. Endres, die Grundlage aller esoterischen Lehren der ganzen Erde in dem von den esoterischen Führern der nordisch-atlantischen Menschen vergangener Jahrtausende erschauten immateriellen Licht als Grundlage einer gotterfüllten, götterlosen Religion. Auch in dem biblischen „Es werde Licht!" erblickt er nicht die Erschaffung von Sonne und Sternen, sondern die ägyptische Erinnerung an dieses altnordische immaterielle Licht, das 8000 Jahre, bevor es in die Genesis geschrieben wurde, symbolischer Mittelpunkt des reinsten Urmysteriums des Nordens gewesen sei).

Aus der religiösen Welt übernommen, hat die Idee des Lichtvollen als des Hohen und Göttlichen in das allgemeinweltanschauliche Denken Aufnahme gefunden und einen neueren Philosophen, wie Hegel, den Satz prägen lassen: „Gott ist Geist; keine Dunkelheit, keine Färbung der Mischung tritt in dies reine Licht." Nietzsche kleidet sein Selbsturteil in die Verse: „Ja, ich weiß, woher ich stamme, Ungesättigt gleich der Flamme Glühe und verzehr' ich mich. Licht wird alles, was ich fasse; Kohle alles, was ich lasse; Flamme bin ich sicherlich!" Jean Paul rühmt: „Kant ist kein Licht der Welt, sondern ein ganzes strahlendes Sonnensystem auf einmal." Schiller wiederum war es, der in einem Briefe an Goethe gestand: „Über so manches, worüber ich mit mir selbst nicht einig werden konnte, hat die Anschauung Ihres Geistes (denn so muß ich den Totaleindruck Ihrer Ideen auf mich nennen) ein unerwartetes Licht in mir angesteckt." In den Briefen über ästhetische Erziehung prägt er das Wort: „Sobald es Licht wird im Menschen, ist außer ihm keine Nacht mehr. Sobald es stille wird in ihm, legt sich auch der Sturm im Weltall." Goethe läßt seinen erblindenden Faust sprechen: „Die Nacht scheint tiefer, tief hereinzudringen, allein im Inneren leuchtet hellstes Licht." Stephan George fleht in der Litanei des „Siebenten Rings" um kristallene Klarheit und ungetrübte innere Stille: „Leih' deine Kühle, lösche die Brände, tilge das Hoffen, sende das Licht." Licht, Liebe, Leben lauten die drei Worte auf dem Grabstein Herders, der sein Fragment vom Schicksal der Menschheit mit den Versen beginnt: „O Muse, singe mir den hohen Rat des Menschengottes mit der Menschenschar, wie er durch Nächte und durch Dämmerung, durch Finsternis und Irren sie geführt und führen wird zum Lichte. Singe mir, wie er die Strahlen dieses Lichts zerstreut durch Völker, Zonen und Jahrtausende, und alle kennt und alle sammeln wird zu einer Sonne der Glückseligkeit."

Das Licht als Naturerscheinung hat doppelte Eigenschaft: es erleuchtet und erwärmt. Dem entspricht auch zweifache symbolische Bedeutung. Der Gegensatz zwischen mittelalterlichem und neuzeitlichem Geist wird an der Bedeutung des Lichtsymbols besonders offensichtlich. Natürliches Licht der Vernunft und übernatürliches Licht des Glaubens, lumen naturale und lumen supranaturale scheinen im mittelalterlich-göttlichem Bewußtsein in schöner Harmonie, weil hervorfließend aus demselben ewigen Licht göttlicher Wahrheit. Der Auffassung von der Harmonie dieser beiden Wege der Erkenntnis trat die Aufklärung mit ihrem Streben nach Verselbständigung des natürlichen Lichts der Vernunft entgegen: Welterkenntnis wurde die Grundlage einer bis dahin ungeahnten Weltgestaltung. (J. M. Verweyen in „Wiener Freimaurerzeitung", 1925, Nr. 3.)

Die L. vor allem als Verbildlichung des Erlebnisses der Wiedergeburt, als Erleuchtung, bildet ein Fundament der Mysterienbünde. Alle Mysterienkulte sind Lichtkulte. Im Grunde wird der Tod und die Geburt des Lichtes zugleich gefeiert. Jeder Mysterienbund glaubt, daß die „Profanen", die Uneingeweihten, in Finsternis wandeln, und daß die Eingeweihten, die Brr., „das Licht sehen". Die Brr. suchen die Einheit der Gegensätze, die Befreundung des Feindlichen. Der Urgegensatz von Licht und Finsternis, Gut und Böse, Leben und Tod macht dem Menschen am meisten zu schaffen, erfüllt das ganze menschliche Dasein. Diesen Widerspruch und damit das quälendste Lebensrätsel glaubt der Mysterienbund ganz gelöst zu haben: Licht und Finsternis sind eins! Leben ist zugleich Tod, Finsternis ist zugleich Licht! Durch die ganze Mysteriensymbolik zieht sich das Bestreben, diese dem Verstand unfaßbare Einsetzung bildlich zu verwirklichen und dem Menschen erlebbar und erfahrbar zu machen, Kampf und Vermählung von Licht und Finsternis, von Leben und Tod künden die Symbole. Die mit dem Lichtkult zusammenhängende Gestirnsymbolik kommt auch in der Verehrung des Ostens zum Ausdruck, läßt diesen zum heiligsten Teil des Mysterientempels werden. Nach Osten wenden sich die Blicke des Mysten, in den „ewigen Osten" geht der verstorbene Freimaurer ein. (Vergl. August Horneffer, „Symbolik der Mysterienbünde".)

Lichtwer, Magnus Gottfried, der bekannte deutsche Fabeldichter, * 1719, † 1783, trat 1742 der Loge „Minerva" in Leipzig bei. In seinen Fabeln unter dem Titel: „Der Weise und der Alchimist" ein Gedicht, das deutlich beweist, daß er gegenüber dem im damaligen Logenleben eingewucherten Goldmachertum die ihm eigene Kritik zu wahren wußte („Vergnügt sein ohne Gold, das ist der Stein der Weisen").

Liebe, Bruderliebe, Menschenliebe verlangen die ältesten Satzungen der Freimaurer. In den Alten Pflichten (Punkt 6. Betragen gegen einen Bruder) heißt es: „Übt brüderliche Liebe, den Grund- und Schlußstein, den Kitt und den Ruhm dieser alten Brüderschaft; ..." Die Vereinigung im Bunde soll jenen gesteigerten Grad der Zuneigung zeitigen, der in der geistigen Blutsverwandtschaft des Bundes gelegen ist; L. im freimaurerischen Sinne ist wie bei Spinoza: „Lust, verbunden mit der Idee einer äußeren Ursache". Oder in Anlehnung an Kant: „Pflicht zu tätigem Wohlwollen". Die Ideologie des Freimaurers verpflichtet ihn zur Menschenliebe, seine Bausymbolik richtet deren Tempel auf. „Licht, Liebe und Leben hervorzuzaubern, ist das Ziel der Freimaurerei" (Herder). Ihre L. ist die zum Nächsten, aber auch die zum Fernsten und Künftigen. („Euer Kinder Land sollt ihr lieben, diese L. sei euer neuer Adel", Nietzsche.)

Die freimaurerische Lehre denkt über die Zeit hinaus. Daher ist die Freimaurerliebe, eingeschlossen in der Humanitätslehre, auch eine L. für das Kommende. Das Land der Kinder, an das sie denkt, ist die Heimat und die sie bewohnende Volksgemeinschaft. Daher ist die L. des Freimaurers in erster Linie dem eigenen Lande zugewendet; sie geht über den Egoismus des Individuums und der kleinen Logengemeinschaft hinaus und umfaßt die Heimat in Vaterlandsliebe.

Aber sie macht auch nicht an der Landesgrenze Halt; ihr Zielstreben reicht weiter. Der wahre Freimaurer nennt Humanität die Betätigung der allumfassenden Menschenliebe, erblickt in dieser die bedeutsamste soziale Tugend. Magelhaes Lima (s. d.) hat das folgendermaßen formuliert: „Es gibt nur ein dauerndes Gesetz auf der Welt, das ist das Gesetz der L. Es ist nicht allein die L., die sich in Güte und unendlicher Schönheit offenbart, in dem großen Mitleid mit jeglicher Kreatur, sondern es ist auch die L., die sich kurz als die L. zum Weltall ausdrücken läßt, als der brennende Wunsch, für andere zu leben. Es ist die L. für die Kleinen, für die Bescheidenen, für die Bedrückten. Diese L. erleuchtet, diese Liebe macht solidarisch: das ist die L. des Freimaurers!"

Das Symbol der L. ist in den drei Johannisrosen enthalten, die auf Licht, Liebe und Leben hindeuten. Das Johannisfest ist zugleich das Fest der L. Der symbolische Ausdruck der B. ist die Kette, die den Erdkreis umspannt. Der Ausdruck der L. zum Mitmenschen sind die karitativen Leistungen des Bundes, der L. zur Heimat, die Erfüllung der Bürgerpflichten und die eifervolle Anteilnahme an den Geschicken des eigenen Volkes.

Liebesmahl, s. Agape.

Liebespokal der Evans Lodge, Evanston, Illinois, USA., wurde nach dem Weltkrieg von dieser auf eine Reise um die Welt geschickt. Er trägt maurerische Symbole und die Inschrift „Trinke aus diesem Becher brüderlicher Liebe!" und reist, von einer in acht Sprachen abgefaßten Botschaft begleitet, von Loge zu Loge.

Liechtenstein, Fürstentum. In diesem kleinen katholischen Staat hat die Freimaurerei niemals Fuß fassen können. L. ist das einzige Land Europas, das nie von Freimaurern besiedelt war.

Liechtenstein.

1. Karl Borromäus Josef, Fürst v., österreichischer Feldmarschall und Wirklicher Geheimer Rat, * 1730, † 1789, General im Siebenjährigen Kriege und gegen die Türken, war 1785 Mitglied der Wiener Loge „Zum heiligen Josef". Im gleichen Jahre wurde dort auch sein Sohn

2. Karl Borromäus Nepomuk, * 1765, † 1795, aufgenommen.

Liechtenstein, Alois, Prinz, vor dem Umsturz von 1918 führender österreichischer christlichsozialer Parlamentarier, veröffentlichte 1920 gemeinsam mit „Christian Loge" in den Wiener „Volkssturmschriften" eine Broschüre: „Der Geheimbund der Freimaurer". Die Schrift bewegt sich vollkommen in den Gedankengängen Wichtls und ist tendenziös, ohne jeden historischen Wert. L., * 1846, † 1920, war von 1906—1918 Landmarschall von Niederösterreich. Aufsehen erregte sein Antrag auf Wiedereinführung der konfessionellen Schule.

Lied, Liedersammlungen, Liederbücher.

1. Das Freimaurerlied verdankt seinen Ursprung der englischen Logenarbeit, die in den ersten Jahrzehnten an der Wirtstafel stattfand. Arbeit und Erholung griffen ineinander. Hierbei wurden Gesundheiten ausgebracht, ward getrunken und gesungen. Daher ist die älteste Form des Freimaurerliedes das Tafellied. Erst viel später, als das Verständnis für Weihe der maurerischen Arbeit vertieft war, fanden auch Lieder ernsten und feierlichen Inhaltes Eingang, Choräle u. ä. m., die sich in ihrer Form an die Kirchengesänge anlehnten. Man kann überhaupt die Bemerkung machen, daß sich der ernste Freimaurergesang besonders in solchen Ländern entwickelte, die einen Gemeindegesang beim Gottesdienst kennen. Daher besonders in protestantischen Ländern. In Gegenden mit vorwiegend katholischer Bevölkerung wird dagegen in den Logen bei der Arbeit nicht gesungen. Anderson wußte den Wert des Chorgesanges derart zu schätzen, daß er bereits in der ersten Auflage seiner Konstitutionen eine Reihe von offiziellen Logenliedern unterbrachte. So den von Birkhead (s. d.) gedichteten: Entered Apprentice's song: „Come let us prepare" usw. Sehr alt ist auch das heute noch gesungene: „Hail Masonry divine." Preston druckt in seinen „Illustrations of Masonry" 1781 im ganzen 28 Freimaurerlieder ab. Die Gegenschrift des Abbés Perau kennt bereits das heute noch gesungene französische Freimaurerlied: „Frères et compagnons de la Maçonnerie." Wie stark das musikalische Bedürfnis der alten Freimaurer war, beweist der Umstand, daß in London eine Loge den Namen „Societas philo-musica" annahm und bei den Arbeiten sich mit Eifer der Pflege der Musik hingab In Frankreich wurden im 18. Jahrhundert eifrig Lieder gesungen, die die völkerverbindende Idee der Freimaurerei betonten, z. B. „Nous ne faisons dans l'univers qu'une même famille" usw. Die wachsende Zahl von Freimaurergesängen veranlaßte deren Sammlung in Liederbüchern. So schon 1747 die „Chansons originaires des Francs-Maçons" (Haag), ebenso „Recueil de nouvelles chansons" usw. (Haag 1752). Das älteste deutsche Liederbuch wurde von Lenz für die Loge „Archimedes zu den drei Reißbretern" 1746 herausgegeben. Eine der wichtigsten französischen Sammlungen der Frühzeit war die „Lire Maçonne" (s. d.), die 1763 im Haag herauskam.

Als die Hamburger Provinzial-Großloge Ende des 18. Jahrhunderts ihre erste Liedersammlung veranlaßte, konnte bereits aus 700 vorliegenden Liedern die engere Auswahl getroffen werden. Derzeit haben in Deutschland fast alle Großlogen und viele Einzellogen ihre eigenen Liederbücher. Eines der bekanntesten freimaurerischen Lieder ist das Bundeslied mit der Musik von Mozart: „Brüder, reicht die Hand zum Bunde" (s. Musik).

2. Historische Entwicklung.

Die freimaurerischen Liederdichter beschränkten sich anfangs auf das Verfassen von Texten zu bekannten Melodien. So z. B. in England. In der Liedersammlung von Preston hierfür folgende Beispiele: Nach der Melodie „Rule Britannia" werden gesungen: „When earth foundation first was laid", oder: „E'er God the Univers began", „Let Masons fame resound" nach der Melodie „God save the King" usw. Einige wenige Lieder hatten auch ihre eigene Melodie, so das französische „Frères et compagnons de la Maçonnerie". Der Schlesier J. Siegmund Scholze gab 1745 eine Liedersammlung heraus: „Der singende Schwan an der Pleiße", in welcher neben zahlreichen Gassenhauern u. a. m. auch ein Freimaurerlied erscheint. Nach dem sogenannten Parodieverfahren vertont — d. h. unterlegte Texte zu populären Melodien — war auch eine 1766 im Haag erschienene Sammlung „Recueil de Chansons des Francs-Maçons". Verwendet wurden Vaudevillearien, Tanzstücke u. a. Interessant ist, daß die auf Carey zurückgehende Melodie des „God save the King" auf dem Kontinent zuerst als Freimaurerlied erscheint. (Im Deutschen Melodie des Liedes: „Heil Dir im Siegeskranz.")

Die Sammlung, die Lenz 1746 für die Altenburger Loge herausgab, enthält neun Lieder mit unbedeutenden Melodien. Bald darauf erschien die Sammlung des Johann Adolf Scheibe (1749), eines der größten Feinde von Johann Sebastian Bach, dem Bach die weltliche Kantate „Streit zwischen Phöbus und Pan" gewidmet hat, in der Midas Scheibe vorstellt.

Die Freimaurer Deutschlands sind auch die Erfinder des Refraingesanges, d. i. Wiederholung der Schlußzeile im Chor. So 1759 in der in Kopenhagen erschienenen Sammlung „Neue Freymäurer-Lieder", die von Scheibe stammen. Dieser gab auch noch 1776 ein „Vollständiges Liederbuch für Freimaurer mit Melodien" in zwei Büchern heraus. In der Vorrede werden bereits 13 Freimaurerliederbücher angegeben, die Scheibe benützt hat. An dieses schließt sich Naumann (s. d.) an, auf den zahlreiche Melodien zurückgehen. Dr. Paul Nettl (Prag), dem wir diese Untersuchungen verdanken, erinnert daran, daß die Melodie zu Naumanns Lied „Die Treue, die uns Brüder bindet", eine nicht wegzuleugnende Ähnlichkeit mit Mozarts Papageno-Arie (ein Mädchen oder Weibchen) aufweist.

Die klassische Freimaurermusik schuf Wolfgang Amadeus Mozart in seinen Freimaurerkantaten und Liedern. Über Freimaurerei und Musik s. Musiker.

Lieullard, Jean Baptiste, nennt sich im Vorwort des Saint Nicaise (s. d.) der Verfasser. Unter dem Decknamen verbirgt sich Johann August Starck (s. d.), der Begründer des Klerikats (s. d.).

Liga, s. Freimaurerliga, Allgemeine.

Ligne, belgisches Fürstengeschlecht.

1. Karl Josef, Fürst v., österreichischer und russischer Feldmarschall, * 1735, † 1814, Vertrauter Josephs II. 1782 in diplomatischer Mission in Rußland, erwarb er sich die Gunst der Kaiserin Katharina II., trat in deren Dienste, kämpfte gegen die Türken, nahm, wieder in österreichischen Diensten, an der Eroberung von Belgrad 1789 teil, korrespondierte mit Rousseau, Voltaire, Friedrich dem Großen, lehnte es ab, sich 1790 an die Spitze des belgischen Aufstandes zu stellen, an dem sein Sohn Louis teilnahm, schrieb 34 Bände „Mélanges militaires, littéraires, sentimentaires". Er gehörte der Loge „L'Heureuse Rencontre" in Brüssel an. In seinem Palais in Mons arbeitete die 1785 gegründete Offiziersloge des Regiments de Ligne, die „Ligne Equitable", deren Stuhlmeister er war.

2. Karl, Prinz v. L., sein ältester Sohn, der 1792 im Krieg gegen die Franzosen in der Champagne fiel, war ebenfalls Freimaurer.

Ligue de Jeanne d'Arc, 1905 von dem dienstentlassenen Major Driand, Schwiegersohn Boulangers, gegründete antifreimaurerische Vereinigung, die Frauen und Mädchen zum Boykott der Freimaurerei auf allen Gebieten aufforderte.

Ligue Franc-Catholique, französische, antifreimaurerische Organisation, gegründet von Mgr. Jouin (s. d.) in Paris. Auf ihrem Programm steht die Gründung eines Institut Antijudéo-Maçonnique, d. h. einer antifreimaurerischen Studienanstalt. Die L. steht unter der Patronanz des heiligen Michael und der Jungfrau von Orleans.

Lima, Hauptstadt der südamerikanischen Republik Peru, Sitz der Großloge von Peru, die in L. selbst zwölf Logen hat. Unter der Großloge von Schottland arbeitet eine Loge.

Limousin, Charles-Mathieu, * 1840, † 1909, französischer Journalist, Gründer der „Tribune ouvrière", zur Zeit Napoleons III. wegen republikanischer Gesinnung inhaftiert, Leiter sozialpolitischer Blätter, 1869 in der (schottischen) Loge „Saint Vincent de Paul" in Paris aufgenommen, später Mitglied einer Loge des Großorients, hervorragender freimaurerischer Publizist, seit 1902 Herausgeber der „Acacia", war tatkräftig um die Wiederanknüpfung der Beziehungen zwischen deutscher und französischer Freimaurerei bemüht.

Lincoln, Abraham, 1861—1865 Präsident der USA., * 1809, † 1865 (Attentat), der Sklavenbefreier, hatte während seiner Präsidentschaft Schritte für seine Aufnahme in den Bund unternommen, dieselben jedoch für eine spätere Zeit, wahrscheinlich bis zu seinem Rücktritt, aufgeschoben. Die „Tyrian Lodge" in Springfield, Illinois, beriet in ihrer Arbeit vom 17. April 1865, also nach seiner Ermordung, über die Gründe des Aufschubs und erklärte: „Präsident L. hat seine Bewerbung aufgeschoben, um nicht Mißdeutungen ausgesetzt zu werden. Die für seinen Entschluß maßgebenden Gründe gereichen seinem Andenken zur höchsten Ehre."

Lindbergh, Augustus Charles, Oberst, * 1902, dem 1927 mit seinem Flugzeug „Spirit of St. Louis" der erste Transozeanflug Amerika —Europa glückte, wurde 1926 ein Mitglied der Keystone Lodge 243 in St. Louis. Vor Antritt seines Fluges befestigte L. seine maurerischen Dokumente am Rumpf des Flugzeugs.

Lindman, Salomon Arvid A., schwedischer konservativer Staatsmann und Großindustrieller, Ministerpräsident 1906—1911 und 1929/30, ist Meister vom Stuhl der Johannisloge „Nordiska Första" in Stockholm und Salomo's Tempels Siegelbewahrer.

Lindtpaintner, Peter Joseph, deutscher Dirigent und Komponist, * 1791, † 1856, Musikdirektor in München, Hofkapellmeister in Stuttgart, bekannt durch sein Lied „Fahnenwacht", war Mitglied einer Stuttgarter Loge. (A. Buddecke, „Was verdankt Deutschland der Freimaurerei?")

Link, Heinrich Friedrich, bedeutender deutscher Botaniker, * 1767, † 1850, Professor in Rostock, Breslau und Berlin, Leiter des preußischen Apothekenwesens, Mitglied der preußischen Akademie der Wissenschaften, Geheimer Medizinalrat, Verfasser grundlegender Fachwerke, die — seiner Zeit vorauseilend — bereits die physiologischen Faktoren berücksichtigten („Elementa philosophiae botanicae", „Anatomie der Pflanzen" usw.), gab mit Friedrich Ott, bezw. dem Grafen Hoffmannsegg wichtige botanische Sammelwerke heraus, wurde 1783 in der Hildesheimer Loge „Pforte der Ewigkeit" aufgenommen, gehörte in der Folge in Rostock, Breslau und Berlin verschiedenen Logen an, war Stuhlmeister und 1832 bis 1850 verdienstvoller Großmeister der Großen Loge „Royal York, genannt zur Freundschaft".

Lippe, Albrecht Wolfgang, Graf von, s. Schaumburg-Lippe.

Lire maçonne, eine der ersten französischen Freimaurerliedersammlungen des 18. Jahrhunderts, herausgegeben von Joh. Jos. de Vignoles (d. i. Jean Josef Joriot) und Du Bois, im Haag 1763. Eine Ergänzung: „Supplement à la L. m.", erschien 1765.

Lissabon, Hauptstadt von Portugal (s. d.), Sitz des Grande Oriente Lusitano Unido, Rua de Gremio Lusitano 25. In L. selbst arbeiten 31 Logen. Hier auch S. C. des A. u. A. S. R.

List, Friedrich, deutscher Nationalökonom, * 1789, † 1846 in Kufstein, 1818 Professor für Staatswissenschaften in Tübingen, Mitbegründer des Deutschen Handelsvereins, Abgeordneter, wegen Kritik an den herrschenden Verhältnissen 1822 zu Festungsstrafe auf dem Hohenasperg verurteilt, wanderte 1825 auf Einladung von Lafayette nach Amerika aus, trat dort in mehreren grundlegenden volkswirtschaftlichen Werken und in einer Zeitung in Reading (Pennsylvanien) für den Schutzzollgedanken ein. In seinen „Outlines of American Political Economy" wurde er 1827 der Verkünder einer neuen Wirtschaftslehre. 1828 wurde er durch Kongreßbeschluß in das Ehrenbuch der amerikanischen Nation eingetragen. 1833 nach Deutschland zurückgekehrt, amerikanischer Konsul in Leipzig, Gründer des „Staatslexikons" und Verfechter einer großzügigen Eisenbahnpolitik. 1840 brachte er das später so berühmt gewordene Werk „Das nationale System der politischen Ökonomie" heraus. Trotz seinem großen Wirken blieb L., der als einer der ersten für ein großes einheitliches deutsches Zollgebiet eintrat, und den man nach seinem Tode „Deutschlands großen Volkswirt" nannte, in seinem Vaterland zeitlebens die Anerkennung versagt. Er war Freimaurer. Wo er aufgenommen wurde, hat sich nicht feststellen lassen. 1827 wurde er in Reading in den Meistergrad erhoben (festgestellt von Professor Wm. Notz von der Georgetown-Universität auf Veranlassung von M. Hoeltzel, von diesem mitgeteilt im „Neuen Freimaurertum"). In Briefen (namentlich an Robert von Mohl) hat sich L. als Freimaurer eingeführt.

Liszt, Franz, v., * 1811, † 1886. Wurde am 18. September 1841 in der Loge „Zur Einigkeit" in Frankfurt unter der Bürgschaft des Komponisten Wilhelm Speyer aufgenommen. Die Aufnahme vollzog der Meister vom Stuhl, der berühmte Freimaurer Kloß (s. d.). Den II. und III. Grad erhielt L. im Februar des folgenden Jahres in der Berliner Loge „Zur Eintracht". Auf seinen vielen Konzertreisen hat er auch sehr oft in Logen konzertiert.

Literarische Kommissionen, Engbünde der Logen „Archimedes zu den 3 Reißbretern" in Altenburg und „Archimedes zum ewigen Bunde" in Gera, die den Initiationen der Großen Loge von Preußen entsprechen und besonders interessierten Brüdern Gelegenheit zu intensiver geschichtlicher Forschung geben. Den L. K. stehen große Büchereien zur Verfügung (Fischer-Kretschmer, „Katechismen", IV. Teil).

Literatur der Freimaurerei (s. a. Bibliographie). Die kaum mehr zu übersehende Literatur der Freimaurerei, die durch das reiche Zeitungswesen und zahlreiche Buchveröffentlichungen alljährlich noch vermehrt wird, läßt sich nach Wolfstieg in folgende Hauptabschnitte teilen:

a) Organisatorischer Teil: Hierher gehören alle den Aufbau der Freimaurerei nach Logen und Großlogen betreffenden Arbeiten, die Grundlagen des allgemeinen und des lokal besonderen Maurerrechtes, wie sie in den alten Verfassungen, den Landmarken, Alten Pflichten usw. enthalten sind, die staatlich rechtlichen Grundlagen der Logen usw. als Vereine im Sinne des Bürgerlichen Gesetzbuches, die maurerische Rechtspflege u. a.

b) Dogmatischer Teil: Dazu sind zu rechnen die Untersuchungen über die geistigen Grundlagen der Freimaurerei, ihre Beziehung zu philosophischen und religiösen Systemen, die Stellungnahme zu Glaubens-, kulturellen, rassischen, nationalen Fragen, die Ausschöpfung des Begriffes der Humanität und der Toleranz, die Untersuchungen über die Kardinaltugenden des Freimaurers, schließlich die Eschatologie. die freimaurerische Lehre von den letzten Dingen.

c) Der **ethische** Teil beschäftigt sich mit der Pflichtenlehre des Freimaurers, seiner Stellung zu Gut und Böse, zur Lebensführung, er untersucht die Fragen des Verhältnisses des Freimaurers zu Staat, Vaterland, Volk, Nationalität, zu einzelnen Volksschichten, zu Parteien, zur Frage des Klassenkampfes, Erziehungsfragen, und sucht in der Herausarbeitung maurerischer Vorbilder erzieherisch auf die Bruderschaft zu wirken.

d) Symbolisch - ritualistischer Teil: Er befaßt sich mit der Entstehungsgeschichte und der Anwendung der gebrauchtümlichen Lehrbilder, ihrer Zusammenfassung in ein Gebrauchtum (Ritual), der Deutung der Lehrbilder unter dem Hinweis auf deren ethische Nutzanwendung.

e) Der praktische Teil sucht die Erträgnisse der freimaurerischen Arbeit zu erfassen, sowohl in Hinblick auf das innere Leben der Loge als auch auf die Volksgemeinschaft, in der die Loge sich betätigt.

f) Verwandte Verbindungen: Hier werden Vergleiche mit ähnlichen Verbänden, Männerbünden, Mysterienbünden u. a. angestellt und aus der Erkenntnis der Eigenart Rückschlüsse auf die kulturelle Stellung der Freimaurerei und ihre völkerpsychologische Einordnung gezogen.

g) Der historische Teil umfaßt die geschichtliche Erforschung der Freimaurerei in ihren verschiedenen Erscheinungsformen und ihren Schicksalen in den verschiedenen Ländern.

h) In einem allgemeinen Teil können zusammengefaßt werden die zahlreichen Werke über Bibliographie der Freimaurer, Handbücher und Sammelwerke, wie Chrestomatien, Enzyklopädien. Zeitschriften u. a. m.

Nach den beteiligten Autoren und ihren Absichten kann unterschieden werden:

1. Arbeiten von Freimaurern über Freimaurerei und verwandte Gebiete.
2. Gegnerische Schriften.
3. Schriften, in denen Freimaurerei als Nebenbefund vorkommt. so in vielen Romanen, Theaterstücken. und denen irgendeine Tendenz für oder gegen abgeht.

Schließlich ist zu unterscheiden zwischen Schriften, die von Freimaurern nur für Freimaurer geschrieben werden und die — wenigstens in früheren Zeiten — als Separatdrucke „Manuskripte für Brüder" erschienen sind, und solchen, die eine Beschränkung des Leserkreises weder erwarten noch anstreben. Nur ein geringer Teil der freimaurerischen Literatur kann als amtliche Meinungsäußerung freimaurerischer Verbände gewertet werden. Der größte Teil gibt die persönlichen Meinungen einzelner wieder. Da mit einer einzigen Ausnahme (Große Landesloge der Freimaurer von Deutschland) keine Vorzensur der publizistischen Tätigkeit statthat. so ist die Beurteilung der Tiefenwirkung einer Meinung im Bunde selbst meist nur dem mit der Materie sehr Vertrauten möglich.

Im einleitenden Teil dieses Buches ist der Versuch unternommen, eine kleine Reihe von Werken verschiedener Sprachen, vor allem die Quellen als Literaturnachweis zusammenzustellen. Soweit es nicht amtliche Veröffentlichungen von Großlogen sind, gilt bezüglich ihrer allgemeinen Gültigkeit die oben gemachte Einschränkung. Im Hinblick auf die unübersehbare, vollkommen unkritische, dafür aber um so tendenziösere Nachkriegsliteratur sind hier nur solche Werke ausgewählt, die von verschiedenstem Standpunkte aus den Fragestellungen der Freimaurerei in Beziehung zum bürgerlichen Leben verläßlich näherkommen.

Litolff, Henry Charles, Pianist und Komponist, * 1818 in London, † 1891, stand anläßlich seines Wiener Aufenthaltes 1848 der revolutionären Bewegung nahe, begründete in Braunschweig den seinen Namen tragenden, heute noch bestehenden Musikverlag, schrieb die Oper „Les Templiers", komponierte auch Operetten, bekannt durch sein „Spinnlied", war Mitglied der Brüsseler Loge „Vrais Amis de l'Union et du Progrès réunis".

Littlefield, F. H., amerikanischer Journalist und freimaurerischer Schriftsteller, organisierte die „Standard Masonic Publishing Co.", die die Zeitschrift „The Missouri Freemason", eines der ältesten freimaurerischen Blätter der Vereinigten Staaten, übernahm. 1923 Sekretär der National Masonic Research Society, Co-Editor des „Builder", wurde in der „Duval Lodge Nr. 18" in Jacksonville (Florida) aufgenommen, später Meister vom Stuhl der „Occidental Lodge Nr. 163" in St. Louis.

Littré, Emile, französischer Philosoph und Schriftsteller, * 1801, † 1881, Positivist, Schöpfer des „Dictionnaire", studierte ursprünglich Medizin, übersetzte den Hippokrates und gab dann zahlreiche philosophische Schriften heraus. Politisch eifrig tätig (1830 Barrikadenkämpfer, 1848 Gemeinderat von Paris), hielt er sich zur republikanischen Partei. 1871 Abgeordneter zur Nationalversammlung, Senator auf Lebenszeit. Seine Wahl zum Mitglied der Akademie veranlaßte seinen Gegner, den Erzbischof Dupanloup, 1875 zum Austritte. Er war einer der vielseitigsten Gelehrten seiner Zeit, übersetzte auch das „Leben Jesu" von David Friedrich Strauß und Dantes „Hölle". Er wurde gleichzeitig mit Jules Ferry (s. d.) 1875 in Gegenwart von 2000 Freimaurern in der Loge „La Clémente Amitié" aufgenommen. Die Protestaktion des Erzbischofs war der Anlaß zur Anmeldung. Bei seiner Aufnahme gefragt, ob er an die Existenz Gottes glaube, antwortete L.: „Ein Weiser des Altertums, dem ein König die gleiche Frage stellte, dachte Tag für Tag nach und fühlte sich niemals in der Lage zu antworten. Ich bitte Sie, auch von mir weder Bejahung noch Verneinung zu verlangen. Keine Wissenschaft leugnet eine ‚erste Ursache', denn nirgends trifft sie etwas, was gegen eine solche zeugt, noch eine solche beweist. Alles Wissen ist relativ. immer wieder stößt man auf Wesenheiten und Urgesetze, deren tiefsten Grund wir nicht erkennen. Wer mit Entschiedenheit ausspricht, daß er weder gottgläubig noch Gottesleugner ist, beweist nur sein Unverständnis für das Problem des Werdens und Vergehens der Dinge." Zwei Jahre später unterdrückte unter Berufung auf die unbedingte Gewissensfreiheit der Großorient die Formel vom „Allmächtigen Baumeister“ aller Welten“.

Die Aufnahme von L. fand interessanterweise in der Tagespresse eingehende Würdigung. Der „Temps“ glorifizierte (damals noch) die Freimaurerei (s. auch About, Benoit).

Liu, Jui-Heng, Minister für öffentliche Wohlfahrt der chinesischen Nationalregierung in Nanking, ist Mitglied der der Großloge der Philippinischen Inseln unterstehenden Amity Lodge U. D. in Shanghai.

Livery, s. Masons Company.

Livingston, Robert R., amerikanischer Staatsmann, * 1746, † 1813, Kanzler des Staates New York, bedeutender Förderer von Handel und Industrie, Jurist, Gelehrter, Redner, nach Benjamin Franklin der „Cicero von Amerika“, war Großmeister der Großloge von New York, 1784—1800. L. übernahm das Amt in einer durch den Revolutionskrieg hervorgerufenen schweren Krise; aus dieser führte er die Großloge zur Blüte, indem er vor allem die beiden miteinander rivalisierenden Körperschaften der „Antients“ und der „Moderns“ verschmolz. Als Staatskanzler leitete L. die Beeidigung Washingtons bei der Übernahme der Präsidentschaft der Vereinigten Staaten, die auf die Bibel der St. Johns Lodge Nr. 1 stattfand. L. legte die Großmeisterschaft nieder, als er als Gesandter der Vereinigten Staaten nach Frankreich ging. Nach Amerika zurückgekehrt, nahm er am kulturellen Aufbau seines Staates weiterhin führend Anteil. Gemäß Kongreßbeschluß wurde im Kapitol in Washington seine Statue als die eines der beiden größten Bürger von New York aufgestellt.

Livland, s. Lettland.

Livre d'architecture (frz.), Protokollbuch.

Ljubibratić, Mico, * 1839 in der Umgebung von Trebinje (Herzegowina), † in Belgrad, Sekretär des herzegowinischen Woiwoden und Führers des Aufstandes gegen die Türken, Luka Vukalovićs, Freund Garibaldis, Kämpfer im zweiten Aufstand 1875, war Freimaurer.

Lloyd, Charles Harford, englischer Komponist und Dirigent, * 1849, † 1919, Organist der Christuskirche zu Oxford, bekannter Dirigent, komponierte Chorwerke („Hero und Leander“) usw., war 1917 Großorganist der Großloge von England.

Lloyd, Harold Clayton, berühmter amerikanischer Filmschauspieler, * 1894, ist Freimaurer.

„Locarno“, Loge in Paris (Grand Orient de France), gegründet 1928, die dem Gedanken der Völkerversöhnung dienen soll.

Locke, John, englischer Philosoph, * 1632, † 1704, dessen philosophisches System hier weniger von Belang ist als die aus seiner Ethik abgeleiteten Toleranzsätze. Seine Briefe über Toleranz sind zu einer Zeit entstanden, da er selbst sich vor Nachstellungen Jakobs II. in Holland verborgen halten mußte. Es sind im ganzen vier Briefe (1689—1690, 1692 und 1704). Der Grundgedanke ist Duldung gegen jede religiöse Ansicht und Gemeinschaft, und zwar unbeschränkte, gleichmäßige Duldung. („Absolute liberty, just and true liberty, equal and impartial liberty is the thing we stand in need of.“) Durch diese Gedankengänge hat er seine Zeit sehr befruchtet. Sie kehren in den Constitutions der Londoner Großloge in Andersons Fassung wieder. Wie sehr sich die Freimaurer als geistige Nachfahren L.s betrachteten, beweist deutlich der Fälschungsversuch des sogenannten Leland-Manuskriptes (s. Freimaurerverhör), erschienen 1753, das auf König Heinrich VI. zurückgehen soll, das aber als unecht erkannt wurde. L. soll dieses Manuskript in der Bibliotheca Bodleiana gefunden und mit einer Erläuterung dem Grafen Pembrocke geschickt haben. Der im 18. Jahrhundert mehrfach abgedruckte angebliche Brief L.s enthält Behaupttungen über das geheimnisvolle Wesen der früheren Logen und besondere Fähigkeiten der Freimaurer, die sogar weit über die üblichen Geschichtsklitterungen der alten Konstitutionen hinausgehen. Es ist zweifellos eine Fälschung eines Freimaurers, der durch die Beschwörung der Autorität L.s dem Manuskripte einen besonderen Wert verleihen wollte. Die Beziehungen L.s zur Freimaurerei bestehen. Allerdings nicht durch seine Körperlichkeit, sondern durch den Geist seiner Humanitätsbriefe.

Locke-Manuskript, Lockes Brief, s. Freimaurerverhör.

Lockhart, John Gibson, schottischer Schriftsteller, * 1794, † 1854, besuchte 1817 Goethe in Weimar, Mitarbeiter des bekannten „Blackwood's Magazine“ in Edinburgh, Schwiegersohn von Walter Scott (s. d.), Redakteur der „Quarterly Review“, schrieb Novellen, Balladen, regte die Herausgabe der bekannten Familienbibliothek von Murray an und schrieb deren ersten Band „Das Leben Napoleons“, war Mitglied der Canongate Kilwinning Lodge.

Lockroy, Etienne Auguste Edouard, französischer Politiker und Publizist, * 1838, † 1913, anfangs Maler, war dann an der Seite Garibaldis in Sizilien tätig, begleitete Renan auf seiner Orientreise, heftiger Gegner des kaiserlichen Regimes, 1870 Offizier, 1871 Abgeordneter, suchte den Bürgerkrieg zu verhindern, mußte Kerkerhaft erleiden, Minister u. a. in den Kabinetten Freycinet, Bourgeois, Brisson, war Freimaurer.

Lockspitzel, s. Spitzel.

Lodge (engl.), Loge.

Lodge of Reconciliation, eine am 27. Dezember 1813 nach der „Ewigen Union“ der damaligen beiden englischen Großlogen gebildete Londoner Loge (hervorgegangen aus der 1809 gebildeten „Special Lodge of Promulgation“), die die Aufgabe erhielt, das einheitliche Ritual für die „Vereinigte Großloge“ in allen Punkten harmonisch zu gestalten. Mit der Beendigung dieses Werkes hörte 1816 die Tätigkeit der Loge auf.

Lodge of Sorrow (engl.), in Schottland Trauerloge, identisch mit Funeral Lodge; in England nicht in Übung.

Lodges of Instruction, s. Unterrichtslogen.

Loge.
Das Wort: die Ableitung aus dem Sanskrit von loga (die Welt), die von Ragon gegeben wurde, ebenso die vom griechischen „Logos" ist abzulehnen. Gewöhnlich wird die Ableitung aus dem Althochdeutschen gegeben: altkölnisch lotoche, das Zelt, loubja, mittellateinisch laupia, logia, französisch loge. Im mittelalterlichen Latein auch logia oder logium für ein Wohnhaus. Verwandt damit ist loggia, eine halb offene Bogenhalle, z. B. die Loggia dei Lanzi in Florenz oder die Feldherrnhalle in München. Ebenso der Bogengang längst eines Gebäudes, so die Loggien des Raffael im Vatikan. Das Wort Lodge, das durch Einwanderung in England entstanden ist, wird von Shakespeare gleichbedeutend mit lodgings, Wohnung, verwendet. Aus dem deutschen Bauhüttengebrauche stammt das Wort Loge jedenfalls nicht, denn dort ist überall nur von Hütte die Rede. Im Altschottischen Sprachgebrauch luge (s. d.).

Die Bedeutung: „Loge ist ein Ort, wo Maurer zusammenkommen und arbeiten. Davon ist dann jede ordentlich eingerichtete Gesellschaft von Maurern Loge genannt und jeder Br. muß zu einer gehören" (Anderson, Konstitutionsbuch 1723). Das Wort bezeichnet also in erster Linie den Raum, in dem sich die Freimaurer versammeln. Dieser Ort soll abgeschlossen sein oder er muß, wenn er unter freiem Himmel gelegen ist, so gewählt sein, daß die Annäherung von Fremden sofort bemerkt und verhindert werden kann (highest of hills and lowest of valleys). Der Name des Versammlungsortes geht dann auf die Versammlung selbst über, und so wird die in der Loge versammelte Bruderschaft selbst Loge genannt. Loge heißt weiter die Bodenzeichnung, die vom Logendiener, dem Tyler, in den alten englischen Logen vor der Arbeit auf dem Boden entworfen wurde, also die Symboltafel (Drawing on the floor of the Lodge oder Drawing the Lodge). Im Berichte über die Eröffnung des ersten Maurertempels in London 1776 wird „die Loge" hereingetragen, worunter nur die Werksymbole der Loge, die drei großen Lichter, gemeint sein können.

Loge de la chambre du Roi, 1745 in Versailles gegründete L., der ausschließlich Offiziere und andere Mitglieder des königlichen Hofstaates angehörten.

Loge de Saint André (frz.), Andreasloge, IV. Grad des Rektifizierten Schottischen Systems (s. d.), im wesentlichen identisch mit dem XVIII. Grad des A. u. A. Schottenrituals.

Loge du Roi, Loge des Königs, Bezeichnung der ersten, von Friedrich dem Großen gestifteten Berliner Loge.

Loge juste et parfaite (frz.), gerechte und vollkommene Loge.

Logenarchive. Der Wert der L. für die freimaurerische Geschichtsforschung ist erst erkannt worden, seitdem im 19. Jahrhundert eine kritische historische Forschung eingesetzt hat. Für die Anlage der Archive hat daher der Verein deutscher Freimaurer allgemeine Anweisungen herausgegeben, die von Kretschmer, Dietl und Meißner bearbeitet ist (Leipzig 1928). Die wertvollsten deutschen Freimaurerarchive finden sich in Berlin, Bayreuth, Braunschweig, Dresden, Frankfurt, Gera, Hamburg, Leipzig und anderen Orten. Die Quellen der Geschichte der österreichischen Freimaurerei sind im Dégher Archiv (s. d.) gerettet worden. Mustergültig bearbeitete Archivsammlungen besitzen die britischen Großlogen, die von New York, Iowa, der Supreme Council, Südliche Jurisdiktion, der A. u. A. Schottische Ritus in Washington u. v. a.

Logenärzte. Von den dem Freimaurerbunde angehörenden Ärzten wird erwartet, daß sie sich in den Dienst der Logenkaritas in besonderer Weise stellen. In den jetzigen Jahren der Wirtschaftskrise wird in Deutschland eine Organisation freimaurerischer Ärzte aufgebaut, welche die Verpflichtung übernehmen soll, die minderbemittelten Logenmitglieder oder vollkommen verarmte Bruderfamilien ärztlich als Werk der Karitas zu betreuen. Von dieser Einrichtung verschieden ist der eigenartige Versuch der Regensburger Loge (1800), die einen eigenen Logenarzt anstellte und als Gegenleistung die unentgeltliche Aufnahme und Graderhöhung sowie die Befreiung von allen Logenbeiträgen anbot. (Das Statut dieser Einrichtung ist abgedruckt im „Bayreuther Bundesblatt", April 1905.) Auch die den Freimaurern nachgeahmten „Sols" in England hatten ihren eigenen Surgeon, der auch ein eigenes Logenabzeichen trug.

Logenblatt, Titel einiger Freimaurerzeitungen. So: „Dresdner L.", gegründet 1871, übergegangen in die Mitteilungen der Großen Landesloge von Sachsen, „Hamburger L.", herausgegeben von der Großloge von Hamburg, erscheint seit 1868, „Mecklenburgisches L.", begründet 1872, herausgegeben von der unter der Großen Landesloge von Deutschland stehenden Provinzial-Großloge von Mecklenburg, „Schlesisches L.", herausgegeben von der Provinzial-Großloge der Großen Landesloge der Freimaurer von Deutschland, seit 1881 in Breslau.

Logenbrüder, Schwank von Karl Lauffs (s. d.) und Kurt Kraatz, erschien 1909.

Logenform. Die symbolische Form der Loge ist ein längliches Viereck, gegen Ost und West orientiert. Alte Logen scheinen aber auch die Dreiecksform angenommen zu haben, denn in dem Carmick-Manuskript findet sich eine Dreiecksfigur mit der Legende: „This figure represents the Lodge."

Logengründung. In einer der ersten Verräterschriften, „A Mason's Examination", 1723, wird die Frage: „Was macht eine Loge gerecht?" folgendermaßen beantwortet: „Ein Meister, zwei Aufseher, vier Gesellen, fünf Lehrlinge mit Winkel, Zirkel und Maßstab." Es werden somit 12 Personen zur vollkommenen Besetzung einer Loge verlangt. Die späteren Großlogenverfassungen, ebenso die heute in England geltende, verlangen zumindest sieben Brr.-Meister für eine Neugründung. In anderen Großlogen wird von sieben Maurern gesprochen, wovon jedoch mindestens drei (oder fünf) Meister sein müssen, um die führenden Ämter besetzen zu können. Die L. vollzieht sich in den einzelnen Großlogen in verschiedener Form. Ein Beispiel hierfür: Sieben Brr.-Meister erhalten vom Großmeister die Erlaubnis zur Abhaltung einer Versammlung „unter freiem Himmel“, das heißt ohne Schutz einer bestehenden Loge. Sie setzen den Namen der Loge fest und richten ein Gesuch um ein Logenpatent an die Großloge. Die Arbeitsbewilligung wird nun von der nächsten Generalversammlung der Großloge ausgesprochen, oder es wird der Loge eine sogenannte einstweilige Arbeitsbewilligung durch den Verwaltungsausschuß der Großloge (Bundesrat) erteilt, die dann von der Bundesversammlung in eine bleibende (definitive) umgewandelt wird. Die L. ist vollzogen, wenn in die neue Loge seitens der Großloge das Licht eingebracht wurde und die Loge in die Register einer Großloge eingetragen ist. In den Constitutions von Anderson (1723) sind im Anhange die bis heute eigentlich nicht wesentlich veränderten Voraussetzungen und Vorgänge bei einer L. enthalten.

Logenhäuser. Die ersten Versammlungen der englischen Freimaurer fanden durch ein volles Jahrhundert in Gasthäusern, Tavernen statt. Die Mason's Hall in London, in der noch Elias Ashmole (s. d.) Arbeiten beigewohnt hatte, war schon zur Zeit der Großlogengründung, 1717, als Versammlungsort in Vergessenheit geraten. Bei den alljährlichen Großlogenversammlungen wurden lange Jahre hindurch die verschiedenen Gildenhallen verwendet. So Stationers Hall (1721), Haberdashers Hall (1741) u. a. m. Auch heutigen Tages können die über 1100 Londoner Logen nur zum geringen Teil eigene Räume, bezw. jene im Großlogengebäude benützen. Sie sind zur Miete in Hotels und Restaurants, die eigene Logenräume unterhalten. Bei Großlogenversammlungen wird mit Rücksicht auf die große Teilnehmerzahl, die schon 8000 erreichte, oft einer der Londoner Riesensäle, z. B. die Albert Hall, benützt. 1776 wurde in London in Great Queen's Street die Freemason's Hall eingeweiht, das erste, ausschließlich freimaurerischen Zwecken dienende und für diese errichtete Gebäude. Mit Einbeziehung der traditionellen Stätte wird jetzt das gewaltige Masonic Peace Memorial Building errichtet, das nach seiner Fertigstellung das größte europäische L. sein wird.

Die kontinentale Freimaurerei hielt ihre ersten Arbeiten ebenfalls in Gasthöfen ab (so Hamburg in der Weinstube des Peter Arbien, später auch im Gasthofe Kaiserhof) oder in Adelspalästen. Bevorzugte Logen, die regierende Fürsten zu ihren Mitgliedern zählten, wurden als Hoflogen in fürstlichen Schlössern aufgenommen (Berlin, Bayreuth u. a.). Allmählich gingen gegen Ende des 18. Jahrhunderts die Logen dazu über, eigenen Hausbesitz zu erwerben. Besondere architektonische Prunkstücke sind der Schlüterbau (s. d.) der Großen Loge von Preußen in Berlin oder der jetzt von der italienischen Regierung in Besitz genommene Palazzo Giustiniani in Rom, von neueren Bauten das Haus der Großen Landesloge an der Eisenacherstraße in Berlin, der neue Palast der Großen Landesloge von Dänemark in Kopenhagen, der Tempel an der Rue Laeken in Brüssel. Die Grande Loge de France in Paris arbeitet in einem alten Kloster, das für ihre Zwecke hergerichtet wurde. In den meisten europäischen Provinzstädten, die zugleich Logenoriente sind, entstanden eigene L., die nicht nur die Arbeitsräume hergeben, sondern auch Mittelpunkt der brüderlichen und familiären Geselligkeit geworden sind. Die räumliche Einteilung umfaßt einen oder mehrere Arbeitstempel, Vorbereitungs- und Verwaltungsräume, Speisesaal und Küche, Bibliothek und Sammlungen (z. B. Bayreuth). Der heute allerdings nicht immer durchzuführende Idealzustand, daß das Logenhaus nur freimaurerischen Zwecken dienen soll, verleiht, wo er besteht, der Loge auch äußerlich eine gewisse Geschlossenheit. Heute sind infolge der Not der Zeit viele Logen gezwungen, einzelne Räume mietweise abzugeben oder z. B. die Speisesäle für gesellige Zwecke Außenstehender zu vermieten.

Eine besondere Entwicklung nahm der Bau von L. in Amerika. Hier sind infolge der großen Zahl der Mitglieder und des Raumbedürfnisses der zahllosen Seitenzweige Wolkenkratzer entstanden, riesige Masonic Buildings, deren Räume zum Teile auch an Mietsparteien abgegeben werden. Die größten dieser Art stehen in Chicago und Detroit. Der A. u. A. Schottische Ritus Südlicher Jurisdiktion besitzt ein prunkvolles Gebäude in Washington, die schottischen Werkstätten der großen Städte „Kathedralen“ (Scottish Rite Cathedrales). Aus dem amerikanischen Stil fallen die großen Moscheen der „Nobles of the Mystic Shrine“ durch ihre orientalische Farbenpracht und die mit Kuppeln und Minaretten überbauten Fassaden heraus.

So begreiflich der Wunsch jeder Loge ist, zu eignem Grund und Boden zu gelangen, so birgt dieser Reichtum in der jetzigen Krisenzeit auch innere Gefahren. Daher haben besonders in Amerika die Großlogen ihre warnende Stimme gegen die zu großzügigen Logenbauten erheben müssen. Bei einzelnen Großlogen bestehen sogar Beratungsausschüsse, die jedes Bauprojekt überprüfen und den Baulustigen finanzielle und fachtechnische Ratschläge erteilen. Wird das L. zur Quelle ständiger Sorgen, so besteht die Gefahr. daß es schließlich alleiniger Inhalt der Logeninteressen wird. Auf diese Gefahr ist besonders in letzter Zeit nachdrücklichst hingewiesen worden.

Logenjahr, beginnt zumeist mit dem 24. Juni, dem Johannisfeste, der Tag, an dem in vielen Obedienzen die Beamten der Loge eingesetzt und verpflichtet werden. In anderen Logen gilt das Kalenderjahr.

Logenkarte von Deutschland und der Schweiz, eine Landkarte, die Fritz Rackhorst 1911 herausgab und die die geographische Verteilung der Logen zugleich mit Angabe ihres System in Deutschland und der Schweiz anzeigte. Auch von anderer Seite wurden solche Karten in verschiedenen Ländern angelegt.

Logenklatsch, das offene oder auch „vertrauliche“ Weitererzählen dessen, was man über diesen und jenen Br. in der Loge erfahren hat, ist eine unleidliche und gänzlich unfreimaurerische Gewohnheit, die weit schwerer zu verurteilen ist, als ein unbedachtes Wort über unsere Formen und Gebräuche. Lebhaftigkeit und Unvorsichtigkeit kann jeden einmal verführen, hier die Grenze zu überschreiten; wer aber über Logenangelegenheiten und persönliche Verhältnisse einzelner Brr. nicht zu schweigen vermag, beweist, daß er ein Schwätzer und Wichtigtuer ist, falls nicht gar eine gehässige und niedrige Sinnesart vorliegt. (Aug. Horneffer in „Das Gebrauchtum des Lehrlingsgrades.")

Logenlistenaustausch, s. Geschäftsstelle zum Austausch von Logenlisten.

Logenmeister heißt der Stuhlmeister bei der Großen Landesloge der Freimaurer von Deutschland.

Logennamen, s. Namen der Logen.

Logen, Nichtfreimaurerische. In Nachahmung der freimaurerischen Organisation wird das Wort „Loge" auch von vielen Korporationen verwendet, die mit der Freimaurerei selbst in keinerlei Zusammenhang stehen. So nennen die Odd Fellows, die B'nai B'rith und viele andere Männervereinigungen ihre Ortsgruppen usw. L. Es gibt auch eine Internationale Artistenloge. Sogar die zur Überwachung verdächtiger Ausländer in den westböhmischen Badeorten von der Metternichschen Regierung eingesetzten polizeilichen Überwachungsstellen wurden L. (Polizeilogen) genannt. Der Umstand, daß sich eine Vereinigung Loge nennt, berechtigt somit nicht dazu, sie als freimaurerische Loge anzusprechen.

Logennummern. In vielen Obedienzen ist es üblich, die Logen außer mit ihrem Namen auch mit der Nummer zu bezeichnen, mit welcher sie im Großlogenregister verzeichnet sind. Z. B. Church Institute Seahouse Northumberland Nr. 5228 (eine der letzten Nummern des englischen Großlogenregisters). Bei der Zusammenfassung der beiden Großlogen in England (1814) wurde der Prioritätsstreit zwischen den Logen in der Weise gelöst, daß man das Los entscheiden ließ. Die Grand Stewards' Lodge steht seither an der Spitze des Großlogenregisters ohne Nummer. Dann folgt als Loge Nr. 1 die Grand Master's Lodge, eine Athollloge, die den Rang 1 hat, trotzdem sie erst 1759 gegründet wurde, während als Nr. 2 die Loge Antiquity folgt, trotzdem sie eine Loge „from time immemorial" ist. Ebenso steht die Athollloge of Fidelity als Nr. 3, gegründet 1754, vor der gleichfalls „seit undenklichen Zeiten" bestehenden Nr. 4, Royal Somerset and Inverness. Daher stimmt die Reihenfolge der L. mit dem wirklichen Logenalter erst vom Jahre 1814 an überein. Geht eine Loge ein oder scheidet sie aus, so wird in England die Nummer nicht wieder besetzt, es sei denn, daß alte Mitglieder die Bauhütte wieder beleben. So hat die Großloge von England beispielsweise derzeit 5228 Registernummern, denen aber — schon wegen des im Laufe der Zeit erfolgten Zusammenschlusses vieler ihrer überseeischen Logen zu selbständigen Großlogen und des dadurch bedingten Ausscheidens aus der Mutterloge — nur 4547 aktiv tätige Logen entsprechen.

In Schottland hat die älteste Loge, die Mutter Kilwinning die Nr. 0, den Rangstreit zwischen den nächstältesten Logen umging man, indem man der Lodge of Edinburgh (Mary's Chapel) die Nr. 1, der Melrose St. John die Nr. 1/2, der Lodge of Aberdeen die Nr. 1/3 zuteilte. Dann folgt Canongate Kilwinning in Edinburgh mit der Nr. 2. Die älteste irische Loge führt den Namen First, Cork.

Logenpaß (frz. Carte d'identité, engl. Certificate). Zur Legitimierung beim Besuche fremder Logen dient der L. (auch Logenzertifikat genannt). Er ist zugleich als freimaurerisches Ausweispapier für andere Zwecke im Gebrauch. Beim Austritt aus einer Loge wird auf ihm die sogenannte Deckungsklausel angebracht, welche über die Gründe des Austrittes Bescheid geben soll, um eine Aufnahme in einer anderen Loge zu ermöglichen. In französischen und amerikanischen Logen gibt der L. zugleich Auskunft, ob der Besitzer sich noch im Vollbesitze seiner maurerischen Rechte (good standing) befindet. Hierzu gehört neben den allgemeinen maurerischen Qualitäten vor allem auch der Nachweis des entrichteten letzten Jahresbeitrages, der auf dem Paß vermerkt wird. In Frankreich geschieht das durch Zahlmarken auf der obligatorischen Carte d'identité, in Amerika durch jährliche Erneuerung des Certificate. Der Besitz eines L. allein sichert nicht den Besuch fremder Logen, zumal in der Ausstellung der Pässe keinerlei Einheitlichkeit besteht. L. aus Übersee werden von Logenschwindlern gerne gefälscht (s. Bettelei, Logenbettler).

Logenrecht, s. Recht, Allgemeines maurerisches.

Logenreden. Neben dem ritualistischen Eindruck der Arbeit will die Loge durch Belehrung, Anleitung zum Nachdenken über gemeinsame Fragen und Gegenstände auf ihre Mitglieder einwirken. Diesem letzteren Mittel dient die L., die je nach dem Anlaß als Instruktion, Festrede u. a. m. bezeichnet wird. Der Brauch ist sehr alten Datums. Die erste bekannte — leider aber textlich unbekannte — L. hielt Desaguliers am 24. Juni 1721. Ebenso vermerkt Anderson, daß die Sitzung vom 27. Dezember 1721 durch Vorträge einiger alter Masons sehr unterhaltend gemacht wurde. Am 4. Oktober 1723 las nach einer Tagebucheintragung Dr. Stukeley eine Abhandlung über das Amphitheater in Dorchester in der Loge vor und überreichte jedem Br. ein Exemplar. Die erste gedruckte L. dürfte die des Architekten Eduard Oakley gewesen sein, die er am 31. Dezember 1728 in einer Einzelloge zu Carmarthen (Wales) über die Entwicklung der Baukunst hielt. Viel bemerkt wurde auch die Rede des Dr. Martin Clare (11. Dezember 1735), in welcher er der Freimaurerei seiner Zeit den Spiegel vorhält. Sie war ein eindringlicher Moralkodex für die Logen seiner Zeit. Die ältesten, der maurerischen Öffentlichkeit zugänglich gemachten deutschen L. sind die von Steinheil, gehalten im Jahre 1742 in der Loge „Zur Einigkeit" in Frankfurt a. M., sowie die von Uriot, vorgetragen am 11. Juni 1742 ebenda. Der „Discours" des Chevalier

Ramsay, gehalten 1737 in Paris, war ungewollt von bedeutendem Einfluß auf die Entstehung des freimaurerischen Hochgradwesens.

Berühmte L. sind Wielands „Betrachtungen über den Zweck und Geist der Freimaurerei" (Leipzig 1809), die Trauerrede Goethes auf Wieland (1813), die Gedächtnisrede auf Goethe, gehalten vom Kanzler Müller 1832. Schon 1768 sind Sammlungen von L. bekannt. Besonders die deutsche Literatur ist reich an solchen. Eine Materialiensammlung für L. erscheint im Verlage von Alfred Unger, Berlin, unter dem Titel „Concordia".

Logenschwerter. Die Einführung von eigenen Staatsschwertern der Großlogen geht auf die Zeit zurück, da die englische Großloge nach dem Beispiel der hohen englischen Orden feierliche Aufzüge durch die Straßen veranstaltete. Hierbei wurde dem Großmeister ein Staatsschwert vorangetragen. Das ist dort auch heute noch bei den feierlichen Großversammlungen und dann der Fall, wenn der Großmeister oder Progroßmeister beispielsweise bei einer Grundsteinlegung unter großem Vorantritt in der Öffentlichkeit erscheint. Daher das Amt der Großschwertträger (Grand Sword Bearer). Das älteste englische L. der Großloge von London stammt aus dem Jahre 1730. Die Klinge ist Solinger Arbeit und zeigt ein Porträtmedaillon Gustav Adolfs von Schweden. Ein anderes bekanntes L. ist im Besitze der National-Großloge „Zu den drei Weltkugeln". Von gegnerischer Seite ist nach dem Kriege behauptet worden, die Freimaurer hätten sich unberechtigterweise den Degen Friedrichs des Großen angeeignet. Es handelt sich jedoch hier, wie aus den Veröffentlichungen von Kekule von Stradonitz eindeutig hervorgeht, um ein künstlerisch wertloses Paradeschwert, das zu Friedrich dem Großen in keinerlei Beziehung zu bringen ist (s. auch Schwert).

Logensiegel zeigen, wo nicht ein eigenes Logenwappen besteht, bezw. das Bijou als Vorbild dient, meist Zirkel und Winkel mit eingeschlossenem „G", in der Umschrift den Namen der Loge. Eine besondere Art von Siegeln benützen die Logen der Großloge von Irland, die 1769 folgende Weisung herausgab: „Das L. soll bestehen aus einer Hand und einer Kelle." Daher: ein im rechten Winkel abgebogener Arm, der eine Kelle trägt. Ähnlich auch schon im Wappen der Operatives in der Darstellung von Laurence Dermott (Miscellanea Latom. 1925, 87.)

Logensprache. Die Sprache der deutschen Logen des 18. Jahrhunderts war anfänglich, der Zeit entsprechend, die französische. Allmählich drang aber auch das Deutsche durch; in Berlin teilweise bereits 1743. Am 28. März dieses Jahres wurde von Bielfeld (s. d.) die erste Loge in deutscher Sprache eröffnet, er und der Zugeordnete Meister hielten die ersten deutschen Reden. In England und Amerika, dann auch in Frankreich u. a. bildeten sich frühzeitig Logen, die aus Angehörigen einer Nation bestanden, und denen statt der Landessprache der Gebrauch ihrer Nationalsprache auch im fremden Lande von der Großloge bewilligt wurde. So entstanden z. B. in der Großloge von New York deutsche Logen, die in einem eigenen Distrikt (vorübergehend sogar zwei: 8. und 9. Manhattan-Distrikt), auch deutscher Distrikt genannt, mit eigenem Logenhaus, eigenen Wohlfahrtseinrichtungen usw., vereinigt sind. Auch italienische spanische, französische usw. Logen sind in New York zahlreich. In London bestehen die sieben sogenannten „Anglo-Foreign Lodges" (s. d.), darunter seit 1779 die Pilgerloge, die in deutscher Sprache arbeitet, ebenso die Loge „Deutschland", die weit jüngeren Datums ist (1908). In Paris ist die Zahl der fremdsprachigen Logen — unter diesen die deutschsprachige „Goethe" — besonders groß. Unter ihnen dominieren an Mitgliederzahl die russischen Bauhütten. Im Weltkrieg ergaben sich aus diesen Sprachenrechten eigenartige Konflikte insofern, als die amerikanischen Großlogen die Arbeiten in anderer als in englischer Sprache verboten. Da dieses Verbot teilweise auch über den Friedensschluß hinaus aufrechterhalten wurde, kam es zu Gegensätzlichkeiten — in New Jersey sogar zu einem Prozeß — die jedoch schließlich überall mit der Wiederherstellung der alten Rechte endeten. Tatsächlich arbeiten heute die meisten deutschen Logen in Amerika wieder in deutscher Sprache. Daß gelegentlich einmal auch in lateinischer Sprache Logen gehalten wurden, sei als Kuriosum aus Schottland und Kroatien (Warasdin) erwähnt.

Da die Sprache für den Freimaurer nur den Wert gegenseitigen Verständigungsmittels hat, nicht aber als Politikum gewertet werden darf, ist in gemischtsprachigen Staaten die Sprachenfrage einfach nur nach dem Gesichtspunkte der Zweckmäßigkeit geregelt. So z. B. in den Logen der Tschechoslowakischen Republik, wo bei gemeinsamen Arbeiten von Freimaurern verschiedener Nationalität in zwei oder auch drei Sprachen gearbeitet wird, ebenso auch in den gemischtsprachigen Logen des nahen Ostens, wie Palästina, Syrien usw. In der freimaurerischen Korrespondenz macht sich immer mehr der Grundsatz geltend, daß jeweils in der eigenen Sprache geschrieben wird, während der Empfänger sich die Übersetzung in seine Sprache selbst zu besorgen hat. Dieser Vorgang erweist sich als zweckmäßiger, als wenn die Briefschreiber sich zur Verständigung der nicht immer vollkommen beherrschten Sprache des anderen Teiles zu bedienen bestreben.

Logenstunden, Tageszeiten, im Gebrauchtum mancher Großlogen (nicht überall gleichartig). Z. B. bei der Großen Landesloge der Freimaurer von Deutschland: Mittag ist es, wenn die Lichter der Weisheit, Schönheit und Stärke entzündet und die Arbeitstafel enthüllt ist. Hochmittag wird verkündet, wenn die Bibel aufgeschlagen wird. Mitternacht bezeichnet den Schluß der Arbeit, Hochmitternacht, wenn sich das Buch der Bücher wieder schließt, die Lichter erlöschen und die Arbeitstafel verhüllt ist.

Logenuniform, s. Gleichtracht.

Logenvereine gehen auf die Anregung Schröders (s. d.) zurück und versuchen, Logen verschiedener Obedienzen zu gemeinsamer Tätigkeit zusammenzuführen. 1801 kam der erste derartige L. zusammen, an dem sich die Hamburger Provinzial-Großloge, jene von Hannover und die Großloge Royal York beteiligten. Diese lose Vereinigung wurde beispielgebend, insofern sich nach ihrem Muster 1810 eine ähnliche Institution der drei altpreußischen Großlogen in Berlin unter dem Titel „Freimaurerverein der drei Großen Logen zu Berlin" entwickelte. Während der Berliner Verein mehr die administrativen Fragen der Freimaurerei behandelte, suchte der Hamburger sich wissenschaftlichen Inhalt zu geben. Ein Konflikt der Großloge von Hamburg mit der Großen Landesloge wegen Gründung der Loge „Irene" in Rostock wirkte sich auf das weitere Bestehen des Berliner Großlogenvereins ungünstig aus. Er schlief 1823 ein. An seine Stelle trat später der „Großmeisterverein der drei altpreußischen Großlogen" (s. d.), der in geänderter Form als Vereinigung dieser Systeme heute noch besteht.

L. ähnliche Bildungen sind die Stuhlmeistervereinigungen in Orten, an denen Logen verschiedener Systeme arbeiten. Sie versuchen über das Trennende der Systeme hinweg das Gemeinsame herauszuheben und besonders in lokalen Fragen die Arbeit zu vereinheitlichen.

Logenzeichen, s. Abzeichen, Bekleidung.

Loges d'adoption der Grande Loge de France, s. Adoptionsmaurerei.

Loge simple (frz.), einfache Loge. Der Pariser freimaurerische Schriftsteller und Herausgeber der Zeitschrift „Le Symbolisme", Oswald Wirth, machte den Vorschlag, für die belehrende, vertiefende Arbeit kleine Vereinigungen von drei Maurern zu bilden, die er als L. s. bezeichnet. Sie sollen ohne Gebrauchtum zusammentreten und gründlichen Erörterungen freimaurerischer Fragen dienen, die sich an Ritual und Einweihung anschließen. Dieser nach Wirth öfters gebrauchte Ausdruck entbehrt noch der gegenständlichen Grundlage.

Loges mixtes (frz.), gemischte Logen, s. Adoptionsmaurerei, Droit humain, Co-Masonry.

Loge, Weiße, s. Ermächtigte Bruderschaft der alten Riten.

Logic Club, Londoner freimaurerische Sonntagsvereinigung für Instruktionszwecke. Da Logenarbeiten in England am Sonntag unzulässig sind, wird das Bedürfnis nach Instruktionslogen an diesem Tage in London durch die Arbeit des L. C. befriedigt.

Lohn. Über die Entlohnung der Helfer am Bau enthalten die alten Konstitutionen genaue Bestimmungen, ebenso die Bauhüttenordnungen. Die Entlohnung der Freimaurer ist symbolisch den alten Werkgemeinschaften entnommen. Der Zweite Aufseher sitzt in Westen, „um den Ablauf des Tages zu beobachten, nach Sonnenuntergang die Arbeit zu schließen und den Arbeitern ihren L. zu geben". Diese Entlohnung, die in der Arbeit des einzelnen Freimaurers gelegen ist, wird symbolisch gedeutet. Lohnerhöhung heißt im gebrauchtümlichen Sprachschatze jede Graderhöhung, Beförderung.

Lohnerhöhung, Beförderung in den Gesellengrad, bezw. Erhebung zum Meister.

London ist durch die Gründung der „Großloge von L. und Westminster" (1717) der Ausgangsort der spekulativen Freimaurerei geworden. Als Sitz der Vereinigten Großloge von England Zentrum der angelsächsischen Freimaurerei. In L. selbst arbeiten derzeit 1102 Logen. Als „London Lodges" gelten alle jene Bauhütten der britischen Metropole, die ihre Arbeitsstätten in einem Umkreis von zehn Meilen vom Logengebäude in der Great Queen Street haben. Sie unterstehen im Gegensatz zu den übrigen Logen der Großloge von England nicht Provinzial- oder Distrikts-Großlogen, sondern direkt dem Großmeister, bezw. der Großloge. 1913 wurde der dann infolge des Krieges einstweilen fallengelassene Plan zur Diskussion gestellt, zur Entlastung der Großloge diese Logen einer Reihe neu zu gründender „Metropolitan-Großlogen" zu unterstellen. Aus dem Masonic Million Memorial Fund, einer Sammlung, die weit über eine Million Pfund ergeben soll, wird derzeit in L. das Masonic Peace Memorial Building vollendet, der neue gewaltige Großlogenpalast, ebenfalls an der Great Queen Street, der als Erinnerungszeichen an die im Weltkriege gefallenen englischen Freimaurer und den Friedensschluß zugleich errichtet wird und Mitte 1931 teilweise bezogen wurde.

London Mayor's Lodge Nr. 3560 ist eine Loge, deren Mitgliedschaft ausschließlich aus aktiven oder gewesenen Bürgermeistern Londons und seiner Vorstädte besteht.

London Rank, eine seit 1908 bestehende Auszeichnung für abgegangene Stuhlmeister Londoner Logen, die nur vom Großmeister verliehen werden kann. Die Zahl derartiger, jährlich erfolgender Ehrungen ist begrenzt. Der L. R. ist eine Art Ersatz dafür, daß die Würdenträger der Londoner Logen nicht wie die der Provinz. „Provinzial Grand Rank" erhalten, das heißt nicht Provinzial-Großbeamte werden können, da die Bauhütten der Metropole dem Großmeister, bezw. der Großloge unmittelbar unterstellt sind. Als Abzeichen wird ein Winkel getragen, in dessen Öffnung die Darstellung des Pythagoräischen Lehrsatzes hängt. Das Kleinod ist von einem blauen Emailrand umgeben, auf welchem in Goldschrift das Wort „London" steht. Die Farbe des Bandes sowie der Handschuhstulpen ist das Blau des Hosenbandordens (garter-blue). Die L. R.-Logen haben eigene karitative Einrichtungen und heben von ihren Mitgliedern besondere Taxen ein.

Long, Walter Hume, später erster Viscount Long of Wraxall, englischer Politiker, * 1854, † 1924, Chief Secretary von Irland, Kolonialminister, Erster Lord der Admiralität 1920/21, war Past-Junior-Grand-Warden der Großloge von England.

Long Livers, „a curious history of such persons of both sexe, who have lived several ages and grown again etc. Most humbly dedicated to the Grand Master, Masters, Wardons and Brethren of the most Antient and most Honourable Fraternity of the Freemasons of Great Britain and Ireland. By Eugenius Philalethes F. R. S. London 1722". Das Buch ist eine Übersetzung der 1715 in Paris erschienenen „Histoire des personnes qui ont vécu plusieurs siècles et qui ont rajeuni" von M. de Longeville Harcouet. Die englische Ausgabe ist wegen ihres frühen Widmungsdatums bemerkenswert. Als Verfasser gilt Robert Samber, der Mitglied der Royal Society gewesen sein soll. Die Buchstaben F. R. S. können ebenso den Fellow der Royal Society als auch Frater Rosicruciae societatis bedeuten. Edward Armitage, der (in A. Q. C., Band XI, Seite 103) der Frage eine gründliche Untersuchung widmet, ist geneigt, die Autorschaft Sambers zu leugnen. Er behauptet auch als feststehend, daß Samber nicht Freimaurer war. In einer satirischen Schrift „Praise of Drunkenness" schreibt Samber von sich selbst, daß er ein illegal intruder (ein widerrechtlicher Einschleicher) sei, der nichts von Maurerei verstehe. Anderseits will Wolfstieg in Samber geradezu ein Bindeglied zwischen der Freimaurerei und den Rosenkreuzern erblicken (Ursprung und Entwicklung der Freimaurerei, Bd. I, 101). Eine Gegenüberstellung von Werken, die unter dem Pseudonym Philalethes erschienen und der Werke Sambers (s. bei Armitage) ergibt einen derartigen Unterschied der Interessen, daß die Frage unklar bleibt, ob Philalethes tatsächlich den Autor Robert Samber (s. d.) deckt.

Lopez Planes, Vicente, hervorragender argentinischer Militär und Politiker, Dichter der Nationalhymne, * 1790, † 1856, war Mitglied der Loge „Caballeros de America" in Buenos Aires.

Lopuchin, Iwan Wladimirowitsch, russischer Oberst, Präsident des Appellationsgerichtshofes in Moskau, * 1756, † 1816, führender Moskauer Freimaurer und Rosenkreuzer, gerechter und unparteiischer Richter großen Formats, suchte in seinen Urteilssprüchen die Grausamkeiten. der russischen Gesetzgebung nach Kräften zu mildern. Von 1785 an widmete er sich ganz den freimaurerischen Taten ad extra des Kreises um N. J. Nowikow (s. d.), d. h. umfangreichen philosophischen und pädagogischen Arbeiten, wirkte vorbildlich für Jugenderziehung, organisierte Schulen, ließ begabte Studenten auf seine Kosten erziehen, schrieb eine Reihe freimaurerischer Bücher, u. a. einen „moralischen Katechismus der wahren Freimaurer", ferner einen „Geistigen Ritter oder Sucher der Wahrheit". Zar Paul I. ernannte ihn zum Staatssekretär und Senator. L. gehörte zu den Gründern der eine wahre geistige Elite vereinigenden Moskauer Loge „Eintracht", die sich ein großartiges Reformwerk als Programm gegeben hatte.

Lortzing, Gustav Adolf, Komponist, * 1801, † 1851 (Hauptwerke: „Der Waffenschmied", „Zar und Zimmermann", „Der Wildschütz", „Undine"), wurde 1826 in die Loge „Zur Beständigkeit und Eintracht" in Aachen aufgenommen, 1834 von der Loge „Balduin zur Linde" in Leipzig affiliiert. Aus Anlaß des hundertjährigen Bestehens der Leipziger Loge „Minerva zu den drei Palmen" komponierte L. 1841 eine Jubelkantate.

Lossprechungsaltar (Altar of absolution) ist im A. u. A. Schottischen Ritus, wie er in Amerika niedergelegt wurde, ein Altar, an welchem während der rituellen Arbeit gebetet wird. Er trägt ein ehernes Becken mit reinem Wasser zwecks Reinigung und nachfolgender symbolischer Lossprechung von den Sünden.

Los-von-Rom-Bewegung, eine unter der deutschen Bevölkerung Österreichs von deutschnationaler Seite zu Beginn des 20. Jahrhunderts aus politischen Gründen eingeleitete kirchliche Abfallbewegung, die als Protest gegen die klerikalen Regierungen Österreichs der protestantischen Kirche als Vertreterin des deutschen Glaubens zahlreiche neue Bekenner zuführte. Die Bewegung wurde besonders noch genährt durch klerikale Unduldsamkeit und den Fall des Innsbrucker Kirchenrechtslehrers Wahrmund. Die Schuld an dieser Abfallbewegung wurde selbstverständlich den Freimaurern zugeschrieben. So in einer Wiener Versammlung („Neues Wiener Journal", 6. März 1911), wo direkt von der „gewissenlosen Agitation der Logenbrüder" gesprochen wurde.

Lothar, Ernst, österreichischer Schriftsteller, * 1890 in Brünn, Dr. jur., im Staatsdienst tätig, zuerst im Justizressort, dann im Handelsministerium; als Hofrat in den Ruhestand getreten, um ausschließlich der Schriftstellerei leben zu können. Epiker, Essayist, Theaterkritiker der „Neuen Freien Presse". Hauptwerke: „Macht über alle Menschen", Romantrilogie: „Der Hellseher", „Der Kampf um das Herz", „Kleine Freundin", Romane; ist Mitglied der Loge „Kosmos" in Wien.

Lotheissen, Johann Friedrich, * 1796, † 1859 als Präsident des Hofgerichtes in Darmstadt, Präsident der Zweiten Kammer des Großherzogtums Hessen, wurde aufgenommen 1818 in der Loge „Johannes der Evangelist". Er regte als Verfechter des christlichen Prinzips im Kampfe um die Aufnahme von Juden in den Eklektischen Bund 1845 die Gründung des Großlogenbundes „Zur Eintracht" in Darmstadt an und war von 1846 an, mit einjähriger Unterbrechung, bis 1859 dessen erster Großmeister.

Lothringen.

1. Franz Stephan von, als deutscher Kaiser (1745) Franz I., * 1706, † 1765, Sohn des Türkensiegers Karl v. Lothringen, wurde am österreichischen Hof erzogen und von Karl VI. zum Gemahl Maria Theresias bestimmt. Im Kriege mit Frankreich verlor er sein Herzogtum, das Stanislaus Lescinski, dem Schwiegervater Ludwigs XV., zufiel und erhielt dafür die Anwartschaft auf das Großherzogtum Toskana, das er nach dem Tode des letzten Medici 1737 in Besitz nahm. Vom Kaiser zum Generalissimus der Armee gegen die Türken ernannt, zeigt er wohl viel persönlichen Mut, aber wenig strategisches Talent. 1736 verehelichte er sich mit Maria Theresia. Nach dem Tode Karl VI. setzte Maria Theresia seine Kaiserkrönung in Frankfurt a. M. durch.

1731 unternahm er im Auftrage seines späteren Schwiegervaters Karl VI. eine Reise nach Holland, England und Preußen, die sicherlich politischen Charakter hatte. Hierbei lernte er im Haag den englischen Gesandten Ph. D. Stanhope, Earl of Chesterfield (s. d.), den Verfasser der bekannten „Briefe an meinen Sohn", kennen, der die Vorbereitungen für den Besuch in England zu treffen hatte und der wahrscheinlich auch die Aufnahme F. v. L. in den Freimaurerbund angeregt und vermittelt haben wird. Die Aufnahme fand anfangs Juni 1731 im Haag statt, wobei Dr. Desaguliers eigens von der Großloge von London entsendet wurde. Anwesend waren Desaguliers, John Stanhope, Holtzendorff als Großaufseher und andere Freimaurer, darunter der Gesandte Stanhope und ein holländischer Br. Anderson schreibt 1738 in seiner Geschichte, daß der Herzog zum Entered Prentice and Fellow Craft befördert wurde, also die damals üblichen Grade vollständig erhielt. Während seines Aufenthaltes in England wohnte er mit Großmeister Lord Lovell einer Loge in Houghton Hall bei (zwischen dem 4. und 11. November), außerdem besuchte er am Freitag, dem 4. Dezember 1731, die Freimaurerloge in der Teufelstaverne (Devils Taverne near Temple Bar) und erhielt von der Norwicher „Maid's Head Lodge", im Landhaus des großen Staatsmannes Walpole in Norfolk, den Meistergrad. Am 9. Dezember verließ er England.

Dies sind die sicher feststellbaren Daten über die freimaurerische Tätigkeit des Lothringers. Daß die Hamburger Brr. ihn anläßlich seiner Kaiserkrönung mit einem Gedicht ihres Br. Alardus begrüßten, ist ein Beweis, daß man ihn im Bruderkreise als Br. ehrte. Ebenso, daß die englische Großloge lange Zeit noch die Gesundheit des Br. Lothringen als offiziellen Trinkspruch ausbrachte. Auch eine Loge hieß nach ihm. Was sonst über seine maurerische Tätigkeit berichtet wird, ist unbelegbar. Er soll in Toskana die durch die päpstlichen Bullen ausgelösten Freimaurerverfolgungen eingestellt haben. In den Akten der Wiener Loge „Aux trois canons" wird er nicht genannt. Es gehört wohl in das Gebiet der Erfindung, daß er in der Wiener Hofburg Loge gehalten habe und daß Maria Theresia aus Eifersucht und weiblicher Neugierde die Loge „Aux trois canons" habe sprengen lassen. Es wurde wiederholt behauptet und auch romanhaft und dramatisch dargestellt (Sacher-Masoch u. a.), daß Maria Theresia in Männerkleidung an der Aufhebung der Loge beteiligt gewesen sei. Daß die bei diesem Gewaltakt verhafteten hohen Würdenträger und Offiziere sehr glimpflich davonkamen, soll seinem Einflusse zuzuschreiben sein. Maria Theresia wußte, daß ihr Gatte Mason war, das hat sie nicht gehindert, gegen die Freimaurerei scharfe Erlässe herauszugeben. Auch die Bestrafung der Prager Adelsempörer und Hochverräter soll F. v. L. gemildert haben. Auch hier sind Zweifel berechtigt, denn Maria Theresia hat auch im aufständischen Oberösterreich in politischer Klugheit Milde walten lassen.

Die Freimaurerlaufbahn des Herzogs ist mit seinem englischen Aufenthalt offenbar abgeschlossen gewesen. In seinen späteren Lebensjahren huldigte F. v. L. ausgesprochen alchimistischen Tendenzen, ohne jedoch mit der freimaurerischen Abart dieser geistigen Fehlleistung in Verbindung zu treten. Seine Alchimisten standen der Freimaurerei fern. Sein Einfluß auf die Freimaurerei wird besonders von freimaurerischer Seite gerne überschätzt. Im Gegensatze zu seinem Zeitgenossen Friedrich dem Großen, der anteilnehmender Freimaurer gewesen ist, war F. v. L. wohl weniger aus einem inneren Drange als mehr zufällig in den Bund gekommen. Man geht wohl nicht fehl, wenn man in seiner Aufnahme ein von Stanhope inszeniertes gesellschaftliches Ereignis erblickt, das der jungen Großloge Ansehen und dem Aufgenommenen die Möglichkeit innigerer gesellschaftlicher Beziehungen an einem ihm fremden Hofe verleihen sollte.

2. Karl von, Prinz, Bruder des Kaisers, Statthalter der Österreichischen Niederlande von 1744 bis zu seinem Tode 1780, war Freimaurer. Die Loge „Saint-Charles" in Brüssel und „L'Unanimité" in Tournai, die 1762, bezw. 1765 ins Leben traten, wurden unter seinen Auspizien gegründet.

3. Stanislaus Leszczynski, Herzog von L. und Bar, s. Stanislaus I., König von Polen.

Lotterien, Freimaurerische, wurden wiederholt für wohltätige Zwecke veranstaltet. Den Beginn machte in Europa die Großloge von Irland, die im Jahre 1782 für die Zwecke ihres Waisenhauses eine öffentliche L. veranstaltete. Der Spielplan dieser L. war aber so wenig kaufmännisch, daß die Großloge nicht imstande war, den Haupttreffer voll auszubezahlen. An Stelle der ausgelosten 5000 £ konnten nur 249 ausbezahlt werden, was ein gerichtliches Verfahren zur Folge hatte. Diese Waisenlotterie endete mit einem vollen Mißerfolg, weil die aufgelegten Lose nicht voll verkauft werden konnten (A. Q. C. 1923, Seite 175). Auch in amerikanischen Großlogen waren Lotterien für karitative Zwecke sehr beliebt. So ist schon ein 1765 datiertes, von John Hancock (s. d.) eigenhändig unterzeichnetes Ticket bekannt, das einer L. zu Zwecken der Erbauung einer Maurerhalle diente (abgebildet in Darrah, „The Evolution of Freemasonry", 1920). In letzter Zeit sahen sich aber mehrere amerikanische Großlogen veranlaßt, diese L. zu verbieten, weil die in bester Absicht unternommenen Versuche, karitative Zwecke zu unterstützen, durch die nicht immer genügende Sicherstellung geeignet waren, die Wohlfahrtseinrichtungen und dadurch auch die Freimaurerei zu diskreditieren. In Deutschland planten der Stifter der „Grünstädter Lehrart" (s. d.) Hauptmann v. Assum und sein Gönner, der Landgraf Ludwig von Hessen-Darmstadt, in Verbindung mit diesem System eine Zahlenlotterie auf Grund einer Ordensleibrente von 300.000 Gulden.

Loudoun, John Cambell, dritter Earl of, englischer General, 1756 Oberbefehlshaber in Amerika, schottischer repräsentativer Peer, war 1736 Großmeister der Großloge von England. (* 1696, † 1782.)

Louisiana, Bundesstaat der Vereinigten Staaten von Nordamerika, ursprünglich französische Logen seit 1793, später amerikanische und englische Logen. Die Großloge, gegründet 1812, hatte 1930 268 Logen mit 33.000 Mitgliedern. Sie unterhält ein Masonic Home mit durchschnittlich hundert Kindern. Sitz: Masonic Temple, New Orleans.

Louveton, Louveteau (frz.), Sohn eines Freimaurers, Lufton (s. d.).

Loewe.

1. C a r l, deutscher Tondichter, * 1796, † 1869, Komponist zahlreicher Balladen und kirchlicher Musikwerke, wurde 1829 in die Loge „Zu den drei Zirkeln“ in Stettin aufgenommen. Er komponierte auch mehrere Freimaurergesänge, namentlich Quartette. „Die Uhr“ wurde zum erstenmal im Bruderkreis zu Gehör gebracht.

2. F r a n z L u d w i g F e d o r, Schauspieler, * 1816, † 1890, einer der bekanntesten Bühnenkünstler seiner Zeit. Aufgenommen 1845 in der Loge „Wilhelm zur aufgehenden Sonne“ in Stuttgart, wurde er 1884 zum Großmeister der Großen Loge „Zur Sonne“ gewählt. Seine zahlreichen formvollendeten Logenreden, Gedichte usw. erschienen in mehreren Bänden.

Lowe, R o b e r t, V i s c o u n t S h e r b r o o k e, englischer Staatsmann, * 1811, † 1892, Schatzkanzler, dann Innenminister im Kabinett G l a d s t o n e 1868—1874, gehörte der Apollo University Lodge 357 in Oxford an.

Löwe, Altschottischer, im Grad des Altschottischen Meisters der Großen National-Mutterloge „Zu den drei Weltkugeln“ Symbol der Stärke.

Löwe, Der britische. Anläßlich des zweihundertjährigen Bestehens der Großloge von England (1917) wurde dieser vom König von England die Auszeichnung zuteil, den britischen Löwen im Großlogenwappen führen zu dürfen.

Löwe von Leningrad, Lodernder, nach bolschewistischen Zeitungsmeldungen im Sommer 1928 von den Sowjets ausgehobener okkultistischer Geheimzirkel, der angeblich als Freimaurerloge auftrat und, wie behauptet wurde, mit gegenrevolutionären Bestrebungen in Verbindung stehen sollte. Die Sowjetpresse, die ihrem Erstaunen darüber Ausdruck gab, daß „inmitten des Sowjetstaates, im revolutionären Leningrad, im Jahrhundert der Forschungen des Akademikers P a w l o w und des sozialistischen Aufbaus“ Freimaurerlogen überhaupt bestehen konnten, meldete, Logen seien in den ersten Jahren der bolschewistischen Ära entstanden, als deutlicher Rückschlag auf die Zeit der schwersten Not und des Hungers. Sie seien auf Petersburger Logen zurückgegangen, die seit 1910 den Pariser Martinisten (s. d.) unterstanden hätten. Als Haupt wurde eine sehr abenteuerliche Figur genannt, ein gewisser A s t r o m o w - K i r i t s c h e n k o - W a t s o n, der sich als „Mitläufer des Kommunismus“ bezeichnet und gewisse gemeinsame Ziele des Freimaurertums und der Revolution nachgewiesen und in einem Brief an S t a l i n auseinandergesetzt habe, die dritte Internationale müsse ohne Unterstützung der Loge Schiffbruch erleiden. Als weitere Mitglieder wurden ein Herr von G r ö d i n g e r, Mitglied der kommunistischen Partei und gewesener Gehilfe der Leningrader Staatsanwaltschaft, ferner der verstorbene Direktor der früheren Petersburger kaiserlichen Theater, T e l j a k o w s k i, die berühmte frühere kaiserliche Ballerina K j a k s c h t und der Baron O s t e n - D r i s e n genannt. Auch Beziehungen zum Ku-Klux-Klan und zu den italienischen Faschisten wurden behauptet. Neben der Hauptloge „Lodernder Löwe“ bestanden angeblich folgende Bauhütten: „Delphin“, „Goldenes Rad“, „Akazienzweig“ und „Kubischer Stein.“ Von Astromow, Abkömmling einer Adelsfamilie, den man, nicht zuletzt wegen seines Einflusses auf Frauen, als „zweiten Rasputin“ bezeichnete, wurde gesagt, er sei 1916 in Florenz Freimaurer geworden, habe im Dienste der Geheimpolizei gestanden und einen Spielsaal betrieben. Im Krieg habe er als Spion und Militärlieferant sehr viel Geld verdient, dieses an der Börse aber wieder verloren. Auch von einer „Russischen autonomen Freimaurerloge Asträa“, mit Astromow als Großmeister, war in den Blättern die Rede.

Falls nach 1917 Vereinigungen in Rußland sich tatsächlich Freimaurerlogen genannt haben sollten, so haben sie mit der wirklichen Freimaurerei nicht das geringste zu tun gehabt. Das geht allein schon aus dem Hinweis auf die modernen Martinisten und die Mitgliedschaft von Frauen hervor.

Löwenstein, K a r l, F ü r s t z u, * 1831, † 1921, Führer des deutschen katholischen Adels, in seinem letzten Lebensabschnitt Mitglied des Dominikanerordens, betrachtete es (seiner von Paul S i e b e r t z 1924 veröffentlichten Biographie zufolge) als seine Pflicht, „des Freimaurerbundes gesamte Lehre, seine Pläne, seine Denk- und Handlungsweise“ im Sinne der Enzyklika L e o s XIII. von 1884 zu bekämpfen. 1895 übernahm er es, in Deutschland den Antifreimaurerkongreß von Trient vorzubereiten, obgleich er schwere Bedenken gegen das in Rom gewünschte Vorgehen hatte und in einem Schreiben erklärte, daß der „Kampf gegen die Freimaurerei in jedem Land Sonderheiten und Unterschiede haben müsse“. In einem Antifreimaurerkongreß sah er kein geeignetes Abwehrmittel. Dagegen schwebte ihm eine Aktion unter Leitung der kirchlichen Oberhirten vor; 1896 schrieb er an den Bischof K o r t u m von Trier, es gebe „keine dringendere und wichtigere Aufgabe als den Kampf gegen die Freimaurerei“, die „ausgesprochenermaßen den Sturz und die Vernichtung des Papsttums als ihre nächste und wichtigste Aufgabe betrachte“, es fehle aber „für den gepredigten Feldzug eine geistige Oberleitung, und zwar eine solche von geweihter Hand“. L. lud den Bischof ein, der „Oberfeldherr“ zu sein! Der Bischof lehnte ab, ebenso andere hohe kirchliche Würdenträger. Die Fuldaer Bischofskonferenz, der K o r t u m die Angelegenheit vorlegte, hielt „ein allgemeines Vorgehen gegen die Freimaurerei nicht für angezeigt“, weil die Enthüllungen T a x i l s, um die es sich damals vor allem drehte, „mögen sie für Frankreich und Italien auch zutreffen, für das Treiben der Freimaurer in Deutschland sich nicht genügend und zwingend beweisen lassen“. Gleichzeitig wurde zur Behutsamkeit gemahnt und geraten, die Bekanntgabe erwiesener Tatsachen abzuwarten. Der Fürst ließ sich dann doch von Taxil usw. betören, propagierte, ehrlich von dessen Märchen überzeugt, den Kongreß, und die Ironie des Schicksals wollte es, daß er sogar genötigt wurde, die Leitung der Tagung zu übernehmen, der er anfänglich mit so großem inneren Mißtrauen gegenübergestanden hatte, und die schließlich zu einer so argen Blamage für ihre Veranstalter wurde. Er mußte sich darob scharfe Kritik von katholischer Seite gefallen lassen. Um aber den empfindlichen Schlag zu paralysieren, den die antifreimaurerische Fehde erlitten hatte, kündigte er im November 1896 als „gute Frucht des Trienter Kongresses die Vereinigung zweier guter schriftstellerischer Kräfte zur Herausgabe einer ‚Antifreimaurerischen Korrespondenz' an, die möglichst allen katholischen deutschen Zeitungen ständig verläßliches Material über die deutsche Freimaurerei liefern sollte". Vorerst sei es „wichtig und notwendig, daß die katholische Presse ihre Leser darauf aufmerksam mache, daß die Diana-Vaughan-Frage und alle anderen ähnlichen Fragen nur eine ganz sekundäre Bedeutung haben und die antifreimaurerische Aktion nicht beeinträchtigen dürfen". Es war geplant, in vier- bis sechswöchentlichen Zwischenräumen Artikel über Freimaurerei zu veröffentlichen, die nur auf quellenmäßigem Studium beruhen und daher ihren Gegenstand möglichst solid und objektiv zu behandeln bestrebt sein würden. „Das Studium der Freimaurerei auf Grundlage der päpstlichen Enzykliken, freimaurerischen Schriften und Reden und historisch unwiderleglicher Tatsachen, unter besonderer Benützung deutscher Quellen, wird allen hierzu befähigten Katholiken angelegentlichst empfohlen; die katholische Presse aber möge zur Förderung von Licht und Wahrheit den Ergebnissen solcher Studien tunlichste Öffentlichkeit und Verbreitung verschaffen." Von der romanischen Freimaurerei sollte zunächst gänzlich abgesehen werden, damit man Härten und Ungerechtigkeiten vermeide, da die romanischen Logen sowohl politisch als religiös sich entschieden radikaler geben als die deutschen. „Nur deutsche Quellen sind der Antifreimaurerarbeit zugrunde zu legen. Denn der Inhalt romanischer Quellen deckt sich keineswegs mit dem Gebaren der deutschen Freimaurerei", und ihre Zitierung „bietet so den deutschen Freimaurern Anlaß zu mehr oder weniger berechtigten Beschwerden". „Niemals darf ein Satz ausgesprochen werden, ohne daß derselbe aus soliden deutschen Quellen belegt werde. Alles stets beweisen, niemals nur behaupten, sei oberster Grundsatz."

Als am 10. Jänner 1898 auf einer Versammlung des Augustinervereins in Köln ein Referat über die „Korrespondenz" gehalten war, wurden die Redakteure katholischer Blätter um so mehr zu ständigem Bezuge der „Korrespondenz" angeregt, als mittlerweile Findel in „Signale", 1897, S. 100, die Gefährlichkeit dieser Art des Kampfes offen zugestanden hatte. So standen Mitte Jänner 1898 bereits 21 katholische Zeitungen im Dienst der „Korrespondenz", die ihnen Informationen und Artikel zum Abdruck unentgeltlich überließ. Schon zwei Jahre später konnte der Fürst berichten, daß die katholische Presse, die nach der Entlarvung des Taxil-Schwindels allen Veröffentlichungen über Freimaurerei mißtrauisch gegenüberstand und den Kampf aufgeben wollte, dank der Arbeiten des Korrespondenzbüros ihre Ansicht wieder geändert habe.

Low Twelve Clubs, zu deutsch Hochmitternachtsklubs, sind freiwillige Vereinigungen amerikanischer Freimaurer zum Zwecke rascher Hilfe im Falle des Ablebens eines Familienversorgers. Sie werden von amerikanischen Logen gerne gefördert, weil diese auf versicherungstechnischer Basis errichteten „death benefit clubs", ohne eigentliche Versicherungsgesellschaften zu sein, durch den Umfang der Beteiligung eine größere Sicherheit geben als die aus der eigenen Logeninitiative entspringenden und oft unzulänglichen Sammlungen im Falle dringlicher Hinterbliebenenhilfe.

L. P. D., Initialen auf einem freimaurerischen Siegel, das im Prozeß Cagliostro (s. d.) in Rom eine Rolle spielte. Sie bedeuteten, wenn man die Buchstaben verstellte, L. D. P., Liberté de Pensée, Gedankenfreiheit. In den Verhören mit Cagliostro wurde aber fälschlich erklärt, der geheime Sinn laute: „Lilia destrue pedibus", „Zertritt die Lilien" (der Bourbonen).

Lubomirski, Stanislaus, Fürst, Großmarschall der polnischen Krone, * 1717, † 1783, war Mitglied der 1744 gegründeten Warschauer Loge „Les trois frères".

Luciferianische Freimaurerei, ein Teilbestand des großen Taxil-Schwindels (s. d.), wobei der Taxil-Kreis bekannte freimaurerische Persönlichkeiten, wie Albert Pike (s. d.), als „Teufelspapst" und den italienischen Großmeister Adriano Lemmi (s. d.) (gelegentlich in gleicher Eigenschaft) bei wüsten Orgien in Verbindung mit Blasphemien gegen die katholische Kirche fungieren ließ, die in kluger Berechnung des Sensationsbedürfnisses der leichtgläubigen Menge stark sexuell gefärbt waren. Carduccis (s. d.) ohne jeden Zusammenhang mit der Freimaurerei entstandene Satanshymne tat ein übriges, um diesen Glauben an einen freimaurerischen Teufelskult zu festigen.

Luckner, Felix Alexander Nikolaus, Graf v., deutscher Korvettenkapitän, der sich während des Weltkrieges durch seine tollkühnen Kreuzerfahrten mit dem „Seeadler" hervortat, gehört der Loge „Zur goldenen Kugel", Hamburg (Große Landesloge von Deutschland) an. (* 1881.)

Lüdemann, Karl P. W., Ingenieur, Dozent an der Bergakademie in Freiberg, * 1882, freimaurerischer Schriftsteller. Sein Arbeitsgebiet ist die Frühgeschichte der Freimaurerei sowie ihre allgemeine Geschichte und die verwandter Bünde. Mitglied der Loge „Zu den drei Adlern" in Dresden.

Ludendorff, Erich, General, * 1865, im Weltkrieg Chef des Generalstabs im Osten, seit 1916 Erster Generalquartiermeister, nach dem Umsturz in Schweden, zurückgekehrt, führend an völkischen Umsturzbewegungen beteiligt (Kapp- und Hitlerputsch), nationalsozialistischer Reichstagsabgeordneter, 1925 Kandidat für die Reichspräsidentschaft (erhielt wenig mehr als ein Prozent der abgegebenen Stimmen), trat dann von der Reichsführerschaft der Hitlerleute zurück, steht seither mit der nationalsozialistischen Partei auf Kriegsfuß, hat seine Gefolgschaft im „Tannenbergbund" und sein

Sprachrohr (seit dem Bruch mit seinen früheren engsten Mitarbeitern von der „Deutschen Wochenschau") in „Ludendorffs Volkswarte", München. In zahlreichen Artikeln und mehreren Schriften führt er heftigsten Kampf gegen Freimaurer, Juden und Jesuiten, neuerdings auch gegen seine früheren Bundesgenossen. Im Feldzug gegen das Freimaurertum erblickte er zuerst seine Lebensaufgabe, später erweiterte er dann die Front, 1926, „am Tage von Lüttich" ließ er seine erste Angriffsschrift erscheinen: „Vernichtung der Freimaurerei durch Enthüllung ihrer Geheimnisse", die, gestützt hauptsächlich auf Stellen aus dem Ritual der Großen Landesloge der Freimaurer von Deutschland (deutsch-christlicher Orden), den Satz beweisen wollte: „Das Geheimnis der Freimaurerei ist überall der Jude" und zur Fundierung dieser These die Theorie vom „künstlichen Juden" aufstellte, zu dem durch „symbolische Beschneidung" (s. Aaronsschurz) jeder gemacht werde, der sich dem Bund anschließe. „Die deutschen eingeweihten Freimaurer sind in jüdischen Banden und für immer für Deutschland verloren." Diese absurde Behauptung in Verbindung mit der Entdeckung von einem auf die Beherrschung der Welt durch eine „jüdisch-kapitalistische, priesterliche Weltmonarchie" mit Sitz in New York gerichteten freimaurerisch-jesuitisch-jüdischen Bündnis hat L. seither auch in der Schrift „Kriegshetze und Völkermorden in den letzten 150 Jahren im Dienste des ‚allmächtigen Baumeisters'" und in seinen Aufsätzen immer wieder abgewandelt. Die „Verschwörung" bildet auch den Hintergrund der Broschüre „Weltkrieg droht!" (1931). Die Freimaurerei ist für L. nichts anderes als eine „jüdische Einrichtung, deren Geschichte, Grade, Ämter, Paßworte und Erklärungen jüdisch von Anfang bis zu Ende..." Sie hat es unternommen „Deutschen ihren deutschen Stolz zu nehmen, und sie in der Masse der Freimaurerei zum unbewußten, in der eingeweihten Freimaurerei zum bewußten künstlichen Juden und Mitarbeiter an der glorreichen Zukunft des jüdischen Volkes zu machen"! Den Nachweis liefern naturgemäß nicht die zitierten Ritualstellen an sich, sondern spitzfindigste Auslegung nach kabbalistischer Methode. L. suchte seinen „Vernichtungsfeldzug", als das erhoffte Ergebnis ausblieb, auch durch zahlreiche Vorträge in ganz Deutschland zu stützen; die Erfolge wurden nicht größer. Auch nicht, als seine Frau Mathilde (Dr. med. von Kemnitz) in den Kampf eingriff und noch tollere Märchen verbreitete, so die angebliche Ermordung Schillers durch die Freimaurer, unter Mitwissen von Goethe, den „Logentod" Lessings und die Vergiftung Mozarts durch seine Brr. („Der ungesühnte Frevel an Luther, Lessing und Schiller im Dienste des allmächtigen Baumeisters aller Welten", München, 1928, u. a.) Die in jener Zeit von Frau L. geleitete „Deutsche Wochenschau" schrieb zwar allen Ernstes am 7. Juli 1927: „Die Freimaurerei ist durch diesen Schlag des Feldherrn vernichtet und das deutsche Volk wieder einmal durch ihn vor dem Untergang gerettet", aber dem war ganz und gar nicht so. Im Gegenteil: die von L. beliebte Art der Kampfführung trug nur dazu bei, sein eigenes Ansehen und seinen eigenen Namen zu vernichten, ihm zahllose Anhänger aufs tiefste zu entfremden, die brennende Scham empfanden, als L. die zehn Schwerter des Tannenberg-Denkmals mit dem kabbalistischen Baum, dem „Heiligsten Symbol der jüdisch-freimaurerischen Weltherrschaft", identifizierte, als er seinen Austritt aus der evangelischen Kirche folgendermaßen motivierte:

„Eine Kirche, die überall die freimaurerische Unmoral deckt, hat ebenso aufgehört eine Kirche zu sein, als die, die sich dem Jesuitismus ausliefert... Gibt es ein erschreckenderes Bild als unzählige protestantische Geistliche deutschen Blutes mit dem Aaronsschurz und dem Ritual der symbolischen Beschneidung oder viele protestantische Geistliche mit jüdischem Blut, ja solche, die noch als Kind den jüdischen Ritus der Beschneidung erlebt haben, zu sehen?..."

Selbst der Nationalsozialist Alfred Rosenberg, kein geringerer Freimaurerhasser als der General, nennt dessen mit „Jahvejahren" operierende „Geschichtsmystagogie" „Psychose", „kindliche Bauklotzspielerei", „politisch verdorbene Phantasie". Von der großen deutschen Presse wurde L. von Anfang an scharf abgelehnt. Die „Kölnische Zeitung" schrieb am 18. August 1927, die Vernichtungsschrift gehöre „auf den Speicher der Makulatur als ein Gemengsel von Unkenntnis, Urteilslosigkeit, Anmaßung und vorgefaßter Meinung, das sich als der Weisheit letzten Schluß gebärdet".

Die deutsche Freimaurerei selbst trat mit einer ganzen Reihe von Abwehrschriften (s. Bibliographie im einleitenden Teil) auf den Plan. Im Herbst 1926 erklärten die Großmeister aller neun deutschen Großlogen:

„Die Unterzeichneten, als gesetzliche Vertreter von zirka 80.000 treudeutschen, vaterländisch gesinnten Freimaurern, geben in derer Namen ihrer Entrüstung darüber Ausdruck, daß Herr Erich L. in seiner Schrift ‚Vernichtung der Freimaurerei' sie in verleumderischer Weise beleidigt und in den Augen des deutschen Volkes herabzusetzen versucht hat. Sie bedauern gleichzeitig, daß ein Mann von der einstigen Größe und Bedeutung des Generals der Infanterie L. sich zur Verhetzung des deutschen Volkes und zur Irreführung breiter Massen herabgewürdigt hat. Obwohl das Pamphlet einer Entgegnung kaum wert ist, weil es der deutschen Freimaurerei geradezu wahnsinnige Ziele unterstellt und sich dabei auf dunkelste und trübste Quellen stützt oder sich bewußt der unglaublichsten Verdrehungen und Entstellungen bedient, so behalten wir uns doch zur Aufklärung der öffentlichen Meinung eine eingehende sachliche Stellungnahme vor."

Hundert führende Persönlichkeiten Niedersachsens, vorwiegend frühere Offiziere, richteten an L. einen „Offenen Brief":

„Ew. Exzellenz haben in Ihrer Schrift ‚Vernichtung der Freimaurerei' die Zehntausende von deutschen Männern, welche sich zu dieser bekennen, als intellektuell oder moralisch minderwertig hingestellt. Damit versuchen Sie treu vaterländisch gesinnte Volksbrüder, die zum großen Teil an Ihrer Seite und unter Ihrer Führung für Deutschland geblutet haben, ehrlos zu machen. Wir legen gegen Ihre ganz unberechtigten, zumeist auf groben Entstellungen beruhenden Angriffe schärfste Verwahrung ein, in dem Bewußtsein, zu jeder Zeit frei von allem Zwange aus innerster Hingabe unsere Pflicht ebenso wie gegen die Freimaurerei auch gegen das gesamte Vaterland erfüllt zu haben. Solchen Männern Achtung und Vertrauen, die Grundlage jeder Volksgemeinschaft zu versagen, ist ‚in der Todesnot des deutschen Volkes' ein Verbrechen am Vaterland. Einst hat ein großer preußischer Heerführer, Feldmarschall Blücher, nach mehr als 30 Jahre langer Zeit leitender Tätigkeit innerhalb unseres Bundes gegenüber ähnlichen Verleumdungen erklärt: ‚Ich kenne sie sehr wohl, diese Verfolger, und weiß recht gut, daß manche uns gern vertilgen möchten, aber wir haben nichts zu fürchten, und die elenden Versuche der Verleumdung und der Bosheit werden nicht gelingen. Die feige Tyrannei wird ihr Ziel nicht erreichen. Wahrheit und Tugend sind die Grundpfeiler unseres Bundes, und unser Tempel steht fest in der Meinung aller guten Menschen und durch die Ausdauer, den Mut und die Standhaftigkeit der Brüder.' Das ist auch unsere innigste Überzeugung."

L. antwortete mit einer Beschimpfung Blüchers. Dessen Eid gegen seinen König sei nicht ehrlich gewesen.

Wiederholt hatte sich L. wegen übler Nachrede vor Gericht zu verantworten. Zuletzt wurde er im Frühsommer 1931 vom Gothaer Schöffengericht wegen öffentlicher Beleidigung des früheren Landesgroßmeisters Grafen Dohna zu einer Geldstrafe von 500 Mark verurteilt.

Ludendorffs sieben Thesen gegen die Freimaurerei:

1. Das Geheimnis der Freimaurerei ist überall der Jude.
2. Es gibt nur eine Weltloge.
3. Beziehungen zum Christentum sind in der Freimaurerei nur rein äußerlich vorhanden, und zwar auch nur soweit sie im Grunde im Alten Testament wurzeln.
4. Das Ziel der Freimaurerei ist die Verjudung der Völker und die Errichtung der Juden- und Jehova-Herrschaft mit Hilfe aller Völker.
5. Die Organisation der Weltloge geschieht nach Ordensprovinzen, an deren Spitze die Vicarii Salomonis stehen; Der Name des über den Vicarien stehenden Oberen bleibt Geheimnis, bis er die Regierung persönlich übernimmt.
6. Freie, aufrechte, stolze Männer kann die Freimaurerei nicht schaffen, sondern nur eingeschüchterte Menschen.
7. Die Verbindungen der Freimaurer sind staatsgefährlich, vielleicht geradezu landes- und hochverräterisch. (Nach A. von Graefe-Goldebee in „Deutsches Tagblatt".)

Für keine dieser haltlosen Thesen hat Ludendorff die Spur eines schlüssigen Beweises zu erbringen vermocht. Dagegen sind sie alle von freimaurerischer Seite einwandfrei widerlegt worden (s. Ludendorff).

Lüdtke, Franz P. O., deutscher Schriftsteller und Pädagoge, * 1882, Präsident des Deutschen Ostbundes, Leiter des Ostarchivs, Mitglied des preußischen historischen Instituts in Rom, 1919 als Freiwilliger beim Grenzschutz, Begründer der Freien Ostmärkischen Hochschule, Mitbegründer der Kunstzeitschrift „Wachtfeuer" und der „Verlorenen Ostmark", schrieb „Renans Leben Jesu", „Die strategische Bedeutung der Schlacht von Dresden", „Preußische Kulturarbeit im Osten", bekannter patriotischer Dichter: Lieder und Balladen, sowie Novellen („Die Nacht der Erlösung", „Sturm über Ostmark" usw.), ist Freimaurer, gründete 1922 eine Arbeitsgemeinschaft freimaurerischer Künstler.

Ludwig, Prinz von Hessen-Darmstadt, Ludwig Georg Karl, Prinz und Landgraf, Generalmajor, *1749, † 1823, eine der skurrilsten Erscheinungen in der an Sonderlingen nicht armen deutschen Freimaurerei des 18. Jahrhunderts. Mit drei Jahren bereits Kapitän der Gardedragoner, hatte er mit 26 Jahren die Stelle eines Generalmajors des Oberrheinischen Kreises erlangt, als er plötzlich 1775 den Dienst quittierte, um sich ganz der in seiner Familie (s. Hessen-Darmstadt) eifrig geförderten Freimaurerei zuzuwenden. Schon mit 15 Jahren bewarb er sich um Aufnahme in die von Buri, Offenbach, gegründete Arkadische Gesellschaft (s. d.), wurde aufgenommen und zog sie ganz nach Darmstadt, während der gleichaltrige Goethe abgewiesen wurde. Von seinem Großvater, dem Landgrafen Ludwig VIII., wurde er 1768 in die Frankfurter Loge „Zu den drei Disteln" aufgenommen, wurde 1771 als Ludovicus a Leone aureo coronato Socius et amicus eminens der Strikten Observanz und zeigte gleich anfangs einen besonderen Hang, sich durch die Kunst des Goldmachens und die von der Strikten Observanz in Aussicht genommenen Jahresgehälter zu bereichern, eine Veranlagung, der er bis an sein Lebensende treu blieb. Da ihm der Templerorden jedoch nicht die gewünschten klingenden Erfolge brachte wendete er sich 1772 von der Hundschen Lehrart ab und suchte Anlehnung erst bei der Frankfurter Provinzialloge der Großloge von England, dann beim Schwedischen System Zinnendorffs (s. d.). 1773 wurde er auch mit dessen Zutun Landes-Großmeister der Großen Landesloge, wurde als solcher auch von der Großloge von England anerkannt, blieb aber nur einige Monate im Amte, wobei er sich um einen Ausgleich zwischen Zinnendorf und der Strikten Observanz nicht ohne gewissen Erfolg bemühte. Nach seiner Amtsniederlegung, die die Einigung fördern sollte, verlangte er von der Strikten Observanz 4000 Taler Entschädigung, ein Anspruch, den der Konvent in Braunschweig als vollkommen unbegründet zurückwies. Reisen stürzten ihn in beträchtliche Schulden. Mit seinem Bruder Georg und dem Erzschwindler Gugomos (s. d.) fuhr er nach Italien, um dort der „wahren Freimaurerei" auf den Grund zu kommen. Die Skepsis des Prinzen wußte Gugomos zu brechen, indem er in Rom einen Geist zitierte, einen 340 Jahre alten „geheimen

Oberen des wahren Templerordens", der so überzeugend wirkte, daß der Prinz sein Damaskus erlebt zu haben glaubte und sich selbst für das berufene Werkzeug der geheimen Oberen hielt, die ihn die „redende Ursprache" (d. i. die Stimme Gottes) hätten hören lassen. Als erster ließ er sich in Innsbruck in den von Gugomos erfundenen „Wahren Templerorden" aufnehmen. In seinem neuen Wohnsitz Heilbronn gab sich nunmehr der Prinz vollkommen phantastischem Spuk hin. Zu seinem Umgang zählte der Alchimist Peter Christian Tayssen, der ihm gegen viel Geld „das große Werk", d. h. Gold, zu liefern versprach! L. spann sich immer mehr in okkulte Phänomene ein, sah in seinen Halluzinationen göttliche Manifestationen und redete in Zungen, der sogenannten „Ursprache". Diese mystischen Gedankengänge, die zu dem sonst immer auf seinen Vorteil bedachten Prinzen so gar nicht zu passen scheinen, gipfelten in geheimnisvollen Logenplänen, von einem wahren und enthüllten Orden, „zur Ausführung des großen Endzwecks, den Gott mit mir für uns vorhat". Bevor es zu dieser Gründung kam, spielte der Prinz eine Hauptrolle auf dem Wiesbadener Konvent des Freiherrn v. Gugomos, indem er durch seine Überzeugungstreue die Skeptiker bei der Stange hielt. Durch Orakel aus Zauberspiegeln ließ er sich immer mehr in seine phantastischen Vorstellungen hineinsteigern. Zu allem Unglück erschien in Heilbronn noch ein französischer Hochstapler, Jean César Charles le Boctey, der sich Graf von Tourouvre nannte, sehr geheimnisvoll tat und gegen Anteilscheine eine wohltätige und patriotische „Akademie der Wissenschaften, der Literatur, der Künste und des Handels" in Heilbronn errichten wollte. Er selbst legte ein wertloses Aktienpaket in die gemeinsame Kasse ein und verstand es, durch sein geschicktes Auftreten bald Gläubige zu finden (1777). Natürlich war der Prinz wieder Feuer und Flamme, um so mehr, als aus dieser Akademie in Verbindung mit der Freimaurerei (Strikte Observanz) hohe Rentengenüsse zu erwarten waren. Der Franzose versprach, ein Kapital von vier Mill. Talern als Ordensfonds zusammenzubringen. Bürgermeister von Rosskampf, der scheinbar der einzig Vernünftige in diesem Tollhaus geblieben war, durchschaute den Betrug und ließ den Franzosen kurzerhand verhaften. Er saß lange Zeit in Untersuchungshaft und wurde schließlich ausgewiesen. Vor einem im Zusammenhang mit den Plänen von Tourouvre am 10. Jänner 1778 in Heilbronn tagenden Freimaurerkonvent bekannte sich der Prinz, der diesen einberufen hatte, plötzlich als Rosenkreuzer und stellte irgendwelche nebulose Geldzuwendungen einer unbekannten Person in Aussicht. Er verfing aber bei seinen Ordensbrüdern mit diesen Phantastereien nicht mehr. So wurde von ihm mit Hilfe von Profanen ein „Bund der Rechtschaffenheit" gegründet, eine arge Winkelloge, in der die Suche nach dem Stein der Weisen weitergehen sollte, wobei seine Geliebte Friederike Schmidt als „Medea, Oberpriesterin der vestalischen Jungfrauen" fungierte. Die Einweihung des Ordens fand 1778 mit einem „Te Deum" statt, wobei der Prinz die Kesselpauke schlug. Die Gesellschaft, die da zusammenkam, war nicht die allerbeste, da der Prinz der Eintrittsgelder wegen die Aufnahmen emsig betrieb. Durch eigenartige Erbauungs- und Erklärungsstunden kam ein religiöser Zug in die Gesellschaft, den die Geistlichkeit sogar wohlwollend vermerkte. Beim ersten Stiftungsfeste brach aber im „Adytum sacrum", dem Allerheiligsten des Bundes, ein Feuer aus. Nunmehr bekamen es die Heilbronner Bürger mit der Angst, daß ihnen der verrückte Prinz die Häuser anstecken könnte. Da außerdem auch noch die württembergische Regierung dagegen protestierte, daß man ihren Bürgern unter Vorspiegelung von allerhand unerfüllbaren Vorteilen das Geld abnehme, machte ein Einschreiten des Magistrats dem Bunde ein Ende. Bei den weiteren Verhandlungen verlangten die Bundesmitglieder ihr Geld zurück, was für den Prinzen eine empfindliche Steigerung seiner ohnehin schon nicht mehr tragbaren Schuldenlast bedeutete.

In seinem Suchen nach neuen Geldquellen verband er sich mit dem Hauptmann von Assum (s. d.). Die von diesem im Verein mit einem alchimistischen, sogenannten freimaurerischen System geplante Lotterie (s. Grünstädter Lehrart) fiel aber ins Wasser, nicht ohne daß L. neuerdings beträchtlich Geld zugesetzt hätte. Es blieb ihm von diesem Abenteuer wohl der Titel National-Großmeister, aber es fehlte die National-Großloge dazu! Ewig von Schulden gedrängt, entsann sich L. 1765 seiner militärischen Qualitäten und brachte es bis 1795 zum Generalfeldmarschall und Oberrheinischen Kreisgeneral en chef. Die folgenden Jahre sind Ausgleichsverhandlungen mit seinen Gläubigern gewidmet (es waren dies die einzigen Kämpfe, die der Generalfeldmarschall führte!). Die Familie zog den Prinzen nach Darmstadt und setzte einen Kommissär für seine Schulden ein, die gegen 500.000 Fl. betrugen. 67 Jahre alt, entdeckte er nochmals sein Herz für die Freimaurerei. 1816 war er tätiger Mitstifter der Loge „Johannes der Evangelist" zu Darmstadt; 1817 wurde er Provinzial-Großmeister von Deutschland im Rektifizierten System. 1818 ernannte die Loge „Johannes der Evangelist" „ihr hohes maurerisches Licht zu ihrem hochverehrten und allgeliebten Alt- und Jubelmeister". Nach all dem Lärm, den er in seinem Leben entfesselt hatte, äußerte er den Wunsch, nicht im Erbbegräbnis, sondern in aller Stille auf dem allgemeinen Friedhof bestattet zu werden.

L. von Hessen taucht in allen freimaurerischen Systemen des 18. Jahrhunderts, soweit Deutschland in Frage kommt, auf. Persönlich war er vollkommen bedeutungslos. Er war ein Verschwender und bei all seinen religiösen und mystisch-magischen Schwärmereien ein auf seinen Vorteil bedachter Mensch. Wäre er Landesherr gewesen, so hätte er wohl Landeskinder an die Engländer als Kolonialsoldaten verkauft. So versuchte er es mit der Freimaurerei. Er ist ein Milieuprodukt jenes Duodezpotentatentums, das im 18. Jahrhundert in Deutschland so viele merkwürdige Persönlichkeiten gezeitigt hat. Durch seinen evidenten Schwachsinn ein Ausbeuteobjekt zahlreicher Hochstapler, ist er zugleich doch ein Typus der Zeit. Seine und seiner Freunde Tätigkeit ist bezeichnend für den geistigen Tiefstand jener adeligen und gelahrten Kreise, die in der Rokokozeit das Bild der reinen Freimaurerei sosehr verfälschten. (Vergl. Gustav Lang, „Aus dem Ordensleben des 18. Jahrhunderts“, Heilbronn 1929.)

Ludwig XVI., französischer König, * 1754, hingerichtet 1793, wurde nach Louis Amiable zusammen mit seinen Brüdern, dem Comte de Provence (Ludwig XVIII.) und dem Comte d'Artois (Karl X.), im September 1775 Freimaurer. Für die drei Bourbonen wurde auf Initiative von Leibgardeoffizieren in Versailles eine eigene Loge geschaffen, die „Loge militaire des Trois Frères Unis à l'Orient de la Cour“ (Amiable). Diese Loge ist in allen Tabellen des Grand Orient de France von 1776—1789 verzeichnet. Lantoine tritt aber der Version von Amiable trotzdem entgegen.

1774 ließ L. XVI. durch den Minister des Königlichen Hauses beim Herzog von Luxembourg Verwahrung gegen die Großmeisterschaft des Herzogs Philipp von Chartres (später Orléans) einlegen.

Ludwig XVIII., Stanislas Xavier, Graf von Provence, dann König von Frankreich (aus dem Hause Bourbon), Sohn des Dauphins Ludwig, Bruder von Ludwig XVI. (s. d.) und Karl X. (s. d.), * 1754 † 1824, während der Revolution Führer der Emigration, als Graf von Lille im Ausland, nahm 1795 den Königstitel an, mobilisierte die Feinde Frankreichs zwecks Restauration der Bourbonen, 1814—1824 König von Frankreich, ließ sich, obwohl selbst liberaler Gesinnung, von der Partei der Klerikalen und des Adels beeinflussen. Nach Amiable wurde L. XVIII. 1775 mit seinen Brüdern zum Freimaurer geweiht. Lantoine bestreitet das aber (s. Ludwig XVI.).

Lueger, Karl, Dr., christlichsozialer Bürgermeister von Wien, * 1844, † 1910, sprach sich gemeinsam mit Monsignore Dr. Scheicher in der niederösterreichischen Landtagssitzung vom 31. Jänner 1894 in schärfster Weise gegen die Subventionierung des Vereines von Kinderfreunden in Zillingsdorf aus, weil es sich um eine freimaurerische Gründung handelte. Erst als der Referent Dr. Haberl nachgewiesen hatte, daß auch Kaiser Franz Joseph die Anstalt unterstützt habe, wurde die Subventionierung durch das Land Niederösterreich angenommen.

Lufton (engl. Lewis, frz. Louveteau, auch Louvetou, im Deutschen auch Louton geschrieben), ist ein sprachlich ungedeutetes Wort des Gebrauchtums. Das Wort Lewis wird in England folgendermaßen erklärt: „Lewis bedeutet Kraft und wird hier dargestellt durch eine Eisenklammer, die in Verbindung mit einem Hebezeug oder Rollzug dem Werkmaurer die Hebung schwerer Steine ohne große Anstrengung gestattet. L. heißt auch der Sohn eines Maurers.“ Für die Entstehung dieser Bezeichnung wird folgende Erklärung gegeben: Als Friedrich Ludwig von Wales in den Bund aufgenommen wurde (1737), erwartete seine Gattin ihre Niederkunft. Ein Br. Goston verfaßte ein Lied, in dem die Zeile vorkam: „May a Lewis be born“, möge ein Ludwig geboren werden! Das Lied ist abgedruckt im Konstitutionenbuch von 1738 und wurde bei Tafellogen gesungen. Zu dieser Stelle, deren ursprünglicher Sinn in Vergessenheit geriet, wurde aus dem sprachlichen Gleichklang mit Lewis (Steinklammer) ein Werksymbol gefunden und die Bezeichnung für den Sohn eines Freimaurers abgeleitet. Im Französischen heißt lewis, der Steinkeil, louve. Daraus ist wohl Louveton entstanden, obzwar man eine Zeitlang die Ableitung Louveteau, Wölflein, beliebte. In den alten französischen Katechismen heißt Louffton „ein Sohn eines Meister-Maurers; er hat das Vorrecht, daß er vor allen anderen, sogar vor gekrönten Häuptern, kann aufgenommen werden“. Heute wird unter L. der Sohn eines Freimaurers verstanden, er genießt das Vorrecht, mit Genehmigung der Großloge vor erlangter Großjährigkeit in die Loge einzutreten. Unter den freimaurerischen Jugendbünden gibt es sogenannte Luftonvereinigungen, d. h. Verbände von Freimaurersöhnen, ohne daß dabei die Frage ihrer Aufnahme in eine Loge in Betracht käme.

Luftonbünde, s. Jugendorganisationen.

Luge, The, heißt im Altschottischen die Loge der Bauleute. Die älteste Erwähnung dieses Namens findet sich in einem Protokoll in Aberdeen, wo es zu Streitigkeiten zwischen sechs „masownys of the luge“ gekommen war. Die Loge entschied, daß im Falle der Wiederholung dieser Streitigkeiten der schuldige Teil „excludit out of the luge“, d. h. ausgeschlossen werden solle. Ebenso wird in Edinburgh 1491 von der L. gesprochen, wo in den Satzungen der Bauhütte bestimmt wird, daß alle Maurer von 4 Uhr bis 4,30 „gett a recreatioun in the commoun luge“, eine Erholungszeit in der Loge haben sollen. 1537 tritt das Wort als Bezeichnung der Organisation auf: „the ald uss and consuetud of our ladv luge of Dunde“ (der alte Brauch und Gepflogenheit der Loge bei unserer lieben Frauen zu Dundee).

Lukasinski, Valerian, Major, polnischer Märtyrer der freimaurerischen Sache, * 1786, † 1868. Er war Musteroffizier des berühmten vierten Regimentes. Seit 1809 Freimaurer, gehörte er erst dem „Großorient von Polen“ an, um dann 1819 eine eigene Großloge, die Nationale Freimaurerei, zu gründen, die ihrem Namen gemäß national-polnische Tendenzen verfolgte. Die Großloge wurde aber bereits 1820 wieder aufgelöst Ein Teil ihrer Mitglieder tat sich im folgenden Jahr zu der für nationale Erneuerung und die Wiedervereinigung aller Teile Polens kämpfenden geheimbündlerischen „Patriotischen Gesellschaft“ zusammen. L. war in dieser demokratische Grundsätze vertretenden Gesellschaft Leiter der Militärprovinz. Denunziationen wegen der entschlafenen „Nationalen Freimaurerei" brachten den Großfürsten Konstantin gegen L. auf. Als dieser als Richter in einem Militärprozeß gegensätzliche Auffassungen zum Großfürsten vertrat, wurde er 1822 wegen seiner freimaurerischen Tätigkeit verhaftet und zu neun Jahren schweren Kerkers und Degradation verurteilt. Er wurde aber nie mehr freigelassen, sondern blieb ohne jeden Grund bis zu seinem Tode, also 46 Jahre lang, im „Geheimen Turm" in Petersburg eingekerkert (s. Polen).

Luttman, Mathias Albert, Schönfärber (Blaufärber) in Hamburg, * 1703, † 1763, wurde gelegentlich einer Geschäftsreise nach London dort in den Bund aufgenommen. Der „Loge d'Hambourg" trat er am 21. Dezember 1737 bei und war ihr eifriges Mitglied. Als es nach der Rückkehr der Abordnung dieser Loge von der Aufnahme des Kronprinzen Friedrich wegen der Reisegelder zu Unstimmigkeiten kam und der Meister vom Stuhl, Oberg, den Hammer niederlegte, wurde L. (wiederholt auch Lüttmann geschrieben) zum Meister gewählt. Unter seiner Hammerführung wurde die deutsche Sprache als Logensprache eingeführt. Im Mai 1740 reiste er nach London und brachte von dort ein Logenpatent für die Hamburger Loge „Bunch of Grapes Beckerstreet Nr. 108" und ein vom 30. Oktober 1740 datiertes Patent der Großloge von England für eine Provinzial-Großloge von Hamburg und Niedersachsen, als deren erster Provinzial-Großmeister er fungierte. In dieser Eigenschaft begründete er mehrere Logen, darunter die Loge „St. Georg" in Hamburg (1743) und die Loge „Zorobabel" in Kopenhagen (1745). Im Mai 1760 legte er sein Amt nieder. Nach Kneisner war L. ein einfacher Mensch, kein hervorragender geistiger Könner, aber ein ausdauernd Wollender.

Luxembourg-Montmorency, s. Montmorency-Luxembourg.

Luxemburg, Großherzogtum, Sitz der Großloge v. L., die aus einer einzigen 1803 gegründeten Zentralloge: „Les Enfants de la Concorde fortifiée" mit 110 Mitgliedern besteht. Adresse: Rue de la Loge Nr. 5, Luxemburg. Die Brüderschaft von L. bemüht sich seit langem um Mitwirkung bei allen Aktionen, die auf deutsch-französische Verständigung gerichtet sind.

Luz, A. (port.), Das Licht, in den neunziger Jahren des letzten Jahrhunderts von der Lissaboner Loge „Obreiros do trabalho" gegen die antifreimaurerische Propaganda der Jesuiten gegründetes Kampforgan, das nach einiger Zeit wieder einging.

Luzio, Alessandro, italienischer Historiker, * 1857, Leiter des Staatsarchivs in Turin, Verfasser bedeutender geschichtlicher Werke über die Renaissance, Mazzini, Radetzky, Orsini, das „Risorgimento", veröffentlichte bereits vor dem Weltkrieg im „Corriere della Sera" eine Artikelserie, in welcher er darzutun suchte, daß Italien der Freimaurerei wenig Dank schulde. Er erneuerte in seinem unter dem faschistischen Regime erschienenen zweibändigen Werk „La Massoneria e il Risorgimento italiano" sein Bemühen, nachzuweisen, daß die italienische Freimaurerei am „Risorgimento" nur einen unbedeutenden Anteil gehabt habe. Trotz großen Scharfsinns ist dieser Versuch, historische Tatsachen aus der Welt zu schaffen, durchaus mißlungen.

Luzzatti, Luigi, italienischer Staatsmann, berühmter Staatsrechtler, * 1840, † 1927, Parlamentarier, Finanzminister, Ministerpräsident, war Freimaurer.

L. V. C., Inschrift auf dem roten Kreuz der Ritter der Strikten Observanz, s. Labor viris convenit.

Lyon, David Murray, Historiker der Maurerei in Schottland, † 1903, 1877—1900 Großsekretär der Großloge. Hauptwerke: „History of the Mother Lodge Kilwinning", „History of the Old Lodge at Thomhill", „History of the Lodge of Edinburgh" (Mary's Chapel Nr. 1). Er übersetzte auch Findel ins Englische. Die Geschichte der L. von Edinburgh, eine reiche Fundgrube für die freimaurerische Vorgeschichte, erlebte drei Auflagen und gilt auch heute noch als sehr wertvolles Quellenwerk.

Lyon, Lyoner System. Die Hauptstadt des französischen Departements Rhône nahm in der Freimaurerei des 18. Jahrhunderts eine hervorragende Stellung ein. Eine Zeitlang faßte die Strikte Observanz hier festen Fuß, dann aber machten sich, ausgehend von der Loge „La Bienfaisance", unter martinistisch-rosenkreuzerischem Einfluß (Coëns Elus) Reformbestrebungen geltend, die 1778 im Convent National des Gaules, dem von Willermoz (s. d.) geleiteten Konvent der französischen Provinzen der Strikten Observanz, gipfelten, der zwischen dem 29. November und 10. Dezember d. J. dreizehn Sitzungen abhielt. Das System der „Chevaliers Bienfaisants de la Cité Sainte", das „Système écossais rectifié" (Rektifiziertes Schottisches System), wurde bei dieser Tagung geboren. Man hat es, seiner Geburtsstätte nach, auch Lyoner System genannt; es wurde 1782 auf dem Wilhelmsbader Konvent mit geringfügigen Änderungen für die gesamte Strikte Observanz aufgenommen.

Heute zählt L. unter dem Grand Orient de France zehn, unter der Grande Loge drei Logen.

Lysons, Daniel, Reverend, Mitglied der Royal Society, † 1762, englischer Topograph („The Environs of London" u. a.), besaß eine für seine Zeit ungeheure Sammlung von Zeitungsausschnitten über alle möglichen Wissensgebiete, die später teils von der Bibliothek des British Museums, teils von Privatsammlern erworben wurden. Darunter befinden sich zahlreiche, auf die Geschichte der Freimaurerei, die zur gleichen Zeit entstandenen englischen Klubs und die verschiedenen, die Freimaurer nachahmenden Gesellschaften sich beziehende Stücke. Eine Übersicht dieser reichen Sammlungen veröffentlichte F. W. Levander in A. Q. C., 1916.

Lytton, Lord, **Bulwer,** Edward George, englischer Schriftsteller und Staatsmann, * 1803, † 1873, Unterhausmitglied, Staatssekretär, schrieb u. a. „Die letzten Tage von Pompeji", „Rienzi", „Zanoni" (rosenkreuzerisch), u.

a., scheint Freimaurer gewesen zu sein. „Freemason's Magazine and Masonic Mirror" führt ihn 1861 als Gewährsmann in einer freimaurerischen Frage an (Misc. Lat., Juni 1925). Die Frage nach der Zugehörigkeit B. L. wird oft gestellt, hauptsächlich deshalb, weil ein formvollendetes Gedicht „The Mystic Art" unter seinem Namen geht:

„A King can make a gartered Knight And
breath away another:
But he, with all his skill and might can never
make a Brother!"

M

M. (engl.), Abkürzung von Master.

MacAdoo, William Gibbs, * 1863, amerikanischer Politiker, Schwiegersohn Wilsons, 1913 Staatssekretär für Finanzen, hatte hervorragenden Anteil am Aufbau des „Federal-Reserve Bank"-Systems, brachte für die Kriegsführung der Entente achtzehn Milliarden Dollar Anleihen auf, war während des Krieges Generaldirektor der verstaatlichten Eisenbahnen, 1920 und 1924 Präsidentschaftskandidat beim demokratischen Nationalkonvent, ist Mitglied der „Chancellor Walworth Lodge" in New York.

Macanaz, Melchor de, spanischer Politiker, * 1670, † 1760, spanischer Minister unter vier Königen, zuletzt Karl III., war Freimaurer.

Macaria, vom griechischen makaros, glückselig, ein von Samuel Hartlib (s. d.) erfundener Name für einen Menschheitsbund. Nach einem Briefe an Robert Boyle vom 22. Oktober 1647 sollte sie „wahrscheinlich nächste Woche" in Aktion treten, mit dem ausgesprochenen Zwecke, „die Religion auszubreiten und die Reformation der ganzen Welt zu erstreben". Die bewegenden Gedanken waren die auch von Comenius (s. d.) vertretenen einer christlichen Bruderschaft, die auch für Juden, Türken und Heiden offenstehen sollte, wenn sie das Christentum annahmen. Diese chiliastischen Ideen, die dem Zeitalter der heftigsten Glaubensverfolgungen der christlichen Religionen gegeneinander nahelagen und die das Leben des vielgeprüften Dulders Comenius erfüllten, wollte Hartlib organisieren. Seine Internuntii, wie er die Vermittler nennt, haben ihn aber im Stich gelassen (Brief an Worthington, 10. Dezember 1660). Die wiederholt behaupteten Zusammenhänge dieses geplanten Menschheitsbundes mit der Freimaurerei sind mit Vorsicht aufzunehmen. Wie aus den Untersuchungen Vonkas (s. d.) hervorgeht, bestehen wohl überraschende Ähnlichkeiten zwischen den der M. nahestehenden Schriften des Comenius und den Alten Konstitutionen der Freimaurer (Anderson). Man wird aber gut daran tun, in dieser mitunter verblüffenden, sogar sprachlichen Kongruenz nicht mehr zu suchen als verschiedene Manifestationen des gleichen Zeitgeistes (s. Antilia, Hartlib, Comenius, Menschheitsbund.

Macbenac (auch Makbenac, Mohabone, Mac Benah), wichtiger Ausdruck in der Symbolik des Meistergrades, dessen Herkunft und Bedeutung verschieden gedeutet werden. Im allgemeinen wird das Wort mit „Er lebt im Sohn" oder „Der Sohn des toten Meisters" übersetzt. Es ist mutmaßlich erst in neuerer Zeit entstanden. Manche führen es auf die irischen Worte „Macha" (Schlachtfeld) und „Ben" (Ende) zurück oder auf die ebenfalls irischen Worte „Mac" (Sohn) und „benah" (Tod) oder „Mac" (Sohn) und „beanag" (Witwe) zurück. Auch die Herleitung von dem Hebräischen „Mukhahbone" (ein Baumeister wurde erschlagen) ist häufig.

Macdonald, Alexandre, Marschall von Frankreich, * 1765, † 1840, nach der Schlacht bei Wagram Herzog von Tarent, war 1814 nach dem Sturz Napoleons, durch den sich die Großmeisterschaft von Joseph Bonaparte erledigte, zusammen mit dem Marschall Beurnonville (s. d.) und General Timbrune Großkonservator des Grand Orient de France.

Macé, Jean, französischer Publizist und Schriftsteller, * 1813, † 1894, mußte 1851 wegen seiner politischen Haltung fliehen, gründete im Exil das „Magazine de l'éducation et de récréation", 1866 die „Ligue d'Enseignement", Verfasser zahlreicher volkstümlich-wissenschaftlicher Werke („Philosophie de poche" usw.). Sein Andenken wahrt ein Monument in Paris. M. war Freimaurer.

Maceo, Antonio, kubanischer General und Freiheitskämpfer, * 1848, war Freimaurer. Der 7. Dezember, an welchem Tage er 1896 im Kampfe bei Punta la Brava fiel, ist kubanischer Nationalfeiertag.

Machado, Bernardino, * 1851, gewesener Präsident der portugiesischen Republik, Führer der Bewegung von 1910, wurde 1929 für eine Amtsperiode zum Großmeister der portugiesischen Freimaurerei gewählt.

Machado y Morales, Gerardo, General, seit 1924 Staatspräsident von Kuba, * 1871, ist als Freimaurer sehr eifrig tätig. Er wurde Ende der neunziger Jahre in Santa Clara Mitglied des Bundes, 1929 wurde er vom Obersten Rat des Schottischen Ritus von Kuba in den XXXIII. Grad erhoben.

Mächtig (frz. und engl. puissant), wird in verschiedenen Graden des A. u. A. Schottischen Ritus bei der Anrede an den Vorsitzenden gebraucht, z. B.: Sehr mächtiger Souveräner Großkommandeur; mächtiger stellvertretender Großkommandeur, dreifach mächtiger Meister (der Perfektionsloge).

Mackenzie, Kenneth R. H., englischer

freimaurerischer und rosenkreuzerischer Forscher, Mitbegründer der „Societas Rosicruciana in Anglia", gab 1877 die „Royal Masonic Cyclopaedia of History, Rites, Symbolism and Biographie" heraus.

Mackey, Albert Gallatin, Dr. med., Arzt in Charleston, Süd-Carolina, * 1807, † 1881, Verfasser zahlreicher freimaurerischer Schriften, gab 1845 ein „Lexicon of Freemasonry", 1874 eine „Encyclopaedia of Freemasonry" heraus, die mehrere, später von verschiedenen Forschern bearbeitete Auflagen erlebte. Die letzte erschien 1927 in New York, im Verlage der Masonic History Company. In der dritten Auflage des Allgemeinen Handbuches der Freimaurerei wird M. Werk als ein von den gröbsten Verstößen gegen die freimaurerische Geschichte strotzendes, gänzlich unbrauchbares Buch bezeichnet. Dieses Urteil ist auch in Hinblick auf die dem damaligen deutschen Kritiker vorliegenden Auflagen ungerecht. M. sah die Freimaurerei so, wie sie in Amerika gesehen wird. Auch spielten bei ihm Hochgradvorstellungen eine große Rolle, die bei der mangelnden Bekanntschaft deutscher Autoren mit den schottischen Hochgraden diesen unverständlich sein mußten. Die 1927 erschienene Auflage hat vieles korrigiert. Das zweibändige Werk gehört heute zu den besten Enzyklopädien der Freimaurerei und wurde bei Anlegung des vorliegenden Lexikons viel benützt.

Mac Kinley, William Präsident der Vereinigten Staaten von Nordamerika 1896 und 1900, * 1843, von Anarchisten ermordet 1901 in Buffalo, war seit 1865 Freimaurer.

Maclean, James-Hector, bei Lalande: Maskelyne, Schottischer Edelmann, Parteigänger der Stuarts, der 1745 in Edinburgh eingekerkert wurde, wird in vielen Schriften als einer der Freimaurer bezeichnet, die 1725 die ersten englischen Logen in Paris gegründet haben sollen. Lantoine („La Franc-Maçonnerie Ecossaise en France", 1930), glaubt nicht an diese Version.

Mac Mahon, Sir Henry Arthur, englischer Kolonialpolitiker und Diplomat, * 1862, in Indien mit der Erledigung schwieriger politischer und diplomatischer Missionen betraut, vermittelte zwischen Persien und Afghanistan, Außenminister der indischen Regierung 1911 bis 1914, Stifter des Friedens mit Tibet, Hochkommissär von Ägypten 1914—1916, wurde 1911 Past Grand Deacon, 1915 Past Grand Warden der Großloge von England, 1924 Distrikts-Großmeister von Malta.

Macmillan, Donald Baxter, einer der kühnsten Erforscher der Polarwelt, * 1874, der als erster auf arktische Entdeckungsfahrten (Nordpolexpedition 1913—1917) Radioanlagen mitnahm, ist Freimaurer und Besitzer der goldenen Kane-Medaille (s. Kane Lodge).

Macmunn, Sir George Fletcher, englischer General, * 1869, kämpfte in Indien und Südafrika, im Weltkrieg an den Dardanellen und Mesopotamien, Oberbefehlshaber in Mesopotamien 1919/20, schrieb: „The official History of the World war: Egypt", „Afghanistan from Darhius tu Amanullah", wurde 1919 Past Grand Deacon der Großloge von England.

Maçon (frz.), Maurer, Freimaurer.

Maçon de théorie (frz.), in der älteren Literatur gebräuchlicher Ausdruck, durch den der geistige, symbolische, spekulative Maurer vom „Maçon de pratique", Werkmaurer, unterschieden wurde.

Maçonne, in den Adoptionsgraden zur Bezeichnung der weiblichen Mitglieder. Im Ritus des Cagliostro Maçonne égyptienne, in der Adoptionsmaurerei Maîtresse maçonne u. a. (s. Adoptionsmaurerei).

Maçonnerie (frz.), Maurerei, Freimaurerei.

Maçonnerie mixte, gemischte Freimaurerei, s. Adoptionsmaurerei, Droit humain, Co-Masonry.

Maçonnieke Vereeniging tot bestudeering van Symbolen en Ritualen, holländische freimaurerische Vereinigung zum Studium von Symbolik und Ritualistik mit gegen 1000 Mitgliedern, unter der Führung von Dr. W. H. Denier van der Goon, gegründet 1905. Organ ist die Zeitschrift „De Vrijmetselaar". Die Vereinigung veranstaltet auch „Freimaurerische Landtage" in der „School vor Wijsbegeerte in Amersfoort".

Macoy, Robert, amerikanischer Verlagsbuchhändler, bei dem zuerst das „Dictionary of Symbolical Masonry" von Dr. Geo. Oliver erschien. Er vermehrte dieses Wörterbuch, indem er ihm eine „General History, Cyclopedia and Dictionary" voranstellte. Das illustrierte Handbuch erlebte mehrere Auflagen. M. bekleidete hohe maurerische Ehrenstellen, u. a. war er Zugeordneter Großmeister der Großloge von New York.

Madagaskar, Insel im indischen Ozean, französische Kolonie; unter der Grande Loge de France arbeiten hier zwei, unter dem Grand Orient drei Logen.

Madeira, portugiesische Insel an der Westküste Afrikas. In der zweiten Hälfte des 18. Jahrhunderts herrschte hier reges freimaurerisches Leben. Wie im Mutterland, war die Freimaurerei aber auch auf M. schweren Verfolgungen durch die Inquisition ausgesetzt (s. Portugal). Gegenwärtig arbeiten in Funchal zwei Logen, je eine Loge unter dem Vereinigten Großorient von Lusitanien und der Großloge von England.

Madero, Francisco, mexikanischer Revolutionär, † 1913, Präsident von Mexiko 1912, war Freimaurer.

Madoz, Pascual, spanischer Gelehrter, * 1806, † 1870, Verfasser eines berühmten geographisch-statistisch-historischen Diktionärs von Spanien, war Freimaurer.

Madras im östlichen Vorderindien. Die erste englische Loge wurde 1752 gegründet; 1766 erhielt Captain Edmond Pascal die Bestallung als Provinzial-Großmeister. 1767 wurde eine Großlogenprovinz „Koromandelküste" gebildet, bereits mit fünf Logen, 1842 nahm diese dann den Namen M. an. 1839 legte der Gouverneur Lord Elphinstone, der spätere Provinzial-Großmeister, den Grundstein zum ersten bedeutenderen Logengebäude, dem dann mehrere andere folgten.

1925 wurde ein neuer Zentraltempel für alle Logen der Stadt M. vom Gouverneur Viscount Goschen eröffnet. Die Distrikts-Großloge zählte 1930 35 Logen, unter ihnen drei in Bangalore, neun in M., drei in Secunderabad. Adresse: Freemasons Hall, Madras. Unter der allindischen Provinzial-Großloge von Schottland arbeiten ebenfalls mehrere Logen.

Madrid, Hauptstadt der Republik Spanien, seit Herbst 1931 Sitz des Großorients von Spanien (früher in Sevilla), mit neun Logen in M. selbst. Der Gran Logia Española (Barcelona) unterstehen in M. vier Bauhütten. M. ist auch Sitz des Obersten Rates des A. u. A. Schottischen Ritus von Spanien.

Magalhaes Lima de, Sebastiao, Vorkämpfer des portugiesischen Liberalismus. * 1850 in Rio de Janeiro, † 1928, kam als Kind nach Portugal. Nach Studien in Coimbra, wo er Freimaurer wurde, trat er schon als Zwanzigjähriger als glänzender politischer Publizist und Redner hervor. In einer ganzen Reihe von Büchern, die seine von edelstem Geist inspirierte Kampfnatur zeigten, bekannte er sich als glühender Republikaner, Sozialist und Freidenker. Er gründete 1881 die große radikale Tageszeitung „O Seculo", die er — zeitweise stärksten Verfolgungen ausgesetzt, wiederholt eingekerkert, aber niemals zu Gesinnungskompromissen geneigt — mit nur gelegentlichen Unterbrechungen durch drei Jahrzehnte leitete. Als Vertreter der republikanischen Partei kam er ins Parlament. Seit den neunziger Jahren war M. L. ständig eine führende Persönlichkeit auf Presse- und Friedenskongressen. („Der Krieg ist die Negation des Rechts", schrieb er in seinem „Buch des Friedens".) 1906, unter dem diktatorischen Ministerpräsidenten Juan Franco, ging er ins Exil. Nach Errichtung der portugiesischen Republik (1910) wurde er Unterrichtsminister, legte aber das Amt wieder nieder, da nach seinen Anschauungen die ministerielle Praxis nicht der Reinheit seiner Ideale entsprach. 1923 sollte er als Präsident der Republik kandidiert werden, er weigerte sich aber, die Kandidatur anzunehmen. Seine Beisetzung gestaltete sich zu einer Trauerkundgebung der gesamten Nation. Der Maurerei galt die besondere Liebe von M. L. Er sah in ihr die traditionelle Vorkämpferin der portugiesischen Freiheit und diente ihr mit Hingabe. 1907 wurde er erstmals zum Großmeister der portugiesischen Freimaurerei gewählt. 1921 war er einer der Gründer der A. M. I.

Magdeburg. Freimaurerische Versammlungen in M. schon 1760; im Februar 1761 gründete die Berliner Loge „La Concorde" in M. die Loge „La Félicité", die sich 1762 den „Drei Weltkugeln" unterstellte, und seit 1779 zu Ehren des Herzogs Ferdinand von Braunschweig den Namen „Ferdinand zur Glückseligkeit" annahm. Während der Napoleonischen Zeit selbständige Provinzial-Mutterloge im Königreich Westfalen, schloß sie sich 1814 wieder an die „Drei Weltkugeln" an. Größte Loge dieses Systems. Im Anschluß an die Angriffe des evangelischen Professors Hengstenberg (s. d.) gegen die Freimaurerei im **kirchlich-reaktionären Sinne** nahm Generalsuperintendent D. Johann Friedr. Möller (s. d.) in M. den Kampf auch gegen „Ferdinand zur Glückseligkeit" im Jahre 1856 auf. In diesen Streitigkeiten trat Prinz Wilhelm von Preußen (nachmals Wilhelm I.) energisch auf die Seite der Loge; zwei eigenhändige diesbezügliche Briefe des Kaisers im Museum der Loge „Ferdinand zur Glückseligkeit". Außerdem bestehen in M. noch sechs anerkannte Johannislogen verschiedener Systeme.

Magie, Zauberkunst, vermeintliche Gewalt über okkulte geistige Kräfte, die die Menschen und die Umwelt zu ändern vermögen, ferner Methoden, Handlungen, Gebräuche, die diese Veränderungen hervorrufen können. In ihrer primitiven Form ist M. die Vorstufe der Religion (Präanimismus) und glaubt, daß die Beziehungen zwischen Mensch und Umwelt auf Zauberkräften beruhen. M. im höheren Sinne will tiefe Einsicht in das Weltgeschehen gewinnen, die Lücken, die im Weltbild der Wissenschaften und Religionen stets vorhanden, ausfüllen. M. ist daher kein „wilder Seitentrieb der Religion" (Danzel: „Magie und Geheimwissenschaft"), sondern ein integrierender Bestandteil derselben. „Alle kultische Arbeit ist eigentlich M., da Kult und M. ohne sichtbare Grenze ineinander übergehen". (Horneffer: „Symbolik der Mysterienbünde"). Die Wirkung der Symbole hat im allgemeinen einen vorwiegend magischen Charakter, setzt ein magisches Sich-einfühlen voraus. In diesem Sinne hat auch die Sprache magische Eigenschaften, sind doch die Worte im Grunde phonetische Begriffssymbole. Selbst die Wissenschaft glaubt Erscheinungen durch Namengeben bereits erklärt zu haben. (Verbalismus). Glauben an Vorzeichen, Traumdeutung, Fernzauber, Gesundsprechen usw. sind magische Vorstellungen, bezw. Handlungen. M. spielte bei den Magiern, Chaldäern, Juden, Römern (in der Form der Opferdeutung usw.) in den Geheimkulten und Mysterien des Altertums eine große Rolle und fand in verschiedenen Gestalten auch in das Christentum Eingang (Sakramente, Heilige usw.). Im Grunde ist „jeder Kult, der nicht als Ausdruck eines Seelenlebens wirkt, sondern mechanisch, rein der Form nach, magisch." (Schenkel: „Die Freimaurerei im Lichte der Religions- und Kirchengeschichte".) Im Mittelalter unterschied man zwischen der guten, „weißen" und der bösen, „schwarzen" Magie. Die furchtbaren Hexenverfolgungen hingen mit der letzteren zusammen. Die Neuplatoniker, Neupythagoräer, das ganze Mittelalter, zum Teil auch die Renaissance standen unter der Einwirkung der M. Sie bildete einen Lehrgegenstand der mittelalterlichen Universitäten. M. überschneidet sich vielfach mit der Kabbala (s. d.), Alchimie (s. d.), Mystik (s. d.). Pico della Mirandola, Paracelsus, Comenius, Jakob Böhme und Saint Martin, die Rosenkreuzer wurden von M. stark beeinflußt.

In der Gegenwart nennt man die technische Beherrschung der Naturkräfte „natürliche M.". Die Erfolge der Naturwissenschaften steigerten nur die Rätselhaftigkeit des Seins und die

Sehnsucht nach einer Erklärung. Darauf ist das Wiederaufleben der theosophischen Bewegung, die Entstehung der „Christian Science" zurückzuführen. Auch in der Philosophie Bergsons sind magische Einflüsse feststellbar; der Begriff des „Élan vital" ist zweifelsohne magischer Natur. Die Freimaurerei war im 18. Jahrhundert mancherorts, namentlich in Frankreich und Deutschland, Einflüssen der M., ebenso wie solchen der Alchimie, der Kabbala und der Mystik ausgesetzt. Ihre Symbolik, die an sich manche magische Elemente enthält (Lichtsymbolik), wurden von manchen Systemen mit M. förmlich durchtränkt (s. Magische Maurerei). Doch hat sich deren keines lange halten können. Heute haben folgende Anschauungen namhafte Vertreter: Die „Erleuchtung" der Loge bedeutete ursprünglich wohl die Erweiterung der Bewußtseinsgrenzen in magisch-mystischem Sinne. Die heilige Dreizahl, die schon im Hinduismus eine große Rolle spielte, war im Grunde ein Zaubermittel. Der Akt der Einweihung des Neophyten ist eine Handlung, durch die ein Freimaurer der magischen Bruderliebe teilhaftig wird. „Auch die innere Ekstase, in welche Freimaurer wohl in gewissen feierlichen Momenten geraten oder geraten sollen, ... ist magischer Natur" (Wolfstieg: „Philosophie der Freimaurerei").

Maginn, Nathan William, irischer Poet und Journalist, * 1793, † 1842, unter dem Namen Morgan O'Doherty Mitarbeiter von „Blackwood's Magazine", dann in London von Murrays „Frasers Magazine", schrieb „Homeric Ballads", war Mitglied der Canongate Kilwinning Lodge.

Magische Maurerei. Eine der sonderbarsten Erscheinungen der Freimaurergeschichte ist die magische Richtung gegen Ende des 18. Jahrhunderts. Schon bei Untersuchung der Quellen, aus denen sich die spekulative Maurerei entwickelt hat, stoßen wir auf Gedankengänge, die eine gewisse Verwandtschaft mit den alten Rosenkreuzern aufweisen. Im wesentlichen schlägt aber dieses mystische Bedürfnis im Sinne einer besonderen Esoterik hier nur auf das Individuum zurück. Ganz anders gegen Ende des 18. Jahrhunderts. Die Gold- und Rosenkreuzer neuer Faktur nahmen interessanterweise die äußere Form der Freimaurerei für ihr Gebrauchtum an. Und damit war eine Verknüpfung mit der Freimaurerei gegeben, die wohl nicht von ihr ausging, aber sie rückläufig beeinflußte. Die Rosenkreuzer gaben sich als Freimaurer, und die Freimaurer glaubten Rosenkreuzer sein zu müssen. Dazu kommt aber noch ein bisher wenig beachtetes Motiv sehr materieller Natur. Die ganze Rosenkreuzerei und von ihr ausgehende freimaurerische Magie hat nämlich sehr wenig mit geistigem, esoterischem, seelischem Bedarf zu tun. Die meisten interessierten Personen sind regierende Herren, Adelige u. a. m. Der Geldbedarf ist in einer Zeit, da die französischen Hofsitten auf Deutschland abfärben, ein ganz besonders großer. Alle diese Landesväter, deren manche ja sogar nicht davor zurückscheuen, ihre Landeskinder ans Ausland zu verkaufen, brauchen unendlich viel Geld. Und daher sind sie für Alchimie, Magie, Schatzgräbereien usw. sehr eingenommen. Der Wunschtraum der Magier dieses Jahrhunderts geht nicht auf neue Erkenntnisse, es ist nicht Goethes Faust, der in seiner Studierstube den Erdgeist zwingen will. Es sind sehr irdische Interessen, die diesen Magiern den Höllenzwang und das Heptameron in die Hand drücken. Von dieser materialistischen Seite ist diese Frage noch nicht entsprechend beleuchtet worden. Daher sind diese geldgierigen Höfe und Adelsschlösser auch der Tummelplatz der großen Betrüger des 18. Jahrhunderts. Wunschtraum und Leichtgläubigkeit sind Nachbarn. Daher die großen Erfolge eines Grafen von St. Germain, eines Cagliostro u. v. a., Erfolge, die sogar den harmlosesten dieser Industrieritter, den Venetianer Casanova, nicht ruhen lassen und zur allerdings blassen Kopie seiner großen Vorbilder machen. Ein besonders sprechendes Beispiel für diese egozentrische Magie ist Prinz Ludwig von Hessen (s. d.).

Diese Art freimaurerischer Magie geht somit von den verworrenen Gedankengängen der Gold- und Rosenkreuzer aus und findet in dem Leipziger Magier Johann Georg Schrepfer ihren Apostel. Schrepfer (s. d.) hat alte Zauberbücher, an denen zu seiner Zeit kein Mangel war, eifrigst studiert. Scheible (zitiert in „Freimaurermuseum, Bd. 3, S. 92) hat das Exemplar des „Dr. Johann Faustens Miracul, Kunst- und Wunderbuch" bearbeitet, in das Schrepfer zahlreiche Notizen eingetragen hat. Eine der ältesten Schriften dieser Art ist der im Jahre 1469 in Lyon erschienene „Höllenzwang des Dr. Faust oder der Schwarze Rabe". Goethe gab im Jahre 1829 den Inhalt von sechzehn verschiedenen Faust-Büchern bekannt. Die großen Magier sind der Dr. von Cyprianus und der schwarze Rabe und Dr. Johannes Faust mit der weißen Schlange. Im Bayreuther Großlogenmuseum findet sich ein Manuskript freimaurerischer Magie, das nach solchen alten Vorbildern geschaffen wurde. Ein sehr weitläufiger Katechismus zeigt deutliche Spuren der Anlehnung an eines der im 18. Jahrhundert entstandenen Freimaurerfragebücher. Darüber gelagert wird der magische Teil. Der magische Katechismus beginnt mit der Frage: „Sind Sie ein Frey Maurer?" Aber im weiteren Verlaufe werden Anweisungen für die Totenbeschwörung gegeben.

Konnte man dieses Bayreuther Manuskript immerhin noch für einen Versuch halten, mit dem die Freimaurermagier auf leichtgläubige Logenbrüder Einfluß zu gewinnen trachteten, so hat der Fund eines vollständigen Archives in Brünn (Mähren) den Beweis erbracht, daß man sich auch in Logen, die ziemlich seitab von der großen Heerstraße des magischen Schwindels lagen, ernsthaft mit Magie beschäftigte. Die dort aufgefundenen Tafeln (ihre Erklärung in „Drei Ringe", 1931, Mainummer) lassen keinen Zweifel darüber bestehen, daß man in einem Kreise von Hochadeligen, Vertretern des gebildeten Bürgertums des 18. Jahrhunderts zur Zeit, da die Aufklärungsperiode Josephs II. ihre höchste Blüte erreicht hatte, also im Zeitalter Friedrich des Großen und zu Lebzeiten Goethes ernsthaft daran dachte, mit Hilfe genauer Stern- und Planetenkreise, mit Heptameron und Tetragrammaton Geister zu beschwören, Schätze zu heben und dem Weltgeschehen seinen magischen Willen aufzuzwingen. Vom rechten Weg abgeirrte Freimaurer jener Tage haben nachzuholen versucht, was ihnen der Volksglaube schon lange zuschrieb. Noch heutigentags läßt ja der Aberglaube die Freimaurer einen Teufelspakt unterzeichnen, schreibt ihm außergewöhnliche Fähigkeiten, wie die der Verwandlungsfähigkeit, unermeßlicher Reichtümer, die Fähigkeiten des Ferntötens u. a. zu.

Man kann dieser merkwürdigen geistigen Verirrung, die der Freimaurerei des 18. Jahrhunderts viel Schaden zugefügt hat, allerdings auch eine tiefe psychologische Wurzel zuschreiben. Unser Jahrhundert hat es erlebt, daß nach einer Zeit, die ohne jede Hemmung das Individuum dem nacktesten Realismus und Rationalismus zuführte, Gegenströmungen an die Oberfläche kamen, die, auf Wunscherfüllungsträumen fußend, in das polare Gegenteil führten. Nur so ist in den erregten Nachkriegszeiten die ungeheure spiritistische Welle, die Neigung zu okkulten Pseudowissenschaften u. a. zu erklären. Auch an Goldmachern und Leichtgläubigen hat es nicht gefehlt. Man geht nicht fehl, wenn man diese merkwürdigen freimaurerischen Magierbünde des 18. Jahrhunderts als Reaktion auf das Aufklärungszeitalter auffaßt. Es ist jedenfalls eine eigenartige Erscheinung, daß, während in Frankreich die Menschenrechte proklamiert wurden, Menschen der gleichen Bildungs- und Gesellschaftsschichte zu Magie und Höllenzwang ihre Zuflucht nahmen (s. Okkultistische Freimaurerei).

Magister, VIII. Grad des Ordens der Gold- und Rosenkreuzer, der mutmaßlich kein besonderes Aufnahmeritual hatte. In ihm wurde „das große und einzige Werk, der Schatz der Schätze oder Lapis philosophorum“ bearbeitet. Die „Instructiones speciales et specialissimae“ dieses Grades der Magistri exempti finden sich als Manuskript im Bayreuther Freimaurermuseum. (Vergl. Beyer, Freimaurermuseum, Bd. 1.)

Magister caementariorum (s. auch Magister operis). Im 11. Jahrhundert heißt er auch Artifex oder Magister schlechtweg. Im 14. Jahrhundert wird die Bezeichnung Magister caementarius gebräuchlicher, später auch latomus und französisch masoun. Gleichbedeutend mit Architekt erscheint auch marmorarius. In der Gildenliste von London (1376) erscheint der Ausdruck freemason schon als allgemein bekannter Ausdruck.

Magister operis. Die Terminologie der alten Bauhütten ist nicht feststehend. Sie ändert sich nach Land und Ort. Ossian Lang hat eine Terminologie zusammengestellt, die wenigstens weitverbreitete Geltung hat. Magister operarius ist der von dem Abte oder der Ordensleitung mit dem Bau beauftragte Bauleiter. Er heißt auch operarius oder rector fabricae. Er hat einen Notarius, der ihm die Bücher führt. Außerdem noch einen receptor und expensor, d. h. je einen Kassenverwalter für die Einnahmen und Ausgaben. Die petitores structurae sammeln Gelder durch Haussammlungen usw. Alle diese Personen haben mit dem Bau selbst nichts zu tun. Dagegen bestellt der Magister operis einen technischen Bauleiter, einen Mason oder Baumeister. Dieser heißt caput magister, ist Laie, bekommt aber für seine Tätigkeit öfters eine Klosterpräbende, manchmals auch den Titel Subdiakon. Ihm untersteht der Bauzeichner, der appareilleur, wie er in Frankreich hieß. In der Loge des caput magister werden die Modelle angefertigt. Die Ausführung besorgt der magister caementariorum, der Meister der Maurer, der auch die Arbeit der sculptores, der Kunststeinmetzen, überwacht.

Magna Charta der indischen Freimaurerei wird das vom Großmeister der Großloge von England, Herzog von Sussex, 1842 herausgegebene Schreiben genannt, das sich grundsätzlich dahin aussprach, den eingeborenen Indern den Zutritt zur Freimaurerei zu ermöglichen (s. Indien).

Magnan, B. Pierre, Marschall von Frankreich, * 1791, † 1865, ein Mann von großen militärischen Verdiensten, wurde, ohne vorher Freimaurer gewesen zu sein, von Kaiser Napoleon III. proprio motu als Großmeister des Grand Orient eingesetzt. Er wurde an einem Vormittag zum Maurer geweiht und durch alle Stufen bis zum XXXIII. Grad befördert und am 8. Februar 1862 in sein Amt eingesetzt. Gleich nach der Übernahme des Amtes unternahm er den Versuch, den Suprême Conseil de France (Schottischer Ritus) unter die Botmäßigkeit des Grand Orient und dadurch zum Verschwinden zu bringen; diese Absicht scheiterte aber an der energischen Haltung des Großkommandeurs Viennet (s. d.) des Suprême Conseil. Als 1864 Napoleon auf Betreiben von M. dem Grand Orient das Recht zurückgab, seine höchsten Führer selbst zu bestimmen, wurde M. der erste wieder freigewählte Großmeister.

Magnette, Charles, Präsident des belgischen Senats, * 1868, gew. Staatsminister, Ehren-Großmeister der Großorients von Belgien, liberaler Politiker, 1921 Erster Präsident des Comité Consultatif der A. M. I. (s. d.), Großmeister 1914—1921, 1925—1927, Mitglied der Lütticher Loge. Er war zur Zeit des Weltkriegsausbruches 1914 Großmeister. Die von den einmarschierenden deutschen Truppen gegen die Zivilbevölkerung ergriffenen Repressalien veranlaßten ihn, sich in einem Schreiben an sämtliche deutschen Großlogen zu wenden, in welchem er die Bildung einer Kommission verlangte, die gemeinsam mit den belgischen Freimaurern die vorgekommenen blutigen Ereignisse in Dinant, Löwen und anderen Orten untersuchen sollte. Dieser Brief wurde nur von zwei deutschen Großlogen beantwortet. Die eine protestierte entschieden gegen den Vorwurf der Grausamkeit, der in M.s Brief gegen die deutschen Truppen erhoben wurde, die andere Großloge schickte eine Abschrift eines Bundesratsprotokolles, in dem gleichfalls die

Anschuldigungen gegen die deutschen Soldaten entschieden zurückgewiesen wurden. Die belgischen Logen wurden geschlossen. M. versammelte die Brr. in Privathäusern und nährte, ebenso wie der Kardinal Mercier, als belgischer Patriot den Widerstand gegen die deutsche Besatzung.

Als die deutschen Besatzungsbehörden späterhin die wehrfähigen Belgier nach Deutschland abtransportieren lassen wollten, erhob M. als Patriot und Politiker dagegen Einspruch. Zugleich wendete er sich als Freimaurer neuerlich an die deutschen Großlogen, indem er in einem leidenschaftlichen Brief gegen die Deportierung von 300.000 Belgiern protestierte und die Unterstützung der deutschen Freimaurer erbat. Diese Briefe gingen durch die deutsche Post und haben nachweislich die Mehrzahl der deutschen Großlogen überhaupt nicht erreicht, weil sie von der Briefzensur beschlagnahmt wurden. Wegen dieses Briefes erhob die deutsche Militärjustiz Anklage gegen M., der auch in kriegsgerichtlichem Verfahren zu einer Arreststrafe von vier Wochen und einer Geldbuße von 100 Mark verurteilt wurde. Über die patriotischen Motive, die M. beseelten, ist hier ebensowenig ein Wort zu verlieren, wie über die Berechtigung der deutschen Militärbehörde, eine ihrer Anschauung nach gegen die Sicherheit der Besatzungstruppen gerichtete Handlung zu bestrafen. An diesen Fall knüpfte sich jedoch eine von Ententemaurern genährte Legendenbildung des Inhalts, die deutschen Freimaurer hätten die Briefe M.s erhalten und sie den deutschen Behörden übergeben. Nach der M.-Legende, die auch heute noch nicht ganz ausgerottet ist, wären also die deutschen Freimaurer unmittelbar die Veranlasser der Einkerkerung und Bestrafung des belgischen Großmeisters gewesen.

M. hat nun selbst zu wiederholten Malen, zuletzt in besonders feierlicher Form vor der „Association Maçonnique Internationale“ in Lüttich 1930, erklärt, daß er gegen keinen deutschen Freimaurer den Vorwurf des Verrates erheben könne, und daß es ihm fernliege, die deutsche Freimaurerei des Verrates an einem Bruder zu bezichtigen.

M. war nach dem Friedensschlusse Gegenstand hoher maurerischer und staatlicher Ehrungen, die seinem Verhalten während der Besetzung und seinem mutigen Auftreten für die Interessen seines Landes galten. Das ihm verliehene Großkreuz des belgischen Leopoldordens nahm M. nur unter der Bedingung an, daß es ihm um seiner Verdienste als Freimaurer willen gegeben werde. Auf Veranlassung des Königs wurde das Dekret entsprechend ausgestellt.

Magnus Sacerdos Templariorum, der Hohepriester der Tempelherren. Unter dieser Bezeichnung wurde im System des russischen Generals Melissino (s. d.) das Templerklerikat erteilt.

Magnus Superior Ordinis, Titel des Herzogs Ferdinand von Braunschweig (s. d.) als Oberhaupt der Strikten Observanz und Großmeister aller Schottischen Logen.

Magon, Charles René, französischer Seeheld, * 1783, † 1805, Kontreadmiral, fiel an Bord des „Algésiras“ in der Schlacht bei Trafalgar, war Groß-Schatzmeister des Großorients von Frankreich. (Gaston Martin „Manuel d'Histoire de la Franc-Maçonnerie Française“.)

Magus, Hochgrad in verschiedenen Systemen: M. oder Ritter der Klarheit und des Lichtes, IV. Grad des Klerikalen Systems (s. d.), das die Strikte Observanz „verbessern“ sollte. Im Illuminatenorden (s. d.) war ein Grad der „Magi“ vorgesehen, aber nicht ausgearbeitet. Im System der Gold- und Rosenkreuzer war der neunte der M.-Grad. Nach Waite („The Brotherhood of the Rosy Cross“, London) diente er aber gleichsam „nur zur Aufzählung und drückte durch eine plausible Unterstellung die höchste Führerschaft aus, so wie im Schwedischen System der Vicarius Salomonis“. Wer aber M. war, ist — nach dem „Hauptplan“ von 1777 gab es deren sieben — dunkel geblieben. Dr. Bernhard Beyer-Bayreuth („Das Lehrsystem des Ordens der Gold- und Rosenkreuzer“, Leipzig-Berlin 1925) glaubt, daß der als Exorzist und Wundertäter berühmte Pfarrer Gassner diese Würde für Süddeutschland bekleidete.

Mahlau, Reinhold, * 1851, lebt in Homburg v. d. H. Verlagsbuchhändler. Mitglied der Frankfurter Loge „Zur Einigkeit“ seit 1882, Stuhlmeister 1905—1909. Er übernahm gemeinsam mit einem kleinen Ausschusse die von Findel begründete unabhängige Zeitschrift „Die Bauhütte“ (1891), die er später selbständig bis zum Jahre 1916 leitete. Es war M. gelungen, die angesehene, allerdings mit der Persönlichkeit Findels zu stark verknüpfte Zeitung in ruhigere Bahnen zu lenken und ihr ein allgemeines Ansehen zu bewahren, so daß die durch die Nachkriegsereignisse bedingte Einstellung des Blattes (bis zur Übernahme durch Alfred Unger) allgemeinem Bedauern begegnete.

Mahlmann, Siegfried August, deutscher Liederdichter, * 1771, † 1826, schuf viele populäre Lieder: „Weg mit den Grillen und Sorgen“, „Mein Lebenslauf ist Lieb' und Lust“, „Noch sind die Tage der Rosen“, war Meister vom Stuhl der Leipziger Loge „Minerva zu den drei Palmen“ und verfaßte auch zahlreiche Freimaurergesänge.

Mahomed Khan, Sultan, Vizekönig von Afghanistan, wurde 1900 in eine Londoner Loge aufgenommen und war auch Mitglied des freimaurerischen Logic Club.

Mahovits, Julius (Pseudonym Dr. Julius Csapori), Geistlicher in Gran in Ungarn, gründete 1886 eine Antifreimaurerliga, deren von P. Regnault ausgearbeitete Statuten vom Papst genehmigt wurden. Die unter die Patronanz des heiligen Michael gestellte Vereinigung verpflichtet ihre männlichen Mitglieder, nie einer Loge beizutreten und ihre Töchter nicht an Freimaurer zu verheiraten. 1887 bis 1888 gab M. ein „Handbuch“ mit der Namensliste aller ihm bekannt gewordenen Mitglieder der ungarischen Logen und andere Hetzschriften heraus. Auf ihn war unmittelbar auch die Kampagne gegen den Abgeordneten Stefan v. Rakovszky (s. d.), den späteren Großmeister der Symbolischen Großloge von Ungarn, zurückzuführen.

Maier.

1. Michael, deutscher Rosenkreuzer, Leibarzt Rudolfs II., * 1568, † 1620, versuchte, durch seinen Freund Robert Fludd (s. d.) für die Rosenkreuzerei Interesse in England zu erwecken, schrieb „Lusus Serius (1617), „Atlanta Fugiens" (1618), „De Fraternitate Rosae Crucis" (1618), „Septimana Philosophica" (1620).

2. Ernst, Professor der Geologie an der Universität San Diego, * 1873, † 1916, Führer des Deutschtums in Chile (zweibändiges Werk „Deutsche Arbeit in Chile", 1910—1913), war Stuhlmeister der Loge „Zu den drei Ringen" in San Diego.

3. Gustav, * 1857, † 1923, in der Schweiz führend in der Friedensbewegung und ethischer Höherentwicklung dienenden Vereinigungen wirkender deutscher Freimaurer, Herausgeber der „Ethischen Rundschau".

Maillet (frz.), Hammer.

Maine, Bundesstaat der Vereinigten Staaten von Nordamerika. Die 1820 gegründete Großloge zählte 1930 in 207 Logen 44.000 Mitglieder. Auf den Kopf der Bevölkerung gerechnet ist die Freimaurerei im Staate M. von allen nordamerikanischen Bundesstaaten am stärksten vertreten. Die Großloge erklärt, daß das im allgemeinen Niveau seinen Ausdruck finde. Adresse: Masonic Temple, Portland.

Mainz. Früheste freimaurerische Anzeichen 1758. Unter der Strikten Observanz entstand 1765 in M. die Loge „Zu den drei Disteln", die Hochgrade bearbeitete und hochgestellte katholische Geistliche zu ihren Mitgliedern zählte. 1767 mußte die Loge auf Befehl des Kurfürsten von M. ihre Arbeiten einstellen; das M. Domkapitel verlangte von jedem Domherrn einen Eid, daß er sich mit der Maurerei nicht weiter abgeben wolle. Ein Br. namens Schubert verlegte im selben Jahr die Distel-Loge nach Frankfurt a. M. Trotz dem kurfürstlichen Verbote entstanden in der Folgezeit in M. noch mehrere Logen, auch hatten die Rosenkreuzer dort Niederlassungen. Im Illuminatenorden hieß M. Epidamnus. Es hatte 1784 eine stattliche Minervalkirche (s. d.), der viele katholische Kleriker angehörten, und war Sitz der dritten deutschen Inspektion der Illuminaten, der 1784/85 der Trierer Dompropst Graf von Walderdorff vorstand. Reges Logenleben herrschte in der Napoleonischen Zeit.

Heute hat M. zwei Logen, unter ihnen die ältere „Die Freunde der Eintracht" (Darmstadt) seit 1837, „Zum goldenen Rad am Rhein" (drei Weltkugeln) seit 1909.

Maistre, Joseph Marie de, Graf, * 1754, † 1821, namhafter französischer staats- und religionsphilosophischer Schriftsteller und Vertreter des kirchlichen Absolutismus (Hauptwerke: „Du Pape", „Soirées de Saint Petersbourg", „Essai sur le principe générateur des constitutions politiques"). Er sah die Hoffnung der zerrütteten Welt in einer Zurückführung unter die alte Zucht des mittelalterlichen Christentums. Er war 1774 der Loge „Trois mortiers" in Chambéry beigetreten, wurde Redner, fand aber an gewissen Kindereien (enfantillages) der Loge kein Vergnügen und schloß sich daher der Lyoner rektifizierten Schottischen Maurerei von Willermoz (s. d.) an, in der er als Josephus a Floribus mit mehreren anderen einen besonderen Engbund, „Le collège particulier de Chambéry", bildete. Gelegentlich des Wilhelmsbader Kongresses 1782 sendete M. ein „Mémoire" an den Herzog von Braunschweig, in dem er seine Anschauungen über das Templersystem v. Hunds (s. d.) klarlegte, insbesondere die Frage nach dem „Unbekannten Oberen" entschieden verneinte und zu den Ritualen Vorschläge erstattete. In einem zweiten „Mémoire" 1793 an Vignet d'Etoles verteidigte er die Freimaurerei gegenüber den Angriffen, die aus Anlaß der französischen Revolution gegen sie erhoben wurden. Ebenso schrieb er heftig gegen den Abbé Barruel (s. d.), der in seinen „Mémoires pour servir à l'histoire du Jacobinisme" die Freimaurerei für alle Taten der Revolution verantwortlich gemacht hatte. M. gibt zu, daß einige Logen sich in Klubs verwandelt hätten. Aber damit habe die Freimaurerei nichts zu tun. Er unterschied: 1. die Freimaurerei, die vollkommen unpolitisch blieb; 2. die französischen Freimaurer-Martinisten, die eine Art exaltiertes Christentum predigten, und schließlich 3. die Illuminaten. In diesen letzteren sieht er die Feinde des Christentums und der Monarchien.

Daß M. Freimaurer war, war bekannt. Die eigenartige Anteilnahme dieses christlichen Mystikers an den Geschicken des Bundes, dem er treu blieb, auch wenn er sich äußerlich von ihm getrennt hatte, ist eine Erkenntnis, die Untersuchungen von Émile Dermenghem zu danken ist. (Sammlung „Christianisme" im Verlage F. Rieder et Co., Paris: „La Franc-Maçonnerie, Mémoire au Duc de Brunswick", mit einer Einleitung.)

Maitland, Lester I., amerikanischer Fliegerleutnant, der mit Albert F. Hegenberger (s. d.) den Transozeanflug von Kalifornien nach Honolulu unternahm und von der amerikanischen Regierung den Titel „Eroberer des Pazifik" verliehen erhielt, ist Mitglied einer Loge in Milwaukee.

Maître (frz.), Meister.

Maître élu, auch Chevalier de l'aigle élu, Hochgrad des Clermontschen Systems (s. d.), der auch im A. u. A. Schottischen Ritus als „Maître élu des neuf", „Auserwählter Meister der Neun (s. d.) — IX. Grad — vorkommt.

Maître en chaire (frz.), Stuhlmeister; im allgemeinen wird aber statt dessen der Ausdruck Vénerable gebraucht.

Maître parfait (frz.), Vollkommener Meister (s. d.), Hochgrad, V. Grad des A. u. A. Schottischen Ritus.

Maître secret (frz.), Geheimer Meister (s. d.), Hochgrad, IV. Grad des A. u. A. Schottischen Ritus.

Maîtrise (frz.), die Meisterschaft, zur Bezeichnung des Meistergrades und aller mit ihm zusammenhängenden Kennzeichen und Gebräuche.

Maklakow, Basil, russischer Politiker (konstitutioneller Demokrat), * 1870, als Moskauer Universitätsstudent 1890 aus politischen Gründen von der Universität ausgeschlossen, dann wieder zugelassen, Doktor der Rechte, Moskauer Abgeordneter der 2., 3. und 4. Duma, 1917 von der Provisorischen Regierung zum Pariser Botschafter ernannt, blieb bis zur Anerkennung der Sowjetregierung durch Frankreich auf diesem Posten. Dann Präsident des Zentralbüros der russischen Flüchtlinge in Paris. M. wurde 1906 Mitglied der Loge „Avant-garde" (Grand Orient de France), nahm im gleichen Jahr an der Gründung der Loge „Polarstern" in Petersburg teil. Er gehört der russischen Pariser Loge „Étoile Polaire" an.

Malachowski, Stanislaus, 1788—1791 Marschall des polnischen Reichstags, * 1734, † 1809, der bei seiner Wahl die freimaurerische Redewendung gebrauchte: „Ich will mit meinen Kollegen hinziehen, wohin mich ihr Licht führen wird", und den man den „polnischen Aristides" genannt hat, war ein eifriges Mitglied des Bundes. Er gab den Bauern seiner Güter freiwillig die Freiheit. Im Herzogtum Warschau war er Senatspräsident.

Malcolm, Sir Neil, englischer General, * 1869, in Indien und Uganda tätig, Präsident der British North Borneo Society, war 1923 bis 1924 Distrikts-Großmeister für den östlichen Archipel (Eastern Archipelago).

Malet, Sir Alexander, zweiter Baronet, englischer Diplomat, * 1800, † 1886, Gesandter beim Deutschen Bund in Frankfurt 1849 bis 1866, Freund Bismarcks, veröffentlichte „The Overthrow of the Germanic Confederation by Prussia in 1866", war Mitglied der „Apollo University Lodge Nr. 357".

Malschitzky, Christian Ernst v., * 1750, † 1835, starb als preußischer Oberst und Direktor der Geheimen Kriegskanzlei. Er ist der berühmte schlafende Page Friedrichs des Großen, dessen Vorleser er auch war. Er kommt in den meisten deutschen Lesebüchern zu anekdotenhafter Unsterblichkeit. Freimaurer wurde er 1772 in der Loge „Minerva" zu Potsdam und führte 1806 deren Hammer.

Malta, Insel im Mittelländischen Meer, englische Flottenbasis. Unter der 1815 gegründeten Distrikts-Großloge der Großloge von England arbeiten in der Hauptstadt La Valetta sieben, unter der Großloge von Schottland eine, unter Irland zwei Logen. Die Freimaurerei faßte hier schon sehr früh unter den Malteserrittern Fuß; die päpstliche Bulle von 1738 führte aber zu Verfolgungen. 1740 wurde sie durch den Großmeister des Malteserordens bekanntgemacht; im nächsten Jahr mußten sechs Angehörige des Ordens die Insel verlassen. 1811 gründeten kriegsgefangene französische Offiziere die Loge „Freunde in Gefangenschaft", deren Mitglieder von einer der dortigen englischen Logen zu einem Fest eingeladen wurden. Als die französische Loge nun ihrerseits die englischen Brr. zu einer feierlichen Arbeit bat, entstand in dem von Priestern aufgewiegeltem Volk eine heftige Bewegung gegen die beiden Logen. Trotzdem die Arbeit abgesagt wurde, wurden die Logenräume von Demonstranten demoliert, worauf die Geistlichkeit die Logenräume mit Weihwasser besprengte, um die „bösen Geister" zu beschwören, denen das Volk die herrschende Dürre zuschrieb.

Im Wahlkampf 1930 agitierten die Bischöfe von M. und Gozo gegen die Partei des mit ihnen in Konflikt liegenden (katholischen) Gouverneurs Lord Strickland, der nicht Mitglied des Bundes ist, mit der Behauptung, daß er Freimaurer sei, und erklärten es in Pamphleten, die auf die Kirchenbänke gelegt wurden, als Todsünde, seinen Kandidaten die Stimme zu geben. Das Vorgehen der Bischöfe kam auch im englischen Oberhaus zur Sprache und erfuhr scharfe Verurteilung.

Malta, Ritter von, Hochgrad, Tempelrittergrad, der zum System der Knights Templar (s. d.) gehört (s. Ritter von M.).

Mamon Grecus (auch M. Graecus geschrieben), s. Naimus Grecus.

Managua. Hauptstadt der zentralamerikanischen Repuplik Nicaragua, Sitz der Großloge dieses Staates (Adresse: Gran Logia de Nicaragua, M.), der in M. selbst zwei Logen unterstehen.

Mandelberg, Johann Eduard, dänischer Maler, * 1731, † 1786, Professor der Königlichen Kunstakademie 1763, wurde 1764 in der Kopenhagener Loge „Phoenix" aufgenommen.

Mandello, Karl, Dr., ungarischer Publizist und Gelehrter, Mitglied der ungarischen Akademie der Wissenschaften, * 1829, † 1906, war Meister vom Stuhl der Loge „Galilei" in Budapest. Eifriger Forscher und Kämpfer für freimaurerischen Internationalismus, gab seine freimaurerischen Arbeiten in mehreren Sammelbänden heraus. Am bedeutendsten die „freimaurerischen Instruktionsvorträge mit gesellschafts-wissenschaftlicher Deutung", eine sehr wertvolle Abhandlung über Freimaurerei und soziale Frage.

Manderström, Christoffer Rutger Ludwig, Graf, schwedischer Staatsmann, * 1806, † 1873, Gesandter in Wien und Konstantinopel, Außenminister 1858—1868, war Ritter des Ordens Karls XIII. (s. d.).

Mandschurei, Teil des nördlichen China; unter dem Distrikts-Großmeister des Distrikts „China" der Großloge von Massachusetts arbeiten in der Hauptstadt Mukden, in Charbin und Dairen drei Logen.

Mangourit du Champ Daguet, Michel-Ange, französischer Journalist, * 1752, † 1829, war seit 1788 Herausgeber des in Rennes erscheinenden „Héraut de la nation sous les auspices de la patrie", eine der wichtigsten Zeitungen in den Tagen der französischen Revolution. M. war Stuhlmeister der Loge „Egalité" in Rennes.

Manifest, Wormser, des Vereins deutscher Freimaurer, von der Jahresversammlung 1867 beschlossene Kundgebung „an alle Großlogen des Erdenrunds", in dem der Menschheitsgedanke starke Unterstreichung erfuhr. Es hieß darin u. a.: „Der Freimaurerbund will und soll ein Bund sein, ein Bund mit der Menschheit und für die Menschheit. Dies ist er aber nicht wahrhaft und nicht im vollen Sinne, solange seine Einheit wie bisher nur eine durch den gemeinsamen Geist der Brüderlichkeit und durch das Band einiger gemeinsamer Kultusformen erzeugte ideale ist, solange diese Einheit nicht auch äußerlich einen entsprechenden Ausdruck und eine formelle Darstellung erhalten hat durch ein gemeinsames Bundesgesetz und gemeinsame Einrichtungen." Dieses M. bildete die Einbegleitung eines Entwurfs zu einem Allgemeinem Grundgesetz des Freimaurerbundes, das die Berufung internationaler Maurerkongresse und die Begründung eines Verwaltungsausschusses für den ganzen Bund (Universal-Großloge) ins Auge faßte. Nur in allem Wesentlichen wurde die Einheit angestrebt, im übrigen aber sollten die „maurerischen Grundsätze der Freiheit, Gleichheit und Brüderlichkeit, der Selbstverwaltung und des allgemeinen Priestertums" aufs genaueste respektiert werden. Arbeit „nach einem Baurisse und einem Geist" war die Grundtendenz des M. (s. Grundgesetz, Allgemeines).

Manifestationen, Freimaurerische. Seit 1907 hat eine Reihe von internationalen Freimaurer-Zusammenkünften stattgefunden, deren Teilnehmer für den Weltfrieden und die Weltbrüderlichkeit, besonders aber für die Verständigung zwischen Deutschland und Frankreich, manifestierten. Unter den führenden Männern dieser mit Hilfe der freimaurerischen Weltgeschäftsstelle organisierten M. waren u. a. der französische Friedensrichter Bernardin, Nancy, Professor Dr. Kraft, Straßburg, der Leiter der freimaurerischen Weltgeschäftsstelle Staatsrat Quartier-La-Tente, Neuenburg (s. d.), der Frankfurter Antiquar Ludwig Bangel, der Rechtsanwalt P. G. A. Dop, Utrecht, der Luxemburger Großmeister Josef Junck; Tagungsorte waren: Schlucht (im Elsaß) 1907, Basel 1908, Baden-Baden 1909, Paris 1911, Luxemburg 1912, Haag 1913. Die für den Sommer 1914 nach Frankfurt a. M. einberufene siebente M. konnte des Krieges wegen nicht mehr stattfinden.

Im Dezember 1924 kamen zum erstenmal nach dem Weltkrieg Freimaurer aus Frankreich, Deutschland, Holland, Luxemburg und der Schweiz in Luxemburg zusammen, um die Versöhnung wieder anzubahnen. Von dem Komitee wurde beschlossen, die M. wieder aufleben zu lassen, „neuerdings Brücken zu schlagen vom Menschen zum Menschen, von den immer zahlreicheren Brüdern zur zunehmenden Brüderschaft die Bande gleicher Gesinnung, gleichen Strebens zu spannen, damit eine Zeit vernichtenden Hasses, unmenschlichster Gewalt abgelöst werde durch eine Zeit hochgesinnten Aufbaus voll menschlicher Solidarität". Die erste Nachkriegsmanifestation — die achte in der Gesamtreihe — fand vom 29. bis 31. August 1925 in Basel statt. Während in der Folgezeit übernationale freimaurerische Kongresse mit pazifistischem Programm aus organisatorischen und Regularitätsgründen von der Allgemeinen Freimaurerliga (s. d.) veranstaltet wurden, bildeten Bernardin und mehrere französische Freimaurer zusammen mit Mitgliedern des deutschen Freimaurerbundes „Zur aufgehenden Sonne" (F. Z. A. S.) (s. d.) ein neues Komitee, das seit 1928 wieder jährliche M. organisiert, die aber bisher in der Hauptsache lediglich von Mitgliedern der beiden französischen Obedienzen und des „F. Z. A. S." besucht waren. Solche Friedenskundgebungen fanden statt 1928 in Verdun, 1929 in Mannheim, 1930 in Besançon.

Manila. Hauptstadt der Philippinen (s. d.), Sitz der Großloge der Philippinischen Inseln (Adresse: Grand Secretary, Post O. Box 990), mit 30 Logen in M. selbst. Der Großloge von Schottland gehört eine Bauhütte an. In M. wirkt auch eine Winkel-Großloge „Großloge des Philippinischen Archipels".

Manitoba, canadische Provinz. Die 1875 gegründete Großloge zählte 1930 103 Logen mit rund 12.100 Mitgliedern. Adresse: Masonic Temple, Winnipeg.

Wie nach fast allen Teilen von Canada, kam die Freimaurerei auch nach M. durch eine Militärloge. 1864 gab die Großloge von Minnesota Angehörigen einer gegen die Sioux eingesetzten Kavallerieabteilung in Fort Pombina (Dakotaterritorium) ein Logenpatent. Canadische Pflanzer vom Red River Settlement gingen über die Grenze, um sich in dieser Loge (Northern Light Lodge) aufnehmen zu lassen. Am 20. Mai 1864 erhielten sie von der Großloge von Minnesota das Patent der mittlerweile transferierten Kavalleristen.

Mann.

1. Heinrich, deutscher Schriftsteller, * 1871, nicht Freimaurer, sieht in seinem Roman „Der Untertan" die Loge als Sitz des fortschrittlich gesinnten Bürgertums.

2. Thomas, deutscher Schriftsteller, Nobelpreisträger, * 1875, nicht Freimaurer, behandelt in seinem großen philosophischen Roman „Der Zauberberg", in dem er in wundervoller Weise zu den tiefsten menschlichen Problemen Stellung nimmt, auch die Freimaurerei. In Gesprächen von geistig ungewöhnlicher Höhe, die der Held des Romans, der junge Hans Castorp, mit dem italienischen Freimaurer Settembrini und dem Jesuitenzögling Naphta führt, wird das Thema scharfsinnig und klar abgewandelt. Während Naphta von dem „Köhlerglauben an die Vernunft, die Freiheit, den Menschheitsfortschritt und diese ganze Mottenkiste klassizistisch-bourgeoiser Tugendideologie", von einem „als Mysterium eingekleideten", „atheistischen Republikanismus" spricht, und die Idee des Bundes terroristisch, antiliberal nennt, preist Settembrini den „kunstgerechten, gesellschaftlichen Bau, die Vollendung der Menschheit". Die Gespräche stellen eine Auseinandersetzung dar, die das Wesen namentlich der romanischen Freimaurerei in glänzender Weise spiegelt.

Männerbünde, Ausdrucksform eines völkerpsychologisch bis zu den primitivsten Völkern verfolgbaren geselligen Triebes, innerhalb des Stammes, der Horde, eine bestimmte Auslese von Männern zu einem bestimmten Zwecke zu treffen. Die Urgründe sind in vielen Fällen totemistisch zu erklären. Der Zweck der Vereinigung, die als Absonderung von der übrigen Stammesgemeinschaft erscheint, ist entweder ein mehr materieller (Jagd, Kriegervereinigung) oder er hat kultischen Inhalt (Jünglingsweihe, Fruchtbarkeitszeremonien, religiöse Kulte u. a. m.). Die Absonderung geschieht entweder auf besonderen Kultplätzen, deren Betreten den Weibern bei Todesstrafe verboten wird (Bora der Australier u. a. m.) oder in bestimmten Häusern (Männerhäuser der malaischen Kulturen), die zugleich die Stammeshäuser, Rathäuser vorstellen. Die Aufnahme selbst vollzieht sich nach bestimmten kultischen Gebräuchen, die ein Mysterium, eine symbolische Verwandlung des Aufgenommenen darstellen sollen. Der Inhalt des Mysteriums wird zumeist nicht auf einmal, sondern in Stufen (Graden) gegeben. Weihehandlungen in Form einer Entsühnung, Reinigung durch Feuer und Wasser, Mutproben, Verschwiegenheit, Standhaftigkeit, werden in einem kultischen Gebrauchtum (Ritual) verarbeitet. Die Angehörigen des gleichen Männerbundes erkennen sich gegenseitig an Abzeichen, ursprünglich Tätowierungen, und an streng geheimgehaltenen Erkennungszeichen, Losungsworten u. ä. m. Die Reihe dieser M. ist durch die ganze Geschichte der Menschheit zu verfolgen. Sie findet sich in der Urform auch heute noch bei Primitiven, sie ist der bewegende Trieb bei der Bildung von Priesterbünden des Altertums, Mysterienspielen, den verschiedenen Akademien und Sozietäten des Mittelalters u. a. m.

Der Bund der Freimaurer ist ein symbolischer Mysterienmännerbund mit ethischem Inhalt. Die Ähnlichkeit seines Gebrauchtums mit dem anderer bekannter M. hat wiederholt zu den ergebnislosen Versuchen geführt, stammbaumartige Ableitungen herzustellen. Davon kann wohl nicht die Rede sein.

Männerbünde, Moderne. Die Form des Männerbundes, wie sie in der Freimaurerei zum Ausdrucke kommt, wird von zahlreichen ethischen Vereinigungen nachgeahmt. Die Ähnlichkeit besteht vor allem darin, daß sich diese Vereinigungen in Logen und Großlogen versammeln, ein Gebrauchtum pflegen und eine Verschwiegenheitspflicht durch Gelöbnis festlegen. Das führt zu gewollten und ungewollten Verwechslungen. In diesem Lexikon sind diese M. einzeln abgehandelt, nicht weil ein Zusammenhang zwischen ihnen und der Freimaurerei bestehen würde, sondern weil sie ähnliche Formen aufweisen, die in ihrer Entstehung von der Freimauerei abhängig waren.

Die nachstehenden Orden usw. sind vollkommen selbständige Bildungen, die in keinerlei Verhältnis zur Freimaurerei stehen: 1. Odd Fellows. 2. Druiden. 3. B'nai B'rith, jüdischer Orden. 4. Guttempler Orden (Abstinentenorden). 5. Rotary Club. 6. Die Schlaraffia (s. alle diese).

Manningham, Thomas, Arzt in London, eifriger Zugeordneter Großmeister der Großloge von England, 1752—1756, führte das in den angelsächsischen Logen bei der Aufnahme übliche Gebet ein. In einem Schreiben nach Holland vom Jahre 1757 stellte er fest, daß die Rittergrade der sogenannten „Schottischen Maurerei“, deren Wurzeln damals viele in Schottland suchten, dort und in England völlig unbekannt seien, und daß die englische Maurerei nur die drei symbolischen Grade bearbeite. † 1794.

Mann ohne Vorurteil, historisches Lustspiel in fünf Akten von Sacher-Masoch, erschien 1866, glorifiziert Josef v. Sonnenfels und behandelt den Kampf der Freimaurer und Jesuiten am Hofe Maria Theresias.

Manuskripte, Die alten. Die Brüderschaftlichen Vereinigungen der Masons hatten handschriftlich fixierte Grundgesetze, deren Kenntnis wir zumeist glücklichen Funden des 19. Jahrhunderts verdanken. Ihre sprachkritische Untersuchung hat insbesondere Begemann (s. d.) in seinen zahlreichen Untersuchungen gefördert. Sieht man von den sogenannten Werkstattordnungen (Fabric Rolls) ab, so lassen sich nach Wolfstieg folgende vier Kategorien unterscheiden:

1. Das Halliwellgedicht vom Ende des 14. Jahrhundert.
2. Das Cooke-M. aus der ersten Hälfte des 15. Jahrhunderts, mit angehängten „Pflichten“ (Book of our Charges) aus dem Jahre 1388.
3. Die jüngeren Formen des 16. Jahrhundert, unter denen namentlich das William-Watson-M. und die Harrisform von größter Bedeutung sind.
4. Die jüngsten Formen, wie das „Dumfries-Kilwinning, das Sloane-M., die Tew form und der Roberts-Druck, die alle aus dem 17. Jahrhundert stammen.

Manuskripte, Klassifikation der alten. Die im 19. Jahrhundert in England in großer Zahl aufgefundenen alten Logenmanuskripte (Charges), die im wesentlichen immer den gleichen Inhalt, nämlich eine Geschichte und eine Pflichtumschreibung enthalten, sind die einzigen sicheren Spuren, die von den alten Logen hinterlassen wurden. Daher haben sich die englischen Historiker, wie Gould, Hughan u. a., frühzeitig dieser M. bemächtigt und haben versucht, aus sprachlichen und geschichtlichen Merkmalen die Abstammung dieser verschiedenen Formen von einer Grundform entwicklungsgeschichtlich abzuleiten. Über diese Versuche einer Klassifikation besteht eine ungeheure Literatur, die besonders vom Kreise der „Quatuor Coronati Lodge“ in London gefördert wurde. In Deutschland versuchte sich Wilhelm Begemann (s. d.) an der philologischen Klassifikation, die jedoch von englischer Seite teilweise abgelehnt wurde. Die M. werden zumeist mit dem Namen der glücklichen Finder, Besitzer oder Deuter belegt. Nur in einzelnen Fällen auch mit dem Namen der Logen, denen sie gedient haben. Ihr gegenseitiger Zusammenhang wird nach Begemann, Hughan (A. Q. C. 1886) als Familie bezeichnet.

Die englische Forschung unterscheidet:

1. das Regius-M., vor 1400 entstanden;
2. das Cooke-M. (um 1450);
3. die sogenannte Plot-Familie, die sich auf die Mitteilungen des Dr. Plot (s. d.) „an account of the freemasons" stützt;
4. die Großlogenfamilie, abzuleiten von einem M. aus dem Jahre 1583;
5. die Tew-Familie, nach einem M. des Thomas William Tew aus dem 17. Jahrhundert;
6. die Spencer-Familie, die auf eine Variante des Großlogen-M. zurückgeht;
7. die Sloane-Familie und die Roberts-Familie, außerdem noch mehrere schwerer zu klassifizierende M.

Die Zahl der im letzten Jahrhundert gefundenen M. beträgt gegen 80. Sie gehen auf eine gemeinsame Urform zurück, sind durch Abschreiben vervielfältigt, wobei textliche Änderungen und sehr viele Schreibfehler vorgekommen sind. Begemann u. a. haben daher bei ihren Untersuchungen die vorhandenen M. nach eigenen Familien geordnet. Der Inhalt der M. ist im allgemeinen gleichartig. Sie beginnen mit einer Geschichte des Gewerkes, der Kunst, an welche die Pflichten angehängt sind. Das Halliwel-M. (Regiusgedicht) ist in Versen abgefaßt, alle anderen in Prosa. Einzelne dieser M. enthalten auch kurze ritualistische Hinweise, aus denen sich in Umrissen die Art der Einführung neuer Mitglieder erkennen läßt. Die Sloane-Handschrift, die 1720 oder 1730 geschrieben ist, sicher aber die Abschrift eines älteren Dokumentes vorstellt, bringt auch Fragestücke in Form eines Katechismus. Diese M., zumeist in Pergament und Rollenform geschrieben, später auch in Buchform geheftet, sind die ältesten Erinnerungsstücke an die Vorzeit der Freimaurer in England. Sie wurden angefertigt, um bei der Aufnahme von neuen Mitgliedern vorgelesen zu werden. Da eine besondere Logenordnung noch nicht bestand, ließ jeder, der selbst Loge halten wollte, sich eine Abschrift nach einem älteren Vorbild anfertigen. Da viele dieser M. daher nur selten gebraucht wurden, sind sie zum Teile fast unbenützt und ausgezeichnet erhalten auf uns gekommen.

Krause hat für seine „Ältesten Kunsturkunden" drei M. verwendet, von denen sich jedoch zwei, das „Freimaurerverhör" und die „Yorker Konstitution" als plumpe Fälschung erwiesen, während das dritte, die „Lehrlingslektion", einem weit späteren Datum angehört.

Eine der jüngsten Formen ist die sogenannte „Roberts-Familie", von Begemann so genannt, weil nach irgendeinem M. dieser Gruppe in der Buchdruckerei von J. Roberts 1722 ein Druck erschien, der zum erstenmal das größere Publikum mit den alten Verfassungen der Gesellschaft der freien und angenommenen Maurer bekannt machte. Es wird berichtet, daß der zweite Großmeister, George Payne, der auf Sayer folgte, derartige alte Verfassungen vorgelegt habe. Diese in der Andersonschen Verfassung als alte „gotische" Satzungen bezeichneten M. hat dann Anderson bei Abfassung seiner „Constitution" benützt, wobei er sie nicht nur zeitgemäß umgestaltete, sondern auch ihren Inhalt nicht unwesentlich abänderte.

Manville, Sir Edward, englischer Großindustrieller und Politiker, bekannter Ingenieur, * 1862, gewesener Vizepräsident des Industriellenverbandes, gewesener Präsident des Reichshandelsrates, wurde 1920 Großbeamter der Großloge von England.

Manzoni, Alessandro, berühmter italienischer Dichter, * 1785, † 1873, Freidenker, neigte später zum Katholizismus, schrieb „Trionfo della Libertà", von religiösem Geist erfüllte lyrische Gedichte, „Inni sacri", Dramen („Il Conte di Carmagnola" usw.), die ersten italienischen Theaterstücke im nationalen Geist, hatte dann internationalen Erfolg mit seinem Roman „I Promessi sposi", dem ersten modernen Roman in italienischer Sprache, der u. a. auch fünf deutsche Übersetzungen erreichte (darunter eine von Heyse), trat für die Sache des geeinigten Italien ein, 1860 Senator, war Freimaurer.

Marat, Jean Paul, * 1744, † 1793, von Beruf Arzt, später Journalist und Führer in der französischen Revolution, war Freimaurer, ist jedoch im Logenleben nie hervorgetreten. Er wurde aufgenommen in der Londoner Loge „At the King's Head, Gerard Street, Soho". Das Meisterdiplom, unterzeichnet vom Großsekretär Heseltine, ist datiert vom 15. Juli 1774. Im Oktober 1774 stand er in Beziehungen zur Loge „La bien Aimée" in Amsterdam.

Marbach, Oswald, deutscher Schriftsteller und Gelehrter, * 1810, † 1890, Polyhistor von staunenswerter Schaffenskraft, Professor der Philosophie und Technologie in Leipzig, leitender Direktor der von ihm gegründeten Lebensversicherungsanstalt „Teutonia", Verfasser zahlreicher wissenschaftlicher Werke auf den verschiedensten Gebieten (u. a. ein fünfbändiges „Populäres physikalisches Lexikon", „Lehrbuch der Geschichte der Philosophie", „Über moderne Literatur", drei Sammelbände), Lyriker, Dramatiker, Bearbeiter klassischer und altdeutscher Dichtungen (Sophokles, Aristophanes, Äschylos, Shakespeare, Nibelungenlied usw.), fortschrittlicher Schriftleiter der Vierteljahrsschrift „Jahreszeiten" (1839/40), dann der „Leipziger Zeitung" (1848—1852). M. war in hervorragendster Weise — als wahrer „Praeceptor Latomiae" — auf freimaurerischem Gebiete tätig. Mitglied der Leipziger Loge „Balduin zur Linde", von 1844—1862 und von 1867 bis 1885 deren Stuhlmeister, mehr als ein Jahrzehnt Herausgeber der maurerischen Zeitschrift „Am Reißbrette", schrieb er eine große Anzahl vortrefflicher maurerischer Bücher. Vorbildlich, das Wesen der Freimaurerei und ihre Rituale und Symbole zutiefst erfassend, sind die als Lehrbücher im besten Sinne des Wortes anzusprechenden „Agenda" für die drei Symbolischen Grade, aber auch die „Katechismusreden" mit ihren Symbolerläuterungen, „Arbeiten am rohen Stein" und zahlreiche Sammlungen sind bis auf den heutigen Tag überaus wertvoll. (Vergl. Wolfstiegsche „Biographie".)

Marconis de Nègre, Jacques-Etienne,

* 1795, † 1868, der eigentliche Schöpfer des Memphis-Ritus (s. d.) im Jahre 1838, Schriftsteller, schrieb zahlreiche Bücher über seinen Orden (so „Rameau d'Eleusis", 1861), der zwar schon 1815 in Montauban ganz kurz aufgetaucht war, aber erst von M. auf 95 Grade (und einen 96. für den Großhierophanten, zu dem er sich selbst machte) gebracht wurde.

Marcuse, A d o l f, Dr. phil., Universitätsprofessor, bedeutender Astronom und Physiker, * 1860, † 1930, war Alt- und Ehrenmeister der Berliner Loge „Victoria" und Ehrenmitglied der Großloge von Hamburg. Er war einer der Führer der humanitären deutschen Freimaurerei, deren Wesen er wohl als erster in Deutschland im Rundfunk auseinandersetzte.

Marencourt, L o u i s, Kapitän eines französischen Freibeuterschiffes, legte im Englisch-Französischen Krieg 1813 einen Beweis besonderer freimaurerischer Ritterlichkeit ab. Er kaperte am 7. Februar 1813 zwei englische Schiffe in der Nähe der englischen Küste. Bei Durchsicht der Schiffspapiere erkannte er, daß der eine kriegsgefangene englische Kapitän Freimaurer war. Er entließ ihn hierauf mit seinem Schiff auf Ehrenwort, gegen die Verpflichtung, nach seiner Heimkehr die Freilassung einiger namhaft gemachter französischer Seeleute zu erwirken. Die Loge des englischen Kapitäns, C a m p b e l l, in Limerick wußte diese Ritterlichkeit zu würdigen und ließ für M. einen prunkvollen Silberpokal anfertigen, der ihm überreicht werden sollte. Diese Ehrengabe erreichte jedoch M. nicht mehr, da er inzwischen in Afrika gestorben war. Der Pokal kehrte 1820 in die englische Loge zurück. Ein ähnlicher Fall wird von einem französischen Kapitän Pierre C u g n e a u aus Bordeaux berichtet, der unter gleichen Verhältnissen eine sehr reiche Prise entließ, weil deren Kapitän G u t h r i e Freimaurer war. Auch in diesem Falle wurde der Austausch von kriegsgefangenen französischen Seeleuten als Gegenleistung verlangt.

Marggraff, H e r m a n n, deutscher Literaturhistoriker, * 1804, † 1864, Mitglied der Loge „Balduin zur Linde" in Leipzig, übersetzte das Halliwell-Manuskript (s. d.) ins Deutsche.

Margiotta, D o m e n i c o, italienischer Antifreimaurer, der, in Paris lebend, einer der Hauptförderer des Taxil-Schwindels war. Der angebliche freimaurerische Teufelskult wurde von M. in verschiedenen Schriften plastisch dargestellt. Er ließ den italienischen Großmeister Adriano L e m m i (s. d.) zum Teufelspapst avancieren und hatte namentlich an der Erfindung der „Teufelstochter" Diana V a u g h a n hervorragenden Anteil.

Margoulies, M a n u e l, Dr. jur. und Dr. med., * 1868 in Odessa, Advokat in Petersburg, dort Gemeinderat. Während des Krieges bis Ende 1917 Präsident der Petersburger Sanitätskommission und Vizepräsident des Zentralkomitees der Kriegsindustrie. 1919 Handelsminister der russischen Nordwest-Regierung, Freimaurer seit 1907, Mitbegründer und Redner der Loge „Polarstern" in Petersburg, Vizepräsident des Ordensrates, unternahm 1908 mit zwei anderen russischen Freimaurern eine maurerische Europareise, gründete je eine Loge in Kiew und Odessa. 1922 Mitgründer der russischen Loge „Zum großen Licht im Norden" in Berlin („Drei Weltkugeln"), 1924 der Loge „Polarstern" in Paris (Grand Orient), Vorsitzender Meister des gleichnamigen Kapitels.

Maria Anna, Erzherzogin von Österreich, Tochter von F r a n z I. und M a r i a T h e r e s i a, Schwester J o s e p h s II., * 1738, † 1786, Schülerin von B o r n (s. d.), von 1771 an in Klagenfurt in Kärnten, große Wohltäterin, brachte der Freimaurerei besonderes Interesse entgegen. Sie war die Triebfeder zur Gründung der Klagenfurter Loge 1783, die auch ihren Namen führte.

Maria Karoline, s. K a r o l i n e, Königin beider Sizilien.

Maria-Laach, Stimmen aus, klerikale Zeitschrift, deren Redaktion 1871 der Jesuitenpater Georg Michael P a c h t l e r (s. d.) übernahm, stellte in dessen Kampf gegen die Freimaurerei eine besonders tatkräftige Waffe dar.

Maria Theresia, österreichische Kaiserin aus dem Hause H a b s b u r g (1740—1780). Ihr Gatte F r a n z S t e p h a n von Lothringen (s. d.) und ihr Schwiegersohn A l b r e c h t K a s i m i r von Sachsen-Teschen waren Freimaurer, ebenso ihr langjähriger Berater Fürst K a u n i t z. Sie erließ trotzdem mehrere Verfügungen gegen die Freimaurer, die sie aber im übrigen duldete, obgleich sie, wie aus einem Briefe an ihre Tochter, die Königin M a r i a A n t o i n e t t e von Frankreich, hervorgeht, von einem gewissen Mißtrauen gegen den Bund erfüllt war. 1743 wurde über ihren Befehl die Loge „Aux trois Canons" in Wien militärisch ausgehoben. Anderseits unterstützte sie das freimaurerische Waisenhaus zu St. Johann dem Täufer in Prag mit reichen Geldspenden.

Maria-Theresia-Denkmal in Wien, ein Werk von Kaspar von Z u m b u s c h, verewigt die Gestalten von folgenden sechs Freimaurern: Maximilian Ulysses Reichsgraf von B r o w n e, Mitglied der Loge „Zu den drei Kanonen" (eines der vier Reiterstandbilder); Dichter Alois B l u m a u e r (s. d.); E c k h e l, Begründer der wissenschaftlichen Numismatik, Abbé Michael D e n i s (s. d.), Freund K l o p s t o c k s (alle drei der Loge „Zur wahren Eintracht" angehörend), und H a y d i n g e r, Direktor der kaiserlichen Naturaliensammlung. Die berühmteste der dargestellten freimaurerischen Persönlichkeiten ist Staatskanzler Fürst Wenzel K a u n i t z (s. d.).

Marienritterorden, Deutscher, vaterländischer Verband auf katholischer Grundlage, der in Burgen gegliedert und von bischöflicher Seite anerkannt ist, beschäftigt sich in seinen Sitzungen u. a. auch mit dem Studium der Freimaurerei. Ordenszeitung ist „Die Schildwache" des Antifreimaurers Pfarrer M ö d e r in Basel.

Marina, spanischer Kanonikus und Mitglied der Akademie in Madrid, wurde 1816 unter F e r d i n a n d VII. als Freimaurer zusammen mit dem Marquis von T o l o s a, dem königlichen Leibarzt Dr. L u q u e und dem Generaladjutanten W e l l i n g t o n s, General A l a v a, gefoltert und bis 1820 eingekerkert.

Marionetten. Der „böse" Freimaurer wurde

im 18. Jahrhundert nicht selten in Kasperltheatern gezeigt. Schon in den vierziger Jahren führten M. auf dem Jahrmarkt von St. Germain bei Paris „Polichinelle Franc-Maçon" auf, ein Kasperlstück, das eine ganze Flut ähnlicher Erzeugnisse im Gefolge hatte.

Mark (engl.), bezeichnet in der Markmaurerei (s. d.) das besondere Zeichen jedes Steinmetzen auf seinem Werk.

Markham, Edwin, amerikanischer Dichter, * 1852, der „große Sänger des Evangeliums der Bruderliebe", schrieb „Gates of Paradise", „Lincoln", Herausgeber des „Book of Poetry" (eine Anthologie), besonders erfolgreich mit seinem Gedicht „The Man with the Hoe", das als der „Schlachtruf der nächsten tausend Jahre" bezeichnet wurde, Ehrenpräsident der Gesellschaft amerikanischer Dichter, wurde in der „Acacia Lodge" in Coloma (Kalifornien) in den Freimaurerbund aufgenommen.

Markmaurerei, Hochgradsystem, das sich erst in Schottland verbreitete und früher aus zwei Graden: Mark Man oder Mark Mason und dem Mark Master, bestand, die als Ergänzung des Gesellen- und Meistergrades galten. Heute wird in Schottland nur noch der Mark Master im Anschluß an den Meistergrad erteilt. In England wird der Grad seit 1856 in Marklogen unter einer besonderen „Mark Grand Lodge" bearbeitet. In Amerika entwickelte sich die M. als Bestandteil der dort mit dem Royal Arch abschließenden Kapitelmaurerei (Capitular Masonry), deren erste Stufe der Mark Master bildet (s. Amerikanischer Ritus).

Die erste Erwähnung der M. geschieht in einem Protokoll des Chapter of Friendship in Portsmouth von 1769; Thomas Dunckerley (s. d.) machte damals einzelne Brr. zu Mark Masons und Mark Masters.

Der Mark-Master-Grad handelt vom Salomonischen Tempelbau, von der „Mark", dem besonderen Zeichen der Steinmetzen, insbesondere einem solchen, das sich auf einem Schlußstein (engl. Keystone) findet, der zur Vollendung des Baues besonders wichtig ist.

Marks von Württemberg, Erik T., Freiherr v., schwedischer Richter und Politiker, * 1861, Präsident des schwedischen Appellationsgerichts, Mitglied des Haager Weltgerichtshofs, Minister ohne Portefeuille 1905, Außenminister 1923, wiederholt Mitglied der schwedischen Völkerbunddelegation, ist Mitglied einer Loge der Großen Landesloge von Schweden.

Mark Twain (Pseudonym des amerikanischen Humoristen Samuel Longhorne Clemens), * 1835, † 1910, wurde als Mississippilotse in die „Polarstern-Loge", St. Louis, aufgenommen.

Marokko, afrikanisches Sultanat unter französischem Protektorat, der Norden spanisches Schutzgebiet, besitzt 29 französische und spanische Logen unter vier Obedienzen: Grand Orient (9) und Grande Loge de France (10), Gran Logia Española (6), Gran Oriente Español (4). Von diesen arbeiten sieben in Casablanca, sechs in Fez, vier in Tanger, drei in Rabat, die übrigen in Marrakesch, Mogador, Mazagan und anderen Orten. Die meisten Logen sind nach dem Weltkrieg gegründet worden; von den 19 französischen bestanden vorher nur zwei, „Le Phare de la Chaouïa" (1910) in Casablanca und „Nouvelle Volubilis" (1891) in Tanger. Die Logen des Grand Orient, bezw. der Grande Loge versammeln sich seit einigen Jahren zu Kongressen, auf denen neben den allgemeinen, von den Obedienzen aufgegebenen Studienfragen Probleme kolonialer Natur erörtert werden.

Marrast, Armand, französischer republikanischer Publizist, * 1801, † 1852, Mitglied der provisorischen Regierung von 1848, Bürgermeister von Paris und Präsident der Nationalversammlung, war Mitglied einer Loge des Grand Orient de France.

Marryat, Frederic, englischer Flottenkapitän und bekannter Romanschriftsteller, * 1792, † 1848. Aus einer Stelle in seinem Romane „Newton Forster" (1832) geht eine derartige Kenntnis freimaurerischer Gebräuche hervor, daß seine Zugehörigkeit zum Bunde angenommen werden muß.

Marschall, C. G. v., † 1751/52, wurde von Freiherrn v. Hund als sein Vorgänger (antecessor) als Heermeister der VII. Provinz des Tempelherrenordens bezeichnet. Dieser habe ihm die Matrikel der Ordensprovinz übergeben. Eine eigenhändige Unterschrift von M., über dessen Persönlichkeit sonst nichts bekannt ist, findet sich im Ordensbuch der Präfektur Brunopolis (Braunschweig). Er zeichnete „C. G. Marschall, ritter vom reissbrede, d. Z. Heermeister an der E. und Oder". Im Orden hieß er „eques a tabula designatoria".

Marschall ist in einigen Großlogen, so in amerikanischen, der Titel für den Zeremonienmeister. In der englischen Großloge heißt er Grand Director of Ceremonies und wird in Ausübung seines Amtes von zwölf Assistants unterstützt. Sein Amtsabzeichen ist der Stab, als Großlogenabzeichen wird hierzu ein Kleinod getragen, das zwei gekreuzte Stäbe in einem Blätterkranze zeigt.

Marshall, John, berühmter amerikanischer Jurist, Oberster Richter, * 1755, † 1835, diente in der Kontinentalarmee, hatte 1788 führenden Anteil am Konvent von Virginia, 1799 Mitglied des Abgeordnetenhauses, Staatssekretär unter Adams 1800—1801. Als Chef des Obersten Gerichtshofes hob er dessen Ansehen und Unabhängigkeit bedeutend. Autorität in Verfassungsfragen, war Freimaurer. Sein Andenken ehrt ein 1930 in Philadelphia errichtetes Monument.

Marshall, Thomas Riley, Vizepräsident der Vereinigten Staaten von Nordamerika 1913 bis 1921, vorher Gouverneur von Indiana, * 1854, † 1925, war ein überaus eifriges Mitglied des Obersten Rates des A. u. A. Schottischen Ritus (Nördliche Jurisdiktion) von Nordamerika. 1922 nahm er am Lausanner Kongreß der Obersten Räte führend teil.

Marshall of Chipstead, erster Baron, Sir Horace Brooks Marshall, Chef des berühmten englischen Verlags Marshall and Sons * 1865, großzügiger Philanthrop, 1901/02 Groß schatzmeister, 1919 Junior Grand Warden der Großloge von England.

Marti, José Maria, Apostel und Märtyrer der kubanischen Unabhängigkeit, Publizist und Advokat, † 1895, war Freimaurer.

Martin.

1. Georges, Dr., französischer Senator, † 1916, Gründer der auch Frauen aufnehmenden gemischten Freimaurerei, stiftete am 4. April 1893 mit Marie Deraismes und 16 anderen die „Grande Loge Symbolique Ecossaise de France" unter dem Namen „Droit humain" (s. d.).

2. Gaston, französischer Historiker, * 1886, Professor in Toulouse, aufgenommen 1909 in der Loge „Aurore de la Liberté" in Béthune, 1926 Träger des freimaurerischen Geschichtspreises „Prix Arthur Mille", veröffentlichte: „La Franc-Maçonnerie française et la préparation de la Révolution" und „Manuel d'histoire de la Franc-Maçonnerie française" (1929). M. vertritt im Gegensatz zu Lantoine (s. d.) mehr die Geschichtsauffassung des Grand Orient de France.

Martin, Louis Claude, Marquis de Saint, französischer Mystiker, * 1743, † 1803, nach juristischen Studien Offizier, Anhänger der theosophischen Lehre von Jakob Böhme (s. d.), ein „Robinson der Spiritualität", lernte in Bordeaux Martines Pasqually (s. d.) kennen, wurde durch dessen kabbalistische Ideen und magisch-theurgische Operationen stark beeinflußt. Unter dem Pseudonym „Philosophe inconnu" veröffentlichte er 1775 sein philosophisches Erstlingswerk „Des erreurs et de la vérité des Hommes rappelés au principe universel de la science" (1781 von Matthias Claudius [s. d.] ins Deutsche übertragen), das, ausgesprochen aufklärungsfeindlich, die Nichtigkeit der materiellen Welt, „der sinnlichen und körperlichen Natur im Menschen" predigte, die Ohnmacht des menschlichen Eigenwillens und den höheren Ursprung obrigkeitlicher Gewalten lehrte und vom Bestreben geleitet war, das geistige Leben des Menschen und seine Zusammenhänge mit der geistigen Welt zu analysieren. Nach Bode „fing dieses Buch aller Bücher für Rosenkreuzer, Theosophen und die übrigen Mystiker an, das große Aufsehen zu machen, wodurch es nunmehr ungefähr zu einem symbolischen Buch geworden..." Der Deckname „Philosophe inconnu" wies auf die von ihm begründete Vereinigung hin, deren Statut sich (nach Arnold Marx „Die Gold- und Rosenkreuzer" im „Freimaurermuseum", Band V.) mit dem sogenannten Prager Ritual der Rosenkreuzer deckte. M. war 1769 Freimaurer geworden und hatte zuerst im System der „Auserwählten Coëns" seines Meisters Pasqually eine bedeutende Rolle gespielt, dann aber einen eigenen Hochgradritus begründet, der auf templerischer Grundlage manches von den Coëns mit seinen eigenen Lehren verband.

Dieses „System der Martinisten", das zuerst zehn und später sieben Grade umfaßte, ging nach dem „Convent des Gaules", Lyon 1778, in dem dort geschaffenen Rektifizierten Schottischen Ritus (s. d.) auf. Die ursprünglichen zehn Grade umfaßten in zwei „Tempeln" die folgenden Stufen: Erster Tempel: 1. Lehrling, 2. Geselle, 3. Meister, 4. Altmeister, 5. Auserwählter, 6. Großarchitekt, 7. Herr des Geheimnisses; zweiter Tempel: 8. Prinz von Jerusalem, 9. Ritter von Palästina, 10. Kadosch. Die Gedankengänge dieses Systems waren ebenso verschroben und verworren wie jene seines zweiten Buches „Tableau naturel des rapports existants entre Dieu, l'homme et l'Univers" (1782), einer philosophisch-kabbalistischen Studie über den Tarot und den Symbolismus des Universums.

Um das Göttliche ganz allein im Grund seines Herzens suchen zu können, bat M. 1790 seinen Freund Willermoz (s. d.), seinen Namen in den freimaurerischen Listen zu löschen; er schrieb aber: „Ich bleibe auch weiterhin mit Euch eins, als Coën sowohl wie als Eingeweihter."

Martines s. Pasqually.

Martinez Barrios, Diego, Verkehrsminister der provisorischen Regierung der neuen spanischen Republik, Advokat, Führer der Republikaner von Sevilla, unter dem Regime Primo de Riveras eingekerkert, ist Großmeister des Großorients von Spanien.

Martinez de la Rosa, Francisco, spanischer Schriftsteller und Politiker, * 1789, † 1862, liberaler Abgeordneter, von Ferdinand VII. verbannt, kehrte 1820 zurück, 1822 kurze Zeit Ministerpräsident, später Gesandter in Rom und Paris, schrieb Komödien und Dramen, historische Novellen, war Sekretär der spanischen Akademie und Freimaurer.

Martinez de Rozas, Juan, chilenischer Freiheitskämpfer, * 1759, † 1813, war Freimaurer.

Martinique, Insel der Kleinen Antillen, französische Kolonie; unter der Grand Loge de France und dem Grand Orient arbeitet je eine Loge.

Martinisten s. Martin, Louis Claude.

Martinistenorden, Moderner, leitet sich angeblich von dem Hochgradsystem des französischen Theosophen Marquis Louis Claude de St. Martin (s. d.) her. Die Abstammung von dem reformierten Martinismus des „Philosophe inconnu" des 18. Jahrhunderts ist aber nicht erweisbar. Der moderne M. wurde vielmehr durch den okkultistischen Schriftsteller Marquis Stanislas de Guaita (Verfasser des Buches „Le Serpent de la Genèse") etwa 1884 gegründet. Nach seinem 1887 erfolgten Tode ging die Leitung des Ordens auf Ch. Barlet über, dessen Nachfolger bald darauf der Pariser Arzt Dr. Gérard Encausse wurde, der sich Papus (s. d.) nannte. 1891 erfolgte die Gründung des ersten Suprême Conseil des M. in Paris. Der Orden bezeichnete sich als „Ordre des Silencieux Inconnus" (Ordre des S∴ I∴), wurde aber bekannter als „Ordre Martiniste" (in gegnerischen Schriften „Sechspunktebrüder").

Etwa um die gleiche Zeit wurde auch ein parallellaufender Orden, der „Ordre cabalistique de la Rose Croix" gestiftet. Im Jahre 1890 verursachte der unter dem Pseudonym „Sar Mérodak" wirkende bekannte Schriftsteller Joséphin Peladan eine

Spaltung im Lager der Martinisten, indem er mit einigen Freunden einen neuen Orden: „Ordre de la Rose Croix du Temple et du Graal, ou de la Rose Catholique" gründete. Dieser war stark von katholischen Schwärmereien durchsetzt. In einem seiner Bücher „Das nächste Konklave. Eine Belehrung für die Kardinäle" beschwor Peladan den Papst, in der Kirche das „erloschene Licht der Mysterien" wieder anzuzünden.

Über den Ursprung des M. (M∴O∴) erzählte Papus, die Wiedererweckung des Ordens sei durch einen bescheidenen Okkultisten, Henri Delaage, erfolgt, der stets den Grundsätzen des Ordens: „Aufrechterhaltung der okkulten Tradition und Verteidigung der christlichen Ideen" treu geblieben war. Delaage habe wenigen treuen Freunden vom „Martinismus" erzählt, dessen Traditionen ihm von seinem von St. Martin selbst eingeweihten Großvater, de Chaptal, übermittelt worden seien.

In den von Guaita verfaßten Ritualen spielt die Dreizahl eine große Rolle. Schon im ersten Martinistengrade kommen drei Säulen verschiedener Farbe vor, die durch ein großes Licht überragt werden. Diese Trias, in Verbindung mit der Vierzahl, wird in den weiteren Graden harmonisch weiterentwickelt. Dem Kandidaten wird in diesen die Geschichte des Falles und der Wiederaufrichtung des Menschen bekanntgegeben, während in dem höchsten Grade die Versöhnung der Schöpfung mit dem Schöpfer behandelt wird. Zu den Arbeiten werden stets auch Freimaurer, die mindestens den XVIII. Grad besitzen, als Besucher zugelassen. Der Profane, der Aufnahme in den Tempel begehrt, sieht sich dort maskierten Männern gegenüber, die stumm ihre Degen gegen seine Brust richten. Sie tragen altägyptischen Kopfschmuck. Der Kandidat wird hierauf in einen Stuhl gegenüber dem weißdrapierten Altar gesetzt. Auf diesem befinden sich brennende Kerzen, während auf drei Teppichen eine Sphinx, Masken, ein Dolch, ein mit einer Blume verzierter Totenschädel, magische Abbildungen gruppiert sind. Im Hintergrund des Saales der sechszackige flammende Stern und das „glänzende Pentagramm der Kabbalisten". Der Orden hat drei Grade: „Affiliierter", „Initiierter" und „Initiator" (auch Supérieur Inconnu, S. I.). Jeder S. I. kann sich um die drei Grade des Rose-Croix-Ordens bewerben.

Papus wünschte die Martinisten mit den Freimaurern zu verquicken. Im Dezember 1906 verkündigte er, es bestünde im M. eine Kommission, welche mit der Organisation einer Großloge des Swedenborg-Ritus „zwecks Bearbeitung der wahren Maurerei" betraut worden sei. Es wurde auch gesagt, die gewählte Kommission werde eine engere Verbindung zwischen der französischen (d. h. Papusschen) und der ausländischen Maurerei herstellen. Papus fand dann, daß mit der dreiköpfigen Cerneau-, Memphis- und Misraim-Organisation ein noch besseres Geschäft gemacht werden könnte. Am 24. Juni 1908 fand unter dem Vorsitz des Scharlatans Theodor Reuß (s. d.) eine Sitzung des „Souveränen Sanctuariums" statt, in welchem Frankreich als unbesetztes Land erklärt und Papus und seinem Freund Téder (Détré) und drei weiteren Franzosen eine „Vollmacht" zur Gründung eines Großrates und Großorients der drei vereinigten Riten für Frankreich und seine Kolonien erteilt wurde. Nach dem Tode von Papus-Encausse ging die Führung des M. in Frankreich auf J. Bricaud über. Dieser war der Nachfolger des „Patriarchen der Gnostischen Kirche", Valentinus II., im profanen Leben Jules Doinel, der, später reumütig in den Schoß der römischen Kirche zurückgekehrt, unter dem Pseudonym Jean Kostka sich gegen die gnostischen Systeme, den Martinismus und die Freimaurerei betätigte.

Bricaud, früher katholischer Priester, kam seinerseits über die Freimaurerei zur gnostischen Kirche, die er unter dem Namen Johannes II. verwaltete. Nach der „Darstellung der modernen christlichen Religion von Bricaud und L. S. Fugairon hatte die alte Kirche der Gnostiker 7 Grade: 1. Borborianist, 2. Codianist oder Bettler, 3. Nymphiusit oder Bader, 4. Stratiolit oder Soldat, 5. Phobionit oder geistig Armer, 6. Zachäit, der Jesum annimmt, und 7. Barbelit, Sohn des Herrn. Die neuzeitlichen Namen dieser Grade dagegen heißen: 1. Geheimer Schüler, 2. Vollkommener Schüler, 3. Erhabener Gnostischer Maurer, 4. Ritter der Kelle und des Degens, 5. Meister Adept, 6. Meister des Königlichen Geheimnisses und 7. Diener der ehernen Schlange und des Sterns. Die ersten zwei Grade führen in den Vorhof die nächsten zwei in den Tempel und der letzte Grad in das „Allerheiligste". Nach dem Weltkrieg erschienene Publikationen der gnostischen Kirche behaupten, diese stehe in engsten Beziehungen sowohl zum Orden der Martinisten wie auch zum Kabbalistischen Orden des Rosenkreuzes, einem „Spiritualistischen Freimaurerverband" und dem Cerneau-, Memphis- und Misraim-Orden.

1931 erschienen in Lyon „Constitution et Règlement Général" des „Ordre Martiniste", herausgegeben vom Conseil de l'Ordre (Ordensrat). Diesen Satzungen zufolge ist der Martinistenorden, der „unter den Auspizien unbekannter Oberer" wirkt, gnostischen Charakters. Seine drei Kampfziele sind: „Die Reintegration des menschlichen Wesens in seiner ursprünglichen Reinheit, die Annäherung des Menschen an Gott, die Vergeistigung der Menschheit." Der Orden erklärt, als Mitglieder nur Freimaurer des Meistergrades aufzunehmen. Beziehungen zu regulären freimaurerischen Obedienzen bestehen nicht.

Martinovics, Ignaz, Josef v., * 1755, † 1795 gelehrter ungarischer Mönch und Revolutionär, angeblich einem kroatischen Franziskanerkloster entlaufen, erhielt nach einem abenteuerlichen Leben, das ihn durch ganz Europa führte, die Professur für Chemie und Physik an der Lemberger Universität. Er übersiedelte dann nach Budapest, von wo aus er durch Vermittlung des ehemaligen Pester Polizeidirektors Franz Gotthardi Kaiser Leopold II. seine Dienste als Spitzel bei der Überwachung der Freimaurer, Illuminaten und Jesuiten anbot. In dieser Eigenschaft war M. während der Jahre 1791 und 1792 unter der Maske eines kaiserlichen Hofchemikers und k. k. Rates fortlaufend für den Kaiser tätig. Mitglied der Budapester Loge „Zur Großmut", ließ er sich durch Aloys Blumauer (s. d.) in die Wiener Illuminatenloge aufnehmen, über deren interne Vorgänge er mit größter Ausführlichkeit Bericht erstattete und zu deren Unterdrückung er dem Kaiser einen detaillierten Plan unterbreitete. Für seine Dienste mit der Stelle eines Titularabtes von Siklós entlohnt, schlug sich M. nach dem Tode Leopolds II. auf die Seite der ungarischen Freiheitsbewegung, organisierte unter Kaiser Franz II. einen Aufstand zur Lostrennung Ungarns von Österreich und wurde nach einem geheim geführten Prozeß im Jahre 1795 mit vier Mitverschworenen als Hochverräter in Ofen enthauptet. Seine universelle Bildung und seine umfassende Tätigkeit als wissenschaftlicher Schriftsteller in allen Disziplinen charakterisieren ihn als Geistesverwandten der französischen Enzyklopädisten, mit denen er auch persönliche Beziehungen unterhielt. M. galt in Ungarn lange Zeit als Vorkämpfer der ungarischen Selbständigkeit, Nationalheld und politischer Märtyrer, bis neue historische Forschungen auf Grund von Akten des Wiener Haus-, Hof- und Staatsarchivs seine Tätigkeit als Konjunkturpolitiker und Spitzel klarstellten.

Märtyrer des freimaurerischen Gedankens, s. Inquisition, Spanien, Portugal, Fascismus.

Maryland, Bundesstaat der Vereinigten Staaten von Nordamerika. Auf dem Boden dieses Staates fand die Freimaurerei schon 1750 Eingang, als die Provinzial-Großloge von Massachusetts eine Loge in Annapolis errichtete. Später waren auch die „Antients" und die Großloge von Pennsylvanien als eifrige Gründer tätig. In der Lodge Nr. 16, heute „Baltimore Lodge Nr. 20", erhielt 1775 der berühmte Revolutionsgeneral Mordecai Gist das Licht. 1787 bildete sich in Baltimore die Großloge von M. Sie zählte 1930 122 Logen mit rund 34.200 Mitgliedern. Adresse: Masonic Temple, Baltimore.

Mary's Chapel in Edinburgh, die älteste schottische Loge, deren Protokolle bis zum Jahre 1599 zurückgehen. Sie ist die Bauloge an der Marienkapelle in Edinburgh und hat sich aus der reinen Werkloge im Laufe der Zeit zur Freimaurerloge in unserem Sinne umgewandelt. Spekulative Maurer sind in ihr bereits 1600 nachweisbar, durch sie wurde auch 1641 der Quartiermeister der schottischen Armee, Robert Moray (s. d.) in einer Delegationsloge aufgenommen. In den Registern der Schottischen Großloge führt sie die Nummer 1, das Recht der ältere Herkunft behauptenden „Kilwinning-Loge" wurde dadurch gesichert (1807), daß man nach langen Kämpfen „Mother Kilwinning" die Nummer 0 gab.

Masaryk, Thomas Garrigue. Erster Präsident der Tschechoslowakischen Republik, * 1850, ist nicht Freimaurer, widmet aber der russischen Freimaurerei des achtzehnten Jahrhunderts in seinen soziologischen Skizzen „Zur russischen Geschichte und Religionsphilosophie" eine Betrachtung. Er schreibt im Zusammenhang mit der Aufklärung: „Von besonderer Wichtigkeit wurde ... der Freimaurerorden als Organisator europäischer Bildung, als eifriger Propagator der Humanitätsideale ...". Von M. stammt die These: „Demokratie ist die Staatsform der Humanität". Bei einem Empfange deutscher Freimaurer seines Landes, die M. zum 80. Geburtstage beglückwünschten, hat er darauf verwiesen, daß er in Amerika wohl mehrmals zum Beitritt aufgefordert wurde, jedoch abgelehnt habe, weil er der Meinung sei, daß Fragen der Humanität und Ethik am besten nur individuell zu lösen seien. Die Besucher konnten bei dieser Gelegenheit feststellen, wie gut M. über den Inhalt der Freimaurerei unterrichtet ist.

Masones del Oriente, Los, offizielle Monatsschrift der irregulären „Gran Logia Oriental", Cuba. Adresse: S. Hechavarría baja, 36. Santiago de Cuba.

Masonic Bibliophiles, s. Bibliophilie.

Masonic Free Employment and Service Bureau, Brooklyn, s. Stellenvermittlung.

Masonic Home, Wohlfahrtsinstitution, die den meisten angelsächsischen Großlogen eigen ist. Allerdings ist darunter verschiedenes zu verstehen. Sehr oft handelt es sich um ein Altersheim, noch öfter um ein Heim für Kinder (Waisenhaus), bei manchen Großlogen umfaßt das Home Fürsorge für alte Brr., Witwen und Kinder.

Masonic Institute, eine Einrichtung innerhalb der Großloge von New York, die 1929/30 unter Großmeister Dutton eingeführt wurde: Diskussionsabende der Stuhlmeister und Altmeister einzelner Großlogen-Distrikte über wichtige Fragen der Logenverwaltung.

Masonic Million Memorial Fund, nach dem Weltkrieg von der Großloge von England aus freiwilligen Spenden von Logen und Mitgliedern begründeter Baufonds zur Errichtung des dem Gedenken an die im Weltkrieg gefallenen fast 4000 englischen Freimaurern geweihten und als Friedensmonument gedachten neuen Großlogenpalastes in London, dessen Kosten mit einer Million Pfund veranschlagt wurden. Der Bau geht (1931) der Vollendung entgegen; ein Teil der Räumlichkeiten wurde bereits dem Betrieb übergeben. Die Kosten überschreiten den Voranschlag wesentlich.

Masonic or Royal Irish Volunteers, 1793 im britisch-französischen Krieg vom Großmeister der Großloge von Irland, Lord Donoughmore (s. d.) auf eigene Kosten aufgestelltes, von seinem Bruder, dem Ersten Großaufseher befehligtes, aus irischen Freimaurern bestehendes Freiwilligenregiment in der britischen Armee.

Masonic Reprints (engl.), Quatuor Coronatorum Antigrapha, Sammlung freimaurerischer Faksimiledrucke, herausgegeben von der Londoner „Quatuor Coronati Lodge (s. d.).

Masonic Service Association of the USA. 1919 in Cedar Rapids (Iowa) als freiwilliger Bund amerikanischer Großlogen gegründet, mit dem Zweck „Hilfeleistung für die Menschheit durch Erziehung, Aufklärung, Unterstützung und maurerische Fürsorge, besonders in Zeiten von Katastrophen ...". Zunächst erstreckte sich die Hilfeleistung auf Mitglieder der Bruderschaft und deren Angehörige, sowie auf Personen, die im Kriege im Dienste der Vereinigten Staaten standen. Ausgangspunkt der Gründung war eine Ende November 1918 stattgefundene Versammlung amerikanischer Großmeister, die erklärten, daß die maurerische Brüderschaft sich erfolgreich in den Diehst der Menschheit stellen und ihre Mission fruchtbar gestalten könne, wenn die Beziehungen der maurerischen Obedienzen der Vereinigten Staaten auf inniger Zusammenarbeit aufgebaut würden. Die M. S. A., die die maurerische Monatsschrift „The Master Mason" begründete und eine Reihe freimaurerischer Bücher herausgab, leitete anläßlich der großen Springflutkatastrophe in Florida und der Überschwemmungen des Mississippi große Hilfsaktionen ein.

Masonic Service Clubs vereinigen amerikanische Freimaurer, die im Dienste der Armee oder Flotte stehen.

Masonic Study Society, britische freimaurerische Studiengesellschaft, wurde 1921 in Verbindung mit der Royal Colonial Institute Lodge 3556 gegründet. Sie studiert die Symbolik der Freimaurerei und deren Ursprung im Zusammenhang mit anthropologischen Forschungen. Bei den vergleichenden Studien über freimaurerähnliche Bünde der Gegenwart und Vergangenheit werden besonders religiöse und folkloristische Elemente herangezogen.

Masonic Tokens, in England um 1790 vorkommende private Münzen mit freimaurerischer Prägung. Ein bekannter T.-Fabrikant war James Sketchley, der seit 1794 solche T. fabrizierte, und zwar Halfpenny-T. mit Inschriften, wie: Halfpenny payable at the Black Horse Tower Hill, Payable at W. Parkers Old Birmingham Warehousse etc. Die T. zeigen zumeist Zirkel und Winkel und Aufschriften, wie „Pro bono publico", „Masonic Penny".

Masoniscope, von der amerikanischen Masonic Service Association herausgebrachter Projektionsapparat für Logenvorträge.

Masonry dissected (engl.), „Zergliederte Freimaurerei", Verräterschrift von Samuel Prichard, die 1730 in London und nachher in einer Reihe von Übersetzungen erschien und zum erstenmal ausführlich das freimaurerische Brauchtum der Öffentlichkeit bekannt machte. Das Buch erlebte zahlreiche Auflagen und führte zu Ritualänderungen seitens der Londoner Großloge. Der Buchtitel wurde lange Zeit zur Bezeichnung des verratenen Systems verwendet (s. Prichard).

Masons Company of the City of London. Über diese für die Entwicklungsgeschichte der Freimaurerei so wichtige Gilde (s. Acceptance) hat Conder das wesentlichste Material zusammengestellt (A.Q.C. IX u. XXVII). Die erste verläßliche Nachricht von den Masons als einer City Guild oder Fraternity stammt aus dem Jahre 1376 unter Edward III., wo die Maurer an neunzehnter Stelle unter den anderen Gilden erscheinen. Der Name Freemasons und Masons ist zu dieser Zeit identisch. Ein Schreibfehler eines Kopisten hat lange Zeit den Irrtum entstehen lassen, als ob Freemasons und Masons zwei verschiedene Korporationen bezeichnen sollen. Conder und Sharpe (A.Q.C. IX) widerlegen jedoch diese von Herbert vertretene Anschauung restlos. Die Fellowship oder company of Freemasons oder Masons hatte keinen königlichen Freibrief bis zum Jahre 1677. Sie war eine sogenannte Fellowship by prescription, was Conder als eine freiwillige Gesellschaft ohne Freibrief (Charter) erklärt. Ihre Statuten waren 1356 vom Court of Aldermen bestätigt worden. 1472 erhielt sie das Recht, ein Wappen zu führen. Unter Edward IV. (1481) kamen die „good men of the Art or Mistery of Masons of the city of London" vor den Mayor und die Aldermen und baten um ein neues Statut, damit eine bessere Regelung ihrer Zunft bewilligt werde. Diese als Ordinacio latomorum bezeichnete Verordnung gibt den Masons das Recht, eine Livery, eine Zunfttracht, zu tragen. Sie rückt damit in die Reihe der Livery Companies ein. Im folgenden Jahrhundert verschwindet der Name Fellowship of Masons und die Gilde wird als Company of ffreemasons geführt. So erscheint sie in mehreren Dokumenten der Zeit. 1585 beteiligt sie sich in Tracht an einer Parade vor Königin Elisabeth in Greenwich. Anläßlich des bevorstehenden Einfalls der spanischen Armada hat sie zu den Verteidigungskosten beigetragen. Unter der Herrschaft der Stuarts wird sie wie die anderen Companies zu Leistungen herangezogen, so Korn- und Kohlelieferungen in Zeit der Not oder Pulver und Blei im Kriegsfalle. Karl II., der immer in Geldnöten war, gab ihr gegen entsprechende Gegenleistung 1677 einen königlichen Freibrief.

Über den Zusammenhang dieser Company mit der heutigen Freimaurerei s. Acceptance. Im Laufe der letzten hundert Jahre hat die Company ihren ursprünglichen Zusammenhang mit der Kunstübung der Masons vollkommen verloren. In dieser Beziehung teilt sie das Schicksal aller Londoner City Guilds, die durch den allmählichen Übergang der Zünfte zu voller Gewerbefreiheit aufgehört haben, Gewerbeorganisationen zu sein. Eine 1880 eingesetzte Parlamentskommission über die Livery companies wiederholte ein bereits 1834 abgegebenes Gutachten, daß die Liveries nur noch sogenannte benefit societies sind, „also possessed the character of modern clubs. They were institutions in which the members of the same class and their families assembled in a social intercourse". (Sie besitzen auch die Eigenschaften von modernen Clubs, Einrichtungen, in welchen Mitglieder der gleichen Klasse samt ihren Familien gesellschaftlich zusammenkommen.) Das Vermögen dieser Companies ist ein sehr beträchtliches, es bestehen zahlreiche Stiftungen, die zum Teil sehr alten Datums sind. Nach dem Parlamentsberichte wurden im Jahre 1880 allein 100.000 £ für gesellige Zwecke ausgegeben. Die Company of masons ist eine dieser Gesellschaften, die mit dem alten Handwerk nur noch den Namen gemeinsam hat. Sie besteht als solche auch heute noch weiter.

Mason's Marks (engl.), Steinmetzeichen, spielen in der Markmaurerei (s. d.) eine Rolle.

Mason Word, The, das Maurerwort (s. Wort).

Massachusetts, Bundesstaat der Vereinigten Staaten von Nordamerika, verzeichnet die erste reguläre amerikanische Loge unter der Londoner Großloge. Am Johannisfest 1732, als es in Amerika bereits eine Reihe „wilder" Logen gab, ernannte der englische Großmeister Viscount Montacute Henry Price aus Boston zum Provinzial-Großmeister für Neu-England (zwei Jahre später für ganz Nordamerika). Am 30. Juli 1733 stellte dieser die Provinzial-Großloge („St. John's Grand Lodge") auf, ermächtigte James Gordon und 17 Brr., „The First Lodge of Boston" zu bilden; sie erscheint 1734 unter Nr. 126 als früheste amerikanische Tochter im englischen Großlogenregister. In den Zeiten des Revolutionskrieges erlangte die von der Großloge von England gestiftete „St. Andrew's Lodge" Ruhm. Sie arbeitete in der Green Dragon Tavern, dem Sitz der Sons of Liberty und anderer freiheitlicher Bünde und ihre Mitglieder hatten an der Erhebung großen Anteil. Die berühmte „Boston Tea Party" (s. d.) ging von den Brr. dieser Bauhütten aus. Die Helden des Unabhängigkeitskrieges, Paul Revere und Joseph Warren (s. beide), erhielten hier das maurerische Licht. Letzterer war Großmeister der ersten der 1769 von der Großloge von Schottland als Provinzial-Großloge eingesetzten Großloge von M., „Massachusetts Grand Lodge of Ancient Masons". 1782 erklärte diese ihre Unabhängigkeit. 1792 vereinigte sie sich mit der älteren „St. John's Grand Lodge". John Cutter war der erste Großmeister der neuen Körperschaft, der „Grand Lodge of the Most Ancient and Honorable Society of Free and Accepted Masons for the Commonwealth of M.". 1826 zählte diese 101 Logen mit 4312 Mitgliedern. Während der in diesem Zeitraum anbrechenden Freimaurerverfolgung (s. Morgan-Affäre) waren kaum mehr als zehn am Werk. 1930 verzeichnete die Großloge 327 Logen mit 127.705 Brr., ferner elf Bauhütten (in zwei Distrikten) in Chile und China. 1911 eröffnete sie in Charlton ein Altersheim (1930: 132 Insassen), 1928 ein Freimaurerspital in Shrewsbury. Adresse der G. L. Masonic Temple, 51 Boylston Street, Boston. Auch der Oberste Rat der Nördlichen Jurisdiktion des A. u. A. Schottischen Ritus hat in Boston seinen Sitz.

Masséna André, Herzog von Rivoli, Fürst von Eßlingen. französischer Marschall, * 1758, † 1817. 1799 Sieger über Russen und Österreicher bei Zürich, 1800 und 1805 Oberbefehlshaber in Italien, kämpfte 1809 bei Aspern und Eßlingen, 1810 Oberbefehlshaber in Portugal, gehörte dem Grand Orient de France in führender Stellung an. 1804 war er gemeinsam mit Marschall Kellermann Unterhändler bei den Einigungsverhandlungen mit dem Schottischen Ritus. Nach dem Zustandekommen des Konkordats (s. d.) wurde ihm und den übrigen Führern beim Zusammenschluß eine aus diesem Anlaß eigens geprägte Medaille verliehen. Später gehörte er dem Suprême Conseil de France an.

Massenbach, Karl Wilhelm v., preußischer Generalmajor, * 1752, † 1821, Mitarbeiter an Scharnhorsts militärischem Reformwerk, kämpfte 1813 als Landsturmdivisionär bei Dennewitz, wurde von der Loge „Zu den drei Kronen" in Königsberg in den Freimaurerbund aufgenommen, war später Stuhlmeister der Loge „Zum preußischen Adler" in Insterburg, trat dann zur Berliner Loge „Zu den drei Seraphim" über und wirkte seit 1812 als Mitglied des Altschottischen Direktoriums der Großen National-Mutterloge „Zu den drei Weltkugeln".

Massey, William Ferguson, neuseeländischer Staatsmann, * 1856 in Irland, † 1925, Whip der Opposition im neuseeländischen Parlament, nach dem Wahlsieg der Reformpartei 1912 Ministerpräsident, im Weltkrieg Führer des Koalitionskabinetts, Vertreter Neuseelands im Reichskriegskabinett, bei der Friedenskonferenz und bei der Reichskonferenz 1921, war Großmeister der Großloge von Neuseeland.

Massol, Alexandre Maria, französischer Philosoph und Politiker, * 1805, † 1875, gab als Emigrant in London die republikanische Zeitschrift „L'Observateur français" heraus, kehrte 1848 nach Paris zurück, gründete die Wochenschrift „La Morale indépendante", war Stuhlmeister der Loge „La Renaissance" und Herausgeber des „Monde Maçonnique", vertrat in den Kämpfen um das Prinzip des A. B. A. W. die radikale Auffassung.

Massonei, Masonei.

1. Im ersten Entwurf zu „Ernst und Falk" entwickelte Lessing eine sprachlich interessante, aber historisch unhaltbare Ableitung des Wortes Masonry, oder masony, wie er schreibt. Das Wort soll nach seiner Deutung von dem angelsächsischen Masa herstammen und einen Tisch bedeuten. Er zitiert alte Rittergedichte, wie die „Mörin" des Hermann von Sachsenheim (entstanden 1453), wo es heißt: „Geh hin und bring mir Ritter drei, die besten aus Massonei." Und weiters: „Wenn es auch wär, daß die ganze Massonei für mich bet, so förcht ich doch, Brinhilt lig ab." Lessing meint, M. bedeute den Orden der Ritter der runden Tafel und „nur dadurch, daß man in späteren Zeiten die wahre Bedeutung des Wortes Massonei vergessen hatte, daß man Massonry mit Massony verwechselte, hat sich die Maurerei in den Orden eingeschlichen. Die Brr. nämlich machten sich daß allgemeine Mißverständnis zunutze, und da man ihre Massony für eine Massonry hielt, so wurden sie bewogen, die ganze Hülle von den Maurern zu entlehnen". Schon Friedrich Nicolai, der den Entwurf kannte, in Abschrift nahm und mit Bemerkungen versah, hat diese sprachlichen Ableitungen Lessings als falsch bezeichnet. Lessing ließ sich aber diesen Einwänden zu trotz nicht abhalten, im fünften Gespräch seines „Ernst und Falk" neuerlich die Abstammung der Freimaurerei von der runden Tafel des Königs Artus herzuleiten und die im Englischen sonst unbekannte Wortbildung Masonei, masony zu verteidigen. Das Wort, das Lessing meinte, ist im Deutschen noch als „Messe“ (Offiziersmesse, Schiffsmesse) üblich. In den zitierten Rittergedichten ist das Wort übrigens französischen Ursprungs und kommt von maison. Der sprachliche Gleichklang von maça, gleichbedeutend mit par, socius, conjux, an equal, a compagnion mate (Schiffsmaat), mit der Wurzel metz des Steinmetzen hat hier Lessing auf falsche Fährte geleitet.

2. In der deutschen freimaurerischen Dichtung wird das Wort Masonei zu Bezeichnung der Freimaurerei (Masonia) häufig verwendet.

Maßstab, Vierundzwanzigzölliger (frz. règle, engl. 24inch gauge), ist eines der Werkzeuge des Lehrlings. Dieser muß den M. vor allem an seine Handlungen anlegen. Vierundzwanzigzöllig ist der M. entsprechend den 24 Stunden des Tages. Der Maurer soll seine Zeit gut einteilen, um nicht nur seiner Arbeit, sondern auch allen anderen Menschenpflichten nachkommen zu können.

Mastai-Feretti, Giovanni, als Papst unter dem Namen Pius IX., der streitbarste der Päpste im 19. Jahrhundert, * 1792, † 1878, eine große Persönlichkeit, wird immer wieder als Freimaurer bezeichnet. Die Legende ist anscheinend unausrottbar. So im „New Age Magazin“ 1927: „Nach den Forschungen von Dudley Wright und anderen maßgebenden maurerischen Forschern steht es fest, daß Papst Pius IX. Freimaurer war. Br. Wright hat Dokumente übersetzt, aus welchen hervorgeht, daß Papst Pius IX., damals bekannt als Giovanni Ferretti-Mastai, im Jahre 1839 in Palermo in den Bund aufgenommen wurde. Weiter wurde durch Wright das Dekret entdeckt, welches am 27. März 1874 Mastai aus dem Bund ausschloß. Dieses Dekret ist von dem König von Italien, welcher damals Großmeister des Großorients von Italien war (ein „König von Italien“ war niemals Großmeister!), unterfertigt.“

Diese angeblichen Forschungsergebnisse Dudley Wrights sind niedergelegt in dessen Buch: „Roman Catholicism and Freemasonry“ (London, Rider and Son, 1922, Seite 172 ff.). Sie stützen sich auf eine Mitteilung des „Bolletino Officiale del Grande Oriente Nazionale Ejiziano“, wonach eine Loge „Zur deutschen Treue in Nürnberg“, die unter der Verfassung der Großen „National-Mutterloge zu den drei Weltkugeln“ arbeitet (diese Loge ist in Nürnberg vollkommen unbekannt!), bestätigt, daß sich unter Archivnummer 13.715 dort das Aufnahmszertifikat des Giovanni Ferretti Mastai aus dem Kirchenstaate, ausgestellt von der Loge „Eterna Catena“ zu Palermo unter der Großloge „Luce Perpetua“ zu Neapel, befinde. Der Großmeister der Großloge Bayerns, Wilhelm Wittelsburg, Prinz von Bayern, bestätigt (ohne Datum) in einer Nachschrift, daß dieses am 15. August 1839 ausgestellte Patent im Archiv der Loge vorhanden ist. Dazu ist zu bemerken, daß es niemals eine Großloge von Bayern, geschweige denn einen Großmeister aus dem Hause Wittelsburg (gemeint ist das bayrische Königshaus der Wittelsbacher) gegeben hat. Das ganze ist eine der plumpsten Fälschungen der Freimaurergeschichte, die diesmal jedoch so ungeschickt angestellt ist, daß es sehr bedauerlich bleibt, daß ein so gewiegter Forscher wie Dudley Wright ihr aufsitzen konnte. Hierher gehört auch weiters eine Bildfälschung, nämlich eine Photographie, die den Papst in vollem Ornate, zugleich aber mit einer französischen Freimaurerschärpe zeigt. Die Unterschrift der Photographie lautet: „L. F. Mastai Ferretti. Et excommunicavi meos fratres mea culpa.“ Das Bild hatte somit die Tendenz, den Papst als Verräter an seinen Freimaurerbrüdern hinzustellen!

Nach anderen Mitteilungen soll M.-F. in Philadelphia aufgenommen worden sein. Ein katholischer Autor, J. M. Villefranche, berichtet hierzu: Die Großloge von Pennsylvanien hat die Akten nachsehen lassen. Der Name M.-F. kommt nirgends vor. Dagegen findet sich der Name eines 1829 in Havanna aufgenommenen Martin Feretti. Aus dieser Namensgleichheit scheint die an sich ganz unglaubhafte Fabel entstanden zu sein.

Master (engl.), Stuhlmeister. Anrede stets: Worshipful M., ehrwürdiger Meister.

Master Key, Schrift von Browne (s. d.) aus dem Jahre 1798, in welcher das englische freimaurerische Gebrauchtum in vollendeter Gestalt chiffriert niedergelegt ist. In deutscher Sprache erschien eine Übertragung von F. Sonnenkalb.

Master Mason (engl.), Meister (Freimaurer des III. Grades), Grand Master Mason, in Schottland der Titel des Großmeisters.

Master's Emblem, The (engl.), Meisterabzeichen. Nach den Vorschriften der Großloge von England tragen die Stuhlmeister auf dem Schurz drei Figuren, die aus je zwei nebeneinandergesetzten rechten Winkeln bestehen. Diese Embleme, die irrtümlich nicht selten als Wasserwaagen angesehen werden, sollen wohl aneinandergereihte Winkelmaße darstellen. (Hawkins, „Concise Cyclopaedia“, 1908.)

Masters Lodges. In der Zeit von 1733 bis 1736 bestanden in London vier Logen, die sich von den anderen dadurch unterschieden, daß sie nur den neuaufgekommenen Meistergrad bearbeiteten und verliehen (Lane A.Q.C.1888). Speth (ibid. 1898, Seite 57) ist geneigt, in diesen Logen etwas Ähnliches zu sehen wie die spätere Lodge of Promulgation, d. h. Logen, die von der Großloge selbst eingesetzt wurden, um der Verbreitung des neuen Meisterrituals zu dienen.

Materialien. Als Baumaterialien bezeichnet die Lehrart der Großen Landesloge der Freimaurer von Deutschland Kreide, Kohle und Feuer. Sie werden gedeutet als Aufrichtigkeit, Verschwiegenheit und Eifer.

Materialismus, theoretisch die Lehre, die die Materie als die Weltsubstanz und die psychischen Erscheinungen als Funktionen der Materie bezeichnet, d. h. also, daß das Wirkliche in der Welt und im Menschen, auch in seelischer Beziehung, das Körperliche, alles Geschehen aber rein mechanisch, dem Kausalgesetz unterworfen sei. In bezug auf den Menschen gipfelt die Auffassung in dem Satz von La Mettrie: „Der Mensch ist eine Maschine, die selbst ihr Triebwerk aufzieht.“ Alles Geistige, Ideale ist in diesem Sinne ein Nebenprodukt des Stoffwechsels. Schopenhauer bezeichnet M. als die „Philosophie des bei seiner Rechnung sich selbst vergessenden Subjekts". Der historische M. lehrt, daß die Geschichte und Entwicklung der Menschheit ausschließlich durch die materiellen Interessen bedingt, der ethische M. bezeichnet als alleiniges Ziel des Menschen: Genuß, Macht und Nutzen. In der abgeschwächten Form des kritischen M. leugnet diese Anschauung nicht die Existenz des Geistigen, das selbst wohl immateriell ist, jedoch nur an die Materie gebunden in Erscheinung treten kann. Eine zur Weltanschauung verbreiterte Spielart des naturwissenschaftlichen M. ist der Monismus (s. d.) Haeckels. Die Freimaurerei steht zum radikalen M. insoweit im Gegensatz, als ihr Streben nach Vervollkommnung keinen Sinn hätte, wenn das Geschehen derart determiniert, der Mensch nur ein Automat wäre, „der überflüssigerweise Freud und Leid empfindet" (Driesch). Sittliche Freiheit ist ein Postulat der Freimaurerei. Wenn aber alles einem unerbittlichen Kausalgesetz unterworfen ist, wie dies der M. predigt, dann kann es keine Freiheit geben. M. ist als „philosophisches Prinzip zu verwerfen, aber als Maxime der wissenschaftlichen Detailforschung wertvoll" (Lange). Die Freimaurerei lehnt den M. auch in ethischer Beziehung ab; Genuß Macht und Besitz sind nicht die einzig erstrebenswerten Glücksgüter; solche Auffassung steht zum Idealismus (s. d.) der Freimaurerei in starkem Gegensatz. M. ist keineswegs etwas unmittelbar Gegebenes, sondern eine Konstruktion des Geistes, eine Fiktion (Vaihinger). Der Mensch erlebt das Geistige unmittelbar, weiß von der Materie nur durch den Geist. (Heinichen: „Die Grundgedanken der Freimaurerei im Lichte der Philosophie".) Der Geist hat keine Veranlassung, zugunsten der Materie freiwillig abzudanken. Im Sprachgebrauch unserer Zeit ist übrigens das Wort M. vielfach ein Wortfetisch oder eine Worthülse geworden, die man besonders gern mit Spiegelbildvorstellungen vom Gegner füllt. Nicht alle, die sich Idealisten nennen, sind frei von Materialismus und die Lebensführung zahlreicher Materialisten beweist zur Genüge, daß sich auch aus dem Materialismus im philosophischen Sinne ethische Werte entwickeln lassen (s. Friedrich August Lange „Geschichte des Materialismus").

Matolay de Zsolna, Bernhard Samuel v., 1777 Reichshofrat der ungarischen Hofkanzlei in Wien, Mystiker, 1783 Stuhlmeister der Wiener Loge „Zur gekrönten Hoffnung", Sekretär der Provinzialloge von Österreich, war der eifrigste Vorkämpfer einer unabhängigen Großen Landesloge von Österreich.

Matrikel, das Mitgliederverzeichnis der Loge, in dem neben den profanen Personaldaten auch die maurerischen Daten, wie Aufnahme, Gradbeförderungen, Logenwechsel usw. eingetragen werden. Die Führung dieses Buches wird schon in den „General Regulations" vom Jahre 1720 (veröffentlicht 1723), Punkt II, dem Meister der Loge zur Pflicht gemacht. Ebenso führt jede Großloge eine Logenmatrikel der ihr angeschlossenen Logen. Diesen M. kommt für die Geschichtsforschung besondere Bedeutung zu. In der Strikten Observanz wurden geführt: eine Matricula generalis ordinis, enthaltend die europäischen Ordensprovinzen und ihre Unterabteilungen, sowie Matriculae speciales der einzelnen Provinzen.

Matron wird die Vorsitzende eines Eastern Star Kapitels genannt. Ebenso Grand M., Großmeisterin im „Eastern Star" (s. d.). Der ihr beigegebene Berater heißt Patron.

Matthäilogenbund (M. L. B.), Winkellogenvereinigung mit Sitz in Leipzig, 1910 hervorgegangen — durch Namensänderung — aus der ebenfalls irregulären Allgemeinen Bürgerloge. Der M. L. B., der in seinen Listen insgesamt 38 Logen verzeichnete und eine. Bundeszeitung „Matthäus" herausgab, wandelte seinen Namen 1903 abermals — in „Große Freimaurerloge von Deutschland" — um. Inzwischen eingegangen.

Matthiesen, Oskar A. O. W., Professor, dänischer Maler, * 1861, Fresken in Düsseldorf in Mentone, Präsident der Kunstvereinigung vom 18. November in Kopenhagen, ist Mitglied der dortigen Loge „Zorobabel og Frederik".

Matthisson, Friedrich von, lyrischer Dichter der elegisch - sentimentalen Schule, * 1761, † 1831, von ihm unter anderem der Text zu Beethovens „Adelaide", wurde 1778 Mitglied der Loge „Zu den drei Kleeblättern" in Magdeburg. Zum Johannisfest 1779 übersandte er aus Dessau ein Lied.

Matuszewicz, Thaddäus, polnischer Patriot, Verfasser moralphilosophischer politischer Werke, * 1765, † 1819, wiederholt Finanzminister, war Großredner des Großorients von Polen.

Maundy-Thursday (engl.), s. Gründonnerstag-Zeremonie.

Maupassant, Guy de, französischer Schriftsteller, * 1850, † 1893, bekundete in einer Novelle „Mein Onkel Sosthenes" freimaurerfeindliche Gesinnung. Er nennt die Freimaurer „dümmer als alte Frömmlerinnen", ihre Gewohnheiten „Affenpossen" und möchte noch eher Jesuit als Freimaurer sein.

Maurer, Arbeitende, hieß eine 1763 in Braunschweig eingesetzte Engbundartige Vereinigung, bei welcher der jeweilige Vorsitzende eine selbstverfaßte oder fremde Abhandlung vorzutragen hatte. Auch sollte eine Bibliothek angelegt werden. Die Sache schlief aber bald ein. (Runkel, I., 143.)

Maurerei, gleichbedeutend mit Freimaurerei.

Maurerisches Gedicht, s. Halliwell-Gedicht.

Maurerjahr, s. Logenjahr.

Maurerqualität, s. Charakter indelebilis.

Maurer-Ritter, Brüder, Freie und Aufgenommene, Bezeichnung für die Freimaurer des Schwedischen Systems. (Fundamental-Konstitution der Großen Landesloge von Schweden, 1800.)

Maurertag, Allgemeiner deutscher, wurde von den Trägern der freimaurerischen Einheitsbewegung in Deutschland in der zweiten Hälfte des letzten Jahrhunderts immer wieder angeregt. 1864 veröffentlichte der Verein deutscher Freimaurer das Statut eines solchen. 1899 beschlossen Vertreter deutscher Logen-Gauverbände auf Antrag des Rheinisch-Westfälischen Verbandes die Einberufung eines Freimaurertages der deutschen Johannislogen für Pfingsten 1900. Es blieb aber beim Beschluß.

Maurerwort, s. Wort.

Mauritius, Insel im Indischen Ozean, englische Kolonie; unter der Großloge von England, der Großloge von Schottland und dem Großorient von Frankreich arbeitet je eine Loge in Port Louis.

Mauvillon, Jacob, deutscher Ingenieur, Schriftsteller, Offizier, * 1743, † 1794, als Nationalökonom Vertreter der physiokratischen Richtung, während des Aufenthaltes von Mirabeau in Deutschland dessen Mitarbeiter, lieferte das Material für das Werk „La Monarchie Prussienne sous Frédéric le Grand". Er war in Kassel Freimaurer.

Mayrocordato, Alexander Murusi, Fürst der Walachei, * 1744, wurde 1776 in der Loge „St. Andreas zu den drei Seeblättern" in Hermannstadt aufgenommen und war 1779 stellvertretender Obermeister.

Maximilian Franz, Erzherzog von Österreich, * 1756 zu Wien, † 1801 zu Hetzendorf bei Wien. Letzter Kurfürst von Köln von 1784 an und Fürstbischof von Münster, Bruder Kaiser Josephs II. Die Vermutung, der Kurfürst sei Freimaurer gewesen, ist durch seine eigenen brieflichen Äußerungen widerlegt. Großgeworden im josephinischen Geiste, duldete er aber die Freimaurerei in seinen Staaten und erließ während seiner Regierungszeit keine Verordnungen gegen Freimaurer und Illuminaten. Sein Minister war seit 1784 Freiherr Johann Christian v. Waldenfels, ein bekannter Freimaurer und Rosenkreuzer.

Maximilian Friedrich, Graf v. Königsegg, * 1704 zu Köln, † 1784 zu Bonn, vorletzter Kurfürst von Köln und Fürstbischof von Münster. Selbst nicht Freimaurer, war er wegen seiner duldsamen Gesinnung allgemein beliebt. Während seiner Regierung bildete sich in Köln die Loge „Le secret des trois rois", die sich 1775 dem französischen Großorient anschloß; ihr gehörten zwei Grafen Königsegg, die höhere katholische Geistliche und Verwandte des Kurfüsten waren, an. 1778 wurden durch die Strikte Observanz die Logen „Maximilian zu den drei Lilien" in Köln und „Friedrich zu den drei Balken" in Münster gegründet, die beide ihre Namen zu Ehren des Kurfürsten wählten.

Maximilian I., Josef, Kurfürst, seit 1806 König von Bayern. * 1756 zu Schwetzingen, † 1825 zu Nymphenburg. Freimaurer, gehörte unter dem Ordensnamen Eques ab Aquila Jovis den Hochgraden der Strikten Observanz an und war Präsident des seit 1776 unter dem Grand Orient de France zu Straßburg bestehenden „Directoire Ecossais" (V. Provinz der Strikten Observanz). Er erneuerte aber als Nachfolger des Kurfürsten Karl Theodor v. Bayern nach seinem 1799 erfolgten Regierungsantritt alle Edikte seines Vorgängers gegen geheime Gesellschaften, insbesondere auch gegen Illuminaten und Freimaurer.

Mayas, Indianerstamm Zentralamerikas, der heute nur noch Teile des mexikanischen Staates Yucatan und Guatemalas bewohnt. Die M. bauten in vorkolumbischer Zeit zahlreiche gigantische Bauwerke mit reichem Bildschmuck, von denen einzelne erst kürzlich durch den Flieger Lindbergh entdeckt wurden. Sie hatten einen hochentwickelten Kultus und Einweihungszeremonien. Deshalb wurde wiederholt, zuletzt von Plongeon, der Versuch unternommen, aus der eigenartigen Bekleidung der erhaltenen Priesterstatuen, besonders dem Schurz usw., Zusammenhänge mit der Freimaurerei zu konstruieren.

Mayen, Otto, Lehrer und Schriftsteller in Breslau, * 1887, aufgenommen 1920 in der „Vereinigten Loge" in Breslau (Große Landesloge von Deutschland), Schriftleiter des „Schlesischen Logenblattes". Zu seinen besten Leistungen gehören form- und sinnvollendete Gedichte und Sprüche zur Verschönerung der Tempelarbeit.

Mayerling, Drama von. Die viel kommentierte furchtbare Liebestragödie des Kronprinzen Rudolf von Österreich, der sich und seine Geliebte, Baronin Vetsera, im Jagdschlosse von M. am 30. Jänner 1889 erschoß, hat die Phantasie der Zeitgenossen noch lange Jahre erregt. Zusammenhänge dieser Liebestragödie mit der Freimaurerei herzustellen, blieb Wichtl (s. d.) vorbehalten, der in seiner „Weltfreimaurerei usw." die törichte Behauptung aufstellt, der Kronprinz habe sich erschießen müssen, weil er sich geweigert habe, Freimaurerbefehl zu gehorchen, die Krone Ungarns an sich zu reißen und seinen Vater zu stürzen.

Mayo, Charles Horace, berühmter amerikanischer Chirurg und Philanthrop, * 1865, Leiter der M.-Klinik in Rochester (USA.), Ehrendoktor zahlreicher Universitäten, Ehrenmitglied vieler amerikanischer und europäischer Ärztegesellschaften, widmete mit seinem Bruder für Zwecke des medizinischen Unterrichtes und der medizinischen Forschung die M.-Stiftung in der Höhe von 1½ Millionen Dollar. M. war im Weltkrieg Oberst und erster Sachverständiger für das Sanitätswesen der amerikanischen Armee. Die von ihm und seinem Bruder in Rochester geführte chirurgische Privatklinik ist eine der größten Sehenswürdigkeiten des medizinischen Amerika. Die Chirurgie dankt ihm zahlreiche erfolgreiche Operationsmethoden. Die Loge in Rochester, eine der größten Amerikas, übt durch diese Klinik eine umfangreiche Wohltätigkeitsarbeit. M. selbst ist Freimaurer.

Mazdaznan - Logen, die mit Freimaurerei nichts zu tun haben, sind Pflegestätten der von dem Deutschamerikaner Otto Hanisch auf Grund von Lehren des Zoroaster (Zarathustra) ins Leben gerufenen philosophisch-hygienischen Mazdaznan-Bewegung. (Mazdaznan = Meistergedanke).

Mazzini, Giuseppe, Kämpfer für die Freiheit und Einheit Italiens, * 1805, † 1872, wurde als junger Rechtsanwalt in Genua Carbonaro und, von einem Spitzel verraten, in Savona eingekerkert. Wieder in Freiheit gesetzt, richtete er von Sardinien aus einen glühenden offenen Brief an Karl Albert von Savoyen mit der Aufforderung, an die Spitze der italienischen Freiheitsbewegung zu treten. 1832 gründete M. das „Junge Italien", führte dann ein Emigrantenleben in der Schweiz und in London, kam 1848 nach Mailand, wurde nach dessen Kapitulation Mitglied der Garibaldischen Legion und floh dann wieder in die Schweiz. 1849 in Rom Triumvir zusammen mit Armellino und dem Freimaurer Aurelio Saffi, leitete er die Verteidigung gegen die Franzosen und ging dann abermals in die Schweiz und nach England in die Emigration. In London wurde er Mitbegründer des republikanischen Comitate Europeo. Durch eine Anleihe unter den Radikalen suchte er Mittel für die italienischen Freiheitskämpfe zu erhalten. M. inspirierte den Garibaldischen „Zug der Tausend" nach Marsala. In zahlreichen Briefen an die Großloge von Palermo und eine Reihe italienischer Logen, deren Ehrenmitglied er war, verlieh er seiner Beigeisterung für die freimaurerische Sache Ausdruck. In seinen letzten Lebensjahren weilte er in Rom. Bei seinem Begräbnis sah die Ewige Stadt zum erstenmal Freimaurerbanner in ihren Straßen.

Mazzoni, Giuseppe, hervorragender italienischer Politiker, Führer im Risorgimento, * 1808, † 1880, einer der toskanischen Triumvirn, später Senator, wurde 1859 in Marseille Freimaurer, nach seiner Rückkehr 1896 Deputierter Großmeister, 1872 Großmeister, arbeitete mit Garibaldi für die Einigungsbestrebungen der italienischen Freimaurerei. Unter seiner Führung wurde nach der Einnahme Roms in der Ewigen Stadt der Tempel der italienischen Freimaurerei errichtet.

M. B., Abkürzung von Macbenac (s. d.).

McClenachan, Charles Thomson, * 1829, diente als Offizier im Sezessionskrieg und betätigte sich als Schriftsteller, besonders auf dem Gebiete der städtischen Verwaltung. 1854 trat er dem Bunde bei (Munn Lodge). Er ist der Verfasser des vierbändigen Werkes „History of the ... Fraternity of Free and accepted Masons in New York", abgeschlossen 1894, das als von der Großloge von New York anerkanntes Geschichtswerk gilt, und anderer bedeutender freimaurerischer Bücher.

McLaren, John Russel, führender englischer Freimaurer, * 1866, wurde 1931 als Nachfolger von Sir Alfred Robbins zum Präsidenten des „Board of General Purposes", also zum Haupt der Exekutive der Großloge von England, gewählt. Seit 1910 Mitglied der Malmesbury Lodge, 3156, wurde er 1916 deren Stuhlmeister, Würdenträger anderer Logen, Grand Steward, Sekretär des Board of Grand Stewards, Meister der Grand Stewards Lodge, Past Grand Deacon der Großloge.

McNab, Sir Allan, erster Baronet, kanadischer Politiker, * 1798, † 1862, machte 1813 bis 1815 den Krieg gegen Amerika mit, wiederholt Sprecher des Parlaments, wurde 1844 Distrikts-Großmeister von West-Kanada.

Mecklenburg.

1. Mitglieder der Fürstenhäuser von M.-Schwerin und M.-Strelitz, die Freimaurer waren, s. Fürsten, Deutsche. Unter ihnen trat hervor:

2. Karl Ludwig Friedrich, Herzog, seit 1815 Großherzog von M.-Schwerin, * 1741, † 1816, aufgenommen 1766. Er brachte der Freimaurerei lebendigstes Interesse entgegen, war seit 1772 (Konvent von Kohlo) Superior Ordinis der Logen der Strikten Observanz in Hannover und M., bemühte sich um Frieden zwischen dieser und Zinnendorf, wurde 1786 englischer Provinzial-Großmeister für das Kurfürstentum Hannover.

Medaillen, Freimaurerische, s. Denkmünzen.

Meding, Oskar, Romanschriftsteller unter dem Namen Gregor Samarow, * 1828, † 1903, trat 1859 in hannoversche Dienste und blieb auch nach 1866 im Dienste des Königs von Hannover. Er war Mitglied der Loge „Eleusis zur Verschwiegenheit" in Bayreuth seit 1897. Sein Hauptwerk war ein 20 Bände umfassendes Romanwerk „Um Szepter und Krone", in dem er seine diplomatischen Kenntnisse zu verwenden verstand, und in dem er auch wiederholt romanhafte Schilderungen von der Tätigkeit politischer Geheimbünde entwirft. Er gehörte zu den gelesensten Autoren der letzten Jahrzehnte des XIX. Jahrhunderts. Da er aus Hofkreisen stammte, wurden viele seiner romantischen Enthüllungen für bare Münze genommen. Er schrieb zumeist unter dem obigen Decknamen oder unter dem Pseudonym Leo Warren.

Meekren, Robert James, anglikanischer Geistlicher und Pädagoge, * 1876 in England, kam 1891 nach Kanada, dort erster Organisator der Boy Scouts-Bewegung auf dem Lande, machte den Weltkrieg in Belgien mit, schwerverwundet, kriegsgefangen. Er wurde 1911 in der „Golden Rule Lodge Nr. 5" in Stanstead aufgenommen, 1922 deren Meister, Mitglied der „The National Research Society", wurde 1925 Leiter der freimaurerischen Zeitschrift „The Builder" in St. Louis.

Meeting nennt der Angelsachse die Logenversammlungen. Im Deutschen Arbeit, frz. tenue.

Megaphone, The, Zeitschrift des großen freimaurerischen „233 Club" in Hollywood, der ausschließlich Angehörige der Filmbranche umfaßt.

Méhul, Etienne Nicolas, * 1763, † 1817, Komponist, der in seinen Werken sich an Gluck anschloß. Seine bekannteste Oper, die er 1807 vollendete, ist „Joseph in Ägypten". M. war Mitglied einer französischen Loge.

Meißel, Steinmeißel (frz. ciseau, engl. chisel), das Sinnbild der Selbstveredlung; der Geselle beseitigt damit die letzten Unebenheiten, die dem „rauhen Stein" anhaften.

Meißner, Friedrich, deutscher Arzt und Schriftsteller, * 1796, † 1860, in der Leipziger Loge „Apollo" 1820 aufgenommen, 1857—1860 Zugeordneter Landes-Großmeister der Großloge von Sachsen, Vorsitzender des Dresdner Engbundes, Begründer und Herausgeber der Zeitschrift „Latomia".

Meister (frz. maître, engl. master mason):

1. Der Träger des III., höchsten Grades der symbolischen Maurerei, des Meistergrades (s. d.). Die Beförderung in diesen Grad heißt Meistererhebung. Der freimaurerischen symbolischen Lehre zufolge arbeiten die Meister am Reißbrette, um mit dem Maßstab der Wahrheit, dem Winkelmaß des Rechts und dem Zirkel der Pflicht ihre Entwürfe zu machen, nach denen der Bau erfolgen soll.

2. Häufig statt Stuhlmeister verwendeter Ausdruck.

3. Bezeichnung zahlreicher Hochgrade, so u. a.:

a) Meister: Auserwählter M., Schottischer M., Vollkommener M., Andreas-M.

b) Master: Past M., Royal M., Select M., Mark M., Most Excellent M.

c) Maître: M. écossais, M. du Grand Oeuvre, Ancien M., M. Coën, M. parfait, M. Elu, M. Secret, M. du Royal Secret.

Meister, Altschottischer, auch **Schottenmeister,** IV. Grad (erste Erkenntnisstufe) der Lehrart der Großen National-Mutterloge „Zu den drei Weltkugeln". Zu den drei Säulen der Johannismaurerei tritt hier eine vierte, die Säule der Religion (Gottes und Menschenliebe), an der der Aspirant durch den Obermeister die Weihe erhält. Er wird vorher nochmals eindringlich ermahnt, sein Bemühen auf Erlangung sittlicher und geistiger Freiheit zu richten und dann im Schottentempel, dessen grüne Ausstattung das unermeßliche Weltall, den Tempel Gottes in der Natur versinnbildlicht, mit seinen Pflichten als A. M. vertraut gemacht: Gottesverehrung zu beweisen, vom Gottesbewußtsein erfüllt zu sein, als Gottsucher alle Kräfte der Erkenntnis des Ewigen und Heiligen zu weihen, wobei die Natur dem A. M. Offenbarung und Erkenntnis Gottes ist.

Die A. M. sind in einer Allgemeinen Altschottischen Loge (Sitz Berlin) vereinigt; an zahlreichen Orten, in denen es Tochterlogen der drei Weltkugeln gibt, gibt es altschottische Arbeitsstätten unter dem Namen Schottenlogen.

Meister, Auserwählter, der Neun (frz. Maître Elu des Neuf, engl. Elu of the Nine, auch Master Elect of the Nine), IX. Grad des A. u. A. Schottischen Ritus, lehrt zusammen mit dem X. Grad: Auserwählter der Fünfzehn, frz. Illustre Elu des Quinze, engl. Elu of the Fifteen (auch Master Elect Fifteen), und dem XI. Grad: Erhabener, auserwählter Ritter, frz. Sublime Chevalier Elu, engl. Elu of the Twelve (auch Sublime Master Elected), die Sühne als Erfüllung des Gesetzes. Die Legenden dieses Grades betonen den symbolischen Sinn der waltenden Gerechtigkeit.

Meister des heiligen Gewölbes, Geheimer Auserwählter (frz. Grand Elu de la Voûte sacrée, auch Sublime Maçon, früher Maître parfait, engl. Perfect Elu, auch Grand Elect Master), XIV. Grad des A. u. A. Schottischen Ritus, setzt in seiner Legende das Bild des Tempelbaues fort: zur Aufrichtung eines auf die Menschenrechte gegründeten Idealgebäudes, das in intellektueller Hinsicht ein vernünftiges Weltbild bedeutet, in moralischer Hinsicht ein Sinnbild der vollkommenen Harmonie unter allen Lebenden sein soll, die sich nach den Gesetzen der Freiheit, Gleichheit und Brüderlichkeit miteinander verbünden.

Meistererhebung (engl. Raising, frz. Elévation à la maîtrise, auch réception en chambre du milieu), Beförderung in den III. Grad.

Meister, Geheimer (frz. Maître secret, engl. Secret Master), IV. Grad des A. u. A. Schottischen Ritus, lehrt schweigend handeln (statt Worten Taten!), Opferbereitschaft im Sinne Hirams. Der Grad ist ein hohes Lied auf Pflichterfüllung und Aktivität. Gradsymbol: Schlüssel, der die Wahrheit erschließt.

Meistergrad. In der frühesten Zeit der Großloge von England kannte diese nur zwei Grade. Der M. kam erst später hinzu (s. Hiram). Heute liegt in den angelsächsischen Logen das Hauptgewicht der Arbeit auf diesem Grad, und vielfach wird jede rituelle Arbeit zunächst in ihm eröffnet. Auch in den übrigen Ländern stellt die Meistererhebung nächst der Einweihung des Neophyten die stärkste und tiefste Kulthandlung des maurerischen Gebrauchtums dar. Der M. „zeigt am deutlichsten die Mysterienform, aber auch die inhaltliche Umdeutung in das rein Menschliche. In den Mysterien wird, zum Teil gerade auch im III. Grad, das Streben des Gottes dargestellt. Er wird betrauert, sein Leichnam wird gesucht und gefunden, er wird wieder erweckt... Was in den Mysterien mit dem Gott geschieht, geschieht hier mit dem treuen Menschen, der durch die Treue bis in den Tod der Krone des Lebens teilhaftig wird. Das Ritual zeigt in der Klage, dem Suchen, der Wanderung, dem Finden usw. Analogien bis in die Einzelheit dessen, was uns von den Mysterien bekannt ist. Die Verbindung mit dem Werkmaurergedanken ist dadurch hergestellt, daß die Persönlichkeit, die in Treue den Tod erleidet, Hiram (s. d.) ist, der Baumeister des Salomonischen Tempels" (Schenkel, „Die Freimaurerei im Lichte der Religions- und Kirchengeschichte"). Dieser Grad heißt den Freimaurer, Stellung zum Problem des Todes nehmen, der im freimaurerisch-geistigen Sinne nicht Vernichtung bedeutet, läßt den zu erhebenden Gesellen die Zusammenhänge von Leben, Tod und Auferstehung im Sinne des Goetheschen „Stirb und Werde!" erleben. Die meisten Systeme unterstreichen dabei die Unsterblichkeit der Seele, wobei sowohl die Auslegung im dogmatischen Sinne, die an die Stelle der Vernichtung das ewige Gesetz der Verwandlung treten läßt, als auch jene Raum hat, die in der Unsterblichkeit das Fortleben der Taten des einzelnen für das Ganze erblickt. Manche Lehrarten versinnbildlichen das „sinkende, emporstrebende und schließlich durch die Macht des Meisterwortes emporgehobene Menschengeschlecht". In allen Riten aber enthält der Grad die Lehre von der Erhebung des Guten im Menschen durch die Kraft der fünf Meistertugenden, die da sind: Weisheit des Herzens, Wahrheit in Worten, Vorsicht im Handeln, Unerschrockenheit bei unvermeidlichen Übeln, unermüdlicher Eifer in Bewirkung des Guten. Die Übersetzung aus dem Mystischen ins Ethisch-Humanitäre zeigt sich also darin, daß „an die Stelle der Offenbarung von Geheimnissen die Selbsterkenntnis und an Stelle der mystischen Vergewisserung der Unsterblichkeit die Pflichterfüllung bis zum Tode als Voraussetzung für die Gewinnung der Lebenskrone gesetzt und die Erlösung nicht im Mystischen gesucht wird, sondern in der tapferen Bejahung des Schicksals und in der Betätigung des freien Willens“ (Schenkel).

In dem von Posner für die Großloge „Lessing zu den drei Ringen“ verfaßten Ritual wird der M. als Übergang aufgefaßt, der aus der Welt des Stofflichen in die des Immateriellen, Geistigen, führt. Daher auch der Gegensatz der Lehrsymbole, die im I. und II. Grade Werkzeuge des unmittelbar Tätigen sind, während die des III. Grades auf die leitende, geistige Arbeit verweisen. In Verbindung mit der Hiramlegende, die eine Wiedererweckungszeremonie ist, ist damit das System geistig zum Abschluß gebracht. — Wie immer aber die Deutung des M. vollzogen werden mag, immer ist er ein Abschluß, über den hinaus nicht gedacht werden kann, weil er die Eschatologie der Freimaurerei, die Lehre von den letzten Dingen in sich einschließt. Daher ist die Gesamtlehre der Freimaurerei in den drei Graden enthalten und im M. abgeschlossen.

Meister, Hiramitische, Bezeichnung für die Mitglieder der Inneren Oriente der Großloge von Preußen, genannt „Zur Freundschaft“.

Meisterschaft, Fünf Punkte der, in der Strikten Observanz: 1. Mißtrauen, weil solches die Mutter der Sicherheit, 2. Wachsamkeit oder Aufmerksamkeit über die Rechte des Ordens zu halten, 3. Die Kunst nachzugeben und sich in die Zeit zu schicken, 4. Standhaftigkeit, Unglücksfälle zu ertragen, 5. Kühnheit, etwas zu unternehmen, welche fünf Stücke allezeit von der Klugheit begleitet sein müssen.

Bode (s. d.) folgerte auf dem Wilhelmsbader Konvent unter anderem daraus, daß diese fünf Punkte eine gewisse Übereinstimmung mit den Fundamentalgrundsätzen der Jesuiten zeigen, daß das Jesuitentum in die Freimaurerei eingedrungen sei, um diese seinen Zwecken dienstbar zu machen.

Meisterschlüssel, s. Johannismeisterschlüssel.

Meister, Schottische (frz. Maître écossais), s. Schottische Maurerei, Schottengrade.

Meistertugenden, Fünf, s. Meistergrad.

Meisterverpflichtung. Bei der Einsetzung eines englischen Logenmeisters wird vom Schriftführer eine Verpflichtung vorgelesen, die in der englischen Verfassung als „Summary of the Antient Charges and Regulations“ (Gesamtübersicht der Alten Pflichten und Ordnungen) bezeichnet wird. Sie hat folgenden Wortlaut:

1. Sie behaupten von sich, ein guter und treuer Mensch zu sein und den Sittengesetzen zu gehorchen.

2. Sie behaupten von sich, ein friedfertiger Untertan zu sein, in Übereinstimmung mit den Gesetzen des Landes, in dem Sie wohnen.

3. Sie versprechen, sich nicht in Verschwörungen gegen die Regierung einlassen zu wollen, sondern sich den Entscheidungen der Obersten Gesetzlichen Behörde zu unterwerfen.

4. Sie versprechen, den bürgerlichen Obrigkeiten den angemessenen Respekt entgegenzubringen, fleißig zu arbeiten, einen verläßlichen Lebenswandel zu führen und allen Menschen ehrbar zu begegnen.

5. Sie versprechen, den Leitern und Schutzherren des Ordens der Freimaurer und ihren gesetzmäßigen Nachfolgern, den obersten und untergeordneten, nach ihrem Stande die nötige Achtung zu erweisen, ferner, sich den Beschlüssen Ihrer in der Loge versammelten Brüder, sofern sie mit den Satzungen des Ordens übereinstimmen, zu unterwerfen.

6. Sie versprechen, private Streitigkeiten und Auseinandersetzungen zu vermeiden und Unmäßigkeit und Ausschreitungen nicht zu dulden.

7. Sie versprechen, vorsichtig in Ihrer Führung und Ihrem Verhalten, höflich zu Ihren Brüdern und treu Ihrer Loge zu sein.

8. Sie versprechen, die wahren und echten Brüder zu achten und vom reinen Ziele der Freimaurerei Abtrünnige abzulehnen.

9. Sie versprechen, sich um das allgemeine Wohl der Gesellschaft bemühen zu wollen, die bürgerlichen Tugenden zu pflegen und die Kenntnis der mystischen Kunst, soweit es Ihrem Einfluß und Ihrer Geschicklichkeit möglich ist, zu verbreiten.

10. Sie versprechen Achtung dem jeweiligen Großmeister und den gesetzmäßig eingesetzten Beamten und jedem Erlasse der Großloge Folge zu leisten.

11. Sie geben zu, daß es nicht in der Macht eines einzelnen Mannes oder einer Gruppe von Männern gelegen ist, Neuerungen in der Freimaurerkörperschaft einzuführen.

12. Sie versprechen, an den Versammlungen und Ausschüssen der Großloge regelmäßig teilzunehmen, wenn Sie hiervon rechtzeitig verständigt wurden, und acht zu haben auf alle Pflichten der Freimaurerei bei passenden Gelegenheiten.

13. Sie geben zu, daß keinerlei neue Loge gebildet werden kann ohne Genehmigung des Großmeisters oder seines Deputierten, und daß allen irregulären Logen oder den in ihnen Aufgenommenen keinerlei Vorschub geleistet werden darf. Ferner daß kein öffentlicher Aufzug von Freimaurern mit den Abzeichen des Ordens statthaben darf ohne ausdrückliche Genehmigung des Großmeisters oder seines Deputierten.

14. Sie nehmen für sich an, daß niemand regelrecht zum Freimaurer gemacht werden darf, ehe man über seinen Charakter genaue Erkundigungen eingezogen hat. Und daß kein Bruder in einen höheren Grad befördert werden kann, außer in strenger Übereinstimmung mit den Gesetzen der Großloge.

15. Sie versprechen, daß kein Besucher in Ihrer Loge zugelassen werden soll, er sei denn vorher regelrecht geprüft und verfüge über Zeugen dafür, daß er in einer regelrechten Loge aufgenommen worden ist.“

Nach der Verlesung dieser Punkte fragt der Sekretär den zu installierenden Meister, ob er sie für sich annehme. Im Falle der Bejahung folgt dann die eigentliche Installierungsfeierlichkeit. (Verfassung der Großloge von England, Ausgabe 1919.)

Meister, Vollkommener (frz. Maître parfait, engl. Perfect Master), V. Grad des A. u. A. Schottischen Ritus, vermittelt die Kenntnis des Vermächtnisses Hirams in seiner Reinheit und Vollkommenheit und fordert Wahrhaftigkeit und den Kampf gegen die Lüge. Gradsymbol: der Kreis als Sinnbild des Universums.

Meister vom Scheine des Lichts wurden von den Gold- und Rosenkreuzern die durch die von ihnen als „Pflanzschule" betrachteten drei Johannisgrade gegangenen Freimaurer genannt, die, „nach der Entschleierung der tiefsten, noch verborgenen Wahrheit dürstend", Aufnahme in den Rosenkreuzerorden anstrebten.

Meister vom Stuhl (engl. Master, frz. Vénérable [Maître en chaire kommt nur selten vor]), der Vorsitzende der Loge, in der Symbolik der Freimaurerei eines der „drei kleinen Lichter" der Loge, ordnet die Arbeiten an und leitet diese. Sein Sitz befindet sich im Osten, von ihm soll das geistige Licht ausstrahlen. In manchen Ritualen ist der M. v. S. auch „Sinnbild des Geistes und Willens, der alles, was da ist, lenken und leiten sollte" (Marbach). Die Abzeichen der Würde des M. v. S. sind der erste Hammer der Loge und das Winkelmaß, das er an einem Bande auf der Brust trägt.

In den meisten angelsächsischen Logen wechselt der M. v. S. alljährlich; gelegentlich wird der Abtretende nach der ersten Amtsperiode auf ein weiteres Jahr gewählt. In England ist ein längeres kontinuierliches Wirken durch mehr als zwei Jahre nicht möglich. Anders auf dem europäischen Kontinent, wo mit wenigen Ausnahmen auch jedes Jahr gewählt wird, eine dreijährige Meisterschaft aber manchenorts gleichsam als Norm gilt. Nicht selten führen aber bewährte Stuhlmeister auch jahrzehntelang den Hammer. In Schweden (vergl. 11. Kapitel der Allgemeinen Gesetze der Großen Landesloge von Schweden) wird der Wortführende M. v. S. auf Lebenszeit bestellt.

Meister, Weiser, s. Athirsata.

Melbourne. Hauptstadt des australischen Bundesstaates Victoria, Sitz der Vereinigten Großloge von Victoria, mit 49 Logen in M. selbst (Adresse: Freemasons' Hall, 25 Collins Str., M). Unter der Großloge von England ist eine Bauhütte in M. tätig.

Melchett, Lord (vorh. Ludwig Mond), * 1868, Führer des englischen Chemietrustes, aus Hessen stammend, † 1930, war Freimaurer.

Melchisedek- oder Toleranzlogen, Logen, die ausschließlich aus Juden bestanden. Während in England und romanischen Ländern Juden bereits im 18. Jahrhundert zugelassen wurden, verhielten sich die deutschen Großlogen ablehnend. Daher entstanden Judenlogen, die sich teils aus dem Juden zugänglichen Orden der Asiatischen Brr., teils aus fremdländischen Juden zusammensetzten und in Hamburg (1787) und Berlin arbeiteten. In Berlin waren Mitglieder, u. a. der Baurat Itzig, Professor Herz, Bankier Levy u. a. m. Das Bekenntnis der Loge der Toleranz, Berlin 1790 in vier Blättern erschienen, gibt als Hauptprogrammpunkt der Loge die Absicht kund, durch die Maurerei Juden und Christen einander näherzubringen und veraltete Vorurteile zu verwischen. Die Loge erhielt auch ein königliches Protektorium, wurde aber von den übrigen Logen Deutschlands abgelehnt und löste sich bald wieder auf. Die in Frankfurt gegründete „Aurore naissante" war im Gegensatz zu diesen Logen regelrecht von Frankreich aus eingesetzt (s. a. Juden).

Meliora praesumo (lat.), Devise des IV. (Schotten-) Grades der Strikten Observanz.

Meliorismus, eine undogmatische Form des Optimismus (s. d.), die Anschauung, daß die Welt weder gut noch schlecht im absoluten Sinne, sondern verbesserungsfähig ist, daß Keimanlagen des Guten vorhanden, daß Welt und Leben durch die Tätigkeit des Menschen und durch die Entwicklung immer besser werden können. Vertreter dieser Richtung ist James (s. Pragmatismus). Die Erlösung von den Übeln der Welt ist „eine Möglichkeit, die mehr und mehr zu einer Wahrscheinlichkeit wird". Die Freimaurerei nimmt im Grunde den Standpunkt des M. ein.

Melissino, s. Melissino-Ritus.

Melissino-Ritus, templerisches Freimaurersystem, gestiftet um 1765, benannt nach seinem Schöpfer, dem russischen General griechischer Herkunft Peter Melissino, * 1726, † 1797. Es bestand aus sieben Stufen. Über den drei Johannisgraden bauten sich folgende vier Grade auf: dunkles Gewölbe, Schottische Meister und Ritter, Philosoph, Kleriker. In den höheren templerischen Graden fanden sich Zeremonien der katholischen Kirche. Das völlig absurde System, das nur 10 bis 15 Jahre lebte, enthielt mystische Lehren mit kabbalistischem und magischem Einschlag. In die höchsten Grade wurden die Kandidaten in einer Kirche oder Kapelle eingeweiht. Im VII. Grad wurde das „geistige Rittertum" erteilt. Melissino war Stuhlmeister der Loge „Zur Verschwiegenheit" in Petersburg und Erster Großaufseher der Provinzialloge von Rußland.

Mellinet, Emile, französischer General, * 1798, † 1874, verwundet als Brigadier bei Sebastopol, kämpfte erfolgreich bei Magenta, seit 1865 freiheitlicher Senator, folgte 1865 dem Marschall Magnan als Großmeister des Grand Orient de France.

Mellon, Andrew Wilhelm, * 1856, amerikanischer Bankier, Staatssekretär der Finanzen in den Kabinetten Coolidge und Hoover, wiederholt Unterhändler in Europa (Kriegsschuldenfrage, Hooverplan), wurde 1928 vom Großmeister der Großloge von Pennsylvanien „at sight" als Freimaurer aufgenommen.

Memphis-Ritus (frz. Rite de Memphis), auch Ägyptischer Ritus genannt, Hochgradsystem, entstand als Konkurrenzsystem gegen den Misraim-Ritus (s. d.) und gehört wie dieser zum Kapitel der maurerischen Verirrungen. Er nannte sich „Orientalischer Freimaurerorden von Memphis" und wurde von einem Abenteurer namens Samuel Honis aus Kairo 1814 in Frankreich propagiert. Nach einer

Darstellung, die freie Erfindung war, ging der Orden auf den „Alten und Primitiven Ritus von Memphis" („Dionysische Mysterien") zurück, der um 1060 v. Chr. von griechischen Eingeweihten nach Kleinasien gebracht worden sei. Zu Beginn der christlichen Zeitrechnung hätte der vom heiligen Markus zum Christentum bekehrte ägyptische Weise Ormus die Mysterien der ägyptischen Priester mit denen des Neuen Gesetzes vereinigt und den Rosenkreuzergrad begründet. Diese Vereinigung sei bis zu den Kreuzzügen die Bewahrerin der altägyptischen Maurerweisheit geblieben. Englische Kreuzfahrer, die „Ritter von Palästina", hätten dann den Orden nach Schottland gebracht und eine Großloge von Edinburgh gegründet, die Wiege der neuen Maurerei.

1815 stiftete Honis mit Baron Dumas, Marquis de Laroque, Gabriel-Mathieu-Marconis de Nègre u. a. in Montauban (Departement Tarn) eine Loge „Les disciples de Memphis", deren Großmeister (Groß-Hierophant) Marconis wurde. Diese Bauhütte lebte aber kaum ein Jahr und wurde erst 1838 wieder erweckt, worauf es zur Gründung einer Großloge „Osiris" in Paris kam, an deren Spitze als Groß-Hierophant („Großmeister des Lichts, heiliger Depositär der Überlieferungen, höchster Auserwählter des heiligen Vorhangs") Jacques-Etienne Marconis (Sohn) trat, ein Mann, der sich mit den alten griechischen und ägyptischen Mysterien eingehend beschäftigt hatte und mancherlei zu schreiben wußte (z. B. „Rameau d'Or d'Eleusis", 1861). Das neue, von ihm ausgebaute Monster-System hatte 95 Grade, die teilweise stark von orientalischer Mystik durchsetzt waren. Von dem höchsten Sanktuarium, einem neunköpfigen Obersten Rat, der „Mystischer Tempel" hieß, sollte alles Licht, alle Lehre ausgehen; in seinem „Heiligtum", so wurde gesagt, „befände sich auch die ehrwürdige Lade der Überlieferung, der Altar der höchsten Gelöbnisse und die Geheimnisse aller Grade". Der Ritus gewann bald Anhänger in mehreren Ländern, stellte aber infolge polizeilicher Verfügung 1841 seine Arbeit ein. Der Groß-Hierophant Marconis, der für sich selbst, bezw. seine Würde einen eigenen Grad geschaffen hatte, arbeitete aber unermüdlich an der Wiederherstellung des Ordens.

Im Jahre 1848 begann dann die Tätigkeit aufs neue (Kapitelloge „Les Sectateurs de Ménès" in Paris), die Zahl der Grade wurde auf 92 erhöht. Den Statuten nach sollten diese Grade streng nach Verdienst und Eifer unentgeltlich verliehen werden. M. hielt sich aber nicht an diese Bestimmungen und zog großen Gewinn aus der Graderteilung. 1851 wurde der Orden abermals verboten, in Frankreich eingeschläfert, dafür in England etabliert und 1853 auch in Paris wieder eingesetzt. Bald gab es mehr als ein Dutzend Unterabteilungen in mehreren Ländern. 1856 und 1860 erfolgte eine neuerliche Reorganisation. Die Grade wurden auf 97 erhöht, dann wiederholt reduziert und abermals erhöht. In den folgenden Jahren erfolgte eine Angliederung an den Grand Orient de France, der die Mitglieder des M.-R. regularisierte, ohne dessen Grade anzuerkennen. Marconis entsagte formell allen seinen Rechten und übertrug diese auf den Grand Orient. Eine Zeitlang fand dann der Ritus in Amerika durch Harry J. Seymour, in England durch John Yarker Verbreitung. Mancherorts erfolgte Verschmelzung mit dem Misraim-Ritus.

Gliederung des M.-R.: 1.—33. Grad identisch mit dem Schottischen Ritus; 34.—90. Grad; darüber administrative Stufen 91—95 (Souv. Sanktuarium). 96. Grad: General-Großmeister des Sanktuariums, 97. Grad: Großhierophant des Ritus. Dieser wird heute sehr wenig bearbeitet.

Memphis- und Misraim-Ritus. Durch Erlaß vom 28. April 1876 wurde von John Yarker (s. d.) der Misraim-Ritus in England dem 1872 gegründeten Souveränen Sanktuarium für Großbritannien und Irland des Memphis-Ritus angegliedert. Der Misraim-Ritus bildete zwar eine selbständige Organisation innerhalb des Sanktuariums; seine Grade wurden aber (historisch) nur den Trägern der Memphis-Grade erteilt, und zwar nach folgendem Schema:

Memphis-Ritus	Yarkers vereinfachter Memphis-Ritus (Antient and Primitive Rite)	Misraim-Ritus
4.—18. Grad	4.—11. Grad	4.—46. Grad
19.—33. „	12.—20. „	47.—66. „
34.—90. „	21.—30. „	67.—86. „
91.—95. „	31.—33. „	87.—90. „

Als die Organisation Yarkers 1902 ein Patent für ein Sanktuarium erteilte, das sich „Orden der Alten Freimaurer vom Memphis- und Misraim-Ritus von Deutschland" nannte, wurden von dessen „Generalgroßmeister" Reuß (s. d.) die zwei Riten nach einiger Zeit wieder förmlich getrennt. Sie waren auch schon vorher nicht zusammen bearbeitet worden; es ist daher nicht korrekt, von einem Memphis- und Misraim-Ritus zu sprechen, wie dies oft geschieht.

Mendelssohn, Moses, Philosoph, * 1729, † 1786, Vertreter einer gemäßigten Aufklärung, für Monotheismus und Unsterblichkeit eingenommen, Verfasser des „Phaedon", Freund Lessings, der ihm im „weisen Nathan" ein Denkmal gesetzt hat. Lessing berichtet von einem Gespräch, das M. mit Lessing über die Freimaurerei geführt hat. Der Dichter weigerte sich, seinem Freunde über diese Aufklärungen zu geben, worüber ihm M. Vorwürfe machte (Abdruck in Biedermann, „Lessings Gespräche", Berlin 1924, S. 148).

Mendès, Catulle, französischer Schriftsteller, * 1841, † 1909, Lyriker, Dramatiker, Romancier, war Freimaurer.

Mendizabal, Juan Alvarez y, spanischer Politiker, * 1790, † 1853. Unter seiner Ministerpräsidentschaft wurden die Männerklöster aufgehoben. Er war Freimaurer. Denkmal auf der Plaza del Progreso in Madrid.

Menschenliebe, s. Liebe.

Menschenrechte, die ewigen unveräußerlichen Rechte der Menschen. Als Grund des Staatsrechtes zuerst 1776 in der stark von Freimaurern beeinflußten und aus freimaurerischer Ideologie erflossenen Unabhängigkeitserklärung der Vereinigten Staaten von Nordamerika niedergelegt: „Wir erachten es als selbstoffenbare

Wahrheit, daß alle Menschen gleich geschaffen sind, daß sie von ihrem Schöpfer mit gewissen unveräußerlichen Rechten begabt sind; daß zu diesen Leben, Freiheit und das Streben nach Glück gehöre; daß, diese Rechte zu sichern, Regierungen unter den Menschen eingesetzt sind, welche ihre gerechten Befugnisse von der Einwilligung der Regierten ableiten, daß, so oft eine Regierungsform gegen diese Ziele zerstörend wirkt, es das Recht des Volkes ist, sie zu ändern oder abzuschaffen, eine neue Regierung einzusetzen und sie auf solche Grundsätze zu bauen, ihre Befugnisse solchergestalt einzurichten, als sie ihm am meisten geeignet erscheint, seine Sicherheit und sein Glück zu bewirken." Die berühmte, auf Initiative von Lafayette (Freimaurer) angenommene „Erklärung der Menschenrechte" der französischen Revolution („Déclaration des droits de l'homme et du citoyen") vom 13. September 1791, zuerst in der Loge in Aix ausgearbeitet, lautet: „Alle Menschen sind von Natur frei und unabhängig. Jede Regierungsgewalt gehört allein dem Volke, die Behörden sind weiter nichts als die Bevollmächtigten und Diener desselben und ihm zu jeder Zeit verantwortlich." In der Formel Freiheit — Gleichheit — Brüderlichkeit sind die M. in der französischen Freimaurerei und deren Tendenzen verankert. Neuerdings vertritt die Großloge von Wien, auf Initiative von Justizrat Alexander Mintz, den Standpunkt, daß, ihrem Beispiel folgend, die gesamte Maurerei die Verfechtung der Menschenrechte in ihre Verfassungen aufzunehmen habe. Die Großloge von Wien war auch die Gründerin der österreichischen Liga für Menschenrechte. Auch die tschechoslowakische Liga für Menschenrechte ist z. T. von Freimaurern ins Leben gerufen worden.

Menschentum, s. Humanität.

Menschenwürde. Gattungseigenschaft, die aus dem sittlichen Wert der menschlichen Persönlichkeit fließt, die jedem Menschen auf Grund seines Menschentums schlechthin zukommt. M. ist die Grundlage der sittlichen Freiheit. Sie äußert sich darin, daß der Mensch „keinem anderen Gesetz gehorcht als dem, das er zugleich gibt". „Handle so, daß du die Menschheit sowohl in deiner Person als in der Person eines jeden anderen jederzeit zugleich als Zweck, niemals bloß als Mittel brauchst." Dieser Kantsche Imperativ ist auf die Idee der M. zurückzuführen. Jeder Mensch ist würdig, als Zweck des sittlichen Handelns zu dienen. „Die eigene Würde erfordert besonders die Tugend der Selbsterkenntnis, Selbstbeherrschung und Selbstveredlung. Die Würde des Mitmenschen die Tugend der Gerechtigkeit und Liebe" (Heinichen, „Die Grundgedanken der Freimaurerei im Lichte der Philosophie"). Die Freimaurerei achtet die M., die jedem Menschen ohne Rücksicht auf seine Überzeugung innewohnt. Dies führte sie zur Toleranz, zum Humanitätsideal.

Menschheitsbund ist in der Auffassung des Freimaurerphilosophen Krause (s. d.) das Mittel, die Idee der „Allmenschheit", des im kosmisch-metaphysischen Sinn umgedeuteten Humanitätsideals, zu verwirklichen. Den Ausgangspunkt dieser Anschauungen bildete der von Krause begründete Panentheismus (s. d.), der Gott als eine höchste synthetische Einheit auffaßt, innerhalb welcher sich die Einzelwesen und die Dinge befinden. „Die Menschheit des Weltalls ist ein organisches Wesen in Gott, als das eine Vereinswesen der Vernunft und der Natur, die von Gott ewig geschaffen." Alle Menschen waren ursprünglich ein Wesen, die Menschheit ist ein Organismus, der sich allmählich zu einem „Lebensbund" oder M. organisieren soll. Die irdische Menschheit hat die Aufgabe, sich immer mehr zu einer umfassenden Gemeinschaft zum Zwecke der Förderung des rein und allgemein Menschlichen zu vereinigen. Der M. erstrebt eine allumfassende, harmonische Synthese aller Gebilde auf religiösem, politischem, kulturellem wirtschaftlichem usw. Gebiet, ohne dieselben hierbei in ihrer organischen Entwicklung irgendwie zu stören oder sie gar ersetzen zu wollen. Dieser „Urlebensbund der Menschheit" soll im Sinne der Ideale der Gerechtigkeit, Liebe, Güte und Schönheit gestaltet werden. Krause faßte die Freimaurerei als den ersten Ansatz zu einem M. in seinem Sinne auf. Will die Freimaurerei dieser ihrer Aufgabe gerecht werden, argumentierte er, so muß sie eine innere Umgestaltung durchführen und, zu ihrer ursprünglichen Bestimmung zurückkehrend, „die Ideen der Menschheit, des Menschheitslebens und des M. zur Anschauung bringen". Sie ist im Grunde der einzige Versuch in dieser Richtung. Krause erörterte diese Ideen im „Tagblatt des Menschheitslebens" (1811).

Die Freimaurerei erstrebt auch heute den M.; sie faßt diesen aber ohne jedes metaphysische Beiwerk, als Weltenkette auf, gegründet „auf die Religion, in der alle Menschen übereinstimmen", d. h. auf die Religion der guten Taten, der reinen Menschlichkeit (s. auch Antilia, Comenius, Macaria, Hartlib, Krause).

Mentor. In manchen Logen wird dem Neuaufgenommenen ein M. aus der Reihe der Meister beigegeben, der ihn zu betreuen und ihm in besonderem Maße mit Rat für sein freimaurerisches Wirken zur Seite zu stehen hat.

Meoni, Giuseppe, Professor, langjähriger Direktor des demokratischen Blattes „Il Messaggero" in Rom bis zu dessen Übergang in faschistische Hände, Zugeordneter Großmeister des Grande Oriente von Italien, wurde 1929 von den Faschisten gemaßregelt.

Meredith, Edwin T., Landwirtschaftsminister der Vereinigten Staaten im Kabinett Wilson, Direktor der Federal Reserve Bank in Chicago, Chef der Handelskammer der Vereinigten Staaten, † 1928, war ein eifriger Freimaurer. Der Tod ereilte ihn, als er eben zum Wiener Kongreß der Allgemeinen Freimaurerliga reisen wollte, um auf diesem über die De-Molay-Jugendbewegung zu referieren.

Merzdorf, Theodor, Oberbibliothekar in Oldenburg, * 1812, † 1877, Mitglied der Loge „Apollo" in Leipzig, später Zugeordneter Meister der Oldenburger Bauhütte „Zum goldnen Hirsch", maurerischer Forscher und Schriftsteller von wahrhaft humanitärer Geistigkeit, Vorkämpfer der Zulassung von Juden zum Bund (1836 in Leipzig mit der Schrift „Die Symbole, die Gesetze, die Geschichte, der Zweck der Maurerei schließen keine Religion von derselben aus" und im Briefwechsel mit Nettelbladt), Verfechter der Beschränkung der Freimaurerei auf die drei symbolischen Grade und des Gedankens der Einheit der deutschen Freimaurerei, Streiter gegen die These, Friedrich der Große sei der Vater der Großen Konstitutionen" des A. u. A. Schottischen Ritus. M. verfaßte zahlreiche aufschlußreiche Schriften, u. a. „Die Denkmünzen der Freimaurerbrüder" (grundlegend für die freimaurerische Numismatik), „Lessings Ernst und Falk historisch-kritisch beleuchtet", „Geschichte der Freimaurerbrüderschaft in Schottland", „Die Mutter Kilwinning", „Zwischen Zirkel und Winkel". Er war auch Mitredakteur der freimaurerischen Zeitschrift „Latomia" und einer der Hauptmitarbeiter der 2. Auflage der Lenningschen Enzyklopädie.

Mesmer, Friedrich Anton, Arzt, * 1733, † 1815, in seiner Wiener Zeit mit Mozart befreundet (das Singspiel „Bastien und Bastienne" wurde in seinem Gartentheater erstmalig aufgeführt und in „Così fan tutte" hat Mozart ihm ein Denkmal gesetzt). Begründer des sogenannten animalischen Magnetismus, der nach ihm Mesmerianismus genannt wurde. M., der als starke Heilpersönlichkeit aufzufassen ist, die mehr oder weniger unbewußt die Suggestion in das Bereich der Heilkunde zog, ohne sich über die eigentlichen seelischen Vorgänge dabei klar zu sein, mußte Wien wegen einer von den Ärzten eingeleiteten Verfolgung verlassen, ging in die Schweiz, dann nach Paris, wo durch den adeligen Snobbismus seine Heilmethode zu einer unschönen Modeerscheinung verzerrt wurde, die ihm lange Zeit hindurch den Ruf eines Scharlatans eintrug. Seine Methode wurde 1812 von der Berliner Akademie rehabilitiert. M. starb in Frauenfeld (Schweiz). Eine Biographie, die M. vom Standpunkte der modernen Seelenforschung gerecht wird, schrieb Stefan Zweig: „Die Heilung durch den Geist", Insel-Verlag, Leipzig 1931.

M. war Freimaurer. Zweig behauptet, daß es insbesondere Freimaurerkreise gewesen sind, die ihn in Paris gefördert und an die Oberfläche getragen haben. Darüber ist aber nichts Genaueres bekannt. Wie alle Krankenheiler, die sich das Moment der Suggestion zunutze machen (M. erinnert in vielem an Zeileis), hat er sich mit einem gewissen Zauber umgeben. Diesen zu verstärken, die für die Suggestion so wesentliche Erwartungsspannung zu erhöhen, hat M. sogenannte Harmonische Gesellschaften gegründet, die in ihrer äußeren Aufmachung, mit ihren Einweihungen an den Freimaurerbund erinnern. M. ist als ernsthafter Arzt aufzufassen, für die Scharlatanerien seiner Schüler und Nachahmer ist er nicht verantwortlich, ebensowenig für die Geschmacklosigkeiten seiner gläubigen Gemeinde. Die Tragik seines Lebens war, daß er an der Schwelle der Erkenntnis psychopathologischer Ereignisse stand, daß ihm aber der letzte Schluß versagt blieb. Einer seiner Schüler zeigte dann die Wege der Hypnose, die M. selbst wiederholt beobachtet, aber nicht zu verwerten gewußt hat.

Mesmerianische Freimaurerei. Bezeichnend für die Neigung des 18. Jahrhunderts, alle möglichen geistigen Strömungen mit Freimaurerei in Verbindung zu bringen, ist das Auftreten von Mesmerianischen Freimaurerlogen und ähnlichen Gesellschaften. Hierher gehören: die Ritter und Gesellen der mystischen Krone („Chevaliers et compagnons de la couronne mystique"), gegründet 1787, und die „Maçonnerie mesmérienne", beschrieben in einem Buche von J. B. Barbeguière unter dem Titel: „La maçonnerie mesmérienne ou les leçons prononcées par Mocet, Riala, Themola, Seca et Célaphon en loge mesmérienne de Bordeaux l'an des influences 5784 et du mesmérisme le 1er." Erschienen Amsterdam 1784. Hierher gehört auch die von Kloß (3721) beschriebene Brüderschaft „Harmonische Gesellschaft", die 1782 begründet wurde.

Mesopotamien, s. Irak.

Messelogen finden in Leipzig jeweils anläßlich der Frühjahrs- und Herbstmesse statt. Sie werden von den Logen „Apollo" und „Balduin zur Linde" veranstaltet.

Messerschmidt, Karl Friedrich v., Geheimer Kriegsrat, Abteilungschef im Preußischen Kriegsministerium, * 1795, † 1876, wurde 1816 in der Loge „Zur doppelten Vereinigung" in Diedenhofen aufgenommen, in Berlin Mitglied der Loge „Zu den drei Seraphim", war 1848 bis 1873 National-Großmeister der Großen National-Mutterloge „Zu den drei Weltkugeln", vertrat diese bei den ersten Großmeistertagungen 1868/69, war nach seinem Rücktritt Ehrengroßmeister.

Messer- und Gabelgrad, Maurer vom (engl. Members of the knife and fork degree), nennt Dermott (s. d.) im „Ahiman Rezon" sarkastisch jene Mitglieder des Bundes, die mehr Freude am Brudermahl als an der eigentlichen Logenarbeit finden.

Meston, James, S., erster Baron, englischer Politiker, * 1865, Ehrendoktor der Universität Zürich, 1928 Kanzler der Universität Aberdeen, Sekretär in der Finanzabteilung der indischen Regierung, Vertreter Indiens im Reichskriegskabinett, Präsident der Aufsichtskommission des Völkerbundes, wurde 1917 Past-Grand-Deacon und 1924 Junior-Grand-Warden der Großloge von England.

Mesureur, Gustave, Direktor der Assistance Publique de Paris, * 1847, † 1925, Politiker, Vizepräsident der französischen Deputiertenkammer, Handelsminister, Präsident des Pariser Gemeinderates, war seit 1903 wiederholt Großmeister der Grande Loge de France. Gegner der Hochgrade, trat er erfolgreich für die Beseitigung der Prärogativen des Suprême Conseil de France über die Blauen Grade ein. Die 1904 ausgesprochene unbedingte Autonomie der Grande Loge de France war hauptsächlich sein Werk. M. wurde 1869 in die Loge „133" des Schottischen Ritus aufgenommen, die damals beim Obersten Rat vergeblich die Abänderung ihres Namens „St. Vincent de Paul" in „La Justice" anstrebte. Diese Bauhütte, der Fortschrittliche, wie Henry Brisson (s. d.) und Charles Floquet, angehörten, war sehr freiheitlichen Geistes und kämpfte namentlich in der Frage des A. B. a. W. gegen den Suprême Conseil. Als die Loge im Laufe dieses Zwistes die Arbeiten einstellte, erklärte der Oberste Rat, es sei nicht ihr Recht, sich selbst einzuschläfern, und hielt sie an, streng nach den vorgeschriebenen Formen weiterzuarbeiten. Schließlich wurden 1879 fünf Brr., darunter M., auf die Dauer von zwei Jahren suspendiert. Dieser wirkte dann 1880 führend bei der Gründung der „Grande Loge Symbolique Ecossaise" mit, um nach deren Vereinigung mit der Grande Loge in dieser die höchste Stufe der maurerischen Hierarchie zu ersteigen.

Metalle. In der Bibel wird zu wiederholten Malen die Forderung erhoben, der Altar müsse aus unbehauenen, von keinem M. berührten Steinen ausgeführt werden. I. Könige, 6 : 7, wird erzählt, daß die Steine vorher so behauen waren, daß man beim Zusammenfügen weder den Schlag einer Axt oder eines Hammers noch sonst eines eisernen Gezeugs gehört habe. In dieser Beziehung auch in der Freimaurerei symbolisch gedeutet.

M. bedeutet außerdem Besitz, der von anderen unterscheidet. Daher gibt der Neuaufzunehmende für die Dauer der Weihehandlung die Metalle ab, um jeden Unterschied, der aus Besitz abzuleiten wäre, symbolisch zu verwischen.

Metaphysik, s. Philosophie.

Métaux (frz.), Metalle, auch Taxen der Loge, bezw. Großloge.

Methuen, Paul Sandford, Lord, britischer Feldmarschall, * 1845, Oberkommandierender in Südafrika, 1907—1909 Gouverneur von Natal, während des Weltkrieges Gouverneur von Malta, ist Großbeamter der Großloge von England.

Metternich.

1. Franz Georg Karl, Graf (später Fürst) von, * 1746 zu Koblenz a. Rh., † 1818 zu Wien, österreichischer Staatsmann, Vater des Staatskanzlers Franz I. Er war Freimaurer, erscheint 1785 als Inhaber des Meistergrades in der Liste der Loge „Karoline zu den drei Pfauen" in Neuwied. 1784 Mitglied der Koblenzer Abteilung des Illuminatenordens unter dem Namen Ximenes. Seine Bemühungen, den Kurfürsten von Köln, Maximilian Franz, dem Illuminatenorden zuzuführen, scheiterten an dem Widerspruch des Grafen zu Stolberg-Roßla in Neuwied, dem die deutsche Ordensprovinz unterstand.

2. Clemens Lothar Wenzel, Fürst v., Sohn d. Vor., österreichischer Staatskanzler, * 1773, † 1859, gleich seinem Herrn, dem Kaiser Franz I. (s. d.) ein leidenschaftlicher Gegner der Freimaurerei. Er stellte diese in eine Reihe mit den von ihm grimmig gehaßten und mit allem Nachdruck bekämpften „Sekten", worunter er Illuminaten, Carbonari, Jakobiner usw. verstand. In manchen Zeitläuften galt ihm die Freimaurerei einfach als „die Sekte", deren Wirken er in der „Ramifikation" (s. d.) der europäischen Liberalen zu erblicken glaubte. Als der Freiherr vom Stein (s. d.) 1808 nach Österreich fliehen mußte, wurde er M. als ein „gefährlicher Aufklärer und Neuerer", als ein „mit Maurergeist begabter Mann" gemeldet, und als die preußische Erhebung gegen Napoleon begann, führte M.s Gesandter in Berlin in einem beweglichen Schreiben Klage darüber, daß „die Häupter der Sekte" sich der Zügel bemächtigt hätten. Der „Ramifikation" auf den Grund zu kommen, an der M. bald den „englischen Machiavellismus", bald „strafbare Ränke" des Kabinetts Alexanders von Rußland beteiligt glaubte, war seine Hauptsorge. In zahlreichen Berichten von Gesandten, Polizeistellen, Spitzeln und Denunzianten an den Staatskanzler oder dessen Polizeiminister wird immer wieder die angebliche Identität von Jakobinertum und Freimaurerei abgehandelt, wenn es auch an Stimmen aufrechter Männer nicht fehlte, die die Wiener Freimaurerangst für Wahnideen erklärten. Wenn auf dem Kongreß der Heiligen Allianz in Verona 1822, im Gegensatz zu M.s Wünschen, nicht ein allgemeines Verbot der Freimaurerei ausgesprochen wurde, so war das lediglich dem Eintreten des Preußenkönigs Friedrich Wilhelm III. für den bei diesem Anlaß von Haugwitz (s. d.) arg verleumdeten Bund zu danken.

Mexico, Vereinigte Staaten von. Vor der von dem Freimaurer und katholischen Geistlichen Miguel Don Hidalgo y Castillo (s. d.), dem unglücklichen „Washington von M." (dessen Kopf später 10 Jahre lang in einem Käfig an einem Eckhaus in Guanajuato hing), entflammten ersten mexikanischen Unabhängigkeitsbewegung im ersten Jahrzehnt des 19. Jahrhunderts gab es in M. nur vereinzelte Freimaurer. Die erste Loge, „Arquitectura moral", wurde 1806 von Don Enrique Moñí unter Mitwirkung mehrerer Priester gegründet, darunter dem Licenciado Verdad, der als erster in Spanien die Doktrine von der Souveränität des Volkes aufstellte. Einer der Erstaufgenommenen war Hidalgo, damals noch Pfarrer von Dolores, der in tiefer Nacht, ungeachtet der spanischen Späher, auf einem Maultier insgeheim nach der Stadt M. ritt, um das maurerische Licht zu empfangen. 1808 wurde die Logentätigkeit in Spanien angezeigt. Zahlreiche Maurer wurden eingekerkert und vor das Gericht der Heiligen Inquisition gestellt. Verdad verließ das Gefängnis nicht mehr lebend. 1812, unter der napoleonischen Herrschaft, erhielt Spanien eine Konstitution; ein französischer Expeditionsheer kam nach M.; von Offizieren desselben wurden die ersten Logen des Schottischen Ritus gegründet. Aber die in Spanien vom neuen wieder einsetzende Reaktion machte sich auch in M. geltend, und die Logen mußten im Verborgenen arbeiten, obgleich der Statthalter D. Juan Ruiz de Apodaca, selbst Maurer, sie tolerierte. 1816 und 1817 erteilte die Großloge von Louisiana Patente für Logen in Veracruz und Campeche. 1823 folgte die „City"-Großloge von New York mit einem Charter. 1824 gründete auch die Großloge von Pennsylvanien eine Bauhütte unweit von Veracruz.

1825, bald nach Gründung der bundesstaatlichen Republik, begann innerhalb der Maurerei eine separatistische Bewegung, die damit zusammenhing, daß die betreffende Gruppe die politische Betätigung, die von manchen in die Freimaurerei getragen worden war, aus dieser entfernt wissen wollte. 36 Brr. gründeten in Mexico City eine „Junta", die von der „Country"-Großloge von New York und Pennsylvanien auf

Empfehlung des amerikanischen Gesandten und gewesenen Deputierten Großmeisters von Louisiana, Joel R. Poinsette, Patente für drei Symbolische Logen erhielt, die dann die „Gran Logia Mexicana" nach dem sogenannten York-Ritus gründeten. Bemerkenswert ist, daß an der Spitze dieser Bewegung — 1826: 25 Logen mit 700 Brr. —, deren erste Loge „Tolerancia Religiosa" hieß, abermals ein katholischer Geistlicher, D. José Maria Alpuche, Pfarrer in Tabasco und Vertreter dieses Staates im mexikanischen Senat, stand. Unter den übrigen waren General D. Guadalupe Victoria der erste Präsident der Republik, eine der edelsten Gestalten der Geschichte der Neuen Welt. Großmeister der neuen Großloge wurde Don Ignacio Esteba, der Kanonikus der Kathedrale von Puebla. Dieses Schisma trug den Keim zum Zwiespalt zwischen den beiden Riten in sich. Die Mitglieder des Schottischen Ritus rekrutierten sich hauptsächlich aus den konservativen, adligen, klerikalen Kreisen, den Anhängern des alten Regimes, während sich in der York-Großloge die liberalen Republikaner sammelten. Beide Gruppen hatten eine heilige Jungfrau zur Schutzpatronin. Jede erklärte die andere als „häretisch", obgleich freimaurerisch-religiöse Prozessionen, namentlich der „Schotten", stattfanden, bei denen die maurerischen Insignien und Schurze, Heiligenbilder, Kirchengewänder, Fahnen und brennende Kerzen der römischen Kirche ein buntes Nebeneinander bildeten. 1827 artete die Gegnerschaft vollends aus. Die „Escoceses" gründeten „Novenarios", eine Art Miliz mit Neunerschaften. „Escoceses" wurde zur offiziellen Bezeichnung für die Aristokratenpartei, „Yorkinos" für die regierenden Demokraten. (Diese Benennungen finden sich auch heute noch in den Geschichtswerken und Lexika.) Das hatte, als der General D. Nicolas Bravo, Großmeister des Schottischen Ritus, sich gegen die Regierung erhob und vom zweiten Präsidenten der Republik, General D. Vicente Guerrero, Großmeister des York-Ritus, blutig geschlagen wurde, das vorläufige Ende des Schottischen Ritus zur Folge. Aber auch die wirklich freimaurerisch denkenden Brr. des York-Ritus hatten von der Politik genug, und die besten Elemente traten dem „Rito Nacional Mexicano" bei, der sich seit 1825 ebenfalls gebildet hatte. Mit der politischen Betätigung der Logen war es nun zu Ende. 1834 trat zwar der York-Ritus wieder in Erscheinung; seine Jünger nannten sich jetzt „Yorkinos federalistas", die in vier Graden arbeiteten, aber wieder nicht mehr als ein politischer Klub waren.

Der „Rito Nacional Mexicano" war von neun der ursprünglichen Gründer des York-Ritus ins Leben gerufen worden. 1833 gab er sich ein Programm, das ganz auf Freiheit des Denkens und Gewissens aufgebaut war, sich gegen Militarismus und Klerikalismus wandte, für die Zivilehe und großzügigen Ausbau der Volkserziehung eintrat, Abschaffung der Todesstrafe verlangte und sich gegen jede Abtretung nationaler Gebiete aussprach. Die Erfolge des Ritus, der neun (schottische) Grade umfaßte, waren zunächst befriedigend. 1847 bewirkte der amerikanische Einmarsch vorübergehenden Stillstand. Nur zwei Logen in M.-City und Toluca arbeiteten in dieser Zeit. Nach dem Frieden von Guadalupe reorganisierte sich der Ritus aufs neue. In seinen Reihen stand auf hervorragendem Posten der Führer der Liberalen und spätere Präsident von M., Benito Juarez (s. d.). In den folgenden Jahren gab es mehrere Gründungen; u. a. 1859 in Veracruz. Nach dem Sieg der Liberalen über die Klerikalen von 1860 trat als Grundlage eines ins Leben zu rufenden Obersten Rates eine neue Organisation in Erscheinung: 1862 wurde die Gran Logia Valle de M. gestiftet. 1865 wurde dann der Oberste Rat des A. u. A. Schottischen Ritus mit Autorisation des Großkommandeurs der Südlichen Jurisdiktion der USA., Albert Pike, feierlich eingesetzt. Meinungsverschiedenheiten führten bald wieder zu einer Sezession, die aber von kurzer Dauer war, da ihr vom Lausanner Kongreß der Obersten Räte 1875 die Genehmigung versagt wurde. Nach der Revolution von Tuxtepec, die das Regime Porfirio Diaz (s. d.) ans Ruder brachte, hörte der National-Ritus zu bestehen auf, und aus seinen Mitgliedern bildeten sich eine Reihe neuer Formationen.

1878 wurde Ignacio Altamirano, ein hoher Regierungsfunktionär und bedeutender Intellektueller, Großmeister der „Gran Logia Valle de M.", die sich im folgenden Jahre „Supremo Gran Oriente" nannte. Unter seiner Führung machte die mexikanische Freimaurerei bis 1884 eine Zeit schönster Blüte durch. In dieser Epoche begannen neue, schwere Meinungsverschiedenheiten, da ein Teil der Logen anfing, auch Frauen aufzunehmen. 1883 hatte der Oberste Rat auf seine Jurisdiktion über die Symbolischen Logen verzichtet und diese dem Supremo Gran Oriente übergeben, der bald neuerdings den Namen wechselte und nun „Gran Dieta Symbolica de los Estados Unidos Mexicanos" hieß. Der Weggang des Großmeisters Altamirano als Generalkonsul nach Spanien wirkte sich für diese Körperschaft sehr ungünstig aus. Es kam — ungeachtet der überdies noch bestehenden verschiedenartigen freimaurerischen Gebilde, die hier aufzuzeigen, ganz zwecklos wäre — zu einem neuen Schisma, neuen Verwirrungen, hervorgerufen namentlich durch Emilo G. Canton, bis dann 1895 an die Stelle der „Gran Dieta", an deren Spitze eine Zeitlang Porfirio Diaz (s. d.), der frühere und nachmalige Präsident, stand, wieder die „Gran Logia Valle de M." trat.

Schon vorher hatte eine Neugliederung der Maurerei nach Bundesstaaten begonnen, die sich im Laufe der Zeit deutlicher akzentuierte. Heute haben 14 der mexikanischen Bundesstaaten — neben mancherlei irregulären Gründungen — je eine anerkannte Großloge (der Bundesstaat M. zwei). Vom Bundesstaat M. abgesehen, sind dies: Chihuahua, Conhuila, Durango, Jalisco, Yukatan, Nuevo Leon, San Luis-Potosi, Soñora, Tabasco, Campeche, Tamaulipas, Oaxaca, Veracruz (s. diese alle). Die meisten dieser Obedienzen sind in einer mexikanischen Großlogen-Föderation verbunden, die Nationalkongresse abhält, um Gelegenheit zur Erörterung von Fragen zu bieten, die die gesamte mexikanische Maurerei angehen.

Im Bundesstaat M. (mit dem Bundesdistrikt, der Hauptstadt M. D. F.) sind zwei Großlogen tätig. Neben der Gran Logia Valle de M. wirkt seit 1911 die „York Grand Lodge of M. (formerly Gran Logia Valle de M.)". Nachdem bis Ende 1910 die erstere alle in der maurerischen Welt anerkannten Logen des Staates umfaßt hatte, sowohl die mexikanischen, als eine Anzahl in englischer Sprache arbeitender Bauhütten, kam es aus Anlaß einer Großmeisterwahl zu Streit und Trennung. Die mexikanischen Logen führten die Gran Logia als mexikanischen Logenverband fort, während die Amerikaner und Engländer sich als York Grand Lodge konstituierten. Letztere zählt in 13 Logen (unter diesen zwei in M.-City) ungefähr 900 Mitglieder; die Logensprache ist englisch. (Adresse: Apartado 1986, M.-City D. F.) Die Gran Logia Valle de M. zählt in 70 Logen, davon 28 im Bundesdistrikt, über 3000 Brr. Adresse: Calle Donceles, M.-City (Tempel), oder Apartado postal 10, Mexico D. F. E.

Je eine Loge haben in M. die „Drei Weltkugeln" („Zur deutschen Treue", gegr. 1923) und der Grand Orient de France.

Mexico, Staatspräsidenten. Dem Freimaurerbund gehörten folgende Präsidenten der 1823 begründeten Bundesrepublik M. an: Guadelupe Victoria (1824—1829), Vicente Guerrero (1829), Manuel Gomez Pedraza (1832), Javier Echeverria (1841), Nicolas Bravo (1842—1843), Benito Juarez (1858—1867 und 1871—1872), Porfirio Diaz (1876—1880, 1884—1911), Francisco y Madero (1911—1913), Plutarco Elias Calles (1924—1928), Emilio Portes Gil (1928—1930), Pascual Ortiz Rubio (1930).

Meyerbeer, Giacomo, Komponist, * 1791, † 1864 („Robert der Teufel", „Die Hugenotten", „Der Prophet", „Die Afrikanerin" u. a.), war Freimaurer.

Meyern, Wilhelm Friedrich v., deutscher Schriftsteller, * 1760, † 1829, stand als Offizier in österreichischem Dienste, dann in diplomatischer Verwendung, schrieb den seinerzeit berühmten politischen Roman „Dya-Na-Sore" oder „Die Wunder", der der Wirkung der Geheimbünde eine entscheidende Rolle im Leben der Menschheit zuschreibt, war Mitglied der Prager Loge „Wahrheit und Einigkeit zu den drei gekrönten Säulen".

Meyrink, Gustav, Schriftsteller, * 1868, der bekannte Verfasser des „Golem" und anderer phantastischer, okkultistischer Romane. Seine Vorliebe für das mystische Prag hat ihm wiederholt Anlaß gegeben, wenn nicht die Freimaurer, so doch die Asiatischen Brüder u. ä. dichterisch zu verwenden. In welch eigenartiger Weise er während des Weltkrieges mit der Freimaurerei in Beziehung kam, erzählt Pfarrer Carl Vogl in seinem Buch: „Aufzeichnungen und Bekenntnisse eines Pfarrers" (Aegis-Verlag, Wien, Berlin). Die Stelle sei ausführlich zitiert, weil sie einen guten Beweis dafür erbringt, wie gegnerische Propaganda selbst von amtlichen Stellen betrieben wird. M. ist nicht Freimaurer, Pfarrer Vogl hat sich von ihm die ausdrückliche Ermächtigung zur Veröffentlichung der geschilderten Umstände erwirkt. Er schreibt: „Als ich M. im dritten Kriegsjahre (Juli 1917) besuchte, sah ich bei ihm einen Tisch voll aufgehäuft mit alten und neuen Büchern freimaurerischen Inhalts. Bezüglich ihrer gab mir M. die Auskunft, er habe sie aus dem Auswärtigen Amt in Berlin, und erzählte wie folgt: ‚Ich wurde telegraphisch nach Berlin ans Auswärtige Amt gebeten. Dort traf ich einen Legationsrat nebst zwei Vertrauensmännern, darunter den ehemaligen Beichtvater der Königin von Bayern. Man stellte mir sofort folgenden Antrag: Schreiben Sie uns einen Roman, in dem Sie den Nachweis führen, daß die Freimaurer am Weltkrieg schuld sind. Die einschlägige Literatur, die auf einem Tische bereit lag, wurde mir zur Verfügung gestellt. Der Roman sollte ins Englische und Schwedische übersetzt, in einer halben Million Exemplaren gedruckt und in alle Welt verschickt werden. Ich war nicht wenig erstaunt und erwiderte, man solle doch lieber Frenssen oder Ganghofer mit dieser Aufgabe betrauen. Doch die Herren meinten, die seien viel zu national und militärfreundlich, man brauche einen prominenten Schriftsteller, von dem das Publikum weiß, daß er kritisch, ja mehr als kritisch diesen Dingen gegenüberstände. Ich hatte mich von meinem Erstaunen noch nicht erholt und fragte, wo man das Papier hernehmen wolle für eine so ungeheure Auflage. Lächelnd erwiderte man mir, Papier stünde in unbegrenzter Menge zur Verfügung.' M. übernahm die Mission und hätte, wie ich aus dem weiteren Gespräch ersah, seine Sache so fein gemacht, daß er seine Überzeugung nicht verleugnet hätte. Ob allerdings seine Auftraggeber an dem Werk ungetrübte Freude erlebt hätten, ist eine andere Frage. Dies ist, wie ich vermute, wohl auch der einzige Grund, weshalb nach einem halben Jahre der erwähnte Legationsrat nach Starnberg kam, um M. zu ersuchen, er möchte den begonnenen Roman abbrechen; er sei von seiten gewichtiger Freimaurer gebeten worden, M. auszuschalten. Eine Stunde vor diesem Besuch bereits ist M. telegraphisch aufgefordert worden, die schriftlichen Beilagen, die ihm in Berlin mitgegeben worden, unverzüglich zurückzuschicken. Er tat es, nicht ohne vorher eine Kopie sich angefertigt zu haben. Die ausführlichen Richtlinien, die ich in Händen hatte, gehen darauf hinaus, die Freimaurerei — vor allem die französische und italienische, aber auch die übrige — habe den Krieg ‚vorbereitet', ‚angefacht' und ‚ausgebreitet', ‚Italien dem Dreibund abspenstig gemacht', den ‚Friedensschluß verhindert', ‚jeden Sonderfrieden gewaltsam unterdrückt', sie sei überhaupt ‚die Trägerin des Krieges'. Obzwar jene Unterredung im Auswärtigen Amt geheim gehalten werden sollte und die vier Teilnehmer zu strengstem Stillschweigen sich verpflichtet hatten, war doch acht Tage später in einem völkischen Hurrablatt Hamburgs zu lesen, man hätte sich in Berlin nicht entblödet, dem ‚Vaterlandsverräter' M. freimaurerische Geheimnisse zu Romanzwecken auszuliefern. Die M. entzogene Arbeit ist dann

Dr. Wichtl in Wien übertragen worden, der sich seiner Aufgabe in einer maßlosen Gehässigkeit, Willkür und Rückständigkeit entledigte („Weltfreimaurerei, Weltrevolution, Weltrepublik. Eine Untersuchung über Ursprung und Endziele des Weltkrieges", 1920).

Meystre, Abram Daniel, Advokat und Staatsrat in Lausanne, * 1813, † 1870, hatte großen Anteil an der großen reformatorischen, wirtschaftlichen, religiösen und politischen Bewegung seines Heimatkantons 1845, die eine Vorläuferin der eidgenössischen Reform von 1848 war; er wurde 1864 in den Nationalrat gewählt. Der Loge „Espérance et Cordialité" in Lausanne stand er 1844 als Meister vom Stuhl vor. 1856—1862 war er Großmeister der Großloge „Alpina".

Michael III. Obrenović, Fürst von Serbien, * 1823, ermordet 1868, wird als Freimaurer bezeichnet, ohne daß genauere Daten vorliegen würden.

Michaeler, Karl Josef, Dr. phil., aufgeklärter katholischer Priester, * 1735, † 1804, Jesuit, Professor der Universalgeschichte an der Innsbrucker Universität, 1782 Rector Magnificus, später Kustos der Wiener Universitätsbibliothek, Mitglied der Innsbrucker Loge „Zu den drei Bergen", dann der Loge „Zur wahren Eintracht" in Wien, Mitherausgeber des „Wiener Freimaurerjournals". In einer Reihe von Schriften trat er warm für den Freimaurerbund ein. Hauptschrift: „Beruhigung eines Katholiken über die päpstlichen Bullen wider die Freimaurerei" (1782), worin er zu beweisen suchte, daß jene Päpste, die die Freimaurerei verdammten, unwissende Richter gewesen seien. Die päpstlichen Kanons seien gegenwärtig „erstummte Orakel". Die Ausführungen führten zu einer heftigen, in einer ganzen Reihe von Schriften geführten Polemik mit dem Antifreimaurer Sautier (Servati) (s. d.). Vergl. Taute: „Die katholische Geistlichkeit und die Freimaurerei".

Michajlowski-Danilewski, Alexander Iwanowitsch, russischer General und gewiegter Historiker, * 1790, † 1848 im Krieg gegen Napoleon I. 1813 Mitglied der russischen Kriegsloge „Zum heiligen Georg" und ständiger Gast der preußischen Feldloge „Zum eisernen Kreuz", schildert in seinem Tagebuch (mitgeteilt von Theodor Schiemann in „Forschungen zur brandenburgischen und preußischen Geschichte") eingehend die Bedeutung der Freimaurerei in den Befreiungskämpfen. Er stellt fest, daß inmitten der Streitigkeiten der Russen mit den Bundesgenossen wegen der mitunter zaghaften Haltung die bedeutenden Freimaurer der preußischen Feldloge mit ihren Reden voll flammender Vaterlandsliebe ungemein tröstlich wirkten. M.-D. war während des Wiener Kongresses Adjutant Alexanders I.

Michigan, Bundesstaat der Vereinigten Staaten von Nordamerika. Nachdem schon 1764 in Verbindung mit dem 60. britischen (Royal America) Regiment in Detroit eine englische Loge bestanden hatte (Zion Lodge Nr. 1), kam es erst 1844 zur Gründung der Großloge, die 1930 519 Logen mit rund 152.000 Mitgliedern umfaßte. Detroit besitzt einen nach dem Weltkrieg errichteten Freimaurertempel, der zu den großartigsten Großlogenpalästen der Welt gehört. Der Kostenaufwand belief sich auf 8 Millionen Dollar. Das freimaurerische Altersheim betreut durchschnittlich 100 Insassen. Adresse: Masonic Temple, Detroit.

Middle Chamber (engl.), s. Mittlere Kammer.

Mier, Servando Teresa de, mexikanischer Dominikaner, Freiheitskämpfer, * 1763, † 1827, war Freimaurer.

Migazzi, Christoph Barth. Anton, Graf zu Wall und Sonnenthurn, * 1714, † 1803, seit 1761 Kardinal von Wien, machte sich durch besondere Unduldsamkeit bekannt und lag ständig mit den Aufklärern und Joseph II. im Kampfe. Besonders verstimmte es ihn, daß zahlreiche Geistliche Mitglieder des Freimaurerbundes waren (s. Hauer). Wegen einer gegen die Freimaurer gerichteten Immediateingabe an den Kaiser zog er sich von diesem die folgende schroffe Ablehnung zu: „Es müsse dem Kardinal wahrscheinlich unbekannt sein, was eigentlich in den Versammlungen der Freimaurer vorgehe, da jedoch der Kaiser davon vollkommen unterrichtet ist, so sehe ER nicht den geringsten Grund, sie zu unterdrücken. Sollte jedoch wider Erwartung diese Versammlung in ihrem Institute ausarten, so käme es dem Staate zu, sie abzuschaffen, ohne daß die geistliche Macht es nötig hätte, sich hineinzumischen."

Mihalić von Prigorski, Adolfo, Dr., Kgl. Banalrat d. R. in Zagreb. * 1864, der langjährige führende Freimaurer Kroatiens, aufgenommen 1892 in der Loge „Demokratia" in Budapest, im gleichen Jahr Mitbegründer der ersten Zagreber Loge des 19. Jahrhunderts, „Hrvatska vila" (seit 1903 „Ljubav Bližnjega"), durch viele Jahre als Zugeordneter Stuhlmeister deren eigentlicher Leiter, 1920 Mitbegründer und eine Zeitlang Stuhlmeister der Loge „Pravednost", 1919 Großmeister der provisorischen Großen Mutterloge „Ljubav Bližnjemu" in Zagreb, dann seit der Vereinigung mit den serbischen Logen Zugeordneter Großmeister ad vitam, der Großloge von Jugoslawien. M. entfaltet eine rege schriftstellerische Tätigkeit, teils auf verwaltungsrechtlichem, soziologischem und kulturhistorischem, teils auf freimaurerischem Gebiet; er übersetzte die Rituale und Lessings „Ernst und Falk" ins Kroatische. 1908 erschienen „Briefe über Freimaurerei", 1928 „Anweisung für Suchende". Seit 1920 leitet M. die Zeitschrift „Šestar", die seit 1926 das offizielle Organ der jugoslawischen Großloge ist.

Mileff, Nikolaus, Universitätsprofessor für Geschichte der Balkanvölker in Sofia, * 1881, † 1925, bulgarischer Politiker mazedonischer Abstammung, als Leiter des Blattes „Slovo" einer der Führer der bulgarischen Wiedergeburt, Parlamentarier, Völkerbunddelegierter, Stuhlmeister der Sofioter Loge „Zora", fiel 1925 einem bolschewistischen Revolveranschlag zum Opfer.

Miles, Nelson, amerikanischer General, * 1839, † 1925, nahm am Bürgerkrieg teil, bahnte dann durch Besiegung der kriegerischen

Indianerstämme den Weg nach dem amerikanischen Westen, „der Wiking des Westens", Oberbefehlshaber im Spanisch-Amerikanischen Krieg, war Mitglied der „Southern California Lodge Nr. 278" in Los Angeles.

Miličević, D u š a n, Rentier in Belgrad, * 1869, aufgenommen 1889 in der Belgrader Loge „Sloga, Rad i Postojanstvo", Meister vom Stuhl, Ehrenmeister, Deputierter Großmeister der Großloge von Jugoslawien, stellvertretender Großkommandeur des Obersten Rates, seit 1927 führendes Mitglied der Exekutive der A. M. I., Vorstandsmitglied der Allgemeinen Freimaurerliga.

Militärlogen, Feldlogen, Regimentslogen. Die Ausbreitung der Freimaurerei in großen Teilen der Welt ist zu einem guten Teil M. zu danken, die sich im 18. Jahrhundert bei zahlreichen Regimentern und Truppenkörpern bildeten. In erster Linie naturgemäß solchen bei b r i t i s c h e n Truppenteilen, die nach Amerika, in den afrikanischen Urwald und die asiatischen Dschungel, später auch nach Australien, in Feldlager und Forts, in Städte und Dörfer ihre Logentruhe mitführten, um die Brr. nach hartem Dienst zur freimaurerischen Arbeit aufrufen zu können. Der erste Stiftungsbrief, den eine solche militärische Loge erhielt, wurde 1732 von der in dieser Hinsicht ganz besonders regen Großloge von I r l a n d ausgestellt. Er ermächtigte zur Gründung einer R. im „ersten Fußregiment", das sich aus Iren zusammensetzte. Zahlreiche andere ambulante Gründungen folgten; in Amerika bestand eine Feldloge bereits während einer Expedition auf kanadischem Gebiet 1738. Die R., auf die nicht wenige der heutigen überseeischen Großlogen als Grundstock zurückblicken (z. B. N e w Y o r k, K a n a d a, A u s t r a l i e n), arbeiteten mit der Zeit auf Grund sogenannter „T r a v e l l i n g W a r r a n t s". Die früheste Regelung in der Verfassung einer Großloge ist jene im „I r i s h C o d e" von 1768. Die F. wurden durch dessen Bestimmungen ermächtigt, überall zu arbeiten, wohin ihre Regimenter kamen; Einheimische durften sie aber nur an Orten einweihen, wo nicht schon vorher reguläre Logen wirkten. (Seit 1850 nahmen die britischen M. überhaupt keine Zivilpersonen mehr auf.)

Auf dem Kontinent sind M. in Frankreich früh nachweisbar. Nicht zur Genüge geklärt ist allerdings die neuerdings von L a n t o i n e wiederaufgenommene Behauptung, es habe schon 1688 bei den J a k o b II. nach dessen Sturz nach Frankreich gefolgten irischen Truppen in Saint-Germain-en-Laye eine Loge gegeben, die „La Parfaite Egalité, Regt. Irlandes de Walsh" geheißen haben soll. (Oberst W a l s h war der Regimentskommandant.) Von einer s c h w e i z e r i s c h e n R. in den österreichischen Niederlanden (im Schweizer Regiment S c h e d o r f f in Maubeuge; bei Duchaine „La Franc-Maçonnerie belge au XVIIIe siècle", 1911, nicht verzeichnet) stammte die erste Züricher Loge „La Concorde", gegründet 1740. Um 1760 waren es französische kriegsgefangene Offiziere, die in Deutschland Logen ins Leben riefen (s. K r i e g s g e f a n g e n e n l o g e n). Im Siebenjährigen Krieg kam mit den schwedischen Truppen die 1761 von E c k l e f f eingesetzte Loge der Schwedischen Armee. 1761 und 1764 werden in Westpreußen russische F. erwähnt. Im Bayrischen Erbfolgekrieg gab es fünf preußische M.

In E n g l a n d (seit 1750) und S c h o t t l a n d (seit 1743) fand das irische Beispiel bald begeisterte Nachahmung, innerhalb der englischen Freimaurerei bei beiden Großlogen, in besonderem Maße bei den „Antients", die schon 1789 fast fünfzig „Army Warrants" ausgestellt hatten. Im amerikanischen Revolutionskrieg gab es auf beiden Seiten in großer Zahl F. Wann immer es zwischen den Schlachten möglich war, wurde freimaurerische Tätigkeit entfaltet. Namentlich auf amerikanischer Seite waren die Armeelogen für die bunt zusammengewürfelten Scharen der Freiheitskämpfer ein Band von seltener Stärke. Der einfachste Soldat, der zur Loge gehörte, fühlte sich dem Oberbefehlshaber und seinen freimaurerischen Generalen und Offizieren brüderlich verbunden. Die berühmteste F. wurde die 1776 gestiftete „A m e r i c a n U n i o n Nr. 1". Ihr Siegel zeigte eine Kette aus dreizehn Ringen, entsprechend den dreizehn im Kampfe stehenden Staaten. In der unglücklichen Schlacht von Long Island wurde ein großer Teil ihrer Mitglieder getötet oder gefangen. Die Überlebenden retteten die Logengeräte, führten sie auf dem abenteuerlichen Rückzug von New York mit und stellten in der von Schlachtenlärm erfüllten Weihnachtsnacht die Lichter hinter der neuen Linie um Delaware in einer rohgezimmerten Arbeitshütte wieder auf. In der fürchterlichen Not und Entbehrung des Winterlagers von Valley Forge bildeten die brüderlichen Zusammenkünfte, an denen auch W a s h i n g t o n teilnahm, oft den einzigen Trost der um den Sieg Bangenden. L a f a y e t t e hat hier möglicherweise das Licht erhalten. Als die englische Feldloge Nr. 227 auf einem der Rückzüge ihre Konstitution und alle Embleme zurückgelassen hatte, ließ Washington diese durch einen Offizier und eine Ehrenwache zurückbringen. Als diese mit der weißen Fahne und der Logenlade im britischen Lager erschienen, empfing man sie mit militärischen Ehrenbezeigungen. Als am 23. Juli 1779 der F. des Regiments West Jersey Higlands (Unity No. 18) nach dem Fall von Stony Point Charter und Verfassung verlorengingen, sandte General Samuel H. P a r s o n s beide mit einem Schreiben zurück, in dem er in herzlichster Weise den Gedanken der Brüderlichkeit betonte. Als 1783 die i r i s c h e F r e i w i l l i g e n b e w e g u n g (s. d.) ihre Wellen schlug und Regimenter von „Volunteers" sich bildeten, entstand u. a. auch die „First Volunteer Lodge of Ireland No. 620", die heute noch besteht. Sechzig Jahre lang trugen ihre Mitglieder bei allen Arbeiten die dem einstmaligen militärischen Charakter entsprechende Logenuniform.

Eine große Rolle spielten M. in der zweiten Hälfte des 18. Jahrhunderts in F r a n k r e i c h; sie existierten bei fast allen Regimentern. In der Hauptsache bestanden sie zunächst aus

Offizieren, so daß sich um 1785 auch Unteroffizierslogen zu bilden begannen, so die „Parfaite amitié" im Regiment „Royal Italien", deren Stuhlmeister u. a. Masséna war. Die Matrikel des Grand Orient de France von 1789 verzeichnete 69 M., darunter eine Anzahl in den fremden Regimentern (Bayern, Schweizer, Hessen-Darmstadt, Schotten usw.). Gaston Martin hat in den Listen von 43 dieser Logen, die heute noch existieren, feststellen können, daß von 1385 Brr. 1032 Offiziere und Gleichgestellte waren. Unter den Offizieren, die Freimaurer waren, sind die Namen Lafayette, Dumouriez bemerkenswert. In den österreichischen Niederlanden bildeten sich Logen in fast allen Regimentern, die in Belgien in Garnison lagen, so in den Regimentern Kaunitz, Arberg, Württemberg, Ligne, Murray. Die hervorragendsten Namen sind in ihren Listen verzeichnet. Auch eine der ältesten Logen Böhmens, die 1745 gegründete Loge „Sincérité" in Leitmeritz, war ursprünglich eine M. der Koburg-Dragoner und Czartoryski-Kürassiere, die auch Zivilpersonen aufnahm.

In den Napoleonischen Kriegen wirkten F. in allen Armeen, mit Ausnahme der österreichischen. Die Preußen zählten deren sechs, darunter „Friedrich zur Vaterlandsliebe" beim Yorckschen Hilfskorps 1812. Blücher war Mitglied der in Schwedt an der Oder gegründeten F. Nr. 1 (G. L. L.). Ein treffendes Bild vom damaligen Feldlogengeist hat der russische General und Historiker Alexander Iwanowitsch Michailowski-Danilewski in seinem Tagebuch entrollt. Er war in Frankfurt am Main im November 1813 in die russische Kriegsloge „Zum heiligen Georg" aufgenommen worden und vom Dezember des gleichen Jahres an ständiger Gast der preußischen F. „Zum eisernen Kreuz" (Drei Weltkugeln). Er bezeichnet angesichts der unaufhörlichen Streitigkeiten, die mit den Bundesgenossen herrschten, die die Beendigung des Krieges mit Napoleon wünschten, die Abende in der F. als „die einzigen glücklichen während des französischen Feldzuges". „Die in den Logen gehaltenen Reden waren voll flammender Vaterlandsliebe. Am Tage nach der Schlacht oder am Vorabend derselben gehalten, begeisterten sie unsere Seelen zu edelsten Beschlüssen. Mögen die Leute, die heute das Freimaurertum bekämpfen und die wahrscheinlich ihre patriotischen Gefühle darauf beschränkten, bei der Nachricht von unseren Siegen auf Festlichkeiten zu tanzen, mögen sie doch die Reden lesen, die in der Loge ‚Zum eisernen Kreuz' gehalten wurden. Jedes Mitglied der Loge hatte vielfach sein Leben dem Vaterland zum Opfer angeboten... Als nach der Einnahme von Paris der entsetzliche Kampf aufhörte und Preußens Unabhängigkeit hergestellt, mithin das Ziel erreicht war, feierte die Loge ‚Zum eisernen Kreuz' ihre Schließung in feierlicher Weise. (Im Mai 1814 im Palais Elysée Bourbon.) Viele Brr. waren bei dem Fest zugegen, unter anderen auch der Feldmarschall Blücher. Wieder drangen mir die Reden tief ins Herz. Die Preußen schilderten die elende Lage ihres Vaterlandes vor dem Kriege und beschrieben den heiligen Freiheitskampf und die wohltätige Wirksamkeit der Loge während des Kampfes. Sie erinnerten daran, wie während des Donners der Schlachten sie sich in der Loge gegenseitig gestärkt, um die Mühseligkeiten des Feldzuges zu tragen, wie die Worte, die aus den Herzen flossen und so voll Freundschaft und voller Liebe zum Vaterland waren, in den Augenblicken der Entscheidung ein wahres Labsal gewesen, und wie sie so die Ketten zerrissen, die das Vaterland knechteten und dessen Ruhm wiederhergestellt hatten..." (Veröffentlicht von Theodor Schiemann in den „Forschungen zur brandenburgisch-preußischen Geschichte", Auszug in den Monatsheften der Comeniusgesellschaft, Bd. XXII/7.)

In den englischen Großlogenakten aus der napoleonischen Zeit finden sich lakonische Berichte, wie dieser: „Loge Nr. 170: Truhe und Einrichtung bei St. Croix verloren; alle Mitglieder tot oder verwundet, bis auf Br. Geo Baxter, Quartiermeister." Manche Bauhütten nahmen nach siegreichen Schlachten neue Namen an, so die Logen „Waterloo", „Gibraltar" u. a. Im ganzen 19. Jahrhundert gab es zahlreiche britische Übersee-M.; groß war die Zahl der Regimentslogen auch im amerikanischen Bürgerkrieg. Im Burenkrieg verlor die englische F. Nr. 2516 ihre sämtlichen Mitglieder im Kampf. Im belagerten Ladysmith bestand eine F., die auch bezüglich der Bekleidung vollkommen feldmäßig war (Schurz, aus einem Taschentuch angefertigt, mit Tintenzeichnung, im Londoner Großlogenmuseum).

Im Weltkrieg gab es F. bei zahlreichen Armeen (s. Feldlogen, Deutsche). In den Vereinigten Staaten erteilten zahlreiche Großlogen Patente für M.: North Carolina, Montana, North Dakota, Indiana, Texas, Rhode Island, Louisiana, Ohio, New York (5) und Colorado. Die Franzosen hatten keine F., da die Heeresleitung solche nicht zuließ. Die französische Heeresleitung ging in ihrer Abneigung gegen die Freimaurerei so weit, daß sie sogar die Gründung von Soldatenheimen hinter der Front seitens der amerikanischen Großlogen verhinderte.

Die deutschen F. waren nach dem Kriege Gegenstand heftiger Angriffe, besonders seitens Ludendorffs und seiner Anhänger, die in ihnen „Brutstätten des Vaterlandsverrates" vermuteten. Diese Angriffe gehören in das Wahnsystem Ludendorffs und entbehren jedes realen Inhaltes. Auf dem durch Ludendorff verbreiteten Bilde der F. „Zum aufgehenden Licht an der Somme in St. Quentin" ist neben Militärpersonen auch ein Zivilist zu sehen. Es war dies jedoch nicht, wie Ludendorff behauptet hat, ein Franzose, sondern der Photograph Sparr aus Cuxhaven.

In Friedenszeiten bestehen M. nur in der britischen Armee. Das Register der Großloge von England verzeichnet augenblicklich zwei ständige M., die eine bei den Royal Scots, die andere bei den „Irish Fusiliers". Nicht M. im eigentlichen Sinn des Wortes ist die Fritz Roy

Lodge 569. Ihre Mitgliedschaft ist aber ausschließlich auf Angehörige des Regiments „Honourable Artillery Company“ (H. A. C.) beschränkt.

Millet, Aimé, französischer Bildhauer und Zeichner, * 1819, † 1891, Schöpfer der Büsten von Quinet und George Sand, des Grabdenkmals von Musset, der Statue des Apollo am Pariser Opernhaus, war Mitglied der Pariser Loge „La Mutualité“.

Milly, Nicolas Christien de Thy, Graf von, * 1729, † 1784, französischer General und vielseitiger Gelehrter, Verfasser eines Werkes über die Fabrikation des sächsischen Porzellans, ferner des Buches „l'Antisyphilitique ou la Santé publique“, Mitglied der Akademie der Wissenschaften, war 1784 Meister vom Stuhl der Pariser Loge „Les Neuf Sœurs“.

Milner, Alfred, Viscount, englischer Staatsmann, * 1854, † 1925, Unterstaatssekretär des Finanzamtes, 1897 Gouverneur der Kapkolonie und Oberkommissär für Südafrika, nach dem Burenkrieg Gouverneur von Transvaal und Oranje-River, im Weltkrieg Kabinettsmitglied, Kriegsminister, später Kolonialminister, war Großaufseher der Großloge von England.

Milutinović, Sima, serbischer Dichter und Revolutionär, * 1791 (Sarajevo), † 1848 (Belgrad). Als Gymnasiast aus politischen Gründen aus der Schule in Karlowitz entfernt, trat er als Freiwilliger in das serbische Revolutionsheer ein. In seinem großen Epos „Serbijanka“ (1826) besang er die Revolution Karageorgs, an der er teilgenommen hatte. Er wurde in Leipzig Mitglied des Freimaurerbundes. Später Erzieher des jungen Peter II. Petrović Negus, des nachmaligen Bischofs und Herzogs von Montenegro. Ein ewig unruhiger Geist, bekämpfte er die Herrscherfamilie Obrenović, nach deren Sturz (1842) er Sekretär des Unterrichtsministeriums wurde. M. veröffentlichte auch serbische Volkslieder und schrieb die Geschichte von Serbien und Montenegro.

Milwaukee. Größte Stadt des nordamerikanischen Bundesstaates Wisconsin, Sitz der Großloge dieses Staates (Adresse: Grand Secretary, 470 Van Buren Str., M.).

Mina.

1. Javier Espoz y, s. Espoz.

2. Javier, Neffe des Vorigen, * 1789, † 1817, spanischer Liberaler, ging 1816 nach Mexico, um die Sache der Unabhängigkeit zu unterstützen, wurde nach kurzer, ungemein tapferer Kampagne gefangengenommen und standrechtlich erschossen, war Freimaurer.

Mineral, Schüler der Minerva, zweite Stufe der ersten Klasse des Illuminatenordens, in die der Novize durch Einweihung gelangte. Das Medaillon des M., am grünen Band getragen, zeigte eine Eule mit einem Buch und den Buchstaben P. M. C. V. (Per me coeci vident). Die Tätigkeit der Minervalversammlungen hatte den Charakter einer gelehrten Akademie (s. Illuminaten).

Minerval illuminatus, dritte und letzte Stufe der ersten Klasse des Illuminatenordens, hatte die Aufgabe, die jüngeren Brr. zu unterweisen und ihren Willen in der Richtung des Ordens zu lenken (s. Illuminaten).

Minervalkirche, im Illuminatenorden, die Versammlung (Loge) der Minervale (s. d.).

Mingotti, Pietro, italienischer Operndirektor, † 1759 in Kopenhagen, leitete mit seinem Bruder die nach ihnen benannte Operngesellschaft, die im 18. Jahrhundert in Österreich, Deutschland und Dänemark eine wichtige Rolle spielte, und der Scalabrini (s. d.) und Gluck als Komponisten und Dirigenten zur Verfügung standen. Er wurde 1748 in der Kopenhagener Loge „St. Martin“ aufgenommen.

Minnesota, Bundesstaat der Vereinigten Staaten von Nordamerika. Die Großloge, die 1853 ins Leben trat, zählte 1930 310 Logen mit 61.700 Mitgliedern. Das Masonic Home betreut durchschnittlich 117 Alte. Adresse: Masonic Temple, St. Paul.

Minos, Ordensname von Ditfurth (s. d.) im Illuminatenorden.

Minutes (engl.), die Verhandlungsschrift, das Protokoll der Loge, das im Minute-Book eingetragen wird. Synonym: Records of the lodge. Die M. werden in den angelsächsischen Logen vor Schluß der Loge verlesen und in der darauffolgenden Arbeit bestätigt. Die ältesten erhaltenen M. stammen aus der Loge „Mary's Chapel“ in Edinburgh (s. d.).

Mirabeau.

1. Victor Riquetti, Marquis von, französischer Nationalökonom der physiokratischen Schule, * 1715, † 1789, geißelte in seinem berühmten Werk „L'ami des Hommes“ die Zustände in Frankreich, wies auf das Elend des Bauernstandes hin und trat für ein Volkskönigstum ein. Er war Freimaurer (W. F. Z. 1925, Heft 1/2).

2. Honoré Gabriel Victor Riquetti, Graf von, französischer Staatsmann und Schriftsteller, * 1749, † 1791, nach abenteuerlichem Leben 1786 von der französischen Regierung in geheimer Mission nach Berlin entsandt, wo er die Auffassungen des preußischen Hofes nach dem Tode Friedrichs des Großen ergründen und auf Grund seiner Freundschaft mit Friedrichs Bruder, Heinrich, vielleicht auch eine Anleihe erreichen sollte. Er unterbreitete bei dieser Gelegenheit dem neuen König — ohne großen Dank — ein Regierungsprogramm, durch das dieser ein Beschützer der Freiheit, des Eigentums und der Arbeit werden sollte. M. legte die Eindrücke dieser Reise in zwei Büchern „La Monarchie Prussienne sous Frédéric-le-Grand“ und „Histoire secrète de la Cour de Berlin“ nieder. 1789 wurde er vom 3. Stand von Aix und Marseille in die Generalstände gewählt, in denen er als der glänzendste Redner der Revolutionszeit bald eine führende Rolle spielte. Sein Einfluß auf die Geschehnisse erwies sich aber bald als gering, da er als konstitutioneller Monarchist, der das Königtum retten wollte, sich die schärfste Gegnerschaft der Radikalen zuzog. Obgleich später allgemein anerkannt wurde, daß sein früher Tod der Revolution gerade den Führer nahm, der dieser eine ganz andere, unblutige Bahn hätte weisen können, behaupteten dann der Abbé Barruel (s. d.)

und dessen Nachbeter, gestützt auf die Tatsache, daß M. Freimaurer war, dieser habe mit die Hauptschuld an der späteren Entwicklung zur Schreckensherrschaft getragen. Er sei durch seinen Freund und Mitarbeiter Mauvillon (s. d.) in den Illuminatenorden aufgenommen worden und habe dessen anarchistische Lehren in die französische Freimaurerei verpflanzt. Die Tötung des Königs und alle die andere Bluttaten des Jakobiner-Regimes seien genau vorher bestimmt gewesen. Zur Kennzeichnung dieser Behauptung genügt die Tatsache, daß M. sich u. a. in seinem Werk über die preußische Monarchie in ausgesprochen feindseliger Art über das Illuminatentum ausgesprochen hat. Im 5. Band (8. Buch) zitiert er überdies die These von Nicolas de Bonneville (s. d.), der bekanntlich alles, was in der Maurerei über die blauen Grade hinausging, als Jesuitenwerk bezeichnete, als „wichtige Entdeckung, auf die wir die Aufmerksamkeit aller guten Geister und der wahren Freunde der Humanität lenken", an einer anderen Stelle (3. Band) bedauert er, daß Friedrich der Große nicht Großmeister aller deutschen Logen, mindestens aber der preußischen geworden sei, weil dann die Entwicklung eine ganz andere geworden wäre. Gaston Martin hat auf Grund authentischer Dokumente einwandfrei festgestellt, daß zwischen den Illuminaten und dem Großorient von Frankreich weder über M., noch sonstwie eine offizielle oder offiziöse Beziehung bestand. (Vergl. Martin: „La Franc-Maçonnerie française et la préparation de la révolution".)

Wo M. in den Bund aufgenommen wurde, steht nicht fest; im allgemeinen wird angenommen, daß dies 1776 in Amsterdam geschah. In den Nachlaßschriften fanden sich Aufzeichnungen, die davon zeugen, daß M. sich mit dem Gedanken beschäftigte, wie die Freimaurerei in den Dienst des Kampfes um die Beseitigung von sozialem und kulturellem Unrecht eingereiht werden könnte.

Mirakelspiele, von Mönchen verfaßte Darstellungen der biblischen Geschichte, die in dramatischer Aufführung den Inhalt der Bibel den meist des Lesens unfähigen Gläubigen eindringlich beizubringen bestimmt waren. Die M. haben für die Geschichte der Freimaurerei in England besondere Bedeutung, weil die dramatische Darstellung der Hiram-Legende an sie erinnert, und weil die Möglichkeit besteht, daß die Hiram-Legende aus ihnen ihren Ursprung genommen hat. Das älteste Mirakelspiel wurde 1110 in Dunstable aufgeführt. Um diese Spiele, die einen großen Aufwand an Personen, Kostümen und szenischem Material beanspruchten, durchführen zu können, sicherten sich die geistlichen Veranstalter die Mitwirkung der Craft Guilds, wobei diese entweder die auf ihren eigenen Schutzheiligen bezüglichen Teil oder aber irgendeine andere Partie zur Darstellung übernahmen. Seit dem Jahre 1340 liegen derartige szenische Repertorien mit Verteilung der Einzelszenen auf die einzelnen Gilden vor. So teilten sich um 1350 in York 40 Gilden in die Aufführung, wobei die Masons die Ankunft der drei heiligen Könige vor Herodes darstellten. Im Spiel von Chester um 1590 übernahmen die Masons und die Goldschmiede zusammen die Aufführung des bethlehemitischen Kindermords. In Newcastle 1581 spielen sie im Corpus Christi Play das Begräbnis der Jungfrau Maria. Die Geschichte des Täufers wird interessanterweise nirgends von den Masons gespielt. Conder, der diese Frage in sehr gründlicher Weise untersucht hat (A. Q. C. 1901), kommt zu dem Schlusse, daß sich aus den Mirakelspielen eine genauere Kenntnis der biblischen Handlungen, sonst aber keine Merkmale auf das Freimaurerritual übertragen haben. Für die Hiram-Legende findet sich in den M. kein Anhaltspunkt.

Miranda, Francisco, General, venezolanischer Freiheitskämpfer, * 1752, † 1816, Führer der Unabhängigkeitsbewegung in Venezuela 1810, in Cadix Freimaurer geworden, gründete 1796 in London im Verein mit anderen jungen südamerikanischen Trägern der Freiheitsidee die in fünf Graden arbeitende Loge „Lautaro" (s. d.), von deren Mitgliedern sich dann viele die allergrößten Verdienste um Latein-Amerika erwarben. Nachdem nach der argentinischen Unabhängigkeitserklärung 1812 in Buenos Aires die berühmte Loge gleichen Namens erstanden war, wurde deren Stuhlmeister General San Martin (s. d.).

Mirari vos (lat.), Bulle des Papstes Gregor XVI. (s. d.) vom Jahre 1832, in der die Freimaurerei verdammt wird.

Mirer, Joh. Petrus, erster Bischof von St. Gallen, war von 1807—1826 Mitglied der Loge „Zu den drei Schlüsseln" in Regensburg.

Miscellanea.

1. Masonic M., eine Sammlung von Reden und Ansprachen des Thomas William Tew und anderer, herausgegeben von J. Mathewman, West Yorkshire 1895.

2. M. Latomorum or Masonic Notes and Queries. Eine Serie zur Erleichterung des Verkehrs zwischen freimaurerischen wissenschaftlichen Arbeitern, betreffend Gegenstände im Zusammenhange mit der Freimaurerei, erscheint (1931) im 16. Jahrgang in Monatsheften, derzeit geleitet von Lionel Vibert, Sekretär der Quatuor Coronati-Lodge in London. Die Zeitschrift bringt selbständige Abhandlungen und einen Fragenteil, der von den Mitgliedern des Kreises beantwortet wird. Behandelt werden vorzugsweise Fragen der Geschichte der Freimaurerei und ihres Gebrauchtums.

Misraim-Ritus, Hochgradsystem, ebenso wie der Memphis-Ritus durchaus abwegig. Er wurde 1805 in Italien ersonnen, und zwar als System mit 90 Graden, deren drei letzte „Unbekannten Oberen" vorbehalten blieben. Seit 1814 wurde der Ritus in Frankreich stark verbreitet, hauptsächlich von den drei Brüdern Michel, Marc und Joseph Bedarride aus Avignon, die in diesem Jahr nach Paris übersiedelten. Michel Bedarride hatte bei der Napoleonischen Armee in Italien mit den Armeelieferungen zu tun gehabt. Zunächst wurde ein „Rat des absoluten souveränen Großmeisters des XC. Grades" geschaffen. Die Brüder Bedarride ernannten sich zu „Absoluten Großkonservatoren" und erklärten in einem Rundschreiben den M.-R. als Wurzel und Ursprung aller freimaurerischen Riten. Mit Hilfe der Freimaurer Joly und Mélat wurden Rituale ausgearbeitet, die in vier Serien und 17 Klassen die 90 Grade umfaßten. Es gab symbolische, philosophische, mystische und schließlich hermetisch-kabbalistische Grade. In der Ordenslegende spielte Misraim, der Sohn des biblischen Ham, eine große Rolle, der in Ägypten die Geheimlehre von Isis und Osiris begründet habe. Auf ihn sei aber die Ordensweisheit schon von Adam überkommen, dem Gott diese „am 17. Tag des ersten Monats des 17. Jahres der Welt als heiliges Depot aller göttlichen Kenntnisse überantwortet habe." Die erste Stätte des Ordens in Frankreich war die Loge L'arc-en-ciel in Paris. Versuche, die Freundschaft des Großorients zu erwerben, scheiterten. 1817 bezeichnete dieser den M. als Winkelmaurerei und verbot jede Beziehung. Marc Bedarride legte die Ordensgeschichte in einem 850 Seiten starken Werk nieder. Der Orden, der auch symbolische Logen gründete, gewann eine Zeitlang zahlreiche Adepten. Wiederholt wurde er verboten, auch der finanzielle Zusammenbruch von Joseph Bedarride tat gewissen Schaden, vermochte aber die Existenz des Ritus nicht zu bedrohen. Immer wieder lebte dieser auf; erst in der zweiten Hälfte des Jahrhunderts ging es immer stärker abwärts. 1899 wurde er schließlich von der nur noch aus den beiden Brr. Osselin und Morel bestehenden Oberleitung mit dem Memphis-Ritus (s. d.) verschmolzen.

Mißbrauch der Amtsgewalt. Betreffend den Großmeister hat die Großloge von England die folgende bemerkenswerte Bestimmung (§ 17): „Falls der Großmeister seine Amtsgewalt mißbrauchen oder sich sonst des Gehorsams der Logen unwürdig zeigen sollte, so soll er einer neu zu schaffenden Bestimmung, die sich aus dem Falle selbst ergibt, unterworfen sein; weil diesbezüglich nämlich die Alte Bruderschaft keinen Anlaß fand, einem Ereignis vorzubeugen, von dem sie annahm, daß es sich niemals würde ereignen können." Dagegen sind gegen Stuhlmeister die Berufungen an die Großloge gesetzlich sichergestellt. Allgemeinem Maurerrechte entsprechend ist der Meister vom Stuhl in erleuchteter Loge unangreifbar und unabsetzbar, wogegen nach Schluß der Loge ein Berufungsrecht in allen Logen zulässig und nach demokratischen Anschauungen anwendbar ist.

Mississippi, Bundesstaat der Vereinigten Staaten von Nordamerika. Die 1818 gegründete Großloge zählte 1930 379 Logen mit rund 35.000 Mitgliedern. Sie unterhält zwei Kinderheime mit zusammen durchschnittlich 175 Insassen, eines für Knaben in Columbia, eines für Mädchen in Meridian. Adresse: Masonic Temple, Meridian.

Missouri, Bundesstaat der Vereinigten Staaten von Nordamerika, besitzt seit 1821 eine Großloge, nachdem 1807 von der Großloge von Pennsylvanien eine erste Bauhütte gegründet worden war, der bald weitere Logen folgten. Die 1816 von der Großloge von Tennessee gestiftete „Missouri Lodge Nr. 12" ergriff die Initiative zur Gründung der eigenen Obedienz. Diese zählte 1930 656 Logen mit 113.100 Mitgliedern. Das große Masonic Home der Großloge betreut mehr als 400 Insassen: Männer, Frauen, Kinder. Adresse: St. Louis.

Mistery (engl.), im Plural misteries, ein Wort, das in englischen Gildenurkunden wiederholt vorkommt und mit Mysterium nichts zu tun hat. M., auch Mystery geschrieben, heißt mittelenglisch mistere, französisch mestier, die spätlateinische Form misterium, verkürzt aus ministerium. Ebenso später französisch métier, modern italienisch mestiere. Die Worte Maître, Meister, im Slawischen Mistr, gehören zur gleichen Sprachwurzel. Gemeint ist die besondere Beschäftigung, Kunstfertigkeit, Meisterschaft. So stellt der Bischof von Durham, John Cosin, den Zünften von Gateshead einen Freibrief, Charter, aus, indem die Rede ist von trades, misteries, crafts, faculties und occupations. Die einzelnen Bezeichnungen sind Synonyma für Gruppen von Werkleuten, wenn auch die Entstehung der einzelnen Bezeichnungen verschiedenen Ursprungs ist. M. der Freemasons kann also übersetzt werden mit der Meisterschaft der Steinmetzen, wobei die Gesamtheit der Meister und ihre Kunst gemeint ist.

Mitau, s. Lettland.

Mitchell, John, Oberst, stellvertretender Generalquartiermeister der Kontinentalarmee im amerikanischen Unabhängigkeitskrieg, * 1741 in Irland, † 1816, öffentlicher Notar des Staates Südkarolina, wahrscheinlich vor seiner Auswanderung in einer Loge in Ulster aufgenommen, Past Master der Loge Nr. 8 in Charleston, Zugeordneter Großmeister der („Antient") Großloge von Südkarolina, Träger des Gedankens einer „Superintending Grand Lodge for America" (1799), berief zu diesem Zweck einen maurerischen Konvent nach Washington ein. Er war der erste Großkommandeur des ersten unter seiner Führung ins Leben getretenen (Mutter-) Supreme Council des A. u. A. Schottischen Ritus in Charleston.

Mitchell-Thomson, Sir William, zweiter Baronet, englischer Politiker, * 1877, † 1931, Vertreter Englands beim Obersten Wirtschaftsrat in Paris 1919, gewesener parlamentarischer Sekretär des Ernährungs- und Handelsministeriums, 1924—1929 Generalpostmeister und Oberster Zivilkommissär, war Past Grand Deacon der Großloge von England.

Mitgliedschaft. In den Alten Pflichten, Hauptstück 3, heißt es mit Beziehung auf die Mitgliedschaft bei einer Loge: „every brother ought belong to one", d. h. jeder Br. sollte zu einer (Loge) gehören. In dieser Bestimmung wird ein Unterschied gesetzt, der die Allgemeinheit des Bundes von der differenzierten Besonderheit einer Loge deutlich trennt. Tatsächlich wurde auch ursprünglich der Freimaurer für den Bund aufgenommen, also für einen mehr weniger fiktiven Begriff, während es ihm freigestellt wurde, sich der Loge, die ihn eingeweiht hatte, oder einer anderen anzuschließen. So z. B. in den Akten der „Loge d'Hambourg": Herr Henry Othon Albedyll meldete sich zur Aufnahme in die sehr Ehrw. Gesellschaft der Freimaurer und wurde am 3. Februar 1737 günstig ballotiert und in gehöriger Form aufgenommen. Am 7. Februar erhielt Br. Henry Othon Albedyll durch Ballotage auf Wunsch die Mitgliedschaft der Loge. Dagegen: Am 14. Dezember 1737 meldete sich unter anderen Philipp Simon zur Aufnahme in die sehr Ehrw. Gesellschaft der Freimaurer und wurde aufgenommen. Gegen diese Aufnahme erhob sich kein Einspruch (nemine contradicente). Als sich aber derselbe am 25. Jänner 1738 als Mitglied der Loge meldete, mußte er abgelehnt werden, weil drei schwarze gegen sechs weiße Kugeln fielen.

Diese Unterscheidung zwischen Weihe zum Freimaurer und Aufnahme in eine bestimmte Loge ist auch heute noch in der Verfassung der Großloge von England erhalten (§ 191): „Jede Loge muß ohne weitere Bedingung oder neuerliche Ballotage jeden Br., der in ihr aufgenommen wurde, als Mitglied annehmen (ausgenommen einen Dienenden Br.), sofern dieser Br. nicht am Tage vor seiner Aufnahme seinen gegenteiligen Wunsch ausgedrückt hat, da ja keine Loge eine Person in die Freimaurerei einführen darf, die sie der Zugehörigkeit zu dieser Loge nicht für würdig hält." Theoretisch (nur theoretisch!) ist also daran gedacht, daß sich jemand in den Bund, nicht aber in die Loge aufnehmen lassen will. Praktisch kommen diese Fälle, wenigstens soweit die Aufnahme in Frage steht, kaum vor. Auch in England wird der Aufgenommene zugleich Mitglied der betreffenden Loge, es sei denn, er werde in Vollmacht für eine andere Loge eingeweiht. Ebenso wie in den deutschen Logen zwischen aktiven und inaktiven Freimaurern unterschieden wird, kennt der Engländer das subscribing und non-subscribing (unattached) member. Unter den letzteren wird der Freimaurer verstanden, der Mitglied einer Loge war, seine Qualität als Freimaurer dank dem Charakter indelebilis (s. d.) beibehalten hat, sich aber nach dem Austritte aus seiner Mutterloge keiner anderen mehr angeschlossen hat. Ebenso kennt der Franzose den Maçon régulier, d. i. der Freimaurer, der sich durch Zugehörigkeit zu einer Loge ausweisen kann, und den maçon actif, der zahlendes Mitglied einer Loge ist. In Amerika ist man in dieser Richtung strenger. Dort muß jeder Freimaurer einer Loge angehören und muß sich nicht nur mit den maurerischen Qualitäten, sondern auch mit der regelmäßig geleisteten Beitragszahlung ausweisen können, um „in good standing" (vollberechtigt) zu sein. In Deutschland und den meisten europäischen Staaten gibt es ebenfalls nur die eine Auffassung: der Freimaurer muß einer Loge angehören, in die er durch die Aufnahme in den Bund gleichzeitig Mitgliederrechte erlangt.

Die Mitgliedschaft wird aufrechterhalten durch die Erfüllung der Pflichten des Mitgliedes gegenüber der Loge. Sie wird gelöst von der Loge wegen maurerischer Vergehen, durch Ausschluß oder Ausstoßung, durch Löschung in den Logenlisten bei mangelndem Interesse des Mitglieds, Fernbleiben von den Arbeiten oder bei Nichterfüllung der materiellen Verpflichtungen. So werden alljährlich in Amerika tausende Freimaurer wieder aus den Logenlisten gestrichen, bezw. suspendiert, weil sie die Mitgliedsbeiträge nicht zahlen, trotzdem sie dazu imstande sind. Anderseits kann das Mitglied sein Verhältnis zur Loge lösen, sei es durch Übertritt in eine andere Loge oder durch Austritt aus dem Bunde überhaupt. Gegnerischen Anschauungen gegenüber, die von einem Zwangsverhältnis auf Lebenszeit sprechen und daraus alle möglichen und noch unmöglicheren Schlüsse ziehen, sei also darauf verwiesen, daß die Zugehörigkeit zum Freimaurerbunde ein Vertragsverhältnis darstellt, das von seiten des Mitglieds jederzeit, von seiten der Loge nur nach vorhergegangenem logengerichtlichen Verfahren gelöst werden kann. Allerdings wird im Ritual der Aufnahme die Hoffnung ausgesprochen, daß das eingegangene Verhältnis auf Lebenszeit gelten werde.

Der Mitgliederstand einer Loge gliedert sich in die Ehrenmitglieder, die wirklichen, wobei unter ortsansässigen und auswärtigen Brr. unterschieden wird, die helfenden oder dienenden Brr. und — nicht überall — die ständig besuchenden. Ehrenmitglieder sind von der Beitragspflicht enthoben, auswärtige Mitglieder zahlen meist einen geringeren Logenbeitrag, die helfenden Brr. erhalten für ihre der Loge geleisteten Dienste meist ein Entgelt. In amerikanischen Logen werden nur die Mitglieder im Meistergrad als vollberechtigt gezählt.

Mithras-Kult, Mysterienkult, nach Dupuis um 4500 v. Chr. entstanden. Der stiertötende M. (auch Mithra, Mythras), heilbringender, die Sonne beherrschender Genius, der mächtigste der 28 Lichtgeister (Wächter des Glücks, der Unschuld und der Erhaltung der Welt), der vornehmste Mittler zwischen Ormuzd (Oramazes), dem König des Lichts der zoroastrischen Religion und den Menschen. Ursprünglich wurde M. als Sonnenheros verehrt, aber im Laufe der Zeit nahm er selbst göttliche Attribute an und wurde in der Vorstellung der Gläubigen zur Sonne selbst. (Der persische M. darf nicht mit dem indischen M. verwechselt werden, der schon seit ältester Zeit Gegenstand eines eigenen Geheimkults war und den Eingeweihten als Sonne galt [Urrind]). Der Mithraismus gilt als der umfassendste Versuch des Altertums, die Vorgänge am Himmel in einem großartigen religiösen Symbolismus zusammenzufassen und in diesem die ewigen Geschehnisse der Natur dem Menschen in einer Weise nahezubringen, daß er schließlich von deren Wahrheit gläubig erfüllt sein mußte. Wenn der Eingeweihte schließlich alle Grade des Heilswegs durchschritten hatte, wußte er am Himmel selbst die in ewiger Erneuerung wiederkehrenden Geschehnisse abzulesen, deren dauernder Gang ihm in den Mysterien verschleiert offenbart worden war. Dort oben war die Kunde vom Kampf, Sieg, Selbstopfer, Tod, Überwindung des Todes und sieghafter Wiedergeburt des göttlichen Mittlers aufgezeichnet, und in jedem neuen Jahr sah er die mystischen Lehren von neuem am Himmel bestätigt

Die M.-Denkmäler, Altäre des M., zeigen neben diesem u. a. Darstellungen des Sonnenballs, der Keule und des von M. besiegten Stieres, also die Sinnbilder der höchsten Wahrheit, der höchsten Schöpfertätigkeit und der höchsten Lebenskraft. Der M.-K., dem auch babylonische und hellenische Elemente eigneten, verbreitete sich durch die römischen Legionen schließlich über Italien, Gallien, Germanien und Britannien, erfaßte als Mysterienreligion, der Tausende zuströmten, alle Teile des riesigen Reichs. Seine Heiligtümer befanden sich unter der Erde, in Felsenhöhlen oder in Grottenbauten (Krypten). Sie enthielten u. a. — sehr viel weiß man nicht, das Geheimnis wurde in erstaunlicher Weise gewahrt — eine die sieben Planeten symbolisierende siebensprossige Leiter (s. d.), auf der man die „Wohnsitze der Glückseligkeit" erklomm. Langwierige Einweihungsriten ähnelten denen der Magier (s. d.). Nach schwierigen Prüfungen folgte auf die Reinigung und die Opferung von Brot und Wasser eine Art Krönung („M. ist meine Krone"). Der Kandidat mußte dann mit in Tiergestalt auftretenden, verkleideten Priestern kämpfen. Jeder der sieben Grade brachte neue, schwere Prüfungen: der in die Mysterien Einzuweihende wurde nacheinander zum Raben, Verborgenen, Soldaten, Löwen des M., Perser, Sonnenläufer. Dann erst war er für die letzten Erkenntnisse vorbereitet, konnte er als „Vater" das Licht, das Feuer der Liebe empfangen. Wo immer die römischen Soldaten in den ersten Jahrhunderten der christlichen Ära hinkamen und Einheimische einweihten, ließen sie, wenn sie weiterzogen, eine Gemeinde von Mithra-Verehrern zurück, die sich regelmäßig an der Kultstätte, dem Mithräum, versammelten, dessen Dunkel schon rein äußerlich andeutete, in welcher Finsternis der Mensch wandelt, ehe ihm das Licht Mithras, des Sol invictus, der unbesieglichen Sonne wird.

Der Mithraismus wurde wiederholt mit freimaurerischen Gebräuchen in Zusammenhang gebracht. Daß hier höchstens eine Konvergenz der Formen, aber keine wirkliche, durch direkte Übertragung entstandene Ableitung möglich ist, braucht nicht bewiesen zu werden. Der Begründer der freimaurerischen M.-Legende ist ein Nichtfreimaurer, und zwar niemand geringerer als Ernest Renan, der 1880 in seinem „Marc Aurel" Zusammenhänge zu finden glaubte.

Mitre, Bartolomé, General, siegreicher Freiheitskämpfer, Präsident von Argentinien, * 1821, † 1906, Redner, Schriftsteller, Forscher, Dichter, der der Wirtschaft seiner Heimat zu größtem Aufschwung verhalf. In seinen Mußestunden brachte er Dante und Longfellow in guten Übersetzungen seinem Volk nahe. M. war Freimaurer.

Mittlere Kammer (frz. Chambre du Milieu, engl. Middle Chamber), in manchen Systemen Bezeichnung des Tempels des Meistergrades. Der Ausdruck stammt aus 1. Könige, S. 8.

Mix, Tom, berühmter amerikanischer Filmschauspieler, * 1880, ist Freimaurer und Mitglied des aus Angehörigen der Filmbranche bestehenden freimaurerischen „233 Club" in Hollywood. M. war Cowboy in Texas und Arizona, dann Kämpfer auf den Philippinen, im Boxeraufstand, im Burenkrieg (auf englischer Seite), seit 1910 beim Film.

M. M. (engl.), Abkürzung von Master Mason.

Mock Masons, auch **Scald Miserables** (engl.), veranstalteten 1741 und in den folgenden Jahren Spottumzüge gegen die Freimaurerprozessionen, die sich damals anläßlich der Jahresfeste der Großloge von London, an denen auch die Wahl des Großmeisters stattfand, durch die Straßen zur Versammlungshalle bewegten. Als bei Gelegenheit der mit besonderem Pomp abgehaltenen Einsetzung des Großmeisters Earl of Morton am 19. März 1741 der Zug der Karossen und Kutschen in die Nähe der Temple Bar kam, wurde er von einer Lumpengesellschaft erwartet, die es sichtlich auf die Verhöhnung der Freimaurer abgesehen hatte. Die Leute, die auf Eseln saßen und auf Kuhhörnern bliesen, ein Mann, der, mit den Insignien des Großmeisters bekleidet, in einer alten Trauerkutsche thronte, verkleidete Schornsteinfeger und Schuhputzer erwiesen herausfordernde Reverenz. Diese Aufzüge wiederholten sich in den folgenden Jahren. 1747 kam es zu Pöbelexzessen. Die königlichen Konstabler zerstreuten daraufhin die Spottprozession der M. M. und verhafteten deren zwanzig. Schon ein Jahr vorher waren die freimaurerischen Aufzüge eingestellt worden. Urheber der Spottprozessionen war mutmaßlich Dr. Carey, Leibarzt des Prinzen Friedrich von Wales, in Verbindung mit dem Revolverjournalisten Paul Whitehead, Sekretär eines adeligen Wüstlingskreises.

Modena, Gustavo, berühmter italienischer Schauspieler, * 1803, † 1861, betätigte sich 1831 in der revolutionären Bewegung der Romagna, mußte nach Frankreich fliehen, war in Marseille einer der ersten Anhänger der von Mazzini dort gegründeten „Giovine Italia", schrieb nach seiner Rückkehr „Dialoghetti popolari", 1848 einer der Führer der revolutionären Volksbewegung in Florenz, Mitglied der Konstituante in Rom, war eifriger freimaurerischer Propagandist.

Modernisteneid. Der von der päpstlichen Kurie 1911 verlangte M., der von mehreren katholischen Geistlichen abgelehnt wurde, veranlaßte das Freimaurerkränzchen in Pirmasens, zur Unterstützung der gemaßregelten Priester aufzufordern.

Modern Masons, s. Ancient Masons.

Mohabone, Moabone. Trotz der scheinbar hebräischen Wortbildung im Hebräischen unbekannt. Vielleicht durch Abschleifung oder falsche Schreibweise aus dem Worte des Meistergrades entwickelt. Es kommt auch in der Verräterschrift „The three distinct Knocks" vor, wo es mit „bis in die Knochen verfault" übersetzt wird. Versuche, es aus dem Irischen oder Gälischen zu deuten, sind als verfehlt anzusehen. Das Wort ist nicht das einzige Symbolwort der alten, besonders der Hochgradrituale, dessen Bedeutung jeder Klärung trotzt. Im XIV. Grad des A. u. A. Schottischen Ritus wird der Zweite Aufseher als M. bezeichnet, wobei M. einen treuen Freund des Baumeisters Hiram bedeuten soll.

Mohammed Ali, Prinz, Bruder des Exkhediven, * 1876, wurde 1923 zum Großmeister der ägyptischen National-Großloge gewählt. Diese Wahl gab Anlaß zu Meinungsverschiedenheiten innerhalb der Großloge und einem Schisma, das bis heute nicht behoben ist.

Moir, David Macbeth, schottischer Schriftsteller und Arzt, * 1798, † 1851, schrieb unter dem Namen „Delta“ in „Blackwood's Magazine“, ferner das humoristische „Life of Mansia Wauch Tailor“ und „Outlines of the ancient History of Medicine“, war Mitglied der Canongate Kilwinning Lodge.

Moira, Francis, zweiter Earl (Lord Rawdon), später erster Marquess Hastings, * 1754, † 1826, britischer Feldherr und Staatsmann, zeichnete sich im amerikanischen Unabhängigkeitskrieg aus, Adjutant des Königs Georg III., Generalleutnant im Kriege mit Frankreich, 1803 Oberbefehlshaber in Schottland, 1813 Generalgouverneur von Bengalen und Vizekönig von Indien (Denkmal in Kalkutta), war um die Wende des 18. zum 19. Jahrhundert die maßgebendste und zugleich wohl begeistertste freimaurerische Persönlichkeit in Großbritannien. 1790—1813 Pro-Großmeister (Acting Grand Master) der „Moderns“ in Vertretung des Großmeisters Prinzen von Wales, seit 1806 auch der Großloge von Schottland. Unermüdliche Arbeit widmete er vor allem der Vereinigung der beiden rivalisierenden englischen Großlogen. Als Obmann des die Vereinigung vorbereitenden Ausschusses und Gründer der „Lodge of Promulgation“ leistete er Außerordentliches. Am Abschiedsfest, das ihm die Freimaurer im Jänner 1813 am Vorabend seiner Abreise nach Indien gaben, nahmen nicht weniger als sechs Prinzen des Königlichen Hauses, die Herzoge von Sussex, York, Clarence, Kent, Cumberland und Gloucester, teil.

Mokranjac, Stevan, populärer serbischer Komponist, * 1855, † 1914, Gründer der ersten Belgrader Musikschule, Organisator des serbischen Musikwesens, war Freimaurer.

Mokronowski, Andreas, Woiwode von Masowien, General der polnischen Kronarmee, der im Warschauer Reichsrat 1764 ein Manifest gegen die Fremdherrschaft erließ und später Stanislaus August Poniatowski in einer denkwürdigen Unterredung aufforderte, ein nationaler und freisinniger König zu sein, war 1784 Großmeister des in diesem Jahre gegründeten Großorients von Polen. Er starb bald nach seiner Wahl († 1713).

Molay, s. de Molay.

Molinismus wurde der Freimaurerei in den Zeiten der ersten päpstlichen Bulle gegen den Bund (1738) von katholischer Seite vorgeworfen. Es waren dies die in zahlreichen theologischen Werken niedergelegten, zu einer Theorie entwickelten Anschauungen des spanischen Jesuiten Luis Molina (1535—1600), die menschliche Freiheit in Einklang mit der göttlichen Gnade und Vorsehung zu bringen suchten.

Molitor, Franz Joseph, Dr., deutscher philosophischer Schriftsteller, * 1779, † 1860, Geschichtsphilosoph („Ideen zu einer künftigen Dynamik der Geschichte“ usw.), später Kabbalaforscher, nahm 1808 — er war damals Oberlehrer am (jüdischen) Philantropin in Frankfurt a. M. — als einer der wenigen Christen an der Gründung der vorwiegend jüdischen Loge „L'Aurore naissante“ (dann „Zur aufgehenden Morgenröte“) teil, verschaffte dieser, nachdem er mittlerweile Stuhlmeister geworden war, vom Landgrafen Carl zu Hessen als Oberhaupt der Trümmer der Strikten Observanz 1815 einen neuen Stiftungsbrief und überdies einen solchen für ein Altschottisches Direktorium (mit templerisch-christlichen Hochgraden). Im Verlauf der sich aus dieser Inkongruenz ergebenden Meinungsverschiedenheiten schied er mit anderen christlichen Mitgliedern 1816 aus und wurde Gründer und Führer der Loge „Carl zum aufgehenden Licht“, die sich später im Streit um die Judenfrage im Eklektischen Bund durch einen besonders radikal-christlichen Standpunkt hervortat.

Möller.

1. Heinrich, Dr., langjähriger Professor an der Tierärztlichen Hochschule in Berlin, * 1841, bekannter Lehrer, literarisch sehr tätig. (Unter anderem geht auch die Temperaturmessung bei Tieren und deren diagnostische Verwertung auf ihn zurück, ebenso die Einführung der Asepsis in der Tierchirurgie.) Schwiegersohn und Mitstreiter Settegasts (s. d.) trat er, als dessen Bewegung begann aus der altpreußischen Loge „Wilhelm zur gekrönten Gerechtigkeit“ in Berlin („Royal York“), in der er das Redneramt bekleidete, aus, und wurde Meister vom Stuhl der Loge „Victoria“. In der Settegastschen Großloge „Kaiser Friedrich zur Bundestreue“ wurde er Großmeister und nach der von ihm betriebenen Beendigung des Kampfes Provinzial-Großmeister der Berliner Provinzial-Großloge der Großen Loge von Hamburg, bis zu deren 1925 erfolgten Auflösung. M. ist ein überzeugter Anhänger des humanitären Prinzips. Er hat diese Gedankengänge wiederholt in Wort und Schrift vertreten, am deutlichsten wohl in einer 1913 bei Unger, Berlin, erschienenen Schrift: „Die Alten Pflichten der Freimaurer. Betrachtungen über ihren Inhalt“. Auch auf freimaurerisch-karitativem Gebiete (Studentenhilfe, Jugendfürsorge) hat er sich eifrigst betätigt.

2. Johann Friedrich, General-Superintendent in Magdeburg, Parteigänger des engstirnigen orthodox-protestantischen Theologen Hengstenberg (s. d.), der in seiner „Evangelischen Kirchenzeitung“ die Freimaurerei des Deismus und der „Antipathie gegen das Spezifisch-Christliche“ zieh. M. forderte 1856 in einem Hirtenbrief die evangelischen Pfarrer und Lehrer Sachsens zum Austritt aus der Freimaurerei auf. Seine Aufforderung blieb wirkungslos und erfuhr seitens mehrerer Geistlicher eine entschiedene, auch im Druck erschienene Erwiderung. In den Streit griff 1855 auch der Thronfolger und nachmalige König Prinz Wilhelm von Preußen ein und warf M. in zwei an ihn gerichteten Briefen insbesondere vor, daß er es wage, gegen die Freimaurerei

Beschuldigungen zu erheben, die gänzlich unbegründet seien. (Die Briefe wurden von Dr. J. Schultze im „Hamburger Fremdenblatt" am 3. Oktober 1920 veröffentlicht.)

Moltmann, Johannes, Dr., Kämpfer gegen dogmatischen Kirchenglauben. † 1910, Großmeister der Großloge von Hamburg, verließ 1907 die Freimaurerei, weil sein Antrag, in der Verfassung der Großloge die Voraussetzung des Glaubens an einen kosmischen Gott und die Unsterblichkeit der Seele zu streichen, fast einhellig abgelehnt wurde. Vorher schon hatte er das Großmeisteramt niedergelegt, als seine religionsphilosophische Schrift „Vom künftigen Gott; Psychotheismus statt Kosmotheismus" heftigem Widerspruch begegnet war.

Moncey, Adriano Janot de, Herzog von Conegliano, Marschall von Frankreich, * 1754, † 1842, zeichnete sich in den Napoleonischen Feldzügen aus (Marengo), Verteidiger von Paris gegen die Alliierten, Pair unter Ludwig XVIII., war Freimaurer.

Mönchsweihe bei den Benediktinern, s. Benediktinerprofeß.

Mond, Sonne und Meister vom Stuhl bilden die „drei kleinen Lichter" der freimaurerischen Symbolik, die Lichtquellen der Loge. Nach August Horneffer, der sich in diesem Punkt Katsch (s. d.) anschließt, spielten in die Zusammenstellung von M., Sonne und Meister vom Stuhl ursprünglich möglicherweise auch rosenkreuzerische Vorstellungen hinein. Sonne (Gold), Mond (Silber) als Inkarnationen der beiden schöpferischen Urkräfte, der Meister vom Stuhl als „Sohn", „Logos", „Wort", der die Welt Gottes aufbauende Werkmeister.

Mondnaturen nennt Frau Dr. Ludendorff (s. d.), die Gattin des Generals und gleich ihm leidenschaftliche Bekämpferin der Freimaurerei, Juden, Jesuiten und Freimaurer. „Diese zeigen", nach der grotesken Ludendorff-Theorie, „immer nur eine Seite und kehren die andere, ganz verschiedenartige, die ihr eigentliches Wesen bekundet, von der Öffentlichkeit ab..." Daraus erklärt sich, daß „alle Kämpfe gegen diese M., die ohne genügende Kenntnis der Kehrseite geführt werden, vergebliches Anbellen des Mondes bedeuten müssen".

Monier, Maurice, französischer Publizist, * 1877, † 1931, Redakteur. Kabinettschef des Unterrichtsministers de Monzie, Sekretär des Internationalen Instituts für geistige Zusammenarbeit, unermüdlicher Vorkämpfer für Völkerversöhnung, insbesondere der deutsch-französischen Verständigung, Gründer mehrerer Logen, war nach dem Weltkrieg während dreier Amtsperioden Großmeister der Großloge von Frankreich und betätigte sich in dieser Eigenschaft zielbewußt auf allen, die übernationale maurerische Zusammenarbeit fördernden Gebieten.

Monismus, Einheitslehre im Gegensatz zu Dualismus. In der Definition von A. Menzel stellt die Natur auf allen Stufen ihrer Entwicklung eine große umfassende Einheit dar, die begründet ist einerseits in der Einheit des ihr zugrunde liegenden Substrates, anderseits in der Einheit und Geschlossenheit der sie beherrschenden Gesetze, unter denen die mathematischen Bewegungsgesetze und die beiden Erhaltungsprinzipien der Materie und der Energie die erste Rolle spielen. Auf diesem theoretischen M. aufgebaut ist der ethische M., der die Übereinstimmung des Denkens und Seins fordert. M. ist die Aufgabe, die unendliche Mannigfaltigkeit der Erfahrung durch wissenschaftliche, die unendliche Mannigfaltigkeit der Kulturbestrebungen durch soziale Organisationen zu vereinheitlichen und einem höchsten Zweck dienstbar zu machen. Das höchste Ziel der Natur- und Kulturentwicklung ist völlige Naturkenntnis und Naturbeherrschung, vollendete Selbsterkenntnis und Selbstbeherrschung der Natur in ihrem Teilsystem Mensch. Ihre höchste Aufgabe erblicken die Monisten also in der möglichsten Vervollkommnung der Ethik. Sie wollen die Menschen zu wahren, innerlich freien Persönlichkeiten erziehen, sie wollen begeistern für das Wahre, Gute und Schöne und so die gesamte Menschheit zu immer höherer Reinheit ihrer sittlichen und geistigen Eigenschaften führen. Der Begründer des modernen M. ist Ernst Haeckel, der zur Verbreitung der von ihm darauf aufgebauten philosophischen Lehre, der monistischen Weltanschauung, 1906 den Deutschen Monistenbund begründete, in dem sich insbesondere der berühmte Leipziger Chemiker Wilhelm Ostwald (s. d.) betätigte.

In der Freimaurerei wird der M. fast allgemein abgelehnt; der nicht anerkannte deutsche „Freimaurerbund zur aufgehenden Sonne" (F. z. a. S.) hatte sich dagegen eine Zeitlang auf den M. festgelegt. Weltanschaulich ist der M. mit Freimaurerei nicht durchaus unverträglich, zumal seine Lehre bei Ablehnung jeder dogmatischen Bindung in dem „Werdenden Gott" mündet.

Monitor, Secret (engl.), s. Secret Monitor.

Monroe, James, 1816 und 1820 Präsident der Vereinigten Staaten, * 1758, † 1831, als Oberst Mitkämpfer im Unabhängigkeitskrieg, demokratischer Politiker, war Freimaurer. M. stellte 1823 die sogenannte „Monroe-Doktrin auf.

Monrovia, Hauptstadt der westafrikanischen Negerrepublik Liberia, Sitz der Großloge dieses Staates (Adresse: P. O. Box 22), mit zwei Logen in M. selbst.

Mons, Stadt im Hennegau, Belgien. Die dort arbeitende Loge „La Parfaite Union" erhebt den Anspruch, die älteste, von England eingesetzte Loge auf dem europäischen Kontinent zu sein, und bezeichnet als ihr Gründungsdatum den 24. September 1721, an welchem Tage der Großmeister von England, Herzog von Montagu, ihr ein Patent erteilt haben soll. Dieser Anspruch wurde 1775 verteidigt, als die Frage des Anschlusses dieser Loge an die von England begründete Provinzial-Großloge der Niederlande erörtert wurde. Da die Großloge von England 1723 weder einen Sekretär noch eine Logenliste besaß, besteht immerhin die Möglichkeit, daß diese Loge in M. auf Grund eines Schreibens des Herzog von Montagu in Arbeit gesetzt wurde. Um einen wirklichen Charter

(s. d.) oder Warrant (s. d.) kann es sich nicht gehandelt haben, da der Brauch schriftlicher Patente erst nach 1721 aufkam. Jedenfalls ist die Loge nicht in den alten Logenlisten verzeichnet, was nicht gegen ihre Gründung zu so früher Zeit, sondern vielleicht für eine mangelhafte Organisation der jungen Großloge spricht. Anderseits ist auch nicht zu entscheiden, ob die im Jahre 1775 erhobenen Ansprüche nicht auf einer falschen Tradition basieren. Der noch nicht geklärte Fall ist ausführlich beschrieben in A. Q. C. 1897, 46 ff.

Monsberger, Josef Julian, Exjesuit und Weltpriester, Professor der hebräischen und orientalischen Sprachen an der Wiener Universität, * 1724, † 1788, der intellektuelle Urheber der Auflösung des Jesuitenordens in Österreich, war Freimaurer (Taute).

Montagu, John, zweiter Herzog von, war der erste englische adelige Großmeister, * 1690, † 1749. Einer der reichsten englischen Peers, Philanthrop, spielte bei Hof eine große Rolle, die in zahlreichen hohen Ämtern ihren Ausdruck fand (Großmeister des Bath-Ordens, Zepterträger bei der Krönung Georgs II., Lord Justice des Königreiches usw.). M. war 1720 Mitglied der Cornerstone Lodge, die im „Bear and Harrow", Butcher Row, zusammenkam; er wurde am Johannistag 1721 in sein Amt eingesetzt. Er war ein Mann von regen geistigen Interessen, wofür auch seine Mitgliedschaft bei der Royal Society spricht. Mit dem Namen von M. ist die Herausgabe des Konstitutionenbuches von 1723, die Anderson aufgetragene Umarbeitung der sogenannten „Alten gotischen Konstitutionen", die Einführung des Deputierten Großmeisters verknüpft. Desaguliers hat M. das Konstitutionsbuch gewidmet. Dessen Titelbild zeigt die Übergabe der Verfassung durch M. an seinen Nachfolger, den Herzog von Wharton.

Montana, Bundesstaat der Vereinigten Staaten von Nordamerika. Die 1866 gegründete Großloge zählte 1930 144 Logen mit rund 21.000 Mitgliedern. Das von ihr unterhaltene Altersheim wurde seit dem Weltkrieg vergrößert. Adresse: Masonic Temple, Helena.

Monte Carlo, hier arbeitete die Loge „Post of Hercules 4626" unter der Großloge von England. Adresse: Hotel Metropole.

Montecchi, Mattia, italienischer Politiker, nahm in der Verbannung in Lausanne an der Gründung der „Società Editrice d'Unione" teil und war mit Mazzini (s. d.) und Saffi (s. d.) deren Führer. In der Revolution 1848 Generalstabschef in Venetien, dann Minister für Handel und öffentliche Arbeiten in der republikanischen Regierung Roms. Abgeordneter, war Freimaurer. * 1816, † 1871.

Montefiore, Sir Moses, Baronet, Philanthrop, * 1784, † 1885, Führer des britischen Judentums; anläßlich der Judenverfolgungen seiner Zeit in den verschiedensten Ländern unermüdlicher Helfer für seine Glaubensgenossen, war Mitglied der Loge „Mount Moriah" in London. Eine englische Loge trägt seinen Namen.

Montesquieu, Charles, de Secondat, Baron, berühmter französischer philosophisch-politischer Schriftsteller, * 1689, † 1755, Mitglied der Akademie („Lettres persanes", „Considérations sur les causes de la grandeur des Romains et de leur décadence", „L'esprit des lois"), war Mitbegründer einer der ersten französischen Logen, der 1735 vom Herzog von Richmond und Desaguliers an der rue de Bussy in Paris eingesetzten Bauhütte.

Montevideo. Hauptstadt der südamerikanischen Republik Uruguay, Sitz des Großorients von Uruguay (Adresse: Victoria 1481, M.), mit sieben Logen in M. selbst. Zwei Logen unterstehen der Großloge von England, eine dem Großorient von Frankreich. Der Sitz des Obersten Rates von Uruguay befindet sich gleichfalls in M. (gleiche Adresse).

Montez, Lola, spanische Tänzerin, * 1820, † 1861, Geliebte des Königs Ludwig I. von Bayern, von ihm als Gräfin Landsfeld geadelt. In der zeitgenössischen Presse wurde fälschlich behauptet, sie sei von den englischen Logen in geheimer Mission nach München geschickt worden, um das katholische Regime in Bayern zu stürzen. (Ferdinand Bac: „Louis I. de Bavière et L. M.".)

Montgelas, Graf v., bayrischer Gesandter am sächsischen Hofe, legte 1912 gegen die Wahl des Oberlehrers Dr. Werner zum Vorsitzenden des Hilfsvereins der Bayern in Dresden Protest ein, weil Dr. Werner, Oberlehrer am Freimaurerinstitut in Dresden-Striesen, Freimaurer war.

Montgelas, Maximilian Josef, Graf von, bayrischer Ministerpräsident unter König Maximilian I., * 1759, † 1838, der Schöpfer des modernen Bayern, war einer der ersten Illuminaten. Er gehörte der mit diesen sehr verbundenen Münchner Loge „St. Théodore du Bon Conseil" an. Anläßlich der Illuminatenverfolgung unter Kurfürst Karl Theodor wurde M. von dem „Kronzeugen" Baron Mändl, der sich durch ungeheuerliche Erfindungen hervortat, bezichtigt, an der „Ermordung" des Erbprinzen von Zweibrücken durch den Orden beteiligt gewesen zu sein. Er hat dann freilich 1799 und 1804 selbst Erlässe gegen die Freimaurerei veröffentlichen lassen.

Montgolfier, Jacques Etienne, gemeinsam mit seinem Bruder Erfinder des Luftballons, * 1745, † 1799, war Freimaurer.

Monti, Vincenzo, berühmter italienischer Dichter, * 1754, † 1828, hatte mit seiner Tragödie „Aristodeme" Erfolg, Professor an der Brera in Mailand, feierte Napoleon in den Oden „Musagonie" und „Prometeo", floh nach dem Sturz des französischen Regims nach Paris, nach seiner Rückkehr „Dichter des Königreiches Italien", war Freimaurer.

Montmorency-Luxembourg, Anne Charles Sigismond, Herzog von M. und Chatillon-sur-Loing, Pair und erster christlicher Baron von Frankreich, Offizier, * 1737, † 1803, Mitglied der Generalstände 1789, dann Präsident der Kammer des Adels, ging 1791 in die Emigration und war stellvertretender Kommandant der Armee der königlichen Prinzen. Er war Meister vom Stuhl der Pariser Loge „St. Jean de Montmorency-Luxembourg" und Generaladministrator der

Grande Loge de France, spielte 1773 bei der Gründung des Grand Orient de France eine große Rolle und war bis zur Revolution dessen eigentlicher Führer.

Monttonnère (Donnersberg), Name der während der Okkupationszeit in Wiesbaden am 5. Oktober 1924 vom Grand Orient de France eingerichteten französischen Militärloge, die in den Räumen der Loge „Lessing" des F. z. a. S. arbeitete. Sie blieb bis zur Räumung des Rheinlandes in Tätigkeit und zeichnete sich durch ihre Arbeit im Sinne der Verständigung zwischen Deutschen und Franzosen aus.

Monturiol, Narciso, Erfinder des ersten spanischen Unterseebootes „Ictineo", * 1823, † 1885, war Freimaurer.

Moore, Sir John, berühmter englischer General, * 1761, † 1809, Freund Pitts, focht in allen Erdteilen für sein Vaterland, fiel in den Napoleonischen Kriegen in der berühmten Schlacht von La Coruña (Spanien), erhielt dort auf Anregung seines Gegners, des Marschalls Soult (s. d.), ein Denkmal, desgleichen auf Beschluß des englischen Parlaments in der Londoner St.-Pauls-Kirche, war Mitglied der „Renfrew County Kilwinning Lodge Nr. 11" in Paisley (Schottland).

Moore, Sir Newton James, General, australischer Politiker, wiederholt Minister, 1905 und 1906—1911 Ministerpräsident von Westaustralien, 1911—1918 Generalagent für Westaustralien, im Weltkrieg Kommandant der australischen Streitkräfte, ist Past-Pro-Großmeister der Großloge von Westaustralien und Past Grand Warden der Großloge von Schottland.

Moose, Loyal Order of the World (Moose, der amerikanische Elchhirsch) bruderschaftliche Vereinigung, die 1890 in Cincinnati entstanden ist, mit dem Elch als Wappentier. In Amerika sehr stark, in letzter Zeit auch in England verbreitet. Mit der Freimaurerei bestehen keine Beziehungen.

Mop and Pail (engl.), Scheuerquast und Eimer, gehörten zur Einrichtung der ersten englischen Logen, um im Falle der Überraschung durch Nichteingeweihte die mit Kreide auf den Boden gezeichnete Symbolzeichnung (Tapis) schnell wegwischen zu können.

Mopsorden. Im Jahre 1745 erschien in Amsterdam eine sogenannte Verräterschrift. „L'ordre des Francs-Maçons trahi et le Secret des Mopses révélé", durch die einiges Genaueres über den M. bekannt geworden ist. Es handelte sich um einen gemischten, androgynen Orden, der angeblich nach der Bulle „In eminenti apostolatus specula" (1738) von Katholiken begründet wurde. Der eigentliche Gründer soll 1740 Clemens August, Herzog von Bayern, Kurfürst von Köln (Bruder des Kaisers Karl VII.), gewesen sein. Der Orden fand an den kleinen Höfen Deutschlands und Universitäten Verbreitung, so gab es eine „Mopsloge" in Bayreuth, in der die Markgräfin als „Großmeisterin" den Vorsitz führte. 1748 wurde er in Göttingen verboten. Auch zu den „Antimassonischen Societäten" (s. d.) bestanden Beziehungen. In der oben erwähnten Schrift ist auch das reichlich läppische Ritual des Ordens wiedergegeben, nebst zwei Bildbeilagen, von denen die eine den Plan der Loge (in der Mitte der Mops, das Sinnbild der Treue im Orden), die zweite den Augenblick der Aufnahme einer Neophytin darstellt. Das Gebrauchtum war von einer gewissen galanten Laszivität, wie sie dem Geschmacke des Rokoko entsprach. Der Zirkel einer jeden Mopsloge sollte, wie das Ritual besagt, die Mitglieder folgendes lehren: „Gleich, wie alle Durchschnitte des Kreises durch eben denselben Mittelpunkt gehen, also müssen alle Handlungen eines Mopses aus einer Quelle gehen, nämlich der Liebe." Während der Orden selbst wieder spurlos einging, sind kleine Erinnerungsstücke von ihm geblieben, die als Seltenheiten in den Museen aufbewahrt werden. So die mit Mopsdarstellungen versehenen Porzellanfiguren Kaendlers (s. d.), ferner ein Porzellanmops im Londoner Großlogenmuseum und ein Mopsabzeichen in den Kölner Logensammlungen. Bekannt ist auch eine Rede, die 1748 „in einer feyerlichen Versammlung des ehr. M(ops) Capituls" in Nürnberg gehalten wurde.

Moralische Regeln und Vorschriften der Freimaurerbrüderschaft. Vom Meister vom Stuhl der Naumburger Loge Ernst J. G. Schmidt 1752 verfaßte, später von Schröder (s. d.) umgearbeitete und dem Konstitutionsbuche der Provinzial-Großloge von Hamburg und Niedersachsen eingefügte allgemeine moralische Grundregeln. Sie lehnen sich im wesentlichen an die Andersonschen Vorschriften der Alten Pflichten („Of Behavior") an und betreffen: 1. Die verschiedenen Begriffe angehender Freimaurer von der Brüderschaft. 2. Von der allgemeinen Denkungsart eines Freimaurers. 3. Von den notwendigen Eigenschaften eines Freimaurers. 4. Von der Aufführung der Brr. gegen Nichtfreimaurer. 5. Von der wahren Ehre eines Freimaurers. 6. Von den Beschäftigungen eines Freimaurers. Der Kanon der Regeln enthält moralisierende Betrachtungen, die im wesentlichen die einfache Form der englischen Pflichten ausführen. Hervorgehoben sei ein Satz: „Der Freimaurer soll sich von den Fesseln der Vorurteile befreien und auf dem geraden Wege der Vernunft ins Innere der Wahrheit dringen, doch soll er solche Vorurteile nach Möglichkeit schonen, auf die andere Menschen ihre Ruhe bauen."

Morals and Dogma, Handbuch der Südlichen Jurisdiktion des A. u. A. Schottischen Ritus von Nordamerika, verfaßt von Albert Pike (s. d.), das dessen Auffassung von der Lehre des I.—XXXII. Grades in Form von „lectures" zum Inhalt hat. In esoterischer Hinsicht lehnt sich das 1868 beendete Werk in mancher Hinsicht an den Franzosen Eliphas Lévi (Alphonse Louis Constant, s. d.) an.

Moratin, Leandro Fernandez de, spanischer Dramatiker, * 1760, † 1828, Parteigänger der französischen Sache, unter Ferdinand VII. verbannt, Wiedererwecker des spanischen Theaters, schrieb u. a.: „El Viejo y la Niña", „El Café ò la Comedia nueva" u. a., war Freimaurer.

Moray, Sir Robert, Generalquartiermeister der schottischen Armee unter Karl I., dessen Name der erste in einem Protokoll verzeichnete eines Nichtmaurers ist — 20. Mai 1641 —, der in eine Loge auf englischem Boden in Newcastle anläßlich der Besetzung aufgenommen wurde, war eine der bemerkenswertesten Erscheinungen seiner Zeit. In Frankreich unter Ludwig XIII. Oberst, war er eng befreundet mit Kardinal Richelieu. Als die Schwierigkeiten Karls I. begannen, eilte er nach Schottland, um sich dem König zur Verfügung zu stellen. Er wurde Generalquartiermeister und seiner Verdienste wegen 1643 in den Ritterstand erhoben. 1645 in Bayern kriegsgefangen, wurde er als geheimer Unterhändler — zwecks Wiedereinsetzung Karls I. — zwischen Schottland und Frankreich bestimmt und daraufhin freigelassen. Unter Karl II. wurde M. Geheimer Rat, stieg nominell zu sehr bedeutenden juristischen Funktionen auf. Hohe politische Ämter, die ihm zugedacht waren, lehnte M. ab. Er widmete sich in der Folge hauptsächlich vielseitigen wissenschaftlichen Bestrebungen, namentlich auf chemischem und mathematischem Gebiet. Die Royal Society (s. d.) hat M. besonders viel zu verdanken. Er trug tatkräftig zu ihrer Gründung bei und war dann lange Zeit die Seele dieser auch für die Freimaurerei so bedeutenden Gelehrtenvereinigung. Von ihrer ersten formellen Sitzung 1660 bis zu ihrer Inkorporierung 1662 war er ihr Präsident. Der Historiker Bischof Burnett nennt M. den „klügsten und wertvollsten Menschen seiner Zeit". Ein Protokoll der Loge von Edinburgh aus dem Jahre 1647 ist von M. gezeichnet, in dessen Korrespondenz sich sehr oft sein maurerisches Zeichen findet. Er war auch Rosenkreuzer. M. starb 1673 und wurde auf Befehl des Königs in der Westminsterabtei beigesetzt.

Morayta, Miguel, spanischer Historiker Professor an der Universität Madrid, * 1833, † 1917, Schriftsteller, Führer der Republikaner, Cortesabgeordneter, war Großmeister des Spanischen Großorients.

Morceau d'architecture (frz.), Logenvortrag.

Morcombe, Joseph Edgerton, amerikanischer freimaurerischer Schriftsteller, * 1864 in Cardiff (England), wurde in Cedar Rapid (Iowa) aufgenommen, ist Mitglied der Loge „Educator Nr. 554" in San Francisco, war Herausgeber und Redakteur der Zeitschrift „The American Freemason", gründete die freimaurerische Zeitschrift „National Trestleboard" in San Francisco, die später mit dem „Builder", St. Louis, zusammengelegt wurde, ist Schriftleiter und Mitinhaber der „Masonic World".

Mordbeschuldigungen gegen die Freimaurerei, s. Freimaurermorde und Pitaval.

Mordverschwörung, Marienbader. Die damals Ludendorffsche „Deutsche Wochenschau" berichtete 1928, daß in einer Versammlung der Marienbader Loge am Jahvetag, dem 19. Juli 1928, ein Mordkomplott gegen Ludendorff geschmiedet worden sei. Die Großloge „Lessing zu den drei Ringen" in der Tschechoslowakischen Republik wies nach, daß diese Veröffentlichung, die zu einer Anfrage der Staatspolizei an die Marienbader Loge „Goethe zum Tale des Friedens" führte, ein Phantasiegebilde war.

Moreau, Jean Michel, französischer Zeichner und Kupferstecher, * 1741, † 1814, illustrierte die Prachtausgaben der Werke von Molière und Voltaire, Mitglied der Malerakademie, war Freimaurer.

Moreau, Jean Victor, * 1761, † an Kriegsverletzungen 1813 in Laun in Böhmen, französischer General der Revolutionsarmeen, kämpfte mit Napoleon bis 1804 und wurde dann von diesem wegen seiner republikanischen, kaiserfeindlichen Gesinnung verbannt. Er ging nach Amerika, dann nach Rußland und machte auf Seiten der Alliierten die Schlacht bei Dresden mit, wo er verwundet wurde. M. wird wiederholt als Freimaurer genannt, bezeichnenderweise immer gemeinsam mit Napoleon. So wurde 1801 in Dijon ein Fest abgehalten, wo in der Toastliste ausdrücklich der „Consul Bonaparte und der Général en Chef M." als Brr. bezeichnet werden. Ebenso bei einem Feste in Montauban 1801. M. war im gleichen Jahre das Haupt der Philadelphen bei der Armee.

Morel, Henri, Direktor des Internationalen Amtes für industrielles, künstlerisches und literarisches Eigentum in Bern, * 1838, † 1912, war Freimaurer.

Moret, Segismundo, spanischer Politiker, * 1838, † 1913, Mitarbeiter des großen Liberalen Sagasta, wiederholt Minister, war Freimaurer.

Morgan-Affäre, führte von 1826 an durch ein volles Jahrzehnt zu schweren Freimaurerverfolgungen in Nordamerika. Über William Morgan, einen 1774 geborenen Steinmetz in Batavia im Staate New York, hatte sich das Gerücht verbreitet, er wolle mit Hilfe des Buchdruckers David C. Miller ein Werk über die Freimaurerei herausgeben, in dem deren Lehren, Rituale, Symbole und Erkennungszeichen ausführlichst dargestellt seien. Der Freimaurer in dem kleinen Orte, die nicht wußten, daß schon 100 Jahre vorher und seither immer wieder Verräterschriften ähnlichen Inhalts erschienen waren, bemächtigte sich gewaltige Aufregung. In der Zeitung von Batavia, dem „Spirit of the Times", warnten sie Morgan. Dieser erklärte, das Buch werde doch erscheinen. Man beschloß daraufhin in einem kleinen Kreise etwas unendlich Törichtes, nämlich Morgan in sicheren Gewahrsam zu bringen, um ihm dort seine Pläne auszureden. Und wirklich wurde Morgan entführt. Auf Grund eines Haftbefehls wegen Schuldenmacherei wurde er verhaftet, dann ausgelöst und von den „Befreiern", Loton Lawson, Nicholas G. Chereboro, Colonel Edward Sawyer und John Shelder, auf den Weg nach Fort Niagara in Kanada gebracht. Dabei verschwand er auf rätselhafte Weise. Es wurde natürlich sofort behauptet, er sei erschossen oder in den Niagara geworfen worden. Das hat sich später als falsch erwiesen. Morgan tauchte 1831 in Smyrna wieder auf. Aber da man das 1826 nicht wußte, erregte die Geschichte ungeheuerstes Aufsehen. Die Entführer erhielten (wegen Entführung, nicht etwa wegen Mord!) Gefängnisstrafen.

Doch gab man sich damit nicht zufrieden. Alles, was irgendwie gegen die Freimaurerei voreingenommen war — Klerikale, Baptisten, Mennoniten, Schwenkfelder, Quäker und andere Sekten — kochte an diesem bösen Streich exaltierter junger Leute sein Süppchen. „Antifreimaurerei" wurde zum Programm bei den Staats- und Präsidentenwahlen. Der auf dieses eingestellte Präsidentschaftskandidat William Wirt (s. d.) fiel zwar durch, aber in New York und Vermont wurden Gouverneure auf dieser Plattform gewählt. Die hitzige Agitation mußte natürlich auch auf die Logen wirken; viele Freimaurer wollten es sich nicht gefallen lassen, in der Öffentlichkeit als Mörder geschmäht, in den Mittelpunkt eines Kriminaldramas gerückt zu werden, und traten aus. Als im Oktober 1827 in der Nähe von Fort Niagara ein Leichnam ans Land gespült wurde, erreichte die Hetze ihren Höhepunkt. Obwohl nicht die geringste Ähnlichkeit mit Morgan vorlag, beschworen dessen Frau und Miller, dieser sei der Tote. Es wäre zu einem Mordprozeß gekommen, wenn man nicht, als sich die erste Erregung gelegt hatte, in dem Ertrunkenen den einen Monat vorher verschwundenen Timothy Munroe aus dem kanadischen Distrikt Newcastle erkannt hätte. Die plötzlich zu Hunderten aufgetauchten antifreimaurerischen Blätter verschwiegen das ihren Lesern und propagierten geschäftlichen Boykott, Entlassung aus öffentlichen Stellungen, gesellschaftliche Ächtung. Lehrer und Geistliche verloren ihre Positionen, Kinder von Freimaurern wurden aus Schulen ausgeschlossen, ihre Väter aus Kirchengemeinden. Oft kam es vor, daß angesehensten Bürgern das Sakrament verweigert wurde, wenn man von ihrer Logenzugehörigkeit erfuhr.

Die 1827 entstandene Anti-Masonic party (s. d.), die Antifreimaurerpartei, entfaltete zehn Jahre lang eine unglaublich terroristische Tätigkeit. Thurlow Weed, William H. Seward, der spätere Präsident Fillmore u. a. waren die Führer der jedes Maß übersteigenden Kampagne.

Ein antifreimaurerischer Konvent folgte dem andern. Im Staate New York allein gab es in ganz kurzer Zeit deren 19. Das Verbot jeder freimaurerischen Betätigung wurde stürmisch verlangt. Ein solches erfolgte zwar nicht, aber manche Logen stellten freiwillig ihre Tätigkeit ein. Die Großloge von New York, die 1827 227 Logen zählte, hatte 1835 deren nur noch 41. Die Großloge von Vermont hielt mehrere Jahre lang keine Sitzungen ab. Allmählich gewann dann die Vernunft wieder die Oberhand. Man erkannte, daß man einer Massenpsychose verfallen war, und begann sich dieser Verirrungen zu schämen. Um so mehr, als man schon wußte, wie viele der Besten des Landes in den Jahren des heftigsten Sturmes treu zur freimaurerischen Fahne hielten. Präsident Andrew Jackson (s. d.) trat aufs entschiedenste für sie ein. Als ihm während der Präsidentschaftswahlen sein Maurertum vorgehalten wurde, schwieg er nicht dazu, sondern schrieb: „Die Freimaurerei ist eine aufs Wohl der Menschheit bedachte Institution und ich bin davon überzeugt, daß sie auch in Zukunft blühen wird!" Henry Clay (s. d.), sein Gegenkandidat, dem die Antimaurer ihre Agitation zur Verfügung stellen wollten, lehnte diese Zumutung energisch ab.

Die Erinnerung an die M. A. suchten die Antimasons zu verewigen, indem sie ihm ein Denkmal setzen ließen. Das Denkmal steht heute noch, aber die Zeit und bessere Erkenntnis sind an ihm vorübergegangen.

Moriah, s. Mount Moriah.

Morillo, Pablo, Graf von Cartagena, Marquis de la Puerta, * 1777, † 1838, spanischer Heerführer, zeichnete sich als Guerillakämpfer im Krieg gegen Napoleon aus, wurde dann von Ferdinand VII. 1815 zur Unterdrückung der Revolution nach Neu-Granada geschickt; unterzog sich dieser Aufgabe mit grausamem Eifer, ließ ungezählte Aufständische hinrichten, wurde schließlich bei Boyacá von Bolivar geschlagen, mußte fliehen, war Freimaurer.

Morin, Etienne (Stephen), Kaufmann in Bordeaux, Glied der Protestantenfamilie M. aus La Rochelle, die 1691 mit anderen Hugenotten nach New York auswanderte und dort (nach Ossian Lang) in der französischen protestantischen Kirche „Zum heiligen Geist" eine Rolle spielte, eifriger Freimaurer, der auf seinen überseeischen Geschäftsreisen die freimaurerischen Ideen zu verbreiten trachtete. Wo er Freimaurer wurde, steht nicht fest; Ossian Lang hält die New Yorker Loge „La Parfaite Union" für die Mutterloge. Mitglied der Loge „La Française" in Bordeaux, trat er dann zu deren Tochter „La parfaite Harmonie" über, deren Stuhlmeister er war. 1745 soll er in Port-au-Prince (San Domingo) eine Bauhütte gegründet haben, 1749 unterzeichnete er (nach N. Choumitzky, „Etienne M.", Paris, 1928) ein Konstitutionspatent für eine schottische Loge „Ecossaise" in Cap Français (San Domingo), 1757 war er Gründer einer bereits auch Schottengrade bearbeitenden Loge in Cayes (Ile à Vaches), „La Concorde". 1761 zu mehrmonatigem Aufenthalt in Paris, schloß er sich der Loge „La Trinité" an, deren Stuhlmeister Lacorne (s. d.) war. Als er dann wieder nach Amerika ging, erhielt er am 27. August 1761 von der „Grande et Souveraine Loge Ecossaise Saint-Jean de Jérusalem" (welchen Untertitel der „Conseil des Empereurs d'Orient et d'Occident" [s. d.], der „Rat der Kaiser von Osten und Westen", führte), die (abschriftlich vorliegende) Bestallung als Großinspektor für die Neue Welt, mit dem Recht, überall, wo er sich aufhalten sollte, Logen zu gründen und die amerikanischen Brüder in die Perfektionsgrade einzuweihen. Dieses „Patent M." wurde in seinen weiteren Auswirkungen der Ausgangspunkt des A. u. A. Schottischen Ritus. M. kam seiner Mission nach; eine Reihe von Logengründungen waren seiner Initiative zu danken. Von M. führt eine gerade Linie über Henry Andrew Francken, Moses M. Hays, zu Isaac de Costa, der in Charleston die Körperschaft ins Leben rief, aus der sich schließlich der erste Oberste Rat entwickelte.

Moritz, Karl Philipp, Schriftsteller, Dichter und Prediger, * 1756, † 1793, interessante Erscheinung der Sturm- und Drangzeit, anfangs Hutmacher, versuchte sich dann als

Schauspieler, studierte, von den Herrnhuttern unterstützt, Theologie, war Redakteur der „Vossischen Zeitung“ und Professor der Altertumskunde an der Berliner Kunstakademie, lernte in Italien Goethe kennen und war dessen gerngesehener Gast in Weimar, Mitglied der Berliner Akademie der Wissenschaften, Herausgeber des „Magazin für Erfahrungs-Seelenkunde“, Verfasser der Werke „Versuch einer deutschen Prosodie“ und „Götterlehre“, war Freimaurer, schrieb freimaurerisch-philosophische Werke, u. a. „Beiträge zur Philosophie des Lebens aus dem Tagebuch eines Freimaurers“.

Mormonen, die Sekte der „Heiligen der letzten Tage“ (Latter Day Saints), wurde 1839 von dem „Propheten“ Josef Smith (s. d.) gegründet. Dieser schuf zunächst im Staate Illinois ein halbtheokratisches Gemeinwesen, das 1840 den Namen „Nauvoo“ erhielt. Zuwanderung von „Heiligen“, die aus Missouri vertrieben worden waren, bewirkte starkes Anwachsen der Bevölkerung, und als der Großmeister der eben gegründeten Großloge von Illinois, Jonas, 1842 die Nauvoo Lodge installierte, zählte die Stadt bereits 8—10.000 Einwohner. 1845 war Nauvoo die größte Stadt von Illinois. Unter den führenden Anhängern des neuen Evangeliums war eine ganze Anzahl Freimaurer, unter ihnen Brigham Young (s. d.) und Hyrum Smith, der Bruder des „Propheten“, die in der Nauvoo Lodge emsige Tätigkeit entfalteten. Bei der Einsetzungsfeier wurde auch der „Prophet“ selbst vom Großmeister aufgenommen. Opposition, die sich in anderen Städten wegen irregulären Vorgehens bei Ballotagen erhob, führte dazu, daß ein halbes Jahr nach der Gründung die Arbeitserlaubnis bis zur Jahresversammlung der Großloge inhibiert wurde. Sie wurde dann neuerdings erteilt, und es entstanden zwei weitere Logen im Staate selbst, zwei andere in benachbarten Territorien. Es kam dann zu neuen Mißhelligkeiten mit der Großloge; die Logen sollten suspendiert werden, nahmen das aber nicht zur Kenntnis, sondern weihten im Gegenteil unter großen Feierlichkeiten ein neues Logenhaus ein. Im Oktober 1844 erklärte die Großloge die Bauhütten der M. als Winkellogen. Kurze Zeit später kam es infolge der Gründung eines oppositionellen Blattes in Nauvoo zu dem Aufruhr, in dessen Verlauf Josef und Hyrum Smith eingekerkert und dann vom Pöbel ermordet wurden.

Unter der Führung von Brigham Young wanderte die Sekte dann aus und gründete den Staat Utah am Großen Salzsee, mit Salt Lake City als Hauptstadt. Brigham Young wurde Gouverneur. Die Vielweiberei, die schon unter Josef Smith eingesetzt hatte, wurde zur staatlichen Institution. Dies und mit der amerikanischen Auffassung der Freimaurerei im Widerspruch stehende Grundsätze der Lehre der M. führten, als diese im Staate Utah in die Minderheit gekommen waren, dazu, daß die 1872 gestiftete Großloge von Utah ihre Logen für Angehörige der Sekte sperrte. Die „Heiligen der letzten Tage“ können weder als Mitglieder noch als Besucher an Logenarbeiten teilnehmen. Die Großloge erklärt, daß deren Kirche sich für die Kulthandlung bei der Aufnahme in die Sekte eine ganze Reihe freimaurerischer Symbole angeeignet habe, und daß infolgedessen in den Zeremonien im Großen Tempel, die in mehreren Graden vor sich gehen, viel aus der freimaurerischen Ritualistik zu finden sei. Die Kleidung, die während des Gottesdienstes angelegt wird, zeigt Zirkel und Winkelmaß. Dazu tragen Männer und Frauen Schurze. An einer Stelle der Kulthandlung erscheint der „Teufel“ in Zylinder und Maurerschurz, der mit zwei Säulen und Schlangen geschmückt ist. Die Einweihung in den Kult der Heiligen, Zeichen und Griffe weisen ebenfalls Analogien mit der Königlichen Kunst auf. Der „Griff“ der „Melchisedek-Priesterschaft“ wird „nach den fünf Punkten der Bruderschaft“ erteilt. Die Ähnlichkeiten im Gebrauchtum werden von den M. damit erklärt, daß auch „Prophet“ Smith die Wiedererrichtung des Salomonischen Tempels beabsichtigt habe. Weitere Angriffspunkte ergeben sich für die Großloge von Utah aus der unbegrenzten diktatorischen Macht der Priester, die für die Sekte in allem und jedem „Sprachrohre Gottes“ sind, aus der Substituierung der Bibel durch „Lebende Orakel“ (Priesterschaft) und aus der materialistischen Gottesidee. Neuerdings haben die M. selbst die Freimaurerei mit dem Bann belegt, sie erklären sie als „eine Einrichtung des Teufels selbst“ (s. H. Goodwin, „Mormonism and Masonry“, Salt Lake City 1921; über die M. und ihre Lehre unterrichten deren amtliche Schriften: „Book of Mormon“, „Doctrine and Covenants“, Pearl of Great Price“, und Smith, „Holy Scriptures Translated and Corrected by the Spirit of Revelation“).

Mörner, Karl Karlsson, * 1755, † 1821, schwedischer Reichsstatthalter in Norwegen, Landmarschall, Gouverneur in Pommern, war führender Freimaurer, Mitglied des Ordens Karl XIII. (s. d.).

Mornington, Garrett Colley Wellesley, Earl of, englischer Komponist, * 1735, † 1781, Vater des berühmten Feldherrn Herzog von Wellington (s. d.), Professor der Musik an der Universität Dublin, schrieb Chorwerke und Kirchenmusik, war Freimaurer.

Morris.

1. Robert, amerikanischer Finanzmann, * 1734, † 1806, der eigentliche Finanzier des Unabhängigkeitskrieges, trieb durch Anleihen und aus eigenem die Mittel für den Befreiungskampf auf, gründete die „Bank of the North“, die älteste Bank der Vereinigten Staaten von Nordamerika, lehnte die Berufung zum Finanzminister durch Washington ab, war Freimaurer.

2. Robert, amerikanischer Dichter und Pädagoge, * 1818, † 1888, im Bürgerkrieg Oberst der Miliz, mit Clara Barton der geistige Urheber des amerikanischen Roten Kreuzes, wurde 1846 in Oxford (Mississippi) aufgenommen, war dann Mitglied der „Fortitude Lodge Nr. 47“ in La Grange (Kentucky), rief innerhalb der amerikanischen Freimaurereien die „Konservative Bewegung“ ins Leben, deren Ziel der engere Zusammenschluß der

Kette war, bereiste wiederholt das ganze Land und widmete in der Folge seine ganze Kraft der Königlichen Kunst, wurde 1884 erkoren zum „Poeta laureatus" der amerikanischen Freimaurerei, 1858/59 Großmeister der Großloge von Kentucky, Verfasser zahlreicher hervorragender freimaurerischer Werke und Gedichte, wie „Lights and Shadows of Freemasonry", „Our life and times" (seine freimaurerische Autobiographie), ferner ein Buch über die Morgan-Affäre, Gründer des Ordens „Eastern Star" (s. d.).

Mörtel versinnbildlicht beim geistigen Bau des Tempels der Humanität die gegenseitige Achtung und Würdigung, die zur alles verbindenden Brüderliebe wird (s. auch Untempered Mortar).

Mortier, Edouard Adolphe, Herzog von Treviso, * 1768, † 1835, Marschall von Frankreich, einer der erfolgreichsten Feldherrn der Revolution und des Kaiserreiches, kämpfte bei Friedland, in Spanien und Schweden, führte im russischen Feldzug die Garde, Verteidiger von Paris 1814, nach der Restauration der Bourbonen 1834 Ministerpräsident unter Louis Philippe, fiel einem Attentat zum Opfer, war Freimaurer.

Morton, 14. Earl of, James Douglas, * 1702, † 1768, mußte 1746 aus politischen Gründen in der Pariser Bastille eine Kerkerstrafe verbüßen, Präsident der Royal Society, Erster Präsident der Gesellschaft zur Hebung der Künste und Wissenschaften, war 1741 Großmeister der Großloge von England.

Morton, Jacob, amerikanischer General, * 1756, war 1789 Großsekretär der Großloge von New York und Stuhlmeister der „St. John's Lodge Nr. 1". In dieser Eigenschaft stellte er die Bibel seiner Loge zur Verfügung, auf die Washington am 30. April 1789 in der Federal Hall in der Wall Street in New York als erster Präsident der Vereinigten Staaten den Eid auf die neue Verfassung ablegte. M. fungierte bei dieser feierlichen Handlung als Staatsmarschall. Von 1791—1806 war er Großmeister der Großloge von New York.

Mosaic Pavement (engl.), Musivisches Pflaster.

Mosellanerorden, s. Amicisten.

Mosen, Julius, deutscher Dichter und Dramaturg, * 1803, † 1867, war vor allem als Lyriker erfolgreich. Einige seiner Lieder sind heute noch verbreitet: „Andreas Hofer" (Zu Mantua in Banden...) und „Der Trompeter von Katzbach" (Von Wunden ganz bedekket...). Von ihm stammt auch das Gedicht „Die letzten Zehn vom vierten Regiment". M. war Mitglied der Dresdner Schwerterloge.

Moser, Gustav v., deutscher Lustspieldichter, * 1825, † 1903, schrieb 100 Komödien, u. a. „Der Veilchenfresser", „Krieg im Frieden", „Der Bibliothekar". Er war Mitglied der Loge „Isis" in Libau; in seiner Dialogreihe „Kaudels Gardinenpredigten" ist auch von Freimaurerei die Rede.

Mossaz, John, Großkanzler der A. M. I. (s. d.) in Genf seit 1927, Verwaltungsdirektor der Genfer Universität, * 1876, Freimaurer seit 1898, langjähriger Stuhlmeister der Genfer Loge „Cordialité", 1920—1925 Groß-Schatzmeister der schweizerischen Großloge „Alpina", Großredner des Obersten Rates des Schottischen Ritus der Schweiz. Schon in den ersten Jahren seiner Kanzlerschaft vermochte er die organisatorischen Grundlagen und das innere Gefüge der A. M. I. trotz größter Schwierigkeiten wesentlich zu stärken.

Moßdorf, Friedrich, deutscher freimaurerischer Reformator und Enzyklopädist, Hof- und Justiz-Kanzleisekretär in Dresden, * 1757, † 1843, Forscher von umfassendem Wissen, der freimaurerischen Arbeit wie nur wenige ergeben, Freund und Berater von Schröder (s. d.), Feßler (s. d.), vor allem aber von Krause (s. d.), Herausgeber der berühmten „Enzyklopädie der Freimaurerei..." von C. Lenning (s. d.), die dann in der zweiten Auflage zum „Allgemeinen Handbuch der Freimaurerei" wurde. M. wurde 1777 in Leipzig Freimaurer („Minerva zu den drei Palmen") und wirkte seit Ende 1789 in der Dresdner Bauhütte „Zu den drei Schwertern und wahren Freunden". Bei allen Bestrebungen, die Freimaurerei in Deutschland vom Wust der Verirrungszeit zu befreien und sie auf festen Grund zu führen, leistete er tätige Hilfe. Vor allem hatte Feßler in ihm einen hingebenden und hilfsbereiten Freund, der ihm auch unverbrüchlich treu blieb, als er den Undank der Berliner Brr. für sein Reformwerk so bitter zu spüren bekam. In seiner eigenen Loge wirkte M. als Schriftführer neben Freiherrn von Racknitz (s. d.) reformatorisch; als der Schrödersche freimaurerische Liberalismus sich auch in Dresden durchzusetzen begann, wurde M. zu einer tätigen Stütze des „Geschichtlichen Engbundes". Vor allem aber verband er sich mit Krause (s. d.), als dieser 1805 nach Dresden kam und sich bei der Schwerter-Loge affiliieren ließ. Er stand 1810 neben Krause im Mittelpunkt des Kampfes um dessen Werk „Die drei ältesten Kunsturkunden der Freimaurerbrüderschaft", dessen umfassende Ankündigung er besorgte. Er zog sich mit dieser Tat, die von der Auffassung diktiert war, alles was die Menschheit angehe und deren Eigentum sei, dürfe von keinem Geheimnis umschlossen werden, ebenso den Zorn der Berliner und Hamburger Großlogen zu, wie Krause selbst, und wurde gleich diesem wegen der Publikation am 5. Oktober 1810 aus der Loge ausgeschlossen. Diese äußerliche Trennung von der Freimaurerei hinderte ihn aber nicht, auch weiterhin sich freimaurerischer Forschungsarbeit zu widmen. Die in den Jahren 1822—1828 erschienene Enzyklopädie liefert dafür den schönsten Beweis.

Most Excellent wird das Kapitel des Royal Archgrades und sein Vorsitzender, der High Priest, genannt. Ebenso der Vorsitzende einer Loge der M. E. Masons.

Most excellent Master, Bezeichnung des VI. Grades (dritten Hochgrades) des Amerikanischen Ritus (s. d.), vorletzte Stufe der sogenannten Kapitelmaurerei (Mark Master, Past Master, M. E. M., Royal Arch). Der Grad ist eine Erfindung des amerikanischen Ritualbearbeiters Webb und wird nur in Amerika vergeben. Die Legende knüpft an die Weihe des Tempels durch König Salomo an. Der Vorsitzende heißt Most Excellent, die übrigen Beamtenbezeichnungen sind die gleichen wie in den Johannislogen.

In anderer Fassung wird der M. E. M. in England vom „Grand Council of Most Excellent, Royal, Select and Super-Excellent Masters“ bearbeitet. Dort zählt er zu den Kryptischen Graden (s. d.).

Mot de passe (frz.), das Paßwort.

Mot de semestre (frz.), halbjährlich wechselndes besonderes Wort, das der Großorient de France 1777 einführte.

Mot sacré (frz.), das heilige Wort im Ritual.

Mounier, Jean Joseph, * 1761, † 1830, französischer Richter, beantragte 1789 in Versailles die Umwandlung des dritten Standes zur Konstituante, war dann deren Vorsitzender, weilte aber im weiteren Verlauf der Revolution im Ausland und wurde unter Napoleon Staatsrat. In seiner Schrift: „De l'Influence attribuée aux philosophes, aux franc-maçons et aux illuminés sur la Révolution française“ (1801) stellte er — obwohl selbst nicht Freimaurer — gegenüber Barruel (s. d.) und anderen fest, daß die Freimaurerei an den blutigen Geschehnissen der Revolution unschuldig gewesen sei, diese Revolution im Gegenteil eine zerstörende Wirkung auf den Bund ausgeübt habe. Die Sünden des alten Regimes, sagte er, machten den Umsturz unvermeidlich, er hätte stattgefunden, „auch wenn es keinen einzigen Freimaurer auf der Welt gäbe.“

Mountaineer Mason, The, Monatsblatt der „Masonic Research Society“ von West Virginia, USA.

Mount Moriah, in Amerika oft angewendetes Symbol für das „hohe Niveau des Maurerbundes“. Jerusalem hat zwei Hügel: Zion und Moriah. Die Stadt wurde auf ersterem erbaut, Salomons Tempel sowie die Nebengebäude auf letzterem. Obgleich der M. ein ziemlich niedriger Hügel ist, wird in amerikanischen Ritualen der Tempelberg als Inbegriff der Höhe angeführt.

Mousset, Albert, französischer Historiker, Verfasser von Arbeiten über die neuere Geschichte Spaniens und Osteuropas, Nichtfreimaurer, veröffentlichte 1930 die stenographische Niederschrift der Verhandlungen des Strafprozesses gegen die Mörder von Sarajevo (aus der serbokroatischen Ursprache ins Französische übersetzt „L'Attentat de Sarajevo, Documents inédits et Texte intégral des Sténogrammes du Procès“, Payot, Paris). Diese Publikation erbringt den Beweis, daß die vorher als Gesamtveröffentlichung allein vorgelegenen Aktenpublikation „Der Prozeß gegen die Attentäter von Sarajevo“ von „Prof. Pharos“ (s. d., in Wirklichkeit Pater Puntigam S. J.), Berlin 1918, wesentliche Änderungen des ursprünglichen Protokolltextes aufweist. Das ist von ausschlaggebender Wichtigkeit, denn auf die Schrift des „Prof. Pharos“ stützte sich die jeder tatsächlichen Begründung entbehrende, von Freimaurergegnern immer wieder erhobene Beschuldigung, die Freimaurer seien an der blutigen Mordtat, die den Weltkrieg entzündete, unmittelbar oder mittelbar beteiligt gewesen Puntigam hat Streichungen, Kürzungen, Verstümmelungen des Textes in den Aussagen der Angeklagten, Zusammenschmelzungen und Umgruppierungen vorgenommen. „Vergleicht man beide Ausgaben genauer, so stellt sich heraus, daß Pharos-Puntigam aber auch ihm nicht passende Wendungen in der Niederschrift ganz weggelassen, daß er einige sogar in ihr Gegenteil verkehrt, mehrere mindestens im eigenen Sinne umgefärbt hat, daß er sogar vor Interpolationen, d. h. willkürlichen Zwischenfügungen, ebensowenig zurückgeschreckt ist, wie vor widerspruchsvollen Übersetzungen und voreingenommenen eigenen Fußnoten, und zwar hauptsächlich da, wo von der Freimaurerei die Rede ist.“ (Kekule von Stradonitz, „Der Mord von Sarajevo“, eine Aufklärung, Leipzig 1931.)

Movable Jewels (engl.), Bewegliche Kleinodien (s. d.).

Moyland, Schloß bei Cleve. Von hier aus schrieb Friedrich der Große am 26. Juni 1738 den bekannten Brief an den Grafen Albrecht Wolfgang von Schaumburg-Lippe, in dem er seinen vorher schon mündlich geäußerten Wunsch um Aufnahme in den Freimaurerbund wiederholte und um Geheimhaltung seines Namens bat.

Mozambique, portugiesische Kolonie an der Ostküste Afrikas (Portugiesisch-Ostafrika); unter dem Vereinigten Großorient von Lusitanien (Portugal) arbeiten fünf Logen, unter der Distrikts-Großloge der Großloge von Schottland „The Transvaal“ eine Loge in Lourenço-Marques.

Mozart.

1. Leopold, Vizekapellmeister der erzbischöflichen Kapelle in Salzburg, * 1719, † 1787, der erste Lehrer und Entdecker seines berühmteren Sohnes. Auf einer im österreichischen Hof- und Staatsarchiv erhaltenen Präsenzliste der Loge „Zur wahren Eintracht“ in Wien steht sein Name neben dem seines Sohnes.

2. Wolfgang Amadeus, eines der allumfassendsten musikalischen Genies aller Zeiten, schuf in seinem kurzen Leben, * 1756, † 1791, auf allen Gebieten der Musik unvergängliche Werke. Einen „Licht- und Liebesgenius“ nennt ihn Richard Wagner. M. wurde im Herbst 1784, wahrscheinlich auf Veranlassung seines Freundes Freiherrn Otto v. Gemmingen, in die Wiener Loge „Zur Wohltätigkeit“, die später in die Bauhütte „Zur neugekrönten Hoffnung“ übergeführt wurde, aufgenommen, besuchte aber ständig auch die Arbeiten der Loge „Zur wahren Eintracht“, deren Stuhlmeister Born (s. d.) war, und in der er am 7. Jänner 1785 im Delegationsweg zum Gesellen befördert wurde und einen Monat später bei der Einführung Haydns zugegen war. Über Veranlassung M.s trat auch sein Vater dem Bunde bei. Zwischen beiden entspann sich ein lebhafter Briefwechsel über die Freimaurerei, der vom vorsichtigen Vater fast gänzlich vernichtet wurde. Aus dem einzigen erhalten gebliebenen Brief geht der tiefgehende Einfluß der Freimaurerei auf M.s Denken und Fühlen klar hervor. Bernhard Paumgartner, der

Direktor des Salzburger Mozarteums, der kein Freimaurer ist, schreibt: „Zweifellos haben die menschenfreundlichen und großzügigen Bestrebungen der Freimaurer, ihr Kampf gegen Aberglauben und Gewissensenge, die idealen Grundsätze gegenseitiger Förderung und brüderlicher Gleichberechtigung das empfindliche Gemüt M.s lebhaft gewonnen" („Mozart", Berlin, Volksverband der Bücherfreunde).

Es kann folglich nicht wundernehmen, daß der freimaurerische Einfluß auch auf sein musikalisches Schaffen übergriff. Er komponierte eine Reihe Werke, die unmittelbar zur musikalischen Umrahmung des Rituals gedacht waren, und außerdem die Oper „Die Zauberflöte" (s. d.), das „Hohelied" der Freimaurerei, die der Verherrlichung der freimaurerischen Humanitätsidee, der Menschenliebe, dienen wollte, und in deren Sarastro M. dem von ihm tief verehrten Born (s. d.), dessen Logenvortrag über die ägyptischen Mysterien den Anstoß zur Entstehung dieses Werkes gab, ein Denkmal setzen wollte. „Die Zauberflöte" gilt im Sinne Beethovens als die erste deutsche Oper. Außer dieser Oper ist die „Maurerische Trauermusik", die anläßlich des Todes zweier Brr., des Herzogs von Mecklenburg-Schwerin und des Fürsten Eszterházy, komponiert wurde, das bedeutendste freimaurerische Werk M.s. Paumgartner sagt darüber: „In ihr klang, vielleicht zum ersten Male, der neue, höchstpersönliche, von süßer Schwermut und Milde übervolle Ton bewußter an, der den letzten Arbeiten des Meisters zu eigen ist. Diese Erkenntnis wird noch wichtiger, da gerade in diesem Werke freimaurerischer Art frühe Spuren der bedeutungsvollen Stilwandlung deutlicher aufzuschimmern scheinen, an deren Wesen der geistige und kulturelle Einfluß des Ordens auf M.s schöpferischen Impuls unleugbaren Anteil hatte." Der Biograph M.s, Jahn (Nichtfreimaurer), sagt über die Trauermusik: „M. hat nichts geschrieben ... was tiefer wirkte, als dieses kurze Adagio." 1785 komponierte M. zwei Kantaten: „Zur Eröffnung der Loge" und „Zum Schlusse der Loge". Im selben Jahr entstand zu Ehren Borns die Kantate „Die Maurerfreude", die anläßlich des Besuches von M. in der Prager Loge „Zur Wahrheit und Eintracht" aufgeführt wurde (Text von Petran). 1785 entstand auch die „Gesellenreise" (Text von Josef Ratschky), wahrscheinlich anläßlich der eigenen Beförderung komponiert. Werke freimaurerischen Inhalts sind ferner: die Solokantate „Die Ihr des unermeßlichen Weltalls Schöpfer ehrt" (Text von Franz Heinrich Ziegenhagen), in zwei Bearbeitungen bekannt, jedoch unvollendet; das Lied „O heiliges Band", das M. wahrscheinlich im Auftrage eines Freimaurers im Alter von 16 Jahren komponierte; die Solokantate „Die Seele des Weltalls" (eine Johannisfestkantate) und „Eine kleine Freimaurerkantate", die 1791 bei der Einweihung eines Tempels der Loge „Zur gekrönten Hoffnung" unter M.s Leitung kurz vor seinem Tode aufgeführt wurde und seine letzte Arbeit war. Verfasser des Textes war Schikaneder. Als Anhang zu dieser Kantate schuf M. das Lied „Zum Schluß der Loge". In vielen dieser Werke, die zum großen Teil vor der Zauberflöte entstanden sind, finden sich bereits Anklänge an dieses freimaurerische Hauptwerk M.s, insbesondere an die Gesänge der drei Genien. Die freimaurerischen Kompositionen M.s erschienen gesammelt unter dem Titel „Kompositionen für Freimaurer von W. A. Mozart, Klavierauszug von Karl Reinecke", im Verlag Breitkopf u. Härtel (außer den genannten auch vier Stücke der „Zauberflöte" enthaltend).

3. Wolfgang Amadeus, zweiter Sohn des vorigen, * 1791, † 1844, versuchte sich als Komponist (Kantate „Zum Lobe meines Vaters", Klaviervariationen zum „Don Juan" u. a.). Musiklehrer, eine Zeitlang auch Kapellmeister am Theater zu Lemberg, starb in Karlsbad und wurde dort auf dem Andreasfriedhof beigesetzt, wo sich sein von der Stadtgemeinde und der Karlsbader Freimaurerloge betreutes Grab noch heute befindet. Soweit bekannt, war er nicht Freimaurer, er hätte zu seinen Lebzeiten auch in Österreich selbst keine Gelegenheit gehabt, es zu werden.

Mozarts Schädel im Salzburger Mozartmuseum. Mozart wurde am 6. Dezember 1791 auf dem Friedhofe zu St. Marx in Wien beigesetzt. Da an diesem Tage heftiges Regen- und Schneewetter herrschte, kehrten die wenigen Freunde, die ihn begleiteten, schon am Stubentor um. Nach einer Mitteilung der „Neuen Zeitschrift für Musik", 1890/52, soll der Totengräber sich die Stelle des Massengrabes, in dem Mozart beigesetzt wurde, gemerkt, und zehn Jahre später beim Ausgraben den Schädel an sich genommen haben. Sein Nachfolger schenkte diesen angeblichen M.-Sch. dem Kupferstecher Jakob Hyrtl, von dem er an den bekannten Anatomen Prof. Hyrtl überging. Nach dessen Tode fiel er dem M.-Museum in Salzburg zu. Die Echtheit ist jedoch nicht einwandfrei bestätigt.

Mucha. Alfons, tschechischer Maler von großem Ruf, * 1864, begründete während seines jahrelangen Aufenthaltes in Frankreich einen eigenen Dekorationsstil. Malte u. a. die „Slavische Epopoe", ist Mitglied der Loge „Jan Amos Komenský" in Prag und seit der Gründung des Obersten Rates der Tschechoslowakei des A. u. A. Schottischen Ritus dessen Großkommandeur.

Müffelmann.

1. Ludwig, Dr., Journalist und Schriftsteller, einer der hervorragendsten Vorkämpfer der humanitären Freimaurerei in Deutschland, * 1853, † 1927. 1879 in die Loge „Zu den drei Rosen" (Hamburger System in Rostock) aufgenommen, nahm er in den neunziger Jahren als deren Stuhlmeister an dem Reformwerk von Settegast (s. d.) teil. Als 1902 die von ihm in freiheitlichem Sinne geleitete „Rostocker Zeitung" an eine politisch anders gestellte Gruppe überging, übersiedelte M. nach Berlin, leitete dort in der Folge die „Neue Zeit". In Berlin-Wilmersdorf stand er an der Spitze der deutschen demokratischen Partei und bekleidete das Amt eines Stadtverordneten. Meister vom Stuhl der Loge „Humanitas", wurde er Erster Provinzial-Großmeister der seither geschlosse-

nen Provinzial-Großloge von Hamburg und redigierte ihr offizielles Organ „Die Bausteine". Im Weltkrieg schrieb er „Die italienische Freimaurerei und der Krieg", nach Friedensschluß kämpfte er aus innerstem Drang leidenschaftlich für den wahren Humanitätsgedanken, für Freiheit, Versöhnung und echtes Menschentum. 1921 stiftete er die Loge „Zu den Alten Pflichten". Seine kompromißlose humanitäre Auffassung und sein rücksichtsloses Eintreten für die übernationalen Forderungen der Freimaurerei trugen ihm in den letzten Lebensjahren starke Gegnerschaft ein.

2. Leo, Dr. phil., Sohn des Vorigen, Hauptgeschäftsführer des Verbandes der leitenden Angestellten (Vela) in Berlin, * 1881, aufgenommen 1913 vom Vater in der Loge „Humanitas" (Hamburger System), mit diesem einer der Gründer des „Bluntschli-Ausschusses" (s. d.) und der Berliner Loge „Zu den Alten Pflichten", ging, als der auch von ihm leidenschaftlich verfochtene Internationalismus M.s immer stärkeren Anfeindungen begegnete, zur Loge „Bluntschli zur reinen Erkenntnis", Berlin (Großloge „Zur Sonne", Bayreuth), wurde sehr bald wegen seiner Teilnahme an der internationalen freimaurerischen Manifestation in Belgrad 1926 und seiner führenden Betätigung in der Allgemeinen Freimaurerliga selbst heftigst angefeindet, verließ infolgedessen 1928 seine Großloge und wurde Mitglied der Loge „Labor" in Wien. 1930 setzte er in Vertretung des Obersten Rates des A. u. A. Schottischen Ritus von Deutschland in Hamburg-Harburg die Logen ein, die dann zur Symbolischen Großloge von Deutschland zusammentraten. Er ist deren erster Großmeister.

Mug, s. Jug and Mug.

Müllendorff, Eugen, Dr. phil. in Berlin, * 1856, Landes-Großmeister der Großen Landesloge der Freimaurer von Deutschland bis 1931, ist eine Persönlichkeit, die auf die Entwicklung der Freimaurerei im Nachkriegsdeutschland bestimmenderen Einfluß ausgeübt hat, als seine Gegner zuzugeben bereit sind. Als unmittelbar nach dem Kriege in Deutschland eine starke Bewegung nationalistischer Kreise gegen die Freimaurerei einsetzte, richteten mehrere extrem national eingestellte Persönlichkeiten an M. einen Brief, in dem sie eine Auseinandersetzung mit diesem als Exponenten der altpreußischen Freimaurerei anstrebten. Man hat M. den Vorwurf gemacht, daß er diesen sogenannten „Schafferbrief" bestellt habe, um Gelegenheit zu einer programmatischen Erklärung zu finden. Der Austritt der drei altpreußischen Großlogen aus dem deutschen Großlogenbunde wird seinem Einflusse zugeschrieben. 1922 schied er auch aus dem Verein deutscher Freimaurer aus und gab damit das Signal zur Abkehr (Verbot!) seiner Großloge von dieser gemeinsamen Einrichtung. In einem Briefwechsel mit Bischoff (s. d.) bezeichnete er neben mehr systematischen Gründen besonders den Pazifismus als unverträglich mit deutscher Vaterlandsliebe. Er wendet sich gegen jede Aufklärungsarbeit und verlangt, daß die Öffentlichkeit sich mit der Freimaurerei nicht mehr beschäftigen dürfe, als zur Verteidigung der eigenen Ehre und ihres Rufes notwendig sei. Unter M.s Leitung sonderte sich daher die Große Landesloge innerlich von der übrigen deutschen Freimaurerei immer mehr und mehr ab und zog schließlich auch äußerlich die Scheidelinie, indem sie sich die Bezeichnung „Deutsch-christlicher Orden" beilegte. In zahlreichen Kundgebungen des Landes-Großmeisters wurde immer wieder der Gegensatz zur internationalistischen Richtung betont. Wo immer auf der Welt ein internationaler Freimaurerkongreß stattfand, stellte sich M. mit einem strengen Verbot der Teilnahme für die eigenen Ordensbrüder ein. Als Erfolg seiner Bemühungen kann M. verzeichnen, daß extrem-nationale Verbände ihren Frieden mit der Großen Landesloge gemacht haben. Allerdings konnte dieses Bemühen weder die Notwendigkeit der Prozesse seines Amtsvorgängers, des Grafen v. Dohna, gegen die nationalistischen Gegner v. Puttkammer und Graf v. d. Recke (1930) und Ludendorff (1931) verhindern, noch vereiteln, daß letzterer gerade die Große Landesloge in ganz besonderem Ausmaß angriff. Der Erfolg nach außen ist somit nur ein unvollkommener, was nicht zuletzt damit zusammenhängt, daß M. die letzte Konsequenz anscheinend scheut und auch für den Ritterorden den Freimaurernamen beibehält. Dagegen ist es ihm gelungen, die Große Landesloge aus der Einheit der deutschen Freimaurerei herauszuziehen. Hier bestehen auch deutliche Gegensätzlichkeiten zu den beiden anderen altpreußischen Großlogen, die bei besonderen Anlässen immerhin noch mit der humanitären Gruppe Fühlung halten, während die Große Landesloge sich immer deutlicher auf der ganzen Linie abzusondern bestrebt ist.

M. ist auch nach seiner Amtsniederlegung (Johannis 1931) eine der markantesten Persönlichkeiten der deutschen Freimaurerei, in der sich eine bestimmte Richtung, die der extrem national christlichen, ausprägt. Er ist der Exponent jener starr-dogmatischen Auffassung altpreußischer Freimaurerei, die zur Zerklüftung der deutschen Freimaurerei so viel beigetragen hat.

Müller.

1. Friedrich, v., Kanzler des Herzogtums Sachsen-Weimar zur Goethe-Zeit, Dichter, * 1779, † 1849, seit 1809 Mitglied, dann Zugeteilter Meister der Weimarer Loge „Amalia". Goethe wirkte bei der Aufnahme des Freundes mit. M. hielt diesem in der Loge die Gedächtnisrede. Von ihm auch zwei Goetheschriften.

2. Wilhelm, deutscher Dichter und Philolog, „Griechenmüller", * 1794, † 1827, ein Nachzügler der Romantik. Berühmt die dem Freiheitskampf der Hellenen gewidmeten Griechenlieder. Von seiner Lyrik am bekanntesten die von Schubert vertonten Lieder „Die schöne Müllerin" und „Die Winterreise". An den Befreiungskriegen nahm M. als Freiwilliger teil. Er wurde 1820 in der Leipziger Loge „Minerva zu den drei Palmen" aufgenommen.

3. Hans, österreichischer Schriftsteller, * 1882, erfolgreicher Bühnenautor („Könige", „Flamme", „Der Schöpfer", „Die blaue Küste",

„Der Vampyr", „Tokayer" u. a.), Prosaschriften („Buch der Abenteuer", „Die Kunst, sich zu freuen" u. a.), seit 1928 Autor von Filmen, die über die ganze Welt gingen, ist Mitglied der Wiener Loge „Zukunft".

Multa paucis „The complete Free Mason, or Multa paucis for lovers of secrets", London gegen 1764, 176 Seiten mit einem Titelkupfer, von Wolfstieg (3882) als äußerst selten bezeichnet, anonym erschienenes Werk, das von Preston und anderen viel benützt wurde. Das Buch gibt die Geschichte der Großloge bis zu seinem Erscheinungsjahr und ist bemerkenswert durch die Sicherheit. mit der Christopher Wren (s. d.) als Großmeister bezeichnet wird. Außerdem behauptet der Verfasser, daß bei der Gründung der Londoner Großloge nicht vier sondern sechs Logen beteiligt gewesen seien. Großmeister Lord Byron (1747—1752) soll nach der Schrift seine Pflichten vernachlässigt und so zur Entstehung des englischen Schismas beigetragen haben, was sonst nirgends behauptet wird.

München. Eine irreguläre Loge, die sich in der Gastwirtschaft „Zur Sonne" des Wirtes Pögner versammelte und von Weishaupt als die Pögnerische Loge bezeichnet wird, dürfte der Ausgangspunkt der Münchner Maurerei gewesen sein. Sie erhielt 1777 von der Mutterloge „Die Wachsende zu den drei Schlüsseln" (Regensburg) ein Patent, wobei Anton Graf v. Thörring zu Seefeld als Meister vom Stuhl genannt wird. 1773 waren aus dieser irregulären Loge mehrere Brr., darunter der spätere Kultusminister Graf Morawitzky, ausgetreten und hatten 1775 eine eigene Loge gegründet, die als regulär bezeichnet wird, obzwar der Ort ihrer Patentierung unbekannt geblieben ist. Die von Regensburg aus patentierte, sogenannte Pögnerische Loge führte nach ihrer Regularisierung den Namen „Maximilianische Einigkeit zur goldenen Sonne" in München. Die Morawitzky-Loge gehörte der Strikten Observanz an und hieß Loge „Zur Behutsamkeit", in ihr wurde Adam Weishaupt 1777 aufgenommen.

Eine weitere Abspaltung aus der Pögnerischen Loge unter dem Kurfürstlichen Kammerdiener Kaspar Radl führte zur Gründung der Winkelloge „Zum guten Rat", die sich besonders Weishaupt für seine Zwecke dienstbar zu machen suchte. Als nach Übersiedlung des kurfürstlichen Hofes nach M. die Brr. Marquis v. Costanzo und Falgera in diese Winkelloge Eingang gefunden hatten, vermittelten sie die Patentierung der L. durch die Loge „Royal York" in Berlin, die 1779 unter dem Namen „St. Théodore du bon conseil" erteilt wurde. Diese Loge erhielt von Roval York 1781 Direktorialrecht für Bayern, Italien und die Schweiz, d. h. das Recht, neue Logen zu gründen. Solche entstanden in Burghausen, Griesbach, Freising und Eichstädt. Mit der Zeit wurde die Loge „Theodor zum guten Rat" der Brennpunkt des bayrischen Illuminatentums. Auch eine französische Loge wird erwähnt, die sich um die Einführung der französischen Hochgrade bemühte. Die Loge Theodor besaß in M. ein eigenes Haus mit einem Naturalienkabinett und einem botanischen Garten. 1783 trug sich die Loge mit der Absicht, dem Eklektischen Bunde beizutreten. Der Buchhändler Strobl, dem die Aufnahme in den Illuminatenorden verweigert worden war, denunzierte durch Druckschriften Illuminaten und Freimaurer in der Öffentlichkeit. Das Edikt des Kurfürsten vom 22. Juli 1784, im folgenden Jahr wiederholt, machte dem Logenleben ein Ende. Auch der Kurfürst (dann König) Maximilian I. Josef verbot alle geheimen Gesellschaften, erst 1799, dann 1804.

Erst 1871 lebte die freimaurerische Tätigkeit in der bayrischen Landeshauptstadt wieder auf. Es bildete sich 1871 ein dem Eklektischen Bunde angehöriges Kränzchen „Zur Kette", das 1873 zur Großloge „Zur Sonne" in Bayreuth übertrat. Erst 1896 folgte eine zweite Loge „In Treue fest", unter der Großen Landesloge von Deutschland. 1897 wurde von der Settegast-Großloge „Kaiser Friedrich zur Bundestreue" eine Loge gegründet, die 1902 zur Frankfurter Großloge unter dem Namen „Zum aufgehenden Lichte an der Isar" übertrat. Alle anderen, heute in M. arbeitenden Logen sind späteren Datums: „Constantia vom Fels zum Meer" (Hamburg 1912), „Mozart" (Sachsen 1914), „Sturmfried" (Landesloge 1915), „Empor" („Drei Weltkugeln" 1920), „Freundschaft im Hochland" (Preußen 1921), ‚Deutsche Wacht im Süden" („Drei Weltkugeln" 1924).

Nach dem Waffenstillstand des Jahres 1918 versuchte der Großmeister der Großloge „Zur Sonne" in Bayreuth, der in M. wohnhafte Dr. August Paret, durch einen Funkspruch die Freimaurer der Welt auf die Notlage unter der deutschen Bevölkerung aufmerksam zu machen. Dieser Aufruf an das Weltgewissen verlief jedoch erfolglos. M. war in den folgenden Jahren ein Brennpunkt der starken nationalen Strömung unter den Freimaurern, besonders innerhalb der Großloge von Preußen, genannt „Zur Freundschaft". Die Bewegung, die die Rückkehr dieser Großloge zum christlich-nationalen Prinzip zur Folge hatte, ging von M. aus. Der Geheime Kommerzienrat Eugen Zentz spielte bei diesen Strömungen eine führende Rolle. Bemerkenswert ist, daß zu dieser Zeit auf Einladung auch Ludendorff eine Münchner Loge gelegentlich einer vaterländischen Feier besucht hat.

Mundia, französische pazifistische Vereinigung von Freimaurern „Groupement fraternel des pacifistes intégraux dit Mundia". Unter „pacifiste intégral" wird jeder Pazifist verstanden. der sich jeder Art von Krieg widersetzt. Sekretär: André Pasteur, 7, rue Fondary, Paris (15e).

Mündliche Überlieferung (engl. oral instruction) der Riten ist eine. vielen Geheimbünden eigentümliche Art des Weitergebens der Traditionen des Bundes. So berichtet schon G. Julius Caesar („Bellum Gallicum", VI., 14) von den Druiden, die ihre Weistümer nur mündlich überlieferten, um sie geheimzuhalten und um das Gedächtnis ihrer Jünger zu schulen. In der angelsächsischen

Maurerei wird das Ritual offiziell nur mündlich überliefert; die richtige Weitergabe und Erlernung stellt ziemlich hohe Ansprüche an den Meister vom Stuhl und seine Aufseher (s. Unterrichtslogen). Daher haben sich, allen Verboten der Großlogen zum Trotz, neben Privatdrucken von Ritualen in Amerika sogenannte Cipher books eingebürgert, Eselsbrücken für das Gedächtnis, in denen mit einer nur dem Freimaurer verständlichen, abgekürzten und durch Chiffren ersetzten Schrift der Ablauf der Ritualhandlungen wiedergegeben ist. In den europäischen kontinentalen Großlogen wird dagegen das Ritual gedruckt, wodurch sich die M. Ü. erübrigt (s. Chiffrebücher).

Münter, Friedrich Christian Karl Heinrich, protestantischer Theologe und Archäologe, * 1761, † 1830, Professor in Kopenhagen, dann Bischof von Seeland, schrieb grundlegende Untersuchungen über den Tempelherrenorden, sowie das „Handbuch der alten christlichen Dogmengeschichte". Er wurde 1784 Freimaurer und war Mitglied der Kopenhagener Loge „Fredrich zur gekrönten Hoffnung".

Münzen, Freimaurerische, s. Denkmünzen.

Murad Muhammed, Chan V., Großsultan des ottomanischen Reiches aus dem Hause Osman, * 1840, † 1907, Stiefbruder des Sultans Abdul Hamid, bestieg den Thron 1876, wurde kurz nachher abgesetzt, war als Thronfolger Würdenträger des 1861 gegründeten Obersten Rates der Türkei.

Murat.

1. Joachim, König von Neapel, * 1771, Adjutant Bonapartes, seit 1800 mit dessen Schwester Karoline verheiratet, Führer der kaiserlichen Kavallerie, Marschall von Frankreich und Großadmiral, 1806 Großherzog von Berg, seit 1808 als Joachim der I. Napoleon, König von Neapel, nach dem Zusammenbruche des Napoleonischen Reiches 1815 von den Österreichern bei einem Einfall in Kalabrien gefangengenommen und kriegsgerichtlich erschossen. Wann und wo er Freimaurer wurde, ist unbekannt. Er war 1803 Großaufseher des Großorients von Frankreich, 1805 Großkanzler des Großorients von Italien und als König Großmeister der Großloge von Neapel.

2. Lucien Napoléon Charles, sein Sohn, * 1803, † 1878, wurde 1852 als Großmeister des Großorients von Frankreich eingesetzt. Er bemühte sich, die verfahrenen Verhältnisse innerhalb seiner Obedienz in Ordnung zu bringen und führte die neue Verfassung durch. Unter seiner Leitung wurde das Haus des Großorients in der Rue Cadet erworben, wobei er selbst bedeutende Geldmittel lieh. 1861 erregte er das Mißfallen seiner Brüderschaft, weil er sich im Senat für die Erhaltung der weltlichen Macht des Papstes einsetzte. Diese politische Stellungnahme führte dazu, daß man ihm seinen Vetter, den Prinzen Jérôme Napoleon, als Gegenkandidaten bei der neuen Großmeisterwahl gegenüberstellte. Dem Konflikt machte Kaiser Napoleon III. ein Ende, indem er eigenmächtig den Marschall Magnan (s. d.) zum Großmeister ernannte. 1855 wurde auf Einladung von M. in Paris ein Maurerkongreß abgehalten, an dem sich allerdings nur wenige Großlogen beteiligten. 1856 errichtete er im Grand Orient ein sogenanntes „Institut Dogmatic", um das Gebrauchtum zu überwachen und die bestehenden Riten zu vereinheitlichen. In den letzten Jahren seines Lebens stand er zum Grand Orient in einem gewissen Gegensatz, der besonders in der Rückforderung seiner namhaften Einlagen beim Erwerb des Hauses zum Ausdruck kam.

Muratori, Lodovico Antonio, italienischer Gelehrter, Geistlicher und Dichter, * 1672, † 1750, umfassender Geist, schriftstellerisch auf dem Gebiete der Philosophie, Theologie, Rechtswissenschaft, Archäologie und Geschichte tätig, Entdecker des nach ihm benannten Muratorischen Kanons, Konservator der Mailänder „Ambrosiana", wurde, obwohl kein Freimaurer, wegen seines Namens, der „Maurer" bedeutet, als angeblicher „Stifter der Freimaurerei" verfolgt, jedoch von Papst Benedikt XIV. in Schutz genommen.

Muratori liberi, I., italienische Freimaurerkomödie von Crens, erschien 1785.

Murawiew-Apostol, Sergej, russischer Oberst, * 1796, † 1826, Dekabrist, Führer der „Wohlfahrts-Gesellschaft" und der „Südlichen Vereinigung", Verfasser des „Rechtgläubigen Katechismus", wurde mit vier anderen Teilnehmern am Dezemberaufstand von 1825 gehenkt. Er war Freimaurer (s. Dekabristen) und wurde in der Petersburger Loge „Les amis réunis" aufgenommen.

Murray-Aynsley, Harriet G. M., Gattin des Reverend J. C. M.-A., † 1898, lebte lange Jahre in Indien und unternahm mit ihrem Manne Reisen ins Innere, in Gegenden, in die noch niemals eine Europäerin gekommen war. Sie interessierte sich besonders für die Geschichte der Freimaurerei, die sie vom Mithraskulte ableiten zu können glaubte, war eine der ersten Abonnentinnen der „Transactions" der Quatuor Coronati Lodge und schrieb mehrere Aufsätze für den „Freemason". In dem Nachrufe der Quatuor Coronati Lodge heißt es: „Sie wäre eine Leuchte unter den freimaurerischen Forschern geworden, wenn sie nicht ihr Geschlecht daran gehindert hätte, jene Kenntnisse zu erlangen, die für die Aufstellung richtiger Theorien unumgänglich sind."

Musaeus, Johann Carl August, deutscher Schriftsteller, * 1735, † 1787, Theologe und Professor am Gymnasium in Weimar. Von seinen Schriften am bekanntesten: „Volksmärchen der Deutschen". Er wurde 1776 in die Loge „Amalia" in Weimar aufgenommen. In seinen Werken ein Totentanz „Freund Heins Erscheinungen in Holbeins Manier", mit 24 Vignetten von Schellenberg, darunter ein Abschnitt: „Der Tod als Freimaurer"; die begleitende Vignette ist von besonderem historischen Wert, da sie Einblick in die Einrichtung einer alten Freimaurerloge gibt, die um einen Hufeisentisch versammelt sitzt, während auf dem Fußboden in Kreidezeichnung der Tapis zu sehen ist.

Museen, Freimaurerische, Die Sammlung freimaurerischer Altertümer in eigenen M. hat sich verhältnismäßig spät durchgesetzt, weil die meisten Logen und Einzelpersonen sich von ihrem freimaurerischen Besitz nur ungern trennen. So sehr private Sammeltätigkeit anzuerkennen ist, so hat sie doch nur einen Sinn, wenn der Sammler bestrebt ist, sie einem größeren Sammelbecken zuzuführen. Leider werden sehr oft freimaurerische Privatsammlungen nach dem Tode des Besitzers wiederum zerrissen. So wurde eine der wertvollsten freimaurerischen Medaillensammlungen bedauerlicherweise versteigert und dadurch die Geschlossenheit einer Kollektion von unschätzbarem Werte wiederum zerrissen. Die meisten deutschen Großlogen (dann auch die Provinzial-Großloge von Niedersachsen in Hamburg) haben ihre eigenen M., ebenso die Großloge von England, der Großosten der Niederlande, die Loge „Zur Einigkeit", Frankfurt a. M., die Loge „Concordia" in Arad, die Brüsseler Loge „Les Vrais Amis de l'Union et du Progrès réunis", mehrere amerikanische Großlogen, darunter jene von New York und Iowa u. a. Besonders groß ist der Besitz des M. des Obersten Rates in Washington.

Im Revolutions-M. in Moskau ist der Freimaurerei Rußlands ein größerer Raum gewidmet. Freimaurerische Musealstücke finden sich auch im Germanischen M. in Nürnberg, im M. der Stadt Wien, im Prager National-M., im Bodleyan-M. in Oxford, im Provinzial-M. in Mitau usw.

Eine mustergültige Sammlung, die von Georg Niehrenheim in Bayreuth begründet und von Dr. Bernhard Beyer verständnisvoll weitergeführt wurde, ist das Freimaurer-M. der Großen Loge „Zur Sonne" in Bayreuth, das auch eine eigene Zeitschrift „Das Freimaurer-M." herausgibt. Eine jüngere Gründung ist das Freimaurer-M. der Loge „Verschwiegenheit" in Preßburg, begründet von Armin Brüll. Die Sammlungen umfassen neben freimaurerischen Abzeichen, Medaillen, Bekleidungen, Teppichen, alten Manuskripten und Gegenständen der Gebrauchsgraphik alle auf Freimaurerei bezüglichen Gegenstände und Druckwerke, darunter besonders aus dem 18. Jahrhundert viele Werke von hohem Kunstwert.

Musik, Freimaurerische. Die ersten Freimaurer-Gesänge sind Tafellieder, die, dem Brauche der Logen entsprechend, bei der Arbeit in der Wirtstube im Chor gesungen wurden. Sie stützen sich musikalisch auf bekannte Lieder. So ist das älteste englische Freimaurerlied mit dem Texte des „Entered Apprentice's song", das von Birkhead stammt, auf eine alte Melodie gesetzt, die schon 1720 gedruckt erschien. Zu der Serie dieser alten Lieder gehört weiters der Lehrlingsgesang und die heute noch gesungene Hymne „Hail masonry divine", die nach der Melodie „God save the king" gesungen wurde. Diese heute als englische und später preußische Hymne gesungene Komposition stammt von dem Engländer Carey und erscheint zum erstenmal auf dem Kontinente in einem Freimaurer-Liederbuche. Im allgemeinen kann gesagt werden, daß, wie der Prager M.-Historiker Paul Nettl nachgewiesen hat, die ältesten Freimaurerlieder sich als unterlegte Texte zu viel gesungenen Volksliedern oder Gassenhauern erweisen. Die Zahl der Lieder nahm derartig zu, daß bereits 1730 Sammlungen erscheinen konnten. Ebenso 1735 und 1737 französische, später auch holländische. Das erste deutsche Freimaurer-Liederbuch stammt von Ludwig Friedrich Lenz und ist 1746 erschienen. Als Komponisten verschiedener Freimaurer-Lieder sind zu nennen: Johann Adolf Scheibe (1749), der Musiker Görner, der 1749 eine Sammlung von Liedern herausgab, und schließlich Johann Gottlieb Naumann, dessen Kompositionen (40 Freimaurerlieder, 1782) deswegen von Wert sind, weil sie bei Mozart, wenn auch entfernt, anklingen. Naumann schrieb auch 1781 eine Oper „Osiris", die von Nettl als Vorläufer der „Zauberflöte" — nicht nur textlich — bezeichnet wird.

Den kostbarsten Schatz freimaurerischer M. lieferte Wolfgang Amadeus Mozart, der neben der „Zauberflöte" für seine Loge eine Reihe von Einzelgesängen und Kantaten (s. Mozart) komponierte. Nachdem die M. zu einem Bestandteil des freimaurerischen Rituals geschaffen war, ist die Zahl der M.-Stücke, wie die Bibliographie von Wolfstieg zeigt, ins Unendliche angeschwollen. Zahllos sind die Lieder- und Gesangbücher sowie die Instrumentalkompositionen. In den deutschen Ritualen wird M. zur Einleitung und zum Schlusse in den Pausen der Ritualhandlungen sowie zu deren Begleitung eingeschaltet. Der Chorgesang wird in deutschen Logen besonders gepflegt als „Gemeindegesang", während amerikanische Logen eigene Chorvereinigungen aufstellen. Auch in französischen Logen beginnt man der M. wieder eine größere Rolle in der Weihehandlung einzuräumen, wofür ein Preisausschreiben der Pariser Loge „La Rose des Septante" einen Beweis ablegt. Die am meisten verwendeten Instrumente sind Orgel und Harmonium. Viele Logen besitzen Streichquartette. Besonderer Berühmtheit erfreut sich das Dresdner Bläserquartett. In allerjüngster Zeit ist in Holland und Frankreich der Versuch unternommen worden, die mitunter auch unzulänglichen Darbietungen durch gute Schallplatten zu ersetzen, ein Vorgang, der nicht unwidersprochen geblieben ist.

Musikalische Brüder heißen jene Künstler, die sich zur Verschönerung der Arbeit der Logen mit ihrer Kunst zur Verfügung stellen. Sie unterstehen in einzelnen Logen einem eigenen Musikmeister, der manchmal zum Beamtenkörper der Loge gehört. Sie erhalten in Einzelfällen eine Ehrengabe für ihre Leistungen und werden bei den Brudermahlen gewöhnlich durch einen Trinkspruch auf ihre Kunst gefeiert. Die erste Mitteilung über Aufnahme eines musikalischen Br. findet sich in den Protokollen der „Witham Lodge", Lincoln, schon am 2. Jänner 1732: „Br. Every empfiehlt Mr. Stephan Harrison aus London, Musikmeister, als geeignetes Mitglied und erklärt sich bereit, eine Guinee zu den Aufnahmskosten beizutragen. Sir Christ. Hales und Sir Cecil Wray bieten je eine halbe Guinee. In Hinblick darauf, daß Mr. Harrison der Loge von Nutzen sein und zur Unterhaltung beitragen werde, beschließt die Loge, die Aufnahme für 3 Pfund, 13 Shilling, 6 Pence vorzunehmen."

Musiker, s. Einleitender Teil.

Mussi, Giuseppe, italienischer Politiker, * 1836, † 1904, Abgeordneter, Senator, Vizepräsident der Kammer, Bürgermeister von Mailand, war Deputierter Großmeister des Großostens von Italien.

Mussolini, Benito, „Il Duce", Haupt der italienischen faschistischen Regierung, * 1883, schon als Sozialist Gegner der Freimaurerei, setzte seine heftige Abneigung nach dem Sieg des Faschismus (s. d.) durch Ausrottung des Freimaurertums in die Tat um. An den Debatten, die dem Inkrafttreten des Anti-Freimaurergesetzes von 1925 zuvorgingen, nahm er persönlich hervorragenden Anteil. In der Kammer erklärte er: „Den Freunden alles Gute, den Feinden alles Schlimme. Darum werde ich auch die Freimaurerei bis aufs äußerste bekämpfen!". Im ‚Popolo d'Italia': „Weil Palazzo Giustiniani eine italienische Organisation darstellt, die finsteren internationalen Mächten unterworfen ist, muß die Freimaurerei bis zur totalen Vernichtung bekriegt werden." Auch seither sprach M. sich in zahlreichen Reden immer wieder aufs schärfste gegen die Freimaurerei aus. Er behauptet allerdings, bei seinem Kampf nur die italienischen Freimaurer im Auge zu haben, und gab ausdrücklich die Erlaubnis, daß Italiener in London Mitglieder englischer Logen werden können.

Muth, Placidus, Prälat und Abt des Petersklosters in Erfurt, war von 1806—1814 Mitglied der Loge „Carl zu den drei Rädern" und bekleidete das Amt des vorbereitenden Br. Die 1783 gestiftete Bauhütte war nach vorübergehender Schließung 1803 in seiner Klosterwohnung wieder eröffnet worden (Taute).

Mutterloge.

1. Im 18. Jahrhundert bezeichnete man eine Johannisloge, die entweder auf Grund eines Patents (einer „Konstitution") oder manchmal auch aus eigenem, mehr oder minder angemaßtem Recht die Befugnis ausübte, Tochterlogen zu errichten, als M. Der Name hat sich noch in den Bezeichnungen „Große National-Mutterloge in den preußischen Staaten, genannt zu den drei Weltkugeln" und „Große Mutterloge des Eklektischen Freimaurerbundes" erhalten. Ebenso wird im A. u. A. Schottischen Ritus der Oberste Rat von Charleston als Mother Council bezeichnet, weil sich der Ritus von dort aus verbreitete. (Beachte auch: „Mother Kilwinning".)

2. Als M. wird auch allgemein die Loge bezeichnet, in welcher ein Br. zuerst aufgenommen wurde.

Mysten, vom griechischen Worte müo, ich schließe (die Lippen, Augen), auch in der Bedeutung die Lippen zusammenpressen, daher lateinisch mutus, der Stumme, dem die Lippen verschlossen sind. Ebendaher myopos, der Kurzsichtige, der die Lider zusammenschließt, um besser zu sehen.

Myste als Bezeichnung in Mysterienbünden ebenso sehr der Mensch mit verschlossenen Augen, der noch nicht sieht, wie der sehend Gewordene, der sein Geheimnis in sich verschließt. Der Myste wird in griechischen Mysterienbünden zum Akusten, der nur durch das Gehör aufnehmen kann, und erreicht den höchsten Grad des Epopten, des Sehenden.

Mysterien (griech.), wörtl. Geheimnisse, bei den alten Völkern Geheimkulte mit stufenweiser Einweihung. Unter ihrem Schleier wurden die höchsten und heiligsten Wissenschaften und Lehren eingeführt und verbreitet. Sie bestanden nach den Anschauungen der damaligen Zeit in der Kenntnis aller sichtbaren und unsichtbaren Kräfte des Universums und deren geheimen oder offenbaren Wirkungen; sie enthielten die Erklärung der Natur, die Erkenntnis des Verhältnisses aller Dinge, sie erstreckten sich sowohl über das geistige als über das sinnliche Gebiet. Ihre Lehren gliederten sich in einen physischen (Lehre von der Natur alles dessen, was in der Welt ist, von seinen Ursachen und Wirkungen usw.), mathematischen (Bewegung und Lauf der Gestirne und Einfluß der oberen auf die untere Welt) und einen theologischen Teil (Gottheit und Seele, gute und böse Geister, heilige Kulte, Glauben und Wunder, Kraft gewisser Worte, Zahlen und Figuren und geheime Wirkungen überhaupt). Wer dieser im Besitz der Priester (Mystagogen) befindlichen Lehren teilhaftig werden wollte, mußte eingeweiht werden, sich schweren Prüfungen (Reisen, Wanderungen) unterziehen, die ihn im Falle des Bestehens stufenweise vorwärtsbrachten und schließlich zur Vereinigung mit der Gottheit (Unio mystica) führten. Dabei spielte der Gedanke von Tod und (geistiger, seelischer) Wiedergeburt (s. d.) eine ausschlaggebende Rolle. Die alten Mysterienbünde bildeten in ihrer Mitte eine esoterische Gemeinde, in der nicht die Volksgottheit, sondern der alleinige, wahre, allmächtige, allgegenwärtige Gott angebetet, wahre Religion und Religiosität gefördert wurde.

Charakteristisch für das Wesen dieser kultischen Geheimbünde ist das Geheimnisvolle in den rituellen Gebräuchen, woraus eine besondere Gemütsstimmung erfließt. Opfer, Prozessionen, Gesänge usw. sind wie in den übrigen Gottesdiensten, so auch die Gebräuche in den Mysterien, haben aber hier stets den Charakter des besonders Geheimnisvollen. Bedeutsam für die Geheimkulte ist der Gebrauch des Symbols, welches auf sinnlich-anschauliche Weise das Göttliche gegenwärtig macht und in der Fortentwicklung der Kultur vergeistigt wird.

Symbolgebrauch und Gemeinschaftsbildung sind die Grundlagen der religiösen Genossenschaften, von denen die Mysterienbünde eine besondere Art darstellen. „Alle Symbole haben etwas Geheimnisvolles, und alle Symbolbünde haben sich im Besitze von Geheimnissen gefühlt, die sie nach außen durch Verhüllung und Verhehlung zu schützen suchten." Die Blütezeit der Symbolbünde ist das ausgehende Altertum, als eine zweite Blütezeit kommt das 17. und 18. Jahrhundert in Betracht. „Die Symbolbünde sind meist des Glaubens, daß sie von jeher bestanden und ihr ‚Geheimnis' durch Tradition aus den urältesten Zeiten, schließlich von Gott selber empfangen hätten. Besonders hat im Freimaurerbunde der Gedanke einer lückenlosen Überlieferung der Bundesgeheimnisse vom Ursprung der Menschheit durch alle Zeiten bis zur Gegenwart hie und da Ausdruck gefunden." Historisch gesehen wissen wir soviel, daß eine ideelle, formale Linie der Geheimbünde von den Kultverbänden der Babylonier, Ägypter, Inder, Perser, Griechen, Römer zu den Gemeinden der hellenistischen und frühchristlichen Zeit geht, weiter zu den christlichen Bünden des Mittelalters (Ritter- und Mönchsorden, Werkbruderschaften) und endlich zu den Symbolgenossenschaften der neueren Zeit, zu den Rosenkreuzern (s. d.) und Freimaurern, daß aber von einer stammbaumartigen Verflechtung der Freimaurerei mit den alten Kultverbänden nicht die Rede sein kann. „Der Freimaurerbund ist der einzige echte Mysterienbund, der in der Gegenwart noch lebendig ist. In ihm allein kann man durch die Erfahrung und das unmittelbare Erlebnis lernen, was sich sonst nur aus Büchern mühsam gewinnen läßt." Das Wort Mysterien = Geheimnisse deutet auf den wesentlichen Grundcharakter der Symbolbünde hin. Der religiöse Beruf, der dem Priester seit je eine hervorragende Stellung verliehen hat, ist mit der Tatsache verknüpft, daß das Geheimnisvolle, ungeheure Macht Ausübende der priesterlichen Funktion geschützt und nur bestimmten Menschen mitgeteilt werden dürfe. Das kultliche Geheimnis schuf also eine enge Verbindung zwischen auserwählten Menschen. Im Zusammenhang damit ist es nun verständlich, daß sich „geheime Verbindungen nicht an die bekannten, durch den öffentlichen Priesterkult verehrten Götter und Geister wenden, sondern an neue und besondere Mächte". Der echte Mysterienbund schließt sich gegen Unberufene ab und übt einen Kult aus, der nur seinen Mitgliedern zur Kenntnis kommt. In den Mysterienbünden war die Hauptsache immer das Religiöse, das im Symbol, im Ritus, seinen Ausdruck fand. Die Lehren der Symbolbünde gaben sich verschieden nach Zeit und Ort; sie wechseln und passen sich den jeweiligen Zeitformen an. Die Symbole aber bleiben; demgemäß waren „die Mysterienbünde zu allen Zeiten weniger Denkerklubs als Heilsgemeinden; ihre Mitglieder suchten weniger Belehrung und Unterricht als Leben, Schönheit, Frieden, Göttlichkeit". „Es tritt bei jedem höherstehenden Volke ein Augenblick ein, wo der Glaube an die mythologische Welterklärung ins Wanken gerät. Die Gebildeten lösen sich, teils durch wissenschaftliche Betrachtungen, teils durch Vergleiche mit anderen Völkern angeregt, von der Volksüberlieferung los; sie werden ungläubig, wie man es nennt. Diese Entwicklung, die unabwendbar und unaufhaltsam ist, hat am meisten zur Entstehung jener Meinung, daß die symbolische Erfassung der Wahrheit immer mehr der begrifflichen Erfassung weichen müsse, beigetragen; denn wirklich wird durch die Verbreitung des ‚Unglaubens' das Gebiet des Mythos und damit auch das Gebiet des religiösen und sittlichen Symbols verkleinert. Aber auf der anderen Seite erhält durch diese Entwicklung das Symbolschaffen eine größere künstlerische Freiheit; und weil man durch die bessere Welterkenntnis zu einer einheitlicheren und geschlosseneren Auffassung von Gott und Welt gelangt, wird nun auch die Symbolik wuchtiger und großartiger gestaltet. Was sie in bezug auf Phantasiereichtum einbüßt, gewinnt sie durch sittliche Vertiefung". (Vergl. August Horneffer, „Symbolik der Mysterienbünde".) — Diese sittliche Vertiefung ist es eben, welche die Gegenwartsmaurerei ihrer Abkunft gemäß und getragen von „der besseren Welterkenntnis" unsrer höchstentwickelten Kultur erstrebt. Zu dieser ihrer Tätigkeit bedarf sie gleichermaßen des Festhaltens an der Tradition der Symbolik wie auch des Ausbaues ihrer praktischen Lehren und Arbeiten, die sie den Bedürfnissen und Notwendigkeiten der Gegenwart anpaßt. So sieht sich der Freimaurer vor die umfassende Aufgabe gestellt, in dem Gebrauchtum, dem er sich gläubig hingibt, den innigen Zusammenhang des Bundes mit den Mysterien festzuhalten und jene sittlich-geistige Tätigkeit zu entfalten, welche dem Zeitgeiste entspricht. Symbol-Tradition und humanitäre Gegenwartsarbeit müssen sich in ihm zu einer einheitlichen, geschlossenen Weltbetrachtung und Lebensgestaltung vereinigen.

Mysterien, Ägyptische.

1. Osiris-M. Der gute Gott Osiris (s. d.), König von Unter- und Oberägypten, nach Plutarch das Kind des Erdgottes Keb und der Himmelskönigin Nut, nahm die kluge und zauberkundige Isis, seine Schwester, zum Weib. Diese, die die Ägypter Getreide- und Weinbau lehrte, hatte einen Bruder namens Seth (Typhon), der sich gegen Osiris verschwor, ihn tötete und den Leichnam in einem Kasten im Nil versenkte. Isis suchte die Leiche, fand sie nach schweren Kämpfen, Abenteuern und Wundern und erweckte mit der Kraft ihrer starken Liebe den Gemahl, trotzdem Seth den Leichnam zerstückelt hatte. Osiris wurde nun Gott der Unterwelt. Dieser Legende, vom Tod des Osiris und seinem Wiedererwachen, folgte wohl das Ritual der Osiris-M., über die im übrigen fast nichts wirklich Positives bekanntgeworden ist. Neuere Ausgrabungen haben ein „Osireion" aus der 19. Dynastie bloßgelegt (1300 v. Chr.), das tief unter dem Erdboden liegt und reich mit Darstellungen und Inschriften aus dem Totenbuch geschmückt ist. Durch einen kreisförmigen Graben wird eine Plattform gebildet; wenn mit dem steigenden Nil das „neue Wasser" kam, stieg es natürlich auch im Graben, und so wurde die Plattform zu einer Insel, die dann beim Osiriskult eine große Rolle spielte. Eine Stelle im Louvre, die Hermann Kees der 11. Dynastie zurechnet (der Zeit nach dem Zerfall des alten Reiches, kurz bevor Amenemhet I. um 2000 v. Chr wieder ganz Ägypten beherrscht), wird als „Osirismysterien" bezeichnet. Sie stellt nach Ansicht der namhaften Ägyptologen Tod, Wiederbelebung und Begrüßung des Wiedererwachten durch die Götter dar. Moret namentlich sieht in diesem schwer zu enträt-

selnden Bild die Wiedergabe einer osirischen Geheimfeier, bei der man den Einzuweihenden die Gewißheit der Unsterblichkeit, den Tod als „Wiege des Lebens", erleben ließ.

2. Isis-M. Zur Zeit des römischen Imperiums breiteten sich als letztes Kultgeschenk Ägyptens an die alte Welt die Isis-M. aus, in deren Mittelpunkt die mütterliche Isis stand, neben der Osiris einigermaßen in den Hintergrund trat. (Der letzte Isistempel auf der Nilinsel Philae wurde 560 n. Chr. auf Befehl Justinians geschlossen.) Die M. trugen ekstatischen Charakter. Als wichtigste Quelle für die Isis-M. im Römerreich ist der Roman „Methamorphosen" („Der goldene Esel") des Apulejus zu betrachten, dessen Held Lucius sich dem Isisdienst weiht, „in die Geheimnisse der heiligen Nacht eingeweiht" wird. Es handelt sich sicherlich um Selbsterlebtes, wenn der römische Rechtsanwalt, der im Traum den Befehl der Göttin erhielt, seine Einweihung nach zehntägigem linden Fasten folgendermaßen andeutet: „Ich ging bis zur Grenze des Todes; ich betrat Proserpinens Schwelle, und nachdem ich durch alle Elemente gelangt war, kehrte ich wiederum zurück; um Mitternacht sah ich die Sonne mit hellweißen Lichtstrahlen; vor die unteren und oberen Götter trat ich hin, von Angesicht zu Angesicht, und betete sie aus nächster Nähe an." Auch in diesen Mysterien handelte es sich also um Tod und Wiedergeburt, um das Sterben, wie Plutarch es umschrieben hat: „Im Sterben widerfährt der Seele dasselbe wie denen, welche in die großen Weihen eingeführt werden, weshalb auch das Wort von der Tatsache des Sterbens (teleustan) dem Wort des Eingeweihtwerdens (teleistai) entspricht." (Vergl. Karl Aram, „Magie und Zauberei in der alten Welt".)

Mysterien der Orphiker hatten keinen bestimmten heiligen Kultort, sie entwickelten sich hauptsächlich in Attica und Unteritalien. Sie führten auf den mythischen thrakischen Sänger Orpheus zurück. Die orphischen Prediger zogen von Stadt zu Stadt und ließen in „Heiligen Häusern" ihre Dromena (Heiligen Spiele) aufführen. Im Mittelpunkt des Mythus stand Dionysos, der Sohn Zeus und der Persephone, als Unterweltsgott auch Zagreus genannt, im Kampf mit den Titanen. Dionys-Zagreus nimmt vielerlei Gestalten an, um ihnen zu entrinnen, aber als Stier packen ihn die Titanen, reißen ihn in Stücke und verzehren sie. Athene rettete das Herz des Getöteten und bringt es zu Zeus, der es verschlingt. Daraus entsteht der „neue Dionysos", der Sohn von Zeus und Semele, in dem Zagreus wieder auflebt. Die Titanen verbrennt Zeus zur Strafe mit dem Blitz zu Asche, daraus bildet er die Menschen. Da nun die Titanen Dionys-Zagreus verschlungen haben, so hat der Mensch, als Gebilde aus ihrer Asche, dionysische und titanische Elemente an sich. Von letzteren sich zu befreien, ist seine Aufgabe. Titanisch ist der Leib, dionysisch die Seele. Diese von den Banden des Leibes, in den sie wie in einem Kerker eingeschlossen ist, freizumachen, war die Aufgabe der orphischen Mysterien. Die orphische Lehre kannte auch den Glauben an die Seelenwanderung (Führer der Seele zur Unterwelt war Hermes). „Nur wer Orphiker war, konnte dem Kreislauf der neuen Verkörperungen schließlich entrinnen, aus dem Kreis scheiden und aufatmen vom Elend und dann zur Insel der Seligen eingehen." Die kultischen Reinigungsvorschriften, aus denen ein Reinheitsgebot wurde, waren sehr kompliziert und neigten zur Askese. In den Mysterien prägte sich das Erlebnis der Ekstasis aus, des in ihr erfahrenen „Schauens" (Epoptie). (Vergl. Kurt Aram „Magie und Zauberei in der alten Welt".)

Mysterien des Mithras (s. Mithraskult).

Mysterien, Eleusinische, der bedeutendste der griechischen Geheimkulte der klassischen Zeit, die dem Eingeweihten Licht und Erkenntnis vermitteln sollten. Ihre Entstehung liegt im Dunkel. Eumolpos, Sohn des Poseidon, ein in Ägypten Geweihter, galt als Stifter, als Ahnherr des eleusinischen hohepriesterlichen Geschlechts der Eumolpiden, das immer den Hierophanten, den Hohepriester, stellte. Die E. M. waren während mehr als 1000 Jahren der Kultus der beiden eleusinischen Göttinnen Demeter und Persephone. Während der Dauer der Mysterien hielten kriegführende Heere Waffenruhe. Dem Dienst der „beiden Göttinnen" wurde heiligende Kraft zugeschrieben. „Der Einzuweihende kam in Berührung mit dem Überirdischen; der Schleier, der die unsichtbare Welt von der grobstofflichen Welt trennt, wurde vor ihm gelüftet, er sah das große Licht von Eleusis". Ihm allein wurde nach Sophokles „Sterben neues Leben". Darüber, wie die Mysterien sich abspielten, ist man im Detail nicht genau unterrichtet; das Geheimnis wurde nie preisgegeben. Infolgedessen ist man auf Reproduktionsversuche angewiesen. Es gab kleine Mysterien, die sich alljährlich im Blumenmonat Anthesterion (etwa Februar), und große Mysterien, die sich im Boëdromion, d. h. in der zweiten Septemberhälfte abspielten. Die Feiern gingen in dem großartigen Telesterion vor sich. Den Mittelpunkt der Handlungen bildete die Vorführung des „Heiligen Dramas". Dessen Mythe läßt die als Magd verkleidete Demeter, die große Göttin der Weltseele (die Göttin, die das Leben des Kosmos symbolisiert, Mutter Erde), die dem Dionysos, dem göttlichen Geist der alles belebenden Naturkraft, bestimmte, aber von Pluto, dem Beherrscher des Hades (der Schatten der Sinnlichkeit), mit Hilfe des Eros entführte Tochter Persephone (Kore), die Personifikation der menschlichen Seele (zugleich die Gottheit, die deren Geschicke leitet), suchen. In Eleusis, im Hause des Königs Keleos, gastfrei aufgenommen, schenkt Demeter dessen Sohn Triptolemos ein Weizenkorn, lehrt ihn den Ackerbau und weiht ihn in die Bedeutung des Emporkeimens der Saat zum Lichte ein. So wird sie der Überlieferung gemäß zur Stifterin des Geheimkultus zu Eleusis. Weiterziehend, teilt ihr Hekate, die Göttin der Metamorphosen, mit, daß Persephone als Gemahlin des Pluto im Hades weilt; Persephone wird befreit, Pluto will seine Rechte nicht aufgeben, Zeus entscheidet, daß Persephone zwei Drittel des Jahres bei Pluto im Hades weilen soll, bis Finsternis und Sinnlichkeit keine Macht mehr über sie haben. Der Grieche, der der Weihen würdig erachtet wurde und nach Erfüllung der notwendigen Formalitäten als Neophyte zu den kleinen Mysterien im Tempel der Demeter in Agrae zugelassen wurde, ward nach dem Bad im Ilyssos, geleitet vom Mystagogen und dem heiligen Herold, dem „Hierokeryt", in den heiligen Hain geführt, wo er Tanzchöre sah, die vom Leben nach dem Tode handelten. Fasten und Gebete folgten; den großen Göttinnen wurden Ferkel zum Opfer dargebracht, und im heiligen Hain fand dann die Belehrung über die Symbolik der Handlung des zur Darstellung gelangenden ersten Aktes statt. Die Entführung der Persephone war gleichzusetzen mit der eigenen Menschwerdung, dem Fall in die Finsternis des irdischen Lebens. Nur das Leben vor der Geburt und das Leben nach dem Tode, lautet die Lehre, ist wahres Dasein. War dem Neophyten diese Erkenntnis aufgegangen, dann wurde er zum Mysten, dem Verschleierten, dem erst dunkles Ahnen, aber noch nicht das große Licht aufgegangen war. Dieses erhielt er dann bei den große Mysterien, bei denen er Epopte wurde Meditationen, Waschungen bereiteten ihn vor. Dann sah er den zweiten Akt des heiligen Dramas. Er lehrte die göttliche Liebe der Weltenseele, die die Menschenseele sucht, um sie aus dem Stofflichen zu lösen; die Metamorphosen auf der Wanderung durch die verschiedenen Daseinsstufen. Opfer- und Bußübungen leiteten dann zu dem großen Erlebnis über. In feierlichem Zug gingen die Mysten der vieltausendköpfigen heiligen Prozession entgegen, die das bekränzte Kultbild des Iakchos (Dionysos), des Wiedergeborenen, von Athen nach Eleusis brachte, den Mysten das Nahen ihrer eigenen seelischen Wiedergeburt zu künden. Diese zu erlangen, mußten sie eine lange Wanderung durch ein unterirdisches Labyrinth antreten, das erfüllt war von schrecklichen Geräuschen und gräßlichen Gespenstererscheinungen und das alle Schrecknisse des Todes heraufbeschwor. Sie gelangten in eine Krypta, in der sich der Spuk wiederholte. Dann sahen sie im Plutonion den Tod „Des Mädchens", Persephone („Sterben ist Wiedergeburt!"), um dann in dem gewaltigen, in tausend Farben strahlenden Tempel die Gefilde der Seligen zu schauen, die Wanderung der Persephone, also der eigenen Seele vom Himmel zur Erde, von der Erde zum Himmel zu erleben. Sie erblickten Demeter, auf der Cyste sitzend, in der das Allerheiligste, das große Geheimnis, verborgen war. Die neueste Forschung nimmt an, daß die eleusinische „Cysta mystica" eine Nachbildung des Mutterschoßes enthielt (als Gegenstück zu dem Phallos anderer Mysterien), dessen Berührung dem Mysten die Anwartschaft auf ein neues Leben brachte. Die Erreichung der Wiedergeburt war an ein Sakrament geknüpft, an einen magischen Akt, durch den die Gotteskindschaft erreicht und der Myste „Epopte" wurde, d. h. einer, der geschaut hat. (Vergl. Woldemar v. Üxküll, „Die Eleusinischen Mysterien"; Otto Kern „Die griechischen Mysterien der alten Zeit".)

Mysterienform in der Freimaurerei. Die Freimaurerei ist ein Mysterienbund, nach August Horneffer („Symbolik der Mysterienbünde") „der einzig echte, der in der Gegenwart noch lebendig ist". Dazu machen sie: ihr Initiationskult, des Suchenden symbolisches Wandern von Stufe zu Stufe (vergl. „Zauberflöte"), die Verbrüderungsidee, das Sehnen nach dem Licht, der Glaube an den Tod als andere, höhere Form des Lebens, das trostreiche Bekenntnis zur geistigen Auferstehung im Sinne des Goethewortes:

Und solang du das nicht hast,
Dieses Stirb und Werde,
Bist du nur ein trüber Gast
Auf der dunklen Erde.

Was die Freimaurerei vor den Kultverbänden der alten Zeit aber auszeichnet, ist ihr Inhalt: das Humanitätsideal. Sie ist nicht, was manche aus ihr machen möchten: ein Sanktuarium von Gralsrittern. Königliche Kunst ist nicht an sich mystisch, sie besitzt keinen Schlüssel zu den Welträtseln, sie baut mit irdischem Material, mit den lebendigen Menschen. Die Freimaurerei will keineswegs Offenbarung, Erlösung und Unsterblichkeit vermitteln, wie dies einst das Ziel der Mysterienbünde war, nicht magisch und mystisch wirken, sondern rein psychologisch. Sie gibt nicht vor, im Besitze geheimer Wissenschaften zu sein. An Stelle der Offenbarung von Geheimnissen setzt sie die Selbsterkenntnis, an Stelle der mystischen Vergewisserung der Unsterblichkeit die Pflichterfüllung bis zum Tode; dem Erlösungsgedanken gibt sie eine ethisch-humanitäre Deutung. Die Erlösung wird nicht im Übersinnlichen, Jenseitigen gesucht, sondern in der Bejahung des Schicksals, in der Betätigung des freien, seiner Verantwortung bewußten Willens. Sie will ihren Jüngern nicht Unsterblichkeit zuteil werden lassen, bringt bloß eine Hoffnung der Menschheit symbolisch zum Ausdruck. (Vergl. Schenkel: „Die Freimaurerei im Lichte der Religions- und Kirchengeschichte".)

Somit dient die M. — wenn von den mehr äußerlichen Kennzeichen und Ähnlichkeiten mit den verschiedenen antiken Mysterienbünden abgesehen wird — ausschließlich dem „inneren Erleben", einer für das Diesseits bestimmten Weihe, die den Neophyten von der Welt trennt, um ihn nach erfolgter seelischer Steigerung dieser wieder zurückzugeben. Diese Feststellung ist um so notwendiger, als auch in Freimaurerkreisen hier und dort die Neigung besteht, die Idee des Werkbundes auf Kosten einer rein auf das Ich bezogenen mystischen Esoterik zu vernachlässigen.

Mysterien, Haus der, bei Pompeji (Villa dei Misteri). Vor kurzem wurde an der Gräberstraße von Pompeji nach Herculanum die sogenannte „Villa dei Misteri" ausgegraben, so benannt, weil ein dadurch freigelegtes Wandgemälde, das bedeutendste, das von der Antike auf unsere Tage überkommen ist, Mysterien darstellt. Auf einem 17 m breiten Streifen weist das gewaltige Bild 29 fast lebensgroße Figuren auf, die die Einweihungszeremonien der dionysischen Mysterien zeigen. Ursprünglich nahm man an, es handle sich um eine orphische Basilika, das Mysterienheiligtum einer Sekte. Amedeo Majuri wies aber nach, daß das Haus eine Wohnvilla war, und das Wandgemälde die dionysische Einweihung, das Leiden der Mystin, ihr Wiedergeborenwerden nach dem Ritus des bacchischen Kreises darstellt, also nicht das orgiastische Treiben, das anno 186 den römischen Senat zum Verbot dieses Geheimkultes veranlaßte. Frauen bereiten die heilige Handlung vor, an der die Mütter teilnehmen. Eine in lange Schleier gehüllte Frau kehrt öfters wieder. Durch Geißelung geht sie ein in ein Leben voll Glanz und dionysischer Weihe. In völliger Nacktheit vollführt diese Mystin zuletzt, vom Gott ergriffen, mit ihm eins geworden, den Tanz der rasenden Mänaden. So folgen sich Weihe, Marter, Schmerz, Verklärung und Jubel. Manche Einzelheiten sind noch ungeklärt, so die Becher-Weissagung durch Silene als Mystagogen, die Enthüllung der im Korb liegenden Symbole usw.

Mysterien von Samothrake bildeten den Mittelpunkt des Dienstes der Kabiren, der Religion der „Großen Götter". Zu den Kulthandlungen gelangten die Mysten auf schwankendem Boot über das Thrakische Meer. Von den Einzuweihenden wurde ethische Reinheit verlangt. Im Vordergrund des Kults stand die Verehrung eines männlichen Paares, des Kabiros und seines Sohnes. Die Entstehung des ersten Menschen spielte eine große Rolle. Der Phallus war das geistige Symbol des Kabirendienstes, die Versinnbildlichung seines chthonischen Charakters, der ewig zeugenden Naturkraft. Die Handlung der Mysterien bestand aus Opfern, dem heiligen Drama und Hymnen. Das Widderopfer war als Sühnopfer bevorzugt, als Zeichen der Sühne galt auch die um den Leib getragene purpurne Binde. Im mimischen Spiel wurde u. a. die heilige Hochzeit des jüngeren Kabiros mit der Kore (Persephone) dargestellt. (Vergl. Otto Kern, „Das Buch der Mysterien der klassischen Zeit", Berlin 1927.)

Mystery, s. Mistery.

Mystik, die vermeintliche Erfassung des Übersinnlichen, Transzendenten, Göttlichen, durch gefühlsmäßiges Erleben in der Tiefe des eigenen Seins, Aufgehen des eigenen Bewußtseins in das unterschiedslose Wesen Gottes (Heinrich Schmidt). Innere Offenbarung, Erleuchtung Ekstase, Innenschau sind die seelischen Zustände, die zu dieser unmittelbaren Vereinigung mit Gott, der unio mystica, führen. M. ist zugleich eine All-Einheitslehre, eine Spielart des Pantheismus, die die Einheit von Gott und Welt lehrt. Gott ist der Ursprung der in allen Wesen wirkenden geistigen Kräfte. „Mystizismus kann nur jene Geistesbeschaffenheit genannt werden, welche alle wissenschaftliche Begründung oder Auseinandersetzung verschmäht, die alles wahre Wissen nur von einem sogenannten inneren, auch nicht allgemein leuchtenden, sondern im Individuum eingeschlossenen Licht, aus einer unmittelbaren Offenbarung, aus bloßer ekstatischer Intuition oder aus bloßem Gefühl herleiten will" (Schelling). M. war die Geheimlehre der alten Mysterienbünde, Mystiker waren die Neuplatoniker Eckhart, Suso, Tauler, Jakob Böhme. In der Gegenwart ist mystischer Einfluß in den philosophischen Anschauungen von Bergson, James, Kayserling feststellbar. Der Mystizismus als Bewegung war, ebenso wie die Kabbala, eine Reaktion gegen den Formalismus der kirchlichen Lehre und suchte die Religion mit lebendigem Inhalt zu erfüllen. „Die mystische Bewegung war ein Sauerteig der gesamten Geistesbewegung" (Wolfstieg: „Philosophie der Freimaurerei"). Die ganze Kunst des Mittelalters neigte zur M., zur Individualisierung der Gottesverehrung; die Steinmetzen bildeten keine Ausnahme. Die Freimaurerei war schon auf diesem Wege dem Einfluß der M. ausgesetzt. Wolfstieg behauptet, daß sie mit der „Brüderschaft der Weisheit" und mit den „Mystischen Gottesfreunden" im 14. Jahrhundert in Zusammenhang zu bringen sei.

In der Symbolik der Freimaurerei spielt M. auch heute noch eine Rolle. Das so bedeutsame Symbol des Lichts kam über die Kabbalisten, Reuchlin, die Rosenkreuzer und die Pansophisten auf sie. Die Freimaurerei vergeistigte allerdings das Symbol, wie sie ja ganz allgemein ihren Kult überall in ethisch-humanistischem Sinne deutet. In der Forderung nach Selbsterkenntnis, die schon beim Mystiker Eckhart (Meister Eckhart) eine große Rolle spielte, dürfte auch die mystische Versenkung in die Tiefen der eigenen Gefühlswelt nachklingen. Die Wanderungen des Neophyten haben mystisch-symbolischen Charakter.

Im 18. Jahrhundert standen viele freimaurerische Riten auf rein mystischer Grundlage. Im allgemeinen ist man von ihnen abgekommen. Doch wird auch heute der Standpunkt vertreten (Horneffer, Schenkel), daß die Freimaurerei ein Mysterienbund ist, der seinen Kult und seine Symbole aus verschiedenen Systemen der alten Mysterienbünde zusammengetragen hat. Es darf allerdings nicht vergessen werden, daß M. nicht der alleinige Inhalt der Mysterienbünde war, sondern daß insbesondere auch Magie in diesen eine tragende Rolle gespielt hat.

Stark von M. ist nach wie vor die Schwedische (s. d.), bezw. Zinnendorfsche Lehrart erfüllt, die geradezu als eine in freimaurerische Formen gehüllte Erneuerung der mittelalterlichen christlichen M. bezeichnet werden kann.

Mystische Leiter, s. Leiter.

Mystischer Tempel, s. Tempel, Mystischer.

Mystisches Mahl (frz. Cène mystique), bildet den letzten Teil der rituellen Arbeit im Rosenkreuzergrad (XVIII.) des A. u. A. Schottischen Ritus. Es erinnert an die eucharistische Kommunion in den Christengemeinschaften des 2. Jahrhunderts.

N

Nachlaß, Freimaurerischer. Bei der Aufnahme und den Graderhöhungen erhält der Freimaurer die Bekleidung, Abzeichen, Druckschriften u. a., die meist ausdrücklich als Logeneigentum bezeichnet sind. Auf die Rückerstattung hat die Loge im Falle des Ablebens eines Br. Anspruch, der zumeist auch schon bei der Aufnahme durch eine Willenserklärung bestätigt wird. Sonstiger freimaurerischer Nachlaß fällt oft durch letztwillige Bestimmung der Logenbibliothek, dem Logenmuseum zu.

Naimus Grecus, Baumeister, der in den alten Zunfturkunden auch unter dem Namen „Mamon Grecus" bezeichnet wird und Karl Martell in Frankreich die Kunst des Bauens gelehrt haben soll. An die Deutung dieses Namens knüpfen sich zahlreiche geistreiche Lösungen. Sicher ist es ein Schreibfehler eines Kopisten. Dring meint, daß es sich um den bekannten Mönch Alcuin gehandelt habe, dessen Name verschwiegen wurde. Nach einer anderen Deutung stand in dem ursprünglichen Manuskript ein griechischer Name, den der Kopist nicht lesen konnte, weshalb er „Nomen Grecum" einsetzte, was von anderen Kopisten neuerlich verunstaltet wurde (s. hierüber Wolfstieg, „Ursprung der Freimaurerei", II, 46. Fußnote).

Namen der Logen. Die ältesten bekannten Logen werden als Baulogen nach dem Bauwerk selbst benannt. Z. B. die Loge „Mary's Chapel" (Marienkapelle) in Edinburgh, die älteste bekannte Loge, oder nach dem Bauort allein (Kilwinning Lodge) u. a. m. Die Zeit der spekulativen Freimaurerei schafft neue Logenbezeichnungen, indem die Logen nach den Tavernen unterschieden werden, in denen sie sich zu versammeln pflegen. So die Gründungslogen der Großloge von England 1717 „Zur Gans und zum Bratrost", „Zum Römer und zur Traube", „Zur Krone", „Zum Apfelbaum". Die ersten Logenlisten zeigen daher in einem Gesamtbild mit vielen Feldern die einzelnen Logen nach ihrem Alter, wobei das Tavernenschild über dem Logennamen angebracht ist. Diese ursprüngliche Begriffsbildung ist späterhin verlorengegangen, als die Logen anfingen, sich Namen zu geben, die mit dem Inhalt der Freimaurerei selbst zusammenhingen, aber die Art des Hinweises ist die gleiche geblieben. Wie die Tavernenloge z. B. „Zum grünen Drachen" hieß, weil das Wirtshaus dieses Zeichen führte, so nennt sich späterhin die Loge „Zu den drei Weltkugeln", obzwar der Ort der Versammlung ganz anders heißt.

Die alte Tavernenform der Bezeichnung ist besonders in Deutschland im Namen erhalten geblieben. Die Logennamen werden entweder der freimaurerischen Symbolik entlehnt, wobei die Verbindung mit heiligen Zahlen immer wieder auftaucht: zu den drei Degen, Hämmern, Zirkeln, Schwertern oder zu den sieben Sternen, oder es treten zusammengesetzte Namen auf, zumeist ein Eigenname oder der Name irgendeiner Kardinaltugend oder ein Ortsname, gerne in antiquierter oder latinisierter Form, mit der alten Tavernenform verbunden „Georg zu den drei Säulen", „Constantia zur gekrönten Eintracht", „Hammonia zur Treue", „Zum Licht am Osterstein", „Zu den fünf Türmen am Salzquell" u. a. m. In jüngster Zeit werden einfach Losungen oder Wahlsprüche als Namen geführt: „Durch Nacht zum Licht", „Empor", „Vorwärts". Die Namen von Fürsten oder verdienten Freimaurern werden immer wieder in den Logennamen aufgenommen: „Carl zum Kompaß", „Ferdinande Caroline", „Kaiser Friedrich zur Bundestreue", „Carl Wiebe zum ewigen Licht" u. a. m.

In England und Amerika beschränkt man sich mehr auf Einwortnamen, die oft den Ort der Loge angeben, maurerische Tugenden beinhalten oder Eigennamen von hervorragenden Freimaurern tragen. Hierzu wird immer die Matrikelnummer der Loge angegeben, z. B. „Prince Leopold, Nr. 1588" oder „Camden Place 3042" oder „Unity 4841". Häufig zeigt der Name auch die Zusammensetzung der Loge aus Angehörigen einer bestimmten Grafschaft oder die Berufsgruppe an, der die Mitglieder der Loge angehören (Radiumloge, Fratres Calami u. a. m.).

In Frankreich liegt im Logennamen zumeist ein Programm (L'Avenir social, L'Egalité régénerée, Progrès, Humanité, Travail et Progrès etc.). Sehr beliebt sind Zusammensetzungen mit les Amis oder Frères, z. B. „Les Amis du Peuple", „Les Amis persévérants", „Les Amis du progrès", „Réunion des amis choisis", „Les amis solidaires", „Les Frères réunis", „Les Frères de Mont Tabor" usw.

Lateinische Devisen lieben die Schweiz und Holland, z. B. „Post Nubila lux", „Nos vinxit libertas", „Ad lucem et pacem", „Fides mutua", „Modestia cum libertate", „In Labore Virtus", „Sapere aude" u. a. m.

Der Name der Loge gibt dem Logenabzeichen und dort, wo es gebräuchlich ist, auch dem Logenwappen der Fahne den symbolischen Inhalt.

Nami, Damad Achmed Bey, Schwiegersohn des Sultan Abdul Hamid, Staatspräsident von Syrien, war Meister vom Stuhl einer Beiruter Loge.

Napier, Charles James, Sir, englischer Politiker und Soldat, * 1782, † 1853, diente im Kapland, im dänischen Krieg und in Portugal, war in Indien bei Meeanee siegreich, wurde von Lord Byron dem griechischen Komitee in London zum Befehlshaber vorgeschlagen. Sein Andenken wahrt ein Monument am Londoner Trafalgar Square. N. war Mitglied der „Doyle's Lodge of Fellowship" in Guernsey.

Napoleon I., Kaiser der Franzosen, * zu Ajaccio 1769, † 1821 auf St. Helena, soll Freimaurer, wie sein Vater, gewesen sein. Er soll auf der Fahrt nach Ägypten auf Malta die Weihe zum Maurer erhalten haben. In einem offiziellen Bericht des Grand Orient über ein Fest des Jahres 1805 ist eine Rede wiedergegeben, in der behauptet wurde, Napoleon habe „auf seinem ägyptischen Feldzug das maurerische Licht gesucht und empfangen, in Ägypten, dem Lande, auf das die Uranfänge der Freimaurerei zurückgehen". Die Tatsache wird jedoch heftig umstritten. Dann soll er 1797 einer Logenarbeit in Nancy beigewohnt, nach anderer Überlieferung bereits in Valence, wo er als Artillerieleutnant in Garnison lag, Aufnahme gefunden haben. Die Loge in Grenoble weihte ihm 1806 eine Büste in ihrem Tempel, die ausdrücklich als Büste des „Empereur Français et Maçon" bezeichnet wurde. 1807 wurde in der Mailänder — den Namen der Kaiserin Josefine tragenden — Loge ein Toast auf Napoleon, „Bruder, Kaiser und König" gehalten. Anläßlich der Geburt seines Sohnes wurden Logen veranstaltet, die den „erhabenen Louveton Prinzen Napoleon" begrüßten, den Erstgeborenen des Ehrwürdigen Br. Napoleon (1811). Bésuchet und Abraham bezeichnen N. gleichfalls als Freimaurer. Eine Straßburger Loge, „La Fraternité", brachte als erste Gesundheit die des „Br. Napoleon, Haupt der Nation und Retter Frankreichs" satzungsmäßig bei jeder Tafelloge aus. Auch in mehreren Druckwerken seiner Zeit, die alle die Zensur passiert haben, wird der Kaiser ausdrücklich als Br. angesprochen. Bei Bègue-Clavel findet sich ein seither vielverbreitetes Bild, das Napoleon in maurerischer Bekleidung beim Betreten einer Loge zeigt, die er besucht haben soll, weil ihm von hochverräterischen Absichten dieser Loge berichtet worden sei. In den Sammlungen des Prinzen Napoleon Victor in Brüssel sind drei Maurerschurze vorhanden, die N. gehört haben sollen. (Abgebildet in „Illustration", 1910.) Auch in England will man einen in der erbeuteten Bagage von Waterloo gefundenen Schurz des Kaisers besitzen.

Sicher ist jedenfalls, daß N. bestrebt war, die Freimaurerei als geistigen und sittlichen Machtfaktor ebenso nach seinem Willen geleitet zu sehen wie Hochschulen, Kirche und Presse. Seine Brüder standen an der Spitze maurerischer Körperschaften (s. Napoleoniden). Bei wiederholten Gelegenheiten (1803/04) ließ er in die Leitung des Grand Orient de France die hervorragendsten Persönlichkeiten seiner Umgebung eintreten, sie durch seine Marschälle förmlich „militarisieren". So waren sein Bruder Louis Großmeister (später durch den Erzkanzler Cambacérès ersetzt), der Marschall Masséna Großadministrator, der Senator Choiseul-Praslin Großkonservator, Murat und der Kanzler der Ehrenlegion Lacépède Großaufseher, Lalande Großredner, Admiral Magon Großschatzmeister, die Marschälle Beurnonville und Macdonald Großexperten, Kellermann Großarchivar, Sebastiani Großsiegelbewahrer, Augereau und Lefebvre Großalmoseniere. 1805 autorisierte N. die Wahl seines Bruders Joseph zum Großmeister (ohne daß dieser vorher Freimaurer gewesen wäre!) mit Cambacérès und Murat als Stellvertreter. Auf Wunsch des Kaisers ließ 1804 nach der Entstehung des Obersten Rates des Schottischen Ritus Cambacérès durch Kellermann Einigungsverhandlungen einleiten, die dann allerdings nur einen Scheinerfolg zeitigten. Immerhin schien die napoleonische Polizei in der Folge der unbedingt kaisertreuen Gesinnung der französischen Freimaurer nicht ganz sicher zu sein. Gaston Martin zufolge spähte sie seit 1810 die Logen nach allen Regeln aus und war bemüht, in diese überall Leute aufnehmen zu lassen, die Spitzeldienste leisteten.

Die erste Frau des Kaisers scheint Mitglied einer Adoptionsloge gewesen zu sein. Sie wohnte 1805 einer Arbeit der Loge „Les Franc-Chevalières" in Paris bei, die von ihrer Hofdame, der Baronin Dietrich, geleitet wurde.

Jedenfalls ist die Zugehörigkeit N.s zum Bunde nicht geklärt. In den Listen der Loge von Valence, „La Sagesse", kommt der Name nicht vor, in Malta war die Freimaurerei seit 1740 vom Malteserorden aufgehoben. Der Beweis der Mitgliedschaft ist also nicht aktenmäßig, sondern höchstens aus Indizien gegeben.

Eine große Anzahl von Logen führte N.s Namen. Die 1784 in Paris gegründete „Bienfaisance" nannte sich „Napoléon le Grand". In Toulouse gründete General Chabron 1805 die Loge „Napoléomagne". In Livorno gab es 1807 eine Schottenloge „Napoléon", General Graf Miollis stand in Rom 1807 der Loge „Sa Majesté L'Empereur" vor. In Korfu bestand die Loge „St. Napoléon", eine Loge gleichen Namens in Avignon, die sogar einen eigenen Hochgrad, „Les Chevaliers de Napoléon", entwickelte. Auch nach dem Namen der Kaiserin Josephine wurden Logen benannt. So in Paris „St. Joséphine" und die Loge „Joséphine réale" in Mailand. Diese Namensgebungen beweisen an sich nichts für die Zugehörigkeit N.s zur Freimaurerei. Sie sind höchstens Zeichen der Begeisterung für den Helden oder des Byzantinismus. Der Grand Orient de France ordnete in der napoleonischen Zeit an, daß alle Arbeiten mit dem Rufe „Vive Napoléon et la famille impériale" zu öffnen und zu schließen seien.

Napoleon III., s. Napoleoniden.

Napoleoniden.

1. Joseph Bonaparte, * 1769, † 1844, König von Spanien 1806—1808, wurde am 9. November 1804 mit Genehmigung seines Bruders, Napoleon I., Großmeister des Großorients von Frankreich; vorher war er nicht Freimaurer.

2. Lucien Bonaparte, * 1775, † 1840, soll dem Bund angehört haben.

3. Louis Bonaparte, * 1778, † 1846. König von Holland, war 1804 Zweiter Zugeordneter Großmeister des Großorients von Frankreich. Im ersten Zirkular der 1804 gegründeten Grande Loge Générale Ecossaise (1. November d. J.) wurde er als deren Großmeister bezeichnet. Napoleon wünschte dann aber deren Fusion mit dem Großorient; im Laufe der Verhandlungen fiel der Name des Prinzen in die Versenkung.

4. Jérôme Bonaparte, * 1784, † 1860, von 1807—1813 König von Westfalen, war ebenfalls Freimaurer. Er ist der einzige N., über dessen Aufnahme genaue Daten erhalten sind. Er wurde als Marineaspirant am 20. Februar 1801 in der Loge „La Paix" in Toulon

ballotiert und zwei Tage später aufgenommen. In der Matrikel wird er bezeichnet als Sohn eines Freimaurers. Dagegen findet sich keinerlei Andeutung bezüglich des größeren Bruders und dessen Freimaurertum.

5. Napoleon Joseph Charles, sein jüngerer Sohn, genannt Prinz Napoleon, mit dem Spitznamen Plon-Plon. * 1822, † 1891, war Freimaurer und Ehrenmitglied der Großloge von Dänemark. Eine ihm — gegen den Prinzen Lucien Murat — angetragene Wahl zum Großmeister des Großorients von Frankreich lehnte er 1861 auf Wunsch des Kaisers Napoleon III. ab.

6. Napoleon III., Louis Bonaparte, * 1808, † 1873, gehörte dem Bunde nicht an, suchte aber auf dessen Entwicklung nachdrücklichsten Einfluß zu nehmen. Er nötigte 1852 dem Großorient von Frankreich den Prinzen Lucien Murat als Großmeister auf und ernannte 1862 durch ein Dekret gegen jedes Recht den Marschall Magnan (s. d.) zum Großmeister. Dieser suchte auf Grund kaiserlichen Befehls auch den Obersten Rat des A. u. A. Schottischen Ritus unter seine Botmäßigkeit zu bringen, scheiterte aber an der Haltung von Vienet (s. d.).

Napoleons Marschälle. Von den Heerführern Napoleons (Marschällen von Frankreich) waren Freimaurer: Kellermann, Serrurier, Mortier, Moncey, Masséna, Augereau, Soult, Oudinot, Lefebvre, Macdonald, Ney, Bernadotte, Pérignon, Sebastiani, Lannes, Poniatowski.

Naquet, Alfred Joseph, französischer Chemiker, * 1834, † 1916, radikaler, später sozialistischer Politiker, Senator, Deputierter, Vater des Gesetzes über die Ehescheidung, war Freimaurer.

Narbonne, Ritus von, s. Rite primitif.

Nariman, Temulji B., bekannter indischer Arzt, Präsident des ärztlichen Kollegiums in Bombay, Ehrenmitglied des Kollegiums der Ärzte in Edinburgh, ist Past-Distrikts-Großmeister der Großloge von Bombay.

Narino, Antonio, * 1769, † 1822, einer der Hauptvorkämpfer der Freiheit von Columbien, 1813 Diktator, lange in Cadix gefangen, war Freimaurer.

Narischkin, Alexander, Graf, russischer Oberstkämmerer unter Alexander I., war 1819 Großmeister der Großloge „Astraea".

Narváez, Ramon Maria, Herzog von Valencia, spanischer General und Politiker, zeichnete sich in den Kämpfen gegen die Franzosen und Karlisten aus, Rivale von Espartero, 1844 Ministerpräsident, dessen reaktionäre Politik zum Sturz von Isabella II. beitrug, gehörte anfänglich dem Bund an, war lauer Freimaurer, zog sich zurück, als er sich aus einem Kämpfer für die Konstitution zum Vertreter gegenteiliger Anschauungen entwickelte. (* 1800, † 1868.)

Nashville. Hauptstadt des nordamerikanischen Bundesstaates Tennessee, Sitz der Großloge dieses Staates. (Adresse: Masonic Temple, 306 Seventh Ave. N.)

Nassau, s. Fürsten, Deutsche.

Natal, s. Südafrikanische Union.

Nathan, Ernesto, Bürgermeister von Rom, * 1845, † 1921. Von Mazzini stark beeinflußt, lebte er dessen Ideen. Auf seine Veranlassung wurden die „Menschenrechte" Mazzinis als Lehrbuch in den Schulunterricht eingeführt. N. schrieb soziologische und ethische Werke und wurde 1907 Sindaco der Ewigen Stadt, die er mustergültig verwaltete. Von 1896—1904 und 1917—1919 war er Großmeister des Großorients von Italien. In einer Rede, deren Grundgedanken in allen Verlautbarungen des Grande Oriente immer wiederkehrten, erklärte er: „Wir italienischen Freimaurer sind nicht antikatholisch, denn wir achten jede Überzeugung, und nichts ist falscher als die Behauptung, wir seien Bekämpfer der Religion. Wie könnten sich sonst in unserer Kette Menschen jeglichen Glaubens verbrüdern, Menschen, von denen wir nur eines fordern: dem ewigen Gesetz des Fortschrittes zu gehorchen. Nie haben wir eine Religion angegriffen, aber wir befehden die klerikale Partei, die sich der Religion bedient, um Italien wieder in Unfreiheit zu stürzen. Wir befehden alle, die die Religion Sonderinteressen untertan machen wollen, aber wir legen keiner wie immer gearteten Überzeugung Fesseln an. Wir sind auch weder die Inspiratoren gewisser politischer Schulen, noch die Sachwalter bestimmter politischer Gruppen. Unser politisches Konzept hat nichts mit jenen Schulen zu tun, die die Doktrinen festlegen, nichts mit den Gruppen, die sich die Macht streitig machen. Stets sind wir vor allem Italiener: indem wir unserem Vaterlande mit Hingabe dienen, glauben wir der ganzen Menschheit zu nützen." 1914 zum bevollmächtigten Minister und italienischen Generalkommissär für die Weltausstellung in San Francisco ernannt, kehrte er 1915 vorzeitig zurück, um freiwillig als Leutnant an die Front zu gehen. 1917 vertrat er den Großorient auf dem Pariser Kongreß der Freimaurereien von Entente- und neutralen Staaten.

National Anthem, Masonic, freimaurerische Nationalhymne, gedichtet von John Fowler, Deputiertem Großmeister von Irland 1819 bis 1824, anläßlich der Thronbesteigung der Königin Victoria, mit den Einleitungszeilen: „God save our gracious Queen, Long live our noble Queen, God save the Queen." Sie wurde auf Veranlassung des irischen Großmeisters Herzog von Leinster verfaßt und in irischen Logen zum Schlusse der Arbeit gesungen.

Nationale Eigentümlichkeiten, s. Systeme, Freimaurerische.

National-Großmeister, Titel des Großmeisters der Großen National-Mutterloge „Zu den drei Weltkugeln" und des Großorients von Belgien.

Nationalismus, die aus dem Nationalgefühl eines Volkes abgeleitete und von der nationalen Idee getragene Politik. Nach Heinrich Schmidt (Philosophisches Wörterbuch) ist N. der Egoismus der Nationen (sacro egoismo); tritt er anderen Nationen gegenüber überheblich, anmaßend, kriegerisch auf, wird er zum Chauvinismus (s. d.); in Anstrebung der Erweiterung seines Machtbereiches, zum Imperialismus. Der Unterschied zwischen Nationalgefühl und N. wird besonders deutlich im deutschen Sprachgebrauche, der national und nationalistisch gegenüberstellt. Nationalistisch werden jene politischen Parteien genannt, die den berechtigten Nationalidealismus in einem die Werte anderer Nationen leugnenden Vorurteil übertreiben. Der N. wird daher ungerecht, einseitig im Urteil, herausfordernd und kulturhemmend, indem er die Verständigung und Zusammenarbeit der Nationen stört, ja sogar zu verhindern trachtet. Besonders in der Periode nach dem Weltkrieg hat eine nationalistische Welle alle Nationen erfaßt. Sie äußert sich in Widerständen gegen die notwendigen Lösungen der brennendsten Nachkriegsfragen, in gemischtsprachigen Staaten in Unterdrückung der sprachlichen Minoritäten, in unzeitgemäßen Absperrungen der Nationen gegeneinander und in der Verleugnung der durch Technik und Wissenschaft geschaffenen gemeinsamen Kulturgüter. Der Nachkriegsnationalismus reißt überall die kaum vernarbten Wunden auf, statt zu ihrer Heilung beizutragen, und zeigt sich in allen Nationen geneigt, neue zu schlagen. Der typische Vertreter des französischen N. ist Poincaré, auf deutscher Seite sind es die verschiedenen völkischen Verbände. Die Fenster, die von den Nationalisten aller Völker eingeworfen werden, haben dann die verschiedenen Nationen zu zahlen.

Die Freimaurerei lehnt den N. und seine Folgeerscheinungen ab und betont die Stärkung jenes Nationalgefühls, das im eigenen Volke wirksam ist und seinem Aufstieg zu dienen hat, ohne es mit Vorurteilen und Werturteilen über andere Völker zu belasten. Während der N. sich so gebärdet, als ob ein Volk an sich der alleinige Ausdruck des Weltgeschehens wäre, will die Freimaurerei in Erstarkung der nationalen Einheiten Brückenpfeiler errichten, die für die verbindende Brücke des Menschheitsgefühls tragfähig sein sollen.

National Masonic Research Society in St. Louis, Montana, USA., 1627 Locust Street, wissenschaftliche freimaurerische Vereinigung, der eine ausgezeichnet geführte, reich illustrierte Zeitschrift, „The Builder", zu danken ist, an der die ernsthaften historischen Forscher Amerikas teilnehmen. Der Zeitung angeschlossen ist eine Verlagsanstalt mit zahlreichen Erscheinungen wertvollen Inhalts. Die Gesellschaft ernennt auch auswärtige Schriftsteller von Rang zu ihren Mitgliedern.

National-Mutterloge „Zu den drei Weltkugeln", s. Preußen, Deutschland, Berlin.

Nationalsozialisten (N. S. A. P. D., Nationalsozialistische Arbeiterpartei Deutschlands) bekennt sich zur schärfsten Gegnerschaft gegen die Freimaurerei. Diese Auffassung findet in zahlreichen Schriften, Artikeln und Reden ihrer Führer Ausdruck, am gründlichsten in den Darlegungen des Chefredakteurs des von Adolf Hitler herausgegebenen „Völkischen Beobachters", des Balten Alfred Rosenberg (s. d.). Dieser, der einer der prominentesten geistigen Führer der Partei ist, hat der Freimaurerfrage eine Reihe von Heften gewidmet, deren aufschlußreichstes „Freimaurerische Weltpolitik im Lichte der kritischen Forschung" ist. Rosenberg nennt zwar den Taxil-Schwindel einen „Weltskandal", lehnt manche Thesen Ludendorffs als „unkritische Übertreibung", „politischen Irrgang", „Zeichen eines geistigen Gleichgewichtsverlustes" und „lächerlich" ab und bezeichnet Ausführungen der Frau Dr. Ludendorff als „schlechte Romane" und „anmaßende Ausfälle", bei denen „jeglicher Ernst aufhört", glaubt aber selbst alle möglichen Freimaurermärchen. Auch Rosenberg vertritt die These vom „künstlichen Juden", von der „volklosen Weltanschauung" der Freimaurerei, vom „Sarajevoer Mord" und von der „freimaurerischen Völkerbunddiktatur über Europa". Er stellt folgende, jede Grundlage entbehrenden Behauptungen auf:

1. Die romanisch-angelsächsischen Logen haben eine gegen das Deutsche gerichtete Politik neben der allgemeinen Staatspolitik geführt; oft fiel beides zusammen;

2. an der Spitze aller deutschfeindlichen Kräfte ging und geht der Großorient von Frankreich, gefolgt namentlich von den serbischen Freimaurern;

3. die liberal-plutokratische Logenpolitik befindet sich in stärkster Abhängigkeit von der jüdischen Finanz;

4. die deutsche Gesamtmaurerei hat die fremden Freimaurer verteidigt und sich mitschuldig gemacht an der Einschläferung des deutschen Volkes; der linke Flügel befindet sich in unmittelbarer Abhängigkeit von der französisch-jüdischen Maurerei; daß stellenweise glatter Landesverrat vorliegt, erscheint als erwiesen;

5. der „nationale" und „christliche" Flügel hat weder Ritual noch Weltanschauung aufgegeben; sein „Nationalismus" ist bloß erzwungene zeitliche Sicherheitsfärbung;

6. weil niemand den einzelnen Maurer zu werten vermag, so hat jeder deutsche Freimaurer die Folgen dieser Beurteilung des Ganzen auf sich zu nehmen.

Daraus zieht Rosenberg folgende Schlußfolgerungen, die als Anschauung seiner Gesamtpartei dienen dürfen: „Deshalb darf kein Maurer der N. S. D. A. P. angehören und umgekehrt. Jeder soll wissen, daß er zu wählen hat. Jeder der Maurer bleiben will, muß auch das Odium nationaler Anrüchigkeit mittragen. Man kann auch den internationalen Marxismus nicht reformieren, sondern muß ihn weltanschaulich überwinden und organisatorisch zerschlagen. Das gleiche gilt für das längst überlebte Maurertum. Es gehört als Ganzes zum alten geistigen Plunder wie die anderen Ideen des 18. Jahrhunderts, die im 19. noch vergröbert wurden. Die deutsche Freiheitsbewegung (N. S. D. A. P.) hat der Freimaurerei den Kampf angesagt und Gegensätze dürfen nicht überkleistert, sondern müssen bis zur Entscheidung durchgekämpft werden."

In einem Brief aus der Münchener Kanzlei Adolf Hitlers vom 6. Dezember 1930 schreibt sein Privatsekretär Rudolf Heß in seinem Auftrag: „Bekanntlich stehen alle Freimaurerlogen unter der Leitung von Führern, welche den meisten Mitgliedern selbst nicht bekannt sind, weder der Person noch dem Namen nach.

Sie erhalten demgemäß Weisungen von einer unfaßbaren und nicht zur Verantwortung zu ziehenden Stelle. Darüber hinaus liegen Anhaltspunkte dafür vor, daß die Freimaurerlogen in enger Verbindung stehen mit freimaurerischen Organisationen des Auslandes. Tatsache ist jedenfalls, daß die Freimaurerorganisation Deutschlands niemals in entsprechender Weise gegen die Unterdrückungen und feindlichen Akte der Gegner Deutschlands Front gemacht haben. Nach wie vor ist es daher Angehörigen der N. S. D. A. P. untersagt, Mitglied irgendeines Geheimbundes einschließlich der Freimaurerlogen zu sein."

Eine weitere Antwort aus der Kanzlei Hitlers auf Anfrage eines Bremer Freimaurers, wie Hitler sich zur deutschen Freimaurerei im Falle der Machtergreifung stellen würde (am 1. Februar 1930 in den „Bremer Nachrichten" veröffentlicht), lautet, soweit sie nicht mit der früheren identisch ist: Verbot „der deutschen Logen,da nicht bestritten werden kann, daß auch ihr Aufbau den Stempel von geheimen Gesellschaften trägt; geheime Gesellschaften aber, die sich politisch betätigen, kann ein auf seine Sicherheit bedachter Staat nicht dulden".

Schließlich wird in den von der Organisationsabteilung der N. S. D. A. P. herausgegebenen „Führer- und Schulungsbriefen" (15. März 1931) verlangt: „Die Feindschaft des Bauern gegen den Freimaurer als Judenknecht muß bis zur Raserei aufgestachelt werden."

Nationalverband Deutscher Offiziere erklärte 1924 durch Satzungsänderung die Unvereinbarkeit der Zugehörigkeit zum Nationalverband mit der Mitgliedschaft bei einer humanitären Freimaurerloge. Der Kasseler Reichsvertretertag 1926 beschloß, auch Mitgliedern altpreußischer Logen, die um Aufnahme ansuchen sollten, keine Sonderstellung mehr einzuräumen.

In einem Schreiben des 1. Vorsitzenden des Hauptvorstandes des N. D. O., Generalmajors Grafen W a l d e r s e e, an die altpreußischen Großmeister vom 28. Februar 1925 wurde die Haltung des Verbandes gegen die Humanitären folgendermaßen motiviert: „Die Freimaurerei erstrebt das Heil der Menschheit in einer die religiösen Bekenntnisse überbrückenden Bruderkette allgemeinen Menschentums zum Ausgleich der Rassen-, Völker- und Stammesunterschiede. Wir dagegen glauben aus der tragischen Geschichte unseres Volkes und der ganzen Völkerentwicklung die Lehre ziehen zu müssen, daß für uns eine starke Betonung des eigenen Volkstums im Gegensatz zu den uns feindlichen Mächten unerläßlich ist. Insbesondere will uns geboten erscheinen, unser deutsches Volk zum völkischen Selbstbewußtsein, zu einem Rassen- und Nationalstolz, zu radikaler Loslösung von fremdem Blut und Geist, zu einem gesunden Haß gegen seine sadistischen Bedrücker und Verträge nicht achtenden Feinde zu erziehen." Gleichzeitig wurde von den altpreußischen Großlogen Auskunft über den in ihren Reihen „fortschreitenden völkischen Reinigungsprozeß", über den Ersatz der unzweifelhaft pazifistische Tendenzen atmenden Grundgesetze durch nationale Forderungen, Abschaffung des Notzeichens als unvereinbar mit den Pflichten eines Soldaten, Ausschaltung fremder Rassenelemente aus den Logen, Aufnahme eines entschiedenen Kampfes gegen das geistige Machtstreben des Judentums, Umstellung jüdischer Gebräuche verlangt. Von den Großmeistern der altpreußischen Großlogen wurde am 11. März 1925 geantwortet, daß sie wiederholten Erklärungen ihrer vaterländischen christlichen Einstellung nichts hinzuzufügen hätten, den Versuch einer Einmischung in interne Verhältnisse aber zurückweisen müßten. „Unsere Mitglieder sind freie Männer, auf deren Entschließung wir keinerlei Zwang ausüben. Wir müssen es ihnen überlassen, ob sie sich einem Diktat des N. D. O. zu unterwerfen für verpflichtet halten, das ihnen befiehlt, nicht fernerhin auf den Spuren der großen Hohenzollernkönige zu wandeln."

Daraufhin konnte eine Beschlußfassung auch gegen die altpreußischen Großlogen nicht mehr zweifelhaft erscheinen.

Natter, J o h. L o r e n z, berühmter Kupferstecher und Edelsteinschneider aus Biberach in Schwaben, * 1705, † 1763 in Petersburg, dessen großartige Schöpfungen im 18. Jahrhundert an allen Fürstenhöfen Europas bewundert wurden, schuf 1733 die erste freimaurerische Medaille auf Lord Charles S a c k v i l l e, Herzog von Middlesex (s. d.), Meister vom Stuhl der Loge in Florenz, wo N. lange tätig war. Als er nach Petersburg übersiedelte, brachte er dorthin die Kenntnis von französischen Hochgraden mit, auf denen dann S t a r c k (s. d.) sein Klerikat (s. d.) aufbaute.

Naturalienkabinett, s. W i e n e r N a t u r a l i e n k a b i n e t t.

Naturalismus, die Weltanschauung, die Welt, Menschen, Leben der Gesellschaft auf naturhafte Ursachen zurückführen will. Die Natur ist das Ursprüngliche, alles Bedingende; das Sittliche ergibt sich automatisch aus den natürlichen Funktionen, Trieben, Neigungen und Interessen des Menschen. Das soziale Leben ist aus biologischen, naturmäßigen Ursachen entstanden. Naturhafte Faktoren, nicht aber ein von Idealen geleiteter zielbewußter Wille bestimmen den Gang der Welt. Es gibt keinen außerhalb der Natur liegenden Weltgrund. Die Anschauung des N. gipfelt im Satz R o u s s e a u s: „L'homme qui médite est un animal dépravé". T o l a n d s P a n t h e i s m u s (s. d.) war naturalistisch. Der I d e a l i s m u s (s. d.) bekämpft den N., für ihn ist im Sinne E u c k e n s „das Geistige der Natur gegenüber etwas Neues, Höheres". Der Freimaurerei wird seitens der katholischen Kirche N. vorgeworfen. Ihr zufolge ist das Ziel der Freimaurerei, „das ganze System der Religionen und die Einrichtungen des Staatswesens, die den christlichen Grundsätzen zu verdanken sind, vom Grund aus zu zerstören und nach ihrem Sinn an deren Stelle neue Formen zu schaffen, deren Grundlage und Gesetze vollständig im N. wurzeln" (Papst L e o XIII.). Diese Feststellung des Papstes hat den Wert einer vom eigenen Standpunkte aus verurteilenden Antithese des Gegners. Sie geht aber an der Wahrheit vorbei. Die Freimaurerei ist idealistisch ihren Grundzügen nach. Mit dem N. setzt sie sich, wie die reiche Literatur beweist, unausgesetzt auseinander. Eine Stellungnahme ist ihr aber versagt, weil für sie nicht die Wurzeln einer Individualethik, sondern deren Vorhandensein und Auswirkungen allein maßgebend sind. Würde die Freimaurerei sich einseitig festlegen, so würde sie in den gleichen geistigen Fehler verfallen wie die Kirchen, die jedem Bekenner eines anderen Dogmas die sittlichen Grundlagen bestreiten.

Natürliche Religion, s. Herbert.

Naudot, Jean Jacques, französischer Musiker des 18. Jahrhunderts, veröffentlichte 1737 eine Sammlung freimaurerischer Gesänge: „Chansons notées de la très vénérable confrérie des franc-maçons précédées de quelques pièces de poésie au sujet et d'une marche", Paris 1737, auch mehrmals ins Deutsche übertragen. Von demselben: „Recueil de chansons des franc-maçons", Paris 1744. N. ist einer der ersten kontinentalen Musiker, die für die Freimaurerei Lieder schrieben.

Naumann.

1. Johann Gottlieb, * 1741, † 1801, Oberkapellmeister der Kurfürstlich sächsischen Kapelle in Dresden, Kammerkomponist. Er veröffentlichte u. a. 1782 eine zu Berlin erschienene und dem Prinzen Friedrich Wilhelm v. Preußen gewidmete Liedersammlung: „Vierzig Freimaurerlieder", und schrieb eine Oper „Osiris", die 1781 in Dresden ihre Uraufführung erlebte. Da zur Zeit dieser Aufführung Mozarts Librettist, Da Ponte, in Dresden weilte und N. bei der Verfassung des Textes behilflich war, ist es nicht unmöglich, daß hier Beziehungen zur „Zauberflöte" bestehen. Tatsache ist jedenfalls, daß in N.s Oper Einweihungszeremonien, Priesterchöre und die Gegenüberstellung des guten und bösen Prinzips ebenso verwendet sind, wie in Mozarts „Zauberflöte". Auch werden von N. die Klopfrhythmen leitmotivisch ebenso verarbeitet wie bei Mozart.

2. Ernst, Pädagoge, Begründer des Berliner Hohenzollern-Museums, * 1853, † 1925, war Großarchivar der Großen Landesloge der Freimaurer von Deutschland, leistete Hervorragendes als Leiter der „Zirkel-Korrespondenz" und der „Andreashefte".

Naundorf, E. von, sonst unbekannter Schriftsteller (wohl Pseud. für A. H. Elm), der 1881 in der Prager Tageszeitung „Bohemia" einen Roman „In der Loge ‚Archimedes zum flammenden Stern', nach hinterlassenen Papieren eines Freimaurers" erscheinen ließ, ein ganz wertloses sensationslüsternes Machwerk, das immer wieder erscheint und aus Anlaß von Angriffen gegen die Freimaurerei in der Tschechoslowakei 1926 von Havránek ins Tschechische übersetzt wurde (Šolc u. Šimáček, Prag 1926).

Navarro, Nicolas, Prof. Dr., katholischer Geistlicher, apostolischer Protonotar in Caracas (Venezuela), schrieb eine umfangreiche historische Studie über „Kirche und Freimaurerei in Venezuela", die derart objektiv und im Urteil loyal ist, daß die venezolanische „Gazeta masonica" sie 1928 in Fortsetzungen nachdruckte.

Neander von Petersheiden, Joachim Friedrich, preußischer General, * 1743, † 1817, war Meister vom Stuhl der Berliner Loge „Zum goldenen Schiff", Landes-Großmeister, dann von 1815 bis zu seinem Tode Ordensmeister.

Nebraska, Bundesstaat der Vereinigten Staaten von Nordamerika. Die 1857 gegründete Großloge zählte 1930 293 Logen mit rund 42.000 Mitgliedern. Sie unterhält in Plattsmouth und Freemont Freimaurerheime. Adresse: Masonic Temple, Omaha.

Nedbal, Oskar, tschechischer Komponist und Dirigent, * 1874, † 1930, Mitbegründer des Böhmischen Streichquartetts, Dirigent der Böhmischen Philharmonie in Prag, später des Wiener Tonkünstler-Orchesters, Schöpfer erfolgreicher Ballettmusik („Der faule Hans") und Operetten („Polenblut" usw.), zuletzt Direktor des Theaters in Bratislava (Preßburg), war Freimaurer.

Nedermeijer van Rosenthal, Jan Theodoor Hendrik, niederländischer Politiker, Justizminister, * 1793, † 1857, war Großbeamter des Großostens der Niederlande.

Neefe, Christian Gottlob, Komponist, * 1748, † 1798, war bis 1791 Hofmusikdirektor beim Kurfürsten von Köln in Bonn und dort Lehrer Beethovens, Mitglied der Loge „Karoline zu den drei Pfauen" in Neuwied und 1784 Präfekt der Bonner Illuminaten-Abteilung unter dem Ordensnamen Glaucus.

Negerlogen. Prince Hall, ein Neger afrikanischer Abstammung, auf Barbados geboren, ließ sich um die Mitte des 18. Jahrhunderts in Boston nieder. Er war ein Freier und verlangte für sich und eine Anzahl von Sklaven die Erlaubnis zum Eintritt in die Revolutionsarmee, die aber mit der Begründung verweigert wurde, daß nur „freie Männer" aufgenommen würden. Er durfte aber dann doch 1776 in militärischen Dienst treten und schließlich wurde dies auch anderen Schwarzen ermöglicht. 1777 hatte ein Gesuch Prince Halls um Aufhebung der Sklaverei in der Kolonie Massachusetts keinen Erfolg. Er war 1775 mit 14 anderen Schwarzen in eine britische Militärloge aufgenommen worden. Auf Grund eines vom Meister vom Stuhl dieser Loge ausgestellten Patents verlangten sie die Anerkennung des Provinzial-Großmeisters von Massachusetts, Josef Warren, der jedoch in der Schlacht von Bunker-Hill fiel, bevor die Angelegenheit erledigt war. Das Gesuch wurde 1779 wiederholt, doch fehlen Nachrichten über sein Schicksal. Auf Grund des britischen „Permit" versammelten sich aber die Negerbrüder auch weiterhin, ohne zunächst weitere Kandidaten zu Maurern zu weihen.

Prince Hall unternahm es dann, bei der Großloge von England („Moderns") um eine Gründungsbewilligung anzusuchen, und diese erteilte auch am 2. März 1784 der „African Lodge Nr. 459" die Arbeitsbewilligung. Sie konstituierte sich in Boston am 6. Mai 1787, und am 24. Juni 1791 erklärte sie sich als African Grand Lodge unter Prince

Hall als erstem Großmeister. Es folgten 1797 die „African Lodge“ in Philadelphia, 1808 die „Hiram Lodge“ in Providence. Die Bostoner „African Lodge“, deren englische Logennummer 459 1793 in 370 abgeändert wurde, blieb bis 1813 in der Londoner Großlogenmatrikel verzeichnet; als in diesem Jahre anläßlich des Zusammenschlusses mit den „Antients“ das neue Register der Vereinigten Großloge angelegt wurde, wurde die Negerloge als „defunct“, d. h. erloschen, nicht weitergeführt. Das will besagen, daß sie geraume Zeit hindurch kein Lebenszeichen gegeben, bezw. keine Zahlungen mehr geleistet hatte.

Von 1810—1814 bildeten sich drei weitere Logen in Philadelphia, die sich 1815 zur First African Independent Grand Lodge of Pennsylvania zusammenschlossen, nachdem die African Grand Lodge schon 1808 ihren Namen in Prince Hall Grand Lodge F. & A. M. of Massachusetts abgeändert hatte. Nach weiteren Logengründungen folgte 1845 die Boyer Grand Lodge in New York mit vier Logen (s. Boyer). Es entstanden dann in der Folge in jedem nordamerikanischen Staate Großlogen von Farbigen, teilweise mehrere miteinander rivalisierende; auch die Hochgradsysteme und die Seitenzweige wurden samt und sonders von der weißen Freimaurerei übernommen. 1847 wurde der Versuch unternommen, allen Negerlogen in der National Grand Lodge of North America eine Dachorganisation zu geben. Ein Teil der New Yorker tat von Anfang an nicht mit, so daß es zu einem Schisma kam und die Boyer Grand Lodge (so genannt nach dem General Boyer von Haiti, s. d.) 1848 als United Grand Lodge reorganisiert werden mußte. Die National Grand Lodge ging 1878 wieder ein. Die weißen Großlogen der Vereinigten Staaten traten zu keiner der von Negern gebildeten Körperschaften in Beziehung, nahmen auch keine Farbigen in ihre Reihen auf.

Die Negerfrage wurde 1857 der Großloge von Massachusetts zur prinzipiellen Entscheidung vorgelegt, deren Großsekretär, Moore, sie als „Brandfackel“ erklärte. Ihm trat u. a. der spätere Bischof von Colorado, Exgroßmeister Randall, entgegen, der, auf das Großlogenbanner weisend, ausrief: „Nihil alienum humanum! Wenn wir nicht imstande sind, uns über die Vorurteile der Rasse, Kaste und Farbe zu erheben, dann laßt uns unser Banner lieber vergraben!“

Die Großloge von Hamburg trat 1858 in einem Rundschreiben nachdrücklich für die Menschenrechte der Neger, d. h. Anerkennung, ein. Das führte zu einer Kontroverse mit der Großloge von New York, die, ebenso wie die anderen amerikanischen Großlogen, die Negerlogen als irregulär bezeichnete. Nach dem Bürgerkrieg und der Aufhebung der Sklaverei beschloß 1867 die Großversammlung der Großloge von Illinois auf Antrag einer ihr unterstehenden deutschen Loge, die Ausschließung der Neger von ihren Logen aufzuheben. In ähnlichem Sinne entschied die Großloge von Louisiana. Es blieb aber schließlich bei den bei der Absicht. Auch der Verein deutschamerikanischer Freimaurer in New York erhob seine Stimme für die Farbigen und verfocht mit großer Wärme den Grundsatz der Gleichberechtigung, was erregten Widerspruch namentlich im Süden der Vereinigten Staaten zur Folge hatte. 1871 wurde der die Rechte der Neger verfechtende deutsche Freimaurer Findel (s. d.) von der African (Prince Hall) Grand Lodge in Boston zum Ehrengroßmeister und General-Freundschaftsbürgen bei den europäischen Großlogen ernannt, mit dem Auftrag, die Anerkennung durchzusetzen. Er erreichte diese auch bei mehreren Großlogen, andere wiederum lehnten ab. 1875 beschlossen die deutschen Großlogen, die farbigen Prince-Hall-Großlogen als gesetzlich konstituiert anzusehen und deren Mitgliedern ihre Hallen zu öffnen. Als aber 1876 die Große Loge von Hamburg das Eintreten des gegenseitigen Vertreterverhältnisses verlangte, widersprach dem der Großlogenbund, um einen Konflikt mit den anerkannten amerikanischen Großlogen zu vermeiden. 1875 verlangte eine deutsche Loge in Cincinnati (Ohio), daß ihre Großloge die Regularität der dort arbeitenden Neger-Großloge untersuche und sie gegebenenfalls anerkenne. Der daraus resultierende Antrag der Großloge, die farbige Großloge unter gewissen Bedingungen (z. B., daß sie nur Neger aufnehme) anzuerkennen, wurde 1876 mit 389 gegen 329 Stimmen abgelehnt. 1897 bewarben sich Neger bei der Großloge des Staates Washington um die Anerkennung der Gemeinschaft von schwarzen und weißen Brr. Das von der Großloge eingesetzte Komitee erklärte 1898, und die Großloge beschloß dementsprechend:

1. Die Hautfarbe ist keine Schranke für die Freimaurerei (no bar to masonry).

2. Die African Grand Lodge und ihre Nachfolger müssen als historisch regulär angesehen werden.

3. Sollte eine Neger-Großloge auch im Staate Washington gegründet werden, so wird die weiße Großloge von Washington darin keinen Einbruch in ihre Rechte erblicken, noch deren Rechtmäßigkeit bestreiten. Die Großloge von Washington sieht aber die Zeit noch nicht gekommen, um diese Logen sich selbst anzugliedern und überläßt die Frage des gegenseitigen Verkehrs zur Entscheidung ihren einzelnen Logen.

Als daraufhin die übrigen amerikanischen Großlogen die Beziehungen zur Großloge des Staates Washington abbrachen, weil diese eine „Winkelmaurerei“ offiziell anerkannt habe, beauftragte diese das gleiche Komitee, die Berechtigung dieser Anschuldigungen zu untersuchen. Das Komitee erklärte die Prince-Hall-Maurerei abermals für legitim und regulär, die Anerkennung wurde aber trotzdem, des lieben Friedens willen, wieder rückgängig gemacht. Seither hat, der allgemeinen amerikanischen Mentalität entsprechend, keine amerikanische Großloge eine Neger-Großloge noch die Aufnahmefähigkeit der Neger anerkannt. Die Großloge von New Jersey allein hat in ihren Reihen eine N., die Alpha Lodge in Newark.

Zu den Prinzipien der Prince-Hall-Maurerei

bekannten sich 1930 36 Großlogen in den Vereinigten Staaten, die mit den ebenfalls farbigen Großbehörden von Liberia, Haiti und San Domingo in brüderlichem Verhältnis stehen.

Daneben gibt es in USA. noch andere farbige Großbehörden. Als 1930 zwei Neger-Großlogen im Staate Colorado einander den Rang streitig zu machen suchten, intervenierte die (weiße) Großloge von Colorado bei Gericht, mit dem Ergebnis, daß beiden Körperschaften die Benennung als Freimaurerei und der Gebrauch von freimaurerischen Emblemen und Titeln verboten wurde.

Die nichtamerikanischen Großlogen, in deren Territorien Neger leben, nehmen in bezug auf deren Aufnahmsfähigkeit eine andere Haltung ein als die amerikanische Freimaurerei. Unter den britischen Obedienzen arbeiten in den Kolonien sowohl Logen, denen weiße und farbige Brr. angehören, als solche, deren Mitgliedschaft sich ausschließlich aus Negern zusammensetzt. Auch unter den französischen Kolonialmaurern gibt es nicht wenige Farbige. Wiederholt ist in Paris auf Konventen der Wunsch ausgesprochen worden, daß die Rekrutierung unter den Eingeborenen sich noch intensiver gestalten müsse. Die Ausschließung der Neger in Nordamerika, die einer freimaurerischen Ächtung gleichkommt, ist einer der wundesten Punkte der Weltfreimaurerei, um so mehr, als die dortigen Negergroßlogen um des Friedens willen von keiner weißen Großloge der Erde anerkannt werden. (Wohl aber Haiti, San Domingo und Liberia.) Amerikanische Freimaurer geben als Grund ihrer den Humanitätsgedanken durchbrechenden Stellungnahme die kulturellen Unterschiede zwischen der weißen und schwarzen Rasse in den amerikanischen Staaten an. Tatsächlich liegen die Gründe wohl aber in dem in Amerika unausrottbar eingewurzelten Rassengegensatz und den tiefsitzenden Erinnerungen an die Negersklaverei. Denn in Wirklichkeit fehlt es unter den Negern Nordamerikas heute nicht mehr an kulturell sehr hochstehenden und moralisch vollwertigsten Persönlichkeiten.

Negruti, Konstantin, rumänischer Politiker und Dichter, * 1809, † 1866, Übersetzer von Puschkin und Victor Hugo, 1861 Minister unter Cuza, schrieb epische Gedichte („Aprode purice"), war Freimaurer.

Nekam, in der Verbindung N.-Netar, oder Nator: hebräisch, d. i. „die Vergeltung ist vollzogen". In mehreren Hochgraden.

Nelson, Horatio, Viscount, Herzog von Bronte, britischer Admiral und Seeheld, dem England die Vorherrschaft zur See verdankt, * 1758, † 1805, in zahlreichen Seeschlachten als Befehlshaber der englischen Flotte bewährt, wobei er den rechten Arm und ein Auge verlor, vernichtete die Flotte Napoleons 1798 bei Abukir. 1805 bereitete er bei Kap Trafalgar das gleiche Schicksal der französisch-spanischen Flotte unter Admiral Villeneuve. Sein Tagesbefehl war der berühmte Satz: „England erwartet, daß jeder Mann seine Pflicht tue!" N. selbst fand in dieser Schlacht im Augenblick des Sieges den Heldentod. Er war Mitglied der Union Lodge, York, Nr. 331 (laut deren Protokollbuch von 1805).

Neophyt, vom griechischen neophytos, der Neueingepflanzte, der Neuling. In der christlichen Kirche der Erstzeit der aus dem Juden- oder Heidentume zur Kirche Übergetretene. Davon abgeleitet der Neuaufgenommene, Neuling, besonders zur Bezeichnung der Neuaufnahme in einen kultischen Bund, daher auch der Neuaufgenommene im Freimaurerbund.

Nettelbladt.

1. Daniel, * 1719, † 1791, Rechtslehrer in Halle, Direktor der Friedrichs-Universität, schloß sich 1744 dem Bunde an und wurde Redner, später Großmeister der Loge „Zu den drei goldenen Schlüsseln" in Halle. Von ihm eine Rede: „Daß der Entschluß, ein Freymäurer zu werden, vernünftig und weise sein kann" (1745). Der Zeitpunkt beweist, wie früh in der deutschen Freimaurerei „der spekulative deutsche Sinn in den Logenarbeiten einen höheren Flug nahm" (Kneisner).

2. Christian Carl Friedrich Wilhelm, Freiherr von, * 1779, † 1843, Oberappellationsrat in Parchim, aufgenommen 1803 in der Loge „Tempel der Wahrheit" in Rostock. Er gründete in Parchim die Loge „Friderica Ludovica zur Treue" und erreichte rasch die höchsten Stufen der Berliner Großen Landesloge. Auf ihn geht die Errichtung eines Krankenhauses für Mittellose in Heiligendamm sowie die Stiftung von Sonntagsschulen für Handwerkslehrlinge und Gesellen zurück. Als die vorpommerischen Gebietsteile von Schweden auf Preußen übergingen (1815), vermittelte er den Anschluß der Logen in Greifswald und Stralsund an die Große Landesloge. Er brachte auch die gestörten Beziehungen zwischen der Großen Landesloge und der Großen Landesloge von Schweden wieder in Ordnung und bearbeitete die Ergänzungen zu den Eckleffschen Akten sowie die Rituale der Hochgrade der Großen Landesloge, die heute noch in seiner Fassung im Gebrauche sind. Sein reiches freimaurerisches Wissen ermöglichte es ihm, ein Sammelwerk über die Freimaurerei zu verfassen, das er selbst „Historische Instructionen" nannte, und das lange nach seinem Tode als „Geschichte der freimaurerischen Systeme in England, Frankreich und Deutschland" (1879) erschien. Zahlreiche andere Arbeiten aus seiner Feder sind erhalten und geben Beweis von seinem rastlosen Eifer und seiner kritischen, dabei immer zur Vermittlung neigenden Stellung.

Nettl, Paul, Dr. jur. et phil., Musikwissenschaftler und Musikschriftsteller, * 1889, Privatdozent für Musikwissenschaft an der deutschen Universität in Prag, schrieb neben zahlreichen musikwissenschaftlichen Arbeiten eine Anzahl wissenschaftlicher Aufsätze über Freimaurermusik. „Freimaurermusik im 18. Jahrhundert" (die „Drei Ringe", 1926), „Über ein altes holländisches Freimaurer-Liederbuch" („Festschrift der Wiener Großloge"), „Old Free Masons Music" (Musical Quarterly, New York, 1930) „Musique et Franc-Maçonnerie" (Revue musicale, Paris, 1930), „Der Roman Sethos von Terrasson und die freimaurerische Grundlage der ‚Zauberflöte'" (Vortrag beim Mozart-Kongreß in Salzburg, erscheint im Mozart-Jahrbuch 1932).

Neu-Braunschweig, s. New Brunswick.

Neuenglisches System wird fälschlich die ursprüngliche freimaurerische Lehrart genannt, wie sie von der 1717 gegründeten Großloge von England gepflegt wurde, also das zuerst entstandene System der symbolischen Maurerei. Der irreführende Name kam in der Zeit des Bestehens zweier englischer Großlogen auf, nachdem die später (1751) ins Leben getretene Gruppe unter Berufung auf eine — apokryphe — alte Yorker Urkunde sich selbst als Antients (s. d.), alte Maurer, die ältere Schwester aber als „Moderns", neue Maurer, Neuerer, bezeichnete.

Neuf Sœurs, Les. Die „Loge der Philosophen", berühmte Pariser Bauhütte aus der Zeit vor der französischen Revolution, der, gemäß ihrer von Helvetius (s. d.) hinterlassenen Bestimmung, die erleuchtetsten und aufgeklärtesten Geister des damaligen Frankreich angehörten. Lalande (s. d.), der große Erforscher der Gestirne, Mitglied der bedeutendsten europäischen Akademien, war ihr Gründer und erster Stuhlmeister. Auf ihn folgte Benjamin Franklin (s. d.), damals Gesandter der dreizehn Vereinigten Staaten von Nordamerika in Paris. Mitglieder waren u. a.: Condorcet (s. d.), der berühmte Mathematiker, und Lacépède (s. d.), der Musiker und Naturforscher, nach der Revolution Präsident des Senats und Großkanzler der Ehrenlegion, der berühmte Advokat Elie de Beaumont (s. d.), der Voltaire im Kampf ums Recht zur Seite stand, Le Sèze, der glänzendste Redner des Pariser Barreaus und Verteidiger des Königs vor dem Konvent, Lafayette (s. d.), Pastoret (s. d.), der Verfasser der „Geschichte der Gesetzgebung der alten Völker", Schöpfer des Pantheons und letzter Kanzler Frankreichs, der Enzyklopädist d'Alembert (s. d.), die Maler Vernet (s. d.) und Greuze (s. d.), der Bildhauer Houdon (s. d.), die Dichter André Chenier (s. d.) und Roucher. Neben ihnen saßen der Abbé Sieyès (s. d.) und-Camille Desmoulins. Am 17. Februar 1778 gab die Loge dem vierundachtzigjährigen Voltaire (s. d.) das Licht. In „Histoire de la Révolution française" von Louis Hauc und „Histoire de France" von Henri Martin ist der N. S. eingehend gedacht, Louis Amiable hat von ihr eine ausgezeichnete Darstellung gegeben („Une Loge maçonnique d'avant 1789, La R∴L∴ Les Neuf Sœurs", Paris 1897).

Neufundland (Newfoundland), britische Insel an der atlantischen Küste von Nordamerika. Die 1870 gegründete Distrikts-Großloge von England zählte 1930 elf Logen (Adresse: P. O. Box 1201, St. John's), die Distrikts-Großloge der Großloge von Schottland (Sitz: St. John, Adresse: Pleasant Street) sieben Logen.

Neu-Guinea, Insel nördlich von Australien, der südöstliche Teil mit Mandat des Völkerbundes unter dem Namen Papua-Territorium vom Australischen Staatenbund verwaltet (früher Kaiser-Wilhelms-Land). Unter der Großloge von England arbeitet in Rabaul eine Loge, eine weitere unter der Großloge von Queensland in Port Moresby.

Neuhoff, Theodor, Baron v., König von Korsika, * 1686, † 1756, westfälischer Abenteurer, der sich 1736 zum König von Korsika ausrufen ließ, war höchstwahrscheinlich Freimaurer, darauf deuten die Symbole des Ritterordens hin, den er in Korsika einsetzte.

Neukaledonien (frz. Nouvelle Calédonie), Insel im südwestlichen Stillen Ozean, französische Kolonie. Unter dem Grand Orient de France arbeitet in der Hauptstadt Nouméa eine Loge.

Neumann, Otto Philipp, Dr. med., Generaloberarzt, * 1860, † 1924, aufgenommen 1902 in der Loge „Zur biederen Vereinigung" in Glogau. Er vertrat in seinem System („Drei Weltkugeln") aus innerster Überzeugung einen konsequenten humanitären Standpunkt, der ihn zuletzt auch infolge von Gegensätzlichkeiten zum Ausscheiden aus seiner Loge veranlaßte. Er schloß sich dem System der Großloge „Zur Sonne" (Loge „Friedrich zur ernsten Arbeit") an. Er dürfte der fruchtbarste freimaurerische Schriftsteller seiner Zeit gewesen sein. Von seinen zahlreichen Schriften sei hervorgehoben „Freimaurertum, Geschichte, Wesen und Ziele" im Verlage von Unger, Berlin, ein Buch, das in seiner ersten Auflage mit dem Peeters-Baertsoen-Preis gekrönt wurde, ferner „Die Gegner der Freimaurerei" und „K. Chr. Fr. Krause" (Verlag Wunder, Berlin). Auch als Wanderredner des Vereins deutscher Freimaurer hat er sich große Verdienste erworben.

Neun, als heilige Zahl, hat nach den Untersuchungen von Andrian-Werburg („Prähistorisches und Ethnologisches", Wien, Hölder, 1915) ein uraltes Zentrum besonders in der griechischen Kultur. Hesiod erkennt in seinen „Werken und Tagen" den glückbringenden Charakter der N. ausdrücklich an. Nach Varro wirken dreimal neun Wespenstiche tödlich. Auch in den ägyptischen Priesterbünden der heliopolitanischen Schule findet die N. Verwendung. Auch die hermopolitanische Zeitrechnung verwendet sie. Es scheint, daß sie von Ägypten nach Hellas eingewandert ist und von dort weiteste* Verbreitung gefunden hat (neun Musen, neunköpfige Schlange). Auch in der neuplatonischen Zahlenmystik vielfache Deutung. Den Rosenkreuzern war N. heilig, als „Ende aller geschaffenen Dinge".

In der Freimaurerei in der Auflösung drei-mal drei. So bei der Salve, in der Grußform u. a. m. In den Hochgraden wird die Neunzahl wiederholt zugrundegelegt. In der Strikten Observanz bestand eine Loge aus neun Meistern.

Beim Gesundheittrinken halten sich die Freimaurer vielfach an die von Ausonius im 4. Jahrhundert n. Chr. angegebene mystische Formel: „Ter bibe, vel toties ternos, sic mystica lex est."

Neuplatonismus (Neoplatonismus), eine von Ammonios Sakkas (200 n. Chr.) begründete Lehre, die Erneuerung der platonischen Philosophie, Zusammenschmelzung ihrer

Ideenwelt mit der aristotelischen Weltstufenlehre und weitere Synthese mit der Philosophie der Stoiker und des Plotin; eine stark spiritualistische Weltanschauung, die den Menschen unter Ausschaltung des Körpers mit der Ideenwelt mittels Intuition und Ekstase zu verbinden trachtete (letzte Form der griechischen Philosophie). Die Welt wurde im Sinne eines Emanationssystems mit mystisch-theosophischem Einschlag aufgefaßt. Die Ideen sind Ausstrahlungen des Einen, der Weltidee. Der N. nahm auch orientalische Elemente in sich auf und glaubte an eine Dämonen- und Götterwelt. Diese Lehre war in Hellas, im lateinischen Westen und in Alexandrien verbreitet und wurde im 3. Jahrhundert durch Origenes, bezw. durch Augustinus dem Christentum übermittelt, doch war es eigentlich Dionysos Areopagita, der den N. in die christliche Lehre übertrug. N. beeinflußte die Scholastiker, die Renaissance-Philosophie (z. B. die Florentiner Akademie); die Kabbala, Meister Eckehart, Giordano Bruno, Jakob Böhme, Spinoza, Fichte und in der Gegenwart Bergson weisen neuplatonische Einflüsse auf. Zu Ende des 18. Jahrhunderts blühte der N. als Reaktion gegen den Rationalismus und Materialismus der Aufklärungszeit auf und stellte in dieser Form eine Verchristlichung der neuplatonischen Ideen dar. Namentlich die Rosenkreuzer spielten gegen die mechanisch-atomistische Weltanschauung, gegen die aufklärerische „Geisterscheu" die nach neuplatonischen Grundbegriffen orientierte spiritualistische Naturbetrachtung des 16. und 17. Jahrhunderts aus (Ferd. Jos. Schneider „Die Freimaurerei", Prag 1909). Das äußerte sich auch überall da in der Freimaurerei, wo die Gold- und Rosenkreuzer und verwandte Strömungen (in Frankreich: Saint-Martin) Geltung erlangten. Doch bildeten dabei Kabbala, Alchimie, theosophische Strömungen und Mystizismus ein geistiges Konglomerat, in dem die einzelnen Teile nicht mehr auseinanderzuhalten sind.

Neuschloß, Marcel, ungarischer Industrieller und Philantrop, * 1853, † 1905, einer der bedeutendsten Führer der ungarischen Freimaurerei. Er wirkte als Redner der Loge „Die alten Getreuen", Deputierter Großmeister der Symbolischen Großloge und bemühte sich in deren Schoß erfolgreich um die Anerkennung der Settegast-Großloge „Kaiser Friedrich zur Bundestreue". Seine Bauhütte nahm nach seinem Tode den Namen „Neuschloß, die alten Getreuen" an.

Neuschottland, s. Nova Scotia.

Neuseeland, britisches Dominion in Ozeanien (1,400.000 Einwohner). Die Freimaurerei kam 1840 mit den kolonisierenden Engländern auf diese Inselgruppe. 1842 erteilte die Großloge von Irland das erste Logenpatent. Ara Nr. 1 in Auckland war die älteste Bauhütte. 1843 stiftete der Suprême Conseil von Frankreich in Akaroa die Loge „Loge Française primitive antipodienne". 1845 entstand die erste Bauhütte der Großloge von England in Wellington. Weitere englische, schottische und irische Logen folgten. Aus mehreren Provinzial- und Distrikts-Großlogen, die sich infolge des starken Anwachsens der Zahl der Logen und ihrer Mitglieder bildeten, entstand 1890 die Großloge von N. mit 41 Logen, wobei kein Zwang zum Anschluß stattfand, sondern jene Logen, die es wünschten, bei ihrer Mutter-Großloge bleiben konnten. Die Großloge von N. zählte 1930 300 Logen mit rund 27.259 Mitgliedern. Daneben gibt es zwei Distrikts-Großlogen („North" und „South" mit 11 Logen) der Großloge von Schottland, 5 Provinzial-Großlogen (Auckland, Canterbury, Otago and Southland, Wellington, Westland and Nelson mit 38 Logen) unter England und 4 Logen unter Irland. Diese Logen zählen rund 3000 Brr. Die Großloge verlegt alle zwei Jahre ihren Sitz nach einer der vier großen Städte des Dominions: Auckland und Wellington auf der Nordinsel, Dunedin und Christchurch auf der Südinsel. Im letzten Jahrzehnt war der jeweilige Generalgouverneur eine Zeitlang Großmeister der Großloge, unter ihnen der englische Seeheld aus dem Weltkrieg, Admiral Lord Jellicoe (s. d.), jetzt Lord Bledisloe (s. d.). Die Großloge unterhält große karitative Anstalten. Ihre Wohlfahrtsfonds sind sehr beträchtlich.

Neusüdwales (engl. New South Wales), zum australischen Bund gehörender Staat. Der 1888 gegründeten Vereinigten Großloge unterstehen 582 Logen mit 69.000 Mitgliedern. Ihr Sitz befindet sich in der Hauptstadt Sidney (Adresse: Masonic Hall, 281 Castlereagh Str.), die in der Geschichte der australischen Freimaurerei eine wichtige Rolle spielte, indem hier die erste Loge in diesem Weltteil entstand, die „Australian Southern Mother Lodge", die 1806 von der Großloge von Irland ihr nach vorübergehender Zurückziehung 1820 erneuertes Patent erhielt und heute unter dem Namen „Antiquity Nr. 1" im Register der Großloge von N. figuriert. In Sidney ist außerdem eine Loge unter der Großloge von England tätig, die 1855 gegründete „Cambrian Lodge".

Neutempler, Néo-Templiers, s. Ordre du Temple.

Nevada, Bundesstaat der Vereinigten Staaten von Nordamerika. Die 1865 gestiftete Großloge zählte 1930 in 23 Logen rund 3100 Mitglieder. Die Freimaurerei hatte am Aufbau des Staates großen Anteil. Adresse: Masonic Temple, Reno.

Ne varietur. Auf den Meisterdiplomen vieler, besonders angelsächsischer Großlogen, Vordruck einer Randrubrik, in die der Besitzer seinen Namen eigenhändig einzutragen hat. Diese Unterschrift wird mit der Eintragung in das Präsenzbuch der gastgebenden Loge verglichen. Im „Kim" von Rudyard Kipling kommt diese Anspielung auf den Freimaurerbrauch wiederholt vor.

New Age Magazine, offizielles Organ der Südlichen Jurisdiktion des A. u. A. Schottischen Ritus von Nordamerika in Washington, dessen Auflage — 360.000 — die stärkste aller maurerischen Zeitschriften darstellt.

New Brunswick, kanadische Provinz. Die 1867 gegründete Großloge zählte 1930 439 Logen mit mehr als 6000 Mitgliedern. Schon 1783 besaß Jared Betts ein Patent von

D e r m o t t. Vom folgenden Jahr an erfolgten Gründungen unter der Provinzial-Großloge von N o v a S c o t i a (Neuschottland). Sie blieben aber nicht alle am Leben. Die älteste heute arbeitende Loge „St. John's Nr. 2" stammt von 1802. Adresse: Grand Secretary, 120, Prince William Street, St. John.

Newcastle, H e n r y P e l h a m F. C l i n t o n, fünfter Herzog, englischer Politiker, * 1811, † 1864, Chief Secretary für Irland, Kriegsminister 1854/55, Kolonialminister 1859—1864, wurde 1860 Provinzial-Großmeister von Nottinghamshire.

New Crusaders (engl.), N e u e K r e u z f a h r e r, nennt sich ein in England in der Nachkriegszeit gegründeter Orden, der den Gedanken der Humanität auch auf sozialem Gebiet betätigen will. Sein Wahlspruch lautet: „Bruderliebe und sozialer Dienst". Jede Untergruppe heißt Konklave. Bei den Zusammenkünften wird von allen Mitgliedern die weiße Tracht der Kreuzfahrer getragen, um alle Unterschiede der Kleidung auszugleichen. Der Orden hat mit der Freimaurerei keine Berührung.

New Hampshire, Bundesstaat der Vereinigten Staaten von Nordamerika. Die 1789 gegründete Großloge zählte 1930 81 Logen mit rund 15.500 Mitgliedern. Der erste Großmeister war einer der Helden des amerikanischen Revolutionskrieges, Generalmajor John S u l l i v a n; seinem Andenken ist ein Fenster im Großlogengebäude gewidmet. Adresse: Masonic Temple, Concord.

New Jersey, Bundesstaat der Vereinigten Staaten von Nordamerika. Wenn auch die 1930 in 279 Logen 96.157 Mitglieder zählende Großloge erst 1786 gegründet wurde, so trat doch schon lange vorher freimaurerische Tätigkeit in Erscheinung. N. J. bildete mit New York und Pennsylvanien die drei englischen Besitzungen in Amerika, für die bereits am 5. Juni 1730 seitens des englischen Großmeisters Herzog von N o r f o l k eine „Deputation" zum Zwecke von Logengründungen ausgestellt wurde. Träger des Mandats als erster Provinzial-Großmeister von Nordamerika war einer der angesehensten Einwohner dieser Provinz, „Daniel C o x of New Jersey Esqu.", Sohn des Gouverneurs Dr. Daniel Cox, dessen Stellvertreter eine Zeitlang John S k e n e (s. d.) war, der neuerdings an Stelle von Jonathan B e l c h e r als erster amerikanischer Freimaurer reklamiert wird. Über die freimaurerische Tätigkeit von Cox (auch Coxe) liegt nichts Positives vor; in N. J. soll er eine Loge in der Hauptstadt Trenton gegründet haben. Regeres freimaurerisches Leben setzte zu Beginn der sechziger Jahre ein. Von den Provinzial-Großlogen von New York (St. John's Lodge in Newark, 1761), Massachusetts, Pennsylvanien wurden Logen eingesetzt; die erste von Boston aus erfolgte Gründung (1762) führte zu einer Verwahrung in London, indem man sich plötzlich in N. J. daran erinnerte, daß man ja selbst 1730 einen Provinzial-Großmeister erhalten habe.

Die heutige Großloge, der die Ehre gebührt, in ihrem Verband die einzige Negerloge der Vereinigten Staaten zu haben, die einer weißen Obedienz zugehört, entfaltet eine ausgedehnte charitative Tätigkeit. Ihr „Home" sorgt durchschnittlich für über 150 Alte und mehr als 50 Kinder. Daneben unterhält sie eine Stellenvermittlung, die 1930 gegen 2500 Gesuche um Posten behandelte, von denen fast die Hälfte günstig erledigt werden konnte.

New Mexico, Bundesstaat der Vereinigten Staaten von Nordamerika. Die 1877 gegründete Großloge zählte 1930 in 57 Logen über 7000 Mitglieder. Sie hat sich zum Ziel gesetzt, eine Fürsorgeaktion größten Stils für tuberkulöse Freimaurer durchzuführen. Für diesen Zweck ging aus ihren Reihen auch an andere Obedienzen eine Anregung zur Gründung einer nationalen Gesellschaft zur Errichtung von Tuberkulosesanatorien aus; in der Hauptsache will aber die Großloge das Werk der Masonic Tuberculosis Association selbst durchführen, eventuell gemeinsam mit der Großloge von Arizona. Die Großloge betätigt ihre freundschaftliche Beziehung zu anderen Großlogen ohne Austausch von Freundschaftsbürgen. Adresse: Masonic Temple, Albuquerque.

Newton, J o s e p h F o r t, amerikanischer Geistlicher, * 1876, bedeutender freimaurerischer Schriftsteller. Hauptwerke: „The Builders" und „The Religion of Freemasonry", war mehrere Jahre Chefredakteur der Monatsschrift „The Master Mason" (Philadelphia).

New Welcome Lodge, 5139, in L o n d o n ist eine „Parlamentsloge", der Unterhausmitglieder der L a b o u r P a r t y angehören. Die 1929 erfolgte Gründung erregte um so größeres Aufsehen, als nicht allzulange vorher der Kongreß der Trade Unions den Gewerkschaftsführern den Beitritt zur Freimaurerei untersagt hatte und das Inslebentreten dieser Bauhütte einen neuen Kurs ankündigte.

New York, Bundesstaat der Vereinigten Staaten von Nordamerika. Die Großloge, die wohl nicht an Logen, aber an Mitgliederzahl die größte der Welt ist — sie zählte 1931 in 1011 Logen 343.400 Mitglieder — geht auf das Jahr 1781 zurück. Freimaurerlogen gab es im Staate schon lange vorher, sicherlich schon vor 1730, in welchem Jahre Oberst Daniel C o x (s. d.) als Provinzial-Großmeister der Provinzen von N. Y., New Jersey und Pennsylvania bestellt wurde. Die erste sichere Kunde von einer Loge datiert aber erst von 1739, aktive Tätigkeit der Provinzial-Großloge ist seit 1753 erweislich. Aber erst von 1757 an weiß man Näheres über die damals existierenden Bauhütten. Von diesen ist jetzt nur noch eine „St. J o h n's L o d g e Nr. 2, heute Nr. 1, in Tätigkeit, die Loge, auf deren Bibel 1789 W a s h i n g t o n (s. d.) und 1921 H a r d i n g (s. d.) den Präsidenteneid ablegten.

In den Zeiten der Unabhängigkeitskämpfe gab es in N. Y. eine Reihe von Militärlogen, darunter die berühmteste der Kolonialarmee, A m e r i c a n U n i o n Nr. 1. Die erste Provinzial-Großloge überlebte die Revolution nicht, zumal ihr letzter Großmeister, ein unentwegter Parteigänger Englands, Sir John J o h n s o n, Tory reinsten Blutes, das von der ersten englischen Großloge stammende Patent nach Kanada mitnahm. Nach der Einnahme von N.

Y. durch britische Truppen des Generals Howe dominierten in der Stadt die „Antients" (s. d.). 1781 enstand unter Führung der britischen Feldloge Antient York Masons Nr. 169 die nach dem englischen Großmeister benannte Atholl-Provinzial-Großloge, die hauptsächlich aus Militärlogen bestand. James Mc Cuen war erster Großmeister. Die Einnahme N. Y. durch die amerikanischen Truppen bedeutete das Ende der Provinzial-Großloge und den Beginn der eigentlichen Großlogenzeit.

Unter dem berühmten Staatskanzler Robert R. Livingston (s. d.) erlebte die nun souveräne Großloge bis 1822 einen gedeihlichen Aufschwung. Sie nahm namentlich am Ausbau des N. Y. Schulwesens Anteil. Meinungsverschiedenheiten interner Natur führten zu vorübergehender Spaltung. Von 1822—1827 gab es zwei Großlogen. Unter Stephen van Rensselaer, einem der prominentesten Amerikaner seiner Zeit, erfolgte die Wiedervereinigung. Aber neue Schwierigkeiten brachen herein, die Verfolgungen aus Anlaß der Morgan-Affäre (s. d.). Die Mitgliederzahl der Großloge fiel von 20.000 auf 1500, die der Logen von 227 auf 41. Als aber auch diese Periode vorübergegangen war, trat dennoch nicht Ruhe ein. Mehrmals gab es Schismen, bis endlich 1867 in überaus feierlicher Weise die Einigkeit hergestellt werden konnte. Seither ging es ständig vorwärts und die Großloge entwickelte sich immer machtvoller. Sie wendete für Wohlfahrtszwecke bedeutende Summen auf und hat vor allem ein großartiges Heim für Witwen und Waisen und alte Brr. in Utica errichtet. Im letzten Weltkriegsjahr stand der frühere Großmeister Scudder (s. d.) an der Spitze einer Hilfsaktion der amerikanischen Freimaurer für die in den Reihen der amerikanischen Truppen in Europa kämpfenden Freimaurer. Nach Beendigung des Krieges stellte sich die Großloge an die Spitze der Bestrebungen, die Verbindungen zwischen der amerikanischen und der Maurerei der übrigen Welt enger zu gestalten. Sie nahm an der Gründung der A. M. I. (s. d.) führenden Anteil, schied dann aber mit der Begründung wieder aus, daß sie nicht mit Großlogen zusammenarbeiten könne, die nicht auf dem Boden der Alten Landmarken stehen. Alljährliche Reisen der führenden Männer nach Europa und Afrika, vor allem des Groß-Historiographen Ossian Lang (s. d.), haben wertvolle Verbindungen geschaffen. Im Jubiläumsjahr 1931 wurde unter Großmeister Charles H. Johnson, nach dem Vorbild der Londoner Quatuor Coronati Lodge als erste amerikanische Forschungsloge die American Lodge of Research ins Leben gerufen. Adresse: Masonic Hall, 71 West, 23d Street, New York City.

New York, größte Stadt der Welt, im gleichnamigen Bundesstaat der USA., Sitz der Großloge des Staates N. Y. (Adresse: 71 West 23d Street, N. Y. City). Hier arbeiten mehrere hundert Logen in einer Reihe von Distrikten, an deren Spitze vom Großmeister jeweils auf ein Jahr ernannte District Deputy Grand Masters stehen. Seit 1858 besteht ein deutscher Distrikt (neunter Manhattan D.), der 29 Logen umfaßt.

New York, Masonic Outlook, The, monatlich erscheinendes Organ der Großloge von New York, herausgegeben vom Board of General Activities, Schriftleiter Thomas C. O. D'onell.

Ney, Michel, Herzog von Elchingen, Fürst von der Moskwa, * 1769, † 1815, berühmter Marschall Napoleons, der ihn den „Tapfersten der Tapferen" nannte, nach der zweiten Restauration der Bourbonen zum Tode verurteilt und erschossen, war Freimaurer.

Nicaragua, zentralamerikanische Republik. Die 1907 gegründete „Soberana Gran Logia Simbolica" zählte 1930 vier Logen. Adresse: G. L. de Nicaragua, Managua.

Niccolini, Giovanni B., italienischer Dichter, * 1785, † 1861, Bibliothekar des Palazzo Pitti in Florenz, schrieb erfolgreiche Dramen („L'Edipo", „Matilda" usw.), nahm in seinem Drama „Nabucco" gegen Unterdrückung und Despotismus Stellung, veröffentlichte historische Romane, war Freimaurer (Luzio, „La Massoneria e il Risorgimento Italiano").

Nickel, August, Dr. med., Geheimer Medizinalrat und Kreisarzt in Perleberg, * 1856, aufgenommen in der dortigen Loge „Zur Perle am Berge", seit 1902 Meister vom Stuhl, war Mitarbeiter an der dritten Auflage des Allgemeinen Handbuches der Freimaurerei, der Bibliographie von Wolfstieg und Beyer. Verfasser zahlreicher Arbeiten über Geschichte der Freimaurerei, feinsinniger Schöpfer von Ritualen, besitzt die derzeit größte freimaurerische Büchersammlung in deutschem Privatbesitz. Seine durch Gründlichkeit ausgezeichneten Aufsätze und Untersuchungen auf historischem Gebiet (Johannes der Täufer, die vier Gekrönten, die englischen Zustände vor Gründung der englischen Großloge, Symbolgruppe der Kleinodien u. a.) erschienen zumeist im „Bundesblatt" der Großen National-Mutterloge „Zu den drei Weltkugeln".

Nicolai, Christoph Friedrich, Schriftsteller und Buchhändler in Berlin, * 1733, † 1811, Freund Lessings, schrieb „Briefe über den jetzigen Zustand der schönen Wissenschaften in Deutschland", in denen er u. a. die Nachahmer Klopstocks angriff, gründete 1757 mit Mendelssohn die „Bibliothek der schönen Wissenschaften und der freien Künste", 1759 mit Lessing und Mendelssohn die glänzende kritische Wochenschrift „Briefe, die neueste Literatur betreffend", schuf dann die „Allgemeine Deutsche Bibliothek", war erfolgreich mit dem Roman „Leben und Meinungen des Magisters Sebaldus Nothanker". Er war ein Kämpfer für Aufklärung und gegen Vorurteile und Schwärmerei (u. a. beeinflußte er Mirabeau), er schuf sich aber durch unerbittliche Kritik auch am Neuen viele Feinde. Herder trat ihm entgegen; Goethe forderte er durch eine „Werther"-Parodie heraus. Seine 1783 erschienene „Beschreibung einer Reise durch Deutschland und die Schweiz" mit scharfen Angriffen auf den Idealismus usw. und ätzender Kritik an vielem Gesehenen, rief

Schiller, Fichte, Blumauer in Wien u. a. auf den Plan, die N. rettungslos dem Ruf der Philistrosität preisgaben. Seine großen Verdienste um Aufklärung und Humanität, die ihm die Feindschaft des Zeloten Wöllner (s. d.) und bösartige Denunziationen am Wiener Hof und anderwärts eintrugen, gerieten darob ganz in den Hintergrund.

Einen Teil seines Aufklärungskampfes führte N. auf freimaurerischem Gebiet. Er war Mitglied der „Drei Weltkugeln" und verfaßte eine Reihe wichtiger Schriften, so: „Versuche über die Beschuldigungen, welche dem Tempelherrenorden gemacht werden, und über dessen Geheimnis. Nebst einem Anhang über die Entstehung der Freymaurergesellschaft", „Einige Bemerkungen über den Ursprung und die Geschichte der Rosenkreuzer und Freimaurer ...". N. verwarf die templerisch-maurerische Geschichtsauffassung Lessings und wollte den Ausgangspunkt der Freimaurerei in den auf der „Nova Atlantis" von Bacon (s. d.) fußenden englischen Rosenkreuzern des 17. Jahrhunderts erblicken. Er griff leidenschaftlich in den Streit um das Klerikat des „Kryptokatholiken" Starck (s. d.) ein und verfocht als einer der hitzigsten die These, daß der Jesuitenorden danach strebe, die Freimaurerei im Interesse der katholischen Kirche zu lenken. Mystik, Rosenkreuzerei, die „Inneren Orden", alles „papistisch Angehauchte" im Freimaurerbund waren ihm in tiefster Seele verhaßt. Seine Anschauungen über die Entstehung der Freimaurerei wurden von Herder im „Teutschen Merkur" bekämpft („Historische Zweifel ..."). Eine Zeitlang war N. auch Illuminat. Er wandte sich aber bald von den Auffassungen dieses Ordens ab. (Vergl. auch „Öffentliche Erklärung über seine geheime Verbindung mit dem Illuminatenorden ...".)

Nicotera, Giovanni, italienischer Politiker und Freiheitskämpfer, * 1828, † 1894, nahm an der revolutionären Bewegung teil, Abgeordneter, 1876 Innenminister, 1891 Mitglied des Kabinetts Di Rudini, war Mitglied des Obersten Rates.

Nicotiates, oder **Ordre des Priseurs** (frz.), **Orden der** Tabakschnupfer, wird von Ragon (s. d.) in seinem „Tuileur Général ou Manuel de l'Initié" als einer der von ihm genannten „Ordres dits maçonniques" erwähnt. Die Gesellschaft bestand von 1817—1833. Ragon selbst wurde 1817 eingeführt. Der Orden arbeitete in „Manufaktureien", die Beiträge zur Arbeit hießen „Tabaksblätter", das Archiv die „Tabaksbüchse" u. a. m. Selbstverständlich wurden die „Weisheiten" dieser Narreteien in Graden bearbeitet. Ragon enthüllt, daß hinter dem Tabaksqualm die Weisheiten des Pythagoras verhüllt waren. Der Großmeister führte den Titel Hierodidascalos (A. Q. C., 1915).

Niczky, Stephan, Graf, Obergespan, gründete 1773 in Ossijek (Esseg) die Loge „Vigilantia" (später „Zur Wachsamkeit") und andere kroatische Logen, die sich 1777 mit den Bauhütten des Grafen Drášković (s. d.) zur Großloge vereinigten. N. war der eifrigste Mitarbeiter dieses von hoher Humanität erfüllten Edelmanns.

Niederlande. Die erste verläßliche Nachricht über die Freimaurerei in den N. betrifft die Aufnahme des Herzogs Franz Stephan v. Lothringen, der im Auftrage des englischen Großmeisters Lord Lovel im Jahre 1731 im Haag durch Dr. Desaguliers dem Bunde zugeführt wurde. Anwesend waren John Stanhope und John Holtzendorff, ferner der englische Gesandte im Haag Earl of Chesterfield, der die Aufnahme veranlaßt haben dürfte, und drei andere Herren. Bezeichnenderweise war in der Versammlung nur ein Holländer zugegen, was gegen die Behauptung spricht, daß damals bereits französische und englische Logen in Holland bestanden hätten. Prinz Wilhelm III., Statthalter der Niederlande, und Baron Bentinck sollen schon 1690 Aufnahme in die Londoner „Society of Freemasons" gefunden haben. Die Existenz einer Loge „Frederiks Vreedendall", die schon seit 1630 unter dem Prinzen Frederik Hendrik von Oranien gearbeitet habe, ist bisher nicht glaubwürdig bestätigt. Daß Graf Franz Sporck (s. d.) während seiner Kavaliersreise in Holland mit Freimaurern zusammentraf und daher bereits im Jahre 1726 in Prag eine Loge begründen konnte, gehört gleichfalls in die große Zahl unbewiesener und vorläufig unbeweisbarer Behauptungen. Um das Jahr 1731 scheinen aber Logen in Holland begründet worden zu sein. Sicher ist der Bestand einer Loge im Haag unter dem Titel: „Loge du Grand Maître des Provinces Unies et du ressort de la Généralité" im Jahre 1734 (Stuhlmeister: Vincent la Chapelle). 1735 wird eine Loge „Le véritable zèle" erwähnt. Als der erste Großmeister wird Johann Cornelius Radermacher genannt. Die Versammlungen wurden in einer öffentlichen Zeitung besprochen, weshalb Radermacher im Dezember vor den Hof geladen wurde und ehrenwörtlich geloben mußte, keiner Freimaurerversammlung künftig mehr beizuwohnen. Die Loge „De la Paix" in Amsterdam, die meist aus Engländern bestand, wurde am 16. Oktober 1735 von einem fanatisierten Pöbel überfallen, der die gesamte Einrichtung zerstörte. Die Behörden sahen sich veranlaßt, die Freimaurerei in den Generalstaaten zu verbieten. Die Stimmung scheint aber bald wieder ins Gegenteil umgeschlagen zu sein, denn 1740 wird den Geistlichen untersagt, ihre Beichtkinder über Freimaurerei zu vernehmen. Die Logenzahl hob sich wieder, als 1747 Wilhelm IV. erblicher Statthalter aller Provinzen der N. wurde. Damals wurden alle Schwierigkeiten beseitigt. Als die Loge „La Royale", hervorgegangen aus der oben erwähnten Loge du Grand Maître, 1756 den Ruf zur Sammlung erließ, meldeten sich schon 10 Logen, die am 26. Dezember 1756 die „Groote Nationale Loge" gründeten. Ihr Gesetzbuch verpflichtete u. a. die Neuaufgenommenen zum Eid, bei allen ihren Taten das Gebot: „Tue anderen, wie du wünschest, daß dir geschehe" vor Augen zu haben Erster National-Großmeister wurde der Oberstleutnant Baron A. N. van Aerssen-Beijeren, sein Nachfolger 1758 Graf Christian Fr. A. v. Bentinck. Unter dem dritten Großmeister, Oberst Baron v. Boetselaar (1759—1794), suchte die Großloge 1770 bei der englischen Großloge um Anerkennung und Bestätigung ihrer Unabhängigkeit an, die ihr auch gewährt wurde. Schon 1757 setzte eine Erörterung der Hochgradfrage ein. In diesem Jahr ging eine Anfrage über die „Schottischen Grade" an den Deputierten Großmeister der Londoner Großloge („Moderns"), Dr. Manningham (s. d.). Dieser teilte, nachdem er auch Erkundigungen bei Lord Aberdour, dem Großmeister der Großloge von Schottland, eingezogen hatte, dem anfragenden Br. Sauer mit, daß in Großbritannien von dieser „Charlatanerie" nichts bekannt sei; die in Deutschland, Holland, der Schweiz usw. bestehenden Rittergrade deuteten auf Leute hin, die ihren Geist nur dazu angestrengt hätten, die Maurerei unverständlich und nutzlos zu machen. In England kenne man nur drei Grade und keiner von diesen gelange durch die Maurerei jemals zur Ehre der Ritterschaft. Die Hochgrade hielten aber, wie ja dann auch auf den britischen Inseln, auch in Holland ihren Einzug. Beziehungen zur Strikten Observanz wurden hergestellt und es wurde ein Nationalkapitel von Holland gegründet, das dem Prinzen Friedrich von Hessen-Kassel unterstand. Bemerkenswert ist, daß in Holland die Großloge ihre volle Souveränität beibehielt und nicht, wie in den Nachbarstaaten, in Abhängigkeit von den Hochgraden geriet. In der zweiten Hälfte des 18. Jahrhunderts entstanden in den N. über 70 Logen, 20 weitere in den Kolonien.

Auch während der französischen Besetzung — 1793 verteidigte der Großmeister von Boetselaar Willemstad erfolgreich gegen die französischen Truppen unter Dumouriez — und der Republik wußte die National-Großloge gegenüber dem Grand Orient de France die Unabhängigkeit zu bewahren. Der französische Großorient gründete in dieser Periode eigene Logen in Holland. Auch die französischen Hochgrade fanden 1807 offiziell Eingang in Holland, und zwar die vier damals vom Grand Orient de France bearbeiteten des „Rite français" („Rite moderne"). Im Dezember 1797 betonte Br. de Mist in einer Logenversammlung in Amsterdam, daß in dem von Bürgerkrieg und Zwiespalt zerrissenen Lande nur in der Loge noch gesagt werden könne, daß man nicht hasse und Rache nicht kenne, daß bei den Freimaurern die oft mißbrauchten Worte: Freiheit, Gleichheit und Brüderlichkeit nicht eitel seien. „Die Freimaurer sind frei, weil sie Despotie und Zügellosigkeit in gleicher Weise verabscheuen, sie sind gleich, weil sie fühlen, wie unendlich klein und unbedeutend der Mensch im Vergleich zum Unendlichen ist, weil sie wissen, daß niemand sagen kann, er allein besitze die Wahrheit. Daher sind sie tolerant aus herzinniger Bescheidenheit, daher brüderlich und bereit, den anderen zu helfen, auch wenn er andere Anschauungen hegt, und ohne darauf zu achten, ob er arm oder reich, schwach oder mächtig genannt wird."

Als Holland 1806 Königreich unter Louis Napoleon wurde, entstanden zahlreiche Offizierslogen. Im folgenden Jahr wurde ein großer Teil der Stadt Leiden durch die Explosion eines Pulverschiffs zerstört; die Logen spendeten 13.000 Gulden. Im selben Jahr stifteten die vier Amsterdamer Logen ihrer Stadt das Blindeninstitut, heute noch eines der vorzüglichsten der Welt. Der Magistrat weigerte sich damals, auf irgendeine Weise zu dem Unternehmen beizutragen.

1810 wurde Holland französische Provinz. Napoleon wünschte keine unabhängige holländische Freimaurerei; 1812 wurde durch ein Arrêté des Grand Orient de France die Aufhebung der holländischen Großloge verfügt; praktische Wirkung hatte das nicht, da 1813 die Franzosen Holland verlassen mußten.

1814 erfolgte die Vereinigung Hollands mit Belgien, König Wilhelm I. von Oranien bestieg den Thron. Versuche, eine Vereinigung aller Logen im neuen Königreiche zu erzielen, scheiterten lange Zeit an den Gegensätzlichkeiten zwischen den nördlichen und südlichen Provinzen. Inzwischen war Prinz Friedrich der Niederlande, der zweite Sohn des Königs, zum National-Großmeister der nördlichen Provinzen gewählt worden (1816). Die südlichen Provinzen gründeten gleichfalls eine Großloge (1817), die aber ebenfalls den Prinzen Friedrich zum Großmeister wählte, so daß die gesamte holländisch-belgische Freimaurerei zumindest durch Personalunion vereinigt war. Sein Vorschlag, einen gemeinsamen Großosten (Grootoosten) zu schaffen, fand Anklang. Verwaltungstechnisch wurde daher 1817 ein solcher gegründet, der abwechselnd im Haag und in Brüssel tagen, während im Norden und Süden je eine Grande Loge d'administration weiterbestehen sollte. Sprachlich war der Süden französisch, der Norden holländisch.

1830 wurde durch die Bildung des Königreiches Belgien diese Einheit naturgemäß beendet. Trotzdem dauerte es bis 1837, bis die volle Trennung sich auswirkte, aus der Grande Loge d'administration wieder der unabhängige eigene Grootoosten wurde. Lange Kämpfe wegen der Hochgradfrage wurden in diesem Zeitraum durch Kompetenzabgrenzung schließlich auch zu befriedigendem Abschluß geführt, und so hatte die holländische Freimaurerei von diesem Zeitpunkte an eine ruhige, stetige Entwicklung zu verzeichnen.

Der 1835 neuerlich zum Großmeister gewählte Prinz Friedrich der Niederlande widmete sich eifrigst seinen Aufgaben. In seiner langen Amtszeit beschenkte er die Großloge wiederholt mit Gaben von großem und dauerndem Wert. So 1856, als er dem Großosten das Haus Fluweelen Burgwal 22 im Haag zu eigen gab, in dem dieser heute noch arbeitet. 1866, anläßlich seines 50jährigen Maurerjubiläums, schenkte er dem Großosten die kostbare Bibliothek des Frankfurter Arztes Dr. Kloß (s. d.) („Bibliotheca Klossiana"), die er für den damals sehr hohen Betrag von 60.000 Mark erworben hatte. Beim gleichen Anlaß kam eine große Geldsumme zustande, aus der eine bedeutende Waisenstiftung (Louisa Stichting) erhalten wird. Anläßlich der 60jährigen Großmeisterschaft des Prinzen Friedrich (1876) wurden neuerlich wohltätigen Zwecken große Summen zugewendet. Friedrich starb 1881. sein Nachfolger wurde Prinz Alexander, der ihm aber bereits nach drei Jahren in den ewigen Osten folgte. Seither stehen an der Spitze der holländischen Freimaurerei bürgerliche Großmeister.

1917 — anläßlich der Zweihundertjahrfeier der Freimaurerei — gab sich der Großosten ein neues Grundgesetz, das unter Großmeister Hugo van Gijn (1906—1917) ausgearbeitet worden war. In ihm kommt eine moderne Weltanschauung zum Ausdruck. Es heißt da u. a.:

„Freimaurerei ist die aus innerem Drange hervorgegangene Geistesrichtung, die sich in einem fortwährenden Bestreben nach der Entwicklung aller jener Eigenschaften des Geistes und Gemütes offenbart, welche die Menschheit zu höherer geistiger und sittlicher Stufe erheben können. Sie findet in der Pflege der höchsten Lebenskunst ihre Anwendung. Der Orden (Bund), ein selbständiges Glied der in allen Weltgegenden verbreiteten Brüderschaft der Freimaurer, bezweckt, ein gemeinsamer Mittelpunkt dieser Lebenskunst zu sein, und strebt die vielseitige und harmonische Entwicklung des Menschen und der Menschheit an. Er stützt sich dabei auf die Zuversicht in die Realität einer geistigen und sittlichen, den Menschen und die Menschheit nach aufwärts führenden Weltordnung."

Weiter erkennt er als Grundlage an: „Den hohen Wert der menschlichen Persönlichkeit, das Recht eines jeden Menschen, selbständig nach Wahrheit zu suchen, die sittliche Verantwortlichkeit des Menschen für sein Tun und Lassen, die Wesensgleichheit aller Menschen, die allgemeine Brüderschaft der Menschen, und eines jeden Pflicht, mit Hingebung an dem allgemeinen Wohle zu arbeiten.

Der Orden trachtet sein Ziel zu erreichen, indem er seine Institutionen und internen Beziehungen mit den in Art. 2 umschriebenen Prinzipien in Übereinstimmung bringt, mit dem Wunsche, daß diese Prinzipien die Welt durchdringen mögen. Teilweise arbeitet er auf besondere Weise mit Hilfe von Symbolen und Ritualen, welche Dolmetscher jener Ideale und Gedanken sind, die Äußerungen des höchsten Geistes darstellen. Anderseits fördert er alles, was geistige Armut und sittliches und materielles Elend in geistigen und sittlichen Reichtum und in materiellen Wohlstand verwandeln kann. Er nährt Toleranz und Nachsicht, übt Gerechtigkeit, fördert Nächstenliebe, sucht, was Menschen und Völker vereint; will beseitigen, was Geister und Gemüter trennt, und führt zu höherer Einheit, indem er das Bewußtsein der allesumfassenden Brüderschaft lebendig macht. Er fordert Gehorsam gegenüber den Landesgesetzen."

Der Grootoosten der Nederlanden, Fluweelen Burgwal 22, Den Haag, umfaßt heute 128 Logen mit gegen 8000 Mitgliedern. Davon sind 59 Logen im Mutterlande, 46 in Südafrika, 21 im östlichen, 4 im westlichen Indien. Die Logen in Übersee sind Provinzial-Großlogen unterstellt, hiervon zwei (Südafrika, Kapstadt, und Transvaal, Johannesburg) in Afrika, eine in Holländisch-Indien. In holländischer Sprache erscheinen fünf Freimaurerzeitschriften: das Amtsblatt des Großostens, „Correspondentieblad", ferner „De Broederketen" (wöchentlich), ein Archiv einer Gesellschaft zum Studium der Symbole und Rituale unter dem Titel „De Vrijmetselaar", die „Indisch Maçonniek Tijdschrift" in Soerabaja und die „Maçonniek Tijdschrift" im Haag.

Die holländische Freimaurerei hat in der Jetztzeit zu wiederholten Malen heftige Angriffe von seiten der katholischen Kreise ihres Landes zu erleiden gehabt. Besonders mußte sie sich — in der Öffentlichkeit — dagegen zur Wehr setzen, daß 1927 ein katholischer Oberfeldprediger die Kanzel zu Angriffen auf die („satanischen") Freimaurer mißbrauchte und daß 1928 der Bischof von Breda in einem Rundschreiben an die Priester seiner Diözese den Bund lästerte.

Sehr eifrig beteiligte sich die holländische Brüderschaft an der Förderung der internationalen Beziehungen innerhalb der Freimaurerei. Bei jeder Gelegenheit kamen ihre auf ehrliche Versöhnungsarbeit im Menschheitsinteresse gerichteten Bestrebungen zum Ausdruck. 1896 fand im Haag eine internationale freimaurerische Tagung statt, 1913 ebenda die letzte der internationalen Manifestationen vor dem Weltkrieg. Als dieser ausgebrochen war, erließ Großmeister Hugo van Gijn ein Rundschreiben (März 1915), in welchem die Freimaurer von ganz Europa beschworen wurden, auch inmitten des fürchterlichen Ringens, der Zerstörung so vielen blühenden Lebens und unendlicher sittlicher und materieller Werte nicht daran zu vergessen, daß, wenn der Friede wieder komme, es Sache des Freimaurertums sein müsse, die entfesselte Menschheit an das jetzt zur Unkenntlichkeit entstellte Humanitätsideal zu erinnern. Pflicht der Brüderschaft der neutral gebliebenen Staaten sei es, unverzüglich alles vorzukehren, das geeignet erscheine, diese Arbeit für eine neue Menschlichkeit in die Wege zu leiten. In der Association Maçonnique Internationale spielte die holländische Freimaurerei mehrere Jahre eine führende Rolle, zog sich aber zurück, als ihr mancherlei Bedenken aufstiegen (s. A. M. I.). Sehr eifrig beteiligten sich holländische Brr. an der Allgemeinen Freimaurerliga; der Ligakongreß des Jahres 1929 fand in Amsterdam statt, seither alljährlich Ligatage der holländ. Landesgruppe. Besonders rührig ist die holländische Freimaurerei auch im Bestreben, in der Öffentlichkeit Aufklärung über die Ziele und Zwecke der Freimaurerei zu vermitteln und dadurch die immer wieder erhobenen Anschuldigungen zu entkräften. Sie hat 1931 die Tagespresse in ihren Tempel im Haag, einen der allerschönsten in Europa, eingeladen, sie dort in die Symbole Einblick nehmen lassen und eine gründliche Aussprache mit den Pressevertretern angebahnt, die in zahlreichen Aufsätzen ihren Niederschlag fand. Das offene Vorgehen hat, wie sich zeigte, auch in der weltanschaulich gegnerisch eingestellten Presse Zustimmung und achtungsvolle Anerkennung gefunden. Die breiteste Öffentlichkeit erhielt so

Einblick in die Arbeitsweise der holländischen Freimaurerei. Aus der geographischen Konstellation heraus, daß sie an der Schwelle wirkt, über die der Weg von England zum Kontinent führt, hat sich nicht nur das Gefühl der Verpflichtung ergeben, Brücken schlagen zu müssen, sondern auch eine überaus glückliche Synthese zwischen der angelsächsischen und der kontinentalen Methode der freimaurerischen Betätigung. In die Tiefen gehende Ritualpflege (wobei die Lichtsymbolik stark in den Vordergrund tritt) vereinigt sich mit bedeutsamen geistigen Leistungen. „Erst das eigene Licht entzünden, dann mit allen Mitteln dienen", so umschrieb der Großsekretär Faubel auf dem Amsterdamer Ligakongreß 1928 die Auffassung seiner Obedienz.

Sehr bemerkenswert sind die Leistungen der holländischen Freimaurerei auf karitativem und sozialem Gebiete. Auch dem Nachwuchs, besonders der studierenden Jugend wird rege Aufmerksamkeit gezollt. Die holländische Freimaurerei ist auch die erste, die ihren Schwesternvereinigungen eine zentrale Leitung zu geben bestrebt ist und eine Mitarbeit der Frauen an ihren sozialen Werken planmäßig organisiert (s. Jugendorganisationen und N. V. V. V. V.).

Auf eine besondere Eigentümlichkeit der holländischen Freimaurerei sei noch hingewiesen: die Logen unterscheiden sich nicht durch die Logenabzeichen, sondern durch die Farben der Schurzeinfassung. Eine komplette Sammlung dieser holländischen Schurze besitzt das Freimaurermuseum in Bayreuth. Sehr reich ist auch das holländische Medaillenwerk. Die Bibliothek des Großostens ist eine der reichhaltigsten der Welt.

Der Oberste Rat der N. des A. u. A. Schottischen Ritus hat seinen Sitz ebenfalls im Gebäude des Großostens, dort befindet sich auch das Erzkapitel der Hochgrade der N., dem insgesamt 22 Kapitel (des XVIII. Grades) in Holland, Niederländisch-Indien und Südafrika unterstehen.

Niederlande, Königshaus.

1. Wilhelm II., * 1792, † 1849, seit 1840 König, wurde als Prinz von Oranien 1817 in Brüssel aufgenommen, besaß auch die Hochgrade und war Ehrenmeister der Loge „L'Espérance" in Brüssel.

2. Friedrich Wilhelm Karl, * 1797, † 1881, sein Bruder, wurde 1816 in Berlin („Zu den drei Weltkugeln") aufgenommen und war durch 60 Jahre Großmeister des Großostens der Niederlande (s. d.). Wenig bekannt ist, daß er auch das Protektorat über ein österreichisches Kränzchen, „Munificentia", in Karlsbad innehatte, zu einer Zeit, als die Freimaurerei in Österreich verboten war! Er machte dem Großosten die Bibliotheca Klossiana (s. d.) und das Großlogengebäude im Haag zum Geschenk.

3. Wilhelm Alexander, Enkel des Königs Wilhelm II., * 1851, † 1884, aufgenommen 1876 im Haag, war von 1882—1884 Großmeister.

Niederländisch-Indien, Logen seit 1764. Heute 1899 gegründete Provinzial-Großloge N.-Ost-I. unter dem Großosten der Niederlande mit 21 Logen, auf Java (17), Sumatra (3) und Celebes (1), mit rund 1500 Mitgliedern. Sitz: Salatiga, Schoolweg 338. Die älteste Loge, die 1764 in Batavia gestiftete Bauhütte „La Choisie", arbeitete nur kurze Zeit, bestand seit 1767 in der Loge „La Fidèle Sincérité" fort und vereinigte sich 1839 mit der 1769 gegründeten „La Vertueuse" zu der heute noch in Batavia arbeitenden Loge „De Ster in het Oosten". Seit 1895 erscheint die Monatsschrift „Het Indisch Maconniek Tijdschrift".

Das geistige Leben der Logen in N. ist sehr rege. Verschiedentlich wurden führende Freimaurer nach ihrer Rückkehr ins Mutterland zur Leitung des Großostens der Niederlande berufen. Eine auf Borneo begründete englische Loge ist wieder eingegangen. Die Großloge von Schottland hat drei Logen auf Java und Sumatra.

Niehrenheim Georg, Verlagsbuchhändler in Bayreuth, * 1863, verdient um die Wagner-Festspiele durch seine Bayreuther Festspielführer, aufgenommen 1891 in der Loge „Eleusis zur Verschwiegenheit", redigierte und gab im Auftrage der Großloge „Zur Sonne" von 1900 bis 1913 das „Bayreuther Bundesblatt" heraus und ist der Begründer der Sammlungen der Großloge, die im Jahre 1901 von ihm als Bayreuther Großlogenmuseum, erstmalig als geordnete Musealsammlung zusammengefaßt und zugänglich gemacht wurden, 1900 und 1901 war er Meister vom Stuhl der Loge „Eleusis".

Nield, Sir Herbert, englischer konservativer Politiker, * 1862, Präsident des Leitenden Ausschusses der Vereinigung der Konservativen Klubs, ist Freimaurer.

Niemcewicz, Julian Ursin, polnischer Freiheitskämpfer, * 1758, † 1841, hervorragender Redner der Konstitutionspartei im vierjährigen Reichstag, 1794 Adjutant von Kościuszko, wurde mit diesem zusammen gefangengenommen und in Petersburg eingekerkert, ging dann mit ihm nach Amerika, wo er sich die Freundschaft Washingtons und Jeffersons erwarb. Im Herzogtum Warschau und Königreich Polen war er Staatssekretär und Präsident der „Gesellschaft der Freunde der Wissenschaft", Oberhaupt der polnischen Intelligenz. 1829 verhinderte er anläßlich der Krönung Nikolaus I. in Warschau ein Komplott gegen dessen Leben. N., der zahlreiche poetische, dramatische, historische und politische Werke schrieb (1840 erschien in Leipzig eine zwölfbändige Sammlung), spielte auch in der Freimaurerei eine Rolle.

Niemeyer, August Hermann, hervorragender deutscher Pädagoge, rationalistischer Theologe und Dichter, * 1754, † 1828, Rektor der Universität Halle, 1806 als Geisel nach Frankreich verschleppt, Verfasser grundlegender pädagogischer Werke, wirkte, obwohl selbst nicht Mitglied des Bundes, im Sinne der Ideale der Freimaurerei und sah in der Religion ein Mittel der Erziehung zur Humanität. Während seiner Gefangenschaft in Frankreich schrieb er für seine Schicksalsgenossen, die Freimaurer waren, eine „Rede am Johannistage von einem Uneingeweihten".

Nigeria, englische Kronkolonie und Protektorat in Britisch-Westafrika, hat seit 1913 eine Distrikts-Großloge der Vereinigten Großloge von England mit 14 Logen in der Hauptstadt Lagos, in Calabar usw. Einer Loge gehören ausschließlich Eingeborene an. Außerdem acht Logen unter der Großloge von Schottland, eine Loge unter Irland. Die Maurerei wurde in der zweiten Hälfte des 19. Jahrhunderts von Eingeborenen eingeführt, die in England studiert hatten. Adresse: P. O. Box 227, Lagos.

Nigra, Costantino, Graf von, italienischer Diplomat, * 1828, † 1907, Mitarbeiter Cavours (s. d.), begleitete diesen auf seinen für die italienische Sache wichtigen Reisen nach London und Paris, nahm am Pariser Kongreß 1856 teil, Botschafter in London, Petersburg, Wien, Verfasser eines Werkes über italienische Dialekte, wurde 1860 in der Turiner Loge „Ausonia" aufgenommen, 1861 Großmeister des Großorients, dankte aber bereits 1862 ab.

Nikolajević, Svetomir, serbischer Staatsmann, * 1844, † 1922, Professor an der Universität Belgrad, Staatsrat, Minister des Innern, Ministerpräsident, Gesandter in Athen, Bürgermeister von Belgrad, aufgenommen in der Belgrader Loge „Luce dei Balkani" 1878. Mitgründer der Logen „Srpska Zadruga" und „Pobratim", Mitglied der Loge „Sloga, Rad i Postojanstvo", alle in Beograd. Meister vom Stuhl und Ehrenmeister der Loge „Pobratim", stellvertretender Großkommandeur des Suprême Conseil für Jugoslawien, Gründer des Vereines „Sveti Sava", dessen Ziel die Erziehung der Jugend in Südserbien ist, und des Asyls für taubstumme Kinder, Verfasser philosophischer und literarischer Studien und Werke.

Nitti, Francesco-Fausto, Neffe des ehemaligen italienischen Ministerpräsidenten, wegen antifaschistischer Betätigung nach den Liparischen Inseln verschickt, floh nach mehrjähriger Internierung 1930 mit zwei Kameraden auf abenteuerliche Weise nach Frankreich. Er schilderte seine Schicksale in dem in zahlreiche Sprachen übersetzten Buch „Nos prisons et notre évasion" (Paris 1930). N. ist Mitglied einer Loge der Grande Loge de France.

Niveau, le (frz.), Wasserwaage.

Nivel, El, offizielles, monatlich erscheinendes Organ der Großloge von Ecuador. Leiter ist Louis L., Alvarado Gonzales, Guayaquil.

Njassaland (engl. Nyassaland), britisches Protektorat in Zentralafrika. In Blantyre und Zomba arbeiten unter der Großloge von Schottland zwei Logen.

Noachiden. In der zweiten Ausgabe des Andersonschen Konstitutionsbuches von 1738 — nur in dieser, später nicht mehr — werden im historischen Teil die Freimaurer als „Noachiden" oder „Söhne Noahs" bezeichnet; überdies erscheint die erste „Alte Pflicht" geändert; der Maurer ist nach diesem Text „durch seinen Beruf verpflichtet, dem Sittengesetz zu gehorchen wie ein echter Noachide..." Weiter spricht Anderson dann von den „guten und redlichen Männern, von Ehre und Rechtschaffenheit, die in den drei großen Artikeln Noahs übereinstimmen, genug, um den Kitt der Loge zu erhalten...". An dem Worte N. ist von freimaurerischer und gegnerischer Seite sehr viel herumgedeutet worden. Das Gesetz Noahs wurde religionsphilosophisch gedeutet als eine Art Primitivreligion, die vor dem Alten Testament die „herrschende" gewesen sein soll. Da durch das Alte Testament — allerdings erst nachdem ein neues hinzugekommen war — gewissermaßen eine Spaltung des Glaubens eingesetzt hat, sollte im Begriffe des N. die uralte und den beiden Testamenten vorangegangene Natur- oder Urreligion verstanden werden. Mit diesen Begriffen der Urreligion, die alle Menschen verbinden sollte, beschäftigte sich die Zeit Andersons sehr gerne. Sie umfaßte sechs Gesetze, die Gott dem Adam bekanntgegeben habe, nämlich: keine Abgötterei zu treiben und kein Bildwerk zu verehren, den Namen Gottes nicht zu lästern, kein Blut zu vergießen und sich vor jedem Totschlage zu hüten, Blutschande und Unzucht zu vermeiden, nicht zu stehlen und zu rauben, und schließlich: nach Recht und Gerechtigkeit zu leben. Hierzu soll Noah noch ein weiteres, siebentes Gesetz, erhalten haben: weder von einem lebenden, noch von einem in seinem Blute erstickten Tiere zu essen.

An diese Vorschriften denkt nun weder Anderson in der Neubearbeitung seiner Konstitutionen 1738, noch hat die Großloge von England 1735 an die Einzelheiten dieser göttlichen Bestimmungen gedacht, als sie den in der Rawlinson-Sammlung des Bodleyan-Museums erhaltenen Brief nach Kalkutta schrieb, in dem von „gelehrten Indiern" die Rede ist, „die sich gerne N. nennen lassen wegen der strengen Befolgung seiner (d. h. Noahs) Vorschriften, die in jenen Gegenden von den Schülern des großen Zoroaster mitgeteilt wurden, des gelehrten Archimagus von Baktrien, eines Großmeisters der Magie...". Es waren seit 1723 Juden und Mohammedaner aufgenommen worden. Die Großloge wollte ausdrücken: die beiden Testamente sind auf die in unseren Reihen hervortretenden konfessionellen Unterschiede nicht anwendbar. Wir müssen als Grundlage jene Religion nehmen, in der alle rechtschaffenen Menschen übereinstimmen. Im metaphorischen Sprachgebrauch der Zeit ist das der Bund der Urreligion, nicht der Bund mit Israel und nicht der mit Jesus, sondern die alles verbindende, noch nicht differenzierte Fassung des Bundes mit Noah, die präcepta Noachica oder Noachidarum. Wolfstieg hat sicher recht, wenn er meint, Anderson könne nicht die oben angeführten sieben Regeln oder Gesetze gemeint haben. Für das uralte, bis in die animistische Periode des Menschengeschlechtes zurückgreifende Speiseverbot war in den Pflichten der Freimaurer weder Veranlassung noch Platz. Anderson spricht von drei großen Artikeln Noahs. Auch Mendelssohn hat die sieben noachitischen Gesetze in drei zusammengezogen: 1. Gottesverehrung mit Ausschluß jeden Götzendienstes; 2. Verbot von Mord, Ehebruch und Diebstahl; 3. Gerechtes Leben und Verbot, von Lebendem zu essen.

Wie Wolfstieg auf die Deutung: „Fürchtet Gott, ehret den König und liebet die Brüder" kommen konnte, ist nicht klar. Hierfür ist nirgends eine Handhabe gegeben. Begemann glaubt, die drei noachitischen Gesetze seien gewesen „Brotherly love, relief and truth", was sicherlich ebenso unrichtig ist. Denn der Brief der Großloge nach Kalkutta läßt Glaubensfragen anklingen, woraus geschlossen werden kann, daß die Großloge damit sagen wollte: alle Glaubensmeinungen in Ehren, wir Freimaurer sind N., für uns haben diese „denominations or persuasions" (s. die erste Alte Pflicht) keine weitere Bedeutung, weil wir N., d. i. Bekenner einer alles überbrückenden ursprünglichen Religion sein wollen. Es ist nicht der einzige Fall der Freimaurergeschichte, wo eine Umschreibung (ein Tropus), die der Ausschmückung einer gehobenen Stilart dienen soll, dadurch, daß sie ernster genommen wurde als der Schreiber wohl beabsichtigt hat, den Sinn verschleiert hat. Daß in der folgenden Auflage der Verfassung (1756) die Großloge die ganze Noachidentradition wieder strich und zur ersten Fassung von 1723 zurückkehrte, ist wohl auch ein Beleg dafür, daß man die Stelle mit den N. nicht für eine wesentliche Verbesserung, sondern für eine unwesentliche Ausschmückung des ersten Andersonschen Textes auffaßte. Daß in der Yorker Urkunde der Prinz Edwin von N. spricht, was Krause zu einer sehr schönen Erörterung veranlaßte, ist ebenfalls unwesentlich, denn die Yorker Urkunde ist eine im 18. Jahrhundert und sicherlich erst nach 1738 angefertigte Fälschung.

Trotzdem nun die Großloge von England durch Ausmerzung der Noachidenstelle, die in keiner der weiteren Ausgaben der Konstitutionen wiederkehrt, deutlich zu erkennen gegeben hat, daß sie diese metaphorische Entgleisung aufgibt, wobei bemerkt sei, daß der Verfasser der dritten Ausgabe wieder ein Geistlicher, Entick (s. d.), war, glaubt Ludendorff daraus Schlüsse ziehen zu dürfen, die auf ein Weltreich Noahs und der N. hindeuten (Ludendorff, „Vernichtung usw.", Seite 34). Da sich die Freimaurer nach Ludendorff (l. c. 32) N., also Söhne Noahs nennen sollen, so ist für ihn der Beweis jüdischer Weltmachtspläne mit Hilfe der Freimaurerei wieder einmal gegeben. Hierzu kann bemerkt werden, daß sich die Freimaurer erstens nicht N., sondern bestenfalls Söhne der Witwe nennen, und daß die Noahtradition nur noch in einem Seitenzweige der englischen Freimaurerei (Royal Ark Mariner) und in einem unwichtigen Grade des A. u. A. Schottischen Ritus eine Rolle spielt, sonst aber in der gesamten Freimaurerei so unbekannt ist, daß die meisten Freimaurer von ihr überhaupt keine Ahnung haben. Trotzdem Ludendorff in einer Fußnote besonders darauf aufmerksam macht, daß er „diese und andere Mitteilungen besonderer Stelle verdankt", trotzdem er den jüdischen Weisen Maimonides und den Rabbi Elieser zitiert, bringt er die noachitischen Gesetze falsch. Von einem „Gehorsam der jüdischen Obrigkeit und Jehova gegenüber" steht nichts im ersten noachitischen Gesetz. Wohl aber von Gottesverehrung, die — da es sich um ein jüdisches Gesetz handelte — wohl nur dem in Jehova personifizierten Gotte zugewendet werden konnte.

Zusammengefaßt können also die noachitischen Bezugstellen in den Konstitutionen von 1738 nur als eine Art Paraphrase über die erste Fassung der ersten Alten Pflicht „Concerning God and Religion" aufgefaßt werden, die von den englischen Freimaurern selbst als so überflüssig empfunden wurde, daß sie die Streichung bei der ersten sich bietenden Gelegenheit vornahmen.

Noachite oder **Preußischer Ritter** (frz. N. ou Chevalier Prussien, engl. N., or Prussian Knight), XXI. Grad des A. u. A. Schottischen Ritus. Nach Thory (Acta Latomorum) soll dieser Grad um 1755 von Friedrich d. Gr. gestiftet worden sein, was jedoch nicht richtig ist. Er will zu Bescheidenheit und Demut erziehen, die Unwissenden belehren und gegen Heuchelei und Übermut auftreten. In der französischen Deutung wendet sich der N. gegen die mißverstandene Freiheit, die zur Zügellosigkeit führt, gegen die Unordnung, die der Anarchie entspringt, gegen eine falsche Auffassung der Humanität, die die Despotie der Massen im Gefolge haben muß. Er lehrt die unabhängige, unbeeinflußte Rechtssprechung, die Verfassungsmäßigkeit der Gesetze gegenüber der Willkür der Menge.

Noah und die Sintflutsage spielen in der Geschichtslegende der alten Konstitutionen (s. „Chronik" in der Einleitung) eine gewisse Rolle; nicht nur weil die Arche N. als Symbol der Kultur (Kirche) gilt, da in ihr alle Menschenweisheit und die natürliche Schöpfung über das große Wasser hinübergerettet wurden, sondern auch weil N. als Stammvater der Noachiden (s. d.) bezeichnet wird.

Nobelpreisträger, die dem Freimaurerbund angehörten, bezw. angehören: Bourgeois, Ducommun, Dunant, Fried, Kipling, La Fontaine, Ostwald, Richet, Roosevelt, Stresemann, Carducci, Kellogg (s. diese alle).

Nocedal, Candido, spanischer Politiker, * 1821, † 1885, eine Zeitlang Führer der Karlisten, später der katholischen Integristen, war Freimaurer.

Nollendorf, s. Kleist v. Nollendorf.

Nom de guerre (frz.), in der Strikten Observanz der Ordensname.

Noorthouck, John, englischer Literat, * 1746, † 1816, schloß sich 1771 der Lodge Antiquity in London an und wurde 1782 mit der Neubearbeitung der Konstitutionen der Großloge von England betraut, die als sein Werk auch 1784 erschienen. N. hat in seiner Loge böse Kämpfe zu bestehen gehabt. Er wurde von Preston (s. d.) offenkundig herausgedrängt. Da beide in der gleichen Druckerei tätig waren, scheint es, daß hier Gegensätze aus dem Privatleben in der Loge ausgetragen worden sind. Die von N. herausgegebene Ausgabe der Konstitutionen ist mit besonderer Gründlichkeit angelegt und enthält

zum ersten Male auch ein ausführliches Sachregister.

Nordamerika, Vereinigte Staaten. Die USA. haben, absolut und relativ betrachtet, die weitaus stärkste Freimaurerei der Welt; sie zählt über 3,300.000 Freimaurer. Das maurerische Leben begann bald nach der Gründung der ersten Londoner Großloge. Die erste Loge entstand wohl in Philadelphia. 1730 erhielt bereits der Colonel Daniel Coxe (s. d.) vom englischen Großmeister, dem Herzog von Norfolk, ein Patent als Provinzial-Großmeister für New York, New Jersey und Pennsylvanien. 1733 entstand unter Henry Price (s. d.) eine weitere Provinzial-Großloge von Neu-England in Boston (Massachusetts). Im folgenden Jahr brachte Benjamin Franklin (s. d.) in Philadelphia als erstes freimaurerisches Buch jenseits des Ozeans die erste amerikanische Ausgabe der Anderson'schen Konstitution heraus. Im gleichen Jahr wurde er Provinzial-Großmeister. Sehr rasch breiteten sich in den Kolonien und Neu-England-Staaten Logen aus. Als es im Mutterlande der Freimaurerei zur Gründung der zweiten Großloge kam, wirkte sich die Teilung in „Antients" und „Moderns" auch in Amerika aus. Auch die Großloge von Schottland erteilte bald Patente.

Die erste Großloge.

1769 vereinigte sich die von ihr ins Leben gerufene St. Andrews Lodge in Boston mit mehreren englischen Militärlogen der Antients zur Großloge von Massachusetts. Großmeister für Boston, Neu-England und einen Umkreis von hundert Meilen wurde Joseph Warren (s. d.), der später als Führer im Unabhängigkeitskrieg in der Schlacht von Bunker Hill sein Leben für die Sache der Freiheit ließ. 1773 erhielt Warren vom schottischen Großmeister den Titel eines Großmeisters für den amerikanischen Kontinent. Die Scheidung nach den beiden englischen Systemen wurde — wenn auch nicht ausgesprochen und nicht überall durchgeführt — zu einer Scheidung nach der Gesinnung. In den Logen der „Moderns", deren Stuhlmeister die königlichen Gouverneure, die hohen Offiziere und Beamten waren, saßen hauptsächlich die Tories, unter den „Antients" dagegen waren die meisten der für Unabhängigkeit von England Eintretenden. Als die Gegensätze sich immer mehr zuspitzten, war aber die Freimaurerei die einzige Institution, in der die Führer der verschiedenen Kolonien sich auf gemeinsamem Boden treffen konnten. Die Logen wurden so, ohne daß ihre Arbeiten selbst zu politischen Beratungen dienten, zu Keimzellen der Vereinigten Staaten. Die geistigen Häupter der Freimaurerei standen zu einem Großteil im Lager der Unabhängigkeit.

Der Unabhängigkeitskampf.

In der „Green Dragon"-Taverne in Boston, die vielfach als Hauptquartier des Befreiungskampfes bezeichnet worden ist, hatte die St. Andrews Lodge ihre Wirkungsstätte. Von den vielen Freimaurern, deren Name im amerikanischen Befreiungskrieg hellen Klang erhielt, seien genannt: George Washington (s. d.), James Otis (der als erster vor Gericht die Menschenrechte verkündete), Samuel Adams, Alexander Hamilton (der den Grundriß der Vereinigten Staaten entwarf), Patrick Henry (der „Redner der Revolution"), Richter John Marshall, James Monroe (der spätere Präsident der USA.), die Generäle Nathaniel Greene, Lee, Marion, Sullivan, Lord Stirling, Putnam, Baron Steuben (s. d.), de Kalb, Lafayette, Montgomery, Jackson, Gist, Knox, Wooster, Ethan Allan... Freimaurer war auch Paul Revere, später Großmeister von Massachusetts, der auf dem so berühmt gewordenen (von Longfellow besungenen) Nachtritt von Charlestown nach Lexington die Patrioten alarmierte. Während des ganzen Befreiungskrieges waren auf beiden Seiten Feldlogen tätig. Deren berühmteste wurde die „American Union Nr. 1". In ihr wurde der dann allerdings nicht verwirklichte Plan geboren, alle amerikanischen Freimaurer unter Washington als General-Großmeister zu vereinigen.

Als nach dem Siege Washington als erster Präsident der Vereinigten Staaten eingesetzt wurde, nahm ihm der Großkanzler der Großloge von New York, der Staatskanzler Robert R. Livingston, den Eid auf die Bibel der New Yorker St. John's Lodge Nr. 1 ab. Als Marschall fungierte General Jacob Morton, Meister dieser Loge. Als am 18. September 1793 der Grundstein zum Kapitol in Washington gelegt wurde, erschien der Präsident in maurerischer Bekleidung und nahm den feierlichen Akt nach maurerischem Ritus vor. 1777, nach der Räumung Bostons durch die Engländer, hatten sich die dortigen Antients zur ersten unabhängigen Großloge von Massachusetts erklärt. Dem Beispiel waren die übrigen Staaten gefolgt (so New York 1781). Zu Beginn des 19. Jahrhunderts entstanden zahlreiche weitere neue Großlogen, die sich bald großer Blüte erfreuten. Das machte sich auch im öffentlichen Leben geltend, z. B. in New York, wo die Großloge sehr viel zur Hebung des Schulwesens beitrug.

Die Morgan-Affäre.

Ein Rückschlag trat durch die Morgan-Affäre (s. d.) ein, wobei es sich um die angebliche Ermordung eines Freimaurergegners namens William Morgan durch Freimaurer handelte. Die maßlos heftige Kampagne gegen die Freimaurerei hatte starke Mitgliederverluste und Einschläferung zahlreicher Logen zur Folge. Die Großloge von New York, die 1827 zweihundertsiebenundzwanzig Logen zählte, hatte 1835 deren nur noch 41. Ende der dreißiger Jahre setzte aber die Aufwärtsbewegung wieder ein und nahm bisweilen stürmische Formen an. Ein dichtes Netz von Logen überzog die Staaten; die Pioniere, die das Land erschlossen, errichteten überall Bauhütten. Wo ein Territorium zum Staat wurde, war bald auch eine Großloge da. Diese Entwicklung wurde auch durch den Bürgerkrieg nicht unterbrochen. Besonders stark wurde dann der Aufschwung nach dem Weltkrieg.

Der heutige Stand.

1930 gab es nach der Statistik von Ossian Lang (s. d.) in den Vereinigten Staaten

49 Großlogen (mit den Besitzungen 51) mit 16.515 Logen und 3,300.708 Mitgliedern, d. h. rund 80% der Weltfreimaurerei. Die stärkste Großloge ist die von New York (1931 1023 Logen und rund 346.000 Mitglieder). Elf Großlogen haben jede mehr als 100.000 Mitglieder. Der Durchschnitt aller Großlogen beträgt 67.265. Im Verlaufe von 40 Jahren sind 5600 Logen und zweieinhalb Millionen Mitglieder zugewachsen. Auf eine Million Bevölkerung kommen 25.815 Maurer des Meistergrades, in den Staaten Maine und Vermont sogar fast 55.000. Diesen großen Zahlen gemäß sind in der Freimaurerei alle Schichten der Bevölkerung vertreten. Die Bedeutung des Bundes in den Vereinigten Staaten spiegelt sich in der Teilnahme der bedeutendsten Männer des öffentlichen Lebens an der freimaurerischen Arbeit. Von den Präsidenten der USA. waren Freimaurer: George Washington, James K. Polk, Andrew Johnson, James Monroe, Andrew Jackson, James Buchanan, James A. Garfield, William Mac Kinley, Roosevelt, Taft, Harding (s. diese Namen). Seit Dezennien gehört jeweils auch die überwiegende Mehrheit der Staatsgouverneure und der Mitglieder des Kongresses dem Bunde an.

Neben den genannten Obedienzen gibt es auch eine bedeutende Zahl von Neger-Großlogen (s. d.), die aber nicht anerkannt sind, wie auch — mit einer einzigen Ausnahme in New Jersey — Negerblütige nicht Mitglieder „weißer" Großlogen werden können, wohl aber Philippinos.

Hochgradwesen.

Überaus stark ist in Amerika das Hochgradwesen verbreitet, dessen verschiedene Riten dort von sehr großen Körperschaften bearbeitet werden. Den stärksten Anklang haben die Royal-Arch-Maurerei, der A. u. A. Schottische Ritus (s. d.) und die Knights Templar (Tempelritter) (s. d.) gefunden. Die beiden Jurisdiktionen des Schottischen Ritus (Südliche in Washington. Nördliche in Boston) umfassen im XIV. Grad 18%, im XXXII. Grad 16%, die Tempelritter 13—14% der amerikanischen Freimaurer. 22·72% sind Royal-Arch-Maurer. Die in 49 Großkapitel gegliederte Kapitel- oder Royal-Arch-Maurerei (s. d.) zählt etwa 935.000 Mitglieder in 3914 Kapiteln, die kryptische Maurerei (s. d.) 335.000 Mitglieder in 1500 Räten, der Templerritus 450.000 Ritter in 1692 Komtureien, der A. u. A. Schottische Ritus in zwei Obersten Räten mit zahllosen Perfektionslogen, Kapiteln und 182 Konsistorien über 532.000 Mitglieder. Eine sehr große Rolle spielen die den Bruderschaftsgedanken vertiefenden Clubs (s. d.) und verschiedenartigsten Seitenzweige (s. d.) der amerikanischen Freimaurerei. Der großen Masse der amerikanischen Freimaurer entsprechen auch die gewaltigen, mit größter Pracht ausgestatteten Gebäude der Großlogen und verschiedenen Riten in allen Städten, deren Errichtung oft Millionen Dollars kostet. Bei der in der Hauptsache ritualistischen Arbeit der Logen sticht der stark religiöse Zug hervor. Viele amerikanische Bauhütten geben jedem Neophyten bei der Aufnahme eine Bibel. Als Vorbild für wahre Maurertugend gilt in den Vereinigten Staaten George Washington. In Alexandria, unweit der Bundeshauptstadt, erhebt sich das „George Washington Masonic National Memorial". ein Gedächtnisbau zu Ehren des großen amerikanischen Freimaurers, zugleich aber auch ein Denkmal des Bruderschaftsgedankens überhaupt. Beispielgebend ist die karitative Tätigkeit der amerikanischen Großlogen, die in zahllosen Altenheimen und Erziehungsanstalten, Spitälern, Tuberkulose- und Krüppelfürsorge Hervorragendes leistet. Ebenso seien die Liebeswerke der amerikanischen Freimaurer bei den so häufigen Elementarkatastrophen besonders erwähnt (s. die einzelnen Staaten).

Nordamerika, Vereinigte Staaten von, Präsidenten, die Freimaurer waren:

Washington, George, * 1732, † 1799, 1. Präsident, aufgenommen 1752,

Monroe, James, * 1758, † 1831, 5. Präsident aufgenommen 1775,

Jackson, Andrew, * 1767, † 1845, 7. Präsident, aufgenommen ?, 1822 Großmeister von Tennessee,

Polk, James K., * 1795, † 1849, 11. Präsident, aufgenommen 1820,

Buchanan, James, * 1791, † 1868, 14. Präsident, aufgenommen 1816,

Johnson, Andrew, * 1808, † 1875, 17. Präsident, aufgenommen 1851,

Garfield, James A., * 1831, † 1881, 20. Präsident, aufgenommen 1861,

Mc. Kinley, William, * 1844, † 1901, 25. Präsident, aufgenommen 1865,

Roosevelt, Theodore, * 1858, † 1918, 26. Präsident, aufgenommen 1901,

Taft, William Howard, * 1857, † 1930, 27. Präsident, aufgenommen 1909,

Harding, Warren G., * 1865, † 1923, 29. Präsident, aufgenommen 1920 (s. diese alle, s. auch Vizepräsidenten).

Nordamerika, Vereinigte Staaten von, Vizepräsidenten.

Burr, Aron, Vizepräsident 1801—1804, war Mitglied der „Union Lodge Nr. 40", Danbury, Conn.

Tompkins, Daniel D., 1817—1824, war Großmeister der Großloge von New York (1820/21) und der erste Großkommandeur des Obersten Rates des A. u. A. Schottischen Ritus, Nördliche Jurisdiktion.

Johnson, Richard Mentor, 1837—1841, „Hiram Lodge Nr. 4", Frankfort, Ky.

Dallas George Misslin, 1845—1849, „Franklin Lodge Nr. 134", Philadelphia, Großmeister der Großloge von Pennsylvania.

King, William Rufus, „Phoenix Lodge Nr. 8", Fayetteville, N. C.

Breckinridge, John Cabell, 1857 bis 1861, „Des Moines Lodge Nr. 41", Missouri.

Johnson, Andrew, 1865, Präsident 1865 bis 1868, Lodge Nr. 119, Greeneville, Tenn., der erste Präsident, der dem A. u. A. Schottischen Ritus angehörte.

Colfax, Schuyler, 1869—1873, „Lebanon Lodge Nr. 7", Washington.

Stevenson, Adlai Elving, 1893—1897,

Lodge Nr. 82, Metamora (Ill.), Großredner der Großloge von Illinois.

Hobart, Garret Augustus, 1897—1899, „Falls City Lodge Nr. 82, Paterson, N. J.

Roosevelt, Theodore, 1901, Präsident 1901—1909, „Matinecode Lodge Nr. 806“, Oyster Bay, New York.

Fairbanks, Charles Warren, 1905 bis 1909, „Oriental Lodge Nr. 500“, Indianopolis, Indiana.

Marshall, Thomas Riley, 1913—1921, Lodge Nr. 189, Columbia City (Ind.), Aktivmitglied des Obersten Rates des A. u. A. Schottischen Ritus, Südliche Jurisdiktion.

Norm, Sittliche. Als N., die mit der des Freimaurers vollkommen übereinstimmt, stellt Wundt folgende Sätze auf:

1. Denke und handle so, daß Dir niemals die Achtung vor Dir selber verlorengeht.
2. Erfülle die Pflichten, die Du Dir und anderen gegenüber auf Dich genommen hast.
3. Achte Deinen Nächsten wie Dich selbst.
4. Diene der Gemeinschaft, der Du angehörst.
5. Fühle Dich als Werkzeug im Dienste des sittlichen Ideals.
6. Du sollst Dich selbst dahingeben für den Zweck, den Du als Deine ideale Aufgabe erkannt hast (s. Sittengesetz).

North Carolina, Bundesstaat der Vereinigten Staaten von Nordamerika. Logen gab es in N. C. schon vor 1735. Die 1777 gegründete Großloge zählte 1930 403 Logen mit rund 40.000 Mitgliedern. Die Freimaurer von N. C. sind durch Gründung und Erhaltung ihres Waisenhauses in Oxford (Oxford Orphanage) bahnbrechend auf dem Gebiete der Waisenpflege. Mehr als 4000 Bürger des Staates wurden in ihm erzogen, 400 Kinder (darunter zahlreiche von Nichtfreimaurern) werden von ihm betreut. Dazu kommt ein Alters- und Witwenheim, das gemeinsam mit dem „Eastern Star“ (s. d.) geführt wird. Außerdem erhalten durchschnittlich 100 junge Leute beider Geschlechter namhafte Studienbeiträge. Adresse: Masonic Temple, Raleigh.

Northcote, Sir H. Stafford, * 1846, † 1911, Gouverneur von Bombay, dann von Australien, war Mitglied der „Apollo University Lodge 357“ in Oxford.

North Dakota, Bundesstaat der Vereinigten Staaten von Nordamerika. Die 1889 nach der Bildung der Staaten North und South Dakota aus der Großloge des Dakota-Territoriums hervorgegangene Großloge von N. D. zählte 1930 129 Logen mit 15.500 Mitgliedern. Adresse: Masonic Temple, Fargo.

Norton de Matos, José Mendes Ribeiro, portugiesischer General, gewesener Kriegsminister und Gesandter in London, wurde 1930 zum Großmeister des Großorients von Lusitanien (Portugal) gewählt.

Norwegen (Königreich). Die Anfänge der norwegischen Freimaurerei hängen mit jener Dänemarks aufs innigste zusammen. Die erste Loge „St. Olaus til den hvide leopard“ („Zum weißen Leoparden“) datiert vom Jahr 1749, von einem Zeitpunkt, in dem König Friedrich V. von Dänemark (dem damals auch N. unterstand) eine Reise nach Christiania (heute Oslo) unternahm. Friedrich war — den neuesten Forschungen zufolge — (vgl. K. L. Bugge, „Det danske Frimureries Historie ...“, 2. Band, 1927), aller Wahrscheinlichkeit nach selbst Freimaurer; in seinem Gefolge befanden sich die führenden dänischen Brr. Graf Danneskjold-Laurvig, der (englische) Provinzial-Großmeister für Dänemark und N., und Baron Korff, und es ist anzunehmen, daß gerade dieser Anlaß zur Logengründung benutzt wurde. Urkundlich steht das aber nicht fest, und auch die Logenprotokolle, die erst seit 1757 vorliegen, geben keine verläßliche Auskunft; allerdings fehlen in diesen einige — herausgeschnittene — Blätter, auf denen von einem Besuch des Königs die Rede sein könnte (s. Dänemark). Zur Leitung der Loge war ursprünglich Graf Wedel-Jarlsberg berufen, über dessen Tätigkeit aber ebensowenig bekannt ist, wie über die des nach ihm als Meister bestimmten Generals Brockenhuus; erst 1755/56 ging der Bildhauer Stanley in Kopenhagen daran, die Logeneinrichtung zu besorgen. Als erster wirklich tätiger Stuhlmeister ist Leuch Elieson bekannt, der aber schon 1763 starb. Im Gegensatz zur Kopenhagener Mutterloge „St. Martin“, die in deutscher Sprache arbeitete, herrschte in der Loge St. Olaus von Anfang an das Norwegische; neben diesem verzeichnen die Protokolle nur französische Ausdrücke. Die Arbeit war nur zeitweise rege; in den ersten 60 Jahren der Loge trat aus den verschiedensten Gründen immer wieder Stillstand ein. Weitere Logen im 18. Jahrhundert (unter Dänemark) waren dann „Christian til den sorte Hjelm“ („Zum schwarzen Helm“), 1779 in Trondhjem gegründet vom Grafen C. I. W. Schmettow, die aber als Loge keine Tätigkeit entfaltete, und die „Carl til den Norske Løve“ („Zum norwegischen Löwen“), 1786 in Bergen gegründet. Neun Mitglieder der Loge in Bergen unterstützten 1808 eine Reihe Offiziere eines gestrandeten holländischen Ostindienfahrers bei der Gründung einer „Wanderloge“ „De toevellige Vereenigung“ („Die zufällige Vereinigung“), unter dem Großosten der Niederlande. Die „Bauhütte“ (1882, S. 299) verzeichnet im selben Zeitpunkt eine Loge in Kongsberg, deren Mitglieder eingewanderte Bergleute und Kriegsgefangene waren.

1814 wurde N. durch Personalunion mit Schweden zusammengefügt, und damit begann auch in diesem Staat die Herrschaft des Schwedischen Systems. 1819 wurde die Loge „St. Olaus zum weißen Leoparden“ ein Glied der Großen Landesloge von Schweden. Eine Reihe von Logengründungen folgten, die sich aber zunächst meist nicht sehr lange Zeit hielten. Erst seit den siebziger Jahren — 1870 entstand die norwegische Provinzialloge der Großen Landesloge von Schweden — begann der Aufschwung, der noch stärker in Erscheinung trat, als 1891 die Provinzial-Großloge unabhängig und Große Landesloge (Norske Store Landsloge), X. Provinz des Schwedischen Systems wurde. Der Ordensmeister der Großen

Landesloge von Schweden, König Oskar II., war gleichzeitig auch Ordensmeister der Großen Landesloge von N. In diesem Zeitraum einsetzende Angriffe auf das Schwedische System riefen auch den großen Dichter Björnstjerne Björnson (s. d.) auf den Plan. In einem beispiellos heftigen Leitartikel („Politiken", 15. September 1892) griff er die „Freimaurerei der schwedischen Könige" an und verlangte das Verbot dieses „jesuitischen Staates im Staat", dieser Lehrart, die nicht harmlos sei wie die angelsächsische, nicht freiheitlich wie die französische, sondern den konstitutionellen Herrscher eines demokratischen Staates zum absoluten Herrn über die Spitze der Bürokratie und die größten Kapitalisten mache. Der Sturm ging aber vorüber. 1894 wurde das große Ordenshaus eingeweiht, dessen sechs Tempel zu den schönsten Europas rechnen. Nach der Losreißung N. von Schweden wurde daran gedacht, den neuen König, Haakon VII., zum Ordensmeister zu machen, der als (dänischer) Prinz Karl am 23. April 1896 zusammen mit seinem Bruder Harald in den Bund aufgenommen worden war und kurz vor der Thronbesteigung den XI. Grad erlangt hatte. Der Gedanke wurde aber dann nicht Wirklichkeit, der Arzt Johann Conradi wurde Ordensmeister. 1930 zählte die Große Landesloge je eine Provinzialloge in Trondhjem und Bergen, sechs Andreaslogen, 19 Johannislogen (darunter drei in Oslo) und 17 Kränzchen mit gegen 10.000 Mitgliedern (4000 in der Hauptstadt). Großmeister ist der Advokat Hans Johndal Rönneberg. Der größten Loge der Obedienz, „St. Olaus zum weißen Leoparden", gehören über 2000 Brr. an. Die Große Landesloge betreut zwei Heime, eines für Jugendliche, eines für Alte. Der Jahresaufwand für Wohlfahrtspflege beträgt durchschnittlich 100.000 Kronen, wozu 25—30.000 Kronen freiwillige Spenden kommen. Adresse: Den Norske Store Landsloges Stamhus, Nedere Voldgate 19, Oslo.

Seit 1881 gibt es in N. auch eine humanitäre Freimaurerei. Eine Gruppe von Freimaurern in Trondhjem erhielt in diesem Jahr — die Große Landesloge war damals noch nicht gegründet — von der Großloge „Zur Sonne" in Bayreuth ein Patent für eine Loge „St. Olaf til det gjeweiste Tempel", der 1884 eine Schwester in Oslo zuwuchs, „Olaf Kyrre til den gyldene Kjaede". 1893 errichtete die Großloge „Zur Sonne" die Provinzial-Großloge „Polarstjernen" („Polarstern"); 1920 erteilte sie dieser am 8. Mai ein Konstitutionspatent als selbständige Großloge, „Den Norske Storloge Polarstjernen", mit Sitz in Trondhjem. Erster Großmeister war der Rentier Bohne. Sie umfaßte 1930 vier Logen mit 1100 Mitgliedern. Adresse: Kjöpmannsgaten 12, Trondhjem. Diese Großloge gehört der A. M. I. an. Sie setzte sich anfangs in N. nicht leicht durch. Schon wegen der Bayreuther Provinzial-Großloge gab es heftige Meinungsverschiedenheiten mit der Großen Landesloge von Schweden, denen schließlich 1896 König Oskar II. als Ordensmeister ein Ende bereitete: es wurde das gegenseitige Besuchsrecht für die Johannislogen eingeführt, woraus, wenn auch nicht de jure, doch de facto die Anerkennung der Provinzial-Großloge „Polarstjernen" durch die schwedisch-norwegische Obedienz resultierte. Gleich nach der Gründung der Großloge „Polarstjernen", 1920, zeigte diese der Großen Landesloge die neue Sachlage an. Eine verbindliche Antwort des Vicarius Salomonis langte ein, aus der von den Humanitären die Anerkennung gefolgert wurde; dann aber erfolgte ein Stimmungswechsel. Im August 1921 wurde den mit der Großen Landesloge befreundeten auswärtigen Obedienzen vom Obersten Rat der X. Provinz mitgeteilt, die Große Landesloge bestreite der Großloge „Zur Sonne", Bayreuth, das Recht, in N. eine Großloge zu gründen, da eine solche mit Jurisdiktion über den ganzen Staat bereits existiere; infolgedessen werde die Großloge „Polarstjernen" nicht anerkannt, jeder gegenseitige Verkehr der Mitglieder sei untersagt.

Diese Haltung änderte sich aber 1926; in einem neuerlichen Rundschreiben der Großen Landesloge wurde verlautbart, daß sich in der grundsätzlichen Frage der Anerkennung zwar nichts geändert habe, daß aber aus Sympathie für die allgemeinen maurerischen Grundsätze der Großloge „Polarstjernen" und mit Rücksicht auf die Wünsche von Brr. der X. Provinz die formalen Gründe für das Besuchsverbot von 1921 außer Kraft gesetzt seien und das Besuchsrecht, wie es 1896 statuiert worden war, neuerdings in Kraft trete.

Nosce te ipsum, Erkenne dich selbst, Ansprache in den Akten des Noviziats des Klerikalen Systems (Klerikale Akten), enthaltend eine alchimistisch-theosophische Schöpfungsgeschichte.

Notflagge. Das Setzen einer freimaurerischen N. auf Schiffen (s. Flagge) wird von einzelnen seefahrenden Freimaurern als seemännischer Brauch geübt. Der Großmeister der Niederlande, Carpentier-Alting, hat diesen Usus als vollkommen überflüssig bezeichnet, da der Seemann und insbesondere der Freimaurer an sich schon verpflichtet ist, Hilfe in Seenot zu gewähren ohne daß es erst der Unterstützung durch ein besonderes Zeichen bedürfe.

Notgeld, freimaurerisches, Die Loge „Zur Ykernburg" in Eckernförde (Große Landesloge von Sachsen) gab 1921 eine Art „freimaurerisches Notgeld" heraus, Gutscheine zu 25 und 50 Pfennig und 1 Mark.

Nothomb, Jean Baptiste, Baron, belgischer Staatsmann, Minister der öffentlichen Arbeiten, 1837—1840, Innenminister und Ministerpräsident 1841—1845, Verfasser des Normalschulgesetzes, Gesandter in Berlin, war Freimaurer. * 1805, † 1881.

Notre-Dame-Kirche in Paris. Am Turm dieser Kathedrale findet sich eine vom Dombaumeister Viollet-le-Duc (Freimaurer), der die Kirche 1859 restaurierte, angebrachte Eisentafel mit der Inschrift „A la Gloire du Grand Architecte de l'Univers", einem Stern mit dem Buchstaben G und Zirkel und Winkelmaß.

Notuma, Paßwort und Titel in Schottengraden, entstanden durch Umstellung der Buchstaben von Aumont, des fiktiven Nachfolgers von Jacques de Molay als Großmeister des Tempelherrenordens.

Not- und Hilfszeichen, Das Große (engl. Sign of Distress, frz. Signe de détresse), wird überliefert als ein Zeichen, um in höchster Lebensgefahr Freimaurerbrüder zur Hilfe zu rufen, wobei erwartet wird, daß diesem Zeichen unbedingt Folge geleistet wird. Das Zeichen besteht aus einem optischen Teil, indem eine bestimmte Handbewegung ausgeführt, und einem akustischen Teil, indem der Hilferuf „Zu mir, ihr Kinder (Söhne) der Witwe!" ausgestoßen wird. Das G. N. u. H. ist nach seinem ganzen Inhalt im Zusammenhange mit der Meisterlegende entstanden. Es hat heute nur mehr historische Bedeutung. In den englischen Bürgerkriegen des 18. Jahrhunderts soll es sich wiederholt bewährt haben, indem z. B. der Waffenlose oder Verwundete sich auf diese Weise Pardon im Handgemenge verschaffte. Aus der Geschichte früherer Kriege sind Fälle bekannt, in denen das G. N. u. H. Freimaurer an die Bekundung ihres Menschentums nicht nur Brüdern gegenüber mahnte.

Bei der heutigen Art der Kriegsführung des leeren Schlachtfeldes ist das Zeichen vollkommen wertlos geworden. Das Zeichen wird übrigens, was allein schon gegen seine allgemeine Verwendbarkeit spricht, in den einzelnen Großlogensystemen nicht gleich gegeben. Ein Erlaß des österreichischen Armee-Oberkommandes behauptete während des Weltkrieges, daß Heeresangehörige Freimaurerabzeichen an den Feldmützen, Helmen usw. trügen. Das ist ganz ausgeschlossen. Die Anwendung des G. N. u. H. zu hoch- oder landesverräterischen Zwecken oder in Verletzung des Fahneneides im Weltkrieg ist bei keiner Armee auch nur durch eine einzige Tatsache bewiesen worden. Nach dem Kriege wurde in Deutschland mehrfach die Abschaffung des G. N. u. H. in den Großlogen angeregt. Dieser Antrag wurde teilweise abgelehnt, weil man trotz der Überzeugung von der vollkommenen Wertlosigkeit fremden Einflüssen mit Recht keinerlei Zugeständnisse machen wollte. Dagegen gelangte es z. B. bereits 1927 bei der Großloge von Preußen, genannt „Zur Freundschaft", zur Abschaffung.

Nouvelle Tour d'Ugolin, La, et les Catacombes, ou les Franc-Maçons Vengés, 1829 in Paris erschienenes, die Freimaurerei in feindlichem Sinne behandelndes Theaterstück von „Jean qui pleure et rit" (Pseudonym für Darmaing), das das Los der unter den Bourbonen nach Frankreich zurückgekehrten Emigranten in Gestalt eines „roman dialogué sémi-historique, politico-dramatique et satirique" schildert.

Nova Scotia, Neu-Schottland, kanadische Provinz. Die 1868 gegründete Großloge zählte 1930 81 Logen mit gegen 10.000 Mitgliedern. Adresse: Grand Secretary, Freemasons Hall, Halifax.

Nova Scotia Stone. Dr. Charles T. Jackson fand 1827 gelegentlich einer Vermessungsreise auf Goat Island in der Annapolis-Bucht (Neuschottland) einen flachen Stein, der außer der Jahreszahl 1606 das Freimaurerabzeichen (Zirkel und Winkel) trägt. Dieser Stein ist wiederholt als Beweis für ein sehr frühzeitiges Auftreten der Freimaurerei in Amerika herangezogen worden, zu Unrecht, wie R. V. Harris nachgewiesen hat, der den Stein als Grabplatte eines Steinmetzen und nicht als freimaurerisches Erinnerungsmal anspricht.

Novelli, Ermete, berühmter italienischer Schauspieler, Shakespeare - Darsteller, auch außerhalb Italiens erfolgreich, * 1851, † 1919, Gründer des Theaters „Casa di Goldoni" in Rom, war Mitglied der Turiner Loge „Cavour".

Novize, im Illuminatenorden unterste Stufe, Vorbereitungs- oder Pflanzschule. Der N. betätigte sich in der Hauptsache an sich selbst. Von den Ordensmitgliedern stand nur sein Bürge mit ihm in Verbindung. Er mußte in förmlichen Exerzitien über die höchsten Ordensziele — sittliche Vervollkommnung und Glück der Menschheit — nachdenken, unbedingten Gehorsam und Unterordnung aller persönlichen Wünsche und Ansichten unter jene der Oberen geloben. Am Ende jedes Monats trat der N. auf dem Wege der „Quibus licet" mit dem Orden in unsichtbare Verbindung, versiegelte Briefe, die Berichte über den einführenden Oberen darstellten, der wiederum in gleicher Weise seinen Schützling zu beschreiben hatte. In weiteren Formularen mußte der N. auch seine eigene Person und alles, was ihn betraf, aufs genaueste analysieren. Monatlich mindestens einmal hatte er eine schriftliche Arbeit abzuliefern, die die geistigen Fortschritte aufweisen sollte, die er in der Obhut des Ordens gemacht hatte (s. Illuminaten).

Novize in der Strikten Observanz, V. Grad, unterster des Inneren Ordens, stellte die Prüfungsstufe für die künftigen Ritter dar. In ihm wurde die apokryphe Geschichte des Ordens seit der Verbrennung des letzten Großmeisters de Molay mitgeteilt. Die Leitung oblag dem Subprior der N. Bei der Aufnahme in den Novizengrad sprach der Postulant seinen Wunsch vor dem Priester kniend aus. In gleicher Weise erhielt er die Ordensbekleidung. Dem Wunsch wurde durch Segnung und Überreichung der Abzeichen willfahrt. Sodann erhielt der Eingekleidete eine brennende Kerze, wobei ihm der Novizenname erteilt wurde. Die Unterzeichnung eines Reverses bildete den Schluß der Aufnahme. (Vergl. Reitzenstein „Strikte Observanz".)

Nowikow, Nicolai Iwanowitsch, russischer Schriftsteller, * 1744, † 1818. Begründer der russischen Journalistik, der geistig bedeutendste russische Freimaurer des 18. Jahrhunderts, der das kulturelle Leben Rußlands stark beeinflußte. Als einer der Sekretäre einer von der Kaiserin Katharina II. aufgestellten Kommission zur Ausarbeitung eines neuen Strafgesetzes tat er tiefe Einblicke in die sozialen Verhältnisse Rußlands und die Methoden der Herrschenden. 1768 gab er eine satirische Zeitschrift „Die demütige Biene" heraus, in der er furchtlos gegen die schrankenlose Korruption der Beamten, die brutale Grausamkeit gegenüber den Leibeigenen und die Sittenlosigkeit bei Hofe kämpfte. Er mußte das Blatt bald einstellen. 1772 erschien eine neue Zeitschrift „Der Maler", die als die beste des 18. Jahrhunderts bezeichnet wird; sie mußte im folgenden Jahr eingestellt werden, worauf N. 1774 neuerlich mit einem Blatt herauskam, das die schonungslose Gesellschaftskritik fortsetzte. N. veröffentlichte dann eine Reihe von Geschichtswerken, um 1777 abermals eine Zeitschrift erscheinen zu lassen, die eine Annäherung zwischen den gebildeten Kreisen Rußlands und des Auslandes herbeiführen und Kenntnisse vom russischen Schrifttum verbreiten sollte. Eine Monatsschrift „Morgenröte" folgte, die einen schönen Ertrag abwarf, der zur Gänze der Errichtung von Schulen gewidmet wurde. 1779 wurde N. nach Moskau berufen, um dort die Universitätsdruckerei in Pacht zu nehmen und gleichzeitig das offizielle Blatt der Hochschule, die „Moskauer Ausgabe", zu leiten. Unter seiner Führung gingen aus der Druckerei in drei Jahren weit mehr Bücher hervor, als vorher während 24 Jahren. Ein Mann von stärkstem geistigem Format und unbeugsamer Energie, trachtete N. seinen ganzen Freundeskreis in seine Kulturarbeit einzuspannen. Dazu bediente er sich vor allem der Freimaurerei. Im Verein mit einer Reihe seiner aufgeklärtesten Moskauer Zeitgenossen gründete er die Loge „Eintracht" und auf deren Grundlage 1784 eine eigene große Druckereigesellschaft. In dieser wurden populärwissenschaftliche und religiöse, und die besten ausländischen Schriften (Voltaire, Rousseau, Montesquieu, Hume u. a.) zum erstenmal der russischen Öffentlichkeit in Massenauflagen zugänglich gemacht. Ziel des ganz freimaurerisch aufgebauten Systems war die Bekämpfung der beispiellosen Unbildung und die Hebung der Massen. Eine großartige Leihbibliothek stand allen Bevölkerungskreisen zur Verfügung; auf dem Wege einer vorbildlichen Organisation, die in den Händen von Freimaurerlogen lag, gelangte die Literatur auch in die entfernten Provinzen. N. verlegte nicht weniger als 440 Bücher; unter seinem Einfluß stieg die Zahl der Buchhandlungen in Moskau von 2 auf 20. Während des großen Hungerjahres 1784 organisierte N. eine großartige Hilfsaktion; die Bevölkerung gewaltiger Distrikte wurde unentgeltlich mit Lebensmitteln und Medikamenten versorgt. N. war auch ein leidenschaftlicher Pazifist und wandte sich mit eindringlicher Schärfe gegen Eroberungskriege, gegen Ruhmgier und Ehrgeiz als Anlaß zu Menschenschlächtereien. Auch als Rosenkreuzer spielte er eine Rolle. Es fehlte ihm aber auch nicht an heftigen Gegnern, die ihm seine Popularität neideten und ihn der Vergiftung der öffentlichen Meinung beschuldigten. Katharina beauftragte den Metropoliten Platon, N. auf seine Glaubensfestigkeit zu prüfen. Das Urteil des Kirchenfürsten war für N., der fest in der Ethik des Christentums wurzelte, überaus glänzend. Trotzdem gab sich Katharina unter dem Eindruck der französischen Revolutionsgeschehnisse nicht zufrieden. N. wurde 1792 ohne jegliches Gerichtsverfahren zu 15 Jahren Schlüsselburg verdammt. Seine Schöpfungen, von denen allein das Bücherlager 1791 einen Wert von 700.000 Rubeln repräsentierte, gingen zugrunde. Vier Jahre lang mußte er im Kerker schmachten. Paul I. gab ihm die Freiheit zurück.

N. R. F. in den Siegeln schwedischer Hochgrade als Abkürzung für die drei Grundursachen: Natura, Religio, Fortitudo.

Nuevo León, Bundesstaat von Mexico im nördlichen Hochland. Die Großloge von N. L. zählte 1930 zweiundzwandzig Logen. Adresse: Apartado postal 309, Monterrey (s. Mexico).

Numismatik, Freimaurerische, s. Denkmünzen.

Nuñez de Arce, Gaspar, spanischer Politiker und Dichter, * 1833, † 1903, neben Zorilla der populärste spanische Dichter, schrieb u. a. „Gritos del Combate", „Vertigo". „Pesca", „Vision de San Martin", war Freimaurer.

N. V. V. V. V., Nederlandsche Vereeniging van Vrouwen van Vrijmetselaaren, die holländische Vereinigung von Freimaurerfrauen zu gemeinsamer charitativer u. a. Tätigkeit. Der erste allgemeine Kongreß dieser Schwesternvereinigung fand am 19. Juni 1931 im Ordensgebäude im Haag statt.

O

Oaxaca. Bundesstaat von Mexico an der pazifischen Küste. Die Großloge von O. zählte 1930 fünf Logen. Adresse: Apartado postal 27, Oaxaca (s. Mexico).

Obedienz, s. Obödienz.

Obere, Geheime, Unsichtbare, s. Geheime Obere, v. Hund, Raich, Strikte Observanz.

Obere, Unbekannte, s. Geheime Obere, v. Hund, Raich, Strikte Observanz.

Oberg, Georg Ludwig von, in Hamburg 1737 Mitbegründer, dann Vorsitzender Meister der ersten deutschen Loge, der „Société des acceptés maçons libres de la Ville de Hambourg", nahm am 10. August 1738 in Braunschweig mit einer Abordnung der Hamburger Loge den preußischen Kronprinzen Friedrich in den Bund auf, der zwei Jahre später König (Friedrich der Große) wurde. 1739 weilte O. mit dem Schriftsteller von Bielfeld, der in Braunschweig als Schriftführer fungiert hatte, auf Einladung des Kronprinzen bei diesem in Rheinsberg, um hier eine Loge einzurichten. Er war der erste Meister dieser „Kronprinzenloge", deren Leitung nach seiner Abreise dann Friedrich selbst übernahm.

Obermeister des Ordens, der, nach der Schwedischen Lehrart J e s u s.

Oberster des Tabernakels (frz. C h e f d u T a b e r n a c l e, engl. C h i e f o f t h e T a b e r n a c l e), XXIII. Grad des A. u. A. Schottischen Ritus, in moderner Deutung (Wien) Humanitäts- und Bildungsgrad zur Schulung für die neue Arbeit in den „Feldlagern" der noch höheren Stufen, zugleich Abkehr von materialistischer Denkweise zu abstrakter, philosophischer Schulung. Die traditionelle Lehrart geht auf die Stiftshütte als Behältnis erhabener Wahrheiten zurück.

Oberster Rat, s. S c h o t t i s c h e r R i t u s.

Oberverwaltungsgericht, Königlich preußisches, fällte am 31. Mai 1912 eine bezüglich der Frage, ob die deutsche Freimaurerei politische und religiöse Zwecke verfolge, wichtige grundsätzliche Entscheidung. Im Herbst 1909 hatten der Augenarzt Dr. Fritz R a c k h o r s t und andere Freimaurer mit Sitz in Lennep einen A l u m n a t v e r e i n (s.d.) ins Leben gerufen, der es sich zur Aufgabe machen sollte, Schülerheime zu errichten, in welchen die heranwachsende Jugend in toleranten, jedem engherzigen Konfessionalismus abgewendeten Lebensanschauungen, mit einem Wort in freimaurerischer Gesinnung, zu sittlicher und geistiger Reife, zu vollwertigen Menschen erzogen werden könnte. Gegen die Eintragung des Vereines ins Vereinsregister beim Königlichen Amtsgericht in Lennep erhob der Königliche Landrat als zuständige Verwaltungsbehörde Einspruch nach § 61, Absatz 2 des Bürgerlichen Gesetzbuches, indem er erklärte, der Verein verfolge religiöse und infolge seines statutarisch festgelegten Zusammenhanges mit der Freimaurerei politische Zwecke. In dem vom Alumnatverein daraufhin anhängig gemachten V e r w a l t u n g s s t r e i t v e r f a h r e n gab der Düsseldorfer Bezirksausschuß am 17. November 1911 nach Einholung einer Äußerung des Vorsitzenden des Vereins deutscher Freimaurer Dr. B i s c h o f f, und nachdem die Regierung selbst den Einspruch bezüglich der „politischen Zwecke" als unstichhaltig zurückgezogen hatte, dem Klageantrag statt und wies den Einspruch des Königlichen Landrates gegen die Eintragung kostenpflichtig ab.

Die von diesem eingelegte Berufung wurde am 12. Mai 1912 vom Obersten Verwaltungsgerichtshof in Preußen, dem Kgl. pr. O., unter Auferlegung der Kosten abschlägig beschieden, die Entscheidung des Bezirksausschusses in Düsseldorf bestätigt, wobei die Begründung u. a. betonte, daß das Freimaurerwesen seiner ganzen Anlage und Betätigung nach seinen Endzweck nicht in der Verbreitung oder Bekämpfung religiöser Vorstellungen erblickt. „Mit Entschiedenheit", sagte das Urteil, „ist von jeher der Atheismus verworfen und anderseits abgelehnt worden, die Mitglieder des Freimaurerbundes zu einem bestimmten religiösen Bekenntnis zu verpflichten." Das deutsche Maurertum erhielt damit von seiten des führenden deutschen Bundesstaates die höchste rechtliche Bestätigung, daß es seinem ganzen Wesen nach weder religiöse noch politische Zwecke verfolgt, daß es — mit anderen Worten — weder ein religiöser noch politischer Verein im Sinne des Gesetzes ist.

Schon 1893 hatte das O. eine für die deutsche Freimaurerei grundsätzlich ungemein bedeutungsvolle Entscheidung gefällt, als es im Kampf S e t t e g a s t s (s. d.) gegen das den Berliner Großlogen ein Monopol für Preußen gewährende E d i k t von 1798 (s. d.) dieses für nicht mehr rechtswirksam erklärte.

Objektivismus, die Auffassung, daß die Erfahrungsinhalte objektiv gegeben sind, ferner die Annahme der Existenz von objektiven, vom erkennenden Subjekt unabhängigen Wahrheiten; in der radikalen Form die Annahme von absoluten Wahrheiten. Auf ethischem Gebiete ist O. die Anschauung, daß es objektive Maßstäbe und Zwecke des sittlichen Handelns gibt. Die Freimaurerei ist mit der modernen Philosophie der Ansicht, daß das Individuum wohl die Quelle jeglicher Erkenntnis ist, daß aber dennoch objektive, wenn auch nicht absolute Wahrheiten existieren, da die Struktur der Vernunft, der Prozeß des Erkennens bei allen Menschen ungefähr gleich ist. In ethischer Hinsicht ist die Freimaurerei der Auffassung, daß es objektive, ewig gültige Einzelnormen wohl nicht gibt, daß aber das Sittengesetz (s. d.), der Glaube an eine sittliche Weltordnung (s. d.) dem Menschen immanent und in diesem Sinne objektiv ist.

Obligation (engl.), die V e r p f l i c h t u n g. Die Übernahme der Pflichten bei der Aufnahme durch Zusage und Versprechen. Eine besondere Art ist die in angelsächsischen Logen (Amerika, Irland u. a.) übliche T y l e r's O. (s. d.).

Obödienz, auch O b e d i e n z (engl. o b e d i e n c e, frz. o b é d i e n c e), heißt die durch Unterstellung einer Loge unter eine Großloge übernommene gesetzmäßige Verpflichtung zur Befolgung von deren Satzungen. Daher: die Loge „Harmony" arbeitet unter der O. der Großloge von England, u. ä. Im übertragenen Sinn wird die Großloge selbst als O. bezeichnet im Sinne der Zusammenfassung der unter ihr arbeitenden Logen. Daher „freimaurerische O." gleichbedeutend mit Großlogen (im Französischen auch p u i s s a n c e s m a ç o n n i q u e s). Das aus dem Lateinischen stammende Wort (oboedire) meint nicht Gehorsam, sondern die Einfügung, Einordnung in die durch Mehrheitsbeschlüsse geschaffenen Rechtslagen einer Großloge.

Obödienzakte, Urkunde, durch die sich die Logen und Einzelpersonen, die sich dem System der Strikten Observanz (s. d.) anschließen („rektifizieren") lassen wollten, zu unbeschränkter Folgeleistung und strengstem Gehorsam (strictam observantiam) verpflichteten. (Wiedergegeben in Wilhelm K e l l e r „Geschichte der Freimaurerei in Deutschland", Seite 135.)

Obradović, D o s i t e j, serbischer Mönch, * 1739, † 1811, Schriftsteller, Wanderlehrer, erster Unterrichtsminister des 1806 befreiten Serbien, Begründer der serbischen volkssprachlichen Literatur, war Freimaurer. Er wurde in Triest aufgenommen.

Obrenović, s. M i c h a e l III. O.

Observanz, Late, wurden von den Anhängern der Strikten Observanz die anderen Systeme genannt, vor allem auch die Logen, die nach der englischen Konstitution arbeiteten, weil ihnen der militärische Gehorsam, die observantia stricta, gegen die Oberen abging.

Observanz, Strikte, s. Strikte Observanz.

Occident, die dem Orient gegenüberliegende Seite der Loge. Hier stehen die beiden Vorhofsäulen und haben in vielen Systemen die beiden Aufseher ihren Sitz.

O'Connell, Daniel, größter irischer Katholikenführer, * 1775, † 1847, ungewöhnlich populärer Redner, der unermüdlich für die Emanzipation seiner Glaubensgenossen und für die Freiheit von Irland eintrat. Als Abgeordneter erwirkte er 1829 das Gesetz, das den Katholiken die beiden Häuser des Parlaments und die Staatsämter zugänglich machte. Er trat später für die Loslösung von England ein (Repealbewegung). Da er aber gegen Anwendung revolutionärer Methoden Stellung nahm, geriet er zur jung-irischen Bewegung in Gegensatz. Er war der erste katholische Bürgermeister von Dublin. 1799 schloß sich O'C. der Lodge Nr. 198 in Dublin an. Der offiziellen Geschichte der Großloge von Irland zufolge war er ein äußerst enthusiastischer Freimaurer, den in seiner Eigenschaft als maurerischen Redner wenige erreichten, niemand aber übertraf. In einer Rede, die er 1814 über illegale Gesellschaften hielt, trat er warm für die Freimaurerei ein, die er als eine „von der Frage der Sekte, Nation, Farbe und Religion unabhängige philantropische Institution" pries.

Odd Fellows, Independent Order of Odd Fellows (I. O. O. F.), Unabhängiger Orden der Odd Fellows, hat manche Wesenszüge der Idee und des Rituals mit der Freimaurerei gemein; er will ebenfalls aus den Baubrüderschaften der alten Steinmetzen hervorgegangen sein, steht aber in keinem direkten Zusammenhang mit der Freimaurerei. Wo sich Analogien ergeben, sind diese sichtlich dem freimaurerischen Vorbild entlehnt. Der Orden der O. F. betrachtet als seine Säulen die Vaterschaft Gottes und die Brüderschaft der Menschen. Er verlangt von seinen Mitgliedern Bekenntnis zu denjenigen allgemeinen Glaubenssätzen, in welchen alle Religionen übereinstimmen, predigt freie Selbstbestimmung, Gedanken- und Gewissensfreiheit, regt zur Selbsterkenntnis, Selbstbeherrschung und Selbstveredlung an, bekämpft Wahn, Aberglauben, Selbstsucht, Leidenschaft, weckt das Gewissen für Gerechtigkeit, Duldung und Menschenliebe, bietet der freien Forschung offene Bahn und will in seinen sittlichen und demokratischen Grundsätzen und Einrichtungen nicht bloß eine für jedes Zeitalter, für alle menschlichen Verhältnisse gültige Lebenskunst lehren, sondern auch eine vollständige Gesellschaftslehre bieten, die eine Norm für das friedliche Zusammenleben aller Menschen abgeben soll. Zu den Aufgaben des Ordens, dessen Devise „Freundschaft, Liebe, Wahrheit" lautet, gehört es, „die Kranken zu besuchen, den Bedrängten zu helfen, die Toten zu bestatten und die Waisen zu erziehen". Die Frage nach kranken und hilfsbedürftigen Brr. ist in jeder Logenarbeit obligatorisch. Bei den amerikanischen Logen, die die große Masse der O. F. umfassen, darunter besonders zahlreiche Arbeiter, wird bei der Mitgliederwerbung eine sehr hohe Unterstützungsquote geltend gemacht, so daß sie vielfach mehr oder weniger zu Kranken- und Sterbekassen werden. Aber auch in Europa, wo die Idee der Nächstenliebe viel vergeistigter gelehrt wird, gelten Wohltätigkeitssinn und Samariterliebe als Kardinaltugenden jedes O. F.

Die Entstehung des Ordens ist bisher nicht aufgehellt worden. Man weiß nur, daß sie von England ausgegangen ist. O. F. bedeutet „sonderbarer Geselle" und es heißt, daß gegen Ende des 18. Jahrhunderts englische Schauspieler, die nach den Vorstellungen im Kostüm zusammengekommen seien, also „sonderbar" gewirkt hätten, die Gründer der ersten Vereinigung gewesen seien. Diese Version ist jedenfalls glaubwürdiger als der gewaltsame Versuch, aus einer in Amerika üblichen Nebenbedeutung des Wortes „odd" — „ungleich, überzählig", zu folgern, die Entstehung des Ordensnamens sei auf Bauhandwerker zurückzuführen, die keinem Verband angehörten, keine Zunftgerechtsame besaßen, also „überzählig" waren und sich in ihrer Notlage zusammengeschlossen hätten (Alexander Lotthammer, „Handbuch für Odd Fellows", Göttingen 1924). Sichtbar in die Öffentlichkeit traten die O. F. erst 1803, in welchem Jahre die „London Union Odd Fellows" sich an die Spitze der Londoner Logen stellte und als „Großloge von England" unbeschränkte Machtbefugnisse über alle O. F. im Vereinigten Königreich in Anspruch nahm. Es kam aber bald zu Rivalitäten mit einer anderen Großloge in Salford. 1814 erklärte sich auch die Loge von Manchester als „Manchester Unity" unabhängig. Diese ist bis auf den heutigen Tag isoliert geblieben. Sie hat heute mit ihren über ganz England verteilten über eine Million Mitgliedern nur noch den Charakter einer Groß-Versicherungsanstalt unter staatlicher Aufsicht. 1806 faßten die O. F. auch in Amerika Fuß. Es wurde die „Shakespeare Lodge Nr. 1" in New York gegründet. Aber erst von der 1819 von Thomas Wildey in Baltimore gestifteten „Washington Lodge Nr. 1" ging der Aufschwung aus. 1821 entstand eine „Großloge von Maryland und den Vereinigten Staaten" mit Wildey als Groß Sire (Großmeister), 1825 wurde diese zur „Großloge der Vereinigten Staaten", die einen Freibrief der „Manchester Unity" erhielt. Wildey widmete der Ausbreitung des Ordens eine gewaltige Tätigkeit, der Aufschwung wurde aber unterbrochen, als die aus Anlaß der Morganaffäre (s. d.) in ganz Amerika ausgebrochene Freimaurerverfolgung sich auch gegen die O. F. richtete. Zwistigkeiten mit der „Manchester Unity" führten dazu, daß die „Großloge der Vereinigten Staaten" sich 1841 als selbständiges Haupt des O.-F.-Ordens erklärte. In der Folgezeit war am stärksten um das Wachstum der Bewegung James L. Ridgely bemüht. 1879 gab sich die Großloge den Titel „Souveräne Großloge I. O. O. F.". Sie leistete auf karitativem Gebiete Außerordentliches und war auch von den siebziger Jahren an auf Gründung von

Pflanzstätten in den übrigen Weltteilen bedacht. In Europa entstanden auf Grund der amerikanischen Freibriefe Großlogen. 1872 in Deutschland („Großloge des Deutschen Reiches“, deren erste Loge die „Württembergische Loge Nr. 1“ in Stuttgart, gegründet am 1. Dezember 1870, war, Hochmeister seit 1916 Professor Dr. August Weiss in München, Organ seit 1918 „Das Bruderwort“, Göttingen), 1874 in der Schweiz, 1884 in Dänemark, 1894 in Schweden, 1900 in Holland, nach dem Weltkrieg in Norwegen und der Tschechoslowakei. Auch in mehreren anderen europäischen Ländern bildeten sich Logen. 1923 kam es zur ersten Gründung in Österreich („Friedensloge Nr. 1“ in Wien), der sehr bald weitere Logeneinsetzungen folgten.

Die Tätigkeit der O. F. geht nach einem sehr umfangreichen Ritual vor sich. Als Grundlage dient das „Werk“, das sich in das „geschriebene“ und „ungeschriebene“ oder „geheime“ Werk gliedert. Das letztere (Zeichen, Griffe, Paßworte) wird mündlich überliefert. Abzeichen sind die sogenannten „Regalien“, das heißt Kragen, deren Stoff und Farbe je nach Grad und Würde verschieden sind. Der Orden zerfällt in ritualistischer Hinsicht in Logen — der Arbeitsraum, die Halle ist rot ausgeschlagen — und Lager. Die Logen bearbeiten die untergeordneten, die Lager die erhabenen oder Patriarchengrade. In organisatorischer Hinsicht bilden die Logen (Vorsitzender: Obermeister) Bezirks-Großlogen (Leiter: Großmeister) und diese wieder Staats-Großlogen (Vorsitzender: Groß-Sire, der in Deutschland seit 1919 Hochmeister heißt). Ständige Zusammenkünfte der Ordensführer der verschiedenen Länder sorgen für Aufrechterhaltung der gemeinsamen Grundlagen der Arbeit.

Logengrade sind ein Einweihungsgrad und drei eigentliche Grade.

Der Einweihungsgrad, in dem der Kandidat „zu einem neuen Leben im Geiste des Ordens geboren“ wird, ist durch die weiße Farbe gekennzeichnet. Es folgt als I. Grad der „Grad der Freundschaft“, dessen Ritual von Jonathan und David handelt und dessen Sinnbilder das allsehende Auge Gottes, die drei Kettenglieder (Freundschaft, Liebe und Wahrheit), Schädel mit gekreuzten Knochen, Sense, Bogen, Pfeil und Köcher und Rutenbündel sind; Farbe: weißer Kragen mit blaßroter Einfassung. Der II. Grad ist der „Grad der Bruderliebe“, zeigt den Barmherzigen Samariter und als Sinnbilder Axt, Herz und Hand, Weltkugel, Bundeslade und Schlange (weißer Kragen mit hellblauer Einfassung). Der dritte Grad, der „Grad der Wahrheit“, führt zum Allerheiligsten und handelt u. a. vom Tode als Preis der guten Tat und von der Arbeit für andere, die der leisten kann, der gelernt hat, an sich und mit anderen zu arbeiten; Sinnbilder: Waage, Schwert, Bibel, Stundenglas, Sarg; Farben: weißer Kragen mit Scharlach-Einfassung. Erst die Besitzer des III. Grades gelten in jeder Beziehung als vollwertige Brr. und können zu Beamten gewählt werden.

Die Lager-Grade (erhabene oder Patriarchengrade) spielen im alttestamentarischen Zeltlager der Nomadenvölker zwischen Euphrat und Tigris und verbinden patriarchalischen mit militärischem Charakter. Abraham in seiner Zelthütte wird gezeigt, als opferwilliger Gastfreund, als Prediger der Menschenliebe und Duldung, als Führer auf dem Lebensweg. Kampfbereitschaft gegen äußere und innere Feinde wird gelehrt. Die Stufen sind folgende: 1. der Patriarchengrad (Vaterschaft und Herrschaft), 2. der Grad der Goldenen Lebensregel (Christus: Alles, was Ihr wollt, daß Euch die Leute tun sollen, das tut Ihr ihnen!“), 3. der Königliche Purpurgrad (Darstellung der Lebensreise). Die Farben der Lagergrade sind schwarz, golden und purpurn; Sinnbilder: drei Säulen (Glaube, Liebe und Hoffnung), Zelt, Hirtentasche, Sandalen und Hirtenstab, Opferaltar, Gesetzestafeln, Kreuz und Halbmond, Räucheraltar. In Amerika gibt es schließlich noch einen Groß-Lagergrad. Vorsitzender des Lagers ist der Hauptpatriarch.

Die Verpflichtung zum Wohltun, die dem O. F. in so hohem Maße eignet, und der Wunsch, auch die Frauen, Töchter, Schwestern und Mütter der Mitglieder an dieser Ordensarbeit teilnehmen zu lassen, führten 1851 zur Einführung eines „Weiblichen Grades“, des Rebekka-Grades, für den es eigene Rebekka-Logen gibt. In deren Ritual werden als Vorbilder weiblicher Tugenden die biblischen Gestalten der Hannah, Deborah, Esther, Ruth, Mirjam vorgeführt. Die Mitglieder tragen Schleifen aus rosenrotem und grünem Band. Sinnbilder: Bienenkorb, Taube, der Mond und die sieben Sterne.

Oechelhäuser, Wilhelm, deutscher Industrieller und Politiker, * 1820, † 1902, Ehrendoktor der Universität Erlangen, nationalliberaler Abgeordneter des Reichstages, Begründer und Präsident der Shakespeare-Gesellschaft, bedeutender Shakespeare-Forscher, Verfasser der „Shakespeareana“ sowie volkswirtschaftlicher und soziologischer Schriften („Soziale Tagesfragen“, „Die Arbeiterfrage“). Die Einführung der wirtschaftlichen Organisationsform „G. m. b. H.“ ist Oe. zuzuschreiben. Er war Meister vom Stuhl der Dessauer Loge „Esiko zum aufgehenden Licht“.

Oehlke, Alfred, Dr. phil., Zeitungsverleger und Redakteur in Breslau, * 1862, bezog die Berliner Universität und geriet hier in die Periode scharfer Kämpfe zwischen der liberalen und der antisemitischen Richtung innerhalb der deutschen Studentenschaft. Er schlug sich auf die Seite des Liberalismus. Bei einem Pistolenzweikampf, der sich aus diesem Gegensatz der Meinungen ergab, hatte er das Unglück, seinen Gegner zu töten. Nach verbüßter Festungshaft Redakteur, schloß er sich der Settegastbewegung an und wurde 1901 Meister vom Stuhl der Loge „Settegast zur deutschen Treue“ in Breslau. Als freimaurerischer Schriftsteller besonders im „Hamburger Logenblatt“ und in den (eingegangenen) „Bausteinen“ der Provizial-Großloge von Hamburg in Berlin tätig. In Buchform erschien ein Lebensbild des Großmeisters Herrmann Settegast.

Oersted, Hans Christian, dänischer Naturforscher, * 1777, † 1851, Professor der

Physik an der Universität und Direktor der Polytechnischen Lehranstalt in Kopenhagen, Entdecker des Elektromagnetismus, wurde 1812 Freimaurer.

Oeuvre Maçonnique des Invalides du Travail, 1885 gegründetes, von den französischen Obedienzen subventioniertes Wohlfahrtswerk für alte Brr. und Witwen von Freimaurern. Adresse: 16 rue Cadet, Paris.

Öffentliche Meinung. Das Bild der Freimaurerei in der ö. M. wird weniger von ihr selbst, als von der Besonderheit der widerspiegelnden Flächen bestimmt. Als in sich geschlossene Gesellschaft mit Bräuchen, die nur den Eingeweihten vorbehalten bleiben, hat sie gleich nach ihrem ersten Auftreten die Neugier der Außenstehenden erweckt. Ursprünglich von dieser naiven Neugierde verfolgt, weckt sie in der ö. M. Vorstellungen, die sich großenteils im Volksaberglauben verankert haben. Die Freimaurerei erscheint als ein Geheimbund, dessen Mitglieder mit besonderen Kräften ausgestattet sind, die schwarze und weiße Magie treiben, sich dem Teufel mit Blut verschreiben, sich verwandeln und Tiergestalt annehmen können u. a. m. Kirchliche Einflüsse, durch Bullen, Enzykliken und Kanzelpredigten genährt, erzeugen in der ö. M. die Vorstellung einer Gesellschaft von Gottlosen, Kirchenfeinden, Teufelsanbetern, Sittenlosen, Sexualverbrechern, wobei wie immer die sexuellen Ausschweifungen mit religionsschänderischen Handlungen in Verbindung gebracht werden (Schwarze Messen u. a. m.). Der Freimaurer schändet in dieser Vorstellung die heiligsten Gebrauchtümer der Kirche, er durchbohrt Hostien (was bekanntlich im Mittelalter den Juden vorgeworfen wurde), er hat die Nägel seiner Schuhsohle in Kreuzform eingeschlagen, um ständig das christliche Zeichen mit Füßen treten zu können, u. a. m.

Ein anderes Gesicht bekommt die ö. M., wenn sie den Freimaurer als Gegenstand politischer Erklärungsversuche mißbraucht. Der Freimaurer wird so zum Königsmörder kat exochen, erregt alle Revolutionen, die irgendwo ausbrechen, er ist an allen politischen Ereignissen eines Volkes schuldtragend, selbst wenn aus diesen politischen Ereignissen Freimaurer eines anderen Volkes als dessen Angehörige Nutzen ziehen. Er ist international, daher kann er nach dieser Art ö. M. nicht vaterländisch eingestellt sein. Er wird daher zum Volksverräter, zum vaterlandslosen Gesellen, der, um einer fiktiven Idee willen, sein Volk bei jeder Gelegenheit preisgibt. So wird verbreitet, 1871 hätten die französischen Freimaurer die Franzosen an die Preußen verraten, im Weltkriege hätten die deutschen Freimaurer ihre Pflichten verletzt. Besonders beliebt ist die gedankenlose Stigmatisierung mißliebiger Politiker des eigenen Staates und fremder Länder als Freimaurer. Der Freimaurer wird so in der ö. M. zum Schwarzen Mann der Weltgeschichte, zum Großen Unbekannten, der hinter allen Verbrechen am Volksleben steht. Freimaurerei wird ein Schlagwort der Politik, das in Wahlkämpfen gegen den Gegner ausgespielt wird. Wo das Wort Jude allein nicht verfängt, muß der Freimaurer seinen Zauber spielen lassen. Durch unkritische, mehr von Stimmungen als von Kenntnissen belastete Spiegelbildvorstellungen vom Gegner, dem alle erdenkbaren Laster angehängt werden, ist eine Vorstellung vom Freimaurer in der ö. M. gezüchtet worden, die wohl nicht dem geschichtlichen Verständnis, wohl aber dem Entlastungsbedürfnis (Suche nach dem Schuldigen usw.) entgegenkommt.

Zeuge für diese Bilder der ö. M. ist die Presse aller Völker. Ein Musterbeispiel für die Festigkeit des Urteils aus historischer Zeit: Die „Vossische Zeitung" kann sich bis zum Jahre 1740 nicht genug tun in spöttischen Bemerkungen über die Freimaurer. Als Friedrich II., dessen Freimaurertum bekannt war, den Thron besteigt, tritt die „Vossische Zeitung" sofort den Rückzug an und weiß die Honetete (so!) der Frey-Mäurer wohl zu rühmen! In den folgenden Jahrzehnten ist die Presse als Spiegel der ö. M. überreich an Meldungen über die Freimaurer, wobei immer wieder die politische Haltung des Blattes den Kontrapunkt darstellt, auf dem sich die verschiedenen Melodien aufbauen. Die Freimaurer bemühen sich, ihrerseits die ö. M. zumindest zu richtiger Beurteilung umzustimmen. Da ihnen im allgemeinen eine eigene Presse fehlt, die auch in der breiteren profanen Öffentlichkeit gelesen wird (Ausnahmen bilden hier die „Wiener Freimaurerzeitung" und früher die ungarische Tageszeitung „Vilag"), so behelfen sie sich mit gelegentlichen Mitteilungen, aufklärenden Vorträgen, Presseempfängen (s. d.), Broschüren, wie die des Vereins deutscher Freimaurer. Dies gilt jedoch nur für den europäischen Kontinent. In England und Amerika haben alle großen Zeitungen ständige Rubriken, die sich mit der Freimaurerei beschäftigen. Dort wird die Freimaurerei als gesellschaftliche Erscheinungsform, als Selbstverständlichkeit hingenommen. Es fällt auch dort etwas schwer, eine Vereinigung, der die Mitglieder des Königshauses oder die Staatspräsidenten angehören, des Landesverrates oder des parteimäßig betriebenen Massenmordes zu bezichtigen. In leidenschaftlich erregten Zeiten wird das Bild des Freimaurers immer wieder um Einzelheiten vermehrt. Diese gehen dann unausrottbar in die ö. M. über, die ihr Urteil zeitweise wohl vergessend in den Hintergrund schiebt, es aber bei kommenden Anlässen immer wieder hervorholt. Nur so ist es erklärlich, daß die Phantastereien nachweislich Geistesgestörter oder geistig Minderwertiger immer wieder an der Oberfläche erscheinen und neuen Nährstoff abgeben. Die Sicherheit, mit der derartige Behauptungen aufgestellt werden, verleitet mitunter sogar ernsthafte Geschichtsschreiber, unter der Suggestion des gedruckten Buchstabens vollkommen unglaubhafte Deutungen für bare Münze zu nehmen. Da die Freimaurer, besonders in Deutschland, lange Zeit den schweren Fehler begangen haben, diese Angriffe widerspruchslos hinzunehmen, wird das Bild der Freimaurerei in der ö. M. heute zumeist durch die Tendenzschriften der Nachkriegszeit, wie Wichtl, Schwartz-

Bostunitsch, Ludendorff u. a., bestimmt. Erst in allerjüngster Zeit tritt dem die Freimaurerei gegenüber und sucht zumindest in einsichtigen Kreisen auf das Fadenscheinige des ganzen Lügengewebes hinzuweisen. Daß sie damit die Massenstimmungen, die einen Blitzableiter ihrer Spannungen suchen, nicht beseitigen kann, liegt auf der Hand.

Officer (engl.), frz. Officier, deutsch der Beamte der Loge (s. d.), daher auch Grand Officer, Grand Officier, Großbeamter.

Officier (frz.), s. Officer.

Öffnen und Schließen der Loge. Nach dem englischen Ritual eröffnet der Meister vom Stuhl die Lehrlingsloge mit der Formel: „The lodge is open for the purposes of Freemasonry in the First Degree" („Die Loge ist für die Zwecke der Freimaurerei im ersten Grad eröffnet"). Das vorhergehende Ritualgespräch stellt fest, daß die Loge „gedeckt" ist, daß alle Anwesenden Freimaurer und daß die Beamtenplätze regelrecht besetzt sind. Hierauf gibt der Meister vom Stuhl den einleitenden Hammerschlag, der von den beiden Aufsehern wiederholt wird, und schlägt das Buch (die Bibel) auf. Das englische Ritual kennt die Erleuchtung der Loge durch Entzünden der kleinen Lichter nicht. Dagegen ist, besonders in deutschen Logen, die Eröffnung der Loge von einer Reihe symbolischer Gebräuche begleitet, so das Entzünden der Kerzen mit Begleitung der auf Weisheit, Schönheit und Stärke bezüglichen Kerzensprüche, die Enthüllung der Arbeitstafel u. a. m. Die ritualmäßige Eröffnung der Loge setzt die Cäsur zwischen den Alltag und die besondere Weihe der Logenarbeit. Die andere Seite des Logenrahmens versetzt die Bruderschaft wieder in die Alltagsatmosphäre: beim Schließen der Loge (closing the lodge) werden die Symbole wieder verhüllt, das heilige Buch geschlossen und die Brr. zur Erholung entlassen.

Oglethorpe, James, englischer General und Kolonisator, * 1689, † 1785, Adjutant des Prinzen Eugen von Savoyen bei der Einnahme von Belgrad, Mitglied des englischen Parlaments, erfolgreicher Kämpfer für Reform des Schuldgefängniswesens und gegen den Pauperismus, erreichte dadurch die Gründung der Kolonie Georgia in Amerika. Auch die englischen Freimaurerlogen sammelten für diesen Zweck. 1732 segelte O. mit 120 Auswanderern nach Südkarolina, wurde der erste (ehrenamtliche) Gouverneur. 1733 begann der Aufbau der Stadt Savannah, 1734 gab es bereits die erste Loge „The Lodge of Savannah", deren erster Meister O. wurde. Im Krieg mit Spanien 1739 war er Kommandant in Georgia und Karolina, später General in England, Tory, 1749 Mitglied der Royal Society.

O'Higgins, Bernardo, chilenischer General und Politiker, * 1776, † 1842, Kämpfer für die Unabhängigkeit seines Vaterlandes, dessen Diktator von 1817—1823, gehörte dem Freimaurerbund an.

Ohio, Bundesstaat der Vereinigten Staaten von Nordamerika. Die 1808 gegründete Großloge zählte 1930 617 Logen mit 109.700 Mitgliedern. Sie unterhält das Ohio Masonic Home, ein Altersheim mit mehreren hundert Insassen. Adresse: Masonic Temple, Cincinnati.

Ohr, Wilhelm, Privatdozent der Geschichte in Frankfurt a. M., * 1877, Direktor des Nationalverbandes f. d. liberale Deutschland, Mitglied der Loge „Zum aufgehenden Licht an der Isar" in München, im Weltkrieg Gründer und erster Stuhlmeister der Feldloge „Zum aufgehenden Licht an der Somme" in St. Quentin. In seinem Idealismus litt es ihn nicht in der Etappe, er meldete sich an die Front und fiel als Hauptmann am 23. Juli 1916. Die von ihm gegründete Feldloge arbeitete in St. Quentin in dem Gebäude der französischen Loge, deren innere Einrichtung O. auf das gewissenhafteste verwaltete. Hierdurch ist er während des Krieges mit französischen Freimaurern in Berührung gekommen, die aber zu den Arbeiten der Feldloge nicht zugelassen wurden. Als Ergebnis vorgefundener französischer Akten konnte er 1916 ein Buch veröffentlichen: „Der französische Geist und die Freimaurerei", Leipzig, Köhler, in dem er auf die geistigen Gegensätze zwischen der deutschen und französischen Freimaurerei hinwies. O. war erfüllt von einem mystischen Glauben an Deutschlands Größe und Weltmission, aber auch durchdrungen von der Menschheitsmission der Freimaurerei. „Will noch einmal die Zeit kommen, da Menschenliebe und Weltbürgertum mehr ist als ein Traum aus Großvaters Zeit?" fragte einer seiner aus der vordersten Linie nach Hause geschriebenen Briefe.

Oken, Lorenz, eigentlich Okenfuß, Naturforscher, * 1779, † 1851, Professor der Medizin in Jena, seit 1817 Herausgeber der „Isis", eines enzyklopädischen Blattes vornehmlich naturwissenschaftlichen Inhalts, das auch zu Zeitereignissen Stellung nahm. (In der „Isis" ist unter anderem auch der illustrierte Bericht über das Wartburgfest abgedruckt, s. Schmalz.) Er ist der Begründer der heute noch bestehenden Deutschen Gesellschaft der Naturforscher und Ärzte. Professor in München und schließlich in Zürich, wo er starb. Er war Mitglied der Loge „Amalia" in Weimar.

Okkultismus, die Wissenschaft vom Verborgenen, eine Lehre, die im Grunde zwischen Wissen und Vermutung ihren Inhalt sucht, Naturwissenschaft sein will, indem sie deren Methoden auf die Erforschung des Verborgenen, der „groben" Erfahrung Unzugänglichen, des Über- und Außersinnlichen anzuwenden versucht. Die Vorgangsweise ist zum Teil anscheinend experimentell, anderseits aber auch mystisch. Okkultistische Lehre ist z. B. die Theosophie (s. d.). O. hängt mit der Magie (s. d.) und Mystik (s. d.) zusammen und ist ein günstiger Nährboden des Aberglaubens, doch kann er zuweilen der Wissenschaft auf Grund intuitiver Einsichten Anregungen geben. Die Hinneigung zur esoterischen Seite der Freimaurerei hat besonders im 18. Jahrhundert sehr viele Freimaurer mit okkulten Bestrebungen in Verbindung gebracht (s. Okkultistische Freimaurerei). Auch heutzutage, besonders seit den Nachkriegsjahren, sind okkulte Bestrebungen in einzelnen Freimaurergruppen deutlich erkennbar.

Okkultistische Freimaurerei. Während viele Freimaurerlogen im 18. Jahrhundert Horte der Aufklärung waren, wurde von anderer Seite eine Zeitlang mit Erfolg versucht, die gegen die Außenwelt abgeschlossenen Bauhütten zum Deckmantel der starken okkultistischen Strömungen der Zeit zu machen. Ein typisches Beispiel dafür ist die Art und Weise, wie die Gold- und Rosenkreuzer (s. d.) ihre Ideenwelt mit dem freimaurerischen Ritual verbanden. Sie und andere beriefen sich dabei auf die Zunftlegende in Andersons Konstitutionen, die andeutete, die Freimaurerei sei Trägerin geheimer Kenntnisse des Wissens um letzte Dinge, die ihr von Weisen des Altertums, so Pythagoras und Zoroaster, überkommen seien; sie wiesen aber auch auf die 1738 erschienene, der zweiten Auflage des Andersonschen Konstitutionsbuches angehängte „Defence of Masonry" hin, die die Geburtsstätte der Maurerei geheimnisvoll nach dem Osten verlegte und sie in Verbindung mit den Pythagoreern, Essenern, Kabbalisten und ihren geheimen Bräuchen brachte. Jedenfalls begannen die Okkultisten sehr bald, den freimaurerischen Symbolen eigene Deutung zu geben, wobei sie erklärten, daß ein und dasselbe Sinnbild auch von der offiziellen Freimaurerei selbst in den verschiedenen Graden verschieden ausgelegt werde. Am eifrigsten betätigten sie sich in Frankreich. Im Mutterlande der Königlichen Kunst, in England, genügte im allgemeinen der theosophisch angehauchte Royal Arch mystischen Bedürfnissen.

In Frankreich knüpfte man zuerst an König Salomo an, den man als den großen jüdischen Magier ansah, als den Meister der Elementargeister, die er mit der Kraft seines geheimnisvollen Siegels beherrschte. Diese Kraft schrieb man nun dem „auf dem Stuhl Salomos" thronenden Großmeister zu, den man im Besitz des Geheimnisses durch das ihm überlieferte, beim Tode Hirams „verlorene Wort" wähnte. Vor der Einführung der Hochgrade existierten bereits kabbalistische Auslegungen der Symbole, suchte man in manchen Logen nach dem „Stein der Weisen", sah man in der Säule J den Schöpfer des Talmud, in der Säule B den Sekretär Salomos, den Verfasser der geheiligten „Clavicula Salomonis", unterlegte man dem „Flammenden Stern" (Pentagramm) und dem „Siegel Salomonis" (Hexagramm) besondere Bedeutung, oder man erblickte auch in J und B Namen und Zunamen eines und desselben Mannes, der eine Legion von Zwergen kommandierte und dessen Unterführer Salamander waren. Die Sucht nach solchen phantastischen Auslegungen kam dann in den verschiedenen Hochgradsystemen verstärkt zur Geltung. Das Aufnahmeritual der „Ritter des Ostens" lehnte sich an Kapitel aus der Apokalypse an: der siebeneckige Tapis zeigte einen weiß gekleideten Mann mit goldenem Gürtel, das Haupt von Strahlen umgeben, sieben Sterne in der rechten Hand und von sieben Lichtern eingeschlossen. Der Meister der Loge hielt das Buch mit den sieben Siegeln, sein Thron unter einem von Sonne und Mond beschienenen Regenbogen zeigte vier geflügelte Karyatiden, Löwe, Stier, Adler und ein Wesen mit menschlichen Zügen (Evangelisten!). Die Rituale der „mystischen Meister" bezeichneten als Ziel der Maurerei das Wissen um den zwischen dem Schöpfer und seinem Volk abgeschlossenen Vertrag und die geheimen Mitteilungen, die der Herr dem Patriarchen Enoch 400 Jahre vor der Sintflut gemacht habe; diese Mitteilungen hätten sich auf den wahren Namen des Herrn bezogen, nur die „mystischen Meister" wüßten um das Wort, das unbedingte Herrschaft über die Naturkräfte verbürge. Der Tapis dieses Systems zeigte vier Kreise, die vier Engel repräsentierten, die Christus auf dem Passionswege begleitet und gestützt hätten. Dem „mystischen Gesellen" wurde erklärt, daß Gott aus Salomon eine Emanation der göttlichen Kraft ausgestrahlt habe, die man Hiram nenne. Durch die ihm dadurch möglich gewordene Öffnung der ersten drei „mystischen Kreise" habe er das Scheiden der Metalle und die Beziehungen zwischen Schöpfer und Menschen kennengelernt. Im vierten habe er sich dem Herrn von Angesicht zu Angesicht gegenübergesehen, aber dann den Fehler begangen, auch in den fünften Kreis einzudringen, der die Domäne der Frau war; er sei dort in die Bande der Wollust verstrickt, von Hiram verlassen worden und habe nicht mehr die Kraft gehabt, den sechsten und siebenten Kreis zu öffnen.

Auch eine besondere mystische französische Version des Royal Arch entstand, derzufolge auf dem Grundstein des Salomonischen Tempels sich die geheimen Zeichen befanden, die dem Eingeweihten die Gabe verliehen, Gold zu machen. Die Reise des angehenden „Ritters des Tempels" durch die vier Elemente erhielt hermetische Interpretation, ebenso die Auferstehung Hirams und auch das „heilige Wort" INRI („Igne natura renovatur integra"). Spezifisch hermetische Embleme, wie der weiße und schwarze Adler, der Pelikan, der aus den Flammen sich erhebende Phönix finden sich in einer ganzen Reihe schottischer Grade. Alchimisten, Magnetiseure, Bekenner theosophischer Lehren, Visionäre aus der Schule Swedenborgs, Astrologen, Kabbalisten nahmen Einfluß auf den Ausbau der zahlreichen Riten. Martinez de Pasqually, Willermoz, Saint-Martin, Dom Pernetty (s. diese alle) waren Begründer okkultistischer Systeme und arbeiteten am „Großen Werk".

In der Pariser Loge „La Sagesse triomphante" erblickten die Mitglieder nach stundenlangen magischen Übungen den sie segnenden Propheten Elias, spiritistische Séancen fanden statt, und in den Räumen der Bauhütte „Amis réunis", auf der sich die okkultische Kongresse veranstaltenden „Philaleten" (s. d.) aufbauten, suchte D u c h â t e a u, der aus heißer Liebe zur Kabbala zum Judentum übergetreten war, den Stein der Weisen in seinem eigenen Urin. Aber nicht nur in Frankreich, sondern auch in den anderen Ländern fanden sich zahlreiche Jünger solcher freimaurerischen Verirrungen, die sich in alle Systeme einzunisten trachteten, so daß sich innerhalb der Freimaurerei eine Art okkultistische Internationale bildete. Manche Freimaurer reisten von Ort zu Ort, um Manifestationen beizuwohnen, die letzten Geheimnisse zu entschleiern. Dieser Wahn, der im 18. Jahrhundert einen Großteil der Gebildeten auch außerhalb der Freimaurerei beherrschte, macht es erklärlich, daß Schwindler und Abenteurer, wie C a g l i o s t r o, St. G e r m a i n, S c h r e p f e r, G u g o m o s u. a., so große Erfolge erzielen konnten. Mit der Jahrhundertwende war aber dann im allgemeinen der Spuk zu Ende. (Vergl. R. Le F o r e s t i e r, „La Franc-Maçonnerie et l'Occultisme au 18e siècle" in „Revue Universelle".) Bezüglich der Gegenwart s. O k k u l t i s t i s c h e S y m b o l i k.

Okkultistische Symbolik. An die okkultistische Freimaurerei des 18. Jahrhunderts, die die Lehrbilder nicht im Sinn des Humanitätsideals, des Baues des Menschheitstempels deutete, lehnt sich eine heute mancherorts in kleinen Zirkeln gepflegte, in gewissem Sinn geläuterte Form der o. S. an, die, auf allzu weitgehende Phantastereien verzichtend, übersinnliche Elemente bloß im Zusammenhang mit dem Menschen gelten läßt. Diese von Oswald W i r t h-Paris (s. d.) ausgebaute und im „Symbolisme" verfochtene o. S. nimmt ihren Ausgang von der allgemein gültigen Ansicht, daß Freimaurerei erlebt werden muß, und trachtet folglich an die „lebendigen Traditionen" anzuknüpfen. Metaphysische Spekulationen werden abgelehnt, zugleich aber auch die Anschauung, daß es außerhalb des sinnlich Wahrgenommenen keine Wirklichkeit gebe, als „Aberglaube" bezeichnet. Als Zentralidee der Symbolik gilt in dieser Auffassung das Leben, das durch die Gesamtheit der Sinnbilder dargestellt wird. Das Zeremoniell ist das Abbild einer „tieferen Wirklichkeit", der jeder Eingeweihte teilhaftig werden kann, falls er den Weg für die Strahlen des „Großen Lichts" durch die ursprünglich undurchdringliche Atmosphäre um ihn zu bahnen vermag. Dies liegt im Bereiche der Möglichkeit, da die Gedanken dieser Richtung zufolge eigentlich außerhalb des Individuums vibrieren und das Gemeingut aller Denkenden bilden. Da letzten Endes alles Vibration ist, erstreckt sich die Reichweite der Lebewesen weit über die Grenzen des rein Körperlichen hinaus. Eine Aura von „astralem Licht", eine dynamische Atmosphäre umgibt sie, die mystische Kraft und zugleich mystische Aufnahmefähigkeit verleiht. Diese o. S. lehnt Zusammenhänge mit okkultistischen Bewegungen der Vergangenheit ab und vertritt den Standpunkt, daß man nur dasjenige wieder aufleben lassen kann, was an sich ein latentes Leben führt: „Das Wissen um Vergangenes allein ist nicht imstande, Totes zu erwecken, Bildung an sich ist ein Ballast, führt nicht zur wahren Erkenntnis. Ist man dessen nicht bewußt, so läuft man Gefahr, veralteten ‚Marotten' zu neuem Leben zu verhelfen." Der Stützpunkt der o. S. ist die lebendige Tradition, die „Kollektivität der in der Vergangenheit Initiierten".

Die angeführten, durchaus nicht klaren Leitprinzipien durchdringen die Deutung der einzelnen Symbole, die zum Teil auf das Licht (Sonne, Mond, Sterne, allsehendes Auge [frz. Delta lumineux], Tierkreis), zum Teil auf das Leben (zwei Säulen, musivisches Pflaster) zurückgehen. Das „musivische Pflaster" stellt die Welt des sinnlich Wahrnehmbaren dar, der flammende (zentrale) Stern den Menschen; das leuchtende Delta, umgeben von einem mit den Zeichen des Tierkreises versehenen Kranz, symbolisiert die schöpferischen Ursachen. Die Dreieckform des Delta entspricht der Dreiheit: Weltall — Mensch — Gott. Das vom Zentralauge ausgehende Licht kann unter drei Gesichtspunkten betrachtet werden: als permanente Energiequelle, als dynamische Ausbreitung und schließlich als Effekt der Lichtwirkung. Die Sonne versinnbildlicht die Vernunft, die Tierkreiszeichen stellen den Kampf der Sonne um ihre Vollgeltung, die Entwicklung des Menschen aus den Niederungen des Instinkts zu den Höhen der Weisheit dar. Die Menschheit wird durch das „spirituelle" Licht erlöst, das sie denkend und gut machen wird. Die zwei Säulen vertreten das männliche und weibliche Prinzip. Jeder Säule sind gewisse Sternbilder des Tierkreises zugeordnet, die daher zum Teil dem Lehrling-, zum Teil dem Gesellengrad zugehören. Das „Planeten-Pentagramm" wird mit dem Mikrokosmos des Menschen in Zusammenhang gebracht; die einzelnen Sternbilder entsprechen den wichtigsten menschlichen Organen.

Die Werkzeuge helfen dem Eingeweihten, sich den wahren Sinn der Freimaurerei zu erarbeiten. Der Meißel mahnt an die unerschütterliche Energie, ohne welche die Einweihung nie vollkommen werden kann. N o a h, „der als erster ein Metall zu schmieden verstand", ist daher das besondere Paßwort des Lehrlings. Der Meißel aber ohne Hammer ist unnütz, kann den rauhen Stein nicht bearbeiten. Zirkel und Maßstab kontrollieren die Arbeit des Meißels und Hammers. Dem Lehrling werden sie erst in die Hand gegeben, wenn er bereits die Fähigkeit bewiesen hat, den rauhen Stein zu ebnen, also nach seiner Beförderung in den Gesellengrad. Der Zirkel ist das Symbol der Vernunft, steckt die Grenzen des Positiven, des Erkennbaren ab, bewahrt vor „metaphysischen Spekulationen", ermahnt den Maurer, sich nur mit den Mysterien der Erde zu befassen, an die Geheimnisse des Himmels und des Jenseits aber nicht zu rühren. Die Setzwaage erinnert an die Gleichheit aller Kreatur. Das Brecheisen, ein Werkzeug des Gesellen, ist das Sinnbild der unwiderstehlichen Macht des Eingeweihten, der zu wollen versteht. „Wille" ist hier im kollektiven Sinne gemeint, der Selbstbeherrschung des einzelnen verlangt, der Brüderschaft aber eine ungeheure Kraft verleiht. Nachdem der Geselle die Handhabung des Brecheisens erlernt hat, kann er Meister werden. Er kontrolliert nun die behauenen Steine, vor allem seinen eigenen. Das Winkelmaß ist jetzt das Zeichen der „Soziabilität", der Meister ist kein Individualist mehr, unterordnet sich den menschlich-sozialen Normen, ist ein rechtwinkeliger, den konstruktiven Anforderungen genügender Stein. Der Mensch, der es erlernt hat, menschlich und menschenwürdig zu leben, ist der kubische Stein, der „Stein der Weisen". Die Kelle bewerkstelligt die Einheitlichkeit des Baues, überholt die Steine, glättet sie. Sie handhaben, heißt Güte und Liebe anwenden. Das Winkelmaß schmückt den Meister, der die Arbeiten leitet und für die Wahrung der Normen sorgt. Die Wasserwaage ist das Zeichen des Ersten Aufsehers, vor dem alle Brr. gleich sind. Das Senkblei ist das Zeichen des Zweiten Aufsehers, der die Brr. aneifert, sich in die Tiefen der Welt zu versenken. Der Akazienzweig spielt auf die „Religion des Lebens" an, die, aller metaphysischen Spekulation bar, die „sicherste" aller Religionen ist. Er schmückt die Gräber der Brüder, das Zittern seiner Blätter manifestiert das Leben der Verblichenen. Der grüne Zweig, der die Entdeckung des Leichnams von Hiram ermöglicht, symbolisiert die überlebenden Reste einer körperlich verschwundenen Vergangenheit.

Auch der Totenschädel wird okkultistisch gedeutet. „Wir gehen in der Phantasie auf den lebendigen Geist zurück, der ihn einst belebte, identifizieren uns mit diesem Herd des Lebens, um für unsere Persönlichkeit daraus die Möglichkeit einer erneuernden Belebung zu schöpfen", sagt Oswald Wirth (in „Le Symbolisme Occulte de la Franc-Maçonnerie"), dessen Ausführungen wir hier folgen, und erläutert dann: „Wir fühlen in uns den unsterblichen Meister auferstehen. Die Kette manifestiert die brüderliche Liebe, sie will durch alle menschlichen Wesen einen zusammenfassenden Strom der wirklichen Einigkeit fließen lassen. Alles schwingt und hält sich in der Kette der Lebenden. Die Loge ist eine Stätte, in der Denker sich gemeinsamer Arbeit widmen, um ‚im Chor zu denken'. So entsteht ein symphonischer Gedanke, der weder ausgesprochen, noch aufgeschrieben, ja nicht einmal im Geiste formuliert werden kann, sondern in voller Freiheit vibrieren muß; in seiner Mächtigkeit ist er jeder einschränkenden Personifikation unzugänglich. Der Akt der Einweihung gibt im erhöhten Maße Anlaß zu okkulten Deutungen. Die Elementarproben, die der Suchende früher im Lehrlingsgrad durchzumachen hatte, werden mit der Bahn der Sonne durch den Tierkreis verglichen, die einzelnen Phasen der Initiation im Sinne der einzelnen Sternbilder gedeutet. Wenn der Neophyt den Geist der Symbole richtig erfaßt, ist er ein ‚abstracteur de quintessence". Ähnlich wird der Gesellengrad ausgelegt. Der Geselle konzentriert sich nicht mehr auf sich selbst, er zieht die in der Luft ausgegossene Kraft an. Er sättigt sich allmählich mit diesem unsichtbaren Licht, um sich in einen leuchtenden Herd (flammender Stern) umzugestalten, Eingeweihter, Meister im wahren Sinn des Wortes zu werden.

Die geschlossene Mehrheit der Freimaurerei steht diesen Gedankengängen fern.

Oklahoma, Bundesstaat der Vereinigten Staaten von Nordamerika. Die 1892 gegründete Großloge zählte 1930 456 Logen mit rund 6900 Mitgliedern. 1909, als das frühere Indianerterritorium zu O. kam, ging auch dessen (1874 gestiftete) Großloge, die ihren Sitz in Atoka gehabt hatte, in der Großloge von O. auf. Diese unterhält je ein Alters- und Kinderheim. Adresse: Masonic Temple, Guthrie.

Ökonomischer Plan oder Operationsplan. Zu den sonderbarsten Vorhaben der Strikten Observanz gehörte auch ein ökonomischer Plan, der die hohen Betriebskosten des Ritterordens decken sollte. Man wollte möglichst große Kapitalien sammeln, um dem Orden eine unabhängige und achtunggebietende Stellung zu geben. Der erste Plan (1755) wurde von Kiesewetter und v. Prangen 1764 wesentlich erweitert und 1766 von Schubart neuerlich bearbeitet. Im wesentlichen beinhaltete der Operationsplan die Schaffung eines Ordensschatzes aus Aufnahmsgebühren und Mitgliedsbeiträgen, wobei man optimistisch genug war, an mehr als eine Million Taler zu denken. Trotzdem v. Hund und andere Brr. diesen Plan mit ihrem eigenen Vermögen garantierten (v. Hund ging wirtschaftlich an der Strikten Observanz zugrunde!), wurde der Plan von den meisten Logen nicht angenommen. Zur Verwirklichung des Gedankens sollte, um die Aufmerksamkeit regierender Fürsten auf die Strikte Observanz zu lenken, eine Kriegsschule errichtet werden. Man dachte an Fabriken und Industrien, an Kolonialbesitz in Labrador (s. d.) und errichtete in Pförten bei Schloß Kohlo sogar eine Tabakmanufaktur. Da die Aufnahme neuer Ritter im Jahre 1787 überhaupt aufhören sollte (!), wurden den Überlebenden Ruhegehälter, den Beamten und Ordensverwaltern laufende Bezüge zugesagt. In die Praxis waren diese Pläne um so weniger umzusetzen, als bei aller Leichtgläubigkeit der Observanzritter in Geldangelegenheiten auch der Idealismus seine Grenzen hatte. Das Beispiel des Prinzen Ludwig von Hessen, der mittels eines ähnlichen Planes seine eigenen zerrütteten Finanzen in Ordnung bringen wollte, mahnte auch zu begreiflicher Vorsicht.

Öl, s. Korn, Wein und Öl.

Old Charges, s. Alte Pflichten, im einleitenden Teil.

Old Marks, von Feßler (s. d.) fälschlich durch Zusammenziehung der Begriffe Old Charges und Landmarks gebrauchte Bezeichnung für Grundgesetze der Freimaurerei. In der englischen Terminologie nicht üblich.

Old Masonians Lodge (Nr. 2700), Loge unter der Großloge von England, die sich ausschließlich aus ehemaligen Zöglingen der Schulen der „Royal Masonic Institution for Boys" (s. d.) zusammensetzt, also aus Freimaurersöhnen, die als Waisen oder Halbwaisen die Segnungen dieser großen freimaurerischen Wohlfahrtseinrichtung erfahren haben.

Old Masonic Dramatic Society, The, in London veranstaltet regelmäßig Liebhabervorstellungen zum Besten der Hilfsfonds der ehemaligen Zöglinge der Anstalten für Knaben und Mädchen der englischen Freimaurerei.

Olive Branche in the East, Fraternity of the, s. Olivenzweig im Osten, Brüderschaft vom.

Olivenzweig im Osten, Brüderschaft vom

(Olive Branche in the East, Fraternity of the) hieß ein vom schottischen Provinzial-Großmeister in Indien, Sir James Burnes (s. d.), geplanter Orden, dessen Zweck es sein sollte, den Indern, die wegen ihrer Religion von den freimaurerischen (christlichen) Rittergraden ausgeschlossen waren, solche zugänglich zu machen und die Verbreitung der freimaurerischen Ideen dadurch zu fördern. Das Wahrzeichen des Ordens war eine Taube mit dem Ölzweig. Die Brüderschaft scheint aber nie in Tätigkeit gewesen zu sein (s. „Quarterly Review", 1845, S. 377).

Oliver, George, Dr. theol., * 1782, † 1867, Schulvorsteher, Rektor, einer der fruchtbarsten englischen freimaurerischen Schriftsteller. Er behandelte in einer großen Anzahl von Werken die verschiedenartigsten freimaurerischen Probleme; seine Darstellung der Vorgeschichte der Freimaurerei und auch der Frühzeit der ersten Großloge in England zeugt allerdings mitunter von naiver Kritiklosigkeit und ist daher sehr oft ganz unzuverlässig. Betrachtet man aber O.s Gesamtwerk, so muß man seinem Wissen, seiner Vertiefung in die Fragen der Freimaurerei und seiner ehrlichen Begeisterung hohe Anerkennung zollen. 1801 in den Bund aufgenommen, bekleidete er in diesem hohe Ämter; der englischen Freimaurerei diente er vor allem als Provinzial-Großmeister von Lincolnshire. Von 1823 an entwickelte er seine umfangreiche schriftstellerische Tätigkeit, u. a. schrieb er: „Antiquities of Freemasonry", worin er behauptete, daß die maurerische Wissenschaft schon vor Entstehung der Erde auf älteren Planetensystemen zu Hause gewesen sei, ferner „The Revelations of a Square", „Theocratic Philosophy of Freemasonry", „Signs and Symbols of F.", „History of Initiation", „Historical Landmarks", „The Book of the Lodge", „Dictionary of Symbolical Masonry", „Origin of the Royal Arch" usw. 1829 gab er Prestons „Illustrations of Masonry" neu heraus. Nach seinem Tode wurden von den Verwaltern seines geistigen Erbes noch „The Pythagorean Triangle or the Science of Numbers" und „The Discrepancies of F." herausgebracht. Am bekanntesten ist sein „Dictionary", der in Verbindung mit Macoys Wörterbuch in Amerika mehrere Auflagen erlebte.

Olmedo, José Joaquin, Dichter und Verfechter der Unabhängigkeit von Ecuador, * 1780, † 1847, war Freimaurer.

Olozaga, Salustiano, spanischer Politiker, * 1803, † 1873, einer der Führer der liberalen Opposition, war Freimaurer.

Oncken, Wilhelm, deutscher Historiker, * 1838, † 1905, Professor der Geschichte an der Universität Gießen, Herausgeber der „Allgemeinen Geschichte in Einzeldarstellungen", 1874—1877 nationalliberaler Reichstagsabgeordneter, wurde während seiner Privatdozentenzeit in Heidelberg Mitglied der Loge „Rupprecht zu den fünf Rosen", war mehrmals begeisterter und begeisternder Stuhlmeister der Loge „Ludewig zur Treue" in Gießen.

Onslow, Richard William Alan, Earl of, * 1876, gewesener Zivillord der britischen Admiralität, Minister für Gesundheitswesen, Parlamentssekretär für das Unterrichtswesen, ist Junior Grand Warden der Großloge von England.

Ontario, s. Canada (Ontario).

On the square (engl.), Mitgliedschaft beim Freimaurerbund (he is on the squ.).

Opening of the Lodge (engl.), die Eröffnung der Loge. Nach englischem und amerikanischem Ritual vollzieht sich die Eröffnung durch Erfüllung einer Reihe gebrauchtümlicher Vorgänge:

1. Der Meister vom Stuhl gibt seinen Willen kund, eine Loge zu eröffnen und läßt die maurerische Bekleidung anlegen.
2. Es ist festzustellen, ob alle Teilnehmer wirklich Freimaurer sind.
3. Es wird für die äußere Deckung gesorgt.
4. Ansage der hergestellten Logenordnung, d. i. der freiwilligen Unterwerfung aller Anwesenden unter die herrschenden Gebrauchtümer.
5. Die Legitimierung der Brr. durch die gebrauchtümlichen Erkennungszeichen.
6. Gebet.
7. Die ritualmäßige Eröffnung.

Von dem Augenblicke der Eröffnung an untersteht jeder Teilnehmer der Logenordnung. Insbesondere darf vor Schluß der Loge kein Br. ohne Genehmigung des Meisters vom Stuhl diese verlassen (s. a. Öffnen und Schließen der Loge).

Operative Masons (engl.), auch Operatives, im Gegensatz zu den Speculative Masons, Speculatives, symbolischen, geistigen Maurern (Freimaurern im modernen Sinn) die eigentlichen Bauleute, Steinmetzen.

(In Preston's „Illustrations" heißt es: „Masonry passes and is understood under two denominations: it is operative and speculative...

Speculative Masonry is so much interwoven with religion, as to lay us under the strongest obligation to pay to the Deity that rational homage which at once constitutes our duty and our happiness.

Operative Masonry furnishes us with dwellings, and convenient shelters... it demonstrates that a fund of science and industry is implanted in the rational species for the most wise salutary and beneficent purposes.")

Opern und **Operetten.** Die freimaurerischen Riten sind wiederholt als Vorwurf in O. und O. verwendet. Das älteste bekannte Singspiel dieser Art ist „The generous Freemason or the constant Lady" (s. d.), Text von W. R. Chetwood, Musik von Henry Carey, London 1731. Eine Operette „Der Alchimist" von Meißner erschien 1778. Vor der „Zauberflöte" Mozarts, die 1791 ihre Uraufführung erlebte (Text von Schikaneder), ist die Oper „Osiris" von Naumann zu nennen, die manche verwandte Züge zeigt. Zur „Zauberflöte" schrieb Goethe einen zweiten Teil, der nicht vertont ist. Die Figur des Cagliostro ist wiederholt als Operettentext verwendet. So die komische Oper „Cagliostro ou les illuminés" von Jacques Antoine Revéroni de St. Cyr und Dupaty (1810). Ebenso die Oper „Cagliostro", Text von Scribe und

St. George, Musik von Adam. Außerdem eine Operette von Johann Strauß. Von Nicolai stammt die Musik zur Oper „Die Templer" (1866).

Freimaurerische Anklänge wurden wiederholt — mit mehr oder weniger Berechtigung — gesucht: in Wagners „Parsifal", in der „Königin von Saba" von Karl Goldmark u. a. m.

Oppel, Karl, Schriftsteller, * 1816, Lehrer am Realgymnasium in Frankfurt a. M., pädagogischer und Jugendschriftsteller, 1846 der Loge „Socrates" beigetreten, von 1874—1880 Großmeister des Eklektischen Freimaurerbundes. Er legte besonderen Wert auf die Verwischung aller aus früheren Jahren noch bestehenden Gegensätze und betätigte sich daher eifrigst auch als freiwilliger Wanderredner. Eine große Anzahl von freimaurerischen Arbeiten ist im Druck erhalten. 1883 zog er sich vom aktiven Logenleben mit einem Rückblick (abgedruckt „Bauhütte") zurück († 1905).

Optimismus als Weltanschauung, die Überzeugung, daß die Welt die bestmögliche, vollkommenste ist, daß sie trotz aller Mängel zweckmäßig, und das Leben, obwohl kein absoluter Wert, dennoch lebenswert ist; im ethischen Sinne die Neigung, den Menschen von der besten Seite zu nehmen, seine Fehler zu übersehen und daher an den Fortschritt (s. d.) zu glauben. Die gemäßigte Form des O. ist im Grunde evolutionistisch, glaubt an ein „Besser-werden-Können" (James: „Meliorismus"). Kant vertrat die evolutionistische Richtung des O. Der Sozialismus ist eine optimistische Theorie. Die Frage: O. oder Pessimismus (s. d.) ist eine ewige Streitfrage der Philosophie. Wie bei jeder weltanschaulichen Frage, kommt es auch hier auf die Einstellung, Neigung an. Die Freimaurerei sucht, wie in den meisten Dingen, auch diesbezüglich die Mittellinie. Sie teilt keineswegs den übertriebenen Pessimismus der Religionen in Bezug auf das irdische Leben. Sie glaubt an die Möglichkeit einer besseren Welt im Diesseits, sie ist nur insoweit pessimistisch (s. Pessimismus), als sie die Mängel und Unzulänglichkeit des Menschen und der Welt einsieht. Die Freimaurerei ist der Ansicht, daß sich „das Gute aus der Welt nicht wegdisputieren läßt" (Heinichen: „Grundgedanken der Freimaurerei ...").

Orangemen. Von Irland ausgegangene protestantische Geheimorganisation, entstand aus den Reihen des katholikenfeindlichen terroristischen Geheimbundes Peep o'day Boys am 21. September 1795. Nach heftigen erfolgreichen Kämpfen gegen den katholischen Geheimbund „United Irishmen" fand im Hause von Thomas Wilson in Loughal die Gründung der „Orange Society" genannten Ordens statt. Eine Großloge mit mehreren Logen trat ins Leben, ein Ritual wurde in starker Anlehnung an freimaurerisches Gebrauchtum geschaffen, das den Auszug der Kinder Israels aus Ägypten behandelt. Später kamen ein „Purpurgrad" und ein „Mark-Man-Grad" u. a. hinzu. Trotz der sichtbaren Aneignung freimaurerischen Ritualgutes hatte die „Orange Society" mit Freimaurerei weder damals noch später etwas zu tun. Der Orden, der auch in England und Amerika erstaunlichen Aufschwung nahm und sich in zahlreiche Provinzial-Großlogen gliederte, trat in Irland mit stärkster Intoleranz auf und erklärte es für seine heilige Pflicht, „Ultramontanismus und Jakobinertum auszurotten". Bei der Aufnahme wurde ein feierlicher Schwur geleistet, die Mitglieder des Königshauses treu zu unterstützen, „solange sie der protestantischen Religion das Übergewicht sichern". Jährlich trat in Ulster der Orden einmal in die Öffentlichkeit. Am Jahrestage des von Wilhelm III. von Oranien (daher der Name) erfochtenen Sieges am Boyne (1690) über die katholischen Iren zogen die O. in feierlicher Prozession durch die Straßen, den Papst verwünschend und in Gassenhauern versichernd, im Falle der Not „bis zum Knöchel in papistischem Blut zu waten". Auf der anderen Seite blieben ihnen die katholischen Geheimbünde (Ribbonmen, Molly Maguieres, St. Patrick Boy's usw.) nichts schuldig.

Die Ausdehnung des Ordens über ganz Großbritannien, die Gründung von Logen in der Armee und in den Kolonien übte allmählich Einfluß auf die Politik aus. Zwar wurde 1828, nachdem der Herzog von Cumberland, der spätere König Ernst August von Hannover, Großmeister geworden war, der antikatholische Eid abgeschafft und als Zweck der Gesellschaft nur noch „die Erhaltung der wahren, durch das Gesetz beschlossenen Religion", die „Erhaltung der protestantischen Thronfolge und die Verteidigung aller Orange-Männer und ihres Eigentums" angegeben, aber an ihrer wahren Natur änderte das gar nichts. Die Methoden, die nach wie vor befolgt wurden, schlugen dem Gelöbnis der Toleranz und christlichen Barmherzigkeit ins Gesicht. 1836 wurde der Orden aufgelöst. Es hieß damals, die O. hätten geplant, den kranken König Wilhelm IV. abzusetzen und statt der Prinzessin Victoria den Großmeister auf den Thron zu bringen.

Die Angelegenheit wurde in der Öffentlichkeit nie in allen Details erhellt. Von einer parlamentarischen Kommission wurde dann dem Orange-Orden der schwere Vorwurf gemacht, daß seine Intransigenz dem Protestantismus eher geschadet als ihn gefördert, die religiösen Leidenschaften aufgewühlt, die Justizmaschine korrumpiert und verbotenen Einfluß auf Teile der Armee ausgeübt habe. In diesen Beziehungen trat dann Wandel ein, so daß der Orden weiterhin bestand und beispielsweise knapp vor dem Weltkrieg bei dem Widerstand der Ulster-Rebellen gegen die Homerule-Bill eine große Rolle spielte. Die ersten Kompagnien der 1912 von Sir Edward Carson aufgestellten ungesetzlichen Freiwilligenformationen bestanden ausschließlich aus Mitgliedern des Orange-Ordens, dessen Loge in Londonderry Carson selbst angehörte.

Oranjefreistaat, s. Südafrikanische Union.

Orden (engl. order, frz. l'ordre), vom Lateinischen Ordo. Die Regeln eines O. heißen ordinationes, im englischen Zunftgebrauche auch ordonances (ordinatio latomorum). Das Wort Order wird im englischen Sprachgebrauche der Freimaurer synonym verwendet mit fraternity und Craft. So heißt es z. B. auf dem Titelblatt der englischen Verfassung: Fraternity of Freemasons, während in der Unionsacte 1813 von dem „governement of the Craft" verlangt wird, daß es die „ancient Landmarks of the Order" behüte. Der Engländer gebraucht somit Craft, Fraternity und Order vollkommen gleichbedeutend, ohne eine besondere Unterscheidung des Ordens als eigenartiger Vereinigung zu machen. Den besonderen Beigeschmack des Wortes O. hat die englische Freimaurerei nicht entwickelt, wohl aber die kontinentale Freimaurerei des 18. Jahrhunderts, wo durch die Entlehnung von Gebräuchen und Symbolen der christlichen Ritterorden (Templer) die Vorstellung einer Ordens-Organisation entstand. Der Freimaurerritter hat daher seinen O., der Freimaurer, der auf der Entwicklung aus den Bauhütten fußt, kennt das Wort im allgemeinen weniger. Es ist nirgends in den alten Ordnungen der Bauhüttenbruderschaften ersichtlich, daß sie sich jemals O. genannt hätten, trotzdem sie an den geistlichen O., für die sie häufig genug arbeiteten, Vorbilder gehabt hätten (z. B. Benediktinerorden). Im Schwedischen System, also auch dem der Großen Landesloge der Freimaurer von Deutschland, ist die Ordensidee eingeschlossen. Die Mitglieder nennen sich Ordensbrüder und bezeichnen sich selbst als Freimaurerritter. In den Veröffentlichungen besonders der Großen Landesloge wurde der christliche Ordenscharakter immer wieder betont und daraus auch ein Gegensatz zur übrigen Freimaurerei entwickelt. Seit 1930 führt die Große Landesloge die offizielle Bezeichnung Deutsch-christlicher O., weil sie ihre Mitglieder durch ein feierliches, für alle Zeiten geleistetes Gelübde verpflichtet, ihr Leben nach einer bestimmten Regel (s. Ordensregel) einzurichten, die im Grundgesetz „Allgemeine Regel" genannt wird.

In Frankreich, wo die Hochgradelemente auch die Johannismaurerei stark beeinflussen, ist die Bezeichnung Ordre des Franc-maçons allgemein üblich; der Grand Orient hat einen Ordensrat. In den humanitären Systemen Deutschlands und in der übrigen deutschsprachigen Freimaurerei wird dagegen das Wort O. vermieden, weil es den Grundlagen der Freimaurerbruderschaft und ihrer Ableitung aus den Bauhüttenbruderschaften nicht entspricht. Die Freimaurerei als Ganzes ist daher kein O., dagegen gibt es O. innerhalb der Freimaurerei.

Orden, Akademische. Im 17. Jahrhundert entstandene Bünde von Professoren, Studenten und Akademikern, die ihre Hochschule bereits verlassen hatten, sogenannten Philistern. Die Echtheit der diesbezüglich bisher bekannten zwei Handschriften wurde von Begemann heftig bestritten, von Ludwig Keller und Wolfstieg verteidigt. Ein Manuskript besitzt der Innere Orient der Großloge von Preußen, erworben 1904, ein zweites die Loge „Archimedes" in Altenburg, veröffentlicht von Alfred Tittel. Behauptet wird in diesen Dokumenten das Bestehen eines „Ordens der Unzertrennlichen" (Venerabilis reverenda Confoederatio Inseparabilium), der 1617 auf dem Schlosse zu Weimar von Johann Ernst dem Jüngeren und anderen Personen des Hochadels begründet worden sein soll, und der sich 1671 mit dem Palmorden oder der „Fruchtbringenden Gesellschaft" vereinigte. Es handelt sich um ein Ordenssystem in fünf Graden, das in Jena, Helmstedt, Halle, Leipzig, Wittenberg und Ronneburg „Logen" gehabt haben soll. Das Gesetzbuch des Ordens behauptet sogar, daß Henrik Graf Schlick schon 1612 den IV. Grad einsetzte, und daß der Meistergrad sogar schon seit 1577 existiere. Die Frage ist bis zum heutigen Tage nicht gelöst. Eine Fälschung, wie Begemann annahm, sind die Akten wohl nicht. Viel eher drängt sich die Deutung auf, daß eine akademische Gesellschaft in Nachahmung freimaurerischer Bräuche die geschichtlichen Daten willkürlich vorverlegt hat. Die Berliner Handschrift ist datiert vom Jahre 1778, die Altenburger hat ein Mitgliederverzeichnis des I. Grades aus den Jahren 1774 bis 1783. Der Orden hat wohl bestanden, die Schlüsse, die Keller aus den Akten zog, waren aber wohl zu weitgehend.

Orden der Unzertrennlichen (Venerabilis Reverenda Confoederatio Inseparabilium), s. Orden, Akademische.

Orden der wahren Patrioten und wahren Menschenfreunde, ein um 1787 wahrscheinlich von dem Major Gotthardt Hans Christof v. Schöning gegründeter „öffentlich zu errichtender Orden", der innerlich dem Illuminatenorden nahestand. Die Gründer scheinen Freimaurer gewesen zu sein. Der Orden hatte sieben Klassen mit einem Großmeister an der Spitze. (Die sehr wortreichen Satzungen sind abgedruckt in „Quellen zur Geschichte der Freimaurerei", 1918, mit Einleitung von Dr. Bernhard Beyer.)

Orden des 18. Jahrhunderts, Vereinigungen, die mehr oder weniger der Freimaurerei nachgebildet waren, teiweise auch Frauen aufnahmen (in letzterem Fall manchmal auch Adoptionsorden genannt), waren u. a.:

1. O. der Abeliten (s. d.).
2. O. der Glückseligkeit (s. Félicité, Ordre de la).
3. O. der Echten (s. d.).
4. Jerusalemorden.
5. O. der Hoffnung, Ordre de l'Espérance (s. Espérancelogen).
6. O. der Kette der Pilgrime (s. d.).
7. O. der Tugend und Ehre, Ordre de la vertu et de l'honneur, aus England stammend, angeblich 1743 vom Herzog von Newcastle gestiftet, 1759 nach Hamburg verpflanzt. Aufgenommen wurden nur Adelige, Offiziere, Gelehrte.
8. O. der Weisheit, Ordre de la Sagesse, ebenfalls 1759 von England nach Hamburg verpflanzt, nahm auch Damen auf.
9. O. der Verschwiegenheit, Tugend und Treue, 1759 in Berlin gestiftete moralische Gesellschaft mit Logen, Gebrauchtum und der Verpflichtung „Parlez pas mal d'autrui".

Orden, Deutsch-christlicher, nennt sich seit 1930 die Große Landesloge der Freimaurer von Deutschland (s. d.).

Orden, Innerer, s. Innerer Orient.

Orden Karls XIII., vom schwedischen König Karl XIII. (s. Schweden, Königshaus) 1811 auf Grundlage des Roten Kreuzes des Schwedischen Systems errichteter, aus 30 Mitgliedern (27 weltlichen und 3 geistlichen) der höchsten Ordensabteilung bestehender Staatsorden. Zu Inhabern des O. (also zu Ehrenmitgliedern der VIII. Provinz) werden außerdem die schwedischen Prinzen nach ihrer Geburt ernannt; zum Tragen sind sie aber erst dann berechtigt, nachdem sie zu Freimaurern geweiht worden sind und die höchste Stufe erreicht haben.

Ordensabteilungen. Die Große Landesloge der Freimaurer von Deutschland unterscheidet, wie überhaupt das Schwedische System, drei O.: Johannisgrade, Andreasgrade, Kapitelgrade.

Ordensbruder (statt Bruder), Anrede der Mitglieder der Großen Landesloge der Freimaurer von Deutschland.

Ordensbuch, Rotes, s. Rotes Buch.

Ordensflagge führt die Große Landesloge der Freimaurer von Deutschland. Sie zeigt das rote Ordenskreuz im weißen Feld (s. Standarte).

Ordenskapitel der Großen Landesloge der Freimaurer von Deutschland.

1. Großes O. in Berlin, bis 1896 Großes Regierendes O., seither von der Höchsten Ordensabteilung losgelöst und gleichgestellt wie die

2. Provinzial-O. Alle diese Kapitel sind heute vollkommen, d. h., sie können den VI. bis IX. Grad erteilen. Früher unterschied man gesetzmäßige (VI. und VII. Grad), verbesserte (VI. bis VIII. Grad) und vollkommene Kapitel.

Ordenslehre des Schwedischen Systems stellt in der Johannisloge die drei großen Gedanken, Kants Forderungen der praktischen Vernunft: Gott, Freiheit, Unsterblichkeit, dar. Im Lehrlingsgrad soll der Gottesglaube aus dem Bekenntnis des Mundes ein Erleben der Seele werden. Der Gesellengrad stellt u. a. die Idee der Freiheit und Selbstverantwortlichkeit dar, der Meistergrad die Unsterblichkeitshoffnung, die dem Leben Sinn und Inhalt gibt. Die höheren Grade lassen in der mittleren Abteilung (Andreasgrade) diese Gedankenkomplexe: Geburt, Leben, Tod, oder Gott, Freiheit, Unsterblichkeit, weiter durchdenken, namentlich die letzteren. Neben der Hoffnung auf ein Leben nach der Zeit tritt die Forderung eines der Sterblichkeit nicht unterworfenen ewigen Lebens in dieser Zeit (deutsche Mystik!), das auch nur durch vorausgegangenes Sterben erreicht werden kann. Aber auch der so zum neuen Leben wiedergeborene Mensch bleibt menschlich im Fehlen und menschlich dem Verfall unterworfen. Ein neuer Tod, schon im Leben in dieser Zeit, lauert. Aus diesem kann nur der eine helfen, an dem der Tod seine Macht versuchte und zuschanden wurde: Christus, der dem Tod die Macht genommen hat. Aus ihm strömt neue Kraft in den Menschen, der neugeboren ein neues Leben begonnen hatte und dann doch in das alte zurückgefallen war. Von solcher Einstellung aus gestaltet sich das Leben als unablässiger Kampf. Auf den höheren Stufen des Systems tritt deshalb die Symbolik des Kämpfens in den Vordergrund. Auf den höchsten Stufen wird dann gezeigt, daß auch bei treuestem Kämpfen das Ergebnis immer unzulänglich bleibt und der Preis des Sieges nicht auf dieser Erde, sondern erst nach Ablegung der vergänglichen Hülle erreicht werden kann. Das wichtigste der O. ist der reine, urchristliche, apostolische Charakter in Lehre und Form, die Fortführung der symbolischen Lehrweise über die Grundlagen der Johannisloge ermöglicht die Einbeziehung einer über die Bausymbolik hinausweisenden Symbolsprache, namentlich des Urchristentums und des frühen Mittelalters. (Vergl. „Die Große Landesloge der Freimaurer von Deutschland, ihr Werden und Wesen", 1929.)

Ordensmeister, Weisester, im Schwedischen, bezw. dem Zinnendorfschen System der Großen Landesloge der Freimaurer von Deutschland (hier Ordens † Meister geschrieben) Oberhaupt des Ordens (bezw. der Ordensprovinz), auf Lebenszeit gewählt. In Skandinavien ist die Bezeichnung Vicarius Salomonis (s. d.) allgemein.

Ordensnamen. Mit dem Ritterwesen kamen im 18. Jahrhundert auch Ritternamen, Ordensnamen in die Freimaurerei. Ihre Verbreitung beschränkte sich allerdings auf einige Systeme. Vor allem erhielt jeder Ritter (Eques) der Strikten Observanz einen O. Eques ab ense hieß der Heermeister Freiherr v. Hund, Eques a sole aureo der angeblich „unbekannte Obere", hinter dem lange Zeit der englische Prätendent Karl Eduard Stuart vermutet wurde, Eques a victoria der General-Großmeister Herzog Ferdinand von Braunschweig usw. Auch das klerikale System hatte seine O., allerdings dem „geistlichen" entsprechend ohne den Ritterzusatz. Starck, der Begründer dieses Systems hieß beispielsweise „Archimedes ab aquila fulva".

Eine große Rolle spielten die O. im Illuminatenorden (Weishaupt — Spartacus, Knigge — Philo, Goethe — Abaris usw.).

Heute existieren O. noch bei den Überresten des rektifizierten Schottischen Ritus (Ritternamen) und auch in spanischen Logen, in denen viele Brr. in der Zeit, da das Bekanntwerden zur Zugehörigkeit zur Freimaurerei unter Umständen Gefahr bedeutete, sehr häufig Decknamen wählten.

Ordenspräsident (frz. Président de l'Ordre), s. Ordensrat.

Ordensprovinzen der Strikten Observanz. Im System der Strikten Observanz wurde Europa in 9 O.-P. eingeteilt, wobei behauptet wurde, diese Einteilung gehe auf den alten Templerorden zurück. Diese Provinzen waren: 1. Arragonia, 2. Albernia (Auvergne), 3. Occitania (Languedoc), 4. Legio (Leon), 5. Burgundica, 6. Britannia (Bretagne), 7. Germania inferior ad Albim et Oderam (Elbe u. Oder), 8. Germania superior ad Danubiam, Padum et Tiberim (Donau, Po, Tiber), 9. Graecia et Archipelagus. Schon Nicolai hatte in „Einige Bemerkungen über den Ursprung und die Geschichte der Rosenkreuzer und Freimaurer" darauf hingewiesen, daß die von Hund angegebenen Wappen und Siegel der einzelnen Provinzen aus einem Werke entlehnt waren, das mit der Templergeschichte nichts zu tun hatte. Ein Anonymus hat sogar die Seitenzahl in diesem Werke angegeben. Nun hat Sonnenkalb folgendes nachweisen können: es handelt sich um das Werk des Jacob Typotius, „Symbola divina et humana Pontificum, Imperatorum, Regum" usw., erschienen in Prag 1601 und 1603. Die ganze Provinzeinteilung und auch die Zuteilung der einzelnen Wappen an sie sowie die Devisen usw. erwiesen sich als plumpe Fälschung, denn im ganzen Typotius steht kein Wort vom Tempelherrenorden, viel weniger von dessen Provinzen, Wappen und Devisen. Der Fabrikant der Templerlegende hat einfach Wappen, die ihm passend schienen, ausgesucht, wobei er die beiden deutschen Provinzen VII und VIII mit Wappen französischer Könige schmückte. Für die IX. Provinz (Schweden) ist sogar ein päpstliches Wappen (Alexander VI.) verwendet worden.

Ordensrat (frz. Conseil de l'Ordre). Der Grand Orient de France hat seit der im Gefolge der Großmeisterschaft des Marschalls Magnan (s. d.) durchgeführten demokratischen Reform seiner Verfassung an Stelle des Großbeamtenrates einen 33gliedrigen, vom Konvent gewählten Conseil de l'Ordre, an dessen Spitze, im Gegensatz zu allen anderen Großlogen der Welt, nicht ein Großmeister, sondern der Ordenspräsident (Président de l'Ordre) steht, der alljährlich, ebenso wie zwei Vizepräsidenten und die übrigen Mitglieder der engeren Leitung, aus den Reihen der Ratsmitglieder von diesen gewählt wird. Jedes Jahr scheidet ein Drittel derselben aus dem O. aus. Wiederwahl durch den Konvent ist erst nach einem Jahr möglich, so daß eine kontinuierliche Mitgliedschaft, bezw. Präsidentschaft unmöglich ist. Die für die rituellen Funktionen anläßlich der Konvente notwendigen Würdenträger werden jeweils von den Konventdelegierten auf die Dauer der Tagung bestellt.

Ordensregel der Großen Landesloge der Freimaurer von Deutschland, bezw. des Schwedische Systems beinhaltet deren Wesen und Eigenart. Der O. zufolge hat der Orden seine Mitglieder zu innerlich freien Menschen zu erziehen: frei aus Gebundenheit an Gott und Gottes Wort, an Christus, an seine Erscheinung und Lehre, an Volk und Vaterland, an Zucht, Ehre, Ordnung, Mannesmut, Wahrhaftigkeit, Gütigkeit, Demut, Sanftmut, Geduld, kurz, aus Gebundenheit an alles, was heilig, ehrwürdig und gut ist. Im Grundgesetz der Großen Landesloge heißt die O. Allgemeine Regel. Nach ihr haben die Ordensbrüder ihr Leben einzurichten. (Vergl. „Die Große Landesloge der Freimaurer von Deutschland, ihr Werden und Wesen", 1929.)

Ordenstracht der Strikten Observanz war der Zeremonialtracht der alten Tempelherren nachgebildet; sie bestand aus einem weißen, wollenen, kurzen Unterkleid und Mantel mit dem roten Templerkreuz; daneben gab es eine eigene Uniform: purpurfarbene Röcke mit neun kleinen, goldenen, gestickten Schleifen und hellblauen Westen. Die Stickerei richtete sich nach der Stufe der Brr. Um den Hals trugen die Ritter ein rotes Kreuz an rotem Band mit den Anfangsbuchstaben der Devise der Provinz (in Deutschland: L. V. C., d. h. Labor viris convenit, die Armigeri und Socii ein solches mit den Buchstaben V. N. I. O., d. h. Vi nulla invertitur ordo. Die Fratres servientes hatten auf ihren Kreuzen die Buchstaben F. L. S. O., d. h. Fratres Laiici, servientes ordini, oder firmat labor servatque ordinem (Nettelbladt) (s. auch Bekleidung).

Ordenswissenschaft, Freimaurerische, besteht aus vier Fächern: ritualistische, historische, systematische und praktische O. Die ritualistische O. zerfällt in historische Ritualistik, Ritualexegese oder Liturgik und Rubrizistik.

Order of Universal Co-Masonry, British Federation, britischer Zweig der gemischten Freimaurerei (Maçonnerie mixte) s. Droit humain.

Orders, the Three of Masonry (engl.), die drei Orden der Maurerei, heißen in englischen Schriften des 18. Jahrhunderts die drei Johannisgrade. 1799 erklärte die Großloge von England (Moderns), daß „the Three Great Orders of Masonry, and these alone, of Apprentice, Fellow Craft and Master Mason, being the ancient Order of Saint John". (Vergl. auch Brief von Dr. T. Manningham vom 3. Dezember 1756, zitiert bei Gould, „Concise History", S. 342.)

Ordner heißt in manchen Logen der Schaffner (s. d.), in anderen der Zeremonienmeister.

Ordnungen der Steinmetzbrüderschaften, die eigenen Gesetze, die sich auf das moralische Verhalten der Brr. untereinander und gegen Fremde bezogen. Die erste deutsche „Ordnung" kam 1459 auf dem Steinmetztag in Regensburg zustande, an welchem Meister aus Schwaben, Franken, Bayern, vom Oberrhein und aus der Schweiz und Österreich teilnahmen und eine engere Verbindung der deutschen Bauhütten begründeten. Diese eben gaben sich die „Ordnung", wobei zugleich als oberste Instanz der Meister der Haupthütte am Straßburger Münster, damals Jost Dotzinger aus Worms, bestimmt und festgesetzt wurde, „daß sich ein jeder Steinmetz in diesen Brüderschaften solle gebruderen der anders sich stainwerks gebrauchen will". Die Straßburger O. wurde 1498 von Kaiser Maximilian bestätigt.

Ordo ab Chao ist die Devise der Obersten Räte des A. u. A. Schottischen Ritus.

Ordo equestris Hierosolymitanus (lat.), jerusalemitische Ritterorden, Kapitel des Ritterordens von Jerusalem, nannte sich das Clermontsche System (s. d.).

Ordonnanzen. Im 18. Jahrhundert in den romanischen Ländern königliche Edikte. Wiederholt wurden namentlich in Spanien und Portugal O. gegen die Freimaurer erlassen.

Order de Molay, s. De-Molay-Orden.

Ordre du Temple (frz.), Templerorden. Trotzdem der Konvent zu Wilhelmsbad, 1782, die Templerlegende der Strikten Observanz begraben hatte, hielten manche Gruppen von Freimaurern an ihr fest. Die ausgesprochen mystischen Charakterzüge der Nachrevolutionszeit taten ein übriges, um die Legende immer wieder neu zu beleben. Um 1806 trat in Paris ein Neutemplerorden, O. d. T., in die Öffentlichkeit, der von der Legende ausging, Baujeu, der Neffe des letzten Templer-Großmeisters, habe die Gebeine der auf dem Scheiterhaufen hingemordeten Brr. retten und unter einem viereckigen Stein beisetzen können. Die Pariser Neutempler bezeichneten sich nun als direkte Rechtsnachfolger des alten Templerordens und produzierten zu diesem Zwecke die vielgenannte, angeblich wiedergefundene Charta transmissionis des Larmenius (s. d.), ein 1705 von dem Jesuiten Bonani hergestelltes, also gefälschtes Dokument, laut welchem Jacques de Molay (s. d.) vor seinem Tode Johannes Marcus Larmenius mit seiner Nachfolge betraut habe und auf dem alle Großmeister, von dem in Wahrheit ganz unbekannten Großmeister Larmenius (angeblich 1324) bis zum letzten Großmeister, Fabré-Palaprat (s. d.), mit Blut unterschrieben waren. Geleitet wurde der sich sehr katholisch gehabende neuerstandene Orden mit seinen Balleien, Prioreien, Abteien usw. von Großkonnetabeln, Großadmirälen, Großchambellanen, Großbannerträgern usw. Einmal jährlich zogen diese ehrsamen Bürgersleute zur Place Dauphine und feierten dort das Andenken der Opfer Philipps des Schönen.

Der Gründer dieses Templerordens war der als Großmeister auftretende und das johanneische Christentum als „Religion der alten Templer" fordernde B. R. Palaprat, der sich späterhin Fabré-Palaprat (s. d.) nannte, seines Zeichens, nicht wie wiederholt angegeben wird, Arzt, sondern Hühneraugenoperateur (Chiropodist oder Pedikeur) war. Daß er jemals ein Doktordiplom besessen habe, konnte nicht festgestellt werden. Dagegen war er Mitglied einer Societé Medico-philanthropique, die mit beruflicher Medizin nichts zu tun hatte. Es muß Wunder nehmen, wie seine Anhänger glauben konnten, daß eine Ahnenreihe fürstlicher und ritterlicher Templer-Großmeister gerade in dieser unbedeutenden Persönlichkeit ihre Auferstehung feiere. Ihm war der auf die Pariser Tempelherren überkommene Templerschatz zu danken, der neben den Reliquien der verbrannten Templer auch Schwert und Sturmhaube des Großmeisters Jacques de Molay enthielt. Später fand Fabré-Palaprat auch die Bibel der Templer, eine griechische Sektiererausgabe der heiligen Schriften, die aber dann dem Orden zum Verderben werden sollte. Der Orden nahm nur Freimaurer auf, obzwar er mindestens die schottischen Hochgrade, in denen teilweise auch noch Templertraditionen gepflegt wurden, scharf ablehnte, indem er behauptete, Larmenius habe die „schottischen Templer" als „Deserteure vom Orden" mit dem Bann belegt, weil sie sich in ihre „Berge von Herodom" zurückgezogen und den Templerorden hinter den von Robert Bruce gegründeten Distelorden des heiligen Andreas verborgen hätten. Die Pflanzschule des Ordens war eine von „Néo-Templiers" beim Grand Orient de France gegründete und von diesem 1805 patentierte Loge, „Les Chevaliers de la Croix", der der Herzog von Choiseul und zahlreiche Aristokraten angehörten. Nachdem der Orden mehrere Jahre bestanden und großen Zulauf gefunden hatte, schlich sich der Zweifel unter die Ordensbrüder. Man munkelte allerlei über die Herkunft der verehrten verbrannten Knochen, man nannte die Namen der Ritter, die sie für die Verehrung hergerichtet hätten, man erfuhr auch den Namen des Alteisenhändlers, bei dem die Waffen des Jacques de Molay erstanden worden waren. Und schließlich empörte sich ein Teil der Brr. gegen die schismatische Bibel, die mit den von der Kirche gebilligten und überlieferten Texten nicht übereinstimmte. Peinlich war auch, daß, wie sich herausstellte, auf der Charta transmissionis Großmeister unterzeichnet waren, die niemals existiert hatten und andere, von denen bekannt war, daß sie nicht hatten schreiben können. Und so saß der Wurm im Leibe des Ordens, dem er gegen 1845 erlag. Nach dem Tode des Großmeisters Fabré-Palaprat (1838) wurde der englische Admiral Sir William Sydney Smith (s. d.) Großmeister des Ordens, der ein goldenes Kreuz, das Richard Löwenherz gehört habe, als Großmeisterabzeichen einführte. Noch zu Lebzeiten Smiths soll sich Dom Pedro, König von Portugal, um die Großmeisterwürde beworben haben, sein Anerbieten, dem Orden Grundbesitz und Ordenshäuser in Portugal einzurichten, soll aber abgewiesen worden sein, weil sich der Orden seine demokratische Verfassung (!) bewahren wollte. Nach dem Tode des Admirals Smith (1841) werden noch zwei Großmeister genannt: Jean Marie de Raoul, 1841, und Georg IV., König von Hannover. Mit diesen Überlieferungen steht allerdings im Widerspruch, daß die berühmte Charta transmissionis, die sich seit 1911 in England befindet, seit dem Jahre 1804 keine weitere Unterschrift mehr trägt (A. Q. C., 1912, 80). Lantoine in seiner „Histoire de la Franc-Maçonnerie française" überschüttet den Orden mit ätzendem Spott. Da er an anderen Stellen auf ganz gleiche Weise entstandene Hochgradsysteme verteidigt, ist sein Urteil ungerecht. Die Neutempler stützten sich auf die gefälschte Charta transmissionis des Larmenius. Die Tradition der großen Konstitution Friedrichs des Großen ist nicht um ein Haar besser. Die Templer des Palaprat haben nur deswegen unrecht behalten, weil ihnen der Erfolg versagt war. Andere Freimaurertempler sind im Besitze, und — glauben daher, im Recht zu sein.

Ordre, Le, s. Cahiers de l'Ordre, Les.

Oregon, Bundesstaat der Vereinigten Staaten von Nordamerika. Die 1851 gegründete Großloge zählte 1930 172 Logen mit rund 30.700 Mitgliedern. Die Großloge unterhält ein ausgedehntes Stellenvermittlungsamt, das 1929/30 über 2300 Stellen besetzen konnte. Das Amt arbeitet nach dem Grundsatz „helping a brother help himself". Adresse: Masonic Temple, Portland.

Organist. In englischen Logen gilt der O. als Beamter der Loge. Er trägt als Abzeichen eine Lyra. Ebenso: Grand Organist (W. G. O. = Worshipfull Gr. O.) in der Großloge. Im Deutschen: musikalische Brr.

Orient, s. Osten.

Orient, deutschsprachiges Amtsblatt der Symbolischen Großloge von Ungarn bis zu deren Auflösung.

Orientalischer Templerorden, s. Templer, Orientalische.

Orient de la Cour, Bezeichnung von Versailles (1775—1789), in den Logenlisten des Grand Orient de France als Sitz der Loge „Militaire les Trois Frères Unis", (der Amiable zufolge angeblich Ludwig XVI. [s. d.] und seine beiden Brüder angehörten [s. Bourbonen]), und anderer Bauhütten.

Orient, Höchster Innerer. Im System der Berliner Großen National-Mutterloge („Drei Weltkugeln") ist in den inneren maurerischen Angelegenheiten das Bundesdirektorium als H. I. O. Bewahrer und Pfleger der Lehre und des Rituals und zugleich die Oberbehörde der Altschottischen Loge (s. Altschottisches Direktorium).

Orient, Innerer, s. Innerer Orient.

Orient, Innerster, s. Innerster Orient.

Oriflamme.

1. Seit Ludwig XI. Heerzeichen der französischen Könige, Fahne der Kreuzfahrer, steht in einzelnen Ritterhochgraden in Verwendung.

2. Eine nur kurze Zeit bestandene maurerische Zeitschrift (1902) einer irregulären maurerischen Körperschaft in Deutschland führte ebenfalls den Namen O. (s. Reuß).

Orléans, Louis Joseph Philippe, Herzog von Chartres, Vetter des Königs Ludwig XV., * 1747, hingerichtet 1793, wurde vom Großmeister der Grande Loge de France, Graf Clermont († 1771), als Nachfolger im Großmeisteramt designiert. Er nahm die Würde an, wogegen Ludwig XVI. durch seinen Minister 1774 protestieren ließ (Archives nat. 0414, p. 1013), bekümmerte sich aber wenig um deren Ausübung. Er erschien ab und zu bei einer festlichen Veranstaltung und überließ die eigentliche Leitung dem Generaladministrator des Ordens. In der französischen Revolution wurde er Jakobiner und sagte sich 1793 als „Philippe Egalité" in öffentlicher Zeitungserklärung („Journal de Paris" vom 22. Februar) von der Freimaurerei los, deren Freiheitsbegriff ihm zu wenig Realität war. („J'ai depuis quitté le fantôme pour la réalité".) Bald nachher hörte für die Dauer der Revolution das freimaurerische Leben auf.

Ormesus Magnus, Ordensname des Königs Friedrich Wilhelm II. von Preußen, als Gold- und Rosenkreuzer.

Ornaments of the Lodge (engl.), Zieraten der Loge nach den angelsächsischen Ritualen: das musivische Pflaster, die geschlungene, mit Quasten besetzte Schnur und der flammende Stern.

Orphelinat maçonnique in Paris, Waisenhaus für Kinder von Maurern oder deren Verwandte sowie von Personen, „die der Menschheit oder der Maurerei Dienste erwiesen haben", entstanden durch die Vereinigung des 1862 gegründeten O. général und des O. universel (1879). Zur Gründung trugen eine Reihe Pariser Logen des Großorients und der Großloge von Frankreich bei. Auch die Stadt Paris lieh ihre Unterstützung. Die Waisenanstalt ist in einem großen eigenen Haus an der Rue de Crimée 19 untergebracht und betreut durchschnittlich 60 Internisten und eine große Zahl Externisten. Mehr als 300 Logen leisten jetzt jährlich Beiträge zur Unterhaltung der Wohlfahrtsinstitution, in der bereits über tausend Kinder erzogen wurden.

Orphiker, mystisch-religiöse Gemeinde im 7. und 6. Jahrhundert v. Chr., die zu ihrem Stifter angeblich den sagenhaften Griechen (thrakischen) Sänger Orpheus hatte. Der Sekte waren mit Dionysos-Kult zusammenhängende Mysterien (s. M. d. O.) eigen.

Or San Michele, die Gildenkirche von Florenz, erbaut 1337—1404 von den zwölf Gilden der Stadt. In ihr das Tabernaculum des Orcagna. An der Nordseite der Fassade eine berühmte Bauhüttendarstellung von Nanni di Banco (1408), die dieser für die Gilden der Maurer, Schmiede, Zimmerleute und Steinmetzen ausführte. Die Darstellung der Vier Gekrönten steht auf einer Predella, die in vier Figuren die Gesellen bei der Arbeit und den Meister beim Entwurfe darstellt.

Ortiz, Rubio Pasquale, Präsident der Republik Mexiko seit 1930, * 1877, ist Freimaurer.

Öser, Adam Friedrich, Maler und Bildhauer aus Preßburg, erster Direktor der Leipziger Kunstakademie, Lehrer Winckelmanns und Goethes, der ihm in „Wahrheit und Dichtung" ein Denkmal setzte, war Mitglied der Leipziger Loge „Balduin zur Linde". * 1717, † 1799.

Osiris, ägyptische Gottheit, Sohn des Erdgottes Keb und der Göttin Nut, die Personifikation der Sonne, Bruder und Gatte der Isis und Vater des Horus. Er repräsentiert das männliche Prinzip in der Götterlehre im Gegensatze zu Isis und wurde u. a. als von einem Auge überragtes Zepter dargestellt. An seine Person knüpften sich eigene Kulthandlungen und Mysterien, die im wesentlichen die Wiederauferstehung des nach dem Mythus durch seinen Bruder Seth (Typhon) ermordeten, in einem verschlossenen Kasten in die Fluten geworfenen, von Isis aufgefundenen, dann von dem Brudermörder zerstückelten und als Herr der Unterwelt zurückgekehrten O. und die siegreiche Rache seines Sohnes zum Inhalte hatten. Daß ihn die alten Freimaurer, wie Mackey will, als Euklid in ihre Geschichte übernommen haben, entbehrt jedes Beweises. Da die Freimaurer ein Sonnenfest, den Johannistag, begehen, wird auch O. wiederholt allegorisch zur Freimaurerei in Beziehung gebracht. Durch Mozarts Priesterchor aus der „Zauberflöte", „O Isis und Osiris", klingt sein Name auch wiederholt in den heutigen Logen an. Eine andere symbolische Bedeutung für die Freimaurerei kommt ihm jedoch nicht zu.

Oskar II., König von Schweden, * 1829, † 1907, bis zur Thronbesteigung

Landes-Großmeister, dann Ordensmeister der Großen Landesloge von Schweden, aufgeklärter, toleranter Monarch, der der Freimaurerei mit außerordentlichem Interesse anhing. Er hielt namentlich als Wortführender Meister der St. Eriks-Loge in Stockholm zahlreiche wertvolle Reden, die 1882 gesammelt erschienen. Nach seiner Auffassung ist das Freimaurertum ein Boden, auf den sich der geistig Höherstehende aus allen Sonderstellungen und Kämpfen des Lebens retten kann, ein heiliges Asyl des Friedens, wo in brüderlicher Gemeinsamkeit das rein Menschliche erkannt und gelehrt wird. Ebenso wie ihn sein Vater Oskar I. in die Loge Nordiska Första eingeführt hatte, brachte er dieser 1877 den Kronprinzen Gustav, den jetzigen König Gustav.

Oslo, Hauptstadt des Königreiches Norwegen (s. d.). 1891 wurde hier die Norske Store Landsloge (Große Landesloge von Norwegen) des Schwedischen Systems (X. Provinz) gegründet, Nedre Voldgate 19, der in O. selbst drei Logen unterstehen. Außerdem ist O. der Sitz von drei Logen der (humanitären) „Norske Storloge Polarstjernen" (Norwegische Großloge Polarstern) in Trondhjem. Adresse: Kjöpmannsgaten 12.

Osmân, Nûri Pascha, Ghasi, populär als Osman Pascha, türkischer Feldherr, * 1837, † 1900, heldenmütiger Kämpfer im Krimkrieg, „Löwe von Plewna", war Freimaurer.

Osten, Orient, aus dem der Überlieferung zufolge alles Licht kommt, spielt auch in der Freimaurerei eine ähnliche Rolle. Im O., über dem in den Maurertempeln sehr oft eine strahlende Sonne leuchtet, leitet der Meister vom Stuhl die Loge, von hier aus empfängt der Suchende das „maurerische Licht". Im O. haben auch die höchsten Würdenträger ihren Sitz. O. bedeutet aber vielfach auch die Loge selbst (davon abgeleitet Großosten, Großorient, wie viele Großlogen heißen). Allgemein ist es üblich, den Ort, der Sitz einer Loge ist, Orient zu nennen.

Osten, Ritter vom (auch des Degens), s. Ritter vom Osten.

Osten-Sacken, Fabian Gottlieb, Fürst von der, russischer Feldmarschall, * 1752, † 1837, 1814 Gouverneur von Paris, war Mitglied der Leipziger Loge „Minerva zu den drei Palmen".

Osten und Westen, Ritter vom, s. Ritter vom Osten und Westen.

Ostermann-Tolstoj, Alexander Iwanowitsch, Graf, russischer General, * 1770, † 1857, hervorragender Kämpfer gegen die Türken und — als Armeekorpskommandant — in den Napoleonischen Kriegen, bei Bautzen und Kulm schwer verwundet, war 1802 einer der Gründer der Petersburger Loge „Les Amis Réunis".

Österreich. Schon 1721 bestand der Tradition zufolge — die Londoner Großloge führte damals noch keine Matrikel — in Mons in den belgischen Niederlanden die Loge „La parfaite union". Ihre Einsetzung soll am 24. September d. J. mit Ermächtigung des Großmeisters Herzog von Montagu angeblich durch den Herzog von Wharton erfolgt sein. 1726 entstand angeblich unter Führung des Grafen Sporck (s. d.) die Loge „Zu den drei Sternen" in Prag. Diese Gründung wird neuerdings in Abrede gestellt (s. d. und Tschechoslowakei). 1731 wurde der Gemahl Maria Theresias, Herzog Franz Stefan von Lothringen, der spätere Kaiser Franz I. (s. d.), im Haag durch eine englische Deputation in den Bund aufgenommen. Vielleicht wurde infolgedessen in den österreichischen Niederlanden und Ungarn die antifreimaurerische päpstliche Bulle von 1738 nicht kundgemacht. In der Folge fand eine Reihe bedeutender Männer in ausländischen Logen Aufnahme, so der berühmteste Wiener Arzt jener Zeit Boerhave (s. d.).

Die Zeit Maria Theresias.

1742 erfolgte die erste Logengründung in Wien. Die Grafen Hoditz und Grossa installierten die Loge „Aux trois canons" als Tochter der vom späteren Fürstbischof von Breslau Graf Schaffgottsch protegierten Breslauer Loge „Zu den drei Totengerippen". Erster Stuhlmeister war Albrecht Josef Reichsgraf von Hoditz. Weitere Mitglieder waren u. a. der Prinz von Hessen-Rheinfels, die Grafen Gondola, Bethlen, Wallenstein, Hoyos, Starhemberg, Trauttmansdorff, Drašković, Zinzendorf, Seilern, Salm, der Marquis Doria und Baron Tinti. Im „Journal für Freymaurer" (1784) wurde mitgeteilt, diese Loge habe gelegentlich in der Hofburg gearbeitet. Dennoch drangen am 7. März 1743 auf Befehl der Kaiserin aus nie ganz aufgehellten Gründen — der Klatsch wollte von Eifersucht wissen — Grenadiere und Kürassiere in die im Margarethenhof am Bauernmarkt versammelte Loge ein und verhafteten die Anwesenden, die in Gegenwart des Kardinals Kollonits streng verhört, aber am 19. März, dem Namenstag des Thronfolgers, auf freien Fuß gesetzt wurden. Eine zweite Loge trat 1754 ins Leben: „Aux trois coeurs" als Deputationsloge der Loge Friedrich in Hannover.

Ein ungünstiger Wind, der in den fünfziger Jahren für die Freimaurerei in Österreich wehte, setzte deren Arbeit aber schon 1755 ein Ende. Auch die ältere Schwester schloß in diesem Dezennium ihre Pforten. In diesem Zeitraum bestand auch bereits eine Loge in Siebenbürgen („Zu den drei Säulen" in Kronstadt, gegründet 1749). Die Entwicklung ging dann ähnlich wie in Deutschland vor sich. 1766 und 1767 erfolgten zwar seitens der Kaiserin Verbote der Freimaurerei, aber diese hatten nur akademische Bedeutung. Von den verschiedensten Systemen wurden Bauhütten gegründet. Insgesamt traten in Wien allein bis 1795 deren 14 ins Leben. Es bildeten sich Clermontsche Hochkapitel, Ableger der Strikten Observanz und der Asiatischen Brr. und bald überzog die kaiserlichen Staaten ein Netz von Logen, die je nach den Neigungen ihrer Stifter einer der vielen freimaurerischen Richtungen der damaligen Zeit dienten und teilweise nur ein kurzes Dasein fristeten.

1761 war in Wien die „Loge der Freimütigen" tätig, die „Loge Royale militaire", gestiftet vom Grafen Kuefstein, „Großmeister der Templerischen achten Provinz", der auf ihr ein Hochkapitel St. Pölten[1]) errichtete. 1769 wurde die Loge „Zur Hoffnung" eingesetzt, die 1771 einen Stiftsbrief der Regensburger Loge „Zu den drei Schlüsseln" erhielt und 1776 als Loge „Zur gekrönten Hoffnung" zur Berliner Großen Landesloge überging. 1770 rief Hauptmann Baron von Schmidburg die Loge „Zu den drei Adlern" (Dresdener Patent) als Basis der Großkomturei St. Pölten mit Herzog Georg von Mecklenburg als Großmeister und Herzog Albert Kasimir von Sachsen-Teschen als Protektor ins Leben. Als Hochschottische und Schottische Loge führte diese nach letzterem den Namen „Albert zum goldenen Helm". Als Tochterloge verzeichnete das Jahr 1776 die Bauhütte „Zum Palmbaum", 1781 erfolgte die Wiedervereinigung unter der neuen Bezeichnung „Zu den drei Adlern und zum Palmbaum". Weitere Wiener Logen waren: 1771 „Zum heiligen Josef", von der Großen Landesloge 1776 feierlich eingesetzt, 1772/73 „Zu den drei Schwertern" (rosenkreuzerische Gründung), 1799 „Zur Beständigkeit" (Regensburger Stiftungsbrief), 1781 aus der „gekrönten Hoffnung" die Loge „Zur wahren Eintracht", ferner „Zu den sieben Himmeln" (Asiatische Brr.), 1783 „Zur Wohltätigkeit" und „Zu den drei Feuern". Auf dem Gebiet des heutigen Ö. gab es ferner die Logen „Zu den vereinigten Herzen" in Graz, „Zur wohltätigen Marianne" in Klagenfurt, „Zu den drei Bergen" und „Zum symbolischen Zylinder" in Innsbruck, „Zu den sieben Weisen" in Linz, „Zur Fürsicht" in Salzburg. Zahlreich waren auch Logen in Böhmen, Mähren und Schlesien (s. Tschechoslowakei), Siebenbürgen und Ungarn (s. d.), Dalmatien und Kroatien (s. Jugoslawien), Galizien (s. Polen), Niederlande (s. Belgien und Niederlande) und der Lombardei (s. Italien).

Die Josephinische Epoche.

In dieser Zeit gehörten der österreichischen Freimaurerei die bedeutendsten Männer an. Freimaurer waren u. a. Gerhard van Swieten, der Bekämpfer des Aberglaubens, der als Nachfolger Boerhaves Leibmedikus der Kaiserin und Direktor des gesamten Medizinwesens war, der Schulreformator Gebler, Martini, der Joseph II. in seiner Thronfolgerzeit in den Rechts- und politischen Wissenschaften unterrichtete, der Kirchenrechtsprofessor Riedler, der das Verbot der Hexenprozesse in die Wege leitete, und Eybel, der wegen freiheitlicher Schriften mit dem Bann belegt wurde, Josef Freiherr von Sonnenfels (s. d.), dem die Abschaffung der Folter zu danken war. Geistiger Mittelpunkt des freimaurerischen Lebens unter Joseph II. (s. d.) war die Bauhütte, der Sonnenfels angehörte, die Loge „Zur wahren Eintracht". Ihr zweiter Stuhlmeister Hofrat Ignaz Freiherr von Born (s. d.), einer der markantesten Männer der Josephinischen Zeit (wohl das Urbild des Sarastro in der „Zauberflöte), trachtete, sie zu einem Zentrum der Aufklärung zu gestalten. Das gelang ihm in der kurzen Zeit ihres Bestehens vortrefflich. Die hervorragendsten Köpfe des geistigen Wien gehörten ihr an, u. a. die Dichter Blumauer (s. d.) und Johann Baptist Alxinger (s. d.), der katholische Geistliche Josef Michaeler (s. d.), der Philosoph Reinhold (s. d.), Josef Haydn (s. d.), der Historiker Watteroth, der Weltumsegler Georg Forster (s. d.), der berühmte Bildhauer Franz Zauner (s. d.), der Abbé Denis (s. d.), der Oberstallmeister Fürst Dietrichstein, der Verleger Artaria. In „Übungslogen" wurde von dunklem Mystizismus und falschem Rittertum gleichmäßig entfernte reine Freimaurerei betrieben. In den inhaltsreichen Heften des von Blumauer redigierten „Journal für Freymaurer" (1784) und einer anderen Zeitschrift „Die physikalischen Arbeiten der einträchtigen Freunde in Wien" wurden besonders wertvolle Beiträge zur Maurerei und den exakten Wissenschaften geliefert. In der „Wahren Eintracht" wurde auch auf dem Delegationsweg Wolfgang Amadeus Mozart (s. d.) zum Gesellen befördert.

Provinzialloge von Ö.

1776 war als Tochter der Berliner Großen Landesloge die Provinzialloge von Ö. entstanden. Der dänische Rittmeister von Sudthausen (s. d.), der Joseph II. — allerdings vergeblich — zum Beitritt zur Freimaurerei eingeladen hatte, hatte sie eingesetzt und an ihre Spitze als Provinzial-Großmeister den Fürsten Dietrichstein (s. d.) gestellt. Der Kaiser wäre mutmaßlich dem Bund beigetreten, wenn nicht die verschiedenen freimaurerischen Gruppen zu Beginn seiner Regierungszeit einander so sehr in den Haaren gelegen hätten. Von seiner Einstellung zur Freimaurerei (Ausführlicheres s. Joseph II.) zeugt u. a. das Schreiben, das er nach seinen Unterredungen mit Sudthausen der Berliner Großen Landesloge zugehen ließ. in dem es heißt: „So lobwürdig als Ihr Vorhaben ist, christliche Tugend zu befördern und der Menschlichkeit nutzbar zu sein, so sehr trifft es mit meinen Gesinnungen und Wünschen überein. Ich kann aber über eine mir gänzlich unbekannte Verfassung meinen Schutz, so wie Sie es verlanget. nicht ertheilen. soviel aber versichern, daß Männer und Gesellschaften, die nach diesen Vorsätzen handeln, wegen ihrem dabey beobachtenden Geheimnis, wann Sie nur nicht Böses, sondern lauter Gutes thuen. weder von meiner Bangigkeit, noch von meinem Vorwitz jemals was zu sorgen haben würden. Würken Sie also in ihrer Gesellschaft soviel Gutes als möglich. Ich bin fest entschlossen, außer derselben das Nemliche zu thun. Wir werden dadurch Beide dem Ziel unseres Hierseins Genüge leisten. Joseph."

Als 1781 eine kaiserliche Verordnung geistlichen und weltlichen Orden verbot. ausländische Obere anzuerkennen und Geldabgaben an

[1]) St. Pölten war der alte Ordensname für Wien.

diese zu leisten, ging man daran, eine eigene Landesloge von Ö. zu schaffen. Nach langwierigen Verhandlungen über das „Vereinigungsgeschäft“ kam diese 1784 mit Dietrichstein als Großmeister zustande.

Die Große Landesloge von Ö.

Sie war in folgende Provinziallogen gegliedert: Ö. (Inner-Ö., Görz, Tirol und Vorarlberg mit 17 Logen), Böhmen (Mähren und Schlesien mit 7 Logen), Böhmen (Mähren und tien, Slawonien und Dalmatien und 12 Logen), Siebenbürgen (mit Bukowina und 3 Logen), Galizien (mit 4), Lombardei (mit 2) und Niederlande (mit 16 Logen), insgesamt 61 Logen. Die Provinzialloge von Ö. war wieder in vier Distriktslogen unter den Distrikts-Großmeistern Johann Kressl, Sonnenfels, Ott und Graf Heister gegliedert. Das Überwuchern aller möglichen Nebenströmungen der Freimaurerei (namentlich Rosenkreuzer und Asiatische Brr.) veranlaßte Joseph II. auf Veranlassung von Born und Dietrichstein 1785 die Freimaurerei zwar unter seinen Schutz zu stellen, aber gleichzeitig die Zahl der Logen in Ö. zu begrenzen. Es sollte dadurch erreicht werden, daß die unliebsamen Elemente entfernt, die Logenarbeiten kontrolliert und durchwegs auf den Weg der ursprünglichen Maurerei zurückgeführt würden. Nur noch in den Hauptstädten (d. h. am Sitz der Landesregierungen) sollten Logen (mit vorgeschriebener Mitgliederzahl) bestehen dürfen, und zwar jeweils höchstens drei, die ihre Versammlungen anzumelden und ihre Mitglieder bekanntzugeben hatten. In Wirklichkeit bedeutete das eine viel weitergehende Einengung, als beabsichtigt gewesen war. Auf Anordnung der Landesloge mußten zunächst die Arbeiten eingestellt und die Logen zusammengelegt werden. Dies und die vorgeschriebene Ausschaltung von Mitgliedern führte zu allerhand Mißhelligkeiten, was im Gefolge hatte, daß sich auch sehr wertvolle Elemente bald zurückzogen. Die Große Landesloge und auch die Provinziallogen von Ö. lösten sich noch im gleichen Jahre auf. Sechs Wiener Logen wurden in zwei „Zur Wahrheit“ und „Zur neugekrönten Hoffnung“ zusammengezogen, die Bauhütten „Zum heiligen Josef“ und „Zur Beständigkeit“ stellten ihre Tätigkeit ein. An die Spitze der „Wahrheit“ trat zunächst Born. Ähnlich ging man in den Ländern vor. Auf dem Gebiet des heutigen Ö. blieben noch die Logen in Linz, Graz und eine in Innsbruck übrig.

Unter Josephs II. Nachfolger, Leopold II. (1790—1792), entstand eine neue Loge „Zur Liebe und Wahrheit“, die rosenkreuzerisch eingestellt war und eine Zeitlang den Beifall des Kaisers fand. Auch die Bauhütte „Zum heiligen Josef“ lebte wieder auf. Der Kaiser war aber unter dem Eindruck der französischen Revolution, für die Denunzianten und Spitzel (Professor Leopold Alois Hoffmann [s. d.], der Hannoveraner Zimmermann [s. d.], der ungarische Abt Martinovics [s. d.] u. a.) die Freimaurerei verantwortlich zu machen suchten, dieser wenig günstig gesinnt.

Das Ende der Freimaurerei unter Franz II.

Vollends feindlich verhielt sich Franz II. (als Kaiser von Ö. Franz I.), der in ständiger Furcht vor „Umtrieben der geheimen Gesellschaften“ stand und das Spitzel- und Denunziantensystem seines Vaters ganz beträchtlich ausbaute (s. Feldhofer). Der Antrag, die geheimen Gesellschaften, Freimaurer, Illuminaten, Rosenkreuzer im Deutschen Reich zu unterdrücken, den er 1794 auf dem Reichstag zu Regensburg stellen ließ, fand zwar keine Annahme, zeigte aber deutlich die Stimmung. Die Logen hatten sich teilweise schon 1793 zur freiwilligen Einstellung ihrer Tätigkeit entschlossen. 1797 begann eine gründliche offizielle Überwachung der Freimaurer, 1801, nach dem Frieden von Lunéville, erging an die Staatsbeamten das strikte Verbot, fürderhin Mitglieder von geheimen Gesellschaften, namentlich von Freimaurerlogen, zu sein. Durch eidlichen Revers war diese Verpflichtung zu bestätigen. Unter solchen Umständen mußte das freimaurerische Leben erlöschen (s. Franz II.).

Während der Napoleonischen Besetzung 1805 und 1809 gab es in Wien französische Feldlogenarbeiten. 1812 wurde eine Loge im damaligen Rathausviertel ausgehoben, 1813 eine solche „Zu den sieben blauen Himmeln“ in der Vorstadt Hernals. Zur Zeit des Wiener Kongresses machten sich von den verschiedensten ausländischen Seiten Bestrebungen geltend, die Freimaurerei aufs neue zu erwecken. Über die Abhaltung einiger Arbeiten kam man aber nicht hinaus.

Die Loge von 1848.

Neue Hoffnungen, die sich nach dem Tode Franz II. regten, wurden an dem Freimaurerhaß Metternichs zunichte. 1841 wurde eine Anzahl von angesehenen Männern, darunter hohe Offiziere und Staatsbeamte, die sich zu einer Loge zusammengeschlossen hatten, empfindlich bestraft. Trotzdem gab es in Wien nach wie vor Freimaurer, Mitglieder ausländischer Logen. Unter Führung von Professor Ludwig Lewis (s. d.) glaubten diese 1848 eine neue Ära gekommen. Am 5. Oktober wurde auf Grund des von der Berliner Großen Landesloge erneuerten Stiftsbriefes vom Provinzial-Großmeister von Schlesien im Hause des Grafen d'Harnoucourt in der Teinfaltstraße die Loge „Zum heiligen Josef“ wiedereröffnet, nachdem Minister Baron Doblhoff die Erlaubnis hierzu erteilt hatte. Das war aber die einzige Versammlung. Als kurz hernach Windischgraetz sich zur Unterwerfung der aufrührerischen Stadt anschickte, war eine Autorisation zu weiterer Tätigkeit nicht mehr zu erlangen. Ohne daß die Loge eingeschläfert worden wäre, hörte die Tätigkeit wieder auf.

Die Grenzlogenzeit.

Erst 20 Jahre später kam dann doch die Möglichkeit zu neuer Tätigkeit, allerdings auf einem seltsamen Wege. In Ungarn gab es seit dem Ausgleich von 1867 wieder ein normal funktionierendes Logenleben. Eine Reihe von Wienern wurde in ungarische Logen aufgenommen. Ihre Bemühungen, auch für Ö. die

Ermächtigung zu freimaurerischer Arbeit zu erhalten und die Loge „Zum heiligen Josef" wieder zu reaktivieren, scheiterten. Auch als man bei der Regierung eine neue Loge anmeldete, wurde man abgewiesen. Aber für einen „nichtpolitischen Verein" wurde die Autorisation erteilt. So entstand 1869 in Wien der behördlich genehmigte „Bruderverein Humanitas". Aus diesem entstand am 9. März 1871 auf Grund einer Bewilligung des ungarischen Innenministers auf ungarischem Boden in Neudörfl an der österreichischen Grenze mit Hamburger Patent die Loge „Humanitas". 25 Wiener Mitglieder der Ödenburger Loge „Zur Verbrüderung" unterschrieben das Gründungsprotokoll. Am 25. Februar 1872 unterstellte sich diese erste Wiener Loge der ein Jahr zuvor entstandenen Großloge von Ungarn. Der Loge „Humanitas" folgten bald weitere Grenzlogengründungen. Bis zum Umsturz 1918 hatten alle äußerlich dasselbe Gesicht. Während der König von Ungarn die Logen gestattete, verbot er sie als Kaiser von Ö. Man hatte aber nichts dagegen, daß sie auch in Ö. unter anderem Namen existierten, man duldete „nichtpolitische Vereine", von denen man genau wußte, daß sie auf ungarischem Boden — in der Folge in Preßburg — „Grenzlogen" waren. Ein anderer Zustand war nicht zu erreichen. 1873 wurde vom österreichischen Reichsrat ein Antrag des Abgeordneten Foregger (s. d.) auf Zulassung der Freimaurerei abgelehnt. Zu Beginn des Jahrhunderts wurde die Bildung eines Vereins „Große Freimaurerloge Austria" untersagt und 1905 eine Beschwerde der Freimaurer Ernst Viktor Zenker und Dr. Emil Roth gegen dieses Verbot vom Reichsgericht verworfen. Dieser Zustand hielt 45 Jahre an. Die österreichischen Suchenden wurden in Ungarn zu Freimaurern aufgenommen und in Wien, Prag und anderen Städten konnten sie dann ungehindert eine vorbildliche charitative Tätigkeit ausüben. Eine große Anzahl menschenfreundlicher Stiftungen war ausschließlich oder zum größten Teil Werk der Grenzlogen: Kinderasyle, Ferienkolonien, Beschäftigungsanstalten für Jugendliche, ein Rekonvaleszentenheim, Anstalten für Blinden- und Tuberkulosenfürsorge.

1918 gab es in Wien 14 Logen: Neben der „Humanitas" die „Zukunft", gegründet 1874, „Sokrates" (1874), „Eintracht" (1875), „Schiller" (1875), „Freundschaft" (1877), „Treue" (1888), „Goethe" (1892), „Lessing zu den drei Ringen" (1897), „Pionier" (1898), „Kosmos" (1907), „Zur Wahrheit" (1913), „Gleichheit" (1914), „Fortschritt" (1917). Die 1877 gegründete Loge „Columbus zum Weltmeer" war 1896 von der Symbolischen Großloge von Ungarn eingeschläfert worden. Eine 1883 entstandene Loge „Concordia" hatte sich 1889 mit der „Humanitas" verschmolzen. Die Stuhlmeister und Zugeordneten Meister der Grenzlogen besaßen einen Zentralausschuß zur Beratung gemeinsamer lokaler Angelegenheiten. Ein alljährlich gewählter Obmann besorgte die Verbindung mit der Budapester Großloge. Eine von dieser anfangs 1918 vorgenommene Verfassungsänderung führte zu Verhandlungen der Wiener Logen mit der Großloge „Zur Sonne", Bayreuth, die auf Anschluß an diese abzielten. Bevor aber Budapest noch Stellung genommen hatte, erfolgte der Zusammenbruch der Monarchie.

Die Großloge von Wien.

Am 5. November 1918 wurde in einer Sitzung des Zentralausschusses auf Antrag von Dr. Karl Ornstein einstimmig der Beschluß gefaßt, eine Großloge von Deutsch-Ö. mit dem Sitz in Wien zu gründen. Am gleichen Tage ging ein Gesuch um einen Stiftungsbrief nach Budapest. Am 14. November ging die zustimmende Antwort ein, der das Patent folgte. Am 20. November wurde in einer gemeinsamen Arbeit aller Logen der Antrag auf Großlogengründung mit allen gegen eine Stimme gutgeheißen. Am 8. Dezember fand unter Vorsitz des letzten Obmannes des Zentralausschusses Dr. Adolf Kapralik die Konstituierung der Großloge von Wien statt, nachdem nochmals einstimmig der Gründungsbeschluß gefaßt worden war. Ein 15gliedriger Großbeamtenrat unter Führung von drei Deputierten Großmeistern (Dr. Adolf Kapralik, Dr. Hans Neeser und Dr. Heinrich Ornstein) leitete zunächst die Geschäfte. Die Großmeisterwahl wurde auf einen späteren Zeitpunkt verschoben. Sie erfolgte am 31. Mai 1919, erster Großmeister wurde Dr. Richard Schlesinger.

Die Großloge zählte 1931 24 Logen und ein Kränzchen mit rund 1800 Mitgliedern. Zu den bereits angeführten kamen unter der eigenen Obedienz die folgenden hinzu: In Wien: „Mozart" (1924), „Prometheus" (1925), „Heimat" (1925), „Labor" (1926), „Freiheit" (1926), „Plato" (1927) und „Helios" (1930). Ferner „Pythagoras" in Wiener-Neustadt (1923), „Wolfgang Amadeus Mozart" in Graz (1927), „Paracelsus" in Klagenfurt (1931) und das Kränzchen „Zu den sieben Weisen" in Linz. Die Großloge — deren Verhältnis zu den staatlichen Behörden seit der amtlichen Genehmigung sich vollkommen reibungslos abwickelte — hat, von den „Alten Pflichten" ausgehend, die Forderung des inneren und äußeren Friedens auf ihr Programm gesetzt. Diesem pazifistischen Grundgedanken folgend, war sie bei Friedenskongressen vertreten, unterstützte sie die Propagierung der paneuropäischen Idee und richtete sie 1923, als die Ruhrbesetzung ihren Anfang nahm, in einem Aufruf eine Mahnung an die befreundeten Großlogen, alles aufzubieten, damit das am deutschen Brudervolk begangene Unrecht so bald als möglich aus der Welt geschafft werde; ein Appell, der bei den französischen Freimaurern nicht ungehört verhallte. Auch der Beitritt zur A. M. I. und die Unterstützung der Allgemeinen Freimaurerliga entsprechen dieser Einstellung. Die Großloge teilt die Auffassung ihres verstorbenen Mitgliedes, des Nobelfriedenspreisträgers Alfred Hermann Fried, daß Krieg Widerspruch zur göttlichen Weltordnung heißt, Friede aber Weltorganisation, Verständigung zwischen Nationalität und Übernationalität, Vorbedingung des sozialen Wohlergehens darstellt. Das alljährlich den Logen gestellte Arbeitsprogramm sah jeweils Teile des großen pazifistischen Problems, insbesondere auch die für Ö. so wichtige Frage der inneren Abrüstung, vor. Daneben unterstützt sie zahlreiche (zu einem großen Teil von Freimaurern oder vorwiegend mit deren Hilfe geschaffene) ethisch, sozial, fortschrittlich wirkende Kultur- und Wohltätigkeitsvereine in Ö. 1930 wurde die Verpflichtung zum Kampf für die Menschenrechte in die Verfassung aufgenommen, nachdem schon vorher unter aktiver Mitwirkung der Großloge die „Österreichische Liga für Menschenrechte" ins Leben getreten war. Adresse: Wien, I., Dorotheergasse 12.

Neben der Großloge sind in Wien zwei Logen der Großen Landesloge der Freimaurer von Deutschland („Zum eisernen Anker" und „Zum eisernen Pflug") und eine aus deren Mitgliedern sich rekrutierende Andreas-Loge „Corona ferrea" tätig.

Österreich, Herrscherhaus.

1. Franz I. Stephan, der Gemahl Maria Theresias, * 1708, † 1765, seit 1745 Deutscher Kaiser, ließ sich als erstes Mitglied eines regierenden Hauses 1731 in den Freimaurerbund aufnehmen (s. Lothringen, Franz Stephan v.). Von den seiner Ehe mit Maria Theresia (s. d.) entsprossenen Kindern gehörte keines dem Freimaurerbunde an, doch war die Lieblingstochter Maria Theresias, die Erzherzogin Maria Christine, mit dem Freimaurer Herzog Albert Kasimir von Sachsen-Teschen verheiratet. Abafi (III., 290 bis 293) weiß zu erzählen, daß die Erzherzogin bei Logenarbeiten ihres Gatten in Schönbrunn die äußere Wache übernahm und die Loge jedesmal warnte, wenn sie die Karosse Maria Theresias sich dem Schönbrunner Schlosse nähern sah. Eine zweite Tochter, Marie Karoline, Königin beider Sizilien, war bis zum Ausbruch der französischen Revolution eine eifrige Förderin der Freimaurerei, so daß im Grand Orient de France 1777 ein offizieller Trinkspruch „Pour Caroline!" angeordnet wurde. Auf ihre Schwester, Erzherzogin Maria Anna, die von 1771 in Klagenfurt lebte, geht die Anregung zur dortigen Loge, die ihren Namen führte, zurück.

2. Joseph II., sein Sohn, trat dem Bunde nicht bei; unter seiner Regierung erreichte die österreichische Freimaurerei aber einige Jahre lang einen solchen Höhepunkt, daß von einer „josephinischen Freimaurerei" gesprochen wurde. Sein an sich gutgemeintes Freimaureredikt, das 1785 auf Wunsch einzelner führender Brüder (Born, Dietrichstein) erging, um gewissen Verirrungen zu steuern, schüttete aber mehr oder weniger das Kind mit dem Bade aus (s. Joseph II.). Das während der nur ganz kurzen Regierung seines Bruders

3. Leopold II., * 1747, † 1792, Kaiser seit 1790, ungemein entwickelte Polizeispitzelwesen richtete sich auch gegen die Freimaurerei (s. Denunzianten, Spitzel, A. L. Hoffmann, Martinovics, Zimmermann). Die Acta secreta des Wiener Haus-, Hof- und Staatsarchivs, die seit 1919 der Forschung zugänglich sind, erhellen in noch weit stärkerem Maß als die Denunziantenschriften der Zeit, in welchem Maß damals Obskuranten in den Ereignissen der französischen Revolution eine Gelegenheit erblickten, im Habsburgerreich durch Bekämpfung der Freimaurerei zum eigenen Besten im Trüben zu fischen. Nach der „Allgemeinen Österreichischen Freimaurerzeitung" von 1875 hat Leopold, der an sich nicht aggressiv gegen die Logen vorging, vielleicht selbst Aufnahme gefunden. Er war wegen seiner alchimistischen Neigungen Rosenkreuzer und begünstigte die bald nach seiner Thronbesteigung 1790 gegründete Wiener Rosenkreuzerloge „Zur Liebe und Wahrheit".

4. Franz II., dessen Sohn und Nachfolger auf den Kaiserthron, versetzte der Freimaurerei in seinen Ländern den Todesstoß (s. Franz II., Metternich, Feldhofer, Österreich).

5. Sein Bruder, Erzherzog Johann, * 1782, † 1859, der Reichsverweser 1848/49, dessen liberale Anschauungen auch durch seine Ehe mit einer Postmeisterstochter zum Ausdruck kamen, war nach zahlreichen Polizeimeldungen und Konfidentenberichten an die Wiener Polizeihofstelle aus den Jahren 1818/19 Freimaurer. In einem Berichte über die „Wildensteiner Ritter auf blauer Erde" (s. d.) meldet ein Polizeibeamter am 19. Oktober 1818: „Bestimmt weiß man, daß der Herr Erzherzog Johann früher von seinem Wirtschaftsdirektor Zollbrucker (Zahlbruckner) von den Worten, Zeichen usw. der Maurerei unterrichtet wurde, in England aber die Einweihe in die Mysterien erhielt und bei seiner Rückkunft für die Sache schwärmerisch eingenommen erschien, worüber er sich öfters in vertraulichen Kreisen sogar unbescheiden äußerte und seinen Bruder (Franz?) zum Proselyten machen wollte" (s. Traditionen zur Charakteristik Österreichs von Friedrich Anton v. Schönholz, Bd. I, Anmerkung von G. Gugitz, S. 312). Das Wiener Blatt „Der Aufmerksame" berichtete 1817 (Nr. 20 vom 29. November), J. habe 1815 anläßlich einer Englandreise in Glasgow (Schottland) an einem Mahl beim Lord-Provost teilgenommen und bemerkte dazu: „Es scheint, daß der Geist der Maurerei stark in Schottland herrscht und dieses Mahl eine dem hohen Reisenden zu Ehren abgehaltene gedeckte Tafelloge war." Heinrich Pfisterer, Graz, hat im dortigen Museum einen von der gräflichen Familie Meran (den Nachkommen Johanns) gewidmeten Freimaurerschurz festgestellt, den er als jenen des Erzherzogs anspricht. Auch im „Tagebuch des österreichischen Polizeiministers Kempen von 1848—1859" (Wien 1931) ist gesagt, daß Kaiser Franz Joseph I. und Metternich J. als Freimaurer ansahen.

6. Kaiser Maximilian von Mexiko, Bruder des Kaisers Franz Joseph, erschossen in Queretaro 1867, wird in einer rührseligen Geschichte als Freimaurer bezeichnet, den der Br. Juarez erschießen ließ. (Daß der unglückliche Romantiker nicht Freimaurer war, bewies Gagern (s. d.).

7. Kronprinz Rudolf von Österreich, * 1858, dessen Leben 1888 so tragisch endete, galt in Hofkreisen ebenfalls allgemein als Freimaurer. Auch Graf Sforza („Gestalten und Gestalter des neuen Europa", Berlin 1931), der sonst über die österreichischen Hofverhältnisse gut informiert scheint, bezeichnet ihn als „wahrscheinlichen" Freimaurer. Er verkehrte freundschaftlichst mit dem Naturforscher Alfred Brehm, der Freimaurer war. Freimaurerische Belege dafür, daß R. in den Bund aufgenommen worden sein könnte, liegen nicht vor.

8. Der in Sarajevo 1914 ermordete Erzherzog-Thronfolger Franz Ferdinand war ein abgesagter Feind der Freimaurerei. Er hat besonders in Hinblick auf Ungarn wiederholt in Privatgesprächen und Briefen von seiner Abneigung gegen „Ungarn, Juden und Freimaurer" kein Hehl gemacht.

9. Der letzte Kaiser, Kaiser Karl I. (1916—1918), wird in der gegnerischen Presse neuerdings wiederholt als Opfer der Freimaurer hingestellt, die ihm die Erhaltung seines Thrones für den Fall zugesichert haben sollen, daß er die Trennung des Staates von der Kirche durchführe. Diese zuletzt von P. Maurus Carnot in Wien 1931 in öffentlichen Vorträgen aufgestellte Behauptung ist reine Erfindung.

Österreichische Liga für Menschenrechte ist eine von der Großloge von Wien unterstützte Gründung Wiener Freimaurer, die in der Leitung der auf dem Boden des Programms der Französischen Liga und ihrer Schwesterorganisationen stehenden Vereinigung maßgebenden Einfluß ausüben.

Osterwald, Wilhelm, deutscher Schriftsteller und Pädagoge, * 1820, † 1887, Gymnasialdirektor in Mühlhausen in Thüringen, feinsinniger Erzähler und Lyriker, war Freimaurer.

Ostindien, s. Indien.

Ostwald, Wilhelm, berühmter deutscher Chemiker, Organisator der physikalischen Chemie und Naturphilosoph, * 1853, Professor der physikalischen Chemie in Leipzig, Nobelpreisträger für Chemie 1909, Begründer der „Ostwaldschen quantitativen Farbenlehre", des „energetischen Monismus", Verfechter des „energetischen Imperativs", war Großmeister des Freimaurerbundes „Zur aufgehenden Sonne" (s. d.). Seine vier Bände „Monistische Sonntagspredigten" waren eine Zeitlang sehr populär.

Otis, James, amerikanischer Patriot, * 1725, † 1783, Staatsanwalt unter Georg III., trat bei Verschärfung des Zollregimes gegenüber den Kolonien zurück und war einer der hervorragendsten Führer der Unabhängigkeitsbewegung, hielt in Boston eine berühmte Rede über die Menschenrechte, Abgeordneter von Boston im Parlament von Massachusetts, Vertreter dieses Staates beim „Stempelakte"-Kongreß in New York, war Mitglied der Loge St. John Nr. 1 in Boston.

O. T. O., Abkürzung von Orientalischer Templerorden.

Otto, Carl, dänischer Arzt, * 1795 in St. Thomas, Westindien, † 1879, Universitätsprofessor in Kopenhagen (Pharmakologie und gerichtliche Medizin); Verfasser bedeutender Lehrbücher, Leiter mehrerer Fachzeitschriften, Phrenologe, wurde 1819 in der Loge „Zorobabel z. N." aufgenommen, gewann erst viel später wirkliches Interesse für die Freimaurerei, der er dann so hingebend diente, daß „der alte O." als ein Markstein in der Geschichte der Dänischen Großen Landesloge gilt. 1850 Stuhlmeister, hielt er durch hohe Geistigkeit sich auszeichnende Vorträge, war Mitarbeiter der „Bauhütte" und anderer deutscher freimaurerischer Zeitschriften namentlich auf historischem Gebiet.

Oudinot, Nicolas Charles, Herzog von Reggio, Marschall von Frankreich, * 1767, † 1847, Generalstabschef Massenas, eigentlicher Sieger von Friedland, kämpfte bei Wagram, in Rußland, bei Großbeeren, Leipzig usw., unter Ludwig XVIII. Staatsminister, später Armeekorpskommandant in Spanien und Großkanzler der Ehrenlegion, war Freimaurer.

Oughton, Sir James Adolphus D., englischer General, * 1720, † 1780, kämpfte 1747/48 in Flandern, Gouverneur von Antigua, Oberbefehlshaber von Nordengland, war 1769/70 Großmeister der Großloge von Schottland.

Ouseley, Sir Gore, erster Baronet, englischer Diplomat, * 1770, † 1844, bedeutender Orientalist, brachte als außerordentlicher Gesandter den Vertrag mit Persien zustande, vermittelte zwischen Persien und Rußland, Präsident der „Gesellschaft für die Veröffentlichung orientalischer Texte" und des „Orientalischen Übersetzungsausschusses", schrieb „Biographical Notes of Persian Poets", wurde 1810 zum Provinzial-Großmeister der Großloge von England für Persien ernannt.

Overbeck, Christian Adolf, Bürgermeister von Lübeck, * 1755, † 1821, Liederdichter, war Mitglied der Loge „Zum Füllhorn".

Owls, Independent International Order of, Eulenorden, eine freimaurerische gesellige Vereinigung in den Vereinigten Staaten.

Oxenstierna, Johann Gabriel Graf, schwedischer Dichter, * 1750, † 1818, Diplomat, Reichsmarschall, Verfasser mehrerer Bände lehrhafter Lyrik, war in der Strikten Observanz eifrig für die Interessen des Herzogs von Södermanland tätig.

P

Pachtler S. M., s. Götze Humanität.

Pactum fundamentale, 1772 auf dem Konvent der Strikten Observanz in Kohlo (s. d.) zwischen dieser und dem „Klerikalen System" abgeschlossener Vereinigungspakt.

Paču, Lazar, Dr. med., serbischer Politiker, * 1855, † 1915, Führer der Radikalen, 1889 Chef der Staatsmonopole, seit 1904 Finanzminister aller radikalen Regierungen, stellte das Gleichgewicht im Budget her, war Freimaurer.

Paéz, José Antonio, erster Präsident der von ihm miterkämpften Republik Venezuela, * 1790, † 1873, indianischer Herkunft, war erster Großmeister der Großloge von Venezuela und erster Großkommandeur des Obersten Rates des Schottischen Ritus.

Pagnerre, Laurent-Antoine, französischer Verleger und Politiker, * 1805, † 1854, nahm an der Julirevolution teil, Generalsekretär der provisorischen Regierung und Deputierter, Gründer des „Comptoir d'Escompte", Mitglied der Konstituante, war Freimaurer.

Paine, Thomas, englischer Schriftsteller, * 1737, † 1809, ging auf Anregung von Benjamin Franklin nach Amerika, trat dort mit einer berühmten Flugschrift „Common Sense" für die Trennung von England ein, diente im Freiheitskrieg unter General Greene. Nach Europa zurückgekehrt, war er bemüht, die Völker für die Sache der Freiheit empfänglich zu machen, verfaßte die Schrift „Prospects on the Rubicon" gegen Pitt, antwortete Burke (s. d.), der die französische Revolution angriff, in seinem berühmten „The Rights of Men", war 1792 Mitglied des französischen Konvents, trat für die Verhaftung, zugleich aber gegen die Hinrichtung des Königs ein, wurde eingekerkert, war Freimaurer.

Palais Luzifer wurde von den verhetzten klerikalen Volksschichten das Palais Mnisch in Warschau, die heutige Handelskammer, genannt, in dem sich zu Anfang des 19. Jahrhunderts die Logen des Großorients von Polen befanden.

Palästina. Daß im Heiligen Land schon zur Zeit Napoleons Feldlogen gewirkt haben könnten, wird angenommen, ist aber nicht aktenmäßig festgestellt. Vor dem Weltkrieg arbeiteten in P. Logen des Großorients von Frankreich, der Großloge von Schottland und des Großorients der Türkei. Ersterem unterstanden in Jerusalem die Loge „Moriah", in Jaffa „Aurore" (heute „Barkai"), Schottland in Haifa „Carmel", die auch jetzt tätig ist. Im Weltkrieg ruhte alle Logentätigkeit. Erst unter der englischen Zivilverwaltung begann die freimaurerische Tätigkeit neuerdings. Der seither verstorbene Staatskommissär für P., Clayton, machte sich um die Bewilligung zur Eröffnung der Logen verdient. Die Großlogen von England und Schottland, der Großorient und die Großloge von Frankreich, seit 1924 vor allem die beiden ägyptischen Obedienzen, traten gründend auf. Außer „Barkai" und „Carmel" entstanden u. a. „Hermon" (G. L. de France) in Jaffa (ruht), „King Salomons Temple" (E. C.) in Jerusalem, die Militärloge „Lydda" in Ramleh, ebenfalls unter England, „Golden Throne" in Jerusalem, „Star" in Ramallah, „Jordan" in Jaffa, alle drei unter Schottland. Die National-Großloge von Ägypten (die der Wafdpartei nahesteht) gründete in rascher Folge „Jerusalem", „Mount Zion", „Pax", „Khalil", „Mount Sinai" in Jerusalem, „Moriah", „Hiram" und „Salomons Throne" in Jaffa-Tel-Aviv und „Reuben" in Haifa. Ihre gleichnamige (feindliche) Schwester war weniger aktiv; überdies wurden ihre Gründungen teilweise von der anderen ägyptischen Großloge absorbiert. Zu den englischen Logen kam neuerdings noch „Four Heavens", zu den schottischen „Holy City", beide in Jerusalem; ebendort brachte im Frühjahr 1931 die Symbolische Großloge von Deutschland das Licht in die in deutscher Sprache arbeitende Loge „Zur Quelle Siloah" ein (s. Jerusalem).

Die englischen Logen umfassen nur Brr. britischer Nationalität, die schottischen vereinigen zu einem Großteil Araber, in den Bauhütten ägyptischer Obedienz (ebenso in der jüngsten schottischen Gründung) wirken zumeist Brr. aller Nationen; einige von ihnen weisen vorwiegend jüdische Mitglieder auf, letzteres ist auch bei der in hebräischer Sprache arbeitenden „Barkai" des G. O. de France der Fall. Die ägyptische Maurerei brachte auch die Hochgrade des A. u. A. Schottischen Ritus nach P., die englischen und schottischen Maurer besitzen eine Mark Lodge, die gewöhnlich in den salomonischen Steinbrüchen zusammentritt.

Ein Versuch der ägyptischen Logen, in P. eine Provinzial-Großloge als Wegbereiterin einer selbständigen Großloge zu gründen, mißlang bisher. Ein statt dessen gebildetes Regionalkomitee der Stuhl- und Altmeister, an dessen Spitze der in P. im Exil lebende persische Prinz Salar ab Dauleh (s. d.) trat, der als Großmeister in Aussicht genommen war, konnte keine nennenswerte Tätigkeit entfalten. Die Mitgliedschaft der Logen in P. setzt sich teilweise aus den geistig bedeutendsten Persönlichkeiten des Landes zusammen; die arge Verschärfung der nationalen Gegensätze in den letzten Jahren hatte naturgemäß auch Schwierigkeiten für das maurerische Leben im Gefolge, auf deren Beseitigung tatkräftig hingewirkt wird. Die Zahl der Freimaurer in P. beträgt rund 1500. Das Ritual wird je nach der Zusammensetzung der Logen in englischer, französischer, arabischer und hebräischer Sprache bearbeitet. Hundert Brr. der verschiedenen Obedienzen bilden eine Landesgruppe der Allgemeinen Freimaurerliga.

Palazzo Giustiniani in Rom, einer der prächtigsten Paläste der an herrlichen Baudenkmälern so reichen Ewigen Stadt. Der Großmeister Ernesto Nathan mietete einen

Teil desselben im Jahre 1899 als Heim für den Großorient von Italien. Später ging das Gebäude in den Besitz einer Gesellschaft namens „Urbs" über, die sich aus Mitgliedern des Großorients gebildet hatte. Seit dieser Zeit diente das gesamte Gebäude den maurerischen Arbeiten und Veranstaltungen des Grande Oriente, der sich so des Besitzes des in künstlerischer Hinsicht bedeutendsten Logenhauses der Welt rühmen konnte. Nach der blutigen Vernichtung der italienischen Freimaurerei brachte die faschistische Regierung den nach der Verhaftung des Generals Capello (s. d.) von Milizen besetzten Palast an sich, der nun mit dem P. Madama, dem Sitz des Senats, verbunden ist.

Palladismus, Palladische Freimaurerei, Erfindung von Leo Taxil (s. d.), angebliche androgyne Freimaurerei (vergl. „Ya-t-il des femmes dans la Franc-Maçonnerie?", 1891), deren angebliches Gebrauchtum in luciferianischen Orgien gipfelte. Der erdichtete Kult wurde von Dr. Bataille (s. d.), Margiotta (s. d.) und anderen weitergesponnen. Als palladische Großmeisterin wurde die ebenfalls nur in der Phantasie Taxils und seiner Gläubigen existierende Miß Diana Vaughan bezeichnet, die im Mittelpunkt der Debatten des Trientiner Antifreimaurerkongresses (s. d.) stand. Unter ihrem Namen verfaßte Taxil „Memoiren einer Ex-Palladistin".

Palladium.

1. P. des femmes, auch Compagne de Pénélope, französischer androgyner Grad, in dem die Arbeit als P. der Frauen dargestellt wird; er wurde von Mangourit im Ritus der Schottischen Damen von Frankreich (s. d.), auch Damen des Mont-Thabor genannt, verwendet.

2. Société du P., Palladiumgesellschaft, geleitet von einem Souverain Conseil de la Sagesse (Souv. Rat der Weisheit), ebenfalls androgynes, aus Douai stammendes System mit zwei Graden („Adelphe" und „Geselle des Odysseus"). Die Gründer wollten glaubhaft machen, der Aufbau dieser „Freimaurerei" gehe auf Statuten zurück, die der Erzbischof Fénelon entworfen habe.

Pallas Athene, Schottenabteilung der Loge „Minerva zu den drei Palmen" in Leipzig (Großloge „Deutsche Bruderkette"), bearbeitet den Schottengrad nach der Lehrart der Großen National-Mutterloge, hat ihm aber einen christlichen Abschluß im Sinne der Kapitelgrade der Großen Landesloge gegeben. (Fischer-Kretschmer, „Katechismen", IV. Teil.)

Palmbaum, Teutscher, s. Fruchtbringende Gesellschaft.

Palmer Templegram, die Monatsschrift der Henry L. Palmer Lodge Nr. 301 und einiger im Zusammenhang mit ihr stehender Werkstätten höherer Grade, die im Palmer-Tempel in Milwaukee tätig sind und denen viele Mitglieder deutscher Abstammung angehören. Leiter: Walter H. Braun, 2347 North Holton Street, Milwaukee (Wisc.), USA.

Palmsonntagsstiftung zu Frankfurt a. M., mit dem Sitz im Goethe-Hause am Hirschgraben, gestiftet von dem Wiesbadner Bürger und Freimaurer Wilhelm Albrecht, gewährt armen Knaben und Jünglingen Unterstützungen, die nicht als Almosen, sondern als unverzinsliche Darlehen gegeben werden. Im Kuratorium der Stiftung hat die Freimaurerloge „Zur Einigkeit" in Frankfurt a. M. ständigen Sitz.

Panama. Die 1916 gegründete gemischtsprachige Großloge (spanisch und englisch) zählte 1930 neun Logen mit gegen 400 Mitgliedern. Der 12. Oktober, der Tag der Entdeckung Amerikas durch Columbus, ist satzungsgemäß ein der universellen Brüderschaft gewidmeter Feiertag der Maurerei von P., in der die führenden Persönlichkeiten der Republik zahlreich sind. Die Großloge gehört der A. M. I. an. Adresse: Apartado 350 in Panamá, der gleichnamigen Hauptstadt. Unter der Großloge von Schottland arbeiten zwei Logen.

Pandschab, s. Punjab.

Panentheismus, philosophische Lehre, eine Synthese von Pantheismus (s. d.) und Theismus (s. d.), die Gott als eine synthetische höchste Einheit auffaßt, innerhalb welcher sich die Einzelwesen und Dinge befinden; doch ist Gott nicht die bloße Summe derselben. Er wirkt in der Welt, ist aber zugleich weltüberlegen. Der Freimaurer-Philosoph K. Ch. F. Krause (s. d.) begründete den P.: „Alles ist in Gott. Gott offenbart sich in der Welt, wir leben, weben und sind in Gott, nicht Gott selbst, sondern in und durch Gott."

Panin, Nikita Iwanowitsch, russischer Staatsmann, * 1718, † 1783, Erzieher des Großfürsten und späteren Kaisers Paul, 1763 Leiter des Kollegiums für Auswärtige Angelegenheiten, Förderer der Freundschaft mit Preußen, wurde 1776 Zugeordneter Großmeister der Provinzialloge von Rußland, des schwedisch-berlinischen Systems.

Panmure, Fox, Lord, später elfter Earl von Dalhousie, englischer Politiker, * 1801, † 1874, Kriegsminister 1846—1852 und 1855 bis 1858, war 1857—1861 Zugeteilter Großmeister der Großloge von England.

Pansophie ist der Versuch des Comenius (s. d.), die gesamte Wissenschaft in einer Enzyklopädie zu vereinigen. „Pansophiae prodromus" und „Schola Pansophiae" sind seine Werke, die die P. verwirklichen sollen. Comenius und seine Lehren hatten mittelbar einen großen Einfluß auf das freimaurerische Denken, insbesondere sein Lichtsymbol, das nicht physisch gedacht ist, sondern als „lumen naturale", als Vernunft aufgefaßt wird. Universelles Licht ist das Ziel der P. wie auch das der Aufklärung (s. d.). „Die Wirksamkeit der Pansophisten ... scheint einer der Wege zu sein, auf dem die Hochschätzung des Lichts als des zentralen Symbols ... in die Kreise der neu-englischen Großloge eingedrungen ist und die Symbolik derselben für den Lichtgedanken reif gemacht haben muß." (Wolfstieg, „Die Philosophie der Freimaurerei".)

Pantaleo, Giovanni, Fra, italienischer katholischer Priester, Lektor der Philosophie in einem Franziskanerkloster, schloß sich 1860 Garibaldi und seinen Freiwilligen beim „Zug der Tausend" als Kaplan an und trat nach den erfolgreichen Kämpfen in die Loge „Fede Italica" in Palermo ein. In sein Aufnahmsgesuch schrieb er als Beruf: „Priester, Bekenner des allgemeinen Priestertums der Völkerfreiheit" (1832—1879).

Pantheismus (Kosmotheismus), die Anschauung, daß Gott in allen Dingen immanent, gegenwärtig ist und daher Gott (Theos) und Pan (Weltall) eine All-Einheit bilden und alles göttlich ist. Der Ausdruck „Pantheist" wurde zuerst von Toland gebraucht. In seiner naturalistischen Form steht P. dem Atheismus, bezw. Materialismus nahe, indem sie im Grunde die Natur zum Gott erhebt. Die idealistische Spielart betrachtet die All-Einheit als Geist, als eine sich entfaltende Idee. In dieser Form ist P. eine Religion, ein Kompromiß zwischen gefühls- und verstandesmäßiger Einstellung zu den metaphysischen Problemen. Einem gewissen idealistischen P. huldigten u. a. Lessing, Herder, Goethe und Fichte. Im Humanitätsgedanken (s. Humanität) stecken im Grunde pantheistische Anschauungen.

Pantheistische Bruderschaft, s. Toland.

Päpste, s. Bullen, Katholizismus, Katholische Kirche.

Papus, Pseudonym für Dr. Gérard Encausse, aus der Gascogne stammender Arzt und okkultistischer Schriftsteller in Paris, † 1916. Er gab eine ganze Reihe kabbalistischer und rosenkreuzerischer Bücher heraus, galt als Autorität auf diesem Gebiet, war Chef der Monatsschrift „L'Initiation", leitete den modernen Martinistenorden (s. d.), zu dessen Arbeiten auch Freimaurer, die mindestens den XVIII. Grad des A. u. A. Schottischen Ritus besaßen, als Besucher zugelassen wurden. P. schrieb auch verschiedene freimaurerische Bücher; einer anerkannten Loge gehörte er nicht an. Er suchte bei seinen Gläubigen den Eindruck zu erwecken, daß die Kenntnisse der Martinisten schon im ersten Grade das Wissen aller Freimaurer wesentlich überragten. Um 1905 herum propagierte P. die Gründung einer „wahre Freimaurerei betreibenden Großloge", „deren Mitglieder in den Vereinigten Staaten, in Canada und in Deutschland überall anerkannt" würden. Er wollte sich für seine Zwecke unter allen Umständen auch der Freimaurerei bemächtigen. Im Dezember 1907 kündigte er an, im Schoße des Martinistenordens bestehe eine Organisation des „Swedenborg-Ritus zwecks Bearbeitung der wahren Maurerei". 1908 erhielten P. und vier weitere Franzosen von dem deutschen Abenteurer Reuß (s. d.) eine „Vollmacht" zur Gründung eines Großrates und Großorients der drei vereinigten Cerneau-, Memphis- und Misraim-Riten für Frankreich und seine Kolonien.

P. starb Ende 1916. Die Todesnachricht rief besonders in Petersburger Hofkreisen Entsetzen hervor. Der Mann, dessen eigenartiges Aussehen ihm die Bezeichnung „Großmogul" eingetragen hatte, hatte zu Beginn des Jahrhunderts auf den Zaren großen Einfluß gehabt. Sein Assistent Philippe war, seit er die Geburt des Thronfolgers vorausgesagt hatte, der Mann, dem Nikolaus II. so lange am meisten vertraute, bis die starken religiös-mystischen und russisch-nationalen Kräfte Rasputins den Vertreter der „weißen Magie" ausstachen. Als im Herbst 1905 in Rußland Unruhen ausbrachen und Nikolaus hilflos zwischen seinen Ratgebern hin und her schwankte, wurde P. nach Petersburg berufen. Als er in Zarskoje Sjelo eintraf, herrschte dort arge Verwirrung wegen des Aufstandes in Moskau. P. hielt in Gemeinschaft mit dem Zarenpaar eine okkultistische Séance ab, er zitierte den Geist Alexanders III. und befragte diesen über die notwendige Stellungnahme zur Freiheitsbewegung im russischen Reich. Das Ergebnis war der Rat, sie zu unterdrücken und die Ankündigung, es werde bald eine neue Revolution in viel größeren Ausmaßen kommen. P. erklärte aber, daß er die kommende Katastrophe beschwören könne. Die Wirkung müsse allerdings aufhören, sobald er selbst vom irdischen Schauplatz verschwinden werde. Der frühere französische Botschafter in Petersburg, Paléologue, stellt in seinem Werk „Am Zarenhofe während des Weltkrieges" fest, daß man in den Hofkreisen im Tode von P. das Zeichen für den bevorstehenden Zusammenbruch des Zarismus erblickt habe.

Paracelsus, Philippus Aureolus Paracelsus Theophrastus Bombastus von Hohenheim, * 1493 in Einsiedeln (Schweiz), † 1541 in Salzburg. Als genialer Arzt, Naturforscher und Philosoph war P. einer der Lichtbringer der Menschheit. Seine medizinischen, chirurgischen, alchimistischen und theosophischen Schriften (1589/90 durch J. Hufer in elf Quartbänden erschienen) wirkten mit ihren neuen, kühnen Ideen auf den verschiedenen Gebieten der Wissenschaft überaus befruchtend. Besonders in der Medizin wirkte P. bahnbrechend und mit Recht konnte er selbst von sich sagen: „Wohl dem Arzte, der sein Tag vollbracht hatt mit den Arcanis und hatt in Gott und in der Natur gelebt, als ein gewaltiger Meyster des irdischen Liechts!" Seine philosophischen Ideen und seine alchimistischen und theosophischen Anschauungen bildeten eine Fundgrube auch für die Rosenkreuzer. Johann Valentin Andreä (s. d.) war ein Jünger des P. Wenn freilich der belgische Schriftsteller Wittemans behauptet, daß P. selbst bereits ein organisierter Rosenkreuzer gewesen sei, so gehört das ins Reich der Fabel. Die Bedeutung des P. wurde später stark unterschätzt. Immer mehr aber setzt sich in unseren Tagen die Überzeugung von seiner wahren Bedeutung fest. Die 1931 gegründete Freimaurerloge in Klagenfurt ehrte das Andenken des großen Mannes, indem sie ihrer Bauhütte seinen Namen gab; sie verlieh damit auch der geistigen Verbundenheit des P. mit den ethischen Prinzipien der Freimaurerei zum ersten Male entsprechenden Ausdruck.

Paraguay (südamerikanische Republik). 1828 wurde durch Angehörige brasilianischer Besatzungstruppen ein Oberster Rat von P. gegründet, der in der Hauptsache aus Militärs bestand. Als 1876 die brasilianische Besatzung ein Ende nahm, hörte auch die Freimaurerei zunächst auf. 1885 entstand die Loge „Aurora de Paraguay" unter dem Obersten Rat von Uruguay. Es folgten eine Reihe unabhängiger Logen, die sich alle 1896 zu einem Obersten Rat von

P. (A. u. A. Schottischer Ritus) in Asuncion vereinigten, der sein Patent von Uruguay erhielt. 1906 wurde vom Obersten Rat von P. ein Großorient errichtet. Dessen Fortsetzung bildet die 1923 entstandene Symbolische Großloge von P.

Parallellinien, s. Johannes der Täufer.

Paraphernalia, in englischen Texten häufig in der Verbindung „Regalia and P.", bedeutet das Sondergut der Loge oder des einzelnen Br. im Gegensatze zum Logeneigentum, regalia. (P. oder Parapherna [Bona paraphernalia] im Eherecht das Sondergut der Ehegattin, heute allgemein gleichbedeutend mit Utensilien, Requisiten.

Paris, Hauptstadt der französischen Republik. Sitz mehrerer Großkörperschaften, und zwar:

1. Grand Orient de France, Großorient von Frankreich, 16, rue Cadet; dieser unterhält in Paris selbst 84, in der Bannmeile 11 Logen.

2. Grande Loge de France, Großloge von Frankreich, A. u. A. Schottischer Ritus, 8, rue Puteaux, mit 75 Logen in Paris selbst.

3. Grande Loge Nationale indépendante et réguliere pour la France et les Colonies françaises, 42, Rue Rochechouart, mit 10 Logen in Paris.

4. Suprême Conseil du Rite Ancien et Accepté pour la France et sés Dépendances, 8, rue Puteaux.

In Paris erscheinen die folgenden freimaurerischen Zeitschriften: „Bulletin de la Grande Loge de France", „L'Acacia", „Le Symbolisme", herausgegeben von Oswald Wirth. „Les Annales maçonniques", herausgegeben von Ed. E. Plantagenet.

Über die freimaurerische Geschichte der Stadt s. Frankreich.

Parker.

1. Rt. Hon. Sir Gilbert, erster Baronet, englischer Schriftsteller und Dichter, konservativer Parlamentarier, * 1862, Präsident der englischen Schriftstellervereinigung, schrieb Gedichte, Dramen (u. a. eine Faustbearbeitung), Novellen, den Kriegsroman „The World on the Crucible", ist Past Grand Deacon der Großloge von England.

2. Arthur Caswell, nordamerikanischer Gelehrter und Schriftsteller, * 1881, Archäologe des Staates New York, 1925 Vizepräsident der Vereinigung amerikanischer Museen, Vorkämpfer für die Rechte der Indianer, Stifter und Sekretär der „Gesellschaft amerikanischer Indianer", 1911 erster Präsident der Indianerwohlfahrtsvereinigung des Staates New York, Herausgeber des „Museum Service", Verfasser der archäologischen Geschichte des Staates New York und mehrerer Werke über die Geschichte der Indianer, wurde in der „Sylvan Lodge Nr. 303" in Sinclairville (New York) aufgenommen, bekannter freimaurerischer Schriftsteller, schrieb „American Indian Freemasonry" und „Secrets of the Temple" usw.

3. Sir Peter, erster Baron, englischer Admiral, * 1721, † 1811, kämpfte im Krieg gegen die amerikanischen Kolonien bei Charleston, war Kommandant in Jamaika, Protektor Nelsons, war 1787—1811 Zugeteilter Großmeister der Großloge von England.

Parrain (frz.), Pate, Bürge.

Parrot Masons (engl.), Papageienmaurer, nennt man im „Slang" der amerikanischen Logen solche, die das Äußerliche der Freimaurerei wohl beherrschen und das ganze Ritual nachplappern können, ohne aber in das Geistige und Wesentliche eingedrungen zu sein. Großenteils sind es Pedanten, die auf jede Fehlleistung des Vorsitzenden Meisters achten. Roe Fulkerson hat in seiner „Portrait Gallery" (Dollar Masonic Library in Ten Volumes) einen derartigen Parrot im Abschnitt „The Symbolist" mit viel Humor gezeichnet.

Parvin, Theodore Sutton, * 1817, † 1901 in Cedar Rapids, Iowa, USA., von Beruf Jurist, zeigte besondere Vorliebe für das Bibliothekswesen und wurde so der Begründer der Staats- und Universitätsbibliothek des Staates Iowa. 1838 in Cincinnati in den Bund aufgenommen, begründete er die ersten Logen in Iowa (1840), nahm regen Anteil an der Gründung der dortigen Großloge (1844) und war deren Großschriftführer bis zu seinem Lebensende. Sein Lebenswerk war die Errichtung der Großlogenbibliothek in Cedar Rapids, die heute die größte maurerische Bibliothek der Welt geworden ist. Wenige Tage vor seinem Tode richtete er an seine Großloge einen Abschiedsbrief, in welchem er bat, diese Bibliothek, der er sein Leben gewidmet hatte, als sein Monument zu betrachten und an der Erhaltung weiterzuarbeiten. Der Großmeister stellte bei der Jahresversammlung 1901 fest, daß P. seit seiner Wahl zum Großsekretär in 57 Jahren bei keiner Arbeit der Großloge gefehlt habe.

Parvis, s. Saal der verlorenen Schritte.

Pascoli, Giovanni, italienischer Dichter und Gelehrter, * 1855, † 1912, als Nachfolger Carduccis Universitätsprofessor in Bologna, einer der meistgelesenen italienischen Dichter, schrieb „Poemetti, Canti di Castelvecchio", Poemi del Risorgimento", war Mitglied der Loge „Rizzoli" in Bologna.

Pasqually, de, Martines, französischer Kabbalist, unbekannter, möglicherweise portugiesischer Abstammung, Gründer und „Großsouverän" des okkultistischen Ritus „Elus Coëns" (s. d.) in Bordeaux. P. starb 1774 in Port-au-Prince (San Domingo).

Passed (engl.), im angelsächsischen Gebrauchtum der vom Lehrlingsgrade in den Gesellengrad Beförderte.

Passos, Manuel da Silva, portugiesischer Staatsmann und Publizist, * 1802, † 1862, lebte während der Regierung Dom Miguels in der Verbannung, 1834 unter Dom Pedro Chef der Septembristen, die die Wiedereinführung der demokratischen Verfassung von 1822 erstrebten, 1836 unter Königin Maria Ministerpräsident, war Großmeister in Oporto.

Paßgriff, in der angelsächsischen Maurerei Griff, in dem der Kandidat unterwiesen wird, ehe er in den nächsten Grad aufsteigt.

Paßwort (engl. Password, frz. mot d'ordre, mot de passe), ein akustisches Erkennungszeichen von mehr traditionellem als wirklichem Wert, da es zumeist durch verläßliche Logenausweise, Logenpässe usw. ersetzt wird. In manchen Systemen vollkommen gestrichen, werden die P. in anderen bei der Aufnahme und der Beförderung wohl noch übermittelt, haben aber höchstens im gleichen System Wert, da sie in den einzelnen maurerischen Obedienzen verschieden lauten.

Pastmaster (engl.), Altmeister, wird der Stuhlmeister in angelsächsischen Logen nach der Niederlegung seines Amtes, das er zumeist ein Jahr lang (allenfalls zwei Jahre hintereinander) bekleidete. Er ist als P. sozusagen Inspektor oder Oberaufseher der Loge, kann jederzeit die Beamten und selbst den Meister korrigieren, wenn das Ritual nicht in jeder Beziehung korrekt durchgeführt wird. Er macht von diesem Recht oft auch nachdrücklichst Gebrauch. In einigen angelsächsischen Systemen gibt es auch einen P.-Grad, der nicht nur wirklichen P. verliehen wird und mancherorts wieder abgeschafft wurde (s. Past Master Degree). Der P. hat in England und anderwärts Sitz und Stimme in der Großloge (Bundesversammlung).

Past Master Degree. In den Konstitutionen Andersons (Postskriptum betreffend die Einsetzung einer neuen Loge) ist bei Installierung des neuen Meisters durch den Großmeister von eigenartigen Ausdrücken die Rede, die bei diesem Anlaß üblich sind, „die aber nicht niedergeschrieben werden können". Es ist kaum anzunehmen, daß bei diesem Anlasse dem neu einzusetzenden Meister besondere, nur ihm zukommende Geheimnisse übergeben werden, gemeint ist wohl, daß der Großmeister mit dem neuen Meister den Inhalt der freimaurerischen Lehre und ihrer Form durchgeht, um die Einheitlichkeit zu wahren. Daraus hat sich nun ein eigener Ehrengrad entwickelt. Der neugewählte Meister vom Stuhl einer Loge erhält von seinen Amtsvorgängern gewisse Anleitungen für die Amtsführung und wird in ihren Rang aufgenommen. Dabei wird ihm ein eigenes Paßwort bekanntgegeben. Das Ritual dieses Grades, das z. B. bei Richard Carlile in extenso wiedergegeben ist, zeichnet sich durch einen gewissen Mangel an Begriffsinhalt aus. Der Pastmaster erhält die Konstitution und die Hausgesetze und wird einer Prüfung über die in den drei Graden üblichen symbolischen Werkzeuge und ihre Bedeutung unterzogen.

Leider hat dieser ursprüngliche, rein informative Charakter des Grades Mißdeutungen in der Richtung eines Hochgrades erfahren. Besonders als der Royal-Arch-Grad als Vorbedingung für die Aufnahme ein Amtsjahr als Stuhlmeister einer Loge voraussetzte. Mit der Lostrennung der Royal-Arch-Kapitel von den Logen behielten die Kapitel den Pastmastergrad bei und machten daher alle Kandidaten, gleichgültig, ob sie Stuhlmeister gewesen waren oder nicht, zu Pastmasters. Die englische Großloge verbot wohl diesen Vorgang 1826, nach 1850 kam er aber wieder auf.

Der Pastmaster der Royal-Arch-Kapitel ist ein sogenannter Quasi Pastmaster zum Unterschiede von den wirklichen Pastmasters der Logen, die tatsächlich den Meistersitz innegehabt haben. Er ist lediglich eine Vorstufe zur Erlangung des Royal-Arch-Grades. Daher wird im Englischen unterschieden zwischen Actual Pastmaster und Virtual Pastmaster.

Im Französischen ist die Unterscheidung sprachlich deutlicher: die Hochgradvorstufe, soweit sie vorkam, heißt Maître passé, während der abgegangene Meister vom Stuhl einer Loge als ancien maître bezeichnet wird.

Da diese Bezeichnungen häufig zu falschen Auffassungen führen, sei ausdrücklich betont, daß die Großloge von London einen Pastmastergrad als eine besondere Vereinigung abgegangener Stuhlmeister nicht kennt. Es gibt aber Logen, sogenannte Pastmasterlogen, die sich ausschließlich aus Altmeistern zusammensetzen. Jedoch sind dies ebenso Johannislogen, wie es etwa die Loge von Logenschriftführern (Fratres Calami) ist.

Pastoret, Claude Emanuel Joseph, französischer Staatsmann und Gelehrter, nach Benjamin Franklins Ausspruch der größte Gelehrte seiner Zeit, Verfasser der „Geschichte der Gesetzgebung der alten Völker", der letzte Kanzler Frankreichs, * 1756, † 1840, war Mitglied der Pariser Loge „Neuf Sœurs".

Past Rank (engl.). Prominente, bezw. durch besondere Tätigkeit sich auszeichnende Mitglieder von Logen der Vereinigten Großloge von England können vom Großmeister zu Titulargroßbeamten im „Past Rank" ernannt werden, werden also gleich „Past Grand Officers".

Pate, s. Bürge.

Patent, gleichbedeutend mit Gründungsurkunde, Warrant, Charter. Nach seinem aus dem Lateinischen abgeleiteten Wortsinn: „litterae patentes", offener Brief, ganz allgemein Bezeichnung für das Dokument, in welches zum Zeichen einer Berechtigung der Freimaurerei allgemein Einsicht genommen werden kann; auch das amtlich von einer Großloge ausgestellte Dokument, auf welchem sich die gerechte Arbeit einer Loge aufbaut. Daher auch Logenpatent.

Patiala, Vasallenstaat in der britisch-indischen Provinz Punjab mit einer Loge „Phulkian 3764" in der Residenz des Maharadscha. Dieser ist Großfunktionär der Großloge von England mit dem Rang eines Past Grand Warden.

Patmos, Großorient von, s. Ermächtigte Bruderschaft der alten Riten.

Patriarchengrade, s. Antient and primitive Rite.

Patrioten, Die wahren, auch die wahren Menschenfreunde genannt, eine 1787 entstandene Gesellschaft, die im Frankfurter amtlichen Blatte, dem Staatsristretto, einen Aufruf zum Beitritt erscheinen ließ. Nach Beyer („Quellen zur Geschichte der Freimaurerei") handelt es sich um eine durchaus ideale Gesellschaft, die innerlich dem Illuminatenorden nahestand. Der Orden, dessen wortreiche Verfassung Beyer (l. c.) abgedruckt, hat sich bis zu Beginn des 19. Jahrhunderts gehalten, ohne größere Bedeutung zu erlangen.

Patriotismus, Vaterlandsliebe, jene Liebe zur eigenen Volksgemeinschaft, die keiner Begründung und Ableitung bedarf, sondern die sich als ursprüngliches Gefühl jedem Volksgenossen aufdrängt. P. ist tätige Liebe zur Heimat und ihren Bewohnern, denen sich der Patriot durch sein Heimatsgefühl verbunden und schicksalsverwandt fühlt. Patriot sein heißt: das Glück seines Volkes freudig mitgenießen, sein Leid mit den anderen tragen, seinem Volke jenen höchsten Grad der Entwicklung und Glückseligkeit wünschen, die einer Befriedigung seiner Wünsche gleichkommt, am Schicksal seines Volkes mitbauen, um das Errungene zu mehren und gegen Verlust zu schützen. Echter P. führt bis zur Selbstaufopferung des Individuums für die Gesamtheit. Daher ist P. ein Kollektivgefühl, geboren aus dem Bewußtsein des Einsseins mit einer Vielheit.

Dem Freimaurer wird der P. von Erbpächtern des jeweiligen Nationalismus bestritten, nicht weil die wirklichen Taten gegen ihn sprechen, wohl aber, weil der Freimaurer es wagt, über den P. hinauszudenken. Der Freimaurer hat seinen P. zum eigenen Volke und hat ihn, wo immer große Freiheitsbewegungen eines Volkes im Gange waren, mit seinem Blute besiegelt. Die deutsche Erhebung 1813, das italienische Einheitsringen, der amerikanische Unabhängigkeitskrieg, die Freiheitskämpfe Südamerikas, die irische Freiwilligenbewegung, die polnischen Insurrektionen, der griechische Befreiungskampf u. v. a. haben Freimaurer an der Spitze gesehen. Es hieße den Inhalt dieses Buches wiederholen, sollten hier Namen angegeben werden. Sie stehen auf fast jeder Seite. Es gibt ein ursprüngliches Gefühl des P. zum eigenen Volke. Hierin steht der Freimaurer an heißer Empfindung niemand nach. Der Freimaurer hat aber außerdem noch seinen Patriotismus der Menschheit, das Gefühl der Verbundenheit mit allen Menschen. Durch die höchste Entwicklung seines eigenen Volkstums will er dem Aufbau der Menschheit dienen. Im Weltkrieg wurde (oft ganz falsch interpretiert) ein Wort des Dichters Geibel immer wieder zitiert, das Wort vom „deutschen Wesen, an dem die Welt genesen" soll. Ganz ähnlich ist der Weltsinn des Freimaurers. Er will die Höchstentwicklung seines eigenen Volkes, jedoch nicht als Egoismus der Nation, sondern als Beitrag zur höchsten Entwicklung der Menschheit, an die bei seiner Arbeit zu denken er durch Symbol und Ritual gebunden ist.

Patrodes (Pseudonym), s. Ermächtigte Bruderschaft der Alten Riten.

Patronage Maçonnique, französisches Wohlfahrtswerk für die Kinder von Freimaurern, erhält eine Ferienkolonie an der Riviera, organisiert den Austausch französischer, deutscher und österreichischer Kinder. Präsident ist Doktor Charpy, 30, rue Marbeuf, Paris.

Paul I., Kaiser von Rußland, s. Rußland, Kaiserhaus.

Paul, Karl, Pädagoge in Frankfurt a. M., * 1821, † 1899, Großschriftführer des Eklektischen Bundes 1860—1892, Großmeister 1890 bis 1897, war einer der tätigsten und erfolgreichsten Führer der Frankfurter Großen Mutterloge, deren Geschichte er in einer Reihe ausgezeichneter Schriften niederlegte.

Paul Revere-Hut, Dreispitz mit blauer Umsäumung, der zuerst von dem Helden des amerikanischen Unabhängigkeitskrieges Paul Revere (s. d.) als Großmeister der Großloge von Massachusetts getragen wurde, gehört seither zur ständigen maurerischen Bekleidung des Großmeisters dieses Staates.

Pauls, August, Dr. jur., Rechtsanwalt und Notar in Magdeburg. * 1873, aufgenommen 1901 in die Loge „Zur Beständigkeit und Eintracht" in Aachen, zurzeit deren Ehrenmeister. Schrieb u. a.: „Festschrift zum 125. Stiftungsfest der Johannisloge ‚Zur Beständigkeit und Eintracht' im Or. Aachen" (1903); „Geschichte der Aachener Freimaurerei", 1. Bd. (1928); „Düsseldorfer Freimaurerei im 18. Jahrhundert" (1928 bis 1929). Anhänger der kritischen Methode, hervorragender Kenner des Problems Freimaurerei und Ultramontanismus, setzte sich 1930/31 energisch gegen den Wetzlarer Ring für die Beibehaltung der Beziehungen der „Drei Weltkugeln" zur Großloge von Wien ein, leider erfolglos.

Pauls-Kathedrale in London (St. Pauls Cathedral). In ihr liegen folgende Freimaurer begraben: Der Erbauer, Sir Christopher Wren, Lord Nelson, der Sieger von Trafalgar, der Herzog von Wellington, Sieger von Waterloo, Lord Kitchener und William Preston (s. alle diese). Grabschrift Wrens: „Lector, Si monumentum requiris, circumspice".

Pavé mosaïque (frz.), musivisches Pflaster.

Payne, George, der Zweite Großmeister der Großloge von England 1718, neuerdings gewählt 1720, 1724 Erster Großaufseher, 1725 Zugeordneter Großmeister, Mitglied der Loge in der Londoner Horn Tavern Westminster, Sekretär des Steueramts, befruchtete die freimaurerische Forschung. Anderson zufolge forderte er bei seiner Einsetzung die Brüder auf, auf die Maurerei bezügliche alte Schriften und Protokolle beizubringen. Während seiner zweiten Großmeisterschaft erwarb er das wichtige, vom Anfang des 15. Jahrhunderts stammende Cooke-Manuskript und legte es am Johannistag 1721 in der Vierteljahrsversammlung der Großloge vor. † 1757.

Pazifismus, auf Verhinderung des Krieges und Herbeiführung des ewigen Friedens abzielende Gesinnung und Bestrebung, nach Professor Dr. Heinrich Schmidt, Jena („Philosophisches Wörterbuch"), „eine so selbstverständliche Forderung der Ethik und Kultur, daß eine ihr entgegenstehende Gesinnung oder Verhaltungsweise ein sicheres Kennzeichen einer moralischen Minderwertigkeit ist". Die Menschheitsverbrüderungs-Idee der Freimaurerei, symbolisiert durch die Weltenkette, ist rein pazifistisch. Infolgedessen waren und sind Freimaurer stets in vorderster Reihe für die Verbreitung des Friedensgedankens tätig, insbesondere will die Allgemeine Freimaurerliga der Verbreitung pazifistischer Ideen dienen (s. Weltfrieden).

Pazvanoglou, Osman, türkischer Revolutionär, * 1758, † 1807, befreite das Gebiet des heutigen Bulgarien und erklärte sich für unabhängig, beherrschte das Donaugebiet von Rustschuk bis Belgrad, wurde — da die Türken ihn nicht besiegen konnten — schließlich zum Pascha ernannt, war Freimaurer.

Peary, Robert, amerikanischer Admiral, Entdecker des Nordpols, * 1856, † 1920, war Freimaurer. Von 1900 an unternahm er eine ganze Reihe von Vorstößen in die Nordpolregion. Er erreichte diesen am 6. April 1909. Der nordöstliche Teil Grönlands heißt nach ihm P.-Land.

Pécher, Edouard, belgischer Politiker, * 1884, † 1926, Autorität auf dem Gebiete der sozialen Gesetzgebung und des Kolonialwesens, Führer der liberalen Partei, Kolonialminister, diente im Weltkrieg als Freiwilliger und wurde in der belgischen Kriegsloge „La Patrie" in Calais aufgenommen, war dann Mitglied der Antwerpener Loge „Les Amis du Commerce et de la Persévérance réunis".

Pectorale, vom lateinischen Pectus, das Brustzeichen.

Pedell, in altfranzösischen Ritualen gleichbedeutend mit Türhüter, Tiler (s. d.).

Pedro I., Kaiser von Brasilien (s. d.).

Pedum, s. Baculus.

Peeters-Baertsoen-Preis des Großorients von Belgien wurde 1879 gestiftet und soll alle zehn Jahre für jene Werke verliehen werden, die „vom Gesichtspunkt der freimaurerischen Grundsätze aus als die verdienstvollsten" gewertet werden. Preisträger waren u. a. Caspari, Findel, Begemann, Gould, Graf Goblet d'Alviella, Tempels, Duchaine und 1930 Lennhoff und Bedarride.

Peigné, Paul, französischer General, * 1841, † 1919, Armeekorpskommandant (9. Korps), von betont republikanisch-freiheitlicher Gesinnung, wurde wegen deren Betätigung zur Disposition gestellt. Freimaurer seit 1864, war P. 1910/11 und 1913—1918 Großmeister der Grande Loge de France. Eine dieser unterstehende francojugoslawische Loge in Paris trägt seinen Namen.

Peladan, Joséphin, genannt Le Sâr, frz. Schriftsteller, s. Martinisten, Moderne.

Pelgrom, Charles de, belgischer katholischer Geistlicher, der 1839 in der Loge „Parfaite Union" in Mons aufgenommen wurde. Sein Bild in geistlicher Tracht mit freimaurerischen Abzeichen, das er selbst der Loge schenkte, befindet sich derzeit noch in ihrem Besitz.

Pelikan, der seine Brust aufreißt und seine Jungen mit seinem Herzblut nährt, Sinnbild des Opfertodes Christi, ist neben dem Rosenkreuz das Hauptsymbol des Rosenkreuzergrades. In England liegt in den Rosenkreuzer-Kapiteln ein Tapis auf, der auf schwarzem Grund sieben weiße Kreise zeigt, die um das Symbol des Pelikans konzentrisch angeordnet sind. Die „Ritter vom Rosenkreuz" heißen in alten Ritualen auch „Ritter vom Pelikan".

Pelikan, Der, Monatsschrift für das Volk zum Preise des Allerheiligsten Altarsakramentes, Organ der Erzbruderschaft der ewigen Anbetung und anderer eucharistischer Vereine. Herausgegeben mit Genehmigung des Bischofs von St. Gallen von Johann Künzle. Der Verlag dieser Zeitung darf den Ruhm für sich buchen, das berühmte Buch: „Die Geheimnisse der Hölle oder Miß Diana Vaughan, ihre Bekehrung und ihre Enthüllungen über die Freimaurer, den Kultus und die Erscheinungen des Teufels in den palladischen Triangeln" in deutscher Sprache auf den Büchermarkt gebracht zu haben. Als Autor zeichnete Dr. Michael Germanus (Pfarrer Johann Künzle in Feldkirch [s. auch Taxil]).

Pelletan.

1. Eugène, französischer Schriftsteller und republikanischer Politiker, * 1813, † 1884, während des Deutsch-Französischen Krieges Minister ohne Portefeuille, später Senator, war Freimaurer. P. schrieb u. a. ein hervorragendes Werk über Menschenrechte.

2. Camille, Sohn des Vorigen, französischer radikaler Politiker, * 1846, † 1915, bedeutender Publizist, Deputierter, Senator, Marineminister im Kabinett Combes, war Mitglied der Pariser Loge „Mutualité".

Pennsylvania, Bundesstaat der Vereinigten Staaten von Nordamerika mit der Hauptstadt Philadelphia. Die ersten Mitteilungen über maurerische Arbeiten stammen aus dem Jahre 1730, wo bereits von mehreren Logen die Rede ist. In diesem Jahr erhielt auch Daniel Coxe (s. d.) vom englischen Großmeister die Vollmacht als erster Provinzial-Großmeister für die Provinzen New York, New Jersey und Pennsylvanien in Amerika. 1732 wurde unter William Allen die erste Provinzial-Großloge in Philadelphia errichtet.

Benjamin Franklin (s. d.) wurde Großmeister 1734. Von der Großloge von England wurde er 1735 als Provinzial-Großmeister bestätigt. 1760 begründete auch die Großloge der Antients eine Provinzial-Großloge, die im Jahre 1786 sich als Großloge von P. selbständig machte. Die Großloge von P. hatte 1930 566 Logen mit 214.195 Mitgliedern. Sitz der Großloge ist Philadelphia. Die Großloge unterscheidet sich in ihrem Ritual (Pennsylvania Work) in mancher Hinsicht nicht unwesentlich von den anderen nordamerikanischen Großlogen. Eine weitere Besonderheit ist, daß sie Freundschaftsbürgen nicht austauscht. Auch macht dort der Großmeister im Gegensatze zu anderen Großlogen von dem sogenannten Recht des „at sight" (s. d.) wiederholt Gebrauch. Die Großloge hat einen Besitz von 18,000.000 Dollar und unterhält neben Alters- und Erziehungsheimen ein großes Krankenhaus (Freemasons Memorial Hospital), das beispielsweise im Jahre 1929 außer 586 aufgenommenen noch 42.000 ambulante Patienten betreute.

In den Nachkriegsjahren trat in P. auch eine zweite Großloge auf, genannt „Ancient Free and Accepted Masonic Grand Lodge of Pennsylvania". Diese Winkelgroßloge wurde behördlich gesperrt, nachdem erwiesen war, daß der Großmeister 40% der Aufnahmstaxen einstrich und der Rest zwischen anderen Funktionären aufgeteilt wurde (Report of Gr. L. of P. 1929).

Pentagramm oder Pentalpha, Drudenfuß, das aus den Diagonalen oder aus der Verlängerung der Seiten eines Fünfecks entsteht, bezw. aus fünf Alphas gebildet wird, hat von altersher symbolische Bedeutung. Bei den Pythagoräern war es ein Gruß- oder Erkennungszeichen, wobei fünf Buchstaben, die „sei gesund!" bedeuteten, die fünf Ecken zierten. Das P. wird auch in Zusammenhang mit dem „Siegel Salomonis" gebracht, da der König es auf dem Grundstein des Tempels angebracht habe. In Goethes „Faust“ verhindert es, nach altem Brauch auf die Schwelle gezeichnet, den Eintritt des Bösen, insoferne nicht die Spitze nach außen offen ist. In vielen freimaurerischen Systemen steht im P. ein G, umfaßt vom flammenden Stern (s. d.). (Vergl. Henne am Rhyn, „Symbolik“.)

Penzig, Rudolf, deutscher freigeistiger Schriftsteller und Reformer, * 1855, † 1931, Stadtrat in Berlin, Vorsitzender der „Deutschen Gesellschaft für ethische Kultur“, ursprünglich Theologe, nach Austritt aus der Kirche in Rußland und Berlin als Pädagoge tätig. Gründer der „Liga für weltliche Schule und Moralunterricht“, Verfasser moralpädagogischer Schriften, u. a. „Ernste Antworten auf Kinderfragen“, „Briefe über Erziehung an eine Sozialistin“, „Lebenskunde“, „Apostata“. P. war während einer Reihe von Jahren Großmeister des Freimaurerbundes „Zur aufgehenden Sonne“ (s. d.) und verfaßte in dieser Eigenschaft für seine Großloge ein „Freimaurerisches Lehrbuch“ von nicht gewöhnlichem Format. Er veröffentlichte auch beachtenswerte Logengespräche über Politik und Religion.

Peral, Isaac, spanischer Marineur, † 1895, Erfinder eines Unterseeboottypus, zu dessen Konstruktion ihm der Freimaurer Carlos Casado del Alisal eine halbe Million Peseten zur Verfügung stellte, gehörte dem Bunde an.

Perau, Gabriel Louis Calabré, französischer Abbé, * 1700, † 1767, Mitglied der Sorbonne, veröffentlichte 1742 eine wiederholt nachgedruckte Schrift: „Le Secret des Franc-Maçons“ (neue Auflage 1744), abgedruckt auch in „L'Ordre des Franc-Maçons trahi et le secret des Mopses révélé“ (1745), auch ins Deutsche und Holländische übertragen. Die Autorschaft enthüllt P. durch seinen in Quadratschrift verstellten Namen. Diese Verräterschrift hat großes Aufsehen erregt und muß in großer Auflagenzahl verbreitet gewesen sein, wofür ihre Häufigkeit in freimaurerischen Bibliotheken und ihr wiederholtes Erscheinen in Antiquariaten spricht. P. beschränkte sich darauf, die Gebräuche der Freimaurer zu enthüllen, hält sich aber, im Gegensatze zu seinem Zeitgenossen Larudan, von gehässigen Angriffen frei. Der Überlieferung nach soll er eine Loge belauscht und zur Strafe unter die Dachtraufe gestellt worden sein. Man hat P. auch fälschlich die Schrift „Les Franc-Maçons écrasés“ zugeschrieben, für die Larudan verantwortlich zu machen ist. P.s Schrift enthält auch Abbildungen von Logenteppichen, die von einzelnen deutschen Logen für ihren Gebrauch übernommen wurden. Oft abgedruckt sind die den Mopsorden betreffenden Bilder.

Pereversew, P., 1917 Justizminister der provisorischen russischen Regierung des Fürsten Lwow, war Stuhlmeister der russischen Loge „Étoile Polaise“ in Paris.

Perfect Ashlar (engl.), der behauene Stein.

Perfectibilisten, Orden der, ursprünglicher Name des Illuminatenordens (s. d.).

Perfection, Rite de, s. Rite de Perfection.

Perfektionismus, eine Anschauung, die den Menschen für vervollkommnungsfähig hält und den Zweck der Sittlichkeit in der Vervollkommnung des Menschen, in der harmonischen Entfaltung aller menschlichen Fähigkeiten sieht (Leibniz, Shaftesbury, Chr. Wolff, Kant, u. a.). Die Freimaurerei steht auf dem Boden des P.

Perfektionslogen heißen im A. u. A. Schottischen Ritus (s. d.) die Werkstätten, in denen der IV. bis XIV. Grad bearbeitet wird.

Pergament, Josef, russischer Liberaler, * 1868, † 1911, Mathematiker, Jurist, Advokat, 1908 Abgeordneter seiner Vaterstadt Odessa in der Duma; nach Petersburg übersiedelt, Redner einer dortigen Loge, beging 1911 wegen der Verfolgungen Selbstmord, die ihm der Justizminister als einem der glänzendsten oppositionellen Abgeordneten der liberalen Linken angedeihen ließ.

Pérignon, Dominique Ch., Herzog von Reggio, berühmter französischer Heerführer und Politiker, * 1754, † 1818, Mitglied der gesetzgebenden Versammlung, des Rates der Fünfhundert, Befehlshaber im spanischen Feldzug 1794, Gesandter, unter Napoleon Marschall von Frankreich, nahm während der „hundert Tage“ gegen den Kaiser Stellung, war Freimaurer.

Perioden werden die drei Stufen genannt, in die sich die 33 Grade des A. u. A. Schottischen Ritus gliedern lassen. In einem Milieu wirkend, dessen ethische und religiöse Vorstellungen in biblischen Überlieferungen wurzelten, entnahm die Maurerei ihre ersten Symbole und Sagen den hebräischen Schriften. Infolgedessen beginnt auch die Schottische Lehrart mit der sogenannten jüdischen (architektonischen) P., deren Ritual an die Legende des Meistergrades vom Baumeister Hiram anknüpft. Es folgen: eine religiöse P. mit allen Kultverschiedenheiten, und eine philosophisch-wissenschaftliche P.

Pernetty, Dom, s. Illuminés d'Avignon.

Perpendiculaire (frz.). Senkblei, Lot.

Perry, Matthew Calbairth, * 1794, † 1858, führte 1852—1854 die amerikanische Expedition nach China und Japan und veröffentlichte darüber ein bemerkenswertes Werk. P. war Freimaurer.

Pershing, John Josef, General der Armee der Vereinigten Staaten, * 1860, Führer des amerikanischen Heeres in Frankreich im Weltkrieg, ist Freimaurer.

Persien. Über freimaurerische Tätigkeit im 18. und 19. Jahrhundert ist nichts Positives bekannt, doch steht es fest, daß einige hervorragende Perser im Ausland in den Bund aufgenommen wurden. Askeri Khan, persischer Gesandter in Paris in der Mutterloge des „Rite Ecossais Philosophique“ in Paris 1808 (Kenneth R. H. Mackenzie „The Royal Masonic Cyclopädia“, Mirza Abul Hassan Khan, Gesandter in London 1810, in welchem Jahre angeblich Sir Gore Ousely, englischer Gesandter in Teheran, zum Provinzial-Großmeister von P. ernannt wurde (R. F. Gould, „The Concise History of Freemasonry"). Im „Allgemeinen Handbuch der Freimaurerei" sind noch angeführt: Farrokh Khan, der 1857 in der Pariser Loge „La sincère amitié" und Prinz Oveis Mirza, der 1881 in der Berliner Loge „Urania zur Unsterblichkeit" aufgenommen wurde. Maurer waren auch: Mirza Malcolm Khan, Außenminister („Le Monde Maçonnique", 1873, Heft 4), der persische Gesandte in Konstantinopel, Hadji Maukhsin Khan. Prinz Salar ab Dauleh (s. d.), dritter Sohn des Schah Muzaffer ed Din, aus dem Hause Kadjar, ist gegenwärtig Präsident des Regionalkomitees der palästinensischen Loge. Findel („Geschichte der Freimaurerei") gibt an, daß die Einführung der Freimaurerei in P. am Widerstand der orthodoxen Parsen und der christlichen Missionäre gescheitert sei.

Heute ist dem aber nicht mehr so. Unter der Obedienz der Großloge von Schottland arbeiten gegenwärtig vier Logen, und zwar je eine in der Hauptstadt Teheran, in Shiras und in den Grenzstädten am Persischen Golf, Mohammera und Abadan. Letztere zwei setzen sich hauptsächlich aus Funktionären der „Anglo-Persian Oil Company" zusammen.

Persisch-philosophischer Ritus, s. Rite persan philosophique.

Perth, Hauptstadt des australischen Bundesstaates West-Australien, Sitz der 1900 gegründeten Großloge von West-Australien (Adresse: Freemason's Hall, Hay Street, P.), der in P. selbst 35 Logen unterstehen. Die schottische Distrikts-Großloge „Western Australia" hat in P. 4 Logen. Die erste Loge in P., damals Hauptstadt der „Swan River Colony", wurde von der Großloge von England 1842 ins Leben gerufen.

Peru, südamerikanische Republik. Die Freimaurerei konnte sich erst nach dem Ende der spanischen Herrschaft festsetzen, unter welcher die Freimaurer als „Teufel in Menschengestalt" ausgeschrieben wurden. Noch als General San Martin als Befreier in Lima einrückte, hallte der Ruf „Die Freimaurer kommen!" als Schreckensschrei durch die Straßen. Die erste Loge wurde dann 1821 gegründet. 1830 bildete sich unter dem katholischen Priester José Maria Monzon der Oberste Rat des A. u. A. Schottischen Ritus von P., der ein Jahr später Licht in den „Großorient" einbrachte. Monzon war Armeekaplan, später Kanonikus der Kathedrale von Trujillo. Bei der Gründung des Obersten Rates gab es insgesamt 12 Logen; einige von ihnen waren von General Valero namens des Großorients von Neugranada ins Leben gerufen worden. Erster Großkommandeur wurde General Domingo Tristán. Die schwankenden Verhältnisse, neuerliche politische Verfolgungen gestatteten zunächst keine gedeihliche Entwicklung. Fast zwei Jahrzehnte lang gab es kaum ein Logenleben. 1852 entstand der Großorient — die heutige Großloge — aufs neue. Mißhelligkeiten infolge des Kampfes um die Spitze führten zu Sezessionen. Weitere Spaltungen, Neugründungen und neuerliche Verschmelzungen folgten einander. In den neunziger Jahren des letzten Jahrhunderts erregte eine Zeitlang die Bibelfrage die Gemüter aufs heftigste, bis sie schließlich im Sinne der Tradition gelöst wurde. Heute existiert nur eine Symbolische Großloge, die „Großloge der Republik P.", Mitglied der A. M. I., die 1930 23 Logen mit 2000 Mitgliedern zählte. Adresse: Gran Logia de la Republica de P., Arpatado Postal 587, Lima. Der Oberste Rat bearbeitet ausschließlich die Hochgrade. Daneben gibt es noch 4 Logen der Großloge von Schottland, darunter die höchstgelegene Loge der Welt, die Roof of the World-Lodge (Dach der Welt-Loge), in Cerro de Pasco in 3400 Meter Höhe.

Pessimismus, Weltanschauung die besagt, daß die Welt, das Leben, der Mensch schlecht und das Dasein daher wertlos sei. P. entspringt einer subjektiven Stimmung, einer Disposition des Gemüts, die in ihrer extremen Form als Weltschmerz bezeichnet wird. Der kulturphilosophische P. leugnet die Möglichkeit des Fortschritts, der ethische stellt die Verbesserungsfähigkeit der Menschen in Abrede. Als Typus pessimistischer Philosophie gilt jene von Schopenhauer. Der Streit zwischen P. und Optimismus ist theoretisch unlösbar, da eine objektive Wertbestimmung des Universums unmöglich ist (Külpe). Die Freimaurerei steht insofern im Gegensatz zum radikalen P., als sie, obwohl von der Unvollkommenheit der Welt und der Menschen durchdrungen, dennoch an die Möglichkeit einer Besserung im Diesseits glaubt, da ihr Welt und Mensch eine Mischung von Gutem und Bösem darstellen (s. auch: Optimismus).

Pestalozzi, Heinrich, der größte schweizerische Jugend- und Volkserzieher, * 1746, † 1827, Verfasser des Erziehungsromans „Lienhard und Gertrud", wird als Illuminat bezeichnet.

Pestel, Pawel Iwanowitsch, russischer Offizier, Führer der Dekabristen (s. d.), * 1792 in Petersburg als Sohn des Generalgouverneurs von Sibirien, hingerichtet Dezember 1825, war Mitglied der Logen „Sphinx" und „Zu den drei Tugenden" in Petersburg. Seine maurerischen Insignien sind im Moskauer Revolutionsmuseum ausgestellt, wohin sie aus dem russischen Staatsarchiv gelangt sind. P., Enkel eines Mitte des 18. Jahrhunderts nach Rußland eingewanderten Deutschen, zeichnete sich als Offizier bei Borodino besonders aus. Von den aufgeklärten Anschauungen erfüllt, die er aus Westeuropa nach Rußland mitgebracht hatte, wurde er — er war damals Adjutant des Armeekommandanten Grafen Wittgenstein — das geistige Haupt des geheimen „Bundes der Rettung', später der „Südlichen Vereinigung", in die er das von der Freimaurerei übernommene Bekenntnis zur Humanität und Toleranz und das Streben nach der Entwicklung eines allgemein menschlichen Elements hineintrug. 12 Jahre lang hatte er an einem Reformplan „Russische Wahrheit" gearbeitet, der Rußland auf eine neue Basis stellen sollte. Er sah Freiheit der produktiven Arbeit und der Berufswahl, Existenzminimum für jeden Bürger, Agrarreform, Gewerbefreiheit und Justizreform vor. Noch bevor die Dekabristen am 12. Dezember 1826 losschlugen, war P. verraten und in seiner ukrainischen Garnison verhaftet worden. Vor der Untersuchungskommission vertrat er mit edlem Mut seine republikanischen Anschauungen. Aufrecht ging er in den Tod.

Peter III., Kaiser von Rußland, s. Rußland, Kaiserhaus.

Pétion, Anne Alexandre, Begründer der Republik Haiti, * 1770, † 1818, hieß ursprünglich Sabes, nahm am Aufstand der Neger gegen die Weißen 1791 teil, lebte dann in Frankreich, kehrte 1802 nach St. Domingo zurück, betätigte sich neuerlich an der Revolution gegen die Franzosen, 1804, nach Erlangung der Unabhängigkeit von Haiti, Präsident der Republik, wies die Angriffe seines Rivalen und der Franzosen zurück, gab seinem Vaterlande eine demokratische Konstitution, schaffte die Sklaverei ab, führte Preßfreiheit ein, war Freimaurer.

Petran, Franz, Weltpriester in Böhmen, Mitglied der Loge „Zur gekrönten Hoffnung" in Wien, Textdichter der von Mozart komponierten Freimaurerkantate: „Sehen wir dem starren Forscherauge..."

Petre, Robert Edward, neunter Baron of Writtle, * 1733, sehr tätiger katholischer Großmeister der Großloge von England 1772—1777.

Petroni, Giuseppe, italienischer Freiheitskämpfer und Advokat, * 1825, † 1888, nahm 1831 an der revolutionären Bewegung in Bologna teil, mußte dort acht Monate Kerkerhaft verbüßen, später in Rom ansässiger, berühmter Advokat, Verteidiger von Carlo Bonaparte vor dem päpstlichen Tribunal, 1849 Sekretär des Triumvirats und kurze Zeit Justizminister, blieb, um der Sache der Freiheit dienen zu können, auch nach Rückkehr des päpstlichen Regims in Rom, wurde 1854 wegen „Gründung von geheimen Gesellschaften und Aufwiegelung" zum Tode verurteilt, begnadigt, verbrachte über zehn Jahre im Kerker, wies das Angebot des Papstes, ihn freizulassen, falls er seiner Überzeugung abschwöre, zurück, Präsident der italienischen Advokatenvereinigung, wurde 1880 Großmeister des Großorients von Italien.

Peucer, Heinrich Karl Friedrich, weimarischer Oberkonsistorialpräsident, * 1779, † 1849, 1807—1809 Geschäftsträger in Paris, Geheimer Regierungsrat, Direktor, dann Präsident des Oberkonsistoriums, auch schriftstellerisch tätig, Herausgeber des „Klassischen Theaters der Franzosen' und der „Weimarischen Blätter", war Mitglied der Loge „Amalia" und als freimaurerischer Redner und Liederdichter geschätzt.

Pezzl, Franz Martin, Historiker, * 1734, † 1801, Professor der tschechischen Literatur in Prag, schrieb „Beiträge zur Geschichte der Tempelherren in Böhmen und Mähren", verteidigte 1786 in seiner selten sachlichen, anonym erschienenen Schrift „Schatten und Licht" (Epilog zu den wienerschen Maurerschriften) die Freimaurerei.

Pfadfinder-Bewegung wird in Großbritannien und seinen Dominions und auch in Amerika von freimaurerischer Seite in sehr bedeutendem Ausmaße gefördert. Anläßlich der großen internationalen „Scout Jamboree" (1929 bei Birkenhead in England), an dem neben Sir Baden-Powell der Herzog von Connaught, der Großmeister der englischen Freimaurerei, und der Prinz von Wales, Provinzial-Großmeister, sich leitend betätigten, hielten die Freimaurer-Pfadfinder eine eigene Zusammenkunft ab, die Scouts aus allen Weltteilen vereinigte.

Der Nationalrat der amerikanischen Boy's Scouts faßte auf seiner 15. Jahrestagung in New York (Mai 1925) folgende Resolution: „Da die Mitglieder des Freimaurerordens den Boy's Scouts stets ihren guten Willen bekundet haben, indem sie Trupps und Lager von Scouts Förderung und Führung angedeihen ließen, und da diese Mitarbeit die Boy's Scout-Bewegung wesentlich gefördert hat, wird beschlossen, dem Freimaurerorden Anerkennung auszusprechen und dies im Protokoll festzuhalten".

Pfannkuche, August, Dr. phil., * 1870, † 1929, von 1905—1925 Pastor in Osnabrück, dann Pfarrer in Mengershausen, langjähriger führender Mitarbeiter Friedrich Naumanns, nach dem Kriege rechtsstehend, betätigte sich hervorragend in der Freimaurerei. Meister vom Stuhl der Loge „Augusta zum goldenen Zirkel" in Göttingen, trat er im Abwehrkampf gegen Ludendorff unerschrocken hervor. Von seinen Kampfschriften fand „Freimaurerei und völkische Frage" (1927) besondere Beachtung.

Pfarrer, Arbeitsgemeinschaft evangelisch-deutscher, gegründet 1930 unter Führung des Berliner Hofpredigers D. Doehring, erklärte: „Pfarrer, welche eine Bindung eingegangen sind, wie sie etwa eine Freimaurerloge ihren Angehörigen auferlegt, müssen vor ihrem Eintritt in die A. jene Bindung gelöst haben". Im Namen einer großen Anzahl evangelisch-deutscher Pfarrer, die Freimaurer sind, protestierte der National-Großmeister der „Drei Weltkugeln", Pfarrer Habicht, Berlin, in einem offenen Brief gegen die Unterstellung, daß diese als Freimaurer irgendeine Bindung eingegangen seien, die ihrem pfarramtlichen Gewissen auch nur im entferntesten zuwiderlaufe (s. Protestantismus).

Pfeiler der Freimaurerei, ein Meisterwerk neuzeitlicher Skulptur, das die Freimaurerei von Belfast für die Belfaster Kathedrale stiftete, wurde am ersten Maisonntag 1930 vom Bischof von Down, Connor und Drougmore geweiht. Der P. zeigt die maurerischen Symbole.

Pflanzschule oder Vorbereitungsgrad, Novizengrad des Illuminatenordens (s. d.). Der Orden der Gold- und Rosenkreuzer erklärte die drei Johannisgrade der Freimaurerei oder „englischen Stufen" als von den rosenkreuzerischen Oberen angenommene „Pflanzschule" für ihren Orden.

Pflaster, Musivisches (engl. Mosaic Pavement, frz. Pavé mosaïque). Nach einer alten, auf ihren Ursprung kaum überprüfbaren maurerischen Tradition war der Salomonische Tempel mit schwarzen und weißen Steinen gepflastert. Es wird auf den meisten Teppichen der Freimaurerei verwendet (s. auch Tasselated border). A. Hieber gibt folgende Erklärung: „Der Fußboden, der die Grundlage bildet, ist ein Bild der sichtbaren Welt, in die der Mensch als Teil hingestellt ist und in der sein Leben sich abspielt. So wie in der Mosaik die hellen und dunkeln Dreiecke abwechseln, so ist auch in der Natur und im Menschenleben ein steter Wechsel von Licht und Finsternis, von Entstehen und Vergehen, von Freude und Schmerz, von Glück und Unglück, von Leben und Tod. Dadurch aber, daß diese Mosaik eine vollkommene Regelmäßigkeit in ihrer Abwechslung von hellen und dunkeln Dreiecken zeigt, soll der Lehrling sich gewöhnen, das irdische Dasein nicht als ein Spiel des blind waltenden Zufalls, sondern als etwas von ewigen Gesetzen in die Bahnen der Entwicklung zum Vollkommenen hin Geleitetes zu betrachten" (Leitfaden durch die Ordenslehre, 1922). August Horneffer drückt sich ähnlich aus: Das m. P. „zeigt die Welt wie sie ist, als eine ursächliche Verkettung von Gut und Böse".

Pflegschaft. In vielen Logen wird im Falle des Ablebens eines Br. ein Pfleger eingesetzt, dessen Aufgabe es ist, der verwaisten Familie zur Seite zu stehen und ihre etwaigen Wünsche der Loge zu übermitteln. Die P. erstreckt sich auf die Witwe und die Waisen. Die Familie kann sie ablehnen, womit die P. erlischt. Wird sie angenommen, so übernimmt der Pfleger eine Art freimaurerischer Vormundschaft, die sich um das Schicksal der Witwe und der unversorgten Kinder zu bekümmern hat. Die Einrichtung hat besonders in den Krisenzeiten nach dem Weltkriege sehr viel Gutes geleistet.

Pflichten, Die Alten, s. einleitender Teil dieses Buches.

Pflichten und Rechte der Mitglieder einer Loge.

1. Als die wesentlichsten Pflichten eines ordentlichen Mitgliedes einer Loge können nach Merzdorf angesehen werden: die Verpflichtung, die Gesetze des Staates zu beobachten, die Wahrung des Ritualgeheimnisses, die Hilfsbereitschaft anderen Brr. gegenüber, die strenge Einhaltung einer auf Maurerwort gegebenen Zusage, die Einhaltung der Logengesetze, die Pflicht, sich nicht ohne zwingende Gründe vom Freimaurerbunde zu trennen, in keine geheime Verbindung einzutreten. Hierzu kommen noch die ritualmäßigen P.: dem Hammerschlag des Meisters vom Stuhl in erleuchteter Loge unbedingt Folge zu leisten und vor ihm oder dem Beamtenkollegium nach erhaltener Vorladung zu erscheinen. Modernere Fassungen schreiben weiters vor: Jedes Mitglied hat die Pflicht, einen Teil seiner Zeit, seiner geistigen und materiellen Kräfte sowie sein Ansehen im bürgerlichen Leben zum Besten der Loge zu verwenden. Schon in den „Alten Pflichten" Andersons wird jedoch das Recht der Familie gewahrt („that your families be not neglected or injured"), auch wird zugestanden, daß ein Freimaurer, der in Unterstützungsfällen angegangen wird, nicht verpflichtet sein kann, „to do beyond his ability"', über seine Verhältnisse hinaus Unterstützung zu leisten. In der alten Hamburger Verfassung stand unter § 356 der Satz: „Jedes Mitglied hat das Recht, seine Pflichten gegen Gott, gegen den Staat und gegen seine Familie als die höheren zu betrachten und denselben seine Pflichten gegen die Loge unterzuordnen."

2. Die Rechte des Mitgliedes einer Freimaurerloge sind: der Anspruch auf den Freimaurernamen und hierdurch das Gastrecht in allen Logen, die mit seiner Großloge in Beziehung stehen. Das Recht, die Logenversammlungen seines Grades zu besuchen, an der Arbeit teilzunehmen und mitzustimmen, das passive Wahlrecht vom Meistergrade an, das aktive Wahlrecht bereits im Lehrlingsgrad, der Anspruch auf Schutz und Vertretung in allen das Freimaurerverhältnis berührenden Fragen, das Appellationsrecht an die Großloge und ein durch die Hausgesetze der Loge geregelter Anteil am Logenvermögen.

In den Vereinigten Staaten von Nordamerika können nur Meister ordentliche Mitglieder von Logen sein. Gesellen und Lehrlinge sind wohl Freimaurer, aber nicht Logenmitglieder im eigentlichen Sinne des Wortes. In den ersten „Regulations" der englischen Großloge von London (1723) hieß es wohl, daß alle Großlogenanträge allen Mitgliedern bis zum jüngsten Lehrling zur Kenntnis gebracht werden müßten. Später kam man aber in Nachahmung der alten Bauhüttengebräuche wieder davon ab. Daher werden in den amerikanischen Logen die Lehrlinge auch noch nicht als Mitglieder gezählt. Nicht zuletzt wegen dieser Sonderstellung wird der Vorgang der Beförderung und Erhebung in den angelsächsischen Logen beschleunigt.

Das Verhältnis des Einzelbruders zur Loge kann jederzeit durch Deckung (s. d.) gelöst werden. Dadurch verliert er die Mitgliederrechte in seiner Loge, behält aber nach dem Character indelibilis (s. d.) noch einzelne freimaurerische Symbolrechte, deren Ausübung ihm freigestellt ist. Als Verpflichtung bleibt die durch das gegebene Versprechen am Aufnahmstage übernommene Pflicht der Verschwiegenheit über freimaurerische Ritualvorgänge und Erkennungszeichen. Die von gegnerischer Seite wiederholt vertretene Behauptung einer lebenslänglichen unlösbaren Verpflichtung und die darauf gesetzten Strafen gehören ins Bereich der Fabel. Es sei darauf verwiesen, daß z. B. in Amerika alljährlich viele Tausende die Logen wieder verlassen. Auch in den übrigen Ländern finden stets Austritte von Freimaurern statt, die ihre Erwartungen im Bunde nicht erfüllt sahen oder die aus Gründen des profanen Lebens ihren Abschied nehmen.

Da der Austritt in den Großlogenverfassungen vorgesehen ist, steht er auch nicht unter der, romantischen Verschwörervorstellungen entspringenden, „Strafsanktion des Bundes".

Pfuscher, s. Cowan.

P. G. M. (engl.), Abkürzung von Past Grand Master, Altgroßmeister.

Pharos, Professor, s. Puntigam.

Philadelphen, s. Rite primitif.

Philaletes Society, internationaler Engbund prominenter freimaurerischer Schriftsteller und Redakteure, gegründet 1928 in den Vereinigten Staaten. Die Zahl der aktiven Mitglieder (Fellows) ist auf 40 beschränkt. Daneben gibt es korrespondierende Mitglieder. Devise: „Keine Religion steht höher als die Wahrheit." Sekretär: Cyrus Field Willard, 621 West Ivy St., San Diego, Kalifornien.

Philalethen, Göttlicher Orden der (frz. Philalètes, Ordre Divin des, ou Amis de la Vérité), französisches Hochgradsystem des 18. Jahrhunderts, das, 1773 von Savalette de Langes (s. d.), Stuhlmeister der Pariser Loge „Les Amis réunis", Court de Gebelin (s. d.) u. a. im Zusammenhang mit dieser Bauhütte gegründet, ursprünglich eklektisch wirken sollte, dann aber im dunkelsten Mystizismus befangen war. Das System, dessen Name an die apokryphe geheime Gesellschaft sich anlehnte, die John Toland in seinem Pantheistikon aufgezeigt hatte, umfaßte zwölf Grade, in denen man sich mit Alchimie und Theurgie beschäftigte und sich den Visionen Swedenborgs und anderer „Seher" hingab. 1785 und 1787 fanden in Paris zwei Kongresse der Ph. statt, die der „maurerischen Wissenschaft" auf Grund eingehendster Kenntnisse von allen Gebieten der Königlichen Kunst Richtung und Programm geben sollten, und zu denen die Vertreter aller möglichen freimaurerischen Lehren und Spielarten eingeladen wurden. Auch Cagliostro (s. d.) war 1785 gebeten, der Versammlung seine geheimen Kenntnisse, sein Wissen um Gott und Menschen mitzuteilen. Er versprach u. a., mittels der wahren Freimaurerei die Geister vorzuführen, die, seiner Behauptung nach, als Zwischenglieder zwischen den Menschen und dem Schöpfer dienen, verlangte aber, daß die Ph. ihre gesamten Akten als Irrlehre verbrennen sollten. Da man infolgedessen nicht recht vorwärts kam, wurde 1787 der zweite Kongreß veranstaltet, auf dem der Nachweis erbracht werden sollte, daß Theosophie, Alchimie, Kabbala und Magie als ernste Wissenschaften und die Symbole und rituellen Handlungen der Freimaurerei als Mittel zu betrachten seien, den Jüngern der wahren Königlichen Kunst das verborgenste Wissen von den letzten Dingen zu entschleiern. An diesem Kongreß wollte auch Bode (s. d.) aus Weimar teilnehmen, der hinter dem okkultistischen Betrieb jesuitische Machenschaften witterte und warnend aufzutreten gedachte. Er traf aber zu spät ein. Diese Reise wurde dann später von den Feinden der Freimaurerei ohne jeden Grund dahin gedeutet, Bode habe die Reise als Sendling der Illuminaten unternommen, um den Jakobinern die auf die Revolution bezüglichen geheimen Befehle zu überbringen.

Philalethen, Moderne. Um 1900 war von Paris aus ein mit der anerkannten Freimaurerei nicht im Zusammenhange stehender mystischer Orden, „Chevaliers Philalètes", unter Leitung der Brüder Brossier tätig, der auch Frauen aufnahm. In Paris wirkte eine Loge „Karma". Zwei Logen gab es auch in Petersburg, „Pyramide des Nordens" und „Nordstern". Oswald Wirth zufolge handelte es sich um eine „Phantasiemaurerei", die in Beziehungen zur „Grande Loge mixte" des „Droit humain" (s. d.) trat. Der Orden ist erloschen.

Philippin, Jules, Staatsrat in Neuenburg (Schweiz), * 1818, † 1882, Eisenbahnfachmann, Mitglied der beiden Räte der Schweizerischen Bundesversammlung (Ständerat und Nationalrat), in zwei Amtsperioden Präsident des letzteren, trat als Freimaurer — er war Mitglied der Neuenburger Loge „La bonne Harmonie" — nachdrücklichst für aktiven Pazifismus ein.

Philippinen. Die erste amtliche Kunde von der Existenz von Freimaurern auf den P. geht aus den Prozeßakten des Inquisitionstribunals von Manila gegen zwei Iren hervor, die 1756 angeklagt waren, trotz des spanischen Verbots dem Bund anzugehören. Als Ausländer kamen sie mit einer Verwarnung davon. Bereits 1752 hatten Freimaurerarbeiten in der Kathedrale der Festung Manila stattgefunden, als die englische Flotte diese genommen hatte. Der Erzbischof von Manila führte bewegte Klage über die „Entweihung der Kirche durch britische Offiziere" und beantragte in Spanien, die Kathedrale niederzubrennen. Die erste Loge der Insel, „Priméra Luz Filipino", wurde 1856 von zwei spanischen Marineleutnants mit Patent des Großorients von Portugal in Cavite gegründet; sie nahm nur spanische Offiziere und Regierungsbeamte auf. Etwas später wurde von Ausländern, namentlich Deutschen, eine Loge ins Leben gerufen, die auch Einheimische in ihren Reihen hatte. Diese Loge unterstand Hongkong. Auch die Spanier entschlossen sich nun, Filipinos aufzunehmen. 1875 entstand eine spanische Provinzial-Großloge, die aber wegen Meinungsverschiedenheiten, die zum Ausschluß der Filipinos führten, verfiel. In den achtziger Jahren wurden viele in Spanien studierende Filipinos Freimaurer; die „Solidaridad"-Loge in Madrid war eine Bauhütte solcher Universitätshörer, ebenso die „Revolucion"-Loge in Barcelona. Ihr erster Sekretär war Mariano Ponce, der spätere Abgeordnete der P. zum Amerikanischen Kongreß.

1889 begannen neue Logengründungen auf den Inseln. Manche Bauhütten bestanden ganz aus Eingeborenen. 1896 fanden blutige Freimaurerverfolgungen statt. Eine Geheimgesellschaft „Katipunan", die Form und Organisation der Freimaurer angenommen hatte und die Inseln von politischem und kirchlichem Druck befreien wollte, wurde entdeckt. Die Freimaurer wurden fälschlich verantwortlich gemacht; zahlreiche von ihnen wurden eingekerkert, gefoltert, getötet. Dr. José Rizal (s. d.) und elf andere wurden hingerichtet.

Nach dem Spanisch-Amerikanischen Krieg — während der kurzlebigen philippinischen Republik gestattete der Präsident Emilio Aginaldo, der selbst Freimaurer war, die Wiederaufnahme der Arbeiten — fand die amerikanische Freimaurerei Eingang. 1898 war die

Feldloge des North Dakota-Freiwilligenregiments tätig. 1901, nach Einführung der amerikanischen Zivilverwaltung, gründete die Großloge von Kalifornien die Loge „Manila 342", zwei weitere Logen in Manila und Cavite folgten. Da in diesen drei Logen aber die Zulassung Einheimischer Schwierigkeiten begegnete, erhielt Manuel Camus von der Großloge von Schottland eine Gründungsbewilligung für die Loge „Perle des Orients 1043" in Manila, und eine weitere in Cebu. 1912 vereinigten sich die drei Logen der kalifornischen Obedienz zur Großloge der Philippinischen Inseln, die bald weitere Logen umfaßte. 1917 schlossen sich 27 Logen des Großorients von Spanien der Großloge an. Ein großer Teil von diesen nahm das amerikanische Ritual an. Durch ein „gentlemen's agreement" wurde bestimmt, daß das Großmeisteramt abwechselnd mit einem Amerikaner und einem Filipino besetzt werden solle. Die Großloge zählt 102 Logen mit 6700 Mitgliedern. (Adresse: Grand Lodge of the Philippine Islands, P. O. Box 990, Manila, P. I.) Die Brüderschaft bringt jährlich beträchtliche Mittel für ein Spital für verkrüppelte Kinder auf. Im „Cabletow" besitzt sie eine ausgezeichnete Zeitschrift.

Der in zwei Abteilungen (in englischer und spanischer Sprache) arbeitende, der Südlichen Jurisdiktion von Nordamerika unterstehende Schottische Ritus gibt den „Far Eastern Freemason", ein ebenfalls vortreffliches Blatt, heraus. Eine weitere Obedienz (spanischer Abstammung), die Großloge des Philippinischen Archipels, wird als Winkel-Großloge betrachtet.

Unter der Großloge von Schottland arbeitet in Manila eine Loge.

Die drei wesentlichsten militärischen Stützpunkte der amerikanischen Armee auf den P. sind nach Freimaurern benannt: Fort Stotzenburg nach Oberst John M. Stotzenburg, der 1899 im Kampfe gegen die Aufständischen fiel, Fort William Mc Kinley in Rizal, benannt nach dem Präsidenten der Vereinigten Staaten (1897—1901), und Nichols Field, benannt nach dem gefallenen Sergeanten Taylor Abraham Nichols.

Philo, Ordensname des Freiherrn von Knigge (s. d.) im Illuminatenorden.

Philo Musicae et architecturae Societas Apollini, eine von 1725—1727 nachweisbare Gesellschaft, die in ihren Gesetzen vorsah, daß nur Freimaurer als Gäste zugelassen werden durften. An der Spitze stand als Präsident William Gulston, außerdem als „Dictator and Director of all Musical Performances" ein Bruder Francesco Xaverio Geminiani. Begründet wurde diese ursprünglich als musikalische Gesellschaft gedachte Vereinigung von Freimaurern der Loge at the Queen's Head in Hollis Street. Da diese Gesellschaft selbst Freimaurer aufnahm und Profane zu Freimaurern machte, geriet sie in Zwiespalt mit der neubegründeten Großloge von London, die sie als Winkelloge erklärte und den Verkehr mit ihr verbot. Daraus scheinen im Inneren der Gesellschaft Konflikte entstanden zu sein, denn es wurden mehrere Mitglieder wegen „Scandalous and unbrotherly actions" ausgeschlossen. Die im British Museum erhaltenen Protokolle brechen mit dem 23. März 1727 ab. Die Gesellschaft scheint noch einige Zeit nachher bestanden zu haben. Ihr Bestehen ist belangreich für die Frühgeschichte der englischen Großloge, weil sich hier die Tendenz von Sondergruppen zeigt, die sich der Autorität der Großloge widersetzten und ihr Recht, Freimaurer zu machen, verteidigten. Die ursprünglich als musikalische Gesellschaft von Freimaurern begründete Loge hatte mit der Zeit das volle Gepräge einer Loge angenommen. Der musikalische Zweck, für dessen Erreichung in Geminiani „der größte Violinist seiner Zeit, ein Komponist von großer Bedeutung" gewonnen worden war, trat hierbei langsam in den Hintergrund. In der kurzen Zeit ihres Bestehens hatte die Gesellschaft 18 Maurer „gemacht", und eine Gesamtmitgliederzahl von 39 erreicht (A. Q. C. 1903, 112fge).

Philosophe inconnu, s. Martin, Louis Claude.

Philosophen der Freimaurerei, s. Philosophie.

Philosophie, im wörtlichen Sinne Weisheitsliebe, erstrebt auf der einen Seite die systematische Zusammenfassung und Ergänzung der Einzelwissenschaften, auf der andern, insbesondere im metaphysischen Teil, sucht sie die Lösung des Welträtsels, Antwort auf die letzten Fragen und steht in dieser Hinsicht in gewisser Analogie zur Religion (s. d.). Auch die P. beruht auf dem Trieb nach Vereinheitlichung der Erfahrung, nach Vereinfachung der verwirrenden Mannigfaltigkeit der Welt, doch ist die Vernunftskomponente hier stärker als bei den Religionen, die ihr Lehrgebäude rein gefühlsmäßig errichten. Es gibt keine allgemeingültige Definition der P., da sie etwas ewig Werdendes ist. Demgemäß ist auch ihr Bestand Änderungen unterworfen. Ursprünglich waren P. und Religion eins, später bildeten dann Metaphysik, Erkenntnistheorie (s. d.) und Ethik (s. d.) die reine P. Hierzu kam dann die angewandte P. als Rechts-, Religions-, Geschichts-, Gesellschafts-P. usw., neuerdings auch die Lebens-P. Der Ursprung der P. ist subjektiv, der Wille zur Erkenntnis führt zu ihr wie der Wille zum Glauben zur Religion. „P. ist ein Temperament, gesehen durch ein Weltbild" (Simmel). „Was für eine P. man wähle, hängt davon ab, was für ein Mensch man sei, denn ein philosophisches System ist nicht ein toter Hausrat, den man ablegen oder annehmen könnte, wie es uns beliebt, sondern es ist beseelt durch die Seele des Menschen, der sie hat" (Fichte). „P. ist stets die Theorie eines Lebens, nicht des Lebens im allgemeinen" (F. C. S. Schiller, Oxford).

Vor Kant (s. d.) war die P. mit wenigen Ausnahmen metaphysisch-dogmatisch, ein „intellektuelles Spiel". Kant brach das Primat der Vernunft und verhalf dem Willen zu seinem Rechte, insbesondere auf ethischem Gebiete (s. auch Sittengesetz, Sittlichkeit). Er überwand den Skeptizismus (s. d.) und den dogmatischen Rationalismus (s. d.), faßte die P. als Begriffswissenschaft von den Prinzipien des Erkennens und Handelns auf. Er räumte vor allem mit der dogmatischen Metaphysik (s. d.) auf und bezeichnete diese als eine Wissenschaft von den Grenzen der menschlichen Vernunft, deren Aufgabe es ist, Irrtümer vom Denken fernzuhalten, nicht aber Erkenntnis hinsichtlich des „Absoluten" zu geben. Die P. hat in seiner Auffassung eine Grundfrage: „Was kann ich wissen? Was soll ich tun? Was darf ich hoffen?" Durch sein Wirken gewann die P. an Lebensnähe, indem sie auf künstliche Systeme verzichtete, die Vernunfts- und Gefühlsdogmen durch Postulate der Vernunft ersetzte. Seine Tendenzen ausbauend, stellte die neuere P. auch das Gefühl in ihren Dienst und überbrückte hierdurch die Kluft zwischen Wissen und Glauben. In diesem Sinne bezeichnet Wundt als Zweck der P.: „Unsere Einzelerkenntnisse zu einer die Forderung des Verstandes und die Bedürfnisse des Gemütes befriedigenden Welt- und Lebensanschauung" zusammenzufassen. Rudolf Eisler (Handwörterbuch der philosophischen Begriffe) sagt, daß die P. eine wissenschaftliche Synthese „der wissenschaftlichen Grundbegriffe und Ergebnisse zu einer einheitlichen, logisch-widerspruchslosen, den Postulaten des Denkens, der Phantasie, des Gemüts gerecht werdenden Welt- und Lebensanschauung" erstrebt. „Die P. muß von der einheitlichen Natur des Menschen ausgehen und nach deren völligen Befriedigung streben" (Schiller, Oxford). Müller-Freienfels unterscheidet zwischen Wissenschafts- und Lebens-P. Letztere „sieht in der Wissenschaft nur eine Form des Lebens. Sie ist mehr als Erkenntnis, sie ist selbst Leben." Die P. soll „der Lebenserhaltung, Lebenssteigerung dienen, nicht die absolute Wahrheit entschleiern. Das Denken soll unserm Wollen das nützlichste Ziel weisen und uns Kraft verleihen, Mittel in die Hand geben, um sie zu verwirklichen. Die Welt ist ihrem Wesen nach Leben und nicht reines Denken" (James). Die moderne P. will in diesem Sinne eine „P. für jedermann" sein. Kant hinterließ mit dem Begriff des „Ding an sich", das zwar nicht erkennbar, aber dennoch existierend ist, im Denken eine Spur des Absoluten, des Dogmatischen. Die neue P. entfernt auch diesen letzten Rest, der eine Kluft zwischen „reiner" und „praktischer" Vernunft hervorrief, indem die reine Vernunft Ideen ablehnt, an die die praktische aus lebenswichtigen Gründen dennoch glauben muß. Die neue P. zeigt, daß das Denken im allgemeinen fiktiv ist, daß die Fiktionen (s. d.) das Sein wohl niemals wirklich erfassen, aber trotzdem Handhabe zur Naturbeherrschung bieten können. Die Dogmen jeglicher Art in der Religion, Wissenschaft, Gemeinschaftsleben usw. sind Fiktionen. Das moderne Denken läßt Erfahrung und darüber hinausgehend auch Ideale, deren Realität in ihrer Wirkung besteht, gleicherweise gelten.

Die Stellung der Freimaurerei zur P. ist ähnlich wie die zur Religion. Sie läßt alle P. gelten; sie selbst ist keine fest umrissene philosophische Lehre und hat auch keine allgemein anerkannte P. Jede P. ist mehr oder minder ein System, und in diesem Sinne ein Dogma. „Freimaurerische Philosophie! Das klingt wie eine contradictio in adjecto" (Wolfstieg, „Die Philosophie der Freimaurerei"). „Die Freimaurerei beteiligt sich nicht am Streite der philosophischen Lehren" (Heinichen, „Die Grundgedanken der Freimaurerei im Lichte der Philosophie"). „Denn die Toleranz, welche die Freimaurerei auf ihre Fahne schrieb, gestattet keine Festlegung ihrer Mitglieder auf ein geschlossenes System" (Wolfstieg). Die Freimaurerei verfügt „über keinen hauptamtlichen Wissenschaftler wie die Kirche" (Schenkel, „Die Freimaurerei im Lichte der Religions- und Kirchengeschichte"), ein Umstand, der die Präzisierung ihres Standpunktes der P. gegenüber erschwert, zumal, obwohl das Ritual und die Symbolik allenthalben ungefähr gleich, die Ausdeutung dieser und die Praxis der Freimaurereien der verschiedenen Länder dennoch große Unterschiede aufweist. Überdies wird die Freimaurerei von den jeweiligen philosophischen Strömungen mehr beeinflußt als die Bewegungen mit dogmatischer Grundlage. In ihren Anfängen war sie sichtlich dem Einfluß der Stoa, des Deismus und des Rationalismus ausgesetzt doch blieb sie da keineswegs stehen. Ihre Grundeinstellung, aus der ihr Verhalten gegenüber den Problemen der Welt und des Lebens ableitbar, war und bleibt immer im Grunde relativistisch (s. Relativismus). Sie ist eine Bewegung, die relativistisch eingestellte Menschen zur Förderung des Humanitätsideals zusammenzufassen trachtet.

Dem Umstand, daß die Freimaurerei sich keiner dogmatischen Auffassung anschließt, ist es wohl zuzuschreiben, daß ihre Philosophen, mit Ausnahme von Krause (s. d.), Fichte (s. d.), Seydel (s. d.) und Caspari (s. d.), keine Fachgelehrten im zunftmäßigen Sinne waren. Lessing (s. d.), Herder (s. d.) und Goethe (s. d.) waren Dichter und Denker. In den freimaurerischen Schriften all dieser Autoren handelt es sich eher um eine Klarlegung der Ziele der Freimaurerei (die in Ermangelung einer dogmatischen Lehre zu Beginn nicht allzu deutlich zutage traten) und um die Erörterung der sozialen Funktion und der Existenzberechtigung der Bewegung, als um eine umfassende philosophische Untersuchung des ganzen freimaurerischen Ideenkomplexes und um eine klare Abgrenzung gegen andere Bewegungen mit ähnlichen Zielen. Unter P. der Freimaurerei ist im Grunde niemals eine systematische philosophische Lehre zu verstehen, sondern Versuche, die die Freimaurerei als Bewegung und Idee mit den jeweiligen Ergebnissen des philosophischen Denkens in Einklang bringen wollen. Eine kodifizierte, philosophische Lehre der Freimaurerei wurde nirgends niedergelegt, auch in den Gründungsurkunden nicht. Wenn man dennoch von einer P. der Freimaurerei spricht, so ist darunter ein Veränderungen unterworfener Ideenkomplex zu verstehen, der aus den Gebräuchen, Symbolen, Ritualen, aus der ganzen Praxis der Freimaurerei induktiv herausgearbeitet wird. Auf die in diesem Sinne aufgefaßte freimaurerische P. hatte zweifelsohne Kant

(s. d.) den größten Einfluß, obwohl er selbst kein Mitglied des Bundes war. Mit ihm setzt die philosophische Bewegung ein, die den Dogmatismus jeglicher Art ablehnt und folglich dem freimaurerischen Fühlen und Denken nahesteht. Seine Ideen wurden durch die neuere Philosophie, insbesondere Neuhumanismus, Pragmatismus (s. d.) und Als-Ob-P. (s. d.) weitergeführt. Diese Lehren sind der Freimaurerei in vielen Belangen wesensverwandt, insbesondere ihr relativistischer Wahrheitsbegriff (s. Wahrheit, Relativismus), der jeglicher Intoleranz den Boden entzieht und der Duldsamkeit zum Siege verhelfen will, ihr Streben nach Harmonie, ihre humanistischen Tendenzen. Eine Durcharbeitung der freimaurerischen Ideologie im Lichte dieser P. könnte zwar auch nicht zu einem für immer feststehenden System führen, aber vielleicht einen philosophischen Unterbau der Freimaurerei zustande bringen, der, auf die bestehenden Unterschiede innerhalb der Bewegung in vollem Maße Rücksicht nehmend, dennoch zu einer einheitlichen Gesamtanschauung der Freimaurerei in philosophischer Hinsicht gelangen könnte. P. der Freimaurerei ist in diesem Sinne im Grunde noch eine ungelöste Aufgabe. Nicht unerwähnt sei der sehr verdienstliche Versuch von Otto Heinichen, der in seinem Werk: „Die Grundgedanken der Freimaurerei im Lichte der Philosophie" die Hauptprobleme der Freimaurerei in der Beleuchtung der P. von Kant, Marcus, Lotze, Driesch und Spranger untersucht, um ihre Stellung zu den Problemen der Religion, der Unsterblichkeit, der Ethik, der Freiheit wissenschaftlich herauszuarbeiten.

Ähnlich wie die Einstellung der Freimaurerei zur P. als Ganzem ist ihr Verhältnis zu den philosophischen Teildisziplinen, zur Metaphysik, zur Erkenntnistheorie (s. d.) und Ethik (s. d.). Sie lehnt auch hier jeglichen Dogmatismus, daher auch den dogmatischen Unglauben, den Skeptizismus (s. d.), ab und nimmt im allgemeinen den Standpunkt des Kritizismus (s. d.), Relativismus (s. d.) und Eklektizismus (s. d.) ein. Auch diesbezüglich gilt das in bezug auf die P. im allgemeinen Gesagte. Die Freimaurerei hat in diesen Fragen ebenfalls keine amtliche Stellungsnahme; ihre Einstellung muß aus ihren Gebräuchen. Ritualen, aus ihrer ganzen Praxis induktiv herausgearbeitet werden. Auch in diesen Belangen bestehen zwischen den Freimaurereien der einzelnen Länder bei gleichem Ritual und identischen Symbolen große Unterschiede. Die dogmatische Metaphysik, die im Übersinnlichen, im „Ding an sich" die Lösung des Welträtsels zu finden wähnt, lehnt sie ab; genauer gesagt überläßt sie es ihren Anhängern, an derartige Lehren zu glauben, zumal diese Dogmen nicht widerlegbar sind, sondern nur abgelehnt oder angenommen werden können. Sie steht in ihren Auffassungen der kritischen Metaphysik nahe, die, von den Einzeldisziplinen ausgehend, eine erkenntnistheoretisch fundierte Allgemeinsynthese zu bilden versucht. Die Masse der Freimaurer lehnt die extreme Form des metaphysischen Monismus (s. d.) und Materialismus (s. d.) ab, neigt in gewisser Hinsicht zur dualistischen Auffassung (s. Dualismus) und ist spiritualistisch (s. Spiritualismus), indem sie an eine aktive Rolle des Geistes im Weltengeschehen glaubt. In theologisch-metaphysischer Hinsicht weist sie den dogmatischen Atheismus (s. d.) und Theismus (s. d.) ab, läßt den idealistischen Pantheismus (s. d.) und den Panentheismus (s. d.), wie alle Religionen, gelten und nimmt selbst im Grunde den Standpunkt des moralischen Theismus ein. (Über das Verhältnis der Freimaurerei zur Relegion s. Religion, zur Unsterblichkeit s. Unsterblichkeit, zum Gottesproblem s. A. B. a. W.) Bezüglich des metaphysischen Freiheitsproblems (s. Freiheit, Determinismus, Indeterminismus) lehnt sie den dogmatischen Determinismus ab, glaubt im Sinne Kants an eine sittliche Freiheit und will den Geltungsbereich des Kausalgesetzes auf die Natur beschränkt wissen. Die Freimaurerei schätzt die Leistungen der Erkenntnistheorie sehr hoch ein, doch negiert sie den Standpunkt des dogmatischen Rationalismus (s. d.), Sensualismus (s. d.), Intellektualismus (s. d.) und Empirismus (s. d.), ist der Anschauung, daß die Naturwissenschaften von der Erfahrung ausgehen müssen und die Verarbeitung der Wahrnehmungen rein verstandesmäßig vor sich zu gehen hat, daß es aber auch außerintellektuelle Möglichkeiten der Erkenntnis (Intuition usw.) gibt. Sie ist auch nicht einseitig voluntaristisch. Der Wille ist ihrer Ansicht nach wichtiger psychologischer Faktor, doch keineswegs der einzige. Sie anerkennt aber die wichtige Rolle, die der Wille in der Form des Pflichtbewußtseins spielt, das das Streben nach Selbstbeherrschung und Selbstveredlung ermöglicht. Bezüglich des Gegenstandes der Erkenntnis läßt sie den Standpunkt des extremen Realismus (s. d.) und Positivismus (s. d.) allein nicht gelten, obwohl sie einsieht, daß nur diese dem exakten Wissen eine verläßliche Grundlage bieten können. Sie neigt in dieser Hinsicht zum Idealismus (s. d.) und idealistischen Positivismus, der Tatsachen und Ideale gleicherweise gelten läßt.

In bezug auf die Ethik nimmt sich die Freimaurerei nicht das Recht heraus, den ewigen Streit der verschiedenen wissenschaftlichen Richtungen hinsichtlich des Ursprungs und der Ziele dieser Disziplin zu entscheiden. Eine rein rationale Ethik ist ihrer Ansicht nach ebenso dogmatisch wie eine rein gefühlsmäßige. Sie neigt diesbezüglich zur eklektischen Anschauung, derzufolge die Sittlichkeit aus vielen Quellen fließt (s. auch Sittlichkeit, Sittengesetz). Sie lehnt den dogmatischen Nützlichkeitsstandpunkt des Utilitarismus (s. d.) sowie den Hedonismus (s. d.) in seiner krassen Form ab und verficht die Meinung, daß Nützlichkeit und Lust nicht die ausschließlich bestimmenden Faktoren des sittlichen Handelns sind, daß auch höhere Werte einen Einfluß in ethischer Beziehung haben. In der freimaurerischen Ethik spielen wohl eudämonistische Momente eine gewisse Rolle, doch faßt sie das Glück nicht im rein materiellen Sinne auf. Sie ist weder pessimistisch noch optimistisch im dogmatischen Sinne, sondern erklärt, daß die Welt und die Menschen wohl nicht vollkommen, jedoch vervollkommnungsfähig sind (s. Meliorismus, Perfektionismus). Die Freimaurerei steht in Dingen der Ethik im großen und ganzen den Auffassungen Kants nahe. Der Zentralbegriff ihrer ethischen Anschauung ist das Pflichtbewußtsein, das Sittengesetz (s. d.). Sie steht zur extremen Form des Egoismus (s. d.) und Individualismus (s. d.) im Gegensatz, ist im Grunde sozialindividualistisch eingestellt, indem sie in der Methode (der Erziehung der Persönlichkeit) individualistisch, in ihrer Zielsetzung hingegen sozial eingestellt ist. Sie erhebt jedoch ihre ethischen Postulate nicht zum Dogma. Sittengesetz, sittliche Freiheit sind in ihrer Auffassung daher im Grunde Fiktionen.

Zusammenfassend kann festgestellt werden: die Freimaurerei will ihren Mitgliedern keine geschlossene, einheitliche Weltanschauung (s. d.) aufzwingen, da eine solche immer mehr oder minder dogmatisch sein müßte. Sie überläßt es jedem Br., im Rahmen der Forderungen des Sittengesetzes, der sittlichen Freiheit, des Forschritts und des Humanitätsgedankens seine eigenen Anschauungen zu betätigen.

Philosophische Grade werden vielfach, namentlich in den romanischen Ländern, die Hochgrade des A. u. A. Schottischen Ritus genannt, insbesondere der XXII. bis XXX. Grad, die von Goblet d'Alviella (s. d.) in systematischer Weise in Beziehung zu den großen Religions- und Weisheitsschulen gesetzt wurden.

Philosophus, IV. Grad des Ordens der Gold- und Rosenkreuzer. „Die Philosophi kannten nach der ‚Haupt-Convention' von 1767 die ganze Naturkunde" und wußten „auf Weiß zu tingiren."

Phönix, der Vogel der antiken Sage, der alle 500 Jahre sich selbst in seinem Nest verbrennt und verjüngt aus der eigenen Asche steigt. Vielleicht Symbol einer bestimmten astronomischen Periode, wie Seyffarth annimmt, des Merkurdurchganges durch die Sonne im Frühlingsäquinoktium. Als Wiedergeburtssymbol auch in die christliche Gedankenwelt eingegangen, so in Katakombenmalereien. Bei den Alchimisten Symbol des Steins der Weisen. In der freimaurerischen Templerlegende: Aumont, der angeblich erste Templer-Großmeister nach der Verbrennung DeMolays, soll im Siegel den P. geführt haben mit der Umschrift: „Ardet ut vivat" („Er verbrennt, auf daß er lebe"). Daher erscheint der P. in Templerhochgraden.

Phrase. Der Kampf gegen die P. in der Loge gehört zu den periodisch wiederkehrenden Erscheinungen, die auch in der Literatur immer wieder ihren Niederschlag finden (s. Wolfstieg, „Bibliographie" 29580—29603). P. sind Worthülsen ohne Inhalt. Ihre Gefährlichkeit liegt in der unvermeidlichen Enttäuschung, die das Mißverhältnis zwischen Wort und realer Gegebenheit hervorruft, sie liegt aber auch in der Mißdeutung, die sie in der mit den Logengewohnheiten nicht vertrauten Öffentlichkeit unbedingt erfahren muß. Die Mehrzahl der gegen die Freimaurerei ausgespielten Argumente geht auf derartige Logenphrasen zurück. Besonders begeisterte Logenreden romanischer Herkunft, die gut gemeint, aber in der Übertreibung des Wortgefüges mit den wirklichen Absichten und Möglichkeiten des Bundes in Widerspruch stehen, haben wiederholt zu schweren Beeinträchtigungen der Freimaurerei geführt. Die Logenarbeit bringt Stereotypien der Form mit sich. Diese rednerisch auszugestalten ist Kunst, die nicht von allen Logenrednern beherrscht wird. Das Ziel der Freimaurerei ist ein in der Unendlichkeit gelegenes. Manche Logenredner glauben das Ziel erreicht zu haben, wenn sie ihre leicht beieinanderwohnenden Gedanken im Freiballon ihrer Phraseologie aufsteigen lassen. Auch die Weihe der Arbeit hat ihr angemessenes Wort. P. haben schwache Beine. Sie stürzen vor dem leichtesten Windhauch der Realität. Wird das Phrasengefüge durchsichtig, so wirkt es als verzerrende Linse. Der Kampf gegen die P. in der Loge ist also ein gerechtfertigter und sollte schonungslos geführt werden. Hierher gehören die Weihrauchwolken um Persönlichkeiten, die unkritischen Wunschträume, der Mißbrauch des Superlativs, das Verkennen der Kräftebilanz des Bundes u. a. Gesprochen verfliegt die P., gedruckt kann sie verheerend wirken. Daß es auch sachliche Schönheit gibt, beweist gerade die Kunst, von der die Freimaurer ihre Symbolik herleiten. Das wahre Gefühl ist keusch, die P. ist die Prostitution des Gefühls.

Piccini, Niccolò, berühmter italienischer Komponist, * 1728, † 1800, dessen Opern großen Erfolg hatten, kam 1776 nach Paris, war Widerpart von Gluck, Mitglied der Pariser Loge „Les Neuf Sœurs" (s. d.).

Pichler, Karoline, * 1769, † 1843, eine der fruchtbarsten Schriftstellerinnen ihrer Zeit. Als Tochter des Wiener Hofrates v. Greiner, welcher der dortigen Loge „Zur wahren Eintracht" angehörte, lernte sie das Freimaurertum kennen, dem sie in ihren Lebenserinnerungen dann allerdings wenig freundliche Zeilen widmet. Trotzdem sind ihre Schilderungen von einigem Wert, weil sie deutlich aufzeigen, wie die Freimaurerei in der josephinischen Zeit zu einer gesellschaftlichen Mode geworden war.

Pichon, Stephen, französischer Staatsmann, Gesandter in Peking, Außenminister 1906—1911, 1913/14 und 1917—1920, wurde 1881 in der Pariser Loge „Les Amis de la Tolérance" aufgenommen. * 1857.

Pièce d'architecture (frz.), s. Morceau d'architecture.

Pierre brute (frz.), rauher Stein.

Pierre cubique (frz.), kubischer Stein.

Pike, Albert, General, im nordamerikanischen Bürgerkrieg auf seiten der Südstaaten, vorher Journalist und Generalanwalt von Arkansas, * 1809, † 1891, war seit 1859 Großkommandeur des Obersten Rates der Südlichen Jurisdiktion des A. u. A. Schottischen Ritus von Nordamerika. Er erwarb sich um diesen, aber auch um eine größere geistige Fundierung der amerikanischen Freimaurerei große Verdienste. P., dem ein reiches Wissen eignete — er war u. a. ein vortrefflicher Sanskritkenner — bearbeitete mit großem Geschick die Rituale des Schottischen Ritus und brachte dieses System und dessen Organisation erst auf die heutige Höhe. Eine große Anzahl den Durchschnitt überragender maurerischer Dichtungen und mehrere Bücher über Freimaurerei haben P. überlebt, vor allem sein Hauptwerk „Morals and Dogma", das, teilweise allerdings stark kompiltatorisch, eine umfassende ethische und philosophische Gradlehre des Schottischen Ritus gibt.

Pike System (engl.), System Pike, wird in Amerika die von Albert Pike (s. d.) revidierte Form des A. u. A. Schottischen Ritus genannt, wie sie von der Südlichen Jurisdiktion von Nordamerika (mit Sitz in Washington) bearbeitet wird.

Pike ordnet die 33 Grade in folgende Gruppen:

1. Symbolische Grade (in symbolischen Logen erteilt) I.—III.
2. Unaussprechliche (Ineffable) Grade (in Perfektionslogen) IV.—XIV.
3. Grade des Zweiten Tempels (in Kapiteln vom Rosenkreuz) XV.—XVI.
4. Grade des Neuen Gesetzes (in Kapiteln vom Rosenkreuz) XVII.—XVIII.
5. Philosophische und Rittergrade (in Praeceptorei und Konsistorium) XIX.—XXXII.
6. Amtsgrad (im Obersten Rat) XXXIII.

Pilati, Gaetano, italienischer sozialistischer Abgeordneter, Kriegsinvalide, mit der silbernen Tapferkeitsmedaille ausgezeichnet, Freimaurer, wurde in der „Bartholomäusnacht" von Florenz (3./4. Oktober 1925) von einem Fascistentrupp überfallen, im Bett liegend, in Gegenwart von Frau und Sohn, erschossen (s. Fascimus).

Pilgerloge Nr. 238 in London, 1779 von Leonhardi, einem Freund Zinnendorfs, gegründete erste deutsche Loge in England; sie untersteht der Vereinigten Großloge von England, war 70 Jahre nach dem Zinnendorf-Ritual tätig, um dann zum Hamburger Ritual überzugehen, das sie auch heute noch bearbeitet. Während des Weltkrieges ruhten die Arbeiten. Seit 1908 besteht in London eine zweite deutsche Loge, die „Deutschland-Loge".

Pilgram, Anton, Dombaumeister des St.-Stephans-Domes in Wien, zirka 1512, dessen Steinbild sich unter der spätgotischen Kanzel des Mittelschiffes befindet, wurde in Brünn in Mähren geboren. Die Skulptur zeigt den Meister, wie er, den Zirkel in der Hand, das Fenster öffnet. Darüber auf einem Schild sein Steinmetzzeichen.

Pillar (engl.), s. Säule.

Pilo, Karl Gustav, Graf, schwedischer Maler, * 1711, † 1793, 1747 Hofmaler in Kopenhagen, hervorragender Porträtist, von 1771 an Direktor der dänischen Königlichen Kunstakademie, wurde 1744 in der Kopenhagener Loge „St. Martin" aufgenommen.

Pilz, Karl Gottlieb, Lehrer, * 1821, † 1905, trat 1855 der Loge „Apollo" in Leipzig bei und entwickelte eine umfangreiche schriftstellerische Tätigkeit. Er leitete seit 1878 die „Freimaurer-Zeitung".

Pingré, Aléxandre Gui, französischer Astronom, * 1711, † 1796, Kanonikus und Bibliothekar von St. Geneviève in Paris, Mitglied der Akademie der Wissenschaften, Kanzler der Universität, Herausgeber des nautischen Kalenders „Etat du ciel", Verfasser der „Cométographie", beschrieb die Bahnen von 24 Kometen, war Zweiter Aufseher der „Chambre des Provinces" des Großorients und Meister vom Stuhl einer Pariser Loge.

Pinkow, Hans, Redakteur der „Kölnischen Zeitung", Stuhlmeister der Loge „Minerva-Rhenana" in Köln, veröffentlichte 1924 „Macht und Einfluß der Freimaurerei".

Piper, Arthur William, australischer Richter, * 1865, Präsident der Literarischen Gesellschaft der Union sowie der Königlichen Geographischen Gesellschaft für Australasien, war 1919—1924 und 1929 Großmeister der Großloge von Südaustralien.

Pitaval, Der freimaurerische. Zu den gegnerischen Vorstellungen gehört auch die lange Liste von angeblichen „Freimaurermorden" (s. d.), die im 18. Jahrhundert beginnt und mit dem Thronfolgermord in Sarajevo — wie bestimmt anzunehmen ist — noch nicht abgeschlossen sein wird. Dabei werden alle politischen Morde kritiklos den Freimaurern in die Schuhe geschoben, auch wenn sie nachweislich von Organisationen oder Personen ausgehen, die mit der Freimaurerei in keinerlei Beziehung stehen. So wurde 1833 an vier italienischen Emigranten in Marseille ein politischer Mord verübt. Die Täter waren ebenso sicher Carbonari wie die Mörder des französischen Gesandten Rossi, der 1848 in Rom einem Attentate zum Opfer fiel. Man beschuldigte die Freimaurer des Mordes an König Gustav III. von Schweden, der 1792 von Anckarström auf einem Maskenball ermordet wurde (s. Schweden). Für die Verbürgtheit dieser Nachricht setzte sich insbesondere der Jesuitenpater Abel in Wien ein, der Freimaurer und Illuminaten des Mordes bezichtigte. Die Literatur der „Freimaurermorde" haben insbesondere Wichtl, Ludendorff und Schwartz-Bostunitsch vermehrt. Als „Freimaurermorde" in Frankreich z. B. werden bezeichnet: das Attentat auf den Präsidenten Sadi Carnot, der plötzliche Tod des Präsidenten Felix Faure, ferner die Todesfälle des Abgeordneten Chaul, des Präfekten Laurenceau, des Gefängnisbeamten Rocher, des Hauptmanns Valerio und der Selbstmord des Generalstäblers André, sämtlich Persönlichkeiten aus dem Dreyfus-Prozeß. Paul I. von Rußland ist von den „Freimaurern" Fürst Jaschwill, Argamakow und Graf Zubow ermordet worden, Ebenso war Graf Pahlen in diesem Zusammenhange „Freimaurer"! Schwartz-Bostunitsch blieb es vorbehalten, auch zwischen dem Ritualmordmärchen und den Freimaurermorden Beziehungen herzustellen. Besonders üppig ist die Phantasie Ludendorffs und seiner

Frau, die auch Schiller zum Freimaurer-opfer machen, wobei Goethe, der Freimaurer und Illuminat, zumindest Mitwisser der schwarzen Pläne war. Taxil, der besonders schöpferisch in dieser Beziehung war, erwähnt weiters als „Freimaurermorde" das Attentat auf den Marschall Prim (1870) in Madrid, Garcia Moreno, Präsident von Ecuador (1875), Léon Gambetta (1882), General Quésnet (1815), den Mord an der Prinzessin Lamballe (1792) u. v. a.

Der Sinn dieser Mordbezichtigungen ist nicht nur, die von deren Urhebern behauptete besondere Gefährlichkeit ins rechte Licht zu setzen, sondern sehr oft auch die Hebung des persönlichen Ansehens der Autoren vor dem Leser. Léon Taxil schreibt z. B. in „Les Mystères de la Franc-Maçonnerie", Seite 12: „Wenn ich eines schönen Tages durch einen Dolchstoß oder eine Pistolenkugel enden sollte, dann kennt man die Tür, durch die meine Mörder gekommen sind." Schwartz-Bostunitsch und Ludendorff publizierten apokryphe „Todesurteile", die ihnen von freimaurerischer Seite zugekommen seien. Und auch Wichtl, ihr Lehrmeister, kokettierte mit diesem Gedanken, hob die Gefährlichkeit hervor, unter der er sich das Material verschaffen mußte; heute wissen wir, daß es ihm von einer amtlichen Berliner Stelle ins Haus zugeschickt wurde, nachdem Gustav Meyrink die Bearbeitung abgelehnt hatte. Er hat es auch zu einem fiktiven Attentat gebracht. Jemand schoß, als er im Garten spazieren ging. Wer schoß und wohin der Schuß gegeben wurde, ob es ein Schuß oder ein platzender Autoreifen war, wer will das entscheiden? Jedenfalls hat es Lärm gemacht. Und darauf kommt es den Verfassern des freimaurerischen P. in erster Linie an!

Pius, Päpste.

1. P. VII., Gregorius Barnabas, Graf Chiaramonti, * 1742, † 1823, gewählt 1800, der am 7. August 1814 den Jesuitenorden wiederherstellte, erließ eine Woche später eine Bulle gegen die „abscheuliche Pest" der Freimaurerei. Diese Verordnung bezeichnete die Carbonari als „neu ersonnenen Namen für Freimaurer".

2. P. IX., Giovanni Maria, Graf Mastai-Feretti, * 1792, † 1878, gewählt 1846, verkündete das Dogma von der unbefleckten Empfängnis, verlor den Kirchenstaat, bekämpfte die Freimaurerei in sieben Kundgebungen (s. Bluntschli und Rittershaus). Das Freimaurermuseum in Bayreuth besitzt eine offensichtlich gefälschte Photographie des Papstes, der über der päpstlichen Stola ein gesticktes Freimaurerband trägt. Die Falschmeldung von der Zugehörigkeit des Papstes zum Bunde tauchte zur Zeit seiner Wahl und später wiederholt auf, so daß er ihr selbst 1849 entgegentreten mußte. So wurde behauptet, daß P. IX. in der Loge „Eterna Catena" in Palermo am 15. August 1839 aufgenommen worden sei. Verwiesen wird hierbei auf eine Loge „Zur deutschen Treue" in Nürnberg, die eine Kopie des Aufnahmsdokuments besitzen solle. Eine solche Loge hat es aber niemals gegeben, ebenso wenig, wie der unterzeichnete Wilhelm von Wittelsburg, Prinz von Bayern, jemals Großmeister einer — nie existierenden — Großloge Bayerns gewesen ist (s. auch Mastai-Feretti und Päpste).

3. P. XI., Achille Ratti, * 1857, Papst seit 1922, wandte sich 1929 in einer Ansprache an polnische Pilger gegen die Freimaurer, die er als „Kräfte der Hölle" bezeichnete. Er ermahnte zum Beten, „da gegen diesen Feind menschliche Kraft nicht ausreiche". 1925 forderte er in der Enzyklika „Quas prima" energischen Kampf gegen den Laizismus (s. d.), gegen die Verweltlichung der menschlichen Gesellschaft oder ihre Lostrennung von Gott und Christus, „die Pest des modernen Zeitalters". Dieser Kampf richtet sich nach Gruber (s. d.) „auch gegen die Freimaurerei als Verbindung und geistige Richtung, insoferne sie auf Grund ihres naturalistisch-humanitären antisupranaturalistischen Fundamentalprinzips von wirklich Unterrichteten als die Hauptförderin dieses Laizismus bezeichnet und anerkannt wird".

Planche (frz.), Brief, Mitteilung.

Planche à tracer (frz.), Reißbrett.

Plantagenet, Edouard (E. J. Engel), Professor am Collège des Sciences Sociales in Paris, * 1892, geschätzter freimaurerischer Schriftsteller, Autor von „La Franc-Maçonnerie française...", „Causeries Initiatiques" (drei Bändchen für Lehrlinge, Gesellen und Meister), Herausgeber und Leiter der „Annales Maçonniques" und der pazifistischen Schrift „La Paix", Gründer der französischen Landesgruppe der Allgemeinen Freimaurerliga, Ausschußmitglied der Liga, Vorstandsmitglied der französischen Gruppe für den Völkerbund und die deutsch-französische Annäherung „Fraternité-Réconciliation", Wiedererwecker und Erster Stuhlmeister der in deutscher Sprache arbeitenden Pariser Loge „Goethe" der Grande Loge de France.

Plastische Religionsphilosophie nennt die Große Landesloge der Freimaurer von Deutschland in ihrer offiziellen Aufklärungsschrift von 1929 Übungsweise und Inhalt ihrer Lehrart: Plastisch, weil sie nicht allein durch das Wort, sondern wesentlich durch Handlungen wirkt, Religionsphilosophie, weil sie weder eigene Religion sein noch die Kirche ersetzen will.

Plommenfeldt, Karl Andreas, schwedischer Zeremonienmeister, * 1750, wurde 1782 wegen Hochverrates und einer Schmähschrift auf die königliche Familie zum Tode verurteilt, entkam jedoch in der Verkleidung eines Matrosen. Er gehörte vorher dem Klerikat (s. d.) an und behauptete, in Florenz aufgenommen worden zu sein (a Stella immaculata). Der dort unter dem Namen Herzog von Albany lebende Prätendent Karl Eduard Stuart hätte sich ihm als Ordensoberer zu erkennen gegeben. Auf dem Konvent der Strikten Observanz in Wolfenbüttel 1778 machte er geheimnisvolle Andeutungen, der Prätendent stehe mit dem Eques a Falcone II. in Verbindung, um ihm die Großmeisterwürde abzutreten. Dieser Falkenritter sei niemand anderer als Kaiser Joseph II. Auch bei der Vereinigung Schwedens mit der VII. (deutschen) Provinz des

Templerordens spielte er eine Rolle. Seine Angaben erwiesen sich durchwegs als unwahr. Nach seiner Verurteilung (1782) wurde er nach einem Briefe des Herzogs von Södermanland aus dem Templerorden ausgeschlossen.

Plot, Robert, Dr., englischer Schriftsteller, Professor der Chemie in Oxford, * 1650, † 1696, Mitglied der Royal Society, Kustos des Ashmolean-Museums, richtete in seiner „Natural History of Staffordshire" (1686) die ersten öffentlichen Angriffe gegen die Freimaurerei, die er als bereits damals „mehr oder weniger über die ganze Nation verbreitet" bezeichnete. Die Darlegung bietet aber gleichzeitig wertvolle Anhaltspunkte für die Erforschung der Geschichte der Freimaurerei vor 1717, vor allem für die Kenntnis mancher Logengebräuche des 17. Jahrhunderts und der freimaurerischen Geschichtslegende, wie sie damals im Umlauf war (P. hatte sicherlich Kenntnis von einer Version der „Alten Pflichten", die ungefähr mit jener des William Watson M. S. übereinstimmte).

Eine Gruppe (Familie) der Manuskripte der „Old Charges" hat von der Forschung den Namen „P. Family" erhalten (William Watson M. S., Heade M. S., Crane M. S.).

Plumb (engl.), Senkblei.

Plumb-rule (engl.), Setzwaage.

Plumenöck, Karl Hubert Lobreich von, s. Schleiß, Bernhard Josef von.

Plummer, Henry Crozier, * 1875, Professor der Astronomie an der Universität Dublin, 1912—1921 königlicher Astronom von Irland, Fellow der berühmten Lick-Sternwarte in Kalifornien, ist Freimaurer.

Pluralismus, Vielheitslehre, die Anschauung, daß die Welt aus vielen selbständigen, nicht weiter reduzierbaren Wesenheiten besteht. Pluralistisch denkt der Pragmatismus (s. d.) „Die Welt ist eine noch nicht ganz vereinheitlichte Vielheit, ist im Werden. Sie ist nur stückweise erlösbar, da sie pluralistisch konstruiert ist" Die Freimaurerei ist pluralistisch im Sinne von Müller-Freienfels. Sie hat „Sinn für die Mannigfaltigkeit und Verschiedenheit der Dinge". In ethischer Hinsicht ist sie im Grunde pluralistisch, insofern sie daran glaubt, daß jeder Mensch eine Einheit für sich ist, die beeinflußt und vervollkommnet werden muß, wenn man die Welt bessern will.

P. M. (engl.), Abkürzung von Past Master, Altmeister.

Podoski, Erzbischof von Gnesen, * 1719, † 1777, seit 1767 Primas von Groß-Polen, Gegner des Königs Stanislaus August, Historiker, Verfasser von Komödien und Satiren, war Freimaurer. 1770 nahm er am Johannisfest der 1769 gegründeten Warschauer Großloge teil und lieh dazu sein Silbergeschirr.

Poerbohadi Ningrat, Rader Mas Adipati Ario, Regent von Semarang und Salatiga, † 1927, einer der höchsten Funktionäre der niederländisch-indischen Kolonialregierung, erwarb sich große Verdienste um die Freimaurerei, über die er auch in der javanischen Öffentlichkeit Vorträge hielt. Er gehörte der Loge „La Constante et Fidèle" in Semarang an.

Poeta laureatus. Die Krönung des berühmten Dichters Robert Burns in der Kilwinning Lodge (1782) zum P. l. der Freimaurerei scheint eine liebenswürdige Fabel zu sein. Es ist nicht anzunehmen, daß sich die erhaltenen Protokollbücher der Loge über einen derart feierlichen Vorgang ausschweigen würden. Die Szene ist in einem 1846 gemalten, oft reproduzierten Bilde wiedergegeben, das Bild entbehrt aber der historischen Grundlage.

Dagegen wurden in Amerika Freimaurerdichter mit dem Titel P. l. geehrt. So Robert Morris (s. d.), der Dichter des bekannten: „We meet upon the level and part upon the square", dem der Titel 1884 von der Großloge von New York verliehen wurde, und Fay Hempstead, Großsekretär der Großloge von Arkansas, dem die Ehrung 1908 für sein Gedicht „Let there be light" zuteil wurde (s. a. Gawin Wilson).

Point within a circle (engl.), s. Punkt im Kreise, Parallellinien.

Points de perfection (frz.), auch les 5 points parfaits de la maîtrise, die fünf vollkommenen Punkte der Meisterschaft.

Polarforscher-Loge, s. Kane-Lodge.

Polen. Die Fundamente der Maurerei in Polen wurden durch den Grafen Friedrich August Rutowski gelegt, der 1738 — zur gleichen Zeit wie in Dresden — in Warschau Logen stiftete, die jedoch ein Jahr später auf Befehl des Königs August III. in Anbetracht der gegen die Freimaurerei gerichteten Bannbulle des Papstes Clemens XII. ihre Tätigkeit einstellen mußten. Aber schon 1742 wurden wieder Logen gegründet. Zuerst in Wischniowiec (Wolhynien) durch den Großfahnenträger von Litauen, Grafen Stanislaus Mniszek, den Wojwoden von Masowien, General Andreas Mokronowski (s. d.) und Fürsten Konstantin Jablonowsky. In Warschau entstand 1744 auf Initiative von François Longchamps die in französischer Sprache arbeitende Loge „Les trois Frères", der Andreas Mokronowsky, Fürst Stanislaus Lubomirski (s. d.) u. a. angehörten. 1747 wurde in Lemberg eine Loge „Les trois déesses" gegründet, die aber ihre Tätigkeit bald wieder einstellte, da sie vom Erzbischof verfolgt wurde. 1750 rief Oberst Jean de Thoux de la Salverte (s. d.) die nach einem eigenen System arbeitende Loge „Bon Pasteur" (s. d.) ins Leben, 1755 gab es eine Loge der Strikten Observanz in Dukla. Starken Aufschwung brachte die organisatorische Tätigkeit des Grafen Alois Friedrich Brühl (s. d.), der 1767 nach Schließung der „Trois Frères" die Loge „Le vertueux Sarmate" („Der tugendhafte Sarmate") als schottische Loge konstituierte, deren Großmeister er wurde. Sein Nachfolger in diesem Amt, der Numismatiker Graf August Moszynski, erklärte die Loge am 24. Juni 1769 zur Großloge, die bald darauf von England als Provinzial-Großloge von Polen anerkannt wurde, aber auf Selbständigkeit drang. Vom „Tugendhaften Sarmaten" erhielt eine ganze Reihe von Logen Patente, so der „Tugendhafte Reisende" in Eperjes, die „Drei weißen Adler" in Lemberg, die „Drei Türme" in Marienburg und die „Drei Sterne" in Danzig.

Die weitere Arbeit wurde durch die erste Teilung Polens (1772) unterbrochen. 1773 führte Graf Brühl nach seiner Rückkehr nach Warschau in mehreren Logen das Ritual der Strikten Observanz ein und gründete neue Logen, fand jedoch starken Widerstand, da auch von anderer Seite Bauhütten gestiftet wurden. Alle die verschiedenen Obedienzen dieser Zeit suchten in dem politisch unaufhörlich hin und her geworfenen P. festen Fuß zu fassen. Royal York, Strikte Observanz, der Großorient von Frankreich u. a. gründeten um die Wette Logen, die hier nicht einzeln angeführt werden sollen. Um dem Durcheinander der Rituale und Obedienzen einigermaßen ein Ziel zu setzen, wurde schließlich ein Konkordat geschlossen. Einer der größten Männer des Landes, Graf Ignaz Potocki (s. d.), seit 1779 Leiter der Provinzial-Mutterloge „Katharina zum Nordstern", wurde zum Großmeister aller Logen in Polen und Litauen gewählt und auf Grund der Konstitution einer amerikanischen Großloge am 4. August 1780 eine einheitliche maurerische Oberbehörde in Gestalt einer Provinzial-Mutterloge von P. aufgestellt. Vater der Verfassung der polnischen Freimaurerei war der Staatsmann Maurice Glaire (s. d.).

Der Großorient von Polen.

Am 26. Februar 1784 wurde das Werk durch Proklamation des selbständigen Großorients von P. gekrönt. Großmeister wurde der um die Freimaurerei sehr verdiente Andreas Mokronowski, der aber noch im gleichen Jahr starb. Auf diesen folgte dann Graf Stanislaus Felix Potocki (s. d.). Während seiner Amtszeit wurde eine Reihe neuer Logen installiert, darunter auch eine solche in Konstantinopel. 1786 vernichtete ein Brand das Logenlokal und den größten Teil der Akten. Die aufflammende nationale Bewegung nötigte 1788 den russophilen Potocki zum Rücktritt. Ihm folgte Fürst Kasimir Nestor Sapieha (s. d.), ein bedeutender Patriot, der im großen vierjährigen Reichstag eine hervorragende Rolle spielte. In die Zeit seiner Amtsführung fallen die großen politischen Umwälzungen, die die freimaurerische Arbeit allmählich wieder unmöglich machten: der Krieg 1792, die zweite Teilung P. 1793, der Aufstand Kosciuszkos (s. d.) 1794 und die dritte Teilung P. 1795. Nach dieser letzteren schloß der Großorient seine Pforten und beendete so die erste Periode der polnischen Freimaurerei. Den verschiedenen freimaurerischen Verfassungen, die in dieser Zeit Geltung erlangt hatten, lagen durchwegs die Andersonschen Konstitutionen zugrunde. Die Schöpfer der Konstitution von 1784 verwendeten bei ihrer Arbeit überdies auch die Prinzipien der damals ganz neuen amerikanischen Staatsverfassung. Die polnische Freimaurerei umfaßte damals die hervorragendsten Männer des öffentlichen Lebens, denen es um die Grundsätze von Humanität, Freiheit und Gleichheit sehr ernst war. König Stanislaus Poniatowski (s. d.), Minister, Bischöfe und hohe geistliche Würdenträger, die Führer des Reichstags und zahlreiche Aristokraten saßen in den Logen. Die polnische Freimaurerei des 18. Jahrhunderts erzog, einer noch unveröffentlichten Studie von Emil Kipa (s. d.) in Warschau zufolge, jenen liberalen Typus des Polen, dessen Verdienste die polnische Maiverfassung und das Reformwerk des vierjährigen Reichstags waren. Ausländischen Logen gehörten damals u. a. an: der „Logenvater" König Stanislaus Leszczynski (s. d.) und der Nationalheld Kosciuszko (s. d.). Letzterer war während des amerikanischen Freiheitskrieges 1779 Freimaurer geworden.

Während der Preußenherrschaft 1795 bis 1806 wurden von der Berliner Großen Landesloge und den „Drei Weltkugeln" in Warschau und verschiedenen anderen Städten zwölf Logen errichtet (von denen der „Tempel der Weisheit" in polnischer Sprache arbeitete), ferner eine Provinzial-Mutterloge und ein Altschottisches Direktorium errichtet. Als 1807 das Herzogtum Warschau von Napoleons Gnaden entstand, machte sich sofort der Einfluß des Großorients von Frankreich geltend. Mit dem französischen Heer kamen französische und polnische Militärlogen; am 23. Oktober 1807 wurde die Loge „Les Frères Polonais réunis' gestiftet, 1810 provisorisch die Provinzial-Mutterloge „Stern des Ostens" errichtet und am 22. März des gleichen Jahres

der „Großorient des Herzogtums Warschau neuerdings proklamiert.

Als Großmeister ging aus der Wahl der Präsident des Senats, Ludwig Guttakowski, hervor, die alte Konstitution vom Jahre 1784 erhielt wieder Geltung; die Arbeit ging nach französischem Ritus in sieben Graden vor sich. Die fremden Obedienzen unterstehenden Logen wurden von diesen wieder entlassen und dem Großorient einverleibt. Nach dem 1811 erfolgten Tode Guttakowskis kam Graf Stanislaus Potocki, Bruder des Gründers des ersten Großorients, auf den Großmeisterstuhl — ein Mann von starker Persönlichkeit — der zehn Jahre lang vortrefflich seines Amtes waltete. In den Napoleonischen Kriegen ab 1812 fielen zahlreiche Freimaurer, die für die Wiederherstellung von P. an der Seite Frankreichs zu den Waffen gegriffen hatten, auf dem Felde der Ehre, unter ihnen Fürst Josef Poniatowski (s. d.), der während der Leipziger Völkerschlacht am 19. Oktober 1813 in der Elster ertrank. Die Logen entvölkerten sich, mußten wieder schließen, nur das „Souveräne Kapitel" in Warschau überdauerte die schwierige Lage. 1815 konnte dann in dem neu errichteten Königreich Polen wieder an regelmäßige Tätigkeit gedacht werden.

Alexander I.

Die polnischen Patrioten, die sich in der Freimaurerei zusammenfanden, sahen im Zaren Alexander (s. d.), der damals mit einem radikalen Programm liebäugelte, das die gänzliche Wiederherstellung P. mit Litauen und auch eine Konstitution für Rußland ins Auge faßte, und der anscheinend von tiefstem Widerwillen gegen die Metternichsche Reaktion erfüllt war, um so mehr das Ideal aller nationalen Bestrebungen, als er selbst bei der polnischen Freimaurerei Hilfe und Stütze für seine Absichten suchte. 1814 in Paris aufgenommen, wurde er in Warschau 1815 mit Flammenschrift im

Logengebäude begrüßt. Eine Zeitlang zählte Alexander — naturgemäß bei strengster Geheimhaltung — zu den tätigen Mitgliedern der polnischen Freimaurerei. Im März 1818 hatte diese im Königreich P. nicht weniger als 32 Logen (davon 14 in Warschau) mit rund 4000 Brr. Auch die verbündeten Provinziallogen von Litauen (Wilna) und Wolhynien (Dubno) nahmen starken Aufschwung. „Freiheit und Gleichheit wie in der Naturreligion der Patriarchen" war die Devise, unter der die Arbeit vor sich ging. Als dann aber von 1819 an der völlige Umschwung in der Gesinnung Alexanders sich vollzog, aus dem Pseudoliberalen der finstere Pietist wurde und die Reaktion sich in Polen fühlbar machte, wurde die Lage der Freimaurerlogen, deren jede die Büste Alexanders in ihrem Tempel hatte, wieder schwierig. Die Regierung trachtete, sich der freimaurerischen Organisation zu bemächtigen oder sie wieder zu beseitigen. Die demokratische Verfassung des Großorients sollte reformiert, insbesondere die bisherige Selbständigkeit der drei symbolischen Großlogen beseitigt werden, um so die Freimaurerei von einer Stelle aus kommandieren zu können. Am 25. September 1821 wurde die Freimaurerei vom Zaren verboten.

Die nationale Freimaurerei Lukasinskis.

Schon vorher hatte eine hauptsächlich aus nationalen Gründen gebildete schismatische freimaurerische Nebenorganisation wieder zu bestehen aufgehört, die am 5. Mai 1819 von Major Valerian Lukasinski (der später zum Märtyrer der Freimaurerei wurde) ins Leben gerufen worden war: die ausschließlich aus Offizieren bestehende „Nationale Freimaurerei". Diese hatte sich das Ringen um die allgemeine Anerkennung der polnischen Nationalität und die Wiederherstellung der historischen politischen Grenzen zur besonderen Aufgabe gemacht. An der Spitze stand ein Kapitel, dessen Mitglieder Decknamen führten. So hieß der Großmeister Lukasinski Lykurg. Konstitution und Ritual betonten sehr stark den nationalen Charakter. Man feierte nicht das Johannisfest, sondern den Jahrestag der polnischen Maiverfassung von 1791, und die Gradlehre betonte neben den allgemeinen freimaurerischen Grundsätzen die Pflicht zu patriotischem Handeln. Das „Feuer der Heimatsliebe" erleuchtete die Loge, in der man am „zerschlagenen Altar des Vaterlandes" zusammentrat, um auf seinen unversehrten Fundamenten den Staat herrlich wieder aufzurichten. Diese Großloge hatte aber nicht viel länger als ein Jahr Bestand. Einige ihrer Mitglieder, namentlich solche der Posener Loge, gründeten dann am 1. Mai 1821 die „Patriotische Gesellschaft", einen politischen Geheimbund und suchten dann später, soweit sie aus den Verfolgungen und politischen Prozessen heil hervorgegangen waren, ihre auf Freiheit und Einheit gerichteten Ideale im Aufstand von 1830/31 zu verwirklichen. Lukasinski (s. d.) aber mußte sein freimaurerisches Tun mit lebenslänglicher fürchterlicher Haft in unterirdischen Kasematten büßen.

Nach dem Verbot von 1821 blieben auf polnischem Boden nur einige Logen im Großherzogtum Posen in Tätigkeit, zahlreiche Polen schlossen sich aber ausländischen Bauhütten an. 1832 wurde in Besançon eine polnische Loge gegründet, „Persévérance - Espérance", weitere Bauhütten folgten in Avignon („L'Aigle"), Le Puys („Enfants de Hiram Polonais"); in den Pariser Logen dieses Zeitraums spielten Polen eine große Rolle, namentlich in der Loge „Trinité Indivisible".

1846 wurde in London „The Polish National Lodge" gegründet, 1863 errichteten in Cuneo (Italien) Mitglieder der polnischen Offiziersschule gleichfalls eine Loge. 1910 unternahmen polnische Freimaurer das Wagnis, die Freimaurerei wieder nach Russisch-Polen zu tragen. Polnische Mitglieder der Pariser Loge „Renovateurs" (G. O.) gründeten in Warschau die Loge „Wyzwolenie" („Befreiung"). Ihren Bemühungen gelang es ferner, von 1910—1914 weitere Logen in Kalisch („Swit" = „Dämmerung"), Wilna und Petersburg und eine zweite Loge in Warschau („Odrodzenie" = „Renaissance") ins Leben zu rufen.

National-Großloge von P.

Nach dem Weltkrieg ging dann von einer in Rom seit 1916 existierenden polnischen Loge „Polonia" die Initiative zur Wiederherstellung der Freimaurerei in der polnischen Republik aus. Am 20. September 1920 wurde die Großloge von P. proklamiert und dann durch ein Patent der „Gran Loggia nazionale" in Rom (A. u. A. Schottischer Ritus) d. d. 1. Oktober 1921 als „regulär konstituiert, frei und unabhängig" anerkannt. Am 7. Oktober 1922 wurde in Lausanne anläßlich des Kongresses der Föderation der Obersten Räte des A. u. A. Schottischen Ritus der mittlerweile gebildete Suprême Conseil von P. aufgenommen. Infolge von Zweifeln, die später bezüglich der italienischen Großloge auftauchten, wurde am 14. Oktober 1924 vom Suprême Conseil die National-Großloge von P. als „regulär konstituiert, souverän, frei und unabhängig" eingesetzt. Die Großloge begann hierauf ihre normale Arbeit nach dem A. u. A. Schottischen Ritus. Erster Großmeister wurde der Senior der polnischen Freimaurer, der bekannte Arzt Professor Dr. Rafael Radziwillowicz, Erster Großsekretär der Historiker Josef Dombrowski. Als Mutterloge wurde die älteste Loge „Kopernik" anerkannt. Ihr folgten sieben Logen in Warschau, eine aus Emigranten gebildete ukrainische Loge „Jedanie" (bis 1923), Logen in Lodz, Sosnowiec, Lublin, Wilna und Kränzchen in Krakau und Lemberg. Die Großloge gehört der A. M. I. an. Adresse: Stanislaus Stempowski, Polne 40, Warschau.

Deutsche Logen in P. Durch die Abtrennung deutscher Gebietsteile verloren zahlreiche deutsche Logen den Zusammenhang mit ihren in Deutschland befindlichen Großlogen. Soweit es die politischen Verhältnisse gestatteten, blieben diese Bauhütten, durch Abwanderung zahlreicher Mitglieder stark geschwächt, in Tätigkeit und schlossen einen Bund deutscher Freimaurerlogen in Polen mit der Zentrale in Poznań (Posen). Es sind dies die zum Teile noch aus dem 18. Jahrhundert stammenden Logen in Bydgoszcz (Bromberg),

Chelmno (Culm-Schwetz), Tczew (Dirschau), Gniezno (Gnesen), Grudziadz (Graudenz), Inowroclaw (Hohensalza), Chojnice (Konitz), Krotoszyn (Krotoschin), Leszno (Lissa), Ostrowo (Ostrow), Poznań (Posen), Rawicz (Rawitsch), Starogard (Stargard) und Torun (Thorn). Die Logen gehörten früher durchwegs den altpreußischen Systemen an. Durch die politischen Verhältnisse gezwungen, sind sie heute unabhängige, d. h. keiner Großloge unterstehende Logen.

Polen, Könige. Dem Freimaurerbund gehörten an:

1. Stanislaus I. Leszczynski (s. Stanislaus.
2. Stanislaus II. August (s. Poniatowski).
3. Alexander I. von Rußland (s.d.).

Polichinelle, bourgeois de Paris, au Grand Orient de France, Posse, behandelt die Adoptionsmaurerei, erschien 1786.

Politik ist nach der antiken Auffassung die Kunst (Techne), den Staat richtig (sowohl im Sinne der Vernunft als auch im Sinne der Ethik, hier also mit der Bedeutung: gerecht) zu leiten und zu verwalten. Auch in der modernen Auffassung ist P. Staatskunst. Sie ist Tat, welche über die höchste Macht verfügt und die weitesten Kreise zieht, indem sie in das Leben der Menschen und Völker am tiefsten eingreift. Sie gerät dadurch in wirksame Beziehung auch zum Geistesleben der Menschen. Der Grundsatz von der Teilung der drei „politischen Gewalten": Regierung, Verwaltung, Justiz ist prägnant in den bahnbrechenden Ausführungen des Freimaurers Montesquieu (s. d.) 1748 ausgesprochen, nämlich die Unabhängigkeit des Gerichtswesens von der Gesetzegebenden und der verwaltenden Behörde sowie die Trennung dieser beiden letzteren politischen Faktoren. Die Gedanken seines Werkes: „Esprit des Lois" waren von Vorgängern nicht unbeeinflußt; im Gegensatze zu ihnen will er aber dieselben Personen nicht in verschiedenen Staatstätigkeiten wirken lassen. Nur hiervon erhofft er die Sicherung der Freiheit.

Der Differenzierungsprozess in der Kultur hat auch die P. ergriffen, die wir heute vornehmlich als das Grundprinzip erfassen, nach dem die Leitung eines Gemeinwesens erfolgt. In der P. unterscheiden wir im allgemeinen drei Arten der Staatsformen: 1. Absolutismus, d. h. Gesetzgebung nach dem Willen eines einzelnen oder einer kleinen Gruppe. 2. Herrschaft durch das Volk, d. i. Demokratie, in verschiedenen Arten und Abstufungen. 3. Konstitutionalismus, d. h. Zusammenwirken von Herrenklasse und Volksvertretung in verschiedenen, mehr nach der einen, mehr nach der anderen Seite neigenden Formen. — Verschiedene politische Prinzipien, welche zwar mit dem obigen Grundprinzip zusammenhängen, jedoch gewisse weltanschauliche oder wirtschaftliche Ideen stärker herausheben, ergeben als politische Richtungen den Klerikalismus (s.d.), den Liberalismus (s. d.), den Sozialismus (s. d.).

Zur Definition der Politik gehört die Feststellung, daß sie unzertrennlich mit Machtausübung verknüpft ist, sei es in Form einer Diktatur über das Volk, in Form einer konstitutionellen Monarchie als kooperierende Machtausübung von Herrschertum und Volk, endlich in Form der Demokratie durch das Volk. Klerikalismus und extremer Sozialismus neigen zur Diktatur, der Liberalismus findet sich mit konstitutioneller Monarchie und Republik gleichermaßen ab. Als politische Richtung ist heute auch der Nationalismus (s. d.) hervorzuheben, der zur Diktatur neigt.

Die freimaurerische Auffassung des Wesens der P. fußt auf der ethischen Idee der Gerechtigkeit, da die Freimaurerei eine ethisch-philosophische Gesellschaft ist. An sich befaßt sie sich überhaupt nicht mit P.; die Satzungen der Großlogen schließen jede Bemengung der Körperschaften, des Bundes als solchen, mit politischer Einflußnahme aus, den Logen ist Beschäftigung mit P. nicht gestattet. Soweit sich aus den Grundgesetzen staatsphilosophische Ableitungen ergeben, anerkennt die Freimaurerei selbstverständlich Primat des Rechtes vor der Gewalt und steht infolgedessen vielfach weltanschaulich den Ideen des Liberalismus (s. d.) nahe. Die Freimaurerei tritt entschieden für Legalität, gegen Illegalität ein und macht es demgemäß ihren Mitgliedern zur unbedingten Pflicht, die Landesgesetze zu beachten. Daß die Freimaurerei P. in den Logen verbietet, hängt aufs engste auch damit zusammen, daß zu ihrem ureigensten Wesen das harmonische Nebeneinander der verschiedensten weltanschaulichen und religiösen Überzeugungen gehört; sie kann nicht zulassen, daß P. das einträchtige Zusammenwirken ihrer Mitglieder für die Idee der Humanität störe. Der Vorwurf der Gegner, daß die Freimaurerei als solche P. betreibe, ist ungerechtfertigt. Für politische Ansichten und Handlungen ihrer Mitglieder, besonders jener, die Politiker sind, ist die Freimaurerei als Organisation einer ethischen Idee ebensowenig verantwortlich zu machen, wie ein anderer Verband dafür zur Verantwortung zu ziehen ist, wenn seine Mitglieder außerhalb des Geltungsbereiches der Statuten ihr privates Leben ihrem eigenen Ermessen nach führen, soferne es den Gesetzen und der allgemeinen sittlichen Auffassung entspricht. Der Toleranzidee der Freimaurerei widerspricht es, ihren Mitgliedern eine bestimmte politische Auffassung vorzuschreiben oder sie ihnen zu verbieten. Voraussetzung ist naturgemäß, daß, wer Freimaurer ist, auch als Politiker der freimaurerischen Ideologie nicht zuwiderhandelt.

Kulturpolitik, welche die Freimaurerei im Sinne der Aufklärung, des Fortschrittes, der Humanität betreibt, hat mit Machtpolitik, Tagespolitik im gewöhnlichen Sinne des Wortes nicht das geringste zu tun.

Polizeibrüder nannte man im franziszeischen Österreich verkappte österreichische Polizeibeamte, die sich im allerhöchsten Auftrag in Dresden und anderen deutschen Städten in Freimaurerlogen aufnehmen ließen, um deren Mitgliederlisten in die Hand zu bekommen und zu ergründen, ob durch die Freimaurerei „Ansteckung mit aufgeklärten Ideen über die Grenze stattfinde". Einer der tätigsten P. war der Prager Polizeikommissär Preißler (s. Spitzel).

Polk, James Knox, Präsident der Vereinigten Staaten, * 1795, † 1849, war Freimaurer. Unter seiner Präsidentschaft gelangten die USA. im Kampf mit Mexiko in den Besitz ihres Gebietes an der pazifischen Küste.

Pollen, John, englischer Oberst, gewesener Provinzial-Großmeister in Indien, wurde 1905 auf dem ersten Internationalen Esperantokongreß in Boulogne zum ersten Vorsitzenden der freimaurerischen Vereinigung „Esperanto Framasono" gewählt, aus der dann die „Universala Framasona Ligo", die heutige Allgemeine Freimaurerliga, wurde.

Pollock, Sir Frederick, Baronet, hervorragender englischer Rechtslehrer, * 1845, Verfasser zahlreicher grundlegender juristischer Werke, ist Großbeamter der Großloge von England.

Polnische Akademie der Wissenschaften in Krakau, behandelte in ihrer Sitzung vom 21. Oktober 1929 die Geschichte der polnischen Freimaurerei. Das Referat erstattete Professor Dr. Emil Kipa, Warschau.

Pombal, Sebastiao, de Mello, Graf von Ocyras, Marquis von, aufgeklärter portugiesischer Staatsmann, * 1699, † 1782, Gesandter in London und Wien, dann Premierminister unter José I. von 1755—1777, wurde am Johannisfest 1744 vom englischen Großmeister Prinzen Friedrich von Wales in eine Londoner Loge aufgenommen. Als Ministerpräsident erließ er ein Toleranzedikt, gab dem Land eine liberale Verfassung, wies die Jesuiten aus, schuf neue Industrien und Häfen, beseitigte Inquisition und Folter und die Vorrechte der privilegierten Klasse und machte das vorher bettelarme Land zu einem wohlhabenden Staatswesen. Während seiner Regierung blühte die vorher aufs schwerste verfolgte Freimaurerei wieder auf. Als nach dem Tode des Königs dessen reaktionär gesinnte Tochter Maria I. auf den Thron kam und die Jesuiten zurückrief, wurde P. gefangengesetzt, zum Tode verurteilt, dann begnadigt, mußte aber als 78jähriger Lissabon verlassen.

Pompeji. Gelegentlich der Ausgrabungen im Jahre 1878 wurde in der Nähe des Isis-Tempels ein Raum aufgedeckt, der sicherlich kultischen Zwecken gedient hat und als das „Collegium" bezeichnet wird. Die Ähnlichkeit mit einem modernen Freimaurertempel wird erhöht durch figürliche Darstellungen, wie Dreiecke an den Wänden und eine Symboltafel, die noch heute in der englischen Literatur als das Tracing Board von Pompeji beschrieben wird (Abbildung in „Freemason", London, vom 23. April 1931). Es handelt sich um eine Mosaiktafel, in deren Mitte ein Totenschädel, über diesem eine Setzwaage und ein Senkblei, darunter ein sechsspeichiges Rad mit einem Schmetterling, seitlich ein Speer mit einem Purpurbehang; auf der anderen Seite ein Wanderstab, an diesem ein lederner Bettelsack und ein gelbes, zerschlissenes Gewand. Daß es sich um eine symbolische Darstellung handelt, steht außer Frage. Jedoch berechtigt nichts dazu, die verwendete Symbolik als typisch freimaurerisch anzusprechen.

Von Zeit zu Zeit wird auch immer wieder von einem „Freimaurerstein" berichtet, der auf einem Hause von P. angebracht ist. Daraus werden die naheliegendsten falschen Schlüsse gezogen. Der fragliche Stein zeigt in Relief Werkzeuge, die ebensogut einem Steinmetz wie einem Zimmermann gehört haben können, dazu zwei säulenartige Gebilde. Diese sind aber nichts anderes als Phalli, Symbole der Fruchtbarkeit und des Glücks. Da sich auch an anderen Häusern von P. Darstellungen von Werkzeugen finden (Schmiede, Schreiber u. ä.), so bleibt nur der Schluß übrig, daß es sich hier um eine Berufsbezeichnung, ein Firmenschild gehandelt haben dürfte. Jedenfalls hat das Relief in P. nichts mit Freimaurerei zu tun (s. a. „Builder", August 1927; dort zahlreiche Abbildungen).

Poniatowski, polnisches Fürstengeschlecht.

1. Stanislaus August II., König von Polen, * 1732, † 1798, wurde 1777 Mitglied der Warschauer Loge „Karl zu den drei Helmen", betätigte sich auch als Rosenkreuzer.

2. Josef Anton, Fürst, „Polens Zierde und treuester Sohn", Neffe des Vorigen. * 1762, polnischer General, Freiheitskämpfer unter Kosciuszko, 1807 Kriegsminister im Herzogtum Warschau, 1809 Chef der Armee, 1812 Führer der polnischen Hilfstruppen Napoleons gegen Rußland, fand 1813 als Marschall von Frankreich, bei Leipzig verwundet, beim Durchschwimmen der Elster den Heldentod. Seine Überreste wurden 1816 nach Krakau überführt und in der Königsgruft im Wawel beigesetzt. Er war Ehrenmitglied der Loge „Bracia Polacy zjednoczeni" („Vereinigte Brüder Polens") in Warschau.

Pontifex, Großer Priester, auch Erhabener Schotte (frz. Grand Pontife, engl. Pontiff), XIX. Grad des A. u. A. Schottischen Ritus, Lehrstufe für Wahrheit und Fortschritt.

Ponzio di San Sebastiano, gewesener italienischer Kammerabgeordneter, wegen seiner Tapferkeit im Weltkrieg mit der höchstmöglichen Auszeichnung, der goldenen Medaille, ausgezeichnet, Freimaurer, wurde 1927 seiner demokratischen Gesinnung wegen auf die Liparischen Inseln verbannt.

Poor Man's Freemasonry wird in England im Volksmund der Ancient Order of Druids (s. d.) genannt, weil eine seiner Hauptaufgaben die Unterstützung notleidender Mitglieder ist. Diese Unterstützungen werden ohne Untersuchung der Bedürftigkeit des Bittstellers gewährt, da der Orden annimmt, daß seine Mitglieder mit dieser Einrichtung keinerlei Mißbrauch treiben werden.

Pope, Alexander, berühmter englischer Dichter, * 1688, † 1744, Übersetzer von Horaz, Virgil und Homer, Schöpfer des Lehrgedichtes „Essays on criticism", des komischen Epos „Rape of the lock" (sein Boileau nachgeahmtes Hauptwerk), des didaktischen Gedichts „Essays on men", gab die satyrische Zeitschrift „Miscellanies" heraus, besorgte eine neue Ausgabe von Shakespeares Werken, war Freimaurer („The New York Masonic Outlook“, Oktober 1931, S. 38).

Port-au-Prince, Hauptstadt der Republik Haiti, Sitz des 1824 gegründeten Großorients von Haiti, dem in P.-a.-P. selbst 6 Logen unterstehen. Die Stadt spielte in der zweiten Hälfte des 18. Jahrhunderts (Franzosenzeit) maurerisch eine große Rolle. Die schottischen (französischen) Hochgrade fanden einen fruchtbaren Boden und dann von hier aus auch den Weg nach dem nordamerikanischen Kontinent (s. Haiti).

Porteous, Kapitain. Zwei schottische Schmuggler, die wegen eines Angriffes auf einen Zollwächter im Gefängnis von Edinburgh saßen, versuchten beim Kirchgang die Wache zu überwältigen. Der eine entfloh, der andere wurde hingerichtet. Die Bevölkerung nahm für den Hingerichteten um so mehr Partei, als Schmuggel im Volk zur damaligen Zeit nicht als Verbrechen, sondern als romantisches Heldentum aufgefaßt wurde. Der Mob veranstaltete eine Kundgebung und bewarf die Stadtgarde unter Captain P. mit Steinen. Dieser ließ feuern, wobei — wie immer bei solchen Anläßen — Unschuldige getötet wurden. Captain P. wurde des Mordes angeklagt und zum Tode verurteilt. Da die Führer der schottischen Volkspartei voraussahen, daß er begnadigt werden würde, stachelten sie den Mob auf, der das Gefängnis stürmte, sich des P. bemächtigte und ihn hängte. Walter Scott hat die Szene in seinem „The Heart of Midlothian“ festgehalten. Der Londoner „Craftsman“ (s. d.) beschuldigte die Freimaurer des Mordes, weil es nicht gelang, die wahren Täter ausfindig zu machen und alle Beteiligten ein unverbrüchliches Schweigen bewahrten. Die Szene wird auch im Ahiman Rezon, 2. Ausgabe, 1764 erwähnt, wo die Unschuld der Freimaurer mit guten Gründen verteidigt wird.

Portes Gil, Emilio, 1929 provisorischer Präsident von Mexiko, ist Freimaurer. Er wurde in der Loge „Helios 5“ der Großloge Valle de Mexico aufgenommen und schloß sich dann einer Loge der gleichen Obedienz in Tampico an.

Portland, William C., Herzog v., * 1857, Großaufseher der Großloge von England seit 1892.

Porto Rico (Westindien). Von der „Gran Logia Unida de Colón e Isla de Cuba“ wurde 1884 eine Provinzial-Großloge mit Sitz in Mayaguez eingesetzt, die sich bereits 1885 als „Gran Logia Soberana“ konstituierte. Sie zählte 1930 50 Logen mit 3300 Mitgliedern. Erdbeben- und Überschwemmungskatastrophen machten in den letzten Jahren die Arbeit schwierig und erforderten seitens der Großloge großzügige Hilfsaktionen, die mit Unterstützung auswärtiger Obedienzen auch durchgeführt werden konnten. Adresse: P. O. B. 747, San Juan, Porto Rico. Die Großloge ist Mitglied der A. M. I.

Portugal. Die Geschichte der portugiesischen Freimaurerei ist ein blutiger Leidensweg, „vorbei an Kerkerhaften, an den Folterkammern der Inquisition führte dieser zu grauenvollen Schädelstätten, zum Richterpfahl der Garotte, zu den Scheiterhaufen der zahlreichen Autodafés oder ins Exil irgendeiner Teufelsinsel“. Auf Grund eines Patents des englischen Großmeisters Lord Weymouth führte der englische Mathematiker George Gordon, der Verfasser des mathematischen Teils von Bailey's „Dictionarium Brittanicum“ von 1730, die Freimaurerei 1735 in P. ein. Bei der Einsetzung der ersten Loge waren zahlreiche hohe englische Schiffsoffiziere zugegen. 1738 gab es in Lissabon zwei Logen. eine katholische, „Königliches Haus der Freimaurer von Lusitanien“, und eine protestantische. Erstere kam in der Schenke eines Irländers zusammen, bestand hauptsächlich aus Iren. Erkundigungen, die die Inquisition bei ihrem Landsmann, dem Theologieprofessor am Kollegium „Corpo Santo“, Charles O'Kelly, einem Dominikaner, einzog, ergaben ein günstiges Bild, dennoch wurden alle Mitglieder, die er nannte, vorgeladen, darunter drei Dominikanermönche. Die Inquisition gab sich mit den Angaben zufrieden und wendete ihre Aufmerksamkeit der protestantischen Loge zu, ohne aber zunächst etwas ausrichten zu können. Fünf Jahre später erstanden der Freimaurerei bereits die ersten Blutzeugen. Ein fanatischer, provenzalischer Dominikanermönch und Ketzerspürer, Bonnet de Meautry, der sich selbst „carnassier de Notre Seigneur“ nannte, denunzierte 17 Freimaurer beim Großinquisitor Dom Pedro de Silveira wegen „Verschwörung und Ketzerei“ und verlangte energische Bestrafung der „Pedreiros livres“, der von religiösen Wahnideen Befallenen. König Johann V. willigte in eine Verfolgung ein und erließ ohne Zustimmung der Cortes eine rückwirkende „Ordonnanca“, laut welcher jeder überwiesene Freimaurer ohne Appellationsmöglichkeit zum Tode zu verurteilen war. Am 8. März 1743 wurde die Lissaboner Loge „Virtud“ überfallen: die drei anwesenden Mitglieder Damiao de Andrade und Manoel de Revelhos, beide Aristokraten, und der dienende Br. Christoph Diego mußten nach fürchterlicher Tortur dritten Grades das Blutgerüst besteigen. Sie hatten keine Namen anderer Freimaurer angegeben, die Polizei war aber durch Denunziation einer Frau dreien auf die Spur gekommen und hatte diese verhaftet. Es waren dies die französischen Juweliere Jean Thomas Braslé und Jaques Mouton und der schweizerische Diamantenschleifer und Kameenschneider Johann Coustos (s. d.) aus Bern, die an einer Logengründung beteiligt gewesen waren. Sie wurden aufs schwerste mißhandelt, im Palast der Inquisition im Zeitraum von drei Monaten neunmal gefoltert, ohne daß ein „Geheimnis“ von ihnen zu erfahren gewesen wäre. Coustos und seine beiden Brüder wurden am gleichen Tage, da die portugiesischen Freimaurer hingerichtet wurden, in einem Sterbehemd in öffentlichem Aufzug zum Autodafé in die Kirche des heiligen Dominikus gebracht, um dort in Gegenwart des Königs und des Hofes, des päpstlichen

Nunzius und des Gesandten von Kastilien ihre Strafe: vier Jahre Kerker und Kirchenbann für den schweizerischen Protestanten, fünf Jahre Verschickung für die beiden anderen, zu vernehmen. Braslé erlag den Folgen der Folterung; Coustos wurde 1744 auf Betreiben des englischen Gesandten Lord Compton, nach Intervention des englischen Großmeisters Lord Harrington, freigelassen, mit Mouton an Bord des holländischen Schiffes „Damietta“ geschmuggelt und nach Portsmouth und London gebracht. Zwei anderen Freimaurern brachte das Autodafé den Feuertod. Einer von ihnen war der jüdische Advokat Dr. Jorge da Silva.

Unter José II. (1850—1877) wurde der liberale Gesandte am Wiener Hof und spätere Marquis Pombal (s. d.) Ministerpräsident, der 1744 vom englischen Großmeister Prinzen Friedrich von Wales in eine Londoner Loge aufgenommen worden war und in Wien wiederholt die Loge „Zu den drei Kanonen“ besucht hatte. Dessen fortschrittliche Reformen (Schaffung neuer Industriezweige und Häfen, eines großartigen Kanalisationssystems, liberale Verfassung, Toleranzedikt, Beseitigung der Inquisition, der Folter und der privilegierten Klassen) gereichte dem ausgesogenen, bettelarmen, kulturell heruntergekommenen Land in jeder Beziehung zum Segen. Pombal begünstigte das Wiederaufleben der Freimaurerei. In P. und den Kolonien entstanden Logen, die darangingen, große Volksbibliotheken und bedeutende Wohlfahrtsanstalten zu schaffen. Beim Rettungswerk anläßlich des Lissaboner Erdbebens von 1755 erwarben sich die Freimaurer durch aufopfernde Hilfeleistung den Dank der Nation.

Die Thronbesteigung der klerikalen Königin Maria I., 1777, die sich wieder ganz auf die Hidalgos und den Klerus stützte und die 1769 ausgewiesenen Jesuiten zurückrief, machte dem Werk Pombals und der Freimaurerei ein Ende. Die Königin erneuerte das antifreimaurerische Gesetz ihres Großvaters; viele hervorragende Brr. mußten fliehen. Der berühmte Mathematiker da Cunha war zwei Jahre lang eingekerkert. 1788 fand wieder ein Autodafé statt. Die französische Revolution war ein Anlaß mehr zu gewalttätigster Fehde. Dem Gouverneur von Madeira wurde 1792 befohlen, alle Freimaurer auf der Insel zu verhaften. Durch dessen Frau gewarnt, gelang es ihnen aber, den englischen Schiffskapitän Walter Ferguson zu bestimmen, 64 Brr. mit ihren Familien auf seinem Zweidecker „Good Hope“ von Funchal nach Amerika zu führen. Bei der Einfahrt in den Hafen von New York zeigte eines der Segel Freimaurersymbole und die Worte „Asylum querimus“ („Wir suchen Asyl“). Daraufhin lud die Großloge von Pennsylvanien die Flüchtlinge nach Philadelphia ein. Eine Fregatte der Union-Flotte brachte die Märtyrer nach Delaware-River. Washington entbot ihnen den Gruß der Vereinigten Staaten und erklärte sie zu deren Bürgern.

In P. bildeten sich aber trotz aller Verfolgungen auch weiterhin Logen. Geraume Zeit kam man auf Schiffen in den portugiesischen Häfen zusammen. Berühmt wurde die Fregatte „Phönix“, englisches Stationsschiff, auf welchem 1797 jeden Freitag abend Loge gehalten wurde. Englische Schiffskapitäne, britische und portugiesische Offiziere, aus Frankreich geflüchtete Royalisten nahmen an diesen teil. Bisweilen waren 140 Brr. in der „Royal Navy Lodge Phönix“ versammelt. Diese wurde zur Mutterloge der Lissaboner Bauhütte „Regeneracao“, aus der fünf weitere Bauhütten hervorgingen. Der Zusammenhang zwischen den einzelnen Logen in Lissabon, Coimbra, Oporto usw. wurde durch eine sechsköpfige „Comissao do expediente“ gesichert. Die Regierung forderte vom englischen Gesandten Sir John Patridge vergeblich die Abberufung des Stationsschiffes. Um so schärfer ging der Polizeichef, der Intendant Diego Marrique (nach anderer Version Pina Manique) vor. In einer Denkschrift an den Prinzregenten Johann, den Sohn der in geistige Umnachtung verfallenen Königin, erklärte er, ein Polizeispion habe auf seinen Eid ausgesagt, er habe durch ein Loch gesehen, daß das „verfluchte Lumpengesindel“ das Bild des Heilands mit Füßen getreten, und daß der Gekreuzigte daraufhin unter kläglichen Seufzern Blut vergossen habe. Neuerlich wurde die Todesstrafe auf Freimaurerei gesetzt. Viele Freimaurer verschwanden auf Nimmerwiedersehen in den Kerkern. Trotzdem gab es zahlreiche Beispiele heldenhafter Bekenntnistreue. 1798 schwuren im Alcantaratal 200 Freimaurer, lieber die fürchterlichsten Folterqualen auf sich zu nehmen als der Königlichen Kunst zu entsagen. Differenzen zwischen den Freimaurern von Lissabon und Oporto wurden 1801 in einer zweihundertköpfigen Versammlung im Palast von Gomez Freire d'Andrade, die der Abbé Monteiro leitete, feierlich beigelegt. Um 1802 wagte man, die erste Großloge aufzurichten. Ein Rat des Hohen Gerichtshofes, Sebastiao Sampajo de Castro, wurde zum ersten Großmeister von P. gewählt. Don Hippolyto José da Costa fuhr nach England, um mit der Großloge einen Freundschaftspakt abzuschließen, der auch zustande kam. Die Verfolgungen wurden immer ärger. Die 1807 unter Junot einrückenden französischen Truppen fanden in einem unterirdischen Verließ neun gefesselte Skelette von Freimaurern.

Die Franzosenzeit wirkte sich auf die Freimaurerei zunächst nicht ungünstig aus, aber 1808 hatte die Großloge aus nationalen Gründen Schwierigkeiten, da sie sich nicht zwingen lassen wollte, das Bild Napoleons in allen Freimaurertempeln anzubringen und auch den Wunsch Junot's nicht zu willfahren gedachte, sich einen Großmeister von seinen Gnaden aufoktroyieren zu lassen. Sampajo wurde 1808 wiedergewählt. Zweimal noch kamen die Franzosen (unter Soult, dann unter Massena), beide Male lebte die Tätigkeit wieder auf, und jedesmal erhob sich nachher die Gegnerschaft zum Schlage. 1809 rief ein öffentlicher Aufzug englischer Armee-Freimaurer mit Fahnen und Emblemen die Inquisition neuerlich auf den Plan. Im folgenden Jahre wurden 30 Freimaurer der Hauptstadt nach den Azoren deportiert. Die Großloge aber, an deren Spitze seit 1809 Fernando Romao d'Alaide Freire stand, arbeitete mit 13 Logen, in denen es viele liberale Offiziere und Beamte gab, im geheimen im Kloster Sto. Vincente de Fora weiter.

Sein Nachfolger, General Gomez Freire d'Andrade (s. d.), ein stark national gesinnter Offizier, wurde 1817 auf eine Denunziation hin auf Befehl des damaligen Befehlshabers in Portugal, des englischen Generalmajors Beresford, mit elf Brr., die gleich dem Großmeister als Anhänger der konstitutionellen Monarchie sich der Fremdherrschaft nicht hatten fügen wollen und auf Änderung sannen, gehenkt. Am Tage vor der Hinrichtung erschien ein englischer Oberst bei dem Großmeister im Gefängnis und bot ihm als Br. Gelegenheit zur Flucht. Gomez lehnte aber ab, daß der andere sich opfere, und blieb. 1853 wurde auf dem Platz, auf dem er starb, ein Denkmal errichtet. 1818 erklärte wiederum Johann VI. von Brasilien aus die freimaurerische Tätigkeit als todeswürdiges Verbrechen. Während der dreijährigen konstitutionellen Monarchie herrschte wieder Freiheit. Der Staatsrat Isao da Cunha Souto, Major, wirkte als Großmeister. Nach der Gegenrevolution von 1823 erschien sofort wieder ein neues Edikt Johanns VI., das auf freimaurerische Tätigkeit u. a. fünfjährige Verbannung nach Afrika setzte. Im folgenden Jahr (Großmeister war José da Silva Carvalho, s. d.) erließ der Ursurpator Dom Miguel von Braganza eine Verordnung, die mit den Worten schloß: „Es lebe der König! Es lebe die römisch-katholische Religion! Tod und Verderben der ruchlosen Freimaurerbrut!" Ein Hirtenbrief des Kardinals Souza, Erzbischof von Lissabon, führte zur Ermordung von 17 Freimaurern — darunter des Marquis de Loulé — durch den Pöbel. „Es muß portugiesisches Blut in Strömen fließen, wie ehemals das der Juden; denn der Infant hat geschworen, das Schwert nicht eher in die Scheide zu stecken, bis er mit den Freimaurern im reinen ist; ich lechze darnach, meine Hände in Blut zu baden", predigte der Pater Joao Mariano. Auf Anordnung des Großmeisters wurden die Logen geschlossen. Eine Zeitlang blieb die Tätigkeit auf die Azoreninsel Terceira beschränkt.

Als aber nach der Kapitulation Miguels bei Ephora 1834 die legitime junge Königin Maria II. da Gloria ans Ruder kam, konnte sich die Freimaurerei neuerdings ausbreiten. Leider aber setzten unter den Maurern, die während der langen Emigration verschiedene Auffassungen und Riten kennengelernt hatten, die außerdem dem portugiesischen Temperament entsprechend auch ihre verschiedenartigen politischen Bekenntnisse energisch verfochten, Meinungsverschiedenheiten ein. Infolgedessen konnte zunächst eine einheitliche portugiesische Freimaurerei nicht aufkommen. Eine Zeitlang gab es vier Großlogen, bezw. Großoriente, und eine irische Provinzial-Großloge, die nach englischem, schottischem, irischem und französischem Ritus arbeiteten. Aus einer ganzen Reihe von Gründungen, die im Laufe eines Jahrhunderts sich bald verschmolzen, bald sich trennten, aber immer wieder verfolgt wurden — noch 1918 wurde in Lissabon der Freimaurertempel des Großorients vom Pöbel demoliert — entstand (erstmals 1870 unter dem Großmeister Paraty) der Grande Oriente Lusitano Unido, innerhalb dessen es zwar auch noch wiederholt zu Spaltungen kam, der aber heute als die maßgebende symbolische freimaurerische Körperschaft anzusehen ist. An seiner Spitze stand lange Jahre bis zu seinem Tode einer der bedeutendsten Männer P., der gewesene Unterrichtsminister Dr. Sebastiao Magelhaes Lima (s. d.). Nach dessen Tod wurde der zweimalige Staatspräsident Dr. Bernardino Machado (s. d.) zum Großmeister gewählt, der aber seine Funktionen wegen politischen Exils nicht übernehmen konnte. Der Grande Oriente Lusitano Unido zählte 1930 in P., Madeira und auf den Azoren 77 Logen und 33 Kränzchen mit rund 5000 Mitgliedern. Er ist Mitglied der A. M. I. Adresse: Rua do Gremio Lusitano 25, Lissabon. Außerdem existiert ein Oberster Rat des A. u. A. Schottischen Ritus, Adresse: Rua Luz Loriana 67. (Vergl. Karl Theodor in „Der Zirkel", 43. Jahrgang, Nr. 8 ff, 1912, „Latomia", 8. Band, 1846, ferner H. C. de Lafontaine, „Freemasonry in Portugal", in „Transactons of the Quatuor Coronati Lodge", XLII., 3., 1931.)

Portugiesisch-Guinea, portugiesische Kolonie in Nordwestafrika. Unter dem Vereinigten Großorient von Lusitanien arbeiten zwei Logen.

Porzellan, Freimaurerisches, Figurinen aus P., Freimaurer darstellend, sind besonders aus der deutschen P.-Industrie des 18. Jahrhunderts bekannt. Ihr Autor ist meist Johann Joachim Kaendler, der für die Meißner P.-Industrie mehrere Entwürfe anfertigte, die zum Teile im Bayreuther Großlogenmuseum ausgestellt sind. Ein Original einer Freimaurergruppe, zwei Freimaurer sinnend einen Globus betrachtend, ebenfalls Meißen, befindet sich im Schlosse von Ansbach. Auf Kaendler geht auch eine Freimaurerstatuette zurück, die einen stehenden Freimaurer mit einem Mops darstellt. Zwei Statuetten in unbemaltem P. stammen aus der Berliner Manufaktur des 18. Jahrhunderts. Das Bayreuther Museum besitzt weiters eine Porträtstatuette mit den Abzeichen eines sächsischen Großmeisters, Herkunftsort unbekannt (s. auch Keramik).

Porzellan, Meißner. Die Freimaurerfiguren der Meißner P.-Manufaktur sind nach den Originalentwürfen Kaendlers auch heute noch zu beziehen. Über ihre Entstehung usw. berichtete Prof. Erich Hoesel in Meißen: Schon im Jahre 1905 hat die „Leipziger Illustrierte Zeitung" eine dieser Plastiken wegen ihres hohen Kunstwertes abgebildet, aber weniger ist bekannt, daß eine ganze Reihe vorhanden ist. Die älteste Figur ist jene aus dem Jahre 1741, die mit einem Gedicht dem Kabinettsminister von Brühl, als dem vom Kurfürsten bestellten Leiter der Meißner Fabrik, zum Geburtstag 1742 überreicht worden sein mag. Ihre Herstellung geschah, „um der Neugierigkeit ein besser Genüge zu tun". Die von dem Modellmeister Johann Joachim Kaendler entworfene Figur „Ein Freimaurer mit Schurzfell und anderem Zubehör", der schmuck angekleidet auf einem Sockel steht, in der einen Hand eine Zeichnung hält und neben sich ein Postament als Tischchen hat, auf dem Winkelhaken, Transporteur und Zirkel liegen. Diese Figur hat im Taxenverzeichnis die Form-Nr. 334, ist dann auch mit verschiedenen Abweichungen, wie Fehlen des Postaments und unter Verwendung des Mopses als Sinnbild der Treue, in den Handel gebracht worden. Preis zurzeit RM. 180.—. Eine der Originalfassung nahekommende Figur steht in der staatlichen P.-Sammlung in Dresden. Die im Jahre 1744 ebenfalls von Kaendler entworfene Einzelplastik, Form-Nr. 549, Dame vom Mopsorden, wurde auf Bestellung der Prinzessin von Herfordt geliefert. Aus demselben Milieu stammt die Gruppe einer Kußszene, Form-Nr. 551. Eine andere Kaendlersche Gruppe vom Jahre 1743, Form-Nr. 376, stellt zwei Freimaurer im Schurz dar, den einen stehend, wie er am Erdglobus mit der linken Hand den Zirkel zu Messungen einsetzt und mit der rechten Hand am Munde das Gebot der Verschwiegenheit andeutet. Baustück und Bauwerkzeuge liegen zu seinen Füßen; den andern sitzend, als Meister vom Stuhl, mit dem Meisterzeichen geschmückt, sinnenden Hauptes und Instruktion erteilend. Der Mops hat nur dekorative Bedeutung, ist aber gleichwohl in den Sinn der Darstellung mit einbezogen. Die künstlerische Wirkung beruht auf der geschickten und wohlberechneten Vereinigung des Gegensätzlichen in der Haltung und der Mimik der Figuren: Ernst auf den Mienen der beiden Freimaurer, vor dem das Freche und Gemeine der Umwelt sich zurückzieht, ja selbst das Tier seine Aufgabe in der Treue und Wachsamkeit begreift. Auch von dieser Gruppe befindet sich in der staatlichen P.-Sammlung in Dresden ein prachtvoll gearbeitets Exemplar.

Poselger, Friedrich Theodor, deutscher Mathematiker, * 1781, † 1838, Direktor der Kriegsschule in Berlin, Mitglied der Akademie der Wissenschaften, war seit 1832 National-Großmeister der National-Mutterloge „Zu den drei Weltkugeln".

Posen, polnisch Poznań, Hauptstadt der polnischen Woiwodschaft P. (bis 1918 der gleichnamigen preußischen Provinz), Sitz des „Bundes deutscher Freimaurerlogen in Polen" (Adresse: Dr. Walter Theile P., ulica Cieszkowskiego 4.), dem in P. selbst die Loge „Zum Tempel der Eintracht" angehört, die 1820 durch Vereinigung der Bauhütten „Zur Standhaftigkeit" und „Piast zu den drei sarmatischen Säulen" als Bauhütte der „Drei Weltkugeln" entstand, nachdem bereits 1780 das Logenleben eingesetzt hatte. 1820 wurde in P. vom Bernhardinermönch Amandus Sobiechowski und dem Domvikar Joseph Kozlowski eine wüste Hetze gegen die Freimaurer in Szene gesetzt. Polizeipräsident Brown nahm die Angegriffenen in Schutz, die beiden Geistlichen wurden trotz des Widerstandes der Minister Schuckmann und Altenstein zu Gefängnisstrafen verurteilt.

Positivismus, der Standpunkt, der nur das Gegebene als wirklich und gewiß erachtet: die Phänomene, Tatsachen, ihre Koexistenz und Gesetze und der alles Übersinnliche, daher auch die Metaphysik, ablehnt. Der P. begnügt sich mit der Beschreibung der Wirklichkeit, da das Sein an sich unerkennbar ist. Comte baute den positivistischen Standpunkt zu einem System aus, in welchem auch eine Religion im Sinne eines Menschheitskults inbegriffen war. In der Wissenschaft anerkennt die Freimaurerei die Berechtigung des positivistischen Standpunktes, sie lehnt jedoch den P., soweit er „nur stumme Anschauung eines Registrierapparates" ist (Vaihinger), also in seiner schroffen Form, ab. Der Freimaurer glaubt an eine sittliche Weltordnung, die aus dem Gegebenen, Positiven allein nicht ableitbar ist. Er steht in vielfacher Hinsicht dem idealistischen P. (s. Als-ob-Philosophie) Vaihingers nahe. Die Anschauung Riehls: „In der wissenschaftlichen Forschung ist Positivismus der Weg der Erfahrung, am Platze, wo aber die Lebensweisheit, welche nicht Wissenschaft ist, sondern Kunst, dem Willen neue Ziele entdeckt, hat alle bisherige Erfahrung keine entsprechende Stimme", entspricht im Grunde der freimaurerischen Auffassung.

Posner, Oskar, Dr. med., * 1878, Arzt in Karlsbad, aufgenommen 1910 in der Loge „Settegast zur deutschen Treue" in Breslau, Vorsitzender, später Meister vom Stuhl des Kränzchens, späteren Loge „Munificentia zur Verbrüderung am Sprudel" in Karlsbad, derzeit Mitglied der Loge „Kette zur Freiheit" in Saaz. Mitbegründer der Großloge „Lessing zu den drei Ringen" in der Tschechoslowakischen Republik, deren Zugeordneter Großmeister er derzeit ist. Verfasser der Rituale dieser Großloge, eines Leitfadens für Lehrlinge „Am rauhen Stein" und der „Bilder zur Geschichte der Freimaurerei", leitet seit 1924 die Zeitschrift „Die drei Ringe", Reichenberg.

Possart.

1. Felix, Professor, Amtsgerichtsrat, * 1837, † 1928, war Ordenssenior der Großen Landesloge der Freimaurer von Deutschland, Mitbegründer und Mitherausgeber der „Zirkelkorrespondenz", einer der Hauptbearbeiter des Gebrauchtums und der Geschichte seiner Lehrart.

2. Ernst von, * 1841, † 1921, berühmter Schauspieler, bis 1905 Intendant der Münchner Theater, wurde 1864 in der Loge „Zur Brudertreue an der Elbe", Hamburg, aufgenommen, 1875 ehrenvoll entlassen.

Potocki, Grafen, polnisches Geschlecht.

1. Ignaz, Großmarschall der polnischen Krone für Litauen, * 1741, † 1809, Verfasser der polnischen Konstitution vom 3. Mai 1791, Beförderer der Volksbildung, 1794 während des Aufstandes Mitglied der provisorischen Regierung, stellte sich nach Kosciuszkos Verwundung selbst den Russen, um ein Gemetzel in Warschau zu verhindern, und wurde von diesen zwei Jahre in Petersburg gefangen gehalten. 1809 kam er als Vertreter des Herzogtums

Warschau zu Napoleon nach Wien, wo ihn der Tod ereilte. P. leitete von 1779 an die Provinzial-Mutterloge „Katharina zum Nordstern" in Warschau. In dieser Eigenschaft bewirkte er die Vereinigung aller polnischen Logen, 1781 wurde er zum Großmeister der nunmehrigen Mutter-Großloge gewählt, er behielt dieses Amt bis 1783.

2. Stanislaus Kostka, Bruder des Ignaz, * 1752, † 1821, Artilleriegeneral, Führer der Konstitutionspartei im vierjährigen Reichstag, 1812 im Herzogtum Warschau Präsident des Ministerrates, Kultusminister des Königreichs Polen, Begründer der Warschauer Universität (1818), war während mehrerer Amtsperioden Großmeister des von ihm mitgegründeten Großorients von Polen.

3. Felix, Woiwode von Groß-Rußland, * 1745, † 1805, war seit 1785 Großmeister des Großorients von Polen. Er legte sein Amt 1788 nieder, als er während des Reichstags zur konstitutionellen Partei überging.

4. Stas, * 1778, bereits mit 16 Jahren Freiheitskämpfer unter Kosciuszko, nahm am Krieg gegen Österreich teil, 1809 General, Adjutant Josef Anton Poniatowskis, des Königs von Sachsen (als Herzog von Warschau), dann des russischen Kaisers, wurde 1830 erschossen, war Meister vom Stuhl der 1807 von ihm gegründeten Loge „Bracia Polacy Zjednoczeni" („Vereinigte Brüder Polens") und Großbeamter des Großorients von Polen.

Pound, Roscoe, amerikanischer Rechtslehrer, * 1870, Professor an der Harvard-Universität, Dekan der juristischen Fakultät, berühmter Rechtsphilosoph, bedeutender freimaurerischer Schriftsteller. Werke u. a. „Masonic Jurisprudence", „Lectures on the philosophy of Freemasonry".

Power, Sir d'Arcy, hervorragender englischer Arzt, * 1855, † 1931, Vizepräsident des Royal College of Surgeons, Ehrenmitglied des amerikanischen Chirurgenvereines, Ehrenpräsident des Genfer Kongresses der Internationalen Gesellschaft für Geschichte der Medizin, Präsident der Londoner Ärztegesellschaft, war Past-Grand-Deacon der Großloge von England.

Practicus, dritter Grad des Ordens der Gold- und Rosenkreuzer, in welchem die alchimistischen Operationen begannen. Die Practici wußten zwar nach dem Hauptplan von 1777 das „chaotische Electrum minerale" zu bereiten, aber dessen wahre Bestimmung mußte ihnen bis zu einem weit höheren Grade verborgen bleiben (s. Rosenkreuzer).

Praeceptor Latomorum Germaniae, Ehrenname des deutschen freimaurerischen Geschichtsschreibers Kloß (s. d.).

Praeclara gratulationis, Enzyklika Leos XIII. (s. d.) an die orientalischen Kirchen (1894), in der die Wirksamkeit der „Freimaurersekte" verurteilt wurde, „deren verderbliche Gewalt schon seit langer Zeit besonders auf den katholischen Nationen lastet"... „Unter dem Scheine, daß sie die Rechte des Menschen zurückfordern und die bürgerliche Gemeinschaft wiederherstellen wolle, greift sie in feindlicher Weise das Christentum an, verwirft die Offenbarung, die religiösen Pflichten, die göttlichen Sakramente und beschimpft die heiligsten Dinge als Aberglauben; sie will die Ehe, die Familie, die Jugenderziehung, jede private und öffentliche Zucht des christlichen Charakters entkleiden und jede Ehrfurcht vor göttlicher und menschlicher Autorität aus den Herzen der Völker reißen." Diese Enzyklika führte mittelbar zum Antifreimaurerkongreß in Trient von 1896 (s. d.).

Präfektur, im System der Strikten Observanz Unterabteilung der Ordensprovinz.

Prag, Hauptstadt der Tschechoslowakischen Republik, Landeshauptstadt von Böhmen (s. d.), eines der ältesten Freimaurerzentren Mitteleuropas.

Nach einer hauptsächlich von Abafi (s. d.) gestützten Überlieferung soll in Prag 1726 durch den Grafen Franz Anton von Sporck (s. d.) eine Loge unter dem Namen „Zu den drei Sternen" gegründet worden sein, auf die sogar eine Erinnerungstafel am Prager Hauptpostgebäude in der Heinrichsgasse verweist. Diese Loge soll sich zur Zeit des österreichischen Erbfolgekrieges in drei Parteien, eine österreichische, eine bayrische und eine neutrale, geteilt haben. Irgendwelche Belege sind bisher nicht erbracht worden. Posner, der diese Gründungsgeschichte ablehnt, hat die Vermutung geäußert, daß die Prager Freimaurerei wahrscheinlich überhaupt erst zur Zeit des Erbfolgekrieges entstanden ist. Diese Vermutung, bei der besonders an den Logengründer Marschall Rutowski (s. d.) gedacht war, hat 1931 durch einen Archivfund von Dr. Josef Volf eine Bestätigung erfahren. In einem Briefe der Prager Loge „Zu den drei gekrönten Sternen und Redlichkeit" an die Loge „Zu den drei Schlüsseln" in Regensburg vom 24. Juni 1795 erwähnt diese Loge ihr fünfzigjähriges Jubiläum im Jahre 1791 und bezeichnet sich selbst als die älteste Loge Böhmens. Es heißt dort: „Vor 50 Jahren traten einige hier anwesende Brr. öfter zu den geheiligten Arbeiten zusammen, ohne unter einem besonderen Logennamen verbunden zu sein. In weiterer Zeitfolge ward die Loge unter dem Namen „Zu den drei Kronen" nach englischem System förmlich bestellet, nahm in weiterer Zeit den Namen „Zu den drei Sternen" an, den sie sodann im Jahre 1763 in jenen, den sie jetzt führt, verwandelte." Von einer englischen Konstitution an eine Prager Loge „Zu den drei Kronen" war bisher nichts bekannt. Vielleicht erklärt aber diese englische Konstitution die falsche Überlieferung, daß bei der angeblich im Jahre 1726 von Sporck gegründeten Loge „Zu den drei Sternen" der gewesene englische Großmeister Sayer anwesend gewesen sein soll. (Vergl. Josef Volf, Prager Presse", 24. Juni 1931.)

Die weiteren wichtigen Daten der Prager Freimaurereigeschichte sind in chronologischer Reihenfolge:

1763 ein Kapitel „Zu den vier Evangelisten".
1765 P. unterstellt sich als Priorat von Droysig der Strikten Observanz.
1766 Auftauchen der Rosenkreuzer.
1766 Verbot der Freimaurer- und Rosenkreuzerlogen.

1770 Gründung der Loge „Zu den drei gekrönten Säulen" mit Londoner Patent.

1771/72 Eröffnung des Waisenhauses „Zu St. Johann dem Täufer".

1773 Auch die Säulenloge erklärt sich jetzt für die Strikte Observanz; daher bildet sich eine Schottenloge „Zu den drei gekrönten Sternen und den drei gekrönten Säulen", die sich den Namen Kasimir usw. nach dem Prinzen Albert Kasimir von Sachsen-Teschen beilegt.

1775 Präfekturkapitel „Kasimir zu den neun Sternen".

1780 Graf Barbo gründet die Loge „Zum grünen Löwen", die sich aber bereits 1781 wieder auflöst.

1782 Die Prager Logen unterstellen sich als Provinzial-Großloge von Böhmen der Großen Landesloge von Österreich.

1783 Gründung der Logen „Zur Wahrheit", „Einigkeit" und „Union".

1785 Freimaurerpatent Josephs II. Danach dürfen in P. nur drei Logen bestehen. Die Loge „Sincérité" in Klattau wird von der Loge „Zu den drei Sternen" übernommen, die sich „Zu den drei gekrönten Sternen und Redlichkeit" nennt. Die anderen Logen vereinigen sich als „Wahrheit und Einigkeit zu den drei gekrönten Säulen".

1787 wird die Schottenloge unter dem Namen „Zu neun Sternen" wieder belebt.

1792 bezeichnet der Wiener Denunziant Aloys Hoffmann (s. d.) P. als ein besonders gefährliches Freimaurer- und Verschwörerzentrum; der Kaiser Franz II. besucht noch das Waisenhaus und die Taubstummenanstalt, veranlaßt aber zugleich die freiwillige Schließung der Logen.

1794 1. Mai. Die P. Logen lösen sich auf, behalten aber das Recht, ihre Wohlfahrtsanstalten als Profanvereine weiterzuführen.

1811 Josef Graf Auersperg versucht die Wiedererrichtung einer Loge, wird aber daraufhin nach Brünn strafversetzt. Die Loge bestand trotzdem mit Patent der Großloge von Preußen, wurde jedoch 1818 polizeilich gesperrt.

1848 Zwei verschiedene Freimaurergruppen versuchen die Wiederbelebung der Freimaurerei. Die behördliche Genehmigung wird jedoch verweigert.

1870 Ch. Fr. Jahn versucht die Errichtung einer Loge in P., die jedoch von der Behörde nicht bewilligt wird.
Gründung des unpolitischen Vereins „Harmonie".

1872 Gründung eines zweiten Freimaurervereins unter dem Namen „Amicitia".

1909 Prager Brüder gründen in Preßburg die Loge „Hiram zu den drei Sternen" unter der Symbolischen Großloge von Ungarn, der in P. der Verein „Charitas" entspricht.

1918 Freimaurer tschechischer Nation gründen am 26. Oktober eine Loge „Jan Amos Komenský". Der P. Verein „Harmonie" bildet sich zu einer Loge um.

1920 Die neugegründete Großloge „Lessing zu den drei Ringen" verlegt ihren Sitz nach P.
Von italienischen Freimaurern werden in P. tschechische Logen gegründet.

1923 Gründung der Národní Veliká Lože Československá in P.

P. ist heute Sitz zweier Großlogen: der deutschen G.-L. „Lessing zu den drei Ringen" in der Tschechoslowakischen Republik, die fünf, und der Národní Veliká Lože Československá (Tschechoslowakische National-Großloge), die gleichfalls fünf Logen in P. vereinigt. Die Tschechoslowakische National-Großloge gehört dem Schottischen Ritus an und hat auch, ebenfalls mit Sitz in P., einen Obersten Rat des Alten und Angenommenen Schottischen Ritus, der 1922 begründet wurde.

Prager, Hans, Dr. phil., österreichischer Schriftsteller, * 1887, Verfasser philosophischer Werke über Dostojewski („Die Weltanschauung Dostojewskis"), Gandhi, Solovjew, ist Mitglied der Loge „Fortschritt" in Wien.

Pragmatismus, eine von Peirce eingeleitete und von James ausgebaute philosophische Richtung, nach welcher jeder Mensch eine Philosophie, ein Gefühl bezüglich des Sinnes des Lebens hat. Der Durchschnittsmensch verlangt Wissenschaft, Tatsachen und Religion zugleich, kann sich daher weder mit dem reinen Empirismus (s. d.) noch mit dem Rationalismus (s. d.) begnügen. Philosophie, Wissenschaft, Begriffe und Urteile haben nur als Mittel für praktische Zwecke, als Grundlage von Handlungen (Pragma = Handlung) Wert und Sinn. Über die Wahrheit entscheidet die Bewährung, die Verifizierung. Wahr ist folglich eine Art des Guten. Der P. ist daher relativistisch und antidogmatisch, will den ewigen Streit der verschiedenen philosophischen Systeme schlichten, nimmt gegen den Rationalismus (s. d.) Stellung, der die Welt als für immer fertig auffaßt; die Welt ist im Wandeln, die Möglichkeit der Besserung ist folglich gegeben. P. lehnt auch den Materialismus ab, da Teleologie (s. d.) für das praktische Leben einen Wert hat. Das dauernd Wirkliche ist für jeden Menschen die eigene Persönlichkeit. Er ist folglich verpflichtet, die Welt besser zu machen, und wenn er das nicht tut, bleibt die Sache soweit ungetan. Die Anschauungen des P. stehen freimaurerischem Denken nahe, insbesondere sein Wahrheitsbegriff und die Betonung des Individuums als Quelle jeglicher Erkenntnis, ferner das Streben nach Harmonie, nach Befriedigung aller menschlichen Bedürfnisse im geistigen und körperlichen Sinne, die Ablehnung des absoluten, autoritativen Standpunktes.

Prälat der Landesloge, Höchster, und dessen Vicarius sind die beiden geistlichen Würdenträger, die im Schwedischen System zu den Trägern der elf höchsten Ordensämter zählen. Es obliegt ihnen u. a. die Aufsicht über die Wohlfahrtsinstitutionen, die Anleitung aller Brr. zur Erfüllung der vorgeschriebenen christlichen Bruderpflichten, die Durchführung gewisser ritualistischer Funktionen bei den großen Ordensfeierlichkeiten.

Prandstetter, Martin Josef, Magistratsrat der Stadt Wien, * 1760, † 1798, Mitglied der Loge „Zum heiligen Joseph" in Wien (1782), wurde in den sogenannten österreichischen „Jakobinerprozeß" verwickelt und zu 30jährigem Kerker verurteilt. Sein Jugendfreund, Graf Saurau, der allmächtige Polizeiminister, wurde an ihm zum Verräter, indem er ihn in Sicherheit wiegte und ihm versprach, daß er nichts zu befürchten habe. P. wurde in Munkács eingekerkert und sollte als besondere Gnade auf Gesuch seiner Geschwister ein abgesondertes „Zimmer" erhalten. Diese Gnade hat er allerdings nicht mehr erlebt. Über diesen Jakobinerprozeß schreibt Gustav Guggitz (1914 in Schönholz: „Denkwürdigkeiten von Alt-Österreich", Bd. I, Seite 28, Anm.): „Noch heute schämt man sich, die Akten dieses schmachvollen Prozesses an das Tageslicht treten zu lassen, bei dem einige Unglückliche das Opfer der Scharfmacherei und Reaktion sein mußten." Nach Franz Xaver Huber, „Beitrag zur Charakteristik der Regierungsgeschichte Kaiser Joseph II. etc.", Seite 228, soll einer der untersuchenden Hofräte selbst geäußert haben: „Ich verstehe nicht, wie sich Graf Pergen (der Polizeiminister) in so einen Dreck mischen konnte. An der ganzen Sache ist nichts."

Prangen, Franz Freiherr v., von Beruf Offizier, * 1737 in Kiel, einer der geschäftigsten Mitläufer der Strikten Observanz (Eques a pavone). Als württembergischer Offizier in Magdeburg kriegsgefangen, gehörte er der dortigen Kriegsgefangenen-Loge „Zur vollkommenen Einigkeit" an. Von Rosa (s. d.) zum schottischen Altmeister gemacht, schloß er sich dem berüchtigten Schwindler Johnson an, in dessen Auftrag er auch nach Unwürde ging, um mit v. Hund (s. d.) zu verhandeln. Als Johnsons Betrügereien entdeckt wurden, belegte v. Hund P. mit dem kleinen Bann. Er kam aber 1765 beim Heermeister wieder in Gnade, wurde sogar dessen Waffenritter und reiste in seinem Auftrag 1768 nach Wismar, um mit den Klerikern (s. d.) Verhandlungen anzuknüpfen. Die dort von ihm übernommenen und an v. Hund gesandten Papiere gingen mit dem Schiff zugrunde. Von Starck (s. d.) selbst mit großem Gepränge zum Kleriker geweiht, war der leicht zu begeisternde P. dem Anschlusse des Klerikats an die Strikte Observanz sehr förderlich. Er ging dann in russische Dienste, war Adjutant von Galitzin und Romanzow, diente als Rittmeister und störte in Petersburg die Kreise des ebenfalls dort anwesenden Starck. Noch 1786 wird er als auswärtiges Mitglied einer Hamburger Loge geführt.

Präsident des Ordensrates (frz. Président du Conseil de l'Ordre), nicht mehr Großmeister, lautet der Titel des Vorsitzenden des Grand Orient de France, seit den in den siebziger Jahren des 19. Jahrhunderts geführten Kämpfen um eine weitgehende Demokratisierung der Verfassung dieser Körperschaft.

Prätendent, s. Stuart.

Preceptor (engl.), der Unterweisende, Ritualhüter, eigentliche Leiter einer englischen Unterrichtsloge (Lodge of Instruction).

Predigten, Freimaurerische, engl. Sermons, sind eine Eigentümlichkeit der angelsächsischen, besonders der nordamerikanischen Freimaurerei. Die Freimaurer einer Stadt oder einer Großloge ziehen in maurerischer Bekleidung zu einer Kirche, in der eine Rede von einem Geistlichen gehalten wird. Die erste Predigt dieser Art scheint 1749 vom Reverend Brockwell in Boston gehalten worden zu sein. Auch John Entick hielt wiederholt Predigten vor englischen Freimaurergemeinden, die auch im Druck vorliegen (1750). Obzwar die Orte dieser Predigten zumeist Kirchen der verschiedenen protestantischen Riten sind, geben die amerikanischen Freimaurer auch öffentlich zu erkennen, daß sie beim Anhören einer Predigt nicht die Kirche eines bestimmten Bekenntnisses, sondern das „Gotteshaus" aufsuchen wollen. Daher haben in Amerika wiederholt solche Predigten auch in Synagogen stattgefunden, wobei jüdische Geistliche zu Angehörigen aller Glaubensbekenntnisse sprachen. Als berühmteste freimaurerische P. gilt jene, die Reverend William Smith am 28. Dezember 1778 in der Christuskirche in Philadelphia in einer kritischen Phase des Revolutionskrieges vor Washington und mehreren hundert Brüdern über „Freiheit" hielt (s. auch Gottesdienst).

Preisausschreiben, die der Hebung des freimaurerischen geistigen Lebens, der Erlangung von Aufklärungsschriften und der Vertiefung der Arbeit dienen, sind besonders in Frankreich, Deutschland und Belgien, auch in Holland und Ungarn zu verzeichnen. In Frankreich zeitigte die nach der französischen Revolution einsetzende heftige antifreimaurerische, publizistische Kampagne die Notwendigkeit, die Abwehr intensiver zu gestalten. 1801 gewann die Schrift von Mounier (s. d.): „De l'influence attribuée aux Philosophes, aux Francs-Maçons et aux Illuminés sur la Révolution ..." einen im Schoß des Grand Orient ausgesetzten Logenpreis. Im gleichen Jahr widmete die holländische Freimaurerei ebenfalls einen ansehnlichen Preis für eine Antwort auf die Bücher von Barruel und Cadet-Gassicourt. Dem Problem der Stellung der Freimaurerei im öffentlichen Leben suchte namentlich die Loge „La Parfaite Union" in Douai während langer Zeit durch verschiedenartige Fragestellung auf den Grund zu kommen. In Deutschland, wo schon 1802 die Frankfurter Loge „Zur Einigkeit" einen Preis für eine Arbeit über die Erziehung des Menschengeschlechtes stiftete, war es dann der „Verein deutscher Freimaurer", der durch Preisaufgaben die Bildungsarbeit und Werktätigkeit zu befruchten, neue Möglichkeiten für kulturelles Wirken aufzuweisen, Grundlagen zum Studium der sozialen Frage zu bieten und volkserzieherisch zu wirken trachtete, aber auch das freimaurerische Schrifttum bereicherte. Der Großorient von Belgien verfügt in dem alle zehn Jahre zur Verteilung gelangenden, 1889 gestifteten Peeters-Baertsoen-Preis (s. d.) über den internationalen freimaurerischen Literaturpreis. Außerdem schreibt die gleiche Obedienz alljährlich mehrere „Concours Maçonniques" für ihre eigenen Brr. aus, die historischen, ritualistischen und allgemeinmaurerischen Fragen gelten.

Der frühere Präsident des G. O. de France, Mille, hat nach dem Weltkrieg im „Prix Mille“ (s. d.) einen Geschichtspreis geschaffen; literarische, bezw. künstlerische Arbeiten fördern die Preise zweier führender Pariser Logen, der „Prix de la Rose“ („Preis der Rose“, s. d.) der Loge „Rose des septante“ (G. O.), der „Prix du Portique“ der Loge „Le Portique“ (G. L.).

Preis der Rose (frz. Prix de la Rose), ist eine von der Pariser Loge „La Rose des Septante“ alljährlich verliehene Auszeichnung für eine mit der Freimaurerei zusammenhängende künstlerische Leistung.

Preller, Ludwig, Philologe, * 1809, † 1861 in Weimar, Professor in Jena und seit 1847 Oberbibliothekar in Weimar, der Verfasser der weitbekannten „griechischen und römischen Mythologie“, war Mitglied der Loge „Amalia“ in Weimar.

Prentice Pillar (engl.), der Lehrlingspfeiler. In der südöstlichen Ecke der Kapelle von Roslyn-Castle in Schottland befindet sich ein durch seine besondere künstlerische Ausschmückung bemerkenswerter Pfeiler, an den sich eine alte Bausage knüpft. Der leitende Baumeister hätte die von Rom eingesandten Pläne nicht verstanden und sei daher nach Rom gereist, um Auskünfte einzuholen. In seiner Abwesenheit habe nun ein Lehrling den Pfeiler vollendet. Nach seiner Rückkehr habe der eifersüchtig gewordene Meister den Lehrling getötet, indem er ihm den Kopf spaltete. Die Sage scheint dadurch entstanden zu sein, daß einer der schmückenden Köpfe eine Verstümmelung an der Stirn zeigt. Sie ähnelt im übrigen zahlreichen alten Bausagen usw., so der vom Glockengießer von Breslau u. a. m.

Préparer (frz.), vorbereiten.

Président du Conseil de l'Ordre, s. Präsident.

Preßburg, ung. **Poszony,** seit 1918 **Bratislava,** Hauptstadt der zur Tschechoslowakischen Republik gehörenden Slowakei. Infolge der Nähe Wiens fand die Freimaurerei sehr früh Eingang. Bereits 1763 wurden Maßregeln gegen die Freimaurerei ergriffen. Über die Schicksale der ersten Logen ist wenig bekannt. 1770 wird die Loge „Zur Verschwiegenheit“ erwähnt, die sich 1776 der Drašković-Observanz (s. d.) anschloß. 1777 entstand die Loge „Zur Sicherheit“, die ohne Patent arbeiten mußte, weil ihr die Große Landesloge der Freimaurer von Deutschland, die Provinzial-Großloge von Wien und jene von Ungarn ein solches verweigerten. Nach dem Freimaurerpatent Josephs II. (1785) löste sie sich auf. 1782 entstand noch die Loge „Zur Vereinigung“, die bis 1792 bestand. 1869 wurde nach dem neuen Vereinsgesetz in Ungarn die Loge „Zur Wahrheit“ errichtet, die bis 1877 wirkte. Aus ihr ging 1872 die Loge „Zur Verschwiegenheit“ hervor, die bis heute besteht. Von dieser löste sich 1902 eine ungarische Loge „Testvériség“ ab. Infolge der Schwierigkeiten, die der Freimaurerei in Österreich bereitet wurden, schufen die in ungarischen Grenzorten entstandenen Wiener Grenzlogen (s. d.), die ebenso wie die Preßburger Logen unter der Oberhoheit der Symbolischen Großloge von Ungarn standen, für ihre Logenarbeiten ein Zentrum in P. Auch die 1909 gegründete Loge „Hiram zu den drei Sternen“ in Prag arbeitete dort. Nach dem Weltkrieg fiel P. an die Tschechoslowakische Republik. Die beiden Ortslogen „Verschwiegenheit“ und „Testvériség“ schlossen sich der Großloge „Lessing zu den drei Ringen“ an. Die tschechoslowakische National-Großloge stiftete eine slowakische Loge „Jan Kolár“. P. ist freimaurerisch auch dadurch besonders bemerkenswert, weil dort drei Logen, die drei verschiedenen Nationalitäten (deutsch, ungarisch und slowakisch) und zwei Großlogen angehören („Lessing“ und Národní Veliká Lože československá“) in einem Hause im besten Einvernehmen arbeiten und gemeinsam humanitäre Hilfsaktionen einleiten. Die Logen „Verschwiegenheit“ und „Testvériség“ besitzen ein eigenes Logenheim, unterhalten soziale und Bildungsinstitutionen. Die „Verschwiegenheit“ hat auch ein Freimaurermuseum begründet.

Presse, s. Zeitschriften, Zeitungen.

Presseempfänge. Um die Presse der verschiedensten Parteien mit den Einrichtungen und Zwecken der Freimaurerei bekanntzumachen, veranstaltete 1931 der Großosten der Niederlande im Logenhaus im Haag einen Presseempfang, bei welchem nach Besichtigung des Tempels die Art und das Wesen der freimaurerischen Arbeit gründlich und freimütigst erörtert und im Anschluß daran alle Fragen beantwortet wurden, die 30 führende holländische Journalisten stellten. Diese Empfänge fanden bald in Deutschland Nachahmung. So luden die humanitären Logen Berlins und die Symbolische Großloge von Deutschland zu je einer Presseveranstaltung ein, die Hamburger Großloge führte Zeitungsmänner in ihr mit allen medizinischen Errungenschaften der Neuzeit ausgestattetes, seit 1797 bestehendes Freimaurerkrankenhaus. Diese Fühlungnahme mit der Presse hat der notwendigen Aufklärung sehr gedient. In Holland namentlich erschienen in den maßgebenden Blättern spaltenlange instruktive Artikel.

Preston, William aus Edinburgh, Buchdrucker in London, dann Herausgeber des „London Chronicle“, * 1742, † 1818, Mitglied einer Londoner Loge der Antients (Nr. 111), trat in dieser als Reformator des Instruktionswesens hervor, indem er „Lectures“ verfaßte, die die bisherige Lehre wesentlich vertieften. Er schloß sich dann mit der Loge den „Moderns“ an und wurde Stuhlmeister der „Lodge of Antiquity“, der ältesten Londoner Bauhütte, und Zugeordneter Großsekretär. Er machte sich bald als glänzender Gastredner in den verschiedensten Logen einen ausgezeichneten Namen. Vielen Freimaurern der damaligen Zeit wurden die Instruktionen, vor allem die Alten Pflichten, in ihrer vollen Bedeutung erst durch die Worte P.s klar. Auch am Ritual der „Moderns“ nahm er Verbesserungen vor. In seiner Eigenschaft als Stuhlmeister hatte er Meinungsverschiedenheiten mit der Großloge wegen des von dieser bestrittenen Rechtes der Loge auf eigene feierliche Aufzüge. Zuwiderhandeln gegen die Großlogevorschriften in diesem Punkt führte 1778 seinen Ausschluß herbei. Einen Monat später wurde er wieder eingesetzt; aber die Loge strich nun ihrerseits drei Mitglieder, die sich wegen der Haltung von P. bei der Großloge beschwert hatten. Einem Auftrag, sie wieder aufzunehmen, kam die Loge nicht nach, sondern konstituierte sich als selbständige „Grand Lodge of England South of the River Trent". Nun wurden P. und seine Freunde neuerdings exkludiert. 1789 wurde dann der Friede hergestellt und P. feierlich wieder in seine Rechte in der „Moderns"-Großloge eingesetzt. Die schismatische „Großloge" verschwand wieder. Noch vor seiner Reaktivierung schuf P. ein „Großkapitel von Harodim" (s. d.), eine Vereinigung für freimaurerische Instruktion. In Sektionen und Klassen wurden Musterinstruktionen ausgearbeitet. Aufstieg war nur durch besondere Leistungen möglich.

P.s Hauptbedeutung liegt in seiner schriftstellerischen Tätigkeit. Sein von der Großloge genehmigtes Hauptwerk „Illustrations of Masonry", das 1772 erschien, erlebte viele Auflagen und wurde in zahlreiche Sprachen übersetzt. Die deutsche Ausgabe, die erstmals 1776 herauskam, führt den Titel „Erläuterung der Freimaurerei". P. hinterließ nach seinem Tode einen Betrag von 300 Pfund, aus dessen Zinsen alljährlich ein besonders qualifizierter Instruktionsvortrag, die Prestonian Lecture (s. d.), veranstaltet werden sollte, ferner 1000 Pfund für freimaurerische Wohlfahrtszwecke.

Prestonian Lecture (engl.), William Preston (s. d.) hinterließ zur Förderung des englischen freimaurerischen Unterrichtswesens einen Betrag von 300 Pfund, aus dessen Zinsen alljährlich die Veranstaltung der sogenannten P. L. dotiert werden sollte. Nach den Bestimmungen des Legats sollte jeweils vom Großmeister ein besonders glänzender Ritualkundiger und Redner bestimmt werden, den Jahresvortrag zu halten. Der erste Prestonian Lecturer war Stephen Jones, der mehrere Jahre lang das Mandat behielt. Auf ihn folgte der letzte überlebende Schüler Prestons, Laurence Thompson. Im Lauf der Zeit kam man dann von der Gepflogenheit der jährlichen P. L. ab, neuerdings aber hat man sie wieder aufgenommen, beschränkt aber das Thema nicht mehr auf Ritualkunde allein.

Preußen, deutscher Freistaat, früher Königreich P.

Die Maurerei Friedrichs des Großen.

Durch die frühe Aufnahme Friedrichs des Großen in den Freimaurerbund (als Kronprinz in Braunschweig 14. und 15. August 1738) hatte die Freimaurerei in P. gleich von Anfang an eine begünstigte Stellung. Als Friedrich II. im Jahre 1740 den Thron bestieg, begrüßte ihn die „Vossische Zeitung" vom 5. Juli 1740 mit einem schwungvollen Artikel, in dem es heißt: „So werden auch die sogenannten Frey-Mäurer, da man ihnen, wo nicht mehr, dennoch eine bündige Gelertheit und philosophische Honetete zugestehen muß, bei uns eine Freistatt finden." Friedrich ließ noch als Kronprinz durch den Hamburger Stuhlmeister v. Oberg auf seinem Schlosse Rheinsberg Loge halten. Auf diese Logenarbeiten weisen, wie Kekule v. Stradonitz nachweisen konnte, noch heute allegorische Wandmalereien in Rheinsberg hin. Im November 1739 übernahm der Kronprinz selbst den Hammer und hielt dann nach seiner Thronbesteigung die erste Logenarbeit 1740 in Charlottenburg. An die von ihm geleiteten Arbeiten, bei welchen auch sein Bruder Wilhelm, die Markgrafen von Holstein und sein Schwager, der Markgraf von Bayreuth, aufgenommen wurden, erinnert das bekannte Bild im Bayreuther Großlogenmuseum. Die Loge des Königs führte keinen besonderen Namen, sondern wird als Loge première oder Loge du Roi notre Grand Maître bezeichnet. Von seiten der Großloge von England wurde die Großmeisterwürde und das Recht auf Logengründung durch den jungen Preußenkönig ohneweiters anerkannt. Denn als 1741 der außerordentliche preußische Gesandte, Truchseß zu Waldburg und der Gesandte Baron von Andrié mit dem Legationsrat v. Bielfeld die Vierteljahrsversammlung der englischen Großloge besuchten, erklärte die Großloge, daß sie durch diese Einladung den königlichen Br. von P. ehren wolle, der als natürlicher Großmeister in seinen Staaten selbst Logen zu errichten berechtigt sei. Der König ermächtigte ferner den Geheimen Rat Jean Etienne Jordan zur Errichtung einer neuen Loge, die am 13. September 1740 unter dem Namen „Aux trois Globes" in Berlin in Arbeit gesetzt wurde. Ihre Stifter waren Kaufleute. Ihr Mitglied Philipp Simon (1714 bis 1788), der noch in Hamburg aufgenommen war, wurde 1741 Mitstifter und Meister der Loge „Aux Trois squelettes" in Breslau sowie der Loge „Aux trois Piédestaux" in Glogau (1745). Gearbeitet wurde zunächst nach englischer Konstitution in französischer Sprache. Die Mitglieder gehörten meist dem preußischen Adel an (Grafen von Roeder, Schwerin, Wallenrod, zu Dohna, v. Gotter, die Markgrafen v. Schwedt, v. Bayreuth, der Herzog von Holstein-Beck, der englische Gesandte Lord Hindfort u. v. a.).

Die Loge in Breslau, an deren Spitze der Sonderling Reichsgraf Albrecht Joseph v. Hoditz (s. d.) stand, verpflanzte die Freimaurerei auch nach Österreich, wo 1742 die Loge „Aux trois canons" in Wien entstand. Weitere Logengründungen erfolgten von Berlin aus in Meiningen (1741), Frankfurt a. O. (1741), Dresden (1742), Halle a. S. (1743) und Neuchâtel (1743). Im folgenden Jahre, 1744, setzte die Berliner Loge eine Schaffnerloge ein und nahm selbst die Bezeichnung „Große Königliche Mutterloge zu den drei Weltkugeln" an. Eine 1754 neubegründete Loge, „La petite Concorde", lebte in Unfrieden mit dieser. Sie sagte sich 1755 nicht nur von ihr los, sondern gründete auch eine Filiale in Magdeburg unter dem Namen „La félicité“. Dieses Schisma bestand bis 1760, wo der Frieden wieder hergestellt wurde.

Französischen kriegsgefangenen Offizieren wurde gestattet, unter Führung des Marquis Gabriel Filley de Lerneu (s. d.) eine Militärloge, „La Fidélité“, zu errichten, die jedoch keine Aufnahmen vollziehen durfte. 1752 oder 1754 gründeten dann französische Künstler, Gelehrte und Beamte, die Friedrich II. an seinen Hof gezogen hatte, eine Loge „De l'Amitié“, („Zur Freundschaft“), die dann von der Mutterloge „Zu den drei Weltkugeln“ 1761 einen Stiftungsbrief unter dem Namen „De l'Amitié aux trois Colombes“ erhielt, wodurch die Zahl der Berliner Logen bereits auf drei gestiegen war. Um diesen drei Logen eine gemeinsame Leitung zu geben und die oben erwähnten Mißhelligkeiten zu beseitigen, wurde über Vorschlag des Geheimrates von Printzen am 20. Mai 1761 ein Oberstes maurerisches Tribunal eingesetzt, an dessen Spitze v. Printzen als Großmeister trat. 1765 wurde in der Loge „L'Amitié“ Eduard August Herzog von York, Bruder des Königs von England, aufgenommen, der das Protektorat der Loge übernahm, die sich von da an „La Loge Royal York de l'Amitié“ nannte und in der Folge zur Großloge von England übertrat.

Durch die Tätigkeit des Marquis Filley de Lerneu hatte 1760 das Clermontsche System (s. d.) Eingang gefunden. Obermeister des sogenannten hierosolymatischen Hochkapitels in Berlin war der obenerwähnte v. Printzen, als Legat wirkte Philipp Samuel Rosa (eigentlich Dietrich Schumacher) (s. d.), der über Auftrag Printzens die Orte Norddeutschlands bereiste und dort überall Kapitel des Ritus einführte. Etwa um die gleiche Zeit ging von Berlin die von dem Kriegsrat und Kanonikus Karl Friedrich Köppen begründete Lehre der Afrikanischen Bauherren aus (s. d.), die bereits 1766 in Berlin fünf Logen hatten. Besonders kräftig faßte die Strikte Observanz in P. Fuß. Die Mutterloge „Zu den drei Weltkugeln“ nebst der Tochterloge „Zur Eintracht“ schloß sich 1766 diesem Tempelherrensystem an.

In diese Zeit fällt das Auftreten einer der kräftigsten Persönlichkeiten der deutschen Freimaurergeschichte: Generalstabsarzt Johann Wilhelm Kellner von Zinnendorf (s. d.). Er war 1765 Meister vom Stuhl der Großen Mutterloge geworden und hatte deren Übergang zur Strikten Observanz betrieben, trat dann aber aus und begründete auf Grundlage der von Stockholm erhaltenen sogenannten Eckleffschen Akten (s. d.) ein neues System, die Große Landesloge der Freimaurer von Deutschland (1770). Die Mutterloge, als Teil der Strikten Observanz, sprach dieser gegnerisch eingestellten Neugründung die Regularität ab. Von beiden Seiten wurden zahlreiche Logen ins Leben gerufen. Mehrfache Versöhnungsversuche scheiterten. Die Große Landesloge setzte sich um so leichter durch, als die Mutterloge in der Folge von den bald ausbrechenden Wirren in der Strikten Observanz stark erschüttert wurde. 1773 schloß die englische Großloge mit der Großen Landesloge einen Freundschaftsvertrag, worin die Anerkennung der Regularität eingeschlossen war; 1774 folgte Friedrichs des Großen Protektorium.

Zusammenbruch der Strikten Observanz.

Der Zusammenbruch der Strikten Observanz auf dem Wilhelmsbader Konvent (s. d.) veranlaßte die Große National-Mutterloge des Preußischen Staates, wie die Mutterloge „Zu den drei Weltkugeln“ seit 1772 hieß, zu einer Erklärung (11. November 1783), in der sie sich selbst unabhängig erklärte und allen Freimaurerlogen in und außerhalb Deutschlands die Hand zum Frieden bot, zugleich aber die „Sekte“ (die Illuminaten [s. d.]) in Bann tat. Diese Achterklärung hing nicht zuletzt damit zusammen, daß unter Wöllner (s. d.) die National-Mutterloge Hort der Gold- und Rosenkreuzer, der grimmigsten Feinde des Illuminatentums, geworden war. Die Stellung der Loge „L'Amitié“ schwankte zu dieser Zeit in fortgesetzten Anerkennungskämpfen. Nachdem sie sich 1774 auf Rat der englischen Großloge der Großen Landesloge unterstellt hatte, trat sie infolge persönlicher Zwistigkeiten wieder aus, worauf ihr die Große Landesloge das Besuchsrecht sperrte, trotzdem die Loge regulär England unterstand. Der sehr persönlich geführte Streit um Zinnendorf kennzeichnet diese Periode der preußischen Freimaurerei. Erst nach seinem Tode (1782) trat eine gewisse Beruhigung ein. Sein Nachfolger, Castillon (1782—1789), mehr noch aber Johann Christoph v. Wöllner (s. d.) (Große National-Mutterloge) bemühten sich um den Frieden. Diese anerkennenswerte Tätigkeit wird jedoch verdunkelt durch Wöllners spätere Wirksamkeit als Justizminister und Chef des Departements für geistliche Angelegenheiten, in welcher Eigenschaft er durch das berüchtigte zelotische Religionsedikt (1788) sowie durch seine mystische Betätigung (s. Rosenkreuzer) P. in ein von rosenkreuzerischen Muckern beherrschtes Land verwandelte, was ihm angesichts der geringen geistigen Qualitäten des Nachfolgers Friedrichs des Großen leicht gelang.

In jenem Jahr löste auch die Großloge von England das Freundschaftsverhältnis „wegen Intoleranz gewisser deutscher Bestimmungen“, ein Bruch, der erst 1792 wieder geheilt wurde. (Vergl. Robbins, „English speaking Freemasonry“, S. 81.)

1796 bestätigte Friedrich Wilhelm II. von P. in einem Konfirmationspatent und Protektorium der National-Mutterloge ihre alten, auf Friedrich den Großen zurückgehenden Rechte. 1797 gab sich diese, die so nach außen hin eine gesicherte Stellung erhalten hatte, eine Grundverfassung und ein Direktorium, die auch eine innere Konsolidierung bewirkten. Da nämlich der National-Großmeister Herzog Friedrich August von Braunschweig seit dem Rheinfeldzug Berlin dauernd verlassen und sein Zugeordneter v.

Wöllner das Vertrauen der Brüderschaft verloren hatte, war die Großloge dem Verfall nahe gewesen.

Eine besondere Entwicklung nahm die Loge Royal York, die alte „L'Amitié". Ihr war 1796 in der Person Feßlers (s. d.) ein Reformator großen Stils erstanden. Auf seinen Einfluß war es zurückzuführen, daß sich die Loge am 11. Juni 1798 in vier Johannislogen teilte („Friedrich Wilhelm zur gekrönten Gerechtigkeit", „Zur siegenden Wahrheit", „Urania zur Unsterblichkeit", „Pythagoras zum flammenden Stern"), die unter Zuziehung von früher gestifteten neun Logen des gleichen Systems die Große Loge von Preußen, genannt Royal York zur Freundschaft, begründeten. Diese neue Großloge wurde von England sofort anerkannt, auch die Große National-Mutterloge „Zu den drei Weltkugeln" erkannte sie an. Dagegen sprach sich die Große Landesloge dahin aus, daß sie die neue Großloge wegen der von Feßler eingeführten Ritualänderungen nicht als Freimaurerei anerkennen könne. Erst 1806 bequemte sich die Große Landesloge dazu, die neue Großloge als regulär anzusprechen.

Das Edikt von 1798.

Von besonderer Wichtigkeit wurde um die Jahrhundertwende das königliche Edikt vom 20. Oktober 1798 (s. d.) „wegen Verhütung und Bestrafung geheimer Verbindungen ...", das im § 3 ausdrücklich von dem Verbote geheimer Gesellschaften „die Mutterloge ‚Zu den drei Weltkugeln', die Große Landesloge und die Loge ‚Royal York de l'Amitié' und die von ihnen gestifteten Tochterlogen" ausnahm, wodurch die drei preußischen (später altpreußische genannten) Großlogen eine Monopolstellung erhielten.

Die in diesen Jahren zum erstenmal auftauchende Judenfrage führte zur Errichtung sogenannter Toleranz- oder Melchisedeklogen (s. d.) auch in Berlin, die sich jedoch nicht halten konnten. Der 1810 entstandene Freimaurerverein der drei Großen Logen zu Berlin sprach sich im § 13 der Vereinigungsakte gegen jede Art von Zulassung von Juden, u. zw. auch als Besuchende, aus. Der aus der geistigen Not der Zeit der napoleonischen Siege geborene Verein, der eine Einigung der preußischen Freimaurerei anstrebte und monatliche Deputiertenkonferenzen abhielt, bestand bis 1823, ging dann infolge Streitigkeiten um eine Rostocker Loge in ein Stadium der Latenz über, aus dem er sich nicht mehr erholen konnte.

Im allgemeinen war dann die Entwicklung auch in schwierigen Zeiten ruhig und gedeihlich. Die Große Landesloge erhielt besondere Impulse durch Christian Carl Friedrich Freiherr von Nettelbladt (1779—1843), der ihr System ausgestaltete, die Rituale bearbeitete und 1819 einen Vertrag mit der schwedischen Großloge bewirkte, der bekundete, „daß eine Lehre, eine Abstammung, ein Geheimnis, eine Form und ein Wesen" die nordischen und die Brr. der Großen Landesloge verbinde. Die Entwicklung der preußischen Maurerei kam gelegentlich der Jahrhundertfeier der Aufnahme Friedrichs des Großen (14. August 1838) in einer Festarbeit der Großen National-Mutterloge zum Ausdruck, die hierbei 90 Tochterlogen versammeln konnte.

Neuerliche Einigkeitsbestrebungen führten am 28. Dezember 1839 zur Gründung des Preußischen Großmeistervereins, der allgemeine Regulative für die preußische Freimaurerei zu bearbeiten bestimmt war.

Wilhelm von Preußen.

Durch die Aufnahme des Prinzen Wilhelm v. P. (nachmaligem Kaiser Wilhelm I.) am 22. Mai 1840, kam die preußische Freimaurerei wieder in ein innigeres Verhältnis zum Königshause. König Friedrich Wilhelm III. hatte wohl die Freimaurerei gegen Angriffe wiederholt verteidigt, er hatte auch durch seinen Kanzler Hardenberg noch auf dem Kongreß von Verona die Freimaurerei gegen die Anschläge Metternichs in Schutz genommen, aber er selbst blieb den Logen fern. Er erteilte die Zustimmung zur Aufnahme seines Sohnes unter der Bedingung, daß dieser nicht einer besonderen Loge, sondern allen drei Freimaurer-Großlogen des preußischen Staates angehören solle und das Protektorat über diese ausübe. Der Großmeister Graf Henckel von Donnersmarck (s. d.) nahm den Prinzen im Hause der Großen Landesloge im Beisein der beiden anderen Großmeister historisch in die drei Johannisgrade auf. Die Verbindung mit dem Königshause blieb seither in Form des Protektorates eine ständige Einrichtung der preußischen Freimaurerei. Am 5. November 1853 erfolgte der Eintritt des Kronprinzen Friedrich, später Kaiser Friedrich III., der von 1860—1874 Ordensmeister der Großen Landesloge blieb. Seine Aufnahme geschah zur Zeit, als der Professor der Theologie Ernst Wilhelm Hengstenberg (s. d.) in seiner „Evangelischen Kirchenzeitung" 1854 und 1855 scharfe Angriffe gegen die Freimaurerei richtete. Auch der Generalsuperintendant der Magdeburger Synode, Johann Friedrich Möller, ritt heftige Attacken gegen die Freimaurerei, die ihm nach Einflußnahme des Königs Wilhelm eine scharfe Rüge durch den Oberkirchenrat eintrugen. 1861 wurde in Potsdam der Verein deutscher Freimaurer (s. d.) gegründet, gegen den sich die altpreußischen Großlogen anfangs wenig freundlich stellten. Einen Zuwachs erhielt die preußische Freimaurerei durch die Gebietserweiterung P. nach dem Kriege von 1866. Die Großloge von Hannover wurde auf Grund des Edikts von 1798 von der preußischen Regierung gezwungen, sich aufzulösen. Die Logen schlossen sich in der Mehrzahl der Großloge „Royal York" an. Dagegen wurde der Großen Mutterloge des Eklektischen Bundes in Frankfurt a. M. die selbständige Fortexistenz unter der Bedingung gestattet, daß sie von der Neugründung von Logen auf preußischem Boden absehen würde, wodurch sich die Zahl der preußischen Großlogen auf vier erhöhte. Die Logen in Schleswig-Holstein schlossen sich der Großen Landesloge an.

Kronprinz Friedrich Wilhelm.

Eine führende Stellung in der preußischen

Freimaurerei nahm der wegen seiner liberalen Anschauungen allgemein verehrte Kronprinz Friedrich Wilhelm ein. Bei der Jahrhundertfeier der Großen Landesloge hielt er als Ordensmeister am 24. Juni 1870 eine aufsehenerregende Ansprache, in der die oft zitierten Worte vorkommen: „Nach meiner Überzeugung gibt es nur eine Freimaurerei, die nur in verschiedener Form auftritt... Möge das neue Jahrhundert wirklich eine neue Zeit werden, daß hinfort jeder in brüderlicher Anerkennung und Achtung auch den Andersdenkenden begegne." In dieser Rede betonte der Kronprinz die Einheit aller Freimaurerei, die Notwendigkeit gründlicher geschichtlicher Forschungen und die grundlegende Bedeutung der Johannisloge (Kneisner). Dieser Forderung nach geschichtlicher Forschung zwecks Erhellung traditionellen Dunkels versuchte nach Angriffen Findels auf die Große Landesloge im Auftrag des Kronprinzen der Stettiner Archidiakonus G. A. Schiffmann (s. d.) gerecht zu werden, stieß dabei aber auf den Widerstand der Ordensoberen der Landes-Großloge. Da er zudem einen formalen Fehler beging, indem er 1874—1876 drei Broschüren zum Teil polemischen Inhalts ohne Genehmigung der Ordensbehörde veröffentlichte, wurde er 1876 aus der Großen Landesloge ausgeschlossen. Kronprinz Friedrich Wilhelm hatte sich bereits 1874 veranlaßt gesehen, sein Amt als Ordensmeister niederzulegen, er blieb von da an stellvertretender Protektor. Die Anregung, die er gegeben hatte, blieb jedoch fruchtbar für die Folgezeit. Es erstanden in den altpreußischen Großlogen Historiker, wie Begemann, Keller, Wolfstieg (s. diese alle), die zur Begründung exakter historischer Geschichtsschreibung in Deutschland den Grund legten. Auch die Namen der Historiker Sonnenkalb, Bluhm, Kneisner, sämtlich der Großen Landesloge zugehörig (s. diese alle), und Kekule v. Stradonitz („Drei Weltkugeln") seien hier genannt.

Der Settegast-Streit.

Ein Geschehnis von weitreichender Bedeutung war der Settegast-Streit (s. d.) in den neunziger Jahren des letzten Jahrhunderts, dessen Ausgang die Monopolstellung der altpreußischen Großlogen beseitigte, die sich fast 100 Jahre lang auf das Edikt von 1798 gestützt hatten. Der vor Gericht ausgetragene Kampf der Settegast-Großloge um ihre gesetzliche Existenzberechtigung endete mit der juristischen Niederlage der Altpreußen, indem das Oberverwaltungsgericht am 22. April 1893 erklärte, daß durch die preußische Verfassung vom 6. April 1848 alle Preußen ermächtigt seien, sich zu solchen Zwecken, welche den Strafgesetzen nicht zuwiderlaufen, ohne vorgängige polizeiliche Erlaubnis in Gesellschaften zu vereinigen. Damit war das Edikt erledigt. (Es ist übrigens erst 1931 nebst zahlreichen anderen veralteten und überholten Gesetzen und Verordnungen durch die Reichsregierung gestrichen worden!)

Eine Denkschrift der drei altpreußischen Großmeister Gerhardt, Zöllner und Flohr vom 19. April 1893 vermochte nichts mehr zu ändern. Seit dieser Zeit begannen auch die übrigen deutschen Großlogen in P., vor allem auch in Berlin, Logen zu gründen. Die von Settegast begründete Großloge „Kaiser Friedrich zur Bundestreue" (27. November 1892) in Berlin, die von den anderen deutschen Großlogen nicht anerkannt wurde, bestand bis 1900. Durch geschickte Vermittlung des Hamburger Großmeisters Carl Wiebe (s. d.) ging sie dann als Berliner Provinzial-Großloge an die Großloge von Hamburg über. Sie löste sich 1924 auf, wodurch ihre Logen wieder direkt Hamburg unterstehen.

Nach dem Tode Kaiser Friedrichs, 1888, änderte sich das Verhältnis der preußischen Großlogen zum Herrscherhaus nur unwesentlich. Protektor wurde Prinz Friedrich Leopold von P., eine persönlich sehr unbedeutende Erscheinung. Der Verkehr mit ihm beschränkte sich meist nur auf höfische Höflichkeitsbezeugungen anläßlich seines Geburtstages u. a. m. Nach der Novemberrevolution 1918 verschwand er recht plötzlich in der Versenkung der preußischen Freimaurergeschichte. Diese verläuft zu dieser Zeit mit der Geschichte der übrigen deutschen Freimaurerei (s. Deutschland). Ereignisse besonderer Art vor dem Weltkrieg waren noch der Besuch der altpreußischen Großmeister in London, 1912, und der Gegenbesuch des englischen Pro-Großmeisters Lord Amphtill und einer Abordnung der Großloge von England bei den altpreußischen Großlogen in Berlin, 1913.

Die neueste Zeit.

Nach dem Weltkriege waren alle deutschen Großlogen den heftigsten Angriffen ausgesetzt. In den mit Offizieren, Staatsbeamten, Mitgliedern der Adelskreise und Alten Herren der zahlreichen deutschen Studentenkorporationen stark durchsetzten altpreußischen Großlogen mag dieser Frontalstoß gegen die Freimaurerei besonders peinlich empfunden worden sein. Dazu kam noch die in Deutschland immer latente Judenfrage, die von den Gegnern besonders ausgenützt wurde. Es machte sich daher in der preußischen Freimaurerei als erster das Bestreben geltend, diese schwachen Frontabschnitte möglichst zu versteifen. Daher wurde die Judenfrage radikal gelöst, indem auch in der seit 1872 wenigstens in den drei Johannisgraden humanitären Großloge „Royal York", die sich seit 1915 „Große Loge von Preußen, genannt zur Freundschaft" nennt, das christliche Prinzip eingeführt wurde, das die beiden anderen altpreußischen Großlogen nie verlassen hatten. Ebenso wurden die Allgemeinen Grundsätze der Freimaurerei, die der deutsche Großlogenbund 1870 und 1878 beschlossen hatte, gestrichen, nicht zuletzt wegen des Punktes IV, nach dem Stand, Nationalität oder Farbe, Religionsbekenntnis und politische Meinungen kein Hindernis der Aufnahme sein sollten. Eine weitere Konsequenz war — 1922 — der Austritt aus dem Deutschen Großlogenbund. Auch gegenüber dem Verein deutscher Freimaurer trat die Große Landesloge feindlich auf, indem sie die Mitgliedschaft untersagte, allerdings ohne in diesem Punkt bei den beiden anderen altpreußischen Großlogen Gefolgschaft zu finden. In zahlreichen Deklarationen und Manifesten haben seither die drei altpreußischen Großlogen ihren christlich-deutschen Sonderstandpunkt, der auch die „Alten Pflichten" kategorisch ablehnt, teils vereinigt, teils einzeln in der Öffentlichkeit betont.

Dabei wird die christlich-nationale Tendenz gestützt durch Ablehnung jeder internationalen Bindung und Bekämpfung pazifistischer Strömungen innerhalb der Freimaurerei. Als letzte Konsequenz wurde 1931 von den Großlogen „Drei Weltkugeln" und „Freundschaft" der Verkehr mit der Großloge von Wien abgebrochen, weil diese international und pazifistisch gerichtet ist, ein Schritt, in dem ihnen die Groß-Landesloge (diese auch in bezug auf die Großloge „Lessing zu den drei Ringen") längst vorausgegangen war. Die drei altpreußischen Großlogen wollen bewußt die Isolierung der von ihnen vertretenen Freimaurerei von der übrigen Freimaurerei und sind bestrebt, auch zwischen sich und der humanitären Freimaurerei Deutschlands einen auch der breiteren Öffentlichkeit deutlich erkennbaren Trennungsstrich zu ziehen. Mit diesen Bestrebungen haben sie bei mehreren humanitären deutschen Logen Beifall gefunden, die zu ihnen abgewandert sind. Besonders völkisch eingestellt sind dabei die sogenannten altpreußischen Ringe (s. d.) in Bielefeld und Wetzlar, die zum Teile heute tonangebend geworden sind. Dieses Streben nach nationaler Geltung wird allerdings nicht von allen gegnerischen Gruppen anerkannt. Wohl hat u. a. der Stahlhelm für sich erklärt, daß er in die nationale Verläßlichkeit der ihm angehörenden Freimaurer keinen Zweifel setze. Aber andere maßgebende Faktoren des völkischen Lagers sind durch keine wie immer geartete Aufklärung zufriedenzustellen. Der ehemalige Landes-Großmeister der Großen Landesloge, Graf v. Dohna, mußte sich von dieser Seite sogar den Vorwurf des Landesverrates machen lassen und bei Gericht seine Ehre verteidigen. Einige nationalistische Gruppen machen heute hinsichtlich ihrer Einschätzung noch einen Unterschied zwischen der Großen Landesloge und den beiden anderen altpreußischen Großlogen, welch letztere sie dem humanitären Lager gleichstellen (so die Deutsche Adelsgenossenschaft).

Als Gruppe der Freimaurerei betrachtet, sind die altpreußischen Großlogen eine Besonderheit der Freimaurerei, auch der deutschen an sich genommen. Ähnlich wie die skandinavische Gruppe stehen sie den übrigen Freimaurereien in ihrer Einstellung gegensätzlich gegenüber. Hier haben Milieuverhältnisse einen bestimmenderen Einfluß, als von altpreußischen Freimaurern gewöhnlich zugegeben wird. Ganz folgerichtig geht aber hierbei nur die Große Landesloge vor. Sie nimmt von Vorgängen in der übrigen Maurerei der Welt — außer der skandinavischen — so gut wie keine Notiz mehr, während die beiden anderen durch das in ihren Blättern immer noch deutlich erkennbare Interesse an freimaurerischen Geschehnissen auch außerhalb Deutschlands das Verbindende des Freimaurernamens und des Freimaurerbrauchtums noch nicht ganz abgestreift haben und vermutlich auch nicht abstreifen werden. Es sind zeitbedingte Erscheinungen, die heute die altpreußische Freimaurerei in ihre „splendid isolation" hineingetrieben haben. Daß es hierdurch zu einer Spaltung innerhalb der deutschen Gesamtfreimaurerei gekommen ist, der die Ansätze zu einer Einigung zum Opfer gebracht wurden, ist dabei vom Standpunkte deutscher Freimaurerei sicherlich sehr bedauerlich. 1912 schrieb der Altpreuße Kneisner in seiner „Geschichte der deutschen Freimaurerei" den Satz: „Das Streben nach einer allgemeinen deutschen Großloge ist bei der Verschiedenheit der grundsätzlichen Richtungen aussichtslos. In äußeren Dingen ist aber eine Einigung bei allseitigem Entgegenkommen möglich. Der geschichtliche Gang drängt danach! Kommen wird sie!" Heute ist diese Hoffnung für lange Zeit als ganz aussichtslos anzusehen!

Neben der altpreußischen Freimaurerei bestehen in zahlreichen preußischen Orten Logen auch der anderen deutschen Systeme. Außerdem ist Berlin der Sitz des Obersten Rates des A. u. A. Schottischen Ritus von Deutschland (s. auch Deutschland, Hohenzollern, Berlin und die hier abgehandelten einzelnen Namen).

Preußische Regierung, gegen Alumnatverein Lennep, s. Oberverwaltungsgericht, königlich preußisches.

Preußisches Königshaus, s. Hohenzollern.

Prévost d'Exiles, Antoine François, Abbé, Schriftsteller, * 1697, † 1769, Jesuitenschüler, Offizier, dann Priester, berühmter Prediger, zuletzt Prior von St. Georges de Gesnes, Mitarbeiter an der „Gallia Cristiana", Verfasser des berühmten Romans „Manon Lescaut", war, Dudley Wright (s. d.) zufolge, Freimaurer. Wright sieht den Beweis darin, daß P. 1737 die Freimaurerei gegen ein antifreimaurerisches Pasquill der Londoner Zeitschrift „The Craftsman" im zwölften Band der von ihm in London herausgegebenen Zeitschrift „Pour et contre" warm verteidigte. Er bezeichnete es als Verleumdung, ihr verbrecherische Absichten gegen Staat und Religion zu unterschieben und beschrieb auch eingehend die Installation des Großmeisters Earl of Darnley. Seine Brüder Jérôme Pierre und Louis Eustache waren Mitglieder der „Loge de la Fidélité" in Hesdin.

Prévôt et Juge (frz.), Provost and Judge (engl.), s. Vorgesetzter und Richter.

Price, Henry, * in London 1697, † 1780, kam als Sechsundzwanzigjähriger nach Boston, wo er als Schneider tätig war. Mitglied der Londoner Loge, die in Rainbow Coffeehouse tagte, erhielt er 1732 von der Großloge von England als zweiter Freimaurer in Amerika — nach Daniel Coxe (s. d.) — eine „Deputation" als Provinzial-Großmeister, und zwar für „Neu-England und Dominions und die dazugehörigen Gebiete" (zwei Jahre später für ganz Nordamerika). Nach offizieller Version am 30. Juli 1733, möglicherweise aber schon am 24. Juni 1732, fand die erste protokollarisch feststehende Versammlung der Provinzial-Großloge (St. John's Grand Lodge) in der „Bunch of grapes Tavern" statt. In dieser Sitzung erfolgte die erste Regularisierung einer vorher schon bestandenen amerikanischen Loge unter den Auspizien der Mutter-Großloge, so daß diese als älteste reguläre Loge auf amerikanischem Boden anzusehen ist. Diese, die sich später als „St. John's Lodge Nr. 1" bezeichnete, figuriert in der Stammrolle der Großloge von England im Jahre 1734 als Nr. 126. P. fungierte später noch zweimal als Großmeister.

Prichard.

1. Samuel, s. Masonry dissected.

2. Henry, der erste Freimaurer, für den 1723 von der jungen Großloge von England eine offizielle Sammlung in den Logen veranstaltet wurde. Am 25. November empfahl der Großmeister Lord Dalkeith den Logen „Mr. Henry Prichard's Case" zur besonderen Beachtung. Die Kollekte ergab über 28 Pfund. Zwei Jahrhunderte lang wußte die Forschung nicht, was es mit dem „Fall Prichard" für ein Bewenden hatte. Erst 1910 ergab sich aus einem Londoner Blatt von 1723, daß P. einen Burschen, der in einem Gasthaus die Freimaurerei schmähte, gezüchtigt hatte und dafür in Buße genommen worden war. Da er das Geld nicht besaß, trat die Loge für ihn ein.

Priestergrad des Illuminatenordens, Stufe der nicht vollständig ausgebauten höchsten Klasse (Mysterien-Klasse); er war die Krönung, die Knigge (s. d.) der von Weishaupt (s. d.) erdachten wissenschaftlichen Akademie gab. Der Priester war Leiter einer „Fakultät" von Illuminaten, die ein besonderes Forschungsgebiet bearbeiteten. Die „Synode der Priester" sollte Hüterin eines Schatzes enzyklopädistischer Weisheit sein. Bei der Aufnahme hatte der Kandidat zwischen Zeichen königlicher Würde und dem bescheidenen Priestergewand zu wählen. Der P. war der Angelpunkt, um den sich die späteren Anklagen gegen den Orden drehten. (Vergl. Leopold Engel, „Geschichte des Illuminatenordens", Berlin 1906.) Schärfster Kampf gegen Intoleranz und Despotismus wurde verkündet, nachdrücklichste Beförderung der Aufklärung verlangt. Die „nur in der ursprünglichen Lehre Christi enthaltene", „durch geistlichen Terror und grausame Religionsverfolgung ihrer Reinheit verlustig gewordene", allein von geheimen Gesellschaften immer wieder ihren Eingeweihten überlieferte Moral, wurde als die Kunst bezeichnet, „welche die Menschen lehrt, volljährig zu werden, die Vormundschaft loszuwerden, die Fürsten und Staaten entbehrlich zu machen". Als Zweck des Illuminatenordens wurde angegeben, durch tätiges Christentum, durch die Verbreitung der wahren Lehre Jesu und durch Aufklärung die Menschen zur Freiheit fähig zu machen und sie in dem ersehnten Reich der Gerechten und Tugendhaften in einer einzigen Familie zu vereinigen. Die Illuminaten müßten zur Erfüllung dieser hohen Aufgabe an Stelle der Freimaurerei treten. Diese könne die ursprünglich ihr übertragene Mission infolge der inneren Spaltungen nicht durchführen, obwohl in ihren Graden die reine Lehre enthalten sei, indem Hiram, der in Wirklichkeit Hieram geschrieben werden müsse, Christus bedeute, der für das Glück der Menschheit ans Kreuz geschlagen wurde. (Entstanden aus: „*Hic Jesus est restituens amorem mundi*" oder „*Hic Jesus est resurgens a mortuis*" [s. Illuminaten]).

Priester, Hohepriester, Titel des Vorsitzenden in verschiedenen amerikanischen Hochgraden, z. B. High Priest des Royal-Arch-Kapitels. (Im englischen Royal Arch ist der H. der dritte „Principal".)

Priesthood, Order of High (engl.), Orden der Hohepriesterschaft, amerikanischer Ehrengrad für Vorsitzende (High Priests) von Royal-Arch-Kapiteln. Eine Analogie in England stellt der Order of Grand High Priest dar, der unter dem „Grand Council of the Allied Masonic Degrees" (s. d.) bearbeitet wird.

Primitiver Ritus, s. Rite primitif.

Primo de Rivera y Orbaneja, Miguel, General, * 1870, † 1930, seit 1923 durch Staatsstreich Diktator (Ministerpräsident) von Spanien, war der Freimaurerei nicht freundlich gesinnt und ließ wiederholt bei Massenverhaftungen politischer Gegner auch führende Freimaurer einkerkern. Als er im November 1927 in einer Note an die Zeitungen von „Freimaurern, Kommunisten und Geschäftspolitikern" sprach, „die fähig seien, in ihrer Liebe zu Spanien zu schwanken", antwortete ihm der Großmeister der Großloge von Spanien, Esteva, mit einem mutigen, energischen Schreiben, in dem er erklärte, daß es im Schoße der Freimaurerei kein Gefühl gebe, das so stark sei wie die Liebe zum Vaterland. „Ich versichere Eurer Exzellenz allen Ernstes, daß Sie unsere Institution aufs schwerste beleidigt haben, indem Sie sie als unpatriotisch bezeichneten ... Unsere verletzte Würde zwingt uns zur Zurückweisung ... Niemandem, aber auch gar niemandem räumen wir das Recht ein, an unserer Vaterlandsliebe zu zweifeln ... Wenn wir nicht öfters hervortreten, so ist das auf den Umstand zurückzuführen, daß unser Bund in Spanien gezwungen ist, auf Grund einer Toleranz zu leben, die unsere Existenzberechtigung zwar anerkennt, aber doch nicht so beschaffen ist, wie es unser gutes Recht gebietet ... Die Internationalität der Freimaurerei aber basiert auf der christlichen Auffassung von der Notwendigkeit, alle Menschen von gutem Willen zusammenzufassen, um gemeinsam an der Schaffung einer Entente zwischen allen Nationen zu arbeiten, die verhindern soll, daß weiterhin Ströme von Blut im brudermörderischem Kampfe vergossen werden. Sie geht von dem Willen aus, alles zu versuchen, unter den Menschen die Voraussetzungen für jenen allgemeinen Frieden zu sichern, der ihnen gestatten wird, alle ihre Energie an die Besserung der sozialen Verhältnisse zu wenden. Denn nur so wird sich eine zukünftige Welt gestalten lassen, in der, wie wir hoffen, die wahre Brüderlichkeit zum Besten der gesamten Menschheit herrschen wird." Eine Antwort auf diesen Brief ging nicht ein.

Prim y Prats, Juan, Graf von Reus, Marquis de los Castillejos, spanischer General und Politiker, * 1814, † 1870, zeichnete sich in Marokko und Mexico aus, war während der Revolution von 1868 Kriegsminister der provisorischen Regierung, wurde ermordet, war Freimaurer.

Prince-Hall-Großlogen, s. Hall, Prince und Neger.

Prince Masons, Grand Chapter of (engl.), Prinz-Maurer-Großkapitel in Irland, die maurerische Oberbehörde für den IV.—XVIII. Grad des A. u. A. Schottischen Ritus.

Prince of Wales Masons, oder Moderns nannte man im 18. Jahrhundert die Brr. und Logen der Großloge von 1717, während die Antients (s. d.) nach mehreren ihrer Großmeister Atholl Masons genannt wurden.

Principals heißen die drei Vorsitzenden Beamten in einem Royal-Arch-Kapitel, sie stellen vor: König, Prophet und Priester oder mit den hebräischen Namen: Zerubabel, Haggai und Josua. Abzeichen ein gleichseitiges Dreieck in einem Strahlenkranze mit den Distinktionen: Krone, allsehendes Auge und Buch.

Printzen, Friedrich Wilhelm, Freiherr v., * 1718, † 1773, Offizier bei der Potsdamer Garde, dann im diplomatischen Dienst, Geheimer Kriegsrat, wurde 1748 in der Loge „Zu den drei Weltkugeln" aufgenommen, war wiederholt deren Meister vom Stuhl, erwarb sich große Verdienste um die Wiedervereinigung der drei Berliner Logen und war dann 1761 Großmeister des maurerischen Tribunals, nach dessen Auflösung „Obermeister der hohen Grade". 1760 wurden unter seiner Leitung die Arbeiten des ersten Clermontschen Kapitels von „Jerusalemrittern" eröffnet, das der Kriegsgefangene Marquis de Lerneu (s. d.) mit seiner Hilfe bei der Loge „Zu den drei Weltkugeln" eingerichtet hatte.

Prinz, engl. und frz. **Prince**. Bezeichnung für mehrere Hochgrade der Schottischen Maurerei (s. d.), u. a. P. Adept, P. von Jerusalem, P. des Königlichen Geheimisses, P. des Tabernakels, P. der Gnade, P. vom Libanon.

Prinz der Gnade oder der Barmherzigkeit oder Schottischer Trinitarier (frz. Prince de Mercy, engl. Prince of Mercy), XXVI. Grad des A. u. A. Schottischen Ritus. Der Stein der Weisen wird gesucht. Der Aufzunehmende findet vor dem verschleierten Bild der Wahrheit ein Buch, das ihn lehrt, daß der Stein der Weisen, das wahre Glück, nur im Frieden der Seele zu finden ist. Die Freimaurerei hilft diesen finden, indem sie ihren Jüngern die in allen Religionen enthaltenen Wahrheiten vermittelt. In diesem Grade spielt die Symbolik der Dreizahl eine große Rolle. Die Loge heißt der „Dritte Himmel", alle Insignien weisen die Farben rot, weiß und grün auf. Der „Prinz der Gnade" symbolisiert seine Dreiheit in den Begriffen Seele, Gedanke, Wort. Goblet d'Alviella (s. d.) bringt den Grad mit Buddha, dem Verkörperer des Mitleids, in Verbindung.

Prinz des Königlichen Geheimnisses (frz. Sublime Prince du Royal Secret, engl. Master of the Royal Secret, auch Sublime Prince of the Royal Secret), XXXII. Grad des A. u. A. Schottischen Ritus, wird im Konsistorium bearbeitet. Er ging aus einer der französischen Hochgradreformen des 18. Jahrhunderts hervor, die dahin zielten, eine Reihe der selbständige Systeme bildenden schottischen Grade zu vereinigen. 1759 wurden in Bordeaux die „Règlements et Constitutions des Sublimes Chevaliers du Royal Secret, Princes de la Maçonnerie" aufgestellt. Diese Konstitution umfaßte 25 Grade in sieben Klassen; das Kollegium der Ritter des Königlichen Geheimnisses war zugleich höchster Grad und Direktorium. Im A. u. A. Schottischen Ritus, der den 25 Graden acht weitere hinzufügte, wurde dieser der XXXII., also vorletzte Grad. In einzelnen Obersten Räten nehmen die Konsistorien heute noch eine besondere Stellung ein, so in Nordamerika, wo sie Groß-Konsistorien bilden, und in Belgien, wo das einzige Konsistorium, das nicht mehr als 45 Mitglieder zählen kann, bei verschiedenen administrativen Fragen des A. u. A. Ritus gehört werden muß. Im 18. Jahrhundert hatten manchenorts die Malteserritter das Recht, an den Arbeiten der P. d. K. G. teilzunehmen, ohne die unteren Grade der Freimaurerei erlangt zu haben.

Vor allem dient der XXXII. Grad der Rekapitulation und Synthese. In Dialogform zieht der Lehrgehalt aller Grade nochmals vorüber, wobei ein eigenartiger Plan eines Feldlagers zugrunde liegt, dessen Feldzeichen den einzelnen Graden entsprechen. Der zweite Teil des Rituals handelt von den Religionen und philosophischen Systemen aller Zeiten. Das Tiefste, das ihre — figürlich dargestellten — Stifter und Propheten gesprochen, das Gemeinsame ihrer Lehren prägt sich, auf knappste Form gebracht, den Kandidaten ein. Ein Sockel bleibt leer. Er gemahnt an den noch ungeborenen Führer beim Tempelbau der Zukunft. Toleranz und Wahrheitsstreben sind das Leitmotiv dieses Grades.

Prinz des Tabernakels (frz. Prince du Tabernacle, engl. Prince of the Tabernacle), XXIV. Grad des A. u. A. Schottischen Ritus. Er setzt die Gedanken des XXIII. Grades fort und will richtigen Sinn für die in den Gesetzen niedergelegten Volksrechte erschließen. Nach der französischen Deutung richtet sich die Gradlehre gegen das Sektenwesen, das die Menschheit in feindliche Gruppen spaltet.

Prinz-Eduard-Insel, Prince Edward Island, Provinz von Kanada. Britische Offiziere trugen von Neu-Schottland aus gegen Ende des 18. Jahrhunderts die maurerische Lehre nach diesem Eiland. 1781 wirkte in Charlottetown eine Feldloge, 16 Jahre später eine zweite. Im 19. Jahrhundert entstand eine Reihe englischer und eine schottische Loge, 1875 bildete sich eine Großloge, die 1930 15 Logen mit über 1200 Mitgliedern zählte. Adresse: Masonic Temple, Charlottetown.

Prinzen vom königlichen Geblüt, Mitglieder des englischen Königshauses. Über deren Tätigkeit als Freimaurer sagt das Gesetzbuch der Großloge von England folgendes: „Gibt ein P. v. k. G. einer Loge die Ehre, das Amt des Meisters zu übernehmen, so soll er einen Zugeordneten Meister bestellen, der während seiner Amtsdauer alle Rechte eines Meisters vom Stuhl, und nachher die Rechte eines Pastmasters haben soll." Im übrigen kennt die englische Großlogenverfassung das Amt des Zugeordneten Meisters nicht. Vertreter des Meisters vom Stuhl ist sonst stets der Senior-

bezw. Junior-Warden (s. auch Acting Grand Master).

Prinz von Jerusalem (frz. Prince de J., engl. Prince of J.), XVI. Grad des A. u. A. Schottischen Ritus, versinnbildlicht die Belohnung von Tapferkeit und Standhaftigkeit und fordert Demut.

Prior, hoher Würdenträger in templerischen Hochgradsystemen; in der Strikten Observanz stand er an der Spitze des Provinzialkapitels, das nächst dem Heermeister die Ordensprovinz leitete.

Private Lodges heißen im englischen Sprachgebrauch die Logen schlechtweg, im Gegensatz zur Großloge. Das Wort „Private" ist hier gleichbedeutend mit allein, einzeln, selbständig. Die Vieldeutigkeit des Wortes, z. B. geheim, heimlich, zurückgezogen, gibt besonders in gegnerischen Schriften bei mangelndem Sprachempfinden Veranlassung zu Mißdeutungen.

Prix Arthur Mille, ein vom gewesenen Präsidenten des Ordensrates von Frankreich, A. M., gestifteter Preis, der alljährlich für eine französische Arbeit aus der freimaurerischen Geschichte zur Verfügung steht.

Prix de la Rose, s. Preis der Rose.

Prix du Portique, seit 1929 bestehender jährlicher freimaurerischer Literaturpreis der Pariser Loge „Le Portique".

Prix Peeters - Baertsoen, s. Peeters-Baertsoen-Preis.

Probation (engl.), Erprobung, Probezeit, im amerikanischen Logensprachgebrauch die Zeit zwischen der Erteilung der einzelnen Gradstufen. Sie wird in den angelsächsischen Logen sehr abgekürzt und beträgt etwa vier Wochen zwischen den einzelnen Johannisgraden. In Deutschland wird der Zeitraum für das Verbleiben in einem Grade gewöhnlich auf ein Jahr festgesetzt.

Proben, Körperliche, der Standhaftigkeit, der Ausdauer, der Tapferkeit, sind den meisten Männerbünden gemeinsam (Borazeremonien, Mannbarkeitsfeste, Ritterproben u. a. m.). Der Freimaurerei sind sie ursprünglich fremd, das englische Gebrauchtum kennt sie nicht. Im 18. Jahrhundert in Frankreich eingeführt, sind sie nur in halb symbolischer Deutung erhalten geblieben. (Vgl. „Zauberflöte": Wanderung durch „Feuer, Wasser, Luft und Erde", zugleich als Reinigungszeremonie gedacht.) In Frankreich wurde zuerst Kolophonium in eine Flamme geworfen, um den Suchenden zu schrecken (um 1740). Ebenso dienten der Erprobung die schauerliche Ausstattung des Vorbereitungsraumes mit Skeletten usw., der fürchterliche Br. u. ä. Besonders schreckenerregende Szenen gab es im System Cagliostros, von dem manche Bilder heute noch als Aufnahmezeremonien der heutigen Freimaurer verbreitet werden. Diese P. sind großenteils verschwunden, werden, wo sie noch erhalten sind, nur mehr symbolisch angedeutet und sterben als Brauch, der seine Berechtigung verloren hat, rasch aus.

Problem, 47., des Euklid, s. Pythagoreischer Lehrsatz.

Probst, Pfarrer, s. Sonntagsgruß.

Procop, Dr., Stuhlmeister einer Pariser Loge im Jahre 1742, dem der Abbé Perau seine Verräterschrift „Le Secret des Francs-Maçons" widmete. Er ist der Verfasser eines Tafelgesanges „Apologie de la maçonnerie".

Procope, Hjalmar Johann Frederik, finnischer Staatsmann, * 1889, Handelsminister, wiederholt Außenminister, 1928 Präsident der 51. und 52. Session des Völkerbundrates, war einer der Gründer der Großloge von Finnland.

Procurator Salomonis, s. Vicarius Salomonis.

Profan (lateinisch), eigentlich: der vor dem Tempel (fanum) Stehende, der nicht Eingeweihte. Im freimaurerischen Wortgebrauche daher zur Bezeichnung des Außenstehenden, z. B. in den Verbindungen: profane Welt, profane Presse, der Profane.

Pro Grand Master (engl.), Progroßmeister, s. Acting Grand Master.

Pro-Großmeister, s. Acting Grand Master.

Promulgation, Lodge of. Die Verhandlungen zwischen den beiden englischen Großlogen des 18. Jahrhunderts, den „Moderns" und den „Antients", die der Vereinigung im Jahre 1813 vorausgingen, führten 1809 zur Einsetzung einer Sonderloge, der L. o. P., die die Aufgabe hatte, die alten Landmarken zu promulgieren, die Hauptunterschiede im Gebrauchtum der beiden Großkörperschaften festzustellen und ein einheitliches Ritual vorzubereiten. Ihr Werk wurde nach dem Zusammenschluß von der Lodge of Reconciliation (s. d.) fortgesetzt.

Propaganda für den Eintritt in Freimaurerlogen widerspricht dem Wesen des Bundes, dessen Charakter vorwiegend esoterischer Natur ist. Infolgedessen gehen Werbeinserate, die ab und zu in Zeitungen erscheinen, niemals von der regulären Maurerei aus. Die „Tenues blanches" (s. d.) in Frankreich, Sitzungen, zu denen auch Profane zugezogen werden, haben mit P. nichts zu tun. Sie wollen lediglich über die Ideen und Ziele Aufklärung bieten, aber nicht neue Mitglieder heranziehen. Die Abneigung gegen jedwede P. geht mitunter so weit, daß, um jede Mißdeutung auszuschließen, auch auf Abwehr von Angriffen verzichtet wird. Hier liegt allerdings eine überspitzte Einstellung vor. Aus dieser Erkenntnis heraus sind in neuester Zeit Aufklärungsschriften für die breite Öffentlichkeit und auch Pressekonferenzen (Den Haag, Hamburg, Berlin u. a.) häufiger.

Propaganda Massonica, Loggia, in Rom, vom Großmeister des Großorients von Italien, Giuseppe Mazzoni (s. d.) gegründete Loge, die den Zweck hatte, besonders hervorragende Mitglieder des Bundes in einer eigenen Bauhütte zu sammeln. Ihr gehörten eine Reihe bedeutender italienischer Politiker, Gelehrter und Dichter als Mitglieder an, so u. a. Aurelio Saffi, Giosuè Carducci, Francesco Crispi, Agostino Bertani, Nicola Fabrizi, Giuseppe Zanardelli, Giovanni Bovio, Quirico Filopanti, Giuseppe Ceneri, Oreste Regnoli, Luigi Orlando, Francesco Magni, Gaetano Tacconi, Giacomo Sani, Emilio Cipriani, Pietro Ripari, ugenio Chiesa u. a.

Propagande d'Union française, antifreimaurerische Organisation, die vor den Kammerwahlen 1928 gegründet wurde.

Propheten, Verschleierte, Mystic Order of Veiled Prophets of the Enchanted Realm, amerikanische Geselligkeitsorganisation mit Ritual ähnlich den Shriners (s. d.), nur Freimaurern zugänglich, die den Meistergrad besitzen. Jede lokale Unterabteilung heißt „Grotto". Die Mitglieder tragen Turbane mit silberdurchwirktem Schleier. Jedes Grotto hat seine eigene Farbe. Die Mitglieder des „Obersten Rates" sind an Purpurturbanen kenntlich.

Protective Needles oder Pins heißen Abzeichen mit den Freimaureremblemen, die in Amerika von Frauen getragen werden, um ihnen auf Reisen usw. den Schutz von Freimaurern zu sichern. Da diese Nadeln jedoch allgemein verkäuflich sind und deshalb auch Mißbrauch mit ihnen getrieben wurde, ist von mehreren amerikanischen Großlogen die Verwendung verboten worden.

Protestantismus. Trotzdem zwischen Freimaurerei und P. mancherlei Zusammenhänge bestehen, bringen protestantische Theologie und Kirchen der Königlichen Kunst teilweise kein sonderliches Interesse entgegen. In einer ganzen Reihe von Fällen hat sich sogar die protestantische Orthodoxie der katholischen Kirche im Kampfe gegen das Freimaurertum zugesellt. In den fünfziger Jahren des letzten Jahrhunderts waren es in Deutschland Professor Hengstenberg (s. d.), der Gründer der „Evangelischen Kirchen-Zeitung", und der Magdeburger Generalsuperintendant Dr. Johann Friedrich Möller, die die Freimaurerei aufs heftigste befehdeten, und gewisse preußische konservative Blätter führten auch später stets einen mehr oder weniger lauten Kampf. Nach dem Weltkrieg schlugen zahlreiche, den völkischen Gruppen nahestehende deutsche Geistliche in die gleiche Kerbe. Diese Erscheinung ist, genau betrachtet, um so merkwürdiger, als das „Allgemeine Handbuch der Freimaurerei" (Leipzig 1900) im Recht ist, wenn es behauptet, „die nie endenden Angriffe der ultramontanen Partei der katholischen Kirche gegen die Freimaurerei richten sich im Grunde genommen nur gegen den P., als dessen Frucht, namentlich der Reformation, man den Freimaurerbund ansieht. Diesen schlägt man und den Protestantismus meint man." Diesen Zusammenhang weist allerdings auch die Geschichte der Freimaurerei nach. In einem protestantischen Lande wurde sie geboren, und die meisten Logen finden sich in protestantischen Ländern. Protestantischer Geist zeigt sich in der Freimaurerei nicht nur bei protestantischen, sondern auch bei anderen Völkern. Er durchdringt das Kulturleben aller Staaten. Die Bibel ist die einzige Erkenntnisquelle der Protestanten in religiösen Dingen, sie liegt auch auf den freimaurerischen Tempeln. Neuerdings hat sich der deutsche Pfarrer Dr. Gotthilf Schenkel der Aufgabe unterzogen („Die Freimaurerei im Lichte der Religions- und Kirchengeschichte", Gotha 1926), „die wesenhafte und schicksalshafte Verbundenheit von Freimaurerei und Protestantismus" aufzuzeigen. Beide entspringen im letzten Grunde der gleichen geistigen Quelle, „nämlich dem freien Gewissen und der frommen Innerlichkeit, der selbständigen Persönlichkeit, beiden gemeinsam ist die Tendenz der Ethisierung und der Säkularisation weiter Lebensgebiete, und beide sind in jenem höchsten Sinn liberal, daß sie der Gewissensentscheidung, in welcher sich der Gehorsam gegen die unmittelbar erlebte höchste Wirklichkeit kundgibt, Lebensrecht einräumen". Schenkel weist auch darauf hin, daß z. B. in Deutschland gerade die Männer, die für das Bewußtsein der Gebildeten in der evangelischen Welt die klassische deutsche Entwicklungslinie auf staatlichem und kulturellem Gebiet darstellen, fast durchwegs Freimaurer waren. Auf katholischer Seite erklärt der Jesuit Dr. jur. Heinz Brauweiler: „Man kann sagen, daß die Freimaurerei, wie sie auf protestantischem Boden entstanden ist, in der Gestaltung, die sie in Deutschland gefunden hat, ganz von protestantischem Geist beeinflußt ist"... Der P. fordert keine unbedingte Glaubensbindung, er gesteht seinen Bekennern das Recht zu, den Glauben zu einer rein persönlichen Angelegenheit zu machen — eben das Recht, das die Freimaurerei ihren Anhängern zur Pflicht macht" („Deutsche und romanische Freimaurerei", Köln 1916). Pater Hermann Gruber S. J. sieht in der Freimaurerei die „esoterische Form" der im übrigen exoterischen, allgemeinen, liberalen, modern-protestantischen Bewegung.

Protokolle der Weisen von Zion, Die, ein antifreimaurerisches und antisemitisches Pamphlet, sollen dartun, daß bei geheimen Sitzungen, die 1897 anläßlich des ersten Zionistenkongresses in Basel unter dem Vorsitz von Theodor Herzl stattgefunden hätten, der Plan zur Begründung einer jüdischen Weltherrschaft unter Führung eines jüdischen Selbstherrschers (König von Zion) ausgearbeitet worden sei; als Mittel zur Erreichung dieses Ziels sei die Gründung von geheimen Oberen unterstehenden Freimaurerlogen in der ganzen Welt beschlossen worden. Von diesen angeblichen „Protokollen" sind Ausgaben in deutscher Sprache, bezw. ausführliche Kommentare von Gottfried zur Beek (recte Hauptmann a. D. Ludwig Müller von Hausen), 1920, Theodor Fritsch, Wichtl, Alfred Rosenberg u. a. erschienen. In Wahrheit haben auf Zionistenkongressen niemals derartige Besprechungen stattgefunden, es besteht auch keinerlei Zusammenhang zwischen Zionismus und Freimaurerei. Die Protokolle von 1897 sind eine plumpe Fälschung; sie erschienen zuerst 1905 als Anhang zur zweiten Auflage des 1901 zum erstenmal herausgekommenen Buches des Russen S. A. Nilus, „Das Große im Kleinen, der heranschreitende Antichrist und das Reich des Tempels auf Erden" (in russischer Sprache). Sie sind zwischen 1903 und 1905 entstanden, bezw. aus einer alten französischen satirischen Schrift gegen

Napoleon III. aus dem Jahre 1865 und einem deutschen, 1868 erschienenen Roman zusammengekittet, teilweise wirklich abgeschrieben worden. Die Satire ist eine Broschüre von Maurice Jely gegen die macchiavelistischen Weltherrschaftspläne Napoleons III., betitelt „Dialogue aux enfers entre Macchiavel et Montesquieu, ou la Politique de Macchiavel au 19e siècle, par un Contemporain". Der Roman heißt „Biarritz" und hat „Sir John Retcliffe" zum Verfasser, der in Wirklichkeit Hermann Gödsche (s. d.) hieß und unter dem englischen Pseudonym eine Reihe aufsehenerregender blutrünstiger Romane schrieb. Die von Nilus begangene Fälschung wurde u. a. von Strack („Geheimgesetze"), Benjamin Segel („Die Politik der Weisen von Zion kritisch beleuchtet, eine Erledigung"), Stanjek und dem Konstantinopeler Korrespondenten der „Times" (August 1923) einwandfrei nachgewiesen. Segel hat überdies noch eine Reihe neuester Fälschungen aufgedeckt, die erst Müller v. Hausen in die von ihm herausgebrachte deutsche Übersetzung gegenüber dem russischen Urtext verübt hat (s. „Die Vernichtung der Unwahrheiten über die Freimaurerei", V. d. F., 1923).

Proudhon, Pierre Joseph, französischer, sozialistischer Schriftsteller, * 1809, † 1865, dessen These: „Eigentum ist Diebstahl!" in seiner Schrift: „Was ist Eigentum?" („Qu'est-ce que la propriété?") die Akademie seiner Vaterstadt Besançon in so hohem Maße erregte, daß sie ihm ein vorher verliehenes Stipendium wieder entzog. Von seinen zahlreichen bedeutenden Schriften beschäftigt sich das 1858 in Paris erschienene Werk: „La justice dans la Révolution et dans l'Eglise" („Die Gerechtigkeit in der Revolution und in der Kirche"), das ihm Strafverfolgung eintrug, auch mit der Freimaurerei, der P. durch Mitgliedschaft bei der Loge „Sincérité, Parfaite Union et Constante Amitié" in Besançon verbunden war. Er sucht darin (Band II, Seite 208) seine vom Stuhlmeister scharf gerügte, von ihm selbst als unglücklich bezeichnete Antwort auf die Frage: „Was schuldet man Gott?" —? „Krieg!" zu rechtfertigen, stellt dar, daß sein System der Gerechtigkeit auch wesentlicher Bestandteil der freimaurerischen Lehre sei, und umschreibt nach seiner — auf jeden Fall originellen — Weise den freimaurerischen Gottesbegriff folgendermaßen: „Der Gott der Freimaurer ist nicht Substanz, nicht Ursache, nicht Seele, nicht Monade, nicht Schöpfer, nicht Vater, nicht Wort, nicht Liebe, nicht Erlöser, nicht Nation, nichts von dem, was einer transcendentalen Auffassung entspricht; alle Metaphysik schaltet hier aus. Es ist die Personifikation des universellen Gleichgewichts: Er ist der Baumeister. Er hält Zirkel, Setzwaage, Winkelmaß, Hammer als Werkzeuge der Arbeit und des Meisters. In der sittlichen Ordnung ist er die Gerechtigkeit. Das ist die ganze freimaurerische Theologie" (Band II, Seite 212).

Proust, Antonin, französischer Politiker und Publizist. * 1832, † 1905, Mitarbeiter des „Temps", Innenminister im Kabinett Gambetta, 1881 Minister der Schönen Künste, schrieb „La Révolution", „L'Art Français", sowie Reisebeschreibungen („Tour de monde", „Le Mont Athos" usw.), war Freimaurer.

Provence, Graf von, s. Ludwig XVIII.

Providas, die zweite Bulle gegen die Freimaurerei, erlassen am 18. Mai 1751 von Papst Benedikt XIV. (s. Bullen, Katholizismus).

Providence, Hauptstadt des Bundesstaates Rhode Island, USA., Sitz der Großloge (Adresse: Freemason's Hall, P.). Die erste Loge in P. wurde 1757 in Arbeit gesetzt.

Provinzial-Großlogen, auch **Provinziallogen** haben mehrere Großlogen, so die Großlogen von England, Schottland und Irland, der Großosten der Niederlande und die Große Landesloge der Freimaurer von Deutschland. In England unterstehen alle Logen, mit Ausnahme jener von London und Übersee, P.-G. Die Londoner Bauhütten sind unmittelbar der Großloge unterstellt, die Überseelogen in Distrikts-Großlogen gegliedert. Im 18. Jahrhundert hatte die englische Großloge auch eine Reihe von P.-G. oder P.-L., wie sie damals hießen, auch auf dem europäischen Kontinent.

Die ersten P.-L. nach der Lehrart der Großen Landesloge der Freimaurer von Deutschland war jene von Österreich in Wien 1776 bis 1783 und Petersburg 1776—1785. Heute bestehen noch die P.-L. Schlesien, Niedersachsen (Hamburg), Mecklenburg und Süd (München), letzere seit 1925. Die nach dem Settegast-Streit (s. d.) entstandene Berliner P.-L. der Großen Loge von Hamburg überlebte den Weltkrieg nur wenige Jahre.

Provinzial-Großmeister stehen an der Spitze von Provinzial-Großlogen, bezw. Provinzial-Logen (s. d.). In England wird der P.-G. auf unbestimmte Zeit vom Großmeister ernannt, das Amt existiert hier schon seit 1726, in welchem Jahre die Logen von Cheshire als erste einen P.-G. wählten. U. a. sind der Prinz von Wales, sein Bruder, der Herzog von York, beider Onkel, Prinz Arthur von Connaught und ihr Schwager, der Earl of Harewood, P.-G.

Provinzialkapitel, s. Ordenskapitel.

Proxy Installation. In den „General-Regulations" der Großloge von England von 1721 wird der Fall vorgesehen, daß der neugewählte Großmeister beim Jahresfest, also am Tage seiner Einsetzung, nicht anwesend ist. Es muß dann festgestellt werden, ob er sein Amt tatsächlich antreten wird. In diesem Falle wird der eben abgegangene Großmeister als sein proxy, d. i. Stellvertreter, für ihn installiert und empfängt die ihm gebührenden Ehrenbezeigungen. Dieser Brauch ist jetzt in den meisten angelsächsischen Großlogen wieder verlassen.

Proxy Master (engl.), ein eigenartiger Brauch in der Großloge von Schottland. Jede Loge hat das Recht, irgendeinen Meistermaurer, der nicht Mitglied zu sein braucht, zum Repräsentanten (in der Großloge) zu wählen, der das Recht besitzt, zum gleichen Zweck zwei Aufseher (Proxy-Warden) zu ernennen. Gegen diesen Brauch wurde oft Stellung genommen, da hierdurch Personen, die zur Loge sonst in keinerlei Beziehungen stehen, die Loge in der Großloge vertreten. Ein ähnlicher Brauch bestand noch bis 1860 in South Carolina, wo er nach heftigen Debatten schließlich abgeschafft wurde.

Proyart, Silvain Bonaventura, Abbé, französischer Historiker und Schriftsteller, * 1743, † 1808, emigrierte 1791, schrieb in London „La vie et les crimes de Robespierre" sowie mehrere Ludwig XVI. verherrlichende Werke, wurde nach seiner Rückkehr von Napoleon eingekerkert, erwies sich in seinen Büchern als erbitterter Gegner der Freimaurerei, namentlich in „Louis XVI détrôné avant d'être roi" (1800).

Prozessionen, s. Aufzüge, Mock Masons.

Prud'hon Pierre, französischer Maler, * 1758, † 1823, (Werke im Louvre), war Freimaurer. Die „Gazette des Beaux-Arts" vom 1. November 1869 veröffentlichte ein diesbezügliches Diplom der Loge „La Bienfaisance" in Beaune, aus dem Jahre 1777.

Prüfungen, s. Proben.

Psychopathie der Zeit. In einem 1923 in der „Leuchte" erschienenen Artikel schreibt Prof. Dr. Paul Selter: „Unter dem Einfluß der alles beherrschenden Vorstellung des bedrohten Vaterlandes bemächtigte sich 1914 der Masse eine gesteigerte ‚Beziehungssucht', die sich im Spionenfang, Jagd nach Goldautos, in überall gewitterten Attentaten usw. äußerte. Denselben Erscheinungen begegnen wir nach der Revolutionszeit bei zahlreichen Gelegenheiten. Das Wichtigste an solchen Vorgängen ist der überwiegende Einfluß des Affektsturmes und das Zurücktreten des Intellekts. Wir sehen auch eine auffällige Bereitschaft, Massengefolgschaften für Ideen zu bilden, vor allem Ideen mystischen und abergläubigen Charakters. Die Irrenärzte erklären diesen Zustand in folgender Weise: Wenn lebensführende, überwertige, traditionelle Ideen zusammenbrechen, geht der anlehnungsbedürftigen Masse eine Stütze verloren. Durch den Verlust der Gemeinschaftsidee wird der bis dahin gebundene Affekt für die Bildung neuer überragender Ideen frei. Überall finden wir im öffentlichen Leben die über die Norm hinausgehende Affekterregbarkeit und Suggestibilität. Dieser krankhafte Zustand wird noch gesteigert durch die Eigenart der Führer in solchen unruhigen Zeiten. In einer Häufigkeit, die kein Zufall sein kann, heben Revolutionswellen Individuen von ausgesprochen psychopathischem Typus hervor. Und zwar handelt es sich zumeist um Individuen von ausgezeichneter Begabung, aber kritiklos gegenüber der eigenen Person und der ihr gestellten Aufgabe. Der echte Affekt des Fanatikers ist ein ausgezeichneter Exponent des Massenaffektes."

Inwieweit diese Schilderungen psychischer Gleichgewichtsstörungen auch auf die Einstellung großer politischer Parteien, besonders Deutschlands, zur Stellung der Freimaurerei im Volksganzen Einfluß genommen haben, kann hier nur angedeutet werden.

Public School Lodges, heißen in England Logen, die sich aus ehemaligen Angehörigen einer bestimmten öffentlichen Schule zusammensetzen. Zweck dieser Logen ist nicht nur die Erhaltung der Jugendfreundschaften, sondern auch die Unterstützung und Förderung der alten gemeinsamen Schule. Diese Schullogen kamen um 1883 auf und haben sich sehr rasch vermehrt. Die Logen haben das Vorrecht erhalten, das Abzeichen an einem Bande in den Schulfarben zu tragen.

Puissant (frz.), s. mächtig.

Pulaski, Casimir, polnischer Brigadegeneral im amerikanischen Revolutionskrieg, * 1748, † 1779, Befehlshaber der polnischen Legion, fiel bei Savannah. Der Kongreß ließ ihm ein Denkmal errichten, zu dem Lafayette den Grundstein legte. 1930 gaben die USA. eine P.-Erinnerungsbriefmarke aus. Er war Freimaurer.

Pullmann, George M., Erfinder des Eisenbahnschlafwagens (P.-Car), Begründer der P.-City, Vorort von Chicago, * 1831, † 1897, war Mitglied einer Loge in Albion, im Staate New York.

Pulszky, Franz v., ungarischer Staatsmann, * 1814, † 1897, 1839 Abgeordneter. Als Staatssekretär im Ministerium am Allerhöchsten Hoflager in Wien hatte er Anteil an der 48er-Erhebung und mußte fliehen, 1849 wirkte er neben Kossuth, für den er nach London zu Lord Palmerston ging, 1852 in contumaciam zum Tode durch den Strang und Konfiskation seiner Güter verurteilt, ging er mit Kossuth nach Amerika und war dann bei Cavour und Garibaldi für die ungarische Sache tätig. 1866 konnte er nach Ungarn zurückkehren und wurde Direktor des Nationalmuseums. In Turin Freimaurer geworden, trat er in Budapest der Loge „Einigkeit im Vaterlande" bei, erweckte dann die Loge „Szent István", wurde deren Meister vom Stuhl und 1870 der erste Großmeister der Großloge von Ungarn, später der Symbolischen Großloge bis 1888.

Pulver, frz. Poudre, in französischen Ritualen der Tafelloge für Wein. Daher Laden der Kanonen, Chargieren, Salven usw.

Punjab (Ostindien), Distrikts-Großloge der Großloge von England, entstand 1868 aus der Provinzial-Großloge von Bengal. 1838 wurde in Simla am Himalaya die nördlichste indische Loge „Himalayan Brotherhood" gestiftet. Zur Gründung der Distrikts-Großloge traten bereits sechs Logen zusammen, von denen aber nur drei, darunter die von Simla und Peshawar, den großen indischen Aufstand überlebten. Heute umfaßt die Distrikts-Großloge 35 Logen (in der Hauptstadt Lahore, in Delhi, Amritsar, Simla usw.) mit über 2000 Mitgliedern. Unter der Provinzial-Großloge „of all Scottish Freemasonry in India" (Bombay) arbeiten 5, unter der Großloge von Irland 2 Logen. Die Schwierigkeiten der Arbeit sind sehr beträchtlich, da die Mitglieder zum großen Teil Offiziere und Beamte sind, die ihren Sitz sehr oft wechseln. Die Mitglieder müssen oft 80 km weit auf schlechten und unsicheren indischen Straßen fahren, um zu den Versammlungen zu gelangen. Adresse: Freemasons Hall, Lahore.

Punkte, Drei, s. Drei Punkte.

Punkt im Kreise, engl. Point within a Circle, ein in den angelsächsischen Logen übliches Symbol. Ein Kreis mit einem Punkt, der Kreis wird von zwei Parallellinien berührt. Diese beiden letzteren werden als die beiden heiligen Johannes erklärt (s. Parallellinien). Nach Mackey handelt es sich um ein Sonnensymbol, wobei in der Loge der Meister vom Stuhl die Sonne versinnbildlicht. Im englischen Katechismus wird der Kreis mit den beiden Linien erklärt, dagegen der Punkt als Symbol übergangen. Die Linien werden hierbei als Moses und König Salomo gedeutet.

Puntigam, Jesuitenpater in Sarajevo, veröffentlichte 1918 vor der Staatsumwälzung unter dem Decknamen „Prof. Pharos" das Buch „Der Prozeß gegen die Attentäter von Sarajevo", aktenmäßig dargestellt. Mit Einleitung von Prof. Dr. Josef Köhler, Geh. Justizrat. Auf diesem Buch fußen die zahlreichen Kampfschriften und Aufsätze, die die jeder tatsächlichen Grundlage entbehrende Behauptung abhandeln, die Freimaurer seien mittelbar oder unmittelbar an dem Attentat in Sarajevo beteiligt gewesen. Der französische Forscher Mousset (s. d.) hat 1930 durch Veröffentlichung der authentischen Protokolle den Nachweis geliefert, daß die „aktenmäßige Darstellung" von Pharos-Puntigam, hauptsächlich da, wo von der Freimaurerei die Rede ist, wesentliche Textänderungen, Streichungen, Kürzungen, Verstümmelungen, Umfärbungen und willkürliche Einfügungen aufweist, die manche Wendung in ihr Gegenteil verkehren. Durch die nun vorliegende authentische Prozeßniederschrift ist in Verbindung mit diesem Nachweis den Beschuldigungen gegen die Freimaurerei in bezug auf den Sarajevoer Mord, der Legende von „verbrecherischen, verschwörerischen freimaurerischen Taten", der Boden vollständig entzogen worden (s. Sarajevo).

Purjesz, Ludwig, ungarischer Journalist, * 1881, † 1924, freimaurerischer Publizist, Mitglied der Loge „Demokratia" in Budapest, 1914—1919 Redakteur der freimaurerischen Zeitschrift „Kelet". Von 1924 bis zu seinem Tode war er Schriftleiter des Tagblattes „Világ".

Purpur, Farbe (angelsächsischer) freimaurerischer Hochgradabzeichen, insbesondere der Mark, Past und Most Excellent Master, dann bei manchen Großlogen zur Kennzeichnung von Großbeamten, so z. B. in England. Daher Purple Brethren: die Großbeamten.

Pursuivant, Grand Pursuivant, nach Crowe (The Master Mason's Hand Book) die innere Wache (Inner Guard) der Großloge. Seine Obliegenheiten stimmen mit jenen der Inner Guards der Logen überein. Nach der englischen Großlogenverfassung (§ 37) darf nur der den Tempel betreten, der entsprechend qualifiziert ist, die ihm gebührende Bekleidung trägt, sich in das Präsenzbuch eingetragen hat und in allen Belangen zum Eintritte berechtigt ist. Darüber ständig zu wachen, ist das Amt des P. Sein Abzeichen ist das englische Großlogenwappen über gekreuztem Heroldstab und Schwert auf einem Kranz von Ähren und Blättern. Dieses englische Großlogenamt, das sonst nur noch in Irland besteht, wird zuerst in den Protokollen der Antients 1752 erwähnt. 1833 wurde es als ein besoldetes Amt von der Vereinigten Großloge von England eingeführt, seit 1840 ist es ein Ehrenamt und gibt dem Inhaber den Rang eines Großbeamten.

Puschkin, Alexander, Sergejewitsch, Graf, größter nationaler Dichter Rußlands, * 1799, † 1837 im Duell, der Schöpfer des Romans „Eugen Onegin", der Tragödie „Boris Godunow" und vieler anderer bedeutender Werke, war kurz vor dem Verbot der russischen Freimaurerei, 1822, Mitglied der Loge „Ovid" in Kischinew.

Putnam, Rufus, amerikanischer General und Freiheitskämpfer, * 1738, † 1824, Freund Washingtons, nach dem Unabhängigkeitskrieg Pionier der Kolonisation des amerikanischen Westens, der „Vater von Ohio", Gegner der Sklaverei, wurde 1779 in der berühmten Armeeloge American Union Lodge Nr. 1 aufgenommen, war 1808 Erster Großmeister der Großloge von Ohio.

Puzyna, Nikodem, Fürstbischof von Wilna, gehörte 1784 zur Warschauer Loge „Bouclier du Nord" und war 1816 Wiedererwecker, dann Stuhlmeister der Loge „Gorliwy Litwin" in Wilna.

Pylades, ein von Starck (s. d.) angegebener geheimer Oberer der Kleriker. Ridel behauptet, daß sich hinter diesem geheimnisvollen Titel ein simpler Uhrmacher Schürges in Petersburg verbarg, dessen Sohn Starck bei sich hatte.

Pypin, Alexander N., russischer Literaturhistoriker, Professor an der Petersburger Universität, * 1833, veröffentlichte umfangreiches grundlegendes Material zur Geschichte der russischen Freimaurerei.

Pyron, Jean-Baptiste Pierre Julien, Intendant der Domänen des Grafen Artois, † 1818, Grand Orateur des Suprême Conseil de France, spielte 1804 neben dem Marschall Kellermann (s. d.) und dem Grafen de Grasse-Tilly (s. d.) die Hauptrolle bei den Konkordatsverhandlungen mit dem Grand Orient de France. Er war der leidenschaftlichste Verfechter des Standpunktes des A. u. A. Schottischen Ritus und wurde, als die Einigungsverhandlungen schließlich scheiterten, aus den Listen des Grand Orient, dessen Ehrenmitglied er war, gestrichen. P. suchte die Rechte seiner Körperschaft zu stützen, indem er an Napoleon ein Gesuch richtete, in welchem er ihn bat, die Leitung des Schottentums, das „von der Familie Stuart in die Hände Friedrichs des Großen gekommen war", zu übernehmen. Auch in seiner Schrift „Abrégé historique de l'organisation en France jusqu'à l'époque du 1er mars 1814 des trente trois degrés du rite écossais ancien et accepté" vertritt er die Theorie, daß Friedrich der Große am 1. Mai 1786 persönlich einen Obersten Rat geleitet und die in der Konstitution von 1762 bestätigten 25 Grade auf 33 erhöht habe.

Pythagoras, griechischer Philosoph, Mathematiker, Astronom im 6. Jahrhundert v. Chr. Sein Leben liegt größtenteils im Dunkel. Der Begriff der Primzahl, der pythagoreische Lehrsatz, die Aufstellung der akustisch-musikalischen Schwingungsverhältnisse, viele mathematisch-geometrische Grundbegriffe werden ihm zugeschrieben. Er soll 530 v. Chr. in Kroton (Süditalien) den religiös-sittlichen Reformbund der „Pythagoreer" gegründet haben. Wie weit aber die als Pythagoreismus bezeichnete Lehre auf ihn zurückgeht, ist nicht feststellbar. Der Bund hatte einen Ordenscharakter, verlangte unbedingte Unterwerfung unter die Autorität des Meisters (autos epha), Treue, Schweigepflicht, Enthaltsamkeit, geordnetes Leben und besaß auch geheime Erkennungszeichen. Die Grundanschauung der pythagoreischen Lehre ist, daß das Grundprinzip der Welt nicht Stoff und Kraft, sondern die Zahl, d. h. etwas rein Formales sei, wobei Zahl als etwas Objektives, Reales gedacht ist. Zahlen bestimmen auch die Eigenschaften der Dinge; selbst die Tugend wird auf Zahl und Harmonie zurückgeführt. Die Zahlensymbolik der Pythagoreer beeinflußte den Neuplatonismus (s. d.) und das Urchristentum, die ihrerseits auf die Mystik, Kabbala, Alchimie und Humanismus eine tiefgehende Wirkung ausübten. Es ist daher begreiflich, daß Elemente des Pythagoreismus auch in der Freimaurerei feststellbar sind. Die Zahlensymbolik spielt im Ritual und Gebrauchtum der Freimaurerei eine wichtige Rolle, desgleichen die Geometrie (s. d.), die die eigentliche Grundlage der pythagoreischen Auffassung war. Die Zahlenmystik des Mittelalters nannte das Pentagramm (flammender Stern!) „Salus Pythagoreae". Die Pythagoreer faßten die Seele als Harmonie auf, glaubten an die Seelenwanderung und an die Wiederkunft des Gleichen. Maß und Harmonie waren in der Auffassung der Pythagoreer die Grundprinzipien des Weltalls und zugleich des sittlichen Handelns. In sittlicher Hinsicht verlangten sie Reinheit von Leib und Seele. Auch die Selbstbeherrschung und das Streben nach Harmonie ist also dem Pythagoreismus und der Freimaurerei gemeinsam. Krause (s. d.): „Der große Gedanke der Pythagoreer war die harmonische Ausbildung der ganzen Menschennatur."

Angesichts dieser ideellen Zusammenhänge erklärt es sich, daß viele Freimaurerlogen den Namen P. tragen.

Pythagoreer, s. Pythagoras.

Pythagoreische Lehrsatz, Der, spielt in der angelsächsischen Freimaurerei unter der Bezeichnung „47. Problem (bezw. Lehrsatz) des Euclid" als Symbol des Stuhlmeisters eine Rolle. Die geometrische Figur bildet das Abzeichen des Past Masters (Altmeisters).

Q

Quadratschrift, s. Geheimschrift.

Qualifikation des Suchenden. Die angelsächsische Freimaurerei unterscheidet internal und external qualification.

Als innere Q. wird bezeichnet: der freie, unbeeinflußte Wille zur Meldung, das Zugestehen, daß der Kandidat keinerlei wirtschaftliche Vorteile im Bunde sucht; die Versicherung, daß er bei seinem Eintritte eine günstige Meinung vom Bunde hat, endlich der Wille, sich den vorgeschriebenen Gebräuchen der Aufnahme zu unterwerfen.

Als äußere Q. gilt: der gute moralische Ruf des Suchenden, der Gottesglaube, männliches Geschlecht, und in Amerika auch körperliche Volltüchtigkeit ohne Gebrechen, Volljährigkeit und eine zum Erfassen des Gebrauchtums genügende Intelligenz. Politische Bedingungen werden nicht gestellt, die Frage nach der bürgerlichen Freiheit, die noch von den „Konstitutionen" Andersons aufgeworfen wurde, ist als überholt gestrichen. In europäischen Gebrauchtümern wird die Frage nach dem Stande bei der Einweihung häufig auch ritualmäßig wiederholt. Die Antwort wird in verschiedener Form gegeben, so im Ritual der Großloge „Lessing zu den drei Ringen": Wessen Standes und Glaubens ist der Suchende? worauf für ihn der vorbereitende Br. antwortet: Die Frage geht verloren, der Freimaurer fragt nicht nach Stand und Glauben." Trotzdem wurden in verschiedenen deutschen Großlogen, so z. B. in Sachsen, noch um die Mitte des 19. Jahrhunderts Personen des dienenden Standes, also Dienstboten, von der Aufnahme ausdrücklich im Hausgesetze ausgeschlossen (s. Stand).

Wiederholt ist besonders in deutschen Logen die Frage des politischen Bekenntnisses erörtert worden. So besonders oft und lange die Frage der Aufnahmsfähigkeit von Sozialdemokraten. Besonders zur Zeit, als Kaiser Wilhelm II. die Sozialdemokraten als „vaterlandslose Gesellen" bezeichnet hatte, sah sich das deutsche Bürgertum in den Logen veranlaßt, die Q. von Sozialdemokraten zu verneinen. Ebenso lebhaft wurde die Frage erörtert, ob Monisten Freimaurer werden können. Die Zulassung von Kommunisten erledigt sich von selbst, da hier die Oberste Parteileitung der kommunistischen Partei die Freimaurerei in Acht und Bann getan hat, der Kommunist sich somit in Gegensatz zu seiner Parteidoktrin setzt, wenn er um Aufnahme bittet. Hier kann es nur ein Entweder — Oder geben. Über die Q. von Juden s. diese.

In den Vereinigten Staaten zur Aufnahme nicht qualifiziert ist der Neger (s. d.), (s. a. Eignung).

Qualität oder Quantität. Eine Streitfrage im Freimaurerbunde, auf die eine bündige Antwort eigentlich nicht gegeben werden kann. Der Bund verlangt Auslese. Er will nur besonders Befähigte und für die Zwecke der Arbeit Geeignete und Bereitwillige versammeln. Anderseits ist es ohne weiters einzusehen, daß eine geistige Bewegung, wie die freimaurerische, sich nicht auf die Ausbildung von „Offizieren“ beschränken kann, sondern auch „Soldaten“ braucht. Die Stellung der einzelnen Großlogen zu dieser Frage ist daher durchaus nicht gleichartig. Wenn die amerikanischen Großlogen beispielsweise durch ihre großen Mitgliederzahlen besonders auffallen, so liegt das im wesentlichen auch daran, daß insbesondere die große Belastung der Großlogen mit karitativen Erfordernissen, die Erhaltung ihrer Heime, Krankenhäuser und Erziehungsanstalten die Masse der Beitragenden braucht. Anderwärts wird wieder allein die Qualität in den Vordergrund gestellt. Beide Richtungen haben ihre Vorzüge und ihre Nachteile. In Amerika müssen alljährlich viele Tausende von Aufgenommenen wieder aus den Logenlisten gestrichen werden, weil sie ihren Verpflichtungen nicht nachkommen, ebenso fehlt vielfach intellektuelles Niveau, tritt infolge der Rekrutierung im großen Stil Verflachung usw. ein. Aber im allgemeinen wird in USA. erklärt, Freimaurerei sei nicht Sache des Intellekts, sondern in erster Linie der Herzensbildung, als Mittel der Verbrüderung. Man müsse, so wird argumentiert, die Menschen vor allem zum Bewußtsein der Gemeinschaft der Menschen erziehen, sie in der Richtung der Einheit führen. Die Großloge von Maine, die begeistert den Grundsatz der „großen Zahl“ vertritt, wozu sie ja der Umstand berechtigt, daß sie seit über 40 Jahren den stärksten Prozentsatz Freimaurer im Verhältnis zur Gesamtbevölkerung stellt, erklärt, dieses Verhältnis spiegle sich deutlich in der ganzen geistigen und ethischen Struktur des Staates. Die Männer von Maine seien in den Vereinigten Staaten wegen ihres gediegenen Wesens, ihrer strengen Auffassung von Korrektheit und ihres ausgezeichneten Lebenswandels ganz besonders geschätzt.

Sicherlich führt eine zu große Versteifung auf die Auslese leicht zu einem Kastengeist und einer Exklusivität, die dem Gedanken der Freimaurerei häufig genug direkt zuwiderlaufen. In den romanischen Ländern, wo die Freimaurerei sehr oft auch gleichzeitig eine Gesinnungsgemeinschaft in politischer (nicht parteipolitischer!) Hinsicht ist, wird selbstverständlich mehr auf Ausbreitung gesehen. Wie immer, liegt auch hier die Wahrheit in der Mitte, und jene Logen fahren am besten, die das Glück haben, das größte Quantum qualitativ hervorragender Mitglieder in sich zu vereinigen.

Quantin, Joseph, französischer Romanschriftsteller, Verfasser des Romans „Vieux Matelot“ (1824) usw., war Mitglied des Großorients von Frankreich, Verfasser des „Dictionnaire Maçonnique“, trat in der von ihm geleiteten Zeitschrift „L'Abeille Maçonnique“ für die Annäherung zwischen dem Grand Orient und dem Suprême Conseil ein.

Quarterly Communication (engl.), die vierteljährliche Großversammlung der Großloge von England und anderer angelsächsischer Großlogen. Die amerikanischen Großlogen versammeln sich einmal jährlich. Nur Pennsylvanien und Massachusetts halten an den Qu. C. fest.

Quartier-la-Tente, Edouard, Staatsrat in Neuenburg (Schweiz), * 1855, † 1924, Pastor in Fleurier, dann 27 Jahre lang Vorsteher des Erziehungsdepartements seines Heimatkantons, Professor der Theologie an der neuenburgischen Akademie. Mitglied der Loge „La bonne harmonie“ seiner Vaterstadt, brachte er der Freimaurerei leidenschaftliche Liebe entgegen und wurde, allen Enttäuschungen zum Trotz, einer ihrer tatkräftigsten Pioniere. Von 1900—1905 stand er als Großmeister an der Spitze der schweizerischen Großloge „Alpina“. Als der Genfer Freimaurerkongreß 1902 die Errichtung eines „Internationalen Büros für freimaurerische Beziehungen“ beschloß, wurde er dessen Leiter (s. Weltgeschäftsstelle, Freimaurerische). Er war nach Kräften bemüht, unter den schwersten Verhältnissen gegen Indolenz und offene Gegnerschaft dieses Büro zu einer wertvollen Einrichtung auszubauen. Von 1907—1923 redigierte er den französischen Teil der schweizerischen freimaurerischen Zeitschrift „Alpina“. Tatkräftig war er vor dem Kriege um die Durchführung der Internationalen Manifestationen (s. d.) bemüht. Im Kriege betätigte er sich hervorragend auf dem Gebiete der Nachforschung nach Vermißten aller Nationen. Als 1921 an Stelle des Internationalen Büros die A. M. I. (s. d.) trat, übersiedelte Qu. nach seiner einmütigen Wahl zum Ersten Großkanzler nach Genf und widmete seine letzten Lebensjahre mit unermüdlichem Eifer der Organisation der neuen Vereinigung und der Wiederanknüpfung zerrissener Bände.

Quaste, s. Tassels.

Quatuor Coronati, Coetus Pragensis, heißt eine auf Anregung von Posner entstandene historische Gesellschaft, der Brr. der beiden Großlogen der Tschechoslowakei angehören. Die Vereinigung hat bisher zwei Neudrucke herausgegeben, „Betbuch für Freimaurer“ und das Ritual der Loge „Sincérité“ (letzteres von Eugen Winterberg entdeckt), und unter dem Titel „Ars Regia“ gemeinsam mit der „Academia masonica“ (s. d.) eine 1931 erschienene Sondernummer der Freimaurerzeitschrift „Die drei Ringe“.

Quatuor Coronati, die vier gekrönten Märtyrer, deren Erinnerungstag in der katholischen Kirche am 8. November gefeiert wird, sind die Schutzheiligen der Steinmetzenverbände in Deutschland, Belgien, Frankreich, während in England von dessen Bauhütten meistens der heilige Johannes (der Evangelist, aber auch der Täufer) verehrt wurde. Die Legende von den vier Gekrönten findet sich in zahlreichen Handschriften und Breviarien. Die Urfassung fällt wahrscheinlich in das 5. Jahrhundert. Der Inhalt der Legende besteht aus zwei miteinander verwobenen Komplexen:

Vier Steinmetzen, Claudius, Castorius, Simphorianus und Nicostratus, zu denen sich noch ein fünfter, Simplicius, gesellt, arbeiteten in Pannonien für den Kaiser Diokletian. Nachdem sie ein Standbild des Sonnengottes geliefert hatten, verlangte der Kaiser von ihnen die Anfertigung eines Bildes des Gottes Asklepios. Sie verweigerten dies unter der Motivierung, daß sie einem Menschen kein Götterbild anfertigen wollten, und wurden als Christen vom Kaiser zum Tode verurteilt und in der Donau ertränkt. Ein anderer Christ, Nicodemus, hob ihre Leichname und setzte sie bei.

Die zweite Hälfte der Legende besagt: Diokletian befahl, daß seine Soldaten dem Gotte Asklepios opfern sollten. Dabei weigerten sich vier christliche corniculari i, d. i. Unteroffiziere, die zum Zeichen ihres Ranges ein hornförmiges Abzeichen am Helm trugen. Auch sie wurden am 8. November, wie die vier Steinmetzen, hingerichtet. Da nun die Namen dieser vier Soldaten nicht bekannt waren, ordnete der Bischof Melchiades an, daß ihr Todestag unter dem Namen der Steinmetzenmärtyrer Claudius, Nicostratus, Simphorianus, Simplicius und Castorius mitgefeiert werde.

In Wirklichkeit handelt es sich also um neun Personen, die hier unter dem Namen der Vier Gekrönten verehrt werden. Hierbei ist weiters eine Verschiebung der ursprünglichen Bezeichnung festzustellen. Aus den cornicularii werden die coronati, die Gekrönten, wobei an die Märtyrerkrone gedacht wurde. Darstellungen der vier gekrönten Märtyrer wiederholt in Breviarien, auf Grabsteinen, besonders schöne Beispiele in Antwerpen und an der Gildenkirche Or San Michele in Florenz. In Rom ist ihnen eine Kirche geweiht (Santi Quatro Coronati).

In den alten Steinmetzenurkunden werden sie seit altersher zitiert. So in der Ordnung der Steinmetzen zu Straßburg 1459: „Im Namen des Vaters, des Suns und des Heiligen Geistes und der würdigen Mutter Marien und auch ir seligen Diener, der Heiligen Vier gekrönten zu ewigem Gedächtnis angesehen." Ebenso auch in der ältesten englischen Hüttenhandschrift, dem Regius-Manuskript (s. d.), wo es (in Übertragung) heißt:

„Bitten wir nun zu Gott dem Allmächtigen,
Und zur Mutter Maria der süßen und prächtigen,
Daß wir diese Artikel halten
Und diese Punkte in allen Gestalten,
Wie vordem die heiligen Märtyrer vier,
Die der Kunst gedient zu großer Zier,
Gute Maurer, wie sie nur jemals erlesen,
Steinschneider, Bildhauer sind sie auch gewesen."

In den späteren Handschriften der englischen Logen tritt die Erinnerung an die Q. C. wohl zurück. Ihre Verehrung war den deutschen Steinmetzen eigentümlicher als den englischen. In der Freimaurerei sind sie dauernd zu Ehren gekommen durch die nach ihnen benannte Loge Nr. 2076 der englischen Großloge (s. den folgenden Artikel).

Quatuor Coronati Lodge Nr. 2076, in London, bedeutendste wissenschaftliche Institution der gesamten Maurerei, setzt sich die wissenschaftliche Erforschung des Freimaurertums zum Ziel. Die Anregung zu ihrer Gründung ging von dem Palästinaforscher Sir Charles Warren und dem Historiker und Novellisten Sir Walter Besant aus, die bereits 1883 mit der Idee einer Forscherloge hervortraten. Sir Charles Warren wurde dann auch zum ersten Meister gewählt, als 1884 neun freimaurerischen Gelehrten das Patent der Großloge gegeben wurde. Militärdienst in Südafrika hielt ihn aber ein Jahr lang von England fern, so daß die formelle Gründung erst am 12. Jänner 1886 erfolgte. Zu den Gründern gehörten auch Robert Freke Gould (s. d.), William James Hughan und George William Speth, drei sehr bekannte maurische Autoren. Letzterer wurde der erste Sekretär der neuen Loge. Die Zahl der aktiven Mitglieder wurde mit 40 begrenzt. Als ordentliche Mitglieder werden nur Freimaurer von hohen literarischen, künstlerischen oder wissenschaftlichen Qualitäten aufgenommen, die auf anerkannte Leistungen hinweisen können, doch ist der Loge seit 1887 ein Korrespondenz-Zirkel angegliedert, ein äußerer Kreis, der mehrere tausend Mitglieder im Meistergrad aus allen von der Großloge von England anerkannten Obedienzen zählt. Die Loge gibt seit 1887 „Transactions", „Ars Quatuor Coronatorum", heraus. Diese wissenschaftlich sehr wertvollen Hefte, die dreimal jährlich erscheinen, enthalten neben anderen Mitteilungen die Vorträge und Diskussionen, die bei allen Zusammenkünften obligatorisch sind. Die Loge versammelt sich jeweils am ersten Freitag im Jänner, März, Mai und Oktober, am 8. November (Fest der Vier Gekrönten) und am Johanistag. Vorträge können auch von Mitgliedern des äußeren Kreises gehalten werden, die zu jeder Arbeit eingeladen werden und auch Diskussionsrecht besitzen. Die strenge wissenschaftliche Untersuchung insbesondere auch der Vorgeschichte der Freimaurerei, wie sie in diesem historischen Archiv niedergelegt ist, ermöglicht es in hohem Maße, an die meisten freimaurerischen historischen Fragen von gesicherter Warte aus heranzutreten. Die Loge, die ihr eigenes Heim mit Bibliothek an der Great Queen Street 27, gegenüber der Großloge, besitzt, gibt auch „Quatuor Coronatorum Antigrapha" heraus, die Neudrucke und Handschriften der maurerischen Öffentlichkeit zugänglich macht.

Der Namen der Loge „Quatuor Coronati" ist auf die heiligen vier gekrönten Märtyrer zurückzuführen, die im Regius-Manuskript, der ältesten auf unsere Tage überkommenen englischen Maurerurkunde, eine Rolle spielen und im Mittelalter in Deutschland die Schutzpatrone der Bauhütten waren (s. Quatuor Coronati, die vier gekrönten Märtyrer).

Adresse der A. Qu. C.-Lodge: Lionel Vibert, Secretary, 27 Great Queen Street, London W. C. 2.

Quebec, kanadische Provinz. Die 1869 gegründete Großloge hatte 1930 90 Logen mit rund 16.000 Mitgliedern. Adresse: Post office box 3172, Montreal. Die erste Loge, die in Q. tätig war, entstand bereits 1752. Es war die „Lodge of Social and Military Virtues No. 227" der Großloge von Irland, die Militärloge des 46. leichten Infanterieregiments. Ihre ersten Arbeiten in Montreal fanden 1760 nach der Kapitulation der Stadt statt, nachdem sie seit 1756 in Halifax, Nova Scotia, gewirkt hatte. Diese Loge ist heute die Antiquity Lodge No. 1.

In Montreal unterhält die Großloge von England zwei Logen, der Großorient von Frankreich eine Bauhütte.

Quecksilber, kommt zusammen mit Salz und Schwefel in Hochgradritualen des 18. Jahrhunderts als Grundprinzip der Alchimie vor.

Queensland, Australien. Seit 1920 besteht eine Großloge, die sich aus den vorher ins Leben getretenen englischen, schottischen und irischen Distrikts- bezw. Provinzial-Großlogen bildete. Sie zählte 1930 350 Logen mit 22.000 Mitgliedern. Adresse: Box 675, G. P. O., Brisbane. Außerdem besteht eine Distrikts-Großloge unter Irland (1930: 6 Logen) und eine schottische Bauhütte.

Quellenwerke, Freimaurerische. Bis in die Hälfte des 19. Jahrhunderts war der freimaurerische Historiker hauptsächlich auf das Studium der Originalakten angewiesen. Es ist in erster Linie der englischen Geschichtsforschung zu danken, daß die f. Q. in Nachdruck, zum Teil in Faksimile, einem größeren Kreise zugänglich gemacht wurden. Hier sind zu nennen: die Ars Quatuor Coronatorum und die von der Quatuour Coronati Lodge in London herausgebrachten Masonic Reprints (Quatuor Coronatorum Antigrapha), Facsimilia der alten Constitutionen, die Caementaria Hibernica von Chetwode Crawley, in deutscher Sprache die „Quellen zur Geschichte der Freimaurerei", herausgegeben von der Deutschen Gesellschaft zur Förderung freimaurerisch-wissenschaftlicher Forschung, das „Freimaurermuseum", herausgegeben vom Engbund in Bayreuth, die Schriften der wissenschaftlichen Kommission der Großen Landesloge der Freimaurer von Deutschland, die Neudrucke der Prager Quatuor Coronati-Vereinigung, von älteren Sammlungen die Acta latomorum von Thory u. v. a.

Quest (engl.). Suchen, Suche, z. B. in Quest of the Lost Word, Suche nach dem verlorenen Wort.

Quinet, Edgar, berühmter französischer Historiker, Philosoph und Dichter, * 1803, † 1875, übersetzte Herders „Ideen zur Philosophie der Geschichte der Menschheit", schrieb mehrere Bücher über Deutschland sowie das mystische Gedicht „Ahasvérus", ferner die Gedichte „Napoléon" und „Prométhée", Professor des „Collège de France", hielt in dieser Eigenschaft Vortragsreihen über die Jesuiten, die von Guizot verboten wurden, war 1848 Mitglied der Gesetzgebenden Versammlung, schrieb in der Verbannung in Brüssel und in der Schweiz mehrere bedeutende geschichtliche Werke, wurde 1871 Mitglied der Nationalversammlung, war Freimaurer.

Quint, Hans Georg, Oberlehrer in Falkenstein im Vogtland (Sachsen), * 1882, Mitbegründer der Loge „Parzival" in Auerbach, unterstützte 1923/24 Dr. Bernhard Beyer bei der Ergänzung und Fortführung der Bibliographie Wolfstiegs (s. d.), seit 1925 vom „Verein Deutscher Freimaurer" und vom „Geschichtlichen Engbund des Bayreuther Freimaurermuseums" mit der Vorbereitung weiterer Nachtrags- und Ergänzungsbände betraut, ist Mitglied des „Geschichtlichen Engbundes des Freimaurermuseums in Bayreuth". Q. verließ 1930 die Loge „Parzival" nicht zuletzt im Interesse seiner freimaurerisch-bibliographischen Tätigkeit, da seine auch von den Notwendigkeiten seiner Arbeit bedingte übernationale Einstellung Widerspruch hervorrief, und ist jetzt Mitglied der Wiener Loge „Labor".

Quintscher, Friedrich Wilhelm, gründete 1921 in Hamburg einen angeblich internationalen „Arbeiter-Freimaurerbund, Großloge von Europa". Dieser hatte ebensowenig mit Freimaurerei zu tun wie seine anderen Gründungen: „Afrikanische Bauherrnloge", „Internat. humane Brüderschaft", „Johannisbrüderschaft", „Mentale Brüderschaft", „Essäerbund". Die „Arbeiterloge" mit Blatt „Der Arbeiterfreimaurer", „Organ aller wahren Menschheitsidealisten der Welt", lebte etwa ein Jahr.

Quiroga, Santiago Casares, spanischer Republikaner, 1931 Innenminister der provisorischen republikanischen Regierung, ist Mitglied einer Loge des Großorients von Spanien.

Quorum (engl.), die zur Bildung eines Gerichtshofes oder zur Ausübung einer Geschäftsleitung notwendige Anzahl von Mitgliedern. Nach der englischen freimaurerischen Verfassung genügen für ein Q. fünf Mitglieder, ausgenommen die Behandlung von freimaurerischen Beschwerden, die nur vor einem Ausschusse von sieben Mitgliedern verhandelt werden dürfen.

R

R. im Französischen Abkürzung für respectable, ehrwürdig. R. L., Respectable Loge, ehrwürdige Loge.

R. A., im Englischen Abkürzung für Royal Arch.

Rabelais, François, * 1483, † 1553, der große französische Satiriker, der unsterbliche Schöpfer des „Gargantua" und des „Pantagruel", erwähnt im 20. Kapitel des „Pantagruel", betitelt: „Comment Nazdecabre répond par signes a Panurge" eigenartige Erkennungszeichen, darunter eines in Winkelform. Man hat behauptet, daß R. einer philosophischen Geheimgesellschaft „Société Angélique" angehört habe, die in gewissem Sinne als Vorstufe der geistigen Freimaurerei anzusehen wäre (Joséphin Peladan, „La clef de Rabelais"). Die betreffende Stelle im „Pantagruel" beweist aber höchstens, daß R. von den seit Urzeiten der Menschheit üblichen optischen Erkennungszeichen wußte, nicht aber vom tatsächlichen Bestehen eines philosophischen Geheimbundes.

Rachegrade werden von den Gegnern der Freimaurerei gewisse Hochgrade (so der XXX. des A. u. A. Schottischen Ritus, der Kadoschrittergrad) genannt, in denen im Zusammenhang mit der in ihnen behandelten Graderzählung (z. B. Hinrichtung des letzten Templergroßmeisters de Molay und seiner Getreuen) von Sühne die Rede ist. Mit dieser Bezeichnung wollen die Kämpfer gegen den Bund sagen, daß die freimaurerischen Rituale grausame Rache, die Vernichtung von Thron und Altären predigen. Diese Behauptung ist falsch. Rache, Haß ist der freimaurerischen Ideologie nicht nur fremd, sondern entgegengesetzt. „Wenn von Rache die Rede ist", sagt Goblet d'Alviella (s. d.), „dann kann es sich nicht um törichte, absurde Wiedervergeltung an den Erben der Männer und der Institutionen handeln, die de Molay und so viele andere Märtyrer auf den Scheiterhaufen geschickt haben; die einzige Vergeltung, die der Freimaurer im Namen der Verfolgten aller Zeiten üben kann, besteht in der Arbeit zur Herbeiführung eines sittlichen Zustandes, der neuerliche Attentate auf die Gewissensfreiheit unmöglich macht." Von rein geistigem Kampf ist in der Gradlehre die Rede, vom Eintreten für die Menschenrechte. „Nicht an uns ist es, zu sühnen; Dein ist die Vergeltung, o Herr!", heißt es in einem Gebet der Ritter Kadosch der Nördlichen Jurisdiktion der Vereinigten Staaten.

Rachid, M., Bey, gewesener türkischer Finanz- und Unterrichtsminister, * 1862, aufgenommen 1906 in der Loge „Macedonia risorta" in Saloniki, war Großredner und erster Großaufseher des Großorients der Türkei, ist seit 1931 dessen Großsekretär.

Rackhorst, Fritz, deutscher freimaurerischer Publizist, * 1870, † 1930, seit 1896 Augenarzt in Lennep (Westfalen), war seit 1898 Freimaurer und fast zwei Jahrzehnte lang Stuhlmeister der Loge „Theodor zum belgischen Löwen" in Düsseldorf (Bayreuther System). Die „Signale" des mit ihm befreundeten Findel (s. d.) wandelte er in die „Leuchte" um, die Jahre hindurch die einzige unabhängige und in bezug auf Aktualität interessanteste freimaurerische Zeitung in Deutschland war. Nach dem Weltkrieg bemühte sich R. in seinem Blatt leidenschaftlich am maurerischen Brückenbau, stieß auf Widerstand, verließ seine Bauhütte, dann auch die Loge „Plato" in Wiesbaden, der er sich angeschlossen hatte, um schließlich bei der Wiener „Labor" Asyl zu finden. R., eine sehr eigenartige und eigenwillige Persönlichkeit, ist eine der markantesten Erscheinungen der deutschen Freimaurerei. Sein ehrlicher Wille, die durch den Weltkrieg zerrissenen Verbindungen zur französischen Freimaurerei wiederherzustellen, hat ihm viel Feindschaft eingetragen, seine Absichten sind mißverstanden und mißdeutet worden. Bedeutend war auch seine Tätigkeit für den Alumnatverein (s. d.).

Racknitz, Josef Friedrich, Freiherr v., kurfürstlich sächsischer Hofmarschall, * 1745, † 1818, bedeutender Förderer von Kunst und Wissenschaft, auf grundlegende Reform bedachter Stuhlmeister der Loge „Zu den drei Schwertern" in Dresden, führte diese, von Moßdorf (s. d.) unterstützt, aus dem Hochgradchaos der Verirrungszeit zur englischen Lehrart zurück, war seit 1811 Erster Landes-Großmeister der Landes-Großloge von Sachsen.

Radcliffe, Charles, s. Derwentwater.

Radiation (frz.), Streichung, Ausschluß.

Radziwillowitsch, Rafael, Universitätsprofessor (Medizin) in Wilna, nach dem Weltkrieg erster Großmeister der polnischen Großloge „Vereinigte Polen" (1920), wurde in einer französischen Loge aufgenommen, gründete 1906 die (geheime) polnische Loge „Befreiung" in Warschau (Grand Orient de France).

Ragon, Jean-Baptiste Marie, französischer Staatsbeamter, * 1781, † 1862, freimaurerischer Wissenschaftler und Schriftsteller, 1820—1822 in Amerika, Erfinder, bedeutender Kenner von freimaurerischen Systemen und Graden, deren er mehr als 1500 registrierte, 1803 in Brügge in die Loge „La Réunion des Amis du Nord" aufgenommen, 1816 Gründer und erster Stuhlmeister der durch geistige Leistungen hervorragenden Pariser Loge „Les Trinosophes", schrieb viele freimaurerische Bücher. Von diesen sind besonders erwähnenswert die 16 Hefte verschiedener freimaurerischer Rituale, mit scharfer Kritik an einer ganzen Reihe von Hochgraden, der „Cours Interprétatif et Philosophique des Initiations anciennes et modernes", „La Messe dans ses rapports avec les mystères anciens", „L'Orthodoxie maçonnique suivie de la Maçonnerie occulte et de l'initiation hermétique", „Tuileur général, ou Manuel de l'initié". 1818/19 arbeitete R. an der Zeitschrift „Hermès, ou Archives maçonniques" mit. Er übersetzte auch die „Crata Repoa" (s. d.) ins Französische.

Ragotzky, Karl August, Superintendant, † 1823, Meister vom Stuhl der Zinnendorfschen Loge „Zur goldenen Krone" in Stendal, wo er als Prediger wirkte. Er unterzog die deutsche Freimaurerei des zu Ende gehenden Jahrhunderts, die damals noch voller Phantasterei war, in mehreren Schriften einer freimütigen und umfassenden (und in der Folge fruchtbringenden) Kritik, erörterte alle wichtigen Fragen des Bundes, die Erziehung der Neophyten, die Symbolik, den Zweck der Arbeit, veröffentlichte in seinem „Der Freidenker in der Maurerei" (1793) oder „Freimüthige Briefe über wichtige Gegenstände in der Maurerei" die Ordensfabel des Schwedischen Systems, die er als Phantasie und Traum bezeichnete. („Bei dieser Art Maurerei sehe ich überhaupt keinen Nutzen ein. Vielmehr kann daraus Nachteil fürs Ganze entstehen.") R. war Mitherausgeber des „Köthener Taschenbuches", in welchem 1798 ein Nachtrag zu dem erwähnten Werk erschien. Von seinen anderen freimaurerischen Schriften bemerkenswert u. a. „Franz Hell oder die Irrwege".

Rahbeck, Knud Lyne, dänischer Theaterkritiker, Dichter und Literaturhistoriker. * 1760, † 1830, erfolgreich durch die „Rahbekschen Trinklieder", Verfasser von „Den Danske Digtkunsts Historie", wurde 1782 in der Kopenhagener Loge „Zorobabel zum Nordstern" aufgenommen und war auch auf freimaurerischem Gebiet schriftstellerisch tätig.

Raich, Johann Michael, Dr., Domkapitular in Mainz, hielt 1897 auf der Antifreimaurertagung in Wien einen beachtenswerten Vortrag „Freimaurerische Prinzipien und Logensysteme", in dem er u. a. sagte: „Außerhalb der Logen herrscht vielfach eine übertriebene Vorstellung von dem Wissen, der Macht und dem Einfluß der Freimaurerei — hat man doch jüngst noch in allem Ernste den Krimkrieg und den Dreibund auf ihr Konto gesetzt! — Und da man den Grund dieser Machtstellung in der ursprünglichen dreigradigen englischen Freimaurerei nicht zu finden vermochte, so nahm man seine Zuflucht zu den unaufgeklärten außerordentlichen Geheimnissen der Hochgrade und zu den unbekannten Oberen, zu einem Freimaurerpapste, in dessen Hände alle Fäden zusammenlaufen... Die Macht und der Einfluß der Freimaurerei ist nicht gering. Falsch aber ist die Idee von einer Zentralleitung aller Logen der Welt, falsch ist die Idee von unbekannten Oberen und von unaufgeklärten Geheimnissen... Es ist eine reine Schimäre, von einer Zentralleitung, einem Obersten Rate, einem Freimaurerpapste zu reden, dem die ganze Logenwelt wissentlich oder unwissentlich gehorcht. Wer solches behauptet, ist auf dem Gebiete des Logenwesens nicht orientiert. Wiederholt hat man sich bemüht, eine Zentralleitung herzustellen; die hohen Zentralbeamten wurden ernannt, Befehle erlassen, aber vergebens schaute man sich nach der Weltarmee um, die dem Kommando Folge leistete. In der Zerfahrenheit des Logenwesens liegt seine Schwäche, aber auch dessen Gefährlichkeit."

Rainbow, Order of the (Orden vom Regenbogen), amerikanische Mädchenorganisation in Verbindung mit der Freimaurerei, wurde 1922 in Mc Alester im Staate Oklahoma von W. M. Sexon gegründet, breitete sich dann über ganz Nordamerika aus. Die lokalen „Assemblies" müssen von einem Kapitel des Eastern Star oder einer Freimaurerloge oder beiden betreut werden. Aufgenommen werden 14- bis 18jährige Töchter von Freimaurern oder Eastern Star-Mitgliedern. Neben den ständigen Zusammenkünften mit Ritual dienen der Erziehung zu den Idealen des Ordens Ferienschulen (Rainbow Camp Vacation Schools). Der O. o. R. will in seinen Mitgliedern Gemeinschaftsgeist, Hingabe an das Ganze, Disziplin, Kameradschaftlichkeit wecken. Die Ordensfahne zeigt auf weißem Grund im oberen Feld einen Regenbogen mit dem Buchstaben R. In einer ganzen Reihe von Staaten bestehen „Grand Assemblies".

Rainsford, Charles, englischer General, * 1728, † 1809, Kommandant von Gibraltar, Mitglied des Parlaments und der Royal Society, war Rosenkreuzer und Freimaurer, hinterließ 40 Bände Manuskripte, die sich auf Freimaurerei, Magnetismus und Alchimie beziehen und vom British Museum erworben wurden.

Raising heißt im angelsächsischen Ritualgebrauch die Erhebung in den Meistergrad.

Rakovszky, Stefan, Wirklicher Geheimer Rat, Präsident des Obersten Ungarischen Staatsrechnungshofes, * 1847, † 1910, Abgeordneter, war von 1869—1893 Großmeister der Symbolischen Großloge von Ungarn. Im Parlament bekannte er sich schon vorher offen als Freimaurer und trat mit Entschiedenheit für den Bund ein, als seine Ernennung in die Kontrollkommission für die katholischen Fonds und Stiftungen von klerikaler Seite scharf kritisiert wurde. Nach dem Weltkrieg verbot einer seiner Söhne als Innenminister die Freimaurerei in Ungarn.

Raleigh, Hauptstadt des Bundesstaates Nordkarolina der USA., Sitz der 1777 gegründeten Großloge dieses Staates. (Adresse: Grand Secretary, Room 502, Masonic Temple.) Von ihr wurde 1930 die erste amerikanische Forschungsloge nach dem Muster der Londoner Quatuor Coronati Lodge ins Leben gerufen.

Rameau, Le, französisches Wohlfahrtswerk für Kinder von Freimaurern aller Länder, die von Logen „adoptiert" worden sind. Die Vereinigung veranstaltete regelmäßige Beratungsstunden für Luftons, Vorträge und Vorführungen. Generalsekretär: H. Tattegrain, 3, rue Barbette, Paris.

Rameau, Jean Philippe, berühmter französischer Komponist, Begründer der Harmonielehre, * 1682, † 1764, schrieb die Oper „Samson" (Text von Voltaire), war mit „Hippolyte et Aricie" erfolgreich, wurde von Ludwig XV. zum Kammerkomponisten ernannt, komponierte auch Klavierstücke, Chorwerke usw., bedeutender Musiktheoretiker, Verfasser von „Traité de l'harmonie réduite à ses principes naturels". Saint-Saëns veranlaßte eine Monumental-Gesamtausgabe seiner Werke. R. war Freimaurer.

Ramifikation, amtlicher Lieblingsausdruck Metternichs und aller Polizeiminister und Diplomaten seines Systems zur Bezeichnung eines angeblichen, über ganz Europa verzweigten antimonarchistischen, liberalen Komplotts unter Mithilfe von Freimaurern. In zahllosen Weisungen an Gesandtschaften und Polizeistellen und namentlich auch Spitzelberichten, ist immer wieder — besonders auch bei der Überwachung von Freimaurern und Logen — von den Bemühungen die Rede, R. auf den Grund zu kommen. Diesem Zwecke diente auch die auf Metternichs Vorschlag in Mainz amtierende Zentraluntersuchungskommission.

Ramsay, Andreas Michael, Bäckersohn aus Ayr in Schottland, als Erzieher in hochadeligen französischen Familien mit einem französischen Orden ausgezeichnet und hierdurch Chevalier, * 1686, † 1743, im Spanischen Erbfolgekrieg Offizier bei den englischen Truppen in den Niederlanden, ein Mann von vornehmster Charakterbildung, kam, von Bewunderung für den in Cambray lebenden, vom Pariser Hofe verdrängten Erzbischof Fénelon und dessen menschenfreundliche Ideen erfüllt, an dessen Sitz, wurde unter dem Einfluß des hochgesinnten Kirchenfürsten Katholik und Mitglied des Lazaristenordents, ging dann, als Fénelon starb, nach Paris, war 1724/25 in St. Germain-en-Laye Erzieher des damals vierjährigen Prätendenten Karl Eduard, des Söhnchens des vertriebenen Königs Jakob III. Wegen dieser vorübergehenden Tätigkeit wurde er aus seinem Vaterlande verbannt. Doch gaben ihm die Behörden seiner wissenschaftlichen Betätigung (er schrieb u. a. „Les voyages de Cyrus“ und „La vie de Fénelon“) und seiner sittlichen Persönlichkeit wegen einen königlichen Geleitbrief, um in Oxford zum Doktor der Rechte promovieren zu können. Anläßlich dieser Reise wurde R. in London Mitglied der Royal Society. Er war ein starker Bekenner des Freimaurertums, trachtete dieses von Leuten zu befreien, die im Trüben fischten und die Logen als Vorspann für Geschäfte benützen wollten.

1737 hielt er in Paris als Großredner der Großloge seinen berühmten „Discours“, der fälschlich dem Großmeister Duc d'Antin zugeschrieben wurde. Die Rede enthielt wichtige Vorschläge zur Reformierung des französischen Freimaurertums. Er bezeichnete als die zum Eintritt in den sittlichen Orden nötigen Eigenschaften „weise Menschenliebe“ und „reine Sitten“, erklärte, es gelte, die „alten Grundsätze wieder zu beleben und zu verbreiten, die, der Natur des Menschen entnommen, unsere Gesellschaft gegründet haben“ und sagte dann: „Unsere Vorfahren, die Kreuzfahrer, die sich aus allen Teilen der Christenheit im Heiligen Lande zusammengefunden hatten, wollten so die Menschen aller Nationen in eine einzige Brüderschaft vereinigen. Sie taten sich mit den „Rittern des heiligen Johannes zu Jerusalem“ zusammen, die sich dann im Abendlande Freimaurer nannten. Wie sehr ist man diesen vortrefflichen Männern verpflichtet, die, ohne groben Eigennutz, selbst ohne der natürlichen Herrschsucht Gehör zu geben, eine Einrichtung ersonnen haben, deren einziger Zweck die Einigung der Geister und Herzen ist, um sie zu bessern und in der Folge eine ganz geistige Nation zu bilden, worin man, ohne daß den Pflichten Abbruch geschieht, welche die verschiedenen Staaten fordern, ein neues Volk schaffen wird, welches, aus verschiedenen Nationen zusammengesetzt, sie alle bis zu einem gewissen Punkt durch das Band der Tugend und der Wissenschaft verknüpfen wird“.

In diesem „Discours“ hat R. einen historischen Fehler begangen, indem er die Entstehung der Freimaurerei auf die Johannisritter zurückführte und daraus den Namen „Johannisloge“ ableitete. Das hat ihm später den ungerechtfertigten Vorwurf eingetragen, daß auf ihn jene bald hernach einsetzende Zeit der freimaurerischen Hochgradverirrungen zurückzuführen sei, in der mancherorts aus der schlichten Brüderschaft ein Chaos von Ritterorden wurde. R. habe die Freimaurerei der katholischen Kirche untertan machen wollen, wurde gesagt; der Wunsch habe ihn beseelt, das freimaurerische Ritual mit Bräuchen des katholischen Kults zu verquicken. Nicht nur aus religiösen. sondern auch aus politischen Gründen, nämlich um seinem einstigen Zögling, Karl Eduard Stuart (s. d.), eine Phalanx für die Bemühungen zu schaffen, den verlorenen britischen Thron zurückzuerobern, eine „jakobitische Maurerei“, im Gegensatz zur „ketzerischen“ englischen, die zum Hause Hannover hielt. Die Annahme, R. sei der Erfinder der Hochgrade, ging so weit, daß in zahlreichen Schriften vom „System R.“ die Rede ist.

Die Richtigkeit dieser Erzählungen hat sich aber nie erweisen lassen, und die Forschung nimmt heute mit Recht an, daß R. nichts Neues in die Welt setzen, sondern im Gegenteil zur Einfachheit mahnen wollte. Man hat aber vielfach ganz übersehen, daß in der Ramsayschen Rede andere, sehr viel wesentlichere, teilweise auf den Einfluß der Lehren Fénelons zurückgehende Stellen enthalten waren: „Die wichtigsten Unterscheidungsmerkmale der Menschen sind nicht die Sprachen, die sie sprechen, die Kleider, die sie tragen, die Länder, die sie bewohnen, noch die Würden, die ihnen verliehen wurden. Die Welt ist eine große Republik, in der jede Nation eine Familie und jeder Einwohner eines ihrer Kinder ist. Wir wollen alle Menschen von aufgeklärtem Geiste und guten Sitten vereinigen... durch die erhabenen Grundsätze der Tugend, der Wissenschaft, der Religion, in welchen das Interesse der Brüderschaft zum Interesse des ganzen menschlichen Geschlechts wird, woraus alle Nationen gründliche Kenntnis schöpfen und die Untertanen aller Königreiche lernen können, sich gegenseitig zu lieben, ohne auf ihr Vaterland zu verzichten. Der Freimaurerorden wurde gestiftet, um gute Menschen, gute Bürger zu formen, Männer, die ihre Versprechungen hochhalten... Wir haben unter uns drei Arten von Brr.: Novizen oder Lehrlinge, Gesellen oder Bekenner, Meister oder Vollkommene. Den ersten erklärt man die sittlichen Tugenden, den zweiten die Tugenden der Heiden und den letzten die christlichen Tugenden, in der Art, daß unsere Einrichtung die ganze Philosophie der Gefühle und die ganze Theologie des Herzens in sich schließt... Der Orden verlangt von jedem von uns eine rege Arbeit, die keine Akademie leisten kann, weil alle diese Gesellschaften nur wenige Menschen umfassen und mit ihrer Arbeit ein so ausgedehntes Werk nicht leisten können. Die Großmeister anderer Länder vereinigen alle dem Bunde angehörenden Weisen und Künstler, um Material zu einem universellen Handbuch zu sammeln, das alle freien Künste und Wissenschaften umfassen soll. Theologie und Politik ausgenommen. Man hat ein solches Werk in England bereits begonnen. Durch Zusammenwirken unserer geeigneten Brr. könnte da in wenigen Jahren etwas Ausgezeichnetes zustande kommen. Man erklärt darin nicht nur technische Worte und ihre Ableitung, man gibt darin auch die Geschichte jeder Wissenschaft und jeder Kunst, ihre Grundlehren und die Art, darin zu arbeiten. Man wird so schließlich die Weisheit aller Nationen in einem einzigen Werk vereinigen. einer Universalbibliothek alles dessen, was an Gutem, Großem, Leuchtendem und Nützlichem in Kunst und Wissenschaft existiert. Ein solches Werk wird von Jahrhundert zu Jahrhundert wachsen, wird überall Nacheiferung erwecken...“

Der Erfolg dieser von R. bemerkenswerterweise im Manuskript dem Kardinal Fleury vorgelegten Rede blieb nicht aus. Sie wurde in den Logen eifrig erörtert. Schon 1741 begann Diderot das Werk, dessen erster Band 1752 erschien. Fleury aber nahm den Gedanken, die Freimaurerei zu patronisieren, um so die Befriedung Europas zu fördern und dadurch ebensoviel Ruhm zu ernten wie Richelieu durch die Gründung der Akademie, wenig freundlich auf.

Randolph.

1. Peyton, Kronanwalt von Virginien, * 1721, † 1775, Freund Washingtons, 1774 Erster Präsident des Kontinentalkongresses der „Baumeister der Nation", einer der Unterzeichner der Unabhängigkeitserklärung, erhielt 1773 vom Großmeister der Großloge von England, Lord Petre, das Patent, das ihn als Meister vom Stuhl einer Loge in Williamsburgh (Virginien) und damit zugleich diese einsetzte, und wurde dann Provinzial-Großmeister von Virginien.

2. Edmund Jennings, Gouverneur von Virginien, Neffe von Peyton, * 1753, † 1813, Adjutant von Washington, Vertreter Virginiens beim Ersten Kontinentalkongreß usw., trat für Zentralisation ein, nahm gegen den Sklavenhandel Stellung, 1789 Generalstaatsanwalt, 1794 Staatssekretär der Vereinigten Staaten, 1794 Minister, war 1786—1788 Großmeister von Virginien.

Raoul, Louis Vincent, Universitätsprofessor in Gent und Brüssel, * 1770, † 1848, Mitglied der Königlichen Akademie von Belgien, schrieb Komödien und übersetzte Juvenal und Horaz ins Französische, war Freimaurer.

Rapin-Thoyras, Paul de, französischer protestantischer Schriftsteller, der sich nach dem Widerruf des Edikts von Nantes in Holland niederließ und u. a. eine Geschichte Englands veröffentlichte, schrieb ein Buch: „Von der Ankunft und dem Wachstum einer Sekte, welche anjetzo viel Aufsehen erregt hat", in welchem er die Schöpfung der Freimaurerei Jakob II. zuschrieb. In dem Konstitutionsbuch der Loge „Archimedes" in Altenburg 1803 wird diese 1739 in Hamburg in deutscher Übersetzung erschienene Schrift analysiert.

Rapisardi, Mario, italienischer patriotischer Dichter, * 1844, † 1912, Professor in Catania, schrieb eine dichterisch gefaßte Geschichte der Menschheit, „Luzifero", der die zeitgenössische Geschichte, darunter den Freiheitskampf Italiens und den Deutsch-Französischen Krieg von 1870, beschreibt und den schließlichen Sieg der Wahrheit und Gerechtigkeit verkündet, war Freimaurer; ein Kapitel der italienischen Hochgrade trug seinen Namen.

Rapprochement franco-allemand, französisch-deutsche Annäherung, hat die französische Freimaurerei seit langer Zeit immer wieder intensiv beschäftigt und ist nach dem Weltkrieg zu einem Schlagwort ihrer Außenarbeit geworden. 1904 brachte am Internationalen Freimaurer kongreß in Brüssel ein Delegierter der Grande Loge de France eine Resolution ein, die Weltfreimaurerei möge sich intensiv mit diesem Problem befassen. Von 1907 bis 1914 fanden dann die in erster Linie auf einen Ausgleich der deutsch-französischen Gegensätze hinzielenden Internationalen Manifestationen (s. d.) statt. Unmittelbar nach Kriegsende wurde das R. f.-a. wieder ständig auf die Tagesordnung aller französischen Bauhütten gesetzt. Seit 1924 faßten die Konvente, sowohl des Grand Orient als der Grande Loge de France dringliche Beschlüsse in dieser Richtung, nachdem den Logen das Studium dieser Frage zur Pflicht gemacht worden war.

Rašín, Alois, erster Finanzminister der Tschechoslowakischen Republik, * 1867, ermordet am 5. Jänner 1923, war aktives Mitglied des tschechoslowakischen Obersten Rates des A. u. A. Schottischen Ritus. R. war schon als Student tschechischer Freiheitskämpfer. Im Omladina-Prozeß 1893 erhielt er zwei Jahre Kerker, 1916 wurde er zum Tode verurteilt, 1917 begnadigt. Die tschechoslowakischen Zwanzig-Kronen-Noten zeigen sein Bild neben dem des Freimaurers General Štefanik (s. d.). R. gehörte der Loge „28 řijen" an.

Rask, Rasmus Christian, berühmter dänischer Sprachforscher, * 1787, † 1832, bahnbrechend auf dem Gebiete der vergleichenden Philologie, wies die Verwandtschaft der alten nordischen und süddeutschen Sprachen nach, Autorität als orientalischer Sprachenforscher, gab die „Edda" heraus, wurde auf einer seiner zahlreichen Reisen auf Ceylon in den Bund aufgenommen.

Raspail, François Vincent, französischer Naturforscher und Politiker, * 1794, † 1878, auf den Gebieten der Chemie, Botanik, Physiologie und Medizin hervorragend tätig, Verfasser zahlreicher Werke, leidenschaftlicher Republikaner, zwang 1848 die provisorische Regierung durch Entfachung einer Volksbewegung zur Ausrufung der Republik, lebte später im Exil, war nach seiner Rückkehr Mitglied der gesetzgebenden Körperschaft, dann radikaler Abgeordneter, wurde 1821 in die Loge „Les Amis réunis" aufgenommen, war deren Redner.

Rasse. Der Begriff der R. ist ein naturwissenschaftlicher Einteilungsgrund für die verschiedenen Erscheinungsformen des Menschengeschlechtes. Die beste Definition des Begriffs gibt wohl Grosse: „Unter einer R. versteht die Anthropologie eine größere Gruppe von Menschen. welche durch den hereditären Gemeinbesitz eines bestimmten angeborenen körperlichen und geistigen Habitus untereinander verbunden und von anderen derartigen Gruppen getrennt sind." Der Rassenbegriff kann genealogisch erfaßt werden (Konsanguinität, Blutsgleichheit, zu deren Erforschung sich jetzt die Serologie anschickt, ohne bisher bündige Resultate gezeitigt zu haben) oder morphologisch nach der Identität der Merkmale. Einen besonderen Rassenbegriff stellt Le Bon auf, die historische R., d. h. „solche, die durch Zufälle von Eroberungen, Einwanderungen, der Politik usw. geschaffen wurden". Inhalt der Rassenlehren bildet die Frage der Rassenbildung der Rassenmorphologie, d. i. der äußeren Merkmale, die Rassenpathologie, d. i. die Erforschung krankhafter Erscheinungen am Rassenkörper, der Rassenphysiologie oder Erforschung der Lebensvorgänge einer R., die Rassenpsychologie, d. i. die Untersuchung der seelischen Vorgänge innerhalb einer Rassengruppe, aus der sich für das Gemeinschaftsleben der Menschheit die wichtige Frage der Rassenwertung ergibt. Die Leidenschaftlichkeit, mit der insbesondere innerhalb einer Kulturrasse oder historischen R. gerade die letzte Frage erörtert wird, bringt Zollschan in dem Satze zum Ausdruck: „Die Rassenlehre gilt als das vergiftende Moment des internationalen Lebens, indem sie R. gegen R., Stamm gegen Stamm, Volk gegen Volk hetzt: die Weißen gegen Schwarze und Gelbe, die Germanen gegen Lateiner und Slawen, den Deutschen gegen den Polen und überall den Arier gegen den Semiten.“ Da diesen Fragen besonders in den letzten Jahren eine starke nationale oder politische Gefühlsbetonung anhaftet, ist die Rassenfrage eines der umstrittensten Kampfobjekte geworden. Insbesondere die Arierfrage (Gobineau, Chamberlain u. a.), die Frage der Indogermanen beeinflußt bis in unsere Tage das völkische Denken, wozu der Berliner Anthropologe von Luschan in Anlehnung an ein Wort des Oxforder Sprachforschers M. Müller bemerkt: „Nur ganz unheilbare Chauvinisten reden heute noch von einer arischen R., und für den Fachmann ist der Begriff einer arischen Schädelform genau so absurd, als wenn man etwa von einer dolichocephalen (langschädeligen) Sprache sprechen wollte.“

Während Herder („Ideen zur Philosophie der Geschichte der Menschheit“, IV, V und VII, 1) den Rassenbegriff für den Menschen überhaupt ablehnte und sich aus einer mehr sentimental-humanitären Anschauung heraus auf den Einheitsbegriff der Menschheit festlegte, kommt die heutige Naturforschung ohne den Begriff der R. als eines feststehenden Einteilungsgrundes der Betrachtung der Menschheit nicht aus. Die Rassensystematik schwankt innerhalb der verschiedensten Schemen. Der Rassebegriff selbst ist zum Verständnis des Menschheitsganzen jedoch unentbehrlich.

Die Stellung der Freimaurerei zur Rassenfrage ist in ihrem Humanitätsgedanken eingeschlossen. Die Alten Pflichten Andersons erwähnen die Rassenfrage nicht, die vorangestellte Geschichte des Bundes nimmt aber Angehörige der verschiedensten R. in die Ahnenreihe der Bauleute auf. In den meisten Großlogenverfassungen wird ausdrücklich betont, daß Stand, Nationalität oder Farbe, Religionsbekenntnis und politische Meinung kein Hindernis der Aufnahme bilden dürfen. Die englische Großloge, die als Vertreterin des freimaurerischen Gedankens in einem Kolonialreiche mit der Rassenfrage am innigsten in Berührung kommt, erwähnt sie überhaupt nicht. Die Voraussetzungen der Aufnahme in den Freimaurerbund sind geistige, kulturelle und ethische. Nach diesen wird der Kandidat beurteilt, nicht nach seiner Hautfarbe. Den rassischen Ausschließlichkeitsgedanken, d. h. jene Werturteile innerhalb von Kulturrassen, die den Mantel für politische und soziale Schlagworte abzugeben bestimmt sind, lehnt die Freimaurerei entschieden ab. Sie erkennt die Rassengliederung als naturwissenschaftlich begründete Gegebenheit an. Als evolutionär optimistische Gesinnungsgemeinschaft sieht sie in der durch Rassenvererbung und Milieueinflüsse erworbenen, fest begründeten, gemeinsamen Seele den höchsten Gipfel der Größe eines Volkes. Hauptfaktoren der Entwicklung einer Kultur sind neben dem Charakter die Ideen. Das Streben der Freimaurerei geht dahin, durch ihre Ideen diesen Charakter zu stärken und die gemeinsame Seele der gesamten Kulturmenschheit als Einheit zu entwickeln.

Rassenhaß, soweit er in einzelnen Ländern auch freimaurerisch eine Rolle spielt, betrifft in Europa (Deutschland) die Juden, in Amerika die Farbigen (s. Juden, Neger). In den „Erläuterungen der Katechismen der Johannis-Freimaurerei“ von Robert Fischer, IV. Teil, bearbeitet von E. P. Kretschmer, Gera (Verlag des Vereins deutscher Freimaurer, 1930), Seite 72, sagt Kretschmer, das System der Großen Landesloge habe sich in Deutschland in den letzten Jahren stark verbreitet, namentlich auch in Süddeutschland und Wien festen Fuß gefaßt, wobei die antisemitische und extremvölkische Zeitströmung der Jahre nach 1918 nicht ohne Einfluß gewesen sei. Von diesen Einflüssen sind aber auch die humanitären Logen nicht frei geblieben, wenn auch zur Erklärung andere Motive herangezogen werden (S. 32): „Die Tatsache, daß Bekenner jüdischen Glaubens sich eine eigene, freimaurerähnliche Organisation im B'nai B'rith geschaffen haben, die nur Juden zugänglich ist, weil er nur dem jüdischen Volkstum dienen will, hat zahlreiche Logen humanitärer deutscher Großlogen dahin gebracht, Lichtsuchende jüdischen Glaubens abzulehnen und diese an jüdische Korporationen zu verweisen. Derartige Freimaurerlogen öffnen nur Deutschstämmigen ihre Pforten. Ein Bekenntnis zu einem unfreimaurerischen Antisemitismus oder einer extrem-völkischen Bewegung wird damit nicht ausgesprochen, ebenso tritt keine Verengung des freimaurerischen Gedankenkreises nach der Seite des Christentums ein. Man gedenkt also, geschieden durch natürliche Grenzen und getrennt durch das Volkstum, paritätisch nebeneinander ohne Rassenhaß freimaurerisch zu arbeiten...“ Hiezu sei bemerkt, daß die Gründung des jüdischen Ordens B'nai B'rith in Deutschland auch deswegen erfolgte, weil in den Jahren um 1880 jüdische Mitglieder deutscher Freimaurerlogen wegen der in der damaligen Zeit antisemitischer Hetze vielfach üblichen voreingenommenen Kugelungen über jüdische Suchende sich zum Verlassen der deutschen Logen veranlaßt sahen und den in Amerika längst blühenden jüdischen Orden nach Deutschland brachten. In der Erklärung Kretschmers wird also Ursache und Wirkung verwechselt.

Rationalismus, im allgemeinen die Höherwertung des Denkens gegenüber der Erfahrung, in der Erkenntnistheorie die Anschauung, daß die wirklichen Erkenntnisse nicht aus der Erfahrung, sondern aus dem reinen Denken fließen, das über die Wahrheit entscheidet. Gegensatz ist der Empirismus (s. d.). Der kritische, ausgleichende Standpunkt sagt, daß die Wirklichkeit, das Sein an sich wohl nicht erkennbar, die Verarbeitung der Erfahrung aber mittels des Denkens objektiv gültige, wenn auch nicht absolute Erkenntnisse liefern kann. Kant vertritt den Standpunkt, daß Erkenntnis ausschließlich aus Erfahrung entstehen kann, daß aber die Regeln, die Richtlinien der gedanklichen Verarbeitung überempirisch, im menschlichen Wesen verankert und in diesem Sinne allgemeingültig sind. Die Zeit der Aufklärung (s. d.) stand unter dem Einfluß des R., der als Reaktion gegen die Gefühlsbetontheit des Mittelalters die Vernunft zur Geltung brachte, aber dann seinerseits das rationale Moment übertrieb. In der Theologie ist R. der Standpunkt, der nur der Vernunft entsprechende Dogmen gelten läßt. In diesem Sinne war der Deismus (s. d.) rationalistisch, eine Art Vernunftreligion. Zur Zeit der Gründung der ersten englischen Großloge stand die öffentliche Meinung in England stark unter dem Einfluß des R., es ist daher verständlich, daß auch in der Freimaurerei ein rationalistischer Einschlag sich geltend machte. „Der freimaurerische Gedanke hängt letzten Endes und im tiefsten Grunde mit dem Aufkommen des R. zusammen, wie alle großen Philosophen, Dichter und Denker, die unserem Bund angehörten, richtig erkannt haben" (Caspari: „Die Bedeutung der Freimaurerei für das geistige Leben"). Fichte sagt in seiner „Philosophie der Freimaurerei": „Das vernünftige Wesen soll durchaus über die vernunftlose Natur herrschen." Es entspricht vor allem dem Standpunkt des R., wenn die Lehre der Freimaurerei das sittliche Postulat und nicht den Glauben in den Vordergrund stellt. Das wird der Freimaurerei, insbesondere seitens der katholischen Kirche, oft zum Vorwurf gemacht, obwohl, wie Schenkel („Die Freimaurerei im Lichte der Religions- und Kirchengeschichte") darlegt, auch bei Jesus das Ethische immer das eigentlich Betonte ist und sich auch bei ihm sehr starke rationalistische Anklänge finden. Die freimaurerische Lehre zeigt, am Maßstab der rein emotionell unterbauten Religionen gemessen, rationalistische Färbung, doch lehnt sie die schroffe Form des R. ab, zumal „reines Denken" zweifelsohne eine Fiktion ist. Sie will Vernunft und Gefühl, jede im eigenen Bereiche gelten lassen, schätzt Wissenschaft und Religion gleichermaßen, allerdings mit der Einschränkung, daß letztere sich nicht in Gegensatz zu den positiven Ergebnissen der Forschung stellen, daß aus Glauben niemals Aberglauben entstehen darf. Rational heißt im Sinne der Freimaurerei: den Menschen so nehmen wie er ist, mit allen seinen intellektuellen und emotionellen Bedürfnissen, nicht aber als ein lebloser Schemen auffassen, das ausschließlich aus Vernunft besteht. Der R. bewahrt die Freimaurerei vor dunklem Mystizismus, doch ist ihr R. stark von Idealismus durchsetzt.

Rat, Oberster, s. Schottischer Ritus.

Ratschky, Josef Franz, österreichischer Dichter, * 1757, † 1810, Staats- und Konferenzrat, Herausgeber des „Wienerischen Musen-Almanachs", Verfasser zahlreicher freimaurerischer Lieder, sowie des Textes für Mozarts „Gesellenreise". In einem von seiner Loge herausgegebenen Band „Gedichte und Lieder von den Brüdern der Loge „Zur wahren Eintracht" wurden acht Lieder R.s aufgenommen.

Rat und Tat, 1905 gegründete freimaurerische Wohlfahrtsinstitution mit Sitz in Frankfurt a. M., deren Zweck es ist, Freimaurern und ihren Angehörigen durch R. u. T. organisierte Hilfe zu bringen. Neben allgemeiner Hilfeleistung übt sie Fürsorge in Krankheitsfällen und hat zu diesem Zweck eine Freibetten-Hilfe gegründet. Neuerdings wurde eine Sterbekasse angegliedert. Vorsitzender: Rektor G. Walter, Frankfurt a. M., Varrentroppstraße 34.

Raven, Ernst Werner v., mecklenburgischer Gutsherr, * 1727, † 1787, leidenschaftlicher Alchimist, sehr eifriges, aber sehr naivgläubiges führendes Mitglied der Strikten Observanz, auf deren Konventen er eine große Rolle spielte, immer von der Hoffnung erfüllt, Wissen um letzte Dinge zu erlangen. Er diente Starck (s. d.), der ihn dem Klerikalen System (s. d.) zugeführt und zum Prior in Wismar gemacht hatte, als Unterhändler auf dem Konvent zu Kohlo (s. d.), auf welchem er die Vereinigung mit der Strikten Observanz zum Abschluß brachte.

Rawlinson, Richard, der Sammler der in der Bodleian Library in Oxford enthaltenen freimaurerischen, nach ihm benannten Manuskripte, * 1690, † 1755, Mitglied der Royal Society, trat zwischen 1726 und 1730 dem Freimaurerbund bei. Er gab 1719 das posthume Werk von Aubrey „Natural History and Antiquities of Surrey" und Ashmoles ebenfalls nachgelassene „History and Antiquities of Berkshire" heraus.

R. C. (frz.), Abkürzung von Rose-Croix.

Realismus, Realitätsstandpunkt, die Auffassung, daß etwas vom Denken unabhängig, „in re" existiert; in der Erkenntnistheorie die Anschauung, daß es eine vom wahrnehmenden Subjekt unabhängige Außenwelt gibt. Kant ist der Meinung, daß es ein Ding „an sich" gäbe, das aber nicht erkennbar sei. Die Unabhängigkeit der Außenwelt vom menschlichen Willen ist das Argument des realistischen Standpunktes. Der Realidealismus oder idealistische R. faßt auch die Ideale als reale Bestimmungsfaktoren auf, die aber über den natürlichen Kausalitätszusammenhang hinaus nicht wirken können. Die neuere Philosophie faßt die Empfindungen als das für das Subjekt wirklich Reale auf, die Außenwelt aber als eine Hinausprojizierung derselben. Die freimaurerische Auffassung steht dem Realidealismus (s. auch Idealismus) nahe. R. ist ihr der richtige Standpunkt im Bereiche der Wissenschaft, da der Forschung dieser allein festen Unterbau geben kann, aber auch Ideen und Ideale sind ihr Realitäten, die Wirkungen ausüben und dem an sich sinnlosen, wenn auch regelmäßigen Geschehen Ziele weisen. „Es dürfte die Aufgabe der heutigen Freimaurerei sein, die Königliche Kunst mit dieser Weltanschauung, in der sich Idealismus mit R., Spekulation mit Empirie vereint, zu durchdringen und auf eine Stufe zu erheben, die man als realidealistische oder kosmologische bezeichnen könnte.“ (Albert Buddecke, Jena, in der Festschrift der Großloge von Wien, 1928.)

Real Masons, Honorary Free Masons, Modern Masons, in Nachahmung der 1717 gegründeten Großloge von London in der englischen Hauptstadt entstandene Bruderschaften, die sich Freimaurer mit irgendeinem unterscheidenden Kennwort nannten. Die Real Masons sind 1726 nachweisbar. Sie kündigen im „Daily Journal“ vom 26. September eine Versammlung an, bei welcher der Meister für das folgende Jahr gewählt werden soll. Gegen die Honorary Masons trat Desaguliers in der Vierteljahrsversammlung am 28. August 1730 auf und verlangte ein strenges Besuchsverbot. 1731 kündigt diese Bruderschaft einen Ausflug mit Musik in den Zeitungen an. Das Findelhaus in London weist im Jahre 1739 eine sehr namhafte Spende ihrer Logen aus. Die Modern Masons (nicht zu verwechseln mit den „Moderns“!) bestanden gegen 1741. Noch 1774 laden sie zu einer Großlogenversammlung im Wirtshaus „Zur aufgehenden Sonne“ ein. Diese Einladung hat satirischen Anstrich und läßt erkennen, daß es sich um eine heitere Gesellschaft gehandelt hat, die einfach die Formen der Freimaurerei für gesellige Zwecke entlehnte. Alle diese Gesellschaften lösten sich noch im 18. Jahrhundert auf.

Réau-Croix (frz.) (nicht zu verwechseln mit Rose-Croix), Bezeichnung der Eingeweihten des Systems der Elus Coëns (s. d.), deren sprachlicher Sinn dunkel ist. Für die Berechtigung der gelegentlichen Übersetzung von Réau mit „puissant prêtre“ (mächtiger Priester) haben sich keinerlei Anhaltspunkte ergeben.

Rechabites, Independent Order of, Bruderschaftliche Vereinigung in den USA. Grundsätze: Vollständige Abstinenz, gegenseitige Krankenunterstützung. Besteht in mehreren Abarten.

Recht, Allgemeines maurerisches. Wenn es noch eines Beweises bedürfte, daß die Weltfreimaurerei einer einheitlichen Organisation entbehrt, so liegt er in dem Fehlen eines positiven Maurerrechtes und in den zahlreichen, bisher erfolglosen Versuchen, die Grundzüge eines derartigen Rechtes festzuhalten. R. als ordnendes Mittel würde bedeuten, daß durch einen Beschluß sämtlicher Großlogen ein für alle Großlogen verbindliches Gesetz geschaffen würde. Versuche dieser Art, die beispielsweise von der Association Maçonnique Internationale (A. M. I.) unternommen wurden, sind über die bescheidensten Anfänge nicht hinausgekommen. Ein gewisser Rechtszustand ergibt sich nur durch die Übereinstimmung der meisten Großlogen in bestimmten Fragen. Die nachfolgende Aufzählung erhebt durchaus nicht Anspruch auf Vollständigkeit. Übereinstimmend wird anerkannt:

1. Großlogen: Diese können gegründet werden durch Patent einer anderen Großloge oder durch Zusammentritt mehrerer gesetzmäßig konstituierten Logen. Die Großloge muß autonom (engl. self governing) sein d. h. sie muß in allen ritualistischen Fragen ihre volle Unabhängigkeit haben, darf also nicht von einem Obersten Rate abhängen.

Sprengelrecht: Die Großloge erhebt für sich das R., auf dem staatlichen Territorium, in dem sie arbeitet, die einzige leitende maurerische Oberbehörde zu sein. (Dies ist in Amerika ziemlich durchgeführt, in Europa wiederholt durchbrochen [s. Sprengelrecht].)

Die Großloge hat neben ihren Verwaltungsrechten auch symbolische R., die von ihrem Großmeister ausgeübt werden. So die Lichteinbringung, die Aufsicht über die Logen, das R., Logen zu schließen u. a. m.

2. Logen: Diese müssen einer Großloge unterstehen und von dieser mit Patent eingesetzt sein. (Allgemein angenommen.) Die Loge ist autonom in der Verwaltung ihres Eigentums, sie ist nicht autonom in der Wahl ihres Meisters vom Stuhl, der vom Großmeister bestätigt sein muß. Die Loge ist den Beschlüssen ihrer Großversammlung unterworfen. Sie übt ein Stimmrecht aus und hat daher Mitbestimmungsrecht. Die Loge ist zum Einhalten der Gebrauchtümer nach den Beschlüssen ihrer Großloge verpflichtet.

3. Einzelmaurer: Er hat das aktive und passive Wahlrecht bei vollkommener Gleichheit aller Mitglieder. Er hat das Besuchsrecht in allen Logen (wiederholt durchbrochen). Er hat das Beschwerderecht über Logenbeschlüsse an die Großloge.

Der Mangel eines allgemeinen R. tritt besonders deutlich in Erscheinung bei Verhängung der höchsten freimaurerischen Strafe, der Ausschließung aus dem Bunde. Diese ist praktisch gar nicht durchführbar. Sie ist nur dort möglich, wo Abmachungen zwischen Großlogen, ebenso wie beim Sprengelrecht, bestehen. Die wenigen oben angeführten, an einzelnen Stellen als durchbrochen bezeichneten Punkte sind so ziemlich die einzigen, die aus einem consensus omnium heute als gemeinsames Maurerrecht angesprochen werden können. Auch sie sind nirgends kodifiziert, sondern durch gleichartigen Gebrauch allgemein verpflichtend geworden. Wo gemeinsame Rechtsgrundlagen mehrerer Großlogen bestehen, sind sie aus mehr regionalen Beschlüssen hervorgegangen. So die Satzungen des Deutschen Großlogenbundes, die durch dessen Spaltung sehr an Wert eingebüßt haben, die Satzungen der Association Maçonnique Internationale (A. M. I.) u. a. m.

Wiederholt sind Anläufe unternommen worden, dieses Maurerrecht in eine Formel zu bringen. Feßler, Findel, Bobrick, Schauberg haben sich hier betätigt, ohne nachhaltigen Erfolg. Ein allgemeines Maurerrecht wird erst erstehen können, wenn die einzelnen Großlogen zu jener Übereinstimmung gelangt sein werden, die ihnen heute noch fehlt.

Geordneter sind die Verhältnisse der Obersten Räte des A. u. A. Schottischen Ritus. Durch die Einheitlichkeit des Rituals und die Grundlage einer Magna Charta haben sie zumindest eine genaue Abgrenzung bezüglich des Sprengelrechtes erzielen können. Von einem gemeinsamen R. in Form eines von allen Obersten Räten anerkannten gemeinsamen Gesetzbuches ist aber auch hier noch keine Rede.

Bei den tiefgreifenden Unterschieden zwischen den einzelnen Maurereien ist an eine baldige Regelung des Maurerrechtes, dessen Mangel sich bei allen Großlogen in gleicher Weise bemerkbar macht, in absehbarer Zeit nicht zu denken.

Rechte der Logenmitglieder, s. Pflichten und Rechte.

Recht, Kanonisches, s. Codex Juris Canonici.

Récipiendaire, Le (frz.), Der Aufzunehmende, Suchende, Kandidat.

Recke, Elisa von der, * 1754, † 1833, Dichterin, Tochter des Reichsgrafen Friedrich v. Medem, lebte in Mitau und verfiel infolge des Todes naher Angehöriger in eine Art religiöser Schwärmerei, die durch den um 1779 mit seiner „ägyptischen Maurerei" in Mitau auftauchenden Cagliostro noch gesteigert wurde. Erst 1784, als sie auf einer Reise nach Karlsbad mit Nicolai, Bürger, den beiden Grafen Stolberg und mit Bode zusammengetroffen war, gewann sie Distanz zu den sie tief erschütternden Erlebnissen mit Cagliostro und schrieb darauf ihr bei Nicolai verlegtes, noch heute sehr lesenswertes Buch: „Nachricht von des berüchtigten Cagliostros Aufenthalte in Mitau im Jahre 1779 und von dessen magischen Operationen" (Berlin 1787). Aus diesen Memoiren geht hervor, daß E. v. d. R. während des Aufenthaltes des großen Wundertäters vollkommen in seinem Banne stand und von ihm ständig auf dem Wege der Wachsuggestion beeinflußt wurde. Sie führte über ihre Erlebnisse genaue Aufzeichnungen, die sie, bei klarerem Blick, dann einer Revision unterzog. Erst nach seiner Abreise wurden die Mitauer Adelskreise über manche Einzelheiten stutzig. Die Dichterin schildert in ihrem Buche die Versuche, die Cagliostro mit dem jungen v. Medem vornahm, und sucht sie durch plumpe Unterschiebungen zu erklären. Daß hier offenkundig hypnotische Beeinflussungen vorlagen, konnte sie um so weniger beurteilen, als die Vorgänge der Hypnose damals noch nicht allgemein bekannt waren. (Cagliostro operierte bereits mit der leuchtenden Kugel!) Das seinerzeit großes Aufsehen erregende Buch erschien, als Cagliostro von einer anderen klugen Frau, der Kaiserin Katharina von Rußland, bereits vollkommen durchschaut war. (Ausführliches über Cagliostro und Recke in A. Q. C. 1928, Band XL.)

Reclam, Anton Philipp, Verlagsbuchhändler in Leipzig, * 1807, † 1896, gründete 1828 das weltberühmt gewordene Verlagsgeschäft, das er 1839 mit einer Druckerei verband. Seit 1867 Herausgeber der „Universal-Bibliothek". Er gehörte seit 1832 der Leipziger Loge „Minerva zu den drei Palmen" an, 1892 war er Mitbegründer der Loge „Phönix".

Recognition (engl.), Anerkennung.

Reconcilation, Lodge of, s. Lodge of Reconciliation.

Red Apron Lodges (engl.), Rotschurz-Logen, heißen die neunzehn englischen Logen, die das Recht besitzen, alljährlich eines ihrer Mitglieder dem Großmeister für das Amt eines Grand Steward (Groß-Schaffner) vorzuschlagen. Der Name erklärt sich aus der Farbe der offiziellen maurerischen Bekleidung der Grand Stewards (s. Stewards).

Red Cross of Rome and Constantine (engl.), s. Rotes Kreuz Constantins.

Reden, s. Logenreden.

Reden, Friedrich Wilhelm Otto Ludwig, Freiherr von, * 1804, † 1857, bahnbrechend auf dem Gebiete der vergleichenden Statistik. 1848 ins Frankfurter Parlament entsandt, gehörte er zur Linken. R., Verfasser der wichtigen Werke: „Vergleichende Kulturstatistik der großen Städte Europas" und der „Allgemeinen vergleichenden Finanzstatistik", war Freimaurer.

Rederykerkamers (frz. Chambres rhétoriques), ähnlich den deutschen Sprachgesellschaften in den Niederlanden begründete Bruderschaften mit ursprünglich rein religiösen Zwecken. Sie waren die Träger des Widerstandes gegen die Geistlichen und damit die Hauptstütze der Reformation, weshalb sie auch von Alba nach seinem Siege 1567 in Belgien aufgelöst wurden. Die Amsterdamer Kammer, „Der Eglantier", soll von einer englischen Rosengesellschaft, über die nichts weiter bekannt ist, am 8. März 1519 eine Stiftungsurkunde bekommen haben. In ihrem Bestehen und ihren Absichten suchte, ebenso wie in den Sprachgesellschaften, insbesondere Ludwig Keller geistige Zusammenhänge mit der Freimaurerei (L. Keller, Akademien, Logen und Kammern im 17. und 18. Jahrhundert).

Red Men, Improved Order of, ein um 1772 in den Vereinigten Staaten von Nordamerika entstandener Bund, der von sich behauptet, die älteste wohltätige Geheimgesellschaft der Staaten zu sein. Wie bei allen diesen Bünden ist auch hier die Freimaurerei Vorbild gewesen, wenn die Gebräuche, die dem indianischen Volksleben entnommen sind, auch mehr denen der Odd Fellows ähneln. Die Ortsgruppen heißen Tribes, die sich im Wigwam versammeln. Größere Verbände sind die Räte (Councils), die sich unter einem Great Council of the United States vereinigen. Der Orden arbeitet in den Graden des Aufgenommenen (adoption), Jäger, Krieger und Häuptling (Hunter, warrior, chief). Außerdem besteht noch ein uniformierter Grad, der die alte Kolonialuniform trägt und der Grad der Pochontas, in den Männer und Frauen aufgenommen werden. Ursprünglich eine politische Gesellschaft, hat der Orden 1834 sich selbst eine Verfassung gegeben. die alle Arten politischer Betätigung und Diskussionen in den Wigwams verbietet. Er wurde eine reine Wohlfahrtsgesellschaft mit entwickeltem Versicherungswesen. Zur Freimaurerei bestehen außer den entlehnten Gebräuchen keinerlei Beziehungen.

Redner. Die angelsächsische Loge kennt die Einrichtung des R. nicht. Wohl wird der Gradinhalt bei der Aufnahme oder Beförderung durch eine sogenannte Charge (Ansprache) erläutert, die meist der Meister vom Stuhl selbst hält. Gleichem Zweck dienen die vorgeschriebenen Lectures. Preston (s. d.) hat eine Stiftung hinterlassen, aus der alljährlich ein R. dotiert wird, der über ein freimaurerisches Kardinalthema einen besonders gut ausgearbeiteten Vortrag (Prestonian Lecture) zu halten hat.

Der reichere geistige Inhalt der kontinentalen Logen hat dagegen das Amt des R. geschaffen, der als solcher dem Beamtenrate angehört und bei den Arbeiten die erforderlichen Vorträge hält, die in erster Linie „dem Gebiet des rein Menschlichen entnommen zu sein und die Erhebung des Gemüts, sowie die Erweckung edler Gesinnungen im Sinne der Königlichen Kunst zum Ziele haben" (Verfassung der Großloge von Preußen, genannt „Zur Freundschaft".) Außerdem unterstützt der R. den Vorbereitenden Br. und die Aufseher im Unterrichte der jüngeren Brr. Eine eigenartige Stellung nimmt der R. in den französischen Obedienzen und in mitteleuropäischen Großlogen ein. Er ist dort „Hüter der Konstitution", hat also darauf zu sehen, daß die Gesetze der Großloge und Loge eingehalten werden, er führt auch das Buch der nicht ausgeführten Beschlüsse und spielt eine bedeutsame Rolle bei der Einleitung des logengerichtlichen Verfahrens (s. a. Wanderredner).

Redslob, Gustav Moritz, deutscher Gelehrter, Professor der Philosophie, * 1804, † 1882, aufgenommen 1853 in der Hamburger Loge „Zum Pelikan", erregte mit seiner unter dem Pseudonym Jannes Jambres Missiporus herausgegebenen Schrift „Über Alter und sittlich-religiösen Charakter der älteren und eigentlichen Freimaurerei" großes Aufsehen, griff in die durch die Veröffentlichungen von Hengstenberg entfachte Diskussion ein und verteidigte die Freimaurerei gegen dessen Angriffe.

Reformbestrebungen innerhalb der Freimaurerei beziehen sich auf die Organisation der Großlogen, den Inhalt der Arbeit und das Gebrauchtum. Während die angelsächsische Freimaurerei in ihrer Tradition stark verankert ist, zeigen die deutsche und romanische Freimaurerei unausgesetzt Wellenbewegungen geplanter und teilweise auch durchgeführer Reformen. Besonders in Deutschland gab es im Laufe der letzten 115 Jahre R. und Reformer in großer Zahl. Die größte Reform der deutschen Freimaurerei bedeutet die — mittelbar von den freimaurerischen Klassikern vorbereitete — Abkehr von den Verirrungen des 18. Jahrhunderts, von der Strikten Observanz und anderen Systemen, das Wiedereinschwenken zur ursprünglichen reinen Form der Freimaurerei unter gleichzeitiger Vergeistigung der Lehre und Vertiefung des humanitären Inhalts auf Grund historischer Forschung und philosophischer Deutung der Symbolik und Ritualistik. Die Freimaurerei in ihrer „verbesserten und auf ihre Lauterkeit und Einfachkeit zurückgeführten Verfassung" nannte Wieland das Ergebnis des Reformwerks in seinem Aufnahmsgesuch. Das „eklektische Rundschreiben", die Tätigkeit Schröders (s. d.) und Feßlers (s. d.) sind als Marksteine der Reformbewegung zu Ende des 18. Jahrhunderts besonders zu erwähnen. An der Schwelle des 19. Jahrhunderts ist in der französischen Freimaurerei das Verschwinden zahlloser Grade und Riten der schottischen Maurerei und deren — in Amerika vollendete — Vereinheitlichung im A. u. A. Schottischen Ritus zu verzeichnen. Als sehr erfolgreiches Reformwerk, wenn auch nicht aus eigentlicher Reformabsicht, sondern aus dem Willen zur maurerischen Einheit geboren, ist die Unifizierung des englischen Rituals nach der Union von 1813 zu bezeichnen.

Im 19. Jahrhundert bestrebte man sich in Deutschland und anderwärts, die Großlogenverfassungen zu modernisieren, die maurerische Arbeit dem Zeitgeist anzupassen, bei aller Wahrung der Tradition im Kultischen zu einem zielbewußten Aktivismus zu gelangen. Von den deutschen Reformatoren, die zunächst mit mehr oder weniger Glück Geist und Ritual zu erneuern suchten, seien Krause, Moßdorf, Zöllner, Schneider (s. alle diese) genannt. Starken Reformwillen bekundeten dann die Männer, die den „Verein deutscher Freimaurer" ins Leben riefen: Schauberg, Seydel, Findel und ihre Freunde. „Die Überzeugung, der Freimaurerbund leiste nicht das, was er seinem Zwecke nach solle und könne, eine zweckmäßige Reform würde jedoch Kräfte freimachen, welche die von ihm mit Recht erwartete Arbeit im Menschheitsorganismus leisten würden, hatte die Gründer des Vereins zusammengeführt" (Wanner, „Geschichte des Vereins deutscher Freimaurer", 1911). Auf Grundlage der „Alten Pflichten" sollte danach gestrebt werden, „die Einheit des großen Maurerbundes nach innen und außen herzustellen, nach innen durch zeitgemäße Änderung des Gebrauchtums, nach außen durch eine die ganze Maurerwelt umfassende gleichförmige Organisation". Was Wanner über die Beweggründe sagt, die zur Schaffung des Vereins deutscher Freimaurer führten, gilt für die meisten Fälle, in denen einzelne Brr. ernstzunehmende R. in die Wege zu leiten unternahmen: „Da die zur Bundesreform berufenen Leiter des großen Baues die Hand nicht anlegten, versuchten es die Bauleute selber und fanden in dem einst abgelegten Gelübde: das Beste des Bundes allezeit zu fördern, die Berechtigung zu ihrer Arbeit."

Soweit Großbehörden in Frage kommen, sind die auf einem anderen Gebiet liegenden einschneidenden Reformen von besonderer Wichtigkeit, die der G. O. de France in den siebziger Jahren durchführte, indem er zunächst seine Verfassung grundlegend demokratisierte (Abschaffung des Großmeisters usw.) und dann die traditionellen geistigen Grundlagen durch Beseitigung des Symbols des A. B. a. W. veränderte. Zum Kapitel R. gehört auch die im Laufe der Zeit fast überall durchgeführte Außerkraftsetzung des administrativen Einflusses der Obersten Räte auf die Großlogen (bezw. symbolischen Logen) des A. u. A. Schottischen Ritus.

Seit dem Weltkrieg sind in den deutschen Großlogen besondere Ritualformen festzustellen, die den nationalen Gedanken im Gebrauchtum schärfer zum Ausdruck zu bringen bestrebt sind. Ritualreform wird auch anderwärts immer wieder gefordert, mitunter mit einer Heftigkeit, die das ganze Gebrauchtum verwerfen möchte. Das ist unsinnig, weil solches Verlangen den Sinn der Freimaurerei völlig mißversteht. Das Ritual kann seinen hohen Traditionswert durchaus wahren und dennoch zeitgemäß sein. Aber freimaurerische Arbeit ohne Ritual ist ein Widerspruch in sich.

Das Prädikat „Reform" wird nicht selten von nicht anerkannten Freimaurerbünden in Anspruch genommen. So nennt der F. Z. A. S. sein Wirken Reformfreimaurerei. Die innere Gestaltung dieses Bundes und die wiederholte Abwanderung nicht unbeträchtlicher Teile seiner Mitgliedschaft zur „alten" Freimaurerei ist aber ein Beweis dafür, daß, selbst besten Willen vorausgesetzt, Gegensatz allein noch nicht Reform ist.

Da die freimaurerischen Körperschaften im allgemeinen zu recht konservativen Anschauungen neigen, setzen sich Reformen größeren Umfangs ziemlich schwer durch. Daß sie notwendig sind, wird der Kenner der Verhältnisse nicht bestreiten. Heute erstreckt sich der Reformwille zumeist in der Richtung der Tatmaurerei. Dienst am Volk, Dienst an der Menschheit, lebendige, sich ihrer hohen Mission bewußte Maurerei, Kampf für den Frieden und die Menschenrechte, das sind Forderungen, die immer lauter erhoben werden.

Reformierter Bürgerlicher Freimaurerorden in Berlin, 1901 von Hemfler (s. d.) gegründete Winkellogenvereinigung, die bereits 1902 wieder einging.

Refreshment (engl.), die Erfrischung, Erholung. Das englische Ritual unterscheidet labour, die eigentliche Arbeit der Loge und die Erfrischung, refreshment. Daher die Ritualformel: „call the brethren from labour to refreshment", von der Arbeit zur Erholung berufen. Während in den heutigen deutschen Logen mitunter Erholungspausen, besonders bei längerdauernden Arbeiten eingeschaltet werden, meint die englische Ritualformel die Unterbrechung der Arbeit zu Zwecken des vorgesehenen Banketts. In den alten englischen Logen war labour und refreshment ohne deutliche Trennung, da ja die Arbeiten der Loge an der Wirtstafel stattfanden, wobei die Logenordnung wohl aufrecht blieb, aber gelockert wurde (s. calling off). Besondere Anlässe zur Erholung mußten nicht gesucht werden; das volle Glas, die Tabakspfeife und das Essen gehörten zur Arbeit. Nur bei Neuaufnahmen war besondere Festesfreude, um so mehr als die Neuaufgenommenen für die Kosten der Mahlzeit aufzukommen hatten. So schon in den Schaw-Statuten (1598), wo vom Lehrling ein Geldbetrag von 10 schottischen Pfunden nebst zehn anständigen Paaren Handschuhen verlangt werden, ebenso in der Melrose-Lodge, wo die Lehrlinge acht Pfund für Essen und Trinken zu zahlen hatten. Auch in der Loge von Aberdeen wird 1670 ein Naturalbeitrag zur Verpflegung der Loge festgesetzt, darunter eine Pinte Wein. Als in England später die Sitte des Rumtrinkens aufkam, wird die Taxe in diesen „Liquor" erlegt.

Für die Jahresfeste der Großlogen wurden besonders festliche Bankette ausgerüstet, deren Obsorge den Brr. Stewards oblag. Sie hatten das Mahl für eigene Rechnung und Gefahr beizustellen und gaben Teilnehmerkarten aus, die wieder die Auslagen decken mußten. Aus dieser, mitunter verlustreichen Vorsorge ergab sich die Sonderstellung der Stewards, denen man die nicht immer erfreuliche Tätigkeit durch besondere Abzeichen, eine eigene Loge und dergleichen mehr, zu versüßen trachtete.

Eines der bekanntesten freimaurerischen Bilder, das von Stewart Watson gemalt, die Krönung des Dichters Burns zum poeta laureatus darstellt, zeigt die Canongate Kilwinning Lodge in der Stadthalle bei der Arbeit. Während sich in der linken Hälfte des Bildes die feierliche Übergabe des Lorbeerkranzes vollzieht, wird im Hintergrunde bereits der Punsch gebraut und die Terrine vorbereitet. In den modernen Logen wird Arbeit und Erholung nicht nur zeitlich, sondern auch räumlich getrennt. Dadurch sind die nach altem Gebrauchtum zu haltenden Trinksprüche (Toaste) an die weiße Tafel verlegt worden (s. auch Tafelloge).

Regalia, vom lateinischen rex, der König. Eigentlich die königlichen Abzeichen und die dem Königtum eigentümlichen Rechte (Jura regalia). Das Wort ist durch Preston (1775) in den freimaurerischen Wortschatz gelangt und bedeutet, genau genommen, die neben dem „clothing", der Bekleidung, zu tragenden Insignien (Jewels). Im allgemeinen versteht man darunter aber die freimaurerische Bekleidung. Daß Preston bei Übernahme des nur in der angelsächsischen Maurerei üblichen Wortes an die Ars Regia, die Königliche Kunst, gedacht haben soll, ist unwahrscheinlich.

Regel, Allgemeine, heißt ein Gesetzbuch der Großen Landesloge der Freimaurer von Deutschland, deren Ordensregel (s. d.).

Regelmäßig (frz. régulier, engl. regular), auch regulär, rechtmäßig. Bezeichnung einer Loge, die nach den Regeln der Kunst (von einer Großloge) eingesetzt ist und nach den Erfordernissen der Regelmäßigkeit arbeitet. Gegensatz: rechtwidrig, irregulär (s. Regularität).

Regensburg in Bayern, im 18. und zu Beginn des 19. Jahrhunderts Sitz einer Mutterloge, die zahlreiche Logen gründete. 1765 stiftete der Fürst Karl Alexander von Thurn und Taxis eine Loge, „Charles de la Constance", aus der die Mutterloge „Die Wachsende zu den drei Schlüsseln" hervorging, die 1768 vom National-Großmeister der Niederlande ein Patent erhielt. Das von ihr herausgebildete Großmeistertum wurde unter dem zweiten Großmeister, dem liberalen Fürsten Karl Alexander von Thurn und Taxis (s. d.), des Stifters Sohn, einem sehr eifrigen Freimaurer, der auch mehrere seiner Angestellten, Diener und Lakaien als vollgültige Mitglieder (nicht dienende Brr.!) der Loge zuführte, von der englischen Großloge 1806 durch Ernennung des Fürsten zum Provinzial-Großmeister von Bayern anerkannt. Seit 1805 hieß die Loge zu Ehren ihres Führers „Carl zu den drei Schlüsseln". Als nach Beendigung des

Französisch-Österreichischen Krieges R. durch den Wiener Frieden von 1809 bayrisch wurde, beeinflußte das die Loge in einschneidender Weise. Eine Anregung des Stuhlmeisters Grafen Westerholt beim Staatsminister Grafen Montgelas, den Zusammenschluß aller bayrischen Logen zu einem Großorient von Bayern zu fördern, die Freimaurerei nach preußischem Vorbild offiziell zu sanktionieren, blieb ergebnislos (s. Bayern). 1814 und 1815 erschienen dann Erlässe, die die Teilnahme von Staatsdienern an der freimaurerischen Arbeit verboten. Die Loge verlor dadurch zahlreiche Mitglieder. 1852 stellte die Loge unter dem Druck der damals herrschenden Reaktion die Arbeit ein. Ihre reichen Archive und Erinnerungsgegenstände befinden sich im Bayreuther Großlogenmuseum.

Heute bestehen in R. zwei Logen: „Walhalla zum aufgehenden Licht" (Bayreuth, gegründet 1904) und „Drei Schlüssel zur treudeutschen Brüderschaft" (Preußen 1923).

Regentengrad, s. Illuminaten.

Regenwasser, als reines, vom Himmel gefallenes Element, spielt in Altschottischen Ritualen eine Rolle. Bei den Gold- und Rosenkreuzern ein wichtiges Mittel zur Herstellung der Universalmedizin, auch wurde gelehrt, daß man aus faulendem Regenwasser durch geheime Kunst Lebendiges (z. B. Krebse) erzeugen könne. (Ridel.)

Reghellini de Schio, M., freimaurerischer Forscher und Schriftsteller der ersten Hälfte des 19. Jahrhunderts, entwickelte in „La Maçonnerie considérée comme le résultat des religions égyptienne, juive et chrétienne" (Brüssel 1829) und anderen Werken die These, daß die Freimaurerei von den ägyptischen Mysterien herzuleiten sei. Er gab auch in den Jahren 1822—1829 eine ausgezeichnete Dokumentensammlung zur Geschichte der Freimaurerei in den österreichischen Niederlanden („Annales chronologiques...") heraus. In seinen Werken betätigte er sich, besonders 1819, als ein eifervoller Gegner der Schottischen Hochgrade.

Régime Ecossais et rectifié, s. Rektifizierter Ritus.

Regionalkongresse, obligatorische, vereinigen alljährlich Delegierte der Logen der verschiedenen Regionen des Grand Orient, bezw. der Grande Loge de France, zur Besprechung der Ergebnisse der Logendiskussionen über die offiziellen Studienfragen und Vorbereitung der bezüglichen Konventberichte u. a.

Register, auch **Registry** (engl.), das Verzeichnis der Großbeamten oder auch der Logen, das alljährlich von den angelsächsischen Großlogen herausgegeben wird. Eigene Logenlisten mit Angabe aller Mitglieder sind in England gewöhnlich nicht üblich.

Regius-Manuskript, s. Halliwell.

Regnen. „Es regnet" bedeutet im freimaurerischen Sprachgebrauch die Anwesenheit Profaner (s. Schneien).

Regnier, Claude Ambroise, Herzog von Massa, * 1736, † 1840, französischer Politiker, 1798 Vorsitzender des Rates der Alten, unter Napoleon Justizminister, später Staatsminister und Vorsitzender des Corps législatif, war Großwürdenträger des Suprême Conseil de France. 1806 war er einer der Deputierten, die dem Erzkanzler des Kaiserreichs Cambacérès die Insignien des Großkommandeurs überbrachten.

Regulär.

1. Eine Loge ist r., wenn sie unter der gesetzmäßigen Autorität eines von einer Großloge erteilten Konstitutionspatents arbeitet. Der Ausdruck findet sich bereits in der 8. Verordnung der Andersonschen Konstitution von 1723.

2. Was die Regularität einer Großloge anbelangt, so war lange Zeit die Anschauung geltend, es sei hierzu die Patenterteilung seitens einer anderen Großloge unbedingtes Erfordernis. Die Bestimmungen, die die Vereinigte Großloge von England 1929 über die Grundlagen für die Anerkennung herausgegeben hat, zeigen aber, daß diese Auffassung von der Legitimität zu weit geht. Die Großloge von England fordert: „Regularität der Abstammung", d. h. jede Großloge muß gesetzmäßig durch eine andere anerkannte Großloge oder durch drei oder mehr regulär konstituierte Logen gegründet worden sein. Zahlreiche Großlogen begnügen sich bei der Feststellung der Regularität mit der Erfüllung dieser Voraussetzungen. Die angelsächsischen Großlogen aber erachten als Erfordernisse der Regularität (also nicht bloß der Anerkennung) wohl auch das Bekenntnis zu folgenden Grundgedanken der Konstitution von 1723: A. B. a. W., Bibel, Zusammensetzung der Mitgliedschaft ausschließlich aus Männern, unbedingte Jurisdiktion der Großloge über die ihr unterstehenden Logen, Auflegen der drei Großen Lichter, Verbot von Diskussionen über Religion und Politik in den Logen.

3. Ein Freimaurer ist r., wenn er in einer regulären Loge in rechtmäßiger Weise zum Freimaurer geweiht oder, falls seine Aufnahme in einer irregulären Loge, bezw. in irregulärer Form erfolgte, regularisiert worden ist (s. Regularisierung, ferner At sight).

Regularisierung, Vorgehen einer gesetzmäßig konstituierten maurerischen Körperschaft, durch welches eine Person, die auf irreguläre Art in das Gebrauchtum der Freimaurerei eingeführt worden ist, erst ein gesetzmäßiger Freimaurer wird. Die R. eines Mitgliedes einer regelwidrigen, irregulären, mit dem Freimaurernamen belegten Vereinigung (Winkelloge) kann nicht auf dem Wege der Annahme, Affiliation (s. d.) geschehen, sondern nur durch rituelle Neuaufnahme bei einer regulären Loge. Um aber Demütigungen zu vermeiden und nicht durch eine nochmalige vollständige Wiederholung der Einweihung das Ritual zu überflüssigem Formelkram herabzuwürdigen, beschritt z. B. die Großloge „Zur Sonne", Bayreuth, auf Vorschlag von Dr. Bernhard Beyer einen Mittelweg, wobei dem irregulären Maurer die Aufnahme eines Suchenden nach dem Bundesritual gewissermaßen zur Instruktion vorgeführt wird. Das Ritual wird auf diese Weise bis zu dem Gelübde durchgenommen, das das bisherige Mitglied der Winkelloge zugleich mit dem Suchenden ablegen muß. Hierauf wird die Aufnahme in der üblichen Weise zu Ende geführt. Nach Dr. Beyer (vergl. „Bayreuther Bundesblatt" 1922, Heft 5/6) entspricht diese Form durchaus der freimaurerischen Rechtsnorm.

Auch gegen eine rein historische Übermittlung der Aufnahmegebräuche bestehen nach Beyer keine rechtlichen Bedenken. Beförderung in den Gesellen- und Erhebung in den Meistergrad kann sich an die R. unmittelbar anschließen. Zur R. einer Winkelloge ist nicht erforderlich, daß alle Mitglieder von einer gerechten und vollkommenen Loge aufgenommen werden, es brauchen nur so viele überzutreten, als nach der Verfassung der betreffenden Obedienz zur Konstituierung einer neuen gesetzmäßigen Loge genügen (in der Regel sieben Meister). Ist die Loge dann mit Großlogenautorisation eingerichtet, kann sie ihre früheren Mitglieder aus der Winkellogenzeit selbständig aufnehmen und dadurch regularisieren.

Rehefeld-Tagungen der Großen Landesloge von Sachsen finden seit 1927 alljährlich während der Woche nach Pfingsten im Schwerter-Erholungsheim, Jagdschloß Rehefeld im Erzgebirge, statt. Der Großbeamtenrat und die Bundeslogen entsenden zu diesen Zusammenkünften, in deren Mittelpunkt Vorträge und Aussprachen über aktuelle freimaurerische Probleme stehen, Vertreter.

Reichardt, Johann Friedrich, Komponist, * 1752, † 1841, Schöpfer des deutschen Singspiels, Vertoner Goethescher Lieder, Hofkapellmeister Jérôme Bonapartes in Kassel, war am Berliner Hof tätig, verlor aber seine Stellung infolge seiner Sympathien für die französische Revolution; auch als Musikschriftsteller von Bedeutung, gab 1780 zur „Sammlung für freye und angenommene Maurer in Deutschland" einen Nachtrag „Freymäurer-Lieder" heraus.

Reichl, Kurt, Dr., österreichischer philosophischer Schriftsteller, * 1899, Mitglied der Loge „Zukunft" in Wien, führte mit P. Gruber S. J. (s. d.) von 1926 bis zu dessen Tode 1930 einen umfangreichen Briefwechsel, der in Verbindung mit einer Reihe grundsätzlicher Artikel R.s in der Wiener Freimaurer-Zeitung die gegensätzlichen weltanschaulichen Fragen einer Klärung zuführte. Auf Grund dieses Briefwechsels kam 1928 eine unverbindliche Besprechung in Aachen zustande, an welcher neben P. Gruber und R. auch noch Lennhoff (Wien) und Ossian Lang (New York) teilnahmen. Das erfreuliche Ergebnis dieser Aussprache mit Gruber war, daß er seine Überzeugung darlegte, daß auch auf katholischer Seite der Kampf gegen die Freimaurerei ausschließlich auf der Ebene weltanschaulicher und wissenschaftlicher Auseinandersetzungen auszutragen und der Lügen- und Bezichtigungsliteratur ein Ende zu machen sei.

Reichsgericht, Deutsches, stellte sich in einem Streit zwischen der humanitären Großloge „Zur Sonne", Bayreuth, und der altpreußischen Großen Loge von Preußen, genannt „Zur Freundschaft", wegen der bestrittenen Gültigkeit des Übertritts der Loge „Leopold zur Treue" in Karlsruhe von ersterer zu letzterer im Gegensatz zu den Vorinstanzen auf den Standpunkt, der Wechsel vom humanitären zum christlichen System bedeute keine Änderung des Vereinszweckes der Loge, da kein grundsätzlicher Unterschied zwischen den Zielen und Zwecken der christlichen und humanitären Großlogen bestehe.

Reil, Johann Christian, Professor der Medizin an den Universitäten Halle und Berlin, * 1759, † 1813, Begründer der Hirnanatomie und psychischen Medizin. Nach der Völkerschlacht bei Leipzig Leiter der Kriegshospitäler auf dem linken Elbeufer, wurde er Opfer seiner hingebenden Tätigkeit. R. war Mitglied der Loge „Zu den drei Degen" in Halle. 1915 wurde ihm dort ein Denkmal errichtet.

Reinhardt, Karl Heinrich August v., württembergischer Generalmajor, * 1827, † 1907, war als Großmeister, dann Ehrengroßmeister der Großloge „Zur Sonne", Bayreuth, einer der aufgeklärtesten und fortschrittlichsten Führer der deutschen Freimaurerei. 1905 wurde er Vorsitzender des Vereins deutscher Freimaurer, der sich unter seiner Führung bedeutend hob. R., der Mitgründer des „Bayreuther Bundesblattes" war und als Stuhlmeister in Ulm („Karl zu den drei Ulmen") und Stuttgart hervorragend wirkte, gab eine Reihe freimaurerischer Schriften heraus, u. a.: „Die Judenfrage in der Freimaurerei", „Die Pflege des reinen Menschentums", „Die Humanität im Krieg" usw. Die Schrift über die Judenfrage stellte eine heftige Absage an die damals umgehenden antisemitischen Strömungen dar.

Reinhold, Karl Leonhard, Philosoph, * 1758, † 1828, Jesuit in Wien, dann Barnabite. Lehrer der Logik, Metaphysik, Ethik und Beredsamkeit und Novizenmeister an deren Wiener Kollegium, entfloh nach Deutschland, kam 1784 nach Weimar, wo er zum Protestantismus übertrat, Schwiegersohn Wielands und Mitarbeiter an dessen „Teutschen Merkur" wurde. 1787—1794 Professor der Philosophie in Jena, 1794 in Kiel. Von Blumauer (s. d.) in die Wiener Loge „Zur wahren Eintracht" eingeführt, wurde er unter Born (s. d.) deren Redner. Er schrieb für das „Wiener Freymaurerjournal". Die Loge stand ihm bei der Flucht nach Deutschland hilfreich zur Seite. 1809 wurde er Mitglied der Loge „Amalia", 1820 beteiligte er sich an der Wiedereröffnung der Kieler Loge „Luise zur gekrönten Freundschaft", deren Stuhlmeister er dann bis zu seinem Tode war. Von R. stammt ein maurerischer Reformplan, der Entwurf zu einem „Moralischen Bund der Einverstandenen".

Reis, Candide, portugiesischer Konteradmiral, während der portugiesischen Revolution 1910 Leiter des Militärausschusses, erschoß sich am 3. Oktober d. J., weil er am Gelingen des Aufstandes zweifelte. R. war Mitglied der Lissaboner Loge „José Estevan".

Reisen, Wanderungen, Umgänge, Umführungen sind uraltes Kultgut der Initiation. In der Freimaurerei sind diese mystischen Wanderungen mit Handwerksgebräuchen in Verbindung getreten. Die Reise hat eine doppelte Bedeutung: sie hat den Sinn der „Heiligen Wanderung", im freimaurerischen Gebrauch zugleich als Reise aus dem Dunkel in das Licht gedeutet, sie dient überdies praktischem Zwecke: der Neophyt wird beim Herumführen der Versammlung gezeigt. Ebenso unternimmt auch der englische Großmeister nach vollzogener Wahl einen feierlichen Umgang durch die Großloge. Die kultischen Vergleiche, die sich aufdrängen, führen bis zu den Mysterien des Altertums und seiner Bünde: so die eleusinischen Prozessionen auf der Heiligen Straße, die Seelenwanderungen im Neuplatonismus u. ä. Auch die Pilgerreisen nach geweihten Stätten, die Reise zum heiligen Gral geht auf ähnliche Vorstellungen zurück; die unter Beschwernissen zurückgelegte Wanderung, deren Zweck eine Läuterung, eine Entsühnung beinhalten soll, ein Eingehen in eine reinere Geisteswelt.

Die Wanderungen der Steinmetzen haben ursprünglich rein praktische Bedeutung: die Zunft stößt für eine gewisse Zeit ihre noch nicht voll ausgebildeten Jünger ab. Hier spielen sicherlich auch egoistische Motive eine Rolle. Es ist eine gewollte Beschränkung der Werkgemeinschaft. Der wandernde Gesell soll sich aber zugleich in seinem Wissen und Können vervollständigen. Hier denkt die Baugemeinde kollektivistisch im Interesse der Kunst. Aus diesen Wanderungen entwickelt sich ein Ritual (s. Briefler und Grüßler), das unverkennbar im freimaurerischen Gebrauchtum wiederkehrt. Allerdings muß hier die Einschränkung gemacht werden, daß die englischen Bauhütten den Wanderzwang im Gegensatz zu Deutschland und Frankreich nicht kannten. Die symbolischen Reisen des englischen Rituales, zuerst dargestellt bei Prichard, sind mehr oder weniger als Wanderungen nach dem Lichte gedacht. Die Wanderung geht aus von der nordöstlichen Ecke und führt über den Osten wieder nach dem Westen zurück, daher antwortet auch der Geselle auf die Frage: „Reistet Ihr irgend einmal?" mit den Worten: „Ja, von Ost nach West". Die Reise nach dem Wege des Tagesgestirns hat hier auch als Lebensreise symbolischen Sinn. Nach Preston wandert der Lehrling von Westen nach Osten (geleitet vom Suchen nach Erkenntnis). Im zweiten und dritten Grade (ursprünglich vereint) geht die Reise nach dem Westen zurück, „um Dinge zu suchen, die verloren waren".

Die Zahl der Reisen ist in den Graden und auch in den Systemen nicht einheitlich. Im allgemeinen werden heute drei Reisen vorgenommen, deren Bedeutung durch Zurufe und Sinnsprüche dem Neophyten vermittelt wird (Reisesprüche). Was sonst an ritualistischen Zutaten hierbei sinnfällig wird, ist großenteils erst späteren Datums. Besonders die romanischen Rituale haben hier vieles aufgenommen, was wohl heute traditionellen Wert erlangt, im übrigen aber den einfachen und dadurch klaren und schönen Sinn der kultischen Reise verzerrt hat. Die in die Reisen verlegten sogenannten physischen Proben der Standhaftigkeit, Ausdauer, des Mutes entstammen fremden Gedankenkreisen. Hier sind die mittelalterlichen Proben ritterlicher Kardinaltugenden in das Freimaurertum hineingesickert, ohne die Idee der Wanderung selbst zu bereichern. Diese in der „Zauberflöte" zu dichterischer Schönheit verewigten Wanderungen durch Feuer und Wasser usw. usw. sind eine Ornamentik des Gebrauchtums, die eigentlich an dem tieferen Sinn der Reisen vorbeigeht.

Reisepatente (engl. Travelling warrants), Arbeitsbewilligungen für die angelsächsischen Militärlogen, die sie berechtigen, ihre Arbeiten überall dort abzuhalten, wo der betreffende Truppenkörper stationiert.

Reißbrett (engl. Tracing-board, frz. Planche à tracer), eines der sogenannten drei unbeweglichen Kleinodien der Loge, dem besondere Bedeutung in der Symbolik des Meistergrades zukommt. Denn am R. sitzt der Meister, seine Entwürfe zu fertigen, den Arbeitern am Werk den Bauriß vorzuzeichnen. Im Schwedischen und anderen Systemen ist das R. schon auf der Arbeitstafel des Lehrlingsgrades, da es als Pflicht der Lehrlinge (und auch Gesellen) bezeichnet wird, die Arbeit mit dem Plan des A. B. a. W., den dieser auf dem R. niedergelegt hat, in Übereinstimmung zu bringen. Die Akten der Schwedisch-Zinnendorfschen Lehrart enthalten übrigens verschiedene Formen des R. Das ursprüngliche Eckleffsche R. enthält geometrische Figuren, die sich nicht entziffern ließen. Zinnendorf setzte an seine Stelle ein leeres, weißes R.; Nettelbladt fügte 1846 ein Andreaskreuz (weiß auf schwarzem Grund) ein, während das heutige schwedische R. neun geometrische Figuren aufweist.

Reissiger, C. G., * 1798, † 1859, berühmter Komponist seiner Zeit, Kammermusikwerke von ihm noch heute beliebt. War Mitglied der Loge „Balduin zur Linde" in Leipzig (1821), später der „Drei Schwerter" in Dresden (1845).

Reitzenstein, Albin Freiherr von, Artillerieoffizier, preußischer Oberstleutnant a. D., chinesischer Generalleutnant a. D., * 1852, † 1927, aufgenommen in der Kölner Loge „Minerva-Rhenana", Gründer und Stuhlmeister der Loge „Ring der Ewigkeit" in Berlin, Großarchivar der Großen National-Mutterloge „Zu den drei Weltkugeln", Leiter des „Bundes-Blatt", verfaßte eine Reihe freimaurerischer Bücher: „Die Freimaurer in Frankreich", „Die Strikte Observanz", „Fichte", „Lessing", „Herder", „Wieland".

Rektifizieren, s. Regularisierung.

Rektifizierter Ritus, Régime Ecossais et rectifié. Von allen Änderungen, die das System der Strikten Observanz erfuhr, kommt der Rektifizierung auf dem Nationalkonvent der französischen Templer in Lyon (Convent des Gaules) im November-Dezember 1778 die größte Bedeutung zu. Sie stellte eine gründliche Abkehr von dem von Freiherrn von Hund (s. d.) aufgestellten System dar und setzte an dessen Stelle den Orden der „Chevaliers bienfaisants de la Cité Sainte", der die nicht aufrecht zu erhaltende Herleitung von den alten Tempelherren fallen ließ, als seine Aufgaben Wohlfahrtspflege, Vervollkommnung der Menschen durch das Christentum in seiner ursprünglichen Reinheit bezeichnete und wieder zu sechs Graden zurückkehrte. Diese waren: Lehrling, Geselle, Meister, Schotte des heiligen Andreas (ebenfalls als symbolische Stufe bezeichnet) und zwei Grade des inneren Ordens (Ecuyer Novice und Chevalier bienfaisant de la Cité Sainte). Da der französischen Regierung die Bezeichnung „Tempelritter" aus historischen Gründen nicht angenehm war, wurde sie fallengelassen. Die starke Betonung des karitativen Wollens verdient besondere Würdigung angesichts des schrecklichen Elends, das damals auf Frankreich lastete und durch keinerlei offizielle Wohlfahrtspflege gemildert wurde. Der Ordensplan von Lyon fand mit geringen Änderungen auch Annahme auf dem Wilhelmsbader Konvent 1782 (s. d.). Der Todesstoß, den die Strikte Observanz hier erhielt, hemmte aber auch von vornherein die Entwicklung des rektifizierten Systems. Dieses beschränkte sich in der Hauptsache auf Frankreich, Norditalien und die Schweiz, wo sich 1779 unter Diethelm Lavater (s. d.) das rektifizierte Grand Prieuré Indépendant d'Helvétie (Directoire Ecossais rectifié) bildete. General-Großmeister des rektifizierten Systems war bis zu seinem Tode (1797) Herzog Ferdinand von Braunschweig, auf welchen Prinz und Landgraf Karl von Hessen (der es mit einigen Abänderungen in Dänemark einführte, wo es 1855 durch die schwedische Lehrart ersetzt wurde) und der Landgraf Christian von Hessen folgten. Nach der französischen Revolution nahm das System in Frankreich als „Directoire de Neustrie" einen gewissen Aufschwung. 1808 wurde Cambacérès (s. d.) National-Großmeister. Nach dem Sturz des Kaiserreiches kam es in verschiedenen Ländern zu neuer Blüte. Auf die Dauer hielt sich aber in der ursprünglichen Form nur das Schweizerische Großpriorat in Zürich. Bis zur Gründung der Großloge „Alpina" unterstanden diesem auch eine ganze Reihe symbolischer Logen, die aber von 1844 an in die neue Großkörperschaft übergingen und neue Rituale annahmen. Nur die 1768 gegründete Genfer Loge „Union des Cœurs" behielt auch unter der neuen Obedienz (bis auf den heutigen Tag) das rektifizierte System bei. Sie bearbeitet nach wie vor in einer symbolischen Andreasloge den „schottischen Andreasmeister". Der Verlust der blauen Logen schwächte naturgemäß das Priorat. Von den beiden Präfekturen Genf und Zürich schlief die letztere ein, so daß 1885 Genf das einzig noch bestehende Überbleibsel war und Sitz des Großpriorats wurde. 1896 wurde ein (1910 erneuerter, 1930 gekündigter) Freundschaftsvertrag mit dem Obersten Rat des A. u. A. Schottischen Ritus für die Schweiz (Lausanne) abgeschlossen.

Französische Maurer, die in der Schweiz in den Ritus aufgenommen wurden, erweckten 1910 die alte Pariser Loge „Le Centre des Amis" (bis 1797 „Guillaume Tell"), die nach anfänglichem Zögern vom Grand Orient de France angenommen wurde, sich aber ein Jahr später selbständig erklärte und eine der beiden Mutterlogen der 1913 gegründeten „Grande Loge Nationale Régulaire Indépendante de France" (s. Frankreich) wurde, in der nun das Rektifizierte System in einigen Bauhütten gepflegt wird.

1911 trat das Großpriorat mit dem Grand Orient in freundschaftliche Beziehungen, im gleichen Jahre wurden offizielle Beziehungen zu den britischen Tempelrittern angeknüpft. 1913 wurde das System auch in Belgien eingeführt, wo Dr. Gustave Smets-Mondez die Leitung übernahm. Das Genfer Großpriorat unterhält auch freundschaftliche Beziehungen zu den nordischen Großlogen. Bis 1916 bestanden solche auch zur Großen Landesloge der Freimaurer von Deutschland. Die Chevaliers führen lateinische Ritternamen, das Wappen zeigt Phönix und Kreuz und die Ordensdevise „Perit ut vivat". Großprior ist Dr. Ernst Rochat, Universitätsprofessor in Genf.

Die Grade des R. R. sind, da sie teilweise den Inhalt mehrerer der ursprünglichen Stufen in sich aufgenommen haben, sehr umfangreich. Der IV. Grad (Ecossais de Saint-André) entspricht ungefähr dem XVIII. Grad des A. u. A. Schottischen Ritus, von dem in zwei Klassen geteilten Inneren Orden der Ecuyer-Novice dem XXX. Grad und die Stufe der Chevaliers Bienfaisants de la Cité Sainte der Spitze des Lehrgebäudes des Schottischen Ritus.

Relativismus ist die erkenntnistheoretische Lehre, derzufolge alle Erkenntnis nur relativ, nur in bestimmter Beziehung, nur für einen bestimmten Standpunkt gültig ist, nicht aber im absoluten Sinne, daß alles Erkennen im Subjekt verankert liegt. In ethischer Hinsicht bezweifelt der R. nur die absolute Gültigkeit der konkreten sittlichen Normen, nicht aber die Prinzipien des Sittlichen an sich. Im Altertum brachte den Standpunkt des R. am besten der „Homo Mensura"-Satz des Protagoras zum Ausdruck: „Der Mensch ist der Maßstab aller Dinge." Kant vertrat den R. in transzendentaler Hinsicht, setzte sich aber zugleich für die Absolutheit der „Fundamental-Erkenntnisse" ein. R. darf mit Skeptizismus (s. d.) nicht verwechselt werden. In der Gegenwart bringen den Standpunkt des R. die Als-ob-Philosophie (s. d.) Vaihingers, der Pragmatismus (s. d.) von James und der Neu-Humanismus von F. C. S. Schiller-Oxford am prägnantesten zum Ausdruck. Aus dem R. läßt sich der Standpunkt der Freimaurerei zu den Problemen der Welt und der Menschheit ableiten. In ihrer Symbolik und in ihren Ritualen tritt die relativistische Einstellung klar zutage. Die Freimaurerei ist von der Bedingtheit aller Wahrheiten durchdrungen. Der R. unterbaut die Toleranz mit Vernunftargumenten. Die Freimaurerei ist eine der Bewegungen, die vom Ausgang des Mittelalters an als Reaktion gegen die Unbedingtheit der Kirchenlehre und des politischen Absolutismus, als Reaktion gegen den Fanatismus jeder Art entstanden sind und auf Grund der Dogmenmüdigkeit den Typus des afanatischen Menschen hervorbrachten. Auf religiösem Gebiet führten diese Strömungen zum Protestantismus, auf politischem Gebiet zur Demokratie. Auch die Freimaurerei entsprang dieser Einstellung. Sie dürfte das einzige Gebilde sein, dem es auf die Dauer gelungen ist, Ideologie und Praxis weitgehend von Dogmen freizuhalten. Die Freimaurerei kann daher als eine Bewegung aufgefaßt werden, die relativistisch eingestellte Menschen zur Förderung des Humanitätsideals zusammenzufassen trachtet. Schenkel („Die Freimaurerei im Lichte der Religions- und Kirchengeschichte") sagt, daß die Toleranz „ohne das Bewußtsein der Relativität aller geschichtlichen Formen und Ausprägungen" nicht denkbar wäre.

Religion ist im objektiven Sinne die Gesamtheit der Gebilde, Institutionen, Glaubenssätze, die zur Befriedigung der subjektiven R., der Religiosität dienen. R. ist eine Art des Glaubens (s. d.), die auf etwas Höheres, Überindividuelles, Unendliches gerichtet ist, wobei dieses „Göttliche" nicht unbedingt metaphysischer Art sein muß, sondern auch eine abstrakte Idee, wie z. B. die Menschheit, das soziale Ideal usw., sein kann. Es ist „ein Vorrecht der Geistesnatur des Menschen, daß er sich an ein Denken und Wollen hingeben kann, das unendlich größer ist als sein eigenes" (James). Der Ursprung der R. ist persönlich im zweifachen Sinne. Einmal ist R. stets das Werk eines Menschen, eines Religionsstifters, das in der Folge von einer zur Propagierung geschaffenen Institution, der Kirche, ausgebaut und in die Praxis übertragen wird, dann ist die eigentliche Grundlage der Wirkung der R. das religiöse Bedürfnis der Individuen. Die Motive der Religiosität sind mannigfach. Willensfreudigkeit, Zustimmung, Bewunderung, Sehnsucht nach Zuflucht in der Verworrenheit und Unbestimmtheit der Welt; „Sehnsucht zu dienen, das Ich zu unterordnen, sich freizumachen aus der räumlichen und zeitlichen Begrenztheit des individuellen Daseins" (H. G. Wells); „Glaube an die Realpräsenz höherer Mächte" (James); Hang zur Mystik, zum Traumhaften; dem Gewissen entsprießendes Verlangen nach einer ausgleichenden Gerechtigkeit; der vom Intellekt veranlaßte Wunsch nach Erklärung der letzten Ursachen, der Idee des Unendlichen; Streben nach Vereinheitlichung, Harmonisierung der Erfahrung durch Ausfüllung der Kluft, die zwischen den disparaten Teilen derselben besteht. Der „Wille zum Glauben" (James) führt zur R. Die R. ist folglich wohl ein psychologisch-subjektives Phänomen, doch ist sie, wie das „Erkennen, objektiv bedingt und kann auf eine eigene Art auf objektive Geltung ihrer Glaubenssätze Anspruch erheben, wenn sie mit den Forderungen des Denkens nicht in Konflikt gerät" (Rudolf Eisler). Der Zweck der R. im seelischen Haushalt der Menschheit ist zweifelsohne der, dem sittlichen Ideal eine göttliche Weihe zu verleihen und ihm dadurch Geltung zu verschaffen. Der Mensch hält instinktiv nach Hemmungen Ausschau, die dem Triebhaften in ihm Schranken setzen sollen. Die R. ist solch eine Hemmung von göttlicher Autorität. Gemeinschaftsleben ohne Religion ist kaum denkbar.

In der Auffassung des moralischen Theismus (s. d.) ist „R. Moral in Beziehung auf Gott als Gesetzgeber" (Kant). „Der sittlich handelt, der handelt schon von selbst so, als ob ihm ein Gott die Handlungen vorgeschrieben habe" (Kant). R. zu haben, ist in diesem Sinne die Pflicht des Menschen gegen sich selbst, da die Idee der R. fruchtbar ist. Ähnlich wird R. in der neueren Philosophie aufgefaßt: „Jedes sittliche Handeln schließt die Fiktion (s. d.) Gott ein" (Vaihinger). Der moderne Mensch nimmt im Grund einen ähnlichen Standpunkt ein. Für ihn besteht die objektive Realität der R. darin, „daß sie in uns Kraft hat. „Die R. hat eine Realität der Gültigkeit, nicht der Existenz" (Kant). Er erfüllt den aus Pietät beibehaltenen Rahmen seiner R. mit einem individuellen Inhalt, will weder ein Sklave Gottes, noch von Dogmen sein. R. ist für ihn kein Selbstzweck, nur ein Mittel zum Guten, zur werktätigen Liebe. Seine Überzeugung geht dahin, daß ein Akt des blinden Gehorsams niemals einen religiösen oder sittlichen Wert haben kann, daß die Moral in voller Freiheit aus dem Innern, aus dem Gewissen fließen muß.

Die Freimaurerei nimmt in der Frage der R. keine allgemeingültige Stellung ein; auch ist ihr Standpunkt nirgends eindeutig dargelegt, auch nicht in den „Alten Pflichten", in denen Anderson sagt:

„Der Maurer ist durch seinen Beruf verbunden, dem Sittengesetz zu gehorchen, und, wenn er die Kunst recht versteht, wird er weder ein dummer Gottesleugner, noch ein Wüstling ohne Religion sein. Aber obgleich in alten Zeiten die Maurer verpflichtet waren, in jedem Lande von der jedesmaligen R. des Landes oder der Nation zu sein, so hält man doch jetzt für ratsamer, sie bloß zu der R. zu verpflichten, in welcher alle Menschen übereinstimmen und jedem seine besondere Meinung zu lassen, d. h., sie sollen gute und treue Männer sein, oder Männer von Ehre und Rechtschaffenheit, durch was für Sekten oder Glaubensmeinungen sie auch sonst sich unterscheiden."

Diese Auffassung läßt mannigfache Auslegungen zu und kann keineswegs als Grundlage einer einheitlichen und eindeutigen Stellungnahme der ganzen Freimaurerei dienen. Die R. wurde anfangs in der Freimaurerei, wohl vor allem unter dem Einfluß Herberts Cherburys (s. d.) als eine Art rationalistischer, „natürlicher" Vernunftsreligion aufgefaßt; etwa im Sinne Kants: „Eine im Menschen beständig geschehende göttliche Offenbarung." Die Lehren der Stoa (s. d.) machten sich geltend, die so gestaltend auf die Gefühls- und Gedankenwelt des 17. und 18. Jahrhunderts einwirkten. Man war auf der Suche nach einer „katholischen" (allgemeinen) R., im ursprünglichen Sinne des Ausdrucks.

Aus der ganzen Entwicklung der Freimaurerei geht als allgemeingültig hervor:

1. Die Freimaurerei selbst ist keine R.,
2. sie ist nicht religionsfeindlich,
3. sie ist nicht atheistisch eingestellt,
4. sie ist ein Boden für alle Glaubensbekenntnisse.

„Der Freimaurerbund fordert von seinen Mitgliedern kein dogmatisches Bekenntnis, und die Aufnahme der einzelnen Brr. wird nicht abhängig gemacht von einem religiösen Bekenntnis" (Deutscher Großmeistertag 1878).

Die zentrale Idee jeglicher Religion ist die Gottesvorstellung. Der freimaurerische Gottesbegriff, symbolisiert als A. B. a. W., gewährt den verschiedensten Auslegungen Spielraum. Die angelsächsische und deutsche Freimaurerei faßt ihn zweifelsohne im theistischen Sinne auf, man könnte fast sagen im Sinne des persönlichen Gottesbegriffes. Die deutschen Großmeister stellten 1870 fest: „Indem die Freimaurerei von ihren Gliedern den Glauben an Gott als den obersten Baumeister der Welt verlangt..., ist eine Freimaurerloge, welche die Existenz Gottes bestreiten oder verleugnen sollte, nicht als eine gerechte und vollkommene Loge anzusehen.“ Die revidierte Verfassung der humanitären Großloge „Zur Sonne“, Bayreuth (1928) führt an: „Eine gerechte und vollkommene freimaurerische Loge bejaht die Existenz Gottes.“ Eine mittlere Gruppe begnügt sich mit dem als A. B. a. W. (s. d.) symbolisierten Gottesbegriff, ohne diesem weitere, konkretere Deutungen beizulegen. Der Grand Orient de France wiederum hat selbst das Symbol des A. B. a. W. aus seiner Konstitution entfernt, da er auf vollständige Gewissensfreiheit und Ausscheidung jeglichen Begriffs, der dogmatisch ausgelegt werden könnte, Gewicht legt.

Wie dem auch sei, kann man doch feststellen, daß allenthalben im Vordergrund das sittliche Moment steht. Auch dort, wo die Freimaurerei streng gottesgläubig ist, führt die Sittlichkeit zur R. und nicht umgekehrt. Die Betonung liegt mehr im Bewußten und nicht im Gefühlsmäßigen wie in den Religionen. Die Freimaurerei will die sittlichen Aufgaben im Diesseits sub specie aeternitatis erfüllen. Nicht das Glaubensbekenntnis ist ihr maßgebend, sondern das sittliche Verhalten. „Der Freimaurer ist nicht religiös, er denkt und handelt religiös“ (Fichte). Die Freimaurerei tritt für „eine unsichtliche Kirche, die Vereinigung der sittlichen unter der göttlichen Weltregierung“ (Kant) ein.

Eine Formulierung des Gottesbegriffes im Sinne der Als-ob-Philosophie könnte folglich eine für alle Standpunkte annehmbare Plattform bilden, die zugleich auch der Forderung der weitestgehenden Gewissensfreiheit gerecht würde: „Der Freimaurer ist gehalten, dem Sittengesetz zu gehorchen, als ob es von einem göttlichen Gesetzgeber gesetzt wäre, und als ob er stets vor der Möglichkeit stünde, über sein Tun und Lassen vor einem göttlichen Richter Rede stehen zu müssen.“

So wie den Gottesbegriff faßt die Freimaurerei das Prinzip des Guten und Sittlichen im Ausdruck des A. B. a. W. zusammen und überläßt es ihren Anhängern, sich im Rahmen dieser Prinzipien eine der Individualität entsprechende konkrete Deutung zu geben. So sagt auch Heinichen („Die Grundgedanken der Freimaurerei im Lichte der Philosophie“): „Religiös sind wir, wenn wir so handeln, als ob die Sittlichkeitsgebote Gottes Gebote wären“. Da man die Gottesidee kaum begrifflich fassen kann, begnügt sich ein Teil der Freimaurerei mit ihrer symbolischen Andeutung. Gott ist in ihrer Auffassung nicht der Vater aller Menschen, sondern das schöpferische Prinzip der Welt. Die drei altpreußischen Großlogen allerdings stehen auf rein christlicher Grundlage, wobei sie die Auffassung vertreten, daß die ursprüngliche (reine) Lehre Jesu im Sinne des Humanitätsideals gedacht war. Von solchen Ausnahmen abgesehen, läßt die Freimaurerei in ihrer Mitte alle Glaubensbekenntnisse gelten und findet, über alles Trennende hinweg, im Sittengesetz (s. d.) das geistige Band, das alle Menschen vereinigen kann. Klar bringt ihren Standpunkt Lessing zum Ausdruck: „Die nationalen und kirchlichen Einzelausprägungen sind das Gesetzgegebene, Natürliche, an sich Segensreiche; die Freimaurerei will ihnen nicht Abbruch tun, nur ihre Gefahren bannen. Alles, was Menschen verbindet, wird zugleich zur Ursache der Trennung. Die Freimaurerei sucht daher die R., in der alle Menschen übereinstimmen, und diese ist die Moral.“ Die Freimaurerei ist aber selbst keine R., auch keine R. der Arbeit, wie sie Horneffer und Bischoff auffassen wollen. Eine freimaurerische R. in welchem Sinne immer, würde im Grunde den freimaurerischen Grundsätzen widersprechen. Das im Jahrbuch 1928/29 der Vereine deutscher Freimaurer angeführte Gesellenritual von Seeberger, Bayreuth, sagt: „Wir suchen nicht nach dem Urgrund aller Dinge, aber wir sehen es gerne, daß jeder in seiner Art ein Gottsucher sei.“ So bezeichnete auch Goethe als die Aufgabe der Freimaurerei: „Unser Bund soll das Innere ohne Beziehung auf eine bestimmte R. religiös entwickeln.“ Die Freimaurerei bekämpft nicht die Religiosität, sie nimmt auch nicht gegen die institutionelle R., gegen die Kirche Stellung, nur gegen jede Intoleranz. Im Sinne Schenkels („Die Freimaurerei im Lichte der Religions- und Kirchengeschichte“) gibt es drei Lösungsmöglichkeiten in der Frage der Religionen.

1. Der Sieg einer einzigen R., der wenig Aussichten hat und unheilvoll wäre.
2. Der Versuch einer Synthese, der zweifelsohne mißlingen würde.
3. Der Standpunkt der Toleranz, der einzig gangbare Weg, den auch die Freimaurerei einschlägt.

Religionsphilosophie, s. Plastische Religionsphilosophie.

Religiöse Forderung, Die, der Freimaurerei hat aktive Toleranz im Sinne Nathans des Weisen zum Inhalt.

Religiosität, s. Religion.

Rennenkampf, Karl Jakob Alexander von, livländischer Grandseigneur, Oldenburgscher Kammerherr. * 1783, † 1854, Freund Feßlers (s. d.), unterstützte diesen 1810 in Petersburg durch Ritualübersetzung bei der Aufnahme des berühmten russischen Staatssekretärs Michael Speransky (s. d.), als dieser vom Kaiser Alexander dazu bestimmt worden war, mit Feßler und dem Unterrichts- und Polizeiminister eine Kommission zwecks Begutachtung der maurerischen Tätigkeit zu bilden. 1842 wurde er Stuhlmeister der Loge „Zum goldenen Hirschen“ in Oldenburg.

Renunziationsakte, vom Wilhelmsbader Konvent der „Strikten Observanz“ von 1782 beschlossene Urkunde, durch welche auf die Wiederherstellung des Templerordens und die Aufrechterhaltung der damit im Zusammenhang stehenden Tradition feierlich Verzicht geleistet wurde.

Reparationsfrage. Mitte Jänner 1923 richtete General Gérard, Präsident des Ordensrates des Grand Orient de France, an den damaligen Ministerpräsidenten Poincaré namens des Großorients ein Schreiben, in dem er eindringlich ersuchte, die Frage der deutschen Reparationszahlungen dem Völkerbund zur endgültigen Entscheidung zu übertragen. Das französische Komitee der „Fédération Maçonnique Internationale pour la Société des Nations" protestierte unter dem Vorsitz des Deputierten A c c a m b r a y zu gleicher Zeit gegen alle gewaltsamen Lösungsversuche und legte, „erschüttert vom Gedanken an die möglichen Folgen der gegenwärtig in Gang befindlichen Gewaltmaßnahmen" der französischen Regierung nahe, im Interesse des Weltfriedens „bei der allgemeinen Regelung der internationalen Schulden im Einvernehmen mit dem Völkerbund nach einer Lösung des Wiedergutmachungsproblems zu suchen, die nur durch die Wiederherstellung der allgemeinen Weltwirtschaft" möglich sei.

Répertoire Maçonnique, Ende 1909 erschienene antifreimaurerische Publikation, die auf 760 Seiten 30.000 Namen von angeblichen Freimaurern Frankreichs und der Kolonien enthielt.

Representative (engl.), F r e u n d s c h a f t s b ü r g e.

Respectable Loge (frz.), in Frankreich übliche Bezeichnung der Logen.

Retcliffe, s. G o e d s c h e.

Rettungsbote. Rettungsstationen in England besitzen mehrere von Freimaurern (M a s o n i c L i f e b o a t A s s o c i a t i o n) gestiftete Boote zur Rettung aus Seenot.

Reuchlin, J o h a n n, * 1455 in Pforzheim, † 1522. Seine wesentliche Bedeutung liegt auf dem Gebiete der Philologie. Er ist der erste deutsche Trilinguist: Latein-Griechisch-Hebräisch. Die Kenntnis der beiden letzteren Sprachen dem gelehrten Deutschland vermittelt zu haben, ist sein bleibendes Verdienst. Mißbräuche der mönchischen Religion erkennend, schrieb er „De arte praedicandi", das zu einer Art Predigerhandbuch wurde. In der Auslegung der Bibel hielt er sich an den hebräischen Urtext, wodurch er mit den sich auf die lateinische Übersetzung (Vulgata) stützenden Kirchenautoritäten in Konflikt geriet. Denn auf Irrtümern in dieser Übersetzung waren kirchliche Lehren vielfach aufgebaut. 1506 schrieb er seine „Rudimenta hebraica", eine Grammatik und Lexikon, und 1512, da von Italien infolge Krieges keine hebräischen Bibeln bezogen werden konnten, ließ er die Bußpsalmen mit grammatischen Erklärungen drucken — der erste in Deutschland gedruckte hebräische Text.

R.s Interesse am Hebräischen war wesentlich auch auf die Kabbala gegründet. Seine griechischen Studien führten ihn zur Philosophie, vornehmlich den spätgriechischen phantastisch-mystischen Philosophen, mit denen die Kabbala manche Wesensverwandtschaft aufweist. In den Spuren des Pico de M i r a n d o l a wandelnd, glaubte er in der Kabbala eine tiefe Theosophie zu finden, welche zur Verteidigung des Christentums und zur Versöhnung der Wissenschaft mit den Mysterien des Glaubens höchst dienlich sein könnte, „ein in jener Zeit der Gärung begreiflicher Irrtum, wo sich altes und neues Geistesleben noch nicht klar voneinander geschieden hatten und die Fortschrittlichen weniger darauf bedacht waren, sich von einer bloßen Tradition zu befreien, als eine alte Tradition zu finden, die im Dunkel mittelalterlicher Unwissenheit verlorengegangen war" (S m i t h, Encycl. Brit.). Seine Vorliebe für die rabbinische Literatur verwickelte ihn in den Streit um die Vernichtung der jüdischen Literatur, welche insbesondere durch den Konvertiten P f e f f e r k o r n betrieben wurde, ein Streit, an dem sich Kaiser, Papst, Fürsten und Bischöfe auf beiden Seiten beteiligten, wobei die vornehmsten Geister und Charaktere, insbesondere Ullrich von H u t t e n, auf R.s Seite standen. (Ausführlich dargestellt in David Friedrich S t r a u ß, „Ullrich von Hutten".) Schließlich schlug der Papst den Prozeß nieder, unmittelbar bevor das für R. günstige Urteil verkündet werden konnte. Im Verlaufe des Streites hatte R. zu seiner Verteidigung den „Augenspiegel" und die „Defensia contra Calumniatores" geschrieben, während seine Freunde ihm mit den „Epistolae Obscurorum Virorum" (Briefe der Dunkelmänner) zu Hilfe kamen.

Das rege Interesse der freimaurerischen Forschung an R. ist teils darin begründet, daß er Gesellschaften angehört hat, wie sie von manchen als Keimzellen oder Vorstufen der Freimaurerei angesehen werden, und daß er auch die Form einer Einführung in eine derartige Gesellschaft für seine kabbalistische Schrift „De verbo mirifico" gewählt hat, teils im Inhalte seiner kabbalistischen Schriften selbst, nämlich: „De verbo mirifico", „Arcana Academia" und „Ars Cabalistica".

Fritz M a u t h n e r (Einleitung zu Agrippa v. Nettesheim, „Die Eitelkeit und Unsicherheit der Wissenschaften") läßt sich über das „Verbum Mirificum" R.s und damit über das ganze Wesen der Kabbala wie folgt aus: „Er (Agrippa v. Nettesheim) las über ‚Das Wundertätige Wort' von R., das fünfzehn Jahre früher erschienen war und in einem wüsten Durcheinander christlichen Glauben, neuplatonischen Mystizismus und kabbalistische Buchstabenspielereien zu vereinigen suchte. Die Kämpfe um die Benützung der kabbalistischen Judenbücher waren damals noch nicht ausgebrochen. Die Schrift ‚Vom Wundertätigen Worte' galt bei den wundersüchtigen Zeitgenossen für ein Meisterwerk geheimer Wissenschaft. Wenn wir es heute lesen, glauben wir einen Chor von hunderttausend Narren sprechen zu hören. Das hebräische Alphabet soll uns alle Geheimnisse der Natur und des Übernatürlichen deuten. Drei Buchstaben bilden den Namen des Urgottes, vier Buchstaben den Gott des alten Bundes (Jehova in der hebräischen Schreibung), fünf Buchstaben den Namen Jesus; das Buchstabenzeichen des Kreuzes, der griechische Buchstabe T, ist das tiefste Geheimnis. Mit Hilfe dieser Buchstaben kann man alles Verborgene erkennen, und wohl auch Zauber wirken." Dieses Urteil hinderte jedoch andere nicht, die Bedeutung der kabbalistischen Studien R.s sehr hoch einzuschätzen. Solche Forscher versuchen insbesondere einen engen Zusammenhang zwischen den kabbalistischen Lehren und der Andersonschen Konstitution der Großloge von England herzustellen und glauben namentlich einen deutlichen Einfluß der ersteren auf die der Konstitution vorausgeschickte „Geschichte" der Freimaurerei nachweisen zu können, wozu allerdings das Schwedische (Zinnendorfsche) System mehr Handhaben als andere Lehrarten zu bieten scheint. (Vergl. Gloede, Ordenswissenschaft, II. Bd., letztes Kapitel.)

Réunion, Insel im Indischen Ozean, französische Kolonie; unter dem Grand Orient de France arbeitet eine Loge in St. Denis.

Reuß, Theodor, Opernsänger, später Journalist, * 1855 in Augsburg, betätigte sich anfangs des 20. Jahrhunderts in Deutschland als Gründer und Leiter und Importeur aller möglichen irregulären Riten. So führte er den Memphis- und Misraim-Ritus, den Swedenborg-Ritus, das Cerneau-System, die Orientalischen Templer usw. ein und erteilte auch „Patente" für ausländische Gründungen gleicher Art. Zu geschäftlichen Zwecken benützte R. die Freimaurerei, in die er in London Eingang gefunden hatte, mißbräuchlich als Aushängeschild. In einigen der Systeme wurden sexuelle Yoga-Übungen abgehalten.

Reuß, Fürsten, die dem Freimaurerbund beitraten, s. Fürsten, Deutsche.

Reuterdahl, Henrik, Erzbischof von Upsala, * 1795, † 1870, bekannter Kirchenhistoriker, Anhänger Schleiermachers, Verfasser von „Einleitung in die Theologie" und „Kirchengeschichte Schwedens", spielte in der Großen Landesloge von Schweden eine bedeutende Rolle, war Ritter des Ordens Karls XIII. (s. d.).

Réveil Français, Le, 1924 von Emile Bergeron in Paris gegründete, wöchentlich erscheinende Zeitung, die seit 1927 ihre Aufgabe in der Bekämpfung der Freimaurerei erblickt. Zu diesem Zwecke wurde auch eine gleichnamige Organisation ins Leben gerufen.

Reverchon, Isaac, Professor in Genf, * 1862, † 1927, ursprünglich Advokat, dann Pädagoge, Präsident des Rates der nationalkatholischen Kirche, Verteidiger des religiösen Liberalismus, Freimaurer seit 1887 (Loge „Les amis fidèles"), 1920—1925 Großmeister der schweizerischen Großloge „Alpina". R. berief den internationalen Konvent 1921 ein, der zur Gründung der A. M. I. (s. d.) führte, und fungierte als Präsident des beratenden Ausschusses, seit 1925 als Großkanzler dieser Körperschaft.

Revere, Paul, der „Reiter der amerikanischen Union", * 1735, † 1818, verewigt in einem berühmten Gedicht von Longfellow, einer Hugenottenfamilie entstammend, Offizier in den Indianerkriegen, war Freimaurer. Auf kühnem Nachtritt alarmierte er am 18. April 1775 die Patrioten. 1795—1797 war er Großmeister der Großloge von Massachussetts.

Revival (engl.), das Wiedererwachen. Nach der Chronik Andersons waren die Logen gegen Ende des 17. Jahrhunderts in Verfall geraten, hauptsächlich weil (was allerdings ganz unglaubwürdig ist) Christopher Wren (s. d.) sich wenig um sie bekümmert habe. Daher werden die Schritte der noch erhaltenen Logen, aus sich eine Großloge zu errichten (1717), als das Wiedererwachen der Freimaurerei bezeichnet (s. England). Im „London Freemason" 1871/72 hat Buchan die Theorie aufgestellt, die Freimaurerei bestände überhaupt erst seit 1717, und alle Mitteilungen über einen früheren Bestand seien nachträgliche Erfindung. Diese den historischen Überlieferungen völlig widersprechende Theorie ist allseits abgelehnt worden.

Revolution, s. Weltverschwörung, Weltrevolution.

Revolution, Französische. Es wird immer wieder behauptet, daß die F. R. einer freimaurerischen Verschwörung entsprang, daß in den Logen ein Komplott geschmiedet wurde, das die Volksleidenschaft bis zur Siedehitze aufstachelte. Das ist grundfalsch. Die Arbeit der französischen Freimaurer vor 1789 war geistiger Natur. Die große Mehrheit der französischen Brr. war royalistisch und für Reform auf konstitutionellem Wege. An die Tötung des Königs hätte damals niemand auch nur zu denken gewagt. Selbst ein so bedeutender Katholik wie Joseph de Maistre hat 1793 in seinem „Mémoire à Vignet des Etoles" erklärt, daß die Freimaurerei als solche an den blutigen Geschehnissen ganz unschuldig sei. Der Professor für Geschichte der R. an der Pariser Sorbonne, Philippe Sagnac, beantwortet die Frage, ob die damalige freimaurerische Loge für die Doktrin der Unordnung gewesen sei, mit der Antwort: „Im Gegenteil, was sie zerstören wollte, war die Anarchie, von der die monarchistische Regierung... so viele Beispiele lieferte. Was sie aber zu erreichen wünschte, eine auf Freiheit und die Gleichheit der Rechte gegründete Ordnung... Die Hypothese vom Komplott der Freimaurer ist ohne jede Beziehung zur Geschichte. Sie steht sogar ganz im Widerspruch zu deren Sinn." Die Freimaurerei unternahm nichts, die R. zu organisieren. Sie gab Frankreich die These von der Einheit des Menschengeschlechtes, formulierte, von Franklin und Lafayette unterwiesen, die Menschen- und Bürgerrechte, und in ihrem Schoße wuchsen die geistigen Ideen von 1789. Was 1791 folgte, hatte nichts mehr mit diesen Ideen zu tun. In den „Cahiers" der zahlreichen Freimaurer, die in den Generalständen saßen, war von aufbauenden parlamentarischen Reformen, aber nicht von alles zertrümmernden Gewalttaten die Rede. Ein von den „unbekannten Oberen" der Hochgrade geleiteter geheimer Ausschuß, der auf dem Wege über den Großorient von Frankreich revolutionäre Weisungen erteilte, existierte lediglich in der Phantasie des Abbé Barruel (s. d.). Von 1792 an gab es keine Arbeit des Großorients mehr. Die Zahl der Freimaurer, die auf der Guillotine ihr Leben ließen, war sehr beträchtlich. Viel neues Material zu diesem Kapitel hat (1926) Gaston Martin beigebracht (s. Illuminaten).

Revolutionsakte des englischen Parlaments, s. Sedition Act.

Revue Antimaçonnique, ein von 1910—1920 in Paris erschienenes antifreimaurerisches Blatt unter der Leitung des Oberstleutnants Cuignet und des Abbé Flavier Brenier. Die R. A. war das Organ der „Ligue Française Antimaçonnique".

Revue Internationale des Sociétés Secrètes, s. Jouin.

Rezeptionsloge, Aufnahmearbeit, auch Aufnahmeloge genannt.

Rheinsberg, Schloß, das Friedrich dem Großen als Kronprinzen von 1736—1740 als Aufenthalt diente, weist nach Theodor Fontane („Wanderungen", I., 217) im Arbeitszimmer Friedrichs freimaurerische Embleme auf. Kekule v. Stradonitz (s. d.) ist den Angaben nachgegangen (vergl. „Bundesblatt", August 1928) und hat festgestellt, daß wirklich eine Reihe von Allegorien freimaurerischen Charakter tragen und auf Friedrich selbst als Freimaurer zurückzuführen sind.

Rhode Island, Bundesstaat der Vereinigten Staaten von Nordamerika. Die 1791 gegründete Großloge zählte 1930 43 Logen mit rund 19.100 Mitgliedern. In diesem Staate nahmen seinerzeit die Auswirkungen der Morgan-Affäre (s. d.) ganz besonderen Umfang an. Ein antimaurerischer Staatskonvent verlangte 1830 von der Staatsregierung einschneidende Maßnahmen. Diese Absicht scheiterte anfänglich an der aufrechten Haltung des Gouverneurs und der energischen Abwehr der Großloge. Trotzdem aber eine staatliche Untersuchungskommission wiederholt über die Tätigkeit der Freimaurerei nur Bestes berichten konnte, gewann die Kampagne an Heftigkeit, als die Staatswahlen 1833 die Antimaurer in Front und einen der ihren als Gouverneur an die Spitze des Staates brachten. Den Anfeindungen und Drohungen (u. a. wurden ein Gesetzentwurf, der außergerichtlichen Eid unter Strafsanktion stellte und Maßnahmen polizeilicher Natur verlangt, die praktisch auf ein Verbot der Freimaurerei hinausliefen) begegnete die Brüderschaft mit entschiedenem Widerstand. Es kam zu öffentlichen Verhören, der Einziehung eines Teiles der den Logen ausgestellten Zivilcharters und weiteren drückenden Maßnahmen. 1834 enschloß sich die Großloge, ihr Zivilcharter freiwillig zurückzulegen, ein Teil der Logen folgte ihrem Beispiel, aber keine hörte zu existieren auf. Als sich dann die Gemüter allmählich beruhigten, nahm die Freimaurerei wieder großen Aufschwung. Heute fördert die Großloge aus ihren „Grand Lodge Educational Fund" in besonderem Maße das öffentliche Erziehungswesen. Adresse: Masonic Temple Providence.

Rhodes, Cecil, englischer Politiker und Finanzmann, der „Napoleon des Kaplandes", * 1853, † 1902, Vorkämpfer der britischen Interessen in Südafrika, wo er durch Ausbeutung der Diamantenfelder gewaltige Reichtümer sammelte, die er gemeinnützigen Zwecken hinterließ, 1890—1896 Ministerpräsident der Kapkolonie, war Mitglied der Apollo University Lodge in Oxford. Die Kolonie Rhodesia und die „Buhuwango-Cecil-Rhodes"-Lodge tragen seinen Namen.

Rhodesia, nach dem Freimaurer Cecil Rhodes (s. d.) benannte englische Kolonie in Südafrika, bestehend aus Nord- und Süd-R. Die Großlogen von England, Schottland und Irland haben je eine Distrikts-Großloge: Sitz der englischen Distrikts-Großloge Salisbury (Adresse: P. O. Box 529), der schottischen Bulawayo (P. O. Box 292). Die erste englische Bauhütte besteht seit 1893, die älteste schottische Loge ist die seit 1897 bestehende, nach dem im Matabele-Aufstand 1893 gefallenen Br. Major Allan Wilson genannte Bauhütte in Bulawayo. Der Großosten der Niederlande hat in Bulawayo und Salisbury zwei Logen.

Rhondda, David Alfred Thomas, Erster Viscount, * 1856, † 1918, führender englischer Kohlenindustrieller und Politiker, arbeitete sich aus kleinen Anfängen empor, liberaler Abgeordneter 1888—1910, Organisator der englischen Industrie und des Munitionswesens im Weltkrieg, führte 1917 als Ernährungsminister die Lebensmittelrationierung ein, war Senior Grand Warden der Großloge von England.

Riandey, Charles, Präfekturbeamter in Paris, * 1892, wiederholt Großsekretär und Bundesrat der Grande Loge de France, Mitglied der Pariser Loge „Union et Bienfaisance", Gründer der Loge „La Tradition Ecossaise", Mitglied des Obersten Rates, sehr aktiver Freimaurer in Wort und Schrift, tatkräftiger Verfechter des Gedankens der freimaurerischen Universalität.

Ribbing, Sigurd, schwedischer Politiker, * 1879, Unterstaatssekretär 1923, Minister ohne Portefeuille 1926, ist Mitglied einer Loge der Großen Landesloge von Schweden.

Ricciardi, Giuseppe Napoleone, italienischer Politiker, Schriftsteller und Kritiker, * 1808, † 1885, Vorkämpfer des geeinigten Italien, Begründer der Zeitschrift „Progresso", mußte nach Frankreich fliehen, gab dort eine Zeitung und eine Sammlung italienischer Gedichte heraus, 1848 Mitglied des Parlaments in Neapel, organisierte in Kalabrien die Erhebung und die provisorische Regierung, dann Flüchtling in Korfu, Paris und Genf, wurde in Tours (Frankreich) interniert und in Italien zum Tode in contumaciam verurteilt, präsidierte 1870 in Neapel dem „Antikonzil" der Freidenker, schrieb eine Geschichte der italienischen Revolution, historische Dramen („Die sizilianische Vesper", „Masaniello" usw.), das „Italienische Martyrium von 1792—1848", „Geschichte Garibaldis", war Freimaurer. Ein italienisches Hochgradkapitel trug seinen Namen.

Richardson, Sir Ward Benjamin, englischer Arzt und Schriftsteller, * 1828, † 1897, hervorragend tätig in der englischen Temperenzbewegung. Sein Name ist in der ärztlichen Wissenschaft verewigt durch die Einführung der örtlichen Betäubung durch Zerstäubung flüchtiger Stoffe (Aethylchlorid). Lange vor Röntgen versuchte er die Durchleuchtung des tierischen Körpers („On the Transmission of Light through Animal Bodies", 1866). Er war der größte englische Experimentalpathologe seiner Zeit und legte die Ergebnisse seiner Forschungen in zahlreichen medizinischen Zeitschriften Englands nieder. Daneben versuchte er sich mit Glück als Dichter und Novellist (The Son of Star) und als Geschichtsschreiber seiner Wissenschaft („The Medical History of England" und mehrere Lebensbeschreibungen). Aufgenommen 1863, trat er 1889 der Loge Quatuor Coronati in London bei, in welcher er durch mehrere Vorträge Aufsehen erregte („The Masonic Genius of Robert Burns", „The Legend of Sethos"). Weitere Aufsätze behandelten die Embleme der Freimaurerei und „Schismatic Freemasonry".

Richet, Charles, berühmter französischer Physiologe, * 1850, einer der Begründer der Heilserumbehandlung (1888) und Vorläufer Behrings, begeisterter Pazifist, Vorsitzender der französischen Friedensgesellschaft, Nobelpreisträger und Verfasser einer großangelegten Kulturgeschichte der Menschheit (deutsch im Verlag für Kulturpolitik, 1920), Mitglied des Institut de France und der Académie de Médicine, gehört seit 1876 der Pariser Loge „Cosmos" (Großloge) an.

Richmond, Hauptstadt des Bundesstaates Virginia der USA., Sitz der 1777 gegründeten Großloge von Virginia. (Adresse: Grand Secretary, Masonic Temple.)

Richmond.

1. Karl Lennox, Herzog von Richmond und Aubigny, englischer Großmeister 1724. * 1701. Er war der Sohn des Karl Lennox, eines natürlichen Sohnes Karls II. von England und einer politischen Emissärin Ludwigs XIV., Louise de Kéroual, die vom französischen Hofe nach England geschickt worden war, um ein Bündnis Englands mit Holland zu verhindern. Die Kéroual wurde nach der Geburt des Kindes zur Herzogin von Portsmouth erhoben und von Ludwig XIV. in Ansehung ihrer geschickten diplomatischen Leistungen zur Herzogin von Aubigny gemacht. Karl Lennox soll 1695, wie Lantoine berichtet, Großmeister der „Fraternity of Freemasons" in London gewesen sein (?). Sein Sohn Karl wurde 1724 zum Großmeister der Großloge von London gewählt. Unter seiner Hammerführung wurden Maßregeln gegen die Winkelmaurerei beschlossen, sowie den abgegangenen Großmeistern das Stimmrecht in der Großloge erteilt. Die Gründung des Armenfonds der Großloge fällt gleichfalls unter seine Amtszeit. Kosmopolit, entbot er dem Kardinal Fleury seine Neujahrswünsche „nicht nur als Franzose, sondern auch als Engländer und Bewohner Europas".

In der Folgezeit erscheint er als Logengründer in Frankreich. So nach einem Bericht der „St. James Evening Post" 1734 und 1735, einmal mit Montesquieu und anderen hochgestellten Persönlichkeiten im Hause der Herzogin von Portsmouth, das andere Mal, begleitet von Dr. Desaguliers, an der Rue de Bussy. Aus diesen Umständen glaubt Lantoine in seiner „Histoire de la Franc-Maçonnerie Française", Paris 1925, und in „La Franc-Maçonnerie Ecossaise en France", Paris 1930, Schlüsse auf die jakobitische „Schottenmaurerei" ziehen zu dürfen. Die Herzogin zählte damals 84 Jahre. Aus der Abhaltung von Logenarbeiten in ihrem Hause folgert Lantoine, daß die Loge „d'Aubigny" (in den Londoner Registern Nr. 133) schon längere Zeit als Stuartistenloge bestanden hatte. Denn sonst hätte ihr die Herzogin von Portsmouth, eine gläubige Katholikin, die ihr Schloß einem Frauenkloster vermachte, wohl kaum Unterstand gewährt. Nach Lantoine wäre also Richmond, der Großmeister von England, zugleich einer der Begründer der stuartistischen Schottenmaurerei in England gewesen. Die Beweisführung Lantoines bleibt nicht unwidersprochen, um so mehr, als es sich hier mehr um vermutende Schlüsse als um wirkliche Belege handelt und die Zusammenhänge zwischen der sogenannten stuartistischen Freimaurerei mit der schottischen Freimaurerei zu den mit Recht umstrittensten Fragen der freimaurerischen Geschichtsforschung gehören. Lantoines Deutungen sind sehr geistreich, aber nicht überzeugend, um so weniger, als dann der Herzog 1745 als Generalleutnant dem Herzog von Cumberland bei der Niederwerfung des stuartistischen Aufstandes zur Seite stand. Er starb 1750.

2. Charles, vierter Herzog, englischer General, * 1764, † 1819, Parlamentarier, Lordleutnant von Irland, 1818 Generalgouverneur der nordamerikanischen Kolonien, wurde 1814 Provinzial-Großmeister von Sussex.

3. Charles, fünfter Herzog, englischer Politiker, * 1791, † 1860, Parlamentarier, Generalpostmeister, 1810—1814 Sekretär Wellingtons in Portugal, Präsident der Königlichen Landwirtschaftlichen Gesellschaft, wurde 1823 Provinzial-Großmeister von Sussex.

Richter, Jean Paul Friedrich, bekannt unter dem Namen Jean Paul, * 1763, † 1825, wird immer wieder als Mitglied der Loge „Zum Morgenstern" in Hof genannt. Die Veranlassung hierzu geben mehrfache Anspielungen auf die Freimaurerei, die sich in seinen Schriften finden („Die unsichtbare Loge", „Schulmeisterlein Wuz" u. a. m.). Es kann als bewiesen angesehen werden, daß Jean Paul niemals Freimaurer war, aber mit Logenbrüdern in Bayreuth und Hof in freundschaftlichem Verkehr stand.

Der Roman „Die unsichtbare Loge" will den Menschen nicht fertig zeigen, er will entwickeln, wie er wird. Ein Pietist erzieht einen gefühlsstarken Knaben unter der Erde und erzählt ihm von den Herrlichkeiten der Sonne; das Streben nach der bunten Welt wird ihm so als Erhöhung des Lebens eingeprägt, später nimmt sich eine geheime Gesellschaft seiner Erziehung an.

Rico, Pedro, Bürgermeister von Madrid seit der Gründung der zweiten spanischen Republik 1931, ist Mitglied einer Loge des Großorients von Spanien.

Ridel, Kornelius Johann Rudolf, Kammerdirektor, * 1759, † 1821, zu Weimar, gehörte zu den Wiedererweckern der Loge „Amalia" und stand mit Bode und Schröder im ständigen Verkehr. Von seinem Fleiße und seinem enzyklopädischen Wissen um alle Fragen der Maurerei spricht sein „Versuch eines alphabetischen Verzeichnisses zur Kenntnis und Geschichte der Freimaurerei, vornehmlich zur Beurteilung über die Entstehung und Ausbreitung ihrer verschiedenen Rituale und Systeme seit dem Jahrhunderte von 1717 bis 1817". Das Werk, das erste deutsche Freimaurerlexikon in deutscher Sprache, erschien als Handschrift für die Archive des Engbundes in Jena 1817. Gedruckt wurde es in der Geheimen Buchdruckerei des Großherzogs von Weimar. Es wurde — Zeichen der Zeit! — nur versiegelt abgegeben. Da R. viele Erscheinungen seiner Zeit noch als Zeitgenosse beurteilen konnte, ist dieses Buch von großem historischem Wert und wurde bei Anlegung des vorliegenden Freimaurerlexikons ausgiebig benutzt.

Ridgely, Evans Henry, amerikanischer Schriftsteller in Washington, * 1861, auf freimaurerischem Gebiet fruchtbar tätig. Hauptwerke: „Cagliostro and his Egyptian Rite of Freemasonry", „History of the York and Scottish Rites of Freemasonry" u. a.

Riedesel zu Eisenbach, Friedrich Adolph, Freiherr v., * 1738, † 1800, General in hessischen, dann in braunschweigischen Diensten, Befehlshaber des vom Herzog von Braunschweig an den König von England verdungenen Expeditionskorps in Amerika, befehligte nach seiner Rückkehr ein braunschweigisches Hilfskorps im Dienste der Generalstaaten von Holland, Kommandant von Braunschweig, Oberbefehlshaber der Armee, wurde 1763 in der Braunschweiger Loge „Jonathan" aufgenommen und, 1788 in Maastricht stationiert, Mitglied der dortigen Loge „La Constance".

Riego y Nunez, Rafael, * 1784, spanischer General und Freiheitskämpfer, erhob sich 1820 mit Quiriga auf der Isla de Leon bei Cadix „im Namen der Konstitution von 1812", die 1814 von Ferdinand VII. als „satanisch" abgeschafft worden war. 1822 Präsident des Kongresses, 1823 hingerichtet. R. stand nach dem Sieg von 1820 an der Spitze der spanischen Freimaurerei. Die von Huerta komponierte R.-Hymne ist heute spanischer Nationalgesang.

Rießer, Gabriel, Dr. jur., * 1806, † 1863, führender deutscher liberaler Politiker, Jurist, Mitglied der Frankfurter Nationalversammlung von 1848/49, später Vizepräsident der Hamburger Bürgerschaft, Vorkämpfer für die Emanzipation der Juden (besonders in seinem seit 1832 erschienenen Blatte „Der Jude", periodische Blätter für Religions- und Geistesfreiheit). R. war Mitglied der Loge „Zur aufgehenden Morgenröte" in Frankfurt a. M. und trat als solches auch energisch für die Gleichberechtigung der Juden in der Freimaurerei ein.

Riga, s. Lettland.

Rigas, Constantin (Rhigas Pheraios), erster Märtyrer des griechischen Befreiungskampfes, Dichter freiheitlicher Nationalgesänge („Griechische Marseillaise"), * 1758, † 1789 (von den Türken bei Belgrad getötet), war Freimaurer.

Right Worshipful (engl.), Titel der Deputierten Großmeister, Provinzial-Großmeister, Großaufseher in der angelsächsischen Maurerei.

Riley, Charles Owen Leaver, Erzbischof von Perth, * 1855, † 1930, Generalfeldkaplan der australischen Truppen im Weltkrieg, war Großmeister der Großloge von Westaustralien, der beliebteste Mann dieses Staates und von größtem geistigen Einfluß bei dessen Aufbau.

Ring, Symbol der Ewigkeit, besonders in Form der Schlange, die sich selbst in den Schwanz beißt, daher auch als Symbol der Unsterblichkeit. Seit uralten Zeiten nicht nur als Schmuckstück, sondern auch als Zeichen der Gewalt, oft auch magischer Gewalt, üblich. So der Fischerring Petri, der Bischofsring. In Rom trug jeder Freie einen Eisenring. Als Zeichen magischer Gewalt besonders bekannt der R. Salomos, der die Geister bannt. Auch im Koran wird Salomos Zauberring erwähnt. Ebenso der R. des Gyges, der unsichtbar macht oder fremde Gestalt verleiht.

R. dienen auch zum Zeichen einer Bindung: daher gehören die Verlobungs- und Eheringe, häufig im Mittelalter als Flechtringe, aus Binsen oder einem unedlen Metall. Als magische Symbole gegen Krankheit, so die Blutringe mit einem Blutstein, Karneol bei Blutungen der Frauen; Krampfringe, die der Göttin Salus geweihten sogenannten Salusringe; Amulettringe, wie der Eduards des Bekenners, der lange in der Westminsterabtei aufbewahrt war und bei Krämpfen und Epilepsie Verwendung fand. R. mit magischen Zeichen, den kabbalistischen Namen Gottes, bei den mittelalterlichen Kabbalisten Reuchlin, Agrippa von Nettesheim üblich. In freimaurerischen Hochgradringen kehren diese magischen Bedeutungen in abgeschwächter Form wieder.

Ring, Bielefelder, s. Ringe, Freimaurerische.

Ringe der Hochgrade. In den verschiedenen Hochgradsystemen werden je nach den Gradstufen besondere R. getragen, die als Gradabzeichen gelten. Für die Inhaber des XXXIII. Grades des A. u. A. Schottischen Ritus schreiben die Satzungen Oberster Räte einen aus drei schmalen Streifen bestehenden, ein Dreieck mit der Ziffer 33 tragenden R. vor. Die R. der unteren Grade zeigen die entsprechenden Symbole. Im Schwedischen System ist der Amtsring des Vicarius Salomonii mit einem grünen viereckigen Stein geschmückt, in dem „mit den Buchstaben der verborgenen Sprache das Wort graviert" ist, „welches die Väter des Ordens verwahren". Im VIII. Grad (bezw. VII. im System der Großen Landesloge) erhalten die neugeweihten Ritter vom Meister einen besonders gestalteten, das Ordenskreuz zeigenden Goldring mit der Inschrift I. D. S.

Ringe, Freimaurerische, nach dem Weltkrieg in Deutschland entstandene, auf dem Führergedanken aufgebaute freie geistige Arbeitsgemeinschaften altpreußischer Logen (hauptsächlich der Großen National-Mutterloge „Zu den drei Weltkugeln"), die auf Schulungs- und Arbeitstagungen der Untersuchung der freimaurerischen Gedankenwelt und der Ableitung praktischer Zielsetzungen dienen wollen. Der Wetzlarer Ring und der Bielefelder Ring, beide gegründet 1925, sind die Träger dieser Bewegung; ersterer wird von Gotha aus, letzterer von der Bielefelder Loge „Freiherr vom Stein" („Zu den drei Weltkugeln") geleitet. Behandelt werden Themen, wie etwa „Aufgaben der deutschen Freimaurerei im deutschen Volksleben", „Christentum und Freimaurerei", „Wesen, Zweck und Ziele geistiger Übungen", „Gebrauchtum und Erlebniswerte" u. a. m., Vertiefung der Königlichen Kunst im deutschen und christlichen Sinn soll erreicht werden. Die R. kennen weder Satzungen noch Ämter, weder Abzeichen noch Ehrungen.

Diese Arbeitsgemeinschaften, an denen von den beteiligten Logen jeweils nur besonders interessierte Brr. teilnehmen, werden neuestens in anderen Großlogen unter anderem Namen nachgeahmt. So in der Großloge von Sachsen, wo wohl die Bildung Innerer Ringe bei den Logen und eines Innersten Ringes bei der Großloge nicht angenommen, dafür aber die Bildung einer Werkbundgemeinschaft befürwortet wurde.

Ringe im Volksaberglauben. An die besonders in den Hochgraden als Abzeichen üblichen (übrigens in zahlreichen Spezialgeschäften frei käuflichen) R. heftet sich ein besonderer Volksaberglaube. Ihre Zahl soll beschränkt sein und ihre Besitzer bei Vorweisung der R. überall und bei allen Freimaurern bedingungslos Gehör finden. Außerdem sollen diese R. in ihrem Innern ein nur den Freimaurern bekanntes tödliches Gift enthalten. Nach persönlichem Erlebnis: Ein Kriegsteilnehmer (Nichtfreimaurer) hat als Dank für eine Leistung im Felde einen Abzeichenring des XXXII. Grades, offenkundig amerikanischer Herkunft, als Geschenk erhalten. Da seine Frau nicht zur Ruhe kommt, solange der R. im Hause bleibt, bittet er einen der beiden Verfasser dieses Lexikons, ihm den gefährlichen R. abzunehmen. Er beruhigt sich erst, als ihm in einem Goldwarenkatalog der gleiche R. mit genauer Preisangabe gezeigt wird, und der Freimaurer sich bereit erklärt, vor ihm den R. aufzubrechen und das gefährliche „Gift im Innern" vor ihm auszusaugen.

Ring, Freimaurerischer, Eduards VII., den der König ständig trug, wurde diesem, seinem Wunsche entsprechend, ins Grab mitgegeben. Das berühmte Porträt von Luke Filnes im Buckinghampalace, dessen Reproduktion in allen englischen Botschaften und Gesandtschaften hängt, zeigt dieses Schmuckstück.

Ring, Wetzlarer, wurde am 4. Juli 1925 von einer Anzahl west- und mitteldeutscher Johannislogen der Großen National-Mutterloge „Zu den drei Weltkugeln" zur gegenseitigen geistigen Anregung und zur Vertiefung der Königlichen Kunst im deutschen und christlichen Sinn gegründet. Als seine Ziele bezeichnet er die Hebung des geistigen Lebens der Johannislogen, die Stärkung der Stellung der altpreußischen Freimaurerei besonders im Abwehrkampf und im Kampf für den Durchbruch des deutschen und christlichen Gedankens in der Freimaurerei. „In der Erfüllung des freimaurerischen Mysteriums mit christlichem und deutschem Geist sieht der W. R. seine Hauptaufgabe für die deutsche Freimaurerei, die als geistige Bewegung mit dem deutsch-christlichen Gedanken steht und fällt." Diesen Zielen sollen u. a. Schulungstagungen dienen. Der W. R. ist scharf antisemitisch und völkisch eingestellt, er ist gegen die humanitäre Freimaurerei eingenommen und veranlaßte 1931 den Bruch der „Drei Weltkugeln" mit der Großloge von Wien. Vorsitzender ist zurzeit Studienrat Dr. Kurt Schmidt, Gotha.

Rio de Janeiro, Hauptstadt von Brasilien (s. d.).

Ripon, George Frederick Samuel, Marquess of, vorher Earl de Grey and R., englischer Staatsmann, * 1827, anfänglich Linksliberaler, Mitarbeiter von Palmerston und Gladstone, Unterstaatssekretär bezw. Staatssekretär für Krieg, Indien, später Kolonien. Präsident des Geheimen Rates, Vizekönig von Indien, Erster Lord der Admiralität usw., wurde 1870 zum Großmeister der Vereinigten Großloge von England gewählt, nachdem er vorher Großaufseher, Provinzial-Großmeister und Deputierter Großmeister gewesen war. Unter seiner Großmeisterschaft wurde der damalige Prinz von Wales, der spätere König Eduard VII. (s. d.), der in Schweden Freimaurer geworden war, in die Londoner Alpha Lodge, dessen Bruder, der Herzog von Connaught, der jetzige Großmeister, in den Bund aufgenommen. 1871 besuchte R. anläßlich einer diplomatischen Mission als erster englischer Großmeister die amerikanische Brüderschaft. Die Ermordung seines Schwagers Frederick Vyner durch griechische Räuber bewirkte in R. starke seelische Wandlungen. Er trat zum Katholizismus über und legte 1874 sein Großmeisteramt nieder. † 1909.

Rite (frz.), Ritus, System, Lehrart.

Rite de Perfection (frz.), der Schottische Ritus mit 25 Graden (der Kaiser von Osten und Westen, s. d.), der als Grundlage des A. u. A. Schottischen Ritus diente.

Rite Ecossais Ancien et Accepté, s. Schottischer Ritus, Alter und Angenommener.

Rite Ecossais philosophique, französisches Hochgradsystem des 18. Jahrhunderts, das von einem obersten Tribunal geleitet wurde und sieben Tribunale in den Städten Douai, Puylaurens, Toulouse, Angers, Dunkerque, Antwerpen und Brüssel hatte. Es wurde von dem Pariser Arzt Boileau (der der „Großmeister der hermetischen Maurerei" genannt wurde) bearbeitet und in der bekannten Loge „Contrat-Social" in Paris eingeführt. Über den Symbolischen Graden erhoben sich zwölf Hochgrade: Ritter des Schwarzen Adlers oder Rosenkreuzer von Heredom de la Tour (drei Stufen); Ritter des Phönix; Ritter der Sonne; Ritter der Iris; Wahrer Maurer, Ritter der Argonauten; Ritter des Goldenen Vlieses; Vollkommen eingeweihter Großinspektor; Großinspektor-Großschotte; Meister des leuchtenden Rings. 1776 wurde von Boileau in Paris das Oberste Tribunal (Tribunal Chef d'Ordre) errichtet. Nationaler Großsuperior wurde nach Boileau Baron de Bromer. Die Loge „Contrat-Social" nannte sich „Mère-Loge du Rite Ecossais philosophique".

Rite français (frz.), s. Französischer Ritus.

Rite hermétique (frz.), hermetischer Ritus des Benediktiners Pernety (s. Illuminés d'Avignon).

Rite mixte, s. Droit humain, Frauen.

Rite moderne (frz.), häufige Bezeichnung für den Rite français, den französischen Ritus (s. d.).

Riten, s. Lehrarten.

Rite Persan Philosophique, im 19. Jahrhundert in Frankreich erfundener „persisch-philosopischer Ritus“ mit sieben Graden: 1. Apprenti écoutant, 2. Compagnon adepte, écuyer de la Bienfaisance“, 3. Maître, chevalier du Soleil (nach dem XXIX. Grad des A. u. A. Schottischen Ritus), 4. Architecte omnirite, chevalier de la Philosophie du cœur, 6. Maître bon pasteur. 7. Vénérable grand-élu.

Rite primitif, auch Philadelphes de Narbonne, französisches Hochgradsystem des 18. Jahrhunderts, das der hermetischen Richtung diente, entstand 1780 in Narbonne, in Verbindung mit der Loge „Les Philadelphes“, die ihrem Namen die Bezeichnung „Première Loge de Saint-Jean réunie ou Rite primitif au pays de France“ beifügte. Der Ritus, der mit den Pariser Philaleten in Verbindung stand und in drei Klassen zehn Grade bearbeitete, ging dann im Grand Orient de France auf.

Der hier wieder aufgenommene Name „Philadelphe“ erscheint bereits 1547 in einem Pamphlet von François Hotoman „Le Réveil-Matin des Français et de leurs voisins, composé par Eugène Philadelphe, cosmopolite“.

Rite rectifié, s. Rektifizierter Ritus.

Ritter (frz. Chevalier, engl. Knight), Bezeichnung für zahlreiche freimaurerische Hochgrade (s. Rittergrade). Im 18. Jahrhundert, als in freimaurerischen Systemen die Legende noch lebendig war, die Freimaurerei sei auf die Ritterorden aus den Kreuzzügen zurückzuführen, bezw. die legitime Erbin des Tempelherrenordens, wurde dem freimaurerischen Rittertum naturgemäß eine ganz andere, mit der wahren Freimaurerei nicht in Einklang stehende Bedeutung beigemessen wie heute, da die Rittergrade des ursprünglichen Charakters durchaus entkleidet sind.

Das Schwedische System (s. d.) nennt sich „Ordensbrüderschaft der freien und aufgenommenen Maurer-Ritter“; auch die Träger der symbolischen Grade gelten infolgedessen als Maurer-Ritterbrüder. In dieser Lehrart (nicht aber in der Großen Landesloge der Freimaurer von Deutschland) erhalten die auf die höchste Stufe des Rittertums gelangten Brr. auch heute noch lateinische Ritternamen und Ritterwappen, ebenso im Rektifizierten Ritus (s. d.).

Ritter, Auserwählter, Erhabener, s. Meister der Neun, Auserwählter.

Ritter der ehernen Schlange (frz. Chevalier du Serpent d'Airain, engl. Knight of the Brazen Serpent), XXV. Grad des A. u. A. Schottischen Ritus, lehnt sich an die symbolische Deutung an, die die Schlange in den alten Kulten erhielt. Die Gradlegenden sind verschieden; in den einen ist von einem R. d. e. S. (Nachfolger Gottfrieds von Bouillon) die Rede, in den anderen erscheint die Schlange Moses' als Symbol der Heilung in den Vordergrund gerückt (Heilung auch von sozialen Schäden; innere und äußere Befreiung).

Ritter der Königlichen Axt oder Prinz vom Libanon (frz. Royal-Hache ou Prince du Liban, engl. Knight of the Royal Axe or Prince of Libanus), XXII. Grad des A. u. A. Schottischen Ritus. Das Symbol dieses Grades ist die hölzerne Axt (ein altes gnostisches Symbol), in Erinnerung an die Werkleute, die Bäume für die Arche Noah und die Stiftshütte fällten. Der Grad verpflichtet, die Arbeit zu ehren und sich mit dem Los der arbeitenden Klassen zu befassen. Nach der französischen Deutung legt die Axt die Stämme der Unduldsamkeit, der Selbstsucht, des Müßiggangs und der Heuchelei um und weist so den Strahlen der Wahrheit den Weg zum menschlichen Geist. Goblet d'Alviella (s. d.) bringt den Grad mit den Drusen und ihrem Mysterienkult in Verbindung. Die Königliche Axt bezieht sich auf das Fällen der Zedern für den Tempel Salomonis.

Ritter der Sonne oder Prinz Adept (frz. Chevalier du Soleil, engl. Knight of the Sun), XXVIII. Grad des A. u. A. Schottischen Ritus, lehnt sich an die Sonnenmythen und Sonnenkulte der alten Mysterien an. Er gilt allen Forschern auf dem Gebiete des Schottischen Ritus als der inhaltsreichste Grad und wird oft als kabbalistische Stufe bezeichnet. Seine philosophische, teilweise hermetische Symbolik wurde in alter Auslegung auch mit der Alchimie in Verbindung gebracht, daher „Prinz Adept“. Neuere Forschung hat aber dargetan, daß Liturgie und Sprache an den Mithras-Kult anklingen. In neuerer Deutung hat der Sonnenritter, dem die Sonne das geistige Licht, die Erleuchtung symbolisiert, bereits alle Stadien mystischer und religiöser Zweifel durcheilt, sich durchgerungen zur natürlichen heiligsten, über aller Dogmatik stehenden Ethik und Lebensauffassung. Es sind die großen Geheimnisse der Natur, des Alls, die großen allgemeinen Ursachen, auf die der Grad hindeuten will, die Sehnsucht des im Wege der reinen Vernunft nach Erkenntnis ringenden Menschen, der nach den Sternen greifen will, aber endlich in abgeklärter Weisheit zu sich selbst, zum Dienste an der Menschheit zurückfindet.

Ritter der Wohltätigkeit. Der Wilhelmsbader Konvent, 1782 (s. d.), der Strikten Observanz, der deren Ende besiegelte, nahm das aus den Ritualen der Strikten Observanz und schottischen Grade kombinierte Lyoner System der Chevaliers bienfaisants de la Cité sainte, den sogenannten (schottischen) rektifizierten Ritus (s. d.), mit einigen Änderungen an und gab ihm den Namen der R. d. W. Das bedeutete die Absage an die Templerei, die bisher herrschend gewesen war, an die Legende von den „unbekannten Oberen“. Herzog Ferdinand von Braunschweig blieb Generalgroßmeister, eine neue Ordenseinteilung erhob Deutschland zur ersten Provinz. Durch den Landgrafen von Hessen wurde dieses System auch in Dänemark eingeführt, wo es erst 1855 durch die schwedische Lehrart ersetzt wurde.

Ritter des besseren Zeitalters. Unter dem

Titel „Augustin und Numa und die Ritter des besseren Zeitalters", Kairo, gedruckt unter den Pyramiden 1797 (d. i. Cöthen), erschien eine reformatorische Schrift, die deutlich die Spuren der damaligen französischen Zeitereignisse trägt. Ein Orden dieser Art hat in Wirklichkeit nicht bestanden; in Merzdorfs „Die Denkmünzen der Freimaurerbrüderschaft" ist eine unbekannte Münzsorte auf diesen Orden bezogen. Wie Kistner in „Bauhütte", 1930, Nr. 19, nachweist, steht jedoch diese Münze mit der Freimaurerei in keiner Beziehung, sondern ist eine Bergrechnungsmünze der Harzer Hüttenwerke.

Ritter des heiligen Andreas, Schottischer (frz. Grand Ecossais de Saint-André d'Ecosse, engl. Scottish Knight of St. Andrew), XXIX. Grad des A. u. A. Schottischen Ritus, leitet zum XXX. Grad über. Er ist philosophischen Charakters und bringt eine neuerliche Verpflichtung auf die bei der Aufnahme in den Freimaurerbund beschworenen Grundsätze: die Wahrheit zu ehren, die freimaurerischen Tugenden zu üben und das Wohl der Menschen zu fördern.

Ritter des Königlichen Geheimnisses, s. Prinz des Königlichen Geheimnisses.

Ritter des Königlichen Gewölbes, s. Royal Arch.

Rittereid der Strikten Observanz, s. Forma professionis.

Rittergrad der Strikten Observanz, s. Eques-Grad.

Rittergrade (s. auch Tempelrittergrade). In der Chronik seiner Constitutions läßt Anderson die wahrhaften Ritterorden des Mittelalters aus dem Freimaurertum hervorgehen. Umgekehrt hat der Chevalier Ramsay (s. d.) in seinem berühmten „Discours" die Ordensritter zu Vätern der Freimaurerei gemacht. Beide Angaben halten sich bezüglich ihrer historischen Verläßlichkeit die Waage. Die im 18. Jahrhundert entstandenen freimaurerischen Rittergrade sind nicht geschichtlichen, sondern seelischen Motiven damaliger Freimaurer zuzuschreiben, die aber immer noch nicht einwandfrei klargestellt sind. Es existiert eine umfangreiche Literatur über die mutmaßliche Entstehung der R., aber sie gibt keine eindeutige Lösung, da gerade aus der besonders wichtigen Zeit zwischen 1740 und 1765 zuverlässige Quellen fehlen, wenige zerstreute Einzelheiten ausgenommen. (Vergl. insbesondere G. A. Schiffmann, „Die Entstehung der Rittergrade in der Freimaurerei um die Mitte des XVIII. Jahrhunderts", 1882; Ludwig Keller, „Die Tempelherrn und die Freimaurer", 1905; Wilhelm Begemann, „Die Tempelherrn und die Freimaurer", 1906, und „Der Alte und Angenommene Schottische Ritus und Friedrich der Große", 1913.) Es ist (wohl zuerst von Thory [s. d.]) Ramsay ganz zu Unrecht der Vorwurf gemacht worden, seinem Hirn seien die meisten dieser Grade entsprungen; damit im Zusammenhang steht die Behauptung, die R. seien stuartistischer Herkunft. Eine stark verbreitete Anschauung läßt in diesen Graden den „Bourgeois Gentilhomme" um die Mitte des 18. Jahrhunderts seine sozialen Minderwertigkeitsgefühle abreagieren, das Bestreben, mehr zu scheinen als man war, gradschöpferisch sich betätigen. Nach dieser Auffassung ist nur so die in Frankreich entstandene lange Reihe von maurerischen Graden eines Pseudoadels zu verstehen. Diese Ansicht erscheint nicht unbedingt stichhaltig, wenn man sich vor Augen hält, daß in der Zeit der Entstehung der Rittergrade auch in Frankreich der hohe Adel die Führung der Logen in Händen hatte. Das Bedürfnis, das unvollendet erscheinende englische Dreigradsystem abzuschließen, die Idee der Freimaurer klarer darzustellen und auf französischem Boden sich bald zeigende innere Verfallserscheinungen zu reformieren, mag weit eher dazu geführt haben, daß der Adel einer gewissen maurerischen Reformpartei seine eigenen Ritterorden als höhere Grade in die Freimaurerei einführte und anfangs auch nur Adelige in diese Hochgrade aufnahm. (Vergl. Erwin Rousselle „Grundriß der Ordenswissenschaft" in „Zirkelkorrespondenz" 1926, 55. Jahrg., Nr. 8.)

Ritter Kadosch oder Ritter vom Weißen und Schwarzen Adler (frz. Grand Elu Chevalier Kadosch, engl. Knight Kadosh, XXX. Grad des A. u. A. Schottischen Ritus. Er bildet die eigentliche Spitze des ritualistischen Gebäudes dieses Ritus, bietet die „volle Einweihung". Er symbolisiert den Untergang des Templertums und den Sieg der Gewissensfreiheit. Da diese Freiheit des Gewissens aber nur aus der Freiheit des Urteils erfließen kann, die ihrerseits auf das Wissen begründet ist, das sich der Kadosch-Ritter durch die Kenntnis aller religiösen Elemente verschafft hat, die ihm die vorhergehenden Grade vermitteln, gilt der XXX. Grad, dessen Werkstätte der Areopag ist, in dieser Hinsicht als Abschluß des Systems. Der Hiram des Meistergrades ist im XXX. Grad der letzte Templer-Großmeister de Molay (s. d.), dessen Märtyrertod eine realistische Darstellung findet. Die Anschauungen über Vergeltung, die daran geknüpft werden, haben dazu geführt, daß Gegner der Freimaurerei daraus den freimaurerischen Gedanken an blutige Rache, ein Bekenntnis zum Kampf gegen Thron und Altar ableiten wollen, was eine durchaus falsche Hypothese ist. Nach Goblet d'Alviella besteht „die einzige Vergeltung, die der Freimaurer im Namen der Verfolgten aller Zeiten üben kann, in der Arbeit zur Herbeiführung einens sittlichen Zustandes, der neuerliche Attentate auf die Gewissensfreiheit unmöglich macht." Nur von einem Bekenntnis zu den Menschenrechten ist die Rede, der Rachegedanke, der durchaus unfreimaurerisch wäre, wird ausdrücklich verworfen. In der nördlichen Jurisdiktion der Vereinigten Staaten wird ausdrücklich gebetet: „Nicht an uns ist es, zu sühnen, Dein ist die Vergeltung, o Herr!"

Der Grad bestand ursprünglich für sich allein und wurde anfänglich in drei, nach Oliver fünf, bisweilen sogar in sieben Stufen vergeben.

Ritterkommandeure mit dem roten Kreuz, s. Kreuz, Rotes.

Rittershaus, Emil, rheinischer Dichter,

* 1834, † 1897, Mitgründer und Meister vom Stuhl der Loge „Lessing“ in Barmen (1878 bis 1886), langjähriger Präsident des Vereins deutscher Freimaurer, in welchem er mit großer Begeisterung namentlich für die soziale Werktätigkeit eintrat, schuf viele tief empfundene freimaurerische Verse, die in zwei Bänden gesammelt vorliegen. Gegen die antifreimaurerische Enzyklika von 1873 schrieb er: „Dem Papste!“ R. war ein aufrechter Kämpfer für freies Menschentum; im Freimaurerbund, in dem er 1863 in der Loge „Zum westfälischen Löwen“ Aufnahme fand, suchte und fand er Mitstreiter.

Ritter und Brüder des Lichts, s. Asiatische Brüder.

Ritter und Brüder St. Johannis des Evangelisten, s. Asiatische Brüder.

Ritter vom Osten, auch Stuartsbruder und Prinz von Jerusalem, der erste Kapitelgrad der schwedischen Lehrart. (Im Gesamtsystem: VII. Grad in den skandinavischen Ländern, VI. Grad im Zinnendorfschen System der Großen Landesloge der Freimaurer von Deutschland.) Der R. v. O. soll den Geist des obersten Meisters Jesu in sich aufnehmen, sich und andere zur Ausbreitung der Lehre und zur Lösung der durch Erfassung des Geistes möglichen Aufgaben vorbereiten. Die Aufnahme in diesen Grad zeigt gewisse Ähnlichkeiten mit derjenigen der Ritter des Templerordens. Zum erstenmal wird hier an den Kandidaten die Frage nach dem Bekenntnis zum christlichen Glauben und nach „rittermäßiger Herkunft“ gerichtet. In dem abzulegenden Gelübde hat er zu versprechen, die Lehre Jesu Christi stets zu bekennen und eifrig bemüht zu sein, dessen Reich auf Erden zu errichten. Nach einer Darlegung, daß der alte Tempel (d. h. des alten Bundes) wohl gefallen sei, die ewige Weisheit jedoch für einen neuen Tempelbau sorgte, zu dem Bauleute aus allen Gegenden der Welt herbeigerufen worden seien, erhält der Aufzunehmende die Weihe zum R. v. O. und Jerusalem, den Ritterschlag. Auch die Ordenslegende bezieht sich auf die Zerstörung und die Errichtung des neuen Tempels, dessen Meister, Grundstein und Erbauer der göttliche Obermeister Christus ist (s. Schwedische Lehrart).

Ritter vom Osten oder des Degens (frz. Chevalier d'Orient, Chevalier de l'Epée, engl. Knight of the East or Sword), XV. Grad des A. u. A. Schottischen Ritus, erster Kapitelgrad, in ihm wird die Geschichte der Kreuzfahrer ritualistisch verwendet, die Zerstörung des Tempels durch Nebukadnezar, König von Babylon, Die Historie von Cyrus und Zorobabel, das Ende der Gefangenschaft des jüdischen Volkes und dessen Rückkehr nach Palästina ist der Hauptinhalt der Lehre dieses Grades, der die Freiheit, Beharrlichkeit und die Macht der Einigkeit, den Triumph der Wahrheitslehre über den finsteren Fanatismus versinnbildlicht.

Ritter vom Osten und Westen (frz. Chevalier d'Orient et d'Occident, engl. Knigth of the East and West), XVII. Grad des A. u. A. Schottischen Ritus. Er leitet die sogenannte religiöse Periode ein und beinhaltet die Gegenüberstellung von Geburts- und Seelenadel (auch Geistesadel), als dessen höchster symbolischer Träger Christus anzusehen ist.

Ritter vom Westen, auch Vertrauter Salomos, II. Kapitelgrad der schwedischen Lehrart (im Gesamtsystem: VIII. Grad in den skandinavischen Ländern, VII. im Zinnendorfschen System der Großen Landesloge der Freimaurer von Deutschland). Seinen Inhalt bildet die historische Belehrung über den Templerorden, von dessen Entstehung bis zu seinem Untergang durch den Märtyrertod des Großmeisters de Molay. Nach Ablegung des Gelübdes, sich stets zu Christo als des Ordens unsichtbarem Obermeister zu bekennen und den Bau des neuen Tempels bis zur Todesstunde zu verteidigen, erfolgt die (symbolische) Bekleidung des neuen Ritters mit der Ausrüstung des Templerritters, dem Schmuck der Demut und der Liebe, der Reinheit Gürtel und den weißen Kleidern, die durch das Blut des obersten Meisters gereinigt wurden, schließlich die Übergabe eines sichtbaren Zeichens seiner unlöslichen Vereinigung mit dem Orden in Form eines besonders gestalteten goldenen Ringes.

Ritter von Malta (engl. Knights of Malta), wichtigster Hochgrad im System der Knights Templar (s. d.), erstmals erwähnt 1778 in den Protokollen der Edinburgher St. Stephens Lodge. Die Feststellung, daß schon viel früher das Hausgesetz der Stirling Ancient Lodge von 1743 den Grad verzeichne, ist unwesentlich, da dieses lediglich in einer Abschrift von 1790 vorliegt, die kaum wortgetreu ist. (Vergl. Hughan, „Origin of the English Rite of Freemasonry“, 1909.) Der Grad hat naturgemäß mit den wirklichen Malteserrittern nichts gemein und wurde zu Ende des 18. Jahrhunderts mancherorts auch als Knight of St. Paul, Paulusritter, erteilt, zumal die Gradlegende mit Paulus' Reise nach der Insel Melita in Zusammenhang steht. Mißverständnisse, die in bezug auf die freimaurerischen und die eigentlichen Malteser gelegentlich auftauchten, veranlaßten A. G. Mackey (s. d.), 1856 das General Grand Encampment der USA. der Knights Templar um Klärung zu ersuchen. Daraufhin wurde der Grad in aller Form aus deren „Statute Book“ gestrichen. 1862 wurde dieser Beschluß wieder rückgängig gemacht.

Ritual, s. Gebrauchtum.

Ritualeinheit herrscht in der Freimaurerei nicht. Wenn auch der Lehrgang im Aufbau der drei symbolichen Grade, der den Freimaurer durch innere Erfahrung beim äußeren Erleben der Rituale zu tiefer Erkenntnis vom Sinn des Lebens und des Todes führen will, im Grundsätzlichen überall in der gleichen Richtung geht, so wird die Lehre doch nicht einheitlich erteilt. Das findet seinen Ausdruck in der Existenz zahlreicher Varianten, die Lehrarten, Riten, Systeme (s. d.) genannt werden (s. auch Ritualfreiheit).

Ritualexegese ist das systematische Fach der ritualistischen Ordenswissenschaft, die die Bedeutung der Rituale darlegt. Man nennt sie auch Ritualauslegung, auslegende Ritualistik, systematische Ritualistik oder Liturgik; sie umfaßt alles, was an Symbolik in der Freimaurerei vorhanden ist.

Ritualfreiheit. Während manche Großlogen selbst besondere Lehrarten verkörpern, andere allen ihren Logen Arbeit nach bestimmten Systemen zur Pflicht machen, gibt es auch solche, die ihren Bauhütten diesbezüglich keinen Zwang auferlegen. In diesen Obedienzen werden daher sehr häufig verschiedene Riten gepflegt. Das ist z. B. bei der schweizerischen Großloge „Alpina" der Fall, wo u. a. eine Loge, die „Union des Coeurs" in Genf, noch den Rektifizierten Ritus pflegt. Die Grande Loge de France, eine Großloge des A. u. A. Schottischen Ritus, hat auch Logen, die nach englischem Ritual arbeiten; der Grand Orient de France wiederum besitzt neben der Masse der dem „Rite français" verschriebenen Logen Bauhütten, die das Schottische Gebrauchtum üben usw. Am stärksten ist die R. wohl beim Großorient von Brasilien ausgeprägt, in dessen Schoß zahlreiche der verschiedenartigsten Riten Platz gefunden haben.

In England herrscht insoferne R., als kein amtliches, gedrucktes Ritual vorliegt und die einzelnen Logen die Möglichkeit haben, nach dem einen oder anderen der „Workings" der englischen Lehrweise zu arbeiten, die sich nach dem Abschluß des Wirkens der „Lodge of Reconciliation" 1813—1816 (s. d.) herausgebildet haben. Diese nach der Union von 1813 ins Leben getretene Loge sollte die Einheit des Rituals sichern, wie das schon vorher bei den „Ancients" die neun „Worthies" (s. d.) hätten tun sollen, da die von ihr ausgearbeiteten Rituale aber nicht offiziell zu Papier gebracht wurden, entstanden die Varianten („Workings"), über die heute von den führenden „Lodges of Instruction" (s. Unterrichtslogen) eifersüchtig gewacht wird. Die Unterschiede sind aber mehr oder weniger äußerlicher, keineswegs systematischer Natur, so daß sie dem Freimaurer, der sich nicht eingehend mit dieser Materie befaßt, oft nur wenig bewußt werden.

Ritus, Lehrart, System (s. d.).

Ritus als Mittler, Der. Nach dem Glauben der Mysterienbünde sind die Symbole die Mittler zwischen dem Suchenden und seinem Ziel, zwischen Mensch, Bund und Gott. Zu diesen vermittelnden Funktionen gehören, wie in den Mysterienbünden, so auch in der Freimaurerei, jene feierlichen Handlungen, die wir R. nennen. Als schlechte Folge dieser Auffassung (wenn man sie als allein wesentliche annimmt), ergab und ergibt sich noch heute die nicht seltene Anschauung, daß das Gebrauchtum genüge, um die Verinnerlichung zu erzeugen; der Mensch wird durch solche Auffassung zu einer ethischen Passivität gedrängt, die der Bedeutung der (kultischen) Arbeit (s. d.) feindlich ist. Hier macht sich eine alte religiöse Streitfrage geltend, die in neuerer Zeit dem abendländischen Christentum schicksalhaft geworden ist; was entscheidet: der Glaube oder das Tun? Für den Freimaurer, der, der Idee seiner Lebensauffassung getreu, sich von engen dogmatischen Standpunkten fernehält, kann die Antwort nur diese sein: Symbole und R. sind der sinnlich-geistigen Natur des Menschen unentbehrlich, sie bedeuten ihm Stellvertretung hoher und höchster Wesenheiten, sie helfen ihm, diese letzten Beziehungen zwischen sich und dem All stufenförmig zu erleben. Jedoch — die (kultische, innere) Arbeit, die in diesem Zustande des Gemütes und Geistes getan wird, muß verknüpft und verwoben mit der (ethischen) Werkarbeit am Bau des Menschheitstempels werden. Der Glaube allein genügt nicht, wenn ihn nicht das Tun begleitet; die Tat als solche wieder, welche ohne Glaube ist, reicht nicht zu, daß der Mensch würdig wäre, in den Bund einzutreten oder in ihm zu verbleiben.

Ritus der französischen Noachiten (frz. Ordre des Noachites français), der „Orthodoxie Maçonnique" von Ragon zufolge 1816 von Getreuen Napoleons I. in Paris nach freimaurerischem Vorbild gegründeter Orden mit drei Graden: 1. Chevalier, 2. Commandeur, 3. Grand-Elu (Juge secret; Parfait initié; Chevalier de la Couronne de chêne). Napoleon war in diesem Ritus der „Architekt Phaleg". Großmeister war nominell der General Bertrand auf Sankt Helena. Außer den Formen hatte dieser Orden nichts Maurerisches an sich. Er ging nach wenigen Jahren ein.

Ritus, Freimaurerischer, s. Systeme.

Rivadavia, Bernardino, Präsident der argentinischen Republik, * 1780, † 1845, bedeutender Reformator auf wirtschaftlichem und administrativem Gebiet, war Freimaurer.

Rivas, José Felix, Vorkämpfer der Freiheit von Venezuela, erschossen 1815, war Freimaurer.

Rizal, José, Dr., Märtyrer im Freiheitskampf der Philippinen, * 1869, † 30. Dezember 1896 (erschossen), war Freimaurer. Schon in jungen Jahren machte er sich als Augenarzt, Schriftsteller, Naturforscher und Philologe in seiner Inselheimat einen Namen. Auf Studienreisen in Europa, trat er dem Freimaurerbunde bei; 1884 wurde er Mitglied der Acacia-Loge Nr. 9 in Madrid, 1885 einer Bauhütte in Paris. In Spanien schloß er sich auch der Reformbewegung für die Philippinen an, in Deutschland veröffentlichte er 1886 eine Novelle „Noli me tangere", in der er die Korruption der spanischen Herrschaft auf den Philippinen schilderte. Nach Hause zurückgekehrt, mußte er wegen der Feindschaft, die ihm diese Schrift seitens der Machthaber zuzog, bald wieder außer Landes gehen. Neuerdings betätigte er sich schriftstellerisch für das Freiheitswerk. 1892 konnte er wieder nach den Philippinen gehen, wo er die Loge „Filipina" ins Leben rief. Deportation war die Folge seines Tuns. Als 1896 die Insurrektion gegen Spanien losbrach, wurde er fälschlich bezichtigt, die Seele des Aufstandes der Katipunen zu sein, zum Tode verurteilt und in der Nähe des Forts Santiago bei Manilla erschossen. Einen Monat später wurden auf dem gleichen Felde weitere 10 Freimaurer hingerichtet. Der Todestag R.s ist heute der größte Nationalfeiertag der Philippinen.

Eine Provinz trägt seinen Namen, eine Banknote und eine Briefmarke sein Bild, jede Stadt besitzt ein R.-Denkmal.

R. L., französische Abkurzung für Respectable Loge.

Robbins, Sir Alfred, englischer Journalist und Schriftsteller, * 1856, † 1931, langjähriger Präsident des „Board of General Purposes", der Großloge von England, also eine Art „Premierminister" der englischen Freimaurerei, Verfasser einer Reihe von politischen Schriften und Biographien (u. a. Gladstone, Parnell, Lord Salisbury), sowie dramatischer Werke und freimaurerischer Abhandlungen. 1930 erschien sein freimaurerisches Standardwerk „English-speaking Freemasonry". R. weihte sein Leben der Freimaurerei, die er im universellen Sinne auffaßte. 1888 in die Londoner Gallery Lodge aufgenommen, wurde er 1901 deren Stuhlmeister, 1910 Mitglied des „Board of General Purposes", der Großlogenleitung und 1913 Präsident. 17 Jahre lang war er der eigentliche Führer der Großloge. Auf offiziellen Reisen nach den Vereinigten Staaten und nach Südamerika vertrat er aufs nachdrücklichste den Gedanken der allgemeinen Bruderschaft; die neuen Grundlagen der Großloge von England über die Anerkennung ausländischer Obedienzen (Regularität!) waren das Werk von R. Eine 1929 gegründete Londoner Loge trägt seinen Namen.

Roberts.

1. Frederick Sleigh, Earl of Kandahar, britischer Feldmarschall, * 1832, † 1914, Oberbefehlshaber in Afghanistan, Indien und Südafrika, nahm an der freimaurerischen Arbeit regen Anteil.

2. Frederick Owen, englischer Politiker, * 1876, Pensionsminister 1924 und 1929 bis 1931, Vorsitzender der Nationalexekutive der Labourparty 1926/27, ist Mitglied der Londoner „New Welcome" Lodge, die aus Parlamentariern der Labourparty besteht.

Roberts-Familie, s. Manuskripte.

Robertus de Fluctibus, s. Fludd.

Robespierre, Maximilian de, Volkstribun der französischen Revolution, * 1758, † 1794 (auf der Guillotine), war (nach Forschungsergebnissen von Albert Lantoine), entgegen anders lautenden Behauptungen, nicht Freimaurer. Der Name kommt im Jahre 1745 in einem alten Patent für ein Rosenkreuzerkapitel vor, das einer Loge in Arras ausgestellt wurde. Es handelt sich aber um den Großvater des Jakobiners.

Robison, John, schottischer Offizier und Schriftsteller, Professor der Naturwissenschaften und Sekretär der Königlichen Akademie der Wissenschaften in Edinburgh, * 1739, † 1805, war nach der französischen Revolution einer der frühesten und leidenschaftlichsten Vertreter der Legende der Weltverschwörung der Freimaurer und Illuminaten. Ursprünglich war er selbst Freimaurer, aufgenommen in Lüttich, Mitglied einer Loge in Petersburg. 1797, fast gleichzeitig mit den Anklagen seines Gesinnungsgenossen Barruel (s. d.), erschienen dann in Edinburgh seine „Proofs of a Conspiracy against all the Religions and Governements of Europe carried on in the Secret Meetings of the Freemasons. Illuminati and Reading Societes". Durch dieses Buch wurde R. zu einem Begründer der Literaturgattung, die bis zum Überdruß daß Märchen ableiert, das einzige Ziel der Freimaurerei sei es, alle Regierungen zu stürzen und alle religiösen Einrichtungen zu zerstören, die Illuminaten seien die Drahtzieher der französischen Revolution gewesen, aber hinter ihnen habe die graue Macht der maurerischen Hochgrade gestanden. Den Auffassungen von R. trat u. a. der gewesene Präsident der Nationalversammlung von 1789, Jean Joseph Mounier, in „De l'influence attribué aux Philosophes, aux Franc-Maçons et aux Illuminés sur la Revolution de France" (1801) entgegen. In späteren Auflagen nahm R. die britische Freimaurerei von seinen Anklagen aus.

Rochefoucauld, s. La Rochefoucauld.

Roden, Max, österreichischer Schriftsteller, feinsinniger Lyriker, * 1881 in Wien. Bisher erschienen 13 Bücher (Gedichte, Dramen, Übersetzungen aus dem Englischen), Verfasser zahlreicher freimaurerischer Dichtungen und Abhandlungen.

Roehr, Eduard, deutscher Jurist, Ehrendoktor der Universität La Grange (Kentucky), USA., * 1815, nahm an der Freiheitsbewegung von 1848 teil, mußte deswegen nach Amerika auswandern, dort Buchhändler in Williamsburg, dann Brooklyn, wurde 1853 in der Schillerloge in Williamsburg aufgenommen, wiederholt Stuhlmeister, war intensiv maurerisch tätig, gründete 1854 die maurerische Zeitschrift „Triangel", Herausgeber der „Amerikanisch-deutschen Jahrbücher für Freimaurerei", Stifter der Loge „Kopernikus Nr. 545" in Brooklyn.

Roettiers de Montaleau, Alexandre Louis, Direktor der Pariser Münze, * 1748, † 1808, war der Wiedererwecker des Grand Orient de France und damit der französischen Freimaurerei nach der großen Revolution, aus deren Kerkern er nach dem 9. Thermidor kam. Bis zur Einstellung der Logentätigkeit in der Revolutionszeit hatte er im Grand Orient eine führende Rolle gespielt. Er war Stuhlmeister der Loge „Les amis réunis", Vorsitzender einer ganzen Reihe von „Kammern" des Grand Orient, zuletzt der Chambre d'Administration. 1795 „Grand Vénérable", ging er unter den schwierigsten Verhältnissen erfolgreich daran, die Freimaurerei mit neuem Leben zu erfüllen.

Auch sein Sohn spielte im Grand Orient eine bedeutende Rolle.

Rohan, Louis René Edouard, Prinz v., Kardinal, Fürstbischof von Straßburg, * 1734, † 1803, errichtete 1779 in Gemeinschaft mit Cagliostro eine Straßburger Loge des sogenannten „ägyptischen Ritus" des Abenteurers.

Rolin-Jacquemyns, Gustave, * 1835, belgischer liberaler Politiker, Abgeordneter, Außenminister (1878—1884), Präsident des Instituts für Internationales Recht, Direktor der Literaturklasse der Königlichen Akademie von Belgien, war Mitglied der Loge „Liberté" in Gent. († 1802.)

Rom. Seit der Frühzeit des Bundes waren hier — mit einigen Unterbrechungen — bis zur

Unterdrückung jeglicher freimaurerischer Tätigkeit durch den Fascismus (1925) Logen tätig. 1735—1737 bestand hier eine jakobitische Loge. 1738 erließ der Kardinal-Staatssekretär Firrao in Ausführung der Bulle des Papstes Clemens XII. „In Eminenti" für den Kirchenstaat ein Edikt gegen die Freimaurerei, das grausame Verfolgungen der Brüderschaft ankündigte; doch scheint das freimaurerische Wirken fortgesetzt worden zu sein. 1742 war jedenfalls eine von Martin Folkes (s. d.) gegründete Loge tätig. 1789 gehörte der Loge „Amici sinceri" Don Sigismondo Chigi, Herzog von Farnese, Marschall der Römischen Kirche, an. Die Gründung einer „ägyptischen Loge" durch Cagliostro im gleichen Jahre führte zu dessen Verhaftung und Aburteilung. In der ersten Hälfte des 19. Jahrhunderts waren in R. mehrere Logen tätig. Während des Risorgimento, der auf Einigung Italiens gerichteten Freiheitsbewegung, ging die Sehnsucht der Italiener dahin, R., „die Ewige", zur Hauptstadt des geeinten Vaterlandes erhoben zu sehen, eine Sehnsucht, aus der der Wunsch der italienischen Freimaurerei erfloß, R., „das Symbol der göttlichen Weltlenkung" (Mazzini), zum Sitz einer einheitlichen vaterländischen Freimaurerei zu machen. Dieser Wunsch ging nach der Eroberung R. in Erfüllung; der Grande Oriente d'Italia konnte 1871 aus Florenz nach R. übersiedeln. 1893 bezog er den Palazzo Borghese, 1903 den Palazzo Giustiniani in der Via Dogana. Dieser ging in sein Eigentum über und blieb bis zur Unterdrückung durch den Fascismus sein Sitz. Dem Grande Oriente unterstanden zu Beginn des fascistischen Regimes in R. selbst 20 Logen. Der 20. September, der „Venti Settembre", der Staatsfeiertag, der an die Besetzung R. 1870 erinnerte, galt der Freimaurerei als besonderer Festtag, eine Tradition, die, nachdem sie dem Fascismus nichts mehr gilt, nach wie vor von den im Exil lebenden italienischen Brüdern hochgehalten wird.

Neben dem Grande Oriente hatte zuletzt auch die kleinere „Gran Loggia Nazionale" des A. u. A. Schottischen Ritus ihren Sitz in R.; sie residierte zusammen mit dem Supremo Consiglio dieses Ritus an der Piazza Gesù.

Der Kampf der Fascisten gegen die Freimaurer richtete sich auch gegen den als Symbol der Idee geltenden Palazzo Giustiniani. Dieser war wiederholt schweren Angriffen ausgesetzt. Einen Tag nach der Verhaftung des Generals Capello (s. d.), im November 1925, wurde er von Militär besetzt. Später wurde er vom Staat erworben und mit dem Palazzo Madama, dem Sitz des Senats, vereinigt.

An die Glanzzeit der römischen Freimaurerei gemahnt heute noch das Giordano-Bruno-Denkmal, das ihr zu danken ist. Der Bronzekranz am Denkmal Garibaldis, der daran erinnerte, daß dieser Großmeister der italienischen Freimaurerei war, ist von den Fascisten von Trastevere entfernt worden. Seiner Bestimmung entzogen ist heute auch der Freimaurerfriedhof auf dem Campo Verano, der als letzte Ruhestätte der verstorbenen Großmeister gedacht war, und zuerst die Asche von Mazzoni (s. d.) aufnahm (s. Italien).

Romagnosi, Giovanni Domenico, italienischer Rechtsgelehrter und berühmter Philosoph, * 1761, † 1835, Universitätsprofessor, Schöpfer einer naturalistischen Rechts- und Staatstheorie, Mitbegründer und Meister vom Stuhl der Loge „Gioseffina" in Mailand, später Mitglied der Loge „La Cisalpina".

Romane, s. Dichtung.

Romberg, Andreas, deutscher Musiker, * 1767, † 1821, Komponist des Chorwerkes zu Schillers „Glocke", war Freimaurer.

Romme, Gilbert, französischer Revolutionär, Jakobiner, * 1750, † 1795, Mitglied der Gesetzgebenden Versammlung, des Konvents, Schöpfer des republikanischen Kalenders, war Mitglied der Pariser Loge „Neuf Sœurs".

Ronde Tafel, s. Nachtrag.

Ronge, Johannes, katholischer Geistlicher, * 1813, † 1887, als Kaplan wegen eines Artikels suspendiert, später wegen eines an den Bischof von Trier gerichteten offenen Briefes exkommuniziert, rief er die deutsch-katholische Bewegung ins Leben, tat bei der Bewegung von 1848 mit, floh, von Friedrich Wilhelm IV. verfolgt, nach England, gründete nach seiner Rückkehr den religiösen Reformverein, gab die Zeitschrift „Neue religiöse Reform" heraus, war Freimaurer.

Roosevelt.

1. Theodore, Präsident der Vereinigten Staaten von Nordamerika, * 1858, † 1919, Nobelfriedenspreisträger, Kämpfer gegen Korruption und Trusts, war Freimaurer. Den Nobelfriedenspreis erhielt R. in Anerkennung seiner Vermittlung im Russisch-Japanischen Kriege. Er wurde im Jahre 1900 in die Matinecocke Lodge 806 in Oyster Bay auf Long Island aufgenommen und war auch Ehrenmitglied der Loge „Rienzi" in Rom.

2. Franklin D., Gouverneur des Staates New York, stellvertretender Marinesekretär im Kabinett Wilson, ist Mitglied der Holland Lodge Nr. 8 in New York.

Rosa, Philipp Samuel, mit seinem richtigen Namen Dietrich Schuhmacher, übelbeleumundeter protestantischer Theologe, 1737 Superintendent und Konsistorialrat in Cöthen, ging liederlicher Lebensführung wegen seines Amtes verlustig. Dem sehr gewandten Mann, faszinierenden Gesellschafter und hinreißenden Redner gelang es, 1742 in der Berliner Loge „Aux trois Globes" („Zu den drei Weltkugeln") Aufnahme zu finden, ebenso in Halle, wo er sich dann niederließ, Mitglied der Loge „Zu den drei goldenen Schlüsseln" zu werden. Da er aber auch hier seinen Lebenswandel nicht änderte, erfolgte 1745 seine Ausschließung. Unter falschen Vorspiegelungen fand er aber später doch wieder Zugang zur Maurerei. Die Einführung des Clermontschen Systems (s. d.) in Deutschland war ihm erwünschter Anlaß, die Freimaurerei zur Geldschneiderei zu mißbrauchen. Er betätigte sich zum eigenen Besten als Geschäftsreisender des von dem kriegsgefangenen französischen Offizier Marquis Gabriel Filley de Lerneu und dem Stuhlmeister der „Drei Weltkugeln", Freiherrn von Printzen (s. d.) gestifteten

Berliner „Hierosolymitianischen Hochkapitels", das ihn beauftragt hatte, als General-Deputierter Meister die neue Lehrart in Norddeutschland zu verbreiten und Kapitel zu gründen. R., nach dessen Wirken man das System auch Clermont-Rosasches System nannte, war sehr erfolgreich. Das Ritual übte starke Anziehungskraft aus, und R. tat ein übriges. Er gab an, die geheime Fähigkeit zu besitzen, Gold aus Sonnenstaub machen zu können. Mit großem propagandistischem Geschick verhieß er „theologische, astrologische, kosmologische, kosmosophische, physiognomische, alchimistische, kabbalistische und theosophische Kenntnisse". Zahlreiche Kapitel entstanden. Basis des R.-schen Wirkens war wieder Halle, wo sein seinerzeitiges schmähliches Treiben anscheinend in Vergessenheit geraten war, so daß er 1759 Mitglied der Loge „Philadelphia" und bald hernach deren Zugeordneter Meister werden konnte. Da er aber unter dem Titel „Reisespesen" die Loge schröpfte, zwangen ihn seine allmählich mißtrauisch gewordenen engeren Brr. 1763, den Hammer niederzulegen. Das Schicksal ereilte ihn im gleichen Jahr in der Gestalt des ihm weit überlegenen großen Hochstaplers Johnson (s. d.), der das R.sche System als Schwindel erklärte und ihn als „Wahrer Großprior des höchsten wahren und verborgenen Großkapitels", also auch als Chef der Clermontschen Kapitel, nach Jena zitierte, um ihm dort Rede zu stehen. Johnson erklärte sich für unbefriedigt und das Berliner Hochkapitel als unrechtmäßig und ließ die von den verschiedenen Kapiteln eingesandten Patente und Akten unter Trompetenschall mit Füßen treten und verbrennen, was R. nicht hinderte, sich dann Johnson hintenherum anzubieten. Abermals von seiner Loge ausgeschlossen, lebte er noch eine Zeitlang — den früheren Brr. zur Last — in Halle und verschwand dann aus Deutschland.

Rosalino, Franz de Paula, Weltpriester in Wien, Aufklärer, theologischer Bücherzensor, * 1736, † 1793, bekannt durch eine verbesserte Bibelausgabe, trat für die Rückkehr zur reinen Christuslehre ein und wurde wegen seiner freisinnigen Auffassungen von den kirchlichen Stellen verfolgt. Er war Mitglied der Wiener Loge „Zur Hoffnung" (vergl. Taute).

Rose. Im maurerischen Ritual spielt die R. als Symbol der Schönheit, vor allem aber als Sinnbild der Sehnsucht des Menschen nach einem neuen höheren Leben, sowohl beim Johannisfest als auch bei der Grablegung eines Br. (dem drei R. ins Grab mitgegeben werden) eine große Rolle. Schon in den Initiationsriten der Alten, z. B. der Isisweihe, erfolgte in Graden, die das Erlebnis der Neugeburt des Menschen aus halb tierischem Dasein zum Inhalt hatten, diese Wandlung durch die mystische Kraft der R. Diese war in Ägypten und Griechenland aber auch Symbol der Verschwiegenheit. Was die Eingeweihten, mit der R. geschmückt (sub rosa), als Geheimnis erfahren hatten, sollten sie unverbrüchlich verschweigen. Symbol der Schönheit und der Liebe war die R. bei den Griechen als Attribut der Aphrodite; mit der R. vergleichen die ältesten Mariengleichnisse Maria als die schönste der Jungfrauen. Mit einer R. aus Erz und Stein krönten die Bauleute des Mittelalters den Bau zum Zeichen der Vollkommenheit. Besonders in der deutschen Freimaurerei ist die R. ein beliebtes kultisches Ausdrucksmittel. In der Zusammenstellung der drei Johannisrosen wird sie gedeutet als Licht, Liebe, Leben. Am Johannistage schmückt der Freimaurer sich selbst und die Loge mit den R. in drei Tönungen der roten Farbe. Als R. werden auch die Bandschleifen auf den Maurerschurzen bezeichnet. Wiederholt erscheint die R. auch im Namen der deutschen Logen. So die Hamburger Loge „Zu den drei Rosen", in der Lessing aufgenommen wurde, u. a. m. Eine schöne Deutung der R. als Wiedergeburtssymbol geht auf Junker zurück (Verlag des Vereins deutscher Freimaurer, Leipzig).

Rose-Croix, Rosenkreuz. Unter dem Rosenkreuz (s. d.) gehen zahlreiche Bezeichnungen von Hochgraden aus dem 18. Jahrhundert. So der VII. Grad des französischen Ritus, der VII. Grad der Philalethen, der VIII. Grad des philosophischen Schottischen Ritus, der XII. Grad der Auserwählten der Wahrheit (Elect of Truth), der VIII. Grad der schottischen Mutterloge zu Marseille, der XVIII. Grad des Ritus von Heredom.

Chevalier (frz.) oder Knight (engl.), R.-C. (R +) heißt auch heute der XVIII. Grad des A. u. A. Schottischen Ritus. Magnetischer R.-C. der XXXVIII. Grad des Ritus von Misraim, R.-C. of Heredom der I. Grad des Royal Order of Scotland usw. Auch im französischen Adoptionsritus des 18. Jahrhunderts, so R.-C. des Dames, der VI. oder IX. Grad des französischen Adoptionsritus.

Rosenberg.

1. Alfred, Chefredakteur des von Adolf Hitler herausgegebenen nationalsozialistischen Hauptorgans „Der Völkische Beobachter", früher Diplomarchitekt, baltischer Herkunft, Leiter des „Nationalsozialistischen Kampfbundes für deutsche Kultur", einer der prominentesten geistigen Führer der Nationalsozialistischen Arbeiterpartei Deutschlands, Spezialist für die Freimaurerfrage, bekämpft die Freimaurerei leidenschaftlich in den nationalsozialistischen Schriftenreihen (s. Nationalsozialisten). R. verficht nachdrücklichst die Authentizität der apokryphen „Protokolle der Weisen von Zion". Er schrieb u. a. „Freimaurerische Weltpolitik im Lichte der kritischen Forschung" (1929), „Das Verbrechen der Freimaurerei" u. a.

2. von R., Konteradmiral a. D., gehört seit Ende des Weltkrieges zu den eifrigsten Wanderrednern gegen die Freimaurerei aus dem Kreise des Tannenberg-Bundes. Versuche des National-Großmeisters der „Drei Weltkugeln", Pfarrer Dr. Habicht, Berlin, durch Aussprachen, an denen auch Major Henning (s. d.) teilnahm, R. über die Unstichhaltigkeit seiner Behauptungen aufzuklären, schlugen fehl.

Rosenblad, Matias, Graf, schwedischer Politiker, * 1758, † 1847, 1824 Reichsmarschall, 1819 Justizminister, war Mitglied des Ordens Karls XIII. (s. d.).

Rosenfest, Bezeichnung für das alljährlich am 24. Juni stattfindende Johannisfest (s. d.).

Rosenkreuz. Die Rose als Wiedergeburtssymbol in Verbindung mit dem Kreuz, wobei die Vorstellung von der Kreuzigung und der Auferstehung mitschwingt, ist ein spezifisch christlich-esoterisches Symbol. Alle auf dem R. beruhenden freimaurerischen Hochgrade haben ursprünglich auch diese Bedeutung. Die schönste dichterische Verwendung findet das R. in G o e t h e s Dichtung „Die Geheimnisse". Im Mittelpunkt der Dichtung steht eine Persönlichkeit, Humanus genannt. Dieser wird mit einem Bunde von Männern in Verbindung gebracht, die ein Kreuz mit Rosen umwunden verehren:

„Wer hat dem Kreuz die Rosen zugesellt?
Es schwillt der Kranz, um recht von allen Seiten
Das schroffe Holz mit Weichheit zu begleiten.
Und leichte Silber-Himmelswolken schweben,
Mit Kreuz und Rosen sich emporzuschwingen,
Und aus der Mitte quillt ein heilig Leben
Dreifacher Strahlen, die aus einem Punkte dringen."

Bei Abfassung dieses Gedichtes hat Goethe an eine Art religiöser Freimaurerei gedacht, die das Humanitätsideal mit dem christlichen zur Einheit zu verbinden trachtet (H o r n e f f e r).

Rosenkreuzer. In der freimaurerischen Forschung spielt die Frage eine große Rolle, ob in der Vorgeschichte der Freimaurerei rosenkreuzerische Einflüsse nachzuweisen sind, worauf nicht zuletzt manche Symbole, namentlich in höheren Graden, hinzuweisen scheinen. Die Auffassung jener Historiker (z. B. N i c o l a i, B u h l e, K a t s c h), die die Freimaurerei von 1717 auf das alte Rosenkreuzertum **zurückführen wollen,** die in der „Society" der Freimaurer des 17. Jahrhunderts einen esoterischen Engbund in exoterischer Hülle sehen wollen, berufen sich u. a. auf ein in Edinburgh 1638 erschienenes Gedicht „Muses Threnodie" von Henry A d a m s o n, in dem es heißt:

„For we be brethren of the Rosie Crosse
We have the Mason's Word and second sight".

auf deutsch:

„Denn wir sind Brüder vom Rosenkreuz,
Wir haben das Maurerwort und das zweite Gesicht."

Sie behaupten, daß das nicht, wie beispielsweise vom Sekretär der Quatuor Cornati Lodge, Lionel V i b e r t, angenommen wird, der erste Hinweis auf das maurerische Paßwort sei, sondern daß es sich da um das „verlorene Wort" handelt, nach dem die R. gleich den Angehörigen anderer Mysterienbünde seit jeher suchten. Das verlorene Wort, das „große Geheimnis des Meisters", um das die Mysten des Altertums gewußt haben sollen und das die Alchimisten den „Stein der Weisen", andere das „große Alkahest" nennen.

Es ist nicht leicht, den Verfechtern der Rosenkreuzertheorie auf dieses Gebiet zu folgen, denn auch über jenes Rosenkreuzertum, das zum erstenmal zu Beginn des 17. Jahrhunderts als „alter Orden" erwähnt wird, existieren nur Hypothesen. Wenn der belgische Schriftsteller W i t t e m a n s, der den Spuren der R. in Holland nachgegangen ist, allen Ernstes behauptet, diese führten auf den König A m e n h o t e p zurück, und P a r a c e l s u s, aus dessen pansophischen Lehren von seinen Jüngern rosenkreuzerische Ideen entwickelt wurden, sei schon ein organisiertes Mitglied dieser alten Geheimgesellschaft gewesen, kann das nicht ernst genommen werden. Um so weniger, als der deutsche Forscher Will. Erich P e u c k e r t („Die Rosenkreuzer", Jena 1927), der sich mit wahrer Inbrunst in die chiliastische Traumwelt des Mittelalters und der rosenkreuzerischen Schriftsteller versenkt hat und mit „ehrfürchtigem Erschauern die Geburt einer neuen Religion belauschen konnte", nachweist, daß die R. als geheime Brüderschaft vor dem 17. Jahrhundert gar nicht existiert haben. Daß da eine geistig-religiöse Bewegung in den Köpfen einzelner sich entwickelt hatte, die den positiven Protestantismus wollten, die eigentliche Weiterführung der lutherischen Reformation. Daß aber dann im 17. Jahrhundert fast alle „heimlichen Gesellschaften" auf rosenkreuzerischem Boden standen, und daß dieserart möglicherweise eine Befruchtung der Freimaurerlogen mit den Ideen des Rosenkreuzertums erfolgt sei.

D i e F a m a F r a t e r n i t a t i s. — C h r i s t i a n R o s e n k r e u t z.

Die R. wurden 1614, am Vorabend des Dreißigjährigen Krieges, zum ersten Male in der Literatur genannt, und zwar in einem in Kassel erschienenen, aus zwei Teilen bestehenden Büchlein: „A l l g e m e i n u n d G e n e r a l R e f o r m a t i o n d e r G a n t z e n w e i t e n W e l t. B e n e b e n d e r F a m a F r a t e r n i t a t i s D e s s L ö b l i c h e n O r d e n s d e s R o s e n c r e u t z e s a n a l l e G e l e h r t e u n d H ä u p t e r E u r o p a s g e s c h r i e b e n" usw. In diesem Büchlein, das den württembergischen Pastor Johann Valentin A n d r e a e (1586 bis 1654) zum Verfasser hatte, handelte der zweite Teil, die „Fama Fraternitatis oder Brüderschaft des Hochlöblichen Ordens des R. C.", von einem höchst mysteriösen, angeblich 1378 geborenen C h r i s t i a n R o s e n k r e u t z, der gegen Ende des 14. Jahrhunderts eine Wallfahrt nach Jerusalem unternommen habe und unterwegs in Damaskus und später in Fez in die uralten geheimen Weisheiten und Erkenntnisse der Araber eingeweiht worden sei. In Deutschland habe er dann später mit drei Klosterbrüdern und vier anderen Genossen die Brüderschaft des Rosenkreutzes mit dem Zweck gegründet, die Kirche zum Urchristentum zurückzuführen und die menschliche Wohlfahrt in Staat und Kirche zu begründen. Ein verborgenes Haus Sancti Spiritus habe den Brr. als Zufluchtstätte gedient. Diese seien dann in verschiedene Länder gezogen, um dort neue Adepten zu gewinnen und Nachfolger ausfindig zu machen. Als R o s e n k r e u t z 1484 im Alter von 106 Jahren gestorben sei, habe zwar niemand seine Grabstätte gekannt, aber die Bruderschaft dennoch fortgelebt. Erst 120 Jahre später sei im Hause Sancti Spiritus das Grabgewölbe des Ordensstifters entdeckt worden und in diesem die Geheimnisse der R., die nun geoffenbart werden sollten. Andreae, der seiner „Fama" dann auch eine „C o n f e s s i o" folgen ließ, behauptete also das Bestehen einer geheimen Brüderschaft mit reformatorischen Tendenzen, deren „Siegel, Losung und Charakter" das Wortsymbol R. C., d. h. Rose und Kreuz, war.

Johann Valentin Andreae.

Schon bald nach Erscheinen seiner ersten Schrift wurde aber erklärt, Andreae habe sich eine Erfindung geleistet, seine Brüderschaft habe niemals existiert, und er habe nur eine Satire auf die alchimistisch-theosophische Schwärmerei der von Propheten, Wundermännern, Spiritisten, Astrologen, Gesundbetern, Sektierern wimmelnden, seltsam erregten Zeit schreiben wollen. Auf der anderen Seite fand Andreae aber auch zahllose Gläubige. Seine Schrift bewirkte ungezählte Pamphlete aus anderen Federn. Es waren Bücher, die hauptsächlich von Alchimie handelten, deren Verfasser sich aber fast ausnahmslos als „Mitglied der alten Rosenkreutzerbrüderschaft" bezeichneten. Obwohl sich doch erst etliche Zeit nach Erscheinen der Fama jene Rosenkreutzergesellschaften mit alchimistischer Tendenz bildeten, von denen in einer 1737 erschienenen Schrift „Occulta Philosophia" die Rede ist. Andreae mochte sich die Entwicklung wohl anders vorgestellt haben. Er war ein Jünger des Paracelsus, des größten mittelalterlichen Mystikers, und auch seine Werke sollten der Verbreitung pansophischer Ideen dienen. Christian Rosenkreutz war nicht Wirklichkeit, nur ein Idealbild des wahren Pansophen, der mit sicherer Hand aus den schweren geistigen Wirren der Zeit herausführen sollte. Andreae wollte, wie er an Comenius schrieb, die Verbindung, wie er sie geschildert hatte, erst gründen. Eine Gemeinschaft, einen internationalen Bund, in dem, frei von allem Parteigeist und aller Streitsucht, die christliche Freiheit unter dem Bande der Liebe die edlen Menschen umschlingen sollte. Also gewiß eine Idee, die sich, noch umfassender, im freimaurerischen Gedankenkreis wiederfindet. Ohne daß man freilich zu sagen vermöchte, ob sie schon in die Logen des 17. Jahrhunderts gedrungen war.

Daß eine Wechselwirkung bestanden haben mag, ließe sich aus einem Schreiben eines von rosenkreuzerischen Idealen erfüllten, mit England in Beziehung stehenden österreichischen Schwärmers der dreißiger Jahre des 17. Jahrhunderts, Permeier — an einen Danzinger Freund — vermuten, in dem das Friedenswerk, das Permeier aufrichten wollte, mit Worten umschrieben ist, die stark an den freimaurerischen Sprachschatz erinnern. Die Katholiken und Lutheraner, schreibt er, wollten die neuen salomonischen Friedensbücher ins Offene bringen, und er habe in England angefragt, ob nicht die dritte, kalvinische Partei auch daran denke: „Sintemal man gern nach der hundert Jahre alten Augsburgischen Gewohnheit längst gegen Sonnwend- oder Johannistag hinaus die Winkeleisen und Meßschnur zu Interimsentwurf oder Abriß der ersten Grundsteine und Zimmerbäume des vorhandenen großen Friedensgebäudes ... anschlagen oder überziehen lassen wollte. Daher notwendig zuvor alle dazu entweder von sich selbst angegebene oder berufene Werkleut mit ihrem Namen und Amt im neuen jerusalemitischen Architektionalbuch annotiert oder inseriert werden müssen..." Man kann in diesem Brief einen wertvollen Fingerzeig sehen. Aber man wird gut daran tun, sehr behutsam zu Werke zu gehen.

Das Haus Salomonis.

Vielleicht wird man eines Tages mehr über das freimaurerische Wirken des Oxforder R. Elias Ashmole (s. d.) erfahren, der 1646 in Warrington zum Freimaurer gemacht wurde. Und auch die Bestätigung der Feststellung des Hamburger Gelehrten Sonnenkalb erhalten, für den ein Freimaurer namens Flood — der der Londoner „Masons Hall" anfangs des 17. Jahrhunderts ein von ihm verbessertes Konstitutionsbuch zum Geschenk machte — identisch ist mit dem berühmtesten der englischen R., dem Londoner Arzte und Alchimisten Robert Fludd (1574—1637), der wieder ein Freund des deutschen R. Michael Maier aus Nürnberg, des Leibarztes Rudolfs II., war. Ashmole und seine Freunde suchten in einer Zeit, da das Rosenkreuzertum in Deutschland wieder spurlos verschwand, nach einem Mittelpunkt für ihre Gemeinschaftsarbeit. Diese „mittleren" R. waren alle Intellektuelle: Physiker, Mathematiker, Mediziner. Aber eine ihnen eigene Mischung von Wissenschaftlichkeit und Träumerei drängte ihr Tun stark auf spiritualistisches Gebiet, auf dem sie sich mit Alchimisten, Astrologen, Magiern, Okkultisten aller Art begegneten, um dann selbst ganz in deren Ideen aufzugehen. Durch Verwandlung und Veredlung der Natur sollte die „Generalreformation der ganzen Welt" herbeigeführt werden. Das Traumbild dieser R. war eine ideale Gemeinschaft, die höchstes menschliches Glück verbürgte. Man schwärmte von einem Reich der Tugend, Gerechtigkeit und Sühne schon auf dieser Welt, von einer Vermählung von Antike und Christentum unter dem Symbol Rose und Kreuz, das auch Goethe in seinem „religiösen Humanitätsepos", dem Fragment „Die Geheimnisse", aufgerichtet hat. (Das Symbol des R. erscheint zum erstenmal in Dantes „Göttliche Komödie". Der Himmel besteht dort aus einer Reihe von kabbalistischen Kreisen, die ein Kreuz durchschneidet, in dessen Mitte eine Rose blüht.)

1646 gründete Ashmole mit dem Astrologen William Lilly, dem Arzt Thomas Warton, dem Mathematiker William Oughthred, den Doktoren John Harwitt und John Pearson und anderen das „Haus Salomonis", das das Sanctuarium sein sollte für ihr inbrünstiges Suchen nach den tiefsten Mysterien der Natur und dem Geheimnis des menschlichen Glücks. Bacon von Verulams utopischer „Neuer Atlantis" hatten sie die äußere Bezeichnung für ihre geheime Gesellschaft entlehnt, die aber nicht dessen Lehre folgte, daß die Wissenschaft das Glück begründe, sondern dem mystischen Glockenklang nachging, den Robert Fludd unter dem latinisierten Namen Robertus de Fluctibus in einem rosenkreuzerischen Tractatus Apologeticus schon 1616 hatte ertönen lassen. Das „Haus Salomonis" aber wurde in der Freimaurerhalle, der Mason's Hall, in Mason's Alley Basing Hall Street aufgestellt; d. h. die R. mieteten sich bei der Loge ein. Das geschah also im gleichen Jahre, in dem Ashmole auch als Maurer „aufgenommen" wurde. Der Weisheitsbund zog zum Werkbund, hinter dessen sicherem Schirm man ungestört arbeiten konnte.

Ob dies der Punkt ist, an dem die gegenseitige Durchdringung erfolgte, darüber gibt es leider keine positiven Daten. August Horneffer („Symbolik der Mysterienbünde", 2. Auflage, 1924) nimmt an, daß die Berufsgeheimnisse (Astrologie, Alchimie, Magie und Medizin), die den Weisheitsbünden zu Trägern tieferer Geheimnisse wurden, mit den Werkbünden zusammenführten, weil dort auf anderem Wege ähnliche Wahrheiten gefunden waren, die nun mit Mysterienmitteln gepflegt und fortgepflanzt wurden. Ihre gemeinsamen Feinde waren die reinen Dogmatiker und Analytiker einerseits und die egoistischen Nützlichkeitsverehrer anderseits. Die rosenkreuzerische Arbeit symbolisierte das unbewußte Wachsen in der Natur, das vegetative Hinstreben alles Werdens zu größerer Vollkommenheit, die freimaurerische Arbeit das planvolle Wirken des Menschen, die bewußte sittliche und soziale Schaffenstätigkeit, die ebenfalls Vollkommenheit zum Ziel hat. Beides ergänzte sich also. Daher soviel symbolisch Gemeinsames. Daher die Wandlung des „Hauses" zum „Tempel" Salomonis. Eine kontinuierliche Entwicklung der R. im 17. und in der ersten Hälfte des 18. Jahrhunderts läßt sich nicht nachweisen.

Die Gold- und Rosenkreuzer.

Um die Mitte des 18. Jahrhunderts war dann, vor allem im Deutschen Reich, ein Mysterienbund tätig, der sich als „Orden der Gold- und Rosenkreuzer" bezeichnete. Die neue Ordensepoche wird bisweilen von dem schlesischen Prediger und Alchimisten Samuel Richter (Sincerus Renatus) hergeleitet, der 1710 das Buch „Die Wahrhaffte und Vollkommene Bereitung des philosophischen Steines der Bruderschaft aus dem Orden des ‚Gülden- und Rosen Creutzes' " veröffentlichte. Über den Orden jener Zeit weiß man aber gar nichts. Er wirkte dann Ende der fünfziger Jahre als christliche Sekte mit alchimistischen Tendenzen ganz im geheimen. 1764 wurde der Prager Zirkel durch landesherrliches Edikt aufgehoben, 1766 erfolgte eine weitere Verordnung gegen die „sogenannte Freymaurer- und Rosenkreuzerbrüderschaft". 1767 und 1777 fanden umfassende Ordensreformen statt. Bei der ersteren wurde u. a. die Bibel zur einzigen Richtschnur erklärt, bei der zweiten stellte sich der Orden (auch „Jesusorden" genannt) grundsätzlich auf die Freimaurerei ein, indem man erklärte, diese sei von den Ordensobern der R. erfunden worden, und nur diese verstünden den wahren geheimen Sinn der freimaurerischen Symbolik.

Das System hatte neun Grade oder Ordensstufen, in die nur gelangen konnte, wer sich über den Besitz des Meistergrades der symbolischen Maurerei auswies. Denn die Freimaurerei galt als Vorhof des echten Tempels, als Pflanzschule, die Brr. des III. Grades hießen „Meister vom Schein des Lichts und des verlorenen Wortes". Die Gradstufen hießen:

1. Junior oder Zelator.
2. Theoreticus.
3. Practicus (der das „chaotische Extractum minerale" zu bereiten wußte).
4. Philosophus.
5. Adeptus minor (der die Fähigkeit gewann, „Wunderkuren zu tun und die philosophische Sonne zu sehen").
6. Adeptus maior.
7. Adeptus exemptus (ihm ward die Erkenntnis vom „Stein der Weisen, der Kabbala und Magia naturali").
8. Magister (er bereitete „das große einzige Werk, den Schatz des Schätze oder Lapis Philosophorum").
9. Magus (Inhaber der höchsten Führerschaft.

Auch von den R. wurde das maurerische Schurzfell getragen. Die Hierarchie umfaßte Vorsteher für die neungliederigen Zirkel, Kreisdirektoren für die Sprengel, Oberhauptdirektoren für größere Gebiete, ferner Großpriorat, Vize-Generalat, Generalat und Magus. Wer die höchsten Spitzen des Ordens waren, liegt im Dunkel. Nach außen hin herrschte strengstes Geheimnis, innerhalb des Ordens durfte den Oberen nichts verschwiegen werden. Den esoterischen Ordensinhalt bildeten Geheimwissenschaften, in denen Alchimie, Magie, kabbalistische Gedankengänge und christliche Mystik in ein System gebracht wurden. Die rosenkreuzerische Theosophie dieser Epoche stützt sich vor allem auf den in seiner Naturanschauung von Paracelsus beeinflußten Mystiker und spirituellen Alchimisten Jakob Böhme. Auf die Vereinigung von Alchimie und Kabbala war das rosenkreuzerische Ritual aufgebaut, das als Ordensziel angab, den von seiner ersten Würde herabgesunkenen Menschen wieder emporzuheben und das verunstaltete Ebenbild Gottes wiederherzustellen. Die ganze Größe und Herrlichkeit des Schöpfers sollte durch gründliches Studium seines Schöpferwerkes erkannt werden.

In der maurerischen Symbolik der Gold- und Rosenkreuzer wurden auch der Tempelbau und der Tod Hirams mystisch-alchimistisch gedeutet. Hirams Leichnam stellte die philosophische Verwesung und das animalische Reich dar, sein Sarg das vegetabilische, seine Grabstätte das mineralische Reich. Die — nicht ausschließliche — alchimistische Betätigung galt der Herstellung des Steins der Weisen aus der „prima materia" und die Gewinnung von Gold durch dessen Projektion auf unedles Metall. Die Führer der Gold- und Rosenkreuzer gaben an, im Besitz untrüglicher Weisheit zu sein und das Geheimnis zu besitzen, diesen philosophischen Stein zu bereiten und Armut und Krankheit zu bannen. In einer der Rosenkreuzerschriften wurde versprochen: „In unseren Reihen, Br., wirst Du haben, alles was Dich zeitig und ewig beglücken kann. Dir gehört die folgsame Natur ohne Zwang, Sie leiht Dir ihre Kräfte, Du hast Kenntnis und Macht und Erlaubnis, das durch den Fluch der Sünde inwärts gekehrte Licht wieder heraus zu wenden, alle Gerinnung hinwegzunehmen, Körper von ihren harten Schlakken zu befreien, Helle zu machen und auf den

Höhepunkt der Vollkommenheit zu bringen". Der Ordenslegende zufolge waren Stifter des Ordens drei nach Schottland ausgewanderte ägyptische „Ormusse oder Licht-Weise", die 1118 den Orden der „Bauleute vom Osten" als Pflanz- und Prüfungsschule ins Leben gerufen hätten. Dieser sei dann verfallen und von Oliver Cromwell unter der irrigen Bezeichnung „Freimaurerei" wiedererweckt worden.

Zentrum der Bewegung war längere Zeit in Wien (Bacciochi; Steeb, Dietrichstein). Von hier aus breitete sich der Orden nach Schlesien, Preußen, Sachsen, Ungarn, Rußland und Polen aus. Wenn auch die „unbekannten Oberen" nicht bekannt wurden, so verschob sich das Hauptgewicht dennoch sichtlich nach Berlin, wo der finstere Zelot Johann Christoph von Wöllner (s. d.), der spätere Staatsminister und Chef des Departements der geistigen Angelegenheiten, und der mystische Schwärmer General Johann Rudolf v. Bischoffwerder die Zügel in Händen hielten. Die Mutterloge „Zu den drei Weltkugeln" wurde Hauptsitz der R. in Deutschland, zahlreiche Freimaurer schlossen sich an, und die R. hielt in vielen Logen ihren Einzug. 1782 forderte die „Alte schottische Loge Friedrich zum goldenen Löwen" in Berlin den Herzog Ferdinand von Braunschweig und die mit ihm zum Konvent von Wilhelmsbad versammelten Freimaurer auf, sich den R. zu unterwerfen. Dieser Versuch schlug aber fehl.

Der Kampf gegen die Illuminaten.

Erfolgreich war dagegen der auf Veranlassung von Wöllner im Verein mit Jesuiten inszenierte Kampf gegen die Illuminaten (s. d.), die mit den R. um die Nachfolge der Strikten Observanz konkurrierten. So wie Wöllner und sein Rosenkreuzerkreis alles befehdeten, was nach Aufklärung aussah, so trachteten sie, auch den Illuminatenorden auszurotten. Der Exjesuit P. Frank, Beichtvater des Kurfürsten Carl Theodor, Zirkeldirektor der R. in München, wurde zum leidenschaftlichen Streiter wider den Illuminatengeneral Weishaupt (s. d.). Wöllner sandte ihm 1785 eine von ihm „ausgewitterte" Liste der wichtigsten Illuminaten, und Frank setzte alle Hebel in Bewegung, um seinen Fürsten auf seine Seite zu bringen. Aber trotzdem das in vollem Maße gelang und der Illuminatenorden verschwand, begann kurze Zeit hernach auch der Abstieg der Gold- und Rosenkreuzer. Der Mysterienbund war zu weit von seinem Weg abgewichen; den Ordensoberen handelte es sich nicht mehr um die Pflege esoterischer Lehren, sondern rein um Machtpolitik.

Wöllner und Bischoffwerder, „die mystischen Dunkelmänner", übten weitestgehenden Einfluß auf den König Friedrich Wilhelm II. aus. Als dieser noch Prinz war, hatte der vom Geisterglauben wahrhaft besessene Bischoffwerder auf ihn durch seine okkulten Künste stark eingewirkt. Im bayrischen Erbfolgekrieg hatte er ihn mit einer „Ordensarznei" geheilt, „deren übernatürliche Eigenschaften" Wunder wirkten. Friedrich Wilhelm wurde — als Ormesus Magnus — 1781 in die Mysterien des Rosenkreuzertums eingeweiht. Die Aufnahme fand im Charlottenburger Schloß statt, und Wöllner und Bischoffwerder ließen die Geister von Marc Aurel, Leibniz und dem großen Kurfürsten erscheinen, die in dumpfen Grabestönen dem Prinzen strenge Ermahnungen erteilten. Friedrich Wilhelm wußte nicht, daß diese spiritistischen Erscheinungen mit Hilfe der Geisterapparate des Schwindlers Schrepfer (s. d.), die nach dessen Tod in den Besitz Bischoffwerders übergegangen waren, und des sächsischen Bauchredners Steinert herbeizitiert wurden. Die Stellung Wöllners war eine Zeitlang so mächtig, daß er es wagte, die oberste Schulaufsicht in Preußen als „Angelegenheit des Ordens" hinzustellen. Das paßte vielen Mitgliedern nicht. Aber auch die starke alchimistische Tätigkeit bewirkte Abfall. Nicht zuletzt machte das Bündnis mit den Jesuiten im Kampf gegen die Illuminaten böses Blut. Ein Auflösungsprozeß setzte ein.

Im Jänner 1787 erfolgte die Einstellung der allgemeinen Ordenstätigkeit durch das sogenannte „Silanum". In Wien hatte das in erster Linie gegen die R. gerichtete Freimaureredikt Josephs II. von 1785 schon vorher sehr ungünstig gewirkt. Zwar wurde unter dem berühmten Magnetiseur Mesmer eine neue Wiener Oberhauptdirektion gegründet und nach der Thronbesteigung Leopolds II. eine R.-Loge ins Leben gerufen, aber nach dem raschen Tod des Kaisers hörte die Arbeit gänzlich auf. Das einzige Überbleibsel, ein „geheimes Direktorium" unter dem Namen „Die Stillen im Lande", löste sich 1793 endgültig auf. In Berlin wurde mit dem schwindenden Einfluß Wöllners und Bischoffwerders auch deren unterirdisches Wirken immer schwächer. In den ersten Jahren des 19. Jahrhunderts hörte auch hier jede Ordenstätigkeit auf. (Vergl. Arnold Marx „Die Gold- und Rosenkreuzer", Dr. Bernhard Beyer „Das Lehrsystem des Ordens der Gold- und Rosenkreuzer".)

Rosenkreuzer, Die, freimaurerisches Schauspiel von Rudolf Lothar, das sich bei seinen ersten Aufführungen am Deutschen Volkstheater in Wien 1905 und am Alten Theater in Leipzig 1906 nicht als bühnenkräftig erwies, behandelt u. a. auch — andeutungsweise — den ethischen Gehalt und — stark akzentuiert — das freimaurerische Gebrauchtum; der zweite Akt spielt im Rahmen einer Rezeptionsloge, die an das Ritual der Johannismaurerei anklingt. Das Stück wurde auch von freimaurerischer Seite wegen „reklamehafter, der Sensationssucht des Publikums entgegenkommender Veröffentlichung des freimaurerischen Formenwesens" abgelehnt. Der Wiener Dramaturg und maurerische Schriftsteller Heinrich Glücksmann trat dieser Auffassung entgegen. (Vergl. „Zirkel", 1905, Nr. 7.)

Rosenkreuz, Ritter vom (frz. Chevalier Rose-Croix, engl. Knight Rose Croix, auch Knight of the Rose Croix de H. R. D. M.), heißen die Träger des 18. Grades — des letzten Kapitelgrades — des A. u. A. Schottischen Ritus und der entsprechenden

Stufen zahlreicher anderer Hochgradriten. Eine Beziehung zu den rosenkreuzerischen Mystikern (s. Rosenkreuzer) besteht nicht. Nach ihrer Gradlehre wollen die Ritter Rosenkreuzer die „guten Hirten" des Volkes sein und die Begeisterung für die Humanität nachdrücklichst betätigen. Das Ritual (das in Großbritannien rein christlich in starker Beziehung auf Jesus ist) handelt von der Suche nach dem „Verlorenen Wort", das mit Hilfe der drei Flammen (Säulen), Glaube, Liebe und Hoffnung, wiedergefunden wird. Die Gradlehre enthält als Programm die auf das „Liebet Euch untereinander" des Evangeliums gegründete Völkerversöhnung. Es scheint hierbei die Entwicklung von der Tätigkeit der „blauen" zu der der „roten" (schottischen) Maurerei auf: die erstere schlägt Brücken von Mensch zu Mensch, die letztere möchte, auf Grund ihrer breiteren Organisation, von Volk zu Volk wirksam sein. Der Grad ist ein Hohelied der Liebe. Im „Schatten der heiligen Fahnen" werden die Kandidaten zu Rittern geschlagen. Symbole des Grades: Kreuz, Rose und Pelikan. Die Durchführung des Rituals ist nicht einheitlich: in Frankreich wurde es sozusagen rationalisiert, in England erhielt es eine christlich-protestantische, in Amerika — vor allem durch Albert Pike (s. d.) — eine mystisch-gnostische Färbung. Auf dem Lausanner Konvent der Obersten Räte 1875 wurde ein einheitliches Ritual von einer Kommission unter Vorsitz von Jules Simon ausgearbeitet; dessen erste Übertragung in die deutsche Sprache fand für das Berner Kapitel des Schweizerischen Obersten Rates statt.

Der Tradition zufolge soll das erste Rosenkreuzer-Kapitel (Souverain Chapitre primatial et métropolitain des Rose-Croix jacobites) 1745 in Arras vom Thronprätendenten Karl Eduard Stuart gegründet worden sein; Unterlagen für diese Behauptung sind aber nicht vorhanden. In der Keimzelle des A. u. A. Schottischen Ritus, dem 1754 gestifteten Kapitel von Clermont, wurde der Grad bearbeitet.

Rosenorden, 1787 vom Exjesuiten und Ordensschwindler Grossinger (s. d.) in Halle unter dem falschen Namen „Franz Rudolf Edler von Grossing" gestifteter sogenannter Orden mit angeblich philosophischen und pädagogischen Tendenzen. Aufnahme fanden Männer und Frauen „von hohem Gesinnungsadel". In Wirklichkeit kam es Grossinger nur auf die Taxen und Gebühren an.

Rosenschule, bey Jena, von Professor Darjes in Verbindung mit dem Clermontschen System (s. Clermont, Kapitel von) auf seinem Gut Camstorf bei Jena 1762 gegründete und bis 1764 geleitete erste Thüringer Realschule, in der Kinder verstorbener Freimaurer, aber auch andere, für ein sehr mäßiges Schulgeld oder ganz umsonst Erziehung und Unterricht im freimaurerischen Sinne genießen sollten. Die Schule ging nach kurzem Bestand aus Mangel an Unterstützung wieder ein, nachdem die Jenenser Loge „Zu den drei Rosen", die das Werk gefördert hatte, eingeschläfert worden war.

Rosetti, Constantin A., rumänischer Politiker und Dichter, * 1816, † 1885, Übersetzer von Voltaire, Lamartine und Byron, schrieb „Lieder des Glücks", hatte 1858 hervorragenden Anteil am Sturz Bibescos, wurde verhaftet und vom Volke befreit, Polizeichef, wirkte dann in Paris, gab dort die Zeitschrift „La Roumanie future" und die Zeitung „La République Roumaine" heraus, 1866 Unterrichtsminister, 1877 Präsident der Kammer, 1881/82 Innenminister, wurde in Paris in den Freimaurerbund aufgenommen und nahm 1859 an der Gründung der Loge „Steana Dunarei" teil.

Rosi, Peter, Großhistoriker der Großloge von New York, † 1902, ein Schotte, der zahlreiche wertvolle Beiträge zur Kenntnis der schottischen Freimaurerei lieferte. So „The Life of St. Andrew", „Kingcraft in Scotland", „The Boot of Scotia Lodge", ferner „A Standard History of Freemasonry in the State of New York" u. a.

Rosicrucian Society, s. Societas Rosicruciana.

Rossi, Ernesto, hervorragender italienischer Schauspieler, * 1829, † 1896, Shakespeare-Darsteller, auch im Ausland erfolgreich, Vertreter der realistischen Richtung, schrieb grammatische Studien, war Freimaurer.

Roßkampf, Georg Heinrich von, * 1720, † 1794, seit 1769 Bürgermeister der Stadt Heilbronn, trat 1774 der Loge „Charlotte zu den drei Nelken" in Meiningen bei, 1776 auch zur Stuttgarter Loge „Karl zu den drei Cedern". In der Strikten Observanz spielte er eine bedeutende Rolle. 1776 kam er mit dem berüchtigten Schwindler Gugomos zusammen, den er anfangs ernst nahm. Aber bald durchschaute er den Schwindel, folgte dem Gugomos vom Wiesbadener Konvent nach Frankfurt, um ihn besser beobachten zu können, und kam sosehr zur Überzeugung, daß Gugomos ein Betrüger sein müsse, daß er in einer Schrift „Meine Gedanken über das System des Ritters a cygno triumphante" den ganzen Betrug aufdecken konnte. 1777 fiel ihm auch noch der Bediente des Gugomos in die Hände, aus dessen Aussagen sich das Bild des Betrügers vervollständigen ließ. Auch an der Entlarvung eines anderen Hochstaplers, eines angeblichen Grafen von Tourouvre, alias le Boctoy, dem es leicht gelungen war, den schwachsinnigen Landgrafen Ludwig von Hessen in sein Netz zu ziehen, hatte R. führenden Anteil. Als Bürgermeister fiel ihm auch die wenig angenehme Aufgabe zu, das Leben und Treiben dieses fürstlichen Verschwenders zu überwachen. Er unternahm im Auftrage der fürstlichen Familie mehrere, zum Teil auch erfolgreiche Versuche, den Prinzen Ludwig aus den Banden seiner sehr zweifelhaften Gesellschaft zu retten. Nach dem Zusammenbruch der Strikten Observanz blieb er dem Kern des Templergedankens treu und versuchte alle kabbalistischen und alchimistischen Tendenzen auszuschalten. Da seine Anschauungen jedoch nicht durchdrangen, zog er sich von der Freimaurerei zurück. R. ist eine der wenigen Persönlichkeiten, die sich in den geistigen Verwirrungen der Strikten Observanz einen klaren Kopf zu bewahren wußten. Das hebt ihn aus der Reihe seiner Ordensbrüder. (Genaueres über ihn in: Dr. Gustav Lang, „Aus dem Ordensleben des 18. Jahrhunderts", Heilbronn 1929.)

Rosslyn, schottisches Adelsgeschlecht, das in der Zunftgeschichte der Steinmetzen und Freimaurer eine bedeutungsvolle Rolle spielt. In einer 1697 niedergeschriebenen Reisebeschreibung findet sich der Satz: „Die Lairds von Roslin waren grosse Architecten und Förderer der Baukunst durch mehrere Zeitalter. Sie sind verpflichtet, das Maurerwort anzunehmen, das ist ein Erkennungszeichen, mittels dessen die Maurer der ganzen Welt einander erkennen."

1. William Sinclair, Earl of R., baute 1441 in Rosslyn bei Edinburgh eine Kapelle (s. Prentice Pillar). Die schottischen Freimaurer sollen alljährlich ihre Versammlungen unter Vorsitz der Grafen in R. abgehalten haben. Die Familie geriet in Not, weshalb der Graf William Sinclair sein Amt als erblicher Großmeister der Steinmetzenzunft niederlegte. Bei der Wahl des Ersten Großmeisters der Großloge von Schottland 1736 wurde er zum Großmeister neuerlich gewählt. Er starb 1778 in R.

2. James, zweiter Earl, Sir James St. Clair, englischer Politiker, * 1762, † 1837, Abgeordneter, 1793 Generaladjutant in Toulon und Korsika, 1805 Oberbefehlshaber im Mittelmeer, 1834 Lordpräsident des Kabinetts, war 1812/13 Großmeister der Großloge von Schottland.

Rot als Logenfarbe. In der auf Antrag von Desaguliers 1731 beschlossenen Bekleidungsordnung für die englische Großloge wurde den Stewards Rot als auszeichnende Farbe der Schurze und Bänder zugestanden. Rot in verschiedenen Abstufungen (red, scarlet, crimson) gehört seither, wie in vielen englischen Lehrlingsbelehrungen ausgeführt wird, zu den „old colours of Masonry". Die 19 Logen der Großloge von England, die mit dem Privileg ausgestattet sind, die Grand Stewards zu stellen, werden „Red Apron Lodges" genannt. Ob der Gleichklang der Worte Stuart und Steward nicht bei der Übertragung der roten Farbe auf die sogenannte schottische Maurerei von Einfluß war, läßt sich kaum nachweisen, liegt aber nicht außerhalb des Bereiches der Möglichkeiten. Jedenfalls blieb die rote Farbe an vielen der sogenannten Schottischen Grade haften, was um so bemerkenswerter ist, als die Farbe der wirklichen schottischen Maurerei, d. i. der Maurerei Schottlands, die grüne ist.

Das Vorwiegen der roten Farbe im A. u. A. Schottischen Ritus hat zur unterscheidenden Bezeichnung: rote Maurerei, d. i. Hochgradmaurerei, im Gegensatze zur blauen, d. i. Johannismaurerei, geführt. Der Ausdruck ist insofern nicht ganz korrekt, als auch die symbolischen Grade des A. u. A. Schottischen Ritus die rote Farbe haben. Die Vorliebe für diese geht im Schottischen Ritus mancherorts auch auf Schriftstücke über, die mit roter Tinte geschrieben werden, sofern sie größere Wichtigkeit haben (sogenannte Red Letters). Daher besonders in der klerikalen Legendenbildung die groteske Vorstellung von dem mit Blut geschriebenen Eid der Hochgradfreimaurer. Rot wird ferner verwendet in den Farben des Royal-Arch-Grades, im Schwedischen System usw., außerdem in den freimaurerischen Ritterorden, die hierbei auf das rote Abzeichen der Kreuzfahrer anspielen. Roter Bruder hieß der VI. und letzte Grad des Swedenborg-Ritus (s. d.). In der Symbolischen Großloge von Ungarn behielten einzelne Logen zur Erinnerung an den früheren (schottischen) Großorient von Ungarn einen roten Streifen am blauen Bande oder vollkommen rote Logenbänder bei. Auf diesem Umwege gelangte die rote Farbe als historische Reminiszenz auch in blaue Logen. (So noch heute in der Großloge von Wien und der Großloge „Lessing".)

Rotary International, internationale Vereinigung, die gelegentlich mit der Freimaurerei in Zusammenhang gebracht wird, solchen aber nicht besitzt. Der erste Rotary Club wurde 1905 in Chicago vom Rechtsanwalt Harris und einigen Freunden gegründet. Zunächst als „business circle" zum Zwecke gegenseitiger Förderung und Information über geschäftliche Dinge. Zu diesem Behuf stellte Harris für die Aufnahme drei Grundsätze auf: Die Mitglieder sollen in keinerlei Interessenkonflikte kommen können, sie müssen unbedingt an den regelmäßigen Zusammenkünften teilnehmen, das gesellschaftliche Moment ist stark zu berücksichtigen. Nur je ein Angehöriger eines Berufes oder Geschäftszweiges an einem Ort kann Rotarier werden. Für die Sitzungen wurde seit Anbeginn die Form eines wöchentlichen Mittagessens mit nachfolgenden kurzen Vorträgen und anschließender Aussprache gewählt. Der Umstand, daß in Chicago die Zusammenkünfte anfänglich abwechselnd bei den einzelnen Mitgliedern stattfanden, der Klub also „rotierte", gab Harris und seinen Freunden den Namen ein, den dann die junge Gründung erhielt. Die Bewegung nahm bald großen Aufschwung. Zunächst in Amerika, wo 1910 bereits eine nationale Vereinigung ins Leben trat, dann in den angelsächsischen Staaten und seit der Beendigung des Weltkrieges auch auf dem europäischen Kontinent. In fast allen großen Städten der Welt gibt es Rotary Clubs, die wöchentlich gemeinsame Essen abhalten und der Mitgliederaufnahme eine Klassifikation nach Berufen und Branchen zugrunde legen, wobei mancherorts allerdings eine sehr weitgehende Unterteilung das Prinzip einigermaßen verwässert (nur für Presseleute gibt es von Haus aus keine Einschränkung!). Rotarier, die zu den Zusammenkünften nicht regelmäßig erscheinen, verlieren die Mitgliedschaft. Die einzelnen Klubs sind in — meist nationalen — Distrikten vereinigt, die wieder der sehr straffen großzügigen Zentralorganisation in Chicago unterstehen. Internationale Konvente stellen die für alle Klubs und Mitglieder unbedingt verbindlichen Regeln auf. 1921 wurde in Edinburgh eine neue internationale Verfassung aufgestellt. Als Prinzipien gelten jetzt:

1. Das Ideal des Dienens, als Grundlage jedes Wert beanspruchenden Unternehmens,

2. Hohe ethische Auffassung von Geschäft und Beruf,

3. Befolgung des Prinzips des Dienens im privaten, geschäftlichen und Gemeinschaftsleben,

4. Anerkennung der Bedeutung und des Wertes jeder nützlichen Beschäftigung und Wertung der eigenen Tätigkeit als Gelegenheit, der Gesellschaft zu dienen,

5. Förderung des gegenseitigen Verstehens, des allgemeinen guten Willens und des internationalen Friedens.

Diskussion politischer und religiöser Fragen ist verboten. Dennoch hat klerikaler Geist in verschiedenen Ländern (z. B. spanische und holländische Bischöfe) wiederholt dem Mißtrauen gegenüber I. R. Ausdruck gegeben und namentlich die Mitgliedschaft von Geistlichen für untunlich erklärt. Diese Gegner berufen sich zumeist auf eine in Wirklichkeit gar nicht bestehende Verbindung oder doch Geistesverwandtschaft mit der Freimaurerei. Das Abzeichen von I. R. ist ein blaugoldenes Zahnrad.

Rotes Buch, Ordensstatutenbuch, Matrikel der VII. Provinz der Strikten Observanz (Regulae et Statuta Ordinis militum Templi). Es enthält die Matrikel des Heermeistertums an der Elbe und Oder, soweit sie vom Großmeister Sylvester a Grumbach bestimmt und vom Tag des heiligen Vitus 1301 datiert worden sein soll. Vorausgesetzt ist eine eigenhändige Bemerkung des Heermeisters v. Hund (s. d.): „Mein Herr Antecessor (C.G.v. Marschall) hat selbiges (das Original der Matrikel), als es ihm zum Kopieren gegeben wurde, ins Deutsche übersetzt und mir .solches, wie es hier folgt, zur Abschrift kommunicirt. Die von dem Großen Kapitel vidimierte Abschrift hat mir selbiger zwar gezeigt, sie ist mir aber nach seinem Tode nicht überliefert worden. Wie ich denn überhaupt nichts empfangen habe als was ich mir in seinem Leben, da ich ihn doch nur ein einziges Mahl auf acht Tage zu frequentieren Gelegenheit gehabt, abgeschrieben habe. Das Original ist mir von des Groß-Priors Excell. gezeigt worden, als ich im Großen Kapitel installirt und in Pflicht genommen wurde. Weil die Zeit aber zu kurz, und mir versichert wurde, daß mein Herr Antecessor damaliger Heer-Meister davon eine Kopie besässe, so habe ich mir keine davon geben lassen. Daß aber diese Abschrift mit dem Original genau übereintrifft, auch richtig übersetzt worden, attestire ich an Eides-Statt nach Pflicht und Gewissen durch meine selbsteigene Hand und Siegel." Hund glaubte also an die Echtheit der ihm gemachten Mitteilungen. Das R. B. (nach seinem Einband so genannt) sollte dann sämtliche Rituale enthalten, aber nicht einmal der Lehrlingsgrad ist vollständig. Nur 82 von 500 Seiten sind beschrieben. Das Buch liegt jetzt im Archiv der Großen Landesloge von Dänemark.

Rotes Kreuz, s. Kreuz, Rotes.

Rotes Kreuz Konstantins (Order of Knights of Rome and of the Red Cross of Constantine), christlicher Rittergrad mit eigener Organisation innerhalb der angelsächsischen Freimaurerei. Er wird zusammen mit den Graden „Johannes der Evangelist" („Order of St. John the Evangelist") und „Ritter des Heiligen Grabes" („Knight of the Holy Sepulchre") bearbeitet. Die Legende geht auf Konstantin den Großen zurück (Erscheinung des Kreuzes).

Rothschild, Haus.

1. Nathan Mayer, * 1777, † 1836, wurde 1802 in der Londoner „Lodge of Emulation" zum Freimaurer gemacht.

2. Zwei Mitglieder der freiherrlichen Familie gehörten dem Suprême Conseil de France an. 1844 wurde

Baron James, * 1792, † 1863, Chef des Pariser Hauses, 1846

Baron Anselm, * 1803, † 1874, in diese Großkörperschaft gewählt.

3. Baron Ferdinand, * 1839, † 1899, war Mitgründer der nach ihm genannten „Ferdinand Rothschild Lodge Nr. 2420" in Waddesdon (Buckinghamshive), England.

Roucher, Jean Antoine, berühmter französischer Dichter, * 1745, † 1794, verteidigte während der Revolution im „Journal de Paris" die konstitutionelle Monarchie, schrieb didaktische Gedichte („Les mois", „L'astronomie", „La richesse des Nations" sowie „Consolation de ma captivité ou Corréspondence de Roucher, mort victime de la Tyrannie décemvirale le 7 Thermidor au II de la République"), wurde 1793 verhaftet und im folgenden Jahr hingerichtet. Er war Mitglied der Pariser Loge „Les Neuf Sœurs", las dort zu Ehren von Voltaire seinen „Chant de Triomphe" vor.

Rouvier, Maurice, französischer Staatsmann, * 1842, † 1911, wiederholt Minister, 1887 und 1905/06 Ministerpräsident, später Außenminister, führte das Gesetz bezüglich Trennung von Staat und Kirche durch, nahm 1875 in der Pariser Loge „Clémente Amitié" an der Aufnahme von Littré und Jules Ferry teil.

Rowan, Archibald Hamilton, s. Irische Freiwilligenbewegung.

Royal and Select Masters, s. Kryptische Maurerei.

Royal Arch, Königliches Gewölbe, wichtiger Grad in den angelsächsischen Ländern. Seine Herkunft ist dunkel, er tauchte in den vierziger Jahren des 18. Jahrhunderts zum erstenmal in Irland auf (1743 wird er in einem Protokoll der Loge Nr. 21 in Youghal erwähnt), wurde 1752 zuerst von den Antients als höhere Abteilung und Vervollkommnungsstufe des Meistergrades eingeführt, aber auch inoffiziell von einem großen Teil der „Moderns" bearbeitet. 1753 kannte ihn bereits die Loge in Fredericksburg, Virginia, USA. 1767 konstituierten „Moderns" das „Grand and Royal Chapter of the R. A. of Jerusalem"; 1771 folgte die „Antients" dem Beispiel. Ursprünglich gingen dem R.-A.-Grad die Grade Past Master of Arts and Sciences, Excellent Master und Super Excellent Master voraus, auch konnten ihn nur solche Freimaurer erhalten, die Stuhlmeister gewesen waren („had passed the Chair"). Bei der Vereinigung der beiden englischen Lehrarten (Union von 1813) wurde festgesetzt, daß „reine alte Maurerei aus drei und nicht mehr Graden bestehe, nämlich jenen des Lehrlings, Gesellen und Meister-Maurers, mit Einschluß des höchsten Ordens vom heiligen R. A.". Dieser wird heute in England in Kapiteln (vereinigt unter einem Großkapitel, Grand Chapter) Freimaurern erteilt, die eine Zeitlang den III. Grad besitzen. Die Träger des R.-A.-Grades heißen „Companions". In Schottland und Irland ist immer noch der Besitz mehrerer vorbereitender Grade Voraussetzung für die R.-A.-Stufe. In Nordamerika bildet der R.-A.-Grad, der dort in mancher Beziehung eine veränderte Gestalt erhalten hat, den Abschluß der Kapitelmaurerei (Capitular Masonry). Er folgt dort auf den Mark Master, Past Master und Most Excellent Master. Im A. u. A. Schottischen Ritus bildet der R. A. den XII. Grad (auch als Master of the Ninth Arch).

Der R.-A.-Grad (Supreme Order of the Holy R. A.) dient dem Bau eines Idealtempels (Legende vom zweiten Tempelbau) zum Ruhm des Allmächtigen Baumeisters aller Welten, dessen Name auf goldenem Dreieck in einem Geheimwort aufgezeichnet im unterirdischen Tempelgewölbe vergraben liegt. Neun hohe Bogen streben empor, um immer „über den Wassern der Sintflut zu stehen, welche die Erde vernichten werden". In dem neunten Bogen eingelassen ist ein quadratischer Stein mit eisernem Ring. Seine Abhebung öffnet den Durchgang zum unterirdischen Heiligtum, in dem das wiedergefundene „Verlorene Wort" und die neu aufgefundenen Pläne und Unterweisungen Salomos und Hirams verwahrt liegen. Stein und Ring und die Hebung des ersteren symbolisieren die Vernunft, die allen Irrlehren widersteht, und die sittliche Kraft, die alle Schwierigkeiten und Hindernisse überwindet.

Royal Ark Mariner, angelsächsischer Hochgrad. Die Ark-Mariner-Logen gehören in ähnlicher Weise zu Mark-Logen, wie (in England) die Royal-Arch-Kapitel mit den symbolischen Logen verknüpft sind. Die Beförderung des Mark Master Mason zum R. A. M. heißt im Englischen „elevation", Erhöhung.

Royal Masonic Benevolent Institution, s. Wohlfahrtspflege der englischen Freimaurerei.

Royal Masonic Institution for Boys, s. Wohlfahrtspflege der englischen Freimaurerei.

Royal Masonic Institution for Girls, s. Wohlfahrtspflege der englischen Freimaurerei.

Royal Master, der erste der (in Councils of Royal and Select Masters bearbeiteten) Grade der kryptischen Maurerei (s. d.), VIII. Grad in der Stufenleiter des sogenannten American (York) Rite. Den wesentlichen Inhalt des Grades bildet die Suche nach dem verlorenen Wort. Dementsprechend symbolisiert der Grad das Forschen nach der Wahrheit. Es enthält sehr eindrucksvolle Gespräche über Leben und Sterben und die Gleichheit vor dem Tod.

Royal Navy Lodge Phœnix, Loge, die sich 1797 auf dem im Hafen von Lissabon liegenden englischen Stationsschiff „Phœnix" bildete, dessen Besatzung zu einem großen Teil aus Freimaurern bestand. Sie wurde zur Mutterloge der Lissaboner Bauhütte „Regeneraciao", die ihrerseits in fünf portugiesische Logen das Licht einbrachte. Die portugiesische Regierung forderte vom englischen Gesandten die Abberufung der „Freimaurer-Fregatte", hatte aber keinen Erfolg.

Royal Order of Scotland, Hochgradsystem in den angelsächsischen Ländern, das Freimaurern zugänglich ist, die den Royal-Arch-Grad besitzen. Er umfaßt zwei Grade, den Royal Order of Heredom und den Royal Order of the Rosy Cross. Das Ritual des ersten Grades ist in antiquierten angelsächsischen Versen abgefaßt, der zweite Grad ist rein christlich, aber ganz verschieden vom Rosenkreuzergrad des A. u. A. Schottischen Ritus. In beiden Graden, bezw. Ordensabteilungen ist das Amt des Großmeisters dem jeweiligen König von England vorbehalten. Wenn er dieses nicht ausübt, bleibt, wo immer ein Kapitel zusammentritt, sein Platz frei. Der Orden hat eine Großloge in Edinburgh (Schottland) und eine Reihe von Provinzial-Großlogen.

Royal Society, englische gelehrte Gesellschaft, erster Mittelpunkt hochgeistiger Gemeinschaftsarbeit, ursprünglich ausgehend von dem zuerst von Bacon (s. d.) ausgesprochenen Gedanken, der gesamten wissenschaftlichen Forschung eine Gesetzmäßigkeit zu geben. Sein Vorschlag diente aber auch dem Plan zur Gründung einer Gemeinschaft von Gelehrten, die ausschließlich der Förderung der Naturwissenschaft gewidmet sein sollte. 1616 wurde von Edmund Bolton der Plan einer Königlichen Akademie entworfen. Er wurde aber erst 1645 wieder aufgenommen. Ein Deutscher namens Theodor Haak war 1625 nach England gekommen und lebte als freier Gelehrter erst in Oxford, dann in London. Dieser regte 1645 dazu an, daß die namhaften Naturforscher wöchentliche Zusammenkünfte abhielten, sich über den Stand der naturwissenschaftlichen Forschung unterhielten und über neue Experimente berichteten. Es war zunächst eine private geheime Gesellschaft, ein „unsichtbares Kollegium" (Invisible College), zu dem auch Hartlib (s. d.) gehörte. Der große englische Naturforscher Robert Boyle spricht davon in verschiedenen Briefen 1646 und 1647 als einem Philosophischen Kollegium, das sich in einer Sitzung vom 28. November 1660 in ein „College for the Promotion of Physico-Mathematical Experimental Learning" umwandelte. Die Seele des Ganzen war, teils persönlich, teils durch seine Werke, Robert Boyle (1627—1691), der Erfinder des bekannten Boyleschen Gasgesetzes, dessen Werk „Sceptical Chemist" (Der skeptische Chemiker) deutlich zeigt, welcher Wesensart dieser Gelehrte war. In demselben Jahre (1662), da Boyle seine grundlegenden Arbeiten verfolgte, gründete Karl II. die R. S., die Königliche Gesellschaft, mit dem eingestandenen Zweck, durch direkte Experimente die Wissenschaft zu vermehren, wobei wohl zu beachten ist, daß die Satzungen, welche jetzt zum ersten Male dieser berühmten Anstalt verliehen wurden, erklärten, ihr Zweck sei die Ausdehnung des natürlichen Wissens, im Gegensatz zu dem übernatürlichen (Buckle, „Geschichte der Zivilisation in England). Die R. S. wurde im Laufe der Zeit der Brennpunkt des geistigen Lebens Englands. Angewidert von den Religionskämpfen und Streitigkeiten, insbesondere aber von den religiösen Ausschreitungen des Puritanertums, sammelte sich in der R. S. die geistige Oberschichte aufgeklärter Menschen. Welche Bedeutung man dieser Einrichtung beimaß, beweist wohl zur Genüge, daß man einem illustren Gaste wie dem Herzog Franz von Lothringen nichts Besseres neben Jagden, Hofbällen usw. zu bieten wußte, als daß man ihn an einer Sitzung dieser Gesellschaft teilnehmen ließ und ihm verschiedene Experimente vorführte. Allerdings nahmen die rationalistischen Strömungen in der R. S., wie bei einer auf experimentelle Erkenntnis begründeten wissenschaftlichen Gesellschaft nicht anders möglich, mitunter bedenklich zu. So beklagt sich Dr. Stukeley (s. d.) besonders darüber, daß, „wenn in der R. S. von Moses, der Sintflut, der Religion, der Heiligen Schrift die Rede war, dies mit lautem Gelächter begrüßt wurde". Stukeley kommt daher zu dem Urteil: „die eine Hälfte unserer halbweisen Philosophen, das Volk in der R. S., sind Ungläubige, die andere Hälfte sind Narren" (A. Q. C., VI., 131). Dieser Zornausbruch des frommen Dr. Stukeley richtet sich gegen das deutliche Bestreben in der R. S., sich bei wissenschaftlichen Untersuchungen nicht durch vorgefaßte religiöse und biblische Standpunkte die Forschung erschweren zu lassen. Es ist dies jener Streit der Meinungen, der vor Eroberung des z. B. von Darwin so glücklich vertretenen agnostischen Standpunktes in der scharfen Antithese des Lamennais zum Ausdruck kommt: „Warum gravitieren die Körper gegeneinander? Weil Gott es gewollt hat, sagen die Alten. Weil die Körper sich anziehen, sagt die Wissenschaft." Wobei diesem und anderen der Fehler unterlief, daß hier Gott einfach durch ein anderes Wort, nicht aber durch einen Begriff ersetzt wurde.

Die Zusammensetzung dieser wissenschaftlichen Gesellschaft entsprach nicht ganz jener Vorstellung, die wir uns heute von einer Akademie der Wissenschaften machen. De Candolle („Zur Geschichte der Wissenschaften", herausgegeben von Wilhelm Ostwald, Leipzig 1911) klassifizierte die Mitglieder in. 1. berühmte Schriftsteller, wie Voltaire und Montesquieu, 2. Gelehrte, darunter unter den ausländischen Euler, Haller, Buffon, Morgagni, von Deutschen Lieberkühn, Heister u. a., 3. zahllose, jetzt unbekannte Leute, die keine andere Auszeichnung aufwiesen, als daß sie Freunde der Wissenschaften und der gelehrten Gesellschaften waren.

Unter den nicht wenigen Gelehrten der R. S., die für die freimaurerische Geschichte von besonderer Bedeutung waren, sei Desaguliers (s. d.) genannt, dessen geschichtlicher Ruf als Physiker sich erhalten hat. Viel wesentlicher für die Freimaurergeschichte war die dritte von de Candolle erwähnte Kategorie, zu der unter anderem auch der Herzog von Montagu, der erste adelige Großmeister, gehörte. Sicher ist viel von den geistigen Elementen der in der R. S. vertretenen Geistigkeit in die junge englische Großloge übernommen worden. Ebenso sicher wird aber von vielen Autoren der Einfluß der R. S. auf die Entwicklung der Freimaurerei überschätzt. Nachweisbar ist die Personalunion in vielen Mitgliedern. Zuletzt hat Adolf Abraham („Das Wesen der Freimaurerei", Beilage zum „Hamburger Logenblatt", 1931) die Möglichkeit dargestellt, daß schon Wilkins, Sir Christopher Wren (s. d.), der Erbauer der Londoner St.-Pauls-Kathedrale, und der Mathematiker John Wallis, der Kaplan Karls II., und bedeutende Vorläufer von Newton und Leibniz „allen voran den freimaurerischen Menschheitsbund geplant und während der Erbauung der St.-Pauls-Kathedrale in Wrens Bauloge in Cheap Side in die geistige Bahn seiner Bestimmung gelenkt haben". Abraham führt sehr richtig aus, daß es Geistesgrößen, die den Pulsschlag der lebendigen Menschheitsentwicklung zu fühlen verstanden, Männer, die mutig genug waren, ihre Kräfte im Sinne dieser Entwicklung einzusetzen, um die Wende vom 17. zum 18. Jahrhundert fast ausschließlich nur unter den Mitgliedern der R. S. gab. Die Weisheit und das tiefgründige Wissen, die aus allen ihren Schriften hervorleuchten, die humane Größe der dort vertretenen Grundsätze und die wahrhaft religiöse Hingabe an die größte Aufgabe, die die Menschheit je erlebt hat, weisen ebenfalls auf diese Quelle hin. Der Aufstieg der Naturforscher zu dieser Höhe der Humanität war innere Notwendigkeit ihrer Entwicklung. Die Erforschung der Sinnenwelt war nun die Brücke, über welche sie als Platoniker zur reinen Gedankenwelt vordringen und die Erkenntnis des Guten anbahnen mußten. Auch ihr oft betontes religiöses Gefühl mußte sie in die gleiche Richtung leiten.

Als Indizien für seine Kombination führt Abraham an:

1. Einen Brief von Sir Christopher Wren (veröffentlicht 1923, im 200. Todesjahr des Großbaumeisters) an Dr. Gregory, dessen Postskriptum von „meinem Br. Wallis" spricht, eine Anrede, die sonst im Schriftwechsel von Gelehrten der damaligen Zeit nirgends zu finden ist.

2. Die allgemein bekannte und oft kombinierte Tatsache, daß eine außerordentlich große Zahl der Männer, die der R. S. angehörten, gleichzeitig auch Freimaurer waren. Sprat, der erste Historiker der R. S., macht die wichtige Feststellung, daß man in diese Menschen verschiedenen Glaubens und Berufes, aus verschiedenen Ländern aufnahm, weil man nicht die Fundamente einer englischen, schottischen, irischen, papistischen Philosophie, sondern einer Philosophie der Menschheit legen wollte.

Abraham gesellt sich mit diesen Ableitungen jenen, vorzugsweise deutschen Autoren zu, die im Gegensatze zur englischen freimaurerischen Geschichtsforschung der Großlogengründung eine eigenartige weltanschauliche Bedeutung beimessen wollen, die gewissermaßen in einer Akademie der Wissenschaften, eben der R. S., vorbereitet wurde. Dem muß widersprochen werden. Sicherlich ist in dem Konstitutionenbuch von Anderson ein Versuch unternommen, die Toleranzidee — allerdings mit einer Einschränkung — zu verankern. Sicher ist auch, daß den Herren von der R. S., wie etwa dem Herzog von Montagu, dem Reverend Desaguliers, dem Dr. Martin Folkes, die Religion, in der alle Menschen übereinstimmen, sympathischer war, als die durch das Pfaffengezänk und das Puritanertum unleidlich gewordene Staatskirche. Aber von einem Menschheitsbunde ist weder in der Großloge von England noch in der R. S. die Rede. Die Akademie der Wissenschaften war pansophisch im Sinne des Comenius. Das ist aber auch alles. Die Idee des Menschheitsbundes ist für die Freimaurerei erst viel später geboren worden. Die Fäden, die sich von der R. S. zur Freimaurerei spannen, sind in erster Linie persönliche, vielleicht in religiösen Fragen auch geistige. Sonstige Zusammenhänge lassen sich konstruieren — aber nur sehr schwer beweisen.

Royall, Anne, amerikanische Schriftstellerin, trat in der Zeit der durch die Morgan-Affäre (s. d.) heraufbeschworenen Verfolgungen der Freimaurerei leidenschaftlich für diese ein. Hauptwerk: „The Black Book". 1911 wurde ihr von Freimaurern ein würdiger Grabstein gesetzt.

Royal York, s. Berlin, Deutschland, Preußen.

Royers, Gustave, hervorragender belgischer Ingenieur, * 1848, † 1923, technischer Direktor der Stadt Antwerpen, Leiter des kommunalen Bauwesens, dem der großartige Ausbau des Hafens zu danken ist, 1910 Abgeordneter, Vizepräsident der liberalen Partei, Senator, wurde 1876 in der Antwerpener Loge „Les Amis du Commerce et la Persévérance réunis" aufgenommen, wiederholt deren Meister vom Stuhl, 1899—1902 National-Großmeister des Großorients von Belgien, förderte in dieser Eigenschaft die Entwicklung der Freimaurerei in der belgischen Provinz. Bei der Grundsteinlegung eines Hafenbassins in Antwerpen machte er mit einem silbernen Hammer die drei symbolischen Schläge und verwendete die Formel „Weisheit, Schönheit und Stärke", was ihm Angriffe eines klerikalen Blattes eintrug.

Rozier, Jean François, französischer Agronom, * 1734, † 1792, Mitglied der Akademie der Wissenschaften in Lyon, der Kaiserlichen Physikalischen und Botanischen Gesellschaft in Florenz und anderer wissenschaftlicher Gesellschaften, Verfasser des sechsbändigen Werkes „Cours d'agriculture", war 1773 Präsident der „Chambre des Provinces" des Grand Orient de France.

Ruchet, Marc Emile, schweizerischer Staatsmann, * 1853, † 1912, Bundesrat, Bundespräsident der Schweizerischen Eidgenossenschaft, war Freimaurer.

Ruchonnet, Louis, hervorragender schweizerischer Staatsmann, Radikaldemokrat, Bundesrat, * 1834, † 1893, wiederholt Bundespräsident der Schweizerischen Eidgenossenschaft, gründete 1871 in Lausanne die Loge „La Liberté".

Rückert, Friedrich, deutscher Dichter („Liebesfrühling", „Geharnischte Sonette"), * 1788, † 1861, war Mitglied der Loge „Karl zum Rautenkranz" in Hildburghausen. In seiner Lyrik finden sich manche freimaurerischen Anklänge („Willst du, daß wir mit hinein in das Haus dich bauen, laß es dir gefallen, Stein, daß wir dich behauen!").

Rudolf, Erzherzog, Kronprinz, s. Mayerling, Drama von.

Ruhende Brüder sind Freimaurer, die ohne Deckungsverfahren ihre Beziehungen zur Loge gelöst haben. Ihr Charakter als Freimaurer bleibt ihnen gewahrt (s. Charakter indelebilis); ihr Besuchsrecht in den Logen wird in den verschiedenen Ländern verschieden geregelt.

Ruhende Logen (franz. Loges en sommeil, engl. dormant lodges) sind Logen, die entweder freiwillig oder im Auftrag ihrer Großloge ihre Tätigkeit eingestellt haben. Nach englischer Verfassung haben r. L. ihr Logenpatent der Großloge zurückzustellen. Ruht eine Loge länger als ein Jahr, ohne daß der Grund der Einstellung ihrer Arbeit behoben wäre, so kann die Loge aus dem Großlogenregister gestrichen werden (Hamburg). Die maurerischen Utensilien einer r. L. ebenso ihre Archive werden für die Zeit der Ruhe entweder von der Großloge selbst oder einer ihrer benachbarten Tochterlogen verwaltet. Da sieben Freimaurer eine Loge bilden, so darf in den meisten Großlogenverfassungen eine Loge insolange nicht inaktiviert werden, als sich sieben Br. Meister für die Weiterführung der Arbeiten erklären. In wörtlicher Übersetzung des französischen Ausdruckes „ensommeiller" spricht die Verfassung der Symbolischen Großloge von Ungarn und nach ihr die der Großloge von Wien von „Einschläfern" einer Loge. Will eine r. L. die Arbeiten wieder aufnehmen, so wird ein Gesuch der Großloge zur Genehmigung vorgelegt.

Ruhrfrage. Anfangs 1923 erließ die Großloge von Wien anläßlich der damals sich so bedrohlich gestaltenden Vorgänge im Ruhrgebiet ein Rundschreiben an alle Großbehörden der Welt, in dem sie, gestützt auf die Auffassung, daß „Friedensbereitschaft und Völkerversöhnung als vollkommenste freimaurische Pflicht betrachtet werden kann", die Aufforderung ergehen ließ, die Frage zu beantworten, was die Freimaurerei tun könne, um die drohenden Gefahren zu bannen und „Europa, vielleicht der ganzen Menschheit den Frieden zu erhalten". Von den eingegangenen Antworten war namentlich jene der Großloge von Frankreich von Bedeutung, die erklärte, ihr Bundesrat habe beschlossen, den Logen die Frage der Annäherung an Deutschland zum Studium zu unterbreiten.

Ruiz Zorrilla, Manuel, spanischer Staatsmann, Ministerpäsident, * 1834, † 1895, Führer der Republikaner, war 1869 Großmeister des Großorients von Spanien.

Rule (engl.), Maßstab.

Rumänien. Die Freimaurerei hielt verhältnismäßig spät ihren Einzug in R. Erst das Ende des russischen Protektorats über die beiden Donaufürstentümer (Moldau und Walachei) durch den Pariser Frieden 1856 machte die Bahn einigermaßen frei. Im 18. Jahrhundert weisen zwar Spuren auf gelegentliche Ansätze zu freimaurerischer Tätigkeit hin, aber sie verlieren sich im Dunkel. Den Fanarioten Fürst Konstantin Mavrokordato, Hospodar der Moldau, den „Gründer der rumänischen Freimaurerei" (1735), zu nennen, wie das in der Bukarester „Paza" (Nr. 9/10, 1923) geschehen ist, geht wohl nicht an. Es fanden stets auch Rumänen Aufnahme in ausländischen Logen, aber von einem auch nur halbwegs geregelten Logenwesen konnte angesichts der politischen Verhältnisse keine Rede sein.

1856, am 1. Juli, trat mit Patent des Grand Orient de France die Loge „Steaua Dunarei" („Stern der Donau") in Bukarest zusammen. Der große Patriot und spätere Staatsmann Joan Bratianu (s. d.) war der erste Stuhlmeister. Auch sein Bruder Demeter (s. d.) und der Dichter Konstantin Rosetti (s. d.) gehörten dieser Bauhütte an. Das absolutistische Regime, das 1864 unter Alexander Kusa (Alexander Joan I.) in dem jungen Staat R. eintrat, zwang unter Repressalien 1865 zur Schließung der Loge.

In der Folge gründeten aber dann die Großoriente von Frankreich, Italien und Portugal, die Symbolische Großloge von Ungarn und die Große Landesloge von Sachsen in verschiedenen Städten eine große Anzahl weiterer Logen. Bedeutende Persönlichkeiten des öffentlichen Lebens waren Mitglieder. General Costescu unternahm den zunächst vergeblichen Versuch einer Großlogengründung. Diese gelang dann 1880 dem Kapitän Konstantin Moroiu, der mit 20 Logen — nicht alle existierenden Bauhütten schlossen sich an — die National-Großloge von Rumänien ins Leben rief, die es allmählich auf 29 Logen brachte. Moroiu wurde Großmeister und stiftete in den folgenden Jahren eine ganze Anzahl von Hochgradbehörden der verschiedensten Systeme (Memphis-, Schottischer Ritus, Royal Arch, Swedenborg-Ritus). Die Art und Weise wie Moroiu auf die rasche Ausbreitung der Maurerei bedacht war, gab zu vielfacher Kritik auch im Auslande Anlaß. Namentlich auch von deutscher freimaurerischer Seite wurden die Persönlichkeit Moroius und seine Methoden der Mitgliedergewinnung angegriffen. Knapp vor Ausbruch des Weltkrieges fristete die National-Großloge infolge der vielfachen Widerstände nur noch ein Schattendasein. 1915 stellte sie die Arbeiten ein. Moroiu starb kurz hernach (1916). Daneben gab es in der Zeit vor den kriegerischen Geschehnissen in R. noch Logen des Großorients von Frankreich und des Großorients von Italien und zwei deutsche Logen „Sapientia" und „Brüderlichkeit".

Nach Kriegsende waren nur noch die beiden Logen des Grand Orient de France „Les Disciples de Pythagoras" in Galatz und „Unirea" in Bukarest aktiv tätig. Dazu kamen die vormals zur Symbolischen Großloge von Ungarn gehörenden Logen in den nun an Rumänien gefallenen ungarischen Gebietsteilen Siebenbürgens und des Banats. In Bukarest wurde 1921 von amerikanischen Geschäftemachern, die mit regulärer Maurerei nichts zu tun hatten und zur sogenannten „American Federation of Masonry" (Mac Blain Thompson) gehörten, eine ganz irreguläre, sogenannte „Amerikanische Großloge von Rumänien" ins Leben gerufen. Im Herbst des gleichen Jahres wendete sich Jean Pangal, während des Krieges Sekretär des „Nationalrates der Rumänischen Einheit", später liberales Parlamentsmitglied, der schon vorher mit Hilfe der bald entschlafenen Großloge der Ukraine einen Obersten Rat gegründet hatte, mit dem Gesuch um Regularisierung und Anerkennung an den Grand Orient de France. Dieser sprach am 21. Dezember 1921 die Anerkennung aus. Im August 1922 nahm diese Organisation den Namen „Großloge und Oberster Rat von Rumänien" an. Die bezügliche Mitteilung an die A. M. I. war gezeichnet von Pangal als Großkommandeur und Großmeister, den Universitätsprofessoren Arapu und Peretz und dem Ingenieur Basile Roata. 1923/24 erfolgte eine Neuordnung. Oberster Rat und Großloge arbeiteten von da an getrennt. Der Oberste Rat wurde vom Suprême Conseil von Frankreich mit Hilfe des früheren türkischen Freimaurers Narodunghian am 26. März 1923 als Suprême Conseil des A. u. A. Schottischen Ritus eingesetzt. Am 9. April konstituierte sich die selbständige Großloge. Der Einsetzung der beiden Großkörperschaften ging eine durchgreifende Regularisierung der Mitglieder voraus. Pangal erhielt vom Schwiegersohn Moroiu's, Georg Bibescu, der der letzte Großmeister der National-Großloge gewesen war, die Archive der alten National-Großloge ausgehändigt. Gleichzeitig erklärte Bibescu die nun zur „National-Großloge von Rumänien" gewordene Obedienz (erster Großmeister Zamfir. C. Arbure) als die „alleinige legitime Fortsetzung der früheren Großloge".

1922 hatte die Großloge von New York von der Existenz der sogenannten „Amerikanischen Großloge von Rumänien" erfahren und die mit ihr befreundeten Großlogen auf deren Irregularität aufmerksam gemacht. Gleichzeitig wurden die Führer der Organisation aufgefordert, diese aufzulösen. Kurze Zeit hernach langte in New York ein Gesuch einer Gruppe von Bukarester Brr. ein, die in verschiedenen Logen Aufnahme in die Freimaurerei erlangt und sich der „amerikanischen" Organisation in der Meinung angeschlossen hatten, es handle sich um eine gesetzmäßige Gründung. Sie verlangten die Bewilligung zur Gründung einer Loge unter New Yorker Konstitution. Im Sommer 1922 entsprach der Großmeister Arthur S. Tompkins dem Wunsche. Die Großloge von New York stellte sich dabei auf den Standpunkt, daß auch Pangals Organisation irregulär, R. also „unbesetztes Gebiet" sei, Logengründungen also kein Sprengelrecht verletzen könnten. Im September 1922 entstand in Bukarest die erste New Yorker Loge, ausschließlich aus regulären Meistern des Meistergrades. Nach der Durchführung zahlreicher Regularisierungen wuchs die Zahl der Bauhütten auf drei: Romania Nr. 1, Steaua Dunarei Nr. 2 und Redesteptarea. Die Jahresversammlung 1925 der Großloge von New York bewilligte die Gründung von vier weiteren Logen und die Zusammenfassung der sieben Bauhütten zu einer Distrikts-Großloge unter dem Distrikts-Großmeister General Georg Solacolu. Die Logen wurden im September 1925 vom New Yorker Alt-Großmeister S. Nelson Sawyer in Gegenwart des Großhistoriographen Ossian Lang eingeweiht, der schon vorher mehrere Reisen nach R. unternommen hatte.

Einige Tage später traten die bisher isoliert gebliebenen, dem Grand Orient de France unterstehenden Logen zu einem Großorient von Rumänien zusammen. Nachdem dieser Großorient in der Folge eine Prinzipienerklärung annahm, die in voller Übereinstimmung mit den Grundsätzen der Großloge von New York stand, schlossen sich 1926 deren Logen dem Großorient an, dessen erster Großmeister der frühere Bukarester Bürgermeister Dr. Gheorgian war. Der Großorient erhielt unmittelbar hernach die Anerkennung der Großloge von New York. In den nächsten Jahren wurden wiederholt — bisher allerdings ohne greifbares Ergebnis — Verhandlungen geführt, die darauf hinausliefen, die Zusammenfassung der National-Großloge und des Großorients in eine einzige Obedienz zu bewirken.

Ähnliche Verhandlungen liefen von beiden Seiten auch mit den ehemals ungarischen Logen in Neurumänien, die am 29. Juni 1922 ebenfalls zunächst eine eigene Obedienz, die „Symbolische Großloge von Rumänien" gebildet hatten, die 1924 als juristische Person eingetragen wurde und in der Folge unter der Großmeisterschaft des Vizepräfekten von Brasov (Kronstadt), Servatius, rege tätig war. Anfänglich schien es, als ob es zu einem Zusammengehen des Großorients mit der Symbolischen Großloge kommen würde. Am 15. Februar 1930 gliederte sich diese aber unter Wahrung des eigenen Ritus als „Bund der Johannislogen" in die National-Großloge von R. ein. Der Bund umfaßt außer den gegenwärtig aktiven sieben Logen der ehemaligen Symbolischen Großloge von Ungarn zwei nach dem Kriege gegründete Bauhütten, „Trajan" in Brasov und „Dacia Felix" in Cluj (Klausenburg). Er hat im Rahmen der National-Großloge volle Autonomie und Souveränität bezüglich Ritus und Arbeitssprache der Johannislogen. Sein Präsident ist ex offo Zugeordneter Großmeister der Großloge. Gemeinsame Organe sind Bundesrat und Großversammlung, die eigenen inneren Angelegenheiten verwaltet der Johannisrat des Logenbundes. Nach außen repräsentiert der geschäftsführende Großmeister der National-Großloge die Gesamtheit.

Die National-Großloge wurde am 5. Juni 1930 von der Vereinigten Großloge von England anerkannt. Ihr Großmeister ist Prinz Georg Valentin Bibescu, Ehren-Großmeister der frühere Innenminister Argetoianu, Zugeordneter Großmeister Vizepräfekt a. D. Servatius, Brasov. Im April 1930 bezog die National-Großloge ein eigenes Logenhaus in der Strada Campineanu 45 in Bukarest. Im Dezember 1930 wurde gegen dieses von nationalistischen Studenten, die von dem „Buletinul Antijudeo-Masonic" (s. d.) aufgehetzt worden waren, ein glücklicherweise ohne größeren Schaden abgelaufener Bombenanschlag unternommen. Die National-Großloge „Marea Lojà Nationalà din România" zählte Ende 1930 inklusive Neurumänien 45 Logen.

Der Großorient von R. (Marele Orient al Romániei), an dessen Spitze der Rechtsanwalt Dr. Emil Papiniu steht, umfaßt 18 Logen. Adresse: Str. Lipscani 5, Bukarest.

Rumpelt, Emil Adolf Ferdinand, genannt **Walther,** deutscher Schauspieler und Schriftsteller, * 1820, † 1888, neben Devrient einer der besten Darsteller seiner Zeit, Mitarbeiter mehrerer Zeitschriften, Verfasser des Romans „Eduard Sternthal", einer Art Selbstbiographie, an verschiedenen deutschen Bühnen tätig, zuletzt Hofschauspieler in Dresden, wo er 1847 in der Loge „Zu den drei Schwertern" aufgenommen wurde. Er wurde deren langjähriger Stuhlmeister, Mitbegründer des „Dresdener Logenblattes", Zugeordneter Großmeister der Großen Landesloge von Sachsen, und war auch als freimaurerischer Schriftsteller und Dichter bekannt.

Rundfrage wird in vielen Logen vor Beendigung der Arbeit vom Meister oder auf dessen Geheiß von den Aufsehern gestellt, um allen anwesenden Brr. (auch den Gästen) Gelegenheit zu Anregungen im Interesse des Bundes, der Loge, der Brr. oder in eigener Sache zu geben.

Rundfunk und Freimaurerei. In den letzten Jahren sind wiederholt Vorträge über Freimaurerei im Rundfunk gehalten worden. Ein Vortrag des verstorbenen Berliner Astronomen Prof. Dr. Marcuse gab Anlaß zu einer kurzen Anfrage im Reichstage, wobei von völkischer Seite das Recht verlangt wurde, auch freimaurergegnerische Vorträge zu veranstalten, nachdem die Funkstunde es abgelehnt hatte, sofort einen Gegner auftreten zu lassen. Der Reichsminister des Innern erklärte (1927), der Aufklärungsvortrag sei rein sachlich, die Funkstunde also im Recht gewesen. Grundsätzlich könnten auch Gegner zum Wort kommen, aber der Rundfunk als Forum polemischer Auseinandersetzungen wäre bedenklich.

In Amerika ist der Freimaurer-Rundfunk eine ständige Einrichtung geworden. Eigenartig war ein von Frankfurt a. M. gesendeter Vortrag über Geheimwissenschaften, wobei der Vortragende die Behauptung aufstellte, die bekannte französische Wahrsagerin Madame de Thèbes könne um so leichter wahrsagen, als sie von allen bevorstehenden Attentaten und Revolutionen durch die Freimaurer informiert werde. Eine Vorsprache beim Rundfunk hatte zur Folge, daß sich die Leitung wegen dieses Vortrages entschuldigte.

Ruspini, Bartholomäus, * 1727, † 1830, berühmter Hofzahnarzt in London, Mitglied der Lodge of Antiquity Nr. 1. Er ist der Begründer des freimaurerischen Mädcheninstituts

(Royal Masonic Institution for Girls), das auf seine Anregung 1788 ins Leben gerufen wurde. Ein bekannter Kupferstich zeigt ihn, wie er seine Pfleglinge der Großloge von London vorführt.

Rußland.

Die Frühzeit.

Es ist sehr oft behauptet worden, die Freimaurerei sei durch Peter den Großen nach R. gebracht worden, den Sir Christopher Wren in eine Londoner Loge aufgenommen habe. Das entspricht kaum den Tatsachen. Richtig ist aber, daß die ersten Freimaurer in R. Ausländer waren, Seefahrer und Kaufleute, die, angezogen durch die großzügige Handelspolitik des Zaren, in Peters neue Hauptstadt kamen. Am 24. Juni 1731 erhielt der englische Kapitän John Phillips von der Großloge von England eine Bestallung als Provinzial-Großmeister für R. 1740 wurde dem im russischen Heer dienenden, späteren preußischen Feldmarschall James Keith (s. d.), Vetter des englischen Großmeisters John Keith, Earl of Kintore, die gleiche Würde übertragen. Ein Propagator der freimaurerischen Sache wurde dann Lorenz Natter (s. d.), der berühmte schwäbische Kupferstecher und Edelsteinschneider der europäischen Fürstenhöfe, der aus Florenz nach Petersburg kam. Bald hielten in R. alle die verschiedenartigen Systeme ihren Einzug, die damals in Deutschland in Blüte waren. 1750, zur Zeit der Kaiserin Elisabeth, war in Petersburg die Loge „Zur Verschwiegenheit" in Tätigkeit. Boris Telepnef („An Outline of the History of russian Freemasonry", London 1928) zufolge war Zar Peter III. Freimaurer. Er stiftete in seiner Residenz Oranienbaum eine Loge und machte einer Petersburger Bauhütte ein Haus zum Geschenk. Auch seine Hofleute hatten ihre Loge; zu deren Mitgliedern gehörte der Erzdiakon Andreas, Kaplan des berühmten Garderegiments Preobraschenski. In der Folge rivalisierten auch in R. die unterschiedlichen Riten aufs heftigste miteinander, die Strikte Observanz (u. a. durch Starck [s. d.]), die besondere templerische Lehrart des Generals Melissino (s. d.), das Schwedische System, die Rosenkreuzerei und nicht zuletzt die ursprüngliche englische Lehrart.

Streit der Systeme.

Mit der Zeit entwickelte sich dieser Kampf vor allem in Petersburg zu einem Ringen um die Vorherrschaft zwischen London und dem Schwedischen System Zinnendorfscher, d. h. Berliner Lehrart, d. h. der Großen Landesloge der Freimaurer von Deutschland. Letzteres wurde hauptsächlich von dem deutschen Direktor der Wissenschaften des Adeligen Landkadettenkorps, v. Reichell, gefördert, dem Zinnendorf (s. d.) 1769 den Auftrag gegeben hatte, in R. „alles zur Ehre und zur Aufnahme unserer Königlichen Kunst zu versuchen". An der Spitze der englischen Provinzial-Großloge, für die 1772 von London eine Konstitution erteilt wurde, stand der Senator, Geheime Rat und Kabinettsminister der Kaiserin Katharina, Iwan Elagin (s. d.). Dieser hatte 1771 die Loge „Zur vollkommenen Einigkeit" gegründet, Reichell folgte im gleichen Jahre mit der Einsetzung der Loge „Apollo", beide in Petersburg. Zahlreiche weitere Gründungen in Petersburg, Moskau, Riga, Reval, Dorpat und anderen Städten folgten. Verhandlungen zwischen London und Berlin zwecks Vereinigung gingen hin und her. 1776 nahm Elagin mit seinen sämtlichen Logen das Zinnendorfsche System an, wobei er gleichzeitig auch Provinzial-Großmeister der Reichell unterstehenden schwedisch-berlinischen Bauhütten wurde. Der frühere Gesandte in Schweden, Minister v. Panin (s. d.), wurde Zugeordneter Provinzial-Großmeister der aus dem Zusammenschluß hervorgegangenen Obedienz. Generalmajor Melissino (s. d.) Erster, und Kammerherr Fürst Gavril Gagarin (s. d.) Zweiter Aufseher. In einem Schreiben an die Große Landesloge erklärte Elagin, der Bund sei „nun in ganz R. ein Hirt und eine Herde" geworden.

Er übersah dabei, daß sich einige Logen der anderen Seite der Vereinigung nicht anschlossen, vor allem die älteste, „Apollo", an deren Spitze als Stuhlmeister der Br. v. Rosenberg stand, der in Frankreich beim Korps v. Luckner Offizier gewesen war, dann in Hamburg die Loge „Zu den drei Rosen" gegründet hatte, in die auch Lessing eintrat. Dieser trat in Verbindung mit dem russischen Gesandten in Stockholm, Fürsten Kurakin (s. d.), der den König Gustav III. von Schweden und dessen Bruder, den Herzog von Södermanland, den späteren König Karl XIII., dafür gewann, in R. eine schwedische Provinzialloge ins Leben zu rufen. Diese wurde 1778 als Kapitel „Phönix" in Petersburg eingesetzt und am 25. Mai 1779 vom Herzog von Södermanland als Große Nationalloge bestätigt. Rosenberg wurde Deputierter Großmeister, und zwar unter dem von der Elagin-Provinzial-Großloge übergetretenen Fürsten Gagarin, dem späteren Handelsminister. Als Ordensoberer der „russischen 9. Provinz" fungierte Herzog Karl. Das Zinnendorfsche System brach auf diese Art in R. zusammen, dessen Provinzialloge wurde aufgelöst; Elagin und seine Logen bildeten wieder eine englische Provinzial-Großloge. In Moskau, wo die Entwicklung viel friedlicher vor sich ging, entstand 1783 eine „Russische Landesloge", die für Beseitigung der herrschenden Gegensätze eintrat. In den verschiedenen Systemen war die hohe Aristokratie tonangebend.

Bildungsarbeit.

So unerquicklich und lähmend der Hader der Systeme war, so wurde doch hervorragende Außenarbeit geleistet. Die freimaurerischen Rosenkreuzer, an deren Spitze der Moskauer Professor Johann Eugen Schwarz (s. d.) und der bedeutende Schriftsteller Nikolaj Iwanowitsch Nowikow (s. d.), der Begründer der russischen Journalistik, standen, spielten dabei die bedeutendste Rolle. Diese beiden Führer waren ungewöhnlich aufgeklärte Männer, die das geistige Leben des R. ihrer Tage aufs nachhaltigste beeinflußten. Wenn Thomas G. Masaryk erklärt: „Kulturell war es die große Bewegung des 18. Jahrhunderts, die unter dem Namen der Aufklärung und Humanität bei allen

Völkern Europas das Streben nach Wiedergeburt charakterisierte; diesem Streben hat sich auch R. unterworfen. Von ganz besonderer Wichtigkeit wurde ... der Freimaurerorden als Organisator europäischer Bildung und als eifriger Propagator der Humanitätsideale", so bezieht sich das wesentlich auf den Kreis um Schwarz und Nowikow. Schwarz, der Führer der Rosenkreuzer, ein Deutscher aus Siebenbürgen, der 1776 nach Moskau gekommen war, deutsche Sprache und Philosophie lehrte, gründete Volksschulen, Lehrerbildungsanstalten und ein pädagogisches Universitätsinstitut, gab ausgezeichnete Lehrbücher heraus und schuf ein vorbildliches Krankenhaus. Wissen sollte sich über das ganze Land ausbreiten, eine neue Generation von Erziehern heranwachsen. In der von ihm gestifteten „Gesellschaft der Universitätszöglinge" und in einem mustergültigen Seminar ging Schwarz darauf aus, die Kenntnis der reifsten Werke europäischen Denkens durch gute Übertragungen auch breiteren russischen Schichten zu vermitteln. Bei all diesem Tun war er bewußt von freimaurerischen Grundsätzen geleitet; seine Logenbrüder waren es auch, die ihm die Mittel für seine Schöpfungen zur Verfügung stellten und ihn auch sonst aufs nachdrücklichste unterstützten. Major A. M. Kutusow (s. d.) und Baron Schröder waren ständig auf Reisen, um sich über die neueste Literatur auf dem laufenden zu halten und die besten Schriften zum Übersetzen nach Moskau zu senden. Voltaire, Rousseau, Montesquieu, Hume wurden so der russischen Öffentlichkeit zugänglich gemacht.

Gedruckt wurden diese Werke auf den Pressen von Nowikow. Auch dieser, der mit einer Reihe ihre Mitbürger an Geistigkeit weit überragender hervorragendster Männer (Fürst Nikolaus Trubetzkoj, I. Turgenjew, M. Cheraskow, I. Lopuchin u. a. [s. diese alle]) die bedeutende wissenschaftliche Arbeit leistende Moskauer Loge „Eintracht" gegründet hatte, betrachtete es als Ziel seines freimaurerisch aufgebauten Systems, die beispiellose Unbildung zu bekämpfen und die Massen zu heben. Ein Mann von stärkstem geistigem Format und unbeugsamer Energie, wollte er sein Leben ethischer Kulturarbeit widmen. Er rief mehrere bedeutende, ungewöhnlich mutige Zeitschriften ins Leben. Vor allem suchte er in pazifistischem Sinne zu wirken. Mit eindringlicher Schärfe wandte er sich gegen Eroberungskriege, gegen Ruhmgier und Ehrgeiz als Anlaß zu Menschenschlächtereien. Nur Not des Vaterlandes und das Wohl der Allgemeinheit, also nur Verteidigungskrieg, sei zu rechtfertigen. Ebenso nachdrücklich bekämpfte Nowikow Korruption, Willkür und Grausamkeit der Herrscher. „Ein guter Monarch" war seine These — und diese zielte mit aller Deutlichkeit auf die Verhältnisse am Hofe der Kaiserin ab —, „muß sich frei von Leidenschaften halten. Ein leidenschaftlicher Monarch handelt nach dem Willen seiner Geliebten. Gibt sich aber der Herrscher einmal der Liebe hin, so entdecken bald auch die Minister, die Günstlinge und Hofleute ihre zärtlichen Herzen. Ihre Geliebten verbinden sich untereinander, verteilen Belohnungen nach Gutdünken und lenken die Angelegenheiten des Staates wie es ihnen gefällt." Durch seine große Druckerei brachte Nowikow populärwissenschaftliche und religiöse Schriften in Massenauflagen heraus; eine großartige Leihbibliothek stand allen Bevölkerungskreisen zur Verfügung. Nicht weniger als 440 Bücher wurden von ihm herausgegeben. Seine Aufklärungsliteratur gelangte auf dem Wege einer vortrefflichen Organisation auch in die entferntesten Provinzen; der Vertrieb lag in den Händen von Freimaurerlogen. Diesen waren auch ausgezeichnete Einrichtungen auf philantropischem Gebiete zu danken: sie sorgten für die Ausbildung armer, begabter Knaben und gründeten eine Gesellschaft, die es auf sich nahm, bei den damaligen häufigen Mißernten die hungernde Bevölkerung gewaltiger Distrikte unentgeltlich mit Brot und Lebensmitteln zu versorgen. Die Hauptsache aber blieb das Erziehungswerk, das um so fruchtbarer gestaltet werden konnte, als die Jugend der Hochschulen den Freimaurern förmlich zuströmte.

Die Haltung Katharinas II.

Diese Begeisterung blieb aber auch jenen nicht verborgen, die nicht in der Beförderung der Toleranz und der Humanität, sondern im Gegenteil im starren Festhalten am Althergebrachten das Heil des Staates sahen. Sie stachelten die Kaiserin gegen Nowikow auf und denunzierten ihn, den Katharina selbst seinerzeit aus der Offizierslaufbahn heraus in den Kanzleidienst gezogen hatte, er vergifte die öffentliche Meinung. Die Zarin war im Grunde keine Gegnerin des Bundes und hatte es zunächst gerne gesehen, daß sich die Freimaurerei über ihr ganzes Reich verbreitete. Zu ihrem damaligen Schwärmen für Voltaire und die französischen Aufklärer trat wohl auch die Freundschaft mit Friedrich dem Großen nach der Teilung Polens hinzu. Später traten aber Umstände ein, die sie die Dinge anders sehen ließen. In Mitau hatte damals Cagliostro eine seiner ägyptischen Logen gegründet und den Grafen Friedrich von Medem und dessen Tochter, die mit Goethe, Gottfried August Bürger und den beiden Grafen Stolberg befreundete Dichterin Elisa von der Recke, förmlich behext. Die kluge Schriftstellerin kam ihm dann aber doch auf die Schliche und warnte, als Cagliostro nach Petersburg ging, die Kaiserin. So konnte er dort auch bei einer Seance — in der Wohnung des Fürsten Gagarin — als Possenreißer entlarvt werden. Katharina war dies Anlaß, drei Spottkomödien, den „Sibirischen Zauberer", den „Betrüger" und den „Verblendeten" zu schreiben, in denen sie den Schwindel Cagliostros und anderer Hochstapler auf die ganze Freimaurerei übertrug. Als dann nach der französischen Revolution die Beschuldigungen des Abbé Barruel auch nach R. drangen, blieb auch dies nicht ohne starke Wirkung auf die Kaiserin. Sie beauftragte den Metropoliten Platon, die von Nowikow editierten Bücher zu prüfen und im persönlichen Verhör mit dem gefährlichen Freimaurer festzustellen, ob dieser in der Tat religiöse Irrwege wandle. Das Urteil des Kirchenfürsten über Nowikow stellte fest, daß in dessen freimaurerischer Doktrin zwar vieles von der Weltanschauung der französischen Enzyklopädisten war, daß er aber fest in der Ethik des Christentums wurzelte. („Ich bete zum allmächtigen Gott", schrieb Platon, „daß in der ganzen Welt lauter solche Christen wären...") Trotzdem gab sich Katharina nicht zufrieden. Die Geschehnisse der französischen Revolution hatten sie kopfscheu werden lassen. Schon 1791 erhielt Besborotkow Befehl, N. festzunehmen. Hauptbeschwerdepunkte der Kaiserin waren die ständig wachsende Popularität Nowikows und dessen angeblich enge Beziehungen zum verhaßten Großfürsten Paul, dem Thronfolger. Besborotkow weigerte sich, die Verhaftung anzuordnen, mit der Begründung, es sei des Ruhmes der Kaiserin unwürdig, mit einem so großen Russen so zu verfahren.

Aber ein Jahr später wurde Nowikow dennoch eingekerkert und ohne jegliches Gerichtsverfahren zu 15 Jahren Schlüsselburg verurteilt. Vier Jahre lang mußte er hier schmachten. Erst Paul I. gab ihm die Freiheit zurück. Auch die mit der Druckerei verbundene, der Aufklärung dienende Anstalt wurde unterdrückt. Unter der Beschuldigung, die Freimaurer hätten auf Umsturz gesonnen und in den Kellern ihrer Häuser Waffen versteckt, wurde eine Hausdurchsuchung vorgenommen, die zwar nichts Belastendes zutage förderte, aber dessenungeachtet die Aufhebung des Instituts und die Verbannung mehrerer von dessen Leitern zur Folge hatte. Die Logentätigkeit wurde zwar nicht verboten, Katharina ließ es die Großen des Reiches aber von 1794 an fühlen daß sie deren Zugehörigkeit nicht mehr gutheiße. Infolgedessen wurde die freimaurerische Tätigkeit gewaltig eingeschränkt.

Paul I.

Trotz aller dieser Gegenmaßnahmen ließen sich aber die Wirkungen, die das freimaurerische Tun auf das Schulwesen, auf die Erziehungsmethoden, die Literatur hervorgerufen hatten, nicht mehr beseitigen. Ihnen war es zu danken, wenn sich gegen Ende des 18. Jahrhunderts in R. eine kleine, unabhängige, fortschrittliche Intelligenzschicht entwickelte, die allerdings auch dem Nachfolger Katharinas auf dem Thron, Paul I. (1796), obwohl dieser selbst dem Bunde beigetreten war, ein Dorn im Auge war. Anfänglich verhandelte er mit den Petersburger Führern über die Reaktivierung der Arbeit, dann wurde er anderen Sinnes, so daß er 1797 ein Verbot der Freimaurerei erließ. Maßgebend dafür waren wohl seine Wahl zum Großmeister des (antifreimaurerisch eingestellten) Malteserordens und die damals in Rußland erfolgreich einsetzende Ausbreitung des Jesuitismus.

Alexander I.

Alexander I. erneuerte zunächst das Verbot, hob es aber 1803 wieder auf, nachdem ihm der Direktor des Petersburger Kadettenkorps, Böber (s. d.), die Grundsätze des Bundes eingehend auseinandergesetzt hatte. Abermals bildeten sich Logen in größter Zahl, unter ihnen „Les Amis Réunis", „La Palestine", „Alexander zum gekrönten Pelikan". Großfürst Konstantin, Graf Stanislaw Potocki (s. d.), Graf Iwan Woronzow, General Graf Ostermann-Tolstoj (s. d.), Alexander von Benkendorf (s. d.), Herzog Alexander von Württemberg (s. d.), der Oberstkämmerer Alexander Narischkin (s. d.) und viele andere Hofleute traten diesen bei. „Les Amis Réunis" war eine ganz freiheitliche Loge, sie bekämpfte Vorurteile aller Art, Fanatismus, Rassen- und Glaubenshaß, Feindschaft zwischen den Nationen und hatte ein pazifistisches Programm. In der Loge „de la Palestine" entwickelte der griechische Freiheitskämpfer Fürst Alexander Ypsilanti intensive Tätigkeit; die Lieder zu deren Festen schrieb der erfolgreiche Opernkomponist Boieldieu. Wie damals die Arbeit vor sich ging, davon hat Leo Tolstoi in „Krieg und Frieden" eine packende Schilderung entworfen. 1809 treffen wir unter den Führern der russischen Freimaurerei auch Feßler (s. d.), den deutschen Reformator, der mittlerweile als Professor für orientalische Sprachen an die Petersburger Universität gekommen war. Auch hier gab er sich redlich Mühe, den Ballast zu beseitigen. Zusammen mit dem Unterrichtsminister Grafen Rasumofsky, dem Polizeiminister Balaschew und dem demokratischen Staatssekretär Speransky (s. d.) saß er in einer vom Kaiser eingesetzten Kommission, die über die Tätigkeit der Logen ein Gutachten abzugeben hatte. Es fiel durchaus günstig aus. 1809 entstand die „Große Direktorialloge „Wladimir zur Ordnung" (schwedisch). Böber war ihr Großschriftführer.

In den Tagen der Napoleonischen Kriege gehörte die Elite des Heeres dem Bunde an. Nachhaltigste Eindrücke gewannen diese Männer im Verkehr mit preußischen Freimaurern, Eindrücke, die mächtig in ihnen fortwirkten, als sie wieder zu Hause waren. In den deutschen Feldlogen und in ihren eigenen „Zum heiligen Georg" und „Alexander zur Treue", die sie besuchten, sahen sie Vaterlandsliebe in ihrer erhebendsten Form (s. Michailowski-Danilewski). Von „Weltverschwörung" freilich erfuhren sie hier nichts, wohl aber bekamen sie einen Begriff vom Streben nach höchster Entfaltung nationaler Kultur. 1815 spaltete sich die Direktorialloge. Gegner der Hochgrade, an der Spitze der Staatsrat Georg v. Elissen, Stuhlmeister der Loge „Peter zur Freiheit", der den Ideen Schröders anhing, stifteten die Großloge „Astraea", die ihren Bauhütten Systemfreiheit gewährte. Sie wollte nichts zu tun haben „mit Geheimniskrämerei, noch mit den Grundsätzen der sogenannten Illuminaten und Mystiker, noch mit Alchimie und ähnlichen, mit den natürlichen und positiven Gesetzen unverträglichen Dingen, noch auf die Wiederherstellung alter Ritterorden hinarbeiten". Großmeister war General Mussin-Puschkin, sein Stellvertreter der preußische Gesandte v. Schöller. Neue Bauhütten wurden eingesetzt, z. B. die Loge „Michael der Erwählte", während die Große Direktorialloge sich wieder Große Provinzialloge nannte. 1819 wurde Oberstkämmerer Alexander Narischkin Großmeister der „Astraea", die in 24 Logen über 1300 Mitglieder zählte.

Verbot der Maurerei.

Die Tätigkeit der hauptsächlich Militärs und Gelehrte umfassenden Freimaurerei in dieser Zeit war trotz mancher innerer Kämpfe so ersprießlich, daß man es zuerst nicht verstand, als am 6. August 1822 nach dem Kongreß der heiligen Allianz in Verona Alexander I. (s. d.) ein Verbot der Freimaurerei erließ. Man hatte zwar immer deutlicher gesehen, in welch steigendem Maße die volks- und freiheitsfeindlichen Anschauungen der Metternichschen Politik auch auf Alexander übergingen, wie „er schließlich keinen anderen Willen mehr hatte als den des ersten Ministers am österreichischen Hofe", der so heftig gegen die Freimaurerei eingenommen war. Aber man hatte doch nicht geglaubt, daß Alexander seine Vergangenheit — er selbst war einmal Freimaurer geworden (s. Polen) — so gänzlich verleugnen könnte. Der Nachfolger Alexanders, Nikolaus I., erneuerte 1826 das Verbot, vor allem wegen der führenden Betätigung von Freimaurern am Aufstand der Dekabristen (s. d.). Damit erstarb in R. die Freimaurerei.

In kleineren Zirkeln glimmte auch später noch bescheidenes Licht; in einer Novelle „Die Maurer" von Pissemsky ist davon ausführlich die Rede. Namentlich in den westlichen Gouvernements soll die Freimaurerei nie ganz zu bestehen aufgehört haben. In Kiew, Poltawa, Odessa, Wilna und Schitomir sowie in anderen ukrainischen Städten gab es, nach Angaben von Boris Telepnef und Emil Kipa, gegen Ende des 19. Jahrhunderts mehrere Logen. 1900 sprach man in diesen von der Gründung einer Ukrainischen Großloge. Diese konnte aber erst 1919, während des kurzen Bestandes der unabhängigen ukrainischen Republik, in Proskurow für wenige Monate ins Leben treten.

Gründungen im 20. Jahrhundert.

Seit 1906 hatte auch in Moskau und Petersburg neues freimaurerisches Leben gekeimt. Als der eigentliche Wiedererwecker ist der große Gelehrte Maxim Kowalewsky (s. d.) Professor des öffentlichen Rechts in Moskau, 1906 Abgeordneter zur zweiten Duma, anzusprechen, der 1887 einer der Gründer der Pariser Loge „Cosmos" gewesen war und 1906 vom Grand Orient de France ein Patent zwecks Gründung von Logen in Moskau und Petersburg erhielt. Deren Einsetzung erfolgte 1906 und 1907 unter Beachtung der notwendigen Vorsichtsmaßnahmen (Moskau: „Renaissance", Petersburg: „Polarstern"). Der Duma-Abgeordnete Kedrin (s. d.) und Professor Nikolaus Bajenoff (s. d.) und andere hochangesehene Russen, meist Angehörige der Partei der konstitutionellen Demokraten (Kadetten), die ebenfalls in Frankreich Maurer geworden waren, waren unter denen, die darangingen, die Bauhütten im zaristischen R. wieder aufzurichten. Spitzen der freiheitlich gesinnten bürgerlichen Intelligenz traten diesen und weiteren Logen bei, die in Bälde entstanden (in Petersburg insgesamt drei, in Moskau zwei, je eine in Kiew und Odessa): Duma-Abgeordnete, Senatoren, Wissenschaftler, Advokaten, Schriftsteller. Eine der Logen bestand ausschließlich aus fortschrittlich gesinnten Offizieren, eine andere nur aus Deputierten. Ein sechsgliedriger Rat hielt den Zusammenhang aufrecht. Aber bereits 1909/10 stellte man die Arbeit ein, die russische Geheimpolizei entfaltete allzu rege Tätigkeit. Später fand man sich wieder zusammen, auch wagte es Baron A. W. von Kridener, 1912 in Moskau öffentlich eine Schrift erscheinen zu lassen: „Wer sind die russischen Freimaurer, und welche Ziele verfolgen sie?" Im Laufe des Krieges wurde die Kontrolle wieder weniger streng. 1917 existierten in ganz R. etwa 30 — bürgerliche Elemente umfassende — Bauhütten.

Die Feindschaft der Sowjets.

Diese verschwanden aufs neue, als die Sowjets ans Ruder kamen, die sich sofort äußerst feindlich gegen die Freimaurerei stellten. Beleg dafür ist folgender Beschluß des vierten Kongresses der Kommunistischen Internationale: „Es ist unbedingte Notwendigkeit, daß die führenden Organe der Partei alle Brücken abbrechen, die zum Bürgertum führen, und deshalb auch einen radikalen Bruch mit der Freimaurerei vollziehen. Der Abgrund, der das Proletariat vom Bürgertum trennt, muß der kommunistischen Partei voll zum Bewußtsein gebracht werden. Ein Bruchteil der führenden Elemente der Partei hat versuchen wollen, über diesen Abgrund maskierte Brücken zu schlagen und sich der freimaurerischen Logen zu bedienen. Die Freimaurerei ist die unredlichste und infamste Prellerei des Proletariats seitens eines nach der radikalen Seite neigenden Bürgertums. Wir sehen uns gezwungen, sie bis aufs äußerste zu bekämpfen" (s. Bolschewismus).

Infolgedessen gibt es in R. keine Freimaurerlogen. Solche existieren aber in den Zentralen der russischen Emigration in Paris, Berlin, London, Kairo usw. In Paris sind mehrere Logen, die der Grande Loge de France angehören, unter einem „Konsistorium" vereinigt, auch arbeiten zwei Bauhütten unter dem Grand Orient de France.

Rußland, Herrscher.

1. Peter III., Kaiser von Rußland, * 1728, † 1762, war mutmaßlich Freimaurer. Er errichtete (nach Boris Telepnef, „An Outline of the History of Russian Freemasonry", London 1928) eine Loge in seiner Residenz Oranienbaum und schenkte der Petersburger Loge „Zur Beständigkeit" ein Haus. Eine Bauhütte entstand auch im Kreis seiner Favoriten; zu ihren Mitgliedern zählte der Erzpriester Andreas, Kaplan des Garderegiments Preobraschensky. P. trat ganz offen als Protektor der russischen Maurerei hervor.

2. Paul I., Kaiser von Rußland seit 1796, * 1754, † 1801, gehörte dem Bund an; ein in den Kaiserlichen Archiven im ehemaligen russischen Polizeiministerium aufbewahrt gewesenes Dokument erwies, daß er als Großfürst von Elegin (s. d.) eingeweiht worden war (vergl. Telepnef). Seine mystischen Neigungen ließen ihn sich namentlich für die Moskauer Rosenkreuzer interessieren. Als er den Thron bestiegen hatte, erwies er anfänglich Freimaurern seine Gunst; u. a. ließ er den von seiner Mutter Katharina II. eingeker-

kerten Nowikow (s. d.) frei. Bald aber wurde er anderen Sinnes. Er interessierte sich nur mehr für den Malteserorden und ließ die Wiedereröffnung der Freimaurerlogen nicht zu.

3. Alexander II., Kaiser von Rußland, * 1777, † 1825, brachte zuerst der Freimaurerei lebhaftes Interesse entgegen, gestattete die Wiederaufnahme der Arbeiten, trat selbst dem Bunde bei*), sah in diesem ein Mittel zur Erreichung seiner Ziele (namentlich auch in Polen), bekundete dann aber, als sich in ihm der vollständige Gesinnungswandel vom freidenkenden Monarchen zum düsteren Mystiker vollzog, als er der „Einsiedler auf dem höchsten Thron der Welt" wurde, nicht zuletzt unter dem Einfluß Metternichs, des Mönches Photius und des Gouverneurs der Ostseeprovinzen, Marquis Paulucci, eine feindliche Einstellung und verbot die Freimaurerei 1822.

Ruß-Suchard, Karl, * 1838, † 1925, schweizerischer Wirtschaftsführer, seit 1884 Chef der Schokoladenfabrik Suchard, entwickelte diese zu einer Weltfirma, zeichnete sich als Industrieller durch sein soziales Empfinden aus, Philantrop, war Meister vom Stuhl der Loge „Bonne Harmonie" in Neuchâtel und Großbeamter der Großloge „Alpina".

Rutowsky, Friedrich August, Graf v., natürlicher Sohn des Königs August des Starken von Polen, Kurfürsten von Sachsen, * 1702, † 1764, kursächsischer Generalfeldmarschall und Gouverneur von Dresden, begründete 1738 die Loge „Aux trois Aigles blancs" (nach dem polnischen weißen Adler!) in Dresden und wurde dadurch der Begründer der Freimaurerei in Sachsen. Er selbst war Meister vom Stuhl und wurde, nachdem aus der Loge weitere Bauhütten hervorgegangen waren („Aux trois Glaives d'Or", „Aux trois Cygnes"), am Johannisfest 1741 zum Großmeister des Distrikts Obersachsen gewählt. Während des österreichischen Erbfolgekrieges war er Gouverneur des besetzten Prag und stand hier mit böhmischen Freimaurern in Verbindung. Die Geschichte der Freimaurerei in Böhmen ist in ihren Anfängen ziemlich ungeklärt. Es besteht die Möglichkeit, daß es R. war, der auf die ersten Logengründungen in Prag bestimmenden Einfluß nahm. Daß er die Anregung zur Bildung von Logen, z. B. der „Sincérité" in Leitmeritz, gab, steht fest.

Ryiti, Risto, Präsident der Bank von Finnland, wurde anläßlich der Gründung der Großloge von Finnland deren Groß-Schatzmeister.

Rylands, William Harry, englischer Altertumsforscher, * 1847, † 1922, in der Loge „Faith and Unanimity" in Dorchester aufgenommen, war dann Meister vom Stuhl der Londoner „Lodge of Antiquity" Nr. 2 und Großbeamter der Großloge von England, Mitbegründer und Meister vom Stuhl der Londoner „Quatuor Coronati Lodge Nr. 2076", bedeutender freimaurerischer Historiker, befaßte sich vornehmlich mit der Vorgeschichte der englischen und französischen Freimaurerei.

S

Saal der verlorenen Schritte (frz. Salle des Pas Perdus). Diese freimaurerische Bezeichnung stammt aus dem profanen Sprachgebrauche: Vorraum vor dem Audienz- oder Sitzungssaal, so z. B. im Genfer Rathaus, in der französischen Deputiertenkammer und dem Pariser Justizpalast. Mackeys Enzyklopädie sagt: die freimaurerische Bezeichnung rührt daher, daß jeder Schritt, der vor dem Eintritt in die Bruderschaft oder nicht in Übereinstimmung mit ihren Satzungen getan wird, symbolisch als verloren anzusehen ist. In französischen Logen wird das Parvis, der Vorraum des Tempels, als S. d. v. S. bezeichnet. In Ungarn hat dann die Freimaurerei die Bezeichnung in diesem Sinn übernommen. Von dort aus ist sie auch in Wien heimisch geworden. In Deutschland unbekannt.

Sabbithengrad, von dem Stuttgarter Stuhlmeister und Theosophen Joh. Baptist Krebs (s. d.) (Pseudonym Kerning) geschaffene, in freimaurerische Ritualform gekleidete Lehre („Unterricht zur Sabbathfeier"), die auf der Philosophie des Aristoteles fußte. Gott selbst ist nach dieser Lehre willenlos, der schöpferische Mensch kann neue Ideen formen und sich so der Gottheit nähern. Eigenartig ist die Setzung von Ton = Kraft. Angelpunkt ist hierbei die Logoslehre des Evangeliums Johannis, Gott = Wort, bei Krebs das Wort weiter = Ton. Der S. will eine Einführung in die Philosophie geben. Sätze und Wörter (Begriffe) werden in Töne übergeführt und als solche empfunden. Die Töne sind Teile der Urkraft, diese ist die gesuchte Einheit (Gott). Das Buchstabieren ist das erzieherische Mittel. Das Ritual wurde 1922 von Konrad Stetter aus dem Manuskript in der „Latomia" (Nr. 9/10, S. 98, mit Fußnoten von A. Weng) veröffentlicht.

Sac des Propositions (frz.), in französischen Logen während der Arbeiten herumgehender Beutel, in welchen von den Brr. Vorschläge usw. niedergelegt werden können.

Sacher-Masoch, Leopold, Ritter v., österreichischer Schriftsteller, Romancier und Novellist, * 1835, † 1895, schildert in dem historischen Lustspiel „Der Mann ohne Vorurteile", in dessen Mittelpunkt der berühmte aufgeklärte österreichische Freimaurer Son-

*) Nach Friedrichs, „Geschichte der einstigen Maurerei in Rußland", 1904, war A. nicht Freimaurer, sondern Illuminat; Telepnef bestätigt die Zugehörigkeit des Zaren zur Freimaurerei, ebenso Kipa, Warschau.

nenfels (s. d.) steht, der eine Zeitschrift dieses Namens herausgab, das Ringen der Wiener Freimaurer der theresianischen Zeit um geistige Freiheit und ihren erfolgreichen Kampf gegen die sie bedrängenden Jesuiten.

Sachs, Karl Ernst August, Prof. Dr. phil., deutscher Sprachforscher und Lexikograph, * 1829, † 1909, Schöpfer des großen „Enzyklopädischen Wörterbuchs der französischen Sprache" (Sachs-Villatte), wurde 1854 in der Loge „Friedrich Wilhelm zur gekrönten Gerechtigkeit" in Berlin aufgenommen, schloß sich später der Loge „Friedrich zur Tugend" in Brandenburg an, deren Stuhlmeister er von 1877—1887 war, und trat schließlich zur Potsdamer Loge „Teutonia zur Weisheit" über.

Sachsen, deutscher Freistaat, früher Königreich. Der Begründer der Freimaurerei in S. ist der Generalfeldmarschall Graf von Rutowski (in der Freimaurerei Chevalier de l'Aigle), ein natürlicher Sohn Augusts des Starken. Er begründete 1738 in Dresden (s. d.) die in französischer Sprache arbeitende erste sächsische Loge „Aux trois Aigles blancs" (vom polnischen weißen Adler!), deren Hammer er führte. Zu den Mitbegründern gehörte auch der Generalmajor Baron von Albedyll, durch dessen Vermittlung Friedrich der Große den Weg zur Freimaurerei fand. Die Loge hatte bereits im ersten Jahre ihres Bestehens etwa hundert Mitglieder, die meist dem Hofadel angehörten, so daß bald nachher eine zweite Bauhütte, „Aux trois glaives d'or", ins Leben gerufen wurde. Die im gleichen Jahr veröffentlichte Bulle Clemens XII. hatte auf die Entwicklung der Freimaurerei wenig Einfluß. Am 2. Juli 1741 wurde auf Anregung des Barons von Vitzthum mit englischem Patent die erste sächsische Provinzial-Großloge (von Obersachsen) begründet, deren Großmeister Rutowski wurde. Der Stiftungsbrief für diese Provinzial-Großloge (sie hieß, wie die erste Loge, „Aux trois Aigles blancs") war schon früher dem Erbmarschall von Thüringen, Heinrich Wilhelm von Marschall, erteilt worden. Dieser machte aber keinen Gebrauch davon. Dritte Gründungsloge war die kurz zuvor entstandene Dresdener Loge „Aux trois Cygnes". In der nächsten Zeit vermehrte sich die Zahl der sächsischen Logen rasch. 1741 bildete sich in Leipzig die Bauhütte „Aux trois Compas". Sie schloß sich der Provinzial-Großloge an. Später kamen zum obersächsischen Sprengel die Altenburger Loge „Aux trois planches à tracer" und die Logen in Sachsenfeld und Nossen („Aux trois Equerres") hinzu. 1746 wurde in Leipzig als deutschsprechende Loge die „Minerva" gestiftet, die sich später mit den drei Kompassen vereinigte.

Von besonderer Bedeutung wurde S. für die Entwicklung der Strikten Observanz, deren Wiege auf sächsischem Boden stand. Sächsische Freimaurer nahmen in diesem System prominenteste Führerstellen ein, auf dem Konvent von Kohlo wurde Dresden als Sitz des dort gegründeten Ordensdirektoriums bestimmt. Als dann aber die Reaktion auf diese Zeit der Verirrung erfolgte, wurde der Gedanke der Rückkehr zur reinen unverfälschten Freimaurerei in S. mit besonderem Nachdruck verfochten.

In Dresden entstand 1761 oder 1762 die Loge „Aux Trois Grenades" oder „Aux Trois Pommes de Grenade" (Drei Weltkugeln). Sie nahm 1764 das System der Strikten Observanz an, vereinigte sich 1766 mit der Loge „Aux trois glaives d'or", scheint aber bis 1787 noch selbständig weiterbestanden zu haben. Von 1764—1767 war in Dresden eine französische Loge „Edouard" in Arbeit, die sich 1766 mit einer Loge der Strikten Observanz „St. Jean des Voyageurs" vereinigte. Ebenso wurde 1765 in Dresden über Wunsch des Heermeisters v. Hund eine Loge für fremdsprachige Brr. errichtet, „L'Etrangère", deren Meister vom Stuhl Graf H. v. Brühl war.

Über die Logengründungen in Leipzig s. d.

Schwierigkeiten erwuchsen der Freimaurerei naturgemäß während des Siebenjährigen Krieges. Die meisten Logen mußten in dieser Zeit die Arbeit einstellen; die Provinzial-Großloge ging in den Kriegsstürmen unter. Angesichts der schweren Hungersnot, die in den folgenden Jahren über das Erzgebirge hereinbrach, riefen sächsische Freimaurer 1772 eine „Deputation der Freimaurer in Chursachsen für das Armut" ins Leben, die in einem Jahre den für die damalige Zeit namhaften Betrag von achtzehntausend Talern für die notleidende Bevölkerung aufbrachte. Ebenfalls im Jahre 1772 begründeten die Dresdener Freimaurer über Anregung des Pfarrers Raschig ein „Waiseninstitut für die notleidende Bevölkerung der Dresdener Friedrichstadt", aus der sich das heute noch bestehende Freimaurerinstitut, eine musterhaft geleitete Knabenerziehungsanstalt mit Gymnasialunterricht, entwickelt hat.

Feßler, dessen maurerische Arbeiten der Freimaurer Gerlach in Freiberg druckte, kam durch wiederholte Aufenthalte in dieser alten Bergstadt in innige Beziehung zur 1798 von der Berliner Großen Landesloge gestifteten Loge „Zu den drei Bergen". Er veranlaßte sie, sich der Großloge Royal York anzuschließen. Von Freiberg ging die Idee eines „Ephorats des Großen Freimaurervereins" aus, das 1801 den „Entwurf eines Planes zu einem Freimaurerverein sämtlicher Logen in Kursachsen" versandte. Als Feßler in Berlin austrat und sich bei der Freiberger Loge affiliieren ließ, kam es zu einem Konflikte zwischen dieser und der Großloge „Royal York". Schließlich wurde die Loge 1805 ausgeschlossen. Sie erkärte sich für „vorderhand unabhängig und indeperdent".

1805 regte die L. „Zu den drei Flammen" in Plauen bei der Dresdener Schwerterloge an, „die zahlreichen vaterländischen Logen und Bbr. vom ebenso entbehrlichen wie lästigen Einfluß auswärtiger Großlogen zu befreien und sie alle durch einen Bund zu vereinigen". Dieser Plan eines Großen Freymaurer-Logen-Vereins wurde wiederholt erörtert, aber nicht verwirklicht.

Erst 1811 wurde an die Gründung einer

Großloge geschritten, die ihren Sitz in Dresden erhielt. Zum Ersten Großmeister der Großen Landesloge von Sachsen wurde der freimaurerische Reformator Oberhofmarschall Freiherr von Racknitz gewählt, der sich als Stuhlmeister der Dresdener Loge „Zu den drei Schwertern" große Verdienste um den Kampf gegen die abwegigen Systeme erworben hatte. (Bis zu welchem Grad die Dinge eine Zeitlang gediehen waren, erhellt aus dem traurigen Wirken des Schwindlers Schrepfer (s. d.) in Leipzig und Dresden.) 1815 folgte als Großmeister Generalleutnant Heinrich W. von Zeschau. Die Entwicklung der jungen Großloge wurde eine Zeitlang durch separatistische Absichten der Leipziger Logen gestört (über die dortige Entwicklung s. Leipzig), die den Plan einer eigenen Obedienz erwogen. 1837 kam eine vorher oft erörterte Frage zur Lösung. Ein zwei Jahre vorher von der Loge „Apollo" gestellter Antrag, jüdische Freimaurer zum Besuch zuzulassen, wurde angenommen, allerdings mit Vorbehalt jener Logen, die nach ihrer Lehrart auf Christen sich beschränkten.

Eine führende Persönlichkeit erstand der Großloge in der Person des Dresdener Theaterdirektors Karl Gottfried Theodor Winkler, der 1841 sein Amt antrat. In die Zeit seines Wirkens fallen die schweren Angriffe des fanatischen Denunzianten Eckert (s. d.) gegen den Freimaurerbund und in deren Gefolge Debatten über die Freimaurerei in den beiden sächsischen Volksvertretungen. Eckert, Advokat in Dresden und Herausgeber der „Freimütigen Sachsenzeitung", der in zahllosen Artikeln und Schriften das Märchen von der revolutionären Tätigkeit der Freimaurerei auftischte, verlangte 1852 in Eingaben, man möge den Freimaurerorden aufheben „als nach Organismus und nach Wirksamkeit unverträglich mit dem Staatswohl". Nach Aufforderung der Kgl. Kreisdirektionen Dresden und Leipzig rechtfertigten sich die Logen in einer Schrift. Eine demokratische Rede aber, die der Freimaurer Archidiakonus Dr. Fischer 1849 gehalten und die das Mißfallen der Reaktion erregt hatte, verschärfte die Lage. Dennoch wiesen die beiden Kammern 1852 die Eingaben ab, formal wegen beleidigender Ausdrücke, sachlich, weil die Regierung zusagte, daß sie „nach Rechten und Umständen gemäße Entschließungen" fassen, vorher aber in Preußen, Hannover und Bayern sich erkundigen wolle. Die Debatten veranlaßten den Kriegsminister v. Rabenhorst, am 14. April 1852 Offizieren und Mannschaften der sächsischen Armee den Logenbeitritt zu verbieten. — Eckert hatte in einem Memorial an den König auch behauptet, daß in den Ministerien nur Revolutionäre angestellt würden. Eine Untersuchung gegen ihn wurde im Gnadenweg eingestellt, worauf er S. verließ. Die sächsischen Logen blieben weiterhin unbehelligt. Nur das Verbot des Kriegsministers blieb bestehen. Erst 1908 verfügte König Friedrich August die Aufhebung der Verordnung. Die argwöhnische Haltung der Regierung in der Ära der Eckertschen Denunziationen kam auch zum Ausdruck bei Ernennung des Stuhlmeisters der Loge „Zum goldenen Apfel", Schwarze, zum Oberstaatsanwalt, der gezwungen wurde, die Loge zu decken (1856).

Ein ganz besonders wichtiger Impuls ging von dem 1864 zum Großmeister gewählten Medizinalrat Warnatz (s. d.) aus. Auf seine Anregung hin fand 1868 in Berlin ein Deutscher Großmeistertag statt, dem 1869 ein weiterer in Dresden folgte. Nachdem der Großmeistertag in Hamburg die allgemeinen Grundsätze beraten hatte (1870), folgte 1872 die Gründung des Deutschen Großlogenbundes in Berlin. Warnatz erlebte diesen Erfolg seiner unermüdlichen Tätigkeit nicht. Er starb am Vorabend der Berliner Tagung. Während der 51 Jahre des Bestehens des Deutschen Großlogenbundes als Bindeglied aller deutschen Großlogen stand die Großloge von Sachsen im Verein mit den anderen humanitären deutschen Großlogen in schöner Gesinnungsgemeinschaft. 1924 folgte sie den altpreußischen Logen, indem sie aus dem deutschen Großlogenbunde austrat. Die Freie Vereinigung der fünf unabhängigen Logen, die in den allerletzten Jahren des Bestehens des Deutschen Großlogenbundes in diesem ebenfalls ihre Vertretung hatte, gründeten 1924 eine eigene Großloge unter dem Namen „Deutsche Bruderkette" (mit Sitz in Leipzig). Somit sind heute in Sachsen zwei Großlogen beheimatet:

1. Die Große Landesloge von Sachsen, mit dem Sitze in Dresden, Ostraallee 15. Sie umfaßt 45 Logen mit (1930) 7200 Mitgliedern.

2. Die Große Deutsche Bruderkette mit dem Sitze in Leipzig. Diese hat 1930 10 Logen mit 1910 Mitgliedern. Jede der beiden Großlogen gibt ein Mitteilungsblatt heraus: „Mitteilungen der Großen Landesloge von Sachsen" und „Mitteilungen aus der Großloge Deutsche Bruderkette".

In Dresden und Leipzig und anderen sächsischen Orten arbeiten, wie in ganz Deutschland, auch Logen der anderen deutschen Systeme.

Beachtenswert sind die Wohlfahrtseinrichtungen der Dresdener Logen. So das Freimaurerinstitut (s. d.) und die vom „Schwerterverein" unterhaltenen Freimaurererholungsheime in Rehefeld, Teplitz und Eckernförde.

Der Verein deutscher Freimaurer (s. d.) hat seinen Sitz in Leipzig.

An allen geistigen Erscheinungsformen der Freimaurerei haben die sächsischen Freimaurer regsten Anteil gehabt. Sie haben der deutschen Freimaurerei eine Reihe der hervorragendsten Vertreter gestellt. Erinnert sei hier neben Krause und Mossdorf an Rudolf Seydel und Findel, Robert Fischer und Oswald Marbach (s. diese alle), der lange Jahre seines Lebens im engsten Zusammenhang mit der sächsischen Freimaurerei wirkte. Von lebenden freimaurerischen Schriftstellern seien genannt Bischoff und Schwabe, die beide in Leipzig leben, Wagler, Kretschmer in Gera usw. Eine der wertvollsten Freimaurerbibliotheken befindet sich im Besitze der Leipziger Loge „Minerva". Die sächsische Freimaurerei hat auch das Verdienst, durch lange Jahre Suchenden aus den österreichischen Erblanden, besonders aus Böhmen, die Aufnahme in den Bund ermöglicht zu haben. Sie hat u. a. der böhmischen Freimaurerei in Jahn (s. d.) und Girschick (s. d.) die Führer gestellt. Die geistige Regsamkeit des Sachsen hat der deutschen Freimaurerei Werte gegeben, die ihren numerischen Anteil an der deutschen Freimaurerei weit übertrifft.

Sachsen-Altenburg, s. Fürsten, Deutsche.

Sachsen-Coburg und Gotha.

1. Leopold I., König der Belgier, s. Belgien.

2. Ernst II., Herzog, Neffe des Vorigen, * 1818, † 1893, Förderer aller auf nationale Einheit gerichteten Bestrebungen, schriftstellerisch und auf musikalischem Gebiet tätig, war seit 1857 Mitglied der Loge „Ernst zum Compass" in Gotha. Er trat dem Bund in einer Zeit bei, da dieser schweren Angriffen auch in Deutschland ausgesetzt war. Er sah in ihm für die Nation „eins der vorzüglichsten Mittel, um den Stand ihrer schwer errungenen geistigen Freiheit gegen eine Rückkehr der alten Finsternis zu bewahren" und für die Menschheit „eine kräftige Verteidigung ihres Werts und ihrer Rechte gegen Vorurteil und Selbstsucht". (Brief an die Großloge von Hamburg vom 8. März 1857.) Bald nach seiner Aufnahme wurde er als Stuhlmeister an die Spitze der Loge gestellt. Er behielt dieses Amt bis zu seinem Lebensende bei und war ein sehr tätiges Glied der Kette, das die sittlichen Pflichten eines Freimaurers mit denen des Fürsten identifizierte. Er wünschte, daß das Freimaurertum, das in einer früheren Epoche „die Charakteristik des Zeitgeistes gab", wieder mehr mit der Zeit gehe, „auch jetzt die höchsten Ideen des Fortschritts" verkörpere, als „freie Gemeinde von Gleichgesinnten, unabhängig von Staat und Kirche, dem Vorwärtsstrebenden eine leitende Hand, dem geistig und körperlich Gedrückten ein helfender Bruder, edel im Wollen, frei im Denken und freudig zur Tat!" Wie für die Einheit Deutschlands, trat der Herzog nach der Reichsgründung auch für den Zusammenschluß der deutschen Freimaurerei, eine Einheitsgroßloge „der Eintracht und des Friedens" ein. 1882 verlieh er seiner Loge das Protektorium.

Sachsen, Fürsten.

Zwei Söhne des Kurfürsten Friedrich August II. (König August II. von Polen) waren Freimaurer.

1. Prinz Karl Christian Josef, * 1733, † 1796, von 1758—1763 Herzog von Kurland, seit 1772 tätiges Mitglied (Superior et Protector Ordinis in Saxonia) der Strikten Observanz, mit kritischem Sinn für deren Gebrechen, Förderer der Reformbestrebungen. An den Arbeiten der Dresdner Loge „Zu den drei Schwertern" beteiligte er sich mit großem Interesse. Trotz allem Hang zum Mystizismus, der ihn dem Schwindler Schrepfer (s. d.) in bedenklicher Weise aufsitzen ließ, verlor er nicht den Blick für den wahren Charakter der Freimaurerei.

2. Albert Kasimir, Herzog von Sachsen-Teschen, Bruder des Vorigen, Schwiegersohn des Kaisers Franz I. und Maria Theresias, * 1738, † 1822, kaiserlicher Feldmarschall, Statthalter in Ungarn, dann in den Niederlanden, 1764 in der Loge „Zu den drei Schwertern" aufgenommen, war eifriger Anhänger der Strikten Observanz.

Sachsen-Gotha und Altenburg (s. auch Fürsten, Deutsche).

Ernst II., Herzog seit 1772, * 1745, † 1804, aufgeklärter toleranter Fürst, wissenschaftlich und künstlerisch sehr interessiert. 1774 in Gotha in den Bund aufgenommen, nahm er eifrig an den Arbeiten der dortigen Loge „Zum Rautenkranz" (vorher „Kosmopolit") teil. 1775 wurde er Landes-Großmeister der Berliner Großen Landesloge. Leider blieb sein Streben nach Zusammenschluß der deutschen Freimaurerei vergeblich. Als seine Bemühungen, seine Obedienz mit der Strikten Observanz zusammenzuschließen, sich als vergeblich erwiesen, legte er sein Amt 1777 nieder. E. war auch Illuminat („Timoleon") und bewies dem Stifter des Ordens, Weishaupt (s. d.), in der Zeit der Verfolgungen seltene Treue. Bezüglich seiner hinterlassenen freimaurerischen Dokumentensammlung (darunter wertvolle Illuminatenakten und der maurerische Nachlaß von Bode) s. Schwedenkiste.

Sachsen-Meiningen, s. Fürsten, Deutsche.

Sachsen-Weimar.

1. Karl August, Herzog v., seit 1815 Großherzog, * 1757, † 1828, der Freund Goethes. Schon seine Mutter Anna Amalia war eine Gönnerin der ihren Namen tragenden Weimarer Loge. Als am 3. September 1775 Karl August die Regierung übernahm, versprach er „dem Br. v. Klinkowström durch Handschlag den gleichen Schutz, dessen sich die Loge unter der Regentschaft der Herzogin Amalia erfreut hatte". (S. „Aus der Geschichte der Loge ‚Amalia'" in der Festschrift der Loge, 1926.) Die Loge nahm an den Vorgängen im herzoglichen Hause innigen Anteil. So feierte man 1779 die Geburt einer Prinzessin durch eine Festloge. In dieser wurde auch Bode (s. d.) als besuchender Br. begrüßt. Ihm war es vergönnt, im Jahre 1780, am Vorabend des Johannisfestes, Goethe in den Bund aufnehmen zu dürfen, und am 5. Februar 1782 in Begleitung des Herzogs Ernst v. Gotha den Herzog K. A. zur Aufnahme in den Bund vorzubereiten. Am gleichen Tage wurde dieser aufgenommen. Befördert wurde er am 2. März 1782 und am gleichen Tage mit Goethe zum Meister erhoben. Am Johannistage 1782 wurde die letzte Arbeit der Loge gehalten. Dann ruhte sie im Zusammenhang mit dem Zusammenbruch der Strikten Observanz bis 1808. Die Wiedereinsetzung erfolgte auf Initiative des Herzogs. Am 9. September 1809 führte er ihr seinen zweiten Sohn, den Prinzen Bernhard, zu (s. unten). Bis zu seinem Lebensende war K. A. dem Bunde treu. Die Trauerloge zu seinem Gedenken wurde am 3. September 1828 gehalten mit einer Gedächtnisrede des Kanzlers v. Müller.

2. Karl Bernhard, Herzog v., * 1792, † 1862, Generalleutnant (in holländischen

Diensten), Gouverneur von Ostflandern, Divisionär, Militärgouverneur in Java, wurde 1809 in Weimar in der L. „Amalia" aufgenommen.

Sackreuter, Karl Albert Joseph, deutscher Freiheitskämpfer, * 1821, † 1899, mußte 1848 flüchten, lebte dann in Nordamerika. Er wurde 1844 in der Frankfurter Loge „Sokrates zur Standhaftigkeit" aufgenommen, war dann Mitglied der Brooklyner „Copernicus Lodge" Nr. 545, 1869—1872 deutscher Deputierter Distrikts-Großmeister der Großloge von New York.

Sackville, Charles, ältester Sohn des Lionel Cranfield S., siebenter Earl und erster Herzog v. Dorset, * 1710 oder 1711, † 1769, bis zu seinem neunten Lebensjahre Lord Buckhurst, nach der Rangerhöhung seines Vaters im Jahre 1720 bekannt als Earl of Middlesex, folgte seinem Vater als Duke of Dorset 1765. Er gilt als Gründer einer Loge in Florenz (1733). Da S. beim Verlassen seiner Heimat erst 19 Jahre alt, daher nach den „General Regulations" ohne Dispens des Großmeisters nicht aufnahmsfähig war, gehen die Meinungen über seine Aufnahme auseinander. Es wird behauptet, daß er als Freimaurer in England aufgenommen wurde und dann in Florenz die Loge begründete, die andere Meinung geht dahin, daß er in der Florentiner Loge die Freimaurerweihe empfing. Daß S. in Florenz war, steht nach dem Tagebuche seines Reisebegleiters Professor Josef Spence fest. An seine maurerische Tätigkeit erinnert eine seltene Medaille (s. Sackville-Denkmünze). Nach seiner Rückkehr aus Italien nach Irland nahm er eifrig an den Arbeiten der irischen Großloge teil.

Sackville-Denkmünze. Die auf den englischen Edelmann Sackville (s. d.) 1733 geprägte Medaille zeigt einen nach rechts gewendeten Porträtkopf des jugendlichen Lord mit der Umschrift: CAROLUS SACKVILLE MAGISTER FL (orentinus). Darunter: L. Natter, 1733. Die Reversseite unter der Inschrift AB ORIGINE die Figur des Harpokrates mit einer Lotuskrone, der den Finger auf den Mund legt und in der linken Hand ein Füllhorn trägt. Hinter der stehenden Figur maurerische Symbole: Kubus, Richtscheit, Hammer, Zirkel und Winkel, Thyrsusstab und Schlange. Darunter in zwei Zeilen: L. Natter Fec. Florent. So abgebildet in Zacharias, „Numotheca Numismatica Latomorum". Die überaus seltene Medaille ist erhalten in einer Silberprägung im British Museum, die Sammlung des Bodleian-Museum in Oxford besitzt ein Stück in Gold und eines in Silber. Über die Echtheit bestanden lange Zeit Zweifel. Durch die gründlichen Untersuchungen von Chetwode Crawley und Speth ist aber die Echtheit dieser ältesten Freimaurermedaille sichergestellt (A. Q. C., Band XIII, 1900).

Sadler, Harry, englischer freimaurerischer Geschichtsforscher und Schriftsteller, * 1840, † 1911, aufgenommen 1862 in der Lodge of Justice Nr. 147, Gründer und Stuhlmeister mehrerer Logen, Stuhlmeister der Quatuor Coronati Lodge Nr. 2076, Unterbibliothekar und Grand Tyler der Großloge von England, erwarb sich bedeutendste Verdienste um die Erschließung der Archive der Großloge und deren Nutzbarmachung für die freimaurerische Öffentlichkeit. 1887 erschien sein Hauptwerk „Masonic Facts and Fictions", in welchem er mit der Anschauung aufräumte, es habe sich bei der Gründung der Großloge der „Antients" im 18. Jahrhundert um ein Schisma im eigentlichen Sinn des Wortes gehandelt. Um diese Feststellung erhob sich eine heftige literarische Fehde, in der S. mit immer neuen aktenmäßigen Beweisen schließlich obsiegte. Von den weiteren Büchern, die S. im Verlauf von 20 Jahren veröffentlichte, sind wichtig: „Notes on the Ceremony of Installation"; „Thomas Dunckerley, his Life, Labours and Letters"; „Masonic Reprints and Historical Revelations"; Illustrated History of the Emulation Lodge of Improvement"; „History and Records of the Lodge of Emulation". S. Forschungen trugen auch viel dazu bei, die Persönlichkeit des lange verkannten Laurence Dermott ins rechte Licht zu rücken.

Saffi, Aurelio, Graf, * 1819, † 1890, Abgeordneter zur römischen Konstituante von 1849, Innenminister, dann Triumvir. Nach dem Sturz der Republik Emigrant, im Ausland Seele der verschiedenen Mazzinianischen Komitees. 1860 nach Italien zurückgekehrt, wiederholt Deputierter, Herausgeber der Werke Mazzinis, Professor an der Universität Bologna. S. war eifriger Freimaurer.

Sagasta, Praxedes Mateo, spanischer Staatsmann, * 1827, † 1903, Führer der liberalen Partei, Ministerpräsident, war 1876—1881 Großmeister des Großorients von Spanien.

Sagesse, Force, Beauté (frz.), Weisheit, Stärke, Schönheit.

Saint Aldwyn, erster Viscount, Michael Edward Hicks-Beach, englischer Staatsmann, * 1837, † 1916, wiederholt Kolonial- und Handelsminister, Schatzkanzler, Staatssekretär für Irland, wurde 1884 Großbeamter der Großloge von England.

Saint-Florentin, Louis de, Graf, * 1705, † 1767, Minister Ludwigs XV., Protestantengegner, wurde einer Meldung der Londoner „St. James Evening Post" vom 20. September 1735 zufolge kurz vorher vom Herzog von Richmond und Desaguliers anläßlich der Einsetzung der Loge an der Rue de Bussy in Paris in Gegenwart des englischen Gesandten Waldegrave und Montesquieus in den Bund aufgenommen. Als in den vierziger Jahren der König heftigen Unwillen gegen die freimaurerische Tätigkeit bekundete und die Einstellung der Arbeiten verlangte, teilte S.-F. diesen Befehl wiederholt den Intendanten mit. Aus solchem Schreiben geht aber mit aller Deutlichkeit hervor, daß der selbst für seine Zeit außerordentlich klerikale Minister trotz der päpstlichen Bannbulle in der Tätigkeit der Freimaurerei nichts dem Staate oder der Religion Schädliches zu erblicken vermochte.

Saint-Germain, Graf von, Abenteurer unbekannter Herkunft im 18. Jahrhundert, von manchen als Sohn der Witwe Karls II. von Spanien, Maria, von anderen wiederum als portugiesischer Jude bezeichnet, gab vor, tausend Jahre alt zu sein und über Zauberkräfte zu verfügen. Hatte durch sein gewinnendes Äußere, sein ungewöhnliches Gedächtnis an den

Höfen Europas große Erfolge, wurde vom Marschall Belle-Isle eingeführt, Günstling Ludwigs XV., flüchtete dann nach England, fand auch dort in die besten Kreise Eingang, ging nach Rußland, nahm dort an der Revolution von 1762 teil, gewann zuletzt auf den Landgrafen Karl von Hessen Einfluß, behauptete auch in die höheren Grade der Freimaurerei eingeweiht zu sein. Cagliostro bezeichnete sich mit Vorliebe als seinen Schüler. Nach Lantoine gründete er Logen in Ermenonville (Frankreich), die auch Frauen zuließen, über die jedoch sonst nichts bekannt ist. St.-G. starb 1784 auf Schloß Gottorp in Schleswig beim Landgrafen Karl von Hessen-Kassel.

Saint John's Card, die alljährlich zum Winterjohannisfest (27. Dezember) von der „Quatuor Coronati Lodge Nr. 2076" in London versendete Kunstbeilage, die neben einem seltenen Stich den Neujahrswunsch des Meisters und das Mitgliederverzeichnis der Loge enthält.

Saint-Martin, s. Martin.

Saint-Nicaise und Anti-Saint-Nicaise.

1. „Saint-Nicaise oder eine Sammlung merkwürdiger maurerischer Briefe für Freymäurer und die es nicht sind." Aus dem Französischen, Frankfurt a. M., Fleischer, 1785.

2. „Anti-Saint-Nicaise. Ein Turnier des 18. Jahrhunderts, gehalten von zwey Tempelherren, als etwas für Freymaurer und die es nicht sind", von Christian Friedrich Keßler, genannt v. Sprengseysen. Leipzig, Jacobäer 1786. Hiezu zahlreiche weitere Streitschriften.

St.-N. ist eine in Romanform gekleidete Schmähschrift gegen die Strikte Observanz und deren Führer, als deren Verfasser der Begründer des Klerikats, Starck (s. d.), erkannt wurde. Diese und die Gegenschriften haben für das Wissen um die Strikte Observanz große Bedeutung erlangt.

Salar eb Dauleh, Abu l'Fath Mirza, Prinz, * 1881, dritter Sohn von Muzaffer ed Din, Schah von Persien, Onkel des letzten Schah aus dem Hause Kadjar, Achmed, lebt im Exil in Haifa, entwickelt eifrige freimaurerische Tätigkeit, Präsident des Regional-Komitees der palästinensischen Logen unter ägyptischer Obedienz, deren mehrere seinen Bemühungen ihre Entstehung verdanken.

Salfi, Francesco, italienischer Schriftsteller, * 1759, † 1832, Professor der Philosophie an der Brera in Mailand, mußte 1814 nach Frankreich flüchten. Er erhielt 1811 von der Loge in Livorno einen Preis für eine Abhandlung „Dell' utilità della Franca-Massoneria sotto il rapporto filantropico e morale".

Salis-Seewis, Johann Gaudenz, Freiherr von, schweizerischer Dichter, * 1762, † 1834, Verherrlicher seiner Graubündener Bergheimat, war tätiges Mitglied der Churer Loge.

Salomo, König. Der biblische König S. gilt als der größte Bauherr der Heiligen Schrift in der Steinmetzenüberlieferung. Viele deutsche Dome haben ihn im Bildschmuck verewigt. Sein magischer Siegelring, auf dem sich das Sechseck befand, spielt in der Kabbala, im Talmud ebenso eine Rolle, wie in den Rosenkreuzerüberlieferungen und bei den Alchimisten.

Durch seine Verknüpfung mit der Bausage der Freimaurer ist er in deren Gestaltenschatz eingegangen. Sein Tempel wird gebaut, wenn sich der Freimaurer dem Werke der Humanität zuwendet, er ist das Sinnbild der strafenden und vollziehenden Gerechtigkeit, er ist der Schützer der Baukunst im Dienste der göttlichen Verehrung. In den Johannisgraden erscheint er als Person nur episodenhaft. Er wird im Zusammenhang mit der Bausage genannt. Um so größer ist seine Bedeutung in den Ausschmückungen der Bausage, wie sie die Hochgrade, besonders die des A. u. A. Schottischen Ritus aufweisen, wo er wiederholt als handelnde Ritualperson auftritt. Er führt die Mörder seines Baumeisters der verdienten Strafe zu, er sichert die Weiterleitung des Baues, er kennt den unaussprechlichen Namen Gottes und gibt ihn weiter.

Daß im Schwedischen Ritus der oberste Beamte als sein Stellvertreter, Vicarius Salomonis, erscheint, ist weiterer Beweis für den innigen Zusammenhang der Freimaurerei mit dieser zur Verkörperung der leitenden Bauidee gewordenen biblischen Persönlichkeit.

Salomon-Inseln (engl. Solomon Islands), Inselgruppe östlich von Neu-Guinea. Ein Teil wird vom australischen Staatenbund als Mandat des Völkerbunds verwaltet (früher zu Deutsch-Guinea gehörend), der andere bildet ein englisches Protektorat. Unter der Großloge von England arbeitet auf Tulagi eine Loge.

Salomonis Haus, s. Bacon, Francis.

Salomonis Procurator, s. Vicarius Salomonis.

Salomonis Siegel, s. Siegel Salomonis.

Salomonis Tempel, s. Tempel.

Salomonis Vicarius, s. Vicarius Salomonis.

Salon de la Crypte, erste französische freimaurerische Kunstausstellung, 1926 in der Krypta der Grande Loge in Paris. Albert Lantoine (s. d.) veröffentlichte darüber „L'Art et la Franc-Maçonnerie" (1926).

Salten, Felix, österreichischer Schriftsteller, führender Kritiker, * 1869, Bürger (ehrenhalber) der Stadt Wien, mit Romanen, Novellen, Essays sehr erfolgreich (u. a.: „Der Gemeine", „Kinder der Freude", „Vom anderen Ufer", „Die kleine Veronika", „Olga Frohgemuth", Martin Overbeck, „Simson", „Die klingende Schelle", „Herr Wenzel auf Rehberg", „Bob und Baby", „Bambi", „Fünfzehn Hasen", „Gute Gesellschaft", „Freunde aus aller Welt", „Das österreichische Antlitz", „Wiener Adel", „Neue Menschen auf alter Erde", Fünf Minuten Amerika"). S. ist Mitglied der Wiener Loge „Zur Wahrheit". Aus seinen Werken spricht fester Glaube an die Menschen, tiefe Liebe zu seiner österreichischen Heimat, offenes Zugehörigkeitsgefühl zu dem Volk, dem er entstammt, aufrichtige Religiosität.

Salt Lake City (Mormon City), Hauptstadt des Bundesstaates Utah der USA., Sitz der Großloge von Utah (Adresse: Grand Secretary, Masonic Hall). Die erste Loge in S. L. C. erhielt ihre Dispensation 1866 vom Großmeister von Nevada, legte diese aber zurück, da der Großmeister in einem Edikt, das er infolge des terroristischen Regimes der Mormonen an die Loge richtete, die Aufnahme der

Mitglieder dieser Sekte verbot. Die Bauhütte (sie hieß „Mount Moriah") erhielt dann 1867 die Arbeitsbewilligung vom Großmeister von Kansas. Ihr folgten im selben Jahr unter der Großloge von Montana die Loge „Wasatch", 1871 die Bauhütte „Argenta" unter Colorado. Diese drei Bauhütten riefen 1872 die Großloge von Utah ins Leben. Die Aufnahme von Mormonen ist in dieser Großloge verboten. Obwohl unter den ersten Führern der Mormonenbewegung zahlreiche Freimaurer waren, besteht zwischen dieser Sekte und den amerikanischen Freimaurern ein starker Antagonismus (s. Mormonen).

Salus, Hugo, * 1866, † 1929, deutschböhmischer Arzt und Dichter („Ehefrühling", „Glockenklang" u. a. m.), ein Lyriker zartester Stimmungen, der auch als Novellist bestes leistete, war Mitglied der Prager Loge „Hiram zu den drei Sternen".

Salut Maçonnique (frz.), das Zeichen des ersten Grades.

Salve (frz. Batterie, z. B. Batterie d'allégresse, engl. Battery), rhythmisches Händeklatschen zum Zeichen der Zustimmung, Anerkennung oder Ehrung, von versammelter Loge auf Anordnung des Vorsitzenden Meisters.

Bei Trauerlogen und Gedächtnisfeiern in Form der sogenannten Stillen S. (batterie de deuil).

Salvini, Tommaso, berühmter italienischer Schauspieler, Shakespeare-Darsteller, * 1828, auch in Österreich, Deutschland, Rußland, Amerika erfolgreich, wurde in Florenz Freimaurer.

Saly, Jacques François Joseph, französischer Bildhauer, * 1717, † 1776, wirkte lange Zeit in Dänemark, Schöpfer der in Kopenhagen aufgestellten Reiterstatue des Königs Friedrich V., Reorganisator der Kopenhagener Akademie für bildende Kunst, wurde in Rom aufgenommen und war Mitglied der Kopenhagener Loge „St. Martin".

Salz symbolisiert in manchen Ritualen, zusammen mit Schwefel und Quecksilber, die Grundprinzipien der Alchimie.

Samariter, Der gute, s. Good Samaritan.

Samber, Robert, englischer Schriftsteller und F. R. S., was ebensogut „Fellow of the Royal Society" als „Fellow Rosicruciae Societatis" bedeuten kann, wird von Autoritäten des British Museums und der Bodleian Library hinter dem Decknamen Eugenius Philalethes jun. vermutet, unter welchem Pseudonym die Bücher „Long Livers" und „Ebrietatis encomium" gehen (s. diese beiden). In dem ersteren, 1722 geschriebenen Buche bekennt sich Philalethes im Vorwort als Freund und Bewunderer der Freimaurerei und deutet an, daß er selbst zum Bunde gehöre, während in „Ebrietatis Encomium or Praise of Drunkenness" Philalethes sich als einen Einschleicher bezeichnet, der nichts von Freimaurerei versteht. Begemann hat in einem Briefe an Armitage (A.Q.C., 1898) die Identität S.s mit Philalethes bestritten. Gould erklärte sich für die Identität, auch Armitage neigt dieser Meinung zu. Die beiden Bücher sind als frühe Dokumente zur Freimaurergeschichte von Wesentlichkeit. Ob S. tatsächlich der Autor beider gewesen ist, bleibt vorläufig unklar.

Samsumgrad, ein wahrscheinlich in York entstandener, heute wieder verlassener Hochgrad mit eigenartiger Legende. Zwölf besonders tüchtige Brr. sollen für ihren Eifer dadurch belohnt werden, daß sie die Kunst erfahren, wie die Steine mit Hochglanz versehen werden können. Das Mittel ist das „Insekt Shermah", nach Oliver, der eine alte Tempellegende anführt, ein Wurm, der die Fähigkeit besaß, den Stein zu glätten. Diese Tempellegenden knüpfen an die Stelle 1. Könige, 6., 7., an, wo von dem Zusammenfügen der Steine ohne eiserne Werkzeuge usw. die Rede ist. Die Übersetzung des hebräischen Wortes Samir als Insekt ist sicherlich fehlerhaft. (Yarker, A. Q. C., XI., 87.) Der Grad scheint zwischen 1761 und 1800 in kleinem Umfange bearbeitet worden zu sein. (Vergl. Herders „Adrastea", Salomos Siegelring.)

Sandby, Thomas, und sein Bruder Paul, der erstere * 1721, † 1798, der letztere * 1725, † 1809, beide Maler, die in England die Technik der Wasserfarben und der Aquatinta einführten. Thomas war außerdem auch der Architekt der 1776 errichteten ersten Freemasons' Hall in London, für die er mehrere symbolische Wandgemälde ausführte (A. Q. C. 1894, Seite 29).

San Domingo, dominikanische Republik, unabhängiger, den östlichen Teil der Insel Haiti einnehmender Staat. Die Geschichte der Freimaurerei reicht bis in die zweite Hälfte des 18. Jahrhunderts zurück. Morin (s. d.) und Grasse-Tilly (s. d.) waren hier tätig. Von hier aus brachte auch Hacquet (s. d.) Hochgrade nach Frankreich zurück. 1858 wurde die „Gran Logia Nacional de la Republica Dominicana" (National-Großloge von San Domingo) gegründet, die nach Unterbrechungen heute mit 18 Logen und zirka 1800 Mitgliedern tätig ist. Adresse: Apartado 96, Santo Domingo R. D.

Sándor, Paul, führender ungarischer Wirtschaftspolitiker, * 1860, Reichstagsabgeordneter, Präsident der Kaufmännischen Vereinigung, war Meister vom Stuhl der Budapester Loge „Martinovics".

Sanduhr, Symbol des Todes.

San Giuliano, Antonino, Marchese di, italienischer Staatsmann, * 1852, † 1914, Außenminister seit 1910, Abgeordneter, Senator, Botschafter in London und Paris, war seit 1893 Mitglied der römischen Loge „Universo". (Latomia, 1915, Nr. 3.)

Sanhedrin, Synhedrion, Synedrium. Vom 3. Jahrhundert v. Chr. bis 70 n. Chr. die aus dem Hohepriester und 72 Mitgliedern bestehende oberste richterliche Behörde der alten Juden. Der Vorsitzende führte den Titel Nasi, sein Vertreter Al Beth Din.

Zufolge eines Anachronismus wird das mit der Person Zerubabels in Zusammenhang gebrachte Kapitel des Royal Arch als S. aufgefaßt, somit darf ein Royal Arch Chapter nicht mehr als 72 Mitglieder haben.

Im Schwedischen System bilden die neun höchsten weltlichen Würdenträger den „Sanhedrin der Provinz".

Der Ausdruck S. findet sich auch in mehreren Hochgradsystemen des 18. Jahrhunderts.

Der Name S. taucht in der neueren Geschichte als Nationalversammlung der Juden auf, die N a p o l e o n I., der nichts weniger als ein Philosemit war, im Jahre 1807 nach Paris einberufen ließ. An diesem S. beteiligten sich die Juden Frankreichs und der damals französischen Reichsteile. Die Juden des Ostens, wie überhaupt die jüdische Orthodoxie, lehnten eine Beteiligung ab. In der antisemitisch eingestellten gegnerischen Literatur wird dieses von Napoleon in ausgesprochen judenfeindlicher Tendenz einberufene S. gerne als eine von ihm ins Leben gerufene alljüdische Weltverschwörung hingestellt, aus der sich dann die „alljüdisch-freimaurerische Weltverschwörung" abgeleitet haben soll. Wie sehr dieses S. die Juden selbst verstimmt hat, beweist die Bezeichnung der aus seinen Beratungen erflossenen kaiserlichen Beschlüsse, die in der jüdischen Geschichte als das „schmachvolle Dekret (Décret infame) von 1807" verzeichnet werden (s. D u b n o w, „Die neueste Geschichte des jüdischen Volkes", Bd. I).

San José, Hauptstadt der zentralamerikanischen Republik C o s t a R i c a, Sitz der 1899 gegründeten Großloge dieses Staates (Adresse: Apartado Y.), der in der Hauptstadt selbst vier Logen unterstehen. Die erste Loge in S. J. wurde 1867 von der Großloge von Neugranada (heute Kolumbien) begründet.

San Juan, Hauptstadt der zu den USA. gehörenden Insel Portoriko, Sitz der 1885 gegründeten Großloge von Portoriko, der in S. J. selbst acht Logen unterstehen (Adresse der Großloge: P. O. Box 747). 1929 wurde das Großlogenhaus (Hogar Masonico) eingeweiht. Die Brüderschaft unterhält die Wohlfahrtsinstitution „Zapato des los Niños Pobres", die arme Kinder mit Schuhen versieht.

Sankey, S i r J o h n, Lordkanzler der englischen Regierung, * 1866, ist Gründer und Altmeister der Old Lancing Lodge und der Ardingly College Lodge der Großloge von England. 1921 wurde er in den Großbeamtenrat der Großloge berufen. Er bekleidet das Amt eines Past Grand Warden.

Sankt Helena, Insel im südlichen Atlantischen Ozean, westlich von Afrika. Hier ist unter der Großloge von England die 1843 gegründete Loge „St. Helena 488" tätig.

Sankt Johannislicht, im Freiburger Ritual neben Gott und Mensch eines der drei großen Lichter am Himmel der Humanität; es versinnbildlicht die Wissenschaften und Künste erschaffende und die Wahrheit als solche zeugende Genialität.

Sanktuarium, Souveränes, s. M e m p h i s- u n d M i s r a i m - R i t u s.

San Louis Potosi, Bundesstaat von Mexiko im nördlichen Hochland. Die 1896 gegründete Großloge „El Potosi" zählte 1930 zwölf Logen. Adresse: Apartado postal 265, San Louis Potosi (s. M e x i k o).

San Martin, J o s é d e, argentinischer General, * 1778, † 1850, bis 1811 im spanischen Heer, seit 1812 Kämpfer um die südamerikanische Freiheit, 1813 Sieger über die Spanier, Begründer der Unabhängigkeit von Chile und Peru, Sklavenbefreier, der „Washington Südamerikas", war 1797 Mitglied der Loge „Lealidad" in Cadix, 1812 Stuhlmeister der Loge „Lautaro" in Buenos Aires.

San Miguel, E v a r i s t o, spänischer General und Politiker, * 1785, † 1862, nahm an der Erhebung von Riego teil, bewirkte 1823 aus seiner liberalen Gesinnung heraus die französische Intervention, war Freimaurer.

San Román, M i g u e l, Präsident der Republik Peru, * 1802, † 1863, war 1852 Großmeister der Großloge von Peru.

San Salvador, zentralamerikanische Republik. Die 1912 gegründete Großloge „Cuscatlan" zählte 1930 vier Logen mit 236 Mitgliedern. Adresse: 2 a, Calle Oriente y 8 a Av. Sur San Salvador. Die Großloge ist Mitglied der A. M. I.

Sansibar, s. *Z a n z i b a r.*

Santander, F r a n c i s c o d e P a u l a, columbischer Unabhängigkeitskämpfer, * 1792, † 1840, Präsident der Republik, war Freimaurer.

Santé (frz.), T o a s t, Trinkspruch.

San Thomé e Principe, zu Portugal gehörende Inseln an der Westküste Afrikas. Unter dem Vereinigten Großorient von Lusitanien (Portugal) arbeiten zwei Logen.

Santiago de Chile, Hauptstadt von Chile, Sitz der Gran Logia de Chile (Adresse: Delicias 656—58), der in S. selbst 14 Logen unterstehen. Eine in deutscher Sprache arbeitende Bauhütte, „Drei Ringe", gehört der Großen Loge von Hamburg an. Die durch Sezession aus dieser 1927 entstandene deutschnationale Loge „Germania" (die im „Taschenbuch des Vereins deutscher Freimaurer" 1932 nicht mehr angeführt ist) sollte sich ursprünglich der Großen Loge, genannt „Zur Freundschaft" anschließen, unterstellte sich dann der Gran Logia de Chile, arbeitet aber nach dem Ritual der altpreußischen Obedienz. Die Großlogen von England und Schottland haben zwar in Chile Bauhütten, nicht aber in der Hauptstadt selbst. Unter einem Distrikt der Großloge von Massachusetts ist eine 1876 gegründete Loge tätig. Der Oberste Rat des A. u. A. Schottischen Ritus für Chile ist unter der gleichen Adresse wie die Großloge ebenfalls in S. tätig.

Saõ Paolo, Hauptstadt des gleichnamigen Bundesstaates der Republik Brasilien, Sitz des 1921 gegründeten Großorients von S. P. (Adr.: Caixa postal 245), dem in S. P. selbst 23 Logen unterstehen, und der aus dem Großorient von Brasilien hervorgegangen Großloge von S. P. (Adresse: Caixa postal 2611).

Sapieha, K a s i m i r N e s t o r, F ü r s t, polnischer Artilleriegeneral und Großmarschall für Litauen im vierjährigen Reichstag, * 1750, † 1794, stand 1780 an der Spitze der Warschauer Loge „Tugendhafter Sarmate". 1787 wurde er stellvertretender Großmeister des Großorients von Polen.

Sarajevo, Attentat von. Bei der Erörterung der Kriegsschuldfrage spielt die Behauptung eine große Rolle, die Ermordung des Erzherzog-Thronfolgers F r a n z F e r d i n a n d und seiner Gemahlin in Sarajevo sei von serbischen Freimaurern durchgeführt oder doch angestiftet worden. Diese Beschuldigung tauchte während des Krieges zuerst in einem kroatischen Herz-Jesu-Kalender auf und gewann bestimmte Formen in einer als Beilage des „Archivs für Strafrecht und Strafprozeß" 1918 erschienenen Schrift über den Prozeß gegen die Attentäter von Sarajevo, „nach den amtlichen stenographischen Aufzeichnungen" über die Verhandlung von „Professor Pharos" zusammengestellt, mit einem Vorwort des Berliner Universitätsprofessors Geheimen Justizrates Josef Kohler. Dieser hielt den Beweis für erbracht, der Großorient von Frankreich habe die Propaganda gegen Österreich-Ungarn gefördert, die der Anstiftung beschuldigte „Narodna Odbrana" sei von Freimaurern geleitet gewesen und die geistigen Urheber des Verbrechens, Tankosić und Kažimirović, seien in französische Logen aufgenommen worden. Auch der Verschwörer Ciganović habe dem Bund angehört. Der österreichische Freimaurergegner Wichtl (s. d.) machte dann diese Behauptungen zu einem Hauptpunkt eines Pamphlets gegen die Freimaurerei. Die englische Schriftstellerin Edith Durham vertrat, gestützt namentlich auf „Dokumente" des berüchtigten, wegen Erpressung verurteilten englischen Politikers Horace Bottomley (veröffentlicht im Revolverblatt „John Bull"), ebenfalls die Freimaurerlegende. Im gleichen Sinne schrieb der englische Publizist H. C. Norman.

In Wirklichkeit war weder die Freimaurerei als solche, noch waren einzelne Freimaurer an dem Attentat oder seiner Vorbereitung irgendwie beteiligt. Keiner der Attentäter hatte zur Zeit des Attentates das zwanzigste Lebensjahr erreicht, keiner von ihnen konnte also Freimaurer sein. Aber auch keiner der Anstifter und Förderer gehörten dem Bunde an. Wie Dr. Oscar Tartaglia festgestellt hat, ist „Professor Pharos" identisch mit dem Jesuitenpater Puntigam in Sarajevo. In seinem Protokoll wurden von dem französischen Forscher Mousset 1930 eine ganze Reihe von Unrichtigkeiten nachgewiesen, die geeignet waren, die Freimaurerei zu treffen. Das Attentat war in Wahrheit auf die serbische Geheimorganisation „Vereinigung oder Tod" (in der Öffentlichkeit als „Schwarze Hand" bekannt) des Obersten Dimitriević-Apis zurückzuführen, von deren verantwortlichen Führern nicht ein einziger Freimaurer war. Das gesamte, diese Lügenbildung betreffende Material ist zusammengestellt in einer im Verlage des Vereins deutscher Freimaurer, Leipzig 1931 erschienenen Broschüre von Dr. jur. et phil. Stephan Kekule von Stradonitz, Der Mord von Sarajevo, eine Aufklärung (48 S.).

Sarasin, Felix, schweizerischer Philantrop, * 1771, † 1839, zehn Jahre lang Stuhlmeister der Basler Loge „Freundschaft und Beständigkeit", 1822—1828 fortschrittlich gesinnter Großmeister des Schweizerischen Direktoriums des Rektifizierten Schottischen Systems. Er trat entschieden für Reformen ein, wollte das System vereinfachen und der Rittergrade entkleiden — wobei er auf eine Vereinigung aller schweizerischen Freimaurer abzielte — drang jedoch nicht durch.

Sarastro, die Priesterfigur in der „Zauberflöte" (Baßpartie), in welcher der Textdichter Schikaneder angeblich seinen Stuhlmeister, Ignaz von Born, verewigen wollte. Die große Sarastro-Arie „In diesen heiligen Hallen" ist ein in den Logen bei den Weihehandlungen sehr beliebtes Gesangstück.

Sarg, im Wiedergeburtskult des freimaurerischen Rituals verwendetes Symbolstück.

Sarmiento, Domingo, argentinischer freiheitlicher Staatsmann, * 1811, † 1888, Diplomat und Erzieher, Schriftsteller, Senator, Unterrichts- und Innenminister, Gesandter in Chile und Washington, 1868—1874 Präsident der Republik, beendete den Krieg mit Paraguay, Förderer der Volkswohlfahrt, der seinem Land die modernen technischen Errungenschaften brachte, war Freimaurer.

Sarry, Charles, Personaldaten unbekannt, kam als Offizier 1737 nach Hamburg und lernte im Weinhaus des Jens. Arbien mehrere junge Leute, wie v. Oberg, den Stadtwundarzt Carpser u. a., kennen und gewann sie für die Freimaurerei. Er hat die ersten Logenarbeiten der Loge „de Hambourg" geleitet, zog sich aber dann zurück. Er kann als der Vater der deutschen Freimaurerei (Kneisner) bezeichnet werden. Späterhin tauchte er auch in Berlin auf und fand dort Anschluß an die Loge „Aux trois globes", deren Meister vom Stuhl er 1742 war. Wo er Freimaurer geworden war, ist unbekannt.

Sarsena, Hetzschrift gegen die Freimaurerei. „S. oder der vollkommene Baumeister, enthaltend die Geschichte und Entstehung des Freimaurerordens und die verschiedenen Meinungen darüber, was er in unseren Zeiten sein könnte, was eine Loge ist, Öffnung und Schließung derselben, die Art der Aufnahme in den ersten und die Beförderung in den zweiten und dritten der St. Johannisgrade sowie auch die höheren Schottengrade und Andreasritter. Treu und wahr niedergeschrieben von einem wahren und vollkommenen Br. Freimaurer. Aus den hinterlassenen Papieren gezogen und unverändert zum Drucke übergeben" (Bamberg, bei Kunz, 1816). Bis 1836 waren schon fünf Auflagen erschienen (1816, 1817, dritte ebenfalls 1817, 1820, 1835). Das Buch ging dann in den Verlag von Brockhaus in Leipzig über und hatte bis 1882 dort weitere vier Auflagen. Es ist auch ins Holländische übersetzt worden und ist wohl die am weitesten verbreitete Verräterschrift. Mehrere Gegenschriften, so „Anti-Sarsena", 1817, haben seiner Verbreitung nicht Abbruch tun können. Es wird bis in die letzte Zeit, so auch von Ludendorff, eifrigst verwendet. Der Verfasser, der von sich behauptet, 43 Jahre Freimaurer gewesen zu sein, hat entweder dem System der Gr. L. L. d. F. von Deutschland angehört oder zumindest gute Beziehungen zu einem Kenner ihres Gebrauchtums gehabt. Denn in den vielen falschen Wiedergaben findet sich auch manches, was den wirklichen Gebrauchtümern dieser Großloge entspricht. Man hat lange Zeit den Verleger Kunz als den Verfasser bezeichnet. Heute wird angenommen, daß die Verräterschrift von einem Musikdirektor Carl Friedrich

Ebers stammt (* 1770, † 1836). Unter diesem Namen geht sie auch in Wolfstiegs Bibliographie.

Sartain, John, amerikanischer Kupferstecher und Medailleur, * 1808 in England, † 1897 in Amerika, schuf die Medaillen für das Washington-Lafayette-Monument am Friedhof von Philadelphia, Herausgeber von „Sartain's Union Magazine", Mitarbeiter an den Plänen für das Washington-Denkmal in Philadelphia, wurde 1867 Meister vom Stuhl der Franklin Lodge 134 in Philadelphia.

Sarti, Giuseppe, italienischer Komponist und Dirigent, Lehrer Cherubinis, * 1729, † 1802, Kapellmeister der Operntruppe Mingottis (s. d.), 1755—1775 Hofkapellmeister in Kopenhagen, schrieb dort 20 italienische Opern, später in Petersburg tätig, Gründer der dortigen Musikakademie, Ehrenmitglied der Petersburger Akademie der Wissenschaften als Erfinder eines Zählapparates für Schwingungen, wurde 1754 in der Kopenhagener Loge „St. Martin" aufgenommen.

Saskatchewan, kanadische Provinz. Die Großloge zählte 1930 196 Logen mit 14.867 Mitgliedern. Ihre Gründung erfolgte, nachdem das vormalige Territorium 1905 Provinz geworden war, im August 1906. Vorher hatten die Logen zur Großloge von Manitoba gehört. Es waren ihrer 24 mit rund 700 Mitgliedern. Der Wohlfahrtsfonds der Großloge bezifferte sich 1930 auf fast 254.000 Dollars. Adresse: Masonic Temple, Regina.

Sat B'Hai, Royal Oriental Order of the (Sat B'Hai = Sieben Brüder), in England in der zweiten Hälfte des 19. Jahrhunderts aufgetauchter, angeblich aus Indien (Allahabad) stammender Orden mit sieben Graden, der hauptsächlich auf dem Papier bestand. Der Name stammt von einem heiligen Vogel der Hindus (Malacocercus grisius), der immer in Gruppe zu sieben fliegt. In die vier höchsten Grade wurden nur Meister-Maurer aufgenommen, die drei unteren standen mit gewissen Einschränkungen beiden Geschlechtern offen. Die Rituale wurden von Yarker (s. d.) bearbeitet. Zwei Zusatzgrade entstammten dem ebenfalls ganz dunkeln „Order of Sikha".

Satire und Karikatur der Freimaurerei. Wie alle Kulturerscheinungen, hat auch die Freimaurerei oft ihre satirische Darstellung gefunden. In den französischen politischen Zeitungen klerikaler Richtung usw. gehört der Dreipunktbruder im Schurz zu den ständigen Figuren. Dagegen wird man in den deutschen satirischen Zeitschriften, wie etwa dem „Simplizissimus", vergeblich nach Freimaurerbildern suchen. Die ältesten satirischen Darstellungen gehen auf den Engländer Hogarth (s. d.) zurück („Die Nacht", „Die Gormogonen"). Aus dem Jahre 1741 stammen die Spottbilder der Mock Masons (s. d.). Bekannt ist ferner ein die Trunkenheit von Freimaurern verspottendes undatiertes Bild aus dem 18. Jahrhundert („Dedicated to the admirers of Jachin and Boaz") sowie ein Stich englischen Ursprungs, der Cagliostro in der Loge verhöhnt. 1757 erschien eine Dreiblattserie „Les Coutumes des nouveaux Franc-maçons", 1778 auch in holländischer Sprache (Aufnahme, Meistererhebung und Tafelloge), in welcher Tiere als handelnde Personen eingeführt werden.

Die amerikanische Freimaurerei leistet Beträchtliches in harmloser Selbstironie. Insbesondere in der New Yorker Zeitschrift „The Masonic Outlook" finden sich zahlreiche satirische Zeichnungen, die die Eitelkeit des neugewählten Stuhlmeisters, die Angst des Gesellen vor der Erhebung u. a. m. immer wieder variieren.

Sauerländer, Heinrich, schweizerischer Verlagsbuchhändler und Philantrop in Aarau, * 1776, † 1847, gab u. a. die „Stunde der Andacht" seines Freundes Zschokke (s. d.) heraus. Mit diesem reiste er 1810 nach Freiburg im Breisgau, um sich dort in der Loge „Zur edlen Aussicht" als Freimaurer aufnehmen zu lassen. 1811 gehörte er zu den Gründern der Aarauer Loge „Wilhelm Tell". Unermüdliche Tätigkeit von S. trug wesentlich zur Gründung von zahlreichen Wohlfahrtsinstitutionen für Witwen und Waisen seitens der schweizerischen Logen bei.

Säule der Religion, s. Meister, Altschottischer.

Säulen. Zur Errichtung des Freimaurertempels gehören insgesamt fünf S., drei die Lichter tragen und um den Tapis (s. d.) angeordnet sind, und zwei, die bald als Träger des Portikus erscheinen, bald freistehen. Solche S. waren im grauen Altertum Träger der unsichtbaren Gottheit. Die Obelisken in Ägypten dienten diesem Zwecke. Bei den Juden fanden sich die S. schon an der Bundeslade; zwei S. stellte der Erzbildner Hiram her und richtete sie vor dem Tempel Salomonis auf. Bei den Griechen und Römern war die S. bis weit in die klassische Zeit hinein ein Stück des Kultes selber, da die Gottheit in das Gerät fuhr, so daß es selbst heilig, Gott und wundertätig wurde. Mosaikbilder, die in Samaria und Torre Annunciata bei Neapel entdeckt wurden, zeigen drei freistehende S., die Licht tragen; daß diese S., unter deren Schutz eine Versammlung von sieben Männern (Akademie) tagte, kultische Bedeutung hatten, ist unzweifelhaft. Auch die christlichen Gemeinden verwendeten früh solche S. für ihre Zwecke (z. B. am Eingang der Grabstätten in der Papstkrypta von S. Callisto an der Via Appia bei Rom). „Aus diesen Säulen entwickelte sich die stehende Bausitte in der alten Basilika, am Eingang aus dem Langhaus in das Sanktuarium an eben derselben Stelle zwei S. als Träger des Triumphbogens und als Pforte in der Vierung aufzurichten" (Gloede „Ordenswissenschaft"). Heilige S., Lichtträger, hatten auch die alten Germanen. 772 zerstörte Karl der Große auf seinem ersten Sachsenzug eine S. nebst ihrem ganzen Heiligtum; es war ein gewaltiger Baumstamm, den man „Irminsul" nannte, Weltsäule, Trägerin des All. Im Mittelalter trat an die Stelle der alleinstehenden Säule das Säulenpaar am Ausgang der Kirche oder als Flankierung der Altäre (z. B. am Würzburger Dom S. mit den Buchstaben J und B).

Zur Renaissancezeit kam die Dreizahl der S. auf, im Hinblick auf die Dreieinigkeit und aus der Erinnerung an die Zahlensymbolik der Alten, die durch den Platonismus der Epoche und die Bekanntschaft mit der pythagoreischen Philosophie wieder in den Gesichtskreis der Humanisten trat. Auch rückten Gebrauch und Stellung der S. in den Katakomben, wo die „römische Akademie" unter Pomponius Laetus arbeitete, den Platonikern die Symbolisierung und Wertschätzung solcher Säulen für die Verwendung im eigentlichen Kultgebrauch wieder nahe. Aus diesem Kreis heraus kam dann auch der Gedanke, die Säulen wieder in alter Weise als heilig und als Träger eigentlichen Lichts anzusehen, wiederum nach Deutschland, vielleicht durch den Mystiker Reuchlin. Hier nahmen die „Brüder vom Palmbaum", Comenius, Andreae u. a. die Idee unter ihren Schutz (Belege dafür sind die Bilder in „Lux ex tenebris" von Comenius, 1665). Rosenkreuzer brachten dann das Symbol nach England, vielleicht auch nach Schottland; der Vereinigung der „klassischen" Symbolisierung der Säule mit der biblischen und mittelalterlichen Anschauung von den Pfeilern in den alten Gebräuchen der Brüderschaft und den spekulativen Logen des 17. Jahrhunderts war damit der Weg geebnet. Die zu einem Ternar zusammengefügten Lichtträger sind somit humanistischen Ursprungs. (Vergl. Wolfstieg „Die Philosophie der Freimaurerei".)

Diese drei S. (Pfeiler, Kerzen) um den Tapis versinnbildlichen die sogenannten „drei kleinen Lichter" (s. d.), die den freimaurerischen symbolischen Bau tragen: Weisheit, Stärke, Schönheit (s. d.). Die symbolische Bedeutung wird noch weiter dadurch ausgeführt, daß die drei leitenden Beamten der Loge mit diesen S. gleichgesetzt sind: Die S. der Weisheit stellt auch den Meister, die der Stärke den Ersten Aufseher und die der Schönheit den Zweiten Aufseher dar.

Die zwei S. Jachin (s. d.) und Boas (s. d.) sind biblisch-kabbalistischen Ursprungs. Sie erinnern an die großen ehernen Säulen im Vorhof des Salomonischen Tempels, die in der Bibel bei der Beschreibung des Tempelbaues (1. Könige, 7) geschildert sind, wo es u. a. heißt: „Und der König Salomo sandte hin und ließ Hiram von Tyrus holen. Sohn einer Witwe war er, und vom Stamme Naphtali. Sein Vater war ein tyrischer Mann, ein Kupferschmied. Und er war voll Verstand und Einsicht und Kunde zu machen allerlei Werke aus Kupfer. Und er kam zum König Salomo und machte alle seine Werke, und er bildete die zwei S. von Kupfer... Und er richtete die linke S. auf vor der Halle des Tempels, und er nannte ihren Namen Jachin, und er stellte die rechte Säule auf und nannte ihren Namen Boas." Die S. standen also nicht im Tempel selbst, sondern frei im Hof. Vielfach ist von diesen beiden Säulen in den alten Manuskripten (s. d.) und, darauf fußend, in der Geschichtslegende in Andersons Konstitutionenbuch die Rede. Es liefen Sagen über diese S. um: die zwei S., heißt es bei Schriftstellern aus der Zeit Christi, seien weit älter gewesen als der Salomonische Tempel, auch älter als die Sintflut. Henoch, nach anderen Berichten Seth oder Hermes, die drei als Lehrer geheimer Kenntnisse vielgerühmten Männer, hätten auf diesen Säulen die Weisheit der Urzeit des Menschengeschlechtes eingegraben und auf diese Weise das von Gott selbst ausgegangene verborgene Wissen über die Zeiten des Verderbens hinübergerettet und an die bevorzugten Erben späterer Zeiten weitergegeben.

Auch der heutigen Freimaurerei sind die beiden S. Symbole dafür, daß die freimaurerische Ideologie in irgendeiner Weise immer bestanden hat. (Vergl. August Horneffer, „Das Gebrauchtum des Lehrlingsgrades".) Daneben versinnbildlichen sie auch Gerechtigkeit und Wohlwollen, „die Grundpfeiler der Humanität, auf die der Maurerbund sich stützt".

Säulen, Gekreuzte, erscheinen als Symbol auf dem Schurz des V. Grades des A. u. A. Schottischen Ritus (Vollkommener Meister). Die Deutung ist wiederholt historisch versucht worden. Am wahrscheinlichsten ist wohl, daß damit das Andreaskreuz wiedergegeben werden soll, worauf auch die grüne Farbe dieses Grades hinweist.

Sautier, Heinrich (Pseudonym: Servati), deutscher katholischer Geistlicher, Jesuit, kämpfte in den achtziger Jahren des 18. Jahrhunderts nach Aufhebung des Jesuitenordens gegen die Freimaurerei. Er stand in heftiger literarischer Fehde mit dem Innsbrucker Universitätsprofessor und Freimaurer Michaeler (s. d.), der gleich ihm dem aufgelösten Jesuitenorden angehört hatte, aber die päpstlichen Bullen gegen die Freimaurerei zum Gegenstand scharfer Kritik machte. Daraufhin schrieb S. zuerst: „Vertheidigung zwoer päpstlicher Bullen wider den Freymaurer M." (Augsburg 1783), und dann eine Reihe weiterer Schriften.

Savalette de Langes, einer der hervorragendsten französischen Freimaurer aus der Gründungszeit des Grand Orient de France. Er war Stuhlmeister der Loge „Les amis réunis" und 1773 einer der tätigsten Stifter des Ordens der Philaleten (s. d.).

Savoire, Camille, Dr. med., Arzt in Paris, * 1869, Großkommandeur des Grand Collège des Rites des G. O. de France seit 1923, aufgenommen 1892 in der Loge „La Réforme", schrieb u. a. „Les Ateliers supérieurs du G. O. de France", „L'Esprit maçonnique", „De l'Union nécessaire des Obédiences maçonniques", „La Franc-Maçonnerie puissance morale".

Savoyen, Amadeus Ferdinand Marie, Herzog von Aosta, Sohn des italienischen Königs Victor Emanuel II., * 1848, † 1890, 1870—1873 König von Spanien, war Freimaurer.

Sawyer, Frank Joseph, englischer Komponist, * 1857, † 1908, komponierte Chorwerke, war 1907 Großorganist der Großloge von England.

Sayer, Anthony (auch Sawyer geschrieben), der erste Großmeister der Großloge von London, 1717, war „eine der schatten- und rätselhaftesten Persönlichkeiten der früheren Maurerei". Über seine Herkunft und seine früheren Verhältnisse ist kaum etwas bekannt geworden. In der einzigen Mitteilung über seine

Wahl ist lediglich von „Mr. Anthony Sayer, Gentleman" die Rede. 1719, unter Desaguliers (s. d.), war er Großaufseher. In seiner eigenen Loge „Zum Apfelbaum" war er 1723 Aufseher. 1730 war er, nach Anderson, in der öffentlichen Prozession anläßlich der Einsetzung des Herzogs von Norfolk unter den neun ehemaligen Großmeistern, die mitzogen. Aber schon 1724 befand er sich allem Anschein nach in mißlichen Verhältnissen, da er sich in diesem Jahre und dann auch mehrmals in der Folge an die Großloge um Unterstützung wandte und jeweils Zuwendungen erhielt. 1730 verhandelte die Großloge die Klage einer Loge wegen „großer Unregelmäßigkeiten". Es konnte später nicht festgestellt werden, worum es bei dieser Beschwerde ging, möglicherweise handelte es sich um Winkelmaurerei (s. d.). Die Großloge entschied jedenfalls, S.s Handlungsweise sei nicht „clandestine" (gesetzwidrig), sondern lediglich „irregulär" gewesen. Drei Jahre später scheint S. als Tyler (Tempelhüter) der „Old King's Arms Lodge" auf. S. starb, zirka 70 Jahre alt (als sein Geburtsjahr wird 1672 angenommen), am 16. Jänner 1742 und wurde auf dem Friedhof der Coventgarden-Kirche begraben. Seiner Bahre folgte eine große Anzahl führender Freimaurer. Ein Porträt von Highmore und eine Graphik von Faber (s. d.), die nach dem Tode von S. entstanden sind, haben seine Züge der maurerischen Nachwelt überliefert.

S. C.

1. Abkürzung: Suprême Conseil (frz.), Supreme Council (engl.), Oberster Rat (im A. u. A. Schottischen Ritus).

2. Scottish Constitution, für alle Logen, die unter der Großloge von Schottland, also unter Schottischer Konstitution arbeiten, z. B. „Canongate Kilwinning Lodge No. 3, S. C."

Scalabrini, Paolo, italienischer Komponist und Dirigent, * 1713, † 1742, Mitglied von Pietro Mingottis (s. d.) Operntruppe, komponierte für diese die Oper „Oronte rè de Sciti", als Nachfolger Scheibes (s. d.) Hofkapellmeister in Kopenhagen, wurde 1748 in der Kopenhagener Loge „St. Martin" aufgenommen.

Scaria, Emil, berühmter Bassist der Wiener Oper, * 1838, † 1886, in Leipzig, Dresden und Wien besonders als Wagner-Sänger erfolgreich, auch als Regisseur tätig, war der erste Meister vom Stuhl der Wiener Loge „Zukunft".

Schacht, Hjalmar, gewesener Präsident der Deutschen Reichsbank, * 22. Jänner 1877, Reichswährungskommissär, Unterhändler in der Reparationsfrage, veröffentlichte als Mitglied einer Loge der Großen Loge von Preußen, genannt „Zur Freundschaft", in den ersten Kriegswochen in deren Zeitschrift einen Aufsatz, in welchem er für die deutsche Freimaurerei in Anspruch nahm, daß sie niemals irgendwelchen überspannten nationalistischen Empfindungen Raum gegeben habe, „um so mehr also berechtigt sei, angesichts der beschämenden unedlen Motive, die den Kampf von sieben Mächten gegen Deutschlands Kulturgröße entfesselt haben, es auszusprechen, daß ein Untergang oder eine Beeinträchtigung der deutschen Kultur nicht nur der deutschen Maurerei, sondern der Maurerei überhaupt schweren Abbruch tun würde". S. betonte, die deutschen Freimaurer hätten die Verpflichtung, um geistige und sittliche Vertiefung der gewaltigen Zeiterlebnisse in Herz und Geist der Volksgenossen sich zu bemühen.

Schadow, Johann Gottfried, deutscher Bildhauer, * 1764, † 1850, 34 Jahre lang Rektor der preußischen Akademie der Künste in Berlin, Schöpfer bedeutender Monumente (u. a. Modell der Quadriga auf dem Brandenburger Tor in Berlin, Zieten, Leopold von Dessau auf dem Berliner Wilhelmsplatz, Kronprinzessin Luise und ihre Schwester Friederike), Verfasser von „Polyklet, oder von den Maßen der Menschen...", „Nationalphysiognomien" u. a., gehörte der Berliner Loge „Friedrich Wilhelm zur gekrönten Gerechtigkeit" an. Im Berliner Kupferstichkabinett finden sich drei satirische Radierungen von S., die die Freimaurerei zum Gegenstand haben.

Schaffgotsch, Philipp Gotthard, Graf v., Fürstbischof von Breslau, * 1716, † 1796, war noch als Abt und Domkanonikus Mitglied der Loge „Zu den drei Totengerippen" in Breslau und Stifter der in seinem Auftrag von den Grafen Hoditz und Grossa installierten Loge „Zu den drei Kanonen" in Wien, der Kaiser Franz I. angehörte (?). S. wurde Stuhlmeister der Breslauer Loge und bekannte sich trotz der päpstlichen Bulle öffentlich als Freimaurer. Seine Domherren erklärten ihn daraufhin als der Exkommunikation verfallen. Es bedurfte des Eingreifens des Fürstbischofs von Zinzendorf, um den Papst zur Zurücknahme der kirchlichen Strafe zu veranlassen.

Schaffner, Logenbeamte, die als Hilfskräfte der beiden Aufseher in der Loge tätig sind. In deutschen Logen sorgen sie für die Vorbereitung der Arbeit und des Brudermahls. Sie fungieren auch als Ordner und ersetzen gelegentlich den andernorts vorgesehenen Zeremonienmeister. In englischen Logen entspricht dem Schaffner teils der Steward (s. d.), teils der Deacon. Der Senior Deacon sitzt zur Rechten des Meisters, dessen Aufträge er während der Arbeit zu überbringen hat. Außerdem führt er die Suchenden. Der Junior Deacon ist die unmittelbare Hilfskraft des Ersten Aufsehers, zu dessen Rechten er sitzt. In französischen Logen ist das Amt des Expert dem Schaffneramte am ähnlichsten. Das Abzeichen der Deacons ist eine Taube mit dem Ölzweig, früher auch ein eilender Merkur. In deutschen Logen ist ein Stab häufig. Während das englische Ritual zwischen Stewards und Deacons unterscheidet, ist das Amt des deutschen S. häufig mit den Aufgaben dieser beiden Beamtenkategorien belegt. Daher erschienen bei den feierlichen Aufzügen deutscher Logen die S. „mit ihren Stäben".

Schaitan Bungalow, Teufelshaus, nennen die Mohammedaner in Indien die Freimaurertempel. Die Hindus sagen Jadu Ghav, das Haus der Zauberer. Der Aberglaube der Eingeborenen behauptet, daß im Zauberhaus „der gehörnte

Mann im rauchigen Haus" beschworen werde (A. Q. C. 1892, 144).

Scharnhorst, Gerhard Johann David von, preußischer General, * 1755, † 1813 in Prag, war Freimaurer. 1806 als Generalstabschef des Herzogs von Braunschweig bei Auerstädt verwundet, dann mit Blücher gefangen, ausgetauscht, bei Preußisch-Eylau Generalquartiermeister von L'Estocq, nach dem Frieden von Tilsit Direktor des Kriegsdepartements, seit 1810 Chef des Generalstabs, Reorganisator des preußischen Heeres auf Grund der allgemeinen Wehrpflicht und dadurch bedeutender Beförderer der militärischen Wiedergeburt Preußens. S. verhandelte nach der Konvention von Tauroggen auf eigene Faust mit den Russen, 1813 wurde er Chef des Generalstabs der Hauptarmee. Auf einer Reise nach Wien starb er in Prag an den Folgen der bei Groß-Görschen erlittenen schweren Verwundung. S. wurde 1779 Mitglied der Loge „Zum goldenen Zirkel" in Göttingen, der neben zahlreichen Offizieren fast alle jungen Dichter des Hainbundes angehörten. 1801 schloß er sich der Loge „Zum goldenen Schiff" in Berlin an; 1813 besuchte er mit Blücher die Loge in Altenburg.

Schärpen (Cordons) werden hauptsächlich in der romanischen Freimaurerei vielfach an Stelle der schmalen Logenbänder getragen; sie sind meist mit Stickereien versehen, und wo sie im Gebrauch sind, fehlt oft der Schurz (s. Bekleidung).

Schauberg, Josef, Fürsprech in Zürich, * 1808, † 1868, Schüler des Philosophen Krause (s. d.), trat 1837 der Loge „Modestia cum libertate" bei und betätigte sich eifrig als freimaurerischer Schriftsteller. 1859 und 1860 gab er das maurerische Jahrbuch „Alpina" heraus. Sein Hauptwerk ist das „Vergleichende Handbuch der Symbolik der Freimaurerei mit besonderer Rücksicht auf die Mythologie und Mysterien des Altertums" (2 Bände, 1861) und (als dritten Band) „Allgemeine äußere und innere Geschichte der Bauhütte" (1863). Infolge eines Konflikts mit seiner Loge schloß er sich der Loge „Amis Fidèles" in Genf an. Von ihm ging der letzte Anstoß zur Gründung des Vereins deutscher Freimaurer aus. (Aufsatz: „Über einen zu stiftenden Verein der deutschen und schweizerischen Freimaurer mit jährlichen Zusammenkünften" in der „Bauhütte", 1860, Nr. 23.) Im ersten Vorstand spielte er eine führende Rolle. U. a. wirkte er an der Abfassung des „Allgemeinen Grundgesetzes für den Freimaurerbund" mit (s. Verein deutscher Freimaurer).

Schaubrote, zwölf Brotkuchen nach der Zahl der zwölf Stämme, die im Heiligtume der Stiftshütte und des Tempels ausgestellt waren. Sie werden symbolisch im Andreas-Rittergrad verwendet.

Schaumburg-Lippe, Albrecht Wolfgang, Graf v., * 1699, † 1748, verbrachte seine Jugend außerhalb seines Stammlandes in England und Hannover, da sein Vater unter dem Einfluß des Wiener Hofes seine Erziehung im katholischen Geiste durchführen wollte, die Mutter und ihre Söhne aber am ererbten Glauben festhielten. S. stand erst in diplomatischer Verwendung, brachte es dann in niederländischen Diensten bis zum General, 1728 übernahm er die Regierung seines Landes. S. war das erste Oberhaupt eines regierenden deutschen Hauses, das Freimaurer wurde. Er war in London mit Desaguliers und Payne befreundet und kommt 1725 in den Listen der Loge „Rummer and Grapes", einer der vier Gründerlogen der Großloge, vor. In sein Land zurückgekehrt, stand er in Ermangelung von Logen mit verschiedenen deutschen Sozietäten in Verbindung. Durch S. wurde 1738 in Minden Friedrich der Große als Kronprinz für die Freimaurerei gewonnen. Die Loge in Stadthagen, die seinen Namen trägt, hat anläßlich ihres 50jährigen Bestehens einen Gedenktaler mit seinem Bilde schlagen lassen (1927).

Schauspiele, Freimaurerische, s. Theater.

Schauspiels, Conservatorium des teutschen, vom Schauspieler F. W. H. Hunnius in Stuttgart 1812 gegründeter Verein zur Veredlung des deutschen Theaters, Hebung des Standes usw., der deutliche Anlehnung an das freimaurerische Gebrauchtum aufwies. Die Aufnahme geschah nach einem Ritual, dessen freimaurerische Abstammung unverkennbar war. Die vor der Einweihung verlesene, vom Darmstädter Hofschauspieler Haas verfaßte Constitutionsakte stellte ein in ethischer und sozialpolitischer Hinsicht bedeutsames Dokument dar. Der Kandidat gelobte, nur den Gesetzen der Natur, Schönheit und ewigen Wahrheit zu folgen. („Die Natur stärke, die Schönheit leite, die Wahrheit beglücke Dich!", sagte ihm der Vorsteher.) Erkennungszeichen der „Priester" waren ein Ring, Wort und Griff. Der Verein breitete sich über fast ganz Deutschland aus, ging aber um 1820 ein.

Schaw, William, **Schaw-Manuskript.** William S., * 1550, † 1602, wurde 1584 unter König Jakob VI. von Schottland „Maister of Wark", das heißt Leiter des gesamten Bauwesens des Königs. In den erhaltenen Rechnungsbüchern werden ihm wiederholt namhafte Beträge für Errichtung von königlichen Bauwerken überwiesen. Er stand am Hofe des Königs in besonderem Ansehen, denn er wird auf seinem Monument als „Sacris ceremoniis praepositus und Reginae Quaestor" bezeichnet.

Von ihm stammen „Allgemeine Satzungen für die ‚Maister-Maissounis' (Master Masons) von Schottland", die unter der Oberleitung eines General Warden standen, dem die Logen mit ihren Wardens an der Spitze unterstellt waren. Diese S.-Statuten sind für die Geschichte der operativen Logen Schottlands von grundlegender Bedeutung. Das S.-Statut Nr. 1 ist datiert vom Jahre 1598 und enthält in 22 Punkten die Satzungen der Loge von Edinburgh. Ein zweites Manuskript, das 1599 datiert ist, wurde von S. am 28. Dezember 1599 durch Unterschrift approbiert. Es ist aus beiden Statuten erkenntlich, daß durch diese Satzungen eine allgemeine Ordnung der Steinmetzen und ihrer Logen angestrebt wurde, wie sie ja auch dem Amte des S. als Maister of Wark vorschweben mußte. Ausführliches über die S.-Statuten in Goulds „History of Freemasonry",

II., 385. Für das Studium der alten Steinmetzenordnungen, aus denen die Konstitutionen der Freimaurer hervorgingen, bieten sie eine reiche Fundgrube, die von allen freimaurerischen Historikern eifrigst benützt wurde. (Vergl. auch Begemann, „Vorgeschichte der Freimaurerei in Schottland".)

Schechina, nach 1. Moses 15, 17, die leuchtende Wolke, der Glanz der Erscheinung Gottes, der vor den Israeliten durch die Wüste zog und sich in Ruhestellungen in das Tabernakel zurückzog. Die S. verschwand nach der Zerstörung des ersten Tempels und war im zweiten nicht mehr sichtbar. In den Fragestücken des I. Grades des „Royal Order of Heredom" findet sich die Frage: „Wann verschwand die S.?" Antwort: „Als die Israeliten ihrem Gotte untreu wurden." Darauf folgt die Belehrung: „Ebenso wird das Licht der Freimaurerei aus den Augen aller jener verschwinden, die ihren Versprechungen und Gelöbnissen untreu werden." Im Mittelpunkte der feurigen Wolke, der S., befindet sich der flammende Stern, als „Gedächtnis des Glanzes der Gottheit über der Bundeslade".

Scheffer, Karl Fredrik, Graf v. (bis 1766 Freiherr), * 1715, † 1786, schwedischer Diplomat, aufgenommen 1737 in Paris, erhielt im gleichen Jahr von Derwentwater (s. d.) ein Patent zwecks Logengründungen in seiner Heimat, wurde 1753 auf Grund dieser Vollmacht zum Landes-Großmeister der Stockholmer Loge „Saint-Jean Auxiliaire" gewählt und stiftete daraufhin mehrere Bauhütten in Schweden und die Loge „St. Augustin" in Helsingfors (Finnland). Als 1760 die mittlerweile auf sieben angewachsenen schwedischen Logen sich zur „Großen Landesloge" vereinigten, trat S. als Landes-Großmeister an deren Spitze. 1774 gab er sein Amt an Herzog Karl von Södermanland ab.

Scheibe, Johann Adolf, deutscher Komponist und Musikschriftsteller, * 1708, † 1776, Königlich dänischer Hofkapellmeister in Kopenhagen, Komponist, trug durch seine Schriften viel zur Erneuerung der deutschen Oper bei, bedeutender Musiktheoretiker, wurde 1746 in der Kopenhagener Loge „Zorobabel" aufgenommen, gab 1749 eine Sammlung „Neue Freymaurerlieder mit bequemen Melodien" heraus.

Scheidemann, Philipp, deutscher sozialdemokratischer Politiker, * 1865, 1919 Reichskanzler, wird von den nationalistischen Kreisen immer wieder mit der Freimaurerei in Verbindung gebracht. Auf eine direkte Anfrage schrieb er dem „Sozialdemokrat" in Prag am 10. April 1926: „Es ist wahr, daß ich Beziehungen zu einer Freimaurerloge gehabt habe. Als blutjunger Mensch liebte ich die muntere Tochter eines müden Nachtwächters. Wir trafen uns abends unter einem Glasdache, das die Zufahrt hinter dem Hause der Freimaurerloge „Zur Zwietracht und Wankelmütigkeit" schützte. Intimere Beziehungen zur Freimaurerei hatte ich bisher nicht."

Schem hamphorasch (hebräisch), der erklärte Name Gottes, eine jener Formeln der Umschreibung des Gottesnamens, wie sie in der jüdischen Liturgie, namentlich aber in der Kabbala, üblich sind. Besondere kabbalistische Verehrung genießt ein Bibelspruch Moses 2, Kap. 14 bis 19, der die Wolkensäule behandelt, die vor dem Heere Israels herzog. Diese Stelle besteht aus dreimal 72 Buchstaben. Da 72 die Zahl der Namen Gottes ist, wird diese Stelle besonderer Deutung unterzogen. Aus der Kabbala übernommen in einzelnen französischen Hochgraden. Ebenso in der freimaurerischen Magie (s. d.) des 18. Jahrhunderts, so z. B. auf den Brünner magischen Tafeln aus dem Besitze des Grafen Salm.

Schenkendorf, Max v., deutscher Freiheitsdichter, * 1783, † 1817. Mystiker, nahm, obwohl in einem Duell der rechten Hand beraubt, am Befreiungskrieg gegen Napoleon teil und schrieb in dieser Zeit patriotische Gedichte. S. war Freimaurer, er wurde dem Bund mutmaßlich durch Jung-Stilling zugeführt, gehörte zu den Gründern der Loge „Friedrich zur Vaterlandsliebe" in Koblenz, die aus einer Feldloge entstand. Vorher hatte er in der Loge „Carl" in Karlsruhe gewirkt. Manche seiner Gedichte enthalten freimaurerische Anklänge („Maurer", „Briefe an die Heimat" u. a.). Die Koblenzer Loge betreut neuerdings das Grab des Dichters.

Schibboleth, Wort aus dem freimaurerischen Ritual, namentlich der angelsächsischen Logen; es bedeutet im Hebräischen „Kornähre", wird aber auch als „Überfluß" oder „Wasserfall" erklärt. Entnommen ist S. der Heiligen Schrift (Richter 12, 1—6). Das Bild des wogenden Ährenfeldes mahnt an die Kollektivität, die Solidarität, an den Frieden unter Brüdern und Menschen.

Schiffmann, Gustav Adolf, Prediger und Archidiakon in Stettin, * 1814, † 1883, langjähriger Stuhlmeister der Loge „Drei goldene Anker zur Liebe und Treue" (Große Landesloge der Freimaurer von Deutschland), Provinzial-Großmeister von Pommern, Ordens-Unter- und Oberarchitekt, sehr verdienstvoller freimaurerischer Forscher und Schriftsteller. Der Ordensmeister Kronprinz Friedrich Wilhelm von Preußen betraute ihn mit der wissenschaftlichen Mission, klarzustellen, wie es mit den in den Eckleffschen Akten behaupteten, aber von vielen Seiten, namentlich auch vom Kronprinzen selbst bezweifelten, weit zurückreichenden Ursprüngen der Schwedischen Lehrart der Großen Landesloge bestellt sei. S. gab sich den Nachforschungen mit großem Eifer hin. Die Ergebnisse seiner Studien, nach denen die Eckleffschen Akten sich durchaus nicht in jeder Hinsicht hieb- und stichfest erwiesen, führten zu schweren Mißhelligkeiten; der Fortsetzung der Studien wurde seitens der mit dem Vorgehen des Kronprinzen nicht einverstandenen Ordensführer Schwierigkeiten in den Weg gelegt, worauf dieser 1874 als Ordensmeister zurücktrat. Um zu verhindern, daß S. Ordensmeister werde, wurde das Wahlrecht geändert. Eine Fülle von Streitschriften und Veröffentlichungen auch außerhalb des Kreises der Großen Landesloge waren die Folge. Daraufhin wurde S. 1876 unter dem durchaus unbegründeten Vorwand, in drei Broschüren über das Kapitel der Großen Landesloge (teils historischen, teils polemischen Inhalts) das Schweigegebot verletzt zu haben, durch Urteil des Ordensrates ausgeschlossen und seine Loge, die sich hinter ihn stellte, suspendiert. Sie trat daraufhin zur Großloge von Preußen, genannt „Royal York zur Freundschaft", über. 1882 wurde die Ausschließung vom Ordensmeister v. Ziegler rückgängig gemacht. In der Zwischenzeit hatten auch die Intransigenten die Richtigkeit der vorher bestrittenen Forschungsergebnisse erkennen müssen.

Die für die freimaurerische Wissenschaft bedeutendsten Schriften von S. sind zwischen 1878 und 1882 erschienen: „Andreas Michael Ramsay", „Die Freimaurerei in der ersten Hälfte des 18. Jahrhunderts", „Die Entstehung der Rittergrade in der Freimaurerei um die Mitte des 18. Jahrhunderts".

Schikaneder, Emanuel, Schauspieler, Schriftsteller, Theaterdirektor, Gründer des Theaters an der Wien in Wien, * 1751 in Regensburg, † 1812, wurde in Regensburg Freimaurer. Sein Aufnahmsgesuch, datiert vom 14. Juli 1788, befindet sich im Bayreuther Freimaurermuseum. Er schrieb, wahrscheinlich unter Mitarbeit von Giesecke (ebenfalls Freimaurer), das Libretto zur „Zauberflöte" (s. d.).

Schiller, Friedrich v., deutscher Dichter, * 1759, † 1805. Die Frage, ob Schiller Freimaurer war, ist oft gestellt worden, da in seinen Werken freimaurerische Anschauungen vielfach ihren Ausdruck finden. Lange Zeit wurde sie verneint. In neuester Zeit aber wurden zeitgenössische Belege zutage gefördert, die, ohne daß sie einstweilen positiv gewertet werden können, zu der früheren Auffassung im Widerspruch zu stehen scheinen. Stephan Kekule von Stradonitz veröffentlichte 1921 im „Herold" ein Gedicht des Freimaurers Anton Ritter v. Klein, eines Freundes S.s aus der Mannheimer Zeit, dessen Überschrift lautet: „Des Br. Schillers Verewigung". In einem von Kekule und auch von Ludwig Keller angeführten Brief aus dem Jahre 1829, in welchem zwei Rudolstädter Freimaurer das Eingehen ihrer Loge „Günther zum stehenden Löwen" mitteilen, beklagen sie das Los der „durch die Aufnahme eines S. geehrten" Bauhütte. Keller, der diesem Schreiben nachging und beim Urenkel S.s, Alexander von Gleichen-Rußwurm, nachfragte, erhielt von diesem die Auskunft, daß er allerdings keine Urkunde in Händen habe, der volle Beweiskraft zukomme, daß aber die Mitteilung aus dem Jahre 1829 der Familientradition entspreche. Diese besage, daß Wilhelm Heinrich Karl von Gleichen-Rußwurm es gewesen sei, der S. der Loge zugeführt habe. Aber die Angelegenheit sei mit dem Schleier des Geheimnisses umgeben.

Von S. selbst liegt kein Zeugnis vor. Mit vielen seiner engsten Freunde, die Freimaurer waren, z. B. Körner (s. d.), hat er über den Bund korrespondiert. 1787 gehörte er diesem jedenfalls noch nicht an, denn er schrieb im zehnten Brief über „Don Carlos": „Bin weder Illuminat noch Maurer, aber wenn die Verbrüderungen einen moralischen Zweck miteinander gemein haben, und wenn dieser Zweck für die menschliche Gesellschaft der wichtigste ist, so muß er mit demjenigen, den Marquis Posa sich vorsetzte, mindestens sehr nahe verwandt sein. Was jene durch eine geheime Verbindung mehrerer durch die Welt zerstreuter tätiger Mitglieder zu erreichen suchen, will der letztere durch ein einziges Subjekt ausführen."

Neuestens wird vom Ehepaar Ludendorff und ihrem Kreis von einem „Freimaurermord" an S. gefabelt, an dem auch Goethe beteiligt gewesen sei. In der „Turnzeitung" des völkischen deutschen Turnverbandes (Sitz Teplitz-Schönau) wurde die „Ermordung" in folgender Weise geschildert:

„S. war Mitglied des Illuminatenordens, ebenso Joh. Heinrich Voß, Goethe, Königin Luise, Prinz Louis Ferdinand u. a. Durch die starke Betonung des germanischen Gedankens der persönlichen Freiheit machte S. sich bei dem Ordensoberen mißliebig. Besonderen Anstoß erregte der „Geisterseher" wegen Verrats der Ordensgeheimnisse. S. wurde ernsthaft verwarnt, schrieb aber den ebenso anstößigen „Wilhelm Tell". Als nun der „Ordensspion" Voß erfuhr, daß der Dichter am „Demetrius" arbeite, beschloß der Orden, S. zu töten. Goethe wußte darum, durfte aber mit Rücksicht auf sein eigenes Leben den Freund nicht warnen. Er weinte eines Nachts lange vor des Freundes Hause, konnte ihn aber nicht retten. Die Ermordung geschah am 9. Mai. S. wurde in unwürdigster Form im Kassengewölbe beigesetzt, noch 1826 widersetzte sich der Orden der Überführung in die Fürstengruft." Dieser starke Tobak ging sogar den Lesern der Turnzeitung auf die Nerven. Daher fand sich bereits in der nächsten Nummer ein berichtigender Artikel.

Schillers Lied an die Freude. S.s „Freude, schöner Götterfunken" ist 1785 gedichtet. 1784 erschien in einem Liederbuche der Loge „Zu den drei Degen" in Halle ein Gedicht, in dem mancherlei Anklänge an S.s Verse vorkommen.

Oben, über'm Sternenheer,
Herrschet unser Meister;
Um ihn rollen Welten her
Und ihm dienen Geister,
Zürnen seines Angesichts
Wandelt beide in ein Nichts.

Ob S. dieses Gedicht gekannt hat, ist nicht nachzuweisen. Ähnliche Parallelen zu einem Gedicht von Hagedorn („Freude, Königin der Weisen") und Uz („Freude, Göttin aller Herzen") sind schon früher bekannt geworden.

Schilling, Alexander, Großmeister der Großloge „Zur Sonne" in Bayreuth 1908 bis 1917, Landesgerichtsdirektor in Nürnberg, * 1861, † 1927, Mitglied der Loge „Eleusis zur Verschwiegenheit" in Bayreuth, bemühte sich besonders um die Ausgleichung der im deutschen Großlogenbunde auftretenden divergierenden Meinungen und zeichnete sich durch umsichtige Leitung seiner Großloge in der Kriegszeit aus.

Schisma (engl. Schism. The great Schism). Als S. bezeichnet man in der englischen Freimaurergeschichte vor allem die Scheidung der beiden großen Freimaurergruppen, der Antients und Moderns, die durch die Vereinigung beider Großlogen im Jahre 1813 beendet wurde. Die englischen Historiker gehen in dieser Frage nicht einheitlich vor. Während Gould u. a. vom S. reden, lehnen andere Historiker seit den Forschungsergebnissen von Sadler diesen Ausdruck mit vollem Recht ab. Er hat aber in letzter Zeit gewissermaßen wieder amtliche Berechtigung erlangt. Denn Sir Alfred Robbins (s. d.) spricht in „English speaking Freemasonry" vom S. des 18. Jahrhunderts.

Im übrigen ist die Geschichte der Freimaurerei vieler Länder reich an Schismen.

Schlafende Logen, s. Ruhende Logen.

Schläge. Die Hammerschläge des Meisters und der Aufseher, und die S., die der Suchende an die Pforte des Tempels tun muß, in den er Einlaß begehrt, spielen in der freimaurerischen Symbolik eine große Rolle. Die drei „starken S." des Kandidaten symbolisieren die Beharrlichkeit, das Zutrauen und die Begeisterung, die ihn zur Loge führen. In manchen Systemen die „drei harten S." bei der Einführung, nach Matth. 7. 7.: „Bittet, so wird euch gegeben; suchet, so werdet ihr finden; klopfet an, so wird euch aufgetan!" Im Schwedischen System versinnbildlichen die S. auch Natur, Religion, Stärke.

Schlange, Grüne, von Goethe an die „Unterhaltungen deutscher Ausgewanderter" angefügtes Märchen, das August Wolfstieg (s. d.) in den „Monatsheften der Comenius-Gesellschaft" (1912, 1. Heft) im freimaurerischen Sinne auslegt: „Es handelt sich in dem Märchen um die Verwirklichung des Reiches Gottes auf Erden, um die Heraufführung des Zeitalters der Humanität, um den Bau der Brücke, die der Menschen Lande traulich verbindet." Das Thema des Märchens ist die Entzauberung der schönen Lilie, des Abbildes des Idealismus, durch Aufopferung und durch die Ausbreitung des Gedankens der reinen Menschlichkeit, deren Symbol die S. ist. „Der unterirdische Tempel ist der freimaurerische Tempel, und die drei Könige sind Weisheit, Schönheit und Stärke." Die Gespräche im Tempel sind ganz maurerisch. Herrlicher als das Gold wird das Licht, erquicklicher als das Licht das Gespräch genannt. „Die heilige Handlung der Aufnahme des Königs in den Tempel gipfelt dann in dem prachtvollen Ausspruche des Alten mit der Lampe: ‚Die Liebe herrscht nicht, aber sie bildet, und das ist mehr.' Als das Reich der Humanität anbricht, wird der Riese, der Wahn, in ‚eine kolossale, mächtige Bildsäule von rötlich glänzendem Steine' verwandelt und sein Schatten dient als Zeiger der Sonnenuhr (Erinnerung an den großen Obelisken des Sesostris in Rom, von dem Goethe in der Italienischen Reise spricht)." Wolfstieg faßte seine Deutung in folgende Sätze zusammen: „Der Idealismus ist verzaubert, traumhaft, bis die Zeit der Humanität heraufzieht und die S. für das Wohl des Volkes sich opfert. Dann vermählt sich das echte, durch die Menschheit geweihte Ideal des Wahren, Guten und Schönen mit dem Genius des deutschen Volkes, dann ist der Tempel der Weisheit am Ufer erbaut, die Brücke geschlagen, dann sind die Völker vereint."

Bemerkenswert ist, daß die Faschisten und andere Gegner der Freimaurerei die italienische Freimaurerei, nicht im Zusammenhang mit dem Märchen und seiner Deutung, als serpente verde (grüne Schlange) bezeichnen, weil die Freimaurer des Großorients von Italien grüne Bänder trugen!

Schlange, Mystische (engl. und frz. Serpent). Die das eigene Ende fassende S. ist das uralte, auch von der Freimaurerei übernommene Sinnbild der Ewigkeit und des ewigen Wechsels von Werden und Vergehen. Die Kreisform dieses Symbols vergegenwärtigt den Kreislauf der Materie und der Energie, neuerdings auch der Unsterblichkeit. In manchen Ländern wurde die S. von den Gegnern der Freimaurerei (z. B. in Italien: Serpente verde) als Schimpfname für die Maurerei gewählt.

Schlange und Kreuz, ein Kreuz in Form eines griechischen Tau (T) mit einer daraufliegenden Schlange in Anlehnung an Moses XXI, 9, „Und Moses machte eine Schlange aus Erz und richtete sie auf zum Zeichen". Ein in Rittergraden (z. B. Ritter von der ehernen Schlange) übliches Symbol.

Schlaraffia. Eine 1859 in Prag gegründete deutsche „Gemeinschaft gleichgesinnter Männer, deren Zweck die Pflege von Humor und Kunst nach bestimmten Formen, unter Beobachtung eines gewissen Zeremoniells, und deren Grundprinzip die Freundschaft ist". Sie steht mit der Freimaurerei in keinem Zusammenhang. Da jedoch die S., ähnlich wie diese, ethischen Grundsätzen huldigt und in der menschlichen Gemeinschaft das Trennende ablehnt, dagegen das Verbindende betont, so wird sie oft von jenen Mächten, die entgegengesetzt wirken und dadurch nur der Zwietracht Vorschub leisten, fälschlich als eine Art Freimaurerei angesehen. Auch die S. hat das Prinzip der Brüderlichkeit, der menschlichen Eintracht in ihre Devise aufgenommen, nur trachtet sie es im Wege jener beschwingten Freude zu verwirklichen, die Schiller preist: „Alle Menschen werden Brüder, wo Dein sanfter Flügel weilt." S. geht den Weg der fröhlichen Selbstkritik, der harmlosen Verspottung menschlicher Schwächen und veredelt dieses Tun durch Pflege der Kunst jedweder Art. Durch die ihr innewohnende Disziplin wurde sie ein Weltbund. Bei der Ausarbeitung des Zeremonials wurden einzelne, der Freimaurerei eigene, aber auch in anderen Bünden vorkommende Formen in heiteres Rittergewand gekleidet. Die Satzungen (Spiegel) sehen drei Stufen vor: Knappen, Junker, Ritter.

Die S. besitzt keinerlei Geheimnisse. Die Versammlungen (Sippungen) der lokalen Vereinigungen (Reyche, beziehungsweise vor der Sanktionierung der Neugründungen: Kolonien) sind Gästen (Pilgern) zugänglich. Das Mutterreich Prag (Allmutter Praga) steht an der Spitze von gegen 300 Reychen und Kolonien mit rund 14.000 Mitgliedern, in Europa, Nord- und Südamerika und Ostasien. Alle fünf Jahre findet ein Konzil statt. Symbol:

Uhu; Abzeichen: weiße Nadel. Der Freundschaftsgedanke findet sehr ernste Pflege.

Schlechter, Lorenz, Hofkanzlist und Taxe-Rechnungsführer in Laibach, legte 1812 dem österreichischen Kaiser Franz einen 678 Folioseiten umfassenden Entwurf zur Gründung eines „aus lauter rechtschaffenen, frommen, witzigen und Gerechten Menschen bestehenden Geheimbundes" als Gegengewicht gegen die jakobinische Freimaurerei vor, dem der Kaiser oder ein Prinz als Oberhaupt oder Diktator vorstehen sollte. Auch die „Frauenzimmer sollten als Halbfreunde eine Rolle spielen". Der Staatsrat lehnte diesen Entwurf ab und sprach die Vernichtung des Elaborats aus. Der Kaiser behielt es aber zurück und ließ es im Kabinettsarchiv verwahren, wo es noch heute liegt.

Schlegel.

1. Friedrich v., deutscher Schriftsteller und Literarhistoriker, * 1778, † 1829, Freimaurer, hat den beiden Lessingschen Freimaurergesprächen „Ernst und Falk" in seiner 1804 erschienenen Lessing-Anthologie ein drittes Gespräch angefügt, in dem er, seiner romantischen Gesinnung entsprechend, bezweckt, „daß an Stelle der alten Freimaurerei ein Bund zur Herstellung der christlichen Religion des Alten deutschen Reiches, der Freiheit, Treue und Sitten" treten solle.

2. Toni, hervorragender südslawischer Publizist, * 1879, ermordet von politischen Gegnern 1929. Ursprünglich katholischer Geistlicher in Zagreb (Agram), verließ er 1905 die römische Kirche, trat zum Protestantismus über und wurde Journalist. Nach dem Krieg gründete er die Zagreber Tageszeitung „Novosti". Freund des Königs Alexander und des Ministerpräsidenten Zivković, sollte er an die Spitze des Belgrader Presseministeriums treten, als ihn die mörderische Kugel niederstreckte. Er war Freimaurer. Seine Bibliothek vermachte er seiner Zagreber Loge „Maximilian Vrhovac".

Schleiß von Löwenfeld, Bernhard Joseph, kurpfälzischer Hofrat, Arzt in Sulzbach, unter dem Pseudonym Phoebron Verfasser des wichtigen Werkes über die Rosenkreuzer: „Der im Lichte der Wahrheit strahlende Rosencreutzer" (1782), Verteidigungsschrift gegen das Pamphlet des Magisters Pianco: „Der Rosenkreuzer in seiner Blöße". Bernhard Beyer zufolge („Freimaurermuseum", Bd. V) stammt das Manuspript „Der höchste symbolische Grad der wahren Magie. — Ein hinterlassenes Manuskript eines Weisen an seinen Sohn", gleichfalls von S. Die Schriften S.s sind aufschlußreich, obwohl er selbst betont, daß er nicht zu den leitenden Persönlichkeiten des Ordens gehört hat und zur Zeit des Erscheinens seines ersten Werkes bereits völlig ausgeschaltet war.

Schlesinger, Richard Dr., Regierungsrat, Rechtsanwalt in Wien, * 1861, erster Großmeister der Großloge von Wien, gab dieser ihr auf Förderung des inneren und äußeren Friedens gerichtetes pazifistisches Programm.

Schleswig-Holstein, Fürstenhaus, s. Fürsten, Deutsche, und Dänemark, Königshaus.

Schletter, Hermann Theodor, deutscher Jurist und Publizist, Professor an der Universität Leipzig, * 1816, † 1873, Leiter des „Dresdner Journals", Verfasser wichtiger Werke über das Strafprozeßwesen und Rechtsgeschichte, Herausgeber der „Jahrbücher der deutschen Rechtswissenschaft und Gesetzgebung", wurde 1839 in der Leipziger Loge „Balduin zur Linde" aufgenommen, gab mit Merzdorf die Zeitschrift „Latomia" heraus, war Mitarbeiter der 2. Auflage des „Allgemeinen Handbuches der Freimaurerei", verteidigte diese in einer Schrift „Der Freimaurerbund in seiner gegenwärtigen Bedeutung" gegen Angriffe.

Schley, Winsfield Scott, amerikanischer Admiral, * 1839, machte 1871 die Korea-Expedition mit, war Kommandant der dritten Greeley-Polarexpedition, rettete 1884 Greeley bei Cape Sabine, 1898 Kommandant im spanisch-amerikanischen Krieg, siegreich bei Santiago, schrieb „The Rescue of Greeley", „45 Years under the Flag", wurde 1899 vom Großmeister des Distrikts Columbia „at sight" als Freimaurer aufgenommen. † 1911.

Schlichtegroll, Adolf Heinrich Friedrich von, deutscher Schriftsteller und Altertumsforscher, * 1765, † 1822, Direktor der Hofbibliothek München, Begründer des „Nekrolog der Deutschen" und der „Annalen der Numismatik", wurde 1786 in der Gothaer Loge „Zum Compaß" aufgenommen.

Schliemann, Heinrich, Altertumsforscher, * 1822, † 1890, der in zwanzigjähriger Arbeit an der kleinasiatischen Küste das klassische Troja ausgrub, auch in Griechenland bedeutende Freilegungen durchführte und die großartigen Ergebnisse seiner Tätigkeit in einer Reihe von Werken niederlegte, war Freimaurer.

Schlosser, Johann Georg, Schriftsteller, * 1739, † 1799, Goethes Schwager und intimer Freund, in badischen Diensten, zuletzt Syndikus der Stadt Frankfurt a. M., war in der Zeit, da er als Oberamtmann in Emmendingen wirkte, ein Jahr lang Stuhlmeister der Loge „Zur edlen Aussicht" in Freiburg i. B., später Stuhlmeister der Loge „Karl zur Einigkeit" in Karlsruhe. Auch den Illuminaten schloß er sich an.

Schlüssel (engl. Key, frz. Clef).

1. Symbol mancher Systeme, verschieden gedeutet. Z. B. für Verschwiegenheit. Schon Sophokles erwähnt den S. in diesem Sinn als den Eleusinischen Mysterien eigen (goldener S.). In den Isismysterien wieder öffnete der S. Herz und Gewissen der 42 Beisitzer.

In alten freimaurerischen Ritualen ist vom S. als der Zunge die Rede, die die Geheimnisse „in einer Korallenbüchse verwahrt, die nur elfenbeinerne S. zu öffnen und zu schließen vermögen". Der Schaft bildet mit der Basis des Schlüsselgriffes ein „T", also einen doppelten rechten Winkel, der auch an den Hammer erinnert. Auch mit Zirkel und Kelle in Verbindung gebracht.

2. Abzeichen der Meisterwürde im Schwedischen System (s. Johannismeisterschlüssel). Von da auch in einzelnen humanitären Logen übernommen.

3. Beamtenkleinod des Schatzmeisters.

Der S. ist von den modernen Symboltafeln eines Großteils der Johannismaurerei verschwunden. Daß er aber zu ihrem ursprünglichsten Bestande gehört, geht daraus hervor, daß er sowohl in Prichards „Masonry dissected" als auch in Brownes „Master Key", in letzterem weit ausführlicher, behandelt ist. Dort findet sich das Wortspiel: „It is said to hang, and not to lie." D. h.: „Man sagt, daß er hänge und nicht lüge" (liege; to lie bedeutet im Englischen sowohl lügen als liegen). Das weitere Frage- und Antwortspiel ergibt, daß mit dem S. die Zunge gemeint sei, die vom Br. in seiner Abwesenheit so gut spricht wie in seiner Gegenwart, und — wenn ehrlicherweise nichts Gutes gesagt werden kann — die maurerische Tugend des Schweigens übt. Im Sinne des erwähnten Wortspieles findet man auf einer Reihe alter englischer Symboltafeln den S. an einer Schnur von der mittleren Sprosse der Himmelsleiter herabhängend dargestellt; wo diese fehlt, erscheint er, den Bart abwärts, ohne Stütze, so auch das Hängen andeutend. (Dring, A. Q. C. XXIX/2. Sonnenkalb, Brownes Master Key.)

In einer anderen Lehrart heißt es, der Orden habe einst drei S. in Verwahrung gehabt, den zum Tale Josaphat, den zum Stadttore von Jerusalem und den zur Burg Zion. Daher der Namen verschiedener Logen: „Zu den drei (goldenen) S.".

Im IV. und XIII. Grad des A. u. A. Schottischen Ritus spielt der S. eine wesentliche Rolle.

Schlüterbau, Großlogenhaus der Großen Loge von Preußen, genannt „Zur Freundschaft", in Berlin, von Andreas Schlüter im Geburtsjahr Friedrichs des Großen in der Dorotheenstraße in Berlin errichtetes Barockpalais, das seit 1779 im Besitze der Loge „Royal York de l'Amitié" ist.

Schmähschriften, s. Gegner.

Schmalz, Theodor Heinrich Anton, Rechtslehrer und erster Rektor der Universität Berlin, * 1760, † 1831, trat 1779 der Loge „Zum goldenen Zirkel" in Göttingen bei, war lange Jahre Redner der Loge „Zu den drei Kronen" in Königsberg i. Pr., 1808 Meister vom Stuhl der Loge „Zum flammenden Stern" in Berlin und 1899 Mitglied des altschottischen Bundesdirektoriums. 1814 trat er zur Großen Landesloge von Deutschland über und war gleichzeitig Großredner und Meister vom Stuhl der Loge „Pegase" in Berlin. Er war ein Schwager Scharnhorsts (s. d.), verstand aber die Stimmen seiner Zeit so wenig, daß er sich den fortschrittlichen Tendenzen entgegenzustemmen trachtete. Er griff in seiner Schrift „Über politische Vereine" den Tugendbund an und ergab sich in seinen letzten Lebensjahren dem strengen Absolutismus und der Pietisterei. Bezeichnend ist seine Behauptung, das preußische Volk habe sich 1813 nur aus Gehorsam gegen den König erhoben, gleichwie man bei einer Feuersbrunst aus einfachster Bürgerpflicht zum Löschen herbeieile. (Deutsche Geschichte von L. Stake.) Vergebens bemühten sich Gneisenau und Blücher beim Kanzler Hardenberg, dieser Tätigkeit des S. entgegenzutreten. Der König Friedrich Wilhelm III. hielt ihn nicht nur, er belohnte ihn auch mit einem hohen Orden. Beim Wartburgfest am 18. Oktober 1817, der großen studentischen Freiheitsfeier, wurden auch die Schriften von Sch. mit einem Korporalstock, einem Zopf und mißliebigen Schriften anderer feierlichst verbrannt. Der Studentenführer Karl Follen sang:

„Nun auf, Ihr Brüder, frei und schnell, Ihr Brüder, du und du: Noch bellt der Kamptz- und Schmalzgesell, der Bel- und Kotzebue." Auch in den Schriften des plattdeutschen Dichters Fritz Reuter („Ut mine Festungstid") wird der Reaktionär und Studentenfeind S. wiederholt genannt.

Schmettau, Graf und kaiserlicher Rittmeister, 1740 in Berlin in die Johannisloge „Aux trois Globes" aufgenommen, lernte mutmaßlich in Frankfurt a. M. den Schottengrad („Maître Ecossais") von französischen Offizieren kennen und propagierte diesen in der Folge so, daß daraus ein deutscher Hochgrad wurde. In der Matrikel der Hamburger Schottenloge nennt sich S. infolgedessen „Institutor ordinis". Die Hamburger Schottenloge wurde 1744 nach einem Besuch, den S. bei v. Oberg machte, unter dessen Obermeisterschaft gegründet.

Schmidt-Cabanis, Richard, deutscher Schriftsteller, * 1838, Meister der politischen Satire, Redakteur der „Berliner Montagszeitung", später der humoristischen Beilage des „Berliner Tageblatt", war Mitglied der Berliner Loge „Zur siegenden Wahrheit" (Gedichtsammlung: „In der Bruderkette"). † 1903.

Schmiedl, Georg, hervorragender Wiener Sozialpädagoge, † 1929. Schöpfer der großen Touristenorganisation „Naturfreunde", Gründer der Wiener Sozialpädagogischen Gesellschaft, war Mitglied der Loge „Goethe" in Wien. Die Gemeinde widmete der seiner Asche bergenden Urne eine Ehrennische neben der des Nobelfriedenspreisträgers A. H. Fried (s. d.).

Schmuckablegung. In manchen freimaurerischen Systemen wird der Suchende, der feierlich aufgenommen werden soll, vor der Einführung aufgefordert, Schmuckgegenstände abzulegen. Der mystische Sinn dieser Handlung ruht darin, daß „an diesen wertvollen Dingen Ideen oder Wünsche haften, die dem Bundesgeiste und Verbrüderungsideal fremd und feindlich sind". Der Suchende muß sich von jenen Dingen befreien, deren Symbole er bisher trug und deren Freund und Diener er war. „Die alten Schmuckstücke und Abzeichen gehören zu dem alten Leibe; sie sind vom Standpunkte der neuen Bundesschließung aus unrein und Zeichen unwürdiger Dienstbarkeit." (Vergl. August Horneffer: „Symbolik der Mysterienbünde".) — Im ethischen Sinn bedeutet die S., daß der Suchende in eine Gesellschaft gleichwertiger Menschen eintritt, unter denen Vermögen, Rang und Stand keine Unterschiede machen dürfen; auch sind die Mitglieder des Bundes gleichermaßen arm und bedürftig im Hinblick auf die großen, zu erstrebenden Ideale.

Schnakenburg, Johann Ferdinand, deutscher Sprachforscher, * 1807, † 1873, am

Berliner Gymnasium „Zum grauen Kloster", dann an der Kriegsschule tätig, gab „Tableau des Idiomes populaires de France" heraus, wurde 1826 in der Loge „Pythagoras zum flammenden Stern" aufgenommen, 1863 bis zu seinem Tode Großmeister der Großen Loge „Royal York zur Freundschaft". Unter seiner Großmeisterschaft wurde 1872 die Zulassung von Nichtchristen beschlossen.

Schneeberger, Franz Julius, Schriftsteller, schrieb auch unter dem Decknamen Arthur Storch, * 1827, † 1892, Ingenieur im Dienste der österreichischen Südbahn, gründete gemeinsam mit Lewis (s. d.) 1868 die Loge „Einigkeit im Vaterlande" in Budapest, bemühte sich, der Freimaurerei in Österreich wieder Eingang zu verschaffen. Er begründete den nichtpolitischen Verein „Humanitas" in Wien indem er sich mit der nahe der österreichischen Grenze arbeitenden ungarischen Loge „Zur Verbrüderung" in Ödenburg in Verbindung setzte, die zunächst alle ritualmäßigen Arbeiten für die „Humanitas" besorgte. Damit wurde S. der Begründer der österreichischen Grenzlogen, die durch die Jahre 1869—1918 als nichtpolitische Vereine in Wien freimaurerisch arbeiteten. 1871 wurde in dem bei Wiener-Neustadt gelegenen ungarischen Orte Neudörfel die Gründung der Loge „Humanitas" vollzogen, deren Stuhlmeister S. durch lange Jahre war. Auch zu einer zweiten Grenzloge, „Eintracht", hat er den Grund gelegt. Vom Jahre 1871 an leitete er den „Zirkel", der als Organ der Loge „Humanitas" erschien und der nach dem Weltkrieg in der „Wiener Freimaurerzeitung" seine Fortsetzung fand. Auch als Schriftsteller hat er unter dem Namen Storch in einigen Romanen die Freimaurerei behandelt, so: „Die Geheimnisvollen oder Jesuit und Freimaurer", Wien 1869, und „Die Katakomben von Wien".

Die Eröffnung der österreichischen Polizeiarchive nach dem Weltkrieg hat dann allerdings sein Bild getrübt. Es hat sich herausgestellt, daß S. der Behörde laufende Berichte über die österreichische Logentätigkeit lieferte.

Schneider.

1. Johann August, freimaurerischer Reformator, Rat in Altenburg, * 1756, † 1816, Meister vom Stuhl der Loge „Archimedes zu den drei Reißbrettern" (aufgenommen 1788), Bekenner freisinniger Anschauungen: im Anhang des vielfach vorbildlich gewordenen, von ihm mitgeschaffenen Altenburger-Konstitutionenbuches und in einer Reihe geschichtlicher Publikationen (u. a. erschienen im Altenburger „Journal für Freimaurerei"). Durch ihn wurde Krause angeregt, sich der Freimaurerei anzuschließen. Bedeutenden Anteil hatte S. an dem wissenschaftlichen Kampf um die Echtheit der „Yorker Urkunde", die er 1808 ins Deutsche übersetzte.

2. Eulogius, katholischer Priester, * 1756, guillotiniert 1794 in Paris, Professor der schönen Wissenschaften an der Bonner Universität, seit 1791 Vikar des Konstitutionellen Bischofs von Straßburg, Wortführer der Jakobiner. In der Loge „Zur vollkommenen Gleichheit" in Krefeld 1791 aufgenommen, später aus dieser Loge ausgeschlossen wegen seines für deutsche Verhältnisse unmaurerischen Verhaltens.

3. Johann Christian Friedrich, deutscher Komponist und Musiktheoretiker, * 1786, † 1853, Organist an der Thomaskirche in Leipzig, Hofkapellmeister in Dessau, schrieb Oratorien („Das Weltgericht" u. a.), Kantaten, Kammermusik, Opern Symphonien, Lieder, Verfasser des „Elementarbuchs der Harmonie und Tonsetzkunst", Ehrendoktor der Universität Halle, war Mitglied der Loge „Balduin zur Linde" in Leipzig. Gleich ihm war ein glänzender Lehrer sein Bruder:

4. Johann Gottlob, Orgelvirtuose, * 1809, † 1864, Hoforganist an der Hofkirche in Dresden, Direktor der Dreyßigschen Singakademie, Freimaurer in der Görlitzer Loge „Zur gekrönten Schlange" und dann der Dresdener Loge „Zum goldenen Apfel" einverbrüdert.

Schneiderfranken, Josef (Pseudonym: Bô Yin Râ), s. Ermächtigte Bruderschaft der alten Riten.

Schnur, geschlungene, Die, die die Symbole des Tapis umfaßt, symbolisiert die Bruderkette, auch die Einheit der freimaurerischen Idee (s. Vereinigungsband, Tasselated Border).

Schoenaich, Paul Ludwig, Freiherr v., Generalmajor a. D., * 1866, im Weltkrieg Regimentskommandant, dann Abteilungschef im Kriegsministerium, seit 1919 pazifistischer Schriftsteller („Abrüstung der Köpfe" und „Vom vorigen zum nächsten Krieg"), Vorkämpfer der Liga für Menschenrechte und der Deutschen Friedensgesellschaft, sprach als Mitglied des „Freimaurerbundes zur aufgehenden Sonne" (s. d.) vor Pariser Logen.

Schöler, Reinhold August v., preußischer Generalleutnant und Diplomat, * 1772, † 1840, Gesandter in Petersburg, Mitglied der Loge „Zu den drei Seraphim" in Berlin, in Rußland Zweiter Aufseher der Großen Loge „Astraea", später Mitglied der Loge „Zum goldenen Schiff" in Berlin.

Schön, Heinrich Theodor v., preußischer Staatsmann, * 1773, † 1856, Regierungspräsident in Gumbinnen, 1813 Generalgouverneur westlich der Weichsel, Oberpräsident von Westpreußen, in Verfassungsfragen Vertreter freiheitlicher Grundsätze, war Mitglied der Kronenloge in Königsberg.

Schönaich-Carolath, s. Carolath.

Schönheit, bildet mit Weisheit und Stärke die drei Pfeiler oder Säulen (in manchen Systemen auch „Flammen"), auf denen der symbolische Bau der Freimaurerei ruht, die drei Tugenden, die ihn befördern. Die Schönheit ziert, schmückt den Bau, den Weisheit leitet und Stärke ausführt. Schönheit aber auch im Geistigen und Sittlichen ist ein Hauptgebot für den Freimaurer. Wurde ihm die Weisheit der Selbsterkenntnis, die Stärke der Selbstbeherrschung, so bringt er durch die Selbstveredelung in sein geistiges und sittliches Leben erst die richtige Harmonie. Toleranz und Hilfsbereitschaft, Nächsten- und Bruderliebe sind Ausdrucksformen der wahren Schönheit. In älteren Zeiten war die Schönheit durch Liebe, bezw. Güte ersetzt; es war wohl der Einfluß des Kabbalisten Reuchlin, der Rosenkreuzer und Shaftesbury's (s. d.) (der die Schönheit zur Pflicht erhob), der der S. an Stelle der (nach Gloede) im Brüderlichkeitsgedanken genügend zum Ausdrucke gebrachten Liebe den Platz in der freimaurerischen Dreiheit verschaffte. Anderson kannte 1723 diese Trias noch nicht; sie findet sich bei ihm erst 1738 (Wolfstieg).

School of Government, Fakultät für Regierungs- und diplomatische Wissenschaft an der Universität in Washington, „geweiht dem Gedächtnis George Washingtons, des Maurers", wurde 1928 aus einer Stiftung von 1 Million Dollar des Obersten Rates des Schottischen Ritus von Nordamerika (südliche Jurisdiktion) errichtet.

Schott, Gerhard, Ratsherr von Hamburg, * 1641, † 1702. Angeregt durch eine Opernaufführung „Die Zerstörung Jerusalems" von Postel, entwarf S. ein Modell des Salomonischen Tempels, das nach seinem Tod, 1723 und später 1730, auch in London öffentlich ausgestellt wurde. Aus diesem Anlasse wurde den Besuchern des Modells auch eine illustrierte Beschreibung verkauft. Einer der Herausgeber dieser Schrift war der II. Großaufseher der Großloge von England, John Senex (Loge „At the Globe"), für den William Hunter auch das Buch der Konstitutionen von Anderson (1723) druckte. Chetwode Crawley (A. Q. C. 1899) ist geneigt, diesem Umstande eine besondere Bedeutung beizumessen, insofern als zur Zeit der Bildung des neuen Großlogenbrauchtums diese Hinweise auf den Salomonischen Tempelbau nicht ohne Einfluß geblieben sein können. Das Modell von S. findet sich noch heute im Besitz des Sächsischen Vereins für Altertumskunde in Dresden.

Schotte, schottisch (frz. Ecossais), Bezeichnung für zahlreiche Hochgrade der Schottischen Maurerei, die zum größten Teil aus Frankreich stammten (s. Ecossais).

Schottengrad der Strikten Observanz (Schottischer Meister), erste Hochgradsstufe dieses Systems, ließ Hiram als „Notuma" auferstehen. Notuma Anagramm von Aumont, der angeblich der Nachfolger von de Molay (s. d.) gewesen sein soll.

Schottengrade waren die ersten um 1740 in der freimaurerischen Öffentlichkeit bekanntgewordenen Hochgrade. Mit ihnen ging eine Umstellung vom Salomonischen Tempelbau und dem Tod Hirams auf die Zerstörung des israelitischen Tempels Hand in Hand; den Schottischen Meistern war die — symbolische — Aufgabe des Wiederaufbaues gestellt (s. Schottische Maurerei). Hier setzte auch als Gradgeheimnis die Alchimie mit der Begründung ein, daß unter den Kreuzfahrern im Jahre 1090 vier Altmeister aus Schottland Kenntnis von einer Tradition besessen hätten, derzufolge Esdras in den Grundstein des Tempels ein Andenken oder das Meisterwort selbst oder einen Hinweis darauf gelegt hätte; die Schotten hätten dann auch in einem ausgehöhlten Quadratstein der Tempelruinen drei goldene Schalen mit den Buchstaben *I.*, *G.* und *O.*, den jüdischen Sinnbildern der Grundstoffe und jedes einzelnen Dings, gefunden. Hier bahnte sich eine entscheidende Wendung eines Teiles der damaligen Maurerei zur okkultistischen Rosenkreuz-Maurerei, zum alchimistischen Mysterienbund an. (Vergl. Arnold Marx, „Die Gold- und Rosenkreuzer" in „Das Freimaurer-Museum", Band V, 1930.)

Schottenloge, Schottische Loge, Hochgradloge zur Bearbeitung von Schottengraden. Aus Frankreich stammend, wurde eine Schottische Loge in Deutschland zuerst 1742 in Berlin durch sieben Mitglieder der Loge „Aux trois Globes" „für das Emporstreben ihrer jüngeren Brr. zur höheren oder sogenannten Schottischen Maurerei" unter den Namen „L'Union" gegründet. Im Schwedischen System heißt die mittlere Abteilung Schotten-, bezw. Andreasloge. In der Lehrart der „Drei Weltkugeln" besteht für den IV. Grad die „Allgemeine altschottische Loge"; eine selbständige Schottenloge, „Pallas Athene", besitzt die Leipziger Loge „Minerva zu den drei Palmen".

Schottenlogen in humanitären Großlogen. Beim Übertritt in humanitäre Großlogen haben in Deutschland zwei Logen das Recht zugebilligt erhalten, die bisherigen Schottengrade auch weiterhin zu bearbeiten. Es sind dies die Loge „Minerva zu den drei Palmen" in Leipzig und die Loge „Zur goldenen Mauer" in Bautzen.

Schottenmeister, Schottenstufe, der Lehrart der Großen National-Mutterloge „Zu den drei Weltkugeln", s. Meister, Altschottischer.

Schottische Damen von Frankreich s. Damen, Schottische.

Schottische Maurerei (frz. Ecossisme) trat, ohne jede Beziehung zur Großloge von Schottland, um 1740 in Frankreich in Erscheinung. Über ihre Entstehung bestehen trotz zahlreicher tiefgründiger Forschungen nur Hypothesen. Man verstand im genannten Zeitraum unter S. M. jene Maurerei, die mehr als die drei symbolischen Grade der englischen Lehrart hatte, nachdem der älteste bekanntgewordene Grad dieser Gattung (Schottengrad), eine Abart des Meistergrades, „Schottischer Meister" (s. d.) hieß. Schiffmann (s. d.) leitete diesen, seit 1742 bekannten, zunächst reformatorisch gemeint gewesenen, Auslese anstrebenden „Maître écossais" von „Acassais", also von cassia (Akazie), ab, in bewußt scharfem Gegensatz zu der lange Zeit verbreiteten Auffassung, die Wurzeln seien in einem von den exilierten Stuarts ins Leben gerufenen Hochgradsystem zu suchen, das bestimmt gewesen sei, die nach Frankreich gekommenen Anhänger des entthronten Königshauses in Logen zu sammeln und sie so dynastischen, bezw. (nach Bode und Bonneville) den diese fördernden jesuitischen Interessen dienstbar zu machen. Diese letztere, auch von Begemann und Gould und anderen aufs energischeste abgelehnte und bekämpfte Theorie wird neuerdings wieder von dem französischen Forscher Albert Lantoine (La Franc-Maçonnerie Ecossaise en France, 1930) gestützt, der den Nachweis unternimmt, daß eine Reihe notorischer Stuartisten (Jakobiten) führend am Anfang der französischen Freimaurerei standen, daß diese auf französischem Boden als Logengründer auftraten, ehe noch die englische Lehrart über den Kanal gelangt war, und daß namentlich auch in St. Germain bei Paris, wo der Prätendent residierte, im ersten Viertel des 18. Jahrhunderts bereits eine Loge bestand.

Lantoine hält die historische Richtigkeit der These für sehr wahrscheinlich, daß sich nach der Hinrichtung Karls I. (1649) dessen Anhänger, um Cromwell zu täuschen und unter falscher Flagge in Verborgenheit wirken zu können, in die Freimaurerei geflüchtet hätten. Der in dem von solchen überdies rosenkreuzerischen „schottischen" Maurern geschaffene III. Grad mit seiner pseudobiblischen Hiram-Legende symbolisch ausgedrückte Wille, das „Wort" wiederherzustellen, habe sich in Wahrheit ursprünglich auf den Sohn des durch Hiram versinnbildlichten, hingerichteten Königs bezogen. Die „Witwe", als deren Söhne sie sich bezeichneten, sei die Königin-Witwe Henriette von Frankreich gewesen. Nach dieser Theorie hätten sich dann die Exilierten, vor allem der Hofstaat Jakobs II., in Frankreich der Freimaurerei zu politischen Zwecken bedient. Bereits 1688 hätten sie im Verein mit katholischen Schotten und Iren der dem König gefolgten Truppen in St. Germain eine Regimentsloge gestiftet, wobei man freimaurerisches Gebrauchtum mit Zeremonien des Schottischen Distel- (Andreas-) Ordens vermählt habe. Ein Beweis für die Vermischung wird namentlich in späteren Graden, bezw. Titeln, wie „Schotte des heiligen Andreas", „Großer Auserwählter des heiligen Gewölbes Jacobs VI." usw., erblickt.

Eine weitere, mit Zähigkeit immer wieder kolportierte These wird auch von Lantoine abgelehnt, nämlich, daß alle die Sehnsüchte und Wünsche der Jakobiten sich in dem berühmten „Discours" des Chevalier Ramsay (s. d.) manifestiert hätten und dieser so als bewußter Anreger, wenn nicht als Schöpfer der kurz hernach massenhaft aufgetretenen schottischen Hochgrade zu betrachten sei. Lantoine billigt Ramsay mit Recht nur zu, daß dieser dadurch, daß er in seiner Rede die Freimaurerei im Zusammenhang mit Schottland auf die Kreuzfahrer zurückführte, jene Grade gleichsam legitimiert hat, in denen Hiram nicht mehr allegorischer Schleier für Karl I. Stuart ist, sondern für Jacques de Molay, den wider alles Recht auf dem Scheiterhaufen zum Tode gebrachten letzten Großmeister der Templer („Witwe" = Templerorden). Für Lantoine steht es fest, daß diese Grade, die mit ihren Ritterzeremonien, ihren farbigen Legenden und behaupteten (ebenso glorreichen wie uralten) Traditionen, mit ihrem katholisierenden Pomp im Ritual, in Symbolik und Titeln die protestantisch nüchtern erscheinende reine englische Lehrart bald gewaltig überstrahlten, von den Freimaurern der schottischen — übrigens hauptsächlich aus Iren bestehenden — Regimenter importiert wurden. In den Bereich der Fabel verweist auch er jedoch die im ganzen 18. Jahrhundert und noch lange nachher eine so große Rolle spielende angebliche Gründung eines „Chapitre primatial et métropolitain de Rose-Croix sous le titre distinctif d'Ecossais Jacobite", des sogenannten ersten Rosenkreuzerkapitels in Arras, durch den Prätendenten Karl Eduard Stuart, den „unbekannten Oberen" der Strikten Observanz (s. d.). Diese hat die Legendenbildung wohl am stärksten befruchtet, auch dann noch, als Karl Eduard selbst sie 1780 in einem Brief an den Herzog von Södermanland (s. d.) abgetan hatte, in dem er bekannte, bezüglich der Maurerei „in vollkommener Finsternis zu wandeln". Auch die behauptete Existenz einer „Mutterloge der Schottischen Maurerei" in Kilwinning oder Heredom oder „Kilwinning-Heredom" erwies sich als Fabel. Heredom als geographischer Begriff existiert nicht; es handelt sich bei diesem Ausdruck um eine Deformierung eines 1743 gebrauchten Ritualwortes „Herodim".

Mag bei der Einführung der S. M. wer immer Pate gestanden haben, diese nahm in verschiedenstem Gewand, begünstigt durch alle möglichen Zeitströmungen, ungeahnten Aufschwung. Namentlich der latente Okkultismus, der neben dem Aufklärungsstreben einhergehende Sinn des 18. Jahrhunderts für hermetische Lehren, der Glaube, letze Dinge entschleiert zu erhalten, unterstützte die rasche Ausbreitung der neuen Grade, das Ersinnen von die Phantasie immer reicher beflügelnden alchimistischen und kabbalistischen Ausdeutungen der Symbole. Am Anfang stand, wie oben gesagt, der Wunsch nach Reform durch Auslese; daraus wurde dann etwas ganz anderes, bedingt allein schon durch bald sich breit machendes aristokratisches Herrschaftsstreben auch innerhalb der Maurerei und menschlich verzeihliche Eitelkeit. Es wimmelte in Frankreich bald von — gelegentlich tatsächlich von Jakobiten gestifteten — Systemen, Riten, Orden, Kapiteln und Mutterlogen, die zumeist behaupteten, den letzten Aufschluß über die Freimaurerei erteilen zu können. Um nur einige zu nennen: „Erhabene Mutterloge des großen französischen Globus", „Kapitel von Clermont" (s. d.), „Die getreuen Schotten von Toulouse", „Schottische Mutterloge von Marseille", „Hof der Souveränen Großkommandeure des Tempels", „Noachiten", „Contrat Social", „Philosophischer Schottischer Ritus", „Rat der Kaiser vom Osten und Westen" (s. d.), „Philaleten" (s. d.), „Auserwählte Coëns" (s. d.), „Prinzen des Königlichen Geheimnisses" (s. d.).

Jede dieser sehr vielen Lehrarten pflegte in ihren Werkstätten zahlreiche Grade, so daß das Bild der Maurerei dieser Zeit sich arg verwirrte. Um so mehr, als alle diese Spielarten nicht nur in Frankreich, sondern auch im übrigen Europa begeisterte Anhänger fanden, die ihrerseits wieder das Übernommene nach eigenem Geschmack umformten, sich neutönerisch zu betätigen strebten und kaum Angeeignetes in anderer Form (z. B. Strikte Observanz) wieder nach Frankreich zurückverpflanzten. (In Deutschland z. B. gab es schon zu Anfang der vierziger Jahre in Hamburg und Berlin die ersten Schottenlogen.)

Das Chaos machte dann die Arbeit der Reformatoren zur dringenden Notwendigkeit. Versuche, eine Verschmelzung oder zumindest doch eine gemeinsame Doktrin festzulegen, die Freimaurerei wieder als etwas Einheitliches erscheinen zu lassen, wurden vielfach unternommen, waren aber lange Zeit zum Scheitern verurteilt. Namentlich von den Philaleten wurden zu diesem Zwecke in Paris Kongresse veranstaltet, die aber die notwendige Reinigung der Atmosphäre nicht zu bringen vermochten.

Erst nach der französischen Revolution, in deren Verlauf alle diese Gebilde wenigstens in ihrem Mutterlande zerstoben, kam die Klärung. Die S. M. gelangte, von einigen sich nach wie vor behauptenden Gruppen abgesehen, zu einer Einheit. Sie erhielt für ihre Hochgrade gleich der englischen Maurerei ihre einheitliche Verfassung. Das geschah durch den Alten und Angenommenen Schottischen Ritus (s. d.).

Schottische Meister, s. Meister, Schottischer.

Schottischer Geselle (Andreas-Geselle), s. Andreas-Loge.

Schottischer Lehrling (Andreas-Lehrling), s. Andreas-Loge.

Schottischer philosophischer Ritus, s. Rite Ecossais philosophique.

Schottischer rektifizierter Ritus, s. Rektifizierter Ritus.

Schottischer Ritus (vom XXXIII. und letzten Grad), Alter und Angenommener, international verbreitetes Hochgradsystem, bearbeitet die Maurerei in 33 Graden. In seinem heutigen Aufbau stammt der Ritus aus Amerika, wo 1801 in Charleston (Süd-Carolina) von Oberst John Mitchell, Frederick Dalcho, einem Arzt preußischer Herkunft, Isaac da Costa und anderen der erste „Oberste Rat (frz. Conseil Suprême, engl. Supreme Council) des XXXIII. und letzten Grades“ sich bildete, von dem heute alle regulären Obersten Räte der Welt sich herleiten. Grundlage des ganzen Systems in Aufbau und Organisation bilden die sogenannten „Großen Konstitutionen“ von 1786, deren Ursprung strittig ist. Die lange Zeit üblich gewesene und auch heute immer wieder auftauchende Ableitung von Friedrich dem Großen (s. d.), ließ sich auf die Dauer nicht aufrechterhalten*). Der Inhalt des Systems aber stellt, von unzeitgemäß Gewordenem und daher zumeist nicht mehr Bearbeitetem abgesehen, ein großartiges Ritualgebäude dar.

Die drei symbolischen Grade des S. R. unterscheiden sich nur in ritualistischen Einzelheiten von der englischen Lehrart. Sie werden heute nicht mehr von Obersten Räten verwaltet, sondern ausschließlich von Großlogen, so daß die Obersten Räte in der Regel fast durchwegs nur noch die Hochgrade IV bis XXXIII dirigieren. Auf dem Pariser Kongreß der Obersten Räte von 1929 wurde mit aller Entschiedenheit die Auffassung ausgesprochen, daß die symbolischen (blauen) Grade überhaupt nur von Großlogen zu bearbeiten seien. Ein Gegensatz der „blauen“ zur „roten“ Maurerei besteht keineswegs. Die höheren Grade bilden insofern eine Fortsetzung der Johannisgrade, als das esoterische Moment stark betont, die Lehren weiter ausgearbeitet werden. Sie wenden sich an jene Brr., die ein inneres Bedürfnis nach mehr selbst zu erarbeitendem Licht haben. Neue oder „letzte“ freimaurerische Grundwahrheiten werden weder versprochen noch enthüllt; was an solchen existiert, ist in den drei Johannisgraden enthalten. Aber die höheren Stufen haben dennoch ihre nicht zu unterschätzende Bedeutung. Der überhebliche, vielfach sich in Äußerlichkeiten erschöpfende „aristokratische“ Charakter, der den Hochgraden im 18. Jahrhundert eignete, ist im Laufe der Zeit im A. u. A. S. R. vollständig verlorengegangen. Die Vertiefung, die der Ritus im Laufe der Zeit in jeder Hinsicht erfuhr, z. B. durch Pike in Amerika und namentlich auch durch den Belgier Goblet d'Alviella (s. beide), haben das Bild wesentlich verschoben. Die Grade, die sich als überflüssig und leer erwiesen, werden meist nur noch rein historisch erläutert. Von der überwiegenden Mehrzahl der Obersten Räte werden sie nicht mehr ritualistisch gepflegt, sondern der nicht unwichtigen Tradition halber nur noch mitgeteilt.

Die Werkstätten der Obersten Räte: Perfektionslogen, Kapitel, Areopage und Konsistorien sind nach Lehre und Aufbau auch heute wichtige Stufen freimaurerischer Fortbildung, Ritual und Symbolik sind reich an Schönheit und Gedankentiefe. Die Lehren: Pflicht zur Arbeit, Kampf für Gewissensfreiheit und Aufrechterhaltung der Menschenrechte, Betätigung der Menschenliebe im Sinne Jesu, Völkerversöhnung, Sorge für Erhaltung des Friedens auf Erden, Streben nach Wahrheit sind Grundsätze, die von Grad zu Grad ihre Vertiefung finden; Goblet d'Alviella hat die Lehre der bedeutsamsten Stufen vereinheitlicht, sie organisatorisch aufgebaut und Brücken geschlagen, die gestatten, von einem wirklichen System zu sprechen, in dem nicht etwa willkürlich aneinandergereihte Grade den Eindruck hilfloser Zusammenhanglosigkeit erwecken. Der belgische Großkommandeur setzte die Grade in Beziehung zu den hauptsächlichsten Religionen, mystischen Kulten, philosophischen Systemen, zog aus ihren verschiedenen Grundlehren eine Nutzanwendung auf die Freimaurerei und vermittelte so Kenntnisse, die, zusammengefaßt, schließlich die „vollkommene Einweihung“ erzielen.

Die Einteilung der Werkstätten ist nicht ganz einheitlich. Zum Beispiel gestaltet sie sich in Nordamerika folgendermaßen:

	Nördl. Jurisdiktion Grad	Südl. Jurisdiktion Grad
Perfektionsloge	4. bis 14.	4. bis 14.
Kapitel	15. u. 16.	15. bis 18.
Areopag / Council of Kadosh	17. u. 18.	19. bis 30.
Konsistorium	19. bis 32.	31. u. 32.

Die übrigen Obersten Räte folgen im allgemeinen dem Aufbau der Südlichen Jurisdiktion der Vereinigten Staaten; mancherorts

*) Vergl. Begemann, „Der Alte und Angenommene Schottische Ritus und Friedrich der Große“, Berlin 1913.

hat auch der XXXI. Grad seine eigene Werkstätte (Rat).

Zu den Graden, die heute nur noch rein geschichtliches Interesse haben, gehören in erster Linie die in ungezählten Pamphleten abgehandelten sogenannten „Rachegrade", in denen, dem Geschmack des 18. Jahrhunderts entsprechend, von der immer nur symbolisch gemeinten Sühne für den Tod Hirams und des Templer-Großmeisters de Molay die Rede ist. Nur noch im XXX. Grad — Kadosch-Ritter (s. d.) — ist ernstlich von Vergeltung die Rede, aber in ganz sinnbildlicher Bedeutung: an der Darstellung des Opfertodes des letzten Templer-Großmeisters wird die Verpflichtung gezeigt, unablässig, auch unter Selbstaufopferung, mit geistigen Waffen für Geistesfreiheit zu kämpfen.

Nach Goblet d'Alviella besteht „die einzige Vergeltung, die der Freimaurer im Namen der Verfolgten aller Zeiten üben kann, in der Arbeit zur Herbeiführung eines sittlichen Zustandes, der neuerliche Attentate auf die Gewissensfreiheit unmöglich macht". Nur von einem Bekenntnis zu den Menschenrechten ist die Rede, der Rachegedanke, der durchaus unfreimaurerisch wäre, wird ausdrücklich verworfen.

Der Ursprung des Ritus liegt in einem der zahlreichen französischen Systeme der Schottischen Maurerei (s. d.) des 18. Jahrhunderts, dem „Conseil des Empereurs d'Orient et d'Occident, Grande et Souveraine Loge Ecossaise Saint Jean de Jérusalem" („Rat der Kaiser vom Osten und Westen, Große und Souveräne Schottische Loge zum heiligen Johannes von Jerusalem"), die gegen Ende des 18. Jahrhunderts im Grand Orient de France aufging. 1761 erteilte diese Großloge dem Kaufmann Etienne Morin (s. d.), der nach Amerika ging, ein Patent, das ihn ermächtigte, eine Perfektionsloge des Ritus in der Neuen Welt zu gründen, d. h. nach damaligem Sprachgebrauch, die 25 Grade der „vollkommenen und erhabenen Maurerei" zu erteilen, die, seit 1758 bestehend, 1762 von der Filiale der „Kaiser vom Osten und Westen" in Bordeaux", den „Prinzen des Königlichen Geheimnisses", promulgiert wurden. Diese Grade waren: 1. Lehrling; 2. Geselle; 3. Meister; 4. Geheimer Meister; 5. Vollkommener Meister; 6. Vertrauter Sekretär; 7. Intendant der Gebäude; 8. Vorgesetzter und Richter; 9. Auserwählter Meister der Neun; 10. Auserwählter Meister der Fünfzehn; 11. Auserwählter Erleuchteter oder Chef der 22 Stämme; 12. Großmeister-Architekt; 13. Royal Arch; 14. Groß-Auserwählter; 15. Ritter des Degens; 16. Prinz von Jerusalem; 17. Ritter vom Osten und Westen; 18. Ritter Rosenkreuzer; 19. Groß-Pontifex, Meister ad vitam; 20. Groß-Patriarch; 21. Großmeister des Schlüssels der Maurerei; 22. Prinz von Libanon oder Ritter der Königlichen Axt; 23. Prinz-Adept, Chef des Großen Konsistoriums; 24. Erleuchteter Ritter, Kommandeur des weißen und schwarzen Adlers; 25. Prinz der Maurerei, Kommandeur des Königlichen Geheimnisses.

Morin führte seine Mission zunächst auf Jamaika durch, wo als erster A. Francken zum Abgeordneten Großinspektor gemacht und ein Konsistorium errichtet wurde, dann in San Domingo mit bestem Erfolg. Zwar waren auch schon in Amerika Schottische Grade bekannt; nachweisbar waren von 1749 an in San Domingo, Martinique und Louisiana Schottenlogen entstanden, aber die Arbeit von Morin bewirkte erst allgemeinere Verbreitung.

Um die Jahrhundertwende tauchte in Amerika eine von 1786 datierte Konstitution auf, die die Zahl der Grade von 25 auf 33 erhöhte, als oberste Leitung einen Obersten Rat, gebildet aus neun Groß-Generalinspektoren, Trägern des XXXIII. Grades, bestimmte und behauptete, ihre Entstehung Friedrich dem Großen zu verdanken, der bestimmt habe, daß die bisher von verschiedenen Schottischen Riten erteilten Grade zu einem neuen, dreiunddreißigstufigen „Alten und Angenommenen Ritus" zusammengelegt werden sollten. Da Friedrich der Große damals bei verschiedenen maurerischen Körperschaften der Alten und Neuen Welt als eine Art Haupt der gesamten Maurerei galt, war durchaus kein Anlaß gegeben, an der Echtheit der Urkunde zu zweifeln. Unter dieser Marke entstand dann 1801 in Charleston (Südkarolina) der erste Oberste Rat, der „Mother Supreme Council", der Welt, der dann 1860 seinen Sitz nach Washington verlegte. In der Folge wurde über den mutmaßlichen Verfasser der „Großen Konstitutionen von 1786" heftig, aber ohne positives Ergebnis debattiert. Es erscheint heute ganz gleichgültig, daß sie nicht von Friedrich dem Großen ausgegangen sind, ausschlaggebend ist dagegen, daß sie sich als ganz ausgezeichnet geeignet erweisen, ein seither über die ganze Welt verbreitetes System zu tragen. Die Fixierung auf 33 Grade ist sicherlich amerikanischen Ursprungs. Die Grade heißen jetzt:

1. Lehrling;
2. Geselle;
3. Meister;
4. Geheimer Meister;
5. Vollkommener Meister;
6. Geheimer Sekretär;
7. Vorgesetzter und Richter;
8. Intendant der Gebäude;
9. Auserwählter Meister der Neun;
10. Auserwählter Meister der Fünfzehn;
11. Erhabener Auserwählter Ritter;
12. Großmeister-Architekt;
13. Royal Arch;
14. Großer Auserwählter;
15. Ritter des Degens;
16. Prinz von Jerusalem;
17. Ritter vom Osten und Westen;
18. Ritter Rosenkreuzer;
19. Groß-Pontifex;
20. Großmeister aller Symbolischen Logen;
21. Noachite oder preußischer Ritter;
22. Ritter der Königlichen Axt oder Prinz von Libanon;
23. Chef des Tabernakels (Stiftshütte);
24. Prinz des Tabernakels;
25. Ritter der ehernen Schlange;

26. Prinz der Gnade)
27. Ritter-Kommandeur des Tempels;
28. Ritter der Sonne oder Prinz-Adept;
29. Groß-Schotte des heiligen Andreas von Schottland;
30. Ritter Kadosch;
31. Großinspektor-Inquisitor-Kommandeur;
32. Prinz des Königlichen Gewölbes;
33. Souveräner General-Großinspektor (s. diese alle).

Nach kurzem Bestehen ermächtigte der Oberste Rat von Charleston den französischen Kavallerieoffizier Grafen de Grasse-Tilly (s. d.), Sohn des im amerikanischen Unabhängigkeitskriege so bewährten Admirals, auch in San Domingo die neue schottische Hierarchie zu etablieren. Grasse-Tilly, der schon vorher wegen eines Negeraufstandes nach Südkarolina hatte fliehen müssen, geriet wieder in eine Erhebung und kehrte nach Frankreich zurück. 1804 langte er in Paris an und noch im gleichen Jahre, am 22. September, setzte er dort den ersten europäischen Obersten Rat ein, dessen Gründung einen Monat später die Gründung der schottischen Großloge dieses Ritus folgte. Erster Großkommandeur war Grasse-Tilly selbst. 1806 trat der Erzkanzler des Kaiserreiches, Cambacérès, an seine Stelle (s. Frankreich).

Dieser Gründung folgten bald zahlreiche weitere. Das Bild stellt sich folgendermaßen dar: 1801 Vereinigte Staaten, Südliche Jurisdiktion, 1804 Frankreich, 1811 Spanien, 1813 Vereinigte Staaten, Nördliche Jurisdiktion, 1817 Belgien, 1824 Irland, 1829 Brasilien, 1830 Peru, 1833 Kolumbien, 1842 Portugal, 1842 England, 1846 Schottland, 1856 Uruguay, 1857 Argentinien, 1859 Kuba, 1860 Mexiko, 1861 San Domingo, 1865 Venezuela, 1870 Paraguay, 1871 Guatemala, 1872 Griechenland, 1873 Schweiz, 1874 Kanada, 1875 Italien. 1899 Chile, 1907 Ägypten, 1909 Türkei, 1910 Ekuador, 1912 Serbien (jetzt Jugoslawien), 1913 Holland, 1923 Polen, 1923 Tschechoslowakei, 1922 Rumänien, 1925 Österreich, 1930 Deutschland.

1834 traten die damals existierenden Obersten Räte in Paris zum Abschluß eines Bündnisvertrages zusammen, der auf den Konstitutionen von 1786 beruht. Grundsätzliche Bedeutung erhielten diese Abmachungen aber erst auf dem Konvent, der am 26. September 1875 in Lausanne stattfand und die sogenannte „Lausanner Konföderation" begründete. Neun Oberste Räte hatten Vertreter entsandt (England, Holland, Kuba, Frankreich, Ungarn, Italien, Peru, Portugal und Schweiz), die eingehende Grundsätze ausarbeiteten. Zwei Jahre später kamen fünf weitere Oberste Räte in Edinburgh zusammen (Vereinigte Staaten, Südliche Jurisdiktion, Irland, Schottland, Zentralamerika und Griechenland), um zu den Beschlüssen von 1875 Stellung zu nehmen. Einige Neuformulierungen, die sie vorschlugen, namentlich in bezug auf den A. B. A. W., wurden nach Meinungstausch zwischen den beiden Gruppen um der Einheit des Ritus willen von der ersteren angenommen.

Die 1875 geschaffene „Lausanner Konföderation" ist ein loser Verband ohne zusammenfassende oder dirigierende Oberleitung, ohne gemeinsamen Verwaltungskörper, ohne Zentralorgan, aber sie bildet durch die bloße Tatsache, daß die Obersten Räte sich zu den in Lausanne aufgestellten Grundsätzen bekennen, ein wirklich internationales Band, wie es von anderen maurerischen Körperschaften bisher nicht erreicht wurde, und macht den A. u A. S. R. zu einem wirklich universalen Weltritus. Von den sich ausdrücklich auf 1786 stützenden Grundsätzen von 1875 sind, abgesehen von der wichtigen, alle Rivalitäten und Zwistigkeiten von vornherein ausschließenden Bestimmung, daß, mit Ausnahme der in zwei Jurisdiktionen geteilten Vereinigten Staaten von Nordamerika, in einem Land nur ein als regulär zu erachtender Suprême Conseil bestehen kann, folgende prinzipiellen Erklärungen bedeutsam:

1. Die Freimaurerei ist eine brüderliche Gemeinschaft innerhalb der menschlichen Gesellschaft; sie lehrt die Anerkennung einer schöpferischen Kraft unter dem Namen des Allmächtigen Baumeisters aller Welten;
2. Alle wahren Freimaurer, welchem Vaterland immer sie angehören, stellen eine Familie von Brüdern dar, die über die Oberfläche der Erde zerstreut sind; sie bilden den Bund der Freimaurer;
3. Die Freimaurerei legt der Erforschung der Wahrheit keinerlei Schranken auf; um jedermann diese Freiheit zu sichern, fordert sie unbedingte Toleranz;
4. Daher steht die Freimaurerei allen Nationen, allen Rassen und jedem Glauben offen; sie verbietet in ihren Versammlungen jede politische oder religiöse Erörterung; sie nimmt jeden auf, der frei und von guten Sitten ist, welches immer seine politische oder religiöse Überzeugung sein mag;
5. Die Freimaurerei hat die Aufgabe, gegen Unwissenheit in jeder Form und in jedem Gewande zu kämpfen; ihre Grundsätze lehren: den Gesetzen des Vaterlandes zu gehorchen, ehrenhaft zu leben, Gerechtigkeit zu üben, den Nächsten zu lieben, unablässig an den auf das Glück der Menschheit gerichteten Werken mitzuarbeiten und deren stete und friedliche Emanzipation zu fördern;
6. Der Bund der Freimaurer ist in verschiedene, einander anerkennende Riten gegliedert, die alle die gleiche Wurzel haben und dem gleichen Ziel zustreben; welchem Ritus auch ein Freimaurer angehören mag, er ist Bruder aller Freimaurer der Erde.

In gewissen Zwischenräumen, die neuerdings auf fünf Jahre festgesetzt wurden, finden internationale Kongresse der Obersten Räte statt, auf welchen u. a. auch über die Zulassung in der Zwischenzeit neu errichteter Suprêmes Conseils entschieden wird. Der letzte Kongreß vor dem Weltkrieg tagte 1912 in Washington, es folgten 1922 Lausanne, 1929 Paris. Für 1934 wurde Cuba festgesetzt. Auf dem Pariser Kongreß 1929, zu dem 27 Oberste Räte Delegationen entsandt hatten, wurde auf Antrag des Großkommandeurs der Nördlichen Jurisdiktion der Vereinigten Staaten, Leon Abbott, folgende Friedensresolution einstimmig angenommen: „Die Welt muß zu wahrer Freundschaft und wahrem Vertrauen, zu einer allumfassenden selbstlosen Liebe gelangen. Der Friede muß einer reinen Quelle entspringen, die ungetrübt ist von Haß, Selbstsucht, Aberglauben und Mißtrauen. Wir verfolgen mit heißem Interesse die Anstrengungen, die von den Vertretern der verschiedenen Völker unternommen werden, um zu freundschaftlichen, von gutem Willen diktierten Abmachungen zu gelangen. Wie jede maurerische Organisation eine Pflegestätte der Vaterlandsliebe und Bürgertreue ist, so haben auch wir Boten des Friedens, Pioniere einer aufwärts schreitenden Zivilisation zu sein ... Die Delegierten geloben feierlich, jeden legitimen und gesetzmäßigen Einfluß und alle ihre Anstrengungen dahin geltend zu machen, den allgemeinen Frieden zu fördern, den guten Willen zu stärken und in den Herzen der Menschheit der ganzen Erde die glorreiche Herrschaft der brüderlichen Liebe zu errichten".

Die fundamentalen Bestimmungen, daß die Ingerenz der Obersten Räte sich nur auf die Grade IV bis XXXIII erstrecken soll, daß die Hochgrade des Ritus ausschließlich solchen Maurern erteilt werden, die die ersten drei Grade in einer regulären Loge erhalten haben und aktive Mitglieder einer solchen sind, und daß der Ausschluß aus der symbolischen Loge automatisch den Verlust der Mitgliedschaft in den höheren Werkstätten nach sich zieht, sind in einer Reihe von Ländern durch Abkommen der betreffenden Obersten Räte mit den Großlogen befestigt worden.

In Großbritannien heißt der Ritus einfach Ancient and Accepted Rite, Alter und Angenommener Ritus (s. auch die einzelnen Grade).

Schottisches Direktorium, s. Altschottisches Direktorium.

Schottland.

Die schottischen Werklogen.

Wenn auch in Schottland eine Großloge erst nach jener von England und Irland ins Leben trat — 1736 — so reicht die Geschichte der schottischen Freimaurerei, soweit es sich um urkundliche Beglaubigung handelt, doch weiter zurück als die ihrer beiden Schwestern. Als Desaguliers (s. d.) 1721 nach S. kam, waren dort weit mehr Logen am Werk als in England, allerdings waren sie noch Werklogen von Bauhandwerkern. In einem Zeitpunkt, da in London die „Operative Masons" in den Logen nur noch sehr dünn gesät waren, bildeten diese in S. noch immer die Masse der Mitglieder. Die schottische Freimaurerei hat aber, obgleich über ihre Vorgeschichte die ältesten und sichersten noch erhaltenen Urkunden vorliegen, am stärksten Anlaß zur Legendenbildung geboten. Die ganz unhaltbare Version von Ramsay (s. d.) über die Entstehung der Freimaurerei, die Bezeichnung von Systemen, die mit S. gar nichts zu tun hatten und haben, als „Schottische Maurerei", das Märchen von den nach dem Untergang des Templerordens nach S. geflohenen Templern, die dort den Orden in maurerischer Verbrämung fortgesetzt und die Bauhütten zu Trägern ihrer Geheimnisse gemacht hätten, schließlich die Verbindung der Königlichen Kunst mit den Geschicken der vertriebenen Stuarts haben das Bild der wirklichen Freimaurerei S. vielfach stark entstellt. Ramsay erklärte 1737, in der Zeit der Kreuzzüge sei in Palästina eine Verbindung zwischen Freimaurerei und Kreuzfahrern hergestellt worden. Letztere hätten, nach Europa zurückgekehrt, Logen gegründet und 1128 sei Lord James Steward Großmeister der Loge in Kilwinnen (Kilwinning) gewesen und habe englische und irische Grandseigneure zu Freimaurern gemacht. In der Folge aber sei die Freimaurerei in den verschiedenen Ländern vernachlässigt worden, und nur in S. allein habe sie sich unter Patronanz des Königshauses in allem ihren Glanz erhalten. Alle diese Behauptungen sind durchaus unhistorisch. Richtig daran ist nur, daß die Loge von Kilwinning ihre Entstehung von der Bauhütte der 1140 von Hugh de Moville, Connetable von S., gebauten Abteikirche herleitet (unweit von Kilwinning, in Ayr, wurde Ramsay geboren!).

Der Umstand, daß die ältesten Logenprotokolle, die auf unsere Tage überkommen sind, aus S. stammen, hat naturgemäß die „schottische" Legendenbildung ebenfalls beeinflußt. Die Edinburgher Loge Nr. 1, Mary's Chapel (Marienkapelle), besitzt insgesamt zehn Bände Originalprotokolle, deren erstes vom 31. Juli 1599 stammt. Sie ist natürlich älter, jedenfalls beweisen aber die Protokolle, daß die Loge schon 118 Jahre vor Gründung der ersten Großloge von England in Tätigkeit war, und schon in diesem Zeitraum Männer aufnahm, die nicht zünftige Steinmetzen gewesen sind. Schon am 8. Jänner 1600 ist als solcher „Non-Operative" John Boswell of Auchinleck eingetragen. Die Protokolle zeigen auch, daß sich im Laufe des 17. Jahrhunderts die Zahl dieser „Speculatives" nicht unbeträchtlich vermehrte. Von wenigen Ausnahmen abgesehen, handelte es sich um Männer von Rang, vielfach um historische Persönlichkeiten. So wurden „Fellows of craft": Lord Alexander, Viscount of Canada und dessen Bruder, General Alexander Hamilton, Sir Patrick Hume, der Earl of Marchmount usw.

Noch weiter, auf den 9. Januar 1598, gehen die Protokolle der Aitchison's Haven Lodge zurück, die aber seit 1852 nicht mehr besteht. Aus jenem Zeitraum (1598/99) stammen ferner auch die berühmten „Schaw-Statutes", Verordnungen des „General Warden" (Obersten Aufsehers) William Schaw (s. d.), „Werkmeisters des Königs" und das erste der sogenannten „St. Clair-Charters" (1601), ein u. a. von Schaw unterschriebener „Freibrief" der schottischen Bauleute für William St. Clair of Roslin (s. d.), der diesem auf Grund königlicher Bewilligung Freiheit und Gerichtsbarkeit über die Maurer einräumte, ihn und seine Erben neuerdings als „Schirmherren und Richter der Zunft bestätigte. Von den „Fellows" der Aitchison's Haven Lodge, die in dem Protokoll von 1598 verzeichnet sind, waren die Mitunterzeichner des Charters, ausgestellt von den „deacones maisteris and fie men of the Maisonnes whin the realme of Scotland with expres consent and assent of Wm. Schaw, Maister of Wark to our souane Cord".

Die älteste existierende Loge. Die Protokolle der Edinburgh Lodge (St. Mary's Chapel) Nr. 1, der ältesten existierenden Loge der Welt, enthalten im ersten Band die „Schaw-Statutes". Auch von „Cowan" ist gleich anfangs die Rede, welcher Ausdruck seit Anderson von der angelsächsischen Freimaurerei (außerhalb des Bundes ist das Wort nicht im Gebrauch!) für irreguläre Maurer gebraucht wird. Damals kennzeichnete dieses Wort schottischer Herkunft einen „rough mason", Steinmetzen, der nicht Mitglied einer Loge war, einen Maurer „ohne das Wort", d. h. ohne das „Geheimnis", das den Brüderschaften eigen war, der infolgedessen nicht mit Mörtel arbeiten durfte. Aus den „Schaw-Statutes" geht unzweideutig hervor, daß die Loge damals noch reine Zunft, Gilde und nicht mehr war, also keineswegs als Hüterin aus Urzeiten überkommener Überlieferung gelten konnte. Grade im ritualistischen Sinne des Wortes gab es damals noch nicht, solche wurden von den „Speculatives" erst zu dem Zeitpunkt geschaffen, als der Gedanke eines symbolischen, geistigen Baues in die Köpfe gedrungen war.

Mitteilungen, die Desaguliers am 24. August 1721 in der Loge „St. Mary's Chapel" machte, wirkten befruchtend auf die Anpassung an die neue englische Lehre*). Noch am gleichen Abend erhielten eine Reihe führender Bürger von Edinburgh den Lehrlings- und Gesellengrad. Aber es dauerte noch geraume Zeit, bis ein nicht zunftmäßiges Mitglied in der Edinburgher Loge zum Warden (Aufseher) gewählt wurde. Die „Speculatives", die bisher lediglich Ehrenmitglieder gewesen waren, erhielten nun auch in S. die vollen Rechte. 1728 wurde einer von ihnen Präses (Meister), 1732 wurden die Earls of Crawford und Kintore aufgenommen (beide spätere Großmeister von England, letzterer auch von Schottland). Immer fand das englische Vorbild Nachahmung. Aus dem Präses wurde der Logenmeister.

Die Großlogengründung. Im Herbst 1735 begannen die Vorarbeiten zur Gründung einer Großloge. Die vier Logen „Mary's Chapel", „Canongate Kilwinning", „Kilwinning Scots Arms" und „Leith Kilwinning" traten zusammen, einen Großmeister zu bestellen und eine Verfassung auszuarbeiten. Am 30. September 1736 fanden sich in „Mary's Chapel" bereits die Vertreter von 33 Logen zum feierlichen Gründungsakt ein. William Clair, Laird of Roslin, der letzte der Familie, wurde erster Großmeister. Er hatte zwar für sich und seine Erben auf die Ausübung seiner alten Rechte Verzicht geleistet, erhielt aber trotzdem sämtliche Stimmen. Die Großloge wählte dann als Farbe das Grün des schottischen Distelordens. Sie entwickelte sich zunächst ausgezeichnet. Der Jakobitenaufstand von 1745 verlangsamte allerdings den Fortschritt. Im September dieses Jahres, als der Prätendent Karl Eduard mit den Hochländern Edinburgh besetzt hatte, konnte keine Großversammlung stattfinden, aber schon im nächsten Jahre war die „Episode" abgetan. Von 1747 an wurden dann für die schottischen Regimenter Militärlogen gegründet, zuerst im Regiment des Herzogs von Norfolk. Sie trugen sehr viel zur Verbreitung der Maurerei ihrer Großloge in der Welt bei. Von allem Anfang an wurden auch Soldaten in diese Regimentslogen aufgenommen, während für die englischen Armeelogen erst während des Weltkrieges die Bestimmung geschaffen wurde, der zufolge auch Soldaten, die es noch nicht zum Korporal gebracht hatten, eingeweiht werden können. Die Aufnahmetaxen wurden von den Schotten für ihre Soldaten besonders niedrig gehalten (ein Achtel der von den Offizieren zu entrichtenden Beträge); das brachte starken Zustrom.

Die Patronanz, die die Großloge von Schottland den „Antients" in der Zeit angedeihen ließ, als die Herzoge von Atholl deren Großmeister und zugleich auch Großmeister von S. waren, bewirkte vorübergehend den Abbruch der Beziehungen seitens der „Moderns", doch änderte sich das aufs gründlichste 1805, als der englische Pro-Großmeister Lord Moira (s. d.), damals Oberbefehlshaber in Schottland, offiziell in der schottischen Großloge erschien und 1806 auch Acting Grandmaster von S. wurde. Im gleichen Zeitraum (1807) fand ein Schisma ein Ende, das etwa 60 Jahre lang gedauert hatte: der Kampf der beiden Logen „Mary's Chapel" (Edinburgh) und „Kilwinning" um den Vorrang in der Großlogenliste. Erstere konnte nach der Großlogengründung den Nachweis ihrer Existenz bis 1599 zurückführen und erhielt daher den ersten Platz auf der Stammrolle, während letztere, die Dokumente von 1642 vorwies, an die zweite Stelle kam. 1744 erhob sie deswegen Protest, trat aus, erklärte sich als selbständige Jurisdiktion („Mother Kilwinning") und gründete auch eine Anzahl Logen. Der Bruch wurde schließlich so geheilt, daß „Kilwinning" auf Selbständigkeit und Sonderrechte verzichtete und in der Matrikel Nr. 0 erhielt, während die „Edinburgher" Loge weiter als Nr. 1 figuriert.

Gleich der Großloge von England bereitete sich auch jene von S. im ganzen britischen Imperium aus. In Asien, Afrika, Australien und Westindien wurden Provinzial-Großmeister, in Indien ein „Großmeister der schottischen Freimaurerei" eingesetzt. In der Großmeisterschaft folgten sich bis auf den heutigen Tag hohe schottische Peers. 1805 erhielt Prinz Georg von Wales, der spätere König Georg IV., den Großmeistertitel, auf ihn folgten

*) Diese Angabe von David Murray Lyon wird im „Allgemeinen Handbuch der Freimaurerei", 3. Aufl., 1901, Bd. II, S. 345, bestritten, aber von Sir Alfred Robbins („English-Speaking Freemasonry", 1930) aufrechterhalten. Anläßlich der Anwesenheit von Desaguliers wurde der Lord Provost (Bürgermeister) von Edinburgh und zwei seiner engsten Mitarbeiter „admitted and received Entered Apprentices and Fellow-Crafts".

als Schirmherren W i l l i a m IV., dann Prinz E d u a r d von Wales (der spätere König E d u a r d VII.).

Große Verdienste erwarb sich die Großloge von S. um die Eingliederung von Eingeborenen der verschiedensten Weltteile in die Bruderkette. Durch sie wurden z. B. zuerst Inder dem Bunde zugeführt.

Von den großen schottischen Männern, die sich der Maurerei anschlossen, erwarben sich Walter S c o t t, aufgenommen 1801 (s. d.), und Robert B u r n s, aufgenommen 1781 (s. d.), in der Welt besonderen Ruhm.

1930 zählte die Großloge 1158 Logen mit 87.000 Mitgliedern. Adresse: Freemason's Hall, 96, George Street, Edinburgh.

Schottmüller, K o n r a d, * 1841, † 1893, vortragender Rat im preußischen Kultusministerium, 1876 in der Berliner Loge „Friedrich Wilhelm zur Morgenröte" aufgenommen. Verfasser einer Studie über den Templerorden („Bericht über die archivalischen Forschungen zur Geschichte und dem Prozeß des Tempelherrenordens" in „Sitzungsberichte der Kgl. Preußischen Akademie der Wissenschaften", 1886) und eines zweibändigen Werkes „Der Untergang des Templerordens mit urkundlichen und kritischen Beiträgen", Berlin, Mittler, 1887. Diese Untersuchungen veranlaßten die Große Landesloge der Freimaurer von Deutschland 1888, die bis dahin mit Zähigkeit festgehaltene haltlose freimaurerische Templerüberlieferung ihres Systems aufzugeben.

Schrein, Mystischer, s. S h r i n e r s.

Schrepfer, J o h a n n G e o r g, auch S c h r e p f f e r und S c h r ö p f e r geschrieben, * 1739, † 1774, preußischer Husar, dann Küfer und Kaffeehauswirt in Leipzig, ist eine der eigenartigsten Erscheinungen des 18. Jahrhunderts in der deutschen Freimaurerei, weniger wegen seiner persönlichen Qualitäten, als wegen des Einflusses, den dieser an sich vollkommen bedeutungslose Mensch auf führende Freimaurerkreise gewinnen konnte. Daß er von den Gold- und Rosenkreuzern vorgeschoben wurde, um das diesen verhaßte System der Strikten Observanz zu stürzen oder zumindest ihm Ungelegenheiten zu bereiten, dürfte müßige Erfindung sein. Wahrscheinlicher ist, daß S., als ein Mensch von starkem Geltungsbedürfnis, in Gegensatz zu der Leipziger Loge der Strikten Observanz geriet und von da an alles daransetzte, um sich zu behaupten. Wo und ob er überhaupt jemals regulär aufgenommen worden ist, bleibt vorläufig unbekannt. Er tauchte 1772 in Leipzig als Maurer auf, hielt in seinem Kaffeehaus schottische Logen ab und verlangte als Schotte Zutritt zur Loge „Minerva" der Strikten Observanz. Als zwei seiner Jünger nicht zugelassen wurden, erschien S. am 2. März 1773 mit der Pistole in der Hand in der Loge und beleidigte die anwesenden Brr. auf das gröblichste. Diese Beleidigungen wiederholte er auf Flugzetteln, die er im gleichen Jahre auf den Leipziger Straßen verteilen ließ. Zugleich drohte er mit Enthüllung der Rituale der Strikten Observanz. Der Protektor der sächsischen Logen, Herzog K a r l v. Kurland, ließ ihn darauf durch den Stadtkommandanten von Leipzig verhaften und ihm auf der Hauptwache Stockprügel verabfolgen, über die S. quittieren mußte. Der Senat von Leipzig, den er um Hilfe und Genugtuung anging, ließ ihn im Stich, weil er es sich mit einem Prinzen von Geblüt nicht verderben wollte.

S. verließ darauf Leipzig, lebte dann in Frankfurt a. M. und brachte es zuwege, daß sich der Herzog F e r d i n a n d von Braunschweig für ihn interessierte, der ihn durch Beauftragte, v. L e s t w i t z (s. d.) und S c h w a r z, einvernehmen ließ. Den Herzog selbst hat er nicht zu Gesicht bekommen. In Braunschweig wurde auch die Versöhnung mit der Leipziger Loge „Minerva" angebahnt, die sich bereit finden mußte, S. mit allen Ehren zu empfangen, wogegen er versprach, fürderhin Ruhe zu geben. In seinem „System" behauptete er, die wahren Kenntnisse der Freimaurerei zu besitzen. Im wesentlichen trieb er mit seinen gläubigen Jüngern, unter denen sich ein Senator der Stadt Leipzig, Dr. jur. M a r c h e, und ein Görlitzer Kaufmann, Christian Emanuel F r ö l i c h, besonders eifrig zeigten, magische Künste und Geisterbeschwörungen, wobei ihm seine Frau, ein Kellner und eine Laterna magica behilflich waren. Herzog Karl von Kurland ließ den Wundertäter durch seinen Kammerherrn, Johann Rudolf von B i s c h o f f w e r d e r (s. d.), verhören, der einen derart begeisterten Bericht an seinen Herrn erstattete, daß S. nach Dresden berufen wurde, wo er in Hofkreisen, so auch beim Staatsminister v. W u r m b, großen Eindruck machte.

Von Dresden zurückgekehrt, war ihm der Glanz des höfischen Lebens etwas zu Kopf gestiegen, er trat in französischer Uniform auf und gab sich für den natürlichen Sohn eines französischen Prinzen aus, was den französischen Gesandten zu einem Protest veranlaßte. Inzwischen war man ihm auch hinter seine spiritistischen Schliche gekommen, er kam auch aus der Mode und geriet in Not. Am 8. Oktober 1774 ging er mit vier seiner Anhänger, darunter Bischoffwerder, nachdem er in der Nacht noch Loge gehalten hatte, ins Rosenthal bei Leipzig und erschoß sich in deren Gegenwart. Seine Lebensgeschichte schließt mit einem witzigen Epitaph in den Protokollen der Loge „Minerva":

Ci-gît frappé d'un coup mortel
Schreppfer qui terminait sa route
Sans avoir expliqué le doute
S'il était cafétier ou colonel.

S. hat auf die Entwicklung der deutschen Freimaurerei vielleicht mehr und verhängnisvolleren Einfluß genommen, als heute bereits vollends erkannt werden kann. Er besaß magische Schriften. Von einem Exemplar des bekannten Zauberbuches des Dr. F a u s t ist dies sichergestellt (Freimaurermuseum, Bd. III/92). Für die von ihm ausgelöste Bewegung war von Bedeutung, daß der berüchtigte Schwindler G u g o m o s (s. d.) sich der S.schen Ideen bemächtigte. Die oben erwähnten Senator Dr. Marche und Bischoffwerder erschienen auch auf dem Wiesbadener Konvent, den Gugomos 1776 abhielt. Auch Frölich lebte noch lange als Apostel der Ideen S.s. Zu den Gläubigen gehörte — man darf sagen selbstverständlich — auch der schwachsinnige Ludwig von Hessen-Darmstadt (s. d.), der noch 1775 in einem Briefe an Ferdinand von Braunschweig die „wahren principia" des S. anerkennt, wenn er auch die Betrügereien bei den Palingenesien (Geisterbeschwörungen) zugibt. Gugomos selbst gab S. in seinem Ordenssystem als Ordensprior aus. Später scheint er die Verdunklung des eigenen Ruhms gefürchtet zu haben, denn er spricht von der „Magia diabolica", nach welcher „der berühmte Dieb unserer Geheimnisse, S., zu arbeiten pflegte". S. darf den traurigen Ruhm für sich in Anspruch nehmen, der Freimaurerei die weiße und schwarze Magie aufgepfropft zu haben. In dieser Beziehung ähnelt er dem ihm allerdings als Persönlichkeit weit überlegenen Cagliostro. Wenn in Logenarchiven, wie beispielsweise in Brünn (s. d.), ganze Sammlungen magischer Instrumente auftauchen, so spukt da S.s Geist oder Ungeist durch die Freimaurergeschichte. Leute von seinem Schlage hat es immer gegeben, und sie haben auch, wie ja auch Erfahrungen aus unserer eigenen Zeit bekunden, immer ihr Publikum gefunden. Die historische Bedeutung S.s liegt daher auch nicht in seiner Person und seinen magischen Künsten, als vielmehr in dem trüben Symptom einer Zeit, die aller Aufklärung zum Trotz wundergläubig war und ihre Wunschträume in magischen Erlebnissen zu realisieren trachtete.

Schreplović, Petar, Vizedirektor der jugoslawischen Nationalbank, * 1862, aufgenommen 1891 in der Belgrader Loge „Pobratim", Stuhlmeister der Loge „Schumadja", langjähriger Schatzmeister, dann Erster Großaufseher der Großloge von Jugoslawien, Großsekretär des S. C.

Schritte. Die freimaurerischen S. sind den alten Steinmetzenbräuchen entlehnt. Aus der Art, wie der Zulaßheischende die Füße setzte, wurde erkannt, ob er ein gesetzmäßiger Steinmetz war oder nicht. In den Johannisgraden werden stufenweise S. gelehrt, denen symbolische Bedeutung zukommt.

Schröder, Friedrich Ludwig, Theaterdirektor in Hamburg, Bühnendichter, Schauspieler, vielleicht der größte seiner Zeit, bedeutender Darsteller der Gestalten des von Wieland übersetzten Shakespeare, den er in den Spielplan der deutschen Schaubühne einführte, * 1744, † 1816, schöpferischer Reformator auf freimaurerischem Gebiet. S., den starke Persönlichkeit auszeichnete, wurde, obgleich „Komödiant", 1774 auf Vorschlag von Bode (s. d.) ohne Ballotage in die Hamburger Loge „Emanuel zur Maienblüte" aufgenommen, gründete noch im selben Jahr eine bis 1777 wirkende Privatloge „Elisa zum warmen Herzen", hauptsächlich für Schauspieler, wurde nach seiner Rückkehr von Wien, 1787, an die Spitze der Loge „Emanuel" gestellt. Begeisterter Bekenner der freimaurerischen Grundlehren, erkannte S., daß sie in dem damals herrschenden chaotischen Durcheinander von Systemen und Spielarten ersticken müßte, wenn nicht mit kräftiger Hand Abhilfe geschaffen und die Lehre in ihrer ursprünglichen Reinheit wieder freigelegt würde. Das Heil erblickte er vor allem in der Beseitigung der damals miteinander um die Suprematie, um den Alleinbesitz der Wahrheit erbittert streitenden Hochgradsysteme, in denen sich Ritterspielerei, Okkultismus, alchimistische und kabbalistische Gaukelei breit machten, und die überdies die symbolischen Grade schrankenlos zu beherrschen und zur Bedeutungslosigkeit herabzudrücken versuchten. Für S. stand es fest, daß in den Johannisgraden alle freimaurerischen Grundwahrheiten enthalten seien, das heißt alles, was „symbolisch als Leitfaden zur sittlichen Freiheit und Bruderliebe von der Geburt bis zum Tode dem denkenden Menschen helfend und warnend zur Seite stehen könne", und daß der Meistergrad die Krönung des Gebäudes bedeute, dem seine Würde zurückgegeben werden müsse. Er sah sich aber in seinen reformatorischen Bestrebungen zwei Fronten gegenüber, den gnostischen Schwärmern auf der einen, den radikalen „Erneuerern" auf der anderen Seite, welch letztere die Freimaurerei in ihren Grundfesten erschüttern und Symbolik und Ritual überhaupt aus dem Tempel verbannen wollten.

S. kämpfte mit gleicher Kraft gegen die Bilderstürmer, die das Bleibende in der Maurerei, die Symbolsprache, zu beseitigen trachteten, das Bindeglied, das allein die Freimaurerei allen Zungen verständlich macht, wie gegen jene, die nicht so rasch von den Geheimwissenschaften lassen wollten oder doch nicht geneigt waren, „die Ideen des Republikanismus" an die Stelle der aristokratischen hierarchischen Systeme zu setzen. Er wurde zum Forscher, stellte vielbändige „Materialien zur Geschichte der Freimaurerei" zusammen, da es ihm besonders wichtig erschien, namentlich die Vorgeschichte und ihre Uferlosigkeit auf festen Grund zu bringen. Widerstand in der eigenen Loge wußte er zu besiegen. In umfangreicher Arbeit, in regem Gedankenaustausch mit dem das gleiche anstrebenden, aber dann doch andere Wege gehenden Feßler (s d.) in Berlin, bahnte er zunächst für die Hamburger Logen den Weg zur ursprünglichen Auffassung zurück, merzte er alles aus, was im Laufe der Zeit auf der in aller Schönheit und Tiefe so einfachen Symbolik an überflüssigem Beiwerk aufgepfropft worden war, setzte das englische Konstitutionsbuch mit seiner Verneinung jeder religiösen kirchlichen Beschränkung wieder in seine Rechte ein, nicht ohne daß er, bevor er mit seiner Schöpfung an die maurerische Öffentlichkeit trat, Goethe, seinen Freund Hufeland (s. d.) und andere, vor allem aber den ihn eifrig beratenden Herder (s. d.) mit den wesentlichen Zügen des Reinigungswerkes vertraut gemacht hätte. „Da die Wahrheit einfach ist, so muß auch das Symbol einfach sein", war der Leitsatz des Reformators, der bei erfreulich vielen durchdrang. In einem „engeren geschichtlichen Bund" (s. Engbünde) schuf er eine historische Erkenntnisstufe für Brr. Meister, die sich verpflichteten, sich die Ausübung und Verbreitung der einmal als richtig erkannten Grundsätze ganz besonders angelegen sein zu lassen, ohne daß sie aber aus ihrem größeren Interesse das Recht ableiten durften, auf die Leitung der Logen irgendwie Einfluß zu nehmen. Solche Engbünde entstanden neben dem Mutterbund (Vorort) Hamburg in einer ganzen Reihe deutscher Städte.

Die „Schrödersche Lehrart", wie sie heute nicht nur von der Hamburger Großen Loge, sondern von sehr vielen Bauhütten auch außerhalb Deutschlands gepflegt wird, entspricht in allem Wesentlichen dem Reformwerk ihres Schöpfers, der zuletzt Großmeister der Großen Loge von Hamburg war (1814—1816).

Das Ritual ist auf einfacher und natürlicher Grundlage mit verständlichen schönen Symbolen aufgebaut. Geburt, Leben und Tod, die Arbeit, der Genuß und das tragische Ende des menschlichen Lebens, zugleich auch als verklärender Abschluß der tröstende Aufblick zum zukünftigen Dasein. Nicht ein planloses Schwärmen, kein Versuch der Belehrung über Anschauungen, die auf das religiöse Gebiet gehören, nicht ein Eindringenwollen in die letzten Geheimnisse, deren Vorgang zu lüften den Menschen versagt ist. Kein willkürliches Fortspinnen einer allegorischen Ordenslegende, die gerade, weil sie eine Allegorie ist, nur einmal kurz und prägnant gebracht werden darf. Keine Heldentaten in Aufsuchung der an der Untat gegen den teuren Meister Beteiligten, keine Sühne für die Mörder, die dem Ritter noch Lohn und Erhöhung eintragen soll. Die Mörder sind allegorische Nebenfiguren. Die sie ereilende Nemesis wird bei Schröder in drei Zeilen abgetan. Der Hauptfaktor ist der Meister selbst (Wiebe, „Die Großloge von Hamburg"). Die Tendenz des Schröderschen Rituals und die ganze Persönlichkeit Schröders schildert wohl niemand zutreffender als Herder: „Oh! Mit wie schöner Art können wir uns, dem Ritual treubleibend von allen metaphysisch-allegorischen Deuteleien entfernt halten und doch den Hebel gerade an das Höchste der Menschheit legen. Wie viel mögen Sie seitdem gedacht, geordnet und gewirkt haben! Glücklicher Mann, in Ihrer Ruhe und bei der ernsten Tätigkeit Ihres Charakters. Zirkel, Bleimaß und Waage sind in Ihrer Seele." („Das Schrödersche Ritual und Herders Einfluß auf seine Gestaltung", Hamburg 1904.)

Schrödersche Lehrart, s. Schröder.

Schubart, Johann Christian, Edler von Kleefeld, in der Strikten Observanz Eques a Struthione, * 1734, † 1787, im Siebenjährigen Krieg englischer, d. h. hannoverscher Kriegskommissär, spielte bis 1768 in der deutschen Freimaurerei als Propagandist der Strikten Observanz eine entscheidende Rolle, zog sich dann auf seine Landgüter zurück und widmete sich der Landwirtschaft. Für seine schriftstellerischen agronomischen Arbeiten erhielt er 1782 einen Preis der Berliner Akademie der Wissenschaften und wurde mit dem Prädikate Edler von Kleefeld geadelt. 1762 in der Loge „Jonathan" in Braunschweig aufgenommen, schloß er sich, in der Loge „Georg" in Hannover zum Meister befördert, dem Rosa-Clermontschen Kapitel in Braunschweig an, war 1763 Zugeordneter Großmeister der Mutterloge „Zu den drei Weltkugeln" in Berlin und bekehrte sich auf dem Konvent zu Altenberge zur Strikten Observanz. Er wurde vom Freiherrn v. Hund erst zum Vertreter aller Logen der „Laten Observanz" ernannt, dann als Visitator Generalis bestellt und pries auf dem ganzen Kontinent unermüdlich die Segnungen des „wahren" Tempelrittersystems. Seine zahlreichen Reisen verschlangen eine Menge Geld. Allein die Hamburger Logen weisen 4127 Mark an Diäten für S. aus. Er verstand es aber dafür, der Strikten Observanz hervorragende Männer und zahlreiche Logen zuzuführen, bearbeitete die Instruktion für das System. Dagegen lehnte er es ab, mit dem Klerikat (s. d.) zu verhandeln, da er diesem mißtraute. 1768 zog er sich ziemlich plötzlich von der Templerei zurück, weil er an der Echtheit des Ordens zweifelte. Die Nachrede, die sich sehr stark an seine Persönlichkeit heftete, behauptete allerdings, er sei zurückgetreten, weil er eine recht vorteilhafte Heirat geschlossen hätte.

Schuh, Pantoffel. Ein uraltes, biblisches Rechtssymbol, das auch in der freimaurerischen Ritualistik Verwendung findet (Ruth, 4, 7. Deuteron, 25, 7—10 u. v. a.). Ebenso im Volksbrauche: das Werfen des S., die Versteigerung des Brautschuhs, das Ablegen der S. zum Zeichen der Heiligung eines Raumes (Exodus 3, 5), ebenso noch in den mohammedanischen Moscheegebräuchen. Als Zeichen der Besitzergreifung: in eines anderen S. treten. Die in der Freimaurerei übliche S.-Symbolik geht auf die Reinigungszeremonien zurück. Die S.-Symbolik ist also als reiner „Konsekrationsakt" aufzufassen. Pantoffel als Abzeichen werden in Amerika von Freimaurerfrauen getragen. Der Brauch deutet dort ebenso auf das Freimaurersymbol, wie auf das „Unter-dem-Pantoffel-Stehen" hin.

In einigen Logen Schottlands wird als Zeichen des abgeschlossenen Vertrages zwischen dem Neuaufgenommenen und der Loge der linke S. des Kandidaten dem Meister vom Stuhl übergeben, der ihn nach abgenommener Verpflichtung unter Anspielung auf den biblischen Gebrauch wieder zurückerstattet. Daran schließt sich eine Belehrung über die „catch question": „Was haben Sie für die Aufnahme in den Bund gezahlt?" Antwort: „Einen Schuh, einen alten Schuh meiner Mutter Sohn".

Schuhmeier, Franz, populärer Führer der österreichischen Sozialdemokratie, Redakteur der „Volksstimme", Reichsrats- und Landtagsabgeordneter, Gemeinderat der Stadt Wien, * 1864, ermordet von einem politischen Gegner 1913, war Mitglied der Loge „Sokrates" in Wien, wurde mit maurerischer Bekleidung aufgebahrt.

Schulbücherreform in pazifistischem Sinn regte auf den Kongressen der Allgemeinen Freimaurerliga in Amsterdam und Genf 1930 der französische Freimaurer Jacques Chabannes an. Seine Vorschläge zielen auf Ausmerzung aller chauvinistischen, zum Haß gegen andere Völker aufreizende Lesestücke, dagegen Betonung aller Werke des friedlichen Fortschrittes der Menschheit ab.

Schüleraustausch-Zentrale in Haarlem (Holland) ist eine anläßlich des Kongresses der Allgemeinen Freimaurerliga in Amsterdam 1929 im Rahmen der Fachgruppe für Jugendfragen geschaffene, von Mitgliedern der Haarlemer Loge „Kennemerland" geleitete Einrichtung.

Schulinstitut der Großen Landesloge der Freimaurer von Deutschland, 1809 im Verein mit den Berliner Tochterlogen gegründet. Nachdem ursprünglich lediglich ein Plan zur Errichtung von Freitischen für an der Universität Berlin studierende Freimaurersöhne vorgelegen hatte, wurde dann eine namhafte Summe „für die Bildung einer Unterrichts-Unterstützungsanstalt für Kinder, insbesondere von Brüdern, denen die Kosten derselben bei nur geringem Einkommen und zahlreicher Familie besonders drückend fielen, und sodann für vaterlose Waisen" ausgesetzt. Die Schöpfung entsprach damals einem Zeitbedürfnis, da das Schulwesen noch nicht von den Kommunen verwaltet wurde und die höheren Schulen meist konfessionell-kirchlichen oder privaten Charakter hatten und das Schulgeld oft nach Willkür erhöht wurde. Es wurde eine Schulkommission eingesetzt, in die die Große Landesloge und ihre sieben Berliner Johannislogen Delegierte entsandten. Die Kinder sollten nach den Satzungen der Anstalt „dereinst in der Gesellschaft als Künstler, als Kaufleute, als Landwirte oder in den technischen Gewerben, auch womöglich als Offizianten bei einigen Staatsbehörden, einen ehrenvollen Platz einnehmen". Das Institut wirkt in der Weise, daß für die betreuten Kinder Kuratoren bestimmt werden, mit deren Hilfe die Kommission die zu besuchenden Schulen bestimmt und die notwendigen Beträge für Schulgeld und Bücher auswirft. Unterschiede bezüglich des Glaubensbekenntnisses werden grundsätzlich nicht gemacht, auch jüdische Kinder erfreuten sich der Wohltaten des Institutes. Eine sehr wesentliche Förderung erhielt das S. durch den 1856 verstorbenen Berliner Rentier Moritz Mohrmann, der, obwohl jüdischen Glaubens, dem Institut der Großloge christlichen Systems mehr als 30.000 Mark vermachte, weil ein Bruder dieser Großloge, mit dem er gemeinsam als freiwilliger Jäger in den Befreiungskriegen gekämpft hatte, ihm gegenüber besonders menschlich-schöne Gesinnung bewiesen hatte.

Schullogen, Public School Lodges, sind in England sehr häufig. Es sind Bauhütten, die sich aus ehemaligen Schülern und Lehrern bestimmter Lehranstalten zusammensetzen. Die erste dieser Logen, Sir Thomas White Lodge Nr. 1820, wurde 1879 von „Old Boys", der Londoner Merchant Taylor's School, gegründet. Die Old Westminster's Lodge Nummer 2233 arbeitet viermal jährlich im Schulgebäude. Das Logenabzeichen wird am Schulband getragen. Auch die berühmten Colleges von Eton und Harrow besitzen solche Logen. Die Old Etonian Lodge Nr. 4500 wurde 1923 vom Großmeister Herzog von Connaught in feierlichster Weise eingeweiht. Erster Stuhlmeister war Lord Kensington; dem Beamtenrat gehörten u. a. der Earl of Yarborough, Viscount Lascelles (Schwiegersohn des Königs) und der Bischof von Derby an.

Schulterkragen (frz. Sautoir), als Bekleidung von Logenbeamten und auch in den Hochgraden vielfach üblich (s. Bekleidung).

Schulz, David, protestantischer Theologe, * 1779, † 1854, Universitätsprofessor in Frankfurt und Breslau, Mitglied des Konsistoriums von Schlesien, wurde seines in mehreren Zeitschriften vertretenen rationalistischen Standpunktes wegen gemaßregelt; war Freimaurer.

Schulze-Delitzsch, Hermann, deutscher Politiker und Nationalökonom, * 1829, † 1883, Richter, 1848 Mitglied der preußischen Nationalversammlung, 1849 der dann aufgelösten Kammer, Führer der Fortschrittspartei, Landtags- und Reichstagsabgeordneter, bedeutend namentlich als Begründer der deutschen Erwerbs- und Wirtschaftsgenossenschaftsbewegung als Selbsthilfe für das Kleingewerbe, Leiter des Genossenschaftsverbandes, war Mitglied der Berliner Loge „Zur Beständigkeit".

Schumacher, Arnold, Oberst, Kommandant der schweizerischen Artillerie, † 1905, Mitglied der Loge „Zur Hoffnung", Bern, vermachte sein Vermögen der Stadt Bern zur Gründung eines Spitals für Kinder ohne Unterschied der Nationalität und Konfession.

Schurz, Karl, deutsch-amerikanischer Staatsmann, * 1829, † 1905, rheinischer Schulmeisterssohn, nahm an der deutschen Freiheitsbewegung der vierziger Jahre teil und kämpfte als Leutnant der badisch-pfälzischen Armee 1849 mit seinem Bonner Lehrer, dem Dichter Gottfried Kinkel, bei Rastatt gegen die Preußen. Gefangengenommen, entfloh er nach Zürich, kehrte aber im folgenden Jahr nach Deutschland zurück, befreite auf abenteuerliche Art den in Spandau gefangenen Kinkel, gelangte mit diesem auf einem Weizenschiff nach Schottland, ging nach Paris, London und schließlich nach Philadelphia, wo er als Parteigänger Abraham Lincolns in der Sklavereifrage bald ein Vorkämpfer der Gerechtigkeit wurde. Führer der Republikaner, Gesandter in Spanien, Divisionsgeneral während des Sezessionskrieges, Senator und Staatssekretär des Inneren im Kabinett des Präsidenten Hayes (1877—1881), wurde S., der sich auch als glänzender Publizist hervortat, in der deutschen Hermann-Loge Nr. 125 in Philadelphia in den Freimaurerbund aufgenommen.

Schurz, Maurerschurz, Schurzfell, fast in der ganzen Welt die Bekleidung des Freimaurers. Der Schurz (als Lammfell) ist das Sinnbild der Arbeit. In vielen Ländern ist er weiß, in anderen Ländern ist dies lediglich die Farbe des Lehrlingsgrades, während die Schurze der höheren Grade und der Würdenträger verschiedenfarbige Verzierungen (Einfassungen, Schleifen, Rosetten, Buchstaben, Zeichen) haben. In dem alten englischen Ritual wird gesagt: „Es (das Schurzfell) ist ein Zeichen der Unschuld, älter als das Goldene Vlies und der Römische Adler, ehrenvoller als Sterne und Hosenband oder irgendein anderer Orden unter der Sonne, den Ihr jetzt oder künftig erhalten könnt!“

Nach altenglischen Lehrverträgen (Indentures) war es Sache des Lehrherrn, seinem Lehrling den Schurz beizustellen. Das Material des Schurzes ist zumeist Leder, doch ist der älteste erhaltene Logenschurz (Melrose Lodge) aus derber Leinwand. Die ursprüngliche Form, wie sie auch noch auf dem Bilde „Die Nacht“ von Hogarth dargestellt ist, ist die bis zu den Knöcheln reichende Form des Werkschurzes, der eine Klappe hat, die mit einem Knopfloch an der Kleidung befestigt wurde. So z. B. auf dem Bilde des Großmeisters Anthony Sayer (s. d.). Die Stellung der Klappe wurde und wird noch häufig als Gradabzeichen verwendet. So erwähnt schon die Verräterschrift des Abbé Perau (1745), daß der Geselle die Klappe (bavette) seines Schurzes an der Kleidung befestigt, während sie der Meister auf den Schurz herabfallen läßt. Aus diesem eigentlichen Werkschurz entwickelt sich der Symbolschurz, der heutigen Tages in manchen Systemen in seiner Kleinheit nur noch symbolisch seine Herkunft andeutet. Die ursprünglichen Schurze sind weder eingefaßt noch gefüttert. Da das Leder aber mit Bleichmitteln imprägniert war, wurden mit Rücksicht auf die Kleider der Symbolmaurer die Schurze unterlegt. Daraus entwickelten sich nun Rangstufen: so durfte in der Loge „Gans und Bratrost“ um 1760 nur der Meister einen seidengefütterten Schurz tragen, die anderen Mitglieder nur leinengefütterte. Mit der Zeit entwickelte sich eine Vielfältigkeit der Schurze, die besonders durch das aufkommende Hochgradwesen unzählige Varianten zeitigte (s. Bekleidung, Farben). Auch gestickte Schurze wurden beliebt. Ein oft abgebildetes Stück zeigt den Schurz, den die Marquise de Lafayette für Washington anfertigte. Die erste Bekleidungsordnung geht auf Desaguliers zurück (1731). Sie wurde notwendig, weil gerade um diese Zeit die Logenmitglieder ihrer Phantasie in der Ausstattung ihrer Schurze etwas zu sehr die Zügel schießen ließen. Hierbei wurden auch den Stewards (s. d.) die red aprons, die rotumsäumten Schurze, zugestanden. In Amerika tragen gewöhnlich nur die Logenbeamten eigene Schurze, dagegen alle anderen Logenmitglieder ohne Unterschied weiße Schurze aus Leinen.

In den europäischen Johannislogen sind die Schurze meist mit blauer Einfassung und Bandrosen versehen, die den erlangten Grad bezeichnen. (Vergl. Posner, „Bilder zur Geschichte der Freimaurerei“, Crowe, „Regalia“.)

Von dem berühmten schottischen Dichter Robert Burns stammt das Gedicht:

„The Master's Apron.“

There's mony a badge that's unco' braw,
Wi' ribbons, lace and tape on;
Let Kings and Princes wear them a',
Gie me the Master's apron,
The honest Craftman's apron,
The jolly Freemason's apron.
Bide he at hame, or roam afar,
Before his touch fa's bolt and bar,
The gates of fortune fly ajar,
Gin he wears the apron.
For w'alth and honour, pride and power
Are crumbling stanes to base on;
Fraternity sh'u'd rule the hour.
And ilka worthy Mason,
Each free, accepted Mason,
Each ancient, crafted Mason.
Then, brithers, let's halesome sang,
Arise your friendly ranks along.
Gudewives and bairnies blithely sing
Ti' the ancient badge, wi' the apron string
That's worn by the Master Mason.

Schutzheilige, s. Quatuor Coronati.

Schutzpatrone der Freimaurer, s. Quatuor Coronati.

Schutz, Staatlicher, der Freimaurerembleme gegen deren Verwendung als Schutzmarken für gewerbliche Zwecke wurde durch eine Entscheidung des Patentamtes New York vom 13. August 1927 ausgesprochen. Dieses bestätigte eine Entscheidung des New Yorker Patentprüfers, welcher der von der Vereinigten Genossenschaft der Zimmerleute und Kistentischler beantragten Eintragung einer Zirkel und Winkelmaß darstellenden Schutzmarke, auf Einspruch der Großloge von New York, die Bewilligung versagt hatte.

Schwabe, Johannes Conrad, Dr. jur., Hauptgeschäftsleiter des Vereins deutscher Freimaurer, * 1878, aufgenommen in der Straßburger Loge „An Erwins Dom“ 1904, dann Mitglied und Stuhlmeister der Loge „Fichte zur deutschen Treue“ in Leipzig. Neben seiner umfangreichen Tätigkeit als Geschäftsleiter des Vereins deutscher Freimaurer eifriger freimaurerischer Schriftsteller, der sich besonders durch wertvolle Übersichtsdarstellungen einen Namen gemacht hat. Seine wesentlichsten Arbeiten sind: Herausgabe der „Mitteilungen aus dem Verein deutscher Freimaurer“; der „Jahrbücher des Vereins deutscher Freimaurer“; „Freimaurerei und Presse im Weltkrieg“, 3 Hefte; „Freimaurerische Gedanken über Gerhard Hauptmanns Dichtung“; „Die Neugestaltung der Freimaurerei durch den Weltkrieg“; „Arbeitsamts- und Jahresberichte des Vereins deutscher Freimaurer“; „Zehn Jahre Vereinsarbeit“; „Für und wider die Freimaurerei“; „Kleine Bibliographie der Angriffs- und Abwehrliteratur“ u. a.

Schwalbach, Franz, Schuldirektor in Harburg a. E., * 1839, † 1901, aufgenommen 1866 in der Loge „Tempel der Pflichttreue“ in Krotoschin, seit 1890 Mitglied und Meister der Loge „Ernst August zum goldenen Anker“ in Harburg. Er verfaßte neben zahlreichen Einzelaufsätzen eine „Kurzgefaßte Geschichte der Freimaurerei“ 1876, eine „Geschichte des älteren maurerischen Gebrauchtums“ 1889 und erwarb sich große Verdienste um die Ritualreform der Großloge Royal York zur Freundschaft.

Schwartz, Johann Friedrich v., Geheimer Kämmerer des Herzogs Ferdinand von Braunschweig, dänischer Staatsrat, * 1733, † 1807, wurde 1761 in der Frankfurter Loge „Zur Einigkeit“ aufgenommen, war Mitglied der Braunschweiger Loge „Jonathan“, 1784 bis 1794 Meister vom Stuhl der Loge „Zur gekrönten Säule“, 1796—1803 schottischer Obermeister, seit 1767 unter dem Namen „ab urna“ Mitglied der Strikten Observanz. Sch. war in allen freimaurerischen Angelegenheiten der Vertraute des Herzogs und vertrat diesen an verschiedenen Konventen. 1777 nahm er in Hamburg an den Verhandlungen mit den Schweden teil, war Bevollmächtigter mehrerer Präfekturen beim Wilhelmsbader Konvent, Mitglied des zur Ausarbeitung der neuen Gesetzbücher entsandten Ausschusses sowie des Komitees zur Berichterstattung über die Illuminaten, die durch Knigge sich dem Herzog von Braunschweig zu nähern und auf die Strikte Observanz Einfluß zu gewinnen suchten. Der Konvent anerkannte ihn als Generalsekretär des ganzen Ordens. Sch. war von bestem Willen erfüllt und aus diesem Grunde bestrebt, alle freimaurerischen Systeme seiner Zeit kennenzulernen. Er hatte Anteil an der Entlarvung von Gugomos.

Schwartz-Bostunitsch, Gregor, vormaliger russischer Hochschullehrer, * 1883, Bekämpfer der Freimaurerei, Wanderredner, Verfasser des Buches „Die Freimaurerei, ihr Ursprung, ihre Geheimnisse und ihr Wirken", das zuerst in russischer, 1928 in deutscher Sprache erschien und mit einem apokryphen „freimaurerischem Todesurteil" aufwartet, das dem Verfasser angeblich nach dem Erscheinen der russischen Ausgabe zugegangen sei. Das Buch gehört zur Kategorie der tendenziösen Gegnerschriften ohne jede verläßliche Grundlage.

Schwarz, als Logenfarbe bei Trauerlogen, auch bei Meistererhebungen üblich. In einzelnen Systemen werden bei diesen Anlässen auch eigene schwarze Schurze und Bänder getragen.

Schwarz, Johann Eugen, Professor der deutschen Sprache und Philosophie und Leiter des pädagogischen Universitätsinstituts in Moskau, † 1784, ein Siebenbürger Deutscher, der 1776 nach Moskau kam, ein leidenschaftlicher Freimaurer („ein unermüdlicher Enthusiast, der immer brannte, als wäre er eine unverlöschbare Flamme und der sich selbst in einem 33jährigen Leben zu Asche verbrannte"), als Mitglied der Moskauer Loge „Eintracht" Kampfgenosse Nowikows (s. d.). Auf einer freimaurerischen Reise nach Kurland erhielt er in Mitau Einführungen an die Berliner Gold- und Rosenkreuzer. Er wurde von Wöllner in Berlin eingeweiht und empfing eine Bestallung als Chef des russischen Rosenkreuzertums. Die in jeder russischen Kultur- und Literaturgeschichte gewürdigte Bedeutung von S. liegt vor allem in seiner vorbildlichen Arbeit für die Hebung des geistigen und sittlichen Lebens Rußlands. Er rief Volksschulen und Lehrerbildungsanstalten ins Leben, veröffentlichte Lehrbücher und Bücher religiös-sittlichen Charakters, wirkte an der Gründung der Nowikowschen Druckerei mit, errichtete ein vorbildliches Krankenhaus und Apotheken. In der von ihm gestifteten „Gesellschaft der Universitätszöglinge" und in einem mustergültigen Seminar leistete er fruchtbarste Bildungsarbeit und ging, bewußt von freimaurerischen Grundsätzen geleitet, darauf aus, die Kenntnisse der reifsten Werke europäischen Denkens durch gute Übertragungen breiteren russischen Schichten zu vermitteln.

Schwarze Brüder, s. Harmonisten, Studentenorden.

Schwarze Kammer, s. Kammer, Dunkle.

Schwarzenbach, Andreas, Domherr an der Linzer Kathedrale, † 1789, zog durch seinen Beitritt zur Wiener Loge „Zur Beständigkeit" die Feindschaft des Kardinals Migazzi auf sich, wurde, um ihm den Logenbesuch zu erschweren, von Matzleinsdorf bei Wien, wo er als Kooperator wirkte, als Pfarrer nach Hütteldorf versetzt; Kaiser Joseph II. ernannte ihn, um ihn den Verfolgungen des Klerus zu entziehen, zum Domherrn in Linz, wo er dann Mitglied der Loge „Zu den sieben Weisen" war.

Schwarzl, Karl, Dr. theol., Geistlicher Rat, Professor der Pastoral-Theologie, erst in Innsbruck, dann in Freiburg i. B., Stadtpfarrer am Freiburger Münster, * 1746, † 1809, Stifter der Loge „Zu den drei Flammen" in Innsbruck, Stuhlmeister dieser Loge, dann Mitbegründer der Loge „Zur edlen Aussicht" in Freiburg i. B., die er 1786/87 leitete. S. war der erste, der den Universitätseid auf die Unbefleckte Empfängnis verweigerte. (Vergl. Taute.)

Schwayer, Franz, 1921—1924 bayrischer Innenminister, * 1868, veröffentlichte 1925 ein Werk, „Politische Geheimbünde", in dem er sich sehr scharf und einseitig gegen die Freimaurerei wendet, aber dagegen auftritt, daß „die Freimaurerei zuweilen vorbehaltlos als der Ausbund und die Quelle aller bewußten Schlechtigkeit hingestellt worden ist und sogar darzutun versucht wurde, daß die Freimaurerei mit dem Teufel im engsten Bund stehe und einen förmlichen Satanskult treibe". S. bezeichnet solche Legenden als „Erzeugnisse einer schwülen Phantasie, die mit der Wirklichkeit nichts mehr zu tun hat..."

Schweden. „Die Entwicklung der Freimaurerei in S. ist von besonderem Interesse. Die Schweden sind scheinbar ebenso früh und ebenso leicht von der einfachen Lehrart der Freimaurerei abgewichen wie andere Nationalitäten in Europa, nur mit dem Unterschiede, daß sie nicht wie die anderen von einem System zum andern flatterten, sondern bei ihrer ersten Abweichung (heresy) verblieben und eigentlich heute noch bei den gleichen Bräuchen halten, die um 1760 ihre Aufmerksamkeit erregten." (Gould, History V., 195.) Das Schwedische System ist französischen Ursprungs. Es hat nur in S. selbst, in Dänemark und Norwegen festen Fuß gefaßt, ist auf die Große Landesloge der Freimaurer von Deutschland übergegangen und stellt einen Seitenzweig der Freimaurerei vor, der nur wenig Verbindung mit den übrigen Systemen hält.

Als erster schwedischer Freimaurer wird der Graf Axel Ericson Wrede-Sparre genannt, * 1708, † 1772, zuletzt Generalmajor der Kavallerie und Oberstatthalter in Stockholm, der nach eigenen Angaben am 4. Mai 1731 in Paris zum Freimaurer geweiht wurde. Er errichtete anscheinend 1735 die erste Loge in Stockholm. Etwas später (1737) hatte Karl Fredrik Freiherr v. Scheffer (seit 1766 Graf), * 1715, † 1788, in Paris Bekanntschaft mit der Freimaurerei gemacht. Er erhielt dort 1737* eine Generalvollmacht zur

*) Von Lord Derwentwater (s. d.).

Gründung von Logen in S., auf Grund welcher er dem Grafen Wrede-Sparre die Loge von 1735 als regelmäßig bestätigte. 1743 ging Scheffer als schwedischer Gesandter nach Paris, wo er wahrscheinlich mit den Schottengraden bekannt wurde. 1738 soll König Friedrich I. die Freimaurerei unter Todesstrafe verboten haben. Ein aktenmäßiger Nachweis für diese Angabe hat sich nicht führen lassen. Zur Zeit, als Scheffer in Frankreich weilte, ist eine an die Person des damals russischen Generals James Keith (s. d.) gebundene Loge in Stockholm nachweisbar, die jedoch nach 1744 wieder verschwindet.

1752 gründete Graf Knud Carlsson Posse unter Berufung auf eine Vollmacht des französischen Großmeisters Grafen Clermont eine neue Loge, „St. Jean auxiliaire", zu der Wrede-Sparre und Scheffer übertraten. Sie gilt als die schwedische Mutterloge. Graf Scheffer erteilte auf Grund seiner französischen Vollmacht, kraft derer er sich seit 1753 Großmeister nannte, Logenpatente an die Logen „St. Erik" (1756), „St. Edward" (1757), „L'Union" in Stockholm, „Salomon à trois serrures" in Gotenburg (1754) und „St. Augustin" in Helsingfors, Finnland (1758). Trotzdem die schwedischen Logen zu dieser Zeit durchaus noch nichts Einheitliches darstellen, fühlten sie sich schon kräftig genug, die Gründung eines Waisenhauses zu vollziehen, das im Laufe der Zeit wiederholt ausgebaut wurde — erst in der allerjüngsten Zeit hat es eine bedeutende Erweiterung durch ganz neue Anlagen erfahren — und bis auf den heutigen Tag den Stolz der schwedischen Maurerei darstellt. Schon Lessing tut dieser Einrichtung in „Ernst und Falk" lobend Erwähnung.

Eine Persönlichkeit von bestimmendem Einfluß auf die Entwicklung der Königlichen Kunst in S. wurde der Kanzleirat Karl Friedrich Eckleff (s. d.), der Begründer der streng christlichen Schwedischen Lehrart (s. d.) der Freimaurerei. Er gründete am 30. November 1756 mit sechs anderen schottischen Meistern die erste schwedische St.-Andreas- (schottische) Loge „L'Innocente", drei Jahre später, am 25. Dezember 1759, ein Ordenskapitel, das „Chapitre illuminé de Stockholm" und hatte damit bereits die höchste Abteilung der Schwedischen Lehrart organisiert und den Aufbau seines Systems vollendet, das sich in allem wesentlichen bis heute erhalten hat. Diese Arbeitsstätten setzte Eckleff unter Berufung auf gewisse (etwa von 1750 stammende) aus dem Ausland erhaltene Akten ein. Angeblich sollten sie aus Florenz stammen. Die Dokumente dieser „Eckleffschen Akten" sind in Chiffreschrift in französischer Sprache abgefaßt und namens eines ausländischen Großkapitels, „Grand Chapitre de la Confraternité l'Illuminée", von „Frédéric Aescher, Secrétaire" unterzeichnet. Welches Großkapitel dies war, hat Eckleff niemals verraten. Nach Äußerungen des Herzogs Karl von Södermanland, des Nachfolgers Eckleffs, war es ein Kapitel in Genf (der Name Aescher [Escher] ist in der Schweiz beheimatet), das seine Kenntnisse von einem anderen in Avignon erhalten hätte (wo es ja das mystische Hochgradsystem der Illuminés tatsächlich gab). Auch ein intimer Freund Eckleffs, Ministerialrat Johann Medling, der 15 Jahre nach dessen Tod manches vom Eckleffschen Nachlaß in Händen hatte, schrieb 1822, die ersten höheren Kenntnisse hätten von der „V. Provinz in Genève gestammt". Alle dazugehörenden Akten „wurden jeden dritten Posttag in zerschnittenen 32stel-Bogen durcheinandergemischt, an Eckleff gesandt, der sie mit Hilfe des Br. Wesman in Ordnung brachte; aber die Chiffre des Allergeheimsten wurde mit einem besonderen Boten hierher nach S. geschickt". (Vergl. Johannes Rudbeck, „Karl Friedrich Eckleff, der Begründer des Schwedischen Freimaurersystems", 1931.) 1760 gründete Eckleff in Stockholm auch eine Symbolische Loge, die „Siebente St.-Johannis-Loge".

In diesem Jahr vereinigten sich die schwedischen Bauhütten zur Großen Landesloge von S., wobei Graf Scheffer Landes-Großmeister, Eckleff Abgeordneter Landes-Großmeister wurde. 1761 war der Aufbau vollendet. Es begann nun eine sehr rege Logengründungstätigkeit in den verschiedensten Orten, u. a. Greifswald und Stralsund. 1762 gab König Adolf Friedrich bekannt, daß er die „Obermeisterschaft aller Freimaurervereinigungen im Reich", d. h. das Protektorat, übernehme. Ob er jemals rite in den Bund aufgenommen wurde, ist unsicher.

Wohl in Unkenntnis der Situation, hatte 1765 die englische Großloge unter Lord Blayney den vorher in Dänemark freimaurerisch tätigen Gesandtschaftssekretär Charles Tullmann als Provinzial-Großmeister für S. eingesetzt. Auf Grund der erhaltenen Vollmachten setzte dieser drei schwedische Logen ein, über die wenig bekannt geworden ist, außer daß ihrer nicht ohne Mitgliederwerbung in den Reihen der Brr. Schwedischen Systems zustandegekommenen Existenz wegen beträchtliche Unruhe unter den schwedischen Freimaurern entstand. Als dann aber die Schwedische Landesloge der englischen Großloge ihre französischen Vollmachten und Gründungsakten vorlegte, erfolgte 1770 ihre förmliche Anerkennung. Es ist auffallend, meint Gould, daß die englische Großloge hier eine andere anerkannte, die sich ihrem ganzen inneren Aufbau nach so vollkommen von der englischen Lehrart unterschied. Die Tatsache hat jedenfalls zur Verbreitung der schottischen Hochgrade in Europa nicht wenig beigetragen. Um 1765 war übrigens auch Schubart (s. d.) in Stockholm erschienen, um S. der Strikten Observanz zu erschließen. Der Erfolg seiner Mission war unbefriedigend.

1771 kam Gustav III. zur Regierung. Er schloß sich mit seinen Brüdern, den Herzogen Karl und Friedrich Adolf, dem Bund an. Von dieser Zeit an entwickelte sich die Sonderstellung des Königshauses zur schwedischen Freimaurerei. Der 1773 auch ins Kapitel eingetretene Herzog Karl von Södermanland, der spätere König Karl XIII., der dem Freimaurertum ein ganz besonderes Interesse entgegenbrachte, stand diesem bereits 1774 vor; er gelangte so an die Spitze der gesamten schwedischen Freimaurerei. Seither sind ihm alle Träger der Krone in dieser Würde gefolgt. Kurz nachher starb in Deutschland der Heermeister der Strikten Observanz, Freiherr von Hund (s. d.). Das schien dem Herzog ein Anlaß, seine Lehrart mit der Strikten Observanz zu vereinigen, und so bewarb er sich um das Heermeisteramt. Gegen die Wahl wurden auf deutschem Boden schwere Bedenken geltend gemacht, einmal solche politischen Charakters, dann fiel aber auch die Tatsache sehr ins Gewicht, daß Zinnendorf (s. d.) 1770 in der Großen Landesloge der Freimaurer von Deutschland (schwedischen Systems) der Strikten Observanz eine sehr ernst zu nehmende Rivalin geschaffen hatte. Daraufhin erklärte die Schwedische Großloge 1777 bei zwei Gelegenheiten, daß sie niemals Logen außerhalb des Königreichs S. konstituiert, auch an Zinnendorf kein Patent gegeben habe. „Wenn daher v. Zinnendorf angebe, ein solches zu besitzen, sei dasselbe wertlos.“ Der Herzog wollte also nichts von dem wissen, was Eckleff in bezug auf Deutschland getan hatte. Infolge dieser Erklärung kam es in Hamburg zu einer Zusammenkunft zwischen Bevollmächtigten Karls und des Braunschweiger Ordensdirektoriums und in der Folge zur Wahl des Herzogs auf dem Konvent zu Wolfenbüttel 1778 und zum Abschluß des Vereinigungsvertrages (Freundschaftsvertrag auf Gegenseitigkeit) in Braunschweig 1779. Praktische Bedeutung erhielt dieser Schritt aber nicht. Im Schoße der Großen National-Mutterloge in Berlin, in Dänemark, in Schweden selbst erhob sich starke Opposition. Schon 1781 legte der neue Heermeister sein Amt wieder nieder, nachdem er vergeblich versucht hatte, den vom Herzog Ferdinand von Braunschweig nach Wilhelmsbad einberufenen Konvent zu verbieten. Er schied mit dem Bemerken, „daß Wir ins künftige nichts weiter mit den deutschen Brr. zu beraten und zu verhandeln haben“.

1780 wurde gemäß der behaupteten Templertradition in feierlicher Weise S. zur IX. Provinz des Ordens erklärt, mit Herzog Karl als Vicarius Salomonis und seinem Bruder Friedrich Adolf, Herzog von Ostgotland, als Landes-Großmeister. Vorangegangen war die systematische Vereinigung zwischen Kapitel und Großloge. Das System griff bald auch auf die Nachbarstaaten über, aber zunächst gelangte es nur in Deutschland (durch die Große Landesloge) ebenfalls zur Blüte. In Schweden entwickelte es sich anscheinend um so kräftiger, je isolierter es blieb. Diese — später selbstgewollte — Isolierung (anfänglich waren die Expansionsbestrebungen recht beträchtlich) hat sich als besonderes Kennzeichen der schwedischen Freimaurerei erhalten.

Als der Herzog von Södermanland 1809 als Karl XIII. den Thron bestieg, bewahrte er sich seine schwärmerische Begeisterung für das Freimaurertum. „Um die Tugenden zu ehren, die von keinem Gesetz vorgeschrieben sind“, verwandelte er das rote Kreuz des Templersystems in einen Staatsorden, den Orden Karls XIII. Dieser öffentliche Freimaurerorden, der als Spitze der Lehrart zu betrachten ist und dessen Chef satzungsgemäß immer der regierende König ist, kann außer den königlichen Prinzen nur aus 27 weltlichen und drei geistlichen Mitgliedern bestehen. Seit der Stiftung des Ordens werden alle schwedischen Prinzen in ihren ersten Lebenstagen dessen Inhaber. Sie dürfen seine Insignien wohl erst tragen, wenn sie die Einweihung als Freimaurer erhalten und die höchste Stufe erreicht haben, aber sie sind (Gustav IV. wird diese Feststellung in den Mund gelegt) durch das rote Kreuz in der Wiege sozusagen Freimaurer durch Geburt, geborene Freimaurer. Als feststehende Regel gilt, daß neben dem König als Ordensmeister (Vicarius Salomonis) der Kronprinz als Landes-Großmeister (Procurator Salomonis) fungiert (s. S., Königshaus).

Der König als Vicarius Salomonis ist nicht nur der Protektor, sondern der absolute Beherrscher des Ordens. Seine Befugnisse sind in der 1800 gedruckten Fundamental-Constitution umschrieben. Laut

§ 1 ist die Ordensbrüderschaft der Freien und Angenommenen Maurer-Ritter eine Gilde und Gemeinschaft, von altersher eingerichtet zu Gottes des Allerhöchsten Ehre, welche zum Zwecke hat die Verbesserung des Menschengeschlechts und dessen Aufklärung in der edlen Wissenschaft, die Tugend zu erhöhen und das Laster zu unterjochen, die Kenntnis und Macht, seine Begierden zu zügeln, um dadurch die Kräfte der Natur gründlich zu überdenken und solcher Gestalt den edelsten Teil seines Wesens zu näherer Vereinigung mit dem ersten Ursprung, dem Großen Baumeister der ganzen Welt, erheben zu können.

§ 2. Die Weisheit hat zur Grundlage des Ordens sieben Ecksteine aufgerichtet, deren Stärke seinen Bau befestigt, seine Dauer gegen die Vergänglichkeit der Zeit bewahrt und seinen Bestand unveränderlich in allen wechselnden Zeitläufen macht.

§ 3. Diese Aufrechthalter und Pfeiler des Ordens sind: 1. die Religion oder des wahren Gottes Verehrung; 2. die Tugend, ihre Schwester; 3. die Liebe des Nächsten, aus der die Barmherzigkeit herstammt, eine Folge der beiden vorgenannten Eigenschaften; 4. die Einigkeit in Wirksamkeit und Ausübung dieser Schuldigkeiten; 5. die Verschwiegenheit, das rechte Kennzeichen des Weisen; 6. die Arbeitsamkeit und 7. die Standhaftigkeit.

§ 4. Die Religion oder die Verehrung des wahren Gottes ist, als Ursprung alles Guten, auch die Ursache zur Entstehung der Gilde gewesen. Die Tugend hat die Gegenstände zu ihrer Bildung gesammelt, und die Liebe des Nächsten hat ihr die erste Gestalt gegeben. Die Einigkeit hat ihre Geheimnisse bewahrt, und deren Heilighaltung hat die Verschwiegenheit besiegelt. Aufgeklärt durch Arbeitsamkeit, haben endlich Mut, Abhärtung, Unverdrossenheit und Standhaftigkeit ihr Bestehen und ihre Selbständigkeit gesichert.

§ 7. Gleichwie der stolze Adler allmählich seine geliebten Jungen gewöhnt, sich langsam den brennenden Strahlen der Sonne zu nähern, und sie mit Vorsicht übt, sich in die weiten Räume der Luft zu erheben, um diesen leuchtenden und wohltuenden Planeten näher zu schauen; ebenso soll in dieses Ordens Gilde ein unerleuchteter Sterblicher, welcher Eintritt darin erlangt hat, sich allmählich der Wahrheit und dem Lichte nähern, damit dieser kräftige Schein nicht auf einmal ihm das Vermögen benehme, richtig und wie es sich gehört den Nutzen seiner kostbaren Geheimnisse zu genießen. Er soll deshalb dazu durch gewisse Proben vorbereitet werden, die ihm in den verschiedenen Abteilungen oder Klassen der Gilde zu bestehen auferlegt sind, und nach einer gewissen bestimmten Zeit und Prüfung, nach bewiesener Standhaftigkeit und befundener Würdigkeit, soll er denjenigen Teil von Kenntnis und Aufklärung bekommen, welcher der Abteilung oder Klasse zusteht, in welcher er geprüft worden; teils durch historischen, teils durch moralischen Unterricht; zum Teil auch unter allegorischen Figuren und Sinnbildern, welche für die Unaufgeklärten den Kern von der Wahrheit, der echten Weisheit umgeben."

Die Arbeitsstätten zerfallen in drei Hauptabteilungen mit insgesamt elf Graden:

die Arbeitende oder St.-Johannis-Loge mit drei Graden: Freier und Aufgenommener Maurer-Ritter Br. St.-Johannis-Lehrling, -Geselle und -Meister,

die Leuchtende oder St.-Andreas-Loge mit drei Graden: Freier und Aufgenommener Maurer-Ritter Br. Schottischer St.-Andreas-Lehrling, Schottischer St.-Andreas-Geselle und Schottischer St.-Andreas-Meister,

die Erleuchtete und Wirkende oder Stewardsloge mit fünf Graden: Freier und Aufgenommener Maurer-Ritter Br. Auserkorener oder Stewardsbruder, Salomos Vertrauter, Vertrauter der St.-Johannis-Loge, Vertrauter der St.-Andreas-Loge, Ritter des Purpurbandes, Kommandeur mit dem roten Kreuz. (Vergl. Schwedische Lehrart.)

Der Vicarius Salomonis, also der König, den ein neunköpfiger Sanhedrin erkürt, wird als der Vertreter des eigentlichen (unbekannten) Ordenshauptes (d. i. Jesus) betrachtet, er regiert „nach der buchstäblichen und wörtlichen Bedeutung der Fundamentalkonstitution, bis daß der geheime Obere sich durch seine Vicarien (jede Provinz, d. h. jedes Land, in dem das Schwedische System existiert, hat einen solchen) vor dem Orden allgemein und offenbar zu erkennen gibt". Die Mitglieder sind zum Gehorsam verpflichtet, der Vicarius Salomonis ernennt alle Würdenträger (Beamten) vom Sanhedrin bis hinunter zu den Stewardslogen. Die Wortführenden Meister der Andreas- und Johannislogen werden von diesen auf Grund von Ternovorschlägen des Ordensoberhauptes gewählt. Alle wichtigen Ämter, von jenen des Vicarius bis zum Stuhlmeister, gelten als lebenslänglich, die Bande, die mit dem Orden verbinden, als unauflöslich geknüpft.

Als 1814 Norwegen (s. d.) in die Personalunion mit S. eintrat, gelangte 1819 das Schwedische System auch dorthin, 1870 wurde eine norwegische Provinzialloge errichtet, die 1905 bei der Trennung der beiden Staaten selbständige Landesgroßloge (X. Provinz) wurde.

Durch ein auf persönliche Initiative zurückgehendes Reskript des dänischen Großmeisters Königs Friedrich III. von 1855 gewann sich die Schwedische Lehrart auch Dänemark (s. d.), wo bis dahin das Rektifizierte Schottische System bearbeitet worden war; durch die „Declaratio, qua denuo constituitur VIII. — va Provincia" von 1858 wurde die Kette des Schwedischen Systems in den skandinavischen Ländern geschlossen.

Von den schwedischen Königen (s. Königshaus) war der freisinnige Oskar II., der 1829 in den Bund aufgenommen, 1872 Ordensmeister wurde, schon als Stuhlmeister der Stockholmer Loge „St. Erik" mit besonders heißem Eifer um die Vertiefung der freimaurerischen Lehre bemüht; er war es auch, der den damaligen Prinzen von Wales, den späteren König Eduard VII. von England, dem Bunde zuführte.

Die Große Landesloge von S. hat derzeit unter König Gustav V. als Vicarius Salomonis und Kronprinz Gustav Adolf als Landes-Großmeister vier Provinzial-Großlogen, in Christiansstad, Göteborg, Linköping und Carlsstad, mit 15 Andreas- und 31 Johannislogen. Die Mitgliederzahl beträgt 22.000. Das dünn besiedelte S. ist auf dem europäischen Kontinent das Land mit der dichtesten Freimaurerziffer. Auf 100.000 Einwohner entfallen 383 Freimaurer (in Deutschland 105). Die Große Landesloge hat ihren Sitz in Stockholm, Blasieholmen 6, Frimurare Stamhuset.

Neben dem großartigen alten Waisenhaus (Barnhus) unterhält die Großloge zwei in den letzten Jahren errichtete Kinderheime (für Knaben und Mädchen) in Blackeberg am Nordufer des Mälarsees.

Schwedenkiste in Gotha, 18 Foliobände umfassender freimaurerischer Urkundenschatz aus dem Nachlaß des Landesgroßmeisters Herzog Ernst II. von S. G. u. A., ging 1804 in vier Kisten nach Stockholm, wurde aber 1881 an Gotha zurückgegeben und bildet einen überaus wichtigen Bestandteil des Archivs der dortigen Loge „Ernst zum Kompaß".

Schweden, Königshaus.

1. Gustav III., * 1746, † 1792, König seit 1771, wurde um 1772 Freimaurer und Protektor der schwedischen Freimaurerei. Mit ihm traten dem Bunde bei seine Brüder:

2. Karl, Herzog von Södermanland, der spätere König Karl XIII., * 1748, † 1818, dessen Wirken die besondere Stellung im Gefolge hatte, die seither das s. K. der Freimaurerei gegenüber einnimmt (s. Karl XIII).

3. Friedrich Adolf, Herzog von Ostgotland, schwedischer Erbfürst, * 1750, † 1803, seit 1779 Salomonis Procurator, Landes-Großmeister.

4. Gustav IV., Adolf, * 1778, † 1837, König von 1792—1809, Freimaurer seit 1793, ging 1809 ins Exil.

5. Karl Gustav, Herzog von Sam-

land, * 1782, † 1805, Bruder des Vorigen, in seinem letzten Lebensjahr Procurator Salomonis, Landes-Großmeister.

6. Karl XIII., König von 1809—1818, Vicarius Salomonis, Ordensmeister (s. Karl XIII.).

7. Karl XIV., Johann, ursprünglich Jean-Baptiste Bernadotte (s. d.), durch die Union erster König von Schweden und Norwegen 1818—1844, als Kronprinz Procurator Salomonis, Landes-Großmeister, dann Vicarius Salomonis, Ordensgroßmeister.

8. Oskar I., * 1799, † 1859, König seit 1844, als Kronprinz Procurator Salomonis, Landes-Großmeister, als König Vicarius Salomonis, Ordensmeister (seit 1849).

9. Karl XV., * 1826, † 1872, König seit 1859, als Kronprinz Procurator Salomonis, Landes-Großmeister, als König Vicarius Salomonis, Ordensmeister.

Seine drei Brüder:

10. Franz Gustav Oskar, Herzog von Uppland, Erbfürst, * 1827, † 1852, Wortführender Meister der Stockholmer St. Johannisloge „St. Erik".

11. Oskar II., * 1829, † 1907, König seit 1872 (unter ihm Lostrennung von Norwegen), als Kronprinz Procurator Salomonis, Landes-Großmeister, als König Vicarius Salomonis, Ordensmeister, 1873—1880 infolge des Todes seines Bruders auch wieder Landes-Großmeister, besonders begeisterter Freimaurer, der der Königlichen Kunst eifrigst diente. Vorbildlich war seine Hammerführung als Wortführender Meister der Loge „St. Erik" in Stockholm. Seine Reden in dieser Eigenschaft erschienen gesammelt auch in deutscher Übertragung. Als 1891 die norwegische Provinzialloge zur selbständigen Großen Landesloge wurde, trat Oskar II. als Vicarius Salomonis auch an deren Spitze.

12. Nikolaus August, Herzog von Dalekarlien (Dalarne), Erbfürst, * 1831, † 1873, Wortführender Meister der Andreasloge „Den nordiska cirkeln" in Stockholm, Procurator Salomonis, Landes-Großmeister 1872/73.

13. Gustav V., * 1858, der gegenwärtige König (seit 1907), ältester Sohn Oskar II., 1877 von seinem Vater in der Loge „Nordiska Första" in Stockholm aufgenommen, 1880 Procurator Salomonis, Landes-Großmeister, seit seinem Regierungsantritt Vicarius Salomonis, Ordensmeister.

Seine Brüder:

14. Oskar Karl Wilhelm, Herzog von Ostgotland, Erbfürst, Bruder des Königs, General, * 1861, Salomonis Tempels Statthalter, Deputierter Landes-Großmeister.

15. Oskar Karl August, Prinz Bernadotte, * 1859, dessen Stellvertreter als Deputierter Großmeister.

16. Oskar Friedrich Wilhelm Olaf Gustav Adolf, Kronprinz, Herzog von Schönen (Skane), * 1882, Freimaurer seit 1902, Procurator Salomonis, Landes-Großmeister.

17. Gustav Adolf Oskar Friedrich Arthur Edmund, Herzog von Västerbotten, Erbfürst, * 1906, Sohn des Vorigen, wurde 1929 in der Stockholmer Loge „Nordiska Första" unter Hammerführung des Königs aufgenommen.

Die Matrikel der IX. Ordensprovinz (Große Landesloge von Schweden) verzeichnet als Ehrenmitglieder auch die Prinzen des Königlichen Hauses, die den freimaurerischen Staatsorden Karl XIII. besitzen, ohne noch die freimaurerische Einweihung erhalten zu haben.

Schwedische Armee, Loge der, wurde 1761 von Eckleff (s. d.) eingesetzt, um in Kriegszeiten an dem Ort zu arbeiten, wo sich das Hauptquartier der s. A. befindet, in Friedenszeiten aber innerhalb der Grenzen von Stockholm. Sie wurde nach einem Vierteljahrhundert, nachdem sie u. a. während des Siebenjährigen Krieges auf deutschem Boden gewirkt hatte, aufgelöst.

Schwedische Lehrart. Im Gegensatze zu anderen aus dem 18. Jahrhundert entstandenen Hochgradsystemen zeichnet sich die S. L. durch eine innere Geschlossenheit aus. Wenn auch ursprünglich zahlreiche fremde Bestandteile, hauptsächlich aus Frankreich, ziemlich wahllos verwendet wurden, so ist es hier doch gelungen, eine Einheitlichkeit herzustellen, die diese Lehrart wohl von der übrigen Freimaurerei sehr beträchtlich absondert, ihr selbst aber eine folgerichtige Entwicklung in sich und aus sich selbst sichert. Ihre besondere Eigentümlichkeit ist die Verankerung in der Lehre Christi. Die gegen Ende des 18. Jahrhunderts beendete Neubearbeitung des Systems schuf einen zehn-, dann elfstufigen, organischen Bau. Das System ist eine in freimaurerische Formen gehüllte Erneuerung der mittelalterlichen Mystik. Nach wie vor wird an einem geistigen Rittertum festgehalten, d. h. auch die Tempelherren in das Ritual (der Kapitelgrade) einbezogen. Über den Johannislogen baut sich eine mittlere Abteilung, die Andreasloge mit drei Andreasgraden (IV. bis VI. Grad), dann folgt das Kapitel mit den Kapitelgraden. Die Grade sind:

1.—3. Johannisgrade (Schutzpatron: Johannes der Täufer), erteilt in der Arbeitenden oder St.-Johannis-Loge:
- 1. Lehrling.
- 2. Geselle.
- 3. Meister.

4.—6. Andreasgrade (Schutzpatron: der Apostel Andreas), bearbeitet in der Leuchtenden oder St.-Andreas-Loge:
- 4. Auserwählte Brüder oder Schottische St.-Andreas-Lehrlinge.
- 5. Schottische St.-Andreas-Gesellen.
- 6. Schottische St.-Andreas-Meister.

7.—10. Kapitelgrade (Schutzpatron: der Apostel Johannes), erteilt in der Erleuchteten und Wirkenden oder Stewardloge:
- 7. Stuartbrüder oder Ritter des Ostens und Prinzen von Jerusalem.
- 8. Vertraute Salomonis oder Ritter des Westens.
- 9. Vertraute Brüder St. Johannis.
- 10. Vertraute des heiligen Andreas.
- 11. Ritter-Kommandeure mit dem roten Kreuz.

In der in insgesamt neun Grade gegliederten, sonst ziemlich identischen Zinnendorfschen Lehrart der Großen Landesloge von Deutschland heißen die Gradbezeichnungen:

Johannisloge:
1. Johannislehrling.
2. Johannisgeselle.
3. Johannismeister.

Andreasloge:
4. Andreaslehrling, -geselle.
5. Andreasmeister.

Kapitel:
6. Ritter des Ostens, Stuartbruder, Prinz von Jerusalem.
7. Ritter des Westens, auch Vertrauter Salomos.
8. Grad der Vertrauten der Johannisloge.
9. Auserwählter, auch Vertrauter des heiligen Andreas (Andreas-Vertrauter).

Dazu kommen, nicht als Grad, sondern als Auszeichnungsstufe: die Ritter-Komture mit dem roten Kreuz.

An der Spitze steht in Schweden der Vicarius Salomonis mit einem Beamtenkörper von 11 Großbeamten, von denen 9 weltlich, 2 geistlich sein müssen. Dieser Körper wird seit 1800 auch Sanhedrin genannt. Diese höchsten Beamten der sogenannten IX. Freimaurerprovinz sind zugleich die Beamten des Großkapitels. Die Große Landesloge von Schweden steht unter einem Landesgroßmeister mit zwölf Großbeamten. Um ein Großlogenamt bekleiden zu können, muß man den VIII. Grad erreicht haben.

In der Großen Landesloge steht an der Spitze des Ordensbaues als Oberhaupt des ganzen Ordens der auf Lebenszeit gewählte Ordensmeister mit den elf höchsten Beamten, die den Ordensrat bilden. Dieser übt die Aufsicht über die Kapiteltätigkeit und ist die höchste Instanz in allen Ritual- und Systemfragen. Die Große Landesloge ist ein Verwaltungskörper, geleitet vom Landes-Großmeister. Dieser leitet und beaufsichtigt die Arbeit der Johannis- und Andreaslogen. Der Landesgroßmeister wird auf drei Jahre gewählt; er beruft in der Hauptsache die übrigen Großbeamten nach eigenem Ermessen. Der Ordensmeister bestätigt den Landes-Großmeister in seinem Amte.

Die Ordenslehre betont den Charakter eines christlichen Ritterordens, geschlossen zur Ehre Gottes, zur eigenen Veredlung und zur Veredlung der Brr., zur Förderung der allgemeinen Liebe und zur Erhöhung der Würde und des Wohles der Menschheit.

Besonders von orthodox-protestantischer Seite hat man diese christliche Lehrart als eine Art protestantischer Sektenbildung bezeichnet und aus diesem Grunde auch lebhaft bekämpft. Selbst der freimaurerische Autor Gould geht so weit, im Vicarius Salomonis eine Art von protestantischem Papst (a species of Protestant Pope) zu erblicken, woraus sich für ihn zwangsläufig das Interesse der schwedischen Dynastie an der Freimaurerei ihres Landes ergibt, an deren Spitze seit Generationen der König steht. In dem Schrifttum der Großen Landesloge der Freimaurer von Deutschland wird die Bearbeitung des von den verschiedenen Anschauungen der Zeitalter unabhängigen ursprünglichen Christentums wohl scharf betont, eine christliche Sektenbildung im eigentlichen Sinn des Wortes liegt jedoch sicherlich nicht in der Absicht des Systems.

Der Orden betrachtet den Glauben an Gott, an die Verantwortlichkeit des Menschen und an die Unsterblichkeit der Seele als Postulate der Vernunft, ohne welche seine Lehrweise bei niemand wirksam werden könnte. Die streng christlich-mystische Lehrart mit ihrer die Erziehung der Mitglieder zu innerlich freien Menschen („Freiheit aus Gebundenheit") anstrebenden Ordensregel (s. d.) mündet in einer formenschönen und mit der symbolischen Darstellung religiöser Erlebnisse stark durchsetzten Ritualistik in der Person des eigentlichen unsichtbaren Obermeisters Christus, der die gesamte Ritterbruderschaft in ihrer Gotteskindschaft vereinigt.

Das System gründet sich auf die reine Lehre Jesu, wie sie in den Evangelien dargeboten wird, so daß die Bibel, die diese Bücher enthält, nicht bloßes Symbol der Religion, sondern in Wirklichkeit „das größte aller Lichter" ist. Die Brr. werden zu einem mystisch-spekulativen Gedankengang erzogen, der mit der Erkenntnis des göttlichen Wesens anfängt, wie es sich in der sichtbaren Welt offenbart und durch die Erkenntnisse des göttlichen Wesens in der Menschheit sich bis zur Erkenntnis Gottes an und für sich emporrankt. In den höheren Graden werden diese mystischen Interessen zu einem Streben, zur wahren Religion vorzudringen, den Glauben an den Heiland im Herzen wirklich lebendig zu machen, den wahren Sinn der Dreieinigkeit zu verstehen. Die Methode des Systems zeigt manche Einflüsse Swedenborgschen Geistes: „Viele Vorstellungen, die in Swedenborgs himmlischen Arkana, in seiner Auslegung der Apokalypse und in seiner Darstellung des Neuen Jerusalem enthalten sind, kehren in den Schwedischen Hochgraden wieder." (C. N. Starcke, Die Freimaurerei, ihre geschichtliche Entwicklung usw.) Mittelpunkt der Ordensübung ist Christus (s. d.), nicht nur in seiner Lehre, sondern seine Erscheinung selbst.

Abweichend von der übrigen symbolischen Maurerei kennt das Schwedische System bei der Lehrlingsaufnahme die — nur symbolisch vollzogene — Zeremonie der Blutmischung (s. d.). Der Inhalt der Johannisgrade ist derart ausgestaltet, daß jeder einzelne auf eine der drei Fragen Anwort gibt: Woher komme ich? Wer bin ich? Was ist meine Bestimmung? Die gleiche zeitliche Einteilung liegt dann auch der Andreasloge und dem Kapitel zugrunde: Während die Johannismaurerei auf den ältesten historischen Ursprung des Ordens hinweist, dessen Zusammenfassung im Bau des Salomonischen Tempels liegt, bezieht sich die Andreasloge auf den Bau des zweiten Tempels unter Nehemia, der auf dem wiedergefundenen Grundstein des ersten Tempels errichtet wurde. Dieser Grundstein bildet gleichzeitig auch das wichtigste Symbol auf der Arbeitstafel der Andreasloge. Der Andreasmeister erhält dann die

Andeutung, daß unter diesem vollkommenen Kubus Christus als der eigentliche Schlußstein des Tempels zu verstehen ist. Die Allegorie des unter den Trümmern des ersten, zerstörten Tempels gefundenen Grundsteines, auf welchem sich nach Gottes Ratschluß ein neuer Tempelbau vollziehen sollte, bildet bereits eine Andeutung auf den Inhalt des Kapitels, in welchem in den beiden untersten Graden die Geschichte (Entstehung, Blüte und Untergang) sowie die Kunde von dem geheimen Weiterbestehen des einstmals mächtigen christlichen Ritterordens der Templer behandelt wird, in dessen geistiges Erbe der Freimaurer-Ritterorden getreten ist. In diesem Sinne erteilt das Kapitel auch die Antwort auf die dritte Grundfrage des Ordens: Was ist meine Bestimmung? Diese zeigt in den beiden höchsten Graden des Kapitels als Ziel des Ordens: die Vereinigung der Brr. untereinander zu einer geistigen christlichen Ritterschaft unter der Kreuzesfahne (die im Kapitel an Stelle der Arbeitstafel der Johannes- und Andreaslogen tritt und auf der einen Seite das himmlische Jerusalem, d. h. die vollkommene ewige Loge, und auf der anderen Seite ihre Leuchte, das Lamm, zeigt) und die Vereinigung mit Gott (Unio mystica) als Mittelpunkt der ewigen Liebe.

In den Schriften Otto Hiebers (s. d.) hat namentlich dieses System, diese „plastische Religionsphilosophie" (s. d.) eine von anderen Systemen nicht erreichte Exegese erfahren, die man kennen muß, ehe man sich, wie dies in Freimaurerkreisen leider üblich ist, ein absprechendes Urteil über diese „christliche" Freimaurerei erlauben darf. Wenn zwischen diesem, für den ehrlichen Beurteiler in seiner Geschlossenheit der Linienführung, der tiefen Innerlichkeit seines Gebrauchtums und dem Appell an die höchsten religiösen und moralischen Triebkräfte sehr eindrucksfähigen System und anderen Lehrarten, besonders in Deutschland, Gegensätze klaffen, so liegt es nicht immer nur an der Lehrart, sondern leider oft an den sie vertretenden Personen. Das System ist ein besonderes und hat eine Ausnahmestellung in der freimaurerischen Systematik. Sicher ist es jener Seitenzweig der Freimaurerei, der sich von dem englischen Stamme am weitesten entfernt hat. Aber dieser Zweig hat in sich logische Entwicklung und seelische Überzeugungskraft.

Die s. L. wird bearbeitet in Schweden, Norwegen und Dänemark, außerdem (mit Abweichungen) in der Großen Landesloge von Deutschland (s. auch Eckleffsche Akten, Ordensregel, Ordenslehre, Zinnendorf und die einzelnen Grade).

Schwefel, kommt zusammen mit Salz und Quecksilber in manchen Hochgradritualen als Grundprinzip der Alchimie vor.

Schweitzer, Albert, * 1875. Seit 1913 als Negerdoktor in Lambarene in Afrika tätig. Ist nicht Freimaurer, wird aber hier erwähnt, weil seine ganze Lebensführung die Erfüllung des freimaurerischen Programms enthält. Protestantischer Theologe, Arzt, Musiker und Kulturphilosoph, hat er aus eigenem Antrieb das Amt eines Arztes im tropischen Afrika übernommen, um in eigener Arbeit einen Teil dessen gutzumachen, was die weiße Rasse an der schwarzen gesündigt hat. S. ist das Urbild des Menschen, der das Gute um seiner selbst willen tut und der das Kreuz anderer auf sich nimmt, weil er Ehrfurcht hat vor dem Leben und Verantwortungsgefühl gegen alles Lebendige.

Schweiz.

Erste Tätigkeit in Genf.

Die damals noch uneinheitliche politische Struktur der S. im 18. Jahrhundert zeitigte auch auf maurerischem Gebiete ein zusammenhangloses, schwankendes Bild. Im gleichen Jahrfünft faßte die Maurerei in Genf, Lausanne und Zürich Wurzeln. Engländer traten zuerst in Genf als Gründer auf. Im Januar oder Februar 1736 entstand die „Société des Maçons libres" oder „Francs-Maçons du Parfait Contentement". Schon im März dieses Jahres interpellierte im „Rat der Zweihundert" ein Ratsmitglied wegen der neuen Gründung. Auch die kalvinistische Geistlichkeit protestierte. Ein Regierungsmitglied nannte die Loge öffentlich „Schule der Gottlosigkeit". Der „Rat der Fünfundzwanzig" ging mit einem Beschluß vor, der die fernere Aufnahme von Genfern unterbinden sollte. 1737 wurde von London als Provinzial-Großmeister der schottische Edelmann Georges Hamilton, Bürger von Genf, eingesetzt. 1744 beschäftigte sich der Rat abermals mit der Freimaurerei, „die wachse und bereits drei Logen zähle". Es wurde beschlossen, allen Bürgern zu verbieten, „einer Loge beizuwohnen, noch gar solche zu halten". Im September 1745, als schon sechs Logen am Werk waren, verschärfte der Rat der Republik das Verbot, obgleich erwiesen war, daß in den Genfer Bauhütten nichts gesprochen und getan wurde, das gegen die Religion oder die Staatsinteressen gerichtet war. Auf Zuwiderhandeln wurden 100 Dukaten Gold und Gefängnisstrafe gesetzt. Trotzdem nahm die Maurerei Aufschwung. Am 24. April 1769 entstand auf Initiative von Alexander Girard, von zehn Logen gegründet, die „Grande Loge Nationale de Genève". Bald schlossen sich ihr zehn weitere Logen an. Die neue Obedienz umfaßte schließlich außer Genfer Bauhütten, von denen eine, die 1768 ins Leben getretene „Union des Cœurs", noch heute in Tätigkeit ist, eine Bauhütte in Zürich (s. unten) und Logen in anderen schweizerischen Orten und auch eine Bauhütte „St. Jean du Levant" in Konstantinopel, wohin Genf damals rege Handelsbeziehungen unterhielt. Um die oligarchische Regierung aber nicht allzusehr in Harnisch zu bringen, konstituierten sich nach diesem mutigen Anlauf die Logen nach außen hin doch lieber wieder als Zirkel (Kränzchen). Die Annexion Genfs durch Frankreich (1798) mit ihrem Militärregime brachte die Genfer Bauhütten, nachdem 1786 vorübergehend die Großloge als „Grand Orient de Genève" reaktiviert worden war (neben welchem dann eine weitere Loge erstand), unter den Großorient von Frankreich, der 1801 die „Grande Loge provinciale de Genève" ins Leben rief, die bis 1815 bestand.

Verfolgung in Bern.

In Lausanne war 1739 — auch wieder

durch Engländer — mit Patent des englischen Großmeisters die Loge „Parfaite Union des Étrangers" ins Leben getreten, der mehrere andere im Waadtland (damals bernisches Untertanenland) folgten, die dann zum „Directoire Helvétique National Romand" zusammentraten. Die Herren der Berner Regierung nahmen aber bald eine feindselige Haltung ein. 1744 veranlaßte Schultheiß Steiger den Amtmann in Lausanne, Ryhiner, zu einer Untersuchung. Der Bericht lautete günstig. Im folgenden Jahr wurden dennoch alle „geheimen Gesellschaften" verboten und die bekannt gewordenen Mitglieder, zumeist angesehene Patrizier, verhalten, ihre Mitgliedschaft vor einer eigens bestellten Kommission abzuschwören. Ein paar Wochen später, am 8. März 1745, wurde das Verbot der Freimaurerei auf Weisung des Großen Rates öffentlich angeschlagen und von den Kanzeln verkündet. Jede Verbindung mit dem Bund wurde bei 100 Talern Buße und Verlust aller Ehren und Ämter belegt. Durch eine von den betroffenen Freimaurern 1746 in Frankfurt a. M. herausgebrachte Schrift „Le Franc-Maçon dans la République, ou Réflexions apologiques sur les persécutions des Francs-Maçons", deren Autorschaft dem dortigen Legationssekretär Ph. F. Steinheil (s. d.) zugeschrieben wird, wurde auch außerhalb der S. viel Staub aufgewirbelt, zumal 1747 eine heftige Gegenschrift erschien. Da trotzdem die Freimaurerei auch in dieser Zeit nicht ganz einschlief, wurden die Feindseligkeiten von Zeit zu Zeit (so 1764) erneuert.

Der Rektifizierte Ritus.

Nicht von der Obrigkeit bedrängt, konnte sich dagegen die Königliche Kunst in Zürich mit seinem stark zünftlerischen Einschlag entfalten, wo schon 1740 die Wochenschrift „Discourse der Mahlern" der Dichter Bodmer und Breitinger die Freimaurerei sympathisch besprach und die Regimentsloge im Schweizer Regiment Schedorff in Maubeuge in den österreichischen Niederlanden die Loge „La Concorde" ins Leben gerufen hatte, die aber kein langes Leben fristete. 1762 eröffnete das Züricher Standesregiment in französischen Diensten zu Thionville unter dem Namen „Zur Schweizerischen Freiheit" eine Feldloge. In die Heimat zurückgekehrte Offiziere und andere auswärts aufgenommene Freimaurer, darunter in Zürich lebende Genfer, gründeten 1771 die Loge „La Discrétion" unter der Genfer Großloge. Sie arbeitete in französischer Sprache unter Johannes Nägeli. Veranlaßt von Dr. med. Diethelm Lavater (s. d.), dem Bruder des berühmten Pfarrers, Schriftstellers und Physiognomikers Johann Caspar Lavater und Freund J. Ch. Schubarts (s. d.), der ihn als Eques ab aesculapio in den inneren Orden der Strikten Observanz eingeführt hatte, ging die Loge 1772 zu dieser über, arbeitete nun in deutscher Sprache und nannte sich „Modestia cum libertate". Lavater übernahm den Hammer. Unter den in der Folge aufgenommenen Persönlichkeiten waren einige markante Erscheinungen, u. a. der Musiker Ph. Chr. Kayser aus Frankfurt a. M., Jugendfreund Goethes, der ausgezeichnete Landvogt Salomon Landold, der Stürmer und Dränger Friedrich Maximilian Klinger (s. d.). 1780 erfolgte der Übertritt der Loge zu dem 1778 auf dem Kongreß von Lyon entstandenen Rektifizierten Schottischen System. Diethelm Lavater wurde nach dem „Helvetischen Konvent" in Basel von 1779 Prior des der 5. Provinz von Burgund (Schottisches Direktorium) unterstehenden schweizerischen Priorats des neuen Systems der „Chevaliers Bienfaisants de la Cité sainte", das die Stelle der bisher auch Basel umfassenden Präfektur Zürich der Strikten Observanz einnahm. Neben dem Schottischen Direktorium in Zürich bildete sich nach Einigung mit Lavater in Lausanne ein weiteres „Directoire Ecossais roman".

In Basel, das mit Zürich nun eng verbunden war, hatte freimaurerisches Leben mit einer im Dunkel gebliebenen Gründung 1744 eingesetzt. Treibende Pole wurden der Ratsherr Andreas Buxtorf (s. d.) und der Bürgermeister und spätere Landamman Peter Burckhardt, die unter der Strikten Observanz 1768 mit Freibrief der Präfektur Rittersfelde („Zu den drei Disteln") in Frankfurt a. M. die Loge „A Libertate" gründeten. Burckhardt rief dann 1778 eine zweite Bauhütte, „Zur vollkommenen Freundschaft", ins Leben. Ein Jahr später aber waren die beiden Logen wieder vereint.

Noch eine sehr frühe Logengründung sei hier erwähnt: schon am 6. Juni 1743 erteilte Friedrich der Große auf ein Gesuch des Neuenburgers Perret an die „Trois Globes" in Berlin die Bewilligung für eine Logengründung in dem damals preußischen Neuenburg (Neuchâtel), „Aux trois Etoiles flamboyantes", der aber kein langes Leben beschieden war.

1782 begaben sich Lavater und Kayser zu dem Wilhemsbader Konvent der Strikten Observanz, zumal der Rektifizierte Ritus deren General-Großmeister Herzog Ferdinand von Braunschweig ebenfalls als Oberhaupt anerkannt hatte. Das Archiv der „Modestia cum libertate" enthält einen an Kayser gerichteten Brief Goethes, der sich auf diese Tagung und ihre negativen Ergebnisse bezieht, die aber immerhin der Strikten Observanz (von Goethe in diesem Schreiben die „weiße und rote Maskerade" genannt) den Todesstoß versetzte.

Die politische und religiöse Gärung, die der Französischen Revolution vorausging, die durch diese dann heraufbeschworenen schweren inneren Erschütterungen machten dem schweizerischen Logenleben fast durchwegs ein Ende. Basel (1785), Zürich (1786), Lausanne (1793) stellten ihre Tätigkeit ein. Das gleiche war in Aubonne, Bex, Le Locle, Montreux, Nyon, Vevey der Fall. Nur in dem französisch gewordenen Genf war die Tätigkeit nie ganz unterbrochen, und auch die 1791 von den Berliner „Drei Weltkugeln" neu eröffnete Loge „Frédéric Guillaume la bonne harmonie" in Neuenburg versuchte bis 1798 ihr Lichtlein zu erhalten. Zu Beginn des 19. Jahrhunderts erstarkte aber dann die Freimaurerei aufs neue, allerdings wegen der Napoleonischen Herrschaft anfangs teilweise in starker Abhängigkeit vom Großorient von Frankreich. Die alten Logen nahmen ihre Tätigkeit wieder auf, in einer ganzen Reihe von Städten traten neue verschiedenster Lehrarten hinzu. So 1803 die Loge „Zur Hoffnung“ in Bern, 1808 „Freundschaft und Beständigkeit“ in Basel, 1811 „Wilhelm Tell“ (später „Zur Brudertreue“) in Aarau.

Nach der Franzosenzeit.

Auch die Oberbehörden traten um 1809/10 wieder in Aktion: das „Helvetische Schottische rektifizierte Direktorium“, zunächst mit den Logen in Zürich und Basel, dessen Sitz dann zwischen den beiden Städten abwechselte (infolge Verzichtserklärung Lavaters wurde Peter Burckhardt Prior) und auch das „Directoire Helvétique Romand“ in Lausanne, der Hauptstadt der nun freien Waadt. Dazu kam ein 1811 in Lausanne ins Leben getretener „Grand Orient national Helvetique“ mit 7 maurerischen Logen unter der Großmeisterschaft des ehemaligen polnischen Staatsmannes und Ministers Maurice Glaire (s. d.).

1822 entstand durch Zusammenschluß dieses Großorients mit der seit langem (namentlich auch in einem Zirkular von 1819) immer wieder auf Vereinigung der schweizerischen Logen drängenden Loge „Zur Hoffnung“ in Bern, die ursprünglich zum Großorient von Frankreich gehört hatte, 1819 aber mit Patent des englischen Großmeisters Herzog Friedrich von Sussex zur Basis einer Provinzial-Großloge unter Peter Ludwig v. Tavel (s. d.) als Provinzial-Großmeister geworden war, eine Große Landesloge. Deren Großmeister wurde v. Tavel. Langjährige Bemühungen — namentlich von Berner Seite — folgten, um diese „Große Nationalloge im englischen System in der Schweiz“ mit dem rektifizierten System zu vereinigen, eine schweizerische Einheits-Großloge zu schaffen. Grundsätzliche Bereitschaft zum Zusammenschluß, oder doch zu einem Konkordat war allseits vorhanden. Aber namentlich die Züricher Loge wollte ihr System der rektifizierten Strikten Observanz beibehalten, zumal dieser zunächst noch u. a. die Logen in Neuenburg und Locle gewonnen worden waren. Bald aber trat die allgemeine Krise dieses Systems auch in der S. in Erscheinung. Schon 1825 berichtete Straßburg, daß dort noch die einzige Ordenstiftung des Systems bestehe und auch diese bloß noch dem Namen nach. Das System sei außerhalb der S. faktisch aufgehoben. In der S. selbst drang der Wunsch nach Revision des Gesetzbuches, namentlich der Ausmerzung bestimmter Anklänge an die kirchliche Hierarchie, gegenüber dem Widerstande Genfs nicht durch. 1828 löste sich die Baseler Präfektur auf, so daß nur noch die Präfekturen Genf und Zürich unter dem alten schottischen Großmeister J. J. Escher übrigblieben. 1830 starb der Großmeister v. Tavel. Die Berner Loge drang neuerdings auf die Vereinigung aller schweizerischen Bauhütten, gegründet auf gleiche Rechte und Pflichten, und gänzliche Freiheit der geistigen Logentätigkeit. Das Schottische Direktorium lehnte wieder ab, stellte es jedoch seinen Logen frei, sich zum System der Großen Landesloge zu bekennen. 1836 wurde beim 25jährigen Jubiläum der Wiedereröffnung der Züricher Loge seitens der Delegierten der Logen von Aarau, Basel, Bern und Winterthur das Bedürfnis nach Zusammenschluß neuerdings betont. In einer anschließenden Konferenz wurden Grundzüge festgestellt, nach denen eine engere Gesamttätigkeit der schweizerischen Bauhütten erzielt werden könnte, ohne an die inneren Verhältnisse der einzelnen Logen allzusehr zu rühren. Alle zwei Jahre fanden nun Konferenzen statt. 1838 in Bern, 1840 auf Veranlassung des Baseler Med. Prof. K. P. Jung (s. d.) in Basel. Hier wurde nun eine Kommission zum Zwecke der Beratung über die Mittel und Formen eingesetzt, unter denen ein Logenbund zustandekommen könnte. 1842 wurde in Le Locle ein Vereinigungsvertrag angenommen und die Loge „Modestia“ mit der Ausarbeitung allgemeiner Statuten der Großloge betraut. Das alte schottische Direktorium erklärte, sich der Gründung einer schweizerischen Großloge nicht länger zu widersetzen.

Die Großloge „Alpina“.

Am Sommer-Johannisfest 1844 in Zürich wurde die schweizerische Großloge „Alpina“ in der Form eines schweizerischen „Logenvereines“ Wirklichkeit, wobei den Logen Ritualfreiheit gelassen wurde. Die Vertreter von 14 Logen wählten einmütig den vom schönsten Geist werktätiger Liebe erfüllten Züricher Historiker Johann Jakob Hottinger (s. d.) zum Großmeister. Johann Caspar Bluntschli (s. d.), später einer der größten Rechtslehrer deutscher Zunge, und der Magistrat Jonas Furrer (s. d.), der erste Bundespräsident der schweizerischen Eidgenossenschaft von 1848, hielten bedeutungsvolle grundlegende Reden. Für die Schweizerische gemeinnützige Gesellschaft wurden anläßlich der ersten unter der Leitung des Großmeisters am 24. Juni abgehaltenen Arbeit 2000 Franken übergeben. (Die Genfer Loge „Union de Cœur“, die auch heute noch das rektifizierte schottische System pflegt, hielt sich noch bis 1851 fern.)

Die neue Großloge sah sich gleich zu Beginn schweren Stürmen ausgesetzt. Es war eine Zeit höchster politischer Erregung und leidenschaftlicher Parteikämpfe. Jesuitenartikel, Klosteraufhebung, dann besonders die Freischarenzüge waren Vorboten des dann 1847 ausbrechenden Bürgerkrieges (Sonderbundskrieg). Der Großmeister Hottinger sah sich daher einer ungemein schwierigen Aufgabe gegenüber, die er aber schließlich zu meistern wußte. Die von ihm in Gemeinschaft mit Bluntschli verfaßten „Grundsätze des Schweizerischen Logenvereines“ (von der Großloge 1848 angenommen) stellten ein schönes Dokument echten Maurertums dar. Auf Hottinger folgte als Großmeister Prof. K. G. Jung, Basel (s. d.). 1856 übernahm als erster Welschschweizer Staatsrat Dr. A. Meystre, Lausanne (s. d.), den ersten Hammer der Großloge. Trotz mancher immer wieder auftretender Meinungsverschiedenheiten war eine von fortschrittlichem Geiste getragene Aufwärtsentwicklung bald unverkennbar. Die Zahl der Logen und ihrer Mitglieder wuchs von Jahr zu Jahr. Unter den folgenden Großmeistern: Theologieprofessor Dr. E. Gelpke, Bern (s. d.), Bankdirektor J. J. Ruegg, Zofingen, und Professor Aimé Humbert, Neuenburg (s. d.), wurde ein Reformwerk zur intensiveren Arbeitszusammenfassung der Logen eingeführt, das dann 1879 unter Großmeister Karl v. Tscharner, Bern, in Gestalt einer endgültigen neuen Verfassung beendet werden konnte. Ein 1870 ausgebrochener vorübergehender Konflikt mit dem als Hochgradbehörde nach wie vor bestehenden Lausanner „Directoire Helvétique romand", das dann zum Obersten Rat des A. u. A. Ritus wurde, führte zur Gründung von sechs von der „Alpina" unabhängigen Logen, die dann aber 1877 nach der Beendigung des Streites den Weg zur Großloge fanden. Es folgten als Großmeister: John Cuémond, Polizeidirektor in Genf, Arch. E. K. Jung, Winterthur, der Nobel-Friedenspreisträger Elie Ducommun (s. d.), C. F. Hausmann, St. Gallen, der in einem offenen Brief an den Bischof Egger diesen über die Absicht der Freimaurerei aufzuklären suchte, der Neuenburger Staatsrat Ed. Quartier-la-Tente (s. d.), der Gründer der freimaurerischen Weltgeschäftsstelle und spätere erste Kanzler der A. M. I., der Züricher Sozialhygieniker und Pazifist Nationalrat Dr. H. Häberlin, Dr. Oettli, Lausanne, Dr. Schwenter, Bern, der Genfer Professor J. Reverchon (s. d.), Dr. Fritz Brandenberg, Winterthur (s. d.), und schließlich seit 1930 der Advokat Auguste Jeanneret in La Chaux-de-Fonds. Unter allen diesen Großmeistern — deutsch- und welschschweizerische Leitung lösen einander in fünfjährigem Turnus ab — wurde bei kräftigster Pflege des vaterländischen Gedankens und ausgedehnter patriotischer Betätigung in steigendem Maße die internatonale Mission der Freimaurerei und die Notwendigkeit der Friedensarbeit betont. Bedeutende Männer fanden sich in den Logen zusammen, die die „Arbeit am rauhen Stein" mit aufs höchste gesteigerter Tätigkeit für die Gemeinschaft verbanden, die als Erzieher des Volkes und der Jugend zahlreiche bedeutende vorbildliche philanthropische Werke schufen, aber den Blick nicht an den Landesgrenzen haltmachen ließen, sondern als Träger des in den Logen empfangenen idealen Lebensinhaltes die Mission auf sich nahmen, Männer des Weltgewissens zu werden. Um neben den genannten noch einen Namen zu nennen: Henry Dunant (s. d.), der Nobel-Friedenspreisträger, dessen Herzen auf dem Schlachtfeld von Solferino der Gedanke des Roten Kreuzes entsprang, war Freimaurer.

Stets war die Großloge „Alpina" bemüht, vor allem auch die Einigung der Freimaurer untereinander zu fördern, die bestehenden Gegensätze auszugleichen. Die Einberufung des Internationalen Freimaurer-Kongresses 1902 zwecks Gründung eines internationalen Büros für freimaurerische Beziehungen, das dann als Weltgeschäftsstelle (s. d.) in Neuenburg ins Leben trat, die Veranstaltung des Genfer Konvents von 1921, der der Association Maçonnique Internationale (A. M. I.) das Leben gab, waren Marksteine auf diesem Weg, der auch durch die A. M. I.-Konvente 1923 und 1925, durch die Kongresse der Allgemeinen Freimaurerliga (s. d.) 1925 und 1927 (an deren Sitz Basel) und 1930 (Genf) und durch die Tatsache bezeichnet ist, so daß es allgemein als selbstverständlich bezeichnet wurde, Genf zum Sitz des Großkanzleramtes der A. M. I. zu bestimmen.

1931 zählte die Großloge „Alpina" in 40 Logen rund 5000 Brr. Adresse: Zentralsekretariat Bern, Bogenschützenstraße 8.

Der A. u. A. Schottische Ritus ist durch den Obersten Rat der S. in Lausanne, das Rektifizierte Schottische System (s. d.) durch das einzige noch bestehende Großpriorat in Genf vertreten.

Schweizerbanner, antifreimaurerisches Blatt, herausgegeben von der „Schweizer Heimatwehr", Zürich, bekämpft die Freimaurerei im Geiste Ludendorffs.

Schweizerischer Volksbund für Freiheit und Recht, eine von dem Zigarrenhändler Keller-Zoller in Zürich, dem Verleger der Schrift „Ein Weltbetrug in Zeichen, Wort und Schrift", 1925 gegründete antifreimaurerische und antisemitische Vereinigung. Der Volksbund verlangte damals vom Schweizerischen Bundesrat das Verbot der Internationalen Freimaurer-Manifestation in Basel, hatte mit diesem Verlangen aber keinen Erfolg. Eine Zeitlang gab er zweimal wöchentlich ein Pamphlet „Telegramm" heraus

Schwert, wird in einzelnen freimaurerischen Systemen bei den Arbeiten neben Maurerschurz und Maurerkelle getragen. Es spielt dort im Ritual eine große Rolle und gemahnt an die Verbindung von Maurertum und Rittertum, die im 18. Jahrhundert so stark im Schwange war und deren Tradition auch noch heute manchenorts aufrechterhalten wird. In der Großen Landesloge der Freimaurer von Deutschland wird in den Johannislogen im allgemeinen ein Degen und erst in den höheren Abteilungen ein S. getragen. In den Arbeiten erinnert es an den Wiederaufbau Jerusalems und symbolisiert Ritterlichkeit und den geistigen Kampf zur Veredlung des eigenen Ichs, für Wahrheit und Recht, Unschuldige und Wehrlose, den Br. und den Bund (s. auch Logenschwerter, Degen).

Schwerter-Erholungsheim, e. V., Dresden, gemeinnütziger Freimaurerverein, der das Freimaurer-Erholungs- und Kurheim Jagdschloß Rehefeld im Sächsischen Erzgebirge sowie Heime in Eckernförde (Schleswig-Holstein), Bad Elster i. V., Norderney, Mietenkam (Chiemgau), München, Teplitz (Tschechoslowakei) betreibt. Der Verein, der auch die Rehefeld-Freistellenstiftung für bedürftige Schwestern und Brr. leitet, zählt zweitausend persönliche und über hundertzwanzig deutsche Logen aller Systeme als korporative Mitglieder. Adresse: Ostra-Allee 15a, Dresden.

Schwestern heißen die Gattinnen, unverheirateten Töchter und Witwen der Freimaurer. Sie nehmen bezüglich der Zulassung zu den normalen Arbeiten keine andere Stellung ein als die Frauen (s. d.) überhaupt, dagegen werden sie von vielen Logen zu besonderen Anlässen (s. Schwesternlogen) gerne herangezogen. Bei der Aufnahme eines Suchenden wird stets auch der S. gedacht (durch Überreichung von Handschuhen), sehr häufig ist bei den Brudermahlen ein „Schwesterntoast" obligatorisch. Manchenorts wäre die Wohlfahrtspflege von Logen ohne Heranziehung der S. kaum denkbar. In Amerika wurden für die S. im Zusammenhang mit der Freimaurerei verschiedene Orden (Eastern Star, Amaranth usw.) gegründet.

Der Ausdruck S. kommt bereits in den altrömischen Collegien (s. d.) vor. Zumeist waren es Frauen aus der kaiserlichen Familie, die als matres, matronae, filiae. sorores collegii bezeichnet werden. Die bruderschaftlichen Verbände der Werkleute in England schließen ebenfalls die „Schwestern" ein. In Hamburg luden schon 1746 die Freimaurer die S. zu Bällen und Opernaufführungen ein. Bei der Einweihung des Londoner Großlogenhauses (Freemasons' Hall) 1776 waren 160 Damen anwesend, die jedoch zu Beginn der ritualistischen Arbeiten aus dem Raum geleitet wurden. Die S. werden schon im „Lehrlingssang" vor 1723 erwähnt: „no mortal can more the ladies adore, than a free and accepted mason".

Schwesternlogen, Logenfeierlichkeiten unter Zuziehung von Schwestern. Nicht in allen Systemen, in der angelsächsischen Freimaurerei überhaupt nicht, üblich. Diese Logenarbeiten finden nach einem eigenen Ritual im Tempel statt, wobei das eigentliche freimaurerische Gebrauchtum in veränderter Form zur Darstellung kommt. Die Große National-Mutterloge „Zu den drei Weltkugeln" hat 1889 entschieden, daß S. nur zulässig sind, wenn weder das eigentliche freimaurerische Ritual noch die maurerische Bekleidung in Anwendung kommen, und wenn die Loge ihres beweglichen Schmuckes, mit Ausnahme des Altars, entkleidet wird. Auch in anderen Systemen finden die S. ohne maurerische Bekleidung statt. Mitunter wird das Johannisfest als S. begangen. In der angelsächsischen Maurerei finden diese Zusammenkünfte als „Ladies Nights" außerhalb des Tempels statt, mitunter aber auch, in Amerika, als Empfang im Tempel, wobei der Meister vom Stuhl und die beiden Aufseher als amtierende Beamte den maurerischen Schmuck anlegen.

Schwetschke, Karl Gustav, Buchhändler und Buchdrucker in Halle a. d. S., * 1804, † 1881, Mitglied der Hallenser Loge „Zu den drei Degen", verdient durch Untersuchungen über die Kölner Urkunde" (s. d.), deren Unechtheit er 1843 bündig behauptete, Untersuchungen über die Edwinsage u. a.

Scientifischer Bund, 1802 auf Initiative von Feßler (s. d.) ins Leben getretener Engbund zum Zwecke freimaurerischer Geschichtsforschung. Die Vereinigung hatte nur kurze Lebensdauer.

Sciots, Ancient Egyptian Order of, amerikanische gesellige Vereinigung, deren Mitgliedschaft auf Freimaurer beschränkt ist. Die Mitglieder dieser Vereinigung versammeln sich ähnlich den Rotarianern zu wöchentlich stattfindenden Mahlzeiten mit nachfolgender Diskussion. Die Gründung erfolgte 1905 in San Franzisco. Die Organisation nannte sich zunächst „The Booster" (eine treffliche Schilderung ihrer Gebräuche findet sich in „Babbitt" von Sinclair Lewis) und stellte an die Spitze einen Kadih al Malek. 1910 wurde der Name in S. abgeändert. Der Zentralvorstand heißt „Höchste Pyramide", der Präsident „Höchster Pharao". In jeder Stadt gibt es eine „Pyramide".

Scot's oder Scotch Logen. Im Logenverzeichnis des Dr. Rawlinson aus dem Jahre 1733 findet sich folgende Eintragung:

115. Devil Tavern, Temple Bar a Scotch Mason's Lodge.

116. Bear and Harrow in the Butcher Row, a Master Mason's Lodge.

Was unter dieser Schottischen Loge zu verstehen ist, bleibt auch nach den Untersuchungen von Lane (A. Q. C. I., 167—173) und Gould (A. Q. C. XVI., 44) ziemlich rätselhaft. Daß hier die Schottenlegende, die aus Frankreich kam, gerne einhakt, um daraus den Zusammenhang der französischen Schottenmaurerei mit der englischen Freimaurerei ableiten zu können, liegt auf der Hand. So einfach ist jedoch die Erklärung nicht. Aus dem Zusammenhange ist zu ersehen, daß es sich um sogenannte Meisterlogen handelte, d. h. Logen, die den damals noch nicht allgemein bekannten Meistergrad bearbeiteten und zu seiner Verbreitung beitrugen. Eine dieser Meisterlogen hieß „Scotch Lodge". Gould machte darauf aufmerksam, daß man sich über diese Bezeichnung um so weniger wundern dürfe, als die englische Freimaurerei der Anfangszeit in ritualistischer Beziehung in starker Abhängigkeit von der Schottischen Freimaurerei stand.

Tatsache bleibt daher, daß z. B. in den Protokollen der Loge von Bath Nr. 101 von der Erhebung von Scots Masters 1746 die Rede ist, daß im gleichen Jahre in der Loge von Swalwell beschlossen wurde, daß kein Br. unter der Taxe von 2 Shilling 6 Pence die Würde des Highrodiam (Harodim) erhalten dürfe, ferner, daß im Jahre 1750 in London fünf Kapitel des Royal Order of Scotland bestanden, die sich unter einem Großmeister als Großloge bezeichneten. Nach den Untersuchungen von Lyon steht allerdings fest, daß dieser Orden vor 1754 in Schottland selbst vollkommen unbekannt war, also von London aus sich Schottland eroberte. In der obengenannten Swalwell-Loge wird zwischen English Masters und Scots Masters unterschieden, wobei der englische Meister zu bestimmten Taxen in den Schottenmeistergrad befördert werden konnte. Zur gleichen Zeit (1744) tauchte aber bereits ein neuer Grad auf; Dassigny spricht von einem Master of the Royal Arch und nennt diesen Grad eine Vereinigung von Männern, die den Meisterstuhl innegehabt haben, also das, was man heute in England Installed Masters oder den Royal Arch nennt.

Vielleicht hat Chevalier Ramsay doch einige Kenntnisse von eigentümlichen Einrichtungen alter englischer Logen gehabt, die er allerdings etwas phantasiereich ausgestaltet hat. So hielt ein Br. Laycock in der bereits oben erwähnten Loge von Swalwell eine Rede, in welcher er 1735, also zwei Jahre vor Ramsay, die Juden erwähnt, die Schwert und Kelle handhabten. (Ramsay 1736: „Als die Juden den zweiten Tempel errichteten, hielten sie in der einen Hand Kelle und Mörtel, in der anderen das Schwert.“) Dieselbe Loge kennt auch den Namen Harodim als Gradstufe, die eigens bezahlt werden mußte. Hier hat Yarker (A. Q. C. XV., 187) einen Deutungsversuch unternommen, der sehr vieles für sich hat. Er glaubt, daß Harodim die „Elder“, Ältesten, bezeichnet die nach altem verbrieftem Bauhüttenbrauch zur Schlichtung von Streitfällen bestimmt waren. Solche Quarter Masters, oder synonym Elders, Men of ancient Memory kennen auch die alten Satzungen der Kilwinning Lodge. In Frankreich hießen sie Prudhommes, in Deutschland Altmeister. Die Tradition der Durhamer Loge nennt die Harodim auch die spekulativen Brr., während die operativen als Domatic bezeichnet werden.

Was unter den Scots Masons und den Harodim zu verstehen ist, bleibt unter den jetzigen Umständen ziemlich unklar. Über Deutungen kommt die heutige Geschichtsforschung nicht hinaus. Die Kernfrage bleibt: hat Ramsay diese Einrichtungen gekannt und sind sie von ihm nach Frankreich übertragen worden, wo sie zur Entwicklung der Schottischen Rittergrade beitrugen? Oder: handelt es sich — wie die meisten englischen Autoren annehmen — um etwas Eigentümliches einzelner alter Logen, das mit der ganzen Hochgradfrage französischer Faktur nichts zu tun hat? Gould hat auch nachweisen können, daß auch in anderen Gewerken die Tendenz bestand, sich ritterliche Namen beizulegen. So die Pariser Juweliere, die ihre Vorsteher Esquires nannten, während der Chef-Prêvot den Titel Chevalier führte. Allerdings wird man zugeben müssen, daß die geistigen Voraussetzungen bei diesen alten Gewerkbezeichnungen und denen der Hochgradsysteme vollkommen verschieden sind.

Scott.

1. Walter L., englischer Dichter und Historiker, * 1771 in Edinburgh, † 1832, berühmt namentlich durch seine geschichtlichen Romane (u. a. „Ivanhoe“), war wie sein Vater (Stuhlmeister) Mitglied der „St. David Lodge Nr. 36“ in Edinburgh, wurde aufgenommen am 2. März 1801 und am gleichen Abend befördert und erhoben. Aus Mitteilungen des Sekretärs der Loge, John Douglas (1841), geht hervor, daß S. zur geistigen Bereicherung der Loge beitrug. 1816 legte er in Vertretung des Provinzial-Großmeisters den Grundstein zum Logenhaus in Selkirk.

2. Robert Falcon, Kapitän, englischer Südpolforscher, * 1868, † 1912, Führer der britischen Südpolexpeditionen 1902—1904 und 1910—1912, Entdecker des King-Edward-Landes, war seit 1901 Mitglied der Londoner Drury Lane Lodge Nr. 2127 und anderer Logen, 1912 erreichte S. mit vier Expeditionsteilnehmern den Südpol, kam aber mit seinen Gefährten auf dem Rückwege ums Leben. Das bei seiner Leiche aufgefundene Tagebuch ist ein erschütterndes Dokument stillen Heldentums.

Scottish Rite Cathedral (engl.), Kathedrale des Schottischen Ritus, in den Vereinigten Staaten Bezeichnung des Tempels (Hauses) der Körperschaften des A. u. A. Schottischen Ritus.

Scribe (engl.), vom lat. scriba, der Schreiber, im Kapitel des Royal Arch der dritte Beamte, der Schriftführer, der in der Ritualhandlung Haggai (s. d.) vorstellt.

Scroll (engl.), die Rolle, so die Thorarollen der Juden. In den alten englischen Bauhütten waren die Zunftsatzungen auf Pergament in Rollenform geschrieben, ebenso die Mitgliederlisten, daher auch S. zur Bezeichnung der bei jeder Versammlung aufliegenden und bei jeder Aufnahme verlesenen Zunftrollen.

Scudder, Townsend, Richter am Obersten Gerichtshof des Staates New York, * 1865, demokratischer Politiker, zweimal Kongreßmitglied, aufgenommen 1889 in der Glen Cove Lodge Nr. 580, Großmeister der Großloge von New York 1905—1907, im Weltkrieg Organisator und Führer der „Überseemission“ der amerikanischen Freimaurer (Wohlfahrtswerk für die amerikanischen Soldaten in Frankreich usw.), begeisterter Verfechter der freimaurerischen Universalität, nahm 1921 an der Gründung der A. M. I. (s. d.) führenden Anteil.

Sebastiani, Horace François Bastien, Vicomte de, Marschall von Frankreich, * 1772, † 1851, nahm 1798 am Staatsstreich teil, zeichnete sich bei Marengo, Austerlitz, in Spanien und Rußland aus, Gesandter in Konstantinopel, Deputierter von Korsika, nach der Restaurierung der Bourbonen Verteidiger der konstitutionellen Freiheitsrechte, Außenminister unter Louis Philippe, begraben im Dôme des Invalides, war Großsiegelbewahrer des Großorients von Frankreich.

Secret Monitor, Order of the, ist ein unter einem englischen Grand Council in Konklaven arbeitendes Hochgradsystem, das sich aus einem amerikanischen — angeblich aus Holland (1770) überkommenen — Seitenzweig der Maurerei entwickelt und in England und den Vereinigten Staaten Verbreitung gefunden hat. Der Orden nimmt die Freundschaft zwischen David und Jonathan als Ausgangspunkt seines Lehrinhalts und hat drei Grade: 1. Member of the Order, 2. Prince of the Order, 3. Supreme Ruler in the Order. Mitglieder können nur Freimaurer werden, die den Meistergrad besitzen. In England gehörte das Ritual des S. M. eine Zeitlang in die Gruppe der Rosenkreuzergrade. 1887 wurde der Grand Council gegründet. Auch unter dem Großen Rat der „Allied Masonic Degrees“ (s. d.) wird der S. M. bearbeitet.

Sedition Act. Am 12. Juli 1799 beschloß das englische Parlament in Ansehung der zahlreichen revolutionären Bewegungen der Zeit eine „Aufruhrakte“, die sich scharf gegen Geheimbünde mit besonderen Eiden wendete und sie unter Ausnahmsverfügungen stellte. Hierbei wurden in einem Zusatz die Freimaurerlogen in Hinblick auf ihre soziale und wohltätige Wirksamkeit ausdrücklich ausgenommen.

Seelogen (engl. Sea Lodges), Logen auf Kriegsschiffen der englischen Flotte, sind mit Patenten der Großloge von England im 18. Jahrhundert dreimal gegründet worden. Dunckerley (s. d.), ein natürlicher Sohn George II., der als Artillerieoffizier auf dem Kriegsschiffe „Vanguard“ diente, gründete 1760 auf diesem eine Schiffsloge; eine weitere (wahrscheinlich ebenfalls durch Dunckerley) entstand 1762 auf dem Schiff „Prince“ und wurde dann auf die „Guadeloupe“ übertragen. Erstere ist heute die „London Lodge Nr. 108“, letztere wurde 1766 zur „Somerset House Lodge Nr. 279“ in London. Ebenso bestand auf dem Stationsschiff „Canceaux“ in Quebec von 1768—1792 eine S. 1810 suchten Freimaurer der Besatzung des Schiffes „Ardent“ bei der Großloge von Schottland um Genehmigung einer „Naval Kilwinning Lodge“ an. Ihr Ansuchen wurde von der Großloge jedoch abgelehnt. Die englische Großloge hat heute wohl zwei ständige Militärlogen, aber keine S. (s. auch Portugal).

In der amerikanischen Marine gibt es keine S., die zahlreichen Freimaurer der Marine gehören dem „Sojourners Club“ (s. d.) an.

Nur gelegentlich finden auf Schiffen auf Grund besonderer Ermächtigung einer Großloge Logenarbeiten statt. So z. B. auf den Passagierschiffen, auf denen große Gesellschaftsreisen unternommen werden. In letzter Zeit sind Logenausflüge nach dem Heiligen Land modern geworden, wobei die Logenarbeiten auf hoher See gewöhnlich mit einer Arbeit in den Steinbrüchen Salomos in Jerusalem beendet werden.

Ségur, Louis Philippe, Graf, französischer Soldat, Diplomat, Historiker, * 1753, † 1830, wurde nach der Kriegserklärung durch Frankreich an England als Regierungskommissär nach Amerika entsandt, Gesandter in Petersburg, Staatsrat unter dem Konsulat, Senator des napoleonischen Regimes, nach der Restauration der Bourbonen Pair von Frankreich, Mitglied der französischen Akademie, war seit 1821 stellvertretender Großkommandeur des Suprême Conseil.

Seil, s. Schnur, Geschlungene.

Seitengrade (engl. Side degrees) sind Spielarten, Auswüchse der freimaurerischen Ritualistik, die besonders in Amerika stark gepflegt werden. Sie verdanken ihre Existenz meist weniger einem wirklichen Bedürfnis als dem Betätigungsdrang einzelner Personen, die einer Sache zu dienen glauben, wenn sie möglichst viel zu ihrer Komplizierung beitragen oder gesellschaftlichem Geltungsbedürfnis (s. auch Amerikanische bruderschaftliche Verbände sub 1c).

Sekretär, Geheimer (frz. Secrétaire intime, engl. Intimate Secretary), VI. Grad des A. u. A. Schottischen Ritus, behandelt das maurerische Geheimnis. Er lehrt, daß die Waffen des Wortes und der Feder dem Menschen für den Kampf ums Recht gegeben wurden.

Selasinsky, Karl Friedrich von, preußischer General, * 1786, † 1860, wurde in der Erfurter Loge „Friedrich Wilhelm zum eisernen Kreuz“ aufgenommen, Landes-Großmeister, dann von 1849 bis zu seinem Tod Ordensmeister der Großen Landesloge, nahm energisch an der Abwehr der Angriffe von Hengstenberg teil, schrieb das Vorwort der zu diesem Zweck herausgegebenen Großlogenschrift „Freimaurerei und Christentum“ und leistete wertvolle Arbeit bei der geistigen Bearbeitung der Nettelbladtschen Akten.

Selbstbeherrschung ist die Kraft, durch den vernünftigen sittlichen Willen das Eigenleben im Sinne menschlicher Vollkommenheit zu gestalten, unabhängig von den Naturtrieben und Affekten (Paulsen). S. ist die Voraussetzung der sittlichen Freiheit (s. d.), die die freie Willensunterwerfung unter das Sittengesetz verlangt und eine Forderung der Freimaurerei ist. Im freimaurerischen Sinne kommt es vor allem auf die Beherrschung der sozial schädlichen Triebe an; dies verhilft der Toleranz zum Durchbruch. S. an sich ist im Grunde negativer Natur, schafft Hemmungen und ist in diesem Sinne die Voraussetzung der Selbstveredlung (s. d.), die den Freimaurer im Sinne der freimaurerischen Ideale positiv umgestalten will.

Selbsterkenntnis. „Erkenne Dich selbst“ stand nach dem Spruche des Thales über dem Eingang des Apollo-Tempels in Delphi, steht als flammender Spruch an der Wand der freimaurerischen Vorbereitungskammer oder im Tempel selbst. Nach Sokrates ist sie Vorbedingung der Sittlichkeit, Lessing nennt sie den Mittelpunkt aller menschlichen Weisheit, Kant aller menschlichen Weisheit Anfang. Im Lehrbriefe Wilhelm Meisters stehen die Worte: „Wie kann man sich selbst erkennen? Durch Betrachten niemals, wohl aber durch Handeln. Versuche Deine Pflicht zu tun und Du weißt gleich, was an Dir ist“.

Selbstveredlung, eine der Tugenden (s. d.), auf welche die Rituale der Freimaurerei nachdrücklich hinweisen. Selbstbeherrschung (s. d.), der erste Schritt zur S., ist an sich bloß eine Hemmung, S. aber die positive Umstellung in der Richtung des Guten, des Humanitätsideals und folglich im Grunde Selbstüberwindung. Die Säule der Schönheit symbolisiert die S., deren Ziel „die schöne Seele“ ist. „In einer schönen Seele ist es also, wo Sinnlichkeit und Vernunft, Pflicht und Neigung harmonieren. Nur im Dienste einer schönen Seele kann die Natur zugleich Freiheit besitzen und ihre Form bewahren“ (Schiller, „Anmut und Würde“).

Select Master, zweiter der (in Councils of Royal and Select Masters bearbeiteten) kryptischen Grade (s. d.), in der Stufenleiter des sogenannten amerikanischen (York) Ritus der IX. Grad. Die Farben des Grades sind Schwarz und Rot. Der Inhalt behandelt das Auffinden eines Geheimnisses in einem unterirdischen Tempelgewölbe (Krypta).

Selter, Paul, Professor der Kinderheilkunde, Stadtarzt und Abteilungsleiter am Krankenhaus in Solingen, * 1866, aufgenommen 1907 in der dortigen Loge „Prinz v. Preußen zu den drei Schwertern“ in Solingen (Große Landesloge), trat 1912 zur Loge Bayreuther Systems „Theodor zum bergischen Löwen“ in Düsseldorf über und beteiligte sich an der Gründung der Loge „Zur bergischen Freiheit“ in Solingen, deren Meister vom Stuhl er wurde. Sehr fruchtbarer und gedankenreicher freimaurerischer Schriftsteller humanitärer Richtung, der sich besonders an der Zeitschrift „Die Leuchte“ von Rackhorst eifrigst beteiligte. Er vertritt jene Richtung, die sich für Reformen im deutschen Freimaurerbund einsetzt und geriet daher wiederholt in Gegensatz zu den altpreußischen Großlogen. Seit 1927 Bundesratsmitglied der Großloge „Zur Sonne“ in Bayreuth, hat er für diese Materialiensammlungen für Logenarbeiten herausgegeben, in denen er neben umfassenden Kenntnissen auch einen schöpferischen Geschmack beweist. Schreibt auch unter dem Pseudonym Franz Schwerdtfeger. In seiner Grundanschauung unbedingter Anhänger der völkerverbindenden Mission des Freimaurertums, kam er deswegen mit dem Bundesrate der Großloge „Zur Sonne“ in Gegensatz und legte 1931 seine Stelle im Bundesrate nieder.

Sembat, Marcel, neben Jaurès Führer der französischen Sozialdemokratie, * 1862, † 1922, Abgeordneter von Paris, 1914—1916 Arbeitsminister, ausgesprochener Gegner jeder nationalistischen Politik, war seit 1891 Mitglied der Loge „La Fidélité“ in Lille, gründete 1897 in Paris die Loge „La Raison“ des Grand Orient, dessen Ordensrat er eine Zeitlang als Vizepräsident angehörte. S. glorifizierte auf dem Konvent 1918 die Toten des Weltkrieges. Eine der jüngeren Pariser Logen trägt seinen Namen.

Semesterwort, s. Mot de semestre.

Sénégal, zu Französisch-Westafrika gehörende Kolonie; in der Hauptstadt St. Louis und in Dakar arbeiten unter dem Grand Orient de France zwei Logen.

Senfkorn, Orden vom, protestantischer geistlicher Ritterorden im 18. Jahrhundert (in Deutschland, England und Holland verbreitet), dessen Jünger gleich dem Senfkorn (Marcus IV, 30—32) im Verborgenen und Geheimen für die Religion Jesu tätig sein sollten.

Senior.

1. In der deutschen Freimaurerei entsprechend dem gewöhnlichen Sprachgebrauch langjähriges Mitglied des Bundes, die 50, bezw. 60 Jahre der Freimaurerei angehören und mancherorts den Ehrenmeistern (s. d.) gleichgestellt.

2. In der Strikten Observanz Amt, das in der Hierarchie des Ordens auf den Subprior folgte. Der S. war Mitglied des Provinzial-Kapitels, der Regierung des Ordens und wurde daher auch S. Capituli genannt.

3. Bei den Gold- und Rosenkreuzern ein dem Zirkeldirektor unterstellter Beamter des Zirkels.

4. Im englischen freimaurerischen Sprachgebrauch bei gewissen Logenämtern Bezeichnung des höheren Rangs, z. B. S. Warden, S. Deacon usw.

Senior Capituli, s. Senior.

Senior Grand Warden (engl.), Erster Großaufseher.

Senior Warden (engl.), Erster Aufseher.

Senkblei (frz. fil a plomb, perpendiculaire, engl. plomb), in der freimaurerischen Symbolik: lehrt die Wahrheit zu suchen und ihr zum Recht zu verhelfen. Mit dem ins Gewissen gesenkten Blei wird die Geradheit und Wahrhaftigkeit geprüft, die die gerade Linie des Bauwerks verbürgt. Das S. gehört zu den sogenannten beweglichen Kleinodien der Maurerei und ist das Zeichen des Zweiten Aufsehers.

Sense, Symbol des Todes.

Sensualismus, erkenntnistheoretischer Standpunkt, der alle Erkenntnisse aus Sinneswahrnehmungen, Empfindungen ableitet, die gestaltende Rolle des Denkens und Bewußtseins im Erkennen außer acht läßt und als das Ziel des ethischen Handelns Sinneslust und subjektives Wohlergehen aufstellt. Die Freimaurerei lehnt den sensualistischen Standpunkt auf ethischem Gebiete unbedingt ab; sie wertet die wichtige Rolle der Sinneswahrnehmungen im Bereiche der Naturwissenschaften, doch ist sie mit Fichte der Ansicht, daß „Geist schon im Sinne gegenwärtig“. (Vergl. auch Empirismus).

Serment (frz.), Gelöbnis, Eid.

Sermons, s. Predigten.

Sérurier, Jean Matthieu Philibert, Herzog von, Marschall von Frankreich, * 1742, † 1819, kämpfte im Siebenjährigen Krieg, schloß sich dann der Revolution an, wurde verhaftet, später Kommandant der Nationalgarde, nach der Restauration Pair von Frankreich, in Italien wegen seiner Anständigkeit und Biederkeit „Vierge d'Italie“ genannt, war Freimaurer.

Servati, Erich (Pseudonym), s. Sautier, Heinrich.

Serviette. Den Brauch, bei Tafellogen die Serviette über den linken Arm oder die linke Schulter zu schlagen, erklärt Gehrke („Bundesblatt“ 1925) auf Grund einer Instruktion aus dem Jahre 1775: „Der Freimaurer trägt den Degen, zu dessen Ergreifung er jederzeit bereit sein muß. Beim Kettenschlusse muß die Degenseite frei bleiben, um die rechte Hand nicht zu hindern. Daher wird die S. über die Schulter geschlagen.“

Sethna, Sir Phiroze, indischer Politiker und Wirtschaftsführer, Mitglied des indischen Staatsrates, Präsident der Zentralbank von Indien und der Handelskammer von Bombay, war Meister vom Stuhl der Loge „Rising Star of Western India 342“ und ist Schottischer Past Deputierter Großmeister für Indien.

Sethos, Geschichte des ägyptischen Königs, Roman, verfaßt von dem französischen Geistlichen Jean Terrasson, erschienen zuerst 1731 unter dem Titel: „Histoire ou vie tirée des monoumens (so!) de l'ancienne Egypte“. Weitere Auflagen: Amsterdam 1732, Paris 1767, 1794, 1813. Das Buch wurde ins Deutsche übertragen 1732—1737 von Christoph Gottfried Wendt unter dem Titel: „Abriß der wahren Heldentugend oder Lebensgeschichte des S., Königs von Egypten“. Die bekannteste deutsche Übersetzung ist die von Mathias Claudius: „Geschichte des ägyptischen Königs S.“ (1777, 1784, 1794). Auch eine englische Übersetzung von Thomas Lediard, London 1732: „Life of S.“. Dieser weitverbreitete Moderoman soll in seiner englischen Übersetzung die Entwicklung des englischen Rituals nachhaltig beeinflußt haben. Schikaneder hat ihn bei Verfassung des Textes zur „Zauberflöte" so ausgiebig benützt, daß einzelne Stellen fast wörtlich übernommen wurden. So im Priesterchor: „O Isis u. Osiris" (bei Terrasson: „O Isis, große Göttin der Egypter, gib deinen Geist dem neuen Diener, der soviel Gefahren überstanden hat"). Ebenso im Texte des Cantus firmus, dem Zwiegesang der beiden Geharnischten (bei Terrasson drei Gewappnete): „Der, welcher wandelt diese Straße voll Beschwerde, wird rein durch Feuer, Wasser und durch Erde" (bei Terrasson: „Wer diesen Weg allein geht, der wird gereinigt werden durch Feuer, durch das Wasser und durch die Luft"). Der Roman behandelt die Einweihung und die Vorbereitung, die Erziehung des Eingeweihten zur höchsten Moral und dessen Betätigung in der Schule des Lebens. Ort der Handlung ist die Cheopspyramide, S., der Suchende, muß drei Reisen zurücklegen. Im Namen Sarastro klingt der ägyptische Königsname Sesostris an (s. a. Zauberflöte).

Settegast, Hermann, Professor, Dr. h. c., hervorragender deutscher Gelehrter, * 1819 in Königsberg, † 1908, war 1847—1881 Landwirt, dann Lehrer der Landwirtschaft in Proskau, Direktor der landwirtschaftlichen Akademien Waldau und Proskau, Verfasser bahnbrechender Werke über Landwirtschaft, angewandte Zoologie und Tierzucht, 1881—1889 Professor und zweimal Rektor der Landwirtschaftlichen Hochschule in Berlin. Nachdem S. 70jährig von seinem Lehramt zurückgetreten war, widmete er sich ganz der Freimaurerei. 1854 wurde er in Oppeln in den Bund aufgenommen (Loge „Psyche", 3 Weltkugeln), 1858 in Königsberg in der Johannisloge „Totenkopf und Phönix" (Große Landesloge) affiliiert; in Berlin schloß er sich der Loge „Friedrich Wilhelm zur gekrönten Gerechtigkeit" der Großloge „Royal York" an. Dank dieser Zugehörigkeit zu allen drei altpreußischen Systemen erwarb er sich gründlichste Kenntnisse. 1884 wurde er zum Zugeordneten, 1889 zum Großmeister von „Royal York" gewählt. Der gläubige Christ S. faßte sein hohes Amt im schönsten Sinne der „alten Pflichten" auf: die innere Arbeit an der Veredelung und der sittlichen Vervollkommnung des einzelnen Menschen und der Menschheit überhaupt war ihm von jeher als Zweck des Lebens und zugleich als Zweck der Freimaurerei erschienen. Diese Arbeit sollte ausgebaut werden auf alle redlich Strebenden ohne Unterschied der Abstammung und des religiösen Bekenntnisses. S. wagte den Versuch einer durchgreifenden Reform, als unmittelbar nach seinem Amtsantritt eine Revision des Grundgesetzes seiner Großloge stattfand. Er wollte die Hochgrade (Innerer und Innerster Orient) beseitigt wissen und das Ballotagewesen in einer Weise ändern, die das in der damaligen Zeit antisemitischer Strömungen vielfach systematische Schwarzkugeln jüdischer Kandidaten unmöglich machen sollte. Er verlangte Rechtfertigung aller abgegebenen schwarzen Kugeln, wobei ein Hinweis auf das Religionsbekenntnis als Ablehnungsgrund unstichhaltig sein sollte. Als S. mit beiden Anträgen in der Minderheit blieb, legte er fünf Monate nach seiner Wahl sein Großmeisteramt nieder. Im folgenden Jahre trat er aus der Großloge aus und schloß sich der Loge „Ferdinande Caroline" der Hamburger Großloge an.

Sein Versuch, deren humanitärer Lehrart durch Gründung einer Berliner Loge Hamburger Systems auch in Preußen Eingang zu verschaffen, stieß auf unüberwindlich erscheinende Hindernisse. Die drei altpreußischen Großlogen besaßen laut Königlichem Edikt von 1798 (s. d.) das Sprengelrecht, d. h. das ausschließliche Recht, in Preußen Logen (naturgemäß ihrer Systeme) zu gründen. Da es S. darauf ankam, dem wahren Humanitätsgedanken trotzdem auch in Preußen zum Sieg zu verhelfen, suchte er 1891 zunächst um die landesherrliche Genehmigung für die beabsichtigte Logengründung nach, wurde aber nach anderthalb Jahren vom Innenminister Herrfurth abgewiesen. Da die Hamburger Großloge es nicht auf einen aussichtslos erscheinenden Streit ankommen lassen wollte und von der Logengründung abging, nahmen der 73jährige und seine Berliner Freunde voller Begeisterung den Kampf allein auf. Am 1. August 1892 beschlossen sie die Gründung einer „Großen Freimaurerloge von Preußen, genannt Kaiser Friedrich zur Bundestreue", die am 27. November d. J. feierlich eingeweiht wurde, zugleich mit einer Tochterloge „Victoria". Das Polizeipräsidium verbot nach Einreichung der Statuten die Führung der Bezeichnung „Große Freimaurerloge". Nun beschritt S. durch Rechtsanwalt Dr. Alexander-Katz den Rechtsweg. Er legte beim königlichen Bezirksausschuß Berlin Revision ein und erfocht einen ersten Sieg, indem dieser die polizeilichen Verbote aufhob. Es erfolgte Berufung des Polizeipräsidiums an das Königliche Oberverwaltungsgericht als letzte Instanz: es bestätigte das Erkenntnis trotz aller Gegenmaßnahmen von altpreußischer Seite am 22. April 1893.

Damit war das Edikt von 1798 für rechtsungültig erklärt, das Sprengelrecht der altpreußischen Großlogen beseitigt. Die S.sche Großloge entfaltete eine rege Tätigkeit. Die Großlogen von Hamburg und Frankfurt gründeten Tochterlogen in Berlin. Die altpreußischen Großlogen wollten aber die S.-Logen trotzdem nicht anerkennen. Auch der deutsche Großlogenbund stellte sich, obwohl S. doch auch für dessen humanitäre Mitglieder den Sieg errungen hatte, auf den ablehnenden Standpunkt. Wieder entwickelte sich ein heftiger Kampf, in den S. mit einer Reihe glänzender Schriften eingriff, deren Angabe im einzelnen sich erübrigt, da zehn von ihnen unter dem Titel „Der deutschen Freimaurerei Gegenwart und Zukunft" gesammelt erschienen. Die Großloge wuchs, hatte bald zwölf Logen und eine eigene Zeitschrift „Bausteine". Daß S. in seinem Ringen um die wahre Kunst auch mit der ganz unzeitgemäßen Geheimniskrämerei mancher Kreise brach, wurde ihm besonders verübelt. Obwohl die Großloge von der Symbolischen Großloge von Ungarn und dem Großosten der Niederlande anerkannt wurde, blieb ihre Isolierung in Deutschland bestehen. Infolgedessen entschloß sie sich unter S.s Nachfolger als Großmeister, dessen Schwiegersohn Professor Heinrich Möller (s. d.), nach achtjährigem Bestehen zum Anschluß an die Große Loge von Hamburg, die in Carl Wiebe mittlerweile ebenfalls einen neuen, zum Entgegenkommen bereiten Großmeister erhalten hatte. Die S.-Großloge löste sich auf, ebenso ihre Tochterlogen, worauf die Mitglieder in das Hamburger System neu aufgenommen wurden, um am 28. Oktober 1900 die Provinzial-Großloge von Hamburg in Berlin (Provinzial-Großmeister Möller) zu errichten. Bei der feierlichen Installierung wurde S. zum Ehrenmitglied der Hamburger Großloge proklamiert. Die altpreußischen Großlogen, noch immer nicht zufriedengestellt, nahmen Anstoß an der Art der Überführung der S.-Logen in die Hamburger Großloge und brachen den brüderlichen Verkehr zwischen den beiderseitigen Tochterlogen ab. Erst 1903 erfolgte der Friedensschluß.

S. starb, fast 90 Jahre alt, am 11. August 1908. An seiner Bahre erschienen auch die Führer der altpreußischen Maurerei. Von S.s Werken ist noch besonders zu erwähnen: „Die Deutsche Freimaurerei, ihre Grundlagen und ihre Ziele" (vergl. Dr. Alfred Oehlke „Hermann Settegast", Berlin 1908).

Settembrini, Luigi, italienischer Freiheitskämpfer und Literat, * 1813, † 1877, wurde 1847 wegen Teilnahme an der revolutionären Bewegung verhaftet, schrieb nach seiner Entlassung „Protesto del popolo delle due Sicilie", 1849 von neuem verhaftet und zum Tode verurteilt, hätte nach Argentinien deportiert werden sollen, entkam aber während des Transportes nach England, nach seiner Rückkehr Universitätsprofessor in Neapel, schrieb „Storia della letteratura italiana", war Meister vom Stuhl einer Loge.

Den Namen S. hat Thomas Mann in seinem Roman „Der Zauberberg" zur Bezeichnung der dort auftretenden Freimaurerfigur verwendet.

Setzwaage, Wasserwaage (frz. niveau, engl. level), bedeutet in der freimaurerischen Symbolik die Gleichheit, das gleiche Recht, die gleiche Würdigung aller, die Unterordnung der Vorrechte der Geburt, des Standes oder des Besitzes unter das reine Menschentum. Die S. versinnbildlichte auch den sozialen Ausgleich, sie gehört zu den „beweglichen Kleinodien" der Maurerei und ist das Zeichen des Ersten Aufsehers.

Sevais, Adrien François, belgischer Cellist, * 1807, † 1886, der „Paganini des Cellos", Professor des Brüsseler Konservatoriums, als Virtuose in ganz Europa erfolgreich, Komponist, war Mitglied der Loge „Les Vrais Amis de l'Union et du Progrès réunis".

Sexus, Sexualorgien, Sexualdeutung der Symbole. Gegen massenseelische Entlastungsbilder hilft keine Aufklärung (K. Baschwitz). Zu den Wunschvorstellungen vom Gegner gehört auch die durch zahlreiche „beweiskräftige" Unterlagen immer wieder genährte Vorstellung von „schwarzen Messen" und Sexualorgien der Freimaurer, denen die gemischten Logen und die Adoptionsmaurerei Vorschub leisten sollen. Besonders Taxil konnte sich in Erzählungen dieser Art nicht genug tun. Vollkommen unbewußt ist Taxil hierbei (lange vor Freud) dem Ursprung des uralten Säulensymbols nahegekommen. In seinem Schlüssel zu den Geheimnissen der Freimaurerei bringt er die nachfolgende, im Urtext lateinische, Symboldeutung. (Bemerkenswert ist hierbei, daß auch Ludendorff in der Einweihung des Freimaurers an den Phallus denkt. „Künstliche Abstempelung zum Juden", „Beschneidung".) Taxil deutet wie folgt: Die leuchtende Säule „J" bezeichnet das zeugende Prinzip, den Mann. Die dunkle Säule „B" das verderbliche Prinzip, das Weib. Dieses ist die Dunkelheit, der Mann aber das Licht. Jachin ist der Phallus, Boaz ist die Scheide. Der Same des Mannes wird in der Scheide durch den Samen des Weibes zerstört (??). Diese doppelten Prinzipien bezeichnen auch die weißen und schwarzen Felder des musivischen Pflasters. Der Zirkel ist das Zeichen des Mannes, der Winkel das des Weibes. Die Meisterweihe ist ein Begattungsakt. Die Adoptionsmaurerin lernt im Meistergrade den Baum der Erkenntnis kennen, der Meister die mittlere Kammer. Der Baum ist der Phallus, die Kammer die Scheide. Im dritten Grade treten die beiden Säulen zur Begattung zusammen. Bei der Begattung gehen beide Samen in Fäulnis über. Daraus entsteht das Kind!

Daher der bekannte Freimaurergegner Herrmann Gruber (Staatslexikon der Görres-Gesellschaft): „Das letzte positive Geheimnis der Freimaurerei gipfelt im Kulte des Fleisches" (in der 1. Auflage! In der 2. kennzeichnet Gruber den Taxil als Betrüger und sich als dessen Entlarver!).

Nicht unerwähnt bleibe, daß auch Blüher (s. d.) in der Freimaurerei erotische Kennzeichen fand, allerdings im homosexuellen Sinne.

Seydel, Rudolf G. K., deutscher Philosoph und Theologe, insbesondere auf dem Gebiete der Religionsgeschichte und Religionsphilosophie tätig. * 1837, † 1892, a. o. Professor an der Leipziger Universität. Er stand vornehmlich unter dem Einfluß von Schelling und C. H. Weisse und vertrat den Standpunkt des spekulativen Theismus (s. d.). Religion ist „Leben in Gott und aus Gott, um Gottes willen". S. schrieb eine Reihe von Werken philosophischen Inhalts: „Die Religion", „Religion und Wissenschaft", „Ethik oder Wissen vom Sein-Sollenden" usw. Er wurde 1853 in der Dresdener Loge „Zum goldenen Apfel" aufgenommen, war Mitarbeiter der „Bauhütte", mit Schauberg und Findel geistiger Vater, Vorsitzender des Vereines Deutscher Freimaurer (1862—1871). Als einer der wenigen Berufsphilosophen, die sich mit der freimaurerischen Ideologie befaßten, verfaßte er wichtige freimaurerisch-philosophische Schriften: „Kritik und Fortbildung des Lessingschen Begriffes der Freimaurerei in ‚Ernst und Falk'", „Reden über Freimaurerei an denkende Nichtmaurer", ferner polemische Abhandlungen im Streite mit dem Mainzer Bischof Ketteler (s. d.), so u. a. „Katholizismus und Freimaurerei". S. trat leidenschaftlich für den Toleranzgedanken ein, bezeichnete die Freimaurerei als „Bund der Bünde", unternahm den Versuch, ihr einen neuen philosophischen Unterbau zu schaffen und der freimaurerischen Idee im Rahmen der sittlichen und sozialen Bestrebungen der Menschheit den entsprechenden Platz zu weisen. Die vornehmste Aufgabe des Bundes ist in S.s Auffassung die sittliche Erziehung und Verinnerlichung der Persönlichkeit. Er war Mitverfasser des von reformatorischem Geist getragenen „Allgemeinen Grundgesetzes für den Freimaurerbund".

S. G. I. G. (engl.), Abkürzung von Sovereign Grand Inspector General, XXXIII. (oberster) Grad des A. u. A. Schottischen Ritus.

Shackleton, Sir Ernest Henry, englischer Marineoffizier und Südpolforscher, * 1874, † 1922, war Freimaurer. Er war Teilnehmer an der Südpolarexpedition Scott, unternahm von 1907 bis 1909 eine zweite Expedition auf der „Nimrod" und kam auf dem Vormarsch über den Beardmore-Gletscher dem Südpol bis auf 21 Meilen nahe. Eine Südpolarexpedition während des Weltkrieges endete durch Schiffbruch, auf einer weiteren starb er 1922 an Bord der „Quest".

Shaftesbury.

1. Anthony Ashley Cooper, 3. Earl of, englischer Moralphilosoph, * 1671, † 1713, Begründer des ethischen Sensualismus, stand unter dem Einfluß der Stoa (s. d.) und von Locke, Verfasser der vielfach übersetzten Werke: „The Moralists" („Die Moralisten"), „An Inquiry concerning Virtue and Merit" („Untersuchung über die Tugend"). S. ging vom „moral sense" aus, von der natürlichen Neigung des Menschen für das Sittliche, seiner „natürlichen Gemütsart", die das Gefühls-, Willens- und Vernunftswesen umfaßt. Tugend und Moral bedürfen in Anbetracht ihrer natürlichen Grundlage nicht der Religion als Stütze. S. schuf einen harmonischen Begriff, in dem er das Gute und Schöne in einer Synthese zusammenfaßte. Das Sittliche ist seiner Auffassung nach eine Art des Schönen. Tugend ist Lebensharmonie, das Prinzip aller Tugend: Schönheit im Handeln und Leben. Das Sittlich-Schöne besteht im richtigen Verhältnis zwischen egoistischen und sozialen Neigungen. Das geistige Prinzip der Welt ist seinem Wesen nach eine schöpferische, gestaltende, harmonisierende Kraft. Der sittliche Mensch ist nach S. ein schaffender Künstler, der die in seinem Inneren erahnten Formen in Handlungen nachschafft. S. trat mit seinem Sittenbegriff, der sich an die griechische Kalokagathie anlehnte, dem hohen, rein rationalistischen Tugendbegriff seiner Zeit entgegen, dem Tugend und Vernunft als gleichbedeutend galten. Seine Sittenlehre beeinflußte stark das Denken und Fühlen des 18. Jahrhunderts und auch die Freimaurerei. Wolfstieg schreibt es dem Einfluß von S. zu, daß der mittelalterliche Ternar: „Macht, Weisheit und Liebe" als „Stärke, Weisheit, Schönheit" in die Freimaurerei einging.

2. Anthony Ashley Cooper, 7. Earl of, englischer Staatsmann, Lord der Admiralität, * 1801, † 1885, Vorkämpfer für die Verbesserung der Lage der Arbeiterklasse, bekannter Philanthrop und Sozialreformer, war Mitglied der Apollo University Lodge 357 in Oxford.

Shakespeare, William. Es ist wohl müßig, wie es manchmal geschieht, über die Frage zu streiten, ob Shakespeare Freimaurer war. Für die Beurteilung des freimaurerischen Sprachschatzes finden sich aber bei S. zahlreiche Anklänge. So in Coriolan 4, 6: „You have made good work, you and your apronmen." Jn „Verlorene Liebesmühe" 1, 2: „I will visit thee at the Lodge" (wobei Lodge die Wohnung bedeutet, lodgings). „Worshipful old master" findet sich in „Der Widerspenstigen Zähmung" 5, 1. „What is he, that builds stronger than the mason?" in Hamlet 5, 1. J. W. Horsley hat 1905 in der Quatuor Coronati Lodge die vorgeschriebenen Trinksprüche auf Zitate von Shakespeare gestellt, wodurch bei manchen unkritischen Historikern irrige Vorstellungen erweckt wurden (s. auch Stratford on Avon).

Shanghai, wichtigste Hafenstadt von China, Sitz der englischen Distrikts-Großloge für Nordchina (Adresse: P. O. Box 117), der in S. selbst vier Logen unterstehen, ferner der gleichnamigen schottischen Distrikts-Großloge (in S. drei Logen). Der chinesische Distrikt von Massachusetts hat in S. eine Loge, ebenso die Großloge der Philippinen.

Sherlock, Sir Alfred Parker, Industrieller und Wirtschaftsführer in British-Guayana, Mitglied der dortigen gesetzgebenden Versammlung, wurde 1925 Distrikts-Großmeister von Britisch-Guayana. (* 1876.)

Shillaker, James F., englischer Politiker und Journalist (Labour Party), * 1870, gewesener Pensionsminister, ist Mitglied der Londoner „New Welcome Lodge 5139".

Short, Alfred, englischer Gewerkschaftsführer, * 1872, gewesener Unterstaatssekretär des Home Office im Kabinett MacDonald, seit dem Johannisfest 1931 Meister vom Stuhl der Londoner „New Welcome Lodge 5139".

Shriners, Ancient Arabic Order of Nobles of the Mystic Shrine („Alter arabischer Orden der Edlen vom mystischen Schrein") ist eine mehr als 600.000 Mitglieder zählende Vereinigung amerikanischer Hochgradfreimaurer, bei deren Zusammenkünften die heitere Seite des Lebens betont wird und die neuerdings auch Fürsorge für verkrüppelte Kinder im größten Stil betreibt. S. können nur Freimaurer werden, die den XXXII. Grad des A. u. A. Schottischen Ritus, bezw. die entsprechende Gradstufe der Knights Templar besitzen. Der „Orden" ist aber keine maurerische Organisation im eigentlichen Sinne des Wortes und will auch keine solche vorstellen. Er nennt sich selbst lediglich „playground of masonry". Dr. Walter M. Fleming und William I. Florence von New York waren 1871 die Gründer. Florence, ein Schauspieler mit mystischen Neigungen, der sich lange in Europa aufhielt, war in Marseille angeblich in einen arabischen Orden aufgenommen worden, dessen Wirkungsstätten in Algier, Aleppo und Kairo er dann besucht haben will. Fleming und Professor Rawson arbeiteten auf Grund der Mitteilungen von Florence das orientalische Ritual aus, das reich an szenischen Effekten und realistischen dramatischen Handlungen ist. Der erste

„Tempel" der S. war der Mekka Temple in New York. Die Organisation gewann sehr rasch an Ausdehnung und heute unterstehen der obersten Leitung, dem 1876 ins Leben getretenen Imperial Council, an dessen Spitze der Imperial Potentate steht, sehr zahlreiche Tempel. Die alljährlichen Konvente, zu denen „Karawanen" von S. mit Fez und vielfach sehr bunter orientalischer Bekleidung und ihre Familien „Pilgerfahrten" unternehmen, vereinigen oft mehrere hunderttausend Menschen zu phantastischen öffentlichen Paraden.

Im Weltkrieg zeichneten die verschiedenen Einheiten des Ordens eine Million Dollar Kriegsanleihe (Liberty Bonds), 200.000 Dollar wurden dem Roten Kreuz, etwa 100.000 Dollar anderen Wohlfahrtsinstitutionen und rund 50.000 Dollar der freimaurerischen Masonic War Relief Association überwiesen. Nach dem Kriege begannen die S. in imposantester Weise die Fürsorge für verkrüppelte Kinder zu organisieren, die sie in Amerika möglichst ganz in die Hand nehmen möchten. Sie errichteten zu diesem Zweck eine große Zahl vorbildlich geführter Spitäler und Studienanstalten.

Das Motto der S. ist das arabische „Kuwat wa Ghadub" (lat. „Robur et Furor").

Siam, Königreich in Hinterindien; in der Hauptstadt Bangkok arbeitet unter der Großloge von Schottland eine Loge.

Sibelius, Jahn, finnischer Komponist, * 1865, Mitschöpfer einer nationalen finnischen Musik, komponierte u. a. die Orchestersuite „Finnlandia", die Musik zu „Jedermann" u. a., ist Freimaurer; er hat eine Musik für die rituellen Arbeiten der drei symbolischen Grade der Großloge von Finnland geschaffen.

Side Degrees (engl.), Seitengrade (s. d.).

Sieben, eine der „heiligen Zahlen" (s. d.). Eine der umfassendsten Arbeiten über ihre Verwendung hat Andrian-Werburg („Prähistorisches und Ethnologisches", Wien 1915) zusammengestellt. Er findet für die Verwendung dieser magischen Zahl ein Zentrum, das im Zweistromland zu suchen ist, und das von da aus sich über die ganze Welt verbreitete. Die Zahl tritt erst als kosmische (sieben Planeten) auf, wird dann magisch und schließlich bloße Gebrauchs- und Lieblingszahl. Die weitverbreitete Verwendung kann hier nur angedeutet werden: sieben Wochentage, sieben Hauptgötter, sieben Planeten; in der Bibel: sieben Engel vor Gottes Thron, siebenarmiger Leuchter, das Buch mit sieben Siegeln. Sieben als juristische Periode: Freilassung von Sklaven, Zinsennachlaß u. a. m. Sieben Städte streiten um den Ruhm, die Geburtsstätte Homers zu sein, der selbst wieder vom siebenhäutigen Schild des Ajax, sieben untadeligen Weibern u. a. erzählt, und den Odysseus sieben Rinder- und Schafherden des Helios rauben läßt. Sieben Weise hatte Griechenland, sieben Weltwunder wurden gezählt. In den deutschen Märchen begegnen uns sieben Brüder, Siebenschläfer, sieben Raben u. a. Dazu die kirchlichen Siebenzahlen, wie die sieben Sakramente, die sieben Todsünden. Unübersehbar sind die Ortsnamen in Verbindung mit der Zahl Sieben: Siebenbrunn, Siebeneichen, Siebenbürgen, Siebenhufen, Sette Communi, Seven Hills u. a.

Die Verwendung heiliger Zahlen in der freimaurerischen Ritualistik hat auch auf die S. Bezug. Daher neben dem oft verwendeten Siebengestirn die sieben Schritte, sieben Jahre, siebenstufige Leiter u. a. m. (s. Zahlen).

Siebenarmiger Leuchter, s. Leuchter, Siebenarmiger.

Siebengestirn, neben Sonne und Mond in maurerischen Zeichnungen und Symboldarstellungen als Zeichen des Himmels verwendet. (Im englischen Ritual: Er krönt seinen Tempel mit Sternen, wie mit einem Diadem".) In Verbindung mit der heiligen Siebenzahl erscheint das Sternbild bereits auf dem Titelkupfer der irischen Ausgabe der Konstitutionen 1728, Stich von Cole, ferner auf dem Titel der Verräterschrift Jachin and Boaz, auch wiederholt in Logennamen. Die Deutung der sieben Sterne als Bilder der sieben Kardinaltugenden der Freimaurer ist wohl späteren Datums.

Siegel, Freimaurerische. Zur dauernden Bestätigung von Urkunden, wie Meisterpässe, Reisedokumente, frühzeitig im Gebrauch der Logen. Sie entlehnten den bildnerischen Inhalt der Symbolik oder alten Steinmetzensiegeln. Das Bauhüttensiegel von Straßburg 1524 zeigt zwei Hämmer, einen Zirkel und eine Setzwaage, das Wappen wird überhöht von der Jungfrau Maria mit dem Kinde. Ebenso auch noch 1725. Freimaurersiegel sind ein beliebtes Sammelobjekt der freimaurerischen Museen. Eine besonders schöne Sammlung in Bayreuth.

Siegel Salomonis wird in der Aufnahmehandlung der Schwedischen Lehrart symbolisch (durch Auflegen der Kelle) auf die Lippen des Kandidaten (Leidenden) gedrückt. Dieser Akt der Versiegelung ist Symbol für die Pflicht der Verschwiegenheit, aber auch für die Besiegelung des Bundes. Der Brauch gemahnt an den mit einem Sechseck geschmückten mystischen Siegelring Salomos, dem magische Kräfte zugeschrieben wurden.

Siemers, Joachim Friedrich, Arzt in Hamburg, Homöopath und Botaniker, * 1792, † 1863. Er war der Schwiegervater Merzdorfs (s. d.) und einer der tätigsten Freimaurer Hamburgs. Aufgenommen 1811 in der Loge „Emanuel zur Maienblume", war er 1832 bis 1847 deren Meister und Vorsitzender des Engbundes. Er trat energisch für die Zulassung von Juden zum Bunde ein.

Sierra Leone, britische Kolonie und Protektorat in Westafrika; in der Hauptstadt Freetown und in Bo arbeiten unter der Großloge von England 4, unter Schottland 3 Logen.

Sieyès, Emmanuel Joseph, Abbé, französischer katholischer Geistlicher, * 1748, † 1836, der „Denker der Revolution" und Anwalt des dritten Standes, Mitglied der konstituierenden Nationalversammlung, des Konvents, des Rates der Fünfhundert, des Direktoriums, unter Napoleon Senator. Seine am Vorabend der Revolution erschienene berühmte Schrift: „Qu'est-ce que le tiers état?" übte tiefgehende Wirkung aus. Die Erklärung der Menschenrechte ist zum Teil auf den Einfluß seines Pamphlets: „Reconnaissance et exposition des droits de l'homme et du citoyen" zurückzuführen. S. war Mitglied der Pariser Loge „Neuf Sœurs" (s. d.).

Sigismund, Karl, Geheimer Hofrat, * 1861, Verlagsbuchhändler in Berlin, 1923 Ehrendoktor der Philosophie der Universität Gießen. „Wegen seiner Verdienste, die er sich in unseren schweren Zeiten um die deutsche Wissenschaft erwarb", langjähriger Vorsitzender des Börsenvereins deutscher Buchhändler, führende Persönlichkeit bei der Errichtung der Deutschen Bücherei, ist Freimaurer.

Signale für die deutsche Maurerwelt, von Josef Gabriel Findel (s. d.) begründete Zeitschrift, die in den Jahren 1849—1904, erst von Findel selbst, dann von Hermann Merker, später von Fritz Rackhorst (s. d.) geleitet wurde. Als unabhängige Zeitschrift nahm sie zu den Vorgängen in der deutschen Freimaurerei eine temperamentvoll-kritische Haltung ein.

Signatstern. Der S. oder die enthüllten sämtlichen sieben Grade der mystischen Freimaurerei nebst dem Orden des Lichts für Maurer und die es nicht sind, aus dem Nachlasse des verstorbenen (Joseph Christian v.) W(öllner), an das Licht des Tages befördert von seinem Freund und Bruder B., Berlin 1803—1821, eine Sammlung von Akten aus dem Besitze des preußischen Staatsministers v. Wöllner (s. d.), die in 16 Bänden erschienen und von Schröder (s. d.) bearbeitet wurden. Ein Abdruck in Auswahl erschien 1866 mit etwas verändertem Titel in Stuttgart.

Signe (frz.), Zeichen.

Signe de détresse oder **de secours** (frz.), Not- und Hilfszeichen.

Silanum, Allgemeines, Stillstand aller Ordensarbeit und das Aufhören der Zirkelkonventionen wurde 1787 von den Oberen des Ordens der Gold- und Rosenkreuzer verfügt. Seither verlor sich die Spur des eigentlichen Ordens immer mehr (s. Rosenkreuzer).

Silberschurz, in vielen Logen Auszeichnung für 25jährige treue freimaurerische Pflichterfüllung.

Silicernium, Totenmal, nennt man ein an die Trauerloge angeschlossenes, unter einem eigenen Ritual stehendes Brudermal. Feßler hat hierfür ein Ritual entworfen. Die lange Jahre vergessene Sitte lebt neuerdings in reichsdeutschen Logen wieder auf.

Silva, Vieira de, Viconde, brasilianischer Staatsmann und Rechtslehrer, * 1828, † 1889, einer der tatkräftigsten Freimaurer seiner Heimat, stand an der Spitze des Großorients und des Obersten Rates von Brasilien.

Siméon, Joseph Jérome, Vicomte de, französischer Staatsmann, * 1749, † 1842, verweigerte in der Revolution den Eid, nahm an der föderalistischen Bewegung des Südens teil, war Mitglied des Rates der Fünfhundert, mußte flüchten, unter Napoleon Staatsrat. Er trug viel zur Schaffung des Konkordats und des Code Civil bei, wirkte unter König Jérôme in Westfalen als Minister, schloß sich später den Bourbonen an, im Kabinett Richelieu Innenminister, Pair von Frankreich, war Großmeister des Grand Orient de Westphalie, der von 1807—1813 in Kassel bestand.

Simon, Jules François, * 1814, † 1896, französischer Politiker und Philosoph, Unterrichtsminister in der Regierung der nationalen Verteidigung 1870, schrieb zahlreiche philosophische und geschichtliche Werke, u. a. „La Religion naturelle", „La Liberté de conscience", wurde 1870 in der Loge „Réveil Maçonnique" in Boulogne aufgenommen.

Simon, Philipp, * 1714, † 1788, im Schlesischen Krieg Quartiermeister des Bayreuthschen Dragonerregiments, 1765 im Zivildienst, gründete dann in Breslau eine Baumwollfärberei. Wo immer ihn sein bewegtes Leben hinführte, nahm er an der Freimaurerei lebhaften Anteil. Er wurde 1737 in die kurz vorher gegründete erste deutsche Loge in Hamburg aufgenommen, war Mitstifter und erster Meister vom Stuhl der Logen „Aux trois globes" (Berlin), „Aux trois Squelettes" (Breslau) und „Aux trois Piédestaux" in Glogau. 1767 wurde S. in die höheren Grade der Strikten Observanz eingeführt (Philippus Frater a III Globis).

Simony, Carl Frederik, dänischer Staatsmann. * 1806, † 1872, Industrieller, Staatsrat, Mitglied des Reichtages, Kultusminister, Innenminister, Justizminister, Ratspräsident, Kammerherr, wurde 1858 Freimaurer und Wortführender Meister einer Andreasloge.

Simpson, William, englischer Journalist, * 1823, † 1899, der Vater der Bildreportage. Während seiner Tätigkeit gab es wohl kaum ein bedeutsames Ereignis, das er nicht mit seinem Griffel verewigt hätte. Besonders berühmt wurde er durch seine bildlichen Darstellungen aus dem Krimkrieg, Bilder aus Indien und Tibet, dem Kriege in Abessinien und dem Deutsch-Französischen Krieg, den er auf deutscher Seite mitmachte. Er ist der Zeitungsschilderer aller historischen Ereignisse seiner Zeit, die zumeist in den „London Illustrated News" im lithographischen Bild festgehalten wurden. Neben diesen mehr dem Tagesbedarf der Zeitung dienenden Bildern hat S. auch wertvolle geographische Studien veröffentlicht, ferner das von ihm reich illustrierte Buch „Buddhist Praying Wheel", Versuch einer Religionsgeschichte. Er war einer der Gründer der Quatuor Coronati Lodge. Seine ausführliche Biographie A. Q. C. 1899.

Sinai, der biblische Berg der Offenbarung auf der Halbinsel Arabien. In den Ritualen des XIII. und XIV. Grades des A. u. A. Schottischen Ritus wird auf ihn als Sitz der Weisheit Bezug genommen.

Sincerus Renatus, Pseudonym des schlesischen Predigers Samuel Richter, veröffentlichte 1710 das Buch: „Die wahrhaffte und vollkommene Bereitung des philosophischen Steins der Bruderschaft aus dem Orden des Gülden- und Rosenkreutzes denen Filiis Doctrinae zum Besten publiciret...", das zum erstenmal das Gold mit der Rose und dem Kreuz in Verbindung brachte. Der Orden war danach in die beiden Zweige des Rosenkreuzes und des Goldkreuzes geteilt, deren Kennzeichen ein grünes, bezw. ein rotes Kreuz sind, was auf die beiden Klassen rosenkreuzerischer Wissenschaft hinweisen könnte: „das große Mysterium, der Stein der Weisen, ist eines, aber von zwei Arten: theologisch (= theosophisch) und philosophisch. Der philosophische Stein gewinnt zeitlich Glück und enthüllt die tiefsten Naturgeheimnisse, der theologische aber führt die Menschen aus Sünde und Verderbnis zur völligen Heiligung, die nach dem Gesetze der Gnade zum ewigen Leben befähigt; er leitet zum höchsten Geheimnis der eingeborenen Göttlichkeit". Vielfach wurde die in der Schrift behandelte Bruderschaft als Ausgangspunkt der neueren Rosenkreuzer des späteren 18. Jahrhunderts betrachtet, was aber den heutigen Forschern als zweifelhaft gilt (vergl. Arnold M a r x : „Die Gold- und Rosenkreuzer" in „Freimaurer-Museum", Bd. 5).

Sinclair, s. R o s s l y n.

Sineo, R i c c a r d o, italienischer Politiker, † 1876, Rechtsanwalt, Abgeordneter, Senator, Innenminister, war Freimaurer.

Singapore, Hauptstadt der zu den Straits Settlements gehörenden gleichnamigen Insel, Sitz der englischen Distrikts-Großloge „Eastern Archipelago" (Adresse: Freemason's Hall, Coleman-Str. S.), der in S. selbst vier Logen unterstehen, darunter die 1845 gegründete erste Bauhütte in S. „Zetland-in-the-East No. 508". Der Distrikts-Großloge „The Middle East" der Großloge von Schottland untersteht in S. eine Bauhütte.

Singer, A r t h u r, Journalist in Budapest, * 1869, † 1931, war Großbibliothekar der Symbolischen Großloge von Ungarn. 1925 veröffentlichte er eine geschichtliche Studie: „Der Kampf Roms gegen die Freimaurerei" (Verlag Oldenburg, Leipzig), die durch die gewissenhafte Sammlung von Einzelheiten zu den besten Leistungen auf diesem Gebiete gehört. Mit Erlaubnis des Grafen F e s t e t i c s konnte er auch im Archive zu Dégh die seit dem Ableben A b a f i s leider unterbrochenen Studien wieder aufnehmen. Als Ergebnis dieser Forschungen veröffentlichte er zahlreiche kleine Schilderungen aus dem österreichischen Freimaurerleben des 18. Jahrhunderts („Wiener Freimaurerzeitung", „Drei Ringe" u. a. O.).

Sinnbild, s. S y m b o l.

Sittengesetz. Die erste „Alte Pflicht" des A n d e r s o n schen Konstitutionsbuches von 1723, „Gott und Religion betreffend", beginnt mit der Forderung: „Ein Maurer ist durch seinen Beruf verbunden, dem Sittengesetz zu gehorchen ..." S. ist im allgemeinen jede sittliche Norm. K a n t hat als höchste Norm der Sittlichkeit (s. d.) den Kategorischen Imperativ formuliert. In seiner Auffassung ist die Quelle der Sittlichkeit, im Gegensatz zur Offenbarung des S. in der Religion, die „praktische Vernunft", die dem Menschen ein „allgemeines Gesetz, welches wir das S. nennen", gibt. Dieses ist aprioristisch, muß notwendig für alle gelten. Aus dem S. selbst kann man die einzelnen sittlichen Werte nicht ableiten, und „wenn auch der einzelne schon einen Komplex solcher vom Gesamtgeist überliefert erhält, so dient doch die Formel des Kategorischen Imperativs als ein Kriterium dafür, ob ein Verhalten dem S. entspricht oder nicht". Das S. „betrifft nicht die Materie der Handlung, sondern die Form, das Prinzip". Das S. ist autonom, Voraussetzung seiner Geltung ist die sittliche Freiheit (s. F r e i h e i t). Der Endzweck des S. ist die Überwindung der Naturordnung und ihre Überführung in eine sittliche Weltordnung (s. d.). Es ist durch einen „Soll"-Charakter ausgezeichnet und will zum Handeln im Sinne des Gemeinschaftswillens veranlassen, es „geht von reinem Menschheitswillen aus". Es ist aber nur ein Ideal. „Wenn die Vernunft den Willen gänzlich bestimmte, würde die Handlung unausweichlich nach dieser Regel geschehen." „Das Gute besteht nicht im Erfolg, sondern in der Gesinnung." Kant gibt mehrere Formulierungen des S. Am wichtigsten: „Handle so, daß die Maxime deines Willens zugleich als Prinzip einer allgemeinen Gesetzgebung gelten könnte." Der Endzweck der Sittlichkeit ist „das Weltbeste".

Im Gegensatz zu Kants in der Hauptsache rationalistischen Motivierungen wird heute mehr das „Sollen" als antreibende Kraft hervorgehoben, da die Vernunft an sich das Handeln nur in geringem Maße beeinflussen kann. Es wird auch von der neueren Philosophie bemängelt, daß das S. rein formal ist und durch „Wertgemäßheit" (Wertsetzungen) ergänzt werden müßte (K ü l p e).

In welchem Sinn in den „A l t e n P f l i c h t e n" der Begriff S. ursprünglich gemeint war, ist heute schwer zu erkennen; wahrscheinlich im Sinne der zehn Gebote, wobei aber der Glaube an die göttliche Offenbarung derselben nicht ausgesprochen wurde. Die freimaurerische Ideologie fand aber schon in dieser ihrer ersten Formulierung dadurch ihren Ausdruck, daß das sittliche Problem in den Vordergrund gerückt ist und erst in zweiter Linie das religiöse Moment aufscheint.

Die spätere Gestaltung des Begriffes des S. durch Kant beeinflußte das freimaurerische Denken sehr stark und beeinflußt es noch heute. „In Kants Autonomie des S. sehen wir den Grundgedanken aller Grundgedanken der Freimaurerei" (Otto H e i n i c h e n). „Man kann sagen, daß im Maurerbunde der Kategorische Imperativ Kants dem Ganzen den Stempel aufdrückt" (S c h e n k e l). Sittlichkeit bildet in diesem Sinne eine im Diesseits zu lösende Aufgabe und ist gleichsam ein adogmatisches Dogma der Freimaurerei, indem der Glaube an das S. die Voraussetzung der Aufnahme ist. Das S. anzuerkennen heißt im freimaurerischen Sinn: bereit sein, der Stimme seines Gewissens zu folgen, Pflichtbewußtsein haben, guten Willens sein, etwa im Sinne R i c k e r t s: „Sittlich ist, der will und tut, wovon er glaubt, tun zu sollen." Die Maurerei setzt das Gewissen „als ein letztes, nicht weiter Erklärbares" voraus (Heinichen).

Sitting Bull, Häuptling der Sioux-Indianer in Dakota, * 1837, † 1890, griff während des amerikanischen Bürgerkrieges Iowa und Minnesota an, vernichtete die Strafexpedition des Generals C u s t e r, wurde nach seiner Rückkehr bei seiner Verhaftung getötet, war Freimaurer.

Sittliche Weltordnung. Annahme einer zweckvollen Gesetzmäßigkeit der Welt in sittlicher Hinsicht, ohne die der Glaube an die Möglichkeit einer sittlichen Vervollkommnung und daher auch an den Fortschritt (s. d.) sinnlos wäre. „Wir streben von allen Seiten der Idee einer neuen absoluten ethischen Weltordnung entgegen vom physischen Sein und sittlichen Wollen ... von Glück, Tugend und Weisheit", sagte schon Thomas von Aquino. Die S. W. ist ein Ideal, der Grenzwert des Sittengesetzes (s. d.), das Ziel der sittlichen Freiheit (s. d.), S. W. ist die adogmatische Fassung des Vorsehungsbegriffes der Religionen, das wirkende Prinzip des A. B. a. W. Der Glaube an die S. W. lebt in uns und ist nicht minder positiv als das Naturgesetz, das letzten Endes durch begriffliche Verarbeitung des Erfahrungsmaterials ebenfalls in uns entsteht. Die Freimaurerei glaubt an eine S. W. Ohne solche wären ihre Zielsetzungen: Fortschritt und Humanitätsideal, sinnlos, ihre Forderungen: sittliche Freiheit und Gewissensfreiheit, leere Formeln. Sie kann aber im Streit, ob eine S. W. ohne Annahme eines persönlichen Gottes möglich ist oder nicht, ob sie ohne Glauben an die Unsterblichkeit (s. d.) bestehen kann oder nicht, keine alle ihre Glieder bindende Entscheidung treffen.

Sittlichkeit. Im subjektiven Sinne sittliches Verhalten, im objektiven der Inbegriff des den Sitten (insbesondere den moralischen) Gemäßen. Sittlich ist die Handlung, die mit den sozialen Idealen, dem Gemeinschaftswillen harmoniert. Das Kriterium des Sittlichen ist die Gesinnung, nicht der Erfolg. Die konkreten Sittengebote sind Wandlungen unterworfen, zumal eine absolute Rangordnung der Werte nicht zu setzen ist. „Jede Handlung, die vergeistigt, ist sittlich", sagt Wundt. In diesem Sinne steht S. mit dem Humanitätsideal im Zusammenhang. „S. breitet sich zum Ideal der Humanität, der humanen Kultur aus, welches als höchstes Willensziel die Entfaltung, Steigerung, Entwicklung aller schöpferischen menschlichen Potenzen zu möglichster Harmonie bedeutet" (Eisler). So sagt auch Kant, daß „S. die Menschheit als Zweck erfordert, nicht nur als Mittel zu gebrauchen ist". Als Ursprung der S. gilt oft die Vernunft, aber auch das Gefühl (Mitleid usw.). Als sittlicher Zweck wird die Wohlfahrt (s. Eudämonismus), das Nützliche (s. Utilitarismus) oder die Vervollkommnung (s. Perfektionismus) aufgestellt. Die Wissenschaft der S., die Ethik, kann das Problem der S. nicht allgemeingültig lösen, nur die normalen Fragen skizzieren. Der Begriff der S. gehört zu den Grundprinzipien der Freimaurerei, die ihre Anhänger zur S. erziehen will, ohne sich dabei autoritativer Gebote zu bedienen. „Moral sense" ist die Grundlage unserer Konstitutionen (Wolfstieg, „Philosophie der Freimaurerei"). Die Freimaurerei setzt sich für die Autonomie der Persönlichkeit ein, lehnt jeglichen Dogmatismus ab. Ihrer Ansicht nach ist das Gewissen, das „übersinnliche Wurzeln hat", (Heinichen), Voraussetzung der S., die im Grunde die sittliche Autonomie, die freiwillige Annahme des Sittengesetzes (s. d.) bedeutet. „Denn nur das ist fromm und nur das ist gut, was aus eigener ehrlicher Überzeugung kommt" (Schenkel: „Die Freimaurerei im Lichte der Religions- und Kirchengeschichte"). In der Sittlichkeit findet die Freimaurerei das allen Religionen Gemeinsame, die Religion, in der alle Menschen übereinstimmen können, die aber nicht als eine göttliche Offenbarung aufgefaßt wird. Der Unterschied zwischen den Religionen und der Freimaurerei ist der, daß erstere im Glauben die Voraussetzung der S. sehen, die Freimaurerei hingegen der Ansicht ist, daß die S. zur Religion führt. Sie fordert nicht ein seliges Leben im Jenseits, sondern im Sinne des Humanitätsideals ein sittliches Leben im Diesseits. Sie will den Streit der verschiedenen Richtungen der Ethik bezüglich Ursprung und Inhalt der S. nicht dogmatisch entscheiden. Am ehesten entspricht ihrer Einstellung vielleicht der Standpunkt Grassmanns: „Die Vernunft produziert die Normen nicht, bringt sie nur zum Bewußtsein". Für die Freimaurerei ist einzig und allein die Gesinnung, das Gut-sein-Wollen, entscheidend. Sie ist der Meinung, daß das Gewissen uns nur sagen kann, daß wir Pflichten haben, nicht aber, welche Pflichten wir haben". S. ist weder beweisbar noch richtig" (Freytag). Sie ist an das Gefühl des Sollens gebunden. „Sittlich ist, wer will und tut, wovon er glaubt zu tun sollen" (Rickert). (Vergl. auch Sittengesetz, Sittliche Weltordnung, Tugend.)

Skandinavien, s. Dänemark, Norwegen, Schweden.

Skandinavien, Humanitäre Logen. Da die skandinavischen Großlogen nach dem christlichen Prinzip arbeiten, wurde von Angehörigen deutscher humanitärer Logen, die in Skandinavien beheimatet waren, der Wunsch geäußert, dort eigene Logen zu gründen. Unter Großmeister Karl Wiebe wurde 1910/11 in Logen der Großen Loge von Hamburg aufgenommenen dänischen Brüdern die Bewilligung zur Errichtung einer Loge „Christian til Palmetræet" in Kopenhagen gegeben. Diese Gründung führte zu einem scharfen Konflikt mit der Großen Landesloge von Dänemark, die bis zum heutigen Tage die Sachlage nicht anerkennt. Inzwischen wurden in Dänemark zwei weitere Hamburger Logen, „De Gamle Pligter" in Kopenhagen sowie „Ygdrasil" in Hilleröd, gegründet.

Ähnliche Verhältnisse ergaben sich auch in Norwegen. Dort wurde mit Hilfe der Großloge „Zur Sonne", Bayreuth, 1920 eine norwegische humanitäre Großloge „Den Norske Storloge Polarstjernen" mit Sitz in Trondhjem errichtet, die zurzeit vier Logen hat, davon drei in Oslo.

Skene, John, „Merchand and Measson", Mitglied der Lodge of Aberdeen Nr. 1, der 1682 Schottland verließ, wird von David Mc Gregor der Union Lodge, Orange, New Jersey, als der erste bekannte Freimaurer in Amerika bezeichnet.

Skeptizismus, ist der zum Dogma erhobene Zweifel, der Unglaube in absoluter Form, die Leugnung jeglichen sicheren Kriteriums der Wahrheit, im Gegensatz zum Dogmatismus, der Wahrheiten ohne jegliche Überprüfung anerkennt. Der ethische S. stellt den Wert des Sittlichen in Abrede. Kant definiert S. als

„das ohne vorhergegangene Kritik gegen die reine Vernunft gefaßte allgemeine Mißtrauen, bloß um des Mißlingens ihrer Behauptung willen". Die Freimaurerei lehnt den starren S. ebenso wie den Dogmatismus (s. d.) ab und steht dem Kritizismus (s. d.) Kants nahe, der im Grunde zwischen diesen beiden radikalen Anschauungen den vernünftigen Mittelweg sucht. Das Sittengesetz zu postulieren und zugleich die Anschauungen des S. zu teilen, erscheint unvereinbar.

Skirret, ein im englischen Ritual verwendetes Wort, bedeutet die Meßleine, die, mit Kreide bestrichen und an zwei Punkten straff festgehalten, zum schnellen Ziehen gerader Linien verwendet wird. Sie wurde insbesondere vom Tyler (s. d.) bei der Anfertigung der Logenbodenzeichnung, Tracing Board, Tapis (s. d.) verwendet.

Sklaverei. Auf Anregung von Freimaurern ging die Bildung eines Ordens zurück, der sich die Befreiung der weißen Sklaven in den afrikanischen Raubstaaten zur Aufgabe setzte (Chevaliers libérateurs, s. Smith Admiral). Während des amerikanischen Sezessionskrieges (1861—1865) war die Stellungnahme der nordamerikanischen Freimaurerei zur Sklavenfrage geteilt. Ein im Mai 1861 von der Großloge von Tennessee an die Großloge von New York gerichtetes Schreiben, in welchem diese aufgefordert wurde, mit zur Verhinderung des Krieges beizutragen, wurde von dort aus höflich, aber abschlägig beschieden, da die Großloge von New York sich auf den Standpunkt stellte, sie könne sich nicht mit politischen Angelegenheiten befassen. Am Begräbnis Abraham Lincolns 1865 nahmen über 5000 nordamerikanische Freimaurer in voller Bekleidung teil, obzwar Lincoln nicht dem Bunde angehört hatte. 1866 forderte der Großorient von Frankreich unter Androhung des Abbruches der Beziehungen den Großorient von Brasilien auf, sich mit allen Kräften für die Abschaffung der S. einzusetzen. Tatsächlich ist in Brasilien die Aufhebung der S. (1871) freimaurerischem Einfluß zu danken gewesen. Zahlreiche Logen kauften Sklaven aus eigenen Mitteln los, 1872 wurden vom Großorient (Rua do Lavradio) 12 Sklavenkindern in feierlicher Weise die Freiheitsurkunden überreicht. Ein Br., Mamede Amaro Lopez, schenkte 60 Sklaven die Freiheit. Die Loge „Segredo" hatte seit 1865 aus eigenen Mitteln 65 Sklaven losgekauft.

1877 erklärte der Großorient von Brasilien auch geborene Sklaven für aufnahmsfähig. In den alten Konstitutionen der Freimaurer, so auch noch bei Anderson, wurde zur Aufnahmsfähigkeit verlangt, der Kandidat müsse „free-born", freigeboren, sein. Nachdem das englische Parlament 1847 die Sklaverei in Westindien abgeschafft hatte, wurde free-born in free-man abgeändert. Zur Erklärung des Standpunktes der englischen Freimaurerei wurde angeführt, daß der Eintritt in den Bund einen Vertrag darstelle, der Sklave aber nicht vertragsfähig sei. Dr. Oliver (s. d.) berief sich hierbei sogar auf die Bibel und die Geschichte von Ismael (Kinder können keinen freien und edlen Geist erben, es sei denn, sie seien von einem freien Weibe geboren).

Skrine, Francis Henry, hoher englischer Staatsbeamter und Schriftsteller, * 1847, erwarb sich in Indien große Verdienste um die Bekämpfung von Cholera und Hungersnöten und um die Wasserversorgung, schrieb „Bahaism, Religion of Brotherhood", „The Heart of Asia", ist Freimaurer.

Sloane-Manuskripte, drei alte freimaurerische Handschriften, die aus dem Besitze des Sir Henry Sloane dem British Museum zufielen. Sie wurden 1871 von Hughan veröffentlicht. Die Manuskripte stammen aus den Jahren 1646, 1659 und dem Zeitraum zwischen 1640 bis 1700. Es sind Kopien alter Konstitutionen, die (besonders das erste) durch ihre Vollständigkeit zu den wertvollen Quellen der freimaurerischen Geschichtsforschung gehören.

Smart, Sir George, * 1776, † 1867, Begründer und Leiter der Londoner Philharmonic Society, machte die Werke Beethovens und Schumanns in England bekannt, Organist und Komponist der Königlichen Vokalkapelle, war 1817 Großorganist.

Smith.

1. William, Reverend, von 1779—1784 Großsekretär der Provinzial-Großloge von Pennsylvanien, hielt am 28. Dezember 1778, am Tage Johannis des Evangelisten, in der Old Christ Church in Philadelphia eine freimaurerische Predigt, die die berühmteste unter den Kirchenreden in der Geschichte der amerikanischen Freimaurerei geworden ist. Der Gottesdienst fand in einer sehr kritischen Periode des amerikanischen Revolutionskrieges statt; an der Spitze von mehreren Hundert Freimaurern zog Washington in die Kirche.

2. John Stafford, * 1750, † 1836, englischer Komponist und Musiker, Organist der Königlichen Vokalkapelle, Herausgeber des wertvollen Sammelwerkes „Musica Antiqua, a selection of Music from the XII. to the XVIII. century", schrieb die Musik zu „Star spangled Banner" („Unter dem Sternenbanner"), war Mitglied der „Royal Somerset House and Inverness Lodge".

3. Josef, Begründer des Mormonentums, der amerikanischen Sekte „Heilige der letzten Tage", * 1805, ermordet 1844, wurde 1842 Freimaurer (s. Mormonen).

4. Sir Colville, Großsekretär der Großloge von England seit 1917, wurde 1886 in die berühmte Apollo University Lodge in Oxford aufgenommen, deren Stuhlmeister er viermal war. 1925 wurde er in Hinblick auf seine großen freimaurerischen Verdienste geadelt.

5. Sir William R., * 1850, Ehrendoktor der Universitäten in Athen, Genf, Gent und Padua, Professor der gerichtlichen Medizin und der Toxikologie am Londoner Kings College, Vizepräsident des Königlichen Instituts für öffentliche Gesundheit, ärztlicher Berater des Londoner School Board, ist Freimaurer.

6. George, englischer Artilleriehauptmann, war 1778 Provinzial-Großmeister von Kent und 1780 Zweiter Großaufseher der Großloge der „Moderns", die ihm die Genehmigung zur Publikation seines dann berühmt gewordenen Werkes „The Use and Abuse of

Free-Masonry" verweigerte, worauf S. das Buch dennoch erscheinen ließ. Dieses Verhalten trug ihm die Gegnerschaft der Großloge ein, er wurde 1785 mit der Begründung ausgeschlossen, daß er für zwei Brr. ohne Berechtigung Empfehlungsschreiben der Großloge ausgestellt habe.

Smith, Sir William Sidney, englischer Admiral, * 1764, † 1840, diente als Subalternoffizier auf verschiedenen Kriegsschauplätzen, ging dann nach Schweden, wo er Adjutant des Herzogs von Södermanland im Kriege gegen Rußland war und für seine hervorragenden Dienste den schwedischen Adel erhielt. 1793 sicherte er den Abzug der Engländer aus Toulon, wobei er die französische Flotte und Magazine verbrannte. 1796 fiel er in französische Kriegsgefangenschaft und saß zwei Jahre im Temple in Paris gefangen. Nachdem er einige Zeit Stationskommandant in Konstantinopel gewesen war, griff er aus eigener Initiative die Franzosen in Syrien an und zerstörte einen Teil ihrer Flotte vor St. Jean d'Acre und nahm diese Stellung im Handgemenge. Am französischen Feldzug in Ägypten nahm er auf Seiten der Türken teil, wurde 1801 nach England zurückberufen und erhielt den englischen Adel, 1805 den Rang eines Admirals. 1807 erzwang er den Eingang in die Dardanellen und zerstörte die türkische Flotte. Nachdem er noch in Portugal gegen Napoleon gekämpft und die portugiesische Königsfamilie nach Brasilien gebracht hatte, zog er sich vom Marinedienste zurück und lebte von 1815 an in Paris.

In den Jahren zwischen 1785 und 1787 scheint er in Paris Freimaurer geworden zu sein, verkehrte dann in Schweden viel mit dem Herzog von Södermanland, späteren König Karl XIII. (s. d.). Unter seinen Handschriften fand sich ein Entwurf zu einer Liga gegen Napoleon, die Ordenscharakter haben sollte, ein Plan, der nach dem Statut der Malteserritter aufgebaut war (1813?). Die Mitglieder, „Chevaliers Liberateurs", sollten Ritter irgendeines Ordens oder Freimaurer sein. Mitglieder der Ehrenlegion waren ausgeschlossen. Nach dem Sturze Napoleons gab sich dieser Orden einen neuen Inhalt und nannte sich „Chevaliers libérateurs des Esclaves blancs et Société antipiratique" und stellte sich als Aufgabe die Befreiung der weißen Sklaven in den afrikanischen Raubstaaten. Eine Versammlung dieses Ordens fand 1814 in Wien zur Zeit des Kongresses statt. Er versuchte hiebei auch türkische Würdenträger als Mitglieder zu gewinnen. Da aber Lord Exmouth 1816 Algier bombardiert und den Raubstaaten die Möglichkeit zu weiterer Tätigkeit genommen hatte, verlor der Befreierorden seine Berechtigung.

Admiral S. fand in Paris Anschluß bei den Neutemplern (s. d.). Die Militia Templi füllt von da an sein Leben aus. S. behauptete, daß er vom Erzbischof von Zypern gelegentlich der Niederwerfung eines Janitscharenaufstands in Nicosia das Templerkreuz erhalten habe, das Richard Löwenherz getragen hatte. S. betrachtete sich als regelrecht eingesetzter Templer und trat nach Fabré-Palaprat (s. d.) an die Spitze des Ordens, den er vollkommen ernst nahm, so ernst, daß er nur seinetwegen in Paris blieb, als 1839 eine neuerliche Revolution in Frankreich drohte. Mit seinem Tode verlor der Templerorden seine Stütze. Ein Dr. Morison hielt ihn noch bis gegen 1846 mühselig beisammen. Das Kreuz von Richard Löwenherz ist verlorengegangen.

Smitt, Wilhelm Carl Clasen, deutscher Pädagoge und Schriftsteller, * 1832, † 1905, Leiter der seinen Namen tragenden Leipziger höheren Töchterschule und der Buchhändler-Lehranstalt, war dreißig Jahre lang ein begeisterter und begeisternder Stuhlmeister der Loge „Apollo", Ehrenmitglied der drei altpreußischen und der Großloge von Hamburg und Darmstadt. In zahlreichen Schriften kämpfte er auch in der Öffentlichkeit für die freimaurerischen Ideale.

Social Virtues (engl.), soziale Tugenden, werden von Anderson in seiner Konstitutionsausgabe von 1738 als Aufgabe der Freimaurerei bezeichnet. Ebenso in Liedern der alten englischen Logen, z. B. im Treasurers Song; auch als social benevolence, so auch im Prolog, den William Mills im Drury Lane Theatre 1728 sprach. („Das Endziel ist das Glück aller, Rechtschaffenheit, Tugend und Einmütigkeit." Dassigny.)

Societas, Sozietäten, Society, Gesellschaften Gleichgesinnter zu einem bestimmten Zweck. Ludwig Keller (s. d.) ist geneigt, ihren Ursprung bis in die Tage des verfolgten Christentums zurückzudatieren, wo Kultvereine der Christen sich nach außen hin, um den Verfolgungen zu entgehen, die Form von Gilden, Begräbnisvereinen und Körperschaften aller Art gaben, im inneren aber eine besondere, mit Symbolen reich durchsetzte esoterische Lehre pflegten. Besonders zahlreich entwickelten sich diese Sozietäten im 16. und 17. Jahrhundert als Humanistenbünde, in die alchimistische Bestrebungen, und zwar die einer wissenschaftlichen, erkenntnistheoretischen Alchimie im Gegensatze zu der nur auf persönlichen Gewinn gerichteten Goldmacherkunst eindrangen. Gemeinsam ist allen diesen Sozietäten, ob sie nun als reine Humanistenvereinigungen, als Sprachgesellschaften u. ä. auftreten, ein sehr reicher Symbolbestand, in dem charakteristischerweise immer wieder die Winkelhaken (Zirkel und Winkelmaß), das Kreuz, der Kreis oder die Kugel, der Stab als Maßstab, Zepter oder Schwert, das heilige Buch und die heilige Dreizahl auftreten. Diese Symbole erscheinen entweder in ihrer klaren Form oder in kunstvoll ausgeführten Monogrammen. Wie reich diese Symbolik entwickelt wurde, beweisen die Wortbilder des Comenius sowie die in seinen Schriften enthaltenen Stiche. In Holland waren es die Rhetoriker oder Rednergesellschaften, die von Coornhert, dem Begründer der holländischen Schriftsprache, ins Leben gerufen wurden. Ähnliche Gesellschaften, die sich an Ärzte und Naturforscher wandten, gehen auf Leonhardt Thurnheysser zu Thurn († 1595) zurück. Das bekannte Bild Giorgiones, „Die drei Philosophen oder Feldmesser“, verweist gleichfalls auf einen derartigen italienischen esoterischen Bund. Auf die sonderbare Übereinstimmung eines Titelkupfers zu Valentin Andreae hat schon Herder (1786) aufmerksam gemacht. Auch in den Schriften des Johann Rist, des Führers der Schwanengesellschaft in Norddeutschland, so im „Poetischen Schauplatz“ (1646), finden sich Bibel, Winkelmaß, Zirkel, der Globus und Hinweise auf die Alchimie. Ein klassisches Beispiel dieser Geheimbundsymbolik wird in Dürers „Melancholie“ erblickt. Auch der Arzt und Naturforscher Jean Baptist Helmont (1577 bis 1644), der 1630 vom Magistrate von Mecheln als Rosenkreuzer verfolgt wurde, hat in mehreren Schriften, so in seinem „Grab der Pest“ derartige Symbole verwendet. (Ausführliches hierüber in den Schriften Ludwig Kellers, besonders „Die Sozietäten des Humanismus und die Sprachgesellschaften“, Jena, Diedrichs, 1909.)

Inwieweit man berechtigt ist, diese S. mit dem Symbolinhalt und der Lehre der Freimaurerei in Zusammenhang zu bringen, steht allerdings nicht fest und ist besonders zwischen Keller und Begemann Gegenstand heftigster Kontroversen gewesen. Die von der alten Werkgilde der Freemasons losgelöste spekulative Freimaurerei wird wiederholt als Society bezeichnet. Auch der Hamburger Senat spricht 1738 in seinem Verbot von der Gesellschaft der Freymaurer, ebenso auch Joseph II. in seinem Freimaureredikt 1785. „Philo-Musicae Societas“ nannte sich eine Freimaurerloge in London, die in der Gründungszeit der Großloge ihrer Angliederung Widerstand entgegensetzte. In einer Streitschrift der antifreimaurerischen Gormogonen (1725) wird diese Vereinigung als Order (Orden) bezeichnet, um sie als höhere Organisationsstufe gegenüber der Society der Freemasons ins rechte Licht zu setzen. Die Bezeichnung Society of Freemasons hat in den ersten Jahren des Bestandes der englischen Großloge ihre historische Bedeutung in der Terminologie, insofern sie den Unterschied gegenüber den Werkmaurern zum Ausdruck bringt. Sie ist späterhin vollkommen verschwunden, nachdem sich der Begriff des geistigen Freimaurertums festgesetzt hatte. Sie erscheint dann zumeist nur noch im profanen Sprachgebrauche besonders des 18. Jahrhunderts. So z. B. in Zeitungsberichten: „Die Gesellschaft der Freymaurer“ („Vossische Zeitung“, 1737). Der englische Freimaurer spricht heute vom Craft, der deutsche vom Bund, der Franzose vom Ordre (Orden).

Societas Philo-Musica, s. Philo-Musicae Societas.

Societas Rosicruciana in Anglia, englischer Rosenkreuzerorden, der nur reguläre Freimaurer im Meistergrad aufnimmt, gegründet 1866 von Wentworth Little, einem ausgezeichneten freimaurerischen Forscher, der von 1867 bis 1878 als erster „Most Worthy Supremus Magus“ wirkte. Derselben gehörten auch an der Enzyklopädist Kenneth R. H. Mackenzie, Verfasser der „Royal Masonic Cyclopaedia“, u. a. 1866 entstand in London das Metropolitan College mit einem Hohen Rat (High Council), das eine ganze Anzahl Colleges in anderen Städten gründete. Die Gründer übernahmen die neun Grade der Gold- und Rosenkreuzer und deren Gradbenennung, führten aber eigene, in mancher Hinsicht abweichende Rituale mit ausgesprochen christlichem Charakter ein. Die Mitglieder, Fratres of the Rosy Cross, beschäftigen sich mit dem Studium von christlicher, rosenkreuzerischer Kabbala, Astrologie, Alchimie, Theosophie, Talismanen und mystische Zeichen. 1892 trat der 1919 verstorbene okkultistische freimaurerische Schriftsteller Dr. Wynn Westcott an die Spitze des Ordens.

Ein 1902 unternommener Versuch, die Gesellschaft durch Theodor Reuß (s. d.) nach Deutschland zu verpflanzen, scheiterte wenige Jahre nach der Errichtung des Berliner Kollegiums an dessen Praktiken. Erst wurde ihm untersagt, irreguläre Maurer dem Orden zuzuführen, 1906 wurde er dann aus den Listen gestrichen.

Societät, Adelige der Diana, im Jahre 1779 vom österreichischen Grafen Anton Attems gegründeter „Adeliger maurerischer Orden für edle Jäger“, der aber, abgesehen von der Zugehörigkeit einiger seiner Mitglieder zu Logen, mit Maurerei nichts zu tun hatte. Attems war Oberer, höchster Chef aber der Landes-Großmeister der österreichischen Freimaurerei, Fürst Dietrichstein. Unter den 250 Mitgliedern waren etwa 50 Damen. 1748 wurde der König von Neapel Großmeister. Zu Beginn des 19. Jahrhunderts ging die S. ein.

Society of Freemasons, s. Company und Society.

Socinianer, die Anhänger des Lehrbegriffes des Lälius und Faustus Socinus (der italienische Familienname des aus Siena stammenden Geschlechtes lautet Sozzini). Lälius, * 1525, widmete sich theologischen Forschungen und kam in Gegensatz zu kirchlichen Kreisen, weil er den Trinitätsglauben angriff. Sein Neffe Faustus, * 1539, mußte nach mancherlei Schicksalen nach Polen flüchten, wo er in Krakau lebte und Anhänger fand, die jedoch zahlreichen Verfolgungen ausgesetzt waren. 1658 setzte der Reichstag zu Warschau auf den als Arianismus bezeichneten Socianismus die Todesstrafe. Die S. wanderten aus und fanden bei Joseph II. eine Heimstätte. Auch in England, wo sie aber keinen Gottesdienst ausüben durften, sowie in Amerika fanden sie Zuflucht.

Obzwar die S. mit der Humanitätslehre der Freimaurerei und dem englischen Deismus wenig Berührungspunkte haben, wurden sie von katholischer Seite wiederholt als Vorläufer der Freimaurerei bezeichnet. So 1791 vom Abbé Lefranc, später vom Bischof von Grenoble, Mgr. Fava, von Claudio Jannet u. a. Auch Taxil ließ sich die Sekte nicht entgehen.

Södermanland, Herzog v., s. Karl XIII., Schweden, Königshaus.

Sofia, Hauptstadt des Königreiches Bulgarien, Sitz der Großloge von Bulgarien (Adresse: „Institut Zarya“, rue Rakowski 106). Nachdem die erste bulgarische Loge, „Stern des

Balkans", in Rustschuk (gegründet 1879), der Prinz Alexander von Battenberg, der erste Fürst von Bulgarien, angehört hatte, 1882 eingegangen war, entstand im folgenden Jahr die erste Sofioter Bauhütte unter der Obedienz des Großorients von Lusitanien. Diese Loge „Bratstvo" (Brüderschaft) bestand bis 1887. Ihr gehörten u. a. der Finanzminister M. K. Sarafoff, die späteren Minister Teneff und Beneff und mehrere hohe Staatsfunktionäre an. In reger Beziehung zu dieser Bauhütte stand auch der große bulgarische Staatsmann Dr. K. Stoiloff (s. d.), Mitglied der Leipziger Loge „Apollo". 1914 wurde das Licht in die Loge „Zarya" von der Großloge von Frankreich eingebracht. Im gleichen Zeitraum und unter dem gleichen Namen gründeten die Freimaurer ein Erziehungsinstitut. 1917 wurden durch Teilung zwei neue Bauhütten gebildet: „Zora" und „Svetlina". Am 27. November 1917 wurde die Symbolische Großloge von Bulgarien proklamiert. Das Attentat auf die Kathedrale von Sofia 1926 brachte auch zwei Freimaurern, Major Ratscheff und Hauptmann Kostoff, den Tod. Im gleichen Jahr wurde das Großlogenhaus an der Rakowska-Straße 106 unter den Auspizien der bulgarischen Kirche feierlich eingesegnet. 1929 wurde durch das Institut „Zarya" eine Monatsschrift „Zarya" herausgebracht, die Fragen allgemeinen Interesses sowie solche wissenschaftlicher und künstlerischer Natur und Aufsätze über die Maurerei veröffentlicht. 1930 gründeten die Frauen der Freimaurer von S. eine Vereinigung, „Setrsinska Grigea", die sich auf karitativem Gebiet betätigt.

Sohn der Witwe. Hiram, der Baumeister, wird in 1. Kön. 7, 13—15, als einer Witwe Sohn aus dem Stamme Naphtali bezeichnet, „und sein Vater ist ein Tyrer gewesen". In der Hiram-Legende selbst wird auf diese Herkunft nicht verwiesen, dagegen kommt die Bezeichnung S. d. W. zur Bezeichnung der Freimaurer wiederholt, unter anderem auch in besonderer Verbindung im akustischen Teile des Not- und Hilfszeichen vor.

Für die Entstehung dieses für die Freimaurerei wichtigen Ausdrucks werden verschiedene Quellen angegeben. Für die Anhänger der sogenannten stuartistischen (jakobitischen) Auffassung vom Ursprung des Meistergrades war die „Witwe" Henriette von Frankreich, die Gattin des 1649 hingerichteten Königs Karl I., der „Sohn" der Prätendent und spätere König Karl II., auf den sich damals alle Hoffnungen der Anhänger des Hauses Stuart richteten. Im A. u. A. Schottischen Ritus wird erklärt, der Ausdruck sei Gemeingut aller Mysterien des Altertums gewesen und von Ägypten über die keltischen Druiden in die Freimaurerei gelangt. Auch Horus, der Sohn des von seinem Bruder Seth getöteten Osiris und der Isis, wird als „Sohn der Witwe" bezeichnet. In verschiedenen Systemen der Schottischen Maurerei gilt der Templerorden als „Witwe", Hiram als der hingerichtete letzte Templer-Großmeister de Molay, und die Freimaurer sind die „Söhne der Witwe".

Unter den Anhängern der Stuarts in England und Frankreich war ein Trinkspruch üblich, der „to the Fatherless and widow", dem Vaterlosen und der Witwe galt. So zitiert in einem Schauspiel „A Gotham Election 1715" von Centlivre, wo der jakobitische Bürgermeister von Gotham und ein stuartistischer Emissär diesen Trinkspruch ausbringen. Es lag nahe, hier eine Verbindung zwischen dem freimaurerischen Terminus und der Stuart-Legende in der Freimaurerei herzustellen.

Sojourner (engl.), der Gast, der Fremde, der Mann ohne bleibenden Aufenthalt. Bezeichnung von Beamten im Royal-Arch-Grad.

Sojourner's Clubs, in Amerika bestehende, in einem Nationalverband vereinigte, weit verzweigte maurerische Organisation von Angehörigen der amerikanischen Kriegsmarine und Armee und Beamten des öffentlichen Gesundheitsdienstes, aktiven und Reserveoffizieren, eine besondere Form der Maurerklubs, deren Zweck es ist, Soldaten ohne bleibenden Aufenthalt, soweit sie dem Bunde angehören, Gelegenheit zu brüderlichem Anschluß zu geben.

Sokrates, der griechische Philosoph, durch seine Lebensschicksale und seinen Tod im Kampfe für die Wahrheit der freimaurerischen Lehre nahestehend, wird von vielen Freimaurerlogen geehrt, indem sie seinen Namen tragen.

Soldaten, Freimaurer als. Die Mode der Spionagebücher hat besonders in August Urbansky von Ostrymiecz (s. d.) einen Ankläger der Freimaurerei gefunden, der in seinen Mitteln nicht wählerisch ist. Der Autor ist in der Lage, sogar Bilder (!) für seine Behauptungen zu bringen, die allerdings nicht photographische Urkunden, sondern zeichnerische Erfindungen sind. Behauptet wird von ihm und anderen Gegnern u. a., daß die Freimaurer während des Krieges untereinander in landesverräterischem Verkehr standen und in zahlreichen Fällen durch das Not- und Hilfszeichen (s. d.) in kritischen Augenblicken Schonung beim Gegner fanden. Daß das bei den heutigen Formen der Kriegsführung kaum mehr möglich ist, kann jeder Kriegsteilnehmer bekunden. Es ist schwer vorstellbar, daß bei Angriff und Gegenstoß einzelne Leute freimaurerische Zeichen geben und die dazugehörigen Ritualworte, vielleicht sogar noch durch die Gasmaske, vernehmbar und in einer dem Gegner verständlichen Sprache vorbringen.

Diese Hilfszeichen, die Schonung ansprechen, haben in früheren Kriegen sicherlich in einigen wenigen Fällen Anwendung gefunden. Besonders dort, wo Angehörige des gleichen Sprachstammes einander gegenüberstanden, so in den englischen Revolutionskriegen, der amerikanischen Unabhängigkeitsbewegung, im Seekrieg (s. Marencourt) u. a. m. Die Beispiele sind wiederholt in freimaurerischen Zeitschriften veröffentlicht und besagen nicht mehr und nicht weniger, als daß im Handgemenge Entwaffnete in höchster Lebensgefahr auf gut Glück Verständnis beim Gegner suchten. Der Entwaffnete gab sich damit gefangen und erlangte Schonung seines Lebens. Das verstößt nicht gegen die Soldatenpflicht und ehrt den Sieger im Einzelkampf.

Nach dem Weltkriege wurde in Freimaurerkreisen der Versuch unternommen, derartige Fälle aus der Zeit von 1914—1918 zu sammeln. Das Ergebnis war ein mehr als mageres. Aus der ganzen Kriegsliteratur, aus der Befragung zahlloser Kriegsteilnehmer in allen Staaten ist eigentlich nur ein einziger Fall bekanntgeworden, wo das Not- und Hilfszeichen gegeben und, wenn auch mit Vorbehalt, angenommen wurde. Dieser auch veröffentlichte Fall betrifft einen deutschen Kriegsgefangenen, der nach Afrika verschleppt, dort in einem verwahrlosten Spital in einem Augenblicke höchster Verzweiflung einem französischen Arzte das Hilfszeichen gab. Ob der Arzt Freimaurer war, ist unbekannt. Sicher ist nur, daß er sich von diesem Augenblick an bemüht hat, das Los des Kranken erträglicher zu gestalten.

Unwahr ist, daß belgische Gefangene, die vor der Justifizierung standen, das Notzeichen gaben und von dem die Füsilierung leitenden deutschen Offizier gerettet wurden. Der in Betracht kommende deutsche Offizier war nicht Freimaurer und hat seinen traurigen Befehl pflichtgemäß vollzogen.

Die Totentafeln in den Logen, die dem Andenken der gefallenen Freimaurer gewidmet sind, sind Beweis genug, daß die Freimaurer in allen Ländern auch als Soldaten ihrer Pflicht ebenso genügt haben wie die anderen Volksgenossen (s. auch Not- und Hilfszeichen, Einverständnis mit dem Feinde).

Sole Aureo, Georgius Wilhelmus Eques a, „Ritter von der goldenen Sonne" nannte v. Hund (s. d.) den angeblichen „Großmeister des Templerordens", von dem er in Paris in den Bund aufgenommen sein wollte. Sofern die Person nicht vollkommen freie Erfindung ist, wobei v. Hund als Irregeführter, nicht als Betrüger aufzufassen ist, hat man niemanden gefunden, der diesen Titel rechtfertigen könnte. Man hat den Lord Clifford mit dem Namen belegt, der aber Hugo hieß. Durch halbe Andeutungen kam man schließlich dahin, den Prätendenten Karl Eduard Stuart als „Ritter von der goldenen Sonne" zu bezeichnen. Der Prätendent stellte jeden Zusammenhang mit dem Templerorden in Abrede. Die Deutung bleibt offen, wie so manches andere im „Templerorden" der Strikten Observanz.

Soliman, Angelo, ein Neger aus dem Stamme der Galla, kam als Leibmohr in den Besitz des Fürsten Lobkowitz in Wien, der ihn später testamentarisch dem Fürsten Liechtenstein vermachte. Er genoß die Rechte eines freien Mannes, war auch ein besonderer Liebling Kaiser Josephs II. Er sprach und schrieb geläufig deutsch, italienisch und französisch und war auch der tschechischen und lateinischen Sprache mächtig. Er verheiratete sich mit einer Frau von Christiani, mit der er eine Tochter hatte, die den Hofrat Freiherrn von Feuchtersleben heiratete, und war so der Großvater des Dichters Ernst Freiherr v. Eeuchtersleben. S. war Mitglied der Wiener Loge „Zur wahren Eintracht", der er den Freiherrn v. Born (s. d.) zugeführt. Er starb im Alter von 70 Jahren, 1796. Über Wunsch des Kaisers Franz II. wurde er trotz lebhaften, durch ein energisches Schreiben des Erzbischofs von Wien unterstützten Protestes der Familie, der man die Leiche abgelistet hatte, von dem Bildhauer Franz Thaler abgehäutet, ausgestopft und den kaiserlichen Sammlungen als Repräsentant des Menschengeschlechtes einverleibt, wo er in Gesellschaft eines Wasserschweines und mehrerer Sumpfvögel der frivolen Neugierde eines schaulustigen Publikums preisgegeben wurde (Brabbée, „Sub Rosa"). Bei der Beschießung Wiens im Jahre 1848 ging diese schändliche Erinnerung an dynastischen Ungeschmack in Flammen auf. (Ausführliche Darstellung von H. E. Jacob im „Berliner Tageblatt" vom 16. August 1931.)

Sols, der „Royal Modern Order of Jerusalem Sols" (Sonnenbrüder), eine 1785 von einem John Drawwater gegründete Nachahmung der Freimaurerei in Graden. Ihr Abzeichen war die Sonne, umgeben von maurerischen Symbolen. Der Orden ist nach einigen Jahren seines Bestehens wieder verschwunden. Genaueres über ihn A. Q. C., 1912.

Somali, französische Kolonie an der nordöstlichen Küste Afrikas; unter der Grande Loge de France arbeitet in der Hauptstadt Djibouti eine Loge.

Somerset House and Inverness Lodge, Royal. Die Loge Nr. 4 (urspr. Rummer and Grapes, dazu Old Horn L.) des Londoner Großlogenregisters ist eine von den drei heute noch bestehenden Gründungslogen der Großloge von England, die als Logen „from times immemorial" bezeichnet werden, d. h. als Logen von unvordenklichen Zeiten, die älter waren als die Großloge selbst. Die Loge, die in Channel Row in Westminster tagte, war durch die vorzugsweise adelige Mitgliedschaft bemerkenswert und zeigte gegenüber den drei anderen Gründungslogen der Großloge von England einen deutlichen sozialen Unterschied. Daß bei der gründenden Versammlung ein einfacher „gentleman" und nicht ein Mitglied dieser Adelsloge zum ersten Großmeister gewählt wurde, scheint auf ein gewisses mangelhaftes Interesse der adeligen Brr. hinzudeuten. Von den Mitgliedern der Loge hat einer besondere maurerische Berühmtheit erlangt: Andrew Michael Ramsay, der nach einer Mitteilung der „London Evening Post" vom 17. März 1730 „am vergangenen Montag" in die Loge aufgenommen wurde. 1747 wurde die Loge wegen Widerspenstigkeit aus den Großlogenregistern gestrichen, blieb dann vier Jahre unabhängig, worauf sie wieder in den Schoß der Großloge zurückkehrte. 1774 vereinigte sie sich mit der „Somersethouse Lodge", die 1762 von Dunckerley an Bord des Kriegsschiffes „H. M. S. Prince of Plymouth" gegründet worden war. Die „Royal Inverness Lodge", die 1828 in die Loge Nr. 4 aufging, war die erste nach der Union (1813) gegründete Loge. Sie ging aus den Offizieren des „Royal North Briton Volunteer Corps" hervor. Nach der Vereinigung nahm die alte Loge den noch heute gebräuchlichen Namen an, wobei sie die Gründungszahl Nr. 4 beibehielt. (Ihre Geschichte schrieb Reverend Arnold Whitaker, Oxford, London 1928.)

So mote it be, s. Amen.

Songhurst, W. J., englischer freimaurerischer Historiker, aufgenommen 1888, seit 1906 Mitglied der „Quatuor Coronati Lodge" und durch viele Jahre deren verdienstlicher Sekretär, der nicht nur mit anderen die Herausgabe der „Transactions" leitete, sondern auch durch selbständige wissenschaftliche Studien viele wertvolle Beiträge zur Geschichte der Freimaurerei lieferte.

Sonne bildet mit Mond und Meister vom Stuhl die „drei kleinen Lichter" der freimaurerischen Symbolik, die die Lichtquellen der Loge versinnbildlichen. Nach August Horneffer spielt möglicherweise auch die rosenkreuzerische Gleichsetzung der S. mit dem Gold, einem der Sinnbilder der idealen Welt, hinein (s. auch Licht).

Sonnemann, Leopold, Gründer und Herausgeber der „Frankfurter Zeitung", sozialpolitischer Schriftsteller, * 1831, † 1909, während zweier Legislaturperioden Mitglied des Deutschen Reichstags, war seit 1855 Mitglied der Loge „Zur aufgehenden Morgenröte" in Frankfurt a. M.

Sonnenfels, Josef Freiherr von, * 1732 als Sohn eines kleinen jüdischen Talmudgelehrten in Nikolsburg, Professor der politischen Wissenschaften an der Universität Wien, 1794 deren Rektor. 1811 Präsident der k. k. Akademie der bildenden Künste, Publizist, Kritiker. Er setzte bei der Kaiserin Maria Theresia durch, daß am Neujahrstag 1776 die Tortur abgeschafft wurde; die studierende Jugend erfüllte er mit neuen Ideen, die er in seiner kühnen freimütigen Zeitschrift „Der Mann ohne Vorurteil" (nach dieser das gleichnamige Lustspiel von Sacher-Masoch [s. d.]) auch in die breite Öffentlichkeit brachte. Universalgeist, kämpfte S. gegen Aberglauben, Vorurteile, Selbstsucht, Tiefstand der Bildung, Niveaulosigkeit des Theaters. S. war Mitglied der Loge „Zur wahren Eintracht", mit deren Stuhlmeister Born (s. d.) ihn besondere Freundschaft verband. Er regte die Gründung des von Blumauer (s. d.) geleiteten vortrefflichen „Journal für Freymaurer" an und war dessen Mitarbeiter. Die äußere Anerkennung seines trotz aller heftigen Anfeindungen eine Zeitlang erfolgreichen Wirkens war die Verleihung der Baronie. S., der auch Illuminat war (Ordensname Fabius), wurde darob bei Hofe vielfach denunziert, so von dem berüchtigten „Heerführer der Obscuranten", Professor Alois Hoffmann (s. d.) und dem ungarischen Spitzel Martinovics (s. d.). Vor dem Wiener Rathaus steht sein Denkmal. † 1817.

Sonnenkalb, Johann Heinrich Felix, * 1855, lebt in Hamburg, aufgenommen 1873 in der Loge „Boanerges" in Hamburg (Große Landesloge), ist heute einer der gründlichsten Kenner der Vorgeschichte der Freimaurerei in England und der bruderschaftlichen Vorstufen der Freimaurerei. Von seinen zahlreichen Schriften, die sich durch die strengste Selbstkritik auszeichnen, seien hier hervorgehoben: seine Untersuchungen über das Dumfries-Kilwinning-Manuskript, die Entzifferung des Meisterschlüssels von J. Browne und eine von einer geradezu enzyklopädischen Kenntnis des Freimaurertums zeugende Untersuchung über den Wert, das Alter, den Ursprung und die Ausbildung des Meistergrades und seiner Legende. S. vertritt in seinen geschichtlichen Untersuchungen die Anschauung, daß die Freimaurerei von den Bruderschaften der kirchenbauenden Steinmetzen abzuleiten sei, die nur für die Zeit des Kirchenbaues selbst an einem Orte seßhaft waren und nach Vollendung des Baues wieder weiterzogen. Diese Bruderschaften waren frei vom Zunftzwang der städtischen Zünfte, daher hießen sie Freimaurer. Die Hinweise auf die Benediktiner und deren Oblaten sichern in den Untersuchungen von S. manche Leitlinie zum Verständnis der bruderschaftlichen Gebräuche. Trotz seinem hohen Alter und einem Augenleiden, das ihm das Schreiben und Lesen beträchtlich erschwert, ist S., der Nestor der deutschen freimaurerischen Historiker, noch immer rastlos tätig und erfreut sich der allgemeinen Wertschätzung, die der Bedeutung seines Werkes angemessen ist.

Sonnenritter, s. Ritter der Sonne.

Sonneveld, Willem, holländischer Jurist, * 1863, † 1927. Präsident des Justizrates in Samarang, Direktor des Justizdepartements in Batavia, Mitglied des Rates von Niederländisch-Indien, aufgenommen 1894 in der Loge „Mata Hari" in Padang, war stellvertretender Großmeister für Niederländisch-Indien und (1923) Großmeister des Großostens der Niederlande. Die freimaurerischen Ideale deckten sich vollkommen mit seiner ganzen Lebensauffassung.

Sonntagsarbeiten, sind in den britischen Logen nicht gestattet. 1779 wurde sogar von der Großloge von Irland verfügt, daß „alle Brr., die am Sonntag Loge halten würden, aus der Großloge auszuschließen seien. Dagegen tritt Sonntags in London der „Logic Club" zusammen, eine freimaurerische Instruktionsvereinigung, die nicht Logencharakter trägt.

Sonntagsgruß, Wochenschrift des Vereins für innere Mission in Frankfurt a. M., geleitet von Pfarrer Probst, erging sich in heftigen Angriffen gegen die Freimaurer. Da sachliche Entgegnungen und persönliche Verständigungsversuche den Schriftleiter nicht zu ruhiger, objektiver Betrachtung brachten, führte der Zugeordnete Großmeister der Großen Mutterloge des Eklektischen Freimaurerbundes, Rektor C. Walther, als Mitglied der Landeskirchenversammlung, Beschwerde bei dieser. Der Großmeister wandte sich außerdem an den Verein für innere Mission und den Landeskirchenrat. Diese Abwehrmaßnahmen hatten zur Folge, daß die genannten kirchlichen Instanzen die Handlungsweise des Pfarrers Probst mißbilligten. (Jahresbericht 1930/31 der Großen Mutterloge des Eklektischen Freimaurerbundes.)

Sonora, Bundesstaat von Mexiko (Norden). Die 1923 gegründete „Gran Logia del Pacifico" umfaßte 1930 13 Logen mit rund 650 Mitgliedern. Adresse: Apartado postal 20, Guaymas, Sonora (s. Mexiko).

Sophisiens, L'ordre sacré des, von napoleonischen Offizieren nach dem ägyptischen Feldzug gegründete freimaurerische Vereinigung mit drei Graden: Aspiranten, Eingeweihte, Mitglieder der großen Mysterien. 1801 wurde dieser Ritus vom Stuhlmeister Cuvelier de Trie in der Pariser Loge „Frères-Artistes" eingeführt. An der Spitze des ephemeren Ordens stand der „Grand Isiarque". An Stelle von Hämmern wurden Pfeifen verwendet (Ragon, „Orthodoxie maçonnique").

Sorbonne, die altberühmte Theologenschule in Paris, deren Gründung auf den Hofkaplan Ludwigs des Heiligen, Robert v. Sorbon († 1274), zurückgeht, führte im 18. Jahrhundert einen erbitterten Kampf gegen die freisinnigen Schriftsteller. Daher Voltaires „Tombeau de la S.". Durch die Dekrete der Nationalversammlung 1790 enteignet, ging der Name schließlich auf die Pariser Universität über. Die S. erließ am 3. August und 12. November 1748 Verdammungsurteile gegen die Freimaurer, die durch den Polizeileutnant von Paris, Herault, veröffentlicht wurden. Die französischen Freimaurer ließen 1764 eine Gegenschrift erscheinen, die De la Tierce verfaßte. Auch in deutscher Sprache 1766 erschienen.

Sorrow Lodges (engl.), Trauerloge.

Söul (japanisch Keijo), Hauptstadt der japanischen Kolonie Korea. Unter der Großloge von Schottland ist hier die Loge „Korea 1048" tätig.

Soulacroix, Gabriel, s. Besonnies de, Abbé.

Soult, Nicolas, Herzog von Dalmatien, Marschall von Frankreich, * 1769, † 1851, entschied die Schlacht von Austerlitz, Generalstabschef bei Waterloo, unter Louis Philippe Kriegs- und Außenminister, später Ministerpräsident, war Freimaurer.

Sousa, John Philipp, Oberstleutnant, berühmter amerikanischer Komponist und Kapellmeister, langjähriger Dirigent der U. S. Marinekapelle, „König der Märsche" („Washington Post", „Semper Fidelis", „The Stars and Stripes Forever"), Novellist, * 1854, wohnhaft in New York, ist Mitglied der Hiram Lodge Nr. 10 in Washington. Er komponierte u. a. auch den sehr bekannt gewordenen Marsch „Nobles of the Mystic Shrine".

South Carolina, Bundesstaat der Vereinigten Staaten von Nordamerika. Die 1777 gegründete, 1807 mit einer 1787 ins Leben getretenen zweiten Obedienz („Antients") vereinigte Großloge zählte 1930 289 Logen mit rund 29.000 Mitgliedern. Ihre Geschichte wurde 1861 von Maaken geschrieben; die große Feuersbrunst von 1865 zerstörte fast die ganze Auflage des Buches. Bereits 1736 wurde in Charleston auf Grund eines im Jahre zuvor vom englischen Großmeister Lord Weymouth erteilten Patents Loge gehalten. In der zweiten Hälfte des 18. Jahrhunderts fanden die von Morin (s. d.) aus Frankreich nach Westindien gebrachten schottischen Grade in Charleston begeisterte Anhänger. 1783 gründete Isaac Da Costa eine „Grand Lodge of Perfection", 1788 Joseph Myers einen „Großen Rat der Prinzen von Jerusalem", 1797 Jean Baptiste Marie de la Hogue einen „Großen Rat der Prinzen des Königlichen Geheimnisses", 1801 entstand der erste Oberste Rat des A. u. A. Schottischen Ritus, der „Mother Supreme Council of the World". Adresse der Großloge: Masonic Temple, Charleston.

South Dakota, Bundesstaat der Vereinigten Staaten von Nordamerika. Die 1889 nach der Bildung der Staaten North Carolina und South Carolina aus der Großloge des Dakotagebietes hervorgegangene Großloge zählte 1930 177 Logen mit 19.885 Mitgliedern. Adresse: Masonic Temple, Sioux Falls.

Sowjets, s. Bolschewismus.

Soziale Arbeit nennt man die theoretische oder praktische Tätigkeit im Interesse einer Gesamtheit, deren Individuen durch ein gemeinsames Schicksal zusammengehören; z. B. Analphabeten, Kranke, Trunksüchtige usw. Die s. A. ist wesentlich dadurch bestimmt, daß sie sich durch den Zweck, der in ihr gelegen ist, und durch den Gegenstand, mit dem sie sich befaßt, von vornherein spezifiziert. S. A. im Dienste des Vaterlandes heißt Patriotismus, im Dienste der Menschheit Humanität, im Dienste einer Klasse, z. B. des Proletariats, Sozialismus usw. — jedoch s. A. im eigentlichen, technischen Sinne nur jene, die individueller Prägung durch das bestimmte konkrete Ziel ist, dem sie gewidmet wird. Ein Spezialfall wieder der s. A. ist die Wohlfahrtspflege (s. d.), die von der Freimaurerei systematisch ausgeübt wird.

Den geistigen Tendenzen der Freimaurerei entsprechend, versteht diese unter s. A. neben der Wohlfahrtspflege die allgemeine kulturpolitische Tätigkeit zum Zwecke der Aufklärung der Massen im Sinne des Fortschrittes nach dem Ziel der Humanität hin. Infolgedessen fördern manche maurerische Körperschaften Bestrebungen im profanen kulturellen Leben der Gesellschaft, die der Humanität näherzukommen suchen. Sie gründen Vereine und unterstützen solche, die sich fortschrittliche kulturpolitische Aufgaben stellen (z. B. Volksbildungsorganisationen), sie machen es ihren Mitgliedern zur Pflicht, in ihrem profanen Wirkungskreis diese s. A. auf jederlei Weise zu fördern usw. Die s. A. der Freimaurerei hat also zur vornehmsten Aufgabe, die innere und äußere Lebenslage von Menschen zu bessern, indem sie bestimmten, durch ein gemeinsames Schicksal geeinten Gruppen materielle oder ideelle Förderung zu geben sucht. In dieser Tätigkeit macht sie keinen Unterschied zwischen Klassen, Rassen und Bekenntnissen und hält ihre kulturpolitische s. A. frei von jedweder politischen Einschränkung und Betätigung.

Sozialismus, Sozialdemokratie.

1. Sozialismus, Lehre, die besagt, daß das Privateigentum unsittlich und sinnlos und das Gemeineigentum allein zweckmäßig und sittlich sei. S. tritt in verschiedenen Formen auf. Eine seiner Spielarten beschränkt sich auf die Sozialisierung der Produktionsmittel, die radikalste will auch die Verbrauchsgüter als Gemeineigentum erklären (Kommunismus). Am verbreitetsten ist der S. in der

geschichtsbedeutenden marxistischen Form, die auf der Grundlage des historischen Materialismus (s. d.) aufgebaut ist und die wirtschaftlichen als die allein bestimmenden Faktoren in der Geschichte auffaßt. Neuerdings wird der S. von manchen auch als eine Art Religion betrachtet (De Mann, H. G. Wells), die ein diesseitiges Paradies ersehnt.

2. Sozialdemokratie, Sozialdemokratische Partei, will das Programm des S. unter Anwendung demokratischer Mittel verwirklichen. Nach Marx ist die Sozialdemokratie revolutionär im Gegensatz zu anderen sozialistischen Richtungen, die auf dem Wege der sozialen Reform eine neue Gesellschaftsordnung herbeiführen sollen. Sie ist aber nicht revolutionär in dem Sinne, daß der Kampf, den sie für ihre Zwecke durchzuführen hat, ein illegaler oder gewalttätiger sein müßte.

Die Stellungnahme der Freimaurerei zum S. und zur Sozialdemokratie ergibt sich aus den ethischen, kulturellen und unpolitischen Tendenzen des Bundes. Dieser ist Träger einer Kulturbewegung und muß als solcher sich einordnen in die modernen Strukturwandlungen des geistigen und wirtschaftlichen Lebens. In der Auffassung der Freimaurer ist das Wesen des S. die Höherwertung der Motive des Gemeinschaftsgefühls gegenüber denen des persönlichen Vorteils.

Die Freimaurerei sympathisiert, ihrer ganzen Ideologie nach, ohne sich einseitig festzulegen, mit allen Bestrebungen, die eine Milderung, bezw. Beseitigung des sozialen Unrechts erreichen wollen; im übrigen kann sie nach ihrer Einstellung, die allen vorwärtsstrebenden Strömungen Raum läßt und eine Befriedung des Feindlichen, eine Harmonisierung der Gegensätze will, keine Haltung einnehmen, die sie selbst irgendwie zur Partei machen würde. Sie begibt sich bewußt des Mittels gesellschaftlicher Revolutionierung; sie arbeitet am Individuum, während der S. die Seele der breiten Masse für eine innere Umwandlung vorzubereiten sich müht. Die Kraft für diese seelische wie für die politisch-gesellschaftliche Umwälzung hat der moderne S. in der Ideologie der geschlossenen Klasse und der aus dem Bewußtsein der wirtschaftlichen Zugehörigkeit zu ihr ersprossenen Bereitschaft zum Kampf für die Menschenrechte gewonnen; die Freimaurerei hingegen verzichtet auf den Antrieb aus der ökonomischen und kulturellen Sonderstellung einer zunächst die eigene Erhöhung erstrebenden sozialen Schichte und setzt die Vervollkommnung der Gesamtmenschheit in Rechnung.

Es ist ganz selbstverständlich, daß auch Sozialisten, bezw. Sozialdemokraten in den Reihen der Freimaurerei ihren Platz haben, wenn dies auch mancherorts (z. B. in Deutschland) lange bestritten wurde. Ebenso wie auf der anderen Seite auch sozialistische, bezw. sozialdemokratische Gruppen eine Inkompatibilität zwischen der Zugehörigkeit zur Partei und der Freimaurerei festgestellt haben, so haben vor dem Krieg, nicht zuletzt unter dem Einfluß von Mussolini, die italienischen Sozialdemokraten Feindschaft gegenüber der Freimaurerei bekundet; der Parteitag von Reggio 1912 sprach die Überzeugung aus, daß Freimaurerei und S. unvereinbar miteinander seien, und daß daher ein Sozialist nicht Freimaurer sein könne. Dieser Beschluß führte zum Ausscheiden von Sozialdemokraten aus der italienischen Freimaurerei; andere aber, z. B. Giovanni Lerda, bewahrten dem Bunde die Treue und verließen die Partei. Einen ähnlichen Beschluß faßten — während des Weltkrieges — die ungarischen Sozialdemokraten; in neuester Zeit machen sich, von Genf ausgehend, gleichartige Anschauungen auch in einem Teil der schweizerischen Sozialdemokratie geltend.

Jene Sozialdemokraten, die die Freimaurerei ablehnen, erblicken vor allem einen starken Gegensatz zwischen der Klassenkampftheorie und dem unbedingten Versöhnungsgedanken, dem maurerischen Grundsatz der Allumfassung, einen weiteren zwischen der materialistischen Weltanschauung und dem freimaurerischen Idealismus. Nach der materialistischen Geschichtsauffassung ist die ökonomische Befreiung der Arbeiterklasse Voraussetzung der geistigen und kulturellen Umwandlung; die Absicht der Freimaurerei zielt zwar ebenfalls auf Beseitigung der aus dem heutigen Gesellschaftsprinzip erfließenden Leiden, aber ihr Programm vertritt nicht die Forderung nach Beseitigung des herrschenden Wirtschaftssystems; sie geht vom Willen und der maurerischen Erleuchtung des einzelnen, von der Formung seines Innenlebens aus. Demgegenüber gibt es aber nicht wenige Sozialisten, die gerade hier die Möglichkeit einer Synthese sehen und in einer Verquickung der Humanitätsidee mit den geistigen Idealen vor allen des ethischen S. Möglichkeiten zur Verwirklichung ihrer kulturellen Ziele erblicken.

Der zur Freimaurerei strebende Sozialist ist vom Willen geleitet, die Lücke in seinem Seelenleben auszufüllen, die dadurch klafft, daß die „innere Umwandlung des auf wirtschaftlichem Egoismus beruhenden, überlieferten Seelenzustandes zum wahrhaftigen sozialistischen Gemeingefühl noch nicht erreicht ist. Er kommt mit gereifter, wissenschaftlich gestützter Weltanschauung und sucht die gefühlsbetonte Überhöhung seiner realen Einstellung zur Umwelt; er findet sie in der kultischen Symbolisierung dessen, was bereits sein verstandgemäßes Eigentum war; bewußte, aus der Vernunft erstandene Erkenntnis bringt er in die Loge mit und sieht sie hier in die andere, seelische Erscheinungsform des sublimierten, überhöhten Lebenstriebes gewandelt, der sich in der maurerischen Weisheit, Schönheit und Stärke ausdrückt. Da das Freimaurertum in allen Zeiten seines Bestandes die großen, der Menschheitsentwicklung die Richtung gebenden Gedanken in sich aufgenommen, gepflegt und in ihrer Art für den Menschheitsbau verwendet hat, so vermag der Sozialist als Freimaurer zu solcher Arbeit bedeutsames Baumaterial herbeizuschaffen. Was ihm im profanen Leben der Klassenkampf, wird ihm im maurerischen, um eine Stufe erhöht, zur Menschheitsarbeit; was ihm im profanen Leben heute noch Klassenegoismus, wird ihm, der Entwicklung vorgreifend, durch das Symbol zum Menschheitsbau. Er wird dieserart der sozialen, der gesellschaftsbildenden Kraft innerhalb der unwandelbaren maurerischen Wahrheit die Anregung geben, auch die Idee des S. aufzunehmen, zu pflegen und in ihrer Art für den Menschheitsbau zu verwerten. Die verpflichtende Geistigkeit der Freimaurerei wird auch dieser Aufgabe gerecht werden, aus dem als materialistisch gescholtenen marxistischen S. die seelischen Werte herauszuholen und sie symbolisch überhöht dem großen Menschheitsbau einzufügen." (Vergl. Gustav Slekow, „Der Sozialist als Freimaurer" in „Die Gegenwartsmaurerei", Festschrift der Großloge von Wien, 1928.)

Sozietäten, s. Societas usw.

Spafford, Edward Elwell, oberster Führer der American Legion, der großen Organisation der amerikanischen Kriegsteilnehmer, * 1878, ist Mitglied der „Delta Lodge" Nr. 451 in Brooklyn.

Spalding, William F., bedeutender englischer volkswirtschaftlicher Schriftsteller, * 1879, Redakteur bekannter Fachzeitschriften, ist Freimaurer.

Spancken, Anton, Dr. phil., † 1928, Mitglied der Loge „Freiherr vom Stein" in Bielefeld, Zweiter Vorsitzender des „Bielefelder Rings altpreußischer Logen", war auf freimaurerischem Gebiete schriftstellerisch tätig. In der Zeit der schwersten Angriffe auf die Freimaurerei und des Weltkriegs veröffentlichte er eine vielgelesene Aufklärungschrift „Die deutschen Freimaurer".

Spanien.

Die früheste kontinentale Loge.

Die allererste in den Registern der Großloge von England (unter der Nr. 50) verzeichnete Loge außerhalb der Britischen Inseln wurde am 5. Februar 1728 vom Herzog von Wharton (s. d.), damals in spanischen Diensten, in Madrid installiert und im folgenden Jahr vom englischen Großmeister Lord Coleraine mit einem Patent beteilt. Sie führte den Namen „Madritense". 1739 gab es bereits einen Provinzial-Großmeister von Andalusien (Captain J. Commerford), ein Jahr später — unter Philipp V. — wurden Mitglieder einer Madrider Loge an ihrer Kultstätte aufgegriffen und in die Kerker der Inquisition (s. d.) geworfen. Unter Ferdinand VI. setzte diese ein Dekret durch, das alle Freimaurer als Hochverräter des Landes verwies. Dennoch bildeten sich Logen in Barcelona, Bilbao, Valladolid, Murcia, Salamanca, Oviedo usw. 1751, nach dem Erscheinen der antifreimaurerischen Bulle Providas des Papstes Benedikt XIV., ließ sich der Franziskaner Fra José Torrubia (s. d.), Zensor und Revisor der Inquisition in Madrid, um die Freimaurerei wirksamer bekämpfen zu können, unter falschem Vorwand in eine Loge aufnehmen, nachdem er zuvor vom päpstlichen Pönitentarius feierlich von dem abzulegenden Gelöbnis der Verschwiegenheit entbunden worden war. In einer maßlos heftigen Anklageschrift bezeichnete er die Freimaurer als Sodomiten und Zauberer, Ketzer und Atheisten, als für den Staat höchst gefährliche Aufrührer, die zur „größeren Verherrlichung des Glaubens und Stärkung der Gläubigen in einem erbaulichen Autodafé verbrannt" werden sollten. Ein neues königliches Edikt war die Folge.

Die erste Großloge.

Erst unter dem freier gesinnten Karl III. (1759—1788) konnte 1767 die spanische Provinzial-Großloge der Großloge von England aufgestellt werden, die sich 1780 selbständig machte und sich als Grande Oriente konstituierte. Großmeister war der aufgeklärte Minister und Bekämpfer der Übermacht der Inquisition, Graf Aranda (s. d.), Sitz der Palast der Herzöge von Hijar. Unter der Führung von Aranda gedieh der Großorient vortrefflich. Als aber nach dem Tode des Königs unter seinem Nachfolger wieder ein reaktionärer Ministerpräsident ans Ruder kam, Godoy, verbannte dieser Aranda und vertrieb zu Beginn der neunziger Jahre die nun vom Grafen von Montijo geführten Freimaurer aufs neue. Der Einmarsch der Franzosen 1807 machte dann das Arbeiten wieder möglich. Eine Anzahl von Logen entstand in der Folgezeit. Zunächst wurden solche von französischer Seite gegründet. Die erste, die französische Bauhütte „Santa Julia", etablierte sich im Palast der Inquisition. Ende 1809 gab es unter dem am 3. November d. J. gestifteten Großorient von S. (unter der Oberhoheit des Großorients von Frankreich) Logen in Jaén. Salamanca usw. Auch der A. u. A. Schottische Ritus, 1804 vom Grafen Grasse-Tilly (s. d.) durch Einsetzung des Obersten Rates von Frankreich von Amerika nach Europa verpflanzt, hielt seinen Einzug. Der europäische Pionier dieses Ritus selbst setzte 1811 in Madrid den Obersten Rat von S. ein, nachdem schon vorher von anderer Seite Schritte in der gleichen Richtung getan worden waren. An der Spitze standen nacheinander prominente Männer: der Minister des Königs Joseph Bonaparte, D. Miguel José de Azanza, dann D. Augustin Argüelles u. a. Den Logen strömten zahlreiche freiheitliche Elemente zu. Von den Männern, die in der Folge berühmt wurden, u. a. die freiheitlich gesinnten Generale Ballesteros (s. d.) und Alava (s. d.). Zahlreiche Freimaurer gehörten der Cortes von Cadiź an, die die berühmte Konstitution von 1812 schuf.

Verfolgungen.

Napoleons Sturz bedeutete eine neue Ära der Verfolgungen. Der absolutistische Ferdinand VII. machte, 1814 zurückgekehrt, der freimaurerischen Arbeit wieder ein Ende. Eine Reihe hervorragender Männer, darunter Alavar, mußten ihre Treue zum Bund mit Folterqualen und Einkerkerung büßen. Freimaurer, die nie politisch hervorgetreten waren, wurden, nur weil sie einer Loge angehörten, der Tortur unterworfen. Die grausame Bedrückung trieb die Freimaurer immer mehr in die Reihen der für eine moderne Verfassung Kämpfenden, ließ sie Führer der Liberalen, Pioniere des freien Denkens werden. So war der Führer des Aufstandes von 1820, der Oberst, spätere General

Rafael del Riego y Nuñez (s. d.), Großmeister des 1817 zu neuer Tätigkeit erstandenen Großorients.

Aber der Freiheitstraum war bald ausgeträumt. Trotzdem 1823 nach der Hinrichtung Riegos der Infant Francisco de Paula de Borbón (s. d.) Großmeister wurde, verschärfte Ferdinand VII. im folgenden Jahre die antifreimaurerischen Maßnahmen. Er machte dafür die führende Teilnahme von Freimaurern an der Revolution geltend. Meldezwang wurde eingeführt. Freimaurer, die nicht binnen 30 Tagen ihre Zugehörigkeit anzeigten, sollten ohne Verfahren binnen 24 Stunden exekutiert werden. In Granada wurden zehn Freimaurer, hauptsächlich Offiziere, enthauptet. Auch in den folgenden Jahren beförderte man Bürger zum Tode, die „sich der Freimaurerei schuldig gemacht und das nicht selbst angegeben hatten", 1828 den Marquis Labrillana und den Hauptmann Alvarez de Sottomayor, 1829, den Oberstleutnant Galvez in Barcelona. Dem Freimaurer Antonio Caro, der, den Kopf schon in der Schlinge, den Ruf ausstieß: „Es lebe die Freimaurerei!" wurde nach der Hinrichtung die rechte Hand abgehauen.

Nach dem Tode Ferdinands (1833) wagte man wieder zu arbeiten, während des Bürgerkriegs ohne leitende Behörde. Die neuen Logen wurden einige Zeit geduldet, 1846 bildete sich ein neuer Großorient („Hesperico" oder „Espagnol") mit zwölf Metropolitanlogen. 1852 nahm abermals eine Ära der Verfolgungen ihren Anfang, zunächst in Gison. 1853 wurden die Mitglieder einer Loge in Gracia nach Barcelona gebracht und dort zu Kerkerhaft verurteilt. Von 1854—1856 (Regierung des Generals Baldomero Espartero) trat eine Atempause ein, vom Juli 1856 an mußten die Logen neuerdings darauf verzichten, Beziehungen zueinander zu unterhalten.

Die Revolution von 1868 machte 1870 den Herzog Amadeo von Savoyen — er war selbst Freimaurer — den zweiten Sohn des italienischen Königs Victor Emanuel, zum spanischen Herrscher. Das freimaurerische Leben erwachte wieder. Es kam vollends zur Blüte, als drei Jahre später die Republik ausgerufen wurde. Mehrere Großbehörden erstanden in neuer Gestalt, u. a. 1869 der „Nationale Großorient" (Großmeister Ramon Maria Calatrava) und der demokratischere ‚Großorient von S." (Großmeister zuerst Carlos Mañan, später der Staatsmann Ruiz Zorilla, s. d.); auch von Portugal aus wurde gegründet. Die Entwicklung war aber infolge mancher Gegensätze interner Natur auch jetzt schwankend. Es kam seit 1875 zu Schismen, Verschmelzungen, Neugründungen, Wiedervereinigungen. Bisweilen waren drei Großkörperschaften nebeneinander tätig, die alle auf die Bezeichnung „Großorient" Anspruch erhoben. An Mahnungen zur Einigung der spanischen Maurerei fehlte es aber nie. Sie schlug in den achtziger Jahren kräftig durch. Aus dieser Zeit stammen die beiden symbolischen Großbehörden, die heute die spanische Maurerei verkörpern. Unter dem lusitanischen Großorient (Portugal) entstand 1881 eine „Unabhängige Symbolische Großloge" in Sevilla, 1885 die „Regional-Großloge für Katalonien und die Balearischen Inseln" (Regional Catalano-Balear), geführt von Rosendo Arus, von 1886 an unabhängig, während 1889 der Großorient von S. (Großmeister Dr. Miguel Morayta) sich konstituierte. Die beiden lezteren Körperschaften schlossen im März 1914 ein Konkordat, das in der Folgezeit der Regional-Großloge die Autonomie für das in ihrem Titel bezeichnete Gebiet beließ, während der Großorient als Spitzenorganisation die ausschließliche Befugnis erhielt, die dieserart vereinte spanische Freimaurerei nach außen zu vertreten. Zwischen 1889 und 1910 lag wieder eine Reihe von Jahren der Verfolgung. Besonders heftig war das Kesseltreiben in den neunziger Jahren, als man den Freimaurern die revolutionären Vorgänge auf Kuba und den Philippinen anlastete, die zur Kriegserklärung der Vereinigten Staaten an S. führten. Man beschlagnahmte Archive, verhaftete Führer. In Manila wurde am 30. Dezember 1896 der Freimaurer Rizal (s. d.), der heutige Nationalheros der Philippinen, wegen angeblicher Teilnahme am Aufstand füsiliert. Im Jänner 1897 wurden am gleichen Platz zehn weitere Freimaurer hingerichtet, deren einziges Verbrechen ihre Logentätigkeit war. Beim Justizmord an dem revolutionären Pädagogen Francisco Ferrer (s. d.) 1909 spielte dessen Zugehörigkeit zur Freimaurerei ebenfalls eine wichtige Rolle.

Damit war die Leidensgeschichte der spanischen Freimaurerei noch keineswegs zu Ende. Sie wurde nie von den staatlichen Autoritäten wie andere Organisationen anerkannt, sondern immer nur geduldet. Wann immer zur Zeit der Diktatur von Primo de Rivera (s. d.) gegen freiheitliche Gesinnung vorgegangen wurde, drang die Polizei auch in Freimaurertempel ein und verhaftete prominente Brr. Als im November 1927 Primo de Rivera in einer Note an die Zeitungen von „Freimaurern, Kommunisten und Geschäftspolitikern" sprach, antwortete ihm der Großmeister Francisco Esteva mit einem mutigen, energischen Schreiben, in dem er die glühende Vaterlandsliebe der spanischen Freimaurer betonte, aber auch deren übernationale pazifistische Ideologie unterstrich. 1929 lud die Großloge von S. anläßlich der Weltausstellung in Barcelona zu einem ibero-amerikanischen Freimaurerkongreß ein. Am Tage, da dieser beginnen sollte, wurde er ohne nähere Begründung vom Präfekten von Barcelona verboten.

Trotz aller dieser Schikanen und Schwierigkeiten blieb die spanische Freimaurerei sehr rege. 1920 kündigte die Regional-Großloge Catalano-Balear den Pakt mit dem Großorient (wegen Logengründung in Barcelona seitens der letzteren) und konstituierte sich 1921 als selbständige Gran Logia Espagnola, wobei sie gleichzeitig ihre Jurisdiktion über ganz Spanien erstreckte. Der Großorient hingegen gliederte seine Organisation 1922 in eine Reihe von Regional-Großlogen, zusammengefaßt in einen Consejo Federal Simbólico in Sevilla.

Die Republik Spanien.

1930 zählte die Großloge 52 Logen mit rund 1800 Mitgliedern (Adresse: Gran Secretario, Ateneo Humanidad, Mendizabal 25, Barcelona). Der Großorient, ebenso wie die Großloge Mitglied der A. M. I., hatte in diesem Zeitraum 79 Logen, 26 Kränzchen und 2500 Mitglieder. Von seinen sieben Regional-Großlogen arbeitet eine in Marokko, eine in Argentinien. Die Proklamation der spanischen Republik am 14. April 1931 machte es dem Grande Oriente möglich, am 5. Juli d. J. den Beschluß zu fassen, seinen Sitz von Sevilla wieder nach Madrid zu verlegen (Adresse: Sr. D. Aselo, Plaza, Calle Principe 12). Die Großmeisterschaft übernahm der Verkehrsminister Diego Martinez Barrio.

In Madrid hat auch der Oberste Rat des A. u. A. Schottischen Ritus seinen Sitz.

Die freimaurerfeindliche Presse nennt die neue spanische Republik gerne „Freimaurer-Republik". Es ist aber nicht richtig, wenn damit gesagt werden soll, daß die spanische Freimaurerei nun das Land regiere. Gewiß: der Hauptmann Fermin Galan (s. d.), der Märtyrer von Jaca, der sich für den republikanischen Gedanken opferte, war Freimaurer. Auch in der republikanischen Regierung sitzen Mitglieder des Bundes. Aber damit ist eine entscheidende Einflußnahme der Freimaurerei als solcher auf die Tagesgeschehnisse durchaus nicht gegeben. Diese hat auch, im Gegensatz zu Alarmmeldungen, nicht das geringste mit dem Kloster- und Kirchensturm zu tun gehabt, der, das Werk fanatisierter, von Extremisten übel beratener Außenseiter, einige Tage lang das Bild der republikanischen Entwicklung trübte.

Der Großorient sprach am 10. Mai in einem „Gruß an die Republik" seine Freude über die Neugestaltung, die Errichtung eines Regimes aus, „das der Ausdruck des Willens der Nation ist". Gleichzeitig wurde aber betont, daß die Freimaurerei sich frei von allen Parteitendenzen wisse, daß sie lehre, sich für die großen Ideale zu opfern. In der Ritterlichkeit und Toleranz, die im allgemeinen die Bewegung kennzeichnete, erblickte der Großorient den deutlichsten Einfluß freimaurerischer Erziehungsarbeit.

Spanisches Königshaus, s. Bourbon, spanisches Königshaus.

Spartacus, Ordensname von Weishaupt (s. d.) im Illuminatenorden.

Spaur.

1. Leopold Maria Josef, Graf v., Fürstbischof von Brixen, * 1696, † 1778, war Mitglied der Loge „Zu den drei Bergen" in Innsbruck.

2. Friedrich Franz Josef, Graf v., Domherr zu Salzburg und Passau, * 1756 in Mainz, aufgeklärter katholischer Priester, gehörte der Strikten Observanz an und gründete 1783 die Loge „Zur Fürsicht" in Salzburg, der er als erster Meister vom Stuhl vorstand. S. war auch Illuminat (Ordensname: Antonius Pius).

Spekulative Freimaurerei, vom englischen Speculative Masonry, im Gegensatz zur Operative Masonry (Werkmaurerei), nennt man die aus den Steinmetzenbruderschaften entwickelte Form der geistigen Bauhütten, die durch den Eintritt von Nichtsteinmetzen gegen Ende des 16. Jahrhunderts in England entstand. Das im Deutschen nur schwer übersetzbare Wort Speculative will den Unterschied festlegen zwischen der in den Bauhütten der Steinmetzenbruderschaften geleisteten Werkarbeit und der in den Logen der Freimaurer üblichen geistigen oder Symbolarbeit. Im Sprachgebrauch der freimaurerischen Geschichtsschreiber bedeutet daher operativ die Werkloge, spekulativ dagegen die geistige Freimaurerloge. Die englischen Freimaurerlogen nach 1717 haben sich niemals selbst als spekulative bezeichnet. Dagegen bringt Preston in seinen „Illustrations of Freemasonry" (zitiert nach der New Edition von 1787) im Abschnitt 4 die folgende Doppelbedeutung für spekulativ und operativ, die deswegen interessant ist, weil er damit auch für die Symbolloge das Prädikat „operativ" in Anspruch nimmt: „Freimaurerei geht und wird verstanden unter zweierlei Bezeichnung: sie ist operativ und spekulativ. Bei der ersteren Bezeichnung spielen wir auf die Regeln der Architektur an, durch welche ein Bauwerk Ansehen, Kraft und Schönheit bekommt und durch welche ein richtiges Verhältnis und richtige Übereinstimmung erzielt wird. Durch die letztere lernen wir unsere Leidenschaften zügeln, winkelrecht handeln, unsere Zunge im Zaum halten, Geheimnisse bewahren und Menschenliebe üben."

Speransky, Michael, Graf, russischer Staatsmann, * 1772, † 1839, Sohn eines Popen, Mathematikprofessor, Demokrat. Von Alexander I. zum Staatssekretär im Reichsrat ernannt, entwarf er die neue Verfassung. 1808 Chef der Gesetzkommission, 1812 verbannt, 1814 wieder zurückberufen. Als Generalgouverneur von Sibirien (1819—1821) nahm er sich der Verschickten mit größter Wärme an. Unter Nikolaus I. leistete er hervorragende Kodifizierungsarbeit. S. wurde 1810 von Feßler (s. d.) zum Maurer aufgenommen, als er vom Zaren zum Mitglied der Kommission ernannt worden war, die über das weitere Schicksal der russischen Freimaurerei zu entscheiden hatte (s. Rußland).

Speth, George William, * 1847, † 1901, englischer freimaurerischer Historiker, Mitarbeiter von Gould, 1872 in der Lodge of Unity aufgenommen. Er gehörte zu den Stiftern des Quatuor Coronati Lodge, war deren erster Sekretär und Gründer des Correspondence Circle. Seine Arbeiten, die zumeist in den lange von ihm herausgegebenen „Transactions" dieser Loge erschienen sind, umfassen zahlreiche Kapitel der Vorgeschichte der Freimaurerei in England, die Entwicklung des Rituals u. a. Welche Bedeutung seinen Arbeiten zukommt, erhellt am besten aus der Tatsache, daß die Quatuor Coronatiloge im Jahre 1931 seine folkloristischen Untersuchungen über das Bauopfer neu herausgab.

Speyer, Wilhelm, Liederkomponist, * 1790, † 1878, aufgenommen in der Loge „Carl und

Charlotte" in Offenbach a. M., führte der Loge „Zur Einigkeit" in Frankfurt a. M. Franz Liszt (s. d.) zu, war Zugeordneter Großmeister der Großen Mutterloge des Eklektischen Freimaurerbundes.

Sphère (frz.), Globus (s. d.).

Sphinx, das klassische Fabeltier (Ödipussage) ist mit den zahlreichen ägyptischen Anklängen in die freimaurerische Symbolik des 18. Jahrhunderts gelangt. Nach dem „Wiener Freymaurer Journal" von 1784 (I. 116) soll die Sphinx Stärke und Weisheit ausdrücken, außerdem aber symbolisch andeuten, „daß der Freimaurer Geheimnisse unter heiliger Verhüllung sollen bewahrt werden, damit selbige so wenig wie die Rätsel der Sphinx zu der Wissenschaft des gemeinen Mannes gelangen möchten".

Spiegel, Symbol der Prüfung in einzelnen Systemen; nicht der S. der Eitelkeit, sondern der Selbsterkenntnis der eigenen Mängel und Schwächen, der das ungeschminkte Ich zeigt, ist gemeint. Angespielt wird auf die Erklärung des Diogenes Laertios: „Sokrates riet den Jünglingen, sich oft im S. zu beschauen, daß, wenn sie schön wären, sie sich ihrer Schönheit gemäß betrügen, und wenn sie häßlich wären, sie durch Geistesbildung ihre Häßlichkeit bedeckten." Das Lehrbild der Selbstbeschau im S. hatte schon der Alt-Schottische Ritus in Form eines S. mit dem in der Mitte eingegrabenen Worte Jehowa. Ebenso die Afrikanischen Bauherrn (s. d.). Schröder verwendet ihn, nicht ohne Widerspruch, im Gesellengrade.

Spinoza. Bei der Feier anläßlich des zweihundertfünfzigsten Todestages des großen Philosophen (1927) war auch die holländische Freimaurerei offiziell vertreten. Der Großosten der Niederlande ließ bei der Enthüllung des Gedenksteines auf dem Grabe von S. einen Kranz niederlegen, als Huldigung für den Mann, der in so hohem Maße die Geistesfreiheit gefördert und verteidigt hat.

Spionage, s. Urbanski v. Ostrymiecz, August.

Spiritualismus, die Weltanschauung, die den Geist als das Wesen der Wirklichkeit auffaßt. Der Körper ist bloß eine Erscheinungsform des Geistes, das „An Sich" der Dinge, ein der Seele analoges Innensein. In der extremen Form führt S. zum Aberglauben und wird von der Freimaurerei abgelehnt, da sie nach Harmonie und Entfaltung aller Kräfte des Weltalls strebt. In seiner gemäßigten Form ist S. dualistisch (s. Dualismus), betrachtet in bezug auf den Menschen, Leib und Seele als zwei selbständige Wesenheiten. Der freimaurerischen Anschauung entspricht am besten der Satz von James: „Der Geist ist nicht nur Zeuge und Berichterstatter des Weltlaufes, sondern greift aktiv ein."

Spittler, Ludwig Thimotheus, Freiherr v., deutscher Publizist, Theologe und Schriftsteller, * 1751, † 1810, Professor der Philosophie in Göttingen, Geheimer Rat und Minister des Königreiches Württemberg, Verfasser bedeutender geschichtlicher Werke über Württemberg, Hannover, über das Papsttum und die Kreuzzüge, war Meister vom Stuhl der Loge „Zu den drei Flammen" in Göttingen.

Spitzel, ursprünglich in Süddeutschland gebräuchlicher Ausdruck für Geheimpolizist, hat im Laufe der Praxis eine umgrenztere Bedeutung angenommen. Unter S. werden heute jene Hilfsorgane mancher geheimen Staatspolizei verstanden, die in behördlichem Auftrag über die Gesinnung der Bevölkerung laufend Bericht erstatten und zu diesem Zwecke unter der Maske von Parteigängern Zutritt in jene Kreise suchen, deren Tätigkeit die Behörde zu überwachen wünscht. Vom Denunzianten (s. d.) unterscheidet sich der S. dadurch, daß er in einem festen Verhältnis zur Überwachungsbehörde steht und auftragsgemäß vorgeht, während der Denunziant zunächst aus eigenem Antrieb und nur in der Hoffnung auf Entlohnung oder sonstigen Vorteil handelt. In der Freimaurerei traten in zahlreichen Ländern sehr früh S. in Gestalt der sogenanten „faux frères" und „Polizeibrüder (s. d.) in Erscheinung, die unter der Maske von Biedermännern in geheimpolizeilichem Auftrag als Suchende um Aufnahme in den Bund ansuchten, um die Namen der Brr. und die Vorgänge innerhalb der Logen zur Anzeige zu bringen und nach Tunlichkeit Material zur Unterdrückung oder Verfolgung der Freimaurerei herbeizuschaffen. Die allgemeine systematische Verwendung der S. zu außen- und innenpolitischen Zwecken datiert in neuerer Zeit etwa vom Beginne der französischen Revolution an und erstreckte sich über alle Staaten Europas.

Das zaristische Rußland ließ namentlich in der Zeit nach dem Wiener Kongreß die damals noch existierenden Logen ausspähen. Im franziszeischen Österreich, aber auch später hatten S. ein reiches Feld der Betätigung angesichts der von allen Polizeiministern anbefohlenen Überwachung in- und ausländischer Freimaurer zwecks Feststellung ihrer eventuellen Beteiligung am Konstitutionalismus, am Carbonaritum, am „Risorgimento', an den ungarischen freiheitlichen Bestrebungen usw. Das gleiche war im Frankreich Napoleons I. und der Restauration der Fall. Die Archive der „Police générale" enthalten diesbezüglich außerordentlich umfangreiche Dossiers über „suspekte" Logen und „subversive" Brüder. Unter den berufsmäßigen S., die übrigens nicht nur im Dienste der bodenständigen Behörden, sondern auch der diplomatischen Missionen standen und stehen, figurieren zum Teil sehr hochgestellte Persönlichkeiten, prominente Staatswürdenträger, akademische Lehrer und Adelige. Eine besondere Abart der S. stellen die sogenannten Lockspitzel (Agents provocateurs) dar, denen die Aufgabe zufällt, in politisch mißliebigen Parteien und Vereinigungen nach führenden Positionen zu streben und planmäßig ungesetzliche Handlungen zu veranlassen zu suchen, um den Behörden triftige Anlässe zu einem Einschreiten zu verschaffen, ein Verfahren, das auch gegenüber der Freimaurerei zur Anwendung gebracht wurde, z. B. unter Alexander I. um 1818. (Vergl. Boris Telepnef „An Outline of the History of Russian Freemasonry" (London 1928), Szymon Askenazy, „Lukasinski", 3 Bde., in polnischer Sprache (Warschau 1929), Gaston Martin, „Manuel d'histoire de la Franc-Maçonnerie française" (Paris 1929); Akten des Haus-, Hof- und Staatsarchivs, Kriegsarchivs und (1927 großteils verbrannt) des Ministeriums des Innern und der Justiz in Wien betreffs Preißler, Nicola Chiricone Clerkon-Neapel, Wit von Dörring (s. d.), Lewis (s. d.), Schneeberger (s. d.), Martinovics (s. d.).

Spitzhammer (der Selbsterkenntnis) (frz. ciseau, engl. gavel) ist das eigentliche Werkzeug, mit dem der Lehrling den rauhen Stein bearbeitet. In manchen Logen wird er durch Steinmeißel (frz. ciseau) und Fausthammer ersetzt.

Splény, Franz, Freiherr v., Bischof von Waitzen (Ungarn), * 1734, war 1778 Stuhlmeister der Loge „Zur Verschwiegenheit" in Preßburg und Generalvisitator der freimaurerischen Drášković-Observanz. (Vergl. Taute.)

Spohr, Ludwig, Komponist und Violinvirtuose, * 1784, † 1859, in verschiedenen Orten Kapellmeister, zuletzt Generalmusikdirektor in Kassel, in seinen (mehr als 150) Kompositionen Vertreter der romantischen Richtung, erfolgreich mit seiner Oper „Faust", Symphonien und Kammermusik, wurde 1807 in der Loge „Ernst zum Compaß" in Gotha aufgenommen.

Sporck, Franz Anton, Graf, * 1662 in Böhmen, † 1738, der Sohn des Reitergenerals Grafen Johann v. S., der als Bauernsohn im Fürstentum Paderborn um 1595 geboren war und im 30jährigen Krieg und in den Türkenkriegen die kaiserliche Reiterei befehligte. 1647 wurde der Vater in den Freiherrnstand, 1663 zum Reichsgrafen erhoben. Wie alle Heerführer der Epoche, verstand es der alte S., für die damalige Zeit unermeßliche Reichtümer anzusammeln, die er zum Ankaufe zahlreicher Güter in Böhmen verwendete.

Der Sohn Franz Anton hatte es daher nicht allzu schwer, sich zu einer der eigenartigsten Mäzenatenfiguren des österreichischen Barocks zu entwickeln. 1680 trat er die damals übliche Kavalierreise an, besuchte Frankreich, Italien, England und Holland. In Frankreich hatte er die Jansenisten kennengelernt, das beschauliche Eremitenleben in Port Royal hatte auf ihn Eindruck gemacht. Ob er, wie Abafi (woher?) annehmen zu dürfen glaubt, in Holland auch der „Gesellschaft der Freunde vom Kreuze" beitrat, ist unsicher. Als Grandseigneur des Barock entfaltete er eine umfangreiche Bautätigkeit, die besonders seinem Lieblingssitze Kukus in Böhmen zugute kam. Von einem starken Selbstbewußtsein getragen, verwickelte er sich in Prozesse, die eigentlich sein ganzes Leben ausfüllen. Gehaßt hat er in erster Linie die Advokaten und die Jesuiten. Wegen eines Rechtsstreites mit dem Prager Advokaten Wenzel Xaver Neumann von Puchholz kam er sogar in den Schuldturm, die Daliborka, in Prag. Die Jesuiten waren in ihrem Kloster Schurz seine Grenznachbarn. Aus recht kleinlichen Anfängen entwickelte sich ein Gegensatz, der schließlich zur Verhaftung des Grafen und der Eröffnung eines Ketzerprozesses gegen ihn führte. S. hatte in Lissa eine eigene Buchdruckerei errichtet, in der er zahlreiche jansenistische Belehrungsschriften drucken ließ, die von den Jesuiten heftig bekämpft wurden. Nicht genug daran, hatte er auch durch Schmähschriften sowie durch bildliche Darstellungen in seinem Parke zu Kukus (der „Herkomannus") die Väter aufs äußerste gereizt. Der laufende Ketzerprozeß hinderte ihn nicht, sich um das Theaterleben Böhmens dauernd verdient zu machen. Der Prozeß endete mit einer sehr empfindlichen Geldstrafe. Auf seinen Schlössern begründete S. einen eigenen Jagdorden, den Hubertusorden, dessen Mitglied auch Kaiser Karl VI. und dessen präsumptiver Schwiegersohn Franz von Lothringen wurden.

S. wird als Begründer der Freimaurerei in Böhmen bezeichnet. Er soll am 24. Juni 1726 in Prag die Loge „Zu den drei Sternen" begründet haben, wobei der erste Großmeister der englischen Großloge, Anthony Sayer, anwesend gewesen sein soll. Als Beweis wird eine Medaille herangezogen, die das Datum 24. VI. 1726 trägt und auf ihrer Reversseite eine Darstellung aus der Apokalypse aufweist. Irgendwelche direkt freimaurerische Beziehungen sind auf dieser Medaille, die eine der vielen Porträtmedaillen des Grafen ist, nicht zu erkennen. Ferner wird zum Beweise herangezogen eine Statue der Architektur im Schloßgarten zu Kukus, die in eigenartiger Weise die rechte Hand aufs Herz legt — und seine Feindschaft gegenüber den Jesuiten. Von einer Gründung einer Freimaurerloge in Prag durch England ist in den englischen Akten, die gerade zu dieser Zeit zumindest chronologisch genaue Aufschlüsse geben, überhaupt nichts bekannt, ebensowenig von einer Anwesenheit oder einer Reise des als Person sehr unbedeutenden ersten Großmeisters Anthony Sayer. Die Sporck-Legende — als mehr kann kritische Forschung die Verbindung des Grafen mit der Freimaurerei nach dem heutigen Stande unserer Kenntnisse noch nicht bezeichnen — geht zurück auf einen tschechischen Romanschreiber, Svátek, der den Grafen nur deshalb, weil er ein Gegner der Jesuiten war, zum Freimaurer machte, indem er den erst später entstandenen Gegensatz zwischen Kirche und Freimaurerei einfach vorwegnahm.

Am Prager Hauptpostgebäude wurde eine Tafel angebracht, die darauf verweist, daß an dieser Stelle früher das Sporcksche Palais stand, in welchem Graf S. die erste Freimaurerloge begründete. Ein Beweis für das Freimaurertum S. ist bis heute nicht erbracht. In den von ihm veranlaßten zahlreichen Druckwerken finden sich Vignetten, die Werksymbole tragen. Das alles ist aber kein Beweis. Und so bleibt die Frage der Gründung der ersten Prager Loge (hat sie wirklich „Zu den drei Sternen" geheißen?) vorläufig wenigstens offen. Das von Abafi abgebildete Abzeichen der Loge „Zu den drei Sternen", das gleichfalls als Beweis angeführt ist, gehört zur Loge „Zu den drei Seraphim" in Berlin und ist wohl zufällig in Prager Musealsammlungen gelangt.

Sprachenverbot. Die Großloge der Freimaurer von New Jersey faßte im Weltkrieg den Beschluß, daß die Logenarbeiten nur noch in englischer Sprache abgehalten werden dürften, und daß insbesondere die deutsche Sprache verboten sei. Die Schiller-Loge dieser Obedienz unterwarf sich während des Krieges diesem Beschluß, nahm aber nach dessen Beendigung die deutsche Sprache wieder an. Der daraufhin erfolgte Ausschluß der Loge führte zu einer Klage von deren Seite, die in erster Instanz abgewiesen wurde. Der Berufungsrichter James F. Mintorn gab ihr aber dann statt, indem er erklärte, „daß die Amerikaner ihren Patriotismus durch Herz, Geist und Seele betätigen sollten, aber nicht durch das Verbot einer Sprache, in der die ‚Adoptivsöhne der Welt', Goethe, Schiller, Haeckel, Kant, Mozart usw., ausschließlich gesprochen und geschrieben hätten; 50 Jahre lang habe die Schiller-Loge in deutscher Sprache gewirkt, ihr das jetzt zu verbieten, wäre nicht nur ein Verbrechen gegen den Geist, sondern auch gegen die Gesetze" (s. Freimaurerbund Amerika).

Sprachgesellschaften. Im 17. Jahrhundert entstanden an verschiedenen Orten Deutschlands Gesellschaften, die sich ordensmäßig aufbauten. Die bekannteste ist wohl die Fruchtbringende oder Palmengesellschaft, auch Palmenorden genannt. Nach Harsdörffer ist diese im Jahre 1617 in Weimar, wo Fürsten und viele sonstige hochstehende Personen sich zum Leichenbegängnis der Herzogin Dorothea Marie zusammengefunden hatten, auf Vorschlag Caspar von Teutlebens gegründet worden. Erstes Oberhaupt war Ludwig von Anhalt, einer der gelehrtesten Männer seiner Zeit. Die Verfassung der Gesellschaft war eine monarchische. Das jedesmalige Oberhaupt berief diejenigen Personen, die er für würdig hielt, in den Orden aufgenommen zu werden, zu Mitgliedern desselben durch ein einfaches Patent und bestimmte zugleich den Gesellschaftsnamen nebst Sinnbilde und Spruch. Die also Berufenen waren verpflichtet, persönlich bei dem fürstlichen Oberhaupte oder einem andern Mitgliede, das dieser dazu deputierte, zu erscheinen. Hier wurden ihm folgende drei Artikel vorgelesen, auf die er gewissermaßen verpflichtet ward.

„Zum Ersten: Sollen sich alle fruchtbringenden Gesellschafter, wes Standes oder Religion sie seyn, Erbar, Verständig und Weise, Tugendhaft und Höflich, Nützlich und Ergetzlich, Leutselig, Mäßig überall erweisen, rühmlich und ehrlich handeln, bei Zusammenkünften sich gütig, fröhlich und vertraulich in Worten, Geberden und Werken treulich erweisen, und gleich wie, bei angestellten Zusammenkünfte keiner dem andern ein widriges Wort übel aufzunehmen höchlich verboten: also soll man auch dagegen aller ungeziemenden Reden und groben Scherzes sich zu enthalten, festiglich verbunden seyn."

„Zum Andern: Soll auch den Gesellschaftern vor allen Dingen obliegen, unsere hochgeehrte Muttersprache in ihrem gründlichen Wesen und rechten Verstande, ohne Einmischung fremder, ausländischer Flickwörter, sowohl im Reden, Schreiben, Getichten aufs allerzier- und deutlichste zu erhalten und auszuüben; Auch soviel möglich, insonderheit bei den Mitgesellschaftern zu verhüten, daß diesem in keinem nicht möge zuwidergehandelt, vielmehr aber gehorsamlich nachgelebt werden: Wozu denn einem jedweden seine beiwohnende Höflichkeit ohn das vielfältige Anleitung geben wird."

„Zum Dritten: Sollen auch alle Gesellschafter zu gebührender Dankbezeugung der erwiesenen Ehre sich belieben lassen, ein in Gold geschmelztes Gemähle: Worauf einseitig der Palmbaum und das Wort der fruchtbringenden Gesellschaft geordnet; Anderseitig aber des Gesellschafters selbsteignes Gemähl mit dem Namen und Wort, an einem sittiggrünen Seidenen Bande zu tragen; damit Sie sich untereinander bei begebenden Zusammenkünften desto leichter erkennen und dadurch dero hochrühmliches Vorhaben kündig gemacht werden möchte."

Hierauf wurde die Aufnahme bei einem Festmahle mit komischem Ernste vollzogen. Der Aufzunehmende wurde auf den sogenannten Drehstuhl gesetzt und erhielt hier, nachdem ihm die Satzungen der Gesellschaft und die Pflichten eines Palmengenossen vorgelesen worden waren, seinen Gesellschaftsnamen, Bild und Wort. Hierauf mußte das neue Mitglied den sogenannten Ölberger, eine ziemlich große, schön geschnitzte Kristallschale, auf das Wohl der Gesellschaft austrinken. Diese Zeremonie nannte man die Hänselung.

Außer dieser Palmengesellschaft sind noch bekannt: die Teutschgesinnte Gesellschaft, der Gekrönte Blumenorden an der Pegnitz, der Elbschwanorden, die Tannengesellschaft u. a. m. Dr. Schmidt-Kowarzik bezeichnet diese Gesellschaften geradezu als die erste deutsche Nationalakademie. Leibniz, auf den die Gründung der Akademie der Wissenschaften in Berlin zurückgeht, stand den Sprachgesellschaften nahe, trug sich sogar selbst mit der Absicht, eine Deutschliebende Gesellschaft zu gründen.

Besonders Ludwig Keller (s. d.) hat sich um den Nachweis bemüht, daß diese Sprachgesellschaften Vorläufer der Freimaurerlogen gewesen sind, um so mehr, als diesen Gesellschaften Symbole eigen waren, die teilweise mit denen der Freimaurer übereinstimmen. Seinen zahlreichen Beweisen hierfür konnten sich jedoch andere Historiker um so weniger anschließen, als den ersten Freimaurerlogen, wie sie in England entstanden, jene tiefgeistigen Voraussetzungen, die in den Sprachgesellschaften trotz allem barocken Schwulst vorhanden sind, entschieden abgehen. Keller hat hier wie auch in anderen Fragen zu sehr an einen Stammbaum der Freimaurerei gedacht, während der Historiker nur Ähnlichkeiten ohne innere Verbindung nachweisen kann.

Spratt, Edward, Großschriftführer der Großloge von Irland, veranstaltete eine für den Gebrauch der irischen Großloge bestimmte Ausgabe der Konstitutionen Andersons, die er dem irischen Großmeister, Lord Kingsborough, 1751 widmete. In der Vorrede bezeichnet sich S. selbst als Herausgeber und Nachschreiber Andersons und stellt die Übereinstimmung der wesentlichsten Gebräuche der beiden Großlogen fest. Von ihm selbst ist nichts weiter bekannt, als daß er 1742 Meister der Loge Nr. 2 in Dublin war.

Sprengelrecht, Territorialität (frz. Territorialité, engl. Territorial Jurisdiction), das von einer maurerischen Behörde (Großloge) beanspruchte Monopol oder Ausschließlichkeitsrecht für das Staatsgebiet, in dem sie arbeitet. Das S. beinhaltet den Anspruch, in einem bestimmten Staatsgebiete allein Logen gründen und Freimaurer weihen zu dürfen. Nach dem S. sollen sich Staatsgrenze und Hoheitsgrenze der maurerischen Behörde decken. In dem Anspruch auf die eigene Monopolstellung liegt zugleich eingeschlossen der Verzicht auf Logengründungen oder Mitgliederaufnahmen in fremdem Staatsgebiet. Die Aufstellung eines kodifizierten Anspruchs hat begreiflicherweise nur dort einen Sinn, wo gleichzeitig die Machtmittel gegeben sind, um ihn durchzusetzen. Mit ganz wenigen Ausnahmen, wo nämlich das Monopolrecht durch staatlichen Schutz gesichert erscheint, fehlen die Machtmittel den einzelnen Großlogen in solchem Maße, daß ein S. wohl arrogiert, in den meisten Fällen aber nicht durchgesetzt werden kann. Gesichert kann das S. nur werden durch gegenseitiges Übereinkommen und vertragliche Regelung.

S.-Ansprüche wurden bereits von der ersten englischen Großloge aufgestellt. Dieser Imperialismus der englischen Großloge hatte im 18. Jahrhundert, wie aus dem gleichzeitigen Bestehen von zwei (zeitweise sogar drei) Großlogen in England deutlich genug hervorgeht, nicht viel Erfolg. Daß England heute nur eine einzige, staalich gesicherte Freimaurergroßloge besitzt, ist nur einem freiwilligen Übereinkommen zwischen den Jahrzehnte lang im S.-Streit verwickelten Großlogen zu danken gewesen (Union von 1813).

In den Vereinigten Staaten sind die Großlogen gleichfalls gesetzlich geschützt. Sie wachen auch eifersüchtig über diese Monopolstellung und verteidigen vor den bürgerlichen Gerichten den Freimaurernamen, indem sie Winkelorganisationen gerichtlich verfolgen und in den meisten Fällen auch Entscheidungen durchsetzen, die diese „clandestine bodies" zur Ablegung des Freimaurertitels veranlassen. Trotzdem ist auch in einzelnen Staaten von Nordamerika das S. durchbrochen.

In Europa konnte sich ein S. deswegen teilweise sehr schwer durchsetzen, weil im 18. Jahrhundert eine vollständige Verwirrung der freimaurerischen Systembildung eingetreten war, und weil nicht zuletzt durch die Tätigkeit des Templerordens der Strikten Observanz willkürliche freimaurerische Provinzialgrenzen gezogen worden waren, die Gebiete verschiedenster staatlicher Zugehörigkeit umfaßten. Da zudem die Gebietsgrenzen der einzelnen Staaten durch die Periode häufiger Kriege sich ständig verschoben, griffen die einzelnen Systeme unaufhörlich ineinander. Besonders groß war die Verwirung in dem durch seine Kleinstaaterei zerrissenen Deutschen Reich. Wo sich ein S. entwickelte, war es zumeist dem Eingreifen der staatlichen Obrigkeiten zu danken, die weniger aus Sympathie für die Freimaurerei, als aus Gründen leichterer Überwachung nur die ihnen genehmen freimaurerischen Behörden patentierten. So 1785 in Österreich durch das Freimaureredikt Josephs II., und 1798 in Preußen durch das bekannte Edikt (s. d.). Durch den Settegaststreit (s. d.) und die durch den Rechtsanwalt Alexander-Katz (s. d.) durchgefochtene prozessuale Entscheidung wurde schließlich das Monopolrecht der altpreußischen Großlogen aufgehoben.

Im allgemeinen gilt heute, daß ein S. praktisch nur dort durchführbar ist, wo die nationale Großloge eines Staates durch diesen Schutz genießt oder dort, wo infolge von Übereinkommen mehrere Großlogen sich gegenseitig ihre Grenzen sichern. Das war auch der Grund, weshalb die Association Maçonnique Internationale (A. M. I.) die S.-Frage einheitlich zu regeln versuchte. Auf dem Konvent vom 27.—29. Dezember 1927 zu Paris wurden folgende Grundsätze beschlossen:

Art. 1. Jede der A. M. I. angehörende Obedienz verzichtet darauf, auf dem Gebiete, das der Jurisdiktion einer anderen Obedienz untersteht, Logen zu gründen.

Art. 2. Sie verzichtet auf jegliche Logengründung auf einem Territorium, das einer ihr nicht angehörenden, aber als regulär anerkannten Obedienz untersteht, sofern diese Loge nicht ausschließlich aus Brr. besteht, die anderer Nationalität als jener des Landes sind, in dem sie gebildet wird, und denen von den nationalen Logen der Beitritt verweigert wird.

Art. 3. In einem Lande, in dem bereits ein Verband besteht, der reguläres Mitglied der A. M. I. ist, kann ohne Zustimmung dieser Obedienz eine andere Obedienz nicht gegründet werden. Wenn diese Zustimmung nicht erhältlich ist, darf die neue Obedienz nicht in die A. M. I. aufgenommen werden.

Art. 4. Kolonien und Protektorate gehören zum Territorium ihres Mutterlandes. Für unter Mandat stehende Länder gilt ein Übergangsstadium, das vorbehalten bleibt.

In weiteren Artikeln empfiehlt die A. M. I., in jedem Lande eine nationale Einheit zu schaffen u. a.

Gegen Verletzungen des S. wehren sich die landesansässigen Großlogen durch Nichtanerkennung, Besuchssperre, eventuell auch durch Abbruch der freundschaftlichen Beziehungen mit beteiligten ausländischen Obedienzen. Damit wird der Zustand wohl verschärft, aber nicht beseitigt. Das S. hat seine unbestreitbaren, auf der Hand liegenden Vorteile. Anderseits bedeutet es auch ein Hemmnis für die freimaurerische Entwicklung, besonders dort, wo Systeme besonderer Art die beherrschende Stellung ausüben und dadurch der Entwicklung anderer Systeme hinderlich sind. Das gilt z. B. von den skandinavischen Ländern, wo infolge der dort herrschenden christlichen Systeme eine gewisse Absonderung von der übrigen Freimaurerei eingetreten ist. Daher haben sowohl in Dänemark, als auch in Norwegen humanitäre Systeme festen Fuß gefaßt, die von den Landes-Großlogen nicht anerkannt werden. Die sehr elastische Fassung der Territoritalitätsgesetze der A. M. I. läßt erkennen, daß hier ein Ausgleich der bestehenden Anschauungen sehr schwer zu erzielen ist. Dadurch, daß die deutschen und angelsächsischen Großlogen der A. M. I. nicht angehören, ist eine einheitliche Regelung ebenfalls sehr erschwert.

Günstiger gestellt sind die Hochgradorganisationen des A. u. A. Schottischen Ritus, die bei der Einheitlichkeit des systematischen Aufbaues leichter zu einer Einigung gelangen konnten. Hier gilt als Grundsatz, daß in jedem Staatsgebiete nur ein Oberster Rat geschaffen werden darf, mit Ausnahme der Vereinigten Staaten von Nordamerika, wo aus historischen Gründen zwei Jurisdiktionen bestehen.

Logensprengelrechte werden manchmal zwischen Logen der gleichen Obedienz vereinbart. Im allgemeinen gilt hier, daß Suchende aus einem Orte, der eine Loge beherbergt, anderwärts nur in Ausnahmefällen und mit Zustimmung der Ortsloge aufgenommen werden dürfen.

Spuller, Eugène, französischer Politiker, * 1835, † 1896, Freund und Sekretär Gambettas, wiederholt Unterrichtsminister, 1889/90 Außenminister, war Freimaurer.

Spurious Freemasonry (engl.), unechte Freimaurerei, ein Ausdruck, der auf den sehr gelehrten, aber etwas zu phantasiereichen Doktor Oliver (s. d.) zurückgeht. Nach seiner Theorie gab es seit Adams Zeiten zwei Arten von Freimaurerei: die echte Urmaurerei, die von der kräftigen Rasse des Adamssohnes Seth vererbt wurde, und die falsche, die auf den mit allen Lastern beladenen Kain zurückführt. Seth, Enoch, Noah leiten die echte Maurerei weiter, dagegen ging die S. F. über Kain, den Turmbau von Babel und die heidnischen Priester in die Mysterienbünde über. Heute ist diese Theorie Dr. Olivers verlassen und vergessen, aber die von ihm erfundene Bezeichnung wird zur Charakterisierung von unregelmäßigen Freimaurervereinigungen (spurious bodies) oft neben clandestine (s. d.) synonym verwendet.

Square and Compass, seit 1917 bestehende amerikanische Organisation von Freimaurern, die als Studenten, Graduierte, Beamte oder Mitglieder des Lehrkörpers einer Hochschule angehören. Jede lokale Vereinigung (Square) umfaßt nur Angehörige der Unterrichtsanstalt, an der sie besteht. 1928 gab es bereits 52 S. Der Zweck wurde von Professor Howerton folgendermaßen definiert: So wie die Freimaurerei der Welt das Beispiel von Selbstlosigkeit bieten will, sollen die Freimaurer an den Hochschulen beispielgebend wirken und anderseits der Freimaurerei zeigen, wie sie in Wissenschaft und Beruf den empfangenen Lehren entsprechend handeln.

Square and Compasses (engl.), Winkelmaß und Zirkel.

Squaring the Lodge (engl.), der besondere Weg, den man in der Loge nimmt, um von einem Teil derselben zum andern, z. B. vom Osten nach dem Westen oder vom Süden nach dem Norden, zu gehen. Der Raum zwischen Altar und Osten wird im allgemeinen nicht betreten.

Squires, Hon. Sir Richard Anderson, 1919—1923 und seit 1928 Ministerpräsident und Justizminister von Neufundland, * 1880, Führer der Liberalen, ist Freimaurer.

Staat, Verhältnis des Freimaurers zum, s. in der Einleitung das zweite Hauptstück der Alten Pflichten, ferner unter Bürgerpflichten, Nationalismus, Vaterlandsliebe, Patriotismus.

Stab, Amtszeichen der mit der Logenordnung betrauten Personen. Er wird daher von den Schaffnern oder Zeremonienmeistern (Ordnern) in Ausübung ihres Amtes getragen. In England tragen die Stewards weiße S. (so bei Preston 1781 bei Schilderung einer Prozession: „Stewards with white rods"), ein Brauch, der schon bei den ersten Freimaurerprozessionen bemerkt werden kann (so bei der Bayreuther Prozession 1741: zwei Stuarts oder Marschälle mit ihren Orden und weißen Stäben). Das Allgemeine Handbuch bezieht die Sitte auf die ursprünglich bei Prozessionen auf hohen Stäben getragenen Nachbildungen der kleinen Säulen. Das ist nur bedingt richtig. Der Brauch des Stabes ist uralt (schon in der Steinzeit) als Zeichen einer ordnenden Gewalt. Vergleiche hierzu auch den Hirtenstab des Bischofs.

Stability Lodge of Instruction, s. Unterrichtslogen.

Stack Sir Lee, Sirdar der britischen Regierung in Ägypten, Großmeister der englischen Distrikts-Großloge Ägypten und Sudan, fiel 1924 in Kairo einem Attentat ägyptischer Nationalisten zum Opfer.

Stadt, van de, Engel, Dr., holländischer Chemiker, führender Freimaurer, aufgenommen 1901 in der Loge „Anna Paulowna" in Zaandam, deren langjähriger Stuhlmeister, war Mitglied des Großbeamtenrates (Hoofdbestuur) des Großostens der Niederlande. * 1870.

Staël, Madame de, französische Schriftstellerin, * 1766, † 1817, spricht in ihrem Hauptwerk „De l'Allemagne" (1814) auch von der Freimaurerei. Das achte Kapitel des vierten Teils „L'Esprit de Secte" handelt von Anabaptisten, Illuminaten und Freimaurern, wobei sich die Autorin in ihrem Urteil namentlich auf Lessing stützt. Die historischen Angaben entsprechen den geringen Kenntnissen von den wirklichen Zusammenhängen, die damals auch in weitesten freimaurerischen Kreisen noch herrschten.

Stags, auch Stagorians, eine der Freimaurerei nachgeahmte wohltätige Gesellschaft (friendly society) zum Zwecke gegenseitiger Unterstützung im Krankheitsfalle, unverschuldeter Schwierigkeiten u. a., bestand noch 1845 in Norwich. Sie nannten sich „Most Antient and Fraternal Order of Stagorians Called Stags" und sollen in ihrer Legende den Zusammenhang mit Aristoteles, dem Stagiriten, behauptet haben. Ihr Tafellied schließt sich im Rhythmus vollkommen an den „Prentice Song" der englischen Maurer an (A. Q. C., 1891, Seite 66).

Stahldach (frz. Voute d'acier), freimaurerische Ehrung, in romanischen Logen und deren Gebrauchtum verwandten Ritualen üblich. Brr. beider Kolonnen treten in zwei Reihen und kreuzen die Degen zu einem Dache. Unter diesem zieht die zu ehrende Person, meist der Großmeister, ein. Der Brauch ist im profanen Leben auch in England üblich. So werden beim Verlassen der Kirche durch das Brautpaar von Offizieren die Degen, bei Hochzeiten eines Sportlers die Ruder, Riemen oder Hockeystäbe gekreuzt. In den englischen Logen kommt aber das S. nicht vor, da dort Degen nicht in Verwendung stehen.

Stahlhelm, Bund deutscher Frontsoldaten, hat Aufforderungen von antifreimaurerischer Seite, sich eindeutig gegen die Freimaurerei auszusprechen, wiederholt ablehnend beantwortet. 1928 beschloß der Bundesvorstand in Magdeburg, er habe nach wiederholter Prüfung keinen Grund, an der nationalen Zuverlässigkeit der im S. befindlichen Freimaurer zu zweifeln.

Stair, John James D., 12. Earl of, Lord High Commissioner der Kirche von Schottland, war 1924/25 Großmeister der Großloge von Schottland.

Stambul, Istanbul, Konstantinopel, die frühere Hauptstadt des Türkischen Reiches, Sitz der 1908 gegründeten Großorients der Türkei, zu dem in S. selbst 17 Logen gehören. Die 1856 gegründete Loge „Oriental" untersteht der Großloge von England, zwei Bauhütten arbeiten unter der Großloge von Schottland, eine unter dem Grand Orient de France. Die deutsch arbeitende Bauhütte „Stambul" untersteht dem Großorient der Türkei. Die unter der Großen Loge von Hamburg tätig gewesene Loge „Die Leuchte am goldenen Horn" ruht zurzeit. In S. hat auch der S. C. des A. u. A. Schottischen Ritus für die Türkei seinen Sitz.

Stand. Theoretisch wird bei der Aufnahmswerbung des Suchenden die Frage nach dem S. nicht gestellt. So entspricht dies den „Alten Pflichten", die eine Unterscheidung nach den religiösen Überzeugungen und Berufen ausschließen. In praxi ergibt sich aber diese Fragestellung von selbst, weil die Bedingung der Aufnahme den guten Ruf vorschreibt. Dadurch ist die Prüfung des S. gegeben. So wurden in Amerika nach Einführung der Prohibition in einzelnen Großlogen Männer, die irgendwie mit der Erzeugung oder dem Vertriebe von Rauschgetränken zusammenhingen, von der Aufnahme ausgeschlossen, dies zu einer Zeit, wo dieser Vertrieb gesetzlich noch nicht beschränkt war. Die Frage nach dem S. hat daher immer eine Bedeutung gehabt, nie aber mehr als in den Gründungsjahren der jungen englischen Großloge. Die bestehenden Logen suchten gesellschaftliches Ansehen, daher die erste Wahl des Großmeisters überhaupt verschoben wurde, bis sich ein Mann von S. finden würde. Die Gründungsbrüder widersprachen sich dann selbst, als sie Anthony Sayer, einen ganz unbedeutenden Menschen, zum ersten Großmeister wählten. Mit der Wahl des Herzogs von Montagu (s. d.) wurde ihr Sehnen nach gesellschaftlicher Hebung gestillt. Aber in den Logen selbst fanden zahlreiche Elemente Eingang, die den geistigeren Mitgliedern scheinbar nicht recht zu Gesicht standen. Dr. Stukeley (s. d.) beklagt sich bereits über die Vielzuvielen (1720: „die Sache nahm einen Anlauf, lief sich aber durch die Torheit der Mitglieder außer Atem"). Prichard (s. d.) bezeugt, daß Lords und Herzöge, aber auch untergeordnete Handwerker, Lastträger nicht ausgenommen, Zutritt fanden. 1728 warnt Dr. Oakley, Architekt, davor, „Weinzecher und Trunkenbolde, Ohrenbläser, Schwätzer oder Lügner und geistreiche Witzbolde über Politik und Religion" aufzunehmen. Und im Briefe des Verus Commodus (s. d.) über die Gesellschaft der Freimaurer heißt es, daß „Küfer, Winkeladvokaten, Klistierspritzenverabfolger, Garnmacher, Schneider und Weber" aufgenommen worden seien. Ebenso wendet sich Smith im „Pocket Compagnion" 1735 und später auch Dassigny (s. d.) gegen diese Art von Aufnahmen, da der geistige Zweck der Logen verwischt werde, wenn niedrigstehende Leute, die weder lesen noch schreiben können, aufgenommen würden.

In all diesen Klagen macht sich das Mißvergnügen einer geistigen Oberschichte Luft, die, wie es auch heute in vielen Logen sicherlich der Fall ist, in der trägen und nur dem Vergnügen holden Masse eine Hemmung ihrer eigenen, auf das Geistige gerichteten Bestrebungen, einen Ballast, ein Hindernis erblickt. Daß bei solchen Bestrebungen unter Umständen auch akademischer Dünkel zum Durchbruch kam, beweist das Beispiel der Universitätsloge „Alfred" in Oxford, die sich grundsätzlich der Welt außerhalb der Universitätsmauern verschloß.

Die meisten Grundgesetze der Großlogen setzen für die Aufnahme eine zum Erfassen der freimaurerischen Symbolik und der in den Logen geübten Arbeitsweise genügende Bildung voraus. Schon dadurch ergibt sich eine Standesbeschränkung. Die Bestimmung, daß Personen dienenden Standes ausgeschlossen bleiben sollen, ist bereits lange gefallen. Immerhin treffen die meisten Logen, die sich zumeist doch aus bürgerlichen Elementen zusammensetzten, gewisse Standesvorkehrungen, die sehr bedauerlicherweise zu einer Entfremdung der Freimaurerei gegenüber der großen Masse des arbeitenden Volkes geführt haben. Daß Standesvorurteile mitunter auch Absurditäten zeitigen können, beweist der Versuch, in Deutschland Arbeiterlogen (s. d.) zu gründen, wobei an abgesonderte Logen gedacht wurde, die nur aus Arbeitern bestehen sollten. Die Stellung zur Frage des S. wird bedingt durch die allgemeine Auffassung der Freimaurerei. Ganze Systeme erstreben Auslese, z. B. die europäischen Großlogen, die amerikanischen dagegen suchen Masse. Daher ist die Frage nach dem S., die theoretisch nicht gestellt werden darf, in das Vorverfahren der Aufnahme verlegt und wird je nach der Stellungnahme der Großloge in engerem oder weiterem Sinne beantwortet.

Stanhope, s. Chesterfield.

Stanislaus, polnische Könige.

1. S. I. Leszczynski, * 1677, † 1766, König 1704—1709, Pfalzgraf von Zweibrücken bis 1718, wieder zum König gewählt 1733, Herzog von Lothringen und Bar 1735, gegen Verzicht auf Polen 1738 bestätigt, Schwiegervater Ludwigs XV., war Freimaurer.

2. S. II. August, letzter König von Polen (1764—95), Poniatowski, * 1732, † 1798, wurde 1777 Mitglied der Loge „Karl zu den drei Helmen“ in Warschau. (Strikte Observanz.)

Stanley, Simon Karl, dänischer Bildhauer, * 1703, † 1761, Professor der Kunstakademie in Kopenhagen, 1755 Hofbildhauer, wurde in der Londoner Loge „Sun“ aufgenommen, dann 1747 Mitglied und Zweiter Aufseher der Kopenhagener Loge „Zorobabel“.

Starbuzanai, ein Fluß, der auf freimaurerischen Denkmünzen vorkommt; der Fluß, über den angeblich die Israeliten aus der babylonischen Gefangenschaft zogen, zur Wiederaufrichtung des Tempels. Nun gibt es aber diesen Fluß nicht, Engert (Engbundschriften der Loge „Archimedes“ in Altenburg, 1929) hat die Deutung erbracht, daß es sich nach Esra, V, 3. 6. und VI, 6. 13, um einen General oder Geheimrat handelt, der Sthar Bosnai hieß. Durch eine Verwechslung eines Ritualautors ist er als Fluß in die Hochgradrituale gekommen.

Starck, Johann August, Freiherr v., protestantischer Theologe und orientalischer Linguist, * 1741 in Schwerin, † 1816, hervorragend kluger Kopf, hielt theologische und philosophische Vorlesungen in Petersburg, Paris (hier auch Bibliothekar an der „Bibliothèque Royale“), Wismar (Konrektor), in Königsburg Professor der Theologie und Oberhofprediger, dann Generalsuperintendent und Professor in Mitau, schließlich, obgleich er zwischendurch in Paris heimlich zum katholischen Glauben übergetreten sein soll, bis zu seinem Tode Oberhofprediger und Präsident des Evangelischen Konsistoriums in Darmstadt. S. war unter dem Ordensnamen „Archimedes ab Aquila fulva“ auf Grund von Stückwerk, das der berühmte Steinschneider Joh. Lorenz Natter (s. d.) und andere zusammengetragen hatten, und eigener Gedankenarbeit Begründer des klerikalen Systems (s. d.), des sogenannten „Klerikats der Tempelherren“, eines angeblichen geistlichen Zweiges des alten Tempelherrenordens, als dessen Kanzler er sich bezeichnete. Wolfstieg (s. d.) sagt, S. habe das „Konglomerat von Freimaurerei, Templerei, Magie, Alchimie und Theosophie“, das er vorgefunden habe, „zu einem so prachtvollen klerikalen System zusammengeleimt, daß es jedem Jesuiten Ehre machen könnte und geeignet war, wirkliche Freimaurerei in ihr gerades Gegenteil zu verkehren“. Er strebte mit dieser Schöpfung sichtlich an, maßgebenden Einfluß auf die „Stricte Observanz“ und damit auf die gesamte Freimaurerei zu erlangen. 1772 wurde denn auch sein System mit der „Stricten Observanz“ vereinigt, aber die Hoffnungen, die man sich auf beiden Seiten gemacht hatte, gingen nicht in Erfüllung. Ss Charakterbild schwankt.

Vielfach wird behauptet — jedoch ohne schlüssige Beweise — das eigentliche Ziel des „Klerikats“ sei die Eroberung der Freimaurerei durch die Jesuiten, zwecks Unterhöhlung des Protestantismus gewesen. Die Angriffe aus dieser Richtung sprachen den Verdacht des Krypto-Katholizismus so laut aus, daß S. sich öffentlich dagegen zur Wehr setzen mußte. Der Verdacht wird aber auch dadurch nicht gerechtfertigter, daß S. 1809 in einer Schrift „Theoduls Gastmahl...“ den katholischen Glauben auf Kosten des Protestantismus verteidigte. S. veröffentlichte unter zahlreichen fundierten Schriften über Freimaurerei um 1770 eine besonders bemerkenswerte „Apologie des Ordens der Freymaurer“. Er war auch der Verfasser eines 1785 in Romanform erschienenen, mit heftigen Angriffen auf die Führer der „Strikten Observanz“ v. Hund und Schubart gespickten Buches, „Saint Nicaise“ oder „Eine Sammlung merkwürdiger Briefe...“ (s. d.), das einen wahren Rattenkönig von Gegenschriften und Verteidigungen im Gefolge hatte.

Starcke, C. N., Professor der Philosophie an der Universität Kopenhagen, † 1926, hat der humanitären Freimaurerei in Dänemark Eingang verschafft. Er war durch viele Jahre Stuhlmeister der Kopenhagener Loge „Christian til Palmetræet“ (Christian zum Palmbaum), einer Tochterloge der Großen Loge von Hamburg, übernahm dann die Führung der abgezweigten Tochterloge „de Gamle Pligter“ (Die alten Pflichten), der er bis zu seinem Tode vorstand. S. war ein hervorragender freimaurerischer Schriftsteller. Von besonderer Bedeutung ist sein bei aller Betonung der Tradition von modernster warmherzigster Auffassung diktiertes Werk: „Die Freimaurerei, ihre geschichtliche Entwicklung und kulturelle Bedeutung bei den verschiedenen Völkern.“ Von S. stammt auch die vom Verein Deutscher Freimaurer preisgekrönte Schrift „Freimaurerei als Lebenskunst“.

Stärke bildet mit Weisheit und Schönheit die drei Pfeiler oder Säulen (in manchen Systemen auch „Flammen“), auf denen der symbolische Bau der Freimaurerei ruht, die drei Tugenden, die ihn befördern. Die S. führt den Bau aus, den Weisheit erdenkt und leitet. Der Selbsterkenntnis gesellt sie die Selbstbeherrschung, die Kraft und Ausdauer, die das Werk über alle Hemmnisse zur lichten Höhe des Erfolges führen.

Stassart, Goswin Joseph Auguste, Baron v., * 1780, † 1854, Vizepräsident des belgischen Nationalkongresses, Gouverneur von Brabant, Präsident des Senats und der Königlichen Akademie, war National-Großmeister des Großorients von Belgien.

Statistiken, Internationale, der Freimaurerei werden alljährlich vom Großhistoriographen der Großloge von New York, Ossian Lang (s. d.), im Jahresbericht dieser Großkörperschaft veröffentlicht. Auch das Jahrbuch (Annuaire) der A. M. I. (s. d.) enthält wichtiges statistisches Material aus zahlreichen Ländern.

Staudinger, Franz, Professor Dr., Schriftsteller, * 1849, † 1921, war Alt- und Zugeordneter Großmeister der Großen Freimaurerloge „Zur Eintracht“ in Darmstadt. Hauptwerke: „Das sittliche Gesetz“, „Ethik und Politik“, „Wirtschaftliche Grundlagen der Moral“, „Kulturaufgaben der Politik“. Er schrieb auch zahlreiche freimaurerische Aufsätze.

Steele, Sir Richard, **und die „Vereinigung aller anständigen Leute“**. Der Engländer S., * 1671, † 1729, studierte in Oxford, wurde dann Soldat, später Schriftsteller. 1701 trat er mit einem moralischen Traktat „The christian

Hero" hervor, dem mehrere Lustspiele folgten, bis er 1709 eine dreimal wöchentlich erscheinende Zeitschrift „The Tatler" begründete, der 1711 der „Spectator", 1713 der „Guardian" folgte. 1711 erregte er Aufsehen durch den Vorschlag zu einer „Vereinigung aller anständigen Leute" („a kind of association of the honest men of all parties for the defence of one another"). Diesen Gedanken, der ursprünglich als eine politisch neutrale Körperschaft gedacht war, haben sich die Freimaurer in ihrer Konstitution von 1723 zu eigen gemacht. S. selbst war 1709 bestimmt noch nicht Freimaurer, denn er äußert sich im „Tatler" über diese in etwas spöttischer Weise. Dagegen ist auffallend, daß S. auf einer der ersten gedruckten Logenlisten im Porträt erscheint. Es ist dies die Liste des Jahres 1735, auf der unter dem Wappen des Großmeisters Weymouth das Brustbild Sir Richard Steeles mit voller Namensbezeichnung zu sehen ist. Wahrscheinlich ist S. der Loge beigetreten, weil er von ihr die Erfüllung seiner Absichten erwartete.

Steel-Maitland, Sir Arthur H. D. R., englischer konservativer Politiker, * 1876, Arbeitsminister 1924—1929, gewesener Präsident der konservativen Parteiorganisation, ist Freimaurer.

Štefaník, M. R., Dr. phil., tschechischer Astronom, * 1880, † 1919, unternahm zu Forschungszwecken Beobachtungsreisen nach Tahiti und Turkestan, arbeitete an der Sternwarte zu Meudon und auf dem Montblanc-Observatorium. Zu Kriegsausbruch trat er als Freiwilliger in die tschechischen Legionen und wurde schließlich deren Führer. Als Kriegsminister der provisorischen Regierung berufen, verunglückte er auf dem Fluge in die Heimat bei Preßburg tödlich. Er gehörte einer französischen Loge an.

Stegmann, Karl David, deutscher Komponist und Dirigent, * 1751, † 1826, begann seine musikalische Laufbahn als Tenorist, in der Folge Dirigent und Mitdirektor der Hamburger Oper neben Schröder, schrieb Opern, Sinfonien, Klavierstücke sowie eine Freimaurerkantate und zahlreiche Freimaurerlieder.

Stein, Heinrich Friedrich Karl Freiherr vom und zum, * 1757, † 1831, preußischer Staatsmann, für den sich aus der Humanitätslehre ein neues Staatsideal ergab. Der Mann, der in der Zeit der vielen Vaterländer das für damals revolutionäre Wort sprach: „Ich habe nur ein Vaterland, das heißt Deutschland", genialer Minister des Finanz- und Steuerwesens, Bauernbefreier, der von Friedrich Wilhelm III. eine andere Stellung der Minister zum König, Beseitigung der geheimen Kabinettsregierung und eine rechtlich geordnete Teilnahme von Vertretern des Volkes an der Gesetzgebung verlangte. Mit Hardenberg vollbrachte er das große preußische Reformwerk, das ihn zum „Eckstein der deutschen Freiheit" werden ließ. Er war (in Gemeinschaft mit dem Freimaurer Frey) der Schöpfer der Städte-Ordnung. Während seiner Tätigkeit am Kammergericht in Wetzlar wurde er — mutmaßlich 1778 — Mitglied der Loge „Joseph zu den drei Helmen". Als er, von seinem Souverän mit krassem Undank behandelt, von Napoleon geächtet („Le nommé Stein!"), 1809 nach Österreich fliehen mußte, wurde er bei der Wiener Regierung als „gefährlicher Aufklärer und Neuerer" und ein „mit Maurergeist begabter Mann" denunziert.

Stein der Weisen, s. Alchimie, Hermetische Maurerei, Okkultistische Maurerei, Rosenkreuzer.

Steinertsche Loge, im Lefeverischen Haus „Zum weißen Löwen" am Salzgries in Wien, Alchimistenloge mit freimaurerischem Gebrauchtum, gestiftet und geleitet von einem Bauchredner und Taschenspieler Steinert, um 1781, der nach seiner Ausweisung aus Wien einer der Hauptagenten des preußischen Staatsministers Wöllner (s. d.) und seines Freundes Bischofwerder (s. d.) gewesen sein soll, in deren Auftrag er bei den rosenkreuzerischen Geisterbeschwörungen vor Friedrich Wilhelm II. eine Rolle spielte.

Steinheil, Philipp Friederich, sächsischer Legationssekretär, kam, in England Freimaurer geworden, 1741 zur Wahl und Krönung Karls VII. nach Frankfurt am Main, trat dort auf Anregung des französischen Gesandten Marquis de Belleisle mit deutschen und französischen Freimaurern, gleich ihm Diplomaten, 1742 zur Gründung der Loge „L'Union" (später „Zur Einigkeit") zusammen, deren erster Stuhlmeister er wurde. Von ihm stammt eine berühmte — französisch niedergeschriebene — Rede „über die ersten Ideen und Kenntnisse von der erlauchten Kunst der Maurerey", deutsch veröffentlicht 1746 in „Die Quintessenz der echten Freimaurerey", oft in Logen, auch in der Londoner Großloge, verlesen. S. gilt auch als der Verfasser der anläßlich der Berner Freimaurerbedrückung 1746 erschienenen Abwehrschrift: „Le Franc-Maçon dans la République".

In seiner Rede (auch wiedergegeben im „Eklektischen Bundesblatt", 1931, Nr. 27) nennt S. die Freimaurerei „eine Verbindung von einsichtigen Männern, die, gefestigt durch das brüderliche Band und geführt durch die Vorschriften der sittlichen Tugend versuchen, eine vernunftgemäße Gesellschaft zu bilden, der ein jedes ihrer Glieder all das beisteuern muß, was sie nützlich und angenehm machen kann".

Stein, Kubischer (frz. Pierre cubique, engl. Perfect Ashlar), gilt in manchen freimaurerischen Systemen neben dem Rauhen Stein und dem Reißbrett als „Unbewegliches Kleinod". Der K. S. ist das Sinnbild des Gesellen; dieser vollendet die Form des vom Lehrling behauenen Steins, so daß dieser in das Fundament des Tempels eingefügt werden kann. Der Geselle muß aber auch, damit er selbst als K. S. im Tempel der Menschenliebe seiner Bestimmung zu dienen vermag, seinen Verstand erhellen, nach Bildung des Herzens und Läuterung der Gesinnung streben.

Endres („Die Symbolik des Freimaurers") weist nachdrücklichst darauf hin, daß der K. S. den Bund auch an seine sozialen Aufgaben und Pflichten erinnert. Denn wie ein Tempel nicht einfach aus rauhen Steinen entstehen kann, die übereinandergetürmt werden, so kann keine soziale Gemeinschaft aus „rohen", nur den eigenen Trieben lebenden Menschen bestehen. Das Behauen des Steines gleicht der sozialen Selbsterziehung des Menschen und die Harmonisierung der Steinform erinnert an die Notwendigkeit von sittlichen Maßstäben, ohne die eine soziale Gemeinschaft undenkbar ist. Der K. S. wird so ein Symbol des geläuterten Gewissens, „das große soziale Symbol der Freimaurerei".

In den christlichen Lehrarten tritt der K. S. als der „Eckstein" der Bibel in Erscheinung: 1. Brief Petri, Kap. 2, Vers 4, wo zunächst Christus als „lebendiger Stein, der von den Menschen verworfen", dann aber die Gemeinde selbst als die „lebendigen Steine" bezeichnet werden, „die sich zum heiligen Hause bauen sollen". Petrus zeigt, gestützt auf Jesaias, woher das Symbol stammt: „Siehe da, ich lege einen auserwählten, köstlichen Eckstein in Zion."

Auch in der altklassischen Philosophie wird das Lehrbild des K. S. gerne verwendet. So bei dem Schüler des Sokrates, K e b e s, der auch in Platos Phaidon erwähnt wird und der als Verfasser philosophischer Dialoge bezeichnet wird, von denen sich einer, P i n a x (das Gemälde), erhalten hat. Dort steht die Wissenschaft nicht auf einer Kugel, sondern auf einem viereckigen, festliegenden Stein, „zum Sinnbild, daß der Weg zu ihr sicher und fest ist und daß man an ihren Gaben etwas Beständiges habe" (Ridel 1817).

Steinmetzbrauch. Die Tatsache ist heute kaum mehr bestritten, daß die Freimaurerei von 1717 durch ganz allmähliche Entwicklung auf dem Urboden der mittelalterlichen Brüderschaften der Bauleute und Steinmetzen erwachsen ist. In vielen Punkten diente das Brauchtum der mittelalterlichen Bauhütten-Bruderschaften (s. d.) und sein symbolischer Gehalt, „das ritualistische Geheimnis der sogenannten inneren Hütte", als Vorbild für die Freimaurerei in ihrer heutigen Form. In der Bauhütte stand des Meisters Werkbank auf der ihm allein vorbehaltenen Ostseite. Im Westen arbeiteten die Parlierer, die Aufseher, im Süden die (in der Zunft sonst gleichberechtigten) Gesellen mit dem Gesicht nach Osten und im Norden die Lehrlinge. Der losgesprochene Lehrling, dem die Rechte eines Gesellen zuerkannt wurden, war „zünftig", wenn er nach bestandener Prüfung seiner Kenntnisse in den geheimen Zunftbräuchen regelrecht zum „ehrbaren Gesellen" geworden war. Der Ausweis der Zugehörigkeit erfolgte in der Hauptsache durch geheime Zwiereden, Zeichen und Stellungen, der Unterricht im geheimen Brauchtum erfolgte durch die „Ausweisgesellen".

Der „A u s w e i s" bestand aus „Zeichen und Wort" oder auch aus Schritt, Gruß und Handschenk (S c h r i t t und H a n d s c h e n k, s. Bauhütten-Brüderschaften). Das „Zeichen", Erkennungszeichen, wurde dadurch gegeben, daß man „die rechte Hand ausgebreitet, die vier Finger zusammengeschlossen so unter das Kinn legte, daß der Daumen unter dem rechten Ohr nach hinten zu stehen kam". Dieses Halszeichen findet sich schon im Jahre 1144 am Westportal der Wiener Stephanskirche im Brustbild eines bärtigen Mannes, eines Steinmetzen, eingehauen. Der „Schlag" bestand aus zwei raschen und einem langsamen Anklopfen. Bei der Aufnahme zum Gesellen trat der Steinmetz halb entkleidet mit verbundenen Augen, bloßer Brust und mit entblößtem linken Knie ein. Zu den „H e i m l i c h k e i t e n" gehörten auch brauchtümliche Redewendungen; beim „Anschlag" der Aufnahme stellten sich die Anwesenden nach dreimaligem Hammerschlag des Meisters mit rechtwinkelig gestellten Füßen, die rechte Hand auf der linken Brustseite, zusammen, um einem Zwiegespräch zwischen Meister und dem zweiten Altermann zu lauschen, in dem u. a. in vernewerter Form von A d o m h i r a m als erstem Maurer und T u b a l k a i n als Erfinder des Werkzeugs die Rede war. Die „freie Morgensprache" wurde mit Frage nach der Zeit und dreifachem Hammerschlag geschlossen.

Die mittelalterlichen Steinmetzen waren sich des symbolischen Gehalts ihrer Werksarbeit und ihrer Werkzeuge wohl bewußt. Sie waren künstlerisch erzogen für ihre als Religion empfundene Kunst, symbolfreudige Männer, Zirkel, Winkelmaß, Wasserwaage und die anderen Werkzeuge hatten ihre tiefe sinnbildliche Deutung. Als oberstes Geheimnis, das mit dem Schleier der Mystik und Symbolik umhüllt, streng bewahrt wurde, galt der sogenannte „r e c h t e S t e i n m e t z g r u n d", in dem das ganze Wesen des Konstruierens verborgen war, dessen Erkenntnis als höchstes Ziel des Br. galt. Dieser Steinmetzgrund enthielt in seinem rein praktischen Teil die drei Hauptfiguren des Quadrats, des gleichseitigen Dreiecks und des Kreises, die in der Gotik die Grundformen der Kirche, die Punkte der Säulenstellungen und die Höhenverhältnisse angaben, aber auch zusammen mit dem Achteck und den Werkzeugen in den Beziehungen des rechtwinkeligen, gleichschenkeligen Dreiecks (des harmonischen Dreiecks) enthalten waren, in dem die ganze Harmonie des Baues begründet und ausgesprochen war, dem Sinnbild der geheimnisvollen Kraft, aus der die durch geniale Intuition erfaßte architektonische Harmonie erfloß, und das zugleich das unaussprechliche Erlebnis der innerlich erfaßten Einheit von gleichseitigem Dreieck, Quadrat und Kreis bezeichnete. G o e t h e sagt über diese Sonderheit der Steinmetzen („Über Kunst und Altertum in den Rhein- und Maingegenden"): „Ihre großen Vorteile: durch geheime Zeichen und Sprüche sich den ihrigen kenntlich zu machen... organisiert denke man sich eine unzählbare Menschenmasse durch alle Grade der Geschicklichkeit dem Meister an die Hand gehend, durch Religion begeistert, durch Kunst belebt, durch Sitte gebändigt; dann fängt man an zu begreifen, wie so ungeheure Werke konzipiert, unternommen und, wo nicht vollendet, doch immer weiter als denkbar geführt worden..." (Eduard F ö r s t e r im „Bundesblatt" 1928, Nr. 10 und 11; vergl. ferner Eugen W e i ß: „Steinmetzart und Steinmetzgeist", und W a g l e r: „Entstehung der Freimaurerei und ihrer Symbolik").

Steinmetzenbruderschaften, s. B a u h ü t t e n b r u d e r s c h a f t e n.

Steinmetzordnungen. Ordnungen der mittelalterlichen Brüderschaften der Bauhandwerker, die Geltung für ganz Deutschland erlangten, die Organisation des Handwerks, seine Gerichtsbarkeit und die Regelung des Baubetriebes im Auge hatten, aber auch Unterstützung bei Krankheit und Arbeitslosigkeit vorsahen, das moralische Verhalten der Brr. untereinander und gegen Fremde regelten und den Verrat des Handwerksgeheimnisses streng verboten. Die älteste noch erhaltene S. ist die Regensburger vom Jahre 1459. Sie wurde auf einem Steinmetztag aufgestellt, an welchem 19 Meister aus Schwaben, Franken, Bayern, vom Oberrhein, aus der Schweiz und Österreich teilnahmen, die eine engere Verbindung der deutschen Bauhütten zustande brachten. Als oberste Instanz wurde der Meister der Haupthütte am Straßburger Münster, damals Jost Dotzinger aus Worms, bestimmt. Die Regensburger Ordnung stellte im wesentlichen eine neuere Kodifikation der Rechte einer schon viel früher bestandenen festen Vereinbarung dar. Auf diese Ordnung gehen alle späteren zurück. Noch bis ins 19. Jahrhundert gab es in Deutschland Steinmetzbrüderschaften, die die Straßburger Hüttenordnung von 1563 aufrechterhielten.

Gerstenbrein hat die folgenden 27 Hüttenordnungen zusammengestellt, aus denen ersichtlich ist, daß sie von Kaisern und Päpsten immer wieder bestätigt wurden.

1. Kaiser Rudolf von Habsburg: Hüttenordnung vom Jahre 1275;
2. Papst Nikolaus: Ablaßbrief vom Jahre 1275, welcher von allen seinen Nachfolgern, zuletzt von
3. Papst Benedikt XII., bestätigt wurde: Ablaßbrief vom Jahre 1334;
4. Die von Dr. Reichensperger zu Trier aufgefundene Hüttenordnung vom 22. Oktober 1397;
5. Die Wiener Urkunden über die Hüttenordnung vom 2. August 1412;
6. Die Wiener Urkunden über die Hüttenordnung vom 6. Juli 1430;
7. Die Wiener Urkunden über die Hüttenordnung vom Jahre 1435;
8. Kaiser Friedrich III.: Hüttenordnung vom 25. April 1459;
9. Kaiser Friedrich III.: Hüttenordnung vom Jahre 1462;
10. Herzog Friedrich: Hüttenordnung vom Jahre 1462;
11. Kaiser Maximilian I.: Hüttenordnung vom 30. Oktober 1498;
12. Alexander VI., Papst: Ablaßbrief vom 16. September 1502;
13. Leo Decimus Papa sub dato pridie Kalendarum Januarii: Ablaßbrief vom Jahre 1517;
14. Kaiser Carolus: Hüttenordnung vom 15. April 1538;
15. Kaiser Ferdinand: Hüttenordnung vom 15. März 1563;
16. Kaiser Maximilian II.: Hüttenordnung vom 15. April 1570;
17. Kaiser Rudolf: Hüttenordnung vom 13. März 1578;
18. Kaiser Mathias: Hüttenordnung vom Jahre 1613;
19. Kaiser Ferdinand II.: Hüttenordnung vom 23. November 1626;
20. Kaiser Ferdinand III.: Hüttenordnung vom 30. Juli 1637;
21. Kaiser Ferdinand III.: Hüttenordnung vom Jahre 1646;
22. Kaiser Leopold I.: Hüttenordnung vom Jahre 1697;
23. Kaiser Josef I.: Hüttenordnung vom 12. Oktober 1708;
24. Kaiser Karl VI.: Hüttenordnung vom 13. Oktober 1713;
25. Kaiser Karl VI.: Hüttenordnung vom 8. September 1737;
26. Die Wiener Urkunden über die Hüttenordnung vom Jahre 1833;
27. Die Wiener Urkunden über die Hüttenordnung vom Jahre 1864.

Steinmetzzeichen (engl. Mark): solche kommen zuerst seit dem 12. Jahrhundert vor und haben dreifache Bedeutung. Einmal als Bundeszeichen der Steinmetzen, weiters technisch als Versetzzeichen des Aufsehers, damit man wußte, wohin der Stein gehört, und schließlich persönlich als Zeichen des Arbeiters, damit feststand, wer den Stein verfertigt hatte. In den alten Gildenrollen sind neben den Namen der einzelnen Steinmetzen auch ihre Zeichen amtlich registriert. Die Zahl der S. geht in die vielen Tausende, besonders schöne Beispiele hierfür im Wiener Stephansdom. Gerstenbein („Die Königliche Kunst") schreibt hierzu (Seite 54 ff.):

„Im Mittelalter hatte jeder Steinmetz ein Zeichen, welches ihm beim Lossprechen (Freisprechen) zum Gesellen von seinem Lehrmeister als eine Art Belohnung (Prämie) für die Ausdauer und Redlichkeit in der Lehre verliehen wurde. Die Verleihung des Zeichens wurde in Verbindung mit einer Festlichkeit vor der Hütte anerkannt und bestätigt. Das Steinmetzbruderzeichen (nicht Bundeszeichen) ist aus geometrischen Figuren aller Art konstruiert, welches der Lehrmeister nach seinem eigenen Zeichen bildete. Er war auf das Zeichen stolz, denn es war für jeden Steinmetz ein Ehrenzeichen, welches er vor Schändung und Entwürdigung schützen mußte.

Um die Zeichen vor Schändung und Entwürdigung zu schützen, wurden sie später nicht mehr vom Lehrmeister nach seinem eigenen Zeichen geformt und gebildet, sondern sie wurden ausschließlich nur von der Hütte und nur an die Bundesmitglieder verliehen. Jede Haupthütte nahm einen bestimmten Schlüssel für die Konstruierung der Zeichen an. Jedes von den Haupthütten verliehene Zeichen wurde vermerkt und auch die Namen der Brüder, an welche Zeichen verliehen wurden, eingetragen.

Das von der Hütte verliehene Steinmetzzeichen mußte jeder Bruder lesen (symbolisch deuten) und stellen (geometrisch rangieren) können. Somit wurde der Unfug, welcher mit dem Kauf und Verkauf der Steinmetzzeichen getrieben wurde, eingestellt und vor weiterer Schändung bewahrt. Die Steinmetzzeichen waren bis Ende des 19. Jahrhunderts bei den ausweisenden Steinmetzen gebräuchlich. Es waren aber keine verliehenen, sondern angenommene Zeichen.

Die Meisterzeichen sind gewöhnlich an konstruktiv hervorragenden Stellen, z. B. an den Schlußsteinen der Portale, an den Schlußsteinen der Wölbrippen, an Kapitälen usw., d. h. an architektonisch überhaupt ausgezeichneten Objekten, in Wappenschildern ruhend, angebracht. So z. B. das Meisterzeichen des Erbauers der wunderbar schönen Kanzel zu St. Stephan in Wien und das Meisterzeichen des Dombaumeisters Friedrich Schmidt an der Renovationstafel dieses Skulpturwerkes. Würden die Zeichen keine Hüttenbrüderzeichen sein, so würde ihnen diese ausgesuchte Wertschätzung fehlen."

Die Sammlung dieser S., die nicht nur in der europäischen Kirchenbaukunst, sondern schon im Altertum und bei den asiatischen Bauten nachweisbar sind, wird besonders von der „Quatuor Coronati Lodge" in London eifrig betrieben. Eine besondere Bedeutung haben die S. im Hochgradwesen der Markmaurerei (s. d.), wo jedes Mitglied eine Mark, d. i. ein S., verliehen erhält.

Stein, Rauher (auch roher), (frz. Pierre brute, engl. Rough Ashlar), gilt in manchen freimaurerischen Systemen neben dem Kubischen Stein und dem Reißbrett als „Unbewegliches Kleinod" (s. d.). Er ist das Sinnbild der Unvollkommenheit und des Verstandes, vor allem aber des Lehrlings, des neu in den Bund Aufgenommenen, der, wie der Stein, der eben aus dem Steinbruch kommt, noch voll Unebenheiten ist; diese müssen verschwinden, wenn der Stein tauglich zum Bau werden soll. Wer nicht nur rein äußerlich Freimaurer sein will, muß darum bemüht sein, die Kanten und Ecken zu beseitigen, die seine Schwächen und Leidenschaften und üblen Gewohnheiten darstellen. Wer zur Freimaurerei kommt, ist noch keineswegs ein vollkommener Mensch. Die Erziehung in der Loge soll dazu dienen, den rauhen — zum behauenen, zum kubischen Stein (s. d.) zu gestalten, an den erst das Winkelmaß gelegt werden kann.

Der r. S. kommt schon in Prichards „Masonry disected" (1730) vor. Dort heißt es in den Fragen 46 und 47: „Welches sind die unbeweglichen Kleinodien?" Antwort: „Zeichenbrett, r. S. (rough ashlar) und Broached Thurnel" (s. d.). „Wozu dienen sie?" „... der r. S. für die Gesellen, damit sie ihre Kleinodien darauf prüfen." (Rough ashlar for the Fellow-Craft to try their Jewels upon.)

Seltsamen Deutungen des r. S. begegnen wir in manchen Systemen des 18. Jahrhunderts: Melissino (s. d.) in Rußland war ganz im Banne der Alchimie, wenn er bei Erklärung des Teppichs im geistlichen (VII.) Grade sagte (etwa 1765): „Der r. S. ist das mineralische Elektrum, mit welchem wir die vollkommenen Metalle und Edelsteine kochen. Er enthält jenes Luftfeuer, von dem die Propheten reden. Dieses war die Feuerwolke und die Feuersäule der Israeliten, das heilige Feuer der Hohenpriester, die Feuerwagen des Ezechiel und der, mit welchem Elias gen Himmel fuhr, das Feuer, der Rauch und der Dunst, wovon der heilige Johannes in der ‚Offenbarung' redet." Die Stelle ist besonders darum interessant, weil sie einmal in dem Steine eine Kraftbegabung im Sinne des frühesten Steinkults annimmt, dann aber das im Steine schlummernde Feuer mystisch deutet. Die Tatsache weiter, daß aus dem „chaotischen oder ersten Wasser, dem Ursprunge aller Wunder der Natur", das graue Salz entsteht, das mineralisches Elektrum genannt wird, umreißt die Stellung des Steinsymbols bei Melissino noch deutlicher, denn damit wird der r. S. zum ersten Schöpfungsprodukt, in welchem alles zu Schaffende im Keime verborgen liegt.

Bode (s. d.), einer der Hauptvertreter der „Jesuitentheorie", schrieb 1791: „Die Steine sind zwar erst durch das Tempelherrensystem auf den Teppich gekommen, aber auf die Fortpflanzung dieses Ordens haben sie nur höchst gezwungenerweise Bezug. Nehmen Sie aber den r. S. für den Felsen, worauf nach der Lehre der Katholiken die allein seligmachende Kirche gebauet ist, den behauenen für den Schlußstein der Hierarchie oder die Kirche selbst, und den gespaltenen Stein für die Spaltungen in derselben, so haben Sie die wahre Deutung dieser Figur und einen Beweis mehr, daß die Strikte Observanz von unsichtbaren Händen geleitet wurde und geleitet werden sollte." In der Strikten Observanz wurde, als zum II. Grad gehörig, ein roher, ein behauener und ein zertrümmerter Stein verwendet; man deutete sie als den unvollkommenen Anfang der Dinge wie auch des Ordens, als des letzteren glücklichen Zustand und endlich als die verschiedenen Änderungen, die der Orden erlitten hat im Laufe der Zeiten. (Vergl. E. Leonhardt, „Das Steinsymbol" in „Zirkelkorrespondenz" 1930.)

Stein, Zum blauen, eine angeblich aus Freimaurern zusammengesetzte Schauspielergesellschaft, die anfangs des 19. Jahrhunderts in Deutschland bestanden hat. Über sie berichtete Hofrat Schneider in der „Deutschen Theaterzeitung und Theateralmanach" 1844 („Vor und hinter den Kulissen". Ebenso: „Der Sammler", Beilage zur „Augsburger Abenzeitung", 18. Jänner 1858).

Stellenvermittlung, Freimaurerische. Als Teil der Außenarbeit pflegen manche Logen im eigenen Wirkungkreis oder in eigenen Zweckverbänden den Nachweis freier Stellen. Die Aufgaben dieser Vereinigungen sind besonders in der Nachkriegszeit so groß geworden, daß ihnen kaum mehr Genüge geleistet werden kann. Besonders in Amerika hat die F. S. ein ungeheures Betätigungsfeld gefunden, weil im amerikanischen Geschäftsleben die Gewohnheit eingerissen ist, Angestellte über 40 Jahre möglichst abzubauen, wodurch natürlich auch zahlreiche Mitglieder von Logen aufs schwerste getroffen wurden. Das größte Amt dieser Art ist das Masonic Free Employment and Service Bureau in Brooklyn, das jährlich mehrere tausend Stellensuchende unterbringt. Es wurde mit Unterstützung aller Logen von Brooklyn und Long Island 1911 gegründet und 1923 amtlich registriert.

Stemmeisen, auch „Hobel" genannt, das

Symbol der Macht der Arbeit in moralischem und materiellem Sinne.

Stendhal, Pseudonym für Henri Beyle, französischer Schriftsteller, * 1783, † 1842 („Rouge et noir", „Vies de Haydn, Mozart et Metastase", „Racine et Shakespeare"), war Freimaurer. In seinem Tagebuch steht zwischen dem 10. und 20. August 1806: „J'ai été reçu franc-maçon le 3 août (123 frcs). S. wohnte zu dieser Zeit bei seinem Vetter Daru in Paris. Der Name der Loge ist unbekannt. (Nach einer Mitteilung von O. Colson, Berlin.)

Stephan, Heinrich v., Staatssekretär im Deutschen Reichspostamt, * 1831, † 1897, Generalpostdirektor des Norddeutschen Bundes, 1875 Generalpostmeister des Deutschen Reiches, Anreger zur Gründung des Weltpostvereins, wurde 1858 in die Loge „Teutonia zur Weisheit" in Potsdam aufgenommen.

Sterbekassen sind in Freimaurerlogen und Großlogen häufige Einrichtungen. Sie sind zumeist auf dem Umlagesystem aufgebaut, d. h. im Falle des Ablebens zahlen alle Mitglieder einen bestimmten Beitrag ein. Ihre Lebensfähigkeit hängt versicherungstechnisch davon ab, daß der Abgang durch junge Mitglieder ersetzt wird. Einzelne Sterbekassen haben sich sehr bewährt, andere konnten sich nicht halten, da besonders bei einem zu großen Stock an alten Mitgliedern die Belastung für die einzelnen Mitglieder sehr groß wird. Die Sterbekasse für Brr. Freimaurer vom Jahre 1800 in Hamburg sah sich 1930 genötigt, zu liquidieren, weil ihre Bestände durch die Inflation entwertet waren.

Stern, Der flammende, s. Flammender Stern.

Stern, Der flammende, dramatisches Gedicht in fünf Akten von Louis Nötel, erschien 1879 in Wien.

Stern des Ostens, s. Eastern Star.

Sternberg, Kaspar, Graf von, Naturwissenschaftler und Literat, * 1761, † 1829, Begründer des Prager National-Museums, mit Goethe seit 1820 in lebhaftem Briefwechsel, später auch in persönlichem Verkehr. Für den geistlichen Stand bestimmt, kam er 1783 nach Regensburg als Anwärter auf eine Domkapitularstelle und schloß sich 1783 der Loge „Zu den drei Schlüsseln" in Regensburg an. Bei seiner Aufnahme verweigerte er den Eid und wußte es durchzusetzen, daß er auf Manneswort aufgenommen wurde. Er wurde enger Verbindung mit den Illuminaten verdächtigt, stand deshalb in polizeilicher Überwachung, die ihm erst erspart blieb, als sich nach einer Audienz bei Kaiser Franz herausgestellt hatte, daß er mit dem Grafen Starhemberg verwechselt worden war. Goethe sandte ihm seine Freimaurergedichte zur Kenntnis ein. Zu den in Böhmen lebenden Freimaurern hatte er keinerlei nähere Beziehung.

Sterne, Laurence, der Verfasser des „Tristram Shandy", * 1713, † 1768, Reverend und Rektor zu Coxswould, war Freimaurer. Seine Grabstätte im Friedhof St. George, Hanover Square, London, wird in dem Aufsatz von Williams: „A Masonic Pilgrimage trough, London" (A. Q. C. 1930), als Freimaurergrab bezeichnet (s. Rylands, A. Q. C., II).

Steuben, Friedrich Wilhelm Freiherr von, General, * 1730, † 1794, preußischer Offizier, im Siebenjährigen Krieg Stabskapitän und Flügeladjutant Friedrich des Großen, ging 1778 nach Nordamerika, um dort als Generalinspektor die Revolutionsarmee zu organisieren, war Mitglied der Trinity Lodge Nr. 12 in New York. An seine Taten erinnert sein Denkmal im Lafayette Park in Washington und eine 1930 erschienene S.-Jubiläumsbriefmarke sowie die deutsch-amerikanische S.-Gesellschaft.

Stevens.

1. Jean Pierre, englischer Advokat, * 1788, † 1855, vertrat 1854 als Großkommandeur des Obersten Rates des Schottischen Ritus von Belgien die jeder Politik abholde reine Auffassung der Freimaurerei, als der Großmeister des Großorients, Verhaegen (s. d.), die aktive Bekundung liberaler Anschauungen als Logenaufgabe erklärte.

2. Hon. Henry Herbert, 1921 und seit 1930 Handelsminister von Canada, * 1878 in England, ist Freimaurer. Seit 1911 konservatives Mitglied des kanadischen Parlaments.

3. Thaddäus, der „Erzpriester der Antifreimaurerei" in Amerika, * 1792, † 1868, Rechtsanwalt, war im Anschluß an den Fall Morgan (s. d.) von 1829—1843 der leidenschaftlichste Führer der antifreimaurerischen Volksaufwiegelung. Seine hetzerische Tätigkeit überbot an Schärfe und Energie bei weitem die des New Yorker antifreimaurerischen „Triumvirats", Weed, Seward und Fillmore. Er erschien bei allen Tagungen, die Gelegenheit boten, seinen abgründigen Haß in wilden Reden auszutoben, versäumte keinen antifreimaurerischen Konvent. 1833 ins Repräsentantenhaus von Pennsylvanien gewählt, bombardierte er dieses mit antifreimaurerischen Anträgen, drang zunächst nicht durch, erreichte dann aber 1835, als sich die Whigs mit seiner Partei verbanden, daß eine förmliche Inquisition sich auftat. Die prominentesten Freimaurer mußten zu Verhören erscheinen und wurden, da sie sich weigerten, einen verlangten Eid zu leisten, und feierliche Verwahrung einlegten, gefangengesetzt. Schließlich siegte aber die Vernunft und S. stand fast allein da. 1848 wurde er in den Kongreß der USA. gewählt, dem er mit einer Unterbrechung bis zu seinem Tod angehörte. Er widmete nun seine Kräfte dem Kampf gegen die Sklaverei. Nach dem Sieg des Nordens im Bürgerkrieg wünschte er die Südstaaten wie eroberte Provinzen behandelt zu sehen. (Vergl. Grand Lodge Bulletin, Iowa, Februar 1926.)

Steward's Badge, Abzeichen, das alljährlich den Stewards (s. d.) an den Jahresfesten der drei großen Wohlfahrtsinstitutionen der englischen Freimaurer verliehen wird, d. h. jenen Brr., die mindestens zehn Guineas für den philanthropischen Zweck zur Verfügung gestellt haben (s. Charity Jewel).

Stewardsbruder, Stuartsbruder, siebenter Grad (unterster Grad der Stewardsloge) des Schwedischen Systems; im Zinnendorfschen System der Großen Landesloge der Freimaurer von Deutschland sechster Grad (erster Kapitelgrad), auch Ritter vom Osten, Prinz von Jerusalem (s. Ritter vom Osten).

Stewards, Grand Stewards.

1. Die Einrichtung des alljährlichen Großlogenfestes in England (Annual Festival, s. d.) machte es notwendig, eine Anzahl von Brr. mit der Vorbereitung des Festes und des Festmahles zu betrauen. Im Anfange waren es die Großaufseher, die nach der Verfassung des Jahre 1723 den Auftrag erhielten, die Teilnehmerkarten (Tickets) gestempelt mit dem Siegel des Großmeisters zu verkaufen, die notwendigen Vorräte für das Festmahl einzukaufen und für das Lokal zu sorgen. Im Jahre 1721 wird als erster G. S. Joseph Villeneau erwähnt, der mit Hilfe von Aufwärtern das Fest besorgte. Die G. S. hatten allen Aufwand aus eigener Tasche zu bestreiten, der ihnen durch den Verkauf der Teilnehmerkarten wieder rückerstattet wurde, wobei sie jedoch, wie es sich auch wiederholt erwies, zu Schaden kommen konnten. Um sie dafür zu entschädigen, wurden ihnen im Laufe der Jahre verschiedene Vorrechte verliehen. Die vom Großmeister aus einer kleinen Anzahl von Logen zu wählenden G. S. erhielten ein eigenes, in der ursprünglichen Form von dem berühmten Maler Hogarth entworfenes Abzeichen an rotem Bande, der Schurz wurde rot umsäumt, sie durften 1735 eine eigene Grand Stewards Lodge gründen, es wurde sogar bestimmt, daß kein Br. Großbeamter werden dürfe, der nicht schon als G. S. gedient hatte. Sie durften außerdem zwölf stimmberechtigte Mitglieder in die Großversammlung entsenden. Nach 1797 trugen sie einige Jahre lang eine farbige Amtstracht: blauen Rock mit gelben Knöpfen (Initialen G. S.), weiße Weste und schwarze seidene Kniehosen. 1813 hörte die Grand Stewards Lodge auf, für die Rekrutierung der Großbeamten zu dienen. 1815 wurde die Zahl der zur Stellung von Stewards berechtigten Logen (Red Apron Lodges, s. d.) von 9 auf 18 erhöht.

In der heutigen Großlogenverfassung von England ist (§ 44) vorgesehen, daß kein G. S. von einer Loge einen Beitrag zu seinen Verpflichtungen annehmen darf. Das Ehrenamt geht verloren, wenn er diese abzuwälzen versucht. Seit 1904 haben 19 Logen das Recht, G. S. für das große Fest zu entsenden.

Die G. S. Lodge darf weder Aufnahmen noch Beförderungen vornehmen. Sie steht in der Stammrolle der englischen Logen ohne Nummer an erster Stelle.

Die G. S. bereiten das Fest vor, das nach jetzigem Brauche am Mittwoch nach St. Georg stattzufinden hat. Der Preis für die Teilnehmerkarte ist vorgeschrieben. Er darf nach § 13 eine Guinea nicht überschreiten.

2. Auch viele Logen haben das Amt eines Stewards, dem die Unterstützung des Junior Warden, die Sorge für das Brudermahl, obliegt. Abzeichen ein Füllhorn (Cornucopia).

3. Unter Stewards werden in England schließlich auch jene Brr. verstanden, die bei den Jahresfesten der drei großen Wohlfahrtseinrichtungen der englischen Freimaurerei als solche dienen, wozu das Recht durch Spende von mindestens zehn Guineas für eine der Institutionen erworben wird. Sie sammeln auch die Spenden für diese Institute in ihren Logen und überreichen sie beim Johannisfest. Auf diesem Wege werden die gewaltigen Mittel zu deren Erhaltung und Ausbau aufgebracht.

Stewardslogen.

1. Grand Stewards Lodge in England, s. Stewards.

2. Stewardslogen, Erleuchtete und Wirkende, auch Stuartslogen, im Schwedischen System, bestehen aus Vertrauten Brr. St. Johannis, Vertrauten Brüdern Salomos und Stewardsbrüdern, also Trägern des VII.—IX. Grades.

Stichling, Gottfried Theodor, sachsen-weimarischer Staatsminister, * 1814, † 1891, unterbreitete dem Bundesrat im Auftrage seines Fürsten im Dezember 1870 den Antrag, den König von Preußen zur Annahme der deutschen Kaiserwürde aufzufordern. S. war fünfzehn Jahre lang Meister vom Stuhl der Weimarer Loge „Amalia".

Stiftshütte (engl. und frz. Tabernacle), das von Moses errichtete und von Aholiab und Bezalel künstlerisch ausgestattete Zelt, dessen Allerheiligstes während des Marsches durch die Wüste als Sanktuarium zur Aufbewahrung der Bundeslade (engl. Ark of Covenant, frz. Arche d'Alliance) diente. In der amerikanischen Hochgradliturgie werden unterschieden:

1. Die drei biblischen S., u. zw. die vorsinaitische, die als Beratungszelt diente,

2. die sinaitische, die nach der Offenbarung zur Aufbewahrungsstätte des Allerheiligsten. der Bundeslade, diente,

3. die S. Davids, die er nach der Besitzergreifung von Jerusalem in Gibeon errichtete.

Diese werden in der Bibel erwähnt. Freimaurerische Erfindung ist im amerikanischen Royal-Arch-Grade die S. Zerubabels, die ihren Sitz in der Nähe der Salomonischen Tempelruinen vor Errichtung des zweiten Tempels gehabt haben soll. Die Zeremonie der Vorhänge („passing the veils", s. d.) wird im amerikanischen Royal-Arch-Grad in die S. verlegt. Ebendort wird auch das ganze Kapitel als Tabernacle bezeichnet. In einzelnen Kapiteln heißt so ein die S. besonders repräsentierendes Einrichtungsstück.

Nach der S. werden auch zwei Hochgrade des A. u. A. Schottischen Ritus bezeichnet, u. zw. der 23.: Chef des Tabernakels, und der 24.: Prinz des Tabernakels.

Stiftungsurkunde, das Dokument, auf dem die Rechtmäßigkeit, d. i. die gesetzmäßige Einsetzung der Loge durch eine Großloge, beruht (s. Charter).

Stiller Toast, s. Trinksprüche.

Stinde, Julius, deutscher humoristischer und naturwissenschaftlicher Schriftsteller, Schöpfer der Familie „Buchholz", * 1841, † 1905, war Mitglied der Loge „Zur grünenden Tanne" in Harzburg.

Stirling, Sir James, erster Baronet, Lordprovost von Edinburgh, * 1740, † 1805, erwarb sich bedeutende Verdienste in den Aufständen von 1792, war 1798/99 Großmeister der Großloge von Schottland.

St. John's, Hauptstadt von Newfoundland, Sitz der englischen Distrikts-Großloge „New Foundland" (Adresse: P. O. Box 1201. St. J.), der in der Hauptstadt drei Logen unterstehen, ferner der gleichnamigen schottischen Distrikts-Großloge (Adresse: Alfr. E. N. Rabbits, 88, Pleasant Street) mit zwei Logen in St. J.

Stoa, eine von Zeno begründete philosophische Schule. In der Erkenntnistheorie ist sie empiristisch (s. Empirismus), in metaphysischer Hinsicht pantheistisch (s. Pantheismus), indem sie Gott als die Kraft des Weltalls, die Welt als den differenzierten Gott auffaßt; sie versucht, einen Determinismus (s. d.) in metaphysischem Sinne mit einem ethisch-psychischem Indeterminismus (s. d.) zu verbinden, indem sie das vernünftige Handeln als frei, die Außenwelt als zwangsläufig den Naturgesetzen starr unterworfen betrachtet. Diese ethische Freiheit ist an einen strengen Tugendbegriff gebunden. Pflichtgemäß ist die naturgemäße und zugleich vernunftgemäße Handlung. Das Ideal ist die Pflichterfüllung des Weisen. Seneca findet in der Pflichterfüllung des Weisen den Wert der Gesinnung. Die S. beeinflußte stark das Denken der Humanisten, der Renaissance-Philosophie und wurde 1604 von Justus Lipsius erneuert. Bacon, Charron sowie Shaftesbury standen stark unter dem Einflusse der S. und vertraten deren Lehren, insbesondere in ethischer Hinsicht. Auch auf Kant wirkte sie ein. Der ethisch-religiöse Weisheitsbegriff der Stoiker, die Autonomie der moralischen Vernunft, ihre kosmopolitischen Ideen, ihr Humanitätsideal, der Verbrüderungsgedanke, ihre Auffassungen in bezug auf das Naturrecht übten zeitweise eine äußerst starke Wirkung aus. Es liegt auf der Hand, daß die S. auch die Freimaurerei stark beeinflußte. Die Stoiker sind in gewisser Hinsicht geistige Ahnen der Königlichen Kunst. Streben nach Harmonie von Verstand, Gemüt und Willen ist höchstes Ziel der Freimaurerei.

Stockholm, Hauptstadt des Königreichs Schweden, Sitz der Großen Landesloge von Schweden (Adresse: Frimurare Stamhuset, Blasieholmsgatan 6), der in S. selbst eine Andreas- und zwei Johannislogen unterstehen. Über die Entwicklung der Freimaurerei in S. s. Schweden.

Stoiloff, Konstantin, bulgarischer Ministerpräsident, wiederholt Minister des Äußern, des Innern und der Justiz, * 1853, † 1901, Führer der Konservativen, war seit 1876 Mitglied der Loge „Apollo" in Leipzig.

Stojković, Sreten, Professor und Gymnasialdirektor in Belgrad, * 1854, † 1928, Präsident der großen serbischen Literaturvereinigung „Srpska Knjiž Zadruga", trug sehr viel zur schriftstellerischen Propagierung der freimaurerischen Idee bei, schrieb ein Buch über Freimaurerei, das seit 1893 drei Auflagen zählte.

Stolberg-Rossla, Johann Martin, Graf von, Meister vom Stuhl der Loge „Karoline zu den drei Pfauen" in Neuwied. Illuminat unter dem Ordensnamen Campanella, übernahm 1784 die Oberleitung der gesamten deutschen Ordensprovinz (Assyria) und nahm nunmehr den Ordensnamen Ludovicus Germanicus an. Der Aufnahme des Kölner Kurfürsten Maximilian Franz und des preußischen Thronfolgers, nachmaligen Königs Friedrich Wilhelm II., in den Illuminatenorden widersetzte er sich. Anfangs Mai 1785 ließ er, infolge der beginnenden Illuminatenverfolgung, durch Rundschreiben die Arbeiten in der deutschen Ordensprovinz einstellen.

Stolberg-Stolberg, Grafen zu.

1. Christian, * 1748, † 1821 und
2. Friedrich Leopold, * 1750, † 1819,

ein Brüderpaar mit reicher dichterischer Begabung, das sich dem Göttinger Dichterbund, Hainbund, anschloß und 1775 mit Goethe in die Schweiz reiste. Besonders Friedrich Leopold, später Gesandter in Kopenhagen, war in seiner Jugend ein ungebändigtes, freiheitsdurstiges Temperament, in dessen Gedichten der Republikanismus und der Kampf gegen die Tyrannen eine große Rolle spielten. Als Mitglieder des Göttinger Dichterbundes (s. d.), von einer schwärmerischen Verehrung für Klopstock erfüllt, sollen sie über dessen Rat dem Freimaurerbunde beigetreten sein. (1774 in der Hamburger Loge „Zu den drei Rosen".) Friedrich Leopold erregte 1819 großes Aufsehen, als er sich zum katholischen Glauben bekehrte. („Wie ward Fritz Stolberg, ein Unfreier", eine scharfe Broschüre seines Jugendfreundes Voß, griff ihn deshalb an). In der Freimaurerei ihrer Zeit haben die beiden Brüder keine Rolle gespielt, sie haben sich anscheinend kurz nach 1775 zurückgezogen.

Stolz, Alban, deutscher katholischer Volksschriftsteller, * 1808, † 1883, seit 1847 Professor an der Universität Freiburg i. Br., veröffentlichte mehrere antifreimaurerische Schriften, von denen „Mörtel für die Freimaurerei", „Akazienzweig für Freimaurer" mehrere Auflagen erlebten.

Stomachale, von Stomachus, das Magen- oder Bauchzeichen.

Stonehaven, John C. J., Baron of Ury, * 1874, britischer Diplomat, Unterstaatssekretär im Home Office, Verkehrsminister 1922 bis 1924, dann bis 1930 Generalgouverneur von Australien, Mitglied des Unterhauses, Führer der konservativen Partei, war Großmeister von Neusüdwales.

Storch, Arthur, Pseudonym für Franz Julius Schneeberger (s. d.).

Stradbroke, George, 3. Earl of, * 1862, Flügeladjutant der Könige Eduard VII. und Georg V., 1922—1926 Gouverneur von Victoria (Australien), war Großmeister der Großloge dieses Staates, seit 1903 Provinzial-Großmeister von Suffolk.

Straits Settlements (Malakka), englische Kronkolonie, Distrikts-Großloge des Östlichen Archipels (Eastern Archipelago) der Großloge von England (Sitz in Singapore), gegründet 1858, umfaßte 1930 15 Logen in Singapore, Johore Bahru (Johore), Malakka,

Penang, Seremban, Taiping im Staate Perak. Adresse: Freemason's Hall, Coleman Street, Singapore.

Unter der Distrikts-Großloge „The Middle East" der Großloge von Schottland (Sitz in Penang) arbeiten insgesamt acht Logen, darunter drei in Holländisch-Indien (Java und Sumatra).

Straßburg im Elsaß, die Hauptstadt des Grenzlandes, das im Laufe der Jahrhunderte immer wieder zwischen Deutschland und Frankreich ein heiß umstrittenes Kampfobjekt bildete, ist der Sitz ältester deutscher Kultur. Hier stellte der Mainzer Gutenberg die erste Druckerpresse auf, der Bischof Werner legte 1015 den Grundstein zum Münster, das Bischof Konrad von Lichtenstein durch Erwin von Steinbach (s. d.) 1277 fortsetzen ließ. Nach Erwins Tod (1318) führte sein Sohn Johannes bis 1339 den Bau fort, der schließlich 1439 von Hans Hültz aus Köln vollendet wurde.

Das Straßburger Münster, nach seinem Erbauer auch Erwins-Dom genannt, eines der edelsten Bauwerke deutscher Gotik, hat in der deutschen Bauhüttengeschichte eine bedeutungsvolle Rolle gespielt. Die Straßburger Dombauhütte hatte eine Art Direktorialstellung über die anderen deutschen Bauhütten. Jost Dotzinger aus Worms, Hüttenmeister von S., wurde im April 1459 auf der Regensburger Hüttenversammlung zum obersten Richter gewählt. Die Haupthütte S. beherrschte den größten Teil von Deutschland und bildete bei Hüttenstreitigkeiten die dritte und letzte Instanz, die sie nach Hüttenrecht entschied. Die beherrschende Stellung geht auch daraus hervor, daß die Straßburger Haupthütte noch 1705 den Hütten von Nürnberg und Dresden Geldstrafen auferlegte. Als das Elsaß 1697 durch den Frieden von Ryswyk an Frankreich fiel, wurde durch Reichstagsbeschluß alle Verbindung der deutschen Hütten mit der von S. aufgehoben. Diese Bestimmung wurde jedoch von den Steinmetzen nicht eingehalten, die nach wie vor in S. ihren Haupthüttenort erblickten. 1731 wurde sogar die Gerichtsbarkeit des Meisters der Haupthütte von S. für die übrigen Haupthütten wieder durch Reichstagsbeschluß anerkannt. Der Reichstagsbeschluß vom 15. Juli 1771 hob dann die Hütten als Korporationen eigener Privilegien im ganzen Deutschen Reich auf.

Die freimaurerische Tätigkeit beginnt mit dem Jahre 1743. Über die erste Loge, an deren Gründung v. Hund beteiligt war, ist wenig bekanntgeworden. 1757 wurde die Loge „La Concorde" errichtet. Im Laufe der folgenden Jahre entstanden weitere elf Logen verschiedener Systeme, die so ziemlich alle Verirrungen des 18. Jahrhunderts repräsentierten. Es wirkte als groß Überraschung, als der genaue Kenner des Straßburger Münsters, der Abbé Phil. André Grandidier (s. d.), im Jahre 1782 auf die innere Verwandtschaft der alten Bauhüttenrituale mit den Gebrauchtümern der Freimaurer aufmerksam machte.

Bemerkenswert sind die freimaurerischen Kongresse, die 1846 und 1849 auf Veranlassung der Straßburger Loge „Les Frères réunis" veranstaltet wurden, an denen deutsche und französische Brr. teilnahmen. Von einer deutsch-französischen Freimaurerzeitung, „Erwinia", die 1847 als Folge dieser brüderlichen Annäherung herausgegeben wurde, sind sieben Folgen erschienen.

Beim Anfall des Elsaß an das Deutsche Reich (1870) bestand in S. nur eine einzige französische Loge, eben „Les Frères réunis", die sich, da sie sich keiner deutschen Großloge unterstellen wollte, freiwillig auflöste. Es entstanden dann deutsche Logen, als erste „Zum treuen Herzen", gestiftet 1876 von der Bayreuther Großloge (trat 1876 zur Großloge „Royal York" über), dann „An Erwins Dom" (Eklektischer Bund), gestiftet 1882. In dieser Loge sprach Kaiser Friedrich III. im Jahre 1886 die berühmt gewordenen Worte von der Gewissensfreiheit und Duldung als den Grundpfeilern der Maurerei.

Nach dem Weltkriege wurden die Straßburger deutschen Logen nach Deutschland zurückverlegt. Die Auseinandersetzungen über ihren von den französischen Logen übernommenen Besitz sind bis 1931 noch nicht abgeschlossen. An ihre Stelle trat wieder die französische Loge „Les Frères réunis" (Grand Orient).

Stratford on Avon, Geburtsort Shakespeares. 1928 wurde unter großer Pompentfaltung der Grundstein des dort zum Gedächtnis des Dichters errichteten Theaters im Namen der Großloge von England vom Großmeister Lord Ampthill gelegt, den 700 Freimaurer geleiteten.

Stratimirović, Stevan, Metropolit in Karlowitz, * 1757, † 1836, schuf dort ein wissenschaftliches Zentrum des österreichischen Serbentums, suchte mit Erfolg den russischen Kaiser und dessen Diplomatie für die Sache der gegen die Türken aufstehenden Serben zu gewinnen, war Freimaurer.

Street, Oliver Day, Rechtsanwalt, Staatsanwalt in Alabama, USA., republikanischer Politiker, * 1866, Großmeister der Großloge von Alabama 1925/27, freimaurerischer Schriftsteller. Hauptwerk: „The Symbolism of the three degrees of Freemasonry".

Streichung aus den Listen der Loge tritt ein, wenn ein Br. wegen eines maurerischen Vergehens aus der Loge oder dem Bunde ausgeschlossen wurde, wenn er infolge mangelnder Anteilnahme seine Pflichten gegen die Loge verletzt hat, oder wenn er aus dem Logenorte verzogen ist und durch mehrere Jahre nichts mehr von sich hören ließ. Eine traurige Rubrik der amerikanischen Logenstatistik ist die S. wegen rückständiger Mitgliedsbeiträge. Diese Rückstände erklären sich nur zum Teile aus den wirtschaftlichen Verhältnissen, weil in solchen Fällen die Logen selbstverständliches Entgegenkommen zeigen. Das Wachstum der Logen in Amerika ist in einzelnen Obedienzen ein ungesund schnelles, oft wird bei der Aufnahme nicht die entsprechende Auslese beachtet. Nur so ist es zu erklären, daß beispielsweise die Großloge von Kansas im Jahre 1929 über 3000 Mitglieder wegen non-payment streichen mußte.

Stresemann, Gustav, deutscher Staatsmann, Führer der Deutschen Volkspartei, Reichskanzler, Reichsaußenminister, Nobel-Friedenspreisträger, * 1878, † 30. Oktober 1929, war Freimaurer, seit 1923 Mitglied der Loge „Friedrich der Große", Berlin (Großloge „Drei Weltkugeln"), und Ehrenmitglied seiner Großloge. S. war ein Staatsmann, der ganz in der geistigen Atmosphäre von Weimar wurzelte, in dessen Wesen sich Politik und Kultur aufs innigste verbanden; sein deutscher Idealismus war durchaus von Goethe beeinflußt. In der schwersten Zeit des Deutschen Reiches auf dem verantwortungsvollsten Posten stehend, sah er unbekümmert um noch so heftige Widerstände über die Grenzen hinaus, um in Gemeinschaft mit anderen Staatsmännern eine Atmosphäre des Friedens und der Verständigung und dadurch neuer Blüte für sein Vaterland zu schaffen. Er setzte die Aufnahme des Reiches in den Völkerbund und seiner Vertreter in den Völkerbundrat durch, er wollte ein von allem Druck befreites Deutsches Reich in einem nicht mehr von Haß vergifteten, sondern in wahrhafter Friedensarbeit geeinten Europa erreichen. So wurde er zum Begründer der Locarno-Politik. Für seine hohen Ideen gab S. seine ganze Kraft her, bis sein durch Krankheit und schweres seelisches Leid (Haßkampagne seiner politischen Gegner!) geschwächter Organismus nicht mehr weiter konnte. Er setzte noch bei der Haager Konferenz die frühere Räumung des Rheinlandes durch, erlebte diese aber nicht mehr.

Im Erfülltsein von der Goetheschen Gedankenwelt, in dem bei ihm immer wiederkehrenden Gedanken von der Ausbildung der eigenen Persönlichkeit und ihrer Einordnung in den Dienst der Gesamtheit, lag die tiefste Ursache seiner Verbundenheit mit dem deutschen Freimaurertum. Schon zwei Jahrzehnte vor seinem Eintritt in den Bund schrieb S. in einem Aufsatz: „Maurertum und Menschheitsbau": „Der Mensch soll in jedem Moment seines Denkens und Handelns von der Überzeugung sich tragen lassen, daß er eine Mission auf Erden zu erfüllen hat, daß ihm Kraft gegeben ist, zur Veredelung des Menschheitsbaues beizutragen..." 1927 veröffentlichte S. in einem literarischen Streit um die Persönlichkeiten Blüchers und Scharnhorsts (anläßlich der Aufführung von „Gneisenau" von Wolfgang Goetz) in den „Deutschen Stimmen" einen Aufsatz, in dem er, gestützt auch auf freimaurerische Quellen, manchen Anschauungen des Dichters entgegentrat. Aufsehen erregte es, als er in seiner berühmt gewordenen Rede anläßlich des Eintrittes Deutschlands in den Völkerbund deutliche Anlehnung an den freimaurerischen Sprachgebrauch nahm, indem er ausführte:

„Der göttliche Baumeister der Erde hat die Menschheit nicht geschaffen als ein gleichförmiges Ganzes. Er gab den Völkern verschiedene Blutströme, er gab ihnen als Heiligtum ihrer Seele ihre Muttersprache, er gab ihnen als Heimat Länder verschiedener Natur. Aber es kann nicht der Sinn einer göttlichen Weltordnung sein, daß die Menschen ihre nationalen Höchstleistungen gegeneinander kehren und damit die allgemeine Kulturentwicklung immer wieder zurückwerfen. Der wird der Menschheit am meisten dienen, der, wurzelnd im eigenen Volk, das ihm seelisch und geistig Gegebene zur höchsten Bedeutung entwickelt und damit, über die Grenzen des eigenen Volkes hinauswachsend, der ganzen Menschheit etwas zu geben vermag, wie es die Großen aller Nationen getan haben, deren Namen in der Menschheitsgeschichte niedergeschrieben sind. So verbindet sich Nation und Menschheit auf geistigem Gebiet, so kann sie sich auch verbinden in politischem Streben, wenn der Wille da ist, in diesem Sinne der Gesamtentwicklung zu dienen."

Daß S. hierbei auch das frmr. Zeichen gegeben habe, ist Erfindung. Für die allgemeine Wertschätzung, deren er sich im Auslande erfreute, sprach die tiefe, aufrichtige Trauer beim Einlangen der Todesnachricht. Aus diesem Anlasse hielten fast alle Blätter der freimaurerischen Presse übereinstimmend dem großen Staatsmann und Kämpfer für ehrliche Völkerversöhnung huldigende Nachrufe. In mehreren Großlogen wurde seiner auch in Trauerfeiern gedacht.

Die Jahresmarke der Allgemeinen Freimaurer-Liga 1930 ist mit dem Bild S.s geziert.

Stretti, Viktor, Maler, * 1878, einer der ersten tschechischen Graphiker unserer Zeit, ist Mitglied der Loge „Jan Amos Komenský" in Prag.

Strick, als Zeichen der Unterwerfung ein uraltes Rechtssymbol. Im Ritual des Lehrlingsgrades in einigen angelsächsischen und romanischen Ritualen bei der Einführung des Kandidaten verwendet (s. Cable Tow). Ursprünglich wohl ebenfalls nur als Unterwerfungszeichen gebraucht, später mit mehrfachen, mitunter gezwungenen Deutungen von verschiedenen Hochgraden. (Vergl. Tolstoi, „Krieg und Frieden".)

Auch in den Aufnahmezeremonien des Ordens der „Nobles of the Mystic Shrine" spielt das „hanging on the rope" eine Rolle.

Strickland, Lord, s. Malta.

Strikte Observanz (s. Hund, Freiherr von), ein Hochgradsystem, wie zahlreiche andere im 18. Jahrhundert entstanden, das durch eine besonders günstige Verkettung von Umständen einen über seinen geistigen Inhalt weit hinausgehenden Einfluß auf die deutsche Freimaurerei erlangte. Die Wurzeln des Systems sind in Frankreich zu suchen. Immer wieder wird behauptet, schottische und französische Jesuiten seien die Drahtzieher gewesen, die nicht nur der Partei des katholischen Prätendenten Karl Eduard Stuart in Frankreich eine gegen das protestantische Königshaus von England-Hannover gerichtete freimaurerisch organisierte politische Kerntruppe schaffen wollten, sondern dabei auch auf Stärkung des katholischen Einflusses in Deutschland abzielten. Der einzige, der Genaueres darüber wissen konnte, Karl Gotthelf Reichsfreiherr von Hund auf Altengrotkau, schweigt sich in seinem im Archive der Loge „Minerva" in Leipzig erhaltenen Tagebuch darüber aus, vielleicht, weil er sich zum Schweigen verpflichtet hatte, vielleicht, weil er dahintergekommen war, daß er für fremde Zwecke mißbraucht wurde, wahrscheinlich, weil er sich gar keiner solchen Einflüsse bewußt war.

In der Freimaurerei hatte der Gedanke des Templertums um 1737 Wurzeln geschlagen. Man setzt den berühmten „Discours" des Chevalier Ramsay (s. d.) von 1737 gerne an den Anfang dieser merkwürdigen Entwicklung. Der Inhalt der freimaurerischen Templerlegende besagt in Kürze, daß nach dem Pariser Autodafé des Jahres 1314, bei dem der letzte Templergroßmeister, Jacques de Molay, als Opfer päpstlicher und königlicher Machtgier sein Leben auf dem Scheiterhaufen endete, die Tempelritter in Schottland im geheimen weitergewirkt und ihre Lehre kommenden Geschlechtern erhalten hätten. So soll in Schottland ein templerisches Kapitel, Herodom-Kilwinning, bestanden haben, wobei die Templer, um sich vor Vernichtung zu schützen, ihre Organisation in die der Freimaurerei hüllten. Historischer Kritik hält diese Legende nicht stand. (Schiffmann, Begemann u. a.) Aber sie wurde bereitwilligst geglaubt. Zahlreiche Hochgradsysteme klammerten sich an sie, und ebenso wie Hiram wurde de Molay ritualistisch Legendenfigur, um die sich das System aufbaute. Die Lehre der S. O. enthielt angeblich ein streng zu hütendes Kunstgeheimnis, eine Vorspiegelung, die allen möglichen (mit Alchimie usw. operierenden) Schwindlern eine vortreffliche Handhabe bot.

Von Hund hat in Paris mit derartigen, auf das Templertum eingeschworenen Hochgradkreisen Verkehr gehabt. Er erklärte, er sei am Hofe des Prätendenten Karl Eduard Stuart in Gegenwart des Lord Kilmarnock und des Lord Clifford von einem Ritter von der roten Feder (a penna rubra) zum Tempelritter geweiht und gleichzeitig zum Heermeister der in der Freimaurerei wiedererstandenen templerischen VII. Ordensprovinz ernannt worden. Sein Heermeisterpatent (s. d.) trägt im Kopfe den Namen: „George Guillaume Chevalier du Soleil d'Or, Grand maître de tous les Templiers" und redet Hund als Provinzial-Großmeister der Lande an Elbe und Oder an. Hierbei erscheint auch zuerst Hunds Rittername: Charles Baron de Hund, Chevalier de l'Epée (Ritter vom Degen, lateinisch: Eques ab ense). Es sei hier darauf hingewiesen, daß eine durchorganisierte Ordensprovinz anfänglich nur in Deutschland bestand. Von einer französischen Provinz, die Hund als Vorbild hätte dienen können, war keine Rede. Hund hat also aus Paris höchstens die Idee — vielleicht auch das Heermeisterpatent mitgebracht, dessen Ausstellung andeutungsweise dem Stuart zugeschrieben wurde. 1775, auf dem Konvent in Braunschweig, drängten die Ritter in Hund, er möge den wirklichen Namen des Eques a penna nennen. Hund brach in Tränen aus und versicherte, das liefe wider seinen Eid und sein Gewissen, worauf der Konvent beschloß, „seiner Hochwürden und Gnaden nie wieder mit dergleichen Fragen beschwerlich zu fallen".

Hund hat es jedenfalls verstanden, mit dem in Frankreich erhaltenen Pfunde zu wuchern. Sein erstes Kapitel, von Droissig genannt, bestand 1751 nur aus ihm und seinem Freunde von Schönberg (eques a Leone rubro). Erst drei Jahre später wurde der Organisationsplan entworfen. Hier wirkten bereits sieben Brr. mit. Der Lage der Zeit (Siebenjähriger Krieg!) entsprechend, hatte Hund erst nur Sachsen zu Vertrauten: v. Schönberg, Mylius, v. Kiesewetter, Vitztum von Eckstädt, die beiden Brüder Schmidt u. a. Als seinen Antecessor, Vorgänger, von dem er die Ordensmatrikel übernommen habe, bezeichnet Hund den Br. C. G. von Marschall (s. d.), Ritter vom Reißbrette (eques a tabula designatoria). Einen Organisationsplan hat er von diesem aber nicht übernommen, denn man merkt deutlich, wie sich die S. O. nur langsam aufbaut.

Grundgedanke ist die Templeridee. Man hielt sich für berechtigte Nachfahren der alten Tempelritter, die sich hinter dem Maurerschurz solange gedeckt haben sollten. Die Rituale der ersten vier Grade wurden aus Frankreich eingeführt. Den V. und VI. Grad hat Hund, wie Runkel meint, aus dem Gedächtnis niedergeschrieben. Vielleicht hat er sie auch erfunden. Das Beispiel der Weltmacht der alten Templer und ihre Reichtümer wirkten vorbildlich. Man wollte auch materiell fundiert sein. Daher die verschiedenen Projekte ökonomischer Pläne (s. d.) und die Idee. durch Errichtung eines „Departements für Arbeiten in chymicis, mechanicis et commercialibus" zu Geld zu kommen.

Das freimaurerisch aufgebaute Ritualsystem umfaßte die drei Johannisgrade, den IV., schottischen, Grad; als V. Grad das Noviziat (die Loge hieß daher Novizenhaus). Der VI. Grad brachte den würdig Befundenen die Ritterweihe. Der Kandidat erhielt hierbei die Ordenstracht und wurde mit Helm und Harnisch bekleidet. Später (1770) kam als VII. Grad der eques professus (s. d.) (der Ritter des großen Gelübdes) dazu.

In Nachahmung des alten Templerbrauchtums wurde die Erde in Provinzen (s. d.) aufgeteilt. Die Kapitel der Ritter wurden Präfekturen, die mit den altertümlichen Namen belegt wurden (Berlin = Templin, Prag = Rodomskoi, Dresden = Gommern, Hamburg = Jvenack, Wien = St. Pölten u. a.). Die Ordenstracht bestand aus weißer Tunika und einem weißen Mantel mit dem roten Templerkreuz. Außerdem gab es eine Uniform (s. Ordenstracht): purpurner Rock mit goldenen Bändern, hellblaue Weste, Ritterkreuz mit rotem Band, Degen und Federhut. Die Ordensgebietiger waren unter dem Heermeister Priore, Subpriore, Großkomture, Präfekten und Commendatoren. Die Loge führte den Namen Hauskommende, der Vorsitzende Meister den Titel Hauskomtur. Die Verpflichtung der Mitglieder geschah durch die sogenannte „Obödienzakte" (s. d.), in der im Gegensatz zu den Logen „later Observanz" dem „rituali strictae Observantiae" unbedingter, blinder Gehorsam gelobt wurde.

Die historische Weiterentwicklung möge unter Hund nachgelesen werden. Hier kommt es im wesentlichen auf Inhalt und Form der S. O. an. Man kann deren Initiatoren eine große organisatorische Begabung nicht absprechen. Hierher gehört auch, daß die Zentrale durch Sendboten Proselyten suchte. Einer dieser Apostel war Johann Christian Schubart von Kleefeld, der nach dem scharfen Urteile Bodes (s. d.) „die einträgliche Kommission" übernahm, „umherzuziehen, um der Provinz kontribuale Menschen zu verschaffen". Dieser Schubart (s. d.) bereiste in Geschäften des Ordens die deutschen Lande und trieb dabei auch wie ein Steuerexekutor die Beiträge ein. Denn man hatte große Pläne im Orden (s. Labrador) und insbesondere, wie bereits erwähnt, einen „oekonomischen Plan" (s. d.), eine Pensionskasse, die in ihrer Anlage beweist, daß die modernen Templer wohl gute Leute, aber sehr schlechte — Versicherungstechniker waren. Immerhin mag dieser Plan manchen angelockt haben. Verbindungen derartiger handgreiflicher Vorteile mit dem Freimaurertum lagen im Geiste der Zeit (s. Ludwig von Hessen und die Grünstädter Lehrart). Man errechnete ein Kapital von 2,000.000 Talern und Leibrenten von 500 Reichstalern jährlich für jeden Ritter und dessen Nachkommen! Von Hund, der bereit war, zwei Güter, Unwürde und Kittlitz, zu schenken, war dem ökonomischen Plan nicht gewogen. Er sah darin eine zu materialistische Verwässerung seines idealen Zweckes. Um sich die Fürsten geneigt zu machen, dachte man auch an die Errichtung einer Militärakademie.

Trotz innerer Gebrechen erwies sich die Organisation nach außen hin bald gefestigt. Das beweist nicht zuletzt die Mühelosigkeit, mit der Konkurrenzunternehmungen aufgesaugt werden konnten. Betriebsame Hochstapler wie Rosa (s. d.) und Johnson (s. d.) wurden vom Licht angezogen und verbrannten. Ernster war die Auseinandersetzung mit dem Klerikat (s. d.). Der Gegenseitigkeitsvertrag, der zustande kam, stellt beiden Teilen, Hund und Starck, ein Klugheitszeugnis aus. Nur mit dem selbstherrlichen Zinnendorf (s. d.) konnte kein Vergleich erzielt werden.

Ein großer äußerer Erfolg war es, als Herzog Ferdinand von Braunschweig (s. d.) 1772 zum Magnus superior ordinis per Germaniam inferiorem gewählt wurde. Als dieser 1775 in feierlicher Prozession zum Konvent von Braunschweig zog, gehörten 26 deutsche Fürsten seinem System an. Aber das System ging schließlich trotz dem äußeren Ritterprunk an seiner — Inhaltslosigkeit zugrunde. Runkel („Geschichte der Freimaurerei in Deutschland", I., 228) meint: „Jedenfalls war die S. O. in dem Lustrum von 1763—1768 die erfolgreichste Organisation, die geeignet schien, die freimaurerische Sehnsucht der damaligen Zeit zu erfüllen, bis etwas Besseres kam." Ihr Ende fand sie im Abschied des „General-Orden-Convents, gehalten zu Wilhelmsbad bei Hanau, in den Monaten Julius und August 1782", einem neuen, dehnbaren Statut, das allgemein nicht befriedigte. Die Mehrzahl der Großlogen und Logen sagte sich los. Der feudale Gedanke des Rittertums hatte ausgespielt, die Gedanken der bürgerlichen Revolution kündigten sich an. Die Ritter im Harnisch wurden Gespenster der Ahnengalerie, die nur noch mit vagen Vorstellungen von geheimen Oberen und ritterlichem Herkommen verbunden blieben. Für Lessing war das System stets eine „Träumerei", für Goethe eine „weiß-rote Maskerade" gewesen.

In verschiedenen Atavismen der deutschen Hochgradsysteme lebt das Rittertum der S. O. fort. Ihr letzter Ausläufer ist das helvetische Priorat des „Régime Rectifié" (des Rektifizierten Ritus [s. d.]) in Genf, das sich rühmen darf, ihr letzter direkter Sproß zu sein.

Man hat von Hund ungünstig beurteilt. Er war im gewissen Sinne ein „Besessener". Sicher kein Betrüger, wahrscheinlich ein Betrogener. Es fällt schwer, ihn als geistig vollwertig anzusprechen, aber Gewinnsucht lag ihm fern. Das hat sein finanzieller Bankrott genügend erwiesen. Was sich um ihn scharte, weist alle Gradstufen vom Industrieritter bis zum lebensuntüchtigen, weltfremden Idealisten auf.

Die S. O. ist ein Kapitel der deutschen Freimaurergeschichte. Man tut ihm nicht Gewalt an, wenn man es als trauriges Kapitel bezeichnet. Vieles ist unklar an diesem Seitenzweig der deutschen Freimaurerei. Von der Entstehung angefangen bis zu den eigentlichen Zielen. Was wollte von Hund mit seinem Ritterspiel? War wirklich jesuitischer Einfluß im Gange? Wollten die Diplomaten der Societas Jesu diesen kleinen leichtgläubigen Landjunker ihren Zwecken vorspannen, um in den deutschen Adels- und Intelligenzkreisen den Katholizismus an Stelle des Protestantismus zu setzen? Das wäre immerhin eine ganz große Konzeption gewesen, die auch viel Menschenkenntnis verriete. Was wollte Starck mit seinem geistlichen Konkurrenzunternehmen? All diese Fragen bleiben offen. Dafür bleibt ein Wust von Akten, Briefen, Protokollen, der menschliche Schwächen, Eitelkeiten, Eifersüchteleien aufdeckt. Vergebens sucht man nach irgendeiner Leistung. Vergebens nach einem klaren Plan, vergebens nach einem bleibenden Wert. Die innerlich großen Freimaurer der Zeit zogen sich zurück. Die S. O. hat nichts gefördert, aber alles in der Entwicklung verzögert. Sie starb zur rechten Zeit.

Strug, Pseudonym für Thaddäus Galecki, polnischer Schriftsteller und Politiker, * 1873, während des Zarismus wegen freiheitlicher Gesinnung eingekerkert und nach Sibirien verbannt. Mutvoller sozialdemokratischer Senator, erster Großkommandeur des nach dem Weltkrieg gegründeten Obersten Rates des A. u. A. Schottischen Ritus von Polen. Von seinen von tiefstem sozialen Verständnis und reiner Menschlichkeit erfüllten Romanen und Novellen wurde am bekanntesten die auch ins Deutsche übertragene „Geschichte einer

Bombe" Ferner schrieb er u. a.: „Geld", „Das Grab des unbekannten Soldaten", „Das Kreuz des Kassierers Spiewonkiewicz".

Stuarts, der Prätendent, Stuartistische Freimaurerei. 1649 wurde König Karl I. (Stuart) von England auf Befehl Cromwells hingerichtet. Am 29. Mai 1660 hielt das Haus Stuart in der Person seines Sohnes Karl II. wieder seinen triumphalen Einzug in London. Karl II., der 25 Jahre den englischen Thron behauptete, wurde von seinem Bruder Jakob II. (als König von Schottland Jakob VII.) abgelöst, der 1685 die Regierung antrat. Die franzosenfreundliche Politik des katholischen Königs und die daraus entstehenden Befürchtungen für die Störung des europäischen Gleichgewichtes veranlaßten den Kaiser und die protestantischen Mächte, die Ansprüche Wilhelms von Oranien auf den englischen Thron zu unterstützen. Wilhelm landete am 5. November 1688 in England und vertrieb Jakob II., der 1689 auch der schottischen Krone verlustig ging. Jakob flüchtete nach Frankreich, wo ihn Ludwig XIV. mit allen Ehren empfing und ihm das Schloß von Saint Germain-en-Laye als Wohnsitz anwies. Aus seiner Ehe mit einer Prinzessin von Modena ward 1688 ein Sohn geboren.

Jakob II. unternahm den Versuch, sich wieder in den Besitz der Herrschaft zu setzen. Mit Unterstützung Ludwigs XIV. landete er im März 1689 in Irland, unterwarf fast die ganze Insel, wurde jedoch 1690 von Wilhelm am Boynefluß geschlagen und mußte neuerlich nach Frankreich fliehen. Er starb 1701 in Saint Germain-en-Laye. Sein Sohn, der Prätendent, Jakob III., versuchte neuerlich das Waffenglück. Er landete 1715 an der schottischen Küste. Aber dieser Versuch scheiterte ebenso wie Erhebungsversuche der Jakobiten in den Jahren 1717 und 1719.

Dessen Sohn, Karl Eduard, der dann — möglicherweise ohne sein Zutun — berufen war, in der Geschichte der Freimaurerei eine eigentlich bis heute nicht bis ins letzte geklärte Rolle zu spielen, war am 21. Dezember 1720 in Rom geboren. Auch ihn ließ das Geschick seines Hauses nicht ruhen, er unternahm am 27. Juni 1745 einen Restaurationsversuch in Schottland, konnte sich auch einige Monate festsetzen, unterlag jedoch am 27. April 1746 in der Schlacht bei Culloden und mußte sich fünf Monate lang in seinem Vaterland von Versteck zu Versteck schlagen. Im Oktober 1746 gelang es ihm, wieder in Frankreich Sicherheit zu finden. Er lebte von da an als vielbeachtete Persönlichkeit, der sich nicht zuletzt wegen seines traurigen Geschicks eine gewisse mitleidige Aufmerksamkeit zuwendete, in Frankreich und in Italien, wo er in Rom 1788 starb. Da er selbst kinderlos, sein einziger Bruder Heinrich Benedict geistlichen Standes war, erlosch mit diesem letzteren 1807 der Mannesstamm der Stuarts.

An den Prätendenten Karl Eduard knüpfen sich die freimaurerischen Stuart-Legenden, die zahlreichen Versionen von der jakobitischen Freimaurerei. Der berühmte Chevalier Ramsay (s. d.) war kurze Zeit sein Lehrer. Dessen „Discours", auf den sich die gesamte Ritterüberlieferung der Freimaurerei stützt, schien also in den persönlichen Beziehungen zum Hause Stuart eine besondere Begründung zu finden. Karl Eduard Stuart wird in der Legende zum Freimaurer gemacht. Eine aus Anhängern seines Hauses zusammengesetzte Loge in Rom um 1735, der u. a. der der Hinrichtung durch Flucht aus dem Tower entgangene Earl of Winton und der spätere Verräter an der jakobitischen Sache, John Murray of Broughton, der Sekretär Karl Eduards, angehörten, soll unter seiner persönlicher Leitung gestanden haben. Die Nachfahren des — angeblich ersten — Rosenkreuzerkapitels von Arras, das „Chapitre primatial et métropolitain de Rose-Croix sous le titre distinctif d'Ecossais Jacobite", berufen sich auf einen Stiftsbrief vom Jahre 1745, den der Prätendent ausgestellt habe. Ein solches Kapitel hat wahrscheinlich existiert; ein Zusammenhang mit Karl Eduard ist niemals bewiesen worden. Die Écossais fidèles" (später „Sagesse") in Toulouse, die ähnliches wie Arras behaupteten, konnten wenigstens einen irischen Stuartisten, Jean de Barnwall de Tremlestown, den Ludwig XV. 1745 zum französischen Grafen gemacht hatte, als Gründer nachweisen. Auch der Templerorden der Strikten Observanz will sich seiner — allerdings verborgenen — Leitung erfreut haben. All die Verwirrung der Strikten Observanz wurde durch das Märchen von Karl Eduard als „geheimem Oberen" noch gewaltig vermehrt.

Die gedankliche Verbindung, in den zwischen 1740 und 1750 aufgekommenen „schottischen" Systemen stuartistische Organisationen zu sehen, die in einem gewissen Gegensatz zur englischen Freimaurerei standen und politische, von katholischer Seite sehr geförderte Zwecke verfolgen sollten, lag daher sehr nahe und ist niemals ganz verlassen worden. Wir dürfen uns daher nicht wundern, wenn auch Albert Lantoine in seiner „Franc-Maçonnerie écossaise en France" (Paris 1930) zu folgenden, von der offiziellen Lesart abweichenden Schlußfolgerungen kommt: Unter den mit den Stuarts nach Frankreich gekommenen schottischen und irländischen Gefolgsleuten und Offizieren befanden sich nach ihm zahlreiche Freimaurer. (Das ist immerhin wahrscheinlich, denn in beiden Ländern gab es ja gegen Ende des 17. Jahrhunderts auch „spekulative" Freimaurer.) Lantoine führt sogar eine „Regimentsloge" an, die 1688 in Saint Germain bestanden haben soll. Dieses Datum wurde wenigstens 1777 bei Aufnahme dieser Loge in den Grand Orient de France als Gründungsdatum anerkannt (!?!). Lantoine erwähnt auch einen Forscher de Loucelles, der in einem 1874 erschienenen Büchlein über die Loge „La Bonne Foi" von Saint Germain behauptete, die Gründung der Großloge von England sei lediglich eine Art Protestreaktion gegen die freimaurerische Politik der Stuarts, eine „Unabhängigkeitserklärung" gewesen. Lantoine pflichtet dieser törichten Theorie nicht bei, glaubt aber ebenfalls, daß „die durch die Stuarts nach Frankreich verpflanzte schottische Maurerei“ auch die englische wesentlich beeinflußt habe. So sei der Meistergrad, der ursprünglich nichts anderes vorstellen sollte als die Hinrichtung Karls I., unter den jakobitischen Freimaurern entstanden und von Frankreich aus in die englische Freimaurerei gelangt. Mit Recht macht hier Sonnenkalb den Einwand, daß die Hiramlegende ihrem ganzen Aufbau nach eine echte Bausage ist, die ein Bauopfer in der Person des Baumeisters zum Mittelpunkte hat.

Lantoine führt u. a. auch als Beleg für seine Anschauung die freimaurerische Tätigkeit an, die sich 1734 in Paris im Haus der Herzogin von Porthsmouth und Aubigny abspielte. Sie war als Louise de Kéroual eifrige stuartistische Agentin am Hofe Ludwigs XIV., Gattin von Karl Lennox, einem natürlichen Sohn Karls II., Mutter des Herzogs von Richmond, des englischen Großmeisters von 1724. 1734 wurde bei ihr Loge gehalten. Die damals vierundachtzigjährige Herzogin war eine leidenschaftliche Katholikin, und es wäre — nach Lantoine — unverständlich, daß sie sich trotz der freimaurerischen Tätigkeit ihres Sohnes mit Freimaurern abgegeben hätte, wenn hier nicht politische Beziehungen zugunsten der Stuarts bestanden hätten.

Diese Loge wurde aber 1735 vom Herzog von Richmond unter den Schutz der Großloge von England genommen. Es ist ganz unwahrscheinlich, daß die englische Großloge eine stuartistische Parteigängerloge in ihren Verband aufgenommen hätte. Lantoine übersieht zweierlei. Einmal bestand 1734 der Gegensatz zwischen Katholizismus und Freimaurerei noch nicht, zweitens war der Herzog von Richmond (s. d.) im Gegensatz zu seiner Mutter ein Gegner der S., trotzdem er sich Enkel Karls II. nennen durfte. 1745 kämpfte er als Generalleutnant unter dem Herzog von Cumberland in Schottland gegen Karl Eduard und die aufständischen Jakobiten.

Bei allen diesen mehr oder weniger legendären Überlieferungen wird aber ausdrücklich anerkannt, daß diese stuartistische Schottische Maurerei (s. d.) mit der Großloge von Schottland nicht das mindeste zu tun hat. Die schottische Hochgradmaurerei, die sich auf Ramsay als ihren Begründer (wider Willen) und auf den Prätendenten als die im Hintergrunde agierende Person des „unbekannten Oberen“ berufen zu können glaubte, war rein kontinentalen Ursprunges. Daher nennt sie ja auch Gould (V. 92) „Scots“, nicht „Scottish“. Sie ist gegen 1740 entstanden. Man hat sie, den Stuarts zuliebe, sogar als eine „katholische Freimaurerei“ bezeichnet, an deren Schöpfung sogar die Jesuiten nicht unbeteiligt gewesen sein sollen. Wahrscheinlicher ist aber wohl, daß sie schottisch hieß, weil ihr erster Apostel, Ramsay, eben ein Schotte war und weil man seine Rede absichtlich oder unabsichtlich mißverstand.

Der Prätendent wurde 1780 vom Herzog von Södermanland gefragt, welches Bewenden es mit seiner Großmeisterschaft habe. Karl Eduard lehnte jeden Zusammenhang mit der Freimaurerei ab, nachdem auch schon 1778 Eberhard Waechter (s. d.), der ihn in Italien besucht hatte, die Kunde mitgebracht hatte, daß weder er noch sein Bruder je Freimaurer gewesen seien. Da Karl Eduard in Rom von Unterstützungen des Papstes lebte, fanden die S.-Anhänger dafür die kurze Erklärung, der S. habe es sich mit dem Papste nicht verderben wollen. Zudem sei er damals bereits durch seine notorische Trunksucht geistig derart zerrüttet gewesen, daß auf seine eigene Aussage nicht viel zu geben gewesen sei. Diese „Historiker“ des 18. Jahrhunderts wußten es besser als der S. selbst! Abschließend kann daher nur das eine festgestellt werden: es gab eine stuartistische Freimaurerei, zumindest in dem Sinne, als es Freimaurer gab, die sich auf die S. beriefen. Ob es auch eine politisch orientierte stuartistische Freimaurerei aus Parteigängern des Prätendenten gegeben hat, die den Bund für die Restaurationspläne ihres Herrn zu benutzen bestrebt waren, ist und bleibt mehr als fraglich. Die englischen Historiker lehnen sie ab, auf dem Kontinent finden sich immer wieder Verteidiger der S.-Legende. Ein Beweis liegt nicht vor, auch Lantoine hat ihn nicht überzeugend erbracht. Den S. hat diese angebliche jakobitische Maurerei jedenfalls nichts genützt (s. Schottische Maurerei).

Stuartsbruder, s. Ritter vom Osten.

Studd, Sir Kynaston John Edward, * 1858, 1928/29 Lordmayor von London, Senior Grand Deacon und Präsident des Wohlfahrtsausschusses der Großloge von England, ist einer der tätigsten Führer der englischen Freimaurerei.

Studentenorden begannen sich in Deutschland seit der Mitte des 18. Jahrhunderts in bewußter Umformung des vorher dominierenden landsmannschaftlichen Wesens zu bilden. Dabei war die Freimaurerei von Einfluß, der sich recht viele Studenten — diese waren damals im allgemeinen älter als heute — anschlossen. An verschiedenen Universitäten wurden akademische Logen gegründet, in denen Professoren und Studenten in maurerischem Geiste zusammenarbeiteten. In Jena z. B. die Loge „Zu den drei Rosen“, in Göttingen „Friedrich“; in Halle wurde 1743 nur von Studenten eine Bauhütte „Zu den drei goldenen Schlüsseln“ mit dem Stud. Freiherrn v. Bruckenthal als Stuhlmeister ins Leben gerufen. Die Mitgliedschaft von Studenten ging dann allmählich wieder zurück, zumal 1798 in dem bekannten preußischen Edikt (s. d.) die untere Altersgrenze für Freimaurer auf das 25. Lebensjahr hinaufgesetzt wurde.

Einen unmittelbaren Zusammenhang mit der Freimaurerei hatten die geheimen Studentenverbindungen mit Ordenscharakter nicht, aber sie traten um 1770 als Studentenorden mit Statuten und Symbolen auf, die denen der Freimaurerei nachgebildet waren. Da gab es den „Kreuzorden“ in Erlangen, die „Mosellaner“ oder „Oberrheiner“ in Jena, den „hessischen Orden“ in Gießen. Deren verbreitetste waren die Orden der Amicisten (s. d.), Constantisten

(s. d.), Unitisten (s. d.) und der Harmonisten oder Schwarzen Brüder (s. d.). Diese vier Hauptorden waren in den achtziger und neunziger Jahren des 18. Jahrhunderts die Führer der Studentenschaft, stark von den Ideen der französischen Revolution durchsetzt, gingen aber rasch dem Untergang entgegen. 1795 wurden sie durch preußisches Edikt verboten, nachdem andere Regierungen mit drakonischen Maßnahmen vorangegangen waren. Jedes Ordensmitglied sollte relegiert und auf keiner deutschen Universität mehr aufgenommen werden. In den darauffolgenden Jahren fand diese Bewegung ein Ende, die anfänglich gute Ansätze gezeigt hatte.

Grundsätze waren unverbrüchliche Freundschaft und Bruderliebe fürs ganze Leben, Hilfe in Not und Gefahr; Politik sollte eigentlich ausgeschlossen sein. Die Orden waren straff organisiert, sie hatten meist zwei oder drei Grade. Die Logen hießen Konvente (auch direkt Logen), der Orden war von einem Senior oder Logenmeister (neben diesem der Konsenior, Unterlogenmeister) geleitet. Erkennungszeichen und Formen waren maurerischen Charakters. Die Rezeptionslogen, die bei Nacht stattfanden, zeigten durchaus maurerisches Gepräge. Ordenszeichen waren ein Kreuz mit der abgekürzten Ordensdevise und ein farbiges Band.

Am engsten lehnte sich an die Freimaurerei der Orden der Harmonisten oder Schwarzen Brüder, ausgehend von Erlangen, an; er hatte zwei Grade: allgemeine und geheime Brr. Die Devise des ersten Grades war: „Treues Schweigen hat sicheren Lohn", die des zweiten Grades: „Wir Glücklichen, die ein unzerrissenes Band zusammenhält". Auch von einem dritten Grad will man Katechismen gefunden haben. In Erlangen wirkte die Mutterloge „Jason zum silbernen Mond", in Jena „Christian zu den sieben goldenen Sternen" usw. Der Aufzunehmende wurde in einer mit Weihrauch ausgeräucherten schwarzen Kammer vorbereitet, dann mit verbundenen Augen in das Logenzimmer geführt, auf Verschwiegenheit beeidigt, sehend gemacht, unterrichtet und unter weiteren Zeremonien aufgenommen. Die zum Konvent gehörigen Brr. trugen weiße Handschuhe, weiße Strümpfe, Degen, Ordensband und den mit den Ordensfarben geschmückten Hut auf dem Kopf. Der Katechismus verlangte Charakterbildung, Erlangung der Würde eines Menschenfreundes, ferner Selbstbeherrschung. Von dem Kreuzorden heißt es: „In dem Versammlungslokal der Ordensbrüder fand sich ein Becken mit Wasser, dessen symbolische Bedeutung den Aufzunehmenden erklärt wurde, eine Statue der Freundschaft und eine der Tugend, Totenköpfe, ein Ordenskreuz mit Sonne, Mond und Sternen und ein Kruzifix." Man hatte auch im „Faßbinderorden" in Erlangen verschiedene Grade und verpflichtete den Aufzunehmenden, „die Regeln der Gesellschaft geheim zu halten und, wenn in denselben nichts gegen sein Gewissen und die Religion sei, zu beobachten, der Gesellschaft zu gehorchen und, wenn er austräte, nichts zu verraten".

Schöne freimaurerische Prinzipien finden sich in den erhaltenen Papieren der Orden immer wieder vor. Diese Grundsätze wurden aber vielfach nicht befolgt. Despotische Sucht, die Universitäten zu beherrschen, die Beschäftigung mit Politik usw. weckten Argwohn und Mißtrauen der Behörden und führten so die Verfolgungen herbei (vergl. W. Ficht, Bayreuther Bundesblatt 1914, Nr. 8).

Studienzentrum für antifreimaurerische und antisemitische Studien in Paris wurde 1931 von dem Gründer der „Ligue Anti-Judéo-maçonnique" und der „Revue Int. des Sociétés Secrètes", Jouin, geschaffen. Eine große Bibliothek enthält sehr viel Material über geheime Gesellschaften. Sitz: 11 bis, rue Portalis, Paris.

Study Club. Die amerikanischen Logen beschränken sich im wesentlichen nur auf die Ritualarbeit. Dies genügt vielen Brr. nicht, die nicht nur die Wiederholung des Rituals, sondern auch Vorträge, Belehrung über das Gebrauchtum nach Geschichte und Entstehung, Hinweise auf die Geschichte der Freimaurerei und die verschiedenen Formen ihrer Organisation u. a. m. in den Logen hören wollen. Daher sind in vielen amerikanischen Logen sogenannte Study Clubs entstanden. An der Spitze steht ein Study Director, die Form der Zusammenkünfte ist vollkommen zwanglos. Der Direktor organisiert die Arbeit, leitet die Diskussionen und sucht ein Arbeitsprogramm zusammenzustellen. Durch Abhaltung von Kursen für derartige Klubleiter hat sich besonders die National Masonic Research Society, St. Louis, Mo., Verdienste erworben.

Study Society, Masonic (engl.), 1921 im Zusammenhang mit der Londoner „Royal Colonial Institute Lodge 3556" gegründeten Gesellschaft zum Studium der freimaurerischen Symbolik und deren Ursprung, namentlich im Hinblick auf die Anthropologie. Die M. S. S. betreibt vergleichende Studien über freimaurerische Bünde, wobei auch religiöse und folkloristische Elemente starke Berücksichtigung finden.

Stufen.

1. Gleichbedeutend mit Grade.

2. Drei, auf dem Tapis: Mäßigkeit, Gerechtigkeit, Wohlwollen.

3. Sieben, in manchen Ritualen der symbolischen Grade, ebenso in Hochgradsystemen (z. B. XXX. Grad des A. u. A. Schottischen Ritus) auch in Gestalt einer Leiter als Lehrbild verwendet. Ihre Deutung bezieht sich auf die heilige Siebenzahl, wobei verschiedene Unterlegungen erfolgen, z. B. die sieben Ordensstufen, die sieben Abschnitte des Menschenlebens, die sieben Kardinaltugenden des Freimaurers, die sieben freien Künste und Wissenschaften. Im Schwedischen System auch noch als sieben Gaben des Geistes und sieben Hauptfehler und Laster des Menschen gedeutet.

Stuhlmeister, s. Meister vom Stuhl.

Stukeley, William, Dr. med. in London, Mitglied der Royal Society, Arzt, dann Geistlicher, Altertumsforscher, * 1687, † 1765, wurde am 6. Jänner 1721 in der in der Londoner Salutation Tavern arbeitenden Loge aufgenommen. Er schloß sich der Freimaurerei an, weil er in ihr Aufschluß über die alten Mysterien erwartete. In seinem „Common Place Book" behauptet er, daß er der erste gewesen sei, der in London seit vielen Jahren zum Freimaurer gemacht wurde. Sein Tagebuch enthält in den Jahren 1721/22 Aufzeichnungen über wichtige freimaurerische Geschehnisse. 1721 wurde er Stuhlmeister einer neuen Loge. Er war ein Freund von Isaac Newton, spielte in der Antiquarischen Gesellschaft eine bedeutende Rolle und verfaßte u. a. die „Palaeografica Sacra" über den Zusammenhang zwischen der Mythologie und der heiligen Geschichte (s. seine Biographie von Gould, A. Q. C., 1893, 127 ff.).

Neben den Tagebuchstellen ist noch bemerkenswert eine Rede, die S. über das römische Amphitheater in Dorchester in der Loge „Fountain on the Strand" am 4. Oktober 1723 hielt. (In conclavio Secretae Architectonicis studiorum ad fontem littoreum Londini celebrato 4. Octob. 1723. W. Stukeley, M. D. Magistro Jon Sisson, Joh. Shipton Guardianis.) Sie ist der erste nachweisbare Versuch, in einer englischen Loge die Mitglieder mit einer der freien Künste zu beschäftigen und dadurch der Logenarbeit einen für die damalige Zeit höheren geistigen Inhalt zu geben. Die Rede wurde gedruckt (British Museum und Bodleyan-Museum, Oxford).

Stultz, Wilmer Lower, amerikanischer Flieger, der 1928 als erster mit einer Dame als Passagier den Ozean überflog, gehört einer Loge in Virginien an.

Stundenglas (Sanduhr), das alte Sinnbild der Vergänglichkeit und der Flucht der Zeit, kommt auch in einzelnen freimaurerischen Ritualen vor.

In der Londoner Author's Lodge, der Loge der englischen Schriftsteller, darf keine Rede länger dauern, als dem Ablauf des S. entspricht.

Stuttgart, Hauptstadt des Freistaates Württemberg. Die Loge „Zu den drei Cedern", die erste Bauhütte in S., vereinigte sich 1768 mit der Ludwigsburger Loge „Zur vollkommenen Einigkeit", trennte sich aber bald von ihr und begab sich unter die Obedienz der Frankfurter Provinzialloge, mußte aber 1784 ihre Tätigkeit infolge Verbotes des Herzogs Karl Eugen einstellen. Freimaurerische Arbeit wurde erst ein halbes Jahrhundert später wieder möglich. 1835 entstand die Loge „Wilhelm zur aufgehenden Sonne" (Bayreuth), die ihren Namen zu Ehren des der Freimaurerei wohlgesinnten Königs Wilhelm I. annahm. 1840 entstand aus dieser Bauhütte durch Sezession eine weitere Bauhütte, die in Anlehnung an die erste Stuttgarter Loge den Namen „Zu den drei Cedern" erhielt und bis heute tätig ist. Erst 1913 entstand eine weitere Loge unter der Großen Loge von Hamburg, „Licht am Stein", der 1923 die Bauhütte „Zur Brudertreue am Wirtemberg" (Große Landesloge) und 1929 „Erwin zur Treue am Rosenstein" (Frankfurt) folgten. Der Symbolischen Großloge von Deutschland untersteht die Loge „Lessing zu den drei Ringen". 1847 fand in S. ein Freimaurerkongreß statt, der die Einigung der deutschen Bruderkette anzubahnen versuchen wollte.

Subjektivismus, die Anschauung, die im Gegensatz zum Objektivismus (s. d.) alles Erkennen und Denken als subjektive Reaktion auf Dinge auffaßt. In diesem Sinne gibt es nur subjektive Wahrheiten. Der Kritizismus (s. d.) verbindet den S. mit dem Objektivismus der Wissenschaft, die das Individuelle aus der Erkenntnis zu eliminieren vermag. Die Freimaurerei, die das Individuum ethisch erziehen will, ist in der Methode subjektivistisch, in der Zielsetzung hingegen objektivistisch (s. Objektivismus), indem sie die Verwirklichung des Humanitätsideals als objektiv gültiges Ziel aller Menschen aufstellt.

Sublime (engl. und frz.), erhaben, kommt im Zusammenhang mit einer ganzen Reihe von Gradbezeichnungen der schottischen Maurerei (s. d.) vor: S. Masons, S. Prinze of the Royal Secret u. a.

Sublime degree (engl.), erhabener Grad, in den angelsächsischen Großlogen häufige Bezeichnung für den III. Grad; irischen Ursprungs.

Sublime Masters of the Luminous circle, ein in Namensentlehnung von einer französischen Hochgradstufe des 18. Jahrhunderts („Sublimes maîtres de l'anneau lumineux") in Detroit erfundener Grad, der nur Pastmasters (Altmeistern) offen steht. Die einzelnen Logen heißen Temple Courts. Abzeichen ein seidener Purpurmantel mit einem symbolischen Abzeichen, das an einem gelb-roten Bande hängt. Der Grad will das Wissen der drei Johannisgrade abschließen (Miscellanea latomorum, Juli 1922).

Substitute (engl.), der Ersatz. Wird verwendet in folgenden Verbindungen:

S. Ark für die in einzelnen englischen und amerikanischen Hochgraden verwendete Bundeslade.

S. Grand Master heißt in der Großloge von Schottland der Zweite Deputierte Großmeister.

S. Word ist das Ersatzwort für das verlorene Meisterwort. Die Formel hierfür ist in Amerika und auf dem europäischen Kontinent verschieden.

Suchard, Philippe, schweizerischer Großindustrieller, * 1797, † 1884, Begründer der gleichnamigen Schokoladenfabrik, war Freimaurer.

Suchender heißt im Sprachgebrauch deutscher Logen (in anderen Sprachen kein Synonym!) der „freie Mann von gutem Ruf", der Aufnahme in eine Freimaurerloge begehrt. Die Freiheit des Bewerbers ist hierbei nicht nur in seiner wirtschaftlichen Unabhängigkeit zu sehen. er soll auch frei von Vorurteilen sein, selbständig denken und urteilen und vor allem frei von hemmenden Leidenschaften sein. Die Ableitung des Wortes geht auf die Suche nach Licht zurück, die der Kandidat anzutreten gedenkt. Im Zinnendorfschen System heißt der S. bei der ersten Lehrlingsreise S., dann Anhaltender, schließlich Leidender. Auch die Bezeichnung Beharrender ist ritualtümlich.

Sucre, Antonio José de, Großmarschall von Ayacucho, * 1795 in Venezuela, ermordet 1830 in Columbien, war Freimaurer. S. befreite Peru durch die 1824 erfochtenen Siege über die Spanier. 1825—1828 war er Präsident des jungen Bolivien.

Südafrikanische Union, Bund der britisch-südafrikanischen Kolonien (Provinzen): Kap-Kolonie, Natal, Oranje-Freistaat und Transvaal und dem Mandatsgebiet von Südwestafrika (früher Deutsch-Südwestafrika), Dominion. Die älteste Loge, „De goede Hoop", wurde unter dem Großorient der Niederlande von Br. Abraham van der Weyden, Schiffskapitän der Ostindischen Compagnie, 1772 in Cape Town gegründet. 1800 wurde am gleichen Ort eine Regimentsloge errichtet, die 25 Jahre lang bestand. 1811 gründeten die „Moderns" die Loge „British 334", die heute noch tätig ist. Englische und holländische Freimaurer arbeiteten damals wie heute im besten Einvernehmen nebeneinander. Sir John Truter, Deputierter Provinzial-Großmeister des Großorients der Niederlande, wurde 1829 gleichzeitig zum Provinzial-Großmeister der Großloge von England ernannt.

Gegenwärtig arbeiten in der S. U. folgende Provinzial- und Distrikts-Großlogen sowie Logen:

1. Kap-Kolonie. In Cape Town (Kapstadt), Grahamstown, Port Elisabeth, East London, Kimberley usw. arbeiten unter der Distrikts-Großloge der Großloge von England „South Africa Central Division" (Sitz Kimberley, Adr.: P. O. Box 124) 12 Logen; unter der Distrikts-Großloge „South Africa Eastern Division" (Sitz Port Elisabeth, Adr.: P. O. Box 99) 46 Logen, darunter 4 Logen im Oranje-Freistaat; unter der Distrikts-Großloge „South Africa Western Division" (Sitz Cape Town, Adr.: P. O. Box 709) 30 Logen.

Unter der Großloge von Schottland arbeiten folgende Distrikts-Großlogen: „Eastern Province of the Cape of Good Hope" (Sitz Grahamstown, Adr.: 23, Bathurst-street) mit 12 Logen, die Distrikts-Großloge „Western Province of the Cape of Hope" (Sitz Cape Town. Adr.: P. O. Box 13.000) mit 9 Logen; außerdem 2 unmittelbar der Großloge von Schottland unterstehende Logen.

Der Großloge von Irland untersteht die Distrikts-Großloge „Southern Cape Province" mit insgesamt 9 Logen, darunter zwei im Oranje-Freistaat.

Unter der Provinzial-Großloge des Großostens der Niederlande „Südafrika" arbeiten 31 Logen (Sitz Cape Town, Adr.: C. C. Silberbauer, Keeromstreet 14, Cape Town).

2. Natal. Unter der Großloge von England arbeitet die Distrikts-Großloge „Natal" (Sitz Pietermaritzburg, Adr.: P. O. Box 386) mit 40 Logen, darunter 6 im Oranje-Freistaat, je 1 in Basutoland (in Maseru) und Zululand (Empangeni), unter der gleichnamigen Distrikts-Großloge der Großloge von Schottland (Sitz Durban, Adr.: P. O. Box 1026) arbeiten 14 Logen, darunter 1 im Zululand (in Matubatuba), unter der Großloge von Irland 6 Logen, unter den beiden Provinzial-Großlogen des Großorients der Niederlande 2 Logen.

3. Oranje-Freistaat. Hier bestehen keine eigenen Distrikts-Großlogen. In der Hauptstadt Bloemfontein, in Heilbronn usw. arbeiten unter der Distrikts-Großloge der Großloge von England „South Africa Eastern Division" 4 Logen, unter der Distrikts-Großloge „Natal" 6 Logen; unter der Distrikts-Großloge der Großloge von Schottland „Transvaal" 4 Logen, unter den beiden Provinzial-Großlogen des Großorients der Niederlande 3 Logen, unter der Großloge von Irland 2 Logen.

4. Transvaal. Unter der Distrikts-Großloge von England „Transvaal" (Sitz Johannesburg, Adr.: F. M. Hall, 8 Clainstreet, Johannesburg) wirken 61 Logen, unter der gleichnamigen Distrikts-Großloge der Großloge von Schottland 44 Logen (darunter 4 im Oranje-Freistaat, 1 in der Kolonie Mozambik), unter der Distrikts-Großloge der Großloge von Irland „South Africa North" (Johannisburg, Pretoria usw.) 13 Logen, unter der Provinzial-Großloge des Großostens der Niederlande „Transvaal" 9 Logen.

5. Südwestafrika. Unter der Großloge von Hamburg 3 Logen in Lüderitzbucht, Swakopmund und Windhook, unter England 1 Loge.

Auf dem Gebiet der S. U. arbeiten insgesamt zirka 340 Logen (Stand von 1930). 1887 wurde der „Masonic Education Fund for South Africa" ins Leben gerufen, ein Erziehungsfonds für Kinder von verstorbenen oder kranken Freimaurern. Seit 1890 wurden aus dessen Mitteln über 800 Kinder erzogen.

Südamerika. Die Freimaurerei hielt ihren in den Anfängen sehr bescheidenen Einzug in den letzten Tagen der spanischen Herrschaft. Die Entwicklung nahm dann ihren Ausgang von den Rio-de-la-Plata-Provinzen. 1801*) wurde in Buenos-Aires — von dem Portugiesen Juan de Silva Cordeiro — die erste südamerikanische Loge „San Juan de Jerusalem" gegründet. 1806 stellten dann Angehörige der vorübergehend eingerückten englischen Truppenkörper in Buenos-Aires die Logen „La Estrella del Sur" und „Hijos de Hiram" auf. Ausschlaggebend für die Art der Entwicklung der südamerikanischen Freimaurerei wurde nicht zuletzt der Umstand, daß 1812 General San Martin, der „Washington Südamerikas", in Buenos-Aires die Loge „Lautaro" (s. d.) gründete. Ohne daß die Logen selbst Politik gemacht hätten, wurden die südamerikanischen Freimaurer überall zu Trägern der Unabhängigkeitsidee; aus ihren Reihen gingen die prominentesten Führer des Befreiungskampfes hervor, die berühmtesten Streiter für die Emanzipation von der jeder Menschenwürde spottenden Ausbeutung, und eine ganze Reihe der ersten Präsidenten der neuen Republiken. Freimaurer waren u. a.: Miranda, San Martin, Alvear, Mitre, Ri-

*) Diese Jahreszahl nennt Theo Alemann in „Mitteilungen der Großloge ‚Zur Sonne', Or. Bayreuth", 1925/26, Nr. 8; sonst wird im allgemeinen 1807 angegeben.

vadavia, Lopez, Urquiza, Sarmiento (Argentinien), O'Higgins, Martinez de Rozas, Enriquez (Chile), Bolivar, Rivas, Páez (Venezuela), Caldas, Santander (Columbien), Olmedo (Ecuador) (s. d. alle). Von spanischer und klerikaler Seite wurde damals der Bevölkerung wütender Haß gegen die Freimaurerei eingeimpft. Als San Martin in Lima einrückte, hallte der Schreckensruf durchs Land: „Die Freimaurer kommen!" Einem Teil des Volkes war es nur schwer beizubringen, daß die Befreier und nicht Tiere in Menschengestalt eingezogen waren. Auch in der Folge waren Fortschritt und Aufwärtsstreben, Kampf gegen Sklaverei und für die Menschenrechte in einer Reihe von südamerikanischen Staaten auf das innigste mit der Freimaurerei verknüpft.

Logen wurden von den verschiedensten auswärtigen Obedienzen gestiftet. Die Bildung der heutigen Großlogen vollzog sich (öfters in Zusammenhang mit der Gründung von Obersten Räten des A. u. A. Schottischen Ritus) in ziemlichen Abständen: Brasilien 1822, Venezuela 1824, Columbien 1833, Peru 1852, Uruguay 1856, Argentinien 1857, Chile 1862, Paraguay 1893. Ecuador 1921, Bolivien 1930. Neben diesen Großlogen bezw. Großorienten gibt es bis auf den heutigen Tag in Südamerika eine nicht unbeträchtliche Zahl von Logen unter dem Schutz europäischer Großlogen. 1930 waren es 68. So hat Argentinien zwei deutsche Logen (Großloge von Hamburg), 26 der Großloge von England unterstehende, in einer Distrikts-Großloge vereinigte Bauhütten, 10 des Großorients von Spanien, 1 des Großorients von Frankreich; Chile: 4 deutsche (3 Hamburg, 1 Freundschaft), 1 England, 4 Schottland; Uruguay: 2 England, 1 Großorient von Frankreich; Peru: 4 Schottland. Schließlich arbeiten 9 Logen in Britisch-Guayana (6 englische in einer Distrikts-Großloge und 3 schottische), 4 in Französisch-Guayana (je 2 des Großorients und der Großloge von Frankreich), 2 in Niederländisch-Guayana (1 holländische, 1 schottische).

Die Statistik der A. M. I. bezifferte die Zahl der Freimaurer in S. 1930 auf mehr als 80.000. davon 60.000 in Brasilien.

Sudan. Bald nach der Eroberung des Sudans wurde 1901 von der Großloge in England in Khartoum eine erste Loge („Khartoum") gegründet, der 1903 eine weitere Bauhütte folgte. Als sich das Bedürfnis zeigte, für Offiziere und Verwaltungsbeamte und der englischen Sprache nicht mächtige Sudanesen eine in arabischer Sprache arbeitende Loge zu haben, wurde 1908 die Loge „Mahfal el Ittihad" gestiftet. 1910 entstand in Atbara, der Zentrale der sudanesischen Eisenbahn- und Schiffahrtsämter, eine sehr rege, tätige Bauhütte. Eine solche existiert auch in Port-Sudan. Alle Logen des Sudan unterstehen der 1899 ins Leben getretenen englischen Distriktsgroßloge für Ägypten und den Sudan.

Südaustralien, Bundesstaat des australischen „Commonwealth". Nachdem der südliche Teil des australischen Kontinents 1834 als Kolonie konstituiert wurde, ersuchten dortige Brr. die Großloge von England um die Bewilligung zu einer Logengründung in Adelaide, die sie im selben Jahr erhielten. Diese Loge, „Friendship", hielt aber ihre erste Arbeit in Adelaide erst 1838 ab. Sie figuriert jetzt als „Friendship Nr. 1" im Register der Großloge von S. Die bekannten Kolonialpolitiker John Morphett und Richard Davies Hanson waren Mitglieder dieser Loge. 1844 erfolgte die Gründung einer weiteren englischen und auch einer schottischen Loge in der Hauptstadt der Kolonie; 1846 rief die Großloge von Schottland eine Provinzial-Großloge ins Leben, welchem Beispiel 1860 Irland folgte. 1884 wurde die selbständige Großloge von S. gegründet (Adresse: Freemason's Hall, North Terrace, Adelaide), der heute 148 Bauhütten, darunter 26 in der Hauptstadt, unterstehen. Der Großloge von Irland gehört eine Loge in Adelaide an.

Südcarolina, s. South Carolina.

Süddakota, s. South Dakota.

Südsee-Inseln. Den politischen Machtverhältnissen entsprechend unterstehen die auf den S.-I. existierenden Logen verschiedenen Obedienzen. Es gibt Bauhütten auf den Salomons-Inseln nächst dem Bismarck-Archipel, ferner auf den Fidschi- und Gesellschaftsinseln, ebenso eine Loge in Papete auf Tahiti-Nui. Dieses 3700 Meilen von San Francisco entfernte einsame Eiland ist von etwa 2500 Eingeborenen und 2000 Chinesen bewohnt. Die Eingeborenen nennen den Freimaurertempel „Fare Tupapan" „Haus des Geistes".

Sudthausen, Franz August Heinrich, dänischer Rittmeister, † 1802, eifriger Freimaurer, Freund Zinnendorfs, Verfechter des Systems der Großen Landesloge der Freimaurer von Deutschland gegenüber der Strikten Observanz, Stuhlmeister der „Goldenen Kugel" in Hamburg, weihte 1776 im Auftrage der Großen Landesloge in Wien die Logen „Zur gekrönten Hoffnung" und „Zum heiligen Josef" und die Provinzialloge Österreich ein und suchte — allerdings vergeblich — Kaiser Joseph II. (s. d.) zum Eintritt in den Bund zu bewegen.

Südwestafrika, das frühere Deutsch-Südwestafrika, gehört jetzt als Mandatsgebiet zur Südafrikanischen Union. In der Hauptstadt Windhook, in Lüderitzbucht und Swakopmund arbeiten unter der Großloge von Hamburg 3, von England 1 Loge.

Sue, Eugène, französischer Romanschriftsteller, * 1804, † 1857. Hauptwerke: „Les mystères de Paris", „Le Juif errant", „Les Sept péchés capitaux", war Freimaurer (Charles Bernardin im „Compte Rendu" des G. O. de France, Bulletin Bibliographique, März 1926).

Sueter, Murray, Fraser, englischer Admiral und hervorragender technischer Fachmann, * 1872, schuf den Flugdienst der Kriegsmarine, Direktor der Luftabteilung des Kriegsministeriums 1911—1915, organisierte im Weltkrieg die Abwehr gegen Flugzeuge, Erfinder des Aeroplantorpedos, hatte hervorragenden Anteil an der Ausarbeitung und Einführung der Tanks, ist Freimaurer.

Sullivan.

1. John, amerikanischer General und Freiheitskämpfer, * 1740, † 1795, Mitglied des Kontinentalkongresses, 1776 Kommandant der amerikanischen Armee in Kanada, 1779 Sieger über Indianer und Loyalisten, wofür ihm der Kongreß den Dank der Nation aussprach, wurde 1768 in der St. John's Lodge in Portsmouth aufgenommen, war dann der erste Großmeister der Großloge von New Hampshire.

2. Sir Arthur Seymour, englischer Komponist („Mikado"), * 1842, † 1900, bedeutender Musiker, war Großorganist der Großloge von England.

Summons heißen im Englischen die Logenladungen. Sie wurden ursprünglich handschriftlich angefertigt, jedoch entwickelte sich bald der Brauch, sie in künstlerischer Form von Stichen zu verwenden. Daher sind die englischen Logenladungen mit die ältesten Beispiele für die freimaurerische Gebrauchsgraphik.

Sunjatsen, chinesischer Staatsmann, * 1868, † 1925, schwärmerisch verehrter Führer der revolutionären Bewegung, Mitglied der (geheimen) „Hung-Gesellschaft" (s. d.), Protestant, 1911 nach der Militärrevolution von Hankau erster Präsident der chinesischen Republik, auf welches Amt er freiwillig verzichtete, seit 1918 in Kanton an der Spitze des Kuomintang, war Freimaurer.

Super - Excellent Master, Nebengrad der kryptischen Maurerei (s. d.), nur in den angelsächsischen Staaten bekannt. In England ist er in der 1874 niedergelegten Verfassung des „Grand Council of Most Excellent, Royal, Select and Super-Excellent Masters" festgelegt. In Amerika wird er von vielen „Councils" nicht bearbeitet. Der Inhalt des Grades bezieht sich auf die Zerstörung des Tempels durch Nebukadnezar und die babylonische Gefangenschaft. Einige geometrische Symbole des Royal Arch finden im S.-E. M. breitausgesponnene Deutung.

Superilluminaten oder Cosmophori nannten sich nach einer Denunziationsschrift des ungarischen Franziskaners Martinovics (s. d.) an Kaiser Leopold II. Anhänger der Jesuiten, die angeblich eine Interessengemeinschaft mit den Illuminaten gegründet hatten, um die Wiederherstellung des Jesuitenordens und die Propagierung der französischen Revolutionsideen zu betreiben.

Suprême Conseil universel mixte, s. Droit humain.

Supreme Councils (engl.), **Suprême Conseils** (frz.), Oberste Räte, s. Schottischer Ritus, A. u. A.

Surveillant (frz.), Aufseher, Vorsteher.

Suworow, Alexander Wassiliewitsch, Graf von Rimnikskij, Fürst Italijskij, russischer Generalfeldmarschall, * 1729, † 1800, Sieger über Türken, Polen (1794 Eroberer von Praga, der Vorstadt von Warschau), Franzosen (1799 in Italien an der Trebbia), der den berühmten heroischen Alpenzug durch das Gotthardgebiet unternahm, um sich in der Schweiz mit Korsakow zu vereinigen, war Mitglied einer Petersburger Loge und schloß sich während des Siebenjährigen Krieges als Gouverneur von Königsberg der dortigen Loge „Zu den drei Kronen" und der mit dieser verbundenen Schottenloge „Zum goldenen Leuchter" an (1761). Nach dem „Allgemeinen Handbuch der Freimaurerei" hatte Königsberg dieser Logenzugehörigkeit die überaus milde Behandlung zu verdanken, die S. der Stadt während der Besetzung zuteil werden ließ. S. hatte, wie dies auch die Bürger von Warschau nach seinem Sieg über Kosciuszko erfuhren, ein wahrhaft menschlich fühlendes Herz.

Svoboda, Emil, Universitätsprofessor in Prag, Freimaurer, behandelt in einem Abschnitt seines großen tschechischen soziologischen Werkes „Der Mensch und die Gesellschaft" eingehend den philosophischen Gehalt der Freimaurerei.

Svobodný Zednář ist die amtliche Monatsschrift der tschechoslowakischen National-Großloge, die erste freimaurerische Zeitschrift in tschechischer Sprache. Sie erscheint seit 1926.

S. W. (engl.), Abkürzung von Senior Warden.

Swedenborg, Emanuel, eigentlich Swedberg, zweiter Sohn des Bischofs von Westgotland, Jasper Swedberg, * 1688 in Stockholm, † 1772 in London, studierte zu Upsala und an ausländischen Universitäten Naturwissenschaften und trat in Staatsdienste, wo er sich besonders beim Bau von Kanälen und Docks sowie im Bergwerkskollegium mit Erfolg betätigte. Seine „Opera philosophica et mineralogica" (3 Bände, 1734) begründeten seinen Ruf als Wissenschaftler, so daß er Mitglied zahlreicher Akademien des In- und Auslandes wurde. 1719 wurde er unter dem Namen S. geadelt. 1745 legte er plötzlich alle seine Beamtungen nieder und vertiefte sich in ein mystisches System, zu dem mehrere Traumvisionen des Jahres 1744 den Anstoß gegeben hatten. Diese Träume, die er in seinem, wohl nicht für die Kenntnis anderer Personen bestimmten Tagebuch niedergelegt hat, haben zum Inhalt die Erscheinung Christi, die ihn als Sünder aus sexuell orgiastischen Phantasien reißt und der Erlösung zuführt. Es sind Traumgestalten, wie sie in den Bildern des Meisters Grunewald erscheinen, oder wie sie die Geschichte von der Versuchung des heiligen Antonius erfüllen. Von da vollzog sich in S.s Wesen eine vollkommene Wandlung. Er verkehrte mit Geistern, u. zw. nicht nur mit Personen, die er zu Lebzeiten gekannt hatte, sondern auch mit Vergil, Luther, Melanchthon u. a.

Aus dieser seelischen Umstimmung entwickelte er ein esoterisch-theosophisches System, das sich in der Praxis an kabbalistische Methoden anlehnt. („In jedem einzelnen Ausdrucke des Wortes Gottes liegt eine innere Bedeutung, so daß nicht natürliche und weltliche Dinge, sondern geistliche und himmlische darunter zu verstehen sind.") Sein verbreitetstes Buch ist „De Coelo et ejus mirabilibus et de Inferno ex auditis et visis" („Über die Wunder von Himmel und Hölle nach Gehörtem und Gesehenem"), London 1758, das in verschiedene europäische Sprachen übersetzt wurde. Die Empfänglichkeit der Zeit sicherte seinen Lehren bald eine Jüngerschaft, die noch gesteigert wurde durch die Kenntnis, daß S. die Eigenschaft zeitlichen und räumlichen Hellsehens besaß. Berühmt geworden sind hier insbesondere seine Vision des Brandes von Stockholm (1. September 1759), die Auffindung einer Quittung im Nachlasse des verstorbenen Herrn Marteville, die Vorhersage von Todesfällen, das Eintreffen von Schiffen u. a. m. Immanuel Kant („Träume eines Geistersehers", 1766) lehnt ihn als Phantasten ab. Die Befähigung S.s als Hellseher wird aber heute kaum mehr bestritten. Seine Anhänger, die Swedenborgianer, verbreiteten sich über Schweden, Polen, England und Deutschland. Besonders in England zeigte sich eine große Empfänglichkeit, die sogar zu einer religiösen Sektenbildung, Kirche des neuen Jerusalem, führte. Auf einer Reise zur Verbreitung seiner Lehre in England starb S. in London.

Bei den vielfach bestehenden mystischen Neigungen innerhalb der Freimaurerei des 18. Jahrhunderts war es selbstverständlich, daß dieser Mystiker auf die Entwicklung mancher Systeme Einfluß gewinnen mußte. Reghellini de Schio (s.d.) — in seinem „Esprit du Dogme de la Franche Maçonnerie" — nennt ihn Begründer eines freimaurerischen Systems, ebenso Ragon (s. d.) in seiner „Orthodoxie maçonnique". In England bekannte sich Dr. Oliver (s. d.) gleichfalls zu dieser Theorie, und Samuel Beswick suchte 1870 in „The Swedenborg Rite and the Great Masonic Leaders of the Eighteenth Century" den gleichen Beweis zu erbringen. Hierbei wird S. direkt als Freimaurer bezeichnet, der aber aus Gründen der Lehre sich niemals öffentlich dazu bekannt hätte. Demgegenüber steht eindeutig fest, daß weder S. selbst noch der engere Kreis seiner Gläubigen jemals irgend etwas mit Freimaurerei zu tun hatten. Der Ursprung, auch der S.-Legende, ist in Frankreich zu suchen. Lantoine schreibt („Histoire", 221): „1783 schließt der Marquis de Thomé seinen holden Wahnsinn in den Swedenborg-Ritus ein, zwei Jahre später läßt die gleiche martinistische und swedenborgische Erleuchtung unter der Führung des polnischen Grafen Grabiance (=Hrabianka) und des Dom Pernetty (s. d.) in Avignon eine Sekte von Erleuchteten (Illuminés) erblühen, die ihre Versammlungen in einem Landhause abhalten, das Pernetty ‚Le Thabor' nennt." Auch Benedict Chastenier (s. d.), „ein Chirurg, dem die Lektüre Swedenborgscher Schriften den Kopf verdreht hatte und der Instruktionsgrade geschaffen hatte, um seine unschuldigen Dummheiten zu verbreiten" (Lantoine, l. c. 207), gehört in diese Kategorie. Die mit dem Namen S. in Verbindung gebrachten Verirrungen der Freimaurerei haben somit mit seiner Person selbst nichts zu tun. Sie gehören ebenso wie Erscheinungen unserer Zeit („weiße Logen") zum Requisit von innerlich gespalteten Persönlichkeiten, die aus der harten Realität des Daseins in ein Traumland ihrer Wünsche flüchten und der Beziehung zu ihrer Zeit dadurch zu entgehen trachten, daß sie in extremstem Ichbezug sich selbst ausschließen.

Auf eine Anfrage des Mitgliedes der „Quatuor Coronati Lodge" in London, Firminger, äußerte sich der Sekretär der S.-Gesellschaft in Schweden, Dr. Kahl, Diakonus in Lund, 1906 wie folgt: S. selbst war nicht Freimaurer und gründete auch keine Logen, aber einige seiner Freunde und Schüler, wie Chastenier und Pernetty, gründeten solche. Als Erfolg ihrer Tätigkeit ist zu verzeichnen, daß sie die Gedanken der Menschen auf die Ideen des „Neuen Jerusalem" hinlenkten, so daß diese Lehren einen Einfluß auf die Entwicklung und den Fortschritt des Freimaurerordens in Schweden und anderen Ländern genommen haben (A. Q. C., 1906, Seite 158). Dieser Satz bezieht sich wohl darauf, daß, wie Starcke (s. d.) feststellt, „viele Vorstellungen, die in S.s himmlischer Arkana, in seiner Auslegung des Apokalypse und in seiner Darstellung des Neuen Jerusalem enthalten sind, in den schwedischen Hochgraden wiederkehren".

Swedenborg-Ritus, Moderner, in Amerika 1859 entstanden, von dort über Kanada 1876 nach England gelangt und 1877 als „Supreme Grand Lodge and Temple for Great Britain and Ireland" feierlich installiert, besteht aus den drei symbolischen Graden und mehreren Hochgraden. Beziehungen zu anerkannten freimaurerischen Körperschaften existieren nicht. Der Ritus wurde 1902 von Theodor Reuß (s. d.) in Deutschland verbreitet. Reuß errichtete auf Grund eines von dem englischen General-Großmeister John Yarker (s. d.) erhaltenen Freibriefes in Berlin die „Provinzial-Großloge Nr. 15 und Tempel zum heiligen Gral", deren Ziel die Erteilung der Hochgrade dieses Systems an „suchende Freimaurermeister" sein sollte, die Erkenntnis der „sämtlichen Grade der Ägyptischen Freimaurerei". In drei Stufen wurden die Grade des Erleuchteten Freimaurers oder Blauen Bruders und Vollkommenen Freimaurers oder Roten Bruders erteilt, die (nach Eberhardt, „Winkellogen", S. 91) den Graden IV bis XVIII und XXX des A. u. A. Schottischen Ritus entsprachen. Die wirklichen Swedenborgianer (Swedenborg-Gesellschaft) bestreiten jedweden Zusammenhang mit diesem Ritus.

Swieten, van, Gerhard, berühmter niederländischer Arzt, * 1700, † 1772, als Nachfolger von Boerhave (s. d.) nach Wien berufen, Leibarzt der Kaiserin Maria Theresia, Leiter des gesamten österreichischen Medizinwesens, Kämpfer gegen jede Art von Aberglauben, der großen Teil daran hatte, daß das Unterrichtswesen und die Zensur dem Einfluß der damals sehr mächtigen Jesuiten entzogen wurde und ein modernes Gesicht bekamen. S. war Freimaurer.

Swift, Jonathan, irischer politisch-satirischer Schriftsteller, * 1667, † 1745. Dekan der St. Patrick's Kathedrale in Dublin, verfaßte „Gullivers Reisen" u. a., schrieb eine Travestie der zu seiner Zeit in Umlauf befindlichen (unechten) Rituale der Freimaurerei, die dieser Abbruch tun sollten, unter dem Titel: „A Letter from the grand Mistress of the Female Free-Masons to Mr. Harding, the

Printer", von Thalestris (d. i. Jonathan Swift), Dublin gegen 1731, wie Hunt meint, bereits 1724. Wurde 1760 in seinen gesammelten Schriften auch ins Deutsche übersetzt. Man nimmt an, daß „Mr. John Swift", der 1730 einer Loge am Londoner Haymarket angehörte, der Schriftsteller gewesen sei.

Sydney, Hauptstadt des australischen Bundesstaates Neusüdwales. Bereits 1752 bestand in der ersten englischen Kolonie in Australien eine irische Militärloge, die naturgemäß keinen festen Sitz hatte; 1816 war sie in S. tätig. Ihr folgten 1820 und 1824 zwei stabile irische Bauhütten und 1828 die erste englische Loge „Cumberland". Die schottische Freimaurerei faßte 1843 in der Kolonie Fuß. 1839 setzte die Großloge von England einen Provinzial-Großmeister mit dem Sitze in S. ein, welchem Beispiel 1855 Schottland und 1858 Irland folgten. 1888 trat in S. die Großloge von Neusüdwales ins Leben, die erste selbständige australische Großbehörde (Adresse: Masonic Hall, 281 Castlereagh Street). In S. selbst unterstehen ihr 54 Bauhütten. Unter der Großloge von England ist in S. eine Loge tätig.

Sydow, Christian Friedrich Wilhelm, preußischer (vorher französischer) Offizier und Schriftsteller, Sohn des Leibpagen Friedrichs des Großen, erfüllt von einer sehr hohen Auffassung des Humanitätsideals, * 1780, † 1845, war Mitglied der Freiberger Loge „Zu den drei Bergen", Begründer und Mitarbeiter des freimaurerischen Taschenbuches „Asträa".

Syllaba, Ladislaus, Professor der inneren Medizin an der Prager tschechischen Universität, * 1868, † 1930, hervorragender Kliniker, war Großmeister der Národní Veliká Lože Československá.

Symbol, Das. Die Durchdringung unseres ganzen geistigen Lebens mit S. wird dem einzelnen wohl nur selten bewußt. Eben deshalb mutet den Lehrling die Welt der S., die sich ihm in der Loge auftut, anfangs eigenartig und selbst absonderlich an. Die zahllosen symbolischen Handlungen des alltäglichen Lebens gehen der Betrachtung verloren. Der geflissentliche Hinweis auf ein symbolisches System, das weder neuartig in seinen Mitteln, noch eigentlich schöpferisch in seinem geistigen Inhalt ist, macht den Lehrling stutzen. Nehmen wir noch hinzu, daß eine nüchterne Zeit nur nüchtern geprägte Gedanken liebt und jeder Verhüllung abhold ist, daß symbolische Bedürfnisse dem Wechsel der Zeiten und Erkenntnisstufen unterworfen sind, daß persönliche Veranlagungen und Fassungskräfte der besonderen Art symbolischer Gedankenvermittlung verschieden gegenüberstehen, und wir werden es verstehen, daß im Bunde selbst die Wertung des S. sich zwischen den beiden Extremen fast völliger Ablehnung und einseitiger Überwertung bewegt.

Gustav Freytag hat das S. als das Mittel bezeichnet, „Geistiges sinnlich wahrnehmbar zu machen und das reale Leben in eine bedeutungsvolle Bildlichkeit umzuschaffen". In dieser, wie wohl gesagt werden darf, erschöpfenden Ausdeutung des Begriffes sind beide Wesensarten des S. enthalten. Das S. kann abstrakten Denkinhalten gemeinverständliche Form geben. Es kann anderseits Gegenständliches ins Geistige erheben. Die Kunst symbolisiert beispielsweise Glaube, Liebe und Hoffnung durch die drei Sinnbilder des Kreuzes, des Herzens und des Ankers. Anderseits symbolisieren wir die Gesamtheit einer staatlichen Gemeinschaft durch ein eigenartig gefärbtes Stück Tuch, dem wir symbolisch Ehren erweisen (Präsentieren des Gewehrs bei Hissen der Flagge). Wir heben die Hand zum Schwure, ohne uns dessen bewußt zu sein, daß wir damit symbolisch die rächende Macht des Himmels für den Fall des Meineids anrufen, wir erheben überkommene Wahrheiten und Weisheiten längst vergangener Geschlechter durch die symbolische Fassung der Spruchsprache, des Sprichwortes, über die Welt des Alltags und der Gemeinplätzlichkeit.

Max Schlesinger, dem wir eine tiefgehende Forschungsarbeit „Geschichte des Symbols" verdanken, hat die Ewigkeit symbolischen Bedürfnisses in den Worten niedergelegt: „Die Geschichte lehrt, daß es Zeiten gab, in denen das Verlangen nach dem S. größer oder geringer war; es hat an Macht eingebüßt, und die Gegenwart reißt in unseren Kulturen alles nieder, dessen sie habhaft werden kann, auch wenn sie es besser bestehen ließe. Doch manche Wurzel ist noch unbeschädigt; selbst das Alltagsleben bildet neue S., das Volk, das Königskronen zertritt, läßt neue Fahnen wehen. Aber gesetzt auch den Fall, daß alle Sachsymbole dem aufgeklärten Verstande weichen müßten, — immer gerade dann flüchtet sich das Gemüt in übersinnliche Höhen und genießt Seligkeiten, wie sie Wirklichkeit und Wissenschaft ihm nicht zu geben vermögen. Führt der eine Vorgang aus der Ideenwelt in die Niederung, so erhebt der andere, auf den einfachsten Verhältnissen fußend, Äußerliches, Handgreifliches, sowohl wie auf die in jeder Menschenbrust schlummernden Regungen Beziehendes, in ein Reich überirdischer Vollkommenheit — auch das ist S."

Das hervorstechendste Merkmal jedes S. ist seine Anschaulichkeit. Indem es Abstraktes auf Gegenständliches überführt, klärt es auf. Es kann allerdings auch verhüllen, jedoch nur in dem Sinne, daß seine Bedeutung einem eingeweihten Kreise zugänglich gemacht wird, während Nichteingeweihten der Inhalt des Symbols verschlossen bleibt. Es faßt ganze Gedankenreihen in eine sonst unerreichbar bildliche Kürze zusammen. Es verstärkt den Eindruck und die Aufmerksamkeit. Es hebt das Gemeinschaftsgefühl. Es schlägt Brücken zwischen Zeitaltern und Menschen. Es ist, nach Friedrich Albert Lange, „die Ergänzung der Wirklichkeit, die der Mensch nicht entbehren kann".

Die S., mit denen der Freimaurer unserer Tage zu arbeiten hat, sind willkürlich gesetzt. Ihre Zahl ist, den Unterschieden der Systeme entsprechend, eine ungemein große. Von der Symbolik der Hochgrade, die Johannismaurern verschlossen bleibt, ganz abgesehen, zeigt auch das Lehrgebäude der blauen Maurerei große

Unterschiede. Einzelne S. sind im Laufe der Zeiten vollkommen verschwunden und werden gelegentlich in historischen Forschungen wieder ausgegraben. Neue S. werden gelegentlich einer Ritualbearbeitung dem alten Stamme angefügt. Der unberührte Stock der Sinn- und Lehrbilder gruppiert sich um das S. des Salomonischen Tempels.

Die hohe Zahl biblischer Gleichnisse, hebräischer Worte und Formeln, die alle Rituale der Freimaurer enthalten, verraten deutlich die schöpferische Mitarbeit geistlicher Kreise bei den alten Hüttenbräuchen. Der Geistliche, der seiner Baugenossenschaft an hohen Festtagen oder Zunftversammlungen das Wort Gottes zu predigen hatte, wird mit Vorliebe das Thema seiner Predigt dem Bauhandwerk entsprechenden Bibelstellen entnommen haben. Der Bau der Stiftshütte, der Bau des Salomonischen Tempels, die Vision des Ezechiel sind Fundstellen der heute noch geübten maurerischen Bauhüttensymbolik.

In deutschen Domen werden die Säulen gezeigt, die mit den biblischen Namen der Säulen des Vorhofes bezeichnet werden. An sie knüpft, wie der Lehrling bei der Weihe erfährt, auch die maurerische Symbolik an. Der bibl. Name des Baumeisters kehrt im Ritual wieder. Hebräische Worte im Siegel einzelner Logen (z. B. der Großen Loge von Hamburg) verweisen auf jene Zeit, da sich die Werkmaurer im S. als Nachfahren salomonischer Werkgenossen betrachteten. Über den geschichtlichen Zusammenhang der heutigen Freimaurer mit den Werkbünden des Mittelalters mag gestritten werden. Die geistige Anlehnung und Übernahme eines uralten Symbolbestandes steht außer jedem Zweifel.

Nach Abstoßen des Ballastes, den eine Zeit der Verirrungen der freimaurerischen Symbolik anhängte, blieb ein Symbolbestand übrig, der durch seine leichte Faßlichkeit dem Verständnisse aller entgegenkommt. Indem der Baugedanke Materialien und Werkzeuge sowie die tätigen Kräfte mitbestimmt, ergibt sich ein Symbolgebäude von klarer Einheitlichkeit und überzeugender Eindeutigkeit. Der Hinweis auf ein S. eröffnet den Zugang zu langen Gedankenketten, aber diese Ketten laufen immer im gleichen Sinne ab. Die zahllosen Deutungen der S., die sich als Ergebnis der Logenarbeit in Wort und Schrift anhäufen, sind mehr oder weniger Variationen über ein sich ewig gleichbleibendes Thema. Sie können durch den rednerischen Aufbau, durch neue Bilder den Symbolgedanken in besondere Farben kleiden, hie und da auch neue Lichter aufsetzen, am S. selbst ändert sich nichts. Die freimaurerische Arbeit ist Kleinarbeit des einzelnen an sich selbst (Behauen des rauhen Steines), sie ist zugleich Gruppenarbeit am Bau des Salomonischen Tempels. Der bloße Hinweis auf den rauhen Stein genügt, um dem einzelnen die Pflichten gegen sich selbst, gegen seinen Nächsten und gegen den Bund mit blitzartiger Erleuchtung gegenwärtig zu machen. Das S. der Kette, das nicht nur Bild, sondern auch symbolische Handlung werden kann, knüpft nicht nur an die Vorstellung eines Zusammenhanges gleichgearteter Glieder, sondern auch an die höhere eines ungestörten Kreislaufes eines geistigen Fluidums durch den Stromkreis der Kette an. Die Aufforderung, in die Kette zu treten, setzt daher nicht nur die Anwesenheit von Bundesmitgliedern, sondern auch die ungestörte Harmonie dieser Kettenglieder voraus.

Im wesentlichen gliedern sich die S. des Freimaurers in Worte, Bilder und Handlungen. Die bildliche Vereinigung der hauptsächlichsten S. enthält der Teppich, der gewöhnlich in der Mitte der Loge liegt. Er ist ein Ersatz der materiellen S., die in einigen Systemen tatsächlich noch die Arbeitsstätte schmücken. In der ursprünglichen Form tritt die bildliche Symbolvereinigung als Kreidezeichnung auf dem Boden des gerade als Versammlungsraum benützten Zimmers auf. Daher gehörte zum Inventar der Loge auch ein Kehrbesen und ein Eimer, um im Falle der Überraschung die Zeichnung sofort wieder verwischen zu können. Als sich das Logenwesen einigermaßen stabilisierte, wurde die Zeichnung für häufigeren Gebrauch festgehalten. Bildliche Darstellungen zieren gewöhnlich auch noch die Wände und Decke der Logen. Die Vorliebe für den ägyptischen Stil der Logenausstattung ist ein Überlieferungswert. Der mystische Einschlag gewisser Perioden, wie insbesondere die ägyptische Maurerei Cagliostros, vor allem aber wohl das Szenarium der „Zauberflöte", hat hier eine Richtung bestimmt, der weiter keine besondere freimaurerische Bedeutung zukommt. Leider führt diese ägyptische Tradition häufig genug zu Stilwidrigkeiten der inneren Ausstattung (Hieroglyphen und Barockmöbel), die besonders in den amerikanischen Logengebäuden mitunter an Geschmacklosigkeit streift. Das eindrucksvollste S. des Tempelinnern bleibt seine Gesamtwirkung als Stätte der Weihe und der inneren Sammlung.

Das in der breitesten Öffentlichkeit bekannte Freimaurersymbol, Zirkel und Winkelmaß, blickt auf eine ehrwürdige Ahnenreihe zurück, deren Bedeutung Ludwig Keller überzeugend hervorgehoben hat. Die gekreuzten Werkzeuge finden sich nicht nur als Steinmetzenzeichen, sie sind in den ältesten Mysterien in irgendeiner Form nachweisbar und überaus weit verbreitet. Das hohe Alter der Werksymbole ist in Dürers „Melancholie" angedeutet, einem bis heute eigentlich ungeklärten Bilde, das auf viel ältere Vorbilder zurückgeht.

Die Freimaurerei arbeitet auch mit dem S. der Zahl. Die sogenannten heiligen Zahlen (s. d.) kehren in der Anordnung gewisser S., gewisser Handlungen, der Gradeinteilung, u. v. a. wieder. Es sind S., die einer erschöpfenden Erklärung, soweit die Zahl in Betracht kommt, beharrlichen Widerstand leisten. Es genüge die Andeutung, daß diese Zahlen in der Geschichte der Männerbünde allerorten eine große Rolle spielen, und daß insbesondere die Dreiteilung des Gradwesens völkerpsychologisch eine fast durchgreifende ist.

Die symbolischen Handlungen betreffen einmal die Erkennungszeichen, zum anderen die besonderen Formen, unter denen sich die Arbeit, besonders aber die Einweihung vollzieht. Der Gedankengang dieser Handlungen ist im wesentlichen immer der gleiche, ob es sich nun um die Jünglingsweihe primitiver Gemeinschaften oder um die Aufnahme in eine geistige Gemeinschaft handelt. Indem die Aufnahme in den neuen Bund als Übergang zu einem höherem Wesenszustand aufgefaßt wird, vollzieht sie sich unter dem Bilde einer Reinigungszeremonie (Wanderung durch Feuer und Wasser in der Zauberflöte), oder einer Wiedererweckung und Neubelebung. Selten fehlt auch der symbolische Hinweis, daß der profane Mensch gewissermaßen blind durchs Leben tappe und erst durch die Weihe sehend werde. Die Gleichartigkeit der Form dieser Weihezeremonien verleitet oft dazu, stammbaumartige Verbindungen zwischen den einzelnen Kulten herstellen zu wollen. Es muß leider festgestellt werden, daß dieser Fehler so oft begangen wird, daß viele Lehrlinge für ihre ganze Maurerzeit mit diesem Denkfehler belastet bleiben. Gleichartigkeit der Form bedeutet noch nicht organischen Zusammenhang. Trotz der Zahlensymbolik haben die heutigen Freimaurer mit den Pythagoreern ebensowenig zu tun, wie mit den Essäern, obzwar eine überraschende Ähnlichkeit nicht geleugnet werden kann. Das Ausdrucksvermögen geselligen Triebes ist beim Menschen ein ebenso beschränktes wie die Mittel organischer Funktionen überhaupt.

Das S. wirkt im Bunde vor allem als Mittel der inneren Organisation. An anderer Stelle wird darauf verwiesen, daß der Bund kein Weltbund im Sinne einer einheitlich geleiteten Körperschaft ist. Trotzdem besteht ein geistiger Zusammenhang. Seine Brücke ist die gemeinsame Bausymbolik. Das Lehrbild vom Tempelbau wird von allen Freimaurern in gleicher Weise verstanden, so verschieden auch die Arbeitsweisen der verschiedenen Maurergruppen sein mögen.

Das S. erleichtert die geistige Arbeit der Loge durch seine Anschaulichkeit und vermag auch weniger Entwickelten Welten zu eröffnen, die ihnen sonst verschlossen blieben. Es gleicht geistige Entwicklungsstufen aus und schafft eine Atmosphäre der Gleichartigkeit des Denkens, die ein auf so breiter Grundlage stehender Bund, wie der Freimaurerbund, unweigerlich braucht. Rein verstandesmäßig betrachtet ist das S. ein unentbehrliches Mittel zum Zweck. Jede gesellige Vereinigung, und sei es der simpelste Stammtisch, schafft sich mit der Zeit ein Gebrauchtum, das dem inneren Zusammenhalte dient. Ein Bund, der Millionen Menschen heute schon zumindest dem Namen und den Zielen nach vereinigt, kann dieses Mittels füglich nicht entbehren. Aus diesem rein verstandesmäßigen Grunde allein schon ist der in der freimaurerischen Literatur immer wiederkehrende Ansturm gegen das S. eine Sinnwidrigkeit. Was gemeinsamer Besitz der ganzen Maurerwelt ist, muß ihr erhalten bleiben, sonst war die Arbeit zweier Jahrhunderte vergebens.

Was dem einzelnen rein gefühlsmäßig das S. in seiner Verflechtung zum Ritual sagt, kann nur angedeutet werden. Daß die Wirkung eine tiefe ist, beweist die nur allzuhäufige Verwechslung des rein kultischen Zweckes der Logenarbeit mit religiösen Weihehandlungen. Um so mehr als der Aufbau einer Tempelarbeit mit den Wirkungen des gesprochenen und gesungenen Wortes, der begleitenden Musik, der ernsten feierlichen Weihe der Versammlung empfänglichen Gemütern die Verwechslung nahelegt. Selbst wenn der Wortlaut der Alten Pflichten von der Religion, in der alle guten und sittlichbestrebten Menschen übereinstimmen, herangezogen wird: die Tempelarbeit ist deswegen doch nur eine kultische, nicht aber eine religiöse Handlung. Denn das S. des Tempels der Humanität verweist nicht auf ein besseres Jenseits, sondern fordert zur Arbeit auf der vom Menschen bewohnten Erde auf. Der Wert des S. liegt für den Freimaurer nicht in der Erschließung neuer Weisheiten. Zugegeben, daß es Zeiten gab, in denen der Freimaurer aus dem Munde seines Großkophtas Ungehörtes staunend erwartete. Für den Freimaurer unserer Tage liegt der Sinn des S. im Ansporn zu jener sittlichen Betätigung, die in ihrer Wortfassung banal anmuten mag, weil sie einfach das Sittengesetz von Jahrtausenden wiederholt. Wieviel uns von der Erfüllung dieser sittlichen Pflichten trennt, lehrt jeder junge Tag. Für den Freimaurer ist aber nicht nur Erkenntnis des Inhalts des Sittengesetzes, sondern seine Übung Zweck der Kunst.

Symbolische Grade, s. Blaue Grade, Johannismaurerei.

Symbolisme, Le, französische freimaurerische Zeitschrift, die, geleitet von Oswald Wirth, hauptsächlich esoterische und philosophische Studien veröffentlicht. Eine Vereinigung „Les Amis du Symbolisme" behandelt in Vorträgen und Diskussionen die Ideen des Blattes.

Symposion. Eigentlich das an eine Mahlzeit sich anschließende Trinkgelage. Im Altertum beliebt als Rahmen für die Behandlung philosophischer Probleme. So bei Xenophon und Plato. Für die freimaurerische Geschichte von Bedeutung: das S. der Sokratischen Gesellschaft des John Toland (s. d.).

Synagoge des Satans nannte der französische Erzbischof Leon Meurin 1892 in einem Buch dieses Titels die Freimaurerei.

Syrien, Republik in Vorderasien an der Ostküste des Mittelländischen Meeres, von Frankreich verwaltetes Völkerbundmandat. Die erste Loge wurde unter der Großloge von Schottland 1748 in Aleppo gegründet, in der zweiten Hälfte des 19. Jahrhunderts wurde eine Distrikts-Großloge eingesetzt. Unter dem Distrikts-Superintendenten für Ägypten, Palästina und S. der Großloge von Schottland arbeiten gegenwärtig in der Hauptstadt Damaskus, in Alexandrette, Antioche usw. 4, unter den beiden ägyptischen National-Großlogen 5, unter der Großloge von Frankreich 5, unter dem Grand Orient von Frankreich 7, und unter dem Distrikt der Großloge von New York 3 Logen, insgesamt 24 Logen.

Systeme, Lehrarten, Riten. Die besondere Art, wie der Inhalt der Freimaurerei in Form des Gebrauchtums durch Großlogen und Logen an die Mitglieder vermittelt und überliefert wird, bezeichnet man als freimaurerisches System, als Lehrart, als Ritus. Da viele Großlogen ihr eigenes System entwickeln, das im Gebrauchtum zum Ausdruck kommt, deckt sich das Wort oft mit dem Begriff einer besonderen Großloge. Daher die übliche Terminologie: Die Loge X arbeitet nach dem System (der Lehrart) der Großloge Y usw. Dabei ist aber festzuhalten, daß, soweit der Aufbau der drei Grade der symbolischen Maurerei (Lehrling, Geselle, Meister) in Betracht kommt, das Grundsätzliche, Fundament und Ziel der Bauarbeit, in allen Systemen dasselbe ist. Die Abweichungen in der Form entsprechen dem besonderen Charakter der einzelnen Lehrarten.

Die Bildung von Systemen, Riten, geschah schon früh nach der Entstehung der ersten Großloge in England, zunächst wohl in Frankreich. Die Ritualistik der ersten drei Grade wurde mancherorts reicher gestaltet, vieles, was nüchtern erschien, phantasievoller ausgebildet, manches hinzugetan. Dazu kamen dann bald weitere Grade; alle möglichen Strömungen des 18. Jahrhunderts fließen in die Freimaurerei, Reformer machten sich ans Werk, die ihnen widerspruchsvoll Erscheinendes auf weiteren Stufen zu klären versuchten, bezw. Grade schufen, die einen gewissen Abschluß geben sollten, den viele vermißten. Aus Ritualen alter christlicher Gemeinschaften, aus Ritterorden wurden Bestandteile übernommen, Legenden, die sich beim Forschen nach der Herkunft der Freimaurerei herausbildeten, wurden dem Gebrauchtum einverleibt, neben die Bausymbolik trat in der in Frankreich entstandenen Schottischen Maurerei (s. d.) das Ritterspiel. Kabbalistische, hermetische, alchimistische, okkultistische Elemente aller Art kamen hinzu. Auf der einen Seite machten sich christlich-mystische und katholisierende, auf der anderen Seite rationalistische Tendenzen geltend, Anlehnungen an die alten Mysterienbünde, an die Rosenkreuzer zeigten sich in den Ritualen. Nach den verschiedenartigsten Gesichtspunkten wurden Grade zu Systemen zusammengestellt, die alle die Erkenntnisse der Wahrheit, der letzten Erkenntnisse vermitteln wollten, so daß vielfach jener chaotische Zustand eintrat, der die Zeit der freimaurerischen Verirrungen kennzeichnet. Im letzten Drittel des 18. Jahrhunderts machte sich aber dann energisch das Bestreben nach Reinigung, nach Rückkehr zur reinen Lehre, bezw. zur Klarheit, auf Grund einer umfassenden Idee im Gradaufbau geltend. Die überwiegende Mehrzahl der Systeme verschwand wieder. Vor allem die bis 1782 in Deutschland und anderen Ländern sehr mächtig gewesene Strikte Observanz (s. d.), die sich fälschlicherweise für die legitime Fortsetzung des alten Tempelherrenordens ausgegeben hatte. Auch von den okkulten Deutungen, die vielfach den Symbolen der drei Johannisgrade gegeben worden waren, kam man wieder ab. Das alte englische Drei-Grade-Ritual kam mehr und mehr wieder zu seinem Recht. Dabei waren Abweichungen unvermeidlich. Einmal gab es in England selbst, abgesehen von den Divergenzen im Gebrauchtum der „Moderns" und der „Antients", eigentlich kein Einheitsritual, dann bildeten sich auch sonstige, im Geistigen wurzelnde Unterschiede heraus.

Was die höheren Grade anbelangt, so erhielten sich von diesen verhältnismäßig wenige. Die Strikte Observanz lebte eine Zeitlang in dem der Templertradition entkleideten und auch sonst wesentlich vereinfachten Rektifizierten Ritus fort. Von den vielen Systemen der Schottischen Maurerei erwies sich auf die Dauer nur der 1801 aufgestellte A. u. A. Schottische Ritus lebensfähig, dessen dreiunddreißig Grade die fünfundzwanzig Stufen zur Basis hatten, die schon mehr als ein Menschenalter zuvor als „Rite de Perfection" von der Spreu gesondert und zu einem mehr oder weniger zusammenhängenden System verbunden worden waren. In den skandinavischen Ländern und (in modifizierter Form) im Schoße der Großen Landesloge der Freimaurer von Deutschland ist nach wie vor das Schwedische System lebendig, dessen höhere Grade ebenfalls der Schottischen Maurerei Frankreichs entstammen und in vielen Elementen mit Graden des A. u. A. Schottischen Ritus übereinstimmen. In den angelsächsischen Ländern sind die dort im 18. Jahrhundert herausgebildeten höheren Grade (Royal Arch, Markgrade, einige Rittergrade) in verschiedener Gruppierung ebenfalls in Übung geblieben. Drei solcher Gruppen, die an sich nicht in Zusammenhang miteinander stehen (auch nicht organisatorisch), werden in Amerika „American Rite" (s. d.), amerikanischer Ritus oder „York Rite" genannt.

Versuche, die im 19. Jahrhundert unternommen wurden, neunzig- und mehrgradige freimaurerische Mammutgebilde aufzustellen (Misraim-Ritus, Memphis-Ritus usw.), scheiterten auf die Dauer an geistiger Blutleere.

Als allgemeine Einteilungsgründe der freimaurerischen Lehrarten können heute gelten:

I. Die historische Ableitung des Bundes. Hier sind zu unterscheiden:

a) Die auf der historisch belegbaren Steinmetzenüberlieferung basierte Johannisloge in ihren drei Gradstufen des Lehrlings, Gesellen und Meisters.

b) Die von der historisch nicht belegbaren Templerlegende abgeleiteten Ritualsysteme, die ihr Gebrauchtum wohl wie die erste Gruppe teilweise um den Baumeister Hiram gruppieren, aber auf den höheren Stufen auch noch die Figur des letzten Templergroßmeisters De Molay zum Aufbau verwenden.

II. Nach dem Umfang, der Universalität der Lehrart nach außen und innen: Hier sind zu verzeichnen:

a) Die christliche Freimaurerei, die ihrer Lehre das Evangelium Johannis unterlegt und daher auch nur Christen in ihre Reihen aufnimmt. Hierher gehören die skandinavischen und die altpreußischen Großlogen.

b) Die universelle, in Deutschland humanitäre Freimaurerei genannte Lehrart, die von der gesamten Weltfreimaurerei mit Ausnahme der skandinavischen und altpreußischen Gruppe dargestellt wird.

III. Nach der Teilung der Lehrart in Gradstufen, wobei sich ergeben:

a) Die Johannismaurerei (auch blaue und symbolische Maurerei genannt), die das gesamte Lehrgebäude in drei Graden vergibt.

b) Die Hochgradmaurerei (rote Maurerei genannt), die eine (mehr oder weniger willkürlich gesetzte) Einteilung in zahlreiche Stufen (7, 9, 10, 11, 25, 33 bis 90 und mehr Grade) vornimmt.

IV. Nach dem nationalen Charakter, der dem Lehrgebäude eine besondere Tönung gibt, insonderheit in Hinblick auf die mit der Lehre beabsichtigten Zwecke freimaurerischer Erziehung. Hier sind es besonders die drei Gruppen der angelsächsischen, deutschen und romanischen Freimaurerei, die deutliche Unterschiede aufweisen.

Bei der Farbenbuntheit der maurerischen Systematik sind diese Unterschiede nicht immer scharf ausgeprägt, sondern häufig ineinanderfließend. Daher gibt es zahlreiche Riten, die nicht leicht einzuordnen sind, um so mehr als in vielen Systemen auch heute noch Überbleibsel vergessener Lehrarten (mit kryptischen Kennzeichen rosenkreuzerischer, alchimistischer, kabbalistischer Lehren) nachgewiesen werden können.

Die folgende Übersicht erhebt daher auch nicht den Anspruch auf Vollständigkeit.

1. Reine Bauhüttenüberlieferung findet sich in den symbolischen angelsächsischen Systemen und zahlreichen von ihnen abgeleiteten deutschen und anderen Lehrarten. Diese arbeiten in den drei Johannisgräden und schließen die Lehre mit dem Meistergrade, der in England allerdings einen Überbau (Royal Arch) erfährt, ab. (Englische Lehrart.) Bei der Fusionierung der beiden englischen Großlogen „Moderns" und „Antients" zur Vereinigten Großloge von England 1813 wurde ein gemeinsames einheitliches Gebrauchtum ausgearbeitet und bestimmt, „daß die reine alte Maurerei aus drei und nicht mehr Graden zu bestehen habe, nämlich denen des Lehrlings, Gesellen und Meisters mit Einschluß des höchsten Ordens vom heiligen Royal Arch". Dieser Royal Arch ist eigentlich ein vierter Grad, gilt aber nach dieser Definition ähnlich den holländischen Abteilungen des Meistergrades (s. d.) nur als eine eigene Stufe des dritten Grades. Immerhin wird er in eigenen Kapiteln bearbeitet, die auch wieder nicht der Großloge, sondern einem Großkapitel unterstehen. Da die britische Freimaurerei früh die gesamte Kolonialwelt ergriff, sind auch die amerikanischen Lehrarten im allgemeinen der englischen gleich. Die symbolische Einrichtung knüpft vollkommen an der Bauhüttentradition an. Daher fehlt in allen Logen der reinen englischen Lehrart und der vor ihr abgeleiteten Formen das Schwert oder der Degen als Symbolgegenstand (nur der Logenhüter, Tiler, hat ein Schwert als Amtszeichen).

2. Die Ritterlegende (Templertradition) beeinflußte alle jene Lehrarten, die sich mit wenig historischer Berechtigung Schottische Maurerei nennen. Ihr Ursprungsland ist Frankreich, daher müssen alle Lehrarten, die Schottenbestandteile enthalten, als romanische Formen bezeichnet werden. Die Entwicklung der einzelnen Lehrarten ist im 18. Jahrhundert durch die Unzahl verwirrender Einzelsysteme ungünstig beeinflußt worden. Teilweise haben auch Systeme, die heute die reine Bauhüttentradition pflegen, ohne logische Notwendigkeit gewisse Anklänge an die romanischen Lehrarten beibehalten. Kennzeichen ist auch hier wieder der Gebrauch der Schwerter, die z. B. auch in der Lehrart des Eklektischen Bundes und der Großloge von Wien usw. noch Verwendung finden.

Ein reiner Ritter-Maurer-Orden ist gleich ihren drei skandinavischen Schwestern (Schwedisches System) die Große Landesloge der Freimaurer von Deutschland, die sich auch so nennt (Deutsch-christlicher Orden). Ausgesprochene Ritterstufen führen auch verschiedene Hochgradsysteme, so Abteilungen des A. u. A. Schottischen Ritus, der Rektifizierte Ritus, die Knights Templar. Auch in den Erkenntnisstufen der Großen National-Mutterloge „Zu den drei Weltkugeln" spielt die Schottenüberlieferung eine gewisse Rolle. Wo die Johannismaurerei gleichsam die Vorbereitung für den Schottischen Ritus bildet, sind auch die drei ersten Gradstufen teilweise auf die ritterliche Überlieferung eingestellt.

Zahlreiche Riten, die aus dem Wirrsal der Templergrade herauszukommen und zur ursprünglichen englischen Reinheit zurückzukehren trachteten und die besonders in Deutschland und seinen Nachbarländern Verbreitung fanden, sind gegen Ende des 18. Jahrhunderts entstanden. Das reinste dieser Systeme ist die mit Hilfe Herders (s. d.) von Ludwig Schröder (s. d.) geschaffene, nach ihm, oder auch Hamburger System, benannte Lehrart. Nach dem Schröderschen System arbeiten die Große Loge von Hamburg, zahlreiche sächsische Logen, die Großloge „Deutsche Bruderkette", mit Benützung wesentlicher Grundzüge die Großloge von Wien, mehrere deutsche Logen der Schweiz u. a. Ein durchaus auf der englischen Lehrart aufgebautes Ritual ist auch jenes des Eklektischen Bundes, das nur in äußerlichen Abweichungen noch Erinnerungen an die Hochgradzeit trägt. Zwischen Hamburg und Frankfurt steht das von Bluntschli (s. d.) 1873 für die Großloge „Zur Sonne" in Bayreuth geschaffene Ritual, an dem auch Findel (s. d.) Anteil hatte. An dieses angelehnt ist das Ritual der Großloge „Lessing zu den drei Ringen" (I. Teil unwesentlich verändert übernommen, II. und III. von Posner selbständig aufgebaut). Eine Abweichung vom Bluntschli-Ritual bedeutete jenes der Loge „Zur edlen Aussicht" in Freiburg i. B., das neben anderen wesentlichen Änderungen an Stelle der Bibel das Weiße Buch verwendete. Die radikale Gesinnung des F. z. a. S. (s. d.) steigerte dieses Element einer prinzipiellen Ablehnung durch Ersatz der Bibel durch ein wissenschaftliches Werk.

Eine Sonderstellung in der Systembildung nimmt das Werk Feßlers (s. d.) ein, der das Ritual der Großen Loge von Preußen, genannt Royal York, „Zur Freundschaft" nach dem altenglischen Ritual reformierte. Dabei verschwanden die vorher gepflegten französischen Hochgrade und machten Erkenntnisstufen Platz.

In Frankreich steht die Freimaurerei in geistiger Verbindung mit der Schottischen Maurerei. Die Grande Loge de France arbeitet nach dem A. u. A. Schottischen Ritus, die Logen des Grand Orient in ihrer überwiegenden Mehrheit nach dem sogenannten Rite français (auch Rite moderne), der ebenfalls zahlreiche Schottenelemente enthält. Als Hochgradsystem wird der Rite français (die drei symbolischen Grade waren von vier Schottengraden überwölbt, die auch im A. u. A. Schottischen Ritus enthalten sind) in Frankreich nicht mehr bearbeitet.

Der G. O. hat das Symbol des A. B. a. W. aus seiner Konstitution entfernt, auch die Bibel liegt in seinen Logen nicht mehr auf. Ein eigenes System Rite français wird nicht mehr bearbeitet. Die National-Großloge von Frankreich arbeitet nach englischer Lehrart.

System Pike s. Pike-System.

Szende, Paul, ungarischer Publizist, * 1879, Finanzminister der Regierung des Grafen Michael Károlyi (1918), war Mitglied der Loge „Martinovics" in Budapest.

T

Tabak. Rauchen in der Loge war der Art der Logenarbeiten in den englischen Tavernen der ersten Zeit um so mehr angemessen, als während der Arbeiten getrunken, Gesundheiten ausgebracht wurden u. a. m. Daher stand auf dem Tische der Loge eine Büchse mit T., die auf gemeinsame Kosten gefüllt wurde. Hierzu wurden Tonpfeifen geraucht, die sehr oft die freimaurerischen Abzeichen trugen. Erst 1755 hat die Großloge von England das Rauchen in der Loge allgemein verboten. In amerikanischen Logen einzelner Staaten wird auch heute noch während der Arbeit geraucht, was dort um so weniger auffällt, als ja auch manche Kirchengemeinden, um den Besuch der Kirche zu heben, das Rauchen in der Kirche gestatten, indem sie erklären, ein rauchender Christ sei immer noch besser als ein nichtrauchender Heide (s. auch Nicotiates).

Tabasco, Bundesstaat von Mexiko im atlantischen Küstengebiet. Die 1923 gegründete Großloge „Restauracion" umfaßte 1930 sieben Logen. Adresse: Apartado postal 26, Villahermosa, Tabasco (s. Mexiko).

Tabernakel, s. Stiftshütte, Oberster des T., Prinz des T.

Tabula smaragdina, ein angeblich von Hermes Trismegistos (s. d.) verfaßtes alchimistisches Fundamentalbuch, wobei Hermes den Euhemeristen, Neuplatonikern und Frühchristen als assyrischer oder ägyptischer Weiser oder König vorschwebte, der dieses Buch zur Belehrung hinterlassen habe. Es wurde von Hortulanus ins Lateinische übersetzt und galt als Quelle aller mystischen und alchimistischen Weisheit. Am bekanntesten daraus geworden ist der Satz: „Et quod est superius est sicut id, quod est inferius ad penetranda miracula rei unius." („Was oben ist, ist wie das was unten ist, um die Wunder eines Dings zu durchdringen.") Durch die kabbalistischen Beziehungen besonders der Gold- und Rosenkreuzer kam die T. S. auch in Zusammenhang mit der Freimaurerei des 18. Jahrhunderts und wird in sogenannten hermetischen Schriften von der Alchimie verfallenen Logen wiederholt zitiert.

Tafel, Bezeichnung für Brief, Zuschrift.

Tafellogen. Vor der Erwerbung eigener Logenhäuser fanden die ursprünglichen freimaurerischen Arbeiten an der Tafel einer Taverne statt. Der Tisch war der Mittelpunkt, um den sich die Loge versammelte und die während der Arbeit im Ritual vorgeschriebenen Gesundheiten ausbrachte. In den Rechnungen der Logendiener finden sich daher in den ersten Jahrzehnten der Freimaurerei neben dem Aufwand für symbolischen Bedarf, wie die Anfertigung der Bodenzeichnung bei Aufnahmen, die Lichter für die ritualmäßige Beleuchtung u. a. m., regelmäßig auch die auf die Verpflegung der Mitglieder bezüglichen Posten. Diese den heutigen Freimaurer eigentümlich anmutende Gewohnheit ist in Resten noch in Ritualen enthalten. So die Berufung der Brr. „von der Arbeit zur Erholung" („from labour to refreshment") und die Einrichtung der T., d. i. des Brudermahls unter dem formalen Zwang eines eigenen Rituals.

Die T. scheinen in Frankreich aufgekommen zu sein, der Angelsachse kennt sie bis zum heutigen Tage nicht. In angelsächsischen Logen folgt der kultischen Arbeit im Tempel ein Bankett, bei dem eine Reihe von Trinksprüchen vorgeschrieben sind („The King and the Craft" usw.). Anders hat sich die T. in Deutschland entwickelt. Hier drang in die französische Form hauptsächlich durch die christlichen Rittersysteme des 18. Jahrhunderts, das Element der unio mystica, der Agape, ein. Die T. wird zum Liebesmahle. Es sind die abgeänderten Vorstellungen des gemeinsamen Opfergenusses, aus dem sich die Blutsbrüderschaft ableitet. In den christlichen Systemen, ebenso im Liebesmahle des Rosenkreuzergrades, spielen hier auch religiös gefärbte Gedankengänge hinein. Das Mahl wird zur Opferhandlung, zur mystischen Vereinigung (daher unio mystica).

Die T. wird nach einem bestimmten Ritual in voller freimaurerischer Bekleidung abgehalten. Die Gesundheiten (Toaste) sind vorgeschrieben. Das Ausbringen vollzieht sich in symbolischer Form und wird durch Salven (s. d.) bekräftigt. Die üblichen Trinksprüche sind: Staatsoberhaupt, Volk und Heimat, die Königliche

Kunst, die Schwestern, die besuchenden Brr., das Gedenken aller zerstreuten Brr. auf dem Erdenrunde, in manchen Logen auch der sogenannte stille Trinkspruch, d. i. das Gedenken an alle, die in der Vollendung vorangegangen sind, die Toten und jene, die sich zu ihrer letzten Lebensreise anschicken. Die T. wird ritualmäßig eröffnet und geschlossen. Vor Schluß der T. darf die Bekleidung nicht abgelegt, der Platz nicht verlassen werden, auch ist das Rauchen verboten. Die T. wird in der Vereinigung der Kette geschlossen.

T. schließen sich gewöhnlich Aufnahmsarbeiten an oder werden an besonderen Festtagen der Loge (Johannisfest, Stiftungsfest, patriotische Gedenktage usw.) abgehalten. Sie werden von maurerischer Musik, Instrumentalkunst oder Chorgesang der Loge begleitet. Die Tafelmusik ist aus diesem Grunde sehr reichhaltig.

Das Brudermahl unterscheidet sich von der T. durch das Fehlen der ritualistischen Form. Es ist der Ausdruck ungezwungener Geselligkeit, die durch einen mehr heiteren Charakter betont wird.

Mancherorts schließt sich an die Arbeiten eine weiße Tafel an (Wien, Prag usw.). An der weißen Tafel wird in Wien nach der Mahlzeit der in der Logenarbeit behandelte Stoff der Erörterung unterzogen. Die weiße Tafel setzt also die geistige Arbeit der Loge fort, während die T. in ihrem tief mystischen Charakter eine rein kultische Handlung vorstellt.

Taft, William Howard, * 1857, † 1930, Präsident der Vereinigten Staaten von Nordamerika 1909—1913, Republikaner, 1921 Höchster Richter am Obersten Gerichtshof der Vereinigten Staaten, war Mitglied der Kilwinning Lodge Nr. 356 in Cincinnati, Ohio.

Tageslichtlogen, Day light Lodges, sind Logen in Amerika und England, deren Mitglieder in den Nachtstunden beschäftigt sind und daher ihre Logenversammlungen, entgegen der sonstigen Regel, am Tag abhalten. Dazu gehören namentlich Logen für Journalisten und Künstler, Zeitungssetzer, z. B. die aus Musikern, Schauspielern und Artisten zusammengesetzten St.-Cäcilia-Logen in New York und Chicago.

Tahiti, die größte der Gesellschaftsinseln, französische Kolonie. In der Hauptstadt Papeete arbeitet unter dem Großorient de France und der Grande Loge de France je eine Loge.

Taktik. Der militärische Charakter der amerikanischen Knights Templar (s. d.) setzt eine gemeinsame Schulung für Aufzüge, Paraden usw. voraus. Daher wird nach einem eigenen Exerzierreglement geübt. Die bekanntesten dieser Drillvorschriften sind: „Tactics and Drill for the use of Commanderies" von Sir Orrin Welsh und ein gleichnamiges von Ellery Irving Garfield. Gelehrt wird hierbei der Marsch in Kolonnen, die Handhabung des Schwertes u. ä. Zur Aneiferung der einzelnen Commanderies werden auch sogenannte Drillwettbewerbe ausgeschrieben. Jede Commandery unterhält ein Drill Team, in welchem diese militärischen Evolutionen geübt werden.

Tal (frz. vallée, engl. valley), wird im A. u. A. Schottischen Ritus — statt Orient — der Ort genannt, an dem eine höhere Werkstätte tätig ist Flüsse, an denen solche Orte liegen, werden stets angeführt (z. B. im T. der Spree von Berlin).

Talaat Pascha, Mehemed, türkischer Staatsmann, * 1874, einer der Organisatoren der jungtürkischen Bewegung, 1909 Innenminister, dann Postminister, 1913—1917 wieder Innenminister, dann bis Oktober 1918 Großvezier, war Großmeister des 1909 gegründeten Großorients der Türkei. T. ging 1919 nach Berlin und wurde dort 1921 von einem Armenier ermordet.

Talleyrand-Périgord, Charles Maurice, Fürst von Benevent, berühmter französischer Staatsmann und Diplomat, * 1754, † 1838, Bischof, dann 1790 Präsident der Nationalversammlung, flüchtete während der Schreckensherrschaft, als Royalist verfolgt, nach Amerika, nach seiner Rückkehr Außenminister des Direktoriums, später des Konsulats und des Kaiserreichs, entzweite sich dann mit Napoleon, da er gegen die Eroberungskriege Stellung nahm, trat für die Restauration der Bourbonen ein, spielte beim Wiener Kongreß eine überragende Rolle, 1830—1835 Botschafter in London, war Freimaurer.

Tamaulipas, Bundesstaat von Mexiko im atlantischen Küstengebiet. Die 1908 gegründete Großloge zählte 1930 30 Logen. Adresse: Apartado postal 1419, Tampico (Tamps) (s. Mexiko).

Tanganjika-Territorium, das frühere Deutsch-Ostafrika, von England verwaltetes Völkerbundmandat am Tanganjika-See. Unter der Großloge von England arbeiten in der Hauptstadt Dar-es-Salaam und in Tanga zwei Logen.

Tankosič, Voja, serbischer Major, Komitatschiführer, Inspirator und mit Oberstleutnant Dragutin Dimitriević-Apis Führer der als „Schwarze Hand" bekanntgewordenen politischen Geheimgesellschaft „Vereinigung oder Tod", die am Morde von Sarajevo (s. d.) entscheidenden Anteil hatte, wurde im Sarajevoer Prozeß als Freimaurer bezeichnet. Die Großloge von Jugoslawien stellte in einem Schreiben von 1930 ausdrücklich fest, daß T. weder jemals Mitglied einer Loge oder freimaurerischen Organisation war, noch irgendwo als Freimaurer aufgenommen wurde (s. Sarajevo).

Tannenbergbund, deutsch-völkische Organisation unter dem Ehrenschutze des Generals Ludendorff, führt einen heftigen Kampf gegen die Freimaurerei, namentlich durch Aussendung von antifreimaurerischen Wanderrednern.

Tapis, s. Teppich.

Tarot, ein Kartenspiel mit 78 Karten, in Italien auch unter dem Namen Tarocchi, in Österreich mit verminderter Kartenzahl als Tarock bezeichnet. 22 dieser Karten haben eigenartige symbolische Darstellungen, die sicherlich uralten Datums sind. Im österreichischen Tarock ebenfalls 22 Trümpfe oder Atouts, Tarocks, die z. T. mit eigenartigen Namen belegt werden (Pagat, Mond und Sküs). Das Spiel soll von den Zigeunern herstammen. An der symbolischen Deutung der Tarockbilder haben sich zahlreiche Autoren versucht (Etteilla 1783, Court de Gebelin 1773, Jérome

Cardan, Vaillant, Eliphas Lévi, Papus und in letzter Zeit Oswald Wirth, Paris). Den Kartenbildern werden besondere esoterische Bedeutungen verliehen und daraus Beziehungen zu den Initiationen der Freimaurerei im esoterischen Sinne gesucht.

Taschenbuch, s. Almanach.

Taschenbuch des Vereins deutscher Freimaurer, erscheint seit 1924/25 alljährlich und enthält Verzeichnisse und Anschriften der deutschen Großlogen und Logen, sowie des deutschen Freimaurertums im Auslande.

Tasmania, britisch-australische Insel. Die Großloge, gebildet 1890 aus den seit 1823 entstandenen irischen, englischen und schottischen Logen, zählte 1930 44 Logen mit mehr als 4000 Mitgliedern. Adresse: 117, Macquarie Street, Hobart.

Tassel (engl.), Quaste (frz. Houppe dentelée). Die Quasten befinden sich auf den kontinentalen europäischen Teppichen (s. Teissier, „Manuel", Plantagenet, „Causeries Initiatiques", Polak, „Die Tapis") am Ende des sogenannten Vereinigungsbandes, der Schnur mit den Liebesknoten. Da die Schnur bloß zwei Enden hat, so gibt es da auch nur zwei Quasten. Warum diese Quasten in französischen Ritualen das Prädikat „dentelée" (gezackt oder gezahnt) erhalten haben, ist nicht recht erfindlich und offenbar ein Teil jener mißverständlichen Vermengungen, auf die Mackey unter „Tesselated Border" so eingehend hinweist. Diese kontinentalen Teppiche oder Symboltafeln, französisch oder von Frankreich beeinflußt, zeigen als Einfassung entweder nur die vier Linien des Logenvierecks oder einen ähnlichen Rahmen ohne weitere symbolische Form.

Der Lehrlingsteppich der Großloge von England zeigt (im Emulation-Ritual 1900 abgebildet und bei Gloede, Bd. I, S. 579) an den vier Ecken je ein Troddel, die aus dem inneren Teile an einer kleinen, gebogenen Schnur in den dunkeln Teil des Randes herausfällt und eine helle Zeichnung darbietet, wo eigentlich ein weißes Dreieck den Übergang von einer Himmelsrichtung zur benachbarten bilden müßte, so daß die Troddel mitten zwischen den Zacken des Rahmens in der Richtung der Diagonalen ruht.

Ein Vereinigungsband zeigt der englische Lehrlingsteppich nicht, obwohl der englischen Freimaurerei das Symbol des Liebesknotens nicht fremd ist, wie das in der Türschwelle von Freemasons Hall in London eingelassene Mosaik bezeugt. Außer diesen Quasten weist aber der englische Teppich, wie aus dem obigen Zitat ersichtlich ist, auch noch die gezackte Einfassung auf, also nebst den T. auch das Tesselated Border.

Quasten in der beschriebenen oder ähnlichen Anordnung, nämlich von den inneren Ecken ausgehend, finden sich schon auf recht alten englischen Symboltafeln neben der zackigen Einfassung. So auf dem Teppich der „Paladian Lodge" (1820), auf den Tafeln von John Browne, der 1798 seinen „Master Key" veröffentlichte. Ein aus dem Jahre 1810 stammender Tapis einer englischen Loge zeigt eine in Zacken gelegte Schnur, an der von jeder Zacke eine Quaste hängt; eine Zeichnung aus dem Jahre 1801 eine mäanderförmige Einfassung und aus jeder äußeren Ecke eine nach außen gerichtete Quaste (Büschel). Sämtlich abgebildet in A. Q. C., 1916/II.

Der Teppich der Großen Landesloge der Freimaurer von Deutschland, also der Zinnendorfschen Lehrart, zeigt die zackige Einfassung sowie auch das lange Seil mit den Quasten, von dem es heißt: „Soweit die Eckleffschen Akten sich auf die Johannisgrade beziehen, ist der offizielle Name dieses Symbols Fransen, auch mit Epitheta wie ‚spitzgeziert' und ‚kostbar' versehen ...". Die Verwandtschaft der Worte „dentelle" (Spitze) und „dentelée" (gezahnt) erhöht die Verwirrung. Merz, „Guild Masonry in the making", S. 201, sagt: „Wir haben in jedem Falle fünf Punkte, die Mitte und die vier Ecken. An jedem dieser fünf Punkte wurde ein Senkblei angehängt... Diese vier Ecken werden auch heute noch durch die vier Quasten auf dem Tapis bezeichnet. Wenn eine so frühe Quelle wie Prichard das „indented Tassel" in Antwort 39 als „border round about it" bezeichnet, der „Nouveau Catéchisme" in Antwort 34 sagt: „La houppe dentelée bornoit les extrémités" im „Maçon démasqué", gesagt wird: „la houppe dentelée en couvroit les extremités", so ist es wohl (unter Berücksichtigung der oben angeführten Beipiele von alten Teppichen) unmöglich, Quaste und zackige Einfassung als ein Symbol zusammenzufassen, wie es so oft geschieht.

Taten ad extra nennt Lessing die gesamte karitative Tätigkeit der Freimaurerei.

Tatsch, Hugo Jacob, Captain, amerikanischer freimaurerischer Schriftsteller, * 1888, aufgenommen 1909 in der Oriental Lodge Nr. 74, Spokane, war lange Jahre Kustos der Bibliothek der Großloge von Iowa in Cedar Rapids und gehört jetzt der Leitung der Macoy Publishing Co. in New York an. T. ist Sekretär der „Masonic Bibliophiles" und Verfasser einer großen Anzahl maurerischer Schriften und Aufsätze. Sein bisheriges Hauptwerk erschien 1929: „Freemasonry in the thirteen Colonies".

Tau, s. Cable-tow.

Tauentzien, Bogislaw Friedrich Emanuel, Graf von Wittenberg, * 1760, † 1824, preußischer General, in den Napoleonischen Kriegen Sieger bei Großbeeren und Dennewitz, Eroberer von Torgau, Wittenberg und Magdeburg, später Oberbefehlshaber in den Marken und Gouverneur von Berlin, war Freimaurer. Haarhaus (s. d.) ermittelte seinen Namen unter den besuchenden Brr. der Loge „Ferdinand zur Glückseligkeit" in Magdeburg.

Taufe, Maurerische. Die Lustratio, der alte Mysterienbrauch der Reinigung durch Wasser, findet symbolisch besonders in den einzelnen Hochgraden Anwendung. In voller Verkennung des ursprünglichen Gedankens wird hierfür auch fälschlich die Bezeichnung T., frz. Baptême, verwendet, ein Ausdruck, den Mackay mit vollem Recht ablehnt, weil dadurch der Anschein einer christlichen Täufersekte erweckt wird.

In romanischen Ländern wird die an einzelnen Orten in betontem Gegensatz zu kirchlichen Gebräuchen von Logen vorgenommene Lebensweihe neugeborener Kinder der Logenmitglieder ebenfalls als T. bezeichnet, obzwar hiebei eine Lustration, also eine Taufhandlung, überhaupt nicht vorkommt.

Taute, Reinhold, Rechnungsrat in Gera, * 1851, † 1915, Geschäftsführer und Vorstandsmitglied des Vereins deutscher Freimaurer, fruchtbarer maurerischer Schriftsteller. Er veröffentlichte u. a. „Maurerische Bücherkunde" (1866), „Die katholische Geistlichkeit und die Freimaurerei", „Ordens- und Bundesromane", „Geschichte des Vereines deutscher Freimaurer" (mit R. Fischer), „Der Wilhelmsbader Konvent und der Zusammenbruch der Strikten Observanz". Aufgenommen wurde T. 1879 in der Ulmer Loge „Karl zu den drei Ulmen". Nach seiner Übersiedlung nach Stuttgart schloß er sich 1900 der Stuttgarter Loge „Zu den drei Cedern" an.

Tavel, Peter Ludwig v., * 1754 in Bern, † 1830, aufgenommen in der Loge „Zur Hoffnung", 1807 deren Meister vom Stuhl. 1813 stellte er im Berner Rosenkreuzerkapitel den Antrag, auf Grund eines ausgearbeiteten Entwurfes für die Logen der Schweiz einen Großorient zu stiften. Basel und Zürich lehnten aber ab. Von 1819—1822 war er — englischer — Provinzial-Großmeister und nach Errichtung der Großen Landesloge der Schweiz („Grande Loge nationale Suisse") deren erster Großmeister bis zu seinem Tode.

Tavernen, Gasthäuser, Bier-, Wein- und Kaffeehäuser sind die ersten Versammlungsstätten der englischen Freimaurerlogen. Schon im ersten Bericht über eine Freimaurerversammlung, bei Elias Ashmole (s. d.), ist (1682) das Wirtshaus „Zum Halben Mond zu Cheapside" erwähnt, wo nach erfolgter Logenarbeit ein „noble dinner" auf Kosten der Neuaufgenommenen eingenommen wurde. Die Gründungslogen der Großloge von London (1717) werden mangels eines anderen unterscheidenden Merkmals mit den Namen ihrer Versammlungsstätten angeführt („Zur Gans und zum Bratrost", „Zum Römer und zur Traube", „Zum Apfelbaum", „Zur Krone"). Dieser Brauch, die Logen nach dem Wirtsschild zu bezeichnen, erhielt sich durch fast ein Jahrhundert. In den englischen Logenlisten des 18. Jahrhunderts erscheint gewöhnlich eine kleine Nachbildung des Wirtsschildes, dahinter die Straßenangabe, die Versammlungstage und das Gründungsdatum. So z. B. aus der Logenliste von 1747: „Kopf des Königs", „Kopf der Königin", „Drei Hufeisen", „Zum weißen Pferd", „Zum Bären", „Zum roten Löwen" usw. Auch Friedrich der Große wurde in einem Wirtshaus (Kornscher Gasthof zu Braunschweig) aufgenommen. Historische Berühmtheit erlangte das Logenlokal der St. Andrew Lodge in der Green Dragon Taverne („Zum grünen Drachen") in Boston, von welcher aus eine der Hauptaktionen der amerikanischen Unabhängigkeitsbewegung (s. Boston Tea Party) ausging.

Taverne „Zur Gans und zum Bratrost". Das „Ale house at the Goose and Gridiron", einstmals in London am St. Pauls Churchyard gelegen, in der am 24. Juni 1717 die Gründung der ersten Großloge erfolgte, stand schon zur Zeit vor der großen Feuersbrunst von 1666, die fast ganz London zerstörte. Das Wirtshaus hieß nach einer der ersten Londoner Musikgesellschaften „Mitra". Nach dem Brand wurde es neu aufgebaut und auf den Namen „Lyra" umgetauft. Der musikalische Verein „Apollo", der den Singschwan im Wappen führte, pflegte sich dort zu versammeln. Einem Scherz des Wirtes, eines originellen Patrons, verdankt der Name „Gans und Bratrost" seine Entstehung. Um die Musikanten zu necken, ließ er über dem Eingang den Schwan und die Leier durch eine Gans ersetzen, die auf einem Bratrost klimperte. 1897 wurde das Schild anläßlich des Abbruches des Hauses den Sammlungen des Guildhall Museums einverleibt.

Taxil, Leo (Pseudonym für Jogand-Pagès, Gabriel), französischer Publizist und Buchhändler, der den berühmten T.-Schwindel inszenierte, „der größte Lügner des 19. Jahrhunderts", * 1854 in Marseille, † 1907, wurde nach Erziehung durch Jesuiten ein in Wort und Schrift sich sehr radikal gebärdender Freidenkerführer, ließ sich 1881 in der Freimaurerloge „Le Temple de l'honneur française" aufnehmen, in der er es aber nur zum Lehrling brachte. Nach nur dreimaligem Besuch wurde er wegen Vergehens gegen die freimaurerische Ehre (unsaubere Geschäfte) ausgestoßen. Als leidenschaftlicher Bekämpfer des Katholizismus bekannt (er gab u. a. ein antiklerikales Jahrbuch heraus), erregte es gewaltiges Erstaunen, als T. 1885 öffentlich seine Vergangenheit abschwor und sich feierlichst zur katholischen Kirche bekehrte, mit der Ankündigung, nun für diese streiten zu wollen. Die Bekehrung des bisherigen Todfeindes, der zuerst in ein Trappistenkloster zu gehen erklärte, wurde als gewaltiger Triumph der Sache der Kirche gewertet; der Apostolische Nuntius in Paris lud ihn ein, seine Feder in den Dienst Roms zu stellen, und niemand ahnte, daß T. in Wahrheit einen überdimensionalen Schwindel vorbereite, einmal, um die gehaßte Freimaurerei zu treffen, anderseits, um einen großen geschäftlichen Fischzug zu tun. T. erwirkte durch hochgestellte Geistliche bald nach Beginn seiner Antifreimaurerkampagne eine Audienz bei Papst Leo XIII., der kurz zuvor gegen die Freimaurerei die Enzyklika „Humanum genus" erlassen hatte, und machte ihm Mitteilung von seinen auf Vernichtung der Freimaurerei hinauslaufenden Absichten.

1885 erschien das erste seiner, diesem Plan dienenden Werke, „Les frères Trois-Points" („Die Dreipunktebrüder"), das neben manch Richtigem — aber der wirklich interessierten Öffentlichkeit keineswegs Unbekanntem — aus dem freimaurerischen Ritual, faustdick aufgetragenen groteskesten Schwindel enthielt. Weitere Bücher gleicher Art folgten. Schon in den „Dreipunktebrüdern" enthüllte T., daß die Freimaurerei Teufelskult treibe, daß ihr ganzes Ritual nichts als eine Verherrlichung Luzifers darstelle. Namentlich „die

Areopage und Kapitel", hieß es da, „stehen unter dem Einfluß des Geistes des Bösen, Luzifer und Eblis, des angeblichen Lichtengels, mit welchen die Ritter Kadosch (die Freimaurer des XXX. Grades des A. u. A. Schottischen Ritus) durch ihre Teufelsbeschwörungen und schwarzen Künste in direkter Gemeinschaft stehen". Phantastisches erzählte T. auch von sexuell-orgiastischen Vorgängen in Frauenlogen und vom „Meuchelmord in der Freimaurerei", dem er ein ganzes Buch widmete. Die Mitteilungen über die Audienz beim Papst, die in der katholischen Presse in sensationeller Aufmachung erschienen, erhöhten den Glauben an die Richtigkeit der Enthüllungen, die immer toller wurden. 1891 kam das Buch „Les Sœurs Maçonnes" („Gibt es Frauen in der Freimaurerei?") heraus, in dem der angebliche Teufelskult der Hochgradmaurerei noch eingehender ausgemalt wurde. In den „palladistischen Satanslogen" feierte man nach T. wahre Unzuchtsorgien. Luzifer wurde auch hier als Prinzip des Guten verehrt, der Gott der Christen als Geist des Bösen geschmäht. „Hier beginnen der Kult und die direkte Anbetung des Teufels, die progressive Vertierung durch die Schwarze Kunst, endlich die Ehrenbezeugung an den Satan in Gestalt einer Schlange... der Adept ruft Satan als seinen Gott an... er betet ihn an in Gestalt von Baphomet (s. d.), einem infamen Götzenbild mit Bocksfüßen, Frauenbrüsten und Fledermausflügeln. T. ließ auch eine von ihm erfundene Sophie Walder auftreten, die „Urgroßmutter des Antichrist" und palladistische Großmeisterin.

Noch ein zweites weibliches Wesen wurde ersonnen, die „Palladistin Diana Vaughan", angeblich 1874 als Tochter des Teufels Bitru geboren, im Alter von zehn Jahren in eine amerikanische Palladistenloge aufgenommen und dem Teufel Asmodeus angetraut. Diese gar nicht existierende Dame „schrieb" unter dem Titel „Mémoires d'une Expalladiste" scheußliche Enthüllungen, die weiteste Verbreitung fanden. Mit der Welt verkehrte Diana Vaughan ausschließlich durch T. Sie publizierte durch ihn Artikel mit authentischen Teufelsdokumenten, z. B. der Unterschrift des Teufels Bitru. Als sie dem Kardinalvikar Parocchi eine Spende für einen geplanten antifreimaurerischen Kongreß zukommen ließ, übermittelte ihr dieser im Auftrag des Papstes den Apostolischen Segen.

Die Bücher und Artikel T.s, die in der ganzen Welt Verbreitung fanden, wurden unterstützt durch gleichzeitige, gleichartige „Enthüllungen" von anderer, mit T. verbündeter Seite. „Dr. Bataille", in Wirklichkeit ein Deutscher namens Hacks, veröffentlichte in 200 Fortsetzungen das Lieferungswerk „Le Diable au 19e siècle" („Der Teufel im 19. Jahrhundert"), das 10.000 Abonnenten fand. Auch der Italiener Domenico Margiotta (s. d.) schrieb mehrere Bücher über den Teufelskult, wobei er namentlich sehr konkrete, wenn auch aus den Fingern gesogene Beschuldigungen gegen Crispi und die italienische Freimaurerei erhob. Der Franzose Paul Rosen („Satan & Co." und „L'ennemie sociale") stieß in das gleiche Horn. Viele Kirchenfürsten, namentlich der Bischof von Grenoble, Favart, dann der Erzbischof Leon Meurin („La Franc-Maçonnerie — Synagogue de Satan") wurden Apostel T.s, der den amerikanischen Freimaurer Albert Pike (s. d.) zum „Teufelspapst" stempelte.

1896 fand auf Anregung von T. in Trient ein großer Antifreimaurerkongreß (s. d.) statt, zu dem 36 Bischöfe, 50 bischöfliche Delegierte und mehr als 700 Interessenten, größtenteils Geistliche, erschienen. Tagelang wurde über „Miß Vaughan" debattiert. Deutsche Kleriker (Hauptredner: Mgr. Gratzfeld als Vertreter des Erzbischofs von Köln und Dr. Baumgartner aus Rom) traten gegen den Glauben an deren Existenz auf, andere, vor allem Franzosen, legten sich für T. ins Zeug. Dieser selbst griff ein, indem er auf der Rednertribüne mit einer Photographie Diana Vaughans erschien und heftige Angriffe gegen den Jesuitenpater Herrman Gruber erhob, der, anfänglich selbst im Banne des Schwindels, dann, nach den aufklärenden Schriften Findels und anderer, das meiste zu seiner Aufdeckung beitrug. T. erhielt stürmischen Abgangsapplaus, und man beschloß, das Problem Vaughan durch eine Kommission restlos klären zu lassen. Diese Kommission erklärte diplomatisch, daß sie keinen zwingenden Beweisgrund, sei es für, sei es gegen die Existenz der Teufelstochter, habe finden können.

Am Ostersonntag 1897 enthüllte dann T. anläßlich eines Vortrages über den Palladismus-Kultus im Saal der Geographischen Gesellschaft in Paris selbst den Schwindel in seinem ganzen gewaltigen Umfang, indem er die Mystifikation aufdeckte und zynisch erklärte, daß Miß Vaughan niemals existiert und er mit seinen Machenschaften die Spitzen des Klerus zwölf Jahre lang düpiert habe.

Theodor Lessing („Geschichte als Sinngebung des Sinnlosen", Seite 87 ff.) kommt zu einer anderen Wertung T.s, den er persönlich gekannt hat. Er schreibt: „Vor den Erschienenen trat er am 19. April 1897 zur grenzenlosen Überraschung der uneingeweihten Kleriker mit der lachenden Enthüllung hervor, daß er immer noch, wie in seiner Jugend, Freidenker und Kirchenfeind sei und lediglich ein zehn Jahre lang dauerndes Spiel mit dem Aberglauben und dem Fanatismus des Menschen gespielt habe. Alle Einzelheiten seiner Audienzen beim Heiligen Vater, seinen Verkehr mit den Bischöfen, die kleinen Züge des von den Jesuiten gewünschten und angebahnten Wunderschwindels, die Lebensgeschichte der Vaughan, alles gab er in behaglich-komischer und derbübermütiger Weise dem Gelächter preis. Der Skandal zitterte manche Jahre nach. T. hielt während dieser Zeit Vorträge über seine Erlebnisse mit der Kirche in den französischen Städten und gab eine Fülle spöttischer, derbsatirischer Schriften heraus, die das Motto tragen ‚Tuons-les par le rire' (Töten wir sie durch Gelächter!) und mit übermütigen Widmungen an die befreundeten Bischöfe oder gar an den Papst zum Danke für die ihm erteilten

Segen versehen sind." „Ich habe", schreibt Lessing, „den Mann gekannt und einige Jahre mit ihm Verbindung unterhalten. Daher glaube ich zu wissen, daß weder Eitelkeit, Ruhmsucht, Geldgier noch auch Fanatismus für Aufklärung und Freigeisterei die Triebfeder seines Handelns war. Er gehörte, geborener Gascogner, zu den bewundernswert überlegenen Leuten, die an Spott und Spiel ein wahrhaft künstlerisches Vergnügen haben. Das ist ein Stück Dichtertum, frei von jedem Pathos, außer einem gewissen Pathos des Witzes."

Taylor, Isidore Justin Severin, französischer Schriftsteller und Theaterfachmann englischer Abstammung, * 1789, † 1879, königlicher Kommissär des Théâtre Français, Inspektor der Museen, Gründer mehrerer philanthropischen Gesellschaften für Künstler sowie der Société des Gens de Lettres. Mitglied der Académie des Beaux Arts, Verfasser erfolgreicher Reisebeschreibungen, war Mitglied des Suprême Conseil de France.

Taylor-Manuskript, genannt nach einem früheren Besitzer, Thomas Taylor, stammt aus dem 17. Jahrhundert und gehört zur Sloane-Familie (s. Manuskripte).

Team, Masonic. Einzelne Logen Amerikas bringen die Hiramlegende in szenischer Aufführung und in Kostüm zur Darstellung. Derartige „Teams" unternehmen zumeist auch Reisen in benachbarte Logen.

Teerhune, Albert Payson, amerikanischer Schriftsteller, * 1872, Redakteur der „New York Evening World", schrieb das Libretto der komischen Oper „Nero", Novellen („Fighter", „The New Mayor" usw.), historische Artikelserien für die „New York World", zahlreiche Kinostücke, Gedichte, ist Mitglied der „St. Cecilia Lodge Nr. 568", New York.

Tegucigalpa, Hauptstadt der zentralamerikanischen Republik Honduras, Sitz der „Soberana Gran Logia Simbolica de Honduras" (Adresse: Templo masónico), der in T. selbst zwei Bauhütten unterstehen.

Teheran, Hauptstadt von Persien. Unter dem Großmeister der „All Scottish Freemasonry in India" arbeitet hier die Loge „Light in Iran Nr. 1191".

Teleologie. Zweckmäßigkeitslehre, Zwecklehre, die Anschauung, daß das Weltengeschehen zielstrebig ist, daß Zwecke in ihm walten, mögen sie von außen (Gott) kommen, oder der Welt selbst immanent sein. Die teleologischen und kausalistischen Auffassungen müssen nicht in Gegensatz zueinander stehen, sie können als zwei Auffassungsweisen des Geschehens gelten und ergänzen einander in diesem Sinne. Die Stoiker Kant, Shaftesbury hatten teleologische Auffassungen. Lessing hebt in „Ernst und Falk" teleologische Momente der freimaurerischen Lehre hervor. In der „Erziehung des Menschengeschlechts" legt er dar, daß sittliche Vervollkommnung im Plan der Vorsehung beschlossen läge. Herder bezeichnet Humanität als „unser ewig Ziel". Die Freimaurerei ist in ihren Anschauungen tatsächlich teleologisch, sie lehnt den rein mechanistischen Standpunkt des Naturalismus (s. d.) und Materialismus (s. d.) ab, indem sie an die Freiheit des Individuums glaubt und den Sinn der Welt in der Selbstentfaltung der Menschheit, in einem den Humanitätsidealen gemäßen Fortschritt zu finden glaubt.

Teleosis (griech.), Vervollkommnung, bei Feßler (s. d.) die vollständige Kenntnis der freimaurerischen Gnostik, die nur zwölf auserwählten Maurern mitgeteilt werden sollte; diese sollten den eigentlichen und wahren innersten Orient bilden, dem das Wohl und Wehe der Bruderschaft anvertraut ist. Diese Gedankengänge begegneten dem schärfsten Einspruch Fichtes (s. d.), der zu dem Urteile gelangte: „Es kann auf diesem Wege keine historische Wahrheit gefunden werden. Selbst wenn sie es könnte, so wäre dies kein befriedigender Aufschluß über einen geheimen Orden."

Tempel.

1. Als Symbol, s. T., Salomonischer.
2. Häufig als Bezeichnung des Logenhauses, namentlich in der angelsächsischen Freimaurerei; dort auch „House of the Temple".
3. Zur Bezeichnung des Versammlungsraumes der Loge. Das Gebrauchtum der Freimaurer verlangt, daß hierzu ein würdig ausgestatteter Raum bestimmt wird, der in seiner Ausschmückung auf den Symbolinhalt Bezug nimmt. Er ist meist in Blau gehalten (in den Logen des A. u. A. Schottischen Ritus ist die Farbe rot), zeigt die Form eines länglichen Vierecks, über dem sich oft der gestirnte Himmel wölbt. Im (symbolischen) Osten erhebt sich der Sitz des Meisters, davor der Altar, meist in der Form eines kubischen Blocks. Die Sitze der Mitglieder (Kolonnen) sind in Längsreihen im „Süden" und „Norden" aufgestellt.

Im übrigen ist die Einrichtung nicht einheitlich. Das gilt sowohl bezüglich der Säulen, die „den Tempel tragen", als der Anordnung der Plätze der Aufseher und der weiteren Besonderheiten. In den deutschen und vielen anderen Logen umgeben in der Mitte des T. drei Leuchter einen symbolische Figuren aufweisenden Teppich (Tapis), die Arbeitstafel; in angelsächsischen Logen sind diese Leuchter (Lichter) um den Altar gruppiert, während die Arbeitstafel (Tracing Board) aufgestellt wird. Auf dem Altar liegt in der überwiegenden Mehrzahl der Logen der Welt die Bibel, in allen trägt er Zirkel und Winkelmaß. In romanischen Logen fehlen häufig die drei Weisheit, Schönheit und Stärke symbolisierenden Lichter und der Teppich. Dafür treten symbolisch drei Wandgemälde ein, die Minerva, Herkules und Venus vorstellen.

Als Nebenräume des T. sind erforderlich ein Vorhof, Vorraum (frz. Parvis, Salle des pas perdus, nach letzterem in manchen deutschsprachigen Logen: Saal der verlorenen Schritte genannt), in dem sich in angelsächsischen Logen der Logenhüter, Tyler (Ziegeldecker) aufhält, um die Eintretenden zu überprüfen. Ferner die Vorbereitungskammer (im Engl. a room, near the lodge, im Frz. cabinet [oder chambre] de réflexion). Während in früheren Jahrzehnten der T. nur für die kultischen Handlungen vorbehalten blieb, in einzelnen Logen sogar nicht einmal von den

Schwestern betreten werden durfte, hat jetzt eine freiere Auffassung den Sieg davongetragen. In mehreren Großlogen, so in Holland, Hamburg u. a., wurden z. B. Pressevertreter in den T. geladen, um mit ihnen an Ort und Stelle Fragen der Freimaurerei und ihrer Stellung zur Öffentlichkeit zu besprechen.

Tempel, Geweihte des inneren, s. Geweihte des inneren Tempels.

Tempelherrenorden, Bibliographie. M. Dessubré gab 1928 in Paris eine „Bibliographie de l'Ordre des Templiers" heraus, die zwölftausend Nummern umfaßt.

Tempelherrenorden, Freimaurerische, s. Hund, v., Strikte Observanz, Rittergrade, Schottische Maurerei, Ordre du Temple, Stuart, Knights-Templar, United Religious and Military Orders usw.

Tempelherrenorden, Templerorden. Die Geschichte der Tempelherren, Templer (1118 bis 1314) spielte im 18. Jahrhundert in einer Reihe freimaurerischer Systeme eine ausschlaggebende Rolle und hat heute noch im Schwedischen System, im A. u. A. Schottischen Ritus, in der Lehrart der „Knights Templar" u. a. ihren Platz.

Zur Zeit der Kreuzzüge leisteten 1118 neun französische Ritter dem Patriarchen von Jerusalem das Gelübde der Keuschheit, der Armut und des Gehorsams und übernahmen die Verpflichtung, den Schutz der Wallfahrer auf dem Wege von der Küste nach den heiligen Stätten zu besorgen. König Balduin II. von Jerusalem bot den „Rittermönchen" einen Teil seines an den Salomonischen Tempel grenzenden Palastes als Wohnsitz an, wobei sie sich die „armen Brüder Christi vom Tempel zu Jerusalem" nannten. Papst Honorius II. bestätigte den Orden und seinen Führer Hugo von Payens als Großmeister auf dem Konzil von Troyes. 1128 erhielt er unter Mitwirkung des berühmten (heiligen) Bernhard von Clairvaux eine Ordensregel. Abzeichen waren ein weißleinener Mantel mit achteckigem, blutrotem Kreuz (Symbol des Märtyrertums) und ein weißleinener Gürtel (Symbol der Herzensreinheit). Der Orden wuchs bald bedeutend, viele hohe Adelige traten ihm bei. Er erhielt große Schenkungen und Vermächtnisse, so daß seine Einkünfte ungeheuer wuchsen. In der zweiten Hälfte des 13. Jahrhunderts soll sich die Mitgliederzahl des Ordens auf 30.000, das Vermögen des Ordens auf 54 Millionen Franken belaufen haben.

Der Orden wurde eine Art selbständigen Staatswesens mit eigenem Militär, eigenem Gericht, eigener Polizei, eigenen Finanzen. An der Spitze des streng hierarchisch gegliederten Ordens stand der Großmeister, sein Vertreter war der Seneschall, Ordensfeldherr war der Marschall, Schatzmeister der Großpräzeptor der Provinz Jerusalem. Der Orden zerfiel in Ordensprovinzen, über deren jede ein Komtur gesetzt war. Die höchste Gewalt des Ordens repräsentierte das Generalkapitel, dem die Provinzkapitel unterstanden. Die Ordensbrüder schieden sich in Ritter, Kapläne (Ordensgeistliche) und dienende Brr. Dazu kamen Affilierte, die die Ordensgelübde leisteten, aber nicht in Ordenshäusern wohnten. Strengster Gehorsam gegen die Oberen war Selbstverständlichkeit. Nur unverheiratete Angehörige ritterbürtiger Geschlechter, die keinem geistlichen Orden angehörten, durften Aufnahme finden. Ein einjähriges Noviziat ging der Rezeption voraus.

Bald aber keimten Neid und Mißtrauen, genährt namentlich durch die eifersüchtigen Johanniter, empor. Im Juli 1187 wurden die Kreuzfahrer von den Sarazenen des Sultans Saladin bei Hittin entscheidend geschlagen. Die Blüte der Tempelritter fiel. Der Sieger hielt seinen Einzug in Jerusalem. Die Templer verlegten ihren Hauptsitz nach der Feste Accon, aber die Rivalität der Johanniter machte auch nach dieser Niederlage jede gemeinsame Aktion zunichte. 1191 wurde auch dieses letzte Bollwerk der Christen im Orient von den Sarazenen erobert. Die Templer zogen sich von Syrien nach Cypern zurück und beschlossen die Rückkehr nach Frankreich, dies um so mehr, als der Großmeister Jakob (Jacques) de Molay vom Papst Clemens V. an den päpstlichen Hof berufen wurde, angeblich um über einen neuen Kreuzzug zu beraten.

1306 schiffte er sich mit seinem Konvent und 60 Rittern nach Frankreich ein. Er führte den Ordensschatz — angeblich 150.000 Goldstücke und zehn Maultierladungen Silber — mit, deponierte ihn in der Templerischen Hauptbank, im Pariser Temple, und bezog die Ordensburg. Die gewaltigen Besitztümer an Land und Geld, die Handelsunternehmungen des Ordens, ihr blühender Bank- und Wechselverkehr erregten immer mehr den Zorn und die Habsucht König Philipps des Schönen. Er verlangte, daß sie sich seinen Interessen dienstbar machen sollten. De Molay lehnte ab. Philipp setzte sich, um einen entscheidenden Schlag gegen die Templer führen zu können, mit Papst Clemens V. in Verbindung, der ihm seine Inthronisation verdankte, doch trug dieser Bedenken gegen eine gewalttätige Aktion. Als aber von ausgestoßenen Mitgliedern des Ordens böse Mären über geheime ketzerische Mysterien (Verleugnung Christi, Lossagung vom Kirchenglauben, Schändung des Kreuzes, Anbetung eines Götzenbildes Baphomet, Päderastie usw.) ausgestreut wurden, ließ der König, obwohl er nicht an ketzerische Schuld glaubte, die Anklage gegen die Templer erheben. Am 13. Mai 1307 wurden de Molay und alle in Frankreich anwesenden Ordensbrüder verhaftet und ihr Vermögen beschlagnahmt. Die Inquisition trat in Aktion. Schreckliche Folterungen, denen eine ganze Anzahl der Gefangenen erlag, erpreßten Geständnisse. Dem Papst, der lange zögerte, dem eigenmächtigen und gewalttätigen Vorgehen des Königs seine Zustimmung zu geben, erpreßte dieser schließlich die Einwilligung.

Am 12. August 1308 erging die Bulle „Faciens misericordiam", die bei Bann und Kirchenstrafen ein allgemeines Einschreiten gegen die Tempelritter empfahl. Der Hauptprozeß gegen 540 Templer fand in Paris statt.

Monatelang gelangte der Prälatengerichtshof nicht zu einem Schuldspruch, zumal die meisten Angeklagten erklärten, daß sie ihre früheren Geständnisse nur unter den fürchterlichsten Folterqualen abgelegt hätten. Trotzdem wurden 1310 in mehreren Städten Templer verbrannt. Zur endgültigen Entscheidung berief der Papst für 1311 ein Konzil nach Vienne ein. Alle Vermittlungsvorschläge wurden vom König zurückgewiesen. Schließlich wurde 1312 der Beschluß auf Aufhebung des Ordens gefaßt. Großmeister de Molay und vier andere Großwürdenträger wurden nach siebenjähriger Haft zu lebenslänglichem Kerker verurteilt. Bei der öffentlichen Verlesung vor der Pariser Nôtre Dame-Kirche erhoben sich de Molay und der Großpräzeptor Gottfried de Charmay zu lauter Anklage gegen König und Papst, indem sie vor allem Volk ihre Schuldlosigkeit beteuerten. Sofort wurden sie als „Rückfällige" zum Tode bestimmt. Schon am nächsten Morgen, dem 3. März 1314, wurden sie auf dem gleichen Platz bei langsamem Feuer auf dem Scheiterhaufen verbrannt. Auch in anderen Ländern brachen schwere Templerverfolgungen aus. In England, Portugal, Ravenna, Mainz und anderen Orten wurden sie dagegen freigesprochen. Viele flohen und irrten ruhelos durch Europa.

Die um die Mitte des 18. Jahrhunderts aufgetauchte falsche Anschauung, die Freimaurerei sei die legitime Fortsetzung des Tempelherrenordens, führte zur Bildung der templerischen Freimaurersysteme, deren ausgebreitetste die Strikte Observanz (s. d.) war. Die einschlägigen Stichworte s. Tempelherren, Freimaurerische.

Tempelmeister, s. Kreuz, Rotes.

Tempelorden, Ritterschaft des. Um den Verfolgungen durch die von Metternich provozierten Karlsbader Beschlüsse von 1818 zu entgehen, löste sich die Würzburger Burschenschaft in eine Reihe „biertrinkender Staaten" auf, die ritterliche Gebräuche annahmen, einen Herzog an die Spitze stellten u. a. m. Zu diesen biertrinkenden Staaten gehörte auch der gegen 1829 entstandene studentische Templerorden. Zwischen 1832—1835 gerieten diese Bierkönigreiche ins politische Fahrwasser und gingen dann ein. Ein feierliches Manifest der Templer „im Namen des Heiligen Franz Xaverius und der unbefleckten Muttergottes von Reichenberg" im Bayreuther Museum. Zusammenhänge mit der Freimaurerei sind nicht nachzuweisen.

Tempelritter, Freimaurerische, angelsächsische, s. Knights Templar.

Tempel, Salomonischer.

1. Historisches: Das jüdische Nationalheiligtum hatte seinen Vorläufer in der Stiftshütte. König Salomo errichtete auf dem Berge Moria auf der Tenne Arnans des Jebusiters den Tempel. Der 966 v. Chr. begonnene Bau dauerte sieben Jahre; die Weihe erfolgte im siebenten Monat. Salomos Verbündeter, Hiram von Tyrus, sandte ihm den Baumeister Huram oder Hiram, dessen Vater ein Tyrer war, und dessen Mutter aus dem Stamm Dan oder Naphtali stammte. Der Baustil war tyrisch oder assyrisch, nicht, wie gelegentlich behauptet wird, ägyptisch. Der Tempel war doppelt so groß wie die Stiftshütte; die heilige Stätte hatte die Form eines länglichen Rechtecks; die Längenmaße machten das Doppelte der Breite, bezw. Höhe aus. Die Schmalseiten waren nach Osten, bezw. Westen gerichtet. Im Portal standen zwei Säulen aus Erz, Jachin und Boas (s. beide). Durch einen Vorhof gelangte man ins Heilige mit dem Schaubrottisch, zehn goldenen Leuchtern und dem Räucheraltar, dann in das Allerheiligste (einem Kubus) mit der Bundeslade.

586 v. Chr. wurde der Salomonische Tempel von dem König Nebukadnezar zerstört. Nach der Rückkehr der Juden aus dem babylonischen Exil baute ihn Zerubabel wieder auf (beendet 516). Der zweite Tempel stand jedoch seinem Vorbilde an Größe und Pracht nach. Nach der Entweihung des Tempels durch Antiochus Epiphanes wurde er von Juda dem Maccabäer wiederhergestellt und befestigt (165 v. Chr.). Unter Herodes begann 21 v. Chr. eine vollständige Umgestaltung des Heiligtums im griechischen Stil (Herodianischer Tempel). Dieser Bau wurde im jüdisch-römischen Krieg vollkommen zerstört (70 n. Chr.). Seit 644 n. Chr. steht auf dem alten Tempelplatze die Moschee Haram Es Scherif.

2. Symbolisch: Die Beziehung auf den Salomonischen Tempelbau kommt in den Darstellungen und Gebräuchen der Steinmetzenbauhütten deutlich zum Ausdruck. Nicht nur, daß König Salomo, meist mit der Königin von Saba, als Bildschmuck verwendet wird, werden auch einzelne Baustücke des biblischen Tempels bewußt nachgeahmt und mit ihren bliblischen Namen belegt. Erinnert sei hier z. B. an die Säulen des Würzburger Doms, die als Vorhofsäulen mit den Namen Jakin und Boas bezeichnet werden. Die ganze Beschreibung des Tempels in 1. Könige V—VIII, 2. Chronica II—VIII erleichterte die Übertragung auf mittelalterliche Baudenkmäler. Teile des zerstörten Tempels zu Jerusalem genossen bei den Baukünstlern nahezu Reliquienverehrung, so wie noch heutigen Tages z. B. die amerikanischen Freimaurer alles daransetzen, um ihrem modernen Tempel mindestens einen Baustein aus den Steinbrüchen König Salomos einfügen zu können. Zu diesen Bauhüttenvorstellungen und symbolischen Deutungen kommen im 17. Jahrhundert die Lehrbilder eines Tempels geistiger Art, der nach den Worten der Bibel aus behauenen Steinen derart errichtet werden soll, daß man kein störendes Geräusch, kein eisernes Werkzeug zu hören bekomme. Die Steine sollen sich derart aneinanderfügen, daß sie ohne weitere Verbindung halten. Um diesen Bau soll Friede und Eintracht herrschen Ja, die Baulegende erzählt sogar, daß während des Baues kein Werkmann erkrankte oder starb, damit das Werk in seiner Vollendung nicht aufgehalten werde. Besonders bei Comenius finden sich diese Gedankengänge in seiner „Pansophie" in reichster symbolischer Deutung.

Da genaue Ritualüberlieferungen aus dem

17. Jahrhundert fehlen, ist schwer zu bestimmen, inwieweit die Bausymbolik zur damaligen Zeit bereits in den Logen entwickelt war. Einen besonderen Aufschwung nahm sie dann im 18. Jahrhundert. An Gegenständlichem, zum Lehrbild Umgestaltetem, wurden übernommen: die Orientierung des Tempels von Ost gegen West. Die beiden Vorhofsäulen, das Mosaikpflaster, die mittlere Kammer, die Lichter. Viel reicher sind die Entlehnungen in den Hochgraden. Es erscheinen als symbolische Lehrbilder die Bundeslade, der Tisch der Schaubrote, das große eherne Waschbecken u. v. a. m. Daneben bemächtigt sich die freimaurerische Symbolik der aus der Bibel bekannten und zahlreicher, zwar in den biblischen Rahmen passender, aber frei erfundener Personen. H i r a m von Tyrus liefert Bauholz an den leitenden Baumeister, seinen Namensvetter Hiram. Das Ritual knüpft an die Einteilung der Bauleute an, bestimmt den biblischen Ort, an dem sie ihren Lohn empfangen. Die Bausage spielt im unvollendeten Tempel. Um ihn herum spielen die zahlreichen Legenden der Hochgrade u. a. m. Und so einprägsam ist das Bild dieses biblischen Tempelbaues, daß ein englischer Hochgrad wohl die Zerstörung des alten Tempels zugeben muß, aber in der Zerubabellegende ihn wieder neu erstehen läßt.

Der Salomonische Tempel ist das Lehrbild, das alle anderen Symbole aus sich entwickeln läßt, um sie wieder in eine Einheit zusammenzufassen. Die Werkzeuge des Freimaurers sind Mittel zum Zwecke der Errichtung, des Aufbaus. Deshalb nennt der Freimaurer sein Tun eine Bauarbeit. Endziel ist der Menschheitstempel zur Ehre des Allmächtigen Baumeisters aller Welten, der die Menschen in moralischer Gleichwertigkeit und ethischer Übereinstimmung in gemeinsamen Arbeiten am Bauziel vereinigen soll. Deshalb das Lehrbild vom rauhen Stein der eigenen Persönlichkeit, die, behauen, mit anderen, nun kubischen Steinen in dauernden Verband treten soll. Deshalb die Arbeit am Reißbrett, die diese Gemeinschaftsarbeit zu regeln und in die gegebenen Bahnen zu lenken hat. Deshalb die Vielzahl der symbolischen Werkzeuge, die jedes für sich einen Einzelzweck und ein Einzelbestreben versinnbildlichen sollen. Das Symbolgebäude der Arbeit dient der Arbeit an einem Symbol: der Tempel, der in seiner Vollendung die in sich befriedete Menschheit aufnehmen soll, jene Menschheit, die ihn bauen soll und die mit ihm identisch ist. Denn der Gedankengang des Tempelbaues wird erst faßlich, wenn Tempelbau und Menschheit einander gleichgesetzt werden. Deshalb hört der Freimaurer bei jeder Arbeit das Fragestück:

Welcher Bau ist gemeint? mit der Antwort:

„Wir Freimaurer nennen ihn den Salomonischen Tempelbau und meinen damit den Tempel der Humanität."

Das geschichtliche biblische Nationalheiligtum erscheint somit in seiner moralischen Bedeutung als der Tempel des eigenen Innern, der durch Arbeit an sich selbst zu schaffen und auszugestalten ist, ebenso aber auch als das Sinnbild der Menschheit, für die der Tempel geschaffen werden soll.

In dem Bausymbol des Tempels liegt das Bekenntnis des Freimaurers zur evolutionären Menschheitsentwicklung und zu einem Optimismus, der an diese glaubt. Zugleich vereinigt das Gesamtbild der Symbolik in ihrer auf die Ichkultur und die moralische Gesamtwirkung bezogenen Eindeutigkeit die sittlichen Forderungen, die vom Bunde an den einzelnen Freimaurer gestellt werden. In der freimaurerischen Bauarbeit ist der einzelne Subjekt als wirkender Baugenosse, er wird aber zugleich Objekt des planmäßigen Baues an einer höheren Entwicklungsstufe. Das Lehrbild wirkt in dem Doppelsinne, daß der Baubeflissene zugleich Material des Baues zu höherem Zwecke wird.

Die Tempelsymbolik, die in den alten Bauhüttenüberlieferungen bereits gepflegt wurde, hat in der Entstehungszeit der Londoner Großloge sicherlich noch wesentliche Bereicherung erfahren durch das allgemeine öffentliche Interesse, das sich gerade damals der Darstellung des Tempels in Modellen usw. zuwendete (s. Rabbi Juda L e o n). Schriften über den Bau und die Einrichtung des Tempels waren gerade infolge der Ausstellung dieser künstlerisch ausgeführten Modelle weit verbreitet. Eine derartige Broschüre erschien sogar im gleichen Verlag, in dem A n d e r s o n s Konstitutionenbuch gedruckt ist. Auf diesem Wege wurde von der Freimaurerei sicherlich sehr viel Symbolbeiwerk übernommen, das der früheren Bauhütte fremd gewesen sein mag.

Einen besonderen Kult mit der Symbolik des Salomonischen Tempels treiben amerikanische Logen. Wiederholt wurden von Reisegesellschaften, die Palästina besuchen, Logenarbeiten in den Steinbrüchen des Königs Salomo abgehalten. Bei der Ausarbeitung der verschiedenen Hochgradstufen wurden zahlreiche Entlehnungen aus dem Gebiete dieser Symbolik vorgenommen. Die amerikanische Freimaurerliteratur ist daher sehr reich an Beschreibungen des Tempels und seiner Einrichtungen; in manchen Logen gehört ein Modell des Tempels zur ständigen Einrichtung.

Tempels, P i e r r e, Generalauditor am Militärgerichtshof von Belgien, Präsident der Unterrichtsliga, * 1826, † 1924, führender Eklektiker der belgischen Freimaurerei, Kämpfer gegen politische Tätigkeit der Logen, Schöpfer der spezifisch belgischen freimaurerischen Arbeitsweise, hervorragend auf ritualistischem Gebiet tätig.

Temperenzler. In den alten englischen Logen des 18. Jahrhunderts herrschte eine Trinkfreudigkeit, die schließlich zur rigorosen Verschärfung der Hausgesetze führte. Unter dem Einfluß der Abstinenzbewegung sind neuerdings in England Logen entstanden, die sich ausschließlich aus Alkoholgegnern zusammensetzen und untereinander auch eine Art Kartell gebildet haben. In den amerikanischen Logen wird seit Einführung der Prohibition auf Einhaltung des Trinkverbotes um so strenger geachtet, als die amerikanischen Logen die Beachtung der Staatsgesetze sich besonders zur Aufgabe machen. Schon vor Einführung der Prohibition wurden in einzelnen amerikanischen Staaten Leute, die mit alkoholischen Getränken Handel trieben, oder solche erzeugten, von der Aufnahme ausgeschlossen.

Templerorden, s. Tempelherrenorden, Strikte Observanz.

Templer, Orientalische, Orientalischer Templerorden, O. T. O. (Organ „Oriflamme"), war eine Gründung des Abenteurers Theodor Reuß (s. d.) (angeblich in Verbindung mit Dr. Karl Kellner, Wien, und dem Theosophen Dr. Franz Hartmann), die Männer und Frauen aufnahm, Zusammenhänge mit der regulären Freimaurerei behauptete, aber nicht hatte. Der O. T. O. gab vor, eine „Academia Masonica" zum Studium aller maurerischen Systeme, eine „die reine und heilige Magie des Lichtes, die Geheimnisse der mystischen Vollkommenheit und alle Formen von Yoga lehrende Körperschaft von Eingeweihten zu sein", in der sich die „gesamte geheime" Weisheit und Erkenntnis von mindestens zwei Dutzend Orden und Riten konzentriere und die in der „weißen Sexualmagie" den Schlüssel besitze, der alle maurerischen und hermetischen Geheimnisse erschließe. Nach einer von Reuß 1906 (?) in London herausgegebenen Konstitution stellte der „alte" Orden eine Reorganisation einer angeblich vorher bestandenen rosenkreuzerisch-esoterischen „Hermetischen Brüderschaft des Lichts" („Hermetic Brotherhood of Light") dar. Der O. T. O. pflegte sexuell-magische Hatha-Yoga-Übungen, die als „Transmutation der Reproduktionsenergie" zur „Stärkung der ewigen Gotteskraft auf der Irdischen Ebene" bezeichnet wurden. Laut „Jubiläumsausgabe" der „Oriflamme (s. d.) von 1912 konnte niemand „Eingeweihter" werden, der nicht vorher die drei Johannisgrade der Freimaurerei empfangen hatte. Diese wurden aber vom O. T. O. mißbräuchlich selbst erteilt.

Zur regulären Freimaurerei hat dieser abenteuerliche Orden niemals Beziehungen gehabt. Er war eine der sonderbaren Blasen, die das Gehirn des Abenteurers Reuß mitunter aufwarf.

Templier (frz.), Tempelritter.

Tennessee, Bundesstaat der Vereinigten Staaten von Nordamerika. Die 1813 gegründete Großloge zählte 1930 457 Logen mit rund 50.000 Mitgliedern. Sie widmet namentlich den Problemen der öffentlichen Erziehung ihre Aufmerksamkeit. Ihr Masonic Home betreut durchschnittlich 185 Insassen: Witwen, Mädchen und Knaben. Adresse: Masonic Temple, Nashville.

Tenue blanche (frz.). Neben den eigentlichen Logenarbeiten kennen die französischen Bauhütten auch Veranstaltungen, zu denen auch Nichtfreimaurer, sei es als Redner, sei es als Gäste zugezogen werden. Diese sehr häufigen Tenues blanches dienen namentlich dem Zweck, maurerische Anschauungen in profanen Kreisen zu verbreiten, sie bieten aber auch Gelegenheit, hervorragende Männer des öffentlichen Lebens (auch Gegner) in den Logen zum Worte kommen zu lassen. Die Mitglieder tragen bei diesen Anlässen ihr Logenabzeichen.

Tenue de famille (frz.), geschlossene Sitzung, in der interne Logenangelegenheiten zur Behandlung gelangen.

Teppich (Tapis). Die Bodenzeichnung, aus welcher sich der freimaurerische T., die Arbeitstafel, entwickelt hat, ist uraltes folkloristisches Gut, auf dessen Bedeutung hier nicht näher eingegangen werden kann. Es sei nur auf die Bodenzeichnungen der Kulthandlung primitiver Völker, so der Australier oder der Hopi-Indianer u. a., hingewiesen. Ebenso auf die verschiedenen Bodenzeichnungen der Magier und Alchimisten. Der Zweck der Zeichnung war ursprünglich, einen geweihten Raum abzustecken und dadurch Unbefugte fernzuhalten. Diese Symbolzeichnungen wurden auf den Boden gezeichnet, dort, wo die Versammlungen um einen runden Tisch stattfanden, wie bei alten Schmiedegilden (Gould, History), wurde eine Symbolzeichnung auf dem Tische mit Kreide angelegt.

Die ältesten Freimaurerlogen zeichneten die Symboltafeln mit Kreide und Kohle auf den Boden der Wirtsstube, in der sie sich versammelten. Das „Drawing on the floor of the Lodge" war Aufgabe des Logendieners oder Tylers, der dafür besonders bezahlt wurde. Da man vor Überraschungen nie sicher war, gehörten zum Inventar der Loge „Mop and Pail", ein Schrubber und ein Eimer, um die Zeichnung im Bedarfsfalle schnell auslöschen zu können. Späterhin wurden die Konturen mit Bändern und Reißnägeln abgesteckt. Aber auch diese bewährte sich nicht (die Jerusalem Lodge in London konnte 1772 eine Meisterarbeit nicht abhalten, weil der Tyler statt des Meister-T. nur den Lehrlings-T. gezeichnet hatte!), und so ging man zu Malereien über, die zum Schlusse der Arbeit zusammengerollt werden konnten. Die Hamburger Loge hatte 1738 in ihrem Inventar ein Stück schwarzer Wachsleinwand, einen Strick zum Ziehen der Linien und einen Zirkel. Schon 1759 hatte in Edinburgh ein Malermeister einen T. in der Auslage, der von der Loge schnell aufgekauft wurde. Heute ist die Symboltafel in T.-Form namentlich in den deutschen, holländischen, mitteleuropäischen Logen üblich. Sie wird vielfach bei jeder Arbeit feierlich enthüllt, enthält die Symbole des bearbeiteten Grades, die bei der Aufnahme oder Beförderung erklärt werden, ist also eine Art Lehrbuch, Leitfaden sichtbarer Sinnbilder der Freimaurerei. In England und Amerika ist an Stelle des T. ein gemaltes Reißbrett, Tracing Board oder Trestle Board, in Gebrauch, das an einer bestimmten Stelle des Tempels steht.

Die T. sind namentlich im 19. Jahrhundert besonders künstlerisch entwickelt worden, obgleich im Grund der malerische T. nicht als Schmuckstück gelten soll. Die Figuren sind ja nicht nach künstlerischen Gesichtspunkten geordnet, sondern folgen in sachlicher Zusammenstellung. Einige deutsche Großlogen schließen jede Farbenwirkung aus; Die Figuren sind in Weiß auf schwarzem Grund gehalten. Sehr interessante T. besitzt in großer Zahl das Freimaurermuseum in Bayreuth (s. auch Kirkwall Kilwinning Scroll).

Terra, G a b r i e l, Dr., seit 1930 Präsident der Republik Uruguay, ist aktives Mitglied des Obersten Rates des A. u. A. Schottischen Ritus.

Terrasson, J e a n, französischer Abbé, Professor der griechischen Sprache am College de France, * 1670, † 1750. Sein Roman „Sethos", der dem Textbuch der „Zauberflöte" zugrunde liegt, bildete einen der Ausgangspunkte der noch im 19. Jahrhundert häufigen Behauptung, die Freimaurerei sei auf die ägyptischen Mysterien zurückzuführen.

Terris, W i l l i a m (William Charles James L e v i n), berühmter englischer Schauspieler, * 1847, † 1907, trat mit der Irving's Society auf, insbesondere in Melodramen erfolgreich, war Mitglied der „Drury Lane Lodge Nr. 2127".

Territorialität, frz. Territorialité, s. S p r e n g e l r e c h t.

Terry, E d w a r d O'C o n n o r, berühmter englischer Schauspieler und Theaterdirektor, * 1844, † 1912, erfolgreicher Komiker, hatte in London ein eigenes Theater, wurde 1879 Pastmaster der Londoner „Asaph Lodge". Die „Encyclopaedia Britannica" bezeichnet ihn als „ardent freemason", glühenden Freimaurer.

Tesselated Border (engl.), im Deutschen: die z a c k i g e E i n f a s s u n g (s. T a s s e l).

Testament. In französischen Ritualen wird vom Suchenden in der Vorbereitungskammer verlangt, daß er sein „testament moral et philosophique" aufsetzte. Gemeint ist eine, meist durch Fragestellung erleichterte Zusammenfassung der weltanschaulichen Überzeugungen des Aufzunehmenden. Woraus sich im Volksglauben die Vorstellung entwickelt hat, der Neophyt müsse vor seiner Aufnahme sein T. z u g u n s t e n d e s B u n d e s machen!

Tetractys, Zehn Punkte, in vier Reihen in Form eines gleichseitigen Dreiecks angeordnet, spielen in den Riten der Pythagoreer als heiliges Dreieck eine bedeutsame Rolle. Werden die Punkte durch Linien verbunden, so entstehen neun gleiche Dreiecke. Im Eid der Pythagoreer wird auf die T. als Quelle der Natur Bezug genommen (s. D r e i e c k).

Tetragrammaton (griech.), gleichbedeutend mit S c h e m h a m p h o r a s c h (s. d.).

Teufel, in der christlichen Dogmatik Personifikation des Bösen. Neben den Ketzern und Hexen erfreuen sich auch die Freimaurer in den Vorstellungen aller Völker der besonderen Freundschaft des T.

Die Beschuldigung, daß die Freimaurer T. Anbeter seien, ist schon im 18. Jahrhundert literarisch verarbeitet. Im W o n d e r f u l M a g a z i n e, Dezember 1764, findet sich A new History of Free-Masonary (so!) from the first Grand Master, the Devil — F. Compton Price. Darin wird als Eid der Freimaurer angegeben: „Aus freiem Willen und im Beisein von Old Nick (englischer Name des T.) ... So helfe mir Satan und erhalte mich fest in meiner Verpflichtung" (A. Q. C. 1897, S. 194). Seitdem Leo T a x i l (s. d.) in diesen Unsinn Methode gebracht hat, haben sie sogar ihren Spezial-T. mit Namen B i t r u. Auch die Tempelritter mußten sich die Andichtung eines besonderen T., des B a p h o m e t s, gefallen lassen. Die mit der Freimaurerei in Zusammenhang stehenden T.-Sagen im Aberglauben sind unübersehbar. Inhaltlich sind es entweder mit Blut geschriebene Verträge, die dem Freimaurer besondere teuflische Fähigkeiten vermitteln, oder besondere Formen der T.-Anbetung oder T.-Messen. Da die Freimaurer außerdem auch noch in päpstlichen Erlässen zu wiederholten Malen als Satanssekten bezeichnet worden sind, hat dieser unausrottbare Aberglaube auch seine oberbehördliche Abstempelung. Der Schwindel von Taxil, B a t a i l l e, M a r g i o t t a u. a. ging so weit, daß es Taxil sogar wagen konnte, ein ausgerissenes Schwanzhaar des T. in Rom zu präsentieren. Der freimaurerische „Teufelskult" spielt u. a. auch im Roman „Ritas Vermächtnis" von Enrica v o n H a n d e l - M a z z e t t i eine Rolle (s. Z i e g e n b o c k).

Teufelspapst wurde zur Zeit des T a x i l-Schwindels (s. d.) in antifreimaurerischen Publikationen der amerikanische Freimaurer und Großkommandeur des A. u. A. Schottischen Ritus, Albert P i k e (s. d.), genannt. In dem Werk von B a t a i l l e (s. d.), „Le Diable au XIX. siècle", stellt ihn ein Phantasiebild als solchen dar. Nach dem Tode von Pike wurde vom Taxil-Kreis der italienische Freimaurer Adriano L e m m i (s. d.) als T. bezeichnet.

Tewfik Pascha, M o h a m m e d, Khedive (Vizekönig) von Ägypten, * 1852, † 1892, war Großmeister der National-Großloge von Ägypten (s. d.).

Texas, Bundesstaat der Vereinigten Staaten von Nordamerika. Die 1837 gegründete Großloge zählte 1930 990 Logen mit 137.740 Mitgliedern. Sie nimmt nur amerikanische Staatsbürger auf und unterhält ein Heim (nebst Schule) für Jugendliche und ein Altersheim. Adresse: Masonic Temple, Waco.

T. G. A. O. T. U., im Englischen Abkürzung für The Grand Architecte of the Universe. der Große Baumeister aller Welten. Im zweiten Grad: T. G. G. O. T. U., The Grand Geometrician usw., im dritten Grad: T. M. H., The Most High (d. i. der Höchste). Die Formel des zweiten Grades erscheint auch bei Angelobung des Meisters vom Stuhl.

Thein, L e o, Dr., Rechtsanwalt in Prag, * 1861, nahm seit seinen Studienjahren lebhaft an der tschechischen Kulturbewegung teil und schloß sich aus innerer Überzeugung dem Freimaurerbunde an. Da er im österreichischen Inlande infolge des Freimaurerverbotes keine Aufnahme finden konnte, ließ er sich 1904 in Hof in Bayern in die Loge „Zum Morgenstern" aufnehmen und beteiligte sich an den Prager Freimaurerkreisen „Amicitia" und „Harmonie". Er war einer der Mitbegründer der Prager deutschen Loge „Hiram zu den drei Sternen", wo er das Amt des Redners und 1918 auch das des Meisters vom Stuhl bekleidete. Knapp vor dem Umsturz nahm er an der Gründung der ersten tschechischen Loge in Prag, „Jan Amos Komenský" teil (1918), und legte den Grundstein zur Gründung der „Národní Veliká Lože Československá", deren amtierender Großmeister er war. Auf ihn gehen die Satzungen dieser Großloge sowie deren Rituale zurück. Er nahm auch an der Gründung des tschechoslowakischen Obersten Rates führend teil. Von seinen zahlreichen Logenarbeiten ist am bekanntesten das Credo der tschechoslowakischen Freimaurerei. 1928 gründete er die Loge „Pravda vítězí", deren Meister vom Stuhl er wurde. Aus Anlaß seines 70. Geburtstages 1931 erschien eine ihm gewidmete wertvolle Festschrift „Stavba" (Der Bau) mit Beiträgen zahlreicher tschechischer Freimaurer.

Theismus ist der Glaube 1. an einen außerhalb der Welt wirkenden und über ihr stehenden Gott im Gegensatz zum Pantheismus (s. d.), und 2. Annahme eines persönlichen Gottes, der in den Gang der Welt eingreift, im Gegensatz zum Deismus (s. d.). Eine einheitliche Gesamtauffassung des Gottesbegriffes innerhalb der Freimaurerei besteht ebensowenig wie in der Frage der Religion (s. d.) überhaupt. Der durchschnittlichen freimaurerischen Auffassung entspricht am ehesten der Standpunkt des moralischen T. (Kant), der aus praktischen, vernunftsgemäßen Gründen einen Gott annimmt und in ihm Zweckmäßigkeit und Sinn des Weltgeschehens symbolisiert sieht. T. in diesem Sinne hat mit Dogmen oder kirchlichen Auffassungen nichts zu tun. Der A. B. a. W. (s. d.) ist im Grunde ein Gottesbegriff im Sinne des moralischen T.

Theoreticus, II. Grad des Ordens der Gold- und Rosenkreuzer. Die Erhebung erfolgte unter ähnlichen Zeremonien wie beim Junior (s. d.). Die auf der ersten Stufe erhaltene Lehre wurde fortgeführt. Die Theoretiker verstanden nach der „Hauptkonvention" von 1767 „die alchemische Theorie und Characteres" (s. Rosenkreuzer).

Theosophie (Gottesweisheit), eine eigenartige Auffassung von Welt und Leben, intuitives Wissen von Gott und von der Einheit der Welt Ihr Ziel ist nicht Glaube, sondern die Erkenntnis Gottes. Theosophische Anschauungen finden sich in der indischen Philosophie, in den babylonischen und assyrischen Kulten, in den griechischen Mysterien und den geheimen Sekten und Bruderschaften des Mittelalters und der Renaissance, bei Plotin, den Gnostikern, Neoplatonikern, Mystikern (Böhme, Swedenborg, Saint-Martin), auch bei Schelling und Oken. In ihrer, 1875 von Helene Petrowna Blawatsky begründeten neuen Form steht die T. stark unter dem Einfluß von indischen Geheimlehren, vor allem unter der Einwirkung der „Brahmâvidyâ" (Wirkliche Weisheit). Seit 1907 leitet Annie Besant die Bewegung, die unter ihrem Einfluß immer mehr ins Fahrwasser des indischen Mystizismus geriet. Es muß klar zwischen theosophischer Lehre und theosophischer Gesellschaft unterschieden werden. Die theosophische Gesellschaft beabsichtigt:

„1. einen Kern der allgemeinen Bruderschaft der Menschheit zu bilden, ohne Unterschied von Rasse, Religion, Geschlecht, Kaste oder Farbe;

2. das vergleichende Studium der Religionen, der Philosophie und der Wissenschaften zu fördern;

3. die bisher unerklärten Naturgesetze und die im Menschen schlummernden Kräfte zu erforschen."

Sie lehnt also jede Dogmatik ab, erstrebt ein Humanitätsideal. Sie nimmt Männer und Frauen gleicherweise auf. Der überwiegende Teil ihrer Mitglieder bekennt sich zu dem komplizierten kosmogonischen System der T., das als Reaktion auf den Materialismus der Zeit entstanden ist. Diese Lehre vertritt eine eigenartige Strahlentheorie. Wissenschaft, Religionen usw. entsprechen je einem Strahl. Auch der Freimaurerei ist ein Strahl zugedacht. Sie ist eigentlich eine streng monistische Weltanschauung, da im Sinne ihrer Auffassung alles einen gemeinsamen Urquell hat, zugleich aber auch pantheistisch, da sich Gott überall manifestiert. Die moderne T. verbindet aber mit dieser spirituellen Kosmologie (mit indischem Einschlag) auch die Evolutionstheorie der modernen Naturwissenschaft, die sie auf die anorganische Welt überträgt. Die T. nimmt die Existenz einer superphysischen Materie an, die den Sitz der verborgenen Menschenkräfte bildet, die nicht übernatürlich sind. Ausnahmsweise sind Menschen schon jetzt hellsichtig, doch könnte diese Fähigkeit in allen entwickelt werden, da es höhere Bewußtseinszustände der Materie gibt. Die theosophische Bewegung erstrebt ein universales Moralgesetz, das nur aus der Überzeugung des einheitlichen Ursprungs aller Wesen entspringen kann. Das Gute muß man um des Guten willen tun, ohne Rücksicht auf die Früchte der Tat. Die Religionen sind Durchführungsstufen eines grandiosen Weltenplanes, überwacht und geleitet von Weltlehrern (wie Buddha, Jesus usw.).

Die Anhänger der T. glauben an eine baldige neue Heilsbotschaft. Der Inder Krishnamurti soll das Verbindungsglied zu diesem neuen Weltlehrer sein. Zur Propagierung dieses Gedankens gründete Annie Besant 1911 den „Stern des Ostens". Dies führte zum Austritt von Rudolf Steiner aus der theosophischen Bewegung und zur Gründung der anthroposophischen Bewegung (s. Anthroposophie). Die theosophische Lehre glaubt auch an Reinkarnation (Wiedergeburt, Wiedereinkörperung der Seele) und Karma (buddhistisches Hauptdogma, besagend. daß das Schicksal des Menschen bei seiner Wiedergeburt von seinen Taten im jeweiligen vorangehenden Leben abhängt).

Durch Annie Besant und ihre Jünger ist die T. in Verbindung mit zahlreichen Zweigen der sogenannten „gemischten Freimaurerei" (s. Droit humain) gebracht worden. Es fehlt allerdings innerhalb derselben nicht an Bestrebungen maßgebender Kreise, den mancherorts sehr starken theosophischen Einschlag abzuschwächen, bezw. ihm keinen Einfluß auf die Gesamtbewegung einzuräumen. Einer der Führer der T., Bischof C. W. Leadbeater, hat in einem umfangreichen Werk, „Hidden Life in Masonry" (Das verborgene Leben in der Freimaurerei), eine durchaus theosophische Auslegung der tieferen Bedeutung und des Zweckes der Freimaurerei unternommen.

Im 18. Jahrhundert verquickten Gold- und Rosenkreuzer und Anhänger ähnlicher

Systeme die Freimaurerei mit theosophischen Elementen.

Theurgie (wörtlich: göttliche Handlung), versucht Gott und Dämonen zu beschwören, sie durch magische Handlungen zu einer für den Menschen nützlichen oder schädlichen Tat zu veranlassen. Im Sinne Kants ein „schwärmerischer Wahn". Letzten Endes dürfte auch das Gebet der monotheistischen Religionen als eine Art theurgischer Handlung gelten, insoferne sein Ziel ist, Gott zum Eingriff in das persönliche Schicksal des Betenden zu bewegen. Im 18. Jahrhundert spielten theurgische Elemente in einer Reihe mit Magie zusammenhängender Hochgradsysteme eine Rolle. Namentlich die Elus Coëns (s. d.) waren der T. ergeben.

Thielmann, Johann Adolf, Freiherr v., deutscher General in den Napoleonischen Kriegen, * 1765, † 1824, der — nach Boyen — „die Sache Deutschlands für die Sache der Menschheit, und also für die heiligste" hielt, war Mitglied der Loge „Friedrich zur Vaterlandsliebe" in Koblenz.

Thieme, Clemens, Geh. Hofrat, Architekt, * 1861, Ehrenbürger der Stadt Leipzig, Vorsitzender des Deutschen Patriotenbundes zur Errichtung des Völkerschlachtdenkmals, wurde 1888 in der Loge „Apollo" aufgenommen, deren Alt- und Ehrenmeister er ist. Im Kreise seiner Apollo-Brr. regte er den Gedanken des Baues eines Völkerschlachtdenkmals an und fand in diesem Kreise die eifrigsten Mitarbeiter. 1894 wurde der Deutsche Patriotenbund zur Errichtung eines Völkerschlachtdenkmals gegründet.

Thomas, James Henry, englischer Politiker, * 1875, Arbeiter, Führer der Eisenbahner, von 1918 an deren Generalsekretär, seit 1910 Unterhausmitglied der Labour Party, 1924 Kolonialminister im ersten Kabinett MacDonald, 1929 Großsiegelbewahrer im zweiten Labour-Ministerium, 1931 Kolonialminister im Kabinett der nationalen Zusammenarbeit, ist Freimaurer.

Thoms (auch Thuanus, du Thon, Thom genannt), Friedrich von, preußischer Geheimrat, * um 1697, außerordentlicher Gesandter der Höfe von Braunschweig und Sachsen-Gotha am englischen Hofe, Mitglied der Royal Society, wird von Anderson in der Konstitutionsausgabe von 1738 als Provinzial-Großmeister von Niedersachsen erwähnt. Er soll vom Großmeister, Herzog von Norfolk, eine Deputation (Vollmacht) erhalten haben, hat diese aber anscheinend nicht ausgeübt, denn er kommt in der Logengeschichte von Hamburg und Niedersachsen nicht weiter vor. Er dürfte einer der ersten Deutschen gewesen sein, die in England die Freimaurerweihe erhielten. Sein Porträt (abgebildet A. Q. C. 1896 bei S. 82) malte der bekannte freimaurerische Porträtist Faber (s. d.).

Thomson, Matthew Mc. Blain, * 1854 in Schottland, Mitglied einer dortigen Loge, ging nach Amerika und wurde dort Mitglied einer Loge im Staate Idaho, trat aus dieser aus, um Logengründungsschwindel zu betreiben. Er gründete u. a. die sogenannte „American Masonic Federation" mit einem ganzen System von Hochgraden, und behauptete, für diese 10.000 — ahnungslose — Mitglieder gewonnen zu haben. T., dessen Abgesandte sich nach dem Weltkrieg auch in europäischen Ländern, z. B. in Rumänien und der Schweiz, als Gründer versuchten, wurde 1922 im Staate Utah mit drei anderen vor Gericht gestellt und wegen Mißbrauchs der Post zu schwindelhaften Zwecken von der Federal Grand Jury in Salt Lake City zu nicht weniger als zwei Jahren Gefängnis und 5000 Dollar Strafe verurteilt. Das Urteil wurde von der Appellinstanz bestätigt.

Thorp, John Thomas, freimaurerischer Schriftsteller, * 1849, studierte in England und Frankfurt a. M., aufgenommen 1870 in der „John of Gaunt Lodge Nr. 523" in Leicester. Seit 1900 Mitglied der „Quatuor Coronati Lodge Nr. 2076" in London, 1908 deren Meister. 1905 wurde T. Mitglied der Großloge von England, 1917 Past Grand Deacon. Seine bedeutendsten Veröffentlichungen sind: „The Early History of the Knights of Malta Lodge", „French Prisoners Lodges", „History of Freemasonry in Ashby (1809—1909)", „Masonic Papers" (5 Bände, 1901—1915), „Bibliography of Masonic Catechisms and Exposures", „Masonic Reprints" (14 Bände, 1907—1931). T. ist Herausgeber der „Transactions" der von ihm 1892 gegründeten „Lodge of Research Nr. 2429" in Leicester, die in 39 Bänden vorliegen.

Thorwaldsen, Bertel, dänischer Bildhauer, * 1770, † 1844, Schöpfer des „Löwen von Luzern", der „Drei Grazien", der „Nacht" und anderer großartiger Kunstwerke. Er schenkte seine Werke und vier Millionen Kronen dem seinen Namen tragenden Museum in Kopenhagen. T. war Freimaurer, Ehrenmitglied der Kopenhagener Loge „Zorubabel".

Thory, Claude Antoine, französischer Gelehrter, * 1759, † 1827, Schriftsteller, Haupt der Pariser Stadtverwaltung, sehr eifriger Freimaurer, Herausgeber u. a. der aufschlußreichen Acta Latomorum (s. d.) und anderer freimaurerischer Werke mit Urkundensammlungen.

Thoux de la Salverte, Jean de, Oberst in polnischen Diensten, vorher Kriegsingenieur in Brünn, wegen angeblicher verbotener freimaurerischer Tätigkeit (Gründung einer Loge „Sternkreuz") auf dem Spielberg und in Komorn eingekerkert, gründete 1749 in Warschau die Loge „Au bon Pasteur" (s. d.), aus der sich später ein eigenes Hochgradsystem entwickelte.

Thron Salomonis, nach der Andersonschen Konstitution der Stuhl des Großmeisters.

Thun (Thun und Hohenstein), Grafen von, Tiroler Uradel, in Tirol und Böhmen ansässige, seit 1629 reichsgräfliche Familie. Im 18. Jahrhundert waren zahlreiche Mitglieder dieses Adelsgeschlechts Freimaurer.

1. Wenzel Josef, Graf v., österreichischer Generalfeldwachtmeister, * 1737, † 1796, war Mitglied der Prager Loge „Zu den drei gekrönten Sternen", dann Meister vom Stuhl der Loge „Zu den drei gekrönten Säulen", später Zugeordneter Großmeister der Provinzial-Großloge von Böhmen.

2. Franz Joseph, k. k. Kämmerer,

* 1734, † 1811, war Zugeordneter Meister der Wiener Loge „Zur Eintracht". Er stand durch mehr als ein Jahrzehnt im Banne einer eigenartigen Persönlichkeit, die sich als „Rechner Magnanephton" eine magisch-rosenkreuzerische Gesellschaft zur Verehrung und Beobachtung eines Geistes, Gablidone, geschaffen hatte. Lavater nahm an diesem geisterbeschwörenden Zirkel lebhaften Anteil. Nach dem Tode des „Rechners" wandte sich der Graf der Luftschiffahrt zu, wobei ihn ein Baron Lüttgendorf scheinbar ausbeutete. Interessant ist dabei, daß T. den Versuch unternehmen wollte, die aus dem Karlsbader Sprudel entweichende Luft (Kohlensäure, die aber schwerer ist als Luft!) zum Betriebe seiner Montgolfieren zu verwenden. Schließlich wurde T. Wunderheiler durch Auflegen seiner rechten Hand und damit ein Vorläufer Mesmers (Ausführliches über ihn in Brabbée, „Sub Rosa", Wien 1879).

3. Sigismund Joseph, * 1739, † 1779, Mitglied der Prager Loge „Zu den drei gekrönten Sternen".

4. Johann Joseph, k. k. Kämmerer, war 1785 Erster Aufseher der Linzer Loge „Zu den sieben Weisen".

5. Joseph, k. k. Kämmerer, war 1789 Mitglied der Wiener Loge „Zur neugekrönten Hoffnung".

Thurn und Taxis, standesherrliches Fürstenhaus, dem in verschiedenen Ländern (bis 1867) die Postgerechtsame gehörte. Im 18. Jahrhundert waren u. a. folgende Mitglieder der Familie Freimaurer:

1. Carl Anselm, Fürst von, * 1733, Generaloberpostmeister, wurde 1762 in Bayreuth aufgenommen, gründete in Regensburg die Loge „Charles de la Constance".

2. Carl Alexander, Fürst von, Sohn des Vorigen, 1797 kaiserl. Prinzipal-Kommissar beim Regensburger Reichstag, * 1770, † 1827, wurde 1789 in der Loge „Carl zum Rautenkranz" in Hildburghausen aufgenommen, war seit 1799 Großmeister der Regensburger Mutterloge „Die Wachsende zu den drei Schlüsseln", die dann nach ihm „Carl zu den drei Schlüsseln" hieß.

3. Thaddäus, Graf von, war Mitglied der Innsbrucker Loge „Zu den drei Bergen", dann Zugeordneter Großmeister der dortigen Bauhütte „Zum symbolischen Zylinder".

4. Joseph, Graf von, war Mitglied derselben Loge.

Thurston, Howard, berühmter amerikanischer Zauberkünstler, * 1869, der „König der Karten", wurde in der New Yorker „Manitou Lodge Nr. 106" aufgenommen.

Tiberghien, Guilleaume, belgischer Philosoph, * 1819, Universitätsprofessor in Brüssel, Abgeordneter von Brabant, Schüler K. Chr. Fr. Krauses, schrieb bedeutende Werke über Psychologie, Logik, Moral, die vielfach auch in fremde Sprachen übersetzt wurden, war Freimaurer.

Tichý, Ladislaus, Dr., Prag, wurde in der Loge „Hiram zu den drei Sternen" in Preßburg aufgenommen und trat nach Gründung der tschechischen Loge „Jan Amos Komenský" 1918 zu dieser über. Er betätigte sich eifrig am Aufbau der tschechoslowakischen National-Großloge, deren amtierender Großmeister er war. Er übersetzte Lessings „Ernst und Falk" zum ersten Male in die tschechische Sprache.

Tieck, Ludwig, * 1773, † 1853, deutscher Dichter, war ein Gegner des Bundes. Er hat die Freimaurerei zu einer Zeit erlebt, in der sie von mystischen Vorstellungen, Neigung zu Gold- und Rosenkreuzerei u. ä. stark durchsetzt war. Daher auch die Novelle „Die Wundersüchtigen", in der das Treiben innerhalb der deutschen Freimaurerei um 1770 geschildert und verurteilt wird, die Zeit der „Geheimnisse", der „Schwindler", der „Verwirrung" im Freimaurertum.

Tie, mystic (engl.), das mystische Band der Bruderliebe, das die Angehörigen des Bundes miteinander zu einer mystischen Gemeinschaft verbindet. Daher in englischen Ritualen, auch in einem berühmten Freimaurergedicht von Burns: „Brethren of the mystic tie" zur Bezeichnung der Freimaurer.

Tierce, de la, s. La Tierce, Marquis de.

Tiler (früher auch Tyler geschrieben, frz. Tuileur, deutsch der Ziegeldecker), Bezeichnung für den Logenbeamten, der für die äußere Deckung der Loge zu sorgen hat. Dieses Amt bestand bereits bei den ältesten Freimaurerlogen Englands. Der T. hatte die Einrichtung der Loge vor der Arbeit, die Bodenzeichnung, vorzubereiten; er trug die Einladungen, Summons, aus und sorgte auch für Speise und Trank. Für diese Leistungen erhielt er von der Loge ein Entgelt. Daher wurde der erste Großmeister der Londoner Großloge, Anthony Sayer, als er später in Not geriet, als T. einer Loge beschäftigt. In den angelsächsischen Großlogen ist der T. dazu bestimmt, die Regelmäßigkeit der Besucher festzustellen. Zu diesem Zwecke wird in Amerika durch ihn die sogenannte Tiler's Obligation oder Tiler Oath im Vorraum des Tempels vorgesprochen und von allen Anwesenden wiederholt. Diese Formel verpflichtet den Besucher, zu bekennen, daß er in einer regulären Loge eingeweiht, befördert und erhoben wurde, daß er keinen Grund kennt, der ihn hindern würde, irgendeine Loge zu besuchen, und daß er Stillschweigen bewahren werde. Sein Abzeichen ist das Schwert, das er jedoch gewöhnlich nicht trägt, sondern über seinem Sitze im Vorraum aufgehängt hat. Überliefert ist ein Bild des Grand T. Montgomery aus dem Jahre 1730, das diese würdige Persönlichkeit in vollem Ornate mit blankem Schwert, Schurz, Handschuhen und blauem, silberverbrämtem Barett zeigt.

Da in den großen amerikanischen Logenhäusern gewöhnlich mehrere Logen gleichzeitig arbeiten, bestimmt die amerikanische Großlogenverfassung (so New York), daß der T. Logenmitglied in good standing (s. d.) sein muß, nicht aber Mitglied der Loge, die er deckt. Bei Tafellogen spricht der T. den letzten der vorgeschriebenen Trinksprüche (Tiler's Toast).

Time immemorial (engl.), „Von undenklichen Zeiten" nannten und nennen sich in England jene Logen, die 1717 an der Gründung der Großloge beteiligt waren und die infolgedessen, weil sie älter waren als die Großloge, von dieser keine Charterbriefe nahmen. Von diesen ursprünglich vier Logen existieren heute noch die Loge „Antiquity" und die „Royal Somerset House and Inverness Lodge", Auch ein englisches Templer encampment (Baldwyn) nimmt diesen Titel für sich in Anspruch.

Timmermann, B e r n h a r d, Führer des Deutschtums in Chile, * 1854 in Holstein, ausgewandert 1870, † 1929, war Mitglied der deutschen Loge in San Diego und Ehrenmitglied der Großen Loge von Hamburg.

Tippu Sahib, Sultan von Maissur, * 1751, † 1799, focht mit Glück gegen die sich im Süden Indiens festsetzenden Engländer, verlor aber später die Herrschaft an den vordringenden englischen Imperialismus. Er fiel bei der Erstürmung seiner Festung Seringapatam. Nach dem „Wiener Freymaurer Journal", I., 3., Seite 246, wurde er 1784 Freimaurer.

Tirer une batterie (frz.), in maurerischer Weise (mit einer Salve) begrüßen, danken, applaudieren.

Tirpitz, A l f r e d v., deutscher Großadmiral, * 1849, † 1929, war Mitglied der Loge „Zum aufrichtigen Herzen" in Frankfurt a. d. Oder („Drei Weltkugeln"). Als Staatssekretär des Reichsmarineamtes von 1897—1916 schuf T. die deutsche Kampfflotte.

Tischloge, früher Bezeichnung für Tafelloge, Brudermahl.

Tisza, S t e p h a n, G r a f, ungarischer Ministerpräsident, * 1861, ermordet 1918, Nichtfreimaurer, erbat im Weltkrieg die Hilfe der ungarischen Freimaurer für verschiedene außenpolitische Missionen. Am 28. August 1914 schrieb er diesbezüglich an den Sektionschef im k. u. k. Ministerium des Äußeren, Grafen Johann F o r g a c h, am 1. September des gleichen Jahres teilte er dem Bukarester Gesandten, Grafen C z e r n i n, mit, er habe den Führern der ungarischen Freimaurerei vorgeschlagen, „im Wege der rumänischen Freimaurer auf die dortige Presse einzuwirken, um wenigstens soviel zu erreichen, daß die Kriegsergebnisse in einer objektiven und wahrheitsgemäßen Weise veröffentlicht werden". Gleichzeitig empfahl er den zur Erfüllung dieser patriotischen Aufgabe nach Bukarest reisenden stellvertretenden Großmeister der Symbolischen Großloge von Ungarn, Jenö C s u k á s s y, aufs angelegentlichste. Ein weiterer Brief an Forgach vom 18. Jänner 1915 berichtet über eine Mission, die ein anderer ungarischer Freimaurer, Dozent Dr. Rudolf T e m e s v á r y, in Neapel durchführen sollte.

Titular-Großbeamte, s. B r e v e t R a n k und P a s t R a n k.

T. M. H. (engl.), Abkürzung von The Most High; der Höchste, Gott, Große Baumeister der Welt.

Toaste, s. T r i n k s p r ü c h e.

Toast to absent and seafaring brethren (engl.). Englischer Logenbrauch, bei der Tafelloge der abwesenden und auf hoher See befindlichen Brr. zu gedenken. Dieser Trinkspruch wird alter Sitte gemäß mit dem Glockenschlage 10 Uhr abends gehalten, damit die abwesenden Brr. die Zeit berechnen können, zu welcher ihre Loge ihrer gedenkt. Ähnlich in deutschen Logen der stille Toast, in den alle dahingeschiedenen Brüder, alle kranken sowie jene, die sich zu ihrer letzten Reise anschicken, einbezogen werden.

Tobaccological Society, s. N i c o t i a t e s.

Töchter der Isis, 1888 in gesellschaftlicher Anlehnung an die Shriners (s. d.) gegründete amerikanische Frauenorganisation.

Töchter Jephthas, s. J e p h t h a s T o c h t e r.

Tochterlogen. Die unter einer gemeinsamen Mutter-Großloge arbeitenden Logen führen den Namen T.

Todesstrafe. Eine einheitliche Stellungnahme zur Frage der T. besteht in der Freimaurerei nicht. Die Frage der T. wird aber in kontinentalen Logen immer wieder diskutiert. Dort, wo die Liga für Menschenrechte auf die Freimaurerei Einfluß genommen hat, wie etwa in Frankreich, ist die Stellungnahme zu dieser, seit den Zeiten des Marchese Cesare B e c c a r i a - B o n e s a n a und seines berühmten Buches „Dei delitti e delle pene" (1764) nicht wieder verstummten Frage einheitlicher. In dem berühmten Falle der Italiener S a c c o und V a n z e t t i versuchten die französischen Freimaurer, die Großloge von Massachusetts zu einem Gesuche um Begnadigung zu bewegen, ein Beginnen, das menschlich um so verständlicher war, als die beiden Verurteilten sieben Jahre auf die Vollstreckung des Todesurteils gewartet hatten. Der Gouverneur des Staates Massachusetts, von dem die Begnadigung allein abhing, war der Freimaurer F u l l e r. Die amerikanische Großloge hat jedoch jede Einmischung in das Verfahren aufs strikteste abgelehnt.

Eigenartig war die Stellung G o e t h e s zur Todesstrafe. Eine Anna H ö h n aus Tannroda in Thüringen sollte 1783 in Weimar wegen Kindesmordes hingerichtet werden. Der Großherzog von Weimar zögerte mit der Bestätigung und verlangte von seinen Räten Schmaus, v. Fritsch und Goethe ein Gutachten. Die beiden ersten begründeten ihre Stellungnahme, die sich für die Vollstreckung des Todesurteils aussprach. Goethe beschränkte sich, ohne weitere Begründung, unter die vorhergehenden Gutachten die Worte: „Auch ich" zu setzen. Wobei bemerkt sei, daß er zu dieser Zeit sein Gretchendrama bereits vollendet und auch vorgelesen hatte. Die Anna Höhn wurde geköpft!

Tod und Wiedergeburt. „Der Eintritt in den Mysterienbund wird als Eintritt in ein neues Leben, als eine nochmalige Geburt des Menschen gedeutet... Die Idee der Wiedergeburt (s. d.) ist eine der ältesten und allgemeinsten symbolischen Ideen des Menschengeschlechtes. Der Akt der Wiedergeburt zerfällt in zwei Stadien: das Sterben und das Wiederaufleben. Der Novize stirbt... Aus dem Tode geht unmittelbar das neue Leben hervor. Nun erfährt er die Rückkehr ins Leben... Die zahllosen Mythen, in denen von einer Truhe, Krippe, Körbchen usw. die Rede ist, in welcher das Götterkind, der neugeborene Heiland liegt, der dann unter Gefahren und Nachstellungen heranwächst, deuten sämtlich auf das Wiedergeburtsmysterium hin. Bei diesen Mythen ist gewöhnlich die Mutter eine menschliche Frau, der Vater ist unbekannt oder ist ein Gott, ein Tier oder dergleichen. Der Neugeborene ist daher ein Jungfrauensohn oder ist ein ‚Kind der Witwe'... Es besteht in allen Mysterienbünden die durch Erfahrung gewonnene Überzeugung, daß es mit der einen Weihehandlung bei der Aufnahme nicht getan ist. Das dort Erlebte und Erzielte muß befestigt, wiederholt, vertieft werden. Der Wiedergeburtsakt wird infolgedessen in mehrere Teile zerlegt und nach Durchmessung gewisser Altersabschnitte erneuert. Das ist der Sinn der Gradeinteilung. Bei der Aufnahme in einen höheren Grad finden jedesmal Weihehandlungen statt, die ebenfalls auf dem Gedanken der Wiedergeburt beruhen... Die Wiedergeburt kann ohne Wachstumsstufen nicht vollständig und nicht dauerhaft sein; sie bedarf der Bestätigung und Entwicklung... Sterben und Wiedererwachen beherrscht die ganze Natur... Das ist die Wanderung des Novizen durch Dunkel und Schrecken, seine Wanderung zu den Todesgottheiten über Totengebeine hinweg, bedrängt von Kälte, Müdigkeit und Verlassenheit bis hin zum Licht... Der Grundgedanke: die Peripetie vom Leben zum Tode und wiederum zum Leben bleibt immer derselbe" und durchzieht auch das Ritual der Freimaurerei. (Vergl. August Horneffer: „Symbolik der Mysterienbünde.")

Token (engl.), Griff, „Sings, Tokens and Words", im Englischen die Erkennungszeichen des Freimaurers.

Toland, John, und die **Sokratische Gesellschaft.** * 1670, aller Wahrscheinlichkeit nach der natürliche Sohn eines katholischen Geistlichen. Als ihm dies zu wiederholten Malen von seinen Gegnern zum Vorwurfe gemacht wurde, ließ er sich 1708 in Prag von einem irischen Franziskaner die Abstammung aus einer altangesehenen irischen Familie bestätigen. Seine geistige Entwicklung fällt in die Zeit, der Buckle das Charakteristikum des Sinkens der Autorität, der alten Überlieferungen und des Dogmenglaubens als Etikette gibt. Geboren zur Zeit der Restauration, war er zur Zeit der englischen „glorreichen Revolution" noch nicht 20 Jahre alt. Sein Auftreten und Wirken fällt in die Zeit Wilhelms III. und der Königin Anna. Mit einer Übersetzung Giordanos Brunos (Bestia trionfante) führte er sich in die englische Literatur ein. Sein zweites Werk, „Christianity not mysterious", in dem er das Christentum rationalistisch zu erfassen sucht, wurde im September 1697 in Dublin öffentlich verbrannt. Der Verfasser mußte fliehen, suchte in Holland Schutz, begab sich nach Deutschland, verkehrte freundschaftlichst mit der Kurfürstin Sophie von Hannover und der Königin Sophie Charlotte von Preußen. Mit Leibnitz und den beiden fürstlichen Damen hielt er berühmte, zum Teil erhaltene Religionsgespräche, in welchen er, ganz Rationalist, sich zu einem nur schlecht bemäntelten Atheismus bekennt. Sein ganzes Wirken ist auf nüchterne Erklärung der religiösen Mysterien gerichtet. 1720 erschien „Pantheistikon oder Formel für die Feier der Sokratischen Gesellschaft". Daß dieses Buch überhaupt gedruckt werden konnte, ist dem Geiste der Zeit zu danken. Wilhelm III. hatte 1694 die selbst von Cromwell beibehaltene Zensur abgeschafft. T. gab das Buch auf eigene Kosten 1720 heraus. Er ließ es mit schwarzen und roten Lettern drucken, wie ein Meßbuch. In einzelnen Exemplaren soll handschriftlich ein Bittgebet an den allmächtigen Bacchus um Befreiung vom Katzenjammer angehängt gewesen sein, das mit den parodierenden Worten schloß: „Idque fiat per pocula poculorum. Amen." Der Verfasser bleibt im Drucke anonym, nennt sich aber selbst Janus Junius Eoganesius, was auf seine Herkunft aus Londonderry (Enis Oën) hinweist.

Die pantheistische Lehre des Buches lautet in den Hauptsätzen: „Alle Dinge kommen vom All, das All von allen Dingen. Die Welt ist unendlich und unbeweglich, Ihre einzelnen Teile sind nicht ewig und beweglich. Nichts vergeht. Das Denken ist eine eigentümliche Aktion des Gehirns. Lebenskraft, Seele, Verstand und Zeugung beruht auf dem Äther, einer Art Feuer, der schneller ist als das Denken und feiner als jeder andere Stoff." Die Lehre der Pantheisten ist eine esoterische. Dem Volke, das sie ohnehin nicht verstehen kann, soll aus opportunistischen Gründen die Religion erhalten werden. Die Eingeweihten aber wahren sich bei aller Toleranz die Freiheit des Denkens und Handelns. Sie sind geschworene Feinde aller Tyrannen, einerlei, ob die Tyrannis von einem Monarchen, von der Adelskaste oder dem Pöbel ausgehe. Namentlich aber verwerfen sie die Offenbarungen und Wunder und wollen die wahre Religion aus der häßlichen Wolke von Täuschungen befreien.

Das Ritual, das eine gewisse Berühmtheit erlangt hat, lautet in den Hauptstellen der ersten beiden Teile:

Erster Teil:

Vorsteher: Quod felix faustumque sit.
Antwort: Das Sokratische Symposion hat begonnen.
V. Es lebe die Philosophie.
A. Und es lebe die Kunst.
V. Heilig seien die Wahrheit, Freiheit und Gesundheit, die drei höchsten Güter des Weisen.
A. Jetzt und immerdar.
V. Wir heißen Genossen und Brüder.
A. Und Freunde und Mitmenschen.
V. Fern sei Streit, Neid und Starrsinn.
A. Nahe dagegen Forschungseifer, Wissenschaft und Herzensgüte.
V. Lust und Heiterkeit seien uns günstig.
A. Günstig seien uns die Musen und Grazien.
V. Schwört auf keines Meisters Worte.
A. Selbst nicht auf die Worte des Sokrates.
V. Um aber unsere Feier mit Würde zu begehen, so höret, meine Geliebten, die Worte des Marcus Porcius Cato, die uns Marcus

Tullius Cicero in seinem Buche über das Alter, Kap. 13, überliefert hat.

A. Wir weihen uns der Wahrheit und Freiheit.

V. (Verliest die angezeigte Stelle, in welcher Cato sich rühmt, daß er als Quästor an den Festen der Magna Mater solche Symposien anordnete.)

A. Sokrates und Plato seien gelobt, und Marcus Cato und Marcus Cicero.

V. Forschen wir nach dem Grunde der Dinge, damit wir das Leben heiter und den Tod ruhig ertragen.

A. Frei von aller Furcht, nicht in Freude uns überhebend und nicht niedergeworfen durch Trauer.

V. Und damit wir die abergläubischen Schrecknisse des Pöbels verlachen, wollen wir ein Lied des Ennius singen.

(Die Gemeinde singt das letzte Kapitel des ersten Buches aus Ciceros „De divinatione"; es ist eine Verspottung der Priester.)

V. Und nun höret noch denselben weisen Cato, was er uns im 14. Kapitel in Ciceros „De Senectute" lehrt.

A. Damit wir gesund und frisch und glücklich seien.

V. (Liest dieses Kapitel. Es ist ein Preis von Xenophons Symposion, wo das heitere Mahl von ernstem Gespräch belebt wird.)

A. Gelobt sei Xenophon.

Zweiter Teil:

V. Haltet den Pöbel fern!

A. Das Haus ist geschlossen und sicher.

V. Das All ist eines und das eine ist alles.

A. Dies in sich einheitliche All ist Gott, ewig und unermeßlich ohne Anfang und ohne Ende.

V. In ihm leben, weben und sind wir.

A. Aus ihm ist alles geboren, zu ihm kehrt alles zurück, er ist der Grund und das Ziel aller Dinge.

V. Singen wir ein Lied zum Preise des All.

A. (Singt Pacuvius bei Cicero, De divinatione I. 57.)

V. O Philosophie, du Lehrerin des Lebens, du Führerin der Tugend, du Feindin des Lasters, was wären wir, was wäre das ganze menschliche Leben ohne dich? Du hast Städte gebaut und hast die in der Zerstreuung lebenden Menschen zur Gemeinsamkeit des Verkehres geführt; du hast sie durch Zusammenwohnen, durch Ehen, durch Wissenschaft und Kunst miteinander verbunden. Du bist die Erfinderin der Gesetze, die Lehrerin von Zucht und Sitte. Zu dir fliehen wir, von dir erflehen wir Hilfe. Du gibst uns Ruhe des Lebens und nimmst uns den Schrecken des Todes. (Cicero Tusc. disp.)

A. Zum Glück des Lebens gehört allein die Tugend; sie hat ihren Lohn in sich selbst.

V. Jetzt aber wollen wir unseren philosophischen Kanon lesen. Überdenkt ihn, ihr Brüder, im Herzen.

A. (Man singt Virgils Georgica IV. 220 ffg.)

V. Und jetzt gedenken wir der großen Männer und Frauen, die uns durch Lehre und Beispiel ruhmreich voranleuchten.

A. Möge Lehre und Beispiel derselben zu unserem Heile sein.

Hat diese Sokratische Gesellschaft überhaupt bestanden? Selbst wenn T. nicht ausdrücklich den Zweifel unterstützen würde, wäre mehr als ein Grund gegen ihre Existenz anzuführen. T. sagt: „Man mag immerhin annehmen, daß meine ganze Erzählung nicht wahr sei, wenn sie nur nicht unwahrscheinlich ist, wenn nur alles darin so harmoniert, daß sie wahr sein könnte." Daß er von Mitgliedern in Paris, in Venedig, in allen holländischen Städten, besonders in Amsterdam, sogar am päpstlichen Hofe, vor allem aber zahlreich in London spricht, gibt vielleicht ein Bild von der Verbreitung gleicher Anschauungen, die in der Zeit lagen, beweist aber nichts für die wirkliche Existenz. Die Sokratische Gesellschaft ist — alles spricht dafür — eine dichterische Erfindung. T. wählt die Form einer Liturgie, ebenso wie zahlreiche Philosophen seit Plato die Form des Gespräches oder die Form von Briefen gewählt haben. Das Gastmahl, das die Sodalen vereinigt, hat eben bei Plato gute Vorbilder. Soweit bisher bekannt, war T. nicht Mitglied einer der Londoner Freimaurerlogen. Sein Buch erschien vor dem Konstitutionsbuche der Londoner Großloge (1723), was natürlich nichts gegen die Kenntnisse freimaurerischer Rituale beweist. Vielleicht hat T. von diesen eigenartigen Zusammenkünften gehört. Noch in der zweiten Ausgabe des Handbuches der Freimaurerei 1863 wird ein Zusammenhang der T.schen Liturgie mit dem Freimaurerritual als wahrscheinlich hingestellt. Die dritte Auflage (1901) verweist auf das Vorbild der italienischen freien Akademien der Naturphilosophen und der Gelehrtenklubs in England, verwirft aber den Zusammenhang mit dem Freimaurerritual. Sehen wir von der oberflächlichen Übereinstimmung der liturgischen Form ab, so bleibt eigentlich nicht viel Gemeinsames. Der Freimaurer von 1723 hat seinen Gottesbegriff streng in der ersten Pflicht herausgearbeitet. T. geht in seiner Abneigung gegen alle Traditionswerte so weit, daß er in der Aufzählung verehrenswerter Personen Christus geflissentlich übergeht. Die einzige biblische Person, die er gelten läßt, ist Salomo. Sein Gott ist die ewige Natur.

Die freimaurerische Geschichtsforschung kann an dem T.schen Pantheistikon und seinen „sokratischen Brüdern" nicht vorübergehen. Nicht um etwa stammbaumartige Ableitung aus ihr vorzunehmen oder um in ihr einen merkwürdig entwickelten Seitenzweig anzusprechen. Wohl aber, um aus der Gleichartigkeit der Form und zahlreichen inneren Gemeinsamkeiten den gleichen Boden zu erkennen. Auch dort, wo T. sich absurd gebärdet, gibt es zum Schlusse guten Wein. Sein Bekenntnis ist die Toleranz unter Menschen.

T. starb 1722. Sein letzter Fluch galt den Ärzten. Sein Charakterbild schwankt in der Geschichte. Als einen müßigen Kaffeehausschwätzer, der allen Leuten seine Weisheiten aufdrängen wollte, bezeichnen ihn die einen. Vor dem Atheisten bekreuzigen sich die anderen. Lange sieht in ihm eine harmonische Persönlichkeit. Mauthner erkennt seine menschlichen Schwächen und weiß sie zu verstehen.

Toleranz, Duldung, kam am Ausgang des Mittelalters als Reaktion gegen den Fanatismus, den unerbittlichen Absolutismus der katholischen Kirche, zunächst infolge der Dogmenmüdigkeit eines Teils der Menschheit zum Durchbruch. Die deistische Bewegung (s. Deismus), die die allen Menschen annehmbare „natürliche Religion" suchte, spiegelte die erwachte Toleranzidee in besonders prägnanter Weise. Comenius (s. d.) gebrauchte den Ausdruck T. bereits im modernen Sinne der Glaubens- und Gesinnungsfreiheit. Die T. wurde in der Folge auch auf das politische Gebiet übertragen. Eine wahrhafte Demokratie — die vorherrschende Staatsform der Gegenwart — soll ihrem ganzen Wesen nach von T. durchtränkt sein. Die „Alten Pflichten" (s. d.) brachten den Toleranzgedanken in klarster Form zum Ausdruck. „... So hält man jetzt für ratsamer, sie (d. s. die Maurer) bloß zu der Religion zu verpflichten, in welcher alle Menschen übereinstimmen, und jedem seine Meinung zu lassen, d. h. sie sollen gute und treue Männer sein oder Männer von Ehre und Rechtschaffenheit, durch was für Sekten oder Glaubensmeinungen sie auch sonst sich unterscheiden." An anderer Stelle heißt es: „Denn wir gehören als Maurer bloß zu der oben angeführten allgemeinen Religion, auch sind wir von allen Nationen, Zungen und Sprachen ...", was der deutsche Kaiser Friedrich III. später in die Worte kleidete: „Zwei Grundsätze bezeichnen vor allem unser Streben: Gewissensfreiheit und Duldung". „T. ist das Palladium der Freimaurerei immer gewesen und muß es bleiben" (Wolfstieg, „Die Philosophie der Freimaurerei"). Die Einsicht in die Bedingtheit aller Wahrheiten bildet bei der freimaurerischen Toleranzidee das auslösende Motiv.

Die geistige Maurerei, die Freimaurerei von heute, setzte in England in einem Augenblick ein, da John Locke (1632—1709) und andere die Toleranzidee in den Mittelpunkt der Erörterungen gerückt hatten. (Vergl. Lockes Buch „Die Vernünftigkeit des Christentums", durch welches er zum Wortführer der religiösen T. wurde.) Die Freimaurerei nahm diese Lehre begierig auf.

Die wichtigste Aufgabe der Freimaurerei ist, in das an sich unduldsame, von verantwortungslosen Führern aufgepeitschte Massengeschehen durch Erziehung, vor allem ihrer eigenen Glieder, T. zu tragen. Durch diese Mission wirkt sie an der Vergeistigung und Befriedung der sozialen Wechselbeziehungen in hervorragender Weise mit und ist in diesem Sinne berufen, ein wichtiger Kulturfaktor zu sein, wenn sie ihrer Sendung gerecht wird. Die Loge hat daher keine wichtigere Aufgabe, als die Erziehung zur Duldsamkeit.

Die katholische Kirche bekämpft die Freimaurerei vor allem wegen der in der Toleranzidee enthaltenen Antidogmatik, da diese ihre dogmatische Grundlage zu erschüttern, die Disziplin ihrer Anhänger zu lockern geeignet sei. Die — erste antifreimaurerische — Bulle des Papstes Clemens XII. vor 1737 warf der Freimaurerei vor, daß sie eine Gesellschaft sei, „in welcher Menschen jeder Religion und Sekte ... sich gegenseitig verbinden". Diese Auffassung kehrte in allen späteren päpstlichen Verdammungen wieder. „Derselbe Grund, aus dem der Papst uns verdammt, ist in den Augen der zivilisierten Welt der höchste Ruhm unserer Brüder" (J. C. Bluntschli). In der Ideologie der Freimaurerei stehen wahre Religiosität und T. nicht im Gegensatz zueinander. „Gewissenszwang ist die schmählichste Sünde und Unduldsamkeit die gemeinste Art der Unmenschlichkeit, weil auf diese Weise ebenso das wahrhaft Menschliche, wie das Göttliche unmöglich gemacht wird ..." (Schenkel, „Die Freimaurerei im Lichte der Religions- und Kirchengeschichte"). Die Freimaurerei faßt die Toleranzidee im weitherzigsten Sinne auf. Doch sind dieser dennoch Grenzen gesetzt, indem Anhänger von Bewegungen, die für Gewaltanwendungen in irgendeinem Sinne eintreten, in den Bund nicht aufgenommen werden sollen.

Die Toleranzidee ist in den Gesetzbüchern des überwiegenden Teils der Freimaurerei verankert; wenn einzelne Gruppen in der Gegenwart Zeitströmungen (Hypernationalismus, Antisemitismus u. a.) entgegenkommen zu müssen glauben, so verleugnen sie dadurch die wahren Grundlagen der Freimaurerei.

Toleranzlogen, s. Melchisedek-Logen.

Tolstoi, Leo, russischer Schriftsteller und Denker, * 1828, † 1910, schildert in seinem Roman „Krieg und Frieden" die russische Freimaurerei der Zeit des Napoleonischen Feldzuges in Rußland. Er sieht das Freimaurertum recht freundlich als einen sehr sympathischen, aber für Rußland vielleicht versunkenen Versuch zur Verwirklichung ideologischer Grundsätze an.

Am 7./20. März 1905 schrieb T. von Jasnaja Poljana an einen deutschen freimaurerischen Schriftsteller folgendes: „Ich danke sehr für die Sendung Ihres freimaurerischen Buches, es freut mich sehr, daß ich, ohne es zu wissen, meiner Gesinnung nach ein Freimaurer bin. Ich habe immer von Kindheit an für diese Organisation große Achtung gehabt und glaube, daß die Freimaurerei viel Gutes für die Menschheit geschaffen hat."

In der „Latomia" (1926, Heft 12) behauptet der Schriftleiter Dr. Hugo Schmidt, T. sei Illuminat gewesen und habe bis zu seinem Tode alle Veröffentlichungen des Ordens erhalten. Wenn aus dieser Zugehörigkeit aber geschlossen wird, sie habe T. die Kenntnis des freimaurerischen Gebrauchtums vermittelt. so ist das irrig. „Krieg und Frieden" ist 1865—1869 erschienen, der moderne Illuminatenorden wurde 1906, also vier Jahre vor dem Hinscheiden T.s, ins Leben gerufen.

Tongeren, van, Hermannus, Genieoberst a. D., der niederländisch-indischen Armee, * 1876, Großmeister des Großostens der Niederlande seit 1929, aufgenommen 1909 in der Loge „De Stern in het Oosten" in Batavia, Stuhlmeister der Loge „Nos Vincit Libertas" in Amsterdam, gewesener Großbibliothekar. Archivar und Zugeordneter Großmeister.

Tonking (frz. Tonkin), Teil von Indochina, französisches Protektorat. In der Hauptstadt Hanoï (Sitz des Gouverneurs für die ganze Kolonie Französisch-Indochina) arbeiten unter dem Grand Orient de France zwei, unter der Grande Loge de France eine Loge.

Topeka, Hauptstadt des Bundesstaates Kansas der USA., Sitz der 1850 gegründeten Großloge von Kansas (Adresse: Grand Secretary, 320 West, 8th Street).

Toreno, José Maria, Graf von, spanischer Politiker und Historiker, * 1786, † 1843, Verfasser einer Geschichte des Unabhängigkeitskrieges, war Freimaurer.

Torpadius, Johann Israel, schwedischer Politiker und Dichter, * 1722, † 1760, rief 1754 die Loge „St. Eric" in Stockholm ins Leben.

Torres Amat, Felix, Bischof von Astorga (Spanien), * 1772, † 1847, Verfasser einer berühmten Bibelübersetzung ins Kastilianische, war um 1840 ein Führer der spanischen Freimaurerei.

Torrigiani, Domizio, Advokat, gewesener italienischer Senator, der letzte Großmeister des Großorients von Italien vor dessen Unterdrückung durch den Faschismus, gewählt 1918 als Nachfolger von Ernesto Nathan. Sein weitblickendes, großzügiges Programm weckte Begeisterung; die großen Hoffnungen, die sich daran knüpften, ließen sich infolge des politischen Umsturzes nicht mehr erfüllen. T. war von dem Augenblick an, da der Faschismus sich gegen die von der italienischen Freimaurerei stets verteidigten Grundsätze des Liberalismus, der Demokratie erklärte, gegen die neuen Herren. Bereits in einem Zirkular vom 21. Dezember 1921 — also zehn Monate vor dem Marsch nach Rom — äußerte er sich gegen Gewaltakte und verlangte, die dem Fascio angehörigen Freimaurer müßten dafür Sorge tragen, daß dessen Tun nicht in Terror ausarte. Im Februar 1923 betonte er in der Generalversammlung des Symbolischen Ritus des Großorients, daß die Freimaurerei nicht politische Partei werden dürfe, sondern im vaterländischen Interesse über den Parteien stehen müsse. Als sich dann der Oberste Faschistenrat im gleichen Monat erstmals gegen die Freimaurerei aussprach, veröffentlichte T. ein Buch „Massoneria e Fascismo", worin er abermals gegen Diktatur und gegen Oligarchie auftrat. Gegenüber den Gewalttaten gegen Freimaurerlogen rief er vergeblich die Intervention der Regierung an. Mitte Dezember 1924 erklärte er die Zugehörigkeit zum Faschismus und zur Freimaurerei für unvereinbar. Am 6. September 1925, nachdem das Antifreimaurergesetz die Kammer passiert hatte, wurde T. neuerdings auf sechs Jahre zum Großmeister gewählt und mit außerordentlichen Vollmachten ausgestattet. Der Versuch, T. im Attentatsprozeß Capello-Zaniboni zu kompromittieren, schlug fehl. Es war aber für jeden klar, daß man ihn nicht länger in Freiheit dulden wollte. T. sah seinem Schicksal mit Gleichmut entgegen. Als ihn die Vorladung zu einer Voruntersuchung erreichte (die dann seine volle Unschuld ergab), befand er sich im Ausland, und zwar mit Wissen der Regierung. Freunde rieten ihm, nicht nach Italien zurückzukehren, aber er fuhr eilends nach Rom. Am Tage nach der Verurteilung Capellos (1927) wurde auch er in Haft genommen und ohne Gerichtsverfahren auf administrativem Weg auf fünf Jahre nach Lipari verschickt, „wegen Agitation gegen Staat und Regime". In der Verbannung von einer schweren Augenkrankheit befallen, verweigerte man ihm lange fachgemäße Behandlung. Erst als ein Auge verloren war und völlige Erblindung drohte, wurde er auf einige Zeit in ein mittelitalienisches Krankenhaus gebracht. Seither befindet er sich, wie das faschistische Direktorium im Frühsommer 1931 anläßlich einer Polemik gegen den Vatikan mitteilte, wieder „auf den Inseln".

Torrubia, José Fra, Zensor und Revisor des Heiligen Offiziums der Inquisition in Madrid, einer der leidenschaftlichsten Gegner der Freimaurerei, ließ sich um 1750 als angeblicher Weltpriester in eine Madrider Loge aufnehmen, nachdem er sich im vorhinein vom päpstlichen Pönitentiarius vom Eid der Verschwiegenheit hatte entbinden lassen. Er übergab 1751 der Inquisition eine Schrift, in der er die Freimaurer anklagte, sie seien Sodomiten und Zauberer, Ketzer und Atheisten, Aufrührer und dem Staate höchst gefährlich. Er verlangte, daß „sie geächtet und zur größeren Verherrlichung des Glaubens und Stärkung der Gläubigen in einem erbaulichen Autodafé verbrannt werden" sollten. Diese Anklage hatte das königliche Edikt Ferdinands VI. vom 2. Juli 1751 zur Folge, das die Freimaurerei verbot (s. Spanien, Inquisition).

Toskana.

1. Gaston, letzter Großherzog aus dem Hause Medici, * 1670, † 1737, erließ kurz vor seinem Tod ein strenges Verbot gegen die Freimaurerei. Nach Thory (Acta Lat., I, 35) „fuhren die Brr. fort, sich zu versammeln. Nichtsdestoweniger verfolgten die Priester diese Angelegenheit und unterrichteten den Papst von den Absichten des verstorbenen Großherzogs. Der Heilige Vater sendete einen priesterlichen Untersuchungsrichter nach Florenz, welcher viele Personen festnehmen und einkerkern ließ; sie verdankten ihre Freiheit dem Nachfolger G.s:

2. Franz Stephan von Lothringen (s. d.), „welcher sich zum Schutzherrn erklärte und selbst mittätig war bei der Errichtung mehrerer Logen, ebenso in Florenz wie in seinen Staaten". (Die letztere Nachricht von einer aktiven Gründertätigkeit Franz Stephans hält historischer Kritik nicht stand. Dagegen ist richtig, daß die Florentiner Prozesse gegen Freimaurer niedergeschlagen wurden.)

Tosta, Vicente, General, 1925 Präsident der Republik Honduras, ist Freimaurer.

Totenmahl, s. Silicernium.

Tournon, französischer Kaufmann in Madrid, der 1757 von der spanischen Inquisition unter der Beschuldigung maurerischer Betätigung verhaftet wurde, erklärte im Verhör auf die Frage, ob er Katholik sei, freimütig: „Jawohl. Doch bekennt man sich in der Freimaurerei nicht zum Indifferentismus in Glaubenssachen. Soviel ist wahr, daß es, um Freimaurer zu werden, indifferent ist, ob man Katholik sei oder nicht, der Gegenstand unseres Bundes ist nicht das Bestreiten oder Leugnen der Notwendigkeit und des Nutzens der Religion. In den maurerischen Logen beschäftigt man sich weder mit dem Behaupten noch mit dem Bestreiten des Geheimnisses der heiligen Dreifaltigkeit oder mit dem Billigen oder Verwerfen des Religionssystems der rationalistischen Philosophie" (s. Inquisition).

Tourouvre. Graf v., Nom de guerre des französischen Hochstaplers Baron Jean César Charles le Boctey, * 1739, der 1777 mit „ausländischem Kapital" in Heilbronn eine sogenannte „wohltätige und patriotische Akademie der Wissenschaften, der Literatur, der Künste und des Handels" auf Aktien gründen wollte und zu diesem Zweck unter Vorspiegelung falscher Tatsachen vom Magistrat bedeutende Privilegien erlangte. Er hüllte die Namen seiner — nicht vorhandenen — „Auftraggeber" in tiefes Geheimnis und gewann den Prinzen Ludwig von Hessen (s. d.) für seine Pläne, der in ihm einen Sendling „geheimer Oberer" vermutete. T., der nichts mit dem Freimaurertum zu tun hatte, ging trotzdem auf die Ideen des Prinzen ein und bestärkte ihn im Glauben, er sei ein verkappter Freimaurer. So gingen im Bewußtsein des Prinzen dessen alchimistische Logenpläne eine enge Verbindung mit der „wohltätigen Akademie" ein, deren „directeur de la musique" und Sekretär er wurde. Im Dezember 1777 lud er seine „Ordensbrüder von den Schottischen Ordenslogen in Deutschland" zu reger Beteiligung an dem geplanten Unternehmen ein, von dem er sich gewaltigen Gewinn versprach. Der Heilbronner Bürgermeister v. Roßkampff durchschaute zwar bald das wahre Wesen des „Grafen", Ludwig wollte aber zunächst nicht glauben, einem Schwindler aufgesessen zu sein, und so fand am 10. Jänner 1778 der „Heilbronner Konvent" statt, zu dem eine Reihe hochgestellter Würdenträger der Strikten Observanz erschienen. Die Verhandlungen öffneten aber schließlich auch dem Prinzen die Augen. T., alias Bocktey, wurde wegen Betruges verhaftet. Er hatte schon in Paris ein ähnliches Schwindelmanöver ausgeführt. Nach $1^1/_2$ Jahren Haft wurde er des Landes verwiesen (s. Ludwig).

Tower, Sir Reginald, englischer Diplomat, * 1860, High Commissioner des Völkerbundes in Danzig 1920, ist Past-Großbeamter der Großloge von England.

Tracing Board (engl.), in Amerika Trestle Board, ist in angelsächsischen Logen der Tapis, die Arbeitstafel. Das T. B. wird aber nicht aufgelegt, sondern ist ein Brett, auf dem der Tapis, der für jeden Grad verschieden ist, aufgemalt wird. Der T. B. wird an den Sitz des Zweiten Aufsehers angelehnt.

Tradition, Überlieferung, der Inbegriff der Gebräuche, Sitten, Gefühle, Ideale, die von einer Generation auf die nächste unmittelbar, ohne Inanspruchnahme irgendwelcher materieller Hilfsmittel, wie Druck, Schrift usw., übertragen werden; die Form, in der sich die überzeitlichen Leistungen einer Generation akkumulieren und weitergegeben werden. T. selektiert aus dem Seelenleben all das Geistige, Nichtmaterielle, das innerhalb einer Generation allen Gemeinsame, aber auch das, was wert ist, eine Generation zu überleben. T. konserviert folglich die zeitlosen Werte, das wirklich Dauernde, schaltet das Zufällige und Vorübergehende aus und sichert hierdurch die Stetigkeit des kollektiven Geschehens. T. ist die Voraussetzung jeglicher kulturellen Entwicklung, jeglichen Fortschritts, da ohne sie jede Generation die primitivsten Erfahrungen neu zu erwerben anfangen müßte und ein höheres Erfahrungsniveau niemals erreichbar wäre. Sie sorgt dafür, daß die Entwicklung in die richtige, dem Charakter der betreffenden Gemeinschaft entsprechende Bahn gerät, ermöglicht die Entfaltung der Fähigkeiten. Die Freimaurerei ehrt die T. Dies geht schon aus der Liebe klar hervor, die sie ihren eigenen T. entgegenbringt, in denen sie eine bis auf den heutigen Tag unausgeschöpfte Quelle von geistigen und gefühlsmäßigen Werten besitzt.

Sie ist sich auch der wichtigen Rolle bewußt, die die T. in der Welt als Kulturfaktor spielt. Sie macht jedoch insofern Unterscheidungen, als sie nützlich wirkende, lebendige T. schützt und fördert, die nur mehr formelle, rein äußerliche Überlieferung aber verwirft. Sie geht dabei von der Ansicht aus, daß ein starres Festhalten an tatsächlich überlebten Formen notwendigerweise die gesunde Evolution hemmen und zu revolutionären Explosionen führen muß. T. ist eine besondere, vom Gemeinschaftsleben produzierte Art von Wahrheit; die Freimaurerei läßt sie, wie alle Wahrheiten, gelten. Die Freimaurerei selbst hat eine T. entwickelt, die sich zumeist auf ihren Ritualinhalt erstreckt. An der Überwertung vieler ritualistischer Traditionswerte sind in der Freimaurerei des 19. Jahrhunderts viele gesunde Reformvorschläge gescheitert. Zudem werden in der Freimaurerei neben wahren auch falsche T. gepflegt. Wahr ist z. B. die T. der Steinmetzen- und Bauhüttenüberlieferungen, unwahre T. sind die verschiedenen Ritterlegenden, die Templerlegende u. a. m. Da derartige Legendenbildungen, je älter sie werden, desto mehr Traditionswert erhalten, sind sie nur schwer zu beseitigen, auch wenn ihre inneren Unwerte erkannt sind.

Träger, Albert, freisinniger deutscher Politiker, Lyriker und Novellist, * 1830, † 1912, langjähriges Mitglied des deutschen Reichstages, war Mitglied der Loge „Lessing" in Barmen.

Tramping masons (engl.), vom amerikanischen Tramp, der Landstreicher, Bezeichnung von Logenbettlern.

Tränen (engl. tears, frz. larmes), heraldische Darstellung von Wassertropfen, beliebt auf Trauerbehängen in Totenkapellen oder im Türbehang des Trauerhauses. Diese Sinnbilder der Trauer sind auch in die Freimaurerei übergegangen und werden in manchen Systemen, besonders des 18. Jahrhunderts, im Meistergrade verwendet. Gewöhnlich wird die „weiße" Träne dargestellt. Sie erscheint seit 1745 auf Meisterteppichen, auch auf Schurzen und wird als Zeichen der Trauer über den Tod Hirams oder De Molays gedeutet.

Transvaal, s. Südafrikanische Union.

Trauerloge, Trauerarbeit, gilt dem Andenken an die verstorbenen („in den e. O. eingegangenen", „zur höheren Arbeit abberufenen") Brr. Es bestehen dafür eigene Rituale. Die Lichter werden dabei im schwarzverkleideten Tempel vor dem symbolischen Sarkophag des Dahingeschiedenen entzündet. In manchen Großlogen wird der Tote nochmals sinnbildlich in die Kette aufgenommen. Die erste rituelle Trauerloge wurde 1757 in Hamburg abgehalten. Berühmt die Trauerlogenrede Goethes auf Wieland in der Weimarer Loge „Amalia" sowie die am 8. November 1832 vom Kanzler Friedr. v. Müller gehaltene freimaurerische Gedenkrede auf Goethe.

Trauttmansdorff, Thaddäus Graf von, Kardinal, einem alten steirischen Adelsgeschlechte entstammend, widmete er sich dem Priesterstande. Er war zuerst Pfarrer in Graz, wo der begeisterte Josephiner in die dortige Freimaurerloge „Zu den vereinigten Herzen" aufgenommen wurde. Er wurde 1786 zum Domherrn von Olmütz ernannt, später zum Bischof von Triest. 1811 bestieg er den erzbischöflichen Stuhl von Olmütz. Schrieb „De tolerantia ecclesiastica et civili". * 1761, † 1819.

Travail en chambre de compagnon (frz.), Gesellenarbeit.

Travelling warrants (engl.), s. Reisepatente.

Travenol, Louis, * 1698 (?), Violinist der Pariser Oper. Von ihm stammt eine Verräterschrift „Catechisme des francs-maçons. Dédié au beau sexe", scheinbar ein Plagiat nach einem älteren Verräterbuche „L'Ordre des Francs-maçons". Durch diese an sich wertlose Schrift wurde eine Bilderserie von sieben Blättern veranlaßt, die unter dem Titel „Assemblée de Francs-Maçons. Dédié au très véridique Frère profane Leonard Gabanon (d. i. T.)" im Verlage Cherau, 1744, erschienen ist. Diese Bilderserie hat große historische Bedeutung erlangt, weil sie die erste bildliche Darstellung der Freimaurerzeremonien vorstellt. Sie wurde 1745 mit französischem und deutschem Text auch in Deutschland in Handel gebracht, ferner wiederholt mit Abänderungen im Kostüm und Raum. 1757 erschien die ganze Serie in satirischer Darstellung, wobei die Freimaurer Tierköpfe tragen. (Genaueres darüber in „Freimaurermuseum", Band 5, 1930, als bibliographische Studie von Dr. Bernhard Beyer, Bayreuth; daselbst auch die Abbildungen.)

Tree, Sir Herbert Beerbohm, berühmter englischer Shakespeare-Darsteller und Theaterdirektor, deutscher Abstammung, * 1853, † 1917, war Freimaurer.

Treitschke, Heinrich von, deutscher Historiker, * 1834, † 1896, nimmt in seinen Werken wiederholt Stellung zur Freimaurerei, obwohl er selbst niemals dem Bunde angehörte. Von besonderer Treffsicherheit über die Entwicklungsformen der Freimaurerei ist die Stelle in der „Deutschen Geschichte des 19. Jahrhunderts", Band III, 135: „In seiner germanisch-protestantischen Heimat war der Freimaurerorden von seinen humanen Zwecken niemals abgewichen und stets ein freier Bund verbrüderter Vereine geblieben, weil er von der Staatsgewalt geduldet, in Preußen und einigen der deutschen Kleinstaaten sogar begünstigt wurde. Die deutschen Logen standen allen politischen Parteikämpfen fern, obwohl sie natürlich einige Radikale zu ihren Mitgliedern zählten und zuweilen wohl auch ein gewissenloser Abenteurer, wie Wit v. Dörring, seine Kenntnis der maurerischen Symbole mißbrauchte, um Zutritt zu den Geheimbünden des Auslandes zu finden. In der katholischen Welt dagegen war der Orden, seit Papst Clemens XII. ihn verdammt hatte, oft von kirchlicher und politischer Verfolgung heimgesucht und dadurch seinem ursprünglichen Charakter zuwider in die Reihe der Opposition gedrängt worden".

Trenton, Hauptstadt des Bundesstaates New Jersey der USA., Sitz der 1786 gegründeten Großloge von New Jersey (Adresse: Masonic Temple).

Trentowsky, Ferdinand Bronislav v., polnischer politischer Emigrant von 1830 und Schriftsteller, * 1808, † 1869, Dozent in Freiburg i. B. Als langjähriger Funktionär und Stuhlmeister der dortigen Loge „Zur edlen Aussicht" entwickelte er eine sehr rege, vor allem auch schriftstellerische maurerische Tätigkeit. Mit August Ficke (s. d.) war er ritualschöpferisch tätig. Das berühmt gewordene „Freiburger Ritual" war mit sein Werk. Von T. stammt das überaus kritische, teilweise sehr anfechtbare Buch „Die Freimaurerei in ihrem Wesen und Unwesen" (Leipzig, 1873). Im Rahmen des „Vereins deutscher Freimaurer" erstattete er 1865 bemerkenswerte Vorschläge zur Reform des Bundes und arbeitete auch am „Allgemeinen Grundgesetz für den Freimaurerbund" mit, das der Verein der Freimaurer 1867 an die Großlogen versandte.

Trestle Board, s. Tracing Board.

Treue, verlangen die Alten Pflichten als Kardinaleigenschaft des Freimaurers bereits in ihrem ersten Hauptstück: „to be good Men and true, or Men of Honour and Honesty" (gute und treue Männer, d. i. Männer von Ehre und Rechtschaffenheit). Die T. gilt dem Bunde, nach der Verpflichtung, die der Lehrling am Tage seiner Aufnahme eingeht. Sie gilt dem Mitbr., mit dem der Freimaurer durch brüderliche Liebe (brotherly love) verbunden ist. T. gegen sich selbst liegt im Symbole des winkelrechten Handelns. Schließlich nach dem Wortlaute der Alten Pflichten: T. gegen den Staat und seine Einrichtungen, indem der Freimaurer die Verpflichtung übernimmt, sich nicht in Komplotte oder Verschwörungen gegen den Frieden oder die Wohlfahrt des eigenen Volkes einzulassen und sich den Obrigkeiten gegenüber achtungsvoll zu benehmen. Im Englischen ist faithful dem deutschen Wort treu synonym, während true neben treu auch echt, wahrhaftig bezeichnet. Daher auch true brethren zur Bezeichnung der regulären Freimaurer, ein Wort, das besonders in den Zeiten des englischen Schismas von den beiden Großlogen gegeneinander oft ausgespielt wurde. Im alten englischen Lehrlingseid heißt es: „hele conceal and never reveal... unless it to be a true and lawful Brother" (ein echter und gesetzmäßiger Bruder).

Triangle (frz.), Dreieck, bedeutet im Französischen das Freimaurer k r ä n z c h e n (s. d.), aber auch das Tafelgedeck.

Tribunal heißt die Werkstätte innerhalb des A. u. A. Schottischen Ritus, in welcher der XXXI. Grad (Groß-Inspektor-Inquisitor-Kommandeur) bearbeitet wird. Als O b e r s t e s m a u r e r i s c h e s T. wurde 1761 in Berlin die gemeinsame Vertretungsbehörde der dort arbeitenden drei Logen „Zu den drei Weltkugeln", „Concorde" und „Amitié", bezeichnet, an deren Spitze als Großmeister v. P r i n t z e n (s. d.) stand.

Trient, s. A n t i f r e i m a u r e r k o n g r e ß und T a x i l.

Trinidad, Insel der Kleinen Antillen, englische Kolonie. In Port of Spain, San Fernando usw. arbeiten unter der Großloge von England vier, unter Schottland fünf Logen. Auf der benachbarten Insel T o b a g o arbeitet unter der Großloge von Schottland eine Loge.

Trinksitten, Freimaurerische. Um den Tafellogen, die in der ersten Zeit von der Arbeit selbst durchaus nicht gesondert waren, eine bestimmte Form zu geben, wurden sehr früh T. in die Freimaurerei eingeführt, aus denen die studentischen T. Deutschlands zum Teile abgeleitet sind (Salamander reiben!). In B r o w n e s „Master Key" (1802) spricht der Meister: „Meine Brüder! Wollen Sie die Gläser füllen! Seid Ihr alle bereit?" Antwort: „Alles bereit im Westen, ehrwürdiger Meister!" Darauf folgt die erste Gesundheit: „The King and the Craft with three." Aus dieser Reihe von Trinksprüchen entwickelte sich mit der Zeit ein bestimmter Kanon der Gesundheiten (s. T a f e l l o g e). Ein in England besonders beliebter Trinkspruch galt: „To the Heart that conceals and to the tongue that never improperly reveals" („Dem Herzen, das verhehlt, und der Zunge, die nicht müßig erzählt"). Auf diese Trinksprüche waren die englischen Freimaurer derart stolz, daß es in ihrem Lehrlingssang von B i r k h e a d 1723 heißt:

No Mortal can boast
So Noble a Toast
As a Free an accepted Mason.

(Kein Sterblicher kann so schön eine Gesundheit ausbringen wie ein freier und angenommener Maurer.)

Auf diesen in England noch bis heute erhaltenen einfachen Trinksitten entwickelte die französische Freimaurerei einen komplizierten Brauch, der in der „Vossischen Zeitung" 1738, Nr. 10—15, wie folgt dargestellt wird:

„Ein jeder hat die Bouteille vor sich, und wenn es an ein Trincken gehen soll, wird geruffen: Ladet!, worauf sie alle aufstehen und das gläserne Gewehr ergreiffen. Ferner commandiret der Großmeister: Pulver auf die Pfanne, welches soviel heisset als Wein in das Glas schenken. Weiter rufft er: Legt an! Gebt Feuer! Unter welchen Worten man das Glas auf drey Tempo zum Munde bringet und gedachte Gesundheit trincket. Wenn das Glas ausgeleeret ist, hält man es erst an die lincke, hernach an die rechte Brust und drittens mitten vor die Herzgrube alles auf dreymal Absetzen so wird es auch mit drey Tempo in gerader Linie wider auf den Tisch gesetzet. Endlich klatschet man dreymahl in die Hände und schreyet dreymal: Vivat!"

Diese wesensfremde Vermengung der alten Handwerksgebräuche mit soldatischen Elementen ist in einem Teil der Freimaurerei bis auf den heutigen Tag erhalten geblieben, wenn auch das eigentliche Exerzierreglement dieser Trinkkanonaden bis auf Reste abgeschliffen ist. Die Worte Salve für Ehrenbezeugung, Kanonen für Gläser, im Französischen poudre für Wein, chargieren für Gläserfüllen, das „Richten" der Gläser erinnern noch an die alten französischen und von da nach Deutschland abgewanderten Tafelsitten.

Der freimaurerische Brauch, Gesundheiten mit einem „dreimaligen Feuer" auszubringen, ist uralter Herkunft. Aus dem 4. Jahrhundert stammt der Spruch des A u s o n i u s :

Ter bibe, vel toties ternos. Sic mystica lex est
Vel tria potandi vel per tria multiplicandi.

Mit diesen Trinksitten hing wohl auch der früher vereinzelt nachweisbare Brauch zusammen, bei Trinksprüchen wirkliche Kanonen (Böller) abzuschießen. So z. B. beim Johannisfest der „Drei Weltkugeln" 1744, wobei das Böllerschießen im Logengarten vor sich ging.

Trinksprüche, Maurerische, Toaste. In den alten Freimaurerlogen Englands spielte sich Arbeit und Erholung am Wirtstische ab. Daher wurden die sogenannten Gesundheiten während der Arbeit ausgebracht. Aus den dabei entwickelten Trinksprüchen entstand mit der Zeit ein Kanon offizieller und mehr persönlicher Gesundheiten, die in maurerische Form gekleidet wurden (s. T r i n k s i t t e n).

Man trank auf die heiligen Schutzpatrone, den König und die Kunst (the King and the Craft), auf die Großbeamten, den Großmeister und die Großloge, auf alle Brüder, man gedachte der Schwestern („Die Maurer, Maurerfrauen und Maurers Schwarm und das, was liegen will in Maurers Arm"), an vaterländische Gedenktage, auch der Armee und der Flotte usw. Zwischen den Trinksprüchen wurden passende Lieder gesungen, die Maurerlieder und die Nationalhymne u. a. m. In den Londoner Logen wurde nach einem Briefe von Großmeister M a n n i n g h a m 1757 auch regelmäßig des Herzogs F r a n z v o n L o t h r i n g e n und des Königs F r i e d r i c h von Preußen gedacht. Nach A n d e r s o n soll die Sitte der Trinksprüche von D e s a g u l i e r s (s. d.) wiederbelebt worden sein.

Diese Fülle von Gesundheiten ist aus dem feuchtfröhlichem Geiste des merry old England zu erklären. Die alten englischen Freimaurer waren sehr trinkfeste Leute. Heutigentags hat man dieses Übermaß der Gesundheiten eingeschränkt. An der Tafel (Tafelloge) werden die sogenannten offiziellen Trinksprüche ausgebracht. Sie gelten dem Staatsoberhaupt, Volk und Heimat, dem Großmeister, der Großloge, den besuchenden Brr., den Schwestern und den zerstreuten Brr. auf dem Erdenrunde. Die Durchführung vollzieht sich meist nach einem Gebrauchtum. In manchen Logen ist auch der sogenannte stille Trinkspruch üblich, der nach einer uralten, schon den Römern bekannten Sitte auf der Höhe der Festesfreude als memento mori der Toten gedenken läßt.

Troddeln (engl. Tassels) (s. d.). Im englischen Lehrlingsritual wird hierzu folgende Erklärung gegeben: „An den vier Ecken der Loge (gemeint ist hier der Teppich als Darstellung der Loge) finden sich vier T., die uns an die vier Kardinaltugenden erinnern sollen, nämlich: Mäßigkeit, Tapferkeit, Weisheit und Gerechtigkeit, die in ihrer Gesamtheit, wie uns unsere Überlieferung lehrt, ständig von der Mehrheit unserer alten Brr. bewahrt wurden. Die unterscheidenden Merkmale eines guten Freimaurers sind Tugend, Ehrenhaftigkeit und Güte. Mögen sie immer in des Maurers Brust gefunden werden." (Nach dem Ritual der Unions Emulation Lodge of Improvement, Privatdruck, London 1900.) Ebenso auch in der Schwedischen Lehrart.

Troelstra, Pieter Jelles, holländischer sozialdemokratischer Führer, Rechtsanwalt, Dichter, Parlamentarier, * 1860, hervorragender Publizist, gehörte dem Freimaurerbunde an.

Trolle, Eric Birger, schwedischer Politiker, * 1863, 1905 Außenminister, Unterrichtsminister, ist Ritter des Ordens Karls XIII. (s. d.).

Trondhjem, Handelsstadt in Norwegen, Sitz der Großloge „Polarstjernen", gegründet 1920, Kjöpmannsgaten 12. In T. selbst eine Loge, die 1881 gegründete „St. Olaf til det gjenreiste Tempel".

Trotzky, Leo, s. Bolschewismus.

Trowel (engl.), Kelle.

Trowel and Triangle Club (Kelle- und Dreieck-Klub), in Paris während des Weltkrieges von Freimaurern gegründet, die dem amerikanischen Soldatenhilfswerk des Vereins christlicher junger Männer (Y. M. C. A.) angehörten. Sekretär war Sidney Morse, der 1920 Leiter des „Social and Educational Service" der Großloge von New York wurde.

Trubetzkoj.

1. Nikolaus, Fürst, * 1744, † 1821, Senator, Schriftsteller, Stuhlmeister der Loge „Osiris" in Moskau, einer der führenden russischen Freimaurer seiner Zeit, gehörte zu Zeit der Zarin Katharina II. zu den Gründern der bedeutende wissenschaftliche Arbeit leistenden, eine wahre, geistige Elite vereinigenden Moskauer Loge „Eintracht".

2. Sergej, Fürst, * 1790, † 1859, war der designierte Führer des Dekabristen-Aufstandes 1825 in Petersburg. Nach Sibirien verbannt, erhielt er nach 30 Jahren die Freiheit zurück (s. Dekabristen). Er gehörte dem Freimaurerbund an.

Truelle (frz.), Kelle.

Trust in God (engl.), Gottvertrauen. Die Werkmaurer hatten als Motto den Satz: In the Lord is all our Trust. In englischen Aufnahmeritualen: „In whom do you put your trust? — In God." („Auf wen setzen Sie Ihr Vertrauen? — Auf Gott.")

Tschaikowski, Nikolaus, Wassiljewitsch, russischer Revolutionär, * 1850, † 1926, Führer des 1869 gegründeten, nach ihm benannten Zirkels der „Tschaikowtzi", Glied der „Narodnaja Wolja", anfangs der siebziger Jahre der Bannerträger des besten Teiles der revolutionären Intelligenz, der politische Führer, der das Fundament der Bewegung legte, verließ Rußland 1873 als politischer Emigrant und durfte erst 1905 zurückkehren, nachdem er die Jahre der Verbannung in England und Amerika verbracht hatte. Mittlerweile hatten sich seine politischen Doktrinen gemäßigt. Nach seiner Rückkehr nach Rußland beteiligte er sich an der Gründung der volks-sozialistischen Partei. 1917 nahm er an der Revolution teil, war Mitglied des ersten Exekutivkomitees und erwies sich dann als heftiger Feind des Bolschewismus, den er während des Bürgerkrieges 1918/19 als Haupt der Nordregierung in Archangelsk leidenschaftlich bekämpfte. 1919 ging er nach Paris, wo er Mitglied des „Russisch-politischen Rates" wurde. Am 8. Dezember 1919 in einer angelsächsischen Loge in Paris aufgenommen, schloß er sich später der russischen Gruppe der Grande Loge de France an. 1922 war er einer der Stifter der Loge „Astrée", 1924 einer weiteren russischen Loge, 1925 übernahm er den Vorsitz des russischen Kapitels „Astrée".

Tscharner, Karl von, hervorragender schweizerischer Publizist, * 1812, † 1879, länger als ein Vierteljahrhundert Chefredakteur des Berner „Bund", war Großmeister der schweizerischen Großloge „Alpina".

Tschechische Nation. Von einer tschechischen Freimaurerei kann erst vom Jahre 1918 an gesprochen werden, als wenige Tage vor dem Zusammenbruch des österreichischen Staates einzelne tschechische Freimaurer in Prag die Loge „Jan Amos Komenský" errichteten. Die Mehrzahl der Gründer hatte bis dahin der in deutscher Sprache arbeitenden, der symbolischen Großloge von Ungarn unterstehenden Loge „Hiram zu den drei Sternen" in Preßburg (Prag) angehört. Ein lückenloses Verzeichnis jener Tschechen, die vor dem Weltkriege dem Freimaurerbunde angehörten, ist deswegen schwer zu geben, weil die Mehrzahl in ausländischen Logen verstreut war, und nur einige wenige zu den damals in Böhmen bestehenden deutschen Freimaurervereinigungen Beziehungen unterhielten. Bemerkt sei hier, daß ein Tscheche, der Rechtslehrer Professor Jaromír Hanel (s. d.), aufgenommen in der Loge „Archimedes" in Altenburg, durch viele Jahre der geistige Führer der deutschsprachigen Freimaurerei in Böhmen war.

Von Persönlichkeiten tschechischer Nationalität aus der österreichischen Ära seien genannt:

Gerstner, Franz J., * 1756, † 1832, Ingenieur, Mathematiker und Astronom, Mitbegründer des ersten polytechnischen Instituts in Prag (Loge „Wahrheit und Einigkeit zu den drei gekrönten Säulen" in Prag).

Hurdálek, Josef Fr., * 1747, † 1833, bedeutender katholischer Gesinnungsgenosse und Freund Bolzanos, mußte deshalb sein Bistum in Leitmeritz aufgeben.

Náprstek, Vojta (Fingerhut), * 1826,

† 1894, eine in der tschechischen Kulturbewegung führende Persönlichkeit, Vorkämpfer für die Frauenrechte. Er hatte lange Jahre in Amerika gelebt, wo er auch in den Bund eintrat. Er ist der Begründer des nach ihm benannten Gewerbemuseums in Prag.

Pelcl, Frant. M., * 1734, † 1801, Erzieher im gräflichen Hause Sternberg, dann Bibliothekar bei Graf Nostiz, einer der Wiedererwecker des tschechischen Schrifttums, Mitarbeiter Dobrovskýs.

Procházka, Georg, Dr., * 1749, † 1820, Professor der Anatomie, Physiologie und Augenheilkunde an der Prager Universität (Loge „Wahrheit und Einigkeit").

Purkyně, Jan Ev., * 1787, † 1869, berühmter Physiologe der Prager Universität, stand mit Goethe in Verkehr. Aufgenommen in eine Breslauer Loge, wurde er unter der Ministerpräsidentschaft des Grafen Leo Thun mehrfach wegen seines Freimaurertums in Untersuchung gezogen und blieb erst unbehelligt, als er versprach, an freimaurerischen Arbeiten nicht mehr teilzunehmen

Říha, Bernard, nobilis de Lauro, * 1740, † 1794, Magister der Philosophie und Arzt, Verfasser einer Schrift „Armenbesorgungsanstalten in der kgl. Kreisstadt Pilsen".

Royko, Kaspar, * 1744, † 1819, Dr. theol. et phil., Verfasser eines vierbändigen Werkes „Geschichte der großen allgemeinen Kirchenversammlung zu Kostnitz", war Mitglied der Loge „Wahrheit und Einigkeit" in Prag.

Strnad, Anton, * 1749, † 1799, Mathematiker und Astronom an der Sternwarte des Prager Klementinums, Mitglied der Loge „Wahrheit und Einigkeit" in Prag.

Die lange strittige Frage, ob der Slavist Josef Dobrovský („der blaue Abbé") dem Bunde angehört hat, ist nach den gründlichen Untersuchungen von Dr. Josef Volf, Prag, im negativen Sinne erledigt. Ebenso ist die Zugehörigkeit des Slavisten Jungmann zweifelhaft.

Der Dichter Neruda kam durch eine Schilderung einer Pariser „Tenue blanche", die im Jahre 1866 erschienen ist, in den Ruf, Freimaurer gewesen zu sein. Zu Unrecht, wie heute bekannt ist. Auch Smetana, der Komponist der „Verkauften Braut", wird mitunter als Freimaurer genannt. Er gehörte in Schweden zu einer Art schlaraffischer Tafelrunde und nahm an Orchesterkonzerten teil, die in den Räumen einer Loge stattfanden. Freimaurer war er aber nicht. Dagegen gehörte der Komponist Oskar Nedbal (s. d.) der Wiener Loge „Goethe" an.

In der gegnerischen Literatur wird seit Wichtl die Unabhängigkeitsbewegung der Tschechen als rein freimaurerische Aktion bezeichnet. Dem sei entgegengestellt, daß in der großen deutschnationalen Publikation von 1918 „Das Verhalten der Tschechen im Weltkriege" ebenso in den Protokollen des Prozesses und im Urteil gegen Dr. Kramář, der nie dem Bunde angehört hat, usw., das Wort Freimaurerei überhaupt nicht vorkommt. Eine national-tschechische Freimaurerei entwickelte sich erst in der zweiten Hälfte des Jahres 1918. Von den führenden Persönlichkeiten der tschechischen Auslandsmission war nur Štefánik (s. d.) Mitglied einer (französischen) Loge. Masaryk (s. d.) war nie Freimaurer, Dr. Beneš (s. d.) ist erst nach dem Weltkriege Mitglied einer tschechischen Loge in Prag geworden.

Tschechoslowakische Republik.

I. Großloge „Lessing zu den drei Ringen". Durch den Zerfall der österreichisch-ungarischen Monarchie (Oktober 1918) wurde auch die Freimaurerei in Böhmen und Mähren vor neue Verhältnisse gestellt. Seit dem Jahre 1870 waren in Böhmen und Mähren in Karlsbad, Saaz, Reichenberg, Haida, Pilsen, Bodenbach-Tetschen, Eger und Asch, Teplitz-Schönau und in den Landeshauptstädten Prag und Brünn Brudervereinigungen entstanden, die untereinander in loser Verbindung standen. In Prag war 1908 die Loge „Hiram zu den drei Sternen" unter der Symbolischen Großloge von Ungarn gegründet worden, die ihre ritualistischen Arbeiten auf ungarischem Gebiete, in Preßburg, abhielt. Die Gesamtzahl der Freimaurer, die in nichtpolitischen Vereinen unter behördlicher Genehmigung arbeiteten, betrug nicht ganz 300. Die Freimaurer in Böhmen gehörten mehrheitlich reichsdeutschen Logen an, ein Teil auch Wiener Grenzlogen (vor allem der „Humanitas") und ungarischen Bauhütten. Nach der Ausrufung der Tschechoslowakischen Republik am 28. Oktober 1918 verhielten sich die deutschen Freimaurer abwartend, erhielten jedoch in Kürze die Zusage, daß der Errichtung von Logen keinerlei Schwierigkeiten würden bereitet werden. Daher wandelten die Brr. der Karlsbader Gruppe bereits am 28. November 1918 ihr Kränzchen unter einem Patente der Großloge „Zur Sonne" in Bayreuth in eine Loge um. Die Große Landesloge von Sachsen gab neu errichteten Logen in Saaz, Prag und Reichenberg die Gründungsurkunden. Da nunmehr fünf Logen regelrecht eingesetzt waren, wurde an die Gründung einer eigenen Großloge geschritten, die unter dem Namen „Freimaurer-Großloge Lessing zu den drei Ringen in der tschechoslowakischen Republik" am 23. Oktober 1920 in Arbeit gesetzt wurde. Erster Großmeister wurde der seit 40 Jahren um die Sammlung der freimaurerischen Kräfte in Böhmen besonders verdiente Saazer Stuhlmeister Adolf Girschick (s. d.). Dieser neu gegründeten Großloge schlossen sich nunmehr vier Logen an, die in der Slowakei, dem ehemals ungarischen Gebietsteil (Preßburg [Bratislava], Baňská Bystrica und Kaschau [Košice]) arbeiteten. Ein in Böhmen bestehender, bereits in einer Großloge „Bohemia" organisierter Seitenzweig des irregulären „Freimaurerbundes zur aufgehenden Sonne" in Nürnberg suchte ebenfalls Anschluß und wurde regularisiert, worauf sich die Großloge „Bohemia" auflöste. Im Laufe der ersten zehn Jahre ihres Bestandes wuchs die neue Großloge teils durch Gründung neuer Logen in Teplitz, Brüx, Gablonz, Prag, Pilsen, Brünn, Marienbad,

Olmütz, Mähr.-Ostrau, Aussig a. d. E., teils durch Wiederbelebung ehemals ungarischer Logen in Prešov, Lučenec und Kesmark auf 23 Logen mit gegen 1200 Mitgliedern an. Die junge Großloge, die ein sehr reges, geistiges Leben an den Tag legt, hat sich durch zahlreiche publizistische Leistungen, sowie durch eine in ihrem Auftrage von der Reichenberger Loge „Latomia" herausgegebene Zeitschrift „Die drei Ringe" in der internationalen Freimaurerei gut eingeführt. Aus ihr hervorgegangen ist die wissenschaftliche Vereinigung Academia Masonica (s. d.), sowie eine historische Quatuor-Coronati-Vereinigung in Prag, die durch die Herausgabe von Neudrucken und durch die Inangriffnahme der Vorarbeiten für die Fortsetzung der Bibliographie von Wolfstieg über den engeren Rahmen hinaus Bedeutung erlangt hat. In den letzten Krisenjahren haben die charitativen Leistungen der einzelnen Logen, besonders in der Arbeitslosenfürsorge, auch öffentliche Anerkennung gefunden.

II. Národní Veliká Lože Československá. In der deutschen Loge „Hiram" in Prag hatten in den letzten Jahren vor dem Kriege auch mehrere Angehörige der tschechischen Intelligenzkreise Aufnahme gefunden. Zwei Tage vor dem Umsturz, am 26. Oktober 1918, traten 15 tschechische Brr. zur Gründung einer eigenen nationalen tschechischen Loge zusammen, der sie den Namen „Jan Amos Komenský" gaben. Diese Loge unterstellte sich dem Grand Orient de France. Kurze Zeit nachher entsendete die Großloge von Italien einen Delegierten nach Prag, der in der zweiten Hälfte 1920 dort drei Logen nach dem A. u. A. Schottischen Ritus einsetzte. 1922 wurde ein Oberster Rat dieses Ritus errichtet, dessen Rechtmäßigkeit vom Kongreß der Obersten Räte in Lausanne am 8. Juni 1922 anerkannt wurde. Nachdem auch im Juni 1922 in Pilsen eine Loge errichtet worden war, traten die französische und italienische Gruppe zusammen und begründeten am 27. Oktober 1923 eine National-Großloge, die von einer Delegation der Großloge von Jugoslawien eingesetzt wurde. Diese neue Großloge, die „Národní Veliká Lože Československá", konnte weitere Logen in Preßburg, Kaschau, Prag und Brünn einsetzen, so daß sie 1930 zehn Logen mit gegen 500 Mitgliedern zählte.

Diese beiden, in der Tschechoslowakischen Republik bestehenden Großlogen betrachten es als ihre vornehmste Aufgabe, zur Abschwächung der bestehenden nationalen Gegensätze nach Kräften beizutragen. Der gegenseitige Verkehr wird daher besonders gepflegt, gemeinsame Interessen, wie beispielsweise Studien auch auf dem Gebiet der freimaurerischen Landesgeschichte, sowie die Angelegenheiten der Allgemeinen Freimaurerliga werden im besten Einverständnis gemeinsam verhandelt. Es hat in der Öffentlichkeit nicht geringes Aufsehen erregt, daß der tschechische Außenminister Dr. Eduard Beneš im Februar 1928 in einer deutschen Prager Loge einen viel beachteten Vortrag hielt.

Die Freimaurerei vollzieht in der Tschechoslowakischen Republik die ihr in den „Alten Pflichten" gesetzte Aufgabe, indem sie Menschen, die das Leben ansonst getrennt hätte, einander näher bringt. Diese vielversprechenden Anfänge einer nationalen Verständigungstätigkeit werden von den Freimaurern beider Gruppen mit besonderer Aufmerksamkeit verfolgt und haben um so größere Bedeutung, als diese Beziehungen im Gegensatze zu bestehenden internationalen Berufsgruppen von rein ideellen Beweggründen geleitet werden.

Brückenlogen, s. Nachtrag.

Tschiangkaischek, chinesischer General und Staatsmann, * 1887, siegreicher Generalissimus des Kuomintang gegen die Nordarmee, 1928 bis 1931 Haupt der Nanking-Regierung, Gefolgsmann von Sunjatsen, ist Mitglied der Pagoda Lodge (Großloge von Massachusetts). Sein Adjutant Yatming gehört der International Lodge in Peking (der gleichen Obedienz) an.

Tschirch, Wilhelm, deutscher Komponist, * 1818, † 1892, Hofkapellmeister in Gera, Schöpfer heute noch verbreiteter Männerchöre, mit denen er auch in Amerika große Erfolge hatte, schrieb das preisgekrönte Chorwerk „Eine Nacht auf dem Meer", die Oper „Meister Martin und seine Gesellen", wurde in der Liegnitzer Loge „Zu den drei Höhen" aufgenommen, komponierte auch Freimaurerlieder und gab mit Robert Fischer (s. d.) eine Sammlung, „Das Liederbuch für Freimaurer", heraus, das viele Auflagen erreichte.

Tschoudy, Theodor Henri, Baron de (Pseudonym: Chevalier de Luzy), * 1724, † 1769, eifriger freimaurerischer Systemgründer. Er stiftete 1766 in Paris den (Schottischen) Orden „L'Etoile flamboyante", der interessanterweise den Grad des Meisters umgeht, weil T. diesen für eine Erinnerung an den Tod des hingerichteten Karl I. aus dem Hause Stuart ansah. Das System, dem eine besondere Legende aus den Kreuzzügen eignete, in deren Mittelpunkt der heilige Ludwig und seine Schottische Leibgarde als Väter der Freimaurer stehen, hatte die Grade des Lehrlings, Gesellen, Rose-Croix Grand Ecossais de la voute sacrée de Jacques VI., und Grand Ecossais de Saint André d'Ecosse. Niedergelegt ist dieses System in einem 1766 erschienenen zweibändigen Buche: „L'Etoile flamboyante ou la Société des Francs-maçons considérée sous tous les aspects." Außerdem 1780: „Grand Inquisiteur", „Grand Elu ou Chevalier Kados". 1760 brachte er aus Rußland den Grad des „Chevalier de la Palestine et de l'Aurore" mit, der mit dem Starckschen Klerikat Ähnlichkeit hatte. Auch eine „Commanderie de la Ronde", die „Ritterschaft der runden Tafel", hat er 1765 begründet.

Tubal Kain (Luther schreibt: Thubalkein), nach 1. Moses 4. 22 ein Sohn des Lamech und der Zilla: „Und Zilla gebar auch, nämlich den T., den Meister in allerlei Erz und Eisenwerk." Das andere Weib des Lamech, Ada, gebar den Jubal, „von dem sind hergekommen die Geiger und Pfeifer". Auch T. gilt als Erfinder der Musik, weil die Grobschmiede im Takt hämmern T. gilt in den alten Bauhüttengeschichten als einer der Begründer der Kunstfertigkeit der Menschen. So im Robertsdruck (1722): „Jabal fand die Gesetze der Geometrie, Jubal erfand die Musik, Tubal das Handwerk der Schmiede, auch das der Gold-, Silber-, Kupfer-, Eisen- und Stahlschmiede. Naamah erfand die Kunst des Webens." Anderson in seiner Geschichte beschränkt sich darauf, den T. in einer Fußnote zu erwähnen. Es heißt dort: „Auch andere Künste wurden durch sie verbessert, so die Arbeit in Metall durch Tubal Kain, Musik durch Jubal, Viehzucht und Zeltmacherei durch Jabal, welch letzteres gute Baukunst (Architecture) ist." Das Wort T. K. ist in einigen Freimaurergraden als Paßwort in Verwendung (s. Two balls cane).

Tuberkulosenfürsorge, Maurerische. In den Vereinigten Staaten wirkt eine von der Großloge von New Mexico angeregte Hilfsaktion für Tuberkulöse unter dem Namen National Masonic Tuberculosis Sanatoria Association. Da die Vereinigten Staaten eine Sozialversicherung im europäischen Sinne nicht kennen, gehen die meisten gemeinnützigen Anstalten unter Leitung und Aufsicht des Public Health Service Survey auf Kosten privater Initiative. Daher erklärt es sich auch, daß die meisten großen Körperschaften bei Errichtung gemeinnütziger Institutionen in erster Linie an ihre eigenen Mitglieder und deren Familien denken. Es ist errechnet worden, daß von den ungefähr 3,250.000 amerikanischen Freimaurern alljährlich 4300 an Tuberkulose sterben. Wird die Familienzahl für diese Aktivmitglieder errechnet, so ergibt das eine maurerische Population von ungefähr 16,000.000. Die Tuberkulosenhilfsaktion soll sich in erster Linie diesem maurerischen Bevölkerungsanteil zuwenden. Anfänge sind bereits gemacht. Die Entwicklung wird aufgehalten durch die Belastung der amerikanischen Freimaurer durch andere große Hilfsaktionen (die Mississippikatastrophe führte allein 500.000 Dollars aus maurerischen Hilfsmitteln diesem Einzelzwecke zu) und durch einen in den amerikanischen Großlogen tief eingewurzelten Partikularismus. Anfänge in den Südstaaten versprechen jedoch guten Erfolg.

Tugend ist die Übung im Sinne der Pflicht, der auf das Sittliche gerichtete konstante Wille. Ihr konkreter Inhalt ändert sich mit den Wandlungen der Moral: bei den Stoikern ist sie das naturgemäße Leben, im Christentum Gottesliebe, Glaube und hoffnungsvolle Demut, bei Descartes der Wille zum Vernunftsgemäßen. Kant definiert T. als „die moralische Stärke in der Befolgung seiner Pflicht, die niemals zur Gewohnheit werden, sondern immer ganz neu und ursprünglich aus der Denkungsart hervorgehen soll". Der T.-Begriff der Freimaurerei war unter dem Einfluß der Stoa, die stark auf das Denken des 18. Jahrhunderts einwirkte, anfangs rein vernunftgemäß. Später gelangten die Anschauungen von Shaftesbury zur Geltung, der nach einem harmonischen T.-Begriff strebte und der Vernunfts-, Gefühls- und Willensseite des Menschen gleicherweise gerecht werden wollte. Der ursprünglich rein rationale T.-Begriff wurde verinnerlicht und mit dem Schönheitsbegriff verbunden und wurde dadurch synthetisch. T. führt in diesem Sinne zur Religion, zur Humanität, zu menschlicher Vollkommenheit und Harmonie. Der T.-Begriff der Freimaurerei ist obwohl diesseitig, keineswegs rein rationalistisch im Sinne des Deismus, aber auch nicht rein metaphysisch-mystisch im Sinne der Religion; weder flach noch überschwenglich. Die Freimaurerei trachtet durch die ethische Erziehung des Individuums die vernunftgemäßen moralischen Pflichten im Gefühl zu verankern, da sittliches Handeln, wie Handlung überhaupt, aus der adynamischen Vernunft allein nicht entstehen kann. Rein rational vermag man das Gute nicht zu erklären. Eine rein rationale Ethik müßte daher zu einer heuchlerischen Philistermoral führen.

Die T. im freimaurerischen Sinne entsprießt dem Gefühl, steht aber zugleich im Sinne des Ternars: „Weisheit, Schönheit, Stärke" unter der Kontrolle der Vernunft und ist von ästhetischer Färbung. Die freimaurerischen T. führen zur Selbstveredlung, zur „schönen Seele". „In einer schönen Seele ist es also, wo Sinnlichkeit und Vernunft, Pflicht und Neigung harmonieren" (Schiller in der Abhandlung „Anmut und Würde"). Als Kardinal-T. gelten in der Freimaurerei Selbsterkenntnis, Selbstbeherrschung und Selbstveredlung, die zur Toleranz führen und das soziale Leben im Sinne des Humanitätsideales formen wollen.

Tugendbund, am 16. April 1808 in Königsberg von 28 preußischen Patrioten, darunter 14 Freimaurern (Offizieren, Beamten, Gelehrten), gegründeter „wissenschaftlich-sittlicher Verein", der das Ziel verfolgte, „durch Belebung der geistigen sowie intellektuellen als moralischen Kräfte des preußischen Volkes den Verlust des preußischen Staates an physischer und politischer Kraft soviel als möglich zu ersetzen und eben dadurch die Wiedergewinnung dieser physischen und politischen Kräfte vorzubereiten, wenn einst Umstände eintreten sollten, die eine solche Wiedergewinnung begünstigten", das heißt, die (nicht in den Statuten ausgesprochene) Befreiung von der Franzosenherrschaft anzubahnen. Der Plan war, nach Mitteilungen von Johann Gottlieb Lehmann, der Seele des innigen Bundes, im Haus der Logen „Zum Totenkopf" und „Phönix" entstanden, deren letzterer er angehörte. Treibende Elemente waren auch Oberfiskal von Mosqua und Ernst Theodor Jancke (ebenfalls „Phönix"). Als die Mitgliederzahl nach kurzer Zeit auf 48 gestiegen war, waren es 25 Freimaurer: darunter sieben vom „Phönix", drei vom „Totenkopf", neun von der „Kronenloge". Auf der anderen Seite herrschte gerade in den Freimaurerkreisen Königsbergs, die die geistige nationalidealistische Elite der Stadt darstellen, die Anschauung, daß ein „Konkurrenzunternehmen" durchaus überflüssig sei. Daß die Ideen freimaurerisch waren, erhellt zur Genüge aus dem Lehmannschen Entwurf zu einem „allgemeinen Grundgesetz zum Tugendverein: „Es ist eine laute Überzeugung, daß ein Staat mit seinem Wohl darauf fußt, daß in seinen Bürgern wahre Menschlichkeit sei ... daß überhaupt ein gutes Bürgertum auf guter Menschheit ruht ..." Der Bund, der geheime Erkennungszeichen besaß und vom König von Preußen bestätigt wurde, faßte auch anderwärts Fuß und gründete in einer Reihe von Städten (namentlich Schlesiens und Pommerns) „Kammern". Ein Hauptagitator war der Assessor von Bardeleben. Ein 1809 dem König überreichtes Verzeichnis wies 699 Mitglieder aus, darunter Boyen (s. d.). Die anfängliche gute Entwicklung hielt aber nicht an. Teilnahme von Mitgliedern an dem Unternehmen Schills und Mißtrauen des Königs gegen die „nordischen Jakobiner" führten 1809 zur Auflösung. (Vergl. Haarhaus „Deutsche Freimaurer zur Zeit der Befreiungskriege.)

Tuiler (frz.), sich durch Prüfung vergewissern, ob ein Besucher regulärer Maurer ist.

Tuileur (frz.), Logenbeamter, der zu prüfen hat, ob die Besucher reguläre Maurer sind; auch Bezeichnung für Schriften, die das sogenannte „geheime Werk", die freimaurerische Ritualistik und Symbolik, behandeln (s. Tiler).

Tunis, französisches Protektorat im nördlichen Afrika am Mittelmeer. Die älteste Loge ist die von Joseph Costa gegründete Loge „Progresso" in Sousse, vormals unter dem G. O. von Italien, die jetzt zur Grande Loge de France gehört und den Namen „Lumière et progrès" trägt. Gegenwärtig arbeiten in der Hauptstadt Tunis, in Sousse und Bizerte usw. unter dem Grand Orient de France vier, unter der Grande Loge drei Logen, mit insgesamt rund 1000 Mitgliedern. Die französischen und italienischen Brr. arbeiten im besten Einvernehmen. Letztere haben auch die Loge „Veritas" in Tunis, vormals G. O. von Italien, jetzt ebenfalls Grande Loge de France. Die muselmännische Bevölkerung steht außerhalb der freimaurerischen Bewegung.

Die Logen unterhalten in Tunis ein Waisenhaus.

Turgenjew, Rektor der Universität Moskau, * 1752, † 1807, „einer der erleuchtetsten Männer seiner Zeit", spielte in der Freimaurerei eine führende Rolle, gehörte zur Zeit der Zarin Katharina II. zu den Gründern der bedeutende wissenschaftliche Arbeit leistenden, eine wahre geistige Elite vereinigenden Moskauer Loge „Eintracht" an.

Turgenjew, Nikolai Iwanowitsch, hervorragender russischer Volkswirtschaftler, Philosoph und Historiker („La Russie et les Russes"), Freund und Mitarbeiter des Freiherrn vom Stein. * 1789, † 1871, der hauptsächlich auf Grund von Studien an der Universität Göttingen in einem bedeutenden Buch über Steuertheorie bemerkenswerte Reformideen veröffentlichte, 1818 auf seinem Gut die Leibeigenschaft aufhob, zu den Dekabristen des „Nördlichen Bundes" gehörte, aber 1822 ins Ausland ging, war Freimaurer. Er wurde nach dem Scheitern der Dekabristen-Bewegung 1826 in contumaciam zum Tode verurteilt und lebte seither in Paris.

Türhüter, s. Tiler, Inner Guard.

Türkei (Republik). Zu stärkerer Entwicklung gelangte die Freimaurerei erst in der zweiten Hälfte des 19. Jahrhunderts. Allerdings gab es schon früh im 18. Jahrhundert Logen, aber es handelte sich meist nur um Ansätze zu regerer freimaurerischer Tätigkeit. Die Londoner „St. James Evening Post" vom 24. Mai 1738 meldete bereits: „Wir hören aus Konstantinopel, daß die Logen von Smyrna und Aleppo stark anwachsen, und daß einige Türken von Distinktion Aufnahme gefunden haben." Aber erst im Februar 1748 wurde eine Großlogenautorisation für freimaurerische Arbeit erteilt: die erste ausländische Loge im Register der Großloge von Schottland war die unter der Führung des Konsuls Alexander Drummond stehende Bauhütte in Aleppo. Nach Lawries „History of Freemasonry" (1804) hatte Drummond, ehe er die „Provincial Commission" erhielt, „in Alexandretta gelebt und mehrere Logen in diesem Teil des Landes gegründet".

1752 verzeichnet das Protokollbuch der Kilwinning Canongate-Loge in Edinburgh unter dem 8. April die Unterzeichnung einer Konstitutionsurkunde ebenfalls für ein Loge in Aleppo, 1762 ernannte der englische Großmeister, Washington Shirley, Earl Ferrers, Dr. Dionysius Manasse zum Provinzial-Großmeister für „all Armenia in the East Indies"; dieser Name blieb bis 1805 in den Listen.

In der europäischen Türkei errichtete die Grande Loge Nationale von Genf (diese Stadt unterhielt damals rege Handelsbeziehungen mit der Türkei) in Konstantinopel die Loge „St. Jean du Levant", die dann 1787 eine Schwester in Smyrna („Grand Orient" von Genf) erhielt. 1784 entstand unter dem Großorient von Polen die Stambuler Loge „Morgenröte von Zarograd". Die Spuren freimaurerischer Tätigkeit verlieren sich dann. Erst von 1820 an bildeten sich in den verschiedensten Teilen des ausgedehnten türkischen Territoriums, in Konstantinopel, Mazedonien, Thrazien, Epirus, Smyrna, Syrien usw., wieder Bauhütten unter einer Reihe von Obedienzen. Wie Ossian Lang im Jahresbericht der Großloge von New York von 1923 feststellt, gehörten ihnen wenige Türken an; die Mitglieder waren zumeist Fremde: Christen und Juden.

1856 (nach dem Krimkrieg) trat die Großloge von England wieder auf den Plan. Sie stiftete in Konstantinopel die Oriental Lodge Nr. 687, die auch heute tätig ist und mit Ausnahme der Weltkriegsjahre auch in den Zeiten, die der Freimaurerei äußerst ungünstig waren, die Fahne hochhielt. Gründer war Sir Henry Bulwer, der englische Gesandte, Logensitz zunächst Bujukdere, am obersten Bosporus. 1858 trat die Loge „L'Etoile du Bosphore" des Grand Orient de France in Erscheinung. 1859 mußte sich die Großloge von England bereits mit dem Problem „irregulärer Gründungen" in Smyrna befassen. Drei Logen hatten sich dort zu einer „Großloge der Türkei" zusammengeschlossen, der aber von London die Rechtmäßigkeit abgesprochen wurde. Eine irische Vollmacht, die der Stifter vorgewiesen hatte, wurde nicht anerkannt.

1861 wurden die „Oriental" und zwei mittlerweile entstandene Schwestern („Deutscher

Bund" und „Bulwer") in einer Distrikts-Großloge unter Sir Henry Bulwer als Distrikts-Großmeister vereinigt. Dessen französischer Kollege war an der gleichzeitigen Expansion des Grand Orient beteiligt, der ebenfalls drei weitere Logen stiftete. Auch außerhalb Konstantinopels gab es bald neue Bauhütten. Die verschiedensten Obedienzen waren für die zahlreichen, auf türkischem Boden lebenden Nationen gründend tätig. Die Einsetzung einer Großloge und eines Obersten Rates in Ägypten wirkte belebend auf die Wünsche, auch eine eigene türkische Großkörperschaft zu erhalten. 1861 unternahm es der ägyptische Prinz Halim Pascha, in Konstantinopel einen „Obersten Rat des Ottomanischen Reiches" (A. u. A. Schottischer Ritus) zu gründen. Dieser bestimmte, daß bis zur Stiftung einer eigenen Großloge die in der T. bestehenden Logen die Arbeit unter ihren Mutterobedienzen fortsetzen sollten. Der damalige Streit um die Erbfolge in Ägypten, die langwierigen Prozesse zwischen dem Khediven Ismail Ibrahim Pascha und seinen Brüdern wirkte sich auf die Freimaurerei aus, indem Prinz Halim sich nur wenig um seine Obliegenheiten als Großkommandeur des Obersten Rates bekümmern konnte. Dadurch blieb auch die Großlogengründung in Schwebe. Immerhin herrschte in einzelnen Logen schöner Arbeitswille. Eine große Zahl bedeutender Persönlichkeiten wurden Freimaurer, so Prinz Mustapha Fasil Pascha, der Kronprinz, der spätere Sultan Murad V. (s. d.) und dessen Brüder, die Prinzen Nureddin und Kemaleddin. Weitere prominente Namen aus jenen Tagen: Fuad Pascha, Suleiman Pascha, Edham Perten Pascha u. a.

Aber bald schwanden die Aussichten auf eine gedeihliche Entwicklung. Die Regierungsperiode des Sultans Abdul Hamid (1867—1909) unterband jede Aktion. Für Abdul Hamid war die Freimaurerei ein politischer Faktor Englands, und daher wollte er nicht nur nichts von ihr wissen, sondern er verfolgte sie, indem er mit Verbannungen vorging. Es gab zwar auch in dieser Ära Logen, aber ihr Wirken war eng begrenzt. Erst als die Jungtürken, zu deren Führern (besonders in Saloniki in den Logen: „Macedonia Risorta", „Veritas", Labor et Lux", „Perseverancia") zahlreiche Brr. zählten, 1908 dem Absolutismus ein Ende bereiteten und die konstitutionelle T. errichteten, konnte neuerlich ein Suprême Conseil in Arbeit gesetzt werden, dessen Errichtung die Brüsseler Konferenz der Obersten Räte des A. u. A. Ritus (1907) gutgeheißen hatte. Am 25. Juni 1909 wurde er mit dem ägyptischen Prinzen Aziz Hassan Pascha, General der Kavallerie, als Großkommandeur installiert. Noch im gleichen Jahr erstand auf Grund eines Konkordats auch der Großorient der T. In den beiden jungen Organisationen dominierten naturgemäß die Jungtürken (Talaat Pascha, Midhat Schükri Bey, Rahmy Bey, General Galib Pascha, Emanuel Carasso u. a.). Die Gründung geschah in der Weise, daß sich die unter Italien arbeitende Loge „Bisanzio Risorta" und die unter Spanien wirkende „Meschrutijet" (Stuhlmeister Djavid Bey [s. d.], später Finanzminister und Großmeister) zunächst dem Obersten Rat unterstellten. Es wurden dann sieben weitere Logen gegründet. Der Großorient konnte sich infolgedessen gleich zu Beginn auf neun Bauhütten stützen. Die neuen Logen waren: „Watan" (Vaterland), Stuhlmeister Prinz Aziz Hassan, „Muhiban i hürrijet" (Freunde der Freiheit), Stuhlmeister Dr. Mehmed Ali Bey, der damals älteste türkische Maurer, „Wefa" (Beständigkeit), „Schefak" (Morgenröte), „Resne", „Itihad i terreki muhiblary" (Freunde der Einheit und Freiheit), „Uhuwet i Osmani" (Ottomanische Brüderlichkeit). Erster Großmeister wurde der damalige Innenminister und spätere Großvezier Talaat Pascha (s. d.).

Beim Ausbruch des Balkankrieges trat der Großkommandeur Prinz Aziz Hassan an die Spitze einer Armee; an seiner Stelle wurde Mehmed Ali Bey an die Spitze des Obersten Rates gestellt. Im gleichen Zeitraum resignierte auch der Großmeister Talaat, den seine Tätigkeit als Innenminister ganz ausfüllte. Seinen Platz nahm der Korpskommandant Sulejman Faik Bey ein, Stuhlmeister der Loge „Sija i schark" in Kadiköj. Von diesem Zeitpunkt an trat der jungtürkische Einschlag immer stärker zurück.

Politische Kämpfe im Parlament. die Spaltung in der Partei „Einheit und Fortschritt", in „Einheit und Freiheit" (Regierungspartei) und „Ihtilaf" (Opposition) führten zu einer öffentlichen Freimaurerhetze zu politischen Zwecken. Die Opposition ließ Übersetzungen der Werke von Taxil verteilen und suchte das Volk mit allen Kräften aufzuwiegeln. Wieder mußten manche Logen ihre Arbeit sehr einengen; manche schlossen vorübergehend ihre Pforten. Erst 1912 trat Ruhe ein. Dr. Mehmed Ali Bey wurde auch zum Großmeister gewählt. Die Zahl der Logen wuchs. Mit der ägyptischen Freimaurerei wurde ein Konkordat geschlossen, demzufolge die ägyptischen Logen, die bis dahin der türkischen Jurisdiktion unterstanden, an die Ägyptische National-Großloge übergingen, wogegen die ägyptischen Logen in Syrien und Palästina sich dem Großorient der Türkei unterstellten. Aber wieder war an ein gedeihliches Wirken kaum zu denken; der Ausbruch des Weltkrieges rief viele Freimaurer an die Front. Eine Zeitlang mußte die Logentätigkeit auf Befehl der Regierung ruhen, namentlich der Generalissimus Enver Pascha war dem Bunde unfreundlich gesinnt. Der nach der Wiederaufnahme der Tätigkeit, 1916, gewählte neue Großmeister Sulejman Faik Bey ging gleich nach seiner Wahl als Armeekommandant nach Anatolien; er fand bei Tungut den Heldentod. Djavid Bey wurde sein Nachfolger. Eine sehr aktive Rolle spielte die Maurerei bei der Gründung des Roten Halbmonds. Dessen Präsident, Prof. Bessim Eumer Pascha, Rektor der Ottomanischen Universität, war 1921—1923 Großmeister.

Nach dem Weltkrieg sammelte der Großorient der T. seine Kräfte unter dem geänderten staatlichen Regime aufs neue. Er verlegte seinen Sitz nicht in die jetzige Hauptstadt Ankara, sondern blieb in Konstantinopel. 1921 wirkte er bei der Gründung der A. M. I. mit. 1930 zählte er — laut A. M. I.-Jahrbuch — 23 Logen (zu denen mittlerweile weitere gekommen sind) mit rund 2000 Mitgliedern. Er besitzt heute ein eigenes schönes Großlogenhaus. In Konstantinopel selbst arbeiten 17 Logen des Großorients, darunter „Stambul", in deutscher, vier in französischer Sprache. In der Hauptstadt Ankara wirkt die Loge „Dejumhuriet" (Republik). Die Bauhütten sind ein getreues Abbild der vielen Völkerschaften der T.; sie umfassen Türken, Griechen, Armenier, Juden, Araber, Kurden, Albaner, daneben zahlreiche Angehörige der fremden Kolonien.

Von ausländischen Obedienzen haben in Konstantinopel: die Großloge von England die Loge „Oriental", die G.-L. von Irland zwei, Schottland zwei, der Grand Orient de France eine Loge. Letzterem untersteht auch eine Bauhütte in Smyrna. Die deutsche Loge „Leuchte am Goldenen Horn" (Große Loge von Hamburg), die 1894 gegründet wurde, ruht gegenwärtig. Adresse des Großorients: Rue Leh 25, Stambul. (Vgl. W. Bolland, Berlin, in „Die Bauhütte", 1918, Nr. 48/49.)

Turnerbund, Deutscher (1919), nahm 1928 in seine Bundessatzungen folgende Erläuterungen auf: „Mitglieder von Freimaurerlogen und ähnlichen Geheimbünden können nicht Angehörige des Deutschen Turnerbundes sein."

Turpin, François Xavier, berühmter französischer Historiker, der „französische Plutarch", * 1709, † 1799, Verfasser des biographischen Sammelwerkes „La France Illustre ou le Plutarque français", ferner „Histoire du Gouvernement des anciennes républiques", war Mitglied der Pariser Loge „Neuf Sœurs".

Türr, Stephan, ungarischer Patriot, * 1825, † 1908, kämpfte 1848 in Italien, ging zu den Piemontesen über, bei denen er eine ungarische Legion kommandierte, nahm am badischen Aufstand teil, stand im Krimkrieg in britischen Diensten, kämpfte 1859/60 unter Garibaldi, wurde italienischer Feldmarschalleutnant und Flügeladjutant des Königs und plante 1866 nach Verabredung mit Bismarck einen Einfall nach Ungarn. Nach dem Ausgleich von 1867 amnestiert, kehrte er in seine Heimat zurück und widmete sich hier der Förderung öffentlicher Arbeiten. Er arbeitete Pläne für den Bau des Panamakanals und des Kanals von Korinth aus. Daneben entwickelte er eine hervorragende pazifistische Tätigkeit. 1896 präsidierte er dem Internationalen Friedenskongreß in Budapest. Auch der Freimaurerei, in die er in Italien aufgenommen worden war, galt seine Liebe; zusammen mit Baron Nyáry gründete er die Loge „Corvin Mátyás", deren Stuhlmeister er wurde.

Tweeddale, George Hay, achter Marquis, * 1787, † 1876, britischer Feldmarschall, kämpfte in Sizilien und Amerika, Gouverneur und Befehlshaber von Madras, repräsentativer Peer von Schottland, Präsident der „Highland Society", war 1818/19 Großmeister der Großloge von Schottland.

Twelve Original Points of Masonry (engl.). Im englischen Ritual des 18. Jahrhunderts hatten sich zwölf Kardinalpunkte entwickelt, zu denen folgende Erklärung gegeben wurde: „Jedermann, der in den Orden aufgenommen wird, muß diese zwölf Punkte passiert haben, und zwar nicht nur im ersten, sondern auch in jedem folgenden Grade." Verstanden wurde unter den zwölf Punkten, die mit den zwölf Stämmen Israels in Verbindung gebracht wurden: die Öffnung der Loge, die Vorbereitung des Kandidaten, der Bericht des Ersten Aufsehers, der Eintritt des Kandidaten in die Loge, das Gebet, die Wanderungen, die Annäherung an den Altar, die Verpflichtung, die Einweihung, die Bekleidung, die Handlung im nordöstlichen Winkel des Tempels und der Schluß der Loge.

Bei der Vereinigung der beiden englischen Großlogen im Jahre 1813 wurden diese zwölf Punkte in die Unionsakte nicht aufgenommen und haben daher heute nur mehr historische Bedeutung.

Twenty-four Inch Gauge (engl.), der vierundzwanzigzöllige Maßstab.

Two Balls Cane (engl.), ein amerikanisches freimaurerisches Wortspiel, das an Tubalkain (s. d.) anspielt. Daher tragen amerikanische Freimaurer mitunter als Abzeichen, Krawattennadel usw. eine kleine Nachbildung eines Spazierstockes (Cane) mit zwei Bällen (two balls). Außerhalb Amerikas nicht üblich und auch nicht verstanden.

Tyler (engl.), s. Tiler.

Tyler's Oath (engl.), s. Tiler.

Tyler's obligation, s. Tiler.

Typus inversus, s. Blüher.

U

Überseeisches Büro, Freimaurerisches, in Paris, ist eine von dem amerikanischen Freimaurer James Conner geleitete Institution. die nach Frankreich kommenden überseeischen Freimaurern und ihren Familien beratend zur Seite steht.

Uden, Konrad Friedrich, deutscher Arzt in Rußland, Professor an der Universität Dorpat, † um 1807, war Herausgeber der Zeitschriften „Archiv für Freimäurer und Rosenkreuzer" und „Ephemeriden der gesamten Freimaurerei in Deutschland".

U. F. L., Universala Framasona Ligo, s. Freimaurerliga, Allgemeine.

Uganda, unter englischem Protektorat stehendes Negerreich in Ostafrika; unter der Distrikts-Großloge „Eastern Africa" der Großloge von England (Adresse: P. O. Box 82, Nairobi, Kenya Colony) arbeiten in der Hauptstadt Kampala zwei Logen.

Uhlmann, Fritz, Privatdozent in Basel, * 1881, Arzt und Pharmakologe, Schöpfer des ersten freimaurerischen Esperanto-Rituals, Präsident der Allgemeinen Freimaurerliga seit deren Rekonstruktion, Gründer und erster Stuhlmeister der Loge „Zum Fels am Rhein" in Basel, verfaßte: „Der Alte und Angenommene Schottische Ritus vom XXXIII. und letzten Grad", die drei Katechismen der Schweizerischen Großloge „Alpina" und die „Große Werklehre der Freimaurerei" (1931).

Uhrbach, Friedrich, * 1855, † 1918, Großkaufmann und Mitglied der Hamburger Bürgerschaft, in welcher Eigenschaft er sich besonders in humanitärer Beziehung bewährte, trat mit 21 Jahren der Loge „Absalom" in Hamburg bei, war von 1904—1909 deren Meister, seit 1909 Großmeister der Großen Loge von Hamburg. In seine Amtszeit fällt der Besuch der englischen Großlogenvertreter in Hamburg. In der Kriegszeit machte er sich um die Verwundetenhilfe besonders verdient. Er kam am 23. Juli 1918 in tragischer Weise ums Leben. Er hatte in Berlin einem Kongreß mit Würdenträgern der Großlogen von Ungarn, der Türkei und Bulgariens beigewohnt und wurde bei der Rückfahrt von der drängenden Menge unter einen einfahrenden Zug gestoßen. Er erlag den schweren Verletzungen am 7. August 1918.

Ukraine, südwestlicher Teil Rußlands. (Heute eine der Vereinigten Sowjetrepubliken.) Nachdem Alexander I. 1822 die russischen Logen geschlossen und Nikolaus I. 1826 das Verbot bestätigt hatte, erstarb in Rußland das freimaurerische Leben, doch waren im Laufe des 19. Jahrhunderts in einigen Teilen des russischen Reiches, insbesondere in der U., von Zeit zu Zeit immer wieder im geheimen Logen tätig. Als solche ukrainische Bauhütten werden erwähnt: „Wahrheitsliebe" in Poltawa, „Unsterblichkeit" in Kiew, „Zerteilte Finsternis" in Schitomir, „Osiris" in Kamenetz-Podolsk und „Pontus Euxinus" in Odessa. Jede dieser Bauhütten arbeitete für sich, doch standen alle in freundschaftlicher Beziehung zueinander. Boris Telepnef zufolge fand 1900 der erste ukrainische Freimaurerkongreß statt, der am 17. Jänner d. J. eine Großloge der Ukraine gründete, von der aber keine Kunde in die Welt drang. Am 18. September 1917 (zur Zeit der Okkupation durch die deutschen und österreichisch-ungarischen Truppen) erklärte sich die Loge „Sanctus Andreas Praevocatus" in Kiew zur „Großloge der Ukraine zu St. Andreas Praevocatus". In der nach Gründung des kurzlebigen Ukrainischen Freistaates am 1. April 1919 von Kamenetz-Podolsk aus proklamierten Provinzialerklärung (gezeichnet vom Großmeister Petljura) wurde u. a. gesagt: „Der ukrainische Freimaurer ist seinem Vaterland in unbedingter Treue ergeben. Er betrachtet es als seine heilige Pflicht, dessen Freiheit und Unabhängigkeit zu verteidigen sowie zur Aufrechterhaltung des Friedens im Innern beizutragen."

Das bolschewistische Regime machte der Tätigkeit bald ein Ende. Einer der gewesenen Minister, Schumitzky, der nach Paris in das Exil ging, brachte dorthin wichtige Archivstücke der französischen Freimaurerei des 18. Jahrhunderts zurück (z. B. über Etienne Morin, s. d.), die in den Tagen der Französischen Revolution durch Emigranten nach Rußland gelangt waren. (Vergl. Boris Telepnef, „An Outline of the History of Russian Freemasonry", London 1928.)

Ulster, Grand East of, Großosten von Ulster, wurde 1808 wegen tiefgehender Meinungsverschiedenheit interner Natur in den Reihen der Großloge von Irland von Sezessionisten der Provinz Ulster unter der formellen Führung von William Irvine begründet und existierte bis 1813 (s. Irland).

Ultramontanismus, s. Katholizismus, Gegner.

Uminski, Jan, polnischer General, * 1780, † 1851, 1812 Kommandant des zehnten Husarenregiments, 1813 bei Leipzig verwundet und gefangen, 1821 mit Lukasinski Gründer der geheimen „Patriotischen Gesellschaft", im Posenschen lebend, 1826 von den Preußen verhaftet und zu sechs Jahren Festungshaft in Glogau verurteilt, floh während des Aufstandes 1831, wurde Kavalleriechef der Aufständischen, später zeitweise Oberkommandant, nach der Niederlage in Preußen zum Tode verurteilt und in effigie gehängt, war Mitglied der Warschauer Loge „Bracia Polacy zjednoczeni" („Vereinigte Brüder Polens").

Umzüge, s. Aufzüge.

Unabhängige Logen. Nach den General Regulations der Großloge von London (1720/21) ist jede Loge der Aufsicht und den Gesetzen der Großloge unterworfen. Es heißt in Punkt VIII:

„Wenn eine Gruppe oder Zahl von Brr. sich unterstehen sollte, eine Loge ohne ein Patent des Großmeisters zu errichten, so sollen die regulären Logen sie nicht unterstützen, noch sie als reguläre und regelrecht eingesetzte Brr. ansehen, sondern sie sollen sie als Rebellen behandeln, bis sie sich selbst wieder unterwerfen, wie es die Weisheit des Großmeisters anordnet und bis er sie bestätigt durch ein Patent, das den anderen Logen mitgeteilt werden muß, so wie es Brauch ist, wenn eine neue Loge in das Logenregister eingetragen wird."

Diese Forderung der jungen Großloge von London begegnete im Anfang heftigem Widerstand, da sich nicht alle in London bestehenden Logen der Großloge anschließen wollten. Im Laufe der Jahrhunderte hat sie sich aber durchgesetzt und wird heute von allen Großlogen als eine der allgemein verbindlichen Grundsätze der Freimaurerei anerkannt. Ebenso wie jeder Maurer zu einer Loge, muß jede Loge, wenn sie regulär anerkannt sein will, zu einer Großloge gehören, die ihr ein Gründungspatent erteilt oder sie angenommen hat. Diese heute allgemein gültige Grundlage des Maurerrechtes hat Ausnahmen zu verzeichnen. Hierher gehören jene Fälle in der Zeit nach dem Weltkriege, als Logen durch die Neuaufteilung Europas ihren Zusammenhang mit ihren

Großlogen aufgeben mußten, z. B. die deutschen Logen in Polen und Lettland. In der englischen Großloge haben die seit „undenklicher Zeit" bestehenden Gründungslogen kein Patent. Historisch von Belang sind ferner die in Deutschland durch ein Jahrhundert lang arbeitenden fünf unabhängigen Logen, die heute zur Großloge „Deutsche Bruderkette" zusammengeschlossen sind. Die Gründe dieser Unabhängigkeit sind hier in der geschichtlichen Entwicklung zu suchen. Bei dem ständigen Wechsel der Systeme im 18. Jahrhundert gaben fünf regulär eingesetzte Logen ihren Zusammenhang mit Großlogen usw. auf und zogen es vor, unabhängig zu bleiben. Die Geschichte dieser fünf u. L. ergibt in Kürze folgendes.

1. Archimedes zu den drei Reißbretern in Altenburg: Sie wurde 1742 von einer Abordnung der Großloge von Obersachsen „Aux trois aigles blancs" eingegesetzt, trat 1775 bei der Zinnendorfschen Großen Landesloge ein, trennte sich von dieser 1785 und war von 1788—1793 Mitglied des Eklektischen Bundes. Im Jahre 1793 erklärte sie sich selbständig und begründete 1803 als Deputationsloge

2. die Loge „Archimedes zum ewigen Bunde" in Gera. Da diese Loge von den anderen Logen nicht anerkannt wurde, trat sie 1806 der Hamburger Provinzial-Großloge bei und wurde in das Londoner Großlogenregister eingetragen, wo sie noch 1832 erscheint, obzwar sie sich, durch die lokalen Verhältnisse des kleinstaatlichen Partikularismus gezwungen, schon früher unabhängig erklärt hatte.

3. Die Loge „Karl zum Rautenkranz" in Hildburghausen wurde mit Stiftsbrief der Großloge von England 1787 eingesetzt und stand unter der Leitung von Mitgliedern der herzoglichen Familie von Sachsen-Meiningen. In den napoleonischen Zeiten löste sich infolge der Kontinentalsperre die Verbindung mit England, die Loge arbeitete als u. L. weiter.

4. und 5. Die Logen „Minerva zu den drei Palmen" und „Balduin zur Linde" in Leipzig. Die „Minerva" wurde 1766 unter dem Schutze der Strikten Observanz gegründet und sagte sich in den achtziger Jahren des 18. Jahrhunderts von diesem System los. Sie blieb unabhängig, schloß sich dem entstandenen Sächsischen Logenbund nicht an und bewahrte die Kennzeichen ihrer Entstehungsart bis zum Jahre 1884, als sie den Erkenntnisgrad ablegte und sich auf die drei Johannisgrade beschränkte. — Die Loge „Balduin zur Linde" wurde 1776 von dem damaligen Großmeister der Großen Landesloge, Herzog Ernst von Sachsen-Gotha, eingeweiht und arbeitete bis 1807 unter dieser. Am 7. November 1807 erklärte sie sich selbständig, ließ sich aber 1809 von der Provinzial-Großloge von Hamburg eine neue Stiftungsurkunde ausstellen. Von 1815 angefangen gehörte sie dem Sächsischen Logenbund an, trat 1824 aus und behielt ihre Selbständigkeit bis zum Eintritt in die Großloge „Deutsche Bruderkette" (1924).

Die Regularität dieser Logen wurde im 19. Jahrhundert nie bestritten. Sie nannten sich selbst „isolierte Logen", hatten gemeinsame Interessen, die auch durch eine Zeitschrift, „Am Reißbrett", vertreten wurden und schlossen sich 1884 zu einer „Freien Vereinigung" zusammen, die von einem geschäftsführenden Ausschuß verwaltet wurde. Der Zutritt zum Deutschen Großlogenbund blieb ihnen lange versagt, weil die Großlogen eine Vereinigung von Logen ohne vertretende Großloge nicht zulassen wollten. Erst kurz vor dem Weltkriege fanden auch die fünf u. L. im Deutschen Großlogenbunde ihre Vertretung. Im Jahre 1924 schlossen sich die fünf u. L. zur Großloge „Deutsche Bruderkette" zusammen. Damit ist der Begriff der u. L., von wenigen Ausnahmen abgesehen, aus der Freimaurergeschichte so gut wie verschwunden (Ausnahmen Polen [Bund deutscher Freimaurerlogen] und Lettland).

Der Begriff u. L. wird wiederholt von nicht anerkannten Verbänden falsch ausgelegt. Solche u. L. tauchen immer wieder auf und nehmen für sich das Recht der Regelmäßigkeit in Anspruch. Sie berufen sich gerne auf Vorkommnisse im 18. Jahrhundert und halten dabei mit einer Zähigkeit an geschichtlichen „Traditionen" fest, die sie in anderen Fragen vermissen lassen. Maßgebend für die maurerischen Rechtsverhältnisse sind jedoch nicht ausschließlich die vor 200 Jahren festgelegten Grundsätze, sondern das auf deren Grundlage entwickelte Recht und Übereinkommen der Jetztzeit, ebenso wie nicht mehr nach dem „Sachsenspiegel" Recht gesprochen wird, sondern nach dem heutigen bürgerlichen Gesetzbuch. Die übereinstimmende Anschauung aller Großlogen geht heute dahin, daß u. L., die keiner Großloge unterstehen und von keiner Großloge ein Patent erhalten haben, nicht als regelrecht eingesetzt anzusprechen sind. Es genügt nicht, daß sieben Maurer zu einer Loge zusammentreten, die Loge muß auch gerecht nach ihrer Einsetzung sein. Tatsächlich gibt es derzeit, abgesehen von den angeführten, durch politische Verhältnisse bedingten Ausnahmen, nirgends mehr regelrecht eingesetzte und anerkannte u. L. Bei den zahlreichen Verschiebungen in Deutschland in der Nachkriegszeit haben Logen die Großlogenzugehörigkeit wohl gewechselt, es sind aber nirgends neue u. L. entstanden. Im „Jahrbuch der Weltmaurerei der A. M. I." („Annuaire") ist kein einziges weiteres Beispiel regulärer u. L. verzeichnet.

An der Tatsache der Regelwidrigkeit ändert auch die Vereinigung irregulärer u. L. zu einer eigenen Großloge nichts. Die Großloge, sofern sie nicht selbst ein Patent hat, wird regulär erst durch die Regelmäßigkeit ihrer Gründungslogen.

Unattached mason (engl.), ein Freimaurer, der nicht mehr Mitglied einer Loge ist.

Unbekannte Obere, s. Geheime Obere.

Underwood, Oscar W., amerikanischer Senator, * 1862, † 1929, Führer der demokratischen Partei, Bevollmächtigter der Vereinigten Staaten von Nordamerika bei der Washingtoner Abrüstungskonferenz 1921, war Freimaurer.

Ungarische freimaurerische Zeitschriften existieren infolge des Verbotes der Freimaurerei nicht mehr.

1. „Hajnal" (Morgenröte), Organ des G.-O. von Ungarn (1871—1888), Herausgeber Béla Erdödi-Harrach, seit 1887 Ludwig Abafi und Moritz Gelléri.

2. a) „Kelet" (Orient), Organ der Symbolischen Großloge von Ungarn (1889—1919), Herausgeber Moritz Gelléri (bis 1909), Adolf Soltész (bis 1913), Ludwig Purjesz (bis 1919).

b) „Orient", Deutsche Ausgabe des „Kelet", geleitet von Eduard Payr.

3. „Dél" (Mittag), Herausgeber Max Bakonyi (1908/09).

4. „Galilei", Herausgeber Julius Sgalitzer (1899). Dazu kam das von Mitgliedern der Loge „Eötvös" gegründete Politische Tageblatt

5. „Világ" (1910—1926), Leiter Josef Yartin, Ludwig Bálint, Ödön Gerő, 1912—24 Ludwig Purjesz, 1925/26 Géza Feleky. Das Blatt wurde 1926 verboten.

Ungarn.

Frühzeit im 18. Jahrhundert.

Die erste stärkere Berührung von Ungarn mit der Freimaurerei erfolgte zur Zeit der ersten Wiener Loge durch Offiziere der ungarischen Leibgarde in Wien, die sich um den Schriftsteller Georg Bessenyei gruppierten, ferner durch Angehörige des hohen Adels. Georg Bessenyei war um die Pflege der ungarischen Sprache und Schöpfung einer Literatur nach französischem Vorbild bemüht. An den Anfängen der Wiener Freimaurerei waren die bedeutendsten ungarischen Adelsgeschlechter beteiligt (u. a. Apponyi, Bánffy, Batthyány, Esterházy, Festetics, Forgách, Gyulay, Pálffy, Szapáry und Teleki). Nach U. selbst kam die Freimaurerei durch deutsche, polnische und französische Vermittlung. In Preßburg wird eine Loge schon aus den vierziger Jahren des 18. Jahrhunderts gemeldet. Sehr früh gelangte die Freimaurerei nach den sächsischen Städten in Siebenbürgen, noch bevor dieses an U. kam. 1749 entstand unter Berlin in Kronstadt die Loge „Zu den drei Säulen", gegründet von Senator Seuler. Es folgte 1767 die Loge „St. Andreas zu den drei Seeblättern" (Strikte Observanz) in Hermannstadt, das zwei Jahre zuvor Sitz der Regierung des neuen Großfürstentums geworden war. Der Gouverneur, Baron Samuel Bruckenthal, der Gründer des Bruckenthal-Museums, ihr eifriger Förderer, war selbst in Wien Freimaurer geworden. Weitere Gründungen folgten. 1784 wurde die Provinzialloge von Siebenbürgen (Provinzial-Großmeister Graf Georg Bánffy) unter der Großen Landesloge von Österreich eingesetzt. Zu ihr gehörte auch eine Loge in der Bukowina. In Siebenbürgen war von 1779—1781 auch Graf Ivan Drašković (s. d.) eifrig tätig.

In Nordungarn hielt in den siebziger Jahren die Freimaurerei von Polen aus ihren Einzug. Die von Warschau 1770 gegründete Loge „Zum tugendhaften Reisenden" in Eperjes stiftete Bauhütten in Schemnitz, Neusohl, Kaschau und Miskolcz. Reges freimaurerisches Leben herrschte auch in Kroatien (s. Jugoslawien), dessen Logen in Glina, Agram, Varasdin, Esseg, Karlstadt, im Verein mit anderen ungarischen Logen die Drašković-Observanz (s. d.) bildeten, die auch in Temesvár und Báttaszék Logen gründete.

In Budapest (damals noch Ofen und Pest) gab es zuerst wahrscheinlich nur Militärlogen. 1770 bildete sich die Loge „Zur Großmuth", die 1776—1778 vom Grafen Drašković (s. d.) geleitet wurde. Auch in Ofen erfolgte eine Gründung. Unter der Leitung von Baron Jozsef Orczy vereinigten sich dann die Pester und die Ofener Loge. 1781 erhielt die Bauhütte den Besuch des russischen Thronfolgers, späteren Zaren, Paul I. Im gleichen Jahre schlossen sich auf Anregung von Drašković die ungarischen Logen an Wien an. Graf Karl Pálffy wurde Provinzial-Großmeister der 12 Logen umfassenden — infolge des Freimaurerpatents Josephs II. (s. d.) aber nur bis 1786 bestehenden — Provinzial-Großloge. Pálffy blieb aber auch nach ihrer Auflösung am Wiener Hofe freimaurerisch tätig. Ihm und anderen ungarischen Freimaurern am Hofe Josephs II. war es zu danken, daß die heilige Stephanskrone wieder nach U. zurückkam und die Komitatskonstitution wieder auflebte. Freimaurer waren es auch, die damals die ungarische Nationalliteratur ins Leben riefen, die erste ungarische Zeitschrift herausgaben, die Idee der Akademie der Wissenschaften entwickelten, als erste das ungarische Nationaltheater betreuten und sich für die Wiedereinsetzung der ungarischen Verfassung exponierten. Die Logen in Siebenbürgen waren ebenfalls um die kulturelle Hebung des Landes bemüht; sie gründeten eine Gesellschaft zur Pflege der ungarischen Sprache und eine solche für Geschichtsforschung. In der zweiten Hälfte des 18. Jahrhunderts gab es in U. fast keine große politisch-kulturelle Erscheinung, die nicht von Freimaurern in die Wege geleitet worden wäre.

Das Freimaurerpatent schränkte auch die ungarische Freimaurerei außerordentlich ein. Nur in Ofen, Pest, Agram und Karlstadt durften noch Logen bestehen. Als Leopold II. zur Regierung kam, waren nur die Logen „Zur Großmuth" in Pest und die „Zur Klugheit" in Agram aktiv. Das neue Regime führte dann zum Aufleben und zur Neugründung einer ganzen Anzahl von Logen in den verschiedensten Städten; aber unter Franz II. hörte dann ebenso wie in Österreich in der Mitte der neunziger Jahre jede freimaurerische Tätigkeit auf. 1796 wurden die Freimaurer F. Hajnóczy, Hauptmann Laczkovics, Graf Sigray und der sonderbare Franziskanerabt Martinovics (s. d.) als sogenannte „Jakobiner", als Vorkämpfer für die ungarische Freiheitsidee in Ofen hingerichtet. Lange Zeit war die Freimaurerei zur Untätigkeit verdammt.

Wiedererweckung.

Die Vorbereitungen zur Wiedererweckung im 19. Jahrhundert traf August M. Thoma, ein Budapester Buch- und Musikalienhändler, aus

Strelitz in Preußisch-Schlesien stammend; 1845 in Fürth in Bayern in die Loge „Zur Wahrheit und Freundschaft" aufgenommen, fand er in Pest auch andere, aus ausländischen Logen stammende Freimaurer und war dann bemüht, mit ihnen unter dem Schutz einer deutschen Großloge eine Loge zu gründen. Unter dem System Metternich war aber die Erlaubnis nicht zu bekommen. Am 26. Mai 1848 konnte dann unter Frankfurt die Loge „Ludwig Kossuth zur Morgenröte des höheren Lichts" gegründet werden („Ludwig Kossuth" blieb dann im Logennamen weg). Thoma war Meister vom Stuhl. 1849 wurde die Loge wieder geschlossen. Erst 1861, nach Einberufung des ungarischen Reichstages, entstand wieder eine Bauhütte, die in ungarischer Sprache arbeitende Loge „Szent István". Gründer waren u. a. die Grafen Eduard Károlyi, Theodor und Koloman Csáky, Johann Teleki, Stephan Esterházy, Baron Adalbert Vay, Ludwig Lewis (s. d.). Dieser wurde nach Hamburg entsandt, um von der dortigen Großloge einen Stiftungsbrief zu erlangen. Hamburg stellte u. a. als Bedingung die Genehmigung durch die ungarische Regierung und deutsche Logensprache. Die meisten Mitglieder hielten aber am Ungarischen fest. Nach der Auflösung des Reichstages wurde die Freimaurerei wieder verboten. 1863 entstand in Genf eine ungarische Emigrantenloge „Ister" (Meister vom Stuhl: General Georg Klapka), die aber nur einjährigen Bestand hatte. Im gleichen Jahre gründete Professor Lewis eine Art Freimaurerklub. Wieder wurde die Regierung um die Erlaubnis zu einer Logengründung gebeten. Aber weder unter Schmerling noch unter Belcredi war eine solche zu erlangen.

Nach dem österreichisch-ungarischen Ausgleich.

Das änderte sich dann, als der österreichisch-ungarische Ausgleich von 1867 die neue ungarische Regierung brachte, an deren Spitze (der Freimaurer) Graf Julius Andrássy stand. Unter den aus dem Ausland zurückströmenden Emigrantenführern waren zahlreiche, gleich Ludwig Kossuth, in Amerika, Italien und der Schweiz Freimaurer geworden: So General Georg Klapka, Franz Pulszky, Bischof Michael Horváth, Nikolaus Puky, Dionys Dezsewffy, Stephan Türr, Graf Ladislaus Teleki, Paul Almássy, Graf Georg Bethlen usw. Lewis suchte um die Bewilligung nach, öffentliche Vorträge über die Geschichte der Freimaurerei halten zu dürfen. Innenminister Baron Wenckheim erteilte diese. Der Erfolg ermunterte zur Logengründung. Am 26. Juni 1868 entstand mit englischem Konstitutionspatent die Loge „Einigkeit im Vaterlande", die erst von Ludwig Lewis, dann von Franz Pulszky geleitet wurde. Im folgenden Jahre wurde „Szent István" wieder aufgerichtet, welche Bauhütte als erste ausschließlich in ungarischer Sprache zu arbeiten erklärte. Logen in Temesvar („Zu den drei weißen Lilien") unter dem Theaterdirektor Eduard Reimann aus Würzburg, Ödenburg („Zur Verbrüderung"), Preßburg (Honszeretet), Baja, Arad folgten. Am 30. Jänner 1870 bildeten sie die Ungarische Symbolische Johannis-Großloge, die, zuerst vom „Eklektischen Bund" anerkannt, als ersten Großmeister Franz Pulszky wählte. Zu gleicher Zeit hatte auch der Schottische Ritus durch die Tätigkeit von Graf Theodor Csáky, Georg Klapka, Stephan Türr, Baron Albert Nyáry, Eingang gefunden. Am 23. Mai 1861 wurde mit der Verfassung des Grand Orient de France die erste ungarisch arbeitende Loge „Corvin Mátyás" eingesetzt. General Türr war erster Stuhlmeister. Noch im gleichen Jahre folgte die deutschsprachige Loge „Humboldt". Weitere Logen in Pest und Umgebung, Temesvar, Oravicza, Kaschau, Neuhäusl, Werschetz, Arad und Beregszász entstanden. 1871 bildete sich aus diesen der Großorient von U. mit Staatssekretär von Joannovics (s. d.) als Großmeister. Pate war der Großorient von Frankreich. Sehr bald begonnene Versuche zur Vereinigung der beiden Riten, für die sich besonders der Stuhlmeister der Kaschauer Loge „Haladás", Graf Theodor Csáky, einsetzte, scheiterten zunächst an einer durch den Deutsch-Französischen Krieg bedingten Spannung. Die Bemühungen wurden aber immer wieder erneuert. 1875 waren sie schon sehr weit gediehen, sie scheiterten aber schließlich wieder. Die Hochgrade des Großorients bildeten das Haupthindernis. Dieser gab von 1874 an ein eigenes Organ „Hajnal" (Morgenröte) in deutscher Sprache heraus, an dessen Spitze 1880 der spätere Historiker der österreichisch-ungarischen Freimaurerei, Ludwig Aigner-Abafi (s. d.) trat. Am 21. März 1886 kam es aber doch zum Zusammenschluß als Symbolische Großloge von U.

Die Symbolische Großloge.

Bis zu diesem Augenblick hatte die Johannis-Großloge 37, der Großorient 30 Logen ins Leben gerufen gehabt, von denen sich aber nicht alle als lebensfähig erwiesen hatten. 26 der ersteren, 13 des letzteren, insgesamt also 39 mit 1831 Mitgliedern, bildeten den Grundstock der Symbolischen Großloge, als deren erster Großmeister Franz Pulszky gewählt wurde. Der Großmeister des bisherigen Großorients, Joannovics, wurde Ehren-Großmeister. Die neue Symbolische Großloge entwickelte regste Tätigkeit. Das neue Ritual war dem Schröderschen angepaßt. Das Blatt „Hajnal" (seit 1889 „Kélet") erschien als rein ungarisches Organ, dem als deutsches der „Orient" an die Seite gestellt wurde. 1888 wurde Stephan Rakovszky (s. d.) Großmeister. Zahlreiche neue Logen entstanden. bei deren einigen sich die Basis allerdings ebenfalls wieder als zu schmal erwies. Bis 1900 stieg die Zahl der Bauhütten auf 46 Logen, die der Mitglieder auf 3324. Logen gab es in allen Teilen U.s und Kroatiens. Dazu kamen in Wien die Preßburger Grenzlogen und zwei Bauhütten in Serbien. 1893 wurde E. Ivánka, 1897 Georg Joannovics Großmeister. Zunächst überwog in der Arbeit die deutsche philosophische Richtung der Freimaurerei. Besonders starkes Gewicht wurde auf die Pflege des Rituals, Deutung der Symbole und Wohltun gelegt. Die Zahl der philanthropischen Gründungen war außerordentlich groß. Man schuf ein Schwangerenheim, Anstalten für arme Mütter und Kinder, Gratismilch- und Gratisbrotverteilung, Kinderschutz, Obdachlose, Volksausspeisung, dann die Budapester Rettungsgesellschaft usw. Die Großloge besaß seit 1896 an der Podmaniczky-Straße einen schönen Großlogenpalast. In den Logen wurden wissenschaftlich-soziologische Untersuchungen angestellt, um die Wohlfahrtspflege planmäßig zu gestalten. Studienthemen der Logen waren u. a.: Sicherung der Arbeitsmöglichkeit, Schutz der Arbeit, Verbreitung von Wissen und Aufklärung. Im ersten Jahrzehnt des Jahrhunderts trat dann der progressive Charakter immer stärker hervor; Fragen, wie allgemeines Wahlrecht, Verstaatlichung des Unterrichtes, wurden erörtert. Man trieb innerhalb der Logen keine Parteipolitik, aber Aufklärungsarbeit. Die neue Tendenz wurde auch von der von Max Bakonyi 1908 gegründeten, nichtoffiziellen freimaurerischen Zeitschrift „Dél" vertreten und nach außenhin durch die 1910 auf Initiative der Loge „Eőtvös" ins Leben gerufene Tageszeitung „Világ".

Im Jahre 1918 arbeiteten unter dem Schutze der Symbolischen Großloge von U. 102 Logen mit zirka 7000 Mitgliedern, davon in U. selbst 86, unter diesen 30 in Budapest. Der Ausbruch des Weltkrieges unterbrach die Arbeit der ungarischen Freimaurerei. Das Großlogengebäude und die Logenhäuser in der Provinz wurden zu Krankenhäusern umgestaltet. Wiederholt erhob die Großloge ihre Stimme für einen ehrenhaften Frieden; zweimal wandte sie sich im Interesse der Internierten und Kriegsgefangenen an die neutralen Großbehörden. Der ungarische Ministerpräsident Graf Stephan Tisza (s. d.) nahm während der Kriegsjahre, wie aus der von der Ungarischen Akademie der Wissenschaften herausgegebenen Sammlung der Briefe des Grafen hervorgeht, mehrmals freimaurerische Dienste zu patriotischen Interventionen in Italien und Rumänien in Anspruch.

Unterdrückung nach dem Weltkrieg.

Nach dem Weltkrieg fristete die ungarische Freimaurerei nur noch ein ganz kurzes Dasein. Am 21. März 1919 — der Abend, an dem die Proletarierdiktatur ausgerufen wurde — hielt die Budapester Comeniusloge noch eine feierliche Aufnahmearbeit ab. Am nächsten Tage erklärte der Rat der Volkskommissäre die Freimaurerei für aufgelöst. Rote Soldaten nahmen das Großlogengebäude in der Podmanicky-Straße für die Gewerkschaft der Hausbesorger in Besitz. Nach der kommunistischen Schreckensherrschaft machte die rumänische Besetzung U. die Wiederaufnahme der Arbeit zur Unmöglichkeit.

Am 24. Mai 1920 wurde das Gebäude der Großloge neuerlich besetzt, diesmal vom Offiziersverband „Move", der das Haus am nächsten Tag vom Wohnungsamt mit der gesamten Einrichtung in Miete erhielt. Am 18. Mai 1920 löste der Minister des Innern, Dr. Michael Dömötör, die Symbolische Großloge von U. und ihre Logen auf. Die ministerielle Verordnung behauptete, die Freimaurer hätten Politik betrieben, versucht, die Macht im Staate an sich zu reißen, den Krieg heraufbeschworen, während desselben den Defaitismus geschürt, beim Entfachen der Revolution und des Bolschewismus anhaltende Minierarbeit verrichtet. Diesen Beschuldigungen war aber keine Untersuchung vorausgegangen. Die ungarischen Freimaurer erklärten, die Verordnung sei nur erfolgt, um der Wegnahme des Großlogengebäudes durch eine der damaligen Regierung nahestehende Gruppe nachträglich einen Rechtstitel zu geben. Die „Move" nahm niemals ein Inventar auf. Eine Reihe von wertvollen Stücken aus dem Museum, auch der Hammer des Großmeisters, tauchten bei einem Trödler auf, Möbel, Einrichtungsgegenstände und Bilder aus dem Tempel wurden 1930 von einem Antiquar zur Versteigerung gebracht. 1923 wurde das Gebäude vom Ministerium des Innern auf den dem Wohlfahrtsministerium unterstehenden Krankenunterstützungsfonds überschrieben. 1927 gab der Wohlfahrtsminister das Haus dem Offiziersverband neuerlich auf 16 Jahre in Pacht. Die Führer der aufgelösten Großloge verlangten in Eingaben an den Reichsverweser Horthy und den Ministerpräsidenten Grafen Paul Teleki eine Untersuchung und Rückgabe des Hauses. Eingehend legten sie dar, daß die Beschuldigungen zu Unrecht erfolgt waren. Eine Erledigung erfolgte nicht, trotzdem die Eingabe bei jedem Kabinettswechsel erneuert wurde. Dagegen trat eine systematische antimaurerische Propaganda in der Presse, in der Gesellschaft, in allen öffentlichen Institutionen ein. Zwar trat die Regierung 1921 mit den früheren leitenden Männern der verbotenen Großloge amtlich in Verbindung, um durch ihre Vermittlung eine raschere Heimbeförderung der noch in Rußland befindlichen ungarischen Kriegsgefangenen zu erreichen, aber die geforderte Untersuchung wurde niemals eingeleitet, trotzdem sie 1922 vom Innenminister Grafen Klebelsberg zugesagt wurde. Der ihm im gleichen Jahre folgende Stephan Rakovszky, Sohn des ehemaligen Großmeisters (s. d.), wich aus, indem er erklärte, daß eigentlich schon eine Untersuchung stattgefunden habe, deren Ergebnis in einem Buch, „Sünden der Freimaurerei", niedergelegt sei. Es handelt sich dabei aber nicht um einen offiziellen Akt, sondern um Studien zweier antifreimaurerischer Journalisten, die ein auf bloße Sensation berechnetes Werk verfaßt hatten, das alle die üblichen Anschuldigungen antifreimaurerischer Hetzschriften enthielt.

Der Rechtsstandpunkt.

Die ungarischen Brr. beharren auch heute nach wie vor auf ihrem Rechtsstandpunkt. Sie führen den Nachweis, daß sie weder vor dem Krieg noch während desselben oder nach dem Krieg eine der ihnen angelasteten Handlungen begangen haben und daß sie auch der behaupteten „anhaltenden Minierarbeit am Entfachen der Revolution und des Bolschewismus" nicht schuldig sind. Es gab in einigen ungarischen Bauhütten, beispielsweise in der Loge „Martinovics", eine Anzahl radikaler Elemente, die die Meinung vertraten, es sei besondere Pflicht der Freimaurerei, fortschrittliche Außenarbeit zu leisten, aber diese vermochten die Großloge in keinem Augenblick in eine Richtung zu führen, die auf eine Unterstützung revolutionärer Bestrebungen hinausgelaufen wäre. Zwei Freimaurer, der Soziologe Oskar Jászi, jetzt sehr bedeutender Universitätsprofessor in Oberlin, USA., und Paul Szende, waren während der Oktoberrevolution Minister der Regierung Károlyi, die dann den Kommunisten weichen mußte. Es waren zwei Männer, denen auch ihre Gegner den guten Willen und die unbedingte Uneigennützigkeit nicht absprachen, die ungarische Freimaurerei ging aber nicht mit ihnen. Im Kabinett Károlyi war auch der spätere erste Ministerpräsident der Gegenrevolution und reaktionäre Agitator Stephan Friedrich, ebenfalls Freimaurer, Staatssekretär. Dieser hätte gern eine aktive Unterstützung des Regimes Károlyi durch die Freimaurer gesehen, diese lehnten aber ab. Weder der Chef der kommunistischen Regierung, Béla Kun, noch jene Führer der Sozialdemokraten, die die Stützen der Räteherrschaft waren, gehörten zur Freimaurerei. Zu dieser zählte lediglich der Hochschulprofessor Peter Agoston (s. d.) aus Großwardein. Noch während des Weltkrieges hatte die sozialdemokratische Partei U.s ihren Mitgliedern die Zugehörigkeit zum Bunde verboten.

Da die ungarische Freimaurerei die Einleitung einer Untersuchung nicht erreichen konnte, wurde von anderer Seite versucht, Gerechtigkeit zu erlangen. Im Herbst 1921 sprachen auf Empfehlung des ungarischen Außenministers Grafen Bánffy, mit dem die Führer der A. M. I. (s. d.) im Anschluß an ihren ersten Genfer Konvent Fühlung genommen hatten, der damalige Großmeister der schweizerischen Großloge „Alpina", Prof. Reverchon, und der Historiker der Großloge von New York, Ossian Lang, in Budapest beim Innenminister Stephan Rakovszky vor. Im Laufe der Erörterungen machte der Minister den Vorschlag, die Freimaurer sollten einen neuen Wohltätigkeitsverein gründen; wenn dessen Tätigkeit Regierung und Gesellschaft zufriedenstelle, würden die Mitglieder mit der Zeit wieder das Recht zu freimaurerischer Arbeit erhalten. Die Führer der ungarischen Freimaurer erklärten aber, die Arbeit in keiner Form wieder aufzunehmen, bevor sie nicht Gelegenheit gehabt hätten, sich vor der gesamten Öffentlichkeit gegenüber den amtlich gegen sie erhobenen Anklagen des Landesverrats und der Gottesleugnung zu rechtfertigen. Auch im ungarischen Parlament wurde in der Folge wiederholt auf das schwere Unrecht hingewiesen, das den Freimaurern geschehen ist, so im Mai 1928. Damals war eine große ungarische Abordnung aus New York von der Einweihung des Denkmals Ludwig Kossuths (s. d.) zurückgekommen. Da das Geld zur Errichtung des Monuments dieses größten ungarischen Patrioten und Freimaurers hauptsächlich von ungarischen Mitgliedern amerikanischer Logen aufgebracht worden war, hatte die ungarische Regierung auch die verfemten Freimaurer eingeladen, Delegierte nach New York zu entsenden. Dadurch kamen Führer der ungarischen Abordnung in Berührung mit dem amerikanischen Maurertum. Auf Grund der dortigen Eindrücke erklärte der der Regierungspartei angehörige frühere Unterrichtsminister, Lukács, in der Nationalversammlung, die Zeit für eine Revision der antifreimaurerischen Haltung sei gekommen. Er hatte mit seiner Auffassung keinen Erfolg.

Anläßlich der Internationalen Freimaurermanifestation in Belgrad 1926 waren (mit Genehmigung ihres Außenministeriums) ungarische Freimaurer zugegen, ebenso bei den verschiedenen Tagungen der A. M. I. und der Allgemeinen Freimaurerliga.

Unger, Alfred, * 1860, Buchdruckereibesitzer, Verlagsbuchhändler in Berlin, Mitglied der Loge „Victoria", Ehrenmitglied mehrerer Logen und Großlogen, Herausgeber und Schriftleiter der Zeitschrift für deutsche Freimaurerei „Die Bauhütte", Verleger einer großen Zahl hervorragendster deutscher freimaurerischer Werke.

Unglaube, s. Atheismus und Skeptizismus.

Uniform s. Gleichtracht.

Unio mystica, die mystische Vereinigung mit Gott und dem All, in vielen Religionen als Opferbrauch, symbolische Einverkörperung Gottes, üblich, ist der Johannismaurerei unbekannt. Dagegen findet sie sich symbolisch in Hochgradsystemen. Den symbolischen Ausdruck findet sie u. a. in der Agape (s. d.), dem Liebesmahl. Von besonderer Bedeutung ist die U. m. im Schwedischen, bezw. im Zinnendorfschen System.

Union, Articles of, der am 25. November 1813 von den Großmeistern der beiden englischen Großlogen (Herzog von Sussex für die „Moderns", Herzog von Kent für die „Antients") unterzeichnete Pakt, der den Zusammenschluß (Union) zur Vereinigten Großloge von England besiegelte. Die feierliche Weihehandlung fand dann am Johannistag, dem 27. Dezember, statt (s. England).

Union, Deutsche, der XXII, s. Deutsche Union und Bahrdt.

Union générale antimaçonnique, s. Antifreimaurerische Körperschaften.

Union Master's Degree, ein Ehrengrad, der von der Lodge of Reconciliation (s. d.) nach der Vereinigung der beiden Großlogen von England angeblich (!) gegründet worden sein soll, und der 1819 von der Großloge von New York übernommen wurde. In der Geschichte der Großloge von New York von Mac Clenachan wird er nicht erwähnt, scheint daher nicht lange in Übung gewesen zu sein. Der Grad hatte kein eigenes Ritual, sondern es wurden den damit bedachten einfach einige neue Erkennungsworte, die sich aus der Vereinigung der beiden Riten ergeben hatten, mitgeteilt. Aufgabe dieses Ehrengrades war die Überwachung der Regelmäßigkeit der Mitgliedschaft und die etwaige Entlarvung Irregulärer in den Logen.

Unionsakte von 1813 s. Union, Articles of.

Unionsgedanke, s. Verbrüderung.

United Grand Lodge of England, seit der Unionsakte von 1813 der offizielle Name der Großloge von England.

United Irishmen, von Rechtsanwalt Thomas Wolfe Tone, Thomas Russel u. a. 1791 gegründeter patriotischer Bund, der, mit allen Mitteln dem Nationalideal Irlands dienend, die irische Unabhängigkeit erkämpfen wollte, Gleichstellung von Katholiken und Protestanten, Beseitigung der fremden Landlords usw. forderte. Nachdem die englische Regierung die U. I. 1794 verboten hatte, verwandelten sich diese in einen republikanischen Geheimbund. Eine Zeitlang trachteten die zahlreichen nordirischen Mitglieder der U. I., die auch Freimaurerlogen angehörten, diese zu Zentren der Bewegung zu machen und ihre Zusammenkünfte unter deren Deckmantel abzuhalten. (Vergl. Francis C. Crossle, „Historical Fragments of Irish Freemasonry", 1891.) Am intensivsten in dieser Richtung war Dr. James Reynolds, Stuhlmeister der Loge Nr. 768, in Corkstown tätig, der 1792 nach Dungannon eine Tagung von 30 Vertretern verschiedener Logen seiner Grafschaft einberief. Bei dieser wurde erklärt, daß man, nachdem die Logen nach wie vor politischer Betätigung verschlossen bleiben müßten, als „Versammlung von Bürger-Freimaurern" tagen wolle, um zu dem Problem der irischen Freiwilligenbewegung (s. d.) Stellung zu nehmen. Ähnliche Versammlungen fanden auch in anderen Distrikten statt. Die Großloge machte dann 1792 in einem Rundschreiben energisch darauf aufmerksam, daß diese Art freimaurerischer Betätigung in striktem Gegensatz zur freimaurerischen Verfassung stehe. 1799 wurden an die Großloge von verschiedenen Seiten Anträge gestellt, alle jene Brr. auszuschließen, die sich als solche in Politik gemengt hätten. Andere vertraten den Standpunkt, es sei nicht Sache der Großloge, sich um die öffentliche politische Betätigung ihrer Mitglieder zu kümmern. Der Großmeister Earl of Donoughmore (s. d.) bewirkte eine Kompromißlösung.

Unitistenorden, s. Studentenorden.

Universala Framasona Ligo, s. Freimaurerliga, Allgemeine.

Universala Framasono, die Monatsschrift eines irregulären „Großorients für die Schweiz des A. u. A. Schottischen Ritus, XXXIII. Grad, im Internationalen Freimaurerbund", der nach dem Weltkrieg einige Jahre lang bestand.

Universalismus (im Gegensatz zu Individualismus [s. d.]) bedeutet in der Philosophie den Standpunkt, welcher das Allgemeine dem Einzelnen, in der Ethik die Norm, welche das Allgemeinwohl dem Einzelwohl überordnet (s. Gemeinsinn als seelische Grundlage der ethisch-praktischen Betätigung des U.). U. ist jene Richtung sittlicher Gesetzgebung, welche den Willen antreibt, das Leben der Gemeinschaft (des Staates und der Menschheit) höher als das eigensüchtige Interesse des Einzelnen zu stellen und die Persönlichkeit zur Trägerin reinster, umfassendster Menschlichkeit zu gestalten. Die Freimaurerei lehrt den U. in ihrem eigenen Kreis, indem sie das Wohl der Loge eigenwilligen Neigungen der Brr. überordnet, sie betätigt ihn aber ebenso auch in der gesellschaftlichen Welt, indem sie die Humanität (s. d.) als oberstes sittliches Ideal unablässig den Menschen vorzustellen sucht.

Universalität, Freimaurerische, s. Weltfreimaurerei.

Universalität, Halle der freimaurerischen, wurde 1929 im „House of the Temple" in Washington, dem Palast des Obersten Rates der Südlichen Jurisdiktion des A. u. A. Schottischen Ritus, eingeweiht.

Universitätslogen, Englische. 1769 wurde die erste U. „Lodge Alfred in the University of Oxford" gegründet und war bis 1783 tätig. Die berühmteste heute tätige U. ist die 1818 entstandene „Apollo University Lodge, 357" in Oxford, in der u. a. Cecil Rhodes (s. d.), Sir Frederick Halsey (s. d.), Lord Ampthill (s. d.), Viscount Grey of Fallodon (s. d.) aufgenommen wurden. König Eduard VII. (s. d.) war als Prinz von Wales Meister vom Stuhl dieser Bauhütte, Sir Colville Smith (s. d.), der Großsekretär der Großloge von England, bekleidete dieses Amt vier Jahre lang.

U. sind ferner „Isaac Newton University Lodge, 851" in Cambridge, „University of London Lodge, 2933", „Westminster and Keystone Lodge, 10", „Oxford and Cambridge University Lodge, 1118", „Universities Lodge, 2352", Durham, „Liverpool University Lodge, 4274" usw.

Auch in den Dominions und den Vereinigten Staaten gibt es eine große Anzahl U.

Université libre (Freie Universität) in Brüssel wurde auf Initiative von Freimaurern, die große Geldmittel für diesen Zweck widmeten, von dem großen belgischen Liberalen Verhaegen (s. d.) als Gegengewicht gegen die katholische Universität in Löwen gegründet. Dem Lehrkörper gehörten von Anbeginn immer hervorragende Freimaurer an, unter ihnen neben dem Juristen Verhaegen auch Graf Goblet d'Alviella (s. d.).

Unsichtbare Tempel, Der, während des Weltkrieges von Ernst und August Horneffer gegründete und geleitete, in der Inflationszeit eingegangene Zeitschrift, die Brücken zwischen der Freimaurerei und der deutschen Außenwelt zu schlagen bestimmt war.

Unsittlichkeit. In klerikalen gegnerischen Schriften wird der Freimaurer aller möglichen sexuellen Unsittlichkeiten (schwarze Messen usw.) bezichtigt. Wie die alten Bauhüttenordnungen darüber dachten, hierfür einige Beispiele. Im Regius-Manuskript stehen die Verse:

Du sollst nicht liegen bei Deines Meisters Weib,
Mit Männern nicht haben Zeitvertreib,
Auf daß Dich die Kunst nicht von sich austreib.

Ebenso äußert sich das Cooke-Manuskript, wo der außereheliche Verkehr mit weiblichen Angehörigen der Bauhütte verboten wird. Im Robertsdruck 1722 wird gesagt: „Ihr sollt euch nicht an eures Meisters Weib, seiner Tochter, Dienstmagd vergreifen. Ihr sollt nicht Unzucht treiben mit einem Weib, das zu dem Hause gehört, wo ihr zu Tische sitzt."

Unsterblichkeit. Fortdauer der geistigen Persönlichkeit über den Tod hinaus, Unvergänglichkeit eines Wesens, des Menschen. Der Glaube an die U. kommt in allen Religionen zum Ausdruck. In der primitiven Form als Glaube an die U. der Persönlichkeit als solcher, dann an die der Persönlichkeit im geistigen Sinne, an die U. der Seele. Das psychologische Motiv ist die Todesfurcht, der Selbsterhaltungswille. „Der Tod ist das Tor des Metaphysischen“ (Müller-Freienfels). U. ist weder empirisch noch logisch beweisbar, aber erklärbar. So stellt der „Alleszermalmer“ Kant U. als Postulat der praktischen Vernunft auf, als Voraussetzung eines unendlichen Fortschrittes, ohne deren Annahme die Welt sinnlos wäre. Auch moderne Philosophen vertreten die U., da man „ohne sie die Welt als ein harmonisches Ganzes, als einen sittlichen Kosmos“ nicht denken kann (Schiller, Oxford). Im Sinne der Als-ob-Philosophie (s. d.) hat der Mensch „so zu handeln, als ob eine andere Welt wäre..., sich so zu verhalten, als ob er sich künftig vor einem Richter zu verantworten hätte“. Die U. ist in dieser Auffassung eine unentbehrliche Fiktion (s. d.). U. wird neuerdings oft als Unvergänglichkeit der wertvollen, gleichsam überindividuellen Leistung und nicht als Aufrechterhaltung der Persönlichkeit in irgendeiner Form aufgefaßt. „Jede geistige Kraft behauptet ihren unvergänglichen Wert im Werdeprozeß des Geistes“ (Wundt).

Die Freimaurerei nimmt hinsichtlich der U.-Frage keine einheitliche Stellung ein, zumal die „Alten Pflichten“ diesbezüglich keine Forderung erheben. Die Linie geht vom Glauben an die persönliche Fortexistenz bis zum kollektiven Glauben von der Fortdauer des Werkes. Einzelne Großlogen (vor allem die nordamerikanischen) verlangen den Glauben an die U. als Grundbedingung der Aufnahme. Die Großloge von England dagegen hat das Bekenntnis zum U.-Glauben nicht mehr in ihrem Kanon der Anerkennungsbedingungen (1928) aufgenommen. Der deutsche Großmeistertag 1870 betonte, daß die Freimaurerei „von ihren Mitgliedern den Glauben an die U. voraussetzt“. Er konnte sich bei dieser Feststellung an die großen deutschen Freimaurer des 18. Jahrhunderts halten: Lessing vertritt die Ansicht, daß ein Gedanke, der so weit verbreitet ist, eine tief verwurzelte Ursache, und daß die Veredlung eine umfassende, über diese Welt hinausgehende Gültigkeit haben muß oder aber gar keine. So sagt auch Herder, daß der Mensch „zur Hoffnung der U. gebildet“ ist, und Goethe, „daß alle diejenigen auch für dieses Leben tot sind, die kein anderes hoffen“ Die deistische Bewegung (s. Deismus), die die Freimaurerei in ihren Anfängen stark beeinflußte, glaubte ungeachtet ihres Rationalismus an die U. In der deutschen Gegenwartsmaurerei wird U. als der „Schlußstein sittlichen Handelns“ (Caspari, „Die Bedeutung der Freimaurerei für das geistige Leben“) aufgefaßt, wobei aber betont wird, daß der U.-Glaube erzieherisch nur als „ein Vollendungsglaube wirken kann“ (Wolfstieg, „Die Philosophie der Freimaurerei“) und daher im Sinne Schleiermachers eine Aufgabe ist.

Es wird auch auf die Hiram-Legende hingewiesen, die den U.-Gedanken symbolisiert, und betont, daß der U.-Glaube im Grunde die Voraussetzung des Meistergrades sei. Hierzu ist zu bemerken, daß der U.-Gedanke im Meistergrad wohl symbolisch zum Ausdruck gebracht, doch keineswegs im Sinne der persönlichen U. aufzufassen ist, sondern ohne jedes metaphysische Beiwerk, als U. in der Form der unvergänglichen Leistung durch die Pflichterfüllung. Die Behauptung, daß „die Freimaurerei durch nichts so gekennzeichnet ist als durch den Glauben an die U.“ (Caspari, „Die Bedeutung der Freimaurerei für das geistige Leben“), ist in dieser Form durchaus unrichtig, obzwar die Freimaurerei in vielen Ländern den U.-Gedanken zum Dogma erhoben hat. Die Freimaurerei vertritt die Forderungen des Sittengesetzes und der Gewissensfreiheit. Sittliches Handeln ist auch ohne den Glauben an die U. möglich, das beweist das Leben täglich zur Genüge.

Untempered Mortar (engl.), schlecht gemischter Mörtel, bis in die Hälfte des 19. Jahrhunderts als Symbol in den amerikanischen Logen in Verwendung. Die eigenartige Tragweise des Schurzes im Lehrlingsgrade wurde dahin gedeutet, daß der Lehrling seine Kleider vor U. M. zu schützen habe. Der schlecht gemischte Mörtel sollte hierbei aufgefaßt werden als Symbol ungezügelter Leidenschaften („untempered mortar or unruly passions“).

Unterbrechung der Arbeit. In den Hochgradkapiteln wird die Arbeit nicht „beendet“, sondern lediglich „unterbrochen“. Ebenso wird in einzelnen englischen Logen die Fiktion aufrechterhalten, daß die Arbeit ewig sei, indem vom gebrauchtümlichen Schließen der Loge abgesehen und die Loge immer wieder vertagt wird.

Unterricht, s. Lehre.

Unterrichtslogen, Logenarbeiten, die dem Unterrichte in der Geschichte, Lehre und Gebrauchtum der Freimaurerei dienen. Sie werden, nach Graden geteilt, in den einzelnen Stufen abgehalten.

Unterrichtslogen, Englische (Lodges of Instruction). Viele englische Logen besitzen (auf Grund der Artikel 158—161 der Großlogenverfassung) selbständig arbeitende Instruktionslogen, die dem ausschließlichen Zweck der Unterweisung der Brüderschaft in der Ritualistik dienen. Sie verdanken ihre Existenz vor allem dem Umstand, daß es seitens der Großloge von England kein schriftlich niedergelegtes, offizielles, allgemein gültiges Ritual für die Logenarbeiten gibt. Das Ritual wird nicht gelesen, sondern auswendig gehandhabt. Unmittelbar nach der Union von 1813, dem Zusammenschluß der bis dahin tätig gewesenen beiden englischen Großlogen, wurde die „Lodge of Reconciliation“ ins Leben gerufen, in deren Aufgabenkreis es lag, das neue einheitliche Ritual festzulegen. Die Loge hielt im Verlaufe von drei Jahren eine große Anzahl von Versammlungen ab, in welchen das Gebrauchtum in ziemlicher Anlehnung an jenes der „Antients“ fixiert wurde. Das Werk erhielt nach einigen Abänderungen am 5. Mai 1816 die Genehmigung der Großloge, wurde aber nicht von allen Logen in allen Teilen angenommen, zumal die gutgeheißenen Zeremonien mit ihren genauen Ausdrücken,

Sätzen, Formeln usw. nicht protokolarisch festgelegt wurden. Das Gebrauchtum der „Lodge of Reconciliation“ wurde zunächst von deren Mitgliedern und Gästen in den Logen verbreitet, dann aber auf dem Wege der Bildung der Instruktionslogen, deren manche wohl nicht in bezug auf Inhalt und Aufbau, wohl aber hinsichtlich äußerer Einzelheiten an Sätzen und Worten, Änderungen vornahm. So entstanden neben. dem von der „Lodge of Reconciliation“ ausgearbeiteten „pure and unsullied system“ eine Reihe von Spielarten (Workings), deren Unterscheidungsmerkmale freilich nur für die Spezialisten auf diesem Gebiet wesentlich sind, so u. a. die Logen Emulation; Stability; Westend; Oxford; Logic; West London; North London; Metropolitan usw. Die wichtigsten, miteinander rivalisierenden Unterrichtslogen wurden und blieben Stability und Emulation. Die älteste existierende Unterrichtsloge ist die 1817 hauptsächlich von „Antients“ gegründete „Stability Lodge of Instruction“ (s. d.), deren Ritualtexte wohl mit denen der „Lodge of Reconciliation“ am genauesten übereinstimmen. Viele Jahre fungierende „Preceptors“ betätigen sich bis auf den heutigen Tag als strenge Hüter des überlieferten Gebrauchtums, das wie in den anderen Instruktionslogen in sehr häufigen Übungslogen immer wieder — unter wechselnder Besetzung der Beamtenposten — vorgeführt wird, wobei allen den schweren Part ohne jeden Behelf zelebrierenden Funktionären die geringste Abweichung vom Wortlaut durch sofortige Unterbrechung ausstellig bemerkt wird. Diese Strenge griff zunächst in der 1823 ins Leben gerufenen „Emulation Lodge of Improvement“ (s. d.) Platz. Sie war zunächst nur für Maurer im Meistergrad bestimmt und sollte insbesondere dem Studium und der Vertiefung der Instruktionsvorträge (Lectures) dienen; seit 1825 bearbeitete sie aber das gesamte ritualistische Werk. In diesem Jahr trat der „Modern“ Peter Gilkes an ihre Spitze, ein Ritualist reinsten Wassers, der eifervoll über die getreue Wiedergabe jedes Buchstabens wachte. In dieser Loge wirkt an Stelle des Preceptors ein Komitee. Dieses verleiht jeweils den Brr., denen bei der von ihnen geleiteten Zeremonie nicht die geringste Versprechung unterläuft, eine Auszeichnung in Gestalt einer silbernen Streichholzschachtel („Match-box Ceremony“). Seit deren Einführung wurde sie fast vierhundertmal verliehen.

Nicht als Loge ist der in gleicher Weise wie die Instruktionslogen tätige „Logic Club“ aufgebaut, der, ursprünglich hauptsächlich aus Ärzten und Künstlern bestehend, am Sonntag zusammentritt, an welchem Logenarbeiten von der Großloge nicht gestattet sind der „Logic Club“ wurde 1881 gegründet.

Unterwerfungsakte s. Obödienzakte.

Unwürde, Rittergut des Freiherrn von Hund bei Löbau in der sächsischen Oberlausitz, mit dem benachbarten Gute Kittlitz, der eigentliche Ursprungsort der Strikten Observanz; v. Hund, der durch sein Tempelherrensystem in wirtschaftliche Schwierigkeiten geriet, mußte das Gut 1768 verkaufen. Das Herrenhaus brannte im Jahre 1930 nieder. Irgendwelche freimaurerisch-templerische Erinnerungen sind dabei nicht zugrunde gegangen.

Upton, W. H., Altgroßmeister der Großloge des Staates Washington (USA.), † 1908, der während seiner Großmeisterschaft für die Anerkennung der Prince Hall-Negermaurerei eingetreten war, ordnete in seinem Testament an, daß ihm nicht eher ein Grabdenkmal errichtet werden solle, als bis sich Weiße und Farbige in der Großloge verbunden haben würden. (Vergl. „Latomia“, 1909, Nr. 2.)

Urbanski v. Ostrymiecz, August, k. u. k. Feldmarschalleutnant d. R., ehemaliger Chef des Evidenzbüros des k. u. k. Generalstabs, bearbeitete in einem Sammelwerk „Die Weltkriegsspionage“, München 1930, „Spionage und Freimaurertum“. Die Ausführungen, die ein wüstes Konglomerat aller möglichen landläufigen Beschuldigungen gegen die Freimaurerei darstellen, sind noch durch tendenziöse Bildtexte unterstrichen.

Uriot, Joseph, aus Nancy, * 1713, † 1778, Schauspieler, Professor der Geschichte und französischen Sprache (u. a. an der berühmten Württembergischen Carlsschule), seit dem 11. Juli 1742 Mitglied der Loge „Zur Einigkeit“ in Frankfurt a. M., gab dort im gleichen Jahre die Rede: „Le véritable portrait d'un Franc-Maçon écrit par Mr. Uriot à un de ses amy (!)“ heraus. (In deutscher Übersetzung: „Sendschreiben eines Freimaurers...“, ebenfalls 1742 erschienen.) Kloß zufolge war dies die „erste öffentliche Erklärung der Freimaurer in Deutschland“, sie hat, „wie Steinheils Rede, sehr viel beigetragen, der Freimaurerei den Einzug in Deutschland zu erleichtern und die Nichtmaurer von ihrer Reinheit und ihrer Gefahrlosigkeit zu belehren... Aus dem Inhalt geht hervor, daß die Alten Pflichten zur Zeit der Abfassung der U.schen Rede in ungeschmälerter Achtung standen, und der Beifall, den sie erwarb, spricht dafür, daß die deutschen Freimaurer weit davon entfernt waren, den Freimaurerbund mit Orden irgendwelcher Art zu verwechseln.“

Später war U. Mitglied der „Französischen Komödie“ in Bayreuth. 1750 gründete er mit Brr. aus dem Kreis der Künstler eine französische Loge, die „Uriotino“ genannt und von den beiden offiziellen Bayreuther Logen als „Winkelloge“ qualifiziert wurde. (Vergl. „Mitteilungen der Großloge ‚Zur Sonne‘“, Bayreuth, September 1927/28.)

Urkunden, Älteste, der Freimaurerei. Die ältesten U. bilden jene Konstitutionen und Charges (Pflichten), die unter Manuskripte eingehend behandelt sind. Hierzu kommen die folgenden frühen Nachweise:

Die älteste Protokolleintragung, die auf unsere Tage überkommen ist, ist jene der Aitchison's Haven Lodge (eingegangen 1852) vom 9. Januar 1598.

Das älteste Logenprotokollbuch einer heute noch bestehenden Loge ist das der Bauhütte „Mary's Chapel“ in Edinburgh. Es geht bis auf das Jahr 1598 zurück und ist bis auf wenige fehlende Jahrgänge vollständig bis auf den heutigen Tag.

Von 1598/99 stammen auch die berühmten Schaw-Statutes (s. d.).

Die bis zum Jahre 1620 zurückreichenden Aufzeichnungen der Masonic Hall in London, die von Edward Conder bearbeitet wurden, erbringen die Beweise für die Bildung einer „spekulativen" Loge innerhalb der Londoner Steinmetzenbruderschaft.

Im Protokollbuche der Edinburgher Loge vom Jahre 1641 wird die Aufnahme von Nichtzünftlern, darunter des Generalquartiermeisters der schottischen Armee, Moray, vermerkt.

1652 beschließt das Presbyterium von Kelso die Unterstützung eines Reverend Ainslie, damit er Freimaurer werden könne.

Weitere Belege aus den Jahren 1646 und 1682 stammen aus den Tagebüchern des Elias Ashmole (s. d.).

Dr. Robert Plot schreibt 1686 in seiner „Natural History of Staffordshire" über die Gebräuche der Freimaurer.

John Aubrey erwähnt in seiner „Natural History of Wiltshire" ebenfalls im 17. Jahrhundert in einer handschriftlichen Eintragung die Eigentümlichkeit der Freimaurer und ihre Erkennungszeichen.

Ein weiterer Gewährsmann ist Randle Holm, der Verfasser einer „Academie of Armory", der sich 1688 als Mitglied der Freimaurergesellschaft bekennt. Schließlich ist zu erwähnen ein auf die Freimaurerei bezugnehmendes; sogenanntes „Tripos", eine Studentensatire, die 1688 in Dublin am Trinity College aufgeführt und gedruckt wurde.

Urmaurerei, s. Ermächtigte Bruderschaft der alten Riten.

Uroboros (Ouroboros), griechisch: oura, der Schweif, boros: verschlingend, Bezeichnung des Ewigkeitssymbols der Schlange, die sich in den Schweif beißt. In zahlreichen maurerischen Darstellungen.

Urquijo, Mariano Louis. spanischer Politiker, * 1769, † 1817, Liberaler, Minister, schloß mit Bonaparte den Vertrag von Aranjuez, war Freimaurer.

Urquiza, Justo José de, * 1800, † 1870 (ermordet), Präsident der argentinischen Konföderation, Sieger über den Diktator Rosas bei Monte Caseros 1852, war Freimaurer.

Uruguay, südamerikanische Republik. Der 1855 gegründete Großorient von U. zählte 1930 46 Logen mit gegen 6000 Mitgliedern. Adresse: Victoria 1481, Montevideo.

Bereits 1827 gründeten hier Angehörige der damals sehr starken französischen Bevölkerungsgruppe unter dem Großorient von Rio Grande do Sul (Brasilien) eine fortschrittlicher Arbeit dienende Bauhütte, „Les Enfants du Nouveau Monde"; in der Hauptsache waren die Stifter ihrer liberalen Ideen wegen unter der Restauration aus Frankreich Emigrierte. Da ihr brasilianischer Großorient aber als irregulär galt, reorganisierten sie 1842 die Loge uter dem Namen „Les Amis de la Patrie" und wandten sich an den Grand Orient de France um Regularisierung, die später auch erfolgte. Mitglieder der auch heute unter dieser Obedienz tätigen Loge waren damals Giuseppe Garibaldi (s. d.), aufgenommen 1844, und Oberst Juan Chrysostome Thiébaut, Führer der französischen Legion, die sich neben der italienischen Garibaldis 1843 der Regierung zur Verteidigung von Montevideo zur Verfügung stellte, als die Stadt von den Truppen des mit dem argentinischen Diktator Juan M. Rosas verbündeten Generals Oribe bedroht wurde. Die Logenmitglieder standen ausnahmslos in den Reihen der Legionen.

1830 hatte auch die nordamerikanische Freimaurerei Fuß gefaßt, indem die Großloge von Pennsylvanien die Loge „Asilo de la Virtud" einsetzte.

1855 bildeten sich — unabhängig von diesen Bauhütten — ein Großorient von Montevideo und der heutige Großorient von U. Eine Zeitlang lieferten sich diese beiden Organisationen Kämpfe, die unter Einmischung des Klerus so heftig wurden, daß die Regierung der Republik intervenierte. Der Großorient von Montevideo verschwand. 1856 trat in Verbindung mit dem Großorient von U. auch ein Oberster Rat des A. u. A. Schottischen Ritus ins Leben.

Ein Ruhmesblatt in der Geschichte der uruguayischen Freimaurerei ist die Selbstaufopferung hunderter ihrer Angehöriger in dem mörderischen Kampf gegen schreckliche Seuchen (gelbes Fieber, Cholera) in der zweiten Hälfte des letzten Jahrhunderts.

Zwei Logen in Montevideo unterstehen der Großloge von England.

U. S. Service Masonic Club, nach dem Weltkrieg in San Diego (Kalifornien) gegründete Vereinigung von Freimaurern der amerikanischen Kriegsmarine. Zu den prominenten Organisatoren zählten Admiral Reger Welles und Generalmajor Joseph H. Pendleton vom Marinekorps der Vereinigten Staaten. Oberst James McE. Huey war der erste Präsident. Unter den Freimaurern der Schlachtflotte existiert ferner der Battle Fleet Masonic Club, der 1924 in Panama ins Leben trat

Utah, Bundesstaat der Vereinigten Staaten von Nordamerika. Die 1872 gegründete Großloge zählte 1930 25 Logen mit 5174 Mitgliedern. Sie nimmt keine Mormonen (s. d.) auf. Adresse: Masonic Temple, Salt Lake City.

Die erste Loge in U. war die 1859 im Truppenlager Camps Floyd gegründete Militärloge „Rocky Mountain Lodge" (Großloge von Missouri). 1866 folgte die Loge „Mount Moriah U. D." in Salt Lake City. Es war dies eine Zeit, da die Mormonen gegen die nicht zu ihrer Kirche Gehörigen mit Boykott und Terror vorgingen. Infolgedessen verbot der Großmeister von Nevada der neuen Loge die Aufnahme von Mormonen. Als dann die eigene Großloge ins Leben trat, blieb das Verbot aufrecht.

Utilitarismus, Nützlichkeitslehre, Erfolgsmoral, die den Nutzen, die Nützlichkeit als oberste Norm, als Kriterium des Guten aufstellt, wobei Nutzen im egoistischen, aber auch im sozialen Sinne ausgelegt wird. In der primitiven Form ist U. hedonistisch (s. Hedonismus), im höheren Sinne eudämonistisch (s. Eudämonismus). Das Leben ist an und für sich ein Wert, ethisch ist folglich das Lebensfördernde. Altruismus fließt nicht aus dem Pflichtgefühl, er geht im Grunde aus dem Egoismus hervor; das Gewissen entsteht aus der Erfahrung. Am prägnantesten bringt den Standpunkt des U. Bentham zum Ausdruck: „Ziel des sittlichen Handelns ist die Maximation der Glückseligkeit, das größtmögliche Glück, der größtmöglichen Anzahl.“ Dieser Glücksbegriff ist aber ohne konkreten Inhalt, zumal Glück mengenmäßig nie meßbar sein kann. Der fürs erste bestechende Standpunkt des U. steht im Grunde der Auffassung des Materialismus (s. d.) und Evolutionismus (s. d.) nahe, wenn er sich auch anscheinend auf einem höheren Niveau bewegt. Die Ansicht der Freimaurerei geht mit J. St. Mill dahin, daß sich „über das rein Utilitistische eine Welt der höheren ethischen Normen erhebt“; das Gewissen entscheidet über Gut und Böse, nicht Nützlichkeitserwägungen; die Annahme des U. würde jegliches Streben nach Veredlung illusorisch machen, da im Sinne dieser Anschauung das Förderliche im sozialen Geschehen ohnedies mechanisch entsteht. Das Sittliche setzt im Grunde dort ein, wo das Interesse aufhört.

V

Vakanović, Antun, kroatischer Politiker, * 1808, † 1894, 1861 Volksabgeordneter der Partei der Unionisten, die eine Verbindung mit Ungarn suchten. 1867 Präsident des kroatischen Sabor und als solcher Führer der Regnikolardeputation, die das berühmte kroatisch-ungarische Übereinkommen redigierte. 1872 Abteilungsvorstand für innere Angelegenheiten und Ehrenstatthalter. V., der Mitglied einer Budapester Loge war, bestätigte im gleichen Jahre in seiner amtlichen Eigenschaft die Statuten der Sisaker Loge „Zur Nächstenliebe“. Es war dies die erste kroatische Loge im 19. Jahrhundert.

Valentin, Marie Edmond, französischer Politiker, * 1823, † 1879, Mitglied der gesetzgebenden Versammlung 1851, mußte fliehen, war Professor in Woolwich. 1871 von der Regierung der Nationalen Verteidigung zum Präfekten im belagerten Straßburg ernannt, gelang es ihm, durch die deutschen Linien auf seinen Posten zu gelangen, wurde 1876 Senator, war Freimaurer

Vallée (frz.), Tal (s. d.).

Van Dalen's Kalender für Freimaurer ist ein auf internationaler Grundlage angelegtes Jahrbuch, das statistische Notizen, Verzeichnisse von Großlogen und Logen, freimaurerischen Vereinigungen und Druckschriften enthält. Es erscheint im Verlag Bruno Zechel, Leipzig. 1931 lag der 70. Jahrgang vor (s. Dalen, Karl van).

Van der Noot, Charles Nicolas, konservativer Politiker, Kämpfer für die Befreiung Belgiens, * 1735, † 1827, Anwalt im Großen Rat von Brabant, entfachte die Bewegung gegen die Reformpläne Josephs II., wirkte nach seiner Flucht in England, Holland und Deutschland für die Sache Belgiens, hatte eine führende Rolle bei den Generalständen 1790. Als Verfechter einer aristokratischen Regierungsform ließ er seine früheren Mitarbeiter republikanischer Gesinnung einkerkern, flüchtete nach der Wiederbesetzung Belgiens durch die Österreicher abermals, lebte in der Folge in Holland. Er war Mitglied der Brüsseler Loge „Les Vrais Amis de l'Union“.

Vandervelde, Emile, belgischer Staatsmann, * 1866, Führer der Sozialdemokratie, Universitätsprofessor, 1918 Justizminister, 1925—1927 Minister des Äußern, Förderer der Locarno-Politik, ist Mitglied der Brüsseler Loge „Les Amis Philanthropes“.

Van de Walle, Victor Marie Jean François, belgischer Politiker, * 1849, † 1927, Abgeordneter, Schöpfer des Gesetzes über die Proportionalwahl, freimaurerischer Schriftsteller, war Mitglied der Loge „Vrais Amis de l'Union et du Progrès“, Brüssel. V. schrieb den historischen Roman „Vers l'Immortalité“, der in mehrere Sprachen übersetzt wurde und dessen Held ein Freimaurer ist.

Van Humbeeck, Pierre, belgischer liberaler Politiker, * 1829, † 1890, Vizepräsident der Kammer, Unterrichtsminister, war Großmeister des Großorients von Belgien und Großkommandeur des Suprême Conseil.

Várady, Siegmund, einflußreicher ungarischer Politiker, Rechtsanwalt und Publizist, * 1865, † 1913, Reichstagsabgeordneter, Bekämpfer des Klerikalismus, verfaßte die Abhandlung „Soziales Programm“, die der Tätigkeit der ungarischen Freimaurerei Ziele wies und auch das politische Leben beeinflußte. V. war Mitglied der Loge „Lászlo Király“ in Großwardein, hinterließ sein Vermögen kulturellen und freimaurerischen Zwecken.

Varnhagen von Ense, Karl August, freisinniger deutscher Schriftsteller, * 1785, † 1858, gab 1803 mit Chamisso einen „Musenalmanach“ heraus, machte die Befreiungskriege mit, war als preußischer Diplomat 1814 in Wien, 1815 in Paris; früh pensioniert, widmete er sich der historisch-literarischen Forschung. Er schrieb zahlreiche Biographien und unterstützte das junge Deutschland. Mitglied des Frankfurter Parlaments. Mit zahlreichen der bedeutendsten Persönlichkeiten seiner Zeit stand er in regem Gedankenaustausch. Seine „Denkwürdigkeiten und vermischte Schriften“ umfassen sieben Bände. V. wurde 1813 in Hamburg („Zur goldenen Kugel“) Freimaurer.

Vasile, Alexandri, rumänischer Dichter und Politiker, * 1821, † 1890, Mitarbeiter der „Dacia literara“, nahm 1848 an der Revolution teil, 1857 Abgeordneter des Diwans, 1859/60 gewann er mit seinem „Ginta latina“ („Das lateinische Genie“) den Prix Montpellier in

Paris, schrieb Dramen („Despot Voda“ usw.), Gedichte („Pastelusi“ usw.). Er war Freimaurer.

Vasquez, Horacio, * 1852, 1902 provisorischer Präsident, 1924—1928 Präsident der Republik San Domingo, ist Freimaurer.

Vassal, Pierre Gérard, Dr., Pariser Arzt, * 1769, † 1835, dem die Einführung und Verwendung der Digitalis bei Herzkrankheiten zugeschrieben wird. 1819 wurde er Generalsekretär des Grand Orient, 1827 Präsident des Grand Collège des Rites. Er schrieb zwei bedeutende Bücher: „Cours complet de la Maçonnerie usw.“ und „Essai historique sur l'institution du Rite Ecossais“.

Vaterländische Feiern sind in den meisten Großlogen an Nationalfeiertagen üblich. In Deutschland wird die V. F. meist um den 18. Jänner, den Tag der deutschen Reichsgründung, begangen.

Vaterlandsliebe, s. Patriotismus, Internationalismus, Nationalismus.

Vaughan, Diana, s. Taxil.

Veden, die heiligen Schriften der Inder, liegen in vielen indischen Logen neben Bibel und Koran auf dem Altar.

Veils, Passing the (engl.), Zeremonie im Ritual des Royal-Arch-Grades (s. Vorhänge).

Veitmeyer, Ludwig Alexander, Geheimer Baurat, Ingenieur, Mitglied der Königlichen Akademie für das Bauwesen, * 1820, † 1899, Mitarbeiter am deutschen Patentgesetz, hervorragender Fachmann im Leuchtturmwesen, hatte verdienstlichen Anteil an der Kanalisation und an der Modernisierung der Wasserversorgung Berlins, langjähriger Präsident der Polytechnischen Gesellschaft, wurde 1856 in der Loge „Zu den drei Seraphim“ aufgenommen, 1878 Mitglied des Bundesdirektoriums der Großen National-Mutterloge „Zu den drei Weltkugeln“. Er faßte die Bruderliebe als Voraussetzung der Gotteskindschaft, des eigentlichen Zieles des Bundes, auf. V. hinterließ einen ansehnlichen Teil seines Vermögens freimaurerischen Zwecken.

Venedey, Jakob, deutscher Schriftsteller, * 1805 in Köln, † 1871, wurde als Teilnehmer am Hambacher Fest verhaftet, entfloh, lebte als politischer Flüchtling bis 1848 in Frankreich und England, war dann im Frankfurter Vorparlament und in der Nationalversammlung Führer der Großdeutschen, mußte wieder ins Exil gehen und lebte dann von 1855 an in Heidelberg und Oberweiler. Zweibändiges politisches Hauptwerk: „Macchiavell, Montesquieu, Rousseau“ (1850). V., der in Frankreich Freimaurer geworden war, wurde später Mitglied der Loge „Zur edlen Aussicht“ in Freiburg, an deren Arbeit er regen Anteil nahm. Gegen den Antifreimaurer Alban Stolz veröffentlichte er ein geharnischtes „Denkschreiben eines Freimaurers“ (1862).

Venedig, s. Casanova, Italien.

Vénérable (frz.), Ehrwürdig, z. B. Vénérable Maître, Ehrwürdiger Meister. In der französischsprachigen Freimaurerei allgemeine Bezeichnung für Stuhlmeister.

Venezuela, südamerikanische Republik. 1814 sollen die Großlogen von Vermont und Maryland in V. die ersten Logen gegründet haben*). Sichere Kunde besteht aber erst über die 1818 vom Großorient von Spanien in Caracas gestiftete Loge „Colon“, die erste Bauhütte auf dem Gebiete des heutigen V. Damals war dieses noch ein Teil von Columbien. 1821 entstand aus der Loge ein Rosenkreuzerkapitel. In den nächsten Jahren erteilten die Großlogen von England und Schottland Patente für je eine Loge. 1824 wurde auf Grund zahlreicher Aufnahmen, die der Systemstifter Joseph Cerneau (s. d.) hatte durchführen lassen, eine Großloge gegründet, die den Namen „Großloge der Republik Columbien“ führte, aber infolge der durch den Unabhängigkeitskampf heraufbeschworenen kriegerischen Wirren die Pforten vorübergehend schließen mußte, zumal der Befreier Bolivar (s. d.) zunächst alle für geheim erachteten Gesellschaften verbot. 1838 wurde die nunmehrige „Großloge von Venezuela“ reorganisiert. 1840 entstand daneben ein Oberster Rat, dessen erster Präsident José Antonio Paéz (s. d.) der Präsident der Republik war. Dieser Oberste Rat trat als regulärer Suprême Conseil des A. u. A. Schottischen Ritus 1865 in Erscheinung. Seit 1847 war ferner ein nationaler Großorient in Tätigkeit. 1855 erfolgte die offizielle Anerkennung der venezolanischen Freimaurerei durch die Staatsautorität. 1862 wurde der Grundstein zum Großlogenhaus in Caracas gelegt. In der zweiten Hälfte des Jahrhunderts kam es wiederholt zu Vereinigungen und Schismen. 1899 gewährte der Nationalkongreß der venezolanischen Maurerei Portofreiheit. 1916 löste sich der Großorient auf.

Die „Gran Logia de Los Estados Unidos de Venezuela“ mit 29 Logen (eine in Curaçao) wirkt seither als einzige reguläre Großbehörde. Adresse: Templo Masonico, Jesuitas a Maturin, Caracas, Venezuela).

Daneben wirken noch seit 1919, bezw. 1926, zwei irreguläre Körperschaften, die „Gran Logia Soberana“ in Puerto Cabello und der „Gran Oriente“ in Caracas.

Vennersten, Axel Fredrik, schwedischer Industrieller und Politiker, * 1863, Finanzminister 1914, Sprecher des Abgeordnetenhauses 1928, wiederholt schwedischer Delegierter beim Völkerbund, ist Mitglied einer Loge der Großen Landesloge von Schweden.

Venti Settembre (ital.). Am 20. September 1870 besetzten die italienischen Truppen Rom; dieses wurde zur Hauptstadt des geeinten Italien. Damit war ein langersehnter Wunsch der italienischen Patrioten erfüllt, die nationale Einheit Italiens, an deren Verwirklichung insbesondere die italienische Freimaurerei einen überragenden Anteil hatte, hergestellt. Der 20. September wurde zum Nationalfeiertag erhoben und jährlich festlich begangen. Insbesondere die Freimaurer Italiens benützten diesen Anlaß, um durch öffentliche Proklamationen, gro-

---

*) Neuesten Angaben zufolge kam die Freimaurerei bereits um 1806—1808 nach V. Von einer „Logia de San Juan de la Unión“ (1809) ist in der „Gaceta Masonica“ vom 22. März 1930 die Rede.

ße Aufzüge der Brr. und ähnliche Kundgebungen das Gedächtnis des Volkes an dieses denkwürdige Ereignis und an die Männer, die es herbeigeführt hatten, wachzuhalten. Viele italienische Logen nahmen nach diesem Tage ihren Namen an.

Nachdem Mussolini den Frieden mit der Kirche hergestellt hatte und der von den Männern des italienischen Risorgimento vernichtete Kirchenstaat wiedererrichtet war, setzte der Duce den 20. September als nationalen Feiertag ab und an seine Stelle den Tag des faschistischen Marsches auf Rom. Er wollte damit nicht in letzter Linie auch die Erinnerung an den großen Anteil verwischen, den die von ihm so gehaßte und verfolgte italienische Freimaurerei an der Errichtung des unabhängigen italienischen Einheitsstaates aufweisen kann. Die italienischen Freimaurer in der Emigration, die unter Führung von Arturo Labriola (s. d.) stehen, haben demgegenüber am 20. September 1931 in einem Manifest neuerdings auf die Bedeutung dieses Tages für Italien hingewiesen.

Veracruz, Bundesstaat von Mexico im atlantischen Küstengebiet. Die Großloge „Unida Mexicana" zählte 1930 nach der Angliederung der Großloge gleichen Namens mit Sitz in Jalopa 45 Logen. Am Zustandekommen der Einigung hatte der Militärkommandant des Staates V., der Freimaurer General Barriguete, besonderen Anteil. Adresse: Apartado postal 56 Veracruz (s. Mexico).

Verband deutscher Freimaurerlogen zur Vertiefung und Verbreitung der freimaurerischen Gedanken in Deutschland, gedacht als eine Vereinigung der deutschen Freimaurer mit angemessener Vertretung der deutschen Johannislogen, wurde im Prinzip am 6. Dezember 1908 von den Großmeistern der deutschen Großlogen mit Ausnahme der Großen Landesloge zu schaffen beschlossen, nachdem, wie es in einem Schreiben der sieben Großmeister hieß, „auf dem Großlogentag zu Bayreuth am 7. Juni d. J. auch der letzte Versuch einer Fortbildung des Deutschen Großlogenbundes zu lebensvollerem Wirken gescheitert, und zwar an dem Widerspruch einer der verbündeten Deutschen Großlogen". Da die Große Landesloge hierauf einlenkte, blieb schließlich alles beim alten.

Verbrennen der Dokumente, In französischen Logen werden die eingeholten Informationsschreiben über die Suchenden nach der Aufnahme in offener Loge verbrannt, damit nicht späterhin etwa Mißhelligkeiten daraus entstehen können. Ebenso wurden früher die Dokumente und die maurerische Bekleidung symbolisch verbrannt, wenn ein Br. aus der Loge cum infamia ausgeschlossen wurde. Z. B. wurden 1784 in Toulouse mehrere Brr. bestraft, weil sie in voller maurerischer Bekleidung an einem Maskenfeste teilgenommen hatten. Der Urteilsspruch lautete: „seraient brulé" oder „condamné au feu". Außerhalb Frankreichs unbekannter Brauch (Miscellanea latomorum, März 1930).

Anderson berichtet, daß im Jahre 1721 in einigen Logen zum unersetzlichen Verlust der Brüderschaft verschiedene wichtige Schriften, welche ihre Logen, Verordnungen, Gebräuche, Vorschriften und Geheimnisse betrafen, insbesondere eine von Nicolaus Stone, dem Aufseher von Inigo Jones, von einigen ängstlichen Brrn. zu hastig verbrannt wurden, damit diese nicht in fremde Hände fallen möchten. An dieses zu hastige Verbrennen wurden verschiedene Vermutungen bezüglich des Inhalts der alten Freimaurerei geknüpft. Der wahre Grund dürfte, wie Ridel schon 1817 bemerkt, in der Orthodoxie der älteren Brr. zu suchen gewesen sein, die auf diese Weise dem Verrat ihrer Manuskripte vorbeugen wollten, um so mehr, als zu dieser Zeit die Absicht bestand, das Konstitutionenbuch drucken zu lassen. Die Zeitgeschichte Englands bietet keinen Anhaltspunkt dafür, daß gerade zu dieser Zeit die alten Steinmetzenschriften aus politischen Gründen vor Verrat nicht anders zu schützen gewesen wären.

Verbrüderung. Daß in der Freimaurerei, wie in jedem Mysterienbund, der Neuaufgenommene zum Bruder (s. d.) wird, kennzeichnet die Veränderung und Erneuerung, die er als Myste (in der Freimaurerei: Neophyt) durchmacht. Die Wiedergeburt und Erleuchtung im freimaurerischen Ritual wird bedingt durch die V. „Durch den Wiedergeburtsakt geht der Mensch eine mystische Blutsverwandtschaft mit den übrigen Wiedergeborenen (Unio mystica) ein"; er wird Mitglied einer „geistigen Familie", also Bruder. (Vergl. bezüglich dieses und der folgenden Zitate Aug. Horneffer, „Symbolik der Mysterienbünde".)

Der Brudername ist der allgemeinste und höchste Ehrentitel in jedem Mysterienbund und gehört zum Wesen jeder religiösen Bundesschließung. Wo es Brüder (und Schwestern) gibt, muß es auch Eltern geben. „Der Freimaurerbund kennt die Anreden: Vater und Sohn (die in anderen Bünden, und vornehmlich in der katholischen Kirche heimisch sind) nicht. Warum hat er, der doch den Brudernamen so heilig hält, das Elternverhältnis in der Symbolik unterdrückt? Offenbar, um den Gleichheits- und Freiheitscharakter der neuen Brüderschaft möglichst zu betonen... Aus diesem Grunde wählte der Bund auch für die Gottheit nicht den Herrn- oder Vaternamen, sondern entnahm das Allsymbol der freimaurerischen Werkidee." Hinter der Verbrüderungsidee steht der Gedanke der Unio, die in der Mystik und in den Mysterienbünden eine große Bedeutung besitzt. „Der Mensch schließt, wenn er Bruder wird, den mystischen Blutbund nicht nur mit den Personen, die bei seiner Aufnahme zugegen und mittätig sind, auch nicht nur mit der Gesamtheit aller Bundesmitglieder, der Bund reicht weiter, er umfaßt alles, was lebt, alles, was ist." Die Liebeshandlung des Kusses ist das Symbol der geschehenen oder erst zu vollziehenden Verbrüderung. „Es gibt noch andere körperliche Berührungen, die bei der Mysterienweihe als Stellvertretung und symbolischer Ausdruck der Unio dienen. Vor allem ist die eigentümliche Zeremonie des Schlages zu erwähnen. Durch die Berührung mit einem heiligen Gegenstand, einem Bundessymbol, findet die Einswerdung mit dem Bunde, die Besitzergreifung des neuen Mitgliedes durch den Bundesgeist statt. So ist der Ritterschlag und der Lehrlingsschlag zu verstehen." Die Verbrüderung wird auch durch eine andere symbolische Handlung ausgedrückt, durch den Ritus der Handreichung, in dem sich das Verhältnis der Gegenseitigkeit unter den Brüdern darstellt und den die Freimaurer als Kette bezeichnen. „Durch die Kette wird die Gleichheit der Brüder betont und die Segnung durch einen berufsmäßigen Vermittler überflüssig gemacht. Der Bund, der die Kette zum Wahrzeichen wählt, proklamiert damit das allgemeine Priestertum und protestiert gegen die Geistübertragung an und durch bevorrechtete Einzelpersonen. Damit wird eigentlich erst eine Verbrüderung im tiefsten Sinne des Wortes ermöglicht." Durch die Kette wird dem Freimaurer das Erlebnis der Unio aufs stärkste vermittelt. Sie ist ein Zirkel und versinnbildlicht die Ewigkeit. „Zu den genannten Verbrüderungshandlungen gesellt sich ferner das gemeinsame Mahl, das Brudermahl." Die Mahlzeiten der Mysterienbünde dienen der Verbrüderung und finden deshalb im geschlossenen Kreise statt, in den kein Fremder eindringen darf. Das Brudermahl bildet in der Regel den Abschluß der Bundesweihe; die anderen Verbrüderungshandlungen pflegen ihm vorauszugehen." Das echte Verbrüderungserleben war seit je Inhalt der freien Bundesbildung in Europa neben den Kirchen und unabhängig von ihnen. Die Freimaurerei ist der bedeutendste Bruderbund der Neuzeit. „Der Mysterienbund ist ein Menschheitsbund; er hebt alle Schranken zwischen den Menschen auf. Zugleich aber ist er eine enge Lebensgemeinschaft ausgewählter Personen, die sich Brüder nennen. Er ist eine geistige Familie." Die Freimaurerei als Männerbund verkörpert aufs schönste die Idee der Verbrüderung und bildet die Brücke zwischen dem einzelnen, der Gesellschaft und dem Universum.

Verdun, Festungsstadt in Frankreich. Während der Napoleonischen Kriege Gefangenenlager für die englischen Kriegsgefangenen in Frankreich, die hier auch eine Loge unterhielten. 1929 fand in V. eine deutsch-französische freimaurerische Friedensmanifestation statt, an der neben Brr. der französischen Obedienzen solche des F. z. a. S. teilnahmen.

Vereeniging van Studeerende Kinderen van Vrijmetselaren (V. S. K. V.), holländische Vereinigung von Hochschülern und Hochschülerinnen, Söhnen und Töchtern von Freimaurern. Alljährlich finden zwei- bis dreitägige Konferenzen mit wertvollen, vom Geist der Humanitätsidee getragenen Vorträgen statt.

Verein der Freunde der Freimaurerei in Petersburg wurde am 19. Juni 1918 von neun Freimaurern und einer Reihe von Freunden des freimaurerischen Gedankens gegründet. Vorsitzender war der Kanzler des deutschen Generalkonsulats, K. Germann, Schriftführer E. v. Behrens, Assessor beim früheren kaiserlich russischen Minister des Äußern. Zutritt hatte jeder deutschsprechende freie Mann von gutem Ruf. Dazu gesellte sich ein am 24. Juni von den neun Freimaurern ins Leben gerufener Bund „Zur aufgehenden Sonne am Newastrand", der nur Freimaurer aufnahm. Auch dieser Vereinigung stand Germann vor. Beide Vereine hatten unter der antifreimaurerischen Bolschewistenherrschaft keinen Bestand. Am 7. April 1920 vereinigten sich dann einige Freimaurer dieses Kreises in Berlin zu einer Vereinigung unter dem Vorsitz des Wirklichen Staatsrates V. Weretenicow. Stellvertretender Schatzmeister wurde Ernst Germann. Aus dieser Vereinigung entstand später eine Loge.

Verein deutscher Freimaurer. Der V. d. F., ein Versuch, die Freimaurerei zu wirklicher Geistes- und Arbeitsgemeinschaft zusammenzuschließen, ist aus dem quälenden Bewußtsein der freimaurerischen Uneinigkeit geboren. Seine Gründer sind der Schweizer Fürsprech Josef Schauberg, der Leipziger Professor der Philosophie Rudolf Seydel und der maurerische Schriftsteller und Zeitungsherausgeber Gabriel Findel (s. diese alle). Nachdem diese drei bereits 1859 über die Möglichkeiten eines Zusammenschlusses der durch die Großlogensysteme getrennten deutschen Freimaurer einen lebhaften Briefwechsel geführt hatten, traten sie im Jahre 1860 mit ihrem Plane in Findels „Bauhütte" vor die deutsche freimaurerische Öffentlichkeit. Den eigentlichen Anstoß zur Gründung gab Schauberg in einem Artikel: „Über einen zu stiftenden wissenschaftlichen Verein der deutschen und schweizerischen Freimaurer mit jährlichen Zusammenkünften" („Bauhütte", 1860, Nr. 23). Ihm schwebte hierbei das Beispiel der deutschen morgenländischen Gesellschaft vor, die ein Bindeglied der orientalischen wissenschaftlichen Forschung über alles Trennende hinweg geworden war. Der Vorschlag begegnete nur wenig Zustimmung. Nach längeren schwierigen Verhandlungen gelang es, die Loge „Teutonia" in Potsdam dazu zu bewegen, ihren Tempel für die gründende Versammlung bereitzustellen. Am 18. Mai 1861 fand denn auch dort die vorberatende Versammlung statt, der am folgenden Tage die Gründung folgte. Die Satzungen stellten fest, daß der Verein „kein Bund im Bunde, sondern ein Bund für den Bund" sein soll, und nennen als Zweck die Veranstaltung wissenschaftlicher Arbeiten auf dem Gebiete der Freimaurerei durch Anlegen einer Sammlung von maurerischen Handschriften und Urkunden, deren Veröffentlichung, durch Anknüpfung wissenschaftlicher Verbindungen mit ausländischen Großlogen u. a. m. Zum ersten Vorsitzenden wurde der Generalarzt Puhlmann, Meister vom Stuhl der Loge „Teutonia", gewählt.

Die Gründung begegnete jedoch lebhafter Gegnerschaft. Einzelne Logen, wie die Dresdener Loge „Zu den drei Schwertern" bezeichneten den Verein als zwecklos und dem Geiste der Freimaurerei feindselig. Die „Drei Weltkugeln" zwangen den Vorsitzenden Puhlmann, sein Amt niederzulegen und mit sämtlichen Mitgliedern seiner Loge aus dem Verein wieder auszutreten. Dieser hatte Schwierigkeiten, für seine Jahresversammlungen Logenlokale zu erhalten. Köstlich mutet heute der Einwand eines Br. Lucius in der „Bauhütte" (1867, Nr. 49) an, der dem Verein die Rechtmäßigkeit bestritt, weil er sich eigenmächtig konstituiert habe. Der neue Vorsitzende, Rudolf Seydel, konnte aber schließlich feststellen, daß die Angriffe langsam an Heftigkeit nachließen. Die ersten Jahre galten der Organisationsarbeit. Zugleich versuchte der V. d. F., sein geistiges Programm zu erfüllen. Eine seiner ersten beachtlichen Leistungen war die Entsendung Findels nach England, um dort die Echtheit der Yorker Urkunde (s. d.) zu untersuchen. Sein ablehnendes Urteil trug Findel der Jahresversammlung in Hamm (1864) vor. Er besorgte auch den Abdruck der Ordnung der Steinmetzen vom Jahre 1469, der Rochlitzer Bauhüttenordnung, andere Brr. schlossen sich mit geschichtlichen Arbeiten von bleibendem Werte an. Das Erwachen der freimaurerischen Geschichtsforschung in England überflügelte jedoch diese beachtenswerten Anfänge einer kritischen deutschen Historiographie.

Unter der Führung Seydels wagte sich der junge Verein an Fragen, die ihn notgedrungenerweise in Konflikt mit den Großlogen bringen mußten. Der Verein erfaßte die Einheit des Maurerbundes in seiner ganzen Schärfe und versuchte, dem Ausdruck zu verleihen. Nach langen Vorarbeiten, die drei Jahresversammlungen eifrigst beschäftigt hatten, wurde ein „Allgemeines Grundgesetz für den Freimaurerbund" (s. d.) verfaßt (Seydel, Bluntschli, Findel, Schauberg und v. Trentowski), das in einem Manifeste „An alle Großlogen des Erdenrundes" verlautbart wurde. Der Grundgedanke dieses Manifestes geht aus dem einen Satz hervor: „Die Freimaurerei ist allgemein, und alle auf dem ganzen Erdenrund zerstreuten Logen und Freimaurer bilden nur eine Loge". Die mit kühner Hinwegsetzung über die tatsächlichen Gegebenheiten verfaßten und zu Worms beschlossenen Satzungen sahen vor: National-Großlogen in jedem Lande, die sich in einer „Universal-Großloge", einem Gesamtlogenverband der ganzen Erde, eine Leitung geben sollten. In Frankreich und Italien fand dieser Plan Zustimmung. Dagegen äußerten sich in Deutschland bloß zwei Großlogen (Sachsen und Hamburg), beide im ablehnenden Sinne. Auch die schon aus dem Jahre 1848 stammende Anregung eines allgemeinen Maurertages tauchte im Programm des Vereines auf. Da ein internationaler Maurertag noch in weiter Ferne lag, beschränkte man sich auf Satzungen zu einem allgemeinen deutschen Maurertag. Auch der Plan einer deutschen National-Großloge wurde ernsthaft erörtert. (Benvenuto Cramer in Düsseldorf, 1878.) Alle diese für einen idealistischen Aktivismus des Vereins sprechenden Versuche schlugen fehl. Nicht zuletzt infolge der Eifersucht der Großlogen, die sich durch den Verein bedroht fühlten. Immerhin hat diese Tätigkeit ein gutes gehabt: sie führte zu einem, wenn auch losen Zusammenschluß der deutschen Großlogen im Großmeisterverein und später im deutschen Großlogenbund.

Wichtige Impulse gingen vom V. d. F. für das geistige Leben der deutschen Logen aus. In dieser Beziehung ist er auch heute noch führend geblieben. Robert Fischer (s. d.) entwickelte 1894 ein Arbeitsprogramm für die Logen, das von der geschichtlichen Grundlage zur philosophischen Erkenntnis des Freimaurergedankens führte. Schon 1882 hatte Cramer in Danzig es als eine Lebensfrage der Freimaurerei bezeichnet, daß sie sich als treibende Kraft im Volksleben erweise. Daher versuchte der V. d. F. auch zu den sozialen Fragen Stellung zu nehmen und die freimaurerischen Kräfte hierfür frei zu machen. Es war ein Erfolg, daß die deutschen Großlogen daraufhin beschlossen, den deutschen Logen alljährlich zeitgemäße maurerische Fragen zur Verhandlung vorzulegen, ein Versprechen, das allerdings nicht eingelöst wurde (Wanner). Zumindest versuchte man eine organisierte Wohltätigkeit ins Leben zu rufen, zu welchem Zwecke eine Unterstützungskasse begründet wurde. Ein Versuch, die karitativen Leistungen der einzelnen Logen zahlenmäßig zu erfassen, scheiterte an der mangelnden Mitarbeit der Logen selbst. In klarer Erkenntnis, daß er selbst nicht berufen sei, Wandel zu schaffen, versuchte der Verein zumindest durch Anregung zur Erörterung der Lösung der ihm wichtig scheinenden Fragen näherzukommen. Diesem Zwecke dienten mehrere Preisausschreiben, wie das im Jahre 1906 erlassene: „Wie kann die Gesundung unseres sozialen Lebens durch Volkserziehung im Geiste der Humanität gefördert werden?" 1907 schlug der Verein seinen Brr. vor, das Studium der Friedensbewegung in ihr Programm aufzunehmen. Bei diesem Anlasse wurden von Professor Dr. Heinrich Kraft und Generalleutnant von Reinhardt bedeutungsvolle Reden zur Frage des auf dem Humanitätsgedanken beruhenden Völkerfriedens gehalten.

Bleibende Verdienste, die von der breiten Öffentlichkeit der deutschen Logen leider nicht genügend unterstützt wurden, hat sich der V. d. F. durch mehrere Standardwerke erworben. Hiezu gehören der „Versuch einer Darstellung des positiven inneren Freimaurerrechtes" von Merzdorf, v. Groddeck und Henne am Rhyn (1877), die Herausgabe des Allgemeinen Handbuches der Freimaurerei in dritter Auflage (1900/01) und vor allem die 1911 im ersten, 1912 im zweiten Bande fertiggestellte Bibliographie der freimaurerischen Literatur von August Wolfstieg. 1905 wurde ein Arbeitsamt geschaffen, dem die Leitung der literarischen Arbeiten des V. obliegen sollte. Ihm gehörten die als Schriftsteller bekannten Brr. Ludwig Keller, Paul Fischer, Seedorf, Erlenmeyer, Heinrich Kraft, Otto Neumann, Fritz Rackhorst und als Sekretär Ernst Clausen an. In seinem eigenen Blatte, den „Zwanglosen Mitteilungen aus dem Verein deutscher Freimaurer", schuf sich der V. d. F. ein Organ, das schon durch die Größe seiner Auflagenzahl und durch die einheitliche Basis für alle deutschen Systeme alle anderen deutschen Freimaurerzeitungen bald überflügelte. Auch die vom Verein geschaffene Institution der Wanderredner hat sich ausgezeichnet bewährt. In Bezirks- und Ortsversammlungen wurden Vorträge gehalten, die den allgemeinen Freimaurergedanken herausarbeiteten und die Gegensätze der deutschen Systeme überbrücken wollten. Eine Reihe von wertvollen Erscheinungen der Literatur wurden unterstützt. So anläßlich der Jahrhundertfeier der Leipziger Völkerschlacht (1813—1913), das Geschichtswerk von Julius Haarhaus „Deutsche Freimaurer zur Zeit der Befreiungskriege".

Besonders seit Diedrich Bischoff (s. d.) die Leitung des Vereines übernommen hatte (1910), war ein ständiger Aufstieg desselben zu verzeichnen, wozu Bischoff selbst durch sein rastloses literarisches Wirken beitrug. Die große Zahl der vom Verein im Jahrzehnt von 1911—1921 selbst herausgegebenen oder geförderten Schriften (s. Jahrbuch 1921/22) ist ein Beleg für das reiche geistige Leben. Der Weltkrieg und die nachfolgenden Jahre haben auch den Verein schwer getroffen. Es bleibt ein Ruhmesblatt in seiner Geschichte, daß es ihm unter der geschickten Leitung Bischoffs gelungen ist, trotz aller Anfeindungen von außen und auch von innen (die Große Landesloge der Freimaurer von Deutschland verbot für Ordensbrüder die Mitgliedschaft) sich nicht nur zu behaupten, sondern auch seine publizistische Tätigkeit aufrechtzuerhalten. Eine seiner letzten Schriften, „Die Vernichtung der Unwahrheiten über die Freimaurerei", eine Kampfschrift gegen Ludendorff, gehört heute zu den weitverbreitetsten deutschen Schriften über Freimaurerei.

Selbstverständlich war es dem Verein in diesen stürmischen Jahren nicht immer leicht, unbeirrt von rechts und links, die einzig mögliche Politik der Mitte zu halten. Der Verein hat seine Vergangenheit durchaus nicht verleugnet, wenn er unter der harten Not der Zeit sich von Ideologien seiner frühen Jahre abwendete und realpolitisch vorging. Man hat manchen seiner Schritte im Auslande nicht gebilligt. Es darf nicht vergessen werden, daß der V. d. F. nach seinem Leitspruche „Durch Arbeit zur Einigkeit" nicht einer Partei, sondern vor allem der deutschen Freimaurerei zu dienen bestrebt ist.

Die Organisation des Vereins gliedert sich in einen Vorstand mit einem Beirat, einen engeren Ausschuß und die Bezirksverbände, deren Obmänner die Obmännerkonferenz bilden. Die Geschäftsstelle, deren Leitung in Händen des Br. Dr. J. C. Schwabe (s. d.) liegt, befindet sich in Leipzig, Fichtestraße 43. Die „Mitteilungen" erscheinen monatlich (Auflagezahl 22.000) und enthalten neben wertvollen Aufsätzen eine sehr genau geführte Zeitungsschau, sowie inhaltsreiche Übersichten über das freimaurerische Leben aller Weltteile. Außerdem gibt der Verein alljährlich ein Taschenbuch mit den deutschen Logenadressen und ein Jahrbuch heraus, das die Berichte der alljährlich an einem anderen Orte stattfindenden Jahresversammlungen, und die dort gehaltenen Vorträge enthält. Über die Entwicklung des Vereines geben die folgenden Zahlen Aufschluß: bei der Gründung waren es 132, 1911 schon 12.000, 1921 21.146, 1930 20.075 Mitglieder.

Ungefähr ein Drittel aller deutschen Freimaurer gehören somit dem V. d. F. an.

Vereinigte Großloge von Deutschland, s. Deutsche National-Großloge.

Vereinigte Großloge von England, s. England.

Vereinigte Logen, Bezeichnung für die Logen der Strikten Observanz seit dem Konvent von Koblo 1772, auf welchem Herzog Ferdinand von Braunschweig zum Magnus Superior ordinis und Großmeister aller vereinigten Schottenlogen ernannt wurde.

Vereinigte Staaten, s. Nordamerika.

Vereinigung Reformierter Johannislogen in Hamburg, 1898 gegründete Winkellogenvereinigung (Großmeisterschaftsobmann: Ad. Koppe, Hamburg), ging nach kurzer Lebensdauer ein.

Vereinigungsband (auch Verbindungsband) auf dem Tapis (Arbeitstafel), ineinandergeschlungenes und mit Fransen verziertes Seil, Abbildung der im Salomonischen Tempel oder wahrscheinlicher im Tempel Zerubabels befindlichen Schnur, die den Vorhang vor dem Allerheiligsten hielt und schmückte, symbolisiert das geistige Band, das alle Freimaurer in der Ausübung ihrer Pflicht zusammenhält. Von Hieber wird das V. für die Große Landesloge der Freimaurer von Deutschland gedeutet als ein Band, das das Diesseits mit dem Jenseits, das Menschliche mit dem Göttlichen verbindet. „Es ist das heilige Band der Liebe, das nicht nur die Menschen mit der Gottheit, sondern auch untereinander verbindet, ja, das alle Dinge in der Natur miteinander verknüpft und so aus der Zersplitterung ein einziges großes Ganzes herstellt, das vom Geiste der Liebe durchweht wird." (Hieber, „Johannislehrlingsgrad", Seite 51.)

Verfassung (engl. und frz. Constitution), das Gesetzbuch der Großloge, das ihre eigene Tätigkeit sowie die ihrer Logen regelt. Sie wird im Logenhaushalt ergänzt durch sogenannte Hausgesetze.

Verfolgungen, s. Gegner und die einzelnen Länder.

Verhaegen, Pierre Theodore, Vorkämpfer des belgischen Liberalismus, * 1796, † 1862, Advokat, hervorragender Parlamentarier, jahrelang Kammerpräsident, Hauptbegründer der Freien Universität („Université libre") in Brüssel, an der er dann selbst als Rechtslehrer wirkte; eifriger Freimaurer, verteidigte er den Bund zu wiederholten Malen auf der Parlamentstribüne gegenüber klerikalen Angriffen. 1854 Großmeister des Großorients von Belgien, verfocht er die Auffassung, daß die belgischen Logen die Pflicht hätten, im liberalen Sinne aktiv am politischen Geschehen Anteil zu nehmen, und bewirkte die Streichung der Bestimmung der Satzungen, die die Erörterung politischer und religiöser Fragen in den Bauhütten untersagte. Diese von anderer Seite, namentlich von Pierre Tempels (s. d.) leidenschaftlich bekämpfte Anschauung trug eine Zeitlang arge Verwirrung in die belgische Freimaurerei, bis nach mehreren Jahren die Verfechter der unpolitischen Einstellung den Sieg davontrugen.

Veritas, deutschamerikanische Freimaurergesellschaft, nannte sich eine 1883 entstandene Vereinigung von deutschen Mitgliedern der Großloge von New York, die sich mit geschichtlichen und philosophischen Untersuchungen befassen und diese Ergebnisse in einer Zeitschrift „Masonia" veröffentlichen wollte. Infolge eines mißverstandenen Ausdruckes in ihren Satzungen (sie nannte sich unabhängig) wurde gegen sie eine Untersuchung seitens der Großloge veranlaßt, die jedoch nach einigen belanglosen Änderungen in den Satzungstexten den Bestand genehmigte.

Verlagsanstalten, Freimaurerische. Die Zahl der rein freimaurerischen Verlagsanstalten ist gering. Da sich die freimaurerische Literatur besonders in früheren Jahren ausschließlich an Freimaurer wendete, war der Abnehmerkreis beschränkt. Freimaurer sind im allgemeinen auch schlechte Buchkäufer, die Zahl derjenigen Brr., die sich eine eigene Bücherei freimaurerischen Inhalts anlegen, ist immer eine sehr kleine gewesen. Um so eifriger kaufen dagegen Freimaurer gegnerische Literatur, Man darf wohl behaupten, daß der Bucherfolg zahlreicher gegnerischer, oft sehr minderwertiger Schriften in erster Linie den Freimaurern selbst zu danken ist. (Wogegen die freimaurerische Bibliographie von Wolfstieg, ein Standardwerk, nur einen sehr kleinen Abnehmerkreis fand.)

Ein rein freimaurerischer Verlag in Deutschland ist der des Vereins deutscher Freimaurer in Leipzig, der in den letzten Jahren eine große Anzahl von Werken (besonders jene Bischoffs) und Broschüren herausbrachte. Bei ihm erschienen auch in den Nachkriegsjahren zahlreiche gute Abwehrschriften.

Ein Unternehmen von großer Opferwilligkeit ist der Verlag Alfred Unger in Berlin, der neben dem Sammelwerk „Concordia" das große Geschichtswerk von Wolfstieg, die Goetheschrift Wernekkes, die preisgekrönte Schrift Casparis u. v. a. verlegt hat. Die wissenschaftlichen Schriften der Großen Landesloge der Freimaurer von Deutschland erscheinen im Verlag von E. S. Mittler und Sohn in Berlin. Freimaurerische Verleger in Deutschland sind ferner: Franz Wunder in Berlin, Bruno Zechel in Leipzig, Ernst H. Moriz (Inhaber Franz Mittelbach), Stuttgart.

Verleger in deutscher Sprache, die auch Freimaurerliteratur in ihr Verlagsprogramm aufgenommen haben: In der Tschechoslowakei: Verlag der „Drei Ringe" in Reichenberg (Gebrüder Stiepel), in Österreich der „Amalthea-Verlag" (Lennhoff, „Die Freimaurer", „Zweihundert Jahre frmr. Gebrauchsgraphik" und das vorliegende Freimaurerlexikon).

Einzelne wertvolle Freimaurerwerke erschienen auch in den Verlagen von Diederichs, Jena, Ernst Reinhardt, München, und Reimar Hobbing, Berlin. In England sind zu erwähnen die Verlage von George Kenning & Son, A. Lewis, The Masonic Record, Ltd., Spencer & Co. in London. In Frankreich: V. Gloton und Émile Nourry in Paris. In Amerika: Macoy Publishing and Masonic History Company in New York, die „Masonic Publishing Co. in New York, die „Masonic Service Association", die „Masonic Research Society" in St. Louis. In tschechischer Sprache verlegt Freimaurerliteratur der Verlag Trojúhelník, Legiografia, Prag.

Verlassene Symbole. Aus alten Zeichnungen, Symboltafeln usw. ist zu ersehen, daß eine größere Anzahl von freimaurerischen Lehrbildern im Laufe der Zeit wieder verlassen worden sind. Hierzu gehören: die sieben Kirchen, Jakobs Ringkampf, mehrere Arten von Säulen, drei Maßstäbe, das gestrandete Schiff, Davids Tasche u. a. m. Auch der Bienenkorb ist nur noch in vereinzelten Systemen in Erinnerung, ebenso der schwere Hammer des Steinbrucharbeiters und die Reißfeder. Ebenso ist die ursprünglich dreieckige Form der Loge zugunsten des länglichen Vierecks aufgegeben worden (s. a. Broached Thurnel).

Vermißtensuche im Weltkrieg. 1915 gründete die schweizerische Großloge „Alpina" in Lausanne ein schweizerisches freimaurerisches Büro zur Aufsuchung Vermißter, das erfolgreiche Arbeit tat. An der Spitze standen Alfred Mosaz, Lausanne, und F. Amez-Droz, Genf.

Vermont, Bundesstaat der Vereinigten Staaten von Nordamerika. Die 1794 gegründete Großloge zählte 1930 103 Logen mit 19.672 Mitgliedern. Unter den Gründern der ersten Loge von 1781 (in der Zeit, da V. noch einen Teil der Kolonie Massachusetts Bay bildete), befand sich der amerikanische Nationalheld Paul Revere (s. d.). Sie hatte in Springfield ihren Sitz. arbeitete aber bis 1788/89 in Charlestown. New Hampshire. Während der Morgan-Affäre (s. d.) nahm hier der Kampf gegen die Freimaurerei die heftigsten Formen an; vorrübergehend mußte die Großloge ihre Tätigkeit einstellen. Adresse: Masonic Temple, Burlington.

Vernet, Horace, * 1789, † 1863, ebenso wie sein Vater bekannter Schlachtenmaler der Napoleonischen Zeit, war Mitglied des Suprême Conseil de France.

Verordnungen, Allgemeine, s. General Regulations.

Verpflichtungsaltar heißt in verschiedenen Systemen der Altar im Freimaurertempel, an dem das Gelübde abgelegt wird.

Verräterschriften. Für das Aufsehen, das die Freimaurerei bei ihrem ersten Auftreten in England erregte, spricht die große Menge von bald hernach erschienenen Privatdrucken, die sich sämtlich bemühten, der breiten Öffentlichkeit das Geheimnis der Freimaurerei zu enthüllen. Da die offiziellen Rituale nicht gedruckt werden durften, so sind in diesen V. sehr viele wertvolle Hinweise auf die ursprünglichen Ritualformen, wenn auch angenommen werden muß, daß manche von ihnen stellenweise eigene Erfindungen des Verfassers enthalten. In einer Serie von Artikeln „Eighteen Century Catechisms" (Miscellanea Latomorum 1929), hat Lionel Vibert die derzeit wohl vollständigste Liste dieser V. gegeben, die hier ergänzt erscheint. Die Reihe beginnt mit einem Artikel in der Londoner Zeitung „Flying Post“, 11. und 13. April 1723. Es folgt 1724 „The Grand Mystery discovered“, mit einer zweiten Auflage im folgenden Jahre. 1724 erschien eine nichtoffizielle Ausgabe der Old Charges, der sogenannte „Briscoe Text“. 1725 die Schrift: „The Whole Institution of Freemasonry opened“, erschienen in Dublin, von der aber nur der Titel bekanntgeblieben ist. Schließlich 1730 eine im „Daily Journal“ erschienene V., „The Mystery and Motions of Freemasonry discovered“, „The Puerile Signs and Wonders of a Freemason“, ferner: „The Mystery of Freemasons“. Diese Veröffentlichung in einer öffentlichen Zeitung wurde wiederholt von Zeitungen in London, Dublin, Pennsylvania, und erschien noch 1742 im „Westminster Journal“. Hierher gehört auch: „The Mason's Confession“ in „Scots Magazine“, 1755.

1730 erschien die erste V. in Buchform: Prichards „Masonry dissected“. Sie hatte einen derartigen Erfolg, daß noch im gleichen Jahre zwei weitere Auflagen folgten, 1737 war bereits die siebente Auflage erreicht, die unter eigenem Titel erschien („The secrets of Masonry made known to all men by S. P.“), in welcher sich auch eine englische Übersetzung aus dem Französischen: „Letter from Paris“, vorfindet. Dieser Brief gibt die Veröffentlichung der französischen Rituale durch den Polizeileutnant Herault (s. d.) wieder. In Edinburgh erschien eine Gegenschrift: „Rélation apologique“ (1738). Prichard wurde 1736 ins Deutsche und 1738 ins Französische und Holländische übersetzt.

Die nächste Gruppe betrifft französische Drucke von V. Hier seien erwähnt: „Le Secret des Francs-Maçons“ (1742). Der Druck wurde 1744 dreimal wiederholt, weitere Ausgaben erschienen 1745, 1749 und 1752. Verfasser ist der Abbé Perau (s. d.), gewidmet ist das Buch dem Freimaurer Dr. Procope. 1744 erschien anonym in Brüssel ein Pamphlet „La Franc-Maçonne“, bemerkenswert durch die Mitteilung, daß die Freimaurerei eigentlich aus sieben Graden bestehe, die den unteren Stufen nur nicht bekannt seien. Im gleichen Jahre, neu aufgelegt, 1747: „Le Parfait Maçon“, gleichfalls mit Schilderungen schottischer Hochgrade. Das bedeutungsvollste Buch dieser Art ist „Le Catéchisme des Francs-Maçons“, herausgegeben 1744 von Leonard Gabanon, Pseudonym für Louis Travenol (s. d.). Die letzteren Werke brachten auch Kupferstiche von Freimaurerzeremonien, die häufig nachgedruckt wurden. Eine Konkurrenzschrift war die 1745 erschienene „Le Sceau rompu“. Der Verfasser des „Catechisme“ antwortet auf diese in einer neuen: „La Désolation des Entrepreneurs modernes du Temple de Jérusalem“ (1747). Alle diese V. wurden aber in Schatten gestellt durch die wiederholt aufgelegte und vermehrte Schrift: „L'ordre des Francs-Maçons trahi“, erste Ausgabe 1745. In dieser Schrift werden Logenpläne für die drei ersten Grade in Kupferstich gegeben, außerdem ist eine Geschichte des Mopsordens mit bildlichen Darstellungen des Logenplans und der Aufnahmezeremonie angeschlossen. Das Buch erlebte mehrere Auflagen, die in Amsterdam gedruckt sind. Die Häufigkeit dieses Buches in Logenbibliotheken und in Privatbesitz spricht für seine große Verbreitung. Angehängt sind mehrere französische Freimaurerlieder, darunter die bekannte „Apologie de la Maçonnerie“ von Dr. Procope. Die Quelle der meisten V. dieser Zeit ist „L'Almanach des Cocus“ (Jahrbuch der Hahnreie), Paris 1741, in welchem hinter einem äußerst lasziven Titelkupfer (homo et femina medio in coitu!) die Rede des Chevalier Ramsay (s. d.) und die durch den Polizeileutnant Herault veranlaßte Veröffentlichung des Rituals abgedruckt sind.

Schon früher, aus Anlaß der Bulle „In Eminenti“ (1738), erschienen eine ganze Menge von Schriften gegen die Freimaurerei: „Les Vrais Juremens“ (so!), „Les Fri-maçons“ u. v. a. 1747 ist zu verzeichnen: „L'Adepte Maçon“, gedruckt in London, 1748 „L'Anti-Maçon“, im gleichen Jahre „L'Ecole des Francs-Maçons“. Von dem obenerwähnten „L'ordre des Francs-Maçons trahi“ gibt es 1745 einen Nachdruck unter dem Titel „Les Secrets des Francs-Maçons devoilés et mis au jour par Mr. P.“ (d. i. Perau, gedruckt in Frankfurt, 1745 erschienen davon auch drei deutsche Ausgaben, von denen eine — in Leipzig gedruckte — einen Br. Phidias als Autor nennt, der sich in einem eigenen Vorwort an den Leser wendet. Auch eine holländische und dänische Ausgabe ist bekannt. Die gleiche Schrift wurde 1760 für den „Master Key to Freemasonry“ von Burd benützt. Das Vorwort beginnt: „Ich will euch klarlegen, daß ihr betrogen seid!“ Neue Ausgaben sind bis 1778 nachweisbar. Das Buch hatte also einen ganz außergewöhnlichen Erfolg!

Die heftigen Angriffe gegen die Freimaurer zeitigten 1746 ein gleichzeitig in deutscher und französischer Sprache erscheinendes Buch von Larudan: „Les Francs-Maçons écrasés“. Die Zahl der Logenpläne gegenüber dem „Trahi“ ist vermehrt, der Verfasser behauptet, das Buch aus dem Lateinischen übersetzt zu haben. Erwähnt sei ferner 1751 „Le Maçon démasqué“, 1753 ins Holländische übersetzt. Es ist identisch mit dem 1766 veröffentlichten „Salomon in all his Glory or the Master Mason“. Im Titel heißt es, daß dieses Buch auf Einschreiten der Freimaurer auf Befehl des Königs von Preußen öffentlich verbrannt worden sei. T. Wilkinson druckte es 1777 nach und gab einen zweiten Teil dazu heraus: „Tubal Cain,“ das sich aber als ein wörtlicher Nachdruck von Prichard erweist.

1760 erschienen in London die „Three distinct knocks“, dem 1754 „The Freemason Examin'd“ und 1757 „The Secret of the Freemasons revealed by a disgusted Brother“ vorausgingen. Die Großloge von Irland wurde durch die „Three distinct knocks“ derart aufgebracht, daß sie den Besitz des Buches unter Androhung der Ausschließung verbot! Der Verfasser bezeichnet sich als Deutschen, der in Frankreich und Irland die Freimaurerei kennenlernte und seine Erfahrungen veröffentlichen will. Wie dauerhaft das Interesse an solchen V. ist. beiweist das Schicksal einer weiteren Schrift: „Jachin and Boaz,“ die 1762 zuerst erschien und noch 1853 und später Neuauflagen erlebte. Dermott (s. d.) schrieb 1764 in seinem Ahiman Rezon, der Verfasser des Jachin und Boaz habe sich in einem Anfall von Eifersucht selbst die Kehle durchschnitten. Darauf meldet sich in der Neuausgabe von 1764 dieser totgesagte Autor und fordert Dermott auf, sich von seinem Wohlbefinden zu überzeugen. Das Buch ist illustriert. 1762 erschien eine Gegenschrift: „A Freemason's Answer on the suspected Author of a Pamphlet entitled Jachin and Boaz“. In einer Erziehungsschrift „Every Young Man's Companion“ von einem sonst unbekannten W. Gordon, zweite Auflage, London 1765, findet sich ein Abschnitt „Mystery of Freemasonry explained“. Der Text ist Jachin and Boaz entnommen. Die nächsten Jahre sind besonders fruchtbar an V.: „Hiram or the Grand Master's Key“,1764, dritte Auflage in London 1773. „Shibboleth or Everyman a Free-mason“, Dublin 1765, „Mahabone or the Grand Lodge Door opened“ (1766). „The Freemason Stripped Naked“ (1766). Alle diese Schriften sind Konjunkturunternehmungen, die ihre Vorgänger. wie die „Three distinct knocks“, und Prichard ausschlachten.

Eingeschaltet seien hier polemische Schriften gegen diese Enthüllungsschriften, z. B. „A Defence of Masonry“. erschienen 1730. und eine Polemik gegen Prichard, die dabei selbst zur Verräterschrift wird: „The Perjur'd Freemason Detected“ im gleichen Jahre.

Ein französisches Werk „Les plus secrets Mystères des Hauts Grades de la maçonnerie dévoilés“, zuerst 1766 erschienen, erweitert den Kreis der Enthüllungen. Es wird auf Köppen (s. d.) zurückgeführt, der es erst französisch geschrieben haben soll. Die deutsche Ausgabe wäre also eine Übersetzung. Aus dem Jahre 1773 ist zu erwähnen „Le Vrai Maçon etc. par Frère Enoch“. 1777 erschien „L'Adepte Moderne ou le Vrai secret des Francs-maçons“. Das Buch ist ein Übersetzung eines deutschen Pamphlets: „Der neue Goldmacher oder das wahre Geheimnis der Frey-Mäurer von Madame Gut“ (d. i. Beaumont). Eine ungarische Übersetzung erschien 1810. Die Adoptionsmaurerei behandeln „Vraie Maçonnerie d'Adoption“, 1773, oder ein deutsches Buch: „Die drei Grade der Freimaurerei usw“ 1783, schließlich „Freemasonry for the Ladies or the Grand Secret discovered“.

Von deutschen Schriften dieser Zeit seien angeführt: „Die zerschmetterten Freimaurer“ (1746), „Die gestürzten Freimaurer“ (1747), umgearbeitet unter verschiedenen Titeln, so: „Geheime Unternehmungen der Freymaurer“ (1787), „Allerneueste Geheimnisse der Freymäurer“ (1766 und 1770), sämtlich zurückgehend auf die Schrift von Larudans „Les Francs-Maçons écrasés“. Italienische Versionen sind „Istituzione, Riti et Ceremonie dell'Ordine dei Francs-Maçons,“ Venezia 1785, mit der Druckerlaubnis des Bischofs von Padua, und „I Secreti dei Franchi Muratori scoperti intieramente etc.“ Trotz der schwer verständlichen Chiffren muß auch „The Master Key“ von Browne hier genannt werden (1798), insofern, als er ein Ritual in Druck brachte. Einen amtlichen Charakter schützt die Veröffentlichung des „Archivs der Freymäurerloge zu Livorno“ vor, die 1800 auf Befehl des Herzogs von Toscana aufgehoben wurde (Leipzig 1803). Die weiteste Verbreitung fand der „Sarsena oder der vollkommene Baumeister ... von einem wahren und vollkommenen Bruder“ (d. i. Karl Friedrich Ebers), 1. Auflage 1817, 8. Auflage 1866), der auch noch von Ludendorff ausgiebig benützt wurde. Aus neuerer Zeit seien noch erwähnt die Bücher Leo Taxils, u. a. „Les Frères Trois-Points“ (ins Deutsche und viele andere Sprachen übersetzt), „Les Mystères de la Franc-Maçonnerie“, mit zahlreichen Abbildungen, ein daraus gezogenes Handbuch „La Franc-maçonnerie dévoilée et expliquée“ und „Miss Diana Vaughan ou la Restauration du Paganisme“. 1911 erschien von Wilhelm Nicolaus Otto (Gale) in Cassel: „Das Geheimnis der Freimaurerei enthüllt“, eine wertlose Kompilation aus älteren V. Auch seither hat die Flut kaum nachgelassen.

Der Zweck aller dieser V. geht, um Ludendorff zu zitieren. darauf hinaus. die Freimaurerei durch „Enthüllung ihrer Geheimnisse zu vernichten“. Anfangs dienten sie nur dem Sensationsbedürfnis der Zeit. später verfolgten sie irgendeinen religions- oder parteipolitischen Zweck. Für die historische Forschung der Freimaurerei sind besonders die alten englischen V. von großem Wert. In der Anfangszeit der kontinentalen Freimaurerei war man für diese V. sogar sehr dankbar, da man aus ihnen das Ritual der Logen für den eigenen Logengebrauch entnehmen konnte. So sind beispielsweise die Tapisdarstellungen in den ältesten französischen V. in den damaligen deutschen Logen fleißig kopiert worden. Je älter die V. sind. desto verläßlicher und treuer sind sie in der Wiedergabe der wirklichen Logengebräuche, je späteren Datums, desto deutlicher tritt die Tendenz hervor, durch Übertreibungen den Charakter der Freimaurerei zu entstellen. Die in den letzten Jahrzehnten entstandenen V., wie z. B. jene Taxils, sind mit eigenen Erfindungen dermaßen durchsetzt, daß der wirkliche Brauch daneben verschwindet. Das gleiche gilt auch von den Deutungen Ludendorffs, wobei bemerkt sei, daß dieser in seinem Literaturverzeichnis nur zwei V. anführt: den „Sarsena" in der Ausgabe von 1851 und die im 18. Jahrhundert erschienene, obenerwähnte Schrift: „Jachin and Boaz" (1762).

Verschwiegenheit, s. Geheimnis, Harpocrates.

Verteidigung, Abwehr. Die Haltung der Freimaurerei zu den Angriffen ihrer zahlreichen Gegner (s. d.) ist uneinheitlich. Die Anschauungen über die Frage, ob und in welcher Weise Verteidigung, Abwehr, am Platze ist, sind sehr geteilt. Sehr häufig, selbst in Ländern, in denen die Freimaurerei keine besonders gefestigte Stellung einnimmt, wo systematische Hetze der freimaurerischen Sache immer wieder Abbruch tut, begegnet man nicht selten einer erstaunlich wirkenden Zurückhaltung gegenüber allen gegnerischen Äußerungen. Diese wird recht verschiedenartig begründet, u. a. damit, daß die Freimaurerei keine Kampforganisation sei und nicht in die Arena der Polemik mit Pamphletisten heruntersteigen dürfe, daß man Dinge, die im wesentlichen auf eigenem inneren Erlebnis beruhen, nicht auch noch selbst in die Öffentlichkeit zerren dürfe, daß es zwecklos erscheine, mit von Haus aus unbelehrbaren Gegnern gegen notorische Lügen zu debattieren, daß überdies jedes Hinaustreten die Gefahr in sich berge, als Propaganda gewertet zu werden. Diese Anschauungen sind so tief eingewurzelt, daß die Zahl wertvoller Verteidigungsschriften lange Zeit verhältnismäßig gering war, wobei wir unter Verteidigungsschriften nicht solche verstehen, die sich im allgemeinen mit Freimaurerei beschäftigen, sondern Literatur, die konkret auf konkrete Anschuldigungen eingeht. Deren erste war die 1730 (als Antwort auf Prichards „Masonry dissected") in London anonym erschienene „Defence of Masonry", die 1738 auch im Anhang zum Konstitutionenbuch gedruckt wurde. Die Autorschaft wird Martin Clare (s. d.) zugeschrieben.

Bis in die neueste Zeit beschränkte man sich darauf, vielfach die Sturzflut der Angriffe über sich ergehen zu lassen und aus dieser Reserve nur herauszugehen, wenn der Verleumdungsfeldzug einmal gar zu arg wurde. Diese Taktik hat sich aber immer wieder als durchaus verfehlt erwiesen. Die sie vertreten, übersehen ganz, daß Stillschweigen nicht als Würde, sondern als Ausfluß eines „Schuldbewußtseins" ausgelegt wird, daß Unwahrheiten, mögen sie auch noch so handgreiflich und als solche auch sofort erkenntlich sein, von Leuten doch schließlich geglaubt werden, denen man sie stets aufs neue einhämmert, und daß durch Passivität gegenüber ihren Angreifern die Freimaurerei Gefahr läuft, auch in jenen Kreisen Kredit zu verlieren, die nicht von Haus aus gegnerisch eingestellt sind. Wenn auf noch so vehemente Vorstöße immer nur vornehmes Schweigen antwortet, dann erscheint es nicht verwunderlich, wenn das Bild der Freimaurerei sich auch in den Augen der Objektivsten trübt, wenn von dem Schmutz, der über die freimaurerische Ideologie ausgegossen wird, immer etwas hängen bleibt, wenn hinter dem „freimaurerischen Geheimnis" Dinge vermutet werden, die „das Licht des Tages zu scheuen" haben. Wie nützlich aber wohldurchdachte Abwehr sein kann, hat sich beispielsweise in der Zeit des Taxil-Schwindels erwiesen, als infolge der Kampfrufe Findels maßgebende deutsche Katholiken zur Erkenntnis gelangten, einem bösartigen Schwindel aufgesessen zu sein.

In den angelsächsischen Ländern, in denen die Gegner des Bundes (abgesehen vielleicht von Irland) nur selten hervortreten, ist Abwehr im allgemeinen naturgemäß überflüssig, in den romanischen Staaten, wo das Antifreimaurertum mit sehr heftigen Äußerungen hervortritt, wird vielfach nicht reagiert, gelegentlich aus der Verteidigung zum Gegenangriff übergegangen, in Deutschland haben neuerdings die maßlosen Vorstöße Ludendorffs und des Tannenbergbundes, der Nationalsozialisten und anderer völkischer Kreise zur Überwindung der Scheu geführt, die lange Zeit bezüglich des Eintretens in eine zielbewußte Abwehrkampagne herrschte. Namentlich der Verein deutscher Freimaurer hat eine ganze Reihe von Schriften herausgebracht, die geeignet erscheinen, jenen, die nicht ganz verblendet sind, die Augen über die gegnerischen Argumente zu öffnen, Lügen und Verleumdungen als solche zu kennzeichnen. Auch Vorträge, Feierstunden usw. werden veranstaltet, und es zeigt sich bei diesen Gelegenheiten immer wieder, daß nicht nur die Feinde der Freimaurer, sondern auch diese selbst die größten Säle zu füllen vermögen, wenn sie sich zum Abwehrkampf stellen.

So wichtig dieser aber auch ist, viel wichtiger ist es, nicht erst dann an die Öffentlichkeit zu appellieren, wenn es sich um die Verteidigung des freimaurerischen Gedankens handelt. Aufklärung über Wesen und Ziele des Bundes, über dessen Wollen und Wirken tut auch dann not, wenn kein aktueller Anlaß dazu herausfordert. Es hat mit Propaganda gar nichts zu tun, wenn von Zeit zu Zeit Neutralen und Gegnern Gelegenheit geboten wird, sich über die Freimaurerei zu unterrichten. Aus dieser Erkenntnis heraus erscheinen immer mehr Bücher von berufenen Freimaurern, die der Aufklärung dienen wollen, die mit jener gewissen Geheimniskrämerei aufräumen, die zwar lediglich der Scheu entsprang, „inneres Erleben zu profanieren", die aber fehl am Ort war. Als wertvolle Ergänzung haben sich — auf Grund eines 1930 vom Großosten der Niederlande im Haag gegebenen Beispiels — Pressekonferenzen erwiesen, die nicht vorbereitete Mitteilungen an Zeitungsleute bezwecken, sondern Einblick in die Grundlagen des Gebrauchtums und rückhaltloses Eingehen auf alle gestellten Fragen bringen sollen. In Frankreich dienen der Aufklärungsarbeit die „Tenues blanches" (s. d.), Veranstaltungen, zu denen Nichtfreimaurer herangezogen werden.

Einige deutsche Großlogen besitzen Abwehrausschüsse (s. d.), eine ähnliche Institution wurde seinerzeit auch an der Großloge „Alpina" ins Leben gerufen. Planmäßige

Abwehr steht auch auf dem Programm der Allgemeinen Freimaurerliga, namentlich deren Journalisten- und Schriftstellergruppe.

Vertraute Brüder.

1. Schröder (s. d.) nannte so einen 1802 von ihm gebildeten Kreis besonders interessierter Meister von Johannislogen, dem er Kenntnisse der Geschichte der Freimaurerei, des Hochgradwesens, der Rituale vermittelte. Daraus wurde die „Historische Kenntnisstufe", später der „Engbund" (s. d.).

2. 1804 setzte die Großloge „Royal York" an die Stelle der Feßlerschen Initiationen eine einzige Erkenntnisstufe, „die unter dem Namen der V. B. sich mit den Aufschlüssen über Geschichte und Wesen der Freimaurerei beschäftigte". Daraus entstand der „Innere Orient".

3. V. B. (der Johannisloge) heißen auch die Träger des VIII. Grades des Zinnendorfschen Systems der Großen Landesloge der Freimaurer von Deutschland („die gerecht sind und keine Vorwürfe fürchten").

Vertraute der Vollendung, VII. Grad (vierte und höchste Erkenntnisstufe) der Lehrart der Großen National-Mutterloge „Zu den drei Weltkugeln", zeigt, daß es wahre Vollendung zwar erst jenseits des Grabes gibt, aber V. d. V. genannt werden darf, wem das Streben nach der Vervollkommnung zur zweiten Natur geworden ist. Nochmals ziehen alle im Bund empfangenen Lehren am geistigen Auge des Anwärters vorüber. Eindringlich mahnen sie: wer der Sinnlichkeit lebt, dem bringt sie den Tod; aber im Absterben der Sinnlichkeit entsteht das wahre Leben des Geistes und der Sittlichkeit. Der V. d. V. soll Nachfolger Jesu im Geist und in der Wahrheit sein. Glaube, Liebe und Wahrheit sind die höchsten Tugenden, die auf dem festen Grund der christlichen Religion ruhen; wobei nicht ein dogmatisches Bekenntnis gemeint ist, sondern ein Christentum der Gesinnung und der Tat. Dem Gelöbnis, stets im Sinne der reinen Lehre des Meisters von Nazareth zu handeln, folgt die Weihe. Der V. d. V. legt wieder den Lehrlingsschurz an; die Erkenntnis ist ihm geworden, daß er immer nur Lehrling bleibt, Lehrling freilich in einem höheren Sinn, Lehrling des Stifters der reinsten Religion.

Vertrauter der Johannisloge, III. Kapitelgrad der Schwedischen Lehrart (im Gesamtsystem: IX. Grad in den skandinavischen Ländern, VIII. im Zinnendorfschen System der Großen Landesloge der Freimaurer von Deutschland). Während in den vorhergehenden Graden die christliche Lehre als Grundlage für die Lebensführung einer geistigen Ritterschaft hingestellt wird, der Ritter vom Osten die Lehren Jesu in sich aufnehmen muß, um als Ritter vom Westen diesem auf dem Leidensweg zu folgen und mit dem Untergang des Templerordens gleichsam auch an den Tod des Meisters erinnert wird, tritt dem V. d. J. der triumphierende, auferstandene Christus entgegen, der ihn das höchste Licht schauen, einen Blick in die Zukunft werfen läßt, in die die treuen Arbeiter am Tage der Auferstehung eingehen. Dem Kandidaten wird vor Augen geführt, wie der Orden auf dreifachem Wege — moralischem, geschichtlichem und wissenschaftlichem — für sein Endziel arbeitet. Nachdrücklich wird auf das höchste ewige Ziel des durch den Orden erleuchteten Menschen, die Vereinigung mit Gott, dem höchsten Baumeister, hingewiesen (s. Schwedische Lehrart).

Vertrauter des heiligen Andreas s. Auserwählter.

Vertrauter Salomonis, s. Ritter des Westens.

Vertrauter St. Johannis, s. Vertrauter der Johannisloge.

Vertreter, s. Freundschaftsbürgen.

Verus Commodus, ungeklärtes Pseudonym eines Autors, der mit einer Schmähschrift „Two Letters to a Friend, the First, Concerning the Society of Free Masons, the second Giving an account of the Most Ancient Order of Gormogons" (London 1725) in den Streit dieser beiden Körperschaften eingriff. Der zweite Brief enthält die hauptsächlichsten Berichte über die Gormogonen. Der erste Brief ist eine fortgesetzte Schmähung der Freimaurer, von denen es dort unter anderem heißt: „Würden Sie nicht, mein Herr, einen Menschen reif fürs Irrenhaus halten, der sich Goldschmied nennt, trotzdem er Schuhe macht, und würden Sie nicht lachen, wenn sich vor Ihnen ein Mensch Steinmetz nennt, obzwar er Schornsteinfeger ist? Das ist aber bei den Freimaurern der Fall. Da sind Küfer, Winkeladvokaten, Klistierspritzenverabfolger, Garnmacher, Schneider und Weber... Menschen, die sich selbst Maurer nennen, die vom Mauern ebensowenig verstehen wie eine Sau vom Flötenspielen oder ein Pferd von Algebra." Besonders schlecht kommt auch ein Doktor R. S. S, und L. L. D. weg, worunter nur Dr. Desaguliers verstanden sein kann, dem vorgeworfen wird, er habe ein neues Hokuspokuswort erfunden, das jeden Menschen, der ihm begegne, töte. Die Schmähschrift erschien als Anhang zur Verräterschrift „The Grand Mystery of the Freemasons Discover'd".

Verwaltungsgrade heißen vielfach die drei obersten Grade des A. u. A. Schottischen Ritus, also der XXXI. bis XXXIII. Grad. Der Ausdruck deckt sich im allgemeinen nicht mit dem Gebrauch, da einmal viele Oberste Räte — namentlich in Nordamerika — starkes Gewicht auf die Pflege des Rituals, besonders des XXXII. Grades, legen und anderseits zur Teilnahme an der Verwaltung des Ritus im eigentlichen Sinne des Wortes nicht die Brr. des XXXI. bis XXXIII. Grades Anteil haben, sondern lediglich jene aus dem Kreis der Dreiunddreißiger, die dem dirigierenden Kollegium, dem Obersten Rate, angehören, dessen Mitgliederzahl begrenzt ist.

Verweyen, Johannes Maria, deutscher Philosoph und Komponist, * 1883, Universitätsprofessor in Bonn, Verfasser bedeutender soziologischer und philosophischer Werke, ist Freimaurer.

Vészi, Josef, Ministerialrat, ungarischer Publizist, gew. Reichstagsabgeordneter und Leiter des Pressebüros des Ungarischen Ministerratspräsidiums, Chefredakteur des „Pester Lloyd", Mitglied des Magnatenhauses, war bis zur Auflösung der Symbolischen Großloge von Ungarn ein sehr tätiger Freimaurer (Stuhlmeister der Loge „Reform"). Auch nach dem Verbot der Freimaurerei trat er in seinem Blatt immer wieder tatkräftig und furchtlos für die Königliche Kunst ein. (* 1858.)

Veteranenvereinigungen, Freimaurerische. Organisationen alter Brr., gibt es in verschiedenen amerikanischen Staaten. Als Modell kann die Masonic Veterans Association von Iowa gelten, der jeder Freimaurer im Meistergrad sich anschließen kann, der mindestens 21 Jahre lang einer Loge der Großloge dieses Staates angehört. Sie veranstaltet alljährlich anläßlich der Großlogenversammlung eine eigene Tagung.

Vibert, Lionel, hervorragender englischer freimaurerischer Forscher, gewesener Stuhlmeister und jetziger ständiger Sekretär der „Quatuor Coronati Lodge", London, Past-Distrikts-Großaufseher von Madras, Past-Distrikts-Großaufseher (ehrenhalber) der Großloge von Iowa (USA.), Großbeamter der Großloge von England, schrieb u. a. „Freemasonry before the existence of Grand Lodges", London.

Vicarius Salomonis, Weisester, im Schwedischen System das amtierende Oberhaupt (der Ordensprovinz) als Vertreter des eigentlichen, geistig gedachten höchsten Ordensmeisters (Jesus). Er wird vom Sanhedrin gemäß bestimmten Instruktionen erkoren und bekleidet sein Amt auf Lebensdauer. Die Leitung des Ganzen ist nach der Fundamental-Konstitution in seiner Hand. Er ernennt die Ordensregierung, die Träger der elf höchsten Ordensämter: neun Laien, die den Sanhedrin bilden und zwei Geistliche (s. Prälat), ferner die zwölf Großoffizianten der Großen Landesloge nebst ihren Ober- und Unteroffizianten. sowie alle Offizianten und Beamten der Provinziallogen und Stewardslogen. Er ernennt ferner die Ritterkommandeure mit dem roten Kreuz und schlägt den Andreas- und Johannislogen, wenn sich die Notwendigkeit der Wahl eines Wortführenden Meisters (Stuhlmeisters) ergibt, drei Brr. vor, auf deren einen die Wahl durch die Mitglieder zu fallen hat. Der V. S. darf aufnehmen, wo und wie er will; ihm allein ist das Recht vorbehalten, Logen aller Stufen einzusetzen. bezw. aufzulösen.

Sein Stellvertreter ist Prokurator Salomonis, zugleich der Wortführende der Großen Landesloge.

In Schweden ist seit Generationen der jeweilige König V. S., gegenwärtig Gustav V.

Victoria, Manuel Felix Fernandez, genannt Guadalupe, erster Präsident der föderativen Republik Mexico nach dem Sturz des Kaisers Iturbide, * 1791, † 1845, war Freimaurer.

Victoria, Staat des australischen Bundes. Die erste Loge in der Hauptstadt Melbourne, „Australia Felix", erhielt 1841 von der Großloge von England ihr Patent (jetzt Nr. 1 im Register der Großloge von V. Zwei Jahre später wurde eine schottische Loge, „Australasian Kilwinning", gebildet, 1846 die Bauhütte „Australasia" unter der Großloge von England in Arbeit gesetzt (heute Nr. 3). Schottland setzte zuerst einen Provinzial-Großmeister ein (1843); es folgten England 1855 und Irland 1856. Die Sezessionsbewegung der australischen Freimaurerei ging von V. aus. Bereits 1863 wurden bei der Großloge von England Schritte zur Erlangung der Unabhängigkeit eingeleitet, die aber zunächst auf den Widerstand des Großmeisters Marquess of Zetland stießen. Erst 1889 konnte die unabhängige „Vereinigte Großloge von Victoria" gegründet werden. Sie hat ihren Sitz in Melbourne (Adresse: Freemasons' Hall, 25 Collins Street). 1930 unterstanden ihr 447 Bauhütten. Die 1852 gegründete Loge „Combermere" in Melbourne gehört auch heute noch der Großloge von England an.

Victoria-Stiftung, Wohlfahrtsinstitution der deutschen Freimaurerei, wurde 1883 anläßlich der silbernen Hochzeit des Kronprinzen Friedrich Wilhelm von Preußen, des späteren Kaisers Friedrich III., damals stellvertretender Protektor der altpreußischen Großlogen, und der Kronprinzessin Victoria auf Grund einer Sammlung errichtet, die über 100.000 Mark ergeben hatte. Die Satzungen sehen Hilfeleistung für Freimaurerwitwen und -waisen und die Errichtung von Schwesternheimen vor. Bereits 1895 entstand das erste Schwesternheim in Dahme.

Viennet, Jean Pous Guilleaume, nach Offizierskarriere im französischen Generalstab Schriftsteller, „der letzte Klassiker" („Epîtres", „Fables") und Mitglied der Akademie, * 1777, † 1868, wurde 1860 als Nachfolger des Herzogs Elie Decazes Großkommandeur des Suprême Conseil de France des A. u. A. Schottischen Ritus, dem er seit 1826 angehörte. 1862 trat der von Napoleon III. zum Großmeister des Grand Orient ernannte Marschall Magnan (s. d.) an V. und den Suprême Conseil mit dem Wunsch nach Vereinigung der beiden Riten, d. h. Angliederung des Suprême Conseil an den Grand Orient. heran. V. verteidigte mit außerordentlicher Würde und Zähigkeit die Selbständigkeit „der alten Maurerei von 1723" gegenüber derjenigen „von 1772" und weigerte sich energisch. sich dem Wunsche des Großmeisters von Kaisers Gnaden zu beugen. Die im Verlaufe des Schriftwechsels von Magnan als „Großmeister der gesamten französischen Freimaurerei" verfügte Auflösung des Suprême Conseil und sein an dessen Werkstätten erlassenes Verbot, weiterzuarbeiten, wurde von V. nicht zur Kenntnis genommen. Er trug den Sieg davon. Magnan mußte von der Durchführung seiner Maßnahmen absehen. Besonders bemerkenswert in dieser Korrespondenz ist eine ausführliche Darlegung V.s (in: Albert Lantoine, „La Franc-Maçonnerie Ecossaise en France", Paris 1930, S. 188 ff., wiedergegeben), die von schönster freimaurerischer Auffassung diktiert ist. aber auch vortrefflich die Geistigkeit des Großkommandeurs spiegelt. Nicht um die Erhaltung seiner hohen freimaurerischen Stellung war es dem 85jährigen zu tun. „Alle Macht der Welt wiegt in meinen Augen nicht eine Stunde poetischer Inspiration auf", schrieb er, „höchstens, daß mein Schatten einmal ärgerlich darüber sein wird, auf eine Trauerrede verzichten zu müssen".

Viereck. Jede Freimaurerloge in der Welt

hat die Form eines rechtwinkeligen länglichen V. „von Osten nach Westen, zwischen Süden und Norden, vom Zenith zum Nadir" und symbolisiert dieserart die Universalität der Freimaurerei (s. Loge).

Vier Gekrönte, s. Quatuor Coronati.

Vieuxtemps, Henri, berühmter belgischer Geiger und Komponist, * 1820, † 1881, Mitglied der Königlichen Akademie, Professor am Brüsseler Konservatorium, komponierte zahlreiche, vielgespielte Violinstücke sowie die Ouvertüre Nr. 14 über die belgische Nationalhymne, war Freimaurer.

Világ („Welt"), Budapester Tageszeitung, die 1910 von ungarischen Freimaurern, in erster Linie von den Mitgliedern der Budapester Loge „Eötvős", unter der Chefredaktion des Stuhlmeisters Dr. Ludwig Bálint ins Leben gerufen wurde, mit der Aufgabe, die Weltereignisse aus dem Gesichtswinkel humanitärer Auffassung zu betrachten und die freimaurerischen Grundsätze auf das öffentliche Leben zu projizieren. Nach dem Weltkrieg wurde das ausgezeichnet geführte und sehr erfolgreiche Blatt ein Opfer des neuen Kurses in Ungarn.

Villari, Pasquale, italienischer Historiker, * 1827, † 1917, Professor der Philosophie in Pisa, dann der Geschichte in Florenz, Ehrendoktor der Universität Edinburgh, nahm an der Revolution 1848 teil, 1884 Senator, 1891/92 Unterrichtsminister im Kabinett Di Rudini, 1901 Präsident des Internationalen Kongresses für Geschichte in Rom, schrieb über Macchiavelli, Savonarola, ferner „La Civiltà latina e germanica", war Mitglied der Loge „Concordia" in Florenz.

Vincere aut mori, im Französischen: vaincre ou mourir, siegen oder sterben, die Devise des Élu-Grades nach dem Clermontschen System, gestickt auf den Schärpen. Der zugehörige Schurz zeigt einen Dolch in einem Kranze von Flammen.

Viollet-Le-Duc, Eugène Emmanuel, französischer Baumeister und Kunsthistoriker, * 1814, † 1879, Restaurator zahlreicher französischer Kirchen und Schlösser, schuf die Sakristeien und den Dachreiter der Notre-Dame-Kirche (s. d.) in Paris, trat in zahlreichen Schriften für den gotischen Stil ein, schrieb: „Histoire de l'Habitation humaine", „Dictionnaire raisonné de l'Art Français du XI./XVI. siècle" usw., war Freimaurer.

Virginia, Bundesstaat der Vereinigten Staaten von Nordamerika. Die 1778 gegründete Großloge zählte 1930 353 Logen mit 48.812 Mitgliedern. (Schon vor Bestehen der Großloge, 1752, wurde George Washington [s. d.] in der Rising Sun Tavern in Fredericksburg in eine der Großloge von Schottland unterstehende Bauhütte, „The Lodge at Fredericksburg", aufgenommen.) Die Großloge unterhält ein Masonic Home für 240 Kinder, für dessen ältere ein Fonds für Hochschulstudien besteht, ferner einen Tuberkulosenpavillon mit einem Jahresbelag von 110—120 Patienten. Adresse: Masonic Temple, Richmond.

Visby, Carl Holger, Kaplan in Kopenhaben, Gefängnispfarrer, * 1801, † 1871, Philanthrop, erwarb sich um die Sträflingsfürsorge und die Hebung sittlich verwahrloster Jugendlicher u. a.: durch Schaffung von Schulen und Erziehungsanstalten bleibende Verdienste, Herausgeber eines Wochenblattes für praktisches Christentum, Reichstagsabgeordneter, religiöser Schriftsteller, 1828 aufgenommen in der Loge „Zorobabel zum Nordstern, 1854 deren Stuhlmeister, Propagandist des Schwedischen Systems vor dessen Einführung in Dänemark, ungewöhnlich glänzender Logenredner.

Visitation. Dem Großmeister steht das Recht zu, jede Loge seiner Obedienz zu visitieren, d. h. bei einem Besuche festzustellen, ob die Loge die Gebrauchtümer der Großloge einhält. In manchen Großlogen erstreckt sich die Logen-V. auch auf die Einsichtnahme in die Geschäftsbücher, Protokolle usw. der Loge. Dieses Vorrecht ist bereits in den Konstitutionen Andersons (Punkt 20 der General Regulations) verzeichnet, wo es dem Großmeister sogar zur Pflicht gemacht wird, alle Logen seiner Stadt zumindest einmal im Jahre zu besuchen. Die amerikanischen Großmeister nehmen diese Pflicht besonders genau und sind daher bei der großen Ausdehnung ihrer Großlogen fast das ganze Jahr auf Reisen. Ebenso unternehmen die Großkommandeure der beiden Obersten Räte der Vereinigten Staaten ständig große Reisen zum Besuche ihrer Jurisdiktionen.

Visitator generalis ordinis (lat.), Amt im alten Tempelherrenorden, das der Heermeister oder Präzeptor der siebenten Provinz innehatte, und das im System der Strikten Observanz infolgedessen vom Freiherrn v. Hund (s. d.) angesprochen wurde. Der V. hatte seinen Sitz in Sonnenburg gehabt, weshalb v. Hund alle offiziellen Verfügungen von Sonnenburg datierte. Schubart (s. d.) bekleidete in der Strikten Observanz die Stellung des Visitator Provinciae.

Vitruvius aus Verona war Architekt unter Kaiser Augustus in Rom. Er lebt in seinem Hauptwerke „De Architectura" fort. Anderson nimmt ihn in seine Geschichtsklitterung auf, indem er ihn unter dem „Großmeister der Loge von Rom", Augustus, zu dessen führenden Baumeister macht.

Vivante, Cesare, italienischer Universitätsprofessor, hielt 1902 an der Universität Rom anläßlich der Eröffnung des akademischen Jahres vor den Spitzen des Staates und der Wissenschaft und der akademischen Jugend die Festrede, in der er die Bedeutung der Königlichen Kunst für die Entwicklung der neuen Gesellschaftsmoral hervorhob. Der Umstand, daß zwei anwesende Minister, die Freimaurer waren — einer der beiden war Zanardelli (s. d.) — den Redner demonstrativ beglückwünschten, führte zu schweren Angriffen in der klerikalen Presse. (* 1855.)

Vivat, Vivat, Vivat! Ehrenbezeugung in französischen Riten. Die „Acclamation" wird mit diesem dreimaligen Rufe bekräftigt. Begrüßung mit dem „triple Vivat" bedeutet: er wurde mit den höchsten Ehrenbezeugungen der Freimaurerei begrüßt.

Viviani, René, französischer Staatsmann, * 1862, † 1925, Rechtsanwalt und Journalist, anfangs Sozialist, Deputierter, Justiz- und Unterrichtsminister in verschiedenen Kabinetten, bei Beginn des Weltkrieges Außenminister, vom 3. August 1914 bis Oktober 1915. Ministerpräsident, 1920/21 Vertreter Frankreichs beim Völkerbund und an der Washingtoner Konferenz, war Freimaurer.

Vließ, Goldenes, s. Goldenes Vließ.

V. N. I. O., in Analogie zum Templerorden Inschrift auf dem Kreuz der Armigeri und Socii der Strikten Observanz, Abkürzung von: Vi nulla invertitur ordo.

Vodnik, Valentin, slowenischer Dichter, * 1758, † 1819, nach Beendigung seiner theologischen und philosophischen Studien Geistlicher, Gymnasialprofessor in Ljubljana (Laibach) 1810/11, zur Zeit der französischen Herrschaft, Gymnasialdirektor und 1813 Direktor und Inspektor der Grundschule, 1815 nach der Rückkehr der Habsburger wegen seiner frankophilen und freimaurerischen Gesinnung pensioniert. V.s dichterische Arbeiten bildeten einen Wendepunkt in der slowenischen Literatur, denn er war einer der Vorkämpfer der allgemeinen südslawischen Volkseinheit, die er in seinem berühmten Lied „Illyriens Wiedergeburt" besonders betonte. V. hat der Laibacher Loge „Franco-illyrienne des Amis du Roi de Rome et de Napoléon" angehört.

Vogel, Paul Joachim Siegmund, Rektor der Sebaldusschule in Nürnberg, Professor der Theologie in Altdorf und Erlangen, Geheimer Kirchenrat, * 1743, † 1834, aufgenommen 1779 in der Loge „Joseph zur Einigkeit" in Nürnberg, dann Mitgründer, später Stuhlmeister der dortigen Loge „Zu den drei Pfeilen", suchte in seinen für die damalige Zeit Aufsehen erregenden „Briefen, die Freimaurerei betreffend" (Nürnberg 1783—1785) die freimaurerische Geschichtsforschung aus dem Gestrüppe des Zeitalters der Verirrungen in gerade Bahnen zurückzuführen. Tatkräftig wirkte er neben ganz wenigen für Bodes (s. d.) Plan eines Bundes aller Johannislogen deutscher Nation.

Vogl, Heinrich, Opernsänger, * 1845, † 1900, Heldentenor des Münchener Hoftheaters, hervorragender Wagnerinterpret, erster Tristan, Komponist, war Mitglied der Loge „Zur Kette" in München.

Volf, Josef, Dr. phil., Oberdirektor des Prager National-Museums, * 1878. Ein ausgezeichneter Kenner des Buchdrucks in Böhmen und dessen Historiograph. Außer der Bibliographie beschäftigte ihn hauptsächlich das Zeitalter des Komenský und die Schicksale der böhmischen Exulanten. Hierdurch wurde er auf die Geschichte geheimer religiöser, ethischer und politischer Vereinigungen geführt. Aufgenommen in der Prager deutschen Loge „Hiram zu den drei Sternen", trat er bei Gründung der Loge „Jan Amos Komenský" zu dieser über und war auch deren Meister. Sein Verdienst ist es, daß sich die tschechische Öffentlichkeit schon in den letzten Jahren der österreichischen Periode mit der Freimaurerei als Kulturerscheinung zu beschäftigen begann. Er veröffentlichte zahlreiche einschlägige Arbeiten, zumeist in tschechischer Sprache, daneben wertvolle deutsche Beiträge in den „Drei Ringen" und der „Prager Presse". In letzter Zeit gelangen ihm zahlreiche Archiventdeckungen, die das Bild der Freimaurerei unter dem autokratischen Regime vervollständigen. Ein bibliographisches Verzeichnis seiner freimaurerischen Arbeiten weist über 100 Nummern auf. V. war auch der erste Vorsitzende der paritätisch zusammengesetzten Landesgruppe der Allgemeinen Freimaurerliga in Prag.

Völkerbund. Die Idee einer Liga der Nationen, wie sie im Völkerbund ihren Ausdruck gefunden hat, wurde bereits mitten im Weltkrieg von Freimaurern propagiert. Der Kongreß von Vertretern von Entente- und neutralen Großlogen, der vom 28. bis 30. Juni 1917 in Paris stattfand, erörterte diesen Gedanken auf das gründlichste. Er wurde vom damaligen französischen Deputierten André Lebey, Mitglied des Ordensrates des Großorients von Frankreich, als Referent des Kongresses vertreten. Im Augenblick, da das Eingreifen der amerikanischen Truppen in den Krieg diesem für die Alliierten ein ganz anderes Gesicht gegeben hatte, erklärte Lebey, auf die Dauer könne nur ein Bündnis Deutschland-Frankreich-England im Verein mit durchgreifender Abrüstung eine Gewähr für den Weltfrieden sein, der ja auch die Konsequenz des freimaurerischen Wollens darstelle. Es müsse ein Völkerbund geschaffen werden, der den Krieg ächten werde. („Der Krieg ist durch die Exzesse jener, die ihn auf die Höhe einer normalen Einrichtung gebracht haben, derart entehrt worden, daß man hoffen darf, er habe eine tödliche Wunde erhalten.")

Dieser Plan, dem ein in allen Details ausgearbeiteter Grundriß für einen Völkerbundpakt beigegeben war, wurde vom Kongreß einstimmig gutgeheißen. Es hieß u. a. darin:

„Die zivilisierten Völker stehen auf dem Boden der Solidarität, sie nehmen jedes innerhalb seiner Grenzen an dem gemeinsamen Werk der Humanität teil, das Rechte und Pflichten gleichmäßig umreißt."

„Die Menschheit ist eine große Familie, von der sich nur diejenigen ausschließen, die deren nationale und internationale Gesetze verletzen."

„Einheit und Autonomie und Unabhängigkeit einer jeden Nationalität sind unverletzlich."

„Wurden 1789 die Gesetzestafeln der Menschenrechte aufgestellt, so werden vom Völkerbund vor allem die Gesetzestafeln der Völkerrechte zu schaffen sein."

„Keine Nation hat das Recht, einer anderen den Krieg zu erklären, denn der Krieg ist ein Verbrechen gegen das ganze Menschengeschlecht. (Elf Jahre vor dem Kellogg-Pakt!) Jeder Streit zwischen Staaten muß vor das internationale Parlament gebracht werden. Die Nation, die dem zuwiderhandelt, stellt sich selbst außerhalb des Völkerbundes."

Dieses Bekenntnis zur Weltfriedensidee mitten im Kriege ist später der italienischen Freimaurerei vom Faschismus sehr übel vermerkt worden. Man hat ihr den Vorwurf gemacht, daß sie durch ihre Mitwirkung an der Pariser Tagung Italien um die Früchte des

Sieges habe bringen wollen. Auch von französischer Seite mußten sich die Freimaurer den Vorwurf des Defaitismus machen lassen. Immerhin bleibt die Tatsache bemerkenswert, daß romanische Freimaurer noch lange vor gefallener Entscheidung nicht nur an den Frieden dachten, sondern ihm auch in Form eines Völkerbundes gesicherte Gestalt geben wollten.

Mit den später von Wilson, der nicht Freimaurer war, entworfenen Gedanken eines V. haben diese freimaurerischen Ideologien nichts zu tun gehabt. An der Gründung des V. sind die Freimaurer als solche ebenso unbeteiligt gewesen wie an seiner weiteren Tätigkeit. Selbstverständlich werden besonders in Deutschland, aber auch von klerikaler Seite in Frankreich, alle Fehlschläge der Völkerbundpolitik immer wieder auf das Freimaurerkonto gebucht. Wobei bemerkt werden muß, daß außer Stresemann und Beneš (s. d. beide) keiner der großen Führer im Rate der Völker Freimaurer wurde. Ebensowenig wie es eine freimaurerische „diplomatische Geheimbündelei" gibt, besteht eine Einflußnahme der Freimaurerei auf das Wirken des V. Die These von dessen „freimaurerischer Hörigkeit" gehört zu den absurdesten gegnerischen Legenden (vgl. auch Bluntschli-Ausschuß).

Völkerpsychologie nannte Lazarus die Lehre vom geistigen Leben des Menschen in Gruppen im Gegensatze zur Individualpsychologie. Die V. ist zur Erklärung zahlreicher Erscheinungsformen des Freimaurerbundes als Männerbund unentbehrlich geworden, Werke, wie Schurtz, „Altersklassen und Männerbünde", Wundt, „Völkerpsychologie", Lévy-Bruhl, „Das Denken der Naturvölker", schließlich August Horneffer, „Symbolik der Mysterienbünde" sind unentbehrliche Hilfsmittel einer kritischen Betrachtung der historischen Entwicklung des Freimaurerbundes geworden. Sie haben auch erst die moderne freimaurerische Geschichtsauffassung ermöglicht.

Volksbildungsarbeit, Freimaurerische. Der Verein Deutscher Freimaurer holte 1908/09 bei prominenten, als Volksbildnern tätigen Freimaurern Gutachten über „die besonderen Aufgaben maurerischer Volksbildungsarbeit" ein, nachdem er schon zuvor maßgebliche Anschauungen über das Problem „Logentum und Volkserziehung" gesammelt hatte. Die Gutachten, die sehr bemerkenswerte, aber einander teilweise widersprechende Anschauungen zeitigten (die Bekenner der kontemplativen Richtung lehnten solche „Taten ad extra" ab), erschienen 1910 im Druck.

Volksgesundheitspflege gehört zu den Problemen, denen namentlich die französische Freimaurerei in Eingaben an die zuständigen staatlichen Stellen größte Beachtung widmet. 1926 unterbreitete der Großorient den maßgebenden Behörden eingehende Vorschläge bezüglich der Tuberkulosebekämpfung. 1927 sprachen Logen und Konvent der gleichen Körperschaft den Wunsch aus, die durchgreifende Prophylaxe und teilweise auch die Heilbehandlung der Geschlechtskrankheiten dürfe in Frankreich nicht mehr das Privileg der Bessersituierten bleiben. Diese Forderung wurde von eingehenden Vorschlägen für eine gesetzgeberische Aktion begleitet.

Volksglaube. Im Volksmund gelten die Freimaurer vielfach als unheimliche, mit Zauberkräften ausgestattete Menschen, als Gesellschaft von Teufelsanbetern. Die Ausstreuungen von Gegnern und ihr von der katholischen Kirche begründeter Ruf der Gottlosigkeit und Ketzerei, der große Schwindel Taxils und seiner Trabanten, das freimaurerische Geheimnis, das eigenartige Ritual und manche rätselhaft anmutenden Symbole haben zu diesem V. beigetragen. Neugier, mangelhafte Beobachtung, irrige Deutungen verdichteten sich zu allerlei Vorstellungen und Geschichten, zu deren Ausgestaltung Ähnliches und Verwandtes aus altüberlieferten Sagen herangezogen wurde. K. Wehrhan (1919) und Karl Olbrich (1930) haben eine Fülle solcher Sagen zusammengetragen. Die Hauptrolle in allen diesen Märchen spielt der Teufel als Verbündeter der Freimaurer. Er macht diese hieb- und stichfest, verleiht ihnen übernatürliche Kräfte, bewacht die Dienstboten und das Eigentum, unterstützt sie mit Geld, läßt sie beim Kartenspiel gewinnen und kommt mit glühenden Augen und feuriger Flammenzunge oder in Tiergestalt, Schwefelgeruch verbreitend, zur Aufnahme neuer Kandidaten. Dafür fällt ihm alljährlich die Seele eines Freimaurers anheim, der von der Brüderschaft ausgelost wird. Freimaurer, die etwas von ihrem Geheimnis ausplaudern, oder Leute, die sie belauschen, verfallen sofortigem Tod. Mancherorts meint man, die Freimaurer hätten den bösen Blick, in ihren Versammlungsräumen stehe ein schwarzer Sarg mit einer schwarzen Katze, das neue Mitglied müsse sich mit seinem Blut dem Teufel verschreiben, den Glauben abschwören, sich zu der schwarzen Katze in den Sarg legen und zum Zeichen seiner Gottlosigkeit das Kreuz mit Füßen treten. Um dies jederzeit tun zu können, habe der Freimaurer auf der einen Fußsohle ein schwarzes Kreuz eingebrannt (s. auch Teufel).

Vollkommen, s. Gerecht und vollkommen.

Vollkommener Meister, s. Meister, Vollkommener.

Voltaire, d. i. François Marie Arouet, * 1694, † 1778, Schriftsteller, Dichter und Denker der französischen Aufklärung von nachhaltigstem Einfluß, Kämpfer für religiöse und politische Toleranz, für Gewissensfreiheit und gegen Schandjustiz, einflußreichster Geist der vorrevolutionären Epoche, nach Goethe der „höchste unter den Franzosen denkbare, der Nation gemäßeste Schriftsteller", wurde nach seiner Rückkehr von Fernay in seinem letzten Lebensjahr am 7. April 1778 in Gegenwart von 250 Freimaurern in die Pariser Loge „Les Neuf Sœurs" aufgenommen. Der Historiker Abbé Cordier de St. Firmin war sein Pate, Graf Stroganoff, Kammerherr der Kaiserin Katharina von Rußland, bereitete ihn vor, Benjamin Franklin führte ihn in den Tempel, der vorher dem Jesuiten-Noviziat als Sitz gedient hatte. Der Akademiker Lalande (s.

d.), der große Erforscher der Gestirne und Stuhlmeister der Loge, nahm ihn nach der Beantwortung einer Reihe philosophisch-moralischer Fragen auf. V. wurde mit dem Schurz des Helvetius (s. d.) bekleidet, er führte ihn, bevor er ihn umband, an die Lippen. In seiner Aussprache verherrlichte Lalande den Bund, der „keine Religion und keine Nation ausschließt", und pries die Wohltätigkeit und Menschenliebe des Neuaufgenommenen, der bei Hofe als „Geißel des Jahrhunderts" verschrien war. Bei der Aufnahme war auch der Freund und Helfer V.s, der Advokat Elie de Beaumaont zugegen, der zweimal unerschrocken vor die Richter getreten war, als V. den Ruf nach Gerechtigkeit hatte erschallen lassen: für die Witwe des unter falscher Beschuldigung in Toulouse unschuldig hingerichteten Protestanten Jean Calas und die Familie Sirvain.

In V.s Werken finden sich bloß zwei kurze Beziehungen zur Freimaurerei, die freilich lange vor seinem Eintritt in die Loge geschrieben wurden. Im „Dictionnaire Philosophique" unter Initiation: „N'est-ce pas ce besoin d'associations qui forma tant d'assemblées secrètes d'artisans dont il ne reste presque que celle des francs-maçons?" Und weiter unter dem gleichen Stichwort: „On faisait serment de se taire et tout serment fut toujours un lien sacré. Aujourd'hui même encore, nos pauvres francs-maçons jurent de ne point parler de leurs mystères. Ces mystères sont bien plat, mais on ne se parjure presque jamais." Bei der Aufnahme in die Loge wurde eine oft zitierte Fabel, „Der Feigenbaum und der Weißdorn", verlesen, die Blumauer (s. d.) ins Deutsche übertragen hat. Die Fabel, die den oft behandelten Wettstreit zwischen Schönheit und Nützlichkeit zum Gegenstande hat, schließt in der Fassung Blumauers: „Die gütige Natur, in ihren Gaben allen / Gleich mütterlich, gibt dem die Gabe zu gefallen, / Und jenem die des Unterrichts, daß nie / Ein Kind von ihr das andere beneide: / Nur ihrem liebsten Sohn Voltairen — gab sie beide. /

Volume of the Sacred Law (engl.) oder Holy Bible, Heilige Schrift, Bibel.

Voluntarismus, die Anschauung, daß der Wille die Grundfunktion des Seelenlebens, daher auch des Erkenntnisprozesses und im metaphysischem Sinne das Grundprinzip des Seins ist, das in allen Dingen als ein Innensein wirkt „Wille ist das eigentliche Selbst des Menschen" (Kant). Ernst und August Horneffer („Der klassische Idealismus") sagen, daß die Welt „Gestaltungswille, Wille zur Form und Schönheit" ist. Schopenhauer ist der Philosoph des rein voluntaristischen Standpunktes. Die Freimaurerei ist insoferne voluntaristisch, „als sie von ihren Anhängern Selbstbeherrschung und Selbstveredlung verlangt, die aktive Betätigung des Willens, ethische Energie" erfordert. Ihrem Standpunkt entspricht am besten der empirisch-psychologische V. von Wundt, der besagt, daß der Wille neben Gefühlen und Affekten, Vorstellungen und Erfahrungen ein besonders wichtiger psychologischer Faktor ist.

Vonka, R. J., Ministerialrat in Prag, * 1876, eifriger Comenius-Forscher, als Freimaurer bemüht, zwischen dessen Gedankengängen und den freimaurerischen Grundgesetzen, besonders den „Alten Pflichten", die gedanklichen Verbindungen zu suchen. In seinem 1931 erschienenen Werke „Staré Povinnosti svobodných zednářův" („Die Alten Pflichten") unternimmt er den interessanten Versuch, den Text der „Alten Pflichten" Parallelstellen aus Werken des Comenius gegenüberzustellen. Dieser Versuch ist um so wertvoller, als hier ein gründlicher Kenner Komenskýs und der Freimaurerei den von Karl Christ. Friedrich Krause bereits gezeigten Weg geht, wobei V. noch die Kenntnis der tschechischen, bisher wenig ausgebeuteten Texte zur Verfügung stand. Zu einer von Hartl besorgten Übersetzung der Logengedichte Goethes ins Tschechische hat V. ein bemerkenswertes Nachwort geschrieben, das auch seine Vertrautheit mit der Goetheschen Gedankenwelt aufzeigt.

Vorbereitender, auch Experte, übt eine der wichtigsten Logenfunktionen aus. An ihm ist es, die Suchenden vor ihrer Einweihung in eindringlichster Weise „vorzubereiten", ihnen Führer in den Tempel und auf den „Reisen zum Licht" zu sein und ihnen die ersten Instruktionen zu erteilen. In vielen Logen bleibt der V. Mentor der Neuaufgenommenen bis zur Erlangung des Meistergrades.

Vorbereitung. Vor der eigentlichen rituellen Aufnahme eines Suchenden (Kandidaten) in den Freimaurerbund wird er vom Vorbereitenden, Experten (auch Vorbereitenden Br.) „vorbereitet", d. h. mit Wesen und Zwecken des Bundes vertraut gemacht und über die Pflichten unterrichtet, die ihn als Freimaurer erwarten. Der Kandidat erhält dabei auch Gelegenheit, seine eigenen Anschauungen über den Bund zum Ausdruck zu bringen.

Vorgeschichte der Freimaurerei, s. Geschichtstheorien.

Vorgesetzter und Richter, auch irländischer Meister (frz. Prévôt et Juge, engl. Provost and Judge), VIII., in Amerika VII. Grad des A. u. A. Schottischen Ritus. Er ist der Gerechtigkeit im Leben der Völker gewidmet, zu seinen Symbolen gehört daher die Waage.

Vorhänge, Schleier, im Englischen Veils, dienten in den Mysterienbünden zur Verhüllung der Weistümer, die dem Neophyten in Stufen vermittelt wurden (z. B. das verschleierte Bild von Sais in Schillers Gedicht). Bei der Zusammenstellung der Hochgradrituale ist besonders die Tempelbeschreibung des Josephus ausgiebigst benützt worden. Im 2. Buche seiner Chronik, III., 14, wird berichtet, daß Salomo einen Teppich oder V. von blauer, purpurner und Scharlachfarbe aus feinem Leinen, in den die Cherubim eingewebt waren, vor den Eingang des Allerheiligsten aufhängen ließ. Diese Stelle, die sich, wie Hughan wohl richtig bemerkt, auf einen großen, den Raum abschließenden V. bezieht, haben die Bearbeiter mißverstanden, indem sie daraus vier Teppiche machten, deren Farben symbolisch gedeutet wurden. Blau, das Symbol der Freundschaft,

Purpur, die Farbe der Einheit, Scharlach, die Farbe des Eifers und der leidenschaftlichen Hingabe, und Weiß, das Symbol der Reinheit. Die V. sind von besonderer symbolischer Bedeutung im Royal-Arch-Grad („Passing through the veils"), dessen einzelne Stufen sie andeuten. Im Memphis- und Misraim-Ritus heißt der LXIX. Grad: Erhabener Ritter des heiligen Vorhangs.

Vorhof, s. Saal der verlorenen Schritte.

Vorovka, Karl, tschechischer Philosoph, * 1879, † 1929, Professor in Prag, arbeitete hauptsächlich auf dem Gebiete der Philosophie in ihrer Nutzanwendung auf die exakten Wissenschaften, war Mitglied der Prager Loge „28. říjen".

Vorschläge (frz. Propositions) werden in den französischen Logen vor Schluß der Arbeit schriftlich in einem in der Loge zirkulierenden kleinen „Sac des propositions" niedergelegt. In manchen anderen Logen werden sie, soweit sie nicht ausdrücklich administrativen Konferenzen vorbehalten sind, in der sogenannten „Rundfrage" (s. d.) angemeldet.

Vorsehung, Auge der, s. Auge, Allsehendes.

Vorsteher, in manchen Logen, z. B. in der Schweiz, Bezeichnung für die Aufseher (s. d.).

Vorurteile hinsichtlich Stand, Geburt und Rang, Nation, Rasse, Glauben und politischer Überzeugungen sollen im Sinne der „Alten Pflichten" von der Freimaurerei nicht nur nicht geduldet, sondern nachdrücklichst bekämpft werden.

Vorurtheil oder D'Freimaurer, schweizerisches Dialektschauspiel in neun Auftritten von Arnold Schumacher, erschien 1874 in Basel.

Vosmaer, Carel, niederländischer Dichter und Schriftsteller, * 1826, † 1888, Gründer der literarischen Zeitschrift „De nederlandske Spectator", Mitglied der Akademie der Wissenschaften, Übersetzer der Ilias und der Odysee, Verfasser des in mehrere Sprachen übertragenen Künstlerromans „Amazone ud Inwijdigg", auch als Kunstschriftsteller hervorragend tätig, schrieb „Rembrandt van Rijn" in französischer Sprache, ferner über Multatuli, Franz Hals usw. Er war Freimaurer.

Voß, Johann Heinrich, deutscher Dichter, * 1751, † 1826, Pädagoge, Professor der Philosophie in Heidelberg, Übersetzer griechischer und römischer Klassiker, Idyllendichter, Bekämpfer der Romantiker, wurde 1774 Mitglied der Hamburger Loge „Zu den drei Rosen", verließ aber die Freimaurerei nach zehnjähriger Zugehörigkeit wegen eines Streites mit der Großen Landesloge.

Vossische Zeitung als „Berlinische Zeitung für Staats- und gelehrte Sachen" ältestes Berliner Blatt, brachte schon in den dreißiger Jahren des 18. Jahrhunderts über die damals die Öffentlichkeit stark beschäftigenden freimaurerischen Vorgänge wiederholt Berichte aus Paris und Florenz, die für die freimaurerische Geschichtsforschung von Wichtigkeit geworden sind. Anfangs leicht ironisierend, schlug die „Tante Voss" nach der Thronbesteigung Friedrichs II. (1740) zu einer wohlwollenden Tonart um.

Voûte d'acier (frz.), Stahldach.

Vrhovac, Maksimilijan, Bischof in Zagreb, * 1752, † 1827, Mitglied der Loge „Prudentia". V. war in Kroatien am Ende des 18. und in der ersten Hälfte des 19. Jahrhunderts eine führende Persönlichkeit. Sein große Aktivität machte sich auf kulturellem und sozialem Gebiete fühlbar. Zagreb verdankt ihm das große Krankenhaus der Barmherzigen Brüder (1804), die Stiftung des Waisenhauses für arme Schüler (1827) und den Park, der nach seinem Vornamen, Maksimir, benannt wurde. Als hervorragender Anhänger der Aufklärung gründete er 1794 eine Druckerei. Er unterstützte die in- und ausländischen Schriftsteller. Als Politiker erkannte er, daß sich die lateinische Sprache, insbesondere im geistigen Kampf mit den Magyaren, nicht werde behaupten können und begann deshalb, die Volkssprache auszubauen, indem er sie auf ein literarisches Niveau erhob. Er war der Auffassung, daß im slawischen Süden eine einheitliche Schriftsprache zur Herrschaft gelangen müsse, und trat damit in die Reihe der Vorgänger der völkischen und literarischen Wiedergeburt. Als Mann freisinniger Ideen wurde er in Wien angeklagt, mit Verschwörern zu verkehren, die zu Beginn der Französischen Revolution eine Umwälzung inszenieren wollten, und er brauchte lange, bis er sich rechtfertigen konnte. Ihm zu Ehren wurde eine im Jahre 1912 gegründete, heute unter der Großloge von Jugoslawien arbeitende Loge „Maksimilijan Vrhovac" genannt.

Vries, de, J., Bankier, * 1887, Sekretär der Loge „Post Nubila Lux" in Amsterdam, Pionier der Allgemeinen Freimaurerliga in Holland und Sekretär-Schatzmeister der holländischen Landesgruppe dieser Vereinigung.

Vrijmetselaar, De (holl.), „Der Freimaurer", Vierteljahrsschrift der „Maçonniek Vereeniging tot Bestudeering von Symbolen en Ritualen". Schriftleiter Dr. W. H. Denier van der Gon, Amersfoort.

V. S. L. (engl.), Abkürzung von Volume of the Sacred Law (s. d.), Bibel.

Vujčić, Mihael, Professor der Volkswirtschaft an der Universität Belgrad, * 1853, † 1913, langjähriger Finanzminister, als Gegner von König Milan Emigrant, 1900 serbischer Gesandter in Paris, 1901 Ministerpräsident und Außenminister, später Gesandter in Wien, Berlin und Rom, war Freimaurer.

Vulpius, Christian August, * 1762, † 1827, der Schwager Goethes, Verfasser des „Rinaldo Rinaldini", beschäftigte sich viel mit antiquarischen Studien. In seiner Zeitschrift „Kuriositäten", 1811—1826, mehrfach Aufsätze über Tempelherren und Rosenkreuzer.

W

Wachsmuth, Wilhelm, deutscher Historiker und Neuphilologe, Verfasser grundlegender Geschichtswerke, * 1784 † 1866, Professor in Halle, Kiel und Leipzig, gehörte, entsprechend dem Wechsel seiner Wirkungsstätte, nacheinander mehreren Logen an.

Wächter, Carl Eberhard, später Freiherr v., * 1746, † 1825, eine der eigenartigsten Persönlichkeiten im Getriebe der Strikten Observanz und der deutschen Freimaurerei des 18. Jahrhunderts. Sehr wohlhabender Stuttgarter Advokat mit Neigung zur Politik, betätigte er sich auch außerhalb seiner Heimat intensivst auf freimaurerischem Gebiet. Vielfache Beziehungen, die er dadurch erlangte, verhalfen ihm zu einer großen Karriere. Er wurde erst Sachsen-Meiningenscher Hofrat, dann Geheimer Legationsrat auf dem Regensburger Reichstag, schließlich auf Empfehlung des Landgrafen Karl von Hessen-Kassel dänischer Kammerherr und außerordentlicher Gesandter und bevollmächtigter Minister Dänemarks für Südwestdeutschland. Als solcher übte er eine umfangreiche diplomatische Tätigkeit aus. Daneben gelangen ihm eine Zeitlang große Finanztransaktionen. Während der Französischen Revolution als Diplomat in Paris, ließ er sich von der Königin Marie Antoinette gewinnen, Hilfsaktionen für das wankende Königshaus einzuleiten. Die nach Deutschland geflohenen Brüder des Königshauses erhielten dort unter seiner Bürgschaft 500.000 Livres, die er dann nicht mehr wiedersah. Nach Stuttgart zurückgekehrt, wurde durch Neider auch seine diplomatische Stellung erschüttert. 1799 wurde er von seinem Gesandtenposten abberufen. Schwer gekränkt, lehnte er anderweitige Verwendung ab, war dann bis 1805 offizieller Vertreter der Reichsritterschaft am Hofe Napoleons. 1810 verbannte ihn der König von Württemberg wegen wahrscheinlich wieder angeknüpfter Beziehungen zu den Bourbonen, aber auch wegen seines engen Verhältnisses zu dem mit dem König zerfallenen Kronprinzen. In London verlor W. den Rest seines Vermögens in einem industriellen Unternehmen. 1816 wurde die Verbannung aufgehoben. Die nach Frankreich zurückgekehrten Bourbonen zahlten ihm zwar die alte Schuld nicht zurück, setzten ihm aber eine Leibrente aus.

Als Freimaurer gründete er zunächst die Stuttgarter Schottenloge „Karl zu den drei Cedern". Er wurde dann Kanzler der achten Ordensprovinz der Strikten Observanz (Eques a Ceraso), schloß sich als einer der ersten dem „wahren Templerorden" von Gugomos (s. d.) an, trug dann aber wesentlich zu dessen Entlarvung bei. Vom Herzog Ferdinand von Braunschweig 1777 mit der Errichtung eines Kapitels der Strikten Observanz in Neapel betraut, übernahm er die Mission, die Erzählungen von Gugomos, an die immer noch manche glaubten, nachzuprüfen und sich auch sonst nach den „unbekannten Oberen" der Strikten Observanz umzusehen, zumal der Prätendent Karl Eduard Stuart damals in Florenz lebte. Die Ergebnisse seiner Nachforschungen waren, wie er in einem Brief an den Herzog aus Rom mitteilte, vernichtend. Von „geheimen Oberen" hatte er keine Spur entdeckt, auch nichts von geheimem Templerwissen, dagegen war ihm die Bestätigung geworden, daß Gugomos „seinen Beruf selbst gemacht hatte". Dazu kam noch eines: der angebliche geheime „Ordens-Großmeister" Karl Eduard erklärte, niemals Freimaurer gewesen zu sein und von einer Großmeisterschaft und dem Templerorden nichts zu wissen. W. drang infolgedessen auf gründliche Ordensreformation und offenen Verzicht auf das gegenstandslos gewordene „Tempelherrentum" und erbot sich, der neuen Gesellschaft das zu geben, was ihr fehlte: Kenntnis einer wirklich wertvollen Geheimlehre. Er wollte nämlich von „Weisen vom Osten" wichtige übernatürliche Kenntnisse erlangt haben, auf Grund deren die Maurerei künftig die Bearbeitung eines edleren Zwecks als die Wiederherstellung des Templerordens sich vorsetzen möge. Nach Schröder war diese Lehre wohl wesentlich nichts anderes als die christliche Heilslehre. W. selbst betätigte sich aber dann nicht in diesem Sinn. Er zog sich kurz nach seiner Rückkehr ganz von der Freimaurerei zurück.

Wackernagel Wilhelm, Professor der Germanistik an der Universität Basel, * 1806, † 1869, Verfasser grundlegender literaturgeschichtlicher Werke, war Redner der Basler Loge „Freundschaft und Beständigkeit".

Waffenstillstands- und Friedensverhandlungen 1918. Durch Vermittlung des hessischen Ministerpräsidenten richtete der Vorsitzende Großmeister des deutschen Großlogenbundes, Wilhelm Süß, in Darmstadt am 18. November 1918 einen Funkspruch an die Großlogen von England und Nordamerika: „Im Namen der Menschlichkeit, die wir Freimaurer vor aller Welt vertreten, bitte ich für Millionen deutscher Frauen und Kinder, die durch die harten Bedingungen des Waffenstillstandes dem drohenden Hungertod überantwortet sind, Ihren Einfluß geltend zu machen, damit die Waffenstillstands- und Friedensbedingungen insoweit gemildert werden, daß das Schlimmste von Unschuldigen abgewendet wird. Kann es eine größere und edlere Aufgabe für Brr. Freimaurer geben!? Helfen Sie, ein Volk in Not vor dem sicheren Tode retten. Jetzt ist der Augenblick für die Freimaurerei gekommen, ihre humanitären Grundsätze in großem Stil vor Gott und der Welt zu beweisen... Millionen geängstigter und zerschlagener Herzen rufen Sie an um Ihre Hilfe. Herbei, ihr Söhne der Witwe!" Die Großlogen der Schweiz, Holland, Dänemark, Norwegen, Schweden, Spanien, Mexico, Ungarn und Luxemburg wurden gleichzeitig um Unterstützung dieses Aufrufes gebeten.

Wagler, Paul G., Gymnasialprofessor in Radeberg (Sachsen), * 1876, Mitglied der Loge

„Zum goldenen Apfel“ in Dresden, freimaurerischer Schriftsteller. Sein bekanntestes Buch ist: „Die deutsche Entstehung der Freimaurerei und ihrer Symbolik“ (Berlin 1925), in welchem er die Freimaurerei als Instinktkultur deutet und sie als Kulturerlebnis der Baugeometrie auf Grund des Gleichgewichtes der Massen oder Statik zu verstehen sucht.

Wagner, Richard, der Schöpfer des deutschen Musikdramas, * 1813, † 1883, soll sich während seiner Bayreuther Zeit mit dem Plan getragen haben, dem Bunde beizutreten. Sein Schwiegervater, Franz Liszt (s. d.), war Mitglied des Bundes. W.s Werke, insbesondere seine „Meistersinger“ und „Parsifal“ sind wiederholt Gegenstand freimaurerischer Ausdeutung gewesen, besonders das Liebesmahl im Parsifal. Ein Enkel Liszts gehört der Bayreuther Loge an.

Wahrheit ist einer der schwierigsten, umstrittensten Begriffe der Philosophie; jedes System hat gleichsam einen eigenen Wahrheitsbegriff und ein eigenes Wahrheitskriterium. Das Kriterium der formal-logischen W. besteht im Sinne Kants in der Übereinstimmung einer Erkenntnis mit den allgemeinen und formalen Gesetzen des Verstandes und der Vernunft; die Logik kann aber niemals über die W. des konkreten Inhalts etwas Relevantes aussagen. Die formale W. ist nur von den apriorischen Axiomen, die als eine Art transzendentaler W. aufgefaßt werden, abhängig. Die formal-logische W. und die transzendentale W. sind absolut gültig, da sie keine Beziehung zur Wirklichkeit haben, und Zweifel folglich sinnlos wären. Materielle W. ist Übereinstimmung zwischen Denken und Sein; im empirisch-objektiven Sinne, ein dem Sein konformes Urteil, das, die Erfahrung verarbeitend, zur objektiven Gültigkeit gelangen kann, so wie es den erfahrungsgemäßen Gesetzen entspricht; im metaphysischen Sinne ist die materielle W. Übereinstimmung des Denkens mit dem Überempirischen, mit der Wirklichkeit im absoluten Sinne. Diese W. ist immer relativ, nur auf das Subjekt bezogen gültig. Die moderne Philosophie neigt im allgemeinen zum Relativismus (s. d.). Die W. ist im Sinne der pragmatischen Philosophie (s. Pragmatismus) nur „ein Denkmittel, das uns am besten führt“. Ein Gedanke ist insofern wahr, „als er uns behilflich ist, uns in zweckentsprechende Beziehungen zu anderen Teilen der Erfahrung zu setzen“ (James). Kriterium der W. ist die „praktische Konsequenz“ (Schiller, Oxford). Jede W. muß verifiziert werden, die absolute W. ist nur ein Grenzwert, die apriorischen Urteile sind nur ein Postulat eine unentbehrliche Voraussetzung des Denkens. W. ist im Grunde der dynamische Prozeß des Wahrwerdens, dessen Quelle der subjektive persönliche Wille zur W. ist. Absolute W. würde den Weg des Fortschrittes verrammeln. Die intellektuelle Arbeit des Verstandes ist nicht wertvoller, als die dem guten Gefühl und Willen entspringenden Intuitionen und Neigungen es sind. Es gibt demgemäß Gefühlswahrheiten, wie die Religionen, die aber mittels ihrer Wirkung ebenfalls verifiziert werden müssen. Liebe zur W., Streben nach W. kennzeichnet die Freimaurerei. Sie sucht W., im Gegensatz zur Autorität (Wolfstieg, „Die Philosophie der Freimaurerei“). Dies geht eindeutig aus ihrem Gebrauchtum, ihren Symbolen, ihrer Literatur hervor, doch ist ihr Wahrheitsbegriff nirgends klar definiert und könnte auch schwer umrissen werden, da die Königliche Kunst jenseits aller philosophischen Systeme steht. Ihre Auffassung ist aber aus den Symbolen, Ritualen usw. induktiv ableitbar und steht der Auffassung der neueren Philosophie nahe. Ihre Grundeinstellung ist relativistisch (s. Relativismus). Dies hat Lessing wohl gemeint, wenn er sagt, daß es für den Menschen niemals eine volle W. geben kann, daß er aber dessenungeachtet nach W. streben muß. Die W. im freimaurerischen Sinne entsteht in einem synthetischen Prozeß, in dem jede Teilwahrheit Daseinsberechtigung hat. Die starke Betonung der Liebe zur W., der Pflicht zur Erforschung der W., will besagen, daß die Freimaurerei gegen Aberglauben und starren Autoritätswahn Stellung nimmt, von der Überzeugung ausgehend, daß auf dem Gebiete des Wissens einzig und allein die empirische, und in diesem Sinne objektive W. das entscheidende Wort haben darf, daß aber W. anderer Art, die sich Unbedingtheit anmaßen, die Forschung in ihrer Freiheit niemals behindern dürfen.

Das Streben der Freimaurerei nach Harmonie führt sie zur Anschauung, daß es, im Sinne der neueren Philosophie, auch Gefühlswahrheiten gibt, daß innere, von äußeren Anlässen unabhängige Erlebnisse real sein können, und daß folglich die Religion in diesem Sinne ebenfalls eine W. ist, deren Betätigung allerdings auf ein bestimmtes Lebensgebiet beschränkt bleiben muß. Die materielle W., die Wissenschaft, beschreibt mechanisch die Wirklichkeit und ihre Gesetze, kann aber dem Menschen keine höheren Ziele weisen. Die Maurerei glaubt daher, bei höchster Wertung der Wissenschaft, an die im Grunde überempirische W. einer sittlichen Weltordnung, die den Weg zur Vervollkommnung offen läßt und dadurch dem Leben einen Sinn verleiht. Quelle jeglicher W. im objektiven Sinne ist aber die Wahrhaftigkeit, die die Freimaurerei von allen ihren Gliedern fordert. Sie achtet den aufrichtigen Glauben, verwirft aber dessen heuchlerische Form, die sich lediglich im Manifestieren leerer Formalitäten erschöpft.

Waite, Arthur Edward, amerikanischer freimaurerischer und okkultistischer Schriftsteller, Past-Großaufseher (ehrenhalber) der Großloge von Iowa (USA.), schrieb u. a. „The Secret Tradition in Freemasonry“, „A new Enccyclopaedia of Freemasonry“ (2 Bände). W. ist ein hervorragender Kenner des Rosenkreuzertums. Sein Werk „The Brotherhood of the Rosycross“ (London) ist für dessen Entwicklungsgeschichte sehr wertvoll.

Wakefield, Charles Ch., erster Baron, englischer Großindustrieller, Schriftsteller, schrieb „America to-day and to-morrow“, „Future trade in the far East“, ist Past Grand Warden der Großloge von England. (* 1859.)

Wald, Wilhelm, Professor Dr., Ordenssenior und Großarchivar der Großen Landesloge der Freimaurer von Deutschland, † 1922, betätigte sich hervorragend auf dem Gebiete der freimaurerischen Geschichtsforschung. Sein Hauptwerk ist die von ihm herausgegebene „Geschichte der Großen Landesloge".

Waldenfels, Joh. Christ. Josef Freiherr v., * 1742, † 1796, Reichskammergerichtsassessor in Wetzlar, seit 1784 Minister des letzten Kurfürsten von Köln, Maximilian Franz, trat 1776 der Loge „Joseph zu den drei Helmen" in Wetzlar bei, seit 1772 Kanzler des Frankfurter Präfekturkapitels der Strikten Observanz. Als solcher verwandte er sich 1779 anläßlich der Aachener Freimaurerverfolgung erfolgreich bei Fürsten, die der Strikten Observanz angehörten, zugunsten der Aachener Brr. Auch dem Rosenkreuzerorden gehörte er an.

Walderdorff, Phil. Franz, Graf v., * 1738, Dompropst von Trier, Freimaurer, trat 1784 unter dem Namen Walsingham in den Illuminatenorden ein, wurde Vorsteher der dritten deutschen Inspektion, legte aber kurz vor dem Verbot des Ordens seinen Posten nieder.

Waldow, Edmund, Geheimrat und vortragender Rat im sächsischen Finanzministerium, † 1921, Landes-Großmeister der Großen Landesloge von Sachsen, erwirkte im Jahre 1908 von König Friedrich August die Aufhebung des Armeebefehls von 1852, der den Offizieren den Eintritt in Freimaurerbund verbot.

Wales, Edward Albert, Prinz v., Herzog von Cornwall, ältester Sohn des Königs Georg von England, * 1894, aufgenommen in der „Household Brigade Lodge" 1919, ist Provinzial-Großmeister der Provinzial-Großloge von Surrey.

Wales, Prinzen von, s. England, Königshaus.

Wallace.

1. William Vincent, irischer Komponist, * 1815, † 1865 (Oper „Maritana", „Die Bernsteinhexe" u. a.), wurde 1854 in New York in der Loge „St. John Nr. 1" aufgenommen.

2. Lewis (Lew), der Autor des berühmten Romans „Ben Hur", * 1827, † 1905, amerikanischer Generalmajor im Bürgerkrieg, Gesandter in Konstantinopel, war Mitglied der der Großloge von Indiana (USA.) unterstehenden „Montgomery Lodge Nr. 50" in Crawfordsville.

Wallace-Heaton-Manuskript, altes Freimaurermanuskript, ungefähr aus dem Jahre 1705, bestehend aus sechs Pergamentstreifen. Textlich wird es der Grand Lodge Family eingeordnet, mit deren Harris-Zweig es am meisten Ähnlichkeit hat.

Wallenberg, Marcus Laurentius. schwedischer Finanzmann, * 1864, Präsident der „Stockholm's Enskilda Bank", während einer Session Präsident der Finanzkommission des Völkerbundes, Treuhänder der österreichischen und bulgarischen Völkerbundanleihe, gehört einer Loge der Großen Landesloge von Schweden an.

Walrave, Gerhard Cornelius v., preußischer Generalmajor unter Friedrich dem Großen, der von seinem König wegen Unterschleifs bei den Festungsbauten von 1748 bis an sein Lebensende (1773) in Festungshaft gehalten wurde, wird in vielen antifreimaurerischen Schriften als Freimaurer bezeichnet; es wird behauptet, er habe während des Zweiten Schlesischen Krieges die Festung Neisse an die Österreicher verraten wollen und sich, vom König „in der Loge" zur Rechenschaft gezogen, als sehr verstockt erwiesen. Friedrich der Große habe deshalb seine Loge („Zu den drei Weltkugeln") für immer geschlossen und erklärt, den Hammer nie wieder führen zu wollen. Kekule von Stradonitz hat das Material zum Falle W.s zusammengestellt. W. war niemals Freimaurer, die Szene in der Loge ist freie Erfindung, die Loge „Zu den drei Weltkugeln" ist niemals geschlossen worden. Da aus den späteren Lebensjahrzehnten Friedrichs des Großen mehrfach absprechende Urteile über die Freimaurerei bekanntgeworden waren, die sich gegen die Verirrungen innerhalb des Bundes in ritualistischer Beziehung richteten, suchte die Fama einen Grund und fand ihn in dem ungetreuen General W.

Walrus and Carpenter, The (engl.), Das Walroß und der Zimmermann, Fragekasten der New Yorker Großlogen-Monatsschrift „The Masonic Outlook", der mit den Antworten dann auch, herausgegeben von H. L. Haywood, in Buchform erscheint. Der Name stammt aus dem entzückenden amerikanischen Kinderbuch „Alice in Wonderland": „The time has come, the Walrus said, to talk of many things: of shoes — and ships — and sealing wax — of cabbages — and kings — and why the sea is boiling hot and whether pigs have wings."

Wanamaker, John. der amerikanische Kaufhauskönig. * 1838, † 1922. im Kabinett des Präsidenten Harrison Generalpostmeister, trat als Sechzigjähriger dem Bunde bei wurde 1900 vom Großmeister von Pennsylvanien „at sight" aufgenommen, war 1905 Meister vom Stuhl der „Friendship Lodge Nr. 400" in Jenkintown (Pennsylvanien), erhielt 1903 den XXXIII Grad des A. u. A. Schottischen Ritus und wurde 1920 Mitglied des Obersten Rates (N. J.). Seiner Loge errichtete er ein Logenhaus.

Wanderbibliotheken unterhält u. a. die Großloge von Iowa (USA.) für ihre nicht am Zentralsitz Cedar Rapids gelegenen Logen. Sie sollen dazu dienen. durch Vermittlung ausgewählter maurerischer Lektüre die Erziehungsarbeit der Bauhütten zu unterstützen. Zur Propagierung des Gedankens dient eine offizielle Großlogenschrift „Travelling Libraries". Die Zusammenstellung und Ausgabe der Bücher erfolgt durch die Großlogenbibliothek.

Wanderredner sollen durch geeignete Vorträge den Durchschnitt der maurerischen Arbeit heben und zugleich jene Basis schaffen, auf der eine Einheitlichkeit der maurerischen Grundanschauungen vorbereitet wird. Insbesondere sollen sie in kleineren Logen, die leicht den lokalen Einflüssen unterliegen den Blick ins Weite öffnen. Der Verein deutscher

Freimaurer (s. d.) hat ein ausgebreitetes System von W. geschaffen, das sich bestens bewährt hat. Ähnliche Einrichtungen (Lectures) bestehen auch in Amerika, wo das Institut der W. allerdings mehr der formalen Seite des Ritualistischen zugewendet ist. Auch die von Preston (s. d.) geschaffene Einrichtung der Lectures kann in diesem Zusammenhange genannt werden.

Wandertagungen veranstaltet alljährlich die sächsisch-thüringische Stuhlmeistervereinigung. Sie dienen der Aussprache über aktuelle freimaurerische Probleme.

Wanderungen, s. Reisen.

Wang, Chen-Ting Thomas chinesischer Staatsmann, Rechtsgelehrter, gew. Außenminister der Nationalregierung in Nanking, * 1882, Übersetzer des deutschen Bürgerlichen Gesetzbuches ins Englische, gab in Japan das revolutionäre Organ „Kuomingpao" heraus, Mitarbeiter zahlreicher ausländischer Fachzeitschriften, wies unter dem kaiserlichen Regime jegliche Berufung ab, Justizminister in der ersten republikanischen Regierung, später Ministerpräsident, Delegierter zur Pariser Friedenskonferenz, Erster Richter im Obersten Gerichtshof, Mitglied des Haager Internationalen Schiedsgerichtshofes, seit 1922 Mitglied der Pekinger „Oriental Lodge", 1931 Mitgründer der „Amity Lodge U. D." in Schanghai.

Wanner der Ältere, Heinrich, Lehrer in Hannover, * 1838, † 1922, Alt- und Ehrenmeister der Johannisloge „Friedrich zum weißen Pferd", war ein fruchtbarer freimaurerischer Schriftsteller. Besonders wertvoll ist seine „Geschichte des Vereins deutscher Freimaurer 1861 bis 1911".

Wappen der Steinmetzen und Freimaurer. Wie alle übrigen Werkverbände hatten auch die Steinmetzen ihr eigenes W. Der Wappeninhalt nimmt auf die Werkzeuge Bezug. In Frankreich sind es Kellen auf blauem Grunde, bezw. in Saumur ein symbolisches W., das eine Schlange, einen Zirkel, Maßstab und Winkelmaß zeigt. Die deutschen Steinmetzen (gegen 1515) hatten ein besonders künstlerisches W.: vier nach Art der Swastika (Hakenkreuz) in einer Kugel steckende Zirkel, als Krönung des W. den Adler des heiligen Johannes des Evangelisten. Der englischen Craft and Fellowship of Masons wurde das W. von König Edward IV. 1472 verliehen. Es bestand aus drei dreigezahnten Türmen in blauem Feld, das durch einen goldenen Zirkel geteilt wurde. Dieses wiederholt bestätigte W. erscheint auch in den Bauhüttenrollen.

Von den Steinmetzen übernahmen die Freimaurer ihre W. Laurence Dermott bildet im „Ahiman Rezon" zwei W. ab. die gewöhnlich den Großlogen der „Antients", bezw. „Moderns" zugewiesen werden. Das eine zeigt die drei Türme im blauen, durch den Zirkel geteilten Feld, flankiert von zwei Bibern, als Wappenzier eine Hand mit einer Kelle. Die zweite Form hat sich bis auf den heutigen Tag erhalten und bildet die Grundform der meisten angelsächsischen Großlogenwappen. Diese gehen auf Laurence Dermott zurück, der sie den Schriften des Rabbi Jehuda Leon (s. d.) entnommen hat. Das heute übliche W. ist durch Zirkel und Winkelmaße viergeteilt, in den vier Feldern ein steigender Löwe, ein Stier, ein Adler und ein Mann im Hermelinmantel. Diese Zeichnung stellen vier der hauptsächlichsten der zwölf Stämme Israels vor (s. Leon). Das W. wird gekrönt von der Bundeslade, die von den Flügeln der als Wappenhalter seitlich stehenben Cherubim beschattet wird. Der Wappenspruch lautet: „Holiness to the Lord". Die charakteristischen Maurerwerkzeuge als Anhänger vervollkommnen das Wappenbild. Anläßlich ihres 200jährigen Bestehens erhielt die englische Großloge vom König noch das Vorrecht, den britischen Löwen im W. führen zu dürfen. Die meisten angelsächsischen W., so New York u. a., lehnen sich in der Form an das englische W. an.

Andere Großlogen lehnen sich in ihrem W. an ihren Namen an. So die „Drei Weltkugeln", „Lessing zu den drei Ringen" u. a. m. Die Frankfurter Großloge zeigt zu den symbolischen Werkzeugen den Bienenkorb usw.

In der Strikten Observanz wurden den einzelnen Ordensprovinzen (s. d.), ebenso den einzelnen Rittermitgliedern eigene W. verliehen, die, wie Sonnenkalb nachweisen konnte, ziemlich unbedenklich einem alten Wappenbuche des Typotius entnommen waren.

In der Schwedischen Lehrart erhalten auch heute noch die Kapitelmitglieder einen Ritternamen, eine Devise und ein W., das im Kapitelsitz über seinem Sitze hängt.

Ward.

1. John S. M., englischer Schriftsteller, Leiter des Nachrichtendienstes des englischen Industriellenverbandes, * 1885, Verfasser von „Fairy Tales from Burma", „Poems of the Empire" usw., auch als freimaurerischer Schriftsteller bedeutend („Freemasonry and the ancient Gods", „Freemasonry its Aims and Ideals", „The Entered Apprentice's Handbook", „The Fellow Craft's Handbook", „The Master Masons Book", „An Outline of History of Freemasonry", „Who was Hiram Abif" usw., ist Past Master der Londoner „Authors Lodge Nr. 3456".

Warden (engl.), Aufseher, Vorsteher. Jede angelsächsische Loge hat einen Senior W. und einen Junior W. Der Senior W. rückt gewöhnlich zum Meister vom Stuhl vor. Er hat seinen Platz im Westen, während der Junior W. im Süden der Loge sitzt.

Warnatz, Gustav Heinrich, Arzt in Dresden, * 1810, † 1872, Landes-Großmeister der Landes-Großloge von Sachsen, war einer der Hauptvorkämpfer des Deutschen Großlogenbundes (s. d.). Durch Einberufung des Deutschen Großmeistertages nach Berlin (1868) erreichte er den ersten sichtbaren Erfolg auf dem Weg zu einer gewissen Einigkeit. Vier Jahre später kam dann der Deutsche Großlogenbund zustande dessen Statuten W. entworfen hatte. W. selbst erlebte das Zusammentreten des Großlogenbundes nicht mehr. Er starb am Abend vor der konstituierenden Versammlung in Berlin.

Warrant (engl.), das Patent einer Loge.

Die Satzungen der englischen Großloge (§ 125 u. folgende) bestimmen hierüber: „Keine Loge, ausgenommen, wenn sie mit besonderer Erlaubnis in den Kolonien oder fremden Ländern arbeitet, darf ohne ein Patent des Großmeisters zusammentreten. Dieses Patent lautet auf den Meister, der zur Zeit der Installation den Vorsitz führt, und der für die gesicherte Aufbewahrung haftbar ist. Er hat es bei jeder Versammlung der Loge vorzuweisen. Diese Bestimmung gilt nicht für die Logen „Antiquity Nr. 2" und die Loge „Royal Sommerset House and Inverness Nr. 4", die unter Konstitutionen „von undenklichen Zeiten" (times immemorial) arbeiten. Geht ein Patent verloren, oder wird es von der zustehenden Autorität beschlagnahmt, so muß die Loge ihre Arbeiten solange einstellen, bis ein neues Patent oder eine Bestätigung vom Großmeister wieder eingelangt ist."

Warren, Joseph, amerikanischer General und Politiker, * 1741, † 1775, einer der Führer der Bewegung gegen die Stempelakte, Mitglied der drei ersten Kontinentalkongresse im Unabhängigkeitskrieg, Generalmajor der Truppen von Massachusetts, Führer der dortigen Whigs, im Kampf für die Befreiung des Vaterlandes gefallen, seit 1769 Großmeister von Massachusetts, wurde 1772 vom Großmeister Earl of Dunfries der Großloge von Schottland zum Großmeister des ganzen amerikanischen Kontinents ernannt.

Warren, Sir John Borlase, englischer Admiral, * 1753, † 1822, besiegte 1794 die Franzosen, führte im selben Jahr die Hilfsflotte für die Vendée-Armee, siegreich gegen die französische Flotte, die General Hoche hätte nach Irland bringen sollen, wurde 1792 Provinzial-Großmeister von Derbyshire.

Warschau, Hauptstadt von Polen.

1738 gründet Graf August Friedrich Rutowski (s. d.) Logen, die ein Jahr später auf Befehl des Königs August III. die Arbeit einstellen.

1744 errichtet Andreas Mokronowsky die Loge „Les trois Frères",

1750 ruft Jean de Thoux de la Salverte die Loge „Au bon Pasteur" ins Leben.

1751 Schließung der Loge „Les trois Frères" infolge der Bannbulle Benedikt XIV.

1758 Wiedereröffnung unter Graf August Moszinski. Die Loge gerät in Verfall und tritt

1766 wieder in Erscheinung, neuerlich unter Moszinski, der die Leitung dem Grafen Friedrich Alois Brühl übergibt. Die Loge wird geschlossen und als schottische Loge „Le vertueux Sarmate" wieder in Arbeit gesetzt. Großmeister Brühl.

1769 konstituiert sich diese Bauhütte unter Moszinski als Großloge, wird von der Großloge von England als Provinzial-Großloge von Polen anerkannt, gründet u. a. in Warschau die deutschsprachige Loge „Die drei Brüder" und die französische Bauhütte „Union"..

1772 tritt Graf Brühl als Visitator der Strikten Observanz für Polen auf. Im selben Jahr wird die freimaurerische Tätigkeit infolge der ersten Teilung Polens unterbrochen.

1774 entsteht der profane Verein „L'ordre des amis à l'épreuve", der sich dann in eine Loge „Au bon pasteur" umwandelt. Graf Brühl stiftet im selben Jahre die Loge „Karl zu den drei Helmen" der Strikten Observanz. In den nächsten Jahren Logengründungen durch verschiedenste Obedienzen.

1777 wird König Stanislaus II. August in der Loge „Karl zu den drei Helmen" aufgenommen.

1778 erhält die Loge „Au bon Pasteur" von der Mutterloge „Royal York" eine Konstitution unter dem neuen Namen „Katharina zum Nordstern" (Vorsitzender: Graf Joseph Hülsen).

1779 wird Hülsen Großmeister. Fürst Nepomuk Poninski will die Großloge der Strikten Observanz unterstellen. Da sich Widerstand geltend macht, sondert sich ein Teil als Loge „Zum Nordstern" ab und vereinigt sich mit der Loge „Zu den drei Helmen".

1779 Blütezeit der polnischen Freimaurerei unter dem Grafen Ignaz Potocki. Gründung der Logen „Der Tempel der Isis" (polnisch), „Bouclier du Nord" (französisch) und „Göttin Eleusis" (deutsch). Potocki wird Großmeister der am 4. August d. J. aufgestellten Provinzial-Mutterloge „Katharina zum Nordstern".

1784 Gründung des Großorients von Polen.

1792—1795 Die politischen Zustände, Krieg, Revolution, die dritte Teilung des Landes hindern eine Zeitlang die gedeihliche Entwicklung der Freimaurerei. Seit

1795 zahlreiche Neugründungen von Logen.

1808 Die Logen „Zloty lichtarz" (Zur goldenen Leuchte), „Friedrich Wilhelm zur Säule", „Tempel der Weisheit" decken.

1810 Gründung der Provinzial-Mutterloge „Stern des Ostens", Proklamation des Großorients des Herzogtums Warschau.

1811 Großmeister Graf Stanislaus Potocki.

1815 Nach Wiederaufrichtung des Königreichs Polen Empfang des Zaren Alexander I. (als Freimaurer) im Warschauer Logenhaus.

1819 Gründung einer Dissidenten-Großloge durch Major Valerian Lukasinski: „Nationale Freimaurerei".

1820 geht diese wieder ein.

1821 Verbot der Freimaurerei.

1910—1914 Gründung der Logen „Wyzwolenie" (Befreiung) und „Odrodzenie" (Renaissance). Seit

1920 ist W. Sitz der Großloge von Polen.

1924 wurde diese als National-Großloge in aller Form eingesetzt (Adresse: Stanislaus Stempowski, Polne 40, W.) mit acht Logen in W. selbst. In W. auch Sitz des Obersten Rates des A. u. A. Schottischen Ritus von Polen.

Washington, Bundeshauptstadt der Vereinigten Staaten von Nordamerika. Mittelpunkt der Stadt ist das Capitol, zu dem Präsident Washington unter maurerischem Ritus den Grundstein legte. (Das 1814 von den Engländern niedergebrannte Gebäude wurde durch den bekannten, 1862 vollendeten, heute noch in Gebrauch stehenden Bau ersetzt.) 1872 übersiedelte die Südliche Jurisdiktion des A. u. A. Schottischen Ritus nach W., wo sie ein Marmorgebäude, das House of the Temple, eine der schönsten maurerischen Bauten der Welt, errichten ließ. Ferner ist W. Sitz einer Großloge, die 265 Logen mit fast 50.000 Mitgliedern zählt. Ein im Jahre 1822 nach W. einberufener Kongreß zum Zwecke der Errichtung einer General Grand Lodge of the United States verlief ergebnislos. In der Nähe von W. erhebt sich das von den amerikanischen Freimaurern errichtete gewaltige freimaurerische Nationaldenkmal für George Washington.

Washington, Bundesstaat der Vereinigten Staaten von Nordamerika. Die 1858 gegründete Großloge zählte 1930 266 Logen mit 9135 Mitgliedern. Das Masonic Home (Altersheim) betreut durchschnittlich 115 Insassen. Adresse: Masonic Temple, Tacoma (s. auch Neger).

Washington, George, hervorragendster Kämpfer für die amerikanische Unabhängigkeit, erster Präsident der Vereinigten Staaten von Nordamerika, * 1732, † 1799, brachte der Freimaurerei hervorragendstes Interesse entgegen. Freimaurer wurde er 1752 in der „Fredericksburg Lodge Nr. 1" in Virginien. Am 27. Dezember 1778 ging er in Philadelphia in der berühmten Johannistagprozession der Großloge von Pennsylvanien mit und nahm an dem maurerischen Gottesdienst in der Christ Church teil. Auch sonst besuchte er während des Revolutionskrieges fleißig Logen, wo immer sich Gelegenheit bot. 1779 war er Gast der Feiern, die die „American Union-Feldloge" an der Front nahe dem Hudson und New Jersey beging. In dieser Loge wurde auch der dann allerdings nicht verwirklichte Plan beschlossen, W. als General-Großmeister an die Spitze einer zu schaffenden, alle Staaten umfassenden amerikanischen Großloge zu stellen. Lafayette sagte von W., dieser habe mit Vorliebe solchen Offizieren selbständige Kommanden anvertraut, die Freimaurer waren. 1788 wurde W. Stuhlmeister der Loge „Alexandria" (Virginien) und leitete diese auch dann weiter, als er Präsident der Vereinigten Staaten geworden war. Den Eid bei der Übernahme des Präsidentenamtes der USA. 1789 leistete W. auf die Bibel der St. John's Lodge Nr. 1, New York. Der Kanzler Robert R. Livingston (Großmeister der Großloge von New York) nahm den Eid ab, als Marschall fungierte General Jakob Morton (Großsekretär und Stuhlmeister der St. John's Lodge), Geleitsmann war ein weiterer prominenter Freimaurer, der spätere New Yorker Großmeister General Morgan Lewis. Die Grundsteinlegung zum Kapitol in Washington, die nach freimaurerischem Ritus vor sich ging, vollzog W., bekleidet mit einem von der Marquise Lafayette für ihn angefertigten Freimaurerschurz mit dem Schlegel, den ihm der Großmeister der Großloge von Maryland zu diesem Zwecke in feierlicher Weise überreichte.

Sidney Haydem, einer der Biographen W.s, sucht den Schlüssel zu dessen öffentlichem und privatem Leben in seinem Charakter als Freimaurer. „Durch sein ganzes Leben zieht sich die Übung des von ihm selbst ausgesprochenen Satzes: Die Tugenden, die den Menschen veredeln, werden in der Freimaurerei gelehrt, geehrt und gepflegt; sie fördern das häusliche Leben und sind die Normen für die höchsten Pflichten des Staatsmannes". Bei der Beisetzung des Präsidenten trugen sechs Obersten der Armee, alle Freimaurer, den Sarg.

Washington Degree, Washington-Grad. Der A. u. A. Schottische Ritus von Nordamerika, Nördliche Jurisdiktion, hat aus Anlaß des Washington-Jubiläums 1832 die Person des amerikanischen Staatengründers in eine Art patriotischen Grad verwoben, der den Grad des Prussian Knight (Preußischen Ritters) ersetzt. Hierbei wird die unbelegbare Legende von Friedrich dem Großen durch eine dem amerikanischen Volksempfinden näherstehende, an Washington anknüpfende, ersetzt.

Washington National Masonic Memorial, maurerisches Washington-Nationaldenkmal in Alexandria (Virginien), in der Nähe der Bundeshauptstadt Washington. Der Grundstein für diesen zu Ehren des größten amerikanischen Freimaurers errichteten, 1932 einzuweihenden Monumentalbau wurde am 1. November 1923 vom Präsidenten Coolidge und dem Expräsidenten Taft (Freimaurer) gelegt, wobei sie sich derselben Logenkelle bedienten, die Washington 1793 zur Grundsteinlegung des Kapitols verwendete. Die Großmeister aller nordamerikanischen Großlogen beteiligten sich an der Zeremonie. Das riesige Gebäude zeigt nach der Fertigstellung in einer von herrlichen Säulen getragenen Washington-Halle die Statue des großen Mannes. Im zweiten Stockwerk werden in einem freimaurerischen Museum die an die Stuhlmeisterschaft Washingtons erinnernden Reliquien zur Schau gestellt.

Wasserwaage s. Setzwaage.

Wauters, Joseph, belgischer Staatsminister, * 1879, † 1929, Führer der belgischen Sozialdemokratie, wiederholt Arbeitsminister, war Mitglied der Lütticher Loge.

Wauvermans, Henri Emmanuel, Präsident der belgischen archäologischen Akademie, * 1825, † 1902, war Mitglied der Loge „Les Vrais Amis de l'Union et du Progrès" in Brüssel.

Webb, Thomas Smith, * 1771, † 1819, Buchdrucker von Beruf, kam frühzeitig in Berührung mit der Freimaurerei und machte sich durch ein Buch: „Freemason's Monitor or Illustrations of Masonry", 1797, bemerkbar, 1813 Großmeister der Großloge von Rhode Island. Er ist der eigentliche Begründer des sogenannten Amerikanischen Ritus (s. d.), den er in jener Form ausbaute, wie sie heute noch in Amerika bearbeitet wird.

Webbe, Samuel, englischer Komponist, * 1740, † 1816, berühmt durch seine Männer-

Solo-Quartette („Glee's"), vielfach preisgekrönt, war Freimaurer.

Weber.

1. Andreas, Professor der Philosophie in Halle und Kiel, bedeutender Gelehrter („Von der Übereinstimmung der Natur und Gnade", 4 Bände, 1748—1760), * 1718, † 1781, wurde 1743 in der Hallenser Loge „Zu den drei goldenen Schlüsseln" aufgenommen. Seine Logenreden erschienen 1748 in Drück.

2. Karl Julius Demokritos, humoristischer Schriftsteller, * 1767, † 1832 („Briefe eines in Deutschland reisenden Deutschen, „Demokritos, oder hinterlassene Papiere eines lachenden Philosophen"), nimmt in letzterem Werk wiederholt auf die Freimaurerei Bezug. So II., 137: „bei vielen ist der einzige Genuß der Freimaurerei — ich bin ja auch einer — in der Händesprache", IV., 78: „der Orden der Hahnreie ist alt und zahlreich, wie der Orden der Freimaurer, er macht ein Geheimnis aus seinen Zeichen"; III., 217: „Und die vielen geheimen Gesellschaften? Alle waren von Eleusis an bis heute ein Gemisch von Spielerei, Scharlatanerie, Schwärmerei und Kabalen, und wo Geheimnisse sind, darf man in der Regel Schildwache halten gegen Gaunerei."

Wedekind, Georg Christian Gottlieb, Freiherr von, Professor der Medizin an der Universität Mainz, * 1761, † 1831, Geheimer Hofrat und Leibarzt in hessischen Diensten, wurde 1785 in der Kölner Loge „Maximilian zu den drei Lilien" aufgenommen, war dann Mitglied der Mainzer Loge „Die vereinigten Freunde", entzweite sich aber mit dieser, da die Bauhütte die politischen Gegner des Napoleonischen Regimes von der Loge fernhalten wollte, war dann, in Darmstadt ansässig, Mitbegründer und erster Meister vom Stuhl der dortigen Loge „Johannes der Evangelist zur Eintracht", hatte in dieser Eigenschaft mit großen Schwierigkeiten zu kämpfen, da die Zugehörigkeit der Brr. zu den verschiedenen Lehrarten eine einheitliche Tätigkeit verhinderte, trat von seinem Amt zurück, nicht zuletzt, weil er den Hochgraden abgeneigt war. W. war auch als freimaurerischer Geschichtsschreiber bedeutend. In seiner Schrift „Der pythagoräische Orden. die Obskurantenvereine in der Christenheit und die Freimaurerei in gegenseitigen Verhältnissen" schrieb er im Kapitel über „den Wert des Eklektizismus" über das 1811 von Ihle ausgearbeitete Ritual des Eklektischen Bundes, daß dieses im ersten Grad hinweise „auf das, was die Bestimmung des inneren im äußeren Menschen — Selbstveredlung —, im zweiten auf das, was die Bestimmung des Menschen in der Menschheit — Veredlung anderer —, und im dritten Grad auf das, was die Bestimmung des Menschen in dem Universum anbetrifft" (Nettelbladt, „Geschichte freimaurerischer Systeme").

Wegner, Adalbert, preußischer Generalleutnant z. D., * 1848, † 1916, im Weltkrieg Kommandant der Festung Kowno, dann Gouverneur von Wilna, war National-Großmeister der Großen National-Mutterloge „Zu den drei Weltkugeln" und starb im Dienst in Wilna.

Wegscheider, Julius August Ludwig, Professor der Theologie in Halle, * 1771, † 1849, bedeutendster Verfechter des dogmatischen Rationalismus, wurde Mitglied der Loge „Ferdinand zum Felsen" in Hamburg, später Ehrenmeister der Loge „Zu den drei Degen" in Halle, gründete 1845 den „Verein zur wissenschaftlichen Fortbildung in der Freimaurerei" in Halle, den späteren „Wegscheider-Verein".

Wehrschaft, Deutsche, 1919 gegründeter Verband der Wehrschaften an deutschen Hochschulen, nahm auf der Pfingsttagung in Detmold 1919 zur Freimaurerfrage Stellung. Nach erregten Auseinandersetzungen, in deren Verlauf 14 Wehrschaften aus dem Verband austraten, wurde beschlossen, daß kein Wehrschafter einer Loge angehören darf.

Weifert, Georg, jugoslawischer Großindustrieller, * 1850 in Pancsova, seit 1872 in Serbien, rief zahlreiche Industrieunternehmungen ins Leben und war einer der Gründer der serbischen Nationalbank und lange Zeit deren Gouverneur; er ist Großmeister der Großloge von Jugoslawien und Großkommandeur des Obersten Rates des A. u. A. Schottischen Ritus.

Weigner Karl, Professor der Anatomie an der Prager Tschechischen Universität, * 1874, Verfasser eines fünfbändigen Werkes über topographische Anatomie, Mitglied der Loge „Národ" in Prag, wurde 1931 Großmeister der N. V. L. Č.

Weiler, Georg August, Freiherr v. * 1726, † 1775, als österreichischer Major im Siebenjährigen Kriege, begründete 1768 mit dem Grafen A. F. v. Brühl u. a. die Loge „St. Jean des voyageurs" in Dresden und wurde von der Großloge von England als Provinzial-Großmeister der englischen Logen des Kurfürstentums Sachsen eingesetzt. Vom Heermeister v. Hund zum Visitator specialis für die Präfektur Gommern (Dresden) eingesetzt, betätigte er sich eifrigst für die Strikte Observanz, in deren Verbreitung er seine Lebensaufgabe sah. Er ging im Auftrag des Heermeisters nach dem Westen, setzte 1773 die V. Provinz, Burgund, in Straßburg ein und errichtete die II. Provinz, Albernia, in Lyon und die III., Occitania, in Bordeaux. Diese eigenmächtigen Gründungen, die allerdings auf ausdrückliches Geheiß des Heermeisters von Hund geschehen waren, wurden auf dem Konvent in Braunschweig 1775 mißbilligt. Trotzdem erschien er kurz nachher in Italien, wo er in Turin gründend für die Strikte Observanz wirkte. Gugomos (s. d.) und die Prinzen Ludwig und Georg von Hessen suchten ihn dort auf ihrer „freimaurerischen Studienreise" auf.

Weimar, Haupt- und Residenzstadt des Großherzogtums Sachsen-Weimar, das deutsche Athen, der Sammelpunkt des geistigen Lebens zur Zeit des deutschen Klassizismus. Erste freimaurerische Spuren sind bis 1742 nachweisbar. Der damalige Herzog Ernst August, der nicht Mitglied des Bundes war, äußerte sich in diesem Jahre sehr anerkennend über diese „in großer Achtung stehende Gesellschaft, mit der Gott etwas Sonderbares auszuführen gedenket".

1767 wird eine Loge „L'Amitié" erwähnt. Nach Auflösung der Loge „Zu den drei Rosen" in Jena vereinigten sich mehrere Weimarer Brr. dieser Loge und begründeten am 24. Oktober 1764, dem Geburtstag der die Freimaurerei sehr begünstigenden Herzogin Anna Amalia, die Loge „Amalia", an deren Spitze der Geheimrat Friedrich Freiherr von Fritsch (s. d.) trat. Die Einweihung erfolgte am 28. Oktober im Wittums-Palais. Die Loge zog zahlreiche Persönlichkeiten des Weimarer Musenhofs an. So gehörten ihr u. a. an: Musäus, Bertuch, Loder, Freiherr von Seckendorf, Bode, Goethe (aufgenommen am 23. Juni 1780), der regierende Herzog Karl August (aufgenommen am 5. Februar 1782). Das Ansehen der Loge stieg derart, daß Herzog Ferdinand von Braunschweig den Plan äußerte, das Direktorium der Strikten Observanz nach W. zu verlegen. Der Streit um diese, der die Loge angehörte, führte 1782 zu einem heftigen Zusammenstoße zwischen dem Redner Bertuch und Bode, so daß v. Fritsch als Meister vom Stuhl die Arbeiten bis zur Klärung der Differenzen aussetzte. Da auch der Wilhelmsbader Kongreß (1782) nicht die nötige Klärung schaffte, ruhte die Loge bis 1808. In den dazwischenliegenden Jahren führte Schröder (s. d.) einen eifrigen Briefwechsel mit dem in W. lebenden Herder, als dessen Ergebnis das Schrödersche Ritual zu verzeichnen ist. Während der napoleonischen Kriegsära versuchte der Platzkommandant von Jena, Pocholle, französische Logen zu aktivieren. Nicht zuletzt aus diesem Grunde gab der Herzog Karl August die Anregung zur Wiederbelebung der Loge „Amalia", die am 24. Oktober 1808 unter dem Schutze der Hamburger Großloge ihre Arbeiten wieder aufnahm. Bertuch wurde zum ersten Meister gewählt. Die wiederbelebte Loge nahm sehr rasch an Mitgliedern zu. So traten bei: Karl August Böttiger, Hildebrand von Einsiedel, Kornelius J. R. Ridel, der Kanzler Friedrich von Müller, der Philosophieprofessor L. C. Reinhold, Wieland, Prinz Bernhard von W., der Naturforscher Oken, der Komponist Nepomuk Hummel, Robert von Froriep, Ludwig Preller u. a. m.

Das Archiv der Loge birgt zahlreiche Goethe-Erinnerungen, zu denen in allerletzter Zeit auch der Logenschurz Goethes gekommen ist. Berühmt geworden sind die freimaurerische Rede Goethes auf Wielands Tod, die in der Loge gehalten wurde, sowie die Gedenkrede Friedrich v. Müllers auf den Tod des Br. Goethe. Die Anziehungskraft, die W. als Musenhof ausübte, kam auch der Loge zugute. Sie verzeichnet zahlreiche Besucher von Rang.

Nach dem Weltkriege wechselte die Loge „Amalia" zum System der „Drei Weltkugeln" über, der sie heute mit einem Stande von über 200 Mitgliedern angehört. Das Logenhaus, Amalienstraße 5, wird wegen der Goethe-Erinnerungen von Freimaurern viel besucht.

An W. knüpft auch die von Frau Mathilde von Ludendorff übernommene Fabel von der Ermordung Schillers durch Freimaurer und der Mitschuld Goethes an dieser Mordtat an. Diese Kriminalgeschichte schlimmster Hintertreppenromantik hat auch in völkischen Kreisen entschieden Zurückweisung erfahren.

Weise von Zion, s. Protokolle der Weisen von Zion.

Weishaupt, Adam, Stifter des Illuminatenordens, Professor des Natur- und kanonischen Rechts an der bayrischen Landesuniversität in Ingolstadt, * 1748, † 1830, Sohn des Universitätsprofessors Johann Georg W. Nach Absolvierung des Jesuiten-Kollegiums und der Rechtsfakultät der Universität 1772 selbst Lehrer an dieser. Von Anfang an hatte er als Günstling des Universitätsdirektors Freiherrn von Ickstatt, der ein Rufer im Streit um durchgreifende Erneuerung des Bildungswesens war und darum den jedem fortschrittlichen Geist abholden Ingolstädter Professoren als „gefährlicher Neuerer" galt, einen schweren Stand, dazu kam seine Gegnerschaft gegen die Jesuiten und ein nicht leicht zugängliches, schroffes Wesen. Erzählungen eines protestantischen Hannoveraners über die Freimaurerei ließen in W. den Plan zu einer Gemeinschaft reifen, die es ihm ermöglichen würde, ein großer Wohltäter auf geistigem Gebiete zu werden. Er wollte begeisterungsfähige junge Menschen versammeln und diese die wissenschaftliche Wahrheit lehren. Politische Dinge lagen dem Stifter damals vollkommen ferne. Er träumte von einer geheimen Weisheitsschule, in der die besten jungen Akademiker der damaligen Zeit ungehindert von den traditionellen Fesseln das lernen sollten, was die Priester von den Lehrstühlen verbannt hatten.

So entstand 1776 der Orden der Illuminaten (s. d.), in dem W. Ordensgeneral war und den Ordensnamen Spartacus führte. W. hatte im Anfang neben Statuten nur recht nebelhafte Vorstellungen, aber weder einen konkreten Ordensinhalt noch ein wirkliches ritualistisches Gebrauchstum. Erst Anleihen bei den Mysterienkulten und den Jesuiten gestatteten eine Art von Ausbau. Am wichtigsten erschien W. zunächst die Errichtung einer großartigen wissenschaftlichen Bibliothek, der auch ein Naturalienkabinett und eine historische Sammlung angegliedert sein sollte. Durch Ausstrahlung von Wissen sollte der Kampf gegen die „Feinde der Vernunft und der Menschheit" zum Triumphe geführt werden. Erst als W. von allen Seiten gedrängt wurde, den drei Ordensklassen, Novize, Minerval und Erleuchteter Minerval, die noch 1779 das ganze Gebäude bildeten, wirklichen Inhalt zu geben, ging er eifriger an das ritualistische Werk, wollte er in Anlehnung an das philosophische System Zoroasters einen Orden des Feuers aufbauen, dessen riesige Flammen lodernd in die ringsum herrschende Finsternis hineinleuchten würden. Aber es blieb bei der Vision und so kamen W. und sein erster Hauptmitarbeiter Franz X. Zwackh auf den Gedanken, den Illuminatenorden freimaurerisch-geistig zu untermauern. Durch Marquis Constanzo verschaffte man sich von der Berliner Freimaurer-Großloge „Royal York" ein Patent für die Münchner Loge „Theodor zum guten Rat", die man dann für unabhängig erklärte und in den eigenen Orden überführte. Aber erst als der Freiherr von K n i g g e (s. d.) den Illuminaten beitrat, erhielten diese einen neuen „Ordensplan“ und weitere Ordensabteilungen, die das System wesentlich vertieften, aber gleichzeitig auch die Gefahr politischer Deutung in sich trugen. Trotz des großen Zuwachses, der die Folge von Reformen war, trotz der glänzenden Namen, die die Ordensregister bald verzeichneten, vertrug sich W. auf die Dauer nicht mit Knigge. Kam er schon mit den Areopagiten, seinen ersten Mitstreitern und Mitführern, nicht recht aus, so zerstritt er sich mit Knigge-Philo, als dieser, dem schließlich alles zu verdanken war, als die Zeit des Vorwärtsschreitens kam, nicht einfach den Weisungen von Spartacus gehorchen wollte. Knigge warf W. vor, daß er zu sehr Despot sei und daß er nicht von seinem Lieblingsgedanken lassen wolle, sich der nämlichen Mittel — allerdings zum Guten — zu bedienen, welche der Jesuitenorden zu anderen Zwecken anwendete.

In der Reihe von Konflikten, die W. von Knigge schließlich vollkommen trennten, war W. sicherlich der schuldtragende Teil. W. konnte sich, wie K l u c k h o h n richtig bemerkt, voll Selbstüberhebung nicht dareinfinden, daß der Illuminatenorden nicht mehr sein alleiniges Eigentum sein sollte. Er reizte Knigge durch verschiedene Kränkungen. W. glaubte sich von Knigge an die Wand gedrückt, und Knigge wollte sich „von einem Professor in Ingolstadt nicht wie ein Student behandeln lassen“. Auch wollte Knigge lieber mit wenigen geprüften Männern von oben hinunter, als mit einer Menge ungebildeter Menschen, die alle befriedigt werden wollten, von unten hinauf arbeiten. Der Gegensatz zwischen Nord und Süd spielte im Orden gleichfalls eine Rolle. Zum Bruche kam es anläßlich der Fragen über einzelne Ordenseinrichtungen. Knigge, der aus dem Norden kam, ging auf das Mystische aus und wollte den katholischen kirchlichen Pomp dem Orden einverleiben. Dagegen stellte sich mit W. der Süden, wo man das Kirchliche nicht profaniert sehen wollte. W. selbst wollte durch das Aufklärerische das Kirchliche im Orden überhaupt überflüssig machen. Nach vollzogenem Bruch hatte Knigge die Charakterstärke, alles schriftliche Material über den Streit zu verbrennen, um sich nicht einmal zu niedriger Rache verleiten zu lassen. (Nach Dr. Joseph P o p p in „Freimaurermuseum“, Band VI.)

Als bald nach dem Ausscheiden Knigges die bayrische Illuminatenverfolgung einsetzte, mußte W., der kurz vorher von seinem Ordensbruder, dem Herzog E r n s t v o n G o t h a, zum Hofrat ernannt worden war, nach der freien Reichsstadt Regensburg fliehen. Als dort an einem Sommerabend sein Freund, der Priester L a n z (s. d.), ebenfalls Illuminat, an seiner Seite vom Blitz erschlagen wurde, beschlagnahmte der kurpfälzische Gesandte den Leichnam und ließ ihn nach Freysingen überführen. Dort fand man angeblich in den Taschen des Toten kompromittierende Schriften, die für die Verfolgung, der in Bayern zurückgebliebenen Illuminatenführer als Unterlage genommen wurde. Auch W. selbst wurde aufs schwerste drangsaliert. Spitzel lagen ständig in der Umgebung von Regensburg auf der Lauer, um die sofortige Verhaftung zu veranlassen, falls er einmal das Gebiet der freien Reichsstadt verlassen sollte. Die gemeinsten Verbrechen wurden ihm angelastet. Da er seiner Schwägerin, die später seine Frau wurde, zu einer Abtreibung geraten haben sollte, wurde er als Kindesmörder ausgeschrien. Die Sache machte in ganz Deutschland solchen Lärm, daß selbst in einem Brief S c h i l l e r s an K ö r n e r von 1787 davon die Rede ist, dem „die moralischen Deklamationen dieser Herren etwas verdächtig sind“. Als in Regensburg die letzte der fünf Töchter W.s aus erster Ehe starb, trachtete er, in Wien einen Lehrstuhl zu erhalten. Da aber ein Posten nicht frei war, ging er abermals nach Regensburg. Als bekannt wurde, daß W. unter allen Umständen auf das bayrische Ufer gelockt werden sollte, attachierte ihn Herzog Ernst von Gotha seiner Regensburger Gesandtschaft und entzog ihn so allen Zugriffen. Ein Protestschreiben des Kurfürsten K a r l T h e o d o r von Bayern, in welchem er W. einen „ausgeschämten Bösewicht“ nannte, „welcher sich als einen Blutschänder, Kindesmörder, Volksaufrührer und Chef eines für die Religion und Staat höchst gefährlichen Komplotts durch eigene Bekenntnis selbst schon öffentlich dargestellt habe“ und erklärte, daß keine auswärtige Protektion ihn, den Kurfürsten abhalten werde, den so gefährlichen Verschwörer“, „der unter dem Blendwerk der Wahrheits-Aufklärung und Sittenverbesserung die christliche Religion zu stürzen und einen völligen Unglauben dagegen einzuführen sich unterfing, allenthalben, wo er sich immer betreffen lasse, bey dem Kopf zu nehmen und Uns selbst die gebührende Satisfaktion und Justiz zu verschaffen“, wurde vom Herzog Ernst in einem geharnischten Brief energisch zurückgewiesen.

W. zog es jedoch vor, nach Gotha zu übersiedeln und sich dort in einer Reihe von Schriften mit seinen Gegnern auseinanderzusetzen, in denen er die erhobenen Anschuldigungen aufs gründlichste widerlegte. Feierlich erklärte W., daß „an Umwälzungen nie gedacht wurde, daß der Plan tief und auf ganze Generationen angelegt war, daß man nichts anderes wollte als was jede Regierung, wenn sie gut und vernünftig ist, wollen muß, daß man der Moral ein neues Interesse gebe und überhaupt auf die Verbesserung der künftigen Welt durch Erziehung und eigene Vervollkommnung wirken und auf diesem Wege alle Mißbräuche von Grund aus steuern sollte“ (s. I l l u m i n a t e n).

Weisheit, Stärke und Schönheit sind die drei Ideale, welche die Arbeit des Freimaurers leiten sollen. Nach ihnen werden die drei Pfeiler oder Säulen benannt, auf denen der symbolische Bau der Freimaurerei ruht. W. ist die intellektuelle Tugend, die den Bau fördert, Stärke die willenhafte und Schönheit die gestaltende Tugend. So umfassen die drei Pfeiler (in manchen Systemen auch „Flammen“) das

Ganze der Freimaurerei, sie symbolisieren die Harmonie der Kräfte. Verstand, Wille und Gemüt sind zum Bauen vereint. Die W. leitet den Bau; sie steht im Osten wie die Sonne. Dort ist auch der Sitz des Meisters, der die Loge mit W. zu leiten hat. Sie hat den Lebensweg des Freimaurers zu begleiten, der sie (im griechischen Sinne) mit Besonnenheit zu verbinden weiß und dadurch die schwere Kunst bemeistert, sich selbst zu erkennen, indem er den sittlichen Willen in sich stärkt und auf diese Weise sein eigenes Leben in Schönheit führt.

Weisheit, Orden der, s. Orden des 18. Jahrhunderts.

Weismann, Friedrich Heinrich Bernhard, deutscher Schriftsteller und Pädagoge, * 1808, † 1890, Verfasser zahlreicher geschichtlicher, literaturgeschichtlicher und pädagogischer Werke, Förderer der Turner- und Schützenbewegung; von ihm stammen die Texte der heute noch viel gesungenen Lieder „Auf, ihr Brüder, laßt uns wallen" und „Das deutsche Lied". W. war Meister vom Stuhl der Frankfurter Loge „Zur Einigkeit", dann Großmeister des „Eklektischen Bundes".

Weiß, als Sinnbild von Reinheit des Herzens und Makellosigkeit, ist die Farbe des Lehrlingsschurzes, in den Vereinigten Staaten und anderwärts des Maurerschurzes überhaupt.

Weiße Loge, Weiße Maurerei, s. Ermächtigte Bruderschaft der alten Riten.

Weißes Buch, s. Buch, Weißes, ferner Bibel.

Wekerle, Alexander, ungarischer Staatsmann, * 1848, † 1921, dreimal Ministerpräsident, Finanzminister, Kämpfer für die Zivilehe, war Mitglied der Budapester Loge „Könyves Kálmán".

Welbrück, Franz Karl Graf v., * 1719 bei Düsseldorf, † 1784. Von 1772—1784 Fürstbischof von Lüttich. Er förderte die Ideen der Enzyklopädisten und bekämpfte die Privilegien der bevorrechteten Klasse, trat für Errichtung einer auf laizistischen Grundsätzen aufgebauten Schule mit unentgeltlichem Unterricht ein. Sein Tod ließ diesen Plan aber nicht mehr zur Ausführung kommen. Die oft bestrittene Freimaurereigenschaft W.s ist von Dr. Pauls, Aachen, einwandfrei nachgewiesen durch einen Brief von W. an den Herzog Ferdinand von Braunschweig, vom 12. Juni 1779. Deutsche Reichsfürsten beschwerten sich 1779 beim Fürstbischof über die Aachener Mönche Greinemann und Schuff, die in maßlosen Ausdrücken gegen die Aachener Freimaurer gepredigt hatten. Obwohl der Kölner Nuntius Bellisoni sich für die Mönche einsetzte, trat W. auf die Seite der Aachener Brr. und maßregelte die Patres. Freimaurer wurde W. wahrscheinlich während eines Aufenthaltes am französischen Hof. Mutmaßlich war die Wiedereröffnung der Lütticher Loge „Parfaite Intelligence" 1779 seiner Anregung zu danken. W. saß in Lüttich auch einer Loge von Klerikern vor, die im fürsterzbischöflichen Palais freimaurerische Arbeiten abhielt.

Wellhoff, Bernhard, gewesener Funktionär der französischen Steuerverwaltung, * 1855, aufgenommen 1885 in der Loge „La Fidelité" in Lille, Großmeister der Großloge von Frankreich 1919—1922, seither Ehrengroßmeister, Mitglied des Obersten Rates des A. u. A. Schottischen Ritus. Die Großloge von Frankreich verdankt ihm ihre Reorganisation. W. war einer der Begründer der A. M. I. und der freimaurerischen Liga für den Völkerbund und nahm als einer der ersten Großmeister von Freimaurereien der Entente nach dem Weltkrieg die Wiederaufnahme der internationalen freimaurerischen Beziehungen in Angriff. W. war der erste französische Freimaurer, der nach dem Weltkrieg wieder eine deutsche Loge besuchte („Munificentia" in Karlsbad 1924). Gelegentlich einer Logenfeier in Wien (26. Oktober 1925) erregte er großes Aufsehen mit einer Ansprache, in der er sagte: „Ich war vier Jahre während des Weltkrieges mit den Deutschen in Lille beisammen und wurde mehrmals von ihnen ins Gefängnis geworfen. Aber in meinem Herzen ist nichts von Haß zurückgeblieben. Im Jahre 1914, kurz vor Ausbruch des Krieges, habe ich in Brüssel gesagt: ‚Wir Franzosen dürfen nicht immer nur auf das Loch in den Vogesen starren' (laissez nous hypnotiser par le trou dans les Vosges). Und ebenso sage ich heute: Wir Franzosen dürfen uns von den Verträgen von Versailles und St. Germain nicht hypnotisieren lassen. Die Unterschriften auf diesen Verträgen sind unter dem Zwang der Verhältnisse erfolgt, und wir wollen alle hoffen und darauf hinarbeiten, daß diese Verträge zum Wohle der Menschheit die notwendigen Abänderungen erfahren."

Wellington, Arthur, Herzog von, vorher Sir Arthur Wellesley, britischer Feldmarschall, mit Blücher Sieger von Waterloo, später Ministerpräsident, * 1769, † 1852, wurde 1790 zu Trim, Grafschaft Meath, Irland, in der Loge Nr. 494 aufgenommen, der auch sein Vater und Bruder angehört hatten. Seine damalige Unterschrift A. Wellesley auf dem Hausgesetz dieser Loge ist erhalten (reproduziert in A. Q. C. XV., 108). Im Jahre 1852 schrieb ein Br. James J. Harvey Shand an den Herzog und bat ihn um Auskunft, ob er Freimaurer sei. In dem Antwortschreiben vom 14. Juni 1852 verneint der Herzog diese Frage. Schon vorher, 1851, ließ er einem Br. Walsh durch seinen Sekretär schreiben: „Der Herzog hat keine Erinnerung daran, daß er zum Freimaurer gemacht worden wäre. Er hat keinerlei Kenntnis von dieser Vereinigung." Um so auffallender ist es, daß W. auf die Bitte der Loge in Trim, seinen Namen annehmen zu dürfen, im Jahre 1838 folgendes schreiben ließ: „Der Herzog erinnert sich sehr wohl, daß er in einer Loge zu Trim in die niederen Grade aufgenommen wurde. Er hat seither keine Loge mehr besucht und versteht auch nichts von der Kunst. Seine Zustimmung zur Namensgebung wäre daher eine lächerliche Aneignung des Rufes, der Freimaurerei anzugehören." Es steht also fest, daß W. wohl Freimaurer gewesen ist, aber in späteren Jahren die Zugehörigkeit abgeleugnet hat (Builder, Oktober 1927, Clegg: „Could a Freemason forget his Initiation?").

Wellington, Hauptstadt des britischen Dominion Neuseeland (s. d.), ist mit den Städten Auckland, Christchurch und Dunedin abwechselnd Sitz der Großloge von Neuseeland, der in W. selbst und seinen Vorstädten 29 Logen unterstehen. Der englischen Distrikts-Großloge „Wellington" gehören in W. zwei Bauhütten an. Schottland und Irland sind wohl auf Neuseeland tätig, aber in W. selbst durch keine Loge vertreten. Die erste Loge in W., die „New Zealand Pacific" (heute Nr. 2 unter der Großloge von Neuseeland), erhielt 1842 ein „Provinzial"-Patent von der Großloge von England, das drei Jahre später durch ein Großlogenpatent ersetzt wurde.

Weltanschauung, die durch die Sehnsucht nach Harmonie, Einheit hervorgebrachte Synthese der Erkenntnisse, Gedanken, Vorstellungen eines Menschen über das Ganze der Welt und seine Stellung zu ihr (Sinn des Lebens, die sogenannten „letzten Fragen"). W. ist immer bedingt, subjektiv. Eine objektive W. ist unmöglich. Die Wissenschaft kann niemals zu einer einheitlichen W. führen, da das Ziel einer sochen gerade die Überbrückung der Lücken der Erfahrung ist. Der Streit der verschiedenen W. in der Philosophie wird nie entschieden werden. Leichter als die Philosophie kann die Religion eine W. zu bieten unternehmen, da sie gefühlsbetont ist und sich daher über Widersprüche in der Erfahrung leicht hinwegsetzt.

Die Freimaurerei ist keine W. im Sinne eines Systems (ein solches ist ohne Dogma unmöglich), sondern eine Einstellung, eine Methode des Denkens, Fühlens und Wollens. W. im Sinne der Freimaurerei ist etwas ewig Werdendes und daher niemals endgültig Kodifizierbares. Eine wirklich harmonische W. kann nur induktiv durch Zusammenfassung aller Gefühls- und Denkerfahrungen in eine Synthese entstehen, nicht aber durch die gewaltsame Anwendung einer vorgefaßten Einstellung auf die gegebene Mannigfaltigkeit der Welt. Muß doch ein solches Vorgehen wertvolle Teile des Seins vernachlässigen, ja verfälschen. Das Ziel der Freimaurerei ist aber eine allumfassende Synthese. Sie stellt es ihren Gliedern frei, sich selbst ihre W. zu wählen, insofern diese der Forderung der sittlichen Freiheit und dem Humanitätsideal nicht widerspricht.

Bei der W. des Freimaurers kommt es nicht darauf an, daß sie der Übereinstimmung aller entspricht, sondern daß sie ihren Träger innerlich befriedigt und ihm die Antriebe zu jenen sittlichen Grundsätzen gibt, die ihn zum Arbeiter am gemeinsamen Bauwerk der Humanität befähigen. Daher wäre in den entscheidenden Fragen, die an den Suchenden gestellt werden, nicht nur vom Glauben, sondern auch von der W. zu sprechen, zumal für den Freimaurerbund in beiden Fällen nur die sittlichen Ableitungen von Belang sein können.

Weltbürgertum, s. Kosmopolitismus, Internationalismus.

Weltfreudigkeit, Weltzugewandtheit, im Gegensatz zur Weltflüchtigkeit der Kirchen, ist ein hervorstechender Zug der freimaurerischen Weltanschauung.

Weltfriede. Wenn manchmal gesagt wird (Ludwig Keller beispielsweise hat diese These ausgeführt), was der Freimaurerei fehle, sei die Einigung über selbstgewählte große Aufgaben und die gemeinsame planmäßige Aktion zu deren Durchführung, so wird dabei übersehen, daß die Aufgabe da ist. Die Tat des Freimaurers nach außen kann heute nur die Arbeit für den Frieden sein. Eine Arbeit, die, so paradox das nach dem Weltkrieg mit seinem furchtbaren Grauen sein mag, noch niemals so notwendig war wie in unserer Zeit. Viele führen das Wort von der völkerverbindenden Mission irgendeiner Institution im Munde, ohne sich dabei etwas Positives zu denken. Man bedient sich der Phrase, weil sie hübsch klingt und Zwecke adeln soll, für die man nur zu sehr einen Vorwand braucht. Aber in Wirklichkeit ist das Bewußtsein von dem, was Frieden heißt, kaum in viele Köpfe gedrungen. Vier Jahre lang (und auch noch nachher) haben Millionen Menschen einander zerfleischt. Man sollte glauben, daß ihnen bei dieser fürchterlichen Selbstvernichtung die Augen weit aufgegangen, ihre Seelen ein für die Idee der Humanität empfänglicher Boden geworden wären. Das Gegenteil ist der Fall! Kampf- und Haßinstinkte werden immer mehr an die trübe Oberfläche geschwemmt. Dachte man, wenn man vor 1914 vom Frieden sprach, an jenen zwischen den Völkern, so ist man heute soweit gelangt, daß große Teile einer und derselben Nation einander als erbitterte Feinde gegenüberstehen, so daß die Einsichtigen die bange Frage aufwerfen müssen, wie man wenigstens zum inneren Frieden gelangen könne.

Dem äußeren und dem inneren Frieden aber muß das Mühen der Freimaurerei gelten. Das ist nicht Politik, das ist Menschenpflicht, die sich naturnotwendig aus dem freimaurerischen Ideal der Bruderschaft der Menschen ergibt, dessen Forderungen: Friedenswille. Friedensgeist lauten*). Daß es Aufgabe der Freimaurerei ist, über die Abgründe des Hasses eine Brücke maurerischer Grundsätze zu bauen, zum Frieden zu führen, hat mitten im Weltkrieg (im „American Freemason" 1915) der geistige Führer der englischen Freimaurerei, Sir Alfred Robbins, feierlich zum Ausdruck gebracht. Die Freimaurerei kann, wenn sie den Willen zur Einigkeit aufbringt, eine sittliche Macht gegenüber dem immer wieder zum Krieg treibenden schrankenlosen Egoismus sein, ein Kraftzentrum, das wahrhafte Humanität, die heute mehr denn je nottut, auszustrahlen vermag. Die Aufgabe, die der Bund in dieser Beziehung heute hat, ist keine andere als jene, die Lessing und Fichte und andere Propheten

*) „Die Friedenidee gehört durchaus zum Wesensbestande der Freimaurerei." (Wanner der Ältere in „Geschichte des Vereins deutscher Freimaurer", Berlin 1911.)

der Freimaurerei ihm einst gestellt haben. Nur daß die Menschen, die so Furchtbares hinter sich haben und es täglich aufs neue erleben, bewußter an ihre Lösung herantreten müßten. In einer Zeit, da die Welt sich so entsetzlichem Pessimismus hingibt, muß der Freimaurer Optimist sein, auch wenn er in der Frage des Friedens täglich neue bittere Enttäuschungen erfährt.

Wann immer Freimaurer zu internationalen Kongressen zusammengetreten sind, stand das Friedensproblem im Mittelpunkt der Erörterungen, und wenn (seit dem Weltkrieg angesichts der schroff ablehnenden Haltung der deutschen Großlogen bisher leider ganz vergeblich!) bei diesen Gelegenheiten stets mit allem Nachdruck betont wurde, besonderes Gewicht müsse auf die Freundschaft zwischen deutscher und französischer Freimaurerei gelegt werden, so entspricht das der selbstverständlichen Auffassung, daß die Annäherung von Deutschen und Franzosen, das von der französischen Freimaurerei (s. Frankreich) neuerdings bei jeder Gelegenheit mit allem Nachdruck geforderte „Rapprochement franco-allemand" (s. d.), Vorbedingung für die Befriedung Europas ist. Geraume Zeit vor dem Eintritt Deutschlands in den Völkerbund genehmigte der Konvent der Grande Loge de France ein Programm, das Bekämpfung der französischen Haßpsychose, Aufhebung der Ruhrbesetzung, Verringerung der Besatzung des Rheinlandes, Bekämpfung antideutscher Militärbündnisse und des Chauvinismus, Erziehung der Jugend zum Gedanken der menschlichen Solidarität, Aufklärung des französischen Volkes über die Bedeutung des Geistes von Weimar für die europäische Kultur, Deutsch als Pflichtfach in den Schulen usw. forderte. Daß es keinem der freimaurerischen Pazifisten einfällt, einer Ideologie anzuhängen, die rückhaltloses Bekenntnis zum Vaterland verwerfen oder nur bagatellisieren würde, ist Selbstverständlichkeit.

Die Freimaurerei darf mit Stolz darauf hinweisen, daß aus ihren Reihen eine ganze Anzahl Nobelfriedenspreisträger hervorgegangen sind: Dunant, Ducommun, Bourgeois, Fried, La Fontaine, Roosevelt, Stresemann, Kellogg (s. diese alle) gehörten, bezw. gehören dem Bunde an. Das ist kein Zufall. Der Bund hat auch in allen Ländern der Friedensbewegung Führer gegeben. Anderseits macht sich mancherorts immer stärker das Bestreben geltend, auch in den eigenen Reihen den Aktivismus im Dienste der Friedensidee zu verstärken. Auf den Konventen der A. M. I., auf den Kongressen der Allgemeinen Freimaurerliga kommt die Verpflichtung auf die Friedensarbeit im Ritual, in Resolutionen, immer erneut zum Ausdruck. Auf dem Pariser Kongreß der Obersten Räte des A. u. A. Schottischen Ritus 1929 wurde auf Antrag des Großkommandeurs der Nördlichen Jurisdiktion von Nordamerika, Abbott, einstimmig eine Tagesordnung angenommen, in der erklärt wurde: „Die Welt muß zu wahrer Freundschaft und wahrem Vertrauen, zu einer allumfassenden selbstlosen Hilfe gelangen... Wie jede maurerische Organisation eine Pflegestätte der Vaterlandsliebe und Bürgertreue ist, so haben wir auch Boten des Friedens, Pioniere einer aufwärts schreitenden Zivilisation zu sein... Die Delegierten geloben feierlich, jeden legitimen und gesetzmäßigen Einfluß und alle ihre Anstregungen dahin geltend zu machen, den allgemeinen Frieden zu fördern, den guten Willen zu stärken und in den Herzen der Menschheit der ganzen Erde die glorreiche Herrschaft der brüderlichen Liebe zu errichten..." Eine Resolution, die den Krieg scharf verdammte, wurde auch anläßlich der Belgrader Manifestation (s. d.) 1926 gefaßt. Im gleichen Sinne sind in den letzten Jahren immer häufigere Kundgebungen sehr zahlreicher Logen in einer ganzen Anzahl von Ländern (insbesondere Frankreich) gehalten. Der Komplex der Friedensfrage bildet in vielen Großlogen ein ständiges Studienthema. Das Aktionsprogramm der Großloge von Wien lautet seit deren Gründung: Kampf für den inneren und äußeren Frieden! An Bemühungen, es in die Tat umzusetzen, fehlt es seither nicht.

Am 6. Mai 1931 konstituierten sich 80 Logen von Paris und Umgebung als „Union fraternelle d'Action contre la Guerre" und beschlossen u. a.:

Die U. F. erklärt die Qualität als Freimaurer unvereinbar mit der Teilnahme an irgendeiner politischen Manifestation, die geeignet erscheint, die Annäherung der Völker und die Organisation des Friedens zu hintertreiben.

Der Krieg ist unter allen Umständen unsittlich.

Den Krieg mit allen erdenklichen Mitteln bekämpfen heißt, der Menschheit auf die beste Weise dienen.

Die Freimaurerei hat allen ihren Einfluß und alle ihre Kräfte gegen den Krieg einzusetzen.

Im Schoße der Allgemeinen Freimaurerliga ist eine „Gruppe für praktische Friedensarbeit" (Vorsitzender Senator La Fontaine, Brüssel, Sekretär Dr. Paul Hänsel, Prag) bemüht, dem Tatwillen vieler Freimaurer die Richtung zu weisen.

Wenn heute von der deutschen Freimaurerei pazifistische Betätigung als „politisch" abgelehnt wird, so mag an folgendes erinnert werden: Beim Großlogentag in Frankfurt a. M., wenige Wochen vor Ausbruch des Weltkrieges, stellten 1914 die drei altpreußischen Großlogen folgenden Antrag: „... Die Wirksamkeit der freimaurerischen Körperschaften muß sich darauf beschränken, ihre Mitglieder im Geiste des Bundes zu erziehen und diesen Geist des Friedens durch ihre Mitglieder in möglichst weiten Kreisen zu verbreiten. Jede andere Art der Wirksamkeit würde zu politischen Bestrebungen führen, von denen sich der Bund fernzuhalten hat. Eine direkte Förderung der modernen Friedensbewegung, des sogenannten Pazifismus, liegt daher nicht im Rahmen freimaurerischer Arbeit, und der Großlogentag ersucht hierdurch die deutschen Großlogen usw., sich eines Eintretens für den Pazifismus zu enthalten. Denjenigen Brüdern, welche Anhänger dieser Bewegung sind, soll die Tätigkeit zu deren Gunsten nicht untersagt werden, doch mögen sie es vermeiden, ihre Zugehörigkeit zum Freimaurerbunde öffentlich hervortreten zu lassen." Die Erledigung des Antrages wurde einer Kommission überwiesen. Bemerkenswert ist hierzu die Erklärung der Großen Mutterloge des Eklektischen Bundes in Frankfurt a. M., die lautete: „Es gehört zu den Aufgaben der Freimaurerei, auf allen Gebieten des menschlichen Lebens ausgleichend und versöhnend zu wirken, also auch dahin zu wirken, daß jedes zivilisierte Volk die Eigenart der anderen Völker verstehen und zu beachten sich bemüht und die unvermeidlichen Gegensätze zwischen ihnen soweit als möglich einen friedlichen Ausgleich finden. Zur Erfüllung dieser Aufgabe sind sowohl die Logen wie die einzelnen Brüder berufen. Die Große Mutterloge des Eklektischen Bundes lehnt es ab, ihnen eine Beschränkung aufzuerlegen, um so mehr als sie überzeugt ist, daß diese stets von vaterländischer Gesinnung durchdrungen sind und die Friedensbewegung keine politischen Ziele verfolgt." Eine ähnliche Erklärung hat damals auch die Darmstädter Großloge abgegeben.

Weltgeschäftsstelle, Freimaurerische (1902 bis 1921), wurde anläßlich des Genfer Freimaurerkongresses 1902 ins Leben gerufen und am 1. Jänner 1903 eröffnet. Leiter war der Staatsrat Ed. Quartier-La-Tente (s. d.) in Neuenburg, Schweiz. Der Aufgabenkreis umfaßte u. a.: Bibliographie, Katalogisierung von Studien über freimaurerische Geschichte, Sammlung von Berichten über Organisation, Arbeit, Systeme, Presse der Weltfreimaurerei, Herausgabe diesbezüglicher Listen und Mitteilungen. Darüber hinaus sollte die W. Vermittlerin zwischen den einzelnen maurerischen Mächten sein und die übernationalen freimaurerischen Beziehungen und die pazifistische Arbeit im allgemeinen fördern. Quartier-La-Tente war sehr bemüht, diesen Aufgaben gerecht zu werden, konnte aber immer nur mit der Mitarbeit eines, wenn auch ansehnlichen Teiles der freimaurerischen Obedienzen rechnen. Das mehrsprachige „Bulletin" und der „Annuaire" der W. verbreiteten viel Wissenswertes über die Maurerei einer großen Zahl von Ländern. Während des Weltkrieges war die W. vor allem für kriegsgefangene Freimaurer oder Angehörige von Mitgliedern des Bundes und auf dem Gebiet der Vermißtensuche tätig. 1917 wurde anläßlich der Zweihundertjahrfeier der Gründung der ersten Großloge eine bemerkenswerte Jubiläumsschrift herausgegeben. 1920 wollte Quartier-La-Tente infolge der durch die Zeitereignisse besonders groß gewordenen Schwierigkeiten auf dem Gebiete der übernationalen maurerischen Zusammenarbeit die W. schließen; 28 Großbehörden und zahlreiche Logen sprachen sich aber mit Entschiedenheit für deren Erhaltung aus. Als dann 1921 in Genf die A. M. I. (s. d.) gegründet und Quartier-La-Tente als deren erster Großkanzler gewählt wurde, ging die W. in dieser seither sehr rührig tätigen internationalen maurerischen Vereinigung auf.

Weltherrschaftspläne. Daß die Freimaurer nach Beherrschung der Welt, nach Errichtung einer Weltrepublik streben, daß eine Zentralleitung aller Logen durch „Unbekannte Obere" existiere, ist eine der ältesten Beschuldigungen, die gegen die Freimaurerei erhoben wurden. Schon im 18. Jahrhundert tauchte sie auf: Cadet-Gassicourt, Barruel (s. d.), Robison usw. erhoben diese Anklage, die auch während des ganzen 19. Jahrhunderts nicht verstummen wollte. Besondere Heftigkeit nahm diese Art der antifreimaurerischen Agitation nach dem Weltkrieg an, eingeleitet durch Dr. Friedrich Wichtl (s. d.) in Wien („Weltfreimaurerei, Weltrevolution und Weltherrschaft"), fortgesetzt u. a. durch Ludendorff (s. d.), den Nationalsozialisten Dr. Rosenberg, den Russen Gregor Schwartz-Bostunitsch (s. d.), die Franzosen de Poncins und Mgre. Jouin (letzterer in der „Revue Internationale des Sociétés Secrètes") und die Engländerin Webster. Fast alle diese Autoren verfahren nach derselben Methode. Sie erbringen den „Nachweis" ihrer — vollkommen falschen — Behauptungen, indem sie alle ihnen mißliebigen Politiker zu Freimaurern stempeln, engste Beziehungen zwischen Freimaurerei und Judentum (bei Ludendorff auch Jesuiten!), neuerdings auch Bolschewismus, behaupten und so die — nicht bestehenden — „Zusammenhänge" dartun. Über die „geheime Oberleitung" gehen die Meinungen der Gegner freilich sehr auseinander. Vielfach wird sie dem Grand Orient de France angedichtet oder Trägern des XXXIII. Grades des A. u. A. Schottischen Ritus. Noch andere (z. B. Schwartz-Bostunitsch) sprechen von „unsichtbaren Graden", die über den 33 Stufen aufgebaut sind, und der „Alliance Israélite Universelle" unterstehen einem „Rat der Sieben", geleitet vom „Patriarchen", dem „Ungekrönten König der Welt". Auch von den Großlogen von England und New York wird behauptet, daß sie entscheidende Befehle ausgeben. Diesen Märchen steht gegenüber, daß es weder eine Oberleitung der Freimaurerei (oder auch nur eines Großteils derselben) noch überhaupt eine starke Großlogeninternationale gibt (s. Internationalismus und A. M. I.). Auch die Lausanner Konföderation der Obersten Räte ist ein sehr lose gefügter Verband, dem keinerlei bindende Beschlüsse zukommen. Von irgendwelcher Einflußnahme auf den Völkerbund (s. d.) kann ebenfalls keine Rede sein (s. auch Weltloge).

Weltkrieg. Der Zusammenbruch des Deutschen Reiches und seiner Verbündeten, 1918, hat in den betroffenen Staaten ein Entlastungsbedürfnis geschaffen, das sich in der Suche nach den Urhebern der Katastrophe Luft zu machen versuchte. Diese nach verlorenen Kriegen regelmäßig auftretende Erscheinung, die Suche nach dem Schuldigen, bekam in Mitteleuropa eine besondere Note, indem man seit Wichtl (s. d.) in gewissen Kreisen die Freimaurer als Urheber des Weltkrieges und die geheimen Diktatoren beim Abschluß der Friedensverträge hinzustellen bemüht war. Das geschah, indem man alle Politiker von einiger Bedeutung zu Freimaurern stempelte und aus ihrem Wirken ein planmäßiges, auf die Vernichtung der mitteleuropäischen Monarchien mit dem Ziele der Aufrichtung einer Weltrepublik gerichtetes Handeln zu beweisen trachtete. Soweit es Ausländer waren, wurde dieser behauptete Vernichtungswille „freimaurerisch" erklärt. Alle Inländer, namentlich auch diejenigen, die in Deutschland die neue Regierungsform der Republik aufzubauen und zu stützen bestrebt waren, wurden „freimaurerische Hochverräter". Obgleich ein alle Großlogen zusammenfassender Weltbund der Freimaurerei mit einheitlicher Gesamtleistung gar nicht besteht, konstruiert beispielsweise Ludendorff eine „Weltloge unter jüdischer Führung", in deren Sinn im Kriege die deutsche Freimaurerei dem Feinde das Feld überlassen habe, um dann seit der Revolution mit der „Weltfreimaurerei auch offen und planmäßig" zusammenzuarbeiten. Ludendorff bedient sich dabei in der Hauptsache der Argumente Wichtls („Weltfreimaurerei, Weltrevolution, Weltrepublik").

Wichtl schob den Freimaurern den Mord von Sarajevo in die Schuhe, machte Wilson, Poincaré, Lenin, Clemenceau, Lloyd George, die dem Bund so fern standen, bezw. stehen, wie Prinz Max von Baden, Kurt Eisner, Scheidemann, Bethmann-Hollweg, zu „erprobten Freimaurern", ließ die Freimaurerei aller Länder ausnahmslos „revolutionär bis in die Knochen" sein und berichtete, bereits 1910 habe „eine in Paris sehr bekannte Dame, Frau Savigny oder, wie sie sich der Öffentlichkeit gegenüber nannte, Madame de Thèbes,... eine hochmoderne Wahrsagerin", die baldige Entthronung der Hohenzollern-Dynastie angekündigt. In diesem Jahr aber „kamen italienische, französische und englische Logenbrüder als Gäste des Grand Orient de France zusammen, darunter ‚Br.' Clemanceau und ‚Br.' Poincaré. Damals bereits wurde ein Krieg mit Deutschland in ernste Erwägung gezogen. Unschädlich sollten Wilhelm II., Franz Ferdinand von Österreich und andere mehr gemacht werden". Die geheimen Pläne wurden aber nicht nur im Salon der Madame de Thèbes geflüstert, die Freimaurer selbst sprachen ganz offen davon. „Der Thronfolger ist ungewöhnlich hervorragend; schade, daß er verurteilt ist; er wird auf dem Wege zum Thron sterben!" äußerte sich ein „hoher Freimaurer der Schweiz". Wichtl, der sich hütete, Gewährsmänner für solche Behauptungen zu nennen, ließ auch die englische Freimaurerei „nach außen hin" revolutionieren und im englischen Budget ein geheimes Konto aufscheinen, aus dem alljährlich fünf Millionen Pfund dem „Agitationsamt für die Verwirklichung politischer Ziele", einem Produkt seiner Phantasie, zufließen. Wichtl und seine Nachbeter wollen glaubhaft machen, daß die „Wissenden" der „weltumspannenden, alles umfassenden Freimaurerei", „mit der Uhr in der Hand", den Zeitpunkt des Unterganges der beiden „teutonischen Kaisermächte" ausrechneten, denen von den Großorienten der ganzen Erde das Todesurteil gesprochen gewesen sei. Sein Gesinnungsgenosse, Karl Heise, ergänzte das, indem er von einem inneren Ring innerhalb der Freimaurerei schrieb, der bei Ausbruch des W. „die deutschen Freimaurerlogen auf dem ganzen weiten Erdenrund von sich abgeschüttelt" habe.

Alle diese Erzählungen sind ebenso als wilde Phantasien zu werten wie die seinerzeitigen Märchen Taxils. (Der Hauptgrund, warum sie geglaubt wurden und werden, wurde bereits dargetan.) Es gab und gibt keine Weltloge (s. d.), keine politische Zusammenarbeit von Freimaurergruppen. Seit 1877 existiert keine wie immer geartete Beziehung zwischen der britischen Freimaurerei und dem Grand Orient de France; dagegen wurden gerade in den Jahren vor Ausbruch des W. die Beziehungen zwischen der englischen und der deutschen Freimaurerei vertieft. Das zaristische Rußland war ausgesprochen freimaurerfeindlich. Weder die Mörder von Sarajevo noch ihre Hintermänner haben jemals einer Loge angehört oder zu einer solchen Beziehungen unterhalten. Der immer wieder als Treiber zum Krieg angeführte Großorient von Frankreich hat nichts, aber auch gar nichts in dieser Richtung unternommen.

Daß sich dagegen 1915 der Großorient von Italien interventionistisch gebärdete, wurde von der Freimaurerei niemals geleugnet, beweist aber ebenfalls nicht das geringste für die Thesen von Wichtl usw. Die italienische Freimaurerei, die das Verdienst für sich in Anspruch nahm, seit Beginn des 19. Jahrhunderts alle ihre Kräfte für die Schaffung des geeinigten Italien eingesetzt und der Erreichung dieses Zieles die großen Führer gestellt zu haben, betrachtete es immer auch als ihre rein nationale (mit keinerlei internationalen Aspirationen im Zusammenhange stehende) Pflicht, auch die zur Donaumonarchie gehörigen, sogenannten „unerlösten Gebiete" der „Mutter Italien" zuzuführen. Für diesen Programmpunkt trat sie aber niemals im geheimen, sondern lange vor dem Krieg schon, laut und in aller Öffentlichkeit, auf Plakatwänden, in Straßenaufzügen und in der Presse ein. Der Schritt, den Italien dann im Mai 1915 tat, wäre aber, das geht aus der gesamten einschlägigen Literatur hervor, zweifellos auch ohne dieses mit der ganz besonderen Eigenart des Grande Oriente d'Italia zusammenhängende Tun erfolgt (s. Italien). Nach dem Krieg wurden die italienischen Freimaurer von faschistischer Seite sogar beschuldigt, bei der Durchsetzung der nationalen Forderung nach allen ehemals österreichischen Gebieten mit italienischen Bevölkerungsgruppen hochverräterische, d. h. nicht extremistische Anschauungen bekundet zu haben. Namentlich der Großmeister Nathan sollte auf dem Pariser Freimaurerkongreß 1917 solchen „Hochverrat" begangen haben.

Manchmal wird eine „Schuld der Freimaurerei am W." auch darin erblickt, daß sie diesen nicht wenigstens verhindert habe. Auch in solcher Auffassung zeigt sich eine unbegreifliche Verkennung der „Macht" der Freimaurerei. Wie es der Freimaurerei niemals möglich gewesen wäre, den Weltbrand zu schüren, so besaß sie auch keine Organisation, noch Mittel, das grauenhafte Unglück abzuwenden. Als dieses hereingebrochen war, taten die Freimaurer ausnahmslos ihre vaterländische Pflicht.

Die Beziehungen zwischen den Großlogen ruhten vollständig; zwischen der deutschen und dem überwiegenden Teil der ehemaligen Ententemaurerei sind sie heute noch nicht wiederaufgenommen. Daß zahlreiche Freimaurer inmitten des Chaos den Kopf nicht so weit verloren, den Krieg für ein „erfrischendes Stahlbad" zu halten, sondern darauf bedacht waren, immer auch die Gebote der Menschlichkeit zu achten, liegt angesichts des freimaurerischen Gedankens auf der Hand. Der menschlichen und patriotischen Stimme glaubte der belgische Großmeister Magnette (s. d.) gehorchen zu müssen, wenn er in einem leidenschaftlichen Brief an die deutschen Großlogen gegen die Deportierung von dreihunderttausend Belgiern protestierte. Die Mehrzahl dieser der deutschen Post übergebenen Briefe erreichten ihr Ziel nicht, da sie der Briefzensur verfielen. Keine deutsche Großloge tat einen Schritt in der gewünschten Richtung; die Aktion trug ihrem Autor aber in kriegsgerichtlichem Verfahren seitens der deutschen Militärjustiz eine Haftstrafe ein.

Bezüglich des Abbruchs der Beziehungen, die bis zum Ausbruch des Krieges die einzelnen Großlogen in Freundschaft verbunden hatten, nahm die Großloge von England 1914 einen bemerkenswerten Standpunkt ein. Deren Leiter bekundeten den Willen, auch diesmal nicht von ihrem stets beobachteten Standpunkt abzuweichen, die auswärtigen Beziehungen im Prinzip nicht von der Politik abhängig zu machen. Sie sollten nur auf Kriegsdauer unterbrochen. nicht abgebrochen sein. Die englische Großloge wollte die Freimaurerei als Körperschaft in keine direkten Beziehungen mit dem Geist des Hasses bringen und lehnte es daher auch lange ab, lebhaften Wünschen von mancher Seite zu folgen und Maßnahmen gegen in England weilende Brr. deutscher, österreichisch-ungarischer und türkischer Herkunft zu treffen. Ein Londoner Freimaurer, der solches Verlangen besonders hitzig betrieb, wurde suspendiert, eine Loge, die einen ehemaligen Stuhlmeister lediglich wegen seiner deutschen Abstammung ausschloß, erlitt das gleiche Schicksal. Erst im Laufe des Jahres 1915 wurde im Interesse des Friedens und der Harmonie eine Resolution angenommen, laut welcher Brr. deutscher. österreichisch-ungarischer und türkischer Geburt während des Krieges verhalten sein sollten, den freimaurerischen Arbeiten fernezubleiben. Zwölf Monate später wurde dann doch der förmliche Abbruch der Beziehungen zu den deutschen Großlogen ausgesprochen nachdem diese den gleichen Schritt schon einundeinhalb Jahre vorher getan hatten.

Als 1917 Vertreter der Freimaurereien mehrerer Ententemächte und einzelner neutraler Staaten in Paris zu einem Kongreß zusammentraten (28. bis 30. Juni). erhob sich dort eine laute Stimme über die Schlammflut blinden Hasses. Der französische Deputierte André Lebey, Mitglied des Ordensrates des Großorients von Frankreich, erklärte in diesem Augenblick. da gerade das Eingreifen der amerikanischen Truppen dem Krieg für die Alliierten ein ganz anderes Gesicht gegeben hatte, auf die Dauer könne nur ein Bündnis Deutschland-Frankreich-England im Verein mit durchgreifender Abrüstung eine Gewähr für den Weltfrieden sein, der ja die Konsequenz des freimaurerischen Wollens darstelle. Es müsse ein Völkerbund geschaffen werden, der den Krieg ächten werde. „Der Krieg ist durch die Exzesse jener, die ihn auf die Höhe einer normalen Einrichtung gebracht haben, derart entehrt worden, daß man hoffen darf, er habe eine tödliche Wunde erhalten (1917!). Lebey legte auch einen in allen Details ausgearbeiteten Grundriß eines auf die Völkerrechte zu gründenden Völkerbundpaktes vor (s. Völkerbund).

Auf der anderen Seite bot ein Kongreß der Freimaurer des Vierbundes in Berlin (Juli 1918), an dem sich die Großmeister Deutschlands, der Türkei und Bulgariens und ein Zugeordneter Großmeister der Großloge von Ungarn und andere Delegierte beteiligten, Anlaß, in einem Telegramm an den Deutschen Kaiser die maurerischen Grundsätze zum Ausdruck zu bringen. Folgendes wurde da gesagt:

„Die freimaurerischen Körperschaften der vier verbündeten Völker erblicken in der Veredlung und sittlichen Vervollkommnung der Menschen die wesentliche Aufgabe der Freimaurerei. Mit Genugtuung sind sie sich dessen bewußt, vor und im Kriege von aller politischen, zum Kriege führenden, den Krieg schürenden und die Völker verhetzenden Propaganda sich ferngehalten zu haben. Sie sind entschlossen, ihren Überlieferungen auch fernerhin treuzubleiben, in dem hohen Bewußtsein, daß auf dem Boden wahrer Vaterlandsliebe in der Befolgung des höchsten Sittengesetzes und der Pflege ihrer Humanität allein die Grundlage geschaffen werden kann für die Aufrichtung eines geistigen Tempelbaues der Menschheit. Die Mitarbeit der Brr. anderer Völker ist ihnen hierbei, wenn sie sich zu den gleichen Grundsätzen bekennen, willkommen."

Weltkugeln, drei, Große National-Mutterloge zu den, s. Berlin, Deutschland, Preußen.

Weltloge. In deutschen Logen, besonders der Hamburger Lehrart, wird zum Schlusse der Arbeit vom Meister vom Stuhl das folgende Gebet in der Kette gesprochen:

„Weisheit strahlt aus jedem Werke
Deiner Allmacht, Gott der Kraft,
Und es zeugt von deiner Stärke,
Was dein Blick erschuf und schafft.
Alles ist der Schönheit Spiegel,
Rings in Strömen, Wald und Flur,
Und es schmückt der Freiheit Siegel
Hehr die menschliche Natur.

Geist der Lieb', erfüll' die Erde,
Daß das menschliche Geschlecht
Eine Bruderkette werde,
Stark durch Wahrheit, Licht und Recht.
Herr der Welten, Herr der Zeiten,
Gib auf deinem Erdenrund
Echte Weisheit zu verbreiten,
Stärk' und Schönheit unsrem Bund.

Laß die Kette, die wir schlingen,
Lieb' und Eintracht schlingen sie,
Nie sich lösen, nie zerspringen,
Trenne diese Kette nie!

Ähnlich wird im englischen Ritual der gleiche Gedanke zum Ausdruck gebracht. Die Frage lautet: „Wann wurden Sie aufgenommen?" Antwort: „Als die Sonne in ihrem Meridian stand." Frage: „Wie erklären Sie dies, das paradox klingt, denn in diesem Lande werden Logen in den Abendstunden abgehalten?" Antwort: „Da sich die Erde auf ihrem Kreislauf um die Sonne ständig um ihre Achse und um die Sonne dreht, und die Freimaurerei über die ganze Erdoberfläche verbreitet ist, so folgt daraus, daß die Sonne in bezug auf die Freimaurerei ständig in ihrem Meridian stehen muß."

Die Vorstellungen, die zu diesen metaphorischen Deutungen führen, sind selbstverständlich andere, wie jene, die ihnen außerhalb der Freimaurerei von gegnerischer Seite unterlegt werden. Eine Weltloge würde voraussetzen: eine einheitliche Logenleitung mit durchwegs gleichen Einrichtungen, Absichten, Zielen und Methoden. Die Freimaurerei müßte nach diesen Vorstellungen ebenso durchorganisiert sein, wie etwa die katholische Kirche mit ihrer einheitlichen Leitung und ihren durchwegs einheitlichen Absichten und Zielen. Ein bloßes Durchblättern dieses Lexikons muß den Leser darauf führen, daß in der heutigen Freimaurerei noch nicht einmal Ansätze für eine derartige durchgreifende Weltorganisation vorhanden sind. Der Freimaurer als Vertreter der Menschheitsidee bringt überall in seinen Logen den Wunsch zum Ausdruck, daß das menschliche Geschlecht eine Bruderkette werde. Er sucht durch Erziehung des Individuums auf symbolischem Wege diese den Erdball umspannende Kette vorzubereiten. Der Sinn seiner Arbeit ist gerichtet auf die Befriedung der Menschheit und die Errichtung jener allverbindenden ethischen Gemeinschaft, die er im Tempelbau symbolisiert.

Die Darstellungen der Gegner beginnen mit einer willkürlichen Umschreibung eines Zwekkes, der als umstürzlerisch, d. h. auf Beseitigung der heutigen Gesellschaftsordnung gerichtet hingestellt wird. Sei es, daß auf die Beseitigung des kirchlichen, d. i. des katholischen Kirchenglaubens, sei es, daß auf eine Weltrevolution zu sehr unklaren politischen Zwekken hingearbeitet werden soll. Dort, wo das Schlagwort: „der Jude" Zugkraft hat, wird die Weltloge als ein Organ Alljudas hingestellt (Weise von Zion, s. d.). Es gibt unter den Gegnern der Freimaurerei nur sehr wenig Persönlichkeiten von der Aufrichtigkeit eines Raich (s. d.), die auf Grund wirklicher Kenntnisse zum mutigen Bekenntnis gelangen, daß eine Weltloge ein Ding der Unmöglichkeit ist. Es gibt wohl keine größeren geistigen Unterschiede als die zwischen romanischen, angelsächsischen und deutschen Logen. Die Stärke, die von den Gegnern in der Weltorganisation der Freimaurer gesucht, vermutet und ohne Beschwerde behauptet wird, ist für den kundigen Freimaurer ja gerade die große Schwäche der Freimaurerei. Gerade dort, wo sich die Freimaurerei ein praktisches Außenprogramm setzt, treten derart tiefeinschneidende Unterschiede der Auffassung zutage, daß eine Weltloge schon ob diesen aktivistischen Programmen nicht bestehen könnte. Wenn der Fénelon nachempfundene Gedanke, den Robert Fischer in seinem Katechismus ausspricht: „Alle Brr. der Erde bilden eine Loge" richtig verstanden und nicht böswillig verzerrt wird, so folgt praktisch daraus: alle Freimaurer der Erde sollen, wo immer sie auf der Erde hinkommen, eine ihnen vertraute, durch ihre Symbolarbeit überall gleichartige geistige Heimstätte finden, sie dürfen überall brüderliche Aufnahme und auch im profanen Leben eine gesteigerte Form des Entgegenkommens ansprechen, sie können auf Förderung und Hilfe in Not rechnen und überall eine gleichgerichtete sittliche Zielstrebigkeit erwarten. Mehr kann die Freimaurerei, die in jedem Lande einen anderen Charakter hat, nicht leisten (s. Internationalismus, Weltmaurerei).

Weltmaurerei. Von W. spricht der Freimaurer zur Bezeichnung der auf der bewohnten Erde verbreiteten, durch das Gebrauchtum und die gemeinsame Zielsetzung ideell verbundenen Bundesteile. Von W. spricht auch der Gegner, um dadurch eine einheitlich aufgebaute und einheitlich geleitete Organisation mit geheimnisvollem, revolutionärem, auf Sturz der bestehenden Gesellschaftsordnung gerichtetem Machtstreben zu umschreiben.

Beide Auffassungen bedürfen der Korrektur. Die W. im Munde des Freimaurers ist eine durch das Gebrauchtum geschaffene Fiktion im Sinne einer Arbeitshypothese, ein Wunschtraum, der in Arbeit befriedigt werden soll („Geist der Lieb', erfüll die Erde, daß das menschliche Geschlecht eine Bruderkette werde"). An anderen Stellen diese Lexikons wird ausgeführt, daß der Bund der Freimaurer einheitlich ist in seinem Humanitätsgedanken (s. d.), den auch die christlichen Systeme, wenn auch in eigenartigem Gebrauchtum stark verkapselt, in sich einschließen; einheitlich weiters in den Grundzügen seines Rituals als „symbolischer Mysterien-Männerbund" (Horneffer), der den Rahmen seines Gebrauchtums den Bauhütten entlehnt hat. Einheitlich ist in diesen Ritualen die Idee des Tempelbaues, also der Baugedanke, dessen Bausteine die Menschen sind, und dessen endgültige Nutznießer die Menschheit sein soll. Ebenso einheitlich ist die Vorstellung einer über die ganze Welt verbreiteten, miteinander in geistiger Gemeinschaft lebenden Bruderschaft, bestehend aus gleichwertigen Mitgliedern, und beseelt von den gleich gerichtet wirkenden Impulsen des gemeinsamen Bauzweckes.

Die tatsächliche Organisation des Bundes als W. bleibt hinter diesem Ziele heutigentags und auch in der weiteren Zukunft noch weit entfernt. Historische Entwicklung, Milieueinflüsse, Eigenheiten ausgeprägter Führerpersönlichkeiten haben aus dem einheitlichen englischen Stamm zahlreiche Zweige hervorgetrieben, deren äußere Erscheinungsform mitunter so stark auseinandergeht, daß erst die rückläufige Verfolgung zum Stamme wieder zur gemeinsamen Wurzel führt. Das Verbindende aller Freimaurerzweige bleibt also der Gedanke und die ideelle Zielsetzung. Eine einheitliche Leitung, ja selbst eine Übereinstimmung im Gebrauchtum besteht dagegen nicht und ist auch vorläufig nicht denkbar. Die drei großen Gruppen der Freimaurerei, die angelsächsische, deutsche und romanische, so verschieden in ihren äußeren Formen, sind einheitlich im verbindenden Baugedanken. Ihre Lebensäußerungen haben sie aber so weit auseinandergeführt, daß z. B. Angelsachsen und Grand Orient de France miteinander keinen Verkehr pflegen, und daß auch zwischen der heutigen deutschen Freimaurerei in ihren Hauptvertretern und der übrigen in der Auffassung der verbindenden Ideen kaum noch eine Übereinstimmung zu erzielen ist. Das kann den überlegten Freimaurer nicht enttäuschen. Denn die Freimaurerei ist dogmenlos, entbehrt also der autoritativen Zurückführung divergierender Anschauungen auf den Generalnenner des Dogmas, was nicht zuletzt ihr großer geistiger Vorteil ist. Es fehlt der Freimaurerei aber auch das zündende Schlagwort der Massenbewegung, eben weil sie überlegt ist und bleiben muß. Dogmenlos, wie sie ist, muß sie sich auf die freiwillige geistige Disziplin ihrer Mtglieder, auf die im Symbole verankerte Einordnung ihrer behauenen Steine verlassen.

Das wird von den Gegnern nicht verstanden. Nicht von der Kirche, die an eine Art Gegenkirche mit gleicher Organisation denkt, nicht von politischen Parteien, die die Freimaurerei als eine durch die Charaktere des Geheimbundes besonders festgefügte revolutionäre „überstaatliche Macht" (Ludendorff) hinstellen wollen. Daher erscheinen die Freimaurer besonders gern in den Entlastungsvorstellungen der Unterlegenen und im Spiegelbild aller jener Gruppierungen, die den Humanitätsgedanken bekämpfen zu müssen glauben. Die Freimaurerei wird so in den letzten Zweijahrhunderten der Große Unbekannte der Weltgeschichte, besonders dort, wo das Wissen um die historische Verknüpfung fehlt und aus oftmals durchsichtigen Gründen der gedankliche Kurzschluß von der Mühe ernsthafter Prüfung enthebt.

Weltordnung, Sittliche, s. Sittliche Weltordnung.

Weltorganisation, s. Internationale Organisation, A. M. I., Weltloge, Weltmaurerei.

Weltverschwörung, Weltrevolution, s. Internationalismus, Internationale Organisation, Weltherrschaftspläne, Weltkrieg, Weltloge, Weltmaurerei.

Wendel, Hermann, deutscher Schriftsteller, Nichtfreimaurer, dem hervorragende Kenntnis der Verhältnisse auf dem Balkan eignet, trat in der Monatsschrift „Der Krieg" der Sarajevo-Legende entgegen, die er unter die „unzweideutigsten Symptome der Psychopathia Ludendorffensis" rechnet. (* 1884.)

Wendeltreppe, Mystische (engl. Winding Stairs), spielt im englischen System im II. Grad eine starke symbolische Rolle. Sie stand im Salomonischen Tempel, der so wichtig für die symbolischen Handlungen der Johannismaurerei ist, bestand aus drei, fünf und sieben Stufen und führte nach 1. Buch Könige, VI. 8, zum Eingang der mittleren Kammer, d. h. zum Allerheiligsten, wo die Gesetze und der Name Gottes aufbewahrt wurden. Die sieben Stufen symbolisieren Geburt, Kindheit, Jugend, Mannesalter, Alter der Erfahrung, Greisenalter und Tod mancherorts stehen sie auch für die sieben freien Künste).

Werdandi und Freimaurerei. Titel einer 1926 im Verlage von Unger erschienenen Schrift von A. Abendroth. W. ist der Name der Norne, die das Gegenwärtige und Werdende symbolisiert. Das W.-Bekenntnis ist ein evolutionäres, das in dem Emporringen zum krönenden Gottmenschen gipfelt. Mittel dieser Evolution ist die Königliche Kunst edelster Menschlichkeit.

Werkkult (s. hierzu Arbeit Kultische, und Arbeit als Mysterium.) „Die Freimaurerei will die bewußte Schaffenstätigkeit des Menschen anregen und organisieren; daher wählt sie als Symbole vorwiegend die Hilfsmittel und Erzeugnisse menschlichen Kunstfleißes. In einem prägnanteren Sinn als bei allen anderen Mysterienbünden kann man daher von der Freimaurerei sagen, daß sie ein Arbeitsbund, und ihr Kult ein Werkkult ist. Dem Freimaurer ist die Werktätigkeit alles; der Mensch ist ihm ein Maurer, d. h. ein planmäßig und unermüdlich Arbeitender." Während die Symbolik der Mysterienbünde das irdische Dasein nicht zur Genüge berücksichtigt, stellt die Freimaurerei das Tun in den Vordergrund. „Der Freimaurerei ist es viel schwerer gemacht als den anderen Bünden, ihre Arbeit zu einer heiligen, zu einer Königlichen Kunst zu erheben." Die Freimaurerei erklärt jede Arbeit als heilig. „Die Freimaurerei hat das Mysterienwesen von dem ausschweifenden Gebetskult befreit und die schwärmenden Mysten in den Werkstätten des derben, gesunden Lebens heimisch gemacht." „Das Evangelium der Arbeit, das die Freimaurerei predigt, ist uralt ... Kernpunkt der freimaurerischen Werksymbolik ist die Abschaffung des Lohngedankens ... Der Freimaurer will nicht Lohn, sondern will Tat." Darin besteht das Wesentliche ihres W., wodurch sie nicht allein an uralte Menschheitserlebnisse anknüpft, sondern eine ihrer Hauptideen den Bedürfnissen der Zeit anpaßt. (Vergl. August Horneffer, „Symbolik der Mysterienbünde".)

Werklehre. Darunter versteht man in manchen Logen und Großlogen eine Zusammenfassung des Gebrauchtums, das für den Freimaurer eines bestimmten Grades über Lehrinhalt, Symbolik, Ritual, System und Katechismus zu wissen unerläßlich ist. Einige Logen verstehen unter „Werklehre" bloß die Fragenzusammenstellung, die für gewöhnlich als „Katechismen" bezeichnet werden. Uhlmann (Basel) hat eine „Große Werklehre der Freimaurerei" herausgegeben, worin er die Geschichte und das Wesen der einzelnen maurerischen Lehrarten der Welt, die Beschreibung der typischen Rituale dieser Systeme, eine vergleichende Zusammenstellung aller Fragebücher usw. gibt. (1931.)

Werkmaurerei, s. Bauhüttenbruderschaften, Steinmetzbrauch.

Werkplaatsen (holl.), für Loge, Atelier. Die Versammlungen der „Abteilungen des Meistergrades" (s. d.) werden Bouwhut genannt.

Werkstätte (frz. Atelier), Bezeichnung für Loge, Bauhütte.

Werktätigkeit, s. Aktivismus, Charitas, Wohlfahrspflege.

Werkzeuge (frz. instruments, engl. working tools). Lehrling, Geselle und Meister haben für die Arbeit am Bau besondere W. Die Lehrlinge arbeiten mit dem 24-zölligen Maßstab und dem Spitzhammer am Rauhen Stein, die Gesellen überdies mit Fausthammer, Meißel, Lineal, Stemmeisen und Kelle am Kubischen Stein, der Meister benötigt zur Arbeit am Reißbrett Maßstab, Winkelmaß und Zirkel (s. alle diese).

Werlauff, Erich Christian, bedeutender dänischer Sprachforscher und Historiker, * 1781, † 1871, Oberbibliothekar und Universitätsprofessor in Kopenhagen, widmete sich dem Studium der skandinavischen Sprachen, insbesondere der isländischen, schrieb: „Versuch einer Geschichte der dänischen Sprache in Schleswig-Holstein" usw., wurde 1807 in der Loge „Friedrich zur gekrönten Hoffnung" in Kopenhagen aufgenommen, schrieb einen wichtigen Artikel über „Rittertum und Freimaurerei" für Knud Lyne Rahbeks „Neujahrsgabe".

Wernekke, Hugo, Dr., Geheimer Hofrat, Direktor des Realgymnasiums in Weimar, * 1846, † 1929, Verfasser des Werkes „Goethe und die Königliche Kunst", war Alt- und Ehrenmeister der Loge „Amalia".

Werner, Friedrich Ludwig Zacharias, Schriftsteller, * 1768, † 1823, Dichter der romantischen Schule, wurde Freimaurer in Warschau, verkehrte 1807 und 1809 in der Weimarer Loge „Amalia" mit Goethe, Wieland und Reinhold und dichtete ein Freimaurerlied auf Wieland. Er schrieb zahlreiche Dramen, darunter die freimaurerisch beeinflußte zweiteilige Tragödie „Die Söhne des Tals", worin er den Untergang des Tempelherrenordens schilderte. Am Gründonnerstag 1810 trat er in Rom zur katholischen Kirche über, 1814 wurde er in Aschaffenburg zum Priester geweiht. In den Tagen des Wiener Kongresses hatten seine Predigten ungewöhnlichen Zulauf. Er starb als Domherr.

Wesley.

1. John, englischer Geistlicher, * 1703, † 1791, Begründer der Methodistengemeinschaft, wurde in hohem Alter Mitglied der Union Lodge of St. Patrick Nr. 367 in Downpatrick, Irland.

2. Samuel, dessen Neffe, englischer Komponist und berühmter Organist, * 1766, † 1837, verdient um die Verbreitung der Werke Bachs in England, war Großorganist der Großloge von England.

Westaustralien, australischer Bundesstaat. Die erste Loge auf dem Gebiet des heutigen W., das damals den Namen „Swan River Colony" trug, wurde unter der Großloge von England 1842 in der Hauptstadt Perth gegründet. Sie wurde zuerst nach ihrem Zusammenkunftsort benannt und hieß später „Western Australia". 1845 folgte die Loge St. John, heute Nr. 1 im Register der Großloge von W., die als selbständige Großbehörde 1900 ins Leben trat und mit 131 Bauhütten und rund 8500 Mitgliedern (Stand von 1930) die kleinste der australischen Großlogen ist. (Adresse: Freemasons' Hall, Hay Street, Perth). Der Großloge von Schottland unterstehen in W. zwei Distrikts-Großlogen: „Western Australia" mit 12 und „Western Australia-Goldfield District" mit 15 Logen.

Westen, Ritter vom, s. Ritter vom Westen.

Westfalen, Großorient von (1807—1813). In dem nach dem Tilsiter Frieden aus hessischen, preußischen, hannoverschen und braunschweigischen Landesteilen gebildete Königreich Westfalen, dessen König der Bruder Napoleons, Jérôme, war, bildete sich in Kassel eine Provinzial-Mutterloge von Westfalen, dann der Grand Orient de Westphalie, nach dem System der Großloge „Royal York". Er basierte auf der Loge „Friedrich zur Freundschaft", die sich 1807 „Royale Jérôme Napoléon de la fidélité" nannte. Großmeister war der Vicomte Siméon (s. d.), Justizminister des Königreichs, Erster Großaufseher Prinz Ernst Constantin von Hessen-Philippsthal. Zu der Mutterloge kamen 1809 und 1813 zwei weitere französische Bauhütten. Der Sieg der Verbündeten in der Völkerschlacht bei Leipzig bedeutete das Ende des Großorients.

Westindien, Zentralamerika vorgelagerte große Inselgruppe, bestehend aus den Bahama-Inseln und den Antillen. Die Freimaurerei fand schon 1747 Eingang, in welchem Jahr eine Loge auf St. Eustatius gegründet wurde (s. Bahama-Inseln und Antillen).

West Virginia, Bundesstaat der Vereinigten Staaten von Nordamerika. Die 1862 gegründete Großloge zählte 1930 167 Logen mit 34.534 Mitgliedern. Sie unterhält ein Masonic Home für Alte, Witwen und Jugendliche. Adresse: Masonic Temple, Charlestown.

Wettach, Adrien, s. Grock.

Wetzlar. Schon 1762 befand sich in W. eine Bauhütte. Für 1763 ist dort die Loge „Joseph zu den drei Helmen" nachgewiesen, die sich 1767 der Strikten Observanz anschloß. 1772 bildete sich in W. die Schottenloge „Joseph zum Reichsadler", die später zu einer Großen Schottischen Direktorialloge der Strikten Observanz erhoben wurde. Seit 1777 war W. Sitz einer dorthin von Frankfurt a. M. verlegten Präfektur der VIII. Ordensprovinz der Strikten Observanz. Präfekt, Schottischer Obermeister und Meister vom Stuhl war der scharfsinnige Reichskammergerichtsassessor von Ditfurth, sein Stellvertreter der Reichskammergerichtsadvokat v. Bostel. Beide machten sich um die Verbreitung der Strikten Observanz im Westen Deutschlands durch Logengründungen sehr verdient. Dem energischen Eingreifen der Wetzlarer Präfektur, insbesondere des Br. v. Ditfurth, ist in erster Linie die erfolgreiche Beendigung der Aachener Freimaurerverfolgung zu danken. Seit 1779 bekämpfte W. unter v. Ditfurth, dessen Werk nicht zuletzt der Sturz der Strikten Observanz auf dem Wilhelmsbader Konvent 1782 war, die Hochgrade. 1783 schloß sich die Große Schottische Direktorialloge in W. nebst den ihr unterstehenden Logen mit der Frankfurter Einigkeitsloge zum Eklektischen Bund zusammen; fünf Jahre hindurch war W. hierauf unter v. Ditfurth als Großmeister Provinzialloge. Im Illuminatenorden hieß W. Sebaste; illuminatische Einflüsse bei der Gründung des Eklektischen Bundes sind unverkennbar, zumal v. Ditfurth (Minos) begeisterter Illuminat war. 1789 erlosch die Wetzlarer Provinzialloge, einige Jahre nachher die dortige Johannisloge. Spätere Bemühungen zur Wiederherstellung der Freimaurerei im Or. W. durch Br. v. Bostel scheiterten. Seit 1843 besteht in W. die Loge „Wilhelm zu den drei Helmen". (3 W.)

Wetzlarer Ring, s. Ring, Wetzlarer.

Wetzlarer Tafelrunde. Romantischer Ritterorden, der durch Siegfried Goué (s. d.) anfangs der siebziger Jahre des 18. Jahrhundert in Wetzlar gegründet wurde. Wie in der heutigen „Schlaraffia", wurde der Vorsitzende mit „Euer Herrlichkeit" angeredet. Goethe, der im 12. Buche von „Dichtung und Wahrheit" ein lebhaftes Bild von dieser Gesellschaft entworfen hat, gehörte ihr während seiner Wetzlarer Zeit unter dem Ritternamen „Götz der Redliche" an.

Wharton, Philipp, Herzog von, vorher Marquis, Peer von England, * 1698, † 1731, erst Parteigänger der Stuarts, gewährte der Witwe Karls II. anläßlich einer Reise nach Paris eine beträchtliche Anleihe. 1717 Mitglied des englischen Oberhauses, betätigte er sich eifrig im parlamentarischen Leben, gab sich jetzt als Anhänger der neuen Dynastie, wurde Herzog, wechselte 1721 wieder zu den stuartistischen (jakobitischen) Tories hinüber und bekämpfte das Whig-Ministerium aufs heftigste. 1722 ließ er sich an Stelle des wiedergewählten Herzogs von Montagu in unrechtmäßiger Weise als Großmeister der Großloge von England proklamieren. Montagu machte gute Miene zum bösen Spiel. W. blieb Großmeister bis zum Johannistage 1723. In diesem Jahr gründete er ein oppositionelles Blatt „The True Briton" und wandte sich anscheinend auch von der Freimaurerei ab. In diesem Zeitraum entstand der antifreimaurerische Gormogonen-Orden (s. d.), an dessen Gründung W. beteiligt war. 1725 begab dieser sich nach Wien, ein Jahr später als Gesandter des Prätendenten Karl Eduard, der ihn zum Herzog von Northumberland machte, nach Madrid. Ende 1726 trat W. zum Katholizismus über und kämpfte bei Gibraltar mit den Spaniern gegen England. Er verlor daraufhin seine Würden, führte in Frankreich ein Abenteurerleben und starb in einem spanischen Kloster. 1728, während seiner Madrider Zeit, gründete er die erste kontinentale Loge, die später in das Register der Großloge von England Aufnahme fand. Anfänglich wurde sie als irregulär betrachtet, erhielt aber dann am 15. März 1729 ein Großlogenpatent.

White, Ernst William, hervorragender englischer Arzt, * 1851, Professor der Psychologie am Londoner Kings College, Vizepräsident der psychologischen Sektion der Königlichen Ärztegesellschaft, ist Freimaurer.

Whiteman, Paul, amerikanischer Dirigent, der „Jazzkönig", * 1891, Verfasser des Werkes „Jazz", ist Freimaurer.

Who's Who, The Masonic, nach dem Muster der besonders in England und Amerika beliebten biographischen Nachschlagewerke, 1913 erstmals erschienenes und 1926 von Dudley Wright, neu herausgegebenes Namensverzeichnis englischer und einiger weniger anderer angelsächsischer Freimaurer, mit knappen biographischen Daten und Angaben über freimaurerische Betätigung. Die Auswahl ist eng begrenzt.

Whymper Henry Josiah, Mitglied der Quatuor Coronati Lodge, * 1845, † 1893, aufgenommen in der Loge Mayo in Rawul Pindi, Punjab, einer der eifrigsten Mitarbeiter des Kreises der Quatuor Coronati Lodge. Er veröffentlichte ein Faksimile der Regiushandschrift und des Harleian-Manuskriptes, schrieb ein Buch über „The Religion of Freemasonry" (1888) und erwarb sich besondere Verdienste durch die Anlage einer englischen Bibliographie (Catalogue of Biographical Lists and Catalogues of Works on Freemasonry" und „Catalogue of Works on Freemansonry"), in der er gegen 8000 Titel zusammentrug (Nekrolog in A. Q. C. 1893).

Wichtl, Friedrich, Dr., österreichischer deutschnationaler Politiker, Reichsratsabgeordneter, Mitglied der ersten provisorischen Nationalversammlung der Republik Deutschösterreich, * 1872, † 1921, trat gleich nach dem Weltkrieg mit sensationell aufgemachten unkritischen Schmähschriften gegen die Freimaurerei hervor, deren verbreitetste „Weltfreimaurerei — Weltrevolution — Weltrepublik" (11. Auflage, München 1928) wurde. Dr. Carl Vogl behauptet in „Aufzeichnungen und Bekenntnisse eines Pfarrers" (Berlin 1930), daß das Material und die Richtlinien zu dem Machwerk 1917 vom Auswärtigen Amt in Berlin geliefert worden seien (s. Meyrink). Weitere Pamphlete waren: „Dr. Karl Kramář. der Anstifter des Weltkrieges" (München 1918), „Freimaurermorde" (Wien 1920) usw. Dank geschickter Reklame, die durch Vorträge unterstützt wurde, wirkten die Wichtlschen Publikationen in der aufgeregten Umsturzzeit in gewissen Bevölkerungsschichten ähnlich überzeugend wie seinerzeit die Erzeugnisse Taxils. Skrupellos geschrieben, gab die „Weltfreimaurerei ...“ in aufreizender Weise den Ton für die Kampfmusik an, die dann von Ludendorff und anderen noch lauter aufgenommen wurde. W. war es darum zu tun, „nachzuweisen“, daß die Freimaurerei mit allem revolutionären Tun, mit allen politischen Morden (Sarajevo!) aufs innigste verknüpft sei, und er gab auch das ebenso falsche Schlagwort aus, die Freimaurerei diene den Herrschaftsgelüsten des Judentums. Das Endziel der freimaurerischen Arbeit sah W. in der Schaffung einer Weltrepublik. So absurd alle diese Behauptungen auch waren, so sehr sie der geschichtlichen Wahrheit ins Gesicht schlugen, sie haben heute noch viele gläubige Nachbeter (s. Weltkrieg).

Widmann, Christian Adolf Friedrich, Dr., Schriftsteller, * 1818, † 1878, Verfasser von staatswissenschaftlichen Werken, Romanen und Novellen, aufgenommen 1844 in der Berliner Loge „Zur Beständigkeit“, einer der führenden Köpfe der Großen Landesloge der Freimaurer von Deutschland, Mitglied des Ordensrates, hervorragender Symboliker, Begründer der „Zirkelkorrespondenz“ und Vertreter des Einheitsgedankens, schrieb zahlreiche Abhandlungen, die die geistige Ausdeutung des Systems seiner Großloge in vielfacher Hinsicht vertieften und teilweise auch die Ergebnisse eingehenden Studiums der schwedischen Freimaurerakten in Stockholm verwerteten.

Wiebe, Carl Cornelius, Kaufmann in Hamburg, * 1850, † 1910, führender deutscher humanitärer Freimaurer, Stuhlmeister der Loge „Ferdinande Caroline“, Vorstand des Freimaurer-Krankenhauses, Großmeister und Ehrengroßmeister der Großen Loge von Hamburg, eifriger Verfechter der Einheitsbestrebungen innerhalb der deutschen Freimaurerei, Forscher dem vor allem die Erneuerung der „Hamburgischen Zirkel-Korrespondenz“, bezw. die Schaffung von deren großem Medaillenwerk und . Die Große Loge von Hamburg und ihre Vorläufer (1905) zu danken ist. Besondere Verdienste erwarb sich W. durch die allen Anfeindungen zum Trotz tatkräftigst durchgeführte Beilegung des Settegaststreites (s. d.).

Wiedergeburt, geistige, die Fortdauer des geistigen Lebens auf einer höheren Ebene, spielt im freimaurerischen Ritual eine entscheidende Rolle. Den Meistergrad kann nur erlangen, wer das Goethesche „Stirb und werde!“ zuvor symbolisch an sich selbst erlebt hat (s. Unsterblichkeit).

Wieland, Christoph Martin, deutscher Dichter * 1733, † 1813 in Weimar. 1769 Professor der Philosophie in Erfurt, 1772 Prinzenerzieher in Weimar, 1773—1789 Herausgeber der Zeitschrift „Der Teutsche Mercur“, Freund von Goethe und Herder. In streng pietistischem Geist erzogen, erlebte W. namentlich unter dem Einfluß der englischen und französischen Aufklärungsphilosophen seit ungefähr 1758 eine Wandlung ins „Weltliche“. (Hauptwerke: die Romane „Agathon“, „Der goldene Spiegel“, die Erzählungen „Musarion oder der Philosoph der Grazien“, „Der neue Amadis“, das lyrische Drama „Alceste“, „Die Geschichte der Abderiten“, das romantische Gedicht „Oberon“, die poetische Erzählung „Das Wintermärchen“.) W. war Freimaurer. Er war aber nicht von Anfang an für die Königliche Kunst eingenommen. 1786 äußerte er sich im „Teutschen Mercur“ in einem Zusatz zum Lob eines Anonymus recht skeptisch und nannte die „Eloge“ des Verfassers übertrieben. Später sah er aber die Freimaurerei in ganz anderem Licht; in einem Schreiben an den Stuhlmeister der Weimarer Loge „Amalia“, Bertuch (s. d.), ersuchte er als 76jähriger um Aufnahme. In seinem Gesuch, in dem er das Verlangen bekundete, „in die edle und würdige Freimaurerverbrüderung nach ihrer damaligen verbesserten und in ihre ursprüngliche Lauterkeit und Einfachheit zurückgeführten Verfassung“ aufgenommen zu werden, sagte er u. a.:

„Da alle, zum Teil sehr wichtigen Beweggründe, die mich mehr als 50 Jahre lang von dem Schritte, den ich jetzt tue, zurückgeschreckt haben nunmehr gänzlich wegfallen; da ich alle Ursache habe, zu glauben, daß diejenige Freimaurergesellschaft, in welche ich zu treten wünsche, ein nicht nur durchaus unschuldiges und unschädliches, sondern ein der Menschheit Ehre machendes, auf ein hohes, aber erreichbares, wenngleich unendliches Ziel hinarbeitendes Institut ist, so werden Sie den Wunsch sehr natürlich finden, einer Verbrüderung, deren wesentlicher Zweck (nach der Vorstellung, die ich mir von ihr mache) mit dem, was im Laufe meines ganzen langen Lebens der Geist und Zweck aller meiner Tätigkeit war, ebenderselbe ist, und von welcher ich mich gewissermaßen als ein unsichtbares Mitglied betrachten könnte, nun auch äußerlich und förmlich einverleibt zu werden; und obschon meine so weit vorgerückten Jahre mir wenig Hoffnung lassen, mir noch einige Verdienste um sie zu erwerben wenigstens des Glückes teilhaftig zu werden (welches die Alten für den höchsten Gewinn ihrer eleusinischen Mysterien hielten), mein Lebei in ihrem Schoße fröhlicher zu beschließen.“

Dem Wunsch wurde mit Freuden entsprochen und W. mit Rücksicht auf sein hohes Alter 1809 in einer besonderen „stillen Loge“ zum Freimaurer aufgenommen. Drei Reden: „Über den Zweck und Geist der Freimaurerei“, „Wie verhält sich das Ideal der Freimaurerei zu ihrer dermaligen Beschaffenheit“ und „Über das Fortleben im Andenken der Nachwelt“ waren W.s Beiträge zur Logenarbeit. Krankheit gestattete ihm nicht mehr, diese Reden selbst vorzutragen. Sie wurden vorgelesen und taten nachhaltigste Wirkung. Zwei Sätze aus diesen Reden mögen hier stehen:

„Der Freimaurer als solcher ist als Bürger ein Weltbürger, oder, genauer im Geiste unserer Weisen zu reden, ein Theopolit, ein Mitglied der allumfassenden Stadt Gottes, in welcher Sonnen und Welten nur einzelne Wohnungen und die zahllosen Klassen und Geschlechter aller mit Vernunft und Freiheit begabten Wesen nur ebensoviele einzelne Familien ausmachen, die durch ein ewig unwandelbares Grundgesetz in einem rein harmonischen Ganzen vereinigt sind. Bloß auf dieses erhabenste Verhältnis der Menschheit, welchem alle anderen untergeordnet sind, und wodurch unser gegenwärtiges Leben an ein höheres, künftiges angekettet wird, gründen sich die drei wesentlichen Kategorien der Freimaurerei: Freiheit, Gleichheit und Verbrüderung als die wahren Grundpfeiler unserer Gesellschaft, die eben dadurch die edelste und ehrwürdigste ist, die sich denken läßt; und niemand, der sich das nicht völlig klarzumachen vermag, rühme sich, den Schlüssel zu unserem Geheimnis gefunden zu haben!“

Und der zweite: „Lassen wir uns an der bescheidenen, auf die Natur der Sache gegründeten Gewißheit genügen, daß unser bestehender Bruderverein, wie er ist, einen lebenden Keim in sich trägt, der, sorgfältg und treulich von uns gepflegt, unter günstigen Einflüssen der Zeit und beschützt von der unsichtbaren Hand, die über dem Weltall waltet, zu einem herrlichen Baum erwachsen wird, an dessen Schönheit künftige Menschengeschlechter sich erfreuen, in dessen Schatten sie ruhen, an dessen Früchten sie sich erquicken werden. Erwarten wir ruhig, daß der Same, den wir ausstreuen, aufgehen, daß, was wir pflanzen, gedeihen, daß der Bau, den wir gründen, unter den verständigen und fleißigen Händen unserer Nachkommen zu einem ewig dauernden Tempel aufgeführt werde, worin das Götterbild der Humanität, zur Anbetung aller Menschen aufgestellt, auch alle Herzen mit dem lebendigen Gefühle durchdringe, daß alle, denen der heilige Stempel der Menschheit eingedrückt ist, Kinder eines Vaters und Bürger einer Stadt Gottes sind. Und so halten wir in Einheit des Geistes und in herzlicher Bruderliebe die uns zusammenschlingende Kette fest und wirken, jeder an dem Platze, den ihm die Weisheit des unendlichen Allvaters angewiesen hat, mit vereinigten Kräften zu dem großen Zwecke:

Daß das menschliche Geschlecht
Eine Bruderkette werde,
Teilend Wahrheit, Licht und Recht.“

Bei der Aufnahme W.s wirkte Goethe mit. Als W. starb, trat dieser an dem im Tempel errichteten Katafalk, um seine Gedächtnisrede „Zu brüderlichem Andenken Wielands“ zu halten.

Wien, Sitz der „Großloge von Wien“ (I., Dorotheergasse 12).

1742 Erste Wiener freimaurerische Gründung, und zwar die Loge „Aux trois Canons“, durch die Loge „Zu den drei Totengerippen“ in Breslau. Logengesetze der Großen National-Mutterloge „Zu den drei Weltkugeln“ in Berlin. Zu ihren Mitgliedern zählte angebl. Franz Stephan von Lothringen, der Gemahl Maria Theresias. Nach dem 7. März 1743, nach dem Überfall auf die Loge durch ein Kommando Soldaten (auf Befehl der Kaiserin), arbeitete die Loge nur in aller Stille weiter und bestand noch 1754.

1754 Loge „Aux trois cœurs“ („Zu den drei Herzen“) in Wien, als Deputationsloge der Loge „Friedrich“ in Hannover eröffnet, 1755 aufgelöst.

1761 „Loge der Freigebigen“, auch „Loge royale militaire“, errichtet von J. H. Graf Kuefstein. Die Loge arbeitete nicht lange.

1769 Loge „Zur Hoffnung“ 9. Februar 1770 eröffnet. Stiftungsbrief vom 7. März 1771 von der Regensburger Loge „Zu den drei Schlüsseln“. 1775 Namensänderung „Zur gekrönten Hoffnung“ (Mitglied Wolfgang Amadeus Mozart).

1770 Loge „Zu den drei Adlern“, gegründet von Hauptmann Freiherrn von Schmidburg auf Grund eines aus Dresden erwirkten Stiftungsbriefes. Auf dieser Loge wurde 1776 die Großkomturei St. Pölten (alter Ordensname für Wien) errichtet. Die Großkomturei nahm als hochschottische und schottische Loge den Namen „Albert zum goldenen Helm“ an (nach dem Protektor Herzog Albert von Sachsen-Teschen). 1776 ging aus den „Drei Adlern“ die Loge „Zum Palmbaum“ hervor. 1781 Wiedervereinigung der beiden Logen unter dem Namen „Zu den drei Adlern und zum Palmbaum“.

1771 Loge „Zum heiligen Josef“. Von der Berliner Großen Landesloge 1776 eingeweiht.

1772/73 Loge „Zu den drei Schwertern“, von dem Rosenkreuzer Bacciochi gestiftet. Bis 1778.

1776 Provinzialloge von Österreich (unter der Berliner Großen Landesloge).

1779 Loge „Zur Beständigkeit“. Patent von der Regensburger Loge „Zu den drei Schlüsseln“. 1785 aufgelöst; ein Teil der Mitglieder trat der Loge „Zur neugekrönten Hoffnung“ bei.

1781 Loge „Zur wahren Eintracht“ (aus der „Gekrönten Hoffnung“). Ab 1782 Born Meister vom Stuhl. Mitglieder u. a.: Sonnenfels, Josef Haydn.

1783 Loge „Zu den drei Federn“. „Zur Wohltätigkeit“.

1784 Rektifizierung der Loge „Zu den sieben Himmeln“ (Asiatische Brüder).

1784 Große Landesloge von Österreich (Großmeister Fürst Dietrichstein).

1785 Freimaureredikt Josephs II. Als dessen Folge Zusammenlegung der Wiener Logen. Es wurden insgesamt zwei Bauhütten gebildet: „Zur Wahrheit“, aus den Logen „Zur wahren Eintracht“, „Zu den drei Adlern“ und „Zum Palmbaum“ (unter der Hammerführung Borns); „Zur neugekrönten Hoffnung“, aus den Logen „Zur gekrönten Hoffnung“, „Zur Wohltätigkeit“ und „Zu den drei Feuern“.

1790 Loge „Zur Liebe und Wahrheit“ (rosenkreuzerisch). Sie wollte „höhere Kenntnisse“ erteilen, die Illuminaten bekämpfen. Kaiser Leopold II. kannte und billigte ihre Grundsätze. Wiederaufleben der Loge „Zum heiligen Joseph“. Seit

1794 Kampf Franz II. gegen die Freimaurerei.
1809 Während der halbjährigen Besetzung durch Napoleon wird die Loge „La concorde à l'Orient du Danube" von mehreren Wienern und französischen Offizieren errichtet. Gleichzeitig arbeitet die französische Feldloge „Suum cuique".
1810 Loge „Zu den drei blauen Himmeln" in der Vorstadt Hernals. 1813 entdeckt und aufgelöst.
1812 Eine Loge unter Leitung des Fürsten Dietrichstein im Rathausviertel ausgehoben.
1814/15 Versuche mehrerer preußischer Offiziere, Logen abzuhalten, wurden untersagt.
1817 Französische und italienische Freimaurer halten im Dianabad Logen ab.
1835 (?) Nach dem Tode Franz II. Gründung einer Loge in der Dorotheergasse. Generale, höhere Beamte und angesehene Bürger gehörten ihr an. 1841 auf Betreiben von Metternich aufgehoben. Die ortsansässigen Mitglieder unter Polizeiaufsicht gestellt, die Beamten in die Provinz versetzt, die Ausländer „ausgestaubt".
1848 Erneuerung der Loge „Zum heiligen Josef" mit Stiftungsbrief der Berliner Großen Landesloge. Vom Ministerium genehmigt, jedoch infolge des Belagerungszustandes nach einmaligem Zusammentreten eingestellt.
1867 Neuerliche Wiedererweckungsversuche; Logengründungen aber nicht gestattet. — Nachdem der Versuch, in Wien eine regelrechte und gesetzlich anerkannte Freimaurerloge zu errichten, gescheitert war, seit 1869 Gründung nichtpolitischer Vereine, die in Wien zumeist ausgedehnte karitative Tätigkeit entfalteten, auf ungarischem Boden als Logen wirkten. Diese Tätigkeit war den Behörden durchaus bekannt, zumal die Wiener Freimaurer sich bald im „Zirkel" ein in W. erscheinendes eigenes Publikationsorgan schufen, dem sich von 1874 an eine Zeitlang in der „Allgemeinen Österreichischen Freimaurerzeitung" ein zweites gesellte. Als nach dem Weltkrieg die „Acta Secreta" des Innenministeriums der Forschung zugänglich wurden, ergab sich, daß die k. u. k. Amtsstellen sich stets aufs eingehendste über die Logenarbeiten der Wiener Freimaurer in Ungarn unterrichtet hatten. Aber sie stelten sich nach außen hin durch Jahrzehnte „unwissend" und wiesen jeden neuerlichen Versuch der Vereine, auf österreichischem Boden frei und offen als Logen aufzutreten, durch Ablehnung aller diesbezüglichen Eingaben immer wieder zurück.
1869 Gründung des ersten der nichtpolitischen Vereine, der „Humanitas", in Wien durch Franz Julius Schneeberger. Die Mehrzahl der Mitglieder gehörte der Loge „Zur Verbrüderung" in Ödenburg an. Es zeigte sich jedoch bald die Notwendigkeit, eine eigene Loge ins Leben zu rufen.
1871 (9. März) Gründung der Loge „Humanitas" in Neudörfl, die sich 1872 unter den Schutz der Großloge von Ungarn stellt. Es folgen weitere Gründungen, sogenannte „Grenzlogen", und zwar:
1874 „Zukunft" und „Sokrates" in Preßburg.
1875 „Schiller" in Preßburg, „Eintracht" in Neudörfl.
1877 „Freundschaft" und „Columbus zum Weltmeer" in Preßburg (letztere 1896 eingeschläfert).
1883 „Concordia" in Neudörfl, 1889 mit der „Humanitas" verschmolzen.

Alle weiteren in Preßburg:

1888 „Treue".
1892 „Goethe".
1897 „Lessing zu den drei Ringen".
1898 „Pionier".
1907 „Kosmos".
1913 „Wahrheit".
1914 „Gleichheit".
1917 „Fortschritt" (Lichteinbringung 1920).
1918 Am 8. Dezember schlossen sich die 14 Logen zur Großloge von Wien zusammen.

Unter dieser arbeiten (1931) in W. selbst 21 Logen.

Unter der „Großen Landesloge der Freimaurer von Deutschland" sind die Logen „Zum eisernen Anker" und „Zum eisernen Pflug" und die aus Mitgliedern derselben sich rekrutierende Andreasloge „Corona ferrea" tätig.

Der 1925 gegründete Oberste Rat des A. u. A. Schottischen Ritus für Österreich hat gleichfalls in W. seinen Sitz.

Wiener Naturalienkabinett, angelegt von der unter Leitung Borns (s. d.) stehenden Loge „Zur wahren Eintracht" in Wien, jener geistig höchststehenden Bauhütte, die auch eine Zeitschrift: „Physikalische Arbeiten der einträchtigen Freunde" (Wien 1783—1788) herausgab. Diese Sammlung von „Naturprodukten aus den drei Reichen" kam nach Auflösung des Freimaurerbundes im Wege öffentlicher Versteigerung in den Besitz des Karmeliterordens in Wien (1794), der sie bis 1820 betreute und vermehrte. Nachdem die Sammlung mehrmals den Besitzer gewechselt hatte, kam sie 1827 in den Besitz des Naturalienkabinettsdirektors Schreiber, der sie den kaiserlichen Musealsammlungen einverleibte. Bei der Beschießung Wiens am 31. Oktober 1848 ging diese Sammlung, in der sich auch eine Büste Borns befand, zugleich mit den ausgestopften Resten des Br. Angelo Soliman (s. d.) in Flammen auf. Die Sammlung war besonders durch den reichen Bestand an Konchylien bemerkenswert.

Wildensteiner Ritter auf blauer Erde, ein feucht-fröhlicher Ritterorden auf Schloß Seebenstein im Pittental in Niederösterreich, der von dem aus Ödenburg stammenden Anton David Steiger, Edlen am Stein, einem gewesenen Freimaurer, um 1790 begründet wurde. Zweck des Ordens war Pflege des ritterlichen Geistes, der Freundschaft und der Geselligkeit. Zu diesem Zwecke richtete Steiger die Burg Seebenstein ritterlich her und veranstaltete ein frohes Ritterspiel in den zwei Graden des Knappen und Ritters, wobei die Ritter Kostüme und sich selbst mittelalterlich trugen. An der Spitze stand im Jahre 1813 als Großmeister der Bruder des Kaisers, der spätere Reichsverweser Erzherzog Johann. Ehrenritter waren u. a. der Herzog Karl August von Weimar, Prinz Wilhelm, späterer König von Preußen, Leopold von Sachsen-Koburg-Gotha, späterer König von Belgien u. v. a.

Die blaue Farbe des Kostüms, der Hammer des Vorsitzenden und die Festgelage am Johannistage lenkten die Aufmerksamkeit des immer argwöhnischen Kaisers Franz II. auf diese harmlose Gesellschaft, die schließlich mit sehr viel Aufwand von Polizeischikanen und Aktenpapier im direkten Auftrag des Kaisers verboten wurde.

In den Archiven der Loge „Verschwiegenheit" in Preßburg fanden sich Akten dieses Ritterordens sowie eine Siegelsammlung. Auch in Böhmen sind in den Tagen des Vormärz Mitglieder dieser Gesellschaft noch polizeilich verfolgt worden. Ein Zusammenhang mit der Freimaurerei besteht insoweit, als Steiger einzelne freimaurerische Gebräuche übernahm.

Wilhelm, Abt von Hirschau (1080) wird vielfach als der eigentliche Gründer der mittelalterlichen deutschen Bauhütten angesehen, die lange Zeit an die Mönchsorden gebunden waren, bis 1241 beim Dombau in Magdeburg ein Zusammenschluß der selbständig gewordenen, in sich gefestigten Steinmetzenvereinigungen erfolgte.

Wilhelm I., Deutscher Kaiser, König von Preußen, s. Hohenzollern.

Wilhelm II., Deutscher Kaiser und König von Preußen von 1888—1918, * 1858, der, im Gegensatz zu seinem Vater und Großvater, nicht Freimaurer ist, erklärte in seinen 1922 erschienenen Erinnerungen „Ereignisse und Gestalten aus den Jahren 1878—1918", „die deutschen Großlogen seien mit zwei Ausnahmen, in denen die nichtdeutsche Finanz herrschte und die im geheimen mit dem Grand Orient in Paris in Verbindung stehen, durchaus loyal und treu gewesen". Die Große Mutterloge des Eklektischen Bundes in Frankfurt a. M. protestierte öffentlich gegen diesen völlig falschen, „ohne den Schatten eines Beweises gegen deutsche Männer erhobenen Vorwurf, daß sie teilgenommen hätten an der durch eine angebliche ‚Internationale Großorientloge' betriebene langjährige und zielbewußte Politik der Vorbereitung des gegen die monarchistischen Mittelmächte gerichteten Weltkrieges" mit dem Ziel „Zerstückelung von Österreich-Ungarn, Demokratisierung Deutschlands, Beseitigung des Hauses Habsburg, Abdankung des Deutschen Kaisers, Rückgabe von Elsaß-Lothringen an Frankreich, Vereinigung Galiziens mit Polen, Beseitigung des Papstes und der katholischen Kirche wie überhaupt jeder Staatskirche in Europa".

Wilhelm, Karl, Komponist, Schüler Spohrs (s. d.), * 1815, † 1873, 1860 Musikdirektor, vertonte „Die Wacht am Rhein", wurde 1853 in den Bund aufgenommen (W. F. Z. 1919, Heft 4/5, Seite 4).

Wilhelmsbad, s. Konvent von Wilhelmsbad.

Wilkens, John, englischer Politiker, * 1727, † 1797, Anhänger von Pitt, Begründer der Zeitschrift „North Briton", wurde wegen der an einer königlichen Botschaft geübten scharfen Kritik verhaftet, jedoch auf Grund der Immunität freigelassen, dann wegen Herausgabe des Buches „Essay on Women" verfolgt. Er flüchtete nach Frankreich, wurde nach seiner Rückkehr wieder eingekerkert, jedoch vom Wahlkreis Middlesex während seiner Haft wiederholt zum Abgeordneten gewählt. Seine Verhaftung rief eine heftige Volksbewegung mit dem Schlagwort „Wilkens and Liberty" hervor. Nach Wiedererlangung seiner Freiheit Lordmayor von London, unterbreitete er dem Parlament einen Vorschlag für eine „gerechte und gleiche Vertretung des englischen Volkes im Parlament", der damals noch nicht durchdringen konnte. Er wurde 1769 Mitglied der Loge in der Jerusalem Tavern (St. John's Gate).

Willem van Oranje Lodge, 3967, der Großloge von England wurde anfangs 1918, also noch während des Weltkrieges, von in Holland (gemäß der Haager Konvention von 1917) internierten britischen Freimaurern gegründet. Sie unterstand in dieser Zeit dem Großosten der Niederlande, der auch das Licht einbrachte, und erhielt den Namen in Erinnerung an Wilhelm von Oranien, der 1689 König von England wurde. Aufgenommen konnten nur britische Untertanen werden, die von den Zentralmächten zwecks Internierung in Holland freigelassen worden waren. Nach der Rückkehr der Kriegsgefangenen stellte sich die Loge unter die Obhut der Großloge von England. Sie darf nur ehemalige Kriegsgefangene und deren direkte Nachkommen im Mannesstamm aufnehmen.

Willems, Jean François, belgischer Dichter und Historiker, * 1793, † 1846, der Vater der flämischen Bewegung, schrieb das Gedicht „Aux Belges", eine Verteidigung der flämischen Sprache, Mitglied der Königlichen Akademie in Amsterdam, Schöpfer von „Oude vlaamische Liederen", „Les gestes de Brabant" usw., war Freimaurer.

Willermoz, Jean-Baptiste (ursprünglich Vuillermoz), Seidenfabrikant und Großkaufmann in Lyon, * 1730, † 1824, spielte in der zweiten Hälfte des 18. Jahrhunderts in der Freimaurerei eine führende Rolle. W. verkörperte eine eigenartige Mischung von praktischem Sinn und mystischem Idealismus, was auch in seinem freimaurerischen Tun seinen Ausdruck fand. Er betätigte sich als Logegründer und wurde 1760 Großmeister einer von den drei Lyoner Logen der Grande Loge de France unter dieser gegründeten „Grande Loge des Maîtres reguliers", zog sich dann aber zurück und suchte Anschluß an einen okkultistischen Zweig der Freimaurerei. Wann er Mitglied des von seinem Bruder, dem Arzt Pierre-Jacques W. 1765 gegründeten, mit dem Kapitel von Clermont in Zusammenhang stehenden templerischen „Kapitels der Ritter des Schwarzen Adlers" wurde, steht nicht fest. Von 1766 an war er der erklärte Führer des Lyoner Zweiges der „Auserwählten Coëns" (Élus Coëns, s. d.) des Martinez de Pasqually (s. d.), dem auch Claude de Saint Martin (s. d.), der „unbekannte Philosoph, angehörte. W. wurde Generalinspektor der „Auserwählten Coëns" und nach der Abreise von Pasqually nach Guadeloupe deren treibende Kraft. Mit seinem Bruder und einem Dritten bildete W. einen „Geheimen Rat", der seine Hand in allen maurerischen Zentren Lyons hatte. Auch der große Klerikale Joseph de Maistre (s. d.) gehörte zu den vertrauten freimaurerischen Freunden von W. 1776 entstand unter seiner Leitung ein „Schottisches Direktorium" der Strikten Observanz, 1778 führte er auf dem von ihm organisierten Konvent von Lyon (Convent national des Gaules) der französischen Abteilungen der Strikten Observanz die „martinistischen" Ideen zum Siege und hatte den Hauptanteil an der Schaffung des „Rektifizierten Schottischen Systems" (s.d.) der „Wohltätigen Ritter der heiligen Stadt" („Chevaliers bienfaisants de la Cité Sainte"). Nicht mehr die Wiederherstellung des Tempelherrenordens sollte jetzt das Ziel der Freimaurerei sein, sondern mehr oder weniger Hingabe an die Mystik. Vier Jahre später triumphierte W. dann auf dem Konvent von Wilhelmsbad (s. d.), der der Strikten Observanz den Todesstoß versetzte und das Lyoner System im großen und ganzen annahm. Während der französischen Revolution entging W. nur knapp der Guillotine, die einer seiner Brüder besteigen mußte. Die stark okkultistischen Neigungen von W. fanden ihren Ausdruck in seiner nachgelassenen Schrift „Les Sommeils", eingehenden Protokollen spiritistischer Seancen, die möglicherweise in seinem freimaurerischen Kreis stattfanden. (Vergl. Emile Dermenghem, Einleitung zu „Les Sommeils de Jean Baptiste Willermoz", Paris 1926.)

Williams.

1. Eleazar Reverend, einer der zahllosen französischen Thronprätendenten, der „verlorene Dauphin" Ludwig XVII. Seine Lebensgeschichte veröffentlichte 1854 John H. Hanson: „The lost Prince etc." Hiernach sollen zwei französische Offiziere 1795 ein blasses Kind nach Amerika gebracht und einem Indianerhäuptling, John Skenondough, in Pflege gegeben haben. Als der Sohn Louis Philipps, der Prinz von Joinville, 1841 Amerika besuchte, soll er den Mann gesehen und nach der Familienähnlichkeit als Bourbonen erkannt haben. Hierbei soll der Prinz dem W. eine Schrift zur Unterzeichnung vorgelegt haben, in der dieser auf den französischen Thron Verzicht leisten sollte. W. war eine Autorität auf dem Gebiete der Indianersprache. Er schrieb ein Gebetbuch in der Irokesensprache und gab auch ein Wörterbuch dieses Idioms heraus. Er schloß sich 1824 der Loge „Menomonee" in Green Bay an. Während seiner letzten Lebensjahre wirkte er als Missionär unter den Mohawks und starb in größter Armut 1858. Er wurde unter freimaurerischem Gebrauchtum bestattet, die Loge ließ ihm einen noch heute erhaltenen Grabstein setzen.

2. Egbert Austin, berühmter amerik. Negerschauspieler, † 1923 in New York, war Mitglied der „Waverley Lodge Nr. 597" in Edinburgh. Auf Grund eines Ersuchens der Großloge von Schottland wurde seine Beerdigung mit maurerischem Ritual von der New Yorker (weißen) Künstlerloge „St. Cecilia Lodge" durchgeführt.

William-Watson-Manuskript, die interessanteste Handschrift der sogenannten Plot-Familie, Abschrift eines alten Manuskripts, das wahrscheinlich aus dem letzten Viertel des 15. Jahrhunderts, sicher aber aus der Zeit vor 1547 stammt (s. Manuskripte).

Willys, John North, amerikanischer Industrieller, * 1873, Gründer und Präsident der Overland Automobile Co. (Indianopolis), Freimaurer, spendete 1926 50.000 Dollar für den Bau eines neuen freimaurerischen Tempels in Toledo (USA.); sein Unternehmen beschäftigte zu jenem Zeitpunkt über 400 Brr.

Wilson.

1. Gavin, Poeta laureatus der Loge „St. David" zu Edinburgh, † um 1789, der Hans Sachs der Freimaurerei. Er war Schuhmacher und Poet dazu und fertigte auch Prothesen an. In seiner Loge ließ er kein Ereignis vorübergehen, ohne es mit gut gemeinten, aber weniger gut gedichteten Versen zu verewigen. Die Loge, in der er als guter Kamerad und harmloser Gesellschafter beliebt war, gab ihm den Titel des Poeta laureatus. Von ihm erschien 1788 eine Sammlung von „Masonic Songs and Entertaining Anecdotes for the Use of all the Lodges", die er im „Edinburgh Evening Courant" 1787 mit seinem vollen Titel: „Poeta laureatus der Loge ‚Zum heiligen David', Bein-, Arm- und Schuhmacher, Erfinder des gehärteten und polierten Leders", ankündigte. (Ausführliches über ihn A. Q. C. 1912, 258.)

2. John, schottischer Schriftsteller, Professor der Moralphilosophie in Edinburgh, * 1785, † 1854, schrieb unter dem Namen Christopher North in „Blackwood's Magazine", Autor der Gedichte „Isle of Palms", „The City of Plagues", schrieb mit Lockhart (s.d.) die Satire „Chaldee Manuscripts", war Mitglied der „Canongate Kilwinning Lodge".

3. Sir Leslie Orme, englischer Politiker, * 1876, nahm am Südafrikanischen und am Weltkrieg teil, parlamentarischer Sekretär des Schiffahrts- und des Finanzministeriums, Einpeitscher (Whip) der konservativen Partei 1921—1923, Gouverneur von Bombay 1923 bis 1928, war 1923—1929 Distrikts-Großmeister der Distrikts-Großloge von Bombay.

4. Sir Henry, britischer Feldmarschall, * 1864, † 1922 (von zwei Iren ermordet), Kommandant der Kriegsakademie, Chef des Operationsbüros, Korpskommandant, militärischer Vertreter beim Obersten Kriegsrat, Chef des Reichsgeneralstabes, war Freimaurer.

Wind. In Ritualen des 18. Jahrhunderts findet sich die Frage: „How blows a Mason's Wind?" und die Antwort: „Due east and west" („Wie bläst des Maurers Wind?" „Genau von Ost nach West"). Weiter ausgeführt in Brownes „Master Key" und anderen Katechismen. Nettelbladt widmet in seinen Instruktionsvorträgen eine ausführliche Deutung dieser Katechismusfrage, die auch Krause in seinen Kunsturkunden beschäftigt hat. Die Frage soll die Wanderung der Erkenntnisse vom Osten nach Westen symbolisieren. Kommt nur in wenigen Ritualen vor.

Windhook, Hauptstadt von Südwestafrika (ehemals Deutsch-Südwestafrika). Unter der Großloge von England arbeitet hier die nach dem Weltkrieg eingesetzte Loge „South West Africa" Nr. 4758. Der Großen Loge von Hamburg gehört die deutsche Loge „Zum Kreuz des Südens" in W. (bis 1929 Kränzchen) an.

Winding stairs (engl.), Wendeltreppe (s. d.).

Wingate, Sir Francis Reginald, Baronet of Dunbar and Port Sudan, britischer General und Schriftsteller, * 1861, siegreicher Kämpfer im Sudan und dessen Generalgouverneur, Sirdar und Oberkommandierender in Ägypten, ist Großbeamter der Großloge von England.

Winkel, Rechter, s. Winkelmaß.

Winkellogen, s. Winkelmaurerei.

Winkelmaß (frz. Equerre, engl. Square), das stets vom Stuhlmeister als Zeichen seiner Würde getragen wird, bildet auf dem Altar mit Bibel und Zirkel die drei „Großen Lichter" (s. d.) der freimaurerischen Symbolik. „Das W. ist das Symbol der Gewissenhaftigkeit, das die menschlichen Handlungen nach dem Gesetz der Rechtwinkeligkeit, d. h. nach Recht, Gerechtigkeit und Menschlichkeit ordnet und richtet, auf daß dieselben immer regelrecht seien und sich innerhalb der rechten Schranken der göttlichen und menschlichen Gesetze halten. Es wird angelegt an die menschlichen Handlungen, auf daß sie erkannt werden als frei von Eigennutz, getrieben von innerem Drang, ohne äußeren Zwang, in voller Erkenntnis des Rechten und Pflichtmäßigen" (R. Fischer, „Erläuterungen der Katechismen der Johannis-Freimaurerei"). Das W. hat auch, zusammen mit Wasserwaage und Senkblei, unter den „Beweglichen Kleinodien" (s. d.) seinen Platz (durch die alle Zeichen der Freimaurerei gebildet werden können) und gibt mit ihnen ein System überlegt gesetzter Richtlinien des freimaurerischen Handelns.

Der Meister vom Stuhl trägt das W. als Zeichen seiner Amtsgewalt und zur steten Mahnung an die ihm auferlegten Pflichten. Der rechte Winkel ruht auf seinem Herzen.

Auf die uralte Bedeutung des Winkels in kultischen Bünden hat Ludwig Keller (s. d.) überzeugend aufmerksam gemacht. Seine symbolische Deutung in Form des Winkelmaßes als konstruktives Werkzeug des rechten W. geht bis auf ägyptische Gottheiten (Osiris als Totenrichter) zurück. Das W. ist ein gemeinsames Kennzeichen aller Humanistenbünde und erscheint als solches oder in Monogrammen und bildlichen Darstellungen. So z. B. auf Dürers bekanntem Bilde „Die Melancholie".

Winkelmaurerei, Winkelloge (engl. Clandestine Lodge, frz. Loge irrégulière). Der Ausdruck hat im Deutschen eine besondere Schärfe (Winkelschreiber, Winkeladvokat!) und wäre daher besser durch: unregelmäßige Loge zu ersetzen. In der Geschichte der Freimaurerei sind sehr zahlreiche Fälle bekannt, daß heute als vollkommen regelrechte Logen anerkannte Körperschaften unregelmäßig gegründet worden sind. Immerhin hat sich im 19. und 20. Jahrhundert ein Kanon der Regelmäßigkeit herausgebildet, der die Unterscheidung gestattet. Bereits in Andersons Konstitutionen von 1723, „General Regulations", Punkt VIII, wird als Kennzeichen der Regelmäßigkeit verlangt, daß die in Frage stehende Loge ein Patent des Großmeisters haben müsse. Unregelmäßige Logen sind nach heutigem Sprachgebrauch und Rechtsanschauung alle diejenigen Logen, die kein derartiges Patent einer Großloge aufzuweisen haben, wobei wieder als Voraussetzung gilt, daß die patentierende Großloge selbst regulär sein muß. Ein Kennzeichen (wenn auch nicht Voraussetzung) der Regelmäßigkeit einer Großloge ist naturgemäß auch ihre stammbaummäßige Verknüpfung mit der Großloge von England (s. auch Anerkennung).

Logen, die keinerlei Großlogenpatent besitzen, gelten heute allgemein als unregelmäßig. Dasselbe gilt auch von Großlogen, die sich aus derlei Logen aufbauen. Es ist dabei gleichgültig, ob die gründenden Brr. regelmäßige Freimaurer sind oder nicht. Ohne Patent einer Großloge (bezw. Obersten Rates) gibt es keine Regularität, ebensowenig als es unabhängige Logen aus eigener Machtvollkommenheit einzelner Freimaurer geben kann (s. Unabhängige Logen).

Bezeichnend für alle irregulären Logen ist ihre Neigung, über kurz oder lang, trotz oft sehr radikaler Anfangsgesinnung, späterhin den Anschluß an die regelmäßige Freimaurerei zu suchen. Irreguläre Logen erledigen sich mit der Zeit immer von selbst. Es ist daher falsch, sie zu bekämpfen, wenn sie nicht — deutlich erkennbar — lediglich auf Geldschneiderei begründet sind.

In Amerika besteht in einer Reihe von Staaten neben der regulären Großloge auch eine irreguläre. Da in Amerika jedoch der Freimaurername in manchen Staaten gesetzlich geschützt und nur den regelmäßigen Freimaurern vorbehalten ist, so gelingt es der regulären Freimaurerei oft auf dem Wege gerichtlicher Entscheidungen, diese „clandestine bodies", wenn nicht zum Verschwinden, so doch zum Aufgeben des Namens zu verhalten (s. regulär, irregulär, regelmäßig, Regularisierung, gerecht und vollkommen).

Winkler, Karl Gottfried Theodor (Pseudonym: Theodor Hell), sächsischer Schriftsteller und Redakteur, * 1775, † 1856,

Vizedirektor des Dresdner Hoftheaters, war seit 1841 Großmeister der Großen Landesloge von Sachsen.

Winnipeg, Hauptstadt der kanadischen Provinz Manitoba, Sitz der Großloge von Manitoba. (Adresse: Masonic Temple, W.)

Wirsen, Carl David af, schwedischer Dichter, * 1842, † 1912, Lyriker der nachromantischen Richtung, Sekretär der Akademie, als Kritiker Gegner der Naturalisten, war Ritter des Ordens Karl XIII. (s. d.).

Wirt, William, amerikanischer Rechtsanwalt und Schriftsteller, * 1772, † 1843, unter den Präsidenten Monroe und John Quincy Adams Generalanwalt, war wohl der einzige Amerikaner, der jemals auf ein Programm, das nur „Antifreimaurerei" hieß, für die Präsidentschaft der USA. kandidierte. Als die Wellen der „Morganaffäre" (s. d.) am höchsten gingen, glaubten die Antimaurer die Volksverhetzung so weit gediehen, daß einem der ihren die höchste Würde der Vereinigten Staaten ohne weitere Plattform zufallen werde. Auf ihrem Nationalkonvent in Baltimore, 1831, nominierten sie W., obgleich er bis dahin als Gegner der Bewegung gegolten hatte. Das kam auch in einem Schreiben an das Komitee des Konvents zum Ausdruck, in dem er erklärte, er sei in jungen Jahren selbst einmal Mitglied einer Loge gewesen, hätte sich aber noch vor Erlangung des Meistergrades zurückgezogen, aber nicht etwa, wie er ausdrücklich hinzufügte, weil er irgend etwas gefunden habe, was geeignet gewesen sei, die Mitglieder des Bundes auch nur im geringsten mit ihren Pflichten gegen Staat und Gesetze in Widerspruch zu bringen. Aus dem Brief ging weiter hervor, daß er das Schlagwort des Tages, „Antimasonry", für eine Farce gehalten und es schmerzlich empfunden habe, einige seiner Freunde an einer „so wilden und ungerechten Verfolgung einer harmlosen Institution" beteiligt zu sehen. Aber der Gedanke, unter Umständen Präsident zu werden, erschien dann anscheinend doch zu verlockend; W. nahm die Kandidatur schließlich doch an, wohl in der Hoffnung, daß auch die national-republikanische Partei ihn unterstützen werde. Diese aber stellte Henry Clay auf. W. bereute seinen Schritt bald, er schrieb an die Führer seiner Partei, er habe nur den einen Wunsch, „aus dem Labyrinth dieser Nomination einen ehrenhaften Weg ins Freie" zu finden. Man ließ ihn aber nicht zurücktreten. Bei der Wahl blieben die Stimmen der Antimaurer hinter ihren bescheidensten Erwartungen zurück. Gewählt wurde der Demokrat und Freimaurer Andrew Jackson, W. erhielt eine einzige Staatsstimme, jene von Vermont.

Wirth, Oswald, gewesener Ministerialbibliothekar in Paris, * 1860, freimaurerischer Schriftsteller, Vertreter der streng esoterischen Richtung, Mitglied der Loge „Travail et Vrais Amis fidèles" (Grande Loge de France), Mitglied des Obersten Rates des A. u. A. Schottischen Ritus, Herausgeber der freimaurerischen Zeitschrift „Le Symbolisme", besonders verdient durch seine Instruktionswerke: „Le livre de l'Apprenti", „Le livre du Compagnon" und „Le livre du Maître", ferner „Le Symbolisme occulte de la Franc-Maçonnerie", „Le Tarot des Imagiers du Moyen Age", „L'Idéal Initiatique" u. a.

Wisconsin, Bundesstaat der Vereinigten Staaten von Nordamerika. Die 1853 gegründete Großloge zählte 1930 in 312 Logen 62.338 Mitglieder. Adresse: Masonic Temple, Milwaukee.

Wisdom, Strength, Beauty (engl.), Weisheit, Stärke, Schönheit.

Wissenschaften, Die sieben freien, des Altertums, spielen in den alten Manuskripten und auch in einzelnen freimaurerischen Ritualen eine Rolle. Sie sind: Geometrie (s. d.), Grammatik, Rhetorik, Logik, Arithmetik, Musik und Astronomie.

Wissenschaftliche Kommission der Großen Landesloge der Freimaurer von Deutschland wurde 1901 vom Landes-Großarchivar Wald (s. d.) angeregt und 1904 gegründet. Erster Vorsitzender war Wilhelm Begemann (s. d.). Die W. K. macht sich die Erschließung der Ordensarchive zur Aufgabe und gab bereits eine Reihe von bedeutenden Arbeiten aus der Geschichte der Großen Landesloge heraus. Mit wesentlicher Unterstützung der Kommission entstanden die grundlegenden Werke Begemanns über die Vorgeschichte der Freimaurerei in England, Irland und Schottland.

Wit, genannt von Dörring, Ferdinand Johannes, politischer Abenteurer, Spitzel gegen die Freimaurerei, * 1800 in Altona, † 1863, Burschenschafter, Freund von Karl Follen (Follenius), dem Führer der freiheitlichen „Unbedingten". Er wurde deshalb verfolgt, ging in die Emigration, lebte in London, dann in Paris, trat dort wahrscheinlich einer Loge bei, kam in Genf in Beziehungen zu dem neapolitanischen Lockspitzel Chirichone-Clerkon, der im Auftrage der österreichischen Machthaber in Neapel und Mailand Carbonari und Freimaurer ausspionierte. (Vergl. Lennhoff, „Politische Geheimbünde"). Er wurde durch diesen 1821 angeblich „Generalinspektor der Carbonaria für die Schweiz und Deutschland", wurde bald darauf bei Genf als politischer Delinquent verhaftet und durch verschiedene Gefängnisse geschleppt, wobei er sich, wie er behauptete, überall durch Freimaurer Erleichterungen zu verschaffen wußte. Durch Vermittlung des österreichischen Feldmarschalls Grafen Bubna, des Militärgouverneurs in Mailand, wurde W. ins dortige Gefängnis gebracht; angeblich hatte Bubna ihm diese Begünstigung als Freimaurer verschafft. W. tauchte später in Genf auf, wohin er mit Hilfe der „Sublimi Maestri Perfetti", eines Zweiges des Geheimbundes der „Adelfen" (der sich dem Schottischen Ritus entlehnter Grade bediente), geflohen sein will. Alle Anzeichen sprechen aber dafür, daß die Gründe der Überführung nach Mailand und die „Flucht" in die Schweiz in Wirklichkeit ganz anders aussahen, daß W. dem Grafen Bubna Spitzeldienste anbot und zu diesem Behuf freigelassen wurde. Die „Maestri Perfetti", denen W. angeblich soviel zu danken hatte, kommen in seinen von Denunziationen erfüllten „Fragmenten aus meinem Leben“ (2 Bände), in denen er all das erzählt, als — in seiner Phantasie — nur auf Fürsten- und Priestermorde sinnende Verschwörer sehr schlecht weg. Namentlich den „Patriarchen der Carbonari“, den in Paris lebenden patriotischen Schwärmer Buonarotti (s. d.), der alles andere denn ein Blutmensch war, suchte er zu einem solchen zu stempeln. Da W. auf seinen Irrfahrten immer wieder auf freimaurerische Hilfeleistung rechnete, tat er in seinen Büchern so, als unterscheide er zwischen der reinen symbolischen Freimaurerei und den Hochgradsystemen, die diese mißbrauchten. Nach Deutschland zurückgekehrt, wurde er wiederum verhaftet und mußte als „gefährlicher Demagoge“ neuerdings eine Wanderung durch bayrische, preußische, österreichische, dänische Gefängnisse antreten. 1827 endgültig in Freiheit gesetzt, ließ er sich in Oberschlesien nieder.

Witwensack (frz. tronc de bienfaisance) geht in vielen Logen vor Beendigung der Versammlung unter den Brr. herum, um „die Arbeit mit einem Werk der Liebe zu beschließen“, d. h. Spenden für die Wohlfahrtseinrichtungen der Loge zu sammeln.

Witwe, Söhne (Kinder) der, s. Sohn der Witwe.

Wohlfahrtsamt der deutschen Freimaurer. Die Schaffung eines zentralen W. d. d. F. ist ein Gedanke, der von Sanitätsrat Dr. med. Frey in Berlin wiederholt angeregt wurde, um eine gründliche Umgestaltung der freimaurerischen Wohlfahrtspflege anzubahnen, deren Einrichtungen, wie jene der gesamten privaten karitativen Tätigkeit, durch die Inflation und die schwere wirtschaftliche Krise arg in Mitleidenschaft gezogen wurden. (Vergl. „Mitteilungen des Vereins deutscher Freimaurer“ Nr. 46, November 1928.) Die Umgestaltung soll durch Schaffung einer die gesamte deutsche Freimaurerei umfassenden Zentrale geschehen, die die Selbständigkeit aller lebensfähigen, gleichartigen Einrichtungen nicht gefährdet, dagegen die Zersplitterung und Verzettelung von Mitteln an nicht lebensfähige Lokalinstitutionen vermeiden will. Am 17. Oktober 1930 fand in Leipzig eine Zusammenkunft von Vorsitzenden verschiedener großer freimaurerischer Wohlfahrtsunternehmungen Deutschlands statt („Rat und Tat“, Frankfurt am Main, „Schwerter-Erholungsheim“, Dresden, „Bruderhilfe“, Leipzig, „Fürsorge“, Dresden, Freimaurerinstitut, Dresden), die volle Übereinstimmung darüber ergab, daß ein organisatorisches Zusammenfassen der werktätigen Bruderhilfe nötig und durchführbar sei. Es wurde angeregt, bei jeder Großloge einen Wohlfahrtsausschuß einzusetzen, dem die Vorsitzenden der in den einzelnen Großlogenbezirken arbeitenden freimaurerischen Wohlfahrtsunternehmungen anzugehören hätten. Als anzustrebendes Ziel wurde die Zusammenfassung aller Wohlfahrtsausschüsse zu einem Reichswohlfahrtsausschuß der deutschen Freimaurer bezeichnet.

Wohlfahrtspflege galt den Freimaurerlogen von Anbeginn an als eine der wesentlichsten Pflichten und edelsten Formen der Arbeit nach außen. Ursprünglich nur auf Mitglieder des Bundes und deren Angehörige beschränkt, wird sie heute vielfach im weitesten Maße auch auf Fernstehende erstreckt. Allerdings gehen die Meinungen darüber auseinander, ob die Taten ad extra sich in dieser karitativen Betätigung allein zu erschöpfen haben (s. Aktivismus).

Wohlfahrtspflege der englischen Freimaurerei. Wohltätigkeit ist am systematischesten und großzügigsten von der englischen Freimaurerei organisiert worden. Bereits unter der Großmeisterschaft von Lord Dalkeith, 1723, wurde ein Großlogenkomitee für Wohltätigkeit, committee of charity, gegründet und im Anschluß an den Fall Henry Prichard (s. d.) und das Unterstützungsgesuch des ersten Großmeisters Sayer die Schaffung eines Wohlfahrtsfonds angeregt. 1729 drang Desaguliers (s. d.) auf Schaffung organisierter Hilfeleistung, zunächst für bedürftige Brr. Daraufhin wurde der früher beschlossene Wohlfahrtsfonds aktiviert. 1739 stellte die Großloge einen ansehnlichen Betrag für den wegen seiner freimaurerischen Gesinnung von der Inquisition eingekerkerten Florentiner Freimaurer Tommaso Crudeli zur Verfügung.

1788 wurde auf Initiative des Chevalier Ruspini (Groß-Schwertträger 1792—1813), eines anglisierten Italieners, unter der Patronanz der „Moderns“ ein Mädchen-Internat, die „Royal Cumberland Freemasons School“, gegründet, zunächst zur Aufnahme von 15 Töchtern von dahingegangenen Freimaurern. 1814 betreute die Anstalt bereits 65 Mädchen, 1852 wurde ein neues großes Haus erbaut, dem seither eine ganze Reihe modernster Gebäude angegliedert wurde. Seither wurde die jetzige Royal Masonic Institution for Girls ständig ausgebaut. 1918 trat eine Teilung ein: für jüngere Mädchen wurde eine eigene Anstalt errichtet. Augenblicklich werden in diesen beiden Schulen etwa 400 Mädchen intern erzogen. Dazu kommen fast 700 Externistinnen und eine ganze Anzahl von Mädchen, denen die Mittel zum Universitätsstudium zur Verfügung gestellt werden. Bereits sind Pläne für eine weitere Schule für 400 ältere Mädchen ausgearbeitet.

1798 schufen die „Antients“ eine Institution für Knaben, deren Protektor der Großmeister Herzog von Atholl war. An deren Wiege, ebenso an der eines ähnlichen Instituts, das unter den Auspizien der „Moderns“ 1808 entstand, standen bemerkenswerterweise Brr. aus Seefahrerlogen. Die Entwicklung erfolgte ähnlich wie bei der Mädchenanstalt. Nachdem die beiden Schulen zusammengelegt worden waren, nahm die Royal Masonic Institution for Boys einen starken Aufschwung. 1857 wurde eine große Schule in Wood Green, Tottenham, eröffnet, die 1903 in einen weit prächtigeren größeren Gebäudekomplex in Bushey übersiedelte, nachdem das Jahresfest dieser Institution von 1898 für diesen Zweck 141.000 englische Pfund erbracht hatte. Diese Anstalt, in der ständig 400 Internisten erzogen werden, hat sich nach dem Weltkrieg, in dem so viele Freimaurer fielen, ebenfalls als zu klein erwiesen. Es kam eine „Junior School", für wieder 400 Kinder hinzu. Wie bei den Mädchen ist auch bei den Knaben die Zahl der Externisten sehr beträchtlich.

Seit 1842 wurde auch die Hilfe für alte Freimaurer und Witwen planmäßig organisiert, nachdem einige Jahre zuvor Dr. R. Th. Crucefix (s. d.) nachdrücklichst dafür zu plädieren begonnen hatte: die Royal Masonic Benevolent Institution for Aged Freemasons and Widows of Freemasons unterhält ein Altersheim in Croydon und beteilt außerdem jährlich 1600 Brr. und Witwen mit Pensionen.

Seit 1920 existiert in London das aus einem freimaurerischen Kriegsspital hervorgegangene Freemasons Hospital and Nursing Home. Ein Fonds von 250.000 englischen Pfund zu dessen Ausbau wird seit 1930 gesammelt. Zu den Erhaltungskosten des Spitals tragen 1600 Logen bei.

Die Betriebsmittel für die drei Institutionen werden ausschließlich aus freiwilligen Beiträgen von Brr. aufgebracht, zum größten Teil bei den Jahresfesten (Annual Festivals), bei denen die Stewards (s. d.), d. h. die Brr., die bestimmte Summen selbst beitragen oder aufbringen, mit besonderen Abzeichen beteilt werden. Die Jahresfeste stehen unter der abwechselnden Patronanz eines der Provinzial-Großmeister, für dessen Provinz es jeweils Ehrensache ist, in ganz besonderem Maße zur Förderung des betreffenden Wohlfahrtszweckes beizutragen.

Außerdem verfügt schließlich die Großloge über einen eigenen Wohlfahrtsfonds (Benevolence Fund), der, vom Board of Benevolence verwaltet, über 250.000 Pfund stark ist und jährlich zirka 36.000 Pfund ausschüttet. Das Jahreseinkommen der drei „Institutions" beläuft sich durchschnittlich auf gegen 350.000 Pfund. Die gesamten Jahresspenden der englischen Freimaurerei für Wohlfahrtszwecke werden auf eine Million Pfund beziffert.

Wohltätige Ritter der heiligen Stadt (frz. Chevaliers bienfaisants de la Cité Sainte), s. Rektifizierter Schottischer Ritus.

Wohltätigkeit, s. Caritas und Wohlfahrtspflege.

Wohltätigkeit, Ritter der, s. Ritter der Wohltätigkeit.

Wolf, Friedrich August, deutscher Altphilologe, * 1759, † 1824, Professor in Halle, Mitglied der Akademie der Wissenschaften in Berlin, bahnbrechender Schriftsteller auf dem Gebiet der Altertumswissenschaft („Prolegomena ad Homerum"), Herausgeber zahlreicher griechischer und römischer Klassiker, war in Göttingen („Zum goldenen Zirkel") und Halle („Zu den drei Degen"), freimaurerisch tätig.

Wolff.

1. Christian Freiherr von, deutscher Philosoph und Mathematiker, * 1679, † 1754, der bedeutendste Vertreter der Volksaufklärungs-Philosophie in Deutschland, Rationalist, Hauptwerk: die sieben Bände „Vernünftige Gedanken...", war wohl nicht Freimaurer, aber sein Rationalismus, teilweise seine Wissenschaft von der Glückseligkeit und sein Streben, die Menschen zu bilden, fanden Eingang in die Logen seiner Zeit. W.s Satz vom Streben, „den Verstand zu erleuchten und das Herz für die Tugend zu erwärmen", ging in manche Rituale über. „Das Ideal des weisen Mannes, der gelassen und wohlwollend, hochsinnig und heiter durchs Leben geht, dessen Herz sich selber kennt, seinen Mitmenschen warm entgegenschlägt und auch in seiner letzten Stunde unerschüttert ist", hat heute noch in der Freimaurerei Gültigkeit.

2. Julius, deutscher Dichter und Schriftsteller, * 1834, † 1910, bekannt namentlich durch den „Rattenfänger von Hammeln", hatte mit seinen geschichtlichen Romanen „Der Raubgraf", „Der Sachsenspiegel" usw. großen Erfolg, war Mitglied der Quedlinburger Loge „Zur goldenen Waage".

3. Gustav, österreichischer Oberst a. D., aktivistischer Verfechter der Restauration der Habsburger, Führer der „Kaisertreuen Volkspartei", propagiert seit 1929 einen in Wien abzuhaltenden Antifreimaurer-Kongreß als „Fortsetzung des Antifreimaurer-Kongresses von Trient 1896", der den Standpunkt vertreten soll, daß nicht im trügerischen Zeichen von Freiheit, Gleichheit und Brüderlichkeit, sondern nur im heiligen Dreigestirn von Autorität, Ordnung und Gerechtigkeit eine Rettung Mitteleuropas vor der bolschewistischen Welle möglich ist". Die Tagung wurde immer wieder verschoben, als Gründe für deren schließliches Nichtzustandekommen führte W. („Neuigkeits-Weltblatt", Wien, 4. März 1931) an: „die irrtümliche Auffassung vieler Kreise, daß Judentum und Freimaurerei identische Begriffe seien", die Schwierigkeit, angesichts des „radikal sich manifestierenden Nationalismus" in Deutschland, Österreich und Ungarn eine mittlere Linie zu finden, ferner „Indolenz, Gleichgültigkeit und Feigheit mancher Kreise" und den geringen Erfolg der Bemühungen, auch tschechoslowakische und jugoslawische Kreise in den internationalen Antifreimaurerring einzubeziehen".

Wolfgang, Leopold, Kaufmann in Frankfurt a. M., * 1862, aufgenommen 1898 in der Loge „Zum Frankfurter Adler", eifrig freimaurerisch-journalistisch tätig, veröffentlichte in deutschen freimaurerischen Blättern zahlreiche wichtige Beiträge zur Erkenntnis des Wesens der romanischen, namentlich italienischen Freimaurerei.

Wolfradt, Balthasar, Geheimer Oberregierungsrat, * 1864, begann seine Laufbahn als Offizier, im Weltkrieg Armeeintendant unter Hindenburg, dann in der Kriegsverpflegsabteilung des preußischen Kriegsministeriums tätig, Ministerialrat im Reichsschatzministerium, wurde 1891 in der Greifswalder Loge „Carl zu den drei Greifen" aufgenommen, Stifter der Feldloge „Zum deutschen Schwert im Osten“ in Mitau, kurze Zeit deren Meister vom Stuhl, entsprechend seinem wechselnden Wohnsitz nacheinander Mitglied mehrerer Logen (gegenwärtig „Minerva“, Potsdam), ist Ordensmeister der Großen Landesloge.

Wolfram, Gerhard, antifreimaurerischer Schriftsteller in Dessau (Tannenbergbund), forderte 1929 in Stade zum geschäftlichen Boykott der Freimaurer auf. Das Landgericht Stade erließ nach erfolgter Klage das Verbot, bei Meidung einer Gefängnisstrafe von einem Monat, bezw. einer Geldstrafe von tausend Mark für jeden Fall der Zuwiderhandlung Logenmitglieder öffentlich bekanntzugeben oder in einer anderen Weise kenntlich zu machen oder eine derartige Bekanntmachung oder Kenntlichmachung zu dulden.

Wolfstieg, August, Prof. Dr., Geheimer Regierungsrat, Bibliotheksdirektor des Abgeordnetenhauses in Berlin, freimaurerischer Forscher, * 1859, † 1922. Er gestaltete die von ihm verwaltete Büchersammlung zu einer hervorragenden wissenschaftlichen Institution aus. Daneben erschloß er in der von ihm geführten Bibliothekarinnenschule der gebildeten Frauenwelt diesen Beruf. Auf den Weltausstellungen in Paris 1900 und St. Louis 1904 Reichskommissär für Buchwerke und Bibliothekwesen. Neben der Berufsarbeit stand W. die Tätigkeit für die Freimaurerei an erster Stelle. Diese hielt ihn auch aufrecht, als in den letzten Lebensjahren seine Augen fast erblindeten. 1899 wurde er in der Loge „Pythagoras zum flammenden Stern“ in Berlin aufgenommen; 1901—1904 war er Stuhlmeister. Die Arbeit an der Bibliographie der freimaurerischen Literatur (s. d.) wurde sein Lebensinhalt. Dieses großartige dreibändige Werk erschien 1911—1913. Aber nicht ihr allein galt seine Arbeit, er war auch rege schriftstellerisch tätig; die Schriften „Christentum, Humanität und Freimaurerei“, „Am rauhen Stein“, die Aufsatzsammlung „Der freimaurerische Gedanke“ u. a. zeugen von restlosem Aufgehen in der Idee der Königlichen Kunst. 1914 erging an ihn die Aufforderung Alfred Ungers, zum Johannistag 1917 — Zweihundertjahrfeier der Freimaurerei — den deutschen Freimaurern ein Buch zu bieten, das die geistesgeschichtlichen Ursprünge und Zusammenhänge der Freimaurerei streng geschichtlich klarlegen sollte. 1920 lagen die drei Bände „Ursprung und Entwicklung der Freimaurerei“ vor und fanden die ungeteilte Anerkennung aller sachkundigen Beurteiler. Er nahm dann einen Ergänzungsband in Angriff, der sich zu einem zweibändigen Werke weitete. Da sein Gesundheitszustand ihn bei der Arbeit der Drucklegung behinderte, übernahm Alfons Dirksen diese Aufgabe. Dieses Werk erschien unter dem Titel „Die Philosophie der Freimaurerei“, Band I: „Freimaurerische Arbeit und Symbolik“, Band II: „Die geistigen, sittlichen und ästhetischen Werte in der Freimaurerei und ihre Bedeutung für die Gegenwart“. Die beiden Publikationen stellen unter dem Gesamttitel „Werden und Wesen der Freimaurerei“ ein Werk dar, das dem reichen, echten, freimaurerischen Gemüte, mit dem W. die tiefsten Werte und das innerste Leben der Freimaurerei erfaßte, ein bleibendes Denkmal sichern wird. Als Mensch war W. von einer scharf geprägten, in sich geschlossenen, äußerlich rauhen, aber doch offenen und vornehmen Wesensart.

Wolfstieg-Gesellschaft (Deutsche Gesellschaft zur Förderung freimaurerisch-wissenschaftlicher Forschung), die, 1913 gegründet, während der Inflationszeit vorübergehend ihre Arbeit einstellen mußte und 1926 anläßlich der Tagung des Vereins deutscher Freimaurer in Bad Homburg zu neuem Leben erweckt wurde, veröffentlicht ihre wichtigsten Studienergebnisse in Heften.

Wöllner, Johann Christoph von, preußischer Staatsminister und Chef des Departements der geistlichen Angelegenheiten, * 1732, † 1800, erst Geistlicher, dann aus Gesundheitsrücksichten Landwirt; als solcher schriftstellerisch tätig. Von König Friedrich Wilhelm II. geadelt und zum Geheimen Oberfinanzrat und Intendanten des Königlichen Bauwesens, 1788 zum Justizminister usw. ernannt. Ein ehrgeiziger Mann, von zelotischer Gesinnung, erließ er, kaum Minister geworden, sein berüchtigtes Religionsedikt; durch dieses und andere Maßnahmen, die sein Einfluß auf den König durchsetzte wußte er fast alles wieder zu zerstören, was unter Friedrich dem Großen an Aufklärung und tolerantem Geist ins Land gekommen war. Mit Recht hat man ihn einen der Totengräber des alten Preußen genannt. Auch der Freimaurerei fügte er erheblichen Schaden zu. 1766 wurde er Mitglied der Berliner Loge „Zur Eintracht“, spielte dann in der Strikten Observanz als Präfekt der Präfektur Templin (Berlin) eine Rolle und wurde hierauf Altschottischer Obermeister und 1791 Zugeordneter Großmeister der National-Mutterloge „Zu den drei Weltkugeln“. Im Verein mit dem General von Bischoffswerder (s. d.) gab er sich der Rosenkreuzerei in ihrer phantastischesten Form hin. Durch „magische Künste“ gewannen die beiden den König noch als Prinzen ganz für sich. Im Charlottenburger Schloß weihten sie ihn in die „Mysterien“ des Rosenkreuzertums ein. Mit Hilfe der Apparate, die der Leipziger Schwindler Schrepfer für seine spiritistischen Séancen verwendet hatte, ließen sie vor dem Prinzen Geister erscheinen, die strenge Ermahnungen an ihn richteten. Dieser zweifelte nicht einen Augenblick an der mystischen Macht seiner Meister, die dann den Geisterzauber zu einer ständigen Einrichtung erhoben. Friedrich Wilhelm wußte nicht, daß hinter den Erscheinungen der sächsische Bauchredner und Physiognomiker Steinert (s. St.-Loge) stand. Was W. und seine Umgebung anstrebten, gelang ihnen vollkommen. Finanzen, Justiz, geistliche und Schulangelegenheiten, Handelsgesetzgebung und auch auswärtige Politik kamen in ihre Hände. Die oberste Schulaufsicht wurde geradezu als Ordensangelegenheit der Rosenkreuzer betrachtet. Der Bann, in dem W. den König hielt, wirkte sich derart aus, daß Arnold Marx („Das Freimaurermuseum", Bd. V.) sein Treiben mit dem Wirken Rasputins in Parallele setzt. Mit größter Energie bekämpfte er den Illuminatenorden, dem, gleich den Rosenkreuzern, das Freimaurertum als das ergiebigste Feld der Werbung erschien. Er verschmähte selbst nicht die Bundesgenossenschaft mit bayrischen Illuminaten, obgleich er deren Brr. in Preußen ausgesprochen feindlich begegnete. In Rundschreiben ließ er die Illuminaten als revolutionäre und atheistische Sekte, als „gefräßige Wölfe" als „Seelenmörder" bezeichnen. Die Deklaration der „Drei Weltkugeln" gegen die Illuminaten von 1783 war auf den rosenkreuzerischen Einfluß zurückzuführen.

Der „Signatstern" (s. d.) enthält die nachgelassenen maurerischen Papiere des Ministers, der schließlich das Vertrauen seiner Brr. Freimaurer vollständig verloren hatte.

Wolseley, Garnet Joseph, Lord, britischer Feldmarschall, * 1833, † 1913, war 1895 bis 1900 Oberbefehlshaber des britischen Heeres. Er wurde 1887 Großaufseher der Großloge von England. Eine von ihm mitbegründete Temperenzlerloge in Manchester trägt seinen Namen.

Wood, Leonard, amerikanischer Generalmajor, * 1860, † 1927, Freund Roosevelts, mit dem er im Spanisch-Amerikanischen Krieg das Regiment der Rough Riders aufstellte, trug 1899—1902 als Militärgouverneur von Kuba bedeutend zur Verbesserung des Schul- und Gesundheitswesens bei, bis 1914 Chef des Generalstabes, zuletzt Generalgouverneur der Philippinen, wurde auf dem republikanischen Nationalkonvent 1920 als Präsidentschaftskandidat genannt, war Freimaurer.

Woodford, Adolphus Frederick Alexander, Reverend, * 1821, † 1887, erst Offizier, dann Geistlicher, aufgenommen 1842 in der Lodge of Friendship, Gibraltar, war einer der fruchtbarsten englischen freimaurerischen Schriftsteller und einer der hervorragendsten Redner der Großloge von England, in der er 1863 das Amt des Grand Chaplain erhielt. In den von ihm von 1873—1885 herausgegebenen Blatt „The Freemason", in dem von ihm 1873 gegründeten „Masonic Magazine", das neun Jahre lang erschien, und in den „Transactions, der unter seiner aktiven Mitwirkung begründeten Quatuor Coronati Lodge, veröffentlichte er viele wertvolle Ergebnisse seiner historischen Studien. 1878 erschien sein Hauptwerk „Kenning's Masonic Cyclopaedia". Andere wertvolle Schriften: „The connection of York with the History of Freemasonry in England", „Sloane M. S. Nr. 3329", „Defence of Masonry".

Wooster, David, General im amerikanischen Unabhängigkeitskrieg, * 1710/11, gefallen 1777, Führer der Freimaurerei von Connecticut in ihrer Frühzeit, erster Stuhlmeister der ersten, 1750 gegründeten Hiram Lodge Nr. 1 in New Haven.

Wormser Manifest, s. Manifest, Wormser.

Worsfold, Sir Thomas Cato, Erster Baronet, englischer konservativer Politiker, Schriftsteller und bekannter Rechtsanwalt, Verfasser von „The French Stone Henge", „The Serpent Column at the Delphic Oracle", ist Freimaurer.

Worshipful (engl.), (frz. vénérable, deutsch ehrwürdig), ist die Titulatur des Meisters vom Stuhl. Die Bezeichnung stammt aus dem Gildenbrauche. So nannte sich die Gilde der Spezereiwarenhändler W. Company of Grocers, ebenso die anderen Gilden. Im englischen, und von da abgeleitet im amerikanischen Großlogengebrauch wird das Wort W. gesteigert. So ist der Großmeister Most W., ebenso der Pro Grandmaster und ihre Vorgänger. Der Deputierte Großmeister, der Provinzial- und Distrikts-Großmeister, die Großaufseher sowie alle Personen, die diese Ämter bekleidet haben, heißen Right W. Dem Großkaplan, Großschatzmeister, Grand Registrar, dem Präsidenten des Board of General Purposes, dem Großsekretär, dem Grand Director of Ceremonies gebührt der Titel Very W. Die übrigen Großbeamten führen den Titel W. schlechtweg.

Wort (engl. word, frz. mot, parole), als Erkennungszeichen in Bünden überall verbreitet. So das biblische Erkennungswort Schiboleth u. a. In der Dreiheit: Zeichen, W. und Griff als Erkennungszeichen für die Zugehörigkeit zur Freimaurerei. In den Steinmetzenbauhütten war das W. wahrscheinlich nicht allgemein üblich, da hier als Erkennungszeichen das Grußgespräch (s. Briefler und Grüßler) verwendet wurde. Doch scheinen die Steinmetzen Schottlands ein derartiges W. im Gebrauch gehabt zu haben, denn es heißt von den als Baufórderern bekannten Earls of Rosslyn (s. d.), daß sie gebunden waren, das Maurerwort anzunehmen. Plot (s. d.) in seiner Landschaftsbeschreibung von Staffordshire (1686) spricht vom Maurerwort als einer bekannten Einrichtung, ebenso im gleichen Zeitraum Aubrey (s. d.) in seiner Beschreibung von Wiltshire. Noch früher (1638) wird in „The Muses Threnodie" von den Rosenkreuzern berichtet:

„For we be Brethren of the Rosie Cross,
We have the Masons Word and second sight."
(Wir sind die Brüder vom Rosenkreuz,
Wir haben des Maurers Wort und das zweite Gesicht.)

Im Sloane-Manuskript Nr. 3 (1640—1700) wird das W. wiedergegeben, und zwar in einer Form, die nichts anderes ist als eine sprachlich korrumpierte Form des heute noch üblichen W. Die Weitergabe des W. gehörte zu jenen Ritualgebräuchen, die in den alten Manuskripten nicht schriftlich vermerkt sind. Es läßt sich daher schwer feststellen, wann der Gebrauch des W. als maurerisches Erkennungszeichen allgemein üblich wurde, und ob die ersten W.-Formen in allen Bauhütten und Logen auch übereinstimmten.

Mit der Entwicklung der spekulativen Maurerei wurde das W. allgemein und in gleicher Form überliefert und ist seither in der Freimaurerei einer jener sehr wenigen Bestandteile geblieben, die geheimzuhalten sind. Die zahlreichen Hochgrade nahmen den Brauch auf, und so ist die Zahl der W., die als Erkennungszeichen dienen, unübersehbar gewachsen. Auch andere Bünde, so die „Odd Fellows", haben den

Gebrauch von Paß-W. übernommen. (Bei der 1930 tagenden Jahresversammlung des Manchesterzweiges dieses Bundes, die sich im übrigen mit Krankenversicherungsangelegenheiten beschäftigte, wurden mehrere Delegierte nicht zugelassen, weil sie das W. vergessen hatten!)

Der oben erwähnte Plot läßt auch eine weitere Bedeutung des W. erkennen. Es dient nicht nur als Erkennungszeichen schlechtweg, es soll auch in Notlagen den unbekannten Br. zu Hilfe rufen. Daher bei Plot die Andeutung, daß jeder Freimaurer auf Grund der ihm gegebenen Zeichen verpflichtet sei, Hilfe zu leisten, „selbst von der Kirchturmspitze herunter, und selbst wenn es ihm ungelegen kommt" (s. Not- und Hilfszeichen). Eine Eigentümlichkeit der Freimaurer-W. ist es, daß sie nur in ganz bestimmter Weise und nur im Beisein einer zweiten Person gegeben werden können. Diese Eigenart geht auf kultische Bräuche, die schon im klassischen Altertum üblich waren, zurück.

Wort, Das verlorene (engl. the lost word, frz. la parole perdue). Nach der Kunstsage besaß Hiram ein bestimmtes Wort, das nicht anders als ein Zauberwort aufgefaßt werden kann, das ihm seine Mörder abringen wollten und das dank seiner Beharrlichkeit mit seinem Tod verlorenging. Salomo ersetzte es durch ein anderes, bleibendes Wort (substitute word). In den Hochgraden des A. u. A. Schottischen Ritus, aber auch im amerikanischen Ritus (s. d.) wird der Suche nach diesem Worte und seiner neuerlichen Auffindung eine Reihe von dramatischen Szenen gewidmet, wobei u. a. auch die Enochlegende eine große Rolle spielt. In der heutigen Bausagenüberlieferung ist die Wurzel dieses geheimnisvollen v. W. bereits ziemlich überdeckt. Sicherlich spielen hier alte kabbalistische Überlieferungen mit, die auf das von Enoch vor der Sintflut verborgene unaussprechliche Wort, den geheimnisvollen Gottesnamen, anspielen. Die Suche hat natürlich auch damit zu tun, daß nach der freimaurerischen Lehre nicht nur der Kandidat ein Suchender ist, sondern der Freimaurer immer ein solcher bleibt, immer um Licht, um Wahrheit ringt. Dieses stete Suchen findet auch in den immer wiederkehrenden Wanderungen, „mystischen Reisen", seinen Ausdruck.

Worthies, The nine (engl.), auch „Nine Excellent Masters", von 1792—1813 von der Großloge der „Ancients" (s. d.) alljährlich aus Delegierten der Logen von London und Westminster gewähltes neunköpfiges Kollegium, das über die Ritualeinheit zu wachen hatte.

Wort und Tat, Freimaurertragödie von Eugen Wald (Pseudonym), antifreimaurerisches Hetzstück, wurde 1906 erstmals in Kaiserslautern aufgeführt. Der dritte Akt zeigt eine Tafelloge.

Wraxall, George Abraham Gibbs, erster Baron, * 1873, Whip (Einpeitscher) der englischen konservativen Partei, war Provinzial-Großmeister von Bristol. † 1931.

Wrede-Sparre, Axel Ericson, Graf, * 1708, † 1772, schwedischer Offizier, 1768 Generalmajor der Kavallerie und Präsident des Kriegsamtes, 1770 Oberstatthalter in Stockholm wurde 1731 in Paris in eine Loge aufgenommen und errichtete 1735 in Stockholm die erste Freimaurerloge, die 1737 von Scheffer (s. d.) anerkannt wurde. 1753 trat Graf W.-S. mit acht Mitgliedern seiner Loge der vom Grafen Posse 1752 gestifteten Loge „St. Jean auxiliaire" bei. Die Akten seiner Bauhütte befinden sich im Stockholmer Großlogenarchiv. W.-S. selbst, der als Gründer der Freimaurerei in Schweden bezeichnet werden kann, machte sich nach 1753 freimaurerisch nicht mehr bemerkbar (s. Schweden).

Wren, Sir Christopher, Baumeister, * 1632, † 1723, der Begründer des augusteischen Stils in England und Erbauer der St. Pauls-Kathedrale in London, wird als Freimaurer und Großmeister der Freimaurer bezeichnet. Ob W. überhaupt zu den Londoner Logen in Beziehung stand, ist eine der meistumstrittenen Fragen der englischen Freimaurergeschichte, an der Berufene und Unberufene immer wieder ihren Witz versuchen. Das vorliegende verläßliche Material besteht im wesentlichen aus folgenden Stücken: In der ersten Ausgabe der Konstitution von Anderson wird W. erwähnt als „ingenious Architect". In der zweiten Ausgabe wird Anderson ausführlicher. Er macht William III. zum Freimaurer und läßt ihn die 1685 erfolgte Wahl von W. zum Großmeister bestätigen. Dann heißt es: „Einige Jahre später (d. h. nach der Beendigung der St. Pauls-Kathedrale, 1708) vernachlässigte W. das Amt als Großmeister, aber die alte Loge bei St. Paul und einige andere setzten ihre regelmäßigen Sitzungen fort." Als W. 1723 starb, brachte die Londoner Zeitung „The Postboy" seine Todesanzeige, in welcher W. als „that worthy Freemason" bezeichnet wird. Wobei zu bemerken wäre, daß in der gleichen Zeitung auch die Konstitutionen Andersons angekündigt wurden, und daß der Redakteur hier vielleicht dem Vertrieb dieses Buches ein wenig nachhelfen wollte, indem er W. als Freimaurer bezeichnete. Die anderen Zeitungen, die selbstverständlich an diesem Todesfall nicht vorübergehen, wissen nichts von W., dem Freimaurer. Als Beweis wird weiters herangezogen die Aufzeichnung John Aubreys (s. d.), der 1691 auf der Rückseite seines Manuskriptes, Seite 72, einträgt: Am 18. Mai 1691 soll eine Versammlung in der St. Paulskirche der accepted masons stattfinden, wo Sir Christopher W. „is to be adopted a Brother". Aubrey kündigt also bloß ein Ereignis an, ob die Aufnahme stattgefunden hat, ist nicht zu ersehen. In den alten Protokollen der Loge „Goose and Gridiron" wird 1722 der Hammer erwähnt, der bei der Grundsteinlegung der St. Pauls-Kathedrale verwendet wurde. 1723 wird beschlossen, drei Armleuchter, die der Loge von ihrem alten würdigen Meister Christopher W. zum Geschenk gemacht worden sind, in einer ausgeschlagenen Holzkiste zu verwahren. Hier hat aber Wonnacott (A. Q. C. XXV, 167) die wichtige Feststellung gemacht daß dieser Teil des Protokolls 1768 zur Vervollständigung der vorhandenen Protokollbücher aus dem Gedächtnis nachgetragen wurde, da die Originale verlorengegangen sind.

Den Gewährsmännern der W.-Überlieferung

haftet also insgesamt ein Mangel an. Gould, der im dritten Band seiner „History" der W.-Frage 55 Seiten widmet, kommt daher zu einem recht resignierten Schluß: „Der populäre Glaube, daß W. Freimaurer war, kann nach meiner Meinung in keiner Weise begründet werden. Die Aufnahme des großen Architekten in die Freimaurerbruderschaft scheint mir eine Fiktion oder phantastische Erfindung zu sein aber es muß zugegeben werden, daß dies nicht als absolut sicher higestellt werden kann."

Ganz unwahrscheinlich ist die Behauptung Andersons, daß W. durch sein mangelndes Interesse an den Logen gewissermaßen indirekt den Anstoß zur Großlogenbildung gegeben habe. Eine Großloge hat vor 1717 nicht bestanden und Anderson weiß 1723 noch nichts von W. als Großmeister. Auf eine Erfindung mehr oder weniger kommt es diesem ersten „Historiker" der Freimaurerei erfahrungsgemäß nicht an. Nur hat er sich wahrscheinlich gehütet, W. zu seiner Geschichte in Beziehung zu bringen, weil W. zur Zeit der Abfassung der Konstitutionen noch unter den Lebenden weilte. Der kritischere Historiker unserer Tage wird sich mit einem non liquet begnügen müssen.

Wright, Dudley, englischer freimaurerischer Schriftsteller, * 1868, Verfasser von Werken aus der Religionsgeschichte, gewesener Redakteur von „The Freemason", Leiter der von ihm gegründeten Wochenschrift „Masonic News", Neubearbeiter des freimaurerischen Geschichtswerkes von Gould, lebt in London. Hauptwerke u. a. „Englands Masonic Pioneers", „Robert Burns and Freemasonry", „Masonic Legends and Traditions", „Roman Catholicism and Freemasonry", „The Ethics of Freemasonry", „Masonic Who's Who", „Woman and Freemasonry", „Elias Ashmole". Nichfreimaurerische Werke u. a.: „A Manual of Buddhism", „Eleusinian Mysteries and Rites", „Was Jesus an Essene?", „Vampires and Vampirism", „Druidism", „The Talmud".

Wu, C. C., chinesischer Diplomat, * 1886, Mitglied des Kuomintang, Vizeminister für äußere Angelegenheiten in Kanton, dann Gesandter der Nanking-Regierung in Washington, 1932 Außenminister, ist Freimaurer.

Wundersüchtigen, Die, Erzählung von Ludwig Tieck, in der die Zeit, in der Goldmacherei, Schatzgräberei, Traumdeuten, Rosenkreuzerei sich im Freimaurertum breit machten und arge Verwirrung anrichteten, also die Epoche um 1770, geschildert wird. Die Schwindler, die damals die Freimaurerei für dunkle geschäftliche Zwecke mißbrauchten (Cagliostro, Schrepfer, Johnson usw.), sind treffend charakterisiert.

Wurmser, Dagobert Sigismund, österreichischer Feldmarschall, * 1724, † 1797, als gebürtiger Straßburger erst in französischen Diensten, nahm dann als österreichischer General am Siebenjährigen Krieg teil, im Bayrischen Erbfolgekrieg erfolgreich, 1793 Oberbefehlshaber der Armee am Oberrhein gegen Frankreich, 1796 Oberbefehlshaber in Italien, war Mitglied der Prager Loge „Wahrheit und Eintracht".

Württemberg, süddeutscher Freistaat, ehemals Königreich. Die erste Loge entstand durch Verlegung der Magdeburger Drei-Weltkugel-Loge „Zur vollkommenen Einigkeit" nach Ludwigsburg, die sich dann 1768 mit der ersten Stuttgarter Bauhütte „Zu den drei Cedern" vereinigte, deren Mitgründer Waechter (s. d.) war. Die zwei Logen trennten sich bald wieder, die in der Hauptstadt schloß sich der Frankfurter Provinzialloge an. Zur Zeit der Strikten Observanz bildete Stuttgart als Herrenburg ein Prioratskapitel. Herzog Friedrich Wilhelm Karl, der nachmalige erste König von W., war dessen Mitglied (1778), ebenso der Bürgermeister der Reichsstadt Heilbronn (die 1802 W. einverleibt wurde), Roßkampf, der, 1776 in der Stuttgarter Loge „Zu den drei Cedern" aufgenommen, bei der Entlarvung der Schwindler Gugomos (s. d.) und Tourouvre s. d.) eine entscheidende Rolle spielte. 1784 verbot der despotisch regierende Herzog Karl Eugen die freimaurerische Arbeit. Die Logen stellten die Arbeiten ein, nachdem die Stuttgarter Loge bereits 1780 ihre Tätigkeit stark eingeschränkt hatte. 1789 erhielt die Loge „Asträa zu den drei Ulmen" in Ulm ein englisches Patent, mußte 1794 ihre Tätigkeit aber wieder einstellen. 1807 nahm sie die Arbeiten wieder auf, doch bereitete königlicher Befehl diesen 1810 wieder ein Ende, obwohl Herzog Heinrich Friedrich Karl, Mitglied dieser Bauhütte, sich bemühte, das Auflösungsedikt zu verhindern. 1809 bestand in Heilbronn kurze Zeit die Loge „Zum Felsen der Wahrheit"

Von einer gedeihlichen kontinuierlichen Logentätigkeit kann man erst seit 1834 sprechen, in welchem Jahr es dem Opernregisseur und Schriftsteller Krebs (s. d.) gelang, König Wilhelm I. für die Freimaurerei günstig zu stimmen. Die Großloge „Zur Sonne" setzte 1835 in Stuttgart eine Loge ein die dem König zu Ehren den Namen „Wilhelm zur aufgehenden Sonne" annahm. Ihr folgten unter der Großen Loge von Hamburg: 1840 „Zu den drei Cedern" in Stuttgart, 1843 „Karl zu den drei Ulmen" in Ulm. 1855 „Carl zum Brunnen des Heils" in Heilbronn und im selben Jahr „Johannes zum wiedererbauten Tempel" in Ludwigsburg (Großloge „Zur Sonne"). Weitere württembergische Logengründungen erfolgten auch durch die Eklektische Große Mutterloge, die „Drei Weltkugeln" und die Große Landesloge.

Württemberg, Herrscherhaus.

1. Friedrich I., Wilhelm Karl, * 1754, † 1816, Herzog, Kurfürst, von 1806 an erster König von W.. Aufnahmeloge nicht bekannt, angenommen 1776 in der Großen National-Mutterloge „Zu den drei Weltkugeln" in Berlin, gründete 1777 die Loge „Maria zum goldenen Schwert" in Köslin, war 1778 Meister vom Stuhl der neugegründeten Loge „Fridericia zum Totenkopf" in Lübben, Mitglied der Strikten Observanz in der Präfektur Herrenburg (Stuttgart).

2. Ludwig Friedrich Alexander, Bruder des Vorigen, * 1756, † 1817, aufge-

nommen 1776 („Drei Weltkugeln"), leitete 1784 eine Arbeit der Loge „Aurora" in Belgrad.

3. Eugen Friedrich Heinrich, Herzog von W., * 1758, † 1822, preußischer General der Kavallerie bis 1806, in welchem Jahre er die von Bernadotte bei Halle geschlagene Reservearmee führte. Er nahm dann seinen Abschied. 1778 in einer Feldloge in Troppau aufgenommen, beteiligte er sich 1779 an der Gründung der Brandenburger Loge „Friedrich zur Tugend" und war Meister vom Stuhl der von 1778—1782 in Lüben arbeitenden Loge „Fridericia zum Totenkopf". Er wurde auch als Mitglied der Breslauer Loge „Friedrich zum goldenen Zepter" von 1778 bis 1788 geführt. Von ihm erschienen im Druck: „Freymäurerische Versammlungsreden", 1784 und 1785.

4. Friedrich August Ferdinand, Herzog von W., Bruder des Vorigen, Feldmarschall, * 1763, † 1834, war Mitglied der Wiener Loge „Zu den drei Adlern".

5. Alexander Friedrich Karl, Herzog von W., Bruder des Vorigen, kommandierender russischer General und Militärgouverneur von Weißrußland, * 1771, † 1833, wurde 1808 in der Pariser Loge „Phönix" aufgenommen, war 1810 Mitglied der Loge „Les amis réunis" in St. Petersburg. Eine ihm gewidmete Kantate, für die Loge geschrieben, komponierte Boieldieu (s. d.).

6. Heinrich Friedrich Karl, Herzog von W., Bruder des Vorigen * 1772, † 1838, war Mitglied der Ulmer Loge „Astraea zu den drei Ulmen" und versuchte vergeblich, das 1810 gegen die Logen erlassene Auflösungsedikt zu verhindern.

7. Paul-Karl Friedrich, Herzog von W., Sohn des Königs Friedrichs I., * 1785, † 1852, wurde 1805 in der Loge „Karl zum Rautenkranz" in Hildburghausen aufgenommen und war später Würdenträger des Obersten Rates des A. u. A. Schottischen Ritus von Frankreich in Paris, bei dessen Winter-Johannisfest er 1851 den Vorsitz führte.

8. Friedrich Paul Wilhelm, Herzog von W., * 1797, † 1860, Sohn des Herzogs Eugen, war Mitglied der Loge „Zum Verein der Menschenfreunde" in Trier und seit 1845 der Loge „Zu den drei Cedern" in Stuttgart.

9. Wilhelm Ferdinand Maximilian, Sohn des Vorigen, * 1828, † 1888, war Mitglied der Loge „Zu den drei Cedern" in Stuttgart seit 1861.

Würzburger Säulen. Im Dome zu Würzburg finden sich zwei eigenartige romanische Säulen, die als Nachbildungen der Säulen aus dem Salomonischen Tempel bezeichnet und mit den Namen Jachin und Boas belegt werden. Sie sind schon um 1230 bekannt, rühren aber vermutlich von einem früheren Dombau her. Eine Angabe geht bis auf das Jahr 1160 zurück. Ähnliche spätromanische Bündelsäulen mit Knoten finden sich im Dome von Trient und an einem Lesepult aus dem Kloster von Osseg in Böhmen. Wagler („Die deutsche Entstehung der Freimaurerei und ihre Symbolik", Berlin 1925) deutet die beiden Säulen als ein Symbol der Bruderschaft, wo jeder einzelne Br. selbst als Säule und Stütze der gesamten Bauhütte empfunden wurde. Th. Gerstenbrein („Die Königliche Kunst", Klausenburg 1923) gibt als Errichtungsjahr der Säulen nach Pfarrer Emil Ulrich („Die Geschichte der ältesten Kirchen Würzburgs") das Jahr 1042 an. Die beiden Säulen sind je 2·45 m hoch, die Boas genannte ist mit einer viermal umschlungenen, zweimal geknoteten Schnur als Ornament versehen, während Jachin eine sich achtmal umschlingende und in der Mitte einmal verknotete Schnur zeigt. Die ursprünglich in der Vorhalle beim Eingang angebrachten Säulen sind jetzt im Inneren des südlichen Seitenschiffes untergebracht. Der Echinus des Kapitäls ist von zwei Reihen Granatäpfeln umschlossen, die von einem kunstvoll durchbrochenen Gewebe umsponnen sind.

Wycliffe, John, englischer Religionsreformator, † 1384. Von ihm oder einem seiner Anhänger stammt ein Bannfluch gegen die neuen Bruderschaften oder Gilden, die sich gegen die gemeinsame Bruderschaft in Christo durch ihr hoffärtiges Wesen vergehen. Über die Bruderschaft der Masons wird darin gesagt, daß sie sich zu einem Lohntarif verbündet haben und dadurch sich gegen Treue und Glauben verschwören. Dieser erste Beweis einer kirchlichen Gegnerschaft gegen die Masons findet sich in dem Corpus volume in Cambridge und in Abschrift in der Rawlinson-Sammlung in der Bodleian Library. (Ausführlich wiedergegeben in „Miscellanea latomorum", August 1928.)

Wyndham, Sir Charles, * 1837, † 1919, Theologe, dann Mediziner, nahm als Brigadearzt am amerikanischen Bürgerkrieg teil, später Schauspieler und berühmter englischer Komiker, Gründer des W.-Theaters in London. Er war Freimaurer.

Wyoming, Bundesstaat der Vereinigten Staaten von Nordamerika. Die 1874 gegründete Großloge zählte 1930 49 Logen mit 8421 Mitgliedern. Adresse: Masonic Temple, Sheridan.

Wyrouboff, Gregoire Nikolajewitsch, französischer Philosoph russischer Geburt, * 1843, † 1913, mit Littré (s. d.) Leiter der „Philosophie Positive", Professor am Collège de France, auch auf dem Gebiete der Chemie, Physik und Geologie hervorragend tätig, war Mitglied der Pariser Loge „La Mutualité".

X

Xaintrailles, Madame de, Gattin eines französischen Generals unter dem Konsulat und dessen Adjutantin, soll in einer Pariser Loge als Freimaurer aufgenommen worden sein. „L'Univers maçonnique" (1837) berichtete, es habe sich um eine Arbeit der Loge „Artistes" gehandelt, die einer Adoptionsloge vorausgegangen sei. Madame de X., die an letzterer hätte teilnehmen sollen, sei in ihrer Offiziersuniform zu früh erschienen und habe auf Antrag des Stuhlmeisters Cuvelier die freimaurerischen Weihen erhalten. Lantoine bezeichnet diese Erzählung als ebenso legendär, wie jene von der Aufnahme des Fräuleins de Fernig, der Geliebten des Generals Dumouriez.

Xanthos, Emanuel, griechischer Freiheitskämpfer von Patmos, 1814 Gründer der Hetärie der Philiker (s. d.), der „Gesellschaft der Freunde", die das nationale Befreiungswerk gegen die Türken vorbereitete. Er wurde 1813, damals in Odessa lebend, in Leukas in den Freimaurerbund aufgenommen.

Xavier, Mier e Campello, Francisco, Bischof von Almeria, Großinquisitor von Spanien, wurde nach 1815, als Ferdinand VII. die Inquisition in Spanien wieder eingeführt hatte, einer der eifrigsten Freimaurerverfolger. Gestützt auf die Bullen Pius VII., leitete er weitgreifende Verfolgungen ein, in deren Verlaufe zahlreiche führende Persönlichkeiten des spanischen öffentlichen Lebens wegen des Verdachtes der Freimaurerei eingekerkert wurden.

Xiver, J. B., portugiesischer Freimaurer, mußte bei einem Autodafé in Lissabon am 1. Juli 1744, als der Freimaurerei überführt, die protestantische Religion abschwören. (Vergl. Arthur Singer, „Der Kampf Roms gegen die Freimaurerei", Leipzig 1925.)

Y

Yarker John, * 1833, † 1913, englischer freimaurerischer Schriftsteller, Theosoph, Rosenkreuzer spielte eine Zeitlang im A. u. A. Schottischen Ritus eine Rolle, war nach seinem Ausscheiden Begründer sogenannter freimaurerischer Systeme auf mystischer Grundlage und Großmeister usw. mehrerer nicht anerkannter Riten. Die irregulären Gründungen von Theodor Reuß (s. d.) in Deutschland zu Beginn des Jahrhunders stützten sich teilweise auf von Y. ausgestellte Konstitutionsurkunden. In seinem Hauptwerk „The Arcane schools" und anderen Büchern legte er recht phantastische Anschauungen über die Geschichte der Freimaurerei nieder.

Yeatman - Biggs, A. G., britischer Generalmajor, † 1898 in Peschawar (Indien), kämpfte mit Auszeichnung in englischen Kolonialkriegen und starb an den Folgen einer im Kampfe gegen die Bergstämme des indischen Nordens erworbenen Infektionskrankheit. Er war Distrikts-Großmeister von Bengal und Mitglied des Korrespondenz-Zirkels der Quatuor Coronati Lodge in London.

Yelagin, s. Elagin.

Yellow Jacket (engl.), s. Bekleidung des Meisters.

Y. M. C. A. Abkürzung für Young Men's Christian Association, eine von Amerika ausgehende christliche Jungmännerbewegung, die sich besonders während des Weltkrieges und in der Nachkriegszeit durch ihre karitative Tätigkeit die Dankbarkeit ungezählter Menschen aller Glaubensbekenntnisse verdient hat. Ihr Abzeichen ist ein nach unten gekehrtes Dreieck mit einem Querbalken. Schwarz-Bostunitsch (s. d.), der im gleichen Zusammenhange in der Fabriksmarke der russischen Gummischuhfabrik Trëugolnik die Absicht erblickt, das Gottessymbol in den Kot zu treten, sieht in diesem Dreieck der Y. M. C. A. den Beweis für ihre freimaurerische Abhängigkeit. Eine solche besteht keineswegs. Eine gewisse Arbeitsgemeinschaft zwischen Y. M. C. A. und Freimaurern ergab sich während des Weltkrieges, als die amerikanische Heeresleitung unter französischem Einflusse der Großloge von New York die Errichtung von Soldatenheimen nicht gestatten wollte. Die Freimaurer unterstützten darauf mit den gesammelten Mitteln die Einrichtungen der Y. M. C. A.

Yokohama, große Handelsstadt Japans. Hier Tempel der Distrikts-Großloge der Großloge von England (Adresse des Distrikts-Großsekretärs: P. O. Box 18. Tokio), der in Y. selbst zwei Logen unterstehen. Der Großloge von Schottland untersteht eine Loge. Die erste Bauhütte in Y. und zugleich in ganz Japan war 1866 die Loge „Yokohama" Nr. 1082. 1927 wurde an Stelle des 1923 durch Erdbeben zerstörten Tempels eine neue, von der Großloge von England gewidmete Arbeitsstätte eingeweiht.

York. Hauptstadt der englischen Graftschaft Yorkshire, an die sich eine der Zunftsagen der Freimaurerei anknüpft. Es wird erzählt: Der jüngste Sohn König Ethelstones oder Athelstans, Edwin*), habe zuerst eine

*) Den Namen Edwin nennt zum erstenmal das William-Watson-Manuskript (s. d.), vom Sohn des Königs Athelstan, ist aber schon im Cooke-Manuskript (s. d.) die Rede.

Vereinigung von Maurern nach Y. zusammenberufen. Er erschien dabei als Vorsitzender der Assembly, wobei allgemeine Satzungen entworfen und genehmigt wurden (s. Edwin, Edwinsage). Als Jahr wird 926 angegeben. Diese Legende ist mit zahlreichen Ausschmückungen auf die späteren Bearbeitungen von Konstitutionen übergegangen. Daher hat sie auch Anderson, der 1723 Edwin als „Großmeister" anführt. In der zweiten Ausgabe (1738) wird aus Edwin, der 1723 als Sohn des Königs eingeführt wurde, der Bruder König Athelstans. Spätere Erklärungen gehen dahin, daß es sich weder um einen Bruder noch Sohn dieses Königs, sondern um den König Edwin von Northumbrien handle, der 627 in Y. eine Kirche aus Holz erbauen ließ. Dieser Edwin hielt 627 Parlament in Y. und bestätigte hierbei Freibriefe. Durch Vertauschung der Personen ist in der freimaurerischen Tradition die Y.-Sage entstanden.

In Y. bestanden seit sehr alter Zeit zwei Werkmaurerbauhütten, die in den Fabric Rolls of York Minster 1352, 1370 und 1409 als logium (englisch loge) bezeichnet werden. Der Yorker Dombau (1171—1426) erhielt diese Bauhütten lebendig. Dabei haben auch viele deutsche Steinmetzen mitgearbeitet. Wann aus diesen Bauhütten die bruderschaftliche Vereinigung der Loge hervorgegangen ist, bleibt unsicher. Aktenmäßige Belege für die Existenz von Logen stammen erst aus dem 17. Jahrhundert. Hierher gehört ein Maßstab aus Mahagoniholz aus dem Jahre 1663, der drei Namen verzeichnet, ferner das York MS aus dem Jahre 1693, das sechs Namen aufweist. Erhalten ist weiters ein Protokollbuch aus dem Jahre 1705, in welchem Sir George Tempest, Baronet, als „President" geführt wird. Aus einem anderen Manuskript (Scarborough MS) erfahren wir, daß in Scarborough (Grafschaft York) „William Thompson, President" im gleichen Zeitraum Loge hielt und hierbei sechs Personen aufnahm. Ebenso wurden 1713 in Bradford 18 Herren „der ersten Gesellschaft" zu Maurern gemacht.

Die Nomenklatur dieser Y. Freimaurerei ist nichts Feststehendes. Diese Gesellschaft selbst nennt sich „The Honourable Society and Fraternity of Freemasons", für Fraternity wird auch Company gebraucht. Der Vorsitzende heißt „Präsident", die Logen werden als „private Lodges", als „General Lodges" und als „St. Johns Lodge at Christmas" bezeichnet. Die Zulassung zur Loge erscheint unter der Terminologie: „sworn and admitted", der Vorsitzende führt den Titel „Worshipful".

Das Aufblühen der Freimaurerei in London erweckte auch die Y. Freimaurerei zu neuem Leben. Ihr Alter wurde auch von der Londoner Großloge respektiert, denn Anderson erwähnt 1738 ausdrücklich die alte Loge in Y., die unter einem eigenen Großmeister steht. Über die weiteren Schicksale der Y. Freimaurerei s. unter England.

York, Herzog v., Prinz Albert Frederick Arthur George, zweiter Sohn des Königs Georg von England, * 1895, wurde 1919 in die Londoner Navy Lodge Nr. 2612 aufgenommen, ist Provinzial-Großmeister von Middlesex.

Yorker Urkunde. In seinen „Die drei ältesten Kunsturkunden" hat Krause (s. d.) als eines der Dokumente über die Entstehung der Freimaurerei abgedruckt, die deren hohes Alter dartun sollten. Aus dieser „Konstitution" glaubte Krause schließen zu können, daß die „Großloge von York" „sich aus der ältesten, vom 10. Jahrhundert an ununterbrochen fortarbeitenden Maurerloge gebildet" habe, „welche... bis zum Jahre 1717 als der wahre Sitz und als der wahre Mittelpunkt der ganzen englischen Freimaurerei angesehen und geachtet wurde"; er sah in der Urkunde die „älteste, echte und ursprüngliche Konstitution", woraus alle neueren entsprungen sind und ihren masonischen Gehalt, dem Erstwesentlichen nach, entlehnt haben". Er erhielt diese Konstitution von Johann August Schneider (s. d.) in Altenburg, der sie aus England mit Versicherungen der Echtheit erhalten und auf Grund einer lateinischen Übertragung ins Deutsche übersetzt hatte. Der Text mit den Bemerkungen Krauses findet sich im Allgemeinen Handbuch der Freimaurerei, II. Auflage, 3. Bd., gekürzt III. Auflage.

Nachdem schon Kloß (s. d.) die Echtheit bezweifelt hatte, untersuchte im Auftrage des Vereins deutscher Freimaurer Findel (s. d.) an Ort und Stelle die Frage mit besonderer Gründlichkeit. Er kam zu dem Ergebnis, daß eine Handschrift aus dem Jahre 926 nicht vorhanden ist, daß keine mit der Krauseschen Mitteilung vergleichbare Handschrift in England besteht, daß die vorgefundenen alten Handschriften, die unter sich eine innere Verwandtschaft aufweisen, mit der Y. U. nicht übereinstimmen, daß der angebliche Gewährsmann für die Echtheit und Übersetzer ins Lateinische, S. Stonehouse, in York völlig unbekannt war u. a. m. Es bleibt mithin kein Zweifel übrig, daß Schneider und durch ihn Krause von einem geschickten Fälscher betrogen worden sind.

York, Grand Lodge, The, s. York.

Yorkinos, s. Mexiko.

York Rite, s. American Rite.

Young, Brigham, Haupt der Mormonen, * 1805, † 1877, Führer der „Heiligen der letzten Tage" nach dem Großen Salzsee, wo sie 1847 Neu-Jerusalem begründeten, wurde mit anderen Mormonen zu Beginn der vierziger Jahre in Nauvoo (Illinois) in den Freimaurerbund aufgenommen. Nachdem dann die Einführung der Vielweiberei und andere Lehren der Mormonen zu deren Austreibung aus Nauvoo und der Ermordung des „Propheten" Smith geführt hatten (1844), wurde Y. autokratischer Machthaber, 1850 Gouverneur des von seiner Sekte errichteten Territoriums Utah (ursprünglich Deseret). 1857 vom Präsidenten Buchanan abgesetzt (s. Mormonen).

Young, Owen D., nordamerikanischer Wirtschaftsführer, * 1874, ist Freimaurer. Als Vorsitzender des von der Reparationskommission eingesetzten Sachverständigenausschusses für den endgültigen Zahlungsplan für die Reparationsleistungen hatte er hervorragenden Anteil an dem nach ihm benannten, 1929 im Haag zustande gekommenen Young-Plan. Y. gehört seit 1920 der Evergreen Lodge, Nr. 363, in Springfield Center (N. Y.) an.

Ypsilanti, Alexander, Fürst, griechischer Freiheitskämpfer, * 1792, † 1828, General, Adjutant des Zaren Alexander I., tat sich in russischen Diensten in den Napoleonischen Kriegen hervor. Bei Dresden verlor er durch einen Kartätschenschuß die rechte Hand. Y., der in der Petersburger Loge „La Palestine" Freimaurer geworden war, trat an die Spitze des von Freimaurern gegründeten griechischen Freiheitsbundes der Hetärie (s. d.), 1821 begann er seinen Befreiungsmarsch, der aber infolge der Absage des Zaren Alexander und der Exkommunikation seitens der orthodoxen Kirche scheitern mußte. Von den Türken geschlagen, wurde Y. auf der Flucht festgenommen und von den Österreichern in Munkacs eingekerkert. 1827 freigegeben, starb er auf der Reise nach Verona in Wien.

Yukatan, Bundesstaat von Mexiko im atlantischen Küstengebiet. Die Großloge „La Oriental-Peninsula" umfaßte 1930 zwölf Logen. Adresse: Apartado postal 61, Mérida, Yukatan (s. Mexico).

Z

Zaghlul Pascha, ägyptischer Staatsmann, * 1850, † 1927, Kämpfer für die Befreiung Ägyptens von der englischen Herrschaft, „Vater der ägyptischen Nation", 1914 Vizepräsident der Gesetzgebenden Versammlung, Begründer der Wafd, der nationalistischen Partei, versuchte bei den Friedensverhandlungen in Paris die Forderungen seines Vaterlandes zu vertreten, wurde unterwegs auf Malta verhaftet, jedoch infolge der in Ägypten ausgebrochenen Unruhen freigelassen, 1921—1923 wieder eingekerkert, 1924 Ministerpräsident, lehnte das von England wegen der Ermordung des Sirdars Lee Stack (s. d.) gestellte Ultimatum ab, Kammerpräsident, mußte 1926, obwohl seine Partei bei den Wahlen siegte, infolge des Widerstandes von englischer Seite auf die Kabinettsbildung verzichten. Die eine der beiden ägyptischen National-Großlogen, der er angehörte, ordnete anläßlich seines Todes auf die Dauer von sieben Wochen für alle Logen und Brr. Trauer an.

Zagreb, Agram (Jugoslawien), Hauptstadt von Kroatien, jetzt Savebanat. Hier wirken vier unter der Großloge von Jugoslawien (s. d.) arbeitende Logen.

Eine 1927 gegründete „Großloge Libertas" ist irregulär und hat keine Beziehungen zur freimaurerischen Welt.

Zahlen, Heilige. Mathematische Begriffe sind stets als Bilder seelischen Inhalts empfunden worden.

Pythagoras (s. d.) sah die Z. als Welturwesen an; diese „wandelte ihr Wesen in ein ihr fremdes, ihrer eigentlichen Bedeutung entgegengesetztes, in eine Handhabe der Symbolik". Der älteste Schüler des Pythagoras, Philolaos von Kroton, der als erster die Lehre seines Meisters darstellte, nennt die Z. „das herrschende und unerschaffene Band des ewigen Beharrens der innerweltlichen Dinge; sie beruht nicht auf Satzung, sondern sie ist von Natur in den Dingen vorhanden . . . sie bringt alle Dinge mit der Sinneswahrnehmung in Einklang innerhalb der Seele. Die Wirksamkeit und das Wesen der Z. muß man nach der Kraft beurteilen, die in der Zehnzahl liegt; denn sie ist groß, alles vollendend, alles wirkend, und Anfang und Führerin des göttlichen, himmlischen und menschlichen Lebens. Das Himmelsgebäude samt allen seinen Teilen und Eigenschaften ist Z., denn die Z. ist die Substanz der Dinge". (Übersetzt von H. Diels.) Tugend ist nach der pythagoreischen Lehre Zahlenharmonie.

In der jüdischen Symbolik spielte die Z. ebenfalls eine große Rolle. Die Z. Drei war das Symbol der Heiligkeit; das Allerheiligste nahm ein Drittel des Tempels ein; die Wandteppiche waren dreimal drei Ellen lang; Brandaltar, Opferaltar und Bundeslade hatten je drei Gefäße; die Kandelaber hatten zweimal drei Arme und jeder Arm drei Knaufe. Der Priestersegen bestand aus drei Teilen und bei der Anrufung Gottes wurde das Wort heilig dreimal gesprochen. Die Vierzahl symbolisierte das Weltall. Das Allerheiligste war in Form des Würfels, alle Tempelgefäße außer den Leuchtern waren viereckig geformt. Ezechiel sah in der Vierzahl die heilige Offenbarung. Die Z. Sieben war das Hauptsymbol aller Gemeinschaft mit Gott; sie versinnbildlichte Reinigung und Heiligung jeder Art. Buße und Sühne bestand in siebenmaligem Besprengen. Die Einrichtung des Sabbats und des Jobeljahrs der Reinigung und der Trauer beruhte auf dieser Z. Der Kandelaber hatte sieben Lampen. Zehn symbolisierte die Vollständigkeit. Das Produkt von drei und vier, die Zwölfzahl, bezeichnete die Vereinigung der Menschen mit Gott. Auf dem Tisch lagen zwölf Schaubrote, der Brustschild des Oberpriesters hatte zwölf kostbare Steine, die Anzahl der Stämme.

In der Alexandrinischen Epoche deutete Philon (20 v. Chr. bis etwa 54 n. Chr.) Eins als den Schöpfer, Zwei als die Spaltung oder die Geschöpfe, Drei als Körper oder als das göttliche Wesen nebst den Grundbegriffen beider, vier als Vollkommenheit, usw.

Die Bedeutsamkeit und Heiligkeit, die die Z. im Altertum gehabt hatte, erneute sich im ersten Christentum, wovon die bildlichen Darstellungen in den Grufträumen Zeugnis ablegen. Teils in überkommener Weise, teils in erneuter Bedeutung wurde die alte Z.-Symbolik auch in Beziehung auf Bauen und Bauwerk ausgenützt und ausgedeutet. Umfangreiche Untersuchungen, in neuerer Zeit namentlich von Ludwig Keller („Bibel, Winkelmaß und Zirkel", „Latomien und Loggien", „Die heiligen Zahlen und die Symbolik der Katakomben", „Bauhütten- und Hüttengeheimnisse") ergeben Max Schlesinger zufolge, daß nicht an erster Stelle die Bilder selbst, sondern ihre regelmäßigen Wiederholungen als heilige Lehrzeichen zu betrachten sind, indem vielfach als Ersatz der Sinnbilder einfach Punkte und Linien, Dreieck und Viereck, Kreis und Halbkreis und andere aus diesen zusammengesetzte Figuren eintreten. Auch die Kultformen gehen von regelmäßig angeordneten Punkten und von deren Verbindung zu Linien aus. Die so entstandenen geometrischen Lehrbilder wandelten sich alsdann teils zur Verhüllung vor Gegnern, teils zur Verdeutlichung für die Mitglieder der Vereinigung, aber wohl auch aus künstlerischem Drang, in Sachsymbole: die Einzahl als Linie wurde zum Stab und Zepter, dem irdischen Abbild der Macht. Drei Punkte, zum Winkelmaß verbunden, gaben das Symbol für Vernunft, Erkenntnis und Selbstbeherrschung. Die dreimal vereinigte Dreizahl, die man häufig auf den Außenwänden der Grabkammer findet, deutet wahrscheinlich auf das Planetensystem und bildet durch geschickte Linienführung das Svastikakreuz. Die Zweizahl, das irdische Dasein bezeichnend, führt in der Verdoppelung zum Viereck, das einen abgeschlossenen Raum darstellt, u. zw. als Quadrat Haus oder Tempel, als Rechteck die irdische Wohn- und Offenbarungsstätte Gottes. Die Fünfzahl, die, mit der Rose verbunden, die Gräber der altchristlichen Welt schmückt oder als Kreuz erscheint, deutet auf die Vollendung, die höchste Weisheit, welche Welt und Tod überwunden hat — in Verbindung mit dem Rechteck bezeichnet diese Figur, die sich später in das Bild der Sanduhr verwandelt, die Vereinigung der Lebenden mit den Dahingeschiedenen, die Unsterblichkeit. Die heilige Sieben ist das Abzeichen dessen, der die Weihen erhalten hat, und deutet auf die Sternenwelt; dazu tritt der bekrönte Sonnenkreis als die zeugende Kraft und der Halbkreis des Mondes als Empfängerin des Lichts, überhaupt als empfangende, leidende Persönlichkeit.

Die geometrischen Zeichen, die grübelnde Geister, die Gott als Erbauer des Weltalls und dieses als Bauwerk (Tempel) sahen, in Bilder von Werkzeugen umdeuteten, wurden von den späteren größeren religiösen Bewegungen bewahrt und überliefert. Das solcher symbolisierenden Richtung besonders zugewandte Mittelalter versetzte die in der Baukunst gebräuchlichen Z. (und Figuren) neben ihrer sachlichen Bedeutung wieder in das Gebiet der Sittenlehre. Die Zeichen fanden moralische Verwendung, indem sie von den Meistern als Richtschnur, von den Gesellen und Lehrlingen als Wegweiser auf dem Weg der Erkenntnis angesehen wurden und allen Bauleuten als Sinnbilder tiefer Weisheit erschienen.

Hierher gehören auch die Theorien über den „gerechten Steinmetzengrund", die geheimgehaltenen fachlichen Symbole der großen Kirchenbauer des Mittelalters und ihre Schönheitsregeln. Viollet le Duc führt die baulichen Proportionen auf das Dreieck zurück; Boisserée sah in dem vom gleichseitigen Dreieck abgeleiteten Sechseck den geheimen Steinmetzengrund der Triangulatur; für Knauth ergab sich das Quadrat mit dem auf der gleichen Grundlinie eingezeichneten Dreieck als Grundform für das Straßburger Münster. Die Proportionsmethoden beschränkten sich im wesentlichen auf Quadratur und Triangulatur (Knauth). Das System ist also geometrisch; es steht jedoch infolge seiner Eigentümlichkeit an der Grenze des arithmetischen einfachen Zahlensystems. So gelangten die Z., besonders Drei und Vier, nachdem man ihre erhebliche Bedeutung für die Gesetze der Schönheit erkannt hatte, auch von dieser Seite in die Symbolik. Der Schönheitswert wurde wiederum zum Merkmal für sittliche und religiöse und Naturauffassung. Schon Plutarch sah die Fläche innerhalb des Dreiecks als einen für alle Welten gemeinsamen Herd an, er heißt das Feld der Wahrheit. In demselben liegen die Gründe, Gestalten und Urbilder aller Dinge, die jemals existiert haben und noch existieren werden, unbeweglich. Wie einst Symbol der Vollkommenheit und ewigen Weisheit, wurde die Drei in der christlichen Kirche zum Sinnbild der göttlichen Dreieinigkeit, und die heidnische Bedeutung der Vier wurde unverändert als Symbol der Welt und Natur mit neu empfundener Berechtigung beibehalten (Max Schlesinger, „Geschichte des Symbols").

In der Freimaurerei findet sich die Zahlensymbolik von allem Anfang an; eine ganze Reihe der „heiligen Zahlen" erlangten und behielten in ihrer Ritualistik Bedeutung.

Im altenglischen Katechismus steht eine Fragereihe, die sich auf die Zahlensymbolik der Freimaurer zusammenfassend bezieht: „Welche Anzahl macht eine Loge? Antwort: drei, fünf, sieben oder elf. Warum drei: weil drei Großmeister die Welt bildeten und also auch den kostbarsten Teil der Architektur, den Menschen, der so vollkommenes Ebenmaß hat, daß die Alten ihre Architektur nach denselben Regeln anfingen. (Unter den drei Großmeistern ist zu verstehen: Gott Vater, Sohn und Heiliger Geist.)

Zweitens? Es waren drei Großmeister beim Bau des Salomonischen Tempelbaus (Salomo, Hiram v. Tyrus und Hiram Abif).

Warum machen fünf eine Loge? Weil jeder Mensch fünf Sinne hat.

Warum machen sieben eine Loge? Weil es sieben freie Wissenschaften gibt.

Warum elf? Weil nur elf Patriarchen waren, als Josef verkauft und vermißt wurde, ferner, weil nur elf Apostel waren, als Judas Christum verraten hatte."

Von besonderer Wichtigkeit ist die Dreizahl, die auch in der Figur des Dreiecks zur Anwendung gelangt. Als vollkommenstes Dreieck verehrt man in der Symbolik (nicht nur in der freimaurerischen!) das gleichseitige. Es ist das Symbol des Unendlichen, der göttlichen Vollkommenheit und zeigt sich in unendlich vielen Zusammenstellungen mit anderen Symbolen, die alle auf die Gottheit hindeuten. Aus dem Dreieck entwickelte sich die älteste Form des Buchstabens Alpha. Im Tempel der Freimaurer bilden die drei Säulen ein rechtwinkeliges Dreieck, und ihre symbolischen Deutungen sind: Weisheit, Schönheit, Stärke, oder das Wahre, Schöne, Gute. Ähnliche dreifache Zusammenstellungen: Ägypten: Isis, Osiris, Horus; Babylonier: Ana, Bel, Trias, die drei Gottheiten, und ihnen entsprechend: Lufthimmel, Erde, Ozean; Indien: Brahma, Wischnu, Schiwa; Veda-Religion Indiens: Indra, Varuna, Mitra. In der Bibel vielfach die Symbolik der Dreizahl. Christentum: Vater, Sohn, Heiliger Geist; Kabbala: Urgrund, Uridee, Urwille; Germanen: Wodan, Donar, Tius; Philosophie Philons: Gott, Weisheit, Verstand; Luther: Stoff, Form, Wirkung; Hegel, die drei Seinsarten: Ansichsein, Dasein, Fürsichsein; Glaube, Liebe, Hoffnung, — dreimal Selig des christlichen Segens; die drei Nägel der Passion; Anfang, Mitte, Ende; Denken, Fühlen, Wollen; Geometrie: drei Dimensionen: Länge, Breite, Höhe; Musik: der Dreiklang; ferner: Wurzel, Stamm, Krone; Volksmund: Aller guten Dinge sind drei.

Die Zahl 3 findet besonders in der Ritualistik des Lehrlingsgrades, auf dem sich alle übrigen aufbauen, reichste Verwendung (s. T e r n a r). Drei hammerführende Beamte, Meister und zwei Aufseher, leiten die Loge. Die drei großen Lichter, Bibel, Zirkel und Winkelmaß, liegen auf dem Altar, die drei Lichter der Weisheit, Schönheit und Stärke brennen um den Teppich, der z. B. im System der Großen Loge von Preußen vier Reihen zu je drei Werksymbolen aufweist. Das Freiburger Ritual unterscheidet die drei großen Lichter (Gott, Mensch, St.-Johannis-Licht), drei mittlere Lichter (Religion, Moral, Verdienst), drei kleine (Weisheit, Schönheit, Stärke). Die Loge unterscheidet drei bewegliche und drei unbewegliche Kleinodien, drei Zieraten (flammender Stern, der Fransenbehang und das musivische Pflaster), unterschieden werden die drei starken Schläge und die drei Weiheschläge (Gr. L. L. v. D.), drei Reisen, drei Schritte, bei der Angabe des Lehrlingsalters spielt die Dreizahl eine bedeutungsvolle Rolle, die Erkennungszeichen bilden eine Trias, in der selbst wieder die Dreizahl verwendet wird. Erwähnt seien weiters die drei Fenster, in der Lehrart Zinnendorfs, die dreigestaffelte Entwicklung des Lehrganges in Johannisloge, Andreasloge und Kapitel, die drei Unterschiede, die drei Gebote (Glaube, Liebe und Hoffnung), die drei Meisterzeichen, drei Materialien (Kreide, Kohle, Feuer), die „drei merkwürdigen Schritte" im Meistergrade, die dreifach geknotete Schnur, die Symbolisierung der drei Regenten der Loge (Sonne und Mond und der M. v. St.). Die drei Johannisrosen symbolisieren Licht, Liebe, Leben. Drei Rosen trägt der Meisterschurz. Das Zinnendorfsche Gebrauchtum unterscheidet weiters drei Grundursachen (Natur, Religion, Stärke). Mit drei Punkten symbolisiert der Freimaurer die Stellung der drei Lichter, daher Dreipunktebrüder, die Form der Kelle ist dreieckig, die Salve ist ein Dreitakt, beim Gesundheittrinken wird das Glas im Dreieck bewegt, aus drei Stücken besteht die maurerische Bekleidung usw. Die drei Grade der Johannismaurerei, die zugleich die drei Lebensalter symbolisieren oder die drei Erfahrungsstufen, werden in einem Multiplum von Drei von den Hochgraden überbaut. Daher die 33 Grade des A. u. A. Schottischen Ritus und die 90 Grade des Memphis-Ritus.

Daß die Gottheit durch die Dreizahl und das Dreieck so häufig symbolisiert wird, hat seinen Grund im mosaischen Gesetz, welches im zweiten Gebot die bildliche Darstellung Gottes verbietet. Man stellte also nicht Gott selbst, sondern seine Eigenschaften dar. Erst in neuerer Zeit finden wir in semitischen und christlichen Ländern Bilder und Statuen, die Gott oder Jesus darstellen. Auf einem uralten Bilde im Kloster auf dem heiligen Berge Athos ist das Haupt Gottes statt des Strahlenkranzes mit dem Dreieck umgeben.

Die ebenfalls bedeutsame V i e r z a h l manifestiert sich vor allem im Rechteck, dem „länglichen Viereck" des Rituals. Es symbolisiert den Kosmos, die durch Raum und Zeit begrenzte Welt. Das Rechteck, als Haus oder Tempel gedeutet, ist in manchen Systemen das Symbol der irdischen Wohnstätte Gottes. Die Vierzahl hat auch in zahlreichen Verbindungen ihre Bedeutung: 4 Himmelsrichtungen, 4 Temperamente, 4 Tageszeiten, 4 Jahreszeiten, 4 Mondphasen, 4 Evangelien, die 4 Elemente: Feuer, Wasser, Luft und Erde, an die die Wissenschaft bis zum Mittelalter glaubte. Die Babylonier kennen 4 Paradiesströme. Die indischen Brahmanen nennen 4 Tugenden: Sanftmut, Duldung, Selbstbeherrschung, Freigebigkeit. Ferner bei Plato: Weisheit, Stärke, Mäßigkeit, Gerechtigkeit. Im Katechismus der alten englischen Bauhütten wird verlangt: Mäßigkeit, Standhaftigkeit, Klugheit, Gerechtigkeit. Die Druiden der Kelten dachten sich die Erde als Quadrat. Zur Vierzahl gehört auch der K u b u s, alle seine Seiten sind ja Quadrate. Steigerungen finden wir als Turm, der in drei bis sieben Stufen zu finden ist. Das Rechteck ist das Zeichen der Einzelorganisation, der Turm die Vereinigung zum geschlossenen System.

Die Vier wird im freimaurerischen Ritual spärlicher verwendet: der Grundriß der Loge ist ein längliches Viereck, vier Himmelsrichtungen werden symbolisch erklärt. Das altfranzösische Ritual kennt vier Zeichen (Gutturale, Pektorale, Manuale und Pedestre). In der Zinnendorfschen Lehrart werden unterschieden vier Logenstunden (Mittag, Hochmittag, Mitternacht und Hochmitternacht). Ferner vier Gleichnisse (Sonne, Mond und die beiden Säulen) u. a.

Die F ü n f z a h l, die heilige Pentas, ist durch Linienverbindungen als griechisches Kreuz zu finden. Häufiger ist das Pentagramm, der Fünfstern. Dieses uralte Zeichen mit 5 Spitzen, 5 Dreiecken und einem Fünfeck kann auch aus drei Winkeln oder Zirkeln angedeutet werden. Im Altertum ist es das Wahrzeichen der ägyptischen Priesterkaste, bei den Griechen als Salus Pythagoreae, auch bei den Persern, dann als Talisman Mohammeds, als Drudenfuß der Kelten, bei den Templern angebl. als Götzenbild des Baphomet verehrt. Das Pentagramm oder Albenkreuz ist ein Symbol der Gesundheit, ist der irdische Garten Gottes, die Gefilde der Seligen, die himmlsche Wohnung der zur Vollendung gelangten Seelen. Wir finden es als Schmuck an Säulen und Kapitälen, als Umdeutung zu Pflanzen: als Rose, Lilie, Lotosblume und Weinblätter mit Trauben, ferner in Verbindung mit dem griechischen Kreuz als Schmuck auf den Gräbern der antiken und christlichen Welt. In der Freimaurerei ist das Rosenfest ein Höhepunkt des Logenlebens. Zu erwähnen sind noch die 5 Sinne, die Speisung der 5000 mit 5 Broten, die Pyramide mit 5 Ecken.

Die Fünf wird besonders im Gesellengrade verwendet. Daher im neufranzösischen Ritual fünf Reisen, fünf symbolische Begleitwerkzeuge, der flammende Stern ist fünfzackig. Außerdem fünf Ordnungen der Baukunst, fünf Sinne, im altfranzösischen Ritual auch fünf Erkennungszeichen, oder Hauptzeichen, schließlich die fünf Punkte vollkommener Meisterschaft und die fünf Meistertugenden.

In einer sehr ausführlichen Arbeit über die für die Freimaurerei neben der Dreizahl wichtigste Siebenzahl im Geistesleben der Völker hat Freiherr von Andrian (Mitteilungen der Anthropologischen Gesellschaft in Wien, Band 31) die Zahl Sieben in der Folklore der verschiedensten Völker mit unübersehbar vielen Beispielen verfolgt: 7 freie Künste und Wissenschaften, siebenarmiger Leuchter, 7 Festtage, 7 fette und 7 magere Jahre, 7 Tage im Bauche des Walfisches, 7 Kreuzesworte des Erlösers, 7 Bitten des Vaterunsers, 7 Sakramente, 7 Todsünden; in den Märchen: 7 Schwaben, 7 Geislein, 7 Raben, Siebenmeilenstiefel, selbst im Kinderreim: „Wer will schöne Kuchen machen, der muß haben sieben Sachen". Die Tonleiter hat 7 Töne, der Regenbogen 7 Farben. Im Altertum finden wir die Symbolik der Siebenzahl überall: Im Kult der Babylonier verehrt man die 7 Locken des Gilgamesch und die 7 Zweige des Lebensbaumes, die 7 Tore der Unterwelt und die 7 Regionen des Himmels haben große Bedeutung. Der Ausdruck „im 7. Himmel" hat sich bis heute erhalten, Weiter nannte das Altertum die 7 Weltwunder, die 7 Schleier im Tanz der Salome, die 7 Weisen aus dem Morgenlande, Rom soll auf 7 Hügeln erbaut worden sein, von einem Vollmond zum anderen dauert es 4 mal 7 Tage, die Sternbilder des Großen Bären, des Orion, der Plejaden bestehen aus 7 Hauptsternen. Die heiligen Weihen der ägyptischen Mysterien hatten 7 Grade. Die Chaldäer bauten siebenstufige Tempel und bekleideten die Stufen mit verschiedenfarbigem emaillierten Stuck, Ähnliche Tempel, die uralt sind, fand man in Peru und Mexiko. Den Gerichtsplatz der Kelten zierten 7 Eichen, den der Germanen 7 Linden. Die symbolische Verwendung der Sieben findet sich im englischen Ritual (siebenstufige Leiter), die dann auch in verschiedene andere Gebrauchtümer übergegangen ist. Die Leiter taucht auch in Hochgradsystemen (Ritter Kadosch) auf. Die Zinnendorfsche Lehrart kennt die sieben symbolischen Grade, 7 Abschnitte des Menschenlebens, 7 freie Künste und Wissenschaften, 7 Hauptfehler, 7 Laster, 7 Gaben des Geistes. In einzelnen Systemen auch 7 Schritte.

Die Neunzahl ist die dreimalige Wiederholung der heiligen Dreizahl (freimaurerisch 3×3). Die Neun als Mehrfaches der 3 hat eine alte kabbalistische Bedeutung (Ternario formatur, nonario dissolvitur). Neun Teile hat der Tempel Salomos, neun Schläge (Gr. L. L.), neun ist die Meisterzahl (Drei Weltkugeln), die Salve besteht aus 3×3 Schlägen, in 3×3 grüßt der Br. den Br.

Schließlich die Zwölfzahl: 12 Stämme Israels, 12 Arbeiten des Herkules, 12 kleine Propheten, 12 Apostel, 12 Tore des himmlischen Jerusalem der Apokalypse, die allerdings hier als Produkt von 4×3 auftritt.

Die Zahlenmystik ist über die ganze Welt verbreitet, liegt somit in den primitivsten Denkvorgängen begründet. Levy-Bruhl (Das Denken der Naturvölker) glaubt daher, daß dank der Struktur der niedrigen Gesellschaft selbst, wie auch der Geistesart, die mit dieser Struktur verbunden ist, die Kollektivvorstellungen prälogisch und mystisch sind und daß dies von den Zahlen, die in den Vorstellungen implizite enthalten sind, ebenso wie von ihrem übrigen Inhalt gilt. Auffallend ist jedenfalls, daß sich die Zahlenmystik nur auf die Zahlenreihe der ersten Dekade beschränkt (oder ihr Multiplum). Dies sind aber die Zahlen, die in den niedrigen Gesellschaften bekannt sind und dort ihren Namen erhielten. Die Einteilungen der sozialen Gruppen des Menschen in Totems, in Clans, in Bruderschaften, die selbst wieder in bestimmte Teile zerfallen, schließen, wenn auch nicht ausdrücklich, dennoch stillschweigend bestimmte Zahlen ein; und haben wir nicht gesehen, daß diese Einteilungen mit ihren Zahlen sich auf die ganze vorgestellte Wirklichkeit erstrecken, auf alle Tiere, auf die unbelebten Gegenstände, auf die Sterne, auf die Richtungen des Raumes? Enthalten nicht die religiösen und magischen Institutionen, Glaubensmeinungen, Gebräuche fortwährend in diesen Teilungen, in diesen Klassifikationen selbst implizite die Zahlen, die eben ohne eigenen Ausdruck mitinbegriffen werden? (Levy Bruhl, l. c. 195.)

Die in der freimaurerischen Literatur wiederholt unternommenen Versuche, die Zahlensymbolik des Bundes mit jener der Pythagoreer, der Chaldäer, Magier usw. in Verbindung zu bringen, sind daher Stückwerk. Zahlenmystik geht, wie schon ihre Ubiquität in allen menschlichen Gesellschaftsformen beweist, auf eine dem gesamten Menschengeschlechte zukommende Eigenart primitiven Denkens zurück, auf jenes prälogische Denken, das dem logischen vorausgeht. Die Bedeutung der mystischen Zahlen ist daher auch nicht historisch, sondern nur ethnologisch und völkerpsychologisch zu verstehen.

Zahlensysteme. Die Durchdringung der Welt durch die Zahlen (s. Zahlen, Heilige) hat u. a. Agrippa von Nettesheim besonders ausgeführt. Als Beispiel sei die Skala der Siebenzahl angeführt: Die Welt ist sieben Planeten unterworfen. Sieben Engel stehen vor dem Angesicht Gottes. Den sieben Planeten entsprechen planetare Erscheinungsformen in der materiellen Welt: Saturn: Wiedehopf, Tintenfisch, Maulwurf, Blei, Onyx. Jupiter: Adler, Delphin, Hirsch, Zinn, Saphir. Mars: Geier, Hecht, Wolf, Eisen, Diamant. Sonne: Schwan, Seehund, Löwe, Gold, Karfunkel. Venus: Taube, Wels, Bock, Kupfer, Smaragd. Merkur: Storch, Schleimfisch, Affe, Quecksilber, Achat. Mond: Nachteule, Meerkatze, Katze, Silber, Kristall. Sieben sind die Glieder des Menschen: rechter Fuß, Kopf, rechte Hand, Herz, Schamteile, linke Hand, linker Fuß. Sieben die Öffnungen des Kopfes: rechtes Ohr, linkes Ohr, rechtes Nasenloch, rechtes Auge, linkes Nasenloch, Mund, linkes Auge. Sieben sind schließlich die Wohnungen der Verdammten.

Daraus ergeben sich Beziehungen zu alchimistischen und magisch-medizinischen Methoden sowie für die verschiedenen Auguralmethoden, die Vorhersage künftiger Ereignisse betreffend. Abgeleitet daher bis in unsere Tage die okkulte „Philosophie" der Talismane, der Horoskope, der Düfte u. a. m., die im 18. Jahrhundert auch in einzelnen freimaurerischen Systemen spukte.

Zajonczek, Josef, Fürst (seit 1818), polnischer General, * 1752, † 1826, Deputierter von Podolien im vierjährigen Reichstag, nahm 1794 am Aufstand teil, Kommandant von Warschau, Präsident des Kriegsrates, Nachfolger Kosciuszkos nach dessen Gefangennahme, in Olmütz interniert, schrieb in Frankreich „Histoire de la révolution en Pologne 1794" kämpfte unter Napoleon, 1815 Statthalter im Königreich Polen. Er war Freimaurer, gehörte 1774 zu den Gründern des Warschauer Vereins „L'ordre des amis à l'epreuve", aus dem die Loge „Der gute Hirte" wurde.

Zanardelli, Giuseppe, italienischer Staatsmann, * 1829, † 1913, mit Garibaldi Kämpfer für die Einheit Italiens, Minister des Innern, Justizminister, Kammerpräsident, Ministerpräsident, der „Alte von Maderno", Vorbild an Selbstlosigkeit, Begeisterung für Freiheit und Recht, Opferwilligkeit und Pflichttreue, war ein Führer der Freimaurerei; nach seinem Tode erklärte die bischöfliche Kurie von Brescia, das kirchliche Begräbnis zu verweigern, wenn nicht der von den Freimaurern am Sarg niedergelegte Bronzekranz entfernt werde.

Zangenberg, Christian Ludwig, Lic. theol., Studienrat in Dresden, * 1899, schloß sich 1920 der unter dem Systeme der Großen Landesloge arbeitenden Loge „Zum goldenen Kreuz" in Dresden an, deren Stuhlmeister er 1925—1928 war. Er begründete 1926 den Jugendbund „Gefolgschaft der Georgenknappen" (s. d.) und geriet dadurch mit der Ordensleitung in Konflikt. 1928 wurde er durch ein ganz unverständliches Urteil der Großen Landesloge der Freimaurer von Deutschland aus dem Freimaurerbunde ausgestoßen, jedoch schon im folgenden Jahre von der Großloge „Zur Sonne" in Bayreuth rehabilitiert und in deren Loge „Zu den drei Säulen am Gibichenstein" in Halle a. d. S. aufgenommen. Seine schriftstellerische Tätigkeit umfaßt zahlreiche kirchenpolitische und pädagogische Abhandlungen. Als Begründer der Georgenknappen, für die er auch das Gebrauchtum usw. entwarf, ist er Schriftleiter der „Georgennachrichten".

Zankov, A., bulgarischer Politiker der demokratischen Partei, * 1879, Professor der Nationalökonomie an der Universität Sofia, Ministerpräsident 1923—1926, verwundet beim Attentat in der Sofioter Kathedrale 1925, ist Freimaurer.

Zanzibar, aus den Inseln Z. und Pemba bestehendes Sultanat an der Ostküste Afrikas, britisches Protektorat. Unter der Großloge von England arbeiten zwei Logen.

Zauberberg, Der, s. Mann, Thomas.

Zauberflöte, Die, Mozarts letzte Oper, entstanden 1791, von Beethoven die eigentliche erste Oper genannt. Die Entstehung des Werkes, Buch und Musik sind mit der Freimaurerei eng verbunden. Mozart (s. d.) lernte in der Wiener Loge „Zur neugekrönten Hoffnung" Emanuel Schikaneder (s. d.) kennen, der das Libretto schrieb. Auch Karl Ludwig Giesecke (s. d.), von dem wohl manche Anregung zum Textbuch stammte, gehörte dieser an. Die Personen der „Z." haben mancherlei Deutung gefunden. Die erste freimaurerische Interpretation stammt von Ludwig von Batzko, der im „Journal des Luxus und der Moden" 1794 den Inhalt der Oper im Sinne der Königlichen Kunst als Kampf zwischen Licht und Finsternis erklärte. Am wahrscheinlichsten ist die Identität des Lichtspenders Sarastro mit dem damaligen geistigen Haupt der Wiener Freimaurer, Freiherrn Ignaz von Born (s. d.). Sarastro, der Vertreter edelsten Menschentums, und seine Priester sind die Vorkämpfer von Weisheit, Schönheit und Stärke, gegenüber dem von der Königin der Nacht personifizierten Reich der Finsternis und des Aberglaubens. (Vgl. Schlußchor: „Es siegte die Stärke und krönte zum Lohn, die Schönheit und Weisheit mit ewiger Kron'!") Tamino, ein Prinz, „noch mehr: ein Mensch", vertritt das suchende, aber noch auf Irrwegen wandelnde edle Menschentum. Den Weg Taminos zum Reich Sarastros, zum Licht, bedrohen Wasserfluten und Feuermeer, ein deutlicher Hinweis auf vermeintliche Zusammenhänge zwischen Freimaurerei und ägyptischen Mysterien, über die Born umfassende Studien angestellt hatte, deren Ergebnisse er im „Wiener Journal für Freymaurer" veröffentlichte („Über die Mysterien der Ägypter").

Zahlreich sind die Beziehungen der Z.-Musik zur Freimaurerei, vom Hauptmotiv der Ouverture, das mit seinem Hämmern die Arbeit am rauhen Stein symbolisiert, bis zu der immer wiederkehrenden freimaurerischen Dreizahl, die, wie Stiche von der ersten Z.-Inszenierung 1791 zeigen, von Schikaneder bei dieser auch in der Szene überall durchgeführt wurde. (Vgl. Edgar Istel: „Die Freimaurerei in Mozarts ‚Z.', Berlin 1928".)

Egon Komorzynski, Wien, der in sehr gründlicher Arbeit die geistige Heimat der „Z." aufsuchte, tut die Möglichkeit dar, daß deren so bedeutsame Vertiefung nach der ersten, leichtere Pfade einschlagenden Skizzierung am Sterbebette Borns vor sich ging, der bis zu seinem Tode an allen geistigen Schöpfungen seiner Brr.

stets regsten Anteil nahm. Auch er sieht im weisen Sarastro das künstlerische Denkmal, das Mozart dem geliebten toten Meister errichtete, ein Denkmal der Liebe in ihrer schönsten und erhabensten Art, der Liebe, die, frei von jedem Eigennutz, durch das eigene Beispiel Gutes wirkt und die ganze Menschheit, Freund und Feind, brüderlich umfassen und beglücken will. (Vgl. „Der neueste Stand der Z.-Frage" im „Alt-Wiener Kalender", 1926, Amalthea-Verlag, Wien.) Gelegentlich des Mozart-Kongresses 1931 in Salzburg hielt dort Paul Nettl (s. d.) einen vielbeachteten Vortrag über die Zusammenhänge des Textes der Zauberflöte mit dem Roman von Terasson: Sethos (s. d.). Der gleiche Autor verweist auch auf die in des Johann Gottlieb Naumann (s. d.) Oper Osiris vorkommenden Klopfrhythmen. Der Erfolg der Z. veranlaßte Goethe zu einem zweiten Teile, der nicht vertont wurde. Dagegen versuchte der geschäftstüchtige Schikaneder eine Fortsetzung, für die Peter Winter die unbedeutende und vergessene Musik schrieb. Ist schon der Text des ersten Teiles mitunter sehr anfechtbar, so steigert sich diese Reimkunst im zweiten Teile zu kindlicher Banalität. So im Schlußchor: „Wir hüpfen und singen und lieben als Brüder Und ewig dem redlichen Bunde getreu." Dieser zweite Teil, an dessen Musik auch Gallus mitarbeitete, hieß „Das Labyrinth oder der Kampf mit den Elementen".

Auf einer Zeichnung „Z." des Vormärzdichters, Komponisten und Malers Peter Lyser, sind Sarastro und Tamino mit Maurerschurz und Hammer dargestellt.

Zauner, Franz, Edler v. Felpatan, berühmter österreichischer Bildhauer, * 1746, † 1822, Schöpfer des Wiener Kaiser-Joseph-Denkmals und des Grabmonuments von Leopold II. in der Augustinerkirche in Wien. Auch der „Genius Bornii" (s. Born) im Wiener Barockmuseum, dessen Sockel freimaurerische Embleme trägt, ist sein Werk. Z. war Mitglied der Loge „Zur wahren Eintracht".

Zebulon (hebr. zebulum), aus der Bibel übernommenes Wort, ist für mehrere Hochgrade von Bedeutung. Der Z. der Heiligen Schrift war ein Sohn von Jakob und Lea.

Zechel, Bruno, Verlagsbuchhändler in Leipzig, * 1834, † 1911, Mitglied der Loge „Balduin zur Linde", gab in seinem Verlag eine Reihe der bedeutendsten zeitgenössischen freimaurerischen Werke heraus.

Zeichen. Jeder Grad des freimaurerischen Rituals hat sein eigenes, aus der Symbolik der betreffenden Stufe heraus entwickeltes Z. — eine der Eigentümlichkeiten der Freimaurerei, bezüglich deren Schweigepflicht besteht. Z., Wort und Griff bilden die hauptsächlichsten Merkmale, die den Freimaurer einem Br. äußerlich als solchen kenntlich machen.

Zeichnung (frz. planche tracée) wird ebenso wie „Bauriß" vielfach der Logenvortrag genannt. Eine Z. wird vom Vortragenden „aufgelegt".

Zeil, Ferdinand Christoph, Graf zu Waldburg, Reichserbtruchseß, Fürstbischof in Chiemsee, * 1719, † 1772, war Schottischer Erster Vorsteher der Loge „Zur Behutsamkeit" in München, später Mitglied der Loge „Zur Fürsicht" in Salzburg. (Vergl. Taute).

Zeitrechnung, Freimaurerische. s. Anno.

Zeitungen, Zeitschriften. Die Zahl der heute ausschließlich freimaurerischen Zwecken dienenden periodischen Druckschriften ist sehr groß. Eine vollständige Zeitungsbibliographie des freimaurerischen Schrifttums existiert bisher nicht. Sehr wertvolle Zusammenstellungen bringt die Bibliographie von Wolfstieg, ferner — soweit die Gegenwart in Frage kommt — das Jahrbuch (Annuaire) der Association Maçonnique Internationale. Die amerikanische Zeitungsliteratur hat Brajjer („Führer", 1931) zusammengestellt.

Die Z. erscheinen zumeist als Monatsschriften, seltener zweiwöchentlich, als Wochenschriften meist nur dort, wo sie auch als Anzeigenblätter für Logenmitteilungen (Zusammenkünfte usw.) dienen sollen. Sehr viele Großlogen verfügen über ein amtliches Organ, in dem sie die für den eigenen Kreis geltenden allgemeinen Nachrichten oder Beschlüsse verlautbaren. Die Großlogen von England, Schottland und Irland u. a. haben keine amtlichen Z. Sie veröffentlichen ihre Beschlüsse und Sitzungsberichte in eigenen Reports. Neben den amtlichen Organen der Großlogen besteht eine hochentwickelte unabhängige Freimaurerpresse, deren Mitteilungen jeder amtliche Charakter abgeht. Die freimaurerischen Z. wenden sich entweder nur an den eigenen Großlogenkreis („Manuskript für Brüder") oder sie haben volle Publizität, wie zum Beispiel die „Wiener Freimaurerzeitung". In Ungarn wurde vor dem Krieg der Versuch unternommen, eine Tageszeitung für die breite Öffentlichkeit herauszugeben, in der die Tagesereignisse vom Standpunkt der freimaurerischen Weltanschauung beleuchtet wurden (Világ). Dieses, seit den Umsturztagen in Ungarn nicht mehr erscheinende Blatt war seiner propagandistischen Anlage nach ein Unikum, das in keinem anderen Lande Nachahmung gefunden hat. Politische Z. im Besitze der Freimaurerei gibt es nicht. In der angelsächsischen Welt berichtet die Tagespresse ständig über alle freimaurerischen Veranstaltungen. In den übrigen Staaten gibt es einige Z. von Bedeutung, die der Freimaurerei gelegentlich ihre Spalten öffnen. Zumeist sind dies Blätter, die auch ihrem sonstigen geistigen Zuschnitt nach auf dem Boden des Liberalismus stehen. Unendlich viel größer ist die Zahl der Z., die einen der Freimaurerei feindlichen Standpunkt einnehmen (s. Gegner).

Die erste Erwähnung der Freimaurerei in einer Z. erschien in England im „Tatler" vom 9. Juni 1709. Eine nach dem heutigen Stande der Forschungen vollständige Bibliographie der auf Freimaurerei bezüglichen Zeitungsstellen vor 1753 veröffentlichte Dring in seiner Inauguraladresse (A. Q. C., XXV, 345). Die Z. berichten über die Installierung der Großmeister seit 1721, die Konstitutionen von Anderson werden ebenso in Z. angekündigt wie der sogenannte Robertsdruck (1722). Christopher Wren (s. d.) wird im „Post Boy“ vom 5. März 1723 als Freimaurer bezeichnet, im „Flying Postboy, April 1723, erschien die erste Verräterschrift (s. d.). Dieses große Interesse der englischen Presse an freimaurerischen Begebenheiten hat sich bis auf den heutigen Tag erhalten. Zahlreiche führende englische und amerikanische Z. haben ständige Rubriken über Freimaurerei. Die Logen veröffentlichen auch die jeweiligen Ergebnisse ihrer Beamtenwahlen in der Tagespresse. Selbst in Fachzeitschriften einzelner Berufsstände wird selten versäumt, darauf hinzuweisen, wenn beispielsweise ein Chemiker oder Apotheker Meister vom Stuhl irgendeiner Loge geworden ist. Die Freimaurerei ist in den angelsächsischen Ländern eine gesellschaftliche Erscheinung, daher begegnen Vorkommnisse in ihr auch allgemeinem gesellschaftlichem Interesse.

In Deutschland stammen die ersten Nachrichten über Freimaurerei ebenfalls aus der öffentlichen Presse. So „Vossische Zeitung“ 1733, „Haude-Spenersche Zeitung“ 1743 u. a. m. (Eberhard Buchner, „Das Neueste von Gestern“, bringt zahlreiche Beispiele). Die Aufhebung der Wiener Loge „Zu den drei Kanonen“ durch ein militärdetachement (1743) war ein Ereignis, das in der gesamten damaligen Presse seinen Niederschlag findet. Die älteste deutsche, von Freimaurern herausgegebene Z. dürfte der von Eduard Milford am 24. April 1737 in nur einer Nummer erschienene „Freymäurer“ (Hamburg 1737) gewesen sein. Die Z. des 18. Jahrhunderts sind sämtlich wieder eingegangen. Unter ihnen heben sich durch ihren Inhalt heraus: die „Physikalischen Arbeiten der einträchtigen Freunde“, Wien 1783—1788, herausgegeben von der Loge „Zur wahren Eintracht“ in Wien, ein Versuch eines wissenschaftlichen Archivs. Auf hoher wissenschaftlicher Warte stand auch das dem gleichen Kreis entstammende „Wiener Journal für Freymaurer“ (1784 bis 1787) der gleichen Loge, redigiert von Blumauer (s. d.). Ein 1738 in Leipzig erscheinendes Blatt, „Der Freymäurer“, war eine moralische Z. nach dem damaligen Geschmacke, das nebenbei auch einige Bemerkungen über Freimaurerei enthielt. Ein Zentrum deutschen freimaurerischen Zeitungswesens wurde die Loge „Archimedes“ in Altenburg, die für ihre eigenen Brr. zahlreiche Z. herausgab (Journal für Freimaurerei“ 1804—1820, „Neues Journal für Freimaurerei“ 1812—1820, „Zeitschrift für Freimaurerei“ 1823—1831, „Neue Zeitschrift für Freimaurer“ 1832—1836, „Neueste Zeitschrift für Freimaurer“ 1838—1841, „Die Maurerhalle“ 1842—1845, „Der Ziegeldecker“ 1837 bis 1854). Besondere Bedeutung erlangte seinerzeit die von Gabriel Findel 1858 gegründete „Bauhütte“ (heute in Berlin von Alfred Unger weitergeführt), die ursprünglich besonders in progressiv-reformatorischen Sinne richtunggebend war. Auch die von Fritz Rackhorst 1910 gegründete Z. „Die Leuchte“, heute von C. Fr. Endres geleitet, hat über den kleinen Leserkreis hinaus durch ihre kritische Anlage Bedeutung. Die am weitesten verbreitete deutsche Freimaurerzeitung sind die „Mitteilungen aus dem Verein deutscher Freimaurer“.

Die französische Freimaurerei verfügt neben dem amtlichen „Bulletin“ der Grande Loge in der der dem Grand Orient nahestehenden „Acacia“ über ein der Öffentlichkeit zugängliches Magazin. Ed. E. Plantagenet gibt die „Annales Maçonniques“ heraus, die den Bestrebungen der Allgemeinen Freimaurerliga dienen, Oswald Wirth eine Monatsschrift „Le Symbolisme“, die einer ausgesprochenen esoterischen Richtung dient.

England hat, wie bereits erwähnt, kein offizielles Freimaurerorgan. Ein Teil der Nachrichten wird offiziös im „Freemason“, London, veröffentlicht, der im übrigen zumeist Logennachrichten bringt. Erwähnt seien noch die bis 1931 erschienene „Masonic News“, geleitet von Dudley Wright, und die Monatsschrift „Masonic Record“ mit zahlreichen künstlerischen Beilagen. Von allgemeiner Bedeutung für die gesamte Freimaurerei ist das historische Archiv „Transactions of the Quatuor Coronati Lodge Nr. 2076“ unter dem Titel „Ars Quatuor coronatorum“

Auf besonderer Höhe steht die freimaurerische Publizistik in Holland, die unabhängige „Broederketen“ (Haag) ist das einzige Wochenblatt, über das die Freimaurerei des Kontinents gegenwärtig verfügt.

Unübersehbar ist die Zahl der amerikanischen Freimaurerzeitungen, zumal dort viele Logen eigene Z. herausgeben, die ganz im Stil der Familienblätter mit Geburts- und Todesnachrichten, Anzeigen von Jubiläen, Familienereignissen freudiger und trauriger Art angefüllt sind. Wirksam unterscheiden sich hier die im Stile eines illustrierten Magazins aufgemachte, ausgezeichnet redigierte Monatsschrift „New York Masonic Outlook“ der Großloge von New York, der „Builder“ in St. Louis und das „Iowa Grand Lodge Bulletin“ in Cedar Rapids der Großloge von Iowa. Auch Z. in deutscher Sprache erscheinen in Amerika, so der von Max Schmetterling als Wochenschrift herausgebrachte „Führer“, ein Blatt, das gemeinsam den Interessen der Freimaurerei und des Odd-Fellowtums dient. Auch in Kalifornien erscheint ein kleines deutsches Nachrichtenblatt.

Der Oberste Rat des A. u. A. Schottischen Ritus (Südliche Jurisdiktion von Nordamerika) gibt in Washington das „New Age Magazine“ heraus, das verbreitetste freimaurerische Organ (Auflage 360.000), das auch zu allgemeinen Tagesfragen Stellung nimmt.

Gegnerische Z. mit ausschließlich freimaurergegnerischem Charakter erscheinen immer wieder in Frankreich. So das „Bulletin des Sociétés Secrètes“, das sich unter Leitung des Monsignore Jouin (s. d.) die Bekämpfung der Freimaurer und Juden zur alleinigen Aufgabe macht. Ähnliche Tendenzen verfolgte in der Schweiz das „Schweizerbannor“, und in gleichem Geist waren auch die „Cahiers de l’Ordre“ (Paris) gehalten. Die „Deutsche Wochenschau“ betrieb in der Zeit, da sie Ludendorffs Organ war, gleichfalls nahezu ausschließlich antifreimaurerische und antisemitische Propaganda, auch „Ludendorff’s Volkswarte“ hieb vor der Erweiterung der publizistischen „Kampffront“ des Generals in die gleiche Kerbe. In Rumänien wurde 1931 das kurze Zeit erschienene maßlos heftige „Buletinul Anti-Judeo-Masonic“ wegen seiner die öffentliche Ordnung bedrohenden aufreizenden Sprache verboten. (Weitere Erscheinungen dieser Art s. unter Antifreimaurerische Körperschaften.) Da die meisten politischen Z. von Parteikorrespondenzen gespeist werden, so ist die Verbreitung freimaurerfeindlicher Zeitungsstimmen ungemein groß. Besonders eifrig in dieser Propaganda sind die katholischen Blätter. Ebenso heftig zieht die nationalistische Presse aller Länder gegen die Freimaurerei zu Felde, mancherorts auch sozialdemokratische Z.

Sammlungen von Zeitungsausschnitten geben ein gutes Spiegelbild der Freimaurerei in der jeweiligen Umwelt. Hier sei erwähnt die mit zahlreichen Ausschnitten aus dem 18. Jahrhundert reich bedachte Sammlung des Bayreuther Großlogenmuseums (eigener Katalog erschienen), die Sammlung des Vereins deutscher Freimaurer (die Kriegsliteratur in drei Bänden, zusammengestellt von J. C. Schwabe, „Freimaurerei und Presse im Weltkriege“) und Privatsammlungen (z. B. Posner, Karlsbad — vorzugsweise slawische und französische Ausschnitte).

Zenith, im astronomischen Sinne der Scheitelpunkt. In den Dokumenten der Obersten Räte des A. u. A. Schottischen Ritus, XXXIII. Grad, wird der Tagungsort als Z. bezeichnet („under the celestial canopy of the Zenith which answers to Washington etc.“).

Zensur. Zur Verpflichtung des englischen Freimaurers gehört auch die noch heute im englischen Ritual enthaltene sehr alte Gelöbnisformel: „Further solemnly promise that I will not write those secrets, indite, carve, mark, engrave or otherwise them delineate or cause or suffer it to be done by others, if in my power to prevent it on anything movable or immovable under the canopy of heaven, whereby or whereon any letter character, or figure may become legible or intelligible to myself or to any one in the world so that our secret art and hidden mysteries may improperly become known through my unworthiness.“ (‚Ich verspreche ferner feierlich, daß ich diese Geheimnisse weder schreiben, noch diktieren, noch in Holz oder Stein eingraben oder bilden, oder in anderer Weise zur Darstellung bringen, noch auch zugeben werde soweit es in meiner Macht liegt, daß andere es tun, auf irgendeinem beweglichen oder unbeweglichen Gegenstand unter dem Baldachin des Himmels, wodurch oder worauf irgendein Buchstabe oder Schriftzeichen lesbar oder verständlich werden könnte für mich selbst oder irgendjemand auf der Welt, so daß unsere heimliche Kunst und die verborgenen Heimlichkeiten durch meine [Unwürdigkeit] Nichtswürdigkeit bekannt werden könnte.“)

Würde diese Verpflichtung tatsächlich dem buchstäblichen Wortlaut nach durchgeführt, so gäbe es überhaupt keine freimaurerische Literatur. Denn alles, was von Freimaurern vom und über den Bund geschrieben wird, berührt irgendwie die Heimlichkeiten und Geheimnisse. In früheren Zeiten wurden daher alle maurerischen Untersuchungen usw. handschriftlich niedergelegt, was aber an sich schon einen Verstoß gegen die obige Verpflichtung bedeutet. Man ging in den alten Logen des 18. Jahrhunderts so weit, daß man sogar das Protokollbuch nach jeder Arbeit versiegelte und bei der nächsten Arbeit die Unberührtheit des Siegels umständlich prüfte. Bei Druckwerken suchte man sich dadurch zu schützen, daß man die Veröffentlichung als „Manuskript für Brüder“ kennzeichnete. Die angelsächsische (namentlich amerikanische) Freimaurerei verbietet noch heute die offizielle Drucklegung der Ritualbücher; in Amerika sind die sogenannten Chiffrebücher, die von Privatunternehmern zur Unterstützung des Gedächtnisses herausgegeben werden, ausdrücklich mit dem Bann belegt. Es sind aus früheren Jahren Fälle bekannt, daß Ritualbücher nur unter persönlicher Aufsicht von Freimaurern gedruckt werden durften u. a. m.

In den meisten Staaten bestehen staatliche Institutionen, denen alle erscheinenden Druckschriften zur Verfügung zu stellen sind. Dadurch wurde an sich schon das Druckgeheimnis durchbrochen. Außerdem ging aber gerade von England eine wissenschaftliche Richtung aus, die sich in aller Öffentlichkeit der Untersuchung der alten Steinmetzenheimlichkeiten und der Logengebrauchtümer zuwandte. Trotz allen in früheren Zeiten getroffenen Vorsichtsmaßregeln war ferner auch nicht zu verhindern, daß freimaurerische Druckwerke nach dem Ableben des Besitzers in Antiquariate abwanderten und dadurch allgemein zugänglich wurden.

Unter diesen Umständen hat der oben wiedergegebene Eid lediglich traditionelle Bedeutung behalten. Er soll dem Neophyten die strikte Geheimhaltung der Erkennungszeichen auferlegen und ihn eindringlich daran erinnern, daß er mit den Bestandstücken des Rituals nicht fahrlässig umgehen soll. Wie weit man in dieser Beziehung heutigentags die Grenzen stekken kann, zeigt das vorliegende Lexikon, das sich in seiner Anlage an die Grundsätze hält, die bereits im „Allgemeinen Handbuch der Freimaurerei“ festgelegt und auch vom „Verein deutscher Freimaurer“ bei der Neuherausgabe (3. Auflage) übernommen wurden. Diese und andere Handbücher wenden sich an Freimaurer und Nichtfreimaurer. Sie müssen also in erster Linie dem Freimaurer das geben, was er zum Verständnis seiner eigentümlichen Gebrauchtümer braucht. Und sie müssen in der Darstellung auch so klar sein, daß auch der Nichtfreimaurer soviel davon verstehen kann, um sich eine verläßliche Meinung bilden zu können.

Setzte also der alte Eid eine durch viele Jahrzehnte fortgesetzte strenge Z. aller zur

Veröffentlichung bestimmten Arbeiten voraus, so kann heute als allgemeine Regel aufgestellt werden, daß eine Z. nur noch von wenigen Großlogen ausgeübt wird und die Verantwortlichkeit für Veröffentlichungen dem Autor selbst zugeschoben wird. Dort, wo eine Großloge ihre Anschauungen darlegen will, bezeichnet sie diese als amtlich. Die Große Landesloge der Freimaurer von Deutschland hat heute noch die Vorzensur aller, auch wissenschaftlicher Arbeiten ihrer Mitglieder inne, die in Druck erscheinen sollen. Auch für die ja im gleichen Geist wirkenden skandinavischen Großlogen gilt dasselbe. Im Herbst 1931 hat z. B. der König von Dänemark als Ordensmeister verfügt, daß ein nicht vorgelegtes kritisches Buch (der 2. Teil des Romans „En Støtte for ham" von Grandjean) aus dem Handel zurückzuziehen sei. Solche Möglichkeit liegt in der Eigenart dieses Systems begründet. Im übrigen herrscht die richtige Anschauung vor, daß Z. abzulehnen ist. Gewiß, wer die gegnerische Literatur durchsieht, findet immer wieder die verstimmende Absicht, für gelegentliche, unverantwortliche Äußerungen eines einzelnen die gesamte Freimaurerei verantwortlich zu machen. Das kann aber noch kein Grund sein, das Recht auf freie Meinungsäußerung zu beschneiden, das ja nichts mit dem freimaurerischen Geheimnis zu tun hat. Wozu andere Auffassung führt, hat man an den Schicksalen mancher freimaurerischer Forscher gesehen, denen „Verrat freimaurerischer Geheimnisse" vorgeworfen wurde: Krause, Moßdorf, Gaedicke, Schiffmann u. a. (s. a. Index).

Zentralamerika. Jede der sechs zentralamerikanischen Republiken (Guatemala, Honduras, Costa Rica, Nicaragua, Panama, San Salvador, s. diese) hat ihre eigene Großloge, dagegen gibt es nur einen Obersten Rat des A. u. A. Schottischen Ritus für Z., mit Sitz in Guatemala, und einen solchen von Panama.

Zentralmächte, Freimaurer der. Die Großmeister und Abgeordneten der Großlogen von Deutschland, Ungarn, Bulgarien und der Türkei hielten im letzten Kriegsjahr in Berlin einen Kongreß ab. Außer allen deutschen Großmeistern nahmen daran u. a. der Zugeteilte Großmeister der Symbolischen Großloge von Ungarn, Bálassa, der türkische Großmeister Finanzminister Djavid Bey und der bulgarische Großmeister General Protogeroff teil. Eine Resolution, die auch dem Deutschen Kaiser, dem König von Ungarn, dem Sultan und dem bulgarischen Zaren übermittelt wurde, stellte die Genugtuung darüber fest, daß die vertretenen freimaurerischen Körperschaften sich vor und im Krieg aller politischen, zum Kriege führenden, den Krieg schürenden und die Völker verhetzenden Propaganda enthalten hätten, und bekundete die Entschlossenheit, dieser Überlieferung auch fernerhin treuzubleiben „in dem hohen Bewußtsein, daß auf dem Boden treuer Vaterlandsliebe, in der Befolgung des höchsten Sittengesetzes und der Pflege der Humanität allein die Grundlage geschaffen werden kann für die Aufrichtung eines geistigen Tempelbaues der Menschheit. Die Mitarbeiter der Brr. anderer Völker ist hierbei, wenn sie sich zu den gleichen Grundsätzen bekennen, willkommen!" Kaiser Wilhelm II. drückte schriftlich seine Befriedigung über den Beschluß aus.

Zeremonienmeister (engl. Director of Ceremonies, frz. Maître des Ceremonies). Das Amt kam zuerst durch die Franzosen auf, wurde 1801 im Hamburger Ritual wieder abgeschafft. In den modernen Logen ist der Z. oder Ordner ein Beamter, der die feierliche Einführung der Würdenträger, Suchenden und Besuchenden besorgt und für die Aufrechterhaltung der Logenordnung mitverantwortlich ist.

Zergliederte Maurerei wird manchmal fälschlich das „neu-englische System" (übrigens auch eine zu Unrecht bestehende, irreführende Bezeichnung, s. d.) nach der auf Sensation berechneten Enthüllungsschrift „Masonry dissected" von Prichard (s. d.) von 1730 genannt, in der es zum erstenmal beschrieben, „zergliedert" wurde.

Zertifikat. Beglaubigungsschreiben einer Großloge oder einer Loge, z. B. ein Meisterausweis oder Logenpaß.

Zerubabel, der Wiedererbauer des Salomonischen Tempels, wahrscheinlich in Babylon geboren, führte die Juden aus dem Exil in die Heimat zurück. In dem Bestreben, die Legende des Tempelbaues weiter fortzusetzen, wurde Z. für die freimaurerische Mythologie in Anspruch genommen und erscheint daher in zahlreichen Hochgraden, so insbesondere im Royal-Arch-Grade und im A. u. A. Schottischen Ritus. Die älteste Loge in Kopenhagen heißt nach ihm.

Zetland, Earls, jetzt Marquesses of, vor 1838 Dundas. Die Oberhäupter dieser Familie stehen seit 1817 ohne Unterbrechung an der Spitze der Provinzial-Großloge von North- and East Yorkshire der Großloge von England. Von 1813—1870 waren sie Deputierte Großmeister, Pro-Großmeister und Großmeister der Vereinigten Großloge. Ein Saal im Londoner Großlogengebäude trägt den Namen „Z.-Room". Besonders verdient machten sich:

1. Thomas Dundas, Zweiter Earl of, * 1790, † 1873, von 1844 bis 1870 Großmeister. Bei seinem Abschied wurde durch freiwillige Spenden eine Z.-Stiftung mit 2730 Pfund begründet.

2. Erster Marquess, Lawrence, * 1844, † 1929, gewesener Vizekönig von Irland, Provinzial-Großmeister von Yorkshire, North and East Riding, 1874—1923.

3. Zweiter Marquess, Lawrence John Lumley, * 1876, englischer Forschungsreisender, konservativer Parlamentarier, gewesener Gouverneur von Bengalen, Präsident zahlreicher gelehrter Gesellschaften, Schriftsteller, Ehrendoktor von Cambridge, Glasgow und Leeds, Past-Großaufseher der Vereinigten Großloge, Provinzial-Großmeister seit 1923, vorher Distrikts-Großmeister von Bengalen.

Ziegeldecker (engl. Tyler, frz. Couvreur), alte Bezeichnung für den wachthabenden Br. der Loge. „Ziegeldecker im Osten von Altenburg", Name einer freimaurerischen Monatsschrift, die von 1837—1847 von Bernhard

Lützelberger herausgegeben wurde. Fortgesetzt unter dem Namen „Bruderblätter" bis 1854.

Ziegenbock, „Riding the Goat", eine im englischen und amerikanischen Aberglauben festgesetzte Vorstellung, daß die Freimaurer bei ihrer Aufnahme auf einem Z. reiten müssen. Da der Z. Hörner hat, ebenso wie der Teufel, hat dieser Aberglaube seine Wurzeln in dem alten Hexenaberglauben.

Zieraten, s. Ornaments.

Zille, Moritz Alexander, Pädagoge, Prediger, Gymnasialdirektor in Leipzig, * 1814, † 1872, zeichnete sich als Schriftleiter der „Allgemeinen Zeitung für Christentum und Kirche" durch ungewöhnlich freiheitliche Gesinnung und nachdrücklichstes Eintreten für unbedingte Glaubens- und Gewissensfreiheit aus. 1848 Hauptbegründer eines „Kirchlichen Vereins für alle Religionsbekenntnisse". Z. entwickelte eine besonders rege maurerische Tätigkeit: Er war Stuhlmeister der Loge „Apollo", 20 Jahre lang Redakteur der „Freimaurer-Zeitung", hervorragend beteiligt an der Herausgabe der zweiten Auflage des „Allgemeinen Handbuches", fruchtbarer maurerischer Schriftsteller.

Zimmer, Friedrich, Dr., Professor der Theologie, * 1855, * 1919, Stuhlmeister der Loge „Urania zur Unsterblichkeit" in Berlin, Begründer des Evangelischen Diakonievereines und der Erziehungsheime der Mathilde Z.-Stiftung, war Leiter der freimaurerischen Wochenschrift „Der Herold".

Zinnendorf, Johann Wilhelm **Kellner** v., ursprünglich Ellenberger, General-Feldstabsmedikus der preußischen Armee, * 1753, † 1782, führender deutscher Freimaurer, Stifter der Großen Landesloge, Begründer des Schwedischen Systems in Deutschland. Daß seine Persönlichkeit stark umstritten war, ist zu einem großen Teil auf den heftigen Systemkampf seiner Zeit zurückzuführen, in dem er eine hervorragende Rolle spielte, wohl aber auch auf seine unduldsame, selbstherrliche Natur (s. Lessing). Er wurde 1757 in der Loge „Philadelphia zu den drei goldenen Armen" seiner Vaterstadt Halle aufgenommen, schloß sich im folgenden Jahre der Loge „Zu den drei Totengerippen" in Breslau („Drei Weltkugeln") an, war deren erster Redner, 1763 wurde er Mitglied der Mutterloge „Zu den drei Weltkugeln" in Berlin. Ein im gleichen Jahre beim englischen Großmeister in London unternommener Schritt zur Erlangung einer Konstitution für eine Berliner Loge schlug fehl; daraufhin setzte sich Z. — mit den deutschen Verhältnissen unzufrieden — durch seinen Freund Dr. Johann Friedrich Schopp mit Stockholm in Verbindung. 1764 wurde er Eques a lapide nigro der Strikten Observanz und Präfekt der Präfektur Templin (Mark Brandenburg und Pommern) dieses Systems. Da ihm die hier erlangten „Kenntnisse" nichts sagten und auch die Mission Schopps in Stockholm nicht erfolgreich war, betrieb er durch seinen anderen Freund, Hans Carl Baumann, die Erlangung des Eckleffschen Wissens um die „wahre" Freimaurerei. Mittlerweile wurde er (Groß-) Meister seiner Loge „Zu den drei Weltkugeln". Als deren Übergang zur Strikten Observanz erfolgte, geriet er in Konflikt mit dieser. Man beschuldigte Z. zu Unrecht der Unterschlagung von Ordensgeldern und führte die persönliche Kampagne fort, als Z. offen zur Schwedischen Lehrart übertrat. Die Absage an die Strikte Observanz erfolgte im November 1766. Auf Grund der von Baumann aus Stockholm mitgebrachten und übersetzten Akten beschloß Z., an eine eigene Gründung zu schreiten. 1767 verließ er die Mutterloge „Zu den drei Weltkugeln". Neuer Hader, neue schwere Anwürfe waren die Folge. In Potsdam entstand dann 1768 die erste Johannisloge Schwedischen Systems „Minerva". 1769 stiftete Z. selbst die Loge „Zu den drei goldenen Schüsseln" in Berlin. Er war deren Vorsitzender Meister bis 1776, wurde auch Wortführender Meister der 1769 gestifteten Schottenloge „Indissolubilis". Innerhalb kurzer Zeit entstanden zahlreiche Logen der neuen Lehrart. 1770 erfolgte die Gründung der Großen Landesloge der Freimaurer von Deutschland; Z., der Stifter, übernahm das Amt des Deputierten Landes-Großmeisters. Der schwedischen Großloge wurde die Gründung zur Kenntnis gebracht, sie schwieg aber dazu, wie schon seit 1767 Eckleff Z. aus unbekannten Gründen auf dessen Briefe nicht mehr geantwortet hatte. Dieses Schweigen hielt bis 1776 an. Dagegen anerkannte nach anfänglichen Schwierigkeiten 1773 die Großloge von England die Z.sche Große Landesloge; Z. hatte große Anstrengungen unternommen, sie zu erlangen, sogar der — vorübergehenden — Großmeisterschaft eines fürstlichen Freimaurers (Prinz Ludwig von Hessen, der zurücktrat, als seine Gehaltforderungen als Landes-Großmeister nicht bewilligt wurden!) zugestimmt, als das die Erreichung des Ziels zu befördern schien. Nach der englischen Anerkennung begann wieder der Streit mit der Strikten Observanz; die von Z. beantragte neuerliche Prüfung seiner Finanzgebarung als seinerzeitiger Würdenträger dieses Systems ergab abermals die Haltlosigkeit der Anschuldigungen. 1771 erlangte die Große Landesloge das Protektorium Friedrichs des Großen, kurz hernach wurde Z. Landes-Großmeister. Ein Versuch, auch von Joseph II. einen Schutzbrief zu erlangen, glückte ihm nicht. Mit dem 1775 zum Landes-Großmeister gewählten Herzog Ernst II. von Sachsen-Gotha und Altenburg vertrug sich Z. nicht. Gegenüber dessen Wunsch nach Beendigung des Streites mit der Strikten Observanz brach das schroffe, despotische Temperament Z.s durch. Der Herzog legte 1776 den Hammer wieder nieder. Kurz vorher kehrte v. Castillon aus Stockholm zurück, wo er im Auftrag von Z. das Material zur Begründung eines Kapitels, der höchsten Ordensabteilung, beschafft hatte. Das Große Ordenskapitel „Indissolubilis" wurde im Dezember 1776 eingesetzt; Z. wurde Ordensmeister. Am folgenden Tag erfolgte der Rücktritt des Herzogs Ernst II. als Landes-Großmeister. 1777 begann ein neuer Vorstoß der mittlerweile mit den Schweden unter dem Herzog Carl von Södermannland (s. d.) als Heermeister vereinigten Strikten Observanz; dieser erklärte, die schwedische Großloge habe der Großen Landesloge niemals eine Konstitution gegeben, was den Austritt der sächsischen und thüringischen Logen zur Folge hatte. Im Bayrischen Erbfolgekrieg wirkte Z. — er war höchster Sanitätsoffizier des preußischen Heeres — als Meister der Feldloge „Zum goldenen Becher“ in Neiße. 1779 reiste er nach Schweden, erhielt aber die gewünschten Aufschlüsse nicht. 1780 wurde er Landes-Großmeister, die Tätigkeit machte ihm aber nicht mehr viel Freude, da im Streit um die von dem Grafen Haugwitz (s. d.), Provinzial-Großmeister von Schlesien, gegründeten Kreuzritter, die Z. als gefährlich für die Große Landesloge betrachtete, seine Despotie wieder auflebte, was zum Bruch mit dem früheren Landes-Großmeister Freiherrn v. d. Goltz führte. Er starb während einer Logenarbeit in den Armen seines Freundes und Nachfolgers Castillon. (Vergl. E. L. Leonhardt, „Zirkelkorrespondenz“, 1931, Nr. 14/15.)

Zinnendorfsches System, s. Zinnendorf und Schwedische Lehrart.

Zion, Weise von, s. Protokolle der Weisen von Zion.

Zirkel (frz. compas, engl. compasses), bildet mit Bibel und Winkelmaß die drei großen Lichter“ der freimaurerischen Symbolik. Während das Winkelmaß mehr nach Vernunft und Gesetz regiert, ordnet der Z., das Symbol der allumfassenden Menschenliebe, das Gefühlsleben, die seelische Einstellung zur Brüderschaft und zur Menschheit. Der Z. spielt bei der Maurerweihe eine große Rolle. Er lehrt, daß eine der beiden Spitzen stets im Herzen des Br. verankert ist, die andere ihn mit allen Brr. verbindet.

Zirkel, Der, Zeitschrift der österreichischen Freimaurerei von 1871 bis zur Gründung der Wiener „Freimaurer-Zeitung“ 1919. In Ödenburg von Franz Julius Schneeberger (s. d.) gegründet, wurde er 1873 Organ der Loge „Humanitas“, erschien seit 1876 in Wien und wurde von diesem Zeitpunkt bis Ende des Jahrhunderts von Moritz Amster, dann von Heinrich Glücksmann (s. d.) geleitet. Eine Reihe von Jahren erschien D. Z. als Wochenblatt. In besonderem Maße war er für die Friedensidee tätig.

Zirkel, Kränzchen (frz. Triangle), lose Vereinigung von Freimaurern an Orten, wo keine Logen oder keine solchen der gleichen Lehrart bestehen.

Zirkelkorrespondenz.

1. Bezeichnung für einen freimaurerischen Briefwechsel, der von der Loge „Zu den drei Pfeilen“ in Nürnberg 1793 angeregt wurde und an dem zahlreiche Logen mit Berichten u. a. teilnahmen. Sie ging zu Anfang des 19. Jahrhunderts ein. Schröder (s. d.) suchte sie in seinem Engbund wieder zu beleben. Diese von ihm angeregte und auch durchgeführte „Zirkelkorrespondenz“ war die erste handschriftliche Zeitung der deutschen Freimaurerei, indem die gesammelten Beiträge an die einzelnen beigetretenen Engbünde zur Beratung weitergegeben wurden. Leider gingen bei dieser Art der Weiterleitung Aktenpakete verloren. Daher wurde 1838 die Z. lithographiert, indem alljährlich ein Heft herausgegeben wurde. Diese Einrichtung erhielt sich bis 1867. Im Jahre 1896 wurde die Z. wieder erweckt und erschien unter dem Titel „Hamburgische Zirkelkorrespondenz, maurerische Arbeiten aus dem Kreise der Großen Loge von Hamburg“, gedruckt jährlich in fünf Heften. Sie erschien von 1896 bis 1903 und wurde durch das „Hamburger Logenblatt“ abgelöst.

2. Ordensblatt der Großen Landesloge der Freimaurer von Deutschland in Berlin, erscheint seit 1872, ursprünglich als „Z. unter den St. Johannis-Logenmeistern“, herausgegeben zuerst von Dr. A. Widman (s. d.) in jährlich vier Heften, seit 1897 im Lehrlingsgrad, zweimal monatlich. Die Zeitschrift dient nur dem System ihrer Großloge, zeichnet sich aber durch die Fülle wertvoller, streng wissenschaftlicher Arbeiten und die Gründlichkeit der Symbolbearbeitung besonders aus. Derzeitiger Leiter: Studienrat Dr. phil. Hans Oehmen, Berlin.

Zirkulgesellschaft, Adelige, in Lübeck, s. Dreifaltigkeitsbrüderschaft.

Zodiakus. Die Tierkreisbilder, zwölf an der Zahl, als Zeichen bestimmter Sterngruppen dienten seit den grauesten Zeiten der Menschheit zur Kalenderbestimmung. Die älteste Tierkreiszeichnung stammt aus dem Jahre 2400 v. Chr. aus dem altägyptischen Tempel in Denderah. Der Tierkreis wird gerne zur Ausschmückung der Maurertempel verwendet und schmückt den Himmel des Tempels. Ein im 18. Jahrhundert entstandener Hochgrad, Ritter vom Z., ist erloschen.

Zola, Emile, der französische Romanschriftsteller und Vorkämpfer für Menschenrechte im Dreyfus-Prozeß, * 1840, † 1902, war nicht, wie oft behauptet wird, Freimaurer. Gelegentlich des Dreyfus-Prozesses hatte er wohl Beziehungen zu den freimaurerischen Kreisen, denen ja mehrere der prominenten Verfechter der Revision angehörten, trat dem Bunde aber selbst nicht bei. An der Denkmalsenthüllung für Z. nahm der Grand Orient de France offiziell teil, wobei André Lebey (s. d.) die Gedächtnisrede hielt.

Zollinger, Johann Friedrich, Dr. phil. h. c. in Zürich, Sekretär des Erziehungswesens des Kantons Zürich, * 1858, † 1931, hervorragender schweizerischer Schulmann, Gründer der Züricher Pestalozzi-Gesellschaft (Verein für Volksbildung und Volkswohlfahrt) und Initiator der Schweizerischen Gesellschaft für Schul- und Gesundheitspflege, Ehrendoktor der Universität Zürich wegen seiner literarischen und praktisch-pädagogischen Verdienste“, 1902 in der Loge „Modestia cum Libertate“ aufgenommen, war deren Stuhlmeister von 1917—1922.

Zöllner, Johann Friedrich, Oberkonsistorialrat, Oberschulrat, * 1753, † 1804, wurde 1779 in der Loge „Zum aufrichtigen Herzen“, Frankfurt (Oder), aufgenommen, war Meister vom Stuhl der Berliner Loge „Zur Eintracht“, 1799 National-Großmeister der Großen National-Mutterloge „Zu den drei Weltkugeln“, arbeitete die Grundverfassung von 1798 aus, verfaßte die Instruktionen für die drei Johannisgrade, sowie die Rituale und Instruktionen für den IV. und V. Grad.

Zorrilla y Moral, José, spanischer lyrischer Dichter und Dramatiker, * 1817, † 1893, einer der populärsten Schriftsteller des 19. Jahrhunderts („Cantos de Trovador", „Don Juan Tenorio", „Zapatero y el rey" u. a.), Mitglied der Akademie, Poeta laureatus in der Alhambra in Granada, war Freimaurer.

Zschokke, Heinrich. schweizerischer Volksschriftsteller („Abenteuer einer Neujahrsnacht", „Das Goldmacherdorf" u. a.), Demokrat, * 1771 in Magdeburg, † 1848, kam 1796, da er unter dem Regime des Zeloten Wöllner (s. d.) keine Universitätsprofessur in Preußen erlangen konnte, als Seminardirektor (Lehrer und Prediger) nach Reichenau (Graubünden) und wurde von der Kantonsregierung eingebürgert. 1792 war er Mitglied der Loge „Zum aufrichtigen Herzen" in Frankfurt a. O. geworden. 1798 wegen Propaganda für den Anschluß Graubündens an die helvetische Republik geächtet, wurde er von deren Regierung als bevollmächtigter Kommissär nach Aarau gesandt, Regierungsstatthalter, schließlich Oberforst- und Bergbaurat in Aarau, Mitglied des Großen Rates und Tagsatzungsabgeordneter des Kantons Aargau. 1810 reiste er mit vier Aarauer Freunden, darunter dem Professor Friedrich Heldmann (s. d.) nach Freiburg i. Br., um in der dortigen Loge „Zur edlen Aussicht" die Grundlagen zu einer Logengründung in Aarau zu legen. Noch im gleichen Jahre wurde ein Kränzchen gegründet, an dessen Spitze er trat. Im folgenden Jahre wurde Z. Mitbegründer der Loge „Wilhelm Tell" in Aarau, deren Name dann in „Zur Brudertreue" abgeändert wurde. Er trat aber bald aus, als die Aufnahme eines von ihm vorgeschlagenen Kandidaten von der Loge abgelehnt wurde, besuchte sie aber auch später und führte ihr 1827 seinen ältesten Sohn zu, den späteren bedeutenden Führer der aargauischen Freimaurer. Z. stellte die Freimaurerei zwischen Kirche und Staat „als Mittelglied, als fehlenden Ring in der zerbrochenen Kette von Staat und Kirche, der beide, aber in erhabenerem Sinne, wieder zu der einzigen und ganzen macht".

Zugeordneter Meister, s. Abgeordneter Meister.

Zukić, Mihailo, Sektionschef im Belgrader Außenministerium, *1860, † 1928, Generalsekretär des Staatsrates, Regierungskommissär bei der Belgrader Exportbank, aufgenommen in der Loge „Pobratim", Gründungsmitglied der Loge „Schumadia", mehrere Jahre deren Meister vom Stuhl, Großredner der Großloge von Jugoslawien, Mitglied des Suprême Conseil für Jugoslawien.

Zulassung von besuchenden Brüdern. In den angelsächsischen Logen herrschen hierüber besonders strenge Vorschriften. Das englische Gesetzbuch sagt: „Kein Br. unter englischer Jurisdiktion soll in eine Loge zugelassen werden, er sei denn persönlich bekannt und einer der anwesenden Brr. bürge für ihn, oder er bürge für sich selbst nach entsprechender Prüfung. Kein Br. einer nichtenglischen Jurisdiktion darf zugelassen werden, es sei denn, er lege ein Zertifikat vor, aus dem ersichtlich ist, daß er nach den alten Gebräuchen in einer Loge aufgenommen worden ist, die zu einer Großloge gehört, die sich zum Glauben an den A. B. A. W. bekennt. Die betreffende Großloge muß von der Vereinigten Großloge von England anerkannt sein, und er selbst muß den oben erwähnten Glauben als eine wesentliche Landmarke des Bundes anerkennen. Der Besuchende ist während seiner Anwesenheit in einer Loge den Hausgesetzen unterworfen... Es liegt in der Macht des Meisters jeder Loge, die Zulassung eines Besuchenden zu verweigern, wenn er annehmen zu müssen glaubt, daß der Besucher die Harmonie der Loge stören könnte..." (s. a. Besuchende Brüder und Tyler's Obligation).

Zulueta, Luis, Abgeordneter der spanischen Cortes, im Sommer 1931 von der provisorischen Regierung der Republik zum Gesandten am Vatikan in Aussicht genommen, wurde von diesem als angeblicher Freimaurer abgelehnt. Er folgte Ende 1931 Lerroux als Außenminister. Wie Z. im Februar 1932 auf Befragen erklärte, gehört er dem Freimaurerbund nicht an. (Vergl. „Alpina" vom 15. März 1932.)

Zumalacárregui, Tomas, spanischer General, * 1788, † 1835, Karlist, war Freimaurer.

Zuñiga, Antonio R., bedeutender argentinischer Schriftsteller und Dichter der Gegenwart, schrieb „Marcha Triumfal Masonica" (Maurerischer Triumphmarsch).

Zweihundertjahrfeier der Großloge von England. Am 23. Juni 1917 wurde die erste Versammlung der Großloge von England am Johannistag 1717 in einer „Special Grand Lodge" gefeiert. Den Beamten der drei von den vier Gründerlogen, die heute noch am Werk sind („Antiquity Nr. 2", „Royal Somerset House and Inverness Nr. 4" und „Fortitude and Old Cumberland Nr. 12") wurden aus diesem Anlaß eigene Bänder verliehen.

Zypern (engl. Cyprus), Insel im östlichen Mittelmeer an der Südküste Kleinasiens, englische Kronkolonie; in der Hauptstadt Nicosia usw. arbeiten unter der Großloge von England zwei, unter dem Großorient von Griechenland fünf Logen.

Nachträge und Änderungen während des Druckes.

Abrüstungskonferenz, Internationale, in Genf 1932. Auf Initiative der Großloge von Wien und der Gruppe für Friedensarbeit der allgemeinen Freimaurerliga (Vors. Henry La Fontaine, Vizepräsident des belgischen Senats) wurde dem Vorsitzenden Henderson eine von einer Reihe von Großlogen unterzeichnete Resolution überreicht, in der „getreu dem Grundsatz der Freimaurerei, der Brüderlichkeit in den Beziehungen der Menschen untereinander zum Siege zu verhelfen, in der Überzeugung, daß der Krieg, den die Völkerbundversammlung selbst feierlich gebrandmarkt hat, eine brutale, verbrecherische und kulturwidrige Einrichtung ist, deren es nicht bedarf, um Meinungsverschiedenheiten zwischen den Völkern zu regeln, ... in Erinnerung an den letzten grausamen Krieg aller gegen alle, der Millionen Menschenleben, unschätzbare materielle und geistige Werte vernichtet und die gesamte Zivilisation auf ungezählte Jahre hinaus gefährdet hat", für die Abrüstung eingetreten wurde.

Adam, Jacob, hervorragender österreichischer Kupferstecher, * 1748, † 1811, bekannt als Porträtist, schuf berühmte Stiche nach Raphael, Rubens, Poussin usw., war Mitglied der Wiener Loge „Zur wahren Eintracht".

Adams, Samuel, berühmter nordamerikanischer Freiheitskämpfer und Staatsmann, * 1723, † 1803, einer der ersten Politiker, die — anfangs im Gegensatz zu Franklin und Otis — für die Loslösung von England Stellung nahmen, Verfasser der berühmten „Massachusetts Resolves", 1774—1781 Mitglied des Kontinental-Kongresses, Unterzeichner der Unabhängigkeitserklärung, Gouverneur von Massachusetts, war Freimaurer.

Allan, Ethan, hervorragender Kämpfer im Freiheitskampf der nordamerikanischen Kolonien, * 1739, † 1789, Führer der irregulären „Green Mountain Boys", dann Mitkämpfer Montgomery's in Canada, war Freimaurer.

Almásy, Paul, Graf, ungarischer Freiheitskämpfer und Politiker, * 1818, † 1883, Vizepräsident der Nationalversammlung 1848, verkündete in dieser Eigenschaft am 14. April die Unabhängigkeit Ungarns, war dann Präsident der nach Debreczin übersiedelten Nationalversammlung, lebte in Paris im Exil, suchte, 1864 nach Ungarn zurückgekehrt, eine neue Erhebung zu entfachen und mußte deshalb Kerkerhaft verbüßen. 1861 war er einer der Anreger der Reorganisierung der ungarischen Freimaurerei.

Anonymen-Lexikon, Deutsches, herausgegeben von der Gesellschaft der Bibliophilen, enthält zahlreiche Nachweise über die Autoren, bezw. Quellen freimaurerischer Werke. (Zuletzt erschienen Band VII, Weimar 1928.)

Apodaca, Juan Ruiz de, Graf von Venadito, spanischer Seeheld und Diplomat, * 1754, † 1835, kämpfte in den südamerikanischen Kolonien gegen England und Frankreich, Statthalter in Mexiko, war Freimaurer, lieh in Mexiko dem Bund trotz der starken reaktionären Strömung seinen Schutz

Artaria, Pasquale, † 1785, Mitbegründer des gleichnamigen berühmten Wiener Musikverlagshauses und der heute noch bestehenden Kunsthandlung (1770), Verleger von Haydn, Mozart, Beethoven, Gluck, war Mitglied der Wiener Loge „Zur gekrönten Hoffnung". Sein Porträt von Schmutzer (s. d.) trägt die Bezeichnung Br. (Bruder). Er verlegte kurz vor seinem Tode Mozarts Kantate „Die Maurerfreude" (Köchel Nr. 471).

Auf mich! Meine Brüder! ist eine schlechte und sprachlich sinnlose Übersetzung des französischen: à moi, mes frères!

Azanza, Miguel José de, spanischer Politiker, * 1746, † 1826, Minister unter Carlos VI., ging ins Exil, als Ferdinand VII. wieder zur Macht gelangte, unterstützte Napoleon, erhielt den Titel eines Fürsten von Santa Fé, stand an der Spitze des Obersten Rates von Spanien.

Bahawalpur, Khan Bahadur von, regierender Fürst (Nawab) von Bahawalpur, dem größten mohammedanischen Staate der britisch-indischen Provinz Punjab, * 1904, wurde 1930 Senior Grand Deacon der Großloge von Schottland.

Barretto, Juan Pablo de los Santos, brasilianischer Marschall, * 1778, † 1869, von 1844—1846 Kriegsminister, war Meister vom Stuhl einer unter dem Grand Orient von Frankreich arbeitenden Loge.

Bauditz, Sofus Gustav, dänischer Schriftsteller, * 1850, † 1915, Verfasser erfolgreicher Romane („Absolomsbrönd", „Sporsne", „Historier fra skovridergaarde" usw.), war Freimaurer.

Beaman, Alexander Clayford Emmons, amerikanischer Verleger, Sprachforscher und Geologe, * 1885, gewesener Leiter der bedeutenden freimaurerischen Zeitschrift „The Masonic Digest", Herausgeber des „Scottish Rite Bulletin" (Chicago), wurde 1909 in der Chicagoer Garden City Lodge Nr. 141 aufgenommen.

Becker, Rudolf Zacharias, Volksschriftsteller, Lehrer, Buchhändler, Hofrat in Gotha, * 1752, † 1822, Gründer und Herausgeber des „Allgemeinen Reichsanzeigers", Verfasser des „Not- und Hilfsbüchleins" und des „Mildheimschen Liederbuches", war führendes Mitglied der Loge „Zum Kompaß" in Gotha, schrieb „Grundsätze, Verfassung und Schicksale des Illuminatenordens" (1786).

Belle-Isle, Charles Louis August Fouquey, Marquis, später Fürst, Marschall von Frankreich, * 1684, † 1761, zeichnete sich im spanischen Erbfolgekrieg, in Böhmen und in den Alpen aus, Gesandter in Frankfurt, Kriegsminister 1758. Auf seine Anregung wurde 1741 in Frankfurt a. M. die französische Loge „L'Union" gegründet.

Berlin, Irving, amerikanischer Komponist russischer Abstammung, * 1888, Schöpfer zahlreicher weltbekannter „Schlager", Mitarbeiter der Ziegfeld Follies, ist Freimaurer.

Bertani, Agostino, italienischer Freiheitskämpfer und bedeutender Chirurg, * 1812, † 1886, Gründer der „Gazzetta Medica", nahm in Mailand an der Erhebung gegen Österreich teil, Anhänger Mazzinis, bereitete mit Lafarina und anderen Garibaldis „Zug der Tausend" vor. Er war Freimaurer.

Bihlman, Philos Alfred, Dr., lettischer Diplomat, * 1887, bevollmächtigter Minister, Pressechef des Außenministeriums in Riga, Freimaurer, ist um die Erforschung der Geschichte der lettischen Freimaurerei des 18. Jahrhunderts bemüht.

Bismarck (s. a. im Hauptteil). Wenig bekannt ist ein acht Seiten langer Bericht, den B. am 20. Jänner 1872 an den Kaiser Wilhelm I. in Sachen der elsässischen Logen richtete. Er entwarf darin den Plan einer elsässischen Großloge, zu gründen durch die hierfür interessierten, ehemals französischen Logen. Im übrigen empfahl er eine abwartende Stellung, um zu sehen, „welche Entwicklung das Freimaurerwesen in Elsaß-Lothringen nach seiner Loslösung vom französischen Grand Orient nehmen wird". (Dr. Fittig, „Latomia", 1930, 122.)

Bock, Max (s. Hauptteil), † 1932.

Bond, Frederick Bligh, englischer Schriftsteller, Architekt und Psychologe, * 1864, Herausgeber der „Psychological Science", bedeutender Archäologe, schrieb „The Greek Cabala", „The apostolic Gnosis" usw., wurde 1888 in der St. Vincent Lodge Nr. 1404 in Bristol aufgenommen.

Böttiger, Karl August, Dr., deutscher Archäologe, * 1760, † 1835, Gymnasialrektor, verstand es, in Vielgeschäftigkeit, die der Weimarer Kanzler Müller „zusammenböttigern" nannte, sich Goethe und Schiller durch Gefälligkeiten mancher Art zu nähern, zog sich aber durch Lust am Intrigieren den grimmigen Haß Goethes zu, der ihn gemeinsam mit Kotzebue und Merkel und im Verein mit Schiller in verschiedenen Gedichten und Xenien bloßstellte. Auch Platen, Ludwig Tieck u. a. haben ihn in satirischen Versen verewigt. Ernst Moritz Arndt nennt ihn den „Reichsherold böser Gerüchte". Man bezeichnete ihn als den Dr. Ubique und Cucullus Vimariensis, da er sich wie der Kuckuck immer selbst nannte. Er war Mitglied der Weimarer Loge „Amalia" und gehörte seit 1783 der Dresdener Loge „Zum goldenen Apfel" an, wo 1831 sein 50jähriges Maurerjubiläum sehr feierlich begangen wurde. (M. Fürst in „Hamburger Logenblatt", November 1931.)

Brissot, Jacques Pierre, genannt de Warville, französischer Freiheitskämpfer, * 1754, † 1793 auf der Guillotine, Journalist, Gründer des „Patriote français", nahm am 14. Juli 1789 die Schlüssel der Bastille entgegen, Jakobinerführer, 1791—1793 der eigentliche Leiter der auswärtigen Angelegenheiten, gab den Kriegen der Republik den Charakter einer revolutionären Propaganda, zerfiel mit Robespierre und endete auf dem Schaffott. Er war Freimaurer.

Brown, William Moseley, amerikanischer Gelehrter, * 1894, Professor der Psychologie an der Universität in Lexington, Mitherausgeber der Zeitschrift „The college Mason", wurde 1922 in der Mountain City Lodge Nr. 67 in Lexington aufgenommen.

Buddecke, Albert (s. Hauptteil), † 1931.

Buscalioni, Carlo Michele, italienischer Politiker und Publizist, * 1824, † 1885, Präsident der patriotischen „Società Nazionale", Direktor des „Espero" (später „Piccolo Corriere d'Italia") und der „Agenzia Stefani", Gründer der „Società internazionale neolatina", brachte mit Lafarina (s. d.) die Mittel für die Durchführung von Garibaldis „Zug der Tausend" auf. Er war Freimaurer und schrieb „La R.·.M.·.L.·. ‚Ausonia' e La Spedizione dei Mille".

Calatrava, Ramon Maria, spanischer Politiker, * 1786, † 1876, spielte im Unabhängigkeitskampf eine hervorragende Rolle, mußte 1823 ins Ausland gehen, 1842 Minister, war Großmeister des 1869 entstandenen „Nationalen Großorients" von Spanien.

Caramanico, Francisco Mario, Fürst von, * 1738, † 1795, im Dienste der Bourbonen in Frankreich, dann in Neapel, Vertrauter der Königin Maria Caroline, war Großmeister der neapolitanischen Großloge „Del Zelo".

Carey, Henry, englischer Komponist und Dichter, * 1690, † 1743, bekannt durch Balladen, Operetten und Liederspiele, Chrysander zufolge der Komponist der englischen Hymne „God save the King", nach deren Melodie auch das alte englische Freimaurerlied „Hail masonry divine" gesungen wurde. C. vertonte auch den freimaurerischen Operntext von William Rufus Chetwood. Diese erste Freimaureroper, „The generous freemason", wurde im August 1730 anläßlich der Bartholomäusmesse in Smithfield aufgeführt.

Clegg, Robert Ingham (s. Hauptteil), * 1866, † 1931.

Cockburn, Sir John Alexander, südaustralischer Staatsmann, * 1850, † 1928, Ministerpräsident von Südaustralien 1893 bis 1898, Zugeordneter Großmeister der dortigen Großloge, Präsident des „International Masonic Club and Masonic Study Society" und der „International Philological Society", schrieb: „The Australian Federation", „Builders of the Empire", „Symbolism in Masonry", „Mozart and Masonry" und zahlreiche andere freimaurerische Werke, wurde 1902 Past Grand Deacon der Großloge von England.

Crane, Frank, bedeutender amerikanischer Journalist und Schriftsteller, * 1861, † 1928, leitender Mitarbeiter der großen Zeitungssyndikate, Herausgeber der „Current Opinion", Verfasser von „Four Minute Essays", „War and World Government" usw., war Freimaurer.

Dänemark (s. auch Hauptteil). Eine neue (symbolische) Großloge von D., Storlogen af Danmark, auf humanitärer Grundlage, wurde am 15. November 1931 ins Leben gerufen. Sie steht auf dem Boden der

Landmarken, der „Alten Pflichten" und der acht Artikel der englischen Großloge vom September 1929, zählte bei ihrer Gründung 15 Logen und hat ihren Sitz in Kopenhagen, Smallegade 33. Sie arbeitet nach dem A. u. A. Schottischen Ritus. Die Mitglieder der Gründungslogen waren teils Freimaurer, die früher zu irregulären Körperschaften gehörten. dann aber in Logen der Grande Loge de France, bezw. der Symbolischen Großloge von Deutschland aufgenommen, bezw. regularisiert wurden, teils Brüder regulärer englischer und amerikanischer Logen. Bei der Lichteinbringung intervenierte ein Delegierter der Grande Loge de France, die dann auch als erste die neue Großloge anerkannte. Die Großloge gibt als offizielles Organ „Latomia Daniae" heraus.

De Facquz, Eugène, belgischer Politiker, * 1797, † 1871, Mitglied des Nationalkongresses von 1830, stimmte gegen die Wahl Leopolds von Sachsen-Coburg zum König, erster Präsident des Kassationshofes, bedeutender juristischer Fachschriftsteller, wurde 1842 Großmeister des Großorients von Belgien.

Dessewffy, Dionys, ungarischer Freiheitskämpfer, * 1828, † 1898, diente als Major in Prag, ging bei Ausbruch der ungarischen Revolution mit einer Kompanie Husaren durch, zeichnete sich in den Freiheitskämpfen besonders aus, lebte dann in Genf im Exil, wurde dort Mitglied des Freimaurerbundes.

Dluski, Michael, polnischer Prälat und Archidiakon in Wilna, * 1760, † 1821, Historiker, war 1817 Aufseher der Loge „Gorliwy Litwin" in Wilna, deren Meister vom Stuhl der Fürstbischof Puzyna (s. d.) war, wurde dann 1820 Provinzial-Großmeister der Provinzialloge von Litauen „Zur vollkommenen Einigkeit" in Wilna.

Droste zu Vischering, Freiherr von, Bischof von Münster, * 1770, † 1846, war Mitglied der Loge „Zu den drei Balken" in Münster.

Echeverria, Francisco, * 1797, † 1852, nach der Revolution von 1841 kurze Zeit Präsident von Mexiko, war Freimaurer.

Edham, Pascha, türkischer Staatsmann, * 1813, † 1893, wiederholt Minister, Präsident des Obersten Gerichtshofes, Gesandter in Berlin, Großvezier, überbrachte 1854 Kara Georg die Unabhängigkeitsurkunde Serbiens, war Freimaurer.

Eybel, Joseph Valenta, Professor des Kirchenrechts an der Universität Wien, * 1741, † 1805, als Rat bei der niederösterreichischen Landesregierung von Kaiser Joseph II. mit dem Referat über „geistliche und Toleranzsachen" betraut, Verfasser mehrerer bedeutender kirchenrechtlicher Fachwerke, wurde wegen seiner freiheitlichen Schriften von Rom mit dem Bann belegt, war Freimaurer.

Fakhr-ud-Daulah, Nawab Sir Mohammed Iftikhar Ali Khan Bahadur Saulat Jang, regierender Fürst des Jaora-Staates in Britisch-Indien, * 1883, wurde 1928 Past Grand Warden der Großloge von England.

Fraser, Simon, englischer General, * 1729, † 1777, kämpfte in Holland, dann bei Quebec, Brigadier im Krieg gegen die amerikanischen Kolonien, Sieger bei Hubbardtown, gefallen in der zweiten Schlacht bei Saratoga, wurde 1760 von der Großloge von England zum ersten (Provinzial-)„Großmeister" von Canada ernannt.

Fuad, Mehmed Pascha, türkischer Staatsmann, * 1814, † 1869, wiederholt Außenminister, Großwesir, trat mit großer Energie gegen die Teilnehmer am Christenmassaker in Damaskus auf, war Freimaurer.

Furnémont, Léon, führender Politiker der belgischen sozialdemokratischen Partei, * 1861, Leiter des „Cercle des soirées populaires rationalistes" und der „Libre Pensée", Professor der zeitgenössischen Geschichte an der Neuen Universität in Brüssel, ist Freimaurer.

Geminiani, Francesco Xaverio, italienischer Komponist, Violinvirtuose und Musikschriftsteller, * 1674, † 1762, Schüler Scarlattis, zumeist in London tätig, Schöpfer der ersten eigentlichen Violinschule, Komponist von Violinsonaten, Verfasser wertvoller musiktheoretischer Werke, war Direktor der 1725 in London gegründeten, ausschließlich aus Freimaurern bestehenden Londoner „Philo-Musicae et Architecturae Societas" (s. d.).

Gibb, Sir Alexander, hervorragender britischer Ingenieur und Industrieller, * 1872, Direktor der Dunlop Pneumatic Co., Ingenieurkonsulent beim Kriegshafenausbau von Singapore während des Weltkrieges, Chefingenieur der Hafenbauten in Frankreich und Belgien, Konsulent des Transportministeriums für die Abrüstung, ist Provinzial-Großmeister von Ross and Cromarty der Großloge von Schottland.

Gleitz, Karl, deutscher Komponist, * 1862, † 1920, Schöpfer erfolgreicher symphonischer Dichtungen (Alberichs Drohung usw.), Verfasser der polemischen Schrift „Künstlers Erdenwallen", komponierte eine 1912 erstmalig aufgeführte Freimaurersymphonie in drei Sätzen für großes Orchester, Chor und Soli.

Gomez, Pedraza Manuel, mexikanischer Staatsmann, * 1789, † 1854, Kriegsminister 1824, Präsident 1832, war Freimaurer.

Goschen, Sir Harry William Henry Neville, bedeutender englischer Finanzmann, Präsident mehrerer Banken, ist Past Grand Treasurer der Großloge von England.

Häberlin, Hermann, gewesener langjähriger Stadtrat in Zürich, Mitglied des schweizerischen Nationalrates, hervorragender Sozialhygieniker, führender Pazifist, Mitglied der eidgenössischen Delegation zur Abrüstungskonferenz 1932. Er gehört der Züricher Loge „Modestia cum Libertate" an, war 1905 bis 1910 Großmeister der schweizerischen Großloge „Alpina". Im Jänner 1932, vor der Genfer Abrüstungskonferenz, war er Hauptredner einer großen öffentlichen pazifistischen Kundgebung der Basler Freimaurerlogen. Wegen seiner Zugehörigkeit zum Bunde war er wiederholt Gegenstand heftiger politischer Angriffe.

Harrington, William Stanhope, erstor Earl, * 1690, † 1756, Gesandter in Spanien, Minister Georgs II., war Freimaurer. Durch seine Intervention wurde 1744 Coustos (s. d.) in Portugal freigelassen.

Heegard, Paul S. W., dänischer Philosoph und Schriftsteller, * 1835, † 1884, Universitätsprofessor in Kopenhagen, suchte eine nicht auf Religion gebaute Ethik zu schaffen, schrieb „Om intolerance" und erfolgreiche Romane. Er war Freimaurer.

Henry, Patrick, nordamerikanischer Staatsmann und berühmter Redner, * 1736, † 1799, bestritt bereits 1763 („Parson Cause") das Recht des englischen Königs auf Annullierung der Beschlüsse der Legislative, Verfasser der berühmten „Virgina Resolutions", 1774/75 Mitglied des Kontinentalkongresses, Befehlshaber und Gouverneur von Virginien, lehnte die Berufung ins Kabinett Washingtons ab, war Freimaurer.

Heydenreich, Karl Heinrich, Dichter und Philosoph, * 1764, † 1801, Professor der Philosophie in Leipzig. Seine damals erfolgreichen Dichtungen wurden von Goethe und Schiller in den „Xenien" angegriffen; auch die Kantianer waren seine Gegner, da er in der Ästhetik an Stelle des Formalismus Kants das „Prinzip der Empfindsamkeit" setzen wollte. Er schrieb „Propädeutik der Moralphilosophie", „Briefe über den Atheismus" usw., und war Mitglied der Loge „Minerva zu den drei Palmen" in Leipzig.

Hohenzollern (s. a. Hauptteil). 9. Friedrich Leopold, Prinz von Preußen, † 1931.

John Bull. Der Spottname des Engländers geht auf den Freimaurer Dr. med. John Arbuthnot zurück, der um 1726 der Londoner Großloge beitrat und gemeinsam mit den Freimaurern Alexander Pope, dem Dichter des Lockenraubs, und Jonathan Swift (dem Verfasser von Gullivers Reisen) einem kleinen literarischen Zirkel, „Martinus Scriberus Club", angehörte.

Kamerun, ehemals deutsches Schutzgebiet in Westafrika, jetzt an England und Frankreich aufgeteilt. In der Hauptstadt Douala des französischen Teiles wurde 1931 unter dem Grand Orient de France eine Loge in Arbeit gesetzt.

Khatissian, Alexander, * 1874, 1906 bis 1917 Bürgermeister von Tiflis, 1917 Finanzminister der Transkaukasischen Republik, 1918—1920 Präsident der Regierung von Armenien, seither in Paris, wurde 1927 in die Pariser Loge „L'Etoile du Nord" aufgenommen.

Konstantin, Pavlovitsch, russischer Großfürst, * 1779, † 1831, Sohn Pauls I., Bruder von Alexander I. und Nikolaus II., Generalstatthalter von Polen, war Freimaurer.

Lamington, Charles Wallace, zweiter Baron, britischer Kolonialpolitiker, * 1860, Gouverneur von Queensland, dann 1903—1907 von Bombay, ist Deputierter Distrikts-Großmeister der „All Scottish Freemasonry of India" der Großloge von Schottland.

La Paz, größte Stadt der südamerikanischen Republik Bolivien, Sitz der 1931 eingesetzten Großloge von Bolivien, der in L. selbst 3 Logen unterstehen.

Leonhardt, E. E., in Dresden, * 1867, freimaurerischer Forscher, Vorsitzender der Wissenschaftlichen Kommission der Großen Landesloge der Freimaurer von Deutschland, Deutsch-Christlicher Orden, schrieb die „Geschichte des Großen Ordens-Kapitels" und zahlreiche Abhandlungen im „Mecklenburgischen Logenblatt" und in der „Zirkelkorrespondenz".

Léon-Perrier, Laurent F., französischer Politiker, * 1863, Leiter staatlicher Laboratorien, Senator, gewesener Kolonialminister, Mitglied der Grenobler Loge „L'Avenir" (Großloge).

Lewis, Ludwig (s. a. im Hauptteil). Wie Dr. Fittig im preußischen Haupt-Staatsarchiv feststellen konnte, hat L. auch für die preußische Regierung Spitzeldienste geleistet. So 1853 in Agentenberichten über die Freimaurerei in Österreich und Serbien. Aus den Jahren 1855 und folgenden enthält das gleiche Archiv Geheimberichte über ihn, die von einem anderen Geheimagenten, Sabertz, abgegeben wurden.

Lobe, Theodor, Schauspieler und Theaterdirektor, * 1833, † 1905, Bühnenleiter in Breslau, Gründer des dortigen L.-Theaters, 1871—1880 Charakterdarsteller am Wiener Stadttheater, dann Oberregisseur in Dresden, war Meister vom Stuhl der Wiener Loge „Zukunft".

Long, Crawford William, amerikanischer Chirurg, * 1815, † 1878, wahrscheinlich der erste Arzt, der (1842) die Äther-Anästhesie anwendete, über die dann sein Mitarbeiter Morton die ersten Mitteilungen machte, war Freimaurer.

Lónyay, ungarisches Grafengeschlecht, im 19. Jahrhundert in der Freimaurerei durch mehrere Mitglieder vertreten. Logen gehörten an:

1. Johann, Geheimer Rat, * 1796, † 1859.

2. Melchior, ungarischer Staatsmann und volkswirtschaftlicher Schriftsteller, * 1822, † 1884, Mitglied der Nationalversammlung 1848, dann Staatssekretär für Finanzen im revolutionären Kabinett, Emigrant in Paris. Er kehrte 1850 zurück, wurde Präsident der Akademie der Wissenschaften, trat für die Autonomie der Protestanten ein, hatte 1867 hervorragenden Anteil am Zustandekommen des Ausgleiches, war 1871 ungarischer Ministerpräsident, dann k. u. k. Finanzminister. Während seines Pariser Aufenthaltes wurde er in den Bund aufgenommen.

3. Albert, Obergespan, * 1823, † 1903, Mitglied einer oberungarischen Loge.

4. Edmund, * 1827, † 1885, Mitglied einer ungarischen Loge.

Macdonald, Duncan Black, englischer Theologe und Forscher, * 1863 in Glasgow, entdeckte in der Bodleian Library das arabische Manuskript von „Ali Baba und die vierzig Räuber", die einzige existierende Version, gibt jetzt die „Galland and Vatican Manuscripts of Arabic Nigths" heraus, hervorragender Kenner des Mohammedanismus, wurde 1931 Past Grand Standard Bearer der Großloge von England.

Machin, Sir Stanley, Präsident der Londoner Handelskammer 1920—1922, * 1861, Präsident der Vereinigung britischer Handelskammern 1924/25, Abgeordneter, wurde 1931 Senior Grand Deacon der Großloge von England.

Malloch, Douglas, amerikanischer Schriftsteller und Journalist, * 1877, schrieb „In Forest Land", „The Heart Content" usw., ist auch freimaurerischer Dichter („My father's Lodge").

Manteuffel, Ernst Christoph, Graf, * 1676, † 1749, Mitglied der Akademien in Berlin und London, kursächsischer Gesandter in Kopenhagen, 1711—1716 Gesandter in Berlin, dann bis 1730 sächsischer Außenminister und Direktor der königlichen Sammlungen in Dresden. Er lebte dann in Berlin als Geheimagent des Grafen Brühl und zugleich des Wiener Hofes, Freund des Kronprinzen Friedrich, führte er mit diesem einen umfangreichen brieflichen Dialog („Mentor und Telemach"), wurde jedoch nach der Thronbesteigung Friedrichs wegen seiner Konfidententätigkeit des Landes verwiesen. Er war Gründer der Aletophilen (s. d.) und Mitglied der Berliner Loge „Aux trois Globes".

Marvin, Cloyd Hack, amerikanischer Gelehrter, * 1889, Professor an der Harward-Universität, seit 1927 Präsident der George-Washington-Universität, ist Freimaurer.

Masonic Bureau of Information (engl.), von der Großloge und dem Obersten Rat von Kuba autorisiertes freimaurerisches Auskunftsbüro in Havana (gegenüber dem Centralpark), das in die kubanische Hauptstadt kommenden auswärtigen Brüdern mit Lese- und Schreibräumen und allen Informationen und Besorgungen zur Verfügung steht. Adresse: Apartodo 1107, Havana.

Mc Manus, George, amerikanischer Illustrator, * 1884, Mitarbeiter der „New York World", Schöpfer berühmter humoristischer Gestalten („Bringing up father" usw.), ist Freimaurer.

Mc Nab, Sir Allan Napier, canadischer Staatsmann, * 1798, † 1862, nach der Vereinigung von Nieder- und Obercanada Führer der konservativen Partei, Sprecher des Parlaments, 1854—1856 Ministerpräsident, war 1845 Provinzial-Großmeister (Ontario).

Mejía.

1. Lequerica José, gen. der „Mirabeau von Südamerika", * 1776/77, † 1813, als Vertreter Neugranadas Mitglied der Cortes in Cadiz, Vorkämpfer der Unabhängigkeit seines Vaterlandes, trug zur Abschaffung der Inquisition hervorragend bei, war Mitglied der Loge „Ley naturel" in Quito (Ecuador).

2. Tomas, mexikanischer General, † 1867 (hingerichtet), Indianer, Abkömmling des einstigen Kaiserhauses der Azteken, konservativer Führer, griff mit seinen Reitertruppen vielfach in die Entwicklung seines Vaterlandes ein, schloß sich Kaiser Maximilian an, wurde 1867 mit diesem in Queretaro erschossen. M. war Freimaurer

Mendez y Labarta, Ramon Ignazio, Erzbischof von Caracas, venezolanischer Freiheitskämpfer, * 1791, † 1839, Mitglied der revolutionären Regierung 1810 und des ersten Kongresses in Caracas, Unterfertiger der Unabhängigkeitserklärung, war Freimaurer.

Möller, Heinrich (s. Hauptteil), † 1932.

Montgomery, Richard, nordamerikanischer General, * 1736, † 1775, diente als englischer Offizier in Nordamerika und Kanada, Mitglied des ersten Provinzialkongresses von New York, Brigadier der kontinentalen Armee, Befehlshaber im Krieg gegen Kanada, war Freimaurer. Sein Andenken ehrt auf Kongreßbeschluß ein Denkmal in der New Yorker St.-Pauls-Kirche.

Morphett, Sir John, britischer Kolonialpolitiker, * 1809, † 1892, Pionier und Staatsmann in Südaustralien, Speaker des dortigen Parlaments, 1865—1873 dessen Präsident, war Mitglied der „Lodge of Friendship" in Adelaide.

Niederländisch-Westindien, s. Hauptteil: Curaçao und Guayana.

Nocedal, Candido, spanischer Staatsmann, gemäßigter Klerikaler, * 1821, † 1885, wiederholt Minister, stellte 1856 die Konstitution von 1845 wieder her. Führer der Karlisten, nahm er dennoch gegen einen Bürgerkrieg Stellung. Er war Gründer der katholischen Zeitschrift „La Constancia", hervorragender Publizist, Mitarbeiter des „Siglo Futuro", war Freimaurer.

Ob Merita in Artem Regiam (lat.), Medaille der 1931 gegründeten Großloge von Dänemark „für Verdienste um die Königliche Kunst". Eine ähnliche Auszeichnung (in mehreren Klassen) verleiht die National-Großloge von Rumänien.

Palma, Tomas Estreda, kubanischer Staatsmann, * 1835, † 1908, nahm an den revolutionären Bewegungen 1868—1878 teil, General, dann Präsident, von den Spaniern gefangengenommen und nach Spanien gebracht, übersiedelte nach Honduras, dann nach den Vereinigten Staaten, wurde bei Ausbruch der Revolution 1895 auf Kuba Mitglied der revolutionären Junta in New York und Gründer des „Club Revolucionero Cubano", der Waffen für die Aufständischen besorgte. 1908 von der liberalen Partei zum Präsidenten der Republik gewählt, mußte er 1912 abdanken. P. war Freimaurer.

Philadelphia, drittgrößte Stadt der Vereinigten Staaten von Nordamerika im Bundesstaat Pennsylvanien, Sitz der Großloge von Pennsylvanien (Adr.: Masonic Temple, Broad and Filbert Streets), spielte in der freimaurerischen Geschichte der USA. eine besonders wichtige Rolle (s. Nordamerika). 1731 wurde hier Benjamin Franklin (s. d.) aufgenommen. Die Logen „Hermann Nr. 125" und „Humboldt Nr. 359" arbeiten in deutscher Sprache. (Vergl. O. van Dalens Kalender für Freimaurer, 1931).

Pilar y Gatmaitan, Marcelo Hilario del, philippinischer Schriftsteller und Politiker, * 1850, † 1896, wirkte in Spanien als

Mitarbeiter der „Solidaridad" unter dem Pseudonym „Plaridel" für die Sache seiner Heimat, Gründer der Asociacion Hispano-Filipina, Mitbegründer der Geheimgesellschaft „Katipunan", die die revolutionäre Bewegung auf den Philippinen von 1896 entfachte. Seine sterblichen Überreste wurden 1920 ins Pantheon der Philippinen übergeführt. P., der vom spanischen Großmeister Morayta die Autorisation zur Logengründung erhielt, wird der „Vater der philippinischen Maurerei" genannt.

Rawlins, John, amerikanischer General, * 1831, † 1869, Adjutant Grants im Bürgerkrieg, 1862 Generalstabschef, Staatssekretär für Krieg im Kabinett Grant, war Mitglied der „Miners Lodge" in Galena.

Repnin, Nikolaus, russischer Feldmarschall und Diplomat, * 1734, † 1801, kämpfte im Siebenjährigen Krieg und gegen die Türken, schloß mit ihnen die bedeutsamen Friedensverträge von Kucsuk-Kajmardzi und Jassy, Gouverneur in den baltischen Provinzen, war Freimaurer.

Richter, Paul, deutscher Dichter, * 1873, schrieb „Mason, der Weise" (allegorisches Gedicht), „Näher zum Licht", „Von Ewigkeit zu Ewigkeit" (kosmische Dichtung), „Krippe und Kreuz" und vieles andere, auch als freimaurerischer Dichter bekannt.

Ring-Service (engl.), Zeremonie bei der Beerdigung amerikanischer Träger des 33. Grades des A. u. A. Schottischen Ritus. Sie hat Bezug auf den Ring mit der Inschrift „Deus meumque jus", den diese zu tragen pflegen.

Rogers, Wil, amerikanischer Schriftsteller und Schauspieler, * 1879, Mitarbeiter der „New York Times", jetzt für die Fox-Filmgesellschaft tätig, Verfasser von „The Cowboy Philosopher on the Peace Conference", „Rogerisms" usw., ist Freimaurer.

Rónay, Hyacint, Titular-Bischof von Skodar, * 1814, † 1889, bedeutender ungarischer Schriftsteller und Gelehrter, begeisterter Freiheitskämpfer, Feldgeistlicher der ungarischen Revolution von 1848, ging nach deren Niederwerfung nach London ins Exil, entwickelte dort eine intensive literarische und journalistische Tätigkeit, schrieb „Das naturwissenschaftliche System der Seele", „Die Entstehung der Rasse" usw. Nach der Rückkehr in sein Vaterland war er Lehrer des Kronprinzen Rudolf in der ungarischen Geschichte. R. ist, Angaben des Generals Klapka (s. d.) zufolge, in England dem Freimaurerbund beigetreten.

Ronde Tafel (holländisch), Tafelrunde, 1924 im Haag gegründeter Ausschuß zur Förderung der Einigungsbestrebungen innerhalb der internationalen Freimaurerei. Bei einer Besprechung, die im September 1924 auf Einladung von holländischer Seite im Haag zwischen Freimaurern verschiedener Nationen stattfand, wurden als Hauptursachen der mangelnden Einigkeit zwei Gründe bezeichnet: 1. die Meinungsverschiedenheiten über die Formulierung des maurerischen Grundgedankens, trotzdem dieser dem Wesen nach universell ist; 2. die verschiedenartige Haltung der Großlogen gegenüber politischen und religiösen Fragen. Als maurerische Prinzipienerklärung, die nach Geist und Buchstaben von allen Brrn. auf dem Erdenrund angenommen werden könnte, wurde von den Anwesenden, die aus Deutschland, England, den Vereinigten Staaten von Nordamerika, Dänemark, Italien und Holland gekommen waren, folgendes festgesetzt:

1. Die Freimaurerei ist ein sittliches Lehrgebäude von besonderer Art, das auf einem Gebrauchtum beruht und durch Sinnbilder vermittelt wird. Sie hat zur Grundlage den unerschütterlichen Glauben an das Dasein einer höchsten und unendlichen Kraft, bezw. eines ebensolchen geistigen Wesens, das die Weiterentwicklung des Menschen und der Menschheit bewirkt und durch den Begriff des „Großen Baumeisters der Welt" versinnbildlicht wird.

2. Es wird als freimaurerischer Hauptgrundsatz anerkannt, daß die Erörterung politischer und religiöser Streitfragen aus den Logenversammlungen (-arbeiten) ausgeschlossen bleiben muß. Indessen werden sich die freimaurerischen Großkörperschaften bei der Übung dieses Hauptgrundsatzes von der in ihrem Wirkungsbereich geltenden Sachlage leiten lassen.

Diese beiden Grundsätze wurden mittels Rundschreibens in großer Zahl verbreitet. Die holländischen Freimaurer, von denen die Anregung ausgegangen war, bildeten zur Weiterverfolgung der Angelegenheit einen fünfgliedrigen Ausschuß, die R. T. (Sekretär: A. J. Hooiberg, Den Haag, 12, Van Beuningenstraat), die die Beziehungen zwischen den freimaurerischen Großmächten zum Gegenstand eingehenden Studiums machte und darüber ausgedehnten Korrespondenz- und Gedankenaustausch pflegte. Anfangs 1932 ging die R. T. daran, die Organisation auszubauen und auch in anderen Ländern Tafelrunden zu bilden, die im gleichen Sinne für die Annäherung der Freimaurer arbeiten sollen.

Roosevelt, Franklin D. (s. Hauptteil), * 1882.

Rosenberg Alfred (s. Hauptteil), * 1893.

Rudbeck, Johannes Reinhold, Freiherr von, hoher schwedischer Staatsbeamter, * 1867, Verfasser eines bedeutenden juristischen Fachwerkes, Fachautorität auf bibliographischem Gebiete, Mitarbeiter mehrerer Fachzeitschriften, Zweiter Großaufseher der Großen Landesloge von Schweden, Verfasser von „Karl Friedrich Eckleff, der Begründer des Schwedischen Freimaurersystems".

Runkel, Ferdinand, Dr. phil., Schriftsteller, Major der Reserve, * 1864, Romanschriftsteller, seit 1897 Mitglied der Johannisloge „Zum goldenen Pflug" in Berlin (Große Landesloge der Freimaurer von Deutschland), seit 1923 wortführender Meister der Andreasloge Alta-Clara, Inhaber des Roten Kreuzes, als freimaurerischer Schriftsteller innerhalb seines Systems eifrig tätig. Sein Hauptwerk ist die (1931 im ersten Bande abgeschlossene) „Geschichte der deutschen Freimaurerei", das größte Geschichtswerk dieser Art in deutscher Sprache, das besonders auch durch reichen Bildschmuck bemerkenswert ist.

Salm-Reifferscheid, Karl Anton, Graf, seit 1804 Fürst, Kämmerer, * 1750, † 1838, Gubernalrat in Brünn, Mitglied der Loge „Zur gekrönten Hoffnung in Wien", vertrat 1782 die Provinzialloge von Österreich beim Wilhelmsbader Kongreß der Strikten Observanz. Er war Meister vom Stuhl der Brünner Loge „Zur aufgehenden Sonne", die 1782—1785 bestand. Nach der Inaktivierung dieser Bauhütte verwahrte S. das Archiv in einem Geheimfach seiner Bibliothek im Schlosse zu Raitz, wo es von einem Mitglied der heute in Brünn tätigen Loge „Zu den wahren vereinigten Freunden" aufgefunden und der Forschung erschlossen wurde (s. Brünner Fund).

Scheiner, Josef, Dr., Advokat in Prag, Obmann der böhmischen Sokolgemeinde und des slawischen Verbandes der Sokoln, * 1861, † 1932, seit 1884 Organisator der slawischen Turnerbewegung (Sokoln), 1888 Redakteur des „Sokol". Leidenschaftlich tschechischer Patriot, während des Krieges eingekerkert, 1917 beim Regierungsantritt des Kaisers Karl begnadigt. Nach dem Umsturz war er es, der in der großen Sokolgemeinde erfolgreich für den Gedanken der unblutigen Revolution wirkte. Als dann die Loge „Národ" gegründet wurde, ließ sich S. in dieser aufnehmen; sein Streben im neuen tschechoslowakischen Staat war sichtlich darauf gerichtet, seine Turnerschaft mit humanitärem Geist zu erfüllen.

Schmutzer, Johann Mathias, berühmter österreichischer Kupferstecher, * 1735, † 1811, Direktor der Kupferstecherklasse der Wiener Akademie der bildenden Künste, war Mitglied der Wiener Loge „Zur wahren Eintracht".

Sethna, Sir Phiroze (s. Hauptteil), * 1866.

Sousa, Phil. (s. Hauptteil), † 1932.

Spanien (s. auch Hauptteil). Die Gran Logia Española in Barcelona hat seit Anfang 1932 einen neuen Sitz: Ateneo Humanidad, Calle Zurbano 1.

Stack, Sir Lee (s. Hauptteil), * 1868.

Stanley, Lord Edward Montagu Cavendish, Sohn des 17. Earls von Derby (s. d.), * 1894, Vizepräsident der Konservativen Partei 1927—1929, Junior Lord of Treasury 1924—1927, ist Junior Grand Warden der Großloge von England.

Starcke, C. N. (s. Hauptteil), * 1858.

Studd, Sir John Edward Kynaston, Baronet, * 1858, seit 1903 Präsident des Londoner Polytechnikums, 1928/29 Lord-Mayor von London, wurde 1920 Senior Grand Deacon, 1929 Junior Grand Warden der Großloge von England und ist seit 1929 Präsident des Board of Benevolence, des Wohlfahrtsamtes dieser Großloge.

Sumarokow, Alexander, russischer Schriftsteller und Dichter, * 1718, † 1777, zuerst Soldat, widmete sich dann der Literatur. Er schrieb religiöse Gedichte — und nach dem Vorbilde der französischen Klassiker — Tragödien, war jedoch erfolgreicher mit seinen Komödien („Trisotonias" usw.). 1756 wurde er Direktor des ersten ständigen russischen Theaters. Er war Mitglied einer Petersburger Loge; sein Name kommt in einer der Zarin Elisabeth vorgelegten Liste vor.

Surinam, s. Hauptteil: Guayana.

Teleki, Ladislaus, ungarischer Staatsmann und Schriftsteller, * 1811, † 1861, im Jahre 1845 Führer der Opposition im Magnatenhaus, Präsident des Ungarischen Schutzvereines, dessen Direktor Kossuth war, ging 1848 als Gesandter Ungarns nach Paris, wirkte dort für die Unabhängigkeit seines Vaterlandes. Er schrieb das Drama „Der Günstling". In Paris wurde er in den Freimaurerbund aufgenommen.

Telepnef, Boris, * 1886 in Moskau, lebt seit 1915 in London, bedeutender freimaurerischer Forscher, Mitglied der „Quatuor Coronati Lodge Nr. 2076", schrieb „Some Aspects of Russian Freemasonry during the reign of Emperor Alexander I." (A. Q. C. XXXVIII/I), „An outline of the History of Russian Freemasonry" (London 1928) u. a.

Thompson, Richard Wiggington, amerikanischer Politiker, * 1809, † 1900, Staatssekretär für Marine unter Präsident Hayes, schrieb: „The Papacy and the Civil Power", „Footprints of the Jesuits", „History of Protection Tariff Laws" usw., war Freimaurer und Gründer der „Masonic Veterans Association" von Iowa.

Tillet, Benjamin (gen. Ben), führender Politiker der englischen Labour Party, * 1860, Vorkämpfer der Gewerkschaften, insbesondere der Transportarbeiterbewegung, Alderman von London, wurde im Jänner 1932 in der Londoner „New Welcome Lodge Nr. 5139" aufgenommen.

Tschechoslowakei (s. auch Hauptteil). Großorient der T. (Velký Orient Československý), nicht anerkannte, gemischtsprachige freimaurerische Körperschaft, im Jänner 1931 gebildet aus den drei „Brückenlogen" in Prag, Brünn und Preßburg, die bis dahin unter der Bezeichnung „Bund der Freimaurerlogen Brücke" vereinigt gewesen waren. Die erste dieser Logen, die Prager „Brücke", wurde 1925 von sieben aus der Loge „Freilicht zur Eintracht" in Prag (Großloge „Lessing z. d. 3 Ringen") ausgetretenen Freimaurern ins Leben gerufen. Neben dem Eintreten für Völkerverbrüderung, das durch das Zusammenarbeiten von Angehörigen verschiedener Nationen manifestiert wird, ist der Programmpunkt von Bedeutung, der besagt: „Religion, Glaubensbekenntnis und Gottesglaube betrachten die Mitglieder ... als private Angelegenheit des einzelnen." Gearbeitet wird nach dem Gebrauchtum des Grand Orient de France.

United Religious and Military Order of the Temple and of St. John, of Jerusalem, Palestine, Rhodes and Malta, britische Form der Knights Templar (s. d.) und Knights of Malta (s. d.). Auch hier wurde lange Zeit hindurch direkte Abstammung von den alten Templern behauptet, bis dann Oberst Mc Leod Moore, Großmeister der Templergarde in Canada, die vielleicht größte angelsächsische Autorität auf diesem Gebiet, dieser Auffassung mit scharfer Ablehnung begegnete. Aufgenommen werden nur Träger des Royal-Arch-Grades. Eine verwandte Organisation sind die Masonic and Military Orders of Knights of Rome and of the Red Cross of Constantine.

Van Schor, Joseph Victor Clément Ghislain, führender belgischer liberaler Politiker, Senator, * 1806, † 1895, Präsident der Freien Universität (Université libre) in Brüssel, war 1866—1868 Großmeister des Großorients von Belgien.

Wilder, Marshall Pickney, berühmter amerikanischer Humorist, * 1859, † 1915 in Genf, schrieb „The people I've smiled with", „The sunny side of the street" u. a., war Mitglied der New Yorker St. Cecil Lodge Nr. 566.

Wonnacott, Ernest Malpas, * 1866, † 1926, von Beruf Architekt, Freimaurer seit 1902, Mitglied der Quatuor Coronati Lodge seit 1904, ihr Meister 1915. Seit 1923 Bibliothekar der Großloge von England. Einer der führenden englischen freimaurerischen Historiker. Von ihm „The Lodge of Reconciliation" (A. Q. C. XVIII), „The Rite of Seven Degrees in England" (A. Q. C.) und zahlreiche kleinere Arbeiten.

Work, Hubert, amerikanischer Politiker, * 1860, Staatssekretär (Innenminister) 1923 bis 1928, Präsident des Nationalkonvents der republikanischen Partei 1928/29, ist Mitglied der Evergreen Forest Lodge Nr. 49 in Milford (Delaware).

Zapiola, Matias José, argentinischer Freiheitskämpfer, * 1780, † 1874, erwarb sich als Brigadegeneral in den Kämpfen gegen Brasilien große Verdienste, war 1812 Sekretär der Loge „Lautaro".

Zeil, Ferdinand Christoph, Graf zu Waldburg, Fürstbischof von Chiemsee, * 1719, war Mitglied der Münchner Loge „Zur Behutsamkeit" und gehörte dann als Domkapitular von Salzburg der dortigen Bauhütte „Zur Fürsicht" an.

Index

(Worte, die nicht nur in gleichlautenden Hauptartikeln behandelt sind, sondern auch unter anderen Stichworten vorkommen. Die Zahlen verweisen auf die betreffenden Spalten. Wo dem Indexwort ein Hauptartikel entspricht, ist die Zahl fett gedruckt.)

Druckfehler

Es ist zu lesen:

Spalte	Zeile	statt:	richtig:
122	48	ño 27	**Zeile fällt aus**
184	51	Bischoff	**gehört auf Spalte 185**
185	68	Bischoffswerder	**Bischoffwerder**
223	8	G. O. P.	**G. P. O.**
470	14	1783	**1784**
502	19	17. Februar	**7. April**
800	33 ff.	Dráśkoviċ	**Draškoviċ**
800	58	Vrhovać	**Vrhovac**
831	10	Kellog	**Kellogg**
1695	34	Mtglieder	**Mitglieder**
1751	47	Halle	**Halle a. S.**

Inhaltsverzeichnis